Emmerich/Habersack
Aktien- und GmbH-Konzernrecht

Aktien- und GmbH-Konzernrecht

Kommentar

von

Prof. em. Dr. Volker Emmerich
Universität Bayreuth
Richter am OLG Nürnberg a. D.

Prof. Dr. Mathias Habersack
Universität München

Prof. Dr. Jan Schürnbrand
Universität Tübingen

begründet von
Prof. em. Dr. Volker Emmerich und
Prof. Dr. Mathias Habersack

8. Auflage 2016

C.H.BECK

www.beck.de

ISBN 978 3 406 69074 7

© 2016 Verlag C.H. Beck oHG
Wilhelmstraße 9, 80801 München
Druck und Bindung: Beltz Bad Langensalza GmbH
Neustädter Straße 1–4, 99947 Bad Langensalza
Satz: Meta Systems Publishing & Printservices GmbH, Wustermark
Umschlaggestaltung: Druckerei C.H.Beck Nördlingen
(Adresse wie Verlag)

Gedruckt auf säurefreiem, alterungsbeständigem Papier
(hergestellt aus chlorfrei gebleichtem Zellstoff)

Vorwort

Auch nach Erscheinen der Vorauflage vor rund drei Jahren hat sich das Recht der verbundenen Unternehmen erneut als Rechtsgebiet erwiesen, das der stetigen Fortentwicklung unterliegt. Dieser Befund und die erfreuliche Aufnahme der Vorauflage gaben Anlass, eine Neuauflage vorzulegen. Ihr Umfang liegt wiederum über dem der Vorauflage und beläuft sich auf mehr als das Doppelte der – 1998 erschienenen und noch auf das Aktienkonzernrecht beschränkten – ersten Auflage. Zu der Umfangserweiterung beigetragen hat auch die enge Verzahnung zwischen dem Aktienkonzernrecht und dem Kapitalmarktrecht, darunter neben dem WpÜG vor allem die – jüngst in Umsetzung der Transparenzrichtlinie erheblich geänderten – Vorschriften der §§ 21 ff. WpHG über die Veröffentlichung von Veränderungen des Stimmrechtsanteils an einer börsennotierten Gesellschaft. Die große praktische Bedeutung dieser Vorschriften hat uns dazu veranlasst, sie in diesem Kommentar zum Gegenstand einer systematischen Darstellung im Anhang zu § 22 AktG zu machen, für den Prof. Dr. Jan Schürnbrand, Tübingen, als neuer Mitautor des Kommentars verantwortlich zeichnet.

Das durchgängig überarbeitete Manuskript hat den Stand von November 2015.

Bayreuth, München und Tübingen, im Dezember 2015

Volker Emmerich
Mathias Habersack
Jan Schürnbrand

Inhaltsverzeichnis

Abkürzungsverzeichnis XI

Einleitung 1

Aktiengesetz
Erstes Buch. Aktiengesellschaft
Erster Teil. Allgemeine Vorschriften

§ 15	Verbundene Unternehmen	19
§ 16	In Mehrheitsbesitz stehende Unternehmen und mit Mehrheit beteiligte Unternehmen	36
§ 17	Abhängige und herrschende Unternehmen	45
§ 18	Konzern und Konzernunternehmen	66
§ 19	Wechselseitig beteiligte Unternehmen	80
§ 20	Mitteilungspflichten	88
§ 21	Mitteilungspflichten der Gesellschaft	116
§ 22	Nachweis mitgeteilter Beteiligungen	119

Anh. § 22:
Gesetz über den Wertpapierhandel (Wertpapierhandelsgesetz – WpHG)
Abschnitt 5. Mitteilung, Veröffentlichung und Übermittlung von Veränderungen des Stimmrechtsanteils an das Unternehmensregister

Vorbemerkungen zu §§ 21 ff. WpHG (Vor § 21 WpHG)			121
§ 21	WpHG	Mitteilungspflichten des Meldepflichtigen; Verordnungsermächtigung	127
§ 22	WpHG	Zurechnung von Stimmrechten	137
§ 22a	WpHG	Tochterunternehmenseigenschaft; Verordnungsermächtigung	148
§ 23	WpHG	Nichtberücksichtigung von Stimmrechten	152
§ 24	WpHG	Mitteilung durch Mutterunternehmen; Verordnungsermächtigung	155
§ 25	WpHG	Mitteilungspflichten beim Halten von Instrumenten; Verordnungsermächtigung	157
§ 25a	WpHG	Mitteilungspflichten bei Zusammenrechnung; Verordnungsermächtigung	165
§ 26	WpHG	Veröffentlichungspflichten des Emittenten und Übermittlung an das Unternehmensregister	167
§ 26a	WpHG	Veröffentlichung der Gesamtzahl der Stimmrechte und Übermittlung an das Unternehmensregister	169
§ 27	WpHG	Nachweis mitgeteilter Beteiligungen	171
§ 27a	WpHG	Mitteilungspflichten für Inhaber wesentlicher Beteiligungen	172
§ 28	WpHG	Rechtsverlust	177
§ 29	WpHG	Richtlinien der Bundesanstalt	186
§ 29a	WpHG	Befreiungen; Verordnungsermächtigung	187
§ 30	WpHG	Handelstage	187

Drittes Buch. Verbundene Unternehmen
Erster Teil. Unternehmensverträge
Erster Abschnitt. Arten von Unternehmensverträgen

Vorbemerkung zu § 291 (Vor § 291)	189
§ 291 Beherrschungsvertrag. Gewinnabführungsvertrag	193
§ 292 Andere Unternehmensverträge	226

Zweiter Abschnitt. Abschluß, Änderung und Beendigung von Unternehmensverträgen

§ 293 Zustimmung der Hauptversammlung	253
§ 293a Bericht über den Unternehmensvertrag	275
§ 293b Prüfung des Unternehmensvertrags	287
§ 293c Bestellung der Vertragsprüfer	294
§ 293d Auswahl, Stellung und Verantwortlichkeit der Vertragsprüfer	297
§ 293e Prüfungsbericht	300
§ 293f Vorbereitung der Hauptversammlung	306
§ 293g Durchführung der Hauptversammlung	311

Inhaltsverzeichnis

§ 294 Eintragung. Wirksamwerden 319
§ 295 Änderung 327
§ 296 Aufhebung 340
§ 297 Kündigung 351
§ 298 Anmeldung und Eintragung 375
§ 299 Ausschluß von Weisungen 377

Dritter Abschnitt. Sicherung der Gesellschaft und der Gläubiger

§ 300 Gesetzliche Rücklage 380
§ 301 Höchstbetrag der Gewinnabführung 387
§ 302 Verlustübernahme 398
§ 303 Gläubigerschutz 420

Vierter Abschnitt. Sicherung der außenstehenden Aktionäre bei Beherrschungs- und Gewinnabführungsverträgen

§ 304 Angemessener Ausgleich 430
§ 305 Abfindung 463
§ 307 Vertragsbeendigung zur Sicherung außenstehender Aktionäre 514

Zweiter Teil. Leitungsmacht und Verantwortlichkeit bei Abhängigkeit von Unternehmen

Erster Abschnitt. Leitungsmacht und Verantwortlichkeit bei Bestehen eines Beherrschungsvertrags

§ 308 Leitungsmacht 518
§ 309 Verantwortlichkeit der gesetzlichen Vertreter des herrschenden Unternehmens 543
§ 310 Verantwortlichkeit der Verwaltungsmitglieder der Gesellschaft 562

Zweiter Abschnitt. Verantwortlichkeit bei Fehlen eines Beherrschungsvertrags

Vorbemerkungen zu § 311 (Vor § 311): Konzernbildungskontrolle 569
§ 311 Schranken des Einflusses 613
§ 312 Bericht des Vorstands über Beziehungen zu verbundenen Unternehmen 671
§ 313 Prüfung durch den Abschlußprüfer 692
§ 314 Prüfung durch den Aufsichtsrat 706
§ 315 Sonderprüfung 713
§ 316 Kein Bericht über Beziehungen zu verbundenen Unternehmen bei Gewinnabführungsvertrag 722
§ 317 Verantwortlichkeit des herrschenden Unternehmens und seiner gesetzlichen Vertreter 725
Anh. § 317 Qualifizierte Nachteilszufügung 739
§ 318 Verantwortlichkeit der Verwaltungsmitglieder der Gesellschaft 757
Anh. § 318 Abhängige GmbH und „faktischer" GmbH-Konzern 762

Dritter Teil. Eingegliederte Gesellschaften

§ 319 Eingliederung 793
§ 320 Eingliederung durch Mehrheitsbeschluß 816
§ 320a Wirkungen der Eingliederung 824
§ 320b Abfindung der ausgeschiedenen Aktionäre 827
§ 321 Gläubigerschutz 839
§ 322 Haftung der Hauptgesellschaft 842
§ 323 Leitungsmacht der Hauptgesellschaft und Verantwortlichkeit der Vorstandsmitglieder 849
§ 324 Gesetzliche Rücklage. Gewinnabführung. Verlustübernahme 854
§ 325 (aufgehoben) 857
§ 326 Auskunftsrecht der Aktionäre der Hauptgesellschaft 857
§ 327 Ende der Eingliederung 859

Vierter Teil. Ausschluss von Minderheitsaktionären

§ 327a Übertragung von Aktien gegen Barabfindung 866
§ 327b Barabfindung 885
§ 327c Vorbereitung der Hauptversammlung 894
§ 327d Durchführung der Hauptversammlung 901
§ 327e Eintragung des Übertragungsbeschlusses 903
§ 327f Gerichtliche Nachprüfung der Abfindung 909

# Inhaltsverzeichnis

Fünfter Teil. Wechselseitig beteiligte Unternehmen

§ 328 Beschränkung der Rechte 914

Anh. § 328:
Spruchverfahrensgesetz (SpruchG)

Vorbemerkung zu § 1 SpruchG (Vor § 1 SpruchG)		921
§ 1 SpruchG	Anwendungsbereich	925
§ 2 SpruchG	Zuständigkeit	928
§ 3 SpruchG	Antragsberechtigung	933
§ 4 SpruchG	Antragsfrist und Antragsbegründung	941
§ 5 SpruchG	Antragsgegner	948
§ 6 SpruchG	Gemeinsamer Vertreter	949
§ 6a SpruchG	Gemeinsamer Vertreter bei Gründung einer SE	957
§ 6b SpruchG	Gemeinsamer Vertreter bei Gründung einer Europäischen Genossenschaft	957
§ 6c SpruchG	Gemeinsamer Vertreter bei grenzüberschreitender Verschmelzung	957
§ 7 SpruchG	Vorbereitung der mündlichen Verhandlung	958
§ 8 SpruchG	Mündliche Verhandlung	965
§ 9 SpruchG	Verfahrensförderungspflicht	969
§ 10 SpruchG	Verletzung der Verfahrensförderungspflicht	972
§ 11 SpruchG	Gerichtliche Entscheidung; gütliche Einigung	977
§ 12 SpruchG	Beschwerde	986
§ 13 SpruchG	Wirkung der Entscheidung	991
§ 14 SpruchG	Bekanntmachung der Entscheidung	993
§ 15 SpruchG	Kosten	996
§ 16 SpruchG	Zuständigkeit bei Leistungsklage	1005
§ 17 SpruchG	Allgemeine Bestimmungen; Übergangsvorschrift	1008

Stichwortverzeichnis zum Aktiengesetz 1011

Stichwortverzeichnis zum Spruchverfahrensgesetz 1031

Abkürzungsverzeichnis

aA	anderer Ansicht
abl.	ablehnend
ABl.	Amtsblatt
Abs.	Absatz
Abschn.	Abschnitt
abw.	abweichend
abwM	abweichende Meinung
AcP	Archiv für die civilistische Praxis
ADHGB	Allgemeines Deutsches Handelsgesetzbuch
ADS	Adler/Düring/Schmaltz, Rechnungslegung und Prüfung der Unternehmen, Kommentar, Loseblatt, 6. Aufl. 1994 ff.
aE	am Ende
aF	alte Fassung
AG	Aktiengesellschaft; Die Aktiengesellschaft (Zeitschrift); auch: Amtsgericht
AGB	Allgemeine Geschäftsbedingungen
AHK	Alliierte Hohe Kommission
AktG	Aktiengesetz
AktG 1937	Aktiengesetz 1937
AktR	Aktienrecht
allg.	allgemein
allgM	allgemeine Meinung
Alt.	Alternative
amtl.	amtlich
Amtl. Begr.	Amtliche Begründung
AnfG	Anfechtungsgesetz
Anh.	Anhang
Anm.	Anmerkung
AO	Abgabenordnung
AöR	Archiv für öffentliches Recht
AP	Arbeitsrechtliche Praxis, Nachschlagewerk des BAG
APS/*Bearbeiter*	Assmann/Pötzsch/Schneider, Wertpapiererwerbs- und Übernahmegesetz, Kommentar, 2. Aufl. 2013
AR	Aufsichtsrat
ARUG	Gesetz zur Umsetzung der Aktionärsrechterichtlinie
AR-Vorsitzender	Aufsichtsratsvorsitzender
arg.	argumentum
Art.	Artikel
Assmann/Schneider/*Bearbeiter*	Assmann/Schneider, Wertpapierhandelsgesetz, Kommentar, 6. Aufl. 2012
AT	Allgemeiner Teil
Aufl.	Auflage
ausf.	ausführlich
AWD	siehe RIW
BaFin.	Bundesanstalt für Finanzdienstleistungsaufsicht
BAG	Bundesarbeitsgericht

Abkürzungen

BAGE	Entscheidungen des Bundesarbeitsgerichts
BankBiRiLiG	Bank-Bilanzrichtliniengesetz
BankR HdB/*Bearbeiter*	Schimansky/Bunte/Lwowski, Bankrechts-Handbuch, 4. Aufl. 2011
BAnz.	Bundesanzeiger
Baumbach/Hopt/*Bearbeiter*	Baumbach/Hopt, Handelsgesetzbuch, Kommentar, 36. Aufl. 2014
Baumbach/Hueck	Baumbach/Hueck, Aktiengesetz, Kommentar, 13. Aufl. 1968
Baumbach/Hueck/*Bearbeiter* GmbHG	Baumbach/Hueck, GmbH-Gesetz, Kommentar, 20. Aufl. 2013
BLAH/*Hartmann*	Baumbach/Lauterbach/Albers/Hartmann, Zivilprozessordnung, Kommentar, 73. Aufl. 2014
Baums/Thoma/*Bearbeiter*	Baums/Thoma, WpÜG, Kommentar, Loseblatt, Stand April 2015
Bayer/Habersack/*Bearbeiter* Bd. I/II	Bayer/Habersack (Hrsg.), Aktienrecht im Wandel, Bd. I: Entwicklung des Aktienrechts, Bd. II: Grundsatzfragen des Aktienrechts, 2007
BayObLG	Bayerisches Oberstes Landesgericht
BayObLGZ	Sammlung von Entscheidungen des BayObLG in Zivilsachen
BB	Betriebs-Berater (Zeitschrift)
Bd.	Band (Bände)
bearb.	bearbeitet
Bearb.	Bearbeiter, Bearbeitung
Beck AG-HdB/*Bearbeiter*	Beck'sches Handbuch der AG, herausgegeben von Müller/Rödder, 2. Aufl. 2009
Beck Holding-HdB/*Bearbeiter*	Beck'sches Holding Handbuch, herausgegeben von Hasselbach/Nawroth/Rödding, 2011
BeckRS	Rechtsprechungssammlung in Beck-Online (Jahr, Nummer)
Begr.	Begründung
Beil.	Beilage
Bek.	Bekanntmachung
Beschl.	Beschluss
betr.	betreffend
BetrAVG	Gesetz zur Verbesserung der betrieblichen Altersversorgung
BetrVG	Betriebsverfassungsgesetz
BetrVG 1952	Betriebsverfassungsgesetz vom 11.10.1952
BeurkG	Beurkundungsgesetz
BFH/BFHE	Bundesfinanzhof; auch Sammlung der Entscheidungen und Gutachten des BFH
BFuP	Betriebswirtschaftliche Forschung und Praxis (Zeitschrift)
BGB	Bürgerliches Gesetzbuch
BGBl.	Bundesgesetzblatt
BGE	Entscheidungen des Schweizerischen Bundesgerichts
BGH/BGHZ	Bundesgerichtshof; auch Entscheidungen des BGH in Zivilsachen
BGHSt	Entscheidungen des BGH in Strafsachen
BilMoG	Gesetz zur Modernisierung des Bilanzrechts

Abkürzungen

BiRiLiG	Bilanzrichtlinien-Gesetz
BKartA	Bundeskartellamt
BKR	Zeitschrift für Bank- und Kapitalmarktrecht
BMF	Bundesminister(ium) der Finanzen
BMJ	Bundesminister(ium) der Justiz
BörsG	Börsengesetz
Bork/Schäfer/ *Bearbeiter*	Bork/Schäfer (Hrsg.), GmbHG, Kommentar, 3. Aufl. 2015
BR-Drs.	Drucksache des Bundesrats
Bsp.	Beispiel(e)
BStBl.	Bundessteuerblatt
BT	Bundestag
BT-Drs.	Drucksache des Deutschen Bundestages
Bürgers/Körber/ *Bearbeiter*	siehe unter HK-AktG
BVerfG	Bundesverfassungsgericht
BVerfGE	amtliche Sammmlung der Entscheidungen des BVerfG
BVerwGE	amtliche Sammmlung der Entscheidungen des BVerwG
bzgl.	bezüglich
bzw.	beziehungsweise
CCZ	Corporate Compliance Zeitschrift
CFL	Corporate Finance Law (Zeitschrift)
c.i.c.	culpa in contrahendo
DAV	Deutscher Anwaltsverein
DB	Der Betrieb (Zeitschrift)
DepotG	Depotgesetz
ders.	derselbe
dgl.	dergleichen
dh	das heißt
dies.	dieselbe; dieselben
Diss.	Dissertation
DJ	Deutsche Justiz (Zeitschrift)
DJT	Deutscher Juristentag
DJZ	Deutsche Juristen-Zeitung
DNotZ	Deutsche Notar-Zeitschrift
DrittelbG	Drittelbeteiligungsgesetz
Drygala/Staake/Szalai KapGesR	Drygala/Staake/Szalai, Kapitalgesellschaftsrecht, 2011
DStR	Deutsches Steuerrecht (Zeitschrift)
DWiR (DZWiR)	Deutsche Zeitschrift für Wirtschaftsrecht
ebd.	ebenda
EG	Europäische Gemeinschaften; auch Einführungsgesetz
eG	eingetragene Genossenschaft
EG-RL	EG-Richtlinie
EGAktG	Einführungsgesetz zum Aktiengesetz
EGInsO	Einführungsgesetz zur Insolvenzordnung
EGV	Vertrag zur Gründung der Europäischen Gemeinschaften
EEO/*Bearbeiter*	Ehricke/Ekkenga/Oechsler, WpÜG, Kommentar, 2003
EHUG	Gesetz über elektronische Handelsregister und Genossenschaftsregister sowie das Unternehmensregister
Einf.	Einführung
einhM	einhellige Meinung

Abkürzungen

Einl.	Einleitung
einschl.	einschließlich
einschr.	einschränkend
Ekkenga/Schröer/*Bearbeiter*	Ekkenga/Schröer (Hrsg.), Handbuch der AG-Finanzierung, 2014
Emmerich/Habersack KonzernR	Emmerich/Habersack, Konzernrecht, 10. Aufl. 2013
Erl.	Erläuterungen, Erlass
Erman/*Bearbeiter*	Erman, Handkommentar zum Bürgerlichen Gesetzbuch mit Einführungsgesetz, herausgegeben von Grunewald, 14. Aufl. 2014
EU	Europäische Union
EuGH	Europäischer Gerichtshof
EuroEG	Gesetz zur Einführung des Euro
EuZW	Europäische Zeitschrift für Wirtschaftsrecht
eV	eingetragener Verein
evtl.	eventuell
EWiR	Entscheidungen im Wirtschaftsrecht
EWR	Europäischer Wirtschaftsraum
f., ff.	folgend(e)
FamFG	Gesetz über das Verfahren in Familiensachen und in den Angelegenheiten der freiwilligen Gerichtsbarkeit
FAZ	Frankfurter Allgemeine Zeitung
FG	Festgabe
FGG	Gesetz über die Angelegenheiten der freiwilligen Gerichtsbarkeit, aufgehoben
FGPrax	Praxis der Freiwilligen Gerichtsbarkeit. Vereinigt mit OLGZ
Fleischer/*Bearbeiter*	Fleischer, Handbuch des Vorstandsrechts, 2006
Flume BGB AT I 1.	Flume, Allgemeiner Teil des Bürgerlichen Rechts, Bd. I/1: Die Personengesellschaft, 1977
Flume BGB AT I 2	Flume, Allgemeiner Teil des Bürgerlichen Rechts, Bd. I/2: Die juristische Person, 1983
FMStBG	Gesetz zur Beschleunigung und Vereinfachung des Erwerbs von Anteilen an sowie Risikopositionen von Unternehmen des Finanzsektors durch den Fonds „Finanzmarktstabilisierungsfonds – FMS"
FMStEG	Gesetz zur weiteren Stabilisierung des Finanzmarkts
FMStFG	Gesetz zur Errichtung eines Finanzmarktstabilisierungsfonds
FMStG	Gesetz zur Umsetzung eines Maßnahmenpakets zur Stabilisierung des Finanzmarktes
Fn.	Fußnote
FN-IdW	Fachnachrichten des IdW
FRUG	Finanzmarktrichtlinie-Umsetzungsgesetz
FS	Festschrift
FKVO	Fusionskontroll-Verordnung
Fuchs/*Bearbeiter*	Wertpapierhandelsgesetz, Kommentar, 2009
G	Gesetz (in Zusammensetzungen)
GbR	Gesellschaft bürgerlichen Rechts
Geibel/Süßmann/*Bearbeiter*	Geibel/Süßmann, WpÜG, Kommentar, 2. Aufl. 2008
GES/Bearbeiter	Gehrlein/Ekkenga/Simon (Hrsg.), GmbH-Gesetz, Kommentar, 2. Aufl. 2015
GesR	Gesellschaftsrecht

GesRZ	Der Gesellschafter (Zeitschrift)
Geßler/Hefermehl/Bearbeiter	Geßler/Hefermehl/Eckardt/Kropff, Aktiengesetz, Großkommentar, 1973 ff.
ggf.	gegebenenfalls
GmbH	Gesellschaft mit beschränkter Haftung
GmbHG	Gesetz betreffend die Gesellschaften mit beschränkter Haftung
GmbHR	GmbH-Rundschau (Zeitschrift)
GNotKG	Gesetz über Kosten der freiwilligen Gerichtsbarkeit für Gerichte und Notare (Gerichts- und Notarkostengesetz)
v. Godin/Wilhelmi	v. Godin/Wilhelmi, Aktiengesetz, Kommentar, 4. Aufl. 1971
Goette GmbH	Goette, Die GmbH, 2. Aufl. 2002
Goette Einf.	Goette, Einführung in das neue GmbH-Recht, 2008
Bearbeiter in Goette/Habersack MoMiG	Goette/Habersack, Das MoMiG in Wissenschaft und Praxis, 2009
grdl.	grundlegend
Grigoleit/Bearbeiter	Grigoleit, AktG, Kommentar, 2013
GroßkommAktG/Bearbeiter	Großkommentar zum Aktiengesetz, 3. Aufl. 1970 ff.; 4. Aufl. 1992 ff.; 5. Aufl. 2015, 4. Aufl. herausgegeben von Hopt/Wiedemann, 5. Aufl. von Hirte/Mülbert/Roth; soweit die 3. oder 5. Aufl. zitiert wird, ist dies kenntlich gemacht
Grunewald GesR	Grunewald, Gesellschaftsrecht, 9. Aufl. 2014
GS	Gedächtnisschrift
GVG	Gerichtsverfassungsgesetz
GWR	Gesellschafts- und Wirtschaftsrecht (Zeitschrift)
Haarmann/Schüppen/Bearbeiter	Haarmann/Schüppen, Frankfurter Kommentar zum WpÜG, 3. Aufl. 2008
Habersack/Drinhausen/Bearbeiter	Habersack/Drinhausen, SE-Recht, Kommentar, 2013
Habersack/Verse EuropGesR	Habersack/Verse, Europäisches Gesellschaftsrecht, 4. Aufl. 2012
Hachenburg/Bearbeiter	Hachenburg, Gesetz betreffend die Gesellschaften mit beschränkter Haftung, Großkommentar, herausgegeben von Ulmer, 8. Aufl. 1990 ff.
HdB	Handbuch
Heidel/Bearbeiter	siehe unter NK-AktR
Henssler/Strohn/Bearbeiter	Henssler/Strohn, Gesellschaftsrecht, Kommentar, 2. Aufl. 2013
Henze	Henze, Konzernrecht – Höchst- und obergerichtliche Rechtsprechung, 2001
Heymann/Bearbeiter	Heymann, Handelsgesetzbuch, Kommentar (ohne Seerecht), 2. Aufl., herausgegeben von Norbert Horn, 1995 ff.
HFA	Hauptfachausschuss des Instituts der Wirtschaftsprüfer
Bearbeiter in Henn/Frodermann/Jannott AktR-HdB	Henn/Frodermann/Jannott, Handbuch des Aktienrechts, 8. Aufl. 2009
HGB	Handelsgesetzbuch

Abkürzungen

HK-AktG/*Bearbeiter*	Bürgers/Körber, AktG, Handkommentar, 3. Aufl. 2014
HKW/*Bearbeiter*	Habersack/Koch/Winter (Hrsg.), Die Spaltung im neuen Umwandlungsrecht, 1999
hL	herrschende Lehre
hM	herrschende Meinung
Bearbeiter in Habersack/Mülbert/Schlitt KapMarktinformation-HdB	Habersack/Mülbert/Schlitt (Hrsg.), Handbuch der Kapitalmarktinformation, 2. Aufl. 2013
Hölters/*Bearbeiter*	Hölters, AktG, Kommentar, 2. Aufl. 2014
Hrsg.	Herausgeber
Hs.	Halbsatz
Hüffer/*Koch*	Hüffer, Aktiengesetz, Kommentar, 11. Aufl. 2014, bearbeitet von Koch
idF	in der Fassung
idR	in der Regel
idS	in diesem Sinne
IdW	Institut der Wirtschaftsprüfer in Deutschland e.V.
ieS	im engeren Sinne
insbes.	insbesondere
InsO	Insolvenzordnung
iSd	im Sinne des, der
iSv	im Sinne von
IStR	Internationales Steuerrecht (Zeitschrift)
iVm	in Verbindung mit
iwS	im weiteren Sinne
JBl.	Juristische Blätter (Zeitschrift)
JR	Juristische Rundschau
Jura	Jura; Juristische Ausbildung (Zeitschrift)
JuS	Juristische Schulung (Zeitschrift)
JVEG	Justizentschädigungs- und -vergütungsgesetz
JVRB/*Bearbeiter*	Just/Voß/Ritz/Becker, Wertpapierhandelsgesetz, Kommentar, 2015
JW	Juristische Wochenschrift
JZ	Juristenzeitung
Kallmeyer/*Bearbeiter*	Kallmeyer, Umwandlungsgesetz, Kommentar, 5. Aufl. 2013
KapCoRiLiG	Gesetz zur Durchführung der Richtlinie des Rates der Europäischen Union zur Änderung der Bilanz- und der Konzernbilanzrichtlinie hinsichtlich ihres Anwendungsbereichs (RL 90/605/EWG), zur Verbesserung der Offenlegung von Jahresabschlüssen und zur Änderung anderer handelsrechtlicher Bestimmungen
KapErhG	Kapitalerhöhungsgesetz
KapErhStG	Gesetz über steuerrechtliche Maßnahmen bei Erhöhung des Nennkapitals aus Gesellschaftsmitteln
KfH	Kammer für Handelssachen
KG	Kommanditgesellschaft; Kammergericht
KGaA	Kommanditgesellschaft auf Aktien
KGJ	Jahrbuch für Entscheidungen des Kammergerichts in Sachen der freiwilligen Gerichtsbarkeit
KO	Konkursordnung, aufgehoben

KK-AktG/*Bearbeiter*	Kölner Kommentar zum Aktiengesetz, 3. Aufl., herausgegeben von Zöllner/Noack, 2004 ff.; 2 Aufl., herausgegeben von Zöllner; soweit nicht die 3. Aufl. zitiert wird, ist dies kenntlich gemacht
KK-WpHG/ Bearbeiter	Kölner Kommentar zum WpHG, herausgegeben von Hirte/Möllers, 2. Aufl. 2014
KK-WpÜG/ *Bearbeiter*	Kölner Kommentar zum WpÜG, herausgegeben von Hirte/ v. Bülow, 2. Aufl. 2011
Koller/Kindler/Roth/ Morck	Koller/Kindler/Roth/Morck, HGB, Kommentar, 8. Aufl. 2014
Komm.	Kommentar
KonTraG	Gesetz zur Kontrolle und Transparenz im Unternehmensbereich
Konzern	Der Konzern (Zeitschrift)
krit.	kritisch
Kropff	Kropff, Aktiengesetz. Textausgabe des Aktiengesetzes vom 6.9.1965 mit Begründung des Regierungsentwurfes und Bericht des Rechtsausschusses des Deutschen Bundestages
KStG	Körperschaftsteuergesetz
KTS	Zeitschrift für Konkurs-, Treuhand- und Schiedsgerichtswesen; ab 1989: KTS Zeitschrift für Insolvenzrecht – Konkurs, Treuhand, Sanierung –
Kübler/Assmann GesR	Kübler/Assmann, Gesellschaftsrecht, 6. Aufl. 2006
Langenbucher	Langenbucher, Aktien- und Kapitalmarktrecht, 3. Aufl. 2015
lfd.	laufend
LG	Landgericht
Lit.	Literatur
lit.	litera
LM	Lindenmaier/Möhring, Nachschlagewerk des Bundesgerichtshofes
LöschG	Gesetz über die Auflösung und Löschung von Gesellschaften und Genossenschaften
Ls.	Leitsatz
Bearbeiter in Lutter/ Bayer Holding-HdB	Lutter/Bayer, Holding-Handbuch, 5. Aufl. 2015
Lutter/*Bearbeiter*	Lutter, Umwandlungsgesetz, Kommentar, herausgegeben von Bayer/Vetter, 5. Aufl. 2014
Lutter/Hommelhoff/ Bearbeiter	Lutter/Hommelhoff, GmbH-Gesetz, Kommentar, 18. Aufl. 2012
LSS/*Bearbeiter*	Lutter/Scheffler/Schneider (Hrsg.), Handbuch der Konzernfinanzierung, 1998
LZ	Leipziger Zeitschrift für Deutsches Recht
M&A-Review	M&A-Review (Zeitschrift)
Marsch-Barner/ Schäfer/*Bearbeiter*	Marsch-Barner/Schäfer, Handbuch börsennotierte AG, 3 Aufl. 2014
MDR	Monatsschrift für Deutsches Recht
MgVG	Gesetz zur Umsetzung der Regelungen über die Mitbestimmung der Arbeitnehmer bei einer Verschmelzung von Kapitalgesellschaften aus verschiedenen Mitgliedstaaten

Abkürzungen

Michalski/*Bearbeiter*	Michalski, GmbHG, Kommentar, 2. Aufl. 2011
Mio.	Million(en)
MitbestG	Mitbestimmungsgesetz
mN	mit Nachweisen
MoMiG	Gesetz zur Modernisierung des GmbH-Rechts und zur Bekämpfung von Missbräuchen
MHdB AG/*Bearbeiter*	Münchener Handbuch des Gesellschaftsrechts, Bd. 4, Aktiengesellschaft, herausgegeben von Hoffmann-Becking, 4. Aufl. 2015
MHdB GmbH/*Bearbeiter*	Münchener Handbuch des Gesellschaftsrechts, Bd. 3, GmbH, herausgegeben von Priester/Mayer/Wicke, 4. Aufl. 2012
MKW/*Bearbeiter*	Mülbert/Kiem/Wittig (Hrsg.), 10 Jahre WpÜG, 2011
MüKoAktG/*Bearbeiter*	Münchener Kommentar zum Aktiengesetz, 3. Aufl. 2008 ff., herausgegeben von Goette/Habersack; §§ 1–75, §§ 76–117, MitbestG, DrittelbG, §§ 278–328, SpruchG: 4. Aufl. 2014 ff., herausgegeben von Goette/Habersack
MüKoBGB/*Bearbeiter*	Münchener Kommentar zum Bürgerlichen Gesetzbuch, 6. Aufl. 2012 ff. herausgegeben von Säcker/Rixecker/Oetker/Limperg
MüKoGmbHG/*Bearbeiter*	Münchener Kommentar zum GmbH-Gesetz, herausgegeben von Fleischer/Goette, 2010 ff.; §§ 1–34: 2. Aufl. 2015, herausgegeben von Fleischer/Goette
MüKoHGB/*Bearbeiter*	Münchener Kommentar zum Handelsgesetzbuch, herausgegeben von K. Schmidt, 3. Aufl. 2010 ff.
mwN	mit weiteren Nachweisen
mzN	mit zahlreichen Nachweisen
NachhBG	Nachhaftungsbegrenzungsgesetz
nF	neue Fassung
NJW	Neue Juristische Wochenschrift
NJW-RR	NJW-Rechtsprechungs-Report Zivilrecht
NK-AktR/*Bearbeiter*	Heidel, Aktienrecht und Kapitalmarktrecht, Nomos-Kommentar, 4. Aufl. 2014
Nr.	Nummer
NZG	Neue Zeitschrift für Gesellschaftsrecht
NZI	Neue Zeitschrift für das Recht der Insolvenz und Sanierung
OGH	österreichischer Oberster Gerichtshof
OHG	offene Handelsgesellschaft
ÖJZ	österreichische Juristenzeitung
OLG	Oberlandesgericht; auch Entscheidungen der OLG in Zivilsachen einschließlich der freiwilligen Gerichtbarkeit (seit 1965) bzw. Die Rechtsprechung der OLG auf dem Gebiete des Zivilrechts (bis 1928)
OLGR	Die Rechtsprechung der OLG auf dem Gebiet des Zivilrechts
OLGZ	Entscheidungen der OLG in Zivilsachen einschließlich der freiwilligen Gerichtbarkeit
Palandt/*Bearbeiter*	Palandt, Bürgerliches Gesetzbuch, Kommentar, 74. Aufl. 2015
Prot.	Protokoll
pVV	positive Vertragverletzung
Raiser/Veil KapGesR	Raiser/Veil, Recht der Kapitalgesellschaften, 6. Aufl. 2015
Rn.	Randnummer

RegE	Regierungsentwurf
RG	Reichsgericht
RGZ	Entscheidungen des Reichsgerichts in Zivilsachen
RIW	Recht der internationalen Wirtschaft (Außenwirtschaftsdienst des Betriebs-Beraters)
ROHG	Reichsoberhandelsgericht
ROHGE	Entscheidungen des Reichsoberhandelsgerichts
Roth/Altmeppen/ Bearbeiter	Roth/Altmeppen, GmbH-Gesetz, Kommentar, 8. Aufl. 2015
Rowedder/Schmidt-Leithoff/Bearbeiter GmbHG	Rowedder/Schmidt-Leithoff, GmbH-Gesetz, Kommentar, 5. Aufl. 2013
Rpfleger	Der Rechtspfleger (Zeitschrift)
RPflG	Rechtspflegergesetz
Rspr.	Rechtsprechung
RVG	Rechtsanwaltsvergütungsgesetz
S.	Satz; Seite
s.	siehe
Schäfer/Hamann/ Bearbeiter	Schäfer/Hamann, Kapitalmarktgesetze, Kommentar, Loseblatt, 7. Lieferung 2013
Schlegelberger/ Bearbeiter	Schlegelberger, Handelsgesetzbuch, Kommentar, 5. Aufl. 1973 ff.
K. Schmidt GesR	K. Schmidt, Gesellschaftsrecht, 4. Aufl. 2002
K. Schmidt HandelsR	K. Schmidt, Handelsrecht, 6. Aufl. 2014
K. Schmidt/Bearbeiter	Karsten Schmidt, InsO, Kommentar, 18. Aufl. 2013
K. Schmidt/Lutter/ Bearbeiter	K. Schmidt/Lutter, AktG, Kommentar, 3. Aufl. 2015
Schmitt/Hörtnagl/ Stratz/Bearbeiter	Schmitt/Hörtnagl/Stratz, Umwandlungsgesetz, Umwandlungssteuergesetz, Kommentar, 6. Aufl. 2013
Scholz/Bearbeiter	Scholz, GmbH-Gesetz, Kommentar, 11. Aufl. 2012 ff.
Schwark/Zimmer/ Bearbeiter	Schwark, Kapitalmarktrechts-Kommentar, 4. Aufl. 2010
SE	Societas Europaea
SEAG	Gesetz zur Ausführung der Verordnung (EG) Nr. 2157/2001 des Rates vom 8. Oktober 2001 über das Statut der Europäischen Gesellschaft
SEBG	Gesetz über die Beteiligung der Arbeitnehmer in einer Europäischen Gesellschaft
SEEG	Gesetz zur Einführung der Europäischen Gesellschaft
Seibert MoMiG	Seibert, Gesetz zur Modernisierung des GmbH-Rechts und zur Bekämpfung von Missbräuchen – MoMiG, RWS-Dokumentation 23, 2008.
Semler/Stengel/ Bearbeiter	Semler/Stengel, Umwandlungsgesetz, Kommentar, 3. Aufl. 2012
s.o.	siehe oben
s.u.	siehe unten
SeuffA	Seufferts Archiv für Entscheidungen der obersten Gerichte in den deutschen Staaten
SJZ	Süddeutsche Juristenzeitung

Abkürzungen

Abkürzungsverzeichnis

Soergel/*Bearbeiter*	Soergel, Kommentar zum Bürgerlichen Gesetzbuch mit Einführungsgesetz und Nebengesetzen, 13. Aufl. 1999 ff.; 12. Aufl. 1987 ff.
sog.	sogenannt
Spindler/Stilz/ *Bearbeiter*	Spindler/Stilz, AktG, Kommentar, 3. Aufl. 2015
SpruchG	Gesetz über das gesellschaftsrechtliche Spruchverfahren
Staub/*Bearbeiter*	Staub, Großkommentar zum HGB, §§ 1–342e, §§ 373–376, §§ 383–406, §§ 407–424, §§ 436–442, Bankvertragsrecht I: 5. Aufl., herausgegeben von Canaris/Habersack/Schäfer, 2008 ff.; im Übrigen: 4. Aufl., herausgegeben von Canaris/Schilling/Ulmer, 1983 ff.
Staudinger/*Bearbeiter* .	Staudinger, Kommentar zum Bürgerlichen Gesetzbuch mit Einführungsgesetz und Nebengesetzen, 13. Bearbeitung 1993 ff.
Steinmeyer/*Bearbeiter*	Steinmeyer, WpÜG, Kommentar, 3. Aufl. 2013
str.	streitig
stRspr	ständige Rechtsprechung
StückaktienG	Gesetz über die Zulassung von Stückaktien
SZ	Entscheidungen des öster. OGH in Zivilsachen
Theisen Konzern	Theisen, Der Konzern, 2. Aufl. 2000
TUG	Transparenzrichtlinie-Umsetzungsgesetz
u.	und; unter; unten
ua	unter anderem; und andere(s)
uÄ	und Ähnliche(s)
uam	und andere(s) mehr
überwM	überwiegende Meinung
Ubg	Die Umsatzbesteuerung (Zeitschrift)
Uhlenbruck/ *Bearbeiter*	Uhlenbruck, Insolvenzordnung, Kommentar, 13. Aufl. 2010
UHH/*Bearbeiter*	Ulmer/Habersack/Henssler, Mitbestimmungsrecht, Kommentar, 3. Aufl. 2013
UHL/*Bearbeiter*	Ulmer/Habersack/Löbbe, Großkommentar GmbHG, Bd. 1 (§§ 1–28) und Bd. 2 (§§ 29–52): 2. Aufl. 2013 ff.
UHW/*Bearbeiter*	Ulmer/Habersack/Winter, Großkommentar GmbHG, Bd. 3 (§§ 53–87), 2008
UMAG	Gesetz zur Unternehmensintegrität und Modernisierung des Anfechtungsrechts
umstr.	umstritten
UmwBerG	Gesetz zur Bereinigung des Umwandlungsrechts
UmwG	Umwandlungsgesetz; früher: Gesetz über die Umwandlung von Kapitalgesellschaften
UmwStG	Umwandlungssteuergesetz
unstr.	unstreitig
unzutr.	unzutreffend
usw	und so weiter
uU	unter Umständen
v.	vom; von
VAG	Versicherungsaufsichtsgesetz
Verf.	Verfasser
VerglO	Vergleichsordnung
VersR	Versicherungsrecht
vgl.	vergleiche

VglO	Vergleichsordnung
VGR	Schriftenreihe der Gesellschaftsrechtlichen Vereinigung
VO	Verordnung
Vorb.	Vorbemerkung(en)
Vors.	Vorsitzender
Wachter/*Bearbeiter*	Wachter, AktG, Kommentar, 2. Aufl. 2014
WiB	Wirtschaftsrechtliche Beratung (Zeitschrift)
WiBl.	österr. Wirtschaftliche Blätter
Wicke	Wicke, GmbHG, Kommentar, 3. Aufl. 2016
Wiedemann GesR I/II	Wiedemann, Gesellschaftsrecht, Bd. 1: 1980, Bd. 2: 2004
Wilhelm KapGesR	Wilhelm, Kapitalgesellschaftsrecht, 3. Aufl. 2009
Wilsing/*Bearbeiter*	Wilsing (Hrsg.), DCGK, Kommentar, 2012
Windbichler GesR	Windbichler, Gesellschaftsrecht, 23. Aufl. 2013
WM	Wertpapier-Mitteilungen
wN	weitere Nachweise
WoM	Wohnungswirtschaft und Mietrecht (Zeitschrift)
WP	Wirtschaftsprüfer
WP-HdB	Wirtschaftprüfer-Handbuch, Band I 14. Aufl. 2012; Band II 14. Aufl. 2014
WPg	Die Wirtschaftsprüfung (Zeitschrift)
WpHG	Gesetz über den Wertpapierhandel
WPK-Mitt	Wirtschaftsprüferkammer-Mitteilungen
WpPG	Wertpapierprospektgesetz
WpÜG	Wertpapiererwerbs- und Übernahmegesetz
WpÜG-AV	Verordnung über den Inhalt der Angebotsunterlage, die Gegenleistung bei Übernahmeangeboten und Pflichtangeboten und die Befreiung von der Verpflichtung zur Veröffentlichung und zur Abgabe eines Angebots (WpÜG-Angebotsverordnung)
WuB	Entscheidungssammlung zum Wirtschafts- und Bankrecht
Würdinger AktR	Würdinger, Aktienrecht und das Recht der verbundenen Unternehmen, 4. Aufl. 1981
zB	zum Beispiel
ZBB	Zeitschrift für Bankrecht und Bankwirtschaft
ZBH	Zentralblatt für Handelsrecht
ZfbF	Schmalenbachs Zeitschrift für betriebswirtschaftliche Forschung
ZGR	Zeitschrift für Unternehmens- und Gesellschaftsrecht
ZHR	Zeitschrift für das gesamte Handelsrecht und Wirtschaftsrecht
Ziff.	Ziffer
ZIP	Zeitschrift für Wirtschaftsrecht
zit.	zitiert
ZPO	Zivilprozessordnung
ZRP	Zeitschrift für Rechtspolitik
ZWeR	Zeitschrift für Wettbewerbsrecht
zust.	zustimmend
zT	zum Teil
zutr.	zutreffend
ZVglRWiss	Zeitschrift für vergleichende Rechtswissenschaft

Einleitung

Übersicht

	Rn.		Rn.
I. Gegenstand der Kommentierung	1–15	6. KapCoRLG	26
1. Begriff des Konzernrechts	1	7. ERJuKoG	27
2. Die konzernrechtlichen Regelungen des AktG im Überblick	2–10	8. Übernahmegesetz	28
a) Allgemeine Vorschriften	2, 3	9. TransPuG	29
b) Unternehmensverträge	4, 5	10. Spruchverfahrensneuordnungsgesetz	30
c) Einfache Abhängigkeit	6	11. Gesetz zur Anpassung von Verjährungsvorschriften	31
d) Eingliederung	7	12. Bilanzrechtsreformgesetz	32
e) Ausschluss von Minderheitsaktionären	8	13. UMAG	33
f) Wechselseitige Beteiligung	9	14. EHUG	34
g) Sonstige	10	15. TUG	35
3. Im AktG nicht geregelte Fragen des Konzernrechts	11–13	16. Zweites Gesetz zur Änderung des UmwG	36
a) Konzernbildungskontrolle auf der Ebene der abhängigen Gesellschaft	11	17. FMStG und FMStErgG	37, 38
b) Konzernbildungs- und Konzernleitungskontrolle auf der Ebene des herrschenden Unternehmens	12	18. MoMiG	39
		19. FGG-Reformgesetz	40
c) Qualifizierte Nachteilszufügung	13	20. BilMoG	41
4. Konzernrecht der GmbH	14, 15	21. ARUG	42
II. Historische Entwicklung des Konzernrechts	16–20	22. VkBkmG	42a
1. Aktiengesellschaft	16–19	**IV. Unionsrecht**	43–47
a) Entwicklung bis zum AktG 1937	16	1. Überblick	43
b) AktG 1937	17	2. Realisierte und bevorstehende Maßnahmen der Rechtsangleichung	44
c) AktG 1965	18	3. Europäische Gesellschaft (SE)	45–47
d) Weitere Entwicklung	19	a) Überblick	45
2. GmbH	20	b) SE als abhängiges Unternehmen	46
III. Einfluss der jüngeren Aktienrechtsreformen	21–42a	c) SE als herrschendes Unternehmen	47
1. KonTraG	21	**V. Der Konzern im Steuer-, Bilanz- und Mitbestimmungsrecht**	48–51
2. StückaktienG	22	1. Steuerrecht	48
3. Drittes Finanzmarktförderungsgesetz	23	2. Bilanzrecht	49
4. EGInsO	24	3. Mitbestimmungsrecht	50, 51
5. EuroEG	25		

I. Gegenstand der Kommentierung

1. Begriff des Konzernrechts. Das dritte Buch des AktG handelt von verbundenen 1 Unternehmen. Es versteht darunter Unternehmen, die zwar rechtlich selbstständig, auf der Grundlage bestimmter *gesellschaftsrechtlicher Instrumentarien* aber miteinander verbunden sind. Paradigmatisch ist der Erwerb einer Mehrheitsbeteiligung an einer Gesellschaft durch ein anderes Unternehmen. Die mit einer solchen Beteiligung verbundenen Herrschaftsbefugnisse auf der einen Seite und das anderweitig verfolgte unternehmerische Interesse des Mitglieds auf der anderen Seite begründen die Gefahr, dass das Eigeninteresse der Gesellschaft durch mit ihm nicht parallel laufende Partikularinteressen überlagert und in Frage gestellt ist. Das *Recht der verbundenen Unternehmen* fragt nach der Zulässigkeit und den gesellschaftsrechtlichen Voraussetzungen für die Entstehung solcher Unternehmensverbindungen, vor allem aber nach den Schranken, die der Verfolgung der spezifischen Interessen des Mehrheitsgesellschafters gesetzt sind, schließlich nach den Auswirkungen der Unternehmensverbindung auf die Verfassung der an ihr beteiligten Gesellschaften. Es wird verbreitet und auch im Folgenden als Konzernrecht bezeichnet, mag dies auch im Hinblick auf § 18 Abs. 1 S. 1, dem zufolge der Konzern nur eine von mehreren Formen der Unternehmensverbindung ist, unscharf sein. Konzernrecht ist mithin ein Sammelbegriff für die durch bestimmte Formen der Unternehmensverbindung aufgeworfenen *gesellschaftsrechtlichen Fragen*. Dabei zielen die §§ 291 ff., was ihren unmittelbaren Regelungsgehalt betrifft, zwar primär (aber → Rn. 12) auf den **Schutz** der abhängigen Gesellschaft sowie ihrer Gläubiger und Aktionäre. Indes herrscht weitgehend Einvernehmen darüber, dass diese Vorschriften zumindest insoweit einen **organisationsrechtlichen Gehalt** aufweisen, als sie mit der einfachen Abhängigkeit und dem einfachen („faktischen") Konzern, dem Vertragskonzern und der Eingliederung unterschiedliche Formen der Einbindung der abhängigen Gesellschaft in die Belange des herrschenden Unternehmens zur Verfügung stellen und dabei die für die unverbundene AG geltenden Grundsätze zum Teil erheblich modifizieren (→ § 311 Rn. 77 ff.; zur Frage einer Konzernbildungskontrolle und den damit verbundenen organisationsrechtlichen Fragen → Rn. 11 f.; → Vor § 311 Rn. 1 ff., 31 ff.; zur rechtspolitischen Beurteilung → § 311 Rn. 12).

2   **2. Die konzernrechtlichen Regelungen des AktG im Überblick. a) Allgemeine Vorschriften.** Die §§ 15–19 definieren, gleichsam im Sinne eines Allgemeinen Teils des Konzernrechts, den Begriff der verbundenen Unternehmen (§ 15) und die wesentlichen Formen der Unternehmensverbindung, nämlich Mehrheitsbeteiligung (§ 16), Abhängigkeit (§ 17), Konzern (§ 18) und wechselseitige Beteiligung (§ 19). Die durch Unternehmensvertrag iSd §§ 291 ff. oder durch Eingliederung gemäß §§ 319 ff. hergestellte Unternehmensverbindung ist dagegen als solche nicht in §§ 16 ff. geregelt. § 15 bezeichnet zwar immerhin die Vertragsteile eines Unternehmensvertrags als verbundene Unternehmen; die Eingliederung dagegen ist auch in § 15 nicht genannt und geht insoweit in dem Begriff der Abhängigkeit auf. Allein § 18 Abs. 1 S. 2 bestimmt, dass Unternehmen, zwischen denen ein Beherrschungsvertrag iSd § 291 Abs. 1 S. 1 besteht oder von denen das eine in das andere eingegliedert ist, als unter einheitlicher Leitung zusammengefasst anzusehen sind und damit einen Konzern iSd § 18 Abs. 1 S. 1 bilden. Die Vorschriften der **§§ 15–19 sind rechtsformneutral gefasst;** § 19 betreffend wechselseitig beteiligte Unternehmen setzt freilich die Rechtsform einer Kapitalgesellschaft voraus.

3   Von anderem Zuschnitt sind die Vorschriften der **§§ 20–22.** Sie verpflichten Kapitalgesellschaften zur Mitteilung über das Bestehen einer 25 % übersteigenden Beteiligung an einer AG oder KGaA und sanktionieren die Verletzung dieser Pflichten mit dem Ruhen der Mitgliedschaftsrechte. Deutlich über §§ 20 ff. hinausgehende **Mitteilungspflichten** sind in §§ 21 ff. WpHG vorgesehen (→ Anh. § 22). Die diesbezügliche Abstimmung ist durch das Dritte Finanzmarktförderungsgesetz (→ Rn. 23) erfolgt. Danach finden §§ 20 ff. keine Anwendung auf börsennotierte Gesellschaften iSd § 21 Abs. 2 WpHG; diese Gesellschaften sind vielmehr nach Maßgabe der §§ 21 ff. WpHG mitteilungspflichtig (→ § 20 Rn. 3 ff.).

4   **b) Unternehmensverträge.** Die §§ 291–310 handeln von den Unternehmensverträgen, dh Verträgen, die in die Struktur der Gesellschaft eingreifen und sich dadurch von einem gewöhnlichen Austauschvertrag unterscheiden. Im Vordergrund des praktischen Interesses stehen der Beherrschungs- und der Gewinnabführungsvertrag. Der – keineswegs nur steuerlich motivierte – Abschluss eines Unternehmensvertrags macht die Vertragsteile nach § 15 zu verbundenen Unternehmen (→ Rn. 2). Während aber §§ 15 ff. rechtsformneutral ausgestaltet sind, beziehen sich die §§ 291 ff. auf Unternehmensverträge, bei denen eine **AG oder KGaA als abhängiges oder verpflichtetes Unternehmen** beteiligt ist. Darüber hinaus enthalten diese Vorschriften besondere Regelungen für den Fall, dass das herrschende oder aus dem Unternehmensvertrag berechtigte Unternehmen seinerseits AG oder KGaA ist; im Übrigen sind sie unabhängig von der Rechtsform des herrschenden Unternehmens anwendbar.

5   Was den Inhalt der §§ 291–310 im Einzelnen betrifft, so regeln die §§ 291, 292 zunächst die *Arten von Unternehmensverträgen,* die das AktG zur Verfügung stellt. Der Abschluss, die Änderung und die Beendigung von Unternehmensverträgen sind Gegenstand der §§ 293–299. Der mit dem Abschluss eines Unternehmensvertrags verbundenen **Gefährdung der**

Interessen der abhängigen oder verpflichteten AG, ihrer außenstehenden Aktionäre und ihrer Gläubiger wird durch die §§ 300–307 Rechnung getragen; von besonderer Bedeutung sind insoweit die in § 302 vorgesehene Verpflichtung des herrschenden Unternehmens zum Verlustausgleich und die in §§ 304, 305 geregelten Ausgleichs- und Abfindungsrechte der außenstehenden Aktionäre. §§ 308–310 schließlich regeln die Leitungsmacht und die Verantwortlichkeit des herrschenden Unternehmens bei Bestehen eines Beherrschungsvertrags. Der Abschluss eines solchen Vertrags begründet nach § 18 Abs. 1 S. 2 einen Konzern.

c) Einfache Abhängigkeit. Die Vorschriften der §§ 311–318 regeln ihrem Wortlaut 6 nach den – in § 17 allgemein und rechtsformneutral definierten – Fall der *Abhängigkeit* einer AG oder KGaA von einem anderen Unternehmen. Ihr Anwendungsbereich umfasst aber auch die nicht auf Beherrschungsvertrag oder Eingliederung beruhende *Konzernierung* einer AG oder KGaA (→ § 311 Rn. 2, 8). Während der Abschluss eines Beherrschungsvertrags (→ Rn. 5) das herrschende Unternehmen berechtigt, dem Vorstand der beherrschten Gesellschaft Weisungen zu erteilen, geht mit der Abhängigkeit oder einfachen Konzernierung **keine Konzernleitungsmacht** einher. Die Organisationsverfassung der Gesellschaft wird deshalb durch die Abhängigkeit oder Konzernierung nicht nachhaltig berührt (→ § 311 Rn. 77 ff.). Der Vorstand der Gesellschaft *darf* allerdings einer aus Sicht der Gesellschaft nachteiligen Einflussnahme unter der Voraussetzung nachgehen, dass es zum *Nachteilsausgleich* durch das herrschende Unternehmen kommt. Die §§ 311 ff. nehmen somit eine punktuelle Überlagerung des Eigenwillens der abhängigen oder konzernierten Gesellschaft in Kauf: Dem herrschenden Unternehmen sind nachteilige Einflussnahmen gestattet, sofern es nur die *Vermögensinteressen* der abhängigen oder konzernierten Gesellschaft wahrt.

d) Eingliederung. Die Eingliederung ist in §§ 319–327 geregelt. Sie ist dadurch gekenn- 7 zeichnet, dass die eingegliederte AG zwar als juristische Person fortbesteht, der Hauptgesellschaft aber nach § 323 ein Weisungsrecht erwächst, das über das mit einem Beherrschungsvertrag verbundene Weisungsrecht hinausgeht und der eingegliederten Gesellschaft den Charakter einer **„rechtlich selbstständigen Betriebsabteilung"** verleiht. Das Konzernverhältnis, das nach § 18 Abs. 1 S. 2 durch die Eingliederung begründet wird, kommt deshalb in seinen Wirkungen einer Verschmelzung iSd §§ 2 ff. UmwG durchaus nahe. Im Einzelnen unterscheiden §§ 319 ff. zwischen der Eingliederung einer hundertprozentigen Tochter und der Mehrheitseingliederung; im letzteren Fall kommt es nach §§ 320a, 320b zum Ausscheiden und zur Abfindung der außenstehenden Aktionäre. Die Gläubiger werden vor allem durch § 322 geschützt, dem zufolge die Hauptgesellschaft für sämtliche Verbindlichkeiten der eingegliederten Gesellschaft haftet.

e) Ausschluss von Minderheitsaktionären. Durch Art. 7 Gesetz zur Regelung von 8 öffentlichen Angeboten zum Erwerb von Wertpapieren und von Unternehmensübernahmen (→ Rn. 28) ist das Dritte Buch des AktG um die Vorschriften der §§ 327a ff. betreffend den – gemeinhin als Squeeze out bezeichneten – Ausschluss von Minderheitsaktionären ergänzt worden. Danach ist es demjenigen Aktionär, der über mindestens 95 % der Anteile an einer AG oder KGaA verfügt, erlaubt, die Minderheitsaktionäre gegen Gewährung einer Abfindung aus der Gesellschaft auszuschließen. Die Vorschriften über den Squeeze out lehnen sich zwar an diejenigen über die Mehrheitseingliederung an. Anders als jene setzen §§ 327a ff. allerdings nicht voraus, dass es sich bei dem Mehrheitsaktionär um eine inländische AG oder KGaA (→ § 319 Rn. 6) handelt. Zudem geht mit einem Ausschluss der Minderheitsaktionäre nicht die die Eingliederung kennzeichnende, unter anderem die scharfe Haftung aus § 322 auslösende organisatorische Einbindung der Tochtergesellschaft in das Unternehmen des Hauptgesellschafters einher. Nicht zuletzt hierauf ist es zurückzuführen, dass die praktische Bedeutung der Eingliederung, die bis zur Einfügung der §§ 327a ff. zu einem Gutteil gerade mit Blick auf das mit ihr verbundene Ausscheiden der Minderheitsaktionäre praktiziert wurde, erheblich zurückgegangen ist.

9 **f) Wechselseitige Beteiligung.** Die wechselseitige Beteiligung von Unternehmen in der Rechtsform einer Kapitalgesellschaft ist in §§ 19, 328 geregelt. Unternehmensverbindungen dieser Art bergen aus Sicht der Gläubiger und Aktionäre die Gefahr der **Kapitalverwässerung** und des Aufbaus von **Verwaltungsstimmrechten**. § 19 unterscheidet zwischen der sog. qualifizierten und der einfachen wechselseitigen Beteiligung. Während nach § 19 Abs. 2 und 3 bei qualifizierter wechselseitiger Beteiligung die Vorschriften über abhängige Unternehmen und damit insbesondere §§ 71b ff., 311 ff. zur Anwendung gelangen, begrenzt § 328 Abs. 1 für die einfache wechselseitige Beteiligung die Ausübung der Rechte aus solchen Beteiligungen auf 25 % aller Anteile des jeweils anderen Unternehmens.

10 **g) Sonstige.** Das AktG enthält schließlich zahlreiche Einzelvorschriften mit konzernrechtlichem Bezug. Diese Vorschriften bezwecken überwiegend, die Umgehung allgemeiner Ge- und Verbote durch Hinzuziehung abhängiger Unternehmen zu verhindern und Organisations- und Zuständigkeitsregeln konzernweit fortzuschreiben. Zu nennen sind namentlich die §§ 56 Abs. 2, 71d, 90 Abs. 1 S. 2 und Abs. 3 S. 1, 100 Abs. 2 S. 1 Nr. 2, 115 Abs. 1 S. 2, 131 Abs. 1 S. 2, 134 Abs. 1 S. 4, 145 Abs. 3. Diese Vorschriften stehen jeweils im Zusammenhang mit für die *unverbundene AG* geltenden Normen und lassen einen Bezug zu den genuin konzernrechtlichen Vorschriften der §§ 15 ff., 291 ff. vermissen; sie werden deshalb in dem vorliegenden Kommentar nicht erläutert (aber → Rn. 12).

11 **3. Im AktG nicht geregelte Fragen des Konzernrechts. a) Konzernbildungskontrolle auf der Ebene der abhängigen Gesellschaft.** Die §§ 291 ff., 311 ff. enthalten vor allem Vorschriften zum Schutz der bereits abhängigen oder konzernierten Gesellschaft, ihrer Gläubiger und der außenstehenden Aktionäre. Dagegen sehen sie keinen vorbeugenden Schutz gegen abhängigkeits- oder konzernbegründende Maßnahmen vor. Nach der Konzeption der §§ 311 ff. haben die Aktionäre solche Maßnahmen vielmehr hinzunehmen. Ihre Ergänzung finden die aktienrechtlichen Vorschriften über verbundene Unternehmen allerdings in dem **WpÜG** (→ Rn. 28); namentlich dessen § 35 ermöglicht es den außenstehenden Aktionären einer in die Abhängigkeit geratenen börsennotierten AG, die Gesellschaft gegen angemessene Abfindung zu verlassen. Eine zusammenfassende Darstellung der Konzernbildungskontrolle nebst den einschlägigen Vorschriften des WpÜG findet sich in den Vorbemerkungen zu § 311 (→ Vor § 311 Rn. 1 ff.).

12 **b) Konzernbildungs- und Konzernleitungskontrolle auf der Ebene des herrschenden Unternehmens.** Die aktienrechtlichen Vorschriften über verbundene Unternehmen verstehen sich in erster Linie als Vorschriften zum Schutz der *abhängigen* AG oder KGaA. Immerhin tragen aber §§ 293 Abs. 2, 319 Abs. 2 dem Umstand Rechnung, dass der Abschluss eines Beherrschungs- oder Gewinnabführungsvertrags und die Eingliederung auch aus Sicht des herrschenden Unternehmens und seiner Mitglieder außergewöhnliche und mit wirtschaftlichen Risiken verbundene Vorgänge darstellen. Darüber hinaus ist es heute weithin anerkannt, dass die Perspektive des AktG zu eng ist und der Ergänzung um Regeln über die Konzernbildungs- und Konzernleitungskontrolle auf der Ebene des herrschenden Unternehmens bedarf. Diese Fragen werden in den Vorbemerkungen zu § 311 (→ Rn. 31 ff.) angesprochen. Weitergehende Überlegungen, das Konzernrecht zu einem umfassenden **Organisationsrecht** des Konzerns als eines rechtlich gegliederten Unternehmens fortzuentwickeln,[1] setzen vor allem bei den Befugnissen und Pflichten der Organwalter des herrschenden Unternehmens, also beim „Konzernvorstand" und „Konzernaufsichtsrat" an und können im Rahmen der vorliegenden Kommentierung nicht im Einzelnen aufgegriffen werden (→ Vor § 311 Rn. 1 ff.; → § 311 Rn. 8 ff., 87).[2]

---

[1] Grdl. *Lutter* FS Westermann, 1974, 347 ff.; ihm folgend und weiterführend *Hommelhoff*, Die Konzernleitungspflicht, 1982, 35 ff.; *U. H. Schneider* BB 1981, 249 ff.; *Timm* AG 1980, 172 ff.

[2] Dazu neben *Lutter* FS Westermann, 1974, 347 ff., *Hommelhoff*, Die Konzernleitungspflicht, 1982, 35 ff., *U. H. Schneider* BB 1981, 249 ff. und *Timm* AG 1980, 172 ff. insbes. noch *Amstutz* Konzernorganisationsrecht, 1993; *Ehricke* ZGR 1996, 300 ff.; *Mülbert*, Aktiengesellschaft, Unternehmensgruppe und Kapitalmarkt, 2. (unveränderte) Aufl. 1996, 17 ff.; *K. Schmidt* FS Druey, 2002, 551 (555 ff.).

c) Qualifizierte Nachteilszufügung. Der durch §§ 311 ff. bezweckte Schutz der 13 abhängigen Gesellschaft, ihrer Gläubiger und der außenstehenden Aktionäre (→ Rn. 6) steht und fällt mit der **Funktionsfähigkeit des Systems des Nachteilsausgleichs.** Er lässt sich nicht verwirklichen, wenn das herrschende Unternehmen die abhängige Gesellschaft in einer Weise leitet, dass sich einzelne nachteilige Maßnahmen nicht mehr isolieren oder in ihren Folgen für die Gesellschaft bewerten lassen. Nimmt das herrschende Unternehmen jenseits der Funktionsvoraussetzungen der §§ 311 ff. Leitungsmacht in Anspruch, so ist der dadurch begründeten Gefährdung der abhängigen Gesellschaft und ihrer Außenseiter durch entsprechende Anwendung zentraler Vorschriften über den Vertragskonzern (→ Rn. 4, 5) Rechnung zu tragen. Tatbestand und Rechtsfolgen einer solchen „qualifizierten Nachteilszufügung" sind in → Anh. § 317 Rn. 1 ff. dargestellt.

4. Konzernrecht der GmbH. Anders als das AktG kennt das GmbHG keine Vorschrif- 14 ten über verbundene Unternehmen. Ungeachtet dessen ist die GmbH, nicht zuletzt auf Grund ihrer Organisationsverfassung, häufig in einem Unternehmensverbund einbezogen, und zwar sowohl als abhängiges als auch als herrschendes Unternehmen. Dies legt auf den ersten Blick die Frage einer analogen Anwendung der aktienrechtlichen Vorschriften über verbundene Unternehmen nahe. Tatsächlich ist allerdings zu differenzieren (→ Anh. § 318 Rn. 1 ff.): Während die Vorschriften der *§§ 15–19* rechtsformneutral gefasst sind (→ Rn. 2) und deshalb unzweifelhaft auch auf die GmbH Anwendung finden,[3] sind die *§§ 311–318* ihrem Wortlaut nach nur auf die von einem Unternehmen abhängige AG oder KGaA anwendbar. Die ganz hM lehnt denn auch eine entsprechende Anwendung dieser Vorschriften ab und begegnet den mit der Abhängigkeit oder Konzernierung verbundenen Gefahren mit den *allgemeinen gesellschaftsrechtlichen Instrumentarien,* darunter insbesondere der Bindung des herrschenden Gesellschafters an den Gesellschaftszweck und der Treupflicht. Unmittelbar anwendbar sind die §§ 311 ff. allerdings, wenn eine AG oder KGaA von einer GmbH abhängig ist. Was die Vorschriften der *§§ 291 ff.* über Unternehmensverträge betrifft, so sind sie unmittelbar auf die GmbH anwendbar, soweit es sich bei dem beherrschten oder zur Erbringung der vertragstypischen Leistung verpflichteten Unternehmen um eine AG handelt (→ Rn. 4). Im Übrigen sind sie auf die GmbH entsprechend anwendbar, freilich mit dem Vorbehalt rechtsformspezifischer Besonderheiten. Die Grundsätze über die *„qualifizierte faktische Unternehmensverbindung"* (→ Rn. 13) sind zunächst am Beispiel der GmbH entwickelt worden; inzwischen sind sie allerdings zumindest für die Einpersonen-GmbH aufgegeben und durch die – konzernunabhängige – „Existenzvernichtungshaftung" des Gesellschafters ersetzt worden (→ Anh. § 318 Rn. 34 ff.). Die Vorschriften über die *Eingliederung* und den *Ausschluss von Minderheitsaktionären* (→ Rn. 7 f.) schließlich sind auf die AG beschränkt und finden im GmbH-Recht keine Entsprechung (→ § 319 Rn. 5 f.; → § 327a Rn. 5).

Was den **Gang der Darstellung** betrifft, so bietet es sich angesichts der vorstehend 15 skizzierten Ausgangslage an, im Rahmen der Kommentierung der §§ 15–19[4] und der §§ 291–310 jeweils auch die Rechtslage bei Beteiligung einer GmbH darzustellen. Die Frage einer Konzernbildungskontrolle und die Grundsätze über die abhängige oder konzernierte GmbH einschließlich der Haftung des alleinigen Gesellschafters für existenzvernichtende Eingriffe bilden den Gegenstand des Anhangs zu § 318 (→ Anh. § 318 Rn. 1 ff.).

II. Historische Entwicklung des Konzernrechts

1. Aktiengesellschaft. a) Entwicklung bis zum AktG 1937. Ungeachtet der bereits 16 in der zweiten Hälfte des 19. Jahrhunderts zu verzeichnenden Unternehmenskonzentration wurden die mit der Abhängigkeit von Gesellschaften verbundenen Rechtsfragen erst nach

---
[3] Die Mitteilungspflichten nach §§ 20 ff. gelten für die GmbH, wenn es sich bei der anderen Gesellschaft um eine AG handelt; iE → § 20 Rn. 1 ff.; → § 21 Rn. 1 ff.
[4] Die Mitteilungspflichten nach §§ 20 ff. gelten für die GmbH, wenn es sich bei der anderen Gesellschaft um eine AG handelt; iE → § 20 Rn. 1 ff.; → § 21 Rn. 1 ff.

dem Ende des 1. Weltkriegs erörtert.[5] Der Entwicklung auf dem Gebiet des Kartellrechts vergleichbar, ja durch die grundsätzliche Erlaubnis der Kartellierung und Konzentration nachgerade gefördert,[6] standen freilich die organisationsrechtlichen Fragen im Zusammenhang mit dem Aufbau von Unternehmensgruppen ganz im Vordergrund des Interesses. Aufgabe der Kautelarjurisprudenz war es, die Rechts- und Beteiligungsformen des Gesellschaftsrechts für die Konzentrations- und Kartellierungsbestrebungen fruchtbar zu machen.[7] Auch die Notverordnung vom 19.9.1931 beschränkte sich auf die Regelung einiger Randfragen des Konzernrechts.[8]

17 b) **AktG 1937.** Auch das AktG 1937 verzichtete auf eine umfassende Regelung des Konzernrechts; es beschränkte sich vielmehr auf die Regelung von Einzelfragen. Hervorzuheben sind die Konzerndefinition des § 15 und die Vorschrift des § 256, der zufolge insbesondere der Abschluss eines Gewinnabführungsvertrags der Zustimmung der Hauptversammlung der verpflichteten Gesellschaft mit qualifizierter Mehrheit bedurfte.[9] Der Einflussnahme des herrschenden Unternehmens auf die abhängige Gesellschaft wurden dagegen allein durch die – dem heutigen § 117 entsprechende – Vorschrift des § 101 Grenzen gesetzt.[10]

18 c) **AktG 1965.** Schon bald nach dem Ende des 2. Weltkrieges setzte sich die Überzeugung durch, dass es einer umfassenden Reform und Kodifizierung des Konzernrechts bedürfe.[11] Inhaltlich herrschte weitgehend Einvernehmen darüber, dass Konzerninteressen eine Schädigung der abhängigen Gesellschaft, ihrer Gläubiger und der außenstehenden Aktionäre nicht zu rechtfertigen vermögen.[12] Der 1958 vorgelegte Referentenentwurf verfolgte die Tendenz, faktische, also nicht durch Beherrschungsvertrag legitimierte Leitungsmacht nach Möglichkeit zurückzudrängen; eine dem Interesse der abhängigen Gesellschaft zuwider laufende Geschäftsführung sollte mit anderen Worten grundsätzlich verboten sein.[13] Aus diesem Grund sah der Entwurf in seinem § 284 eine scharfe **Erfolgshaftung** desjenigen vor, der als gesetzlicher Vertreter, Inhaber oder Angestellter des herrschenden Unternehmens die abhängige Gesellschaft durch Weisung zu einer Maßnahme der Geschäftsführung bestimmt. Der Regierungsentwurf hat diese Grundhaltung aufgegeben und sich für das Modell des auf die einzelne Maßnahme bezogenen **Nachteilsausgleichs** entschieden, das im weiteren Verlauf des Gesetzgebungsverfahren noch um die Zulässigkeit des gestreckten Nachteilsausgleichs ergänzt worden ist (→ § 311 Rn. 5, 7). Was die Vorschriften über Unternehmensverträge betrifft, so konnte der

---

[5] Vgl. namentlich *Haussmann*, Die Tochtergesellschaft, 1923; *ders.*, Grundlegung des Rechts der Unternehmenszusammenfassungen, 1926; *Friedländer*, KonzernR, 1927; *Hamburger* FS Seckel, 1927, 261 ff.; *Kronstein*, Die abhängige juristische Person, 1931; zuvor bereits *Isay*, Das Recht am Unternehmen, 1910, 96 ff. Eingehend zur Entwicklung des Konzernrechts Bayer/Habersack/*Altmeppen* Bd. II Kap. 23; *Hommelhoff*, Die Konzernleitungspflicht, 1982, 1 ff.; *Nörr* ZHR 150 (1986), 155 (168 ff.); *Spindler*, Recht und Konzern, 1993, passim; Bayer/Habersack/*ders.* Bd. I Kap. 13 Rn. 146 ff.
[6] S. den Überblick bei *Emmerich* KartellR, 13. Aufl. 2014, § 2 Rn. 1 ff. mwN.
[7] *Nörr* ZHR 150 (1986), 150 (168 ff.), dort auch zu dem vom Steuerrecht (→ Rn. 36) ausgehenden Einfluss.
[8] Notverordnung des Reichspräsidenten über Aktienrecht vom 19.9.1931, RGBl. I 493; dazu Bayer/Habersack/*Engelke/Maltschew* Bd. I Kap. 14.
[9] Zur Frage der Fortgeltung der unter Geltung des AktG 1937 geschlossenen Verträge s. BGH NJW 1960, 721 (722); für den in § 256 AktG 1937 nicht ausdrücklich genannten Beherrschungsvertrag s. OLG Karlsruhe NJW 1967, 831 f.; OLG Frankfurt AG 1988, 267 (271).
[10] Eingehend *Geßler* FS W. Schmidt, 1959, 247 (256 ff.); s. ferner Bayer/Habersack/*Bayer/Engelke* Bd. II Kap. 15 Rn. 87.
[11] Näher *Geßler* FS W. Schmidt, 1959, 257 ff.; *Hommelhoff*, Die Konzernleitungspflicht, 1982, 29 ff.; Bayer/Habersack/*Kropff* Bd. I Kap. 16 Rn. 90 ff.; *Dettling*, Die Entstehungsgeschichte des Konzernrechts im Aktiengesetz von 1965, 1997, insbes. 83 ff.
[12] Vgl. namentlich *Filbinger*, Die Schranken der Mehrheitsherrschaft im Aktienrecht und Konzernrecht, 1942, 57 ff.; *v. Godin/Wilhelmi* 2. Aufl. § 101 AktG Anm. 6; s. ferner Begr. RegE bei *Kropff* AktG 407.
[13] Umfassend zur Entstehungsgeschichte des Aktienkonzernrechts *Dettling*, Die Entstehungsgeschichte des Konzernrechts im Aktiengesetz von 1965, 1997, insbes. 132 ff., 213 ff.; s. ferner *Kropff* ZHR 161 (1997), 857 ff.; Bayer/Habersack/*ders.* Bd. I Kap. 16 Rn. 90 ff., 554 ff.

II. Historische Entwicklung des Konzernrechts

Gesetzgeber des Jahres 1965 nicht nur auf die Vorschrift des § 256 AktG 1937 betreffend den Gewinnabführungsvertrag, sondern auch auf ein reichhaltiges Schrifttum zum – in der Praxis vor 1965 einen Bestandteil des Gewinnabführungsvertrags bildenden – Beherrschungsvertrag und zu sonstigen Unternehmensverträgen zurückgreifen.[14] Die in §§ 319 ff. geregelte Eingliederung ist dagegen eine Neuschöpfung des Gesetzgebers des Jahres 1965.

d) Weitere Entwicklung. In der Folgezeit sind die §§ 291 ff., 319 ff. vor allem (→ Rn. 21 ff.) durch das **Gesetz zur Bereinigung des Umwandlungsrechts** vom 28.10.1994 geändert worden.[15] Mit ihm sind insbesondere die §§ 293a–293g eingefügt und damit die aus dem Recht der Verschmelzung bekannten Berichts- und Prüfungspflichten auf den Abschluss von Unternehmensverträgen erstreckt worden (→ § 293a Rn. 1 ff.). Des Weiteren sind die §§ 319 ff. nicht unerheblich geändert worden (→ § 319 Rn. 1). Stärker noch als der Gesetzgeber haben allerdings Rechtsprechung und Lehre zur Fortentwicklung des Konzernrechts der AG beigetragen. Neben der Etablierung der qualifizierten faktischen Unternehmensverbindung (→ Rn. 13) ist insoweit vor allem die Herausbildung von Grundsätzen über die Konzernbildungskontrolle auf der Ebene sowohl des abhängigen als auch der herrschenden Unternehmens zu nennen (→ Rn. 11 f.). **19**

2. GmbH. Das GmbHG enthält bis heute keine Vorschriften über verbundene Unternehmen. Der Regierungsentwurf einer („großen") GmbH-Novelle 1971/1973[16] sah zwar einen an das Dritte Buch des AktG angelehnten Abschnitt über „verbundene Unternehmen" vor. Nach dem Scheitern der Reform[17] beschränkte sich die **GmbH-Novelle 1980**[18] jedoch bewusst auf die Regelung einiger als vordringlich angesehenen Fragen betreffend die unverbundene GmbH. Entsprechendes gilt für das Gesetz zur Modernisierung des GmbH-Rechts und zur Bekämpfung von Missbräuchen **(MoMiG)**; es hat neben dem AktG und der InsO vor allem das GmbH-Recht nicht unwesentlich geändert, den auf die unverbundene Gesellschaft gerichteten Ansatz des Gesetzes indes beibehalten.[19] Mit dem Verzicht auf eine Kodifizierung des GmbH-Konzernrechts wollte der Gesetzgeber indes keinesfalls zum Ausdruck bringen, dass etwa bestehende Lücken des GmbH-Rechts nicht durch analoge Anwendung aktienrechtlicher Vorschriften oder durch **richterliche Rechtsfortbildung** geschlossen werden sollten.[20] Der *II. Zivilsenat* des BGH hat es denn auch übernommen, durch richtungsweisende Entscheidungen kontinuierlich ein GmbH-Konzernrecht zu entwickeln.[21] **20**

---

[14] Vgl. namentlich *Flume* DB 1956, 457 und 672; *Duden* BB 1957, 49 und 1230; *A. Hueck* DB 1959, 223; *Mestmäcker*, Verwaltung, Konzerngewalt und Rechte der Aktionäre, 1958.

[15] BGBl. I 3210; s. dazu auch Begr. RegE, BT-Drs. 12/6699.

[16] BT-Drs. 6/3088 = BT-Drs. 7/253.

[17] Zu den Gründen s. namentlich *Ballerstedt* ZHR 135 (1971), 383 (400 ff.).

[18] BT-Drs. 8/1347.

[19] Zum MoMiG → Rn. 39; ferner RegE, BR-Drs. 354/07 = ZIP 2007, Beilage zu Heft 23; *Goette*, Einführung in das neue GmbH-Recht, 2008; *Goette/Habersack* (Hrsg.), Das MoMiG in Wissenschaft und Praxis, 2009; zum Regierungsentwurf *Noack* DB 2007, 1395 ff.; zum Referentenentwurf *Seibert* ZIP 2006, 1157 ff.; *Noack* DB 2006, 1475 ff.

[20] Zum beschränkten Reformziel der Novelle 1980 s. Begr. RegE, BT-Drs. 8/1347, 27 sub II.; zur Berechtigung der Rechtsprechung zur Rechtsfortbildung im GmbH-Konzernrecht s. *Boujong* FS Brandner, 1996, 23 ff. einerseits, *Kleinert* FS Helmrich, 1994, 667 ff. andererseits.

[21] Marksteine der Entwicklung sind BGHZ 65, 15 = NJW 1976, 191 betreffend die einfache Abhängigkeit (→ Anh. § 318 Rn. 22 ff.); BGHZ 105, 324 = NJW 1989, 295 betreffend den Vertragskonzern (dazu die Erl. zu §§ 291 ff.); BGHZ 95, 330 = NJW 1986, 188 und BGHZ 122, 123 = NJW 1993, 1200 betreffend die qualifizierte faktische Unternehmensverbindung (→ Anh. § 317 Rn. 1 ff.); BGHZ 149, 10 = NJW 2001, 3622 und BGHZ 151, 181 = NZG 2002, 914 betreffend die Ersetzung der Haftung aus qualifizierter faktischer Konzernierung durch die (Außen-)Haftung für existenzvernichtenden Eingriff (→ Anh. § 318 Rn. 3, 33 ff.); BGHZ 173, 246 = ZIP 2007, 1552 betreffend die Ersetzung der Durchgriffshaftung wegen existenzvernichtenden Eingriffs durch eine auf § 826 BGB gründende Innenhaftung (→ Anh. § 318 Rn. 33 ff.); BGHZ 89, 162 (165 ff.) = NJW 1984, 1351 betreffend das Wettbewerbsverbot des herrschenden Unternehmens (→ Anh. § 318 Rn. 16 ff.); zur Entwicklung s. auch *Döser* AG 2003, 406 ff.

III. Einfluss der jüngeren Aktienrechtsreformen

21 **1. KonTraG.** Eine Reihe von Änderungen haben die §§ 15 ff., 291 ff. durch einige der jüngeren Reformgesetze erfahren.[22] Was zunächst das Gesetz zur Kontrolle und Transparenz im Unternehmensbereich vom 27.4.1998[23] betrifft, so ist in **§§ 293b Abs. 1, 320 Abs. 3 S. 1** klargestellt worden, dass die Prüfung des Unternehmensvertrags und der Eingliederung auch durch einen gemeinsamen Prüfer aller beteiligten Unternehmen erfolgen kann. Damit im Zusammenhang steht der neue **§ 293c Abs. 1 S. 2,** dem zufolge der Vorstand der abhängigen Gesellschaft die Vertragsprüfer für alle vertragsschließenden Unternehmen gemeinsam bestellen kann. Die Entscheidung nach § 293c Abs. 1 S. 1 erlässt nach **§ 293c Abs. 1 S. 4 nF** der Vorsitzende der KfH, soweit eine solche bei dem zuständigen Landgericht gebildet ist. Des Weiteren ist in **§ 315 S. 2** ein neuer Sonderprüfungstatbestand aufgenommen worden. Schließlich ist **§ 328** um einen neuen Abs. 3 ergänzt worden; danach kann in der Hauptversammlung einer börsennotierten Gesellschaft ein Unternehmen, dem die wechselseitige Beteiligung gemäß § 328 Abs. 1 bekannt ist, sein Stimmrecht zur Wahl von Mitgliedern in den Aufsichtsrat nicht ausüben. Die durch das KonTraG herbeigeführten Änderungen des AktG sind am 1.5.1998 in Kraft getreten.

22 **2. StückaktienG.** Die durch Gesetz über die Zulassung von Stückaktien vom 25.3.1998[24] erfolgte Zulassung (unechter) nennwertloser Aktien hat zu einer Reihe von **Folgeänderungen** in §§ 15 ff., 291 ff. geführt. Betroffen sind §§ 16 Abs. 2 S. 1 und 2, 19 Abs. 1 S. 1, 20 Abs. 3, 21 Abs. 1 S. 1, 304 Abs. 1 S. 1, Abs. 2 S. 2 und 3 und 320 Abs. 1 S. 1. Ganz überwiegend handelt es sich um Änderungen, die den auf die Nennbetragsaktie abstellenden Wortlaut der genannten Vorschriften der nunmehr eröffneten Möglichkeit zur Einführung von nennwertlosen Aktien anpassen. Anderes gilt für die Änderung der §§ 16, 19–21; sie tragen dem Umstand Rechnung, dass es die Rechtsform der bergrechtlichen Gewerkschaft nicht mehr gibt.[25] Das StückaktienG ist am 1.4.1998 in Kraft getreten.

23 **3. Drittes Finanzmarktförderungsgesetz.** Das Gesetz zur weiteren Fortentwicklung des Finanzplatzes Deutschland vom 24.3.1998[26] hat die Vorschriften der **§§ 20, 21** betreffend die Mitteilungspflichten (→ Rn. 3) nicht unerheblich geändert. Davon betroffen sind zunächst die Vorschriften der §§ 20 Abs. 7, 21 Abs. 4 über die Rechte aus Aktien, die einem mitteilungspflichtigen Unternehmen gehören. Vor allem aber ist der Anwendungsbereich der §§ 20, 21 dahin gehend eingeschränkt worden, dass *börsennotierte* Gesellschaften iSd § 21 Abs. 2 WpHG nunmehr ausschließlich nach Maßgabe der §§ 21 ff. WpHG mitteilungspflichtig sind. Die Änderungen sind am 1.4.1998 in Kraft getreten.

24 **4. EGInsO.** Das Einführungsgesetz zur Insolvenzordnung vom 5.10.1994 (BGBl. I 2911) hat den Wortlaut der §§ 302 Abs. 3 S. 2, 303 Abs. 2, 309 Abs. 3 S. 2, Abs. 4 S. 5 und 321 Abs. 2 der Terminologie der Insolvenzordnung angepasst. Diese Änderungen sind nach Art. 110 Abs. 1 EGInsO am 1.1.1999 in Kraft getreten.

25 **5. EuroEG.** Das Gesetz zur Einführung des Euro vom 9.6.1998[27] enthält die zum Beginn der dritten Stufe der Europäischen Währungsunion am 1.1.1999 erforderlichen Rechtsän-

---

[22] Das Handelsrechtsreformgesetz vom 22.6.1998 (BGBl. I 1474), das Gesetz zur Namensaktie und zur Erleichterung der Stimmrechtsausübung vom 18.1.2001 (BGBl. I 123) und das Vierte Finanzmarktförderungsgesetz vom 21.6.2002 (BGBl. I 2010) haben das Recht der verbundenen Unternehmen unberührt gelassen; auch die Aktienrechtsnovelle 2016 sieht keine Änderungen des Rechts der verbundenen Unternehmen vor, s. Begr. RegE, BR-Drs. 22/15; Beschlussempfehlung des Rechtsausschusses, BT-Drs. 18/6681; *Götze/Nartowska* NZG 2015, 298 ff. – Zur Entwicklung des Aktienrechts im Allgemeinen s. Bayer/Habersack/*Habersack/ Schürnbrand* Bd. I Kap. 17; *Habersack* AG 2009, 1 ff.; *Ulmer* AcP 202 (2002), 143 ff.
[23] BGBl. I 786; s. dazu auch Begr. RegE, BR-Drs. 872/97; ferner Beschlussempfehlung des Rechtsausschusses, ZIP 1998, 487 ff.
[24] BGBl. I 590; s. dazu auch Begr. RegE, BR-Drs. 871/97.
[25] Vgl. Art. 2 Gesetz über den Sozialplan im Konkurs- und Vergleichsverfahren und des Bundesberggesetzes vom 20.12.1988, BGBl. I 2450.
[26] BGBl. I 529; s. ferner Begr. RegE, BR-Drs. 605/97.
[27] BGBl. I 1242; dazu Begr. RegE, BR-Drs. 725/97.

derungen zur reibungslosen Einführung des Euro. Mit ihm wurden namentlich das Gesellschafts- und Bilanzrecht für die Verwendung des Euro geöffnet.[28] Aus dem Bereich des Rechts der verbundenen Unternehmen war allein die durch das KonTraG eingefügte Vorschrift des **§ 315 S. 2** (→ Rn. 17) betroffen. Die darin enthaltenen Wörter „einer Million Deutsche Mark" sind durch die Angabe „500.000 Euro" ersetzt worden. Diese Änderung ist nach Art. 16 EuroEG am 1.1.1999 in Kraft getreten. Von diesem Zeitpunkt an lief eine dreijährige Übergangszeit; die Einzelheiten der Umstellung des Grundkapitals sind in §§ 1 ff. EGAktG geregelt. Durch das UMAG ist § 315 S. 2 erneut geändert worden (→ Rn. 33).

6. KapCoRLG. Das am 9.3.2000 in Kraft getretene Kapitalgesellschaften- und Co-Richtlinie-Gesetz[29] hat zwar die §§ 313, 314 nicht unerheblich geändert. Die Änderungen holen jedoch nur die – im Rahmen des KonTraG (→ Rn. 21) versehentlich unterbliebene – **Anpassung der §§ 313, 314** an die entsprechenden Vorschriften über den Jahresabschluss nach. Im Einzelnen bestimmt nun § 313 Abs. 2 S. 3, dass der Bericht des Abschlussprüfers über den Abhängigkeitsbericht unmittelbar dem Aufsichtsrat vorzulegen ist. Daran anknüpfend schreibt § 314 Abs. 1 vor, dass der Vorstand nur noch den Abhängigkeitsbericht dem Aufsichtsrat vorzulegen hat, ferner, dass dieser Bericht und der Prüfungsbericht des Abschlussprüfers jedem Aufsichtsratsmitglied oder den Mitgliedern eines entsprechenden Ausschusses auszuhändigen sind. § 313 Abs. 4 schließlich sieht nun die obligatorische Teilnahme des Abschlussprüfers an den Verhandlungen über den Abhängigkeitsbericht vor.

7. ERJuKoG. Art. 5 des am 11.12.2001 in Kraft getretenen Gesetzes über elektronische Register und Justizkosten für Telekommunikation vom 10.12.2001[30] hat in **§ 294 Abs. 1 S. 1** einen neuen Hs. satz 2 eingefügt, wonach im Falle des Bestehens einer **„Vielzahl" von Teilgewinnabführungsverträgen** anstelle des Namens des anderen Vertragsteils auch eine sonstige Bezeichnung vorgenommen werden kann, die den jeweiligen Teilgewinnabführungsvertrag konkret bestimmt (→ § 294 Rn. 12).

8. Übernahmegesetz. Durch Art. 7 des am 1.1.2002 in Kraft getretenen Gesetzes zur Regelung von öffentlichen Angeboten zum Erwerb von Wertpapieren und Unternehmensübernahmen vom 20.12.2001[31] ist in das Dritte Buch des AktG ein neuer Vierter Teil über den **Ausschluss von Minderheitsaktionären** eingefügt worden (→ Rn. 8). Die Nummerierung des nachfolgenden Titels betreffend wechselseitig beteiligte Unternehmen und diejenige des – zwischenzeitlich allerdings gegenstandslos gewordenen[32] – Titels betreffend die Rechnungslegung im Konzern haben sich dementsprechend geändert. Das Übernahmerichtlinie-Umsetzungsgesetz vom 8.7.2006 (BGBl. I 1426) hat mit den §§ 39a ff. WpÜG den §§ 327a ff. einen spezifisch übernahmerechtlichen Squeeze- und Sell out zur Seite gestellt (→ § 327a Rn. 3).

9. TranspuG. Das Gesetz zur weiteren Reform des Aktien- und Bilanzrechts, zu Transparenz und Publizität (TranspuG) vom 19.7.2002 (BGBl. I 2681) hat das Dritte Buch des AktG in zweifacher Hinsicht gestreift. Sein Art. 1 Nr. 26 hat zunächst **§ 337 AktG aufgehoben;** die entsprechenden Vorschriften über den Konzernabschluss und den Konzernlagebericht finden sich nunmehr in §§ 131 Abs. 1 S. 4, 170 Abs. 1 S. 2, 175 Abs. 1 S. 1, Abs. 2 S. 3, Abs. 3 S. 1. Durch Art. 1 Nr. 6 TranspuG ist zudem § 314 Abs. 1 S. 2 dahin geändert worden, dass Abhängigkeitsbericht und Prüfungsbericht des Abschlussprüfers den Mitgliedern des Aufsichtsrats nicht mehr „auszuhändigen", sondern „zu übermitteln" sind.

---

[28] Eingehend *Seibert* ZGR 1998, 1 ff.; *Ihrig/Streit* NZG 1998, 201 ff.; *Ernst* ZGR 1998, 20 ff.
[29] Gesetz zur Durchführung der Richtlinie des Rates der Europäischen Union zur Änderung der Bilanz- und Konzernabschlussrichtlinie hinsichtlich ihres Anwendungsbereichs (RL 90/605/EWG), zur Verbesserung der Offenlegung von Jahresabschlüssen und zur Änderung anderer handelsrechtlicher Bestimmungen vom 24.2.2000, BGBl. I 154.
[30] BGBl. I 3422; s. dazu auch Begr. RegE, BT-Drs. 14/6855, 21 f.
[31] BGBl. I 3822; zu dem durch Art. 1 des Gesetzes geschaffenen WpÜG → Vor § 311 Rn. 10 ff.
[32] § 337 AktG ist durch Art. 1 Nr. 26 TranspuG aufgehoben worden (→ Rn. 29).

30 **10. Spruchverfahrensneuordnungsgesetz.** Erhebliche Änderungen der §§ 291 ff. hat das am 1.9.2003 in Kraft getretene Gesetz zur Neuordnung des gesellschaftsrechtlichen Spruchverfahrens vom 12.6.2003 (BGBl. I 837) bewirkt. Sein wichtigster Bestandteil ist das in Art. 1 enthaltene, durch das SEEG nicht unerheblich geänderte Gesetz über das gesellschaftsrechtliche Spruchverfahren (SpruchG), das die bislang im AktG und im UmwG vorgesehenen Vorschriften über das Spruchverfahren zusammenfasst und zum Teil auch modifiziert; es ist im Anhang zu § 328 kommentiert. Die sich für das AktG und das UmwG ergebenden Folgeänderungen sind in Art. 2 und 4 Spruchverfahrensneuordnungsgesetz enthalten. Hervorzuheben ist die Aufhebung des § 306, ferner, dass die Vertrags- und Eingliederungsprüfer nach §§ 293c Abs. 1 S. 1, 320 Abs. 3 S. 3 AktG nunmehr generell vom Gericht ausgewählt und bestellt werden. Bei den gleichfalls vorgesehenen Änderungen der §§ 304, 305, 320b, 327f handelt es sich dagegen um durch Aufhebung des § 306 bedingte Folgeänderungen. Wegen sämtlicher Einzelheiten ist auf die Erläuterungen zu den genannten Vorschriften sowie auf den Anhang zu § 328 zu verweisen.

31 **11. Gesetz zur Anpassung von Verjährungsvorschriften.** Durch das Gesetz zur Anpassung von Verjährungsvorschriften an das Gesetz zur Modernisierung des Schuldrechts vom 9.12.2004 (BGBl. I 3214)[33] sind die außerhalb des BGB geregelten Verjährungstatbestände an das neue Verjährungsrecht des BGB angepasst worden. Zu diesem Zweck ist in § 302 ein neuer Abs. 4 angefügt und § 327 Abs. 4 neu gefasst worden (→ § 302 Rn. 3, 42 ff.; → § 327 Rn. 1, 14 f.).

32 **12. Bilanzrechtsreformgesetz.** Das Gesetz zur Einführung internationaler Rechnungslegungsstandards und zur Sicherung der Qualität der Abschlussprüfung vom 4.12.2004 (BGBl. I 3166) hat die den Abschlussprüfer betreffenden Unabhängigkeitsregelungen neu gefasst (§§ 319, 319a HGB, → § 313 Rn. 3) und in der Folge den Verweis in § 293d Abs. 1 S. 1 auf diese Vorschriften entsprechend angepasst (→ § 293d Rn. 3 ff.).

33 **13. UMAG.** Das Gesetz zur Unternehmensintegrität und Modernisierung des Anfechtungsrechts vom 22.9.2005 (BGBl. I 2802)[34] hat den **Schwellenwert des § 315 S. 2** demjenigen des § 142 Abs. 2 nF angepasst (→ § 315 Rn. 1, 11) und darüber hinaus durch Änderung des § 305 Abs. 2 Nr. 1 und 2 die Möglichkeit der **Abfindung mit eigenen Aktien** auf Gesellschaften mit Sitz in der EU oder im EWR erstreckt (→ § 305 Rn. 10). Für §§ 304, 305, 320b, 327f von Bedeutung ist die neue Vorschrift des § 243 Abs. 4 S. 2, der zufolge die Anfechtungsklage nicht auf die unrichtige, unvollständige oder unzureichende **Information** in der Hauptversammlung über die Ermittlung, Höhe oder Angemessenheit von **Ausgleich, Abfindung,** Zuzahlung oder über sonstige Kompensationen gestützt werden kann, wenn das Gesetz für Bewertungsrügen ein Spruchverfahren vorsieht (→ § 293 Rn. 38 ff.; → § 320b Rn. 19 f.; → § 327f Rn. 4 f.).

34 **14. EHUG.** Das Gesetz über elektronische Handelsregister und Genossenschaftsregister sowie das Unternehmensregister vom 10.11.2006 (BGBl. I 2553) hat §§ 302 Abs. 3 S. 1 und Abs. 4, 303 Abs. 1 S. 1, 305 Abs. 4 S. 2 und 327 Abs. 4 S. 2 an die Neuregelung der **Bekanntmachung** von Eintragungen in § 10 HGB angepasst.

35 **15. TUG.** Das Transparenzrichtlinie-Umsetzungsgesetz vom 5.1.2007 (BGBl. I 10) hat in §§ 20 Abs. 8, 21 Abs. 5 die Bezugnahme auf eine börsennotierte Gesellschaft durch diejenige auf einen **Emittenten** ersetzt und hierdurch der entsprechenden Neuregelung in § 21 Abs. 2 WpHG Rechnung getragen.

36 **16. Zweites Gesetz zur Änderung des UmwG.** Das Zweite Gesetz zur Änderung des Umwandlungsgesetzes vom 19.4.2007 (BGBl. I 542) hat in §§ 246a Abs. 3 S. 4, 319

---

[33] *Thiessen* ZHR 168 (2004), 503 ff.
[34] *Schütz* NZG 2005, 5 ff.; *Holzborn/Bunnemann* BKR 2005, 51 ff.

Abs. 6 S. 7 klargestellt, dass im Rahmen des **Freigabeverfahrens** die **Rechtsbeschwerde** ausgeschlossen ist, und in § 319 Abs. 6 S. 4 – im Einklang mit § 246a Abs. 3 S. 6 – bestimmt, dass der Beschluss über den Antrag auf Freigabe spätestens drei Monate nach Antragstellung ergehen soll. Zudem ist der Verweis in § 327c Abs. 2 S. 4 auf § 293c Abs. 2 erstreckt und § 327c Abs. 2 S. 5 aufgehoben worden.

17. FMStG und FMStErgG. Das durch Art. 1 Gesetz zur Umsetzung eines Maßnahmepakets zur Stabilisierung des Finanzmarktes (Finanzmarktstabilisierungsgesetz – FMStG) vom 17.10.2008 (BGBl. I 1982) geschaffene Gesetz zur Errichtung eines Finanzmarktstabilisierungsfonds (Finanzmarktstabilisierungsfondsgesetz – FMStFG) erlaubt es in seinen §§ 7 und 10 Abs. 2 dem Finanzmarktstabilisierungsfonds, sich an der Rekapitalisierung von Unternehmen des Finanzsektors zu beteiligen (insbesondere durch Zeichnung neuer Anteile oder durch Erwerb einer stillen Beteiligung) und Einfluss auf die Leitung solcher Unternehmen zu gewinnen. Das Gesetz zur Beschleunigung und Vereinfachung des Erwerbs von Anteilen an sowie Risikopositionen von Unternehmen des Finanzsektors durch den Fonds „Finanzmarktstabilisierungsfonds – FMS" (FMStBG, BGBl. I 1986), verkündet als Art. 2 des Finanzmarktstabilisierungsgesetzes, regelt im Einzelnen das Zustandekommen und die Folgen einer Beteiligung des Fonds an einer solchen Rekapitalisierung. Sowohl das FMStFG als auch das FMStBG sind durch das Gesetz zur weiteren Stabilisierung des Finanzmarktes (Finanzmarktstabilisierungsergänzungsgesetz – FMStErgG) vom 7.4.2009 (BGBl. I 725) nicht unwesentlich geändert und durch das Gesetz zur Rettung von Unternehmen zur Stabilisierung des Finanzmarktes (Rettungsübernahmegesetz – RettungsG) ergänzt worden.[35] § 5a FMStFG erlaubt seitdem auch den abgeleiteten Anteilserwerb. Nach § 13 Abs. 1 S. 1 FMStFG waren Stabilisierungsmaßnahmen des Fonds grundsätzlich nur bis 31.12.2015 möglich; § 13 Abs. 1a, 1b FMStFG ermöglicht jedoch die Aufrechterhaltung von Beteiligungen und die Übernahme von Garantien auch über den 31.12.2015 hinaus, sodass den Vorschriften den FMStFG und des FMStBG auch künftig Bedeutung zukommen kann.

Aus Sicht des Konzernrechts von Bedeutung ist namentlich § 7d FMStBG, wonach die **Vorschriften des AktG über herrschende Unternehmen** auf den Fonds, den Bund und die von ihnen errichteten Körperschaften, Anstalten und Sondervermögen sowie die ihnen nahestehenden Personen oder sonstige von ihnen mittelbar oder unmittelbar abhängigen Unternehmen **nicht anzuwenden** sind (→ § 311 Rn. 21a; → § 312 Rn. 8);[36] ausgenommen sind allein die Vorschriften über die Vertretung der Arbeitnehmer im Aufsichtsrat eines vom Fonds beherrschten Unternehmens (→ Rn. 50). § 12 Abs. 1–3 FMStBG bestimmt zudem, dass die BaFin den Fonds im Falle der Erlangung der Kontrolle über eine Zielgesellschaft von der Pflicht zur Abgabe und Veröffentlichung eines **Pflichtangebots** gemäß § 35 WpÜG (→ Vor § 311 Rn. 24 ff.) befreit, dass die Vorschrift des § 30 Abs. 2 WpÜG betreffend das acting in concert (→ Vor § 311 Rn. 27) unter bestimmten Voraussetzungen unanwendbar sind und weitere Vorschriften des WpÜG nur mit Modifikationen Anwendung finden.[37] § 12 Abs. 4 FMStBG sieht erhebliche Modifikationen der Vorschriften der §§ 327a ff. über den **Squeeze out** vor; insbesondere kann der Fonds ein Übertragungsverlangen schon dann stellen, wenn ihm Aktien der Gesellschaft in Höhe von 90 % des Grundkapitals gehören (→ § 327a Rn. 18a; → § 327b Rn. 11; → § 327e Rn. Rn. 1). § 15 Abs. 1 FMStBG schließlich bestimmt, dass eine Vereinbarung über die Leistung einer Vermögenseinlage durch den Fonds als **stiller Gesellschafter** in ein Unternehmen des Finanzsektors abweichend von § 292 Abs. 1 Nr. 2 (→ § 292 Rn. 29 ff.) kein Unternehmensvertrag ist.[38]

---

[35] Näher *Bachmann* ZIP 2009, 1249 ff.; *Noack* AG 2009, 227 ff.; *Gurlit* NZG 2009, 601 ff.; *Brück/Schalast/Schanz* BB 2009, 1306 ff.
[36] OLG Frankfurt ZIP 2015, 1020 (1023 f.); *Ziemons* NZG 2009, 369 (375).
[37] Dazu *Ziemons* NZG 2009, 369 (375 f.).
[38] *Ziemons* NZG 2009, 369 (372 f.).

Einl. 39–42a   Einleitung

39   **18. MoMiG.** Mit dem Gesetz zur Modernisierung des GmbH-Rechts und zur Bekämpfung von Missbräuchen vom 23.10.2008 (BGBl. I 2026) – in Kraft getreten am 1.11.2008 – ist auch das AktG geändert worden (→ Rn. 20 mN). In konzernrechtlicher Hinsicht von Interesse ist namentlich die Änderung des § 291 Abs. 3 AktG; danach sind Leistungen der abhängigen Gesellschaft nunmehr schon „bei Bestehen eines Beherrschungs- oder Gewinnabführungsvertrages" von den Beschränkungen der §§ 57, 58, 60 freigestellt.[39] Entsprechende Vorschriften finden sich nunmehr auch in §§ 57 Abs. 1 S. 3, 71a Abs. 1 S. 3 und § 30 Abs. 1 S. 2 GmbHG; § 57 Abs. 1 S. 3 nimmt zudem – ebenso wie § 30 Abs. 1 S. 2 GmbHG – Leistungen, die durch einen vollwertigen Gegenleistungs- oder Rückforderungsanspruch gegen den Aktionär gedeckt sind, vom Verbot des § 57 Abs. 1 S. 1 AktG aus.

40   **19. FGG-Reformgesetz.** Das Gesetz über das Verfahren in Familiensachen und in den Angelegenheiten der freiwilligen Gerichtsbarkeit vom 17.12.2008 (BGBl. I 2586) ist am 1.9.2009 in Kraft getreten und hat insbesondere das FGG durch das Gesetz über das Verfahren in Familiensachen und in den Angelegenheiten der freiwilligen Gerichtsbarkeit (**FamFG**) ersetzt. Auswirkungen auf das Konzernrecht hat es aufgrund zahlreicher (mittelbarer) Verweisungen auf Vorschriften über das Verfahren der freiwilligen Gerichtsbarkeit, etwa in §§ 293c Abs. 2, 315 S. 5 und im SpruchG.

41   **20. BilMoG.** Das Gesetz zur Modernisierung des Bilanzrechts vom 28.5.2009 (BGBl. I 1102) hat das bislang geltende Verbot der Aktivierung selbst geschaffener immaterieller Gegenstände des Anlagevermögens aufgehoben und im Gegenzug die Ausschüttungssperre des § 268 Abs. 8 HGB geschaffen, die nunmehr nach § 301 S. 1 auch hinsichtlich des **Höchstbetrags der Gewinnabführung** zu beachten ist (→ § 301 Rn. 9a). Zudem hat es den Verweis in § 293d Abs. 1 auf den neu geschaffenen **Netzwerktatbestand des § 319b HGB** erstreckt und den Anwendungsbereich der §§ 290 ff. HGB durch Verzicht auf das Beteiligungserfordernis des § 290 Abs. 1 S. 1 HGB aF ausgeweitet. Aus Sicht des Konzernrechts bedeutsam sind zudem §§ 100 Abs. 5, 107 Abs. 4, denen zufolge der Aufsichtsrat einer kapitalmarktorientierten Gesellschaft (iSd § 264d HGB) zumindest über ein unabhängiges und auf dem Gebiet der Rechnungslegung oder Abschlussprüfung sachverständiges Mitglied verfügen muss.

42   **21. ARUG.** Das Gesetz zur Umsetzung der Aktionärsrechterichtlinie vom 30.7.2009 (BGBl. I 2479) hat die Vorschriften der §§ 246a, 319 über das **Freigabeverfahren** nicht unwesentlich geändert (→ § 293 Rn. 59, 61 ff.; → § 319 Rn. 32 ff.). In der Folge hat es den Verweis in § 320 Abs. 4 S. 3 auf § 319 Abs. 3 S. 5 erstreckt. Auch ist in §§ 305 Abs. 3 S. 3, 320b Abs. 1 S. 6, 327b Abs. 2 die Höhe des geschuldeten Zinses **auf fünf Prozentpunkte** über dem jeweiligen Basiszinssatz angehoben worden. In §§ 293f Abs. 3, 319 Abs. 3 S. 3, 327c Abs. 5 ist jeweils bestimmt worden, dass die Pflicht zur Auslegung von Unterlagen und zur Erteilung von Abschriften entfällt, wenn die Unterlagen über die Internetseite der Gesellschaft zugänglich sind. Hieran anknüpfend bestimmen §§ 293g Abs. 1, 319 Abs. 3 S. 4, 327d S. 1, dass die Unterlagen in der Hauptversammlung „zugänglich zu machen" sind; die Pflicht zur Auslegung ist also entfallen.

42a **22. VkBkmG.** Durch das Gesetz zur Änderung von Vorschriften über Verkündung und Bekanntmachungen sowie der Zivilprozessordnung, des Gesetzes betreffend die Einführung der Zivilprozessordnung und der Abgabenordnung vom 22.12.2011 ist sodann der elektronische Bundesanzeiger mit Wirkung zum 1.4.2012 zum einzigen Bundesanzeiger bestimmt (§§ 5, 12 VkBkmG)[40] worden. In der Folge ist in § 305 Abs. 4 S. 3 vor dem Wort „Bundesanzeiger" das Wort „elektronischen" gestrichen worden.

---

[39] Näher dazu sowie zur entsprechenden Änderung der §§ 57 Abs. 1 S. 2, 71a Abs. 1 S. 3 *Habersack* FS Schaumburg, 2009, 1291 ff.
[40] Gesetz über die Verkündung von Rechtsverordnungen idF durch das Änderungsgesetz vom 22.12.2011, BGBl. I 23.

IV. Unionsrecht

1. Überblick. Das Konzernrecht war schon wiederholt Gegenstand von Rechtsanglei- 43
chungs- und Rechtsvereinheitlichungsbemühungen der Kommission;[41] sie sind bis zu
dem im Jahre 1984 vorgelegten **Vorentwurf einer neunten Richtlinie** auf dem Gebiet
des Gesellschaftsrechts gediehen (→ § 311 Rn. 3). In ihrem **Aktionsplan** vom 21.5.2003
betreffend die Modernisierung des Gesellschaftsrechts und die Verbesserung der Corporate
Governance in der Europäischen Union[42] hat sich die Kommission allerdings offiziell
von dem Vorhaben einer umfassenden Angleichung des Konzernrechts verabschiedet.
Stattdessen hat sie **punktuelle Maßnahmen** angekündigt, darunter neben Vorschriften
über die Transparenz konzerninterner Beziehungen und der Gruppenstruktur insbesondere eine Rahmenbestimmung, „wonach die Leitung eines Konzernunternehmens eine
abgestimmte Konzernpolitik festlegen und umsetzen darf, sofern die Interessen seiner
Mitglieder wirkungsvoll geschützt werden."[43] Diesen Ansatz hat die Kommission im
Aktionsplan vom 12.12.2012 betreffend „Europäisches Gesellschaftsrecht und Corporate Governance – ein moderner Rechtsrahmen für engagiertere Aktionäre und besser
überlebensfähige Unternehmen"[44] aufgegriffen. Vorgesehen sind unter anderem Maßnahmen zur Verbesserung der Beteiligungstransparenz, eine Präzisierung des Tatbestands des
„acting in concert", empfehlende Regelungen zu den Anforderungen an die in Bezug
auf nationale Corporate Governance-Kodizes abzugebenden Entsprechenserklärungen,
die Anerkennung eines „Gruppeninteresses", eine Verbesserung der Kontrolle von Transaktionen zwischen Gesellschaft und nahe stehenden Personen („related party transactions") sowie schließlich Erleichterungen der grenzüberschreitenden Umstrukturierung.
Am 9.4.2014 hat denn auch die Kommission den Vorschlag für eine Richtlinie über
Gesellschaften mit beschränkter Haftung mit einem einzigen Gesellschafter[45] und den
Vorschlag für eine Richtlinie zur Änderung der Richtlinie 2007/36/EG (Aktionärsrechte-
Richtlinie) vorgelegt.[46]

2. Realisierte und bevorstehende Maßnahmen der Rechtsangleichung. Unge- 44
achtet zahlreicher Richtlinien mit konzernrechtlichen Bezügen[47] sehen sich die §§ 15 ff.,
291–327, 328 derzeit keinen Vorgaben des Europäischen Sekundärrechts ausgesetzt. Eine
richtlinienkonforme Auslegung der §§ 15 ff., 291 ff. ist also bislang nicht veranlasst. Dies gilt

---

[41] Näher zu Stand, Entwicklung und Perspektiven *Hopt* ZHR 171 (2007), 199 ff.; *Mülbert* ZHR 179 (2015), 645 ff.; zu rechtsvergleichenden Hinweisen s. *Emmerich/Habersack* KonzernR § 1 Rn. 42; zu Alternativmodellen s. auch *Kalss* ZHR 171 (2007), 146 ff.; s. ferner *Weller/Bauer* ZEuP 2015, 6 ff.; s. auch EuGH EuZW 2013, 664 – Impacto Azul: Vereinbarkeit konzernrechtlicher Haftung aufgrund nationalen Gesellschaftsrechts mit Art. 49, 54 AEUV; dazu *J. Schmidt* GPR 2014, 40 ff.; *Teichmann* ZGR 2014, 45 ff.; EuGH NZG 2011, 183 – Idryma Typou; dazu *Stöber* ZVglRWiss 113 (2014), 57 ff.
[42] KOM (2003) 284 endg.; Abdruck in NZG 2003, Sonderbeilage zu Heft 13; dazu *Bayer* BB 2004, 1 (5 ff.); *Habersack* NZG 2004, 1 ff.
[43] Vgl. allerdings die Grundsatzkritik von MüKoAktG/*Kropff* 2. Aufl. Vor § 311 Rn. 38; KK-AktG/*Koppensteiner* Vor § 291 Rn. 135; *Habersack* NZG 2004, 1 (7 f.); ferner MüKoAktG/*Altmeppen* Vor § 311 Rn. 31. – Für eine Kernbereichsharmonisierung bereits Forum Europaeum Konzernrecht ZGR 1998, 672 ff. mit konkreten Vorschlägen für künftige Harmonisierungsmaßnahmen; dazu sowie zu den Perspektiven *Hopt* ZHR 171 (2007), 199 (213 ff.); ferner den Bericht der von der Kommission eingesetzten „Reflection Group" zu den Perspektiven des Europäischen Gesellschaftsrechts, abrufbar unter www.ec.europa.eu/internal_market/company/docs/modern/reflectiongroup_report_en.pdf.
[44] KOM (2012) 740/2, dazu *Bayer/Schmidt* BB 2013, 3 (12 ff.); *Hopt* ZGR 2013, 165 (176 ff.); *Müller-Graff* ZHR 177 (2013), 563 ff.; ferner die Beiträge von *Ekkenga, Teichmann, Drygala, Hommelhoff* in AG 2013, 181 ff.; Vorschläge zur erleichterten Führung von grenzüberschreitenden Unternehmensgruppen bei Forum Europaeum on Company Groups ZGR 2015, 507 ff.
[45] KOM (2014) 212 endg; dazu *Kindler* ZHR 179 (2015), 330 ff.; *Omlor* NZG 2014, 1137 ff.; *Eichelberg* NZG 2015, 81 ff.
[46] KOM (2014) 213 endg; dazu *Fleischer* BB 2014, 2691 ff.; *Freitag* AG 2014, 647 ff.; *Selzner* ZIP 2015, 753 ff.; *Tröger* AG 2015, 53 ff.; *J. Vetter* ZHR 179 (2015), 273 ff.; *Wiersch* NZG 2014, 1131 ff.; *Zetzsche* NZG 2014, 1121 ff.
[47] Überblick bei *Hopt* ZHR 171 (2007), 199 (204 ff.); zuvor *Neye* ZGR 1995, 191 ff.

auch hinsichtlich der §§ 20 ff.; der sich aus den **Transparenzrichtlinien**[48] ergebenden Verpflichtung zur Einführung von Meldepflichten ist der deutsche Gesetzgeber – wenn auch mit reichlicher Verspätung – mit Erlass der §§ 21 ff. WpHG nachgekommen (→ Rn. 23). Auch das durch die 7. Richtlinie über den **konsolidierten Abschluss**[49] angeglichene Konzernbilanzrecht ist in Deutschland außerhalb des AktG, nämlich in §§ 290 ff. HGB geregelt (→ Rn. 49). Auch von der 13. Richtlinie über **Übernahmeangebote**[50] schließlich geht, nachdem der deutsche Gesetzgeber seine ursprünglichen Bedenken aufgegeben und sich in §§ 35 ff. WpÜG schon vor Verabschiedung der Richtlinie für die Einführung eines Pflichtangebots entschieden hatte (→ Vor § 311 Rn. 24 ff.), keine Europäisierung des Aktienkonzernrechts aus (→ Vor § 311 Rn. 15, 26).[51] Dies gilt auch für die Vorschriften der §§ 327a ff. über den Squeeze out; der Vorgabe des Art. 15 der Richtlinie über Übernahmeangebote ist der deutsche Gesetzgeber mit Einführung des spezifisch übernahmerechtlichen Squeeze out in §§ 39a ff. WpÜG nachgekommen (→ Rn. 28; → § 327a Rn. 3, 8 f., dort auch zum verschmelzungsrechtlichen Squeeze out). Die sich abzeichnende Reform der Aktionärsrechte-Richtlinie (→ Rn. 43) sieht für **Related Party Transactions** besondere Transparenzanforderungen und die Begutachtung der Konditionen des Geschäfts sowie bei bedeutenden Transaktionen das Erfordernis der Zustimmung der außenstehenden Aktionäre oder – so Kompromissvorschläge zunächst der italienischen und sodann der lettischen Ratspräsidentschaft – des Aufsichtsrats vor.[52] Damit wird auch die Frage der Offenlegung des Abhängigkeitsberichts aufgeworfen (→ § 312 Rn. 4).

45 3. **Europäische Gesellschaft (SE). a) Überblick.** Das Projekt einer Europäischen Aktiengesellschaft konnte zwar mit der am 8.10.2001 verabschiedeten Verordnung über das Statut der Europäischen Gesellschaft (SE)[53] erfolgreich abgeschlossen werden. Wiewohl es die Zugangsbeschränkungen des Art. 2 **SE-VO** mit sich bringen, dass die SE in aller Regel Teil eines Unternehmensverbundes ist, enthält sich die Verordnung allerdings konzernrechtlicher Regelungen. Entsprechendes gilt für das – als Art. 1 Gesetz zur Einführung der SE (SEEG) vom 22.12.2004 (BGBl. I 3675) ergangene – **SE-Ausführungsgesetz;** es überträgt in seinem § 49 die konzernrechtlichen Pflichten des Vorstands einer abhängigen oder eingegliederten Gesellschaft nach §§ 308–327 den geschäftsführenden Direktoren der monistisch verfassten SE und bringt hierdurch den Willen des nationalen Gesetzgebers zum Ausdruck, die §§ 15 ff., 291 ff., 311 ff., 319 ff. auch auf die im Inland ansässige Europäische Gesellschaft zur Anwendung zu bringen (→ Rn. 46). Zur Mitbestimmung in der SE → Rn. 50.

46 b) **SE als abhängiges Unternehmen.** Was zunächst die abhängige SE mit Sitz im Inland betrifft, so ist mit der ganz hM von der Anwendbarkeit der **§§ 291 ff., 311 ff.**,

---

[48] RL 2004/109/EG vom 15.12.2004, ABl. EG L 330, 38; RL 2001/34/EG vom 26.5.2001, ABl. EG L 184, 1; zuletzt geändert durch RL 2013/50/EU, ABl. L 294, 13; zur Reform 2013 s. *Parmentier* AG 2014, 15 ff.; *Seibt/Wollenschläger* ZIP 2014, 545 ff.
[49] Vom 13.6.1983 (RL 83/349/EWG), ABl. EG L 193, 1.
[50] RL 2004/25/EG vom 21.4.2004, ABl. EG L 142, 12; abgedruckt und erläutert in *Habersack/Verse* EuropGesR § 11 Rn. 1 ff.
[51] Zunächst schien es, als wollte der deutsche Gesetzgeber von der in Art. 3 Abs. 1 des Richtlinienentwurfs 1997 (Abdruck in ZIP 1997, 2172 ff.) noch vorgesehenen Gleichwertigkeitsklausel Gebrauch machen und unter Hinweis auf die §§ 291 ff., 311 ff. AktG auf die Einführung eines Pflichtangebots verzichten; näher dazu, insbes. zu der Gefahr einer Überlagerung der §§ 311 ff. AktG durch die Übernahmerichtlinie, *Habersack/Mayer* ZIP 1997, 2141 (2143 ff.).
[52] Zu den Einzelheiten, insbes. zu den Anforderungen an die Unabhängigkeit des Aufsichtsrats, s. *Bungert/de Raet* Konzern 2015, 289 ff.; *Selzner* ZIP 2015, 753 ff.; *Tröger* AG 2015, 53 ff.; *J. Vetter* ZHR 179 (2015), 273 ff.; *Wiersch* NZG 2014, 1131 ff.
[53] VO (EG) Nr. 2157/2001 des Rates vom 8.10.2001 über das Statut der Europäischen Gesellschaft (SE), ABl. EG L 294, 1; Abdruck der Verordnung, der RL 2001/86/EG des Rates vom 8.10.2001 zur Ergänzung des Statuts der Europäischen Gesellschaft hinsichtlich der Beteiligung der Arbeitnehmer (ABl. EG L 294, 22), des SEAG und der §§ 34 ff. SEBG bei *Habersack/Verse* EuropGesR § 13 Rn. 47. Näher zur Entwicklung und zum Inhalt der Verordnung *Lutter* BB 2002, 1 ff.; *Hirte* NZG 2002, 1 ff.; *Habersack/Verse* EuropGesR § 13 Rn. 1 ff.; zu Erfahrungen und möglichem Reformbedarf s. *Kiem* ZHR 173 (2009), 156 ff.; *Casper* ZHR 173 (2009), 181 ff.; *Henssler* ZHR 173 (2009), 222 ff.

319 ff. AktG auszugehen.[54] Aus dem in Art. 5 SE-VO in Bezug genommenen Grundsatz der Kapitalerhaltung und dem in Art. 39 Abs. 1 S. 1 SE-VO für die dualistisch verfasste SE zum Ausdruck kommenden Grundsatz der eigenverantwortlichen Geschäftsführung durch das Leitungsorgan der SE hergeleitete Bedenken[55] erweisen sich schon deshalb als unbegründet, weil das Konzernrecht nicht in den Regelungsbereich der SE-VO fällt, deren Erwägungsgrund 15 vielmehr klar zum Ausdruck bringt, dass sich die Geltung des Konzernrechts nach allgemeinen Grundsätzen des Kollisionsrechts bestimmt und durch die SE-VO sodann toleriert wird.[56]

c) SE als herrschendes Unternehmen. Es versteht sich, dass sich Befugnisse und Verantwortlichkeit einer SE, die eine Gesellschaft deutschen Rechts beherrscht, nach den Vorschriften des deutschen Konzernrechts richten, im Falle einer abhängigen AG also nach §§ 311 ff., im Falle einer vertraglich konzernierten oder eingegliederten AG nach §§ 291 ff., 319 ff.[57] Hiervon zu unterscheiden ist die Frage, ob Vorschriften und Grundsätze, die, wie namentlich §§ 293 Abs. 2, 319 Abs. 2 und die „Gelatine"-Grundsätze (→ Vor § 311 Rn. 31 ff.), den Schutz des herrschenden Unternehmens und seiner Aktionäre bezwecken, für eine in Deutschland ansässige SE Geltung beanspruchen. Auch dies ist zu bejahen, wobei es unerheblich ist, ob insoweit auf Art. 52 S. 2 SE-VO abzustellen[58] oder gleichfalls von der konzernrechtlichen Enthaltsamkeit der SE-VO auszugehen und auf Erwägungsgrund 15 SE-VO (→ Rn. 46) zurückzugreifen ist.[59] **47**

V. Der Konzern im Steuer-, Bilanz- und Mitbestimmungsrecht

1. Steuerrecht. Von erheblichem Einfluss auf das Konzernrecht ist das Steuerrecht. Es hat nicht nur die Unternehmenskonzentration im Allgemeinen gefördert,[60] sondern auch die *Form* der Unternehmenszusammenschlüsse in bestimmte Richtungen gelenkt. Von herausragender Bedeutung ist insoweit die sog. **Organschaft**.[61] Sie ist vor allem für das Körperschaft- und Gewerbesteuerrecht von Bedeutung. Was zunächst die Organschaft nach **48**

---

[54] *MüKoAktG/Altmeppen* SE-VO Anh. Art. 9 Rn. 23 ff.; *Casper* FS Ulmer, 2003, 51 (67); *Habersack/Verse* EuropGesR § 13 Rn. 45; *Habersack* ZGR 2003, 724 ff.; *Hommelhoff/Lächler* AG 2014, 257 ff.; *Maul* ZGR 2003, 743 ff.; *dies.*, Die faktisch abhängige SE (Societas Europaea) mit Schnittpunkt zwischen deutschem und europäischem Recht, 1998, insbes. 33 ff., 126 ff.; *Jaecks/Schönborn* RIW 2003, 254 ff.; *Habersack/Drinhausen/Schürnbrand* SE-VO Art. 9 Rn. 30 f.; *Teichmann* ZGR 2002, 383 (444 ff.); *Veil* WM 2003, 2169 ff.; *Habersack/Drinhausen/Verse* Art. 43 SE-VO SEAG Anh. § 49 Rn. 4 ff.; aA noch *Hommelhoff* AG 2003, 179 (182 ff.) – Zur Anwendbarkeit der §§ 319 ff., 327a ff. auf die SE → § 319 Rn. 5; → § 327a Rn. 12.

[55] So namentlich *Hommelhoff* AG 2003, 179 (182 ff.) (s. jetzt aber *Hommelhoff/Lächler* AG 2014, 257 ff.); zur Frage der Vereinbarkeit mit der hM bejahten Privilegierungsfunktion des § 311 Abs. 2 mit Art. 17 der Kapital-RL (RL 2012/30/EU vom 25.10.2012, ABl. EU L 315, 94) → § 311 Rn. 82.

[56] *MüKoAktG/Altmeppen* SE-VO Anh. Art. 9 Rn. 27 ff., 35 f.; *Casper* FS Ulmer, 2003, 51 (67); *Habersack/Verse* EuropGesR § 13 Rn. 45; *Habersack* ZGR 2003, 724 (729 ff.); *Jaecks/Schönborn* RIW 2003, 254 (256 f.); aA – für Geltung des deutschen Konzernrechts aufgrund des Art. 9 Abs. 1 lit. c ii SE-VO – *Habersack/Drinhausen/Schürnbrand* SE-VO Art. 9 Rn. 30 f.; *Engert* ZvglRWiss. 104 (2005), 444 (450 ff.); *Wagner* NZG 2002, 985 (988); im Ansatz auch *Hommelhoff* AG 2003, 179 (180); offengelassen von Habersack/Drinhausen/*Verse* Art. 43 SE-VO SEAG Anh. § 49 Rn. 4; *Veil* WM 2003, 2169 (2173). – Zur Frage der Anwendbarkeit der Kapitalrichtlinie auf die konzernierte AG → § 311 Rn. 82.

[57] *MüKoAktG/Altmeppen* SE-VO Anh. Art. 9 Rn. 41 f.

[58] Für Einbeziehung auch des Richterrechts s. für Art. 9 SE-VO *Casper* FS Ulmer, 2003, 51 (68 f.); *Hirte* NZG 2002, 1 (2).

[59] Im Ergebnis für Geltung der §§ 293 Abs. 3, 319 Abs. 2 sowie der „Gelatine"-Grundsätze *MüKoAktG/Altmeppen* SE-VO Anh. Art. 9 Rn. 43; *MüKoAktG/Reichert/Brandes* SE-VO Art. 39 Rn. 10; *Habersack/Verse* EuropGesR § 13 Rn. 45; *Habersack* ZGR 2003, 724 (741 f.); *Casper* FS Ulmer, 2003, 51 (68 f.); *Hirte* NZG 2002, 1 (2); aA – gegen Geltung der „Gelatine"-Grundsätze – *MüKoAktG/Kubis* SE-VO Art. 52 Rn. 22 mwN; eingehend *Brandt*, Die Hauptversammlung der Europäischen Aktiengesellschaft, 2004, 129 ff.

[60] *Lenel*, Ursachen der Konzentration, 2. Aufl. 1968, 311, 403 ff.; für die Schweiz *Druey* ZSR 121 II (1980), 273, 331 ff.

[61] Zur „kleinen" Organschaftsreform vom 20.2.2013 (BGBl. I 285) s. *Stangl/Brühl* Konzern 2013, 77 ff., eingehend zu Stand und Entwicklung der Konzernbesteuerung Bayer/Habersack/*Hüttemann* Bd. II Kap. 27 Rn. 55 ff.; *Witt*, Die Konzernbesteuerung, 2006, passim; zu den Perspektiven des deutschen Konzernsteuerrechts *Rödder* ZHR 171 (2007), 380 ff.; *Schön* ZHR 168 (2004), 629 ff.; *ders.* ZHR 171 (2007), 409 ff. Speziell zu Steuerumlagen → § 311 Rn. 49 f.

§§ 14 ff. KStG betrifft, so werden die getrennt ermittelten Einkommen der Konzerngesellschaften dem Organträger zugerechnet und nach den für diesen geltenden Vorschriften der Besteuerung unterworfen; dadurch wird insbesondere ein Gewinn- und Verlustausgleich innerhalb des Organschaftsverhältnisses ermöglicht. Nach §§ 14 ff. KStG genügt die (durch die Mehrheit der Stimmrechte bewirkte) finanzielle Eingliederung der Organgesellschaft in das Unternehmen des Organträgers und der Abschluss eines *Gewinnabführungsvertrags* zwischen beiden. Die Organschaft nach **§ 2 Abs. 2 S. 2 GewStG** hat gleichfalls zur Folge, dass der Gewerbeertrag der Organgesellschaft dem Organträger zugerechnet wird; die Organgesellschaft gilt nach § 2 Abs. 2 S. 2 GewStG als *Betriebsstätte* des Organträgers. Die Voraussetzungen der gewerbesteuerrechtlichen Organschaft sind mit Wirkung zum 25.12.2001 denen der körperschaftsteuerlichen Organschaft angeglichen worden.[62] Die organisatorische und wirtschaftliche Eingliederung der Organgesellschaft in das Unternehmen des Organträgers ist also nicht mehr erforderlich; umgekehrt setzt auch die gewerbesteuerliche Organschaft den Abschluss eines Gewinnabführungsvertrags voraus. Die umsatzsteuerrechtliche Organschaft setzt nach **§ 2 Abs. 2 Nr. 2 UmStG** nach wie vor die finanzielle, wirtschaftliche und organisatorische Eingliederung und damit neben hinreichender unmittelbarer Beteiligung die tatsächliche Beherrschung voraus;[63] liegen die Voraussetzungen der Organschaft vor, so fehlt es an dem Erfordernis der Selbständigkeit der gewerblichen oder beruflichen Tätigkeit.

49 **2. Bilanzrecht.** Das AktG enthält keine Vorschriften über die Rechnungslegung im Konzern. Der nationale Gesetzgeber hat bereits mit dem Gesetz zur Durchführung der Vierten, Siebenten und Achten Richtlinie des Rates der Europäischen Gemeinschaften zur Koordinierung des Gesellschaftsrechts vom 19.12.1985[64] das Bilanzrecht neu konzipiert und als Drittes Buch in das HGB eingefügt. Darunter befinden sich die – zwischenzeitlich insbesondere durch das am 24.4.1998 in Kraft getretene KapitalaufnahmeerleichterungsG,[65] das TransPuG (→ Rn. 29), das BilanzrechtsreformG (→ Rn. 33) und das BilMoG (→ Rn. 41) erheblich geänderten – Vorschriften der **§§ 290 ff. HGB** betreffend den **Konzernabschluss und den Konzernlagebericht.** Der durch das BilanzrechtsreformG eingefügte § 315a HGB ergänzt die **IAS-VO** vom 19.7.2002[66] und macht es kapitalmarktorientierten Gesellschaften zur Pflicht, ihren Konzernabschluss nach IAS bzw. IFRS zu erstellen. Die Vorschriften der §§ 329 ff. AktG 1965 über die Rechnungslegung im Konzern wurden – zunächst mit Ausnahme des § 337 – im Zuge der Neuordnung des gesamten Bilanzrechts aufgehoben. Durch das TransPuG ist sodann auch § 337 aufgehoben worden (→ Rn. 28 aE).

50 **3. Mitbestimmungsrecht.** Eine Reihe mitbestimmungsrechtlicher Vorschriften trägt dem Umstand Rechnung, dass mit Blick auf die einheitliche Leitung der Konzernunternehmen die Mitbestimmung dort erfolgen muss, wo die für den Konzern maßgebenden Entscheidungen getroffen werden, mithin bei der Konzernspitze. Nach **§ 5 Abs. 1 MitbestG** werden deshalb im Unterordnungskonzern die Arbeitnehmer sämtlicher Konzernunternehmen grundsätzlich dem herrschenden Unternehmen zugerechnet, sodass dieses ggf. auf Grund dieser Zurechnung die von § 1 Abs. 1 Nr. 2 MitbestG geforderte Zahl von 2001

---

[62] Art. 4 Nr. 1 Gesetz zur Fortentwicklung des Unternehmenssteuerrechts vom 20.12.2001, BGBl. I 3858; näher dazu *Heurung/Oblau/Röker* GmbHR 2002, 620 ff.; zur Entwicklung s. auch *Hüttemann* ZHR 171 (2007), 451 (452 ff.); → § 311 Rn. 50 f. zur Beurteilung von Steuerumlagen unter Geltung des § 2 Abs. 2 S. 2 GewStG aF.

[63] Näher dazu BFH BB 2008, 2109 = ZIP 2009, 1009; ZIP 2013, 1773; *Feldgen* BB 2013, 2967 ff.

[64] Sog. Bilanzrichtliniengesetz, BGBl. I 2355; zu den europäischen Vorgaben s. *Grundmann*, Europäisches Gesellschaftsrecht, 2. Aufl. 2011, Rn. 495 ff.; *Habersack/Verse* EuropGesR § 9 Rn. 1 ff.; *Lutter/Bayer/J. Schmidt*, Europäisches Unternehmens- und Kapitalmarktrecht, 5. Aufl. 2012, §§ 24, 25, 26; *Schwarz*, Europäisches Gesellschaftsrecht, 2000, Rn. 384 ff.

[65] Gesetz zur Verbesserung der Wettbewerbsfähigkeit deutscher Konzerne an Kapitalmärkten und zur Erleichterung der Aufnahme von Gesellschafterdarlehen vom 20.4.1998, BGBl. I 707.

[66] ABl. EG L 243, 1; einführend *Habersack/Verse* EuropGesR § 9 Rn. 57 ff.

V. Der Konzern im Steuer-, Bilanz- und Mitbestimmungsrecht **51 Einl.**

Mitarbeitern erreicht und der Mitbestimmung unterliegt. Nicht erforderlich ist das Vorliegen eines Beherrschungsvertrags; auch der sog. faktische Konzern wird also von § 5 Abs. 1 MitbestG erfasst.[67] Weitere, im Ansatz dem § 5 Abs. 1 MitbestG vergleichbare Vorschriften über die Mitbestimmung im Konzern finden sich in **§ 2 DrittelbG,** § 1 Abs. 4 MontanMitbestG und §§ 1 ff. MontanMitbestErgG. Das **SEBG** kennt hingegen keine allgemeine Vorschrift über die Konzernmitbestimmung. Zwar sind die Arbeitnehmer von Tochtergesellschaften im Rahmen der §§ 15 Abs. 3, 34 Abs. 1 Nr. 2 und 3, 35 Abs. 2, 36 SEBG zu berücksichtigen.[68] Namentlich ein nach Gründung der SE erfolgender Beteiligungserwerb ist indes ohne Einfluss auf das Mitbestimmungsstatut der SE.[69] Entsprechendes gilt für die Mitbestimmung nach dem MgVG.[70]

Nach **§ 32 MitbestG,** § 15 MontanMitbestErgG kann der Vorstand gewisse Rechte aus einer mindestens 25 %igen Beteiligung der mitbestimmten Gesellschaft an einer anderen mitbestimmten Gesellschaft nur auf Grund von Beschlüssen des Aufsichtsrats ausüben; diese Beschlüsse bedürfen allerdings lediglich der Mehrheit der Stimmen der Anteilseigner. Ihrem Wortlaut und Zweck entsprechend enthalten diese Vorschriften nicht nur Beschränkungen der Geschäftsführungsbefugnis des Vorstands. Sie begrenzen vielmehr auch die Vertretungsbefugnis mit der Folge, dass die ohne Zustimmung des Aufsichtsrats erfolgte oder von einer Weisung des Aufsichtsrats abweichende Stimmabgabe unwirksam ist.[71] Konzernrechtliche Bedeutung kommt den genannten Vorschriften in doppelter Hinsicht zu. Zum einen setzen sie eine 25 %-ige Beteiligung der Ober- an der Untergesellschaft und damit typischerweise das Vorliegen eines Konzerns voraus; zum anderen gehört zu den weisungsgebundenen Geschäften der Abschluss eines Unternehmensvertrags iSd §§ 291, 292.

51

---

[67] Wegen sämtlicher Einzelheiten, insbes. zum sog. Teilkonzern (§ 5 Abs. 3 MitbestG), zur Frage des Mehrmütterkonzerns, zum Konzern im Konzern sowie zur Frage der Berücksichtigung von im Ausland beschäftigten Arbeitnehmern sei auf die Kommentierungen zu § 5 MitbestG verwiesen, insbes. *Raiser/Veil* MitbestG, 5. Aufl. 2009, und *Ulmer/Habersack/Henssler*.
[68] Zur Frage der Vereinbarkeit der §§ 15 Abs. 3, 34 Abs. 1 Nr. 2 und 3 SEBG mit der SE-Ergänzungsrichtlinie s. UHH/*Habersack* SEBG § 34 Rn. 4 mwN; *Henssler* ZHR 173 (2009), 222 (234) mwN.
[69] Näher dazu sowie zur Unanwendbarkeit des § 18 Abs. 3 SEBG *Habersack* Konzern 2006, 105 ff.; *Wolburg/Banerjea* ZIP 2006, 277 ff.; *Müller-Bonanni/Melot de Beauregard* GmbHR 2005, 195 ff., jeweils mwN.
[70] Vgl. *Habersack/Verse* EuropGesR § 8 Rn. 67 ff.
[71] HM, s. *Hüffer/Koch* § 78 Rn. 8a f. mwN.

Aktiengesetz

vom 6. September 1965 (BGBl. I 1089),
zuletzt geändert durch Gesetz vom 22. Dezember 2015 (BGBl. I 2565)

Erstes Buch. Aktiengesellschaft

Erster Teil. Allgemeine Vorschriften

§ 15 Verbundene Unternehmen

Verbundene Unternehmen sind rechtlich selbständige Unternehmen, die im Verhältnis zueinander in Mehrheitsbesitz stehende Unternehmen und mit Mehrheit beteiligte Unternehmen (§ 16), abhängige und herrschende Unternehmen (§ 17), Konzernunternehmen (§ 18), wechselseitig beteiligte Unternehmen (§ 19) oder Vertragsteile eines Unternehmensvertrags (§§ 291, 292) sind.

Schrifttum (Auswahl): *Albath*, Unternehmensbeteiligungen unter 25 % Kapitalanteil in gesellschafts- und wettbewerbsrechtlicher Betrachtung, 1988; *Bachelin*, Der konzernrechtliche Minderheitenschutz, 1969; *Bitter*, Konzernrechtliche Durchgriffshaftung bei Personengesellschaften, 2000; *F. Born*, Die abhängige Kommanditgesellschaft auf Aktien, 2004; *v. Büren*, Der Konzern, 2. Aufl. Basel 2005; *Burgard*, Gestaltungsfreiheit im Stiftungsrecht, 2006; *Dielmann*, Die Beteiligung der öffentlichen Hand an Kapitalgesellschaften und die Anwendbarkeit des Rechts der verbundenen Unternehmen, 1977; *Dierdorf*, Herrschaft und Abhängigkeit einer AG auf schuldvertraglicher und tatsächlicher Grundlage, 1978; *Ehlers*, Verwaltung in Privatrechtsform, 1984; *Ellerich*, Zur Bedeutung und den Auswirkungen der aktienrechtlichen Unternehmenseigenschaft der öffentlichen Hand unter Berücksichtigung ökonomischer Gesichtspunkte, 1980; *Emmerich*, Das Wirtschaftsrecht der öffentlichen Unternehmen, 1969; *Engellandt*, Die Einflussnahme der Kommunen auf ihre Kapitalgesellschaften über das Anteilseignerorgan, 1995; *Fett*, Öffentlich-rechtliche Anstalten als abhängige Konzernunternehmen, 2000; *Flume*, Grundfragen der Aktienrechtsreform, 1960; *O. Gierke*, Die Wirtschaftstätigkeit nichtwirtschaftlicher Organisationen, 2004; *Haar*, Die Personengesellschaft im Konzern, 2006; *Haesen*, Der Abhängigkeitsbericht im faktischen Konzern, 1970; *Heinzelmann*, Die Stiftung im Konzern, 2003; *Hohrmann*, Der Staat als Konzernunternehmer, 1983; *Joussen*, Gesellschafterabsprachen neben Satzung und Gesellschaftsvertrag, 1995; *Klosterkemper*, Abhängigkeit von einer Innengesellschaft, 2004; *Koppensteiner*, Internationale Unternehmen im deutschen Gesellschaftsrecht, 1971; *Lauscher*, Das Konzernrecht des Vereins, 2011; *Kl.-P. Martens*, Die existentielle Wirtschaftsabhängigkeit, 1979; *Mestmäcker*, Gemeinschaftsunternehmen im deutschen und europäischen Konzern- und Kartellrecht, in ders./Blaise/Donaldson, Gemeinschaftsunternehmen im Konzern- und Kartellrecht, 1979, 9; *Mülbert*, Unternehmensbegriff und Konzernorganisationsrecht, ZHR 163 (1999), 1; *Nordmeyer*, Der Unternehmensbegriff im Konzernrecht, 1970; *Pfeifer*, Möglichkeiten und Grenzen der Steuerung kommunaler Aktiengesellschaften durch ihre Gebietskörperschaften, 1991; *Schießl*, Die beherrschte Personengesellschaft, 1985; *Sura*, Fremdeinfluss und Abhängigkeit im Aktienrecht, 1980; *Timm*, Gebrauchsüberlassungsverhältnisse und Konzernhaftung, in Priester/Timm, Abschied von der Betriebsaufspaltung?, 1991, 27; *R. Veil*, Unternehmensverträge, 2003; *Wackerbarth*, Grenzen der Leitungsmacht in der internationalen Unternehmensgruppe, 2001; *H. Werner*, Der aktienrechtliche Abhängigkeitstatbestand, 1979; *Wimmer-Leonhardt*, Konzernhaftungsrecht, 2004; *Wittich*, Die Betriebsaufspaltung als Mitunternehmerschaft, 2002; *Wolframm*, Mitteilungspflichten familiär verbundener Aktionäre nach § 20 AktG, 1998; *Ziegler*, Kapitalersetzende Gebrauchsüberlassungsverhältnisse und Konzernhaftung bei der GmbH.

Übersicht

	Rn.		Rn.
I. Überblick	1–4a	2. Rechtsprechung	10–12
II. Anwendungsbereich	5	3. Maßgebliche Beteiligung	13–14a
III. Unternehmensbegriff	6–25	4. Holdinggesellschaften	15–17
1. Bedeutung	6–9b	5. Verein, Stiftung	18

	Rn.		Rn.
6. Treuhand	19	IV. Öffentliche Hand	26–38
7. Innengesellschaften	20–20b	1. Überblick	26–32
8. Formkaufleute	21, 22	2. Anwendbarkeit des Konzernrechts	33, 34
9. Gewerkschaften, GmbH und Co. KG	23	3. Folgerungen	35–37
10. Abhängige Gesellschaften	24, 25	4. Konzernvermutung	38

I. Überblick

1 § 15 leitet mit einer **Definition des Begriffs der verbundenen Unternehmen** den ersten Teil der Vorschriften des AktG über verbundene Unternehmen ein (§§ 15–22). Der zweite Teil findet sich in den §§ 291–328. Zusammenfassend werden die genannten Vorschriften häufig auch (ungenau) als das „Konzernrecht" des AktG bezeichnet, aufgeteilt in einen „Allgemeinen Teil" (§§ 15–22) und einen „Besonderen Teil" (§§ 291–328), der letztere grob gegliedert in Vorschriften über Unternehmensverträge (§§ 291–307), über sonstige Abhängigkeitsverhältnisse (§§ 311–318), über die Eingliederung (§§ 319–327) und über wechselseitig beteiligte Unternehmen (§ 328). Die hinter § 327 im Jahre 2001 eingefügten §§ 327a–327f über den Ausschluss von Minderheitsaktionären sind zwar konzernrechtsneutral konzipiert (→ Rn. 4a; → § 327a Rn. 6); gleichwohl werden sie meistens ebenfalls zum „Konzernrecht" des AktG gerechnet (auch in diesem Kommentar), einfach deshalb, weil der Hauptaktionär und die betroffene Gesellschaft in der Regel zugleich verbundene Unternehmen iSd § 15 sind.

2 Der Charakter der §§ 15 ff. als „Allgemeiner Teil" des Konzernrechts wird dadurch unterstrichen, dass **in anderen Gesetzen** wiederholt auf sie **Bezug genommen** wird. Beispiele sind § 5 MitbestG von 1976, § 51a Abs. 2 S. 1 GmbHG sowie die Verbundklausel des § 36 Abs. 2 S. 1 GWB. Daneben findet sich freilich mit Rücksicht auf unionsrechtliche Vorgaben an anderen Stellen auch in wachsendem Maße eine von den §§ 15–19 **abweichende Begriffsbildung,** und zwar selbst im AktG (§ 90 Abs. 1 S. 2 iVm §§ 290 und 310 HGB), vor allem aber in anderen Gesetzen, zB im KWG (§§ 1 Abs. 6–9, 2a, 10a, 12a und 19 Abs. 2 KWG),[1] in den Bilanzvorschriften des HGB (§§ 290, 310 ff.) sowie im Anschluss daran in § 24 WpHG und in § 2 Abs. 6 WpÜG.[2]

3 **Verbundene Unternehmen** sind nach § 15 in Mehrheitsbesitz stehende und mit Mehrheit beteiligte Unternehmen (§ 16), abhängige und herrschende Unternehmen (§ 17), Konzernunternehmen (§ 18), wechselseitig beteiligte Unternehmen (§§ 19, 328) sowie die Vertragsteile eines Unternehmensvertrages iSd §§ 291 und 292. Zu ergänzen sind noch die an einer Eingliederung beteiligten Unternehmen, die nur deshalb in § 15 nicht gesondert aufgeführt worden sind, weil sie ohnehin immer unter die §§ 16–18 fallen.

4 Diese Aufzählung macht deutlich, dass der Begriff der verbundenen Unternehmen im AktG (§ 15) in erster Linie die Aufgabe hat, als **zusammenfassende Bezeichnung** für die vom Gesetz geregelten Unternehmensverbindungen in denjenigen Vorschriften zu dienen, die für sämtliche Unternehmensverbindungen gleichermaßen gelten sollen.[3] Die wichtigsten dieser Vorschriften sind aus dem AktG § 90 Abs. 3 S. 1 über die Berichtspflicht des Vorstandes, § 131 Abs. 1 S. 2 über das Auskunftsrecht der Aktionäre, § 145 Abs. 4 S. 2 über den Bericht der Sonderprüfer, § 400 Abs. 1 Nr. 1 und 2 über die Strafbarkeit des Vorstandes bei unrichtigen Darstellungen sowie noch aus dem GmbHG § 51a Abs. 2 S. 1 über die Auskunftspflicht der Geschäftsführer.

4a § 15 hat außerdem die Aufgabe klarzustellen, dass an Unternehmensverbindungen iSd Konzernrechts **allein Unternehmen** im Gegensatz zu Privatpersonen **beteiligt** sein kön-

---

[1] Dazu insbes. *C. van de Sande*, Die Unternehmensgruppe im Banken- und Versicherungsaufsichtsrecht, 2003, 57 ff.
[2] Krit. *Kropff* FS Ulmer, 2003, 847 mN.
[3] Vgl. Begr. RegE bei *Kropff* AktG 27.

nen (→ Rn. 6).⁴ Das Gesetz hat diese Regel freilich nicht streng durchgehalten. Vor allem die §§ 327a–327f über den Ausschluss von Minderheitsaktionären setzen infolge ihrer Konzernrechtsneutralität nicht voraus, dass der Hauptaktionär Unternehmensqualität besitzt (→ § 327a Rn. 9 f.). Weitere in ihrer Reichweite im Einzelnen umstrittene **Ausnahmen** finden sich in § 292 Abs. 1 Nr. 2 und 3 sowie in den §§ 319 Abs. 1 S. 1 und 320 Abs. 1 S. 1. Auch in den §§ 19, 20 und 21 spielen die besonderen Merkmale des Unternehmensbegriffs keine Rolle (→ Rn. 22). Durch die gesetzliche Regelung wird es ferner nicht ausgeschlossen, von Fall zu Fall die konzernrechtlichen Vorschriften des Gesetzes auf andere vergleichbare Verbindungen anzuwenden, selbst wenn nicht alle an der Verbindung Beteiligten Unternehmensqualität iSd §§ 15 ff. besitzen.

II. Anwendungsbereich

Die Definitionsnormen der **§§ 15–18** gelten schlechthin für alle rechtlich selbstständigen 5
Unternehmen ohne Rücksicht auf ihre Rechtsform und Nationalität.⁵ Sie finden daher insbesondere auch Anwendung auf andere Kapitalgesellschaften, auf Personengesellschaften, auf Vereine und Stiftungen sowie auf Einzelkaufleute. Unerheblich ist ferner, ob es sich um in- oder ausländische Unternehmen handelt. Der Anwendungsbereich der §§ 291, 311 und 319 ff. ist demgegenüber enger, weil er durchweg zusätzlich voraussetzt, dass an der Unternehmensverbindung wenigstens eine AG oder KGaA mit Sitz im Inland beteiligt ist, und zwar meistens gerade in der Rolle der abhängigen Gesellschaft.

III. Unternehmensbegriff

1. Bedeutung. Aus § 15 folgt ebenso wie aus den übrigen einschlägigen Vorschriften 6
des AktG, dass an Unternehmensverbindungen iSd Gesetzes, von wenigen Ausnahmen abgesehen, grundsätzlich **(nur) „Unternehmen" beteiligt** sein können (→ Rn. 4a). Den Gegensatz bilden **Privatgesellschafter.** Tertium non datur. Es ist wichtig, sich diesen Punkt stets von neuem zu vergegenwärtigen: Es gibt *nur zwei Kategorien* von Aktionären: Unternehmensgesellschafter und Privatgesellschafter. Oder anders gewendet: jeder Aktionär, der nicht (reiner oder bloßer) Privatgesellschafter ist, ist infolgedessen – im Sinne des Konzernrechts – notwendigerweise Unternehmensgesellschafter, ganz gleich, ob er sonst, außerhalb des Konzernrechts, als Unternehmer oder sonst was gilt. Paradigma ist der *Staat als Aktionär*: Da der Staat als Gesellschafter einer in privater Rechtsform betriebenen Gesellschaft niemals mit einem Privatgesellschafter auf eine Stufe gestellt werden kann, ist er eben im Sinne des Konzernrechts immer „Unternehmensgesellschafter" (→ Rn. 9a, 29).

Die aus dem Gesagten resultierende, von Anfang an umstrittene Beschränkung des 6a
Anwendungsbereichs des Konzernrechts auf die Beziehungen einer AG zu „Unternehmen" wurde von den Gesetzesverfassern vor allem mit der Überlegung begründet, **allein bei einem Unternehmensgesellschafter** im Gegensatz zu einem Privatgesellschafter bestehe die Gefahr, dass er die Rechte aus der Beteiligung zum Nachteil der Gesellschaft für seine sonstigen unternehmerischen Interessen ausnutzen werde.⁶ Man spricht insofern häufig auch – abgekürzt – von der sog. **Konzerngefahr** oder – pars pro toto – von dem **Konzernkonflikt.**

Die Beschränkung des Anwendungsbereichs der konzernrechtlichen Vorschriften des 7
Gesetzes auf „Unternehmen" (→ Rn. 6) hat es nötig gemacht, **Kriterien** zu entwickeln, die (im Konzernrecht) eine Unterscheidung zwischen Unternehmensgesellschaftern und

---

⁴ *Mülbert* ZHR 163 (1999), 1; *Rubner* Konzern 2003, 735; *K. Schmidt* FS Koppensteiner, 2001, 191; *Veil* Unternehmensverträge 170 ff.
⁵ Ebenso zB BAGE 110, 100 (115) = ZIP 2004, 1468 (1473); BAGE 112, 116 (173) = AG 2005, 533 (534) = NZG 2005, 512; BAGE 136, 114 Rn. 26 = NZA 2011, 524 = AG 2011, 382 – UKE; AG 2011, 670 Rn. 26 = NZA 2011, 866 = ZIP 2011, 1332; AG 2012, 632 Rn. 49; OLG Hamburg NZG 2003, 978 = AG 2003, 698 (699) – Volksfürsorge Holding AG; OLG Jena AG 2010, 376 = NZG 2010, 226.
⁶ Ausschussbericht zu den §§ 20 und 21 bei *Kropff* AktG 41, 42.

reinen oder gewöhnlichen Privatgesellschaftern erlauben. Dies gilt unbeschadet des Umstandes, dass die der gesetzlichen Regelung zugrunde gelegte Unterscheidung zwischen Unternehmens- und Privatgesellschaftern heute weithin ihre Überzeugungskraft eingebüßt hat und deshalb auch vom Gesetzgeber selbst bereits in den §§ 327a ff. sowie in verschiedenen kapitalmarktrechtlichen Regelungen wie zB den §§ 21 ff. WpHG wieder aufgegeben wurde.

8 Die Auseinandersetzung um den konzernrechtlichen Unternehmensbegriff stand in den ersten Jahren nach Inkrafttreten des Gesetzes vornehmlich im Zeichen des Gegensatzes zwischen dem **funktionellen und** dem **institutionellen** Unternehmensbegriff. Hinzugetreten ist später noch ein organisationsrechtliches Verständnis des Begriffs.[7] Diese Diskussion ist hier nicht weiter zu verfolgen, da an ihre Stelle mittlerweile weithin die ausschließliche Orientierung am Gesetzeszweck (→ Rn. 6) getreten ist, sodass man häufig auch geradezu von einem **teleologischen Unternehmensbegriff**[8] spricht. Die in diesem Rahmen üblicherweise angestellten Überlegungen (→ Rn. 10 ff.) haben indessen weithin eine derartige Komplexität erreicht, dass vorweg die Frage zu erörtern ist, ob tatsächlich in der Mehrzahl der Fälle derart komplizierte Überlegungen zur Präzisierung des Unternehmensbegriffs wie heute üblich erforderlich sind. Bei näherem Zusehen wird sich zeigen, dass insoweit Zweifel angebracht sind.[9]

9 Hinter der gesetzlichen Regelung steht die Entscheidung der Gesetzesverfasser, den Anwendungsbereich der konzernrechtlichen Vorschriften des Gesetzes grundsätzlich auf solche Gesellschafter zu beschränken, bei denen anders als bei Privatgesellschaftern wegen ihrer zusätzlichen unternehmerischen Betätigung *außerhalb* der Gesellschaft **die Gefahr eines Interessenkonflikts** und damit einer Schädigung der Gesellschaft im Interesse anderer Unternehmen besteht (→ Rn. 6a). Die überwiegende Meinung zieht daraus den Schluss, dass sich die Abgrenzung des Anwendungsbereichs des Konzernrechts **in erster Linie** an diesem **Zweck,** dh der Vermeidung der sog. Konzerngefahr, zu orientieren hat.

9a Demgegenüber ist daran zu erinnern, dass es bei der ganzen Diskussion im Grunde nur darum geht, entsprechend dem Willen der Gesetzesverfasser **reine** (oder auch **gewöhnliche) Privataktionäre** aus dem Anwendungsbereich des Konzernrechts (wieder) **auszuklammern,** weil bei ihnen – nach Meinung der Gesetzesverfasser – im Regelfall nicht der konzerntypische Interessenkonflikt (die „Konzerngefahr") besteht (→ Rn. 6 f.). Die notwendige Folge ist, dass dann eben alle anderen Aktionäre (bei denen sich – anders gewendet – die Konzerngefahr nicht von vornherein ausschließen lässt und die eben deshalb keine „reinen Privataktionäre" sind) als „Unternehmensaktionäre" im Sinne des Konzernrechts zu qualifizieren sind, einfach deshalb, weil das Gesetz **nur** diese **zwei Kategorien** von Aktionären kennt. In allen Zweifelsfällen sollte die Frage daher nicht (wie bisher üblich) lauten, ob der betreffende Gesellschafter schon Unternehmensqualität besitzt, sondern nur, ob er **„noch"** als reiner oder gewöhnlicher **Privatgesellschafter** angesehen werden kann. Ist diese Frage zu verneinen, so ist von der Unternehmensqualität des betreffenden Gesellschafters auszugehen, ganz gleich, ob man ihn auch in anderen Beziehungen als „Unternehmen" bezeichnen kann oder nicht.[10] Dem entspricht es genau, dass die **öffentliche Hand** im Konzernrecht heute *immer* Unternehmensqualität besitzt (→ Rn. 29). Der Grund ist nach dem Gesagten einfach der, dass der Staat eben niemals über eine „Privatsphäre" verfügt –, sodass er mit Notwendigkeit iSd Konzernrechts Unternehmensqualität besitzt.

9b Solche Vorgehensweise hätte den Vorteil, dass sich mit ihr zahlreiche der heute üblichen, subtilen Unterscheidungen innerhalb des Unternehmensbegriffs erledigen dürften.[11] In den

---

[7] Vgl. *Mülbert* ZHR 163 (1999), 1; MüKoHGB/*Mülbert* KonzernR Rn. 36 ff. (572 ff.); *K. Schmidt* FS Koppensteiner, 2001, 191.
[8] So zB *Haar* Personengesellschaft 224 ff.; Hüffer/*Koch* Rn. 9; *Lauscher* KonzernR 66 ff.; *Raiser/Veil* KapGesR § 51 Rn. 2; GroßkommAktG/*Windbichler* Rn. 11.
[9] S. insbes. *Mülbert* ZHR 163 (1999), 1; *K. Schmidt* FS Koppensteiner, 2001, 191 ff.; *B. Wolfram* Mitteilungspflichten 54 ff.; krit. auch Spindler/Stilz/*Schall* Rn. 15 ff.; K. Schmidt/Lutter/*Vetter* Rn. 34 ff.
[10] Rn. 6; ebenso offenbar BFHE 233, 416 Rn. 53 f. = AG 2011, 639 (643).
[11] Ebenso Beck AG-HdB/*Liebscher* § 14 Rn. 12 f. (1131 f.); ähnlich auch Spindler/Stilz/*Schall* Rn. 15 ff. und K. Schmidt/Lutter/*Vetter* Rn. 34 ff., wenn auch teilweise von einem anderen Ausgangspunkt aus.

wenigen dann noch verbleibenden **Zweifelsfällen** sollte leitender Gesichtspunkt für die **Abgrenzung** sein, ob die allgemeinen gesellschaftsrechtlichen Vorschriften, insbesondere also die §§ 57, 117 und 243 Abs. 2 AktG, die Treuepflicht der Gesellschafter (§§ 241, 242 und 705 BGB iVm § 276 BGB und § 280 BGB) sowie die § 823 BGB und § 826 BGB ihrer Art nach zur Bewältigung etwa auftretender Interessenkonflikte ausreichen oder ob – wie zB eben bei der öffentlichen Hand – zusätzlich die Anwendung der konzernrechtlichen Regelungen erforderlich ist, um denkbare Konflikte in den Griff zu bekommen. Wo immer dies der Fall ist, hindert nichts, die Unternehmensqualität des betreffenden Gesellschafters (im Sinne des Konzernrechts) zu bejahen oder auch – wenn man nicht so weit gehen will – von Fall zu Fall eben die konzernrechtlichen Vorschriften auf den betreffenden Gesellschafter entsprechend anzuwenden. Das läuft letztlich auf dasselbe hinaus.[12]

2. Rechtsprechung. Die Rechtsprechung folgt dem hier befürworteten Ansatz **10** (→ Rn. 6, 9 f.) der Sache nach bisher allein bei der konzernrechtlichen Behandlung der öffentlichen Hand (→ Rn. 29), während sie sich in den übrigen Fällen bei der Definition des Unternehmensbegriffs in Übereinstimmung mit der überwiegenden Meinung nach wie vor in erster Linie am **Schutzzweck** des Gesetzes orientiert (Stichwort: teleologischer Unternehmensbegriff, → Rn. 8). Der **BGH** hat daraus wiederholt den Schluss gezogen, dass die Unternehmensqualität eines Gesellschafters bereits zu bejahen ist, wenn dieser sich **außerhalb der Gesellschaft ebenfalls noch wirtschaftlich betätigt,** weil schon daraus typischerweise die Konfliktslagen entstehen könnten, denen das Konzernrecht begegnen soll. Als Unternehmen iSd Konzernrechts betrachtet der BGH dementsprechend jeden Gesellschafter, bei dem zu seiner Beteiligung an der Gesellschaft **wirtschaftliche Interessenbindungen außerhalb der Gesellschaft** hinzutreten, die **stark genug** sind, um die ernste **Besorgnis** zu begründen, der Gesellschafter könne um ihretwillen seinen Einfluss zum Nachteil der Gesellschaft geltend machen.[13] Dem haben sich mittlerweile auch das BAG,[14] das BSG[15] sowie der BFH[16] angeschlossen.

Die **Rechtsform** des Gesellschafters ist unerheblich (→ Rn. 5). Der Anwendungsbe- **11** reich des Konzernrechts beschränkt sich nicht auf Kaufleute und Handelsgesellschaften einschließlich etwa der Hypothekenbanken,[17] sondern umfasst unter den genannten Voraussetzungen (→ Rn. 9 ff.) zB auch die SE (§ 49 SEAG, → Einl. Rn. 45 ff.), Idealvereine und wirtschaftliche Vereine,[18] Versicherungsvereine auf Gegenseitigkeit,[19] die Europäische Wirtschaftliche Interessengemeinschaft,[20] Partnerschaftsgesellschaften, Personenhandelsgesellschaften,[21] Stiftungen und Genossenschaften (→ Rn. 18),[22] juristische Personen des

---

[12] Spindler/Stilz/*Schall* Rn. 16 f.
[13] BGHZ 69, 334 (337 f.) = NJW 1978, 104 = AG 1978, 50 – VEBA/Gelsenberg; BGHZ 74, 359 (364 f.) = NJW 1979, 2401 = AG 1980, 50 – WAZ; BGHZ 80, 69 (72) = NJW 1981, 1512 = AG 1981, 225 – Süssen; BGHZ 85, 84 (90 f.) = NJW 1983, 569 – ADAC; BGHZ 95, 330 (337) = NJW 1986, 188 = AG 1986, 15 – Autokran; BGHZ 114, 203 (210 f.) = NJW 1991, 2765 = AG 1991, 270; BGHZ 115, 187 (189 ff.) = NJW 1991, 3142 = AG 1991, 429 – Video; BGHZ 117, 8 (18) = NJW 1992, 1702 = AG 1991, 155; BGHZ 135, 107 (113) = NJW 1997, 1855 (1856) = AG 1997, 374 – VW; BGHZ 148, 123 (125 ff.) = NJW 2001, 2973 = AG 2001, 588 – MLP; BGH NJW 2001, 370 = AG 2001, 133.
[14] BAGE 76, 79 (83 f.) = NJW 1994, 3244 = AG 1994, 510; BAGE 110, 100 (115 ff.) = ZIP 2005, 1468 (1473 f.) – bofrost; BAGE 112, 166 (173 f.) = AG 2005, 533 (534 f.) = NZG 2005, 512; BAGE 136, 114 = AG 2011, 382 Rn. 33 = NZA 2011, 524 – UKE; BAG AP BetrVG § 54 Nr. 7 = AG 1996, 369 = NJW 1996, 2884 = NZA 1996, 706.
[15] BSGE 75, 82 (89 f.) = NJW-RR 1995, 730 = AG 1995, 279 (282).
[16] BFHE 233, 416 = AG 2011, 639 Rn. 53 ff.
[17] *Preußner/Fett* AG 2001, 337.
[18] KG AG 1980, 78 – Dresdner Bank; *Lauschner* KonzernR; *H. Sprengel* Vereinskonzernrecht, 1998, 94 ff.
[19] *U. Hübner* FS Wiedemann, 2002, 1033; *A. Müller-Wiedenhorn,* Versicherungsvereine aG im Unternehmensverbund, 1993.
[20] GroßkommAktG/*Windbichler* Rn. 18.
[21] *Haar,* Die Personengesellschaft im Konzern, 2006.
[22] *Burgard,* Gestaltungsfreiheit im Stiftungsrecht, 2006; *Emmerich/Habersack* KonzernR §§ 36, 38; *A. Reul,* Das Konzernrecht der Genossenschaften, 1997.

öffentlichen Rechts (→ Rn. 26 ff.), Erbengemeinschaften als Unternehmensträger[23] sowie BGB-Gesellschaften, jedenfalls, wenn sie Außengesellschaften sind, während die Unternehmenseigenschaft bloßer Innengesellschaften umstritten ist (→ Rn. 19 ff.).

11a Unternehmensqualität besitzen ferner **natürliche Personen, die sich auch noch außerhalb der AG unternehmerisch** betätigen. Eindeutig ist dies, wenn der fragliche Gesellschafter als Kaufmann oder als persönlich haftender Gesellschafter einer unternehmerisch tätigen Gesellschaft (zusätzlich) noch außerhalb der Gesellschaft aktiv ist. Nach überwiegender Meinung genügt aber auch schon die „bloße" **maßgebliche Beteiligung** an mindestens einer sonstigen Gesellschaft, um die Unternehmenseigenschaft des fraglichen Aktionärs zu begründen (sog. **Aktionär mit multiplem Beteiligungsbesitz;** → Rn. 12 f.).[24] Bei der deshalb im Einzelfall erforderlichen **Abgrenzung** zwischen einer unternehmerischen und einer sonstigen Tätigkeit des Gesellschafters außerhalb der Gesellschaft sollte leitender Gesichtspunkt allein sein, ob die allgemeinen gesellschaftsrechtlichen Vorschriften ihrer Art nach zur Bewältigung etwa auftretender Interessenkonflikte ausreichen oder ob dafür zusätzlich die Anwendung der konzernrechtlichen Vorschriften innerhalb und außerhalb des AktG erforderlich ist (→ Rn. 9b), da es eben nach Sinn und Zweck der ganzen Regelung nur darum gehen kann, „reine" Privataktionäre aus dem Anwendungsbereich des für sie nach Meinung der Gesetzesverfasser nicht passenden Konzernrechts wieder auszuklammern (→ Rn. 6, 9 ff.).

11b **Nicht** ausreichend ist insbesondere in aller Regel eine bloße **vermögensverwaltende,** gemeinnützige oder karitative Tätigkeit außerhalb der Gesellschaft.[25] Es stellt jedoch keine bloße vermögensverwaltende Tätigkeit mehr dar, wenn zB der Vorstandsvorsitzende einer AG dieser aus seinem Privatvermögen die wesentlichen Betriebsgrundstücke vermietet oder verpachtet – mit der Folge, dass er dadurch ebenfalls Unternehmensqualität erlangt; wichtig ist dies vor allem für die Fälle der **Betriebsaufspaltung.**[26] Die Grenze zur unternehmerischen Betätigung wird ferner überschritten, sobald sich die vermögensverwaltende Tätigkeit gerade auf maßgebliche Beteiligungen an anderen, unternehmerisch tätigen Gesellschaften erstreckt (→ Rn. 11a, 12 f.). Eine selbstständige **freiberufliche Tätigkeit** außerhalb der Gesellschaft, zB als Architekt, kann gleichfalls für die Bejahung der Unternehmensqualität des betreffenden Aktionärs ausreichen.[27] Denn in den beiden zuletzt genannten Fällen ist der betreffende Gesellschafter eben kein „reiner" Privatgesellschafter mehr – mit der Folge der Anwendbarkeit des Konzernrechts auf ihn. Zweifelhaft ist die Rechtslage dagegen insbesondere bei der Tätigkeit als Geschäftsführer der Komplementär-GmbH einer **GmbH und Co. KG.**[28] Solche Grenzfälle lassen sich – nach jeder Meinung – nur von Fall zu Fall an Hand der genannten Kriterien (→ Rn. 9 ff.) zutreffend beurteilen.[29]

12 Aus dem Gesagten (→ Rn. 6 ff.) wird überwiegend der Schluss gezogen, dass im Regelfall selbst die **maßgebliche Beteiligung an einer einzigen Gesellschaft allein** nicht ausreicht, um die Unternehmenseigenschaft des betreffenden Gesellschafters im Sinne des

---

[23] Heymann/*Emmerich* HGB § 1 Rn. 22 ff.; *B. Wolframm* Mitteilungspflichten 94 ff.
[24] BGHZ 95, 330 (337) = NJW 1986, 188 = AG 1986, 15 – Autokran; BGHZ 115, 187 (189 ff.) = NJW 1991, 3142 = AG 1991, 429 – Video; BGHZ 122, 123 (127 f.) = NJW 1993, 1200 = AG 1993, 371 – TBB; BGHZ 148, 123 (125 ff.) = AG 2001, 588 = NJW 2001, 2973; BGH NJW 2001, 370 = AG 2001, 133; BAGE 76, 79 (83 f.) = NJW 1994, 3244 = AG 1994, 510; BAGE 136, 114 Rn. 33 = AG 2011, 382 = NZA 2011, 524 = ZIP 2011, 582 – UKE; BAG AP BetrVG § 54 Nr. 7 = AG 1996, 369 = NJW 1996, 2884; AP AktG § 308 Nr. 8 = NJW 1996, 1491 = AG 1996, 222 (223) = NZA 1996, 311; BSGE 75, 82 (87, 89 f.) = NJW-RR 1995, 730 = AG 1995, 279 (282); BFHE 233, 416 = AG 2011, 639 (642 f.) Rn. 53 ff.; BayObLGZ 2002, 46 (54 f.) = NJW-RR 2002, 974 = AG 2002, 511 (512 f.); statt aller *Br. Haar* Personengesellschaft 233 ff.
[25] Beck AG-HdB/*Liebscher* § 14 Rn. 12 f. (1131 f.); *K. Schmidt/Lutter/Vetter* Rn. 42.
[26] BFHE 233, 416 = AG 2011, 639 (643) Rn. 53 f. = ZIP 2011, 1468.
[27] BGH NJW 1994, 3288 = AG 1995, 35 (36); NJW 1995, 1544 = AG 1995, 326; LG Münster WM 1997, 672 (673) = AG 1997, 474 (Arzt).
[28] Verneinend BSGE 75, 82 (89 f.) = NJW-RR 1995, 730 = AG 1995, 279 (282); Spindler/Stilz/*Schall* Rn. 23; *K. Schmidt/Lutter/Vetter* Rn. 48.
[29] Ausf. *Br. Haar* Personengesellschaft 239 ff. und passim.

Konzernrechts zu begründen, auch wenn er unternehmerischen Einfluss auf „seine" Gesellschaft ausübt.[30] Der **Mehrheitsgesellschafter** einer AG ist mit anderen Worten nicht allein deshalb, weil er die Mehrheit hat und deshalb die Geschicke seiner Gesellschaft bestimmen kann, zugleich Unternehmer im Sinne des Konzernrechts, solange nicht die in den Augen der überwiegenden Meinung ausschlaggebende **Interessenbindung** wirtschaftlicher Art **außerhalb der Gesellschaft** (→ Rn. 10 f.) hinzutritt.[31] Dasselbe gilt für eine Mehrzahl von Personen, die zusammen über die Mehrheit bei einer Gesellschaft verfügen.[32] Auf der anderen Seite steht außer Frage, dass ein einflussnehmender Aktionär Unternehmensqualität iSd Konzernrechts besitzt, wenn er **noch ein** beliebiges **anderes Unternehmen betreibt,** wobei es auf dessen Rechtsform ebenso wenig wie zB auf die Frage ankommt, ob es sich um ein inländisches oder ausländisches Unternehmen handelt, ob das andere Unternehmen mit Gewinnerzielungsabsicht betrieben wird oder nicht sowie ob der fragliche Gesellschafter Kaufmann oder etwa „nur" Freiberufler ist (→ Rn. 11). Denn in jedem Fall besteht dann die kritische „Konzerngefahr", die die Anwendung des Konzernrechts – in den Augen der hM – rechtfertigt. Probleme ergeben sich – bei dieser Sichtweise der Dinge – vor allem, wenn der fragliche Gesellschafter an der anderen Gesellschaft „nur" **maßgeblich,** aber eben nicht allein **beteiligt** ist (→ Rn. 13 f.).

3. Maßgebliche Beteiligung. In der Frage, **wie stark** die „**wirtschaftliche Interes-** 13 **senbindung**" eines Gesellschafters **außerhalb** der Gesellschaft sein muss, damit wegen der Gefahr kollidierender Interessen der verschiedenen Beteiligungsunternehmen das Konzernrecht angewandt werden kann (oder besser: muss), lassen sich heute im Wesentlichen zwei Meinungen unterscheiden:[33] Während es nach der einen darauf ankommen soll, ob der betreffende Gesellschafter **tatsächlich leitend** (etwa iSd § 18 Abs. 1) auf das andere Unternehmen einwirkt,[34] begnügt sich die andere Meinung bereits mit einer bloßen **Beteiligung** des Gesellschafters, die **so stark** ist, dass sie die **Möglichkeit** solcher **Einflussnahme eröffnet,**[35] wobei freilich wiederum umstritten ist, wie stark diese Einflussmöglichkeit sein muss, um eine wirtschaftliche Interessenbindung außerhalb der Gesellschaft annehmen zu können. Das Meinungsspektrum reicht hier von der Notwendigkeit einer *Beherrschung* iSd § 17[36] bis zu der einer bloßen *Beteiligung mit 10 % des Kapitals oder der Stimmrechte,* weil schon solche Beteiligung die Möglichkeit eines Interessenkonflikts mit sich bringe.[37] Auch der **BGH** begnügt sich zwar heute im Prinzip bereits mit einer bloßen Beteiligung des Gesellschafters, die so stark ist, dass sie die *Möglichkeit* einer Einflussnahme eröffnet, neigt dabei aber offenbar zu einer verhältnismäßig *restriktiven* Interpretation.[38] Eine Beteiligung soll nämlich (erst) dann als „maßgeblich" anzusehen sein, wenn sie die (ernsthafte) *Möglichkeit* begründet, sich unter Ausübung von Leitungsmacht auch in anderen Gesellschaften *unternehmerisch* zu betätigen.[39] Dazu sei grundsätzlich erforderlich, dass der Aktionär *auf*

---

[30] Grigoleit/*Grigoleit* Rn. 18; KK-AktG/*Koppensteiner* Rn. 22 ff.
[31] Grdl. BGHZ 148, 123 (125 ff.) = NJW 2001, 2973 = AG 2001, 588 – MLP; OLG Hamburg AG 2001, 479 (481) = NZG 2001, 471 – Bauverein zu Hamburg; OLG Hamm AG 2001, 146 (147) = NZG 2001, 563; *Bayer* ZGR 2002, 933 (938 ff.); *Cahn* AG 2002, 30 f.; Hüffer/*Koch* Rn. 10 f.
[32] OLG Hamburg AG 2001, 479 (481) = NZG 2001, 471 – Bauverein zu Hamburg; *P. Bauer* NZG 2001, 742; *Klosterkemper* Abhängigkeit 29 ff.
[33] S. insbes. *Bayer* ZGR 2002, 933 (938 ff.); *Cahn* AG 2002, 30 (31 f.); noch weiter diff. A/D/S Rn. 7; *G. Bitter* Durchgriffshaftung 38 ff., 57 f. (gegen die Einbeziehung der Beteiligungen an Gesellschaften mit Haftungsbeschränkung wie AG oder GmbH); Spindler/Stilz/*Schall* Rn. 27 ff.
[34] A/D/S Rn. 8 (28 ff.); *Kort* DB 1986, 1909 (1911 f.); *Mülbert* ZHR 163 (1999), 1 (33 f.).
[35] OLG Köln BB 1997, 169 f. = GmbHR 1997, 220; MüKoAktG/*Bayer* Rn. 17–24; *Bayer* ZGR 2002, 933; *Cahn* AG 2002, 30 (32); Grigoleit/*Grigoleit* Rn. 20 f.; Hüffer/*Koch* Rn. 10 f.; KK-AktG/*Koppensteiner* Rn. 35 ff.; MHdB AG/*Krieger* § 68 Rn. 7; Beck AG-HdB/*Liebscher* § 14 Rn. 14 f. (1132 f.); GroßkommAktG/*Windbichler* Rn. 31 f.
[36] K. Schmidt/Lutter/*Vetter* Rn. 45 ff.
[37] Spindler/Stilz/*Schall* Rn. 37 ff.
[38] Beiläufig schon BGHZ 135, 107 (113) = NJW 1997, 1855 = AG 1997, 374 – VW; ebenso sodann ausf. BGHZ 148, 123 (125 ff.) = NJW 2001, 2973 = AG 2001, 588 – MLP.
[39] BGHZ 148, 123 (125 ff.) = NJW 2001, 2973 – MLP; dazu *Bayer* ZGR 2002, 933 (945 ff.).

gesellschaftsrechtlicher Grundlage[40] mit den ihm rechtlich zu Gebote stehenden Mitteln auf das andere Unternehmen *bestimmenden Einfluss nehmen kann*.[41] Dies entspricht der Auffassung, dass eine *Beherrschungsmöglichkeit* Voraussetzung für eine wirtschaftliche Interessenbindung außerhalb der Gesellschaft ist.

14   Eine maßgebliche Beteiligung in diesem Sinne ist folglich auf jeden Fall bei einer **Mehrheitsbeteiligung an** wenigstens **einer weiteren** unternehmerisch tätigen **Gesellschaft** anzunehmen, wobei Kapital- und Stimmenmehrheit gleichstehen.[42] Aber auch eine **geringere Beteiligung** genügt, wenn sie, etwa wegen einer traditionell niedrigen Hauptversammlungspräsenz oder aufgrund von Stimmbindungsverträgen, die **Möglichkeit** eröffnet, die Leitungsorgane der anderen Gesellschaft zu besetzen und damit dort die **Herrschaft zu übernehmen**.[43] Bei Kapitalgesellschaften kann dafür je nach den Umständen des Falles sogar eine Beteiligung **unter 25 %** ausreichen, sofern sie iVm weiteren verlässlichen Umständen rechtlicher oder tatsächlicher Art die Möglichkeit einer Einflussnahme eröffnet, die beständig und umfassend ausgeübt werden kann und gesellschaftsrechtlich vermittelt ist.[44] Bei **Personengesellschaften** genügt außerdem die Übernahme der persönlichen Haftung oder der Geschäftsführung in der anderen Gesellschaft (→ Rn. 11). Es muss sich aber immer um eine Interessenbindung gerade **außerhalb der Gesellschaft** oder besser: der Unternehmensgruppe handeln, sodass der bloße Umstand, dass der Mehrheitsaktionär und Vorstandsvorsitzende einer Gesellschaft auch noch an *Tochtergesellschaften* dieser Gesellschaft beteiligt ist, trotz der möglichen Einflussnahme auf die Tochtergesellschaften über die Muttergesellschaft noch *nicht* seine Unternehmenseigenschaft nach sich zieht.[45]

14a   Man darf sich fragen, ob die geschilderten subtilen Differenzierungen (→ Rn. 13 f.) tatsächlich durchweg nötig sind. Das ist deshalb zweifelhaft, weil es auch im vorliegenden Zusammenhang letztlich nur darauf ankommen kann, ob der fragliche Gesellschafter unter den gegebenen Umständen noch als „**reiner** oder auch: **gewöhnlicher Privataktionär**" angesehen werden kann oder nicht.[46] Ist diese Frage zu verneinen, so ist schon deshalb Raum für die Anwendung des Konzernrechts (→ Rn. 9 ff.). Für die Beteiligung der öffentlichen Hand an privaten Gesellschaften ist das mittlerweile bereits anerkannt (→ Rn. 29). Für die **Beteiligung „privater" Unternehmer an anderen Gesellschaften** sollte nichts anderes gelten,[47] – womit sich auch die leidige Holdingproblematik weitgehend erledigte (→ Rn. 15 ff.). Tendenziell sprechen diese Überlegungen für die generelle **Anwendbarkeit** des Konzernrechts **in den** genannten **Zweifelsfällen,** dies um so mehr, als die konzernrechtlichen Regelungen ausreichend Raum für die Berücksichtigung unterschiedlicher Gefährdungen lassen, die von den verschiedenen Kategorien der Unternehmensgesellschafter ausgehen, von der öffentlichen Hand auf der einen Seite bis zu „Privataktionären mit multiplem Beteiligungsbesitz" auf der anderen.

15   **4. Holdinggesellschaften.** Unter Holdinggesellschaften versteht man Gesellschaften, meistens in der Rechtsform einer Personengesellschaft, durch die oder über die ein oder

---

[40] BGHZ 148, 123 (125) = NJW 2001, 2973 – MLP: „gesellschaftsrechtlich vermittelt"; Hüffer/*Koch* Rn. 15.
[41] BGHZ 148, 123 (125) = NJW 2001, 2973 – MLP; zust. *Cahn* AG 2002, 30 (32 f.).
[42] BGHZ 148, 123 (125) = NJW 2001, 2973 – MLP; *Cahn* AG 2002, 30 (32 f.); Grigoleit/*Grigoleit* Rn. 20; Hüffer/*Koch* Rn. 11 f.; K. Schmidt/Lutter/*Vetter* Rn. 45 ff.
[43] BGHZ 148, 123 (125) = NJW 2001, 2973 – MLP; BFHE 233, 416 = Rn. 56 = AG 2011, 639 (644); s. *Bayer* ZGR 2002, 933 (938 ff.); *Cahn* AG 2002, 30; Hüffer/*Koch* Rn. 14; MHdB AG/*Krieger* § 68 Rn. 7; Beck AG-HdB/*Liebscher* § 14 Rn. 15 (1133); K. Schmidt/Lutter/*Vetter* Rn. 45 ff.; GroßkommAktG/*Windbichler* Rn. 36–42; *B. Wolframm* Mitteilungspflichten 91 ff.
[44] So BGHZ 148, 123 (125) = NJW 2001, 2973; K. Schmidt/Lutter/*Vetter* Rn. 47; *B. Wolframm* Mitteilungspflichten 91 ff.; aA *Mülbert* ZHR 163 (1999), 1 (33 f.).
[45] BGHZ 148, 123 (126 f.) = NJW 2001, 2973 = AG 2001, 588 – MLP; zust. *Cahn* AG 2002, 30; *Heidenhain* Anm. LM AktG § 16 Nr. 2 (Bl. 3 R); Spindler/Stilz/*Schall* Rn. 36; diff. *Bayer* ZGR 2002, 933 (945 ff.).
[46] Ebenso BFHE 233, 416 Rn. 53 f. = AG 2011, 639 (643) = ZIP 2011, 1468.
[47] Ebenso zutr. *v. Büren* Konzern 74; Spindler/Stilz/*Schall* Rn. 27 ff.

mehrere Gesellschafter ihren Anteilsbesitz an anderen Gesellschaften verwalten.[48] Ihre praktische Bedeutung ist offenbar erheblich. Im vorliegenden Zusammenhang werfen Holdinggesellschaften vor allem zwei Fragen auf, zunächst die nach der Unternehmenseigenschaft der Holdinggesellschaft selbst (→ Rn. 16) und sodann die nach der Unternehmenseigenschaft der Gesellschafter, die ihren Beteiligungsbesitz in der Holding zusammengefasst haben (→ Rn. 17).

Die **Holdinggesellschaft** ist jedenfalls dann selbst Unternehmen iSd Konzernrechts, **16** wenn es sich bei ihr um einen Formkaufmann handelt, wenn sie zB die **Rechtsform** einer GmbH oder einer Personenhandelsgesellschaft hat (→ Rn. 21), ferner, wenn sie **an mehreren anderen Gesellschaften maßgeblich beteiligt** ist *und* ihren Beteiligungsbesitz entweder selbst verwaltet *oder* wenn sie sich selbst noch neben der Verwaltung ihres Beteiligungsbesitzes **anderweitig unternehmerisch** betätigt.[49] Noch nicht endgültig geklärt ist die Rechtslage dagegen, wenn die Holding die Rechtsform einer BGB-Gesellschaft hat und sich auf die **Verwaltung** ihrer Beteiligung **an einer** einzigen **Gesellschaft** beschränkt. Für diesen Fall wird nach wie vor verbreitet ihre Unternehmensqualität geleugnet.[50] Dem kann indessen jedenfalls dann nicht zugestimmt werden, wenn die Holding über weitere zwischengeschaltete Gesellschaften **mehrere Tochtergesellschaften** leitet, da es nicht vorstellbar ist, dass auf dem Weg über derartige jederzeit mögliche, gesellschaftsrechtliche Konstruktionen die Anwendung des Konzernrechts vermieden werden könnte.[51] Darüber hinaus ist festzustellen, dass auch hier der Diskussion letztlich eine falsche Fragestellung zugrunde liegt (→ Rn. 9 ff.). Tatsächlich geht es nicht um die Frage, ob man eine Holding, nach welchen Kriterien immer, als „Unternehmen" qualifizieren kann, sondern um die andere Frage, ob in bestimmten Fallgestaltungen eine Holding konzernrechtlich ebenso wie ein „reiner oder gewöhnlicher Privataktionär" zu behandeln ist. Diese Frage stellen heißt sie verneinen. Holdinggesellschaften besitzen daher im Ergebnis **immer Unternehmensqualität.**

Von der Frage nach der Unternehmensqualität der Holding (→ Rn. 16) muss die nach **17** der Unternehmensqualität der die Holding ihrerseits **beherrschenden Gesellschafter** unterschieden werden. Auf dieser Ebene wird wohl überwiegend darauf abgestellt, welche Stellung der oder die Gesellschafter der Holding rechtlich oder tatsächlich haben. Die Gesellschafter sind folglich jedenfalls dann, ggf. neben der Holding (→ Rn. 16), als Unternehmen zu qualifizieren, **wenn** sie die **Verwaltung des Beteiligungsbesitzes in der Hand behalten.** Zweifelhaft ist die Rechtslage lediglich, wenn sich die Gesellschafter in der Holding auf die Verwaltung ihrer Beteiligung an der *Holding* beschränken, ohne direkten Einfluss auf deren Beteiligungsbesitz zu nehmen. Fasst man den üblicherweise vertretenen, allein am Schutzzweck des Gesetzes ausgerichteten Unternehmensbegriff (→ Rn. 10 ff.) ganz eng, so ergeben sich hier in der Tat Probleme, die freilich nur deutlich machen, dass – wiederum – die Fragestellung falsch ist. Tatsächlich kommt es allein darauf an, ob die fraglichen Gesellschafter der Holding reinen Privataktionären konzernrechtlich gleichgestellt werden können. Auch hier heißt die Frage stellen sie verneinen, jedenfalls, wenn sie über die Holding nicht nur eine, sondern mehrere Gesellschaften verwalten.[52]

5. Verein, Stiftung. Übernimmt ein Verein oder eine Stiftung die Aufgabe der Kon- **18** zernspitze, so wird häufig rein formal nach denselben Kriterien wie bei Holdinggesellschaf-

---

[48] *Lutter* Holding-HdB § 1 Rn. 11 ff. (8 ff.); Beck Holding-HdB/*Mentz* Rn. A 1 ff.
[49] Ebenso wohl BGH NJW 1994, 446 – EDV-Peripherie; Hüffer/*Koch* Rn. 12; Spindler/Stilz/*Schall* Rn. 39 sowie aus steuerrechtlicher Sicht Beck Holding-HdB/*Rödding* Rn. D 114.
[50] BGH AG 1980, 342; OLG Saarbrücken AG 1980, 26 (28); *Assmann*, 100 Jahre GmbHG, 1992, 657, 711 ff.; *Bayer* ZGR 2002, 933 (942); *Mülbert* ZHR 163 (1999), 1 (34); *W. Müller* AG 1981, 306; *Priester* Konzernrechtstage 223, 230 ff.; *Stimpel* ZGR 1991, 445 (446); Spindler/Stilz/*Schall* Rn. 39; K. Schmidt/ Lutter/*Vetter* Rn. 62; *Ziegler* Gebrauchsüberlassungsverhältnisse 179 ff.; wohl auch BGHZ 114, 203 (210 f.) = NJW 1991, 2765; ebenso aus steuerrechtlicher Sicht Beck Holding-HdB/*Rödding* Rn. D 114.
[51] LG Stuttgart AG 1990, 445 (446); *Geitzhaus* GmbHR 1989, 455 (456 f.); *Lutter* Holding-HdB § 1 Rn. 35 (19 f.); *ders.* FS Steindorff, 1990, 125 (130 f.); *ders.* ZHR 151 (1987), 444 (452); Raiser/*Veil* KapGesR § 51 Rn. 6; *B. Wolfram* Mitteilungspflichten 86 f.
[52] Grigoleit/*Grigoleit* Rn. 22; *Kiefner/Schürnbrand* AG 2013, 789 (791 f.).

ten (→ Rn. 16 f.) abgegrenzt – mit der Folge, dass zB einer Stiftung, die sich auf die Verwaltung ihrer Beteiligung an einer Gesellschaft beschränkt, die Unternehmensqualität abgesprochen wird.[53] Dies ist schon deshalb verfehlt, weil eine Stiftung oder ein Verein als Konzernspitze in keinem Fall einem reinen Privataktionär konzernrechtlich gleichgestellt werden kann, – woraus sich unmittelbar ihre „**Unternehmensqualität**" iSd Konzernrechts ergibt (→ Rn. 9 ff.). Nur so kann in der Tat verhindert werden, dass durch beliebige gesellschaftsrechtliche Konstruktionen wie etwa die Einschaltung von Zwischenholdings und Vorschaltgesellschaften die Unternehmenseigenschaft der letztlich entscheidenden Gesellschafter künstlich eliminiert oder besser: verschleiert und die Beteiligten damit dem Anwendungsbereich des Konzernrechts entzogen werden können.[54]

19   6. **Treuhand.** In Treuhandverhältnissen muss vor allem verhindert werden, dass durch die weithin beliebige Aufteilung des Beteiligungsbesitzes auf verschiedene Personen, die als Treuhänder fungieren, die Anwendung des Konzernrechts umgangen werden kann. Treuhandverhältnisse werfen deshalb im Kern ebenso wie bereits Holdinggesellschaften (→ Rn. 15 ff.) und sodann insbesondere noch Innengesellschaften (→ Rn. 20 ff.) die noch weitgehend ungelöste Frage auf, unter welchen Voraussetzungen Gesellschaftern **Anteile Dritter** mit der Folge **zugerechnet** werden können, dass sie dadurch selbst Unternehmensqualität erwerben. Im AktG findet sich ein Ansatzpunkt für die Lösung dieser schwierigen Frage insbesondere in **§ 16 Abs. 4,** nach dem als Anteile, die einem Unternehmen gehören, (nur) für die Berechnung einer Mehrheitsbeteiligung auch solche Anteile gelten, die einem abhängigen Unternehmen oder einem anderen für Rechnung des Unternehmens, insbesondere also einem Treuhänder gehören (→ § 16 Rn. 15 ff.). Ob und in welcher Form dieser Ansatz verallgemeinert werden kann, ist offen. Aber aus heutiger Sicht spricht doch viel dafür, eine **Zurechnung** jedenfalls generell **in Abhängigkeitsverhältnissen** zuzulassen.[55] Weitere Fälle sind denkbar, insbesondere bei einer institutionellen **Interessenverknüpfung** der Beteiligten (→ Rn. 20 ff.).[56] In Treuhandverhältnissen ist danach, insbesondere mit Rücksicht auf das Weisungsrecht des Treugebers aufgrund der § 675 Abs. 1 BGB und § 665 BGB, generell eine Zurechnung des Anteilsbesitzes des Treuhänders zum Treugeber gerechtfertigt, sodass die Beteiligten in dem Sinne als **wirtschaftliche Einheit** zu behandeln sind, dass sie sich die für den Unternehmensbegriff konstitutiven Merkmale wechselseitig **zurechnen** lassen müssen (→ § 37 Abs. 1 Nr. 2 S. 2 GWB) – mit der Folge vor allem, dass **auch** der **Treugeber** neben dem Treuhänder als Unternehmer iSd Konzernrechts anzusehen ist, selbst wenn er formal seinen gesamten Beteiligungsbesitz auf andere Personen übertragen hat, die als seine Treuhänder fungieren (§ 16 Abs. 4).[57] Dies folgt aus hiesiger Sicht (→ Rn. 9 ff.) bereits aus der einfachen Überlegung, dass solcher Treugeber eben konzernrechtlich nicht mit einem „einfachen Privataktionär" auf eine Stufe gestellt werden kann.

20   7. **Innengesellschaften.** Mehrere Personen können in einer Gesellschaft in unterschiedlichen Formen zusammenarbeiten, um ihren Einfluss zwecks gemeinsamer Herrschaftsausübung zu bündeln. Geschieht dies in einer **Außengesellschaft,** so ergeben sich im vorliegenden Zusammenhang keine zusätzlichen Probleme (→ Rn. 11, 13 f., 15 f.).[58] Anders

---

[53] So für die Alfried v. Bohlen und Halbach-Stiftung OLG Düsseldorf AG 2004, 212 (213 f.) = NZG 2004, 622; *R. Kohl* NJW 1992, 1922 (1923 f.); wohl auch Beck AG-HdB/*Liebscher* § 14 Rn. 12 (1131 f.); *K. Schmidt/Lutter/Vetter* Rn. 65; dagegen wie hier *Schwintowski* NJW 1991, 2736.

[54] Ebenso *Dreher* FS 100 Jahre Stuttgarter Lebensversicherung a.G., 2009, 138; *ders.* FS Säcker, 2011, 609; *Ihrig/Wandt* FS Hüffer, 2010, 387 ff.; KK-AktG/*Koppensteiner* Rn. 55 ff.; *Leuschner*, Konzernrecht des Vereins, 66, 200 ff.; enger Spindler/Stilz/*Schall* Rn. 43.

[55] Ebenso Grigoleit/*Grigoleit* Rn. 22; *Klosterkemper* Abhängigkeit; *Koppensteiner* FS K. Schmidt, 2009, 927 ff.; Spindler/Stilz/*Schall* Rn. 30 ff.

[56] *Koppensteiner* FS K. Schmidt, 2009, 927 ff.

[57] Ebenso GroßkommAktG/*Windbichler* Rn. 45; *B. Wolfram* Mitteilungspflichten 115 f.

[58] *P. Bauer* NZG 2001, 742; Hüffer/*Koch* Rn. 13; *Hüffer* FS K. Schmidt, 2009, 747 (755 ff.); Spindler/Stilz/*Schall* Rn. 40 f.

dagegen bei der Verwendung von **Innengesellschaften,** die sich offenbar großer Beliebtheit erfreuen. **Beispiele** sind Stimmrechtskonsortien, Schutzgemeinschaften, Gemeinschaftsunternehmen sowie Ehegatten- und Familiengesellschaften.[59] Solche Gesellschaften können zur gemeinsamen Herrschaftsausübung in einer oder in mehreren Gesellschaften eingesetzt werden. Kritisch ist vor allem der zweite Fall, da sich spätestens in ihm nicht mehr der Frage nach der Anwendbarkeit des Konzernrechts ausweichen lässt. Ein Beispiel ist eine Innengesellschaft, die über die Bündelung des Stimmrechts der Beteiligten die Herrschaft eines „Familienstammes" in einer oder mehreren Gesellschaften sicherstellen soll, ein anderes die „Zusammenarbeit" zweier paritätisch an einer Vielzahl von Unternehmen beteiligter Unternehmensgesellschafter in einer BGB-Innengesellschaft.[60]

In der **Rechtsprechung** ist in derartigen Fallgestaltungen früher gelegentlich in freilich **20a** wenig klarer Weise eine Abhängigkeit der betreffenden Gesellschaft von dem „Familienstamm" oder der Familiengesellschaft erwogen worden (→ § 17 Rn. 19a).[61] Für bloße **Familienstämme** ist diese Praxis jedoch mittlerweile (jenseits des § 36 Abs. 3 GWB) wieder aufgegeben, da Familienstämme keine Rechtspersönlichkeit besitzen und daher als Gesellschafter anderer Gesellschaften ausscheiden.[62] Nach überwiegender Meinung sind aber auch **BGB-Innengesellschaften** einschließlich der Stimmrechtskonsortien und der Familiengesellschaften **nicht** als **Unternehmen** zu behandeln, insbesondere, wenn sich ihre Aufgabe auf die Bündelung des Stimmrechts der Beteiligten in *einer* Gesellschaft beschränkt, sodass eine Anwendung des Konzernrechts auf ihre Beziehungen zu der von ihnen „beherrschten" Gesellschaft für den Regelfall ausscheidet.[63] **Anders** wird nur entschieden, wenn sich die fragliche Gesellschaft außerhalb der von ihr geleiteten Gesellschaft gleichfalls unternehmerisch betätigt (→ Rn. 20) *oder* wenn sie von einem oder mehreren Gesellschaftern majorisiert wird, die zugleich außerhalb der Gesellschaft unternehmerische Zwecke verfolgen.[64] Ebenso zu behandeln sind die **Leitungsorgane von Gleichordnungskonzernen,** selbst wenn sie in einer eigenen Gesellschaft verselbstständigt sind (→ § 18 Rn. 25 ff.).[65]

Die Folge dieses Ansatzes (→ Rn. 20a) ist freilich eine sachlich wenig angemessene **20b** **Differenzierung zwischen den Gesellschaftern** der Innengesellschaft je nach ihrer außerhalb der Innengesellschaft begründeten Unternehmenseigenschaft mit der Folge, dass das Konzernrecht **nur** auf die Beziehungen der beherrschten Beteiligungsgesellschaft **zu** den **Unternehmensgesellschaftern,** nicht dagegen auf die Beziehungen zu den anderen Gesellschaftern angewandt werden könnte, obwohl alle gleichermaßen und im Zusammenwirken Herrschaft ausüben. Damit stellt sich hier erneut in voller Schärfe die schwierige **Zurechnungsfrage.** Wie gezeigt (→ Rn. 19), kommt eine Zurechnung des Beteiligungsbesitzes Dritter unter Verallgemeinerung des in § 16 Abs. 4 enthaltenen Rechtsgedankens insbesondere in Herrschaftsbeziehungen sowie bei einer **institutionellen Interessenverknüpfung** der Beteiligten in Betracht. Gerade Innengesellschaften sind ein Beispiel für den zuletzt genannten Fall, da sämtliche Gesellschafter der Innengesellschaft unter den gegebenen Umständen reinen Privatgesellschaften nicht mehr gleichgestellt werden können

---

[59] Beispiele bei *Hüffer* FS K. Schmidt, 2009, 747; *B. Klosterkemper* Abhängigkeit 70 ff.
[60] BAGE 112, 166 = AG 2005, 533 = ZIP 2005, 915 = NZG 2005, 512 – Kliniken Dr. M.
[61] BGHZ 62, 193 (199 ff.) = NJW 1974, 855 – Seitz (mit Anm. *Emmerich/Gansweid* JuS 1975, 294); BGHZ 74, 359 (365, 366 f.) = NJW 1979, 2401 = AG 1980, 50 – Brost und Funke/WAZ (im Rahmen der §§ 35 und 36 GWB); BGHZ 80, 69 (73) = NJW 1981, 1512 = AG 1981, 225 = GmbHR 1981, 189 – Süssen; LG Mosbach AG 2001, 206 (208 f.) = NZG 2001, 763 (765 f.) – M. Weinig AG (ohne Begr.); krit. dazu *P. Bauer* NZG 2001, 742.
[62] BGHZ 121, 137 (144 f.) = NJW 1993, 2114 = AG 1993, 334 – WAZ/IKZ.
[63] BAGE 112, 166 (173 ff.) = AG 2005, 533 (534 ff.) = NZG 2005, 512 – Kliniken Dr. M.; s. iE *B. Klosterkemper* Abhängigkeit 29, 103 ff.; Spindler/Stilz/*Schall* Rn. 42; K. Schmidt/Lutter/*Vetter* Rn. 66.
[64] OLG Hamm AG 2001, 146 (147) = NZG 2001, 563 – Hucke AG; OLG Hamburg AG 2001, 479 (481) = NZG 2001, 471 – Bauverein zu Hamburg; OLG Köln AG 2002, 89 (90) – Cremer und Breuer; LG Heidelberg AG 1998, 47 (48) – SAP; *P. Bauer* NZG 2001, 742; *Hüffer* FS K. Schmidt, 2009, 747 (757 f.); GroßkommAktG/*Windbichler* Rn. 16, 47 f.; *B. Wolfframm* Mitteilungspflichten 79, 102 (112 ff.).
[65] Hüffer/*Koch* Rn. 12; *Raiser/Veil* KapGesR § 51 Rn. 6; Spindler/Stilz/*Schall* Rn. 43; K. Schmidt/Lutter/*Vetter* Rn. 64.

(→ Rn. 9 ff.), sodass *allen* Gesellschaftern entsprechend § 16 Abs. 4 die wechselseitigen Einflussmöglichkeiten zuzurechnen sind – mit der Folge einer **mehrfachen Abhängigkeit** der Beteiligungsgesellschaft.[66] Damit würden nur die gebotenen Konsequenzen aus der von den Beteiligten selbst angestrebten Bündelung der Einflussmöglichkeiten der verschiedenen Gesellschafter auf eine andere Gesellschaft in der Innengesellschaft gezogen.[67] Die sich hieraus ergebenden, nicht zuletzt mitbestimmungsrechtlichen Probleme haben sich die Beteiligten letztlich selbst zuzuschreiben und können deshalb nicht die generelle Verneinung der Anwendbarkeit des Konzernrechts rechtfertigen.[68]

21 **8. Formkaufleute.** Als Formkaufleute bezeichnet man die Kapitalgesellschaften, die kraft Gesetzes ohne Rücksicht auf ihren Gegenstand und ihre Größe Handelsgesellschaften und damit Kaufleute sind **(§ 6 Abs. 2 HGB)**, in erster Linie also die AG und die KGaA (§§ 3 Abs. 1, 278 Abs. 2 AktG), die GmbH (§ 13 Abs. 3 GmbHG) und die Genossenschaft (§ 17 Abs. 2 GenG). Gleich stehen die SE (§ 3 SEAG), die Europäische Wirtschaftliche Vereinigung[69] sowie die meisten Versicherungsvereine auf Gegenseitigkeit (§§ 16 und 53 VAG). Obwohl mithin diese Gesellschaften immer Kaufleute sind (§ 6 Abs. 2 HGB), **lehnt** es doch die **überwiegende Meinung** bislang ab, sie **zugleich** als **Unternehmen** iSd Konzernrechts zu behandeln, solange nicht die übrigen genannten Voraussetzungen des Unternehmensbegriffs erfüllt sind (→ Rn. 10 ff.).

22 Dem ist jedenfalls für die §§ 16, 19, 20 und 21 **nicht zu folgen.**[70] Es sollte sich von selbst verstehen, dass **§ 16** *jede* Mehrheitsbeteiligung einer Handelsgesellschaft an einer AG oder GmbH erfasst (→ § 16 Rn. 4), ebenso wie unter **§ 19** *alle* wechselseitigen Beteiligungen zwischen Kapitalgesellschaften fallen (→ § 19 Rn. 8 f.). Für die Mitteilungspflichten der **§§ 20 und 21** kann nichts anderes gelten (→ § 20 Rn. 13). Aber man sollte hierbei nicht stehen bleiben, da Formkaufleute generell nicht mit reinen (oder gewöhnlichen) Privataktionären auf eine Stufe gestellt werden können, woraus der Schluss zu ziehen ist, dass sie konzernrechtlich **immer** wie andere **Unternehmen** auch zu behandeln sind. Dasselbe gilt für **Personenhandelsgesellschaften,** da eine OHG oder eine KG ebenfalls nicht mit privaten Aktionären vergleichbar ist.[71]

23 **9. Gewerkschaften, GmbH und Co. KG.** Unternehmensqualität besitzen aufgrund ihres vielfältigen Beteiligungsbesitzes ferner die **Gewerkschaften**[72] sowie die frühere Treuhandanstalt und ihre Nachfolgerin, die Bundesanstalt für vereinigungsbedingte Sonderaufgaben (→ Rn. 26 ff.).[73] **Arbeitsgemeinschaften** mehrerer Unternehmen dürften dagegen in aller Regel keine „Unternehmen" sein.[74] Ein noch nicht befriedigend gelöstes Problem stellt schließlich die konzernrechtliche Einordnung der **GmbH und Co. KG** dar.[75] Nach der hier vertretenen Auffassung (→ Rn. 9, 22) ist es zwar durchaus möglich, die Beziehungen zwischen der Komplementär-GmbH und der KG (auch) mit **konzernrechtlichen Kategorien** zu erfassen. Überwiegend wird dies jedoch **abgelehnt** und die Qualifikation

---

[66] Ebenso im Ergebnis BAGE 112, 166 (173 ff.) = AG 2005, 533 (534 ff.) = ZIP 2005, 915 – Kliniken Dr. M.; Hüffer/*Koch* Rn. 13; Spindler/Stilz/*Schall* Rn. 42; K. Schmidt/Lutter/*Vetter* Rn. 67; diff. Grigoleit/ *Grigoleit* Rn. 23.
[67] *Klosterkemper* Abhängigkeit 34, 144 ff.
[68] Ebenso im Ergebnis BAGE 112, 166 = AG 2005, 533.
[69] VO vom 27.7.1985, ABl. EG L 199, 1, iVm Ausführungsgesetz vom 14.4.1988, BGBl. I 514.
[70] Ebenso *A/D/S* Rn. 4; *Mülbert* ZHR 163 (1999), 1 (40 ff.); K. Schmidt/Lutter/*Vetter* Rn. 53–61; vgl. außerdem für abhängige Gesellschaften Rn. 25.
[71] K. Schmidt/Lutter/*Vetter* Rn. 61.
[72] Grigoleit/*Grigoleit* Rn. 29; Hüffer/*Koch* Rn. 17.
[73] Eine Sonderregelung für die Treuhandanstalt findet sich in § 28a S. 1 EGAktG von 1992, nach dem die Vorschriften des AktG über herrschende Unternehmen auf die Treuhandanstalt nicht anzuwenden sind, um eine Haftung derselben nach den §§ 311 ff. zu verhindern; s. zu dieser problematischen Regelung MüKoAktG/*Bayer* Rn. 44; Grigoleit/*Grigoleit* Rn. 28; *Gratzel*, Die Treuhandanstalt im System des deutschen Gesellschafts- und Konzernrechts, 1999; Habig/Horst/*Spoer* ZGR 1992, 499; Hüffer/*Koch* Rn. 17; *Weimar* ZGR 1992, 477.
[74] *A/D/S* Rn. 11 (S. 33).
[75] Ausf. *Br. Haar* Personengesellschaft passim.

der Komplementär-GmbH als Unternehmen auf Sonderfälle beschränkt, die dadurch gekennzeichnet sind, dass die Komplementär-GmbH zusätzlich noch die Leitung anderer Gesellschaften übernommen hat oder dass ihre geschäftsführenden Gesellschafter zugleich unternehmerische Interessen außerhalb der GmbH und Co. KG verfolgen.[76] Dahinter steht letztlich der Gedanke, dass es sich bei der typischen GmbH und Co. KG bei „wirtschaftlicher Betrachtungsweise" um **ein Unternehmen** handelt, das lediglich in besonderer Form organisiert ist, sodass – mangels Konzerngefahr – hier kein Anlass für die Anwendung des Konzernrechts besteht.

10. Abhängige Gesellschaften. Die Anwendung des Konzernrechts auf Unternehmensverbindungen setzt nach § 15 ferner voraus, dass es sich außer bei der herrschenden Person **auch** bei der **Beteiligungsgesellschaft** um ein „**rechtlich selbstständiges Unternehmen**" handelt. Die Beteiligungsgesellschaft muss mit anderen Worten rechtlich selbstständig sein *und* außerdem ebenfalls Unternehmensqualität iSd Konzernrechts besitzen, wenn auf sie zu ihrem Schutz die konzernrechtlichen Vorschriften Anwendung finden sollen (zur Unternehmensqualität → Rn. 25). **Rechtliche Selbstständigkeit** der Beteiligungsgesellschaft iSd § 15 ist bereits gegeben, wenn es sich bei ihr zumindest um eine **rechtlich verselbstständigte Vermögensmasse** handelt.[77] **Teilrechtsfähigkeit,** insbesondere nach § 14 Abs. 2 BGB oder § 124 HGB, genügt auf jeden Fall, sodass zB eine unternehmerisch tätige BGB-Außengesellschaft oder eine Handelsgesellschaft durchaus von einer anderen Gesellschaft abhängig sein kann, selbst wenn beide Gesellschaften dieselben Gesellschafter haben. Keine rechtliche Selbstständigkeit besitzen dagegen verschiedene Niederlassungen einer AG oder verschiedene Regiebetriebe derselben Gebietskörperschaft. 24

Hinzukommen muss noch, dass die Beteiligungsgesellschaft **Unternehmensqualität** iSd Konzernrechts besitzt. Die Prüfung dieser Frage bereitet in der Regel keine Schwierigkeiten, da der Unternehmensbegriff insoweit **in der denkbar umfassendsten Weise** interpretiert wird.[78] Das versteht sich zunächst von selbst, soweit es um die konzernrechtlichen Vorschriften des AktG geht, da durch diese offenkundig **jede AG** geschützt werden soll, sodass sich hier eine weitere Prüfung erübrigt (§§ 291 ff.). Für die zahlreichen anderen Vorschriften in- oder außerhalb des AktG, die auf abhängige oder in Mehrheitsbesitz stehende Unternehmen abstellen,[79] gilt wohl nichts anderes, sodass als Unternehmen hier im Ergebnis **jede rechtlich verselbstständigte Organisation** einzustufen ist. Ein eigener Geschäftsbetrieb ist nicht erforderlich; auch die Rechtsform der abhängigen Gesellschaft spielt keine Rolle, sodass in dem Ausnahmefall einer atypischen stillen Gesellschaft selbst **Einzelkaufleute** als abhängige Unternehmen zu behandeln sein können.[80] Ein weiteres Beispiel sind **Vereine**.[81] Sogar Unternehmen in öffentlich-rechtlicher Form, zB **öffentlich-rechtliche Anstalten** wie die Landesbanken, können unter besonderen Umständen von anderen privatrechtlichen oder öffentlich-rechtlichen Unternehmen beherrscht werden, insbesondere auf dem Weg über die Gründung einer atypischen stillen Gesellschaft mit der Anstalt. Vieldiskutierte Beispiele sind oder besser: waren die Landesbank Berlin und die Berliner Wasserbetriebe (→ Rn. 22 zu § 19; → Rn. 30 zum Abschluss von Beherrschungsverträgen).[82] 25

---

[76] MüKoHGB/*Mülbert* KonzernR Rn. 52 ff. (578 ff.).
[77] MüKoAktG/*Bayer* Rn. 49; Hüffer/*Koch* Rn. 20; MHdB AG/*Krieger* § 68 Rn. 15; Spindler/Stilz/*Schall* Rn. 56.
[78] MüKoAktG/*Bayer* Rn. 47 f.; Hüffer/*Koch* Rn. 19; MHdB AG/*Krieger* § 68 Rn. 13; Spindler/Stilz/*Schall* Rn. 53 f.; K. Schmidt/Lutter/*Vetter* Rn. 73 f.
[79] S. insbes. die §§ 20 Abs. 7 S. 1, 21, 71d S. 2, 89 Abs. 2 S. 1, 136 Abs. 2 S. 1 AktG, §§ 290 ff. HGB; vgl. auch § 51a Abs. 2 S. 1 GmbHG.
[80] MüKoAktG/*Bayer* Rn. 47 f.; Grigoleit/*Grigoleit* Rn. 30; Hüffer/*Koch* Rn. 19; aA OLG Stuttgart AG 2005, 125 (128) = NZG 2005, 432.
[81] *Emmerich*/*Habersack* KonzernR § 37 Rn. 10 f.; zu Stiftungen s. *Burgard* Gestaltungsfreiheit 360, 590 f. gegen die hM.
[82] Für die Landesbank Berlin *Bezzenberger*/*Schuster* ZGR 1996, 481; MüKoAktG/*Bayer* Rn. 47 f.; Hüffer/*Koch* Rn. 19, § 291 Rn. 7; *Fett*, Öffentlich-rechtliche Anstalten als abhängige Konzernunternehmen, 2000; *Neumann*/*Rux* DB 1996, 1659; *Preußner*/*Fett* AG 2001, 337 (340); *Th. Raiser* ZGR 1996, 458 (465 ff.); *O. Schmidt*, Das DS L-Modell, 1992; *Schuster* FS Bezzenberger, 2000, 757; *ders.* FS W. Müller, 2001, 135; *Wolfers* NVwZ 2000, 765; anders LAG Berlin AG 1996, 140.

IV. Öffentliche Hand

26 **1. Überblick.** Bund, Länder und Gemeinden sind an zahlreichen Unternehmen, meistens in der Rechtsform einer AG oder GmbH, allein oder neben Privaten beteiligt. Die Zahl dieser Fälle nimmt in letzter Zeit sogar wieder kontinuierlich zu, einmal infolge der verschiedenen Privatisierungsaktionen des Bundes (Paradigma: Deutsche Telekom AG), zum anderen aufgrund der verbreiteten Umwandlung kommunaler Eigen- und Regieunternehmen in Gesellschaften mbH, an denen anschließend außerdem häufig private Investoren beteiligt werden, sodass **gemischtwirtschaftliche Unternehmen** entstehen, neudeutsch oft auch „public private partnerships" (PPP) genannt.[83] Diese Entwicklung war nicht zuletzt der Auslöser für die vielfachen Änderungen der Wirtschaftsbestimmungen der **Ländergemeindeordnungen** aus jüngster Zeit, mit denen durchweg das Ziel verfolgt wurde, die kommunalen Einflussmöglichkeiten insbesondere auf gemischtwirtschaftliche Unternehmen abzusichern. Daraus ergibt sich die Frage, ob und in welchem Umfang es bei einer maßgeblichen Beteiligung der öffentlichen Hand an Unternehmen in privater Rechtsform zu einer Überlagerung oder Abänderung des privaten Gesellschaftsrechts durch das öffentliche Recht, in den genannten Beispielen insbesondere in Gestalt der Ländergemeindeordnungen kommt. Lediglich *ein* Aspekt dieses vieldiskutierten Fragenkreises ist die hier im Vordergrund des Interesses stehende Frage nach der Anwendbarkeit des Konzernrechts auf die Beziehungen der öffentlichen Hand zu ihren in privatrechtlichen Formen betriebenen Unternehmen.

27 **Gesetzliche Regelungen** des Fragenkreises sind selten. Hervorzuheben sind lediglich neben den §§ 394 und 395 AktG die §§ 53 ff. HGrG sowie die §§ 65 f. BHO.[84] Auszugehen ist von den **§§ 53 und 54 HGrG,** die in Abänderung des Gesellschaftsrechts, auch des AktG, für alle Gebietskörperschaften, insbesondere also für den Bund, die Länder und die Gemeinden, im Falle einer Mehrheitsbeteiligung an einer AG oder GmbH besondere **Prüfungsrechte** begründen, durch die der gebotene sparsame Umgang mit Haushaltsmitteln auch im Falle der Beteiligung der öffentlichen Hand an Gesellschaften in Privatrechtsform sichergestellt werden soll.[85] Deshalb bestimmt § 53 HGrG, dass auf Verlangen einer mit Mehrheit beteiligten Gebietskörperschaft der Gegenstand und der Umfang der aktienrechtlichen Pflichtprüfung zu erweitern sind; § 54 HGrG fügt hinzu, dass in den genannten Fällen in der Satzung der Gesellschaft der Rechnungsprüfungsbehörde der beteiligten Gebietskörperschaft besondere Informations- und Einsichtsrechte gegen die Gesellschaft (zur Kontrolle des sparsamen Umgangs der Gebietskörperschaft mit öffentlichen Mitteln) eingeräumt werden können.

28 Die geschilderten besonderen Prüfungs- und Berichtsrechte der öffentlichen Hand aufgrund des HGrG (→ Rn. 27) werden ergänzt durch eine **Lockerung der Verschwiegenheitspflicht** der auf Veranlassung einer Gebietskörperschaft in den Aufsichtsrat einer AG gewählten oder entsandten Aufsichtsratsmitglieder durch die besonderen Vorschriften der **§§ 394 und 395.** An sich unterliegen auch die Aufsichtsratsmitglieder, die auf Veranlassung der öffentlichen Hand gewählt oder von dieser entsandt sind, ebenso wie alle anderen Aufsichtsratsmitglieder einer umfassenden Verschwiegenheitspflicht aufgrund der §§ 116 S. 2 und 93 Abs. 1 S. 3. Jedoch gilt dies grundsätzlich nicht für *Berichte,* die die entsandten Aufsichtsratsmitglieder der Gebietskörperschaft zu erstatten haben (§ 394 S. 1). Zum Ausgleich wird die Verschwiegenheitspflicht durch § 395 auf die Adressaten der Berichte und die Prüfer der Tätigkeit der Aufsichtsratsmitglieder erstreckt.[86] Zu beachten ist, dass § 394 nicht etwa eine **Berichtspflicht** der entsandten Aufsichtsratsmitglieder begründet, sondern

---

[83] Dazu zB *Altmeppen* NJW 2003, 2561 mN; *ders.* FS U. Schneider, 2011, 1; *v. Dannwitz* AöR 120 (1995), 595 (609 ff.); *Görning* ZIP 2001, 497; *Habersack* ZGR 1996, 544; *Harbarth* ZGR 1998, 810; *Heidel* NZG 2012, 48; *J. Kessler* GmbR 2000, 71; 2001, 320; *Noack* Städte- und Gemeindetag 1995, 379.
[84] Text der genannten Vorschriften zB in MüKoAktG Vor § 394; zu § 28a S. 1 EGAktG → Rn. 23 mN.
[85] Wegen der Einzelheiten s. Hüffer/*Koch* Rn. 23 ff.; Grigoleit/*Rachlitz* §§ 394, 395 Rn. 26 ff.; MüKoAktG/*Schürnbrand* Vor § 394 Rn. 56 ff.
[86] Ausf. Hüffer/*Koch* Rn. 36 f.; Grigoleit/*Rachlitz* §§ 394, 395 Rn. 13 ff.

diese lediglich voraussetzt. Eine Berichtspflicht der entsandten Aufsichtsratsmitglieder wird sich für sie vielmehr in erster Linie aus dem Beamtenrecht oder den Gemeindeordnungen ergeben. Streitig ist, ob auch vertragliche Berichtspflichten für die Anwendung des § 394 ausreichen. Der Plan, diese Frage durch die Novelle von 2013 in § 394 im positiven Sinne zu entscheiden,[87] ist vorerst gescheitert.

Die genannten Bestimmungen des HGrG (→ Rn. 27) und des AktG (§§ 394 und 395, → Rn. 28) sind die einzigen gesellschaftsrechtlichen „Sondervorschriften bei Beteiligung von Gebietskörperschaften",[88] die das deutsche Recht kennt. Im übrigen verbleibt es somit selbst im Falle der mehrheitlichen Beteiligung der öffentlichen Hand an einer Gesellschaft in Privatrechtsform bei der **Geltung des allgemeinen Gesellschaftsrechts** einschließlich insbesondere des Konzernrechts. Die Folge ist, dass die öffentliche Hand bei der Einflussnahme auf „ihre" Gesellschaften selbst im Falle einer Mehrheitsbeteiligung die strikten Vorgaben des Gesellschaftsrechts und vor allem des Aktienrechts beachten muss, die solcher Einflussnahme – jenseits des Konzernrechts (§ 308) – enge Grenzen ziehen, woran vor allem ein Weisungsrecht gegenüber dem Vorstand (§ 76) oder gegenüber den in den Aufsichtsrat entsandten Vertretern der öffentlichen Hand scheitern muss. 29

Der Fragenkreis ist umstritten. Von Seiten des öffentlichen Rechts wird, in erster Linie unter Berufung auf Wertungen des Verfassungsrechts, des Haushaltsrechts und des Gemeinderechts der Länder, vielfach unter dem Stichwort **„Verwaltungsgesellschaftsrecht",** in unterschiedlichem Umfang für **Durchbrechungen** des privaten Gesellschaftsrechts zugunsten der öffentlichen Hand plädiert, um den für geboten gehaltenen Einfluss der öffentlichen Hand auf ihre Gesellschaften sicherzustellen.[89] Konkret geht es dabei in erster Linie um das Weisungsrecht der Gemeinden gegenüber ihren Vertretern in den Vorständen und den Aufsichtsräten kommunaler Unternehmen. 30

Tatsächlich gibt es indessen **keinen Vorrang des öffentlichen Rechts** vor dem Privatrecht und erst recht keinen Vorrang des Kommunalrechts der Länder vor dem Gesellschaftsrecht des Bundes (Art. 31 GG), sodass weder der Bund noch die Länder oder die Gemeinden die Befugnis besitzen, sich bei der Verfolgung öffentlicher Interessen in beliebiger Weise über die vom Staat selbst gesetzte, für alle geltende Rechtsordnung, dh über das Gesellschaftsrecht hinwegzusetzen (Art. 3 Abs. 1, 31 GG).[90] Dies bedeutet, dass eine **Durchsetzung öffentlicher Interessen** bei der Leitung öffentlicher Unternehmen in Privatrechtsform immer **nur im Rahmen** und nach Maßgabe des privaten **Gesellschaftsrechts** möglich ist. Generelle Aussagen sind infolgedessen nicht möglich; man muss vielmehr von Fall zu Fall je nach der Rechtsform der betreffenden Gesellschaft und den Abreden der Beteiligten unterscheiden. 31

Für das **Weisungsrecht** der öffentlichen Hand gegenüber ihren **Vertretern in den Aufsichtsräten** öffentlicher Unternehmen bedeutet dies, dass ein Weisungsrecht, wenn überhaupt, so nur im Rahmen des privaten Gesellschaftsrechts in Betracht kommt – ganz ungeachtet etwaiger abweichender Bestimmungen insbesondere in den Gemeindeordnungen der Länder.[91] Bei einem **obligatorischen Aufsichtsrat** scheidet infolgedessen ein Weisungsrecht der öffentlichen Hand wegen der unabhängigen Stellung aller Aufsichtsratsmitglieder gleichermaßen bei der AG wie bei der GmbH von vornherein aus.[92] Anders mag im Einzelfall bei dem **fakultativen Aufsichtsrat** einer GmbH mit Rücksicht auf § 52 GmbHG zu entscheiden sein, sofern der Gesellschaftsvertrag eine entsprechende Regelung 32

---

[87] BT-Drs. 17/8959.
[88] So die Überschrift zum 1. Teil des 4. Buchs des AktG vor § 394.
[89] S. mN *v. Dannwitz* AöR 120 (1995), 595 (615 ff.); *Noack* Städte- und Gemeindetag 1995, 379; im Ergebnis auch *K. Adenauer/Merk* NZG 2013, 1251 (1254 ff.).
[90] Statt aller Hüffer/*Koch* Rn. 2 ff.; Grigoleit/*Rachlitz* §§ 394, 395 Rn. 4 ff.; MüKoAktG/*Schürnbrand* Vor § 394 Rn. 16 ff.; K. Schmidt/Lutter/*Oetker* Vor §§ 394, 395 Rn. 9 ff.
[91] Überblick über den Meinungsstand zB bei *Heidel* NZG 2012, 48 (52 f.); *Strobel* DVBl. 2005, 77.
[92] BGHZ 169, 98 (106) Rn. 18 = AG 2006, 883 = NZG 2006, 945; OVG Bautzen ZIP 2012, 2111 = GmbHR 2013, 35; VGH Kassel AG 2013, 35 = DVBl. 2012, 647; *Bormann* GmbHR 2013, 35 (36); *Altmeppen* FS U. Schneider, 2011, 1 (4 ff.); *M. Lutter* ZIP 2007, 1991; anders zB *Heidel* NZG 2012, 48 (53 ff.).

enthält.⁹³ Weitergehende Ausnahmen, etwa generell zugunsten **100%ige Tochtergesellschaften,** dh Gesellschaften, deren Anteile sich insgesamt im Besitz der öffentlichen Hand befinden, sind nicht angebracht.⁹⁴ Anders verhält es sich nur, wenn ausnahmsweise der **Vorrang öffentlicher Interessen** bei der Zweckverfolgung der Gesellschaft wirksam **im Gesellschaftsvertrag** verankert wurde (→ § 311 Rn. 25 ff.).⁹⁵

33   **2. Anwendbarkeit des Konzernrechts.** Die Diskussion über die Überlagerung des privaten Gesellschaftsrechts durch das öffentliche Recht im Falle einer maßgeblichen Beteiligung der öffentlichen Hand an Gesellschaften in Privatrechtsform wiederholt sich bei der Frage, ob Raum für die Anwendung des Konzernrechts auf die Beziehungen der öffentlichen Hand zu ihren Beteiligungsunternehmen ist. Früher wurde die Frage vielfach verneint, letztlich mit denselben Argumenten, die auch heute noch für einen Vorrang des sog. Verwaltungsgesellschaftsrechts vor dem privaten Gesellschaftsrecht angeführt werden.⁹⁶ Dem ist speziell für das Konzernrecht ebensowenig wie sonst zu folgen (→ Rn. 31). Nichts deutet in der geltenden Rechtsordnung auf eine Sonderstellung der öffentlichen Hand im Konzernrecht hin. Es bleibt daher dabei, dass zur Lösung der Konflikte, die in Unternehmensverbindungen zwischen den Gebietskörperschaften und ihren privaten Mitgesellschaftern oder den Gläubigern auftreten können, in erster Linie das **private Konzernrecht** berufen und geeignet ist, wobei die von der öffentlichen Hand (angeblich) verfolgten öffentlichen Zwecke unter keinem Gesichtspunkt eine Durchbrechung des privaten Gesellschaftsrechts zu rechtfertigen vermögen.⁹⁷

34   Auf demselben Standpunkt steht prinzipiell die **Rechtsprechung** der ordentlichen Gerichte, die folgerichtig die Anwendbarkeit des Konzernrechts auf die Beziehungen der öffentlichen Hand zu ihren in privatrechtlicher Form betriebenen Unternehmen in erster Linie davon abhängig machen, ob die öffentliche Hand in dieser Beziehung **Unternehmensqualität** besitzt.⁹⁸ Dafür genügt es nach der heute hM bereits, wenn die öffentliche Hand lediglich **ein** in privater Rechtsform betriebenes **Unternehmen beherrscht,** während es auf die zusätzliche Verfolgung unternehmerischer oder wirtschaftlicher Interessen außerhalb der Gesellschaft nicht mehr ankommt.⁹⁹ Dem ist schon deshalb zuzustimmen, weil der Staat niemals mit einem Privataktionär auf eine Stufe gestellt werden kann, sodass sich die Abgrenzungsfrage im Grunde hier gar nicht stellt (→ Rn. 6, 9 ff.).

35   **3. Folgerungen.**¹⁰⁰ Schließt die öffentliche Hand mit einem ihrer Unternehmen in **Privatrechtsform** einen Vertrag ab, durch den sie sich einen bestimmenden Einfluss auf die Verwaltung der Gesellschaft sichert, so handelt es sich der Sache nach um einen **Beherrschungsvertrag** iSd § 291, der der Zustimmung der Hauptversammlung oder der Gesell-

---

⁹³ BVerwGE 140, 300 Rn. 20 f. = NJW 2011, 3735 = AG 2011, 882; OVG Bautzen ZIP 2012, 2111 = GmbHR 2013, 35; *Altmeppen* FS U. Schneider, 2011, 1 (6 ff.).
⁹⁴ Anders noch 7. Aufl. Rn. 27b.
⁹⁵ MüKoAktG/*Bayer* Rn. 42; *Habersack* ZGR 1996, 544, bes. 552 ff.
⁹⁶ So zuletzt *Borggräfe* DB 1978, 1433; *Luchterhandt* ZHR 132 (1969), 149 (156 ff.); *Rittner* FS Flume, Bd. II, 1978, 241; *Wiedemann/Martens* AG 1976, 197 (232); *Zöllner* ZGR 1976, 1 (23 ff.); *ders.* AG 1978, 40.
⁹⁷ Nachweise bei *Emmerich/Habersack* KonzernR § 2 Rn. 22 ff.; MüKoAktG/*Bayer* Rn. 42; *Habersack* ZGR 1996, 544, bes. 552 ff.; Hüffer/Koch Rn. 16 f.; K. Schmidt/Lutter/*Vetter* Rn. 71; GroßkommAktG/*Windbichler* Rn. 29 f.; ebenso *Altmeppen* NJW 2003, 2561 (2564) für die AG und für die mehrgliedrige GmbH unter Beteiligung Privater.
⁹⁸ Grdl. BGHZ 69, 334 (338 ff.) = NJW 1978, 104 – VEBA/Gelsenberg; BGHZ 135, 107 (113 ff.) = AG 1997, 374 = NJW 1997, 1855 (1856) – VW; BGHZ 175, 365 (368) Rn. 10 = NJW 2008, 1583 = NZG 2008, 389 – UMTS; BGHZ 190, 7 Rn. 30 = NJW 2011, 2719 = AG 2011, 548 (551) – KfW; BGH GRUR 2012, 728 = WRP 2012, 935 – Einkauf aktuell; ebenso für Österreich OGH GesRZ 2003, 170 (173 ff.) = WuW/E KRInt 8, 11 f. = WuW 2004, 108 (111 f.) – Busdienste.
⁹⁹ BGHZ 135, 107 (113 f.) = NJW 1997, 1855 (1856) = AG 1997, 374 – VW; BAGE 136, 114 = NZA 2011, 524 = AG 2011, 382 Rn. 25, 31 = ZIP 2011, 587; *Ehringer* DZWiR 2000, 223; Spindler/Stilz/*Schall* Rn. 44; *Schießl* ZGR 1998, 871 (878 f.); K. Schmidt/Lutter/*Vetter* Rn. 69 f.; Hüffer/Koch Rn. 16 f.; ausf. *Mülbert* ZHR 163 (1999), 1, bes. 15 ff.; krit. Grigoleit/*Grigoleit* Rn. 26.
¹⁰⁰ S. die von der Bundesregierung 2009 beschlossenen „Grundsätze guter Unternehmens- und Beteiligungsführung" und dazu *Caruso* NZG 2009, 1419; K. *Hommelhoff* FS Hommelhoff, 2012, 447.

schafterversammlung bedarf und ins Handelsregister einzutragen ist (§§ 293 ff.).[101] Anwendbar sind in diesem Fall ferner die Schutzvorschriften der §§ 302 f. sowie bei einer AG die §§ 304 und 305. Bei einer Gemeinde kann der Abschluss eines Unternehmensvertrages mit einer GmbH oder AG zusätzlich der Genehmigung der Aufsichtsbehörde bedürfen (→ § 293 Rn. 46 mN).

Von den Möglichkeiten, die das Rechtsinstitut des Beherrschungsvertrages der öffentlichen Hand eröffnet, insbesondere in Gestalt des erwünschten Weisungsrechts (§ 308), wird bisher von der öffentlichen Hand (angeblich) *nur zurückhaltend* Gebrauch gemacht. Als Gründe werden in erster Linie die Restriktionen des Haushalts- und des Kommunalrechts genannt, die mit der Regelung des § 302 nur schwer zu vereinbaren seien.[102] Als Ausweg wird vielfach die Zwischenschaltung von Holdinggesellschaften empfohlen (→ Rn. 17), wovon man sich in erster Linie eine Abschirmung der Muttergemeinwesen gegenüber Haftungsrisiken aufgrund der §§ 302 f. und 305 f. aus dem Bereich der Beteiligungsunternehmen verspricht.[103] Der Umfang des Weisungsrechts der öffentlichen Hand aufgrund des § 308 wird gleichfalls kontrovers diskutiert (→ § 308 Rn. 45 ff.). Dazu ist das nötige bereits gesagt: Die Verfolgung öffentlicher Interessen, welcher Art auch immer, vermag – jenseits ausdrücklicher gesetzlicher Regelungen – unter keinem rechtlichen Gesichtspunkt eine Durchbrechung des für alle gleichermaßen geltenden privaten Gesellschaftsrechts zu rechtfertigen.[104] 36

Wenn der Staat **ohne** Abschluss eines **Beherrschungsvertrages** durch nachteilige Weisungen in die Verwaltung einer seiner Gesellschaften eingreift, richtet sich seine Verpflichtung zum Nachteilsausgleich bei einer **AG** nach den **§§ 311–318**,[105] während die nachteilige Einflussnahme auf eine in der Rechtsform einer **GmbH** betriebene Gesellschaft gegen die **Treuepflicht** verstößt und die Schadensersatzpflicht der öffentlichen Hand nach den im GmbH-Konzernrecht anerkannten Regeln auslöst (→ Rn. 27b; → Anh. § 318 Rn. 1 ff.). Auch zur Aufstellung eines **Abhängigkeitsberichtes** sind die von den Gebietskörperschaften abhängigen Unternehmen in der Rechtsform einer AG in diesem Fall verpflichtet, wobei man nicht zögern sollte, die Berichtspflicht des Vorstandes hier in erster Linie auf Einflussnahmen der öffentlichen Hand im „öffentlichen" Interesse zu erstrecken (§ 312 Abs. 1 S. 1 und 2 analog; → § 312 Rn. 32).[106] 37

4. Konzernvermutung. Soweit Gebietskörperschaften mehrheitlich an privaten Unternehmen beteiligt sind, wird vermutet, dass sie mit ihren Beteiligungsunternehmen einen Konzern bilden (§§ 17 Abs. 2, 18 Abs. 1 S. 3). Der **Bund** geht zwar davon aus, dass für ihn die Konzernvermutung widerlegt sei.[107] Tatsächlich kann davon indessen keine Rede sein, da feststeht, dass der Bund in großem Umfang auf seine Unternehmen Einfluss nimmt, um mit ihnen struktur-, beschäftigungs- oder energiepolitische Ziele zu verfolgen. Zu diesem Zweck wird die Planung der großen Bundeskonzerne langfristig koordiniert und von den zuständigen Bundesressorts überwacht.[108] Für die **Länder** und die **Gemeinden** dürfte 38

---

[101] *Habersack* ZGR 1996, 544 (556 f.); *Kiefner/Schürnbrand* AG 2013, 789; *Sina* AG 1991, 1.
[102] *Kiefner/Schürnbrand* AG 2013, 789 (790 f.).
[103] *Kiefner/Schürnbrand* AG 2013, 789 (791 f.).
[104] Anders *Kiefner/Schürnbrand* AG 2013, 789 (792 ff.) mN.
[105] BGHZ 175, 365 (368) Rn. 10 = NJW 2008, 1583 = NZG 2008, 389 – UMTS für die Beziehungen zwischen dem Bund und der DTAG in Bezug auf den Erwerb der UMTS-Lizenz; BGHZ 190, 7 Rn. 37 ff. = AG 2011, 548 (551 f.) = NJW 2011, 2719 – KfW; OLG Hamburg AG 1980, 163; OLG Celle AG 2001, 474 (476) = GmbHR 2001, 342.
[106] BGHZ 69, 334 (338 ff., 343) = NJW 1978, 104 = AG 1978, 50 – Veba/Gelsenberg; BGHZ 135, 107 (113 ff.) = NJW 1997, 1855 = AG 1997, 374 – VW; OLG Köln AG 1978, 171 = BB 1978, 421; OLG Braunschweig AG 1996, 271 – VW; LG Köln AG 1985, 252; *Th. Raiser* ZGR 1996, 458 (471 f.); *Schießl* ZGR 1998, 871 (876 ff.); *Weimar/Bartscher* ZIP 1991, 69 (77 ff.); anders *Mertens* AG 1996, 241.
[107] *Matthöfer* Bulletin 1979 Nr. 11, 1032, 1034; ebenso Europäische Kommission Entscheidung vom 16.12.1974, ABl. EG 1975 Nr. 65, 16, 17; *Kropff* ZHR 144 (1980), 74 (80 ff.); *Rittner* FS Flume, Bd. II, 1978, 241 (253); *Zöllner* AG 1978, 40 (43); ebenso für Österreich aufgrund besonderer gesetzlicher Anordnung OGH GesRZ 2003, 170 (173 f.) = WuW/E KRInt 8, 10 ff. = WuW 2004, 108 (110 ff.) – Busdienste.
[108] *Emmerich/Habersack* KonzernR § 2 Rn. 28; *Kropff* in Eichhorn (Hrsg.), Auftrag und Führung öffentlicher Unternehmen, 1977, 79, 101 ff.

grundsätzlich dasselbe anzunehmen sein.[109] Davon geht heute ohne weiteres auch die Rechtsprechung aus.[110] Die bereits erwähnten neueren Wirtschaftsbestimmungen der **Ländergemeindeordnungen,** die den Gemeinden gerade die Möglichkeit eröffnen sollen, auf ihre Beteiligungsunternehmen im öffentlichen Interesse einzuwirken (→ Rn. 26), weisen in dieselbe Richtung. Von einer Widerlegung der Konzernvermutung der §§ 17 Abs. 2 und 18 Abs. 1 S. 3 kann unter diesen Umständen keine Rede sein; die Gebietskörperschaften bilden vielmehr durchweg mit ihren Beteiligungsunternehmen **große öffentliche Konzerne,** woraus sich vor allem die Verpflichtung zur Konzernrechnungslegung nach den §§ 290 ff. HGB ergibt.[111]

§ 16 In Mehrheitsbesitz stehende Unternehmen und mit Mehrheit beteiligte Unternehmen

(1) Gehört die Mehrheit der Anteile eines rechtlich selbständigen Unternehmens einem anderen Unternehmen oder steht einem anderen Unternehmen die Mehrheit der Stimmrechte zu (Mehrheitsbeteiligung), so ist das Unternehmen ein in Mehrheitsbesitz stehendes Unternehmen, das andere Unternehmen ein an ihm mit Mehrheit beteiligtes Unternehmen.

(2) ¹Welcher Teil der Anteile einem Unternehmen gehört, bestimmt sich bei Kapitalgesellschaften nach dem Verhältnis des Gesamtnennbetrags der ihm gehörenden Anteile zum Nennkapital, bei Gesellschaften mit Stückaktien nach der Zahl der Aktien. ²Eigene Anteile sind bei Kapitalgesellschaften vom Nennkapital, bei Gesellschaften mit Stückaktien von der Zahl der Aktien abzusetzen. ³Eigenen Anteilen des Unternehmens stehen Anteile gleich, die einem anderen für Rechnung des Unternehmens gehören.

(3) ¹Welcher Teil der Stimmrechte einem Unternehmen zusteht, bestimmt sich nach dem Verhältnis der Zahl der Stimmrechte, die es aus den ihm gehörenden Anteilen ausüben kann, zur Gesamtzahl aller Stimmrechte. ²Von der Gesamtzahl aller Stimmrechte sind die Stimmrechte aus eigenen Anteilen sowie aus Anteilen, die nach Absatz 2 Satz 3 eigenen Anteilen gleichstehen, abzusetzen.

(4) Als Anteile, die einem Unternehmen gehören, gelten auch die Anteile, die einem von ihm abhängigen Unternehmen oder einem anderen für Rechnung des Unternehmens oder eines von diesem abhängigen Unternehmens gehören und, wenn der Inhaber des Unternehmens ein Einzelkaufmann ist, auch die Anteile, die sonstiges Vermögen des Inhabers sind.

Schrifttum: S. bei § 15 sowie *Cahn,* Kapitalerhaltung im Konzern, 1998; *Vedder,* Zum Begriff „für Rechnung" im AktG und im WpHG, 1999.

Übersicht

	Rn.		Rn.
I. Überblick	1–3	3. Personengesellschaften	6, 7
II. Anwendungsbereich	4–8a	4. Sonstige Rechtsformen	8, 8a
1. Allgemeines	4	**III. Anteilsmehrheit**	9–20
2. GmbH	5	1. Berechnung	10–12

---

[109] Anders für NRW: KG WuW/E OLG 5151, 5163 – Horten/TUI; dagegen *Emmerich* AG 1994, 477 (480 f.).
[110] So für den Bund BGHZ 190, 7 Rn. 30 = AG 2011, 548 (551 f.) = NJW 2011, 2719 – KfW; für das Land Hamburg BAGE 136, 114 = NZA 2011, 524 = AG 2011, 382 Rn. 28 – UKE.
[111] Ebenso LG Köln AG 1976, 244 (246 f.) = NJW 1976, 2167; *Ellerich,* Zur Bedeutung und den Auswirkungen der aktienrechtlichen Unternehmenseigenschaft, 1980, 138 ff.; *ders./Küting* DB 1980, 1973; *Emmerich* AG 1976, 225 (228); *Küting* DB 1976, 2447 (2450); *Nesselmüller,* Rechtliche Einwirkungsmöglichkeiten der Gemeinden auf ihre Eigengesellschaften, 1977, 116, 118.

	Rn.		Rn.
2. „Gehören"	13–14	c) Einzelkaufmann	19, 20
3. Zurechnung	15–20	**IV. Stimmenmehrheit**	21–25
a) Abhängiges Unternehmen	16–17	1. Maßstab	22
b) Für Rechnung	18, 18a	2. Anteil	23–25

I. Überblick

§ 16 definiert den Begriff der Mehrheitsbeteiligung, wobei das Gesetz zwischen **Anteils- und Stimmenmehrheit** unterscheidet. Statt Anteilsmehrheit ist häufig auch von **Kapitalmehrheit** die Rede. Die Mehrheitsbeteiligung muss vor allem von der **Abhängigkeit** iSd § 17 unterschieden werden. Die **Trennung** zwischen diesen beiden Formen von Unternehmensverbindungen (§ 15) geht auf die Ausschussberatungen zum AktG zurück.[1] Dahinter stand die Überlegung, dass in Ausnahmefällen Mehrheitsbeteiligung und Abhängigkeit nicht korrelieren. Das war auch der Grund, warum die **Vermutung der Abhängigkeit** im Falle der Mehrheitsbeteiligung (§ 17 Abs. 2), anders als noch im Regierungsentwurf zum AktG vorgesehen, widerleglich ausgestaltet wurde (→ § 17 Rn. 33 ff.). Weitere **Rechtsfolgen** der Mehrheitsbeteiligung ergeben sich insbesondere noch aus § 19 Abs. 2 und 3 sowie aus den §§ 20 Abs. 4, 21 Abs. 2, 56 Abs. 2 S. 1 und 71d S. 2.

Die **Anteilsmehrheit** wird bei der **AG** zwar in der Regel **mit der Stimmenmehrheit zusammenfallen**; notwendig ist dies indessen nicht. **Abweichungen** sind vor allem denkbar im Falle der Ausgabe von Mehrstimmrechtsaktien (§ 12 Abs. 2 S. 2 aF), soweit heute gemäß § 5 EGAktG noch zulässig, bei Ausgabe stimmrechtsloser Vorzugsaktien (§§ 12 Abs. 1 S. 2, 139 ff.) oder bei Einführung von Stimmrechtsbeschränkungen durch die Satzung (§ 134 Abs. 1 S. 2–4 und Abs. 2 S. 2). Auch Ausübungsverbote aufgrund der §§ 20 Abs. 7, 21 Abs. 4 und 328 Abs. 1 AktG sowie des § 28 S. 1 WpHG können zu diesem Ergebnis führen, weil § 16 Abs. 3 auf die Zahl derjenigen Stimmrechte abstellt, die das beteiligte Unternehmen aus den ihm gehörigen Anteilen tatsächlich „ausüben kann" (→ Rn. 24).

Weitere Abweichungen können sich bei der **GmbH** und den **Personengesellschaften** aufgrund des Gesellschaftsvertrages ergeben (→ Rn. 5 f.). In derartigen Fallgestaltungen kann das Auseinanderfallen von Anteils- und Stimmenmehrheit zur Folge haben, dass das Beteiligungsunternehmen im **Mehrheitsbesitz von zwei oder mehr Unternehmen** steht, die auch nicht untereinander iSd § 15 verbunden sein müssen.[2] Die **Vermutung des § 17 Abs. 2** ist dann auf die Beziehungen des im Mehrheitsbesitz stehenden Unternehmens zu *allen* an ihm mehrheitlich beteiligten Unternehmen anwendbar. Wird die Vermutung nicht widerlegt, so ist die Folge eine mehrfache Abhängigkeit (→ § 17 Rn. 28, 33 ff.). Entsprechendesm gilt für die EWIV.[3]

II. Anwendungsbereich

1. Allgemeines. Der Anwendungsbereich des § 16 beschränkt sich ebensowenig wie der des § 15 auf Aktiengesellschaften und KGaA, sondern umfasst jede Mehrheitsbeteiligung eines „Unternehmens" iSd § 15 an einem anderen rechtlich selbstständigen Unternehmen ohne Rücksicht auf die **Rechtsform** der Beteiligten (→ § 15 Rn. 9, 24 ff.). Hinzu kommen muss lediglich, dass bei der Beteiligungsgesellschaft überhaupt eine Anteils- oder Stimmenmehrheit iSd § 16 rechtlich möglich ist (→ Rn. 5 ff.). Dies setzt voraus, dass das fragliche Unternehmen **mitgliedschaftlich verfasst** ist und seinen Willen durch Mehrheitsentscheidungen bildet.[4] Daran fehlt es insbesondere bei Stiftungen sowie bei Anstalten des öffentlichen Rechts (→ Rn. 8, 23).[5]

---
[1] Dazu ausf. der Ausschussbericht bei *Kropff* AktG 28 ff.
[2] Hüffer/*Koch* Rn. 2; GroßkommAktG/*Windbichler* Rn. 3.
[3] Grigoleit/*Grigoleit* Rn. 7.
[4] OLG Düsseldorf AG 2008, 859 (860) = WuW/E DER 2347 – Universitätsklinikum Greifswald.
[5] OLG Düsseldorf AG 2008, 859 (860) = WuW/E DER 2347 – Universitätsklinikum Greifswald.

5 **2. GmbH.** Die Definition der Mehrheitsbeteiligung in § 16 passt grundsätzlich auch für die Beteiligung eines Unternehmens an einer GmbH. Aufgrund der weitgehenden Satzungsautonomie der Gesellschafter (§ 45 GmbHG) sind hier freilich **Abweichungen zwischen** der **Anteils- und** der **Stimmenmehrheit** häufiger als bei der AG vorstellbar (→ Rn. 3). Darüber hinaus ist hier auch eine **unterschiedliche Gewichtung** von Stimmrechten je nach Beschlussgegenstand möglich. In derartigen Fällen kann man eine Mehrheitsbeteiligung des privilegierten Gesellschafters nur annehmen, wenn sich die Stimmenmehrheit gerade auf solche Fragen bezieht, die für das selbstständige Auftreten der Gesellschaft am Markt relevant sind, insbesondere also auf die **Bestellung der Geschäftsführer,** auf die **Erteilung von Weisungen** an die Geschäftsführer in Fragen der Geschäftspolitik oder auf die **Ergebnisverwendung.**[6] Denn hinter den Vorschriften über die Mehrheitsbeteiligung steht letztlich der Gedanke, dass eine Mehrheitsbeteiligung gerade denjenigen maßgeblichen Einfluss verleiht, dessen Gefahren das Gesetz begegnen soll, wie vor allem aus der Abhängigkeitsvermutung des § 17 Abs. 2 zu folgern ist. Liegt danach eine Mehrheitsbeteiligung an einer GmbH vor, so ist auch **§ 56 Abs. 2** entsprechend auf die GmbH anzuwenden.[7] Entsprechende Maßstäbe sind anzulegen, wenn durch den Gesellschaftsvertrag **weitere Organe** eingeführt sind, denen unter Verdrängung der Gesellschafterversammlung einzelne Beschlussgegenstände übertragen werden (→ Rn. 7).

6 **3. Personengesellschaften.** Bei den Personengesellschaften kommt eine **Anteilsmehrheit** vor allem in Betracht, wenn der Gesellschaftsvertrag feste Kapitalanteile vorsieht.[8] Aber auch die Beibehaltung **variabler Kapitalanteile** entsprechend den §§ 120 ff. HGB steht der Annahme einer Anteilsmehrheit nicht notwendig entgegen, nur, dass dann die Beteiligungsverhältnisse zu jedem Bilanzstichtag neu ermittelt werden müssen.[9] Das Nennkapital ergibt sich in diesem Fall aus der Summe der Kapitalkonten zum Bilanzstichtag, wobei bei der KG auf die Einlagen im Innenverhältnis, nicht auf die Haftsumme im Außenverhältnis abzustellen ist.[10] Eine **Stimmenmehrheit** ist hier dagegen nur denkbar, wenn der Gesellschaftsvertrag von dem Einstimmigkeitsprinzip abgeht und etwa eine Abstimmung nach Kapitalanteilen vorsieht (§ 119 Abs. 2 HGB).[11] Bei der Einführung anderer Maßstäbe für die Verteilung der Stimmen innerhalb der Gesellschaft bleibt § 16 gleichfalls anwendbar.[12] Ebenso zu behandeln sind **atypische stille Gesellschaften,** sofern nach ihrem Gesellschaftsvertrag (auf schuldrechtlicher Basis) überhaupt Kapital- oder Stimmenmehrheiten möglich sind (→ Rn. 23).[13] Entsprechendes gilt für **Miterben- und Gütergemeinschaften.**[14]

7 Zusätzliche Schwierigkeiten tauchen hier ebenso wie bei der GmbH (→ Rn. 5) auf, wenn der Gesellschaftsvertrag **weitere Organe** einführt, denen unter Verdrängung der Gesellschafterversammlung einzelne Beschlusskompetenzen übertragen werden, oder wenn das **Stimmrecht** der Gesellschafter je nach Art des Beschlussgegenstandes **variiert.** In solchen Fällen ist nach denselben Regeln wie bei der GmbH zu verfahren (→ Rn. 5).[15]

---

[6] Scholz/*Emmerich* GmbHG Anh. § 13 Rn. 17 f. mN; anders MüKoAktG/*Bayer* Rn. 11; Spindler/Stilz/ *Schall* Rn. 38, der für eine entsprechende Differenzierung erst im Rahmen des § 17 eintritt.
[7] Scholz/*Emmerich* GmbHG Anh. § 13 Rn. 20 f.
[8] Hüffer/*Koch* Rn. 5; ausf. *Br. Haar* Personengesellschaft 240, 245 ff.
[9] Grigoleit/*Grigoleit* Rn. 6; Hüffer/*Koch* Rn. 2, 10; Spindler/Stilz/*Schall* Rn. 27.
[10] MüKoAktG/*Bayer* Rn. 35; K. Schmidt/Lutter/*Vetter* Rn. 9; dagegen GroßkommAktG/*Windbichler* Rn. 46. Zur Zurechnung der Anteile von Tochtergesellschaften zu der Muttergesellschaft s. Spindler/Stilz/ *Schall* Rn. 20.
[11] Spindler/Stilz/*Schall* Rn. 38; GroßkommAktG/*Windbichler* Rn. 45, 48.
[12] Hüffer/*Koch* Rn. 5.
[13] MüKoAktG/*Bayer* Rn. 35; Hüffer/*Koch* Rn. 4 f.; Spindler/Stilz/*Schall* Rn. 27.
[14] Spindler/Stilz/*Schall* Rn. 27.
[15] MüKoAktG/*Bayer* Rn. 13, 42; KK-AktG/*Koppensteiner* Rn. 18 f.; *Klosterkemper* Abhängigkeit 44; GroßkommAktG/*Windbichler* Rn. 17, 20.

4. Sonstige Rechtsformen. Bei **Genossenschaften** sind Anteils- und Stimmen- 8
mehrheiten nur in Ausnahmefällen denkbar,[16] wie insbesondere § 43 Abs. 3 GenG idF
von 2006 zeigt.[17] Auch das **Vereinsrecht** billigt grundsätzlich jedem Mitglied nur eine
Stimme zu (§ 32 BGB); diese Regel ist indessen dispositiv, sodass die Satzung Mehrstimmrechte vorsehen kann (§ 40 BGB); entsprechende Sonderrechte aufgrund der Satzung
sind wohl gleichfalls möglich (§ 35 BGB).[18] Die Folge kann durchaus die Stimmenmehrheit eines Mitglieds oder doch einer Mitgliedergruppe sein.[19] Bei wirtschaftlichen Vereinen sind ferner je nach Satzungsgestaltung auch Anteilsmehrheiten vorstellbar. Ebenso
zu behandeln sind die **Versicherungsvereine auf Gegenseitigkeit.**[20] Dagegen sind bei
Stiftungen und **Anstalten** des öffentlichen Rechts – mangels einer mitgliedschaftlichen
Verfassung – Mehrheitsbeteiligungen in keiner Form vorstellbar (→ Rn. 4).[21] Bei **Einzelkaufleuten** kommt eine Mehrheitsbeteiligung schließlich nur in Gestalt einer atypischen stillen Gesellschaft[22] sowie in Ausnahmefällen noch bei Erben- und Gütergemeinschaften in Betracht.[23]

In allen genannten Fällen (→ Rn. 8) bleibt zu beachten, dass man die Frage der Mehr- 8a
heitsbeteiligung von der der **Abhängigkeit** trennen muss. Auch wenn bei Genossenschaften, Vereinen, Stiftungen, Anstalten und Einzelkaufleuten im Regelfall für eine Mehrheitsbeteiligung Dritter kein Raum ist (→ Rn. 8), schließt dies doch **bei atypischen
Gestaltungen** eine Abhängigkeit der genannten Unternehmen von Dritten nicht notwendig aus (→ § 17 Rn. 45 ff.).[24] Denn ebenso wenig wie die Mehrheitsbeteiligung notwendig mit der Abhängigkeit korreliert (§ 17 Abs. 2), steht die gesetzliche Regelung einer
Annahme von Abhängigkeit ohne Mehrheitsbeteiligung entgegen, wenn auf gesellschaftsrechtlicher Grundlage andere Umstände zu einer vergleichbaren Situation wie bei einer
Mehrheitsbeteiligung führen (→ § 17 Rn. 18 ff.).

III. Anteilsmehrheit

Eine Kapital- oder Anteilsmehrheit liegt nach § 16 Abs. 1 vor, wenn einem Unternehmen 9
beliebiger Rechtsform die Mehrheit der Anteile eines anderen rechtlich selbstständigen
Unternehmens gehört (→ Rn. 4). Während sich die Berechnung der Anteilsmehrheit nach
§ 16 Abs. 2 richtet (→ Rn. 10 ff.), beurteilt sich die Frage, welche Anteile einem Unternehmen an einem anderen Unternehmen iSd § 16 Abs. 1 „gehören", nach allgemeinem bürgerlichen Recht (→ Rn. 13 f.). § 16 Abs. 4 enthält lediglich eine Erweiterung des Kreises der
einem Unternehmen iSd § 16 „gehörenden" Anteile (→ Rn. 15 ff.).

1. Berechnung. Der Anteilsbesitz eines Unternehmens bestimmt sich bei Kapitalgesell- 10
schaften gemäß § 16 Abs. 2 S. 1 im Regelfall nach dem **Verhältnis des Gesamtnennbetrages** der ihm gehörenden und zuzurechnenden Anteile (→ Rn. 9) **zum Nennkapital** der
Gesellschaft, bei einer AG also zum Grundkapital und bei einer GmbH zum Stammkapital.
Hat die Gesellschaft **Stückaktien** ausgegeben, so tritt an die Stelle dieser Größen einfach
das Verhältnis der Zahl der dem Aktionär gehörenden und zuzurechnenden Stückaktien
zur Gesamtzahl der ausgegebenen Aktien (§ 16 Abs. 2 S. 1). Keine Rolle spielt, ob das

---

[16] OLG Frankfurt AG 1998, 139; MüKoAktG/*Bayer* Rn. 15 f.; *Emmerich/Habersack* KonzernR
§ 36 Rn. 10 f.; Grigoleit/*Grigoleit* Rn. 7; *Großfeld/Berndt* AG 1998, 116; *Klosterkemper* Abhängigkeit 45;
A. Reul, Das Konzernrecht der Genossenschaften, 1997; GroßkommAktG/*Windbichler* Rn. 19, 48.
[17] BGBl. I 1911; s. dazu Begr. (2006), BT-Drs. 16/1025; *Geschwandtner/Helios* Genossenschaftsrecht, 2006;
dies. NZG 2006, 691 (693) unter V 1.
[18] Grigoleit/*Grigoleit* Rn. 7.
[19] MüKoAktG/*Bayer* Rn. 17, 19; *Sprengel* Vereinskonzernrecht, 1998, 102 ff.; GroßkommAktG/*Windbichler* Rn. 46.
[20] Anders Grigoleit/*Grigoleit* Rn. 7; Spindler/Stilz/*Schall* Rn. 41.
[21] OLG Düsseldorf AG 2008, 859 (860); Hüffer/*Koch* Rn. 5; anders Spindler/Stilz/*Schall* Rn. 41 unter
Hinweis auf die Möglichkeit der Zurechnung fremder Anteils- oder Stimmrechte.
[22] Grigoleit/*Grigoleit* Rn. 7; Hüffer/*Koch* Rn. 4; dagegen GroßkommAktG/*Windbichler* Rn. 18.
[23] Spindler/Stilz/*Schall* Rn. 40.
[24] Ebenso wohl Hüffer/*Koch* Rn. 4; GroßkommAktG/*Windbichler* Rn. 18.

Grund- oder Stammkapital ganz oder nur teilweise eingezahlt ist, während ein genehmigtes oder bedingtes Kapital erst mit Vollzug der **Kapitalerhöhung** durch Eintragung ins Handelsregister berücksichtigt wird; **Rücklagen** bleiben dagegen bei der Berechnung außer Betracht.[25]

11 **Eigene Anteile der Beteiligungsgesellschaft,** dh der Gesellschaft, *an der* die Mehrheitsbeteiligung besteht, sind bei der Berechnung des Nennkapitals, dh des Grund- oder Stammkapitals sowie bei Gesellschaften mit Stückaktien von der Gesamtzahl der Aktien abzusetzen (§ 16 Abs. 2 S. 2). Gleich stehen solche **Anteile, die einem anderen für Rechnung der Beteiligungsgesellschaft gehören** (S. 3 des § 16 Abs. 2; → Rn. 12). Denselben Begriff verwendet das Gesetz auch in § 16 Abs. 4 (→ Rn. 18a). Jedoch findet nach hM die Zurechnungsvorschrift des § 16 Abs. 4 im Übrigen im Rahmen des § 16 Abs. 2 mangels Bezugnahme keine Anwendung, sodass insbesondere die einem **von der Beteiligungsgesellschaft abhängigen Unternehmen gehörenden Anteile** hier *nicht* abzuziehen sind.[26] Die Frage ist freilich zweifelhaft, seitdem § 71b (nach dem einer Gesellschaft aus eigenen Anteilen keine Rechte zustehen) durch § 71d S. 3 und 4 auch auf abhängige Gesellschaften erstreckt wurde, sodass diesen ebenfalls aus Anteilen an der herrschenden Gesellschaft keine Rechte zustehen. Deshalb wird neuerdings vielfach mit gutem Grund eine **entsprechende Anwendung des § 16 Abs. 2 S. 3** auf Anteile abhängiger Gesellschaften befürwortet.[27]

12 Die **Voraussetzungen einer Anteilszurechnung nach § 16 Abs. 2 S. 3** sind umstritten.[28] Auszugehen ist von dem Zweck der Regelung, Umgehungen des § 16 zu verhindern. Deshalb ist es nicht erforderlich, dass die Gesellschaft die Übereignung der fraglichen Anteile verlangen kann; entscheidend ist vielmehr allein, ob das **wirtschaftliche Risiko** aus dem Anteilsbesitz **auf die Gesellschaft verlagert** ist, weil sie die mit dem Anteilsbesitz typischerweise verbundenen Risiken wie die **Erwerbskosten und** den **Kursverlust** tragen muss.[29] **Beispiele** sind Geschäftsbesorgungsverhältnisse einschließlich der Kommission und Treuhandverhältnisse (§§ 675 Abs. 1, 670 BGB).[30] Je nach den Abreden der Parteien können ferner Kurs- oder Dividendengarantien unter § 16 Abs. 2 S. 3 fallen, während bloße Kauf- oder Verkaufsoptionen nicht ausreichen.[31] Dasselbe gilt nach hM für **Stimmbindungsverträge.**[32]

13 2. „**Gehören**". Das Gesetz stellt in § **16 Abs. 1** darauf ab, wem die Mehrheit der Anteile an der fraglichen Gesellschaft „gehört". In erster Linie ist damit derjenige gemeint, der nach Zivilrecht die Mehrheit der Anteile innehat, also der **Eigentümer** der betreffenden Aktien sowie bei den sonstigen Gesellschaften derjenige Gesellschafter, in dessen Vermögen sich die Mehrheit der Anteile befindet. Der Erwerb muss rechtswirksam sein; eine bloße tatsächliche Verfügungsmacht über die Anteile genügt nicht.[33] Auf der anderen Seite wird der Begriff jedoch erheblich **durch § 16 Abs. 4 erweitert,** nach dem dem fraglichen Unternehmen, um dessen Mehrheitsbeteiligung es geht, in einer Reihe von Fällen auch Anteile zugerechnet werden, die an sich einem anderen gehören. Der wichtigste Fall ist der Anteilsbesitz abhängiger Gesellschaften (→ Rn. 15 ff.).

---

[25] MüKoAktG/*Bayer* Rn. 30; Hüffer/*Koch* Rn. 8; MHdB AG/*Krieger* § 68 Rn. 22.
[26] MHdB AG/*Krieger* Rn. 25; *Habersack* FS Horn, 2006, 337 (348 f.); *C. Vedder,* Zum Begriff „für Rechnung", 122 f.
[27] MüKoAktG/*Bayer* Rn. 33 f.; Grigoleit/*Grigoleit* Rn. 12; Hüffer/*Koch* Rn. 9; Spindler/Stilz/*Schall* Rn. 15; K. Schmidt/Lutter/*Vetter* Rn. 10.
[28] Ausf. *C. Vedder,* Zum Begriff „für Rechnung", 127, 150 ff.
[29] BGHZ 202, 180 (198) Rn. 49 = NZG 2014, 985 = AG 2014, 662 (667) – Postbank; MüKoAktG/*Bayer* Rn. 47; *Cahn* Kapitalerhaltung 212; Hüffer/*Koch* Rn. 9; MHdB AG/*Krieger* § 68 Rn. 24; Spindler/Stilz/*Schall* Rn. 22; *C. Vedder,* Zum Begriff „für Rechnung", 127, 150 ff.; K. Schmidt/Lutter/*Vetter* Rn. 26; GroßkommAktG/*Windbichler* Rn. 26 f.; ebenso zu § 37 Abs. 1 Nr. 3 S. 2 GWB BGH NJW-RR 2001, 757 (759).
[30] *C. Vedder,* Zum Begriff „für Rechnung", 154 ff.
[31] *C. Vedder,* Zum Begriff „für Rechnung", 157 ff.
[32] Spindler/Stilz/*Schall* Rn. 23; *C. Vedder,* Zum Begriff „für Rechnung", 161 f.; fraglich (→ Rn. 25).
[33] OLG Stuttgart AG 2009, 204 (206).

Keine Rolle spielt im vorliegenden Zusammenhang bei **Namensaktien** und bei GmbH- 13a
Geschäftsanteilen die **Legitimation** gegenüber der Gesellschaft (§ 67 Abs. 2 AktG und § 16
Abs. 1 GmbHG),[34] während bei **Vinkulierung** des Anteilsbesitzes die Anteile dem Erwerber iSd § 16 AktG erst nach der Genehmigung der Gesellschaft gehören (§ 68 Abs. 2 AktG;
§ 15 Abs. 5 GmbHG).[35] Im Falle der **Treuhand** „gehören" die Anteile iSd § 16 Abs. 1 bei
ihrer Übertragung auf den *Treuhänder* (auch) diesem, weil er zivilrechtlich deren Eigentümer
oder Inhaber wird.[36] Davon zu trennen ist die Frage, ob der Anteilsbesitz zugleich dem
Treugeber (als dem „wirtschaftlichen" Eigentümer) zuzurechnen ist. Diese Frage beurteilt
sich nach § 16 Abs. 4 (→ Rn. 18a).

Dingliche **Belastungen** der Anteile stehen ihrer Zuordnung zum Anteilsinhaber grund- 14
sätzlich nicht entgegen.[37] Für das **Pfandrecht** einschließlich des Pfändungspfandrechts
(§ 804 ZPO) folgt dies schon daraus, dass der Pfandgläubiger kein Stimmrecht erwirbt
(§ 1277 BGB).[38] Hinsichtlich des **Nießbrauchs** ist dagegen bisher nicht endgültig geklärt,
welche Mitverwaltungsrechte dem Nießbraucher an Gesellschaftsanteilen einschließlich
Aktien zustehen.[39] Das Problem hängt vor allem damit zusammen, dass es mehrere unterschiedliche Konzepte für einen Nießbrauch an Gesellschaftsanteilen gibt.[40] Die Rechtsprechung geht für den Regelfall davon aus, dass dem Gesellschafter jedenfalls bei Beschlüssen,
die die Grundlagen der Gesellschaft betreffen, das Stimmrecht verbleibt.[41] Dies bedeutet,
dass die Nießbrauchsbestellung ebenfalls nichts an der (alleinigen) Zuordnung der Anteile
zu dem Gesellschafter als dem eigentlich Berechtigten ändert.[42]

3. Zurechnung. Nach **§ 16 Abs. 4 Hs. 1** gelten als Anteile, die einem Unternehmen 15
gehören (→ Rn. 13 f.), auch solche, die einem von ihm abhängigen Unternehmen (§ 17)
oder einem anderen für seine Rechnung oder für Rechnung eines von ihm abhängigen
Unternehmens gehören (→ Rn. 16 ff.). Ist der Inhaber des Unternehmens ein Einzelkaufmann, so wird außerdem nicht unterschieden, ob die Anteile zu seinem Geschäfts-
oder Privatvermögen gehören (**§ 16 Abs. 4 Hs. 2**; → Rn. 19 f.). Durch diese Regelung
sollen vor allem **Umgehungen** der Vorschriften für verbundene Unternehmen durch die
künstliche Aufspaltung des Anteilsbesitzes auf verschiedene Rechtsträger **verhindert** werden.

a) **Abhängiges Unternehmen.** § 16 Abs. 4 ordnet eine Zurechnung in *drei* verschie- 16
denen Fallgruppen an. Die *erste* umfasst die Anteile, die einem von dem betreffenden
Unternehmen iSd § 17 abhängigen deutschen oder ausländischen[43] Unternehmen in dem
schon genannten Sinne (→ Rn. 13 f.) gehören. Erforderlich ist lediglich, dass es sich bei
beiden Beteiligten **bereits um Unternehmen** iSd § 15 handelt, wie aus dem Wortlaut
des § 16 Abs. 4 zu folgern ist, der ausdrücklich zwischen „Unternehmen" und „anderen"
unterscheidet.[44] Sind die Beteiligten bereits Unternehmen, so findet im Falle einer Mehr-

---

[34] OLG Stuttgart AG 2009, 204 (206).
[35] Spindler/Stilz/*Schall* Rn. 17; GroßkommAktG/*Windbichler* Rn. 21.
[36] BGHZ 104, 66 (74 f.) = NJW 1988, 1844; Hüffer/*Koch* Rn. 7; MHdB AG/*Krieger* Rn. 25; *Windbichler* GesR Rn. 23.
[37] MüKoAktG/*Bayer* Rn. 27 f.; Grigoleit/*Grigoleit* Rn. 10; Hüffer/*Koch* Rn. 7; KK-AktG/*Koppensteiner* Rn. 20; *B. Wolframm* Mitteilungspflichten 146 ff.
[38] *Berger* WM 2009, 577; Heymann/*Emmerich* HGB § 135 Rn. 23 f.; Grigoleit/*Grigoleit* Rn. 10; Hüffer/*Koch* Rn. 7; *Wolframm* Mitteilungspflichten 152.
[39] *K. Schmidt* ZGR 1999, 601.
[40] Heymann/*Emmerich* HGB § 105 Rn. 65 ff. mN.
[41] BGH NJW 1999, 571; vgl. auch für das Wohnungseigentum BGHZ 150, 109 (114 ff.) = NJW 2002, 1647 (1649).
[42] Spindler/Stilz/*Schall* Rn. 17; GroßkommAktG/*Windbichler* Rn. 42; – anders für den sog. mitgliedschaftsspaltenden Nießbrauch mit der Folge der Anwendbarkeit des § 16 auch auf den Nießbraucher Grigoleit/*Grigoleit* Rn. 10; MüKoAktG/*Bayer* Rn. 28; Hüffer/*Koch* Rn. 7; diff. K. Schmidt/Lutter/*Vetter* Rn. 30.
[43] S. Grigoleit/*Grigoleit* Rn. 17.
[44] So BGHZ 148, 123 (126 f.) = NJW 2001, 2973 = AG 2001, 588 – MLP; zust. *Cahn* AG 2002, 30 (33); Grigoleit/*Grigoleit* Rn. 17; Hüffer/*Koch* Rn. 12.

heitsbeteiligung auch die Vermutung des § 17 Abs. 2 im Rahmen des § 16 Abs. 4 Anwendung.[45]

16a Die Zurechnung nach § 16 Abs. 4 hat zur Folge, dass für die Ermittlung einer Mehrheitsbeteiligung die **Anteile des herrschenden und** des von ihm **abhängigen Unternehmens** an dem „untergeordneten" Beteiligungsunternehmen **zusammenzurechnen** sind, wobei die Anteile der abhängigen Gesellschaft dem herrschenden Unternehmen **in vollem Umfang,** nicht etwa nur pro rata zugerechnet werden.[46] Ist zB im Falle einer mehrstufigen Unternehmensverbindung die Muttergesellschaft mit 25 % an der Enkelgesellschaft beteiligt, während die Tochtergesellschaft ihrerseits an dieser eine Beteiligung von 30 % hält, so ist die Muttergesellschaft aufgrund des § 16 Abs. 4 als mit 55 %, dh mehrheitlich an der Enkelgesellschaft beteiligt anzusehen. Unberührt von der Zurechnung bleibt eine etwaige (direkte) Mehrheitsbeteiligung der Tochtergesellschaft an der Enkelgesellschaft.[47] Eine **„Absorption"** der Beteiligung der Tochtergesellschaft durch die der Muttergesellschaft findet **nicht** statt.

17 Ebenso wenig steht es andererseits der Zurechnung nach § 16 Abs. 4 in den genannten Fällen (→ Rn. 16) entgegen, wenn die **Muttergesellschaft** selbst gar **nicht** an der Enkelgesellschaft **beteiligt** sein sollte. Für die Annahme einer Mehrheitsbeteiligung genügt vielmehr bereits eine mehrheitliche Beteiligung *allein* der Tochtergesellschaft *oder* der Tochtergesellschaft zusammen mit einer anderen von dieser abhängigen Gesellschaft.[48] Die Zurechnung kann daher zur Folge haben, dass **gleichzeitig Mutter- und Tochtergesellschaft** an der Enkelgesellschaft *mehrheitlich* beteiligt sind, sodass dann im Zweifel die Enkelgesellschaft von beiden Unternehmen abhängig ist (sog. **mehrfache Abhängigkeit;** → § 17 Rn. 25 ff.).

18 b) **Für Rechnung.** Eine Zurechnung kommt nach § 16 Abs. 4 ferner *(zweitens)* hinsichtlich solcher Anteile in Betracht, die „einem anderen für Rechnung des Unternehmens" oder für Rechnung eines von diesem abhängigen Unternehmens (→ Rn. 16 f.) gehören. Bei diesem **„anderen"** kann es sich um eine **beliebige Person** handeln; die fragliche Person muss nicht etwa Unternehmen iSd Konzernrechts sein (→ Rn. 16). Ebenso wenig wird danach unterschieden, ob es sich bei dem „anderen" um einen Inländer oder Ausländer handelt.

18a Der Begriff **„für Rechnung"** ist hier ebenso wie in § 16 Abs. 2 S. 3 zu verstehen (→ Rn. 12). Entscheidend ist daher in erster Linie, ob das beteiligte Unternehmen oder das von ihm abhängige Unternehmen die mit dem fraglichen Anteilsbesitz eines anderen verbundenen **Risiken und Kosten trägt.** Die wichtigsten Beispiele sind **Geschäftsbesorgungs- und Treuhandverhältnisse.**[49] Bei den letzteren führt folglich § 16 Abs. 4 dazu, dass, jedenfalls im Regelfall, die Anteile gleichermaßen dem Treuhänder wie dem Treugeber zuzurechnen sind (→ Rn. 13a; zur Abhängigkeit vom Treugeber → § 17 Rn. 26).[50] Dagegen genügt eine bloße **Kaufoption** für die Zurechnung im Rahmen des § 16 Abs. 4 *nicht,* wie aus der besonderen Regelung des § 20 Abs. 2 Nr. 1 zu folgern ist.

19 c) **Einzelkaufmann.** § 16 ordnet eine Zurechnung schließlich *(drittens)* noch an, wenn der Inhaber des Unternehmens ein Einzelkaufmann ist, sodass in diesem Fall nicht danach unterschieden wird, ob die Anteile zu seinem Betriebs- oder zu seinem Privatvermögen gehören. Die Regelung hat nur klarstellende Funktion und ist entsprechend auf **Freibe-**

---

[45] *Cahn* Kapitalerhaltung 215 ff.
[46] OLG Stuttgart AG 2009, 204 (206).
[47] LG Berlin AG 1998, 195 (196) (aE); MüKoAktG/*Bayer* Rn. 45; Hüffer/*Koch* Rn. 13; K. Schmidt/Lutter/*Vetter* Rn. 23; GroßkommAktG/*Windbichler* Rn. 23, 28, 31.
[48] OLG Hamm AG 1998, 588; OLG Stuttgart AG 2009, 204 (206); 2013, 604 (608); MüKoAktG/*Bayer* Rn. 44; Grigoleit/*Grigoleit* Rn. 17; Hüffer/*Koch* Rn. 13; E. Rehbinder ZGR 1977, 581 (587 f.); GroßkommAktG/*Windbichler* Rn. 28.
[49] Hüffer/*Koch* Rn. 12; Spindler/Stilz/*Schall* Rn. 22; K. Schmidt/Lutter/*Vetter* Rn. 26.
[50] BGHZ 107, 7 (15) = NJW 1989, 1800 = AG 1989, 243 – Tiefbau; BGH NJW 1992, 1167 = AG 1992, 123; Hüffer/*Koch* Rn. 7, 12; *Mertens* FS Beusch, 1993, 583; *Wolfram* Mitteilungspflichten 153 ff.

rufler und sonstige Gewerbetreibende, zB kleine Handwerker, anzuwenden.[51] Keine Rolle spielt, in welcher Branche sich der Kaufmann betätigt oder auf welchem Erwerbsgrund sein Anteilsbesitz beruht. Gleich stehen müssen außerdem nach dem Zweck der gesetzlichen Regelung solche Anteile, die **andere für Rechnung des Kaufmanns** halten.

Ebenso behandelt wird ferner die **öffentliche Hand,** sodass Anteile im Finanzvermögen der öffentlichen Hand mit Anteilen ihrer Regieunternehmen oder mit Anteilen von ihr abhängiger Unternehmen zusammenzurechnen sind.[52] Dagegen ist die Regelung **nicht,** auch nicht entsprechend auf **Personengesellschaften** anzuwenden; die Anteile, die die Gesellschaft an einem anderen Unternehmen hält, können nicht mit den Anteilen im Privatvermögen der Gesellschafter addiert werden.[53] Denn bei der Gesellschaft und ihren Gesellschaftern handelt es sich um verschiedene Rechtssubjekte (§ 124 Abs. 1 HGB; § 14 Abs. 2 BGB), zwischen denen auch nicht mit Notwendigkeit eine Interessenidentität besteht, womit zugleich der sachliche Grund für eine Zurechnung entfällt. 20

IV. Stimmenmehrheit

Neben der Anteils- oder Kapitalmehrheit (→ Rn. 9 ff.) lässt § 16 Abs. 1 auch eine Stimmenmehrheit zur Begründung einer Mehrheitsbeteiligung genügen, weil beides im Einzelfall auseinanderfallen kann (→ Rn. 3). Die Berechnung richtet sich nach § 16 Abs. 3 und Abs. 4 (zu § 16 Abs. 4 → Rn. 15 ff., 25). 21

1. Maßstab. Nach § 16 Abs. 3 S. 1 bestimmt sich der Anteil der Stimmrechte eines Unternehmens nach dem **Verhältnis der Zahl der Stimmrechte** aus den ihm gehörenden Anteilen (einschließlich der ihm nach § 16 Abs. 4 zugerechneten Anteile) **zur Gesamtzahl** aller Stimmrechte bei der Beteiligungsgesellschaft. Hiervon sind nach S. 2 der Vorschrift (nur) Stimmrechte aus eigenen Anteilen sowie aus Anteilen abzusetzen, die einem anderen für Rechnung der Beteiligungsgesellschaft gehören (§ 16 Abs. 2 S. 3; → Rn. 12). Der Maßstab, an dem die prozentuale Höhe des Stimmanteils des fraglichen beteiligten Unternehmens zu messen ist, ist folglich bei der Beteiligungsgesellschaft die **Gesamtzahl der Stimmen,** die sich aus der Summe der (stimmberechtigten) Anteile ergibt, *abzüglich* der Stimmrechte aus eigenen Anteilen und aus solchen Anteilen, die einem anderen für Rechnung der Beteiligungsgesellschaft gehören (§ 16 Abs. 3 iVm Abs. 2 S. 3). Gleich stehen nach nunmehr wohl hM die Stimmrechte aus **Anteilen, die Unternehmen** gehören, die von der Beteiligungsgesellschaft **abhängig** sind (→ Rn. 11).[54] Unberücksichtigt bleiben sonstige **Stimmrechtsbeschränkungen,** die von Fall zu Fall einzelne Anteile treffen können, sodass auch solche Anteile bei der Gesamtzahl der Stimmen mitzählen.[55] Es verhält sich hier also anders als, jedenfalls nach hM, auf der Seite desjenigen Gesellschafters, um dessen Mehrheitsbeteiligung es geht (zu dieser Streitfrage → Rn. 24). Mitgezählt werden außerdem solche Aktien, aus denen das Stimmrecht noch mangels vollständiger Leistung der Einlage ausgeschlossen ist (§ 134 Abs. 2 S. 1).[56] **Nicht** mitgerechnet werden dagegen **Anteile ohne Stimmrecht,** zB Vorzugsaktien oder stimmrechtslose Beteiligungen an Personengesellschaften.[57] 22

2. Anteil. An der auf die genannte Weise berechneten Gesamtzahl der Stimmen (→ Rn. 22) ist sodann die Zahl der Stimmrechte zu messen, die dem Gesellschafter aus 23

---

[51] MüKoAktG/*Bayer* Rn. 50.
[52] Grigoleit/*Grigoleit* Rn. 19; Hüffer/*Koch* Rn. 13; Spindler/Stilz/*Schall* Rn. 26.
[53] MüKoAktG/*Bayer* Rn. 51; Grigoleit/*Grigoleit* Rn. 19; Hüffer/*Koch* Rn. 13; GroßkommAktG/*Windbichler* Rn. 33.
[54] MüKoAktG/*Bayer* Rn. 38; Hüffer/*Koch* Rn. 11; Spindler/Stilz/*Schall* Rn. 29; K. Schmidt/Lutter/*Vetter* Rn. 16.
[55] MüKoAktG/*Bayer* Rn. 37; Hüffer/*Koch* Rn. 11; Spindler/Stilz/*Schall* Rn. 28; *J. Schubert/Ravenstein* DB 2006, 2219 (2220) für § 328; K. Schmidt/Lutter/*Vetter* Rn. 19; GroßkommAktG/*Windbichler* Rn. 43.
[56] GroßkommAktG/*Windbichler* Rn. 43.
[57] MüKoAktG/*Bayer* Rn. 37; K. Schmidt/Lutter/*Vetter* Rn. 18.

den ihm gehörenden *und* den ihm nach § 16 Abs. 4 zuzurechnenden Anteilen zustehen, um zu ermitteln, ob er über eine Mehrheitsbeteiligung verfügt (§ 16 Abs. 3 S. 1). Dafür ist erforderlich, dass ihm wenigstens **eine Stimme mehr als die Hälfte der Gesamtzahl der Stimmen** zusteht; eine bloße Hauptversammlungsmehrheit genügt nicht.[58] Mehrstimmrechte und Höchststimmrechte sind entsprechend zu gewichten. Keine Rolle spielt mit Rücksicht auf den formalisierten Mehrheitsbegriff des § 16, ob nach der **Satzung** für alle oder doch für zahlreiche Beschlüsse eine **qualifizierte Mehrheit** oder sogar Einstimmigkeit erforderlich ist. Solche Umstände erlangen erst im Rahmen des § 17 und insbesondere bei der Vermutung des § 17 Abs. 2 Bedeutung. Für die Frage, welche Anteile dem fraglichen Aktionär iSd § 16 Abs. 3 S. 1 **„gehören"**, gelten im Übrigen hier dieselben Regeln **wie bei** § 16 Abs. 2 (→ Rn. 13), sodass zB dingliche **Belastungen** der Anteile nichts daran ändern, dass sie weiter dem belasteten Inhaber „gehören", während bei der **Treuhand** die Anteile dem Treuhänder gehören, zugleich aber nach § 16 Abs. 4 dem Treugeber zuzurechnen sind. *Kein* Raum für die Anwendung des § 16 Abs. 3 ist schließlich bei solchen Rechtssubjekten, die nicht mitgliedschaftlich verfasst sind wie insbesondere die **Stiftungen und Anstalten** des öffentlichen Rechts. Bei **Personengesellschaften** kommt es darauf an, ob für sie (abweichend von § 709 Abs. 1 BGB und § 119 Abs. 1 HGB) das Mehrheitsprinzip gilt. Umstritten ist die Rechtslage bei **atypischen stillen Gesellschaften.** Entgegen der wohl überwiegenden Meinung[59] bestehen jedoch grundsätzlich keine Bedenken gegen eine zumindest analoge Anwendung des § 16 Abs. 3 (→ Rn. 6). Zu beachten bleibt außerdem in jedem Fall die **Zurechnungsvorschrift des § 16 Abs. 4** (→ Rn. 15 ff., 25).

24 Hinzu kommen muss noch, dass der Gesellschafter die betreffenden **Stimmrechte** (→ Rn. 23) auch tatsächlich **„ausüben" kann** (§ 16 Abs. 3 S. 1). Daraus wird teilweise der Schluss gezogen, dass auf *seiner* Seite, dh bei der Berechnung seines Anteils **Stimmrechtsbeschränkungen oder -ausschlüsse** nach den **§§ 20 Abs. 7, 21 Abs. 4 AktG** und **§ 28 S. 1 WpHG** (anders als auf der Seite der Beteiligungsgesellschaft, → Rn. 22) zu berücksichtigen sind, weil der betreffende Gesellschafter sein Stimmrecht nicht „ausüben" kann, solange er seiner Mitteilungspflicht nicht nachgekommen ist.[60] Dasselbe müsste dann für die Fälle des **§ 67 Abs. 2 AktG** und des § 16 Abs. 1 GmbHG gelten.[61] **Dagegen spricht** jedoch, dass der Gesellschafter in den genannten Fällen durch die **Nachholung** der Mitteilung jederzeit sein Stimmrecht wiederherstellen kann, sodass durch die fehlende Berücksichtigung der vorübergehend einem Ausübungsverbot unterliegenden Stimmrechte die wahren **Machtverhältnisse** in der Gesellschaft **verschleiert** würden.[62]

25 Zu berücksichtigen sind außerdem – entgegen einer verbreiteten Meinung[63] – Stimmrechte, über die ein Gesellschafter aufgrund von **Stimmbindungsverträgen** und ähnlichen Abreden verfügen kann, zumindest in entsprechender Anwendung des § 16 Abs. 4, weil sie zur Folge haben, dass neben dem Anteilsinhaber weitere Personen über das Stimmrecht verfügen können (vgl. § 290 Abs. 3 S. 2 HGB).[64] **Anders** zu behandeln sind lediglich **bloße Stimmrechtsvollmachten,** da in diesem Fall der Vollmachtgeber Inhaber des Stimmrechts bleibt. Auch hier ist jedoch von der Frage der Mehrheitsbeteiligung die der Abhängigkeit nach § 17 zu trennen. Stimmrechtsvollmachten können zwar keine Mehrheitsbeteiligung, wohl aber eine Abhängigkeit begründen (→ § 17 Rn. 17 ff.).

---

[58] GroßkommAktG/*Windbichler* Rn. 44.
[59] Spindler/Stilz/*Schall* Rn. 40; K. Schmidt/Lutter/*Vetter* Rn. 15.
[60] GroßkommAktG/*Windbichler* Rn. 35.
[61] GroßkommAktG/*Windbichler* Rn. 35.
[62] MüKoAktG/*Bayer* Rn. 40; Grigoleit/*Grigoleit* Rn. 9; Hüffer/*Koch* Rn. 11; K. Schmidt/Lutter/*Vetter* Rn. 20 f.
[63] Beispielsweise Hüffer/*Koch* Rn. 13; *Hüffer* FS K. Schmidt, 2009, 747 (751 ff.); Spindler/Stilz/*Schall* Rn. 34; GroßkommAktG/*Windbichler* Rn. 29, 37–41; *C. Vedder,* Zum Begriff „für Rechnung", 134 f.; K. Schmidt/Lutter/*Vetter* Rn. 14, 29.
[64] MüKoAktG/*Bayer* Rn. 41, 38; Grigoleit/*Grigoleit* Rn. 19; *Klosterkemper* Abhängigkeit 41 ff.; *Mertens* FS Beusch, 1993, 589 ff.; *B. Wolframm* Mitteilungspflichten 129 ff.

§ 17 Abhängige und herrschende Unternehmen

(1) Abhängige Unternehmen sind rechtlich selbständige Unternehmen, auf die ein anderes Unternehmen (herrschendes Unternehmen) unmittelbar oder mittelbar einen beherrschenden Einfluß ausüben kann.

(2) Von einem in Mehrheitsbesitz stehenden Unternehmen wird vermutet, daß es von dem an ihm mit Mehrheit beteiligten Unternehmen abhängig ist.

Schrifttum: S. bei § 15 sowie *Bayreuther*, Wirtschaftlich existentiell abhängige Unternehmen im Konzern-, Kartell- und Arbeitsrecht, 2001; *Burgard*, Gestaltungsfreiheit im Stiftungsrecht, 2006; *Götz*, Der Entherrschungsvertrag im Aktienrecht, 1992; *K. W. Lange*, Das Recht der Netzwerke, 1998; *Noack*, Gesellschaftervereinbarungen bei Kapitalgesellschaften, 1994; *E. Schmitt*, Schutz der außenstehender Gesellschafter einer abhängigen Personengesellschaft im mehrstufigen Unternehmensverbund, 2003; *Tröger*, Treupflicht im Konzernrecht, 2000 f.; *Wellenhofer-Klein*, Zulieferverträge im Privat- und Wirtschaftsrecht, 1999; *H. Werner*, Der aktienrechtliche Abhängigkeitstatbestand, 1979.

Übersicht

	Rn.		Rn.
I. Überblick	1–4	1. Überblick	28, 29
II. Begriff	5–25	2. Voraussetzungen	30, 31
1. Grundsätzliche Überlegungen	5–8	3. Rechtsfolgen	32
a) Gesetzliches Konzept	5–7	V. Vermutung	33–44a
b) Rechtsprechung	8	1. Bedeutung	33–35
2. Umfang	9, 10	2. Widerlegung	36–44a
3. Verlässlichkeit, Dauer	11–13	a) Überblick	36–41a
4. Gesellschaftsrechtliche Grundlage	14–16	b) Entherrschungsverträge	42–44
a) Begriff	14	c) Rechtsfolgen	44a
b) „Tatsächliche Abhängigkeit"	15	VI. GmbH	45, 46
c) Kombinierte Beherrschung	16	VII. Kommanditgesellschaft auf Aktien	47
5. Mehrheitsbeteiligung	17		
6. Minderheitsbeteiligung	18–24	VIII. Personengesellschaften	48, 48a
7. Negative Beherrschung?	25	IX. Genossenschaften	49, 50
III. Unmittelbare und mittelbare Abhängigkeit	26, 27	X. Vereine	51
IV. Mehrfache Abhängigkeit, Gemeinschaftsunternehmen	28–32	XI. Stiftungen	52

I. Überblick

§ 17 Abs. 1 definiert in unmittelbarem Zusammenhang mit den §§ 16 und 18 den Begriff **1** der Abhängigkeit. Die Vorschrift geht zurück auf § 15 Abs. 2 AktG von 1937, nach dem Abhängigkeit vorlag, wenn ein rechtlich selbstständiges Unternehmen aufgrund von Beteiligungen oder sonst unmittelbar oder mittelbar unter dem beherrschenden Einfluss eines anderen Unternehmens steht. Im Anschluss hieran bestimmt heute § 17 Abs. 1, dass ein rechtlich selbstständiges Unternehmen als von einem anderen Unternehmen abhängig anzusehen ist, wenn das letztere unmittelbar oder mittelbar einen beherrschenden Einfluss auf das erstere auszuüben vermag (→ Rn. 5 ff.). § 17 Abs. 2 fügt hinzu, dass bei Vorliegen einer Mehrheitsbeteiligung iSd § 16 die Abhängigkeit des in Mehrheitsbesitz stehenden Unternehmens von dem an ihm mehrheitlich beteiligten anderen Unternehmen vermutet wird (→ Rn. 33 ff.).

Das AktG knüpft an den Tatbestand der Abhängigkeit an verschiedenen Stellen zum Teil **2** **weitreichende Folgen.** Die wichtigsten sind die Konzernvermutung des **§ 18 Abs. 1 S. 3** sowie das Verbot der Nachteilszufügung aufgrund der **§§ 311–318** im sog. faktischen Konzern. Hervorzuheben sind außerdem noch die **§§ 56 Abs. 2 und 71d S. 2** über das Verbot der Zeichnung und des Erwerbs von Aktien des herrschenden Unternehmens durch das abhängige Unternehmen sowie **§ 71d S. 4,** aus dem sich in Verbindung mit § 71b ergibt, dass das abhängige Unternehmen bei dem herrschenden kein Stimmrecht besitzt.¹ Diese Rechtsfolgen machen in ihrer Gesamtheit deutlich, dass **Zentralbegriff** des Konzernrechts des AktG heute nicht etwa der Konzern (§ 18), sondern die Abhängigkeit (als potentieller Konzern) ist (§ 17).

3   Die herausragende Bedeutung des Abhängigkeitsbegriffs im Konzernrecht wird dadurch unterstrichen, dass sich auch außerhalb des AktG weit häufiger ein Verweis auf den Abhängigkeitsbegriff als auf den Konzernbegriff des AktG findet. Hervorzuheben ist **§ 36 Abs. 2 S. 1 GWB,** nach dem herrschende und abhängige Unternehmen iSd § 17 AktG im GWB eine sog. wettbewerbliche Einheit bilden. Der Anwendungsbereich dieser sog. *Verbundklausel* beschränkt sich auch nicht etwa auf die Fusionskontrolle, sondern umfasst das gesamte Kartellrecht einschließlich insbesondere der Missbrauchsaufsicht über marktbeherrschende Unternehmen.² Vor allem dieser Umstand unterstreicht die herausragende praktische Bedeutung des Begriffs der Abhängigkeit (→ Rn. 4). – Eine mit § 17 vergleichbare Begriffsbildung findet sich ferner im europäischen Mitbestimmungsrecht. Ein beherrschender Einfluss eines Unternehmens auf ein anderes wird danach in drei Fällen vermutet, nämlich 1. bei einer Mehrheitsbeteiligung, 2. bei einer Stimmenmehrheit sowie 3. bei der Befugnis, mehr als die Hälfte der Mitglieder in Vorstand oder Aufsichtsrat zu bestellen.³

3a   In einer Reihe anderer, durchaus vergleichbarer Fälle hat dagegen der Gesetzgeber, durchweg aufgrund unionsrechtlicher Vorgaben, das Konzept der Abhängigkeit zugunsten des sog. **Kontrollkonzepts** des französischen und des angloamerikanischen Rechtskreises aufgegeben (s. insbesondere § 90 Abs. 1 S. 2 AktG, § 22 Abs. 1 Nr. 2 und Abs. 3 WpHG und § 37 Abs. 1 Nr. 2 S. 1 GWB). Beide Konzepte überschneiden sich zwar, wie schon an der Definition der Kontrolle durch § 37 Abs. 1 Nr. 2 S. 2 GWB deutlich wird, decken sich jedoch nicht völlig. Unterschiede bestehen vor allem hinsichtlich des Kreises der Umstände, die als mögliche Ursachen der Kontrolle in Betracht zu ziehen sind (→ Rn. 15 f.), sodass zB paritätische (50 : 50) Gemeinschaftsunternehmen in der Regel zwar als abhängig von ihren beiden Müttern, wohl aber als deren gemeinsamer Kontrolle unterworfen gelten (→ Rn. 29 f.), sowie hinsichtlich der Möglichkeit einer konsolidierten Betrachtung einer Unternehmensgruppe, die nur das Kontrollkonzept eröffnet.⁴ – Ein wiederum anderes Konzept liegt schließlich dem **§ 29 WpÜG** zu Grunde, nach dem Kontrolle im Sinne dieses Gesetzes das Halten von mindestens 30 % der Stimmrechte an der Zielgesellschaft bedeutet. Dieser **formale Beherrschungsbegriff** darf nicht mit dem materiellen Beherrschungsbegriff des AktG gleichgesetzt werden, weil er anderen Zwecken als die konzernrechtlichen Bestimmungen des AktG dient.⁵

4   Soweit im AktG oder in anderen Gesetzen auf den Abhängigkeitsbegriff des § 17 Bezug genommen wird, stellt sich die weitere Frage, ob der Begriff überall in demselben Sinne zu verstehen ist. Die Frage ist noch nicht endgültig geklärt. Jedoch überwiegt zumindest für das **AktG** die Tendenz, den **Abhängigkeitsbegriff grundsätzlich einheitlich** iSd § 17 Abs. 1 zu **interpretieren.**⁶ Soweit andere Gesetze wie insbesondere das GWB (§ 36 Abs. 2 S. 1) auf § 17 verweisen, sollte gleichfalls nach Möglichkeit dasselbe Begriffsverständnis wie im Aktienrecht zugrunde gelegt werden.⁷

II. Begriff

5   **1. Grundsätzliche Überlegungen. a) Gesetzliches Konzept.** Abhängigkeit liegt nach § 17 Abs. 1 vor, wenn ein anderes Unternehmen, vom Gesetz herrschendes Unterneh-

---

¹ OLG München NJW-RR 1995, 1066 = AG 1995, 383; ebenso schon nach früherem Recht RGZ 103, 64 (67 f.); 115, 246 (253); 149, 305 (308 ff.); wegen der Einzelheiten s. *Cahn* Kapitalerhaltung; *Burgard* AG 2006, 527.
² BGH WuW/E DE-R 2734 Rn. 15 = AG 2009, 742 – Entega I.
³ S. § 2 Abs. 3 S. 1 SEBG von 2004 (BGBl. I 3675); Art. 3 Abs. 2–7 RL Nr. 94/95/EG (ABl. EG L 254, 64) und § 6 Abs. 2 EBRG von 2006 (BGBl. I 1548, 2022): *Henssler* FS K. Schmidt, 2009, 601 ff.
⁴ Spindler/Stilz/*Schall* Rn. 2.
⁵ BGH NZG 2012, 1033 Rn. 22 = AG 2012, 594 – Einkauf aktuell; *Brellochs* NZG 2012, 1010.
⁶ Hüffer/*Koch* Rn. 2 f.; KK-AktG/*Koppensteiner* Rn. 11 f.; GroßkommAktG/*Windbichler* Rn. 17.
⁷ Ausf. *Koppensteiner* FS Hopt, Bd. I, 2010, 959.

men genannt, auf ein rechtlich selbstständiges Unternehmen, das abhängige Unternehmen, unmittelbar oder mittelbar einen beherrschenden Einfluss auszuüben vermag. Im Falle einer Mehrheitsbeteiligung iSd § 16 vermutet das Gesetz das Vorliegen solcher Abhängigkeit (§ 17 Abs. 2; → Rn. 33 ff.). Zugleich knüpft es auf der anderen Seite in § 18 Abs. 1 S. 3 an den Tatbestand der Abhängigkeit die Vermutung des Vorliegens eines Konzerns (→ § 18 Rn. 20 ff.). Diese **Vermutungskette** zeigt, dass nach der Vorstellung der Gesetzesverfasser die Begriffe Mehrheitsbeteiligung, Abhängigkeit und Konzern (im Sinne der einheitlichen Leitung der verbundenen Unternehmen) eng miteinander verknüpft sind (Stichwort: *Abhängigkeit als potentielle Konzernierung im Falle der Mehrheitsbeteiligung*).[8] Zur weiteren Konkretisierung dessen, was das Gesetz in § 17 Abs. 1 unter dem beherrschenden Einfluss eines Unternehmens auf eine Gesellschaft versteht, ist deshalb in erster Linie an die **Befugnisse eines Mehrheitsaktionärs,** dh an seine Möglichkeiten zur Beeinflussung der Geschäftspolitik einer AG anzuknüpfen.

Ein **Mehrheitsaktionär** besitzt im Regelfall zwar keinen unmittelbaren, wohl aber einen um so wirksameren mittelbaren Einfluss auf die Führung der Geschäfte der Gesellschaft.[9] Denn obwohl er dem Vorstand keine Weisungen zu erteilen vermag (§§ 76, 119 Abs. 2), ist er doch über die Wahl von ihm abhängiger Aufsichtsratsmitglieder (**§ 101**) in der Lage, für die **Bestellung von Vorstandsmitgliedern** zu sorgen, die sich im Zweifel nach seinen Vorstellungen richten werden (**§ 84**). An dieser Abhängigkeit der Verwaltung von dem Mehrheitsgesellschafter hat auch die **Mitbestimmung** der Arbeitnehmer im Aufsichtsrat großer Gesellschaften nach dem MitbestG im Ergebnis nichts geändert.[10]

Aus dem Gesagten (→ Rn. 6) ist der Schluss zu ziehen, dass es grundsätzlich für die Annahme von Abhängigkeit genügt, wenn ein Gesellschafter in der Lage ist, die maßgebenden Gesellschaftsorgane mit „seinen Leuten" zu besetzen, dh wenn er einen **maßgeblichen Einfluss auf die Personalpolitik** der Gesellschaft auszuüben vermag, sodass sichergestellt ist, dass sich die Verwaltung des abhängigen Unternehmens in Zweifelsfällen, schon im Interesse ihrer Wiederwahl und ihres Fortkommens, nach seinen Vorstellungen richten wird.[11] Zu berücksichtigen bleibt freilich, dass das Gesetz die Vermutung der Abhängigkeit in § 17 Abs. 2 auch schon an eine bloße **Anteilsmehrheit** iSd § 16 Abs. 1 und 2 knüpft, mit der nicht notwendig eine Stimmenmehrheit korreliert (→ § 16 Rn. 9 ff.). Offenbar liegt dem Gesetz mithin ein Konzept der Abhängigkeit zugrunde, das zumindest in einzelnen Beziehungen noch über das angedeutete, auf den Einfluss auf die Personalpolitik der Gesellschaft abstellende Konzept hinausgeht.[12] Wichtig ist dies insbesondere bei Minderheitsbeteiligungen (→ Rn. 18 ff.).

b) Rechtsprechung. Das **Reichsgericht** hatte noch den Abhängigkeitsbegriff unter § 15 AktG von 1937, dem Vorläufer des § 17, *ganz eng gefasst* und auf Fälle beschränkt, in denen ein Unternehmen einem anderen seinen Willen geradezu „aufzwingen", dh bei ihm „durchsetzen" kann.[13] Die *Fähigkeit zur „Durchsetzung" seines Willens* bei einem anderen Unternehmen hat indessen ein Unternehmen, genau genommen, nur unter den Voraussetzungen der §§ 308 und 323 AktG, dh *allein im Vertrags- und im Eingliederungskonzern*. Die Vorschriften des § 18 Abs. 1 S. 2 und 3 sowie des § 311 machen indessen deutlich, dass der Abhängigkeitsbegriff des Gesetzes nicht auf diese Grenzfälle des Vertrags- und Eingliederungskonzerns (Stichwort: wirtschaftliche Fusion) beschränkt werden kann. Die Gerichte

---

[8] Ebenso MüKoAktG/*Bayer* Rn. 14, 25 ff.; *J. Götz* Entherrschungsverträge 18 ff.; Hüffer/*Koch* Rn. 4 f.; KK-AktG/*Koppensteiner* Rn. 15 ff.; MHdB AG/*Krieger* § 68 Rn. 37 ff.; K. Schmidt/Lutter/*Vetter* Rn. 6 ff.; GroßkommAktG/*Windbichler* Rn. 9 ff.
[9] Ebenso ausf. BFHE 233, 416 Rn. 31 ff.
[10] BAGE 22, 390 (397) = AP BetrVerfG § 76 Nr. 20 = NJW 1970, 1766 = AG 1970, 268; Hüffer/*Koch* Rn. 11; *Sura* Fremdeinfluss 54; K. Schmidt/Lutter/*Vetter* Rn. 7; GroßkommAktG/*Windbichler* Rn. 84.
[11] OLG Stuttgart AG 2009, 204 (205); 2013, 604 (608 f.); OLG Düsseldorf AG 2008, 859 (860) = WuW/E DER 2357; *Bayer* ZGR 2002, 933 (935 ff.); Grigoleit/*Grigoleit* Rn. 7; Hüffer/*Koch* Rn. 5; *Henssler* FS K. Schmidt, 2009, 601 (612); Spindler/Stilz/*Schall* Rn. 9 ff.
[12] MüKoAktG/*Bayer* Rn. 28.
[13] RGZ 167, 40 (49 ff.) = DR 1941, 1937 (1939 f.) mit Anm. *Dietrich* DR 1941, 1941.

begnügen sich deshalb heute für die Annahme von Abhängigkeit in der Regel damit, dass das herrschende Unternehmen über **gesicherte rechtliche Möglichkeiten** verfügt, dem abhängigen Unternehmen (besser: dessen Verwaltung) **Konsequenzen** für den Fall **anzudrohen,** dass das abhängige Unternehmen bzw. dessen Verwaltung dem Willen des herrschenden Unternehmens in Fragen der Personal-, Geschäfts- und Unternehmenspolitik nicht Folge leistet, sodass sich das abhängige Unternehmen letztlich dem Einfluss des herrschenden Unternehmens nicht zu entziehen vermag.[14] Abhängigkeit einer Gesellschaft von einem anderen Unternehmen wird folgerichtig vor allem dann angenommen, wenn das letztere aufgrund seiner **Herrschaft über die Personalpolitik** der Gesellschaft in der Lage ist, deren *Geschäftsführung* in den entscheidenden Punkten zu beeinflussen.[15] Nicht erforderlich ist, dass das herrschende Unternehmen von seinen Einflussmöglichkeiten auf die Geschäftsführung der Gesellschaft tatsächlich Gebrauch macht; zur Begründung der Abhängigkeit genügt vielmehr bereits die bloße **Möglichkeit zur Herrschaft** in der abhängigen Gesellschaft.[16]

9 **2. Umfang.** Für die Annahme von Abhängigkeit wird überwiegend gefordert, dass die (mögliche) Einflussnahme eines Unternehmens auf eine andere Gesellschaft (→ Rn. 8) grundsätzlich **umfassend** sein, dh den **gesamten Tätigkeitsbereich** der letzteren umfassen müsse; eine lediglich „punktuelle" Abhängigkeit sei dem Gesetz dagegen fremd.[17] Dem kann indessen, wie der Zusammenhang zwischen § 17 Abs. 1 und der Konzernvermutung des § 18 Abs. 1 S. 3 zeigt, in dieser Allgemeinheit *nicht* zugestimmt werden. Denn ein Konzern wird heute meistens bereits angenommen, wenn das herrschende Unternehmen **(nur)** in **einem der zentralen Unternehmensbereiche** wie insbesondere Finanzierung, Einkauf, Verkauf *oder* Organisation die Entscheidungen durch einheitliche Planung für die verbundenen Unternehmen an sich zieht (→ § 18 Rn. 13 f.).

10 Deshalb sollte es, da das Gesetz in § 18 Abs. 1 S. 3 an das Vorliegen von Abhängigkeit für den Regelfall die Vermutung eines Konzerns knüpft, für die Annahme von Abhängigkeit gleichfalls grundsätzlich ausreichen, wenn ein Gesellschafter in der Lage ist, über seinen Einfluss auf die Besetzung der Organe der betreffenden Gesellschaft deren **Entscheidungen** wenigstens **in einem** der genannten **zentralen Unternehmensbereiche zu beeinflussen.**[18] Besonderes Gewicht kommt dabei dem **Bereich der Finanzierung** zu. Eine Gesellschaft, die nicht frei über ihre Mittel verfügen kann, ist abhängig. Im Kern handelt es sich freilich bei den verschiedenen Konzepten der Abhängigkeit lediglich um eine *unterschiedliche Akzentsetzung,* die Bedeutung in erster Linie für den (schwierigen) Nachweis der Abhängigkeit hat.[19] Und genau deshalb empfiehlt sich hier eine großzügige Handhabung des Konzepts der Abhängigkeit.

11 **3. Verlässlichkeit, Dauer.** Abhängig ist nur, wer sich abhängig fühlt, dh wer weiß, dass er von einem anderen abhängig ist, sodass er, wenn er negative Konsequenzen vermeiden

---

[14] BGHZ 121, 137 (146) = AG 1993, 334 = NJW 1993, 2114 – WAZ/IKZ I; BAG AG 2011, 670 Rn. 26 = NZA 2011, 866 = ZIP 2011, 1332; OLG Düsseldorf AG 1994, 36 (37 f.) = ZIP 1993, 1791 – Feldmühle Nobel (Feno); AG 2003, 688 (689) – Veba; AG 2005, 538 (539) = NZG 2005, 1012 – Hypobank/Brau und Brunnen; AG 2008, 859 (860) = WuW/E DER 2347; KG AG 2001, 529 (530) = NZG 2001, 680; OLG Stuttgart AG 2009, 204 (205 f.); 2013, 604 (608 f.); OLG Karlsruhe NZG 2004, 334 = AG 2004, 147 (148) – Heidelberger Schloßquell/Brau und Brunnen.

[15] BAGE 53, 287 (295 ff.) = AG 1988, 106; OLG Düsseldorf OLGR 1994, 21 = AG 1994, 36 (37) = ZIP 1993, 1791; AG 2003, 688 (689) – Veba; AG 2008, 859 (860) = WuW/E DER 2347; AG 2009, 873 (874) – ABM; OLG Stuttgart AG 2009, 204 (205 f.); OLG Karlsruhe NZG 2004, 334 = AG 2004, 147 (148); OLG München AG 1995, 383 = NJW-RR 1995, 1066.

[16] BGHZ 62, 193 (201) = NJW 1974, 855 – Seitz; unstr.

[17] BGHZ 135, 107 (114) = NJW 1997, 1855 (1856) = AG 1997, 374 – VW; BAG AG 2011, 670 Rn. 26 = NZA 2011, 866 = ZIP 2011, 1332: „beständig, umfassend"; OLG Frankfurt AG 2004, 567 f.; KG AG 2001, 529 (530) = NZG 2001, 80; Grigoleit/*Grigoleit* Rn. 8; Hölters/*Hirschmann* § 17 Rn. 3; MHdB AG/*Krieger* § 68 Rn. 38; GroßkommAktG/*Windbichler* Rn. 17; diff. Spindler/Stilz/*Schall* Rn. 12 f.

[18] Ebenso OLG Karlsruhe NZG 2004, 334 = AG 2004, 147 (148): „zumindest die wichtigen Geschäftsbereiche"; *Dierdorf* Herrschaft 32, 41 (66 ff.); KK-AktG/*Koppensteiner* Rn. 26 ff.; *Sura* Fremdeinfluss 52, 64 ff.; *Rittner* DB 1976, 1465, 1513; noch weiter *H. Werner* Abhängigkeitstatbestand 30 ff.

[19] Ebenso im Ergebnis wohl Grigoleit/*Grigoleit* Rn. 8; Hüffer/*Koch* Rn. 7.

will, auf dessen Willen Rücksicht nehmen muss, – ebenso, wie mächtig nur derjenige ist, der sich tatsächlich seiner Macht und der Möglichkeit bewusst ist, diese ggf. einzusetzen. Unbewusste Abhängigkeit gibt es nicht. Das ist der Grund, warum sich nach allgemeiner Meinung die Frage, ob die genannten Voraussetzungen der Abhängigkeit erfüllt sind, allein **aus der Sicht der abhängigen Gesellschaft** beurteilt.[20] Dies hat wichtige Konsequenzen. Die erste ist, dass eine **zukünftige Möglichkeit** der Abhängigkeit unberücksichtigt bleibt; die Grundlagen der Abhängigkeit müssen vielmehr *aktuell* vorliegen und den Organen der abhängigen Gesellschaft bewusst sein.[21] Der bloße **Abschluss eines Kaufvertrages** über ein selbst erhebliches Aktienpaket genügt daher allein noch *nicht* zur Abhängigkeitsbegründung, sofern nicht besondere Abreden wie zB ein Stimmbindungsvertrag mit dem Veräußerer hinzukommen; Abhängigkeit tritt vielmehr grundsätzlich erst *mit Übergang* der Aktien auf den Käufer ein.[22]

Die zweite Konsequenz ist, dass eine nur **zufällige oder** von der **freiwilligen Mitwirkung Dritter abhängige Einflussmöglichkeit** in der Regel ebenfalls *keine* Abhängigkeit begründet, sodass ein Minderheitsaktionär, der lediglich wegen der jederzeit rücknehmbaren Mitwirkung anderer Aktionäre wie insbesondere der Banken über eine gelegentliche (nicht gesicherte) Hauptversammlungsmehrheit verfügt, grundsätzlich nicht als herrschendes Unternehmen iSd § 17 angesehen werden kann (→ Rn. 17), einfach deshalb, weil aus der allein maßgeblichen Sicht der Organe der betroffenen Gesellschaft (noch) kein Anlass besteht, auf die geschäftspolitischen Wünsche eines solchen Aktionärs besondere Rücksicht zu nehmen, da sie bei abweichendem Verhalten (vorerst) keine Sanktionen befürchten müssen.

Die dritte Konsequenz des Gesagten (→ Rn. 11) wird in der Regel dahin umschrieben, dass Abhängigkeit nur angenommen werden kann, wenn der fragliche Einfluss eines anderen Unternehmens für einen überschaubaren Zeitraum, dh **beständig gesichert** ist, wiederum, weil die Organe der betroffenen Gesellschaft allein dann Anlass haben, auf die geschäftspolitischen Wünsche eines Aktionärs Rücksicht zu nehmen, um Sanktionen bei abweichendem Verhalten zu vermeiden. Daraus wird in der Regel der Schluss gezogen, dass zwar eine bestimmte **Mindestdauer** der Einflussmöglichkeit *nicht* erforderlich ist, schon, weil operationale Kriterien zur Abgrenzung der in Betracht kommenden Zeitspanne fehlen,[23] dass aber auf der anderen Seite auch **nicht** eine **kurzfristige Zufallsmehrheit** in der Hauptversammlung mit ihren begrenzten Einflussmöglichkeiten genügt; die Einflussmöglichkeit muss vielmehr eine gewisse **Beständigkeit (im Sinne einer verlässlichen Basis für einen absehbaren Zeitraum)** aufweisen, dies deshalb, weil die Verwaltung der fraglichen (abhängigen) Gesellschaft nur dann Anlass hat, bei der Formulierung ihrer Geschäftspolitik (→ § 76) im eigenen Interesse auf die Wünsche des betreffenden Gesellschafters Rücksicht zu nehmen (→ Rn. 8).[24] Aufgrund einer verlässlichen Prognose muss mit anderen Worten eine Mehrheit in der Hauptversammlung jedenfalls über den Termin der nächsten Hauptver-

---

[20] BGHZ 62, 193 (197) = NJW 1974, 855 – Seitz; BGHZ 135, 107 (114) = AG 1997, 374 = NJW 1997, 1855 (1856) – VW; BGH GRUR 2012, 728 Rn. 13 = NZG 2012, 1053 = AG 2012, 594 – Einkauf aktuell; OLG Düsseldorf AG 1994, 36 = OLGR 1994, 21 = ZIP 1993, 1791; AG 2003, 688 (689) – Veba; AG 2005, 538 (539) = NZG 2005, 1012 – Hypobank/Brau und Brunnen; AG 2007, 170 (171); OLG München AG 1995, 383 = NJW-RR 1995, 1066.
[21] OLG Stuttgart AG 2009, 204 (205) (r. Sp. u.).
[22] OLG Düsseldorf AG 1994, 36 (37 f.) = ZIP 1993, 1791 – Feno; Grigoleit/*Grigoleit* Rn. 11; Hüffer/*Koch* Rn. 9; *Krieger* FS Semler, 1993, 503 (507 ff.); GroßkommAktG/*Windbichler* Rn. 26, 50; aA MüKoAktG/*Bayer* Rn. 51–57; *Lutter* FS Steindorff, 1990, 125 (133); *Noack*, Gesellschaftervereinbarungen bei Kapitalgesellschaften, 1994, 90; *M. Weber* ZIP 1994, 678 (683 ff.).
[23] OLG Köln AG 1991, 140 = GmbHR 1990, 456 = WM 1990, 1993; MüKoAktG/*Bayer* Rn. 62; Hüffer/*Koch* Rn. 7; MHdB AG/*Krieger* § 68 Rn. 39; K. Schmidt/Lutter/*Vetter* Rn. 11 ff.; Spindler/Stilz/*Schall* Rn. 19; GroßkommAktG/*Windbichler* Rn. 21.
[24] In diesem Sinne auch schon RGZ 167, 40 (49 f.) = DR 1941, 1937 (1939) – Thega; ebenso BGHZ 135, 107 (114) = NJW 1997, 1855 (1856) = AG 1997, 374; OLG Karlsruhe NZG 2004, 334 = AG 2004, 147 (148); OLG Frankfurt AG 2004, 567 f.; OLG Düsseldorf AG 2005, 538 (539) = NZG 2005, 1012; AG 2009, 873 (874) – ABM; MüKoAktG/*Bayer* Rn. 50; Hölters/*Hirschmann* Rn. 3; Hüffer/*Koch* Rn. 6 f.; *Larisch/Bunz* NZG 2013, 1247 f.; *J. Schubert/Ravenstein* DB 2006, 2219 (2220 f.).

sammlung hinaus gesichert sein.²⁵ Wichtig ist dies vor allem, wenn ein Gesellschafter zur Erlangung der Mehrheit in der Hauptversammlung auf die **Mitwirkung anderer Gesellschafter** angewiesen ist. Abhängigkeit kann in solchem Fall nur angenommen werden, wenn die Mitwirkung anderer Gesellschafter **für einige Zeit (beständig) gesichert** ist, sei es aufgrund vertraglicher Absprachen, sei es aufgrund einer institutionellen Verknüpfung oder infolge familiärer Bindungen der Gesellschafter untereinander (→ Rn. 17). Die Abhängigkeit **endet** dagegen, sobald in derartigen Fallgestaltungen die zur Mehrheitsbildung erforderliche Mitwirkung Dritter *nicht* mehr gesichert ist, etwa infolge der Kündigung eines Stimmbindungsvertrages oder infolge der Veräußerung einzelner Aktienpakete an unabhängige Dritte (→ Rn. 13).²⁶

14 **4. Gesellschaftsrechtliche Grundlage. a) Begriff.** Das Gesetz sagt in § 17 Abs. 1 nicht ausdrücklich, *worauf* der beherrschende Einfluss eines Unternehmens auf eine andere Gesellschaft beruhen muss, um Abhängigkeit iSd Gesetzes annehmen zu können. Außer Frage steht nur, dass die Gesetzesverfasser 1965 bei § 17 ebenso wie bereits bei § 15 AktG von 1937 in erster Linie an **gesellschaftsrechtlich vermittelte Einflussmöglichkeiten Dritter** auf eine Gesellschaft gedacht haben, wie sich unmittelbar aus § 17 Abs. 2 ergibt. Daran hat bisher – aus guten Gründen – die überwiegende Meinung im Rahmen des § 17 festgehalten.²⁷ Bei der deshalb für die Anwendung des § 17 in jedem Fall **(auch)** erforderlichen gesellschaftsrechtlichen Vermittlung der Einflussmöglichkeit ist vornehmlich, aber nicht ausschließlich an (unmittelbare oder mittelbare) **Kapitalbeteiligungen** zu denken. Daneben kommt insbesondere noch der Abschluss jedenfalls von **Beherrschungsverträgen** iSd § 291 in Betracht (→ Rn. 22).²⁸ Auch an **verdeckte Beherrschungsverträge** ist hier zu denken, seitdem in der Praxis immer häufiger komplizierte Vertragsgestaltungen festzustellen sind, die sich bei Lichte besehen als verdeckte Beherrschungsverträge iSd § 291 Abs. 1 S. 1 erweisen und mit denen offenkundig der Zweck verfolgt wird, die Beziehungen der Beteiligten dem Zugriff des (deutschen) Konzernrechts zu entziehen. Soweit hier die Annahme eines verdeckten Beherrschungsvertrages in Betracht kommt, ist auch § 17 Abs. 1 unmittelbar einschlägig (§ 18 Abs. 1 S. 2; → Rn. 22 f.), selbst wenn die dergestalt verbundenen Unternehmen auf eine Beteiligung des herrschenden Unternehmens an der abhängigen Gesellschaft verzichten (→ § 291 Rn. 24 ff.). Auf die zivilrechtliche Wirksamkeit der Vereinbarungen der Parteien kommt es dabei in keinem Fall an; es genügt ihre tatsächliche Durchführung (→ Rn. 22 f.).²⁹ Für die Gewinnabführungsverträge des § 291 Abs. 1 und die **anderen Unternehmensverträge** des § 292 gilt das Gesagte nicht. Sie allein begründen – mangels eines Weisungsrechts – keine Abhängigkeit auf gesellschaftsrechtlicher Grundlage, können aber sehr wohl zusammen mit einer Minderheitsbeteiligung und weiteren Umständen insgesamt zur Abhängigkeit des verpflichteten Teils führen (→ Rn. 23).

15 **b) „Tatsächliche Abhängigkeit".** Die Fälle verdeckter Beherrschungsverträge (→ Rn. 14) stehen auf der Grenze zu den Fällen der tatsächlichen Abhängigkeit. Unter

---

²⁵ *Larisch/Bunz* NZG 2013, 1247 f.
²⁶ Ebenso MüKoAktG/*Bayer* Rn. 58 f.; Hölters/*Hirschmann* Rn. 4.
²⁷ BGHZ 90, 381 (395 ff.) = NJW 1984, 1893 = AG 1984, 181 – BuM; BGHZ 121, 137 (145) = NJW 1993, 2114 = AG 1993, 334 – WAZ/IKZ; BGHZ 135, 107 (114) = NJW 1997, 1855 (1856) = AG 1997, 374 – VW; OLG Frankfurt AG 1998, 139 (140); 2004, 567 f.; OLG Karlsruhe NZG 2004, 334 = AG 2004, 147 (148); OLG Düsseldorf AG 2005, 538 (539) = NZG 2005, 1012 – Hypobank/Brau und Brunnen; OLG Stuttgart AG 2005, 125 (128) = NZG 2005, 432; MüKoAktG/*Bayer* Rn. 30; *J. Götz* Entherrschungsvertrag 25 ff.; Hüffer/*Koch* Rn. 8 f.; *Koppensteiner* FS Stimpel, 1985, 811 ff.; MHdB AG/*Krieger* § 68 Rn. 40; *Kn. W. Lange*, Das Recht der Netzwerke, 1998, Rn. 967 ff. (426 ff.); *Martens* Wirtschaftsabhängigkeit 53 ff.; *Sura* Fremdeinfluss 54 ff.; *Tröger* Treupflichten 12, 19 ff.; *P. Ulmer* ZGR 1978, 457; K. Schmidt/Lutter/*Vetter* Rn. 15 f.; *M. Wellenhofer-Klein* Zulieferverträge 403 ff.; *H. Werner* Abhängigkeitstatbestand 140 ff.; Großkomm-AktG/*Windbichler* Rn. 40 f.; für den Regelfall auch Spindler/Stilz/*Schall* Rn. 20 f.; – zweifelnd *Oechsler* ZGR 1997, 464 ff.
²⁸ Hüffer/*Koch* Rn. 9; Spindler/Stilz/*Schall* Rn. 39 f.; K. Schmidt/Lutter/*Vetter* Rn. 42 f.
²⁹ Grigoleit/*Grigoleit* Rn. 11; K. Schmidt/Lutter/*Vetter* Rn. 14, 43; Spindler/Stilz/*Schall* Rn. 24, 38.

diesem Stichwort wird die Frage diskutiert, ob eine **schuldvertraglich oder auch nur tatsächlich vermittelte Abhängigkeit** von Fall zu Fall gleichfalls unter § 17 zu subsumieren sein kann, sofern sie in ihren Auswirkungen und ihrer Intensität der Mehrheitsbeteiligung eines anderen Unternehmens gleichkommt.[30] Es geht in dieser Diskussion in erster Linie um Fälle einer Abhängigkeit aufgrund bloßer **Liefer-** und **Kreditbeziehungen.** Paradigmata sind industrielle Zulieferverträge wie Just-in-time-Vereinbarungen, umfangreiche Kreditbeziehungen mit weitgehenden Kontrollrechten der kreditgebenden Banken (sog. Covenants) sowie enge Franchiseverbindungen. Dahinter steht die Erfahrung, dass es im Rahmen solcher Vertragsbeziehungen zu Situationen kommen kann, die in mancher Hinsicht mit der bei Abhängigkeit einer Gesellschaft von einem anderen Unternehmen aufgrund einer Mehrheitsbeteiligung vergleichbar sind, zumal in der wirtschaftlichen Praxis offenbar die Tendenz zunimmt, teuere, weil „beteiligungsgestützte" Beherrschungsverhältnisse durch billigere *komplexe Vertragssysteme* zu ersetzen.[31] Gleichwohl ist daran festzuhalten, dass *im Rahmen des § 17* die **Einflussmöglichkeit** eines Unternehmens auf eine andere Gesellschaft **gesellschaftsrechtlich vermittelt** sein muss, um ein Abhängigkeitsverhältnis iSd Gesetzes zu begründen. Dafür spricht einmal, dass es in den genannten Lieferbeziehungen in erster Linie um den Schutz der wirtschaftlich schwächeren Partei gegen drückende Vertragsbedingungen geht, für solchen Schutz indessen das allgemeine Vertragsrecht und das GWB (weit) besser geeignet sind als das AktG, zum anderen, dass sich Abhängigkeit iSd § 17 in erster Linie in einem Einfluss auf die Personalpolitik der abhängigen Gesellschaft äußert (→ Rn. 7), Kredit- und Lieferbeziehungen indessen solchen Einfluss in aller Regel nicht begründen.

c) Kombinierte Beherrschung. Von der Frage einer tatsächlichen Beherrschung (→ Rn. 15) zu trennen ist die (ebenfalls kontrovers diskutierte) Frage, unter welchen Voraussetzungen **tatsächliche oder sonstige rechtliche Umstände** ein bereits *bestehendes* gesellschaftsrechtlich vermitteltes *Einflusspotential* bis zur Abhängigkeit iSd § 17 Abs. 1 **verstärken** können (sog. kombinierte Beherrschung). Die Frage hat insbesondere für Minderheitsbeteiligungen Bedeutung und ist deshalb in diesem Zusammenhang zu erörtern (→ Rn. 18 ff.). Hier genügt die Bemerkung, dass in der Tat bei der Prüfung der durch Minderheitsbeteiligungen eröffneten Einflussmöglichkeiten heute alle denkbaren rechtlichen und tatsächlichen **Umstände** berücksichtigt werden, die ein **zusätzliches Einflusspotential** verschaffen, von engen Kredit- und Lieferbeziehungen über Beteiligungen an weiteren Gesellschaften bis hin zu personellen Verflechtungen, sofern die aufgrund der Beteiligung bereits bestehende Einflussmöglichkeit durch ihre Verbindung mit den genannten tatsächlichen oder rechtlichen Umständen dem beteiligten Unternehmen im Ergebnis **dieselbe Rechtsstellung wie eine „Mehrheitsbeteiligung"** verschafft.[32] 16

5. Mehrheitsbeteiligung. Wichtigste Grundlage der Abhängigkeit ist nach dem Gesagten (→ Rn. 5 f., 14 ff.) bei allen Gesellschaften die **Stimmenmehrheit** in der Haupt- oder Gesellschafterversammlung der abhängigen Gesellschaft.[33] Folgerichtig knüpft das Gesetz in § 17 Abs. 2 an den Bestand einer derartigen Mehrheitsbeteiligung iSd § 16 die **Vermutung der Abhängigkeit** (→ Rn. 38 ff.). Keine Rolle spielt insoweit, *worauf* die Stimmenmehrheit eines Gesellschafters beruht. Deshalb hindert nichts die Annahme einer zur 17

---

[30] Dafür schon RGZ 167, 40 (49 f.) = DR 1941, 1937 (1939) – Thega; ebenso sodann LG Oldenburg ZIP 1992, 1632; *Burgard* Gestaltungsfreiheit 360, 590 f.; *Dierdorf* Herrschaft 38 ff.; *Nagel/Riess/Theis* DB 1989, 1505 (1508 ff.); Spindler/Stilz/*Schall* Rn. 22 f. – für Grenzfälle; *Druey/Vogel*, Das schweizerische Konzernrecht in der Praxis der Gerichte, 1999, 550 mN; ebenso wohl auch LG Freiburg AG 2006, 674 (675) für enge personelle Verflechtungen zwischen zwei Gesellschaften; vgl. auch *Lutter* FS Steindorff, 1990, 125 (132 ff.).

[31] Ausf. *A. Raupach* FS Bezzenberger, 2000, 327.

[32] So OLG Düsseldorf AG 2003, 688 (689) – Veba; AG 2005, 538 (539 f.) = NZG 2005, 1012 – Hypobank/Brau und Brunnen; KG AG 2005, 398 (399 f.) – Hypobank/Brau und Brunnen; ausf. Grigoleit/*Grigoleit* Rn. 8–15; Spindler/Stilz/*Schall* Rn. 24–44.

[33] Ebenso insbes. für gemischtwirtschaftliche Unternehmen BGH NZG 2012, 1053 Rn. 13 = AG 2012, 594 – Einkauf aktuell; BFHE 95, 215 (217 f.); 145, 165 (169); 234, 416 Rn. 31 ff. = AG 2011, 639.

Abhängigkeit führenden „Mehrheitsbeteiligung" (iSd § 17) eines Gesellschafters, wenn er die Mehrheit nur aufgrund der **Unterstützung durch die Stimmen anderer Gesellschafter** zu erreichen vermag, vorausgesetzt, dass er über die Stimmen der anderen Gesellschafter sicher (beständig; → Rn. 11 f.) verfügen kann, wobei in erster Linie an **Stimmbindungsverträge** und Stimmrechtskonsortien zu denken ist, daneben aber auch an sonstige rechtliche oder tatsächliche Umstände, sofern auf ihrer Grundlage die beständige Unterstützung durch andere Gesellschafter gewährleistet ist (sog. **faktische Mehrheit**).[34] Ein **Beispiel** ist die bewährte, auf Dauer gesicherte Interessenidentität einer stets gemeinsam auftretenden, familiär verbundenen Gesellschaftergruppe (→ Rn. 19).[35] Gleich stehen sonstige **institutionelle Verflechtungen** zwischen Aktionärsgruppen, durch die ihr einheitlicher Auftritt in der Gesellschaft sichergestellt wird. Dagegen begründet eine **ungesicherte Mitwirkung Dritter,** die zur Folge hat, dass es vom Zufall abhängt, ob ein Gesellschafter im Einzelfall seinen Willen durchzusetzen vermag, *keine* Abhängigkeit (→ Rn. 11 f.).[36] Hierauf beruht die Problematik bloßer **Stimmrechtsvollmachten,** da diese grundsätzlich widerruflich sind (§ 135 Abs. 2 S. 2), sodass sie allein nicht zur Begründung einer faktischen Mehrheit und damit der Abhängigkeit ausreichen (→ Rn. 18 f.).[37] Ausnahmen sind freilich denkbar.

18   **6. Minderheitsbeteiligung.** Bereits aus den bisherigen Ausführungen (→ Rn. 17) folgt, dass im Einzelfall auch eine Minderheitsbeteiligung zur Begründung von Abhängigkeit genügen kann, *vorausgesetzt,* dass sie in Verbindung mit verlässlichen Umständen rechtlicher *oder* tatsächlicher Art dem beteiligten Unternehmen den nötigen **Einfluss auf die Personalpolitik** der abhängigen Gesellschaft sichert.[38] Abhängigkeit ist dagegenn zu **verneinen,** wenn der Minderheitsaktionär, um seinen Willen in der Gesellschaft durchsetzen zu können, in jedem Einzelfall auf die freiwillige und deshalb *nicht gesicherte Mitwirkung* anderer Aktionäre angewiesen ist (→ Rn. 11 f.). Abhängigkeit ist folglich zB anzunehmen, wenn ein Minderheitsaktionär darauf vertrauen kann, dass ein anderer Minderheitsaktionär (mit dem zusammen er die Mehrheit erreichte) ihn in jedem Fall in der Hauptversammlung unterstützen werde, weil er mit dem anderen Minderheitsaktionär in vielfältiger Weise verflochten ist.[39] *Nicht* ausreichend ist dagegen – ein Gegenbeispiel – eine unter 25 % liegende Beteiligung einer Bank trotz deren Vertretung im Aufsichtsrat der Gesellschaft und trotz ihrer Eigenschaft als Großgläubiger der Gesellschaft, wenn der Bank noch ein anderer Großaktionär gegenübersteht.[40] Erst recht führt die **bloße Splitterbeteiligung** zB eines Franchisegebers an einem Franchisenehmer auch zusammen mit der tatsächlichen Abhängigkeit des letzteren von dem Franchisegeber noch nicht in den Anwendungsbereich des Konzern-

---

[34] BayObLGZ 2002, 46 (54) = AG 2002, 511 (513) = NJW-RR 2002, 974; OLG Karlsruhe NZG 2004, 334 = AG 2004, 147 (148) – Heidelberger Schloßquell/Brau & Brunnen; KG AG 2005, 398 (399 f.) – Hypobank/Brau und Brunnen; OLG Düsseldorf AG 2005, 538 (539 f.) = NZG 2005, 1012 – Hypobank/Brau und Brunnen; AG 2009, 873 (874) – AMB; Grigoleit/*Grigoleit* Rn. 10; *Klosterkemper,* Abhängigkeit von einer Innengesellschaft, 2004.

[35] K. Schmidt/Lutter/*Vetter* Rn. 33 f.; Spindler/Stilz/*Schall* Rn. 32.

[36] RGZ 167, 40 (49 ff.) = DR 1941, 1937 (1939) – Thega; BGHZ 69, 334 (347) = NJW 1978, 104 = AG 1978, 50 – Veba/Gelsenberg; OLG Düsseldorf AG 2003, 688 (689) – Veba; AG 2005, 538 (539); LG Oldenburg ZIP 1992, 1632 (1636); MüKoAktG/*Bayer* Rn. 37–41; Hüffer/*Koch* Rn. 9; MHdB AG/*Krieger* Rn. 41–43; GroßkommAktG/*Windbichler* Rn. 51 ff.

[37] Grigoleit/*Grigoleit* Rn. 12.

[38] BGHZ 69, 334 (347) = NJW 1978, 104 = AG 1978, 50 – VEBA/Gelsenberg; BGHZ 125, 366 (369) = NJW 1994, 1801 = GmbHR 1994, 390; BGHZ 135, 107 (114 f.) = NJW 1997, 1855 (1856 f.) = AG 1997, 374 – VW; BGH GRUR 2012, 728 = AG 2012, 594 Rn. 15 = NZG 2012, 1053 = WRP 2012, 935 – Einkauf aktuell; BayObLGZ 2002, 46 (55) = AG 2002, 511 (513); OLG Düsseldorf OLGR 1994, 21 = AG 1994, 36 (37) = ZIP 1993, 1791 – Feno; NZG 2000, 314 (315) = AG 2000, 365 (366); AG 2003, 688 (689) – Veba; AG 2005, 538 (541) = NZG 2005, 1012 – Hypobank/Brau und Brunnen; AG 2009, 873 (874) – ABM; OLG Stuttgart AG 2013, 604 (608 f.); LG Köln AG 2008, 336 (338) – STRABAG; Grigoleit/*Grigoleit* Rn. 9–15.

[39] OLG Düsseldorf AG 2005, 538 (539 f.) = NZG 2005, 1012 – Hypobank/Brau und Brunnen; s. dazu Spindler/Stilz/*Schall* Rn. 28, 34.

[40] BGHZ 90, 381 (397) = NJW 1984, 1893 – BuM.

rechts. Nicht ausreichend ist ferner eine bloße Familienverbundenheit der Aktionäre allein, da es keinen Erfahrungssatz gibt, dass Familienangehörige stets gleichgerichtete Interessen verfolgen.[41]

Eine wichtige Rolle spielt in diesem Zusammenhang zunächst die durchschnittliche **19 Hauptversammlungspräsenz.** Bewegt sie sich üblicherweise auf einer Höhe, die dazu führt, dass bereits die Minderheitsbeteiligung allein eine *sichere Hauptversammlungsmehrheit* verleiht, so ist die Folge Abhängigkeit der Gesellschaft.[42] Eine „bloße" Minderheitsbeteiligung kann ferner dann zur Abhängigkeit führen, wenn der Minderheitsaktionär aufgrund beständiger (gesicherter) rechtlicher oder tatsächlicher Umstände mit der Unterstützung durch so viele andere Gesellschafter rechnen kann, dass er auf absehbare Zeit im Zweifel über eine **Mehrheit** in der Haupt- oder Gesellschafterversammlung verfügt, sodass sich die Verwaltung der Gesellschaft schon im eigenen Interesse darauf einrichten wird.[43] Derartige Umstände sind insbesondere eine **institutionelle Verflechtung** der betreffenden Gesellschafter oder ihre Zugehörigkeit zu einer **Familie,** sofern nur dadurch ihr einheitlicher Auftritt in der Gesellschaft beständig gewährleistet ist.[44] Minderheitsbeteiligungen können ferner in Verbindung mit **personellen Verflechtungen,** insbesondere auf der Ebene des Vorstands oder der Geschäftsführung, oder einem Recht zur **Entsendung von Aufsichtsratsmitgliedern** (§ 101 Abs. 2) zur Abhängigkeit der Beteiligungsgesellschaft führen.[45] Generelle Aussagen sind hier schwierig; maßgebend sind die Umstände des Einzelfalles.[46] Weitere im vorliegenden Zusammenhang zu berücksichtigende Umstände sind **Stimmbindungsverträge** und **Stimmrechtskonsortien** sowie Treuhandverhältnisse. Zu denken ist hier auch an Fälle, die im Kapitalmarktrecht unter dem Stichwort „**acting in concert"** diskutiert werden, dh an die (verlässliche) Abstimmung einer Gesellschaftergruppe über die Durchsetzung einer gemeinsamen Geschäftspolitik bei der betroffenen Gesellschaft (§ 20 Abs. 2 WpHG; § 30 Abs. 2 WpÜG).[47]

Im Einzelfall kann ferner durch besondere **Satzungsbestimmungen** die Position eines **20** Minderheitsgesellschafters so sehr verstärkt werden, dass er einen beherrschenden Einfluss auf die Gesellschaft auszuüben vermag.[48] Bei einer **AG** kommen dafür zwar mit Rücksicht auf § 23 Abs. 5 neben Entsendungsrechten in den Aufsichtsrat nach § 101 Abs. 2 (→ Rn. 19) grundsätzlich nur **Mehrstimmrechtsaktien** in Betracht, soweit heute noch ausnahmsweise zulässig (§ 12 Abs. 2 S. 2 aF iVm § 5 EGAktG). Anders aber bei der **GmbH,** weil bei dieser das Gesetz (§ 45 GmbHG) dem Gesellschaftsvertrag einen weit größeren Spielraum als bei der AG für die Regelung des Innenverhältnisses belässt, sodass hier zahlreiche Gestaltungen vorstellbar sind, die zusammen mit einer Beteiligung einen maßgeblichen Einfluss auf die Geschäftsführung der Gesellschaft verleihen (→ Rn. 45 ff.). Ebenso verhält es sich bei den **Personengesellschaften** (→ Rn. 48).

---

[41] BayObLGZ 2002, 46 (54) = AG 2002, 511 (513) = NJW-RR 2002, 974.
[42] Vgl. für die frühere VEBA BGHZ 69, 334 (347) = NJW 1978, 104 = AG 1978, 50; LG Essen AG 1976, 136 = NJW 1976, 1897; (anders für die Zeit nach 1985 OLG Düsseldorf AG 2003, 688 (689 f.)); für die VW AG BGHZ 135, 107 (115) = NJW 1997, 1855 = AG 1997, 374; OLG Braunschweig AG 1996, 271; AG Wolfsburg AG 1995, 238; ebenso zB allg BGH AG 2012, 594 Rn. 16 ff. = NZG 2012, 1053 – Einkauf aktuell; OLG Düsseldorf AG 2005, 538 (539) = NZG 2005, 1012 – Hypobank/Brau und Brunnen; Spindler/Stilz/*Schall* Rn. 30.
[43] BGH AG 2012, 594 Rn. 16 ff. = NZG 2012, 1053 – Einkauf aktuell.
[44] OLG Düsseldorf AG 2009, 873 (875) – ABM.
[45] RGZ 167, 40 (54) = DR 1941, 1941 (1940) – Thega; BGHZ 135, 107 (114 f.) = AG 1997, 374 = NJW 1997, 1855 (1857) – VW; BAG AP BGB § 242 Ruhegehalt Konzern Nr. 1 = AG 1974, 404 = DB 1973, 2302 = VersR 1974, 451; OLG München AG 1995, 383 = NJW-RR 1995, 1066; OLG Düsseldorf AG 2008, 859 (861); 2009, 873 (875) – ABM; OLG Stuttgart AG 2013, 604 (608 f.); LG Köln AG 2008, 336 (338); MüKoAktG/*Bayer* Rn. 33; Hölters/*Hirschmann* Rn. 7; MHdB AG/*Krieger* § 68 Rn. 42, 47; Spindler/Stilz/*Schall* Rn. 31; *Tröger* Treupflicht 25 ff.; K. Schmidt/Lutter/*Vetter* Rn. 40 f.
[46] LG Freiburg AG 2006, 674 (675); diff. Spindler/Stilz/*Schall* Rn. 26, 40; K. Schmidt/Lutter/*Vetter* Rn. 40.
[47] K. Schmidt/Lutter/*Vetter* Rn. 26 ff., 36 ff.
[48] *Beuthien* ZIP 1993, 1589; *Raiser*/*Veil* KapGesR § 51 Rn. 17.

21 **Besondere Abreden der Gesellschafter** neben und in Ergänzung zu dem Gesellschaftsvertrag können, namentlich bei der GmbH, ebenfalls die Stellung einzelner Gesellschafter so sehr verstärken, dass die Folge eine Abhängigkeit der Gesellschaft von dem betreffenden Gesellschafter oder einer Gesellschaftergruppe ist.[49] Dies macht deutlich, dass im Falle von Minderheitsbeteiligungen letztlich immer erst **eine umfassende Würdigung** der gesamten rechtlichen *und* tatsächlichen Beziehungen zwischen den verbundenen Unternehmen ein Urteil über das Vorliegen oder Fehlen von Abhängigkeit erlaubt.[50]

22 Eine Minderheitsbeteiligung führt ferner zwingend zur Abhängigkeit, wenn es dem mit Minderheit beteiligten Gesellschafter gelingt, im Zusammenwirken mit anderen Gesellschaftern den Abschluss eines **Beherrschungsvertrages** mit der Zielgesellschaft durchzusetzen (§§ 291 Abs. 1 und 293 Abs. 1 S. 2); das folgt unmittelbar aus den §§ 18 Abs. 1 S. 2 und 308 Abs. 1. Bei allen anderen Unternehmensverträgen kommt es dagegen auf die Umstände des Einzelfalls an. Was zunächst **Gewinnabführungsverträge** angeht, so dürften sie in aller Regel zumindest ein starkes **Indiz** für das Vorliegen eines Abhängigkeitsverhältnisses bilden (→ § 293 Abs. 1 S. 2).[51] Keine Rolle spielt in diesem Zusammenhang, ob der Unternehmensvertrag **wirksam oder nichtig** ist, sofern er nur von den Beteiligten tatsächlich durchgeführt wird.[52] Das ist wichtig insbesondere für atypische und verdeckte Beherrschungsverträge, die häufig gegen die §§ 291, 293 und 304 verstoßen (→ Rn. 14).

23 Bei den **anderen Unternehmensverträgen des § 292** ist die Rechtslage zweifelhaft.[53] Das Problem rührt daher, dass es sich bei ihnen zwar nach den Vorstellungen der Gesetzesverfasser an sich um normale *Austauschverträge* zwischen voneinander unabhängigen Unternehmen (und damit nicht um gesellschaftsrechtliche Organisationsverträge) handelt, auf der anderen Seite indessen ihr Abschluss immer zwingend eine qualifizierte Mehrheit des aus dem Vertrag begünstigten Vertragsteils voraussetzt (§ 293 Abs. 1 S. 2) und dass deshalb zumal Betriebspacht- und Betriebsüberlassungsverträge offenbar nahezu ausschließlich konzerninterne Bedeutung haben (→ § 292 Rn. 38 ff.), sodass ihr Abschluss, selbst wenn die genannten Verträge nur mit einer **Minderheitsbeteiligung** verbunden sind, gleichfalls zumindest ein **deutliches Indiz** für das Vorliegen von Abhängigkeit ist,[54] wobei es hier ebenso wenig wie bei den Beherrschungs- und den Gewinnabführungsverträgen (→ Rn. 22) auf die **zivilrechtliche Wirksamkeit** des Vertrages ankommt, solange der Vertrag nur tatsächlich von den Beteiligten praktiziert wird. Dasselbe gilt für Interessengemeinschaften einschließlich der **Gewinngemeinschaften** des § 292 Abs. 1 Nr. 1, da sie ebenfalls als Mittel zur Begründung von Abhängigkeitsverhältnissen eingesetzt werden können.[55] Bei **Teilgewinnabführungsverträgen** (§ 292 Abs. 1 Nr. 2) ist schließlich zu beachten, dass sich hinter ihnen häufig **stille Gesellschaftsverträge** verbergen (→ § 292 Rn. 29 ff.), die jedenfalls als atypische durchaus auch als Grundlage für eine konzernrechtliche Abhängigkeit taugen (→ Rn. 14).

24 Nur schwer durchschaubare Fragen wirft im vorliegenden Zusammenhang das **Depotstimmrecht der Banken** auf. Das Problem hat mehrere Aspekte.[56] Zunächst geht es um die Frage, ob die **Unterstützung anderer Aktionäre** durch die Banken mit ihrem Depotstimmrecht eine Abhängigkeit der Beteiligungsgesellschaft von den unterstützten *Aktionären* begründen kann. Diese Frage ist für den Regelfall zu verneinen, weil und sofern

---

[49] *Joussen* Gesellschafterabsprachen 164 ff.; *ders.* GmbHR 1996, 574; *Noack* Gesellschaftervereinbarungen 87 ff.
[50] Ebenso OLG Düsseldorf AG 2003, 688 (690) – Veba; AG 2005, 538 (539 f.) = NZG 2005, 1012 – Hypobank/Brau und Brunnen; AG 2009, 873, 875 – AMB.
[51] Hüffer/*Koch* Rn. 12.
[52] MüKoAktG/*Bayer* Rn. 63; Grigoleit/*Grigoleit* Rn. 11.
[53] MüKoAktG/*Bayer* Rn. 64–71; KK-AktG/*Koppensteiner* Rn. 53 ff.; *Tröger* Treupflicht 29 ff.; GroßkommAktG/*Windbichler* Rn. 37 ff.
[54] Ebenso Hüffer/*Koch* Rn. 12; *Raupach* FS Bezzenberger, 2000, 327 (336).
[55] *Bezzenberger/Schuster* ZGR 1996, 497.
[56] MüKoAktG/*Bayer* Rn. 45–49; Spindler/Stilz/*Schall* Rn. 30; K. Schmidt/Lutter/*Vetter* Rn. 44; GroßkommAktG/*Windbichler* Rn. 56.

auf solche Unterstützung seitens der Banken kein Verlass ist (s. insbesondere § 135 Abs. 2 S. 2 und Abs. 5).⁵⁷ Anders war dagegen früher die Situation von Fall zu Fall hinsichtlich der **Stellung der Bank selbst** als herrschendes Unternehmen bei der Beteiligungsgesellschaft zu beurteilen: Da die Aktionäre von ihrem Weisungsrecht nach § 135 Abs. 5 nur selten Gebrauch machen, konnte das Depotstimmrecht einer Bank *in Verbindung mit eigenem Anteilsbesitz* bis zur Änderung des § 135 im Jahre 1998 durchaus einen beherrschenden Einfluss der Bank auf eine andere Gesellschaft verschaffen.⁵⁸ Seitdem jedoch 1998 das Depotstimmrecht der Banken, insbesondere durch die Regelung des § 135 Abs. 1 S. 3, deutlich eingeschränkt wurde, kommt dem Depotstimmrecht nicht mehr dieselbe Bedeutung wie früher zu,⁵⁹ sodass es heute *nur noch in Ausnahmefällen* zusammen mit anderen Umständen Abhängigkeit zu begründen vermag.⁶⁰

7. Negative Beherrschung? Unter einer negativen Beherrschung versteht man die 25 bereits mit einer bloßen **Sperrminorität** verbundene Rechtsmacht, Grundlagenentscheidungen bei der Beteiligungsgesellschaft zu blockieren (§ 179 Abs. 2 S. 1 AktG; § 53 Abs. 2 S. 1 GmbHG). Nach manchen soll diese Möglichkeit zur Begründung von Abhängigkeit ausreichen, weil die Beteiligungsgesellschaft fortan nicht mehr in der Lage sei, Grundlagenentscheidungen frei im eigenen Interesse zu treffen.⁶¹ Indessen verleiht eine Sperrminorität im Regelfall noch *keinen Einfluss* auf die *Zusammensetzung der Organe* der Beteiligungsgesellschaft, sodass die Sperrminorität *allein* grundsätzlich *nicht* zur Begründung von Abhängigkeit taugt, wohl aber ggf. *iVm anderen rechtlichen* oder tatsächlichen *Umständen*, die dem betreffenden Aktionär eine beständige Einflussnahme auf die Gesellschaft erlauben.⁶² Eine andere Beurteilung kann außerdem von Fall zu Fall geboten sein, wenn **aufgrund besonderer Satzungsbestimmungen** (§ 133 AktG; § 45 GmbHG) eine Besetzung der Organe der Gesellschaft gegen den Willen des mit einer Sperrminorität beteiligten Gesellschafters nicht möglich ist⁶³ oder wenn einem Gesellschafter durch die Satzung zusätzliche Vetorechte hinsichtlich strategischer Unternehmensentscheidungen eingeräumt werden.⁶⁴

III. Unmittelbare und mittelbare Abhängigkeit

Unmittelbare und mittelbare Abhängigkeit stehen nach § 17 Abs. 1 gleich. **Unmittel-** 26 **bare Abhängigkeit** liegt vor, wenn das herrschende Unternehmen *allein,* dh *ohne Mitwirkung Dritter,* insbesondere aufgrund seiner unmittelbaren Beteiligung an der abhängigen Gesellschaft, in der Lage ist, einen beherrschenden Einfluss auf diese auszuüben, **mittelbare** dagegen, wenn es sich hierzu der *Mitwirkung Dritter* bedienen muss (vgl. § 16 Abs. 4), wobei man im Einzelnen weiter zwischen einstufiger und mehrstufiger mittelbarer Abhängigkeit zu unterscheiden hat.⁶⁵ **Einstufige mittelbare Abhängigkeit** liegt vor, wenn das herrschende Unternehmen nur *zusammen mit* einem auf derselben Stufe stehenden *Dritten,* der nicht Unternehmensqualität zu besitzen braucht, in der Lage ist, einen beherrschenden Einfluss auf die Beteiligungsgesellschaft auszuüben. Der wichtigste Fall sind

---

⁵⁷ OLG Düsseldorf AG 2003, 688 (689) (r. Sp. 2. Abs.); Grigoleit/*Grigoleit* Rn. 12; Hüffer/*Koch* Rn. 10; MHdB AG/*Krieger* § 68 Rn. 43 f.; weiter *H. Werner* Abhängigkeitstatbestand 211 ff.
⁵⁸ MüKoAktG/*Bayer* Rn. 45–49; *J. Götz* Entherrschungsvertrag 55 ff.; s. LG Berlin AG 1996, 230 (231 f.); 1997, 183; aA GroßkommAktG/*Windbichler* Rn. 56, 24.
⁵⁹ *Habersack* ZHR 165 (2001), 172; *Noack* FS Lutter, 2000, 1463; anders Spindler/Stilz/*Schall* Rn. 30.
⁶⁰ Ebenso Hüffer/*Koch* Rn. 10; *Raiser/Veil* KapGesR § 51 Rn. 18.
⁶¹ Vgl. *Peters/Werner* AG 1978, 297; *H. Werner* Abhängigkeitstatbestand 43, 107 ff.; *ders./Peters* BB 1976, 393.
⁶² OLG Düsseldorf AG 2003, 688 (689 f.) – Veba; OLG Frankfurt AG 2004, 567 (568); *A/D/S* Rn. 36–38; MüKoAktG/*Bayer* Rn. 42–44; Hüffer/*Koch* Rn. 10; MHdB AG/*Krieger* § 68 Rn. 38; Spindler/Stilz/*Schall* Rn. 27; GroßkommAktG/*Windbichler* Rn. 20.
⁶³ MüKoAktG/*Bayer* Rn. 43.
⁶⁴ OLG Düsseldorf AG 2008, 859 (860) (r. Sp. u.).
⁶⁵ *Klosterkemper* Abhängigkeit; *E. Rehbinder* ZGR 1977, 581 (588 ff.); *Werner* Abhängigkeitstatbestand 180 ff.

Treuhandverhältnisse, die, zumindest in entsprechender Anwendung des § 16 Abs. 4, zur (mittelbaren) Abhängigkeit des Beteiligungsunternehmens (auch) vom Treugeber führen können (→ § 16 Rn. 13a, 18), sodass die Beteiligungsgesellschaft dann **mehrfach,** nämlich sowohl vom Treugeber wie ggf. (*neben*) diesem) vom Treuhänder, **abhängig** ist (→ Rn. 28 ff.). Keine Rolle spielt, ob das herrschende Unternehmen, in dem Beispielsfall also der Treugeber, neben dem Dritten, dem Treuhänder, selbst unmittelbar an der Gesellschaft eine Beteiligung hält oder nicht. Auch die meisten Fälle einer Minderheitsbeteiligung, die wegen der gesicherten Mitwirkung Dritter zur Abhängigkeit führt, können durchaus hierher gerechnet werden (→ Rn. 18 ff.). Der ganze Fragenkreis spielt freilich nur eine untergeordnete Rolle, weil das Gesetz ohnehin sämtliche Fälle der unmittelbaren und der mittelbaren Abhängigkeit in jeder Hinsicht gleich behandelt, um sonst naheliegende Umgebungsversuche zu verhindern.

27 **Mehrstufige mittelbare Abhängigkeit** ist dagegen anzunehmen, wenn das dritte Unternehmen, über das das herrschende Unternehmen seinen Einfluss auf die Beteiligungsgesellschaft ausübt, gleichfalls von dem herrschenden Unternehmen abhängig ist. Das „klassische" Beispiel ist die **Mehrheitsbeteiligung einer Muttergesellschaft an einer Tochtergesellschaft,** die ihrerseits mehrheitlich an einer dritten Gesellschaft, der sog. **Enkelgesellschaft** beteiligt ist. Die gesetzliche Regelung (§ 17 Abs. 1) hat hier zur Folge, dass die Enkelgesellschaft nicht nur von der Tochtergesellschaft, sondern auch von der Muttergesellschaft (mittelbar) abhängig ist (§§ 17, 16), sodass es zu einer **mehrfachen gestuften Abhängigkeit der Enkelgesellschaft** kommt, und zwar wiederum ohne Rücksicht darauf, ob die Muttergesellschaft ihrerseits an der Enkelgesellschaft unmittelbar beteiligt ist oder nicht.[66] Die für die Abhängigkeit geltenden Vorschriften sind in derartigen Fällen gleichermaßen auf das Verhältnis der Enkelgesellschaft zu der Tochter- wie zu der Muttergesellschaft anzuwenden (→ Rn. 28 ff.).

IV. Mehrfache Abhängigkeit, Gemeinschaftsunternehmen

28 **1. Überblick.** In verschiedenen Fallgestaltungen kann es zur *mehrfachen* Abhängigkeit einer Gesellschaft von anderen Unternehmen kommen (→ Rn. 13, 27). Einen wichtigen Sonderfall stellen die sog. **Gemeinschaftsunternehmen** dar, worunter man gemeinsame Tochtergesellschaften mehrerer Unternehmen, der sog. Mütter versteht, die zu dem Zweck gegründet oder erworben werden, Aufgaben zum gemeinsamen Nutzen der Mütter zu erfüllen. **Gesetzliche Regelungen** der sich aus einer derartigen mehrfachen Abhängigkeit einer Gesellschaft ergebenden Probleme finden sich vor allem außerhalb des AktG im GWB (§ 36 Abs. 2 S. 2 und § 37 Abs. 1 Nr. 2) sowie im Steuerrecht.

29 Aus dem Steuerrecht ist hier vor allem auf das Rechtsinstitut der **körperschaftsteuerliche Mehrmütterorganschaft** hinzuweisen. Man versteht darunter ein Organschaftsverhältnis zwischen einem Gemeinschaftsunternehmen als Organgesellschaft und seinen *Müttern* aufgrund des Abschlusses eines Gewinnabführungsvertrages zwischen dem Gemeinschaftsunternehmen und den Müttern (→ § 291 Rn. 57). Die (überaus verwickelte) gesetzliche Regelung findet sich heute in **§ 14 Abs. 1 Nr. 2 KStG** idF von 2013 (BGBl. I 285). Organträger kann danach auch eine Personengesellschaft iSd § 15 Abs. 1 Nr. 2 EStG sein, dies indessen nur, wenn sie eine gewerbliche Tätigkeit iSd § 15 Abs. 1 Nr. 1 EStG ausübt *und* die Voraussetzungen der finanziellen Eingliederung (§ 14 Abs. 1 Nr. 1 KStG) im Verhältnis zur Personengesellschaft selbst erfüllt sind (S. 2 und 3 des § 14 Abs. 1 Nr. 2 KStG).

30 **2. Voraussetzungen.** Die Annahme mehrfacher Abhängigkeit eines Gemeinschaftsunternehmens setzt für den Regelfall voraus, dass die **gemeinsame Beherrschung** der fraglichen Gesellschaft durch die beteiligten Unternehmen, die sog. Mütter oder Muttergesell-

---

[66] BAGE 22, 390 (393 f.) = AP BetrVG § 76 Nr. 20 = NJW 1970, 1766 = AG 1970, 268; KG WuW/E OLG 1993, 1994 = AG 1979, 158.

schaften, auf Dauer gesichert ist.[67] Die Voraussetzungen sind noch nicht endgültig geklärt; entsprechend umstritten sind die Einzelheiten.[68] Die Gerichte verfahren bei der Annahme der gemeinsamen Beherrschung der Mütter häufig verhältnismäßig großzügig, in erster Linie, um sonst naheliegende Umgehungsversuche zu unterbinden. Im einzelnen kommen nach dem gegenwärtigen Stand der Rechtsprechung gleichermaßen rechtliche wie tatsächliche Mittel zur Koordinierung der Herrschaft der Mütter in Betracht. Im Vordergrund des Interesses stehen naturgemäß **rechtliche Mittel; Beispiele** sind die Gründung einer Gesellschaft der Mütter, vor allem ihre Zusammenfassung in einem Gleichordnungskonzern, sowie Konsortial- und Stimmbindungsverträge.[69] Aber **auch tatsächliche Verhältnisse** werden aus den genannten Gründen von Fall zu Fall als ausreichend angesehen, um eine gemeinsame Herrschaft der Mütter mit der Folge der Abhängigkeit des Gemeinschaftsunternehmens von den Müttern zu begründen, sofern diese Verhältnisse nur auf Dauer eine gemeinsame Interessenverfolgung der Mütter gewährleisten, sodass je nach den Umständen des Falles selbst eine *personelle Verflechtung* der Mütter oder deren gemeinsame Beherrschung durch *dieselben paritätisch beteiligten Familien* die Abhängigkeit des Gemeinschaftsunternehmens nach sich ziehen können.[70] Maßgebend sind die Umstände des Einzelfalles. Hinzukommen muss noch, dass alle zusammenwirkenden Mütter auch **Unternehmensqualität** iSd §§ 15 ff. besitzen, um tatsächlich mehrfache Abhängigkeit von den Müttern annehmen zu können.[71] *Fehlt* es daran bei einer der Mütter, so schließt dies freilich eine (mittelbare) Abhängigkeit des Gemeinschaftsunternehmens von den anderen Müttern nicht aus, sofern diese auf die Mitwirkung der Mutter ohne Unternehmensqualität rechnen können (→ Rn. 26).[72]

31 Der bloße **Einigungszwang,** der von einer **paritätischen Beteiligung** an einem Gemeinschaftsunternehmen auf beide Mütter typischerweise ausgeht, genügt nach überwiegender Meinung für die Annahme gemeinsamer Beherrschung allein *nicht,* solange nicht durch weitere Umstände, insbesondere durch Absprachen der Mütter, deren gemeinsames Vorgehen gegenüber dem Gemeinschaftsunternehmen sichergestellt ist.[73] Als **Indiz** für das Vorliegen mehrfacher Abhängigkeit wird es häufig bezeichnet, wenn etwaige Interessenkonflikte zwischen den Müttern nicht im Gemeinschaftsunternehmen, sondern außerhalb desselben in **besonderen Gremien** der Mütter ausgetragen werden, um anschließend das gemeinsame Vorgehen der Mütter gegenüber dem Gemeinschaftsunternehmen zu gewährleisten. Treten die Mütter dagegen **unkoordiniert** gegenüber dem Gemeinschaftsunternehmen auf, so fehlt es an einer mehrfachen Abhängigkeit.[74]

32 **3. Rechtsfolgen.** Mehrfache Abhängigkeit des Gemeinschaftsunternehmens bedeutet, dass es *in konzernrechtlich relevanten Beziehungen zu jeder* der ihm gegenüber als Einheit auftre-

---

[67] MüKoAktG/*Bayer* Rn. 76 ff.; *Böttcher/Liekefett* NZG 2003, 701 (703 ff.); Grigoleit/*Grigoleit* Rn. 16–19; Hölters/*Hirschmann* Rn. 13; Hüffer/*Koch* Rn. 15 f.; Beck AG-HdB/*Liebscher* § 14 Rn. 24; MHdB AG/*Krieger* § 68 Rn. 50 ff.;. Schmidt/Lutter/*Vetter* Rn. 47 f.

[68] Grigoleit/*Grigoleit* Rn. 17 f.; sehr großzügig zB Beck AG-HdB/*Liebscher* § 14 Rn. 24; K. Schmidt/Lutter/*Vetter* Rn. 47 f.; dagegen sehr eng *Böttcher/Liekefett* NZG 2003, 701 (705 ff.).

[69] *Böttcher/Liekefett* NZG 2003, 701 (703 ff.).

[70] BGHZ 62, 193 (199 ff.) = NJW 1974, 855 – Seitz; BGHZ 74, 359 (363 ff.) = NJW 1979, 2401 = AG 1980, 50 – WAZ; BGHZ 80, 69 (73) = NJW 1981, 1512 = AG 1981, 225; BGHZ 95, 330 (349) = NJW 1986, 188 = AG 1986, 188 – Autokran; BGHZ 122, 123 (125 f.) = NJW 1993, 1200 (1202) = AG 1991, 371 – TBB; BGH NJW 1994, 3288 = AG 1995, 35; BAGE 80, 322 (326) = AG 1996, 367 (368) = NJW 1996, 1691; BAGE 112, 166 (173 f.) = AG 2005, 533 (535) = NZG 2005, 512 = ZIP 2005, 915 – Kliniken Dr. M.; BFHE 185, 504 (507 f.); BFHE 189, 518 (521 ff.) = AG 2000, 181 (182); *P. Bauer* NZG 2001, 742 (743); *Böttcher/Liekefett* NZG 2003, 701 (705 ff.); *Gansweid* Tochtergesellschaften 119 ff.; *S. Maul* NZG 2000, 470 f.; K. Schmidt/Lutter/*Vetter* Rn. 48.

[71] OLG Frankfurt AG 2004, 567 (568).

[72] Spindler/Stilz/*Schall* Rn. 18; K. Schmidt/Lutter/*Vetter* Rn. 49; anders OLG Frankfurt AG 2004, 567 (568).

[73] OLG Hamm AG 1998, 588; OLG Frankfurt AG 2004, 567 (568); OLG Stuttgart AG 2013, 604 (608) (r. Sp. o.); *Böttcher/Liekefett* NZG 2003, 701 (705 ff.); Hüffer/*Koch* Rn. 16; Beck AG-HdB/*Liebscher* § 14 Rn. 23; K. Schmidt/Lutter/*Vetter* Rn. 49; aA MüKoHGB/*Mülbert* KonzernR Rn. 44.

[74] MüKoAktG/*Bayer* Rn. 79 ff.; Hüffer/*Koch* Rn. 15 f.; Beck AG-HdB/*Liebscher* § 14 Rn. 23; K. Schmidt/Lutter/*Vetter* Rn. 46.

tenden *Mütter* steht und nicht etwa nur zu einer zwischen den Müttern anzunehmenden BGB-Gesellschaft.[75] Die an die Abhängigkeit anknüpfenden Rechtsfolgen finden folglich auf die Beziehungen des Gemeinschaftsunternehmens zu *jeder* der Mütter Anwendung. Dies gilt gleichermaßen für faktische wie für Vertragskonzerne.[76] In einem **faktischen Konzern** muss das Gemeinschaftsunternehmen daher Abhängigkeitsberichte über seine Beziehungen zu *jeder* Mutter aufstellen (§ 312), während im **Vertragskonzern** vertragliche Beziehungen des Gemeinschaftsunternehmens zu *jeder* der Mütter (und nicht etwa zu einer von den Müttern gebildeten BGB-Gesellschaft) anzunehmen sind (→ § 304 Rn. 8, 22; → § 305 Rn. 18; → § 312 Rn. 9).[77] Die Folge ist, dass die Hauptversammlung *jeder* Mutter dem Unternehmensvertrag mit dem Gemeinschaftsunternehmen gemäß § 293 Abs. 2 zustimmen muss.[78] Sobald der Vertrag wirksam zustande gekommen ist, darf außerdem *jede* Mutter dem Gemeinschaftsunternehmen im Rahmen des § 308 nachteilige Weisungen erteilen, sodass dieses im Ergebnis dann **mehreren Konzernen** angehört.[79] Anwendbar sind ferner die **§§ 302 und 303** auf die Beziehungen zu jeder Mutter. Ausgleich und Abfindung werden dagegen von den Müttern nach den **§§ 304 und 305** gesamtschuldnerisch geschuldet (→ § 304 Rn. 8, 22; → § 305 Rn. 18). Im Anwendungsbereich des **§ 5 MitbestG** wird den Arbeitnehmern des Gemeinschaftsunternehmens von der durchaus hM ferner gleich ein *mehrfaches Wahlrecht* zum Aufsichtsrat des Gemeinschaftsunternehmens *und* zu den Aufsichtsräten der Mütter zugebilligt.[80] Das Gemeinschaftsunternehmen ist schließlich noch im Wege der **anteilsmäßigen Konsolidierung** in die Konzernabschlüsse aller Mütter einzubeziehen (§ 310 HGB),

V. Vermutung

33   **1. Bedeutung.** Nach § 17 Abs. 2 wird von einem nach § 16 in Mehrheitsbesitz stehenden Unternehmen vermutet, dass es von dem an ihm mit Mehrheit beteiligten Unternehmen abhängig ist. Diese Vermutung ist ihrerseits Grundlage der Konzernvermutung des § 18 Abs. 1 S. 3. Eine Mehrheitsbeteiligung iSd § 16 führt folglich *im Zweifel* zur Abhängigkeit *und* zur Annahme eines Konzerns. Das gilt gleichermaßen für eine Anteils- wie für eine Stimmenmehrheit, weil § 16 beide Formen der Mehrheitsbeteiligung gleichbehandelt. Für den Regelfall ist die Vermutung jedoch **widerleglich** (→ Rn. 35 ff.). Anders verhält es sich lediglich im Falle einer wechselseitigen Beteiligung, bei der eine Mehrheitsbeteiligung **zwingend** die Abhängigkeit nach sich zieht (§ 19 Abs. 2 und 3; → § 19 Rn. 12, 17 ff.).

34   Die Vermutung hat vor allem Bedeutung im **Rechtsstreit**, wenn streitig ist, ob ein Unternehmen von einem anderen abhängig ist. Die Abhängigkeitsvermutung hat hier zur Folge, dass die **Beweislast** denjenigen trifft, der sich darauf beruft, dass die im Mehrheitsbesitz eines anderen Unternehmens stehende Gesellschaft tatsächlich doch *nicht abhängig* ist. Meistens wird dies das mehrheitlich beteiligte Unternehmen sein; im Einzelfall kann es sich bei der beweispflichtigen Gesellschaft aber auch um die im Mehrheitsbesitz stehende Gesellschaft handeln, wenn sie etwa ihre Verpflichtung zur Aufstellung eines Abhängigkeitsberichts leugnet

---

[75] BAGE 112, 166 (173 ff.) = AG 2005, 533 (535) (l. Sp.) = NZG 2005, 512 – Kliniken Dr. M.; MüKo-AktG/*Bayer* Rn. 83; Hölters/*Hirschmann* Rn. 14; Hüffer/*Koch* Rn. 14; MHdB AG/*Krieger* § 68 Rn. 53; *Raupach/Klotz* WiB 1994, 137 (139); aA GroßkommAktG/*Windbichler* Rn. 66 f.

[76] BAGE 22, 390 (394) = NJW 1970, 1766; BAGE 53, 287 (298 ff.) = AG 1988, 106; BAGE 112, 166 (173 ff.) = AG 2005, 533 (535) (l. Sp.) = NZG 2005, 512 – Kliniken Dr. M.

[77] BAGE 112, 166 (173 ff.) = AG 2005, 533 (535) (l. Sp.) = NZG 2005, 512 – Kliniken Dr. M.; *S. Maul* NZG 2000, 470 (471 ff.).

[78] MHdB AG/*Krieger* § 70 Rn. 11; *Lutter* FS H. Westermann, 1974, 347; *Mestmäcker* Gemeinschaftsunternehmen 26.

[79] BAGE 53, 287 (296 ff.), bes. 298 f. = AG 1988, 106; BAGE 112, 166 (174 f.) = AG 2005, 533 (535) = NZG 2005, 512 – Kliniken Dr. M.; OLG Karlsruhe AG 1991, 144 (145); str.

[80] So jedenfalls BAGE 22, 390 (394 f.) = NJW 1970, 1766; BAGE 53, 287 (298 ff.) = AG 1988, 106 = AP BetrVG 1972 § 55 Nr. 1; BAGE 80, 322 (324 ff.) = AP BetrVG 1952 § 76 Nr. 30 = NJW 1996, 1691 = AG 1996, 367 (368); BAGE 112, 166 (174 ff.) = AG 2005, 533 (535 f.) = NZG 2005, 512 – Kliniken Dr. M.; OLG Düsseldorf AG 2007, 170 (173); *Böttcher/Liekefett* NZG 2003, 701; UHH/*Ulmer/Habersack* MitbestG § 5 Rn. 54 mN; anders *Löwisch* FS Schlechtriem, 2003, 833 ff.

(§ 312). Wichtig sind die Abhängigkeitsvermutung und die auf ihr aufbauende Konzernvermutung **außerdem** für die **Abschlussprüfer,** wiederum insbesondere im Rahmen der Prüfung der Frage, ob das im Mehrheitsbesitz eines anderen Unternehmens stehende Unternehmen nach § 312 zur Aufstellung eines Abhängigkeitsberichts verpflichtet ist.

Erhebliche praktische Bedeutung haben die Vermutungen der §§ 17 Abs. 2 und 18 Abs. 1 S. 3 ferner im **Mitbestimmungsrecht** (§ 5 MitbestG, § 3 DrittelbG) erlangt. Dabei ist zu beachten, dass der Umstand, dass die Gesellschaft dem Mitbestimmungsgesetz von 1976 unterliegt, nach inzwischen wohl allgemeiner Meinung an der Anwendbarkeit der §§ 17 und 18 nichts geändert hat, weil die quasi-paritätische **Mitbestimmung der Arbeitnehmer** im Aufsichtsrat die Machtverhältnisse in den Gesellschaften tatsächlich weitgehend unangetastet gelassen hat (→ § 18 Rn. 22 mN). Ebenso unerheblich ist im vorliegenden Zusammenhang bei den sog. kapitalmarktorientierten Kapitalgesellschaften iSd § 264d HGB die Wahl **unabhängiger Aufsichtsratsmitglieder** nach § 100 Abs. 5.[81] Soweit in einzelnen **Regulierungsgesetzen** wie dem EnWG oder dem KWG durch spezielle Regelungen versucht wird, die Unabhängigkeit der Geschäftsleitung einer im Mehrheitsbesitz einer anderen Gesellschaft stehenden Gesellschaft in einzelnen Beziehungen sicherzustellen, wird dem bisher im Rahmen der §§ 17, 18 und 308 wegen der sehr begrenzten Reichweite der genannten Regelungen gleichfalls keine Bedeutung beigemessen.[82] Noch ungeklärt ist die Behandlung bloßer **vorübergehender Beteiligungen,** insbesondere von **Banken,** die die fraglichen Anteile in ihrem allgemeinen Handelsbestand halten. Jedoch ist eine gesetzliche Grundlage für einen Ausschluss der Banken von dem Anwendungsbereich des § 17 Abs. 2 in derartigen Fällen nicht erkennbar.[83]

2. Widerlegung. a) Überblick. Die Widerlegung der Vermutung muss in erster Linie an dem Punkt ansetzen, der den Gesetzgeber veranlasst hat, im Falle einer Mehrheitsbeteiligung iSd § 16 für den Regelfall von der Abhängigkeit der im Mehrheitsbesitz stehenden Gesellschaft auszugehen (§ 17 Abs. 2). Dies ist, wie gezeigt (→ Rn. 5 ff.), bei einer AG die Fähigkeit des mit Mehrheit beteiligten Unternehmens, die Zusammensetzung des Aufsichtsrats und damit mittelbar die des Vorstandes der Beteiligungsgesellschaft zu bestimmen (§§ 84, 101) und dadurch „über seine Leute" maßgeblichen Einfluss auf die Politik der Beteiligungsgesellschaft zu nehmen. Die Widerlegung der Vermutung muss sich folglich vorrangig auf den Nachweis beziehen, dass dem mit Mehrheit beteiligten Unternehmen aufgrund besonderer Umstände genau diese Fähigkeit („die **Personalhoheit**") bei der Beteiligungsgesellschaft **abgeht.**[84]

Die Vermutung der Abhängigkeit einer Gesellschaft im Falle der mehrheitlichen Beteiligung eines anderen Unternehmens iSd § 16 kann grundsätzlich auf zwei verschiedenen Wegen widerlegt werden, einmal durch den Abschluss von Verträgen (→ Rn. 38, 41, 42 ff.) und zum anderen durch besondere Klauseln in der Satzung der Beteiligungsgesellschaft (→ Rn. 39), *nicht* dagegen durch eine bloße **tatsächliche Übung,** da die Abhängigkeit nach § 17 Abs. 1 nicht voraussetzt, dass aufgrund der Mehrheitsbeteiligung tatsächlich ein beherrschender Einfluss auf die Gesellschaft ausgeübt wird, und weil sich die bloße *Möglichkeit* einer Einflussnahme allein aufgrund äußerer Umstände in aller Regel nicht ausschließen lässt.[85] Ebenso ungeeignet zur Widerlegung der Abhängigkeitsvermutung ist ein **einseitiger,** als solcher jederzeit widerruflicher **Verzicht** auf die Ausübung des Stimmrechts aus einem Teil des Aktienbesitzes.[86]

Bei den **Verträgen,** mittels derer eine Widerlegung der Abhängigkeitsvermutung im Falle einer Mehrheitsbeteiligung versucht wird, sollte man zwischen **Stimmbindungs-**

---
[81] Spindler/Stilz/*Schall* Rn. 55.
[82] Vgl. für § 8 EnWG LG Düsseldorf AG 2012, 54 = ZIP 2011, 1712; für das KWG OLG Frankfurt AG 2012, 217 (218) = ZIP 2012, 79 – Eurohypo/Rheinhyp; ZIP 2012, 524 (526).
[83] Anders Spindler/Stilz/*Schall* Rn. 53.
[84] Ebenso zB Grigoleit/*Grigoleit* Rn. 22.
[85] OLG Stuttgart AG 2009, 204 (206).
[86] Hölters/*Hirschmann* § 17 Rn. 18; *Richter* AG 1982, 261 (264); Spindler/Stilz/*Schall* Rn. 55.

verträgen mit anderen Aktionären (oder auch mit sonstigen Dritten) und **Entherrschungsverträgen** (nur) mit der abhängigen Gesellschaft unterscheiden. Die Terminologie ist freilich nicht einheitlich; zum Teil ist auch bei Stimmbindungsverträgen mit anderen Aktionären oder mit Dritten von Entherrschungsverträgen die Rede. Indessen empfiehlt sich von vornherein eine klare Trennung dieser beiden Vertragsgestaltungen, da sich mittlerweile (nur) für Entherrschungsverträge eine Reihe von Regeln herausgebildet hat (→ Rn. 42 ff.), die wohl nicht auf sonstige Stimmbindungsverträge übertragen werden können (→ Rn. 41). Hauptproblem ist bei allen genannten vertraglichen Gestaltungen die Sicherstellung der *Ernsthaftigkeit* des Vertrags. Alle inzwischen für derartige Verträge entwickelten Regeln sind in diesem Lichte zu sehen.

39 In Betracht kommen außerdem **satzungsmäßige Beschränkungen** der Mehrheitsherrschaft als Mittel zur Widerlegung der Abhängigkeitsvermutung im Falle der Mehrheitsbeteiligung eines Aktionärs. Um einen derartigen Fall handelt es sich beispielshalber, wenn die Stimmenmehrheit aufgrund besonderer Satzungsbestimmungen nicht für die Wahl der Aufsichtsratsmitglieder ausreicht (§ 133), zB weil der Gesellschaftsvertrag für sämtliche Beschlüsse eine **qualifizierte Mehrheit** verlangt,[87] weil die Satzung einschneidende **Stimmrechtsbeschränkungen** vorsieht oder weil andere Aktionäre noch über alte **Mehrstimmrechte** verfügen, durch die Mehrheitsbeteiligung des fraglichen Gesellschafters neutralisiert wird. Gleich steht der Fall, dass sich der Mehrheitsgesellschafter an die **Zustimmung anderer Aktionäre** gebunden hat, auf deren Abstimmungsverhalten er keinen Einfluss hat.[88] Auch der Abschluss eines **Beherrschungsvertrages** mit einem Dritten führt zur Widerlegung der Abhängigkeitsvermutung.[89]

40 Umstritten ist, ob derartige satzungsmäßige Regelungen zur Beschränkung der Mehrheitsherrschaft (→ Rn. 39) allein zur Widerlegung der Abhängigkeitsvermutung im Falle einer Mehrheitsbeteiligung ausreichen.[90] Die überwiegende Meinung verneint bisher diese Frage und verlangt zusätzlich, dass **auch noch das Vorhandensein anderer Einflussmöglichkeiten ausgeschlossen** wird, wie sie auch ohne Stimmenmehrheit denkbar sind.[91] Dafür spricht, dass das Gesetz in den §§ 16 und 17 Abs. 2 die Abhängigkeitsvermutung *auch* an eine bloße *Anteilsmehrheit* ohne korrespondierende Stimmenmehrheit knüpft, sodass nach Sinn und Zweck der Regelung die sich daraus ergebenden, mittelbaren Einflussmöglichkeiten für die Widerlegung der Abhängigkeitsvermutung des § 17 Abs. 2 gleichfalls ausgeschlossen werden müssen. Voraussetzung ist freilich, dass die andere Partei zunächst *substantiiert Umstände vorträgt,* die auf Abhängigkeit infolge der Anteilsmehrheit trotz fehlender Stimmenmehrheit hindeuten, weil andernfalls ein Anknüpfungspunkt für den nach dem Gesagten erforderlichen (schwierigen) negativen Beweis fehlt.[92]

41 Durch **Stimmbindungsverträge** und vergleichbare Abreden mit anderen Aktionären oder mit Dritten über die **Beschränkung des Stimmrechts** aus einem Teil des Aktienbesitzes kann die Abhängigkeitsvermutung gleichfalls widerlegt werden, vorausgesetzt, dass sich der Vertrag zumindest auf *so viele* Anteile bezieht, dass beständig (auf Dauer) unter Berücksichtigung der üblichen Hauptversammlungspräsenz eine Hauptversammlungsmehrheit ausgeschlossen ist. Der Vertrag muss sich außerdem bei der AG zumindest auch **auf die Wahl des Aufsichtsrats** und bei den anderen Gesellschaften auf die Bestellung der Geschäftsführer beziehen, während eine zusätzliche Einbeziehung der Beschlüsse im Rahmen der Geschäftsführung aufgrund der §§ 111 Abs. 4 S. 3–5 und 119 Abs. 2 wohl

---

[87] Ein Beispiel in Bundeskartellamt AG 2000, 520 – WAZ/OTZ; Hüffer/*Koch* Rn. 21.
[88] MüKoAktG/*Bayer* Rn. 97 ff.; Hüffer/*Koch* Rn. 21 f.; MHdB AG/*Krieger* § 68 Rn. 60, 63; *Reichert/Harbarth* AG 2001, 447, bes. 453 f., auch zu vergleichbaren anderen Abreden.
[89] K. Schmidt/Lutter/*Vetter* Rn. 58.
[90] Dafür GroßkommAktG/*Windbichler* Rn. 71; Spindler/Stilz/*Schall* Rn. 50.
[91] MüKoAktG/*Bayer* Rn. 95; Grigoleit/*Grigoleit* Rn. 23; Hölters/*Hirschmann* Rn. 16; Hüffer/*Koch* Rn. 19 f.; MHdB AG/*Krieger* § 68 Rn. 59; K. Schmidt/Lutter/*Vetter* Rn. 53, 61; wohl auch BVerfGE 98, 145 (162) = NJW 1999, 1095 (1098); BayObLGZ 1998, 85 (89) = AG 1998, 523; OLG Stuttgart AG 2009, 204 (206) (l. Sp.).
[92] Ebenso Grigoleit/*Grigoleit* Rn. 23; Hüffer/*Koch* Rn. 20.

entbehrlich ist.[93] Erforderlich ist schließlich noch, dass der Vertrag der **Gesellschaft bekannt** gemacht wird, weil es sonst aus der allein maßgeblichen Sicht der abhängigen Gesellschaft, genauer: ihrer Organe, bei ihrer Abhängigkeit verbleibt.[94] Noch nicht endgültig geklärt ist, ob in diesen Fällen auch die zusätzlichen Anforderungen zu beachten sind, die für Entherrschungsverträge mit an sich abhängigen Gesellschaften gelten (→ Rn. 42 ff.). Obwohl manche Formulierungen im Schrifttum darauf hindeuten, ist diese Frage doch wohl eher zu verneinen, da die besonders strengen Voraussetzungen für die Anerkennung von Entherrschungsverträgen mit einer im Mehrheitsbesitz stehenden Gesellschaft ihren Grund in der hier besonders nahe liegenden Gefahr nicht ernstlich gemeinter Abreden haben. *Nicht* ausreichend sind aber in der Tat *jederzeit kündbare* Stimmrechtsausschluss- oder Stimmbindungsverträge mit Gesellschaftern oder mit Dritten (§§ 117, 242 BGB).

Bei einer mittelbaren Abhängigkeit **in mehrstufigen Unternehmensverbindungen,** 41a zB aufgrund der Zurechnung von Anteilen einer Tochtergesellschaft zu einer Muttergesellschaft nach § 16 Abs. 4, ist zur Widerlegung der Abhängigkeitsvermutung in erster Linie an das Verhältnis zwischen der **Enkel- und** der **Tochtergesellschaft** anzuknüpfen.[95] Ist hier die Widerlegung gelungen, so gilt dasselbe für das Verhältnis zur Muttergesellschaft, sofern diese nicht allein bereits einen beherrschenden Einfluss auszuüben vermag. Ein **Beherrschungsvertrag** zwischen der *Tochter- und der Enkelgesellschaft* schließt dagegen die Vermutung der Abhängigkeit der Enkelgesellschaft (auch) von der Muttergesellschaft nicht aus, während bei einem Beherrschungsvertrag zwischen der *Mutter- und der Enkelgesellschaft* im Verhältnis zur (zwischengeschalteten) Tochtergesellschaft kein Raum mehr für die Anwendung des § 17 Abs. 2 ist. Unklar ist die Situation, wenn diejenige Gesellschaft, die an einer anderen mehrheitlich beteiligt ist, ihrerseits von dem anderen Gesellschafter der Beteiligungsgesellschaft majorisiert wird; die besseren Gründe sprechen dann wohl für die weitere Anwendbarkeit des § 17 Abs. 2.[96]

b) **Entherrschungsverträge.** Der Abschluss von Entherrschungsverträgen stellt das vor- 42 rangige Mittel zur Widerlegung der Vermutung der Abhängigkeit im Falle der Mehrheitsbeteiligung dar. Man versteht darunter Verträge, durch die das mit Mehrheit beteiligte Unternehmen gegenüber dem Beteiligungsunternehmen auf die **Ausübung** zumindest eines Teils **seiner Stimmrechte verzichtet,** um sicherzustellen, dass von dem Mehrheitsbesitz nicht mehr mit dem Ziel der Abhängigkeitsbegründung Gebrauch gemacht werden kann. Gegen die Zulässigkeit derartiger Entherrschungsverträge mit der Beteiligungsgesellschaft bestehen nach überwiegender Meinung grundsätzlich *keine* Bedenken, sofern die Ernsthaftigkeit des Vertrages sichergestellt ist.[97] Über ihre Verbreitung werden unterschiedliche Angaben gemacht.[98]

Um die Ernsthaftigkeit des Vertrages sicherzustellen, ist erforderlich, dass der Vertrag 43 mindestens auf **fünf Jahre** fest abgeschlossen wird (vgl. § 102); eine **vorherige Kündigung** darf nur aus wichtigem Grunde möglich sein, wobei die Gründe bereits im Vertrag selbst ausdrücklich genannt werden sollten; der Vertrag muss sich außerdem auf jeden Fall

---

[93] MüKoAktG/*Bayer* Rn. 102; MHdB AG/*Krieger* § 68 Rn. 63; Hüffer/*Koch* Rn. 21.
[94] K. Schmidt/Lutter/*Vetter* Rn. 56.
[95] MüKoAktG/*Bayer* Rn. 114; Grigoleit/*Grigoleit* Rn. 29 f.; Hüffer/*Koch* Rn. 23; KK-AktG/*Koppensteiner* Rn. 102; MHdB AG/*Krieger* § 68 Rn. 64; Spindler/Stilz/*Schall* Rn. 56; K. Schmidt/Lutter/*Vetter* Rn. 59; GroßkommAktG/*Windbichler* Rn. 85.
[96] K. Schmidt/Lutter/*Vetter* Rn. 59; anders OLG München AG 2004, 455 f. = NZG 2004, 781 (782) – Schörghuber Stiftung.
[97] OLG Köln AG 1993, 86 (87) = ZIP 1993, 110 – Winterthur/Nordstern; LG Köln AG 1992, 238; LG Mainz AG 1991, 30 (32); *M. Becker* FS Möschel, 2011, 1119 (1123 ff.); Grigoleit/*Grigoleit* Rn. 25 ff.; Hölters/*Hirschmann* Rn. 18; *Hentzen* ZHR 157 (1993), 65 (67 f.); Hüffer/*Koch* Rn. 22; *Larisch/Bunz* NZG 2013, 1247; *Reichert/Harbarth* AG 2001, 447 (454 f.); Spindler/Stilz/*Schall* Rn. 52; *K. Schmidt* FS Hommelhoff, 2012, 985 (993 ff.); K. Schmidt/Lutter/*Vetter* Rn. 59; aA *Hüttemann* ZHR 156 (1992), 314 (324 ff.); zweifelnd auch GroßkommAktG/*Windbichler* Rn. 80.
[98] S. *Larisch/Bunz* NZG 2013, 1247; zwei Beispiele bei *Bayer/Th. Hoffmann* AG 2014 R 107; Muster bei *Happ*, Konzern- und Umwandlungsrecht, Nr. 4.02, 4.03 (429, 443 ff.).

auf einen Zeitraum erstrecken, der über die nächste Aufsichtsratswahl hinausgeht; endet er vorher, so ist er offenkundig nicht ernst gemeint.[99] Außerdem muss das Stimmrecht aus mindestens so vielen Aktien ausgeschlossen sein, dass der Gesellschafter bei Berücksichtigung der *durchschnittlichen Hauptversammlungspräsenz* mit einiger Sicherheit **nicht mehr** über die **Hälfte** der Stimmrechte verfügen kann (sog. „**Minus-Eins-Regel**"), und zwar auf jeden Fall bei der Wahl des Aufsichtsrats bzw. – bei den anderen Gesellschaftsformen – bei der der geschäftsführenden Organe, während es wohl ebenso wenig wie bei den Stimmbindungsverträgen erforderlich ist, dass der Vertrag auch noch auf andere Beschlussgegenstände erstreckt wird (→ Rn. 41).[100] Unabdingbar sind schließlich, um die Ernstlichkeit des Vertrags sicherzustellen, die **schriftliche Abfassung** des Vertrags mit ausdrücklicher Regelung der genannten Punkte sowie ein erkennbares und nachvollziehbares, wirtschaftliches **Motiv** für den Abschluss des Vertrages wie zB die Vermeidung der Verpflichtung zur Aufstellung eines Abhängigkeitsberichts (§ 312). Für eine Eintragung des Vertrags ins **Handelsregister** ist – mangels gesetzlicher Grundlage – kein Raum; jedoch kann und sollte der Vertrag auch zu den Registerakten gereicht werden, um seine Publizität sicherzustellen.[101] Außerdem muss im **Lagebericht** ggf. auf den Abschluss von Entherrschungsverträgen hingewiesen werden (§ 289 Abs. 4 S. 1 Nr. 2 HGB). Handelt es sich bei der Beteiligungsgesellschaft um eine deutsche Gesellschaft, so sollte auf den Vertrag zwingend **deutsches Recht** angewandt werden, um Umgehungen durch die Wahl ausländischen Rechts zu verhindern.[102]

44 Kontrovers diskutiert wird, ob darüber hinaus weitere Zulässigkeitsvoraussetzungen für Entherrschungsverträge bestehen. Es geht dabei vor allem um die Frage, **wer** bei der mit Mehrheit beteiligten (herrschenden) Gesellschaft für den Abschluss solcher Verträge **zuständig** ist, durch die die Gesellschaft auf ihr an sich offenstehende Einflussmöglichkeiten verzichtet. Verbreitet wird verlangt, dass der Abschluss durch die **Satzung** der Gesellschaft gedeckt ist *oder* dass ihm, wenn es hieran fehlt, die Haupt- oder Gesellschafterversammlung dieser Gesellschaft (entsprechend § 293 Abs. 1) **mit qualifizierter Mehrheit** zustimmt.[103] Die Entscheidung hängt nicht zuletzt davon ab, ob man bei herrschenden Unternehmen eine Konzernleitungspflicht des Vorstandes anerkennt (→ § 308 Rn. 35; → § 309 Rn. 35; → § 311 Rn. 11). Dagegen besteht Übereinstimmung, dass bei der Beteiligungsgesellschaft der Vertrag, weil nur vorteilhaft, in keinem Fall der Zustimmung der Hauptversammlung bedarf.[104]

44a **c) Rechtsfolgen.** Entherrschungsverträge sind ebenso wie andere Stimmbindungsverträge normale schuldrechtliche Verträge, deren Verletzung lediglich **Schadensersatzansprüche** nach § 280 Abs. 1 BGB nach sich zieht. Die Vollstreckung der Verträge richtet sich nach § 888 ZPO. Eine vertragswidrige **Stimmabgabe** ist wirksam und macht den Beschluss weder anfechtbar noch nichtig.[105] Die **Wirkung** des Vertrages beschränkt sich auf die Widerlegung der Abhängigkeitsvermutung des § 17 Abs. 2. Keine Bedeutung hat der Vertrag insbesondere für § 29 Abs. 2 WpÜG, da diesem Gesetz ein anderer formaler Beherrschungsbegriff zugrunde liegt als dem AktG (→ Rn. 3).[106]

---

[99] OLG Düsseldorf AG 2007, 169 (172); Grigoleit/*Grigoleit* Rn. 25 ff.; Larisch/*Bunz* NZG 2013, 1247; K. *Schmidt* FS Hommelhoff, 2012, 985 (996 f.); K. Schmidt/Lutter/*Vetter* Rn. 62.

[100] Grigoleit/*Grigoleit* Rn. 22; Larisch/*Bunz* NZG 2013, 1247 (1249).

[101] M. *Becker* FS Möschel, 2011, 1119 (1120 f.).

[102] M. *Becker* FS Möschel, 2011, 1119 (1122 f.).

[103] MüKoAktG/*Bayer* Rn. 109 ff.; Grigoleit/*Grigoleit* Rn. 16; Hölters/*Hirschmann* § 17 Rn. 18; MHdB AG/*Krieger* § 68 Rn. 62; *Hentzen* ZHR 157 (1993), 63 (70); diff. je nach Bedeutung des Vertrags M. *Becker* FS Möschel, 2011, 1119 (1126 f.); Spindler/Stilz/*Schall* Rn. 52; K. *Schmidt* FS Hommelhoff, 2012, 985 (995 f.); K. Schmidt/Lutter/*Vetter* Rn. 64; aA LG Mainz AG 1991, 30 (32); A/D/S Rn. 119; J. *Götz* Entherrschungsvertrag 85 ff., 91; GroßkommAktG/*Windbichler* Rn. 82.

[104] M. *Becker* FS Möschel, 2011, 1119 (1126); Grigoleit/*Grigoleit* Rn. 26; K. *Schmidt* FS Hommelhoff, 2012, 985 (995).

[105] Grigoleit/*Grigoleit* Rn. 28; Larisch/*Bunz* NZG 2013, 1247 (1250).

[106] Larisch/*Bunz* NZG 2013, 1247 (1250 f.).

VI. GmbH

§ 17 findet auch auf die GmbH Anwendung. Seine Regelung ist hier wegen des ausgeprägten Primats der Gesellschafterversammlung gegenüber den Geschäftsführern sogar besonders sinnfällig (§§ 37, 45, 46 GmbHG). Denn da der Gesellschafterversammlung die Bestellung und die Abberufung der Geschäftsführer obliegt (§ 46 Nr. 5 GmbHG) und sie den Geschäftsführern obendrein in allen Fragen der Geschäftspolitik Weisungen erteilen kann (§§ 37, 45 GmbHG), bildet im gesetzlichen Normalstatut der GmbH tatsächlich in erster Linie die **Mehrheit in der Gesellschafterversammlung** die **Grundlage** der Abhängigkeit (§§ 16, 17).[107]

Neben die Mehrheitsbeteiligung (→ Rn. 45) treten bei der GmbH, insoweit abweichend von der AG, als zweite Säule der Abhängigkeit ferner **satzungsmäßige Sonderrechte** auf Bestellung und Abberufung der Geschäftsführer sowie auf Beteiligung an der Geschäftsführung (§ 45 GmbHG). Wo immer aufgrund solcher Sonderrechte ein Unternehmensgesellschafter einen maßgeblichen Einfluss auf die Geschäftsführung der Gesellschaft auszuüben vermag, liegt auch Abhängigkeit vor. **Mehrstimmrechte** kommen hier, weil ohne weiteres möglich (§ 45 GmbHG), gleichfalls als Grundlage der Abhängigkeit in Betracht. Im Falle der Differenzierung der Mehrstimmrechte je nach Beschlussgegenstand gilt dies freilich nur, wenn sich die Stimmenmehrheit gerade auf diejenigen Beschlussgegenstände bezieht, die für die Geschäftspolitik der betreffenden Beteiligungsgesellschaft maßgebend sind. Zusammen mit derartigen satzungsmäßigen Sonderrechten kann bei der GmbH ferner eine **Minderheitsbeteiligung** jederzeit zur Abhängigkeit der Beteiligungsgesellschaft führen. Eine **Widerlegung** der Abhängigkeitsvermutung kommt hier ebenso wie bei der AG bei Abschluss eines Entherrschungsvertrages[108] sowie dann noch in Betracht, wenn Bestellung und Abberufung der Geschäftsführer durch die Satzung (§ 45 GmbHG) auf andere Organe verlagert oder zum Sonderrecht eines anderen Gesellschafters gemacht sind. Die **Rechtsfolgen** der Abhängigkeit unterscheiden sich bei der GmbH vor allem dadurch von denen bei der AG, dass im faktischen Konzern bei der GmbH kein Raum für eine Analogie zu den §§ 311–318 ist (→ Anh. § 318 Rn. 1 ff.).

VII. Kommanditgesellschaft auf Aktien

Im gesetzlichen Normalstatut der Kommanditgesellschaft auf Aktien (KGaA), gekennzeichnet durch die beschränkten Mitwirkungsrechte der Kommanditaktionäre bei der Geschäftsführung der Gesellschaft (§ 278 Abs. 2 AktG iVm § 164 Abs. 2 HGB), ist *kein Raum* für eine Beherrschung der Gesellschaft durch einen **Kommanditaktionär.**[109] Dasselbe gilt bei Vorhandensein einer *Mehrzahl* von **persönlich haftenden Gesellschaftern,** wie aus der Regelung der §§ 114–116 und 161 Abs. 2 HGB folgt, außer wenn der Gesellschaftsvertrag einem persönlich haftenden Gesellschafter, der zugleich außerhalb der Gesellschaft unternehmerische Interesse verfolgt, ein Übergewicht in der Geschäftsführung verleiht (§§ 161 Abs. 2, 114 Abs. 2 HGB; → Rn. 48).[110] Abhängigkeit der Gesellschaft dürfte außerdem anzunehmen sein, wenn der einzige persönlich haftende Gesellschafter zugleich über die Mehrheit der Stimmen in der Hauptversammlung verfügt. Tritt als persönlich haftende Gesellschafterin eine **andere Gesellschaft** auf, so ist außerdem eine mittelbare Abhängigkeit der KGaA von einem oder mehreren Gesellschaftern der Komplementärgesellschaft vorstellbar (§ 17 Abs. 1 AktG).[111] Dagegen vermag selbst der einzige **Kommanditaktionär** im Regelfall in der KGaA nur eine „negative Beherrschung" durch Blockierung wichtiger Entscheidungen auszuüben (§§ 278 Abs. 3, 285, 179 AktG), wodurch jedoch keine Abhän-

---
[107] Wegen der Einzelheiten s. Scholz/*Emmerich* GmbHG Anh. § 13 Rn. 22 ff. mN; MüKoGmbHG/*Liebscher* Anh. § 13 Rn. 130 ff.; *Noack,* Gesellschaftervereinbarungen bei Kapitalgesellschaften, 1994, 87 ff.
[108] *M. Becker* FS Möschel, 2011, 1119 (1127).
[109] Wegen der Einzelheiten s. *Bertram* Wpg 2009, 411; *F. Born* KGaA 51 ff. mN zum Streitstand.
[110] *Born* KGaA 54 ff.
[111] *Born* KGaA 176 ff.

gigkeit iSd § 17 Abs. 1 begründet wird (→ Rn. 25). Abweichende Regelungen in der Satzung sind freilich möglich, durch die dem maßgeblichen Kommanditaktionär das Übergewicht verliehen wird, sodass die KGaA dann ggf. von ihm abhängig wird.[112]

VIII. Personengesellschaften

Schrifttum: *Baumgartl*, Die Konzernbeherrschte Personengesellschaft, 1986; *Burbach*, Das Recht der Konzernabhängigen Personenhandelsgesellschaft, 1989; *Emmerich*, FS Stimpel, 1985, 743; *Br. Haar*, Die Personengesellschaft im Konzern, 2006; *Kleindiek*, Strukturvielfalt im Personengesellschafts-Konzern, 1991; *Löffler*, Die abhängige Personengesellschaft, 1988.

48 Bei den Personengesellschaften ist im gesetzlichen Normalstatut für die Annahme der Abhängigkeit der Gesellschaft von einem anderen Unternehmen mit Rücksicht auf das gesetzliche Einstimmigkeitsprinzip nur *selten* Raum (§ 311 Abs. 1 BGB; §§ 119, 161 Abs. 2 HGB).[113] Gänzlich ausgeschlossen ist freilich selbst hier die Entstehung eines Abhängigkeitsverhältnisses nicht, wie etwa das Beispiel einer KG mit nur einem einzigen Unternehmenskomplementär zeigt, dem zugleich allein die Geschäftsführung der Gesellschaft obliegt (§ 164 HGB).[114] Von derartigen Fallgestaltungen abgesehen, kommt jedoch die Abhängigkeit einer Personengesellschaft von einem anderen Unternehmen grundsätzlich nur in Betracht, wenn der Gesellschaftsvertrag das **Mehrheitsprinzip** eingeführt hat, insbesondere bei Verbindung mit der Abstimmung nach festen Kapitalanteilen, oder wenn ein Gesellschafter ein **Sonderrecht** auf die Geschäftsführung besitzt.[115] Grundlage der Abhängigkeit ist somit bei den Personengesellschaften in aller Regel der **Gesellschaftsvertrag**, ggf. in Verbindung mit weiteren Abreden der Beteiligten, sodass hier die **Vermutung** der Abhängigkeit bei Mehrheitsbesitz (§ 17 Abs. 2) in der Mehrzahl der Fälle wohl *keine* Rolle spielt; maßgebend ist vielmehr allein die Ausgestaltung des Gesellschaftsvertrages.[116] Lediglich bei einer ausgesprochen **kapitalistischen Ausgestaltung** einer KG kann von Fall zu Fall § 17 Abs. 2 dazu führen, dass bis zum Beweis des Gegenteils im Falle einer Mehrheitsbeteiligung von Abhängigkeit auszugehen ist.[117] In derartigen Fallgestaltungen kann dann ausnahmsweise auch der Abschluss eines Entherrschungsvertrags mit einer Personengesellschaft sinnvoll sein.[118]

48a Einen umstrittenen Sonderfall bildet schließlich die **GmbH & Co. KG**.[119] Für den Regelfall geht die hM davon aus, dass die KG und die Komplementär-GmbH *keinen Konzern* bilden, worauf auch in der Tat die unterschiedliche Regelung der verschiedenen Fälle in den §§ 4 und 5 MitbestG hindeutet.[120] Es gibt indessen Ausnahmen. Insbesondere, wenn sich die Komplementär-GmbH auch außerhalb der KG unternehmerisch betätigt, zB durch die gleichzeitige Leitung *mehrerer* Gesellschaften, ist Raum für die Annahme eines Konzerns.[121] Dasselbe gilt für den Sonderfall der mehrheitlichen Beteiligung eines weiteren Unternehmens an der Komplementär-GmbH. In derartigen Fallgestaltungen ist dann nach einer verbreiteten Meinung auch Raum für eine Anwendung des § 17 Abs. 2.[122]

---

[112] *Born* KGaA 207, 211 ff.
[113] *Br. Haar* Personengesellschaft 248 ff.
[114] *Bitter* Durchgriffshaftung 17 ff.
[115] BAG AG 2012, 632 (634); LG Dortmund ZIP 2010, 2152 – Edeka sowie aus der Rspr. zur Fusionskontrolle BGHZ 88, 273 (281 f.) = NJW 1984, 2886 – Springer/Elbe Wochenblatt; BGH NJW 1983, 818; KG AG 1982, 76 = WuW/E OLG 2527 – Springer/AZ; AG 1982, 308 = WuW/E OLG 2677 – VEW/Gelsenwasser; AG 1982, 534 = WuW/E OLG 2753 – Springer/Elbe Wochenblatt.
[116] *Br. Haar* Personengesellschaft 244 ff.; iE str., s. *Brügel/Tillkorn* GmbHR 2013, 459 (460 f.).
[117] In diesem Sinne wohl generell BAGE 110, 100 (118 f.) = ZIP 2004, 1468 (1474 f.) – Bofrost; OLG Stuttgart AG 2006, 204 (206) (l. Sp. o.).
[118] *M. Becker* FS Möschel, 2011, 1119 (1127).
[119] Dazu ausf. *Br. Haar* Personengesellschaften passim; *Emmerich/Habersack* KonzernR § § 33 Rn. 5 f. (510 f.).
[120] So statt aller OLG Celle AG 1980, 161 (162 f.) = GmbHR 1979, 277; AG 2015, 205.
[121] BAG NJW 1996, 1491 = AG 1996, 222; OLG Karlsruhe AG § 303 Nr. 12 = AG 1999, 376 (377) = NZG 1999, 661; BSGE 75, 82 (89 ff.) = AG 1995, 279 = NJW-RR 1995, 730.
[122] BAG NJW 1996, 2884 = AP BetrVG 1972 § 54 Nr. 7 = AG 1996, 369 (370) (li. Sp. unter b); AP Nr. 21 zu § 113 BetrVG 1972 = NJW 1991, 2923 = AG 1991, 434 (436 ff.) – Hettler; AG 2012, 632 (634) Rn. 49, 54; dagegen zB *Brügel/Tillkorn* GmbHR 2013, 459 (461 f.) mN.

IX. Genossenschaften

§ 17 gilt zwar auch für Genossenschaften. Das GenG zieht indessen einer Mehrheitsherrschaft so enge Grenzen, dass im Regelfall höchstens bei **Zentralgenossenschaften,** deren Mitglieder ausschließlich oder überwiegend eingetragene Genossenschaften sind, eine Mehrheitsherrschaft und damit eine Abhängigkeit vorstellbar sind (§ 43 Abs. 3 GenG).[123] Daran hat auch die Reform des Genossenschaftsrechts im Jahre 2006 nichts geändert (BGBl. I 1911). 49

Als Grundlage der Abhängigkeit der Genossenschaft von einem anderen Unternehmen kommt infolgedessen im Grunde allein eine **Satzungsregelung** in Betracht, durch die das Recht zur Bestellung des Vorstandes auf das herrschende Unternehmen übertragen wird (§ 24 Abs. 2 S. 2 GenG). Selbst dann kann freilich nach den §§ 24 Abs. 3 S. 2 und 40 GenG die Generalversammlung das vom herrschenden Unternehmen bestellte Vorstandsmitglied immer noch wieder abberufen, sodass zu dem Bestellungsrecht noch andere satzungsmäßige Einflussrechte des anderen Unternehmens hinzukommen müssen, um eine Abhängigkeit der Genossenschaft von dem anderen Unternehmen zu begründen. Zu denken ist hier in erster Linie an satzungsmäßige Weisungs- und Zustimmungsrechte Dritter sowie an sonstige Sonderrechte einzelner Genossen, die einen nachhaltigen Einfluss auf die Geschäftsführung der Gesellschaft begründen.[124] 50

X. Vereine

Wirtschaftliche Vereine können je nach der Ausgestaltung ihrer Satzung durchaus auch kapitalistisch strukturiert sein und infolgedessen in Abhängigkeit von einem oder mehreren Mitgliedsunternehmen geraten, die über die Mehrheit der Anteile verfügen. Bei einem **Idealverein** ist dagegen im gesetzlichen Normalstatut die Abhängigkeit von einem anderen Unternehmen mit Rücksicht auf die §§ 32, 38 und 39 BGB selten.[125] Die meisten der genannten Vorschriften sind freilich dispositiv (§ 40 BGB), sodass sehr wohl Gestaltungen vorstellbar sind, bei denen der Verein in Abhängigkeit von einzelnen Mitgliedern gerät. Zu denken ist hier etwa an die Einräumung von Mehrstimmrechten oder an die Begründung von Sonderrechten auf Benennung des Vorstands (§ 35 BGB). Auch die Abhängigkeit von einer festen Mitgliedergruppe ist von Fall zu Fall vorstellbar. Erforderlich ist lediglich, dass die Beteiligten jeweils Unternehmensqualität iSd §§ 15 und 17 AktG besitzen. Hinsichtlich des Vereins kommt dies vor allem in Betracht, wenn er im Rahmen des Nebenzweckprivilegs selbst einen Geschäftsbetrieb unterhält.[126] 51

XI. Stiftungen

Stiftungen können, wenn sie Unternehmensqualität besitzen, sehr wohl **herrschendes Unternehmen** in einer Unternehmensverbindung sein, wovon grundsätzlich auszugehen ist, wenn die Stiftung auch nur ein einziges Unternehmen beherrscht (→ § 15 Rn. 18). Dagegen ist man bisher überwiegend davon ausgegangen, dass Stiftungen als **abhängige Unternehmen** ausscheiden, selbst wenn sie unmittelbar oder mittelbar als Unternehmensträger fungieren, weil eine Beteiligung Dritter an ihnen ausgeschlossen ist.[127] Dies wird indessen neuerdings 52

---

[123] OLG Frankfurt AG 1998, 139 (140); MüKoAktG/*Bayer* Rn. 127 ff.; *Emmerich/Habersack* KonzernR § 36 Rn. 10 ff.; *Großfeld/Berndt* AG 1998, 116; *Reul,* Das Konzernrecht der Genossenschaften, 1997, 115 ff.
[124] *Emmerich/Habersack* KonzernR § 36 Rn. 10 ff.; *Reul,* Das Konzernrecht der Genossenschaften, 1997, 130 ff.
[125] S. iE *Grunewald* FS Th. Raiser, 2005, 99; *Emmerich/Habersack* KonzernR § 37 Rn. 10 ff.; *Leuschner* KonzernR 243 ff.; *Sprengel* Vereinskonzernrecht, 1998, 98 ff.
[126] Ein Beispiel in RGZ 145, 343; weitere Beispiele bei *K. Schmidt,* Verbandszweck und Rechtsfähigkeit im Vereinsrecht, 1984, 129 ff.
[127] *Emmerich/Habersack* KonzernR § 38 Rn. 2; MüKoAktG/*Bayer* Rn. 131; Staudinger/*Rawert* (1995) §§ 80 ff. Rn. 119; MüKoBGB/*Reuter* Vor § 80 Rn. 55 f.

§ 18   1. Buch. 1. Teil. Allgemeine Vorschriften

zunehmend bestritten,[128] insbesondere auf der Grundlage einer besonders weit interpretierten Satzungsautonomie bei Stiftungen, die es erlauben soll, Dritten durch die Satzung der Stiftung einen maßgeblichen Einfluss auf die Zusammensetzung des Stiftungsvorstandes einzuräumen (Stichwort: Personalhoheit). Folgt man dem so kann auf dem Weg über personelle Verflechtungen durchaus auch eine Stiftung in Abhängigkeit von Dritten gebracht werden.

§ 18 Konzern und Konzernunternehmen

(1) ¹Sind ein herrschendes und ein oder mehrere abhängige Unternehmen unter der einheitlichen Leitung des herrschenden Unternehmens zusammengefaßt, so bilden sie einen Konzern; die einzelnen Unternehmen sind Konzernunternehmen. ²Unternehmen, zwischen denen ein Beherrschungsvertrag (§ 291) besteht oder von denen das eine in das andere eingegliedert ist (§ 319), sind als unter einheitlicher Leitung zusammengefaßt anzusehen. ³Von einem abhängigen Unternehmen wird vermutet, daß es mit dem herrschenden Unternehmen einen Konzern bildet.

(2) Sind rechtlich selbständige Unternehmen, ohne daß das eine Unternehmen von dem anderen abhängig ist, unter einheitlicher Leitung zusammengefaßt, so bilden sie auch einen Konzern; die einzelnen Unternehmen sind Konzernunternehmen.

Schrifttum: S. bei §§ 15 und 17 sowie *Abeltshauser,* Leitungshaftung im Kapitalgesellschaftsrecht, 1998, 39; *Amstutz,* Konzernorganisationsrecht, 1995; *Born,* Die abhängige Kommanditgesellschaft auf Aktien, 2004; *v. Bünau,* Beratungsverträge mit Aufsichtsratsmitgliedern im Aktienkonzern, 2004; *Burgard,* Gestaltungsfreiheit im Stiftungsrecht, 2006; *Denzer,* Konzerndimensionale Beendigung der Vorstandsstellung, 2005; *Druey* (Hrsg.), Das St. Galler Konzernrechtsgespräch, 1988; *Ehricke,* Das abhängige Konzernunternehmen in der Insolvenz, 1998; *Eschenbruch,* Konzernhaftung, 1996; *Handschin,* Der Konzern im geltenden schweizerischen Privatrecht, 1993; *Heinzelmann,* Die Stiftung im Konzern, 2003; *Holtmann,* Personelle Verflechtungen auf Konzernführungsebene, 1989; *Hommelhoff,* Die Konzernleitungspflicht, 1982; *Jula,* Die Bildung besonderer Konzernorgane, 1995; *Kleindiek,* Strukturvielfalt im Personengesellschafts-Konzern, 1991; *Ossenbühl,* Umweltgefährdungshaftung im Konzern, 1999; *Pentz,* Die Rechtsstellung der Enkel-AG in einer mehrstufigen Unternehmensverbindung, 1994; *Rieckers,* Konzernvertrauen und Konzernrecht, 2004; *E. Schmitt,* Schutz der außenstehenden Gesellschafter einer abhängigen Personengesellschaft im mehrstufigen Unternehmensverbund, 2003; *Semler,* Leitung und Überwachung der AG, 2. Aufl. 1996; *Slongo,* Der Begriff der einheitlichen Leitung, 1980; *Strohn,* Die Verfassung der AG im faktischen Konzern, 1977; *Theisen,* Der Konzern, 2. Aufl. 2000; *Tröger,* Treupflicht im Konzernrecht, 2000; *Wanner,* Konzernrechtliche Probleme mehrstufiger Unternehmensverbindungen nach Aktienrecht, 1998; *H. Wiedemann,* Die Unternehmensgruppe im Privatrecht, 1988. – Zum Gleichordnungskonzern vor → Rn. 25.

Übersicht

	Rn.		Rn.
I. Einleitung	1, 2	b) Anwendungsbereich	21, 22
II. Einteilung	3–7	c) Widerlegung	23, 24
III. Unterordnungskonzern	8–24	IV. Gleichordnungskonzern	25–37
1. Einheitliche Leitung	8–14b	1. Überblick	25, 26
a) Meinungsstand	8–12	2. Einheitliche Leitung	27, 28
b) Stellungnahme	13–14b	3. Erscheinungsformen	29–31
2. Zusammenfassung	15–16	4. Fehlende Abhängigkeit	32, 33
3. Konzern im Konzern?	17–19a	5. Zustimmung der Gesellschafter	34, 35
4. Konzernvermutung	20–24	6. Weisungsrecht?	36
a) Bedeutung	20	7. Gläubigerschutz	37

---

[128] Ausf. *Burgard,* Gestaltungsfreiheit im Stiftungsrecht, 2006, 332 ff., 360, 590 f.; *Hippeli,* Zurechnung nach WpHG und WpÜG bei beherrschten Stiftungen, 2013; *ders.* AG 2014, 147 (152 ff.); *Ihrig/Wandt* FS Hüffer, 2010, 387 (396 ff.) mN; Spindler/Stilz/*Schall* Rn. 48; ebenso sogar die BaFin Emittentenleitfaden, 2013, 114 f.

I. Einleitung

§ 18 definiert in Abs. 1 S. 1 den Unterordnungskonzern und in Abs. 2 den Gleichordnungskonzern. Das wichtigste Merkmal des Konzerns ist danach in *beiden* Fällen die **Zusammenfassung mehrerer** rechtlich selbstständiger **Unternehmen unter einheitlicher Leitung.** Unterordnungs- und Gleichordnungskonzerne unterscheiden sich „lediglich" dadurch, dass im Unterordnungskonzern die unter einheitlicher Leitung zusammengefassten Unternehmen zugleich voneinander iSd § 17 abhängig sind (§ 18 Abs. 1 S. 1 Hs. 1), während im Gleichordnungskonzern solche Abhängigkeit der verbundenen Unternehmen fehlt (§ 18 Abs. 2). Ergänzt wird die Regelung durch eine unwiderlegliche und eine widerlegliche **Vermutung** des Vorliegens (nur) eines Unterordnungskonzerns. *Unwiderleglich* ist die Vermutung nach § 18 Abs. 1 S. 2 bei Bestehen eines Beherrschungsvertrages (§ 291 Abs. 1 S. 1) sowie im Falle der Eingliederung nach den §§ 319 und 320, *widerleglich* dagegen gemäß § 18 Abs. 1 S. 3 in den sonstigen Fällen der Abhängigkeit iSd § 17 Abs. 1.

§ 18 geht auf § 15 AktG von 1937 zurück. Vergleichbare Bestimmungen finden sich im österreichischen und im schweizerischen Recht (§ 15 Abs. 1 öAktG; § 115 Abs. 1 öGmbHG; Art. 663e Abs. 1 schweizOR). Die **praktische Bedeutung** der Konzerndefinition des § 18 im AktG ist gering, da das AktG in der Mehrzahl der Fälle Rechtsfolgen bereits an die bloße Abhängigkeit iSd § 17 (als *potentiellen* Konzern) knüpft. Hervorzuheben sind im vorliegenden Zusammenhang im Grunde lediglich die §§ 97 Abs. 1 S. 1 und 100 Abs. 2 S. 2 AktG. Soweit im Übrigen § 18 in verstreuten Vorschriften neben § 17 genannt wird, beschränkt sich die Bedeutung der Erwähnung des § 18 auf die Einbeziehung des Gleichordnungskonzerns in den Anwendungsbereich der fraglichen Vorschrift (vgl. zB §§ 134 Abs. 1 S. 3, 145 Abs. 3, 293 Abs. 1 S. 2). Im Bereich der **Konzernrechnungslegung** hat der Konzernbegriff mittlerweile gleichfalls weitgehend seine frühere Bedeutung eingebüßt, seitdem das Gesetz in § 290 Abs. 2 HGB zu dem Kontrollkonzept übergegangen ist (→ Einl. Rn. 43) und sich in § 315a HGB internationalen Rechnungslegungsstandards geöffnet hat. Als eigentlicher Anwendungsbereich des Konzernbegriffs verbleibt damit heute im Grunde nur das **Mitbestimmungsrecht,** in dem auf dem Weg über die Ausdehnung der Mitbestimmung der Arbeitnehmer auf die Konzernspitze insbesondere durch das MitbestG (§ 5), durch das DrittelbG von 2004 (§ 2) und durch das BetrVG (§ 54) versucht wird, die Mitbestimmung der Arbeitnehmer dort anzusiedeln, wo die eigentlichen unternehmerischen Entscheidungen fallen, nämlich in der *Konzernspitze* (→ Einl. Rn. 44 f.).

II. Einteilung

Konzerne werden in vielfältiger Weise eingeteilt.[1] Wichtig ist neben der schon in § 18 angelegten Einteilung in Unterordnungs- und Gleichordnungskonzerne zunächst die Unterscheidung zwischen Vertrags- und faktischen Konzernen. **Vertragskonzerne** werden allein durch einen Beherrschungsvertrag nach § 291 Abs. 1 S. 1 oder durch eine Eingliederung iSd §§ 319 und 320 begründet (vgl. § 18 Abs. 1 S. 2). Alle anderen Konzerne sind dagegen **faktische Konzerne,** mögen sie auf einem beliebigen sonstigen Vertrag (einschließlich der anderen Unternehmensverträge) oder allein auf „tatsächlichen" Verhältnissen, in erster Linie also auf einer Mehrheitsbeteiligung des einen Unternehmens an dem anderen (§§ 17 Abs. 2, 18 Abs. 1 S. 3), beruhen. Innerhalb der faktischen Konzerne unterscheidet man vielfach weiter je nach dem Ausmaß der einheitlichen Leitung einfache und qualifizierte faktische Konzerne (→ Anh. § 317 Rn. 1 ff.).

Unter einem anderen Gesichtspunkt sind ferner **einstufige und mehrstufige Konzerne** zu unterscheiden, je nachdem, ob sich nur Mutter- und Tochtergesellschaften (auf einer Stufe) gegenüberstehen oder ob die von dem herrschenden Unternehmen einheitlich geleiteten Unternehmen auf mehreren Stufen hintereinander angeordnet sind (Paradigma: Mutter-, Tochter-, Enkelgesellschaft).[2] Die gesetzliche Regelung ist in erster Linie auf

---
[1] Ausf. Beck Holding-HdB/*Mentz* Rn. A 1, 26 ff.
[2] Hölters/*Hirschmann* Rn. 17.

einstufige Konzerne zugeschnitten, sodass ihre Übertragung auf mehrstufige Unternehmensverbindungen häufig Schwierigkeiten bereitet.

5   Das Phänomen Konzern fasziniert – trotz seiner spärlichen gesetzlichen Regelung (→ Rn. 1f.) – die Rechts- und Wirtschaftswissenschaften gleichermaßen. Von den **Wirtschaftswissenschaften** wird deutlich die Betrachtung des Konzerns als **wirtschaftlicher Einheit** in den Vordergrund gerückt, dh als *ein einheitliches Unternehmen,* in dem die unternehmerische Planung ohne Rücksicht auf die rechtliche Selbstständigkeit der einzelnen Konzernglieder für den gesamten Konzern und nicht gesondert für die einzelnen Konzerngesellschaften erfolgt.[3] In der Tat finden sich in der **wirtschaftlichen Wirklichkeit** vielfach Konzernorganisationen, die auf die rechtliche Selbstständigkeit der einzelnen Konzerngesellschaften keine Rücksicht mehr nehmen. Im besonderen Maße gilt das für zentral oder divisional aufgebaute Konzerne.[4] Auch an die sich zunehmend durchsetzenden Matrix-Organisationen ist in diesem Zusammenhang zu denken.[5]

6   In der **Rechtswissenschaft** wird demgegenüber bisher – anders als in den Wirtschaftswissenschaften (→ Rn. 5) – bei der Betrachtung des Konzerns der Akzent traditionell auf die **rechtliche Selbstständigkeit** der einzelnen Konzernunternehmen gelegt. Auch die gesetzliche Regelung betont durchweg dieses Merkmal (§§ 15, 16 Abs. 1 und 17 Abs. 1). In § 18 Abs. 1 wird es nur deshalb nicht nochmals hervorgehoben, weil § 18 Abs. 1 auf § 17 Abs. 1 verweist (vgl. außerdem für den Gleichordnungskonzern § 18 Abs. 2). Die rechtliche Betrachtung der Konzerne setzt deshalb herkömmlich bei den rechtlich selbstständigen Konzerngliedern an und richtet folgerichtig den Blick erst von hier aus auf die „übergeordnete" Einheit Konzern.[6] Indessen ist nicht auszuschließen, dass es in Zukunft zumindest in einzelnen Beziehungen geboten sein wird, den Konzern nicht nur als wirtschaftliche, sondern auch als **rechtliche Einheit** zu begreifen. Im Schrifttum wird dieser Fragenkreis in erster Linie unter den Stichworten Konzernorganisations- und Konzernverfassungsrecht sowie Konzernbildungs- und Konzernleitungskontrolle diskutiert (→ Vor § 311 Rn. 1, 31 ff.).

7   Sämtliche in einem Unterordnungs- oder Gleichordnungskonzern zusammengefassten Unternehmen sind Konzernunternehmen (§ 18 Abs. 1 S. 1 Hs. 2 und Abs. 2 Hs. 2). Der Konzern ist mithin – im Gegensatz zu den übrigen Unternehmensverbindungen der §§ 15–17 – kein zweiseitiges, sondern ein **mehrseitiges Verhältnis,** sodass die einzelnen Konzernglieder nicht nur mit der Konzernspitze, sondern *auch untereinander verbunden* sind. Diese Regelung hat zur Folge, dass im Falle des Zusammentreffens eines Unterordnungskonzerns mit einem Gleichordnungskonzern, gebildet aus der Obergesellschaft des Unterordnungskonzerns und einem oder mehreren anderen Unternehmen, der Unterordnungskonzern gleichsam in dem Gleichordnungskonzern aufgeht und deshalb sämtliche beteiligten Unternehmen konzernverbunden sind. Die an den Konzern anknüpfenden Vorschriften wie zB § 100 Abs. 2 S. 2 sind dann von Fall zu Fall entsprechend anzuwenden.[7]

III. Unterordnungskonzern

8   **1. Einheitliche Leitung. a) Meinungsstand.**[8] Aus dem Zusammenhang der §§ 18 Abs. 1 und 17 Abs. 1 folgt, dass der Unterordnungskonzern durch **drei Merkmale** gekennzeichnet ist. Erstes Merkmal ist, dass es sich um eine Verbindung von mindestens **zwei**

---

[3] *Binder,* Beteiligungsführung in der Konzernunternehmung, 1994; Beck Holding-HdB/*Mentz* Rn. A 8; *Mestmäcker* Verwaltung 302 ff.; *E. Rehbinder* Konzernaußenrecht; *Theisen* Konzern 199, 259 ff.
[4] Beck Holding-HdB/*Mentz* Rn. A 31 ff.; *Theisen* Konzern 127 ff.; *Seibt/Wollenschläger* AG 2013, 229.
[5] Dazu *Seibt/Wollenschläger* AG 2013, 229; MüKoGmbHG/*Liebscher* Anh. § 13 Rn. 148 ff.
[6] *Druey* FS Hommelhoff, 2012, 135 ff.; *Goette* AG 2006, 522; *Lutter* AG 2006, 517; *K. Schmidt* FS Rokas, 2012, 893 ff.
[7] *Milde,* Der Gleichordnungskonzern im Gesellschaftsrecht, 1996, 132 ff.; *K. Schmidt* ZHR 155 (1991), 417 (443 ff.); GroßkommAktG/*Windbichler* Rn. 6, 60 ff.; ein Beispiel in BAGE 110, 100 = ZIP 2004, 1468 – Bofrost.
[8] Übersicht bei Spindler/Stilz/*Schall* Rn. 8 ff.; *Theisen* Konzern 34 ff.; K. Schmidt/Lutter/*Vetter* Rn. 6 ff.; GroßkommAktG/*Windbichler* Rn. 19 ff.; *Zöllner* FS Kropff, 1997, 333 (337 ff.).

rechtlich selbstständigen, aber voneinander abhängigen **Unternehmen** iSd §§ 15 und 17 Abs. 1 handeln muss. Hinzu kommen muss zweitens, dass sich diese Verbindung als eine **„Zusammenfassung"** der verbundenen Unternehmen darstellt, und zwar (drittens) gerade unter der **einheitlichen Leitung** des herrschenden Unternehmens (§ 18 Abs. 1 S. 1 Hs. 1). Da zu den Merkmalen des Unternehmensbegriffs und der Abhängigkeit bei § 15 (→ Rn. 6 ff.) und bei § 17 (→ Rn. 5 ff.) bereits Stellung genommen wurde, ist im folgenden nur noch auf die Frage einzugehen, was in § 18 Abs. 1 unter der Zusammenfassung mehrerer rechtlich selbstständiger, aber voneinander abhängiger Unternehmen unter der einheitlichen Leitung des herrschenden Unternehmens zu verstehen ist (→ Rn. 9 ff., 15 ff.).

Mit der Betonung der einheitlichen Leitung als des zentralen Tatbestandsmerkmals des **9** Unterordnungskonzerns haben die Gesetzesverfasser 1965 in § 18 Abs. 1 an § 15 Abs. 1 AktG von 1937 angeknüpft, dabei jedoch auf eine nähere Umschreibung des Begriffs wegen der großen Vielfalt der in der Praxis anzutreffenden Konzerngestaltungen verzichtet.[9] Auch in der nachfolgenden Diskussion konnte noch keine vollständige Einigkeit über die Merkmale des Konzernbegriffs des AktG erzielt werden (→ Rn. 10 ff.). Der Grund dürfte vor allem darin zu suchen sein, dass im „Konzernrecht" des AktG – anders als etwa im Mitbestimmungsrecht – die Frage nach den Grenzen des Konzernbegriffs, bisher jedenfalls, nur selten praktisch geworden ist, weil eben das Gesetz die meisten Rechtsfolgen nicht erst an den Tatbestand des Konzerns, sondern bereits an den der Abhängigkeit (als potentieller Konzern) knüpft (→ Rn. 2).

Im Schrifttum unterscheidet man üblicherweise einen engen und einen weiten Begriff **10** der einheitlichen Leitung. Dieselbe Auseinandersetzung findet sich in Österreich[10] und in der Schweiz.[11] Der **enge Konzernbegriff** geht von dem (wirtschaftswissenschaftlichen) Vorverständnis des Konzerns als *wirtschaftlicher Einheit* aus (→ Rn. 5) und bejaht dementsprechend das Vorliegen eines Konzerns im Rechtssinne nur, wenn die Konzernspitze für die, dh für (fast) **alle zentralen** unternehmerischen **Bereiche** einschließlich insbesondere des **Finanzwesens** eine einheitliche Planung im Sinne einer auf das Gesamtinteresse der verbundenen Unternehmen ausgerichteten Zielkonzeption aufstellt und bei den Konzerngliedern ohne Rücksicht auf deren rechtliche Selbstständigkeit durchsetzt. Die Folge ist, dass ein Konzern – nach dieser Sicht der Dinge – grundsätzlich nur angenommen werden kann, wenn für die Gesamtheit der verbundenen Unternehmen (auch) *einheitlich festgelegt* wird, welchen *Beitrag* jedes Unternehmen zum Konzernerfolg zu leisten hat, über welche *Mittel* es verfügen darf und wie diese aufzubringen sind (Paradigma: zentrales Cash-Management).[12] Dahinter steht (oder besser: stand früher) vor allem die Überlegung, dass allein bei solchem Konzernverständnis eine *einheitliche Rechnungslegung* (§ 290 Abs. 1 HGB) Sinn macht und dass auch nur dann Raum für die Entwicklung einer *Konzernverfassung* im Sinne eines rechtlichen Rahmens für die wirtschaftliche Einheit Konzern ist (Stichwort: Konzernorganisationsrecht; → Rn. 6).

Der **weite Konzernbegriff** stimmt mit dem engen (→ Rn. 10) im Ausgangspunkt **11** überein: Erfolgt die **Finanzplanung zentral** für den ganzen Konzern durch die Konzernspitze, so handelt es sich nach ihm gleichfalls ohne Ausnahme um einen Konzern iSd § 18 Abs. 1. Anders als die Vertreter des engen Konzernbegriffs (→ Rn. 10) begnügen sich indessen die Vertreter eines weiten Konzernbegriffs für die Annahme eines Konzerns von Fall zu Fall auch mit einer einheitlichen Planung in **einem der anderen zentralen Unternehmensbereiche** wie insbesondere dem Personalwesen (→ Rn. 14) sowie ggf. etwa noch

---

[9] Begr. RegE bei *Kropff* AktG 33; ebenso in der Schweiz, s. *v. Büren* Konzern 82.
[10] Für einen ganz weiten Konzernbegriff insbes. OGH GesRZ 2003, 170 (173 f.) = WuW/E KRInt 8, 10; wohl auch MüKoAktG/*Doralt/Diregger* § 15 Rn. 61 ff.; dagegen wesentlich enger *Koppensteiner* öGmbHG § 115 Rn. 15.
[11] Für einen engen Konzernbegriff hier insbes. BGE 113 (1987) II, 31, 35 f.; *Handschin* Konzern § 4 II; aA *v. Büren* Konzern 78 ff.; *Slongo*, Der Begriff der einheitlichen Leitung, 1980; *Zünd* in Druey, Konzernrechtsgespräch 7; s. auch *Druey/Vogel*, Das schweizerische Konzernrecht in der Praxis der Gerichte, 1999, 43 ff.
[12] So *Milde*, Der Gleichordnungskonzern im Gesellschaftsrecht, 1996, 70 ff.; *D. Marchand* Abhängigkeit 89 ff.; GroßkommAktG/*Windbichler* Rn. 19 ff.; wohl auch *Tröger* Treupflicht 177 ff.

Einkauf, Organisation und Verkauf, *vorausgesetzt* freilich, dass die Koordinierung der Unternehmen in den genannten Bereichen Ausstrahlungen oder Rückwirkungen auf das Gesamtunternehmen hat.[13]

12 In der **Rechtsprechung** steht bisher, insoweit in Übereinstimmung gleichermaßen mit dem engen wie mit dem weiten Konzernbegriff (→ Rn. 10 f.), lediglich fest, dass bei einer **einheitlichen Finanzplanung** für die verbundenen Unternehmen in jedem Fall ein Konzern anzunehmen ist.[14] Ein **Indiz** dafür ist es, wenn Kredite für den Konzern insgesamt aufgenommen und durch das Vermögen aller Konzernglieder gesichert werden.[15] Gleich steht der Fall, dass eine Bank im *finanziellen* Bereich die Leitung eines anderen Unternehmens vollständig an sich zieht.[16] Unter diesen Voraussetzungen ist ein Konzern dann **auch zwischen branchenfremden Unternehmen** möglich, da konzernspezifische Gefährdungen selbst bei ganz unterschiedlichen Tätigkeitsbereichen der einzelnen Unternehmen denkbar sind.[17] Für die Annahme einheitlicher Leitung genügt es ferner, wenn die Konzernleitung die **Geschäftspolitik** der Konzerngesellschaften und sonstige grundsätzliche Fragen der Geschäftsführung aufeinander **abstimmt**.[18] Weitergehende Aussagen finden sich bislang soweit ersichtlich, allein in Entscheidungen zu **§ 5 MitbestG**. Danach ist jedenfalls im Anwendungsbereich dieses Gesetzes von dem **weiten Konzernbegriff** in dem vorstehend entwickelten Sinne (→ Rn. 11) auszugehen, dies natürlich zu dem Zweck, der Mitbestimmung der Arbeitnehmer auf Konzernebene einen möglichst weiten Anwendungsbereich zu sichern.[19] Hinzuzufügen ist, dass nach Meinung des BAG dem Mitbestimmungsrecht **derselbe Konzernbegriff** wie dem § 18 zu Grunde liegt, dass es mit anderen Worten keinen eigenständigen mitbestimmungsrechtlichen Konzernbegriff gibt.[20]

13 b) **Stellungnahme**. Das Gesetz knüpft in § 18 Abs. 1 S. 3 an den Tatbestand der Abhängigkeit die Vermutung der einheitlichen Leitung der verbundenen Unternehmen in einem Konzern (→ Rn. 27 ff.), wobei die Abhängigkeit nach § 17 Abs. 2 ihrerseits im Falle einer Mehrheitsbeteiligung iSd § 16 vermutet wird. Zwischen den Begriffen Mehrheitsbeteiligung (§ 16), Abhängigkeit (§ 17 Abs. 1) und einheitliche Leitung (§ 18) besteht mithin ein enger Zusammenhang, den man auch dahin umschreiben kann, dass einheitliche Leitung iSd § 18 Abs. 1 S. 1 nichts anderes als derjenige **aktualisierte beherrschende Einfluss iSd § 17 Abs. 1** ist, der im Regelfall **durch eine Mehrheitsbeteiligung** vermittelt wird (§ 17 Abs. 2; Stichwort: mehrheitsbedingte Abhängigkeit als potentieller Konzern).

14 Wie schon ausgeführt (→ § 17 Rn. 5 ff.), äußert sich der mehrheitsbedingte beherrschende Einfluss eines Unternehmens auf ein anderes in erster Linie in der **Einflussnahme auf die Personalpolitik** des anderen (abhängigen) Unternehmens, bei der AG über die Besetzung des Aufsichtsrats mit Vertrauensleuten des herrschenden Unternehmens (§§ 84 und 101) und bei der GmbH über die Bestellung der Geschäftsführer durch die Gesellschafterversammlung (§ 46 Nr. 5 GmbHG). Daraus folgt, dass ein Konzern iSd § 18 Abs. 1 S. 1 entsteht, wenn das herrschende Unternehmen tatsächlich **Einfluss auf die Personalpolitik** der abhängigen Gesellschaft nimmt, und zwar mit dem **Ziel**, die **Politik** der verbundenen

---

[13] In diesem Sinne MüKoAktG/*Bayer* Rn. 33; *H. v. Bünau* Beratungsverträge 90 ff.; Grigoleit/*Grigoleit* Rn. 6 f.; Hüffer/*Koch* Rn. 10 f.; Hölters/*Hirschmann* Rn. 15; *Hommelhoff* Konzernleitungspflicht 220 ff.; *Kleindiek* Strukturvielfalt 37 ff.; MHdB AG/*Krieger* § 68 Rn. 70 ff.; Spindler/Stilz/*Schall* Rn. 18; K. Schmidt/Lutter/*Vetter* Rn. 11.
[14] So BGHZ 107, 7 (20) = NJW 1989, 1800 = AG 1989, 243 – Tiefbau; BGHZ 115, 187 (191) = NJW 1991, 3142 = AG 1991, 429 – Video.
[15] LG Oldenburg ZIP 1992, 1632 (1636) – TBB.
[16] OLG Stuttgart AG 1990, 168 (169).
[17] BGHZ 115, 187 (191) = NJW 1991, 3142 = AG 1991, 429 – Video.
[18] LG Mainz AG 1991, 30 (31).
[19] BayObLGZ 1998, 85 (90 f.) = AG 1998, 523 (524) = NZA 1998, 956; BayObLGZ 2002, 46 (50) = AG 2002, 511 = NJW-RR 2002, 974; OLG Stuttgart AG 1990, 168 (169); OLG Dresden AG 2011, 88; OLG Düsseldorf AG 2013, 720 (721) – Stadtwerke Bielefeld; statt aller UHH/*Ulmer/Habersack* MitbestG § 5 Rn. 23 ff. (150 f.).
[20] BAG AG 2012, 632 Rn. 46; LG Frankfurt a.M. ZIP 2015, 634 (635) = AG 2015, 371 – Deutsche Börse mit Anm. *Krause* ZIP 2015, 635 und *Hellwig/Behme* AG 2015, 333.

Unternehmen beständig, nicht nur punktuell (→ Rn. 15), zu **koordinieren** (Stichwort: „einheitliche" Leitung),[21] und zwar in erster Linie durch die Entwicklung einer auf das Interesse der verbundenen Unternehmen in ihrer Gesamtheit ausgerichteten Zielkonzeption für den jeweiligen Bereich.[22] Bereits diese Überlegung spricht für den **weiten Konzernbegriff,** da sie zeigt, dass nach der Systematik des Gesetzes (§§ 16, 17 Abs. 1, 18 Abs. 1) schon die Koordinierung der verbundenen Unternehmen im *einem* zentralen unternehmerischen Bereich, nämlich hinsichtlich des *Personalwesens,* für die Begründung eines Konzerns ausreicht.

Indizien für das Vorliegen einer einheitlichen Leitung iSd § 18 Abs. 1 S. 1 und damit für das Vorliegen eines Konzerns sind **enge personelle Verflechtungen** zwischen den Unternehmen,[23] ihre einheitliche Leitung im finanziellen Bereich, insbesondere in Gestalt eines **zentralen „Cashmanagements"** (→ Rn. 12),[24] die offenkundige, zumal gesellschaftsvertraglich abgesicherte Koordinierung der Geschäftspolitik der Unternehmen, zB durch **Genehmigungsvorbehalte zugunsten der Obergesellschaft** bis in die Einzelheiten des täglichen Geschäfts hinein,[25] eine sog. Matrix-Organisation nach Sachgebieten über die „Grenzen" der einzelnen rechtlich selbstständigen Konzernunternehmen hinweg,[26] gemeinsame Beratungen und Empfehlungen für sämtliche verbundenen Unternehmen oder die Schaffung gemeinsamer Steuerungsorgane für sie, etwa im Rahmen einer Holdinggesellschaft,[27] die Erstellung eines **Konzernabschlusses** und eines Konzernlageberichts nach den §§ 290 ff. HGB,[28] weiter ein intensiver Informationsaustausch zwischen den verbundenen Unternehmen auch hinsichtlich sensibler Daten[29] sowie das **Auftreten** der Unternehmen am Markt **als Einheit,** zB unter einem einheitlichen Logo oder unter zusammengehörigen Firmen, insbesondere, wenn noch personelle Verflechtungen zwischen den Unternehmen hinzukommen (→ § 302 Rn. 13 f.).[30]

Ein Konzern iSd § 18 Abs. 1 darf außerdem in der Regel ohne weiteres angenommen werden, wenn die verbundenen Unternehmen selbst in mitbestimmungsrechtlicher Hinsicht von dem Vorliegen eines Konzerns ausgehen, insbesondere durch **Errichtung eines Konzernbetriebsrates** (§ 54 BetrVG) oder durch die **Vertretung der Arbeitnehmer** im Aufsichtsrat des herrschenden Unternehmens gemäß § 5 MitbestG oder § 2 DrittelbG, da rational handelnde Unternehmen sich zu solcher Ausdehnung der Mitbestimmung nur entschließen werden, wenn sie im Konfliktfalle die für das Vorliegen eines Konzerns sprechenden Vermutungen (§§ 17 Abs. 2 und 18 Abs. 1 S. 3) nicht zu widerlegen vermögen. Der Bestand einer **körperschaftsteuerlichen Organschaft** deutet gleichfalls auf die Zusammenfassung der beteiligten Unternehmen in einem Konzern iSd § 18 Abs. 1 S. 1 hin (→ § 291 Rn. 49).[31] Dasselbe gilt schließlich für den Abschluss eines **Gewinnabführungsvertrages** oder für den eines **Betriebspacht**- oder Betriebsführungsvertrages, da derartige Verträge erfahrungsgemäß nur innerhalb von Konzernen anzutreffen sind (zur öffentlichen Hand → § 15 Rn. 31).[32] Alle genannten Umstände sind mit anderen Worten zumindest deutliche **Indizien** für das Vorliegen eines Konzerns.

---

[21] Ebenso für die Schweiz *v. Büren* Konzern 8.
[22] OLG Dresden AG 2011, 88.
[23] OLG Dresden AG 2011, 88; OLG Düsseldorf AG 2013, 720 (721) – Stadtwerke Bielefeld; Grigoleit/*Grigoleit* Rn. 7; Hüffer/*Koch* Rn. 10; aA (ohne Begr.) BAGE 80, 322 (327 f.) = NJW 1996, 1691 = AG 1996, 367 (368 f.).
[24] BGHZ 107, 7 (20) = NJW 1989, 1800 – Tiefbau; BGHZ 115, 187 (191) = NJW 1991, 3142 – Video; OLG Stuttgart AG 1990, 168 (169); LG Oldenburg ZIP 1992, 1632 (1636) – TBB.
[25] OLG Stuttgart AG 1990, 168 (169).
[26] *Seibt/Wollenschläger* AG 2013, 229.
[27] OLG Dresden AG 2011, 88.
[28] Ebenso insgesamt wie hier OLG Düsseldorf AG 2013, 720 (721) – Stadtwerke Bielefeld; OLG München NZG 2009, 112 (114) = ZIP 2008, 2414 = WM 2009, 558.
[29] *U. Schneider* FS Wiedemann, 2002, 1255, bes. 1267 ff.: kein Verstoß gegen § 14 WpHG.
[30] Hölters/*Hirschmann* Rn. 16.
[31] Ebenso Hüffer/*Koch* § 291 Rn. 27.
[32] *H. v. Bünau* Beratungsverträge 115 ff.; aA UHH/*Ulmer/Habersack* MitbestG § 5 Rn. 29 ff. (152 ff.); anders nach den Umständen des Falles auch OLG Düsseldorf AG 2013, 720 (722) – Stadtwerke Bielefeld.

15 **2. Zusammenfassung.** Das Gesetz verlangt in § 18 Abs. 1 S. 1 neben der einheitlichen Leitung als weiteres Merkmal des Unterordnungskonzerns noch eine „Zusammenfassung" der Konzernunternehmen. Vielfach wird bezweifelt, dass diesem Merkmal eigenständige Bedeutung zukommt, vor allem, weil bereits durch die einheitliche Leitung der verbundenen Unternehmen ihre „Zusammenfassung" gewährleistet sei.[33] Dieser Meinung ist nicht zu folgen,[34] wie ein Blick auf das **Kartellrecht** zeigt, das durchgängig auf der Unterscheidung zwischen Kartellen (Art. 101 AEUV; § 1 GWB) und Konzernen als besonderer Erscheinungsform der Unternehmenszusammenschlüsse beruht, wie vor allem Art. 3 Abs. 1 der FKVO von 2004 verdeutlicht. Idealtypisch geht es mit anderen Worten um die Unterscheidung zwischen einer punktuellen Koordination und Kooperation rechtlich *und* wirtschaftlich selbstständiger Unternehmen (Art. 101 AEUV; § 1 GWB) und ihrem Zusammenschluss zu einer neuen wirtschaftlichen *Einheit* in Gestalt eines die beteiligten Unternehmen insgesamt und auf Dauer erfassenden Konzerns (Art. 3 FKVO; § 37 GWB; → Rn. 26).

15a Vor diesem Hintergrund will das AktG mit dem zusätzlichen Tatbestandsmerkmal der *Zusammenfassung* der verbundenen Unternehmen unter einheitlicher Leitung letztlich gleichfalls den Unterschied zwischen einem Konzern (als einem prinzipiell **auf Dauer** angelegten, einheitlichen wirtschaftlichen Gebilde; s. Art. 3 Abs. 1 FKVO) und der bloßen **Koordinierung** der verbundenen Unternehmen *im Einzelfall* zum Ausdruck bringen. Die **Zusammenfassung** muss daher ebenso wie ihre Grundlage, die Abhängigkeit, **beständig,** dh über den Einzelfall hinaus für eine im Voraus nicht feststehende Vielzahl von Fällen **gesichert** sein, weil nur dann eine einheitliche Konzernpolitik gewährleistet ist.[35] Eine bestimmte **Mindestdauer** der Zusammenfassung ist dagegen nicht erforderlich.[36] Das ist wichtig insbesondere im Falle eines von vornherein nur für einen begrenzten Zeitraum ins Auge gefassten Erwerbs eines anderen Unternehmens, etwa zum Zwecke der Sanierung und der anschließenden Weiterveräußerung. Die Annahme eines (vorübergehenden) Konzerns wird durch solche Zielsetzung nicht ausgeschlossen.[37]

16 Die **Mittel der Zusammenfassung** der verbundenen Unternehmen unter einheitlicher Leitung bleiben gleich.[38] Neben **Weisungen,** die – als verbindliche – ohnehin nur bei Abschluss eines Beherrschungsvertrages oder im Falle der Eingliederung zulässig sind (§§ 308, 323 Abs. 1), stehen Formen der **informellen Einflussnahme** wie Wünsche, Ratschläge oder Empfehlungen.[39] Weitere Mittel sind gemeinsame Beratungen, Richtlinien für die gemeinsam zu verfolgende Politik, die Einrichtung sog. Konzernarbeitskreise sowie insbesondere **personelle Verflechtungen** auf der Ebene des Vorstands oder des Aufsichtsrates, in denen folgerichtig auch eines der wichtigsten Indizien für das Vorliegen eines Konzerns gesehen wird (→ Rn. 11, 14).[40] Dies macht zugleich deutlich, dass die Kontroverse um die eigenständige Bedeutung des Merkmals der „Zusammenfassung" in § 18 Abs. 1 S. 1 nicht überbewertet werden darf. Es geht letztlich, nicht anders als bei der Auseinandersetzung um das Verständnis des Merkmals der „einheitlichen Leitung" in § 18 Abs. 1 S. 1, lediglich um eine unterschiedliche Akzentsetzung – und damit – im Rechtsstreit – um eine Beweiserleichterung.

---

[33] MüKoAktG/*Bayer* Rn. 27; Grigoleit/*Grigoleit* Rn. 5; *Dierdorf* Herrschaft 86 f.; Hölters/*Hirschmann* Rn. 10; Hüffer/*Koch* Rn. 7.
[34] *v. Büren* Konzern 78 ff.; GroßkommAktG/*Windbichler* Rn. 21, 24, 26.
[35] Ebenso Spindler/Stilz/*Schall* Rn. 17; UHH/*Ulmer/Habersack* MitbestG § 5 Rn. 21 (149); zurückhaltend K. Schmidt/Lutter/*Vetter* Rn. 13.
[36] KK-AktG/*Koppensteiner* Rn. 3; K. Schmidt/Lutter/*Vetter* Rn. 13.
[37] Spindler/Stilz/*Schall* Rn. 17.
[38] Begr. RegE bei *Kropff* AktG 33; LG Mainz AG 1991, 30 (31); LG Oldenburg ZIP 1992, 1632 (1636); MüKoAktG/*Bayer* Rn. 34 f.; *H. v. Bünau* Beratungsverträge 92 ff.; Hüffer/*Koch* Rn. 12; GroßkommAktG/ *Windbichler* Rn. 27.
[39] So schon Begr. RegE bei *Kropff* AktG 33; BayObLGZ 1998, 85 (93) = AG 1998, 523 (524 f.) = NZA 1998, 956; OLG Dresden AG 2011, 88.
[40] BayObLGZ 1998, 85 (93) = AG 1998, 523 (524 f.) = NZA 1998, 956; BayObLGZ 2002, 46 (52) = AG 2002, 511 (512); OLG Dresden AG 2011, 88; OLG Düsseldorf AG 2013, 720 (721) – Stadtwerke Bielefeld; MüKoAktG/*Bayer* Rn. 35; *Holtmann,* Personelle Verflechtungen; *Martens* FS Heinsius, 1991, 523.

3. Konzern im Konzern? Unter dem Stichwort „Konzern im Konzern" wird die Frage **17** diskutiert, ob es auch eine **mehrfache Konzernzugehörigkeit** und insbesondere einen Konzern *im Konzern* geben kann. Die Frage stellt sich vor allem in dem Sonderfall der Gemeinschaftsunternehmen (→ Rn. 18) sowie – unter mitbestimmungsrechtlichen Aspekten – im Rahmen des § 5 MitbestG (→ Rn. 19 ff.). Das Problem rührt daher, dass das Gesetz in § 18 Abs. 1 S. 1 ebenso wie in § 5 MitbestG offenkundig von der Vorstellung ausgeht, dass im Unterordnungskonzern typischerweise eine oder mehrere abhängige Gesellschaften unter der einheitlichen Leitung *einer* Obergesellschaft (als Konzernspitze) zusammengefasst sind. Damit ist schon auf den ersten Blick die Vorstellung einer *mehrfachen* Konzernzugehörigkeit einer Gesellschaft nur schwer vereinbar.

Für den Fall des **Gemeinschaftsunternehmens** ist gleichwohl mittlerweile – vor allem **18** mit Rücksicht auf die Notwendigkeit einer umfassenden Konzernpublizität (§§ 290, 310 HGB) – die Möglichkeit einer **mehrfachen Konzernzugehörigkeit** geklärt, sofern nur die Mütter gegenüber der gemeinsamen Tochter koordiniert auftreten (→ § 17 Rn. 28 ff.). Jenseits dieses Sonderfalles wird dagegen überwiegend gesellschaftsrechtlich die Notwendigkeit **verneint,** bei Unterordnungskonzernen einen **Konzern im Konzern** anzuerkennen.[41] Dem ist schon deshalb zuzustimmen, weil die Vorstellung selbstständiger Teilkonzerne unter der Konzernspitze etwa im Rahmen des § 290 HGB zu nur schwer erträglichen Konsequenzen führen müsste.

Besonderheiten gelten freilich im **Mitbestimmungsrecht.**[42] Hier fingiert zunächst § 5 **19** Abs. 3 MitbestG einen **Teilkonzern** innerhalb des umfassenderen Unterordnungskonzerns im Falle einer *mitbestimmungsfreien Konzernspitze,* um auch in solchen Konzernen so viel wie möglich von der Mitbestimmung der Arbeitnehmer zu retten. § 5 Abs. 3 MitbestG setzt – entgegen einer verbreiteten Meinung[43] – voraus, dass das fragliche Unternehmen wenigstens über ein Mindestmaß an eigenen Leitungsmöglichkeiten verfügt, weil andernfalls die Mitbestimmung leerliefe.[44] Erforderlich ist – aus demselben Grund –, dass die untergeordnete Gesellschaft überhaupt einer *fremden Leitung untersteht*; fehlt es daran, weil sie tatsächlich völlig selbstständig geführt wird, so fingiert auch § 5 Abs. 3 MitbestG für die Zwecke der Mitbestimmung der Arbeitnehmer keinen Konzern.[45]

Die Vorschrift des § 5 Abs. 3 MitbestG kann außerdem in bestimmten eigenartigen Fall- **19a** gestaltungen entsprechend angewandt werden und damit zu einer entsprechenden Erweiterung der Mitbestimmung der Arbeitnehmer führen, insbesondere, wenn die Obergesellschaft eines Konzerns bestimmte, der Mitbestimmung der Arbeitnehmer unterliegende **Fragen** auf von ihr abhängige Unternehmen zur selbstständigen **Erledigung überträgt.** Ist diese abhängige Gesellschaft nicht ohnehin für sich bereits der Mitbestimmung der Arbeitnehmer unterworfen (§ 1 MitbestG), so stellt sich hier die Frage, ob durch solche Umorganisation des Konzerns die Mitbestimmung der Arbeitnehmer für den betreffenden Fragenkreis unterlaufen werden kann. Die **Rechtsprechung** tendiert heute zur Verneinung der Frage, vorausgesetzt, dass die an sich abhängige Gesellschaft ausnahmsweise *eigenverantwortliche,* nicht nur abgeleitete *Leitungsmacht* auf dem betreffenden Sektor ausübt. Ist dies der Fall, so wird – innerhalb des einen umfassenden Konzerns – (ausnahmsweise) analog § 5 Abs. 1 und 3 MitbestG ein **Konzern im Konzern** unter der Leitung der *abhängigen*

---

[41] MüKoAktG/*Bayer* Rn. 42; Hölters/*Hirschmann* Rn. 18; Grigoleit/*Grigoleit* Rn. 10; Hüffer/*Koch* Rn. 14; KK-AktG/*Koppensteiner* Rn. 31 ff.; MHdB AG/*Krieger* § 68 Rn. 76; *D. Marchand* Abhängigkeit 95 ff.; Spindler/Stilz/*Schall* Rn. 18; K. Schmidt/Lutter/*Vetter* Rn. 14; GroßkommAktG/*Windbichler* Rn. 83; aA *K. Schmidt* FS Lutter, 2000, 1167 (1189 ff.).
[42] Wegen der Einzelheiten s. *Kort* NZG 2009, 81 (82 f.); UHH/*Ulmer/Habersack* MitbestG § 5 Rn. 35, 65 ff. (155, 168 ff.).
[43] OLG Stuttgart NJW-RR 1995, 1067 = AG 1995, 380 (381) – Vögele Holding; OLG Düsseldorf AG 2007, 170 (172 f.) = NZG 2007, 77; OLG Frankfurt ZIP 2008, 878 (879) = AG 2008, 502; ZIP 2008, 880 = AG 2008, 504 – Asklepios; aber offengelassen in OLG Düsseldorf AG 2013, 720 (723 f.) – Stadtwerke Bielefeld.
[44] *Habersack* AG 2007, 641 (646 ff.); *Kort* NZG 2009, 81 (84 f.); UHH/*Ulmer/Habersack* MitbestG § 5 Rn. 65 ff. (168 ff.).
[45] OLG Düsseldorf AG 2013, 720 (723 f.) – Stadtwerke Bielefeld.

Gesellschaft angenommen, um auf der Ebene der abhängigen Gesellschaft *glei chfalls* die Mitbestimmung der Arbeitnehmer sicherzustellen, soweit dies im Rahmen des MitbestG überhaupt möglich ist.[46] Ebenso wird im Rahmen von **§ 54 BetrVG** verfahren,[47] zB bei internationalen Konzernen mit einer ausländischen Konzernspitze und einer deutschen Tochter als Spitze des „Konzerns im Konzern".[48] Für das Gesellschaftsrecht folgt daraus jedoch nichts.

20   **4. Konzernvermutung. a) Bedeutung.** Der Gesetzgeber hat die Konzerndefinition des § 18 Abs. 1 S. 1 um zwei Konzernvermutungen, eine widerlegliche und eine unwiderlegliche, ergänzt. **Unwiderleglich** ist die Vermutung nach S. 2 des § 18 Abs. 1, wenn zwischen den verbundenen Unternehmen ein Beherrschungsvertrag besteht (§ 291 Abs. 1 S. 1) oder wenn das eine Unternehmen in das andere eingegliedert ist (§§ 319, 320), **widerleglich** dagegen in den sonstigen Fällen der Abhängigkeit (§ 18 Abs. 1 S. 3). Ihre Rechtfertigung finden beide Vermutungen letztlich in der immer wieder bestätigten Erfahrung, dass in der Praxis von wirtschaftlichen Einflussmöglichkeiten und insbesondere von Weisungsrechten (§§ 308 und 323) durchweg auch tatsächlich Gebrauch gemacht wird. Vermutet wird folgerichtig aber immer nur das Vorliegen eines *Unter*ordnungskonzerns; eine Vermutung des Bestehens eines *Gleich*ordnungskonzerns gibt es nicht (→ Rn. 25 ff.). Mit dieser Regelung wurde seinerzeit in erster Linie der **Zweck** verfolgt, den **Abschlussprüfern** den Nachweis der einheitlichen Leitung mehrerer Unternehmen zu erleichtern. Heute liegt dagegen der Schwerpunkt der Anwendung der Konzernvermutungen im **Mitbestimmungsrecht,** vor allem also bei § 5 MitbestG (→ Rn. 19, 22).

21   **b) Anwendungsbereich.** Die unwiderlegliche Konzernvermutung des § 18 Abs. 1 S. 2 knüpft in erster Linie an den Abschluss eines **Beherrschungsvertrages** mit einer abhängigen AG an und findet hier ihre Rechtfertigung in der Begründung eines umfassenden Weisungsrechts zugunsten des herrschenden Unternehmens durch den Vertrag (§ 308). Unerheblich ist, ob der Vertrag wirksam ist oder nicht, sofern er nur von den Beteiligten tatsächlich praktiziert wird (→ § 291 Rn. 28 ff.). Bei Abschluss von Beherrschungsverträgen zwischen einem **Gemeinschaftsunternehmen** und seinen Müttern ist gleichfalls Raum für die Anwendung der Vermutung des S. 2 des § 18 Abs. 1, vorausgesetzt freilich, dass die Koordinierung des Verhaltens der Mütter gegenüber dem Gemeinschaftsunternehmen feststeht.[49] Ob dasselbe in Fällen einer bloßen mehrfachen Abhängigkeit des Gemeinschaftsunternehmens für die widerlegliche Vermutung des S. 3 des § 18 Abs. 1 gilt, ist streitig, aber wohl zu bejahen.[50] Besonderheiten gelten in mehrstufigen Konzernen (→ § 17 Rn. 40). § 18 Abs. 1 S. 2 und 3 wird darüber hinaus allgemein auch auf die **GmbH** angewandt. Die Konzernvermutung ist hier wegen des ausgeprägten Primats der Gesellschafterversammlung und damit der starken Betonung der Mehrheitsherrschaft sogar in besonderem Maße sinnfällig.[51] Jedenfalls die unwiderlegliche Vermutung des S. 2 des § 18 Abs. 1 ist ferner im Falle des Abschlusses eines Beherrschungsvertrages **mit anderen Gesellschaften** als gerade einer AG oder GmbH anwendbar (str.).

22   Praktische Bedeutung haben die beiden Konzernvermutungen des § 18 Abs. 1 S. 2 und 3 heute vor allem im **Mitbestimmungsrecht** (→ Rn. 20). In den ersten Jahren nach Inkrafttreten des **MitbestG** von 1976 war zwar vielfach die These vertreten worden, aufgrund der paritätischen Mitbestimmung der Arbeitnehmer im Aufsichtsrat abhängiger Kapitalge-

---

[46] BAGE 34, 230 (235 f.) = AG 1981, 227; BAGE 53, 287 (360) = AP BetrVG 1972 § 54 Nr. 1 = AG 1988, 106; OLG Düsseldorf AG 1979, 318; OLG Zweibrücken AG 1984, 80; OLG Frankfurt AG 1987, 55; OLG München NZG 2009, 112 (113 f.) = AG 2009, 339; offengelassen aber von OLG Düsseldorf AG 1997, 129; UHH/*Ulmer*/*Habersack* MitbestG § 5 Rn. 35 ff. (155 ff.).
[47] *Kort* NJW 2009, 129 (130 f.); Spindler/Stilz/*Schall* Rn. 19.
[48] BAG NZA 2007, 999; NJW 2008, 3731 (3734) Rn. 39 – Honeywell.
[49] BAGE 53, 287 (303) = AP BetrVG 1972 § 54 Nr. 1 = AG 1988, 106; Grigoleit/*Grigoleit* Rn. 14; str.
[50] Grigoleit/*Grigoleit* Rn. 15; Hölters/*Hirschmann* Rn. 20; Hüffer/*Koch* Rn. 18; Spindler/Stilz/*Schall* Rn. 27.
[51] Scholz/*Emmerich* GmbHG Anh. § 13 Rn. 29a; MüKoGmbHG/*Liebscher* Anh. § 13 Rn. 138 f.

sellschaften sei im Anwendungsbereich des § 1 MitbestG für die Konzernvermutungen kein Raum mehr.[52] Diese Auffassung hat sich indessen in der Masse der Fälle als nicht haltbar erwiesen.[53] Ebenso zu beurteilen ist die Rechtslage im Geltungsbereich des **Montanmitbestimmungsgesetzes** von 1951.[54] Eine abweichende Rechtslage bestand früher lediglich im Rahmen des § 76 Abs. 4 S. 1 BetrVG von 1952 aF, weil diese Vorschrift allein auf § 18 Abs. 1 *S. 2* Bezug nahm, sodass S. 3 des § 18 Abs. 1 hier nicht anwendbar war.[55] An die Stelle des § 76 BetrVG von 1952 ist jedoch mittlerweile **§ 2 DrittelbG** von 2004 getreten, dessen Abs. 1 *insgesamt* auf § 18 Abs. 1 und damit auch auf die Konzernvermutung des S. 3 dieser Vorschrift Bezug nimmt.[56]

c) **Widerlegung.** Die (widerlegliche) Konzernvermutung des § 18 Abs. 1 S. 3 greift **nur ein, wenn Abhängigkeit** besteht. Für ihre Anwendung ist folglich kein Raum, wenn den verbundenen Unternehmen bereits die Widerlegung der Abhängigkeitsvermutung des § 17 Abs. 2 gelingt (→ § 17 Rn. 35 ff.). Steht dagegen die Abhängigkeit des einen Unternehmens von dem anderen fest, so ist zur Widerlegung der Konzernvermutung (§ 18 Abs. 1 S. 3) der **Nachweis** erforderlich, dass trotz der Abhängigkeit seitens des herrschenden Unternehmens tatsächlich **keine** einheitliche **Leitung** praktiziert wird. Dazu müssen Umstände vorgetragen und ggf. bewiesen werden, die zeigen, dass von den Einflussmöglichkeiten aufgrund der Abhängigkeit allenfalls punktuell Gebrauch gemacht wird.[57] So verhält es sich zB, wenn es sich bei dem mit Mehrheit beteiligten Unternehmen um eine reine *Finanzholding* handelt, sodass die Beteiligungsunternehmen in allen wesentlichen Bereichen der Unternehmenspolitik uneingeschränkt nach ihrem eigenen geschäftspolitischen Interesse handeln können, wenn obendrein keine personellen Verflechtungen bestehen und sich die Organe der Holding nicht mit der Politik der Beteiligungsunternehmen befassen.[58] Die Vermutung ist ferner widerlegt, wenn die abhängige Gesellschaft in die **Insolvenz** geraten ist (→ § 297 Rn. 57 ff.).[59] 23

Die **Anforderungen** an den Beweis fehlender einheitlicher Leitung hängen davon ab, wieweit der Konzernbegriff gefasst wird. Bei dem hier zugrunde gelegten **weiten Konzernbegriff** (→ Rn. 9 ff.) wird der Versuch einer Widerlegung der Konzernvermutung des § 18 Abs. 1 S. 3 in erster Linie bei den einzelnen **Indizien** anzusetzen haben, die typischerweise auf das Vorliegen einheitlicher Leitung hindeuten (→ Rn. 14 f.). Nur wenn keines dieser Indizien vorliegt, dürfte an eine Entkräftung der Konzernvermutung zu denken sein.[60] Im Mittelpunkt der Beweisführung wird dabei in der Mehrzahl der Fälle die **finanz- und personalpolitische Selbstständigkeit** der abhängigen Gesellschaft zu stehen haben.[61] Angesichts des Gesagten verwundert es im Ergebnis nicht, dass eine Widerlegung der Konzernvermutung nur selten gelingt.[62] 24

---

[52] *Lutter,* Mitbestimmung im Konzern, 1975, 54 ff.; *Sonnenschein* Organschaft 208, 220 ff.; *H. Werner* ZGR 1976, 447 (470 ff.).
[53] BayObLGZ 2002, 46 (50 ff.) = NJW-RR 2002, 974 = AG 2002, 511; Grigoleit/*Grigoleit* Rn. 14; UHH/*Ulmer/Habersack* MitbestG § 5 Rn. 27; *Th. Raiser* MitbestG § 5 Rn. 13; im Ergebnis auch BAGE 53, 287 (303 f.) = AP BetrVG 1972 § 54 Nr. 1 = AG 1988, 106; BAGE 110, 100 (118 ff.) = ZIP 2004, 1468 (1474 f.) – Bofrost.
[54] Hüffer/*Koch* Rn. 17 f.
[55] BAGE 80, 322 (325 f.) = NJW 1996, 1691 = AG 1996, 367 (368).
[56] UHH/*Habersack* Habersack DrittelbG § 2 Rn. 4, 8.
[57] So BayObLGZ 1998, 85 (89 ff.) = AG 1998, 523 (524) = NZA 1998, 956; BayObLGZ 2002, 46 (50) = NJW-RR 2002, 974 = AG 2002, 511; BAGE 53, 287 (303 f.) = AP BetrVG 1972 § 54 Nr. 1 = AG 1988, 106; BAGE 80, 322 (327) = AP BetrVG 1952 § 76 Nr. 30 = AG 1996, 367 (368) = NJW 1996, 1691; BAGE 110, 100 (118 ff.) = ZIP 2004, 1468 (1474 f.) – Bofrost; OLG Düsseldorf AG 2013, 720 (723 f.) – Stadtwerke Bielefeld; Hölters/*Hirschmann* Rn. 21.
[58] So OLG Düsseldorf AG 2013, 720 (722) – Stadtwerke Bielefeld.
[59] Spindler/Stilz/*Schall* Rn. 27; K. Schmidt/Lutter/*Vetter* Rn. 19.
[60] Ebenso BAG AG 2012, 632 (635) Rn. 52 ff.; BayOLGZ 2002, 46 (51 ff.) = NJW-RR 2002, 974 = AG 2002, 511; OLG Düsseldorf AG 2013, 720 (722 f.) – Stadtwerke Bielefeld.
[61] MüKoAktG/*Bayer* Rn. 48; Grigoleit/*Grigoleit* Rn. 16; Hölters/*Hirschmann* Rn. 21; Hüffer/*Koch* Rn. 19; MHdB AG/*Krieger* § 68 Rn. 74.
[62] Ebenso BAGE 80, 322 (327) = NJW 1996, 1691 = AG 1996, 367; MüKoAktG/*Bayer* Rn. 48; MHdB AG/*Krieger* § 68 Rn. 74; *Richter* AG 1982, 261; K. Schmidt/Lutter/*Vetter* Rn. 18.

IV. Gleichordnungskonzern

Schrifttum: *Drygala,* Der Gläubigerschutz bei der typischen Betriebsaufspaltung, 1991; *Exner,* Beherrschungsvertrag und Vertragsfreiheit, 1985; *Gromann,* Die Gleichordnungskonzerne im Konzern- und Wettbewerbsrecht, 1979; *Jaschinski,* Die Haftung von Schwestergesellschaften im GmbH-Unterordnungskonzern, 1997; *Keck,* Nationale und internationale Gleichordnungskonzerne im deutschen Konzern- und Kollisionsrecht, 1998; *Klippert,* Die wettbewerbsrechtliche Beurteilung von Konzernen, 1984; *Leuschner* Konzernrecht 402 ff.; *Lutter,* Die Rechte der Gesellschafter bei Abschluss fusionsähnlicher Unternehmensverbindungen, DB 1973, Beilage Nr. 21; *Timm,* Die Aktiengesellschaft als Konzernspitze, 1980; *ders./Messing,* Die Kündigung von Gleichordnungsverbindungen, FS Hommelhoff, 2012, 1237; *Veil,* Haftung in der Betriebsaufspaltung, in W. Theobald, Entwicklungen zur Durchgriffs- und Konzernhaftung, 2002, 81; *Windbichler,* Arbeitsrecht im Konzern, 1989.

25 **1. Überblick.** Nach § 18 Abs. 2 Hs. 1 bilden rechtlich selbstständige Unternehmen auch dann einen Konzern, wenn sie, *ohne* dass das eine Unternehmen von dem anderen *abhängig* ist, doch unter einheitlicher Leitung zusammengefasst sind; die einzelnen Unternehmen sind dann ebenfalls Konzernunternehmen (§ 18 Abs. 2 Hs. 2). § 291 Abs. 2 fügt hinzu, dass ein Vertrag, durch den die einheitliche Leitung der in einem Gleichordnungskonzern zusammengefassten Unternehmen begründet wird, keinen Beherrschungsvertrag iSd § 291 Abs. 1 darstellt. Weitere Regelungen fehlen. **Mitbestimmungsrechtlich** wird der Gleichordnungskonzern *nicht* anerkannt, da sich § 5 MitbestG, § 2 Abs. 1 DrittelbG von 2004 und § 54 BetrVG allein auf § 18 Abs. 1 AktG beziehen, nicht dagegen auch auf § 18 Abs. 2. Eine „Überkreuz"-Zurechnung der Arbeitnehmer der verschiedenen Konzernunternehmen im Gleichordnungskonzern findet daher nicht statt.[63] Lediglich wenn der Unterordnungskonzern einen Teil eines Gleichordnungskonzerns bildet, kann auf diesen Unterordnungskonzern § 5 Abs. 3 MitbestG entsprechend angewandt werden.[64]

26 Über die **Verbreitung** von Gleichordnungskonzernen ist bisher nur wenig bekannt geworden.[65] Während man nach Inkrafttreten des AktG von 1965 zunächst überwiegend der Meinung war, Gleichordnungskonzerne seien ausgesprochen selten, setzt sich neuerdings unter dem Eindruck der Praxis zur Fusionskontrolle langsam die gegenteilige Auffassung durch.[66] Gleichordnungskonzerne sind offenbar vor allem im Rahmen der grenzüberschreitenden Kooperation von Unternehmen[67] sowie in der Versicherungswirtschaft häufiger anzutreffen; außerdem bilden nicht selten mehrere von einer Familie beherrschte Unternehmen einen Gleichordnungskonzern, gemeinsam geführt von einzelnen Familienmitgliedern.[68] Die Unterstellung der verbundenen Unternehmen unter einheitliche Leitung kann auf einem Vertrag beruhen; notwendig ist dies jedoch nicht. Dementsprechend unterscheidet man **vertragliche und faktische Gleichordnungskonzerne** (→ Rn. 29, 30 f.).

27 **2. Einheitliche Leitung.** Der Gleichordnungskonzern wird nach § 18 Abs. 2 durch zwei Merkmale gekennzeichnet. Das erste Merkmal ist die **Zusammenfassung** der beteiligten, rechtlich selbstständigen Unternehmen **unter einheitlicher Leitung,** das zweite das **Fehlen einer Abhängigkeitsbeziehung** zwischen den beteiligten Unternehmen (→ Rn. 32 ff.). Der Begriff der **einheitlichen Leitung** wird bei § 18 Abs. 2 überwiegend im selben weiten Sinne wie in § 18 Abs. 1 verstanden. Man muss jedoch beachten, dass die weite Auslegung des Begriffs im Rahmen von § 18 Abs. 1 vor allem dem Zweck dient, der Mitbestimmung der Arbeitnehmer auf der Konzernebene einen möglichst weiten

---

[63] BAGE 80, 322 (325) = NJW 1996, 1691 = AG 1996, 367 (368) (l. Sp. 4. Abs.); BAGE 110, 100 (112 f.) = ZIP 2004, 1468 (1472) (l. Sp.) – Bofrost; UHH/*Ulmer/Habersack* MitbestG § 5 Rn. 12, 75; *U. Schneider* FS Großfeld, 1999, 1045 (1048 ff.).
[64] UHH/*Ulmer/Habersack* MitbestG § 5 Rn. 75 (173).
[65] *Gromann,* Die Gleichordnungskonzerne; *Keck,* Nationale und internationale Gleichordnungskonzerne; *Milde,* Der Gleichordnungskonzern; *K. Schmidt* ZHR 155 (1991), 417; *ders.* FS Wiedemann, 2002, 1199; K. Schmidt/Lutter/*Vetter* Rn. 26; GroßkommAktG/*Windbichler* Rn. 46 ff.
[66] Beispiele in BGHZ 121, 137 (146 ff.) = NJW 1993, 2114 – WAZ/IKZ I; BGH NJW-RR 1999, 1047 = AG 1999, 181 – Tukan/Deil (Pirmasenser Zeitung); Bundeskartellamt AG 1996, 477 – Tukan/Deil; AG 1999, 426 – TLZV/WAZ; Tätigkeitsbericht 1997/98, 14 f., 100 – Thyssen/Lhoest; 1997/98, 15 – Lekkerland.
[67] Ein Beispiel in BAGE 110, 100 = ZIP 2004, 1468 – Bofrost.
[68] MHdB GmbH/*Decher* § 67 Rn. 33.

Anwendungsbereich zu sichern. Dieser Zweck spielt dagegen im Rahmen des § 18 Abs. 2 keine Rolle, weil mitbestimmungsrechtlich der Gleichordnungskonzern nicht anerkannt wird (→ Rn. 25). Bereits dies spricht dafür, im Rahmen des § 18 Abs. 2 den Begriff **tendenziell enger** zu fassen als bei § 18 Abs. 1. In dieselbe Richtung weist die Notwendigkeit, Gleichordnungskonzerne von einer bloßen Unternehmenskooperation abzugrenzen. Ein Gleichordnungskonzern sollte deshalb grundsätzlich nur angenommen werden, wenn die einheitliche Leitung die verbundenen **Unternehmen in ihrer Gesamtheit erfasst,** während es nicht genügt, wenn sich die Koordinierung der Geschäftspolitik der Unternehmen auf *einzelne* Aspekte der Unternehmenspolitik oder auf *einzelne* Betriebe unter Ausklammerung anderer beschränkt (→ Rn. 15).[69] Diese Grenzziehung ist unerlässlich, wenn man verhindern will, dass schließlich jedes Kartell zugleich als Gleichordnungskonzern behandelt werden muss.[70]

Die in einem Gleichordnungskonzern zusammengefassten Unternehmen sind **verbundene Unternehmen** iSd § 15. Folglich sind auf sie zunächst diejenigen Vorschriften anzuwenden, die für alle verbundenen Unternehmen iSd § 15 gelten (→ § 15 Rn. 4). Weitere **Rechtsfolgen** ergeben sich aus den verstreuten Vorschriften, die für „Konzernunternehmen" iSd § 18 gelten. Hervorzuheben sind die §§ 134 Abs. 1 S. 4 und 145 Abs. 3 (→ Rn. 2). Dagegen dürfte sich der Anwendungsbereich des § 97 Abs. 1 auf Unterordnungskonzerne beschränken,[71] da die mitbestimmungsrechtlichen Regelungen, die § 97 Abs. 1 im Auge hat, allein für Unterordnungskonzerne gelten (→ Rn. 25). Dasselbe gilt (erst recht) für die §§ 104 Abs. 1 S. 3 Nr. 1 und 2 sowie 250 Abs. 2 Nr. 1. Weitere gesetzliche Regelungen fehlen – von § 291 Abs. 2 abgesehen –, sodass die Zulässigkeitsvoraussetzungen und die Rechtsfolgen von Gleichordnungskonzernen umstritten sind (→ Rn. 34, 36 f.). Zu beachten ist, dass auf Gleichordnungskonzern das deutsche ebenso wie das europäische **Kartellrecht** ohne Einschränkung Anwendung finden; je nach den Umständen des Falles ist deshalb Raum für die Anwendung des Kartellverbots (§ 1 GWB und Art. 101 AEUV) und der Fusionskontrolle nach den §§ 35 ff. GWB und der FKVO. 28

3. Erscheinungsformen. Ein **vertraglicher Gleichordnungskonzern** liegt vor, wenn die einheitliche Leitung der verbundenen Unternehmen (→ Rn. 27) auf einem (häufig konkludent abgeschlossenen) Vertrag beruht, durch den sich die Beteiligten freiwillig einer einheitlichen Leitung unterstellen. **Beispiele** sind die Unterstellung der verbundenen Unternehmen unter gemeinsame Leitung seitens einer oder mehrerer Personen, zB durch die Übertragung der einheitlichen Leitung auf eines der beteiligten Unternehmen sowie insbesondere die **Schaffung eines gemeinsamen Leitungsorgans**, oft in einem Gemeinschaftsunternehmen verselbstständigt, immer *vorausgesetzt*, dass dadurch *nicht* die *Abhängigkeit* eines der beteiligten Unternehmen von einem anderen beteiligten Unternehmen iSd § 17 Abs. 1 begründet wird (§ 18 Abs. 2).[72] Hinzu treten häufig noch **personelle und kapitalmäßige Verflechtungen** der verbundenen Unternehmen, um die einheitliche Leitung abzusichern.[73] Durch einen derartigen Gleichordnungskonzern- oder kürzer: „Gleichordnungsvertrag", der gemäß § 291 Abs. 2 keinen Beherrschungsvertrag darstellt (→ § 291 Rn. 73 f.), wird zwischen den beteiligten Unternehmen in aller Regel eine **BGB-Gesellschaft** begründet (§ 705 BGB), häufig in Gestalt einer Gewinngemeinschaft iSd § 292 Abs. 1 Nr. 1. Die Folge ist eine gesteigerte **Treuepflicht** der Beteiligten untereinander (§§ 241 Abs. 2, 242, 705 BGB; → Rn. 36).[74] 29

---

[69] MüKoAktG/*Bayer* Rn. 50 f.; Hölters/*Hirschmann* Rn. 24; Hüffer/*Koch* Rn. 21; Spindler/Stilz/*Schall* Rn. 15, 30; GroßkommAktG/*Windbichler* Rn. 50.
[70] Ebenso BKartA Tätigkeitbericht 1973, 98 f. – Intermilch.
[71] Grigoleit/*Grigoleit* Rn. 16; Hüffer/*Koch* Rn. 22.
[72] Beispiele für die vertragliche Gründung gemeinsamer Leitungsorgane in BKartA, Tätigkeitsbericht 1973, 98 f.; BAGE 110, 100 = ZIP 2004, 1468 – Bofrost.
[73] v. *Bünau* Beratungsverträge 167; MHdB GmbH/*Decher* § 67 Rn. 35 (1319); *Veil* Unternehmensverträge 275 ff.; GroßkommAktG/*Windbichler* Rn. 53 ff.
[74] Ausf. *Br. Haar* Personengesellschaft 320 ff.; Grigoleit/*Grigoleit* Rn. 23; Hölters/*Hirschmann* § 18 Rn. 26.

30 Von einem **faktischen Gleichordnungskonzern** spricht man im Gegensatz zu einem vertraglichen (→ Rn. 29), wenn sich eine an sich unabhängige Gesellschaft rein tatsächlich auf Dauer zusammen mit einem anderen Unternehmen der gemeinsamen Leitung durch eines der beteiligten Unternehmen unterstellt, wiederum vorausgesetzt, dass dadurch keine Abhängigkeit zwischen den Beteiligten begründet wird (§ 18 Abs. 2) und dass es auch nicht konkludent zu dem Abschluss eines Gesellschaftsvertrages zwischen den Beteiligten kommt, – wovon für den Regelfall auszugehen sein dürfte (§§ 133, 157 und 705 BGB).[75] Die Annahme eines Gleichordnungskonzerns setzt jedoch im Grundsatz weder die Schaffung gemeinschaftlicher Leitungsorgane noch besondere Absprachen der Beteiligten voraus. Es genügt vielmehr das bloße **Faktum ihrer einheitlichen Leitung,** abgesichert meistens durch *personelle Verflechtungen* der beteiligten Unternehmen oder durch *wechselseitigen Beteiligungen,* deren Zweck, die Verwaltungen der verbundenen Unternehmen nach Möglichkeit zu stabilisieren, hier besonders deutlich wird (→ § 19 Rn. 6).

31 Wichtige **Erscheinungsformen** faktischer Gleichordnungskonzerne sind insbesondere die Leitung mehrerer Gesellschaften durch dieselben Mitglieder einer Familie, die (im Wesentlichen) gleichmäßig in den Leitungsorganen der auf diese Weise verbundenen Unternehmen vertreten sind, sowie die rein tatsächliche Überlassung sämtlicher unternehmerischen Entscheidungen durch eine Gesellschaft an eine andere, sodass sie letztlich in deren Politik integriert ist, ohne dass doch Abhängigkeit iSd § 17 vorläge (§ 18 Abs. 2; → Rn. 32 ff.).[76]

32 **4. Fehlende Abhängigkeit.** Zusätzliche Voraussetzung für die Annahme eines Gleichordnungskonzerns ist in den genannten Fällen (→ Rn. 27–31), dass *keines* der verbundenen Unternehmen von dem oder den anderen verbundenen Unternehmen iSd § 17 Abs. 1 *abhängig* ist (§ 18 Abs. 2). Bei der Anwendung dieser Regel muss man das Verhältnis zwischen den einheitlich geleiteten, gleichsam auf *einer* Stufe stehenden Unternehmen, häufig auch **Schwestergesellschaften** genannt, von dem Verhältnis zu dem etwaigen gemeinsamen Leitungsorgan unterscheiden. Solange das **gemeinsame Leitungsorgan,** insbesondere die die Schwestergesellschaften einheitlich leitende Person, **keine Unternehmensqualität** iSd § 15 besitzt, steht auch eine „Abhängigkeit" der im Übrigen gleichberechtigten Schwestergesellschaften nach § 18 Abs. 2 von dem gemeinsamen Leitungsorgan der Annahme eines Gleichordnungskonzerns nicht entgegen. Für die Annahme eines Gleichordnungskonzerns kommt es in diesem Fall vielmehr nur darauf an, dass keines der beteiligten Unternehmen von dem *anderen* abhängig ist, dass mit anderen Worten die **Schwestergesellschaften** untereinander **gleichberechtigt** sind. Dafür ist erforderlich, dass keine der Schwestern der anderen ihren Willen aufdrängen, dass insbesondere keine der Schwestergesellschaften in dem gemeinsamen Leitungsorgan durch die anderen überstimmt werden kann (§ 17 Abs. 1).[77]

33 In Grenzfällen wie dem des sog. **„Privatgesellschafters" mit multiplem Beteiligungsbesitz** kann sich die Frage stellen, ob hier (ausnahmsweise) ein Gleichordnungskonzern (unter den Schwestergesellschaften) mit einem Unterordnungskonzern (im Verhältnis zu dem Mehrheitsgesellschafter) zusammentreffen kann. Neuerdings wird in solchen Fallgestaltungen vielfach selbst bei „Unternehmensqualität" des Mehrheitsgesellschafters ein **Gleichordnungskonzern unter den Schwestergesellschaften** bejaht, vor allem wohl zu dem Zweck, eine gegenseitige Einstandspflicht der Schwestergesellschaften füreinander begründen zu können.[78] Das Gesetz sieht es indessen anders; § 18 beruht offenbar auf der

---

[75] Insbes. *v. Bünau* Beratungsverträge 167 ff.; *Grüner* NZG 2000, 601 (602); MHdB AG/*Krieger* § 68 Rn. 83; *K. Schmidt* ZHR 155 (1991), 417; *U. Schneider* FS Großfeld, 1999, 1045 (1047 f.).
[76] *Emmerich* AG 1999, 529 (532) mN.
[77] Grigoleit/*Grigoleit* Rn. 20; Hölters/*Hirschmann* Rn. 25; MHdB AG/*Krieger* § 68 Rn. 80–82; *Milde* Gleichordnungskonzern 9 ff.; Lutter/*Drygala* ZGR 1995, 557 f.; *K. Schmidt* ZIP 1994, 1741 (1743); *ders.* FS Wiedemann, 2002, 1199 (1207 f.); Timm/*Messing* FS Hommelhoff, 2012, 1237 (1241 ff.); *Veil* in Theobald Entwicklungen 81, 100 ff.; aA K. Schmidt/Lutter/*Vetter* Rn. 30.
[78] *K. Schmidt* FS Lutter, 2000, 1167 (1186 f.); *ders.* FS Wiedemann, 2002, 1199 (1208); *Veil* in Theobald Entwicklungen 81, 107 ff.

Vorstellung, dass sich Unterordnungs- und Gleichordnungskonzern gegenseitig ausschließen. In den fraglichen Fällen kommt es deshalb nur darauf an, ob der Mehrheitsgesellschafter, der die einheitliche Leitung der „Schwestergesellschaften" koordiniert, *Unternehmensqualität* besitzt oder nicht. Nach der hier vertretenen Auffassung dürfte diese Frage wohl durchweg zu bejahen sein (→ § 15 Rn. 9 ff.) – mit der Folge, dass in den fraglichen Fällen (nur) *ein* **Unterordnungskonzern** anzunehmen ist (§ 18 Abs. 1).[79] Eine andere Frage ist, ob in einen Unterordnungskonzern einbezogene abhängige Gesellschaften zugleich **mit dritten Unternehmen** einen **Gleichordnungskonzern** begründen können. Dagegen spricht indessen, dass sich in solchen Fällen die abhängige Gesellschaft einer doppelten, jedoch *unkoordinierten* einheitlichen Leitung (§ 18 Abs. 1 und 2) gegenübersähe, eine nur schwer nachvollziehbare Vorstellung.[80] Zur möglichen Verbindung eines Unterordnungs- mit einem Gleichordnungskonzern auf der Stufe der Obergesellschaft → Rn. 7, 26.

5. Zustimmung der Gesellschafter. Die Gründung eines *vertraglichen* Gleichordnungskonzerns erfordert den Abschluss eines Gleichordnungskonzern- oder **Gleichordnungsvertrages** (→ Rn. 29), bei dem es sich nach § 291 Abs. 2 nicht um einen Beherrschungsvertrag handelt. Deshalb ist umstritten, ob die **Gesellschafter** der beteiligten Gesellschaften dem Vertragsabschluss generell oder doch in bestimmten Fallgestaltungen zustimmen müssen. Überwiegend wird aus § 291 Abs. 2 der Schluss gezogen, dass hier auch kein Raum für die Anwendung des **§ 293** sei.[81] Anders wird die Rechtslage nur beurteilt, wenn es sich bei der fraglichen Gesellschaft um eine AG handelt und es zu einer Vermögensübertragung kommt (§ 179a)[82] oder wenn eine Gewinngemeinschaft begründet wird (§§ 292 Abs. 1 Nr. 1, 293 Abs. 1).

Dagegen spricht indessen, dass mit der vertraglichen Begründung von Gleichordnungskonzernen von Fall zu Fall durchaus auch **Gefahren** für die beteiligten Gesellschaften, ihre Gesellschafter und ihre Gläubiger verbunden sein können, die kaum weniger schwer wiegen als die von Unterordnungskonzernen ausgehenden Gefahren, vor allem deshalb, weil fortan nicht mehr gewährleistet ist, dass die beteiligten Gesellschaften im *alleinigen* Interesse ihrer Gesellschafter und ihrer Gläubiger geführt werden, sodass es zu genau dem **„Mediatisierungseffekt"** kommen kann, bei dessen Vorliegen der BGH weiterhin von ungeschriebenen Hauptversammlungszuständigkeiten ausgeht.[83] Deshalb ist auch bei der **AG** entsprechend § 293 Abs. 1 die **Zustimmung** der Gesellschafter **mit qualifizierter Mehrheit** für einen Vertrag zu fordern, der auf die Gründung eines Gleichordnungskonzerns hinausläuft (→ § 291 Rn. 73 f.).[84] Gehören zu den beteiligten Unternehmen **Gesellschaften mbH** oder **Personengesellschaften,** so dürfte für die Gründung eines Gleichordnungskonzerns darüber hinaus grundsätzlich sogar die Zustimmung **aller Gesellschafter** erforderlich sein (§§ 33, 311, 705 BGB).[85]

6. Weisungsrecht? Bei den Rechtsfolgen stellt sich als erstes die Frage nach der Zulässigkeit von Weisungen und insbesondere nachteiliger Weisung des Leitungsorgans gegenüber den verbundenen Unternehmen. Die wohl überwiegende Meinung hält solche Weisungen

---

[79] MHdB GmbH/*Decher* § 67 Rn. 32 (1318); Grigoleit/*Grigoleit* Rn. 20; KK-AktG/*Koppensteiner* Rn. 8 f.; Raiser/Veil KapGesR § 56 Rn. 5 f.
[80] Spindler/Stilz/*Schall* Rn. 18.
[81] Grigoleit/*Grigoleit* Rn. 22; *Gromann* Gleichordnungskonzerne 33 ff.; Hüffer/*Koch* § 291 Rn. 34; KK-AktG/*Koppensteiner* § 291 Rn. 104 ff.; MHdB AG/*Krieger* § 68 Rn. 86 f.; *Milde* Gleichordnungskonzern 229 f.; K. Schmidt/Lutter/*Vetter* Rn. 37.
[82] BGHZ 82, 188 = NJW 1982, 933 = AG 1982, 129 – Hoesch/Hoogovens.
[83] *Goette* AG 2006, 522 (524 ff.).
[84] Ebenso *Grüner* NZG 2000, 601 (602); *K. Schmidt* FS Rittner, 1991, 561 (576 f.); ders. ZHR 155, 417 (1991), 427 ff.; *Timm* Aktiengesellschaft 151 ff.; *Veil* Unternehmensverträge 279 ff.; Spindler/Stilz/*Veil* § 291 Rn. 53 ff.; *Wellkamp* DB 1993, 2517 (2518 f.).
[85] *Gromann* Gleichordnungskonzerne 33 ff.; EBJS/*Lang* HGB Anh. § 105 Rn. 68 f.; *Milde* Gleichordnungskonzern 230 ff.; MüKoHGB/*Mülbert* KonzernR Rn. 313; Raiser/Veil KapGesR § 56 Rn. 10 (818); dagegen für bloße qualifizierte Mehrheit im Regelfall MHdB GmbH/*Decher* § 67 Rn. 37.

mit Rücksicht auf die §§ 76 und 293 Abs. 1 generell für **unzulässig.**[86] Richtig daran ist, dass eine abweichende Entscheidung bei der AG zumindest die entsprechende Anwendung des § 305 voraussetzte.[87] Solange dies ganz überwiegend abgelehnt wird, ist in der Tat für ein Weisungsrecht etwa des Leitungsorgans bei der AG kein Raum. Abweichend mag man allenfalls bei Zustimmung sämtlicher Gesellschafter entscheiden (→ Rn. 35). Aus dem Gesagten folgt zugleich für Gleichordnungskonzerne ein umfassendes **Schädigungsverbot,** in vertraglichen Gleichordnungskonzernen unter dem Gesichtspunkt der Verletzung der Treuepflicht aufgrund des hier durchweg anzunehmenden Gesellschaftsvertrags (§§ 241 Abs. 2, 242, 705 BGB; → Rn. 29).[88] in den verbleibenden Fällen wohl aufgrund einer Analogie zu § 311 und § 317 str.).

37   **7. Gläubigerschutz.** das Problem des Gläubigerschutzes in Gleichordnungskonzernen ist angesichts des völligen Fehlens einer gesetzlichen Regelung von einer Lösung noch weit entfernt. Offen ist vor allem, ob in **vertraglichen** Gleichordnungskonzernen zum Schutze der Gläubiger von der entsprechenden Anwendbarkeit der **§§ 302 und 303** auszugehen ist,[89] wie im Schrifttum häufig ebenso wie für besonders enge **„qualifizierte" faktische Gleichordnungskonzernen** befürwortet wird.[90] Der Sache nach bedeutete dies eine wechselseitige Einstandspflicht von Schwestergesellschaften im engen faktischen Gleichordnungskonzern.[91] Lehnt man dies als zu weitgehend ab, so bleibt in der Mehrzahl der Fälle letztlich nur der Rückgriff auf § 826 BGB.[92]

§ 19 Wechselseitig beteiligte Unternehmen

(1) ¹**Wechselseitig beteiligte Unternehmen sind Unternehmen mit Sitz im Inland in der Rechtsform einer Kapitalgesellschaft, die dadurch verbunden sind, daß jedem Unternehmen mehr als der vierte Teil der Anteile des anderen Unternehmens gehört.** ²**Für die Feststellung, ob einem Unternehmen mehr als der vierte Teil der Anteile des anderen Unternehmens gehört, gilt § 16 Abs. 2 Satz 1, Abs. 4.**

(2) **Gehört einem wechselseitig beteiligten Unternehmen an dem anderen Unternehmen eine Mehrheitsbeteiligung oder kann das eine auf das andere Unternehmen unmittelbar oder mittelbar einen beherrschenden Einfluß ausüben, so ist das eine als herrschendes, das andere als abhängiges Unternehmen anzusehen.**

---

[86] *Grigoleit/Grigoleit* Rn. 22; *Gromann* Gleichordnungskonzerne 56 ff.; *Grüner* NZG 2000, 601 (602); *Hommelhoff* Konzernleitungspflicht 389; *Hüffer/Koch* § 291 Rn. 35; MHdB AG/*Krieger* § 68 Rn. 89; *Lutter/Drygala* ZHR 1995, 557 (559 ff.); *Milde* Gleichordnungskonzern 161, 237 ff.; K. Schmidt/Lutter/*Vetter* Rn. 27; *Veil* Unternehmensverträge 281 ff.; aA *Wellkamp* DB 1993, 2517 (2519 ff.).

[87] Ebenso im Ergebnis MHdB GmbH/*Decher* § 67 Rn. 37; *Milde* Gleichordnungskonzern 214 ff.; *Raiser/Veil* KapGesR § 56 Rn. 13; dagegen wegen der praktischen Undurchführbarkeit solcher Schutzmechanismen *Veil* Unternehmensverträge 282 f.

[88] *Grigoleit/Grigoleit* Rn. 22 f.; *Grüner* NZG 2000, 601 (602); *Br. Haar* Personengesellschaft 320 ff.; MHdB AG/*Krieger* § 68 Rn. 89 ff.; *Hüffer/Koch* § 291 Rn. 35; *Milde* Gleichordnungskonzern 161 ff.; *Lutter/Drygala* ZGR 1995, 557 (565 ff.).

[89] Dagegen zB *Cahn* Kapitalerhaltung 48 ff.; *Grigoleit/Grigoleit* Rn. 22; *Hüffer/Koch* § § 191 Rn. 35; *Milde* Gleichordnungskonzern 180 ff.

[90] MHdB GmbH/*Decher* § 67 Rn. 38; *Drygala* Gläubigerschutz 119, 123 ff.; *Grüner* NZG 2000, 601 (602 f.); *Jaschinski*, Die Haftung von Schwestergesellschaften im GmbH-Unterordnungskonzern, 1997; MHdB AG/*Krieger* § 68 Rn. 89; *Lutter/Drygala* ZHR 1995, 557 (568 ff.); K. Schmidt/Lutter ZHR 155 (1991), 417 (427, 436 ff.); *ders.* ZIP 1991, 1325 (1328); *ders.* JZ 1992, 856 (865); *ders.* FS Wiedemann, 2002, 1199 (1217 ff.); *Veil* in Theobald Entwicklungen 81, 102 ff.; *Wellkamp* DB 1993, 2517 (2520 f.); ebenso im Wesentlichen für den Grenzfall der GmbH und Co. KG *Br. Haar* Personengesellschaft 469, 475 ff.; diff. K. Schmidt/Lutter/*Vetter* Rn. 34 ff.

[91] So im Ergebnis insbes. BAG AP AktG § 303 Nr. 12 = AG 1999, 376 (377 f.) = NZG 1999, 661; OLG Dresden AG 2000, 419 = NZG 2000, 598 (600 f.); AG Eisenach AG 1995, 519 f. = GmbHR 1995, 445.

[92] BGH NJW 2005, 145 = NZG 2004, 1107 – Klinik W.; s. dazu *Emmerich* JuS 2005, 180; *Grüner* NZG 2000, 601 (602); *Henssler* ZGR 2000, 478 (492, 499 f.); K. Schmidt FS Wiedemann, 2002, 1199 (1210 ff.); *Veil* in Theobald Entwicklungen 92 ff.

(3) Gehört jedem der wechselseitig beteiligten Unternehmen an dem anderen Unternehmen eine Mehrheitsbeteiligung oder kann jedes auf das andere unmittelbar oder mittelbar einen beherrschenden Einfluß ausüben, so gelten beide Unternehmen als herrschend und als abhängig.

(4) § 328 ist auf Unternehmen, die nach Absatz 2 oder 3 herrschende oder abhängige Unternehmen sind, nicht anzuwenden.

Schrifttum: *Cahn,* Kapitalerhaltung im Konzern, 1998; *Klix,* Wechselseitige Beteiligungen, 1981; *Koppensteiner,* Internationale Unternehmen im deutschen Gesellschaftsrecht, 1971; *Korch,* Ringbeteiligungen von Aktiengesellschaften, 2002; *Kronstein,* Die abhängige juristische Person, 1931; *Luchterhandt,* Deutsches Konzernrecht bei grenzüberschreitenden Konzernverbindungen, 1971; *Lutter,* Kapital, Sicherung der Kapitalaufbringung und Kapitalerhaltung, 1964; *Mestmäcker,* Verwaltung, Konzerngewalt und Rechte der Aktionäre, 1958, 113; *Ramming,* Wechselseitige Beteiligungen außerhalb des Aktienrechts, 2005; *Kerstin Schmidt,* Wechselseitige Beteiligungen im Gesellschafts- und Kartellrecht, 1995; *Wastl/Wagner,* Das Phänomen der wechselseitigen Beteiligungen aus juristischer Sicht, 1997; *H. Winter,* Die wechselseitige Beteiligung von Aktiengesellschaften, 1960; *Zöllner,* Die Schranken mitgliedschaftlicher Stimmrechtsmacht, 1963. – Zur GmbH vor → Rn. 20.

Übersicht

	Rn.		Rn.
I. Überblick	1–4	1. Voraussetzungen	17
II. Gefahren, Zweck	5–7	2. Rechtsfolgen	18, 19
III. Begriff	8–11	VI. GmbH	20–24
IV. Einseitige qualifizierte wechselseitige Beteiligungen (Abs. 2)	12–16	1. Einfache wechselseitige Beteiligungen	20–23
1. Voraussetzungen	12, 13	2. Qualifizierte wechselseitige Beteiligungen	24
2. Rechtsfolgen	14–16	VII. Personengesellschaften	25
V. Beiderseitige qualifizierte wechselseitige Beteiligungen (Abs. 3)	17–19	VIII. Ausländische Unternehmen	26

I. Überblick

§ 19 regelt zusammen mit § 328 und den Übergangsvorschriften der §§ 6 und 7 EGAktG (→ § 328 Rn. 2) die wechselseitigen Beteiligungen. Eine wechselseitige Beteiligung liegt danach vor, wenn Kapitalgesellschaften mit Sitz im Inland dergestalt miteinander verbunden sind, dass jedem Unternehmen mehr als der vierte Teil der Anteile des anderen Unternehmens gehört (§ 19 Abs. 1 S. 1). 1

Das Gesetz kennt, wie sich im Einzelnen aus den §§ 19 und 328 ergibt, **zwei verschiedene Formen** von wechselseitigen Beteiligungen, für die sich die Bezeichnungen **einfache und qualifizierte wechselseitige Beteiligungen** eingebürgert haben. **Unterscheidungsmerkmal** ist nach § 19 Abs. 2 und 3, ob zwischen den fraglichen Unternehmen *zusätzlich* einseitige oder beiderseitige Mehrheits- oder Abhängigkeitsbeziehungen iSd §§ 16 und 17 bestehen. Fehlt es hieran, so handelt es sich um eine **einfache wechselseitige Beteiligung,** für die das AktG in § 328 eine komplizierte Sonderregelung getroffen hat, die ihrerseits letztlich auf den Mitteilungspflichten der §§ 20 und 21 aufbaut. Bei Hinzutreten von Mehrheits- oder Abhängigkeitsbeziehungen findet dagegen § 328 keine Anwendung (§ 19 Abs. 4); stattdessen sind dann auf die **qualifizierte wechselseitige Beteiligung** nach § 19 Abs. 2 und 3 allein die allgemeinen Vorschriften für Mehrheits- und Abhängigkeitsbeziehungen anzuwenden, ergänzt um die (wichtigen) Vorschriften der §§ 71–71e (→ Rn. 13 ff., 17 f.). 2

Unter einem anderen Gesichtspunkt unterscheidet man ferner **zweiseitige und mehrseitige** wechselseitige Beteiligungen, wobei für die letzteren unterschiedliche Bezeichnungen üblich sind. Häufig spricht man auch von **ringförmigen oder zirkulären Beteiligungen** oder auch von Dreiecksbeteiligungen. Sie sind gekennzeichnet durch die Zwischenschaltung weiterer Gesellschaften. Eine ringförmige Beteiligung liegt zB vor, wenn A 3 an B, B an C und C wiederum an A beteiligt ist. Auf derartige ringförmige Beteiligungen ist § 19 nicht generell, sondern nur von Fall zu Fall anwendbar (→ Rn. 10, 13, 19).

4   Über die genaue **Verbreitung** wechselseitiger Beteiligungen ist bisher nur wenig bekannt geworden.[1] Sie scheinen indessen vor allem in der Bank- und Versicherungswirtschaft verbreiteter zu sein, als man bislang vielfach angenommen hat, und zwar namentlich in Gestalt ringförmiger Beteiligungen.[2] Die Mehrzahl dieser Beteiligungen dürfte bisher, trotz des ständigen Ausbaus der Mitteilungspflichten (§§ 20 f.; §§ 21 ff. WpHG), noch immer nicht aufgedeckt sein.

II. Gefahren, Zweck

5   Von wechselseitigen Beteiligungen drohen spezifische **Gefahren,** derentwegen überhaupt erst eine besondere gesetzliche Regelung dieser eigenartigen Unternehmensverbindungen erforderlich wurde.[3] Im Vordergrund des Interesses standen lange Zeit die mit solchen Beteiligungen verbundenen Risiken **für** die **Kapitalaufbringung und Kapitalerhaltung** (§ 57 Abs. 1 S. 1). In der Tat läuft der Aufbau wechselseitiger Beteiligungen bei wirtschaftlicher Betrachtungsweise auf eine **mittelbare Einlagenrückgewähr** an die eigenen Gesellschafter hinaus.[4] Außerdem besteht die Gefahr, dass das **Kapital** der Gesellschaften jedenfalls in Höhe des Produkts der Beteiligungsquotienten der wechselseitigen Beteiligungen **fiktiv** wird, weil die Anteile letztlich mit einer wertlosen Beteiligung der Gesellschaft an sich selbst belegt werden.[5] Weitere Risiken für die Kapitalaufbringung kommen bei **Kapitalerhöhungen** unter Beteiligung der jeweils anderen Gesellschaft hinzu, weil hier nicht ausgeschlossen werden kann, dass letztlich nur dieselbe Einlage wiederholt zwischen den verbundenen Gesellschaften hin- und hergeschoben wird, um ihre Grund- oder Stammkapitalziffern künstlich aufzublähen.

6   Die erwähnten Risiken für die Kapitalaufbringung und -erhaltung (→ Rn. 5) können freilich bereits beim Aufbau der wechselseitigen Beteiligungen aus freien Rücklagen weitgehend (wenn nicht ganz) vermieden werden. Deshalb sind in den letzten Jahren stattdessen die üblicherweise unter dem Stichwort „**Verwaltungsstimmrechte**" ins Auge gefassten Gefahren in der Diskussion über wechselseitige Beteiligungen ganz in den Vordergrund des Interesses getreten. Gemeint ist damit, dass wechselseitige Beteiligungen, jedenfalls von einer bestimmten, in der Regel deutlich unter 25 % liegenden Grenze ab, unübersehbar die Gefahr heraufbeschwören, dass die Verwaltungen in beiden Gesellschaften über ihren Einfluss auf die jeweils andere, wechselseitig beteiligte Gesellschaft die Herrschaft in der eigenen Haupt- oder Gesellschafterversammlung übernehmen. Vor allem die auf diese Weise zu erreichende **Verselbstständigung der Verwaltungen** gegenüber ihren Gesellschaftern dürfte in der Mehrzahl der Fälle letztlich der **eigentliche Grund** für den planmäßigen Aufbau zumal ringförmiger Beteiligungen gewesen sein.

7   Vornehmlicher **Zweck** der §§ 19, 71 ff. und 328 ist die Bekämpfung der genannten **Gefahren** wechselseitiger Beteiligungen und insbesondere der mit Verwaltungsstimmrechten verbundenen Missbrauchsgefahren (→ Rn. 5 f.). Tatsächlich sind jedoch diese Ziele angesichts der problematischen Beschränkung des Anwendungsbereichs der §§ 19 und 328 auf wechselseitige Beteiligungen zwischen Kapitalgesellschaften mit Sitz im Inland jenseits von 25 % allenfalls in beschränktem Umfang erreicht worden.[6] Dies hat Anlass zu der Frage

---

[1] Zum Folgenden *M. Adams* AG 1994, 148; *Th. Baums* ZBB 1994, 86; *R. Korch* Ringbeteiligungen; *Wastl/Wagner*, Das Phänomen der wechselseitigen Beteiligungen, 1997; *dies.* AG 1997, 241.
[2] *M. Adams* AG 1994, 148; *R. Korch* Ringbeteiligungen; *Th. Baums* ZBB 1994, 86 (99 f.); weitere Beispiele bei *Emmerich/Habersack* KonzernR § 5 Rn. 1 ff. (75).
[3] Begr. RegE bei *Kropff* AktG 34 f.; *Emmerich* FS Westermann, 1974, 55 (60 ff.); *ders.* NZG 1998, 622 f.; Grigoleit/*Grigoleit* Rn. 1; Hölters/*Hirschmann* Rn. 1; *Klix* Beteiligungen 18, 23 ff.; *Koppensteiner* WiBl. 1990, 1; *Kerstin Schmidt*, Wechselseitige Beteiligungen, 51 ff.; K. Schmidt/Lutter/*Vetter* Rn. 1.
[4] Zust. *Burgard* AG 2006, 527 (535) (r. Sp. 2. Abs.); Grigoleit/*Grigoleit* Rn. 1; Hölters/*Hirschmann* Rn. 1; krit. Spindler/Stilz/*Schall* Rn. 7.
[5] Die Berechnung ist iE str., s. MüKoAktG/*Bayer* Rn. 2 f.; *Cahn* Kapitalerhaltung 185.
[6] Krit. auch MüKoAktG/*Bayer* Rn. 16.

gegeben, ob und ggf. in welchem Umfang den §§ 19 und 328 eine **Legitimationsfunktion** zukommt, ob sich aus ihnen mit anderen Worten die aktienrechtliche Zulässigkeit wechselseitiger Beteiligungen ergibt, soweit sie von den §§ 19 und 328 erfasst werden, selbst wenn sie an sich gegen andere Vorschriften des AktG verstoßen sollten. Es geht dabei vor allem um das Verhältnis der §§ 19 und 328 zu dem Verbot der Einlagenrückgewähr (§ 57 Abs. 1 S. 1) und zu den Vorschriften über eigene Aktien (§§ 71 ff.). Was zunächst das Verhältnis der §§ 19 und 328 zu den **§§ 71 ff.** angeht, so steht heute fest, dass insoweit den **§§ 19 und 328 kein Vorrang** gebührt (→ Rn. 16, 19), während das Verhältnis der genannten Vorschriften zu § 57 nach wie vor unklar und umstritten ist.[7] Die Entscheidung hängt nicht zuletzt davon ab, wieweit mit **§ 57** auch Formen einer mittelbaren Einlagenrückgewähr (eben in Gestalt wechselseitiger Beteiligungen) erfasst werden können. Soweit dies zu bejahen ist, dürfte jedoch den §§ 19 und 328 (nur) für ihren Anwendungsbereich der **Vorrang** zuzubilligen sein, weil die Gesetzesverfasser insoweit offenbar von der Zulässigkeit wechselseitiger Beteiligungen ausgegangen sind.

III. Begriff

Der Begriff der wechselseitigen Beteiligungen ergibt sich aus § 19 Abs. 1 S. 1. Unter **8** wechselseitig beteiligten Unternehmen sind danach (nur) Kapitalgesellschaften mit Sitz im Inland zu verstehen, die dadurch verbunden sind, dass jedem Unternehmen **mehr als 25 % der Anteile** (und nicht mehr als 50 % der Anteile) des anderen Unternehmens gehört (→ § 19 Abs. 1 und 2), wobei mit **Kapitalgesellschaften** hier entsprechend § 3 Abs. 1 Nr. 2 UmwG allein Aktiengesellschaften, Kommanditgesellschaften auf Aktien (KGaA) und Gesellschaften mbH gemeint sind. Gleich stehen die Vorgesellschaften zu den genannten Gesellschaften sowie die SE.[8] Keine Rolle spielt, ob die fragliche Kapitalgesellschaft im Einzelfall zusätzlich die Merkmale des **Unternehmensbegriffs** iSd §§ 15 ff. erfüllt (→ § 15 Rn. 22);[9] erfasst wird vielmehr jede inländische Kapitalgesellschaft. Bisher nur wenig diskutiert ist dagegen die Frage, ob die Beschränkung des Anwendungsbereichs der §§ 19 und 328 auf **inländische Kapitalgesellschaften** durch § 19 Abs. 1 S. 1 mit dem AEUV im Lichte der Rechtsprechung des EuGH zur Sitztheorie vereinbar ist (→ § 291 Rn. 33 f.).[10] Bei dem gegenwärtigen Diskussionsstand empfiehlt es sich hier wohl, entsprechend dem Willen der Gesetzesverfasser (vorerst) an der **Sitztheorie** festzuhalten, dementsprechend für **wechselseitige Beteiligungen mit ausländischen Kapitalgesellschaften** jede Legitimationswirkung der §§ 19 und 328 (→ Rn. 7) zu verneinen und deshalb auf sie die allgemeinen Vorschriften ohne Einschränkungen anzuwenden, soweit dies nach deutschem internationalen Gesellschaftsrecht möglich ist (→ Rn. 26).

Aus dem Wortlaut des § 19 Abs. 1 S. 1 folgt ebenso wie aus der Bezugnahme allein auf **9** § 16 Abs. 2 S. 1 in § 19 Abs. 1 S. 2, dass das Gesetz hier ausschließlich **Kapitalanteile** im Gegensatz zu Stimmenanteilen im Auge hat. Für die Annahme einer wechselseitigen Beteiligung iSd § 19 Abs. 1 kommt es mit anderen Worten allein auf die **Höhe des Anteils** der einen Gesellschaft **am Kapital der anderen Gesellschaft** iSd § 16 Abs. 2 an, während der **Stimmenanteil** (§ 16 Abs. 3) bei der Bestimmung des Begriffs der wechselseitigen Beteiligungen (anders als im Rahmen des § 19 Abs. 2 und 3) **unberücksichtigt** bleibt. Zur **Berechnung** der Anteilshöhe verweist das Gesetz in § 19 Abs. 1 S. 2 folgerichtig nur auf **§ 16 Abs. 2 S. 1 sowie** auf **§ 16 Abs. 4**. Die Höhe des Anteils einer Gesellschaft am Kapital der anderen Gesellschaft berechnet sich daher nach dem Verhältnis des gesamten Nennbetrags der dieser Gesellschaft gehörenden *und* nach § 16 Abs. 4 zuzurechnenden Anteile zum Nennkapital der anderen Gesellschaft (§ 16 Abs. 2 S. 1; → § 16 Rn. 9, 13 ff.). **Keine Anwendung** finden dagegen im vorliegenden Zusammenhang die **Sätze 2 und 3**

---

[7] S. zB Spindler/Stilz/*Schall* Rn. 7; K. Schmidt/Lutter/*Vetter* Rn. 13.
[8] K. Schmidt/Lutter/*Vetter* Rn. 6.
[9] Ebenso GroßkommAktG/*Windbichler* Rn. 12; Spindler/Stilz/*Schall* Rn. 3; K. Schmidt/Lutter/*Vetter* Rn. 7.
[10] Grigoleit/*Grigoleit* Rn. 3; Spindler/Stilz/*Schall* Rn. 11 f.

des § 16 Abs. 2, sodass eigene Anteile und gleichstehende Anteile bei der Berechnung des Nennkapitals der anderen Gesellschaft hier *nicht* abzuziehen sind.[11]

10   Zu beachten bleibt, dass im vorliegenden Zusammenhang im Rahmen der **Zurechnungsvorschrift des § 16 Abs. 4** nicht zwischen Kapitalgesellschaften und Personengesellschaften sowie zwischen in- und ausländischen Unternehmen unterschieden wird.[12] Die Anwendung des § 16 Abs. 4 setzt hier ferner ebenso wenig wie im eigentlichen Anwendungsbereich des § 16 Abs. 4 eine unmittelbare Beteiligung des herrschenden Unternehmens neben der abhängigen Gesellschaft an der dritten Gesellschaft voraus (→ § 16 Rn. 16).[13] Die Folge ist, dass § 19 – unter den Voraussetzungen des § 16 Abs. 4 – **auch ringförmige Beteiligungen** erfasst (→ Rn. 3).[14] Ist zB A an B, B an C und C wieder an A beteiligt, so kann es sich iSd § 19 Abs. 1 um eine wechselseitige Beteiligung zwischen *A* und *C* handeln, *sofern B von A abhängig ist.*

11   Die unmittelbare Beteiligung der B an C wird in diesen Fällen (→ Rn. 10) genauso wenig wie im Anwendungsbereich des § 16 Abs. 4 (→ § 16 Rn. 16) durch die mittelbare Beteiligung der A (über B) an C „absorbiert", sodass die Folge eine **mehrfache wechselseitige Beteiligung** sein kann, etwa wenn in unserem Beispielsfall die C nicht nur an A, sondern auch an B eine Beteiligung von mehr als 25 % hält.[15] Sind an der ringförmigen Beteiligung noch weitere Unternehmen beteiligt, so müssen auch in den weiteren Gliedern der Kette mit Ausnahme der letzten Abhängigkeitsbeziehungen zu den bloßen Kapitalbeteiligungen hinzutreten, wenn § 19 anwendbar sein soll.[16] Unter den genannten Voraussetzungen kann dies zu einer Vervielfältigung von wechselseitigen Beteiligungen führen.[17]

IV. Einseitige qualifizierte wechselseitige Beteiligungen (Abs. 2)

12   **1. Voraussetzungen.** Eine einseitige qualifizierte wechselseitige Beteiligung liegt nach § 19 Abs. 2 vor, wenn es sich um wechselseitig beteiligte Unternehmen iSd § 19 Abs. 1 handelt, dh um Kapitalgesellschaften mit Sitz im Inland, die aneinander mit mehr als 25 % der Anteile beteiligt sind (→ Rn. 8 ff.), *und* zusätzlich das eine Unternehmen an dem anderen mehrheitlich beteiligt ist *oder* das eine von dem anderen abhängig ist. Zu der **wechselseitigen Beteiligung** nach Maßgabe des § 19 Abs. 1 (→ Rn. 8 ff.) muss folglich hier noch eine **Mehrheitsbeteiligung** iSd § 16 *oder* ein **beherrschender Einfluss** iSd § 17 Abs. 1 hinzutreten.[18]

13   Zu beachten ist, dass insoweit (infolge der Bezugnahme in § 19 Abs. 2 auf § 16 *insgesamt*) der **ganze § 16,** also auch § 16 Abs. 2 S. 2 und 3 und Abs. 3 **anwendbar** sind, sodass *hier,* dh bei der Berechnung der Mehrheitsbeteiligung iSd § 19 Abs. 2 (und 3), eigene und gleichstehende Anteile abzuziehen sind (§ 16 Abs. 2 S. 2 und 3) und dass neben einer Kapitalmehrheit **auch** eine **Stimmenmehrheit** gemäß § 16 Abs. 3 für die Anwendung des § 19 Abs. 2 (und 3) ausreicht. **§ 17** ist aufgrund der Bezugnahme in § 19 Abs. 2 (und 3) gleichfalls in seiner Gesamtheit anwendbar, sodass es zu einer einseitigen qualifizierten wechselseitigen Beteiligung selbst dann kommen kann, wenn sich nur **Minderheitsbeteiligungen** von jeweils mehr als 25 % gegenüberstehen (→ Rn. 8 ff.), die eine Minderheitsbeteiligung aber aufgrund weiterer Umstände einen **beherrschenden Einfluss** auf die andere

---

[11] *R. Korch* Ringbeteiligungen; MHdB AG/*Krieger* § 68 Rn. 96; Spindler/Stilz/*Schall* Rn. 9; K. Schmidt/Lutter/*Vetter* Rn. 9.
[12] MüKoAktG/*Bayer* Rn. 31; MHdB AG/*Krieger* § 68 Rn. 97.
[13] MüKoAktG/*Bayer* Rn. 32.
[14] MüKoAktG/*Bayer* Rn. 36–39; Grigoleit/*Grigoleit* Rn. 10; Hölters/*Hirschmann* Rn. 8; Hüffer/*Koch* Rn. 5, 8; MHdB AG/*Krieger* § 68 Rn. 98; KK-AktG/*Koppensteiner* Rn. 17 f.; K. Schmidt/Lutter/*Vetter* Rn. 11.
[15] MüKoAktG/*Bayer* Rn. 32 ff.; MHdB AG/*Krieger* § 68 Rn. 98; K. Schmidt/Lutter/*Vetter* Rn. 10.
[16] *Emmerich* FS Westermann, 1974, 55 (69 f.); MHdB AG/*Krieger* § 68 Rn. 98.
[17] Ebenso Hüffer/*Koch* Rn. 8.
[18] MüKoAktG/*Bayer* Rn. 33 f.; KK-AktG/*Koppensteiner* Rn. 19; GroßkommAktG/*Windbichler* Rn. 21–23.

Gesellschaft begründet (→ Rn. 21). **Ringförmige Beteiligungen** werden hier wiederum unter der zusätzlichen Voraussetzung des § 16 Abs. 4 erfasst.[19]

2. Rechtsfolgen. Nach § 19 Abs. 2 sind unter den genannten Voraussetzungen **14** (→ Rn. 12 f.) die wechselseitig beteiligten Unternehmen als voneinander abhängig anzusehen. Das Gesetz bringt damit zum Ausdruck, dass sich wechselseitige Beteiligungen unter den Voraussetzungen des § 19 Abs. 2 und 3 nicht neutralisieren, wie früher vielfach angenommen wurde.[20] § 19 Abs. 2 stellt im Gegenteil abweichend von § 17 Abs. 2 eine **unwiderlegliche Vermutung** auf, die freilich, soweit sie an die Abhängigkeit des einen Unternehmens von dem anderen anknüpft, tautologisch ist. Einen eigenständigen Regelungsgehalt hat § 19 Abs. 2 mithin nur für den Fall der **Mehrheitsbeteiligung** des einen wechselseitig beteiligten Unternehmens an dem anderen iSd (ganzen) § 16, und zwar durch die Anordnung, dass in diesem Sonderfall (ausnahmsweise) die *Abhängigkeitsvermutung* des § 17 Abs. 2 in Folge ihrer Verbindung mit einer wechselseitigen Beteiligung beider Unternehmen *unwiderleglich* ist.

§ 19 Abs. 2 bedeutet der Sache nach, dass auf wechselseitig beteiligte Unternehmen **15** iSd § 19 Abs. 1 unter den hier genannten zusätzlichen Voraussetzungen, dh im Falle der Mehrheitsbeteiligung des einen wechselseitig beteiligten Unternehmen an dem anderen *oder* bei Vorliegen einer Abhängigkeitsbeziehung zwischen diesen Unternehmen, **zwingend** die **§§ 15, 16 und 17** und damit die Vorschriften über verbundene und über abhängige Unternehmen sowie ggf. noch über mehrheitlich beteiligte Unternehmen anzuwenden sind (→ § 15 Rn. 4; → § 17 Rn. 2).[21] Anwendbar sind außerdem die Konzernvermutung des **§ 18 Abs. 1 S. 3** sowie das Erwerbs- oder Übernahmeverbot des **§ 56 Abs. 2 S. 1.** Zu beachten ist ferner **§ 160 Abs. 1 Nr. 7,** nach dem die wechselseitige Beteiligung im Anhang zum Jahresabschluss (§ 264 Abs. 1 S. 1 HGB) offenzulegen ist. Die wichtigsten Rechtsfolgen ergeben sich jedoch aus den **§§ 311 ff.** und den **§§ 71 ff.** (→ Rn. 16):

Die **§§ 71–71e** gelten auch für wechselseitig beteiligte Unternehmen. (→ Rn. 7).[22] **16** Folglich **ruhen** im Falle des § 19 Abs. 2 gemäß § 71d S. 4 iVm § 71b sämtliche **Mitgliedschaftsrechte** aus dem Anteilsbesitz **der abhängigen** wechselseitig beteiligten **Gesellschaft** an der anderen herrschenden Gesellschaft, wodurch vor allem der Ausschluss von Verwaltungsstimmrechten erreicht wird. Außerdem muss die über 10 % hinausgehende **Beteiligung der abhängigen** wechselseitig beteiligten **Gesellschaft abgebaut** und dadurch die wechselseitige Beteiligung wieder beseitigt werden (§ 71d S. 2 und 4 iVm §§ 71 und 71c Abs. 1).[23] Raum ist hier außerdem nach richtiger Meinung für eine zumindest entsprechende Anwendung des § 71 Abs. 2 S. 2 iVm § 272 Abs. 4 HGB (§ 71d S. 2), sodass für die wechselseitigen Beteiligungen entsprechende **Rücklagen** zu bilden sind.[24]

V. Beiderseitige qualifizierte wechselseitige Beteiligungen (Abs. 3)

1. Voraussetzungen. Eine beiderseitige qualifizierte wechselseitige Beteiligung liegt **17** nach § 19 Abs. 3 vor, wenn es sich um wechselseitig beteiligte Unternehmen iSd § 19 Abs. 1 handelt (→ Rn. 8 ff.) *und jedem* der beiden wechselseitig beteiligten Unternehmen an dem anderen Unternehmen eine *Mehrheitsbeteiligung* gemäß § 16 gehört *oder* jedes auf das andere einen beherrschenden Einfluss iSd § 17 Abs. 1 auszuüben vermag. Da der zuletzt genannte

---

[19] Grigoleit/*Grigoleit* Rn. 10; Hüffer/*Koch* Rn. 5; KK-AktG/*Koppensteiner* Rn. 22 f.
[20] Spindler/Stilz/*Schall* Rn. 5; K. Schmidt/Lutter/*Vetter* Rn. 15.
[21] *Kerstin Schmidt,* Wechselseitige Beteiligungen, 63 ff.; GroßkommAktG/*Windbichler* Rn. 25 ff.
[22] *Burgard* AG 2006, 527 (535 f.); *Cahn* Kapitalerhaltung 151, 185, 210 ff.; Grigoleit/*Grigoleit* Rn. 8; Hölters/*Hirschmann* Rn. 13; Hüffer/*Koch* Rn. 6; *Kerstin Schmidt,* Wechselseitige Beteiligungen, 63 ff.; Spindler/Stilz/*Schall* Rn. 6; K. Schmidt/Lutter/*Vetter* Rn. 16–18; GroßkommAktG/*Windbichler* Rn. 28.
[23] MüKoAktG/*Bayer* Rn. 50; *Cahn* Kapitalerhaltung 151, 185, 210 ff.; Grigoleit/*Grigoleit* Rn. 8; Hüffer/*Koch* Rn. 6; *Klix* Beteiligungen 36 ff.; MHdB AG/*Krieger* § 68 Rn. 113; KK-AktG/*Lutter* § 71d Rn. 43, 47; *Kerstin Schmidt,* Wechselseitige Beteiligungen, 68 ff.; *Wastl/Wagner* AG 1997, 241 (246 f.); GroßkommAktG/*Windbichler* Rn. 28; anders *Cahn/Farrenkopf* AG 1984, 178.
[24] Ausf. *Burgard* AG 2006, 527 (535 f.); Spindler/Stilz/*Schall* Rn. 8.

Fall nur schwer vorstellbar ist,[25] hat § 19 Abs. 3 in erster Linie Bedeutung für die Fälle **wechselseitiger Mehrheitsbeteiligungen** iSd (ganzen) § 16. Für diese Fälle enthält die Vorschrift (ebenso wie § 19 Abs. 2) eine **unwiderlegliche Abhängigkeitsvermutung,** sodass jedes Unternehmen zugleich als herrschendes und als abhängiges Unternehmen anzusehen ist.

18   **2. Rechtsfolgen.** Die Rechtsfolgen der beiderseitigen qualifizierten wechselseitigen Beteiligungen (→ Rn. 17) entsprechen im Wesentlichen denen der einseitigen qualifizierten wechselseitigen Beteiligungen (→ Rn. 14 ff.), freilich mit dem Unterschied, dass hier die Vorschriften über abhängige Unternehmen auf *beide* wechselseitig beteiligte Unternehmen anzuwenden sind. Hinzu treten wiederum die **§§ 71 ff.**[26]

19   Die Folge ist zunächst, dass sich **beide** verbundenen Gesellschaften die schon erwähnten (→ Rn. 16) **Beschränkungen** für abhängige Unternehmen gefallen lassen müssen, sodass **keine** von ihnen aus ihren Aktien nach den §§ 71d S. 4 und 71b **Mitgliedschaftsrechte** bei der anderen besitzt.[27] Bei **ringförmigen Beteiligungen** erfasst das Verbot sicher die Muttergesellschaften, von ihnen abhängige Tochter- und Enkelgesellschaften dagegen wohl nur, wenn sie ihrerseits an der anderen Gesellschaft mit Mehrheit beteiligt sind oder diese von ihnen sonst abhängig ist. Anwendbar sind außerdem § 71d S. 2 und 4 und § 71c, sodass der **beiderseitige Anteilsbesitz** bis auf die Obergrenze von **10 %** abgebaut werden muss.[28] Dagegen wird zwar eingewandt, § 71d erlaube keine Entscheidung darüber, **welche** der beiden abhängigen Gesellschaften ihre Beteiligung an der anderen bis zur Obergrenze von 10 % reduzieren muss.[29] Indessen steht nichts im Wege, diese Entscheidung den beteiligten Unternehmen zu überlassen. Können sie sich nicht einigen, so müssen eben beide ihre Beteiligung zunächst bis auf 10 % abbauen. Dies gilt jedenfalls solange, bis keine wechselseitige Beteiligung mehr vorliegt.

VI. GmbH

Schrifttum: *Emmerich,* FS Westermann, 1974, 55; *ders.* NZG 1998, 622; Scholz/*Emmerich,* 11. Aufl. 2012, GmbHG Anh. § 13 Rn. 34–38; *Hettlage* AG 1967, 259; 1981, 92; *Klix,* Wechselseitige Beteiligungen, 1981, 38, 44 ff.; *Koppensteiner* WiBl. 1990, 1; *R. Korch,* Ringbeteiligungen von Aktiengesellschaften, 2002; MüKoGmbHG/*Liebscher* GmbHG Anh. § 13 Rn. 155–167; *W. Ramming,* Wechselseitige Beteiligungen außerhalb des Aktienrechts, 2005; *Kerstin Schmidt,* Wechselseitige Beteiligungen im Gesellschafts- und Kartellrecht, 1995, 80 ff.; *Verhoeven* GmbHR 1977, 97.

20   **1. Einfache wechselseitige Beteiligungen.** Der Anwendungsbereich der §§ 19 und 328 beschränkt sich auf wechselseitige Beteiligungen zwischen Kapitalgesellschaften mit Sitz im Inland, wobei im Falle des § 328 noch hinzukommen muss, dass wenigstens eine der beteiligten Gesellschaften eine deutsche AG oder KGaA ist. Andere wechselseitige Beteiligungen, insbesondere also solche mit ausländischen Unternehmen und mit Personengesellschaften sowie einfache wechselseitige Beteiligungen zwischen anderen Kapitalgesellschaften außer AG und KGaA werden dagegen von den §§ 19 und 328 nicht erfasst, sodass ihre Behandlung umstritten ist. Die Diskussion über die damit zusammenhängenden Fragen hat gerader erst begonnen. Ergebnisse zeichnen sich bisher lediglich partiell für die GmbH ab.

21   Die Definition der wechselseitigen Beteiligungen in § 19 Abs. 1 erfasst alle Kapitalgesellschaften mit Sitz im Inland, also auch die GmbH, bei der man daher ebenso wie bei der AG einfache und qualifizierte einseitige oder beiderseitige wechselseitige Beteiligungen zu unterscheiden hat. Von diesen Fällen ist nur die einfache wechselseitige Beteiligung mit

---

[25] Anders Hüffer/*Koch* Rn. 7; GroßkommAktG/*Windbichler* Rn. 30.
[26] K. Schmidt/Lutter/*Vetter* Rn. 16 ff.; GroßkommAktG/*Windbichler* Rn. 31–35.
[27] Grigoleit/*Grigoleit* Rn. 9; Hüffer/*Koch* Rn. 10; *Klix* Beteiligungen 37; KK-AktG/*Lutter* § 71d Rn. 49; *Kerstin Schmidt,* Wechselseitige Beteiligungen, 68 ff.; K. Schmidt/Lutter/*Vetter* Rn. 17.
[28] MüKoAktG/*Bayer* Rn. 51; Grigoleit/*Grigoleit* Rn. 9; Hölters/*Hirschmann* Rn. 15; Hüffer/*Koch* Rn. 8; MHdB AG/*Krieger* § 68 Rn. 113; *Kerstin Schmidt,* Wechselseitige Beteiligungen, 68 ff.; Spindler/Stilz/*Schall* Rn. 6; K. Schmidt/Lutter/*Vetter* Rn. 18; GroßkommAktG/*Windbichler* Rn. 35.
[29] So KK-AktG/*Lutter* § 71d Rn. 48 f.

einer GmbH bereits in § 328 (mit-)geregelt, *vorausgesetzt,* dass das **andere** wechselseitig beteiligte **Unternehmen eine AG oder KGaA** mit Sitz im Inland ist. Ungeregelt ist dagegen der Fall einer einfachen wechselseitigen Beteiligung *allein* zwischen Gesellschaften mbH oder zwischen solchen Gesellschaften und anderen Gesellschaften mit Ausnahme einer AG oder KGaA. Für diese ungeregelten Fälle hat sich mittlerweile die Auffassung durchgesetzt, dass ihre Regelung in erster Linie dem **§ 33 Abs. 2 S. 1 GmbHG** zu entnehmen ist, nach dem die GmbH eigene voll eingezahlte Geschäftsanteile nur erwerben darf, sofern der Erwerb aus dem über den Betrag des Stammkapitals hinaus vorhandenen Vermögen geschehen und die Gesellschaft die nach § 272 Abs. 4 HGB vorgeschriebene Rücklage für eigene Anteile bilden kann, ohne das Stammkapital oder eine nach dem Gesellschaftsvertrag zu bildende Rücklage zu mindern, die nicht zu Zahlungen an die Gesellschafter verwandt werden darf.[30] Den verbundenen Gesellschaften mbH ist daher der weitere Ausbau der wechselseitigen Beteiligungen nur unter den in dieser Vorschrift genannten Voraussetzungen erlaubt. **Umstritten** ist jedoch, von welcher **Grenze** ab dies gilt (→ Rn. 22).

Nach überwiegender Meinung greift § 33 Abs. 2 GmbHG **erst** ein, wenn es sich um eine **qualifizierte wechselseitige Beteiligung** iSd § 19 handelt.[31] Zur Begründung wird in erster Linie auf den Regierungsentwurf von 1977 zu der GmbH-Novelle von 1980 verwiesen, der in der Tat noch eine ausdrückliche Regelung in diesem Sinne enthielt. Diese Vorschrift ist indessen nicht Gesetz geworden, weil man es für richtiger hielt, die Entscheidung des Fragenkreises der Rechtsprechung zu überlassen.[32] Deshalb spricht mehr dafür, im GmbH-Recht an die Wertungen des **AktG** in den **§§ 19 Abs. 1 und 328** anzuknüpfen und daher im Interesse der Kapitalerhaltung in einfachen wechselseitigen Beteiligungen § 33 Abs. 2 GmbHG bereits anzuwenden, sobald die **25 %-Grenze bei einer der** (bereits) wechselseitig beteiligten **Gesellschaften** überschritten wird.[33] Diese Auffassung hat zudem den Vorzug, auf *beide* verbundenen Unternehmen anwendbar zu sein, vorausgesetzt, dass es sich bei ihnen um Gesellschaften mbH handelt.[34]

Umstritten ist die Rechtslage ferner hinsichtlich **Kapitalerhöhungen gegen Einlagen** (sog. originärer Erwerb von Anteilen). Überwiegend wird hier **§ 56 Abs. 2 S. 1** entsprechend angewandt; die Folge wäre wiederum, dass sich das Zeichnungs- oder Übernahmeverbot auf die abhängige Gesellschaft in Mehrheits- und Abhängigkeitsbeziehungen beschränkte.[35] Richtigerweise sollte indessen im Interesse der Kapitalerhaltung auch hier von der **25 %-Grenze** des AktG (§§ 19 Abs. 1 und 328) ausgegangen werden, sodass bereits in einfachen wechselseitigen Beteiligungen für *beide* Gesellschaften mbH ein Zeichnungsverbot bei einer Kapitalerhöhung der anderen Gesellschaft besteht.[36]

2. Qualifizierte wechselseitige Beteiligungen. Qualifizierte wechselseitige Beteiligungen zwischen einer AG (oder einer KGaA) und einer GmbH fallen bereits unter **§ 19 Abs. 2 und 3, wenn** an ihnen die **AG** oder KGaA als herrschendes oder **mit Mehrheit beteiligtes** Unternehmen beteiligt ist, sodass dieser Fall hier keiner weiteren Betrachtung bedarf (→ Rn. 11 ff.). **Nicht geregelt** sind dagegen alle **anderen Fälle,** insbesondere also qualifizierte wechselseitige Beteiligungen zwischen einer AG (oder einer KGaA) und einer GmbH als herrschendem oder mit Mehrheit beteiligtem Unternehmen sowie qualifizierte wechselseitige Beteiligungen zwischen einer GmbH und einer anderen GmbH oder mit

---

[30] S. iE MüKoGmbHG/*Liebscher* Anh. § 13 Rn. 163; Scholz/*Emmerich* GmbHG Anh. § 13 Rn. 35 f.

[31] Roth/Altmeppen/*Altmeppen* GmbHG § 33 Rn. 34; *Koppensteiner* öWiBl. 1990, 1 (2 f.); *Lutter,* Kapital, Sicherung der Kapitalaufbringung und Kapitalerhaltung, 1964, 57 f.; *Serick,* Rechtsform und Realität juristischer Personen, 2. Aufl. 1980, 110 ff.; *Verhoeven* GmbHR 1977, 97 (100).

[32] Bericht des Rechtsausschusses (1980), BT-Drs. 8/3908, 74.

[33] *Emmerich* NZG 1998, 622 (624 f.); MüKoGmbHG/*Liebscher* Anh. § 13 Rn. 164; *Ramming* 74 ff.; *Kerstin Schmidt,* Wechselseitige Beteiligungen, 82 f.; Michalski/*Sosnitza* GmbHG § 33 Rn. 51.

[34] MüKoGmbHG/*Liebscher* Anh. § 13 Rn. 164; anders Roth/Altmeppen/*Altmeppen* GmbHG § 33 Rn. 37.

[35] So LG Berlin GmbHR 1987, 395 (396) = ZIP 1986, 1564; Roth/Altmeppen/*Altmeppen* GmbHG § 33 Rn. 36; *Verhoeven* GmbHR 1977, 97 (102).

[36] *Emmerich* NZG 1998, 622 (625); MüKoGmbHG/*Liebscher* Anh. § 13 Rn. 165; Lutter/Hommelhoff/ *Lutter* GmbHG § 33 Rn. 41; *Ramming* 99 ff.

§ 20   1. Buch. 1. Teil. Allgemeine Vorschriften

sonstigen Gesellschaften.[37] In derartigen Fällen sind die aktienrechtlichen Vorschriften über die Beschränkung des Stimmrechts und das Zeichnungs- oder Übernahmeverbot entsprechend anzuwenden (**§§ 56 Abs. 2, 71d S. 4, 71b**). Anwendbar sind außerdem die Regeln über einfache wechselseitige Beteiligungen (→ Rn. 21 f.), vor allem also **§ 33 Abs. 2 GmbHG**, während sich die Regelung der §§ 71d S. 4 und 71c Abs. 1 über die **Veräußerungspflicht** des über 10 % hinausgehenden Anteilsbesitzes wohl **nicht** auf die GmbH übertragen lässt.[38] Dies gilt gleichermaßen für einseitige wie für beiderseitige qualifizierte wechselseitige Beteiligungen unter Einschluss einer GmbH.

VII. Personengesellschaften

25 Wechselseitige Beteiligungen kommen außerdem zwischen Personengesellschaften sowie zwischen diesen und Kapitalgesellschaften vor. Nach überwiegender Meinung bestehen gegen derartige Unternehmensverbindungen (in den Grenzen des § 172 Abs. 4 HGB) grundsätzlich keine Bedenken, weshalb namentlich das **Stimmverbot** für abhängige Gesellschaften **nicht** auf Personengesellschaften übertragen wird.[39] Indessen ist ein Grund für diese Privilegierung von Personengesellschaften nur schwer erkennbar.[40] Jedenfalls in **qualifizierten wechselseitigen Beteiligungen** mit Personengesellschaften sollten daher die **§§ 56 Abs. 2 und 71d S. 4 iVm §§ 71b und 71c** entsprechend angewandt werden. Dies hätte die wichtige Folge, dass sich im Rahmen einer GmbH und Co. KG die KG (an der die GmbH ihrerseits beteiligt ist) nicht an einer Kapitalerhöhung der GmbH beteiligen darf.[41] Auch für eine entsprechende Anwendung des **§ 33 Abs. 2 GmbHG** ist in solchen Fällen Raum.[42]

VIII. Ausländische Unternehmen

26 Bei wechselseitigen Beteiligungen mit ausländischen Unternehmen kommt zunächst die Anwendung der **§§ 15–18** in Betracht, vorausgesetzt, dass die an der Unternehmensverbindung beteiligte deutsche AG im Mehrheitsbesitz einer ausländischen Gesellschaft steht oder von dieser abhängig ist (→ Rn. 8). Die Rechtsfolgen entsprechen dann weitgehend denen des § 19 Abs. 2 und 3.[43] In weiteren Fällen ist an die Anwendung des § 57 Abs. 1 S. 1 (Verbot der Einlagenrückgewähr) zu denken und die wechselseitige Beteiligung deshalb als *unzulässig* zu behandeln, jedenfalls soweit die 25 %-Grenze des § 19 Abs. 1 überschritten wird.[44]

§ 20 Mitteilungspflichten

(1) ¹**Sobald einem Unternehmen mehr als der vierte Teil der Aktien einer Aktiengesellschaft mit Sitz im Inland gehört, hat es dies der Gesellschaft unverzüglich schriftlich mitzuteilen.** ²**Für die Feststellung, ob dem Unternehmen mehr als der vierte Teil der Aktien gehört, gilt § 16 Abs. 2 Satz 1, Abs. 4.**

---

[37] Scholz/*Emmerich* GmbHG Anh. § 13 Rn. 37; MüKoGmbHG/*Liebscher* Anh. § 13 Rn. 166 f.
[38] *Emmerich* NZG 1998, 622 (625 f.); MüKoGmbHG/*Liebscher* Anh. § 13 Rn. 167; Michalski/*Sosnitza* GmbHG § 33 Rn. 52; K. Schmidt/Lutter/*Vetter* Rn. 20.
[39] BGHZ 119, 346 (356 f.) = NJW 1993, 1265 = AG 1993, 140 – Pinneberger Tageblatt; ebenso für einfache wechselseitige Beteiligungen unter Einschluss einer Personengesellschaft MüKoAktG/*Bayer* Rn. 23 f.
[40] Ausf. zu den Schranken, die sich aus dem Gesellschaftsrecht (§§ 30, 33 GmbHG, § 172 Abs. 4 HGB) für die einzelnen Fallgestaltungen ergeben, *Ramming*, Wechselseitige Beteiligungen außerhalb des Aktienrechts, 2005, 106 ff.
[41] LG Berlin GmbHR 1987, 395 = ZIP 1986, 1564; LG Hamburg Hamburger JVBl. 1972, 67; MüKo-AktG/*Bayer* Rn. 25; *Koppensteiner* WiBl. 1990, 1 (6); ausf. zur GmbH und Co. KG insbes. *Br. Haar* Personengesellschaft.
[42] Scholz/*Emmerich* GmbHG Anh. § 13 Rn. 38.
[43] MüKoAktG/*Bayer* Rn. 26–28; KK-AktG/*Koppensteiner* Rn. 29 f.; MHdB AG/*Krieger* § 68 Rn. 109; K. Schmidt/Lutter/*Vetter* Rn. 5, 21.
[44] K. Schmidt/Lutter/*Vetter* Rn. 21; aA *Wastl*/*Wagner* AG 1997, 241 (247 f.); für Personengesellschaften auch BGHZ 119, 346 (356 f.) = NJW 1993, 1265 = AG 1993, 140.

(2) Für die Mitteilungspflicht nach Absatz 1 rechnen zu den Aktien, die dem Unternehmen gehören, auch Aktien,
1. deren Übereignung das Unternehmen, ein von ihm abhängiges Unternehmen oder ein anderer für Rechnung des Unternehmens oder eines von diesem abhängigen Unternehmens verlangen kann;
2. zu deren Abnahme das Unternehmen, ein von ihm abhängiges Unternehmen oder ein anderer für Rechnung des Unternehmens oder eines von diesem abhängigen Unternehmens verpflichtet ist.

(3) Ist das Unternehmen eine Kapitalgesellschaft, so hat es, sobald ihm ohne Hinzurechnung der Aktien nach Absatz 2 mehr als der vierte Teil der Aktien gehört, auch dies der Gesellschaft unverzüglich schriftlich mitzuteilen.

(4) Sobald dem Unternehmen eine Mehrheitsbeteiligung (§ 16 Abs. 1) gehört, hat es auch dies der Gesellschaft unverzüglich schriftlich mitzuteilen.

(5) Besteht die Beteiligung in der nach Absatz 1, 3 oder 4 mitteilungspflichtigen Höhe nicht mehr, so ist dies der Gesellschaft unverzüglich schriftlich mitzuteilen.

(6) [1]Die Gesellschaft hat das Bestehen einer Beteiligung, die ihr nach Absatz 1 oder 4 mitgeteilt worden ist, unverzüglich in den Gesellschaftsblättern bekanntzumachen; dabei ist das Unternehmen anzugeben, dem die Beteiligung gehört. [2]Wird der Gesellschaft mitgeteilt, daß die Beteiligung in der nach Absatz 1 oder 4 mitteilungspflichtigen Höhe nicht mehr besteht, so ist auch dies unverzüglich in den Gesellschaftsblättern bekanntzumachen.

(7) [1]Rechte aus Aktien, die einem nach Absatz 1 oder 4 mitteilungspflichtigen Unternehmen gehören, bestehen für die Zeit, für die das Unternehmen die Mitteilungspflicht nicht erfüllt, weder für das Unternehmen noch für ein von ihm abhängiges Unternehmen oder für einen anderen, der für Rechnung des Unternehmens oder eines von diesem abhängigen Unternehmens handelt. [2]Dies gilt nicht für Ansprüche nach § 58 Abs. 4 und § 271, wenn die Mitteilung nicht vorsätzlich unterlassen wurde und nachgeholt worden ist.

(8) Die Absätze 1 bis 7 gelten nicht für Aktien eines Emittenten im Sinne des § 21 Abs. 2 des Wertpapierhandelsgesetzes.

Schrifttum: *Arends,* Die Offenlegung von Aktienbesitz nach deutschem Recht, 2000; *Burgard,* Die Offenlegung von Beteiligungen, Abhängigkeits- und Konzernlagen bei der Aktiengesellschaft, 1990; *Happ,* Aktienrecht, 4. Aufl. 2015, 7. Abschnitt, 607 ff.; *Heinrich,* Kapitalmarktrechtliche Transparenzbestimmungen, 2006; *M. Hildner,* Kapitalmarktrechtliche Beteiligungstransparenz verbundener Unternehmen, 2002; *Hommelhoff/Hopt/Lutter* (Hrsg.), Konzernrecht und Kapitalmarktrecht, 2001; *Knoll,* Die Übernahme von Kapitalgesellschaften, 1992; *Koppensteiner,* Internationale Unternehmen im deutschen Gesellschaftsrecht, 1971; *Luchterhand,* Deutsches Konzernrecht bei grenzüberschreitenden Konzernverbindungen, 1971; *Merkt,* Unternehmenspublizität, 2001; *Pentz,* Die Rechtsstellung der Enkel-AG in mehrstufigen Unternehmensverbindungen, 1994; *C. van de Sande,* Die Unternehmensgruppe im Banken- und Versicherungsaufsichtsrecht, 2003; *E. Seydel,* Konzernbildungskontrolle bei der AG, 1995; *Starke,* Beteiligungstransparenz im Gesellschafts- und Kapitalmarktrecht, 2002; *Tröger,* Treupflicht im Konzernrecht, 2000; *Vedder,* Zum Begriff „für Rechnung" im AktG und im WpHG, 1995; *Vossel,* Auskunftsrechte im Aktienkonzern, 1996; *H. Wiedemann,* Minderheitenschutz und Aktienhandel, 1988; *Witt,* Übernahmen von Aktiengesellschaften und Transparenz der Beteiligungsverhältnisse, 1998; *Wolframm,* Mitteilungspflichten familiär verbundener Aktionäre nach § 20 AktG, 1998.

Übersicht

	Rn.		Rn.
I. Überblick	1–3	4. GmbH	10–12
II. Zweck	4	**IV. Verpflichteter**	13–16b
III. Weitere Mitteilungspflichten	5–12	1. Unternehmen	13, 13a
1. WpHG	5	2. Privataktionäre	14, 15
2. Auskunftsrecht	6, 7	3. Eigentümer	16–16b
3. Treuepflicht	8, 9	**V. Die einzelnen Fälle**	17–29

§ 20 1, 2 1. Buch. 1. Teil. Allgemeine Vorschriften

	Rn.		Rn.
1. § 20 Abs. 1	17–20a	2. Ausnahmen	37
2. § 20 Abs. 2	21–24	**VIII. Rechtsfolgen, Sanktionen**	38–64
a) Anspruch auf Übereignung	21–23a	1. Überblick	38–42
b) Abnahmepflicht	24	2. Betroffene Aktien	43–44
3. § 20 Abs. 3	25–27	3. Voraussetzungen	45, 46
4. § 20 Abs. 4	28, 28a	a) Nichterfüllung der Mitteilungs-	
5. § 20 Abs. 5	29	pflicht	45
VI. Mitteilung	30–34	b) Verschulden	46
1. Rechtsnatur	30, 30a	4. Betroffene Rechte	47–49
2. Form	31	5. Hauptversammlung, Stimmrecht	50–51b
3. Frist, Fälligkeit	32, 32a	6. Dividendenanspruch	52–57a
4. Inhalt	33–34	7. Anspruch auf den Liquidationserlös	58, 59
VII. Bekanntmachung	35–37	8. Bezugsrecht	60–63
1. Inhalt	35, 36	9. Schadensersatzansprüche	64

I. Überblick

1 Die §§ 20 und 21 regeln einzelne Fälle von Mitteilungspflichten von Unternehmen im Falle ihrer Beteiligung an deutschen Gesellschaften. Vorrang haben jedoch die Mitteilungspflichten aufgrund der §§ 21 ff. WpHG (→ Rn. 2). Die wichtigsten Fälle von Mitteilungspflichten, die sich aus dem AktG ergeben, sind nach **§ 20** der Erwerb einer sog. Schachtelbeteiligung von mehr als 25 % *an einer AG oder KGaA* mit Sitz im Inland (§§ 20 Abs. 1–3, 278 Abs. 3), der Erwerb einer Mehrheitsbeteiligung iSd § 16 an einer der genannten Gesellschaften (§ 20 Abs. 4) sowie der Verlust einer derartigen Beteiligung (§ 20 Abs. 5). Diese Mitteilungspflichten treffen grundsätzlich alle Unternehmen ohne Rücksicht auf ihre Rechtsform und ihren Sitz. **§ 21** begründet ergänzend eine Mitteilungspflicht (nur) für Aktiengesellschaften und KGaA bei einer Schachtelbeteiligung *an einer anderen Kapitalgesellschaft* (§ 21 Abs. 1) sowie im Falle einer Mehrheitsbeteiligung an einem Unternehmen beliebiger Rechtsform (§ 21 Abs. 2), jeweils bei Sitz der Beteiligungsgesellschaft im Inland (→ § 21 Rn. 5, 8). Treffen die §§ 20 und 21 zusammen, wie zB im Falle der Beteiligung einer AG an einer anderen inländischen AG, so hat der strengere **§ 20** den **Vorrang** vor § 21 (→ § 21 Rn. 4). Nach **§ 22** kann der Adressat der Mitteilung jederzeit den Nachweis der Beteiligung verlangen. Bei einem Verstoß gegen die genannten Mitteilungspflichten greift in der Mehrzahl der Fälle als **Sanktion** in erster Linie ein Verlust der Rechte aus den betreffenden Anteilen ein (§§ 20 Abs. 7 und 21 Abs. 4). Die Regelung der §§ 20 ff. AktG wird ergänzt durch eine besondere Mitteilungspflicht bei wechselseitigen Beteiligungen aufgrund des **§ 328 Abs. 4** (→ § 328 Rn. 24 f.), durch den Ordnungswidrigkeitstatbestand des § 405 Abs. 3 Nr. 5 sowie durch die Übergangsvorschrift des § 7 EGAktG.

2 **Weitere Mitteilungspflichten** können sich für alle Unternehmen einschließlich der AG und der KGaA noch aus einer Reihe weiterer Gesetze ergeben.[1] Die größte praktische Bedeutung kommt dabei den **Mitteilungspflichten aufgrund der §§ 21–30 WpHG** für Stimmrechtsanteile an Emittenten zu, für die Deutschland der Herkunftsstaat ist (→ Rn. 5a ff.). Diese Mitteilungspflichten haben den **Vorrang** vor den aktienrechtlichen Mitteilungspflichten, wie sich aus den §§ 20 Abs. 8 und 21 Abs. 4 ergibt, nach denen die §§ 20 und 21 nicht für Aktien eines **Emittenten** iSd § 21 Abs. 2 WpHG gelten. Gemeint sind damit im Wesentlichen, wie aus § 2 Abs. 6 und 7 WpHG nF folgt, *börsennotierte Gesellschaften mit Sitz im Inland*.[2] Von den weiteren einschlägigen Bestimmungen ist insbesondere noch **§ 35 Abs. 1 WpÜG** hervorzuheben, nach dem der unmittelbare oder mittelbare Erwerb der Kontrolle über eine Zielgesellschaft unverzüglich gemäß § 10 Abs. 3 S. 1 und

---

[1] Aufzählung bei Spindler/Stilz/*Petersen* Vor § 20 Rn. 10.
[2] Begr. RegE des TUG (2006), BT-Drs. 16/2498, 27, 30 f., 34 (r. Sp. – zu lit. c); *Nießen* NZG 2007, 41 ff.; *Göres* Konzern 2007, 15.

2 WpÜG zu veröffentlichen ist. In beiden Fällen entsprechen die Sanktionen nach § 28 WpHG und § 59 WpÜG im Kern denen, die das AktG in §§ 20 Abs. 7 und 21 Abs. 4 an Verstöße gegen die verschiedenen Mitteilungspflichten knüpft (→ Rn. 38 ff.). Durch die Anordnung des Vorrangs des WpHG für Aktien von Emittenten iSd § 21 Abs. 2 WpHG in § 20 Abs. 8 und in § 21 Abs. 5 haben die §§ 20 ff. AktG keineswegs ihre **praktische Bedeutung** eingebüßt. Zwar beschränkt sich heute ihr Anwendungsbereich auf die im Freiverkehr gehandelten Aktien sowie auf die Vielzahl der überhaupt nicht an Börsen gehandelten Aktien (→ Rn. 18, 25). Das aber ist immer noch die große Mehrzahl der Aktien, da nur rund 5 % der in Deutschland gehandelten Aktien überhaupt börsennotiert sind.[3]

Der **Vorrang** der §§ 21 ff. WpHG vor den §§ 20 f. AktG (→ Rn. 2) ist **nicht unproblematisch,** weil die §§ 21 ff. WpHG in einzelnen Beziehungen *hinter* dem AktG zurückbleiben. Der wichtigste Punkt ist, dass § 21 WpHG (im Gegensatz zu den §§ 20 und 21 AktG) allein auf **Stimmrechte** (und nicht auch auf Kapitalanteile) abstellt, sodass in bestimmten Fällen heute Kapitalanteile ohne korrespondierende Stimmanteile (anders als früher nach § 20) nicht mehr mitteilungspflichtig sind. Die damit verbundene Einschränkung der Mitteilungspflichten hielt man indessen für hinnehmbar (→ Rn. 17, 25).[4] 3

II. Zweck

Mit den Vorschriften der §§ 20–22 wird ein *doppelter* Zweck verfolgt.[5] Im Vordergrund steht der Zweck, im Interesse der betroffenen Gesellschaften, ihrer Gesellschafter und der Öffentlichkeit die **Machtverhältnisse** in den Gesellschaften **offenzulegen.** Hinzu tritt als weiterer Zweck die **Förderung der Rechtssicherheit**, da ohne Kenntnis der Beteiligungsverhältnisse große Teile des Konzernrechts nicht praktikabel sind; in besonderem Maße gilt das für die verwickelten Vorschriften über gegenseitige Beteiligungen (§§ 19, 328). Beide Zwecke der §§ 20 und 21 wurden weitgehend **verfehlt.**[6] Der Gesetzgeber hat deshalb in den letzten Jahren an mehreren Stellen weitere, zum Teil deutlich über die §§ 20 und 21 hinausgehende Anzeige- und Mitteilungspflichten statuiert. Die größte Bedeutung kommt in diesem Zusammenhang den Mitteilungspflichten für Beteiligungen an börsennotierten Gesellschaften aufgrund der **§§ 21 ff. WpHG** zu (→ Rn. 5). 4

III. Weitere Mitteilungspflichten

1. WpHG. Mit den **§§ 21–30 WpHG** vom 26.7.1994 (BGBl. I 1749) wurde mit erheblicher Verzögerung die **Transparenzrichtlinie I** vom 12.12.1988[7] umgesetzt, mit der seinerzeit bezweckt worden war, die Marktteilnehmer zu ihrem Schutz rechtzeitig über wesentliche Veränderungen in der Beteiligungsstruktur börsennotierter Gesellschaften (→ Rn. 2) zu informieren. Die gegenwärtige Fassung der §§ 21 ff. WpGH geht letztlich auf die Transparenzrichtlinie II von 2004[8] zurück, die durch das TUG von 2007[9] in deutsches Recht umgesetzt wurde. Die Transparenzrichtlinie II ist im Jahre 2013 in wichtigen Punkten erneut geändert worden;[10] die Änderungsrichtlinie musste bis zum 26. November 5

---
[3] *Witt* AG 1998, 171 (173).
[4] Begr. zum 3. Finanzmarktförderungsgesetz (1997), BT-Drs. 13/8933, 148; ebenso Hüffer/*Koch* Rn. 18.
[5] Begr. RegE bei *Kropff* AktG 38; BGHZ 114, 203 (215) = NJW 1991, 2765; BGHZ 167, 204 (208 f.) = NJW-RR 2006, 1110 (1111) Rn. 13 = AG 2006, 501 – Mitteldeutsche Leasing AG; BGH AG 2001, 47 = NJW 2000, 3647; KG AG 1990, 500 (501) = WM 1990, 1546; *Ahrens* Offenlegung 9 f.; *Burgard* Offenlegung 44; *Hägele* NZG 2000, 726 (727); *Siebel* FS Heinsius, 1991, 771 (783 ff.); *Starke* Beteiligungstransparenz 239 ff.; *Sudmeyer* BB 2002, 685 (686); GroßkommAktG/*Windbichler* Rn. 1–7; *Witt* Übernahmen 178.
[6] Monopolkommission, 7. Hauptgutachten 1986/87, Rn. 827, 832; *Burgard* Offenlegung 18 ff.; ders. AG 1992, 41 ff.; *Seydel* Konzernbildungskontrolle 152.
[7] ABl. EG 1988 Nr. L 348, 62.
[8] ABl. EG 2004 Nr. l 390. 38.
[9] BGBl. I 10; alle Einzelheiten bei *Assmann/U. Schneider* WpHG Vor § 21 Rn. 8 ff.
[10] ABl. EG 2013 Nr. L 294, 13.

2015 in deutsches Recht umgesetzt werden.[11] Diese Frist wurde mit dem Umsetzungsgesetz vom 20.11.2015 eingehalten (BGBl. I 2029).[12] Die geänderten §§ 21 ff. WpHG werden weiter unten im Zusammenhang kommentiert (→ Anh. § 22 zum WpHG).

6 **2. Auskunftsrecht.** Die Verzögerung bei der Umsetzung der Transparenzrichtlinie I von 1988 (→ Rn. 5) hatte den Gerichten vor Inkrafttreten des WpHG im Jahre 1995 Anlass gegeben, auf anderen Gebieten nach einem Ausgleich für die vom Gesetzgeber versäumte Verstärkung der Publizität bei börsennotierten Gesellschaften zu suchen. Deshalb wurde von ihnen bereits vor 1995 die **Auskunftspflicht** der Gesellschaften **über Beteiligungen an börsennotierten Gesellschaften** unter Berufung auf § 131 Abs. 1 S. 1 und 2 schrittweise ausgedehnt, wobei die Transparenzrichtlinie I als Richtschnur diente. Der erste Schritt war folgerichtig die Erstreckung der Auskunftspflicht auf Beteiligungen, die *mindestens 10 %* der Stimmrechte oder des Kapitals einer AG ausmachen oder die einen börsennotierten Wert von mindestens 100 Mio. DM (50 Mio. Euro) haben.[13] Mit Inkrafttreten des WpHG am 1.1.1995 entfiel an sich der Grund für diese Praxis. Gleichwohl hielten die Gerichte an ihr fest und senkten sogar die Schwelle der auskunftspflichtigen Beteiligungen entsprechend § 21 Abs. 1 S. 1 WpHG aF auf **5 % des Grundkapitals oder der Stimmrechte** an börsennotierten Gesellschaften.[14] Auch das absolute Größenkriterium eines Wertes der Beteiligungen von mindestens 100 Mio. DM (50 Mio. Euro) wurde später aufgegeben zugunsten einer **Orientierung an der Größe** der betroffenen AG und der **Bedeutung** der eingegangenen Beteiligungen, sodass zB bei einer Gesellschaft mit einem Grundkapital von 13 Mio. Euro auch Beteiligungen in einer Größenordnung von über 10 Mio. Euro auf Verlangen der Aktionäre nach § 131 offenzulegen sind.[15] Folgt man dem, so wäre es obendrein nur folgerichtig, im Anschluss an die Verschärfung der Mitteilungspflichten aufgrund des WpHG durch das TUG von 2007 im selben Ausmaß die Auskunftspflicht des Vorstands nach § 131 über Beteiligungen auszudehnen.

7 Im **Schrifttum** ist die geschilderte Praxis nach Inkrafttreten des WpHG **verbreitet kritisiert** worden.[16] Zu einem guten Teil hat sich dieser Streit mittlerweile durch die Ausdehnung der Pflichtangaben im Anhang zum Jahresabschluss erledigt. Denn nach **§ 285 Nr. 11 Hs. 4 HGB** idF von 1998 sind von börsennotierten Kapitalgesellschaften im Anhang alle Beteiligungen an großen Kapitalgesellschaften iSd § 267 Abs. 3 HGB anzugeben, die 5 % der Stimmrechte überschreiten. Im Übrigen rechtfertigt sich die geschilderte Ausdehnung des Auskunftsrechts der Aktionäre (→ Rn. 6) bereits durch die prinzipiell zutreffende Überlegung, dass die Aktionäre *nicht schlechter gestellt* werden dürfen als die Öffentlichkeit aufgrund der §§ 21 ff. WpHG.[17]

8 **3. Treuepflicht.** Fraglich ist, ob sich über die gesetzlich geregelten Fälle hinaus, dh jenseits insbesondere der §§ 20 f. AktG, §§ 21 ff. WpHG und § 35 WpÜG, im Einzelfall **weitere Mitteilungspflichten** gegenüber einer AG oder den Mitgesellschaftern aus der Treuepflicht der Gesellschafter untereinander oder gegenüber der Gesellschaft ergeben können. Bisher wird dies noch **überwiegend verneint,** weil die Mitteilungspflichten gegenüber der Gesellschaft bei der AG gesetzlich abschließend geregelt seien (→ Vor § 311

---

[11] S. *Nartowska/Walla* AG 2014, 891; *Parmentier* AG 2014, 15.
[12] BT-Drs. 18/6220; s. *Burgard/Heimann* WM 2015, 1445.
[13] KG AG 1994, 83 = NJW-RR 1994, 162; AG 1994, 469 = WM 1994, 1479; AG 1996, 131 = WM 1995, 1930; WM 1995, 1920 (1923 f.); 1995, 1927 (1929 f.); AG 2001, 421; s. GroßkommAktG/*Decher* § 131 Rn. 160 ff.
[14] BayObLGZ 1996, 234 (239 f.) = AG 1996, 563 (564) = ZIP 1996, 1945; AG 1996, 516 (517 f.) = ZIP 1996, 1743; zust. KG AG 2001, 421 f.
[15] KG AG 2001, 421 f.
[16] *Arends* Offenlegung 32 ff.; *W. Groß* AG 1997, 97 (106 f.); *Hüffer/Koch* § 131 Rn. 19a mN; *ders.* ZIP 1996, 401; *Spindler/Stilz/Siems* § 131 Rn. 29; diff. *Witt* Übernahmen 197 ff.; *ders.* JbJZivRWiss 1996, 91.
[17] *Decher* ZHR 158 (1994), 473; GroßkommAktG/*ders.* § 131 Rn. 165 ff.; *K. Schmidt/Lutter/Spindler* § 131 Rn. 11, 28; *Spitze/Diekmann* ZHR 158 (1994), 447; *Vossel* Auskunftsrechte.

Rn. 9).[18] Diese Meinung ist indessen nicht zwingend und sollte zumindest für **einzelne besonders kritische Fallgruppen** im Interesse der gebotenen Verbesserung des Minderheitenschutzes überdacht werden (zu den Privataktionären → Rn. 15).[19]

Der Position der Minderheitsaktionäre drohen besondere Gefahren spätestens bei **Einbeziehung** der abhängigen Gesellschaft **in einen Konzern,** da sie zur sachgerechten Ausübung ihrer Rechte, in erster Linie aufgrund der §§ 311 ff., offensichtlich nur in der Lage sind, wenn sie von der Konzerngründung überhaupt Kenntnis erlangen. Deshalb ergibt sich auch bei der AG aus der *Treuepflicht des herrschenden Unternehmens* gegenüber den Mitgesellschaftern dessen zusätzliche Verpflichtung, die **Einbeziehung** der abhängigen Gesellschaft in den vom ihm geleiteten Konzern (§§ 18, 311) durch eine entsprechende Erklärung den außenstehenden Gesellschaftern **kundzugeben** (§ 242 BGB).[20] Dafür kommt vor allem eine Mitteilung an die Gesellschaft in Betracht, die in den Gesellschaftsblättern bekannt zu machen ist (§ 25). Es gibt keine legitimen Gründe zur Geheimhaltung einer Konzerngründung. Auf demselben Grundgedanken beruhen letztlich § 35 WpÜG sowie § 285 Nr. 11 Hs. 4 HGB idF von 1998 (→ Rn. 15).

4. GmbH. Für Beteiligungen einer GmbH an anderen Gesellschaften und für Beteiligungen an einer GmbH bestehen bisher – von § 40 GmbHG abgesehen (→ Rn. 11) – im Gegensatz zur Rechtslage bei der AG *keine* generellen Mitteilungspflichten aufgrund des GmbHG oder anderer Gesetze.[21] Etwas anderes gilt nur, wenn im Einzelfall die Voraussetzungen der **§§ 20 und 21 AktG** oder der **§§ 21 ff. WpHG** erfüllt sind. Mitteilungspflichtig sind danach insbesondere die in § 20 aufgezählten Beteiligungen einer *GmbH an* einer nicht börsennotierten *AG* oder KGaA (§ 20), Beteiligungen an börsennotierten Gesellschaften (§§ 21 ff. WpHG) sowie Schachtel- und Mehrheitsbeteiligungen einer *AG an* einer *GmbH* mit Sitz im Inland (§ 21; → § 21 Rn. 5 ff.). Eine weitere Mitteilungspflicht für wechselseitige Beteiligungen folgt aus **§ 328 Abs. 4,** vorausgesetzt, dass an der Unternehmensverbindung wenigstens eine AG beteiligt ist. Diese Vorschrift ist außerdem entsprechend auf wechselseitige Beteiligungen zwischen einer GmbH und anderen Kapitalgesellschaften mit Sitz im Inland mit Ausnahme von Aktiengesellschaften anwendbar (→ § 328 Rn. 24 f.).

Eine in mancher Hinsicht mit den §§ 20 und 21 vergleichbare Funktion hat die zum Handelsregister einzureichende **Gesellschafterliste,** aus der sich jede Veränderung in den Beteiligungsverhältnissen eine GmbH ergeben muss (§§ 8 Abs. 1 Nr. 3, 40 GmbHG). Die sich aus den genannten Vorschriften des GmbHG ergebenden Mitteilungspflichten der Geschäftsführer können sich im Einzelfall durchaus mit den Mitteilungspflichten nach den §§ 20 und 21 oder nach dem WpHG (§§ 21 ff.) überschneiden, stehen dann aber *selbstständig nebeneinander* und müssen unabhängig voneinander erfüllt werden.[22]

Die lediglich punktuelle Anordnung von Mitteilungspflichten im GmbH-Recht ist insbesondere bei einer **abhängigen GmbH** misslich, weil bei dieser – noch mehr als bereits bei der AG (→ Rn. 9) – ein effektiver Schutz der Minderheit zumal in faktischen Konzernen nur möglich ist, wenn die Minderheit überhaupt über die Einflussmöglichkeiten der Mehrheit sowie über deren Beziehungen zu anderen Unternehmen unterrichtet wird. Aus diesem Grunde ist jedenfalls bei der GmbH **bereits in Abhängigkeitsverhältnissen** anzunehmen, dass das herrschende Unternehmen aufgrund seiner Treuepflicht gegenüber den Mitgesellschaftern zur **Offenlegung** seines Beteiligungsbesitzes und seiner Beziehungen zu anderen Unternehmen verpflichtet ist (§ 242 BGB). Die Mitteilungspflicht besteht dann nicht nur

---
[18] *E. Seydel* Konzernbildungskontrolle 154 ff.; Spindler/Stilz/*Petersen* Vor § 20 Rn. 11; Grigoleit/*Rachlitz* Rn. 3; *T. Starke* Beteiligungstransparenz 163 ff., 255; *Tröger* Treuepflicht 308 ff.; K. Schmidt/Lutter/*Veil* Rn. 5; *Wastl* NZG 2000, 505 (506 f.); *Wolframm* Mitteilungspflichten 175, 183 ff.; Ziemons/*Jaeger* AG 1996, 358 (364).
[19] Ebenso *Arends* Offenlegung 27 ff.; *Burgard* AG 1992, 41 (47 ff.); *ders.* Offenlegung 47, 64 ff.; *Henze* BB 1996, 489 (491); *Siebel* FS Heinsius, 1991, 771, 787; im Ergebnis wohl auch *U. Schneider* FS Lutter, 2000, 1193.
[20] *Henze* BB 1996, 489 (491); *Hommelhoff,* Die Konzernleitungspflicht, 1982, 408 ff.; *Tröger* Treuepflicht 314 ff.; *Zöllner* FS Kropff, 1994, 333 (338 ff.).
[21] Scholz/*Emmerich* GmbHG Anh. § 13 Rn. 39 f.; *Wachter* GmbHR 2011, 1084.
[22] *Wachter* GmbHR 2011, 1084; Spindler/Stilz/*Petersen* Vor § 20 Rn. 12.

gegenüber der Gesellschaft (so wohl die hM), sondern auch unmittelbar gegenüber den Mitgesellschaftern (→ Anh. § 318 Rn. 15).[23]

IV. Verpflichteter

13   **1. Unternehmen.** Die aktienrechtliche Mitteilungspflicht trifft nach § 20 Abs. 1 und Abs. 3–5 (nur) „Unternehmen", die an einer (nicht börsennotierten) AG oder KGaA (§ 278 Abs. 3) mit Sitz im Inland (sowie der SE und den zugehörigen Vorgesellschaften, → Rn. 13a) in einer bestimmten Höhe beteiligt sind. Den Gegensatz bilden die sog. „**Privataktionäre**", für deren Einbeziehung in die Mitteilungspflicht man seinerzeit noch kein Bedürfnis sah (→ Rn. 14). Diese Regelung macht es an sich erforderlich, bei der Anwendung der §§ 20 und 21 zwischen Unternehmens- und Privataktionären zu unterscheiden. Entgegen einer verbreiteten Meinung ist es dazu aber nicht nötig, in umfängliche Erörterungen über den Unternehmensbegriff im Aktienrecht einzutreten; wie schon ausgeführt (→ § 15 Rn. 9 ff.), genügt es vielmehr im vorliegenden Zusammenhang vollauf, die Merkmale festzulegen, die – unter dem Blickwinkel der §§ 20 und 21 – einen gewöhnlichen oder auch „reinen" Privataktionär charakterisieren, da alle anderen Aktionäre dann eben als „Unternehmensaktionäre", jedenfalls iSd §§ 20 und 21, zu behandeln sind – mit der Folge ihrer Mitteilungspflicht.

13a   Dies bedeutet, dass, wie bereits ausgeführt (→ § 15 Rn. 22, 26 ff.), insbesondere sämtliche **Formkaufleute** des § 6 HGB sowie die **öffentliche Hand** generell als „Unternehmen" iSd §§ 20–22 zu behandeln sind und deshalb ausnahmslos der Mitteilungspflicht aufgrund der genannten Vorschriften unterliegen,[24] sodass grundsätzlich *jede Beteiligung der öffentlichen Hand* und ebenso *jede Beteiligung einer Kapitalgesellschaft* an einer AG oder KGaA (einschließlich der Vorgesellschaften und der SE) mitteilungspflichtig sind. Für die Beteiligung ausländischer Staaten an deutschen Gesellschaften sowie für *Personenhandelsgesellschaften* gilt, da sie gleichfalls Formkaufleute sind (§ 6 Abs. 2 HGB), im Ergebnis nichts anderes. Ebenso zu behandeln sind – umgekehrt – gemäß § 21 Abs. 1 S. 1 **Beteiligungen einer AG oder KGaA** an anderen Kapitalgesellschaften. Keine Rolle spielt ferner der **Sitz** des an einer deutschen AG oder KGaA beteiligten Unternehmens; zwischen **inländischen und ausländischen Unternehmen** wird im Rahmen des § 20 nicht unterschieden.[25] Eine **Ausnahme** besteht allein bei § 20 Abs. 3 (→ Rn. 25 ff.). Außerdem sind naturgemäß nur Beteiligungen an Gesellschaften mit Verwaltungssitz *im Inland* mitteilungspflichtig.[26]

14   **2. Privataktionäre.** Der Gesetzgeber hat seinerzeit vor allem aus zwei Überlegungen von einer Ausdehnung der Mitteilungspflichten auf Privataktionäre im Rahmen der §§ 20 und 21 abgesehen,[27] einmal, weil man annahm, für eine Ausdehnung der Mitteilungspflichten auf Privataktionäre bestehe nicht dasselbe dringende Bedürfnis wie für die Einführung von Mitteilungspflichten von Unternehmen, zum anderen wegen der Befürchtung, eine Ausdehnung der Mitteilungspflichten auf Privataktionäre könne zu einer „zu weitgehenden Offenlegung ihres Privatvermögens" führen. Hinter beiden Überlegungen steht letztlich das Bild des Privataktionärs als „**Rentier**", dh die Gleichsetzung des Privataktionärs mit einem Aktionär, der sich strikt auf die Verwaltung seines Privatvermögens beschränkt.

---

[23] Scholz/*Emmerich* GmbHG Anh. § 13 Rn. 40; *Henze* BB 1996, 489 (491); *Lutter/Timm* NJW 1982, 409 (419); *Schilling* FS Hefermehl, 1976, 383 (387); *K. Schmidt* GmbHR 1979, 121 (132); wohl auch BGHZ 79, 337 (344) = NJW 1981, 1449; vgl. außerdem BGH NJW 2007, 917 Rn. 9 = NZG 2007, 185 (186); ebenso in der Tendenz offenbar auch BGHZ 196, 131 (142) Rn. 28 = NJW 2013, 2190: Anspruch aller Gesellschafter auf Kenntnis ihrer Mitgesellschafter und etwaiger Treugeber.

[24] *V. Arends* Offenlegung 10 ff.; ebenso jedenfalls für die öffentliche Hand MüKoAktG/*Bayer* Rn. 6; *Geßler* BB 1980, 217 (220); *Heinsius* FS R. Fischer, 1979, 215 (218 f.); *Siebel* FS Heinsius, 1991, 771 (800); für die §§ 21 ff. WpHG *Nottmeier/Schäfer* AG 1997, 87 (90).

[25] *Koppensteiner*, Internationale Unternehmen, 284 ff.; *Luchterhand* KonzernR 195 ff.; *S. Maul* NZG 1999, 741 (745 f.); Spindler/Stilz/*Petersen* Rn. 1, Vor § 20 Rn. 20; K. Schmidt/Lutter/*Veil* Rn. 14; *Witt* Übernahmen 179.

[26] Spindler/Stilz/*Petersen* Vor § 20 Rn. 17 ff.

[27] Ausschussbericht zu den §§ 20 und 21, bei *Kropff* AktG 41 f.

Daraus ist der Schluss zu ziehen, dass jeder andere Aktionär dann eben Unternehmensqualität besitzt, jedenfalls iSd §§ 20–22 (→ § 15 Rn. 9 ff.).

Aus dem Gesagten ergeben sich Konsequenzen vor allem für die umstrittene Reichweite 15 der Mitteilungspflichten bei **Holdinggesellschaften, Stimmrechtskonsortien und Familiengesellschaften**.[28] Wie schon ausgeführt (→ § 15 Rn. 15, 20 ff.), ist die überwiegende Meinung unter Berufung auf das übliche „teleologische" Verständnis des Unternehmensbegriff gerade in diesem Punkt ausgesprochen *restriktiv*.[29] In dieselbe Richtung tendiert offenbar der **BGH**, da nach ihm eine BGB-Gesellschaft (nur) dann (als Unternehmen) mitteilungspflichtig ist, wenn bei ihr das unternehmerische Interesse einzelner ihrer Gesellschafter in der Weise durchschlägt, dass sich die Gesellschaft über das bloße Halten der Aktien hinaus hinsichtlich *dieser* Beteiligung wirtschaftlich planend und entscheidend betätigt.[30] Dies ist indessen nicht die richtige Fragestellung; entscheidend ist vielmehr allein, ob sich die Beteiligten in der fraglichen Konstellation noch auf die **Rolle** gewöhnlicher Privataktionäre im Sinne **von „Rentiers"** beschränken oder darüber hinaus gehen (→ Rn. 14; → § 15 Rn. 15, 20 ff.). Ist das Letztere der Fall, so müssen sie sich eben als **„Unternehmen"** behandeln lassen, jedenfalls iSd Mitteilungspflichten, weil offenkundig nur bei solcher Auslegung der Zweck der Vorschriften der §§ 20 und 21 erreichbar ist. Holdinggesellschaften, Stimmrechtskonsortien und Familiengesellschaften dürften danach in der Regel mitteilungspflichtig sein.[31] Unklar ist die Situation, wenn ein Privataktionär zusätzlich mit seiner Gesellschaft einen **atypischen stillen Gesellschaftsvertrag** vereinbart. Nach Meinung des KG soll dies nichts an seiner Eigenschaft als „Privataktionär" ändern, sodass ihn weiterhin keine Mitteilungspflicht treffe.[32]

3. Eigentümer. Die Mitteilungspflicht obliegt nach Abs. 1 S. 1 und Abs. 3–6 des § 20 16 jeweils demjenigen Unternehmensaktionär (→ Rn. 13 ff.), dem die betreffenden Aktien „gehören", dh dem **Eigentümer der Aktien**, sowie außerdem demjenigen, dem nach § 16 Abs. 4 (§ 20 Abs. 1 S. 2 und Abs. 4) die Aktien, die im Eigentum Dritter stehen, zugerechnet werden (→ Rn. 19). Die **Zurechnung** setzt hier ebenso wenig wie sonst eine eigene Beteiligung des Mitteilungspflichtigen an der Gesellschaft neben der des Dritten voraus (→ Rn. 20).[33] Paradigmata sind **mehrstufige Unternehmensverbindungen** und **Treuhandverhältnisse**. Gleich stehen Pool-Vereinbarungen, die einem Aktionär die Verfügungsmöglichkeit über die Stimmen anderer Aktionäre verschaffen.[34] Voraussetzung ist aber in jedem Fall die **Wirksamkeit** der zugrunde liegenden Verträge; ein nichtiger Treuhandvertrag etwa erlaubt nicht die Anwendung des § 16 Abs. 4.[35] Soweit hiernach eine Zurechnung von Aktien aufgrund des § 16 Abs. 4 in Betracht kommt, hat diese **nicht** etwa eine **„Absorption"** des Anteilsbesitzes des Eigentümers der zugerechneten Aktien zur Folge (→ § 16 Rn. 16); vielmehr sind in den genannten Fällen neben der Muttergesellschaft ggf. *auch* die Tochtergesellschaft und neben dem Treugeber der Treuhänder mitteilungspflichtig (→ Rn. 19).[36] Ein bloßer **Nießbrauch** an den Aktien genügt dagegen nicht.[37] § 22 Abs. 1 Nr. 4 WpHG findet ebenso wenig entsprechende Anwendung wie § 22 Abs. 2 WpHG über abgestimmtes Verhalten der Aktionäre, sog. **acting in concert**.[38]

---

[28] Dazu MüKoAktG/*Bayer* Rn. 7; *Diekmann* DZWiR 1994, 13 (16); *Hüffer*, FS K. Schmidt, 2009, 747; R. *Wolframm* Mitteilungspflichten 126, 130 (136 ff., 157 ff.).
[29] Eingehend *Hüffer* FS K. Schmidt, 2009, 747.
[30] BGHZ 114, 203 (210 f.) = NJW 1991, 2765 = AG 1991, 270; ebenso OLG Stuttgart AG 1992, 459 (460); *Hüffer/Koch* Rn. 2.
[31] Anders *Hüffer* FS K. Schmidt, 2009, 747.
[32] KG AG 2010, 494 (496) (l. Sp.); 2010, 497 (501 f.).
[33] BGH NJW 2000, 3647 = AG 2001, 47 – Aqua Butzke Werke; KG AG 2000, 227 = NZG 2000, 42; AG 1999, 126; LG Berlin AG 1998, 195 (196).
[34] LG Hannover AG 1993, 187 (188 f.) = ZIP 1992, 1236 – Pirelli/Continental.
[35] LG Berlin AG 1991, 34 (35) – Springer/Kirch.
[36] BGHZ 114, 203 (217) = NJW 1991, 2765 = AG 1991, 270; BGHZ 190, 291 (296) Rn. 27 = NZG 2011, 1142 = AG 2011, 786; BGHZ 196, 131 (142) Rn. 27 = NJW 2013, 2190; BGH NJW 2000, 3647 = AG 2001, 47 – Aqua Butzke Werke; OLG Schleswig AG 2006, 120 (122) = Konzern 2006, 294 – Mobilcom.
[37] Spindler/Stilz/*Petersen* Rn. 8.
[38] KG AG 2010, 494. 496 (l. Sp. o.); 2010, 497 (502) (l. Sp.).

16a Umstritten ist, was aus dem Gesagten für sog. **Legitimationsaktionäre** folgt, die im Falle ihrer Eintragung im Aktienregister nach § 67 Abs. 2 im Verhältnis zur Gesellschaft als Aktionäre gelten, selbst wenn ein Dritter Eigentümer der Aktien ist. Die Rechtslage ist damit in diesem Fall durchaus mit der bei Einschaltung eines Treuhänders vergleichbar, woraus heute vielfach, und zwar auch in der Rechtsprechung, der Schluss gezogen wird, gemäß § 67 Abs. 2 seien dann ebenso wie bei Treuhandverhältnisse auch *beide* mitteilungspflichtig; verletze einer der beiden seine Mitteilungspflicht, so könne daher durchaus auch § 20 Abs. 7 angewandt werden.[39] Im Schrifttum überwiegt indessen offenbar nach wie vor die gegenteilige Auffassung, nach der *allein den Eigentümer* der Aktien die Mitteilungspflicht trifft.[40]

16b **Veräußert** der Eigentümer seinen Anteilsbesitz vor Erfüllung der Mitteilungspflicht ganz oder teilweise, so trifft die Mitteilungspflicht fortan den **Erwerber,** wenn in *seiner* Person die Voraussetzungen der §§ 20 und 21 erfüllt sind, sonst also nicht.[41] Das gilt auch, wenn der **Veräußerer** der Aktien **gegen § 20 Abs. 5 verstoßen** hatte, schon, weil § 20 Abs. 5 in § 20 Abs. 7 nicht mitaufgeführt ist. Ohne Rücksicht darauf beurteilt sich die Mitteilungspflicht des Erwerbers selbstständig nach den §§ 20 und 21; ein etwaige Rechtsverlust auf der Seite des Veräußerers nach § 20 Abs. 7 (oder § 28 WpHG) geht mit anderen Worten nicht auf den Rechtsnachfolger über.[42] Die Mitteilungspflicht des **Veräußerers** erlischt jedenfalls, wenn er sämtliche Anteile veräußert.[43] Behält der **Veräußerer** jedoch einen Teil der Anteile, so ist umstritten, ob ihn weiterhin bis zur Erfüllung seiner (früheren) Mitteilungspflicht die Sanktionen des § 20 Abs. 7 treffen (→ Rn. 44). Bei **Gesamtrechtsnachfolge,** zB im Wege der Erbfolge oder der Umwandlung gehen die Mitteilungspflichten auf den neuen Rechtsträger über (→ Rn. 19, 23).[44] Baut der **Veräußerer** nach völliger Aufgabe seiner bisherigen Beteiligung erneut eine mitteilungspflichtigen Beteiligungsposition auf, so gelten wieder die §§ 20 und 21, während sich der frühere Verstoß erledigt hat. – Die Mitteilungspflicht endet ferner, wenn die fraglichen Aktien zum **Handel an einem organisierten Markt** zugelassen werden, weil dann an die Stelle der §§ 20 und 21 die §§ 21 ff. WpHG treten (§§ 20 Abs. 7 und 21 Abs. 5), sodass sich fortan die Rechtsfolgen etwaiger Verstöße gegen die Mitteilungspflicht nach § 28 WpHG richten.[45]

V. Die einzelnen Fälle

17 1. **§ 20 Abs. 1.** Eine Mitteilungspflicht wird nach § 20 Abs. 1 S. 1 (iVm § 278 Abs. 3 und Art. 9 Abs. 1 lit. c SE-VO) zunächst ausgelöst, sobald einem beliebigen in- oder ausländischen Unternehmen (→ Rn. 13 ff.) eine sog. **Schachtelbeteiligung,** dh eine **Kapitalbeteiligung** in Höhe **von mehr als 25 %** an einer AG oder KG aA mit Sitz im Inland oder an einer SE mit deutschem Verwaltungssitz oder an einer Vorgesellschaft zu einer der genannten Gesellschaften (→ Rn. 20a) gehört, während die bloße Innehabung von mehr als 25 % der *Stimmrechte* ohne entsprechenden Anteilsbesitz, etwa aufgrund von alten Mehrstimmrechtsaktien, keine Mitteilungspflicht nach dem AktG auslöst.[46] Der Umstand, dass die Mitteilungspflichten aufgrund des WpHG (§§ 21 ff.) bei börsennotierten Gesellschaften in einzelnen Punkten dahinter zurückbleiben, ändert nichts an den sich aus den §§ 20 und 21 ergebenden weitergehenden Mitteilungspflichten.[47]

---

[39] OLG Köln AG 2012, 599 (601 f.) = NZG 2012, 946 = WM 2013, 2030; *Bayer/Scholz* NZG 2013, 721 (725 ff.); Grigoleit/*Rachlitz* Rn. 9, § 67 Rn. 23.
[40] *Cahn* AG 2013, 459; Hüffer/*Koch* § 67 Rn. 15a; *Nartowska* NZG 2013, 124.
[41] BGHZ 180, 154 (168) Rn. 34 = AG 2009, 441 – Lindner; OLG Stuttgart AG 2005, 125 (127 f.) = NZG 2005, 432; OLG Hamm AG 2009, 876 (880); LG Düsseldorf ZIP 2010, 1129 (1131); *Riegger/Wasmann* FS Hüffer, 2010, 823 (833).
[42] BGHZ 180, 154 (168) Rn. 34 = AG 2009, 441 – Lindner; *Mülbert* FS K. Schmidt, 2009, 1219 (1239 ff.); Spindler/Stilz/*Petersen* Rn. 41; K. Schmidt/Lutter/*Veil* Rn. 37.
[43] Spindler/Stilz/*Petersen* Rn. 49; s. aber OLG Hamm AG 2009, 876 (880).
[44] *Heppe* WM 2002, 60 (63 ff.); *Riegger/Wasmann* FS Hüffer, 2010, 823 (833); aA *Widder* NZG 2004, 275.
[45] Spindler/Stilz/*Petersen* Rn. 50.
[46] BGHZ 114, 203 (216) = NJW 1991, 2765 = AG 1991, 270.
[47] BGHZ 167, 204 (208 f.) Rn. 13 = NJW-RR 2006, 1110 (1111 f.) = AG 2006, 501 – Mitteldeutsche Leasing AG.

Die **Berechnung** der maßgeblichen Kapitalbeteiligung von mehr als 25 % (→ Rn. 17) **18**
richtet sich gemäß § 20 Abs. 1 S. 2 nach § 16 Abs. 2 S. 1 und Abs. 4. Bei der Berechnung
der Kapitalquote von mehr als 25 % sind folglich **eigene Aktien** der Gesellschaft sowie
gleichstehende Aktien *nicht* abzuziehen, weil das Gesetz in § 20 Abs. 1 S. 2 allein auf *S. 1,*
nicht dagegen auf die S. 2 und 3 des § 16 Abs. 2 verweist.[48] Offen ist, welche Folgerungen
daraus für den **Erwerb oder** die **Veräußerung eigener Aktien** seitens der Gesellschaft
zu ziehen sind, wenn sich durch diese Vorgänge der Aktienbesitz eines Aktionärs über einen
der Schwellenwerte des § 20 erhöht oder darunter absinkt. Da der betroffene Aktionär
darauf indessen keinen Einfluss hat und er von diesen Vorgängen im Zweifel auch keine
Kenntnis erlangen wird, kann sich daraus schwerlich für ihn eine Mitteilungspflicht ergeben.[49] Zu berücksichtigen sind bei der Berechnung dagegen sehr wohl **stimmrechtslose
Vorzugsaktien sowie vinkulierte Namensaktien,** sodass auch deren Erwerb mitteilungspflichtig ist, jedenfalls nach Zustimmung der Gesellschaft im Falle des § 68 Abs. 2
(→ Rn. 23), während es auf die zusätzliche Legitimation gegenüber der Gesellschaft nach
§ 67 Abs. 1 im vorliegenden Zusammenhang nicht ankommt.[50] Maßgebend ist mithin allein
das Verhältnis des Gesamtnennbetrages der dem meldepflichtigen Unternehmen gehörenden
sowie der ihm nach § 16 Abs. 4 (→ Rn. 19) oder § 20 Abs. 2 (→ Rn. 21 f.) zuzurechnenden Aktien zu dem Grundkapital der Gesellschaft. Eine Obergrenze besteht nicht, sodass
auch eine Beteiligung von 100 % mitteilungspflichtig ist (→ Rn. 17, 32).[51]

Bei **Stückaktien** kommt es gemäß § 20 Abs. 1 S. 2 iVm § 16 Abs. 2 S. 1 auf die Zahl **18a**
der dem betreffenden Aktionär gehörenden oder zuzurechnenden Stückaktien im Verhältnis
zu deren Gesamtzahl an, während bei einer **KGaA** die Kapitalanteile der persönlich haftenden Gesellschafter außer Betracht bleiben. Umstritten ist die Rechtslage bei **Banken,** die
nach § 186 Abs. 5 in Kapitalerhöhungen eingeschaltet sind, sowie bei Wertpapierhandelshäusern, die vorübergehend fremde Aktien in ihrem allgemeinen Handelsbestand halten
(vgl. §§ 22 Abs. 3a und 23 WpHG). Aus praktischen Gründen werden in solchen Fällen
gewisse Einschränkungen der §§ 20 und 21 diskutiert.[52] Jedoch hat sich diese Auffassung
bisher nicht durchzusetzen vermocht, da das Gesetz keine Anhaltspunkte für eine derartige
Ausnahme bietet.

Bei der Berechnung der Kapitalquote von mehr als 25 % ist nach § 20 Abs. 1 S. 2 auch **19**
die **Zurechnungsvorschrift** des **§ 16 Abs. 4** zu beachten (→ Rn. 16), sodass den eigenen
Anteilen des mitteilungspflichtigen Unternehmens solche gleichstehen, die einem von ihm
abhängigen Unternehmen oder einem anderen für Rechnung des Unternehmens oder
eines von diesem abhängigen Unternehmens gehören (→ § 16 Rn. 15 ff.).[53] **Beispiele**
sind Abhängigkeits- und Treuhandverhältnisse (→ Rn. 16) sowie **Pool-Vereinbarungen,**
aufgrund derer ein Aktionär über die Stimmen aus den anderen Aktien verfügen kann,
sofern er zugleich im Wesentlichen die damit verbundenen Risiken trägt.[54] Die Zurechnung
hat zur Folge, dass die **Mitteilungspflicht ggf. beide,** also gleichermaßen Treuhänder
und Treugeber oder herrschendes *und* abhängiges Unternehmen trifft, vorausgesetzt, dass
sämtliche Beteiligten auch Unternehmen iSd §§ 15 und 20, dh keine Privataktionäre sind,
sowie, dass die zugrunde liegenden Vereinbarungen wirksam sind (→ Rn. 16). Zu **Stimmrechtskonsortien** → Rn. 15. **Endet** der Zurechnungsgrund, wird zB das Treuhandverhältnis gekündigt, so kann dadurch ebenfalls eine Mitteilungspflicht ausgelöst werden (§ 20
Abs. 5).

---

[48] MüKoAktG/*Bayer* Rn. 13; *Burgard* Offenlegung 49; *Diekmann* DZWiR 1994, 13 (14); Spindler/Stilz/
Petersen Rn. 7; K. Schmidt/Lutter/*Veil* Rn. 19 f.; GroßkommAktG/*Windbichler* Rn. 24; zum WpHG s. St.
Widder/*Kocher* AG 2007, 13 (krit.).

[49] Grigoleit/*Rachlitz* Rn. 10, § 71b Rn. 8, str.

[50] KG AG 1990, 500 (501) = WM 1990, 1546 = ZIP 1990, 925; Spindler/Stilz/*Petersen* Rn. 7, 11.

[51] *Hägele* NZG 2000, 726 (729); anders für § 21 Abs. 1 *Holland*/*Burg* NZG 2006, 601.

[52] Grigoleit/*Rachlitz* Rn. 11; GroßkommAktG/*Windbichler* Rn. 55 f.

[53] KG AG 2005, 478 (479 f.) = NZG 2005, 224; OLG Schleswig AG 2006, 120 (122) = Konzern 2006,
294 – Mobilcom; *C. Vedder,* Zum Begriff „für Rechnung", 121 ff.; *Witt* Übernahmen 180; Grigoleit/*Rachlitz*
Rn. 12; *R. Wolframm* Mitteilungspflichten 129, 146 ff.

[54] LG Hannover AG 1993, 187 (188 f.) = ZIP 1992, 1236 – Pirelli/Continental.

20 Die Mitteilungspflicht **entsteht** gemäß § 20 Abs. 1 S. 1, „**sobald**" einem Unternehmen iSd Gesagten (→ Rn. 17–20) erstmals eine Kapitalbeteiligung von mehr als 25 % **gehört** (→ Rn. 31). Der **Grund des Anteilserwerbs** spielt keine Rolle.[55] Einzelrechtsnachfolge und Gesamtrechtsnachfolge stehen gleich (→ Rn. 16). Jedoch muss nach dem ganzen Zweck der Regelung immer eine **Veränderung** im Anteilsbesitz stattfinden. Rechtliche Vorgänge, die *keinen* Einfluss auf die Höhe des Anteilsbesitzes haben, sind deshalb nicht meldepflichtig. Die wichtigsten Beispiele sind eine bloße **Änderung der Firma,** des Sitzes oder der **Rechtsform** einer Gesellschaft nach den §§ 190 ff. UmwG, solange dadurch die Identität des Rechtsträgers nicht berührt wird, während Verschmelzung und Spaltung zu einer Änderung der Rechtsträger und ihrer Beteiligungen führen und deshalb Mitteilungspflichten auslösen können.[56] Dasselbe gilt zB im Falle der **Umwandlung** einer Personengesellschaft in eine Kapitalgesellschaft, weil dadurch erstmals eine Mitteilungspflicht begründet wird.[57] Selbst eine ungleichmäßige **Kapitalerhöhung** oder die Unterlassung der Ausübung eines Bezugsrechts kann infolge der damit verbundenen „Verwässerung" des Beteiligungsbesitzes in den Anwendungsbereich des § 20 führen.[58]

20a Ebenso zu behandeln ist eine **Schachtelbeteiligung** an einer **Vor-AG**, namentlich also die Übernahme von mehr als 25 % des Kapitals der neuen Gesellschaft bei ihrer Gründung,[59] wobei freilich umstritten ist, **wann** die Mitteilungspflicht in diesem Fall entsteht. Richtiger Meinung nach wird sie erst durch die Entstehung der Gesellschaft infolge ihrer **Eintragung** ins Handelsregister (§ 41 Abs. 1 S. 1) ausgelöst, weil erst von diesem Augenblick an die Aktien der neuen Gesellschaft dem betreffenden Aktionär „gehören" (§ 20 Abs. 1 S. 1; → Rn. 16), zumal auch eine vorherige Bekanntmachung der Beteiligung (§ 20 Abs. 6) offenbar nicht in Betracht kommt.[60]

21 **2. § 20 Abs. 2. a) Anspruch auf Übereignung.** Allein für die Mitteilungspflicht nach *§ 20 Abs. 1* findet sich in § 20 Abs. 2 (als Ergänzung zu § 16 Abs. 4, → Rn. 19) eine weitere Zurechnungsnorm, mit der vor allem bezweckt ist, sonst naheliegenden Umgehungsmöglichkeiten zu begegnen.[61] Zu diesem Zweck hat das Gesetz in § 20 Abs. 2 *zwei weitere Zurechnungsfälle* eingeführt. Nach der Nr. 1 des § 20 Abs. 2 sind zu den Aktien, die dem Unternehmen gehören, auch solche Aktien zu rechnen, deren Übereignung das Unternehmen selbst, ein von ihm abhängiges Unternehmen *oder* ein anderer für Rechnung des mitteilungspflichtigen Unternehmens oder eines von diesem abhängigen Unternehmens *verlangen* kann (→ Rn. 23).

22 Verbreitet wird aus dem Wortlaut des § 20 Abs. 2 („Aktien, die dem Unternehmen *gehören*") der Schluss gezogen, anders als im Falle des § 16 Abs. 4 (→ Rn. 16, 20) setze die *weitere* Zurechnung von Anteilen nach § 20 Abs. 2 voraus, dass dem mitteilungspflichtigen Unternehmen daneben auch selbst **(schon) Aktien gehören;** Ansprüche auf Übereignung von Aktien *allein* begründeten deshalb keine Mitteilungspflicht. Zwingend ist diese Auslegung *nicht;* sie steht auch mit der Auslegung der Parallelvorschrift des § 16 Abs. 4 im Widerspruch und wird vor allem dem Zweck der Vorschrift nicht gerecht (→ Rn. 21). Ein Unternehmen, das selbst oder über ihm zuzurechnende Dritte Anspruch auf Übereignung

---

[55] Vgl. § 21 Abs. 1 S. 1 WpHG: „Erwerb, Veräußerung oder auf sonstige Weise".
[56] OLG Köln AG 2009, 671 = NZG 2009, 830 (831); OLG Hamm AG 2009, 876 (878); OLG Düsseldorf AG 2010, 711 (712); OLG Stuttgart AG 2013, 604 (607) (r. Sp. 4. Abs.); LG München I AG 2009, 632 (635); *Burgard* FS U. Schneider, 2011, 177 (184); *Merkner* AG 2012, 199 (201); *M. Klein/Theusinger* NZG 2009, 250; *Segna* AG 2008, 311 (312 f.); K. Schmidt/Lutter/ *Veil* Rn. 21; zT abw. *Heppe* WM 2002, 60 (63 ff.); *St. Widder* NZG 2004, 275.
[57] LG Düsseldorf ZIP 2010, 1129 (1131); *Burgard* FS U. Schneider, 2011, 177 (183).
[58] Grigoleit/*Rachlitz* Rn. 16.
[59] BGHZ 167, 204 (208 f.) Rn. 13 = NJW-RR 2006, 1110 (1111 f.) = AG 2006, 501 – Mitteldeutsche Leasing AG; KG AG 2010, 494 (496); 2010, 497 (501); LG Düsseldorf ZIP 2010, 1129 (1131); *Priester* AG 1994, 212; *Diekmann* DZWiR 1994, 13 (15).
[60] Anders zB K. Schmidt/Lutter/ *Veil* Rn. 17, 34.
[61] Zu dieser eigenartigen Regelung *Arends* Offenlegung 14 f.; *Hägele* NZG 2000, 726; *C. Vedder*, Zum Begriff „für Rechnung", 129 ff.; *R. Wolfram* Mitteilungspflichten 143 ff.

von mehr als 25 % der Aktien hat, ist daher mitteilungspflichtig (§§ 20 Abs. 1 S. 1 und Abs. 2 Nr. 1).[62] Zu einer **Absorption** des Anteilsbesitzes kommt es dabei ebenso wenig wie im Falle des § 16 Abs. 4, sodass neben dem Übereignungsberechtigten der verpflichtete Eigentümer der Aktien selbst mitteilungspflichtig sein kann.[63]

Die **Voraussetzungen** des § 20 Abs. 2 Nr. 1 sind erfüllt, wenn das mitteilungspflichtige 23 Unternehmen, ein von ihm abhängiges Unternehmen oder ein beliebiger Dritter, der, zB aufgrund eines Geschäftsbesorgungs- oder Treuhandverhältnisses, für Rechnung dieser Unternehmen handelt, einen **wirksamen,** insbesondere **fälligen Anspruch auf Übereignung** der Aktien hat. Der Abschluss eines **Kausalgeschäftes** genügt; die Rechtsnatur des Kausalgeschäftes bleibt gleich. Ist der Vertrag aufschiebend bedingt, so entsteht die Mitteilungspflicht erst mit Bedingungseintritt, während auflösende Bedingungen und Gestaltungsrechten wie Anfechtungs- oder Rücktrittsrecht vor Eintritt der Bedingung oder Ausübung des Rechts unbeachtlich sind.[64] Unklar ist die Rechtslage, wenn dem Erfüllungsanspruch des Unternehmens auf Übereignung der Aktien **Einwendungen** oder Einreden des anderen Teils entgegenstehen. Aber jedenfalls die Einrede des nichterfüllten Vertrages (§ 320 Abs. 1 BGB) sollte nichts an der Zurechnung der Aktien ändern.[65] Bei **vinkulierten Namensaktien** setzt dies nach hM nicht die Zustimmung der Gesellschaft nach § 68 Abs. 2 voraus, weil die Wirksamkeit des Kausalgeschäftes davon unabhängig ist (→ Rn. 18),[66] während eine bloße **tatsächliche Einflussmöglichkeit** auf den fraglichen Aktienbesitz nicht genügt.[67] Ebenso wenig reichen bloße Bezugsrechte aus (§ 186),[68] während zB ein Vorkaufsrecht erst nach Eintritt des Vorkaufsfalles unter § 20 Abs. 2 Nr. 1 fällt.[69]

Es spielt keine Rolle, ob das mitteilungspflichtige Unternehmen selbst, ein von ihm 23a abhängiges Unternehmen oder ein beliebiger Dritter, der **für Rechnung** der genannten Unternehmen handelt, die Übereignung der Aktien verlangen kann (§ 20 Abs. 2 Nr. 2). Der Begriff „für Rechnung" ist hier ebenso wie in § 16 Abs. 2 S. 3 und in § 16 Abs. 4 zu verstehen (→ § 16 Rn. 12, 15), sodass es darauf ankommt, ob die Chancen und Risiken des Anteilsbesitzes einschließlich des Insolvenzrisikos auf die Gesellschaft verlagert sind.[70] Vergleichbare Regelungen finden sich in § 22 Abs. 1 Nr. 2 und 5 WpHG und in § 30 Abs. 1 S. 1 Nr. 2 und 5 WpÜG, die freilich mit Rücksicht auf den Zweck dieser Bestimmungen deutlich enger als § 20 Abs. 2 Nr. 1 ausgelegt werden.[71] Ungeachtet dessen werden jedoch in allen Fällen eine dingliche Anwartschaft aufgrund einer **Option** oder eines **bindenden Angebots** gleichermaßen als ausreichend angesehen.[72]

b) Abnahmepflicht. Eine Zurechnung kommt ferner nach § 20 Abs. 2 Nr. 2 in 24 Betracht, wenn das Unternehmen, um dessen Mitteilungspflicht es geht, sowie ihm zuzurechnende andere Unternehmen oder Personen zur Abnahme von Aktien *verpflichtet* sind. Gedacht ist hier an *einseitige* Abnahmepflichten, denen kein Übereignungsanspruch korres-

---

[62] Sog. große Lösung; ebenso MüKoAktG/*Bayer* Rn. 15; MHdB AG/*Krieger* § 68 Rn. 121; Spindler/Stilz/*Petersen* Rn. 14; sowie für § 21 WpHG Assmann/Schneider/*U. Schneider* WpHG § 21 Rn. 41 ff.
[63] Hüffer/*Koch* Rn. 4; Spindler/Stilz/*Petersen* Rn. 15.
[64] Grigoleit/*Rachlitz* Rn. 13; Spindler/Stilz/*Petersen* Rn. 11 f.
[65] K. Schmidt/Lutter/*Veil* Rn. 24.
[66] KG AG 1990, 500 f. = ZIP 1990, 925 = WM 1990, 1546 – Springer/Kirch; MHdB AG/*Krieger* § 68 Rn. 121; Grigoleit/*Rachlitz* Rn. 13; Spindler/Stilz/*Petersen* Rn. 11; *Siebel* FS Heinsius, 1991, 777 (787 f.); anders LG Berlin AG 1991, 34 (35).
[67] LG Berlin AG 1991, 34 (35); Grigoleit/*Rachlitz* Rn. 13; *R. Wolframm* Mitteilungspflichten 145; aA offenbar *Hägele* NZG 2000, 726.
[68] K. Schmidt/Lutter/*Veil* Rn. 24.
[69] *C. Vedder,* Zum Begriff „für Rechnung", 161; *R. Wolframm* Mitteilungspflichten 146, beide auch zu zahlreichen anderen, umstrittenen Grenzfällen.
[70] BGHZ 202, Rn. 49 = AG 2014, 662 (667) – Postbank.
[71] BGH 180, 154 (168 f.) Rn. 34 = AG 2009, 441.
[72] BGHZ 202, Rn. 40 = AG 2014, 662 (667) – Postbank; LG Hannover AG 1993, 187 (188 f.) = WM 1992, 1232 = ZIP 1992, 1236 – Pirelli/Continental; *Burgard* Offenlegung 50; *Hägele* NZG 2000, 726; *C. Vedder,* Zum Begriff „für Rechnung", 130, 160 f.; K. Schmidt/Lutter/*Veil* Rn. 24; *Wolframm* Mitteilungspflichten 143 ff.

pondiert (sonst § 20 Abs. 2 Nr. 1). Beispiele sind die unechten Pensionsgeschäfte des § 340b Abs. 3 HGB oder bindende öffentliche Übernahmeangebote.[73]

25 3. **§ 20 Abs. 3.** Um wechselseitige Beteiligungen aufzudecken, begründet § 20 Abs. 3 eine weitere Mitteilungspflicht, wenn (nur) einer **Kapitalgesellschaft** bereits **ohne** die besondere Zurechnung aufgrund des **§ 20 Abs. 2** (→ Rn. 21–24) **mehr als 25 %** der Anteile an einer AG oder KGaA (sowie einer SE oder einer Vorgesellschaft) gehören. Der Anwendungsbereich des § 20 Abs. 3 beschränkt sich entsprechend dem Zweck der Regelung, wechselseitige Beteiligungen aufzudecken, ebenso wie der der §§ 19 und 328 (→ § 19 Rn. 8) auf **Kapitalgesellschaften mit Sitz im Inland** (→ Rn. 13).[74] Das gilt hier, wie besonderer Hervorhebung bedarf, gleichermaßen für die mitteilungspflichtige Gesellschaft wie für die Beteiligungsgesellschaft.[75] Ausgenommen sind ferner seit 1998 aufgrund des § 20 Abs. 8 **Aktien** eines Emittenten, dh **von börsennotierten Gesellschaften** (→ Rn. 3 f.; zur Anwendung des § 20 Abs. 7 bei Verstößen gegen die Mitteilungspflicht aus § 20 Abs. 3 → Rn. 41)

26 Die Sonderregelung des § 20 Abs. 3 wurde nötig, weil die speziellen Zurechnungen aufgrund des § 20 Abs. 2 in dem Tatbestand der wechselseitigen Beteiligungen nach § 19 Abs. 1 nicht berücksichtigt sind. **Unberührt** bleibt die Zurechnungsvorschrift des **§ 16 Abs. 4,** sodass Aktien, die einem von dem mitteilungspflichtigen (inländischen) Unternehmen abhängigen Unternehmen gehören (§ 16 Abs. 4), auch hier dem ersteren zuzurechnen sind.[76]

27 Eine Mitteilung nach § 20 Abs. 3 enthält **zugleich** eine solche nach **§ 20 Abs. 1 S. 1.** Das ist wichtig, weil sich die Bekanntmachungspflicht nach § 20 Abs. 6 allein auf die Fälle des Abs. 1 (oder 4) bezieht (→ Rn. 35 f.). Daraus ist der Schluss zu ziehen, dass in der Mitteilung **klargestellt** werden muss, **ob sie nach Abs. 1 oder Abs. 3** des § 20 erfolgt, damit die Gesellschaft, an die die Mitteilung gerichtet wird, zu beurteilen vermag, ob dadurch die Bekanntmachungspflicht des § 20 Abs. 6 ausgelöst wird oder nicht.[77] Außerdem ist ohne zusätzlichen Hinweis auf § 20 Abs. 3 eine zutreffende Beurteilung wechselseitiger Beteiligungen nicht möglich (§§ 19 Abs. 1, 328; → Rn. 34).

28 4. **§ 20 Abs. 4.** Eine Mitteilungspflicht ist in § 20 Abs. 4 (vorbehaltlich des § 20 Abs. 8) außerdem für den Fall einer **Mehrheitsbeteiligung iSd § 16 Abs. 1** bestimmt, worunter hier (anders als bei § 20 Abs. 1) gleichermaßen eine **Anteils-** wie eine **Stimmenmehrheit** zu verstehen ist (→ § 16 Rn. 2 f.). Sieht man einmal von den verschiedenen Zurechnungsvorschriften des § 16 Abs. 4 und des § 20 Abs. 2 ab, so besteht mithin eine Mitteilungspflicht aufgrund des § 20 nur bei dem erstmaligen Erwerb einer Schachtelbeteiligung über 25 % (§ 20 Abs. 1) und einer Mehrheitsbeteiligung (§ 20 Abs. 4), während die **Aufstockung** einer Beteiligung zwischen den Schwellenwerten von 25 % und 50 % ebenso wenig mitteilungspflichtig ist wie die weitere Aufstockung einer Mehrheitsbeteiligung über 50 %. Insgesamt ermöglicht daher § 20 nur eine sehr grobe Information der Gesellschaft und der Öffentlichkeit über die Aktionärsstruktur. Genau aus diesem Grunde gehen die Mitteilungspflichten aufgrund des **WpHG** deutlich über die des AktG hinaus und greifen heute nach § 21 Abs. 1 S. 1 WpHG gleichermaßen bei einer Überschreitung wie bei einer Unterschreitung der Schwellenwerte von 3 %, 5 %, 10 %, 15 %, 20 %, 25 %, 30 %, 50 % und 75 % ein.

28a Der Begriff der **Mehrheitsbeteiligung** ist in § 20 Abs. 4 *derselbe wie in § 16.* § 20 Abs. 4 verweist zwar nur auf § 16 Abs. 1; indessen ist anzunehmen, dass damit der *ganze* § 16 in Bezug genommen werden sollte, sodass hier insbesondere auch die Zurechnungsvorschrift

---

[73] Diekmann DZWiR 1994, 13 (14); Spindler/Stilz/*Petersen* Rn. 13; *Witt* Übernahmen 181 ff.
[74] Grigoleit/*Rachlitz* Rn. 14; K. Schmidt/Lutter/*Veil* Rn. 26.
[75] MüKoAktG/*Bayer* Rn. 22; Hüffer/*Koch* Rn. 5; MHdB AG/*Krieger* § 68 Rn. 122; Spindler/Stilz/*Petersen* Rn. 16; K. Schmidt/Lutter/*Veil* Rn. 29; GroßkommAktG/*Windbichler* Rn. 35; *Witt* Übernahmen 183 f.
[76] MüKoAktG/*Bayer* Rn. 22; Hüffer/*Koch* Rn. 5.
[77] *Arends* Offenlegung 15; Grigoleit/*Rachlitz* Rn. 18; GroßkommAktG/*Windbichler* Rn. 35.

des § 16 Abs. 4 zu beachten ist.[78] **Keine Anwendung** findet dagegen im Rahmen des § 20 Abs. 4 die besondere Zurechnungsvorschrift des **§ 20 Abs. 2**. Mitzuteilen ist nach § 20 Abs. 4 außerdem **lediglich das Bestehen einer (beliebigen) Mehrheitsbeteiligung,** *nicht* deren **Höhe** und auch nicht deren Erwerbsgrund oder deren **Art,** dh, ob es sich um eine Anteils- oder Stimmenmehrheit handelt (→ Rn. 34). Deshalb löst es auch keine Mitteilungspflicht aus, wenn sich nachträglich eine umfassende Mehrheitsbeteiligung auf eine bloße Anteils- *oder* Stimmenmehrheit reduziert oder wenn an die Stelle der einen Form der Mehrheitsbeteiligung die andere tritt (→ Rn. 29).[79] **Fallen Anteils- und Stimmenmehrheit auseinander,** so kann freilich die getrennte Mitteilung der Anteils- *und* der Stimmenmehrheit zu Missverständnissen führen, sodass zumindest in derartigen Fällen die *Art* des Anteilsbesitzes klarzustellen sein dürfte (→ Rn. 34).[80] Nichts hindert natürlich die Unternehmen auch sonst an genaueren Angaben, zB zur Art und zur Höhe des Anteilsbesitzes.[81]

5. § 20 Abs. 5. Endet eine mitteilungspflichtige **Beteiligung** iSd § 20 Abs. 1, 3 oder 4, so löst dies nach § 20 Abs. 5 gleichfalls eine Mitteilungspflicht aus. Sie trifft dann denjenigen, der zuvor nach § 20 Abs. 1, 3 oder 4 mitteilungspflichtig gewesen war.[82] Der Bestand dieser Mitteilungspflicht ist **unabhängig von** der vorausgegangenen **Erfüllung der Mitteilungspflicht** aufgrund des § 20 Abs. 1, 3 oder 4, da ein Interesse der Gesellschaft und der Öffentlichkeit an der Information über derartige Dekonzentrationsvorgänge auch dann besteht, wenn sie zuvor über den korrespondierenden Konzentrationsvorgang nicht ordnungsgemäß informiert wurden.[83] Wird eine Mehrheitsbeteiligung iSd § 20 Abs. 4 (nur) so weit reduziert, dass immer noch eine Beteiligung von **mehr als 25 %** bestehen bleibt, so löst dies außerdem zusammen mit der Mitteilungspflicht nach § 20 Abs. 5 eine solche nach § 20 Abs. 1 aus.[84] Auf den **Wegfall anderer Voraussetzungen** der Mitteilungspflichten, zB auf den Verlust der Unternehmenseigenschaft des Eigentümers der Aktien, ist die Vorschrift nicht, auch nicht entsprechend anwendbar.[85] Entsprechendes gilt bei einem Verzicht der Gesellschaft auf die Börsenzulassung (sog. **Delisting**), weil sich allein dadurch ebenfalls nichts an der Beteiligungshöhe der Aktionäre ändert.[86]

VI. Mitteilung

1. Rechtsnatur. Die nach den §§ 20 und 21 geschuldete Mitteilung der Beteiligung eines Unternehmens an einer AG mit Sitz im Inland ist eine **rechtsgeschäftsähnliche Handlung,**[87] sodass die Mitteilungspflicht erst mit Zugang der ordnungsmäßigen Mitteilung bei der Beteiligungsgesellschaft erfüllt ist (§§ 130, 362 BGB; → Rn. 33 f.). **Vertretung** ist möglich (§ 164 BGB; → Rn. 34).[88] Die Rechtsnatur der durch die §§ 20 und 21 begründeten Mitteilungspflichten für Unternehmen (Rechtspflichten oder Obliegenheiten) ist umstritten. Am meisten spricht mit Rücksicht auf die Sanktionen des § 20 Abs. 7 für die Qualifizierung der Mitteilungspflichten als bloße **Obliegenheiten.**[89] Die Folge ist, dass die

---
[78] MüKoAktG/*Bayer* Rn. 25; *Burgard* Offenlegung 51 f.; Hüffer/*Koch* Rn. 6; MHdB AG/*Krieger* § 68 Rn. 123; Grigoleit/*Rachlitz* Rn. 15; Spindler/Stilz/*Petersen* Rn. 18; GroßkommAktG/*Windbichler* Rn. 36; *Witt* Übernahmen 184 f.
[79] Spindler/Stilz/*Petersen* Rn. 26.
[80] *V. Arends* Offenlegung 15; Spindler/Stilz/*Petersen* Rn. 19.
[81] LG Hamburg AG 1996, 238.
[82] *Arends* Offenlegung 16; Hüffer/*Koch* Rn. 7.
[83] *Arends* Offenlegung 16; MüKoAktG/*Bayer* Rn. 26; *Burgard* Offenlegung 52 f.; Hüffer/*Koch* Rn. 7; MHdB AG/*Krieger* § 68 Rn. 136; Spindler/Stilz/*Petersen* Rn. 20; aA *Diekmann* DZWiR 1994, 13 (14).
[84] GroßkommAktG/*Windbichler* Rn. 37.
[85] Grigoleit/*Rachlitz* Rn. 11; Spindler/Stilz/*Petersen* § 20 Rn. 20.
[86] LG München I AG 2008, 904 (910) (r. Sp. o.); str., anders insbes. *Burgard* FS U. Schneider, 2011, 177 (191 ff.).
[87] *Burgard* WM 2012, 1937; anders – bloße Wissenserklärung – zB Spindler/Stilz/*Petersen* Vor § 20 Rn. 29.
[88] *Happ* FS K. Schmidt, 2009, 545 (552 f.); Spindler/Stilz/*Petersen* Rn. 23.
[89] OLG Stuttgart AG 2009, 124 (128); *Mülbert* FS K. Schmidt, 2009, 1219 (1223 f.); Spindler/Stilz/*Petersen* Vor § 20 Rn. 21 f.; Grigoleit/*Rachlitz* Rn. 4; K. Schmidt/Lutter/ *Veil* Rn. 7 f.

Gesellschaft weder einen *Anspruch auf Erfüllung* der Mitteilungspflichten hat noch nach § 280 Abs. 1 BGB bei einem Verstoß des mitteilungspflichtigen Unternehmens gegen die Mitteilungspflicht *Schadensersatz* nach § 280 Abs. 1 BGB verlangen kann.

30a   Die gesetzliche Regelung ist **zwingend,** sodass die Beteiligten nicht etwa auf die Mitteilung einer Beteiligung nach § 20 verzichten können.[90] Die Mitteilungspflicht trifft daher **auch** einen **Alleinaktionär** (→ Rn. 18).[91] Handelt es sich bei diesem um eine Gesellschaft, so muss freilich nicht auch noch zusätzlich der einzige Gesellschafter dieser Gesellschaft benannt werden.[92] Die Mitteilung ist selbst dann nicht entbehrlich, wenn der Gesellschaft die Beteiligung **bereits** aus anderen Quellen, zB aus dem notariellen Gründungsprotokoll, **bekannt** ist (→ Rn. 37).[93] Denn die Bekanntmachungspflicht des § 20 Abs. 6 wird nur durch eine dem Gesetz entsprechende „Mitteilung" und nicht etwa durch eine sonstige Kenntniserlangung ausgelöst.[94] Erst recht trifft die Gesellschaft keine Nachforschungs-, Informations- oder Überwachungspflicht.[95] Der Gesellschaft steht es zwar frei, von sich aus mitteilungspflichtige Tatsachen bekannt zu machen, von denen sie auf andere Weise Kenntnis erlangt hat;[96] indessen ändert dies dann nichts an der Anwendbarkeit des § 20 Abs. 7 auf das mitteilungspflichtige Unternehmen (→ Rn. 37).[97]

31   **2. Form.** Die Mitteilung muss **„schriftlich"** erfolgen (§ 20 Abs. 1 S. 1, Abs. 3–5). Das Gesetz verweist damit auf **§ 126 BGB.** Gleich steht die elektronische Form des § 126a BGB (§ 126 Abs. 3 BGB). Nicht ausreichend ist dagegen eine mündliche, telefonische oder telegrafische Mitteilung (§ 125 BGB) oder ein beliebiges sonstiges Schreiben, das ua (auch) einen Hinweis auf eine mitteilungspflichtige Tatsache enthält wie zB ein bloßer Antrag auf Umschreibung von Namensaktien,[98] während eine Mitteilung durch eigenhändig unterschriebenes Telefax in der Regel als ausreichend angesehen wird,[99] nicht aber eine Mitteilung mit bloßer eingescannter Unterschrift.[100]

32   **3. Frist, Fälligkeit.** Die Mitteilung muss vorgenommen werden, „sobald" einer der Tatbestände des § 20 Abs. 1 oder Abs. 3–5 erfüllt ist. Die Pflicht **entsteht** folglich in dem Augenblick, in dem erstmals die Schwellenwerte des § 20 Abs. 1–5 über- oder unterschritten werden, und sei es auch nur durch den Erwerb, die Zurechnung oder den Verlust einer einzigen Aktie oder dadurch, dass ein bisheriger Privataktionär nachträglich Unternehmensqualität iSd § 15 erwirbt (→ Rn. 16a).[101] Wie § 20 Abs. 2 zeigt, kann dafür im Einzelfall bereits der bloße Abschluss eines schuldrechtlichen Vertrages genügen, sofern dadurch zB ein Anspruch auf Übereignung von Aktien begründet wird (→ Rn. 21 ff.).

32a   Sobald die genannten Voraussetzungen (→ Rn. 32) erfüllt sind, muss der Meldepflichtige nach § 20 Abs. 6 S. 1 **„unverzüglich",** dh ohne schuldhaftes Zögern (§§ 121, 276 BGB), tätig werden. Als **Maßstab** für die danach zu beachtenden Fristen dienen üblicherweise

---

[90] KK-AktG/*Koppensteiner* Rn. 11.
[91] OLG München AG 2012, 45 (47) = ZIP 2011, 2199; *Hägele* NZG 2000, 726 (729); aA MüKoAktG/*Bayer* Rn. 50.
[92] OLG München AG 2012, 45 (47) = ZIP 2011, 2199; OLG Köln Konzern 2004, 30.
[93] BGHZ 114, 203 (213 f.) = NJW 1991, 2765 = AG 1991, 270; BGHZ 167, 204 (208 f.) Rn. 13 = NJW-RR 2006, 1110 (1111) = AG 2006, 501 – Mitteldeutsche Leasing AG; KG AG 1990, 500 (501) = ZIP 1990, 925; AG 1999, 126; AG 2000, 227 (228) = NZG 2000, 42; OLG Schleswig AG 2006, 120 (122) = Konzern 2006, 294 – Mobilcom; OLG Stuttgart AG 2013, 604 (608) (li. Sp.); LG Düsseldorf ZIP 2010, 1129 (1131); *Burgard* WM 2012, 1937; *Hägele* NZG 2000, 726 (728).
[94] BGHZ 167, 204 (208 f.) Rn. 13 = NJW-RR 2006, 1110 (1111) = AG 2006, 501 – Mitteldeutsche Leasing AG.
[95] OLG Stuttgart AG 2013, 604 (608) (li. Sp.); Grigoleit/*Rachlitz* Rn. 5.
[96] OLG Oldenburg AG 1994, 415 (416).
[97] OLG Schleswig AG 2006, 120 (122) = Konzern 2006, 294 – Mobilcom; MüKoAktG/*Bayer* Rn. 38; Diekmann DZWiR 1994, 13 (16); GroßkommAktG/*Windbichler* Rn. 57.
[98] KG AG 1990, 500 = WM 1990, 1546 = ZIP 1990, 925; *Burgard* WM 2012, 1937 mN; str.
[99] *Arends* Offenlegung 14; MüKoAktG/*Bayer* Rn. 35; *Hägele* NZG 2000, 726 (727 f.); Hüffer/*Koch* Rn. 8; Spindler/Stilz/*Petersen* Rn. 22; GroßkommAktG/*Windbichler* Rn. 41.
[100] Grigoleit/*Rachlitz* Rn. 16.
[101] Hüffer/*Koch* Rn. 8; K. Schmidt/Lutter/*Veil* Rn. 10.

§ 35 Abs. 1 S. 1 WpÜG sowie § 21 Abs. 1 S. 1 WpHG, die früher einheitlich von einer Mitteilungsfrist von sieben Kalendertagen ausgingen, während § 21 Abs. 1 S. 1 WpHG seit 2007 eine Frist von nur noch vier Handelstagen (iSd § 30 WpHG) benennt. Aus diesen Vorschriften ist der Schluss zu ziehen, dass eine Mitteilung **binnen einer Woche** grundsätzlich noch als unverzüglich iSd § 20 Abs. 6 S. 1 anzusehen ist.[102] Eine weitere **Verzögerung** der Mitteilung nach Entstehung der Mitteilungspflicht ist nur unschädlich, wenn das mitteilungspflichtige Unternehmen weder vorsätzlich noch fahrlässig gehandelt hat, wenn also dem Unternehmen seine Mitteilungspflicht trotz Anwendung der im Verkehr erforderlichen Sorgfalt verborgen geblieben ist (§ 276 Abs. 2 BGB). Denkbar ist das etwa in Zurechnungsfällen oder in nur schwer auflösbaren Zweifelsfällen hinsichtlich der Unternehmensqualität eines vermeintlichen Privataktionärs (→ Rn. 14, 46).[103]

4. Inhalt. Der Inhalt der Mitteilung ist nicht ausdrücklich gesetzlich bestimmt, sodass 33 sich der notwendige Inhalt einer Mitteilung nur aus der gesetzlichen Regelung im Zusammenhang erschließen lässt. Fasst man deshalb die Abs. 1–6 des § 20 gemeinsam mit § 22 ins Auge, so ergibt sich für den Inhalt der Mitteilung folgendes: Mitzuteilen ist nach § 20 Abs. 1 S. 1 und Abs. 3–5 jeweils „dies". Damit nimmt das Gesetz durchweg Bezug auf die **Merkmale des** die Mitteilungspflicht nach dem Gesetz **begründenden Tatbestandes**. Aus der Mitteilung muss sich folglich (mindestens) ergeben, ob es sich um eine solche gerade **nach § 20 Abs. 1, Abs. 3, Abs. 4 oder Abs. 5** handelt, wobei lediglich die Mitteilung nach § 20 Abs. 3 stets zugleich eine solche nach § 20 Abs. 1 umfasst (→ Rn. 25 ff.). Mitzuteilen ist außerdem, **wem** die mitgeteilte Beteiligung gehört (§ 20 Abs. 6 S. 1 Hs. 2 und § 160 Abs. 1 Nr. 8). Die Mitteilung muss schließlich so **eindeutig, präzise** und **umfassend** sein, dass die Gesellschaft sie anschließend ohne weitere Aufklärung oder Korrekturen unverzüglich gemäß § 20 Abs. 6 S. 1 bekanntmachen kann, während ein Nachweis der Beteiligung in der Mitteilung nicht erforderlich ist (§ 22; → Rn. 35 f.).[104] Aus dem Gesagten folgt, dass das mitteilungspflichtige Unternehmen seine Mitteilungspflicht aus § 20 *nur* **erfüllt** hat (sodass die Mitteilungspflicht gemäß 362 BGB erlischt), wenn die Gesellschaft auf der Grundlage der Mitteilung „unverzüglich", dh sofort und ohne Korrekturen und Nachfragen oder Ergänzungen, ihrer Bekanntmachungspflicht nach § 20 Abs. 6 nachzukommen vermag (→ Rn. 30, 35 f.).

Die äußere Form der Mitteilung spielt keine Rolle, sodass **jede Erklärung gegenüber** 33a **der Gesellschaft** seitens eines Aktionärs als Mitteilung iSd §§ 20 und 21 gewertet werden kann, sofern sie nur (auch) den genannten Anforderungen an Form und Inhalt einer Mitteilung iSd Gesetzes entspricht und offenbar auch als solche gedacht ist (str., → Rn. 31, 33). Erforderlich ist danach, zusammengefasst, nur, dass sich aus der Erklärung die Identität des fraglichen Aktionärs, insbesondere dessen Firma und Sitz, weiter das Bestehen oder der Fortfall einer Beteiligung an der Gesellschaft sowie der maßgebliche Tatbestand (§ 20 Abs. 1, 3, 4 und 5) ergeben.[105] Zusätzliche Angaben sind nur in **Zurechnungsfällen** erforderlich, in denen mit Rücksicht auf den Zweck der Regelung (→ Rn. 2) in der Mitteilung auf den *Tatbestand der Zurechnung* nach § 16 Abs. 4 oder § 20 Abs. 2 hinzuweisen ist (→ Rn. 27), um sonst naheliegende Missverständnisse zu verhindern, insbesondere, wenn zugleich eine Mitteilung seitens des Eigentümers der zugerechneten Anteile erfolgt (→ Rn. 36).[106] Daher kann zB auch das Verlangen eines Hauptaktionärs auf Ausschluss der Minderheitsaktionäre nach § 327a Abs. 1 als Mitteilung iSd § 20 gewertet werden, wenn sie zugleich den genann-

---

[102] Anders zB Grigoleit/*Rachlitz* Rn. 16: vier Werktage.
[103] OLG Frankfurt AG 2006, 798 (800); ausf. GroßkommAktG/*Windbichler* Rn. 48–52.
[104] BGHZ 114, 203 (215) = NJW 1991, 2765 = AG 1991, 270; BGH NJW 2000, 3647 = AG 2001, 47 – Aqua Butzke Werke; KG AG 1999, 126; AG 2000, 227 = NZG 2000, 42; OLG Düsseldorf AG 2010, 711 (713); OLG München AG 2010, 842 (843) = ZIP 2011, 1147; AG 2012, 45 (47) = ZIP 2011, 2199; *Arends* Offenlegung 14; *Hägele* NZG 2000, 726 (728).
[105] Spindler/Stilz/*Petersen* Rn. 36.
[106] GroßkommAktG/*Windbichler* Rn. 45–48; aA *Diekmann* DZWiR 1994, 13 (15).

ten Anforderungen an eine Mitteilung genügt.[107] Liegen die Voraussetzungen der **Abs. 1, 3 und 4 des § 20** gleichzeitig vor, so kann in der Regel in der Mitteilung auf alle drei Tatbestände **zugleich** Bezug genommen werden.[108] Voraussetzung ist jedoch, dass sich aus der Mitteilung eindeutig ergibt, um welche Art von Beteiligung es sich handelt, weil nur dann der Gesellschaft die Erfüllung ihrer Bekanntmachungspflicht aufgrund des § 20 Abs. 6 möglich ist (→ Rn. 30a). Eine kumulative Bezugnahme auf die Abs. 1 und 4 des § 20 kommt daher nur in Betracht, wenn eine Kapitalbeteiligung von mehr als 25 % mit einer Stimmenmehrheit zusammentrifft, sonst dagegen nicht.[109]

34   Die Mitteilung eines **Dritten** genügt grundsätzlich nicht den gesetzlichen Anforderungen.[110] Anders verhält es sich nur, wenn der Dritte erkennbar im Auftrag des Mitteilungspflichtigen handelt, dh mit dessen Zustimmung offen für diesen **als Vertreter** tätig wird (→ Rn. 30).[111] *Nicht* mitteilungspflichtig sind die genaue *Höhe*, der *Grund* und der *Zeitpunkt* des Erwerbs der Beteiligung sowie im Falle der Mehrheitsbeteiligung deren *Erscheinungsform*, außer wenn Anteils- und Stimmenmehrheit ausnahmsweise auseinanderfallen.[112] Fallen **Anteils- und Stimmenmehrheit auseinander,** so braucht, wenn eine dieser Mehrheiten wegfällt, dies nicht nach § 20 Abs. 5 mitgeteilt zu werden, wenn die andere Mehrheit fortbesteht und das Auseinanderfallen der beiden Mehrheiten zuvor ordnungsmäßig mitgeteilt worden war.

VII. Bekanntmachung

35   **1. Inhalt.** In den Fällen des § 20 Abs. 1, 4 und 5 (→ Rn. 17 ff.), nicht dagegen im Falle des § 20 Abs. 3 (→ Rn. 25 f.) sind das Bestehen der mitgeteilten Beteiligung sowie deren Beendigung von der Gesellschaft, an die die Mitteilung gerichtet wurde (§ 22), nach **§ 20 Abs. 6 S. 1 und 2** unverzüglich in den Gesellschaftsblättern, auf jeden Fall also in dem (elektronischen) Bundesanzeiger (§ 25), bekannt zu machen, um auch die Aktionäre und die Öffentlichkeit über die Beteiligungsverhältnisse zu unterrichten. Aus denselben Gründen ist das Bestehen einer wechselseitigen Beteiligung oder das Bestehen einer nach § 20 Abs. 1 oder Abs. 4 mitgeteilten Beteiligung ferner im **Anhang des Jahresabschlusses** anzugeben (§ 160 Abs. 1 Nr. 7 und 8). Die Bekanntmachungspflicht der Gesellschaft **entsteht** mit Zugang der ordnungsmäßigen Mitteilung (→ Rn. 30 f.) und ist sodann unverzüglich, dh ohne schuldhaftes Zögern (§ 121 Abs. 1 S. 1), grundsätzlich also binnen einer Woche, zu erfüllen (→ Rn. 32a).

36   In der Bekanntmachung sind das **beteiligte Unternehmen,** dh dessen Identität und Firma, sowie die **Art der Mitteilung** (nach Abs. 1, 4 oder 5 des § 20), *nicht* jedoch die genaue Beteiligungshöhe zu bezeichnen (→ Rn. 34). Richtigerweise sollte auch auf den Umstand hingewiesen werden, dass die Mitteilungspflicht auf **Zurechnungen** nach § 20 Abs. 2 oder § 16 Abs. 4 beruht (→ Rn. 33a).[113] Dasselbe gilt, wenn Anteils- und Stimmenmehrheit auseinanderfallen (→ Rn. 28a, 34). Bis zu einem etwaigen Nachweis der Beteiligung (§ 22) darf die Bekanntmachung nicht aufgeschoben werden (→ § 22 Rn. 5). Eine Ausnahme ist allenfalls zu erwägen, wenn ernsthafte Zweifel an der Richtigkeit der Mitteilung bestehen, sodass der Vorstand nach pflichtgemäßem Ermessen (§ 93) zuvor den Nachweis der Beteiligung verlangen kann (§ 22).[114]

---

[107] OLG München AG 2012, 45 (47) = ZIP 2011, 2199.
[108] Ebenso für den Regelfall BGHZ 114, 203 (215 f.) = NJW 1991, 2765 = AG 1991, 270 – mit Ausnahmen.
[109] BGHZ 114, 203 (215 ff.) = NJW 1991, 2765 = AG 1991, 270; BGH NJW 2000, 3647 = AG 2001, 47 – Aqua Butzke Werke und in derselben Sache KG AG 1999, 126; 1999, 268; 2000, 227 = NZG 2000, 42.
[110] BGH NJW 2000, 3647 = AG 2001, 47 – Aqua Butzke Werke; beiläufig auch schon BGHZ 114, 203 (215) = NJW 1991, 2765 = AG 1991, 270.
[111] BGH NJW 2000, 3647 = AG 2001, 47 – Aqua Butzke Werke.
[112] *Diekmann* DZiWR 1994, 13 (15); MHdB AG/*Krieger* § 68 Rn. 127; *Witt* Übernahmen 185.
[113] Ebenso K. Schmidt/Lutter/*Veil* Rn. 34; GroßkommAktG/*Windbichler* Rn. 58.
[114] Spindler/Stilz/*Petersen* Rn. 37.

2. Ausnahmen.
Ohne ordnungsmäßige Mitteilung der Beteiligung entsprechend § 20 **37** besteht keine Bekanntmachungspflicht, auch dann nicht, wenn der Gesellschaft die fragliche Beteiligung aus anderen Quellen bekannt ist.[115] Die Gesellschaft trifft auch keine Nachforschungs- oder Überwachungspflicht (→ Rn. 30a). Lediglich dann, wenn der **Vorstand** konkrete Anhaltspunkte dafür hat, dass ein Aktionär eine Mitteilungspflicht aufgrund der §§ 20 oder 21 verletzt, muss er sich um die **Aufklärung** des Sachverhaltes bemühen, da er nach § 93 Abs. 1 S. 1 verpflichtet ist, den betreffenden Aktionär ggf. an der Ausübung seiner Rechte unter Verstoß gegen § 20 Abs. 7 zu hindern (→ § 21 Rn. 3).[116] Der betreffende Aktionär ist jedoch nicht zur Mitwirkung durch Aufklärung des Sachverhalts verpflichtet (→ Rn. 30).[117] Will er freilich die Anwendung des § 20 Abs. 7 auf ihn verhindern, so ist es nunmehr seine Sache darzulegen, dass er seiner Mitteilungspflicht nachgekommen ist oder dass ihn überhaupt keine Mitteilungspflicht trifft (§ 363 BGB).[118] Die Gesellschaft ist ferner nicht an der Bekanntmachung der ihr anderweit bekanntgewordenen Beteiligung gehindert, nur dass dadurch nichts an den Sanktionen des § 20 Abs. 7 für die Unterlassung der Mitteilung geändert wird (→ Rn. 30a, 32),[119] während ein **Verstoß** gegen die Bekanntmachungspflicht der Gesellschaft (§ 20 Abs. 6) nicht zur Anwendung des § 20 Abs. 7 führt (→ Rn. 37).[120]

VIII. Rechtsfolgen, Sanktionen

1. Überblick. Nach § 20 Abs. 7 S. 1 „bestehen" Rechte aus Aktien, die einem nach § 20 **38** Abs. 1 oder § 20 Abs. 4 mitteilungspflichtigen Unternehmen gehören, für die Zeit, für die das Unternehmen die Mitteilungspflicht nicht erfüllt, weder für dieses Unternehmen selbst noch für ein von ihm abhängiges Unternehmen oder für einen anderen, der für Rechnung des Unternehmens oder eines von diesem abhängigen Unternehmens handelt. Ausgenommen sind gemäß S. 2 des § 20 Abs. 7 lediglich Ansprüche nach § 58 Abs. 4 auf Dividenden und nach § 271 auf den Liquidationserlös, vorausgesetzt, dass die Mitteilung nicht vorsätzlich unterlassen wurde und nachgeholt wird. Vergleichbare Regelungen finden sich außer in **§ 21 Abs. 4 AktG** insbesondere noch in **§ 28 WpHG** idF von 2008 (wegen aller Einzelheiten → WpHG § 28 Rn. 1 ff.), der die Sanktionen für die Verletzung von Mitteilungspflichten aufgrund der §§ 21 ff. WpHG regelt, sowie in **§ 59 WpÜG** bei Verstößen gegen die Veröffentlichungspflicht des § 35 WpÜG (vgl. außerdem § 67 Abs. 1 S. 2 und 3).

§ 28 WpHG stimmt in den S. 1 und 2 im Kern mit der Regelung des § 20 Abs. 7 überein. **39** Ein Unterschied besteht jedoch insofern, als durch das Risikobegrenzungsgesetz von 2008 in § 28 S. 3 WpHG erstmals eine zusätzliche **Sperrfrist von sechs Monaten** für die Stimmrechtsausübung bei vorsätzlichen oder grob fahrlässigen Verstößen gegen die Mitteilungspflicht eingeführt worden ist. Das gilt gleichermaßen bei Unterlassung einer gebotenen Mitteilung wie bei unrichtiger Erfüllung der Mitteilungspflicht, sofern die Differenz 10 % oder mehr beträgt (§ 28 S. 4 WpHG). Die Sperrfrist beginnt mit der Nachholung der Mitteilung und soll verhindern, dass Mitteilungspflichtige ihrer Mitteilungspflicht erst unmittelbar vor oder noch in der Hauptversammlung nachkommen.[121] Der Gesetzgeber wollte damit insbesondere dem unbemerkten „Heranschleichen" sog. Finanzinvestoren an deutsche Gesellschaften nach Möglichkeit einen Riegel vorschieben (→ WpHG § 28 Rn. 21 ff.).[122]

In seiner **ursprünglichen Fassung** hatte § 20 **Abs. 7** bestimmt, dass Rechte aus Aktien, **40** die einem nach § 20 Abs. 1 und Abs. 4 mitteilungspflichtigen Unternehmen gehören, für

---
[115] BGHZ 114, 203 (215) = NJW 1991, 2765 = AG 1991, 270; BGHZ 167, 204 (208 f.) Rn. 13 = NJW-RR 2006, 1110 (1111 f.) = AG 2006, 501 – Mitteldeutsche Leasing AG; OLG Stuttgart AG 2013, 604 (608) (li. Sp.).
[116] Spindler/Stilz/*Petersen* Rn. 30.
[117] OLG Stuttgart AG 2009, 124 (128 f.).
[118] S. iE OLG Stuttgart AG 2009, 124 (128 f.); Grigoleit/*Rachlitz* Rn. 6, str.
[119] Spindler/Stilz/*Petersen* Rn. 29.
[120] OLG Stuttgart AG 2013, 604 (608) (li. Sp.).
[121] Dazu *Korff* AG 2008, 692 (697 f.); *Zimmermann* ZIP 2009, 57 (62 f.).
[122] *Riegger/Wasmann* FS Hüffer, 2010, 823 (837 f.).

die Zeit, für die das Unternehmen die Mitteilung nicht gemacht hat, durch das Unternehmen selbst, ein von ihm abhängiges Unternehmen oder einen anderen für Rechnung dieser Unternehmen „nicht ausgeübt" werden können. Unter der Geltung dieser Vorschrift (§ 20 Abs. 7 aF) war deshalb umstritten gewesen, ob die Rechte des Aktionärs aus seinen Aktien während der Zeit, in der er seiner Mitteilungspflicht nicht nachgekommen war, lediglich *ruhten,* sodass sie bei einer Nachholung der Mitteilung wieder auflebten, *oder* ob sie endgültig *erloschen;* in erster Linie ging es dabei um den Anspruch des Aktionärs auf Dividenden und auf das Bezugsrecht bei Kapitalerhöhungen gegen Einlagen. Um diese Frage zu klären, sind die einschlägigen Vorschriften des AktG und des WpHG durch das **3. Finanzmarktförderungsgesetz** von 1998 in wichtigen Punkten geändert worden.[123] Seitdem steht fest, dass ein Verstoß gegen die Mitteilungspflichten nach den genannten Vorschriften **grundsätzlich,** aber nicht generell zum **Erlöschen** der Rechte des mitteilungspflichtigen Aktionärs führen (→ Rn. 48 und → WpHG § 28 Rn. 4 ff.).

41 Der **Anwendungsbereich** des § 20 Abs. 7 iVm § 21 Abs. 4 beschränkt sich auf Verstöße gegen die *Absätze 1 und 4 des § 20* sowie gegen die *Abs. 1 und 2 des § 21.* In anderen Fällen von Verstößen gegen die §§ 20 und 21 ist kein Raum für die Anwendung des § 20 Abs. 7. Verstöße gegen die Mitteilungspflichten aus **§ 20 Abs. 3 und Abs. 5** sowie aus **§ 21 Abs. 3** ziehen ebenso wenig wie solche gegen die Bekanntmachungspflicht aus **§ 20 Abs. 6** (→ Rn. 37) Sanktionen nach § 20 Abs. 7 nach sich; stattdessen kommen hier lediglich von Fall zu Fall **Schadensersatzansprüche** der Gesellschaft und Dritter in Betracht (→ Rn. 64).[124] Im Falle des **§ 20 Abs. 3** (Pflicht zur Mitteilung einer **Schachtelbeteiligung** einer Kapitalgesellschaft mit Sitz im Inland bereits ohne Zurechnung von Aktien nach § 20 Abs. 2, → Rn. 25–27) bleibt freilich zu bedenken, dass dieser Fall immer *auch unter § 20 Abs. 1* fällt, sodass sich hier die Mitteilungspflicht zugleich aus der zuletzt genannten Vorschrift ergibt, – womit bei Verstößen gegen die Mitteilungspflicht der Anwendungsbereich des § 20 Abs. 7 (doch) eröffnet ist (→ § 328 Rn. 4).[125] Allein dieses Gesetzesverständnis entspricht in der Tat dem Zweck der ganzen Regelung. Ein Grund für die Privilegierung (ausgerechnet) von Verstößen gegen die Pflicht zur Mitteilung von Schachtelbeteiligungen von Kapitalgesellschaften mit Sitz im Inland ist nicht ersichtlich. Sanktionslos bleiben daher lediglich Verstöße gegen die Pflicht zur Mitteilung von Schachtelbeteiligungen, die allein auf der Zurechnung von Aktien nach § 20 Abs. 2 beruhen. Das entspricht auch genau dem Wortlaut des Gesetzes.

42 Ergänzend bestimmt **§ 405 Abs. 3 Nr. 3,** dass **ordnungswidrig** handelt, wer Aktien zur Ausübung von Rechten in der Hauptversammlung gegen Gewähren oder Versprechen besonderer Vorteile einem anderen überlässt. Darunter fällt auch die Überlassung von Aktien durch ein mitteilungspflichtiges Unternehmen an Dritte zur Ausübung von Rechten in der Hauptversammlung, wenn das mitteilungspflichtige Unternehmen seinen Mitteilungspflichten aufgrund des § 20 Abs. 1 oder Abs. 4 nicht nachgekommen war (§ 20 Abs. 7; vgl. auch § 39 Abs. 2 Nr. 2 lit. e WpHG).

43 **2. Betroffene Aktien.** Nach § 20 Abs. 7 S. 1 bestehen bei einer Verletzung der Mitteilungspflichten aus § 20 Abs. 1 oder Abs. 4 keine Rechte aus denjenigen Aktien, die dem mitteilungspflichtigen Unternehmen, einem von ihm *abhängigen Unternehmen* (§ 17) *oder* einem *anderen* gehören, der *für Rechnung* des mitteilungspflichtigen Unternehmens oder eines von diesem abhängigen Unternehmens handelt. Überwiegend wird in dieser Regelung eine mittelbare **Bezugnahme auf § 20 Abs. 1 S. 2** und damit auf **§ 16 Abs. 4** gesehen. Die Folge ist, dass die in § 20 Abs. 7 S. 1 vorgesehenen Sanktionen für die Verletzung der Mitteilungspflichten aus § 20 Abs. 1 und Abs. 4 nicht etwa nur das mitteilungspflichtige Unternehmen selbst, sondern **auch** von ihm **abhängige Unternehmen sowie** solche

---

[123] Begr. RegE zum 3. Finanzmarktförderungsgesetz (1997), BT-Drs. 13/8933, 95, 147.
[124] OLG Köln NZG 2009, 830 (831) = AG 2009, 671; LG Hamburg AG 1996, 233; *Heinsius* FS R. Fischer, 1979, 215 (235); *T. Starke* Beteiligungstransparenz 258 ff.
[125] Grigoleit/*Rachlitz* Rn. 20, str.

Dritte treffen, die für Rechnung des mitteilungspflichtigen Unternehmens oder eines von diesem abhängigen Unternehmens handeln, wobei der Begriff „für Rechnung" hier ebenso wie in § 16 Abs. 4 auszulegen ist (sog. **konzernweiter Rechtsverlust;** → § 16 Rn. 12).[126] Dies bedeutet, dass die Genannten unter den Voraussetzungen des § 20 Abs. 7 S. 1 **ebenfalls keine Rechte** aus ihren Aktien mehr haben, und zwar selbst dann nicht, wenn sie selbst ihrer Mitteilungspflicht aufgrund der §§ 20 und 21 an sich nachgekommen waren und lediglich das andere Unternehmen, dem ihr Anteilsbesitz zugerechnet wird, in erster Linie also die Muttergesellschaft die Mitteilungspflicht verletzt hat.[127] Umgekehrt gilt nicht dasselbe: Erfüllt das herrschende Unternehmen seine Mitteilungspflicht, so ist für eine Anwendung des § 20 Abs. 7 auf das *herrschende Unternehmen* auch dann kein Raum, wenn ein abhängiges Unternehmen gegen seine parallele Mitteilungspflicht verstoßen hat.[128] Ebenso zu beurteilen ist das Verhältnis zwischen **Treuhändern** und Treugebern.[129] Aus dem Gesagten folgt zugleich, dass Treuhänder und Treugeber aus ihrem Innenverhältnis ebenso wie abhängige Gesellschaften im Verhältnis zum herrschenden Unternehmen einen **Anspruch auf Erfüllung der** jeweiligen **Mitteilungspflicht** des anderen Teils haben, damit ihre eigenen Rechte wiederaufleben (§ 241 Abs. 2 BGB).[130]

Aktien, die dem mitteilungspflichtigen Unternehmen lediglich nach **§ 20 Abs. 2** für die Zwecke der Mitteilungspflicht zugerechnet werden, werden dagegen von den Sanktionen des § 20 Abs. 7 *nicht erfasst.*[131] Die Frage ist zwar umstritten; eine Ausdehnung der Sanktionen des § 20 Abs. 7 auf die Eigentümer der nach § 20 Abs. 2 zugerechneten Aktien würde jedoch einen durch nichts mehr zu rechtfertigenden Eingriff in die Rechte der Aktieneigentümer darstellen (Art. 14 Abs. 1 GG).[132] Bei einer Bevollmächtigung des mitteilungspflichtigen Unternehmens durch den dritten Eigentümer ist jedoch das gesetzliche Verbot des § 405 Abs. 3 Nr. 3 (→ Rn. 42) zu beachten.[133]

Den genannten Unternehmen (→ Rn. 43) stehen nach § 20 Abs. 7 S. 1, solange sie ihrer Mitteilungspflicht nicht nachgekommen sind, aus ihren Aktien **keine Rechte mehr** zu. Dies gilt **für den gesamten Aktienbesitz** des jeweils betroffenen Aktionärs, nicht etwa nur für denjenigen Teil der Aktien, der die Schwellen des § 20 Abs. 1 oder Abs. 4 übersteigt, oder die Aktien, die ihm nach § 16 Abs. 4 zuzurechnen sind.[134] **Unberührt** bleibt dagegen die **Mitgliedschaft** selbst, sodass die Aktien, auch wenn sich aus ihnen nach § 20 Abs. 7 keine Rechte ergeben, weiterhin ohne Einschränkung **veräußert** und belastet werden können.[135] Im Falle der **Veräußerung** eines **Teils** der „rechtlosen" Aktien bleibt es bei der Anwendbarkeit des § 20 Abs. 7 hinsichtlich der restlichen, bei dem mitteilungspflichtigen Eigentümer verbliebenen Aktien, selbst wenn ihn an sich jetzt (nach Veräußerung eines Teils seiner Aktien) keine Mitteilungspflicht nach § 20 mehr trifft. Die Frage ist freilich umstritten und in der Tat zweifelhaft, weil die Annahme des Fortbestandes des Rechtsverlus-

---

[126] Begr. RegE zum 3. Finanzmarktförderungsgesetz, BT-Drs. 13/8933, 95, 147; OLG Stuttgart AG 2005, 125 (128) (l. Sp. o.) = NZG 2005, 432; OLG Schleswig AG 2006, 120 (122) = Konzern 2006, 294; *S. Schneider/U. Schneider* ZIP 2006, 493 (497); *C. Vedder,* Zum Begriff „für Rechnung", 121, 154 ff.; *R. Wolfframm* Mitteilungspflichten 135, 141 ff.

[127] LG Hannover AG 1993, 187 (189) = WM 1992, 1232; *V. Arends* Offenlegung 17 f.; *Burgard* Offenlegung 56 f.; *M. Hildner* Beteiligungstransparenz 58 f.; *Koppensteiner* FS Rowedder, 1994, 213, 225 ff.; Spindler/Stilz/*Petersen* Rn. 41; *S. Schneider/U. Schneider* ZIP 2006, 493 (497); *T. Starke* Beteiligungstransparenz 251 f.; enger hingegen GroßkommAktG/*Windbichler* Rn. 67–69.

[128] Grigoleit/*Rachlitz* Rn. 24; Spindler/Stilz/*Petersen* Rn. 41.

[129] OLG Schleswig AG 2006, 120 (122) = Konzern 2006, 294 – Mobilcom.

[130] OLG Schleswig AG 2006, 120 (122) = Konzern 2006, 294 – Mobilcom; OLG Stuttgart AG 2005, 125 (127 f.) = NZG 2005, 432; *S. Schneider/U. Schneider* ZIP 2006, 493 (497) (r. Sp.).

[131] *Arends* Offenlegung 18 mN; MüKoAktG/*Bayer* Rn. 48; MHdB AG/*Krieger* § 68 Rn. 133; *T. Starke* Beteiligungstransparenz 253; Spindler/Stilz/*Petersen* Rn. 42; K. Schmidt/Lutter/*Veil* Rn. 37; aA *Burgard* Offenlegung 56 f.

[132] *Arends* Offenlegung 18 mN.

[133] Ebenso MHdB AG/*Krieger* § 68 Rn. 133.

[134] LG Hannover AG 1993, 187 (189); *Arends* Offenlegung 17 ff.; *Burgard* Offenlegung 56 f.; *Koppensteiner* FS Rowedder, 1994, 213 (225 ff.).

[135] Grigoleit/*Rachlitz* Rn. 29; *S. Schneider/U. Schneider* ZIP 2006, 493 (495) (r. Sp.).

tes bei Veräußerung eines Teiles der Aktien der Sache nach auf eine Einbeziehung des § 20 Abs. 5 in den Anwendungsbereich der Sanktionsvorschrift des § 20 Abs. 7 hinausläuft.[136] Es kommt hinzu, dass es auch wenig Sinn macht, bei Veräußerung (fast) aller Aktien an der Anwendung des § 20 Abs. 7 festzuhalten (→ Rn. 16 a). Der **Erwerber** unterliegt dagegen keinen Beschränkungen. Seine Mitteilungspflicht beurteilt sich selbstständig nach den §§ 20 und 21 (→ Rn. 16a).

45 **3. Voraussetzungen. a) Nichterfüllung der Mitteilungspflicht.** § 20 Abs. 7 und § 21 Abs. 4 greifen nur ein, wenn eine Mitteilungspflicht nach § 20 Abs. 1 oder Abs. 4 oder nach § 21 Abs. 1 oder 2 „nicht erfüllt" wurde. Unter die „Nichterfüllung" in diesem Sinne fällt (natürlich) in erster Linie die vollständige **Unterlassung** der gebotenen Mitteilung. Mit Rücksicht auf den Zweck der Regelung, die nötige Unternehmenstransparenz sicherzustellen (→ Rn. 4), reicht es aber auch aus, wenn die Mitteilung **nicht ordnungsgemäß** war.[137] Die Ausübungssperre des § 20 Abs. 7 greift folglich auch ein, wenn die Mitteilung *nicht richtig* oder *nicht vollständig* vorgenommen wurde oder wenn sie nicht in der vorgeschriebenen Form oder nicht rechtzeitig erfolgte (vgl. § 39 Abs. 2 Nr. 2 lit. c WpHG),[138] jedenfalls, wenn wegen der Mängel der Mitteilung eine unverzügliche ordnungsgemäße Bekanntmachung nach § 20 Abs. 6 nicht möglich war (→ Rn. 33 f.). Holt jedoch der Aktionär die unterlassene oder nicht ordnungsmäßige Mitteilung rechtzeitig vor der Ausübung seiner Rechte, zB vor einer Abstimmung nach, so bleibt der Verstoß ohne Folgen (→ Rn. 51a). Als unschädlich gelten ferner **formale Mängel** der Mitteilung wie eine fehlerhafte Anschrift oder offensichtliche Schreibfehler, während noch offen ist, ob geringfügige Mängel, durch die insgesamt der Zweck der Mitteilungspflicht nicht spürbar beeinträchtigt wird, aufgrund einer ungeschriebenen **Bagatellklausel** ebenfalls unberücksichtigt bleiben können.[139] Als *unschädlich* gilt jedenfalls die unrichtige Angabe der Firma einer der beteiligten Gesellschaften, sofern gleichwohl über die Identität dieser Gesellschaft keine Zweifel bestehen können (→ Rn.).[140]

46 **b) Verschulden.** Umstritten ist, ob die Sanktionen des § 20 Abs. 7 S. 1 und des § 21 Abs. 4 einen schuldhaften Verstoß des Verpflichteten gegen eine Mitteilungspflicht voraussetzen. Soweit dies *verneint* wird,[141] dürfte jedoch übersehen sein, dass nach § 20 Abs. 1 S. 1 und Abs. 4 die Mitteilungspflicht „unverzüglich", dh ohne *schuldhaftes* Zögern zu erfüllen ist (§§ 121, 276 BGB). Daraus ist der Schluss zu ziehen, dass die Sanktionen des § 20 Abs. 7 S. 1 ebenso wie die des § 21 Abs. 4 **schuldhafte Verstöße** gegen die Mitteilungspflichten voraussetzen (§ 276 BGB; ebenso → WpHG § 28 Rn. 10 ff.). In dieselbe Richtung weist S. 2 des § 20 Abs. 7, der in zwei Fällen ebenfalls auf Verschulden abstellt (→ Rn. 49 ff.). Für die Anwendung des § 20 Abs. 7 oder des § 21 Abs. 4 ist folglich (ausnahmsweise) kein Raum, wenn der Mitteilungspflichtige von seiner Mitteilungspflicht, zB weil sie sich erst aus der Zurechnung des Anteilsbesitzes Dritter nach § 20 Abs. 1 S. 2 iVm § 16 Abs. 4 oder nach § 20 Abs. 2 ergibt, in entschuldbarer Weise keine Kenntnis hatte.[142] Die Anforderun-

---

[136] Grigoleit/*Rachlitz* Rn. 26.
[137] BGHZ 114, 203 (214 ff.) = NJW 1991, 2765 = AG 1991, 270; BGH NJW 2000, 3547 – Aqua Butzke Werke; LG Hamburg AG 2002, 525 (526) – Pinguin Haustechnik; *Merkner* AG 2012, 199 (203); *Riegger* FS H. P. Westermann, 2008, 1331 (1332 f.); Spindler/Stilz/*Petersen* Rn. 35.
[138] Krit. *Mülbert* FS K. Schmidt, 2009, 1219 (1226 ff.).
[139] Dafür *Merkner* AG 2012, 199, 203; *Riegger/Wasmann* FS Hüffer, 2010, 823 (834); wohl auch OLG Düsseldorf AG 2010, 711 (712).
[140] OLG Stuttgart AG 2013, 604 (608) (r. Sp.).
[141] *Hägele* NZG 2000, 726 (727); *S. Schneider/U. Schneider* ZIP 2006, 493 (496); ebenso Grigoleit/*Rachlitz* Rn. 21 nur für die Rechte auf Teilnahme an der Hauptversammlung, auf Stimmabgabe und auf Auskunft; – offengelassen in KG AG 1990, 500 (501) = ZIP 1990, 925; LG Berlin AG 1998, 195 (196 f.).
[142] LG Köln AG 2008, 336 (337); *Arends* Offenlegung 18 ff.; MüKoAktG/*Bayer* Rn. 49; *Merkner* AG 2012, 199 (204); *Mülbert* FS K. Schmidt, 2009, 1219 (1230 ff.); *Riegger* FS H. P. Westermann, 2008, 1331 (1333 ff.); *ders./Wasmann* FS Hüffer, 2010, 823 (834 f.); Spindler/Stilz/*Petersen* Rn. 37–40; *Segna* AG 2008, 311 (314 ff.); *T. Starke* Beteiligungstransparenz 251, 253 f.; *K. Schmidt/Lutter/Veil* Rn. 43; *St. Widder* NZG 2004, 275 (276); GroßkommAktG/*Windbichler* Rn. 70.

gen an die **Sorgfaltspflichten der Aktionäre** sind jedoch allgemein hoch, mit der Folge, dass ein Rechts- oder Tatsachenirrtum nur unter engen Voraussetzungen entlastet (§ 276 Abs. 2 BGB; → Rn. 55), etwa, wenn der Aktionär vor der Unterlassung der Mitteilung qualifizierten Rechtsrat eingeholt hatte, auf den er sich verlassen durfte.[143] Unklar ist ferner, in welchem Umfang sich der mitteilungspflichtige Aktionär das **Verhalten Dritter zurechnen** lassen muss.[144] Eindeutig ist lediglich die Anwendbarkeit des **§ 31 BGB,** wenn es sich bei dem Aktionär um eine juristische Person oder eine Personenhandelsgesellschaft handelt, die allein durch ihre Organe handeln kann. § 31 BGB wird allgemein weit ausgelegt, um keine Schutzlücken entstehen zu lassen. In den wenigen verbleibenden Fällen ist wohl in erster Linie an eine Anwendung des **§ 831 BGB** zu denken, falls der Aktionär beliebige Dritte mit der Erfüllung seiner Mitteilungspflicht betraut (str.).

4. Betroffene Rechte. Die Regelung des § 20 Abs. 7 S. 1 sowie des § 21 Abs. 4 S. 1 betrifft *alle* Rechte aus Aktien, also gleichermaßen die **Mitverwaltungs- wie die Vermögensrechte** des Aktionärs; die wichtigsten Fälle sind das Recht auf Teilnahme an der Hauptversammlung, das Stimmrecht, das Auskunftsrecht, das Anfechtungsrecht, die verschiedenen Minderheitenrechte, das Dividendenrecht, das Recht auf Ausschluss von Minderheitsaktionären sowie den Anspruch auf den Liquidationserlös.[145] Erfasst werden außerdem Entsendungsrechte in den Aufsichtsrat, vorausgesetzt, dass sie mit bestimmten Aktien verbunden sind (§ 101 Abs. 2). Für alle genannten Rechte der Aktionäre bedeutet die gesetzliche Regelung, dass sie (nur) für die Zeit, für die die Mitteilung pflichtwidrig und schuldhaft unterlassen wurde (§§ 20 Abs. 7, 21 Abs. 4), **erlöschen** und nicht etwa lediglich ruhen (§§ 20 Abs. 7 S. 1, 21 Abs. 4; → Rn. 39 f.),[146] soweit sich nicht aus § 20 Abs. 7 S. 2 etwas anderes ergibt (→ Rn. 52 ff.).

Die Rechte der Aktionäre, die § 20 Abs. 7 im Auge hat (→ Rn. 47), müssen von der **Mitgliedschaft** selbst, dem **Eigentum** an den Aktien unterschieden werden. Die mitteilungspflichtigen Aktionäre werden im Falle eines Verstoßes gegen die Mitteilungspflicht *nicht* etwa kraft Gesetzes aus der Gesellschaft *ausgeschlossen,* sondern bleiben Aktionäre, sodass die Aktien insbesondere weiterhin – trotz ihrer „Rechtslosigkeit" – veräußert und belastet werden können (→ Rn. 16a, 44). Da die Mitgliedschaft nicht berührt wird, bleibt auch die **Treuepflicht** der Mitgesellschafter einschließlich des Verbots des Rechtsmissbrauchs gegenüber dem betroffenen Aktionär bestehen.[147] *Nicht* betroffen sind ferner **Organrechte** wie die Mitgliedschaft im Aufsichtsrat oder im Vorstand (zum Bezugsrecht der Aktionäre sowie zu ihrem Anspruch auf Ausgleich und Abfindung → Rn. 60 ff. und Rn. 63).

Der Rechtsverlust besteht nach § 20 Abs. 7 S. 1 nur „für die **Zeit,** für die das Unternehmen die Mitteilungspflicht *nicht erfüllt*". Maßgebender Zeitpunkt ist derjenige, in dem es für die Wahrnehmung einzelner Rechte der Aktionäre auf ihre Befugnis zur Rechtsausübung ankommt, bei den Rechten auf Teilnahme an der Hauptversammlung mithin der Beginn der Hauptversammlung und bei dem Stimmrecht der Beginn der Beschlussfassung (zum Dividendenanspruch → Rn. 53).[148] Bei rechtzeitiger **Nachholung** der Mitteilung, im

---

[143] *Merkner* AG 2012, 199 (204); Spindler/Stilz/*Petersen* Rn. 40; *Riegger/Wasmann* FS Hüffer, 2010, 823 (835); offenbar noch strenger OLG München NZG 2009, 1336 (1338); Grigoleit/*Rachlitz* Rn. 22: Vermutung des Verschuldens.
[144] *Riegger/Wasmann* FS Hüffer, 2010, 823 (835 f.).
[145] BGHZ 167, 204 (209 f.) = NJW-RR 2006, 1110 (1112) Rn. 14 = AG 2006, 501 – Mitteldeutsche Leasing AG; OLG Stuttgart AG 2005, 125 (128) = NZG 2005, 432; OLG Schleswig AG 2006, 120 (122) = Konzern 2006, 294 – Mobilcom; ebenso Begr. RegE zum 3. Finanzmarktförderungsgesetz (1997), BT-Drs. 13/8933, 95, 147; *Arends* Offenlegung 21 f.; *Merkner* AG 2012, 199 (202); Spindler/Stilz/*Petersen* Rn. 43 f.; *Riegger/Wasmann* FS Hüffer, 2010, 823 (830 f.); ausf. *S. Schneider/U. Schneider* ZIP 2006, 493 (494 ff.) mN; GroßkommAktG/*Windbichler* Rn. 72 ff.
[146] BGHZ 167, 204 (209 f.) Rn. 14 = NJW-RR 2006, 1110 (1112) = AG 2006, 501 – Mitteldeutsche Leasing AG; LG Hamburg AG 2002, 525 (526 f.) – Pinguin Haustechnik; *V. Arends* Offenlegung 21; MüKo-AktG/*Bayer* Rn. 44; Hüffer/*Koch* Rn. 12; MHdB AG/*Krieger* § 68 Rn. 134 ff.; *S. Schneider/U. Schneider* ZIP 2006, 493 (494 ff.); *T. Starke* Beteiligungstransparenz 252; GroßkommAktG/*Windbichler* Rn. 71 ff.
[147] BGH NJW 2009, 2458 = AG 2009, 534; Grigoleit/*Rachlitz* Rn. 29.
[148] *S. Schneider/U. Schneider* ZIP 2006, 493 (496) (l. Sp.).

Falle der Beschlussfassung somit ggf. noch während der Hauptversammlung, bleiben die fraglichen Rechte daher bestehen, und zwar selbst dann, wenn der Aktionär zuvor über Jahre hinweg seiner Mitteilungspflicht nicht nachgekommen war.[149] Eine Sperrfrist wie in § 28 S. 3 WpHG kennt das AktG (noch) nicht. Hatte der Aktionär **mehrere Mitteilungen** unterlassen, zu denen er aufgrund der §§ 20 Abs. 1 und 4 und 21 Abs. 1 und 2 verpflichtet war, so genügt die Nachholung der letzten Mitteilung.[150] Ein bloßer Nachweis des Aktienbesitzes rechtzeitig vor der Hauptversammlung nach § 123 Abs. 3 genügt dagegen nicht für die Nachholung in der Mitteilung gemäß §§ 20 und 21.[151] Lediglich in den Fällen des § 58 Abs. 4 und des § 271 kommt es gemäß § 20 Abs. 7 S. 2 nicht zu einem Erlöschen der Rechte, wenn die Mitteilung höchstens fahrlässig unterlassen wurde und rechtzeitig nachgeholt wird (→ Rn. 50 ff., 58 f.). Im Ergebnis bedeutet dies, dass es – entgegen dem Wortlaut der §§ 20 und 21 – in den fraglichen Fällen einer Mitteilungspflicht letztlich doch nicht auf die „unverzügliche", sondern lediglich auf die *rechtzeitige Mitteilung* ankommt.[152] Ein bloßer Verstoß gegen die Pflicht auch zur *unverzüglichen* Mitteilung bleibt dagegen ohne Sanktion nach § 20 Abs. 7 oder § 21 Abs. 4 (zu möglichen Schadensersatzansprüchen → Rn. 64).

50 **5. Hauptversammlung, Stimmrecht.** Den Aktionären, deren Aktien von der Ausübungssperre des § 20 Abs. 7 betroffen sind, kann die **Teilnahme** an der Hauptversammlung verwehrt werden. In der Hauptversammlung haben sie weder das **Rede- noch das Fragerecht.** Ebenso wenig können sie **Widerspruch** gegen Beschlüsse der Hauptversammlung erheben. Der **Vorstand** ist aufgrund seiner Legalitätspflicht gehalten, auf die Einhaltung dieser Verbote zu achten (§§ 20 Abs. 7, 76 f., 93). Er muß tätig werden, wenn **berechtigte Zweifel** bestehen ob ein Aktionär noch zur Ausübung von Verwaltungs- oder Vermögensrechten befugt ist (§§ 20 Abs. 7, 21 Abs. 4 AktG; § 28 WpHG).[153] Dasselbe gilt für den **Leiter der Hauptversammlung,** meistens der Vorsitzende des Aufsichtsrates.[154] Hat er Zweifel an der Teilnahmeberechtigung eines Aktionärs, so muss er ggf. einen **Nachweis** der Erfüllung der Mitteilungspflicht verlangen (§ 22). Ohne solchen Nachweis darf in diesem Fall dem Aktionär die Teilnahme nicht gestattet werden. Das ist deshalb wichtig weil bei Verstößen gegen die Mitteilungspflicht die **Aktien** des Aktionärs und der anderen betroffenen Personen (→ Rn. 43 f.) bei der Berechnung der Kapital- und Stimmenmehrheit **nicht mitgerechnet** werden dürfen. Kommt es auf das bei der Abstimmung vertretene Grundkapital an, so ist es daher so anzusehen, als ob die fraglichen Anteile nicht vertreten wären.[155] Sie werden indessen nicht etwa vom Grundkapital abgezogen.

51 Stimmt der Aktionär gleichwohl ab, so ist die Stimmabgabe nichtig (§ 134 BGB). Daraus folgt jedoch nicht die Nichtigkeit des fraglichen Beschlusses (§ 241 Nr. 3), sondern lediglich dessen **Anfechtbarkeit** (§ 243 Abs. 1).[156] Voraussetzung ist außerdem, dass die zu Unrecht abgegebenen Stimmen für das Abstimmungsergebnis überhaupt **kausal** waren.[157] **Nichtigkeit** des Beschlusses ist nur anzunehmen, wenn der Beschluss aufgrund der Satzung der Zustimmung des mitteilungspflichtigen Aktionärs bedurfte; dasselbe gilt wohl in den Fällen

---

[149] OLG Düsseldorf AG 2010, 710 (711).
[150] *S. Schneider/U. Schneider* ZIP 2006, 493 (496) (r. Sp. 2. Abs.); Spindler/Stilz/*Petersen* Rn. 48; str.
[151] Ausf. *Merkner/Sustmann* AG 2013, 243.
[152] So richtig Grigoleit/*Rachlitz* Rn. 25.
[153] Spindler/Stilz/*Petersen* Rn. 56.
[154] *Happ* FS K. Schmidt, 2009, 545 (558).
[155] *V. Arends* Offenlegung 21; *Burgard* Offenlegung 58; MüKoAktG/*Bayer* Rn. 53; Hüffer/*Koch* Rn. 14; MHdB AG/*Krieger* § 68 Rn. 136; *S. Schneider/U. Schneider* ZIP 2006, 493 (495); GroßkommAktG/*Windbichler* Rn. 73.
[156] BGHZ 167, 204 (213) Rn. 26 = NJW-RR 2006, 1110 (1113) = AG 2006, 501 – Mitteldeutsche Leasing AG; KG AG 1999, 126; AG 2000, 227 = NZG 2000, 42; OLG Stuttgart AG 2005, 125 (130 f.) = NZG 2005, 432; OLG Schleswig AG 2006, 120 (121 f.) = Konzern 2006, 294; OLG Düsseldorf AG 2010, 330 = WM 2010, 709; AG 2010, 711; *Burgard* Offenlegung 59; Hüffer/*Koch* FS Boujong, 1996, 277 (295); *S. Schneider/U. Schneider* ZIP 2006, 493 (498); *T. Starke* Beteiligungstransparenz 252; dagegen (früher) für Nichtigkeit *Geßler* BB 1980, 217 (219); *Quack* FS Semler, 1993, 581 (589).
[157] BGH AG 2014, 624 Rn. 8 = WM 2014, 1542; *S. Schneider/U. Schneider* ZIP 2006, 493 (498).

des § 180.[158] Neben der Anfechtungsklage ist für eine Klage von Aktionären auf **Feststellung** des Nichtbestehens von Rechten anderer Aktionäre aufgrund des § 20 Abs. 7 kein Raum (§ 256 ZPO).[159] Die **Beweislast** für die Voraussetzungen des § 20 Abs. 7 trägt im Anfechtungsprozess der Kläger; die Gesellschaft trifft eine sekundäre Darlegungslast hinsichtlich der Erfüllung der Mitteilungspflichten durch andere Aktionäre lediglich dann, wenn der Kläger substantielle Anhaltspunkte für eine Verletzung von Mitteilungspflichten durch bestimmte andere Aktionäre vorträgt.[160] Voraussetzungen sind aber die Nachholung der Mitteilung und die Fassung eines neuen, nunmehr mangelfreien Beschlusses durch die Hauptversammlung.[161] Waren **sämtliche Aktionäre** von dem Stimmverbot des § 20 Abs. 7 S. 1 betroffen, wie es vor allem im Gründungsstadium einer Gesellschaft vorstellbar ist, so bleibt es bei § 20 Abs. 7; für eine Ausnahme von der Mitteilungspflicht für derartige Fallgestaltungen besteht keine Notwendigkeit.[162] Wird trotz „Stimmlosigkeit" sämtlicher Aktien in der Hauptversammlung ein Beschluss gefasst und festgestellt, so ist **auch** dieser „**stimmlose" Beschluss** lediglich **anfechtbar,** nicht etwa nichtig.[163]

Wenn die Mitteilung rechtzeitig vor der Beschlussfassung in der Hauptversammlung nachgeholt wird, ist für eine Anwendung des § 20 Abs. 7 kein Raum (→ Rn. 49).[164] Die „Nachholung" ist auch noch in der Hauptversammlung bis zu dem Beginn der Abstimmung über den fraglichen Beschluss möglich. Jedoch sind dabei die Formerfordernisse für Mitteilungen aufgrund der §§ 20 und 21 zu beachten (→ Rn. 30a). Vertretung ist möglich, sofern der Vertreter, insbesondere also ein Rechtsanwalt über die nötige Vollmacht verfügt (→ Rn. 30); andernfalls kann der Vorstand in der Hauptversammlung die nachgeholte Mitteilung analog § 174 S. 1 BGB zurückweisen.[165]

Eine „**Nachholung**" der Mitteilung **nach der Beschlussfassung** ändert an der Anfechtbarkeit des Beschlusses nichts mehr, da das Stimmrecht ebenso wie zB das Auskunftsrecht immer nur zu einem bestimmten Zeitpunkt in einer bestimmten Hauptversammlung ausgeübt werden kann und mit der Beschlussfassung erlischt (→ Rn. 49).[166] Zwar bleibt die Nachholung der Mitteilung möglich (§ 20 Abs. 7 S. 2); eine Heilung von Beschlussmängeln ist jetzt indessen nur noch im Wege eines *Bestätigungsbeschlusses* nach § 244 möglich.[167] Ebenso zu behandeln wie das Stimmrecht sind ferner der **Antrag auf Einberufung** der Hauptversammlung (§ 122)[168] sowie das **Anfechtungsrecht der Aktionäre** nach § 245 Nr. 1–3, entweder weil der Aktionär wegen des schuldhaften Verstoßes gegen seine Mitteilungspflicht von vornherein kein Recht zur Teilnahme an der Hauptversammlung hatte oder weil später während des Laufs der Anfechtungsfrist von ihm eine jetzt erst entstandene Mitteilungspflicht verletzt wurde.[169] Ebenso zu behandeln ist ferner Antragsberechtigung nach **§ 3 SpruchG** (→ SpruchG § 3 Rn. 3). Soweit ein Aktionär danach nicht anfechtungs-

---

[158] Spindler/Stilz/*Petersen* Rn. 47.
[159] LG München I NZG 2009, 226 (227).
[160] OLG Stuttgart AG 2009, 124 (127 ff.); 2009, 204 (212); LG Köln AG 2008, 336 (338); *Happ* FS K. Schmidt, 2009, 545 (557 ff.); Grigoleit/*Rachlitz* Rn. 6; Spindler/Stilz/*Petersen* Rn. 55.
[161] *Happ* FS K. Schmidt, 2009, 545 (559 ff.); *Segna* AG 2008, 311 (316 ff.).
[162] S. BGHZ 167, 204 (213 f.) Rn. 26 = NJW-RR 2006, 1110 (1113) = AG 2006, 501 – Mitteldeutsche Leasing AG; anders OLG Dresden AG 2005, 247 = ZIP 2005, 573 – Mitteldeutsche Leasing AG; *Wand/ Tillmann* AG 2005, 227 (232).
[163] BGHZ 167, 204 (213 f.) Rn. 26 = NJW-RR 2006, 1110 (1113) = AG 2006, 501 – Mitteldeutsche Leasing AG; Spindler/Stilz/*Petersen* Rn. 47.
[164] OLG Düsseldorf AG 2010, 711 (712); ausf. *Happ* FS K. Schmidt, 2009, 545.
[165] *Happ* FS K. Schmidt, 2009, 545 (556 ff.).
[166] OLG Schleswig AG 2006, 120 (122) = Konzern 2006, 294; ebenso Begr. RegE zum 3. Finanzmarktförderungsgesetz, BT-Drs. 13/8933, 96 (l. Sp. o.), 147.
[167] OLG Stuttgart AG 2005, 125 (130) = NZG 2005, 432; LG Köln AG 2009, 593 (595) = NZG 2009, 1150.
[168] KG AG 1980, 78; LG Berlin AG 1979, 109 = WM 1978, 1086.
[169] BGHZ 167, 204 (209 f.) = NJW-RR 2006, 1110 (1112) Rn. 14 = AG 2006, 501 – Mitteldeutsche Leasing AG; BGH NJW 2009, 2458 Rn. 4 = AG 2009, 534; OLG Schleswig AG 2006, 120 (121 f.) = Konzern 2006, 294; OLG Stuttgart AG 2005, 125 (126) (r. Sp.) = NZG 2005, 432; Hüffer/*Koch* Rn. 14; Grigoleit/*Rachlitz* Rn. 27.

befugt ist, kann er sich ferner **nicht** als **Streithelfer** der Anfechtungsklage anderer Aktionäre anschließen.[170]

52 **6. Dividendenanspruch.** Der Anspruch der Aktionäre auf Dividende gehört gleichfalls zu den Rechten aus Aktien iSd § 20 Abs. 7 S. 1 und des § 21 Abs. 4 S. 1. Jedoch enthält das Gesetz für diesen Anspruch in § 20 Abs. 7 S. 2 von 1998 iVm § 21 Abs. 4 S. 2 eine eigenartige **Sonderregelung,** die sich daraus erklärt, dass früher umstritten war, ob der Anspruch bei einer Verletzung der Mitteilungspflicht lediglich *ruht* (sodass er bei einer Nachholung der Mitteilung wiederauflebt) oder ob der Anspruch in diesem Fall endgültig *erlischt.* Um diese Zweifel zu beheben, bestimmt jetzt das Gesetz in § 20 Abs. 7 S. 2 idF von 1998, dass die Regelung des S. 1 des § 20 Abs. 7 (dh das Erlöschen der Rechte aus Aktien im Falle eines Verstoßes gegen die Mitteilungspflichten nach § 20 Abs. 1 oder Abs. 4) *nicht* für den Dividendenanspruch gilt, sofern die Mitteilung nicht vorsätzlich, sondern höchstens fahrlässig unterlassen wurde und (rechtzeitig) nachgeholt wird. Eine entsprechende Regelung enthalten § 28 S. 2 WpHG für Verstöße gegen die Mitteilungspflichten aufgrund des WpHG (§§ 21 ff.) sowie § 59 S. 2 WpÜG für Verstöße gegen die Veröffentlichungspflichten des § 35 WpÜG. Dies bedeutet im Einzelnen:

53 Auszugehen ist davon, dass nach den §§ 58 Abs. 4 und 174 der Dividendenanspruch der Gesellschafter als selbstständiges Forderungsrecht (erst) mit der Fassung des Gewinnverwendungsbeschlusses durch die Hauptversammlung **entsteht.** Der **maßgebliche Zeitpunkt,** bis zu dem der Aktionär (spätestens) seiner Mitteilungspflicht aufgrund des § 20 Abs. 1 und Abs. 4 nachgekommen sein muss, um sich seinen Dividendenanspruch zu erhalten, ist folglich der des *Beginns der Beschlussfassung über die Gewinnverwendung* in der Hauptversammlung. Wird die Mitteilungspflicht bis zu diesem Zeitpunkt, wenn auch ggf. erheblich verspätet, erfüllt, notfalls noch in der Hauptversammlung vor Beginn der Abstimmung gegenüber dem Vorstand (§ 78 Abs. 1), so bleibt die vorausgegangene Verletzung der Mitteilungspflicht ohne Einfluss auf den mit der Fassung des Gewinnverwendungsbeschlusses entstehenden Dividendenanspruch des Aktionärs (→ Rn. 49, 51a).[171]

54 Anders ist die Rechtslage dagegen, wenn der Aktionär bis zum Beginn der Beschlussfassung über die Gewinnverwendung seiner Mitteilungspflicht *nicht* nachgekommen ist. Für diesen Fall bestimmen seit 1998 § 20 Abs. 7 S. 2 und § 21 Abs. 4 S. 2, dass § 20 Abs. 7 S. 1 (Erlöschen der Rechte) *keine* Anwendung findet, wenn die Mitteilung höchstens fahrlässig **(nicht vorsätzlich) unterlassen** wurde **und nachgeholt** wird; **Zweck** dieser Regelung ist es, dem mitteilungspflichtigen Unternehmen die Möglichkeit zu erhalten, den Verlust der Ansprüche auf Dividende (und auf den Liquidationserlös, → Rn. 58 f.) zu vermeiden, indem es darlegt und notfalls beweist, dass die Mitteilung ohne Vorsatz unterblieb und (mittlerweile) wirksam nachgeholt wurde.[172]

55 Die geschilderte Regelung hat eine lebhafte Diskussion über die Frage ausgelöst, welcher **Vorsatzbegriff** den genannten Vorschriften (sowie dem § 28 WpHG) zu Grunde liegt. Im Schrifttum werden ein zivilrechtlicher, ein kapitalmarktrechtlicher und ein strafrechtlicher Vorsatzbegriff unterschieden. Einen „kapitalmarktrechtlichen" Vorsatzbegriff gibt es indessen nicht, sodass sich allein die Frage stellen kann, ob hier von dem zivilrechtlichen oder dem strafrechtlichen Vorsatzbegriff auszugehen ist. Dabei ist zu beachten, dass es in der Sache letztlich allein um die Behandlung des **fahrlässigen Rechtsirrtums** geht, der zwar nach Strafrecht, nicht dagegen nach Zivilrecht den Vorsatz unberührt lässt, sofern der Aktionär *in* Kenntnis der maßgeblichen Tatsachen die *Rechtslage fahrlässig* verkannt hat, während der unvermeidbarer Rechtsirrtum nach jeder Meinung entschuldigt. Für den Aktionär ist folglich die Anwendung des *zivilrechtlichen* Vorsatzbegriffes deutlich *günstiger* als die des strafrechtlichen, weil nach dem zivilrechtlichen Vorsatzbegriff auch ein fahrlässiger Rechtsirrtum den Vorsatz ausschließt (sodass es zugunsten des Aktionärs bei der Sonderregelung

---

[170] OLG Schleswig AG 2006, 120 (121 f.) = Konzern 2006, 294.
[171] Ebenso K. Schmidt/Lutter/*Veil* Rn. 41.
[172] Begr. RegE zum 3. Finanzmarktförderungsgesetz (1997), BT-Drs. 13/8933, 95 f., 147.

des § 20 Abs. 7 S. 2 verbleibt), während nach dem strafrechtlichen Vorsatzbegriff im Falle eines fahrlässigen Rechtsirrtums (weil der Vorsatz fortbesteht) kein Raum mehr für die Anwendung des Privilegs des § 20 Abs. 7 S. 2 ist. Trotz dieser aus rechtspolitischer Sicht vielleicht bedenklichen Konsequenzen ist daran festzuhalten, dass die §§ 20 und 21 zum Gesellschaftsrecht und damit zum Zivilrecht gehören, sodass der **zivilrechtliche Vorsatzbegriff** auch für die §§ 20 und 21 maßgebend ist.[173] Für die **Zurechnung** des Verschuldens **Dritter** gilt das Gesagte (→ Rn. 46).[174] Im Falle der **Zurechnung von Aktien** nach den §§ 16 Abs. 4 und 20 Abs. 1 S. 2 und Abs. 2 ist für die Frage der Vorsätzlichkeit des Verstoßes gegen die Mitteilungspflicht auf die Person des *Mitteilungspflichtigen* und nicht auf die Person des von ihm verschiedenen Eigentümers der Aktien abzustellen.[175] Daraus folgt zB, dass sich eine **Muttergesellschaft** den Vorsatz der Organe ihrer Tochtergesellschaft im Rahmen der §§ 20 Abs. 1 S. 2 und 16 Abs. 4 – mangels Anwendbarkeit der §§ 31 und 831 BGB – nicht zurechnen zu lassen braucht (str.).

Für den Gewinnverwendungsbeschluss ergeben sich aus dem Gesagten (→ Rn. 55) folgende Konsequenzen:[176] 1. Nur in Ausnahmefällen ist es vorstellbar, dass bei der Fassung des Gewinnverwendungsbeschlusses bereits der **vorsätzliche Verstoß** eines Aktionärs gegen seine Mitteilungspflichten aufgrund der §§ 20 und 21 endgültig **feststeht;** in diesem Fall kann der fragliche Aktionär bei der Gewinnverwendung unbedenklich übergangen werden; notwendig ist indessen auch dies nicht, da es ohnehin allein Sache der Hauptversammlung ist, über den *Gesamtbetrag* der Ausschüttung zu entscheiden (§ 174).[177] Die *Verteilung* des zur Ausschüttung bestimmten Betrages richtet sich dann ausschließlich nach der Satzung und dem Gesetz, wobei davon auszugehen ist, dass der Dividendenanspruch des vorsätzlich gegen seine Mitteilungspflicht verstoßenden Aktionärs gemäß S. 1 des § 20 Abs. 7 endgültig erloschen ist und bei der Gewinnverteilung daher nicht mehr berücksichtigt werden darf. Im Falle der versehentlichen Ausschüttung muss der Aktionär die zu Unrecht bezogene **Dividende** daher der Gesellschaft **erstatten** (§ 62 Abs. 1 S. 2 AktG; nach anderen gemäß § 812 Abs. 1 BGB).[178] Umstritten ist, was mit den fraglichen **Gewinnanteilen** zu geschehen hat, die auf den entgegen § 20 vorsätzlich nicht mitgeteilten Aktienbesitz entfallen. Drei Lösungen sind denkbar: Die Rückbuchung der fraglichen Beträge in den ursprünglichen Bilanzposten, ihr neuer Ausweis als außerordentlicher Ertrag oder die Ausschüttung des Betrags als Zusatzdividende an die übrigen Aktionäre. Alle drei Lösungen haben Anhänger im Schrifttum gefunden.[179] Praktikabel erscheint indessen allein die Auffassung, die sich für die Verbuchung der fraglichen Beträge als **außerordentlicher Ertrag** der Gesellschaft ausspricht.[180]

2. Die zweite Möglichkeit ist, dass dem (beweispflichtigen) Aktionär der Nachweis gelingt, dass er, zB infolge eines Rechtsirrtums (→ Rn. 46, 55), nicht vorsätzlich, sondern **höchstens fahrlässig** gegen seine Mitteilungspflicht aufgrund des § 20 Abs. 1 oder Abs. 4 oder aufgrund des § 21 Abs. 1 oder 2 verstoßen hatte. In diesem Falle findet seit 1998 die besondere Regelung des § 20 Abs. 7 S. 2 Anwendung, nach der es *nicht* zu einem endgülti-

---

[173] *Merkner* AG 2012, 199 (204 f.); Sc 38, 40; *Mülbert* FS K. Schmidt, 2009, 1219 (1231 ff.); *Riegger* FS H. P. Westermann, 2008, 1231 (1235 ff.); *ders./Wasmann* FS Hüffer, 2010, 823 (837 f.); *S. Schneider/U. Schneider* ZIP 2006, 493 (499).
[174] *Mülbert* FS K. Schmidt, 2009, 1219 (1235 ff.).
[175] *S. Schneider/U. Schneider* ZIP 2006, 493 (499).
[176] S. insbes. BGH AG 2014, 624 Rn. 9 ff. = WM 2014, 1542; *Grigoleit/Rachlitz* Rn. 31.
[177] BGH AG 2014, 624 Rn. 10 = WM 2014, 1542.
[178] LG München I NZG 2009, 226 (227) = AG 2009, 171; MüKoAktG/*Bayer* Rn. 131; MHdB AG/*Krieger* § 68 Rn. 138; Spindler/Stilz/*Petersen* § 20 Rn. 46; *Riegger* FS H. P. Westermann, 2008, 1331 (1340); *ders./Wasmann* FS Hüffer, 2010, 823 (841); *S. Schneider/U. Schneider* ZIP 2006, 493 (498).
[179] Für die Verbuchung als außerordentlicher Ertrag *Arends* Offenlegung 23; MüKoAktG/*Bayer* Rn. 74; *Geßler* BB 1980, 217 (219 f.); *Hüffer/Koch* Rn. 15a; *Hüffer* FS Boujong, 1996, 277 (291); *Riegger* FS H. P. Westermann, 2008, 1331 (1340 ff.); für Ausschüttung als Zusatzdividende an die Aktionäre *S. Schneider/U. Schneider* ZIP 2006, 493 (498).
[180] Ebenso LG München I NZG 2009, 226 (227) = AG 2009, 171; *Riegger/Wasmann* FS Hüffer, 2010, 823 (841).

gen *Erlöschen* des Dividendenanspruchs infolge der Verletzung der Mitteilungspflicht kommt, vorausgesetzt, dass die (höchstens fahrlässig unterlassene) *Mitteilung* nach Erkenntnis der Rechtslage *unverzüglich,* dh ohne schuldhaftes Zögern (§ 20 Abs. 1 S. 1 und Abs. 4 iVm §§ 121, 276 BGB; → Rn. 46), *nachgeholt* wird. Folglich *ruht* der Dividendenanspruch nur bis zur Nachholung der Mitteilung. Dies gilt so lange, *bis* der Anspruch auf die Dividende *verjährt* ist.[181] Tatsächlich dürfte jedoch in der Regel eine Nachholung der Mitteilung wegen des Erfordernisses der Unverzüglichkeit der Mitteilung, das auch hier (erst recht) gilt (§ 20 Abs. 1 S. 1 und Abs. 4), nur in kurzen Fristen ernsthaft in Betracht kommen.[182] In der Zwischenzeit sind die fraglichen Beträge **als sonstige Verbindlichkeiten zu verbuchen** (→ Rn. 56).[183] Auf diese Weise wird immer zu verfahren sein, wenn die Rechtslage noch nicht endgültig geklärt ist, weil vorsätzliches Handeln des Aktionärs noch nicht feststeht, ebenso wenig aber das fehlende Verschulden des mitteilungspflichtigen Aktionärs erwiesen ist, dh im **Regelfall** (→ Rn. 57a).

57a 3. Schließlich ist es in Ausnahmefällen noch vorstellbar, dass bereits im Augenblick der Fassung des Gewinnverwendungsbeschlusses endgültig feststeht, dass der mitteilungspflichtige Aktionär **schuldlos** gehandelt hat (§ 276). In diesem Fall bleibt der Verstoß gegen die Mitteilungspflicht unberücksichtigt; Besonderheiten gelten dann nicht.[184]

58 **7. Anspruch auf den Liquidationserlös.** Ebenso umstritten wie die Behandlung des Dividendenanspruchs (→ Rn. 52–57a) war früher die des Anspruchs auf den Liquidationserlös (§ 271). Mit der Begründung, dass dieser Anspruch an die Stelle der Substanz des Rechts trete, wurde (und wird) vielfach die Auffassung vertreten, auf ihn passe die Regelung des § 20 Abs. 7 S. 1 aF nach ihrem Sinn und Zweck nicht.[185] Nach der Einfügung des **S. 2** in § 20 Abs. 7 im Jahre 1998 lässt sich diese Auffassung indessen nicht mehr halten.[186] Denn danach gilt jetzt ausdrücklich das für den Dividendenanspruch Gesagte (→ Rn. 52–57a) auch für den Anspruch des Aktionärs aus § 271 auf den Liquidationserlös. Man muss folglich hier gleichfalls zwischen vorsätzlichen und höchstens fahrlässigen Verstößen gegen die Mitteilungspflicht unterscheiden. Nur **bei** einem **vorsätzlichen Verstoß** des Aktionärs gegen seine Mitteilungspflicht **erlischt sein Anspruch** auf den Liquidationsanteil endgültig, sodass dieser Betrag entsprechend § 271 unter den anderen Aktionären zu verteilen ist.[187]

59 Hat der Aktionär dagegen höchsten **fahrlässig** gegen die Mitteilungspflicht verstoßen, so kann er sich den Anspruch auf seinen Anteil an dem Liquidationserlös erhalten, wenn er die Mitteilung rechtzeitig nachholt. Umstritten ist, bis zu welchem **Zeitpunkt** danach die **Nachholung** der Mitteilung mit anspruchserhaltender Wirkung möglich ist. In Betracht kommen der Zeitpunkt der Auflösung nach § 262 Abs. 2[188] oder der der Aufstellung der Schlussbilanz durch den Vorstand zusammen mit dem Verteilungsplan.[189] Aus praktischen Gründen dürfte hier der zuerst genannte Zeitpunkt **(Auflösung)** vorzuziehen sein, da der zweite (Aufstellung der Schlussbilanz) den Aktionären unbekannt ist.

60 **8. Bezugsrecht.** Noch nicht endgültig geklärt ist die Anwendbarkeit des § 20 Abs. 7 S. 1 auf das Bezugsrecht der Aktionäre bei Kapitalerhöhungen gegen Einlagen (§ 186 Abs. 1) und aus Gesellschaftsmitteln (§§ 207 ff.). Im Schrifttum findet sich jede nur denkbare Auffassung.[190] Mittlerweile setzt sich jedoch im Anschluss an die Rechtsprechung des BGH

---

[181] *Heinsius* FS R. Fischer, 1979, 215 (224 ff.); *S. Schneider/U. Schneider* ZIP 2006, 493 (500); ebenfalls str.
[182] MüKoAktG/*Bayer* Rn. 81–84.
[183] Ebenso wohl MüKoAktG/*Bayer* Rn. 74 f., Hüffer/*Koch* Rn. 15a; MHdB AG/*Krieger* § 68 Rn. 138 f.; *Merkner* AG 2012, 199 (205); *Riegger* FS H. P. Westermann, 2008, 1331 (1343 f.); K. Schmidt/Lutter/*Veil* Rn. 42; GroßkommAktG/*Windbichler* Rn. 76 f.
[184] Grigoleit/*Rachlitz* Rn. 31.
[185] *Hüffer* FS Boujong, 1996, 277 (285 ff., 288).
[186] MüKoAktG/*Bayer* Rn. 77; *S. Schneider/U. Schneider* ZIP 2006, 493 (499 f.); *Riegger/Wasmann* FS Hüffer, 2010, 823 (833).
[187] *Arends* Offenlegung 23.
[188] So MHdB AG/*Krieger* § 68 Rn. 139 f.
[189] So wohl GroßkommAktG/*Windbichler* Rn. 83.
[190] S. 7. Aufl. Rn. 60 mN; *Habersack* FS Säcker, 2011, 355 (357 ff.) mN.

offenbar immer mehr die Auffassung durch, die von der **Anwendbarkeit der §§ 20 Abs. 7 und 21 Abs. 4 auf** eine **Kapitalerhöhung gegen Einlagen** ausgeht,[191] während die Anwendbarkeit der §§ 20 Abs. 7 und 21 Abs. 4 auf den Fall der **Kapitalerhöhung aus Gesellschaftsmitteln** (§§ 207 ff.) zutreffend abgelehnt wird, zum Teil unter Berufung auf den Grundgedanken des § 215 Abs. 1, meistens jedoch mit der Begründung, dass es sich hier um einen Aspekt der von § 20 Abs. 7 nicht tangierten Substanzerhaltung (→ Rn. 44, 48) handelt.[192] Durch die Anwendbarkeit der §§ 20 Abs. 7 und 21 Abs. 4 auf die Kapitalerhöhung gegen Einlagen wird der mitteilungspflichtige Aktionär jedoch nicht völlig von dem Bezug junger Aktien ausgeschlossen; diese bleibt ihm vielmehr durch Abschluss eines Zeichnungsvertrages mit der Gesellschaft möglich, soweit dadurch nicht in das Bezugsrecht anderer Aktionäre eingegriffen wird.[193] Außerdem bleibt ihm immer die Möglichkeit, sein Bezugsrecht durch rechtzeitige **Nachholung** der nicht unverzüglich vorgenommenen Mitteilung zu erhalten, wobei freilich der **Zeitpunkt,** bis zu dem spätestens die Mitteilungspflicht des Aktionärs aus § 20 Abs. 1 oder Abs. 4 erfüllt sein muss, umstritten ist. Maßgebend kann aber nur der Zeitpunkt des **Beginns der Abstimmung** über die Kapitalerhöhung durch die Hauptversammlung (§§ 20 Abs. 7 S. 1, 21 Abs. 4, 182) sein.[194] Im Falle des genehmigten Kapitals tritt an die Stelle dieses Zeitpunkts der des Ausnutzungsbeschlusses des Vorstandes.[195] Wird die Mitteilungspflicht bis dahin vom Aktionär nicht erfüllt, so *erlischt* das Bezugsrecht *endgültig,* weil § 20 Abs. 7 S. 2 für diesen Fall *keine* Nachholungsmöglichkeit eröffnet. Im Falle eines *mittelbaren* Bezugsrechts nach § 186 Abs. 5 ist die Regelung entsprechend anzuwenden.[196]

61 Umstritten ist ferner, was mit den Aktien zu geschehen hat, die an sich dem mit seinem Bezugsrecht nach § 20 Abs. 7 S. 1 ausgeschlossenen Aktionär zustehen. Zum Teil wird angenommen, diese Aktien gebührten jetzt den anderen Aktionären, sodass sich deren Bezugsquote entsprechend erhöhe. Für diese Annahme bietet das Gesetz indessen keine Grundlage; deshalb ist anzunehmen, dass die **jungen Aktien der Gesellschaft zufallen** und von ihr unter Berücksichtigung des § 53a verwertet werden dürfen.[197]

62 Unklar ist weiter das Schicksal der **Aktien,** die ein Aktionär unter Verstoß gegen § 20 Abs. 7 S. 1 und damit **zu Unrecht bezogen** hat. Überwiegend wurde früher angenommen, diese Aktien müssten der Gesellschaft nach § 812 Abs. 1 S. 1 BGB (nach anderen analog §§ 71d S. 5 und 6, 71c) zur Verwertung **zurückgewährt** werden. In jüngster Zeit setzt sich dagegen zunehmend die Auffassung durch, es reiche als Sanktion für die Verletzung der Mitteilungspflicht eines Aktionärs aus § 20 Abs. 1 oder Abs. 4 aus, wenn er verpflichtet werde, der Gesellschaft den **Gegenwert des Bezugsrechts** zu vergüten.[198]

63 Dieselben Regeln wie bei einer Kapitalerhöhung gegen Einlagen (→ Rn. 60 ff.) sind bei der Ausgabe von **Wandelschuldverschreibungen,** Gewinnschuldverschreibungen und **Genussrechten** anzuwenden, weil auch insoweit den Aktionären nach § 221 Abs. 4 ein Bezugsrecht zusteht.[199] Anders sollte dagegen für etwaige **Ausgleichs- und Abfindungsansprüche** nach den §§ 304 und 305 der mitteilungspflichtigen Aktionäre entschieden werden, weil sie, streng genommen, keine „Rechte aus Aktien oder Anteilen" iSd §§ 20

---

[191] BGHZ 114, 203 (208, 215) = NJW 1991, 2765 = AG 1991, 270; ebenso zB *Merkner* AG 2012, 199 (202); Spindler/Stilz/*Petersen* Rn. 44 f.; *Riegger/Wasmann* FS Hüffer, 2010, 823 (833 f.), alle mN.
[192] *V. Arends* Offenlegung 24; Hüffer/*Koch* Rn. 16; Spindler/Stilz/*Petersen* § 20 Rn. 44; *S. Schneider/U. Schneider* ZIP 2006, 493 (495) (r. Sp.); K. Schmidt/Lutter/*Veil* Rn. 40; GroßkommAktG/*Windbichler* Rn. 81; dagegen MüKoAktG/*Bayer* Rn. 67.
[193] BGHZ 114, 203 (208, 215) = NJW 1991, 2765 = AG 1991, 270.
[194] Hüffer/*Koch* Rn. 16.
[195] Spindler/Stilz/*Petersen* Rn. 45.
[196] BGHZ 114, 203 (208, 215) = NJW 1991, 2765 = AG 1991, 270.
[197] MüKoAktG/*Bayer* Rn. 64; *Hüffer* FS Boujong, 1996, 277 (292 ff.); MHdB AG/*Krieger* § 68 Rn. 140 f.; *Quack* FS Semler, 1993, 581 (590); *Riegger/Wasmann* FS Hüffer, 2010, 823 (833).
[198] *Arends* Offenlegung 23 f.; MüKoAktG/*Bayer* Rn. 66; Hüffer/*Koch* Rn. 16; K. Schmidt/Lutter/*Veil* Rn. 44; Spindler/Stilz/*Petersen* Rn. 45; *Riegger/Wasmann* FS Hüffer, 2010, 823 (833); wieder anders GroßkommAktG/*Windbichler* Rn. 86.
[199] *Riegger/Wasmann* FS Hüffer, 2010, 823 (833); GroßkommAktG/*Windbichler* Rn. 81.

Abs. 7 und 21 Abs. 4 sind, sondern letztlich auf dem Beherrschungs- oder Gewinnabführungsvertrag beruhen, bei dem es sich insoweit um einen Vertrag zu Gunsten Dritter iSd § 328 BGB handelt, und weil sie sich außerdem nicht gegen die Gesellschaft richten (an der der mitteilungspflichtige Aktionär beteiligt ist), sondern gegen das herrschende Unternehmen (→ § 304 Rn. 23 f.; → § 305 Rn. 4, 21 ff.).[200]

64 **9. Schadensersatzansprüche.** Im Schrifttum wird die Frage diskutiert, ob die §§ 20 und 21 ganz oder partiell als **Schutzgesetze,** in erster Linie wohl zu Gunsten der Gesellschaft sowie ggf. auch zu Gunsten der anderen Aktionäre, behandelt werden können (§ 823 Abs. 2 BGB).[201] Der Umstand, dass es sich bei den sich aus den §§ 20 und 21 ergebenden Pflichten der Aktionäre und der Gesellschaft überwiegend um bloße Obliegenheiten handelt, hindert jedenfalls nicht die Qualifizierung der genannten Vorschriften als Schutzgesetze iSd § 823 Abs. 2 BGB (→ Rn. 36, 41).[202] § 20 Abs. 7 kann auch wohl kaum als abschließende Regelung der Sanktionen für Verstöße gegen Mitteilungspflichten qualifiziert werden. Bejaht man dementsprechend den Schutzgesetzcharakter der §§ 20 und 21, so dürfte im Falle des § 20 Abs. 1 und Abs. 3–5 in erster Linie die **Gesellschaft** geschützt sein, der gegenüber die Mitteilungspflicht besteht, während die Bekanntmachungspflicht aufgrund des § 20 Abs. 6 vor allem den Schutz der **übrigen Aktionäre** bezweckt. Insgesamt ist die Entwicklung hier jedoch noch offen.

§ 21 Mitteilungspflichten der Gesellschaft

(1) ¹Sobald der Gesellschaft mehr als der vierte Teil der Anteile einer anderen Kapitalgesellschaft mit Sitz im Inland gehört, hat sie dies dem Unternehmen, an dem die Beteiligung besteht, unverzüglich schriftlich mitzuteilen. ²Für die Feststellung, ob der Gesellschaft mehr als der vierte Teil der Anteile gehört, gilt § 16 Abs. 2 Satz 1, Abs. 4 sinngemäß.

(2) Sobald der Gesellschaft eine Mehrheitsbeteiligung (§ 16 Abs. 1) an einem anderen Unternehmen gehört, hat sie dies dem Unternehmen, an dem die Mehrheitsbeteiligung besteht, unverzüglich schriftlich mitzuteilen.

(3) Besteht die Beteiligung in der nach Absatz 1 oder 2 mitteilungspflichtigen Höhe nicht mehr, hat die Gesellschaft dies dem anderen Unternehmen unverzüglich schriftlich mitzuteilen.

(4) ¹Rechte aus Anteilen, die einer nach Absatz 1 oder 2 mitteilungspflichtigen Gesellschaft gehören, bestehen nicht für die Zeit, für die sie die Mitteilungspflicht nicht erfüllt. ²§ 20 Abs. 7 Satz 2 gilt entsprechend.

(5) Die Absätze 1 bis 4 gelten nicht für Aktien eines Emittenten im Sinne des § 21 Abs. 2 des Wertpapierhandelsgesetzes.

I. Überblick

1 § 21 ergänzt die Vorschrift des § 20 für Mitteilungspflichten einer AG, einer KGaA (§ 278 Abs. 3) oder einer SE mit deutschem Verwaltungssitz (Art. 9 Abs. 1 lit. c SE-VO) (sowie der zugehörigen Vorgesellschaften) hinsichtlich sog. Schachtelbeteiligungen an anderen inländischen Kapitalgesellschaften (§ 21 Abs. 1, Rn. 5 f.), für Mehrheitsbeteiligungen an Unternehmen beliebiger Rechtsform (§ 21 Abs. 2, Rn. 8 f.) sowie für die Beendigung solcher Beteiligungen (§ 21 Abs. 3, Rn. 9). Ausgenommen sind nach § 21 Abs. 5 idF von 2007 lediglich Aktien eines Emittenten iSd § 21 Abs. 2 WpHG, um Überschneidungen mit den

---
[200] *Habersack* FS Säcker, 2011, 355 (357 ff.); *Merkner* AG 2012, 199 (202).
[201] Übersicht bei Spindler/Stilz/*Petersen* Vor § 20 Rn. 25–28.
[202] MüKoAktG/*Bayer* Rn. 85 ff.; MHdB AG/*Krieger* § 68 Rn. 141; *T. Starke* Beteiligungstransparenz 258, 265, 268 ff. mN; *Witt* Übernahmen 192 f.; K. Schmidt/Lutter/*Veil* Rn. 45, 47; enger GroßkommAktG/*Windbichler* Rn. 88 ff.

Mitteilungspflichten nach dem WpHG zu vermeiden. Gemeint sind damit in erster Linie börsennotierte Aktien von Gesellschaften mit Sitz im Inland (§ 2 Abs. 6 und 7 WpHG nF; → § 20 Rn. 2).

§ 21 entspricht im Wesentlichen „spiegelbildlich" dem § 20: Während sich die zuletzt **2** genannte Vorschrift (§ 20) auf die Mitteilung von **Beteiligungen** beliebiger in- oder ausländischer Unternehmen **an Aktiengesellschaften** und KGaA mit Sitz im Inland bezieht, regelt § 21 den „umgekehrten" Fall, dh die Mitteilung von **Beteiligungen einer deutschen AG, einer** KGaA oder einer SE (sowie der zugehörigen Vorgesellschaften) *an Kapitalgesellschaften* mit Sitz im Inland (§ 21 Abs. 1) *und sonstigen Unternehmen* (§ 21 Abs. 2). Die §§ 20 und 21 decken sich nicht völlig. Beide Regelungen unterscheiden sich vielmehr insbesondere dadurch, dass in § 21 eine dem § 20 Abs. 2 entsprechende Zurechnungsvorschrift fehlt und dass hier außerdem – abweichend von § 20 Abs. 6 – von einer *Bekanntmachung* der mitgeteilten Beteiligungen abgesehen wurde, dies wohl deshalb, weil es dem AktG mit § 20 Abs. 6 allein um den Schutz von Aktiengesellschaften und KGaA und nicht auch um den von Unternehmen anderer Rechtsform geht (§ 21).

Die mit den §§ 20 und 21 verfolgten **Zwecke** sind – trotz der genannten Unterschiede **3** zwischen beiden Vorschriften (→ Rn. 2) – im Kern identisch (→ § 20 Rn. 4).[1] Abs. 1 des § 21 steht außerdem in engem Zusammenhang mit den §§ 19, 20 Abs. 3 und 328, während Abs. 2 der Vorschrift vor allem bezweckt, einen Beitrag zur Ermittlung von Mehrheits- und Abhängigkeitsverhältnissen zu leisten (§§ 16, 17 Abs. 2 und 20 Abs. 4).

Im Falle der häufigen Beteiligung einer AG oder KGaA an einer anderen AG oder KGaA **4** treffen die §§ 20 und 21 zusammen. In diesem Fall wird dem strengeren **§ 20** der **Vorrang** vor § 21 zugebilligt (→ § 20 Rn. 1).[2] Daraus folgt zugleich, dass bei Mitteilung einer Beteiligung **klargestellt** werden muss, ob sie nach **§ 20 oder** nach **§ 21** erfolgt.[3] Probleme ergeben sich daraus nicht, da eine Mitteilung über die Beteiligung einer AG (oder KGaA) an einer anderen AG oder KGaA nach § 21 Abs. 1 oder 2 immer zugleich eine solche nach § 20 Abs. 1 und 3 sowie nach § 20 Abs. 4 enthält, woraus sich dann unmittelbar auch die Bekanntmachungspflicht des § 20 Abs. 6 ergibt.

II. § 21 Abs. 1

§ 21 Abs. 1 begründet zunächst die Mitteilungspflicht einer AG oder KGaA (sowie der **5** SE und der Vorgesellschaften zu den genannten Gesellschaften), sofern ihr mehr als der vierte Teil der Anteile an einer anderen Kapitalgesellschaft mit Sitz im Inland gehört, vorausgesetzt, dass es sich bei der letzteren nicht um eine Gesellschaft handelt, die unter § 21 Abs. 2 WpHG fällt (§ 21 Abs. 5; → Rn. 1). Unter **Kapitalgesellschaften** sind hier ebenso wie in § 20 allein die AG, die KGaA und die GmbH sowie ggf. deren Vorgesellschaften zu verstehen (§ 3 Abs. 1 Nr. 2 UmwG); gleich stehen die SE und die UG.[4] Es muss sich außerdem um Gesellschaften mit **Sitz im Inland** handeln, worunter hier schon aus praktischen Gründen der Satzungssitz zu verstehen ist.[5] Nach überwiegender Meinung gilt dasselbe für die **mitteilungspflichtige Gesellschaft;** auch sie muss mit anderen Worten ihren **Sitz im Inland** haben, weil nur solche Gesellschaften dem AktG unterstehen;[6] in dieselbe Richtung weist der Zusammenhang des § 21 Abs. 1 mit § 19 Abs. 1, dessen Anwendungsbereich sich gleichfalls auf Kapitalgesellschaften mit Sitz im Inland beschränkt (→ Rn. 3).

Die Vorschrift des § 21 Abs. 1 entspricht im Wesentlichen dem § 20 Abs. 3 (→ § 20 **6** Rn. 25 ff.). Ebenso wie dort werden **nur Kapitalanteile** erfasst. Die Berechnung richtet sich nach § 16 Abs. 2 S. 1 und Abs. 4 (§ 21 Abs. 1 S. 2), sodass die Anteile von herrschenden

---

[1] Begr. RegE bei *Kropff* AktG 38.
[2] *Hägele* NZG 2000, 726 f.; *Witt* Übernahmen 193.
[3] *Hägele* NZG 2000, 726 f.; Spindler/Stilz/*Petersen* Rn. 3; K. Schmidt/Lutter/*Veil* Rn. 3.
[4] Grigoleit/*Rachlitz* Rn. 2; Spindler/Stilz/*Petersen* Rn. 3.
[5] *Bungert* NZG 1999, 757 (760); Grigoleit/*Rachlitz* Rn. 2.
[6] Hüffer/*Koch* Rn. 2; MHdB AG/*Krieger* § 68 Rn. 136; Spindler/Stilz/*Petersen* Rn. 2; GroßkommAktG/*Windbichler* Rn. 6.

und abhängigen Gesellschaften zusammenzurechnen sind (→ § 20 Rn. 18 ff.). Kein Raum ist hier dagegen für eine **Zurechnung** nach § 20 Abs. 2.

7   Die **Mitteilung** muss ebenso wie nach § 20 in allen drei Fällen des § 21 unverzüglich und schriftlich erfolgen (→ § 20 Rn. 30 ff.). Die Mitteilung muss außerdem *klar und eindeutig* sein, obwohl hier keine Bekanntmachungspflicht besteht (→ § 20 Rn. 33 f.). Dazu gehört auch die Klarstellung, aufgrund welcher Vorschrift die Mitteilung erfolgt (→ Rn. 4). Jedoch hindert nichts, die Mitteilung mit dem Antrag auf Einberufung der Hauptversammlung nach § 122 zu verbinden.[7] Eine Anmeldung der Beteiligung nach § 16 Abs. 1 GmbHG ersetzt die Mitteilung nach § 21 AktG nicht.[8]

III. § 21 Abs. 2

8   Nach § 21 Abs. 2 besteht ferner eine Mitteilungspflicht, wenn einer Gesellschaft, dh einer deutschen AG oder KGaA (einschließlich wieder der SE und der Vorgesellschaften), eine **Mehrheitsbeteiligung** iSd § 16 an einem anderen Unternehmen gehört. Zu beachten ist, dass sich Abs. 2 des § 21 anders als Abs. 1 der Vorschrift nicht nur auf Beteiligungen an Kapitalgesellschaften (→ Rn. 5), sondern an **Unternehmen beliebiger Rechtsform** bezieht, sodass hier auch Mehrheitsbeteiligungen an Personengesellschaften erfasst werden. Bei der mitteilungspflichtigen Gesellschaft (AG oder KGaA) muss es sich jedoch, wie aus dem Zusammenhang mit § 21 Abs. 1 folgt, um eine solche mit **Sitz im Inland** handeln, wobei in der Regel auf den **Satzungssitz** abgestellt wird (→ Rn. 5).[9] Ebenso wird überwiegend für das **Beteiligungsunternehmen** entschieden, dh für das Unternehmen, an dem die Mehrheitsbeteiligung besteht; auch dieses muss mit anderen Worten seinen **Sitz im Inland** haben, wofür vor allem die Überlegung maßgebend ist, dass der Schutz ausländischer Unternehmen nicht Aufgabe des deutschen AktG ist.[10] Im Übrigen entspricht § 21 Abs. 2 im Wesentlichen dem § 20 Abs. 4 (→ § 20 Rn. 28). Die Vorschrift erfasst daher zB auch eine 100%ige Beteiligung an einer GmbH.[11]

IV. § 21 Abs. 3

9   Mitteilungspflichtig ist nach § 21 Abs. 3 ferner die **Beendigung einer Beteiligung** iSd § 21 Abs. 1 oder 2 (→ Rn. 5 und 8). § 21 Abs. 3 entspricht dem § 20 Abs. 5 (→ § 20 Rn. 29). Bei einem Verstoß gegen diese Mitteilungspflicht bestehen jedoch keine besonderen Sanktionen (§ 21 Abs. 4; → Rn. 10). In Betracht kommen lediglich Schadensersatzpflichten nach § 823 Abs. 2 BGB (→ § 20 Rn. 64).

V. § 21 Abs. 4

10 Nach § 21 Abs. 4 S. 1 bestehen Rechte aus Anteilen, die einer nach § 21 Abs. 1 oder Abs. 2 mitteilungspflichtigen AG oder KGaA gehören, nicht für die Zeit, für die diese Gesellschaft die Mitteilungspflicht nicht erfüllt. S. 2 der Vorschrift fügt hinzu, dass § 20 Abs. 7 S. 2 entsprechend gilt. Die **Sanktionen** für eine Verletzung der Mitteilungspflichten (nur) aus § 21 Abs. 1 und Abs. 2 entsprechen daher denen, die sich bei einer Verletzung der Mitteilungspflichten aufgrund des § 20 Abs. 1 und Abs. 4 aus § 20 Abs. 7 S. 1 ergeben (→ § 20 Rn. 38 ff.).[12] Daraus wird überwiegend der Schluss gezogen, dass die Sanktionen ebenso wie in § 20 Abs. 7 S. 1 nicht nur die mitteilungspflichtige Gesellschaft selbst, sondern

---

[7] Spindler/Stilz/*Sester* Rn. 7.
[8] *Hägele* NZG 2000, 726 (728 f.); K. Schmidt/Lutter/*Veil* Rn. 2.
[9] Spindler/Stilz/*Petersen* Rn. 2 f.; K. Schmidt/Lutter/*Veil* Rn. 5.
[10] MüKoAktG/*Bayer* Rn. 3; *Bungert* NZG 1999, 757 (758 f.); Hüffer/*Koch* Rn. 3; MHdB AG/*Krieger* Rn. 143; Grigoleit/*Rachlitz* Rn. 2; K. Schmidt/Lutter/*Veil* Rn. 5; aA ausf. *Grimm/Wenzel* AG 2012, 274 ff.; GroßkommAktG/*Windbichler* Rn. 9.
[11] AA *Holland/Burg* NZG 2006, 601 (603); anders auch bei unmittelbarer Beteiligung der AG an der GmbH *Grimm/Wenzel* AG 2012, 274 (280 ff.).
[12] Krit. dazu *Grimm/Wenzel* AG 2012, 274 (278 ff.).

auch von ihr **abhängige Unternehmen sowie Dritte** treffen, die für Rechnung dieser beiden Unternehmen handeln;[13] die Frage ist freilich zweifelhaft, weil das Gesetz dies hier nicht ausdrücklich sagt (vgl. § 21 Abs. 4 S. 1 und § 20 Abs. 7 S. 1).[14] Zu beachten sind außerdem § 405 Abs. 3 Nr. 5 sowie bei wechselseitigen Beteiligungen § 160 Abs. 1 Nr. 7 iVm § 331 Nr. 1 HGB.

§ 22 Nachweis mitgeteilter Beteiligungen

Ein Unternehmen, dem eine Mitteilung nach § 20 Abs. 1, 3 oder 4, § 21 Abs. 1 oder 2 gemacht worden ist, kann jederzeit verlangen, daß ihm das Bestehen der Beteiligung nachgewiesen wird.

I. Zweck

Nach § 22 kann ein Unternehmen, dem eine Mitteilung entweder nach § 20 Abs. 1, Abs. 3 oder Abs. 4 oder nach § 21 Abs. 1 oder Abs. 2 gemacht wurde, von demjenigen Unternehmen, von dem die Mitteilung stammt, jederzeit verlangen, dass ihm das Bestehen der Beteiligung (in beliebiger Form) nachgewiesen wird. Damit wird vor allem bez weckt, dem Beteiligungsunternehmen Klarheit über die Rechtslage zu verschaffen, weil für dieses das Bestehen einer Schachtelbeteiligung oder einer Mehrheitsbeteiligung eines anderen Unternehmens ebenso wie deren Beendigung mit erheblichen Konsequenzen verbunden sein kann.[1] Der **Anspruch** aus § 22 auf Nachweis der Beteiligung ist einklagbar**; die Vollstreckung** richtet sich nach § 888 ZPO.[2] Für den Gerichtsstand ist § 22 ZPO zu beachten. Eine mit § 22 AktG vergleichbare Vorschrift findet sich in **§ 27 WpHG** idF von 2007. Nach dieser Vorschrift muss derjenige, der eine Mitteilung nach § 21 Abs. 1, 1a oder § 25 Abs. 1 WpHG abgegeben hat, auf Verlangen der Bundesanstalt oder des Emittenten, für den Deutschland der Herkunftsstaat ist, dh der börsennotierten deutschen Gesellschaft das Bestehen der mitgeteilten Beteiligung nachweisen. **1**

II. Anwendungsbereich

Der Anwendungsbereich des § 22 deckt sich mit dem der §§ 20 und 21. Zu beachten ist deshalb auch hier insbesondere der **Vorrang des WpHG** (§§ 20 Abs. 8, 21 Abs. 5 AktG). § 22 AktG gilt nur, soweit nicht nach den §§ 20 Abs. 8 und 21 Abs. 5 AktG iVm § 21 Abs. 2 WpHG Raum für die Anwendung des WpHG ist (→ § 20 Rn. 2 ff.). **2**

III. Voraussetzungen

Die Nachweispflicht setzt **zweierlei** voraus, zunächst (1.) eine Mitteilung aufgrund des § 20 Abs. 1, 3 oder 4 oder des § 21 Abs. 1 oder 2 und sodann (2.) ein Verlangen des Nachweises durch den Adressaten der Mitteilung (verhaltener Anspruch). Ist für den Mitteilungspflichtigen ein Dritter tätig geworden (→ § 20 Rn. 34), so trifft die Nachweispflicht gleichfalls den Mitteilungspflichtigen selbst, nicht etwa den Dritten. Eine anderweitige Kenntniserlangung von der Beteiligung reicht nicht aus und begründet nicht die Befugnis aus § 22.[3] Dies ändert jedoch nichts daran, dass sich der Vorstand dann ggf. auf andere Weise um Aufklärung bemühen muss (→ § 20 Rn. 37). **3**

Das **Verlangen** auf Nachweis der Richtigkeit der Mitteilung kann von dem Unternehmen, dem die Mitteilung gemacht wurde (dem sog. Beteiligungsunternehmen), *jederzeit* **4**

---

[13] MüKoAktG/*Bayer* Rn. 6; Hüffer/*Koch* Rn. 4; MHdB AG/*Krieger* § 68 Rn. 146; K. Schmidt/Lutter/ *Veil* Rn. 7; diff. Grimm/Wenzel AG 2012, 274 (279 ff.).
[14] Anders deshalb Spindler/Stilz/*Petersen* § 21 Rn. 11; enger auch GroßkommAktG/*Windbichler* Rn. 12.
[1] Begr. RegE bei *Kropff* AktG 43; Hirte FS Lutter, 2000, 1347 (1348), Spindler/Stilz/*Petersen* Rn. 1.
[2] MüKoAktG/*Bayer* Rn. 5; Hirte FS Lutter, 2000, 1358 f.; Hüffer/*Koch* Rn. 1; ausf. Spindler/Stilz/*Petersen* Rn. 6–8; GroßkommAktG/*Windbichler* Rn. 8.
[3] Spindler/Stilz/*Petersen* Rn. 3.

gestellt werden. Eine **Pflicht** dazu besteht jedoch nur, wenn die Geschäftsführung des Adressaten, dem Beteiligungsunternehmen, Zweifel an der Richtigkeit der Mitteilung hat.[4] Eine besondere *Form oder Frist* ist für das Verlangen nicht vorgeschrieben. Das Verlangen auf Nachweis der Richtigkeit der Mitteilung kann auch *wiederholt* gestellt werden, wenn sich erneute Zweifel an der Richtigkeit der Mitteilung oder der bisher erbrachten Nachweise ergeben.[5] Jedoch kann die Bekanntmachung einer mitgeteilten Beteiligung nach § 20 Abs. 6 S. 1 grundsätzlich nicht von dem vorherigen Nachweis der Beteiligung abhängig gemacht werden (→ § 20 Rn. 35).

IV. Umfang

5   Die Nachweispflicht des mitteilenden Unternehmens bezieht sich nur auf „das Bestehen" einer Beteiligung von mehr als 25 % oder auf das Bestehen einer Mehrheitsbeteiligung iSd § 16 Abs. 1 sowie ggf. auf den Zeitpunkt des Erwerbs, um die Rechtzeitigkeit der Mitteilung überprüfen zu können,[6] dagegen *nicht* auf die genaue *Höhe* der Beteiligung und ebenso wenig auf den Erwerbsgrund oder die Zusammensetzung der Beteiligung. Im Falle der **Zurechnung** von Anteilen nach den §§ 20 Abs. 1 S. 2, 16 Abs. 4 und 20 Abs. 2 kann ferner der Nachweis des Vorliegens der Voraussetzungen der Zurechnung gefordert werden.[7] Treuhandverhältnisse müssen ggf. durch Vorlage entsprechender Vertragsurkunden nachgewiesen werden.[8] Die **Nachweispflicht** trifft aber auch in diesem Fall immer nur das Unternehmen, das zur Mitteilung nach den §§ 20 und 21 verpflichtet ist (→ Rn. 3), also *nicht* auch das *abhängige Unternehmen* oder *Dritte*, die für Rechnung des mitteilungspflichtigen oder des von ihm abhängigen Unternehmens handeln.[9]

6   *Nicht* erwähnt sind in § 22 die Fälle des § 20 Abs. 5 und des § 21 Abs. 3, nach denen die Beendigung einer mitteilungspflichtigen Beteiligung ebenfalls mitzuteilen ist (sog. **Negativmitteilungen**). Aus dem Umstand, dass das Beteiligungsunternehmen „jederzeit" den Nachweis des (Fort-)Bestehens der Beteiligung verlangen kann, ergibt sich indessen, dass es *bei Zweifeln am Fortbestand* einer Beteiligung von mehr als 25 % oder einer Mehrheitsbeteiligung, ggf. erneut, den **Nachweis** des Fortbestandes der Beteiligung verlangen kann.[10] Der Mitteilungspflichtige muss dann nachweisen, dass er nach wie vor über eine Beteiligung verfügt, die nach § 20 Abs. 1, 3 oder 4 oder nach § 21 Abs. 1 oder 2 eine Mitteilungspflicht ausgelöst hätte.[11] Kann er das nicht, so läuft dies der Sache nach auf die Mitteilung der Beendigung der Beteiligung und den Nachweis dieses Umstandes hinaus.

V. Nachweis

7   Der Nachweis kann *in jeder geeigneten Form* geführt werden, in erster Linie also durch die Vorlage der **Aktien,** durch Bankbescheinigungen oder Depotauszüge sowie durch die Vorlage von **Urkunden** wie zB Gesellschaftsverträgen oder Abtretungsurkunden.[12] Eine **Frist** für die Erfüllung der Nachweispflicht besteht nicht; jedoch kann das Unternehmen, das den Nachweis der Beteiligung verlangt, für die Erfüllung dieser Pflicht eine angemessene Frist setzen (§ 242 BGB). Die **Kosten** des Nachweises muss mangels abweichender gesetzlicher Regelung derjenige tragen, den die Nachweispflicht aufgrund des § 22 trifft.[13] **Erfüllungsort** ist der Sitz des den Nachweis verlangenden Unternehmens.[14]

---

[4] *Hirte* FS Lutter, 2000, 1347 (1351).
[5] *Hirte* FS Lutter, 2000, 1352 f.
[6] Spindler/Stilz/*Petersen* Rn. 4.
[7] MüKoAktG/*Bayer* Rn. 4; *Hirte* FS Lutter, 2000, 1347 (1355).
[8] MüKoAktG/*Bayer* Rn. 4; *Hirte* FS Lutter, 2000, 1357.
[9] GroßkommAktG/*Windbichler* Rn. 4.
[10] MüKoAktG/*Bayer* Rn. 2; *Hirte* FS Lutter, 2000, 1347 (1355 ff.); Hüffer/*Koch* Rn. 2; Spindler/Stilz/*Petersen* Rn. 1, 4; K. Schmidt/Lutter/*Veil* Rn. 2; GroßkommAktG/*Windbichler* Rn. 3.
[11] *Hirte* FS Lutter, 2000, 1347 (1351, 1356).
[12] MüKoAktG/*Bayer* Rn. 4; *Hirte* FS Lutter, 2000, 1357; K. Schmidt/Lutter/*Veil* Rn. 3.
[13] *Hirte* FS Lutter, 2000, 1347 (1358).
[14] Spindler/Stilz/*Petersen* Rn. 5.

Anh. § 22:

Gesetz über den Wertpapierhandel (Wertpapierhandelsgesetz – WpHG)

in der Fassung der Bekanntmachung vom 9. September 1998 (BGBl. I 2708),
zuletzt geändert durch Gesetz vom 20. November 2015 (BGBl. I 2029)

– Auszug –

Abschnitt 5. Mitteilung, Veröffentlichung und Übermittlung von Veränderungen des Stimmrechtsanteils an das Unternehmensregister

Vorbemerkungen zu §§ 21 ff. WpHG (Vor § 21 WpHG)

Schrifttum: *Anzinger,* Das Anschleichen an börsennotierte Unternehmen als kapitalmarktrechtliches Problem, in VGR, Gesellschaftsrecht in der Diskussion 2010, 2011, 188; *Arends,* Die Offenlegung von Aktienbesitz nach deutschem Recht, 2000; *Burgard/Heimann,* Die Beteiligungstransparenz nach der Transparenzrichtlinie 2013, FS Dauses, 2014, 47; *dies.,* Beteiligungspublizität nach dem Regierungsentwurf eines Gesetzes zur Umsetzung der Transparenzrichtlinie-Änderungsrichtlinie, WM 2015, 1445; *Cahn,* Grenzen des Markt- und Anlegerschutzes durch das WpHG, ZHR 162 (1998), 1; *Heusel,* Rechtsfolgen einer Verletzung der Beteiligungstransparenzpflichten gemäß §§ 21 ff. WpHG, 2011; *Hildner,* Kapitalmarktrechtliche Beteiligungstransparenz verbundener Unternehmen, 2002; *Muhr,* Das Prinzip der Vollharmonisierung im Kapitalmarktrecht am Beispiel des Reformvorhabens zur Änderung der Transparenzrichtlinie, 2014; *Nartowska/Walla,* Das Sanktionsregime für Verstöße gegen die Beteiligungstransparenz nach der Transparenzrichtlinie 2013, AG 2014, 891; *Parmentier,* Die Revision der EU-Transparenzrichtlinie für börsennotierte Unternehmen, AG 2014, 15; *Schilha,* Umsetzung der EU-Transparenzrichtlinie 2013: Neuregelungen zur Beteiligungspublizität und periodischen Finanzberichterstattung, DB 2015, 1821; *U. Schneider,* § 25a WpHG – die dritte Säule im Offenlegungsrecht, AG 2011, 645; *Schürnbrand,* Wider den Verzicht auf die gespaltene Auslegung im Kapitalmarktrecht, NZG 2011, 1213; *Seibt/Wollenschläger,* Revision des Europäischen Transparenzregimes: Regelungsinhalte der TRL 2013 und Umsetzungsbedarf, ZIP 2013, 545; *Segna,* Die sog. gespaltene Rechtsanwendung im Kapitalmarktrecht, ZGR 2015, 84; *Veil,* Europäisches Kapitalmarktrecht, 2. Aufl. 2013; *Veil/Ruckes/Limbach/Doumet,* Today's or yesterday's news – eine empirische Analyse von Stimmrechtsmitteilungen nach §§ 21 ff. WpHG und Schlussfolgerungen für die Kapitalmarktregulierung, ZGR 2015, 709; *Wilke,* Grenzen einheitlicher Rechtsanwendung von Ver- und Geboten des Wertpapierhandelsgesetzes (WpHG), 2010.

Übersicht

	Rn.		Rn.
I. Funktion der Beteiligungspublizität	1–3	**III. Unionsrechtliche Vorgaben**	8–10
1. Normzweck	1, 2	1. Transparenzrichtlinien 1988 und 2004	8
2. Verhältnis zu anderen Publizitätsvorschriften	3	2. Änderungsrichtlinie 2013	9, 10
		IV. Auslegung	11, 12
II. Entwicklung	4–7	**V. Sanktionen**	13–16
1. Ausdifferenzierung des Normkomplexes	4, 5	1. Rechtsnatur der Mitteilungspflichten	13
		2. Öffentlich-rechtliche Maßnahmen	14
2. Systematik des geltenden Rechts	6, 7	3. Zivilrechtliche Sanktionen	15, 16

I. Funktion der Beteiligungspublizität

1. Normzweck. Verfügt ein Anleger über eine bedeutsame Beteiligung an einer Gesellschaft, die an einem organisierten Markt zugelassen ist, verpflichten ihn die §§ 21 ff. WpHG diesen Umstand und bestimmte signifikante Veränderungen seines Stimmrechtsanteils zu veröffentlichen. Berücksichtigung finden dabei sowohl die Aktionärsstellung, die der Betreffende selbst innehat (§ 21 WpHG) oder sich wegen seines mittelbaren Einflusses zurechnen lassen muss (§ 22 WpHG), als auch Instrumente, die ihm ein späteres Erwerbsrecht einräumen (§ 25 Abs. 1 S. 1 Nr. 1 WpHG) oder eine wirtschaftlich gleiche Wirkung haben (§ 25 Abs. 1 S. 1 Nr. 2 WpHG). Die Mitteilungspflicht trägt dem Umstand Rechnung, dass die Zusammensetzung des Aktionärskreises sowie das Anwachsen und

Abschmelzen entsprechender Rechtspositionen für eine fundierte Investitionsentscheidung bedeutsame Informationen sind.[1] Das Anonymitätsinteresse des Anlegers muss hinter dem Informationsinteresse des Marktes insgesamt zurücktreten. Die Vermittlung eines zutreffenden Bildes von den wesentlichen Beteiligungsverhältnissen dient – wie es für die kapitalmarktrechtlichen Transparenzpflichten allgemein kennzeichnend ist – sowohl dem **Anlegerschutz** wie der Erhöhung der Markteffizienz, also dem **Funktionenschutz**.[2] Darüber hinaus kommt der Offenlegung der Verantwortungsträger börsennotierter Gesellschaften auch eine ordnungspolitische Dimension zu.[3]

2 Die §§ 21 ff. WpHG ermöglichen überdies eine **Aufklärung über mögliche Übernahmeversuche,** indem sie ein „heimliches Anschleichen" durch sukzessiven Beteiligungsaufbau erschweren.[4] Die Einführung des Strategie- und Mittelherkunftsberichts nach § 27a WpHG unterstreicht diesen Gesichtspunkt.[5] Nachdem die Mitteilungspflichten der §§ 20 f. AktG bei Gesellschaften, die an einem organisierten Markt zugelassen sind, keine Anwendung finden (§§ 20 Abs. 8, 21 Abs. 5 AktG), übernehmen die §§ 21 ff. WpHG auch deren (primär konzernrechtliche) Informationsaufgabe.[6] Soweit die Normen schließlich nach Vorstellung des deutschen Gesetzgebers dem Missbrauch von Insiderinformationen entgegenwirken sollen,[7] kommt dem wohl allenfalls eine abrundende Funktion zu.

3 **2. Verhältnis zu anderen Publizitätsvorschriften.** Nach §§ 21 ff. WpHG sind jeweils zeitnah aktuelle Veränderungen des Stimmrechtsanteils mitzuteilen. Daneben tritt die turnusmäßige Berichterstattung im Anhang zum Jahresabschluss. Nach **§ 160 Abs. 1 Nr. 8 AktG** sind nämlich Angaben über das Bestehen einer Beteiligung zu machen, die nach § 21 Abs. 1 oder Abs. 1a WpHG mitgeteilt worden ist. Ergänzend verpflichtet § 285 Nr. 11 HGB börsennotierte Kapitalgesellschaften alle Beteiligungen an großen Kapitalgesellschaften anzugeben, die fünf vom Hundert der Stimmrechte überschreiten. Im Zuge eines Übernahmeverfahrens ist der Bieter nach **§ 23 WpÜG** gehalten, sog. Wasserstandsmeldungen zu veröffentlichen. Die Normkomplexe der §§ 21 ff. WpHG einerseits und des § 23 WpÜG andererseits verfolgen einen je unterschiedlichen Zweck und knüpfen nicht an dieselben Tatbestandsvoraussetzungen an; sie sind daher kumulativ nebeneinander anwendbar.[8] Zur Frage einer kapitalmarktrechtlichen Dimension der Auskunftspflicht des Vorstands in der Hauptversammlung nach **§ 131 AktG** sowie möglichen ergänzenden Mittteilungspflichten aus der mitgliedschaftlichen Treupflicht → AktG § 20 Rn. 6 ff.

II. Entwicklung

4 **1. Ausdifferenzierung des Normkomplexes.** Die eigenständige Regelung der Beteiligungstransparenz in den §§ 21 ff. WpHG geht auf die Vorgaben der Transparenzrichtlinie 1988 (→ Rn. 8) zurück und wurde durch das 2. Finanzmarktförderungsgesetz **zum 1.1.1995** in Kraft gesetzt.[9] Das Gesetz erfasste zunächst nur die vom Meldepflichtigen unmittelbar gehaltene oder ihm wegen seines rechtlichen oder tatsächlichen Einflusses nach § 22 WpHG zuzurechnende Beteiligung. Die Vorschriften wurden in der Folge

---

[1] Begr. RegE, BT-Drs. 12/6679, 52; dazu Rechtstatsachen bei *Veil ua* ZGR 2015, 709 ff.
[2] Vgl. Erwägungsgrund 1, 7 und 27 RL 2004/109/EG; Begr. RegE, BT-Drs. 12/6679, 33, 52; Begr. RegE, BT-Drs. 17/3628, 17.
[3] *Assmann/Schneider/U. Schneider* Rn. 26; MüKoAktG/*Bayer* Anh. § 22: WpHG § 21 Rn. 1; *Anzinger* WM 2011, 391 (392); s. auch BGHZ 190, 291 Rn. 32 = NZG 2011, 1147.
[4] Vgl. Erwägungsgrund 9 Transparenz-RL; Begr. RegE, BT-Drs. 14/7034, 70.
[5] KK-WpHG/*Hirte* § 21 Rn. 2; *Assmann/Schneider/U. Schneider* Rn. 31.
[6] Begr. RegE, BT-Drs. 12/6679, 52; *Arends* 48; KK-WpHG/*Hirte* § 21 Rn. 2.
[7] Begr. RegE, BT-Drs. 12/6679, 52; daneben VGH Kassel NZG 2010, 1307 (1309); Spindler/Stilz/*Petersen* Anh. § 22 Rn. 2; zurückhaltend *Veil ua* ZGR 2015, 709 (739 ff.). Fuchs/*Dehlinger/Zimmermann* Rn. 19.
[8] Fuchs/*Dehlinger/Zimmermann* Rn. 35; Assmann/Schneider/*U. Schneider* Rn. 85; MüKoAktG/*Bayer* Anh. § 22: Vor WpHG § 21 Rn. 10. – Dieses Verständnis ist wegen der Öffnungsklausel für Übernahmesachverhalte in Art. 3 Abs. 1a UAbs. 4 Transparenz-RL (→ Rn. 10) mit der Transparenz-RL vereinbar, s. *Seibt/Wollenschläger* ZIP 2014, 545 (549); *Muhr* 176 ff.
[9] Gesetz vom 26.7.1994, BGBl. I 1749.

aber vielfach geändert und verschärft; auf Details wird im jeweiligen Sachzusammenhang eingegangen. Wesentliche Neuerungen hat zunächst das Transparenzrichtlinie-Umsetzungsgesetz vom 5.1.2007 mit sich gebracht, das den Vorgaben der Transparenz-RL 2004 (→ Rn. 9) Rechnung trug (BGBl. I 10).[10] Es wurden zusätzliche Meldeschwellen geschaffen, die Meldefristen verkürzt sowie als zweite Säule der Beteiligungstransparenz eine Mitteilungpflicht für Finanzinstrumente eingeführt, die ein Erwerbsrecht gewährten (§ 25 WpHG aF). Weitere Verschärfungen erfolgten dann durch das Risikobegrenzungsgesetz vom 12.8.2008 (BGBl. I 1666). Hervorzuheben sind drei Weichenstellungen: (1) Erweiterung der Stimmrechtszurechnung nach § 22 Abs. 2 WpHG im Falle eines abgestimmten Verhaltens, (2) Zusammenrechnung von Finanzinstrumenten und Beteiligungen, (3) Einführung eines Strategie- und Mittelherkunftsberichts bei wesentlichen Beteiligungen nach § 27a WpHG.

Mit dem **Gesetz zur Stärkung des Anlegerschutzes** und zur Verbesserung der Funktionsfähigkeit des Kapitalmarkts (AnsFuG) vom 5.4.2010 (BGBl. I 538) wurde eine dritte Säule im Offenlegungsrecht eingeführt, um das Anschleichen an börsennotierte Unternehmen zu erschweren.[11] Seitdem waren nicht nur dingliche Beteiligungen sowie Finanzinstrumente meldepflichtig, die ein Erwerbsrecht gewährten. Mit dem (inzwischen wieder aufgehobenen) § 25a WpHG wurde vielmehr eine Mitteilungspflicht auch für sonstige Instrumente eingeführt, die es ihrem Inhaber ermöglichten, mit Stimmrechten verbundene Aktien zu erwerben. Das zielte vor allem auf Barausgleichsderivate.[12]

2. Systematik des geltenden Rechts. Ihre heute maßgebliche Systematik haben die §§ 21 ff. WpHG durch das **Gesetz zur Umsetzung der Transparenzrichtlinie-Änderungsrichtlinie** vom 20.11.2015 (BGBl. I 2029) erhalten. Den Ausgangspunkt bildet unverändert § 21 Abs. 1 S. 1 WpHG, der eine Offenlegung vorsieht, wenn die Beteiligung des Meldepflichtigen bestimmte Stimmrechtsschwellen zwischen 3 % und 75 % berührt. Maßgeblich sind die Stimmrechte aus Aktien, die dem Meldepflichtigen gehören. Als Gehören gilt nach § 21 Abs. 1b WpHG bereits das Bestehen eines unbedingten und ohne zeitliche Verzögerung zu erfüllenden Anspruchs oder einer entsprechenden Verpflichtung. Im Weiteren muss sich der Meldepflichtige nach näherer Maßgabe der enumerativen Aufzählung in § 22 WpHG Stimmrechte Dritter zurechnen lassen; das betrifft namentlich diejenigen der in § 22a WpHG näher definierten Tochterunternehmen. Im Gegenzug bleiben bestimmte Stimmrechte (etwa Handelsbuch, Market Maker) nach § 23 WpHG unberücksichtigt. Die zweite Säule der Beteiligungstransparenz findet sich in § 25 WpHG und umfasst – unter Ausklammerung der 3 %-Schwelle – sowohl unbedingte Rechte auf den Erwerb von Aktien (Abs. 1 S. 1 Nr. 1) als auch Instrumente, die sich auf Aktien beziehen und eine vergleichbare wirtschaftliche Wirkung wie ein Erwerbsrecht haben (Abs. 1 S. 1 Nr. 2). In dieser zweiten Säule sind die inhaltlich weitgehend gleichen Mitteilungspflichten der früheren §§ 25, 25a WpHG (frühere 2. und 3. Säule) aufgegangen. Zusätzlich ist gemäß § 25a WpHG die Summe der in beiden Säulen zu berücksichtigenden Stimmrechte mitzuteilen. Schließlich haben Inhaber wesentlicher Beteiligungen (mindestens 10 % der Stimmrechte) nach § 27a WpHG einen Strategie- und Mittelherkunftsbericht zu erstatten.

Technische Einzelheiten zur Erfüllung der Veröffentlichungspflichten finden sich in §§ 26 ff., 30 WpHG, in §§ 17 ff. WpAIV (Wertpapierhandelsanzeige- und Insiderverzeichnisverordnung) sowie in §§ 2 ff. TranspRLDV (Transparenzrichtlinie-Durchführungsverordnung). Eine Vereinfachung für die Offenlegung im Konzern sieht § 24 WpHG vor. Das Sanktionsregime schließlich findet sich nicht zusammenhängend bei den §§ 21 ff. WpHG geregelt (im Einzelnen → Rn. 13 ff.). Noch vor Inkrafttreten der letzten Novelle hat das

---

[10] Im Überblick etwa *Bosse* DB 2007, 39; *Nießen* NZG 2007, 41; *Piener/Liebherz* AG 2007, 19.
[11] Begriffsprägend *U. Schneider* AG 2011, 645.
[12] Vgl. zum rechtstatsächlichen Hintergrund *Anzinger* in VGR, GesR in der Diskussion 2010, 2011, 188, 192 ff.; *Christ*, Barausgleichsderivate und das Anschleichen an Zielgesellschaften, 2011, 27 ff.

Bundesfinanzministerium im Oktober 2015 den **Referentenentwurf für ein Finanzmarktnovellierungsgesetz** vorgelegt, das die Vorschriften aufgrund einer Neunummerierung des ganzen Gesetzes – inhaltlich unverändert – in §§ 29–43 WpHG überführen soll.

III. Unionsrechtliche Vorgaben

8 **1. Transparenzrichtlinien 1988 und 2004.** Wegweisend für die weitere Rechtsentwicklung war die Transparenz-RL 1988.[13] Sie enthielt erstmals europäische Vorgaben zur Ausgestaltung der Beteiligungstransparenz und gab Anlass für die Einführung des Rechtsinstituts in Deutschland. Ihre Regelungen gingen später materiell unverändert in den Art. 85 ff. der Börsenrechtsrichtlinie auf.[14] An deren Stelle trat dann die Transparenz-RL 2004.[15] Sie sah weiterhin nur eine **Mindestharmonisierung** vor, ließ den Mitgliedstaaten also Raum, im nationalen Recht weitergehende Anforderungen aufzustellen (sog. „Gold-Plating"). Um eine einheitliche Rechtsanwendung zu gewährleisten, hat die Kommission im Jahre 2007 eine Richtlinie mit Durchführungsbestimmungen erlassen.[16]

9 **2. Änderungsrichtlinie 2013.** Die Transparenz-RL 2013[17] hat die Transparenz-RL 2004 nur geändert, nicht ersetzt. Soweit sie keine Regelungen enthält, gelten also die Regelungen der Richtlinie von 2004 einschließlich der darauf bezogenen Erwägungsgründe fort.[18] Im Gegenzug beziehen sich die Erwägungsgründe der Transparenz-RL 2013 allein auf die Neuregelungen. Inhaltlich sind zwei Bereiche hervorzuheben.[19] Konkretisiert wurde zunächst das **Sanktionsregime**.[20] Während sich die Richtlinie zuvor mit der üblichen Generalklausel begnügte, wonach die Mitgliedstaaten für wirksame, verhältnismäßige und abschreckende Sanktionen zu sorgen haben, sieht sie nunmehr detailliertere und im Vergleich zum früheren deutschen Recht rigide Vorgaben zu Art und Umfang der Sanktionsbefugnisse vor (Art. 28 ff. Transparenz-RL). Namentlich müssen die Mitgliedstaaten eine öffentliche Bekanntmachung des Verstoßes, die behördliche Untersagung, finanzielle Sanktionen und einen Rechtsverlust vorsehen. Erweitert wurde daneben der **sachliche Anwendungsbereich.** Meldepflichtig sind nicht mehr nur Beteiligungen, sondern auch Instrumente, die ein Erwerbsrecht auf Aktien verleihen oder aber eine vergleichbare wirtschaftliche Wirkung haben (Art. 13, 13a Transparenz-RL).

10 Für die Rechtsanwendung bedeutsam ist daneben vor allem der Übergang zur **Vollharmonisierung.**[21] Die Mitgliedstaaten haben die Vorgaben der Richtlinie grundsätzlich „eins zu eins" umzusetzen. Sie dürfen einerseits nicht hinter ihren Anforderungen zurückbleiben, dürfen aber andererseits nach Art. 3 Abs. 1a UAbs. 4 Transparenz-RL für die Aktionäre auch

---

[13] RL 88/627/EWG des Rates vom 12.12.1988 über die bei Erwerb und Veräußerung einer bedeutenden Beteiligung an einer börsennotierten Gesellschaft zu veröffentlichenden Informationen, ABl. EG L 348, 62.
[14] RL 2001/34/EG vom 28.5.2001, ABl. EG L 184, 1.
[15] RL 2004/109/EG des Europäischen Parlaments und des Rates vom 15.12.2004 zur Harmonisierung der Transparenzanforderungen in Bezug auf Informationen über Emittenten, deren Wertpapiere an einem geregelten Markt zugelassen sind, und zur Änderung der RL 2001/34/EG, ABl. EU L 390, 38; eingehend zu ihr *Veil* Europäisches Kapitalmarktrecht § 20.
[16] RL 2007/14/EG der Kommission vom 8.3.2007, ABl. EG L 69, 27.
[17] RL 2013/50/EU des Europäischen Parlaments und des Rates vom 22.10.2013 zur Änderung der Richtlinie 2004/109/EG des Europäischen Parlaments und des Rates zur Harmonisierung der Transparenzanforderungen in Bezug auf Informationen über Emittenten, deren Wertpapiere zum Handel an einem geregelten Markt zugelassen sind, der Richtlinie 2003/71/EG des Europäischen Parlaments und des Rates betreffend den Prospekt, der beim öffentlichen Angebot von Wertpapieren oder bei deren Zulassung zum Handel zu veröffentlichen ist, sowie der Richtlinie 2007/14/EG der Kommission mit Durchführungsbestimmungen zu bestimmten Vorschriften der Richtlinie 2004/109/EG, ABl. EU L 249, 13.
[18] *Parmentier* AG 2014, 15 (16).
[19] Näher zum Folgenden *Burgard/Heimann* FS Dauses, 2014, 47 (58 ff.); *Seibt/Wollenschläger* ZIP 2014, 545 (549 ff.).
[20] Speziell dazu *Nartowska/Walla* AG 2014, 891 ff.
[21] Näher *Parmentier* AG 2014, 15 (17 ff.); *Burgard/Heimann* FS Dauses, 2014, 47 (51 ff.); *Seibt/Wollenschläger* ZIP 2014, 545 (547 ff.); im Vorfeld *Fleischer/Schmolke* NZG 2010, 1241; *Muhr* 118 ff.; übergreifend zum Kapitalmarktrecht insgesamt *Möllers* in Gsell/Herresthal, Vollharmonisierung im Privatrecht, 2009, 247 ff.; *Veil/Walla* Europäisches Kapitalmarktrecht § 4 Rn. 28 ff.

keine strengeren Anforderungen vorsehen als die in der Richtlinie festgelegten. Ausweislich Erwägungsgrund 12 Transparenz-RL soll sich dadurch die Rechtssicherheit verbessern, die Transparenz steigern und der Verwaltungsaufwand für grenzüberschreitend tätige Anleger verringern. Unbenommen bleibt es den Mitgliedstaaten nach Art. 3 Abs. 1a UAbs. 4 Transparenz-RL aber, (1) niedrigere oder ergänzende Anteilsschwellen festzulegen, (2) strengere Anforderungen für die Mitteilung und Veröffentlichung als diejenigen nach Art. 12 Transparenz-RL anzuwenden und (3) Rechts- und Verwaltungsvorschriften anzuwenden, die im Zusammenhang mit Übernahmeangeboten und vergleichbaren Transaktionen stehen. Ebenfalls nur eine Mindestregelung beinhalten die Vorgaben zu den Rechtsfolgen. Denn nach Art. 28b Abs. 3 Transparenz-RL können die Mitgliedstaaten zusätzliche Sanktionen und Maßnahmen sowie höhere Beträge bei von der Verwaltung zu verhängenden finanziellen Sanktionen als diejenigen vorsehen, die in der Richtlinie vorgesehen sind. Diese Vorbehalte relativieren den angestrebten Harmonisierungserfolg nicht unbeträchtlich.

IV. Auslegung

Infolge der europäischen Vorprägung sind die Vorschriften der §§ 21 ff. WpHG zuvörderst **richtlinienkonform** auszulegen und ggf. auch fortzubilden.[22] Soweit danach Auslegungsspielräume bleiben, wird teilweise eine weite und dynamische Auslegung befürwortet und einem Grundsatz größtmöglicher Transparenz das Wort geredet.[23] Indessen besteht weder Bedürfnis noch Raum für die Statuierung spezieller Auslegungsgrundsätze; vielmehr sind die Vorschriften ausgehend von ihrem Wortlaut auf ihre Entstehungsgeschichte, ihren Zweck und die Systematik hin auszuleuchten.[24] Keine Bindungswirkung entfaltet in diesem Zusammenhang der **Emittentenleitfaden** der BaFin; es handelt sich um eine bloße norminterpretierende Verwaltungsvorschrift, die nur die Verwaltungspraxis steuert.[25]

Soweit die Verhängung eines Bußgelds nach § 39 Abs. 2 WpHG in Rede steht, ist eine analoge Rechtsanwendung zu Lasten des Meldepflichtigen mit Blick auf das in Art. 103 Abs. 2 GG und § 3 OWiG verankerte Bestimmtheitsgebot ausgeschlossen. Nach herrschender, insbesondere vom BGH geteilter Meinung gilt das Analogieverbot indessen auch jenseits dieses Bereichs, also für aufsichtsrechtliche Maßnahmen und zivilrechtliche Sanktionen. Eine sog. **gespaltene Normanwendung,** im Rahmen derer die Vorschriften je nach der in Rede stehenden Rechtsfolge unterschiedlich auszulegen sein können, soll mit anderen Worten nicht in Betracht kommen.[26] Indessen stehen einer solchen gespaltenen Auslegung weder rechtsstaatliche noch europarechtliche Bedenken entgegen; vielmehr handelt es sich um ein sinnvolles methodisches Hilfsmittel.[27] Da die Transparenz-RL auf eine Vollharmonisierung gerichtet ist (→ Rn. 10), kommt der gespaltenen Auslegung im geltenden Recht der Beteiligungspublizität vor allem die Funktion zu, unionsrechtlichen Vorgaben trotz des ggf. entgegenstehenden Wortlauts der einschlägigen deutschen Vorschrift im Wege der richtlinienkonformen Rechtsfortbildung zumindest teilweise zum Durchbruch zu verhelfen.[28] Zum Eingreifen des Rechtsverlusts → WpHG § 28 Rn. 2.

---

[22] Zusammenfassend *W. H. Roth/Jopen* in Riesenhuber, Europäische Methodenlehre, 3. Aufl. 2015, § 13; speziell zur richtlinienkonformen Rechtsfortbildung BGHZ 179, 27 Rn. 19 ff. = NJW 2009, 427; BGHZ 192, 148 Rn. 21 ff. = NJW 2012, 1073; BGHZ 201, 101 Rn. 17 ff. = NJW 2014, 2646; BGH NJW 2015, 1023 Rn. 20 ff. für teleologische Reduktion; BGH NJW 2015, 3511 Rn. 29 ff. für Analogie; krit. etwa OLG München VersR 2013, 1025 (1028 f.); *Gsell* AcP 214 (2014), 99 (136 ff.); *Schürnbrand* JZ 2007, 910 (913 ff.).
[23] Vgl. OLG Köln NZG 2012, 946 (949); Assmann/Schneider/*U. Schneider* Rn. 36; KK-WpHG/*Hirte* § 21 Rn. 7; implizit auch OLG München NZG 2009, 1386 (1388); LG Köln AG 2008, 336.
[24] Näher Fuchs/*Dehlinger* Zimmermann Rn. 23; K. Schmidt/Lutter/*Veil* Anh. § 22; WpHG Vor §§ 21 ff. Rn. 8; *Fleischer/Bedkowski* DStR 2010, 933 (935); *Segna* ZGR 2015, 85 (95); *Nietsch* WM 2012, 2217 (2221).
[25] BGHZ 192, 90 Rn. 44 = NJW 2012, 1800; BGH NZG 2008, 300 Rn. 24.
[26] BGHZ 190, 291 Rn. 33 = NZG 2011, 1147; *Brellochs* ZIP 2011, 2225 (2227); *Merkner* AG 2012, 199 (200); *Fleischer/Bedkowski* DStR 2010, 933 (936 f.); *Veil/Dolff* AG 2010, 385 (389 f.); Fuchs/*Dehlinger*/ Zimmermann Rn. 25; grds. auch *Segna* ZGR 2015, 84 (106 ff.).
[27] Näher *Schürnbrand* NZG 2011, 1213 ff.; daneben KK-WpHG/*Hirte* § 21 Rn. 7; Assmann/Schneider/ *U. Schneider* Rn. 48; *Wilke* 299 ff.; im Ausgangspunkt auch *Segna* ZGR 2015, 84 (98 ff.).
[28] Näher *Segna* ZGR 2015, 84 (109 ff.).

V. Sanktionen

13 **1. Rechtsnatur der Mitteilungspflichten.** Die Mitteilung des Meldepflichtigen hat sowohl gegenüber dem Emittenten als auch der BaFin zu erfolgen. Verstöße gegen die Mitteilungspflichten können Sanktionen aus dem Verwaltungsrecht, dem Ordnungswidrigkeitenrecht und dem Zivilrecht nach sich ziehen (zu den unionsrechtlichen Mindestanforderungen → Rn. 9 f.). In der Folge qualifiziert man die §§ 21 ff. WpHG ganz überwiegend als Vorschriften mit einer **Doppelnatur,** bisweilen wird auch eine rein öffentlich-rechtliche Einordnung als richtig angesehen.[29] Weiterführend erscheint es demgegenüber, die Verhaltensgebote der WpHG-Vorschriften als Primärnormen einzuordnen, deren konkrete Rechtsnatur sich erst im Zusammenspiel mit den Sanktionsnormen als Sekundärnormen ergibt.[30] Nur mit Blick auf eine konkrete Rechtsfolge stellt sich nämlich die Frage nach der Geltung besonderer Auslegungsgrundsätze (zur Möglichkeit einer gespaltenen Auslegung → Rn. 12) und ergibt sich das Erfordernis, eine Streitigkeit einem bestimmten Rechtsweg zuzuordnen.

14 **2. Öffentlich-rechtliche Maßnahmen.** Zunächst kann die BaFin zur Durchsetzung der Verbote und Gebote des WpHG nach seinem § 4 Abs. 2 verwaltungsrechtliche Maßnahmen ergreifen. Vor allem aber können Rechtsverstöße nach § 39 Abs. 2 Nr. 2 und Nr. 5 WpHG durchweg als **Ordnungswidrigkeit** geahndet werden. Der Bußgeldrahmen wurde im Zuge des Gesetzes zur Umsetzung der Transparenzrichtlinie-Änderungsrichtlinie (→ Rn. 6) substanziell verschärft. Gemäß § 39 Abs. 4 WpHG beträgt er bei natürlichen Personen bis zu zwei Millionen Euro, bei juristischen Personen und Personenvereinigungen bis zu zehn Millionen Euro bzw. fünf Prozent des Gesamtumsatzes, der im der Behördenentscheidung vorausgegangenen Geschäftsjahr erzielt wurde. Über die genannten Beträge hinaus kann eine Geldbuße bis in Höhe des Zweifachen des aus dem Verstoß gezogenen wirtschaftlichen Vorteils verhängt werden. Zusätzlich erfolgt die **Bekanntmachung** nach § 40c WpHG (sog. naming and shaming).[31] Danach hat die BaFin alle (auch die noch nicht bestands- oder rechtskräftigen) Entscheidungen über Maßnahmen und Sanktionen wegen Verstößen gegen Transparenzpflichten auf ihrer Internetseite unverzüglich bekannt zu machen. Eine Anonymisierung oder ein Aufschieben der Veröffentlichung kommt nach näherer Maßgabe des § 40c Abs. 3 WpHG nur ausnahmsweise in Betracht. Bewusste Falschmeldungen können zusätzlich eine nach § 20a WpHG (ab 3.7.2016: Art. 12 Marktmissbrauchs-VO) verbotene Marktmanipulation sein.

15 **3. Zivilrechtliche Sanktionen.** Ganz im Vordergrund des Interesses steht derzeit der **Rechtsverlust** nach § 28 WpHG, der bei (schuldhaften) Verstößen gegen die Pflichten aus §§ 21, 25 und 25a WpHG eingreift. Ob daneben weitere zivilrechtliche Rechtsfolgen zum Zuge kommen, ist noch nicht abschließend geklärt. Richtiger Ansicht nach abzulehnen ist zunächst ein **Erfüllungsanspruch der Gesellschaft,** an dessen Nichterfüllung ggf. ein Schadensersatzanspruch nach § 280 Abs. 1 BGB anknüpfen könnte.[32] Zwar kommen die Mitteilungspflichten reflexartig auch der Gesellschaft zugute und treten an die Stelle der konzernrechtlichen Normen der §§ 20 f. AktG (→ Rn. 2). Indessen ist schon für diese ein Erfüllungsanspruch zu verneinen (→ § 20 Rn. 30). Im Übrigen hat sich die kapitalmarktrechtliche Beteiligungstransparenz ganz von ihrer aktienrechtlichen Herkunft gelöst; eine gezielte Schutzrichtung zugunsten der Gesellschaft entsprach gerade nicht der gesetzgeberischen Intention.[33] Der Emittent kann lediglich nach näherer Maßgabe des § 27 WpHG einen Nachweis verlangen, wenn tatsächlich eine Mitteilung erfolgt ist.

---

[29] Stellvertretend Assmann/Schneider/*U. Schneider* Rn. 15; KK-WpHG/*Hirte* § 21 Rn. 5.
[30] *Wilke* 83 ff.; zu der Unterscheidung auch *Röhl/Röhl,* Allgemeine Rechtslehre, 3. Aufl. 2008, 223.
[31] Allg. zur Reputation als Disziplinierungsmittel *Klöhn/Schmolke* NZG 2015, 689 (695 f.).
[32] OLG Stuttgart AG 2009, 124 (128), Schwark/Zimmer/*Schwark* § 21 Rn. 22; Schäfer/Hamann/*Opitz* § 21 Rn. 41; JVRB/*Michel* § 21 Rn. 13; *Heusel* 83 ff.; *Mülbert* FS K. Schmidt, 2009, 1219 (1225); aA Fuchs/*Dehlinger/Zimmermann* § 21 Rn. 60; KK-WpHG/*Hirte* § 21 Rn. 185; Assmann/Schneider/*U. Schneider* § 21 Rn. 145.
[33] Vgl. Begr. RegE, BT-Drs. 12/6679, 52, wonach die Stimmrechtstransparenz „auch" der Aktiengesellschaft einen besseren Überblick „ermögliche".

Die §§ 21 ff. WpHG sind aber auch keine **Schutzgesetze gegenüber Anlegern** iSv 16
§ 823 Abs. 2 BGB.[34] Zunächst verlangt das Unionsrecht einen solchen Individualschutz nach derzeitigem Stand der Rechtsentwicklung nicht. Weder finden sich innerhalb des ausdifferenzierten Sanktionsregimes der Transparenz-RL dahingehende Vorgaben noch lassen sich Schadensersatzansprüche der Anleger aus allgemeinen Grundsätzen des Europarechts ableiten.[35] Hat aber der nationale Gesetzgeber freie Hand, dann kommt dem Umstand ausschlaggebende Bedeutung, dass sich weder der Entstehungsgeschichte des WpHG noch seiner Systematik ein eindeutiger Fingerzeig in Richtung Individualschutz entnehmen lässt.[36] Von einem dringend korrekturbedürftigen Sanktionsdefizit schließlich kann spätestens seit der Umsetzung der genau darauf abzielenden Vorgaben der Transparenz-RL 2013 keine Rede mehr sein.

§ 21 WpHG Mitteilungspflichten des Meldepflichtigen; Verordnungsermächtigung

(1) [1]Wer durch Erwerb, Veräußerung oder auf sonstige Weise 3 Prozent, 5 Prozent, 10 Prozent, 15 Prozent, 20 Prozent, 25 Prozent, 30 Prozent, 50 Prozent oder 75 Prozent der Stimmrechte aus ihm gehörenden Aktien an einem Emittenten, für den die Bundesrepublik Deutschland der Herkunftsstaat ist, erreicht, überschreitet oder unterschreitet (Meldepflichtiger), hat dies unverzüglich dem Emittenten und gleichzeitig der Bundesanstalt, spätestens innerhalb von vier Handelstagen unter Beachtung von § 22 Abs. 1 und 2 mitzuteilen. [2]Bei Zertifikaten, die Aktien vertreten, trifft die Mitteilungspflicht ausschließlich den Inhaber der Zertifikate. [3]Die Frist des Satzes 1 beginnt mit dem Zeitpunkt, zu dem der Meldepflichtige Kenntnis davon hat oder nach den Umständen haben mußte, daß sein Stimmrechtsanteil die genannten Schwellen erreicht, überschreitet oder unterschreitet. [4]Hinsichtlich des Fristbeginns wird unwiderleglich vermutet, dass der Meldepflichtige spätestens zwei Handelstage nach dem Erreichen, Überschreiten oder Unterschreiten der genannten Schwellen Kenntnis hat. [5]Kommt es infolge von Ereignissen, die die Gesamtzahl der Stimmrechte verändern, zu einer Schwellenberührung, so beginnt die Frist abweichend von Satz 3, sobald der Meldepflichtige von der Schwellenberührung Kenntnis erlangt, spätestens jedoch mit der Veröffentlichung des Emittenten nach § 26a Absatz 1.

(1a) [1]Wem im Zeitpunkt der erstmaligen Zulassung der Aktien zum Handel an einem organisierten Markt 3 Prozent oder mehr der Stimmrechte an einem Emittenten zustehen, für den die Bundesrepublik Deutschland der Herkunftsstaat ist, hat diesem Emittenten sowie der Bundesanstalt eine Mitteilung entsprechend Absatz 1 Satz 1 zu machen. [2]Absatz 1 Satz 2 gilt entsprechend.

(1b) Als Gehören im Sinne dieses Abschnitts gilt bereits das Bestehen eines auf die Übertragung von Aktien gerichteten, unbedingten und ohne zeitliche Verzögerung zu erfüllenden Anspruchs oder einer entsprechenden Verpflichtung.

(2) Inlandsemittenten und Emittenten, für die die Bundesrepublik Deutschland der Herkunftsstaat ist, sind im Sinne dieses Abschnitts nur solche, deren Aktien zum Handel an einem organisierten Markt zugelassen sind.

---

[34] Spindler/Stilz/*Petersen* Anh. § 22 Rn. 16; Schäfer/Hamann/*Opitz* WpHG § 21 Rn. 42 f.; Schwark/Zimmer/*Schwark* WpHG § 21 Rn. 21; KK-WpHG/*Kremer/Oesterhaus* § 28 Rn. 102 f.; *Fleischer* DB 2009, 1335 (1340); *Riegger/Wasmann* FS Hüffer, 2010, 823 (842); aA MüKoAktG/*Bayer* Anh. § 22: WpHG § 21 Rn. 10; Assmann/Schneider/*U. Schneider* § 28 Rn. 79; *Heusel* 223 ff.

[35] Allg. *Wundenberg* ZGR 2015, 124 (134 f.) in Auseinandersetzung mit EuGH Slg. 2001, I-6297 – Courage.

[36] Vgl. zu diesem Prüfungsmaßstab und mit gleicher Stoßrichtung BGHZ 192, 90 Rn. 21 ff. = NJW 2012, 1800 zu § 20a WpHG; BGH NZG 2013, 939 Rn. 35 f. zu § 35 WpÜG.

(3) Das Bundesministerium der Finanzen kann durch Rechtsverordnung, die nicht der Zustimmung des Bundesrates bedarf, nähere Bestimmungen erlassen über den Inhalt, die Art, die Sprache, den Umfang und die Form der Mitteilung nach Absatz 1 Satz 1 und Absatz 1a.

Schrifttum: S. die Angaben Vor § 21 WpHG sowie *Busch,* Eigene Aktien bei der Stimmrechtszählung – Zähler, Nenner, Missstand, AG 2009, 425; *Gätsch/Bracht,* Die Behandlung eigener Aktien im Rahmen der Mitteilungs- und Veröffentlichungspflichten nach §§ 21, 22 und 26a WpHG, AG 2011, 813; *Heppe,* Zu den Mitteilungspflichten nach § 21 WpHG im Rahmen der Umwandlung von Gesellschaften, WM 2002, 60; *Krause,* Eigene Aktien bei Stimmrechtsmitteilung und Pflichtangebot, AG 2015, 553; *Piroth,* Die Klarstellung zur Mitteilungspflicht des Legitimationsaktionärs im Rahmen des geplanten Kleinanlegerschutzgesetzes, AG 2015, 10; *S. Schneider,* Zur Bedeutung der Gesamtzahl der Stimmrechte börsennotierter Unternehmen für die Stimmrechtsmeldepflichten der Aktionäre, NZG 2009, 121; *Segna,* Irrungen und Wirrungen im Umgang mit den §§ 21 ff. WpHG und § 244 AktG, AG 2008, 311; *Widder,* Mitteilungspflichten gemäß §§ 21 ff. WpHG und Anteilserwerb nach dem UmwG, NZG 2010, 455.

Übersicht

	Rn.		Rn.
I. Grundlagen	1	b) Einzelfälle	10, 11
II. Normadressaten	2–6	3. Berührung der Meldeschwelle	12–17
1. Meldepflichtiger	2–4	a) Anknüpfungspunkt „Gehören"	12–15
a) Rechtsfähigkeit	2	b) Erreichen, Überschreiten oder Unterschreiten	16
b) Sonderfälle	3, 4	c) Erwerb, Veräußerung und sonstige Weise	17
2. Emittent	5, 6	4. Zeitliche Komponente	18, 19
a) Anforderungen an die Börsennotierung	5	a) Haltedauer	18
b) Erstmalige Zulassung (Abs. 1a) und Rückzug von der Börse	6	b) Nachträgliche Erledigung	19
III. Mitteilungspflichtige Vorgänge	7–19	**IV. Erfüllung der Mitteilungspflicht**	20–26
1. Relevante Stimmrechtsschwellen	7	1. Adressaten, Form und Inhalt	20–23
2. Berechnung des Stimmrechtsanteils	8–11	2. Frist	24–26
a) Gesamtzahl der Stimmrechte	9	**V. Sanktionen; Übergangsregelung**	27

I. Grundlagen

1 Die Vorschrift des § 21 WpHG bildet den **Grundtatbestand der Beteiligungspublizität**.[1] Sie verpflichtet denjenigen, dessen Beteiligung an einer börsennotierten Gesellschaft bestimmte Stimmrechtsschwellen berührt, diese Veränderung dem Emittenten und der BaFin unverzüglich mitzuteilen; der Emittent wiederum hat die Information nach näherer Maßgabe des § 26 WpHG zu veröffentlichen. Die damit gewährleistete Vermittlung eines aktuellen Bildes von den Beteiligungsverhältnissen dient dem Anleger- und Funktionenschutz (→ WpHG Vor § 21 Rn. 1). Zugleich definiert die Norm für den gesamten Abschnitt maßgebliche Begriffe wie „Meldepflichtiger", „Inlandsemittent" und „Gehören". Bei der Rechtsanwendung ist den **unionsrechtlichen Vorgaben** der Transparenzrichtlinie Rechnung zu tragen (→ WpHG Vor § 21 Rn. 8 ff.). Dabei findet § 21 WpHG sein Spiegelbild in Art. 9 Transparenz-RL, welche als Grundnorm ebenfalls eine Meldepflicht bei der Berührung bestimmter Stimmrechtsschwellen vorsieht. Im Zuge des **geplanten Finanzmarktnovellierungsgesetzes** (→ WpHG Vor § 21 Rn. 7) soll die Vorschrift im Kern unverändert zum neuen § 29 WpHG werden.

II. Normadressaten

2 **1. Meldepflichtiger. a) Rechtsfähigkeit.** Meldepflichtig ist, „wer" die im Normtext genannten Stimmrechtsschwellen berührt. Das Gesetz verpflichtet grundsätzlich jeden; anders als § 20 AktG richtet sich § 21 WpHG insbesondere **nicht nur** an **Unternehmen**

---

[1] Assmann/Schneider/*U. Schneider* Rn. 1.

(→ AktG § 20 Rn. 13). Auch der Wohn- oder Verwaltungssitz ist ebenso wie die Nationalität ohne Belang. Erforderlich ist allein Rechtsfähigkeit. Potentiell meldepflichtig sind daher neben den natürlichen Personen alle juristischen Personen des öffentlichen Rechts (Bund, Länder, Gemeinden, andere Staaten) und des Privatrechts (GmbH, AG, KGaA, SE, Stiftung) sowie Personenhandelsgesellschaften (OHG, KG; vgl. §§ 124 Abs. 1, 161 Abs. 2 HGB), BGB-Gesellschaften, soweit es sich um Außengesellschaften handelt,[2] und nicht eingetragene Vereine iSv § 54 BGB.[3] Im Gegenzug sind Familien, Erbengemeinschaften (§ 2032 BGB), Gütergemeinschaften (§ 1415 BGB) und als bloße Innengesellschaften bürgerlichen Rechts organisierte Stimmrechtskonsortien mangels Rechtsfähigkeit als solche nicht meldepflichtig. Es genügt daher etwa nicht die Meldung der „Erbengemeinschaft", vielmehr ist die Aufzählung aller Mitglieder erforderlich. Die Stimmrechte sind dabei jedem Erben in vollem Umfang zuzurechnen.[4] Dagegen besteht im Falle von Bruchteilseigentum nach §§ 741 ff. BGB die Meldepflicht nur in Höhe des Bruchteils.[5] Nicht rechtsfähig ist schließlich der Konzern. Hier ist grundsätzlich jede Konzerngesellschaft selbst meldepflichtig; freilich sieht § 24 WpHG Vereinfachungen vor.

b) Sonderfälle. Bei Zertifikaten, die Aktien vertreten, trifft nach § 21 Abs. 1 S. 2 WpHG   3
die Mitteilungspflicht ausschließlich den Inhaber der Zertifikate. Diese Regelung dient der Umsetzung von Art. 2 Abs. 1 lit. e iii) Transparenz-RL und zielt in der Sache vor allem auf **Depository Receipts.**[6] Die Wahrnehmung der Mitteilungspflichten in der **Insolvenz** regelt § 11 WpHG. Danach obliegt die Erfüllung der kapitalmarktrechtlichen Pflichten weiterhin dem Schuldner; der Insolvenzverwalter hat ihn aber zu unterstützen, insbesondere indem er aus der Insolvenzmasse die hierfür erforderlichen Mittel bereitstellt.[7] Hingegen haben sonstige Amtswalter, insbesondere also der Testamentsvollstrecker und Nachlassverwalter, selbst für die Erfüllung der Meldepflicht zu sorgen.[8]

Eine **Rechtsnachfolge** kann zunächst neue Mitteilungspflichten des Erwerbers auslösen   4
(→ Rn. 17). Davon streng zu unterscheiden ist die Frage, ob schon entstandene Meldepflichten auf den Rechtsnachfolger übergehen. Das ist bei der Einzelrechtsnachfolge nach allgemeiner Auffassung zu verneinen. Für die Gesamtrechtsnachfolge (Erbfall, Umwandlung) gilt im Ergebnis nicht anderes, da die Mitteilungspflicht als personenbezogene Pflicht zu qualifizieren ist.[9] Im Gegenzug bleibt die Mitteilungspflicht beim ursprünglichen Meldepflichtigen erhalten, sofern dieser fortbesteht (Einzelrechtsnachfolge; Abspaltung; zu den Folgen für den Rechtsverlust → WpHG § 28 Rn. 20). Stirbt der Meldepflichtige oder wird er im Zuge einer (partiellen) Gesamtrechtsnachfolge nach dem UmwG aufgelöst, fällt die Mitteilungspflicht mit ihrem Adressaten fort.

2. Emittent. a) Anforderungen an die Börsennotierung. Mitteilungspflichten   5
bestehen nur mit Blick auf solche Gesellschaften, für die die Bundesrepublik Deutschland der Herkunftsstaat ist. Maßgeblich hierfür ist die Legaldefinition in § 2 Abs. 6 WpHG.

---

[2] Vgl. zur Abgrenzung zwischen Innen- und Außengesellschaften und zur Rechtsfähigkeit der Außen-GbR nur MüKoBGB/*Ulmer/Schäfer* § 705 Rn. 253 ff., 289 ff.

[3] AllgM, s. nur BaFin Emittentenleitfaden, 2013, VIII.2.3.7; JVRB/*Michel* Rn. 23 f.; KK-WpHG/*Hirte* Rn. 129 ff.; Schäfer/Hamann/*Opitz* Rn. 4 ff.; NK-AktR/*Heinrich* Rn. 4; vgl. daneben Art. 2 Abs. 1 lit. e Transparenz-RL; Begr. RegE, BT-Drs. 12/6679, 52.

[4] Fuchs/*Dehlinger/Zimmermann* Rn. 34; KK-WpHG/*Hirte* Rn. 135; Assmann/Schneider/*U. Schneider* Rn. 17; Spindler/Stilz/*Petersen* Anh. § 22 Rn. 20.

[5] OLG Stuttgart NZG 2005, 432 (434); Assmann/Schneider/*U. Schneider* Rn. 2; HK-AktG/*F. Becker* Rn. 2.

[6] Vgl. Begr. RegE, BT-Drs. 16/2498, 34 zum Transparenzrichtlinie-Umsetzungsgesetz.

[7] Für Verpflichtung (auch) des Insolvenzverwalters KK-WpHG/*Hirte* Rn. 136; dagegen vor Einführung des § 11 WpHG bereits BVerwGE 123, 203 = NZI 2005, 510.

[8] Assmann/Schneider/*U. Schneider* Rn. 18; KK-WpHG/*Hirte* Rn. 136; aA Fuchs/*Dehlinger/Zimmermann* Rn. 15.

[9] So auch *Widder* NZG 2010, 455; *Nartowska*, Rechtsverlust nach § 28 WpHG, 2013, 245; Fuchs/*Dehlinger/Zimmermann* Rn. 16; JVRB/*Michel* Rn. 29; im Ergebnis ebenso Lutter/*Grunewald* UmwG § 20 Rn. 13: an sich Übergang, aber Erledigung der Pflicht; aA, für einen Übergang, → AktG § 20 Rn. 16b; *Heppe* WM 2002, 60 (63 ff.).

Soweit in § 21 Abs. 2 WpHG zusätzlich noch der Begriff des Inlandsemittenten (§ 2 Abs. 7 WpHG) erwähnt ist, kommt dem für § 21 WpHG keine Bedeutung zu. Als Anknüpfungspunkt dient er vielmehr nur im Rahmen der §§ 26, 26a, 27a Abs. 2 WpHG. Ergänzend müssen aber ausweislich § 21 Abs. 2 WpHG die Aktien zum Handel an einem **organisierten Markt iSv § 2 Abs. 5 WpHG** zugelassen sein. Nach den Kategorien des Börsenrechts handelt es sich um diejenigen Emittenten, deren Aktien zum regulierten Markt zugelassen oder zum Handel in den regulierten Markt einbezogen sind (§§ 32 ff. BörsG). Im Gegenzug kommen bei Unternehmen, deren Aktien lediglich im Freiverkehr gehandelt werden (§ 48 BörsG), Meldepflichten nach §§ 21 ff. WpHG selbst dann nicht in Betracht, wenn sie einem qualifizierten Teilbereich (zB „Entry Standard") zugeordnet sind. Verfügt eine Gesellschaft über **mehrere Aktiengattungen,** so greifen die Meldepflichten hinsichtlich aller Gattungen schon dann ein, wenn nur eine von ihnen zum Handel an einem organisierten Markt zugelassen ist.[10] Werden also nur die Vorzugsaktien an der Börse gehandelt, sind gleichwohl Schwellenwertberührungen bei den Stammaktien mitzuteilen.

6 **b) Erstmalige Zulassung (Abs. 1a) und Rückzug von der Börse.** Auf das Dritte Finanzmarktförderungsgesetz geht die Klarstellung in Abs. 1a zurück, dass die Meldepflicht nach Abs. 1 S. 1 entsprechend gilt, wenn die Aktien des Emittenten erstmals zum Handel an einem organisierten Markt zugelassen werden.[11] Die Frist zur unverzüglichen Mitteilung beginnt mit dem Tag der Erstzulassung, da Abs. 1a nicht auf Abs. 1 S. 3–5 verweist.[12] Maßgeblich ist der Zeitpunkt, in dem die Zulassungsstelle ihre Entscheidung trifft (§ 31 Abs. 1 BörsG).[13] Für die Stimmrechtsmitteilung ist gemäß § 17 Abs. 1 WpAIV auch in diesem Fall das amtliche Formular aus der Anlage zur WpAIV zu verwenden (→ Rn. 22). Demgegenüber bestehen keine Meldepflichten nach den §§ 21 ff. WpHG, wenn eine Börsenzulassung nachträglich durch **Delisting** entfällt.[14] Auf die gewählte Rechtstechnik (Widerruf nach § 39 BörsG oder „kaltes" Delisting) kommt es nicht an.

III. Mitteilungspflichtige Vorgänge

7 **1. Relevante Stimmrechtsschwellen.** Meldepflichtig ist nach Abs. 1 S. 1, wer durch Erwerb, Veräußerung oder auf sonstige Weise die Schwellen von 3 %, 5 %, 10 %, 15 %, 20 %, 25 %, 30 %, 50 % oder 75 % der Stimmrechte aus ihm gehörenden Aktien berührt. Maßgeblich ist mithin allein der Stimmrechtsanteil; anders als im Rahmen des § 20 AktG ist dagegen der **Kapitalanteil ohne Belang.**[15] Zu einem Auseinanderfallen der beiden kann es vor allem kommen, wenn die Gesellschaft Vorzugsaktien ohne Stimmrecht (§ 139 AktG) ausgegeben hat oder ausnahmsweise noch Mehrstimmrechte bestehen (§ 5 Abs. 1 EGAktG). Bis auf denjenigen von 3 %, den der deutsche Gesetzgeber zur weiteren Erschwerung des heimlichen Anschleichens an eine börsennotierte Gesellschaft eingeführt hat,[16] entsprechen die Schwellenwerte den in Art. 9 Abs. 1 Transparenz-RL vorgesehenen. Die niedrigere Eingangsschwelle ist mit dem Unionsrecht vereinbar, da es Art. 3 Abs. 1a UAbs. 4 i) Transparenz-RL ausdrücklich zulässt, Mitteilungsschwellen festzusetzen, die „niedriger sind als jene in Art. 9 Abs. 1 oder jene ergänzen". Rechtspolitisch wird denn auch verbreitet

---

[10] Spindler/Stilz/*Petersen* Anh. § 22 Rn. 11; Fuchs/*Dehlinger/Zimmermann* Rn. 25; KK-WpHG/*Hirte* Rn. 102; JVRB/*Michel* Rn. 32.
[11] Art. 3 Nr. 10 Gesetz vom 24.3.1998, BGBl. I 526; dazu Begr. RegE, BT-Drs. 13/8933, 95.
[12] JVRB/*Michel* Rn. 69.
[13] Assmann/Schneider/*U. Schneider* Rn. 89; HK-AktG/*F. Becker* Rn. 5.
[14] KK-WpHG/*Hirte* Rn. 192; Schwark/Zimmer/*Schwark* Rn. 18; zum Streit, ob stattdessen eine Mitteilungspflicht nach § 20 AktG in Betracht kommt LG München I AG 2008, 904 (910); *Burgard* FS Schneider, 2011, 177 (184 f.).
[15] Unstr., s. nur Assmann/Schneider/*U. Schneider* Rn. 28; für eine Berücksichtigung de lege ferenda Schäfer/Hamann/*Opitz* Rn. 13; zur unionsrechtlichen Zulässigkeit einer solchen Ergänzung Art. 3 Abs. 1a UAbs. 4 lit. i Transparenz-RL.
[16] Vgl. Begr. RegE, BT-Drs. 16/2498, 28, 34 zum Transparenz-RL-Umsetzungsgesetz; krit. dazu *Hutter/Kaulamo* NJW 2007, 471 (474).

die Einführung weiterer Schwellen gefordert.[17] Ob die vom Grundsatz der Vollharmonisierung (→ WpHG Vor § 21 Rn. 10) abweichende Öffnungsklausel der Transparenz-RL mit Blick auf ihren Wortlaut auch *höhere* Meldeschwellen als 75 % zulässt, wie sie § 11 Abs. 5 REITG für Immobilien-Aktiengesellschaften vorsieht, ist umstritten.[18]

2. Berechnung des Stimmrechtsanteils. Zur Berechnung der Beteiligungshöhe sind die Anzahl der Stimmrechte des einzelnen Aktionärs unter Berücksichtigung der Zu- und Abrechnungen nach §§ 22, 23 WpHG (Zähler) ins Verhältnis zu setzen zur Gesamtzahl der in der Gesellschaft insgesamt vorhandenen Stimmrechte (Nenner). Dabei ist aus Gründen der Rechtssicherheit und Praktikabilität grundsätzlich eine **abstrakte Betrachtungsweise** geboten, die von den Besonderheiten der betroffenen Gesellschaften und den Eigenheiten der sich daraus ergebenden Machtverhältnisse absieht.[19] Insbesondere ist es nach Art. 9 Abs. 1 S. 2 Transparenz-RL ohne Belang, wenn die Ausübung der Stimmrechte (vorübergehend) ausgesetzt ist (vgl. auch § 17 Abs. 1 Nr. 6 WpAIV aF).

a) Gesamtzahl der Stimmrechte. Um dem Aktionär die Berechnung seines Stimmrechtsanteils zu erleichtern, ist für die Gesamtzahl der Stimmrechte nach § 17 Abs. 3 WpAIV die **letzte Veröffentlichung** des Emittenten **nach § 26a WpHG** zugrunde zu legen. Das ist heute weithin unproblematisch, da Zu- und Abnahmen grundsätzlich unverzüglich zu veröffentlichen sind (→ WpHG § 26a Rn. 3). Irreführende Meldungen, die auf einer Abweichung der veröffentlichten Zahl der Stimmrechte vom tatsächlichen, aktienrechtlichen Grundkapital beruhen, sind dadurch weithin ausgeschlossen. Ungeachtet dessen zeigt § 21 Abs. 1 S. 5 WpHG (→ Rn. 26), dass der Meldepflichtige eine von der Veröffentlichung nach § 26a WpHG abweichende tatsächliche Gesamtzahl der Stimmrechte dann, aber auch nur dann seiner Meldung zugrunde zu legen hat, wenn er hiervon positive Kenntnis hat. Das modifiziert die bisherige Verwaltungspraxis der BaFin, wonach auf das tatsächliche Grundkapital abzustellen ist, wenn der Meldepflichtige davon Kenntnis hat oder haben müsste.[20]

b) Einzelfälle. Im Zuge des Kleinanlegerschutzgesetzes vom 3.7.2015 (BGBl. I 1114) wurde in Abs. 1 S. 1 der Zusatz aufgenommen, wonach nur Stimmrechte eines Aktionärs „aus ihm gehörenden Aktien" Berücksichtigung finden. Damit ist klargestellt, dass der bloße **Legitimationsaktionär**, der lediglich nach § 129 Abs. 3 AktG zur Ausübung der Stimmrechte ermächtigt ist, nicht mitteilungspflichtig ist.[21] Je nach Lage der Dinge kommt allenfalls eine Zurechnung nach § 22 Abs. 1 S. 1 Nr. 6 WpHG in Betracht. **Mehrstimmrechte** sind sowohl im Zähler als auch im Nenner zu berücksichtigen. Aus Gründen der Rechtsklarheit gilt dies auch dann, wenn das Mehrstimmrecht auf bestimmte Beschlussgegenstände beschränkt ist; eine doppelte Berechnung des Stimmrechtsanteils ist nicht erforderlich.[22] Unberücksichtigt bleibt dagegen ein auf den Einzelfall bezogenes Stimmverbot nach § 136 AktG; die Stimmrechte sind mithin sowohl bei der Gesamtzahl als auch beim einzelnen Aktionär zu berücksichtigen.[23] Gleiches gilt für Aktien, die einem vorübergehen-

---

[17] Vgl. etwa *Fleischer/Schmolke* NZG 2009, 401 (409); *Hitzer/Dichting* ZIP 2011, 1084 (1088 ff.); *Burgard/Heimann* WM 2015, 1445 (1446); *Veil* ZHR 177 (2013), 427 (439).
[18] Für Zulässigkeit *Parmentier* AG 2014, 15 (17); *Burgard/Heimann* FS Dauses, 2014, 47 (52 f.); dagegen *Seibt/Wollenschläger* ZIP 2013, 545 (548).
[19] Assmann/Schneider/*U. Schneider* Rn. 35; MüKoAktG/*Bayer* Anh. § 22: WpHG § 21 Rn. 20; K. Schmidt/Lutter/*Veil* Anh. § 22: WpHG § 21 Rn. 10; Schwark/Zimmer/*Schwark* Rn. 8.
[20] BaFin Emittentenleitfaden, 2013, VIII.2.3.2; zust. MüKoAktG/*Bayer* Anh. § 22: WpHG § 26a Rn. 1; Schäfer/Hamann/*Opitz* Rn. 23a; K. Schmidt/Lutter/*Veil* Anh. § 22: WpHG § 21 Rn. 12; aA – Wahlrecht – HK-AktG/*F. Becker* Rn. 3; *v. Bülow/Petersen* NZG 2009, 481 (484); wieder anders – Maßgeblichkeit allein der Veröffentlichung nach § 26a WpHG – *S. Schneider* NZG 2009, 121 (123 f.).
[21] Vgl. Begr. RegE, BT-Drs. 18/3994, 53; *Piroth* AG 2015, 10 (13 ff.); aA zuvor OLG Köln NZG 2012, 946; dagegen wiederum *Cahn* AG 2013, 459; *Nartowska* NZG 2013, 124; *Widder/Kocher* ZIP 2012, 2092.
[22] JVRB/*Michel* Rn. 48; aA Assmann/Schneider/*U. Schneider* Rn. 44; HK-AktG/*F. Becker* Rn. 3; MüKoAktG/*Bayer* Anh. § 22: WpHG § 21 Rn. 24.
[23] Assmann/Schneider/*U. Schneider* Rn. 64; Spindler/Stilz/*Petersen* Anh. § 22 Rn. 25.

den **Rechtsverlust** (etwa nach § 28 WpHG, § 59 WpÜG) unterliegen.[24] Anders zu beurteilen ist nur ein Ausschluss des Stimmrechts nach § 134 Abs. 2 AktG wegen unvollständiger Einlageleistung, da dieser unabhängig von der Person des jeweiligen Inhabers besteht.[25]

11   Verfügt der Emittent über **eigene Aktien**, so sind diese bei der Gesamtzahl der Stimmrechte zu berücksichtigen, obwohl der Gesellschaft nach § 71b AktG aus den Aktien keine Rechte zustehen.[26] Diese Wertung kam in der allein aus regelungstechnischen Gründen aufgehobenen Vorschrift des § 17 Abs. 1 Nr. 5 WpAIV aF deutlich zum Ausdruck. Dagegen bleiben eigene Aktien im Zähler außer Betracht. Der Erwerb eigener Aktien löst für den Emittenten keine Mitteilungspflicht nach § 21 Abs. 1 WpHG, sondern allein eine solche nach § 26 Abs. 1 S. 2 WpHG aus.[27] Auch muss sich ein Aktionär, der den Emittenten beherrscht, die Stimmrechte aus eigenen Aktien, die der Emittent hält, nach zutreffender und nunmehr auch von der BaFin geteilter Auffassung nicht nach § 22 Abs. 1 S. 1 Nr. 1 WpHG zurechnen lassen.[28] Eine Stimmrechtszurechnung ist nicht geboten, da die zugrunde liegenden Aktien mit Blick auf § 71b AktG keinen Einfluss vermitteln. Stimmrechtslose **Vorzugsaktien** (§§ 139 ff. AktG) wiederum sind grundsätzlich ebenfalls nicht in die Berechnung einzubeziehen. Außer Betracht bleiben kann insbesondere das Sonder-Stimmrecht nach § 141 Abs. 1 und Abs. 2 AktG. Eine Neuberechnung des Stimmrechtsanteils wird aber erforderlich, wenn das Stimmrecht nach § 140 Abs. 2 AktG oder § 141 Abs. 4 AktG auflebt und daher einzustellen ist (→ Rn. 17).[29]

12   **3. Berührung der Meldeschwelle. a) Anknüpfungspunkt „Gehören". aa) Maßgeblichkeit des schuldrechtlichen Geschäfts.** Die Meldepflicht wird ausgelöst, wenn der Meldepflichtige durch Erwerb, Veräußerung oder auf sonstige Weise eine bestimmte Prozentzahl der Stimmrechte aus ihm gehörenden Aktien erreicht, überschreitet oder unterschreitet. Zusammenfassend spricht man von einem „Berühren" der Meldeschwelle. Hierfür war bisher die dingliche Rechtslage maßgeblich, mithin die sachenrechtliche Übereignung oder die Vollendung des gesetzlichen Erwerbstatbestands.[30] Durch das Gesetz zur Umsetzung der Transparenzrichtlinie-Änderungsrichtlinie (→ WpHG Vor § 21 Rn. 6) wurde Abs. 1b eingefügt, dem zufolge als Gehören **bereits das Bestehen eines** unbedingten und ohne zeitliche Verzögerung zu erfüllenden **Anspruchs** oder einer entsprechenden Verpflichtung gilt. Im Standardfall eines Kaufvertrags hat daher der Käufer das Erreichen oder Überschreiten und der Verkäufer das Unterschreiten einer Stimmrechtsschwelle bereits mit Abschluss des schuldrechtlichen Geschäfts zu melden. Diese Gleichstellung bezieht sich allein auf die Rechtsanwendung innerhalb der §§ 21 ff. WpHG und lässt die sachenrechtliche Rechtslage unberührt. Auslöser der Meldepflicht ist mithin nicht mehr der vollzogene, sondern der nach dem regelmäßigen Verlauf der Dinge anstehende Erwerb oder Verlust von Stimmrechten. Durch Abs. 1b wird der Meldezeitpunkt allerdings nur ergänzend vorverlagert („bereits"). Auf den dinglichen Rechtsübergang ist daher immer dann, aber auch nur dann abzustellen, wenn dem Erwerb kein meldepflichtiges Kausalgeschäft zugrunde liegt (→ Rn. 15).

13   Mit dieser Vorverlagerung verfolgte der Gesetzgeber eine mehrfache **Zielsetzung.**[31] Zunächst soll eine deutlichere Abgrenzung zwischen den Meldepflichten nach § 21 WpHG

---

[24] BaFin Emittentenleitfaden, 2013, VIII.2.3.2; KK-WpHG/*Hirte* Rn. 76; Fuchs/*Dehlinger*/*Zimmermann* Rn. 27.
[25] KK-WpHG/*Hirte* Rn. 92; Fuchs/*Dehlinger*/*Zimmermann* Rn. 55; Schäfer/Hamann/*Opitz* Rn. 19.
[26] BaFin Emittentenleitfaden, 2013, VIII.2.3.2; Assmann/Schneider/*U. Schneider* Rn. 59; JVRB/*Michel* Rn. 45; K. Schmidt/Lutter/*Veil* Anh. § 22: WpHG § 21 Rn. 13; *Busch* AG 2009, 425 (426 f.); s. auch OLG Köln NZG 2012, 946 (949); aA *Gätsch*/*Bracht* AG 2011, 813 (816 ff.); *Schwark*/*Zimmer*/*Schwark* Rn. 9.
[27] JVRB/*Michel* Rn. 46; KK-WpHG/*Hirte* Rn. 70; Schäfer/Hamann/*Opitz* Rn. 3.
[28] BaFin Journal 12/2014, 5; zust. *Krause* AG 2015, 553 (555 ff.); s. daneben K. Schmidt/Lutter/*Veil* Anh. § 22: WpHG § 21 Rn. 13; *Busch* AG 2009, 425 (427 ff.); aA KK-WpHG/*Hirte* Rn. 76.
[29] Fuchs/*Dehlinger*/*Zimmermann* Rn. 54; MüKoAktG/*Bayer* Anh. § 22: WpHG § 21 Rn. 25; Schäfer/Hamann/*Opitz* Rn. 16; JVRB/*Michel* Rn. 49; krit. *Happ* JZ 1994, 240 (244).
[30] Näher zur Entwicklung des Streitstandes Assmann/Schneider/*U. Schneider* Rn. 70 ff.
[31] Begr. RegE, BT-Drs. 18/5010, 44 f.; krit. zu diesem „Systemwechsel" Handelsrechtsausschuss des DAV NZG 2015, 1069 Rn. 3 ff.; Spindler/Stilz/*Petersen* Anh. § 22 Rn. 27; s. auch *Schilha* DB 2015, 1821 (1825); zust. dagegen *Burgard*/*Heimann* WM 2015, 1445 (1447).

einerseits und § 25 WpHG andererseits erreicht werden; doppelte Meldepflichten sollen schon im Ansatz ausgeschlossen sein. Sodann bezweckt die Vorverlagerung der Meldepflicht eine frühere Information des Kapitalmarkts über den anstehenden Eigentümerwechsel. Erreicht werden soll weiterhin ein stärkerer Gleichlauf mit der Marktpraxis anderer Staaten, deren Rechtsordnungen ein Auseinanderfallen von Kausal- und Verfügungsgeschäft (Trennungsprinzip) unbekannt ist. Schließlich soll dem meldepflichtigen Veräußerer die Fristberechnung dadurch erleichtert werden, dass es nicht mehr auf das für ihn nicht ohne weiteres nachvollziehbare Einbuchungsdatum der Aktien beim Erwerber ankommt.

Der Anspruch (oder die Verpflichtung) kann aus einem vertraglichen oder einem gesetzlichen Schuldverhältnis herrühren. Die Rechtsposition muss zum einen **unbedingt** sein. Da es nicht auf ihr Entstehen, sondern allein auf ihr Bestehen ankommt, kann eine Meldepflicht bei einem bedingten Anspruch dadurch entstehen, dass die Bedingung eintritt.[32] Zum anderen muss der Anspruch oder die Verpflichtung **ohne zeitliche Verzögerung** zu erfüllen sein. Im Ergebnis ist damit auf die Abgrenzung zu Termingeschäften iSv § 2 Abs. 2 Nr. 1 WpHG Bezug genommen.[33] Während letztere unter § 25 Abs. 1 S. 1 Nr. 1 WpHG fallen, werden von § 21 Abs. 1b WpHG alle Geschäfte erfasst, die innerhalb der üblicherweise im jeweiligen Markt als sofortige Lieferung akzeptierten Fristen zu erfüllen sind. In den Gesetzesmaterialien wird in diesem Zusammenhang auf Art. 5 Abs. 2 VO 909/2014 hingewiesen, wonach bei übertragbaren Wertpapieren eine Abwicklung am zweiten Geschäftstag nach Abschluss zu gewährleisten ist.[34] Die Meldepflicht besteht auch, wenn sich der dingliche Vollzug anschließend unerwartet verzögert.[35] Gerät der Anspruch (oder die Verpflichtung) nachträglich in Wegfall, bevor das schuldrechtliche Geschäft erfüllt ist, kann dieser Vorgang die gegenläufige Berührung einer Meldeschwelle nach sich ziehen und daher ebenfalls meldepflichtig sein.

bb) Maßgeblichkeit der dinglichen Rechtslage. Soweit im Vorfeld kein unbedingter und ohne zeitliche Verzögerung zu erfüllender Anspruch oder eine entsprechende Verpflichtung als meldepflichtiges Kausalgeschäft besteht (→ Rn. 12, 14), ist der Zeitpunkt des materiellen Rechtsübergangs maßgeblich. Das betrifft etwa den Erwerb aufgrund eines Termingeschäfts oder im Rahmen einer gesetzlichen Erbfolge. Die Mitteilungspflicht entsteht dann bei vinkulierten **Namensaktien** erst, wenn die nach § 68 Abs. 2 AktG erforderliche Zustimmung der Gesellschaft erteilt worden ist.[36] Dagegen kommt es auf die Eintragung im Aktienregister weder bei vinkulierten noch bei frei veräußerlichen Geschäftsanteilen an.[37] Zwar gilt im Verhältnis zur Gesellschaft gemäß § 67 Abs. 2 AktG als Aktionär nur, wer als solcher im Aktienregister eingetragen ist. Das ändert indessen nichts daran, dass der Erwerber auch ohne diese Eintragung der materiell berechtigte Inhaber der Aktie ist.

b) Erreichen, Überschreiten oder Unterschreiten. Meldepflichtig ist das Erreichen, Überschreiten oder Unterschreiten einer Stimmrechtsschwelle. Erforderlich ist immer eine **Veränderung des Stimmrechtsanteils.** Es wird daher keine Meldepflicht ausgelöst, wenn die Gesamtzahl der eigenen und zugerechneten Stimmrechtsanteile gleich bleibt und sich nur der einschlägige Zurechnungstatbestand ändert.[38] Das betrifft etwa die Übertragung von zunächst selbst gehaltenen Aktien (§ 21 Abs. 1 S. 1 WpHG) auf ein Tochterunternehmen (§ 22 Abs. 1 S. 1 Nr. 1 WpHG). Keiner weiteren Erläuterung bedürfen die Begriffe des „Überschreitens" und „Unterschreitens"; erfasst wird jede Überquerung einer Stimmrechtsschwelle, auch wenn sie nur mit einer einzigen Aktie erfolgt. Das punktgenaue „Errei-

---

[32] Begr. RegE, BT-Drs. 18/5010, 44.
[33] Begr. RegE, BT-Drs. 18/5010, 44.
[34] Begr. RegE, BT-Drs. 18/5010, 44; s. auch *Schilha* DB 2015, 1821 (1824).
[35] Abweichend *Schilha* DB 2015, 1821 (1825).
[36] Assmann/Schneider/*U. Schneider* Rn. 55; KK-WpHG/*Hirte* Rn. 120; NK-AktR/*Heinrich* Rn. 7; Schäfer/Hamann/*Opitz* Rn. 20; JVRB/*Michel* Rn. 37.
[37] Assmann/Schneider/*U. Schneider* Rn. 51; KK-WpHG/*Hirte* Rn. 118; MüKoAktG/*Bayer* Anh. § 22: WpHG § 21 Rn. 27; HK-AktG/*F. Becker* Rn. 3; aA Fuchs/*Dehlinger/Zimmermann* Rn. 32.
[38] OLG Hamburg AG 2012, 639 (643); OLG Frankfurt NZG 2010, 389; NK-AktR/*Heinrich* Rn. 6.

chen" einer Stimmrechtsschwelle wiederum ist nach dem Zweck der Mitteilungspflicht nur meldepflichtig, wenn es durch eine Erhöhung des Anteils geschieht.[39] Keiner gesonderten Mitteilung bedarf das Erreichen einer Stimmrechtsschwelle, wenn diese zugleich überschritten wird.[40]

17 **c) Erwerb, Veräußerung und sonstige Weise.** Auf welche Weise sich die Veränderung des Stimmrechtsanteils vollzieht, ist ohne Belang. Neben dem „Erwerb" und der „Veräußerung" lässt das Gesetz als **Auffangtatbestand** auch die Berührung der Stimmrechtsschwelle „in sonstiger Weise" genügen. Es spielt daher für die praktische Rechtsanwendung keine Rolle, ob man die Begriffe des Erwerbs und der Veräußerung auf rechtsgeschäftliche Vorgänge beschränken und daher etwa den Erbfall ausklammern will.[41] Anerkanntermaßen liegt nämlich zumindest eine Schwellenberührung in sonstiger Weise vor, wenn der Meldepflichtige Stimmrechte im Wege der Gesamtrechtsnachfolge (Erbschaft, Verschmelzung, Spaltung) oder im Zuge einer Kapitalerhöhung erwirbt. Gleiches gilt etwa, wenn eine Veränderung bei den Zurechnungstatbeständen des § 22 WpHG eintritt, sich die Gesamtzahl der Aktien durch Einziehung von Aktien reduziert (§§ 237 ff. AktG), das Stimmrecht an Aktien durch vollständige Leistung der Einlage entsteht (§ 134 Abs. 2 S. 1 AktG, → Rn. 10), ein Meldepflichtiger an einer Kapitalerhöhung nicht teilnimmt oder das Stimmrecht bei Vorzugsaktien auflebt oder wegfällt (→ Rn. 11). Dagegen löst ein **Formwechsel** nach §§ 190 ff. UmwG eine Mitteilungspflicht nicht aus, da er mit Blick auf die fortbestehende Identität des Rechtsträgers keine Veränderung der Stimmrechtsanteile zur Folge hat.[42] Erst recht nicht meldepflichtig ist eine Sitzverlegung[43] oder eine bloße Umfirmierung.[44]

18 **4. Zeitliche Komponente. a) Haltedauer.** Es besteht im Ausgangspunkt Einvernehmen darüber, dass es **keinen Mindestzeitraum** gibt, über den hinweg die Anteile gehalten werden müssen, damit eine Meldepflicht entsteht. Für Kreditinstitute und Wertpapierdienstleistungsunternehmen sind daher die Tatbestände des § 23 Abs. 1 und 2 WpHG von besonderer Bedeutung, die eine Nichtberücksichtigung nur im Handelsbuch oder nur zum Zwecke der Abwicklung von Geschäften gehaltener Aktien ermöglichen. Überdies reicht nach der Verwaltungspraxis der BaFin eine Meldung am Ende des Tages aus, wenn innerhalb eines Tages mehrere Schwellen in eine Richtung berührt werden.[45] Überhaupt keiner Stimmrechtsmitteilung bedarf es demnach, wenn der Meldepflichtige dieselbe Schwelle innerhalb eines Tages erst überschreitet und dann unterschreitet bzw. erst unterschreitet und dann überschreitet. Eine solche Saldierung ist im Gesetz selbst indessen nicht angelegt, sodass zur Vermeidung eines Rechtsverlusts nach § 28 WpHG gesonderte Meldungen geboten sind.[46]

19 **b) Nachträgliche Erledigung.** Die einmal entstandene Meldepflicht entfällt nicht durch nachträgliche Veränderungen des Stimmrechtsanteils. So kann eine unterlassene oder fehlerhafte Mitteilung auch dann noch mit einem Bußgeld belegt werden, wenn der Meldepflichtige zwischenzeitlich durch einen zusätzlichen Erwerb oder eine weitere Veräußerung

---

[39] AA Fuchs/*Dehlinger*/*Zimmermann* Rn. 37; JVRB/*Michel* Rn. 53.
[40] Assmann/Schneider/*U. Schneider* Rn. 67; KK-WpHG/*Hirte* Rn. 69.
[41] Dafür Schwark/Zimmer/*Schwark* Rn. 18; NK-AktR/*Heinrich* Rn. 7; dagegen Fuchs/*Dehlinger*/*Zimmermann* Rn. 38.
[42] OLG Köln NZG 2009, 830 (831); OLG Frankfurt AG 2010, 368 (369); BaFin Emittentenleitfaden, 2013, VIII.2.3.4.2.2; Assmann/Schneider/*U. Schneider* Rn. 77.
[43] OLG Hamm AG 2009, 876 (878); Spindler/Stilz/*Petersen* Anh. § 22 Rn. 29.
[44] OLG Düsseldorf NZG 2009, 260 (262); AG 2010, 711 (712); OLG Köln NZG 2009, 830 (831); OLG Hamm AG 2009, 876 (878); LG Krefeld NZG 2009, 265 (266); LG München I AG 2009, 632 (635); *Segna* AG 2008, 311 (312 ff.); *Merkner* AG 2012, 199 (201); aA LG Köln AG 2008, 336 (338 f.); *Heppe* WM 2002, 60 (70).
[45] BaFin Emittentenleitfaden, 2013, VIII.2.3.5.
[46] Jedenfalls aus Gründen der Vorsicht auch Spindler/Stilz/*Petersen* Anh. § 22 Rn. 23; HK-AktG/*F. Becker* Rn. 4; krit zum Ganzen Assmann/Schneider/*U. Schneider* Rn. 26; KK-WpHG/*Hirte* Rn. 139.

eine nächste Meldeschwelle erreicht oder aber auf die ursprüngliche Meldeschwelle zurückgefallen ist.[47] Dagegen reicht es zur Beseitigung des Rechtsverlusts nach § 28 WpHG aus, wenn die zuletzt entstandene Mitteilungspflicht erfüllt und der Kapitalmarkt damit über die aktuellen Beteiligungsverhältnisse informiert wird; eine Nachholung sämtlicher **Zwischenmitteilungen** ist mit anderen Worten nicht erforderlich (→ WpHG § 28 Rn. 18). Stets bedarf es aber zumindest einer aktuellen Mitteilung. Der Rechtsverlust entfällt daher nicht dadurch, dass der Meldepflichtige schlicht auf den ursprünglichen Stimmrechtsanteil zurückfällt (→ WpHG § 28 Rn. 19).

IV. Erfüllung der Mitteilungspflicht

1. Adressaten, Form und Inhalt. Die Mitteilung ist nach Abs. 1 S. 1, der insoweit die Vorgaben aus Art. 19 Abs. 3 Transparenz-RL umsetzt, an den Emittenten und gleichzeitig an die BaFin zu richten. Gleichzeitig meint im Ausgangspunkt die gleichzeitige Absendung; aus Gründen der Praktikabilität ist ein unmittelbares Versenden hintereinander nicht zu beanstanden.[48] Die Mitteilungspflicht entfällt nicht deswegen, weil der Adressat von dem Vorgang bereits anderweitig Kenntnis erlangt hat.[49] Das kann für den Emittenten schon deswegen nicht anders zu beurteilen sein, weil ihn nach § 26 WpHG allein die förmliche Mitteilung, nicht aber die anderweitige Kenntnis zur Veröffentlichung verpflichtet. Es handelt sich nicht um eine höchstpersönliche Pflicht; zu ihrer Erfüllung kann daher ein **Vertreter** eingeschaltet werden. Im Konzern ermöglicht § 24 WpHG eine Erfüllung der Meldepflicht durch die Konzernspitze. Nähere Vorgaben zur Umsetzung der Mitteilung finden sich in §§ 17, 18 WpAIV.

Im Einzelnen ist die Mitteilung nach § 18 S. 1 WpAIV **schriftlich oder mittels Telefax** in deutscher oder englischer Sprache zu übersenden.[50] Nach § 18 S. 2 WpAIV steht es der Übersendung gleich, wenn die Mitteilung über ein von der BaFin zur Verfügung gestelltes elektronisches Verfahren zur Abgabe von Mitteilungen erfolgt. Damit ist klargestellt, dass eine Abgabe von Mitteilungen auf elektronischem Wege nur in dem von der BaFin hierfür gesondert eröffneten Verfahren, nicht dagegen per E-Mail möglich ist.[51]

Den **Inhalt** gibt § 17 Abs. 1 WpAIV nunmehr dergestalt vor, dass das **verbindliche Formular** aus der Anlage zur WpAIV zu verwenden ist.[52] Dadurch soll den Verfassern der Mitteilung die Erfüllung der Meldepflicht erleichtert und zugleich für eine Standardisierung der Stimmrechtsmitteilungen gesorgt werden.[53] Wie schon nach früherem Recht, sind im Rahmen dessen insbesondere der Name und die Anschrift des Emittenten zu nennen und Angaben zum Mitteilungspflichtigen zu machen. Offenzulegen sind sodann das Datum der Schwellenwertberührung sowie die Höhe des nunmehr gehaltenen Stimmrechtsanteils. Sind dem Meldepflichtigen Aktien eines Dritten zuzurechnen, hat die Mitteilung auch seinen Namen zu nennen, wenn der zugerechnete Stimmrechtsanteil 3 Prozent oder mehr beträgt. Dagegen gibt es keine Vorgabe mehr, zugerechnete Stimmrechte nach den einzelnen Zurechnungstatbeständen innerhalb des § 22 WpHG aufzuschlüsseln.

Die Mitteilung soll eine klare und eindeutige Information des Kapitalmarkts gewährleisten. Diesem Zweck stehen nach zutreffender Auffassung der BaFin **vorsorgliche oder alternative Meldungen** entgegen.[54] Der Meldepflichtige darf die rechtliche oder tatsächliche Unsicherheit über das Bestehen einer Meldepflicht nicht auf die Allgemeinheit überwäl-

---

[47] MüKoAktG/*Bayer* Anh. § 22: WpHG § 21 Rn. 48; Fuchs/*Dehlinger*/*Zimmermann* § 28 Rn. 20; vgl. auch VGH Kassel NZG 2010, 1307 (1308).
[48] Begr. RegE, BT-Drs. 16/2498, 34; BaFin Emittentenleitfaden, 2013, VIII.2.3.9.4.
[49] HK-AktG/*F. Becker* Rn. 7.
[50] Begr. RegE, BT-Drs. 18/5010, 58; *Burgard*/*Heimann* WM 2015, 1447.
[51] Beschlussempfehlung und Bericht des Finanzausschusses, BT-Drs. 18/6220, 88.
[52] Zum früheren Recht eingehend KK-WpHG/*Hirte* Rn. 142 ff.; Schäfer/Hamann/*Opitz* Rn. 34 ff.
[53] Begr. RegE, BT-Drs. 18/5010, 58.
[54] BaFin Emittentenleitfaden, 2013, VIII.2.3.9.2; ebenso MüKoAktG/*Bayer* Anh. § 22: WpHG § 21 Rn. 44; K. Schmidt/Lutter/*Veil* Anh. § 22: WpHG § 21 Rn. 4; aA für vorsorgliche Mitteilungen Assmann/Schneider/*U. Schneider* Rn. 140.

zen. Ein Irrtum oder eine Fehleinschätzung ist vielmehr nur bei der Bestimmung der Rechtsfolgen zu berücksichtigen; je nach Lage der Dinge kann es etwa im Einzelfall an der Vorwerfbarkeit (Vorsatz, Verschulden) fehlen. Wenn eine **Korrektur** erforderlich ist, so hat der Meldepflichtige diesen Umstand offen zu legen (vgl. den Eingangsteil des Formulars aus der Anlage zu § 17 WpAIV).

24 **2. Frist.** Die Mitteilung hat nach Abs. 1 S. 1 unverzüglich, also ohne schuldhaftes Zögern (§ 121 Abs. 1 S. 1 BGB), spätestens aber nach vier Handelstagen (§ 30 WpHG) zu erfolgen. Maßgeblich ist jeweils der Zugang beim Adressaten.[55] Auf die Fristberechnung finden §§ 187 Abs. 1, 188 Abs. 1, 193 BGB Anwendung.[56] Eine Fristverlängerung durch die BaFin sieht das Gesetz nicht vor.[57] Hinsichtlich des Fristbeginns ist zwischen **aktiven und passiven Schwellenberührungen** zu differenzieren.

25 Grundsätzlich beginnt die Frist nach Abs. 1 S. 3 mit dem Zeitpunkt, zu dem der Meldepflichtige Kenntnis von der Berührung der Stimmrechtsschwelle hat oder nach den Umständen haben musste. Entsprechend § 122 Abs. 2 BGB genügt mithin **fahrlässige Unkenntnis**, wobei der Maßstab eines sorgfältigen Marktteilnehmers zugrunde zu legen ist.[58] In diesem Zusammenhang finden die allgemeinen Grundsätze der Wissenszurechnung in arbeitsteiligen Organisationen Anwendung.[59] Ergänzend wird nach Abs. 1 S. 4 vermutet, dass der Meldepflichtige zwei Handelstage nach dem Berühren der Stimmrechtsschwelle Kenntnis hat. Diese Vermutung ist nach der Ergänzung durch das Gesetz zur Umsetzung der Transparenzrichtlinie-Änderungsrichtlinie (→ WpHG Vor § 21 Rn. 6) unwiderleglich. Der deutsche Gesetzgeber sah sich zu dieser Ausgestaltung durch die freilich keineswegs eindeutige Vorgabe in Art. 9 RL 2007/14/EG („Kenntnis erhalten haben dürfte") veranlasst.[60] Von Bedeutung ist diese Vermutung in den Fällen, in denen der Meldepflichtige den Erwerb oder die Veräußerung nicht selbst veranlasst hat.

26 Bei passiven Schwellenwertberührungen ist demgegenüber Abs. 1 S. 5 einschlägig. Danach beginnt die Frist im Fall der Schwellenberührung infolge von Ereignissen, die die **Gesamtzahl der Stimmrechte verändern,** wenn der Meldepflichtige von der Schwellenberührung Kenntnis erlangt, spätestens jedoch mit der Veröffentlichung des Emittenten nach § 26a Abs. 1 WpHG. Damit trägt das Gesetz dem Umstand Rechnung, dass Art. 12 Abs. 2 lit. b) iVm Art. 9 Abs. 2 Transparenz-RL für diese Fälle auf die Information des Meldepflichtigen abstellt.[61]

V. Sanktionen; Übergangsregelung

27 Ein Verstoß gegen die Meldepflichten des § 21 Abs. 1 und Abs. 1a WpHG kann **strafrechtliche, verwaltungsrechtliche und zivilrechtliche** Sanktionen auslösen (im Einzelnen → WpHG Vor § 21 Rn. 13 ff.). Die Übergangsvorschriften finden sich in § 41 WpHG. Für die jüngste Änderung durch das Gesetz zur Umsetzung der Transparenzrichtlinie-Änderungsrichtlinie ist **§ 41 Abs. 4f S. 1 WpHG** maßgeblich. Danach hat derjenige, der, auch unter Berücksichtigung des § 22 WpHG, am 26.11.2015 Stimmrechte iSd § 21 WpHG hält und ausschließlich aufgrund der Änderung des § 21 WpHG eine Stimmrechtsschwelle erreicht, überschreitet oder unterschreitet, dies bis zum 15.1.2016 mitzuteilen. Auf Grund

---

[55] Assmann/Schneider/*U. Schneider* Rn. 131; Fuchs/*Dehlinger*/*Zimmermann* Rn. 88; MüKoAktG/*Bayer* Anh. § 22: WpHG § 21 Rn. 41; abw. Schwark/Zimmer/*Schwark* Rn. 29.
[56] KK-WpHG/*Hirte* Rn. 164; JVRB/*Michel* Rn. 55; Schwark/Zimmer/*Schwark* Rn. 29.
[57] BaFin Emittentenleitfaden, 2013, VIII.2.3.9.4; Assmann/Schneider/*U. Schneider* Rn. 128; MüKoAktG/ *Bayer* Anh. § 22: WpHG § 21 Rn. 42.
[58] Spindler/Stilz/*Petersen* Anh. § 22 Rn. 31; Fuchs/*Dehlinger*/*Zimmermann* Rn. 81.
[59] Zusammenfassend etwa MüKoBGB/*Schubert* § 166 Rn. 8 ff., 43 ff.; GroßkommAktG/*Habersack*/*Foerster* § 78 Rn. 38 ff.; s. daneben KK-WpHG/*Hirte* Rn. 172 ff.; Fuchs/*Dehlinger*/*Zimmermann* Rn. 84.
[60] Begr. RegE, BT-Drs. 18/5010, 44; für eine Einordnung des früheren Rechts als widerlegliche Vermutung MüKoAktG/*Bayer* Anh. § 22: WpHG § 21 Rn. 42; Assmann/Schneider/*U. Schneider* Rn. 133; mit verfassungsrechtlichen Bedenken Schäfer/Hamann/*Opitz* Rn. 30a.
[61] Begr. RegE, BT-Drs. 18/5010, 44; zur Vereinbarkeit mit dem Unionsrecht s. auch *Burgard*/*Heimann* WM 2015, 1445 (1446).

der in der Praxis überschaubar zu Buche schlagenden Änderungen der §§ 21, 22 WpHG hat der Gesetzgeber eine darüber hinausgehende Bestandsmitteilungspflicht für sämtliche Beteiligungen, die 3 Prozent oder mehr betragen, bewusst als nicht erforderlich verworfen.[62] Soweit sich der aktuelle Bestand der Beteiligung bereits aufgrund einer zwischen dem Inkrafttreten der Neuregelung und dem 15.1.2016 gemachten Mitteilung ergibt, bedarf es keiner zusätzlichen Bestandsmitteilung.[63]

§ 22 WpHG Zurechnung von Stimmrechten

(1) [1]Für die Mitteilungspflichten nach § 21 Abs. 1 und 1a stehen den Stimmrechten des Meldepflichtigen Stimmrechte aus Aktien des Emittenten, für den die Bundesrepublik Deutschland der Herkunftsstaat ist, gleich,
1. die einem Tochterunternehmen des Meldepflichtigen gehören,
2. die einem Dritten gehören und von ihm für Rechnung des Meldepflichtigen gehalten werden,
3. die der Meldepflichtige einem Dritten als Sicherheit übertragen hat, es sei denn, der Dritte ist zur Ausübung der Stimmrechte aus diesen Aktien befugt und bekundet die Absicht, die Stimmrechte unabhängig von den Weisungen des Meldepflichtigen auszuüben,
4. an denen zugunsten des Meldepflichtigen ein Nießbrauch bestellt ist,
5. die der Meldepflichtige durch eine Willenserklärung erwerben kann,
6. die dem Meldepflichtigen anvertraut sind oder aus denen er die Stimmrechte als Bevollmächtigter ausüben kann, sofern er die Stimmrechte aus diesen Aktien nach eigenem Ermessen ausüben kann, wenn keine besonderen Weisungen des Aktionärs vorliegen,
7. aus denen der Meldepflichtige die Stimmrechte ausüben kann auf Grund einer Vereinbarung, die eine zeitweilige Übertragung der Stimmrechte ohne die damit verbundenen Aktien gegen Gegenleistung vorsieht,
8. die bei dem Meldepflichtigen als Sicherheit verwahrt werden, sofern der Meldepflichtige die Stimmrechte hält und die Absicht bekundet, diese Stimmrechte auszuüben.

[2]Für die Zurechnung nach Satz 1 Nummer 2 bis 8 stehen dem Meldepflichtigen Tochterunternehmen des Meldepflichtigen gleich. [3]Stimmrechte des Tochterunternehmens werden dem Meldepflichtigen in voller Höhe zugerechnet.

(2) [1]Dem Meldepflichtigen werden auch Stimmrechte eines Dritten aus Aktien des Emittenten, für den die Bundesrepublik Deutschland der Herkunftsstaat ist, in voller Höhe zugerechnet, mit dem der Meldepflichtige oder sein Tochterunternehmen sein Verhalten in Bezug auf diesen Emittenten auf Grund einer Vereinbarung oder in sonstiger Weise abstimmt; ausgenommen sind Vereinbarungen in Einzelfällen. [2]Ein abgestimmtes Verhalten setzt voraus, dass der Meldepflichtige oder sein Tochterunternehmen und der Dritte sich über die Ausübung von Stimmrechten verständigen oder mit dem Ziel einer dauerhaften und erheblichen Änderung der unternehmerischen Ausrichtung des Emittenten in sonstiger Weise zusammenwirken. [3]Für die Berechnung des Stimmrechtsanteils des Dritten gilt Absatz 1 entsprechend.

(3) [1]Wird eine Vollmacht im Falle des Absatzes 1 Satz 1 Nr. 6 nur zur Ausübung der Stimmrechte für eine Hauptversammlung erteilt, ist es für die Erfüllung der Mitteilungspflicht nach § 21 Abs. 1 und 1a in Verbindung mit Absatz 1 Satz 1 Nr. 6 ausreichend, wenn die Mitteilung lediglich bei Erteilung der Vollmacht abgegeben wird. [2]Die Mitteilung muss die Angabe enthalten, wann die Hauptversammlung

---

[62] Begr. RegE, BT-Drs. 18/5010, 54.
[63] Begr. RegE, BT-Drs. 18/5010, 54.

stattfindet und wie hoch nach Erlöschen der Vollmacht oder des Ausübungsermessens der Stimmrechtsanteil sein wird, der dem Bevollmächtigten zugerechnet wird.

Schrifttum: S. die Angaben Vor § 21 WpHG und daneben *Brellochs,* Die Auslegung der kapitalmarktrechtlichen Melde- und Zurechnungsnormen im Licht der BGH-Rechtsprechung, ZIP 2011, 2225; *Borges,* Acting in Concert – Vom Schreckgespenst zur praxistauglichen Zurechnungsnorm, ZIP 2007, 357; *v. Bülow/Petersen,* Stimmrechtszurechnung zum Treuhänder, NZG 2009, 1373; *Casper,* Acting in Concert – Grundlagen eines neuen kapitalmarktrechtlichen Zurechnungstatbestandes, ZIP 2003, 1469; *Fleischer,* Finanzinvestoren im ordnungspolitischen Gesamtgefüge von Aktien-, Bankaufsichts- und Kapitalmarktrecht, ZGR 2008, 185; *Fleischer/Bedkowski,* Stimmrechtszurechnung zum Treuhänder nach § 22 I 1 Nr. 2 WpHG: Ein zivilrechtlicher Fehlgriff mit kapitalmarktrechtlichen Folgen, DStR 2010, 933; *Gesell,* Abstimmung bei der Besetzung des Aufsichtsrats – zulässige Einflussnahme oder *acting in concert*?, FS Maier-Reimer, 2010, 123; *Kocher/Heydel,* Kein abgestimmtes Verhalten und kein Stimmrechtsausschluss durch Stimmrechtsempfehlungen institutioneller Stimmrechtsberater, AG 2011, 543; *Leuering,* Zurechnung von Stimmrechten minderjähriger Aktionäre bei den gesetzlichen Vertretern, NZG 2010, 1285; *Nietsch,* Kapitalmarktrechtliche Beteiligungstransparenz bei Treuhandverhältnissen, WM 2012, 2217; *U. Schneider,* Acting in Concert: Vereinbarung oder Abstimmung über Ausübung von Stimmrechten?, ZGR 2007, 440; *Veil/Dolff,* Kapitalmarktrechtliche Mitteilungspflichten des Treuhänders, AG 2011, 385.

Übersicht

	Rn.		Rn.
I. Grundlagen	1–7	a) Anvertrauen	17
1. Inhalt und Zweck der Norm	1–3	b) Vollmacht	18, 19
2. Einfluss der Transparenz-RL	4	7. Zeitweilige Übertragung von Stimmrechten (Nr. 7)	20
3. Zurechnungsgrundsätze	5, 6		
4. Kettenzurechnung	7	8. Sicherheiten (Nr. 8)	21
II. Zurechnungstatbestände nach Abs. 1 S. 1	8–21	**III. „Acting in concert" (Abs. 2)**	22–31
1. Tochterunternehmen (Nr. 1)	8	1. Entwicklung	22, 23
2. Halten für Rechnung des Meldepflichtigen (Nr. 2)	9–12	2. Verhaltensabstimmung	24–26
		3. Gegenstand	27–30
a) Grundlagen	9	a) Ausübung von Stimmrechten (S. 2 Alt. 1)	27
b) Einzelfälle	10–12	b) Zusammenwirken in sonstiger Weise (S. 2 Alt. 2)	28, 29
3. Sicherungsübereignung (Nr. 3)	13, 14		
4. Nießbrauch (Nr. 4)	15	c) Ausnahme für Einzelfälle (S. 1 Hs. 2)	30
5. Erwerbsrecht (Nr. 5)	16		
6. Anvertraute Aktien, Vollmacht (Nr. 6)	17–19	4. Rechtsfolgen	31

I. Grundlagen

1 **1. Inhalt und Zweck der Norm.** Nach § 22 WpHG muss der Meldepflichtige sich unter bestimmten Voraussetzungen die Stimmrechte auch aus Aktien zurechnen lassen, die ihm nicht gehören. Ausschlaggebend ist dabei jeweils, dass der Meldepflichtige die **Möglichkeit der Einflussnahme** auf die Stimmrechtsausübung hat.[1] Durch die Zurechnung soll der Markt über die wirklichen Machtverhältnisse informiert und zugleich allfälligen Vermeidungsstrategien entgegengewirkt werden.[2] Die Norm enthält einen Katalog von einzelnen Tatbeständen, die eine Zurechnung begründen. Sie kann daher gewiss nicht im Wege eines Induktionsschlusses zu einem allgemeinen Rechtssatz des Inhalts erweitert werden, dass eine Zurechnung immer dann zu erfolgen habe, wenn nur der Meldepflichtige die Stimmrechtsausübung beeinflussen könne. Das schließt indessen eine behutsame Ausdehnung einzelner Zurechnungstatbestände nicht per se aus; auch Ausnahmevorschriften sind nämlich in den Grenzen ihres Zwecks einer analogen Rechtsanwendung zugänglich.[3]

---

[1] BGHZ 180, 154 Rn. 34 = NZG 2009, 585; BGHZ 190, 291 Rn. 32 = NZG 2011, 1147.
[2] Assmann/Schneider/*U. Schneider* Rn. 4; Fuchs/*Dehlinger/Zimmermann* Rn. 1; KK-WpHG/*v. Bülow* Rn. 4.
[3] Näher *Schürnbrand* NZG 2011, 1213 (1217); aA mit Blick auf § 22 WpHG *Segna* ZGR 2015, 84 (108); s. daneben Fuchs/*Dehlinger/Zimmermann* Rn. 3; KK-WpHG/*v. Bülow* Rn. 40 f.

Da eine solche im Ordnungswidrigkeitenrecht aber zu Lasten des Meldepflichtigen selbstverständlich ausgeschlossen ist, kann sich daraus das Erfordernis einer gespaltenen Auslegung des § 22 WpHG ergeben (→ WpHG Vor § 21 Rn. 12).

Das Gesetz greift in bewusster Typisierung bestimmte Konstellationen auf, bei denen es **2** die Möglichkeit der Einflussnahme vermutet. Daraus wird verbreitet gefolgert, bei der Auslegung und Rechtsanwendung sei eine **abstrakte Betrachtungsweise** geboten, welche die Besonderheiten des Einzelfalls ausblende.[4] Daran ist gewiss richtig, dass es lediglich auf die Möglichkeit der Einflussnahme ankommt. Liegen die gesetzlichen Voraussetzungen eines Zurechnungstatbestands vor, ist es daher insbesondere unbeachtlich, wenn der dinglich Berechtigte erklärt, sich dem Einfluss des Meldepflichtigen nicht unterordnen zu wollen, oder umgekehrt der Meldepflichtige zusagt, von seinen Einflussmöglichkeiten keinen Gebrauch zu machen. Das schließt es indessen nicht aus, einzelne Zurechnungstatbestände infolge teleologischer Reduktion unangewendet zu lassen, wenn dem Zurechnungsadressaten trotz Verwirklichung des Tatbestands eine gesicherte Einflussmöglichkeit fehlt (für einen Anwendungsfall → Rn. 30).

Spannungsgeladen ist das **Verhältnis zu § 30 WpÜG.** Einerseits sind § 22 WpHG und **3** § 30 WpÜG im Kern bewusst parallel aufgebaut und nach den Vorstellungen des Gesetzgebers auch gleich auszulegen.[5] In der Folge ist vom Grundsatz des Gleichlaufs auszugehen;[6] Erkenntnisse zu § 30 WpÜG sind mit anderen Worten regelmäßig auch für die Beteiligungspublizität von Bedeutung. Andererseits ist zu berücksichtigen, dass die Normkomplexe einen unterschiedlichen unionsrechtlichen Hintergrund und verschiedene Schutzzwecke haben. Das kann im Einzelfall durchaus eine abweichende Handhabung gebieten (sog. Relativität der Rechtsbegriffe).[7] Vgl. zur **geplanten Novelle** (→ WpHG Vor § 21 Rn. 7).

2. Einfluss der Transparenz-RL. Die Zurechnungstatbestände des § 22 WpHG setzen **4** Art. 10 Transparenz-RL um, gehen aber verschiedentlich über die **dortigen Vorgaben hinaus.** Das betrifft etwa den Tatbestand der abgestimmten Verhaltensweise („Acting in concert"), der in § 22 Abs. 2 WpHG weiter reicht als in Art. 10 lit. a Transparenz-RL, oder die in § 22 Abs. 1 S. 2 WpHG vorgesehene Kettenzurechnung bei Tochterunternehmen, welche die Richtlinie nicht kennt. Nach überwiegender Auffassung verstößt diese erweiterte Transparenzpflicht nicht gegen den in Art. 3 Abs. 1a UAbs. 4 Transparenz-RL verankerten Grundsatz der Vollharmonisierung, weil sie von dem dort unter iii) vorgesehenen Vorbehalt für Rechtsvorschriften, die im Zusammenhang mit Übernahmeangeboten, Zusammenschlüssen und anderen Transaktionen stehen, gedeckt sei.[8] Mit ihm habe nämlich vor allem eine Beibehaltung nationaler Besonderheiten beim **Acting in concert** ermöglicht werden sollen. Da sich ein dahingehendes Regelungsanliegen aber weder im Normtext noch im Erwägungsgrund 12 Transparenz-RL leicht nachvollziehbar widerspiegelt, muss ein mit der Rechtsanwendung befasstes letztinstanzliches Gericht die Rechtsfrage nach Art. 267 AEUV dem EuGH zur Klärung vorlegen.

3. Zurechnungsgrundsätze. Die nach § 22 WpHG zuzurechnenden Stimmrechte **5** sind denen aus Aktien **gleichgestellt,** die der Meldepflichtige nach § 21 WpHG selbst hält. Zurechnungsadressat kann daher nur sein, wer rechtsfähig ist (→ WpHG § 21 Rn. 2). Auch gelten für die Frage, ob Stimmrechtshindernisse (etwa Rechtsverlust, fehlende Einlageleistung) der Berücksichtigung entgegenstehen, die ihm Rahmen des § 21

---

[4] BaFin Emittentenleitfaden, 2013, VIII.2.5; Assmann/Schneider/*U. Schneider* Rn. 3; KK-WpHG/*v. Bülow* Rn. 44 f.; HK-AktG/*F. Becker* Rn. 4.
[5] Begr. RegE, BT-Drs. 14/7034, 53, 70; Begr. RegE, BT-Drs. 16/2498, 29.
[6] Vgl. BGHZ 202, 180 Rn. 40 = NZG 2014, 985.
[7] Näher OLG Stuttgart AG 2005, 125 (129); Assmann/Schneider/*U. Schneider* Rn. 12; KK-WpHG/ *v. Bülow* Rn. 36; NK-AktR/*Heinrich* Rn. 18; *Fleischer* ZGR 2008, 185 (196 ff.); aA JVRB/*Michel* Rn. 10; K. Schmidt/Lutter/*Veil* Anh. § 22: WpHG Vor §§ 21 ff. Rn. 10.
[8] *Parmentier* AG 2014, 15 (19); *Seibt/Wollenschläger* ZIP 2014, 545 (549); *Segna* ZGR 2015, 84 (113); K. Schmidt/Lutter/*Veil* Anh. § 22: WpHG § 22 Rn. 31; *ders.* ZGR 2014, 544 (573); aA *Burgard/Heimann* FS Dauses, 2014, 47 (54 ff.); *dies.* WM 2015, 1445 (1449).

WpHG maßgeblichen Grundsätze (→ WpHG § 21 Rn. 10 f.).[9] Es ist nicht erforderlich, dass der Meldepflichtige selbst Anteile hält; eine Mitteilungspflicht kann auch nur durch Zurechnung von Stimmrechten begründet werden.[10] Eine Meldepflicht besteht aber nur, wenn sich die Summe der vom Meldepflichtigen nach § 21 WpHG selbst gehaltenen und ihm nach § 22 WpHG zuzurechnenden Stimmrechte verändert; eine bloße Umschichtung oder die Auswechslung eines Zurechnungstatbestands durch einen anderen genügt dagegen nicht (→ WpHG § 21 Rn. 16). Umgekehrt werden Stimmrechte auch dann nur einmal zugerechnet, wenn zugleich mehrere Zurechnungstatbestände erfüllt sind.[11]

6 Die Zurechnung hat **keine Absorption** des Stimmrechts zur Folge. Die Stimmrechte werden mit anderen Worten beim dinglich Berechtigten trotz der Zurechnung nicht in Abzug gebracht, sodass die Summe der gemeldeten Stimmrechte größer sein kann als die tatsächliche Zahl der Stimmrechte.[12] Das gilt auch für den in Abs. 1 S. 1 Nr. 3 geregelten Fall der Sicherungsübereignung, der früher abweichend beurteilt wurde (→ Rn. 14). Man spricht insofern häufig von einem Grundsatz der doppelten Zurechnung. Die Bezeichnung ist allerdings eher missverständlich, da eine Zurechnung nur an denjenigen erfolgt, der die Möglichkeit der Einflussnahme hat, während der dinglich Berechtigte schon aufgrund seines Eigentums meldepflichtig ist.[13] Aus der mehrfachen Berücksichtigung können für den Rechtsverkehr Irritationen entstehen, die sogar noch zugenommen haben, nachdem das Gesetz die früher vorgesehene Aufschlüsselung nach den einzelnen Zurechnungstatbeständen nicht mehr vorschreibt (→ WpHG § 21 Rn. 22). Das Gesetz nimmt diese Komplexität bewusst in Kauf.[14]

7 **4. Kettenzurechnung.** Es fragt sich, ob sich der Meldepflichtige nur die von dem Dritten selbst gehaltenen oder auch die ihm seinerseits nach § 22 WpHG zuzuordnenden Stimmrechte zurechnen lassen muss. Eine solche Kettenzurechnung sieht das Gesetz mit Blick auf den jeweils übergreifenden Einfluss des Meldepflichtigen bei Tochterunternehmen (§ 22 Abs. 1 S. 2 und 3 WpHG) und beim abgestimmten Verhalten (§ 22 Abs. 2 S. 1 Hs. 1 und S. 2 WpHG) ausdrücklich vor. Im Übrigen lässt sich eine Kettenzurechnung nur im Wege der **Rechtsfortbildung** begründen, weshalb sie jedenfalls im Ordnungswidrigkeitenrecht, nach hM allerdings auch darüber hinaus von vornherein ausgeschlossen ist (→ WpHG Vor § 21 Rn. 12). Richtigerweise kommt demgegenüber eine gespaltene Auslegung in Betracht, sodass eine Kettenzurechnung mit Blick auf das gesetzliche Ziel der Offenlegung der wahren Machtverhältnisse etwa zu bejahen ist, wenn ein Treuhänder bei einer Verwaltungstreuhand (§ 22 Abs. 1 S. 1 Nr. 2 WpHG) die Anteile auf einen Untertreuhänder überträgt.[15] Die vollharmonisierende Transparenz-RL (→ Rn. 4; → WpHG Vor § 21 Rn. 10) steht diesem Verständnis nicht entgegen, gebietet vielmehr richtigerweise ebenfalls die Verhinderung naheliegender Umgehungsstrategien. Da sich der Einfluss des Treugebers typischerweise auf die Aktien beschränkt, die Gegenstand der Treuhand sind, kommt dagegen eine pauschale Kettenzurechnung bei Treuhandverhältnissen nicht in Betracht.[16]

---

[9] Fuchs/*Dehlinger/Zimmermann* Rn. 9; KK-WpHG/*v. Bülow* Rn. 51; abw. *Busch* AG 2009, 425 ff.
[10] Fuchs/*Dehlinger/Zimmermann* Rn. 5; K. Schmidt/Lutter/*Veil* Anh. § 22: WpHG § 22 Rn. 2; MüKo-AktG/*Bayer* Anh. § 22: WpHG § 22 Rn. 3.
[11] Assmann/Schneider/*U. Schneider* Rn. 16; KK-WpHG/*v. Bülow* Rn. 49; Fuchs/*Dehlinger/Zimmermann* Rn. 8.
[12] Vgl. nur Schäfer/Hamann/*Opitz* Rn. 1b; KK-WpHG/*v. Bülow* Rn. 48.
[13] Zutr. BGHZ 190, 291 Rn. 27 = NZG 2011, 1147 etwa gegen Assmann/Schneider/*U. Schneider* Rn. 15, 51; präziser *v. Bülow/Petersen* NZG 2009, 1373 (1375): „doppelte Stimmrechtserfassung".
[14] Krit. etwa MüKoAktG/*Bayer* Anh. § 22: WpHG § 22 Rn. 4.
[15] So auch Fuchs/*Dehlinger/Zimmermann* Rn. 15; *Segna* ZGR 2015, 84 (122); eine Kettenzurechnung gänzlich ablehnend dagegen *Nietsch* WM 2012, 2217 (2221 f.); KK-WpHG/*v. Bülow* Rn. 46; ganz zurückhaltend auch *Veil/Dolff* AG 2010, 385 (389).
[16] Weitergehend MüKoAktG/*Bayer* Anh. § 22: WpHG § 22 Rn. 8; Assmann/Schneider/*U. Schneider* Rn. 22.

II. Zurechnungstatbestände nach Abs. 1 S. 1

1. Tochterunternehmen (Nr. 1). In Umsetzung von Art. 10 lit. e Transparenz-RL **8** werden dem Meldepflichtigen nach Abs. 1 S. 1 Nr. 1 die Stimmrechte aus Aktien zugerechnet, die einem Tochterunternehmen des Meldepflichtigen gehören. Das ist gerechtfertigt, weil der Meldepflichtige aufgrund der gesellschaftsrechtlichen Verbindung dann mittelbar oder unmittelbar beherrschenden Einfluss auf die Ausübung der Stimmrechte nehmen kann.[17] Der Begriff des Tochterunternehmens ist in **§ 22a WpHG** näher erläutert. Die Aktien gehören dem Tochterunternehmen jedenfalls, wenn ihm das zivilrechtliche Eigentum zusteht.[18] Als Gehören gilt nach § 21 Abs. 1b WpHG aber bereits das Bestehen eines auf die Übertragung von Aktien gerichteten unbedingten und ohne zeitliche Verzögerung zu erfüllenden Anspruchs (→ WpHG § 21 Rn. 12 ff.). Zugerechnet werden darüber hinaus nach § 22 Abs. 1 S. 2 WpHG auch diejenigen Stimmrechte, die sich das Tochterunternehmen seinerseits nach § 22 Abs. 1 S. 1 Nr. 2–8 WpHG zurechnen lassen muss (sog. Kettenzurechnung; → Rn. 7). Die Stimmrechte des Tochterunternehmens werden dabei gemäß Abs. 1 S. 3 jeweils in voller Höhe zugerechnet.

2. Halten für Rechnung des Meldepflichtigen (Nr. 2). a) Grundlagen. In Über- **9** einstimmung mit Art. 10 lit. g Transparenz-RL sind die Stimmrechte aus denjenigen Aktien zuzurechnen, die einem Dritten gehören und von ihm für Rechnung des Meldepflichtigen gehalten werden. Die Stimmrechte gehören dem Dritten, wenn ihm das zivilrechtliche Eigentum zusteht.[19] Für das Halten auf fremde Rechnung wiederum ist kennzeichnend, dass die rechtliche und die wirtschaftliche Zuordnung auseinanderfallen, dass der Meldepflichtige mithin die **Chancen und Risiken** aus den Aktien trägt, obwohl sie nicht in seinem Eigentum stehen (→ § 16 Rn. 12, 18a).[20] Mit Blick auf den besonderen Fall der Wertpapierleihe hat der BGH die Zurechnung zusätzlich davon abhängig gemacht, dass der Darlehensgeber nach der vertraglichen Vereinbarung auf die Stimmrechtsausübung des Darlehensnehmers Einfluss nehmen kann (→ Rn. 11). Diese Judikatur sollte allerdings nicht unbesehen verallgemeinert werden. Vielmehr mag es Konstellationen geben, in denen auch ohne rechtliche Absicherung aufgrund der tatsächlichen Verhältnisse für den Meldepflichtigen die Möglichkeit besteht, auf die Stimmrechtsausübung Einfluss zu nehmen.[21] Keine Erwähnung fand denn auch das Erfordernis einer vertraglichen Vereinbarung in einer Entscheidung zur Parallelnorm des § 30 Abs. 1 S. 1 Nr. 2 WpÜG (→ Rn. 3).[22]

b) Einzelfälle. Einen klassischen Anwendungsfall bildet die **Verwaltungstreuhand** (zur **10** Sicherungstreuhand → Rn. 13). Der Einfluss des Treugebers ist aber regelmäßig auf die Aktien beschränkt, die Gegenstand des Treuhandverhältnisses sind. Eine Zurechnung von Stimmrechten aus Aktien, die der Treuhänder daneben hält, findet dann nicht statt.[23] Auch erfolgt eine Zurechnung stets nur vom Treuhänder an den Treugeber. Weil der Treuhänder weder rechtlich noch tatsächlich auf den Treugeber Einfluss nehmen kann, werden dagegen Stimmrechte, die dem Treugeber zustehen oder ihm zuzurechnen sind, nicht dem Treuhänder zugerechnet.[24] Der Treuhand zumindest verwandt sind die sog. **Vorschaltgesellschaf-**

---

[17] KK-WpHG/*v. Bülow* Rn. 65.
[18] BaFin Emittentenleitfaden, 2013, VIII.2.5.1; KK-WpHG/*v. Bülow* Rn. 70; Schwark/Zimmer/*Schwark* Rn. 3.
[19] KK-WpHG/*v. Bülow* Rn. 77; Spindler/Stilz/*Petersen* Anh. § 22 Rn. 46; NK-AktR/*Heinrich* Rn. 7.
[20] BaFin Emittentenleitfaden, 2013, VIII.2.5.2; Assmann/Schneider/*U. Schneider* Rn. 55; *Nietsch* WM 2012, 2217 (2218 f.); zu § 30 Abs. 1 S. 1 Nr. 2 WpÜG OLG Köln AG 2013, 391 (392 f.).
[21] Wie hier HK-AktG/*F. Becker* Rn. 4; vgl. auch VG Frankfurt a.M. BKR 2007, 40 (43) – Zurechnung selbst bei Verzicht auf Weisungsrecht; zust. K. Schmidt/Lutter/*Veil* Anh. § 22: WpHG § 22 Rn. 17; aA – faktische Einflussmöglichkeit per se unzureichend – KK-WpHG/*v. Bülow* Rn. 80; JVRB/*R. Becker* Rn. 50; *Brellochs* ZIP 2011, 2225 (2227).
[22] BGHZ 202, 180 Rn. 50 = NZG 2014, 985.
[23] JVRB/*R. Becker* Rn. 51.
[24] BGHZ 190, 291 Rn. 29 ff. = NZG 2011, 1147; Fleischer/Bedkowski DStR 2010, 933 ff.; *v. Bülow/Petersen* NZG 2009, 1373 ff.; *Veil/Dolff* AG 2010, 385 ff.; *Widder/Kocher* ZIP 2010, 457 ff.; *Brellochs* ZIP 2011, 2225 (2227); *Schürnbrand* NZG 2011, 1213 (1214); MüKoAktG/*Bayer* Anh. § 22: WpHG § 22 Rn. 20; aA OLG München NZG 2009, 1386 (1387 f.); *Mayrhofer/Pirner* DB 2009, 2312 (2313).

ten (Vermögensverwaltungsgesellschaften), deren ausschließlicher Zweck darin besteht, eine oder mehrere Beteiligungen im Interesse ihrer Gesellschafter zu verwalten. Hierbei muss der einzelne Gesellschafter, an den die Zurechnung erfolgen soll, über maßgeblichen Einfluss auf das Stimmrechtsverhalten der Gesellschaft verfügen. Ein solcher ist auch bei einer Minderheitsbeteiligung gegeben, wenn der Gesellschafter durch sein Veto grundlegende Entscheidungen blockieren kann.[25] Eine Zurechnung erfolgt in diesem Zusammenhang quotal, dh nur in Höhe der jeweiligen Beteiligung.[26]

11   Bei **Wertpapierdarlehen** kommt es nach der Rechtsprechung des BGH neben der Zuordnung von Chancen und Risiken (etwa Zuordnung des Kursrisikos, der Bardividenden und Bezugsrechte) entscheidend auf die Stimmrechtsausübung an. Eine Zurechnung zum Darlehensgeber erfolgt nur, wenn er nach der vertraglichen Vereinbarung auf die Stimmrechtsausübung des Darlehensnehmers Einfluss nehmen kann.[27] Die gleichen Grundsätze müssen für Wertpapierpensionsgeschäfte gelten.[28] Die früher von ihr verfolgte Unterscheidung zwischen der einfachen Wertpapierleihe, bei der eine Weiterveräußerung nicht beabsichtigt oder erlaubt ist, und der Ketten-Wertpapierleihe, bei der eine Weiterveräußerung vorgesehen ist, hat die BaFin in der Folge der BGH-Entscheidung aufgegeben.[29]

12   Vor der Einführung des § 25a WpHG aF (heute: § 25 Abs. 1 S. 1 Nr. 1 WpHG) gab es umstritten gebliebene Ansätze, **finanzielle Differenzgeschäfte** (etwa: Cash Settled Equity Swaps) unter § 22 Abs. 1 S. 1 Nr. 2 WpHG zu subsumieren.[30] Für solche Ansätze besteht heute weder ein Bedürfnis noch lässt das Gesetz nach seiner Systematik hierfür Raum.[31]

13   **3. Sicherungsübereignung (Nr. 3).** § 22 Abs. 1 S. 1 Nr. 3 WpHG regelt als lex specialis die Zurechnung in den Fällen einer Sicherungsübereignung; alle anderen Sicherheiten sind nach Nr. 8 zu beurteilen.[32] Demnach bleibt der Sicherungsgeber meldepflichtig, obwohl nicht mehr er, sondern der Sicherungsnehmer Inhaber der Aktien ist, es sei denn, der Sicherungsnehmer ist ausnahmsweise zur Ausübung der Stimmrechte befugt und **bekundet die Absicht,** die Stimmrechte unabhängig von den Weisungen des Sicherungsgebers auszuüben. Diese Willensäußerung muss nach außen erkennbar und gegenüber einer relevanten Partei, also entweder gegenüber dem Emittenten oder aber gegenüber dem Sicherungsgeber erfolgen.[33] Damit trägt das Gesetz dem Umstand Rechnung, dass die Aktien nach Wegfall des Sicherungszwecks wieder an den Sicherungsgeber übertragen werden und dieser bis dahin typischerweise berechtigt ist, die Ausübung der Stimmrechte zu steuern.

14   Bis zum Gesetz zur Umsetzung der Transparenzrichtlinie-Änderungsrichtlinie (→ WpHG Vor § 21 Rn. 6) ging man einhellig davon aus, dass im Rahmen der Nr. 3 – abweichend vom Regelfall (→ Rn. 6) – der **Grundsatz alternativer Zurechnung** maßgeblich sei. Die Stimmrechte waren demnach regelmäßig beim Sicherungsgeber und nur ausnahmsweise beim Sicherungsnehmer, keinesfalls aber bei beiden zu berücksichtigen.[34] Dieses Verständnis spiegelte sich zwar nicht deutlich im Wortlaut wider, konnte sich aber auf Art. 7 Transparenz-RL 1988 sowie die ursprünglichen Vorstellungen des deutschen Gesetzgebers stützen.[35] An ihm ist indessen **nicht mehr festzuhalten.** Zum einen sieht der

---

[25] Assmann/Schneider/*U. Schneider* Rn. 76; HK-AktG/*F. Becker* Rn. 4; aA JVRB/*R. Becker* Rn. 61.
[26] MüKoAktG/*Bayer* Anh. § 22: WpHG § 22 Rn. 22; K. Schmidt/Lutter/*Veil* Anh. § 22: WpHG § 22 Rn. 17.
[27] BGHZ 180, 154 Rn. 34 = NZG 2009, 585; weitergehend noch *Kumpan/Mittermeier* ZIP 2009, 404 (406).
[28] KK-WpHG/*v. Bülow* Rn. 97; Spindler/Stilz/*Petersen* Anh. § 22 Rn. 47.
[29] BaFin Emittentenleitfaden, 2013, VIII.2.5.2.2.
[30] Vgl. etwa *Habersack* AG 2008, 817 (818 f.); *Weber/Meckbach* BB 2008, 2022 (2028 f.); dagegen *Fleischer/Schmolke* ZIP 2008, 1501 (1504 ff.); *Cascante/Topf* AG 2009, 53 (67 f.).
[31] MüKoAktG/*Bayer* Anh. § 22: WpHG § 22 Rn. 26.
[32] Begr. RegE, BT-Drs. 18/5010, 45.
[33] KK-WpHG/*v. Bülow* Rn. 131; Fuchs/*Dehlinger/Zimmermann* Rn. 61.
[34] Vgl. nur BaFin Emittentenleitfaden, 2013, VIII.2.5.3.1; Assmann/Schneider/*U. Schneider* Rn. 93; Fuchs/*Dehlinger/Zimmermann* Rn. 59; Schäfer/Hamann/*Opitz* Rn. 50.
[35] Vgl. Begr. RegE, BT-Drs. 12/6679, 53.

geltende Art. 10 lit. f Transparenz-RL – in der Sache überzeugend – keine Sonderbehandlung der Sicherheiten mehr vor. Zum anderen hat der deutsche Gesetzgeber seinen Willen, das Konzept der alternativen Stimmrechtszurechnung zu verwerfen, in den Gesetzesmaterialien eindeutig zum Ausdruck gebracht.[36] Angesichts des offenen Wortlauts des Gesetzes kommt dem Gewicht zu, auch wenn sich der Änderungswille nicht unmittelbar im Normtext selbst niedergeschlagen hat. Daher ist in jedem Fall der Sicherungsnehmer als Inhaber der Aktien nach § 21 Abs. 1 S. 1 WpHG meldepflichtig und regelmäßig zusätzlich der Sicherungsgeber nach § 22 Abs. 1 S. 1 Nr. 3 WpHG.[37]

4. Nießbrauch (Nr. 4). In Umsetzung von Art. 10 lit. d Transparenz-RL sind die Stimmrechte aus Aktien demjenigen zuzurechnen, zu dessen Gunsten ein Nießbrauch bestellt wurde. Der Nießbraucher wird also dem Eigentümer gleichgestellt. Dabei differenziert weder das europäische noch das deutsche Recht danach, ob der Nießbraucher im Verhältnis zum Eigentümer nach eigenem Ermessen über die Ausübung der Stimmrechte entscheiden kann oder nicht.[38]

5. Erwerbsrecht (Nr. 5). Dem Meldepflichtigen zuzuordnen sind Stimmrechte aus Aktien, die er durch eine Willenserklärung erwerben kann. Die Norm will anders als die übrigen Tatbestände des § 22 Abs. 1 S. 1 WpHG weniger einen derzeitigen Einfluss sichtbar machen, sondern vielmehr einen eventuell bevorstehenden Beteiligungsaufbau offen legen. Erfasst werden nur **dingliche Optionen.** Unberücksichtigt bleiben dagegen nach dem Willen des Gesetzgebers und der Systematik des Gesetzes lediglich schuldrechtliche Erwerbsrechte.[39] Diese können aber unter § 25 Abs. 1 S. 1 Nr. 1 WpHG zu subsumieren sein. Für § 22 Abs. 1 S. 1 Nr. 5 WpHG ist im Ausgangspunkt erforderlich, dass eine auf den Übergang des Eigentums gerichtete Willenserklärung des Veräußerers vorliegt, die der Meldepflichtige nur noch anzunehmen braucht. Dem steht es gleich, wenn die dingliche Einigung sogar schon vorliegt und nur der Übergang des Eigentums noch von einer Bedingung abhängt, deren Verwirklichung allein vom Willen des Meldepflichtigen abhängt.[40] Typischer Fall ist eine Veräußerung unter Eigentumsvorbehalt (vgl. § 449 Abs. 1 BGB). Dagegen erfolgt keine Zurechnung, wenn der Veräußerer oder ein Dritter den Eigentumserwerb noch verhindern kann.[41]

6. Anvertraute Aktien, Vollmacht (Nr. 6). a) Anvertrauen. Nach Abs. 1 S. 1 Nr. 6 Alt. 1 muss sich der Meldepflichtige die Stimmrechte aus denjenigen Aktien zurechnen lassen, die ihm anvertraut sind. Maßgeblich ist, dass der Meldepflichtige verpflichtet ist, die **Vermögensinteressen** des Aktionärs wahrzunehmen, und ihm dabei ein eigener Ermessensspielraum zukommt. Dagegen ist nicht erforderlich, dass der Meldepflichtige die ihm anvertrauten Aktien selbst verwahrt.[42] Grundlage der Fürsorgepflicht können sowohl gesetzliche als auch vertragliche Rechtsverhältnisse sein. Typische Anwendungsfälle sind die elterli-

---

[36] Begr. RegE, BT-Drs. 18/5010, 45; ebenso schon JVRB/*R. Becker* Rn. 66 f.; abl. dagegen Handelsrechtsausschuss des DAV NZG 2015, 1069 Rn. 11.

[37] Anders – Zurechnung nur Sicherungsnehmer nach § 22 Abs. 1 S. 1 Nr. 8 WpHG – *Burgard/Heimann* WM 2015, 1445 (1448); *Schilha* DB 2015, 1821 (1825).

[38] BaFin Emittentenleitfaden, 2013, VIII.2.5.4; HK-AktG/*F. Becker* Rn. 6; Fuchs/*Dehlinger/Zimmermann* Rn. 62; aA KK-WpHG/*v. Bülow* Rn. 133; Spindler/Stilz/*Petersen* Anh. § 22 Rn. 49.

[39] Heute ganz hM., s. BGHZ 202, 180 Rn. 40 = NZG 2014, 985 auch zur Parallelnorm des § 30 Abs. 1 S. 1 Nr. 5 WpÜG, unter Hinweis auf Begr. RegE, BT-Drs. 14/7034, 54; Assmann/Schneider/*U. Schneider* Rn. 105 ff.; KK-WpHG/*v. Bülow* Rn. 138; MüKoAktG/*Bayer* Anh. § 22: WpHG § 22 Rn. 31 ff.; K. Schmidt/Lutter/*Veil* Anh. § 22: WpHG § 22 Rn. 24; krit. *Ekkenga* ZGR 2015, 485 (499 f.) zu § 30 WpÜG.

[40] KK-WpHG/*v. Bülow* Rn. 143; Spindler/Stilz/*Petersen* Anh. § 22 Rn. 49; vgl. auch BaFin Emittentenleitfaden, 2013, VIII.2.5.5 – Eigentumserwerb durch Kaufpreiszahlung; weitergehend Assmann/Schneider/*U. Schneider* Rn. 103: nicht mehr vom Willen des Veräußerers abhängig.

[41] Vgl. LG Köln NZG 2009, 1150 (1151) – aufschiebende Bedingung der kartellrechtlichen Freigabe; zu Rücktritts- und Kündigungsregeln OLG Köln AG 2013, 391 (394).

[42] Vgl. Begr. RegE, BT-Drs. 14/7034, 54 iVm 70; anders noch § 22 Abs. 1 Nr. 7 WpHG aF.

che Sorge, Vormundschaft, Betreuung und Testamentsvollstreckung.[43] Dagegen sind die Anteile, die eine Kapitalgesellschaft hält, nicht deren Vorständen oder Geschäftsführern anvertraut.[44]

18   **b) Vollmacht.** In Umsetzung von Art. 10 lit. h Transparenz-RL sind dem Meldepflichtigen nach Abs. 1 S. 1 Nr. 6 Alt. 2 weiterhin die Stimmrechte zuzurechnen, die er als Bevollmächtigter nach eigenem Ermessen ausüben kann, wenn keine besonderen Weisungen des Aktionärs vorliegen. In diesen Fällen wird oftmals, aber nicht zwingend auch das Anvertrautsein nach der 1. Alt. zu bejahen sein.[45] Bevollmächtigte sind nur rechtsgeschäftliche Vertreter, nicht aber Geschäftsleiter, die für eine Gesellschaft kraft ihrer Organstellung handeln.[46] Im Übrigen muss der Bevollmächtigte nur beim Ausbleiben von Weisungen nach eigenem Ermessen agieren können. Dass der Aktionär im Einzelfall oder sogar regelmäßig Weisungen erteilt, lässt die Zurechnung mit anderen Worten nicht entfallen.[47] Nicht erfasst wird dagegen das **Depotstimmrecht** der Kreditinstitute (§ 135 AktG).[48] Diese Sichtweise entspricht dem Willen des Gesetzgebers[49] und ist in der Sache gerechtfertigt, weil das Kreditinstitut seinen eigenen Vorschlägen entsprechend abzustimmen und sich bei Abweichungen jedenfalls im Rahmen der „vorgegebenen Marschroute" zu bewegen hat. Nach diesen Grundsätzen ist das Auftreten auch sonstiger institutioneller Stimmrechtsvertreter zu beurteilen.[50]

19   Erleichterungen sieht § 22 Abs. 3 WpHG vor, soweit die Vollmacht mit Ermessensspielraum **nur für eine Hauptversammlung** erteilt wird. Es bedarf dann nach S. 1 keiner gesonderten Mitteilung des Wegfalls des Zurechnungstatbestands.[51] Jedoch muss die Mitteilung ausweislich S. 2 die Angabe enthalten, wann die Hauptversammlung stattfindet und wie hoch nach dem Erlöschen der Vollmacht oder des Ausübungsermessens der Stimmrechtsanteil sein wird, der dem Bevollmächtigten zugerechnet wird.

20   **7. Zeitweilige Übertragung von Stimmrechten (Nr. 7).** Eine Zurechnung erfolgt auch hinsichtlich der Stimmrechte aus Aktien, aus denen der Meldepflichtige die Stimmrechte ausüben kann aufgrund einer Vereinbarung, die eine zeitweilige Übertragung der Stimmrechte ohne die damit verbundenen Aktien gegen Gegenleistung vorsieht. Damit wird Art. 10 lit. b Transparenz-RL umgesetzt. Wegen des **Abspaltungsverbots** ist eine solche Gestaltung nicht bei deutschen, sondern allenfalls bei ausländischen Gesellschaften denkbar.[52] Insbesondere erfasst Nr. 7 nicht den Legitimationsaktionär (→ WpHG § 21 Rn. 10).[53]

21   **8. Sicherheiten (Nr. 8).** Zur Anpassung des § 22 WpHG an die Vorgaben des Art. 10 lit. c Transparenz-RL wurde im Zuge des Gesetzes zur Umsetzung der Transparenzrichtlinie-Änderungsrichtlinie (→ WpHG Vor § 21 Rn. 6) die Nr. 8 neu eingefügt. Nach dieser **Auffangregelung** erfolgt eine Zurechnung, wenn die Aktien beim Meldepflichtigen als

---

[43] BGH NZG 2015, 519 Rn. 22 betr. Testamentsvollstrecker; VGH Kassel NZG 2010, 1307 (1308) betr. elterliche Sorge; BaFin Emittentenleitfaden, 2013, VIII.2.5.6 betr. elterliche Sorge; Assmann/Schneider/*U. Schneider* Rn. 119; Schwark/Zimmer/*Schwark* Rn. 13; K. Schmidt/Lutter/*Veil* Anh. § 22: WpHG § 22 Rn. 25; aA Fuchs/*Dehlinger/Zimmermann* Rn. 73; KK-WpHG/*v. Bülow* Rn. 174; *Leuering* NZG 2010, 1285 (1286 f.).
[44] KK-WpHG/*v. Bülow* Rn. 173; MüKoAktG/*Bayer* Anh. § 22: WpHG § 22 Rn. 36.
[45] Begr. RegE, BT-Drs. 16/2498, 35.
[46] Assmann/Schneider/*U. Schneider* Rn. 121; Fuchs/*Dehlinger/Zimmermann* Rn. 72; zu der Eigenart organschaftlichen Handelns *Schürnbrand*, Organschaft im Recht der privaten Verbände, 2007, 17 ff.
[47] HK-AktG/*F. Becker* Rn. 8; JVRB/*Michel* Rn. 86; Fuchs/*Dehlinger/Zimmermann* Rn. 74.
[48] BaFin Emittentenleitfaden, 2013, VIII.2.5.6.1; Assmann/Schneider/*U. Schneider* Rn. 128 ff.; MüKo-AktG/*Bayer* Anh. § 22: WpHG § 22 Rn. 37 ff.; JVRB/*Michel* Rn. 89; Schäfer/Hamann/*Opitz* Rn. 21 ff.; aA *Burgard* BB 1995, 2069 (2076 f.); *Witt* AG 1998, 171 (176 f.).
[49] Begr. RegE, BT-Drs. 12/6679, 54; Begr. RegE, BT-Drs. 16/2498, 35.
[50] KK-WpHG/*v. Bülow* Rn. 178.
[51] Näher Begr. RegE, BT-Drs. 16/2498, 35; *Schnabel/Korff* ZBB 2007, 179 (182).
[52] Vgl. Begr. RegE, BT-Drs. 18/5010, 45; *Schilha* DB 2015, 1821 (1823); zum Abspaltungsverbot Hüffer/Koch AktG § 8 Rn. 26.
[53] Vgl. Handelsrechtsausschuss des DAV NZG 2015, 1069 Rn. 8.

Sicherheit verwahrt werden, solange der Meldepflichtige die Stimmrechte hält und die Absicht bekundet, diese Stimmrechte auszuüben (zum Begriff des Bekundens → Rn. 13). Eine Abkehr von der bisherigen Systematik hat der Gesetzgeber damit aber nicht beabsichtigt.[54] Vielmehr sind Sicherungsübereignungen weiterhin nach der spezielleren Nr. 3 zu beurteilen (→ Rn. 13); auch bleiben etwaige Pflichten des Sicherungsnehmers nach § 21 WpHG unberührt. Der genaue Anwendungsbereich ist daher im Moment unklar.[55]

III. „Acting in concert" (Abs. 2)

1. Entwicklung. Das Gesetz sieht eine wechselseitige Zurechnung der Stimmrechte in voller Höhe vor, wenn der Meldepflichtige oder sein Tochterunternehmen und ein Dritter in qualifizierter Weise ihr Verhalten in Bezug auf den Emittenten abstimmen. Man spricht von „Acting in concert". Der Tatbestand war ursprünglich in § 22 Abs. 1 Nr. 3 WpHG aF geregelt und umfasste nur Vereinbarungen über die einvernehmliche Ausübung von Stimmrechten zur Verfolgung langfristiger gemeinschaftlicher Ziele bezüglich der Geschäftsführung des Emittenten. Im Jahre 2002 wurde dann der heutige Abs. 2 S. 1 als Abs. 2 in das Gesetz aufgenommen.[56] Ausreichend war damit jede über den Einzelfall hinausgehende Abstimmung des Verhaltens in Bezug auf den Emittenten aufgrund einer Vereinbarung oder in sonstiger Weise. Diese Gesetzesfassung wurde aber vom BGH in seinem zur Parallelnorm des § 30 Abs. 2 WpÜG (→ Rn. 3) ergangenen **WMF-Urteil** ausgesprochen restriktiv ausgelegt und auf Verständigungen über die Ausübung von Stimmrechten in der Hauptversammlung beschränkt.[57] Daraufhin hat der Gesetzgeber im **Risikobegrenzungsgesetz** (→ WpHG Vor § 21 Rn. 4) den heutigen Abs. 2 S. 2 angefügt und das Acting in Concert damit ausdrücklich auch auf ein Zusammenwirken außerhalb der Hauptversammlung erstreckt.

In seiner geltenden Fassung geht das deutsche Recht **über die Vorgaben der Transparenz-RL hinaus**. Art. 10 lit. a Transparenz-RL sieht nämlich – ebenso wie § 22 Abs. 1 Nr. 3 WpHG aF – eine Zurechnung nur bei einer Koordination der Stimmrechtsausübung zur langfristigen Verfolgung einer gemeinsamen Politik hinsichtlich der Geschäftsführung vor. Nach überwiegender Meinung ist diese erweiterte Transparenzpflicht von der Öffnungsklausel des Art. 3 Abs. 1a UAbs. 4 Transparenz-RL gedeckt (→ Rn. 4).

2. Verhaltensabstimmung. Das Acting in concert setzt stets einen **„kommunikativen Vorgang"**[58] voraus, ein bloß tatsächliches Parallelverhalten genügt nicht.[59] Daran muss auf der einen Seite der Meldepflichtige oder sein Tochterunternehmen (§ 22a WpHG) beteiligt sein; das Auftreten anderer Personen, deren Stimmrechte sich der Meldepflichtige zurechnen lassen muss, reicht nicht aus. Auf der anderen Seite muss ein Dritter stehen, dem selbst Stimmrechte zustehen oder der sich Stimmrechte zurechnen lassen muss. Nicht tatbestandsmäßig sind daher Absprachen mit dem Emittenten oder zwischen verschiedenen Organen bzw. Abteilungen innerhalb des Meldepflichtigen.[60] Die gegenseitige Verständigung kann auch vorliegen, wenn sich einer der Beteiligten einer Weisung oder wirtschaftlichem bzw. persönlichem Druck beugt („der strenge Blick des Patriarchen").[61] Möglich ist weiterhin die Einschaltung einer Mittelsperson. Keine Verhaltensabstimmung liegt aber vor, wenn

---

[54] Begr. RegE, BT-Drs. 18/5010, 45.
[55] Vgl. Handelsrechtsausschuss des DAV NZG 2015, 1069 Rn. 10.
[56] Art. 2 Gesetz zur Regelung von öffentlichen Angeboten zum Erwerb von Wertpapieren und von Unternehmensübernahmen vom 20.12.2001, BGBl. I 3822.
[57] BGHZ 169, 98 = NZG 2006, 945; krit. etwa *U. Schneider* ZGR 2007, 440.
[58] So BaFin Emittentenleitfaden, 2013, VIII.2.5.8.
[59] OLG Frankfurt NZG 2004, 865 (868) zu § 30 Abs. 2 WpÜG; *Fuchs/Dehlinger/Zimmermann* Rn. 92; *Schwark/Zimmer/Schwark* Rn. 23; *Spindler/Stilz/Petersen* Anh. § 22 Rn. 52; missverständlich Begr. RegE, BT-Drs. 14/7034, 34.
[60] *Spindler/Stilz/Petersen* Anh. § 22 Rn. 52.
[61] BGHZ 169, 98 Rn. 14 = NZG 2006, 945 zu § 30 Abs. 2 WpÜG; OLG Stuttgart NZG 2005, 432 (436); *Casper* ZIP 2003, 1469 (1475); *MüKoAktG/Bayer* Anh. § 22: WpHG § 22 Rn. 45; *K. Schmidt/Lutter/Veil* Anh. § 22: WpHG § 22 Rn. 35.

mehrere Aktionäre unabhängig voneinander Stimmrechtsempfehlungen desselben institutionellen Stimmrechtsberaters einholen.[62] Auch bloße Beratungen im Aktionärskreis begründen für sich genommen noch kein Acting in concert.[63] Im Übrigen genügt jedoch die Koordination als solche; irrelevant ist, ob sie tatsächlich zu dem gewünschten Erfolg führt.[64]

25 Erfasst wird zunächst jede **Vereinbarung.** Darunter ist jede rechtlich verbindliche Abrede zu verstehen, die auch mündlich oder sogar stillschweigend erfolgen kann.[65] Praktisch bedeutsam sind insofern vor allem Stimmbindungs- und Poolvereinbarungen. Mit dem Auffangtatbestand der Abstimmung **in sonstiger Weise** wiederum wird jede Verhaltenskoordination aufgrund eines bewussten geistigen Kontakts erfasst, die zwar keine rechtliche, wohl aber eine soziale oder wirtschaftliche Bindung entfaltet. Hierunter fallen insbesondere sog. gentlemens's agreements. Dagegen reicht es für sich genommen nicht aus, wenn ein Aktionär (etwa in einem Aktionärsforum iSv § 127a AktG) für ein bestimmtes Stimmverhalten wirbt oder einseitig Empfehlungen ausspricht.[66]

26 Beweiserleichterungen sieht das Gesetz nicht vor. Daher trägt derjenige die **Beweislast** für das Vorliegen einer Verhaltensabstimmung, der sich darauf beruft.[67] Insbesondere spricht keine Vermutung dafür, dass nahe Verwandte ihr Abstimmungsverhalten absprechen.[68] Auch lässt allein ein tatsächlich gleichförmiges Verhalten nicht auf eine Vereinbarung schließen. Im Gegenzug dürfen im Zivilprozess die Anforderungen an die Substantiierungslast nicht überspannt werden, soweit die beweisbelastete Partei keinen Einblick in die zugrunde liegenden Abreden hat.[69]

27 **3. Gegenstand. a) Ausübung von Stimmrechten (S. 2 Alt. 1).** Ganz allgemein bestimmt Abs. 2 S. 1, dass die Beteiligten ihr Verhalten in Bezug auf den Emittenten abstimmen müssen. Vorbehaltlich der Ausnahme für Einzelfälle (→ Rn. 29) genügt es nach Abs. 2 S. 2 Alt. 1, wenn Gegenstand der Verständigung die Ausübung von Stimmrechten in der Hauptversammlung ist. Weiterer **qualifizierender Elemente** bedarf es in diesem Fall nicht. Insbesondere müssen die Beteiligten keinen Gesamtplan verfolgen oder gar beabsichtigen, die unternehmerische Ausrichtung des Emittenten dauerhaft und erheblich zu ändern (vgl. S. 2 Alt. 2).[70]

28 **b) Zusammenwirken in sonstiger Weise (S. 2 Alt. 2).** S. 2 Alt. 2 stellt klar, dass in Abweichung von der früheren Rechtsprechung (→ Rn. 22) auch ein Zusammenwirken außerhalb der Hauptversammlung, vor allem also die beabsichtigte Einflussnahme auf den Willensbildungsprozess des Vorstands oder Aufsichtsrats, ein Acting in concert begründen kann. Ein solches Zusammenwirken in sonstiger Weise wird aber nur erfasst, wenn es mit dem Ziel einer dauerhaften und erheblichen Änderung der unternehmerischen Ausrichtung des Emittenten erfolgt. Die **unternehmerische Ausrichtung** umfasst die grundlegenden Weichenstellungen, die das Unternehmen als Ganzes betreffen, wie etwa das verfolgte Geschäftsmodell, die Ausrichtung der Geschäftsbereiche oder die Finanzierungsstruktur.[71] Dem Gesetzgeber standen die Zerschlagung des Unternehmens und die Zahlung hoher Sonderdividenden vor Augen.[72] Das Zusammenwirken muss auf eine Änderung der unternehmerischen Ausrichtung

---

[62] *Kocher/Heydel* AG 2011, 543 f.; Marsch-Barner/Schäfer/*Schäfer* § 18 Rn. 39; aA *Vaupel* AG 2011, 63 (75 f.).
[63] *Gesell* FS Maier-Reimer, 2010, 123 (134 f.); Assmann/Schneider/*U. Schneider* Rn. 174; K. Schmidt/Lutter/*Veil* Anh. § 22: WpHG § 22 Rn. 39.
[64] K. Schmidt/Lutter/*Veil* Anh. § 22: WpHG § 22 Rn. 35.
[65] Assmann/Schneider/*U. Schneider* Rn. 172; KK-WpHG/*v. Bülow* Rn. 198.
[66] Eingehend KK-WpHG/*v. Bülow* Rn. 201, 260 ff.; vgl. auch Begr. RegE, BT-Drs. 16/7438, 11.
[67] Assmann/Schneider/*U. Schneider* Rn. 194; HK-AktG/*F. Becker* Rn. 9; NK-AktR/*Heinrich* Rn. 20.
[68] OLG Stuttgart NZG 2005, 432 (436); MüKoAktG/*Bayer* Anh. § 22: WpHG § 22 Rn. 47; K. Schmidt/Lutter/*Veil* Anh. § 22: WpHG § 22 Rn. 42 unter Hinweis auf Art. 6 GG.
[69] BGHZ 202, 110 Rn. 59 f. = NZG 2014, 985 zu § 30 Abs. 2 WpÜG.
[70] HK-AktG/*F. Becker* Rn. 9; JVRB/*R. Becker* Rn. 98; Spindler/Stilz/*Petersen* Anh. § 22 Rn. 54; Grätsch/*Schäfer* NZG 2008, 846 (850).
[71] Vgl. BaFin Emittentenleitfaden, 2013, VIII.2.5.8.1; Spindler/Stilz/*Petersen* Anh. § 22 Rn. 55.
[72] Begr. RegE, BT-Drs. 16/7438, 11.

gerichtet sein, sog. *Stand-Still-Vereinbarungen* begründen daher kein Acting in concert.[73] Im Gegenzug ist die bloße Absicht ausreichend, eine tatsächliche Einflussnahme ist nicht erforderlich.[74] Die beabsichtigte Änderung muss schließlich **erheblich und dauerhaft** sein. Ihr muss also einerseits im Kontext des betroffenen Unternehmens und seiner Kennzahlen ein besonderes Gewicht zukommen. Andererseits müssen die Wirkungen sich auf einen nicht absehbaren Zeitraum erstrecken und dürfen nicht kurzfristig wieder rückgängig zu machen sein.

Nicht erfasst von § 22 Abs. 2 WpHG wird der **abgestimmte Aktienerwerb** als solcher, 29 der nicht mit dem Plan einer strategischen Neuausrichtung einhergeht.[75] Zwar mag man rechtspolitisch auch für eine solche Form des Beteiligungsaufbaus eine Offenlegung befürworten. Jedoch hat sich ein genau darauf abzielender Regelungsvorschlag im Gesetzgebungsverfahren zum Risikobegrenzungsgesetz nicht durchsetzen können.[76]

c) Ausnahme für Einzelfälle (S. 1 Hs. 2). Um die Kommunikation der Aktionäre 30 untereinander nicht unverhältnismäßig einzuschränken, sind Abstimmungen im Einzelfall ausgenommen. Das gilt über den Wortlaut des S. 1 Hs. 2 hinaus nicht nur für Vereinbarungen, sondern auch für Abstimmungen in sonstiger Weise.[77] Im Übrigen wird aus Gründen der Rechtssicherheit verbreitet eine strikt formale Betrachtungsweise favorisiert, der zufolge eine bloß einmalige Abstimmung unabhängig von ihrer Bedeutung den Tatbestand des § 22 Abs. 2 WpHG nicht erfüllt.[78] Dem Normzweck besser gerecht wird dagegen ein **materielles Verständnis:** Während bei einer nur „punktuellen Einflussnahme" ein Einzelfall vorliegt, begründet die Umsetzung einer „längerfristig angelegten Strategie" auch dann ein Acting in concert, wenn sie durch eine einmalige Maßnahme ins Werk gesetzt wird.[79] In der Folge kann ein sonstiges Zusammenwirken zur Änderung der unternehmerischen Ausrichtung (Abs. 1 S. 2 Alt. 2) keinesfalls ein privilegierter Einzelfall sein.[80] Dagegen kann eine Verständigung über die Stimmausübung (Abs. 1 S. 2 Alt. 1) auch dann als lediglich punktuelle Einflussnahme zu bewerten sein, wenn sie mehrere Beschlussgegenstände in einer Hauptversammlung oder die wiederholte Abstimmung zum selben Sachverhalt betrifft. Regelmäßig, aber nicht zwingend nur einen Einzelfall betrifft die Verständigung über die Wahl bestimmter Personen in den Aufsichtsrat.[81]

4. Rechtsfolgen. Ist der Tatbestand des § 22 Abs. 2 WpHG erfüllt, müssen sich die Beteiligten ihre Stimmrechte grundsätzlich **wechselseitig in voller Höhe** zurechnen lassen. Im Wege der Kettenzurechnung gilt dies auch für Stimmrechte, die sich der Dritte seinerseits aus anderem Grunde zurechnen lassen muss (→ Rn. 7). Gute Gründe sprechen dafür, die Zurechnungsvorschrift (ebenso wie ihr europäisches Pendant Art. 10 lit. a Transparenz-RL) im Wege einer teleologischen Reduktion nicht zu Lasten eines Beteiligten anzuwenden, der seine Stimmrechte einseitig zur Verfügung stellt oder strukturell keine Möglichkeit hat, die 31

---

[73] So schon BGHZ 169, 98 Rn. 26 = NZG 2006, 945 zu § 30 Abs. 2 WpÜG; sodann Bericht des Finanzausschusses, BT-Drs. 16/9821, 11; Assmann/Schneider/*U. Schneider* Rn. 184; *Segna* ZGR 2015, 84 (118 f.).
[74] Assmann/Schneider/*U. Schneider* Rn. 184b; *Krause* FS Schneider, 2011, 669 (695).
[75] So auch KK-WpHG/*v. Bülow* Rn. 269; K. Schmidt/Lutter/*Veil* Anh. § 22: WpHG § 22 Rn. 41; Schäfer/Hamann/*Opitz* Rn. 90a; aA Assmann/Schneider/*U. Schneider* Rn. 185; MüKoAktG/*Bayer* Anh. § 22: WpHG § 22 Rn. 48; NK-AktR/*Heinrich* Rn. 20.
[76] Bericht des Finanzausschusses, BT-Drs. 16/9821, 11 in Abweichung von Begr. RegE, BT-Drs. 16/7438, 11.
[77] Assmann/Schneider/*U. Schneider* Rn. 191; Fuchs/*Dehlinger/Zimmermann* Rn. 98; MüKoAktG/*Bayer* Anh. § 22: WpHG § 22 Rn. 49; aA *Wackerbarth* ZIP 2008, 2340 (2344) zu § 30 Abs. 2 WpÜG.
[78] Ohne abschließende Festlegung BGHZ 169, 98 Rn. 20 f. = NZG 2006, 945 zu § 30 Abs. 2 WpÜG; eindeutig OLG Frankfurt NZG 2004, 865 (868) zu § 30 Abs. 2 WpÜG; KK-WpHG/*v. Bülow* Rn. 228; Spindler/Stilz/*Petersen* Anh. § 22 Rn. 57; *Gesell* FS Maier-Reimer, 2010, 123 (136 ff.).
[79] So Bericht des Finanzausschusses, BT-Drs. 16/9821, 12; daran anknüpfend BaFin Emittentenleitfaden, 2013, VIII.2.5.8.2; gegen eine rein formale Betrachtung auch *Fleischer* ZGR 2008, 185 (202 f.); *Borges* ZIP 2007, 357 (363); JVRB/*R. Becker* Rn. 104; Schwark/Zimmer/*Schwark* Rn. 24 f.
[80] Krit. Handelsrechtsausschuss des DAV NZG 2013, 658 Rn. 10; *Gesell* FS Maier-Reimer, 2010, 123 (139).
[81] Näher Assmann/Schneider/*U. Schneider* Rn. 199 f.; *Schockenhoff/Culmann* ZIP 2015, 297 (306); strenger K. Schmidt/Lutter/*Veil* Anh. § 22: WpHG § 22 Rn. 37.

Stimmrechtsausübung der anderen zu beeinflussen.[82] Angesichts der personenbezogenen Konzeption des Gesetzes zweifelhaft ist dagegen die Sichtweise der BaFin, dass sich bei Pool-Vereinbarungen, die nur einen Teil der Aktien eines Beteiligten zum Gegenstand haben, die Zurechnung auf diejenigen Stimmrechte beschränkt, die in den Pool eingebracht werden.[83]

§ 22a WpHG Tochterunternehmenseigenschaft; Verordnungsermächtigung

(1) Vorbehaltlich der Absätze 2 bis 4 sind Tochterunternehmen im Sinne dieses Abschnitts Unternehmen,
1. die als Tochterunternehmen im Sinne des § 290 des Handelsgesetzbuchs gelten oder
2. auf die ein beherrschender Einfluss ausgeübt werden kann,
ohne dass es auf die Rechtsform oder den Sitz ankommt.

(2) Nicht als Tochterunternehmen im Sinne dieses Abschnitts gilt ein Wertpapierdienstleistungsunternehmen hinsichtlich der Beteiligungen, die von ihm im Rahmen einer Wertpapierdienstleistung nach § 2 Absatz 3 Satz 1 Nummer 7 verwaltet werden, wenn
1. das Wertpapierdienstleistungsunternehmen die Stimmrechte, die mit den betreffenden Aktien verbunden sind, unabhängig vom Mutterunternehmen ausübt,
2. das Wertpapierdienstleistungsunternehmen
    a) die Stimmrechte nur auf Grund von in schriftlicher Form oder über elektronische Hilfsmittel erteilten Weisungen ausüben darf oder
    b) durch geeignete Vorkehrungen sicherstellt, dass die Finanzportfolioverwaltung unabhängig von anderen Dienstleistungen und unter Bedingungen erfolgt, die gleichwertig sind denen der Richtlinie 2009/65/EG des Europäischen Parlaments und des Rates vom 13. Juli 2009 zur Koordinierung der Rechts- und Verwaltungsvorschriften betreffend bestimmte Organismen für gemeinsame Anlagen in Wertpapieren (OGAW) (ABl. L 302 vom 17.11.2009, S. 32) in der jeweils geltenden Fassung,
3. das Mutterunternehmen der Bundesanstalt den Namen des Wertpapierdienstleistungsunternehmens und die für dessen Überwachung zuständige Behörde oder das Fehlen einer solchen Behörde mitteilt und
4. das Mutterunternehmen gegenüber der Bundesanstalt erklärt, dass die Voraussetzungen der Nummer 1 erfüllt sind.

(3) Nicht als Tochterunternehmen im Sinne dieses Abschnitts gelten Kapitalverwaltungsgesellschaften im Sinne des § 17 Absatz 1 des Kapitalanlagegesetzbuchs und EU-Verwaltungsgesellschaften im Sinne des § 1 Absatz 17 des Kapitalanlagegesetzbuchs hinsichtlich der Beteiligungen, die zu den von ihnen verwalteten Investmentvermögen gehören, wenn
1. die Verwaltungsgesellschaft die Stimmrechte, die mit den betreffenden Aktien verbunden sind, unabhängig vom Mutterunternehmen ausübt,
2. die Verwaltungsgesellschaft die zu dem Investmentvermögen gehörenden Beteiligungen im Sinne der §§ 21 und 22 nach Maßgabe der Richtlinie 2009/65/EG verwaltet,
3. das Mutterunternehmen der Bundesanstalt den Namen der Verwaltungsgesellschaft und die für deren Überwachung zuständige Behörde oder das Fehlen einer solchen Behörde mitteilt und

---

[82] KK-WpHG/*v. Bülow* Rn. 248; K. Schmidt/Lutter/*Veil* Anh. § 22: WpHG § 22 Rn. 44; *Merkner/Sustmann* NZG 2009, 813 (818); *Brellochs* ZIP 2011, 2225 (2230); aA BaFin Emittentenleitfaden, 2013, VIII.2.5.8.3; Fuchs/*Dehlinger/Zimmermann* Rn. 102; Schäfer/Hamann/*Opitz* Rn. 93a; *Nietsch* WM 2012, 2217 (2222 f.).

[83] BaFin Emittentenleitfaden, 2013, VIII.2.5.8.2; ebenso OLG Düsseldorf BeckRS 2013, 21114; K. Schmidt/Lutter/*Veil* Anh. § 22: WpHG § 22 Rn. 44; wie hier dagegen KK-WpHG/*v. Bülow* Rn. 242; Spindler/Stilz/*Petersen* Anh. § 22 Rn. 58; krit. auch NK-AktR/*Heinrich* Rn. 19.

4. das Mutterunternehmen gegenüber der Bundesanstalt erklärt, dass die Voraussetzungen der Nummer 1 erfüllt sind.

(4) Ein Unternehmen mit Sitz in einem Drittstaat, das nach § 32 Absatz 1 Satz 1 in Verbindung mit § 1 Absatz 1a Satz 2 Nummer 3 des Kreditwesengesetzes einer Zulassung für die Finanzportfolioverwaltung oder einer Erlaubnis nach § 20 oder § 113 des Kapitalanlagegesetzbuchs bedürfte, wenn es seinen Sitz oder seine Hauptverwaltung im Inland hätte, gilt nicht als Tochterunternehmen im Sinne dieses Abschnitts, wenn
1. das Unternehmen bezüglich seiner Unabhängigkeit Anforderungen genügt, die denen nach Absatz 2 oder Absatz 3, auch in Verbindung mit einer Rechtsverordnung nach Absatz 6, jeweils gleichwertig sind,
2. das Mutterunternehmen der Bundesanstalt den Namen dieses Unternehmens und die für dessen Überwachung zuständige Behörde oder das Fehlen einer solchen Behörde mitteilt und
3. das Mutterunternehmen gegenüber der Bundesanstalt erklärt, dass die Voraussetzungen der Nummer 1 erfüllt sind.

(5) Abweichend von den Absätzen 2 bis 4 gelten Wertpapierdienstleistungsunternehmen und Verwaltungsgesellschaften jedoch dann als Tochterunternehmen im Sinne dieses Abschnitts, wenn
1. das Mutterunternehmen oder ein anderes Tochterunternehmen des Mutterunternehmens seinerseits Anteile an der von dem Unternehmen verwalteten Beteiligung hält und
2. das Unternehmen die Stimmrechte, die mit diesen Beteiligungen verbunden sind, nicht nach freiem Ermessen, sondern nur auf Grund unmittelbarer oder mittelbarer Weisungen ausüben kann, die ihm vom Mutterunternehmen oder von einem anderen Tochterunternehmen des Mutterunternehmens erteilt werden.

(6) Das Bundesministerium der Finanzen wird ermächtigt, durch Rechtsverordnung, die nicht der Zustimmung des Bundesrates bedarf, nähere Bestimmungen zu erlassen über die Umstände, unter denen in den Fällen der Absätze 2 bis 5 eine Unabhängigkeit vom Mutterunternehmen gegeben ist.

Übersicht

	Rn.		Rn.
I. Allgemeines	1	1. Wertpapierdienstleistungsunternehmen (Abs. 2)	8
II. Tochterunternehmen	2–6	2. Kapitalverwaltungsgesellschaften (Abs. 3)	9
1. Grundlagen	2–4		
2. Beherrschender Einfluss	5, 6	3. Drittstaatenregelung (Abs. 4)	10
III. Ausnahmen	7–11	4. Rückausnahme (Abs. 5)	11

I. Allgemeines

Die Vorschrift geht auf das Gesetz zur Umsetzung der Transparenzrichtlinie-Änderungsrichtlinie zurück (→ WpHG Vor § 21 Rn. 6). Sie fasst im Kern aber lediglich verschiedene Definitionstatbestände zusammen, die zuvor im WpHG und im KAGB verteilt waren.[1] In Abs. 1 wird der für §§ 22 Abs. 1 S. 1 Nr. 1, 24 Abs. 1, 26 Abs. 1 S. 2 WpHG bedeutsame Begriff des Tochterunternehmens bestimmt. In Abs. 2–5 finden sich Ausnahmetatbestände. Demnach gelten Wertpapierdienstleistungsunternehmen, die eine Finanzportfolioverwaltung anbieten, und Kapitalverwaltungsgesellschaften unter bestimmten Voraussetzungen nicht als Tochterunternehmen. Im Zuge des geplanten Finanzmarktnovellierungsgesetzes 1

---

[1] Begr. RegE, BT-Drs. 18/5010, 45.

(→ WpHG Vor § 21 Rn. 7) soll die Vorschrift inhaltlich unverändert nach § 31 WpHG verschoben werden.

II. Tochterunternehmen

2 **1. Grundlagen.** Nach Abs. 1 ist ein Tochterunternehmen im Ausgangspunkt jedes Unternehmen, das als Tochterunternehmen iSv § 290 HGB gilt oder auf das ein beherrschender Einfluss ausgeübt werden kann, ohne dass es auf die Rechtsform oder den Sitz ankommt. Diese Definition fand sich früher inhaltsgleich in § 22 Abs. 3 WpHG aF. Sie dient der Umsetzung von **Art. 2 Abs. 1 lit. f Transparenz-RL**, der den nach der RL maßgeblichen Begriff des „kontrollierten Unternehmens" umschreibt.

3 Ohne Belang sind **Sitz und Rechtsform** der Beteiligten. In Betracht kommt jede rechtlich selbständige Organisation. Tochterunternehmen kann daher auch eine Personenhandelsgesellschaft, eine BGB-Gesellschaft oder eine ausländische Gesellschaft sein.[2] Ausgenommen sind lediglich natürliche Personen, da sie nicht Objekt eines gesellschaftsrechtlich vermittelten Einflusses sein können.[3] Soweit Abs. 1 Nr. 1 auf § 290 HGB verweist, knüpft er lediglich an die dort umschriebene Kontrollstellung an. Die Einordnung als Tochterunternehmen setzt also nicht voraus, dass dem ein **Mutterunternehmen** iSv § 290 HGB gegenübersteht. Der beherrschende Einfluss muss mithin nicht von einer Kapitalgesellschaft, sondern kann auch von einer Personengesellschaft oder sogar einer natürlichen Person ausgehen, die überdies nicht einmal über einen Geschäftsbetrieb verfügen muss.[4] Das folgt ungeachtet des eher missverständlichen Wortlauts schon aus dem Zweck der Beteiligungstransparenz, für die Art der Organisationsform des Meldepflichtigen ohne Belang ist. Im Übrigen steht auch allein dieses Verständnis im Einklang mit Art. 2 Abs. 1 lit. f Transparenz-RL, der als Kontrollsubjekt ganz allgemein jede „natürliche oder juristische Person" vorsieht.

4 Ein Beherrschungsverhältnis kann über **mehrere Beteiligungsstufen** hinweg bestehen.[5] Bei mehrstufigen Konzernbeziehungen werden dem Meldepflichtigen die Stimmrechte aller Tochterunternehmen zugerechnet (→ WpHG § 22 Rn. 8). Im Einzelfall kann auch eine **Mehrmütterherrschaft** in Betracht kommen.[6] Ein Tochterunternehmen kann mithin von mehreren Meldepflichtigen abhängig sein und von diesen gemeinsam beherrscht werden. Jedem einzelnen von ihnen sind die Stimmrechte des Tochterunternehmens dann in voller Höhe zuzurechnen.

5 **2. Beherrschender Einfluss.** Tochterunternehmen sind nach Abs. 1 Nr. 1 zunächst diejenigen Unternehmen, die gemäß **§ 290 HGB** als Tochterunternehmen gelten. Der Verweis ist ein dynamischer, sodass es nach der derzeit geltenden Fassung darauf ankommt, ob der Meldepflichtige einen unmittelbar oder mittelbar beherrschenden Einfluss ausüben kann; auf das früher maßgebliche Kriterium der einheitlichen Leitung kommt es nicht mehr an.[7] Ob der Meldepflichtige von seiner Einflussmöglichkeit tatsächlich Gebrauch macht, ist ohne Belang. In den Fällen des § 290 Abs. 2 HGB wird der beherrschende Einfluss unwiderleglich vermutet.[8] Tochterunternehmen sind nach Abs. 1 Nr. 2 weiterhin Unternehmen, auf die ein **beherrschender Einfluss** ausgeübt werden kann. Zur Auslegung ist auf die zu § 17 AktG entwickelten Grundsätze zurückzugreifen. Maßgeblich ist also

---

[2] HK-AktG/*F. Becker* § 22 Rn. 3; KK-WpHG/*v. Bülow* § 22 Rn. 285.
[3] OLG Stuttgart NZG 2005, 432 (435 f.); Assmann/Schneider/*U. Schneider* § 22 Rn. 31; KK-WpHG/ *v. Bülow* § 22 Rn. 287; aA Schäfer/Hamann/*Opitz* § 22 Rn. 8a: Einzelkaufmann.
[4] Vgl. OLG Stuttgart AG 2009, 124 (129); NZG 2005, 432 (435); LG Köln AG 2008, 336 (338); Assmann/ Schneider/*U. Schneider* Rn. 32 f.; Fuchs/*Dehlinger/Zimmermann* § 22 Rn. 27; MüKoAktG/*Bayer* Anh. § 22: WpHG § 22 Rn. 13; Schäfer/Hamann/*Opitz* Rn. 5; krit. KK-WpHG/*v. Bülow* § 22 Rn. 298 f.
[5] Assmann/Schneider/*U. Schneider* Rn. 39 ff.; HK-AktG/*F. Becker* Rn. 3.
[6] OLG Düsseldorf BeckRS 2013, 21114; OLG München NZG 2005, 1017 (1018); LG Köln AG 2008, 336 (338); Spindler/Stilz/*Petersen* Anh. § 22 Rn. 42; eingehend KK-WpHG/*v. Bülow* § 22 Rn. 325 ff.
[7] Vgl. nur MüKoAktG/*Bayer* Anh. § 22: WpHG § 22 Rn. 11; K. Schmidt/Lutter/*Veil* Anh. § 22: WpHG § 22 Rn. 7; Schäfer/Hamann/*Opitz* Rn. 3 f.; krit. allein KK-WpHG/*v. Bülow* § 22 Rn. 289 ff.
[8] Baumbach/Hopt/*Merkt* HGB § 290 Rn. 8; im vorliegenden Zusammenhang MüKoAktG/*Bayer* Anh. § 22: WpHG § 22 Rn. 11; Spindler/Stilz/*Petersen* Anh. § 22 Rn. 41.

grundsätzlich umfassende und beständige Einflussmöglichkeit auf gesellschaftsvertraglicher Grundlage (→ AktG § 17 Rn. 5 ff.).[9]

Noch nicht abschließend geklärt ist, ob eine im Ausgangspunkt bestehende Beherrschungssituation durch Abschluss eines Stimmbindungs- oder eines **Entherrschungsvertrags** (→ AktG § 17 Rn. 42 ff.) beseitigt werden kann. Teilweise sieht man solche Vereinbarungen pauschal als unbeachtlich an, weil allein die formale Rechtsposition maßgeblich sei.[10] Das verfehlt indessen den Normzweck, der auf den tatsächlichen Einfluss abzielt. Sofern die getroffenen Vereinbarungen hinreichend deutlich und umfassend sind, können sie daher durchaus die Qualifikation als Tochterunternehmen ausschließen.[11]

III. Ausnahmen

Die Abs. 2–4 regeln Ausnahmetatbestände zu Abs. 1 zur Erleichterung der Vermögensverwaltung. Liegen die jeweiligen Voraussetzungen vor, gelten die Unternehmen hinsichtlich der von ihnen verwalteten Beteiligungen nicht als Tochterunternehmen, sofern nicht die Rückausnahme nach Abs. 5 eingreift.

1. Wertpapierdienstleistungsunternehmen (Abs. 2). Privilegiert kann nach Abs. 2 zunächst ein Wertpapierdienstleistungsunternehmen hinsichtlich der Beteiligungen sein, die von ihm im Rahmen einer Finanzportfolioverwaltung (§ 2 Abs. 3 S. 1 Nr. 7 WpHG) verwaltet werden. Die Norm entspricht § 22 Abs. 3a WpHG aF und knüpft an die Vorgaben aus Art. 10 RL 2007/14/EG an. Sie setzt in materieller Hinsicht voraus, dass das Wertpapierdienstleistungsunternehmen die Stimmrechte, die mit den betreffenden Aktien verbunden sind, unabhängig vom Mutterunternehmen ausübt (§ 22a Abs. 2 Nr. 1 WpHG) und zudem nur weisungsgebunden ausüben darf (§ 22a Abs. 2 Nr. 2 lit. a WpHG) oder aber durch geeignete Vorkehrungen sicherstellt, dass die Finanzportfolioverwaltung unabhängig erfolgt (§ 22 Abs. 2 Nr. 2 lit. b WpHG). Die Anforderungen an die Unabhängigkeit der Stimmrechtsausübung werden in § 2 Transparenzrichtlinie-Durchführungsverordnung konkretisiert (vgl. § 22a Abs. 6 WpHG). Formal muss der Meldepflichtige die Verhältnisse der BaFin offenlegen (§ 22a Abs. 2 Nr. 3 WpHG) und erklären, dass die Unabhängigkeit der Stimmrechtsausübung gewährleistet ist (§ 22a Abs. 3 Nr. 4 WpHG).

2. Kapitalverwaltungsgesellschaften (Abs. 3). Die Ausnahmevorschrift für Kapitalverwaltungsgesellschaften entspricht inhaltlich weitgehend derjenigen für Wertpapierdienstleistungsunternehmen nach Abs. 2 (→ Rn. 8). Sie geht auf § 94 Abs. 2 S. 1 und Abs. 3 S. 1 KAGB aF zurück.

3. Drittstaatenregelung (Abs. 4). Vergleichbare Anforderungen wie bei Wertpapierdienstleistungsunternehmen (→ Rn. 8) und Kapitalverwaltungsgesellschaften (→ Rn. 9) gelten für ein Unternehmen mit Sitz in einem Drittstaat, das einer aufsichtsrechtlichen Erlaubnis bedürfte, wenn es seinen Sitz oder seine Hauptverwaltung im Inland hätte. Die Norm fasst als horizontale Regelung die früheren Vorschriften des § 29a Abs. 3 WpHG aF und des § 94 Abs. 4 KAGB aF zusammen.[12] In der Sache ist erforderlich, dass das Unternehmen bezüglich seiner Unabhängigkeit Anforderungen genügt, die denen nach § 22a Abs. 2 bzw. Abs. 3 WpHG gleichwertig sind (§ 22a Abs. 4 Nr. 1 WpHG). Das wird in § 8 Transparenzrichtlinie-Durchführungsverordnung näher konkretisiert. In formeller Hinsicht ist eine Offenlegung gegenüber der BaFin erforderlich (§ 22a Abs. 4 Nr. 2 und 3 WpHG).

4. Rückausnahme (Abs. 5). Abweichend von § 22a Abs. 2–4 WpHG gilt ein Unternehmen doch als Tochterunternehmen, wenn die Voraussetzungen des § 22a Abs. 5 WpHG

---

[9] Vgl. Begr. RegE, BT-Drs. 14/7034, 70 iVm 35; OLG Stuttgart NZG 2005, 432 (435 f.); KK-WpHG/ *v. Bülow* § 22 Rn. 312; K. Schmidt/Lutter/*Veil* Anh. § 22: WpHG § 22 Rn. 9.
[10] Assmann/Schneider/*U. Schneider* § 22 Rn. 36; Spindler/Stilz/*Petersen* Anh. § 22 Rn. 41.
[11] MüKoAktG/*Bayer* Anh. § 22: WpHG § 22 Rn. 14; KK-WpHG/*v. Bülow* § 22 Rn. 313; in Fällen „faktischer" Hauptversammlungsmehrheit *Larisch/Bunz* NZG 2013, 1247 (1251).
[12] Begr. RegE, BT-Drs. 18/5010, 45 f.

vorliegen. Die Vorschrift fasst als horizontale Regelung § 22 Abs. 3a S. 1 WpHG aF und § 94 Abs. 2 S. 2 KAGB aF zusammen.[13]

§ 23 WpHG Nichtberücksichtigung von Stimmrechten

(1) Stimmrechte aus Aktien eines Emittenten, für den die Bundesrepublik Deutschland der Herkunftsstaat ist, bleiben bei der Berechnung des Stimmrechtsanteils unberücksichtigt, wenn ihr Inhaber
1. ein Kreditinstitut oder ein Wertpapierdienstleistungsunternehmen mit Sitz in einem Mitgliedstaat der Europäischen Union oder in einem anderen Vertragsstaat des Abkommens über den Europäischen Wirtschaftsraum ist,
2. die betreffenden Aktien im Handelsbuch hält und dieser Anteil nicht mehr als 5 Prozent der Stimmrechte beträgt und
3. sicherstellt, dass die Stimmrechte aus den betreffenden Aktien nicht ausgeübt und nicht anderweitig genutzt werden, um auf die Geschäftsführung des Emittenten Einfluss zu nehmen.

(1a) Unberücksichtigt bei der Berechnung des Stimmrechtsanteils bleiben Stimmrechte aus Aktien, die gemäß der Verordnung (EG) Nr. 2273/2003 zu Stabilisierungszwecken erworben wurden, wenn der Aktieninhaber sicherstellt, dass die Stimmrechte aus den betreffenden Aktien nicht ausgeübt und nicht anderweitig genutzt werden, um auf die Geschäftsführung des Emittenten Einfluss zu nehmen.

(2) Stimmrechte aus Aktien eines Emittenten, für den die Bundesrepublik Deutschland der Herkunftsstaat ist, bleiben bei der Berechnung des Stimmrechtsanteils unberücksichtigt, sofern
1. die betreffenden Aktien ausschließlich für den Zweck der Abrechnung und Abwicklung von Geschäften für höchstens drei Handelstage gehalten werden, selbst wenn die Aktien auch außerhalb eines organisierten Marktes gehandelt werden, oder
2. eine mit der Verwahrung von Aktien betraute Stelle die Stimmrechte aus den verwahrten Aktien nur aufgrund von Weisungen, die schriftlich oder über elektronische Hilfsmittel erteilt wurden, ausüben darf.

(3) [1]Stimmrechte aus Aktien, die die Mitglieder des Europäischen Systems der Zentralbanken bei der Wahrnehmung ihrer Aufgaben als Währungsbehörden zur Verfügung gestellt bekommen oder die sie bereitstellen, bleiben bei der Berechnung des Stimmrechtsanteils am Emittenten, für den die Bundesrepublik Deutschland der Herkunftsstaat ist, unberücksichtigt, soweit es sich bei den Transaktionen um kurzfristige Geschäfte handelt und die Stimmrechte aus den betreffenden Aktien nicht ausgeübt werden. [2]Satz 1 gilt insbesondere für Stimmrechte aus Aktien, die einem oder von einem Mitglied im Sinne des Satzes 1 zur Sicherheit übertragen werden, und für Stimmrechte aus Aktien, die dem Mitglied als Pfand oder im Rahmen eines Pensionsgeschäfts oder einer ähnlichen Vereinbarung gegen Liquidität für geldpolitische Zwecke oder innerhalb eines Zahlungssystems zur Verfügung gestellt oder von diesem bereitgestellt werden.

(4) [1]Für die Meldeschwellen von 3 Prozent und 5 Prozent bleiben Stimmrechte aus solchen Aktien eines Emittenten, für den die Bundesrepublik Deutschland der Herkunftsstaat ist, unberücksichtigt, die von einer Person erworben oder veräußert werden, die an einem Markt dauerhaft anbietet, Finanzinstrumente im Wege des Eigenhandels zu selbst gestellten Preisen zu kaufen oder zu verkaufen (Market Maker), wenn
1. diese Person dabei in ihrer Eigenschaft als Market Maker handelt,
2. sie eine Zulassung nach der Richtlinie 2004/39/EG hat,

---

[13] Begr. RegE, BT-Drs. 18/5010, 45 f.

3. sie nicht in die Geschäftsführung des Emittenten eingreift und keinen Einfluss auf ihn dahingehend ausübt, die betreffenden Aktien zu kaufen oder den Preis der Aktien zu stützen und
4. sie der Bundesanstalt unverzüglich, spätestens innerhalb von vier Handelstagen mitteilt, dass sie hinsichtlich der betreffenden Aktien als Market Maker tätig ist; für den Beginn der Frist gilt § 21 Abs. 1 Satz 3 und 4 entsprechend.
²Die Person kann die Mitteilung auch schon zu dem Zeitpunkt abgeben, an dem sie beabsichtigt, hinsichtlich der betreffenden Aktien als Market Maker tätig zu werden.

(5) Stimmrechte aus Aktien, die nach den Absätzen 1 bis 4 bei der Berechnung des Stimmrechtsanteils unberücksichtigt bleiben, können mit Ausnahme von Absatz 2 Nr. 2 nicht ausgeübt werden.

(6) Das Bundesministerium der Finanzen kann durch Rechtsverordnung, die nicht der Zustimmung des Bundesrates bedarf,
1. eine geringere Höchstdauer für das Halten der Aktien nach Absatz 2 Nr. 1 festlegen,
2. nähere Bestimmungen erlassen über die Nichtberücksichtigung der Stimmrechte eines Market Maker nach Absatz 4 und
3. nähere Bestimmungen erlassen über elektronische Hilfsmittel, mit denen Weisungen nach Absatz 2 Nr. 2 erteilt werden können.

(7) Die Berechnung der Stimmrechte die nach den Absätzen 1 und 4 nicht zu berücksichtigen sind, bestimmt sich nach den in Artikel 9 Absatz 6b und Artikel 13 Absatz 4 der Richtlinie 2004/109/EG des Europäischen Parlaments und des Rates vom 15. Dezember 2004 zur Harmonisierung der Transparenzanforderungen in Bezug auf Informationen über Emittenten, deren Wertpapiere zum Handel auf einem geregelten Markt zugelassen sind, und zur Änderung der Richtlinie 2001/34/EG (ABl. L 390 vom 31.12.2004, S. 38) benannten technischen Regulierungsstandards.

I. Grundlagen

§ 23 WpHG fasst verschiedene Tatbestände zusammen, bei deren Vorliegen Stimmrechte 1 für die Zwecke der Beteiligungspublizität unberücksichtigt bleiben. Überwiegend geht es darum, dass der Inhaber die Aktien als professioneller Kapitalmarktteilnehmer nur kurzfristig zu einem besonderen Zweck hält. Durchgehend handelt es sich um Konstellationen, in denen er die Stimmrechte selbst nicht ausüben will und wird. Die Norm will den mit der Erfüllung von Meldepflichten verbundenen Verwaltungsaufwand vermeiden und so die Erbringung bestimmter Dienstleistungen an den Kapitalmärkten und die Wahrnehmung bestimmter öffentlicher Aufgaben erleichtern.[1] Zugleich soll eine **Irreführung des Marktes** verhindert werden, die eine Offenlegung auch solcher Beteiligungen mit sich brächte, die von professionellen Akteuren ohne Eigeninteresse gehalten werden.[2] Im Zuge der **anstehenden Novelle** (→ WpHG Vor § 21 Rn. 7) soll die Vorschrift zum neuen § 32 WpHG werden.

Liegen die Voraussetzungen eines Befreiungstatbestands vor, bleiben die Stimmrechte 2 **kraft Gesetzes** unberücksichtigt; seit der Neufassung der Norm durch das TUG (→ WpHG Vor § 21 Rn. 4) bedarf es keines Antrags bei der Finanzaufsicht mehr.[3] Die Stimmrechte können dann auch nicht einem Dritten (zB Mutterunternehmen) zugerechnet

---
[1] Begr. RegE, BT-Drs. 12/6679, 54; Begr. RegE, BT-Drs. 16/2498, 35.
[2] Begr. RegE, BT-Drs. 16/2498, 35; Fuchs/*Dehlinger/Zimmermann* Rn. 1; MüKoAktG/*Bayer* Anh. § 22: WpHG § 23 Rn. 1; krit. Assmann/Schneider/*U. Schneider* Rn. 2.
[3] Begr. RegE, BT-Drs. 16/2498, 35; krit. *Göres* Der Konzern 2007, 15 (19); zum früheren Recht *Hildner* 126 ff.

werden.⁴ Greifen zugunsten eines Unternehmens mehrere Tatbestände ein, sind diese nach der keineswegs unbedenklichen Auffassung der BaFin nebeneinander anwendbar, sodass die jeweils vorgesehenen Höchstgrenzen kumulativ in Anspruch genommen werden können.⁵ Die Stimmrechte aus den betroffenen Aktien dürfen nach näherer Maßgabe von Abs. 5 nicht ausgeübt werden.

II. Handelsbuch (Abs. 1)

3 Abs. 1 setzt Art. 9 Abs. 6 Transparenz-RL um und privilegiert Kreditinstitute (§ 1 Abs. 1 S. 1 KWG) und Wertpapierdienstleistungsunternehmen (§§ 2 Abs. 4, 2a WpHG), die Aktien im Handelsbuch halten, um ihrer Geschäftstätigkeit nachgehen zu können. Der Handelsbestand umfasst im Kern **kurzfristig gehaltene Aktien** und ist namentlich vom Anlagebestand und der Liquiditätsreserve abzugrenzen (vgl. auch § 71 Abs. 1 Nr. 7 AktG, § 340e HGB). Das Unternehmen darf höchstens einen Anteil von 5 Prozent der Stimmrechte halten; andernfalls ist der gesamte Bestand meldepflichtig.⁶ Dabei sind Beteiligungen nach §§ 21, 22 und 25 WpHG zusammenzurechnen; Einzelheiten dazu finden sich in Art. 2 und 3 Delegierte VO (EU) Nr. 2015/761, auf die Abs. 7 verweist.⁷ Schließlich muss der Wertpapierdienstleister sicherstellen, dass die Stimmrechte auch nicht faktisch dazu genutzt werden, um Einfluss auf die Geschäftsführung zu nehmen. Dazu muss er geeignete organisatorische Maßnahmen ergreifen.⁸ Das Einflussnahmeverbot ist nicht auf die Aktien im Handelsbuch beschränkt, sondern gilt auch für Aktien, die das Unternehmen im Anlagebestand hält.⁹

III. Erwerb zu Stabilisierungszwecken (Abs. 1a)

4 In Umsetzung von Art. 9 Abs. 6a Transparenz-RL bleiben Stimmrechte aus Aktien unberücksichtigt, die ein Kreditinstitut oder ein Wertpapierdienstleistungsunternehmen im Rahmen eines signifikanten Zeichnungsangebots allein zu Zwecken der Kursstabilisierung erwirbt. Das gilt aber nur, wenn zum einen der Erwerb in Einklang mit der VO (EG) Nr. 2273/2003 steht; zum anderen dürfen die betreffenden Stimmrechte nicht ausgenutzt werden, um auf die Geschäftsführung des Emittenten Einfluss zu nehmen.

IV. Abrechnung und Abwicklung; Verwahrung (Abs. 2)

5 Nach Abs. 2 Nr. 1 privilegiert sind Geschäfte im Rahmen des **Clearing und Settlement,** auch wenn die Aktien außerhalb des organisierten Marktes (§ 2 Abs. 5 WpHG) gehandelt werden.¹⁰ Damit wird Art. 9 Abs. 4 Transparenz-RL umgesetzt. Zu beachten ist die Haltefrist von drei Handelstagen (§ 30 WpHG); eine höhenmäßige Begrenzung gibt es hier nicht.¹¹ Ebenfalls im Anschluss an Art. 9 Abs. 4 Transparenz-RL unberücksichtigt bleiben nach Abs. 2 Nr. 2 Stimmrechte, die eine **Verwahrstelle** nur aufgrund besonderer Weisungen ausüben darf. Die Vorschrift hat für inländische Banken, die Depotgeschäft (§ 1 Abs. 1 S. 2 Nr. 5 KWG) anbieten, kaum Bedeutung, da diese in aller Regel gar nicht Eigentümer der verwahrten Aktien und damit auch nicht Inhaber der Stimmrechte wer-

---

⁴ BaFin Emittentenleitfaden, 2013, VIII.2.6.1: „Sperrwirkung"; Spindler/Stilz/*Petersen* Anh. § 22 Rn. 59.
⁵ BaFin Emittentenleitfaden, 2013, VIII.2.6.1; ebenso JVRB/*R. Becker* Rn. 4; krit. Assmann/Schneider/ *U. Schneider* Rn. 64; Schwark/Zimmer/*Schwark* Rn. 19.
⁶ BaFin Emittentenleitfaden, 2013, VIII.2.6.2; Assmann/Schneider/*U. Schneider* Rn. 17.
⁷ Delegierte VO (EU) Nr. 2015/761 der Kommission vom 17.12.2014 zur Ergänzung der RL 2004/109/ EG des Europäischen Parlaments und des Rates im Hinblick auf bestimmte technische Regulierungsstandards für bedeutende Beteiligungen, ABl. EU L 120, 2.
⁸ KK-WpHG/*Hirte* Rn. 27; Schäfer/Hamann/*Opitz* Rn. 4; Schwark/Zimmer/*Schwark* Rn. 5.
⁹ MüKoAktG/*Bayer* Anh. § 22: WpHG § 23 Rn. 6; KK-WpHG/*Hirte* Rn. 29; aA Fuchs/*Dehlinger/Zimmermann* Rn. 13; Schwark/Zimmer/*Schwark* Rn. 7; JVRB/*R. Becker* Rn. 13.
¹⁰ Näher zum Begriff BaFin Emittentenleitfaden, 2013, VIII.2.6.1; Fuchs/*Dehlinger/Zimmermann* Rn. 15.
¹¹ MüKoAktG/*Bayer* Anh. § 22: WpHG § 23 Rn. 7.

den.[12] Eine Begrenzung auf einen bestimmten Stimmrechtsanteil oder eine zeitliche Beschränkung sieht das Gesetz im Rahmen des Abs. 2 Nr. 2 nicht vor.[13]

V. Währungsbehörden (Abs. 3)

In Umsetzung von Art. 11 Transparenz-RL erleichtert Abs. 3 den Mitgliedern des Europäischen Systems von Zentralbanken die Wahrnehmung ihrer öffentlichen Aufgabe. Bei den Transaktionen muss es sich um **kurzfristige Geschäfte** handeln. Darunter sind nach Erwägungsgrund 19 der Transparenz-RL 2004 sowie den Vorstellungen des deutschen Gesetzgebers diejenigen Kreditgeschäfte zu verstehen, die im Einklang mit dem Vertrag und den Rechtsakten der EZB stehen.[14]

6

VI. Market Maker (Abs. 4)

Die Vorschrift setzt Art. 9 Abs. 4 Transparenz-RL um und erleichtert die Tätigkeit der Market Maker, indem sie diese unter den im Gesetzestext näher bezeichneten Voraussetzungen von der Meldepflicht freistellt.[15] Die Nichtberücksichtigung von Stimmrechten bezieht sich nur auf die Schwellenwerte von 3 Prozent und 5 Prozent, nicht hingegen auf die sonstigen höheren Schwellenwerte.[16] Für diese Zwecke sind die Beteiligungen nach §§ 21, 22 und 25 WpHG zusammenzurechnen; Einzelheiten dazu finden sich in Art. 2 und 3 Delegierte VO (EU) Nr. 2015/761, auf die Abs. 7 verweist.[17] Eine Konkretisierung der dem Market Maker gegenüber der BaFin obliegenden Pflichten findet sich (auf der Basis der Ermächtigungsgrundlage des § 23 Abs. 6 Nr. 2 WpHG) in § 4 Transparenzrichtlinie-Durchführungsverordnung.

7

§ 24 WpHG Mitteilung durch Mutterunternehmen; Verordnungsermächtigung

(1) Ein Meldepflichtiger ist von den Meldepflichten nach § 21 Absatz 1 und 1a, § 25 Absatz 1 und § 25 Absatz 1a befreit, wenn die Mitteilung von seinem Mutterunternehmen erfolgt oder, falls das Mutterunternehmen selbst ein Tochterunternehmen ist, durch dessen Mutterunternehmen erfolgt.

(2) Das Bundesministerium der Finanzen kann durch Rechtsverordnung, die nicht der Zustimmung des Bundesrates bedarf, nähere Bestimmungen erlassen über den Inhalt, die Art, die Sprache, den Umfang und die Form der Mitteilung nach Absatz 1.

I. Grundlagen

Die Vorschrift geht in ihrer geltenden Fassung auf das Gesetz zur Umsetzung der Transparenzrichtlinie-Änderungsrichtlinie (→ WpHG Vor § 21 Rn. 6) zurück und dient der Umsetzung von Art. 12 Abs. 3 Transparenz-RL. Sie bezweckt die **verfahrensmäßige Vereinfachung** der Beteiligungspublizität.[1] Die Erfüllung der Meldepflicht durch das Mutterunternehmen vermeidet zum einen die sonst vielfach erforderlichen Doppelmeldungen. Zum anderen ermöglicht sie, die Aufgabenerfüllung auf Ebene der Konzernspitze zu kon-

1

---

[12] Assmann/Schneider/*U. Schneider* Rn. 45; Schäfer/Hamann/*Opitz* Rn. 15.
[13] Zur fehlenden zeitlichen Begrenzung Assmann/Schneider/*U. Schneider* Rn. 46; KK-WpHG/*Hirte* Rn. 46.
[14] Begr. RegE, BT-Drs. 16/2498, 36; vgl. aber auch Schäfer/Hamann/*Opitz* Rn. 18: Laufzeit von höchstens drei Monaten.
[15] Näher dazu BaFin Emittentenleitfaden, 2013, VIII.2.6.5.
[16] Näher dazu Begr. RegE, BT-Drs. 16/2498, 36; KK-WpHG/*Hirte* Rn. 52.
[17] Delegierte VO (EU) Nr. 2015/761 der Kommission vom 17.12.2014 zur Ergänzung der RL 2004/109/EG des Europäischen Parlaments und des Rates im Hinblick auf bestimmte technische Regulierungsstandards für bedeutende Beteiligungen, ABl. EU L 120, 2.
[1] Vgl. Begr. RegE, BT-Drs. 12/6679, 54 f.; Begr. RegE, BT-Drs. 18/5010, 46; Fuchs/*Dehlinger/Zimmermann* Rn. 1; KK-WpHG/*Hirte* Rn. 2.

zentrieren. Hiervon betroffen sind die Meldepflichten nach § 21 Abs. 1 und 1a WpHG, § 25 Abs. 1 und § 25a Abs. 1 WpHG. Auch ohne ausdrückliche Anordnung ist § 24 WpHG zudem im Rahmen des § 27a WpHG anwendbar.[2] Greift die Norm im Einzelfall nicht ein, bleibt es den Beteiligten unbenommen, die Zentralisierung von Mitteilungen durch eine Bevollmächtigung zu ermöglichen (→ WpHG § 21 Rn. 20).[3] Zur **anstehenden Novelle** → WpHG Vor § 21 Rn. 7.

II. Mutterunternehmen

2   Die gesammelte Erfüllung der Meldepflichten lässt das Gesetz im Verhältnis von Mutter- und Tochterunternehmen zu. Die früher im Gesetz vorgesehene Beschränkung auf Konzerne, für die nach §§ 290, 340i HGB ein Konzernabschluss aufgestellt werden muss, ist mit dem Gesetz zur Umsetzung der Transparenzrichtlinie-Änderungsrichtlinie (→ Rn. 1) entfallen.[4] Maßgeblich ist die Definitionsnorm des § 22a WpHG. Erfasst werden sämtliche Mutter-Tochterverhältnisse unabhängig von der Rechtsform und dem Sitz des Mutter- bzw. Tochterunternehmens.[5] Schon dem Wortlaut nach gilt § 24 WpHG auch im dreistufigen Konzern. Nach dem Zweck der Vorschrift bestehen jedoch keine Bedenken, die Vorschrift noch darüber hinaus im **mehrstufigen Konzern** anzuwenden.[6]

III. Erfüllung der Meldepflicht

3   Das Mutterunternehmen kann die Meldepflicht des Tochterunternehmens im eigenen Namen erfüllen; einer gesonderten Bevollmächtigung bedarf es nicht. Nach **§ 17 Abs. 2 WpAIV** genügt zur Erfüllung der Mitteilungspflicht des Tochterunternehmens die Abgabe einer Mitteilung durch das Mutterunternehmen des meldepflichtigen Tochterunternehmens gemäß dem Formular der Anlage zur WpAIV. Ist das Mutterunternehmen selbst meldepflichtig, muss es also nur die ohnehin geschuldete Mitteilung machen. Eine gesonderte Erklärung zum Tochterunternehmen ist entbehrlich, weil das zu verwendende Formular (→ WpHG § 21 Rn. 22) auch Angaben zu Tochterunternehmen und den von ihnen gehaltenen Stimmrechten und Instrumenten vorsieht (vgl. Nr. 8 des Formulars). Die Möglichkeit einer Konzernmeldung besteht aber auch, wenn nur das Tochterunternehmen meldepflichtig ist.[7] Hierfür ist ebenfalls das Muster aus der Anlage zur WpAIV zu verwenden. Soweit es für den Beginn der Meldefrist nach § 21 Abs. 1 S. 3–5 WpHG auf das Kennen oder Kennenmüssen von Umständen ankommt, ist auf das jeweils meldepflichtige Tochterunternehmen abzustellen.[8]

4   Der ordnungsgemäßen Meldung durch das Mutterunternehmen kommt **Erfüllungswirkung** zu; das Tochterunternehmen ist von seiner Meldepflicht befreit. Solange die Mitteilung hingegen nicht vollständig und zutreffend erfolgt ist, besteht die Meldepflicht der Tochter fort. Wenn ihr ein Verschulden vorzuwerfen ist, kann das Tochterunternehmen daher einem Rechtsverlust nach § 28 WpHG unterliegen oder einen Ordnungswidrigkeitentatbestand verwirklichen.[9]

---

[2] Begr. RegE, BT-Drs. 16/7438, 12; Assmann/Schneider/*U. Schneider* § 27a Rn. 6; Spindler/Stilz/*Petersen* Anh. § 22 Rn. 64; KK-WpHG/*Heinrich* § 27a Rn. 23.
[3] KK-WpHG/*Hirte* Rn. 18; NK-AktR/*Heinrich* Rn. 3; Schäfer/Hamann/*Opitz* Rn. 5.
[4] Näher dazu KK-WpHG/*Hirte* Rn. 10 ff.; Schäfer/Hamann/*Opitz* Rn. 3 ff.
[5] Begr. RegE, BT-Drs. 18/5010, 46.
[6] Assmann/Schneider/*U. Schneider* Rn. 8; JVRB/*R. Becker* Rn. 4; MüKoAktG/*Bayer* Anh. § 22: WpHG § 24 Rn. 5; Schwark/Zimmer/*Schwark* Rn. 2.
[7] Begr. RegE, BT-Drs. 18/5010, 58; Assmann/Schneider/*U. Schneider* Rn. 12; KK-WpHG/*Hirte* Rn. 16; Spindler/Stilz/*Petersen* Anh. § 22 Rn. 64.
[8] Assmann/Schneider/*U. Schneider* Rn. 15; Fuchs/*Dehlinger/Zimmermann* Rn. 7; HK-AktG/*F. Becker* Rn. 3.
[9] Vgl. KK-WpHG/*Hirte* Rn. 19; MüKoAktG/*Bayer* Anh. § 22: WpHG § 24 Rn. 6; JVRB/*R. Becker* Rn. 3, 13.

§ 25 WpHG Mitteilungspflichten beim Halten von Instrumenten; Verordnungsermächtigung

(1) ¹Die Mitteilungspflicht nach § 21 Absatz 1 und 1a gilt bei Erreichen, Überschreiten oder Unterschreiten der in § 21 Absatz 1 Satz 1 genannten Schwellen mit Ausnahme der Schwelle von 3 Prozent entsprechend für unmittelbare oder mittelbare Inhaber von Instrumenten, die
1. dem Inhaber entweder
   a) bei Fälligkeit ein unbedingtes Recht auf Erwerb mit Stimmrechten verbundener und bereits ausgegebener Aktien eines Emittenten, für den die Bundesrepublik Deutschland der Herkunftsstaat ist, oder
   b) ein Ermessen in Bezug auf sein Recht auf Erwerb dieser Aktien
   verleihen, oder
2. sich auf Aktien im Sinne der Nummer 1 beziehen und eine vergleichbare wirtschaftliche Wirkung haben wie die in Nummer 1 genannten Instrumente, unabhängig davon, ob sie einen Anspruch auf physische Lieferung einräumen oder nicht.

²Die §§ 23 und 24 gelten entsprechend.

(2) Instrumente im Sinne des Absatzes 1 können insbesondere sein:
1. übertragbare Wertpapiere,
2. Optionen,
3. Terminkontrakte,
4. Swaps,
5. Zinsausgleichsvereinbarungen und
6. Differenzgeschäfte.

(3) ¹Die Anzahl der für die Mitteilungspflicht nach Absatz 1 maßgeblichen Stimmrechte ist anhand der vollen nominalen Anzahl der dem Instrument zugrunde liegenden Aktien zu berechnen. ²Sieht das Instrument ausschließlich einen Barausgleich vor, ist die Anzahl der Stimmrechte abweichend von Satz 1 auf einer Delta-angepassten Basis zu berechnen, wobei die nominale Anzahl der zugrunde liegenden Aktien mit dem Delta des Instruments zu multiplizieren ist. ³Die Einzelheiten der Berechnung bestimmen sich nach den in Artikel 13 Absatz 1a der Richtlinie 2004/109/EG des Europäischen Parlaments und des Rates vom 15. Dezember 2004 zur Harmonisierung der Transparenzanforderungen in Bezug auf Informationen über Emittenten, deren Wertpapiere zum Handel auf einem geregelten Markt zugelassen sind, und zur Änderung der Richtlinie 2001/34/EG (ABl. L 390 vom 31.12.2004, S. 38) benannten technischen Regulierungsstandards. ⁴Bei Instrumenten, die sich auf einen Aktienkorb oder einen Index beziehen, bestimmt sich die Berechnung ebenfalls nach den technischen Regulierungsstandards gemäß Satz 2.

(4) ¹Beziehen sich verschiedene der in Absatz 1 genannten Instrumente auf Aktien desselben Emittenten, sind die Stimmrechte aus diesen Aktien zusammenzurechnen. ²Erwerbspositionen dürfen nicht mit Veräußerungspositionen verrechnet werden.

(5) Das Bundesministerium der Finanzen kann durch Rechtsverordnung, die nicht der Zustimmung des Bundesrates bedarf, nähere Bestimmungen erlassen über den Inhalt, die Art, die Sprache, den Umfang und die Form der Mitteilung nach Absatz 1.

Schrifttum: S. die Angaben Vor § 21 WpHG und daneben *Brandt,* Stimmrechtsmitteilungen nach §§ 21, 25, 25a, 27a WpHG im Aktienemissionsgeschäft, WM 2014, 543; *Cascante/Bingel,* Verbesserte Beteiligungstransparenz (nicht nur) vor Übernahmen?, NZG 2011, 1086; *Cascante/Topf,* „Auf leisen Sohlen"? – Stakebuilding bei der börsennotierten AG, AG 2009, 53; *Christ,* Barausgleichsderivate und das Anschleichen an Zielgesellschaften, 2011; *Frank*, Die Level-3-Verlautbarungen der ESMA – ein sicherer Hafen für den Rechtsanwender?, ZBB 2015, 213; *Heinrich/Krämer*, Emittentenleitfaden „reloaded", CFL 2013, 225; *Heusel*, Der neue § 25a WpHG im System der Beteiligungstransparenz, WM 2012, 291; *Krause*, Die erweiterte Beteiligungstransparenz bei börsennotierten Aktiengesellschaften, AG 2011, 469; *Renn/Weber/Gotschev*, Beteiligungstransparenz und dynamisches Hedging, AG 2012, 440; *U. Schneider*, § 25a WpHG – die dritte Säule im Offenlegungsrecht, AG 2011, 645; *Teichmann/Epe*, Die neuen Meldepflichten für künftig erwerbbare Stimmrechte (§§ 25, 25a WpHG), WM 2012, 1213.

Übersicht

	Rn.		Rn.
I. Grundlagen	1, 2	a) Grundlagen	12
1. Inhalt und Zweck der Norm	1	b) Einzelfälle	13–15
2. Entwicklung; unionsrechtliche Vorgaben	2	5. Unmittelbares oder mittelbares Halten	16
II. Meldepflichtige Instrumente (Abs. 1 und 2)	3–16	**III. Meldeschwellen**	17–23
1. Instrument	3–5	1. Schwellenwertberührung	17, 18
2. Ausgegebene Aktien als Bezugspunkt	6	2. Zu berücksichtigende Instrumente	19
3. Unbedingtes Erwerbsrecht (Abs. 1 S. 1 Nr. 1)	7–11	3. Berechnung; Delta-Anpassung (Abs. 3)	20–23
4. Vergleichbare wirtschaftliche Wirkung (Abs. 1 S. 1 Nr. 2)	12–15	**IV. Erfüllung der Mitteilungspflicht**	24–26
		1. Form und Frist	24
		2. Sanktionen	25
		3. Übergangsvorschrift	26

I. Grundlagen

1. Inhalt und Zweck der Norm. Die Vorschrift erstreckt die Mitteilungspflicht nach § 21 Abs. 1 und Abs. 1a WpHG – unter Ausklammerung der Meldeschwelle von 3 Prozent – auf die Inhaber bestimmter Instrumente. Dadurch soll einer Umgehung der Meldepflicht nach § 21 WpHG durch Verwendung innovativer Instrumente im Finanzbereich entgegengewirkt, ein **heimliches Anschleichen erschwert** und eine **umfassende Transparenz der Beteiligungsverhältnisse** bei börsennotierten Gesellschaften gewährleistet werden.[1] Während nach § 21 WpHG der vollzogene bzw. der nach dem regelmäßigen Verlauf der Dinge anstehende Erwerb von Aktien offenzulegen ist, erfasst § 25 Abs. 1 S. 1 Nr. 1 WpHG diejenigen Instrumente, die ihrem Inhaber das unbedingte oder nur von seinem Ermessen abhängige Recht zum Bezug von Aktien verleihen. Offenzulegen ist also die rechtlich gesicherte Erwerbsmöglichkeit. Zum Anderen sind nach § 25 Abs. 1 S. 1 Nr. 2 WpHG Instrumente zu berücksichtigen, die sich auf Aktien beziehen und eine vergleichbare wirtschaftliche Wirkung haben, unabhängig davon, ob sie einen Anspruch auf physische Lieferung einräumen oder nicht. Der Beteiligungstransparenz werden damit auch Instrumente unterworfen, die aufgrund ihrer wirtschaftlichen Logik letztlich einen Zugriff auf die Aktien ermöglichen.

2. Entwicklung; unionsrechtliche Vorgaben. Die Vorschrift wurde durch das Gesetz zur Umsetzung der Transparenzrichtlinie-Änderungsrichtlinie (→ WpHG Vor § 21 Rn. 6) vollständig neu konzipiert. Sie fasst nunmehr – in veränderter Form – die früheren §§ 25, 25a WpHG zusammen. Dabei findet sich der Regelungsgehalt des § 25 WpHG aF (Instrumente mit Erwerbsrecht) in Abs. 1 S. 1 Nr. 1 und derjenige des § 25a WpHG aF (Instrumente, die den Erwerb ermöglichen) in Abs. 1 S. 1 Nr. 2 wieder. § 25 WpHG dient der Umsetzung von **Art. 13 Transparenz-RL** und orientiert sich ganz eng an den dort gewählten Formulierungen. Bei der Rechtsanwendung ist der Grundsatz der Vollharmonisierung zu beachten. Die Transparenz-RL lässt weitergehende Offenlegungspflichten als die von ihr vorgesehenen nicht zu (→ WpHG Vor § 21 Rn. 10). Im Rahmen des **anstehenden Finanzmarktnovellierungsgesetzes** (→ WpHG Vor § 21 Rn. 7) soll die Norm zum neuen § 34 WpHG werden.

---
[1] Vgl. Erwägungsgrund 9 Transparenz-RL; zuvor schon Begr. RegE, BT-Drs. 16/2498, 37; Begr. RegE, BT-Drs. 17/3628, 2, 19.

II. Meldepflichtige Instrumente (Abs. 1 und 2)

1. Instrument. Nach § 25 Abs. 1 WpHG meldepflichtig sind Instrumente. Der Gesetz- 3 geber hat diese neutrale Bezeichnung als Oberbegriff verwendet und nicht die früheren Tatbestandsmerkmale „Finanzinstrumente und sonstige Instrumente" fortgeführt.[2] Eine inhaltliche Neuorientierung verbindet sich damit nicht. Zu einer Korrektur nötigen auch nicht die Vorgaben der Transparenz-RL. Zwar beschränkt Art. 13 Abs. 1 Transparenz-RL die Mitteilungspflicht auf **„Finanzinstrumente"**. Wie Erwägungsgrund 9 Transparenz-RL klarstellt, knüpft dieser Begriff jedoch zum einen nicht an die MiFID oder andere Rechtsakte an, sondern ist autonom zu verstehen.[3] Zum anderen dient er nicht der inhaltlichen Eingrenzung. Vielmehr will die RL sämtliche Instrumente erfassen, die ein Erwerbsrecht vorsehen oder eine vergleichbare wirtschaftliche Wirkung haben.

In **Abs. 2** findet sich im Anschluss an Art. 13 Abs. 1b Transparenz-RL eine **Aufzählung** 4 möglicher Instrumente (übertragbare Wertpapiere, Optionen, Terminkontrakte, Swaps, Zinsausgleichsvereinbarungen und Differenzgeschäfte). Diese Liste ist weder konstitutiv noch abschließend. Es genügt nicht, dass ein Geschäft unter einen der dort genannten Tatbestände fällt; zusätzlich müssen stets auch die materiellen Voraussetzungen des § 25 Abs. 1 S. 1 Nr. 1 oder Nr. 2 WpHG erfüllt sein. Denn nach Art. 13 Abs. 1b UAbs. 1 Transparenz-RL werden die in der Liste genannten Instrumente nur als Finanzinstrumente iSd Richtlinie betrachtet, sofern sie eine der in Abs. 1 UAbs. 1 lit. a oder b genannten Bedingungen erfüllen. Im Gegenzug ist die Liste nicht abschließend („insbesondere"). Vielmehr kommen nach Art. 13 Abs. 1b UAbs. 1 lit. g Transparenz-RL auch alle anderen Kontrakte oder Vereinbarungen mit vergleichbarer wirtschaftlicher Wirkung in Betracht, die physisch oder bar abgewickelt werden. Nach Art. 13 Abs. 1b UAbs. 2 Transparenz-RL erstellt **ESMA** (European Securities and Markets Authority), die Europäische Wertpapier- und Marktaufsichtsbehörde,[4] unter Berücksichtigung der technischen Entwicklungen auf den Finanzmärkten eine nicht erschöpfende Liste und aktualisiert diese regelmäßig (im Einzelnen → Rn. 13 ff.).[5] Rechtstechnisch handelt es sich um Empfehlungen iSv Art. 16 ESMA-VO,[6] denen nicht nur eine erhebliche faktische, sondern auch eine rechtliche Wirkung zukommt.[7]

Insgesamt ist der Begriff des Instruments gezielt **weit** gewählt, damit Umgehungen ver- 5 hindert werden und keine Transparenzlücken entstehen. Das Instrument muss daher nicht fungibel sein.[8] Ob eine Abwicklung börslich oder außerbörslich erfolgen soll, ist ohne Belang. Erfasst werden zunächst alle Finanzinstrumente iSv § 2 Abs. 2b WpHG. Instrumente können darüber hinaus alle Ansprüche aus bestehenden schuldrechtlichen Verträgen sein. Erfasst werden insbesondere Rückforderungsansprüche aus Wertpapierdarlehen oder Rückkaufvereinbarungen im Rahmen von Repo-Geschäften (Repurchase Agreements).[9]

2. Ausgegebene Aktien als Bezugspunkt. Das Instrument muss sich auf mit Stimm- 6 rechten verbundene Aktien eines Emittenten beziehen, für den die **Bundesrepublik Deutschland der Herkunftsstaat** ist. Maßgeblich sind die Definitionen in §§ 2 Abs. 6,

---

[2] Begr. RegE, BT-Drs. 18/5010, 46.
[3] *Parmentier* AG 2014, 15 (20); *Burgard/Heimann* FS Dauses, 2014, 47 (60); abw. *Seibt/Wollenschläger* ZIP 2014, 545 (550); vgl. auch Handelsrechtsausschuss des DAV NZG 2012, 770 Rn. 13.
[4] Zu ihr im Überblick *Hitzer/Hauser* BKR 2015, 52; *Walla* BKR 2012, 265; *Veil* ZGR 2014, 544 (557 ff., 583 ff.).
[5] Vgl. *ESMA* Indicative list of financial instruments that are subject to notification requirements according to Article 13 (1b) of the revised Transparency Directive, 22.10.2015 (ESMA/2015/1598), abrufbar unter www.esma.europa.eu.
[6] *Seibt/Wollenschläger* ZIP 2014, 545 (550); *Burgard/Heimann* FS Dauses, 2014, 47 (62); *Schilha* DB 2015, 1821 (1823).
[7] Näher dazu *Frank* ZBB 2015, 213.
[8] BaFin Emittentenleitfaden, 2013, VIII.2.8.1.1; *Cascante/Topf* AG 2009, 53 (63 f.).
[9] Vgl. Nr. 3 (d) und (e) ESMA-Liste (→ Rn. 4); zum früheren Recht Begr. RegE, BT-Drs. 17/3628, 19; KK-WpHG/*Heinrich* Rn. 24; *Krause* AG 2011, 469 (475 ff.).

21 Abs. 2 WpHG.[10] Weiterhin besteht die Mitteilungspflicht nur, wenn die Aktien bereits ausgegeben sind. Daraus ergeben sich Beschränkungen namentlich für **Wandelschuldverschreibungen.** Sie werden regelmäßig nicht erfasst, weil die Aktien, die im Falle der Ausübung des Wandlungsrechts zu liefern sind, zum Zeitpunkt des Erwerbs der Wandelschuldverschreibung noch nicht bestehen, sondern im Rahmen eines bedingten Kapitals erst geschaffen werden.[11] Eine andere Beurteilung ist aber geboten, wenn dem Emittenten die Wahl zusteht, ob er bei Ausübung der Option junge oder bereits ausgegebene Aktien liefert.[12] Ebenfalls nicht erfasst werden grundsätzlich gesetzliche und vertragliche Bezugsrechte; anders können die Fälle eines mittelbaren Bezugsrechts nach § 186 Abs. 5 AktG gelagert sein.[13]

7 **3. Unbedingtes Erwerbsrecht (Abs. 1 S. 1 Nr. 1).** Abs. 1 S. 1 Nr. 1 führt in modifizierter Form Abs. 1 aF fort. Nach der Vorstellung des Gesetzgebers ergeben sich durch die Neufassung aber grundsätzlich keine inhaltlichen Änderungen.[14] Zu berücksichtigen sind nach Abs. 1 S. 1 Nr. 1 lit. a Instrumente, die dem Inhaber bei Fälligkeit ein unbedingtes Recht auf den Erwerb von Aktien einräumen. Gleiches gilt nach Abs. 1 S. 1 Nr. 1 lit. b, wenn das Instrument dem Inhaber ein **Ermessen** in Bezug auf den Aktienerwerb verleiht. Dieser zweiten Variante kommt nur eine klarstellende Bedeutung zu, da demjenigen Inhaber, der nach seinem Ermessen über den Bezug entscheiden kann, ein unbedingtes Recht zusteht.[15] Sind die Voraussetzungen im Einzelfall nicht erfüllt, bleibt zu prüfen, ob es sich um ein Instrument mit vergleichbarer wirtschaftlicher Wirkung handelt, das unter Nr. 2 fällt.

8 Zunächst muss das Instrument zum **Erwerb** von bereits ausgegebenen Aktien (näher → Rn. 6) **berechtigen.** Von vornherein außen vor bleiben daher sog. Put-Optionen, die dem Stillhalter nur eine Erwerbspflicht auferlegen, aber kein damit korrespondierendes Recht einräumen.[16] Gleiches gilt für unechte Pensionsgeschäfte (vgl. § 340 Abs. 3 HGB) und erst recht für Instrumente, die keinen Anspruch auf physische Abwicklung, sondern nur auf Barausgleich gewähren. Entscheidend ist nur die Rechtsposition des Berechtigten. Ob der Verpflichtete bereits Inhaber der zu liefernden Aktien ist oder sich jedenfalls den Zugriff gesichert hat, ist ohne Belang.[17] Die Einschränkung **„bei Fälligkeit"** wiederum lässt sich sinnvoll nicht auf das Instrument, sondern nur auf das Erwerbsrecht beziehen.[18] Denn andernfalls wären Instrumente ohne Laufzeitbegrenzung oder Instrumente mit einem jederzeitigen Bezugsrecht ggf. überhaupt nicht meldepflichtig.

9 Ein **unbedingtes** Recht hat der Berechtigte, wenn der Erwerb nur von seinem Willen abhängt. Das kann in der Praxis etwa Call-Optionen, echte Wertpapierpensionsgeschäfte und Wertpapierdarlehen betreffen.[19] Unschädlich sind bloße Potestativbedingungen. Dagegen ist das Instrument im Rahmen des Abs. 1 S. 1 Nr. 1 nicht zu berücksichtigen, wenn der Erwerb noch von äußeren Umständen wie etwa einer bestimmten Kursentwicklung oder einer Behördenentscheidung abhängt.[20] An einem unbedingten Recht fehlt es weiter-

---

[10] JVRB/*Michel* Rn. 26.
[11] BaFin Emittentenleitfaden, 2013, VIII.2.8.1.1; K. Schmidt/Lutter/*Veil* Anh. § 22: WpHG § 25 Rn. 5; MüKoAktG/*Bayer* Anh. § 22: WpHG § 25 Rn. 3; Spindler/Stilz/*Petersen* Anh. § 22 Rn. 71; abw. Assmann/Schneider/*U. Schneider* Rn. 13 ff.
[12] Vgl. Nr. 3 (a) ESMA-Liste (→ Rn. 4); Fuchs/*Dehlinger*/Zimmermann Rn. 8; JVRB/*Michel* Rn. 23.
[13] Spindler/Stilz/*Petersen* Anh. § 22 Rn. 71.
[14] Begr. RegE, BT-Drs. 18/5010, 46.
[15] Vgl. Handelsrechtsausschuss des DAV NZG 2012, 770 Rn. 11; *Burgard*/*Heimann* FS Dauses, 2014, 47 (61).
[16] KK-WpHG/*Heinrich* Rn. 34; JVRB/*Michel* Rn. 20; Schwark/Zimmer/*Schwark* Rn. 4; mit Blick auf Nr. 2 aber → Rn. 15.
[17] Assmann/Schneider/*U. Schneider* Rn. 11; Spindler/Stilz/*Petersen* Anh. § 22 Rn. 69.
[18] *Burgard*/*Heimann* FS Dauses, 2014, 47 (62); vgl. aber auch Handelsrechtsausschuss des DAV NZG 2012, 770 Rn. 12.
[19] Näher *Cascante*/*Bingel* NZG 2011, 1086 (1091 f.); *Teichmann*/*Epe* WM 2012, 1213 (1216).
[20] Begr. RegE, BT-Drs. 16/2498, 36 f.; Assmann/Schneider/*U. Schneider* Rn. 17 f.; Schäfer/Hamann/*Opitz* Rn. 14; Fuchs/*Dehlinger*/Zimmermann Rn. 9; vgl. mit Blick auf Nr. 2 → Rn. 14.

hin, wenn ein Dritter es durch die Ausübung vertraglicher Rücktritts- oder Kündigungsrechte in Wegfall bringen kann.[21]

Nicht ausdrücklich übernommen wurde aus § 25 Abs. 1 WpHG aF die einschränkende **10** Formulierung „im Rahmen einer **rechtlich bindenden Vereinbarung**". Indessen sind nach Art. 13 Abs. 1 UAbs. 1 lit. a Transparenz-RL nur Erwerbsrechte im Rahmen einer förmlichen Vereinbarung zu berücksichtigen. Darunter wiederum ist gemäß Art. 2 lit. q Transparenz-RL eine Vereinbarung zu verstehen, die nach geltendem Recht verbindlich ist. Ohnehin kann ein unbedingtes Recht bei einem gentlemen's agreement, einer bloßen Handelsusance oder einer sonstigen rechtlich unverbindlichen Abrede nicht bestehen.[22] Der Wortlaut der Richtlinienvorgabe legt aber überdies nahe, dass es eines zumindest zweiseitigen Rechtsgeschäfts bedarf. Einseitige Erwerbsangebote unterfallen der Vorschrift daher wohl nicht.[23]

Eine sinnvolle Auslegung des Gesetzes muss sich um die **Vermeidung irreführender** **11** **Doppelberücksichtigungen** bemühen.[24] Nicht unter § 25 Abs. 1 WpHG zu subsumieren sind daher auf den Erwerb von Aktien gerichtete Rechte, die bereits unter §§ 21, 22 WpHG zu subsumieren sind. Das betrifft vor allem auf die Übertragung von Aktien gerichtete unbedingte und **ohne zeitliche Verzögerung** zu erfüllende Ansprüche; denn nach § 21 Abs. 1b WpHG gehören die Aktien dem Berechtigten dann bereits (zur beabsichtigten Vermeidung von Doppelmeldungen → WpHG § 21 Rn. 13). Unter § 25 Abs. 1 S. 1 Nr. 1 WpHG fallen daher nur zeitlich verzögert zu erfüllende Geschäfte (Termingeschäfte). Sodann werden **dingliche Optionen** vorrangig von § 22 Abs. 1 S. 1 Nr. 5 WpHG erfasst (→ WpHG § 22 Rn. 16); sie bleiben daher im Rahmen des § 25 Abs. 1 S. 1 Nr. 1 WpHG ebenfalls unberücksichtigt (vgl. ebenso § 25 Abs. 1 S. 3 Hs. 2 WpHG aF). Weitere Überlappungen sind nicht ausgeschlossen.[25]

4. Vergleichbare wirtschaftliche Wirkung (Abs. 1 S. 1 Nr. 2). a) Grundlagen. Zu **12** berücksichtigen sind Instrumente, die sich auf Aktien beziehen (→ Rn. 6) und eine vergleichbare wirtschaftliche Wirkung haben wie die in Nr. 1 genannten Instrumente, unabhängig davon, ob sie einen Anspruch auf physische Lieferung einräumen oder nicht. Entscheidend ist, ob das Instrument bei einer rein wirtschaftlichen Betrachtungsweise ein Instrument, das ein unbedingtes Erwerbsrecht verleiht, zumindest teilweise ersetzen kann. Maßgeblich ist allein die Ausgestaltung des Instruments; sonstige (persönliche oder wirtschaftliche) Beziehungen zwischen den Beteiligten, die einer Seite einen Zugriff auf die Aktien ermöglichen, haben außer Betracht zu bleiben. Es handelt sich um einen Auffangtatbestand, eine **offene und dynamische Regelung,** die eine Erfassung innovativer Instrumente ermöglichen und so eine umfassende Beteiligungstransparenz gewährleisten soll. Die Vorschrift führt die zuvor in § 25a Abs. 1 WpHG aF verankerte Regelung fort, die allerdings noch auf das „Ermöglichen" des Aktienerwerbs abstellte.[26] Das geltende Recht orientiert sich mit seiner Formulierung „vergleichbare wirtschaftliche Wirkung" dagegen eng an Art. 13 Abs. 1 UAbs. 1 lit. b Transparenz-RL. Der deutsche Gesetzgeber ging freilich (zu Recht) davon aus, dass sich grundsätzlich durch den neuen Wortlaut keine inhaltlichen Änderungen ergeben (str., im Einzelnen → Rn. 14 f.).[27]

b) Einzelfälle. Einen wichtigen Anwendungsfall bilden **finanzielle Differenzge- 13 schäfte** (Contracts for Difference), vor allem Swaps (namentlich Cash Settled Equity Swaps) und Optionen mit Barausgleich. All diesen Instrumenten ist gemein, dass der Inhaber zwar keinen Anspruch auf die Übertragung von Aktien hat. Vielmehr können die Beteiligten

---

[21] Spindler/Stilz/*Petersen* Anh. § 22 Rn. 69.
[22] Vgl. zum früheren Recht Fuchs/*Dehlinger*/*Zimmermann* Rn. 6: Formulierung „im Rahmen einer rechtlich bindenden Vereinbarung" überflüssig; Schäfer/Hamann/*Opitz* Rn. 13a.
[23] Zum früheren Recht JVRB/*Michel* Rn. 22; Spindler/Stilz/*Petersen* Anh. § 22 Rn. 70.
[24] Vgl. Begr. RegE, BT-Drs. 18/5010, 47.
[25] KK-WpHG/*Heinrich* Rn. 65: Aktionäre, die an einem Acting in concert teilnehmen und wechselseitige Call-Optionen geschlossen haben.
[26] Im Überblick dazu U. *Schneider* AG 2011, 645; *Heusel* WM 2012, 291; *Teichmann/Epe* WM 2012, 1213.
[27] Begr. RegE, BT-Drs. 18/5010, 46; vgl. daneben *Burgard/Heimann* FS Dauses, 2014, 47 (61 f.).

nur den Unterschiedsbetrag zwischen dem aktuellen Kurs der Aktie und dem Ausübungspreis bzw. einem vorher vereinbarten Referenzkurs verlangen. Jedoch wird der Aussteller des Instruments zur eigenen Absicherung in der Regel die zugrunde liegenden Aktien vorhalten und diese bei der späteren Abwicklung kursschonend zunächst dem Inhaber des Instruments antragen. Auch wenn der Inhaber keinen korrespondierenden Rechtsanspruch hat, so liegt doch seine vorrangige tatsächliche Zugriffsmöglichkeit auf die Aktien in der „wirtschaftlichen Logik"[28] des Instruments. Inwieweit sich die Gegenseite im Einzelfall tatsächlich absichert, ist ohne Belang; entscheidend ist die Anlage des Instruments.[29]

14 Meldepflichtig sind weiterhin **Erwerbspositionen, die unter einer Bedingung** stehen, deren Eintritt nicht allein vom Willen des Berechtigten abhängt.[30] Das betrifft neben Call-Optionen namentlich schuldrechtliche Übertragungsansprüche im Rahmen von M&A-Transaktionen, die unter dem Vorbehalt einer kartellrechtlichen Freigabe oder einer anderweitigen behördlichen Erlaubnis stehen.[31] Hierher gehören aber auch gewerbliche Pfandrechte mit einer Verfallvereinbarung nach § 1259 S. 1 Alt. 2 BGB.[32] Bei ihnen fällt dem Sicherungsnehmer nämlich das Eigentum an den verpfändeten Aktien bei Eintritt des Sicherungsfalls zu. Dass solche Sicherungsgeschäfte nicht im Beispielskatalog des Abs. 2 aufgeführt sind, steht der Einordnung im Rahmen des Abs. 1 S. 1 Nr. 2 ebenso wenig entgegen wie der Umstand, dass der Pfandnehmer sich typischerweise nicht heimlich an die Gesellschaft anschleichen möchte. Denn das Gesetz will gerade auch ungewöhnliche Gestaltungen erfassen. Diese Erwägungen gelten ebenso für Vorkaufs-, Vorerwerbs- und Mitveräußerungspflichten im Rahmen von Gesellschaftervereinbarungen, die daher im Grundsatz ebenfalls erfasst sein können.[33] Schließlich gibt es auch für das Aktienemissionsgeschäft keine generelle Bereichsausnahme.[34]

15 Nach früherem Recht waren jedenfalls **Put-Optionen** (Verkaufsoption) mit physischem Settlement für den Stillhalter meldepflichtig. Er hat zwar keinen Lieferanspruch, sondern unterliegt nur einer Abnahmepflicht. Nach § 25a Abs. 1 S. 2 Nr. 2 WpHG aF bildete die „Erwerbspflicht" aber ein Regelbeispiel für das „Ermöglichen des Erwerbs". Gleiches galt für die einer physischen Put-Option ähnlichen unechten Pensionsgeschäfte (§ 340b Abs. 3 HGB).[35] Die Behandlung von Put-Optionen mit Barausgleich war umstritten.[36] Die nunmehr maßgebliche Frage, ob ein Instrument mit Erwerbspflicht einem Instrument mit einem unbedingten Erwerbsrecht „wirtschaftlich vergleichbar" sein kann, wird man in Übereinstimmung mit ESMA ebenfalls zu bejahen haben.[37] Denn auch das Tatbestandsmerkmal der Berechtigung lässt sich im Rahmen einer wirtschaftlichen Betrachtung überwinden.

16 **5. Unmittelbares oder mittelbares Halten.** Meldepflichtig ist, wer die Instrumente unmittelbar oder mittelbar hält. Unmittelbar (oder direkt in der Terminologie des Art. 13

---

[28] So Begr. RegE, BT-Drs. 17/3628, 19.
[29] Vgl. zum früheren Recht BaFin Emittentenleitfaden, 2013, VIII.2.9.1.1; *Teichmann/Epe* WM 2012, 1213 (1218); *U. Schneider* AG 2011, 645 (648).
[30] Vgl. Nr. 3 (g) ESMA-Liste (→ Rn. 4); abwartend JVRB/*Labudda* WpHG § 25a Rn. 3.
[31] Vgl. zum früheren Recht *Teichmann/Epe* WM 2012, 1213 (1219); JVRB/*Labudda* WpHG § 25a Rn. 45; krit. *Merkner/Sustmann* NZG 2010, 681 (685); *Cascante/Bingel* NZG 2011, 1086 (1094).
[32] Vgl. *Seibt/Wollenschläger* ZIP 2014, 545 (550); zum früheren Recht BaFin Emittentenleitfaden, 2013, VIII.2.9.1.1; *Teichmann/Epe* WM 2013, 1213 (1218); aA *Heinrich/Krämer* CFL 2013, 227; zum früheren Recht *Brandt* CFL 2012, 110 ff.; KK-WpHG/*Heinrich* § 25a Rn. 53; Schäfer/Hamann/*Opitz* WpHG § 25a Rn. 42 ff.
[33] Vgl. *Seibt/Wollenschläger* ZIP 2014, 545 (550); zum früheren Recht BaFin Emittentenleitfaden, 2013, VIII.2.9.1.1; JVRB/*Labudda* WpHG § 25a Rn. 33 ff.; aA *Heinrich/Krämer* CFL 2013, 225 (231); zum früheren Recht *Götze* BKR 2013, 265 (296); KK-WpHG/*Heinrich* § 25a Rn. 48; Spindler/Stilz/*Petersen* Anh. § 22 Rn. 76h.
[34] Eingehend *Brandt* WM 2014, 543 ff.
[35] JVRB/*Labudda* WpHG § 25a Rn. 30.
[36] Für eine Erfassung BaFin Emittentenleitfaden, 2013, VIII.2.9.1.1; Schäfer/Hamann/*Opitz* WpHG § 25a Rn. 31 f.; dagegen KK-WpHG/*Heinrich* § 25a Rn. 45; *Götze* BKR 2013, 265 (269).
[37] Vgl. Nr. 2 ESMA-Liste (→ Rn. 4): „Options" should be read as including calls, puts or any combination thereof; daneben *Heinrich/Krämer* CFL 2013, 225 (229); *Tautges*, Empty Voting und Hidden (Morphable) Ownership, 2015, 460; aA *Seibt/Wollenschläger* ZIP 2014, 545 (550); abwartend JVRB/*Labudda* WpHG § 25a Rn. 3; *Schilha* DB 2015, 1821 (1822).

Abs. 1 Transparenz-RL) hält das Instrument der Inhaber bzw. Eigentümer. Beim Merkmal des mittelbaren (oder indirekten iSv Art. 13 Abs. 1 Transparenz-RL) Haltens handelt es sich **funktional** um einen **Zurechnungstatbestand;** auf die technische Zurechnungsnorm des § 22 WpHG nimmt § 25 WpHG dagegen keinen Bezug. Nach den Vorstellungen des deutschen Gesetzgebers liegt ein mittelbares Halten vor, wenn ein Instrument über ein Tochterunternehmen oder einen Verwaltungstreuhänder gehalten wird.[38] Diese Umschreibung wird man dahingehend zu verstehen haben, dass zur Konkretisierung auf die im Rahmen des § 22 Abs. 1 S. 1 Nr. 1 und 2 WpHG maßgeblichen Grundsätze zurückzugreifen ist.[39] Ungeklärt ist, ob die Transparenz-RL die Einbeziehung weiterer Tatbestände vorgibt.[40]

III. Meldeschwellen

1. Schwellenwertberührung. Mit Ausnahme der Schwelle von 3 Prozent gelten auch im Rahmen des § 25 WpHG die in § 21 Abs. 1 S. 1 WpHG genannten Schwellen. Maßgeblich sind also die Stimmrechtsschwellen von 5 Prozent, 10 Prozent, 15 Prozent, 20 Prozent, 25 Prozent, 30 Prozent, 50 Prozent und 75 Prozent. Zwar verfügt der Inhaber des Instruments weder mittelbar noch unmittelbar über Stimmrechte. Offen zu legen ist vielmehr eine **hypothetische** Schwellenberührung, die sich ergäbe, wenn der Meldepflichtige statt der Instrumente mit Stimmrechten verbundene Aktien hielte.[41] Eine Mitteilungspflicht entsteht jeweils, wenn eine der genannten Schwellen durch Erwerb, Veräußerung oder in sonstiger Weise **erreicht, überschritten oder unterschritten** wird. Hierfür gelten die Ausführungen in → WpHG § 21 Rn. 16 f. entsprechend. Für das Erreichen und Überschreiten kommt es auf die Begründung des mit dem Instrument verbundenen Erwerbsrechts, nicht auf den späteren Ausübungszeitpunkt an.[42] Ein Unterschreiten kann etwa Folge der Weiterveräußerung des Instruments, aber auch der Ausübung oder des Verfalls des damit verbundenen Rechts sein.[43] Nicht meldepflichtig ist eine bloße Umschichtung, durch die keine Stimmrechtsschwelle berührt wird. 17

Mitteilungspflichtig ist grundsätzlich jede Schwellenwertberührung; eine **Mindesthaltedauer** kennt das Gesetz nicht. Aus Gründen der Vereinfachung lässt die BaFin jedoch in ihrer Verwaltungspraxis eine Saldierung der im Laufe eines Tages getätigten Geschäfte zu (krit. dazu → WpHG § 21 Rn. 18; zum Vorbehalt beim Zusammentreffen von Erwerbs- und Veräußerungspositionen → Rn. 19).[44] 18

2. Zu berücksichtigende Instrumente. In die Berechnung einzustellen sind grundsätzlich alle meldepflichtigen Instrumente (→ Rn. 3 ff.). Beziehen sich **verschiedene** Instrumente auf Aktien desselben Emittenten, so sind die Stimmrechte aus diesen Aktien nach § 25 Abs. 4 S. 1 WpHG zusammenzurechnen (vgl. Art. 13 Abs. 1a UAbs. 1 S. 2 Transparenz-RL). Gemäß § 25 Abs. 4 S. 2 WpHG dürfen dabei aber Erwerbspositionen nicht mit Veräußerungspositionen verrechnet werden (vgl. Art. 13 Abs. 1a UAbs. 1 S. 4 Transparenz-RL). Nicht einzubeziehen in die Berechnung des Stimmrechtsanteils sind dagegen nach § 17a WpAIV Instrumente, die sich auf eigene Aktien eines Emittenten beziehen und es diesem Emittenten aufgrund ihrer Ausgestaltung ermöglichen, solche Aktien zu erwerben. Schließlich findet nach § 25 Abs. 1 S. 2 WpHG die Vorschrift des § 23 WpHG entsprechende Anwendung. Unter den dort genannten Voraussetzungen bleiben daher nicht nur Aktien, sondern auch Instrumente iSd § 25 Abs. 1 WpHG unberücksichtigt. 19

3. Berechnung; Delta-Anpassung (Abs. 3). Grundsätzlich ist die für die Bestimmung der Mitteilungspflicht maßgebliche Anzahl der Stimmrechte nach § 25 Abs. 3 S. 1 WpHG 20

---

[38] Begr. RegE, BT-Drs. 16/2498, 37.
[39] Assmann/Schneider/*U. Schneider* Rn. 51; KK-WpHG/*Heinrich* Rn. 53; HK-AktG/*F. Becker* Rn. 3; einschränkend *Nießen* NZG 2007, 41 (43).
[40] Vgl. aus deutscher Perspektive Schäfer/Hamann/*Opitz* Rn. 4 f.
[41] Vgl. Assmann/Schneider/*U. Schneider* Rn. 4; Schäfer/Hamann/*Opitz* Rn. 32; JVRB/*Michel* Rn. 28.
[42] KK-WpHG/*Heinrich* Rn. 55.
[43] KK-WpHG/*Heinrich* Rn. 56; JVRB/*Michel* Rn. 32; Fuchs/*Dehlinger/Zimmermann* Rn. 13.
[44] Vgl. zum bisherigen Recht BaFin Emittentenleitfaden, 2013, VIII.2.8.1.2.

anhand der **vollen nominalen Anzahl** der dem Instrument zugrunde liegenden Aktien zu berechnen. Der Meldepflichtige wird also so behandelt, als wenn er statt Inhaber eines Instruments schon Inhaber der mit Stimmrechten verbundenen Aktien wäre.

21 Eine Ausnahme gilt nach § 25 Abs. 3 S. 2 WpHG, wenn das Instrument ausschließlich einen **Barausgleich** vorsieht. Die Berechnung erfolgt dann auf einer Delta-angepassten Basis, wobei die nominale Anzahl der zugrunde liegenden Aktien mit dem Delta des Instruments zu multiplizieren ist. Ausweislich Erwägungsgrund 10 S. 3 Transparenz-RL 2013 soll dieser – rechtspolitisch sehr umstrittene[45] – Ansatz dafür sorgen, dass die Informationen über die gesamten Stimmrechte, die dem Anleger zustehen, so genau wie möglich sind. Das Delta, das in der Regel zwischen 0 und 1 liegt, ist für jedes Instrument gesondert zu bestimmen und gibt laut Erwägungsgrund 10 S. 2 Transparenz-RL 2013 an, wie stark sich der theoretische Wert eines Finanzinstruments im Falle einer Kursschwankung des zugrunde liegenden Instruments ändern würde. Im Ergebnis wird so erfasst, wie viele Aktien eine Gegenpartei zur Absicherung ihrer Leistungspflicht vernünftigerweise Weise vorhalten würde.[46]

22 Einzelheiten zur Delta-Anpassung regeln die in Umsetzung von Art. 13 Abs. 1a Transparenz-RL erlassenen **technischen Regulierungsstandards,** deren Vorgaben unmittelbar gelten und auf die § 25 Abs. 3 S. 3 WpHG daher nur verweist.[47] Einschlägig ist Art. 5 Delegierte VO (EU) Nr. 2015/761.[48] Nach dessen Abs. 2 ist ein allgemein anerkanntes Standard-Bepreisungsmodell anzuwenden, dessen Elemente in Abs. 3 näher erläutert werden. Der Inhaber des Instruments hat für ein bestimmtes Instrument stets dasselbe Modell zu verwenden (Abs. 4) und die Anzahl der Stimmrechte täglich unter Berücksichtigung des letzten Schlusskurses der zugrunde liegenden Aktie zu berechnen (Abs. 6). Der Meldepflichtige hat daher laufend den Markt zu beobachten.[49]

23 Nach § 25 Abs. 3 S. 4 WpHG bestimmt sich die Berechnung des (hypothetischen) Stimmrechtsanteils bei Instrumenten, die sich auf einen **Aktienkorb** oder einen **Index** beziehen, ebenfalls nach den technischen Regulierungsstandards, genauer nach Art. 4 Delegierte VO (EU) Nr. 2015/761 (→ Rn. 22). Diese sehen vor, dass die Stimmrechte auf der Grundlage des Gewichts der Aktie in dem Aktienkorb oder Index berechnet werden, wenn eine der folgenden Bedingungen zutrifft: (1) Die Stimmrechte an einem bestimmten Emittenten, die über Instrumente gehalten werden, die sich auf den Korb oder Index beziehen, entsprechen mindestens 1 % der mit Aktien dieses Emittenten verbundenen Stimmrechte oder (2) die Aktien in dem Korb oder Index entsprechen mindestens 20 % des Werts der Wertpapiere in dem Korb oder Index. Bezieht sich ein Instrument auf eine Reihe von Aktienkörben oder Indizes, werden die Stimmrechte, die über die einzelnen Aktienkörbe oder Indizes gehalten werden, nach Art. 4 Abs. 2 Delegierte VO (EU) Nr. 2015/761 nicht kumuliert.

IV. Erfüllung der Mitteilungspflicht

24 **1. Form und Frist.** Die Mitteilungspflicht nach § 21 Abs. 1 und 1a WpHG gilt in den Fällen des § 25 Abs. 1 WpHG entsprechend. Das betrifft auch die Erfüllung der Mitteilungspflicht (→ WpHG § 21 Rn. 20 ff.). Hier wie dort ist die Mitteilung in deutscher oder englischer Sprache (§ 18 S. 1 WpAIV) an den Emittenten sowie gleichzeitig an die BaFin zu richten. Dabei ist nach § 17 Abs. 1 WpAIV das **Formular** im Anhang dieser Verordnung zu verwenden. Dieses sieht eine Aufschlüsselung der Instrumente iSd § 25 Abs. 1 WpHG in solche nach Nr. 1 und nach Nr. 2 vor (vgl. Nr. 7 des Formulars). Für verbundene Unter-

---

[45] Vgl. *Fleischer/Schmolke* NZG 2010, 846 (854); *Brandt* BKR 2010, 270 (274); *Parmentier* AG 2014, 15 (21); vgl. auch den Überprüfungsauftrag in Art. 5 Transparenz-RL.
[46] Eingehend *Renn/Weber/Gotschev* AG 2012, 440 ff.; daneben *Krause* AG 2011, 469 (480); *Parmentier* AG 2014, 15 (21).
[47] Begr. RegE, BT-Drs. 18/5010, 47.
[48] Delegierte VO (EU) Nr. 2015/761 der Kommission vom 17.12.2014 zur Ergänzung der RL 2004/109/EG des Europäischen Parlaments und des Rates im Hinblick auf bestimmte technische Regulierungsstandards für bedeutende Beteiligungen, ABl. EU L 120, 2.
[49] Vgl. *Burgard/Heimann* WM 2015, 1445 (1450 f.); *Schilha* DB 2015, 1821 (1823).

nehmen gilt gemäß § 25 Abs. 1 S. 2 WpHG die Privilegierung des § 24 WpHG entsprechend. Die Mitteilung hat schließlich unverzüglich, also ohne schuldhaftes Zögern (§ 121 Abs. 1 S. 1 BGB), spätestens aber nach vier Handelstagen (§ 30 WpHG) zu erfolgen. Auch insoweit gelten die Ausführungen in → WpHG § 21 Rn. 24 ff. entsprechend.

2. Sanktionen. Verstöße gegen § 25 Abs. 1 WpHG sind nach § 39 Abs. 2 Nr. 2 lit. g WpHG bußgeldbewehrt. Hält der Meldepflichtige Aktien desselben Emittenten, so unterliegen diese nach § 28 Abs. 2 WpHG dem Rechtsverlust des § 28 Abs. 1 WpHG. Dagegen kommen weder Erfüllungsansprüche des Emittenten in Betracht noch ist die Vorschrift Schutzgesetz iSv § 823 Abs. 2 BGB (→ WpHG Vor § 21 Rn. 15 f.).[50] Vgl. zur Bekanntmachung von Maßnahmen und Sanktionen § 40c WpHG. 25

3. Übergangsvorschrift. Im Zuge des Gesetzes zur Umsetzung der Transparenzrichtlinie-Änderungsrichtlinie hat der Gesetzgeber wegen der umfassenden Neuregelung eine **Bestandsmitteilungspflicht** für nötig erachtet.[51] Wer am 26.11.2015 Instrumente iSd § 25 WpHG hält, die sich nach Maßgabe des § 25 Abs. 3 und 4 WpHG auf mindestens 5 Prozent der Stimmrechte an einem Emittenten beziehen, für den die Bundesrepublik Deutschland Herkunftsstaat ist, hat dies nach § 41 Abs. 4f S. 2 WpHG bis zum 15.1.2016 mitzuteilen. Die gesonderte Pflicht zur Bestandsmitteilung entfällt, wenn sich der aktuelle Stand der Beteiligung aufgrund einer zwischen dem Inkrafttreten der Neuregelung und dem 15.1.2016 gemachten Mitteilung ergibt.[52] 26

§ 25a WpHG Mitteilungspflichten bei Zusammenrechnung; Verordnungsermächtigung

(1) Die Mitteilungspflicht nach § 21 Absatz 1 und 1a gilt entsprechend für Inhaber von Stimmrechten im Sinne des § 21 und Instrumenten im Sinne des § 25, wenn die Summe der nach § 21 Absatz 1 Satz 1 oder Absatz 1a und § 25 Absatz 1 Satz 1 zu berücksichtigenden Stimmrechte an demselben Emittenten die in § 21 Absatz 1 Satz 1 genannten Schwellen mit Ausnahme der Schwelle von 3 Prozent erreicht, überschreitet oder unterschreitet.

(2) Das Bundesministerium der Finanzen kann durch Rechtsverordnung, die nicht der Zustimmung des Bundesrates bedarf, nähere Bestimmungen erlassen über den Inhalt, die Art, die Sprache, den Umfang und die Form der Mitteilung nach Absatz 1.

I. Grundlagen

Die Vorschrift wurde durch das Gesetz zur Umsetzung der Transparenzrichtlinie-Änderungsrichtlinie (→ WpHG Vor § 21 Rn. 6) vollständig neu gefasst. Der frühere Regelungsgehalt ist in modifizierter Form in § 25 Abs. 1 S. 1 Nr. 2 WpHG aufgegangen. Die Norm trägt dem Umstand Rechnung, dass das geltende Recht der Beteiligungspublizität auf zwei Meldesäulen fußt. Meldepflichtig sind zum einen nach § 21 Abs. 1 und 1a WpHG eigene und zuzurechnende Stimmrechte, zum anderen nach § 25 Abs. 1 WpHG Instrumente. Zur Vervollständigung der Transparenz besteht nach § 25a Abs. 1 WpHG eine zusätzliche Mitteilungspflicht, wenn die **Summe der zu berücksichtigenden Stimmrechte,** die sich auf denselben Emittenten beziehen, einen der gesetzlichen Schwellenwerte berührt. Damit werden die Vorgaben aus Art. 13a Transparenz-RL umgesetzt und zugleich die Aggregationsregeln des früheren Rechts (§§ 25 Abs. 1 S. 3, 25a Abs. 1 S. 7 WpHG aF) in modifizierter Form fortgeführt. Zur **anstehenden Novelle** → WpHG Vor § 21 Rn. 7. 1

---

[50] Vgl. Schäfer/Hamann/*Opitz* Rn. 65, 67; Spindler/Stilz/*Petersen* Anh. § 22 Rn. 76.
[51] Begr. RegE, BT-Drs. 18/5010, 54.
[52] Begr. RegE, BT-Drs. 18/5010, 54.

2 Bei der Neufassung der Norm war dem Gesetzgeber der Grundsatz, dass ein und dieselben Stimmrechte, die gleichzeitig unter mehrere Zurechnungs- oder Meldetatbestände fallen, nicht zu kumulieren sind, so selbstverständlich, dass er auf eine gesonderte Erwähnung im Normtext verzichtet hat.[1] In der Tat ist eine den Kapitalmarkt irreführende **Doppelberücksichtigung** bereits durch Auslegung des § 22 WpHG und des § 25 WpHG zu verhindern (→ WpHG § 22 Rn. 5; → WpHG § 25 Rn. 11).

II. Zusammenrechnung der zu berücksichtigenden Stimmrechte

3 Die Mitteilungspflicht des § 21 Abs. 1 und Abs. 1a WpHG gilt entsprechend für Inhaber von Stimmrechten iSd § 21 WpHG und Instrumenten iSd § 25 Abs. 1 WpHG, wenn die Summe der zu berücksichtigenden Stimmrechte an demselben Emittenten durch Erwerb, Veräußerung oder auf sonstige Weise die gesetzlichen **Schwellen** erreicht, überschreitet oder unterschreitet (näher dazu → WpHG § 21 Rn. 16 f.; → WpHG § 25 Rn. 17 f.). Maßgeblich sind die Schwellen von 5 Prozent, 10 Prozent, 15 Prozent, 20 Prozent, 25 Prozent, 30 Prozent, 50 Prozent und 75 Prozent. Alle tatsächlichen und hypothetischen Stimmrechte sind mithin zusammenzurechnen.

4 Die Meldepflichten nach § 21 WpHG bzw. § 25 WpHG einerseits und § 25a WpHG andererseits werden oftmals nebeneinander bestehen. Eine bloße Umschichtung von Stimmrechten innerhalb oder zwischen den Säulen des § 21 WpHG und des § 25 WpHG, welche die Summe aus beiden Säulen unverändert lässt, löst aber keine Meldepflicht nach § 25a Abs. 1 WpHG aus. **Unberührt** davon bleiben die **Meldepflichten nach §§ 21, 25 WpHG.** Namentlich stellt Art. 13a Abs. 2 Transparenz-RL klar, dass Stimmrechte in Bezug auf Instrumente, die bereits nach Art. 13 (= § 25 Abs. 1 WpHG) mitgeteilt wurden, erneut mitzuteilen sind, wenn die natürliche oder juristische Person die zugrunde liegenden Aktien erworben hat und dieser Erwerb dazu führt, dass die Gesamtzahl der Stimmrechte aus Aktien ein und desselben Emittenten die in Art. 9 Abs. 1 (= § 21 WpHG) genannten Schwellen erreicht oder überschreitet. Die Mitteilungspflicht hinsichtlich der Aktien entfällt mit anderen Worten nicht deshalb, weil zuvor ein darauf bezogenes Finanzinstrument offengelegt wurde; vielmehr will das Gesetz auch hinsichtlich der Zusammensetzung der Beteiligung für Transparenz sorgen.[2]

5 Im Gegenzug kann eine Meldepflicht nach § 25a Abs. 1 WpHG bestehen, obwohl der Vorgang **weder nach § 21 WpHG noch nach § 25 WpHG** meldepflichtig ist. Hält der Meldepflichtige sowohl 6 Prozent an Aktien als auch 6 Prozent an zu berücksichtigenden Stimmrechten aus Instrumenten, die sich auf denselben Emittenten beziehen, und erwirbt er jeweils 2 Prozent hinzu, so überschreitet der Meldepflichtige zwar keine Schwellen nach § 21 WpHG und § 25 WpHG, wohl aber nach § 25a Abs. 1 WpHG.

III. Erfüllung der Mitteilungspflicht

6 Ebenso wie in den Fällen des § 25 Abs. 1 WpHG gilt auch im Rahmen des § 25a WpHG die Mitteilungspflicht des § 21 Abs. 1 und Abs. 1a WpHG entsprechend. Was die **Form und Frist** der Mitteilung sowie die Sanktionen im Falle der Nichterfüllung angeht, kann daher auf die Ausführungen in → WpHG § 25 Rn. 24 f. verwiesen werden. Eine **Übergangsregelung** sieht § 41 Abs. 4f S. 3 WpHG vor. Wer eine der für § 25a WpHG geltenden Schwellen ausschließlich aufgrund der Änderung der Norm zum 26.11.2015 erreicht, überschreitet oder unterschreitet, hat dies bis zum 15.1.2016 nach Maßgabe des § 25a WpHG mitzuteilen. Soweit sich der aktuelle Bestand der Beteiligungen bereits aufgrund einer zwischen dem Inkrafttreten der Neuregelung und dem 15.1.2016 gemachten Mitteilung ergibt, bedarf es keiner zusätzlichen Bestandsmitteilung.[3]

---

[1] Begr. RegE, BT-Drs. 18/5010, 47; dazu auch *Burgard/Heimann* WM 2015, 1445 (1451).
[2] Vgl. *Burgard/Heimann* FS Dauses, 2014, 47 (63); *Parmentier* AG 2014, 15 (22).
[3] Begr. RegE, BT-Drs. 18/5010, 54.

§ 26 WpHG Veröffentlichungspflichten des Emittenten und Übermittlung an das Unternehmensregister

(1) ¹Ein Inlandsemittent hat Informationen nach § 21 Abs. 1 Satz 1, Abs. 1a und § 25 Abs. 1 Satz 1 sowie § 25a Absatz 1 Satz 1 oder nach entsprechenden Vorschriften anderer Mitgliedstaaten der Europäischen Union oder anderer Vertragsstaaten des Abkommens über den Europäischen Wirtschaftsraum unverzüglich, spätestens drei Handelstage nach Zugang der Mitteilung zu veröffentlichen; er übermittelt sie außerdem unverzüglich, jedoch nicht vor ihrer Veröffentlichung dem Unternehmensregister im Sinne des § 8b des Handelsgesetzbuchs zur Speicherung. ²Erreicht, überschreitet oder unterschreitet ein Inlandsemittent in Bezug auf eigene Aktien entweder selbst, über ein Tochterunternehmen oder über eine in eigenem Namen, aber für Rechnung dieses Emittenten handelnde Person die Schwellen von 5 Prozent oder 10 Prozent durch Erwerb, Veräußerung oder auf sonstige Weise, gilt Satz 1 entsprechend mit der Maßgabe, dass abweichend von Satz 1 eine Erklärung zu veröffentlichen ist, deren Inhalt sich nach § 21 Abs. 1 Satz 1, auch in Verbindung mit einer Rechtsverordnung nach § 21 Absatz 3 bestimmt, und die Veröffentlichung spätestens vier Handelstage nach Erreichen, Überschreiten oder Unterschreiten der genannten Schwellen zu erfolgen hat; wenn für den Emittenten die Bundesrepublik Deutschland der Herkunftsstaat ist, ist außerdem die Schwelle von 3 Prozent maßgeblich.

(2) Der Inlandsemittent hat gleichzeitig mit der Veröffentlichung nach Absatz 1 Satz 1 und 2 diese der Bundesanstalt mitzuteilen.

(3) Das Bundesministerium der Finanzen kann durch Rechtsverordnung, die nicht der Zustimmung des Bundesrates bedarf, nähere Bestimmungen erlassen über
1. den Inhalt, die Art, die Sprache, den Umfang und die Form der Veröffentlichung nach Absatz 1 Satz 1 und
2. den Inhalt, die Art, die Sprache, den Umfang und die Form der Mitteilung nach Absatz 2.

I. Allgemeines

Die Vorschrift beinhaltet zwei Regelungskomplexe. Sie statuiert zum einen in Umsetzung von Art. 19 ff. Transparenz-RL die **zweite Stufe der Beteiligungspublizität.** Während der Meldepflichtige seine Mitteilungen nach §§ 21, 25 und 25a WpHG gegenüber dem Emittenten abzugeben hat, ist es nach § 26 Abs. 1 S. 1 WpHG Sache des Emittenten, für die europaweite Veröffentlichung dieser Information und eine Einstellung in das Unternehmensregister zu sorgen. Zum anderen begründet § 26 Abs. 1 S. 2 WpHG in Umsetzung von Art. 14 Transparenz-RL eine eigenständige **Veröffentlichungspflicht hinsichtlich eigener Aktien,** wenn bestimmte Beteiligungsschwellen berührt werden, und sorgt damit auch in dieser Hinsicht für Transparenz. Die Veröffentlichungen nach Abs. 1 sind gemäß Abs. 2 gleichzeitig der BaFin mitzuteilen. Im Rahmen des anstehenden Finanzmarktnovellierungsgesetzes (→ WpHG Vor § 21 Rn. 7) soll die Vorschrift inhaltlich unverändert zu § 36 WpHG werden.

II. Veröffentlichung von Mitteilungen nach §§ 21, 25, 25a WpHG

1. Adressat; Gegenstand der Veröffentlichung. Zur Veröffentlichung verpflichtet sind nur **Inlandsemittenten** iSv §§ 2 Abs. 7, 21 Abs. 2 WpHG. Für Inlandsemittenten mit Sitz im Ausland kommt nach näherer Maßgabe des § 29a WpHG eine Freistellung durch die BaFin in Betracht. Zu veröffentlichen sind Informationen nach §§ 21, 25, 25a WpHG sowie nach entsprechenden Vorschriften anderer Mitgliedstaaten der Europäischen Union oder anderer Vertragsstaaten des Abkommens über den Europäischen Wirtschaftsraum. Die Veröffentlichungspflicht besteht nur bei **gesetzlichen Pflichtmitteilungen.** Nicht zur Veröffentlichung verpflichtet ist der Emittent daher, wenn ihn freiwillige Mitteilungen erreichen oder er anderweitig von einer Veränderung der Stimmrechtsverhältnisse erfährt.[1] Unerheblich ist hingegen, ob die Mitteilung vollständig und inhaltlich zutreffend erfolgt ist. Der Emittent hat kein Zurückweisungsrecht, muss die Mitteilung vielmehr – vorbehaltlich offensichtlicher Schreibversehen – letztlich in der Form veröffentlichen, wie sie ihn erreicht hat.[2] Er ist jedoch gehalten, den Meldepflichtigen zur Ergänzung unvollständiger Mitteilungen anzuhalten.[3] Dabei handelt es sich um eine Nebenpflicht zu seiner Veröffentlichungspflicht. Ist die Mitteilung ersichtlich fehlerhaft, hat der Emittent sich um eine Korrekturmitteilung zu bemühen. Wenn eine solche erfolgt, ist nur diese zu veröffentlichen. Die Frist, bis zu der die Veröffentlichung spätestens vollzogen sein muss (→ Rn. 4), verlängert sich dadurch aber nicht; ggf. ist also auch eine falsche oder unvollständige Mitteilung zu veröffentlichen.

3   **2. Form.** Die bei der Veröffentlichung einzuhaltenden Formalia gibt § 26 Abs. 3 Nr. 1 WpHG iVm § 19 WpAIV (Inhalt und Format)[4] bzw. §§ 20, 3a f. WpAIV (Art und Sprache) vor.[5] Durch Auswahl eines entsprechenden Medienbündels ist zu gewährleisten, dass die Information in der gesamten Europäischen Union und in den übrigen Vertragsstaaten des Abkommens über den Europäischen Wirtschaftsraum verbreitet wird.[6] Darüber hinaus hat der Emittent die erhaltenen Mitteilungen nach § 26 Abs. 1 S. 1 letzter Hs. WpHG und §§ 8b Abs. 2 Nr. 9, Abs. 3 S. 1 Nr. 2 HGB dem **Unternehmensregister** zur Speicherung zu übermitteln. Schließlich ist die Veröffentlichung nach § 26 Abs. 2 WpHG der **BaFin** mitzuteilen. Dabei sind nach § 21 WpAIV die formellen Vorgaben des § 3c WpAIV zu beachten.

4   **3. Frist.** Die Veröffentlichung muss unverzüglich, dh ohne schuldhaftes Zögern (§ 121 Abs. 1 S. 1 BGB), spätestens aber **drei Handelstage** (§ 30 WpHG) nach Zugang der Mitteilung erfolgen. Damit bleibt eine kurze Zeitspanne, um Korrekturen und Ergänzungen zu ermöglichen (→ Rn. 2). Eine Fristverlängerung ist nicht möglich. Insbesondere rechtfertigt die Anforderung eines Nachweises gemäß § 27 WpHG kein weiteres Zuwarten.[7] Die Übermittlung der Informationen an das Unternehmensregister hat ebenfalls unverzüglich, jedoch nicht vor der Veröffentlichung zu erfolgen. Die Mitteilung an die BaFin schließlich ist gleichzeitig mit der Veröffentlichung zu bewirken; hierfür genügt ein Versenden im unmittelbaren Anschluss nacheinander.[8]

III. Meldepflicht hinsichtlich eigener Aktien

5   Die Schwellen für die Meldepflicht hinsichtlich eigener Aktien betragen für Inlandsemittenten (§§ 2 Abs. 7, 21 Abs. 2 WpHG) fünf und zehn Prozent; für Emittenten, deren Herkunftsstaat die Bundesrepublik ist (§ 2 Abs. 6 WpHG), gilt zusätzlich die Schwelle von drei Prozent. Meldepflichtig ist jede Berührung einer Meldeschwelle durch Erwerb, Veräußerung oder in sonstiger Weise (zu allen Einzelheiten → WpHG § 21 Rn. 16 f.). Maßgeblich ist im Ausgangspunkt, ob der Emittent die Aktien selbst hält, sie ihm also gehören. Als Gehören gilt dabei nach § 21 Abs. 1b WpHG bereits das Bestehen eines auf die Übertragung von Aktien gerichteten unbedingten und ohne zeitliche Verzögerung zu erfüllenden Anspruchs oder einer entsprechenden Verpflichtung (→ WpHG § 21 Rn. 12 ff.). Zu berücksichtigen sind weiterhin Aktien, die ein **Tochterunternehmen** (§ 22a WpHG)[9] oder ein Dritter

---

[1] OLG Stuttgart AG 2009, 124 (128); Assmann/Schneider/*U. Schneider* Rn. 7; KK-WpHG/*Hirte* Rn. 26; HK-AktG/*F. Becker* Rn. 2; sogar gegen ein Veröffentlichungsrecht Schwark/Zimmer/*Schwark* § 25 Rn. 5.
[2] MüKoAktG/*Bayer* Anh. § 22: WpHG § 26 Rn. 7; Spindler/Stilz/*Petersen* Anh. § 22 Rn. 79.
[3] Assmann/Schneider/*U. Schneider* Rn. 14, 38; KK-WpHG/*Hirte* Rn. 29.
[4] Dazu Beschlussempfehlung und Bericht des Finanzausschusses, BT-Drs. 18/6220, 88.
[5] Zu allen Einzelheiten BaFin Emittentenleitfaden, 2013, VIII.3.2; JVRB/*Michel* Rn. 19 ff.
[6] Näher K. Schmidt/Lutter/*Veil* Anh. 22: WpHG § 26 Rn. 5; zur Kapitalmarktkommunikation mittels sozialer Medien *Klöhn/Bartmann* AG 2014, 737.
[7] Assmann/Schneider/*U. Schneider* Rn. 11; MüKoAktG/*Bayer* Anh. § 22: WpHG § 26 Rn. 7; JVRB/*Michel* Rn. 16.
[8] Begr. RegE BT-Drs. 16/2498, 38; → WpHG § 21 Rn. 20.
[9] Eingefügt durch Art. 1 Nr. 13 des Gesetzes zur Umsetzung der Transparenzrichtlinie-Änderungsrichtlinie (→ WpHG Vor § 21 Rn. 6); zum (abweichenden) früheren Recht KK-WpHG/*Hirte* Rn. 39.

für **Rechnung** des Emittenten hält (näher → WpHG § 22 Rn. 9 ff.). Auf diese Weise wird ein Gleichlauf mit der gesellschaftsrechtlichen Regelung des § 71d AktG gewährleistet; die sonstigen Zurechnungstatbestände des § 22 WpHG finden hier daher keine Anwendung.[10]

Die Veröffentlichung hat unverzüglich, dh ohne schuldhaftes Zögern (§ 121 Abs. 1 S. 1 BGB), spätestens aber **vier Handelstage** (§ 30 WpHG) nach dem Berühren der Stimmrechtsschwelle zu erfolgen. Für die Übermittlung an das Unternehmensregister und die Mitteilung an die BaFin gelten die Ausführungen in → Rn. 3 f. entsprechend. **6**

IV. Sanktionen

Verstöße gegen § 26 Abs. 1 WpHG sind nach § 39 Abs. 2 Nr. 5 lit. c WpHG bußgeldbewehrt, Verstöße gegen § 26 Abs. 2 WpHG nach § 39 Abs. 2 Nr. 2 lit. h WpHG. Dagegen zielt § 26 Abs. 1 und 2 WpHG – wie die Beteiligungstransparenz insgesamt (→ WpHG Vor § 21 Rn. 16) – auf die Funktionsfähigkeit des Kapitalmarkts und ist daher kein Schutzgesetz iSv § 823 Abs. 2 BGB.[11] Auch ziehen Zuwiderhandlungen keinen Rechtsverlust nach § 28 WpHG nach sich. **7**

§ 26a WpHG Veröffentlichung der Gesamtzahl der Stimmrechte und Übermittlung an das Unternehmensregister

(1) ¹Ist es bei einem Inlandsemittenten zu einer Zu- oder Abnahme von Stimmrechten gekommen, so ist er verpflichtet, die Gesamtzahl der Stimmrechte und das Datum der Wirksamkeit der Zu- oder Abnahme in der in § 26 Absatz 1 Satz 1, auch in Verbindung mit einer Rechtsverordnung nach Absatz 3 Nummer 1, vorgesehenen Weise unverzüglich, spätestens innerhalb von zwei Handelstagen zu veröffentlichen. ²Er hat die Veröffentlichung gleichzeitig der Bundesanstalt entsprechend § 26 Absatz 2, auch in Verbindung mit einer Rechtsverordnung nach Absatz 3 Nummer 2, mitzuteilen. ³Er übermittelt die Informationen außerdem unverzüglich, jedoch nicht vor ihrer Veröffentlichung, dem Unternehmensregister nach § 8b des Handelsgesetzbuchs zur Speicherung.

(2) ¹Bei der Ausgabe von Bezugsaktien ist die Gesamtzahl der Stimmrechte abweichend von Absatz 1 Satz 1 nur im Zusammenhang mit einer ohnehin erforderlichen Veröffentlichung nach Absatz 1, spätestens jedoch am Ende des Kalendermonats, in dem es zu einer Zu- oder Abnahme von Stimmrechten gekommen ist, zu veröffentlichen. ²Der Veröffentlichung des Datums der Wirksamkeit der Zu- oder Abnahme bedarf es nicht.

I. Grundlagen

Zur Berechnung seines Stimmrechtsanteils muss der Meldepflichtige die ihm nicht ohne weiteres zugängliche Gesamtzahl der Stimmrechte kennen (zu den im Einzelnen einzubeziehenden Aktien → WpHG § 21 Rn. 9 ff.). Um den **Rechtsverkehr zu erleichtern** und die Rechtssicherheit zu erhöhen, verpflichtet § 26a WpHG jeden Inlandsemittenten (§§ 2 Abs. 7, 21 Abs. 2 WpHG) zur grundsätzlich unverzüglichen Veröffentlichung dieser Zahl, wenn es zu einer Zu- oder Abnahme von Stimmrechten gekommen ist. Der Meldepflichtige wiederum hat nach § 17 Abs. 3 WpAIV die Veröffentlichung nach § 26a WpHG der Berechnung seines Stimmrechtsanteils zugrunde zu legen (näher dazu und zu möglichen Einschränkungen → WpHG § 21 Rn. 9). Löst ein Ereignis, das die Gesamtzahl der Stimmrechte verändert, zugleich eine Meldepflicht aus (sog. passive Schwellenberührung), beginnt überdies die Meldefrist nach § 21 Abs. 1 S. 5 WpHG erst mit dieser Veröffentlichung, sofern der Meldepflichtige nicht bereits vorher positive Kenntnis hat (→ WpHG § 21 Rn. 26). **1**

---
[10] Begr. RegE, BT-Drs. 12/5010, 47.
[11] Fuchs/*Dehlinger/Zimmermann* Rn. 2; Schwark/Zimmer/*Schwark* Rn. 14; JVRB/*Michel* Rn. 37; aA Assmann/Schneider/*U. Schneider* Rn. 70; KK-WpHG/*Hirte* Rn. 53.

Im Zuge der **anstehenden WpHG-Novelle** (→ WpHG Vor § 21 Rn. 7) soll die Norm inhaltlich unverändert zu § 37 WpHG werden.

2 Durch die Vorschrift werden die entsprechenden **unionsrechtlichen Vorgaben** aus Art. 15, 19 ff. Transparenz-RL umgesetzt. § 26a WpHG geht in seiner geltenden Fassung auf das Gesetz zur Umsetzung der Transparenzrichtlinie-Änderungsrichtlinie (→ WpHG Vor § 21 Rn. 6) zurück. Zuvor musste die Veröffentlichung erst jeweils am Ende des Kalendermonats erfolgen. Mit der Änderung wollte der Gesetzgeber die Anzahl irreführender Meldungen minimieren, die auf ein Auseinanderfallen der veröffentlichten und der aktienrechtlich richtigen Zahl der Stimmrechte zurückzuführen sind.[1]

II. Durchführung

3 Die Veröffentlichung der veränderten Gesamtzahl der Stimmrechte hat grundsätzlich unverzüglich, spätestens aber innerhalb von **zwei Handelstagen** (§ 30 WpHG) zu erfolgen. Ein weiteres Abwarten, etwa wegen einer noch ausstehenden Benachrichtigung durch das Handelsregister, soll nach Auffassung des Gesetzgebers nicht zulässig sein.[2] Eine konstitutive Eintragung im Handelsregister ist aber selbstverständlich abzuwarten.[3] Auf die Fristberechnung finden §§ 187 Abs. 1, 188 Abs. 1, 193 BGB Anwendung. Die Veröffentlichung richtet sich nach den entsprechend anwendbaren Vorgaben des § 26 Abs. 1 S. 1 WpHG und der WpAIV (→ WpHG § 26 Rn. 3).[4] Damit der Meldepflichtige in den Stand gesetzt wird, seiner Mitteilungspflicht vollständig nachzukommen, ist in der Veröffentlichung zusätzlich das Datum der Wirksamkeit der Zu- oder Abnahme anzugeben. Die Gesamtzahl der Stimmrechte ist gleichzeitig der BaFin mitzuteilen und unverzüglich, jedoch nicht vor der Veröffentlichung dem Unternehmensregister zur Speicherung zu übermitteln (→ WpHG § 26 Rn. 4).

4 Besonderheiten gelten für **Bezugsaktien.** Hier kann es einerseits im Laufe eines Kalendermonats zu einer Vielzahl von Änderungen kommen; andererseits ist die Größenordnung der Veränderung nach Einschätzung des Gesetzgebers regelmäßig überschaubar.[5] Daher lässt Abs. 2 S. 1 grundsätzlich eine Mitteilung am Ende des Kalendermonats genügen. Das ist im Ausgangspunkt der letzte Tag des Monats (§ 192 BGB). Ist dieser Tag kein Handelstag iSv § 30 WpHG, so genügt die Veröffentlichung am letzten Handelstag davor.[6] Ist jedoch im Laufe des Monats ohnehin eine Veröffentlichung nach Abs. 1 erforderlich, sind im Laufe des Monats ausgegebene Bezugsaktien dort zu berücksichtigen. Werden dann noch weitere Bezugsaktien ausgegeben, ist die damit eingetretene Veränderung der Gesamtzahl der Stimmrechte in einer weiteren Meldung, spätestens aber in einer gesonderten Meldung am Ende des Kalendermonats zu veröffentlichen.[7] In jedem Fall bedarf es nach Abs. 2 S. 2 hinsichtlich der Bezugsaktien nicht der Veröffentlichung des Datums der Wirksamkeit der Zu- oder Abnahme.

III. Sanktionen

5 § 26a WpHG ist nach § 39 Abs. 2 Nr. 2 lit. i, Nr. 5 lit. c WpHG bußgeldbewehrt. Dagegen ist die Norm kein Schutzgesetz iSv § 823 Abs. 2 BGB (→ WpHG Vor § 21 Rn. 16).[8]

---

[1] Begr. RegE, BT-Drs. 18/5010, 47 f.; krit. mit Blick auf die schon zuvor bestehende Publizitätspflicht nach § 30b WpHG Handelsrechtsausschuss des DAV NZG 2015, 1069 Rn. 16.
[2] Begr. RegE, BT-Drs. 18/5010, 48.
[3] *Schilha* DB 2015, 1821 (1824); Handelsrechtsausschuss des DAV NZG 2015, 1069 Rn. 17.
[4] Im Einzelnen KK-WpHG/*Hirte* Rn. 13 ff.
[5] Begr. RegE, BT-Drs. 18/5010, 48.
[6] Im Ansatz ebenso, wenngleich nur auf bundeseinheitliche Feiertage abstellend, BaFin Emittentenleitfaden, 2013, VIII.3.3.2; MüKoAktG/*Bayer* Anh. § 22: WpHG § 26a Rn. 1; aA – Veröffentlichung am ersten Werktag des Folgemonats genügt – KK-WpHG/*Hirte* Rn. 19 (§ 31 Abs. 3 VwVfG); Fuchs/*Dehlinger/Zimmermann* Rn. 7 (§ 193 BGB analog); Spindler/Stilz/*Petersen* Anh. § 22 Rn. 84.
[7] Begr. RegE, BT-Drs. 18/5010, 48.
[8] AA KK-WpHG/*Hirte* Rn. 27.

§ 27 WpHG Nachweis mitgeteilter Beteiligungen

Wer eine Mitteilung nach § 21 Absatz 1, 1a, § 25 Absatz 1 oder § 25a Absatz 1 abgegeben hat, muß auf Verlangen der Bundesanstalt oder des Emittenten, für den die Bundesrepublik Deutschland der Herkunftsstaat ist, das Bestehen der mitgeteilten Beteiligung nachweisen.

I. Grundlagen

Die Norm ist dem Vorbild des § 22 AktG nachgebildet und begründet zwei Nachweispflichten desjenigen, der eine Mitteilung nach § 21 Abs. 1, 1a, § 25 Abs. 1 oder § 25a Abs. 1 WpHG abgegeben hat. Auf Verlangen hat er das Bestehen der mitgeteilten Beteiligung zum einen der BaFin gegenüber nachzuweisen. Diese erhält damit über die allgemeine Kompetenznorm des § 4 Abs. 3 WpHG hinaus ein Mittel an die Hand, für eine effektive Kapitalmarktaufsicht zu sorgen. Zum anderen hat auch der Emittent einen Anspruch, der ihn **vor unrichtigen Mitteilungen schützen** soll.[1] Ein berechtigtes Interesse daran hat er vor allem mit Blick auf einen möglichen Rechtsverlust des Meldepflichtigen nach § 28 WpHG, der auch für die Gesellschaft selbst von Bedeutung ist. Ein Auskunftsverlangen entbindet den Emittenten jedoch nicht von seiner Pflicht, ggf. auch eine falsche Mitteilung nach § 26 WpHG zu veröffentlichen (näher → WpHG § 26 Rn. 2, 4). Im Rahmen des **anstehenden Finanzmarktnovellierungsgesetzes** (→ WpHG Vor § 21 Rn. 7) soll die Norm zum neuen § 38 WpHG werden. 1

Die **Transparenz-RL** kennt keine gesonderte Nachweispflicht. Trotz der mit ihr verbundenen Vollharmonisierung (→ WpHG Vor § 21 Rn. 10), ist § 27 WpHG nicht europarechtswidrig.[2] Vielmehr regelt die RL die Frage der Nachweispflicht wohl überhaupt nicht, jedenfalls ist die Einführung einer solchen aber von Art. 3 Abs. 1a UAbs. 4 ii) Transparenz-RL gedeckt, der es den Mitgliedstaaten erlaubt, strengere Verfahrensanforderungen aufzustellen (vgl. auch Erwägungsgrund 12). 2

II. Anspruchsvoraussetzungen

Die Nachweispflicht knüpft an eine tatsächlich **erfolgte Mitteilung** an. Erhält der Emittent nicht durch eine förmliche Mitteilung, sondern auf sonstige Weise Kenntnis von einer (möglichen) Veränderung der Stimmrechtsverhältnisse, steht ihm daher kein Ausforschungsanspruch aus § 27 WpHG zu.[3] Ebenso wenig kann er die Erfüllung der Mitteilungspflicht erzwingen (→ WpHG Vor § 21 Rn. 15). Vielmehr kann dann allein die BaFin gemäß § 4 Abs. 3 WpHG ein Auskunftsverlangen stellen. **Adressat** der Nachweispflicht ist, wer die Mitteilung abgegeben hat. Wird die Mitteilungspflicht durch einen Vertreter erfüllt, bleibt der Meldepflichtige als Erklärender nachweispflichtig.[4] Wird die Meldepflicht nach Maßgabe des § 24 WpHG durch ein Mutterunternehmen im eigenen Namen erfüllt, kann auch nur von ihm ein Nachweis verlangt werden.[5] Dafür spricht neben dem Wortlaut des § 27 WpHG („Mitteilung abgegeben") vor allem der Zweck des § 24 WpHG, eine Zentralisierung des Melderegimes beim Mutterunternehmen zu ermöglichen. 3

Den Nachweis hat der Mitteilende nur **auf Verlangen** zu erbringen. Das Gesetz sieht dafür keine besondere Form oder Frist vor, setzt keine Begründung oder den Fortbestand der Beteiligung voraus und ermöglicht auch ein wiederholtes Verlangen, wenn sich erneute Zweifel an der Richtigkeit der Mitteilung oder der Nachweise ergeben haben (→ AktG 4

---

[1] MüKoAktG/*Bayer* Anh. § 22: WpHG § 27 Rn. 1; HK-AktG/*F. Becker* Rn. 1.
[2] Vgl. im Vorfeld *Veil* WM 2012, 53 (56); KK-WpHG/*Hirte* Rn. 7.
[3] OLG Stuttgart AG 2009, 124 (128); Assmann/Schneider/*U. Schneider* Rn. 4; Fuchs/*Dehlinger/Zimmermann* Rn. 3; MüKoAktG/*Bayer* Anh. § 22: WpHG § 27 Rn. 3.
[4] KK-WpHG/*Hirte* Rn. 10; JVRB/*R. Becker* Rn. 7; Spindler/Stilz/*Petersen* Anh. § 22 Rn. 86.
[5] MüKoAktG/*Bayer* Anh. § 22: WpHG § 27 Rn. 3; JVRB/*R. Becker* Rn. 7; Schwark/Zimmer/*Schwark* Rn. 2; vgl. auch KK-WpHG/*Hirte* Rn. 11 f.; *Hirte* FS Lutter, 2000, 1347 (1349 f.); aA Assmann/Schneider/*U. Schneider* Rn. 4; HK-AktG/*F. Becker* Rn. 2; K. Schmidt/Lutter/*Veil* Anh. § 22: WpHG § 27 Rn. 2.

§ 22 Rn. 4).⁶ Gegenüber der Gesellschaft kann der Vorstand bei Zweifeln an der Richtigkeit einer Mitteilung verpflichtet sein, von dem Nachweisverlangen Gebrauch zu machen, um aufzuklären, ob ein Rechtsverlust nach § 28 WpHG eingreift.⁷ Die BaFin hat die Entscheidung über die Geltendmachung des Anspruchs nach pflichtgemäßem Ermessen zu treffen.⁸

III. Inhalt und Durchsetzbarkeit

5   Zwar ist nach dem Wortlaut der Vorschrift nur der Nachweis der „Beteiligung" zu erbringen. Jedoch erfordert der Zweck der Vorschrift, die Ordnungsmäßigkeit einer Mitteilung zu überprüfen, dass sich der Anspruch auf **alle Pflichtangaben** nach § 17 WpAIV erstreckt.⁹ Die Nachweispflicht beschränkt sich auf die mitgeteilte Beteiligung, sodass § 27 WpHG es – anders als § 22 AktG (→ AktG § 22 Rn. 6) – nicht ermöglicht, den Fortbestand einer früher mitgeteilten Beteiligung zu überprüfen.¹⁰ Wie im Rahmen der Parallelvorschrift des § 22 AktG gilt indessen auch hier, dass der Anspruchsberechtigte eine **angemessene Frist** für die Erfüllung der Nachweispflicht setzen und der Nachweispflichtige den Nachweis in jeder geeigneten Form erbringen kann (→ AktG § 22 Rn. 7). In diesem Zusammenhang anfallende Kosten hat er selbst zu tragen.

6   Während die BaFin ihren Anspruch im Wege der Verwaltungsvollstreckung durchsetzen kann, ist der Emittent auf den zivilrechtlichen Klageweg und eine Vollstreckung nach **§ 888 ZPO** angewiesen (→ AktG § 22 Rn. 1).¹¹

§ 27a WpHG Mitteilungspflichten für Inhaber wesentlicher Beteiligungen

(1) ¹Ein Meldepflichtiger im Sinne der §§ 21 und 22, der die Schwelle von 10 Prozent der Stimmrechte aus Aktien oder eine höhere Schwelle erreicht oder überschreitet, muss dem Emittenten, für den die Bundesrepublik Deutschland Herkunftsstaat ist, die mit dem Erwerb der Stimmrechte verfolgten Ziele und die Herkunft der für den Erwerb verwendeten Mittel innerhalb von 20 Handelstagen nach Erreichen oder Überschreiten dieser Schwellen mitteilen. ²Eine Änderung der Ziele im Sinne des Satzes 1 ist innerhalb von 20 Handelstagen mitzuteilen. ³Hinsichtlich der mit dem Erwerb der Stimmrechte verfolgten Ziele hat der Meldepflichtige anzugeben, ob

1. die Investition der Umsetzung strategischer Ziele oder der Erzielung von Handelsgewinnen dient,
2. er innerhalb der nächsten zwölf Monate weitere Stimmrechte durch Erwerb oder auf sonstige Weise zu erlangen beabsichtigt,
3. er eine Einflussnahme auf die Besetzung von Verwaltungs-, Leitungs- und Aufsichtsorganen des Emittenten anstrebt und
4. er eine wesentliche Änderung der Kapitalstruktur der Gesellschaft, insbesondere im Hinblick auf das Verhältnis von Eigen- und Fremdfinanzierung und die Dividendenpolitik anstrebt.

⁴Hinsichtlich der Herkunft der verwendeten Mittel hat der Meldepflichtige anzugeben, ob es sich um Eigen- oder Fremdmittel handelt, die der Meldepflichtige zur Finanzierung des Erwerbs der Stimmrechte aufgenommen hat. ⁵Eine Mitteilungspflicht nach Satz 1 besteht nicht, wenn der Schwellenwert auf Grund eines

---

⁶ Assmann/Schneider/*U. Schneider* Rn. 10 f.
⁷ OLG Stuttgart AG 2009, 124 (128).
⁸ KK-WpHG/*Hirte* Rn. 16; Schäfer/Hamann/*Opitz* Rn. 4; NK-AktR/*Heinrich* Rn. 3.
⁹ Assmann/Schneider/*U. Schneider* Rn. 12; Spindler/Stilz/*Petersen* Anh. § 22 Rn. 88; aA Fuchs/*Dehlinger/ Zimmermann* Rn. 8: nur Höhe des Stimmrechtsanteils.
¹⁰ Fuchs/*Dehlinger/Zimmermann* Rn. 6; Spindler/Stilz/*Petersen* Anh. § 22 Rn. 88; Schwark/Zimmer/ *Schwark* Rn. 3; K. Schmidt/Lutter/*Veil* Anh. § 22: WpHG § 27 Rn. 2; aA KK-WpHG/*Hirte* Rn. 14, 24; MüKoAktG/*Bayer* Anh. § 22: WpHG § 27 Rn. 4; NK-AktR/*Heinrich* Rn. 2; *Dolff*, Der Rechtsverlust gemäß § 28 WpHG aus der Perspektive eines Emittenten, 2011, 71 ff.
¹¹ Assmann/Schneider/*U. Schneider* Rn. 9 ff.; KK-WpHG/*Hirte* Rn. 33, 37; JVRB/*R. Becker* Rn. 3.

Angebots im Sinne des § 2 Abs. 1 des Wertpapiererwerbs- und Übernahmegesetzes erreicht oder überschritten wurde. ⁶Die Mitteilungspflicht besteht ferner nicht für Kapitalverwaltungsgesellschaften sowie ausländische Verwaltungsgesellschaften und Investmentgesellschaften im Sinne der Richtlinie 2009/65/EG, die einem Artikel 56 Absatz 1 Satz 1 der Richtlinie 2009/65/EG entsprechenden Verbot unterliegen, sofern eine Anlagegrenze von 10 Prozent oder weniger festgelegt worden ist; eine Mitteilungspflicht besteht auch dann nicht, wenn eine Artikel 57 Absatz 1 Satz 1 und Absatz 2 der Richtlinie 2009/65/EG entsprechende zulässige Ausnahme bei der Überschreitung von Anlagegrenzen vorliegt.

(2) Der Emittent hat die erhaltene Information oder die Tatsache, dass die Mitteilungspflicht nach Absatz 1 nicht erfüllt wurde, entsprechend § 26 Abs. 1 Satz 1 in Verbindung mit der Rechtsverordnung nach § 26 Abs. 3 Nr. 1 zu veröffentlichen; er übermittelt die Informationen außerdem unverzüglich, jedoch nicht vor ihrer Veröffentlichung dem Unternehmensregister nach § 8b des Handelsgesetzbuchs zur Speicherung.

(3) ¹Die Satzung eines Emittenten mit Sitz im Inland kann vorsehen, dass Absatz 1 keine Anwendung findet. ²Absatz 1 findet auch keine Anwendung auf Emittenten mit Sitz im Ausland, deren Satzung oder sonstige Bestimmungen eine Nichtanwendung vorsehen.

(4) Das Bundesministerium der Finanzen kann durch Rechtsverordnung, die nicht der Zustimmung des Bundesrates bedarf, nähere Bestimmungen über den Inhalt, die Art, die Sprache, den Umfang und die Form der Mitteilungen nach Absatz 1 erlassen.

Schrifttum: S. die Angaben Vor § 21 WpHG und daneben *v. Bülow/Stephanblome*, Acting in Concert und neue Offenlegungspflichten nach dem Risikobegrenzungsgesetz, ZIP 2008, 1797; *Fleischer*, Mitteilungspflichten für Inhaber wesentlicher Beteiligungen (§ 27a WpHG), AG 2008, 873; *Greven/Fahrenholz*, Die Handhabung der neuen Mitteilungspflichten nach § 27a WpHG, BB 2009, 1487; *Leyendecker-Langner/Huthmacher*, Die Aufstockungsabsicht nach § 27a Abs. 1 Satz 3 Nr. 2 WpHG im Kontext von öffentlichen Übernahmen, AG 2015, 560; *Pluskat*, „Investorenmitteilung nach § 27a WpHG – wie viel Beteiligungstransparenz geht noch?", NZG 2009, 206; *U. Schneider*, Der kapitalmarktrechtliche Strategie- und Mittelherkunftsbericht – oder: wem dient das Kapitalmarktrecht?, FS Nobbe, 2009, 741; *Ulmrich*, Investorentransparenz: die Mitteilungspflichten für Inhaber wesentlicher Beteiligungen (§ 27a WpHG) auf der Grundlage ihrer US-amerikanischen und französischen Regelungsvorbilder, 2013.

Übersicht

	Rn.		Rn.
I. Grundlagen	1	III. Gegenstand der Mitteilung	6–11
II. Voraussetzungen der Meldepflicht	2–5	1. Ziele	7–10
1. Wesentliche Beteiligung	2, 3	2. Herkunft der Mittel	11
2. Ausnahmen	4	IV. Form und Frist; Veröffentlichung	12, 13
3. Änderung der Strategie	5	V. Sanktionen	14, 15

I. Grundlagen

§ 27a WpHG knüpft an die allgemeine Beteiligungspublizität der §§ 21 ff. WpHG an 1 und unterwirft den Inhaber einer wesentlichen Beteiligung der zusätzlichen Verpflichtung, sich in einer sog. **Investorenerklärung** näher zu den mit dem Erwerb der Stimmrechte verfolgten Zielen und der Herkunft der für den Erwerb verwendeten Mittel zu erklären. Dadurch soll die Informationsbasis der gegenwärtigen und künftigen Anleger sowie der Arbeitnehmer gestärkt werden.[1] Ebenso wie die §§ 21 ff. WpHG insgesamt dient § 27a WpHG damit der Verbesserung des Schutzes der Anleger und will zugleich die Funktionsfähigkeit des Kapitalmarkts sichern (→ WpHG Vor § 21 Rn. 1). Die Mitteilungspflicht wurde

---

[1] Begr. RegE, BT-Drs. 16/7438, 12; *U. Schneider* FS Nobbe, 2009, 741 (745 ff.).

durch das Risikobegrenzungsgesetz (→ WpHG Vor § 21 Rn. 4) im Anschluss an ausländische Regelungsvorbilder eingeführt.[2] Die **Transparenz-RL** hingegen sieht entsprechende Pflichten nicht vor. Gleichwohl ist § 27a WpHG mit dem Unionsrecht vereinbar.[3] Abweichend vom Grundsatz der Vollharmonisierung (→ WpHG Vor § 21 Rn. 10) bleibt es den Mitgliedstaaten nach Art. 3 Abs. 1a UAbs. 4 ii) Transparenz-RL nämlich unbenommen, strengere Anforderungen an das Verfahren der Mitteilung zu stellen. Wie Erwägungsgrund 12 S. 4 RL 2013/50/EU hervorhebt, schließt diese Öffnungsklausel den Inhalt der Mitteilung ein und soll namentlich die Offenlegung der Absichten der Anteilseigner ermöglichen. Im Rahmen der **anstehenden WpHG-Novelle** (→ WpHG Vor § 21 Rn. 7) soll die Norm inhaltlich unverändert zum neuen § 39 WpHG werden.

II. Voraussetzungen der Meldepflicht

2   **1. Wesentliche Beteiligung.** Der qualifizierten Mitteilungspflicht unterliegt nach Abs. 1 S. 1 ein Meldepflichtiger iSd §§ 21, 22 WpHG, der die Schwelle von **10 Prozent** der Stimmrechte aus Aktien oder eine **höhere Schwelle** erreicht oder überschreitet. Maßgeblich sind also die selbst gehaltenen sowie die dem Betreffenden zuzurechnenden Stimmrechte. Es ist nicht erforderlich, dass der Meldepflichtige selbst Anteile hält; eine wesentliche Beteiligung kann auch nur im Wege der Zurechnung nach § 22 WpHG begründet werden.[4] Außen vor bleiben nach § 23 WpHG nicht zu berücksichtigende Stimmrechte.[5] Unberücksichtigt bleiben aber vor allem Instrumente iSv § 25 WpHG.[6] Eine Mitteilungspflicht besteht weiterhin nur beim Erreichen oder Überschreiten, nicht aber beim Unterschreiten einer relevanten Meldeschwelle. Schließlich sieht das Gesetz keine dem § 21 Abs. 1a WpHG entsprechende Meldepflicht bei der erstmaligen Zulassung der Aktien zum Handel an einem organisierten Markt vor.[7]

3   Die Meldepflicht besteht nur gegenüber einem **Emittenten,** für den die Bundesrepublik Deutschland Herkunftsstaat ist. Maßgeblich ist die Begriffsbestimmung in § 2 Abs. 6 iVm § 21 Abs. 2 WpHG.

4   **2. Ausnahmen.** Nach § 27a Abs. 1 S. 5 WpHG besteht keine Mitteilungspflicht, wenn die Berührung des Schwellenwerts aufgrund eines **Angebots iSv § 2 Abs. 1 WpÜG** erfolgt. Dann sind die einschlägigen Informationen nämlich bereits als Teil der noch detaillierteren Angebotsunterlage nach § 11 Abs. 2 WpÜG offen zu legen. Nach näherer Maßgabe des § 27a Abs. 1 S. 6 WpHG besteht die Mitteilungspflicht ferner für bestimmte **Kapitalverwaltungsgesellschaften** nicht. Schließlich eröffnet Abs. 3 die Möglichkeit, die Mitteilungspflicht in der **Satzung** abzubedingen. Möglich ist nur ein vollständiges Hinausoptieren, eine teilweise oder differenzierende Umsetzung ist nicht möglich.[8] Rechtspolitisch ist diese Option zweifelhaft, weil Informationspflichten zugunsten der Anleger nicht zur Verfügung des Emittenten stehen sollten.[9] Praktisch wird sie bislang nur selten genutzt.[10]

---

[2] Eingehend *Ulmrich* 11 ff. (USA) und 76 ff. (Frankreich); daneben KK-WpHG/*Heinrich* Rn. 14 ff.
[3] *Parmentier* AG 2014, 15 (18); *Seibt/Wollenschläger* ZIP 2014, 545 (547); *Burgard/Heimann* FS Dauses, 2014, 47 (53 f.).
[4] KK-WpHG/*Heinrich* Rn. 21; Assmann/Schneider/*U. Schneider* Rn. 6; K. Schmidt/Lutter/*Veil* Anh. § 22: WpHG § 27a Rn. 4.
[5] Begr. RegE, BT-Drs. 16/7438, 12; Assmann/Schneider/*U. Schneider* Rn. 6; Schwark/Zimmer/*Schwark* Rn. 3.
[6] MüKoAktG/*Bayer* Anh. § 22: WpHG § 27a Rn. 3; NK-AktR/*Nordholtz* Rn. 6; Spindler/Stilz/*Petersen* Anh. § 22 Rn. 95; JVRB/*R. Becker* Rn. 9; *Greven/Fahrenholz* BB 2009, 1487 (1489); aA *Fleischer* AG 2008, 873 (876).
[7] K. Schmidt/Lutter/*Veil* Anh. § 22: WpHG § 27a Rn. 4; JVRB/*R. Becker* Rn. 11; *Pluskat* NZG 2009, 206 (207); *v. Bülow/Stephanblome* ZIP 2008, 1797 (1801).
[8] Bericht des Finanzausschusses BT-Drs. 16/9821, 12; NK-AktR/*Nordholtz* Rn. 11.
[9] Näher *Fleischer* AG 2008, 873 (880); MüKoAktG/*Bayer* Anh. § 22: WpHG § 27a Rn. 23; K. Schmidt/Lutter/*Veil* Anh. § 22: WpHG § 27a Rn. 21; rechtfertigend dagegen Marsch-Barner/Schäfer/*Schäfer* § 18 Rn. 68.
[10] Zu den einschlägigen Rechtstatsachen *Bayer/Hoffmann* AG-Report 2013, 199.

3. Änderung der Strategie. Der Meldepflichtige ist an die einmal verlautbarte Strategie rechtlich nicht gebunden.[11] Er hat aber nach Abs. 1 S. 2 eine Änderung der Ziele innerhalb von 20 Handelstagen mitzuteilen. Damit der Kapitalmarkt nicht mit für die Entscheidungsfindung der Anleger irrelevanten Informationen überschwemmt wird, beschränkt sich die Mitteilungspflicht in Anlehnung an § 16 Abs. 1 S. 1 WpPG auf **wesentliche** Änderungen.[12] Auch setzt sie voraus, dass der Meldepflichtige weiterhin eine wesentliche Beteiligung hält.[13]

III. Gegenstand der Mitteilung

§ 27a Abs. 1 S. 3 und 4 WpHG benennt die im Einzelnen zur Verfügung zu stellenden Informationen. Die Aufzählung ist **abschließend.**[14] Der Zweck des Strategie- und Mittelherkunftsberichts bringt es mit sich, dass die Tatbestände vielfach an subjektive Zustände des Meldepflichtigen, genauer daran anknüpfen, ob er etwas „**beabsichtigt**" oder „anstrebt". Damit ist ein Planungsstadium gemeint, das über eine bloße Überlegung hinausgeht, hingegen nicht voraussetzt, dass schon Umsetzungsmaßnahmen ergriffen wurden.[15]

1. Ziele. Anzugeben ist nach **Abs. 1 S. 3 Nr. 1,** ob die Investition der Umsetzung **strategischer Ziele** oder der Erzielung von Handelsgewinnen dient. Die Offenlegungspflicht erschöpft sich in einem „entweder-oder"; eine nähere Erläuterung des Investitionsziels verlangt die Vorschrift – anders als etwa diejenige des § 11 Abs. 2 S. 3 Nr. 2 WpÜG – nicht.[16] Der Tatbestand zielt auf die Gegenüberstellung von strategischen Investoren, die sich langfristig engagieren und dabei auf die Geschäftspolitik Einfluss nehmen, einerseits und Finanzinvestoren andererseits, deren Anlagehorizont kurzfristig und auf die Erzielung von Dividenden und Kurssteigerungen gerichtet ist.[17] Maßgeblich ist, welches Investitionsziel im Vordergrund steht.[18] Für eine einschränkende Auslegung dahingehend, dass keine Offenlegungspflicht nach Nr. 1 besteht, wenn die Mitteilungspflicht nur durch Stimmrechtszurechnung ausgelöst würde, gibt das Gesetz keinen Anhaltspunkt.[19]

Nach **Abs. 1 S. 3 Nr. 2** hat der Meldepflichtige weiterhin anzugeben, ob er – gerechnet ab dem Tag des Erreichens oder Überschreitens der Meldeschwelle – innerhalb der nächsten zwölf Monate **weitere Stimmrechte** durch Erwerb oder auf sonstige Weise zu erlangen beabsichtigt. Letzteres ist vor allem mit Blick auf eine Zurechnung nach § 22 WpHG von Bedeutung.[20] Offenzulegen ist nur das „ob" eines geplanten Hinzuerwerbs; es müssen weder eine bestimmte Größenordnung noch die mögliche Absicht eines Kontrollerwerbs aufgedeckt werden.[21] Zu erwägen ist, die Offenlegungspflicht zu suspendieren, solange der wesentlich beteiligte Aktionär aktuell ein Übernahmeangebot vorbereitet.[22]

Abs. 1 S. 3 Nr. 3 hält den Meldepflichtigen zur Auskunft darüber an, ob er eine Einflussnahme auf die **Besetzung der Verwaltungsorgane** anstrebt. Es genügt eine bejahende oder verneinende Feststellung; Einzelheiten zu der dabei verfolgten Strategie oder zu den in Aus-

---
[11] AllgM, s. KK-WpHG/*Heinrich* Rn. 45; *Pluskat* NZG 2009, 206 (209).
[12] *Fleischer* AG 2008, 873 (878); Schwark/Zimmer/*Schwark* Rn. 4; *Ulmrich* 248 f.
[13] K. Schmidt/Lutter/*Veil* Anh. § 22: WpHG § 27a Rn. 13; MüKoAktG/*Bayer* Anh. § 22: WpHG § 27a Rn. 17.
[14] Begr. RegE, BT-Drs. 16/7438, 12; Assmann/Schneider/*U. Schneider* Rn. 12; KK-WpHG/*Heinrich* Rn. 35.
[15] Näher zum Abgrenzungsproblem *Fleischer* AG 2008, 873 (877); *Ulmrich* 215 ff.; *Leyendecker-Langner/Huthmacher* AG 2015, 560 (561 f.); NK-AktR/*Nordholtz* Rn. 18.
[16] KK-WpHG/*Heinrich* Rn. 36; MüKoAktG/*Bayer* Anh. § 22: WpHG § 27a Rn. 8; K. Schmidt/Lutter/*Veil* Anh. § 22: WpHG § 27a Rn. 7; *v. Bülow/Stephanblome* ZIP 2008, 1797 (1802 f.).
[17] Näher dazu NK-AktR/*Nordholtz* Rn. 19a.
[18] Begr. RegE, BT-Drs. 16/7438, 12.
[19] Wie hier *Ulmrich* 239; aA KK-WpHG/*Heinrich* Rn. 38; NK-AktR/*Nordholtz* Rn. 19b.
[20] Schwark/Zimmer/*Schwark* Rn. 6; KK-WpHG/*Heinrich* Rn. 39; *Greven/Fahrenholz* BB 2009, 1487 (1492).
[21] Vgl. Bericht des Finanzausschusses, BT-Drs. 16/9821, 12; JVRB/*R. Becker* Rn. 19; K. Schmidt/Lutter/*Veil* Anh. § 22: WpHG § 27a Rn. 9; krit. *U. Schneider* FS Nobbe, 2009, 743 (751).
[22] Näher zum Problem *Leyendecker-Langner/Huthmacher* AG 2015, 560 ff.

sicht genommenen Kandidaten muss der Meldepflichtige nicht ausführen.[23] Unter Besetzung sind die Bestellung und die Abberufung von Vorstands- und Aufsichtsratsmitgliedern zu verstehen. Der zentrale Begriff der Einflussnahme wiederum ist einerseits weit zu verstehen und umfasst auch ein faktisches Hinwirken.[24] Eine Einflussnahme auf die Besetzung des Vorstands ist also denkbar, obwohl die Bestellung und die Abberufung rein rechtlich allein dem weisungsfrei agierenden Aufsichtsrat obliegen. Andererseits gebietet der Zweck der Publizitätspflicht eine Beschränkung auf gezielt steuerndes Verhalten. Hinsichtlich der Wahl der Aufsichtsratsmitglieder reicht daher die bloße Stimmrechtsausübung in der turnusmäßigen Hauptversammlung nicht aus. Dagegen ist es als Einflussnahme anzusehen, wenn der Meldepflichtige anstrebt, für die Wahl einer Person seines Vertrauens zu sorgen.[25]

10 Nach **Abs. 1 S. 1 Nr. 4** hat der Meldepflichtige mitzuteilen, ob er eine wesentliche **Änderung der Kapitalstruktur** anstrebt. Für die Beurteilung der Wesentlichkeit ist auf die objektive Perspektive des Emittenten und die Einschätzung eines verständigen Anlegers abzustellen.[26] Die Kapitalstruktur umfasst nach der Erläuterung im Gesetzestext insbesondere das Verhältnis von Eigen- und Fremdfinanzierung und die Dividendenpolitik. Offenzulegen ist daher insbesondere der Plan, für eine deutliche Erhöhung der Fremdfinanzierung oder die Ausschüttung von Superdividenden zu sorgen.[27]

11 **2. Herkunft der Mittel.** Hinsichtlich der Herkunft der Mittel hat der Meldepflichtige nach Abs. 1 S. 4 anzugeben, ob es sich um **Eigen- oder Fremdmittel** handelt, die er zur Finanzierung des Erwerbs der Stimmrechte aufgenommen hat. Die Angabepflicht entfällt, wenn der Meldepflichtige keinerlei finanzielle Mittel eingesetzt hat (etwa bei passiven Schwellenwertüberschreitungen, Zurechnung nach § 22 WpHG).[28] Für die Abgrenzung der Finanzierungsarten ist die bilanzielle Einordnung maßgeblich.[29] Bei Mischfinanzierungen ist das Verhältnis von Eigen- und Fremdfinanzierung anzugeben.[30] Auf eine weitergehende Mitteilungspflicht hat der Gesetzgeber bewusst verzichtet, um Wettbewerbsnachteile für Kreditgeber und Mitteilungspflichtige zu vermeiden, die sich aus einer vollständigen Offenlegung der Finanzierung und ihrer Konditionen sowie der beteiligten Institute ergeben könnten.[31]

IV. Form und Frist; Veröffentlichung

12 Von der in § 27a Abs. 4 WpHG eröffneten Möglichkeit, durch Rechtsverordnung nähere Bestimmungen über Inhalt, Sprache, Umfang und Form der Mitteilungen zu erlassen, hat das Bundesministerium der Finanzen bislang keinen Gebrauch gemacht. Der Mitteilungspflichtige genügt den gesetzlichen Anforderungen einstweilen aber jedenfalls, wenn er sich an den für § 21 WpHG maßgeblichen Vorgaben orientiert.[32] Die Mitteilungsfrist beträgt **20 Handelstage**.[33] Sie beginnt in den Fällen des Abs. 1 S. 2 mit der Änderung der Ziele, in den Fällen der Schwellenwertberührung ist die in § 21 Abs. 1 S. 3–5 WpHG getroffene Regelung entsprechend heranzuziehen (→ WpHG § 21 Rn. 24 ff.).

13 Der Emittent hat die Mitteilung des Meldepflichtigen nach § 27a Abs. 2 Hs. 1 iVm § 26 Abs. 1 S. 1 WpHG zu veröffentlichen. § 27a Abs. 2 Hs. 2 WpHG stellt klar, dass der Emit-

---

[23] KK-WpHG/*Heinrich* Rn. 40; *Pluskat* NZG 2009, 206 (208); *Ulmrich* 129.
[24] AllgM, s. Assmann/Schneider/*U. Schneider* Rn. 18; Schwark/Zimmer/*Schwark* Rn. 7.
[25] Vgl. *Greven/Fahrenholz* BB 2009, 1487 (1492); *Ulmrich* 128 f.; MüKoAktG/*Bayer* Anh. § 22: WpHG § 27a Rn. 10; NK-AktR/*Nordholtz* Rn. 21.
[26] KK-WpHG/*Hirte* Rn. 43; MüKoAktG/*Bayer* Anh. § 22: WpHG § 27a Rn. 11; *Fleischer* AG 2008, 873 (879).
[27] Assmann/Schneider/*U. Schneider* Rn. 19; Spindler/Stilz/*Petersen* Anh. § 22 Rn. 95.
[28] KK-WpHG/*Heinrich* Rn. 44; MüKoAktG/*Bayer* Anh. § 22: WpHG § 27a Rn. 12.
[29] *Fleischer* AG 2008, 873 (879); *Greven/Fahrenholz* BB 2009, 1487 (1492); NK-AktR/*Nordholtz* Rn. 23; Spindler/Stilz/*Petersen* Anh. § 22 Rn. 98; aA Schwark/Zimmer/*Schwark* Rn. 9.
[30] Begr. RegE, BT-Drs. 16/7438, 12; Assmann/Schneider/*U. Schneider* Rn. 20.
[31] So Begr. RegE, BT-Drs. 16/7438, 12.
[32] *Greven/Fahrenholz* BB 2009, 1487 (1492 f.); Spindler/Stilz/*Petersen* Anh. § 22 Rn. 99.
[33] Diese Frist wird verbreitet als zu lang kritisiert, s. MüKoAktG/*Bayer* Anh. § 22: WpHG § 27a Rn. 14; K. Schmidt/Lutter/*Veil* Anh. § 22: WpHG § 27a Rn. 19.

tent die Informationen auch dem **Unternehmensregister** zu übermitteln hat.[34] Dagegen besteht keine § 26 Abs. 2 WpHG entsprechende Pflicht, der BaFin die erfolgte Veröffentlichung mitzuteilen.[35] Weiterhin hat der Emittent auch die Tatsache mitzuteilen, dass die Mitteilungspflicht nicht erfüllt wurde, also eine **Negativmitteilung** abzugeben. Es handelt sich um einen Anwendungsfall des „corporate shaming" (→ WpHG Vor § 21 Rn. 14). Dabei steht nach dem Wortlaut der Norm und den Vorstellungen der Gesetzesverfasser eine unvollständige oder fehlerhafte Mitteilung der gänzlich unterlassenen Mitteilung gleich.[36] Dem Emittenten obliegen in diesem Zusammenhang aber keine Aufklärungs- und Nachforschungspflichten. Die Veröffentlichungspflicht ist vielmehr auf offensichtliche Meldeverstöße zu beschränken.[37] Das betrifft vor allem gänzlich unterlassene, ersichtlich verspätete oder unvollständige, nur ausnahmsweise hingegen auch bloß fehlerhafte Mitteilungen.

V. Sanktionen

14 Jenseits der Veröffentlichung von Negativmitteilungen (→ Rn. 13) hat der Gesetzgeber von der Statuierung besonderer Sanktionen gegen den **Meldepflichtigen** bewusst abgesehen.[38] Namentlich ist ein Verstoß gegen § 27a Abs. 1 WpHG weder bußgeldbewehrt noch zieht er einen Rechtsverlust gemäß § 28 WpHG nach sich. Auch besteht kein einklagbarer und schadensersatzbewehrter Erfüllungsanspruch der Gesellschaft.[39] Ein solcher stünde in Widerspruch zu der gesetzgeberischen Weichenstellung, auf den bloßen Appellcharakter der Norm zu setzen.[40] Unberührt bleibt aber eine Verantwortlichkeit nach allgemeinen Grundsätzen. So mag in besonders gelagerten Einzelfällen eine vorsätzlich sittenwidrige Schädigung nach § 826 BGB oder eine nach § 20a WpHG (ab 3.7.2016: Art. 12 Marktmissbrauchs-VO) verbotene Marktmanipulation vorliegen. § 27a WpHG ist aber kein Schutzgesetz iSv § 823 Abs. 2 zugunsten der Anleger.[41] Dagegen spricht neben dem Gleichlauf zu den §§ 21 ff. WpHG (→ WpHG Vor § 21 Rn. 16) insbesondere auch der Umstand, dass die Mitteilungspflicht nach § 27a Abs. 3 WpHG satzungsdispositiv ist.

15 Teilweise wird angenommen, dass der **Emittent,** der seine Veröffentlichungspflicht nach § 27a Abs. 2 WpHG verletzt, eine Ordnungswidrigkeit nach § 39 Abs. 2 Nr. 5 lit. c WpHG begeht.[42] Indessen werden dort nur Verstöße gegen § 26 Abs. 1 S. 1 WpHG mit einem Bußgeld bewehrt. Dass § 27a Abs. 2 WpHG auf diese Norm Bezug nimmt, reicht nach der Systematik des § 39 WpHG und dem strafrechtlichen Bestimmtheitsgrundsatz nicht aus. Vielmehr ist davon auszugehen, dass § 27a WpHG insgesamt nicht bußgeldbewehrt ist und sein sollte.[43]

§ 28 WpHG Rechtsverlust

(1) ¹Rechte aus Aktien, die einem Meldepflichtigen gehören oder aus denen ihm Stimmrechte gemäß § 22 zugerechnet werden, bestehen nicht für die Zeit,

---

[34] Eingefügt durch Art. 1 Nr. 17 Gesetz zur Umsetzung der Transparenzrichtlinie-Änderungsrichtlinie (→ WpHG Vor § 21 Rn. 6); dazu Begr. RegE, BT-Drs. 18/5010, 48. Zuvor war diese Verpflichtung aus dem Verweis auf § 26 WpHG herzuleiten, s. KK-WpHG/*Hirte* Rn. 47.

[35] HK-AktG/*F. Becker* Rn. 3; aA Schwark/Zimmer/*Schwark* Rn. 14.

[36] Begr. RegE, BT-Drs. 16/7438, 13.

[37] KK-WpHG/*Heinrich* Rn. 48; K. Schmidt/Lutter/*Veil* Anh. § 22: WpHG § 27a Rn. 20; *Ulmrich* 287.

[38] Begr. RegE, BT-Drs. 16/7438, 13; Assmann/Schneider/*U. Schneider* Rn. 29; krit. *Veil* ua ZGR 2015, 709 (738 f.).

[39] *Pluskat* NZG 2009, 206 (209); *Zimmermann* ZIP 2009, 57 (62); aA KK-WpHG/*Hirte* Rn. 54; *Ulmrich* 291 ff.

[40] Vgl. *Fleischer* AG 2008, 873 (881): „symbolisches Gesetz mit Appellcharakter".

[41] *Fleischer* AG 2008, 873 (881 f.); *v. Bülow/Stephanblome* ZIP 2008, 1797 (1804); Spindler/Stilz/*Petersen* Anh. § 22 Rn. 99; K. Schmidt/Lutter/*Veil* Anh. § 22: WpHG § 27a Rn. 24; NK-AktR/*Nordholtz* Rn. 27; aA MüKoAktG/*Bayer* Anh. § 22: WpHG § 27a Rn. 21.

[42] KK-WpHG/*Heinrich* Rn. 48; *Pluskat* NZG 2009, 206 (209); *Brandt* BKR 2008, 441 (450).

[43] MüKoAktG/*Bayer* Anh. § 22: WpHG § 27a Rn. 16; K. Schmidt/Lutter/*Veil* Anh. § 22: WpHG § 27a Rn. 23.

für welche die Mitteilungspflichten nach § 21 Abs. 1 oder 1a nicht erfüllt werden. ²Dies gilt nicht für Ansprüche nach § 58 Absatz 4 des Aktiengesetzes und § 271 des Aktiengesetzes, wenn die Mitteilung nicht vorsätzlich unterlassen wurde und nachgeholt worden ist. ³Sofern die Höhe des Stimmrechtsanteils betroffen ist, verlängert sich die Frist nach Satz 1 bei vorsätzlicher oder grob fahrlässiger Verletzung der Mitteilungspflichten um sechs Monate. ⁴Satz 3 gilt nicht, wenn die Abweichung bei der Höhe der in der vorangegangenen unrichtigen Mitteilung angegebenen Stimmrechte weniger als 10 Prozent des tatsächlichen Stimmrechtsanteils beträgt und keine Mitteilung über das Erreichen, Überschreiten oder Unterschreiten einer der in § 21 genannten Schwellen unterlassen wird.

(2) Kommt der Meldepflichtige seinen Mitteilungspflichten nach § 25 Absatz 1 oder § 25a Absatz 1 nicht nach, so ist Absatz 1 auf Aktien desselben Emittenten anzuwenden, die dem Meldepflichtigen gehören.

Schrifttum: S. die Angaben Vor § 21 WpHG und daneben *Chachulski,* Verlängerter Rechtsverlust nach § 28 Satz 3 WpHG bei Erfüllung aktueller Meldepflichten, BKR 2010, 281; *Dolff,* Der Rechtsverlust gemäß § 28 WpHG aus der Perspektive eines Emittenten, 2011; *Fleischer,* Rechtsverlust nach § 28 WpHG und entschuldbarer Rechtsirrtum des Meldepflichtigen, DB 2009, 1335; *Hagen,* Der Rechtsverlust im Aktien- und Kapitalmarktrecht, 2012; *Heinrich/Kiesewetter,* Praxisrelevante Aspekte des Stimmrechtsverlusts nach § 28 WpHG i.d.F. des Risikobegrenzungsgesetzes, Konzern 2009, 137; *Merkner,* Das Damoklesschwert des Rechtsverlusts – Vorschlag für eine Neufassung von § 28 WpHG, AG 2012, 199; *Mülbert,* Das Recht des Rechtsverlusts – insbesondere am Beispiel des § 28 WpHG, FS K. Schmidt, 2009, 1219; *Nartowska,* Rechtsverlust nach § 28 WpHG, 2013; *Riegger/Wasmann,* Rechtsfolgen bei Verletzung der Meldepflichten nach §§ 21, 25 WpHG unter besonderer Berücksichtigung des Risikobegrenzungsgesetzes, FS Hüffer, 2010, 822; *Scholz,* Verlust von Aktionärsrechten gemäß § 28 WpHG, AG 2009, 133; *Schulenburg,* Ausnahme und Ende des sechsmonatigen Rechtsverlusts nach § 28 S. 3 WpHG – zu den Grenzen der erlaubten Falschmeldung nach § 28 S. 4 WpHG, NZG 2009, 1246; *Vocke,* Zum Rechtsverlust nach § 28 WpHG bei Verstößen gegen Stimmrechtsmitteilungspflichten, BB 2009, 1600.

Übersicht

	Rn.		Rn.
I. Grundlagen	1–5	**III. Umfang des Rechtsverlusts**	13–25
1. Inhalt und Zweck der Norm	1	1. Betroffene Aktien	13–15
2. Rechtsnatur	2	a) Verstöße gegen § 21 Abs. 1 oder Abs. 1a WpHG	13, 14
3. Unionsrechtliche Vorgaben	3	b) Verstöße gegen § 25 Abs. 1 oder § 25a Abs. 1 WpHG	15
4. Entstehungsgeschichte	4		
5. Rechtspolitische Kritik	5	2. Betroffene Rechte aus den Aktien	16
II. Nichterfüllung von Mitteilungspflichten	6–12	3. Dauer	17–25
		a) Systematik	17
		b) Ende des Rechtsverlusts	18–20
1. Anwendungsbereich (Abs. 1 S. 1 und Abs. 2)	6, 7	c) Nachholung der Mitteilung (Abs. 1 S. 2)	21
2. Unterlassene und fehlerhafte Mitteilungen	8, 9	d) Verlängerter Rechtsverlust (Abs. 1 S. 3 und 4)	22–25
3. Verschulden	10–12	**IV. Beweislast**	26

I. Grundlagen

1 1. Inhalt und Zweck der Norm. In Ergänzung zu den für sich genommen als unzureichend angesehenen verwaltungsrechtlichen und strafrechtlichen Eingriffsmöglichkeiten hat der Gesetzgeber als **zivilrechtliches Sanktionsinstrument** bei Verstößen gegen die Beteiligungspublizität den Rechtsverlust vorgesehen (zum Sanktionsregime im Überblick → WpHG Vor § 21 Rn. 13 ff.). Vergleichbare Regelungen finden sich in § 20 Abs. 7 AktG und § 59 WpÜG. Im Einzelnen ordnet Abs. 1 S. 1 für die Zeit, für welche Meldeplichten aus § 21 Abs. 1 und 1a WpHG nicht erfüllt werden, einen vollständigen Verlust sämtlicher Rechte aus Aktien an, die dem Meldepflichtigen gehören oder ihm nach § 22 WpHG zuzurechnen sind. Gleiches gilt nach Abs. 2 bei Verstößen gegen § 25 Abs. 1 und § 25a

Abs. 1 WpHG hinsichtlich der Aktien desselben Emittenten, die dem Meldepflichtigen gehören. Zur Wahrung des Verhältnismäßigkeitsgrundsatzes gilt nach Abs. 1 S. 2 eine Ausnahme für den Dividendenanspruch und den Anspruch auf den Liquidationserlös, wenn der Rechtsverstoß nicht vorsätzlich erfolgte und die Mitteilung nachgeholt wird.[1] Vorbehaltlich der Bagatellausnahme in Abs. 1 S. 4 greift im Gegenzug nach Abs. 1 S. 3 ein um sechs Monate verlängerter Rechtsverlust, sofern die Höhe des Stimmrechtsanteils betroffen ist und dem Meldepflichtigen Vorsatz oder grobe Fahrlässigkeit vorzuwerfen ist. Damit soll das „unbemerkte Anschleichen" zwischen zwei Hauptversammlungsterminen verhindert werden.[2] Im Rahmen des **anstehenden Finanzmarktnovellierungsgesetzes** (→ WpHG Vor § 21 Rn. 7) soll die Norm inhaltlich unverändert zum neuen § 40 WpHG werden.

2. Rechtsnatur. Auch wenn der Rechtsverlust dem Zivilrecht zuzuordnen ist, weist er doch eine deutlich ausgeprägte repressive Stoßrichtung auf. Er ist daher der vom BVerfG[3] entwickelten Kategorie der Sanktionen mit **strafähnlichem Charakter** zuzuordnen.[4] Schon kraft Verfassungsrechts kann in der Folge der Rechtsverlust nur zu Lasten eines Beteiligten eingreifen, dem ein Verschulden vorzuwerfen ist (→ Rn. 10). Weiterhin kommt der Wahrung des Übermaßverbots eine besondere Bedeutung zu. Dagegen gilt das aus Art. 103 Abs. 2 GG abzuleitende Analogieverbot in zivilrechtlichen Verfahren auch bei strafähnlichen Sanktionen nicht.[5] Daher kann der Rechtsverlust nach § 28 WpHG eingreifen, wenn die §§ 21 ff. WpHG im Rahmen einer gespaltenen Auslegung (→ WpHG Vor § 21 Rn. 12) im Einzelfall entsprechend anzuwenden sind.[6] Auch im Übrigen ist eine entsprechende Anwendung der Vorschrift nicht per se ausgeschlossen.

3. Unionsrechtliche Vorgaben. Nach Art. 28b Abs. 2 S. 1 Transparenz-RL haben die Mitgliedstaaten sicherzustellen, dass ihre Rechts- und Verwaltungsvorschriften die Möglichkeit vorsehen, die **Ausübung der Stimmrechte** aus Aktien im Falle von Verstößen gegen die Beteiligungspublizität (Art. 28a lit. b) auszusetzen. Ausweislich des S. 2 können sie aber vorsehen, dass die Stimmrechte nur bei den schwerwiegendsten Verstößen ausgesetzt werden. Das Unionsrecht schreibt das Rechtsinstitut des Rechtsverlusts mithin zwar vor. Dieser kann, muss jedoch nicht unbedingt – so wie es § 28 WpHG vorsieht – ex lege eintreten; europarechtlich zulässig wäre vielmehr auch die Anknüpfung an eine Behördenentscheidung (→ Rn. 5).[7] Im Übrigen verlangt die Transparenz-RL nur eine Aussetzung der Stimmrechte. Die in § 28 WpHG angeordnete Erstreckung auf sämtliche Verwaltungs- und Vermögensrechte ist aber europarechtlich unbedenklich, weil Art. 28b Abs. 3 die Einführung zusätzlicher Sanktionen und Maßnahmen zulässt und damit klarstellt, dass das Sanktionsregime der Transparenz-RL nur eine Mindestharmonisierung beinhaltet (→ WpHG Vor § 21 Rn. 10).[8] Gleiches gilt für den nachlaufenden Rechtsverlust des § 28 Abs. 1 S. 3 WpHG.[9]

4. Entstehungsgeschichte. Die Vorschrift wurde mehrfach geändert, die Reichweite des Rechtsverlusts dabei beständig erweitert. In ihrer ursprünglichen Fassung aus dem Jahre 1994 war der Rechtsverlust auf Verstöße gegen § 21 Abs. 1 WpHG beschränkt, schloss nur das Stimmrecht aus und betraf allein diejenigen Aktien, die dem Meldepflichtigen oder einem von ihm kontrollierten Unternehmen zustanden. Mit dem **Dritten Finanzmarktförderungsgesetz** vom 24.3.1998 (BGBl. I 529) wurde der Rechtsverlust auf sämtliche

---

[1] Begr. RegE, BT-Drs. 13/8933, 95.
[2] Begr. RegE, BT-Drs. 16/7438, 13.
[3] Grdl. BVerfG NJW 1967, 195; zusammenfassend Sachs/*Degenhardt,* 7. Aufl. 2014, GG Art. 103 Rn. 60.
[4] *Mülbert* FS K. Schmidt, 2009, 1219 (1231); *Schürnbrand* NZG 2011, 1213 (1217); *Segna* ZGR 2015, 84 (115); *Schäfer/Hamann/Opitz* Rn. 7; Marsch-Barner/Schäfer/*Schäfer* § 18 Rn. 50; Fuchs/*Dehlinger/Zimmermann* Rn. 16; aA *Hagen* 97.
[5] BVerfG NJW 1991, 3139 (3140).
[6] *U. Schneider/Anzinger* ZIP 2009, 1 (9); *Schürnbrand* NZG 2011, 1213 (1217); *Segna* ZGR 2015, 84 (115); aA *Widder/Kocher* ZIP 2010, 457 (459); *Fleischer/Bedkowski* DStR 2010, 933 (937); *Heusel* 120.
[7] *Seibt/Wollenschläger* ZIP 2014, 545 (554); *Parmentier* AG 2014, 15 (23).
[8] *Burgard/Heimann* FS Dauses, 2014, 47 (69).
[9] *Parmentier* AG 2014, 15 (23).

Rechte aus den betroffenen Aktien erstreckt; einbezogen wurden überdies die Aktien, die dem Meldepflichtigen zwar nicht gehörten, die aber ein Dritter auf seine Rechnung hielt (§ 22 Abs. 1 S. 1 Nr. 2 WpHG). Während die frühere Gesetzesformulierung („nicht ausgeübt werden dürfen") noch eine abweichende Lesart zuließ, wurde nunmehr auch klargestellt, dass der Rechtsverlust (vorbehaltlich des Dividendenanspruchs und des Anspruchs auf den Liquidationserlös) endgültig ist. Mit dem **Risikobegrenzungsgesetz** (→ WpHG Vor § 21 Rn. 4) wurde im Jahre 2008 der verlängerte Rechtsverlust (heute: Abs. 1 S. 3 und 4) eingeführt. Das **Gesetz zur Umsetzung der Transparenzrichtlinie-Änderungsrichtlinie** (→ WpHG Vor § 21 Rn. 6) hat schließlich zwei weitere Verschärfungen mit sich gebracht. Nunmehr sind in den Rechtsverlust zum einen sämtliche Aktien einbezogen, die dem Meldepflichtigen nach § 22 WpHG zugerechnet werden, die Beschränkung auf die Fälle des § 22 Abs. 1 S. 1 Nr. 1 und 2 WpHG ist mithin entfallen. Zum anderen werden jetzt auch Verstöße gegen §§ 25, 25a WpHG sanktioniert (Abs. 2).

5. Rechtspolitische Kritik. Die derzeitige Ausgestaltung des Rechtsverlusts wird **kontrovers** beurteilt. Teilweise betont man verbliebene Sanktionslücken und plädiert namentlich für eine Anhebung des verlängerten Rechtsverlusts (Abs. 1 S. 3) auf ein Jahr.[10] Nicht wenige Stimmen im Schrifttum sehen den ex lege eintretenden Stimmrechtsverlust dagegen mit Blick auf die Unsicherheiten bei der Rechtsanwendung als für den Meldepflichtigen, vor allem aber für den Emittenten unangemessen an. Sie plädieren stattdessen für eine aufsichtsrechtliche Anordnungsbefugnis (zur europarechtlichen Zulässigkeit → Rn. 3)[11] oder wollen die Anfechtbarkeit von Hauptversammlungsbeschlüssen sogar ganz ausschließen, wenn der Verstoß gegen die Mitteilungspflicht für den Emittenten nicht offensichtlich ist.[12] Wieder andere wollen den Rechtsverlust auf das Stimmrecht begrenzen.[13] Der Gesetzgeber hat solchen Bestrebungen mit dem Festhalten an der bisherigen Konzeption inzident einstweilen eine Absage erteilt.[14]

II. Nichterfüllung von Mitteilungspflichten

1. Anwendungsbereich (Abs. 1 S. 1 und Abs. 2). § 28 WpHG ist nach seinem Abs. 1 S. 1 zunächst anwendbar auf Verstöße gegen die Mitteilungspflichten des **§ 21 Abs. 1 und 1a WpHG**. Gemäß Abs. 2 werden aber auch Verstöße gegen die Mitteilungspflichten des **§ 25 Abs. 1 und § 25a Abs. 1 WpHG** erfasst. Nicht mit einem Rechtsverlust sanktioniert werden dagegen Verstöße gegen die Veröffentlichungspflicht des § 26 WpHG, die allein dem Emittenten, nicht aber dem Meldepflichtigen anzulasten sind.[15] Auch hat der Gesetzgeber bewusst davon abgesehen, Zuwiderhandlungen gegen § 27a WpHG mit einem Rechtsverlust zu belegen (→ WpHG § 27a Rn. 14). Schließlich haben nach überwiegender Meinung im Rahmen des § 28 WpHG fehlerhafte Mitteilungen, die der Betreffende **ohne** eine entsprechende **Rechtspflicht** abgegeben hat, per se außer Betracht zu bleiben.[16] Das greift indessen zu kurz, wenn durch die weitere Mitteilung eine frühere in relevanter Weise korrigiert wird.[17] So ist § 28 WpHG etwa jedenfalls entsprechend anwendbar, wenn der

---
[10] Assmann/Schneider/*U. Schneider* Rn. 27g; *Brouwer* AG 2012, 78 (83).
[11] *Baums/Drinhausen/Keinath* ZIP 2011, 2329 (2351); *Kocher/Widder* ZIP 2010, 1326 (1329); *Seibt* ZIP 2012, 797 (801 ff.); *Seibt/Wollenschläger* ZIP 2014, 545 (554); *Dolff* 164 ff.; KK-WpHG/*Kremer/Oesterhaus* Rn. 7; dagegen aber *Burgard/Heimann* FS Dauses, 2014, 47 (69 f.); *Veil* ZHR 175 (2011), 83 (107 f.).
[12] *Merkner* AG 2012, 191 (208 f.); noch weitergehend *Brouwer* AG 2012, 78 (84).
[13] Handelsrechtsausschuss des DAV NZG 2015, 1069 Rn. 29 f.; *Veil* ZHR 175 (2011), 83 (101 f.); krit. dazu *Hagen* 291 ff.
[14] Vgl. aber die Bitte um Evaluierung in Beschlussempfehlung und Bericht des Finanzausschusses, BT-Drs. 18/6220, 79.
[15] KG AG 2009, 30 (38); OLG Köln NZG 2009, 830 (831) zu § 20 Abs. 6 AktG; MüKoAktG/*Bayer* Anh. § 22: WpHG § 28 Rn. 6.
[16] Assmann/Schneider/*U. Schneider* Rn. 11; Spindler/Stilz/*Petersen* Anh. § 22 Rn. 105; K. Schmidt/Lutter/*Veil* Anh. § 22: WpHG § 28 Rn. 4; Fuchs/*Dehlinger/Zimmermann* Rn. 9.
[17] Näher MüKoAktG/*Bayer* Anh. § 22: WpHG § 28 Rn. 8; *Nartowska* 51 ff.; *Heinrich/Kiesewetter* Konzern 2009, 137 (142); Schäfer/Hamann/*Opitz* Rn. 5a.

Meldepflichtige zwar zunächst zutreffend das Überschreiten einer bestimmten Stimmrechtsschwelle mitteilt, dann aber später deren Unterschreiten vermeldet, obwohl sein Stimmrechtsanteil tatsächlich nicht abgesunken ist.

Die Mitteilungspflichten bestehen jeweils gegenüber dem **Emittenten und der BaFin**. Die Erfüllung gegenüber nur einem der beiden Adressaten verhindert den Rechtsverlust nicht. Das gilt für das Unterlassen der Mitteilung an den Emittenten schon deswegen, weil nur die förmliche Mitteilung die Veröffentlichungspflicht nach § 26 WpHG auslöst (→ WpHG § 21 Rn. 20). Eine teleologische Reduktion des § 28 WpHG ist aber auch dann nicht veranlasst, wenn nur die Mitteilung an die BaFin unterblieben ist.[18] Dadurch würde der von der Norm ebenfalls verfolgte Zweck der Stärkung der Kapitalmarktaufsicht verfehlt. Der Rechtsverlust tritt vielmehr selbst dann ein, wenn die BaFin auf andere Weise Kenntnis von dem meldepflichtigen Vorgang erlangt hat.

2. Unterlassene und fehlerhafte Mitteilungen. § 28 Abs. 1 S. 1 WpHG knüpft den 8 Rechtsverlust an die „Nichterfüllung" einer Mitteilungspflicht. Unter diesen Begriff der **Nichterfüllung** fallen neben vollständig unterlassenen auch nicht ordnungsgemäße, also unrichtige oder unvollständige Mitteilungen (→ AktG § 20 Rn. 45). Dass fehlende und fehlerhafte Mitteilungen gleichzusetzen sind, entspricht nicht nur dem Zweck der Vorschrift, eine Fehlinformation des Kapitalmarkts zu verhindern, sondern auch dem Regelungskonzept des § 28 Abs. 1 S. 4 und des § 39 Abs. 2 WpHG, die jeweils an unrichtige Mitteilungen anknüpfen. Es ist daher auch nicht geboten, im Einzelfall zu prüfen, ob die nicht ordnungsgemäße Mitteilung aufgrund der Schwere des Fehlers qualitativ einer gänzlich unterlassenen Meldung gleichsteht.[19] Es kann vielmehr mit Blick auf das Übermaßverbot allein darum gehen, ganz untergeordnete Rechtsverletzungen von der scharfen Sanktion des Rechtsverlusts auszunehmen.

Keinen Rechtsverlust ziehen anerkanntermaßen unbedeutende **formale Mängel,** wie 9 eine fehlerhafte Anschrift oder offensichtliche Schreibversehen nach sich.[20] Für den Rechtsverkehr von erheblicher Bedeutung ist dagegen die Angabe des richtigen Datums der Schwellenberührung.[21] Erst recht führen fehlerhafte Angaben zum Stimmrechtsanteil zu einem Stimmverlust. Noch nicht abschließend geklärt ist, inwieweit hier Raum für einen **Bagatellvorbehalt** bleibt.[22] Im Ergebnis sollten Abweichungen, die relativ wie absolut geringfügig sind, unbeachtlich bleiben, solange die betroffene Meldeschwelle korrekt angegeben ist.[23] Dabei ist ein strenger Maßstab anzulegen. Aus § 28 Abs. 1 S. 4 WpHG folgt, dass eine Abweichung von mehr als 10 % jedenfalls wesentlich ist.[24] Umgekehrt sind aber nicht alle geringeren Abweichungen unbeachtlich.[25]

3. Verschulden. Der Rechtsverlust setzt ein Verschulden des Meldepflichtigen voraus.[26] 10 Zur Begründung wird oftmals auf die in § 21 Abs. 1 S. 1 WpHG verankerte Pflicht zum „unverzüglichen" (= ohne schuldhaftes Zögern) Tätigwerden verwiesen. Dem vorgelagert ist das Verschuldenserfordernis aber schon aus dem strafähnlichen Charakter der Sanktion

---

[18] OLG Schleswig ZIP 2006, 421 (423); Assmann/Schneider/*U. Schneider* Rn. 13; Fuchs/*Dehlinger*/*Zimmermann* Rn. 11; K. Schmidt/Lutter/*Veil* Anh. § 22: WpHG § 28 Rn. 5; aA *Mülbert* FS K. Schmidt, 2009, 1219 (1226); *Hagen* 151 ff.
[19] So aber Fuchs/*Dehlinger*/*Zimmermann* Rn. 12; *Scholz* AG 2009, 313 (315); *Heusel* 121 ff.; in diese Richtung auch OLG Düsseldorf AG 2010, 711 (712); wie hier dagegen KK-WpHG/*Kremer*/*Oesterhaus* Rn. 31.
[20] OLG Düsseldorf AG 2006, 202 (205); Assmann/Schneider/*U. Schneider* Rn. 19.
[21] MüKoAktG/*Bayer* Anh. § 22: WpHG § 28 Rn. 7; Schäfer/Hamann/*Opitz* Rn. 5; *Heusel* 127; aA *Scholz* AG 2009, 313 (318).
[22] Vgl. den Überblick bei *Nartowska* 62 ff.
[23] Aus der Rechtsprechung KG AG 2009, 30 (38); OLG Frankfurt ZIP 2008, 138 (143).
[24] *Heinrich*/*Kiesewetter* Konzern 2009, 137 (139); großzügiger *Mülbert* FS K. Schmidt, 2009, 1219 (1229).
[25] So aber *Scholz* AG 2009, 313 (316); wie hier *Nartowska* 64.
[26] Bericht des Finanzausschusses, BT-Drs. 16/9821, 12; OLG München NZG 2009, 1386 (1388); OLG Köln AG 2009, 30 (38); KG ZIP 2009, 1223 (1232); KK-WpHG/*Kremer*/*Oesterhaus* Rn. 35; JVRB/*R. Becker* Rn. 14 f.; Spindler/Stilz/*Petersen* Anh. § 22 Rn. 108; *Vocke* BB 2009, 1600 (1601); → AktG § 20 Rn. 46; aA *S. Schneider*/*U. Schneider* ZIP 2006, 493 (496); *Vaupel* AG 2011, 63 (76).

und dem Übermaßverbot abzuleiten (→ Rn. 2). Im Rahmen des § 28 Abs. 1 S. 1 WpHG genügt einfache Fahrlässigkeit; die Sorgfaltspflichten sind eher hoch anzusetzen. Überdies wird das Verschulden **vermutet**. Der Meldepflichtige trägt also die Darlegungs- und Beweislast dafür, dass ihn ausnahmsweise kein Verschulden trifft.[27] Der Meldepflichtige kann sich etwa auf einen unvermeidbaren Tatsachenirrtum berufen, wenn er trotz angemessener Geschäftsorganisation keine zutreffende Kenntnis vom dem relevanten Vorgang erlangt hat.[28]

11   Hohe Anforderungen sind an die Unvermeidbarkeit eines **Rechtsirrtums** zu stellen. Sofern der Meldepflichtige nicht ausnahmsweise selbst über die erforderlichen Kenntnisse und Fähigkeiten verfügt, hat er daher qualifizierten Rechtsrat einzuholen. Auf die Auskunft eines Rechtsberaters darf sich der Meldepflichtige nach allgemeinen Grundsätzen nur verlassen, wenn er einen unbefangenen und für die zu klärende Frage fachlich qualifizierten Berufsträger einschaltet, ihm den Sachverhalt vollständig schildert und die erteilte Auskunft im Rahmen seiner Möglichkeiten auf Plausibilität prüft.[29] Kein Verschulden trifft den Meldepflichtigen regelmäßig aber vor allem, wenn er sich auf eine einzelfallbezogene Auskunft der BaFin als der für den Vollzug der WpHG zuständigen Behörde verlässt.[30] Auch auf die allgemeinen Handreichungen im Emittentenleitfaden darf der Meldepflichtige vertrauen, wenn deren Richtigkeit nicht durch (vor allem zwischenzeitlich ergangene) abweichende Gerichtsentscheidungen in Frage gestellt ist.

12   Der Meldepflichtige hat für sein eigenes Verschulden einzustehen. Bei juristischen Personen und rechtsfähigen Personengesellschaften ist das Handeln der Organe als eigenes Handeln des Meldepflichtigen anzusehen;[31] der Meldepflichtige muss sich deren Verschulden nach § 31 BGB **zurechnen** lassen (→ AktG § 20 Rn. 46). Ein eigenes Verschulden des Meldepflichtigen (oder seiner Organe) liegt insbesondere vor, wenn er die Wahrnehmung der Mitteilungspflichten delegiert und bei der Auswahl oder Überwachung des eingesetzten Personals nicht die im Verkehr erforderliche Sorgfalt beobachtet (Rechtsgedanke des § 831 Abs. 1 S. 2 BGB). Dagegen scheidet eine Zurechnung von Fremdverschulden nach § 278 BGB aus;[32] dem stehen der strafähnliche Charakter des § 28 WpHG sowie das Übermaßverbot entgegen (→ Rn. 2).

III. Umfang des Rechtsverlusts

13   **1. Betroffene Aktien. a) Verstöße gegen § 21 Abs. 1 oder Abs. 1a WpHG.** Verletzt der Meldepflichtige eine Mitteilungspflicht aus § 21 Abs. 1 oder Abs. 1a WpHG, sind vom Rechtsverlust nach Abs. 1 S. 1 **sämtliche** Aktien betroffen, die ihm gehören (→ AktG § 20 Rn. 44). Der Rechtsverlust beschränkt sich mithin nicht auf den Teil der Aktien, auf den sich der Rechtsverstoß bezieht.[33] So wird etwa der gesamte Aktienbesitz erfasst, wenn zunächst korrekt ein Stimmrechtsanteil von 5 % mitgeteilt wird, dann aber das Erreichen der nächsten Meldeschwelle nicht angezeigt wird. Daher unterliegen auch nachträglich erworbene Anteile dem Rechtsverlust. Ebenfalls nicht ausgenommen sind Vorzugsaktien.[34]

---

[27] KK-WpHG/*Kremer/Oesterhaus* Rn. 37; MüKoAktG/*Bayer* Anh. § 22: WpHG § 28 Rn. 14; HK-AktG/ *F. Becker* Rn. 2.
[28] KK-WpHG/*Kremer/Oesterhaus* Rn. 36; *Heusel* 131 ff.; *Nartowska* 82 ff.
[29] Allg. BGH NZG 2011, 1271 Rn. 18; NZG 2015, 792 Rn. 28; *Hüffer/Koch* AktG § 93 Rn. 44; im vorliegenden Zusammenhang *Fleischer* DB 2009, 1335 (1337 ff.); *Heusel* 144 ff.; KK-WpHG/*Kremer/Oesterhaus* Rn. 38.
[30] *Fleischer* DB 2009, 1335 (1336 f.); *Dolff* 49 ff.; *Verse* BKR 2010, 328 (330 f.); K. *Schmidt/Lutter/Veil* Anh. § 22: WpHG § 28 Rn. 7; *Schäfer/Hamann/Opitz* Rn. 9a; MüKoAktG/*Bayer* Anh. § 22: WpHG § 28 Rn. 13; aA OLG München NZG 2009, 1386 (1388); LG Köln AG 2008, 336 (338 f.); Assmann/Schneider/ *U. Schneider* Rn. 20a, 67.
[31] Eingehend *Schürnbrand*, Organschaft im Recht der privaten Verbände, 2007, 17 ff., 99 ff.
[32] Vgl. *Fleischer* DB 2009, 1335 (1339 f.); *Heusel* 154; *Hagen* 130 ff.; *Riegger/Wasmann* FS Hüffer, 2010, 823 (836); MüKoAktG/*Bayer* Anh. § 22: WpHG § 28 Rn. 11; aA *Mülbert* FS K. Schmidt, 2009, 1219 (1237).
[33] Assmann/Schneider/*U. Schneider* Rn. 26; *Schäfer/Hamann/Opitz* Rn. 37; MüKoAktG/*Bayer* Anh. § 22: WpHG § 28 Rn. 17.
[34] MüKoAktG/*Bayer* Anh. § 22: WpHG § 28 Rn. 17; KK-WpHG/*Kremer/Oesterhaus* Rn. 54; aA Fuchs/ Dehlinger/Zimmermann Rn. 24.

Weiterhin betrifft der Rechtsverlust nicht nur die eigenen Aktien des Meldepflichtigen, 14 sondern erstreckt sich gleichfalls auf diejenigen Aktien eines Dritten, aus denen ihm Stimmrechte **gemäß § 22 WpHG zugerechnet** werden. Suspendiert werden die Rechte des Inhabers der Aktien auch dann, wenn er sich selbst rechtstreu verhält, ihn also keine Mitteilungspflichten treffen oder er ihnen vollumfänglich nachgekommen ist. Dabei kennt das geltende Recht im Einklang mit Art. 28b Abs. 2 Transparenz-RL keine Beschränkung auf bestimmte Zurechnungstatbestände mehr (zur Entwicklung → Rn. 4).[35] So unterliegt etwa ein Pool-Mitglied (§ 22 Abs. 2 WpHG) unabhängig von seinem Verhalten dem Rechtsverlust, wenn ein anderes Mitglied einen Rechtsverstoß begeht. Der damit verbundene Eingriff in die Rechtspositionen Dritter lässt sich in dieser Allgemeinheit sachlich kaum noch rechtfertigen.[36] Auch ist das Spannungsverhältnis zwischen dem Einstehenmüssen für das Fehlverhalten Dritter und dem strafähnlichen Charakter der Norm (→ Rn. 2) augenfällig. Immerhin wird der Rechtsinhaber gegen den säumigen Meldepflichtigen aus dem zugrunde liegen Rechtsverhältnis (Vertrag, gesellschaftsrechtliche Treupflicht etc) regelmäßig einen Schadensersatzanspruch haben.[37]

b) Verstöße gegen § 25 Abs. 1 oder § 25a Abs. 1 WpHG. Bei Verstößen gegen § 25 15 Abs. 1 oder § 25a Abs. 1 WpHG erstreckt sich der Rechtsverlust nach Abs. 2 nur auf diejenigen Aktien desselben Emittenten, die dem Meldepflichtigen **gehören**. Für diese Beschränkung war aus Sicht des Gesetzgebers die Erwägung ausschlaggebend, dass die Instrumente nach § 25 WpHG hinsichtlich der Stellung Dritter sehr unterschiedlich ausgestaltet sein können.[38] Erfasst wird wiederum der gesamte Aktienbestand des Meldepflichtigen (→ Rn. 13). Im Übrigen hat der Gesetzgeber allein die Herausnahme der Instrumente iSv § 25 WpHG beabsichtigt. Entsprechend § 28 Abs. 2 WpHG erstreckt sich der Rechtsverlust daher (wie im Rahmen des Abs. 1) auch auf solche Aktien desselben Emittenten, die dem Meldepflichtigen zwar nicht gehören, die er sich aber nach § 22 WpHG zurechnen lassen muss.[39]

2. Betroffene Rechte aus den Aktien. Ebenso wie im Rahmen der Parallelvorschrift 16 des § 20 Abs. 7 S. 1 AktG umfasst der Rechtsverlust auch hier im Grundsatz **sämtliche Mitverwaltungs- und Vermögensrechte.** Aus dem Kreis der Mitverwaltungsrechte ist das Teilnahmerecht an der Hauptversammlung, das Frage- und Stimmrecht sowie das Anfechtungsrecht hervorzuheben. Zu den Vermögensrechten gehört neben den Ansprüchen auf die Dividende und die Beteiligung am Liquidationserlös (→ Rn. 21) nach hM auch das Bezugsrecht bei der Kapitalerhöhung gegen Einlagen. Wegen aller Einzelheiten ist auf die **Kommentierung zu § 20 AktG** (→ AktG § 20 Rn. 47 ff.) zu verweisen. Unberührt vom Rechtsverlust bleibt hingegen die Mitgliedschaft als solche ebenso wie die aus ihr abzuleitende Treupflicht des Aktionärs. Gleiches gilt für schuldrechtliche Ansprüche gegen die Gesellschaft.

3. Dauer. a) Systematik. Ausweislich Abs. 1 S. 1 bestehen die Rechte für die Zeit 17 nicht, für welche die Mitteilungspflichten nicht erfüllt werden. Der Rechtsverlust ist somit **zeitweilig.** Er greift ein, sobald der Meldepflichtige die Frist zur unverzüglichen Mitteilung schuldhaft hat verstreichen lassen;[40] er endet grundsätzlich mit der Nachholung der korrekten Mitteilung (zu Einzelheiten und Sonderfällen → Rn. 18 ff.). Bei besonders schweren Rechtsverstößen ordnet allerdings Abs. 1 S. 3 und 4 einen um sechs Monate verlängerten Rechtsverlust an (→ Rn. 22 ff.). Der einmal eingetretene Rechtsverlust ist im Ausgangspunkt **insoweit endgültig.** Der Rechtsverlust wird durch die Nachholung nicht nachträg-

---

[35] Begr. RegE, BT-Drs. 18/5010, 48.
[36] Vgl. Handelsrechtsausschuss des DAV NZG 2015, 1069 Rn. 20.
[37] *Burgard/Heimann* WM 2015, 1445 (1451); zu Konzernsachverhalten Assmann/Schneider/*U. Schneider* Rn. 47; Fuchs/*Dehlinger/Zimmermann* Rn. 28; KK-WpHG/*Kremer/Oesterhaus* Rn. 46.
[38] Begr. RegE, BT-Drs. 18/5010, 48.
[39] Im Ergebnis ebenso *Burgard/Heimann* WM 2015, 1445 (1451 f.).
[40] MüKoAktG/*Bayer* Anh. § 22: WpHG § 28 Rn. 43; Schäfer/Hamann/*Opitz* Rn. 38; *Nartowska* 205 ff.

lich geheilt, die Rechte leben mit der Erfüllung der Mitteilungspflicht vielmehr nur mit Wirkung ex nunc wieder auf.[41] Etwas anderes gilt nach Abs. 1 S. 2 allein für den Dividendenanspruch und die Beteiligung am Liquidationserlös, wenn die Mitteilung nicht vorsätzlich unterblieben ist (→ Rn. 21).

18 **b) Ende des Rechtsverlusts. aa) Erfüllung der Mitteilungspflicht.** Der Rechtsverlust endet, wenn der Meldepflichtige seine Mitteilungspflicht erfüllt hat. Auf die rechtzeitige Veröffentlichung nach § 26 WpHG kommt es nicht an. Erfüllt ist die Mitteilungspflicht, wenn eine unterlassene Mitteilung nachgeholt oder eine unrichtige oder unvollständige Mitteilung korrigiert wird. Ob die Mitteilung des Meldepflichtigen freiwillig oder unfreiwillig erfolgt, ist ohne Belang. Selbst eine von der BaFin nach § 4 Abs. 6 WpHG bewirkte Ersatzvornahme beendet den Rechtsverlust.[42] Hat der Meldepflichtige **mehrere Mitteilungspflichten** nicht ordnungsgemäß erfüllt, so genügt es mit Blick auf § 28 WpHG, wenn er die letzte Mitteilung nachholt, also die aktuellste Mitteilungspflicht erfüllt.[43] Zwar besteht ein Interesse des Rechtsverkehrs, auch die Entwicklung der Beteiligungsverhältnisse zu verfolgen. Als Sanktion für den Rechtsverstoß genügt insofern aber die fortbestehende Bußgeldbewehrung und ein möglicher Verwaltungszwang (→ WpHG § 21 Rn. 19). Es wäre dagegen (vorbehaltlich der Verlängerung nach Abs. 1 S. 3)[44] unverhältnismäßig, den Rechtsverlust fortwirken zu lassen, obwohl der Kapitalmarkt über das aktuelle Beteiligungsverhältnis zutreffend informiert ist.

19 Stets bedarf es einer aktuellen Mitteilung des Meldepflichtigen über seinen Stimmrechtsanteil. Der Rechtsverlust endet mithin **nicht automatisch,** wenn der Meldepflichtige das Überschreiten einer Meldeschwelle nicht mitteilt und diese Schwelle später wieder unterschreitet.[45] Dem stehen sowohl der Wortlaut („erfüllt") als auch der Zweck der Norm entgegen. Im Ansatz abweichend wird in den Materialien zum Gesetz zur Umsetzung der Transparenzrichtlinie-Änderungsrichtlinie mit Blick auf § 28 Abs. 2 WpHG die Auffassung vertreten, die Pflichtverletzung ende in dem Moment, in dem der Meldepflichtige die fraglichen Instrumente nicht mehr im Bestand habe (etwa bei Verkauf, Verfall oder Ausübung).[46] Das wiederum kann schon deswegen nicht überzeugen, weil in dem Unterlassen der Mitteilung des Unterschreitens der 5 %-Schwelle eine erneute Pflichtverletzung liegt.

20 **bb) Sonderfälle.** Der Rechtsverlust entfällt, wenn der Emittent nicht mehr an einem **organisierten Markt** zugelassen und der Anwendungsbereich der §§ 21 ff. WpHG daher insgesamt nicht mehr eröffnet ist.[47] Für die Fälle der **Rechtsnachfolge** ist zu beachten, dass der Rechtsverlust an die nicht erfüllte Meldepflicht anknüpft. Soweit der ursprünglich Meldepflichtige fortbesteht, bleibt auch die Meldepflicht erhalten (→ WpHG § 21 Rn. 4). Der Rechtsverlust endet nicht einmal mit der Veräußerung sämtlicher Aktien. Vielmehr greift er wieder ein, sobald der Meldepflichtige wieder Aktien erwirbt, auch wenn dadurch keine Meldeschwelle berührt wird (etwa Erwerb von 2 % der Stimmrechte).[48] Dagegen findet kein Übergang der Mitteilungspflicht auf den Rechtsnachfolger statt (→ WpHG § 21 Rn. 4). Schon aus diesem Grunde setzt sich der Rechtsverlust nicht beim Rechtsnach-

---

[41] Begr. RegE, BT-Drs. 13/8933, 96; OLG Schleswig ZIP 2006, 421 (423); Spindler/Stilz/*Petersen* Anh. § 22 Rn. 108; Fuchs/*Dehlinger/Zimmermann* Rn. 19; zur früheren Gesetzesfassung → Rn. 4.
[42] Spindler/Stilz/*Petersen* Anh. § 22 Rn. 113.
[43] OLG Stuttgart BeckRS 2008, 21818; LG Köln BeckRS 2009, 15290; Assmann/Schneider/*U. Schneider* Rn. 27l; MüKoAktG/*Bayer* Anh. § 22: WpHG § 28 Rn. 45; K. Schmidt/Lutter/*Veil* Anh. § 22: WpHG § 28 Rn. 13; *Nartowska* 207 ff.; aA Schäfer/Hamann/*Opitz* Rn. 41; *Riegger* FS Westermann, 2008, 1331 (1339).
[44] KK-WpHG/*Kremer/Oesterhaus* Rn. 83.
[45] OLG Hamm AG 2009, 876 (880); Fuchs/*Dehlinger/Zimmermann* Rn. 20; MüKoAktG/*Bayer* Anh. § 22: WpHG § 28 Rn. 46, § 21 Rn. 49; K. Schmidt/Lutter/*Veil* Anh. § 22: WpHG § 28 Rn. 14; *Heusel* 175; aA *Schnabel/Korff* ZBB 2007, 179 (184).
[46] Begr. RegE, BT-Drs. 18/5010, 48.
[47] Schäfer/Hamann/*Opitz* Rn. 40; Spindler/Stilz/*Petersen* Anh. § 22 Rn. 112.
[48] Zutr. MüKoAktG/*Bayer* Anh. § 22: WpHG § 28 Rn. 62; *Nartowska* 237 ff.; s. auch Assmann/Schneider/*U. Schneider* Rn. 70; aA *Mülbert* FS K. Schmidt, 2009, 1219 (1238 f.); *Vocke* BB 2009, 1600 (1605).

folger fort.⁴⁹ Es kommt nur ein originärer Rechtsverlust des Rechtsnachfolgers wegen der Verletzung einer durch die Rechtsnachfolge begründeten Mitteilungspflicht in Betracht.

c) Nachholung der Mitteilung (Abs. 1 S. 2). Der Rechtsverlust umfasst gemäß § 28 **21** Abs. 1 S. 2 WpHG nicht den **Dividendenanspruch** nach § 58 Abs. 4 AktG und den **Anspruch auf den Liquidationserlös** nach § 271 AktG, wenn die Mitteilung nicht vorsätzlich unterlassen und nachgeholt worden ist. Für alle Einzelheiten kann auf die Kommentierung zur Parallelvorschrift des § 20 Abs. 7 S. 2 AktG verwiesen werden (→ AktG § 20 Rn. 52 ff.). Maßgeblich ist nicht ein spezieller kapitalmarktrechtlicher, sondern der allgemeine **zivilrechtliche Vorsatzbegriff** (→ AktG § 20 Rn. 55).⁵⁰ Mithin schließt ein fahrlässiger Rechtsirrtum den Vorsatz aus, sodass eine Nachholung der Mitteilung in einem solchen Fall möglich bleibt.

d) Verlängerter Rechtsverlust (Abs. 1 S. 3 und 4). aa) Voraussetzungen. Um dem **22** „heimlichen Anschleichen" von Investoren zwischen zwei Hauptversammlungsterminen entgegenzuwirken, sieht das Gesetz in Fällen grober Rechtsverletzung in Abs. 1 S. 3 einen über die Erfüllung der Mitteilungspflicht hinausreichenden Rechtsverlust vor.⁵¹ Das betrifft nicht nur Verstöße gegen § 21 Abs. 1 und Abs. 1a WpHG, sondern über den Verweis in Abs. 2 auch Verstöße gegen § 25 Abs. 1 und § 25a Abs. 1 WpHG. Voraussetzung für diese Verlängerung ist zunächst, dass die **Höhe des Stimmrechtsanteils** betroffen ist. Das ist der Fall, wenn eine Meldung zunächst überhaupt nicht abgegeben wurde oder die Angabe zur Höhe des Stimmrechtsanteils fehlerhaft war; unschädlich sind hingegen sonstige Fehler oder Unvollständigkeiten (etwa Datum, absolute Stimmzahl).⁵² Daneben muss dem Meldepflichtigen entweder **Vorsatz oder grobe Fahrlässigkeit** vorzuwerfen sein. Maßgeblich ist der zivilrechtliche Vorsatzbegriff (→ Rn. 21). Grob fahrlässig wiederum handelt nach allgemeinen Grundsätzen derjenige, der die verkehrserforderliche Sorgfalt in besonders schwerem Maße verletzt und nicht beachtet, was im gegebenen Fall jedem einleuchten muss.⁵³

Der verlängerte Rechtsverlust steht unter dem **Bagatellvorbehalt** des Abs. 1 S. 4. Dem- **23** nach gilt Abs. 1 S. 3 nicht, wenn die Abweichung bei der Höhe der in der vorangegangenen unrichtigen Mitteilung angegebenen Stimmrechte weniger als 10 % des tatsächlichen Stimmrechtsanteils beträgt und keine Mitteilung über das Berühren einer Meldeschwelle unterlassen wird. Der verlängerte Stimmrechtsverlust greift mithin in jedem Fall, wenn eine rechtzeitige Mitteilung ganz unterlassen wurde oder aber jede Angabe zum Stimmrechtsanteil fehlte.⁵⁴ Als stets bedeutsam sieht das Gesetz weiterhin die richtige Offenlegung der berührten Meldeschwellen an. Die Anwendung der Bagatellregelung ist daher auch ausgeschlossen, wenn der Meldepflichtige das Überschreiten einer Meldeschwelle mitteilt, die tatsächlich nicht überschritten wurde.⁵⁵ Innerhalb der damit gezogenen Grenzen tritt der verlängerte Rechtsverlust aber nicht ein, wenn die Abweichung des gemeldeten Stimmrechtsanteils vom tatsächlichen⁵⁶ weniger als 10 Prozent (und nicht: 10 Prozentpunkte)⁵⁷ beträgt.

bb) Rechtsfolge. Liegen die Voraussetzungen des Abs. 1 S. 3 vor und greift der Aus- **24** schlusstatbestand des Abs. 1 S. 4 nicht ein, verlängert sich der Rechtsverlust um **sechs Monate** über den Zeitpunkt der Erfüllung der Mitteilungspflicht hinaus. Maßgeblich ist

---

⁴⁹ Gegen einen Übergang auf den Rechtsnachfolger auch BGHZ 180, 154 Rn. 34 = NZG 2009, 585; OLG Hamm AG 2009, 876 (880); OLG Stuttgart NZG 2005, 432 (435); MüKoAktG/*Bayer* Anh. § 22: WpHG § 28 Rn. 63; zur Verschmelzungs-RL *Langheld* NZG 2015, 1066 (1068) in Auseinandersetzung mit EuGH NZG 2015, 436 – Modelo Continente Hipermercados.
⁵⁰ Vgl. daneben noch *Fleischer* DB 2009, 1335 (1340 f.); *Scholz/Weiß* BKR 2013, 324.
⁵¹ Begr. RegE, BT-Drs. 16/7438, 13; KK-WpHG/*Kremer/Oesterhaus* Rn. 85.
⁵² MüKoAktG/*Bayer* Anh. § 22: WpHG § 28 Rn. 55; K. Schmidt/Lutter/*Veil* Anh. § 22: WpHG § 28 Rn. 17; *Zimmermann* ZIP 2009, 57 (63).
⁵³ Vgl. nur BGHZ 198, 265 Rn. 26 = NJW-RR 2014, 90; Palandt/*Grüneberg* BGB § 277 Rn. 5.
⁵⁴ Spindler/Stilz/*Petersen* Anh. § 22 Rn. 117; *Vocke* BB 2009, 1600 (1604).
⁵⁵ *Nartowska* 229; aA *Schulenburg* NZG 2009, 1246 (1250 f.).
⁵⁶ Einschr. *Schulenburg* NZG 2009, 1246 (1249 f.); dagegen zutr. *Nartowska* 227 f.
⁵⁷ HK-AktG/*F. Becker* Rn. 5; Spindler/Stilz/*Petersen* Anh. § 22 Rn. 117.

der Zugang der Mitteilung beim Emittenten und der BaFin; die Frist berechnet sich nach §§ 187 Abs. 1, 188 Abs. 2 BGB.[58] Die Reichweite des verlängerten Rechtsverlusts stimmt nach dem Wortlaut und dem recht verstandenen Zweck des Gesetzes mit demjenigen nach § 28 Abs. 1 S. 1 WpHG überein. Er erstreckt sich daher auch auf Aktien, die während der verlängerten Sechsmonatsfrist hinzuerworben werden (→ Rn. 13).[59] Vor allem aber erstreckt er sich entgegen den Vorstellungen der Verfasser des Risikobegrenzungsgesetzes[60] auf **sämtliche Rechte** aus den Aktien (→ Rn. 16) und ist nicht auf die Mitverwaltungsrechte oder gar das Stimmrecht beschränkt.[61]

25   Die sechsmonatige Ausdehnung entfällt nicht allein deshalb, weil zwischenzeitlich eine **weitere Meldeschwelle** berührt und dieser Umstand korrekt mitgeteilt wurde. Verschweigt der Meldepflichtige etwa zunächst das Überschreiten der 5 %-Schwelle und überschreitet dann nach einem weiteren Beteiligungsaufbau die 10 %-Schwelle, so endet der Rechtsverlust zwar grundsätzlich schon dann, wenn der Meldepflichtige die zuletzt berührte Schwelle korrekt mitteilt (→ Rn. 18). Liegen indessen die Voraussetzungen des Abs. 1 S. 3 und 4 vor, dann beginnt in diesem Zeitpunkt die Sechsmonatsfrist.[62] Andernfalls würde dem Meldepflichtigen das heimliche Anschleichen ermöglicht, welches das Gesetz gerade unterbinden will.

IV. Beweislast

26   Die Darlegungs- und Beweislast richtet sich nach den **allgemeinen Grundsätzen** des Zivilprozessrechts.[63] Es hat derjenige die tatsächlichen Voraussetzungen der Norm zu beweisen, der sich auf sie beruft. Folglich ist es im Rahmen einer Anfechtungsklage Sache des Klägers, der gegen einen Hauptversammlungsbeschluss klagt, den Verstoß gegen die Mitteilungspflicht und ggf. auch die Voraussetzungen des Abs. 1 S. 3 zu behaupten und im Falle des Bestreitens zu beweisen.[64] Das Verschulden des Meldepflichtigen wird allerdings vermutet (→ Rn. 10). Demgegenüber ist der Emittent hinsichtlich des Bagatellvorbehalts (Abs. 1 S. 4) beweispflichtig.

§ 29 WpHG Richtlinien der Bundesanstalt

¹**Die Bundesanstalt kann Richtlinien aufstellen, nach denen sie für den Regelfall beurteilt, ob die Voraussetzungen für einen mitteilungspflichtigen Vorgang oder eine Befreiung von den Mitteilungspflichten nach § 21 Abs. 1 gegeben sind. ²Die Richtlinien sind im Bundesanzeiger zu veröffentlichen.**

1   Förmliche Richtlinien auf der Basis des § 29 WpHG hat die BaFin bislang nicht erlassen.[1] Jedoch erläutert sie ihre Verwaltungspraxis im sog. **Emittentenleitfaden,** der im Internet unter www.bafin.de in seiner aktuellen Fassung abrufbar ist. Der Emittentenleitfaden ist eine **norminterpretierende Verwaltungsvorschrift,** die ein zur Streitentscheidung berufenes Gericht nicht bindet.[2] Im Zuge der anstehenden WpHG-Novelle (→ WpHG Vor § 21 Rn. 7) soll die Norm inhaltlich unverändert zum neuen § 41 WpHG werden.

---

[58] KK-WpHG/*Kremer/Oesterhaus* Rn. 91; K. Schmidt/Lutter/*Veil* Anh. § 22: WpHG § 28 Rn. 23.
[59] *Chachulski* BKR 2010, 281 (282); aA KK-WpHG/*Kremer/Oesterhaus* Rn. 93.
[60] Begr. RegE, BT-Drs. 16/7438, 13; im Anschluss daran HK-AktG/*F. Becker* Rn. 5; K. Schmidt/Lutter/ *Veil* Anh. § 22: WpHG § 28 Rn. 22; Spindler/Stilz/*Petersen* Anh. § 22 Rn. 116; *v. Bülow/Stephanblome* ZIP 2009, 1797 (1805); *Vocke* BB 2009, 1600 (1605 f.); *Chachulski* BKR 2010, 281 f.
[61] Assmann/Schneider/*U. Schneider* Rn. 27 f.; *Fuchs/Dehlinger/Zimmermann* Rn. 7; KK-WpHG/*Kremer/ Oesterhaus* Rn. 86; MüKoAktG/*Bayer* Anh. § 22: WpHG § 28 Rn. 60; *Schulenburg* NZG 2009, 1246 (1247).
[62] KK-WpHG/*Kremer/Oesterhaus* Rn. 93; *Chachulski* BKR 2010, 281 (282); *Heusel* 180 f.; *Mülbert* FS Schmidt, 2009, 1219 (1240); aA *Schulenburg* NZG 2009, 1246 (1252).
[63] Spindler/Stilz/*Petersen* Anh. § 22 Rn. 118.
[64] OLG Düsseldorf AG 2010, 711 (712 f.); NZG 2009, 1360 (1362); OLG Stuttgart AG 2009, 204 (212); AG 2009, 124 (127) (auch zu einer möglichen sekundären Darlegungslast).
[1] JVRB/*R. Becker* Rn. 11.
[2] Vgl. zur Einordnung BGHZ 192, 90 Rn. 44 = NJW 2012, 1800; BGH NZG 2008, 300 Rn. 24; zur Wirkung norminterpretierender Verwaltungsvorschriften *Maurer,* Allgemeines Verwaltungsrecht, 18. Aufl. 2011, § 24.

§ 29a WpHG Befreiungen; Verordnungsermächtigung

(1) ¹Die Bundesanstalt kann Inlandsemittenten mit Sitz in einem Drittstaat von den Pflichten nach § 26 Abs. 1 und § 26a freistellen, soweit diese Emittenten gleichwertigen Regeln eines Drittstaates unterliegen oder sich solchen Regeln unterwerfen. ²Die Bundesanstalt unterrichtet die Europäische Wertpapier- und Marktaufsichtsbehörde über die erteilte Freistellung. ³Satz 1 gilt nicht für Pflichten dieser Emittenten nach § 26 Absatz 1 und § 26a auf Grund von Mitteilungen nach § 25a.

(2) ¹Emittenten, denen die Bundesanstalt eine Befreiung nach Absatz 1 erteilt hat, müssen Informationen über Umstände, die denen des § 21 Abs. 1 Satz 1, Abs. 1a, § 25 Abs. 1 Satz 1, § 26 Abs. 1 Satz 1 und 2 und § 26a entsprechen und die nach den gleichwertigen Regeln eines Drittstaates der Öffentlichkeit zur Verfügung zu stellen sind, in der in § 26 Abs. 1 Satz 1, auch in Verbindung mit einer Rechtsverordnung nach Absatz 3, geregelten Weise veröffentlichen und gleichzeitig der Bundesanstalt mitteilen. ²Die Informationen sind außerdem unverzüglich, jedoch nicht vor ihrer Veröffentlichung dem Unternehmensregister im Sinne des § 8b des Handelsgesetzbuchs zur Speicherung zu übermitteln.

(3) Das Bundesministerium der Finanzen wird ermächtigt, durch Rechtsverordnung, die nicht der Zustimmung des Bundesrates bedarf, nähere Bestimmungen über die Gleichwertigkeit von Regeln eines Drittstaates und die Freistellung von Emittenten nach Absatz 1 zu erlassen.

Die Vorschrift dient der Umsetzung von Art. 23 Transparenz-RL und will durch die **1** Möglichkeit einer Befreiung die **Doppelbelastung reduzieren,** die sich für Inlandsemittenten (§§ 2 Abs. 7, 21 Abs. 2 WpHG) mit Sitz in einem Drittstaat (§ 2 Abs. 6 Nr. 1 lit. b WpHG) aus der Unterstellung unter zwei verschiedene Melderegime ergibt.[1] Im Zuge der anstehenden WpHG-Novelle (→ WpHG Vor § 21 Rn. 7) soll die Norm inhaltlich unverändert zu § 42 WpHG werden. Die Freistellung setzt nach Abs. 1 S. 1 voraus, dass der Emittent gleichwertigen Regeln eines Drittstaats unterliegt oder sich ihnen unterwirft, sie also tatsächlich freiwillig beachtet.[2] Die Anforderungen an die Gleichwertigkeit wiederum sind in §§ 5 ff. Transparenzrichtlinie-Durchführungsverordnung konkretisiert. Die Freistellung erfolgt durch eine Ermessensentscheidung der BaFin und befreit von den Pflichten nach §§ 26, 26a WpHG. Unberührt bleibt nach Abs. 1 S. 3 hingegen die Pflicht zur Veröffentlichung von Mitteilungen nach § 25a WpHG. Überdies muss der Emittent die Informationen, die er nach den gleichwertigen Regeln des Drittstaats zur Verfügung stellt, nach Abs. 2 auch in der in § 26 WpHG vorgesehenen Weise veröffentlichen, der BaFin mitteilen und dem Unternehmensregister übermitteln. So soll eine umfassende Information der europäischen Öffentlichkeit gewährleistet werden. Im Gegenzug relativiert sich dadurch natürlich die Reduzierung der Doppelbelastung.[3]

§ 30 WpHG Handelstage

(1) Für die Berechnung der Mitteilungs- und Veröffentlichungsfristen nach diesem Abschnitt gelten als Handelstage alle Kalendertage, die nicht Sonnabende, Sonntage oder zumindest in einem Land landeseinheitliche gesetzlich anerkannte Feiertage sind.

(2) Die Bundesanstalt stellt im Internet unter ihrer Adresse einen Kalender der Handelstage zur Verfügung.

---

[1] Begr. RegE, BT-Drs. 16/2498, 39; Assmann/Schneider/*U. Schneider* Rn. 3; Schwark/Zimmer/*Schwark* Rn. 1.
[2] Näher zur dahingehenden Auslegung des Begriffs „sich unterwerfen" Assmann/Schneider/*U. Schneider* Rn. 8; KK-WpHG/*Hirte* Rn. 12; Schwark/Zimmer/*Schwark* Rn. 4.
[3] Assmann/Schneider/*U. Schneider* Rn. 4; KK-WpHG/*Hirte* Rn. 18.

1 Abs. 1 beinhaltet im Anschluss an Art. 7 Abs. 1 RL 2007/14/EG eine Legaldefinition des in den §§ 21 ff. WpHG verschiedentlich verwendeten Begriffs des Handelstags. Dabei ist ein landesweiter Feiertag ein solcher, der in einem ganzen Bundesland und nicht nur in ausgewählten Städten oder Kreisen dieses Bundeslands ein gesetzlich anerkannter Feiertag ist.[1] Der Liste, die die BaFin nach Abs. 2 in Umsetzung von Art. 7 Abs. 2 RL 2007/14/EG im Internet zur Verfügung zu stellen hat, kommt nach den Vorstellungen der Gesetzesverfasser keine konstitutive, sondern nur informatorische Bedeutung zu.[2] Immerhin wird es aber wohl an einem Verschulden fehlen, wenn sich ein Meldepflichtiger auf sie verlässt.[3] Im Zuge der anstehenden **WpHG-Novelle** (→ WpHG Vor § 21 Rn. 7) soll die Norm inhaltlich unverändert zu § 43 WpHG werden.

---

[1] Begr. RegE, BT-Drs. 16/2498, 39.
[2] Begr. RegE, BT-Drs. 16/2498, 39; ebenso Assmann/Schneider/*Döhmel* Rn. 3; JVRB/*R. Becker* Rn. 7; MüKoAktG/*Bayer* Anh. § 22: WpHG § 30 Rn. 2; Fuchs/*Dehlinger/Zimmermann* Rn. 3.
[3] Zutr. KK-WpHG/*Hirte* Rn. 10.

Drittes Buch. Verbundene Unternehmen

Erster Teil. Unternehmensverträge

Erster Abschnitt. Arten von Unternehmensverträgen

Vorbemerkung zu § 291 (Vor § 291)

Übersicht

	Rn.		Rn.
I. Überblick	1, 2	V. Genossenschaften	13
II. Altverträge	3–5	VI. Verein	14, 15
III. GmbH	6–8		
IV. Personengesellschaften	9–12	VII. Stiftung	16, 17

I. Überblick

Die §§ 291–328 enthalten den sog. „Besonderen Teil" des Konzernrechts des AktG und ergänzen, so gesehen, den „Allgemeinen Teil" der §§ 15–22 (→ § 15 Rn. 1). Zwar nicht äußerlich, wohl aber der Sache nach ist der „Besondere Teil" (§§ 291–328) seinerseits in allgemeine Vorschriften über Unternehmensverträge (§§ 291–299), Vorschriften über Vertragskonzerne (§§ 300–310), Vorschriften über Abhängigkeitsverhältnisse und faktische Konzerne (§§ 311–318) sowie Vorschriften über die Eingliederung (§§ 319–327) gegliedert. Hinzugetreten sind noch im Jahre 2001 die neuen Vorschriften der §§ 327a–327f über den Ausschluss von Minderheitsaktionären (neudeutsch: squeeze-out) als Alternative zur Eingliederung. Im Jahre 2003 wurde ferner der bisherige § 306 durch das Spruchverfahrensgesetz (SpruchG) vom 12.6.2003 (BGBl. I 838) ersetzt, das in → § 328 Anh. kommentiert ist. 1

Die hier zunächst allein interessierenden allgemeinen Vorschriften über Unternehmensverträge (§§ 291–299) haben durch das **Umwandlungsrechtbereinigungsgesetz** von 1994, durch das die §§ 293a–293g in das Gesetz eingefügt wurden, eine erhebliche Ausweitung erfahren. Vorangestellt ist in den §§ 291 und 292 eine Definition der Unternehmensverträge, wobei das Gesetz deutlich zwischen dem Beherrschungsvertrag (§ 291 Abs. 1 S. 1) und den anderen Unternehmensverträgen des § 292 unterscheidet. Der zusätzlich in § 291 Abs. 1 S. 1 geregelte Gewinnabführungsvertrag hat als Grundlage der körperschaftsteuerlichen Organschaft (§ 14 KStG) in erster Linie steuerrechtliche Bedeutung, während der ebenfalls in § 291 Abs. 1 S. 2 erwähnte Geschäftsführungsvertrag – eine besondere Erscheinungsform der Gewinnabführungsverträge – ohne praktische Relevanz geblieben ist. 2

II. Altverträge

Die Vorschriften über Unternehmensverträge (§§ 291–310) sind im Wesentlichen eine Neuschöpfung des AktG von 1965. Das alte **AktG von 1937** enthielt in **§ 256** lediglich die Bestimmung, dass die Hauptversammlung einem Gewinnabführungs- oder Betriebspachtvertrag mit qualifizierter Mehrheit zustimmen muss. Trotz dieser Bestimmung war unter dem alten AktG bis zuletzt umstritten geblieben, ob insbesondere Gewinnabführungs- und Beherrschungsverträge zulässig oder wegen des Verstoßes gegen die (heutigen) §§ 57 f. und 76 nichtig sind. Ursprünglich war geplant gewesen, diese Frage im EGAktG im positiven Sinne zu entscheiden.[1] Später ist man hiervon jedoch wieder abgekommen und hat 3

---

[1] S. § 19 EGAktG-RegE bei *Kropff* AktG 534 f.

sich stattdessen mit der Übergangsvorschrift des **§ 22 EGAktG** begnügt, um die Frage der Wirksamkeit der Altverträge der Rechtsprechung zu überlassen.[2]

4   Nach **§ 22 Abs. 1 S. 1 EGAktG** gelten für Altverträge (unter der Voraussetzung ihrer Wirksamkeit) die §§ 295–303, 307–310 und 316. Die Verträge waren außerdem nach § 22 Abs. 2 EGAktG von dem Vorstand der abhängigen Gesellschaft unverzüglich nach Inkrafttreten des neuen AktG am 1.1.1966 zur Eintragung ins Handelsregister anzumelden gewesen.

5   Im Anschluss an diese Übergangsregelung (→ Rn. 4) hat sich inzwischen nahezu allgemein die Auffassung durchgesetzt, dass die Altverträge, nachdem sie nunmehr zum Teil bereits seit Jahrzehnten praktiziert werden, jedenfalls dann als **wirksam** zu behandeln sind, wenn ihnen die Hauptversammlung gemäß § 256 AktG 1937 *mit qualifizierter Mehrheit* zugestimmt hatte und sie außerdem eine *angemessene Dividendengarantie* (iSd heutigen § 304) für die außenstehenden Aktionäre vorsehen.[3] Hinzu kommen muss noch die nach § 22 Abs. 2 S. 1 EGAktG erforderliche **Eintragung** des Altvertrages ins Handelsregister. Sind diese Voraussetzungen erfüllt, so unterstehen die Altverträge seit 1966 den §§ 293 und 300 ff. sowie dem § 308.[4] Das gilt auch für die in § 256 AktG von 1937 nicht ausdrücklich mitgeregelten **isolierten Beherrschungsverträge**.[5] Soweit demgegenüber in der Rechtsprechung gelegentlich die Auffassung vertreten wird, alte Beherrschungsverträge seien mangels Erwähnung in § 256 AktG 1937 auch ohne Zustimmung der Hauptversammlung heute noch wirksam,[6] ist dem nicht zu folgen (§ 70 AktG von 1937 iVm § 134 BGB).

III. GmbH

6   Der unmittelbare Anwendungsbereich der §§ 291 ff. beschränkt sich auf Unternehmensverträge mit abhängigen Aktiengesellschaften und KGaA mit Sitz im Inland (→ § 291 Rn. 33 ff.; zur SE → Einl. Rn. 45 ff.). Für abhängige Gesellschaften in der Rechtsform einer GmbH existiert dagegen bisher keine vergleichbare Regelung. Es finden sich lediglich verstreute Einzelregelungen, unter denen die größte Bedeutung den **§§ 14 ff. und 17 KStG** von 2003 zukommt, die die Voraussetzungen regeln, unter denen das Organschaft mit einer GmbH steuerlich anerkannt wird. Hinzu gekommen ist noch 2008 **§ 30 Abs. 1 S. 2 GmbHG** idF des MoMiG von 2008, nach dem das Verbot der Auszahlung des zur Erhaltung des Stammkapitals erforderlichen Vermögens an die Gesellschafter (S. 1 des § 30 Abs. 1 GmbHG) nicht für Leistungen gilt, die bei Bestehen eines Beherrschungs- oder Gewinnabführungsvertrages erfolgen.

7   Das **Gesellschaftsrecht** wird durch diese spärliche Regelung nicht gehindert, an die Gültigkeit speziell von Gewinnabführungsverträgen mit Gesellschaften in der Rechtsform einer GmbH auch noch andere Anforderungen als insbesondere das Steuerrecht zu stellen. In der ausgebreiteten Diskussion über diesen Fragenkreis hat sich mittlerweile weitgehend die Überzeugung durchgesetzt, dass das Recht der **GmbH-Vertragskonzerne** mit Rücksicht auf die bekannten strukturellen Unterschiede zwischen AG und GmbH *nicht* einfach durch eine **pauschale „Gesamtanalogie"** zu den entsprechenden aktienrechtlichen Vorschriften entwickelt werden kann.

8   Davon zu trennen ist die Frage einer **entsprechenden Anwendung** der aktienrechtlichen Vorschriften auf Unternehmensverträge mit GmbHs *im Einzelfall* (§§ 291–310), *soweit* die Situation bei der GmbH mit der bei der AG vergleichbar ist und nicht vorrangige GmbH-rechtliche Wertungen eine abweichende Entscheidung erforderlich machen. Dementsprechend soll im Folgenden bei der Erläuterung der Vorschriften über Unternehmensverträge (§§ 291–310) durchweg gesondert zu der Frage Stellung genommen werden, ob

---

[2] Ausschussbericht zu § 22 EGAktG, bei *Kropff* AktG 535 f.
[3] OLG Karlsruhe NJW 1967, 831; OLG Frankfurt AG 1988, 267 (271); MüKoAktG/*Altmeppen* § 291 Rn. 231 ff.
[4] MüKoAktG/*Altmeppen* § 291 Rn. 234.
[5] *Emmerich/Habersack* KonzernR § 1 Rn. 12 (5).
[6] So KG NZG 2000, 1132 (1133) = AG 2001, 186 – Allianz; LG Berlin AG 1999, 188 f. – Allianz.

Vorbemerkungen

die betreffende Vorschrift auf Unternehmensverträge mit einer GmbH analog anwendbar ist oder nicht. Dabei wird sich zeigen, dass in der Tat bei einer Vielzahl von Fragen eine Analogie zu den entsprechenden Regelungen des AktG möglich ist (insbesondere → § 293 Rn. 39 ff.).

IV. Personengesellschaften

Schrifttum: *Bitter,* Konzernrechtliche Durchgriffshaftung bei Personengesellschaften, 2000; *Born,* Die abhängige KGaA, 2004; *Emmerich,* Das Konzernrecht der Personengesellschaften, FS Stimpel, 1985, 743; *Haar,* Die Personengesellschaft im Konzern, 2006; EBJS/*Lange,* Bd. 1, 2. Aufl. 2007, HGB Anh. § 105 Rn. 15 ff., 1233 ff.; MüKoHGB/*Mülbert* Bd. 3, 3. Aufl. 2012, Konzernrecht der Personengesellschaften, S. 561 ff.; Staub/*C. Schäfer,* 5. Aufl. 2009, HGB Anh. § 105, 242 ff.; *Tröger,* Die Personengesellschaft im Unternehmensverbund, in Westermann/Wertenbruch, HdB Personengesellschaften, 2012, § 59; *R. Veil* Unternehmensverträge, 2003.

An Unternehmensverbindungen können sich auch Personengesellschaften beteiligen. **9** Selbst Unternehmensverträge mit Personengesellschaften in der Position des *abhängigen Unternehmens* kommen durchaus vor. Bekannt geworden sind zB Betriebsführungs- und Betriebspachtverträge mit abhängigen Personengesellschaften.[7] Gegen deren Zulässigkeit bestehen grundsätzlich ebenso wenig wie bei den anderen Unternehmensverträgen des § 292 Bedenken. Umstritten ist die Rechtslage dagegen vor allem hinsichtlich des Beherrschungsvertrages des § 291 Abs. 1 S. 1:

Obwohl der BGH in einem freilich eigenartigen Fall bereits einmal von einem „Beherr- **10** schungsvertrag" mit einer OHG gesprochen hat,[8] ist die Auseinandersetzung um die Zulässigkeit von **Beherrschungsverträgen** mit abhängigen Personengesellschaften bis heute nicht zur Ruhe gekommen.[9] Im Vordergrund des Interesses steht die Frage, ob das Weisungsrecht des herrschenden Unternehmens aufgrund eines Beherrschungsvertrages (§ 308 Abs. 1) mit der **persönlichen Haftung** anderer Gesellschafter vereinbar ist (§§ 138 Abs. 1, 714 BGB; §§ 128, 161 Abs. 2 HGB). Weitere Probleme ergeben sich aus dem Verhältnis zwischen dem Gesellschaftsvertrag und einem (etwaigen) Beherrschungsvertrag, da feststeht, dass auch im Gesellschaftsvertrag Weisungsrechte einzelner Gesellschafter begründet werden können, sodass, zumindest auf den ersten Blick, nicht recht erkennbar ist, welcher eigenständige Regelungsbereich neben dem Gesellschaftsvertrag unter diesen Umständen für einen zusätzlichen Beherrschungsvertrag mit einer BGB-GbR, mit einer OHG oder einer KG noch verbleiben soll. Im Schrifttum finden sich deshalb vielfache Unterscheidungen je nach der Struktur der abhängigen Personengesellschaft, dem Inhalt des Gesellschaftsvertrags und der Natur des zusätzlich abgeschlossenen „Beherrschungsvertrages".

Im vorliegenden Zusammenhang genügt die Bemerkung, dass das AktG offenkundig **11** in den §§ 278 und 291 Abs. 1 von der **Zulässigkeit** von Beherrschungsverträgen **mit** Gesellschaften in der Rechtsform einer **KGaA** ausgeht,[10] sodass die persönliche Haftung einzelner Gesellschafter schwerlich ein unüberwindliches Hindernis für die Zulässigkeit solcher Verträge sein kann. Voraussetzung ist freilich die **Zustimmung aller Gesellschafter** (§ 138 Abs. 1 BGB). Von diesem Erfordernis kann nur eine **Ausnahme** gemacht werden, wenn an der abhängigen Personengesellschaft *keine natürlichen Personen* beteiligt sind.[11] In

---

[7] BGH NJW 1982, 1817 = WM 1982, 394 – Holiday-Inn I; OLG München AG 1987, 380 – Holiday-Inn II; OLG Hamburg NZM 2000, 421 = AG 2001, 91.
[8] NJW 1980, 231 = AG 1980, 47 = GmbHR 1979, 346 – Gervais.
[9] *Bitter,* Konzernrechtliche Durchgriffshaftung, 326 ff.; *Emmerich/Habersack* KonzernR § 34 Rn. 17 ff., 518 ff.; *S. Fabian,* Inhalt und Auswirkungen des Beherrschungsvertrags, 1997, 80 (93 ff.); *Br. Haar* Personengesellschaft 275 ff.; EBJS/*Lange* HGB Anh. § 105 Rn. 42 ff.; MüKoHGB/*Mülbert* KonzernrR Rn. 145 ff., 606 ff.; *E. Schmitt,* Schutz der außenstehenden Gesellschafter einer abhängigen Personengesellschaft im mehrstufigen Unternehmensverbund, 2003, 69 ff.
[10] Ebenso *Born* KGaA 80 ff.
[11] Ebenso BayObLGZ 1992, 367 (371) = NJW 1993, 1804 = AG 1993, 177 – BSW; OLG Düsseldorf AG 2004, 324 (326 f.) = ZIP 2004, 753 – EVA; OLG Hamburg AG 2006, 48 (50) = NZG 2005, 966 – Otto GmbH & Co. KG.

derartigen Fallgestaltungen macht es dann durchaus auch Sinn, einen etwaigen Beherrschungsvertrag vom Gesellschaftsvertrag zu unterscheiden, weil der Beherrschungsvertrag, anders als der Gesellschaftsvertrag, grundsätzlich der Schriftform bedarf (§ 293 Abs. 3)[12] und nur auf Zeit abgeschlossen wird.[13] Noch offen ist, ob der Vertrag außerdem analog § 294 ins Handelsregister einzutragen ist.[14]

12 Im Schrifttum wird ferner die Zulässigkeit von **Gewinnabführungsverträgen** mit Personengesellschaften diskutiert. Dabei dürfte jedoch übersehen worden sein, dass Gewinnabführungsverträge nahezu ausschließlich steuerrechtliche Bedeutung haben (§§ 14, 17 KStG), steuerrechtlich die Organschaft mit Personengesellschaften jedoch nicht anerkannt wird (§§ 14 Abs. 1 S. 1, 17 S. 1 KStG von 2003), sodass Gewinnabführungsverträge mit Personengesellschaften jedenfalls ausgesprochen selten sein dürften. Soweit sie doch vorkommen sollten,[15] dürften sie wie Beherrschungsverträge mit abhängigen Personengesellschaften zu behandeln sein (→ Rn. 11).

V. Genossenschaften

Schrifttum: *Beuthien,* Die eingetragene Genossenschaft als verbundenes Unternehmen, in Mestmäcker/Behrens (Hrsg.), Das Gesellschaftsrecht der Konzerne im internationalen Vergleich, 1991, 133; *Großfeld/Berndt,* Die eingetragene Genossenschaft im Konzern, AG 1998, 116; *Herzberg,* Die Beteiligung von Genossenschaften an Tochtergesellschaften, AG 2014, 490; *Reul,* Das Konzernrecht der Genossenschaften, 1997.

13 Genossenschaften können sich gleichermaßen als herrschendes wie als abhängiges Unternehmen an Unternehmensverträgen beteiligen (→ § 17 Rn. 49 ff.).[16] Im Schrifttum wird „lediglich" vielfach die Zulässigkeit von **Beherrschungs- und Gewinnabführungsverträgen** mit abhängigen Genossenschaften bezweifelt.[17] Keines der in diesem Zusammenhang üblicherweise vorgebrachten Argumente vermag jedoch letztlich zu überzeugen, sofern nur dem Vertragsabschluss *sämtliche* Genossen zustimmen und im Falle eines Beherrschungsvertrages zusätzlich in dem Vertrag sichergestellt wird, dass wenigstens das herrschende Unternehmen für die Erfüllung des Förderzwecks sorgt oder dass es doch keine Weisungen erteilt, die mit dem Förderzweck der abhängigen Gesellschaft unvereinbar sind.[18] Gleichordnungskonzerne unter Beteiligung von Genossenschaften sind gleichfalls vorstellbar.[19]

VI. Verein

Schrifttum: *Dreher,* FS 100 Jahre Stuttgarter Lebensversicherung, 2008, 139; *Emmerich/Habersack* Konzernrecht § 37; *Habersack,* Gesellschaftsrechtliche Fragen der Umwandlung von Sportvereinen in Kapitalgesellschaften, in Scherrer (Hrsg.), Sportkapitalgesellschaften, 1997, 45; *Leuschner,* Das Konzernrecht des Vereins, 2011; *Sprengel,* Vereinskonzernrecht, Die Beteiligung von Vereinen an Unternehmensverbindungen, 1998.

14 Der Verein als **Konzernspitze** ist eine vertraute Erscheinung der heutigen Konzernpraxis. Er kann in dieser Eigenschaft gewiss auch Unternehmensverträge mit den von ihm abhängigen Gesellschaften abschließen.[20] Weit schwieriger zu beurteilen ist dagegen der umgekehrte Fall, dh der Abschluss von Unternehmensverträgen mit Vereinen **als abhängigen Unternehmen.**

---

[12] Anders EBJS/*Lange* HGB § 105 Anh. Rn. 48.
[13] Ebenso *Born* KGaA 80 ff.
[14] Dafür zu Recht die hM, dagegen OLG München GmbHR 2011, 376 = ZIP 2011, 526.
[15] Ein Beispiel in OLG München GmbHR 2011, 376 = ZIP 2011, 526; in dem Fall der Otto GmbH & Co. KG (OLG Hamburg NZG 2005, 966) ging es dagegen um einen Gewinnabführungsvertrag zwischen einer KG als Organträger und einer GmbH als Organgesellschaft.
[16] Beispiele in RFHE 23, 91 (93); BFHE 73, 278 (288 f.) = BStBl. 1961 III, 368.
[17] Vgl. *Großfeld,* Genossenschaft und Eigentum, 1975, 33 ff.; *Merle* AG 1979, 265 (266 ff.).
[18] Mestmäcker/Behrens/*Beuthien* GesR 133, 137 ff.; *Emmerich* AG 1991, 303 (311); *Emmerich/Habersack* KonzernR § 36 Rn. 17 ff. (531 f.); *Reul* KonzernR 166 ff.
[19] *K. Schmidt* GesR § 17 IV 4 (510 f.).
[20] Wegen der Einzelheiten s. *Emmerich/Habersack* KonzernR § 37 Rn. 16 ff. (539); *Sprengel* VereinskonzernR 241 ff.

Die Frage der Zulässigkeit solcher Verträge hat eine konzernrechtliche und eine vereins- 15
rechtliche Seite. **Vereinsrechtlich** geht es vor allem um die Frage, ob der Abschluss eines
Beherrschungsvertrages zwischen einem Verein und einem anderen Unternehmen zur Folge
haben kann, dass der Verein infolge der Zurechnung der wirtschaftlichen Aktivitäten der
Muttergesellschaft fortan ebenfalls als wirtschaftlicher Verein zu qualifizieren ist (§ 22 BGB).
Konzernrechtlich steht dagegen die Frage im Vordergrund, ob die Mitgliederversammlung
dem Vertragsabschluss zustimmen muss, ggf. mit welcher Mehrheit. In der Vereinspraxis
wird die Abschlusskompetenz offenbar bisher allein dem Vorstand zugewiesen (§ 26 BGB).
Tatsächlich ist jedoch auch hier von der entsprechenden Anwendbarkeit der **§§ 293 ff.**
auszugehen. Die Folge ist vor allem, dass die Mitgliederversammlung des abhängigen Vereins
dem Abschluss des Unternehmensvertrages zustimmen muss, wobei sich die Mehrheit nach
§ 33 Abs. 1 S. 2 BGB richtet, sodass die **Zustimmung aller Mitglieder** erforderlich ist,
sofern, wie wohl im Regelfall, der Vertragsabschluss eine Zweckänderung nach sich zieht.[21]

VII. Stiftung

Schrifttum: *Burgard*, Gestaltungsfreiheit im Stiftungsrecht, 2006; *Emmerich/Habersack* KonzernR § 38; *Heinzelmann*, Die Stiftung im Konzern, 2003; *Hoppe*, Die abhängige Stiftung, 2004; *Ihrig/Wandt*, FS Hüffer, 2010, 387; *Hippeli*, Zurechnung nach WpHG und WpÜG bei beherrschten Stiftungen, 2013; *ders.* AG 2014, 147; *Hüffer*, GS Tettinger, 2007, 449; *Künnemann*, Die Stiftung im System des Unterordnungs-Konzerns, 1995; *Rösner*, Die Konzernierung der Stiftung und ihr Einfluss auf die Pflichten des Stiftungsvorstandes, 2012; *Schumacher*, Die konzernverbundene Stiftung, 2004; *Schlinkert*, Unternehmensstiftung und Konzernleitung, 2005.

Es steht außer Frage, dass sich Stiftungen als **herrschende Unternehmen** an Unterneh- 16
mensverbindungen beteiligen können. In der Praxis wird von dieser Möglichkeit in wachsendem Maße Gebrauch gemacht. Daher können Stiftungen auch Unternehmensverträge
einschließlich insbesondere Beherrschungs- und Gewinnabführungsverträgen mit den von
ihnen abhängigen Unternehmen abschließen (→ § 15 Rn. 18; → § 17 Rn. 52).[22] Zuständig ist (allein) der Stiftungsvorstand; durch die Satzung kann jedoch bestimmt werden, dass
der Vorstand zum Abschluss von Unternehmensverträgen der Zustimmung eines anderen
Organs, zB eines Kuratoriums oder eines Aufsichtsrates bedarf.[23]

Umgekehrt wird Stiftungen bisher überwiegend die Fähigkeit abgesprochen, sich als 17
abhängiges Unternehmen an Unternehmensverbindungen zu beteiligen; jedoch findet
die abweichende Meinung insbesondere unter Hinweis auf die Möglichkeit personeller
Verflechtungen zwischen einer Stiftung und anderen Unternehmen zunehmende Verbreitung (→ § 17 Rn. 52). Ungeachtet dessen bleibt es aber dabei, dass jedenfalls für den
Abschluss von Beherrschungs- und Gewinnabführungsverträgen mit Stiftungen kein Raum
ist, weil dies mit der Verpflichtung des Vorstandes der Stiftung zur unabhängigen Verfolgung
des Stiftungszweckes nicht zu vereinbaren wäre.[24]

§ 291 Beherrschungsvertrag. Gewinnabführungsvertrag

**(1) ¹Unternehmensverträge sind Verträge, durch die eine Aktiengesellschaft
oder Kommanditgesellschaft auf Aktien die Leitung ihrer Gesellschaft einem anderen Unternehmen unterstellt (Beherrschungsvertrag) oder sich verpflichtet, ihren
ganzen Gewinn an ein anderes Unternehmen abzuführen (Gewinnabführungsvertrag). ²Als Vertrag über die Abführung des ganzen Gewinns gilt auch ein Vertrag,
durch den eine Aktiengesellschaft oder Kommanditgesellschaft auf Aktien es übernimmt, ihr Unternehmen für Rechnung eines anderen Unternehmens zu führen.**

---

[21] *Emmerich/Habersack* KonzernR § 37 Rn. 14 (538 f.); *Leuschner* KonzernR 288, 291 ff.; *Sprengel* Vereinskonzernrecht 161, 221 ff.
[22] *Emmerich/Habersack* KonzernR § 38 Rn. 8 f. (545); *Ihrig/Wandt* FS Hüffer, 2010, 387 (390).
[23] *Ihrig/Wandt* FS Hüffer, 2010, 387 (390 ff.).
[24] *Ihrig/Wandt* FS Hüffer, 2010, 387 (404); anders zB *Burgard* Gestaltungsfreiheit 360, 590 f.

§ 291

(2) Stellen sich Unternehmen, die voneinander nicht abhängig sind, durch Vertrag unter einheitliche Leitung, ohne daß dadurch eines von ihnen von einem anderen vertragschließenden Unternehmen abhängig wird, so ist dieser Vertrag kein Beherrschungsvertrag.

(3) Leistungen der Gesellschaft bei Bestehen eines Beherrschungs- oder eines Gewinnabführungsvertrags gelten nicht als Verstoß gegen die §§ 57, 58 und 60.

Schrifttum: *Acher*, Vertragskonzern und Insolvenz, 1987; *Bachelin*, Der konzernrechtliche Minderheitenschutz, 1969; *Walter Bayer*, Der grenzüberschreitende Beherrschungsvertrag, 1988; *G. Bitter*, Konzernrechtliche Durchgriffshaftung bei Personengesellschaften, 2000; *F. Born*, Die abhängige KG aA, 2004, 80; *Dette*, Verdeckte und atypische Beherrschungsverträge, 2012; *Ebenroth*, Die verdeckten Vermögenszuwendungen im transnationalen Unternehmen, 1979; *Ederle*, Verdeckte Beherrschungsverträge, 2010; *Erlinghagen*, Der Organschaftsvertrag mit Ergebnisausschlussklausel im Aktienrecht, 1960; *Exner*, Beherrschungsvertrag und Vertragsfreiheit, 1984; *Fabian*, Inhalt und Auswirkungen des Beherrschungsvertrages, 1997; *Grüner*, Die Beendigung von Gewinnabführungs- und Beherrschungsverträgen, 2003; *Haar*, Die Personengesellschaft im Konzern, 2006; *Habersack, Hirte*, Bezugsrechtsausschluss und Konzernbildung, 1986; *Hess*, Investorenvereinbarungen, 2013; *Hommelhoff*, Die Konzernleitungspflicht, 1982; *Hüchting*, Abfindung und Ausgleich im aktienrechtlichen Beherrschungsvertrag, 1972; *Kienzle*, Verdeckte Beherrschungsverträge im Aktienrecht, 2010; *Kleindiek*, Strukturvielfalt im Personengesellschafts-Konzern, 1991; *Koppensteiner*, Internationale Unternehmen im deutschen Gesellschaftsrecht, 1971; *Kort*, Der Abschluss von Beherrschungs- und Gewinnabführungsverträgen im GmbH-Recht, 1986; *ders.*, Bestandsschutz fehlerhafter Strukturänderungen im Kapitalgesellschaftsrecht, 1998; *M. Lutter*, Zur Binnenstruktur des Konzerns, FS Westermann, 1974, 347; *Marchand*, Abhängigkeit und Konzernzugehörigkeit von Gemeinschaftsunternehmen, 1985; *Mestmäcker*, Verwaltung, Konzerngewalt und Rechte der Aktionäre, 1958; *ders.*, Zur Systematik des Rechts der verbundenen Unternehmen, FG Kronstein, 1967, 129; *Oesterreich*, Die Betriebsüberlassung zwischen Vertragskonzern und faktischem Konzern, 1979; *Pentz*, Die Rechtsstellung der Enkel-AG in einer mehrstufigen Unternehmensverbindung, 1994; *Praël*, Eingliederung und Beherrschungsvertrag als körperschaftliche Rechtsgeschäfte, 1978; *C. van de Sande*, Die Unternehmensgruppe im Banken- und Versicherungsaufsichtsrecht, 2003; *Servatius*, Gläubigereinfluss durch Covenants, 2008; *E. Schmitt*, Schutz der außenstehenden Gesellschafter einer abhängigen Personengesellschaft im mehrstufigen Unternehmensverbund, 2003; *U. Schneider* (Hrsg.), Beherrschungs- und Gewinnabführungsverträge in der Praxis der GmbH, 1989; *Sonnenschein*, Organschaft und Konzerngesellschaftsrecht, 1976; *Thoma*, Unternehmensverträge mit nicht beteiligten Dritten, FS Hoffmann-Becking, 2013, 1237; *Timm*, Die Aktiengesellschaft als Konzernspitze, 1980; *R. Veil*, Unternehmensverträge, 2003; *Wanner*, Konzernrechtliche Probleme mehrstufiger Unternehmensverbindungen nach Aktienrecht, 1998; *H. Wilhelm*, Die Beendigung des Beherrschungs- und Gewinnabführungsvertrags, 1976; *H. Wolf*, Der Beteiligungsvertrag bei der Aktiengesellschaft, 2004.

Übersicht

	Rn.		Rn.
I. Beherrschungsvertrag	1–46	7. Internationale Unternehmensverträge	33–37a
1. Überblick	1–6	8. Mehrstufige Unternehmensverbindungen	38–40
2. Begriff	7–18	9. GmbH	41–46
a) Abschluss mit einem Unternehmen	7–10	a) Überblick	41–43
b) Unterstellung unter fremde Leitung	11–14	b) Insbesondere fehlerhafte Verträge	44–46
c) Keine Rückwirkung	15	**II. Gewinnabführungsvertrag**	47–66
d) Notwendigkeit weiterer Abreden?	16–18	1. Überblick	47–51
3. Atypische Beherrschungsverträge	19–23	2. Steuerrecht	51a–51d
a) Überblick	19	3. Rechtsnatur	52, 53
b) Teilbeherrschungsverträge	20–21a	4. Rückwirkung	54–55a
c) Ausschluss des Weisungsrechts	22, 23	5. Gemeinschaftsunternehmen	56
4. Verdeckte Beherrschungsverträge	24–24f	6. Vertrag zugunsten Dritter	57, 58
a) Überblick	24	7. Isolierte Gewinnabführungsverträge	59–61a
b) Veto- und Zustimmungsrechte	24a–24c	8. Verlustdeckungszusage	62–63a
c) Sonderfälle	24d–24f	9. Gewinnermittlung	64, 65
5. Rechtsnatur	25–27b	10. GmbH	66
6. Fehlerhafte Verträge	28–32	**III. Geschäftsführungsvertrag**	67–72
a) Überblick	28–28b	1. Begriff	67, 68
b) Aufrechterhaltung des Vertrages nach Vollzug?	29–31		
c) Beendigung	32		

	Rn.		Rn.
2. Abgrenzung	69, 70	IV. Verträge über die Bildung von Gleichordnungskonzernen (Abs. 2)	73
3. Rechtliche Behandlung	71, 72	V. Konzernprivileg (Abs. 3)	74–79

I. Beherrschungsvertrag

1. Überblick. Aus § 291 ergibt sich zusammen mit § 292, **welche Verträge** das Gesetz 1 unter der Sammelbezeichnung „**Unternehmensverträge**" zusammenfasst. Das Spektrum reicht vom Beherrschungsvertrag, dessen Wirkungen, wirtschaftlich gesehen, vielfach einer Verschmelzung der Unternehmen nahe kommen, bis zu den Gewinngemeinschaften sowie den Betriebspacht- und Betriebsführungsverträgen, die durchaus auch zwischen voneinander unabhängigen Unternehmen abgeschlossen werden können. Mit der Zusammenfassung dieser disparaten Verträge unter einer gemeinsamen Bezeichnung verfolgten die Gesetzesverfasser vor allem den **Zweck,** die begrifflichen Voraussetzungen für die Aufstellung gemeinsamer Vorschriften für alle Unternehmensverträge in den §§ 293–299 zu schaffen, denen dann erst spezielle Vorschriften für bestimmte Unternehmensverträge, an ihrer Spitze Beherrschungs- und der Gewinnabführungsverträge, folgen (§§ 300–305, 307 und 308–310).

Im Mittelpunkt der gesetzlichen Regelung der §§ 291–310 steht der **Beherrschungsvertrag.** 2 Das Gesetz versteht darunter einen Vertrag, durch den (nur) eine AG oder KGaA (mit Sitz im Inland) ihre Leitung einem (beliebigen) anderen Unternehmen unterstellt (§ 291 Abs. 1 S. 1). Ihren Ausdruck findet diese Unterstellung der Gesellschaft unter fremde Leitung vor allem in dem **Weisungsrecht** des anderen Vertragsteils (§ 308). Eine vergleichbare Wirkung hat nach der Konzeption des AktG allein die Eingliederung gemäß § 323 Abs. 1. Die Gesetzesverfasser sahen deshalb in dem Beherrschungsvertrag – als Rechtsgrundlage der Konzernleitungsmacht – geradezu „den herrschaftsrechtlichen Angelpunkt des Konzernrechts".[1]

Das **AktG** regelt den Beherrschungsvertrag verhältnismäßig ausführlich. An der Spitze 3 der Regelung stehen im Anschluss an die Definition des § 291 Abs. 1 S. 1 die Vorschriften über den **Abschluss,** die Prüfung, die Änderung und die **Beendigung** solcher Verträge (§§ 293–299). An diese Bestimmungen schließt sich unmittelbar die Regelung der wichtigsten mit dem Abschluss von Beherrschungsverträgen verbundenen **Rechtsfolgen** in den §§ 300–310 an. Hervorzuheben sind die Pflicht des herrschenden Unternehmens zum Verlustausgleich **(§ 302),** zur Sicherheitsleistung bei Vertragsbeendigung (§ 303) sowie zur Entschädigung der außenstehenden Aktionäre durch Ausgleichs- und **Abfindungsleistungen** (§§ 304 und 305) als Gegengewicht zu dem durch den Vertrag begründeten **Weisungsrecht** des herrschenden Unternehmens (§ 308), an dessen Handhabung sich wiederum besondere **Haftungsfolgen** für beide Parteien knüpfen können Ergänzend zu berücksichtigen ist der im Jahre 2008 in das Gesetz eingefügte **§ 57 Abs. 1 S. 3,** nach dem Leistungen aufgrund eines Beherrschungs- oder Gewinnabführungsvertrages nicht gegen das Verbot der Einlagenrückgewähr aufgrund des S. 1 der Vorschrift verstoßen (vgl. § 291 Abs. 3; → Rn. 74 f.). Schließlich finden auf die Parteien eines Beherrschungsvertrages noch die Vorschriften über verbundene Unternehmen, über abhängige Unternehmen und über Konzernunternehmen Anwendung **(§§ 15, 17 Abs. 1, 18 Abs. 1 S. 2).**

Weitere mit Beherrschungsverträgen zusammenhängende Fragen sind in einer Vielzahl 4 verstreuter Vorschriften außerhalb des AktG geregelt. Hervorzuheben sind neben dem **GWB** (§ 37 Abs. 1 Nr. 2 lit. d) und dem **MitbestG** (§ 5) insbesondere die **§§ 14–17 KStG** 1999 idF von 2013 (→ Einl. Rn. 30 ff.; → § 17 Rn. 29a f.). Bei Banken und Versicherungen sind außerdem die **aufsichtsrechtlichen Sonderregelungen** für Beherrschungs- und Gewinnabführungsverträge zu beachten, auf deren Grundlage sich in der Aufsichtspraxis Schritt für Schritt ein eigenständiges (branchenspezifisches) „Konzernrecht" entwickelt (→ § 294 Rn. 14; → § 308 Rn. 58 f.). Grundlage dieser Aufsichtspraxis ist bei den Kredit-

---

[1] Begr. RegE bei *Kropff* AktG 374.

instituten die Generalklausel des § 6 KWG und bei den Versicherungsunternehmen die Vorschrift des § 5 Abs. 3 Nr. 3 VAG, nach der Unternehmensverträge einen Bestandteil des Geschäftsplanes bilden und deshalb der Geschäftserlaubnis durch die Versicherungsaufsichtsbehörden bedürfen.

5   Obwohl für Beherrschungsverträge Registerpublizität besteht (§ 294), ist doch über ihre **Verbreitung** lange Zeit nur wenig bekannt geworden. Sicher ist lediglich, dass sich die Hoffnung des Gesetzgebers von 1965 nicht erfüllt hat, in der Praxis werde sich der Beherrschungsvertrag als Konzerngrundlage allgemein durchsetzen, da nach wie vor die **meisten Konzerne faktische Konzerne** sein dürften. Um „totes Recht" handelt es sich bei den §§ 291 ff. gleichwohl nicht; vielmehr kommen Beherrschungsverträge in der Praxis durchaus vor, und zwar selbst bei börsennotierten Gesellschaften in der Rolle der abhängigen Gesellschaft, vor allem aber offenbar bei der GmbH.[2] In der Mehrzahl der Fälle dürften die Beherrschungsverträge zudem aus steuerlichen Gründen nach wie vor mit Gewinnabführungsverträgen zu sog. Organ- oder **Organschaftsverträgen** verbunden sein (§§ 14 Abs. 1 S. 1, 17 Nr. 1 KStG), wobei in der Praxis offenbar Verträge mit einer **GmbH** als herrschendem Unternehmen vorherrschen.[3] Jedoch finden sich auch isolierte Gewinnabführungs- und isolierte Beherrschungsverträge, wofür wiederum in erster Linie steuerrechtliche Erwägungen maßgebend sein dürften. Die Zahl **isolierter Gewinnabführungsverträge** nimmt sogar in jüngster Zeit offenbar deutlich zu,[4] vor allem wohl deshalb, weil seit dem Veranlagungszeitraum 2004 die körperschaftsteuerliche und die gewerbesteuerliche Organschaft nach § 14 KStG und § 2 Abs. 2 S. 2 GewStG nur noch den Abschluss eines Gewinnabführungsvertrages und nicht mehr wie früher in der Regel zusätzlich den eines Beherrschungsvertrages voraussetzen. **Isolierte Beherrschungsverträge** werden vornehmlich dort abgeschlossen, wo mit dem Vertrag keine steuerlichen Vorteile angestrebt werden, etwa, weil bei der fraglichen Tochtergesellschaft noch ein bisher nicht ausgeglichener Verlustvortrag aus vororganschaftlicher Zeit besteht, der nicht das dem Organträger zuzurechnende Einkommen mindern darf (§ 15 Nr. 1 KStG) und daher bei sofortiger Begründung einer Organschaft verlorenginge. Vor allem diese Fälle sind aber offenbar selten.[5]

6   Die angedeuteten Entwicklungen im Steuerrecht (→ Rn. 5) haben zusammen mit der verbreiteten Forderung nach Abschaffung auch des Gewinnabführungsvertrages als Voraussetzung der Organschaft sowie nach Zulassung der Verlustverrechnung mit ausländischen Tochtergesellschaften[6] zu einer verbreiteten Diskussion über die zukünftige Bedeutung des Beherrschungsvertrages geführt (Stichwort: **Abschied vom Vertragskonzern?**), da offenkundig ist, dass jedenfalls die steuerrechtliche Bedeutung des Beherrschungsvertrages kontinuierlich abnimmt. Man spricht in diesem Zusammenhang vielfach geradezu von einer Renaissance des faktischen Konzerns in Europa.[7]

7   **2. Begriff. a) Abschluss mit einem Unternehmen.** Die Begriffsmerkmale eines Beherrschungsvertrages ergeben sich aus § 291 Abs. 1 S. 1 iVm §§ 18 Abs. 1 S. 2, 291 Abs. 2, 304 Abs. 3 S. 1 und 308 Abs. 1. Ein Beherrschungsvertrag ist danach ein Vertrag, durch den eine **AG** oder KGaA mit Sitz im Inland die **Leitung** ihrer Gesellschaft einem anderen Unternehmen beliebiger Rechtsform und Nationalität **unterstellt** (§ 291 Abs. 1 S. 1). Wichtigste Rechtsfolge des Abschlusses eines Beherrschungsvertrages ist das **Weisungsrecht** des anderen Vertragsteils, meistens also der herrschenden GmbH (§ 308 Abs. 1). Das Gesetz

---

[2] *Bayer*, Die AG im Spiegel der Rechtstatsachenforschung, 2007; *Bayer/Hoffmann* AG-Report 2006, R 488; 2015, R 91, 93; Beck Holding-HdB/*Hasselbach* Rn. D 244; Hölters/*Deilmann* Rn. 3; *Stephan* Konzern 2014, 1 (5 f.); Spindler/Stilz/*Veil* Vor § 291 Rn. 56.
[3] *Bayer/Hoffmann* AG-Report 2006, R 488, 489 mit Zahlen; Beck Holding-HdB/*Hasselbach* Rn. D 244.
[4] *Bayer/Hoffmann* AG-Report 2006, R 488.
[5] Spindler/Stilz/*Veil* Vor § 291 Rn. 56; s. aber auch Hölters/*Deilmann* Rn. 3.
[6] Dazu zB *Raupach* FS Priester, 2007, 633; *Simon* ZGR 2007, 71 (87 ff.).
[7] *Bayer/Hoffmann* AG-Report 2006, R 488; *Heidinger* NZG 2005, 502; *Hirte/Schall* Konzern 2006, 243 (246); *Raupach/Pohl* NZG 2005, 489 (491 f.); *Schön* ZHR 168 (2004), 429; – dagegen aber zutr. Grigoleit/*Servatius* Rn. 6; *Stephan* Konzern 2014, 1 (5 f.).

hat daraus den Schluss gezogen, dass die beiden Vertragsteile in jedem Fall einen **Unterordnungskonzern** bilden (§ 18 Abs. 1 S. 2).

§ 291 Abs. 1 S. 1 ist seinem Wortlaut nach unmittelbar nur auf Beherrschungsverträge **8** gerade zwischen einer abhängigen **AG oder KGaA mit Sitz im Inland und** einem in- oder ausländischen **Unternehmen** beliebiger Rechtsform als herrschendem Unternehmen anwendbar (zu Verträgen mit einer GmbH → Rn. 41–46). Daraus ergibt sich als erstes die Frage, welchen Anforderungen der andere Teil, das „herrschende Unternehmen" genügen muss, damit § 291 Abs. 1 anwendbar ist.

Vertragspartner einer AG oder KGaA in einem Beherrschungsvertrag kann nach § 291 **9** Abs. 1 S. 1 nur ein „Unternehmen" (iSd § 15) sein. Daraus folgt zweierlei: Aus einem Beherrschungsvertrag berechtigt sein kann zwar **jedes Unternehmen,** aber eben auch **nur ein Unternehmen** unter Ausschluss anderer Personen einschließlich der Privataktionäre. **Sitz und Rechtsform** des herrschenden Unternehmens sind dagegen ohne Belang (→ § 15 Rn. 6 ff.).[8] Als herrschende Unternehmen kommen infolgedessen zB außer der öffentlichen Hand (→ § 15 Rn. 26 ff.) auch noch Einzelkaufleute, Personengesellschaften sowie zB Stiftungen oder Vereine in Betracht, die letzteren jedoch nur, wenn sie Unternehmensqualität iSd § 15 besitzen (→ Vor § 291 Rn. 15 f.).

Den Gegensatz zu Unternehmen (die nach dem Gesagten allein als Partei eines Beherr- **9a** schungsvertrages in Betracht kommen, → Rn. 9) bilden die sog. **Privataktionäre** (→ § 15 Rn. 6 ff.), sodass sich hier als nächstes die Frage stellt, wie „Unternehmensverträge" mit derartigen Privataktionären (sollten sie tatsächlich vorkommen) zu beurteilen sind. *Überwiegend* werden derartige „Beherrschungsverträge" bisher als **nichtig** angesehen, nicht nur mit Rücksicht auf den Wortlaut des § 291 Abs. 1 S. 1, sondern auch wegen der Privilegierung von Beherrschungsverträgen gerade mit „Unternehmen", insbesondere durch die Regelung der §§ 57 Abs. 1 S. 3, 71a Abs. 1 S. 3, 291 Abs. 3 und 308, die ihre Entsprechung in den §§ 302–305 findet.[9] Die *Gegenmeinung* betont demgegenüber, dass unter der Voraussetzung der Beachtung der §§ 302–305 kein Grund erkennbar sei, Privataktionären den Abschluss von Beherrschungsverträgen zu verwehren.[10] Tatsächlich dürfte die Frage nach dem Schicksal von „Beherrschungsverträgen" mit „Privataktionären" nur *selten* praktisch werden, da in der Regel „Privataktionäre" spätestens mit Abschluss eines Beherrschungsvertrages Unternehmensqualität iSd § 15 erlangen werden (→ § 15 Rn. 9 ff.).[11] Für Beherrschungsverträge mit der öffentlichen Hand ist dies bereits grundsätzlich anerkannt (→ § 15 Rn. 25). Verhält es sich bei dem Abschluss mit einem anderen Privataktionär ausnahmsweise einmal anders, wird der Vertrag aber gleichwohl ins Handelsregister eingetragen (§ 294), so sollten die Regeln über fehlerhafte Beherrschungsverträge angewendet werden (→ Rn. 28 ff.).[12]

Davon zu trennen ist die Frage, wie **Unternehmensverträge mit dritten Unterneh-** **10** **men** zu beurteilen sind, die an der Gesellschaft *nicht,* auch nicht mittelbar beteiligt sind. Seinem Wortlaut nach steht zwar § 291 Abs. 1 S. 1 dem Abschluss derartiger Beherrschungsverträge mit Dritten nicht entgegen, vorausgesetzt, dass sie Unternehmensqualität besitzen.[13] Solche Fälle dürften jedoch ausgesprochen *selten* sein.[14] Sehr wohl vorstellbar (und auch schon bekannt geworden) sind dagegen **atypische Verträge,** die beliebigen Dritten einen maßgeblichen Einfluss auf Leitungsentscheidungen des Vorstands einräumen, etwa

---

[8] MüKoAktG/*Altmeppen* Rn. 21 f.; Hüffer/*Koch* Rn. 8; KK-AktG/*Koppensteiner* Rn. 8; MHdB AG/*Krieger* § 70 Rn. 9.
[9] MüKoAktG/*Altmeppen* Rn. 5–10; Hölters/*Deilmann* Rn. 13; K. Schmidt/Lutter/*Langenbucher* Rn. 12, 22; KK-AktG/*Koppensteiner* Rn. 13; MHdB AG/*Krieger* § 70 Rn. 9; GroßkommAktG/*Mülbert* Rn. 46 ff.; Grigoleit/*Servatius* Rn. 19; Spindler/Stilz/*Veil* Rn. 7.
[10] *Rubner* Konzern 2003, 735 (739 f.); *K. Schmidt* FS Koppensteiner, 2001, 191 (206 f.).
[11] Ebenso im Ergebnis *K. Schmidt* FS Koppensteiner, 2001, 191, bes. 206 ff.; *Stephan* Konzern 2014, 1 (9 f.); *R. Veil* Unternehmensverträge 169 ff.; dagegen aber Grigoleit/*Servatius* Rn. 19.
[12] MüKoAktG/*Altmeppen* Rn. 11–14.
[13] GroßkommAktG/*Mülbert* Rn. 45; *Rubner* Konzern 2003, 735; *K. Schmidt* FS Koppensteiner, 2001, 191, bes. 206 f.; *R. Veil* Unternehmensverträge 169, 224, 232 ff.
[14] Ebenso Grigoleit/*Servatius* Rn. 20; dagegen *Thoma* FS Hoffmann-Becking, 2013, 1237.

in Gestalt von **Veto- oder Zustimmungsrechten,** und die in ihren Wirkungen daher Beherrschungsverträgen zumindest nahekommen (→ Rn. 24 f.).

11 **b) Unterstellung unter fremde Leitung.** Ein Beherrschungsvertrag iSd § 291 Abs. 1 S. 1 liegt nur vor, wenn durch ihn der eine Vertragsteil, bei dem es sich um eine AG oder KGaA mit Sitz im Inland handeln muss, die „Leitung" seiner Gesellschaft einem anderen Unternehmen, meistens herrschendes Unternehmen genannt (→ Rn. 9 f.), unterstellt. Die Unterstellung unter fremde Leitung ist daher das *zentrale Tatbestandsmerkmal* des Beherrschungsvertrages, durch das er sich von anderen Verträgen unterscheidet. Die Folge ist die **Unterordnung der abhängigen Gesellschaft** unter das herrschende Unternehmen, die vor allem in dem **Weisungsrecht** des Letzteren zum Ausdruck kommt (§ 308 Abs. 1). Wegen der Einzelheiten ist auf die Erläuterungen zu § 308 zu verweisen (→ § 308 Rn. 38 ff.). Aus der geschilderten Regelung erklärt sich zugleich die Bestimmung des **§ 18 Abs. 1 S. 2,** nach der der Abschluss eines Beherrschungsvertrages zwingend die Annahme eines Unterordnungskonzerns nach sich zieht. Ein Vertrag, der an der Gleichberechtigung der Vertragsteile nichts ändert, ist folglich kein Beherrschungsvertrag, wie § 291 Abs. 2 ausdrücklich für Verträge, durch die ein Gleichordnungskonzern begründet wird, klarstellt (→ Rn. 73).

12 Was das Gesetz in § 291 Abs. 1 S. 1 und in § 308 Abs. 1 mit der „**Leitung**" der Gesellschaft meint, ergibt sich aus § 76 Abs. 1 und mittelbar auch aus § 18 Abs. 1 S. 1 (→ § 308 Rn. 38 ff.).[15] Die Annahme eines Beherrschungsvertrages setzt danach voraus, dass die abhängige AG oder KGaA gerade hinsichtlich der **Leitungsfunktion des Vorstandes** (§ 76 Abs. 1; → Rn. 13) einem anderen Unternehmen, genauer: dessen **Weisungsrecht unterstellt** wird, sodass in diesen Fragen letztlich der Wille des herrschenden Unternehmens und nicht mehr der des Vorstands der abhängigen Gesellschaft den Ausschlag gibt (§ 308 Abs. 1) – und zwar mit der Folge, dass die verbundenen Unternehmen unter der einheitlichen Leitung des herrschenden Unternehmens zusammengefasst werden können (§ 18 Abs. 1 S. 1 und 2). Aus dem Gesagten folgt zugleich dass die beiden anderen Organe der abhängigen Gesellschaft, dh **Aufsichtsrat und Hauptversammlung** in ihren Funktionen grundsätzlich **weisungsfrei** bleiben; die einzige Ausnahme findet sich in § 308 Abs. 3.[16] Dies gilt auch, wie besonderer Hervorhebung bedarf, soweit für bestimmte einschneidende Strukturmaßnahmen nach der Holzmüller/Gelatine-Doktrin des BGH eine *ungeschriebene Hauptversammlungszuständigkeit* besteht; die Zuständigkeit für die derartige Maßnahmen geht nicht etwa aufgrund des Beherrschungsvertrages auf das herrschende Unternehmen über, sondern verbleibt bei der Hauptversammlung.[17]

13 Das Gesetz unterscheidet in den §§ 76 und 77 die Leitung von der Geschäftsführung der Gesellschaft. Daraus wird überwiegend der Schluss gezogen, dass mit der „Leitung der Gesellschaft" in den §§ 76 Abs. 1 und 291 Abs. 1 S. 1 ein herausgehobener Ausschnitt aus der Geschäftsführung gemeint ist, die letztere verstanden als Gesamtheit der rechtlichen und tatsächlichen Maßnahmen zur Verwirklichung des Gesellschaftszweckes. In der Regel werden dementsprechend unter der **Leitung** der Gesellschaft im Anschluss an die betriebswirtschaftliche Begriffsbildung vor allem die **Zielplanung** für das Unternehmen der Gesellschaft, die **Unternehmenskoordination und -kontrolle** sowie die **Besetzung der Führungsstellen** der Gesellschaft zusammengefasst.[18]

---

[15] MüKoAktG/*Altmeppen* Rn. 76 ff.; *Bachmann/Veil* ZIP 1999, 348; *Exner* Beherrschungsvertrag 83 ff.; S. *Fabian,* Inhalt und Auswirkungen, 119 ff.; *Hommelhoff* Konzernleitungspflicht 304 ff.; *Kort* NZG 2009, 264; MHdB AG/*Krieger* § 70 Rn. 4 ff.; R. *Veil* Unternehmensverträge 70 ff.; anders insbes. GroßkommAktG/ *Mülbert* Rn. 60 ff.

[16] OLG Stuttgart AG 1998, 585 (586) = NZG 1998, 601 – Dornier/DB; GroßkommAktG/*Mülbert* Rn. 62.

[17] Hölters/*Deilmann* Rn. 23; str.

[18] OLG Schleswig NZG 2008, 868 (869 f.) = ZIP 2009, 124 = AG 2009, 374 – MobilCom; OLG München AG 2008, 672 = NZG 2008, 753 = ZIP 2008, 1330; LG Nürnberg-Fürth AG 2010, 179 (180); *Fleischer* ZIP 2003, 1; Hüffer/*Koch* FS Happ, 2006, 93 (98 ff.); *Kort* NZG 2009, 364 (365).

Für § 291 Abs. 1 S. 1 ergibt sich daraus, dass die Annahme eines Beherrschungsvertrages 14 nur in Betracht kommt, wenn die Gesellschaft durch ihn jedenfalls auch **hinsichtlich** der genannten **zentralen Leitungsfunktionen** (→ Rn. 13) dem anderen Vertragsteil, dh dessen Weisungsrecht unterstellt wird.[19] Entscheidend ist mit anderen Worten, ob das herrschende Unternehmen durch den fraglichen Vertrag in die Lage versetzt wird, in die Leitung der abhängigen Gesellschaft zumindest so weit einzugreifen, dass es eine *auf das Gesamtinteresse* der verbundenen Unternehmen *ausgerichtete Zielkonzeption durchzusetzen* vermag.[20] Die Rechtsprechung nimmt dementsprechend einen Beherrschungsvertrag nur an, wenn sich aus der Gesamtheit der Abreden der Parteien gerade ein Weisungs*recht* hinsichtlich der genannten Aspekte der Unternehmensleitung ergibt, Weisungsrecht verstanden iSd *rechtlich gesicherten Möglichkeit zur Durchsetzung* des Willens des herrschenden Unternehmens in den fraglichen Bereichen bei der abhängigen Gesellschaft, ggf. auch gegen den Widerstand deren Organe. „Rechtlich gesichert" bedeutet in diesem Zusammenhang, dass das herrschende Unternehmen gegen die abhängige Gesellschaft einen **durchsetzbaren Anspruch** (§ 888 ZPO, → Rn. 27a) auf Befolgung seiner Weisungen hat, und zwar gerade aufgrund des Beherrschungsvertrages, wobei die darin liegende Durchbrechung der an sich zwingenden Eigenverantwortlichkeit des Vorstandes nach § 76 durch den Zustimmungsbeschluss der Hauptversammlung mit qualifizierter Mehrheit aufgrund des § 293 Abs. 1 legitimiert wird. Fehlt es an solcher *rechtlich* gesicherten Möglichkeit zur Durchsetzung des Willens des herrschenden Unternehmens, hat dieses mit anderen Worten *keinen* (wirksamen) durchsetzbaren *Anspruch* auf Befolgung seiner Weisungen, so kommt allenfalls ein faktischer Konzern, aber eben kein Beherrschungsvertrag in Betracht.[21] Entscheidend ist mit anderen Worten ob sich „bei wirtschaftlicher Betrachtungsweise" aus der Gesamtheit der Abreden der Parteien, aus ihren Interessen und aus den von ihnen verfolgten Zwecken ein rechtlich gesichertes Weisungs*recht* der einen Partei gegenüber der anderen ergibt (§§ 133, 157 BGB).[22] Zur Auslegung → Rn. 27.

c) Keine Rückwirkung. Die Unterstellung einer Gesellschaft unter fremde Leitung ist 15 immer nur für die Zukunft möglich. Der rückwirkende Abschluss von Beherrschungsverträgen scheidet aus, schon, weil es andernfalls möglich wäre, nachträglich durch Abschluss eines Beherrschungsvertrages auf die §§ 311 und 317 gestützten Ansprüchen die Grundlage zu entziehen. Entsprechende Abreden sind daher *nichtig;* die Gültigkeit des Vertrages im übrigen bleibt davon jedoch grundsätzlich unberührt (§§ 134, 139 BGB; → § 294 Rn. 29).[23] Ausgeschlossen ist ferner die Vereinbarung einer **auflösenden Bedingung;** in Betracht kommt allein die Vereinbarung besonderer Kündigungsrechte (→ § 293 Rn. 18).

d) Notwendigkeit weiterer Abreden? Die Unterstellung der abhängigen AG oder 16 KGaA unter fremde Leitung (→ Rn. 11 ff.) ist der **Mindestinhalt** eines Beherrschungsvertrags. Hinzu kommen muss ferner nach § 304 Abs. 3 S. 1 in der Regel noch eine **Vereinbarung über Ausgleichsleistungen** zugunsten der außenstehenden Aktionäre, da nach der genannten Vorschrift ein Vertrag, der entgegen § 304 Abs. 1 überhaupt keinen Ausgleich

---

[19] Hüffer/*Koch* Rn. 10; Hölters/*Deilmann* Rn. 17; *Kort* NZG 2009, 364 (365); *Schürnbrand* ZHR 169 (2005), 35 (41 f.); Spindler/Stilz/*Veil* Rn. 11–19; viel enger dagegen *Ederle* AG 2010, 273 (275 ff.); *ders.*, Verdeckte Beherrschungsverträge, 2010, 77 ff.; GroßkommAktG/*Mülbert* Rn. 60 ff.: nur Geschäftsführung iSd § 77; wieder anders NZG 2013, 457 (458 f.): nur originäre Leitentscheidungen des Vorstands.
[20] KG AG 2001, 186 = NZG 2000, 1132 – Allianz; OLG Schleswig NZG 2008, 868 (869 f.) = ZIP 2009, 124 = AG 2009, 374 – MobilCom; Grigoleit/*Servatius* Rn. 27; *R. Veil* Unternehmensverträge 110, 176 ff.
[21] Insbes. OLG Schleswig NZG 2008, 868 (869 ff.) = ZIP 2009, 124 = AG 2009, 374 – MobilCom; NZG 2008, 876; zust. *Kort* NZG 2009, 364; ebenso im Ergebnis *Koppensteiner* FS Canaris, Bd. II, 2007, 209 (210 ff.).
[22] OLG Schleswig NZG 2008, 868 (869 ff.) = ZIP 2009, 124 = AG 2009, 374 – MobilCom.
[23] BayObLG AG 2003, 631 (632) = NZG 2003, 36 = ZIP 2002, 2257 – PKV/Philips; OLG Hamburg NJW 1990, 3024 = AG 1991, 21; AG 1991, 23; OLG München AG 1991, 358 (359); OLG Karlsruhe AG 1994, 283; *S. Fabian*, Inhalt und Auswirkungen, 233 ff.; Hüffer/*Koch* Rn. 11, § 294 Rn. 19; Hölters/*Deilmann* Rn. 15; GroßkommAktG/*Mülbert* Rn. 93 f.; Grigoleit/*Servatius* § 294 Rn. 7, § 308 Rn. 6 Abs. 2; offengelassen aber in BGHZ 122, 211 (223 f.) = NJW 1993, 1976 = AG 1993, 422 – SSI; zur abw. Rechtslage bei Gewinnabführungsverträgen → Rn. 54 f.

vorsieht, nichtig ist, vorbehaltlich freilich des § 304 Abs. 1 S. 3. Weitergehende Anforderungen an den unabdingbaren Mindestinhalt von Beherrschungsverträgen lassen sich dem Gesetz dagegen nicht entnehmen.

17 Nach überwiegender Meinung ist daraus der Schluss zu ziehen, dass für die Annahme eines Beherrschungsvertrages tatsächlich *nicht mehr erforderlich* ist als die Regelung der beiden in den §§ 291 Abs. 1 S. 1 und 304 Abs. 1 genannten Punkte in der Vertragsurkunde (§ 293 Abs. 3).[24] *Entbehrlich* ist in der Tat die früher gelegentlich zusätzlich geforderte ausdrückliche **Bezeichnung** des Vertrages als „Beherrschungsvertrag", weil das Gesetz in § 291 Abs. 1 S. 1 ausschließlich auf den *Inhalt* und nicht auf die Bezeichnung des Vertrags abstellt (→ § 293 Rn. 17).[25] Führt der Vertrag zur Unterstellung der Gesellschaft unter die Leitung des anderen Vertragsteils iSd §§ 291 Abs. 1 S. 1 und 308 Abs. 1, so handelt es sich bei ihm um einen Beherrschungsvertrag, selbst wenn die Parteien bei Abschluss des Vertrages hieran nicht gedacht haben sollten (→ Rn. 11 ff.). Der Vertrag ist folglich nur wirksam, wenn er den Wirksamkeitsvoraussetzungen eines Beherrschungsvertrages nach den §§ 293 ff. und 304 f. genügt (§ 134 BGB).[26] Bei einem Vertrag zwischen einer abhängigen deutschen Gesellschaft und einem herrschenden ausländischen Unternehmen ist es ferner entbehrlich, in dem Vertrag ausdrücklich die **Anwendbarkeit deutschen Rechts** zu vereinbaren, weil es sich dabei um eine zwingende Rechtsfolge des Abschlusses mit einer deutschen Gesellschaft handelt (→ Rn. 35).[27]

17a Nach überwiegender Meinung ist es auch nicht erforderlich, in dem Vertrag den jeweiligen **Umfang** des Weisungsrechts sowie die **Schranken des Weisungsrechts** (→ § 308 Rn. 36 ff.) möglichst konkret zu umschreiben, wofür in der Tat auf den ersten Blick der Wortlaut des § 308 Abs. 1 S. 2 spricht. Demgegenüber bleibt indessen zu bedenken, dass dem Vertrag die Hauptversammlungen beider Gesellschaften mit qualifizierter Mehrheit zustimmen müssen (§ 293 Abs. 1 und 2) sowie, dass die Aktionäre dabei ein umfassendes Auskunftsrecht besitzen (§ 293g Abs. 3). Diese Regelung macht offenbar nur Sinn, wenn die Gesellschafter überhaupt wissen, *worüber* sie entscheiden sollen.[28] Das spricht ebenso für die **Notwendigkeit zusätzlicher Abreden** über den Umfang und die Schranken des Weisungsrechts wie die Überlegung, dass nur solche Abreden einen Anknüpfungspunkt für die Haftung des herrschenden Unternehmens und seiner gesetzlichen Vertreter bei der Erteilung vertragswidriger Weisungen bieten (→ § 309 Rn. 20, 27 ff.).

18 Von der Frage der *Notwendigkeit* ergänzender Abreden (→ Rn. 17a) ist die nach der **Zulässigkeit ergänzender Abreden** zu unterscheiden. Sie beantwortet sich nach **§ 311 Abs. 1 BGB**: Soweit nicht zwingende gesetzliche Regelungen entgegenstehen, können in Beherrschungsverträgen über den gesetzlichen Mindestinhalt hinaus (→ Rn. 14, 16, 17a) beliebige weitere Regelungen getroffen werden.[29] Das Gesetz geht selbst in den §§ 305 Abs. 2 Nr. 2 und 308 Abs. 1 S. 2 von der Möglichkeit derartiger ergänzender Abreden aus. Die einzige **Schranke** bilden – neben den §§ 134 und 138 BGB – die zwingenden Vorschriften des **AktG** zum Schutze der Gesellschaft, der Gläubiger und der außenstehenden Aktionäre.[30]

---

[24] MüKoAktG/*Altmeppen* Rn. 58–75; Hölters/*Deilmann* Rn. 28; Hüffer/*Koch* Rn. 12 f.; GroßkommAktG/*Mülbert* Rn. 74, 77.

[25] KG NZG 2000, 1132 (1133) = AG 2001, 186 (187) – Allianz; OLG Schleswig NZG 2008, 868 (869 ff.)= ZIP 2009, 124 = AG 2009, 374 – MobilCom; LG Hamburg AG 1991, 365 (366) = WM 1991, 1081.

[26] KG NZG 2000, 1132 (1133) = AG 2001, 186 (187) – Allianz; Hüffer/*Koch* Rn. 14; KK-AktG/ Koppensteiner Rn. 18 ff.

[27] Hölters/*Deilmann* Rn. 10, 28.

[28] *Hommelhoff* Konzernleitungspflicht 304 f.; dagegen *S. Fabian* Inhalt 190 ff.; Hölters/*Deilmann* Rn. 29; K. Schmidt/Lutter/*Langenbucher* Rn. 25 unter Hinweis auf das weitgehende Auskunftsrecht der Aktionäre; GroßkommAktG/*Mülbert* Rn. 81, 84, 89; Grigoleit/*Servatius* Rn. 29.

[29] BGHZ 119, 1 (5 ff.) = NJW 1992, 2760 = AG 1992, 450 – ASEA/BBC, für den Beitritt zu einem Beherrschungsvertrag; BGHZ 122, 211 (217 ff.) = NJW 1993, 1976 = AG 1993, 422 – SSI; OLG München AG 1991, 358 (361) – SSI; LG Frankfurt AG 2007, 48 (51); *Exner* Eingliederung 20, 65 ff.; *S. Fabian,* Inhalt und Auswirkungen, 64 ff.; *R. Veil* Unternehmensverträge 109, 224, 232 ff.; Spindler/Stilz/*ders.* Rn. 36 f.

[30] MüKoAktG/*Altmeppen* Rn. 29 ff.; *W. Bayer* ZGR 1993, 599; *Hirte* ZGR 1994, 643 (648 ff.); KK-AktG/ Koppensteiner Rn. 34 f.

Die Einzelheiten sind streitig.³¹ Es geht dabei vor allem um die Frage, in welchem Umfang die gesetzliche Regelung der Unternehmensverträge vertraglich modifiziert werden kann, ob es insbesondere möglich ist, mit *Betriebspacht- oder Betriebsüberlassungsverträgen* Einflussrechte in Leitungsangelegenheiten nach dem Modell des Beherrschungsvertrages zu verbinden. Soweit dies im Schrifttum bejaht wird, steht dahinter die Überlegung, auch die genannten Unternehmensverträge des § 292 Abs. 1 Nr. 3 griffen mit Zustimmung der Hauptversammlung (§ 293 Abs. 1) in die Leitungsstruktur der Gesellschaften ein, sodass zugleich eine **Abänderung des § 76** bei entsprechenden Schutzvorkehrungen für die Aktionäre und die Gläubiger möglich sein müsse.³² Aber dagegen spricht bereits, dass Eingriffe in die Leitungsstruktur der abhängigen Gesellschaft nach dem gesamten Inhalt der gesetzlichen Regelung (von der Eingliederung abgesehen) dem *Beherrschungsvertrag* mit seinen umfassenden Kautelen für die außenstehenden Aktionäre und die Gläubiger *vorbehalten* sein sollen, deren Schutz andernfalls nicht mehr gewährleistet wäre. Das zeigen deutlich im Zusammenhang die §§ 18 Abs. 1 S. 2, 57 Abs. 1 S. 3, 291 Abs. 1 und 3, 302, 304 f. und 308. Ein Weisungsrecht begründet nach dem Konzept des Gesetzes – wiederum von der Eingliederung abgesehen – mit anderen Worten allein ein Beherrschungsvertrag. Dieser Satz ist auch der Umkehrung fähig: Wo immer ein **Weisungsrecht** vereinbart ist, handelt es sich der Sache nach um einen **Beherrschungsvertrag,** ggf. um einen atypischen oder um einen verdeckten (→ Rn. 19 ff., 24 f.), aber eben um einen Beherrschungsvertrag iSd § 291 Abs. 1.³³

3. Atypische Beherrschungsverträge. a) Überblick. Unter dem Stichwort atypische **19** Beherrschungsverträge werden unterschiedliche Fragen diskutiert. Hervorzuheben sind die Frage der Zulässigkeit von Teilbeherrschungsverträgen (→ Rn. 20 f.), die Frage, ob in einem Beherrschungsvertrag das Weisungsrecht des herrschenden Unternehmens ganz oder doch weitgehend ausgeschlossen werden kann (→ Rn. 22 f.), sowie die Behandlung solcher Verträge, durch die sich der eine Teil Einflussrechte auf die Gesellschaft sichert, die einem formellen Weisungsrecht im Ergebnis nahe kommen können (→ Rn. 24 ff.). Vielfach ist in derartigen Fallgestaltungen auch von **verdeckten** oder faktischen **Beherrschungsverträgen** die Rede. Gelegentlich wird der Begriff der verdeckten Beherrschungsverträge indessen auch auf Fallgestaltungen beschränkt, die dadurch gekennzeichnet sind, dass es äußerlich gerade an einem Vertrag mit der abhängigen Gesellschaft fehlt, die stattdessen gewählte Vertragsgestaltung, insbesondere in Gestalt von Abreden der Gesellschafter, letztlich aber darauf hinausläuft, ein Weisungsrecht gegenüber der Gesellschaft, formal also gegenüber einem Dritten, zu begründen (→ Rn. 24 ff.).³⁴ Die wichtigste Fallgruppe derartiger *Gesellschaftervereinbarungen* (neudeutsch: shareholder agreements) sind die sog. **Business Combination Agreements** (BCA), typischerweise zwischen dem bisherigen Mehrheitsgesellschafter eines Unternehmens und einer weiteren Investorengruppe, durch die der Zusammenschluss der Beteiligungsunternehmen oder die Übernahme des einen Unternehmens durch die neue Investorengruppe vorbereitet werden soll.³⁵ In den vorliegenden Zusammenhang gehören ferner die neuerdings vieldiskutierten **Investorenvereinbarungen;** Paradigmata sind Vereinbarungen eines Investors mit dem Vorstand der Zielgesellschaft, durch die der Vorstand verpflichtet wird, keine Maßnahmen zu ergreifen, die dem Investor die geplante Übernahme der Gesellschaft, zB durch ein öffentliches Übernahmeangebot, erschweren könnten.³⁶ Die Erscheinungsformen der genannten Vertragstypen sind vielgestaltig, die Grenzen fließend und ungesichert, die Terminologie schwankend. Entsprechend kontrovers ist die rechtliche Beurteilung.

b) Teilbeherrschungsverträge. Unter Teilbeherrschungsverträgen versteht man Ver- **20** träge, in denen das **Weisungsrecht** des herrschenden Unternehmens gegenüber der gesetzli-

---
³¹ S. zum Folgenden *Veil* Unternehmensverträge 200, 209 f.; Spindler/Stilz/ *ders.* Vor § 291 Rn. 38 ff.
³² *Veil* Unternehmensverträge 200, 209 f.; dagegen insbes. *Koppensteiner* FS Canaris, Bd. II, 2007, 209 ff.
³³ Ebenso *Koppensteiner* FS Canaris, Bd. II, 2007, 209 ff.
³⁴ *Emmerich* FS Hüffer, 2010, 179.
³⁵ Ausf. *Decher* FS Hüffer, 2010, 145.
³⁶ Dazu insbes. *Hess,* Investorenvereinbarungen, 2013; *H.-J. Otto* NZG 2013, 930, beide mN.

chen Regel des § 308 **reduziert** ist, zB durch seine *Beschränkung auf einzelne Leitungsfunktionen* unter Ausschluss der anderen oder durch Konzentration *auf einzelne Betriebe* von mehreren der abhängigen Gesellschaft. So ist es zB durchaus vorstellbar, in einem Konzern das Weisungsrecht des herrschenden Unternehmens vertraglich auf die Unternehmensplanung oder -koordinierung, auf das Finanzwesen, auf den Einkauf *oder* auf die Personalpolitik zu beschränken.[37]

21 Nach überwiegender Meinung sind solche Verträge **unbedenklich**.[38] Für die Richtigkeit dieser Meinung wird vor allem die Vorschrift des **§ 308 Abs. 1 S. 2** in Anspruch genommen, nach der es mit dem gesetzlichen Begriff eines Beherrschungsvertrages vereinbar ist, in dem Vertrag die Zulässigkeit nachteiliger Weisungen auszuschließen, dh die Leitungsmacht des herrschenden Unternehmens auf Weisungen zu beschränken, die für die abhängige Gesellschaft jedenfalls nicht nachteilig, sondern höchstens neutral sind. Daraus wird der Schluss gezogen, dass in der Tat in einem Beherrschungsvertrag das Weisungsrecht *auch in anderer Hinsicht* als gerade durch den Ausschluss nachteiliger Weisungen *beschränkt* werden könne. Die Gegner dieser Auffassung machen vor allem geltend, aus dem Zusammenhang der §§ 18 Abs. 1 S. 2, 291 Abs. 1 S. 1 und 292 Abs. 1 Nr. 3 mit § 308 ergebe sich, dass von einem Beherrschungsvertrag im Sinne des Gesetzes nur die Rede sein könne, wenn der Vertrag ein Weisungsrecht begründet, dass eine einheitliche Leitung der verbundenen Unternehmen gestatte, – womit Teilbeherrschungsverträge in dem genannten Sinne in der Regel unvereinbar seien.[39]

21a Richtig hieran ist, dass die Annahme eines Beherrschungsvertrages nach dem Zusammenhang der gesetzlichen Regelung voraussetzt, dass **noch** eine **einheitliche Leitung** der verbundenen Unternehmen iSd § 18 Abs. 1 S. 1 **möglich** bleibt.[40] Ist dies aber gewährleistet, so können „Teilbeherrschungsverträge" ebenso wie bei Gemeinschaftsunternehmen (→ § 17 Rn. 32) sogar *mit verschiedenen Unternehmen* abgeschlossen werden, vorausgesetzt nur, dass die verschiedenen Leitungsfunktionen aufeinander abgestimmt werden.[41] Wird das Weisungsrecht dagegen so weit eingeschränkt, dass sich im Ergebnis an der Selbstständigkeit der anderen Gesellschaft nichts ändert, so liegt, wie den §§ 18 Abs. 1 S. 2 und 291 Abs. 2 zu entnehmen ist, kein Beherrschungsvertrag mehr vor, sondern höchstens ein *Gleichordnungsvertrag*.[42] Die **Grenzziehung** ist schwierig. Leitender Gesichtspunkte sollte sein, ob das bei dem herrschenden Unternehmen verbliebene Weisungsrecht immer noch so weit geht, dass von ihm die *typischen Konzerngefahren* drohen – mit der Folge, dass die Kautelen, die das Gesetz an den Abschluss eines Beherrschungsvertrages zum Schutze der Aktionäre und der Gläubiger knüpft, auch in dem fraglichen Grenzfall unabdingbar erscheinen (str.).

22 c) **Ausschluss des Weisungsrechts.** Von der bloßen Beschränkung des Weisungsrechts (→ Rn. 20 f.) ist dessen völliger Ausschluss zu unterscheiden. Im Schrifttum wird gelegentlich auch die Zulässigkeit derartiger Abreden, dh von *„Beherrschungsverträgen" ohne Weisungsrecht* des herrschenden Unternehmens mit der Begründung bejaht, das Weisungsrecht des herrschenden Unternehmens (§ 308 Abs. 1) sei kein wesentlicher Bestandteil des Beherrschungsvertrages, sondern lediglich das regelmäßige, aber eben nicht notwendige Mittel zur Unterstellung der abhängigen Gesellschaft unter die Leitung des herrschenden Unterneh-

---

[37] Ein Beispiel bei *Däubler* NZG 2005, 617.
[38] OLG München AG 2008, 672 = NZG 2008, 753; MüKoAktG/*Altmeppen* Rn. 86, 102 ff.; *Bachmann/ Veil* ZIP 1999, 348 (353 f.); *Exner* Beherrschungsvertrag 109 ff.; *Grobecker* DStR 2002, 1953 (1954 f.); Hölters/ Deilmann Rn. 30; *Hüffer/Koch* Rn. 15; *Kienzle*, Verdeckte Beherrschungsverträge im Aktienrecht, 2010, 37 ff.; MHdB AG/*Krieger* § 70 Rn. 5; Beck AG-HdB/*Liebscher* § 14 Rn. 103 (1187); *Schürnbrand* ZHR 169 (2005), 35 (45); R. *Veil* Unternehmensverträge 17, 224, 284, 297 ff.; *Stephan* Konzern 2014, 1 (10 ff.); Spindler/Stilz/ *Veil* Rn. 24 f.; enger K. Schmidt/Lutter/*Langenbucher* Rn. 30 f.
[39] Ausf. *Däubler* NZG 2005, 617 ff.; KK-AktG/*Koppensteiner* Rn. 46 ff.; *ders.* FS Canaris, Bd. II, 2007, 209 (212 ff.); GroßkommAktG/*Mülbert* Rn. 95–99.
[40] *Kienzle*, Verdeckte Beherrschungsverträge im Aktienrecht, 2010, 40 f.; anders wohl Spindler/Stilz/ *Veil* Rn. 23 ff.
[41] Raiser/Veil KapGesR § 54 Rn. 2 f.
[42] LG München I DB 2000, 1217 = AG 2001, 318 – Bayer. Brau Holding; aA MüKoAktG/*Altmeppen* Rn. 86, 102 ff.

mens; nichts hindere das Letztere, die mit einem Beherrschungsvertrag verbundenen Verpflichtungen (§§ 300 ff., 304 ff.) auch ohne Weisungsrecht auf sich zu nehmen.[43]

Für die Beteiligten hätte dies den *Vorteil,* dass für ihre Beziehungen das System der gesetzlichen Vermögensbindung aufgehoben wäre (§§ 291 Abs. 3, 57 Abs. 1 S. 3, sog. Konzernprivileg) und außerdem die §§ 311 ff. keine Anwendung fänden. Genau deshalb ist diese Meinung jedoch *mit der gesetzlichen Regelung unvereinbar.*[44] Ein Vertrag, durch den das Weisungsrecht des herrschenden Unternehmens überhaupt ausgeschlossen wird, ist kein Beherrschungsvertrag mehr, und zwar schon deshalb nicht, weil er im Widerspruch zu § 18 Abs. 1 S. 2 gerade *nicht* die Zusammenfassung der verbundenen Unternehmen unter einheitlicher Leitung ermöglicht; der Vertrag stellt vielmehr einen normalen Gesellschaftsvertrag dar, durch den ggf. ein Gleichordnungskonzern begründet wird (§§ 18 Abs. 2, 291 Abs. 2).[45]

4. Verdeckte Beherrschungsverträge.[46] **a) Überblick.** Mit dem Problem der Teilbeherrschungsverträge (→ Rn. 20 f.) berührt sich die Frage, wie Verträge zu behandeln sind, die dem anderen Teil zwar kein Weisungsrecht iSd § 308 einräumen, durch die aber auf andere Weise *im Ergebnis* die *Gesellschaft* der *Herrschaft des anderen Teils* unterstellt wird. Als **Beispiele** werden im Schrifttum insbesondere genannt umfassende *Zustimmungsvorbehalte stiller Gesellschafter* in atypischen stillen Gesellschaftsverträgen mit einer AG, Zustimmungs- oder Vetorechte von Banken bei der Gewährung von Sanierungskrediten, sog. *Covenants,* die bis zu einer Einflussnahme auf die strategischen Entscheidungen des Kreditnehmers reichen können,[47] weiter *Vetorechte der öffentlichen Hand* bei der Gewährung bestimmter Subventionen oder sonstigen Kapitalhilfen (s. das neue FinMStG) sowie noch *Just-in-Time-Lieferverträge und Franchiseverträge,* in denen die Einflussrechte des einen Teils, zumal in der Krise des Herstellers oder des Franchisenehmers, so weit gesteigert sein können, dass sie einem Weisungsrecht gegenüber dem anderen Vertragsteil iSd § 308 nahe kommen.[48] In den vorliegenden Zusammenhang gehören ferner die bereits erwähnten (→ Rn. 19) *Gesellschaftervereinbarungen* (neudeutsch: shareholder agreements), insbesondere also die sog. *Business Combination Agreements* (BCA) sowie die *Investorenvereinbarungen,* die beide offenbar ebenfalls in sehr unterschiedlichen Formen vorkommen (→ Rn. 24d ff.). Die rechtliche Behandlung derartiger Verträge ist umstritten. Einheitslösungen scheiden angesichts der Vielgestaltigkeit der einschlägigen Fälle aus. Man muss vielmehr je nach Fallgestaltung unterscheiden:

b) Veto- und Zustimmungsrechte. Eine besondere Fallgruppe bilden zunächst weitgehende Zustimmungs- oder Vetorechte zu Gunsten beliebiger Dritter, zB zu Gunsten stiller Gesellschafter in *atypischen stillen Gesellschaftsverträgen,* zu Gunsten von Banken in sog. *Covenants* oder zu Gunsten der öffentlichen Hand bei der Gewährung von *Subventionen* oder von Sanierungskrediten, ebenso aber auch etwa in *Franchise- oder Just-in-Time-Lieferverträgen.* Nach überwiegender Meinung sind solche Abreden in der Mehrzahl der Fälle konzernrechtlich *irrelevant,* weil sie kein *Recht* zur Erteilung verbindlicher Weisungen begründeten (wie es die §§ 291 S. 1 und 308 für Beherrschungsverträge voraussetzen) und weil mit

---

[43] MüKoAktG/*Altmeppen* Rn. 97 ff.; *Exner* Beherrschungsvertrag 109, 115 ff.; *Geßler* FS Beitzke, 1979, 923 (928 ff.).

[44] LG München I DB 2000, 1217 = AG 2001, 318 – Bayer. Brau Holding; Hölters/*Deilmann* Rn. 31; *Kienzle,* Verdeckte Beherrschungsverträge im Aktienrecht, 2010, 40 f.; Hüffer/*Koch* Rn. 11; MHdB AG/ *Krieger* § 70 Rn. 6; Beck AG-HdB/*Liebscher* § 14 Rn. 103 (1187); *Schürnbrand* ZHR 169 (2005), 35 (43 f.); *Stephan* Konzern 2014, 1 (11); *R. Veil* Unternehmensverträge 235 f.; Spindler/Stilz/*Veil* Rn. 25.

[45] Nur insoweit zust. MüKoAktG/*Altmeppen* Rn. 101.

[46] Dazu insbes. *Decher* FS Hüffer, 2010, 145; *Dette,* Verdeckte und atypische Beherrschungsverträge, 2012; *Ederle,* Verdeckte Beherrschungsverträge, 2010; *ders.* AG 2010, 273; *Emmerich* FS Hüffer, 2010, 179; *ders* AG 2015, 627; *Kienzle,* Verdeckte Beherrschungsverträge im Aktienrecht, 2010; MüKoGmbHG/*Liebscher* Anh. § 13 Rn. 672–679; GroßkommAktG/*Mülbert* Rn. 116–129.

[47] *Bachmann/Veil* ZIP 1999, 348; *Habersack* ZGR 2000, 384 (393 ff.); *Servatius,* Gläubigereinfluß durch Covenants, 2008; *Schürnbrand* ZHR 169 (2005), 35; Beispiele in BGHZ 107, 7, bes. 21 ff. = NJW 1989, 1800 = AG 1989, 243 – Tiefbau; BGHZ 119, 191 = NJW 1992, 3035.

[48] Überblick einerseits bei *Kienzle,* Verdeckte Beherrschungsverträge im Aktienrecht, 2010, 117 ff.; GroßkommAktG/*Mülbert* Rn. 118; andererseits bei *Oechsler* ZGR 1997, 463 (477 ff.).

24b Kennzeichen des Beherrschungsvertrages ist die Unterstellung der Gesellschaft unter fremde Leitung (§ 291 Abs. 1 S. 1), die ihren Ausdruck in dem *Recht* des anderen Teils, des herrschenden Unternehmens findet, der abhängigen Gesellschaft für diese *verbindliche Weisungen* zu erteilen (§ 308 Abs. 1, → Rn. 11 ff.). Daraus kann man nur den Schluss ziehen, dass es in den fraglichen Fällen (→ Rn. 24) allein darauf ankommt, ob sich aus der Gesamtheit der Abreden der Beteiligten nach den §§ 133 und 157 BGB das *Recht* des einen Teils ergibt, dem anderen für diesen zumindest **faktisch verbindliche Weisungen** mit Bezug auf die Leitung der Gesellschaft in dem genannten weiten Sinne zu erteilen (→ Rn. 11 ff.), faktisch verbindlich in dem Sinne, dass sich der gebundene (abhängige) Teil auf dem betreffenden Gebiet dem Einfluss des herrschenden Unternehmens im Ergebnis nicht mehr zu entziehen vermag, will er nicht schwere und existenzbedrohende Nachteile in Kauf nehmen.[50] Dabei ist zu berücksichtigen, dass auch Teilbeherrschungsverträge unter § 291 fallen (→ Rn. 20 ff.), sodass es bereits ausreicht, wenn sich das faktische Leitungsrecht des herrschenden Unternehmens wenigstens *auf einzelne Leitentscheidungen* iSd §§ 76 und 291 bezieht (→ § 308 Rn. 25).[51] Das ist eine Frage des Einzelfalles, sodass generelle Aussagen kaum möglich sind. Es mag sich dabei um Ausnahmefälle handeln. Aber es gibt unbestreitbar Fallgestaltungen, in denen etwa in Franchise- und Just-in-Time-Lieferverträgen der Einfluss des jeweils Berechtigten so weit geht, dass er der Sache nach auf die Begründung eines faktisch verbindlichen Weisungsrechts hinsichtlich einzelner Leitentscheidungen des anderen Teils hinausläuft, zB, wenn in einer Krisensituation der berechtigte Teil die Entscheidungenbefugnisse in finanzieller oder personeller Hinsicht völlig an sich zieht, wie es immer wieder zu beobachten ist

24c Soweit danach (→ Rn. 24b) (ausnahmsweise) ein verdeckter Beherrschungsvertrag anzunehmen ist, wird der Vertrag wohl stets wegen des Verstoßes gegen die §§ 76, 293 und 294 *nichtig* sein (§ 125 BGB). Auch die Annahme eines *fehlerhaften Beherrschungsvertrages* (→ Rn. 28 ff.)[52] scheidet mangels Eintragung des Vertrages ins Handelsregister aus (→ Rn. 28 ff.).[53] Ebenso wenig ist Raum für die vielfach befürwortete Anwendung der §§ 311 ff.,[54] da die etwaige „Abhängigkeit" (von dem Ausnahmefall der stillen Gesellschaft vielleicht abgesehen) nicht gesellschaftsrechtlich vermittelt ist (→ Rn. 24b). Es bleibt deshalb nur die auch in der Sache gebotene partielle Analogie zu den **Vorschriften über den Beherrschungsvertrag,** dh insbesondere zu den §§ 302 f. und 304 f. iVm SpruchG.[55]

24d c) Sonderfälle. Noch in vieler Hinsicht ungeklärte Fragen werfen die unter den Stichworten „Gesellschaftervereinbarungen, Business Combination Agreements (BCA) und Investorenvereinbarungen" diskutierten Fälle auf, deren Problematik nicht zuletzt darauf beruht, dass es sich dabei durchweg um Vertragsgestaltungen aus dem angloamerikanischen Rechtskreis handelt, die sich nur schwer mit dem deutschen Aktien- und Konzernrecht in Einklang bringen lassen. Es kommt hinzu, dass die relevanten Fallgestaltungen offenkundig große Unterschiede aufweisen, sodass sich, jedenfalls bei dem gegenwärtigen Diskussionsstand, nur mit Schwierigkeiten allgemeine Regeln entwickeln lassen. – Eine deutlich abge-

---

[49] *Habersack* ZGR 2000, 384 (397 f.); *Hölters/Deilmann* Rn. 22, 32; *Hüffer/Koch* Rn. 10; *Oechsler* ZGR 1997, 463 (477 ff.); *H. P. Westermann* FS Brandner, 1996, 579 (587 ff.), bes. 590 ff.

[50] *Kienzle,* Verdeckte Beherrschungsverträge im Aktienrecht, 2010, 117 ff.

[51] *Hirte/Schall* Konzern 2006, 243 (246 ff.); *Hüffer/Koch* Rn. 14 f: *Kienzle,* Verdeckte Beherrschungsverträge im Aktienrecht, 2010, 43 (54 ff.); MüKoGmbHG/*Liebscher* Anh. § 13 Rn. 663 f.; GroßkommAktG/*Mülbert* Rn. 122 ff.; Grigoleit/*Servatius* Rn. 50.

[52] So insbes. *Hirte/Schall* Konzern 2006, 243 (246 ff.).

[53] Ebenso zB Hüffer/*Koch* Rn. 14a; GroßkommAktG/*Mülbert* Rn. 129; Grigoleit/*Servatius* Rn. 51.

[54] Insbes. *Ederle,* Verdeckte Beherrschungsverträge, 2010, 148 ff.; *ders.* AG 2010, 273.

[55] *Emmerich* FS Hüffer, 2010, 135; Hüffer/*Koch* Rn. 14a; *Kienzle,* Verdeckte Beherrschungsverträge im Aktienrecht, 2010, 99. 107 ff.; Grigoleit/*Servatius* Rn. 51; enger GroßkommAktG/*Mülbert* Rn. 129; dagegen *Stephan* Konzern 2014, 1 (12 ff.).

grenzte Fallgruppe bilden aber zunächst die Fälle, die dadurch gekennzeichnet sind, dass es sich um Vereinbarungen zwischen gegenwärtigen oder zukünftigen Großaktionären (als Investoren) mit dem Vorstand einer AG handelt, durch die der Vorstand (unter anderem) unterschiedliche Verpflichtungen hinsichtlich der Leitung der Gesellschaft übernimmt, mittels derer den Investoren die geplante Übernahme der Gesellschaft erleichtert werden soll. Paradigmata sind die bereits erwähnten **Investorenvereinbarung**en. Bei derartigen Vereinbarungen stellt sich vor allem die Frage ihrer *Vereinbarkeit mit § 76 AktG,* nach dem die eigenverantwortliche Leitung der Gesellschaft zwingend (§ 23 Abs. 5) dem Vorstand obliegt, sodass damit unvereinbare Abreden mit Investoren nichtig sind (§ 134 BGB).[56] Die Einzelheiten sind umstritten, da noch nicht endgültig geklärt ist, wie weit oder wie eng der zwingend der eigenverantwortlichen Leitung des Vorstandes vorbehaltene Bereich zu definieren ist. Ohne Rücksicht darauf wird aber die *Schwelle zum verdeckten Beherrschungsvertrag* wohl erst überschritten, wenn sich die Vereinbarung mit dem Investor auch auf **unternehmenspolitische Leitentscheidungen,** insbesondere hinsichtlich des Finanz- oder Personalwesens der Gesellschaft erstreckt.[57] Darüber hinaus können im Einzelfall außerdem wegen Verstoßes gegen § 76 nichtige Investorenvereinbarungen mit einem von den Beteiligten von vornherein ins Auge gefassten Beherrschungsvertrag eine *rechtliche Einheit* bilden, sodass die Nichtigkeit der Investorenvereinbarung dann auch den ggf. erst später endgültig abgeschlossen Beherrschungsvertrag erfasst (§ 139 BGB).[58]

Die Problematik der Investorenvereinbarung in berührt sich mit der der **BCA,** insbesondere in Gestalt sog. Gesellschaftervereinbarungen, die häufig der Vorbereitung des Zusammenschlusses der beteiligten Unternehmen dienen, indem sofort, dh noch vor Wirksamwerden des Zusammenschlusses, dem einen Teil weitgehende Einflussrechte auf den anderen Teil eingeräumt werden, von Zustimmungsvorbehalten für wichtige Geschäfte bis zur Zusammensetzung der Organe. Die Koordinierung der Einflussnahme vollzieht sich dann oft über Ausschüsse der Beteiligten, in deren Entscheidungsfindung von vornherein die Organe der Gesellschaft einbezogen – und damit eingebunden werden.[59] Im Schrifttum wird zum Teil bestritten, dass derartige Abreden und insbesondere BCA überhaupt Einflussrechte begründeten, die mit einem Weisungsrecht aufgrund eines Beherrschungsvertrages vergleichbar seien.[60] Generelle Aussagen dieser Art sind indessen kaum möglich; maßgebend sind vielmehr die Umstände des Einzelfalles. Wenn sich wie in einer Reihe der veröffentlichten Fälle die Gesellschaftervereinbarung auf die Zusammensetzung des Vorstandes und auf die von ihm zu verfolgende Politik bezieht, ist die *Parallele zu einem Beherrschungsvertrag* nicht mehr zu übersehen. Auch die zumindest **faktische Verbindlichkeit** etwaiger Weisungen der an der Gesellschaftervereinbarung beteiligten Personen für den Vorstand ist dann wohl gegeben, da er unter den gegebenen Umständen (natürlich) personelle Konsequenzen zu

---

[56] OLG München AG 2012, 260 = NZG 2012, 261; AG 2013, 173 = NZG 2013, 459 (462 f.) – WET/Amerigon I und II; *Arens,* Vertragliche Einflußrechte auf die Geschäftsführung des Vorstandes durch ein BCA, 2014; *Hess,* Investorenvereinbarungen, 2014; *H.-J. Otto* NZG 2013, 930 (933 ff.), alle mN.

[57] GroßkommAktG/*Mülbert* Rn. 127.

[58] In diese Sinne OLG München AG 2012, 260 = NZG 2012, 261; AG 2013, 173 = NZG 2013, 459 (462 f.) – WET/Amerigon I und II; *H.-J. Otto* NZG 2013, 930 (933 ff.); anders nach den Umständen des Falles OLG Stuttgart AG 2015, 163 (165 ff.).

[59] S. den Fall HVB/UniCredito OLG München AG 2008, 672 = ZIP 2008, 1330 = NZG 2008, 753 (Vorinstanz LG München AG 2008, 301); den Fall MobilCom OLG Schleswig NZG 2008, 868 = AG 2009, 374; AG 2009, 380 = ZIP 2009, 438; LG Flensburg Konzern 2006, 303; weitere Beispiele in OLG Zweibrücken NZG 2004, 382 = ZIP 2004, 559 – Reginaris/Diebels; OLG München AG 2012, 260 = NZG 2012, 261 – WET I; AG 2013, 173 = NZG 2013, 459 – WET II; OLG Stuttgart AG 2015, 163; LG Nürnberg-Fürth AG 2010, 179 – Alcoa/WaveLight; LG München I NZG 2012, 1152; dazu *Balthasar* NZG 2008, 858; *Decher* FS Hüffer, 2010, 145; *Dette* Verdeckte und atypische Beherrschungsverträge; *Emmerich* FS Hüffer, 2010, 179; *Ederle,* Verdeckte Beherrschungsverträge, 2010; *ders.* AG 2010, 273; *Goslar* DB 2008, 800; *Hirte/Schall* Konzern 2006, 243 (244 ff.); *Kienzle,* Verdeckte Beherrschungsverträge im Aktienrecht, 2010, 61 ff.; *U. König* NZG 2013, 452; *H.-J. Otto* NZG 2013, 930; *Paschos* NZG 2012, 1142; *Schürnbrand* ZHR 169 (2005), 35; *H. Wolf,* Der Beteiligungsvertrag bei der AG, 2004.

[60] Insbes. *Decher* FS Hüffer, 2010, 145; ebenso nach den Umständen des Falles OLG München AG 2012, 802 (803).

befürchten hat, wenn er den „Weisungen" der Gesellschafter aufgrund der Gesellschaftervereinbarung nicht Folge leistet. In solchen Fällen führt nichts an der Erkenntnis vorbei, dass die Beteiligten in Wirklichkeit einen Beherrschungsvertrag gewollt haben (§§ 133 und 153 BGB), sodass die fragliche Vereinbarung dann auch als das behandelt werden muss, was sie tatsächlich ist, nämlich als (verdeckter) Beherrschungsvertrag.[61]

24f Soweit danach ein Beherrschungsvertrag anzunehmen ist (→ Rn. 24e), dürfte er wohl in aller Regel *nichtig* sein (§§ 293, 294; § 125 BGB; → § 293 Rn. 26). Umstritten sind die Konsequenzen. Vor allem zwei Lösungen bieten sich an, einmal eine Analogie zu den Vorschriften über Beherrschungsverträge (Stichwort: verdeckter Beherrschungsvertrag) und zum anderen der Rückgriff auf die §§ 311 ff. bei Abhängigkeit der Gesellschaft von dem begünstigten anderen Vertragsteil. Die zuletzt genannte zweite Lösung, dh die *Annahme eines faktischen Konzerns*, wird in der Tat vielfach in Literatur und Rechtsprechung als Ausweg favorisiert.[62] Damit ist indessen nur in Einzelfällen eine Abhilfe möglich. Ein wirklicher Schutz der außenstehenden Aktionäre und der Gläubiger gegen derartige für sie besonders gefährliche Vertragsgestaltungen ist dagegen allein über die entsprechende **Anwendung der §§ 302 f. und 304 f.** möglich.[63] Die Konsequenz ist freilich die Anwendbarkeit des **SpruchG** auf solche Vertragsgestaltungen analog § 1 Nr. 1 SpruchG (→ § 305 Rn. 10; → Anh. § 317 Rn. 29; → SpruchG § 1 Rn. 2).[64]

25 **5. Rechtsnatur.** Die Beherrschungsverträge erscheinen je nach Blickwinkel mehr als **Organisations- oder** mehr als **Schuldverträge,** sodass umstritten ist, worauf zur Bestimmung der Rechtsnatur solcher Verträge das Schwergewicht zu legen ist. Das Problem rührt daher, dass Beherrschungsverträge, freilich nur in Verbindung mit dem Zustimmungsbeschluss nach § 293 Abs. 1, zwar auf der einen Seite, wie insbesondere die §§ 57 Abs. S. 3, 71a Abs. 1 S. 3, 291 Abs. 3 und 308 zeigen, die Verfassung der abhängigen Gesellschaft ändern (und *insofern* in der Tat den Charakter von Organisationsverträgen tragen), auf der anderen Seite aber auch beiderseitige Leistungspflichten begründen, für das herrschende Unternehmen namentlich aufgrund der §§ 302–305 und für die abhängige Gesellschaft aufgrund des § 308 Abs. 2 S. 1, sodass sie jedenfalls *auch* schuldvertraglichen Charakter tragen. Gleichwohl ist heute ihre Einordnung als **„Organisationsverträge"** oder doch als Verträge mit einer *Doppenatur* als Organisations- und Schuldverträge durchaus vorherrschend.[65] Damit soll zum Ausdruck gebracht werden, dass das Schwergewicht ihrer Wirkungen nicht in der Begründung beiderseitiger Rechte und Pflichten der Vertragsparteien, sondern in der Gestaltung der gesellschaftsrechtlichen Beziehungen zwischen ihnen sowie den außenstehenden Gesellschaftern liegt.

---

[61] OLG Schleswig NZG 2008, 868 = AG 2009, 374; AG 2009, 380; LG Nürnberg-Fürth AG 2010, 179; OLG München AG 2013, 173 = NZG 2013, 459; *Emmerich* FS Hüffer, 2010, 179 (183 ff.); *Kienzle,* Verdeckte Beherrschungsverträge im Aktienrecht, 2010, 61 ff.; *H. Wolf,* Der Beteiligungsvertrag bei der AG, 2004, 59 f.; – anders insbes. *Decher* FS Hüffer, 2010, 145; *Ederle,* Verdeckte Beherrschungsverträge, 2010, 128 f.; *ders.* AG 2010, 273.

[62] OLG München AG 2008, 672 = ZIP 2008, 1330 = NZG 2008, 753; OLG Schleswig NZG 2008, 868 = AG 2009, 374; AG 2009, 380 = ZIP 2009, 438; zust. *Balthasar* NZG 2008, 858; *Ederle,* Verdeckte Beherrschungsverträge, 2010, 148 ff.; *ders.* AG 2010, 273; *Koppensteiner* FS Canaris, Bd. II, 2007, 209 (216).

[63] BGHZ 107, 7 (15 ff.) = NJW 1989, 1800 – Tiefbau; OLG Zweibrücken NZG 2004, 382 = ZIP 2004, 559 – Reginaris/Diebels; LG Nürnberg-Fürth AG 2010, 179; *Emmerich* FS Hüffer, 2010, 179 (183 ff.); Hüffer/*Koch* Rn. 14 f.; *Kienzle,* Verdeckte Beherrschungsverträge im Aktienrecht, 2010, 67 (107 ff.); GroßkommAktG/*Mülbert* Rn. 129; Grigoleit/*Servatius* Rn. 51; wohl auch *H.-J. Otto* NZG 2013, 930.

[64] Wohl auch OLG Schleswig NZG 2009, 380 (381) = ZIP 2009, 438 – MobilCom II; dagegen insbes. OLG München AG 2008, 672 = NZG 2008, 753 – HVB/UniCredito; Hüffer/*Koch* Rn. 14a: Grigoleit/*Servatius* Rn. 51; Hölters/*Simons* SpruchG § 1 Rn. 7; enger GroßkommAktG/*Mülbert* Rn. 129.

[65] BGHZ 103, 1 (4 f.) = NJW 1988, 1326 = AG 1988, 133 – Familienheim; BGHZ 105, 324 (331) = NJW 1989, 295 = AG 1989, 91 – Supermarkt; BGHZ 116, 37 (43) = NJW 1992, 505 = AG 1992, 83 – Stromlieferung; BGH NJW 1992, 1452 = AG 1992, 192 (194 f.) – Siemens/NRG; BFHE 127, 56 = AG 1980, 309; BayObLGZ 1988, 201 = AG 1988, 375; BayObLGZ 1992, 367 = NJW 1993, 1804 = AG 1993, 177 – BSW; OLG München AG 2009, 675 = GmbHR 2009, 148 (150); MüKoAktG/*Altmeppen* Rn. 25 ff.; *Bälz* AG 1992, 277 (286 f.); *Maser* Betriebsüberlassungsverhältnisse 33 ff.; *Mestmäcker* Verwaltung 337 ff.; *Praël* Eingliederung 72 ff.; Grigoleit/*Servatius* Rn. 22 ff.; *R. Veil* Unternehmensverträge 184, 200 ff.; Spindler/Stilz/*Veil* Vor § 291 Rn. 25 ff.; – dagegen ausf. GroßkommAktG/*Mülbert* Rn. 20–37.

In der Tat zeigen die Vorschriften des § 57 Abs. 1 S. 3, des § 71a Abs. 1 S. 3, des § 291 **26** Abs. 1 und 3 sowie des § 308 Abs. 1, dass durch den Abschluss eines Beherrschungsvertrages, freilich – nota bene – immer nur in Verbindung mit dem Zustimmungsbeschluss nach § 293 Abs. 1 mit qualifizierter Mehrheit – tiefgreifend **in die Verfassung** der abhängigen Gesellschaft **eingegriffen** wird, vor allem im Wege der Durchbrechung der §§ 57 ff. und des § 76. Dies erklärt zugleich die Notwendigkeit der **Eintragung** des Vertrages ins Handelsregister (§ 294). In dieselbe Richtung weist § 293 Abs. 1 S. 4, der deutlich macht, dass es sich bei dem Abschluss eines Beherrschungsvertrages der Sache nach um eine **zeitlich begrenzte Satzungsänderung** handelt (vgl. § 179; → § 293 Rn. 23 ff.). Es ist letztlich dieser Umstand, der mit der üblichen Bezeichnung der Beherrschungsverträge als „Organisationsverträge" zum Ausdruck gebracht werden soll.

Im Schrifttum wird daraus zum Teil der Schluss gezogen, der Beherrschungsvertrag **27** begründe lediglich Zuständigkeiten, etwa des herrschenden Unternehmens zur Erteilung von Weisungen (§ 308);[66] für eine Anwendung des BGB auf diese Verträge sei daher kein Raum mehr.[67] Daraus soll sich ferner ergeben, dass die „körperschaftsrechtlichen", dh im Ergebnis satzungsändernden Bestimmungen eines Beherrschungsvertrages **„objektiv"**, dh gesetzesgleich nur aus sich heraus ohne Berücksichtigung der für Dritte nicht erkennbaren Umstände des Vertragsabschlusses **auszulegen** seien, sodass insbesondere die §§ 133 und 157 BGB keine Anwendung finden könnten.[68]

Die überwiegend vertretene primär organisationsrechtliche Qualifizierung des Beherr- **27a** schungsvertrages (→ Rn. 27) steht im Widerspruch zum Gesetz.[69] Sie übertreibt ohne Not die organisationsrechtlichen Elemente des Vertrages und verkennt dessen Herkunft und Verankerung im Schuldrecht. Soweit der Vertrag in die Satzung der Gesellschaft eingreift, kann er dies letztlich immer nur aufgrund der Verbindung mit dem der Sache nach satzungsändernden Zustimmungsbeschluss mit qualifizierter Mehrheit aufgrund des § 293 Abs. 1. Außerdem ist unbestreitbar, dass sich nach der gesetzlichen Regelung aus einem Beherrschungsvertrag **auch beiderseitige Leistungspflichten** ergeben, wie vor allem an den §§ 302 Abs. 1 und 308 Abs. 2 S. 1 deutlich wird, sodass sie zugleich als **Schuldverträge** einzustufen sind,[70] auf die insbesondere die §§ 273, 276, 280 und 320 BGB angewandt werden können (→ Rn. 53).[71] Die Anwendung des **§ 273 BGB** oder – je nach Ausgestaltung des Vertrages – des **§ 320 BGB** kommt vor allem in Betracht, wenn das herrschende Unternehmen seiner Verpflichtung zur Verlustübernahme nicht nachkommt (§ 302; → § 308 Rn. 69). Die *abhängige* Gesellschaft kann außerdem nach § 280 Abs. 1 BGB **Schadensersatz** verlangen, wenn das herrschende Unternehmen die Pflicht zur Wahrung der Interessen der abhängigen Gesellschaft verletzt (→ § 309 Rn. 20 f.). Schadensersatzansprüche des *herrschenden* Unternehmens kommen dagegen in Betracht, wenn die abhängige Gesellschaft durch eine Vertragsverletzung das herrschende Unternehmen schädigt (→ § 301 Rn. 7).[72] Innerhalb von Organschaftsverhältnissen sind schließlich je nach Ausgestaltung des Innenverhältnisses der Beteiligten **Ausgleichsansprüche** des Organträgers oder der Organgesellschaft im Falle einer unerwarteten Steuerbelastung vorstellbar (§ 426 BGB; → § 301 Rn. 8).[73]

---

[66] So *Bälz* AG 1992, 277 (287); *W. Bayer* Beherrschungsvertrag 17 f.; *Praël* Eingliederung 93.
[67] So insbes. Spindler/Stilz/*Veil* Vor § 291 Rn. 27 ff.
[68] OLG München AG 2009, 675 = GmbHR 2009, 148 (150 f.); BFH GmbHR 2013, 602 Rn. 15; *Kort* NZG 2009, 364 (365 f.); GroßkommAktG/*Mülbert* Rn. 40 f.; Grigoleit/*Servatius* Rn. 39 f.; Spindler/Stilz/ *Veil* Vor § 291 Rn. 34; *Stephan* Konzern 2014, 1 (3); s. *Grunewald* ZGR 2009, 647.
[69] Ebenso GroßkommAktG/*Mülbert* Rn. 20 ff.
[70] *Br. Haar* Personengesellschaft 287 ff.; GroßkommAktG/*Mülbert* Rn. 20 ff.
[71] OLG Frankfurt NZG 2000, 603; MüKoAktG/*Altmeppen* Rn. 35 ff.; *Emmerich* GS Sonnenschein, 2002, 651 (653 ff.); Hüffer/*Koch* Rn. 18; ebenso für den Gewinnabführungsvertrag öOGH NZG 1999, 1216; AG 2000, 331 = WBl. 1999, 521 = öRdW 1999, 597 = EvBl. 1999 Nr. 2000 = ÖJZ 1999, 846.
[72] OLG Frankfurt NZG 2000, 603 (604 f.).
[73] BGHZ 120, 50 (55 ff.) = NJW 1993, 585 = AG 1993, 138; BGH NJW-RR 2004, 474 = NZG 2004, 185 = AG 2004, 205 (206); ausf. *St. Simon* ZGR 2007, 71 (82, 102 ff.) mN.

§ 291 27b–28b   3. Buch. 1. Teil. 1. Abschn. Arten von Unternehmensverträgen

27b   Nach dem Gesagten (→ Rn. 27a) ist auch die These von der gesetzesgleichen, „objektiven oder objektivierten" **Auslegung** zumindest der organisationsrechtlichen Teile des Beherrschungsvertrages (→ Rn. 27) – nach dem Vorbild der sog. objektiven Auslegung der Satzung einer AG oder GmbH – schwerlich haltbar. Sie löst sich schon für die Satzungen einer AG oder GmbH, bei denen es sich zweifelsfrei um Verträge handelt, ohne Not von Gesetz[74] und verstößt jedenfalls angesichts des zumindest auch schuldrechtlichen Charakters der Beherrschungsverträge eindeutig gegen die gesetzliche Regelung. Es gibt keinen Grund, der es rechtfertigen könnte, sich bei der Auslegung eines Beherrschungsvertrages über die **§§ 133 und 157 BGB** hinwegzusetzen.[75]

6. Fehlerhafte Verträge

Schrifttum: *Führling*, Sonstige Unternehmensverträge mit einer abhängigen GmbH, 1993; *Grüner*, Die Beendigung von Gewinnabführungs- und Beherrschungsverträgen, 2002; *Kley*, Die Rechtsstellung der außenstehenden Aktionäre bei der vorzeitigen Beendigung von Unternehmensverträgen, 1986; *Kort*, Bestandsschutz fehlerhafter Strukturänderungen, im Kapitalgesellschaftsrecht, 1998; *Lauber-Nöll*, Die Rechtsfolgen fehlerhafter Unternehmensverträge, 1993; *Praël*, Eingliederung und Beherrschungsvertrag als körperschaftliche Rechtsgeschäfte, 1978; *U. Schneider* (Hrsg.), Beherrschungs- und Gewinnabführungsverträge, 1989; *Schäfer*, Die Lehre vom fehlerhaften Verband, 2002; *Stolzenberger-Wolters*, Fehlerhafte Unternehmensverträge im GmbH-Recht, 1990; *Veil*, Unternehmensverträge, 2003; *H. Wilhelm*, Die Beendigung des Beherrschungs- und Gewinnabführungsvertrages, 1976.

28   **a) Überblick.** Als fehlerhaft bezeichnet man einen Beherrschungsvertrag, der mit Mängeln behaftet ist, die zu seiner Nichtigkeit führen können. Im einzelnen hat man formelle und materielle oder Vertrags- und Beschlussfehler zu unterscheiden.[76] Bei den **formellen oder Beschlussfehlern** hat man vorrangig Fehler oder Mängel der Zustimmungsbeschlüsse des § 293 im Auge, bei denen sich die Rechtsfolgen nach den §§ 241 ff. und damit insbesondere auch nach § 246a richten. Bei den **materiellen oder Vertragsfehlender** geht es dagegen um die Relevanz der allgemeinen Regeln über die Anfechtbarkeit und Nichtigkeit von Verträgen speziell für Beherrschungsverträge, dh vor allem um die Fälle der §§ 119, 123, 125, 134 und 138 BGB. Ein weiteres hierher gehöriges Beispiel ist das Fehlen einer Ausgleichsregelung in dem Vertrag (§ 304 Abs. 3 S. 1).

28a   Im Grundsatz ist davon auszugehen, dass sämtliche genannten formellen und materiellen Mängel oder Fehler eines Beherrschungsvertrages zu dessen **Nichtigkeit** führen (§§ 293, 294 AktG; §§ 125, 134, 138 BGB), im Falle der Anfechtbarkeit eines Zustimmungsbeschlusses freilich nur im Falle des Erfolgs einer Klage (§§ 241, 243, 248). Eine wichtige (und durchaus problematische) Einschränkung ergibt sich indessen (nur) bei Fehlern der Zustimmungsbeschlüsse aus **§ 246a von 2005,** nach dem Zustimmungsbeschlüsse **Bestandskraft** genießen, sofern ihre Eintragung ins Handelsregister auf einem rechtskräftigen **Freigabebeschluss** beruht (§ 246a Abs. 4 S. 2; → § 293 Rn. 55 ff.). Seitdem beschränkt sich der Anwendungsbereich der Materie auf Fälle formeller oder **Beschlussmängel,** in denen kein rechtskräftiger Freigabebeschluss vorliegt,[77] sowie auf die Fälle von materiellen oder **Vertragsfehler,** die generell nicht durch einen Freigabebeschluss geheilt werden können (§ 246a Abs. 4 S. 2 Hs. 1). Das sollte für Verstöße gegen die §§ 125, 134 und 138 BGB nicht streitig sein.[78] In den danach noch verbleibenden Fällen muss man vor allem zwischen der Zeit vor und der Zeit nach **Vollzug** des fehlerhaften Beherrschungsvertrages sowie danach unterscheiden, ob es zur **Eintragung** des Vertrages ins Handelsregister gekommen ist oder nicht.

28b   **Vor Vollzug** des fehlerhaften Beherrschungsvertrages bleibt es bei allen Erscheinungsformen von Fehlern oder Mängeln (soweit nicht § 246a eingreift) bei der Anwendung der

---

[74] S. Scholz/*Emmerich* GmbHG § 2 Rn. 34 ff., 38 f. mN.
[75] Ganz anders insbes. BFH GmbHR 2013, 602 Rn. 15 – mit desaströsen Folgen für die Parteien.
[76] Ausf. GroßkommAktG/*Mülbert* Rn. 123, 133 ff.; gegen die Notwendigkeit dieser Unterscheidung zB Grigoleit/*Servatius* Rn. 44.
[77] Spindler/Stilz/*Veil* Rn. 67 f.
[78] GroßkommAktG/*Mülbert* Rn. 131, 143; *Stephan* Konzern 2014, 1 (16).

allgemeinen Regeln.⁷⁹ Anders verhält es sich dagegen möglicherweise **nach Vollzug** des Vertrages. Wann solcher Vollzug angenommen werden kann, ist noch nicht endgültig geklärt. Die überwM tendiert offenbar zu einer **weiten Auslegung** des Begriffs, sodass es häufig bereits als ausreichend angesehen wird, wenn das herrschende Unternehmen **Verluste** der abhängigen Gesellschaft **ausgeglichen** oder durch **Weisungen** in deren Geschäftsführung eingegriffen hat (§§ 302 Abs. 1, 308 Abs. 1), während die bloße **Eintragung** des Vertrags ins Handelsregister (§ 294) grundsätzlich *nicht* genügen soll.⁸⁰ Solange sich das herrschende Unternehmen, etwa mit Rücksicht auf die Anfechtung eines der Zustimmungsbeschlüsse jedes Eingriffs in die Geschäftsführung der abhängigen Gesellschaft aufgrund des Vertrages enthält, ist der Vertrag folglich selbst nach Eintragung in das Handelsregister noch nicht vollzogen, auch wenn das herrschende Unternehmen bereits Ausgleichs- und Abfindungsleistungen erbracht hat.⁸¹

b) Aufrechterhaltung des Vertrages nach Vollzug? Wegen der großen Abwicklungs- 29 probleme bei nachträglicher Feststellung der Nichtigkeit eines *vollzogenen* Beherrschungsvertrages tendiert eine verbreitete Meinung dahin, für die Vergangenheit auf eine *Rückabwicklung* des Vertrags zu *verzichten* und den **Gläubigerschutz** über die Anwendung der §§ 302 und 303 sicherzustellen, während noch offen ist, ob dann auch die §§ 304 oder 305 Anwendung finden sollen.⁸² Umstritten sind jedoch die **Voraussetzungen,** wobei es vor allem um die Frage geht, welche Bedeutung im vorliegenden Zusammenhang dem Fehlen der Eintragung des Vertrages ins Handelsregister (§ 294) sowie dem Fehlen oder der Nichtigkeit eines Zustimmungsbeschlusses zukommt (§ 293 Abs. 1 und 2). Der **BGH** hat wiederholt bei *Teilgewinnabführungsverträgen* (§ 292 Abs. 1 Nr. 2; → § 292 Rn. 29 ff.) sowie bei Beherrschungsverträgen mit einer abhängigen *GmbH* die Regeln über fehlerhafte Beherrschungsverträge auch in Fällen angewandt, in denen es noch *nicht* zur Eintragung des Vertrags ins Handelsregister gekommen war oder einer der Zustimmungsbeschlüsse fehlte oder doch nichtig war.⁸³ Eine Übertragung dieser großzügigen Praxis auf **Beherrschungsverträge** mit einer **AG** wird dagegen nach wie vor überwiegend abgelehnt.⁸⁴

In der Tat darf mit Rücksicht auf die zwingende Regelung des § 294 Abs. 2 **vor Eintra-** 30 **gung** des Vertrags ins Handelsregister sinnvollerweise niemand auf den Bestand des Vertrags vertrauen.⁸⁵ Bei **Fehlen** eines der **Zustimmungsbeschlüsse** kommt die Überlegung hinzu, dass der Vorstand dann bei Abschluss des Vertrages als Vertreter ohne Vertretungsmacht gehandelt hat (§ 177 BGB), sodass sich gleichfalls die Anwendung der Regeln über fehlerhafte Beherrschungsverträge verbietet.⁸⁶ Bei **Anfechtbarkeit oder Nichtigkeit** eines

---

⁷⁹ OLG Hamburg AG 2005, 299 (300) = NZG 2005, 604 – Thyssen Industrie/Blohm + Voss.
⁸⁰ GroßkommAktG/*Mülbert* Rn. 160; ebenso für die Fälle des § 292 Abs. 1 Nr. 2 BGH AG 2005, 201 (202) (r. Sp. 2. Abs.) = NJW-RR 2005, 627 = NZG 2005, 261 – Securenta/Göttinger Gruppe; AG 2005, 390 (391) unter II 1 a = NZG 2005, 472 = ZIP 2005, 753; anders zB K. Schmidt/Lutter/*Langenbucher* Rn. 41.
⁸¹ OLG Hamburg AG 2005, 299 (300) = NZG 2005, 604 = ZIP 2005, 437.
⁸² S. (besonders weitgehend) *Hirte/Schall* Konzern 2006, 243 (246 ff.) mN.
⁸³ S. für die GmbH BGHZ 105, 168 (182) = NJW 1988, 3143 = AG 1989, 27 – HSW; BGHZ 116, 37 (39) = NJW 1992, 505 – Stromlieferungen/Hansa Feuerfest (im Anschluss an BGHZ 103, 1 (4 f.) = NJW 1988, 1326 – Familienheim); BGH NJW 2002, 822 = AG 2002, 240; für Teilgewinnabführungsverträge → § 292 Rn. 29 ff., insbes. BGH AG 2005, 201 (202) = NJW-RR 2005, 627 = NZG 2005, 261 – Securenta/Göttinger Gruppe; AG 2005, 390 (391) unter II 1 a = NZG 2005, 472.
⁸⁴ OLG Koblenz ZIP 2001, 1095 (1098) – Diebels/Reginaris II; OLG Zweibrücken ZIP 2004, 559 (561 f.) = NZG 2004, 382 = Konzern 2004, 340 – Reginaris/Diebels; OLG München AG 2008, 672 (673 f.) = NZG 2008, 753; OLG Schleswig NZG 2008, 868 (872 ff., 874) = AG 2009, 374 – MobilCom; NZG 2008, 876 = AG 2009, 380; OLG Karlsruhe AG 2011, 673 (675 f.) = ZIP 2011, 1817; ebenso *Balthasar* NZG 2008, 858; *Köhler* ZGR 1985, 307 (310 ff.); *Kort* NZG 2009, 364 (367 f.); Spindler/Stilz/*Veil* Rn. 64 f. – dagegen wie der BGH aber *Hirte/Schall* Konzern 2006, 243 (246 ff.) mN; diff. K. Schmidt/Lutter/*Langenbucher* Rn. 41; offengelassen in OLG Hamburg AG 2005, 299 (300) = NZG 2005, 604 – Thyssen Industrie/Blohm+Voss, für das Fehlen eines Zustimmungsbeschlusses.
⁸⁵ Hölters/*Deilmann* Rn. 73; Hüffer/*Koch* Rn. 21; *Krieger* ZHR 158 (1994), 35 (41) Rn. 11; MüKoGmbHG/*Liebscher* Anh. § 13 Rn. 712; GroßkommAktG/*Mülbert* Rn. 160; Grigoleit/*Servatius* Rn. 45; *Stephan* Konzern 2014, 1 (20).
⁸⁶ GroßkommAktG/*Mülbert* Rn. 153.

der Zustimmungsbeschlüsse geht die überwiegende Meinung dagegen heute tatsächlich davon aus, dass Raum für die Anwendbarkeit der Regeln über fehlerhafte Beherrschungsverträge ist.[87] In der Mehrzahl der Fälle dürfte sich dieses Ergebnis bereits aus § **246a** ergeben, sodass sich die Problematik mittlerweile wohl auf *seltene*, im Grunde unwahrscheinliche *Fallgestaltungen* beschränkt,[88] nämlich auf Fälle des Vollzugs eines Beherrschungsvertrages *nach* seiner Eintragung ins Handelsregister und der Zustimmung der beiden Hauptversammlungen, deren Nichtigkeit sich später herausstellt. Dazu dürfte es jedoch wegen der Prüfung des Vertrags durch sachverständige Prüfer (§ 293b) und durch das Registergericht (→ § 294 Rn. 19 ff.) kaum mehr kommen.

31 Auch bei **materiellen** oder **Vertragsmängeln** neigt eine verbreitete Meinung dazu, den Vertrag nach Möglichkeit für die Vergangenheit aufrechtzuerhalten.[89] Indessen gibt sich die Rechtsordnung letztlich selbst auf, wenn sie nahezu generell für die Vergangenheit auf die Durchsetzung ihrer Verbote – entgegen den §§ 134, 138 und 139 BGB – verzichtet. Deshalb ist daran festzuhalten, dass Mängel der genannten Art, soweit sie nicht geheilt werden können und auch nicht bloße Randfragen betreffen, grundsätzlich zur **Nichtigkeit** und damit zur Rückabwicklung der Verträge führen (→ § 293 Rn. 13 f.).[90] Für den Schutz der Gläubiger kommt eine Analogie zu den **§§ 302 und 303** in Betracht.[91] Anders zu beurteilen sind lediglich Fälle, die dadurch gekennzeichnet sind, dass in einem im Übrigen unbedenklichen Vertrag **einzelne** gesetzwidrige **Klauseln** enthalten sind. Hier wird schon § 139 BGB häufig, aber nicht notwendig zur Aufrechterhaltung des Vertragsrestes führen.

32 **c) Beendigung.** Soweit nach dem Gesagten (→ Rn. 29 ff.) fehlerhafte Beherrschungsverträge (ausnahmsweise) ganz oder partiell für die Vergangenheit aufrechterhalten werden, ändert dies doch nichts an der fortbestehenden Fehlerhaftigkeit des Vertrages, soweit und solange der Mangel nicht geheilt ist. Folglich kann sich jedermann auf die grundsätzlich fortbestehende Nichtigkeit des Vertrags berufen. Außerdem können die Parteien die bloße faktische Geltung des Vertrages jederzeit für die Zukunft beenden.[92] Dies geschieht durch einfache **Berufung auf die Nichtigkeit** des Vertrages, während die hM hier ohne Not eine außerordentliche **Kündigung** aus wichtigem Grunde verlangt (§ 297 Abs. 1 S. 1).[93] Die Parteien sind ferner nicht gehindert, den ohnehin nichtigen Vertrag unter Beachtung des Rückwirkungsverbotes des § 296 Abs. 1 S. 3, dh für die Zukunft aufzuheben (→ § 296 Rn. 15).[94] Unberührt bleibt in jedem Fall das Recht des Registergerichts zur Amtslöschung nach § 395 Abs. 1 FamFG.

7. Internationale Unternehmensverträge

Schrifttum: → § 311 Rn. 21 sowie *Altmeppen*, Die Haftung des Managers im Konzern, 1998; *Bache*, Der internationale Unternehmensvertrag nach deutschem Kollisionsrecht, 1969; *W. Bayer*, Der grenzüberschreitende Beherrschungsvertrag, 1988; *Ebenroth*, Konzernkollisionsrecht im Wandel außenwirtschaftlicher Ziele, 1978; *U. Schneider*, Beherrschungs- und Gewinnabführungsverträge in der Praxis der GmbH, 1989, 127;

---

[87] MüKoAktG/*Altmeppen* Rn. 207 ff.; *Bredow/Tribulowsky* NZG 2002, 841 (842); *Hirte/Schall* Konzern 2006, 243 (246 ff.); *Kley* Rechtsstellung 65 ff.; *Kort* Bestandsschutz 173 ff.; *Krieger* ZHR 158 (1994), 35 (37 ff.); *ders.* in U. Schneider, Beherrschungs- und Gewinnabführungsverträge in der Praxis der GmbH, 1989, 99, 110.
[88] Ebenso Spindler/Stilz/*Veil* Rn. 67 f.
[89] So BGHZ 116, 37 (39 ff.) = NJW 1992, 505 = AG 1992, 83 – Stromlieferungen/Hansa Feuerfest; MüKoAktG/*Altmeppen* Rn. 206; GroßkommAktG/*Mülbert* Rn. 150 f.; Grigoleit/*Servatius* Rn. 45; *Timm* FS Kellermann, 1991, 461 (479 ff.); zu § 304 Abs. 3 S. 1 → § 304 Rn. 77.
[90] LG Ingolstadt AG 1991, 24 (25); *Grüner* Beendigung 142 ff.; *Kleindiek* ZIP 1988, 613; *Kort* Bestandsschutz 176 f.; MüKoGmbHG/*Liebscher* Anh. § 13 Rn. 733; *Priester* in U. Schneider, Beherrschungs- und Gewinnabführungsverträge, 37, 46 ff.
[91] GroßkommAktG/*Mülbert* Rn. 164; Grigoleit/*Servatius* Rn. 46; zur ebenfalls umstr. Anwendbarkeit der § 304 und § 305 → § 305 Rn. 21c; zur Frage der Erledigung eines etwaigen bereits anhängigen Spruchverfahrens → SpruchG § 11 Rn. 11a.
[92] Ebenso für einen Organschaftsvertrag BFHE 184, 88 (90 f.) = AG 1998, 491 = BStBl. 1998 II 33 = NZG 1998, 227.
[93] *Kort* Bestandsschutz 169 ff.; GroßkommAktG/*Mülbert* Rn. 165; Grigoleit/*Servatius* Rn. 45.
[94] BGH NJW 2002, 822 = AG 2002, 240.

Kindle, in Goette/Habersack, Das MoMiG in Wissenschaft uns Praxis, 2009, 233; *Klocke,* Deutsches Konzernkollisionsrecht und seine Regelungsprobleme, 1974; *Koppensteiner,* Internationale Unternehmen im deutschen Gesellschaftsrecht, 1971; *Luchterhandt,* Deutsches Konzernrecht bei grenzüberschreitenden Konzernverbindungen, 1971; *Rohr,* Der Konzern im IPR unter besonderer Berücksichtigung des Schutzes der Minderheitsaktionäre und der Gläubiger, 1983; *M. Schubert,* Unternehmensmitbestimmung und internationale Wirtschaftsverflechtung, 1984; *Wackerbarth,* Grenzen der Leitungsmacht in der internationalen Unternehmensgruppe, 2001.

33 Als internationale Beherrschungsverträge bezeichnet man Verträge, die zwischen einem deutschen und einem ausländischen Unternehmen abgeschlossen werden. Die Eigenschaft einer Gesellschaft als deutsche oder ausländische, ihre sog. **Nationalität,** beurteilte sich in Deutschland früher nach der sog. **Sitztheorie.** Diese Auffassung hatte zunächst auch die Billigung des **EuGH** gefunden,[95] Später näherte er sich indessen unter Berufung auf die Niederlassungsfreiheit deutlich der **Gründungstheorie** an,[96] hält aber zB für den Wegzug von Gesellschaften im Ergebnis an der Sitztheorie fest.[97] Dasselbe gilt nach dem BGH für das Verhältnis zu Drittstaaten wie etwa der Schweiz oder Singapur.[98] Dagegen findet in Bezug auf Länder, im Verhältnis zu denen **Niederlassungsfreiheit** besteht, die **Gründungstheorie** Anwendung, sodass sich, wenn kein Missbrauch vorliegt, ihr Personalstatut nach dem Gründungsstaat richtet, in dem sich regelmäßig auch der **Satzungssitz** befindet, während es seit der Streichung des früheren § 5 Abs. 2 (sowie des entsprechenden früheren § 4a Abs. 2 GmbHG) durch das MoMiG wohl unschädlich ist, wenn der **Verwaltungssitz** der Gesellschaft nachträglich in ein anderes Land verlegt wird;[99] so verhält es sich jedenfalls im Verhältnis zu den Mitgliedstaaten der Europäischen Union und des EWR sowie im Verhältnis zu den USA.[100] Abweichend behandelt wird dagegen im Ergebnis eine **ausländische abhängige Gesellschaft** mit tatsächlichem **Sitz in Deutschland:** Schon im Interesse ihrer Gesellschafter und Gläubiger untersteht sie – ggf. im Wege der Sonderanknüpfung – dem Schutz des **deutschen Konzernrechts,** ohne Rücksicht auf ihre Gründung in einem anderen Mitgliedstaat der EU und auch ungeachtet ihrer ausländischen Rechtsform; abweichende Vereinbarungen sind nicht möglich (→ Rn. 35 mN).

34 Daraus folgt: Wenn an dem internationalem Unterordnungskonzern das **deutsche Unternehmen** in der Rolle des **herrschenden Unternehmens** beteiligt ist, finden allein diejenigen Normen Anwendung, die wie etwa § 71d die Verhältnisse der deutschen Obergesellschaft regeln.[101] Dazu gehören freilich auch die auf die Obergesellschaft bezüglichen Regeln der Konzernbildungs- und der Konzernleitungskontrolle, selbst wenn sie durch Strukturmaßnahmen bei einer ausländischen Tochter ausgelöst werden.[102] Für das WpÜG wird dasselbe zu gelten haben. Dagegen richten sich die Rechtsverhältnisse der **ausländischen abhängigen Gesellschaft** ausschließlich nach deren Heimatrecht.[103] Unanwendbar ist nach hM außerdem § 293 Abs. 2, weil diese Vorschrift nach ihrem Sinn und Zweck nur die Beziehungen zwischen Gesellschaften mit Sitz im Inland im Auge hat (→ § 293 Rn. 6).

35 Wenn eine Gesellschaft mit tatsächlichem **Sitz in Deutschland,** mag sie in Deutschland oder in einem anderen Mitgliedstaat der EU gegründet worden sein, von einem ausländi-

---

[95] EuGH Slg. 1988, 5505 (5511) Rn. 19 = NJW 1989, 2186 – Daily-Mail.
[96] EuGH Slg. 1999, I-1484 (1491) ff. Rn. 20 ff. = AG 1999, 226 – Centros; Slg. 2002, I-9943 (9963 ff.) Rn. 52 ff. = NJW 2003, 3614 – Überseering I; Slg. 2003, I-10195 (10223 ff.) Rn. 95 ff. = NJW 2003, 3331 – Inspire Art.
[97] EuGH Slg. 2008, I-9664 Rn. 104 ff. = NJW 2009, 569 (570 ff.) – Cartesio.
[98] BGHZ 178, 192 (194 ff.) Rn. 13 ff. = NJW 2009, 289 – Trabrennbahn; BGH AG 2010, 71 Rn. 4 = GmbHR 2010, 211.
[99] Scholz/*Emmerich* GmbHG § 4a Rn. 28 f.; *Stephan* Konzern 2014, 1 (8 f.).
[100] BGHZ 190, 242 (246) Rn. 16 ff. = NJW 2011, 3372; BGH AG 2010, 79 Rn. 4 = GmbHR 2010, 211; AG 2010, 545 Rn. 15 ff. = GmbHR 2010, 819.
[101] EuGH AG 1988, 267 (272); *Koppensteiner,* Internationale Unternehmen, 103, 266 ff.; *Luchterhand* KonzernR 160 ff.; GroßkommAktG/*Mülbert* Vor §§ 291 ff. Rn. 28.
[102] MüKoAktG/*Altmeppen* Einl. §§ 291 ff. Rn. 41 f.; Staudinger/*Großfeld* IntGesR Rn. 559, 582.
[103] OLG Hamburg MDR 1976, 402 Nr. 54; *Bärwaldt/Schabacker* AG 1998, 182 (187); GroßkommAktG/*Mülbert* Vor §§ 291 ff. Rn. 27; ebenso für die Schweiz BGE 80 II (1954), 53, 59 – Shell.

schen Unternehmen **abhängig** ist, sind grundsätzlich alle Vorschriften, die das **deutsche Recht** zum Schutze der abhängigen Gesellschaft, ihrer Gesellschafter und ihrer Gläubiger vorsieht, auf das ausländische herrschende Unternehmen anzuwenden, sodass dieses im Vertragskonzern gegenüber der „deutschen" AG vor allem die Pflichten aus den §§ 302–305 zu beachten hat (→ Rn. 33).[104] Abweichende Vereinbarungen sind nicht möglich (→ Rn. 25 ff.).[105]

36 Unberührt bleibt das Personalstatut der **ausländischen Obergesellschaft**. Die Beziehungen der Obergesellschaft zu ihren Gesellschaftern und Gläubigern richten sich daher weiter nach ihrem Heimatrecht.[106] Im Übrigen beurteilt sich jedoch der **Abschluss** des Vertrages nach deutschem Recht, dh **nach den §§ 291, 293 ff.**, weil und sofern die fraglichen Vorschriften des AktG in erster Linie den Schutz der abhängigen deutschen Gesellschaft bezwecken (→ § 293 Rn. 5).[107]

37 Gegen die **Zulässigkeit** internationaler oder besser: grenzüberschreitender Beherrschungsverträge zwischen einer abhängigen deutschen Gesellschaft und einem herrschenden ausländischen Unternehmen werden unter unterschiedlichen Gesichtspunkten **Bedenken** erhoben.[108] Hervorzuheben sind zwei Punkte: Man befürchtet einmal eine weitgehende Aushöhlung der deutschen **Mitbestimmung** bei Zulässigkeit von Beherrschungsverträgen mit ausländischen herrschenden Unternehmen, weil diese in keinem Fall der deutschen Mitbestimmung unterliegen. Zum anderen werden Bedenken gegen die Zulässigkeit derartiger Beherrschungsverträge aus dem Umstand hergeleitet, dass die **Durchsetzung** des deutschen Konzernrechts gegen ausländische herrschende Unternehmen keineswegs gesichert erscheint, insbesondere bei Begründung eines ausländischen Gerichtsstandes.

37a Die angedeuteten Bedenken gegen die Zulässigkeit internationaler Beherrschungsverträge (→ Rn. 37) vermögen jedoch *nicht* zu überzeugen.[109] Ein **deutscher Gerichtsstand** für Klagen gegen ein ausländisches herrschendes Unternehmen wird sich in aller Regel aus den §§ 21–23 und 32 ZPO sowie insbesondere aus § 2 SpruchG ergeben.[110] Den übrigen gegen die Zulässigkeit von internationalen Beherrschungsverträgen vorgebrachten Einwänden steht im Rahmen der Europäischen Union bereits das **Diskriminierungsverbot** des Art. 18 AEUV entgegen.[111]

---

[104] Beispielsweise BGHZ 65, 15 = NJW 1976, 191 – ITT (ohne Begr.); insbes. BGH NZG 2005, 214 (215) (l. Sp. 1. Abs.) = ZIP 2005, 250 (251); OLG Schleswig NZG 2008, 868 = ZIP 2009, 124 = AG 2009, 374 – MobilCom; OLG Stuttgart AG 2013, 724 (725); LG München I AG 2011, 801 (802); MüKoAktG/Altmeppen Einl. §§ 291 ff. Rn. 36 ff.; Altmeppen NJW 2004, 97 (103); Bärwaldt/Schabacker AG 1998, 182 (186 f.); Einsele ZGR 1996, 40; Feddersen in U. Schneider, Beherrschungs- und Gewinnabführungsverträge, 127, 135 ff.; Hüffer/Koch Rn. 8, 13; Kindler FS Jayme, 2004, 409; Kort NZG 2009, 364 (368); Kronke ZGR 1989, 473; Koppensteiner, Internationale Unternehmen, 136, 170, 245 ff.; Luchterhand KonzernR 127 ff.; Großkomm-AktG/Mülbert Vor §§ 291 ff. Rn. 26; Renner ZGR 2014, 452; Selzner/Sustmann Konzern 2003, 85 (88 ff.).

[105] LG München I AG 2011, 801 (802); W. Bayer Beherrschungsvertrag 64; Bärwaldt/Schabacker AG 1998, 182 (186); Selzner/Sustmann Konzern 2003, 85 (95 f.).

[106] OLG Stuttgart AG 2013, 724 (725); Einsele ZGR 1996, 40 (49 f.).

[107] W. Bayer Beherrschungsvertrag 66, 71 ff.; KK-AktG/Koppensteiner Vor § 291 Rn. 188 ff.

[108] Bernstein/Koch ZHR 143 (1979), 522 (531 ff.); Däubler RabelsZ 39 (1975), 444; Duden ZHR 141 (1977), 145; Ebenroth, Die verdeckte Vermögenszuwendungen im transnationalen Unternehmen, 1979, 420 f.; M. Schubert Unternehmensmitbestimmung, 1984.

[109] S. mN Kort NZG 2009, 364 (368); GroßkommAktG/Mülbert Vor §§ 291 ff. Rn. 25; Selzner/Sustmann Konzern 2003, 85 (90 ff.); Wackerbarth Grenzen 435 ff.; ebenso ohne weiteres BGHZ 119, 1 = NJW 1992, 2760 = AG 1992, 450 – ASEA/BBC I, für einen Beherrschungsvertrag zwischen der deutschen Gesellschaft ASEA und der schweizerischen BBC; BGHZ 138, 136 = NJW 1998, 1866 = NZG 1998, 379 – ASEA/BBC II, für denselben Vertrag; OLG Düsseldorf NJW-RR 2007, 330 für Vertrag mit einer englischen Limited; OLG Schleswig NZG 2008, 868 = ZIP 2009, 124 = AG 2009, 374 – MobilCom, für Beherrschungsvertrag zwischen einer deutschen und einer französischen AG; LG München I AG 2011, 801 (802) für Vertrag mit einer holländischen Gesellschaft.

[110] Selzner/Sustmann Konzern 2003, 85 (94 f.).

[111] W. Bayer Beherrschungsvertrag 96 ff.; ders. ZGR 1993, 599 (612 f.); Bärwaldt/Schabacker AG 1998, 182 (184 ff.); Einsele ZGR 1996, 40 (47 f.); Feddersen in U. Schneider, Beherrschungs- und Gewinnabführungsverträge, 127, 138 ff.; KK-AktG/Koppensteiner Vor § 291 Rn. 194 f.; Selzner/Sustmann Konzern 2003, 85 (96); Wackerbarth Grenzen 435 ff.

8. Mehrstufige Unternehmensverbindungen. In mehrstufigen Unternehmensver- 38 bindungen, wie sie in der Praxis die Regel bilden,[112] sind Beherrschungsverträge **auf allen Stufen** möglich. In einer zweistufigen Unternehmensverbindung kann daher zB die Muttergesellschaft Beherrschungsverträge gleichermaßen mit der Tochter- wie mit der Enkelgesellschaft abschließen; ebenso ist es aber auch möglich, dass ein Beherrschungsvertrag allein zwischen der Tochter- und der Enkelgesellschaft oder nur zwischen der Mutter- und der Tochter- oder der Enkelgesellschaft abgeschlossen wird.[113] Vorstellbar ist außerdem, dass die Enkelgesellschaft gleichzeitig in vertragliche Beziehungen zur Mutter- *und* zur Tochtergesellschaft tritt. In diesem Fall muss, wie aus § 308 Abs. 2 S. 1 zu folgern ist, lediglich Sorge dafür getragen werden, dass einander *widersprechende Weisungen ausgeschlossen* sind.[114]

Die genannten Fallgestaltungen werfen eine Fülle von **Fragen** auf, weil die gesetzliche 39 Regelung durchgängig auf *einstufige* Unternehmensverbindungen zugeschnitten ist, sodass sie sich häufig nicht ohne Modifikationen auf mehrstufige Unternehmensverbindungen übertragen lässt. Auf diese Fragen soll immer erst im Zusammenhang mit der Erläuterung der betreffenden Vorschriften eingegangen werden. Das betrifft zunächst die Frage, **welche Hauptversammlungen** in mehrstufigen Unternehmensverbindungen etwaigen Unternehmensverträgen zwischen den verschiedenen Gliedern des Konzerns **zustimmen** müssen (→ § 293 Rn. 10–12b). Davon zu trennen ist die Frage, welche Auswirkungen der Abschluss von Beherrschungsverträgen auf einzelnen Stufen auf die Anwendbarkeit der **§§ 311–318** in denjenigen Unternehmensverbindungen hat, für die kein Beherrschungsvertrag vorliegt (→ § 311 Rn. 17–20).

Ebenso soll bei der Betrachtung der **Rechtsfolgen verfahren werden,** die das Gesetz 40 an den Abschluss von Unternehmensverträgen knüpft (vgl. insbesondere §§ 302 f. und 304 f.). Als besonders schwierig werden sich dabei die Fragen erweisen, die mit der Berechnung von **Ausgleich und Abfindung zusammenhängen,** da die §§ 304 und 305, von § 305 Abs. 2 Nr. 1 und 2 abgesehen, die besondere Problematik mehrstufiger Unternehmensverbindungen durchgängig ausblenden (→ § 304 Rn. 56–66; → § 305 Rn. 78–81).

9. GmbH. a) Überblick. Beherrschungsverträge können auch mit einer abhängigen 41 GmbH abgeschlossen werden, wie seit 2008 durch § 30 Abs. 1 S. 2 GmbHG idF des MoMiG (= § 291 Abs. 3 nF) klargestellt wird.[115] Nach wie vor enthält jedoch das GmbHG anders als das AktG keine speziellen Vorschriften über den Abschluss von Unternehmensverträgen im Allgemeinen und von Beherrschungsverträgen im Besonderen. Ebenso wenig geht es aber auch an, auf Unternehmensverträge mit einer abhängigen GmbH im Wege einer **Gesamtanalogie** ohne weiteres die auf die Besonderheiten der AG (sowie der KGaA) zugeschnittenen §§ 291 ff. anzuwenden. Dem stehen die bekannten **Strukturunterschiede** zwischen der AG und der GmbH entgegen, die gerade im vorliegenden Zusammenhang besonderes Gewicht erlangen (→ Vor § 291 Rn. 6 ff.).[116] Um dies zu erkennen, genügt es, sich zu vergegenwärtigen, dass die Problematik des Beherrschungsvertrags bei der *AG* nicht zuletzt auf der mit ihm verbundenen Durchbrechung des Prinzips der eigenverantwortlichen Leitung der Gesellschaft durch den Vorstand beruht (§ 76 Abs. 1; → Rn. 25 ff.), während bei der *GmbH* aus § 37 Abs. 1 GmbH allgemein der Schluss gezogen wird, dass die *Geschäftsführer* ohnehin grundsätzlich von den Weisungen der Gesellschafterversammlung als dem obersten Organ der Gesellschaft *abhängig* sind (§§ 45, 46 GmbHG). Anders als bei der AG (§ 23 Abs. 5) besteht außerdem bei der GmbH

---

[112] *Görling* AG 1993, 538 ff.
[113] BayObLGZ 1992, 367 (371 f.) = NJW 1993, 1804 = AG 1993, 177 (178) – BSW; LG Frankfurt AG 1999, 238 (239); zuletzt *Krieger* FS K. Schmidt, 2009, 999.
[114] Hölters/*Deilmann* Rn. 36; Spindler/Stilz/*Veil* Rn. 29 f.; anders *Pentz* Enkel-AG 172 ff., der solche Gestaltungen als unzulässig ansieht; wieder anders MüKoAktG/*Altmeppen* Rn. 106 ff.: Koordinierung nicht erforderlich.
[115] S. zu Folgenden ausf. insbes. Scholz/*Emmerich* GmbHG Anh. § 13 Rn. 134, 163 ff. mN; MüKoGmbHG/*Liebscher* Anh. § 13 Rn. 648 ff. (1286 ff.).
[116] Anders zB Grigoleit/*Servatius* Rn. 11; wie hier dagegen zB OLG Zweibrücken AG 2014, 630 = ZIP 2014, 1020.

im Innenverhältnis der Gesellschafter weitgehende *Vertragsfreiheit* (§ 45 GmbHG), sodass im Gesellschaftsvertrag auch einzelnen Gesellschaftern ein Weisungsrecht gegenüber den Geschäftsführern eingeräumt werden kann. Dies legt die Frage nahe, ob bei der GmbH die Ausübung von Konzernleitungsmacht (§§ 18 Abs. 1 S. 1, 308) überhaupt den Abschluss eines Beherrschungsvertrags erfordert.[117]

42 Für die **Entbehrlichkeit** eines Beherrschungsvertrages (→ Rn. 41) mag zwar bei der GmbH auf den ersten Blick § 45 GmbHG sprechen.[118] Gleichwohl sollte zum Schutze der anderen Gesellschafter und der Gläubiger daran festgehalten werden, dass auch bei der GmbH **nachteilige Weisungen** des herrschenden Unternehmens **allein unter** den Voraussetzungen und Kautelen eines **Beherrschungsvertrages** erlaubt sind. Wichtig ist dies vor allem wegen der deshalb nötigen Zustimmung der Gesellschafterversammlung zu dem Abschluss eines Beherrschungsvertrags (§§ 53, 54 GmbHG; § 33 BGB) sowie wegen des nur über die entsprechende Anwendung des § 302 möglichen umfassenden Gläubigerschutzes. Das gilt selbst dann, wenn formal das Weisungsrecht des herrschenden Unternehmens in den **Gesellschaftsvertrag** aufgenommen wird. Der Sache nach handelt es sich auch in diesem Fall bei der entsprechenden Bestimmung des Gesellschaftsvertrags um einen (mit dem Gesellschaftsvertrag nur formal verbundenen) Beherrschungsvertrag, sodass der Gesellschaftsvertrag *insoweit zugleich* die Voraussetzungen erfüllen muss, die für den Abschluss eines Beherrschungsvertrags mit einer abhängigen GmbH anerkannt sind und die weiter unten im Zusammenhang erörtert werden sollen (→ § 293 Rn. 39 ff.). Ohnehin sollte der in der Regel zeitlich befristete Beherrschungsvertrag grundsätzlich von dem gewöhnlich auf Dauer bestimmten Gesellschaftsvertrag getrennt werden.[119] Vor allem aber darf bei dieser Diskussion nicht übersehen werden, dass die geltende **Rechtsordnung** selbst an mehreren Stellen ausdrücklich von der Möglichkeit des Abschlusses von Beherrschungs- und Gewinnabführungsverträgen mit einer abhängigen GmbH ausgeht, so insbesondere in § 30 Abs. 1 S. 2 GmbHG von 2008 sowie in § 17 KStG. Damit sollte die Frage – eigentlich – entschieden sein.

43 Der Beherrschungsvertrag hat folglich bei der GmbH im Wesentlichen *dieselbe Funktion* wie bei der AG. Daher gilt für die GmbH nicht weniger als für die AG, dass in der Regel *allein* der Abschluss eines *Beherrschungsvertrags* die Befugnis zur **Ausübung einer umfassenden Leitungsmacht** des herrschenden Unternehmens gegenüber der abhängigen Gesellschaft vermittelt.[120] Daraus folgt zugleich, dass bei der GmbH nicht anders als bei der AG für den Abschluss von Beherrschungsverträgen zum Schutze der abhängigen Gesellschaft und der außenstehenden Gesellschafter sowie der Gläubiger besondere **Kautelen** zu beachten sind. Insoweit ist auf die Ausführungen zu § 293 und zu § 302 zu verweisen (→ § 293 Rn. 39 ff.; → § 302 Rn. 25 f.).

44 **b) Insbesondere fehlerhafte Verträge.** Das Problem fehlerhafter Unternehmensverträge spielt im GmbH-Konzernrecht eine ungleich *größere Rolle* als im Aktienkonzernrecht, vor allem wohl, weil das GmbH-Recht bisher kein Freigabeverfahren nach dem Vorbild des § 246a von 2005 kennt (str.). Es kommt hinzu, dass eine gesetzliche Regelung der Materie nach wie vor fehlt und dass obendrein die Wirksamkeitsvoraussetzungen von Beherrschungsverträgen mit einer GmbH erst in den letzten Jahren im Anschluss an den *Supermarktbeschluss* des BGH vom 24.10.1988 Schritt für Schritt geklärt wurden.[121] Die notwendige Folge war, dass sich auf einmal zahlreiche **Altverträge,** dh Verträge aus der Zeit vor Bekanntwerden des Supermarktbeschlusses Anfang des Jahres 1989, als nichtig

---

[117] Dazu *Bitter,* Konzernrechtliche Durchgriffshaftung, 326 ff.; Scholz/*Emmerich* GmbHG Anh. § 13 Rn. 134–138; Grigoleit/*Servatius* Rn. 11.
[118] So zB *Korff* GmbHR 2009, 243.
[119] Ebenso für den Gewinnabführungsvertrag öOGH NZG 1999, 1216; AG 2000, 331 (332) = EvBl. 1999 Nr. 200 = ÖJZ 1999, 846 = öRdW 1999, 597 = WiBl. 1999, 521.
[120] Ebenso BGHZ 105, 324 = NJW 1989, 295 – Supermarkt; UHW/*Casper* GmbHG Anh. § 77 Rn. 182 (1089); *Zöllner* ZGR 1992, 173 (186 f.); Baumbach/Hueck/*Zöllner* GmbHG Schlussanh. I Rn. 41 f.
[121] BGHZ 105, 324 = NJW 1989, 295 = AG 1989, 91.

erwiesen, weil sie nicht (mehr) den neuen verschärften Wirksamkeitsvoraussetzungen für Beherrschungsverträge mit einer GmbH aufgrund der Rechtsprechung des BGH entsprachen, sodass den Beteiligten aufgrund der jetzt anzunehmenden Nichtigkeit ihrer Organschafts- oder Gewinnabführungsverträge die Gefahr drohte, rückwirkend die Vorteile der gewerbe- und körperschaftsteuerlichen Organschaft zu verlieren (§§ 14, 17 KStG). Die dadurch ausgelösten **steuerrechtlichen Übergangsregelungen** für Altverträge liefen durchweg auf einen *vorübergehenden Bestandsschutz* für Altverträge bis zu ihrer Anpassung an die neuen, gesellschaftsrechtlichen Wirksamkeitsvoraussetzungen hinaus. Die **Übergangsfrist** endete jedoch endgültig am 31.12.1992. Seitdem richten sich die Voraussetzungen der körperschaftsteuerlichen Organschaft (wieder) allein nach den **§§ 14 und 17 KStG 1999** sowie nach den (vorrangigen) gesellschaftsrechtlichen Regeln (→ § 293 Rn. 39 ff.).

Fehlerhafte Unternehmensverträge werden im GmbH-Konzernrecht (nur) im Grundsatz 45 ebenso wie im Aktienkonzernrecht behandelt (→ Rn. 28 ff.).[122] Wegen der Einzelheiten kann deshalb auf die Ausführungen zu fehlerhaften Unternehmensverträgen mit einer AG verwiesen werden (→ Rn. 28 ff.). Hervorzuheben ist, dass die Rechtsprechung bei der GmbH die Regeln über fehlerhafte Gesellschaftsverträge auf vollzogene Beherrschungs- oder Gewinnabführungsverträge, bisher jedenfalls, selbst dann anwendet, wenn die **Eintragung** des Vertrags ins Handelsregister **unterblieben** ist.[123] Dem ist für die GmbH ebenso wenig wie für die AG zu folgen. Schon mit Rücksicht auf § 54 GmbHG kann auch bei einer GmbH *vor Eintragung* des Vertrags ins Handelsregister sinnvollerweise niemand auf den Bestand des Vertrages vertrauen, sodass bei der GmbH nicht anders als bei der AG (→ Rn. 29) in dieser Zeitspanne noch **kein Raum** für die Anwendung der Regeln über fehlerhafte Unternehmensverträge ist.[124] Für das **Fehlen des Zustimmungsbeschlusses** der Gesellschafter der abhängigen GmbH (§ 53 GmbHG) gilt – wiederum entgegen der bisherigen Rechtsprechung – im Ergebnis nichts anderes (→ Rn. 29 f.).

Für die **Beendigung** des durch den Vollzug des an sich unwirksamen Beherrschungs- 46 oder Gewinnabführungsvertrags entstandenen Zustandes sind grundsätzlich die Geschäftsführer zuständig (§ 37 GmbHG). Eine *Verpflichtung* dazu besteht jedenfalls dann, wenn die Minderheitsgesellschafter die nachträgliche Zustimmung zu dem Unternehmensvertrag verweigern und auch auf andere Weise eine Heilung des Mangels nicht mehr möglich ist.[125] Probleme ergeben sich daraus erst, wenn die Geschäftsführer, etwa aufgrund einer Weisung des herrschenden Unternehmens, gleichwohl untätig bleiben. Einen **Ausweg** weist hier zunächst § 50 GmbHG. Außerdem können die Minderheitsgesellschafter von dem herrschenden Unternehmen *Schadensersatz* durch Vertragsaufhebung verlangen, weil der von dem herrschenden Unternehmen durch den unwirksamen Vertrag geschaffene Zustand rechtswidrig ist und bleibt (§§ 249, 276, 280 Abs. 1 BGB). Schließlich kommt noch die Einräumung einer **Notzuständigkeit** zur Kündigung an die Minderheitsgesellschafter entsprechend § 744 Abs. 2 BGB in Betracht, sodass sie bei pflichtwidriger Untätigkeit der Geschäftsführer selbst die „Kündigung" des unwirksamen Unternehmensvertrags aussprechen können.[126]

II. Gewinnabführungsvertrag

Schrifttum: *Mülbert*, AG, Unternehmensgruppe und Kapitalmarkt, 2. Aufl. 1996, 166 ff.; *Sonnenschein*, Organschaft und Konzerngesellschaftsrecht, 1976; *Veil*, Unternehmensverträge, 2003, 99, 143, 260 ff.

---

[122] UHW/*Casper* GmbHG Anh. § 77 Rn. 195 ff.; Scholz/*Emmerich* GmbHG Anh. § 13 Rn. 163–169; MüKoGmbH/*Liebscher* Anh. § 13 Rn. 707 ff. (1303 ff.).
[123] BGHZ 116, 37 (39) = NJW 1995, 505 – Stromlieferungen/Hansa Feuerfest; BGH NJW 2002, 822 = AG 2002, 240.
[124] S. zB UHW/*Casper* GmbHG Anh. § 77 Rn. 195 ff.; KK-AktG/*Koppensteiner* § 297 Rn. 55; MüKoGmbH/*Liebscher* Anh. § 13 Rn. 712.
[125] Scholz/*Emmerich* GmbHG Anh. § 13 Rn. 168 f.
[126] Scholz/*Emmerich* GmbHG Anh. § 13 Rn. 168 f.

47 **1. Überblick.** Ein Gewinnabführungsvertrag ist nach § 291 Abs. 1 S. 1 ein Vertrag, durch den sich eine AG oder KGaA verpflichtet, „ihren ganzen Gewinn" an ein anderes Unternehmen abzuführen. Gleich steht nach S. 2 der Vorschrift der Geschäftsführungsvertrag, durch den es eine AG oder KGaA übernimmt, ihr Unternehmen „für Rechnung" eines anderen Unternehmens zu führen (→ Rn. 67 ff.). Die Bedeutung des Gewinnabführungsvertrages liegt vornehmlich auf **steuerlichem Gebiet,** da er, wenn er mindestens auf fünf Jahre abgeschlossen ist *und* während dieser Zeit auch durchgeführt wird, nach § 14 KStG die Grundlage der körperschaft- und gewerbesteuerlichen Organschaft bildet (→ Rn. 51a f.). Gewinnabführungsverträge erleichtern ferner die Durchführung sog. Cash-pooling-Systeme in Konzernen (§ 57 Abs. 1 S. 3; → Rn. 59 ff.).

48 Von dem Gewinnabführungsvertrag ist der **Teilgewinnabführungsvertrag** zu unterscheiden, den das Gesetz in § 292 Abs. 1 Nr. 2 als einen Vertrag definiert, durch den sich eine AG oder KGaA verpflichtet, lediglich einen *Teil ihres Gewinnes* oder (nur) den Gewinn *einzelner* (nicht aller) ihrer *Betriebe* ganz oder teilweise an einen anderen abzuführen. Ein derartiger Vertrag ist in der Regel auch dann nicht als Gewinnabführungsvertrag iSd § 291 Abs. 1 S. 1 zu behandeln, wenn er der Sache nach auf die Abführung (fast) des gesamten Gewinns der Gesellschaft hinausläuft, da der Teilgewinnabführungsvertrag vom Gesetz als Austauschvertrag konzipiert ist, sodass seine Wirksamkeit grundsätzlich voraussetzt, dass die Gesellschaft eine angemessene *Gegenleistung* erhält (→ § 292 Rn. 24, 27, 60 ff.).

49 Die **Regelung** des Gewinnabführungsvertrages im AktG folgt in ihren Grundzügen derjenigen des Beherrschungsvertrages, sodass wegen der meisten Einzelheiten auf die Ausführungen zum Beherrschungsvertrag verwiesen werden kann (→ Rn. 4 ff.). Ein bedeutsamer Unterschied besteht lediglich insofern, als der Gewinnabführungsvertrag im Gegensatz zum Beherrschungsvertrag **kein Weisungsrecht** des herrschenden Unternehmens begründet, und zwar auch nicht hinsichtlich der Bildung von Rücklagen oder der Ausübung bilanzpolitischer Wahlrechte (§ 308).[127] Die Parteien können jedoch über diese Fragen besondere Abreden im Gewinnabführungsvertrag treffen (§ 301), bei deren Verletzung sich die abhängige oder genauer: verpflichtete Gesellschaft schadensersatzpflichtig macht (§ 280 Abs. 1 BGB; → Rn. 52, 53, 65). An die Stelle der §§ 308–310 tritt, wenn der Gewinnabführungsvertrag als sog. *isolierter* nicht mit einem Beherrschungsvertrag verbunden ist, die Regelung (nur) der §§ 311 und 317 (§ 316; → Rn. 61; → § 316 Rn. 10).

50 **Sondervorschriften** für Gewinnabführungsverträge finden sich außer in § 316 vor allem noch in den §§ 57 Abs. 1 S. 3, 71a Abs. 1 S. 3, 300 Nr. 1, 301 und 324 Abs. 2. Der Abschluss eines Gewinnabführungsvertrages hat außerdem zur Folge, dass die Vertragsparteien verbundene Unternehmen iSd **§ 15** sind. Der Gewinnabführungsvertrag setzt jedoch keine Abhängigkeit voraus und begründet auch für sich allein noch **keine Abhängigkeit,** sodass sich an seinen Abschluss insbesondere nicht die unwiderlegliche Konzernvermutung des § 18 Abs. 1 S. 2 knüpft. Tatsächlich kommen Gewinnabführungsverträge indessen wohl ausschließlich in Abhängigkeitsverhältnissen vor, sodass ihr Abschluss jedenfalls ein deutliches **Indiz** für das Vorliegen von Abhängigkeit ist (→ § 17 Rn. 22a). Kommt eine qualifizierte Minderheitsbeteiligung oder eine Mehrheitsbeteiligung hinzu, so dürfte außerdem die **Konzernvermutung** des § 18 Abs. 1 S. 3 in der Regel nicht zu widerlegen sein (→ § 18 Rn. 23 f.).

51 Der **Anwendungsbereich** der aktienrechtlichen Vorschriften über den Gewinnabführungsvertrag beschränkt sich auf Verträge, an denen eine AG oder KGaA mit Sitz im *Inland* als abhängiges, genauer: als gewinnabführendes, dh verpflichtetes Unternehmen beteiligt ist. Herrschendes oder besser: berechtigtes Unternehmen kann dagegen ein in- oder ausländisches Unternehmen beliebiger Rechtsform sein, nicht dagegen eine Privatperson (→ Rn. 8 ff.). Tatsächlich beschränkt sich jedoch der Anwendungsbereich der Vorschriften über Gewinnabführungsverträge im Wesentlichen auf **Verträge zwischen Unternehmen**

---

[127] Hölters/*Deilmann* Rn. 52; K. Schmidt/Lutter/*Langenbucher* Rn. 60; anders *R. Veil* Unternehmensverträge 260 ff.; Spindler/Stilz/*Veil* Rn. 39.

mit Sitz im Inland, dies deshalb, weil Organschaftsverhältnisse über die Grenze hinweg bisher nur in engen Grenzen steuerrechtlich anerkannt werden (→ Rn. 51b).

2. Steuerrecht. Das Steuerrecht ist an sich nicht Gegenstand der vorliegenden Kommentierung. Gleichwohl nötigt der Umstand, dass die Bedeutung des Gewinnabführungsvertrages überwiegend auf steuerlichem Gebiet liegt, zu einem kurzen Ausblick auf das Steuerrecht:[128] Nach den **§§ 14 und 17 KStG** idF des Änderungsgesetzes von 2013 (BGBl. I 285) sowie nach **§ 2 Abs. 2 S. 2 GewStG** ist der Abschluss eines Gewinnabführungsvertrages iSd § 291 eine der Voraussetzungen für die steuerliche Anerkennung der Organschaft mit einer abhängigen deutschen AG oder GmbH, während das Umsatzsteuerrecht die Voraussetzungen der Organschaft ohne Bezugnahme auf § 291 selbstständig regelt (§ 2 Abs. 2 Nr. 2 UStG). Die Folge ist, dass die steuerliche Organschaft nur anerkannt wird, wenn der Gewinnabführungsvertrag *nach Gesellschaftsrecht wirksam ist* und auch bei der Durchführung des Vertrages genau die gesellschaftsrechtlichen Vorgaben beachtet werden. Geschieht dies nicht, so wird die Organschaft verworfen (sog. **„verunglückte Organschaft"**) – mit der Folge, dass fortan schon abgeführte Gewinne als verdeckte Gewinnausschüttungen behandelt werden. Ergänzend ist noch auf die Ausführungen zu § 301 zu verweisen (→ § 301 Rn. 7 f.).

Hinzu treten nach § 14 KStG idF von 2013 mehrere **steuerliche Voraussetzungen,** die aus demselben Grund gleichfalls genau beachtet werden müssen. Die wichtigste ist, dass der Gewinnabführungsvertrag fest **auf mindestens fünf Jahre abgeschlossen und** während seiner gesamten Geltungsdauer auch tatsächlich **durchgeführt** werden muss (§ 14 Abs. 1 S. 1 Nr. 3 S. 1 KStG). Durch diese Regelung soll sonst naheliegenden Gewinnmanipulationen durch kurzfristigen Abschluss oder ebenso kurzfristige Beendigung von Gewinnabführungsverträgen je nach der Ertragslage der verbundenen Unternehmen vorgebeugt werden.[129] Eine vorherige Beendigung des Vertrages ist nur im Wege einer Kündigung aus wichtigem Grunde nach § 297 steuerunschädlich (§ 14 Abs. 1 S. 2 KStG; → § 297 Rn. 14 ff.). Mit „Jahren" sind dabei **Zeitjahre** gemeint, sodass der Vertrag tatsächlich volle fünf Jahre (= 60 volle Monate) laufen muss, um anerkannt zu werden.[130] Dieses Erfordernis wird *ganz streng* gehandhabt; bereits das Fehlen eines einzigen Tages an der festen Laufzeit von fünf Jahren ist steuerschädlich, und zwar selbst dann, wenn die Ursache ein bloßer Schreibfehler ist.[131] Bei der **GmbH** kommen noch die besonderen Voraussetzungen des **§ 17 S. 2 KStG** hinzu, die von den Gerichten – trotz nahezu einhelliger Kritik des Schrifttums – gleichfalls überaus restriktiv gehandhabt werden, sodass insbesondere jede Einschränkung der Verlustübernahme gegenüber § 302 und ebenso jede Einschränkung der Gewinnabführung entgegen den §§ 291 und 301 bereits als steuerschädlich gelten.[132]

Weitere steuerliche Voraussetzung war bis 2012 nach § 14 Abs. 1 S. 1 Hs. 1 KStG aF, dass die Organgesellschaft eine Kapitalgesellschaft mit Sitz *und* Verwaltung im Inland war (sog. **doppelter Inlandsbezug**), während Verträge mit ausländischen Organträgern nur unter den weiteren Voraussetzungen des früheren § 18 KStG – Abschluss des Vertrages mit einer inländischen Zweigniederlassung – anerkannt werden. Gewinnabführungsverträge **über die Grenze hinweg** waren deshalb bis vor kurzem praktisch unmöglich. Wegen der Bedenken der Kommission gegen die Vereinbarkeit dieser Regelung mit dem Unionsrecht wurde der doppelte Inlandsbezug jedoch 2013 gestrichen (§ 14 Abs. 1 S. 1 nF).

Die Bundesregierung hatte eine Zeitlang eine große **Reform** des Rechts der steuerlichen Organschaft durch den Übergang zu sog. Gruppenbesteuerung geplant,[133] ist davon aber

---

[128] Wegen aller Einzelheiten s. zB *Prinz/Witt,* Steuerliche Organschaft, 2015.
[129] BFHE 244, 277 = AG 2014, 369 Rn. 12 = NZG 2014, 558; *C. Schäfer* GmbHR 2011, 806 ff.; ausf. zu den steuerrechtlichen Anforderungen an die Durchführung des Gewinnabführungsvertrages *Baldamus* Ubg 2009, 484.
[130] Beispielsweise BFH AG 2011, 417.
[131] BFH GmbHR 2013, 602.
[132] Beispielsweise BFHE 242, 139 = AG 2013, 924 Rn. 23 ff.; BFH AG 2011, 296; NZG 2010, 1158; sehr str, s. mN *Kutsch* GmbHR 2010, 953.
[133] 7. Aufl. Rn. 51d.

schließlich wegen der befürchteten hohen Steuerausfälle wieder abgekommen. Durch das **Änderungsgesetz von 2013** (BGBl. I 385) wurden deshalb lediglich in § 14 KStG einige Zweifelsfragen geklärt, zugleich aber, insbesondere durch die Änderung der Nrn. 3 und 5 des § 14 Abs. 1 KStG zahlreiche neue verwickelte Fragen aufgeworfen, die von einer Erklärung noch weit entfernt sind. Insoweit ist auf das steuerrechtliche Schrifttum zu verweisen.[134]

52 **3. Rechtsnatur.** Der Gewinnabführungsvertrag vereinigt in sich ebenso wie der Beherrschungsvertrag gleichermaßen gesellschaftsrechtliche wie schuldrechtliche Elemente. Er ist deshalb einerseits (in Verbindung mit dem Zustimmungsbeschluss mit qualifizierter Mehrheit aufgrund des § 293 Abs. 1) **Organisationsvertrag,** weil er durch die Aufhebung der Kapitalbindung (§ 57 Abs. 1 S. 3 nF), durch die Beseitigung des Gewinnbezugsrechts der Aktionäre (§ 58 Abs. 4) sowie durch den Ausschluss des Rechts der Aktionäre zur Entscheidung über die Verwendung des Bilanzgewinnes (§§ 119 Abs. 1 Nr. 2, 174 Abs. 1 S. 1) schwerwiegend in die Finanzverfassung der Gesellschaft eingreift und damit ihre Struktur grundlegend ändert (→ Rn. 25 ff.).[135] Er ist andererseits aber auch **Schuldvertrag** (→ Rn. 27), da er weitreichende schuldrechtliche Verpflichtungen beider Parteien zur Folge hat, auf der einen Seite die Verpflichtung zur Gewinnabführung (§ 291 Abs. 1 S. 1) und auf der anderen Seite die Verpflichtungen zum Ausgleich der Verluste (§ 302) sowie zur Erbringung von Ausgleichs- und Abfindungsleistungen an die außenstehenden Aktionäre aufgrund der §§ 304 und 305. Der Vertrag begründet infolgedessen zwischen den Parteien ein **Dauerschuldverhältnis,** das ggf. aus wichtigem Grunde gekündigt werden kann (§ 314 BGB; § 297 AktG; → § 297 Rn. 15 ff.).[136] Außerdem können Vertragsverletzungen, zB bei der Ausübung von Bilanzwahlrechten (→ Rn. 65), die abhängige (verpflichtete) Gesellschaft gegenüber dem anderen Vertragsteil **schadensersatzpflichtig** machen (§§ 276, 280 Abs. 1, 249, 252 BGB; → Rn. 49, 65).[137] Von Fall zu Fall kann außerdem hier **§ 426 BGB** angewandt werden; jedoch spielen sog. auf § 426 BGB gestützte **Steuerumlagen** (zum Ausgleich einer zusätzlichen Steuerbelastung des Organträgers aufgrund der Organschaft) neben der Gewinnabführung aufgrund des Gewinnabführungsvertrages praktisch keine Rolle (→ Rn. 27).[138] Für die Behandlung **fehlerhafter Gewinnabführungsverträge** gilt schließlich dasselbe wie bei den Beherrschungsverträgen (→ Rn. 28 ff.).

53 Der gesellschaftsrechtliche **Mindestinhalt** eines Gewinnabführungsvertrages ergibt sich aus den §§ 291 Abs. 1 S. 1 und 304 Abs. 3 S. 1. Verbreitet sind aber, schon aus steuerlichen Gründen (§§ 14 ff. KStG), **zusätzliche Abreden.** Als Beispiel hebt das Gesetz selbst in § 301 Vereinbarungen über die Berechnung des abzuführenden Gewinns hervor (→ Rn. 45, 52, 64 ff.). Nicht erforderlich ist dagegen, dass der Vertrag in der Vertragsurkunde (§ 293 Abs. 3) ausdrücklich als Gewinnabführungsvertrag bezeichnet wird; entscheidend ist vielmehr allein der sachliche Inhalt des Vertrages (§§ 133, 157 BGB; → Rn. 17, 48).[139]

54 **4. Rückwirkung.** Anders als bei dem Beherrschungsvertrag (→ Rn. 15) ist bei dem Gewinnabführungsvertrag ein rückwirkender Abschluss grundsätzlich *zulässig*.[140] **Umstrit-**

---

[134] Dazu zB *Burwitz* NZG 2013, 533; *Forst/Suchanek/Martini* GmbHR 2015, 408; *N. Schneider/U. Sommer* GmbHR 2013, 22; *N. Schneider/St. Schmitz* GmbHR 2013, 281; *Stangl/Winter,* Organschaft 2013/2014, 2014.
[135] K. Schmidt/Lutter/*Langenbucher* Rn. 51; ausf. *R. Veil* Unternehmensverträge 99, 184, 200, 260 ff.; Spindler/Stilz/*Veil* Rn. 33.
[136] öOGH NZG 1999, 1216; AG 2000, 331 = WiBl. 1999, 521 = öRdW 1999, 597 = EvBl. 1999 Nr. 200 = ÖJZ 1999, 846.
[137] OLG Frankfurt NZG 2000, 603 (604 f.); Hüffer/*Koch* Rn. 26.
[138] *St. Simon* ZGR 2007, 71 (82, 102 ff.).
[139] MüKoAktG/*Altmeppen* Rn. 161; Hüffer/*Koch* Rn. 23.
[140] BGHZ 122, 211 (223 f.) = NJW 1993, 1976 = AG 1993, 422 – SSI; BGHZ 155, 110 (116) = NJW-RR 2003, 1541 = AG 2003, 629 – Philips I; BGH ZIP 2003, 1933 (1935) – Philips II; OLG Düsseldorf AG 1996, 473 (474) – Citicorp; OLG Karlsruhe AG 2001, 536 (537); Hölters/*Deilmann* Rn. 57; K. Schmidt/Lutter/*Langenbucher* Rn. 54; *Schaber/Hertstein* Konzern 2004, 6; ebenso für Vertragsänderungen OLG Frankfurt AG 2005, 353 – AEG/DB.

ten ist jedoch, für welchen **Zeitraum** eine Rückwirkung in Betracht kommt.[141] Unstreitig ist nur, dass eine Rückwirkung für das bei Vertragsabschluss **laufende Geschäftsjahr** zulässig ist. Noch offen ist dagegen, ob auch für **frühere Geschäftsjahre** eine Rückwirkung vereinbart werden kann, entweder, solange kein Gewinnverwendungsbeschluss gefasst ist, durch den die Aktionäre einen unentziehbaren Anspruch auf die Dividendenzahlung erwerben,[142] oder doch zumindest für das bereits abgelaufene Geschäftsjahr, vorausgesetzt, dass der Jahresabschluss noch nicht festgestellt ist.[143] Eine noch weitergehende Rückwirkung wird nur zugelassen, wenn zugleich alle Aktionäre auf ihre bereits erworbenen Ansprüche auf Auszahlung der Dividende aufgrund des Gewinnverwendungsbeschlusses ausdrücklich verzichten.[144]

55 Die Frage hat eine steuerrechtliche und eine gesellschaftsrechtliche Seite. Aus dem Blickwinkel des **Gesellschaftsrechts** hängt die Entscheidung über die Zulässigkeit einer weitergehenden Rückwirkung als für das laufende Geschäftsjahr und insbesondere für Geschäftsjahre, für die bereits ein Gewinnverwendungsbeschluss gefasst wurde, vor allem davon ab, ob man auch eine *rückwirkende Abfindung* für zulässig hält. Im Schrifttum wird die Frage zum Teil bejaht[145] und daraus die Zulässigkeit einer Rückwirkung des Vertrags auch über das laufende Geschäftsjahr hinaus gefolgert, ggf., soweit erforderlich, freilich nur bei Zustimmung aller Aktionäre (→ Rn. 54). Das ist indessen, schon wegen der großen Berechnungsschwierigkeiten, durchaus zweifelhaft. Die besseren Gründe sprechen daher nach wie vor dafür, die Rückwirkung grundsätzlich auf das laufende Geschäftsjahr zu beschränken.

55a **Steuerrechtlich** ist dagegen seit dem Veranlagungszeitraum 2003 die Vorschrift des § 14 Abs. 1 S. 2 KStG maßgebend, nach dem das Einkommen der Organgesellschaft dem Organträger erstmals für dasjenige Kalenderjahr zuzurechnen ist, in dem das Wirtschaftsjahr der Organgesellschaft endet, in welchem der Gewinnabführungsvertrag wirksam wird. Dies bedeutet, dass die Eintragung des Gewinnabführungsvertrags ins Handelsregister nach § 294 bis zum Ende des Wirtschaftsjahres herbeigeführt werden muss, für das die Organschaftsfolgen erstmals eintreten sollen. Bei einer Eintragung des Vertrages ins Handelsregister erst im nächsten Wirtschaftsjahr gelten für die vorausgehenden Veranlagungszeiträume (Wirtschaftsjahre) steuerrechtlich Gewinnabführungen als verdeckte Gewinnausschüttungen und Verlustübernahmen als verdeckte Einlagen.[146]

56 **5. Gemeinschaftsunternehmen.** Gewinnabführungsverträge können **auch mit mehreren Unternehmen** abgeschlossen werden, jedenfalls bei Gründung eines Gemeinschaftsunternehmens (→ § 17 Rn. 28 ff.).[147] Gesellschaftsrechtlich sind in diesem Fall an sich ohne Rücksicht auf die Abreden der Parteien immer die **Mütter** als die eigentlichen **Vertragspartner** anzusehen, sodass auch nur diese die Pflichten aus den §§ 302 f. und 304 f. gesamtschuldnerisch treffen und nicht etwa eine zwischen die Mütter und das Gemeinschaftsunternehmen zur Bildung des gemeinsamen Willens eingeschobene BGB-Gesellschaft. Dieser Sichtweise hatte sich 1998 zwar auch der BFH für das **Steuerrecht** unter Aufgabe seines früheren abweichenden Standpunkts angeschlossen.[148] Der BFH war damit jedoch auf den Widerspruch der Finanzverwaltung gestoßen,[149] die sich die Möglichkeit zu einer abweichenden Regelung des Fragenkreises offenhalten wollte. Diese findet sich jetzt in § 14 Abs. 1 S. 1 Nr. 2 S. 2 und 3 KStG. Als Organträger kommt danach steuerrechtlich nur noch eine

---

[141] Zum Meinungsstand *Schaber/Hertstein* Konzern 2004, 6.
[142] OLG Frankfurt GmbHR 1996, 859; *Grewe* DStR 1997, 745 f.; GroßkommAktG/*Mülbert* Rn. 145; *Schaber/Hertstein* Konzern 2004, 6; dagegen OLG Hamburg AG 1991, 23.
[143] LG Kassel NJW-RR 1996, 1510 = AG 1997, 239; MHdB AG/*Krieger* § 71 Rn. 11a; krit. dazu *Schaber/Hertstein* Konzern 2004, 6.
[144] GroßkommAktG/*Mülbert* Rn. 159 f.
[145] GroßkommAktG/*Mülbert* Rn. 156; K. Schmidt/Lutter/*Langenbucher* Rn. 54.
[146] S. iE *Rödder/A. Schumacher* DStR 2003, 805 (806).
[147] GroßkommAktG/*Mülbert* Rn. 161; gegen die Zulässigkeit in anderen Fällen *Pentz* Enkel-AG 172 ff.
[148] BFHE 185, 504 (507 ff.) = BStBl. 1998 II 447; BFHE 189, 518 (521 ff.) = AG 2000, 181 (182).
[149] Nichtanwendungserlass des BFM, Schreiben vom 20.11.2000, BStBl. I 1571; berechtigte Kritik bei *Raupach* FS Kruse, 2001, 251 (258 ff.).

Personengesellschaft in Betracht, die selbst gewerblich tätig ist, wobei es genügt, dass der Organträger die fragliche Voraussetzung erst im Laufe des Wirtschaftsjahres erfüllt.[150]

57 **6. Vertrag zugunsten Dritter.** In mehrstufigen Unternehmensverbindungen wird gelegentlich an Stelle eines direkten Gewinnabführungsvertrages zwischen der Enkel- und der Muttergesellschaft ein Gewinnabführungsvertrag zwischen der Enkel- und der *Tochtergesellschaft zugunsten der Muttergesellschaft* vereinbart (§ 328 BGB). Die **Zulässigkeit** solcher Verträge ist umstritten. Soweit sie bejaht wird, ist dafür vor allem die Überlegung maßgebend, für den erforderlichen Schutz der Aktionäre und Gläubiger sorgten hier auf sämtlichen Stufen des Konzerns bereits die §§ 302 f., 304 f. und 311 ff. in ausreichendem Maße.[151]

58 Indessen ist nicht zu übersehen, dass das Gesetz in **§ 302** offenkundig davon ausgeht, dass derjenige, der aufgrund des Vertrages den Gewinn bezieht, zugleich zum Verlustausgleich verpflichtet sein soll. Gewinnbezugsrecht und Verlustausgleichspflicht müssen sich folglich entsprechen, sodass Gewinnabführungsverträge zu Gunsten eines Dritten nur zugelassen werden können, wenn dieser **Dritte** zusätzlich zu dem Vertragspartner, in dem Beispielsfall also die Muttergesellschaft *neben* der Tochtergesellschaft, die **Verpflichtungen** aus den §§ 302 und 303 durch Vertrag mit der verpflichteten Gesellschaft (der Enkelgesellschaft) übernimmt.[152]

59 **7. Isolierte Gewinnabführungsverträge.** Gewinnabführungsverträge werden (oder wurden doch bisher) in der Mehrzahl der Fälle mit Beherrschungsverträgen zu sog. **Organschaftsverträgen** verbunden.[153] Beide Verträge stellen dann – trotz ihrer gedanklichen Trennung durch § 291 Abs. 1 S. 1 – rechtlich gesehen eine **Einheit** dar, sodass eine Kündigung allein des Gewinnabführungs- *oder* des Beherrschungsvertragsteils nach § 297 (als bloße Teilkündigung) grundsätzlich nicht möglich ist.[154]

60 Daneben gibt es freilich durchaus auch isolierte Gewinnabführungsverträge, die *nicht* mit einem Beherrschungsvertrag verbunden sind. Ihre Zahl nimmt sogar in letzter Zeit spürbar zu, seitdem steuerrechtlich gemäß § 14 KStG nF die wirtschaftliche und organisatorische Eingliederung der Organgesellschaft in den Organträger (die immer bei Abschluss eines Beherrschungsvertrags vorlag) *keine* Voraussetzung der körperschaftsteuerlichen und der gewerbesteuerlichen Organschaft mehr ist, sodass heute in den meisten Fällen der bloße Abschluss eines Gewinnabführungsvertrages als Voraussetzung der Organschaft genügt (zur GmbH → Rn. 66).[155]

61 Die Zulässigkeit derartiger isolierter Gewinnabführungsverträge war **früher umstritten.** Soweit sie verneint wurde, stand die Überlegung im Vordergrund, ohne gleichzeitigen Abschluss eines Beherrschungsvertrages verstoße die Veranlassung der abhängigen Gesellschaft zur Abführung ihres gesamten Gewinns gegen § 311 und sei deshalb verboten (§ 317 Abs. 1).[156] Diese Meinung war indessen nicht haltbar, da das AktG (§§ 300 Nr. 1 und 3, 316, 324 Abs. 2) ebenso wie das KStG (§§ 14, 17) unbestreitbar von der grundsätzlichen **Zulässigkeit** isolierter Gewinnabführungsverträge ausgeht, sodass dem § 291 Abs. 1 S. 1 insoweit wohl der Vorrang vor § 311 zugebilligt werden muss.[157] Auch für derartige isolierte Gewinnabführungsverträge gelten aber die Schutzvorschriften der §§ 302 f. und 304 f.

---

[150] BFHE 242, 139 Rn. 15 ff. = AG 2013, 924.
[151] Hölters/*Deilmann* Rn. 49; KK-AktG/*Koppensteiner* Rn. 96; MHdB AG/*Krieger* § 71 Rn. 5; K. Schmidt/Lutter/*Langenbucher* Rn. 56; GroßkommAktG/*Mülbert* Rn. 164 ff.; Spindler/Stilz/*Veil* Rn. 44; aA Hüffer/*Koch* Rn. 25; *A. Pentz* Enkel-AG 178 ff.; *E. Rehbinder* ZGR 1977, 581 (628); *Sonnenschein* AG 1976, 147 ff.; vermittelnd MüKoAktG/*Altmeppen* Rn. 154–158.
[152] S. Grigoleit/*Servatius* Rn. 63.
[153] Zahlen bei *Bayer/Hoffmann* AG-Report 2006, R 488 f.
[154] OLG Karlsruhe AG 2001, 536 (537) = GmbHR 2001, 523; anders *Cahn/Simon* Konzern 2003, 1.
[155] Ausf. *Cahn/St. Simon* Konzern 2003, 1 ff.; Hölters/*Deilmann* Rn. 43; *St. Simon* ZGR 2007, 71.
[156] *Ebenroth* Vermögenszuwendungen 402 f.; *Kort*, Beherrschungs- und Gewinnabführungsverträge, 83 ff.; *Sonnenschein* Organschaft 379 f.; *ders.* AG 1976, 147 f.; *van Venrooy* BB 1986, 612.
[157] OLG Karlsruhe AG 2001, 536 (537); *Altmeppen* NZG 2010, 361 (365 ff.); Hölters/*Deilmann* Rn. 56; MüKoAktG/*Altmeppen* Rn. 148–150; *Cahn/St. Simon* Konzern 2003, 1 (2 ff.); Hüffer/*Koch* Rn. 24; MHdB AG/*Krieger* § 71 Rn. 2; K. Schmidt/Lutter/*Langenbucher* Rn. 53; *H.-P. Müller* FS Goerdeler, 1987, 375 (382 ff.); GroßkommAktG/*Mülbert* Rn. 152 f.; *St. Simon* ZGR 2007, 71 (102); Spindler/Stilz/*Veil* Rn. 42; ebenso für die GmbH LG Kassel NJW-RR 1996, 1510 = AG 1997, 239.

Unberührt bleibt in Abhängigkeitsverhältnissen die Anwendbarkeit der §§ 311 und 317 **61a** iVm § 316 (→ § 316 Rn. 10), wichtig vor allem wegen der Aufhebung der Kapitalbindung bereits bei Abschluss eines *isolierten* Gewinnabführungsvertrages durch § 57 Abs. 1 S. 3 nF, wodurch (unter anderem) die weitere Praktizierung von Cash-Pooling-Systemen in Konzernen erleichtert werden sollte (→ Rn. 74 ff., 77). Gerade in derartigen Systemen verlangt der Schutz der abhängigen Gesellschaft die weitere Anwendung der §§ 311 und 317, vornehmlich bei der Kontrolle der Werthaltigkeit des Verlustausgleichsanspruchs der abhängigen Gesellschaft gegen das herrschende Unternehmen aufgrund des § 302.[158] Die §§ 311 und 317 erlangen außerdem zB Bedeutung, wenn das herrschende Unternehmen von seinem Einfluss mit dem Ziel Gebrauch macht, die abhängige Gesellschaft zur Abführung eines *überhöhten,* dh mit dem Gesetz (§§ 300 Nr. 1 und 301) und den Grundsätzen ordnungsmäßiger Buchführung nicht mehr zu vereinbarenden Gewinns zu veranlassen.[159]

8. Verlustdeckungszusage. Bei Gewinnabführungsverträgen handelt es sich mit Rück- **62** sicht auf § 302 der Sache nach um *Ergebnisübernahmeverträge,* weil der Verpflichtung der abhängigen Gesellschaft zur Abführung ihres gesamten Gewinns (§ 291 Abs. 1 S. 1) die Verpflichtung des herrschenden Unternehmens zur Übernahme der Verluste der abhängigen Gesellschaft entspricht. Dies hat Anlass zu der Frage gegeben, ob auch reine oder isolierte **Verlustdeckungszusagen,** wie sie in Konzernen gelegentlich sowohl zur Vermeidung der Insolvenzantragspflicht überschuldeter Töchter als auch umgekehrt zur Sicherung der Kreditwürdigkeit der Mutter vorkommen, den Regeln über Gewinnabführungsverträge zu unterstellen sind. Im Einzelnen unterscheidet man vertragliche Regelungen durch **Verlustübernahmeverträge** und einseitige **Verlustdeckungszusagen** insbesondere von Muttergesellschaften, aus denen sich freilich nach § 311 Abs. 1 BGB Ansprüche der begünstigten Tochtergesellschaften ebenso wie Ansprüche Dritter letztlich ebenfalls nur auf vertraglicher Grundlage, etwa vergleichbar der Situation bei Patronatserklärungen gegenüber der Allgemeinheit, ergeben können (§ 151 BGB, → § 302 Rn. 9 f.).

Eine reine Verlustübernahme, nach der gesetzlichen Regelung (§ 302) die bloße *Folge* **63** der Gewinnabführung, kann indessen *nicht* mit der Abführung des ganzen Gewinns einer AG *verglichen* werden. Jedenfalls auf die **Verlustdeckungszusage einer Mutter** zugunsten ihrer Tochter finden daher die *§§ 291 und 293* keine Anwendung (str.; → Rn. 63a). Für das herrschende Unternehmen hat dies den Vorteil, dass sein Vorstand eine Verlustdeckungszusage für Tochtergesellschaften *ohne* Mitwirkung seiner Hauptversammlung abgeben kann (§§ 76, 78, 82 Abs. 1).[160] Derartige Zusagen einer Mutter stellen auch keine Schenkung dar; es handelt sich bei ihnen vielmehr um nicht geregelte gesellschaftsrechtliche Erklärungen.[161] Ebenso wenig ist Raum für die Anwendung des § 316 auf bloße Verlustdeckungszusagen, sodass es in Abhängigkeitsbeziehungen bei der Verpflichtung der abhängigen Gesellschaft zur Erstattung eines **Abhängigkeitsberichts** verbleibt, dessen Vermeidung wohl häufig mit derartigen Konstruktionen bezweckt wird.[162]

Die Einzelheiten sind umstritten und noch nicht endgültig geklärt. Im Schrifttum wird **63a** gelegentlich wegen der unverkennbaren Gefahren, die mit unbegrenzten Verlustdeckungszusagen in Konzernen verbunden sind, bei derartigen Zusagen einer **Tochtergesellschaft** (zugunsten anderer Konzernunternehmen) eine Analogie zu § 292 Abs. 1 Nr. 2 (→ § 292 Rn. 27a) und bei Zusagen von **Müttern** eine Analogie zu § 293 Abs. 2 befürwortet.[163] Dasselbe müsste dann freilich auch für umfassende Bürgschaften von Muttergesellschaften

---

[158] *Altmeppen* NZG 2010, 361 (367) mN.
[159] MüKoAktG/*Altmeppen* Rn. 149; Hüffer/*Koch* Rn. 24.
[160] OLG Celle AG 1984, 266 (268) = WM 1984, 494 – Pelikan AG; MüKoAktG/*Altmeppen* Rn. 169; Hölters/*Deilmann* Rn. 51; Hüffer/*Koch* Rn. 28; KK-AktG/*Koppensteiner* Rn. 80; MHdB AG/*Krieger* § 72 Rn. 3; *K. Schmidt* FS Werner, 1984, 777.
[161] BGH AG 2006, 548 (549) Rn. 10 ff. = NZG 2006, 543; NJW 2008, 1589 Rn. 17 f. = ZIP 2008, 453; BeckRS 2012, 25500 Rn. 19 ff.; NZG 2013, 53; BeckRS 2013, 362.
[162] GroßkommAktG/*Mülbert* Rn. 177.
[163] GroßkommAktG/*Mülbert* Rn. 179, § 293 Rn. 102.

oder für Patronatserklärungen zu gelten haben – und ist genau aus diesem Grunde wohl kaum vertretbar.

64 **9. Gewinnermittlung.** Kennzeichen des Gewinnabführungsvertrages ist die Verpflichtung der abhängigen (oder besser: verpflichteten) Gesellschaft zur Abführung ihres „ganzen Gewinns" an das andere Unternehmen (§§ 291 Abs. 1 S. 1, 292 Abs. 1 Nr. 2). Gemeint ist damit der **Bilanzgewinn**.[164] Dieser wird unter Berücksichtigung der §§ 300 Nr. 1 und 301 sowie etwaiger Vereinbarungen der Parteien über die Berechnung des Gewinns (→ Rn. 54) in einer **Vorbilanz** nach den handelsrechtlichen Bilanzierungsvorschriften ermittelt und entspricht hier dem **Jahresüberschuss** iSd § 275 Abs. 2 Nr. 20/Abs. 3 Nr. 19 HGB. Dagegen wird in der endgültigen Handelsbilanz der abhängigen Gesellschaft ein Gewinn nicht mehr ausgewiesen; vielmehr erscheint der abzuführende Betrag hier als **Verbindlichkeit gegenüber verbundenen Unternehmen** auf der Passivseite der Bilanz (§ 266 Abs. 3 Nr. C 6 HGB), nachdem er in der Gewinn- und Verlustrechnung als **Aufwendung** verbucht wurde (§ 277 Abs. 3 S. 2 HGB).[165] Umgekehrt wird bei einem **Fehlbetrag** (aufgrund der Vorbilanz) der Anspruch aus § 302 auf Verlustübernahme in der Handelsbilanz als Aktivposten (§ 266 Abs. 2 Nr. B II 2 HGB), in der Gewinn- und Verlustrechnung dagegen als Ertrag ausgewiesen (§ 277 Abs. 3 S. 2 HGB). Der andere Vertragsteil, das herrschende (oder besser: berechtigte) Unternehmen, ist zur **phasengleichen Vereinnahmung** des abgeführten Gewinns verpflichtet, wenn sein Abschlussstichtag mit dem der abhängigen (verpflichteten) Gesellschaft identisch ist oder ihm nachfolgt.[166]

65 Die **Ermittlung** von Gewinn und Verlust nach den handelsrechtlichen Vorschriften unter Beachtung der §§ 300 Nr. 1 und 301 (→ Rn. 64) ist an sich *Sache des Vorstandes der abhängigen Gesellschaft*. Das Gesetz eröffnet dem herrschenden Unternehmen in diesem Zusammenhang speziell in den Regeln über Gewinnabführungsverträge *keine* Möglichkeiten zur Einflussnahme, vor allem bei der Ausübung der Bilanzwahlrechte.[167] Anders verhält es sich freilich, wenn die Parteien entsprechende *Vereinbarungen* getroffen haben (§ 301 S. 1) oder wenn, wie in der Regel, der Gewinnabführungsvertrag mit einem Beherrschungsvertrag zu einem *Organschaftsvertrag* verbunden ist (§ 308 Abs. 1).[168] Überlässt dementsprechend das herrschende Unternehmen die Ausübung der Bilanzwahlrechte der abhängigen Gesellschaft, so muss diese bei der Wahrnehmung der Bilanzwahlrechte auf die legitimen Interessen des herrschenden Unternehmens Rücksicht nehmen, widrigenfalls sie sich ersatzpflichtig macht (§§ 241, 242, 280 Abs. 1 BGB; → Rn. 53).

66 **10. GmbH.** Gewinnabführungsverträge können auch mit einer GmbH abgeschlossen werden, wovon das GmbHG heute in § 30 Abs. 1 S. 2 selbst ausgeht. Die Bedeutung der Gewinnabführungsverträge liegt bei der GmbH ebenso wie bei der AG überwiegend auf steuerlichem Gebiet, da der Abschluss eines wirksamen Gewinnabführungsvertrages hier gleichfalls eine Voraussetzung der körperschaftsteuerlichen Organschaft bildet (§§ 14, 17 KStG, → Rn. 51a f.). Die Folge ist, dass Gewinnabführungsverträge mit einer abhängigen GmbH ausgesprochen *häufig* sind, wobei offenbar isolierte Gewinnabführungsverträge (→ Rn. 59 f.) vorherrschen.[169] § 17 KStG schreibt vor, dass Gewinnabführungsverträge mit einer GmbH steuerlich nur anerkannt werden, wenn in dem Vertrag die Beachtung der §§ 301 und 302 vorgesehen wird. Trotz dieser Bezugnahme auf das Gesellschaftsrecht

---

[164] MüKoAktG/*Altmeppen* Rn. 145; Hüffer/*Koch* Rn. 26; KK-AktG/*Koppensteiner* Rn. 76; MHdB AG/ *Krieger* § 71 Rn. 4, 19; GroßkommAktG/*Mülbert* Rn. 143; H.-P. *Müller* FS Goerdeler, 1987, 377 ff.
[165] MüKoAktG/*Altmeppen* Rn. 145; KK-AktG/*Koppensteiner* Rn. 77; MHdB AG/*Krieger* § 71 Rn. 17; GroßkommAktG/*Mülbert* Rn. 143; Grigoleit/*Servatius* Rn. 64;, Spindler/Stilz/*Veil* Rn. 35.
[166] MüKoAktG/*Altmeppen* Rn. 145; Hüffer/*Koch* Rn. 26.
[167] Anders Spindler/Stilz/*Veil* Rn. 39; R. *Veil* Unternehmensverträge 260 ff.; St. *Ulrich* GmbHR 2004, 1000.
[168] BGHZ 135, 374 (378) = NJW 1997, 2242 = AG 1997, 515 – Guano; OLG Frankfurt NZG 2000, 603 (604); H.-P. *Müller* FS Goerdeler, 1987, 375 (380 ff.); Hölters/*Deilmann* Rn. 52; GroßkommAktG/*Mülbert* Rn. 147.
[169] St. *Ulrich* GmbHR 2004, 1000.

hat § 17 KStG indessen allein *steuerrechtliche Bedeutung*. *Gesellschaftsrechtlich* folgt die Behandlung der Gewinnabführungsverträge im GmbH-Konzernrecht in jeder Hinsicht dem *aktienrechtlichen* Vorbild (§§ 291, 293 iVm §§ 53, 54 GmbHG). Besonderheiten gelten lediglich für die Mehrheit, mit der die Gesellschafter dem Vertragsabschluss zustimmen müssen (→ § 243 Rn. 39 ff.).

III. Geschäftsführungsvertrag

Schrifttum: *Knepper* BB 1982, 2061; *Oesterreich*, Die Betriebsüberlassung zwischen Vertragskonzernen und faktischem Konzernen, 1979; *K. Schmidt*, FS Hoffmann-Becking, 2013, 1053; *Veil* Unternehmensverträge, 2003.

1. Begriff. Ein Geschäftsführungsvertrag liegt nach § 291 Abs. 1 S. 2 vor, wenn sich **67** eine AG oder KGaA verpflichtet, ihr (ganzes) Unternehmen fortan für Rechnung eines anderen Unternehmens zu führen, sodass etwaige Gewinne oder Verluste nicht mehr bei ihr, sondern bei dem anderen Unternehmen anfallen (§§ 667, 670 BGB). Kein Raum für die Anwendung des § 291 Abs. 1 S. 2 ist dagegen, wenn der Vertrag *nur einzelne Betriebe* oder Betriebsteile, nicht alle erfasst.[170] In seinen Wirkungen entspricht ein derartiger Vertrag einem *Gewinnabführungsvertrag*, weshalb das AktG beide Verträge gleich behandelt (§ 291 Abs. 1 S. 2). Keine Rolle spielt, ob die abhängige Gesellschaft im eigenen Namen oder im Namen des herrschenden Unternehmens handelt. § 291 Abs. 1 S. 2 ist auch anzuwenden, wenn sich die abhängige Gesellschaft verpflichtet, ihr Unternehmen im Namen des anderen Vertragsteils zu betreiben.[171] Ein **Unterschied** zwischen Gewinnabführungs- und Geschäftsführungsverträgen besteht lediglich insofern, als bei dem eigentlichen Gewinnführungsvertrag Gewinn und Verlust zunächst bei der verpflichteten Gesellschaft anfallen und erst anschließend aufgrund des Vertrages von dem anderen Unternehmen übernommen werden, während sie hier von vornherein bei dem anderen Unternehmen entstehen.[172] Aus bilanzrechtlicher Sicht verwischt sich freilich selbst dieser „Unterschied" (→ Rn. 71). **Steuerrechtlich** werden Geschäftsführungsverträge von der Finanzverwaltung nicht anerkannt, sodass sie als Basis der körperschaftsteuerlichen Organschaft ausscheiden.[173] Die Folge ist, dass Geschäftsführungsverträge offenbar ausgesprochen selten sind.[174]

Kennzeichen der Geschäftsführungsverträge ist in jeder Variante (→ Rn. 67) die **Unent-** **68** **geltlichkeit** des Vertrages. *Entgeltliche* Geschäftsführungsverträge (§ 675 Abs. 1 BGB) stehen nicht gleich, weil bei ihnen der Gesellschaft eine Gegenleistung verbleibt, sodass der Vertrag mit einem Gewinnabführungsvertrag nicht vergleichbar ist.[175] Zum Teil werden derartige Verträge stattdessen dem § 292 Abs. 1 Nr. 3 zugeordnet.[176] Aber auch das überzeugt nicht (→ Rn. 69; → § 292 Rn. 40, 41 f.). Es handelt sich bei derartigen Verträgen vielmehr um eigenartige **schuldrechtliche Verträge,** bei denen wegen ihrer weitreichenden Wirkungen

---

[170] *Hölters/Deilmann* Rn. 58; *Hüffer/Koch* Rn. 30; *GroßkommAktG/Mülbert* Rn. 183; *R. Veil* Unternehmensverträge 22 f.

[171] *MüKoAktG/Altmeppen* Rn. 174; *Hölters/Deilmann* Rn. 53; *Hüffer/Koch* Rn. 31; *KK-AktG/Koppensteiner* Rn. 83; MHdB AG/*Krieger* § 71 Rn. 9; *K. Schmidt/Lutter/Langenbucher* Rn. 64; *K. Schmidt* FS Hoffmann-Becking, 2013, 1053 (1062, 1068 f.); *R. Veil* Unternehmensverträge 22 f.; Spindler/Stilz/*Veil* Rn. 48.

[172] *Hüffer/Koch* Rn. 30; *KK-AktG/Koppensteiner* Rn. 82; MHdB AG/*Krieger* § 71 Rn. 9; *Oesterreich* Betriebsüberlassung 58 ff.; *Schulze-Osterloh* ZGR 1974, 427 (452 f.).

[173] *Knepper* BB 1982, 2061 (2062); dagegen MüKoAktG/*Altmeppen* Rn. 177.

[174] Nach MHdB AG/*Krieger* § 71 Rn. 1 sind Geschäftsführungsverträge sogar für die Praxis bedeutungslos; ebenso *Knepper* BB 1982, 2061 (2062); *Hölters/Deilmann* Rn. 58; ein Beispiel aber möglicherweise in BGH NJW-RR 2004, 474 = NZG 2004, 185 = AG 2004, 205 (Vorinstanz: KG AG 2002, 289 (290) = NZM 2001, 1084), wo von einem „Geschäftsbesorgungsvertrag" zwischen der Berliner Kraftwerke AG und einer anderen Gesellschaft des Landes Berlin berichtet wird, aufgrund dessen die erstere ihre Erzeugnisse im eigenen Namen, jedoch für Rechnung der anderen Gesellschaft fertigte und vertrieb.

[175] MüKoAktG/*Altmeppen* Rn. 184; *Hüffer/Koch* Rn. 31; *KK-AktG/Koppensteiner* Rn. 84; *Schulze-Osterloh* ZGR 1974, 427 (453, 455); *GroßkommAktG/Mülbert* Rn. 186; *van Venrooy* DB 1981, 675 (678); *R. Veil* Unternehmensverträge 22 f.; Spindler/Stilz/*Veil* Rn. 49; aA *Geßler* FS Ballerstedt, 1975, 219 (222 f.).

[176] MüKoAktG/*Altmeppen* Rn. 185 f., 190; MHdB AG/*Krieger* § 71 Rn. 10; *K. Schmidt* FS Hoffmann-Becking, 2013, 1053 (1062).

freilich von Fall zu Fall an eine Mitwirkung der Hauptversammlung zu denken ist (→ Vor § 311 Rn. 31 ff.).[177]

69   **2. Abgrenzung.** Der Geschäftsführungsvertrag des § 291 Abs. 1 S. 2 muss vor allem von dem Betriebsführungsvertrag des § 292 Abs. 1 Nr. 3 unterschieden werden. Von einem **Betriebsführungsvertrag** spricht man, wenn eine Gesellschaft ein *anderes* Unternehmen beauftragt, *ihre* (eigenen) Betriebe für *ihre* Rechnung, dh die Betriebe der auftraggebenden Gesellschaft für deren Rechnung, zu führen (→ § 292 Rn. 55 ff.). Im Gegensatz zu einem Geschäftsführungsvertrag, bei dem die Gesellschaft ihr Unternehmen zwar *selbst,* aber für Rechnung eines Dritten führt, verpflichtet sich folglich bei dem Betriebsführungsvertrag ein *anderes* Unternehmen (mit freien Managementkapazitäten), die Betriebe der Gesellschaft für deren *(eigene)* Rechnung zu betreiben. Geschäftsführungsverträge sind daher mit Betriebsführungsverträgen, bei denen es sich der Sache nach (wirtschaftlich gesprochen) um den „Einkauf" von Managementkapazitäten am Markt handelt, nicht vergleichbar.

70   Ähnlichkeiten mit Geschäftsführungsverträgen weisen dagegen nach manchen die sog. **Produktion für fremde Rechnung** sowie **Lohnfertigungsverträge** auf.[178] Doch kommt dies offenbar nur in Betracht, wenn der Vertrag *unentgeltlich* sein sollte (→ Rn. 68), woran es wohl in aller Regel fehlen dürfte. Bei entgeltlichen Verträgen dieser Art kann daher nur im Einzelfall entschieden werden, welchem Vertragstyp sie letztlich zuzuordnen sind. Genauer Prüfung bedarf vor allem die Frage, ob sich nicht hinter ihnen in Wirklichkeit ein Beherrschungsvertrag verbirgt (→ Rn. 24 ff.).

71   **3. Rechtliche Behandlung.** Das Gesetz stellt in § 291 Abs. 1 S. 2 den Geschäftsführungsvertrag dem Gewinnabführungsvertrag gleich, sodass für ihn grundsätzlich **dieselben Regeln wie für Gewinnabführungsverträge** gelten (→ Rn. 47 ff.). Lediglich in einzelnen Beziehungen sind mit Rücksicht auf die Eigenart von Geschäftsführungsverträgen Modifikationen geboten (→ § 300 Rn. 16; → § 301 Rn. 6; → § 302 Rn. 20 für §§ 300, 301 und 302). **Bilanztechnisch** deckt sich die Behandlung der Geschäfts- und der Gewinnabführungsverträge gleichfalls im Wesentlichen, da bei beiden Verträgen die Geschäfte zunächst mit ihren Ergebnissen bei der abhängigen Gesellschaft erfasst werden müssen und erst zum Ende des Geschäftsjahres der sich daraus ergebende Gewinn oder Verlust an das herrschende Unternehmen „abgeführt" werden kann. Das folgt aus **§ 59,** der durch § 291 Abs. 3 nicht aufgehoben ist.[179] Damit verbietet sich vor allem die Abführung einzelner Ergebnisse während des Geschäftsjahrs an das andere Unternehmen.[180]

72   Zivilrechtlich gesehen handelt es sich bei einem Geschäftsführungsvertrag um einen (unentgeltlichen, → Rn. 68) **Auftragsvertrag** und damit in aller Regel, wenn nicht generell um eine **Treuhand,** sodass auf ihn ergänzend die §§ 662–674 BGB anzuwenden sind.[181] Daraus ergibt sich die Verpflichtung der abhängigen Gesellschaft, ihr Unternehmen tatsächlich im Interesse des herrschenden Unternehmens in einer Weise zu betreiben, die es in die Lage versetzt, einen möglichst hohen Gewinn „abzuführen".[182] *Unanwendbar* ist jedoch § 665 BGB über das **Weisungsrecht** des anderen Teils, weil solches Weisungsrecht nur durch einen Beherrschungsvertrag, nicht aber durch einen anderen Unternehmensvertrag wie den Geschäftsführungsvertrag begründet werden kann (§§ 291 Abs. 1 S. 1, 308 Abs. 1).[183] Der Schutz der verpflichteten (abhängigen) Gesellschaft richtet sich nach den

---

[177] Goette AG 2006, 522; GroßkommAktG/*Mülbert* Rn. 200 f.
[178] Hölters/*Deilmann* Rn. 62; Hüffer/*Koch* Rn. 33.
[179] Hüffer/*Koch* Rn. 30; MHdB AG/*Krieger* § 71 Rn. 9; GroßkommAktG/*Mülbert* Rn. 194; *van Venrooy* DB 1981, 675 (676 f.); aA MüKoAktG/*Altmeppen* Rn. 179 f.; KK-AktG/*Koppensteiner* Rn. 85.
[180] Hüffer/*Koch* Rn. 30; aA MüKoAktG/*Altmeppen* Rn. 179 f.
[181] *K. Schmidt* FS Hoffmann-Becking, 2013, 1053 (1061).
[182] KK-AktG/*Koppensteiner* Rn. 86.
[183] MüKoAktG/*Altmeppen* Rn. 181; Hölters/*Deilmann* Rn. 60; Hüffer/*Koch* Rn. 32; KK-AktG/*Koppensteiner* Rn. 87 f.; *K. Schmidt*/Lutter/*Langenbucher* Rn. 65; Spindler/Stilz/*Veil* Rn. 50; aA offenbar OLG Karlsruhe NJW 1967, 831 (832); GroßkommAktG/*Mülbert* Rn. 184; *K. Schmidt* FS Hoffmann-Becking, 2013, 1053 (1062).

§§ 311 und 317, soweit für die Anwendung dieser Vorschriften neben § 302 Raum bleibt (→ Rn. 50, 61a).

IV. Verträge über die Bildung von Gleichordnungskonzernen (Abs. 2)

Nach § 291 Abs. 2 handelt es sich *nicht* um einen Beherrschungsvertrag, wenn sich mehrere voneinander unabhängige Unternehmen durch Vertrag unter einheitliche Leitung stellen, ohne dass dadurch eines der beteiligten Unternehmen von einem anderen abhängig wird. Durch einen derartigen Vertrag wird vielmehr, wie dem § 18 Abs. 2 zu entnehmen ist, ein **Gleichordnungskonzern** begründet. Der Vertrag stellt sich daher als **Gesellschaftsvertrag** iSd §§ 705 ff. BGB dar, durch den die Modalitäten und der Umfang der einheitlichen Leitung der beteiligten Unternehmen geregelt wird (→ § 18 Rn. 25 ff.; zur Notwendigkeit einer Zustimmung der Hauptversammlung → § 18 Rn. 34 ff.). Einen Sonderfall bildet die in § 292 Abs. 1 Nr. 1 erwähnte Gewinngemeinschaft.

V. Konzernprivileg (Abs. 3)

Gemäß § 291 Abs. 3 gelten Leistungen der Gesellschaft „bei Bestehen" eines Beherrschungs- oder eines Gewinnabführungsvertrages nicht als Verstoß gegen die §§ 57, 58 und 60. Die geltende Fassung des § 291 Abs. 3 beruht auf dem **MoMiG** von 2008 (BGBl. I 2026). Nach der früheren Fassung des § 291 Abs. 3 waren dagegen nur Leistungen der Gesellschaft „aufgrund" eines Beherrschungs- oder Gewinnabführungsvertrages von der Anwendbarkeit der §§ 57, 58 und 60 freigestellt. Die Änderung des § 291 Abs. 3 muss im Zusammenhang mit der Einfügung der §§ 57 Abs. 1 S. 3 und 71a Abs. 1 S. 3 in das AktG sowie des § 30 Abs. 1 S. 2 in das GmbHG durch das MoMiG gesehen werden. § 57 Abs. 1 S. 3 AktG und § 30 Abs. 1 S. 2 GmbHG bestimmen seitdem, dass (unter anderem) Leistungen, die bei Bestehen eines Beherrschungs- oder Gewinnabführungsvertrages (§ 291) erfolgen, bei der AG nicht gegen das Verbot der Einlagenrückgewähr (§ 57 Abs. 1 S. 1) sowie bei der GmbH nicht gegen das Verbot der Auszahlung des zur Erhaltung des Stammkapitals erforderlichen Vermögens der Gesellschaft (§ 30 Abs. 1 S. 1 GmbHG) verstoßen. § 71a Abs. 1 S. 3 fügt hinzu, dass auch das Verbot von Geschäften zur Umgehung des Verbots des Erwerbs eigener Aktien (§ 71a Abs. 1 S. 1) nicht für Rechtsgeschäfte bei Bestehen eines Beherrschungs- oder Gewinnabführungsvertrages gilt.

Zur **Begründung** des § 57 Abs. 1 S. 3 AktG sowie des § 30 Abs. 1 S. 2 GmbHG haben die Gesetzesverfasser ausgeführt, durch die Änderung solle es den Gesellschaften erleichtert werden, mit ihren Gesellschaftern in einem Konzern wirtschaftlich sinnvolle Leistungsbeziehungen zu unterhalten und abzuwickeln; zu denken sei dabei insbesondere an Darlehen an die Gesellschafter sowie an die verbreitete Praxis des Cash Pooling.[184] Die Formulierung „bei Bestehen" wurde erst in den Ausschussberatungen gewählt, um auch Leistungen an Dritte auf Veranlassung des herrschenden Unternehmens erfassen zu können; zugleich wurden §§ 71a Abs. 1 und 291 Abs. 3 dieser neuen Rechtslage angepasst.[185]

Nach der **früheren Fassung** des § 291 Abs. 3 erfasste das Konzernprivileg lediglich Leistungen „auf Grund", dh nach Maßgabe und im Rahmen von Beherrschungs- und Gewinnabführungsverträgen. Für Beherrschungsverträge bedeutete dies, dass nur Leistungen aufgrund einer *rechtmäßigen,* dh insbesondere durch § 308 gedeckte *Weisung* privilegiert waren, nicht dagegen Leistungen aufgrund einer rechtswidrigen Weisung oder ohne Weisung unter Verstoß gegen die §§ 57, 58 und 60, während bei (isolierten) Gewinnabführungsverträgen allein die dem Vertrag und den §§ 300 und 301 entsprechende *Abführung des Bilanzgewinns,* nicht dagegen sonstige Leistungen und damit vor allem nicht die Beteiligung

---

[184] Begr. (2007), BT-Drs. 16/6140, 41.
[185] Ausschussbericht (2008), BT-Drs. 16/9737; s. dazu einerseits positiv *Drygala/Kremer* ZIP 2007, 1289 (1295 f.); andererseits krit. *Altmeppen* NZG 2010, 361; *Habersack* FS Schaumburg, 2009, 1291 (1295 ff.).

§ 292

der abhängigen Gesellschaft an einem Cash Pooling-System von den §§ 57, 58 und 60 AktG bzw. bei der GmbH von § 30 GmbHG freigestellt waren.[186]

77 Die genannten Restriktionen, die sich aus der früheren Rechtslage ergaben (→ Rn. 76), sind infolge der Änderung der §§ 57 Abs. 1 S. 3, 71a Abs. 1 S. 3 und 291 Abs. 3 AktG sowie des § 30 Abs. 1 S. 2 GmbHG durch das MoMiG *entfallen*. Die **Kapitalerhaltungsregeln** finden mit anderen Worten bei Abschluss eines Beherrschungs- oder Gewinnabführungsvertrages **keine Anwendung** mehr, sodass jetzt auch aufgrund eines isolierten Gewinnabführungsvertrages ein Cash Pooling-System praktiziert werden kann(→ Rn. 61a). Im Grundsatz erfasst das Konzernprivileg damit jetzt „bei Bestehen" eines Beherrschungs- oder Gewinnabführungsvertrages *„jeglichen – unmittelbaren oder mittelbaren – Vermögenstransfer"* von der abhängigen Gesellschaft auf das herrschende Unternehmen.[187]

77a Angesichts dieser bedenklich weiten Lockerung der Kapitalbindung ist es von besonderer Wichtigkeit, die unverändert fortbestehenden **Schranken** im Auge zu behalten.[188] Sie ergeben sich in erster Linie aus § 92 Abs. 2 S. 3, aus § 302 und aus den §§ 303–310 sowie aus den allgemeinen Vorschriften über die **Organhaftung** (§§ 93 und 116; §§ 43, 64 S. 3 GmbHG, → § 308 Rn. 44a, 59). Die Folge ist insbesondere, dass der Vorstand oder die Geschäftsführer der abhängigen Gesellschaft im Falle der Teilnahme an einem Cash Pooling-System stets sorgfältig prüfen müssen, ob der Anspruch der Gesellschaft auf Verlustausgleich nach § 302 noch werthaltig ist; soweit dies nicht mehr gewährleistet ist, dürfen sie an dem Cash Pooling-System nicht mehr teilnehmen (→ § 302 Rn. 40d). Eine entgegenstehende **Weisung** des herrschenden Unternehmens ist, weil rechtswidrig, unwirksam und führt zur **Haftung** des herrschenden Unternehmens und seiner gesetzlichen Vertreter **nach § 309 Abs. 2.** Auch kann die abhängige Gesellschaft dann den Vertrag nach § 297 Abs. 1 aus wichtigem Grunde **kündigen** (→ § 297 Rn. 19 ff.).[189] Bei isolierten Gewinnabführungsverträgen ergibt sich dasselbe aus den §§ 311 und 317 (→ Rn. 61).

78 Die Vereinbarkeit des Konzernprivilegs mit den Art. 15 und 16 RL 77/91/EWG (**Kapital-Richtlinie** von 1976)[190] ist umstritten, wurde im Ergebnis aber bisher mit Rücksicht auf § 302 überwiegend bejaht, zumal die Regelung des Konzernrechts bislang in der Kompetenz der Mitgliedstaaten verblieben ist.[191] Die überwiegende Meinung hält daran bisher auch nach der Ausdehnung des Konzernprivilegs durch das MoMiG mit Rücksicht insbesondere auf die Verlustausgleichspflicht des herrschenden Unternehmens nach § 302 fest.[192]

79 *Nicht* erwähnt ist in § 291 Abs. 3 der **§ 76**, sodass der Vorstand der abhängigen (verpflichteten) Gesellschaft selbst bei Abschluss eines Beherrschungsvertrages zur Leitung der Gesellschaft unter eigener Verantwortung verpflichtet bleibt, solange nicht das herrschende Unternehmen von seinem Weisungsrecht in rechtmäßiger Weise Gebrauch gemacht hat (§§ 308, 310).[193] Überhaupt keinen Einschränkungen unterliegt die Fortgeltung des § 76 bei Gewinnabführungs- und Geschäftsführungsverträgen, da mit diesen Verträgen kein Weisungsrecht des herrschenden Unternehmens verbunden ist (→ Rn. 50, 72).

§ 292 Andere Unternehmensverträge

(1) Unternehmensverträge sind ferner Verträge, durch die eine Aktiengesellschaft oder Kommanditgesellschaft auf Aktien

---

[186] 5. Aufl. Rn. 74; § 308 Rn. 59; *Altmeppen* NZG 2010, 361; *Drygala/Kremer* ZIP 2007, 1289 (1295 f.); *Habersack* FS Schaumburg, 2009, 1291 (1295 ff.); *Pentz* ZIP 2006, 781 (785 ff.).
[187] *Bormann/Urlichs* GmbHR 2008, Sonderheft 37, 46 ff.; *Gehrlein* Konzern 2007, 771 (786); *Habersack* FS Schaumburg, 2009, 1291 (1296 f.); GroßkommAktG/*Mülbert* Rn. 134, 136 f.; *Vetter* in Goette/Habersack, Das MoMiG in Wissenschaft und Praxis, 2009, 107, 143 ff.
[188] Ausf. *Altmeppen* NZG 2010, 361 (363, 365 f.).
[189] Ebenso GroßkommAktG/*Mülbert* Rn. 134; für die Stellung von Sicherheiten durch die abhängige Gesellschaft zugunsten anderer Konzerngesellschaften s. *Stephan* Konzern 20114, 1 (22).
[190] ABl. EG 1977 L 26, 1 = in *Habersack/Verse* EuropGesR 188 f.
[191] Zweifelnd *Habersack/Verse* EuropGesR § 6 Rn. 49 (164 f.); Spindler/Stilz/*Veil* Rn. 71; *Wimmer-Leonhardt* Konzernhaftungsrecht, 2004, 23 ff.
[192] GroßkommAktG/*Mülbert* Rn. 138.
[193] Hölters/*Deilmann* Rn. 68; anders Spindler/Stilz/*Veil* Rn. 72.

1. sich verpflichtet, ihren Gewinn oder den Gewinn einzelner ihrer Betriebe ganz oder zum Teil mit dem Gewinn anderer Unternehmen oder einzelner Betriebe anderer Unternehmen zur Aufteilung eines gemeinschaftlichen Gewinns zusammenzulegen (Gewinngemeinschaft),
2. sich verpflichtet, einen Teil ihres Gewinns oder den Gewinn einzelner ihrer Betriebe ganz oder zum Teil an einen anderen abzuführen (Teilgewinnabführungsvertrag),
3. den Betrieb ihres Unternehmens einem anderen verpachtet oder sonst überläßt (Betriebspachtvertrag, Betriebsüberlassungsvertrag).

(2) Ein Vertrag über eine Gewinnbeteiligung mit Mitgliedern von Vorstand und Aufsichtsrat oder mit einzelnen Arbeitnehmern der Gesellschaft sowie eine Abrede über eine Gewinnbeteiligung im Rahmen von Verträgen des laufenden Geschäftsverkehrs oder Lizenzverträgen ist kein Teilgewinnabführungsvertrag.

(3) ¹Ein Betriebspacht- oder Betriebsüberlassungsvertrag und der Beschluß, durch den die Hauptversammlung dem Vertrag zugestimmt hat, sind nicht deshalb nichtig, weil der Vertrag gegen die §§ 57, 58 und 60 verstößt. ²Satz 1 schließt die Anfechtung des Beschlusses wegen dieses Verstoßes nicht aus.

Schrifttum zu Abs. 1 Nr. 1 und 2: *Dierdorf,* Herrschaft und Abhängigkeit einer AG auf schuldvertraglicher und tatsächlicher Grundlage, 1978; *Ebenroth,* Die verdeckten Vermögenszuwendungen im transnationalen Unternehmen, 1979; *Kl. Eyber,* Die Abgrenzung zwischen Genussrecht und Teilgewinnabführungsvertrag im Recht der AG, 1997; *Fikentscher,* Die Interessengemeinschaft, 1966; *Friedländer,* Konzernrecht, 2. Aufl. 1954; *Führling,* Sonstige Unternehmensverträge mit einer abhängigen GmbH, 1993; *Habersack,* Genussrechte und sorgfaltswidrige Geschäftsführung, ZHR 155 (1991), 378; *ders.,* Festvergütung des stillen Gesellschafters, FS Happ, 2006, 49; *Haussmann,* Das Recht der Unternehmenszusammenfassungen, 1932; *Hommelhoff,* Die Konzernleitungspflicht, 1982; *Martens,* Die existentielle Wirtschaftsabhängigkeit, 1978; *Mestmäcker,* Zur Systematik des Rechts der verbundenen Unternehmen, FG Kronstein, 1967, 129; *Paefgen,* Unternehmerische Entscheidungen und Rechtsbindung, 2002; *Rosendorff,* Die rechtliche Organisation der Konzerne, 1927; *R. Veil* Unternehmensverträge, 2003; *Veit,* Unternehmensverträge und Eingliederung als aktienrechtliche Instrumente der Unternehmensverbindung, 1974.

Schrifttum zu Abs. 1 Nr. 3: *Fenzl,* Betriebspacht-, Betriebsüberlassungs- und Betriebsführungsverträge in der Konzernpraxis, 2007; *Köhn,* Der Betriebsführungsvertrag, Konzern 2011, 530; *Maser,* Betriebspacht- und Betriebsüberlassungsverhältnisse in Konzernen, 1985; *Mimberg,* Konzernexterne Betriebspachtverträge im Recht der GmbH, 2000; *Oesterreich,* Die Betriebsüberlassung zwischen Vertragskonzern und faktischem Konzern, 1979; *Veelken,* Der Betriebsführungsvertrag im deutschen und amerikanischen Aktien- und Konzernrecht, 1975; *Zeiger,* Der Management-Vertrag als internationales Kooperationsinstrument, 1984.

Übersicht

	Rn.
I. Überblick	1, 2
II. Rechtsnatur	3–7
III. Parteien	8, 9
IV. Gewinngemeinschaft (Abs. 1 Nr. 1)	10–22
1. Begriff	10–13
a) Überblick	10, 10a
b) Gewinn	11
c) Aufteilung	12
d) Andere Zwecke	13
2. BGB-Gesellschaft	14, 15
3. Anwendungsbereich, Abgrenzung	16, 17
4. Angemessenheit der Aufteilung	18–20
5. GmbH	21, 22
V. Teilgewinnabführungsvertrag (Abs. 1 Nr. 2, Abs. 2)	23–37a
1. Begriff	23, 23a
2. Abgrenzung	24, 24a
3. Gewinn	25, 26
4. Gegenleistung	27–28
5. Stille Gesellschaft	29–30
a) Bedeutung	29
b) Abgrenzung zum Beherrschungsvertrag	29a
c) Form, Abschluss	29b, 29c
d) Eintragung	29d
e) Änderung	29e
f) Anlegerschutz	29f–30
6. Gewinnorientierte Genussrechte	31
7. Rechtsfolgen	32
8. Ausnahmen	33–36
a) Mitglieder von Vorstand, Aufsichtsrat, einzelne Arbeitnehmer	33, 34
b) Verträge des laufenden Geschäftsverkehrs	35
c) Lizenzverträge	36

	Rn.		Rn.
9. GmbH	37, 37a	b) Teilgewinnabführungsvertrag	46
VI. Betriebspacht- und Betriebsüberlassungsverträge (Abs. 1 Nr. 3, Abs. 3)	38–54	5. Rechtsfolgen	47, 47a
		6. Angemessene Gegenleistung	48, 49
		7. § 292 Abs. 3	50–52
1. Überblick	38–39a	8. GmbH	53, 54
2. Betriebspachtvertrag	40–42	**VII. Betriebsführungsvertrag**	55–59
3. Betriebsüberlassungsvertrag	43–44	1. Begriff	55–56a
4. Verbindung mit anderen Unternehmensverträgen	45, 46	2. Anwendbarkeit des § 292 Abs. 1 Nr. 3?	57–59
a) Beherrschungsvertrag	45	**VIII. Umgehungsproblematik**	60–62

I. Überblick

1 § 292 regelt im Anschluss an § 291 die sog. „anderen Unternehmensverträge", worunter das Gesetz die Gewinngemeinschaft (§ 292 Abs. 1 Nr. 1, → Rn. 10 ff.), den Teilgewinnabführungsvertrag (§ 292 Abs. 1 Nr. 2, → Rn. 23 ff.) sowie den Betriebspacht- und den Betriebsüberlassungsvertrag versteht (§ 292 Abs. 1 Nr. 3, → Rn. 38 ff.). Vorläufer des § 292 war § 256 des AktG von 1937, der die genannten Verträge noch unterschiedslos erfasste. Die *Verbreitung* der in § 292 geregelten Verträge scheint heute, von den Teilgewinnabführungsverträgen in Gestalt stiller Gesellschaftsverträge mit einer AG abgesehen, nur noch *gering* zu sein, nicht zuletzt wohl deshalb, weil diese Verträge ausnahmslos mit Rücksicht auf § 14 KStG nicht mehr als Grundlage der körperschaft- und gewerbesteuerlichen Organschaft anerkannt werden (→ Rn. 10a).[1]

2 Die Abgrenzung der in § 292 Abs. 1 geregelten Unternehmensverträge von anderen Verträgen bereitet mitunter Schwierigkeiten. § 292 Abs. 2 bestimmt deshalb ergänzend, dass verschiedene Abreden über Gewinnbeteiligungen Dritter *keine* Teilgewinnabführungsverträge iSd Nr. 2 des § 292 Abs. 1 darstellen (→ Rn. 33 ff.). § 292 Abs. 3 ersetzt schließlich mit Rücksicht auf vermutete Abwicklungsschwierigkeiten[2] bei Betriebspacht- und Betriebsüberlassungsverträgen die Nichtigkeit des Zustimmungsbeschlusses bei einem Verstoß gegen die §§ 57, 58 und 60 durch dessen bloße Anfechtbarkeit (→ Rn. 50 ff.). Im Übrigen verbleibt es jedoch bei der Maßgeblichkeit der Kapitalerhaltungsregeln; § 292 hat insoweit – anders als § 291 Abs. 3 – keine Änderung durch das MoMiG erfahren, wie auch § 57 Abs. 1 S. 3 zeigt.

II. Rechtsnatur

3 Mit der Qualifizierung der in § 292 Abs. 1 Nr. 1–3 genannten Verträge als „Unternehmensverträge" verfolgt das Gesetz in erster Linie den **Zweck,** ihren Abschluss ebenso wie den eines Beherrschungs- oder Gewinnabführungsvertrages (§ 291) dem **Regime der §§ 293–299** zu unterstellen. Im Übrigen trennt das Gesetz jedoch deutlich zwischen den Verträgen des § 291 und denen des § 292, da nur der Abschluss der Ersteren, nicht dagegen der der Verträge des § 292 mit besonderen Kautelen zugunsten der Gesellschaft, ihrer Gesellschafter und ihrer Gläubiger verbunden ist (§§ 300 ff., 304 f.). (Systemwidrige) Ausnahmen finden sich lediglich in § 300 Nr. 2 und 3, § 301 und § 302 Abs. 2 (→ § 300 Rn. 3; → § 302 Rn. 5; → § 302 Rn. 21, 45 ff.).

4 Hintergrund der gesetzlichen Regelung ist die Vorstellung der Gesetzesverfasser, bei den Verträgen des § 292 handele es sich grundsätzlich um **schuldrechtliche Austauschverträge** zwischen voneinander unabhängigen Unternehmen, sodass sich bei ihnen weitere Schutzmaßnahmen zugunsten der Gesellschaft, ihrer Gesellschafter und ihrer Gläubiger erübrigten.[3] Folglich führen die anderen Unternehmensverträge des § 292 grundsätzlich

---

[1] *Bayer/Hoffmann* AG-Report 2006, R 488 f.; anders für Betriebspachtverträge *Fenzl* Konzern 2006, 18 ff.
[2] Begr. RegE bei *Kropff* AktG 379.
[3] Begr. RegE bei *Kropff* AktG 378 f.

weder zu einer Lockerung der gesetzlichen Vermögensbindung aufgrund der §§ 57, 58 und 60 (→ Rn. 2) noch zu einer Durchbrechung der alleinigen Zuständigkeit des Vorstands zur Leitung der Gesellschaft gemäß § 76 Abs. 1. Ebenso wenig ziehen sie automatisch die Abhängigkeit der jeweils verpflichteten Gesellschaft nach sich (§ 17).

Die Einstufung der anderen Unternehmensverträge des § 292 Abs. 1 als schuldrechtliche 5 Austauschverträge (→ Rn. 4) ändert nichts daran, dass mit ihnen ebenso wie mit dem Abschluss eines der Verträge des § 291 häufig schwerwiegende **Eingriffe in die Verfassung** der Gesellschaft verbunden sind, in erster Linie durch die mit dem Abschluss der anderen Unternehmensverträge in aller Regel verbundene Änderung des Zwecks der Gesellschaft sowie durch den mit ihnen ebenfalls durchweg verbundenen Eingriff in das Gewinnbezugsrecht der Aktionäre.[4] Deshalb eignen sich die anderen Unternehmensverträge des § 292 auch in kaum geringerem Maße als die des § 291 zum **Aufbau von Konzernen.** Betriebspacht- und Betriebsüberlassungsverträge dürften sogar überwiegend zwischen voneinander *abhängigen* Unternehmen abgeschlossen werden und dienen dann als Mittel zur „Eingliederung" des Unternehmens des Verpächters in den Konzern des Pächters oder Übernehmers. Gelegentlich spricht man insoweit auch von „*konzerninternen*" im Gegensatz zu konzernexternen Betriebspacht- oder Betriebsüberlassungsverträgen.[5]

Bereits diese Umstände (→ Rn. 5) rechtfertigen letztlich die Unterstellung des Abschlus- 6 ses der Unternehmensverträge des § 292 unter die Vorschriften der §§ 293–299.[6] Sie machen zugleich deutlich, dass die Unternehmensverträge des § 292 ebenso wie die des § 291 bei Verbindung mit dem Zustimmungsbeschlusses nach § 293 Abs. 1 mit qualifizierter Mehrheit neben schuldrechtlichen auch *organisationsrechtliche Elemente* aufweisen. Von Fall zu Fall ist daher hier außerdem Raum für die Anwendung der Regeln über fehlerhafte Unternehmensverträge, wenn der Zustimmungsbeschluss (§ 293) oder der Vertrag selbst Mängel aufweist (→ Rn. 29g).

Es steht nichts im Wege, die Nr. 1–3 des § 292 Abs. 1 in geeigneten Fällen auf vergleich- 7 bare Fallgestaltungen entsprechend anzuwenden.[7] Für die sog. *Betriebsführungsverträge* ist dies bereits weithin anerkannt (→ Rn. 55). Der von einer verbreiteten Meinung angenommene „**numerus clausus" der Unternehmensverträge** hindert nicht eine analoge Anwendung der §§ 291 und 292 in geeigneten Fällen (→ Rn. 13, 16).

III. Parteien

Die Anwendung des § 292 auf die hier genannten Verträge setzt voraus, dass an ihnen 8 mindestens eine **AG oder KGaA mit Sitz im Inland** beteiligt ist, und zwar in der Rolle derjenigen Gesellschaft, die jeweils die *vertragstypischen,* dh die den Vertrag kennzeichnenden *Leistungen erbringt.* Das sind im Falle des Teilgewinnabführungsvertrages die zur Gewinnabführung verpflichtete Gesellschaft sowie im Falle des Betriebspacht- oder Betriebsüberlassungsvertrages die verpachtende oder überlassende Gesellschaft, während bei der Gewinngemeinschaft *jede* daran beteiligte Gesellschaft dazu zählt. **Anderer Vertragsteil** kann dagegen ein beliebiges inländisches oder ausländisches Unternehmen sein.

Aus § 15 wird allgemein der Schluss gezogen, dass an Unternehmensverbindungen iSd 9 AktG grundsätzlich *nur „Unternehmen"* (im Gegensatz zu Privatpersonen) beteiligt sein können (→ § 15 Rn. 6 ff.). Auch die Vertragsteile eines Unternehmensvertrages machen an sich nach dem Wortlaut des § 15 von diesem Grundsatz keine Ausnahme. Dagegen erweckt die Formulierung der **Nr. 2 und 3 des § 292 Abs. 1** den Eindruck, als ob hier als Vertragspartner der jeweils verpflichteten Gesellschaft *jeder* „andere", also **auch Privat-**

---

[4] *Führling,* Sonstige Unternehmensverträge, 92 ff.; GroßkommAktG/*Mülbert* Rn. 10, 18 ff.; R. *Veil* Unternehmensverträge 266, 287 ff.; Spindler/Stilz/*Veil* Rn. 1.
[5] *J. Mimberg,* Konzernexterne Betriebspachtverträge, 77 ff.; R. *Veil* Unternehmensverträge 266, 287 ff.
[6] *Führling,* Sonstige Unternehmensverträge, 92 ff.; GroßkommAktG/*Mülbert* Rn. 18 ff.; R. *Veil* Unternehmensverträge 266, 287 ff.
[7] MHdB AG/*Krieger* § 72 Rn. 4.

personen in Betracht kommen.[8] Welche Folgerungen aus diesem Befund zu ziehen sind, ist umstritten. Die praktische Bedeutung der Kontroverse ist gering, einmal, weil der andere Vertragsteil, insbesondere im Falle des Abschlusses eines Betriebspachtvertrages, durch den Vertragsabschluss ohnehin häufig (freilich nicht immer und nicht notwendig) zum „Unternehmen" werden wird,[9] zum andern, weil ohne Rücksicht auf diese Kontroverse jedenfalls die Anwendbarkeit zumindest der §§ 293 ff. auf den Abschluss der Verträge des § 292 auch mit Nichtunternehmen feststeht (→ § 15 Rn. 22; → § 16 Rn. 4; → § 19 Rn. 8; → § 20 Rn. 13; → § 291 Rn. 9 ff.).

IV. Gewinngemeinschaft (Abs. 1 Nr. 1)

10 **1. Begriff. a) Überblick.** Nach § 292 Abs. 1 Nr. 1 liegt eine Gewinngemeinschaft vor, wenn eine AG oder KGaA mit Sitz im Inland sich verpflichtet, ihren Gewinn *oder* den Gewinn einzelner ihrer Betriebe ganz *oder* zum Teil mit dem Gewinn anderer Unternehmen oder einzelner Betriebe anderer Unternehmen zur Aufteilung eines gemeinschaftlichen Gewinns zusammenzulegen. Bei dem oder den **anderen Beteiligten** kann es sich um ein deutsches oder ausländisches Unternehmen beliebiger Rechtsform handeln. In jedem Fall gilt deutsches Recht und damit § 292 Abs. 1 Nr. 1 (→ § 291 Rn. 35).[10]

10a Voraussetzung für die Annahme einer Gewinngemeinschaft ist nach § 292 Abs. 1 Nr. 1, dass der Vertrag gerade darauf gerichtet ist, die *Gewinne* der Beteiligten ganz oder partiell mit dem Ziel der Bildung eines gemeinschaftlichen Gewinns *und* dessen anschließender Aufteilung unter den Beteiligten *zusammenzulegen*. Die so definierte Gewinngemeinschaft bildet einen **Sonderfall der Interessengemeinschaften,** die jedenfalls früher recht verbreitet waren (Stichwort: „IG Farben"),[11] während ihre praktische Bedeutung heute offenbar nur noch gering ist. Mit der Vergemeinschaftung des Gewinns kann außerdem eine Vergemeinschaftung der Verluste verbunden werden; in diesem Fall spricht man auch von einer **Ergebnisgemeinschaft.**[12] Eine reine Verlustgemeinschaft fällt dagegen ebenso wenig unter die Nr. 1 des § 292 Abs. 1 wie Konsortien, die syndizierte Kredite ausreichen.[13]

11 **b) Gewinn.** Das Gesetz spricht in § 292 Abs. 1 Nr. 1 von dem „Gewinn" der Gesellschaft *oder* einzelner ihrer Betriebe, ohne diesen Begriff näher zu definieren. Sinnvollerweise kann damit jedoch nur das **Ergebnis einer periodischen Abrechnung** gemeint sein, in erster Linie also der Jahresüberschuss (§ 275 Abs. 2 Nr. 20/Abs. 3 Nr. 19 HGB) oder der Bilanzgewinn, und zwar *ganz oder teilweise,* wobei bereits im Vertrag die Kriterien für die Aufteilung des Gewinns zwischen der Gesellschaft und den anderen Mitgliedern der Gewinngemeinschaft festgelegt werden müssen.[14] § 292 Abs. 1 Nr. 1 ist daher zwar noch anwendbar bei der Vergemeinschaftung des Gewinns einzelner Betriebe, sofern durch eine periodische Abrechnung ermittelt. Dagegen ist für die Annahme einer Gewinngemeinschaft iSd Nr. 1 des § 292 *kein* Raum mehr, wenn sich die Vereinbarung auf die Vergemeinschaftung des Gewinns aus einem oder mehreren Geschäften beschränkt.[15] Ein Beispiel sind die vor allem in der Bauwirtschaft verbreiteten Arbeitsgemeinschaften.[16]

---

[8] So in der Tat zB GroßkommAktG/*Mülbert* Rn. 31 ff.
[9] MHdB AG/*Krieger* § 72 Rn. 5 f.; anders zB GroßkommAktG/*Mülbert* Rn. 33.
[10] MüKoAktG/*Altmeppen* Rn. 44.
[11] Ein Beispiel in BGHZ 24, 279 = NJW 1957, 1279 – IG Farben AG/Riebeck Montan-AG; s. zu diesem Fall außerdem BGH AG 1974, 53 = WM 1973, 858; OLG Frankfurt AG 1987, 43; ein weiteres Beispiel in OLG Frankfurt AG 1988, 267 – IG Farben AG/Interhandel AG.
[12] MüKoAktG/*Altmeppen* Rn. 15; MHdB AG/*Krieger* § 72 Rn. 10; K. Schmidt/Lutter/*Langenbucher* Rn. 13; GroßkommAktG/*Mülbert* Rn. 58.
[13] Hölters/*Deilmann* Rn. 5; Hüffer/*Koch* Rn. 7; K. Schmidt/Lutter/*Langenbucher* Rn. 5.
[14] Vgl. MüKoAktG/*Altmeppen* Rn. 16; *Führling,* Sonstige Unternehmensverträge, 63 f.; Hölters/*Deilmann* Rn. 6; Hüffer/*Koch* Rn. 7 f.; KK-AktG/*Koppensteiner* Rn. 35 ff.; MHdB AG/*Krieger* § 72 Rn. 10; K. Schmidt/Lutter/*Langenbucher* Rn. 5; GroßkommAktG/*Mülbert* Rn. 15, 19, 63 ff.; Spindler/Stilz/*Veil* Rn. 7.
[15] Vgl. für Vertriebsverträge mit Tochtergesellschaften LG Mainz AG 1978, 320 (322).
[16] MüKoAktG/*Altmeppen* Rn. 16.

c) **Aufteilung.** Die Annahme einer Gewinngemeinschaft iSd Nr. 1 des § 292 Abs. 1 **12** setzt zusätzlich voraus, dass der zunächst vergemeinschaftete Gewinn anschließend unter den Beteiligten wieder aufgeteilt wird, und zwar in der Weise, dass jeder Beteiligte wieder *frei* über den ihm zugewiesenen Gewinnanteil *verfügen* kann.[17] Bereits im Vertrag selbst muss deshalb ein **Verteilungsschlüssel** festgelegt werden, der zur Folge hat, dass *jedes* beteiligte *Unternehmen* einen *Teil* des Gewinns *zurückerhält*. Sieht der Vertrag dagegen lediglich einen **Ausgleich** für die außenstehenden Aktionäre einer beteiligten AG oder KGaA vor, so stellt er keine Gewinngemeinschaft, sondern im Zweifel einen Gewinnabführungsvertrag dar.[18]

d) **Andere Zwecke.** Zweifelhaft ist die Rechtslage, wenn der vergemeinschaftete **13** Gewinn nicht wieder aufgeteilt, sondern anderen *gemeinsamen* Zwecken zugeführt wird. Mit Rücksicht auf den Wortlaut des § 292 Abs. 1 Nr. 1 wird in diesem Fall meistens die Annahme einer Gewinngemeinschaft abgelehnt.[19] Die Konsequenz wäre jedoch, dass solche Verträge, die für die beteiligten Gesellschaften eher noch gefährlicher als eine „bloße" Gewinngemeinschaft sind, keine Unternehmensverträge darstellten, sodass sie vom Vorstand ohne Mitwirkung der Hauptversammlung abgeschlossen werden könnten.[20] Das erscheint wenig angemessen, zumal auch in derartigen Fällen der vergemeinschaftete Gewinn letztlich zumindest mittelbar den Beteiligten wieder zugute kommt. Deshalb ist eine **entsprechende Anwendung des § 292 Abs. 1 Nr. 1** auf solche Verträge zu erwägen, weil nur so über § 293 die unerlässliche Mitwirkung der Hauptversammlung bei dem Abschluss des Vertrages sichergestellt werden kann (→ Rn. 6).[21]

2. BGB-Gesellschaft. Durch eine Gewinngemeinschaft wird zwischen den beteiligten **14** Unternehmen eine Gesellschaft iSd § 705 BGB mit dem gemeinsamen Zweck der Vergemeinschaftung und der anschließenden Wiederaufteilung des Gewinns begründet.[22] Folglich findet die Gewinngemeinschaft von selbst ihr Ende, wenn die Erreichung des gemeinsamen Zwecks dauernd unmöglich wird (§ 726 BGB).[23] Außerdem kommt eine Kündigung aus wichtigem Grund in Betracht (§ 723 Abs. 1 S. 2 und 3 BGB), sobald eine der beteiligten Gesellschaften aufgelöst wird.[24]

In der Gewinngemeinschaft haben sämtliche Beteiligten, ihre Gleichberechtigung voraus- **15** gesetzt, ein Interesse an der Erzielung eines möglichst hohen Gesamtgewinns. Die Gewinngemeinschaft tendiert deshalb zur **Verwaltungsgemeinschaft** durch Zusammenfassung der Geschäftsführung der beteiligten Unternehmen zumindest in Teilbereichen (§§ 709 ff. BGB). Geht dies so weit, dass es – ohne gegenseitige Abhängigkeit der Beteiligten – zur einheitlichen Leitung der verbundenen Unternehmen kommt, so begründet die Gewinngemeinschaft gemäß § 18 Abs. 2 zugleich einen **Gleichordnungskonzern** unter den Beteiligten (§ 291 Abs. 2; → § 18 Rn. 15 ff.).[25]

3. Anwendungsbereich, Abgrenzung. Die Anwendung des § 292 Abs. 1 Nr. 1 setzt **16** voraus, dass der Vertrag gerade den *eigenen* Gewinn der Gesellschaft betrifft. § 292 Abs. 1 Nr. 1 findet dagegen nach seinem Wortlaut *keine* Anwendung, wenn Gegenstand des Vertrags nicht der **Gewinn** der Gesellschaft selbst, sondern zB der **ihrer Tochtergesellschaf-**

---

[17] Spindler/Stilz/*Veil* Rn. 8; GroßkommAktG/*Mülbert* Rn. 70.
[18] MüKoAktG/*Altmeppen* Rn. 20; Hüffer/*Koch* Rn. 9 f.; KK-AktG/*Koppensteiner* Rn. 37 f., 42 ff.; MHdB AG/*Krieger* Rn. 11; GroßkommAktG/*Mülbert* Rn. 71.
[19] MüKoAktG/*Altmeppen* Rn. 21 f.; Hölters/*Deilmann* Rn. 8; Hüffer/*Koch* Rn. 9; MHdB AG/*Krieger* § 72 Rn. 11; Grigoleit/*Servatius* Rn. 7.
[20] So in der Tat Hölters/*Deilmann* Rn. 8.
[21] *Führling*, Sonstige Unternehmensverträge, 74 f.; Hüffer/*Koch* Rn. 9; KK-AktG/*Koppensteiner* Rn. 38; K. Schmidt/Lutter/*Langenbucher* Rn. 8; GroßkommAktG/*Mülbert* Rn. 73; Spindler/Stilz/*Veil* Rn. 9.
[22] BGHZ 24, 279 (293) = NJW 1957, 1279; OLG Frankfurt AG 1988, 267 (269 f.); *Führling*, Sonstige Unternehmensverträge, 64, 83 ff.
[23] BGHZ 24, 279 (293) = NJW 1957, 1279; OLG Frankfurt AG 1987, 43 (45).
[24] BGHZ 24, 279 (294 f.) = NJW 1957, 1279.
[25] MüKoAktG/*Altmeppen* Rn. 42; *Dierdorf* Herrschaft 105; *Führling*, Sonstige Unternehmensverträge, 73; GroßkommAktG/*Mülbert* Rn. 75; Grigoleit/*Servatius* Rn. 8; Spindler/Stilz/*Veil* Rn. 10.

ten ist. Daraus ergibt sich die Frage, ob der Vorstand bei der Vergemeinschaftung des Gewinns von Tochtergesellschaften **freie Hand** genießt (§ 76)²⁶ oder ob in diesen Fällen, jedenfalls wenn es sich um bedeutende Tochtergesellschaften handelt, Raum für die **entsprechende Anwendung des § 292 Abs. 1 Nr. 1** ist (→ Rn. 6; → § 293 Rn. 11; → Vor § 311 Rn. 1, 33 ff.).²⁷ Die besseren Gründe sprechen hier nach wie vor für die zuletzt genannte Auffassung, weil nur so über die §§ 293 ff. der gebotene Schutz der Aktionäre gegen derartige Praktiken sichergestellt werden kann. Das muss auf jeden Fall dann gelten, wenn es sich um Tochtergesellschaften handelt, über die die Gesellschaft den **größten Teil ihres Gewinns** (rund 80 %) erwirtschaftet.²⁸

17 Im Einzelfall kann die **Abgrenzung** der Gewinngemeinschaft von anderen vergleichbaren Vertragsgestaltungen Schwierigkeiten bereiten.²⁹ Hervorzuheben sind folgende Punkte: Führt die zwischen den Beteiligten begründete „Verwaltungsgemeinschaft" (→ Rn. 15) dazu, dass im Ergebnis einer der Beteiligten ein einseitiges umfassendes **Weisungsrecht** gegenüber den anderen Beteiligten erlangt, so verbirgt sich hinter (oder: unter) der Gewinngemeinschaft in Wirklichkeit ein **Beherrschungsvertrag** iSd § 291 Abs. 1 S. 1, sodass die Wirksamkeit des Vertrags davon abhängig ist, ob er zugleich die Voraussetzungen eines Beherrschungsvertrags erfüllt, insbesondere *als solcher* ins Handelsregister eingetragen ist (§§ 291, 293, 294; → Rn. 60 ff.).³⁰ Die Annahme eines Beherrschungsvertrages liegt besonders nahe, wenn eine der beteiligten Gesellschaften nicht mehr frei über den ihr schließlich wieder zugewiesenen Gewinnanteil verfügen kann, sondern *auch hinsichtlich der Verwendung ihres Gewinnanteils* einem Weisungs- oder Zustimmungsrecht anderer beteiligten Gesellschaften unterliegt (→ Rn. 18). Die Gewinngemeinschaft kann ferner von Fall zu Fall als **Gewinn- oder Teilgewinnabführungsvertrag** zu behandeln sein, wenn die Vertragsgestaltung zur Folge hat, dass im Ergebnis einer der Beteiligten seinen Gewinn ganz oder teilweise an einen anderen Beteiligten ausschütten muss (→ Rn. 61 ff.).³¹

18 **4. Angemessenheit der Aufteilung.** Die gesetzliche Regelung der Gewinngemeinschaft beruht auf der Prämisse, dass bei Abschluss des zugrundeliegenden Vertrages die prinzipielle Gleichberechtigung der Vertragspartner im Regelfall für ein ausgewogenes Verhältnis von Leistung und Gegenleistung und damit vor allem dafür sorgen wird, dass der schließlich den einzelnen Gesellschaften wieder zugeteilte Gewinnanteil **angemessen,** im Wesentlichen ihrem Beitrag zu dem vergemeinschafteten Gewinn entspricht, wobei noch hinzukommen muss, dass die Gesellschaft außerdem über den ihr schließlich zugeteilten Gewinnanteil frei verfügen kann (→ Rn. 4, 17).³² Sind die Vertragsparteien voneinander unabhängig, so werden diese Annahmen auch in der Regel zutreffen. Anders dagegen bei **Abhängigkeit** einer der Parteien von einer anderen: In derartigen Fällen wird in erster Linie zu prüfen sein, ob sich nicht unter dem Vertrag in Wirklichkeit ein Beherrschungs- oder Gewinnabführungsvertrag verbirgt (→ Rn. 17). Führt diese Prüfung nicht weiter, so ist danach zu unterscheiden, ob eines der begünstigten anderen Unternehmen an der benachteiligten Gesellschaft beteiligt ist oder nicht:

19 Bei **Aktionärseigenschaft** eines der anderen beteiligten Unternehmen greift im Falle der Benachteiligung der Gesellschaft bei der Gewinnverteilung das **Verbot verdeckter Gewinnausschüttungen** ein (§§ 57, 58, 60), sodass der Vertrag, durch den die Gewinnge-

---

²⁶ So Hölters/*Deilmann* Rn. 9; KK-AktG/*Koppensteiner* Rn. 46 f.; GroßkommAktG/*Mülbert* Rn. 78 f.; *Thoma* FS Hoffmann-Becking, 2013, 1237 (1249); offengelassen in BGH NJW 1982, 933 (936) = AG 1982, 129 – insoweit nicht in BGHZ 82, 188 (200) abgedruckt; vermittelnd MüKoAktG/*Altmeppen* Rn. 25 f.; *Paefgen*, Unternehmerische Entscheidungen, 519 ff.
²⁷ MHdB AG/*Krieger* § 72 Rn. 12; *M. Lutter* FS Barz, 1974, 199 (212 ff.); *U. Schneider*, Der GmbH-Konzern, 78, 99 f.; dagegen Hüffer/*Koch* Rn. 6.
²⁸ BGHZ 159, 30 = NJW 2004, 1860 = AG 2004, 384; BGH NZG 2004, 575 = ZIP 2004, 1001 – Gelatine I und II; *Goette* AG 2006, 522 (524 f.); krit. Hüffer/*Koch* Rn. 6.
²⁹ Ausf. *Führling*, Sonstige Unternehmensverträge, 73 ff.
³⁰ Spindler/Stilz/*Veil* Rn. 10.
³¹ Grigoleit/*Servatius* Rn. 5.
³² Hüffer/*Koch* Rn. 9; GroßkommAktG/*Mülbert* Rn. 8.

meinschaft begründet wurde, nach hM ebenso wie der Zustimmungsbeschluss der Hauptversammlung wegen des Verstoßes gegen ein gesetzliches Verbot *nichtig* ist (§ 134 BGB; §§ 241 Nr. 3, 293 Abs. 1 AktG).[33] Der Gegenmeinung, die sich in erster Linie auf § 62 stützt und nach der „lediglich" eine Anpassung des Vertrages an die gesetzliche Regelung erforderlich ist,[34] ist nicht zu folgen. Zudem darf auch nach dieser Meinung der Vertrag nicht durchgeführt werden, solange er nicht „angepasst" worden ist. Ohne Anpassung nach § 62 muss der Vertrag somit auf jeden Fall rückabgewickelt werden, wobei die Regeln über die fehlerhafte Gesellschaft zu beachten sind, da die Gewinngemeinschaft eine BGB-Außengesellschaft darstellt (→ Rn. 14).[35] Das Gesagte gilt **auch in Abhängigkeitsverhältnissen,** weil die §§ 57, 58 und 60 insoweit nicht durch die §§ 311 ff. verdrängt werden (→ § 311 Rn. 82 f.).[36]

Für die Anwendung der §§ 57, 58 und 60 ist dagegen kein Raum, wenn keine der anderen Vertragsparteien an der benachteiligten Gesellschaft **beteiligt** ist. In solchen Fällen bietet allein die **Organhaftung** von Vorstand und Aufsichtsrat auf Grund der §§ 93 und 116 der benachteiligten Gesellschaft einen gewissen Schutz.[37] In (mittelbaren) Abhängigkeitsverhältnissen kommt daneben noch die Anwendung der **§§ 311 und 317** in Betracht.[38] In besonders gravierenden Fallgestaltungen ist auch an die Anwendung der Grundsätze über den Missbrauch der Vertretungsmacht sowie an eine Haftung der verantwortlichen Organmitglieder nach § 823 Abs. 2 BGB (in Verbindung mit § 266 StGB) sowie natürlich immer an die Anwendung des § 826 BGB zu denken.[39]

5. GmbH. Der Begriff der Gewinngemeinschaft ist im GmbH-Recht derselbe wie im Aktienrecht (§ 292 Abs. 1 Nr. 1). Sind an einer Gewinngemeinschaft neben Gesellschaften in der Rechtsform einer GmbH Aktiengesellschaften oder KGaA beteiligt, so findet ohnehin das Aktienkonzernrecht Anwendung (§ 292 Abs. 1 Nr. 1). Andernfalls stellt sich als erstes die Frage, ob aus den entsprechend anwendbaren §§ 292 Abs. 1 Nr. 1, 293 und 294 zu folgern ist, dass der Vertragsabschluss auch bei der GmbH nach den §§ 53 und 54 GmbHG der **Zustimmung der Gesellschafter** (jedenfalls) durch vertragsändernden Beschluss (→ Rn. 22) mit anschließender **Eintragung** ins Handelsregister bedarf oder ob der Abschluss des Vertrages, bei dem es sich um einen Gesellschaftsvertrag iSd § 705 BGB handelt, von der Vertretungsmacht der Geschäftsführer gedeckt ist (§ 37 Abs. 2 GmbHG).[40] Überwiegend wird wegen der großen Gefährlichkeit derartiger Verträge das Erstere angenommen.[41]

Eine andere Frage ist, **mit welcher Mehrheit** die Gesellschafter (→ Rn. 21) dem Vertragsabschluss zustimmen müssen. Diese Frage ist gleichfalls umstritten.[42] Richtiger Meinung nach sollte man hier danach unterscheiden, ob die betroffene GmbH von der oder den anderen Vertragsparteien abhängig ist oder nicht. **Bei fehlender Abhängigkeit** überwiegt der Charakter des Vertrags als schuldrechtlicher Austauschvertrag, sodass es bei der

---

[33] *Dierdorf* Herrschaft 102 ff.; *Ebenroth* Vermögenszuwendungen 421 ff.; Hüffer/*Koch* Rn. 11; KK-AktG/*Koppensteiner* Rn. 28, 53; MHdB AG/*Krieger* § 72 Rn. 13; K. Schmidt/Lutter/*Langenbucher* Rn. 11; GroßkommAktG/*Mülbert* Rn. 38 f.; Spindler/Stilz/*Veil* Rn. 11.
[34] MüKoAktG/*Altmeppen* Rn. 30–35; *Joost* ZHR 149 (1985), 419; Grigoleit/*Servatius* Rn. 19.
[35] Hüffer/*Koch* Rn. 11; dagegen MüKoAktG/*Altmeppen* Rn. 40 f.
[36] MüKoAktG/*Altmeppen* Rn. 36; GroßkommAktG/*Mülbert* Rn. 46, 51 ff.; – anders MHdB AG/*Krieger* § 72 Rn. 13, 23; K. Schmidt/Lutter/*Langenbucher* Rn. 12.
[37] MüKoAktG/*Altmeppen* Rn. 38 f.; Hölters/*Deilmann* Rn. 11; Hüffer/*Koch* Rn. 11; K. Schmidt/Lutter/*Langenbucher* Rn. 10; GroßkommAktG/*Mülbert* Rn. 43 f.; Grigoleit/*Servatius* Rn. 16; Spindler/Stilz/*Veil* Rn. 11.
[38] MHdB AG/*Krieger* § 72 Rn. 13.
[39] GroßkommAktG/*Mülbert* Rn. 44 f.
[40] So Roth/Altmeppen/*Altmeppen* GmbHG Anh. § 13 Rn. 112 f.
[41] UHW/*Casper* GmbHG Anh. § 77 Rn. 184, 204; Scholz/*Emmerich* GmbHG Anh. § 13 Rn. 211; *Führling*, Sonstige Unternehmensverträge, 131 ff.; Rowedder/Schmidt-Leithoff/*Koppensteiner* GmbHG Anh. § 52 Rn. 67; MüKoGmbHG/*Liebscher* Anh. § 13 Rn. 693, 778 f.; Grigoleit/*Servatius* Rn. 3; *U. Schneider* in ders. (Hrsg.), Beherrschungs- und Gewinnabführungsverträge in der Praxis der GmbH, 7, 26 ff.
[42] S. mN Scholz/*Emmerich* GmbHG Anh. § 13 Rn. 211 f.

Regelung der §§ 53 und 54 GmbHG sein Bewenden haben kann. **Im Falle der Abhängigkeit** der GmbH von dem oder den anderen Beteiligten wird man jedoch wegen des Eingriffs in das Gewinnbezugsrecht der Gesellschafter (§ 29 GmbHG) und der damit verbundenen Zweckänderung die **Zustimmung aller** Gesellschafter zu verlangen haben (§ 33 BGB).[43]

V. Teilgewinnabführungsvertrag (Abs. 1 Nr. 2, Abs. 2)

23 **1. Begriff.** Ein Teilgewinnabführungsvertrag liegt nach § 292 Abs. 1 Nr. 2 vor, wenn sich eine AG oder KGaA verpflichtet, einen Teil ihres Gewinnes oder den Gewinn einzelner ihrer Betriebe ganz oder zum Teil an einen anderen abzuführen. Auf die **Unternehmensqualität** des anderen Vertragsteils kommt es hier nicht an (→ Rn. 8 f., 32). Ausgenommen sind jedoch gemäß § 292 Abs. 2 Verträge über eine Gewinnbeteiligung mit Verwaltungsmitgliedern oder mit einzelnen Arbeitnehmern der Gesellschaft sowie Abreden über eine Gewinnbeteiligung im Rahmen von Verträgen des laufenden Geschäftsverkehrs oder von Lizenzverträgen (→ Rn. 33 ff.).

23a § 292 Abs. 1 Nr. 2 wurde in das Gesetz aufgenommen, um im Interesse der Aktionäre jede Abführung des wie immer berechneten Gewinns des Unternehmens oder einzelner Betriebe an die Zustimmung der Hauptversammlung (§ 293) zu binden.[44] **Zweck** der Regelung ist folglich in erster Linie der Schutz des Rechts der Hauptversammlung zur Entscheidung über die Gewinnverwendung (§ 174). Deshalb beschränkt sich der **Anwendungsbereich** des Gesetzes hier auch nicht auf einen besonderen Vertragstyp, sondern erfasst zum Schutze der Aktionäre und ihrer Zuständigkeit (§ 174) generell *jeden Vertrag* ohne Rücksicht auf seine rechtliche Einkleidung, der in der Sache nach auf die Abführung eines Teils des Gewinns hinausläuft, sofern im Einzelfall die Ausnahme des § 292 Abs. 2 eingreift.[45] Der Anwendungsbereich des § 292 Abs. 1 Nr. 2 ist daher an sich sehr weit; tatsächlich beschränkt er sich jedoch im Wesentlichen auf stille Beteiligungen an einer AG oder KGaA (→ Rn. 29 ff.), auf verschiedene partiarische Rechtsverhältnisse (→ Rn. 26) sowie – entgegen der hM – auf gewinnorientierte Genussrechte iSd § 221 (→ Rn. 31).

24 **2. Abgrenzung.** Der Teilgewinnabführungsvertrag muss vor allem von dem *Gewinnabführungsvertrag* des § 291 Abs. 1 S. 1 unterschieden werden. Nach dem Gesetz ist die Abgrenzung an sich einfach: Während der Gewinnabführungsvertrag gemäß § 291 Abs. 1 S. 1 durch die Verpflichtung der Gesellschaft zur Abführung „ihres *ganzen* Gewinns" charakterisiert ist (→ § 291 Rn. 47 ff.), beschränkt sich bei dem Teilgewinnabführungsvertrag die Verpflichtung zur Gewinnabführung nach § 292 Abs. 1 Nr. 2 auf einen (beliebig großen oder kleinen) **„Teil" ihres Gewinns** oder den **Gewinn „einzelner"** (nicht aller) ihrer **Betriebe.** Ein Teilgewinnabführungsvertrag iSd § 292 Abs. 1 Nr. 2 liegt folglich selbst dann vor, wenn der Vertrag **fast den gesamten Gewinn** der Gesellschaft, aber eben nicht den ganzen Gewinn umfasst (→ § 291 Rn. 48).[46] Ober- und Untergrenzen für den abzuführenden Gewinnteil kennt das Gesetz an sich nicht.[47] Mittelbar ergibt sich indessen eine **Obergrenze** aus dem auch auf Teilgewinnabführungsverträge anwendbaren § 301 (→ § 301 Rn. 5, str.),[48] während eine **Untergrenze** tatsächlich nicht besteht, da dem Gesetz jenseits

---

[43] AA UHW/*Casper* GmbHG Anh. § 77 Rn. 205; Rowedder/Schmidt-Leithoff/*Koppensteiner* GmbHG Anh. § 52 Rn. 67; MüKoGmbHG/*Liebscher* Anh. § 13 Rn. 781 f.; Grigoleit/*Servatius* Rn. 3: qualifizierte Mehrheit.
[44] Begr. RegE bei *Kropff* AktG 379.
[45] KG AG 2000, 183 (184) = NZG 1999, 1102; OLG München NZG 2009, 38 (39) = ZIP 2009, 318 = AG 2009, 372.
[46] Hüffer/*Koch* Rn. 13; *Führling*, Sonstige Unternehmensverträge, 60; KK-AktG/*Koppensteiner* Rn. 54; MHdB AG/*Krieger* § 72 Rn. 15; Spindler/Stilz/*Veil* Rn. 17.
[47] GroßkommAktG/*Mülbert* Rn. 89 f.
[48] GroßkommAktG/*Mülbert* Rn. 93; Grigoleit/*Servatius* Rn. 20.

des § 292 Abs. 2 keine Bagatellgrenze zu entnehmen ist (→ Rn. 33; zu § 292 Abs. 2 → Rn. 33 ff.).[49]

In Zweifelsfällen ist nach dem Gesagten (→ Rn. 24) davon auszugehen, dass die Anwendung des § 292 Abs. 1 Nr. 2 voraussetzt, dass der Gesellschaft nach dem Vertrag überhaupt noch ein (beliebig kleiner) **Teil** des Gewinns **verbleibt,** während ein Gewinnabführungsvertrag iSd § 291 Abs. 1 S. 1 vorliegt, wenn der Vertrag der Sache nach (§§ 133, 157, 242 BGB), dh im Ergebnis, auf die *Abführung des ganzen Gewinns hinausläuft,* insbesondere, weil der abzuführende Gewinn bereits im Vertrag mit Bedacht so hoch angesetzt wurde, dass er mit Notwendigkeit auf absehbare Zeit den gesamten Gewinn der Gesellschaft abschöpfen muss. So verhält es sich zB, wenn zwar formal die Gewinne einzelner Betriebe von der Abführung ausgenommen werden, jedoch bereits bei Vertragsabschluss feststeht, dass gerade diese Betriebe auf lange Zeit keine Gewinne abwerfen werden.[50] In derartigen und vergleichbaren Umgehungsfällen ist, weil allein der Sachlage entsprechend, ein Gewinnabführungsvertrag iSd § 291 Abs. 1 S. 1 anzunehmen, der dann freilich meistens schon mangels Eintragung ins Handelsregister nichtig sein dürfte (§ 294).[51]

3. Gewinn. Die Nr. 2 des § 292 Abs. 1 sagt ebenso wenig wie die Nr. 1 der Vorschrift, was unter dem „Gewinn" der Gesellschaft oder einzelner ihrer Betriebe zu verstehen ist. Nach hM ist der Gewinnbegriff hier *derselbe wie* bei der *Nr. 1* der Vorschrift (→ Rn. 11), sodass die Nr. 2 des § 292 Abs. 1 gleichfalls allein solche Verträge erfasst, die den auf Grund einer **periodischen Abrechnung** ermittelten Gewinn betreffen, mag es sich dabei um den Bilanzgewinn, den Jahresüberschuss, die Umsatzerlöse oder den Rohertrag handeln, nicht aber den Gewinn allein aus einzelnen Geschäften.[52] Die Frage ist aber umstritten.[53]

Mit dem Wortlaut der Nr. 2 des § 292 Abs. 1 sind beide Auslegungen vereinbar. Die Parallele zu § 291 Abs. 1 S. 1 sowie zur Nr. 1 des § 292 Abs. 1 spricht indessen in der Tat dafür, auch hier an der Notwendigkeit eines **periodisch ermittelten Gewinns** als Abgrenzungskriterium zwischen Teilgewinnabführungsverträgen und anderen vergleichbaren Vertragsgestaltungen festzuhalten (→ § 291 Rn. 64 f.). Dem steht § 292 Abs. 2 nicht notwendig entgegen, da nichts hindert, den Gewinnbegriff hier ebenso wie in Abs. 1 der Vorschrift zu verstehen (→ Rn. 33 f.). **Partiarische Austauschverträge,** zB partiarische Miet- oder Pachtverträge, bei denen die von der Gesellschaft geschuldete Gegenleistung in einem Teil der von ihr erwirtschafteten Periodengewinne besteht, fallen folglich grundsätzlich unter die Nr. 2 des § 292 Abs. 1; anders verhält es sich nur, wenn zugleich die Voraussetzungen des Ausnahmetatbestands des Abs. 2 des § 292 erfüllt sind.[54] Weitere Beispiele sind je nach der Ausgestaltung der Gegenleistung der Gesellschaft **partiarische Darlehen** (→ Rn. 35)[55] sowie Betriebsführungsverträge, wenn die Gegenleistung der Gesellschaft in einer Gewinnbeteiligung des Betriebsführers besteht (zur Anwendbarkeit des § 292 Abs. 1 Nr. 3 → Rn. 55 ff.). **Keine Gewinne** iSd § 292 Abs. 1 Nr. 2 sind dagegen **Zinsen** für die Überlassung von Kapital, wenn und solange die Höhe der Zinsen von dem Ergebnis des jeweiligen Geschäftsjahres unabhängig ist (→ Rn. 30).[56] Unter dieser Voraussetzung spielt

---

[49] KG AG 2000, 183 (184) = NZG 1999, 1102; MüKoAktG/*Altmeppen* Rn. 83; K. Schmidt/Lutter/*Langenbucher* Rn. 17.
[50] MüKoAktG/*Altmeppen* Rn. 54; *Führling,* Sonstige Unternehmensverträge, 75; Hölters/*Deilmann* Rn. 15.
[51] GroßkommAktG/*Mülbert* Rn. 20.
[52] So insbes. KG AG 2000, 183 (184) = NZG 1999, 1102; *Kl. Eyber* Abgrenzung 20 ff.; *Führling,* Sonstige Unternehmensverträge, 65 f.; Hölters/*Deilmann* Rn. 16; Hüffer/*Koch* Rn. 13; KK-AktG/*Koppensteiner* Rn. 55; MHdB AG/*Krieger* § 72 Rn. 16; GroßkommAktG/*Mülbert* Rn. 85 ff.; Grigoleit/*Servatius* Rn. 20; Spindler/Stilz/*Veil* Rn. 15 f.; Raiser/*Veil* KapGesR § 57 Rn. 10; im Wesentlichen zust. auch MüKoAktG/*Altmeppen* Rn. 60 ff.
[53] Anders zB K. *Schmidt* ZGR 1984, 295 (300 ff.); *Schulze-Osterloh* ZGR 1974, 427 (431 ff.); offengelassen in BayObLG AG 2001, 424 = NZG 2001, 408.
[54] Hölters/*Deilmann* Rn. 20; s. einerseits für einen Lease-back-Vertrag KG NZG 1999, 1102 = AG 2000, 183 (184 f.); andererseits MüKoAktG/*Altmeppen* Rn. 63 f.
[55] MüKoAktG/*Altmeppen* Rn. 68 f.; *Kl. Eyber* Abgrenzung 13 ff.; GroßkommAktG/*Mülbert* Rn. 98.
[56] S. auch BayObLG AG 2001, 424 = NZG 2001, 408; K. Schmidt/Lutter/*Langenbucher* Rn. 27; GroßkommAktG/*Mülbert* Rn. 99; Spindler/Stilz/*Veil* Rn. 15.

auch die Höhe der Zinsen keine Rolle.[57] Ebenso beurteilt werden sonstige **Festvergütungen,** insbesondere Festvergütungen für stille Gesellschafter neben oder ggf. auch anstelle der Gewinnbeteiligung, zum Beispiel in Gestalt einer Mindestverzinsung der Einlagen. Die Einzelheiten sind umstritten, nicht zuletzt wegen der Vielgestaltigkeit der einschlägigen Abreden. Man muss vor allem danach unterscheiden, ob *nur* eine *Festvergütung* oder eine solche *neben* einer Gewinnbeteiligung geschuldet ist. Ein Teilgewinnabführungsvertrag ist nur im zweiten Fall anzunehmen, während für eine Anwendung des § 292 Abs. 1 Nr. 2 kein Raum ist, wenn allein eine feste, gewinnunabhängige Verzinsung der Einlage vereinbart ist (→ § 301 Rn. 8a, 9a).[58] Maßgebend ist, mit anderen Worten, ob der stille Gesellschafter das Geschäftsrisiko in Gestalt einer *Verlustbeteiligung* mitträgt. Wenn und soweit dies der Fall ist, sodass der Anspruch auf die Festvergütung entfällt, wenn der Periodengewinn nicht mehr zur Bedienung der Festvergütungen ausreicht, handelt es sich um einen Teilgewinnabführungsvertrag iSd §§ 292 Abs. 1 Nr. 1 und 301 (→ § 301 Rn. 8).[59] Dasselbe gilt für **Besserungsscheine,** dh für einen durch die Verbesserung der Vermögensverhältnisse der Gesellschaft auflösend bedingten Erlass von Forderungen, und zwar selbst dann, wenn die Bedingung in der Erzielung eines Überschusses besteht.[60]

27 **4. Gegenleistung.** Im Schrifttum ist umstritten, ob die Anwendung des § 292 Abs. 1 Nr. 2 voraussetzt, dass die Gesellschaft für die Abführung eines Teils ihres Gewinnes eine Gegenleistung erhält oder nicht. Die **überwiegende Meinung verneint** unter Hinweis auf den Wortlaut der Vorschrift die Notwendigkeit einer angemessenen Gegenleistung.[61] Dagegen spricht indessen, dass die Gesetzesverfasser in den anderen Unternehmensverträgen des § 292 Abs. 1 grundsätzlich schuldrechtliche **Austauschverträge** gesehen haben (→ Rn. 4), Verträge also, bei denen die Gesellschaft für ihre Leistung, die Gewinnabführung, eine angemessene Gegenleistung erhält.[62] Im Ergebnis besteht denn auch weitgehende Einigkeit darüber, dass im Regelfall, wenn nicht generell, die Rechtmäßigkeit des Teilgewinnabführungsvertrages voraussetzt, dass die Gesellschaft eine angemessene Gegenleistung für die partielle Gewinnabführung erhält,[63] sodass sich in der Tat der Anwendungsbereich des § 292 Abs. 1 Nr. 2 im Wesentlichen auf *entgeltliche Verträge* beschränkt. **Maßgebender Zeitpunkt** ist der des Vertragsabschlusses, sodass *nicht* angemessen jede Gegenleistung ist, die in diesem Zeitpunkt objektiv hinter der Leistung der Gesellschaft (dem abgeführten Gewinnteil) zurückbleibt.[64]

27a Bei der Betrachtung der **Rechtsfolgen** einer danach nicht angemessenen Gegenleistung muss nach der Person des Vertragsgegners unterschieden werden: Wird durch den Vertrag ein **Aktionär** der Gesellschaft begünstigt, so sind der Vertrag sowie der Zustimmungsbeschluss wegen des Verstoßes gegen die §§ 57, 58 und 60 als **verdeckte Gewinnausschüttung nichtig,** da § 292 (im Gegensatz zu § 291 Abs. 3) die Kapitalerhaltungsregeln nicht einschränkt (→ Rn. 1, 4, 19; §§ 57 Abs. 1 S. 3, 241 Nr. 3 AktG; § 134 BGB); gleichwohl von der Gesellschaft abgeführte Gewinne müssen ihr nach § 62 erstattet werden,[65] und zwar

---

[57] BayObLG AG 2001, 424 = NZG 2001, 408; Hüffer/*Koch* Rn. 13.
[58] BGH BeckRS 2012, 25500; AG 2013, 92 = NZG 2013, 53 Rn. 33, beide zur HSH-Nordbank.
[59] BGH BeckRS 2012, 25500; AG 2013, 92 = NZG 2013, 53 Rn. 33, beide zur HSH-Nordbank; LG Bonn AG 2006, 465 = ZIP 2006, 382; ausf. *Appelbacher* FS Hoffmann-Becking, 2013, 13 (16 ff.); *Habersack* FS Happ, 2006, 49 (57 ff.); *Rust* AG 2006, 563; str., aA zB *Hofert/Arends* ZIP 2005, 1297 (1299, 1303).
[60] OLG München NZG 2009, 38 (39) = AG 2009, 372, str.
[61] KG AG 2000, 183 (184) = NZG 1999, 1102; Hölters/*Deilmann* Rn. 17; Hüffer/*Koch* Rn. 14; MHdB AG/*Krieger* § 72 Rn. 17, 23; GroßkommAktG/*Mülbert* Rn. 83; Grigoleit/*Servatius* Rn. 21; K. Schmidt/Lutter/*Langenbucher* Rn. 18.
[62] MüKoAktG/*Altmeppen* Rn. 74–77; Spindler/Stilz/*Veil* Rn. 19 f.
[63] Beispielsweise GroßkommAktG/*Mülbert* Rn. 91; Grigoleit/*Servatius* Rn. 21.
[64] K. Schmidt/Lutter/*Langenbucher* Rn. 22; GroßkommAktG/*Mülbert* Rn. 92; Spindler/Stilz/*Veil* Rn. 20.
[65] BGHZ 156, 38 (43 f.) = NJW 2003, 3412 = AG 2003, 625 – Deutsche Hypothekenbank; ebenso für eine stille Gesellschaft mit einem Aktionär OLG Düsseldorf AG 1996, 473 f. = DB 1996, 1862 – Citicorp AG; *Dierdorf* Herrschaft 115 ff.; *Ebenroth* Vermögenszuwendungen 425 ff.; *Führling,* Sonstige Unternehmensverträge, 108; Hölters/*Deilmann* Rn. 18; MHdB AG/*Krieger* § 72 Rn. 23; K. Schmidt/Lutter/*Langenbucher* Rn. 19; Spindler/Stilz/*Veil* Rn. 20.

auch, wenn der Vertrag bereits aufgrund eines Freigabeschlusses nach § 246a ins Handelsregister eingetragen worden war (§ 246a Abs. 4 S. 2; → § 293 Rn. 56 f.). Im Ergebnis bedeutet dies, dass Teilgewinnabführungsverträge mit Aktionären in der Tat nur bei Vereinbarung einer angemessenen Gegenleistung wirksam sind.[66] Wenn die Gesellschaft von dem Aktionär *abhängig* ist, ergibt sich dasselbe nach Meinung des BGH auch aus der **Treuepflicht** der Mehrheit gegenüber der Minderheit.[67] Kein Raum ist dagegen hier für die Anwendung der §§ 304 f., deren Geltungsbereich sich auf die Verträge des § 291 beschränkt.[68] Damit ist zugleich gesagt, dass etwaige **Ausgleichsleistungen** an die außenstehenden Aktionäre *nicht* als Gegenleistung für die Gewinnabführung in dem genannten Sinne anerkannt werden können, zumal sie nicht der Gesellschaft (in Form der Gegenleistung für die Gewinnabführung), sondern Dritten, nämlich den außenstehenden Aktionären zufließen.[69]

Andere Regeln gelten, wenn der **Vertragspartner** nicht an der Gesellschaft **beteiligt** 28 ist. Auch in diesem Fall ist die Gesellschaft jedoch nicht schutzlos; vielmehr kommen dann bei Fehlen einer angemessenen Gegenleistung neben der Anwendung der §§ 311 und 317 in Abhängigkeitsverhältnissen noch die Strafbarkeit des Vorstands (§ 266 StGB) sowie dessen persönliche Haftung in Betracht (§ 93 AktG, §§ 823 Abs. 2, 826 BGB).[70] Schon deshalb wird wohl kein Vorstand jemals einen derartigen Vertrag abschließen.

5. Stille Gesellschaft. a) Bedeutung. Stille Gesellschaften mit einer AG (oder einer 29 KGaA) bilden heute – infolge der eine Zeitlang festzustellenden Verbreitung der stillen Gesellschaft als Anlageform – den wohl *wichtigsten* Anwendungsfall der Nr. 2 des § 292 Abs. 1, da jede stille Gesellschaft, wie immer im Übrigen die Abreden der Parteien gestaltet sein mögen, und ohne Rücksicht auf den Gegenstand der Gesellschaft, (auch) eine Beteiligung des Stillen an dem periodisch ermittelten Gewinn der Gesellschaft zur Folge hat (§§ 6 Abs. 2, 230 und 231 Abs. 2 HGB; § 3 Abs. 1 AktG).[71] Zwischen *typischen und atypischen* stillen Gesellschaften wird dabei nicht unterschieden.[72] Vorherrschend sind offenbar atypische stille Gesellschaftsverträge, weil von der Finanzverwaltung nur diese als Mitunternehmerschaften iSd Einkommensteuerrechts anerkannt werden (§ 15 Abs. 1 S. 1 Nr. 2 S. 1 EStG).

b) Abgrenzung zum Beherrschungsvertrag. Im Einzelfall kann sich hinter einem 29a atypischen stillen Gesellschaftsvertrag ein Beherrschungsvertrag verbergen, wenn dem Stillen zusätzliche Einflussrechte auf die Entscheidungen der Gesellschaft eingeräumt werden. Dabei ist zu beachten, dass bereits bei einer *typischen* stillen Gesellschaft die sog. *Grundlagengeschäfte*, weil und sofern sie auf eine Vertragsänderung hinauslaufen, der Zustimmung des stillen Gesellschafters bedürfen (§ 311 Abs. 1 BGB).[73] Beispiele sind die Veränderung des Unternehmensgegenstandes, die Veräußerung oder Verpachtung des Unternehmens sowie die Einstellung ihres Geschäftsbetriebes.[74] Die Grenze zum Beherrschungsvertrag wird jedoch erst überschritten, wenn dem Stillen **zusätzliche Einflussrechte in Gestalt von**

---

[66] So ausdrücklich BGHZ 156, 38 (43 f.) = NJW 2003, 3412 = AG 2003, 625 – Deutsche Hypothekenbank; OLG Düsseldorf AG 1996, 473 f. = DB 1996, 1862 – Citicorp AG.
[67] BGHZ 156, 38 (44) = NJW 2003, 3412 = AG 2003, 625 = NZG 2003, 1023.
[68] OLG Düsseldorf AG 1996, 473 = DB 1996, 1862 – Citicorp AG.
[69] OLG Düsseldorf AG 1996, 473 = DB 1996, 1862 – Citicorp AG.
[70] Hüffer/*Koch* Rn. 16; *Raiser/Veil* KapGesR § 57 Rn. 12; K. Schmidt/Lutter/*Langenbucher* Rn. 19; Spindler/Stilz/*Veil* Rn. 20; ebenso im Ergebnis MüKoAktG/*Altmeppen* Rn. 75–77.
[71] Begr. RegE eines Gesetzes über elektronische Register (2001), BT-Drs. 14/6855, 21; BGHZ 156, 38 (43) = NJW 2003, 3412 = AG 2003, 625 = NZG 2003, 1023 – Deutsche Hypothekenbank; BGH NJW-RR 2004, 1407 = NZG 2004, 961 = AG 2004, 610 – Real Direkt AG; BGH NJW-RR 2005, 627 = NZG 2005, 261 = AG 2005, 201 – Securenta II; AG 2005, 390 (391) = NZG 2005, 472 – Göttinger Gruppe; AG 2006, 546 (548) Rn. 20 = NZG 2006, 540; AG 2013, 92 Rn. 24 = NZG 2013, 93 – HSH Nordbank; *R. Veil* Unternehmensverträge 266 ff.; *Wälzholz* DStR 2003, 1533 (1534); *M. Winter* FS Pelzer, 2001, 645 ff.
[72] BGHZ 156, 38 (44) = NJW 2003, 3412 = AG 2003, 625; insbes. BGH AG 2005, 390 (391) (unter II 1 a) = NZG 2005, 753 = NZG 2005, 472 – Göttinger Gruppe.
[73] *Priester* FS Raiser, 2005, 293.
[74] BGHZ 127, 176 (179 f.) = NJW 1995, 192; BGHZ 156, 38 (44) = NJW 2003, 3412 = AG 2003, 625.

Zustimmungs- oder Vetorechten eingeräumt werden, die so weit gehen, dass die Leitungsbefugnis des Vorstandes (§ 76) tangiert wird (→ § 291 Rn. 19 ff.).[75] Bei dem Vertrag handelt es sich dann in Wirklichkeit um einen Beherrschungs- oder doch Teilbeherrschungsvertrag, der folglich nur wirksam ist, wenn er zugleich die besonderen Wirksamkeitsvoraussetzungen eines Beherrschungsvertrages erfüllt, wozu vor allem gehört, dass er als solcher ins Handelsregister eingetragen wird (§ 294).[76] Für die Anwendung der Ausnahmevorschrift des **§ 292 Abs. 2** dürfte in dem hier interessierenden Zusammenhang in der Regel *kein* Raum sein (→ Rn. 34, 35; zur schwiegen Abgrenzung zu den Genussrechten → Rn. 31).[77]

29b c) **Form, Abschluss.** Aus dem Umstand, dass stille Gesellschaftsverträge mit einer AG grundsätzlich als Teilgewinnabführungsverträge zu qualifizieren sind (→ Rn. 29), folgt, dass solche Verträge (abweichend von den §§ 230 ff. HGB) zu ihrer Wirksamkeit der **Schriftform** bedürfen (§ 293 Abs. 3), wobei sich das Schriftformerfordernis auf sämtliche Abreden der Beteiligten erstreckt, die nach ihrem Willen einen Teil des Gesellschaftsvertrages der stillen Gesellschaft bilden (→ § 293 Rn. 22).[78] Die Verträge werden außerdem nur mit **Zustimmung der Hauptversammlung** der AG (oder KGaA) mit qualifizierter Mehrheit wirksam (§ 293 Abs. 1; → § 293 Rn. 23 ff.). Bei einer Vielzahl stiller Gesellschaftsverträge mit einem großen Kreis stiller Gesellschafter lässt es die Rechtsprechung jedoch zu, über alle Verträge zusammen *im Wege des Sammelbeschlussverfahrens* abzustimmen, vorausgesetzt, dass der Versammlungsleiter zuvor darauf hinweist, dass durch mehrheitliche Ablehnung der Beschlussvorlage eine Einzelabstimmung herbeigeführt werden kann, und sofern kein anwesender Aktionär gegen diese Verfahrensweise Einwände erhebt.[79] Anwendbar sind ferner die §§ 293a–293g.[80] Erforderlich ist daher insbesondere ein **Vorstandsbericht** iSd § 293a, in dem der Vorstand unter anderem auf etwaige Bedenken gegen die Wirksamkeit des stillen Gesellschaftsvertrages eingehen muss, insbesondere, wenn der Stille inzwischen den Vertrag angefochten hat oder von ihm zurückgetreten ist; ohne solchen Bericht ist ein etwaiger Zustimmungsbeschluss anfechtbar (§ 243 Abs. 1).[81]

29c Sind die Verträge im Wesentlichen gleichlautend, so genügt es zur Erfüllung der **Auslegungspflicht** nach § 293f Abs. 1 Nr. 1, wenn in der Hauptversammlung *Vertragsmuster* mit Musterzeichnungsscheinen sowie Gesellschafterlisten mit den Namen, den Anschriften und den Zeichnungssummen der stillen Gesellschafter ausgelegt werden.[82] Das **Auskunftsrecht** der Aktionäre bei der Abstimmung über die Zustimmung zu den stillen Gesellschaftsverträgen richtet sich nach § 293g,[83] während sich entsprechende **Informationsrechte der stillen** Gesellschafter aus § 233 HGB iVm dem stillen Gesellschaftsvertrag ergeben. Aus dem Vertrag folgt ferner ein Anspruch der stillen Gesellschafter gegen die Gesellschaft auf rechtzeitige Vorlage aller Unterlagen, derer sie zur Abgabe ihrer Steuererklärung bedürfen (§ 242 BGB), dies freilich nur in der Zeit des Bestandes der stillen Gesellschaft, während sich nach deren Beendigung die Rechte der Stillen nach § 810 BGB richten.[84]

---

[75] *Bachmann/Veil* ZIP 1999, 348 (353 ff.); K. Schmidt/Lutter/*Langenbucher* Rn. 24; *Priester* FS Raiser, 2005, 293; diff. Spindler/Stilz/*Veil* Rn. 23 f.; *R. Veil* Unternehmensverträge 266 ff.; – sehr eng KG AG 2014, 627 (628 f.) = NZG 2014, 668.
[76] *Bachmann/Veil* ZIP 1999, 348 (353 ff.); *R. Veil* Unternehmensverträge 266 ff.
[77] OLG Stuttgart AG 2005, 171.
[78] OLG Celle AG 2000, 280 = NZG 2000, 85; OLG Braunschweig NZG 2004, 126 = AG 2003, 686 (688) – Securenta AG I.
[79] BGHZ 156, 38 (41) = NJW 2003, 3412 = AG 2003, 625 = NZG 2003, 1023 – Deutsche Hypothekenbank.
[80] LG München I ZIP 2010, 522 (523).
[81] LG München I ZIP 2010, 522 (523).
[82] OLG Braunschweig AG 2003, 686 (688) = NZG 2004, 126.
[83] BGHZ 156, 38 (45 f.) = NJW 2003, 3412 = AG 2003, 625 = NZG 2003, 1023 – Deutsche Hypothekenbank.
[84] OLG Hamburg NZG 2004, 715.

d) Eintragung. Letzte Voraussetzung der Wirksamkeit von stillen Gesellschaftsverträgen 29d mit einer AG ist nach § 294 die Eintragung des Vertrags ins Handelsregister.[85] Aus diesem Erfordernis hatten sich in der Praxis bei Abschluss einer Vielzahl stiller Gesellschaftsverträge mit Anlegern erhebliche **Probleme** ergeben. Deshalb wurde 2001 in § 294 Abs. 1 S. 1 ein neuer Hs. 2 eingefügt, der eine **vereinfachte Eintragung** derartiger Teilgewinnabführungsverträge mit einer AG oder KGaA erlaubt (→ § 294 Rn. 1, 12a f.). Verzögert sich die Zustimmung der Hauptversammlung zu dem als Teilgewinnabführungsvertrag zu qualifizierenden stillen Gesellschaftsvertrag oder dessen Eintragung ins Handelsregister übermäßig, so kommt ein **Rücktritt** der stillen Gesellschafter entsprechend § 323 Abs. 4 BGB in Betracht (→ § 297 Rn. 31a). Weitere Rücktrittsrechte können sich im Einzelfall bei Haustürgeschäften aus den §§ 312 ff. BGB ergeben. Nach der unnötig restriktiven Rechtsprechung des BGH kann jedoch ein auf die genannten Vorschriften gestützter Rücktritt nicht später in eine Kündigung wegen des Fehlens der Voraussetzungen der §§ 293 f. umgedeutet werden.[86]

e) Änderung. Bei einer späteren Änderung des stillen Gesellschaftsvertrages ist § 295 29e zu beachten, der seinerseits in Abs. 1 S. 2 auf die §§ 293–295 verweist. Deshalb muss die Hauptversammlung der Gesellschaft der Änderung mit qualifizierter Mehrheit zustimmen (§ 293 Abs. 1); außerdem bedarf die Änderung des Vertrages der Eintragung ins Handelsregister (§ 294).[87] Eine derartige Vertragsänderung stellt insbesondere auch die Zusage eines Kreditinstituts an seine stillen Gesellschafter dar, ungeachtet eines etwaigen Verlustes zur Erhaltung ihrer Reputation an den Märkten an sich nicht geschuldete **Sonderzahlungen** zu erbringen (→ § 295 Rn. 7a).[88]

f) Anlegerschutz. Im Mittelpunkt der Diskussion stehen heute die Fragen, die sich 29f ergeben, wenn die Anleger bei Abschluss des stillen Gesellschaftsvertrages nicht ordnungsgemäß über die mit dem Vertrag verbundenen Risiken *aufgeklärt* wurden, sodass sie den stillen Gesellschaftsvertrag **anfechten** können (§§ 119, 123 Abs. 1 BGB) oder Ansprüche auf **Schadensersatz** aus c. i. c. und Delikt gegen die Gesellschaft (als Geschäftsinhaberin) oder gegen deren Vertreter haben (§§ 241 Abs. 2, 311 Abs. 2 und 3, 280 Abs. 1, 823 Abs. 2, 826, 31, 278 BGB). Deshalb stellt sich hier die Frage, ob sich aus dem Umstand, dass es sich bei den stillen Gesellschaftsverträgen zugleich um Teilgewinnabführungsverträge und damit um Unternehmensverträge handelt, aus den Regeln über fehlerhafte Gesellschaftsverträge Restriktionen für etwaige Schadensersatzansprüche der getäuschten Anleger gegen die AG und ihre Vertreter, dh gegen den Vorstand ergeben.[89]

Die Probleme rühren vor allem daher, dass die Rechtsprechung die **Regeln über fehler-** 29g **hafte Gesellschaftsverträge** auch auf (typische wie atypische) stille Gesellschaftsverträge anwendet, wobei es als Vollzug des stillen Gesellschaftsvertrages (und damit des Teilgewinnabführungsvertrages) bereits genügen soll, wenn der Stille seine Einlage geleistet hat (→ § 291 Rn. 28a).[90] Folgt man dem, so hat dies die (bedenkliche) Folge, dass **Mängel des Gesellschaftsvertrages** einschließlich der erwähnten Nichtigkeits- und Anfechtungsgründe, ungeachtet sogar der ggf. noch fehlenden Eintragung des Vertrages ins Handelsregister oder der fehlenden Zustimmung der Hauptversammlung der AG (§§ 293 Abs. 1 und 294), **lediglich** ein **Kündigungsrecht** der stillen Gesellschafter aus wichtigem Grunde begründen (§ 234 Abs. 1 S. 2 HGB iVm § 723 Abs. 1 S. 2 und 3 BGB), sodass ihnen nur die meistens wertlosen Ansprüche zustehen, die sich aus der dann erforderlichen Auseinan-

---

[85] Ebenso ausdrücklich BGH AG 2006, 546 (548) Rn. 19 f. = NZG 2006, 540 – Securenta AG.
[86] So BGH AG 2006, 546 (548) Rn. 22 = NZG 2006, 540 – Securenta AG.
[87] OLG Hamburg AG 2011, 339 (341 f.) = NZG 2011, 619.
[88] BGH AG 2013, 92 Rn. 25, 28 ff. = NZG 2013, 53 – HSH-Nordbank.
[89] S. Armbrüster/Joos ZIP 2004, 189; Bälz FS Raiser, 2005, 615; W. Bayer/Riedel NJW 2003, 2567; Gehrlein WM 2005, 1489; St. Geibel BB 2005, 1009; Hey NZG 2004, 1097; Loritz DB 2004, 2459; C. Schäfer ZHR 170 (2006), 373; Wälzholz DStR 2003, 1533.
[90] BGHZ 199, 104 (109) Rn. 11 = AG 2014, 41 = NZG 2013, 1422; BGH AG 2005, 201 (202) unter I a = NJW-RR 2005, 627 = NZG 2005, 261; AG 2005, 390 (391) unter II 1 a = NZG 2005, 472, beide zur Göttinger Gruppe; NJW-RR 2006, 178 = NZG 2006, 57 (58) unter II 2.

dersetzung aufgrund einer Abschichtungsbilanz ergeben (§ 235 HGB iVm § 738 BGB).[91] Wegen der verbreiteten **Kritik** an dieser für die Anleger unnötig nachteiligen Praxis[92] unterscheidet die Rechtsprechung heute jedoch weiter zwischen zweigliedrigen und mehrgliedrigen Gesellschaften, bei denen zwischen den stillen Gesellschaftern ebenfalls eine Gesellschaft besteht. Bei **zweigliedrigen** Gesellschaften bleibt auf jeden Fall Raum für **Schadensersatzansprüche gegen** den anderen Vertragsteil, hier also die **AG,** aus c.i.c. (§§ 241 Abs. 2, 311 Abs. 2, 276 BGB), Vertrag (§ 280 BGB) und Delikt (§§ 823 Abs. 2 und 826 BGB), die auf Rückzahlung der Einlage und Ersatz der verbleibenden Schäden gerichtet sind (§§ 249, 252 BGB),[93] während bei den offenbar die Regel bildenden **mehrgliedrigen** Gesellschaften derartige Schadensersatzansprüche heute wenigstens in beschränktem Umfang zum Ausgleich der durch den Abfindungsanspruch nicht ausgeglichenen Schäden der Anleger zugelassen werden.[94] Aber auch dies vermag noch nicht in jeder Hinsicht zu befriedigen, da bei der gebotenen Berücksichtigung der für fehlerhafte Unternehmensverträge geltenden Regeln hier in aller Regel überhaupt kein Raum für die Annahme fehlerhafter Verträge sein dürfte (→ § 291 Rn. 29 f.).

30 Praktische Bedeutung hat das Gesagte vor allem für Ansprüche der getäuschten Anleger nach den Grundsätzen über die **bürgerlich-rechtliche Prospekthaftung,** für deren Anwendung in den hier interessierenden Fällen noch Raum sein dürfte[95] und die darauf gestützt werden, dass die Anleger bei Abschluss der stillen Gesellschaftsverträge nicht vollständig über die mit der Anlage verbundenen Chancen und Risiken aufgeklärt wurden. Neben der Gesellschaft können ferner die **Vorstandsmitglieder** der AG **persönlich** nach den Regeln der Prospekthaftung sowie wegen Anlagebetrugs (§ 823 Abs. 2 BGB iVm den §§ 263 und 264a StGB) haftbar sein.[96] Es sollte insoweit auch nicht zwischen typischen und atypischen stillen Gesellschaften unterschieden werden; keine Rolle spielt ferner, ob der Eintragung des Vertrages ein Freigabeverfahren nach § 246a vorausgegangen ist;[97] Schadensersatzansprüche aus den genannten Gründen stehen den Anlegern vielmehr zu ihrem Schutz immer zu

31 **6. Gewinnorientierte Genussrechte.** Gewinnorientierte Genussrechte iSd § 221 Abs. 3, die auf schuldvertraglicher Basis dem Berechtigten eine Teilhabe am Gewinn der Gesellschaft verschaffen, begründen richtiger Meinung nach eine *stille Gesellschaft* zwischen den Beteiligten. Dies legt die Frage nahe, ob es sich bei solchen Genussrechten zugleich um Teilgewinnabführungsverträge iSd § 292 Abs. 1 Nr. 2 handelt. Überwiegend wird die Frage verneint und damit im Ergebnis dem **§ 221 Abs. 3** der **Vorrang** vor § 292 Abs. 1 Nr. 2 zugebilligt, da andernfalls § 221 Abs. 3 im Grunde entbehrlich sei.[98] Diese Meinung

---

[91] BGHZ 199, 104 (113 ff.) Rn. 16 ff. = AG 2014, 41 = NZG 2013, 1422; OLG Hamburg AG 2003, 519 (520) – IBEKA Immobilienbeteiligungs AG usw bis OLG Hamburg NZG 2013, 1391; *Armbrüster/Joos* ZIP 2004, 189 (192, 194); *Blaurock* HdB § 17 Rn. 12 ff. (206 ff.); *Loritz* DB 2004, 2459; *Wälzholz* DStR 2003, 1533 (1534 f.).

[92] S. *W. Bayer/Riedel* NJW 2003, 2567 (2571 f.); *Bälz* FS Raiser, 1995, 615; *C. Schäfer* ZHR 170 (2006), 373 (391 ff.); *Gehrlein* WM 2005, 1489 (1493 ff.); *St. Geibel* BB 2005, 1015; *Hey* NZG 2004, 1097; Spindler/Stilz/*Veil* Rn. 25–29.

[93] BGH AG 2004, 610 = NZG 2004, 961 = NJW-RR 2004, 1407 – Real DirektAG; WM 2004, 2150 (2153) = DB 2004, 2418 (2420); NZG 2005, 261 = AG 2005, 201 = NJW-RR 2005, 627 – Securenta II; AG 2005, 390 (393) (l. Sp.) = NZG 2005, 472; NZG 2006, 467 unter II 2 a = NJW 2005, 1784; NZG 2005, unter II 1 a = WM 2005, 838; NZG 2006, 57 (58) unter 3 a (r. Sp.) = NJW-RR 2006, 178, alle zur – Göttinger Gruppe.

[94] BGHZ 199, 109 (111 ff.) Rn. 16 ff.

[95] S. MüKoBGB/*Emmerich* 7. Aufl. 2015, § 311 Rn. 135 ff.

[96] OLG Stuttgart AG 2005, 171 – Göttinger Gruppe; OLG München AG 2005, 168; 2005, 169 – Göttinger Gruppe I und II.

[97] Anders Spindler/Stilz/*Veil* Rn. 27–29.

[98] BGHZ 156, 38 (42 ff.) = NJW 2003, 3412 = AG 2003, 625 – Deutsche Hypothekenbank; ebenso zuvor schon (ohne Begr.) BGHZ 120, 141 = NJW 1993, 400 = AG 1993, 134 – Bankverein Bremen; MüKoAktG/*Altmeppen* Rn. 71; Kl. Eyber Abgrenzung 69, 163 ff.; *Habersack* FS Happ, 2006, 49 (54); MüKoAktG/*ders.* § 221 Rn. 72, 74; GroßkommAktG/*Mülbert* Rn. 102; KK-AktG/*Koppensteiner* Rn. 59; K. Schmidt/Lutter/*Merkt* § 221 Rn. 45; *Rust* AG 2006, 563 (566).

hat den **Nachteil,** dass sie den Beteiligten die Möglichkeit zu strategischen Verhaltensweisen zum Schaden der Aktionäre und Gläubiger eröffnet. Deshalb ist daran festzuhalten, dass Genussrechte **(auch)** dem § 292 Abs. 1 Nr. 2 unterfallen, weil und sofern sie der Sache nach auf die Abführung eines Teils des Gewinns der Gesellschaft an die jeweils Begünstigten hinauslaufen.[99] Das Gesagte gilt auch für **Partizipationsscheine,** die wie Genussrechte ausgestaltet sind.[100] Folgt man dem, so sollte man auch – wiederum entgegen der hM[101] – nicht zögern, wegen der Vergleichbarkeit stiller Beteiligungen an einer AG mit gewinnorientierten Genussrechten eine entsprechende Anwendung des § 221 Abs. 4 auf stille Beteiligungen zu erwägen, sodass den Aktionären ebenso wie bei den Genussrechten auch bei stillen Beteiligungen ein **Bezugsrecht** eingeräumt werden muss, zumindest bei einer massenweisen Begebung stiller Beteiligungen.[102]

7. Rechtsfolgen. Der Teilgewinnabführungsvertrag des § 292 Abs. 1 Nr. 2 ist ein Unternehmensvertrag, sodass die Vertragsparteien **verbundene Unternehmen** iSd § 15 sind, jedenfalls, wenn sie ohnehin Unternehmensqualität besitzen, nach der hier vertretenen Meinung aber auch sonst (→ Rn. 8 f.).[103] Auch Abs. 2 des § 292 macht deutlich, dass es für die Annahme eines Teilgewinnabführungsvertrages (ganz entsprechend dem Wortlaut des § 292 Abs. 1 Nr. 2) **nicht** auf die **Unternehmenseigenschaft** des anderen Vertragsteils ankommt;[104] denn andernfalls wäre die Regelung des § 292 Abs. 2 entbehrlich, da weder die Mitglieder von Vorstand und Aufsichtsrat noch die Arbeitnehmer der Gesellschaft als solche, dh in dieser Eigenschaft die Voraussetzungen des Unternehmensbegriffs des Gesetzes (§ 15) erfüllen (→ Rn. 33 f.). Ohne Rücksicht auf diese Frage sind aber auf jeden Fall **auf** den **Vertragsabschluss** die §§ 293–299 anzuwenden, dh auch dann, wenn man davon ausgeht, dass der andere Vertragsteil durch den Abschluss des Vertrages nicht automatisch Unternehmensqualität iSd § 15 erlangt (→ Rn. 29b ff.).[105] Denn die Sicherstellung der (generellen) Anwendbarkeit der §§ 293–299 auf den Abschluss derartiger Verträge war gerade der Zweck der gesetzlichen Regelung (→ Rn. 23). Dies zeigt auch § 292 Abs. 2 (→ Rn. 34). Weitere **Sondervorschriften** für den Teilgewinnabführungsvertrag finden sich in den §§ 300 Nr. 2 und 301 (letzteres str., → § 301 Rn. 5) sowie in § 15 FinMStG.[106] Ergänzend gelten die **§§ 311–318,** wenn zwischen den Parteien ein Abhängigkeitsverhältnis besteht. Allein durch den Abschluss eines Teilgewinnabführungsvertrags wird jedoch noch keine Abhängigkeit der einen Partei von der anderen begründet. **Steuerrechtlich** wird der Teilgewinnabführungsvertrag nicht als Grundlage der Organschaft anerkannt (§ 14 KStG, → § 291 Rn. 51a f.).

8. Ausnahmen. a) Mitglieder von Vorstand, Aufsichtsrat, einzelne Arbeitnehmer. Nach § 292 Abs. 2 ist ein Vertrag über eine Gewinnbeteiligung mit Mitgliedern von Vorstand und Aufsichtsrat oder mit *einzelnen* Arbeitnehmern der Gesellschaft ebenso wenig wie eine Abrede über eine Gewinnbeteiligung im Rahmen von Verträgen des laufenden Geschäftsverkehrs oder im Rahmen von Lizenzverträgen ein Teilgewinnabführungsvertrag iSd Nr. 2 des § 292 Abs. 1. Vorbild der Regelung war **§ 256 Abs. 1 AktG von 1937,** nach dem ein Gewinnabführungsvertrag der Zustimmung der Hauptversammlung (nur dann) bedurfte, wenn er sich auf mehr als *drei Viertel* des gesamten Gewinns der Gesellschaft bezog. Wegen der mit dieser Regelung verbundenen Berechnungsschwierigkeiten haben

---

[99] *Hirte* ZBB 1992, 50 (51 ff.); K. Schmidt/Lutter/*Langenbucher* Rn. 26; *D. Reuter* FS R. Fischer, 1979, 605 (617).
[100] *Reuter* FS R. Fischer, 1979, 605 (617).
[101] BGHZ 156, 38 (42 ff.) = NJW 2003, 3412 = AG 2003, 625 – Deutsche Hypothekenbank.
[102] Spindler/Stilz/*Veil* Rn. 22.
[103] Anders MüKoAktG/*Altmeppen* Rn. 93; *Kl. Eyber* Abgrenzung 12 f.; *Führling,* Sonstige Unternehmensverträge, 65; Hüffer/*Koch* Rn. 12.
[104] GroßkommAktG/*Mülbert* Rn. 31; Spindler/Stilz/*Veil* Rn. 13.
[105] Ebenso im Ergebnis Hüffer/*Koch* Rn. 12.
[106] *Appelbacher* FS Hofmann-Becking, 2013, 13 (19 ff.); GroßkommAktG/*Mülbert* Rn. 97; *Wieneke/Fett* NZG 2009, 8; *Ziemons* NZG 2009, 369.

die Gesetzesverfasser in dem jetzigen § 292 Abs. 2 (abweichend von § 256 Abs. 1 AktG von 1937) auf *quantitative* Merkmale verzichtet und stattdessen zur Abgrenzung der wenigen Ausnahmen von dem Anwendungsbereich des § 292 Abs. 1 Nr. 2 nur noch (*qualitativ*) auf die **Art des jeweiligen Vertrages** abgestellt.[107] Die gesetzliche Regelung ist *abschließend,* sodass ihre entsprechende Anwendung auf andere Fälle, namentlich auf sog. Bagatellfälle, nicht in Betracht kommt (→ Rn. 24).[108]

34 Die erste Ausnahme betrifft Verträge über eine Gewinnbeteiligung mit Mitgliedern von Vorstand und Aufsichtsrat oder mit einzelnen Arbeitnehmern der Gesellschaft. Die Ausnahme gilt insbesondere auch für den Abschluss stiller Gesellschaftsverträge mit den genannten Personen.[109] Gedacht ist hier aber in erster Linie an Abreden über **Tantiemen** iSd §§ 86 und 113 Abs. 3. Gleich stehen entsprechende Vergütungsabreden mit **„einzelnen"**, dh individuell bestimmten **Arbeitnehmern.** Den Gegensatz bilden die Gesamtheit der Arbeitnehmer oder doch nach generellen Merkmalen gebildete Arbeitnehmergruppen, sodass Abreden über die Gewinnbeteiligung der **gesamten Arbeitnehmerschaft oder** einzelner **Gruppen** von ihnen der Zustimmung der Hauptversammlung sowie der Eintragung ins Handelsregister bedürfen (§ 292 Abs. 1 Nr. 2 iVm §§ 293 Abs. 1, 294).[110] Zumal bei entsprechenden **Betriebsvereinbarungen** wird dies in der Praxis vielfach übersehen – mit der Folge der Nichtigkeit der Vereinbarung (§ 125 BGB). Anders nur, wenn die Gewinnbeteiligung der Arbeitnehmer nicht auf einem Vertrag, insbesondere mit dem Betriebsrat, sondern auf einem Beschluss der Hauptversammlung beruht, da § 292 nur für Verträge, nicht aber für Hauptversammlungsbeschlüsse gilt.[111]

35 **b) Verträge des laufenden Geschäftsverkehrs.** Die zweite Ausnahme betrifft Abreden über eine Gewinnbeteiligung im Rahmen von Verträgen des laufenden Geschäftsverkehrs. Dieser Begriff ist hier ebenso *wie in § 116 Abs. 1 HGB* zu verstehen, sodass mit § 292 Abs. 2 nur für die Gesellschaft **typische Verträge** erfasst werden; den Gegensatz bilden *atypische* Verträge, dh für die Gesellschaft *ungewöhnliche* Geschäfte iSd § 116 Abs. 2 HGB.[112] **Beispiele** für Verträge des laufenden Geschäftsverkehrs sind danach je nach dem Gegenstand der betreffenden Gesellschaft partiarische Darlehen oder partiarische Miet- oder Pachtverträge (→ Rn. 26), *nicht* aber im Regelfall die Aufnahme stiller Gesellschafter, sodass es dabei bleibt, dass diese grundsätzlich der Zustimmung der Hauptversammlung bedarf (§§ 292 Abs. 1 Nr. 2, 293 Abs. 1; → Rn. 29b).[113]

36 **c) Lizenzverträge.** Als letzte Ausnahme erwähnt § 292 Abs. 2 noch Abreden über eine Gewinnbeteiligung im Rahmen von Lizenzverträgen. Darunter fallen nicht nur Patentlizenzverträge, sondern zB auch Lizenzverträge über Know-how oder über Erfindungsideen, sofern (ausnahmsweise) die Gegenleistung der Gesellschaft für die Einräumung der Lizenz in einer Gewinnbeteiligung iSd Nr. 2 des § 292 Abs. 1 besteht.[114]

37 **9. GmbH.** Der Begriff des Teilgewinnabführungsvertrags ist im GmbH-Konzernrecht derselbe wie im Aktienkonzernrecht (→ Rn. 23 ff.). Noch nicht entschieden ist damit freilich über die **Voraussetzungen** der Wirksamkeit solcher Verträge mit einer GmbH in der Rolle der zur Gewinnabführung *verpflichteten* Gesellschaft, wobei es vor allem um das Erfordernis der Mitwirkung der Gesellschafter geht. Nach einer verbreiteten Meinung ist die Mitwirkung der Gesellschafter bei Abschluss des Teilgewinnabführungsvertrags entbehrlich, weil der Vertragsschluss durch die grundsätzlich unbeschränkte **Vertretungsmacht**

---

[107] Begr. RegE bei *Kropff* AktG 379; KG AG 2000, 183 (184 f.) = NZG 1999, 1102.
[108] KG AG 2000, 183 (184 f.) = NZG 1999, 1102; GroßkommAktG/*Mülbert* Rn. 106.
[109] Hüffer/*Koch* Rn. 27; MHdB AG/*Krieger* § 72 Rn. 19; *K. Schmidt* ZGR 1984, 295 (301).
[110] MüKoAktG/*Altmeppen* Rn. 79; Hüffer/*Koch* Rn. 27; KK-AktG/*Koppensteiner* Rn. 57; Spindler/Stilz/ *Veil* Rn. 31.
[111] GroßkommAktG/*Mülbert* Rn. 108.
[112] KG AG 2000, 183 (184 f.) = NZG 1999, 1102.
[113] OLG Stuttgart AG 2005, 171; Hüffer/*Koch* Rn. 28; GroßkommAktG/*Mülbert* Rn. 109; aA *Kl. Eyber* Abgrenzung 23 ff.
[114] MüKoAktG/*Altmeppen* Rn. 82; GroßkommAktG/*Mülbert* Rn. 111.

der Geschäftsführer gedeckt sei (§ 37 Abs. 2 GmbHG).[115] Dem ist nicht zu folgen; schon wegen des mit dem Abschluss eines derartigen Vertrags verbundenen Eingriffs in das Gewinnbezugsrecht der Gesellschafter (§ 29 GmbHG) sowie in die Zuständigkeit der Gesellschafterversammlung (§ 46 Nr. 1 GmbHG) müssen die **Gesellschafter** einem Teilgewinnabführungsvertrag (zumindest) durch vertragsänderndem Beschluss nach Maßgabe der §§ 53 und 54 GmbHG **zustimmen**.[116] Damit ist zugleich gesagt, dass der Vertrag – entsprechend § 54 GmbHG und § 294 AktG – zu seiner Wirksamkeit der **Eintragung** ins Handelsregister bedarf.[117] Der abweichenden Rechtsprechung[118] ist nicht zu folgen, sodass der Vertrag erst mit Eintragung ins Handelsregister wirksam wird.

Davon zu trennen ist die Frage, ob in bestimmten Fällen oder generell – über die §§ 53 **37a** und 54 GmbHG hinaus (→ Rn. 37) – eine **Zustimmung aller Gesellschafter** nötig ist. Richtiger Meinung nach ergibt sich die Antwort aus **§ 33 Abs. 1 S. 2 BGB**.[119] Eine Zustimmung *aller* Gesellschafter ist danach jedenfalls dann erforderlich, wenn der Teilgewinnabführungsvertrag **keine angemessene Gegenleistung** für die Gesellschaft vorsieht,[120] dies schon deshalb, weil in solchem Fall der Vertragsschluss eine Verletzung der Treuepflicht der den Vertrag durchsetzenden Gesellschaftergruppe gegenüber den Mitgesellschaftern enthält.[121] Aus vergleichbaren Erwägungen heraus ist zum Schutze der Gesellschaft und der Minderheit ferner die Zustimmung aller Gesellschafter zu dem Vertragsabschluss zu verlangen, wenn die Gesellschaft von dem anderen Vertragsteil **abhängig** ist.[122] Nur die hier vertretende Meinung erlaubt zudem eine Lösung der schwierigen Frage nach dem Schicksal stiller Gesellschaftsverträge im Falle der **Umwandlung** einer GmbH **in eine AG**.[123] Bei Beteiligung einer GmbH als **berechtigte** Gesellschaft gelten dagegen für den Vertragsschluss keine Besonderheiten auf der Seite der Berechtigten GmbH.[124]

VI. Betriebspacht- und Betriebsüberlassungsverträge (Abs. 1 Nr. 3, Abs. 3)

1. Überblick. Als dritte und letzte Erscheinungsform der anderen Unternehmensverträge nennt das Gesetz in § 292 Abs. 1 Nr. 3 noch den Betriebspacht- und den Betriebsüberlassungsvertrag. Mit der Einreihung der Betriebspacht- und Betriebsüberlassungsverträge unter die anderen Unternehmensverträgen des § 292 wurde vornehmlich der **Zweck** verfolgt sicherzustellen, dass solche Verträge nur mit Zustimmung der Hauptversammlung, und zwar mit qualifizierter Mehrheit abgeschlossen werden können. Ihre praktische Bedeutung wird heute als durchaus erheblich eingestuft, und zwar insbesondere bei der GmbH im Handel, im Hotel- und Gaststättengewerbe sowie bei Wirtschaftsprüfungsgesellschaften.[125] **38**

---

[115] BayObLGZ 2003, 21 (23 ff.) = NJW-RR 2003, 908 = GmbHR 2003, 534; LG Darmstadt AG 2005, 488 = ZIP 2005, 402 (404); *Jebens* BB 1996, 701; *Roth/Altmeppen/Altmeppen* GmbHG Anh. § 13 Rn. 112 ff.; *Habersack* FS Happ, 2006, 49 (54 f.); *Morshäuser/Dietz-Vellmer* NZG 2011, 1135 (1136); *Rust* AG 2006, 563 (564); *J. Schmidt-Ott* GmbHR 2001, 182 (183 f.).
[116] *L. Beck* GmbHR 2014, 1075 (1082) – und zwar auch für die Verträge des § 292 Abs. 2; UHW/*Casper* GmbHG Anh. § 77 Rn. 204 (1104); *Führling*, Sonstige Unternehmensverträge, 109, 138 ff.; Scholz/*Emmerich* GmbHG Anh. § 13 Rn. 214; Rowedder/Schmidt-Leithoff/*Koppensteiner* GmbHG Anh. § 52 Rn. 69 (1769 f.); MüKoGmbHG/*Liebscher* Anh. § 13 Rn. 697; *K. Mertens* AG 2000, 32; Grigoleit/*Servatius* Rn. 29: analog § 293.
[117] *L. Beck* GmbHR 2014, 1075 (1082); s. MüKoGmbHG/*Liebscher* Anh. § 13 Rn. 697; *Chr. Schulte/ Th. Waechter* GmbHR 2002, 189 (190).
[118] BayObLGZ 2003, 21 (23 ff.) = NJW-RR 2003, 908 = GmbHR 2003, 534; OLG München DStR 2011, 1139 = GmbHR 2011, 487; KG AG 2014, 627 (628) = NZG 2014, 668; *Morshäuser/Dietz-Vellmer* NZG 2011, 1135 (1136 f.).
[119] Scholz/*Emmerich* GmbHG Anh. § 13 Rn. 215.
[120] *Führling*, Sonstige Unternehmensverträge, 109, 138 ff.; MüKoGmbHG/*Liebscher* Anh. § 13 Rn. 696, 780 ff. – aber widersprüchlich.
[121] BGHZ 156, 38 (43 f.) = NJW 2003, 3412 = NZG 2003, 1023 = AG 2003, 625 – Deutsche Hypothekenbank.
[122] Scholz/*Emmerich* GmbHG Anh. § 13 Rn. 215; *Raiser/Veil* KapGesR § 57 Rn. 13.
[123] *K. Mertens* AG 2000, 32 (37 f.); *M. Winter* FS Peltzer, 2001, 645 (649 ff.).
[124] MüKoGmbHG/*Liebscher* Anh. § 13 Rn. 783.
[125] *Kürten/Westermann* GmbHR 2014, 852; GroßkommAktG/*Mülbert* Rn. 118; Grigoleit/*Servatius* Rn. 34; str.

39 Ergänzend bestimmt § 292 Abs. 3 (mit Rücksicht auf vermeintliche Abwicklungsschwierigkeiten, → Rn. 2, 50 ff.), dass ein Betriebspacht- oder Betriebsüberlassungsvertrag sowie der Beschluss, durch den die Hauptversammlung dem Vertrag zustimmt, nicht deshalb nichtig sind, weil der Vertrag *gegen die §§ 57, 58 und 60 verstößt* (§ 292 Abs. 3 S. 1); eine Anfechtung des Beschlusses wegen des fraglichen Verstoßes bleibt jedoch möglich (§ 292 Abs. 3 S. 2). § 302 Abs. 2 fügt hinzu, dass (nur) in *Abhängigkeitsverhältnissen* das herrschende Unternehmen bei Abschluss eines Betriebspacht- oder Betriebsüberlassungsvertrages jeden während der Vertragsdauer sonst entstehenden Jahresfehlbetrag auszugleichen hat, *soweit die vereinbarte Gegenleistung das angemessene Entgelt nicht erreicht* (→ § 302 Rn. 21 ff.). Weitergehende Schutzvorschriften zugunsten der verpachtenden oder überlassenden Gesellschaft enthält das Gesetz nicht, weil das Gesetz in den fraglichen Verträgen für den Regelfall nichts anderes als bloße **(schuldrechtliche) Austauschverträge** sieht (→ Rn. 4). Tatsächlich eignen sich indessen Betriebspachtverträge in kaum geringerem Maße als Beherrschungs- und Gewinnabführungsverträge zur „Eingliederung" der abhängigen Gesellschaft in den Konzern des herrschenden Unternehmens (sog. **konzerninterne Pachtverträge**).[126] Betriebsüberlassungs- und Betriebsführungsverträge können gleichfalls ohne weiteres Konzernierungszwecken dienstbar gemacht werden.[127] Die Folge ist, dass Betriebspacht- und Betriebsüberlassungsverträge – entgegen dem Ausgangspunkt des Gesetzes (→ Rn. 39) – tatsächlich doch häufig oder sogar im Regelfall weitergehende Wirkungen als gewöhnliche Austauschverträge haben, indem sie durch die Herabstufung der Gesellschaft zur *„Rentnergesellschaft"* schwerwiegend in deren Struktur eingreifen (→ Rn. 40).[128] Im Schrifttum werden sie deshalb vielfach ebenso wie die Beherrschungs- und Gewinnabführungsverträge zu den sog. **Organisationsverträgen** gerechnet,[129] ohne dass dies etwas daran änderte, dass es sich bei den genannten Verträgen in erster Linie um schuldrechtliche Austauschverträge handelt.

39a Der **Anwendungsbereich** des § 292 Abs. 1 Nr. 3 ist umstritten. Es geht dabei vor allem um die Frage, ob sich der Anwendungsbereich der Vorschrift streng auf die hier genannten Betriebspacht- und Betriebsüberlassungsverträge beschränkt (→ Rn. 40, 43 ff.) oder ob die Vorschrift auch *entsprechend* auf vergleichbare Vertragstypen *angewandt* werden kann, bei denen ebenso wie bei Betriebspachtverträgen die Gefahr einer Fremdbestimmung der Gesellschaft, diesmal auf schuldvertraglicher Basis besteht.[130] Als **Beispiele** werden neben den Betriebsführungsverträgen (→ Rn. 55 ff.) noch atypische langfristige Kreditverträge mit weitreichenden Zustimmungsrechten des Kreditgebers, sog. (financial) covenants, ferner Franchiseverträge, sofern sie zu einer Eingliederung des Franchisenehmers in die Organisation des Franchisegebers führen, sowie vergleichbare Lieferverträge genannt.[131] In den genannten Fällen geht es letztlich um Fallgestaltungen, die auch unter den Stichwörtern verdeckte oder atypische Beherrschungsverträge diskutiert werden, sodass hier durchweg letztlich die Frage im Vordergrund steht, ob sich nicht hinter dem Vertrag (oder unter ihm) in Wirklichkeit ein *Beherrschungsvertrag* verbirgt (→ § 291 Rn. 24c f.). Ist dies der Fall, so dürfte die angemessene Lösung eher in der Anwendung des § 291 Abs. 1 S. 1 als in der des § 292 Abs. 1 Nr. 3 bestehen (→ Rn. 45).

40 **2. Betriebspachtvertrag.** Das Gesetz enthält keine Definition des Betriebspachtvertrags. Aus der Formulierung des § 292 Abs. 1 Nr. 3 („oder sonst überlässt") folgt jedoch,

---

[126] Ausf. *Fenzl* Konzern 2006, 18 (26 ff.); *J. Mimberg* Betriebspachtverträge 62 ff.
[127] *Fenzl* Konzern 2006, 19 f.; *U. Huber* ZHR 152 (1988), 123; *W. Joachim* DWiR 1992, 397, 455; *Köhn* Konzern 2011, 530; *Winter/Theisen* AG 2011, 662; *R. Veil* Unternehmensverträge 287 ff.
[128] OLG Hamburg NZG 2000, 421 (422) = AG 2001, 91.
[129] OLG Hamburg NZG 2000, 421 (422) = AG 2001, 91; s. *Führling*, Sonstige Unternehmensverträge, 115 ff.; *Hommelhoff* Konzernleitungspflicht 276 ff.; K. Schmidt/Lutter/*Langenbucher* Rn. 29; Spindler/Stilz/*Veil* Rn. 36 f.; *R. Veil* Unternehmensverträge 206, 287 ff.; ebenso nur im Einzelfall *Fenzl* Konzern 2006, 18 (26 ff.).
[130] So Grigoleit/*Servatius* Rn. 37.
[131] Spindler/Stilz/*Veil* Rn. 59–62; *Veil* Unternehmensverträge 286, 301 f.; dagegen zB K. Schmidt/Lutter/*Langenbucher* Rn. 41–44; MüKoAktG/*Altmeppen* Rn. 104; Hüffer/*Koch* Rn. 22; KK-AktG/*Koppensteiner* Rn. 84 f.; GroßkommAktG/*Mülbert* Rn. 139.

dass nach der Vorstellung der Gesetzesverfasser der Betriebspachtvertrag eine besondere Erscheinungsform der **Gebrauchsüberlassungsverträge** darstellt.[132] Aus § 302 Abs. 2 ist außerdem der Schluss zu ziehen, dass es sich bei den Betriebspachtverträgen des § 292 Abs. 1 Nr. 3 grundsätzlich um **entgeltliche Verträge** handeln muss (→ Rn. 40a). Der Sache nach verweist das Gesetz folglich hier auf die Regelung der **Pacht** (als einer besonderen Erscheinungsform der Gebrauchsüberlassungsverträge) in den §§ 581 ff. BGB, sodass ein Betriebspachtvertrag iSd § 292 Abs. 1 Nr. 3 (nur) anzunehmen ist, wenn sich eine AG oder KGaA mit Sitz im Inland verpflichtet, dem anderen Teil gerade die Nutzung des Betriebs ihres ganzen Unternehmens für die Dauer der Pachtzeit zu gewähren, wogegen der Pächter verpflichtet ist, die vereinbarte Pacht zu zahlen (§ 581 BGB).[133] Kennzeichnend für den Betriebspachtvertrag ist mit anderen Worten, dass die Verpächterin, also die AG oder die KGaA, ihre gesamten betrieblichen Anlagen gegen Entgelt dem Pächter überlässt, der darin den Betrieb *im eigenen Namen und für eigene Rechnung* weiterführt, während sich die AG fortan auf den Einzug der Pacht, auf die Verwaltung ihres nicht betriebsnotwendigen Vermögens, vor allem also ihres sonstigen Beteiligungsbesitzes, sowie auf die Ausübung ihrer vertraglichen Rechte beschränkt, immer vorbehaltlich jederzeit möglicher abweichender Vereinbarungen der Parteien (§ 311 Abs. 1 BGB).[134]

Den Gegensatz bilden Verträge, durch die die Gesellschaft **lediglich einzelne** (nicht alle) **Betriebe verpachtet,** während sie andere noch selbst weiter betreibt, weil es sich dann nicht mehr um eine Verpachtung oder sonstige Überlassung des „Betriebs ihres (der Gesellschaft) Unternehmens" iSd § 292 Abs. 1 Nr. 3 handelt.[135] Ebenso wenig ist Raum für die Anwendung § 292 Abs. 1 Nr. 2, wenn der Vertrag **unentgeltlich** abgeschlossen wird, wie aus § 302 Abs. 2 zu schließen ist (→ Rn. 40, 48);[136] in dem zuletzt genannten Fall ist jedoch im Interesse des gebotenen Schutzes der Aktionäre und der Gläubiger eine entsprechende Anwendung des § 292 Abs. 1 Nr. 3 zu erwägen. 40a

Als **Verpächterin** kommt in § 292 Abs. 1 Nr. 3 nur eine *AG* oder *KGaA* mit Sitz im Inland in Betracht, sodass die gesetzliche Regelung auf Betriebspachtverträge mit Gesellschaften anderer Rechtsform nur von Fall zu Fall entsprechend angewandt werden kann (→ Rn. 53 f.). Unerheblich ist dagegen die **Rechtsform des Pächters.** Nach dem Wortlaut des § 292 Abs. 1 Nr. 3 braucht er noch **nicht** einmal **Unternehmensqualität** iSd § 15 zu besitzen (→ Rn. 8 f.). Im Regelfall wird freilich der Pächter spätestens durch die Fortführung des Unternehmens der verpachtenden Gesellschaft im eigenen Namen und für eigene Rechnung zum Unternehmen iSd § 15.[137] 41

Das Pachtrecht des BGB ist weithin dispositiv (§ 311 Abs. 1 BGB). Die Folge ist, dass sich in der Praxis zahlreiche **Abwandlungen** des geschilderten Grundtypus eines Betriebspachtvertrages herausgebildet haben (→ Rn. 40 f.). Ein Beispiel ist die auf den Vertragsabschluss folgende **Beauftragung der Verpächterin** durch den Betriebspächter, ihren Betrieb mit ihrer Belegschaft fortan in seinem, des *Pächters* Namen und für seine Rechnung 42

---

[132] Ebenso zB GroßkommAktG/*Mülbert* Rn. 122.
[133] BVerwGE 34, 56 (60); MüKoAktG/*Altmeppen* Rn. 97 ff.; *Fenzl* Konzern 2006, 21 ff.; *Führling,* Sonstige Unternehmensverträge, 67 ff.; KK-AktG/*Koppensteiner* Rn. 75 ff.; *J. Mimberg*, Konzerninterne Betriebspachtverträge, 19, 26 ff.; *Raupach* FS Bezzenberger, 2000, 327 (332 ff.); *R. Veil* Unternehmensvertrag 254 ff.
[134] Beispiele für Betriebspachtverträge in RGZ 142, 223; BVerwGE 34, 56; OLG Frankfurt AG 1973, 136 = WM 1973, 348; OLG Hamburg AG 2001, 91 = NZG 2000, 241; LG Berlin AG 1992, 91 = ZIP 1991, 1180 – Interhotel sowie bei *Raupach* FS Bezzenberger, 2000, 327 (336 ff.); ders./*Völker* JbFStR 1998/99, 383.
[135] *Fenzl* Konzern 2006, 29; *Führling,* Sonstige Unternehmensverträge, 68; Hölters/*Deilmann* Rn. 25; K. Schmidt/Lutter/*Langenbucher* Rn. 37; GroßkommAktG/*Mülbert* Rn. 120; *K. Schmidt* FS Hoffmann/Becking, 2013, 1053 (1057 ff.); zu den daraus resultierenden Abgrenzungsproblemen s. *Führling* 78; KK-AktG/*Koppensteiner* Rn. 76; *Maser* Betriebsüberlassungsverhältnisse 77; anders; Spindler/Stilz/*Veil* Rn. 39 f.
[136] MüKoAktG/*Altmeppen* Rn. 110 f.; Hüffer/*Koch* Rn. 18; Hölters/*Deilmann* Rn. 29; Spindler/Stilz/*Veil* Rn. 41 ff.; aA KK-AktG/*Koppensteiner* Rn. 65.
[137] Ebenso MüKoAktG/*Altmeppen* Rn. 95; *Führling,* Sonstige Unternehmensverträge, 68; Hüffer/*Koch* Rn. 17; *Maser* Betriebsüberlassungsverhältnisse 44 f.; GroßkommAktG/*Mülbert* Rn. 113; Grigoleit/*Servatius* Rn. 38.

weiter zu betreiben. Der Sache nach liegt dann die Kombination eines Betriebspachtvertrages mit einem Betriebsführungsvertrag vor.[138]

43 **3. Betriebsüberlassungsvertrag.** Der Betriebsüberlassungsvertrag unterscheidet sich von dem Betriebspachtvertrag lediglich dadurch, dass bei ihm der Übernehmer den Betrieb der überlassenden Gesellschaft, der sog. Eigentümergesellschaft, zwar auf eigene Rechnung, aber nicht im eigenen Namen, sondern **im Namen der überlassenden Gesellschaft** auf Grund einer entsprechenden Vollmacht führt. Bei dieser **Vollmacht** wird es sich in der Regel um eine Generalvollmacht, eine Prokura (§§ 48, 49 HGB) oder um eine Generalhandlungsvollmacht iSd § 54 HGB handeln.[139] Ist die Vollmacht unwiderruflich und wird zugleich das Weisungs- und Kündigungsrecht der überlassenden Eigentümergesellschaft (§§ 675 Abs. 1, 665 und 671 BGB) weitgehend oder sogar ganz ausgeschlossen, so nähert sich der Vertrag unverkennbar einem Beherrschungsvertrag, sodass zu prüfen ist, ob es sich bei ihm nicht in Wirklichkeit um einen **verdeckten Beherrschungsvertrag** handelt (→ Rn. 45, 60 ff.; → § 291 Rn. 24c f.).[140]

43a Hält man daran fest, dass es sich bei den anderen Unternehmensverträgen des §§ 292 um schuldrechtliche Austauschverträge handelt (→ Rn. 4), so kann daraus für die Betriebsüberlassungsverträge der Nr. 3 des § 292 Abs. 1 nur der Schluss gezogen werden, dass darunter grundsätzlich allein **entgeltliche Verträge** zu subsumieren sind,[141] während unentgeltliche Verträge dieser Art, sollten sie einmal vorkommen, wohl als verdeckte Gewinnabführungsverträge zu qualifizieren sein dürften (→ Rn. 44, 60 ff.). Wegen ihrer engen Verwandtschaft mit den Betriebspachtverträgen werden Betriebsüberlassungsverträge häufig auch als **Innenpacht** bezeichnet.[142] Rechtlich gesehen handelt es sich indessen wohl eher um einen sonstigen (ungeregelten) Gebrauchsüberlassungsvertrag in Verbindung mit einer Geschäftsbesorgung (§ 675 Abs. 1 BGB). Von den (später noch zu behandelnden) *Betriebsführungsvertrag* (→ Rn. 55 ff.) unterscheidet sich der Betriebsüberlassungsvertrag vor allem dadurch, dass der Übernehmer *auf eigene Rechnung* handelt (→ Rn. 44).

44 Bei dem Betriebsüberlassungsvertrag gehen ebenso wie bei dem Betriebspachtvertrag die Geschäfte letztlich auf Rechnung des Übernehmers, sodass er gegen die überlassende Gesellschaft einen Anspruch auf **Abführung des Geschäftsergebnisses** erwirbt (vgl. § 667 BGB; → Rn. 43). Als Kehrseite trifft ihn die Pflicht zur **Freistellung** der überlassenden Gesellschaft von den eingegangenen Verbindlichkeiten sowie zum Ersatz der gemachten Aufwendungen (§ 670 BGB).[143] Im Übrigen entspricht die rechtliche Behandlung des Betriebsüberlassungsvertrages der des Betriebspachtvertrages (→ Rn. 40 ff.).

45 **4. Verbindung mit anderen Unternehmensverträgen. a) Beherrschungsvertrag.** Mangels zwingender gesetzlicher Vorgaben sind die Parteien in der näheren Ausgestaltung von Betriebspacht- und Betriebsüberlassungsverträgen weitgehend frei (§ 311 Abs. 1 BGB), sodass insbesondere auch die Verbindung eines Betriebspachtvertrages mit einem anderen Unternehmensvertrag jederzeit möglich ist. Hervorzuheben ist die Verbindung mit einem Beherrschungsvertrag, wie sie in der Praxis verschiedentlich anzutreffen ist. In diesem Fall muss der Vertrag gleichermaßen den **Wirksamkeitsvoraussetzungen** eines Beherrschungsvertrages wie denen eines Betriebspachtvertrages genügen, sodass er gleichzeitig

---

[138] Vgl. MüKoAktG/*Altmeppen* Rn. 100; *Dierdorf* Herrschaft 123 f.; *K. Schmidt* FS Hoffmann-Becking, 2013, 1053; *U. Schneider* JbFStR 1982/1983, 387 (389 f.); weitere Beispiele bei *Fenzl* Konzern 2006, 18 ff.; Spindler/Stilz/*Veil* Rn. 43.
[139] GroßkommAktG/*Mülbert* Rn. 120; *K. Schmidt* FS Hoffmann-Becking, 2013, 1053 (1060 ff.).
[140] K. Schmidt/Lutter/*Langenbucher* Rn. 38 f.
[141] Ebenso MüKoAktG/*Altmeppen* Rn. 110 f.; Spindler/Stilz/*Veil* Rn. 41 ff.; aA K. Schmidt/Lutter/*Langenbucher* Rn. 33; GroßkommAktG/*Mülbert* Rn. 127.
[142] MüKoAktG/*Altmeppen* Rn. 106; *Dierdorf* Herrschaft 125 f.; Hüffer/*Koch* Rn. 19; MHdB AG/*Krieger* § 72 Rn. 25, 29; *Maser* Betriebsüberlassungsverhältnisse 42; *Oesterreich* Betriebsüberlassung 4 f.; *Raupach* FS Bezzenberger, 2000, 327 (334 f.); *K. Schmidt* FS Hoffmann-Becking, 2013, 1053 (1063 ff.); *U. Schneider* JbFStR 1982/83, 387 (389).
[143] *Geßler* DB 1965, 1691 (1692); *Haussmann* Unternehmenszusammenfassungen, 1932, 106 ff., 119; MHdB AG/*Krieger* § 72 Rn. 29b; ein Beispiel bei *Schulze-Osterloh* ZGR 1974, 427 (453 ff.).

als Betriebspacht- *und* als Beherrschungsvertrag ins Handelsregister *einzutragen* ist (§ 293 Abs. 1).[144] Auch der *Zustimmungsbeschluss* der verpflichteten Gesellschaft (§ 293 Abs. 1) muss sich gleichzeitig auf den Abschluss eines Betriebspacht- wie auf den eines Beherrschungsvertrages erstrecken. Dies bedeutet (natürlich) nicht, dass über den fraglichen Vertrag zweimal, einmal als Beherrschungs- und einmal als Betriebspachtvertrag abgestimmt werden müsste; vielmehr können beide Zustimmungsbeschlüsse auch unbedenklich *verbunden* werden (§ 293 Abs. 1), vorausgesetzt freilich, dass der Versammlungsleiter vor der Abstimmung deutlich macht, dass gleichzeitig über *mehrere,* aber miteinander verbundene Unternehmensverträge abzustimmen ist.[145] Die besonderen Schutzvorschriften für Betriebspachtverträge (insbesondere § 302 Abs. 2) werden in diesem Fall durch die weitergehenden **Schutzvorschriften** für Beherrschungsverträge überlagert. Problematisch sind derartige Vertragsgestaltungen vor allem, weil sie im Ergebnis zur Verdrängung des Prüfungsrechts des Vorstands der abhängigen Gesellschaft gegenüber den Weisungen des herrschenden Unternehmens auf Grund des § 308 führen können (→ § 308 Rn. 66). Eine wieder andere Frage ist es, ob sich unter einem Betriebspachtvertrag ein Beherrschungsvertrag verbirgt (→ Rn. 39a).

b) Teilgewinnabführungsvertrag. Mit einem Gewinn- oder Teilgewinnabführungs- **46** vertrag iSd §§ 291 Abs. 1 S. 1 und 292 Abs. 1 Nr. 2 dürften Betriebspacht- und Betriebsüberlassungsverträge schwerlich jemals verbunden werden, weil dies offenbar keinen Sinn macht.[146] Anders verhält es sich insoweit nur mit **Betriebsführungsverträgen,** bei denen es vorstellbar ist, dass die Gegenleistung der Gesellschaft in einer Gewinnbeteiligung des Betriebsführers besteht (→ Rn. 56). Für derartige Fälle wird gelegentlich angenommen, die speziellen Vorschriften über Betriebspachtverträge, insbesondere also § 292 Abs. 3, verdrängten dann die für Teilgewinnabführungsverträge geltenden Regeln.[147] § 292 Abs. 3 nötigt indessen nicht zu solcher Annahme. Ein Betriebsführungsvertrag, der mit einem Teilgewinnabführungsvertrag verbunden ist und eine unangemessene, weil überhöhte Gegenleistung der Gesellschaft vorsieht, ist daher ebenso wie der Zustimmungsbeschluss (§ 293 Abs. 1) wegen des Verstoßes gegen die §§ 57, 58 und 60 *nichtig,* sofern der Betriebsführer Aktionär der Gesellschaft ist (§ 134 BGB; § 241 Nr. 3).[148]

5. Rechtsfolgen. Die Parteien eines Betriebspacht- oder Betriebsüberlassungsvertra- **47** ges sind verbundene Unternehmen iSd § 15, jedenfalls, wenn sie Unternehmensqualität iSd § 15 besitzen (→ Rn. 8, 41). Ohne Rücksicht darauf finden aber in jedem Fall auf den Abschluss des Vertrages die **§§ 293–298** Anwendung, also auch dann, wenn der Pächter oder Übernehmer ausnahmsweise einmal kein Unternehmer iSd § 15 sein sollte.[149] Wenn die Gegenleistung des Pächters oder Übernehmers hinter dem angemessenen Entgelt zurückbleibt, sind außerdem die **§§ 292 Abs. 3 und 302 Abs. 2** zu beachten (→ Rn. 48 ff.). In Abhängigkeitsverhältnissen gelten ergänzend die **§§ 311–318.**

Im Übrigen richtet sich die Behandlung dieser Verträge nach dem **BGB** (→ Rn. 42). **47a** Der Pächter ist danach zu einer ordnungsmäßigen Wirtschaft verpflichtet.[150] Eine völlige Umgestaltung des Betriebs ist ihm nur mit Zustimmung der verpachtenden Gesellschaft erlaubt (→ Rn. 40).[151] Für den Übergang der Arbeitsverhältnisse auf den Pächter gilt § 613a BGB; bei Fortführung der Firma durch den Pächter ist § 25 HGB zu beachten. Der Übergang aller anderen Rechtsverhältnisse auf den Pächter ist nur im Zusammenwirken sämtli-

---

[144] Hölters/*Deilmann* Rn. 27; KK-AktG/*Koppensteiner* Rn. 87 f.; K. Schmidt/Lutter/*Langenbucher* Rn. 40.
[145] Hölters/*Deilmann* Rn. 27; Hüffer/*Koch* Rn. 21.
[146] Hölters/*Deilmann* Rn. 28; KK-AktG/*Koppensteiner* Rn. 72 f.
[147] Hüffer/*Koch* Rn. 29; KK-AktG/*Koppensteiner* Rn. 92; wie hier offenbar MüKoAktG/*Altmeppen* Rn. 149, 175.
[148] Vgl. BGHZ 156, 38 (43 f.) = NJW 2003, 3412 = AG 2003, 625 = NZG 2003, 1023 – Deutsche Hypothekenbank.
[149] Anders *Fenzl* Konzern 2006, 18 (26 ff.).
[150] Vgl. für die Landpacht § 586 Abs. 1 S. 3 BGB; *Raiser/Veil* KapGesR § 57 Rn. 17.
[151] Vgl. für die Landpacht § 590 Abs. 1 BGB; weitergehend R. *Veil* Unternehmensverträge 206 f.

cher Beteiligten (Verpächter, Pächter und Vertragspartner) möglich.[152] Wichtig ist das insbesondere für Mietverträge; für eine Anwendung des § 566 BGB ist hier kein Raum.[153]

48 **6. Angemessene Gegenleistung.** Ein Betriebspachtvertrag setzt begrifflich nach § 581 BGB die Vereinbarung einer Gegenleistung in Gestalt einer Pacht voraus (→ Rn. 40); für den Betriebsüberlassungsvertrag gilt – als anderen Unternehmensvertrag iSd § 292 – richtiger Meinung nach dasselbe (→ Rn. 43). Die Höhe der Gegenleistung ist an sich – in den Grenzen des § 138 BGB – beliebig. Die §§ 292 Abs. 3 und 302 Abs. 2 zeigen indessen, dass das Gesetz tatsächlich gegen Betriebspacht- und Betriebsüberlassungsverträge nur dann keine Bedenken hat, wenn die verpachtende Gesellschaft eine *angemessene Gegenleistung* erhält.[154]

49 Im Schrifttum werden als **Maßstäbe für** die **Angemessenheit** des geschuldeten Entgelts, der Pacht, meistens die bisherige Ertragslage der Gesellschaft oder die hypothetische Ertragslage ohne Vertragsabschluss genannt.[155] Indessen ist nicht erkennbar, was die Ertragslage einer Gesellschaft mit der Angemessenheit einer Gegenleistung in einem Austauschvertrag zu tun hat. Richtig kann daher, wenn man das Konzept des Gesetzes, dh die Einordnung der Betriebspacht- und Betriebsüberlassungsverträge als in erster Linie schuldrechtlicher Austauschverträge ernst nimmt, allein die Orientierung am **Marktpreis** und damit an der am Markt üblichen Pacht sein; notfalls ist diese zu schätzen (§ 287 ZPO; → § 302 Rn. 46).[156]

50 **7. § 292 Abs. 3.** Ist die vereinbarte Gegenleistung *niedriger* als die angemessene Pacht (→ Rn. 48 f.), so hängen die Rechtsfolgen in erster Linie davon ab, ob der andere Vertragsteil Aktionär der Gesellschaft ist oder nicht. Ist der andere Teil an der Gesellschaft **nicht beteiligt,** so ist der Vertrag trotz seiner Nachteiligkeit für die Gesellschaft grundsätzlich *wirksam*; anders verhält es sich nur, wenn ausnahmsweise § 138 BGB eingreift oder ein Missbrauch der Vertretungsmacht des Vorstandes anzunehmen ist (§§ 77, 82 AktG, §§ 177, 242 BGB). Jenseits dieser Sonderfälle kommen dagegen als Sanktionen für die Vereinbarung einer zu niedrigen Pacht lediglich **Schadensersatzansprüche** gegen die Verwaltungsmitglieder auf Grund der §§ 93, 116 oder aus Delikt (§§ 823, 826 BGB) sowie im Rahmen von **Abhängigkeitsverhältnissen** zusätzlich Ansprüche gegen das herrschende Unternehmen auf Nachteilsausgleich oder Schadensersatz aus den §§ 311 und 317 in Betracht (→ Rn. 52).[157]

51 Anders verhält es sich dagegen im Falle des Vertragsabschlusses mit einem **Aktionär,** weil dann das *Verbot verdeckter Gewinnausschüttungen* auf Grund der §§ 57, 58 und 60 eingreift. Die deshalb an sich gebotene Nichtigkeit des Vertrags wie des Zustimmungsbeschlusses (§ 134 BGB und § 241 Nr. 3 AktG) ist freilich vom Gesetz (§ 292 Abs. 3) mit Rücksicht auf befürchtete Abwicklungsschwierigkeiten (→ Rn. 2) durch die bloße **Anfechtbarkeit** des Zustimmungsbeschlusses nach § 243 ersetzt worden. Im Schrifttum wird die Vereinbarkeit dieses problematischen Privilegs für Betriebspacht- und Betriebsüberlassungsverträge mit der *Kapitalrichtlinie* jedenfalls für die (seltenen) konzernexternen Verträge bezweifelt, während bei den offenbar die Regel bildenden konzerninternen Verträgen die Regelungskompetenz der Mitgliedstaaten für das Konzernrecht eingreifen soll.[158] Sollten diese Überlegungen tatsächlich eine teleologische Reduktion des missglückten § 292 Abs. 3 auf konzerninterne Verträge rechtfertigen, so wäre dies durchaus zu begrüßen.

---

[152] GroßkommAktG/*Mülbert* Rn. 133 f.; *K. Schmidt* FS Hoffmann-Becking, 2013, 1053 (1058 ff.).
[153] Staudinger/*Emmerich* BGB § 540 Rn. 42 ff.
[154] *Oesterreich* Betriebsüberlassung; *U. Schneider* JbFStR 1982/83, 387 (391, 397 ff.); ebenso im Ergebnis MüKoAktG/*Altmeppen* Rn. 110 ff.
[155] Hüffer/*Koch* Rn. 25; KK-AktG/*Koppensteiner* Rn. 101–104; MHdB AG/*Krieger* § 72 Rn. 32.
[156] Ebenso im Ausgangspunkt MüKoAktG/*Altmeppen* Rn. 114; aA KK-AktG/*Koppensteiner* Rn. 103.
[157] Hölters/*Deilmann* Rn. 33.
[158] Spindler/Stilz/*Veil* Rn. 4, 45 f.; *Veil* Unternehmensverträge 174 f.; dagegen zB K. Schmidt/Lutter/Langenbucher Rn. 52.

Anfechtungsbefugt sind insbesondere der Vorstand, der Aufsichtsrat und die Aktionäre 51a (§ 245), freilich nur binnen der kurzen Klagefrist von einem Monat (§ 246 Abs. 1). Versäumen Vorstand und Aufsichtsrat schuldhaft die gebotene Anfechtung des Zustimmungsbeschlusses nach § 243 während der kurzen Anfechtungsfrist des § 246, so machen sie sich ihrerseits schadensersatzpflichtig (§§ 93 und 116).[159] Die Anfechtung kann gleichermaßen auf Abs. 1 des § 243 *(Gesetzesverletzung)* wie auf Abs. 2 der Vorschrift (Erlangung eines Sondervorteils für den anderen Vertragsteil) gestützt werden. Ein **Sondervorteil** iSd § 243 Abs. 2 ist bereits anzunehmen, wenn die Vertragskonditionen von den marktüblichen zum Nachteil der Gesellschaft abweichen (→ Rn. 49).[160] Eine Anfechtung des Zustimmungsbeschlusses nach § 243 Abs. 2 entfällt jedoch, wenn der Beschluss den außenstehenden Aktionären einen *angemessenen Ausgleich* für ihren Schaden gewährt (§ 243 Abs. 2 S. 2). Im Schrifttum wird zum Teil der Anfechtungsausschluss auch auf den Fall des § 243 Abs. 1 erstreckt,[161] ohne dass indessen eine Notwendigkeit für diese zusätzliche Einschränkung der Aktionärsrechte erkennbar wäre. Trotz Ausgleichsleistungen bleibt es daher bei der Anfechtbarkeit des Zustimmungsbeschlusses nach *Abs. 1* des § 243, wenn die Gegenleistung nicht angemessen ist, schon, um sonst nahe liegenden Strategien der Beteiligten zur Umgehung der §§ 291 und 304 zu begegnen.[162] *Nach Ablauf* der Anfechtungsfrist bleiben (neben den Ersatzansprüchen gegen Vorstand und Aufsichtsrat wegen der schuldhaften Versäumung der Anfechtungsfrist) immer noch Ansprüche aus § 62 möglich (zu §§ 311 und 317 → Rn. 52).[163]

Anwendbar sind außerdem in **Abhängigkeitsverhältnissen,** und zwar ohne Rücksicht 52 auf die Anfechtungsmöglichkeit nach § 243 Abs. 2 und die Anfechtungsfrist des § 246 (→ Rn. 51), die §§ 311 und 317, sodass der Pächter als herrschendes Unternehmen zum **Schadensersatz** verpflichtet ist, wobei hier richtiger Meinung nach auch kein Raum für die Anwendung des Privilegs des § 311 Abs. 2 ist, wenn er ohne Ausgleich die Verpächterin zum Abschluss eines für sie nachteiligen Pachtvertrages veranlasst.[164] Der **Schaden** der abhängigen Gesellschaft besteht dann (mindestens) in der Differenz zwischen der vereinbarten und der angemessenen (marktüblichen) Pacht (§§ 249, 252 BGB). Die Sondervorschrift für Betriebspachtverträge in § 302 Abs. 2 hat daneben nur geringe praktische Bedeutung.

8. GmbH. Betriebspacht- und Betriebsüberlassungsverträge iSd § 292 Abs. 1 Nr. 3 kön- 53 nen auch mit einer GmbH abgeschlossen werden.[165] Eine gesetzliche Regelung fehlt, sodass die Wirksamkeitsvoraussetzungen solcher Verträge umstritten sind. Dies betrifft zunächst die Frage, ob die grundsätzlich unbeschränkte **Vertretungsmacht der Geschäftsführer** (§ 37 Abs. 2 GmbHG) auch den Abschluss der beiden genannten Unternehmensverträge umfasst. Die Frage ist richtigerweise zu verneinen, weil Betriebspacht- und Betriebsüberlassungsverträge, wie gezeigt (→ Rn. 39 f.), häufig tiefgreifend in die Struktur der überlassenden Gesellschaft eingreifen.[166]

---

[159] GroßkommAktG/*Mülbert* Rn. 40.
[160] Hüffer/*Koch* Rn. 30; KK-AktG/*Koppensteiner* Rn. 24; GroßkommAktG/*Mülbert* Rn. 41 f.
[161] OLG Frankfurt AG 1973, 136 = BB 1973, 863 = WM 1973, 348 = JuS 1973, 514 Nr. 9 mit Anm. *Martens* AG 1974, 9; *Ebenroth* Vermögenszuwendungen 428 ff.; Hüffer/*Koch* Rn. 29–31; KK-AktG/*Koppensteiner* Rn. 23 ff.; MHdB AG/*Krieger* § 72 Rn. 33; *Maser* Betriebsüberlassungsverhältnisse 65 f.; *Oesterreich* Betriebsüberlassung 83 ff.; 5. Aufl. Rn. 51.
[162] MüKoAktG/*Altmeppen* Rn. 122; K. Schmidt/Lutter/*Langenbucher* Rn. 55; ausf. GroßkommAktG/*Mülbert* Rn. 46 ff.; Spindler/Stilz/*Veil* Rn. 44.
[163] Ausf. MüKoAktG/*Altmeppen* Rn. 116–126; Hölters/*Deilmann* Rn. 32.
[164] Begr. RegE § 302 bei *Kropff* AktG 391; MüKoAktG/*Altmeppen* Rn. 124 ff.; KK-AktG/*Koppensteiner* Rn. 29 ff.; *Raiser*/*Veil* KapGesR § 57 Rn. 26; aA Österreich Betriebsüberlassung 102 ff.
[165] Beispiele in OLG Zweibrücken AG 2014, 630 = GmbHR 2014, 251; LG Berlin AG 1992, 92 = ZIP 1991, 1180 – Interhotel; BFHE 90, 370; 127, 56; 132, 285; *Kürten*/*Westermann* GmbHR 2014, 852; vgl. auch für einen Betriebspachtvertrag mit einer KG OLG Hamburg NZG 2000, 421 = AG 2001, 91.
[166] LG Berlin AG 1992, 92 = ZIP 1991, 1180 – Interhotel; LG Darmstadt AG 2005, 488 (489) = ZIP 2005, 402 (404); UHW/*Casper* GmbHG Anh. § 77 Rn. 206 (1105); Scholz/*Emmerich* GmbHG Anh. § 13 Rn. 218; *J. Mimberg* Betriebspachtverträge 107 ff.; Rowedder/Schmidt-Leithoff/*Koppensteiner* GmbHG Anh. § 52 Rn. 68 (1769); aA Roth/Altmeppen/*Altmeppen* GmbHG Anh. § 13 Rn. 112 ff.; diff. *Führling*, Sonstige Unternehmensverträge, 188 ff.

54 Aus dem Gesagten (→ Rn. 53) ergibt sich zugleich, dass der Vertragsabschluss in jedem Fall der **Zustimmung der Gesellschafter** (zumindest) mit vertragsändernder Mehrheit sowie **Eintragung** ins Handelsregister nach Maßgabe der §§ 53 und 54 GmbHG bedarf. In dieselbe Richtung weist der mit dem Vertrag verbundene Eingriff in das Gewinnbezugsrecht der Gesellschafter (§ 29 GmbHG) sowie in ihre Zuständigkeit nach § 46 GmbHG.[167] Fraglich kann nur sein, ob darüber hinaus sogar **Einstimmigkeit** zu verlangen ist. Die Antwort hängt letztlich davon ab, ob in dem Vertragsabschluss generell oder doch unter bestimmten Voraussetzungen eine **Zweckänderung** iSd § 33 Abs. 1 S. 2 BGB zu erblicken ist.[168] Dies lässt sich nicht einheitlich beantworten. Unabhängig davon ist aber auf jeden Fall dann eine Zustimmung *aller* Gesellschafter zu fordern, wenn die Gesellschaft *keine angemessene Gegenleistung* erhält; zu dieser Annahme nötigt schon die dann in dem Vertragsabschluss liegende Verletzung des Schädigungsverbots und damit der Treuepflicht der Mehrheit gegenüber der Minderheit.[169] Zur Anwendung des § 302 Abs. 2 → § 302 Rn. 25.

VII. Betriebsführungsvertrag

Schrifttum: *Fenzl* Konzern 2006, 18, 23 ff.; *Frisch* AG 1995, 362; *Geßler,* FS Hefermehl, 1976, 263; *U. Huber* ZHR 152 (1988), 1, 123; *Joachim* DZWiR 1992, 397, 455; *ders.* NZM 2001, 162, 164 ff.; *Köhn* Konzern 2011, 530; *Maser,* Betriebspacht und Betriebsüberlassungsverhältnisse im Konzern, 1985; *Priester,* FS Hommelhoff, 2012, 875; *Schlüter,* Management- und Consultingverträge, 1987; *K. Schmidt,* FS Hoffmann-Becking, 2013, 1053; *Veelken* Betriebsführungsvertrag, 1975; *R. Veil* Unternehmensverträge; *H. Winter/D. Theisen* AG 2011, 662.

55 **1. Begriff.** Von einem Betriebsführungsvertrag spricht man, wenn eine Gesellschaft, die sog. Eigentümergesellschaft, ein *anderes* Unternehmen, den sog. Betriebsführer, beauftragt, ihr (eigenes) Unternehmen *für ihre Rechnung* zu führen. Im Einzelnen hat man **echte** und **unechte** Betriebsführungsverträge zu unterscheiden, je nachdem, ob der Betriebsführer im Namen der Eigentümergesellschaft oder im eigenen Namen tätig wird.[170] Wird der Betriebsführer im Namen der Eigentümergesellschaft tätig, so macht die Durchführung des Vertrags eine umfassende **Generalvollmacht** seitens der Eigentümergesellschaft nötig, deren Vereinbarkeit mit § 76 durchaus problematisch ist, überwiegend aber wohl bisher noch bejaht wird.[171] Die Betriebsführungsverträge werden ferner häufig in **konzerninterne und konzernexterne** eingeteilt, wobei innerhalb der konzerninternen Verträge weiter danach unterschieden wird, in welcher Rolle das herrschende und das abhängige Unternehmen beteiligt sind.[172] Gelegentlich werden derartige Verträge auch als **Managementverträge** bezeichnet, weil sie der Sache nach auf den „Einkauf" von Managementleistungen durch Gesellschaften hinauslaufen, die selbst nicht über ausreichende Managementkapazitäten verfügen.

55a Über die **praktische Bedeutung** von Betriebsführungsverträgen ist bisher nur wenig bekannt geworden.[173] Neuerdings wird über eine zunehmende Verbreitung solcher Verträge

---

[167] Ebenso (für die KG) OLG Hamburg AG 2001, 91 = NZG 2000, 421 (422); LG Berlin AG 1992, 91 = WM 1992, 22 = ZIP 1991, 1180 – Interhotel; UHW/*Casper* GmbHG Anh. § 77 Rn. 206 (1105); Scholz/*Emmerich* GmbHG Anh. § 13 Rn. 218; *Hommelhoff* Konzernleitungspflicht 278 ff.; MüKoGmbHG/*Liebscher* Anh. § 13 Rn. 701, 785; Grigoleit/*Servatius* Rn. 42; Rowedder/Schmidt-Leithoff/*Koppensteiner* GmbHG Anh. § 52 Rn. 67 (1769); Raiser/*Veil* KapGesR § 57 Rn. 22; *J. Mimberg* Betriebspachtverträge 124 ff.; *U. Schneider* in ders., Beherrschungs- und Gewinnabführungsverträge in der Praxis der GmbH, 1989, 7 (28).

[168] Generell in diesem Sinne *Führling,* Sonstige Unternehmensverträge, 167 ff.; dagegen UHW/*Casper* GmbHG Anh. § 77 Rn. 206 (1105); MüKoGmbHG/*Liebscher* Anh. § 13 Rn. 784; *J. Mimberg* Betriebspachtverträge 144 ff.

[169] BGHZ 156, 38 (44) = NJW 2003, 3412 = AG 2003, 625 = NZG 2003, 1023 – Deutsche Hypothekenbank; Scholz/*Emmerich* GmbHG Anh. § 13 Rn. 219; anders Lutter/*Hommelhoff* GmbHG Anh. § 13 Rn. 49, 63.

[170] *Fenzl* Konzern 2006, 18 (23, 24); *W. Joachim* DZWiR 1992, 397 (455); *ders.* NZM 2001, 1062 (1064 ff.); *Köhn* Konzern 2011, 530 (531); *Winter/Theisen* AG 2011, 662 (663).

[171] S. GroßkommAktG/*Mülbert* Rn. 141, 150; *K. Schmidt* FS Hoffmann-Becking, 2013, 1053 (1067 ff.).

[172] *Fenzl* Konzern 2006, 23 ff.; *U. Huber* ZHR 152 (1988), 1 (123); MHdB AG/*Krieger* § 72 Rn. 47; *Priester* FS Hommelhoff, 2012, 875 (878 ff.); *R. Veil* Unternehmensverträge 290 f.

[173] Beispiele in RFHE 40, 185; BGH NJW 1982, 1817 = WM 1982, 894 – Holiday-Inn I; OLG München AG 1987, 380 – Holiday-Inn II.

berichtet, vor allem, und zwar meistens wohl als konzerninterne Verträge, bei Verkehrsunternehmen, im Hotelgewerbe und in der Gastronomie sowie bei Investmentgesellschaften;[174] ein Beispiel ist die Verwaltung von Investmentfonds im Sinne des KAGB durch dritte Gesellschaften.[175] Soweit erkennbar, weist die Ausgestaltung der Verträge dabei je nach Vertragstyp und Branche erhebliche Unterschiede auf. Man muss wohl vor allem danach unterscheiden, wie stark nach dem Vertrag die Stellung der Eigentümergesellschaft (noch) ist und in welchem Umfang und hinsichtlich welcher Fragen die Geschäftsführung auf den Betriebsführer übertragen wird.

Der Betriebsführungsvertrag wird in der Regel **entgeltlich** sein. Es handelt sich dann um einen **Geschäftsbesorgungsvertrag** mit Dienstvertragscharakter (§§ 675 Abs. 1, 611 BGB).[176] Noch offen ist, ob auch **unentgeltliche** Vertragsgestaltungen möglich sind.[177] Vorstellbar sind derartige Vertragsgestaltungen wohl allenfalls bei konzerninternen Betriebsführungsverträgen (§ 266 StGB). Besteht die Gegenleistung der Eigentümergesellschaft in einem Gewinnanteil, so handelt es sich bei dem Vertrag **zugleich** um einen **Teilgewinnabführungsvertrag** iSd § 292 Abs. 1 Nr. 2 (→ Rn. 30, 46). Die Eigentümergesellschaft hat grundsätzlich ein **Weisungsrecht** gegenüber dem Betriebsführer (§ 665 iVm § 675 Abs. 1 BGB), das indessen vertraglich eingeschränkt werden kann (→ Rn. 57).[178] Einen Ausgleich für die häufig starke Stellung des Betriebsführers bildet nach dem Gesetz das **Kündigungsrecht** der Eigentümergesellschaft aus § 627 BGB. Außerdem kommt eine Kündigung aus wichtigem Grund in Betracht, wenn der Betriebsführer schwerwiegend gegen die Interessen der Eigentümergesellschaft verstößt (§ 314 BGB).[179] **56**

Die Betriebsführungsverträge müssen von den **Geschäftsführungsverträgen** des § 291 Abs. 1 S. 2 unterschieden werden. Der Unterschied besteht darin, dass bei dem Geschäftsführungsvertrag – im Gegensatz zu dem Betriebsführungsvertrag – die Eigentümergesellschaft *ihr* Unternehmen zwar immer noch selbst (im eigenen Namen), aber für Rechnung eines Dritten führt, während umgekehrt der Betriebsführer – als Dritter – das (für ihn *fremde*) Unternehmen eines anderen, nämlich der Eigentümergesellschaft, entweder im eigenen Namen oder im Namen der Eigentümergesellschaft, für deren Rechnung führt (→ § 291 Rn. 69 ff.). **56a**

2. Anwendbarkeit des § 292 Abs. 1 Nr. 3? Der Betriebsführungsvertrag unterscheidet sich als Auftrag oder Geschäftsbesorgungsvertrag mit Dienstvertragscharakter (→ Rn. 56) deutlich von den Betriebspacht- und Betriebsüberlassungsverträgen, bei denen es sich nicht um Tätigkeits-, sondern um Gebrauchsüberlassungsverträge handelt. Daher rührt der Streit, ob auf den Betriebsführungsvertrag § 292 Abs. 1 Nr. 3 entsprechend angewandt werden kann. Im Schrifttum lassen sich im Wesentlichen *drei Meinungen* feststellen: 1. Wohl überwiegend werden die Betriebsführungsverträge zum Schutze der Aktionäre *generell* dem **§ 292 Abs. 1 Nr. 3 unterstellt,** um über die entsprechende Anwendbarkeit der §§ 293 ff. die nötige Mitwirkung der Aktionäre bei dem Abschluss des Vertrages sowie über § 294 die Publizität des Vertrages sicherzustellen.[180] 2. Nach anderen ist danach zu unterscheiden, ob der Vertrag in die **Leitungsbefugnis des Vorstandes** aufgrund des § 76 **eingreift,** indem das Weisungs- **57**

---

[174] *Köhn* Konzern 2011, 530; GroßkommAktG/*Mülbert* Rn. 143; *Winter/Theisen* AG 2011, 662.
[175] *Zetzsche* AG 2013, 613 (614).
[176] OLG München AG 1987, 380 (382); *U. Huber* ZHR 152 (1988), 1 (31 ff.); *W. Joachim* DWiR 1992, 397 ff.; GroßkommAktG/*Mülbert* Rn. 146 ff.; *K. Schmidt* FS Hoffmann-Becking, 2013, 1053 (1066 ff.); *Windbichler* ZIP 1987, 825.
[177] S. Hölters/*Deilmann* Rn. 36 f.
[178] BGH NJW 1982, 1817 = WM 1982, 894 – Holiday-Inn; *Fenzl* Konzern 2006, 23 ff.; krit. MüKoAktG/*Altmeppen* Rn. 153 ff.; *U. Huber* ZHR 152 (1988), 1 (11 ff.).
[179] BGH NJW 1982, 1817 = WM 1982, 894 – Holiday-Inn; OLG München AG 1987, 380; *Joachim* DWiR 1992, 397 (403).
[180] MüKoAktG/*Altmeppen* Rn. 149 ff.; *Geßler* DB 1965, 1691 (1692 ff.); *U. Huber* ZHR 152 (1988), 1 (32 f.); Hölters/*Deilmann* Rn. 34; Hüffer/*Koch* Rn. 20; *Joachim* DWiR 1992, 455 (457); KK-AktG/*Koppensteiner* Rn. 81; MüKoGmbHG/*Liebscher* Anh. § 13 Rn. 702; Grigoleit/*Servatius* Rn. 36; *K. Schmidt* FS Hoffmann-Becking, 2013, 1053 (1065, 1069); K. Schmidt/Lutter/*Langenbucher* Rn. 35; *Priester* FS Hommelhoff, 2012, 875 (882 ff.); Spindler/Stilz/*Veil* Rn. 52–55; *R. Veil* Unternehmensverträge 294 ff., 296.

recht der Eigentümergesellschaft (§§ 675 Abs. 1 und 665 BGB) weitgehend oder sogar ganz ausgeschlossen wird. In diesem Fall sei auf jeden Fall ein Unternehmensvertrag iSd § 292 Abs. 1 Nr. 3 anzunehmen, sofern sich nicht unter dem Vertrag ohnehin in Wirklichkeit bereits ein Beherrschungsvertrag verberge, – während auf der anderen Seite der Abschluss des Vertrages von der Vertretungsmacht des Vorstandes gedeckt sein soll, wenn dem Betriebsführer nur die laufende Geschäftsführung übertragen wird (§§ 77 und 78).[181] 3. Nach wieder anderen ist schließlich *in keinem Fall* Raum für eine Anwendung der §§ 292 und 293 ff., da mit Rücksicht auf § 76 ohnehin dem Betriebsführer generell nur die laufende Geschäftsführung übertragen werden dürfe, solange nicht gleichzeitig ein Beherrschungsvertrag abgeschlossen wird.[182]

58 Der Fragenkreis ist von einer Klärung noch weit entfernt. Sicher ist bisher nur, dass es sich bei einem Betriebsführungsvertrag in Wirklichkeit um einen **verdeckten Beherrschungsvertrag** handelt, wenn der Betriebsführer, insbesondere infolge des *Ausschlusses des Weisungsrechts* der Eigentümergesellschaft, im Ergebnis dieselbe Position wie ein herrschendes Unternehmen aufgrund eines Beherrschungsvertrages nach § 308 erlangt; ebenso verhält es sich, wenn das *Weisungsrecht* der Eigentümergesellschaft so weit *eingeschränkt* wird, dass dem Betriebsführer durch die einheitliche Leitung der verbundenen Unternehmen im Ergebnis die Gründung eines vertraglichen Unterordnungskonzerns ermöglicht wird, wofür es nach dem gesetzlichen Regelungsmodell in jedem Fall des Abschlusses eines Beherrschungsvertrages bedarf, wie insbesondere § 18 Abs. 1 S. 2 deutlich macht (→ Rn. 61).[183] **Indizien** für das Vorliegen eines Beherrschungsvertrages sind – neben dem Ausschluss oder der weitgehenden Einschränkung des Weisungsrechts der Eigentümergesellschaft – die Beschränkung des Kündigungsrechts der Eigentümergesellschaft aus § 667 BGB, die Ausübung der Beteiligungsrechte durch den Betriebsführer, dessen Befugnis zur Entscheidung über Investitionen auf Kosten der Eigentümergesellschaft, die fehlende Angemessenheit der Gegenleistung des Betriebsführers sowie das Auftreten der Beteiligten als Unternehmensgruppe (→ Rn. 60).[184]

59 Liegt kein verdeckter Beherrschungsvertrag vor, weil die Befugnisse zwischen der Eigentümergesellschaft und dem Betriebsführer in einer mit dem Gesetz (§§ 18, 76 und 291 Abs. 1) vereinbaren Weise geteilt sind, sollte die Überlegungen den Ausschlag geben, dass der unerlässliche Schutz der Aktionäre nur über eine **analoge Anwendung des § 292 Abs. 1 Nr. 3** sowie der §§ 293 ff. sichergestellt werden kann – entsprechend der heute überwiegenden Meinung. Die Folge ist, dass die rechtliche Behandlung der Betriebsführungsverträge den oben entwickelten Regeln für Betriebspacht- und Betriebsüberlassungsverträge (→ Rn. 38 ff.) entspricht.[185] Betriebsführungsverträge können ferner ebenso wie Betriebspacht- und Betriebsüberlassungsverträge mit anderen Unternehmensverträgen kombiniert werden (→ Rn. 46, 60).[186] Bei einer Verbindung des Betriebsführungsvertrages mit einem Gewinnabführungsvertrag handelt es sich aber der Sache nach immer um einen Beherrschungsvertrag, sodass der Vertrag von vornherein insgesamt nur als solcher zu behandeln ist (§ 291 Abs. 1 S. 1). Dies alles gilt im Kern wohl auch für die **GmbH;** jedoch sind die Einzelheiten bisher wenig geklärt.[187]

VIII. Umgehungsproblematik

60 Hinter einem der anderen Unternehmensverträge des § 292 Abs. 1 kann sich von Fall zu Fall ein Beherrschungs- oder Gewinnabführungsvertrag verbergen; vorstellbar ist das vor

---

[181] *Fenzl* Konzern 2006, 18 (26 f.); *Köhn* Konzern 2011, 530 (532 ff.).
[182] GroßkommAktG/*Mülbert* Rn. 156 ff.; *Winter/Theisen* AG 2011, 662 (666 f.).
[183] GroßkommAktG/*Mülbert* Rn. 159–165.
[184] K. *Schmidt*/Lutter/*Langenbucher* Rn. 39; *Priester* FS Hommelhoff, 2012, 875 (887); Spindler/Stilz/*Veil* Rn. 57 f.
[185] Ausf. *Köhn* Konzern 2011, 530 (537 ff.).
[186] MüKoAktG/*Altmeppen* Rn. 158 ff.; GroßkommAktG/*Mülbert* Rn. 166 ff.
[187] UHW/*Casper* GmbHG Anh. § 77 Rn. 187 f., 207; *Köhn* Konzern 2011, 530 (536, 541 ff.); MüKoGmbHG/*Liebscher* Anh. § 13 Rn. 702 f., 785; Scholz/*Emmerich* GmbHG Anh. § 13 Rn. 220.

allem in Abhängigkeitsverhältnissen. Bei einem Betriebspachtvertrag liegt diese Annahme besonders nahe, wenn sich der **Pächter Weisungsrechte** auch hinsichtlich der pachtfreien Unternehmenssphäre des Verpächters ausbedingt, sodass der letztere nicht einmal mehr über die Gegenleistung des Pächters, die Pacht, frei disponieren und eine eigene Anlagepolitik verfolgen kann.[188] Ebenso verhält es sich bei einem **Betriebsführungsvertrag,** wenn der Betriebsführer herrschendes Unternehmen ist und durch den Vertrag die Kontroll- und Einflussrechte der Eigentümergesellschaft weitgehend beschnitten werden (→ Rn. 58). Gelegentlich wird sogar angenommen, dass in Fällen dieser Art das Vorliegen eines Beherrschungsvertrages zu *vermuten* sei.[189]

Für diese eigenartigen Fälle werden im Schrifttum unterschiedliche **Lösungen** diskutiert. **61** Ein Vorschlag geht dahin, in den fraglichen Fällen die Regeln über qualifizierte faktische Konzerne anzuwenden.[190] Aber das ist angesichts des ungesicherten Fortbestandes dieses Rechtsinstituts kein praktikabler Ausweg. Wie schon oben ausgeführt (→ § 291 Rn. 24c f.), ist vielmehr die Betonung auf den *„wirklichen"* Inhalt des Vertrages zu legen (§§ 133, 157 BGB).[191] Denn nach der Konzeption des AktG kann ein **Vertragskonzern** – von der Eingliederung abgesehen – allein durch den *Abschluss eines Beherrschungsvertrages* und unter den dafür im Gesetz vorgesehenen Kautelen begründet werden (§§ 18, 291, 293 ff., 304 f., 308). Daraus folgt, dass ein Ausweichen etwa auf Betriebspacht- oder Betriebsüberlassungsverträge mit ihren wesentlich hinter dem Standard des Beherrschungsvertrages zurückbleibenden Schutzvorkehrungen grundsätzlich *nicht* möglich ist. Ein anderer Unternehmensvertrag iSd § 292 Abs. 1, hinter dem sich ein Beherrschungs- oder Gewinnabführungsvertrag verbirgt, muss daher als das, was er in Wirklichkeit ist, dh **als Beherrschungs- oder Gewinnabführungsvertrag behandelt** werden.

Der Vertrag ist in den genannten Fällen (→ Rn. 61) folglich nur wirksam, wenn er **62** (zugleich) den besonderen Wirksamkeitsvoraussetzungen derartiger Verträge entspricht (§§ 291, 293 ff., 294, 304 f.; → Rn. 59).[192] Der Vertrag ist dagegen *nichtig,* wenn die Wirksamkeitsvoraussetzungen für Beherrschungs- oder Gewinnabführungsverträge nicht erfüllt sind. Dazu gehört – entgegen einer verbreiteten Meinung[193] – auch die **richtige Eintragung** des Vertrages ins Handelsregister (§ 294 Abs. 2), wie aus dem durch § 294 Abs. 1 S. 1 vorgeschriebenen Inhalt der Anmeldung zu folgern ist (→ § 294 Rn. 10; zur Anwendbarkeit der Regeln über fehlerhafte Verträge → § 291 Rn. 30).[194] Der Schutz der abhängigen Gesellschaft richtet sich in erster Linie nach den §§ 311 ff. – Ebenso zu lösen ist die Umgehungsproblematik im **GmbH-Konzernrecht.**[195]

Zweiter Abschnitt. Abschluß, Änderung und Beendigung von Unternehmensverträgen

§ 293 Zustimmung der Hauptversammlung

(1) ¹**Ein Unternehmensvertrag wird nur mit Zustimmung der Hauptversammlung wirksam.** ²**Der Beschluß bedarf einer Mehrheit, die mindestens drei Viertel**

---

[188] MüKoAktG/*Altmeppen* Rn. 136 ff.; *Dierdorf* Herrschaft 117 ff.; *Führling,* Sonstige Unternehmensverträge, 77 f.; *Geßler* FS Ballerstedt, 1975, 219 (227 ff.); Hüffer/*Koch* Rn. 23 f.; *Joachim* DWiR 1992, 455 (457 f.); MHdB AG/*Krieger* § 72 Rn. 38 f.; *Maser,* Betriebspacht- und Betriebsüberlassungsverhältnisse, 71 f.; *J. Mimberg* Betriebspachtverträge 46 ff.; Spindler/Stilz/*Veil* Rn. 47 ff.; *R. Veil* Unternehmensverträge 254 ff.

[189] Hüffer/*Koch* Rn. 24; *R. Veil* Unternehmensverträge 254 ff.

[190] Spindler/Stilz/*Veil* Rn. 47 ff.; *Veil* Unternehmensverträge 246 ff.

[191] Ebenso K. Schmidt/Lutter/*Langenbucher* Rn. 39; Raiser/*Veil* KapGesR § 57 Rn. 24; wohl auch Hüffer/*Koch* Rn. 24.

[192] Ebenso Spindler/Stilz/*Veil* Rn. 56 ff.; *R. Veil* Unternehmensverträge 258.

[193] MüKoAktG/*Altmeppen* Rn. 136 ff.; Hölters/*Deilmann* § 294 Rn. 16; *Mimberg* Betriebspachtverträge 46 ff.; dagegen wie hier *R. Veil* Unternehmensverträge 246, 250 ff.

[194] *R. Veil* Unternehmensverträge 251 f.

[195] UHW/*Casper* GmbHG Anh. § 77 Rn. 207; Scholz/*Emmerich* GmbHG Anh. § 13 Rn. 221 f.; *Führling,* Sonstige Unternehmensverträge, 80 f.; MüKoGmbHG/*Liebscher* Anh. § 13 Rn. 704 ff.; *J. Mimberg* Betriebspachtverträge 58 ff.

§ 293

des bei der Beschlußfassung vertretenen Grundkapitals umfaßt. ³Die Satzung kann eine größere Kapitalmehrheit und weitere Erfordernisse bestimmen. ⁴Auf den Beschluß sind die Bestimmungen des Gesetzes und der Satzung über Satzungsänderungen nicht anzuwenden.

(2) ¹Ein Beherrschungs- oder ein Gewinnabführungsvertrag wird, wenn der andere Vertragsteil eine Aktiengesellschaft oder Kommanditgesellschaft auf Aktien ist, nur wirksam, wenn auch die Hauptversammlung dieser Gesellschaft zustimmt. ²Für den Beschluß gilt Absatz 1 Satz 2 bis 4 sinngemäß.

(3) Der Vertrag bedarf der schriftlichen Form.

Schrifttum: *Born,* Die abhängige KGaA, 2004; *v. Büren,* Der Konzern, 2. Aufl. Basel 2005; *Fabian,* Inhalt und Auswirkungen des Beherrschungsvertrags, 1997; *Gansweid,* Gemeinsame Tochtergesellschaften im deutschen Konzern- und Wettbewerbsrecht, 1976; *Görling,* Die Konzernhaftung in mehrstufigen Unternehmensverbindungen, 1998; *Grüner,* Die Beendigung von Gewinnabführungs- und Beherrschungsverträgen, 2003; *Gutheil,* Die Auswirkungen von Umwandlungen auf Unternehmensverträge nach §§ 291, 292 AktG und die Rechte außenstehender Aktionäre, 2001; *Henze/Hoffmann-Becking* (Hrsg.), Gesellschaftsrecht 2001, RWS-Forum 20, 2001; *Hommelhoff,* Die Konzernleitungspflicht, 1982; *Kort,* Der Abschluss von Beherrschungs- und Gewinnabführungsverträgen im GmbH-Recht, 1986; *Marchand,* Abhängigkeit und Konzernzugehörigkeit von Gemeinschaftsunternehmen, 1985; *Maser,* Betriebspacht- und Betriebsüberlassungsverhältnisse in Konzernen, 1985; *Pentz,* Die Rechtsstellung der Enkel-AG in einer mehrstufigen Unternehmensverbindung, 1996; *Praël,* Eingliederung und Beherrschungsvertrag als körperschaftliche Rechtsgeschäfte, 1978; *Sonnenschein,* Organschaft und Konzerngesellschaftsrecht, 1976; *Timm,* Die Aktiengesellschaft als Konzernspitze, 1980; *Wackerbarth,* Grenzen der Leistungsmacht in der internationalen Unternehmensgruppe, 2001; *Wanner,* Konzernrechtliche Probleme mehrstufiger Unternehmensverbindungen nach Aktienrecht, 1998.

Speziell zur GmbH: *Binnewies,* Die Konzerneingangskontrolle in der abhängigen Gesellschaft, 1996; *Bitter,* Konzernrechtliche Durchgriffshaftung bei Personengesellschaften, 2000; *Bouchon,* Konzerneingangsschutz im GmbH- und Aktienrecht, 2002; *Ehricke,* Das abhängige Unternehmen in der Insolvenz, 1998; *Fabian,* Inhalt und Wirkungen des Beherrschungsvertrages, 1997; *Führling,* Sonstige Unternehmensverträge mit einer abhängigen GmbH 1993; *Hommelhoff* (Hrsg.) Entwicklungen im GmbH-Konzernrecht, 1986, 64; *Kort,* Der Abschluss von Beherrschungs- und Gewinnabführungsverträgen im GmbH-Recht 1986; *ders.,* Bestandsschutz fehlerhafter Strukturänderungen im Kapitalgesellschaftsrecht, 1998; *J. Kurz,* Der Gewinnabführungsvertrag im GmbH-Recht aus konzernverfassungsrechtlicher Sicht, 1992; *Liebscher,* Konzernbildungskontrolle, 1995; *U. Schneider* (Hrsg.), Beherrschungs- und Gewinnabführungsverträge in der Praxis der GmbH, 1989.

Übersicht

	Rn.		Rn.
I. Einleitung	1–3	3. Vorlagepflicht?	29
II. Anwendungsbereich	4–12a	4. Erforderliche Mehrheit	30, 30a
1. § 293 Abs. 1	5	5. Anmeldung	31–32
2. § 293 Abs. 2	6–9	6. Verschärfung	33
3. Mehrstufige Unternehmensverbindungen	10–12a	7. Zustimmung des Aufsichtsrats	34
a) § 293 Abs. 1	11	8. Inhaltskontrolle?	35
b) § 293 Abs. 2	12, 12a	VI. Zustimmung der Hauptversammlung der herrschenden Gesellschaft (Abs. 2)	36–37
III. Vertragsabschluss	13–20	VII. GmbH	38–46
1. Zuständigkeit	13–16	1. Überblick	38, 39
a) Vorstand	13–15	2. Zuständigkeit	40
b) § 83	16	3. Form	41
2. Bezeichnung	17	4. Zustimmungsbeschluss	42–44
3. Bedingung, Befristung	18	5. Eintragung	45
4. Mängel	19, 20	6. Obergesellschaft	46
IV. Form	21, 22	VIII. Personengesellschaften	47, 48
V. Die Zustimmung der Hauptversammlung der verpflichteten Gesellschaft (Abs. 1)	23–35	IX. Genossenschaften	49
1. Bedeutung	23–25	X. Beschlussmängel	50–61
2. Gegenstand	26–28	1. Überblick	50–54

	Rn.		Rn.
2. Anfechtungsausschluss	55	4. Herrschende Gesellschaft	59, 60
3. Freigabeverfahren	56–58	5. GmbH	61

I. Einleitung

Die §§ 293–299 regeln gleichermaßen für die Unternehmensverträge des § 291 wie für 1 die des § 292 den Abschluss, die Änderung und die Beendigung des Vertrags. Die Einreihung der Verträge des § 292 unter die Unternehmensverträge hatte gerade vornehmlich den Zweck, ihren Abschluss dem Regime der §§ 293–298 zu unterstellen.[1]

Vorbild des § 293 Abs. 1 war § 256 AktG von 1937. Neu ist neben dem Schriftformerfor- 2 dernis des § 293 Abs. 3 vor allem die durch § 293 Abs. 2 eingeführte Mitwirkungspflicht der Hauptversammlung der *herrschenden* Gesellschaft im Falle des Abschlusses eines Beherrschungs- oder Gewinnabführungsvertrages, sofern die herrschende Gesellschaft die Rechtsform einer AG oder KGaA mit Sitz im Inland hat. Maßgegend für die Einführung dieser zusätzlichen Wirksamkeitsvoraussetzung waren vornehmlich die mit dem Abschluss derartiger Verträge für die herrschende Gesellschaft verbundenen Belastungen auf Grund der §§ 302 f. und 304 f. Diskutiert wird, ob das Schwergewicht hier in erster Linie auf § 302 (*Verlustausgleichspflicht*) oder auf § 305 (*Abfindung* in eigenen Aktien der Muttergesellschaft) zu legen ist. Heute wird meistens der erste Gesichtspunkt (§ 302) in den Vordergrund gerückt (→ Rn. 8).[2]

Durch das **Gesetz zur Bereinigung des Umwandlungsrechts von 1994** (BGBl. I 3 3260 f.) wurden in § 293 mit Wirkung vom 1.1.1995 ab die früheren Vorschriften des Abs. 3 S. 2 bis S. 6 sowie des Abs. 4 gestrichen und durch die weithin wörtlich übereinstimmenden Vorschriften der **§§ 293f** und **293g** ersetzt. Zugleich wurden, weil Verschmelzung und Unternehmensvertrag im Wesentlichen austauschbare rechtliche Instrumente seien, nach dem Vorbild des Verschmelzungsrechts die **Berichtspflicht** des Vorstandes (**§ 293a**) und die **Vertragsprüfung** durch besondere Prüfer (**§§ 293b–293e**) eingeführt.[3] Heute gelten diese Vorschriften im Wesentlichen idF, die sie 1998 durch das Gesetz zur Kontrolle und Transparenz im Unternehmensbereich erhalten haben (BGBl. I 786 [788]).

II. Anwendungsbereich

§ 293 Abs. 1 schreibt für sämtliche Unternehmensverträge mit einer (abhängigen) AG 4 oder KGaA mit Sitz im Inland die Zustimmung der Hauptversammlung mit qualifizierter Mehrheit vor. Abs. 2 der Vorschrift fügt hinzu, dass (nur) bei Beherrschungs- und Gewinnabführungsverträgen, wenn „der andere Vertragsteil" ebenfalls eine AG oder KGaA ist, auch deren Hauptversammlung dem Vertrag mit qualifizierter Mehrheit zustimmen muss.

1. § 293 Abs. 1. Nach § 293 Abs. 1 wird ein Unternehmensvertrag mit einer AG oder 5 KGaA nur mit Zustimmung der Hauptversammlung mit qualifizierter Mehrheit wirksam. Diese Vorschrift betrifft bei Beherrschungs- und Gewinnabführungsverträgen (einschließlich der Geschäftsführungsverträge des § 291 Abs. 1 S. 2) allein die **abhängige** oder zur Gewinnabführung **verpflichtete Gesellschaft,** während sie bei dem Teilgewinnabführungsvertrag des § 292 Abs. 1 Nr. 2 die zur Abführung eines Teils ihres Gewinnes verpflichtete Gesellschaft und bei dem Betriebspacht- und Betriebsüberlassungsvertrag die verpachtende oder überlassende Gesellschaft im Auge hat (§ 292 Abs. 1 Nr. 3). Lediglich im Falle der **Gewinngemeinschaft** (§ 292 Abs. 1 Nr. 1) muss die Hauptversammlung *jeder* beteiligten AG oder KGaA mit Sitz im Inland zustimmen (→ § 292 Rn. 8). Bei einer **KGaA** ist

---
[1] § 299 betrifft trotz seiner allgemeinen Formulierung der Sache nach nur Beherrschungsverträge (→ § 299 Rn. 2).
[2] Begr. RegE bei *Kropff* AktG 381; BGHZ 105, 324 (334 ff.) = NJW 1989, 295 = AG 1989, 31 – Supermarkt; BGH NJW 1992, 1452 = AG 1992, 192 – Siemens/NRG; *Pentz* Enkel-AG 125 ff.; Spindler/Stilz/*Veil* Rn. 37.
[3] Begr. RegE (1994), BT-Drs. 12/6699, 178 f.

noch zusätzlich die Zustimmung der persönlich haftenden Gesellschafter nötig, wie aus § 285 Abs. 2 S. 1 zu folgern ist.[4] Der gesetzliche Anwendungsbereich der Vorschrift beschränkt sich auf Gesellschaften mit **Sitz im Inland,** weil der Schutz ausländischer Gesellschaften keine Aufgabe des deutschen Gesellschaftsrechts ist (→ § 291 Rn. 33).

6 **2. § 293 Abs. 2.** § 293 Abs. 2 verlangt zusätzlich (nur) für den Abschluss eines Beherrschungs- oder Gewinnabführungsvertrages (§ 291 Abs. 1) mit einer AG oder KGaA die Zustimmung der Hauptversammlung „dieser Gesellschaft". Gemeint ist damit die **herrschende** und aus dem Vertrag **berechtigte Gesellschaft.** Die anderen Unternehmensverträge des § 292 stehen nicht gleich. Bei der herrschenden Gesellschaft muss es sich gleichfalls um eine **Gesellschaft mit Sitz im Inland** handeln (→ Rn. 5; → § 291 Rn. 34).[5]

6a Umstritten ist die Anwendbarkeit des § 293 Abs. 2 auf eine herrschende *deutsche* Gesellschaft, wenn es sich bei der *abhängigen* Gesellschaft um ein **ausländisches Unternehmen** handelt. Nach hM ist hier § 293 Abs. 2 (nur) dann entsprechend anwendbar, wenn die deutsche herrschende AG oder KGaA auf Grund des Vertrages nach dem für die abhängige ausländische Gesellschaft maßgeblichen Recht Verpflichtungen treffen, die mit denen auf Grund der §§ 302 f. oder der §§ 304 f. vergleichbar sind, wobei überdies zum Teil die Beweislast für das Gegenteil der herrschenden AG oder KGaA auferlegt wird.[6] Solche Fälle dürften – mangels eines kodifizierten Konzernrechts in den meisten Nachbarstaaten – ausgesprochen selten sein.

7 Hat die herrschende Gesellschaft die Rechtsform einer **KGaA,** so muss im Falle des § 293 Abs. 2 gemäß § 285 Abs. 2 S. 1 zu dem Zustimmungsbeschluss der Hauptversammlung noch die Zustimmung der persönlich haftenden Gesellschafter hinzukommen. Bei einem **Gemeinschaftsunternehmen** trifft die Zustimmungspflicht nach § 293 Abs. 2 schließlich jede Muttergesellschaft, ohne Rücksicht darauf, ob der Vertrag formal mit einer von den Müttern zu diesem Zweck gebildeten BGB-Gesellschaft oder direkt mit den Müttern abgeschlossen wird, weil in jedem Fall der Sache nach die Mütter Vertragspartner sind (→ § 17 Rn. 31).[7]

8 § 293 Abs. 2 **bezweckt** zwar den *Schutz der Gesellschafter* der herrschenden Gesellschaft gegen die mit dem Abschluss von Beherrschungs- und Gewinnabführungsverträgen verbundenen Belastungen, insbesondere auf Grund der §§ 302 und 305 (→ Rn. 2). Der Anwendungsbereich der Vorschrift hängt indessen nicht davon ab, ob der herrschenden Gesellschaft tatsächlich derartige Belastungen drohen und ob überhaupt (schutzbedürftige) außenstehende Aktionäre vorhanden sind.[8] Die Vorschrift ist vielmehr auch anwendbar, wenn die abhängige Gesellschaft *keine* außenstehenden Gesellschafter hat (§§ 304 Abs. 1 S. 3, 305 Abs. 5 S. 2) oder wenn es sich bei der herrschenden Gesellschaft um eine **Einpersonengesellschaft** handelt, die in einen anderen Konzern eingegliedert ist.[9]

9 § 293 Abs. 2 findet **entsprechende Anwendung** auf den Abschluss eines Beherrschungs- oder Gewinnabführungsvertrages zwischen einer AG und einer *abhängigen GmbH* (→ Rn. 36, 46) sowie außerdem auf einen derartigen Vertrag zwischen einer **GmbH** als herrschender Gesellschaft mit einer anderen Gesellschaft beliebiger Rechtsform, also auch auf derartige Verträge zwischen einer herrschenden GmbH und einer **abhängigen AG** (→ Rn. 36, 46).[10] Umstritten ist die Rechtslage dagegen bei Abschluss eines Beherr-

---

[4] MüKoAktG/*Altmeppen* Rn. 32; Hüffer/*Koch* Rn. 3; ausf. *Born,* Die abhängige KG aA, 2004, 141 ff., 194 f.
[5] OLG Stuttgart AG 2013, 724 (725); MüKoAktG/*Altmeppen* Rn. 119; *Bärwaldt/Schabacker* AG 1998, 182 (187 f.); GroßkommAktG/*Mülbert* Rn. 97; Spindler/Stilz/*Veil* Rn. 37; aA *Barz* BB 1966, 1168.
[6] Hüffer/*Koch* Rn. 18; KK-AktG/*Koppensteiner* Rn. 43; MHdB AG/*Krieger* § 70 Rn. 22 (1026 f.).
[7] *Gansweid,* Gemeinsame Tochtergesellschaften, 92; Hüffer/*Koch* Rn. 19; *Marchand* Gemeinschaftsunternehmen 200; *Koppensteiner* ZHR 131 (1968), 289 (319); GroßkommAktG/*Mülbert* Rn. 96; aA MüKoAktG/*Altmeppen* Rn. 116 f.
[8] Hüffer/*Koch* Rn. 17.
[9] BGH NJW 1992, 1452 = AG 1992, 1992 – Siemens/NRG.
[10] Insbes. BGH NJW 1992, 1452; BGHZ 105, 324 (333 ff.) = NJW 1989, 295 = AG 1989, 91 – Supermarkt; BGHZ 115, 187 (192) = NJW 1991, 3142 = AG 1991, 429 – Video; dagegen ausf. MüKoAktG/*Altmeppen* Rn. 98, 102 ff. mN.

schungs- oder Gewinnabführungsvertrages zwischen einer **Personengesellschaft** als herrschender Gesellschaft und einer (abhängigen) AG oder GmbH. Teilweise wird auch hier § 293 Abs. 2 entsprechend angewandt.[11] Dies ist indessen nur richtig, wenn durch den Gesellschaftsvertrag der herrschenden Gesellschaft das **Mehrheitsprinzip** eingeführt ist; andernfalls bleibt es bei den Personengesellschaften nach § 311 Abs. 1 BGB und § 119 Abs. 1 HGB (die nicht durch § 293 Abs. 2 AktG eingeschränkt werden sollten) bei der Notwendigkeit der Zustimmung *aller* Gesellschafter (→ Rn. 47 ff.).[12]

3. Mehrstufige Unternehmensverbindungen. In mehrstufigen Unternehmensverbindungen[13] sind die Beteiligten in der Entscheidung frei, auf welcher Stufe und zwischen welchen Beteiligten sie Unternehmensverträge abschließen wollen und wo nicht.[14] Für eine **Anwendung des § 293 Abs. 1 und 2** ist dann grundsätzlich nur im Verhältnis zwischen denjenigen Gesellschaften Raum, die *jeweils* an dem Vertragsabschluss *beteiligt* sind, selbst wenn der Vertrag mehrere Stufen „überspringt", etwa bei Abschluss eines Beherrschungs- oder Gewinnabführungsvertrages zwischen einer Mutter- und einer Enkelgesellschaft.[15] Davon zu trennen ist die Frage, ob in derartigen Fällen zusätzlich auch noch die *Zustimmung der Hauptversammlungen anderer* zu dem Unternehmensverbund gehörender *Gesellschaften* entsprechend § 293 Abs. 1 oder Abs. 2 erforderlich ist. Im Folgenden soll nur auf die wichtigsten Fallgestaltungen eingegangen werden, die üblicherweise in diesem Zusammenhang diskutiert werden.

a) § 293 Abs. 1. Die Frage einer entsprechenden Anwendbarkeit des § 293 Abs. 1 wird zunächst für den Abschluss insbesondere eines Gewinnabführungs-, Teilgewinnabführungs- oder Gewinngemeinschaftsvertrages zwischen einer (wichtigen) **Tochtergesellschaft und einem dritten,** dh nicht zu dem Konzern gehörenden **Unternehmen** diskutiert, dies deshalb, weil hier der Vertragsabschluss im Ergebnis für die Gesellschafter der *Muttergesellschaft* von Fall zu Fall im Wesentlichen *dieselbe Wirkung* wie der Abschluss eines entsprechenden Vertrages durch die Muttergesellschaft selbst haben kann, zB, wenn die letztere einen erheblichen Teil ihrer unternehmerischen Aktivitäten über die betreffende Tochtergesellschaft betreibt. Gleichwohl *lehnt* die überwiegende Meinung heute in solchen Fällen eine *Analogie* zu 293 Abs. 1 ab (→ Vor § 311 Rn. 31 ff.; → § 311 Rn. 7 ff.; zur Kritik → § 292 Rn. 16).

b) § 293 Abs. 2. Die Frage einer Analogie zu § 293 Abs. 2 stellt sich in erster Linie im Falle des **Aufbaus** eines Konzerns von **oben nach unten,** dh dann, wenn *nach* Abschluss eines Beherrschungs- oder Gewinnabführungsvertrages zwischen einer Mutter- und einer Tochtergesellschaft diese Tochtergesellschaft ihrerseits einen derartigen Vertrag mit einer Enkelgesellschaft abschließt, dies deshalb, weil in solchem Fall die durch den nachfolgenden Vertragsabschluss zwischen Tochter- und Enkelgesellschaft entstehenden *vermehrten Risiken* der Muttergesellschaft auf Grund der §§ 302 und 303 nicht mehr durch den vorausgegangenen Zustimmungsbeschluss der Hauptversammlung der Muttergesellschaft (nur) zu dem Vertrag mit der Tochter gedeckt sind. Gleichwohl sieht auch in derartigen Fallgestaltungen die überwiegende Meinung *keinen* Raum für eine *Analogie* zu § 293 Abs. 2; eine **Ausnahme** wird nur für solche Fälle erwogen, in denen heute noch die Annahme ungeschriebener Hauptversammlungszuständigkeiten in Betracht kommt.[16] Nach wie vor sprechen indessen

---

[11] OLG Hamburg AG 2006, 48 (51 f.) = NZG 2005, 966 = ZIP 2006, 901 – Otto KG; LG Mannheim AG 1995, 142 = Rpfleger 1994, 256 – Freudenberg; s. Hüffer/*Koch* Rn. 17; MHdB AG/*Krieger* § 70 Rn. 21; offengelassen in OLG Hamm AG 2010, 216 (218) = GmbHR 2010, 242 = ZIP 2010, 229.
[12] OLG Hamm AG 2010, 216 (218) = GmbHR 2010, 242 = ZIP 2010, 229; ebenso nur, wenn es sich um ein Grundlagengeschäft handelt: OLG Hamburg NZG 2005, 966.
[13] Dazu zB *Krieger* FS K. Schmidt, 2009, 999; ganz ausf. GroßkommAktG/*Mülbert* Rn. 184–306.
[14] KG OLGR 2008, 873 = AG 2009, 30 (32).
[15] KG OLGR 2008, 873 = AG 2009, 30 (32).
[16] MüKoAktG/*Altmeppen* Rn. 113 f.; Hölters/*Deilmann* Rn. 16; Hüffer/*Koch* Rn. 20; MHdB AG/*Krieger* § 70 Rn. 23; KK-AktG/*Koppensteiner* Rn. 45; K. Schmidt/Lutter/*Langenbucher* Rn. 31; Spindler/Stilz/*Veil* Rn. 42.

die besseren Gründe *für* eine *Analogie,* vor allem mit Rücksicht auf die vermehrten Risiken aufgrund des § 302.[17] Anders dagegen in der Tat bei Aufbau des Konzerns von **unten nach oben.** Denn wenn der Vertrag zwischen Mutter- und Tochtergesellschaft einem Vertrag zwischen der Tochter- und der Enkelgesellschaft *nachfolgt,* deckt der (nachfolgende) Zustimmungsbeschluss der Hauptversammlung der Mutter auch den *vorausgegangenen* Vertrag der Tochter- mit der Enkelgesellschaft.[18]

12a Wieder andere Fragen stellen sich bei einem Vertragsschluss unmittelbar **zwischen der Mutter- und der Enkelgesellschaft.** Hier ist kritisch insbesondere die Situation der „übersprungenen Tochtergesellschaft", konkret die Frage, ob und unter welchen Voraussetzungen die Hauptversammlung oder Gesellschafterversammlung dieser *Tochtergesellschaft* an dem Vertragsabschluss zwischen der Mutter- und der Enkelgesellschaft zu beteiligen ist. Eine unmittelbare Anwendung des § 293 Abs. 1 oder 2 oder bei einer GmbH des § 53 GmbHG auf die Tochtergesellschaft wird hier ebenfalls überwiegend abgelehnt,[19] sodass eine andere Beurteilung nur in Betracht kommt, wenn die Enkelgesellschaft für die Tochtergesellschaft so wichtig ist, dass bei Entscheidungen der Tochtergesellschaft über den Abschluss von Unternehmensverträgen durch Dritte mit der Enkelgesellschaft (die an sich dem Vorstand der Tochtergesellschaft obliegen) eine **ungeschriebene Zuständigkeit** der Hauptversammlung der **Tochtergesellschaft** angenommen werden kann (→ Vor § 311 Rn. 33 ff.).[20] Außerdem kann sich die **Muttergesellschaft** nach den **§§ 311 und 317** haftbar machen, wenn sie die Tochtergesellschaft ohne Ausgleich veranlasst, dem für sie im Zweifel nachteiligen Vertrag zwischen der Enkel- und der Muttergesellschaft in der Hauptversammlung der Enkelgesellschaft zuzustimmen.[21] Davon zu trennen ist die Frage, ob die Tochtergesellschaft bei Abschluss eines Beherrschungs- oder Gewinnabführungsvertrages zwischen der Mutter- und der Enkelgesellschaft zu den *außenstehenden* Aktionären iSd §§ 304 und 305 gehört (→ § 304 Rn. 15 ff.).

III. Vertragsabschluss

13 **1. Zuständigkeit. a) Vorstand.** Über den Abschluss von Unternehmensverträgen enthält das AktG nur wenige Vorschriften. Einschlägig sind im Grunde lediglich § 83 Abs. 1 S. 2 über die Verpflichtung des Vorstands zum Tätigwerden auf Grund eines Verlangens der Hauptversammlung (→ Rn. 16), § 293 Abs. 3 über das Erfordernis der Schriftform (→ Rn. 21 ff.), § 293a über die Berichtspflicht des Vorstands und § 293b über die Vertragsprüfung sowie schließlich § 299, nach dem Weisungen hinsichtlich der Änderung, der Aufrechterhaltung oder der Beendigung von Unternehmensverträgen ausgeschlossen sind (→ § 299 Rn. 3). Im Übrigen bleibt es bei der **Geltung der allgemeinen Vorschriften** über den Abschluss von Verträgen durch eine AG (§§ 145 ff. BGB, §§ 76 ff. AktG).

14 Zuständig für die **Entscheidung, ob** und mit welchem Inhalt ein Unternehmensvertrag abgeschlossen werden soll, ist bei einer **AG** auf jeder Seite des Vertrages, weil es sich dabei um eine unternehmenspolitische Leitentscheidung handelt, in erster Linie der **Vorstand** (§§ 76, 77, 78; aber → Rn. 16).[22] Er muss dabei mit der **Sorgfalt** eines ordentlichen und gewissenhaften Geschäftsleiters vorgehen (§ 93 Abs. 1 S. 1). Verletzt er diese Sorgfaltspflicht, zB durch die mangelhafte Prüfung der Bonität des anderen Vertragsteils, so macht er sich schadensersatzpflichtig (§ 93 Abs. 2).[23] Auch an eine Anwendung der **§§ 311 und 317** ist

---

[17] GroßkommAktG/*Mülbert* Rn. 198 ff.; *Pentz* Enkel-AG 130; *E. Rehbinder* ZGR 1977, 581 (613); *Timm* Aktiengesellschaft 171.
[18] Hüffer/*Koch* Rn. 20; KK-AktG/*Koppensteiner* Rn. 45; GroßkommAktG/*Mülbert* Rn. 197; *Pentz* Enkel-AG 131.
[19] LG Düsseldorf DB 2004, 428 f.; GroßkommAktG/*Mülbert* Rn. 210, 218, 268 ff.; *Pentz* Enkel-AG 131 ff.; *ders.* DB 2004, 1543 (1554 f.); krit. *W. Meilicke* Anm. DB 2004, 429.
[20] *Goette* AG 2006, 522; Hölters/*Deilmann* Rn. 13; *Krieger* FS K. Schmidt, 2009, 999 (1003 ff.) mN.
[21] *Krieger* FS K. Schmidt, 2009, 999 (1008 ff.).
[22] BGHZ 122, 211 (217) = NJW 1993, 1976 = AG 1993, 422 – SSI.
[23] S. *Stephan* Konzern 2014, 1 (21).

dann von Fall zu Fall zu denken.²⁴ Eine Haftungsbefreiung nach § 93 Abs. 4 S. 1 kommt nur in Betracht, wenn der Vorstand nach § 83 Abs. 1 S. 2 zu dem Abschluss angewiesen wurde (→ Rn. 16).²⁵ Für eine Haftungsbefreiung nach § 93 Abs. 4 S. 1 ist außerdem kein Raum, soweit der Weisungsbeschluss dem Vorstand einen Ermessensspielraum einräumt, den er nach pflichtgemäßem Ermessen ausfüllen kann und muss.²⁶ Eine nachträgliche **Genehmigung** des Vertragsschlusses durch die Hauptversammlung steht nach hM nicht gleich und hat deshalb keine entlastende Wirkung.²⁷

Auch für den **Abschluss** des Vertrages selbst sind bei der AG allein die **Vorstände** der beteiligten Gesellschaften zuständig **(§ 78)**. Ihre **Vertretungsmacht** wird jedoch durch § 293 Abs. 1 und Abs. 2 in dem Sinne **beschränkt**, dass der von ihnen abgeschlossene Vertrag schwebend unwirksam ist, solange ihm nicht die beiden Hauptversammlungen mit der erforderlichen Mehrheit zugestimmt haben; die *Zustimmungsbeschlüsse* (§ 293 Abs. 1 und 2) haben folglich *Außenwirkung* (→ Rn. 24, 36), sodass die Verweigerung der Zustimmung durch eine der beiden Hauptversammlungen die endgültige Nichtigkeit des bis dahin nur schwebend unwirksamen Vertrages nach sich zieht. Eine Haftung des Vorstandes auf Grund des § 179 BGB kommt nicht in Betracht (§ 179 Abs. 3 S. 1 BGB). 15

b) § 83. Der Abschluss von Unternehmensverträgen fällt unter § 83 Abs. 1 S. 2, sodass die **Hauptversammlung** den Vorstand mit qualifizierter Mehrheit zur Vorbereitung und zum Abschluss von Unternehmensverträgen **anweisen** kann (§§ 83 Abs. 1 S. 2 und 3, 293).²⁸ Der *Vorstand muss* in diesem Fall *tätig werden*, widrigenfalls er sich ersatzpflichtig macht (§ 93 Abs. 2). Dies gilt auf jeden Fall für die Gesellschaft, die die vertragstypischen Leistungen erbringt, im Falle des Abschlusses eines Beherrschungs- oder Gewinnabführungsvertrages also für die *abhängige* oder zur Gewinnabführung verpflichtete Gesellschaft (§§ 83 Abs. 1 S. 2, 293 Abs. 1). Bei dem Weisungsbeschluss ist auch der andere Vertragsteil stimmberechtigt; ein Stimmverbot besteht nicht.²⁹ Umstritten ist, ob § 83 Abs. 1 S. 2 auch auf den **anderen Vertragsteil** anwendbar ist. Im Schrifttum wird dies zum Teil verneint.³⁰ Eine überzeugende Begründung für eine derartige Einschränkung des § 83 Abs. 1 S. 2 entgegen seinem Wortlaut ist indessen nicht erkennbar.³¹ 16

2. Bezeichnung. Entgegen einer verbreiteten Meinung ist es *nicht* erforderlich, dass in der Vertragsurkunde (§ 293 Abs. 3) die jeweilige Vertragsart *ausdrücklich benannt* wird, da ein derartiger Formalismus dem deutschen Recht grundsätzlich fremd ist (→ Rn. 19; → § 291 Rn. 17 mN). Nichts anders gilt im Ergebnis für die beiden Zustimmungsbeschlüsse,³² wobei freilich zu bedenken bleibt, dass seit 1995 der Unternehmensvertrag in den **Berichten der Vorstände** „im Einzelnen" rechtlich zu erläutern ist (§ 293a Abs. 1 S. 1). Dazu gehört auch die Erklärung seiner „wahren" Rechtsnatur (→ § 293a Rn. 15), – womit sich die ganze Diskussion erledigt haben dürfte. Anders ist die Rechtslage ferner hinsichtlich der **Eintragung** ins Handelsregister (§ 294 Abs. 2; → § 294 Rn. 29). – Für den Vertrag ist nicht die Abfassung in **deutscher Sprache** vorgeschrieben, sodass die Partei nicht gehindert sind, den Vertrag zB in englischer Sprache abzufassen; in diesem Fall muss jedoch dem Vertrag bei seiner Auslegung nach den §§ 293f und 293g sowie bei seiner Anmeldung zum Handels- 17

---

²⁴ *Stephan* Konzern 2014, 1 (7).
²⁵ Hölters/*Deilmann* Rn. 28; Hüffer/*Koch* Rn. 23; KK-AktG/*Koppensteiner* Rn. 23; GroßkommAktG/*Mülbert* Rn. 38 ff.
²⁶ Hölters/*Deilmann* Rn. 30; GroßkommAktG/*Mülbert* Rn. 40.
²⁷ Dagegen GroßkommAktG/*Mülbert* Rn. 41 f.
²⁸ BGHZ 82, 188 (195) = NJW 1982, 933 = AG 1982, 129 – Hoesch/Hoogovens; BGHZ 121, 211 (217) = NJW 1993, 1976 = AG 1993, 422 – SSI.
²⁹ Hölters/*Deilmann* Rn. 29.
³⁰ KK-AktG/*Mertens* § 83 Rn. 3.
³¹ Ebenso MüKoAktG/*Altmeppen* Rn. 7 f.; *Hommelhoff* Konzernleitungspflicht 327; Hüffer/*Koch* Rn. 23; K. Schmidt/Lutter/*Langenbucher* Rn. 7; GroßkommAktG/*Mülbert* Rn. 7; Spindler/Stilz/*Veil* Rn. 3.
³² Ebenso Hölters/*Deilmann* Rn. 32, 40; Hüffer/*Koch* Rn. 14, 23; MHdB AG/*Krieger* § 70 Rn. 49; Spindler/Stilz/*Veil* Rn. 7; aA KK-AktG/*Koppensteiner* Rn. 37.

register nach § 294 Abs. 1 S. 2 eine (nach Möglichkeit beglaubigte) deutsche **Übersetzung** beigefügt werden.[33]

18 **3. Bedingung, Befristung.** Unternehmensverträge werden grundsätzlich nur auf Zeit abgeschlossen; die Festsetzung eines **Endtermins** ist folglich unbedenklich (§ 163 BGB; → § 297 Rn. 33). Für die Bestimmung eines **Anfangstermins** kann nichts anderes gelten (→ § 294 Rn. 28; → § 297 Rn. 33 f.).[34] In der Frage der Zulässigkeit von **Bedingungen** muss man dagegen zwischen den Unternehmensverträgen des § 291 und denen des § 292 unterscheiden. Bei den Verträgen des **§ 292** bestehen gegen die Vereinbarung von Bedingungen keine Bedenken, da es sich bei ihnen grundsätzlich um schuldrechtliche Austauschverträge handelt. Bei den Verträgen des **§ 291** sind gleichfalls hinreichend bestimmte **aufschiebende Bedingungen** unbedenklich.[35] Ein Beispiel ist die Vereinbarung, dass der Vertrag erst mit Billigung durch den Aufsichtsrat einer der Vertragsparteien oder die Kartellbehörden wirksam werden soll (→ § 297 Rn. 29). Zu beachten ist in solchen Fällen lediglich, dass eine *Eintragung* des Vertrags ins Handelsregister *vor* Bedingungseintritt ausscheidet (→ § 294 Rn. 28). Probleme ergeben sich daraus nicht, weil die Bedingung in der Vertragsurkunde niedergelegt sein muss (§ 293 Abs. 3), sodass das Registergericht vor Eintragung des Vertrags ins Handelsregister den Nachweis des Bedingungseintritts verlangen kann (§ 26 FamFG). *Kein* Raum ist dagegen bei den Verträgen des § 291 für die Vereinbarung einer **auflösenden Bedingung;**[36] an ihre Stelle tritt vielmehr die Möglichkeit zur Kündigung des Vertrages; in der Regel wird eine entsprechende Umdeutung möglich sein (§§ 140, 157, 242 BGB; → § 297 Rn. 29; → § 291 Rn. 18).[37]

19 **4. Mängel.** Für Unternehmensverträge gelten ebenso wie für sonstige Verträge die allgemeinen Nichtigkeits- und Anfechtungsgründe des Privatrechts, vor allem also die **§§ 117, 119, 123, 125, 134 und 138 BGB** (→ § 297 Rn. 28, 30).[38] Ist ein Vertrag danach nichtig oder mit Erfolg angefochten, so wird der Mangel auch *nicht* durch die **Zustimmung** einer oder beider Hauptversammlungen nach § 293 oder durch die **Eintragung** des Vertrages in das Handelsregister nach § 294 Abs. 2 **geheilt.**[39] Wichtig ist das insbesondere für Verstöße gegen die durch § 293 Abs. 3 vorgeschriebene Schriftform (§ 125 BGB; → Rn. 21 f.). *Weitere* Nichtigkeitsgründe ergeben sich aus dem **AktG.** Hervorzuheben sind das Fehlen, die Nichtigkeit oder die erfolgreiche Anfechtung eines der **Zustimmungsbeschlüsse** (soweit nicht im Einzelfall § 246a von 2005 entgegensteht, → Rn. 50 ff.) sowie das Fehlen einer **Ausgleichsregelung** in einem Beherrschungs- oder Gewinnabführungsvertrag (§ 304 Abs. 3 S. 1).

20 Ist der Vertrag **teilweise nichtig,** zB weil er einzelne unzulässige Abreden enthält (§ 134 BGB) oder weil den Hauptversammlungen einzelne Klauseln nicht zur Billigung vorgelegt wurden oder doch nicht die Billigung einer oder beider Hauptversammlungen gefunden haben (§ 293), so zieht dies grundsätzlich die **Gesamtnichtigkeit** des Vertrages nach sich (§ 139 BGB). Entgegen einer verbreiteten Meinung besteht kein Anlass zur Einschränkung oder gar zur Umkehrung der Regel des § 139 BGB.[40] Wird der Vertrag trotz seiner Mängel von den beteiligten Unternehmen praktiziert, so finden die Regeln über fehlerhafte Unternehmensverträge Anwendung (→ § 291 Rn. 28 ff.).

---

[33] Hölters/*Deilmann* Rn. 36.
[34] Spindler/Stilz/*Veil* Rn. 8; *Raiser/Veil* KapGesR § 54 Rn. 19.
[35] GroßkommAktG/*Mülbert* Rn. 15; für die Zulässigkeit einer aufschiebenden Beendigung offenbar auch BGHZ 122, 211 (219 f.) = NJW 1993, 1976 = AG 1993, 422 – SSI; – anders MüKoAktG/*Altmeppen* Rn. 26; Spindler/Stilz/*Veil* Rn. 8.
[36] Anders GroßkommAktG/*Mülbert* Rn. 16.
[37] *Raiser/Veil* KapGesR § 54 Rn. 19.
[38] Zu § 138 BGB s. ausf. *S. Fabian,* Inhalt und Auswirkungen, 97, 106 ff.
[39] OLG Celle AG 2000, 280 (281) = NZG 2000, 85.
[40] Hölters/*Deilmann* Rn. 37; Hüffer/*Koch* Rn. 26; GroßkommAktG/*Mülbert* Rn. 27; anders OLG München AG 1980, 272 (273); OLG Hamburg NJW 1990, 3024 (3025) = AG 1991, 21.

IV. Form

Nach § 293 Abs. 3 bedarf der Unternehmensvertrag der **Schriftform**. Das Gesetz verweist damit auf die §§ 125 und 126 BGB, sodass die Vertragsurkunde grundsätzlich von beiden Parteien unterzeichnet werden muss (§ 126 Abs. 1 BGB). Ein Verstoß dagegen führt zur Nichtigkeit des Vertrages (§ 125 BGB).[41] Da § 293 Abs. 3 nichts anderes bestimmt, kann die Schriftform gemäß § 126 Abs. 3 BGB durch die **elektronische Form** ersetzt werden; in diesem Falle ist § 126a BGB zu beachten.[42] Mit Rücksicht auf die Auslegungspflichten auf Grund des § 293f Abs. 1 Nr. 1 und des § 293g Abs. 1 dürfte es sich dabei freilich lediglich um eine theoretische Möglichkeit handeln. Die **Vertragsurkunde** muss mit allen Anlagen und sonstigen Bestandteilen eine **Einheit** bilden, die durch die Unterschriften der jeweils vertretungsberechtigten Personen gedeckt ist.[43]

21

Das **Schriftformerfordernis** gilt **für sämtliche Abreden** der Parteien, aus denen sich nach ihrem Willen der Unternehmensvertrag zusammensetzen soll und die deshalb eine rechtliche Einheit iSd § 139 BGB bilden. Hieran ändert sich auch dann nichts, wenn die Parteien ihre Abreden formal auf unterschiedliche Verträge aufteilen, selbst wenn an diesen verschiedene Personen beteiligt sind (→ Rn. 26).[44] Das folgt schon aus der Notwendigkeit, der Anmeldung den (ganzen) Vertrag in Urschrift, Ausfertigung oder öffentlich beglaubigter Abschrift beizufügen (§ 294 Abs. 1 S. 2), und wird durch das Informationsinteresse der Hauptversammlung, der Aktionäre und der Öffentlichkeit gerechtfertigt (§ 293f und § 293g).

22

V. Die Zustimmung der Hauptversammlung der verpflichteten Gesellschaft (Abs. 1)

1. Bedeutung. Von dem Unternehmensvertrag müssen der oder die Zustimmungsbeschlüsse der Hauptversammlungen der beteiligten Gesellschaften nach den Abs. 1 und 2 des § 293 unterschieden werden. Erforderlich ist zunächst nach § 293 Abs. 1 die Zustimmung der Hauptversammlung derjenigen AG oder KGaA, die die vertragstypischen Verpflichtungen übernimmt (→ Rn. 4), bei einem Beherrschungs- oder Gewinnabführungsvertrag also die Zustimmung der Hauptversammlung der **abhängigen oder verpflichteten Gesellschaft**. Bei einer KGaA muss außerdem noch die Zustimmung der persönlich haftenden Gesellschafter hinzukommen (§ 285 Abs. 2 S. 1; → Rn. 5). Der Zustimmungsbeschluss bedarf (mindestens) einer qualifizierten Kapitalmehrheit (§ 293 Abs. 1 S. 2). Durch die Satzung können diese Erfordernisse lediglich verschärft, nicht dagegen herabgesetzt werden (§§ 23 Abs. 5, 293 Abs. 1 S. 3). Keine Anwendung finden ferner die Vorschriften des Gesetzes und der Satzung über Satzungsänderungen (§ 293 Abs. 1 S. 4). Die Gesetzesverfasser wollten damit eine alte Streitfrage klären.[45]

23

§ 293 Abs. 1 bedeutet eine **Beschränkung der Vertretungsmacht** des Vorstandes mit Außenwirkung (§ 78; → Rn. 15). Der Vertrag erlangt daher so lange keine Wirksamkeit, wie ihm die Hauptversammlung nicht mit der nötigen Mehrheit zugestimmt hat (→ Rn. 15).[46] Ebenso verhält es sich, wenn der Zustimmungsbeschluss nichtig oder mit Erfolg angefochten ist (§§ 241, 243, 248), sofern sich nicht im Einzelfall aus § 246a etwas anderes ergibt (→ Rn. 61 ff.) oder der Mangel geheilt wird (§§ 242, 244).[47] Für die **Form** des Zustimmungsbeschlusses gilt nicht § 293 Abs. 3 (der sich allein auf den Vertrag als den

24

---

[41] OLG München AG 1991, 358 (360) (l. Sp.) – SSI; Hüffer/*Koch* Rn. 26.
[42] Ebenso Hölters/*Deilmann* Rn. 33; KK-AktG/*Koppensteiner* Rn. 12; K. Schmidt/Lutter/*Langenbucher* Rn. 33.
[43] Spindler/Stilz/*Veil* Rn. 9; zu den Erfordernissen der sog. Urkundeneinheiten s. iE Staudinger/*Emmerich* BGB § 550 Rn. 18 ff. mN.
[44] BGHZ 82, 188 (196 f.) = NJW 1982, 933 = AG 1982, 129 – Hoesch/Hoogovens; OLG Celle AG 2000, 280 f. = NZG 2000, 85; OLG Stuttgart NZG 2000, 93 (94); GroßkommAktG/*Mülbert* Rn. 25.
[45] Begr. RegE bei *Kropff* AktG 381.
[46] KG AG 2000, 183 (185) = NZG 1999, 1102; OLG Zweibrücken ZIP 2004, 559 (561) – Reginaris.
[47] OLG Hamburg AG 2005, 299 = ZIP 2005, 437 = NZG 2005, 604 – Thyssen/Blohm + Voss; zur umstrittenen Anwendbarkeit der Grundsätze über fehlerhafte Unternehmensverträge bei Fehlen eines wirksamen Zustimmungsbeschlusses → § 291 Rn. 30.

Gegenstand des Beschlusses bezieht), sondern **§ 130,** sodass der Beschluss in die notarielle Niederschrift aufzunehmen ist (§ 130 Abs. 1 S. 1). Der Vertrag ist seinerseits der Niederschrift als Anlage beizufügen (§ 293g Abs. 2 S. 2).

25 Das Gesetz verlangt eine **Zustimmung** der Hauptversammlung (§ 293 Abs. 1 S. 1). Die Zustimmung ist nach den §§ 182–184 BGB der Oberbegriff für Einwilligung und Genehmigung. Folglich kann die Zustimmung der Hauptversammlung sowohl *im Voraus* zu einem ihr vom Vorstand vorgelegten Vertragsentwurf als auch *nachträglich* zu dem bereits abgeschlossenen Vertrag erklärt werden.[48] In dem zuerst genannten Fall darf jedoch der von der Hauptversammlung gebilligte Vertragsentwurf von den Parteien später nicht mehr abgeändert werden, von der Berichtigung von Schreibfehlern und anderen offensichtlichen Unrichtigkeiten vielleicht abgesehen. Andernfalls ist die erneute Befassung der Hauptversammlung mit dem Vertrag erforderlich.[49] Bei einer **Vielzahl** von im Wesentlichen übereinstimmenden **Unternehmensverträgen,** wobei in erster Linie an stille Gesellschaftsverträge mit einer großen Zahl von Anlegern zu denken ist, braucht aber nicht über jeden Vertrag gesondert abgestimmt zu werden; vielmehr können die Abstimmungen auch im Wege des sog. Sammelbeschlussverfahrens zusammengefasst werden (→ § 292 Rn. 29c).

26 **2. Gegenstand.** Gegenstand des Zustimmungsbeschlusses ist **der (ganze) Unternehmensvertrag,** so, wie er von den beteiligten Gesellschaften gewollt ist, also einschließlich aller Zusätze, Nebenabreden und ergänzenden Bestimmungen. Insoweit gilt dasselbe wie für das Schriftformerfordernis (→ Rn. 22). Der Vorstand hat nicht die Befugnis, einzelne Abreden der Hauptversammlung vorzuenthalten. Ebenso wenig kann die Hauptversammlung dem Vorstand die **Ermächtigung zu ergänzenden Abreden** erteilen (§ 23 Abs. 5, → Rn. 26a); vielmehr müssen immer **alle Abreden,** die nach dem Willen der Parteien einen Teil des Vertrages bilden, selbst wenn sie formal auf mehrere Verträge mit unterschiedlichen Parteien aufgeteilt sind, *insgesamt* der Hauptversammlung zur Billigung vorgelegt werden, widrigenfalls der gesamte Vertrag mangels Zustimmung der Hauptversammlung nichtig ist (§ 293 Abs. 1 S. 1).[50]

26a Die Hauptversammlung kann es nicht dem Vorstand überlassen, bestimmte Details oder Ausführungsbestimmungen mit dem anderen Teil auszuhandeln.[51] Solcher **Ermächtigung des Vorstands** stehen die §§ 23 Abs. 5 und 293 Abs. 1 entgegen, ebenso aber auch das legitime Informationsinteresse der Aktionäre (§§ 293a, 293f, 293g Abs. 3). Gleichwohl vom Vorstand auf Grund einer derartigen Ermächtigung ausgehandelte Details oder Ausführungsbestimmungen führen dazu, dass der Zustimmungsbeschluss nicht mehr, wie grundsätzlich erforderlich, den *ganzen* Vertrag deckt (→ Rn. 26). Hat dies ausnahmsweise nicht die Nichtigkeit des Vertrages zur Folge (→ Rn. 27), so dürfen jedenfalls die genannten zusätzlichen Abreden infolge ihrer Nichtigkeit nicht zur Interpretation des Vertragsrestes herangezogen werden.[52]

27 Werden entgegen dem Gesagten (→ Rn. 26 f.) einzelne **Zusatzabreden** der Hauptversammlung *nicht* zur Billigung *vorgelegt,* so wird zum Teil § 139 BGB angewandt.[53] Doch passt hier § 139 BGB im Grunde nicht, weil es nicht um einen Fall der Teilnichtigkeit geht, sondern darum, dass der (ganze) von den Parteien geschlossene Vertrag nicht die Zustimmung der Hauptversammlung gefunden hat, sodass er *(insgesamt)* nichtig ist (→ Rn. 26). Ermächtigt die Hauptversammlung (unter Verstoß gegen § 293) den Vorstand zur Aushand-

---

[48] Hüffer/*Koch* Rn. 4; K. Schmidt/Lutter/*Langenbucher* Rn. 22; GroßkommAktG/*Mülbert* Rn. 65; Spindler/Stilz/*Veil* Rn. 14 f.

[49] MüKoAktG/*Altmeppen* Rn. 34; Hölters/*Deilmann* Rn. 14; GroßkommAktG/*Mülbert* Rn. 47.

[50] BGHZ 82, 188 (196 ff.) = NJW 1982, 933 = AG 1982, 129 – Hoesch/Hoogovens; OLG München AG 2009, 675 f. = GmbHR 2009, 148; MüKoAktG/*Altmeppen* Rn. 56 f., 63; Hüffer/*Koch* Rn. 5, 12; *Grunewald* AG 1990, 133 (134 ff.); Hölters/*Deilmann* Rn. 16 f.; KK-AktG/*Koppensteiner* Rn. 33 ff., 50 ff.; *Windbichler* AG 1981, 168 (173).

[51] So aber MüKoAktG/*Altmeppen* Rn. 58–62; dagegen wie hier Hölters/*Deilmann* Rn. 17; GroßkommAktG/*Mülbert* Rn. 52 ff.; Spindler/Stilz/*Veil* Rn. 15.

[52] Hüffer/*Koch* Rn. 5; KK-AktG/*Koppensteiner* Rn. 18, 36; GroßkommAktG/*Mülbert* Rn. 54; str.

[53] Hüffer/*Koch* Rn. 12, 26; MüKoAktG/*Altmeppen* Rn. 56.

lung von Details oder **Ausführungsbestimmungen** (→ Rn. 26a), so wird für den von der Hauptversammlung gebilligten „Vertragsrest" grundsätzlich dasselbe zu gelten haben (§ 293 Abs. 1 und 2). Eine andere Annahme kommt nur in Betracht, wenn die Auslegung des Ermächtigungsbeschlusses ergibt, dass auf jeden Fall der von der Hauptversammlung gebilligte Vertrag, notfalls dann eben ohne die vom Vorstand ausgehandelten Details oder Ausführungsbestimmungen, wirksam sein soll (§§ 133, 157, 242 BGB).

Die Hauptversammlung ist nicht gehindert, dem Vertrag nur unter **Änderungen** zuzustimmen.[54] Der vom Vorstand zuvor abgeschlossene Unternehmensvertrag hat in diesem Fall keine Billigung gefunden und kann daher nicht in Kraft treten.[55] Von Fall zu Fall kann jedoch in dem fraglichen Beschluss **zugleich** ein sog. **Weisungsbeschluss,** dh die Aufforderung an den Vorstand nach § 83 Abs. 1 S. 1 liegen, durch Verhandlungen eine entsprechende Abänderung des Unternehmensvertrags zu erreichen. Generell wird man dies jedoch nicht annehmen können.[56] In jedem Fall aber kann der Vorstand von sich aus in neue Verhandlungen mit dem anderen Vertragsteil eintreten; stimmt dieser daraufhin den von der Hauptversammlung gewünschten Änderungen zu, so kann der Vertrag ohne weiteres abgeschlossen werden; einer erneuten Zustimmung der Hauptversammlung bedarf es dann nicht mehr.[57]

3. Vorlagepflicht? Die Pflichten, die sich für den Vorstand aus dem Abschluss eines Unternehmensvertrages vor und nach Zustimmung der Hauptversammlung gegenüber der eigenen Gesellschaft und gegenüber dem Vertragspartner ergeben, sind vielfältig umstritten.[58] Man muss unterscheiden: Was zunächst die Zeitspanne nach Abschluss des Vertrages, aber **vor Zustimmung der Hauptversammlung** angeht, so stellt sich hier vor allem die Frage, ob den Vorstand aufgrund des Abschlusses des Unternehmensvertrages gegenüber dem *Vertragspartner,* bei einem Betriebspachtvertrag zB gegenüber dem Pächter, die Pflicht trifft, den *Vertrag* seiner Hauptversammlung zur Zustimmung nach § 293 Abs. 1 *vorzulegen,* um dem Vertrag dergestalt zur Wirksamkeit zu verhelfen. Im Schrifttum wird die Frage zum Teil unter Berufung auf die §§ 241 Abs. 2, 242 und 311 Abs. 2 BGB bejaht und daraus der Schluss gezogen, notfalls könne der andere Vertragsteil darauf Klage erheben (§ 888 ZPO).[59] Tatsächlich besteht jedoch *vor* Wirksamwerden des Vertrages durch dessen Eintragung ins Handelsregister (§ 294 Abs. 2) nach Zustimmung der Hauptversammlung *keine* Bindung der Gesellschaft gegenüber dem anderen Vertragsteil.[60] Eine **Ausnahme** ist nur unter den engen Voraussetzungen zu erwägen, unter denen auch sonst ein Abbruch der Vertragsverhandlungen zu einer Haftung aus culpa in contrahendo führen kann, die hier indessen in aller Regel nicht erfüllt sein dürften, weil vor Zustimmung der Hauptversammlung angesichts der gesetzlichen Regelung des § 293 Abs. 1 und des § 294 grundsätzlich niemand auf das Zustandekommen eines Unternehmensvertrages vertrauen darf.[61] Verzögert sich infolge der Untätigkeit des Vorstands das Zustandekommen des Vertrages in einer für den anderen Teil unzumutbaren Weise, so ist ihm ein **Rücktrittsrecht** zuzubilligen (→ Rn. 31a). Andere Fragen stellen sich dagegen **nach Zustimmung der Hauptversammlung,** da jetzt geklärt werden muss, ob der Vorstand aufgrund der Zustimmung der Hauptversammlung verpflichtet ist, dem Vertrag durch seine Anmeldung zur Eintragung ins Handelsregister zur Wirksamkeit zu verhelfen (§ 294), wobei weiter zwischen einer

---

[54] Hölters/*Deilmann* Rn. 20; str.
[55] GroßkommAktG/*Mülbert* Rn. 66 f.
[56] Hüffer/*Koch* Rn. 13, 23; MüKoAktG/*Altmeppen* Rn. 35; anders Hölters/*Deilmann* Rn. 18; GroßkommAktG/*Mülbert* Rn. 67.
[57] Hölters/*Deilmann* Rn. 19.
[58] S. MüKoAktG/*Altmeppen* Rn. 65 ff.; GroßkommAktG/*Mülbert* Rn. 32, 77 ff.
[59] OLG Braunschweig AG 2003, 686 (687) (r. Sp. o.) = NZG 2004, 126 – Securenta AG I; Hölters/*Deilmann* Rn. 21; KK-AktG/*Koppensteiner* Rn. 24–27.
[60] Ebenso MüKoAktG/*Altmeppen* Rn. 19 ff.; GroßkommAktG/*Mülbert* Rn. 35 f.; K. Schmidt/Lutter/*Langenbucher* Rn. 19; Spindler/Stilz/*Veil* Rn. 11 f.
[61] S. MüKoBGB/*Emmerich* § 311 Rn. 162 ff.

möglichen Anmeldepflicht gegenüber der eigenen Gesellschaft und einer solchen gegenüber dem anderen Vertragsteil zu unterscheiden ist (→ Rn. 30).

30 **4. Erforderliche Mehrheit.** Der Zustimmungsbeschluss bedarf nach § 293 Abs. 1 S. 2 einer „Mehrheit", die mindestens drei Viertel des bei der Beschlussfassung vertretenen Grundkapitals umfasst. Dies bedeutet, dass zu der *einfachen* Stimmenmehrheit noch eine **qualifizierte Kapitalmehrheit** hinzutreten muss, wodurch namentlich die Bedeutung von Mehrstimmrechtsaktien (soweit heute überhaupt noch zulässig) relativiert wird. **Stimmrechtslose Vorzugsaktien** müssen von dem vertretenen Grundkapital abgezogen werden (vgl. § 140 Abs. 2 S. 2).[62]

30a Durch das Erfordernis einer qualifizierten Mehrheit für den Zustimmungsbeschluss (§ 293 Abs. 1; → Rn. 30) sollte die abhängige Gesellschaft geschützt werden. Dieses Ziel ist indessen nicht erreicht worden, weil der **andere Vertragsteil mitstimmen** darf. Da dieser in aller Regel bereits allein oder doch zusammen mit verbundenen oder befreundeten Unternehmen über die erforderliche Mehrheit verfügt (sonst käme es nicht zu dem Unternehmensvertrag), handelt es sich tatsächlich bei dem Zustimmungsbeschluss meistens um einen bloßen, sachlich bedeutungslosen **Formalakt.** Anders verhält es sich nur, wenn das herrschende Unternehmen ausnahmsweise auf die Mitwirkung außenstehender Aktionäre angewiesen ist. Im Schrifttum wird in diesem Zusammenhang diskutiert, ob außenstehende Aktionäre aufgrund ihrer **Treuepflicht** unter bestimmten Voraussetzungen **verpflichtet** sein können, dem Vertragsabschluss zuzustimmen. In der Tat lässt sich nicht ausschließen, dass sich in besonders gelagerten Ausnahmefällen außenstehende Aktionäre, wenn sie aus unsachlichen, eigennützigen Gründen die im Interesse der Gesellschaft dringend gebotene Zustimmung zu dem Unternehmensvertrag, zB zu einem aus steuerlichen Gründen unerlässlichen Gewinnabführungsvertrag (§§ 14 und 17 KStG), verweigern, wegen Verletzung ihrer Treuepflicht (§§ 242, 280, 705 BGB) und aus § 826 BGB **schadensersatzpflichtig** machen können.[63]

31 **5. Anmeldung.** Sobald die Hauptversammlung dem Unternehmensvertrag zugestimmt hat, ist, sofern in diesem Zeitpunkt der Vertrag bereits abgeschlossen war, der Vorstand nunmehr **seiner Gesellschaft** gegenüber verpflichtet, ihn zur Eintragung ins Handelsregister anzumelden, um ihm dadurch zur Wirksamkeit zu verhelfen, außer wenn die Hauptversammlung die Entscheidung über die Anmeldung ausnahmsweise ausdrücklich in das Ermessen des Vorstandes gelegt hat (§§ 83 Abs. 2, 294; → Rn. 32; → § 294 Rn. 7, 29). Dagegen besteht – entgegen einer verbreiteten Meinung[64] – *keine* derartige Pflicht gegenüber dem **anderen Vertragsteil.** Denn diesem gegenüber ist die Gesellschaft mangels Wirksamkeit des Vertrages (§ 294 Abs. 2) noch nicht gebunden (→ § 294 Rn. 19).[65] Auch insoweit gilt etwas anderes nur, wenn ausnahmsweise ein Verstoß gegen die §§ 241 Abs. 2 und 311 Abs. 2 BGB unter dem Gesichtspunkt des grundlosen Abbruchs von Vertragsverhandlungen angenommen werden kann (→ Rn. 29).

31a Davon zu trennen ist die Frage, ob sich der andere Vertragsteil nicht wenigstens von dem schwebend unwirksamen Vertrag lösen kann, wenn sich die Zustimmung der Hauptversammlung oder die Eintragung **unzumutbar verzögert** (→ Rn. 29). Diese Frage spielt vor allem bei **stillen Gesellschaftsverträgen** mit Aktiengesellschaften eine erhebliche Rolle, da die Verträge häufig, obwohl es sich bei ihnen um Teilgewinnabführungsverträge iSd § 292 Abs. 1 Nr. 2 handelt, doch von der Gesellschaft nicht ihrer Hauptversammlung zur Zustimmung vorgelegt oder zur Eintragung ins Handelsregister angemeldet werden (→ § 292 Rn. 29 ff.). In derartigen Fallgestaltungen muss man in der Tat dem anderen

---

[62] MüKoAktG/*Altmeppen* Rn. 37; Hüffer/*Koch* Rn. 8; KK-AktG/*Koppensteiner* Rn. 28; GroßkommAktG/*Mülbert* Rn. 63.
[63] MüKoAktG/*Altmeppen* Rn. 43–46; Hölters/*Deilmann* Rn. 22; K. Schmidt/Lutter/*Langenbucher* Rn. 26; GroßkommAktG/*Mülbert* Rn. 74; Spindler/Stilz/*Veil* Rn. 22.
[64] Hüffer/*Koch* Rn. 15; Hölters/*Deilmann* Rn. 22; GroßkommAktG/*Mülbert* Rn. 83 ff.
[65] Zust. MüKoAktG/*Altmeppen* Rn. 67 ff.

Vertragsteil und insbesondere Anlegern, sofern die Verträge nicht binnen angemessener Zeit durch Zustimmung der Hauptversammlung der Anlagegesellschaft und Eintragung ins Handelsregister Wirksamkeit erlangen, nach Fristsetzung ein **Rücktrittsrecht** zubilligen, am besten analog § 323 Abs. 4 BGB (→ § 292 Rn. 29e; → § 297 Rn. 31).[66]

Vielfach wird die geschilderte Rechtslage (→ Rn. 31 f.) als *zwingend* angesehen, sodass **32** die Hauptversammlung nicht etwa die Anmeldung des Vertrags zur Eintragung ins Handelsregister in das **Ermessen des Vorstandes** stellen oder dem Vorstand sogar nachträglich durch einen weiteren Beschluss die Anmeldung **untersagen** kann.[67] Diese Auffassung überzeugt nicht. Ebenso wie die Hauptversammlung dem Vertrag die Zustimmung von vornherein versagen kann, muss sie auch in der Lage sein, ihre Zustimmung einzuschränken oder später rückgängig zu machen, solange der Vertrag noch nicht durch Eintragung ins Handelsregister (§ 294 Abs. 2) Wirksamkeit erlangt hat (→ Rn. 31).[68] § 23 Abs. 5 steht nicht entgegen (→ § 294 Rn. 26). Damit ist zugleich gesagt, dass die Gesellschaft, solange der Vertrag noch nicht ins Handelsregister eingetragen und dadurch wirksam geworden ist, nach wie vor berechtigt bleibt, andere Unternehmensverträge abzuschließen und diese der Hauptversammlung zur Billigung vorzulegen.[69]

6. Verschärfung. Nach **§ 293 Abs. 1 S. 3** kann die Satzung eine *größere* Kapitalmehrheit **33** als drei Viertel des bei der Beschlussfassung vertretenen Grundkapitals und weitere Erfordernisse bestimmen. Unzulässig ist dagegen eine *Herabsetzung* der Anforderungen an den Zustimmungsbeschluss (§ 23 Abs. 5). **Beispiele** für die danach allein zulässige Verschärfung der Anforderungen sind eine größere Stimmen- oder Kapitalmehrheit als von § 293 vorgeschrieben, das Erfordernis der Einstimmigkeit, ein Verweis auf weitergehenden Satzungsbestimmungen über Satzungsänderungen sowie zusätzliche Formerfordernisse. Dagegen soll nach überwiegender Meinung ein satzungsmäßiges **Verbot des Abschlusses** von Unternehmensverträgen an den §§ 23 Abs. 5 und 293 Abs. 1 scheitern.[70] Ein sachlicher Grund für diese Auffassung ist nicht erkennbar.

7. Zustimmung des Aufsichtsrats. Die Frage, ob neben der Hauptversammlung auch **34** der Aufsichtsrat dem Vertrag zustimmen muss, beurteilt sich nach § 111 Abs. 4 S. 2.[71] Verweigert der Aufsichtsrat die Zustimmung, so kann der Vorstand gemäß § 111 Abs. 4 S. 3 die Hauptversammlung anrufen. Umstritten ist, welche **Mehrheit** in diesem Fall für den Zustimmungsbeschluss erforderlich ist. Während nach der einen Meinung von den §§ 293 Abs. 1 S. 2 und 83 Abs. 1 S. 3 auszugehen ist, sodass *nur eine qualifizierte Kapitalmehrheit* nötig ist,[72] rücken andere den § 111 Abs. 4 S. 4 in den Vordergrund mit der Folge, dass hier abweichend vom Regelfall des § 293 Abs. 1 S. 2 zusätzlich eine **qualifizierte Stimmenmehrheit** erforderlich ist.[73] Für beide Meinungen lassen sich Gründe anführen; unter diesen Umständen spricht wohl mehr dafür, von der spezielleren Regelung des § 111 Abs. 4 S. 4 auszugehen. In mitbestimmten Gesellschaften ist außerdem **§ 32 MitbestG** zu beachten.[74]

8. Inhaltskontrolle? Da es sich bei dem Zustimmungsbeschluss der Hauptversammlung **35** nach § 293 Abs. 1 in der Mehrzahl der Fälle um nicht viel mehr als um einen bloßen

---

[66] OLG Celle AG 1996, 370 (371); OLG Hamm NZG 2003, 228 = AG 2003, 520 (521); OLG Braunschweig NZG 2004, 126 = AG 2003, 686 (687) = ZIP 2003, 1793 – Securenta AG I; MüKoAktG/*Altmeppen* Rn. 23, 71 ff.; MHdB AG/*Krieger* § 70 Rn. 17.
[67] *Grunewald* AG 1990, 133 (138 f.); Spindler/Stilz/*Veil* § 294 Rn. 24.
[68] MüKoAktG/*Altmeppen* Rn. 67 ff.; GroßkommAktG/*Mülbert* Rn. 67 f., 71; wohl auch K. Schmidt/Lutter/*Langenbucher* § 294 Rn. 24; aA MHdB AG/*Krieger* § 70 Rn. 52.
[69] Spindler/Stilz/*Veil* Rn. 12.
[70] MüKoAktG/*Altmeppen* Rn. 39; Hüffer/*Koch* Rn. 8; Spindler/Stilz/*Veil* Rn. 18.
[71] Hölters/*Deilmann* Rn. 24 f.; Hüffer/*Koch* Rn. 25.
[72] MüKoAktG/*Altmeppen* Rn. 10–15; KK-AktG/*Koppensteiner* Rn. 8; Spindler/Stilz/*Veil* Rn. 4.
[73] Hölters/*Deilmann* Rn. 24; Hüffer/*Koch* Rn. 25.
[74] *Emmerich/Habersack* KonzernR § 4 Rn. 54 ff. (73 f.); MüKoAktG/*Altmeppen* Rn. 42; Hölters/*Deilmann* Rn. 25; GroßkommAktG/*Mülbert* Rn. 62; krit. Spindler/Stilz/*Veil* Rn. 21 f.

Formalakt handelt (→ Rn. 30), stellt sich die Frage, ob sich ein zusätzlicher Schutz der abhängigen Gesellschaft durch eine Inhaltskontrolle gegenüber dem Zustimmungsbeschluss auf seine Erforderlichkeit und Verhältnismäßigkeit erreichen lässt. Überwiegend wird solche Inhaltskontrolle heute **abgelehnt**.[75] Der ganze Fragenkreis hat durch die Einführung der Vertragsprüfung (§ 293b) im Jahre 19 95 einen neuen Akzent erhalten, da sich jetzt die Frage stellt, ob **neben** der **Vertragsprüfung** durch sachverständige Prüfer noch Raum für eine Inhaltskontrolle durch die Gerichte ist. Diese Frage dürfte in der Tat zu **verneinen** sein, schon aus praktischen Gründen.

VI. Zustimmung der Hauptversammlung der herrschenden Gesellschaft (Abs. 2)

36 (Nur) für Beherrschungs- und Gewinnabführungsverträge (einschließlich der praktisch bedeutungslosen Geschäftsführungsverträge, § 291 Abs. 1 S. 1 und 2) schreibt § 293 Abs. 2 S. 1 zusätzlich zur Zustimmung der Hauptversammlung der abhängigen Gesellschaft (§ 293 Abs. 1; → Rn. 23 ff.) die der Hauptversammlung der *herrschenden* Gesellschaft vor, sofern diese die Rechtsform einer *AG oder KGaA* mit Sitz im Inland hat (→ Rn. 6 f.). Die *Rechtsform der abhängigen Gesellschaft* (GmbH, Personengesellschaften) spielt keine Rolle.[76] Für eine **herrschende GmbH** gilt die Regelung entsprechend (→ Rn. 9, 46; str.). Umstritten ist die Rechtslage bei Körperschaften und Anstalten des öffentlichen Rechts wie zB **Sparkassen**. Aus der entsprechenden Anwendung des § 293 Abs. 2 wird hier zum Teil der Schluss gezogen, der Abschluss bedürfe auch eines Zustimmungsbeschlusses der Körperschaft oder des Trägers der Anstalt.[77]

36a Wegen der Einzelheiten des Zustimmungsbeschlusses verweist Abs. 2 S. 2 des § 293 auf Abs. 1 S. 2–4 der Vorschrift. Der Zustimmungsbeschluss der Hauptversammlung der herrschenden Gesellschaft bedarf daher ebenso wie der der abhängigen Gesellschaft (→ Rn. 30) neben der einfachen Stimmenmehrheit einer **qualifizierten Kapitalmehrheit** (§ 293 Abs. 1 S. 2). Durch die Satzung können diese Anforderungen nur verschärft, nicht jedoch erleichtert werden (§ 293 Abs. 1 S. 3; → Rn. 33). Wegen aller Einzelheiten kann im Übrigen auf die Ausführungen zu dem Zustimmungsbeschluss der abhängigen Gesellschaft verwiesen werden (→ Rn. 23 ff.). Der Beschluss hat ebenso wie der Zustimmungsbeschluss der abhängigen Gesellschaft **Außenwirkung** (→ Rn. 24); seine **Form** richtet sich allein nach § 130 iVm § 293g Abs. 2 S. 2; § 294 findet keine Anwendung.

37 Auch bei dem Zustimmungsbeschluss der herrschenden Gesellschaft stellt sich die Frage nach der Möglichkeit einer **Inhaltskontrolle.** Sie sollte hier anders als bei der abhängigen Gesellschaft (→ Rn. 35) grundsätzlich *bejaht* werden, da insoweit die Einführung der Vertragsprüfung durch § 293b keine Änderungen gebracht hat und weil hier außerdem ein praktisches Bedürfnis für solche zusätzliche Kontrolle nicht geleugnet werden kann.[78] Eine **Bagatellklausel** ist dagegen dem Gesetz – im Gegensatz zum UmwG (§ 62 Abs. 1) – fremd.[79]

VII. GmbH[80]

38 **1. Überblick.** Der Anwendungsbereich des § 293 beschränkt sich (von § 293 Abs. 2 abgesehen) auf Unternehmensverträge mit einer AG oder KGaA mit Sitz im Inland, sofern

---

[75] LG Frankfurt AG 2007, 48 (51 f.); LG München I AG 2009, 918 (920) (l. Sp.); MüKoAktG/*Altmeppen* Rn. 47–55; Hölters/*Deilmann* Rn. 15; Hüffer/*Koch* Rn. 6 f.; GroßkommAktG/*Mülbert* Rn. 70 ff.; K. Schmidt/Lutter/*Langenbucher* Rn. 25; Spindler/Stilz/*Veil* Rn. 23–26.

[76] Zuletzt zB OLG Celle AG 2014, 906 = GmbHR 2014, 1094; OLG München AG 2015, 40 = GmbHR 2014, 993 = NZG 2014, 1147; LG Frankfurt a.M. AG 2013, 529 (530); GroßkommAktG/*Mülbert* Rn. 99 mN.

[77] Dafür OLG Celle AG 2014, 909 = GmbHR 2014, 1074; LG Aurich Rpfleger 2006, 132; dagegen aber OLG München AG 2015, 40 = GmbHR 2014, 993 = NZG 2014, 1147.

[78] KK-AktG/*Koppensteiner* Rn. 51; dagegen für den Regelfall zB GroßkommAktG/*Mülbert* Rn. 106.

[79] *Habersack* FS Horn, 2006, 337 (343 f.).

[80] Zum Folgenden s. ausf. UHW/*Casper* GmbHG Anh. § 77 Rn. 189 ff. (1093 ff.); Scholz/*Emmerich* GmbHG Anh. § 13 Rn. 139 ff.; MüKoGmbHG/*Liebscher* Anh. § 13 Rn. 774 ff.; Michalski/*Servatius* GmbHG, 2. Aufl. 2010, Systematische Darstellung 4: KonzernR (355 ff.); Grigoleit/*Servatius* Rn. 10 ff.; sowie zuletzt noch *Beck* GmbHR 2012, 777; 2015, 1075; *Hegemann* GmbHR 2012, 315; *Veith/S. Schmid* DB 2012, 728.

überdies die AG oder KGaA an dem Vertrag gerade in der Rolle derjenigen Gesellschaft beteiligt ist, die die jeweils vertragstypischen Leistungen erbringt, bei einem Beherrschungs- oder Gewinnabführungsvertrag iSd § 291 Abs. 1 S. 1 folglich auf Verträge mit einer *abhängigen* oder zur Gewinnabführung verpflichteten deutschen AG oder KGaA (→ Rn. 4 ff.). Sämtliche in den §§ 291 Abs. 1 und 292 Abs. 1 aufgezählten Unternehmensverträge können indessen auch mit Gesellschaften in der Rechtsform einer **GmbH** abgeschlossen werden, wie insbesondere § 30 Abs. 1 S. 2 GmbHG und § 17 KStG belegen; § 30 Abs. 1 S. 2 GmbHG nimmt ausdrücklich auf § 291, § 17 S. 2 KStG nimmt ausdrücklich auf die §§ 301 und 302 Bezug, deren zumindest partielle analoge Anwendbarkeit im GmbH-Konzernrecht damit gesichert sein dürfte.[81] Eine weitergehende gesetzliche Regelung solcher Verträge fehlt bisher, sodass sich die Frage stellt, ob und mit welchen Konsequenzen auf sie namentlich die §§ 293–299 entsprechend anzuwenden sind. In der Literatur herrscht bisher deutlich die Tendenz vor, nach Möglichkeit in GmbH-Vertragskonzernen die Vorschriften der §§ 293–299 entsprechend anzuwenden, soweit dem nicht im Einzelfall die bekannten Besonderheiten der GmbH entgegenstehen. Es gibt indessen auch gegenläufige Tendenzen, und zwar gleichermaßen in der Literatur wie in der Rechtsprechung. Denn nach Meinung des BGH sind die §§ 293 ff. auf einen Beherrschungs- oder Gewinnabführungsvertrag mit einer abhängigen GmbH grundsätzlich nur anwendbar, soweit der Schutzzweck der Vorschriften auf eine abhängige GmbH ebenso wie auf eine abhängige AG zutrifft und die Vorschriften nicht auf den Unterschieden der Binnenverfassung der beiden Gesellschaften beruhen.[82] Auf die Konsequenzen ist jeweils in den Erläuterungen zu den einzelnen Vorschriften einzugehen.

Zu beginnen ist mit der Frage nach der Anwendbarkeit des § 293 auf den **Abschluss** eines Beherrschungs- oder Gewinnabführungsvertrages mit einer abhängigen GmbH (→ Rn. 40 ff.). Zur Vereinfachung der Darstellung wird dabei im Folgenden durchweg allein von Beherrschungsverträgen die Rede sein, da feststeht, dass Gewinnabführungsverträge im Konzernrecht der GmbH in jeder Hinsicht ebenso wie Beherrschungsverträge zu behandeln sind.[83] 39

2. Zuständigkeit. Zuständig für den Abschluss von Beherrschungsverträgen sind bei einer abhängigen GmbH an sich die **Geschäftsführer** (§§ 35 und 37 GmbHG); jedoch findet § 37 Abs. 2 GmbHG *keine* Anwendung, da Beherrschungsverträge gesellschaftsrechtliche Verträge sind, für die der Grundsatz der Unbeschränkbarkeit der Vertretungsmacht nicht gilt. Der Vertrag wird daher erst wirksam, wenn ihm die Gesellschafterversammlungen der abhängigen wie der herrschenden Gesellschaft mit der jeweils erforderlichen Mehrheit zugestimmt haben.[84] Bei diesem Beschluss ist auch der *herrschende* Gesellschafter (als Partner des Unternehmensvertrages) **stimmberechtigt;** § 47 Abs. 4 S. 2 GmbHG findet, jedenfalls nach Meinung des BGH – entgegen einer verbreiteten Meinung –, keine Anwendung.[85] 40

3. Form. Auf den **Beherrschungsvertrag** sind die §§ 293 Abs. 3 und 294 entsprechend anzuwenden, sodass *Schriftform* erforderlich und genügend ist (→ Rn. 21 f.).[86] Lediglich dann, wenn der Vertrag ein Umtausch- oder Abfindungsangebot an die außenstehenden Gesellschafter enthält, dürfte mit Rücksicht auf § 15 Abs. 4 GmbHG die notarielle Beurkundung des Vertrags geboten sein.[87] Von der Frage der Vertragsform ist auch im GmbH- 41

---

[81] Für den Beherrschungs- und den Gewinnabführungsvertrag → § 291 Rn. 41 ff., 86; für die anderen Unternehmensverträge → § 292 Rn. 21 f., 37, 53 f.
[82] BGH AG 2011, 668 = NZG 2011, 906; NZG 2015, 912 Rn. 14.
[83] Scholz/*Emmerich* GmbHG Anh. § 13 Rn. 199 ff. mN.
[84] BGHZ 105, 324 (332) = NJW 1989, 295 = AG 1989, 91 – Supermarkt; BGH AG 2011, 668 Rn. 19 = NZG 2011, 902 = GmbHR 2011, 922 = NJW-RR 2011, 1117; MüKoGmbH/*Liebscher* Anh. § 13 Rn. 726.
[85] BGH AG 2011, 668 Rn. 19 = NZG 2011, 902 = GmbHR 2011, 922 = NJW-RR 2011, 1117; s. dazu zB *Beck* GmbHR 2012, 777 (783 f.); *Hegemann* GmbHR 2012, 315; MüKoGmbHG/*Liebscher* Anh. § 13 Rn. 747 f.; *Müller-Eising*/D. *Schmitt* NZG 2011, 1100 (1101).
[86] BGHZ 105, 324 (342) = NJW 1989, 295 = AG 1989, 91 – Supermarkt; BGH NJW 1992, 1452 = AG 1992, 192 (193) – Siemens/NRG.
[87] Baumbach/Hueck/*Zöllner* GmbHG Schlussanh. KonzernR Rn. 53.

Konzernrecht die Frage der Form des **Zustimmungsbeschlusses** zu unterscheiden. Sie richtet sich nach § 53 Abs. 3 S. 1 Hs. 1 GmbHG, sodass *notarielle* Beurkundung des Beschlusses erforderlich ist (→ Rn. 42).

42   **4. Zustimmungsbeschluss.** Ein Beherrschungs- oder Gewinnabführungsvertrag mit einer GmbH *verändert* den *Zweck* der Gesellschaft, indem er sie auf die Interessen des herrschenden Unternehmens ausrichtet (§ 33 Abs. 1 S. 2 BGB). Er enthält außerdem einen schwerwiegenden Eingriff in die Mitverwaltungsrechte und in das Gewinnbezugsrecht der Gesellschafter (§§ 29, 46 GmbHG). Der Sache nach kommt damit sein Abschluss einer Vertragsänderung zumindest so nahe, dass die Gesellschafter der abhängigen GmbH dem Abschluss der genannten Verträge durch **vertragsändernden Beschluss** entsprechend den §§ 53 und 54 GmbHG sowie § 293 Abs. 1 zustimmen müssen.[88]

43   Bis heute umstritten ist die Frage, welche Folgerungen aus dem Gesagten für die **erforderliche Mehrheit** zu ziehen sind, mit der die Gesellschafter der abhängigen GmbH dem Vertragsabschluss zustimmen müssen (→ Rn. 42). Nach einer Meinung genügt entsprechend § 293 Abs. 1 AktG und § 53 Abs. 2 S. 1 GmbHG eine Zustimmung der Gesellschafterversammlung der abhängigen Gesellschaft mit **qualifizierter Mehrheit**,[89] wobei freilich zum Teil zum Schutz der Minderheit zugleich ein *Stimmverbot* zulasten des herrschenden Unternehmens als Vertragspartei gemäß § 47 Abs. 4 GmbHG angenommen wird (→ Rn. 38). Dafür spricht nach dieser Auffassung vor allem die Regelung des **UmwG** für die Fälle der Verschmelzung, der Spaltung und des Formwechsels, bei denen sich das Gesetz ebenfalls durchweg mit einem Zustimmungsbeschluss der betroffenen Anteilsinhaber mit qualifizierter Mehrheit begnügt (§§ 13 Abs. 1 S. 1, 50 Abs. 1 S. 1, 125, 193 und 240 UmwG).[90] Folgt man dem auch für den hier interessierenden Fall der Zustimmung der Gesellschafterversammlung der abhängigen GmbH zu einem Beherrschungs- oder Gewinnabführungsvertrag, so muss freilich auf andere Weise für den nötigen **Minderheitsschutz** Vorsorge getroffen werden, wobei in erster Linie an die entsprechende Anwendung jedenfalls des § 305 zu denken ist, während die Frage der Analogie zu § 304 noch offen ist.[91] Außerdem müsste in diesem Fall wohl den Gesellschaftern der GmbH das **Spruchverfahren** analog § 1 Nr. 1 SpruchG zur Überprüfung der Abfindung und ggf. des Ausgleichs eröffnet werden.[92]

43a   Mit guten Gründen hält demgegenüber die wohl noch überwiegende Meinung daran fest, dass entsprechend dem § 33 Abs. 1 S. 2 BGB dem Vertragsabschluss grundsätzlich **alle Gesellschafter zustimmen** müssen. Selbst ein einstimmiger Beschluss der Gesellschafterversammlung genügt nicht, wenn auf dieser nicht alle Gesellschafter vertreten waren.[93] Umstritten ist lediglich, ob bereits der Zustimmungsbeschluss selbst mit den Stimmen aller Gesellschafter gefasst werden muss oder ob es genügt, wenn nachträglich die anderen Gesellschafter formlos dem zumindest mit qualifizierter Mehrheit gefassten Beschluss zustimmen (§ 33 Abs. 1

---

[88] BGHZ 105, 324 (331 f., 338) = NJW 1989, 295 = AG 1989, 91 – Supermarkt (Vorinstanz: BayObLGZ 1988, 201 = AG 1988, 379); BGHZ 116, 37 (43 f.) = NJW 1992, 505 = AG 1992, 83 – Hansa Feuerfest/Stromlieferung; BGH NJW 1992, 1452 = AG 1992, 192 – Siemens/NRG; im Ergebnis auch BGH AG 2011, 668 Rn. 19 = NZG 2011, 902 = GmbHR 2011, 922 = NJW-RR 2011, 1117; s. iE Scholz/*Emmerich* GmbHG Anh. § 13 Rn. 143 ff.; MüKoGmbHG/*Liebscher* Anh. § 13 Rn. 732 ff.

[89] *Beck* GmbHR 2012, 777 (783 f.); 2015, 1075 (1077 f.); *Halm* NZG 2001, 728 (729 f.); *Körfer/Selzner* GmbHR 1997, 285 (287 ff.); Rowedder/Schmidt-Leithoff/*Koppensteiner* GmbHG Anh. § 52 Rn. 55 f. (1763 f.); Lutter/Hommelhoff/*Lutter/Hommelhoff* GmbHG Anh. § 13 Rn. 63; *Hegemann* GmbHR 2012, 315 (316 ff.) mN; Grigoleit/*Servatius* Rn. 12 f.

[90] Vgl. *Halm* NZG 2001, 728 (732); Rowedder/Schmidt-Leithoff/*Koppensteiner* GmbHG Anh. § 52 Rn. 55 f.

[91] Vgl. *Baldamus* ZGR 2007, 819 (843 ff.); *Halm* NZG 2001, 728 (733 f.); Rowedder/Schmidt-Leithoff/*Koppensteiner* GmbHG Anh. § 52 Rn. 58 f. (1764 ff.).

[92] So *Hegemann* GmbHR 2012, 315 (320) mN; *Th Raiser* FS Hüffer, 2010, 789 (793).

[93] *Altmeppen* DB 1994, 1273; *Binnewies* Konzerneingangskontrolle 265 ff.; *G. Bitter*, Konzernrechtliche Durchgriffshaftung, 326 ff.; UHW/*Casper* GmbHG Anh. § 77 Rn. 191; Scholz/*Emmerich* GmbHG Anh. § 13 Rn. 144, 146; *S. Fabian*, Inhalt und Auswirkungen, 87 ff.; *Katschinski* FS Reuter, 2010, 1043; *Kleindiek* Strukturvielfalt 77 ff.; *Raiser/Veil* KapGesR § 54 Rn. 26; *Th Raiser* FS Hüffer, 2010, 789 (793); *U. Schneider* in ders., Beherrschungs- und Gewinnabführungsverträge, 7, 12; *Zeidler* NZG 1999, 692 (693); ebenso MüKoGmbHG/*Liebscher* Anh. § 13 Rn. 740 ff. jedenfalls für personalistische Gesellschaften.

S. 2 Hs. 2 BGB; § 53 Abs. 2 GmbHG). Der Unterschied zwischen beiden Meinungen ist vernachlässigenswert, nicht zuletzt aus registerrechtlichen Gründen, sodass der Frage hier nicht weiter nachgegangen werden soll.[94] Maßgebend für diese Auffassung sind letztlich die *Zweifel,* die nach wie vor gegen einen angemessenen **Minderheitsschutz** bei der GmbH auf dem Weg über eine entsprechende Anwendung der §§ 304 oder 305 bestehen, selbst wenn man es für möglich hält, die Analogie auf § 1 SpruchG zu erstrecken. Der Hinweis auf die angeblich abweichenden Wertungen des UmwG verfängt demgegenüber nicht, weil bei den verschiedenen Formen der Umwandlung die betroffenen Gesellschafter letztlich immer noch eine werthaltige Beteiligung, wenn auch ggf. in anderer Rechtsform behalten, während bei Abschluss eines Beherrschungs- oder Gewinnabführungsvertrages ihre Beteiligungen im Grunde entwertet werden. Der **BGH** hat die Frage bisher nicht entschieden, wenn auch jüngsten Entscheidungen teilweise eine Tendenz entnommen wird, sich im vorliegenden Zusammenhang mit einer *qualifizierten Mehrheit* der Gesellschafter zu begnügen.[95]

Die Notwendigkeit einer Zustimmung aller Gesellschafter (→ Rn. 43a) schützt zwar die **44** Minderheit, kann aber im Einzelfall lästig sein. Deshalb stellt sich hier die weitere Frage, ob im Voraus im Gesellschaftsvertrag durch sog. Satzungs-, Konzern- oder **Ermächtigungsklauseln** die geschilderten Anforderungen an den Abschluss eines wirksamen Beherrschungs- oder Gewinnabführungsvertrages mit einer abhängigen GmbH (→ Rn. 43f.) modifiziert werden können, insbesondere durch **Herabsetzung der Mehrheitserfordernisse.** Der Fragenkreis ist noch nicht endgültig geklärt.[96] Wer § 33 Abs. 1 S. 2 BGB (Zweckänderung) in den Vordergrund rückt (→ Rn. 43a), wird nicht übersehen dürfen, dass diese Vorschrift (im Gegensatz freilich zu § 53 Abs. 3 GmbHG) dispositiv ist (§ 40 BGB); er wird daher den Gesellschaftern nicht das Recht verwehren können, in der Satzung vorweg (einstimmig) das Mehrheitserfordernis herabzusetzen, und zwar entweder *generell*[97] oder doch (richtiger Meinung nach) *für bestimmte Verträge* oder Vertragsarten.[98] **Mindesterfordernis** ist aber auf jeden Fall eine qualifizierte Mehrheit, wie aus **§ 53 Abs. 2 S. 2 GmbHG** zu folgern ist; *unter* dieses Erfordernis kann auch die Satzung nicht gehen.[99] Unzulässig sind ferner Klauseln, durch die die **Geschäftsführer** generell oder im Einzelfall zum Abschluss von Beherrschungsverträgen ermächtigt werden sollen, weil sie auf eine mit § 53 GmbHG unvereinbare Ermächtigung der Geschäftsführer zur Änderung des Gesellschaftsvertrags hinauslaufen (§ 134 BGB).[100]

5. Eintragung. Für die Eintragung ins Handelsregister gelten § 294 AktG und § 54 **45** GmbHG entsprechend. Der Anmeldung müssen deshalb der Zustimmungsbeschluss und der Unternehmensvertrag als Anlagen beigefügt werden.[101] In das Handelsregister sind sodann Bestehen und Art des Vertrages, der Zustimmungsbeschluss, der Name des anderen Vertragsteils sowie das Datum des Zustimmungsbeschlusses und des Vertragsabschlusses einzutragen.[102] Die Eintragung hat konstitutive Wirkung, auch bei Einmann-Gesellschaften.[103]

---

[94] Scholz/*Emmerich* GmbHG Anh. § 13 Rn. 144.
[95] So wird im Schrifttum insbes. das Urt. v. 31.5.2011 (BGH AG 2011, 668 Rn. 19 = NZG 2011, 902 = GmbHR 2011, 922 = NJW-RR 2011, 1117) verschiedentlich interpretiert (*Hegemann* GmbHR 2012, 315; *Müller-Eising/D. Schmitt* NZG 2011, 1100 [1101]), indessen wohl zu Unrecht (*Veith/Schmid* DB 2012, 728 (730)).
[96] S. iE Scholz/*Emmerich* GmbHG Anh. § 13 Rn. 155f.; MüKoGmbHG/*Liebscher* Anh. § 13 Rn. 745f.
[97] So MüKoGmbHG/*Liebscher* Anh. § 13 Rn. 745.
[98] Vgl. auch UHW/*Casper* GmbHG Anh. § 77 Rn. 192.
[99] MüKoGmbHG/*Liebscher* Anh. § 13 Rn. 746.
[100] MüKoGmbHG/*Liebscher* Anh. § 13 Rn. 744.
[101] BGHZ 105, 324 (342f.) = NJW 1989, 295 = AG 1989, 91 – Supermarkt; BGH NJW 1992, 1452 = AG 1992, 129 – Siemens/NRG.
[102] BGHZ 105, 324 (337, 345f.) = NJW 1989, 925 = AG 1989, 91 – Supermarkt; LG Bonn MittRhNotK 2000, 78 = GmbHR 2000, 570.
[103] BGHZ 105, 324 (341) = NJW 1989, 295 = AG 1989, 91 – Supermarkt; BGHZ 116, 37 (39) = NJW 1992, 505 = AG 1992, 83 – Hansa Feuerfest/Stromlieferung; BGH NJW 1992, 1452 = AG 1992, 129 – Siemens/NRG; BayObLGZ 2003, 21 (22) = NJW-RR 2003, 908 = GmbHR 2003, 534; BayObLG NJW-RR 2003, 907; OLG München ZIP 2009, 1520.

46 6. Obergesellschaft. Wie bereits ausgeführt (→ Rn. 9, 36), wird **§ 293 Abs. 2** im GmbH-Konzernrecht **entsprechend** angewandt, und zwar nicht nur, wenn die Obergesellschaft eine AG und die abhängige Gesellschaft einer GmbH ist, sondern **auch** sonst, insbesondere also im Verhältnis **zwischen** einer **herrschenden GmbH und** einer abhängigen **AG** oder GmbH.[104] Der notariellen Beurkundung bedarf der Zustimmungsbeschluss jedoch nur, wenn es sich bei dem herrschenden Unternehmen um eine AG handelt (§§ 293 Abs. 2, 130 Abs. 1).[105] Bei anderen Gesellschaften genügt dagegen einfache **Schriftform,** wobei der (schriftliche) Vertrag der Urkunde als Anlage beizufügen ist.[106] Entgegen einer verbreiteten Meinung bedarf der Vertrag *nicht* der **Eintragung** ins Handelsregister der herrschenden Gesellschaft.[107] Davon zu trennen ist die Frage einer *deklaratorischen* oder auch freiwilligen *Eintragung* des Vertrages im Handelsregister der herrschenden GmbH, wie sie neuerdings wieder vielfach im Interesse der Publizität von Unternehmensverträgen für möglich gehalten wird.[108] Diese Regelung ist zwingendes Recht, soweit es sich um eine herrschende AG handelt (§ 23 Abs. 5), während bei einer herrschenden GmbH **abweichende Vertragsbestimmungen** in demselben engen Rahmen wie bei der abhängigen GmbH möglich sind (→ Rn. 44).[109]

VIII. Personengesellschaften

47 Unternehmensverträge können auch mit abhängigen Personengesellschaften abgeschlossen werden. Zu den damit verbundenen Fragen wurde bereits, soweit es um Beherrschungs- und Gewinnabführungsverträge geht, in anderem Zusammenhang Stellung genommen (→ Vor § 291 Rn. 9 ff.). *Beherrschungsverträge* mit abhängigen Personengesellschaften sind danach nur in engen Grenzen möglich, während für Gewinnabführungsverträge, die ohnehin in erster Linie steuerliche Bedeutung haben, hier kaum Raum ist (§§ 14, 17 KStG). Die *anderen Unternehmensverträge* des § 292 sind dagegen bei abhängigen Personengesellschaften durchaus vorstellbar und kommen offenbar auch vor.[110]

48 Obwohl das Gesetz in den **anderen Unternehmensverträgen** des § 292 in erster Linie schuldrechtliche Austauschverträge sieht, greifen sie doch tatsächlich schwerwiegend in die Mitverwaltungs- und Vermögensrechte der Gesellschafter ein, sodass sie grundsätzlich nur **mit Zustimmung aller Gesellschafter** der abhängigen Gesellschaft wirksam werden können (§§ 138, 311 Abs. 1 BGB; §§ 109, 116, 119, 161 Abs. 2 HGB).[111] Es bestehen auch keine Bedenken, auf den Abschluss solcher Verträge die §§ 293 Abs. 3 und 294 entsprechend anzuwenden, sodass der Vertrag der **Schriftform** bedarf und ins **Handelsregister** einzutragen ist.

---

[104] BGHZ 105, 324 (333 ff.) = NJW 1989, 91 – Supermarkt; BGHZ 115, 187 (192) = AG 1991, 429 = NJW 1991, 3142 – Video; BGH NJW 1992, 1452 = AG 1992, 192 – Siemens/NRG; OLG Zweibrücken AG 1999, 328 = GmbHR 1999, 665; OLG Hamburg AG 2006, 48 (50 f.) = NZG 2005, 966 – Otto KG; UHW/*Casper* GmbHG Anh. § 77 Rn. 194; Scholz/*Emmerich* GmbHG Anh. § 13 Rn. 148; MüKoGmbHG/*Liebscher* Anh. § 13 Rn. 751 f.; Grigoleit/*Servatius* Rn. 21.
[105] BGH NJW 1992, 1452 = AG 1992, 192 – Siemens/NRG.
[106] BGHZ 105, 324 (336 f.) = NJW 1989, 295 = AG 1989, 91 – Supermarkt; MüKoGmbHG/*Liebscher* Anh. § 13 Rn. 751 f.; Grigoleit/*Servatius* Rn. 21.
[107] AG Duisburg AG 1994, 568 = GmbHR 1994, 811; AG Erfurt GmbHR 1997, 75 = AG 1997, 275; UHW/*Casper* GmbHG Anh. § 77 Rn. 194; *Zeidler* NZG 1999, 692 (694); s. Scholz/*Emmerich* GmbH Anh. § 13 Rn. 153 mN.
[108] OLG Celle AG 2014, 754 = GmbHR 2014, 1047; LG Bonn AG 1993, 521 = GmbHR 1993, 443 = MittRhNotK 1993, 130; *Priester* GmbHR 2015, 169 mN.
[109] Scholz/*Emmerich* GmbHG Anh. § 13 Rn. 157.
[110] S. für einen Betriebspachtvertrag OLG Hamburg AG 2001, 91 = NZG 2000, 421; für einen Betriebsführungsvertrag BGH NJW 1982, 1817 = WM 1982, 394 – Holiday-Inn I; OLG München AG 1987, 380 – Holiday-Inn II; für einen Ergebnisabführungsvertrag zwischen einer KG und einer GmbH OLG Hamburg AG 2006, 48 = NZG 2005, 966 = ZIP 2006, 901 – Otto KG; OLG Hamm AG 2010, 216 = GmbHR 2010, 42 = ZIP 2010, 229.
[111] Ebenso wohl OLG Hamburg AG 2001, 91 = NZG 2000, 421; MüKoHGB/*Mülbert* KonzernR Rn. 320 ff. (655 ff.); *E. Schmitt*, Schutz der außenstehenden Gesellschafter einer abhängigen Personengesellschaft im mehrstufigen Unternehmensverbund, 2003, 84 ff.

IX. Genossenschaften

Beherrschungsverträge können unter engen Voraussetzungen ferner mit abhängigen Genossenschaften abgeschlossen werden (→ Vor § 291 Rn. 12). Dasselbe gilt für Gewinnabführungsverträge.[112] Der Vertrag bedarf jedoch, weil er eine Zweckänderung bewirkt, der **Zustimmung aller Genossen** (§ 33 Abs. 1 S. 2 BGB).[113] Auf den Vertragsabschluss sind die **§§ 293 ff.** entsprechend anzuwenden.[114] Dies bedeutet, dass analog § 293 Abs. 2 auch die Gesellschafterversammlung des anderen Vertragsteils dem Vertragsabschluss zustimmen muss. Nach § 294 ist der Vertrag außerdem in das Genossenschaftsregister einzutragen, um die nötige Publizität sicherzustellen. Die Änderung und die Beendigung des Vertrags richten sich gleichfalls nach den §§ 295–298. Bei den anderen Unternehmensverträgen des § 292 ist ebenso zu verfahren.[115]

X. Beschlussmängel

Schrifttum: *W. Bayer,* Aktionärsrechte, in Hommelhoff/Lutter, Corporate Governance, 2002, 137; *Weißhaupt,* Kompensationsbezogene Informationsmängel in der AG, 2003; *Wittgens,* Das Spruchverfahrensgesetz, 2005.

1. Überblick. Für die Nichtigkeit und die Anfechtung der beiden Zustimmungsbeschlüsse des § 293 Abs. 1 und Abs. 2 (§§ 241 f., 243 ff.) enthält das Gesetz verschieden **Sonderregeln.** Hervorzuheben sind insbesondere die **Anfechtungsausschlüsse** in den §§ 243 Abs. 4 S. 2, 304 Abs. 3 S. 2 und 305 Abs. 5 S. 1 und 2. Nach **§ 243 Abs. 4 S. 2** kann auf unrichtige, unvollständige oder unzureichende Informationen in der Hauptversammlung über die Ermittlung, Höhe oder Angemessenheit von Ausgleich, Abfindung, Zuzahlung oder über sonstige Kompensationen eine Anfechtungsklage nicht gestützt werden, wenn das Gesetz (wie in den Fällen der §§ 304 und 305) für Bewertungsrügen ein Spruchverfahren auf Grund des SpruchG vorsieht. Ergänzend bestimmt **§ 304 Abs. 3 S. 2,** dass die Anfechtung des Beschlusses, durch den die Hauptversammlung der Gesellschaft einem Gewinnabführungs- oder Beherrschungsvertrag oder einer Änderung dieser Verträge zustimmt, nicht auf § 243 Abs. 2 oder darauf gestützt werden kann, dass der im Vertrag bestimmte Ausgleich nicht angemessen ist (→ § 304 Rn. 81 f.), während der Vertrag nichtig ist, wenn er überhaupt *keinen* Ausgleich vorsieht (§ 304 Abs. 3 S. 1). Dagegen erstreckt **§ 305 Abs. 5 S. 1 und 2** den Anfechtungsausschluss im Ergebnis auch auf den Fall, dass der Vertrag keine Abfindung vorsieht, – mit der Folge, dass die Bestimmung der Abfindung in diesem Fall dem Gericht im Spruchverfahren obliegt (→ § 305 Rn. 82 ff.). Im Grundsatz vergleichbare, in den Einzelheiten jedoch abweichende Regelungen finden sich für die Eingliederung durch Mehrheitsbeschluss in **§ 320b Abs. 2** und für den Ausschluss von Minderheitsaktionären in **§ 327f S. 2 und 3** (→ § 320b Rn. 17 ff.; → § 327f Rn. 4 ff.). Weitere Regelungen dieser Art kennt das **UmwG** in den §§ 14 Abs. 2, 195 Abs. 2 und 210.

Mit dem Anfechtungsausschluss auf Grund der §§ 304 Abs. 3 S. 2 und 305 Abs. 5 S. 1 und 2 wurde seinerzeit ein **doppelter Zweck** verfolgt: Im Vordergrund stand der Zweck, bei den fraglichen Strukturmaßnahmen die mit einer Anfechtungsklage häufig verbundene, lange Ungewissheit über das Schicksal der Maßnahme durch die *Zurückdrängung der Anfechtungsklage* nach Möglichkeit auszuschließen. Zugleich sollte aber auch durch das an die Stelle der Anfechtungsklage tretende Spruchverfahren den außenstehenden Aktionären ein

---

[112] RFHE 23, 91 (93); BFHE 73, 278 (282 f.) = BStBl. III 1961, 368; ausf. *Beuthien* GenG § 1 Rn. 110 ff.; *ders.* in Mestmäcker/Behrens, Das Gesellschaftsrecht der Konzerne im internationalen Vergleich, 1991, 133 (150 ff.); *Emmerich* AG 1991, 303 (310); *Emmerich/Habersack* KonzernR § 36 Rn. 20 f. (532); *Reul,* Das Konzernrecht der Genossenschaften, 1997, 175 ff.; str.

[113] *Emmerich/Habersack* KonzernR § 36 Rn. 22 f. (535 mN); anders *Beuthien* GenG § 1 Rn. 110 ff.: qualifizierte Mehrheit genügt.

[114] *Beuthien* GenG § 1 Rn. 112; *v. Detten,* Die eingetragene Genossenschaft im Recht der verbundenen Unternehmen, 1995, 111 ff.; *Emmerich/Habersack* KonzernR § 36 IV 3 b (475); *Reul,* Das Konzernrecht der Genossenschaften, 1997, 175 f.

[115] Wegen der Einzelheiten s. *Reul,* Das Konzernrecht der Genossenschaften, 1997, 177 ff.

(ursprünglich) *möglichst kostengünstiges Verfahren* zur Verfügung gestellt werden, in dem dann das Gericht auf der Grundlage des Vertrages mit Wirkung für und gegen jedermann die Abfindung oder den Ausgleich festsetzt. Diese Regelung hatte schon verhältnismäßig früh Anlass zu der weiteren Frage gegeben, ob sich der Anfechtungsausschluss streng auf die gesetzlich geregelten Fälle beschränkt oder ob er **auch in anderen** vergleichbaren **Fallgestaltungen** entsprechend anzuwenden ist – mit der Folge, dass dann ebenfalls die Anfechtungsklage des § 243 durch das Spruchverfahren ersetzt wird:

52   Ursprünglich war der Anwendungsbereich des Anfechtungsausschlusses (→ Rn. 50 f.) – als Ausnahme von dem Grundsatz des § 243 – streng auf die ausdrücklich geregelten Fälle beschränkt worden, sodass für eine Anwendung bei einer Verletzung der **Informations- und Auskunftsrechte** der Aktionäre aufgrund der §§ 131, 293a, 293f und 293g *kein* Raum war (→ § 304 Rn. 77 ff.).[116] Hieran hielt der **BGH** jedoch später für die Verletzung von Informations-, Auskunfts- oder Berichtspflichten mit Bezug auf die **Barabfindung** im Anwendungsbereich des § 305 AktG und des § 210 UmwG *nicht* mehr fest, in erster Linie mit der Begründung, wenn das Gesetz eine Anfechtung schon ausschließe, sofern der Vertrag überhaupt keine angemessene Abfindung vorsieht (so § 305 Abs. 5 S. 1) oder das Angebot der Barabfindung nicht ordnungsgemäß ist (so § 210 UmwG), könne für eine „bloße" Verletzung von Informations-, Auskunfts- und Einsichtsrechten schwerlich etwas anderes gelten.[117]

53   Im Rahmen des **UMAG** von 2005 ist der ganze Fragenkreis sodann gesetzlich geregelt worden. Der **Anfechtungsausschluss** bezieht sich seitdem gemäß § 243 Abs. 4 S. 2 nF („nur") auf unrichtige, unvollständige und unzureichende Informationen gerade in der Hauptversammlung über die Ermittlung, Höhe und Angemessenheit von Ausgleich, Abfindung, Zuzahlung oder über sonstige Kompensationen, *wenn* das Gesetz für Bewertungsrügen ein Spruchverfahren vorsieht (→ Rn. 55). **Zweck** der Regelung ist es zu verhindern, dass Beschlussmängel, die Bewertungsfragen betreffen, die Wirksamkeit des Beschlusses beeinträchtigen; Bewertungsrügen sollen stattdessen auf das dafür (angeblich) besser geeignete *Spruchverfahren* insbesondere in den Fällen der §§ 304, 305 und 327f *konzentriert* werden.[118] Der Anfechtungsausschluss beschränkt sich jedoch auf Fehler, Mängel und Unvollständigkeiten in Teilbereichen; *nicht* erfasst werden dagegen die Totalverweigerung von Informationen sowie die Verletzung gesetzlich vorgeschriebener Berichtspflichten, die vor und außerhalb der Hauptversammlung zu erfüllen sind.[119]

54   Die Ausdehnung des Anfechtungsausschlusses in § 243 Abs. 4 S. 2 stellt im Ergebnis eine durchaus *problematische Einschränkung* der Aktionärsrechte dar, insbesondere, wenn man sie, wie geboten im Zusammenhang mit dem durch das UMAG von 2009 erheblich **verschärften Freigabeverfahren** des § 246a sieht (→ Rn. 56 f.).[120] Hervorzuheben sind neben der Beschränkung auf eine Instanz, das OLG, durch § 246a Abs. 1 S. 3 und neben der Bestandskraft des angefochtenen Beschlusses nach seiner Eintragung aufgrund eines Freigabebeschlusses des OLG in das Handelsregister (§ 246 Abs. 4 S. 2) insbesondere die Einführung eines sog. Bagatellquorums (§ 246a Abs. 2 Nr. 2) sowie die Verschärfung der Interessenabwägungsklausel (§ 246a Abs. 2 Nr. 3).[121]

---

[116] BGHZ 122, 211 (238) = NJW 1993, 1976 = AG 1993, 422 – SSI I; BGH NJW 1994, 3115 = AG 1995, 462 – SSI II; LG Nürnberg-Fürth AG 1995, 141 – Hertel.

[117] BGHZ 146, 179 (182 ff.) = NJW 2001, 1425 = AG 2001, 301 – MEZ; BGH NJW 2001, 1428 = AG 2001, 263 – Aqua Butzke; OLG Köln AG 2004, 39 (40); LG Düsseldorf ZIP 2004, 1755 (1757) – Kamps; anders aber für § 327f OLG Düsseldorf AG 2005, 773 (775) – GEA; LG Saarbrücken AG 2006, 89 (91) – Kaufhalle.

[118] Begr. (2005), BT-Drs. 15/5092, 26 (r. Sp. 2. Abs.).

[119] Begr. (2005), BT-Drs. 15/5092, 26 (l. Sp. u./r. Sp. o.).

[120] S. die treffende Kritik bei *Bayer/Th. Hoffmann/Sawada* ZIP 2012, 897 (910) unter V.10; *Kl.-P. Martens/ S. Martens* FS K. Schmidt, 2009, 1129 (1139 ff.); *C. Schäfer* NJW 2008, 2536 (2543); *ders.* FS K. Schmidt, 2009, 1389 (1398 ff.); *Zöllner* FS H. P. Westermann, 2008, 1631; – ganz anders dagegen zB *Decher* FS Hoffmann-Becking, 2013, 295 mN.

[121] Dazu zB (sehr positiv) zuletzt *Bayer* FS Hoffmann-Becking, 2013, 91 mN.

2. Anfechtungsausschluss. Nach § 243 Abs. 4 S. 2 kann auf unrichtige Informationen in der Hauptversammlung über die Ermittlung, Höhe oder Angemessenheit von Ausgleich und Abfindung eine Anfechtungsklage nicht gestützt werden, wenn das Gesetz für Bewertungsrügen ein Spruchverfahren vorsieht. Der Anfechtungsausschluss bezieht sich allein auf Verletzungen des Auskunftsrechts der Aktionäre gerade *in der Hauptversammlung.* Dagegen bleibt es bei dem Anfechtungsrecht der Aktionäre, wenn den Aktionären die nötigen *Informationen total verweigert* werden oder wenn ihre Informationsrechte *außerhalb der Hauptversammlung,* insbesondere also in Bezug auf den Vertragsbericht des § 293a oder den Prüfungsbericht des § 293e, verletzt werden (→ § 293a Rn. 40).[122] Soweit verlangt wird, den Anfechtungsausschluss ganz oder partiell auch auf diese Fälle zu erstrecken,[123] kann dem mit Rücksicht auf den insoweit eindeutigen Wortlaut des Gesetzes (§ 243 Abs. 4 S. 2) nicht zugestimmt werden.[124] § 243 Abs. 4 S. 2 enthält mit anderen Worten heute eine abschließende Regelung des Anfechtungsausschlusses wegen Bewertungsrügen. 55

3. Freigabeverfahren. Hintergrund der Einführung eines Freigabeverfahrens[125] durch § 246a war die Erfahrung, dass früher die Erhebung der Nichtigkeits- oder Anfechtungsklage gegen einen Zustimmungsbeschluss vielfach zu einer faktischen *Registersperre* (§§ 21, 381 FamFG; früher § 127 FGG) geführt hatte (→ § 293a Rn. 41), obwohl die Gesetzesverfasser seinerzeit ausdrücklich (entgegen ihrer ursprünglichen Absicht) im Interesse der Verfahrensbeschleunigung auf eine formelle Registersperre verzichtet hatten (→ § 294 Rn. 21 f.). Hier soll § 246a die nach vielen Stimmen im Interesse der Beschleunigung von Strukturmaßnahmen gebotene Abhilfe bringen. Wegen der Einzelheiten ist auf die Erläuterungen zu § 319 Abs. 6 (→ § 319 Rn. 32–40) sowie zu § 327e Abs. 2 (→ § 327 Rn. 6 f.) zu verweisen. 56

Nach **§ 246a** Abs. 1 S. 1 kann im Falle der Erhebung einer Klage gegen einen Hauptversammlungsbeschluss über einen Unternehmensvertrag (§§ 291–307) das OLG auf Antrag der Gesellschaft durch Beschluss feststellen, dass die Erhebung der Klage der Eintragung nicht entgegensteht und dass Mängel des Hauptversammlungsbeschlusses die Wirkung der Eintragung unberührt lassen. Das OLG entscheidet durch unanfechtbaren Beschluss, der nach § 246a Abs. 3 S. 4 für das Registergericht bindend ist; die Feststellung der Bestandskraft der Eintragung wirkt für und gegen jedermann. Die Folgerungen aus dieser Wirkung des im Freigabeverfahren ergehenden Beschlusses des OLG zieht Abs. 4 der Vorschrift, nach dem ein Erfolg der Klage gegen den Zustimmungsbeschluss (lediglich) die Wirkung hat, dass der Aktionär Ersatz für seinen Vermögensschaden verlangen kann, während im Übrigen die Wirkungen der Eintragung nicht mehr tangiert werden (§ 246a Abs. 1 und 4). 57

§ 246a Abs. 1 und 4 muss im Zusammenhang mit **§ 242 Abs. 2 S. 5** gesehen werden, nach dem im Falle der Rechtskraft des Freigabebeschlusses selbst bei Erfolg der Klage und daraus resultierender Nichtigkeit des Beschlusses keine Eintragung im Handelsregister mehr erfolgt: „Der Beschluss ist folglich nichtig, seine *Wirkungen* haben aber *Bestand*".[126] Das wird überwiegend dahin verstanden, dass die Eintragung **irreversible Verhältnisse** schaffe, dass sie mit anderen Worten nicht nur für die Vergangenheit (unstreitig), sondern auch für die Zukunft – trotz des Erfolgs der Nichtigkeits- oder Anfechtungsklage – nicht mehr unter Hinweis auf den Erfolg der Anfechtungs- oder Nichtigkeitsklage gegen den Beschluss beseitigt werden könne (fraglich). Verfassungsrechtliche Bedenken bestehen nach Meinung der Gerichte gegen das Freigabeverfahren des § 246a nicht.[127] Insgesamt soll die Verschär- 58

---

[122] Begr. RegE, BT-Drs. 15/5092, 26; LG München I AG 2008, 904 (907); 2009, 632 (634); 2009, 918 (921); ausf. *Decher* FS Hoffmann-Becking, 2013, 295 mN.
[123] So *Veil* AG 2005, 567 (570) (l. Sp.); *Weißhaupt* ZIP 2005, 1766 (1772) (l. Sp.); noch weitergehend *ders.,* Kompensationsbezogene Informationsmängel, 191, 241 ff.
[124] Ebenso in der Tendenz *Grunewald* FS Röhricht, 1995, 129.
[125] Dazu zuletzt ausf. mN *Bayer* FS Hoffmann-Becking, 2013, 91.
[126] Begr. RegE, BT-Drs. 15/5092, 28 (l. Sp. u.).
[127] Beispielsweise OLG Frankfurt AG 2010, 39 (40); KG AG 2010, 166 (167 f.) = NZG 2010, 224 = ZIP 2010, 180; OLG Hamburg AG 2010, 214; 2010, 215; *Kläsener/Wasse* AG 2010, 202; *Saß/Ogorek* NZG 2010, 337.

fung der genannten Vorschrift durch das ARUG zu einer signifikanten Verringerung der Beschlussmängelverfahren geführt haben, weil die Gerichte bei der Bejahung der Voraussetzungen der Freigabe in aller Regel überaus großzügig verfahren, sodass die Anträge auf Freigabe eines Beschlusses heute meistens Erfolg haben (→ § 319 Rn. 36).[128] Wegen der Einzelheiten ist im Übrigen auf die Ausführungen zu § 319 Abs. 6 S. 2 zu verweisen (→ § 319 Rn. 33 ff.).

59 **4. Herrschende Gesellschaft.** In den vorliegenden Zusammenhang gehört ferner die Frage, wie sich ggf. die Aktionäre der *herrschenden* Gesellschaft gegen eine *überhöhte* Festsetzung von Ausgleich und Abfindung bereits im Vertrag oder später im Spruchverfahren wehren können. Dieselbe Frage kann sich in Fällen der Verschmelzung (§§ 29 ff. UmwG) und des Formwechsels stellen (§§ 207, 210 UmwG). Der **BGH** hat zwar angedeutet, dass er für diese Fälle gleichfalls eine *analoge Anwendung* der Vorschriften über das *Spruchverfahren* der Anfechtung des Zustimmungsbeschlusses (§§ 243 Abs. 1, 293 Abs. 2) vorziehe.[129] Tatsächlich ist indessen für die Anwendung des Spruchverfahrens in diesen Fällen **kein Raum,** weil das SpruchG auf den Schutz der außenstehenden Aktionäre der *abhängigen* Gesellschaft zugeschnitten ist (→ SpruchG § 1 Rn. 9).[130] Das folgt unmittelbar aus den §§ 1 Nr. 1, 3 Nr. 1 und 4 Abs. 2 SpruchG. Die Regelung des § 5 Nr. 1 SpruchG über den Antragsgegner müsste in den hier interessierenden Fällen, um sie entsprechend anwenden zu können, geradezu in ihr Gegenteil verkehrt werden. Es kommt hinzu, dass eine *Herabsetzung* von Ausgleich und Abfindung im Spruchverfahren gar *nicht* möglich ist und für die Festsetzung von Ausgleichszahlungen zu Gunsten der Aktionäre der *herrschenden* Gesellschaft eine gesetzliche Grundlage nicht erkennbar ist.[131]

60 Auch sachlich besteht für eine entsprechende Anwendung des SpruchG *keine Notwendigkeit,* weil den Aktionären der herrschenden Gesellschaft im Falle der gesetzwidrigen, weil überhöhten Festsetzung von Ausgleich oder Abfindung bereits im *Vertrag* jederzeit die **Anfechtung des Zustimmungsbeschlusses** offensteht (§§ 243 Abs. 1, 293 Abs. 2).[132] Müssen sie erst im **Spruchverfahren** eine überhöhte Festsetzung durch das Gericht befürchten, so hindert sie nichts, sich dem Verfahren auf der Seite ihrer Gesellschaft als **Nebenintervenienten** anzuschließen (entsprechend § 66 ZPO; → SpruchG § 3 Rn. 1).[133]

61 **5. GmbH.** Auf die GmbH wird das aktienrechtliche Beschlussmängelrecht entsprechend angewandt, soweit dem nicht die strukturellen Unterschiede zwischen der AG und der GmbH entgegenstehen. Daraus hat sich die Frage ergeben, ob die Beschränkungen des Anfechtungsrechts durch § 243 Abs. 4 ebenso wie das Freigabeverfahren nach § 246a AktG im GmbH-Recht entsprechende Anwendung finden können. Die Frage mag für § 243 Abs. 4 S. 1 AktG zu bejahen sein.[134] Ein Vorrang des Spruchverfahrens bei auf die Kompensation bezogenen Informationsrügen gemäß § 243 Abs. 4 S. 2 AktG kommt dagegen nur in Betracht, wenn man bereit ist, § 1 Nr. 1 SpruchG analog im GmbH-Recht anzuwenden (→ SpruchG § 1 Rn. 11).[135] Eine Analogie schließlich zu § 246a AktG ist angesichts der

---

[128] Ausf. *Baums* ua ZIP 2011, 2329, bes. 2342 ff.; *Bayer* FS Hoffmann-Becking, 2013, 91; *Stilz* FS Hommelhoff, 2012, 1181.
[129] BGHZ 146, 179 (189) = NJW 2001, 1425 (1427) = AG 2001, 301 – MEZ; BGH NJW 2001, 1428 (1430) = AG 2001, 263 – Aqua Butzke; ebenso *Henze* RWS-Forum Bd. 20 (2001), 39 (49); *Röhricht* in GesR in der Diskussion 2001, 2003, 3, 32 ff. (de lege ferenda); *Hirte* ZHR 137 (2003), 8.
[130] OLG Hamburg AG 2005, 355 (360) (l. Sp.) = NZG 2005, 218 – AGIV; KK-SpruchG/*Wasmann* § 1 Rn. 48; *J. Hoffmann* FS Stilz, 2014, 267 (278); *Linnerz* ZIP 2007, 662.
[131] Zutr. *Vetter* ZHR 168 (2004), 8 (24, 35 ff.).
[132] OLG Hamburg AG 2005, 355 (360) (l. Sp.) = NZG 2005, 218 – AGIV; offengelassen zB in LG Frankfurt a.M. AG 2013, 529 (531) Rn. 100 = NZG 2013, 140.
[133] *Hoffmann-Becking* RWS-Forum 20 (2001), 55 (68); *Linnerz* ZIP 2007, 662; *Vetter* FS Wiedemann, 2002, 1323 (1340 ff.); *ders.* ZHR 168 (2004), 8 (35 ff.); DAV Stellungnahme NZG 2002, 119 (124) (r. Sp. u.).
[134] *Th. Raiser* FS Hüffer, 2010, 789 (793 f.).
[135] Dafür zB *J. Hoffmann* FS Stilz, 2014, 267 (281 f.) mN; dagegen bisher die hM, zB *Th Raiser* FS Hüffer, 2010, 789 (794).

Bedenken gegen diese Regelung abzulehnen, zumal das Problem der „räuberischen Gesellschafter" im GmbH-Recht offenbar bisher keine Rolle spielt.¹³⁶

§ 293a Bericht über den Unternehmensvertrag

(1) ¹Der Vorstand jeder an einem Unternehmensvertrag beteiligten Aktiengesellschaft oder Kommanditgesellschaft auf Aktien hat, soweit die Zustimmung der Hauptversammlung nach § 293 erforderlich ist, einen ausführlichen schriftlichen Bericht zu erstatten, in dem der Abschluß des Unternehmensvertrags, der Vertrag im einzelnen und insbesondere Art und Höhe des Ausgleichs nach § 304 und der Abfindung nach § 305 rechtlich und wirtschaftlich erläutert und begründet werden; der Bericht kann von den Vorständen auch gemeinsam erstattet werden. ²Auf besondere Schwierigkeiten bei der Bewertung der vertragschließenden Unternehmen sowie auf die Folgen für die Beteiligungen der Aktionäre ist hinzuweisen.

(2) ¹In den Bericht brauchen Tatsachen nicht aufgenommen zu werden, deren Bekanntwerden geeignet ist, einem der vertragschließenden Unternehmen oder einem verbundenen Unternehmen einen nicht unerheblichen Nachteil zuzufügen. ²In diesem Falle sind in dem Bericht die Gründe, aus denen die Tatsachen nicht aufgenommen worden sind, darzulegen.

(3) Der Bericht ist nicht erforderlich, wenn alle Anteilsinhaber aller beteiligten Unternehmen auf seine Erstattung durch öffentlich beglaubigte Erklärung verzichten.

Schrifttum: *Aha,* Welche Fakten müssen in den Unternehmensvertragsbericht?, 1996; *Grunewald/Winter,* Die Verschmelzung von Kapitalgesellschaften, in Lutter (Hrsg.), Kölner Umwandlungsrechtstage: Verschmelzung, Spaltung, Formwechsel, 1995, 19; *Heckschen,* Verschmelzung von Kapitalgesellschaften, 1989; *Hügel,* Verschmelzung und Einbringung, 1993; *Keil,* Der Verschmelzungsbericht nach § 340a AktG, 1990; *Möller,* Der aktienrechtliche Verschmelzungsbeschluss, 1991; *Neun,* Bericht- und Prüfungspflichten bei Abschluss und Änderung von Unternehmensverträgen, 2000; *Tauscher,* Der Anwendungsbereich der §§ 293a bis 293g AktG bei einstufigen vertraglichen Unternehmensverbindungen, 2007; *Vossel,* Auskunftsrecht im Konzern, 1996.

Übersicht

	Rn.		Rn.
I. Geschichte	1–3	4. Hinweispflicht	28, 29
II. Zweck	4–7	VII. Schranken	30–33
III. Anwendungsbereich	8–14	1. Voraussetzungen	30–32
1. AG und KGaA	8, 9	2. Begründung	33
2. GmbH	10–13	VIII. Verzicht	34–39
3. Andere Gesellschaften	14	1. Form	34, 35
IV. Verpflichteter	15–17	2. Beteiligte	36, 37
V. Form	18	3. 100%ige Tochtergesellschaften	38
VI. Inhalt des Berichts	19–29	4. GmbH	39
1. Abschluss des Vertrages	19–20a	IX. Rechtsfolgen	40–42
2. Vertrag im Einzelnen	21–23	1. Anfechtung	40
3. Art und Höhe der Kompensation	24–27	2. Heilung, Registersperre	41, 42

I. Geschichte

Durch die Vorschrift des § 293a, die auf das Umwandlungsrechtbereinigungsgesetz (UmwBerG) von 1994 zurückgeht, ist nach dem Vorbild des Verschmelzungsberichts ein

---
¹³⁶ *Th. Raiser* FS Hüffer, 2010, 789 (798 ff.); *Sauerbruch* GmbHR 2007, 189; anders zB *St. Harbart* GmbHR 2005, 966.

Unternehmensvertragsbericht eingeführt worden. § 293a steht in unmittelbarem Zusammenhang mit den gleichzeitig in Kraft getretenen §§ 293b–293g, nach denen zusätzlich noch eine **Vertragsprüfung** durch Wirtschaftsprüfer stattfindet (§§ 293b Abs. 1, 293d Abs. 1 S. 1 AktG iVm § 319 HGB). Diese sog. Vertragsprüfer haben über das Ergebnis ihrer Prüfung ebenfalls schriftlich zu berichten (§ 293e). Beide **Berichte,** die sich nach Inhalt und Zweck ergänzen, werden im Interesse der Verbesserung der Information der Aktionäre von der Einberufung der Hauptversammlung an, die über die Zustimmung zu einem Unternehmensvertrag zu beschließen hat, in den Geschäftsräumen der beteiligten Gesellschaften sowie anschließend in der Hauptversammlung selbst ausgelegt (§ 293f Abs. 1 Nr. 3, 293g Abs. 1). Jeder Aktionär kann eine Abschrift (§ 293f Abs. 2) und zusätzliche Auskünfte verlangen (§ 293g Abs. 3).

2   **Vorbild** der §§ 293a–293e über den Vertrags- und den Prüfungsbericht waren die Vorschriften der **§§ 8–12 UmwG von 1994** und damit letztlich die früheren §§ 340a–340d AktG, durch die die Verschmelzungsrichtlinie vom 9.10.1978 in deutsches Recht umgesetzt worden war.[1] § 293a entspricht weitgehend dem heutigen **§ 8 UmwG.** Vergleichbare Regelungen finden sich für die Eingliederung in § 319 Abs. 3 Nr. 3 und in § 320 Abs. 1 S. 3, Abs. 3 sowie für den Ausschluss von Minderheitsaktionären in § 327c Abs. 2 S. 1 und 4 (→ § 319 Rn. 18–20; → § 327c Rn. 7–9).

3   Die §§ 293a ff. sind am 1.1.1995 in Kraft getreten (Art. 20 UmwBerG) und seitdem auf alle Abschlüsse von Unternehmensverträgen anwendbar. **Übergangsvorschriften** enthielt das UmwBerG von 1994 nicht. Daraus ergaben sich Probleme bei Unternehmensverträgen, die zwar noch vor dem 1.1.1995 abgeschlossen, aber bis zu diesem Termin nicht mehr wirksam geworden waren. Überwiegend wurde angenommen, dass auf solche Altverträge entsprechend **§ 318 UmwG** das neue Recht noch *nicht* anzuwenden war.[2] Ebenso wurde bei Beschlüssen verfahren, durch die nach dem 31.12.1994 frühere, anfechtbare Beschlüsse nach § 244 bestätigt wurden.[3] Weitere Ausführungen erübrigens sich, da sich der ganze Fragenkreis mittlerweile durch Zeitablauf erledigt hat.

II. Zweck

4   Durch die §§ 293a ff. werden die aus dem Umwandlungsrecht bekannten Rechtsinstitute des Verschmelzungsberichts und der Verschmelzungsprüfung auf Unternehmensverträge übertragen. Die **Gesetzesverfasser** haben dies damit begründet, Unternehmensverträge und Verschmelzung seien im Wesentlichen austauschbare rechtliche Instrumente; auch die Folgen beider Vorgänge bei den Aktionären ähnelten einander weitgehend, sodass in beiden Fällen dieselben Schutzmaßnahmen für die Aktionäre geboten seien; aus diesem Grund müsse die Information der Aktionäre vor und in der Hauptversammlung nach dem Vorbild des Verschmelzungsrechts verbessert werden.[4]

5   Daraus folgt, dass mit der Einführung des Unternehmensvertragsberichts in erster Linie der **Zweck** verfolgt wurde, die Aktionäre durch rechtzeitige **Information** noch *vor* der Hauptversammlung zu schützen. Dazu sollen ihnen die maßgeblichen Vorgänge transparent gemacht werden, sodass sie in der Lage sind, in der Hauptversammlung ihr Fragerecht (§ 293g Abs. 3) sinnvoll zu nutzen und anschließend in Kenntnis der relevanten Umstände über die Billigung des von dem Vorstand vorgeschlagenen Unternehmensvertrags zu entscheiden.[5]

---

[1] ABl. EG 1978 Nr. L 295, 38; Gesetz vom 25.10.1982, BGBl. I 1425.
[2] MüKoAktG/*Altmeppen* Rn. 26; *Bungert* DB 1995, 1384 (1385); *Humbeck* BB 1995, 1893 (1895); K. Schmidt/Lutter/*Langenbucher* Rn. 3.
[3] OLG München AG 1997, 516 (518 f.) = ZIP 1997, 1743 – Rieter/SSI.
[4] Begr. (1994), BT-Drs. 12/6699, 178 (l. Sp.).
[5] KG OLGR 2008, 873 = AG 2009, 30 (34); LG München I AG 2008, 904 (907); LG Frankfurt a.M. AG 2013. 529, 531 = NZG 2013, 140; ebenso für § 327c Abs. 2 S. 1 BGH AG 2007, 625 (627) Rn. 27 = NJW-RR 2007, 1409 = NZG 2007, 714; ebenso schon für den Verschmelzungsbericht BGHZ 107, 296 (302 f.) = NJW 1989, 2689 = AG 1989, 399 – Koch's Adler/Dürrkopp; BGH NJW-RR 1990, 350 = AG 1990, 259 (260) – DAT/Altana; LG München I AG 2009, 632 (634); *Mertens* AG 1990, 20 (22).

Zugleich sollte auf diese Weise nach Möglichkeit das spätere Spruchverfahren entlastet werden (→ § 293b Rn. 4).[6]

Die **rechtspolitische Beurteilung** der ganzen Regelung ist umstritten. Von einem Teil des Schrifttums wird zwar die Verbesserung der Information der Aktionäre über die Gründe und die Auswirkungen von Unternehmensverträgen durchaus **positiv** bewertet,[7] von anderen indessen auch als unnötige „Überregulierung" kritisiert.[8]

Die von den Gesetzesverfassern gezogene **Parallele zur Verschmelzung** (→ Rn. 4) trifft allenfalls für die Eingliederung und den Beherrschungsvertrag zu, dagegen wohl kaum für den Gewinnabführungsvertrag und den Geschäftsführungsvertrag und schon gar nicht für die anderen Unternehmensverträge des § 292, bei denen es sich grundsätzlich um bloße schuldrechtliche Austauschverträge handelt (→ § 292 Rn. 4 ff.), die schwerlich mit einer Verschmelzung auf eine Stufe gestellt werden können (→ Rn. 8). Vor allem die aufwändige Vertragsprüfung ist bei den anderen Unternehmensverträgen des § 292 wohl weitgehend funktionslos.

III. Anwendungsbereich

1. AG und KGaA. Bei der AG und der KGaA richtet sich der Anwendungsbereich der Berichtspflicht gemäß § 293a Abs. 1 S. 1 nach dem Anwendungsbereich des § 293. Dh: *Soweit* nach § 293 ein Unternehmensvertrag der *Zustimmung der Hauptversammlung* einer *oder beider* am Vertragsabschluss beteiligten Gesellschaften mit qualifizierter Mehrheit *bedarf,* ist auch vom Vorstand ein **Unternehmensvertragsbericht** zu erstatten. Der Anwendungsbereich des § 293a beschränkt sich folglich nicht etwa entsprechend seinem Zweck (→ Rn. 4 f.) auf die Unternehmensverträge des **§ 291,** sondern umfasst grundsätzlich **auch** die anderen Unternehmensverträge des **§ 292.**[9] Der Gegenmeinung[10] ist zwar einzuräumen, dass bei den anderen Unternehmensverträgen des § 292 die von den Gesetzesverfassern zur Rechtfertigung der Vorschrift herangezogene Parallele zur Verschmelzung nicht passt (→ Rn. 7) und dass die ganze Regelung unverkennbar in erster Linie auf Beherrschungs- und Gewinnabführungsverträge zugeschnitten ist. Gleichwohl ist mit Rücksicht auf den insoweit eindeutigen Wortlaut der §§ 293a ff. daran festzuhalten, dass § 293a (ebenso wie der folgende § 293b) ohne Einschränkung **für alle Unternehmensverträge** gilt, die nach § 293 Abs. 1 und 2 der Zustimmung einer oder beider Hauptversammlungen bedürfen.

Dies bedeutet, dass bei den Unternehmensverträgen des **§ 291 Abs. 1** (Beherrschungs-, Gewinnabführungs- und Geschäftsführungsverträge) die Vorstände *beider* Vertragsparteien berichtspflichtig sind (§ 293 Abs. 1 und 2), während bei den anderen Unternehmensverträgen des **§ 292** die Berichtspflicht allein die Vorstände derjenigen Gesellschaften trifft, die jeweils die vertragstypischen Leistungen erbringen (→ § 293 Rn. 5), immer vorausgesetzt, dass es sich bei den beteiligten Gesellschaften um eine **AG oder KGaA mit Sitz im Inland** handelt (zur Anwendung auf andere Gesellschaften → Rn. 10 ff.).[11] Lediglich bei einer **Gewinngemeinschaft** ist ein Bericht sämtlicher beteiligten AG oder KGaA erforderlich (§§ 292 Abs. 1 Nr. 1, 293 Abs. 1, 293a Abs. 1 S. 1). Bei **Vertragsänderungen** ist außerdem § 295 Abs. 1 S. 2 zu beachten.

2. GmbH. Die problematische sachliche Berechtigung der §§ 293a ff. (→ Rn. 6 f.) zwingt zur Zurückhaltung bei ihrer entsprechenden Anwendung auf Unternehmensverträge

---
[6] LG Ingolstadt AG 1997, 273.
[7] K. Schmidt/Lutter/*Langenbucher* Rn. 2; Spindler/Stilz/*Veil* Rn. 2 f.
[8] S. die Kritik bei *Altmeppen* ZIP 1998, 1853 ff.; *Bungert* DB 1995, 1384 (1385 f.); Hüffer/*Koch* Rn. 2–4; KK-AktG/*Koppensteiner* Rn. 4 ff.
[9] LG München I ZIP 2010, 522 (523); Hölters/*Deilmann* Rn. 2; Hüffer/*Koch* Rn. 4; GroßkommAktG/*Mülbert* Rn. 14; KK-AktG/*Koppensteiner* Rn. 15; K. Schmidt/Lutter/*Langenbucher* Rn. 2; Spindler/Stilz/*Veil* Rn. 4; ebenso für 293g BGHZ 156, 38 (45) = NJW 2003, 3412 = AG 2003, 625 = NZG 2003, 1023 – Deutsche Hypothekenbank.
[10] *Altmeppen* ZIP 1998, 1853 ff.; MüKoAktG/*Altmeppen* Rn. 5–11, 25; *Bungert* DB 1995, 1384 (1386).
[11] OLG Stuttgart AG 2013, 724 (725).

mit Gesellschaften anderer Rechtsform einschließlich insbesondere der GmbH.¹² Eine **Analogie** zu diesen Vorschriften kommt nur in Betracht, wo sie durch den Zweck der Regelung (→ Rn. 4 f.) unmittelbar nahegelegt wird. Dies muss im Grunde für jede einzelne Vorschrift aus den §§ 293a–293g gesondert für die verschiedenen in Betracht kommenden Konstellationen geprüft werden, wobei auch nichts entgegensteht, insoweit zwischen der hier in erster Linie interessierenden Berichtspflicht der Geschäftsführung (§ 293a) und der Prüfung des Vertrags durch Vertragsprüfer (§ 293b) zu unterscheiden. Es liegt auf der Hand, dass außerhalb des Aktienrechts eine Berichtspflicht eher als eine Prüfungspflicht in Betracht kommen wird. Dies alles zwingt zu einer sorgfältigen Unterscheidung der einzelnen Fallgruppen (→ Rn. 11 ff.). Es kommt hinzu, dass auch **abweichende Regelungen** in den Gesellschaftsverträgen der beteiligten GmbH möglich sind (§ 45). Auch § 293a Abs. 3 lässt den Schluss zu, dass die Gesellschafter einer GmbH im Gesellschaftsvertrag einvernehmlich auf eine etwa analog § 293a gebotene Berichterstattung der Geschäftsführer über den Abschluss von Unternehmensverträgen verzichten können (→ Rn. 35 ff.).

11 Der erste relevante Fall ist der, dass eine **herrschende AG** einer **abhängigen GmbH** gegenübersteht. Hier ist auf die *AG* unmittelbar § 293 anwendbar (→ § 293 Rn. 9), sodass auch Raum für die Anwendung des § 293a auf die AG zB bei Abschluss eines Beherrschungs- oder Gewinnabführungsvertrages mit der GmbH ist, zumal das Informationsinteresse der Aktionäre der herrschenden AG in diesem Fall schwerlich geringer als bei Abschluss des Vertrages mit einer abhängigen AG oder KGaA ist.¹³ Noch nicht entschieden ist damit die Rechtslage hinsichtlich der abhängigen *GmbH*. Insoweit sollte maßgebend sein, ob wie hier für den Regelfall angenommen, der Abschluss des Unternehmensvertrags abweichend von § 293 Abs. 1 der *Zustimmung aller Gesellschafter* bedarf (→ § 293 Rn. 43 f.). Ist dies der Fall, so bedarf es zum Schutze der Gesellschafter nicht der zusätzlichen Anwendung der §§ 293a ff.¹⁴ Die Frage einer Analogie zu den §§ 293a–293e stellt sich vielmehr im GmbH-Recht nur, wenn man sich, generell oder doch im Einzelfall auf Grund einer entsprechenden Ermächtigungsklausel im Gesellschaftsvertrag (→ § 293 Rn. 44), mit einer *qualifizierten Mehrheit* für die Zustimmung zu dem Unternehmensvertrag mit der abhängigen GmbH begnügt. Jedenfalls bei Beherrschungs- und Gewinnabführungsverträgen mit einer GmbH erscheint in diesem Ausnahmefall eine **Berichts- und Prüfungspflicht** entsprechend den §§ 293a ff. durchaus sinnvoll.¹⁵

12 In dem, wenn man so will, „umgekehrten Fall" der **Beherrschung einer AG** (oder KGaA) durch eine **GmbH** gelten die §§ 293a ff. bereits unmittelbar für die AG oder KGaA als abhängige Gesellschaften, sodass alles dafür spricht, sie auch zusätzlich auf die *herrschende GmbH* anzuwenden (→ § 293 Rn. 12).¹⁶ Sind an dem Konzern neben der abhängigen AG noch Gesellschaften anderer Rechtsform, insbesondere also Gesellschaften mbH beteiligt, so ist § 293a wohl schon aus praktischen Gründen auf das Verhältnis zu *allen Tochtergesellschaften* anwendbar; eine Berichtspflicht der Geschäftsführer der herrschenden GmbH besteht mit anderen Worten in dieser Sondersituation hinsichtlich der Unternehmensverträge mit sämtlichen Tochtergesellschaften.¹⁷

13 Die letzte hier relevante Fallgruppe bilden reine **GmbH-Konzerne**. Bei den *abhängigen Gesellschaften* in der Rechtsform einer GmbH besteht auch hier eine Berichtspflicht nur,

---

¹² S. MüKoGmbHG/*Liebscher* Rn. 761 ff.; Hüffer/*Koch* Rn. 5 f.; Grigoleit/*Servatius* Rn. 14 ff.
¹³ LG Frankfurt a.M. AG 2013, 529 (530 f.) = NZG 2013, 140; Hüffer/*Koch* Rn. 6; MüKoGmbHG/*Liebscher* Rn. 763; aA *Bungert* DB 1995, 1449 (1452 f.).
¹⁴ Ebenso *Altmeppen* ZIP 1998, 1853 (1857 ff.); MüKoAktG/*Altmeppen* Rn. 13–16; Scholz/*Emmerich* GmbHG Anh. § 13 Rn. 133; Hüffer/*Koch* Rn. 6; KK-AktG/*Koppensteiner* Vor § 291 Rn. 169 ff. und § 293a Rn. 8; MüKoGmbHG/*Liebscher* Rn. 765; anders *Humbeck* BB 1995, 1893 f.; Grigoleit/*Servatius* Rn. 17 ff.
¹⁵ Scholz/*Emmerich* GmbHG Anh. § 13 Rn. 133; KK-AktG/*Koppensteiner* Vor § 291 Rn. 169 ff. und § 293a Rn. 8; Rowedder/Schmidt-Leithoff/*Koppensteiner* GmbHG Anh. § 52 Rn. 64, 66 (1766 ff.); Grigoleit/*Servatius* Rn. 17 ff.; aA MüKoGmbHG/*Liebscher* Rn. 766.
¹⁶ Ebenso *Bungert* DB 1995, 1449 (1454 f.); Hüffer/*Koch* Rn. 6; *Humbeck* BB 1995, 1893 (1894); KK-AktG/*Koppensteiner* Vor § 291 Rn. 66; MHdB AG/*Krieger* § 70 Rn. 26; aA *Altmeppen* ZIP 1998, 1853 (1858 ff.); MüKoAktG/*Altmeppen* Rn. 19 f.
¹⁷ MüKoGmbHG/*Liebscher* Rn. 763 f.

wenn (ausnahmsweise) für den Abschluss der Unternehmensverträge eine qualifizierte Mehrheit ausreicht (→ Rn. 11). Unklar ist dagegen die Situation hinsichtlich der herrschenden GmbH. Insoweit erscheint es zum Schutze der Gesellschafter der verschiedenen Gesellschaften durchaus vertretbar, jedenfalls bei Beherrschungs- und Gewinnabführungsverträgen die Berichtspflicht nach § 293a auf die Geschäftsführer der herrschenden Gesellschaft zu erstrecken.[18] Noch nicht entschieden ist damit, wie bereits betont (→ Rn. 10), über die entsprechende Anwendbarkeit auch der weiteren Vorschriften der §§ 293b ff. (→ § 293b Rn. 10). Unberührt bleibt außerdem das weitergehende **Auskunftsrecht** der Gesellschafter einer GmbH aus § 51a GmbHG. Soweit § 293a nach dem Gesagten auf die GmbH anwendbar ist, verdrängt er nicht etwa den § 51a GmbHG (→ Rn. 39).

3. Andere Gesellschaften. Soweit es um Unternehmensverträge mit Gesellschaften anderer Rechtsform als AG und GmbH (→ Rn. 8, 11 f.) geht, sollte die Analogie zu § 293a gleichfalls in erster Linie von der Überlegung abhängig gemacht werden, ob dadurch die nötige *Information* der Gesellschafter *verbessert* werden kann. Dies spricht vor allem bei den Unternehmensverträgen des § 291 mit **Vereinen und Genossenschaften** für eine Analogie jedenfalls zu § 293a,[19] während bei Personengesellschaften solche Analogie offenbar keinen Sinn macht und daher auch von keiner Seite bisher erwogen wird. 14

IV. Verpflichteter

Nach § 293a Abs. 1 S. 1 Hs. 1 muß der Vorstand jeder beteiligten Gesellschaft in dem schriftlichen Bericht ausführlich den Abschluss des Unternehmensvertrages, den Vertrag im Einzelnen und insbesondere Art und Höhe des Ausgleichs und der Abfindung rechtlich und wirtschaftlich erläutern und begründen (vgl. § 8 Abs. 1 S. 1 UmwG). 15

Die Berichtspflicht trifft nach § 293a Abs. 1 S. 1 „den Vorstand". Das wird überwiegend dahin verstanden, dass der Vorstand nach § 77 Abs. 1 S. 1 den Bericht **in seiner Gesamtheit** beschließen muss, und zwar gemäß § 94 einschließlich der Stellvertreter der Vorstandsmitglieder. Vertretung ist insoweit ausgeschlossen. Weder die Satzung noch die Geschäftsordnung (§ 77 Abs. 2) können wegen der abweichenden gesetzlichen Regelung in § 293a Abs. 1 S. 1 („Der Vorstand …) etwas anderes bestimmen.[20] Weigert sich ein Vorstandsmitglied, an dem Beschluss mitzuwirken, so bleibt nur seine Abberufung durch den Aufsichtsrat unter den Voraussetzungen des § 84 Abs. 3.[21] Bei der **KGaA** treten nach § 278 Abs. 2 an die Stelle des (nicht vorhandenen) Vorstands die persönlich haftenden Gesellschafter (§§ 278 Abs. 2, 283). 16

Sind **beide** Gesellschaften **berichtspflichtig,** so können die Vorstände nach § 293a Abs. 1 S. 1 Hs. 2 den Bericht auch *gemeinsam* erstatten. Im Ergebnis genügt dann ein einziger Bericht, der jedoch in diesem Fall von Vorstandsmitgliedern *beider* Vertragsparteien in ausreichender Zahl (→ Rn. 18) unterzeichnet werden muss. 17

V. Form

Der Bericht muss **schriftlich** erstattet werden (§ 293a Abs. 1 S. 1 Hs. 1). Das Gesetz nimmt damit auf § 126 BGB Bezug, woraus früher vielfach der Schluss gezogen wurde, der Bericht müsse von *sämtlichen* Vorstandsmitgliedern ohne Rücksicht auf die Regelung der Vertretung unterzeichnet werden.[22] Diese Auffassung hat indessen nicht die Billigung des **BGH** gefunden, nach dem es vielmehr genügt, wenn der Bericht von Vorstandsmitgliedern *in vertretungsberechtigter Zahl* unterzeichnet wird, weil er auch dann in vollem Umfang seiner 18

---

[18] Ebenso wohl Hüffer/*Koch* Rn. 6; KK-AktG/*Koppensteiner* Vor § 291 Rn. 66; MHdB AG/*Krieger* § 70 Rn. 26.
[19] *Beuthien* GenG § 1 Rn. 112.
[20] K. Schmidt/Lutter/*Langenbucher* Rn. 6; GroßkommAktG/*Mülbert* Rn. 22; Spindler/Stilz/*Veil* Rn. 6; anders nur MüKoAktG/*Altmeppen* Rn. 29.
[21] Hüffer/*Koch* Rn. 8; Hölters/*Deilmann* Rn. 3.
[22] *Hüffer,* FS Claussen, 1997, 171.

Informationsfunktion genüge.²³ Die Frage ist aber umstritten geblieben, weshalb im Schrifttum aus Gründen der Vorsicht weiterhin die Unterzeichnung des Berichts durch alle Vorstandsmitglieder empfohlen wird.²⁴ Zu beachten ist, dass die ganze Diskussion naturgemäß immer nur das **Original** des Berichtes betrifft, während bei der Vielzahl der üblicherweise im Umlauf befindlichen, in der Hauptversammlung ausgelegten oder an die Aktionäre verteilten Berichte ein Hinweis auf die Unterzeichnung des Originals genügt.²⁵ Eine Ersetzung der Schriftform durch die **elektronische Form** dürfte nach Sinn und Zweck der ganzen Regelung (→ Rn. 4 f.), insbesondere mit Rücksicht auf die Auslegungspflichten auf Grund der § 293f Abs. 1 Nr. 1 und 293g Abs. 1, ausscheiden (§ 126 Abs. 3 BGB); einzuräumen ist freilich, dass die §§ 293f Abs. 3 und 293g Abs. 1 idF des ARUG heute deutlich in die entgegengesetzte Richtung weisen und damit *für* die Zulässigkeit auch der elektronischen Form für den Vertragsbericht sprechen.²⁶

VI. Inhalt des Berichts

19 **1. Abschluss des Vertrages.** In dem Bericht sind gemäß § 293a Abs. 1 S. 1 Hs. 1 ausführlich erstens der Abschluss des Unternehmensvertrages, zweitens der Vertrag im Einzelnen sowie drittens insbesondere Art und Höhe der Kompensation nach den §§ 304 und 305 rechtlich und wirtschaftlich zu erläutern *und* zu begründen (vgl. § 8 Abs. 1 S. 1 UmwG). Der Bericht muss folglich *drei Schwerpunkte* haben, nämlich 1. die Gründe für den Abschluss des Vertrages (→ Rn. 20), 2. Inhalt und Wirkungen des Vertrages (→ Rn. 21 ff.) sowie 3. Art und Höhe, dh die sachliche Berechtigung der angebotenen Kompensation, soweit jeweils geschuldet, dh bei den Verträgen des § 291 (→ Rn. 24 ff.). Dabei ist von dem Verständnishorizont eines durchschnittlich gebildeten und erfahrenen, juristisch und ökonomisch nicht besonders versierten Aktionärs auszugehen. Dem müssen auch die Sprache und die äußere Art der Darstellung angepasst werden, wobei es sich von selbst versteht, dass der Bericht in *deutscher* Sprache und nicht etwa auf Englisch abgefasst werden muss.²⁷

20 In dem Bericht ist als erstes ausführlich der **Abschluss** des Unternehmensvertrages rechtlich und wirtschaftlich zu erläutern *und* zu begründen. Mit Rücksicht auf den Zweck der Regelung (→ Rn. 4 f.) bedeutet dies, dass in dem Bericht die *rechtlichen und wirtschaftlichen Gründe* zu diskutieren sind, die aus der Sicht des Vorstands bei Anwendung der Sorgfalt eines ordentlichen und gewissenhaften Geschäftsleiters (§ 93 Abs. 1 S. 1) *für und gegen* den Abschluss des Vertrages sprechen.²⁸ Dazu gehören insbesondere die Schilderung der wirtschaftlichen Ausgangslage und der zu erwartenden *Auswirkungen* des Vertragsabschlusses sowie die Erörterung der Vor- und Nachteile möglicher *Alternativen*.²⁹ Erhofft sich der Vorstand von dem Abschluss des Vertrages (meistens im Voraus weit übertriebene) *Synergieeffekte*, so sind auch diese plausibel zu machen, wobei freilich eine grobe Schätzung ausreicht.³⁰ Nötig ist ferner die „**Vorstellung" des Vertragspartners,** wobei sich der Vorstand nicht mit der Angabe von Firma, Rechtsform und Sitz des Vertragspartners begnügen darf, sondern außerdem auf dessen wirtschaftliche Situation einschließlich dessen **Bonität** so ausführ-

---

²³ BGH AG 2007, 625 (628) Rn. 26 f. = NZG 2007, 714 – Vattenfall/Bewag, für § 8 UmwG; MüKoAktG/*Altmeppen* Rn. 29; K. Schmidt/Lutter/*Langenbucher* Rn. 8; GroßkommAktG/*Mülbert* Rn. 13; Spindler/Stilz/*Veil* Rn. 8.
²⁴ Hölters/*Deilmann* Rn. 4.
²⁵ Hölters/*Deilmann* Rn. 7.
²⁶ So auch K. Schmidt/Lutter/*Langenbucher* Rn. 9 f. unter Hinweis darauf, dass für die die Auslegung allemal Kopien genügen; Hölters/*Deilmann* Rn. 7; GroßkommAktG/*Mülbert* Rn. 43.
²⁷ OLG München ZIP 2009, 718 (721 f.) = AG 2009, 450 (453); GroßkommAktG/*Mülbert* Rn. 25, 40.
²⁸ S. zB OLG Saarbrücken AG 2011, 342 (344) = ZIP 2011, 469; LG München I AG 2009, 918 (922); LG Frankfurt a.M. AG 2013, 529 (531) = NZG 2013, 140; Hölters/*Deilmann* Rn. 9; GroßkommAktG/*Mülbert* Rn. 26 ff.; Grigoleit/*Servatius* Rn. 6.
²⁹ Begr. zu § 8 UmwG, BT-Drs. 12/6699, 83 f.; OLG Frankfurt AG 2008, 826 (827) = ZIP 2008, 1966; LG München I AG 2000, 86 (87); 2000, 87 (88) – MHM/Hucke I und II; LG Mainz AG 2002, 247 (248 f.) – Schaerf AG.
³⁰ OLG Düsseldorf AG 1999, 418 (420) = ZIP 1999, 793; OLG Hamm AG 1999, 422 (424) = ZIP 1999, 798; LG Essen AG 1999, 329 (330 f.).

lich eingehen muss, dass sich die Aktionäre von dem Vertragspartner ein eigenes Bild zu machen vermögen.[31] Der bloße Hinweis auf den den Aktionären mitgeteilten Jahresabschluss des Vertragspartners genügt dafür auf keinen Fall.[32]

Der Vorstand hat ferner anzugeben, auf wessen **Initiative** der Vertragsabschluss zurückgeht, ob ihm zB ein Verlangen der Hauptversammlung nach § 83 Abs. 1 S. 2 zugrunde liegt (→ § 293 Rn. 16).[33] Die Erläuterungen müssen in allen diesen Beziehungen **„ausführlich"** sein, dh so weit *ins Einzelne gehen,* dass den Aktionären die *Hintergründe* und die *Zwecke,* die mit dem Vertragsabschluss verfolgt werden, **transparent** und **plausibel** gemacht werden, sodass sie zu einer eigenen sachlichen Entscheidung über das Für und Wider des Vertragsabschlusses in der Lage sind (→ Rn. 5, 23). Auf der anderen Seite bleibt zu beachten, dass der Vertragsbericht des § 293a noch durch die Vertragsprüfung gemäß § 293b ergänzt wird, sodass die Berichtspflicht auch *nicht* so weit zu gehen braucht, dass den Aktionären eine *eigene sachliche Prüfung* des ganzen Vorgangs möglich würde (→ Rn. 27);[34] es genügt vielmehr vollauf, wenn dem durchschnittlich vernünftigen Aktionär (→ Rn. 19) eine **eigene Plausibilitätsprüfung** der von dem Vorstand mit dem Abschluss des Vertrages verfolgten Zwecke und Strategien im Hinblick auf den Unternehmenszweck ermöglicht wird.[35]

2. Vertrag im Einzelnen. Der Bericht muss nach § 293a Abs. 1 S. 1 zweitens ausführlich den Vertrag „im Einzelnen" rechtlich und wirtschaftlich erläutern und begründen. Hierfür genügt nicht die bloße Wiederholung des Wortlauts des ohnehin auszulegenden Vertrags (§ 293f Abs. 1 Nr. 1 und § 293g Abs. 1); vielmehr gehört dazu als erstes die genaue *Bezeichnung* des **Vertragstyps**, etwa als Beherrschungsvertrag oder als Teilgewinnabführungsvertrag,[36] ferner die ausführliche *Schilderung der* zu erwartenden **Auswirkungen** des Vertragsabschlusses, die genaue Darstellung der beteiligten *Unternehmen* (→ Rn. 20) sowie die *Erläuterung* der rechtlichen und wirtschaftlichen Tragweite der einzelnen **Vertragsbestimmungen** in einer für die Aktionäre verständlichen Weise und damit insbesondere in deutscher Sprache (→ Rn. 20). In diesem Rahmen ist zB auch auf erwartete **Einsparungen und Synergieeffekte** einzugehen (→ Rn. 20).

Hervorzuheben sind in dem Bericht weiter bei den Verträgen des § 292 die **Angemessenheit der Gegenleistung** des anderen Vertragsteils aus der Sicht des Vorstands[37] sowie besondere und **ungewöhnliche Regelungen,** aus denen sich für die Aktionäre möglicherweise unerwartete Konsequenzen ergeben können; ein (wichtiges) Beispiel sind *zusätzliche Beendigungsgründe* mit ihren oft bedenklichen Folgen.[38] Auch bedeutsame *steuerliche Auswirkungen* sind zu diskutieren, wobei sich freilich der Vorstand auf verbindliche Auskünfte der Finanzverwaltung verlassen kann und nicht etwa verpflichtet ist, in diesem Zusammenhang auftauchende, steuerrechtliche Fragen, gleichsam vorweg, abstrakt zu diskutieren.[39]

Zu allen genannten Punkten (→ Rn. 21 f.) muss der Bericht „ausführlich" sein, dh *ins Einzelne gehen* und aus sich heraus verständlich sein. Daran fehlt es schon dann, wenn die Aktionäre gezwungen sind, von ihrem **Auskunftsrecht** Gebrauch zu machen (§ 293g

---

[31] OLG München ZIP 2009, 718 (721 f.) = AG 2009, 450 (453); Hölters/*Deilmann* Rn. 11; Spindler/Stilz/*Veil* Rn. 11.
[32] OLG München ZIP 2009, 718 (721 f.) = AG 2009, 450 (453).
[33] *Mertens* AG 1990, 22 (25).
[34] OLG Düsseldorf AG 1999, 418 (419, 421) = ZIP 1999, 793 – Thyssen/Krupp; AG 2002, 398 (400) – Kaufhof/Metro; OLG Hamm AG 1999, 422 (424 f.) = ZIP 1999, 798 – Idunahall/Hoesch/Krupp; OLG Saarbrücken AG 2011, 342 (344) = ZIP 2011, 469; OLG Frankfurt AG 2010, 369 (373 f.) – Commerzbank; LG Mainz AG 2002, 247 (248) – Schaerf.
[35] So zB *Decher* FS Hoffmann-Becking, 2013, 295 (298 f.); GroßkommAktG/*Mülbert* Rn. 25 f.
[36] Hüffer/*Koch* Rn. 13.
[37] K. Schmidt/Lutter/*Langenbucher* Rn. 15; Spindler/Stilz/*Veil* Rn. 14.
[38] KG OLGR 2008, 873 = AG 2009, 30 (34 f.); LG München I AG 2009, 918 (922) (r. Sp. u.); *Bungert* DB 1995, 1384 (1388); GroßkommAktG/*Mülbert* Rn. 31; K. Schmidt/Lutter/*Langenbucher* Rn. 14; Spindler/Stilz/*Veil* Rn. 14.
[39] OLG Düsseldorf AG 1999, 418 (420) = ZIP 1999, 793; OLG Hamm AG 1999, 422 (425) = ZIP 1999, 798; Lutter/*Lutter/Drygala* UmwG § 8 Rn. 17 (2. Abs.).

Abs. 3), um den Sinn der Ausführungen des Vorstands überhaupt erfassen zu können.[40] Keinen Inhalt des Berichts bilden dagegen einzelne Meinungsäußerungen von Vorstandsmitgliedern oder gar Dritter im Vorfeld des Vertragsabschlusses, selbst wenn sie sich zu diesem kritisch geäußert haben.[41]

24 **3. Art und Höhe der Kompensation.** Als letzten (und wichtigsten) Punkt des Berichts nennt § 293a Abs. 1 S. 1 Hs. 1 die ausführliche rechtliche und wirtschaftliche Erläuterung und Begründung von Art und Höhe des Ausgleichs nach § 304 und der Abfindung nach § 305. Bedeutung hat dies naturgemäß allein für Beherrschungs- und Gewinnabführungsverträge einschließlich der ungebräuchlichen Geschäftsführungsverträge (§§ 291, 304 und 305). Im Mittelpunkt hat dabei die Erläuterung der gewählten Art des Ausgleichs (fester oder variabler Ausgleich oder Dividendengarantie) sowie der Abfindung (Barabfindung oder Abfindung in Aktien des herrschenden Unternehmens oder der Obergesellschaft des Konzerns) sowie deren Vor- und Nachteile für die Aktionäre zu stehen. Wegen der hohen Anforderungen, die die Gerichte in allen diesen Beziehungen an den Bericht stellen, ist es in der Praxis offenbar üblich geworden, die meisten ohnehin erforderlichen Bewertungsgutachten der Wirtschaftsprüfer in den Bericht einzubeziehen oder doch die Gutachten dem Bericht als Anlage beizufügen, wobei dann in dem Bericht eine bloße Bezugnahme auf das beigefügte Gutachten ausreicht.[42] Die Folge kann sein, dass der Bericht (nur) bei den Verträgen des *§ 291* sehr umfangreich wird; Berichte mit einem Umfang zwischen 75 und 150 Seiten sind heute keine Seltenheit mehr.

25 Dagegen reicht die bloße Mitteilung der Bewertungsergebnisse in keinem Fall aus; aus dem Zweck der Regelung, nach Möglichkeit ein späteres Spruchverfahren zu vermeiden (→ Rn. 5), folgt vielmehr, dass der Bericht durch die Mitteilung von Tatsachen und Zahlen so weit konkretisiert werden muss, dass den Aktionären bereits vor der Hauptversammlung eine erste **Plausibilitätsprüfung** ermöglicht wird, ob Art und Höhe von Ausgleich und Abfindung sachlich gerechtfertigt erscheinen, damit sie die in dem Unternehmensvertrag vorgesehene Regelung nachzuvollziehen vermögen (→ Rn. 4, 27).[43]

26 Wird, wie heute weithin üblich, der Bewertung die **Ertragswertmethode** zugrunde gelegt (→ § 305 Rn. 53 ff.), so müssen nach dem Gesagten (→ Rn. 25) im Einzelnen für jede beteiligte Gesellschaft *folgende Punkte* angegeben und erläutert werden: die *Erträge* der der Berechnung zugrunde gelegten, vorausgegangenen Jahre (§ 293f Abs. 1 Nr. 2), die Bereinigung dieser Erträge um Sondereinflüsse, weiter die der Bewertung zugrunde gelegten *Prognosen* und Planzahlen, soweit nicht im Einzelfall § 293a Abs. 2 eingreift (→ Rn. 30 ff.), außerdem der *Kapitalisierungszinsfuß* einschließlich der angenommenen Zu- und Abschläge sowie schließlich die Bewertung des nicht betriebsnotwendigen *(neutralen) Vermögens* und die dabei angewandten Maßstäbe und Methoden.[44] Beispiele sind etwa die sorgfältige Begründung der jeweiligen *Ertragswerte,* die Darstellung der Faktoren, die bei der Ergebnisbereinigung einbezogen wurden, die nachvollziehbare Begründung der Geheimhaltungsbedürftigkeit von Einzelzahlen (§ 293a Abs. 2; → Rn. 33) sowie die plausible Darstellung der Faktoren, die für die zukünftigen Überschüsse maßgeblich sein

---

[40] Spindler/Stilz/*Veil* Rn. 10.
[41] OLG Hamm AG 1999, 422 (424) = ZIP 1999, 798; LG Essen AG 1999, 329 (331).
[42] OLG Düsseldorf AG 2002, 398 (400) – Kaufhof/Metro; AG 2004, 614 = NZG 2004, 429 (430) – Agrippina; OLG Frankfurt AG 2008, 827 = ZIP 2008, 1968; AG 2010, 368 (373 f.); LG München I AG 2008, 905 (907); 2009, 632 (634 f.); 2009, 918 (922); *Decher* FS Hoffmann-Becking, 2013, 295 (299 f.); *Stephan* Konzern 2014, 1 (14); Spindler/Stilz/*Veil* Rn. 16 f.
[43] OLG Frankfurt AG 2008, 826 (827) = ZIP 2008, 1966; LG München I AG 2008, 905 (907); ebenso zu § 8 UmwG BGHZ 107, 296 (302 f.) = NJW 1989, 2689 = AG 1989, 399 – Koch's Adler/Dürrkopp; BGH NJW-RR 1990, 350 = AG 1990, 259 (260 f.) – DAT/Altana; NJW-RR 1991, 358 = AG 1991, 102 f. – SEN; OLG Düsseldorf AG 2010, 711 (713 f.); *Bungert* DB 1995, 1384 (1387 f.); *Grunewald/Winter* Verschmelzung 19, 29 f.; *Hügel* Verschmelzung 148 ff.; *Keil* Verschmelzungsbericht 51 ff.; *Möller* Verschmelzungsbeschluss 119 ff.; GroßkommAktG/*Mülbert* Rn. 34.
[44] Ausf. LG Mainz AG 2002, 247 (248) – Schaerf AG.

werden.[45] Ein besonderes Augenmerk ist in diesem Zusammenhang auf die bisherige **Entwicklung der Börsenkurse** (soweit vorhanden) zu richten, wobei klargestellt werden muss, in welchem Ausmaß sich der Vorstand bei der Bewertung an der Entwicklung der Börsenkurse orientiert hat.[46] Schließlich sind auch die *Vor- und Nachteile* von Ausgleich und Abfindung zu diskutieren, um den Aktionären eine rationale Entscheidung zwischen den verschiedenen Kompensationsformen je nach den von ihnen verfolgten Anlagestrategien zu ermöglichen.[47]

Die Angaben brauchen jedoch *nicht* so detailliert zu sein, dass den Aktionären auf ihrer Grundlage eine **eigene Bewertung** möglich wäre; diese nachzuprüfen, ist vielmehr Aufgabe der Vertragsprüfer (§ 293e).[48] Aber die Angaben müssen doch so „ausführlich", dh ins einzelne gehend sein, dass sie einem Sachkundigen insgesamt zumindest eine **Plausibilitätsprüfung** ermöglichen, wozu vor allem die Angabe der einzelnen Rechenschritte nötig ist. 27

4. Hinweispflicht. Nach S. 2 des § 293a Abs. 1 ist in dem Bericht schließlic noch auf besondere Schwierigkeiten bei der Bewertung der vertragsschließenden Unternehmen *sowie* auf die Folgen (gemeint ist: des Vertrages) für die Beteiligungen der Aktionäre (→ Rn. 29) hinzuweisen. Bei den **Schwierigkeiten der Bewertung** der vertragss chließenden Unternehmen hat das Gesetz in erster Linie wohl die Fülle der Probleme im Auge, die sich häufig, zumal bei der Anwendung der Ertragswertmethode, wegen der *Unsicherheit von Prognosen* ergeben. Auf diese Probleme ist daher im Einzelnen hinzuweisen unter Angabe der jeweils gewählten Lösung *und* deren Auswirkungen auf die Höhe der Kompensation (vgl. § 293e Abs. 1 S. 3 Nr. 3 Hs. 2).[49] Auch insoweit genügt es jedoch, wenn der Vorstand *plausibel* macht, wie *er* vorgegangen ist. **Einwände der Aktionäre** gegen die Vorgehensweise des Vorstands, zum Beispiel gegen seine Wertansätze oder gegen den von ihm zugrunde gelegten Kapitalisierungszinsfuß beeinträchtigen nicht die Vollständigkeit des Berichts, sondern gehören nach heutigem Verständnis in das Spruchverfahren.[50] Es ändert auch nichts an der Vollständigkeit des Berichtes, wenn sich im Spruchverfahren nachträglich die Einwände der Aktionäre als berechtigt erweisen. Der Vorstand muss in dem Bericht nur *seine* Vorgehensweise plausibel machen, gerade zu dem Zweck, den Aktionären sachliche Einwände im Spruchverfahren zu ermöglichen.[51] 28

In dem Bericht ist zuletzt noch gemäß § 293a Abs. 1 S. 2 Fall 2 gesondert auf die **Folgen** des Unternehmensvertrages **für die Beteiligungen der Aktionäre** hinzuweisen. Das Gesetz folgt auch insoweit dem Vorbild des § 8 Abs. 1 S. 2 UmwG, obwohl gerade in diesem Punkt die Verhältnisse bei einer Verschmelzung grundverschieden von denen bei dem Abschluss eines Unternehmensvertrages sind. Zu denken ist hier in erster Linie an die Auswirkungen einer Abfindung in Aktien auf die Höhe der Beteiligung der Aktionäre und auf deren Stimmgewicht, und zwar ggf. bei beiden Gesellschaften, dh gleichermaßen bei der Mutter- wie bei der Tochtergesellschaft (§ 305 Abs. 2 Nr. 1 und 2).[52] Als weitere **Beispiele** kommen – entgegen der hM[53] – noch die Verlustübernahmepflicht des herrschenden Unternehmens auf Grund des § 302 sowie dessen Weisungsrecht nach § 308 in Betracht, jedenfalls bei atypischen und verdeckten Beherrschungsverträgen. 29

---

[45] Beispielsweise OLG Frankfurt AG 2010, 368 (373 f.) – Commerzbank; Hölters/*Deilmann* Rn. 13 ff.
[46] KK-AktG/*Koppensteiner* Rn. 3.
[47] K. Schmidt/Lutter/*Langenbucher* Rn. 15; ebenso in der Sache OLG Saarbrücken AG 2011, 342 = ZIP 2011, 469.
[48] Beispielsweise OLG Düsseldorf AG 2010, 711 (713); OLG Frankfurt AG 2010, 368 (373 f.) – Commerzbank.
[49] MüKoAktG/*Altmeppen* Rn. 44; Hüffer/*Koch* Rn. 16; KK-AktG/*Koppensteiner* Rn. 34 f.; Lutter/*Lutter/Drygala* UmwG § 8 Rn. 29.
[50] OLG Frankfurt AG 2008, 826 (827) = ZIP 2008, 1966; AG 2010, 368 (373 f.) – Commerzbank; LG München I AG 2008, 905 (907); 2009, 632 (634 f.).
[51] K. Schmidt/Lutter/*Langenbucher* Rn. 17.
[52] K. Schmidt/Lutter/*Langenbucher* Rn. 19; GroßkommAktG/*Mülbert* Rn. 38; Grigoleit/*Servatius* Rn. 10; vgl. zu § 8 UmwG OLG Saarbrücken AG 2011, 342 (344 f.) = ZIP 2011, 469.
[53] Dagegen MüKoAktG/*Altmeppen* Rn. 45 f.; Hüffer/*Koch* Rn. 17; Schmidt/Lutter/*Langenbucher* Rn. 19.

VII. Schranken

1. Voraussetzungen. Nach § 293a Abs. 2 S. 1 brauchen in den Bericht solche Tatsachen nicht aufgenommen zu werden, deren Bekanntwerden geeignet ist, einer der Vertragsparteien *oder* einem Unternehmen, das mit einer Partei verbunden ist, einen nicht unerheblichen Nachteil zuzufügen. Jedoch müssen in diesem Fall in dem Bericht im Einzelnen die Gründe dargelegt werden, aus denen die Tatsachen nicht aufgenommen worden sind (§ 293a Abs. 2 S. 2; ebenso § 8 Abs. 2 S. 1 und 2 UmwG). § 293a Abs. 2 S. 1 begründet seinem Wortlaut nach lediglich ein Auskunfts- oder besser: **Berichtsverweigerungsrecht,** wie aus der Formulierung zu entnehmen ist, dass in den Bericht bestimmte Tatsachen nicht aufgenommen zu werden „brauchen". Gleichwohl dürfte davon auszugehen sein, dass unter den engen Voraussetzungen des § 293a Abs. 2 der Vorstand in aller Regel zugleich *verpflichtet* ist, die fraglichen Tatsachen nicht in den Bericht aufzunehmen.[54] Das ergibt sich bereits aus § 93 Abs. 1 S. 1 iVm § 131 Abs. 3 Nr. 1 (→ Rn. 31).

Das Gesetz folgt mit der geschilderten Regelung (→ Rn. 30) der Praxis zu dem früheren § 340a, die bereits durchweg von der entsprechenden Anwendbarkeit der **Schutzklausel des § 131 Abs. 3 Nr. 1** auf den Verschmelzungsbericht ausgegangen war, sodass in diesem keine Tatsachen genannt zu werden brauchten, deren Offenlegung nach vernünftiger kaufmännischer Beurteilung geeignet erschien, der Gesellschaft oder einem mit ihr verbundenen Unternehmen einen nicht unerheblichen Nachteil zuzufügen; Voraussetzung war aber die Angabe konkreter Gründe für die Unterlassung bestimmter Angaben, während ein pauschaler Hinweis auf die Schädlichkeit der Publizität nicht ausreiche, um die Anwendung der Schutzklausel zu rechtfertigen.[55]

Aus dem Gesagten (→ Rn. 31) ist der Schluss zu ziehen, dass § 293a Abs. 2 **ebenso** wie die Schutzklauseln des § 131 Abs. 3 AktG und des § 8 Abs. 2 UmwG **auszulegen** ist. Bei der Beurteilung, ob das Bekanntwerden bestimmter Tatsachen einer Vertragspartei *oder* einem mit dieser verbundenen Unternehmen einen nicht unerheblichen Nachteil zufügen kann, ist daher ein **objektiver Maßstab** anzulegen, den § 131 Abs. 3 Nr. 1 mit „vernünftiger kaufmännischer Beurteilung" umschreibt, sodass es genügt, dass bei objektiver Betrachtung Nachteile der genannten Art im Falle des Bekanntwerdens der Tatsachen absehbar sind.[56] Es braucht mit anderen Worten nicht festzustehen, dass sie mit Sicherheit eintreten werden. **Beispiele** für danach ggf. geheimhaltungsbedürftige Tatsachen sind die steuerlichen Wertansätze und die Höhe der einzelnen Steuern (§ 131 Abs. 3 Nr. 2), stille Reserven (§ 131 Abs. 3 Nr. 3), die bevorstehende Erteilung wertvoller Schutzrechte, der Zugang zu besonders günstigen Bezugsquellen, die Investitionspläne sowie solche Planzahlen, aus denen Konkurrenten Rückschlüsse auf die Strategie des Unternehmens und die von ihm vorgesehenen Investitionen ziehen können.[57]

2. Begründung. Die berichtspflichtige Vertragspartei kann sich nicht pauschal auf ein Geheimhaltungsinteresse berufen, sondern muss gemäß § 293a Abs. 2 S. 2 *in* dem *Bericht* selbst im Einzelnen die *Gründe darlegen,* aus denen die fraglichen Tatsachen nicht aufgenommen wurden. Mit den **„Gründen"** für die Berufung auf die Schutzklausel sind Umstände gemeint, aus denen sich schlüssig ergibt, warum die Offenlegung bestimmter Tatsachen nach vernünftiger kaufmännischer Beurteilung geeignet erscheint, einem der Vertragsbeteiligten oder einem mit diesen verbundenen Unternehmen einen nicht unerheblichen Schaden zuzufügen. Dazu ist erforderlich, dass die durch die Berufung auf § 293a Abs. 2 entstehende *Lücke* in dem Bericht als solche gekennzeichnet wird und dass, natürlich ohne

---

[54] Ebenso Hölters/*Deilmann* Rn. 16.
[55] BGHZ 107, 296 (305 f.) = AG 1989, 399 = NJW 1989, 2689 – Koch's Adler/Dürrkopp; BGH LM Nr. 2 zu § 340a AktG = NJW-RR 1990, 350 = AG 1990, 259 (261) – DAT/Altana; *W. Bayer* AG 1988, 323 (329 f.).
[56] MüKoAktG/*Altmeppen* Rn. 60 f.; GroßkommAktG/*Mülbert* Rn. 45; Spindler/Stilz/*Veil* Rn. 19.
[57] MüKoAktG/*Altmeppen* Rn. 59, 61; Hölters/*Deilmann* Rn. 17; *Hügel* Verschmelzung 149 f.; *Mertens* AG 1990, 22 (27 f.); GroßkommAktG/*Mülbert* Rn. 46.

Offenlegung der fraglichen Tatsachen selbst, konkrete Tatsachen benannt werden, die es **plausibel** erscheinen lassen, dass zB die *Geheimhaltung* von Planzahlen oder Prognosegrundlagen geboten ist.[58] Das muss außerdem bereits in dem Bericht selbst geschehen (§ 293a Abs. 2 S. 2); eine spätere Nachholung in der Hauptversammlung genügt nicht (→ Rn. 40).[59] Die sorgfältige **Abwägung** zwischen dem legitimen Informationsinteresse der Aktionäre und dem ebenso berechtigten Geheimhaltungsinteresse der Gesellschaft dürfte immer nur im Einzelfall möglich sein, wobei die Anforderungen des Gesetzes an die Berufung auf die Schutzklausel ernst zu nehmen sind, sodass eine Berufung auf § 293a Abs. 2 *nur in sachlich begründeten Ausnahmefällen* in Betracht kommen dürfte, wenn der Bericht seine Funktion (→ Rn. 4 f.) überhaupt erfüllen soll.[60]

VIII. Verzicht

1. Form. Der Bericht ist nach § 293a Abs. 3 nicht erforderlich, wenn sämtliche Anteils- 34 inhaber *aller* an dem Unternehmensvertrag beteiligten Unternehmen auf seine Erstattung durch öffentlich beglaubigte Erklärung verzichten (vgl. § 8 Abs. 3 UmwG). Dies bedeutet nach § 129 Abs. 1 S. 1 BGB, dass die Verzichtserklärung schriftlich abgefasst und die Unterschrift der verzichtenden Anteilsinhaber von einem Notar beglaubigt werden muss.

Nach § 293a Abs. 3 AktG (iVm § 129 Abs. 1 S. 1 BGB) ist ein Verzicht an sich nur durch 35 gesonderte schriftliche Erklärung jedes einzelnen Anteilsinhabers für sich in Verbindung mit der notariellen Beglaubigung seiner Unterschrift möglich. Das Schrifttum sieht darin heute überwiegend ein Redaktionsversehen und tritt deshalb dafür ein, dass ein Verzicht auch durch solchen **einstimmigen,** notariell beurkundeten **Beschluss** aller Anteilsinhaber möglich ist.[61]

2. Beteiligte. Nach dem Gesetz (§ 293a Abs. 3) muss der Verzicht von allen Anteilsinha- 36 ber „aller" an dem Vertragsabschluss beteiligten Gesellschaften erklärt werden. Die Konsequenzen dieser eigenartigen Regelung sind umstritten. Auszugehen ist davon, dass ein Verzicht auf die Berichterstattung von vornherein nur bei solchen Gesellschaften relevant sein kann, deren Vorstand überhaupt nach § 293a Abs. 1 berichtspflichtig ist. Bei den **Verträgen des § 292** ist dies nur der Vorstand derjenigen Gesellschaft, die die jeweils vertragstypischen Leistungen erbringt, bei den Teilgewinnabführungsverträgen des § 292 Abs. 1 Nr. 2 zum Beispiel der Vorstand der zur Gewinnabführung verpflichteten Gesellschaft, sodass hier allein ein Verzicht der Aktionäre dieser Gesellschaft nach § 293a Abs. 3 in Betracht kommt (str.).

Unklar ist, was aus dem Gesagten (→ Rn. 36) für **Beherrschungs- und Gewinnab-** 37 **führungsverträge** folgt, deren Abschluss grundsätzlich die Gesellschafter *beider* Parteien zustimmen müssen (§ 291 Abs. 1 und § 293 Abs. 2 und 3). Teilweise wird angenommen, dass den Anteilsinhabern einer beteiligten Gesellschaft nicht gegen ihren Willen ein Bericht aufgedrängt werden müsse, den sie ausnahmslos für entbehrlich halten, sodass auch in diesem Fall die Gesellschafter jeder beteiligten Gesellschaft gesondert (und deshalb ggf. auf unterschiedlich) über den Verzicht zu entscheiden hätten.[62] Dagegen spricht indessen, dass nach § 293a Abs. 3 der Verzicht eben von „allen" Anteilsinhaber „aller" an dem Vertragsabschluss beteiligten Gesellschaften erklärt werden muss, sodass zB bei einem Beherrschungsvertrag eine Verzichtserklärung der Anteilsinhaber **nur einer** der an dem Vertragsabschluss beteiligten **Gesellschaft,** also allein der Aktionäre der Muttergesellschaft *oder* der Tochtergesell-

---

[58] LG Mainz AG 2002, 247 (248) – Schaerf AG.
[59] BGH NJW-RR 1991, 358 = AG 1991, 102 (103) – SEN; *Bungert* DB 1995, 1384 (1389); Spindler/Stilz/*Veil* Rn. 20.
[60] Lutter/*Lutter/Drygala* UmwG § 20 Rn. 47.
[61] *Altmeppen* ZIP 1998, 1853 (1862 f.); MüKoAktG/*Altmeppen* Rn. 57 f.; Hölters/*Deilmann* Rn. 18; Hüffer/*Koch* Rn. 21; KK-AktG/*Koppensteiner* Rn. 41; K. Schmidt/Lutter/*Langenbucher* Rn. 26; GroßkommAktG/*Mülbert* Rn. 55; Grigoleit/*Servatius* Rn. 12; Spindler/Stilz/*Veil* Rn. 23.
[62] *Altmeppen* ZIP 1998, 1853 (1860 ff.); MüKoAktG/*Altmeppen* Rn. 53 f.; KK-AktG/*Koppensteiner* Rn. 40; GroßkommAktG/*Mülbert* Rn. 52 f.

schaft, wohl *nicht* ausreicht.[63] Ebenso wird vielfach die Parallelvorschrift des § 8 Abs. 3 S. 1 UmwG verstanden.[64] Der Verzicht kann jedenfalls bei der AG ferner **nicht im Voraus**, etwa schon in der **Satzung** der Gesellschaft für alle zukünftigen Fälle, erklärt werden, sondern muss sich immer auf einen konkreten Vertragsabschluss beziehen, sodass er nur in Betracht kommt, wenn zumindest ein Vertragsentwurf vorliegt (zur GmbH → Rn. 39).[65]

38   **3. 100%ige Tochtergesellschaften.** Nach § 8 Abs. 3 S. 1 UmwG ist der Bericht ferner entbehrlich, wenn sich sämtliche Anteile des übertragenden Rechtsträgers in der Hand des übernehmenden Rechtsträgers befinden. Dagegen enthält das AktG **keine** entsprechende **Ausnahmeregelung** für 100%ige Tochtergesellschaften; auch eine Analogie zu § 8 Abs. 3 S. 1 UmwG verbietet sich.[66] Offenbar ist der Gesetzgeber davon ausgegangen, dass in solchen Fallgestaltungen die dann immer noch erforderlichen Verzichtserklärungen der Anteilsinhaber des herrschenden Unternehmens ohne größeren Aufwand zu erlangen sind, – eine Annahme, die jedoch bei Aktiengesellschaften häufig nicht zutreffen dürfte.[67]

39   **4. GmbH.** Zusätzliche Überlegungen sind erforderlich, soweit § 293a auf die GmbH entsprechend angewandt wird (→ Rn. 10 ff.). Hier bestehen, da es ohnehin nur um eine entsprechende Anwendbarkeit des § 293a gehen kann, mit Rücksicht auf § 45 GmbHG gegen abweichende Regelungen in dem Gesellschaftsvertrag wohl keine Bedenken (→ Rn. 13).

IX. Rechtsfolgen

40   **1. Anfechtung.** Wenn der durch § 293a vorgeschriebene **Unternehmensvertragsbericht** bei der nach § 293 Abs. 1 oder 2 erforderlichen Zustimmung der Hauptversammlung zu einem Unternehmensvertrag *fehlt oder unvollständig* ist, beruht der Zustimmungsbeschluss auf einer Gesetzesverletzung, sodass er nach § 243 Abs. 1 anfechtbar ist.[68] Das gilt auch, wenn sich der Mangel des Berichts allein auf das Umtauschverhältnis oder auf Bewertungsfragen bezieht. Das folgt aus **§ 243 Abs. 4 S. 2** idF des UMAG von 2005 (→ § 293 Rn. 55).[69] Auch die **Kausalität** des Mangels für den Beschluss iSd § 243 Abs. 4 S. 1 nF wird häufig, wenn nicht regelmäßig gegeben sein.[70]

41   **2. Heilung, Registersperre.** Eine **Heilung** der Mängel des Berichts durch Nachholung der entsprechenden Angaben in der Hauptversammlung oder während des Spruchverfahrens ist *nicht* möglich (→ Rn. 33).[71] Dies folgt aus der einfachen Überlegung, dass der vollständige Bericht die Aktionäre gerade befähigen soll, in der Hauptversammlung sachkundige Fragen zu stellen (§ 293g Abs. 3). Eine Heilung des Mangels erst während des Spruchverfahrens macht erst recht keinen Sinn, weil dann längst die Entscheidungen gefallen sind, für die der Vertragsbericht den Aktionären erst die nötige Information verschaffen sollte.

---

[63] Hölters/*Deilmann* Rn. 18; Hüffer/*Koch* Rn. 21; Spindler/Stilz/*Veil* Rn. 22; krit. K. Schmidt/Lutter/ *Langenbucher* Rn. 26; Grigoleit/*Servatius* Rn. 12.
[64] Semler/Stengel/*Gehling* UmwG § 8 Rn. 70; Lutter/*Lutter*/*Drygala* UmwG § 8 Rn. 48 f.
[65] MüKoAktG/*Altmeppen* Rn. 50; Lutter/*Lutter*/*Drygala* UmwG § 8 Rn. 51; GroßkommAktG/*Mülbert* Rn. 49; Spindler/Stilz/*Veil* Rn. 21.
[66] Hüffer/*Koch* Rn. 22; KK-AktG/*Koppensteiner* Rn. 43; Spindler/Stilz/*Veil* Rn. 22; krit. K. Schmidt/ Lutter/*Langenbucher* Rn. 24.
[67] *Bungert* DB 1995, 1384 (1388).
[68] LG Mainz AG 2002, 247 – Schaerf AG; LG München I AG 2009, 632 (634); LG Frankfurt a.M. AG 2013, 529 (531 f.) = NZG 2013, 140; GroßkommAktG/*Mülbert* Rn. 62 f.; Grigoleit/*Servatius* Rn. 13.
[69] Beispielsweise LG München AG 2009, 918 (921 f.); Hölters/*Deilmann* Rn. 19.
[70] BGHZ 160, 385 (391 ff.) = NZG 2005, 77 = AG 2005, 87; MüKoAktG/*Altmeppen* Rn. 66–70; Hölters/ *Deilmann* Rn. 19; K. Schmidt/Lutter/*Langenbucher* Rn. 27 f.; GroßkommAktG/*Mülbert* Rn. 62; Spindler/ Stilz/*Veil* Rn. 24; – anders nach den Umständen des Falles LG Frankenthal AG 1990, 549 (550); LG Essen AG 1999, 329 (331 f.) – Thyssen/Krupp.
[71] LG München I AG 2000, 86 (87); 2000, 87 (88); LG Mainz AG 2002, 247 (248); MüKoAktG/*Altmeppen* Rn. 65; *Heckschen* WM 1990, 377 (383); Hölters/*Deilmann* Rn. 21; GroßkommAktG/*Mülbert* Rn. 60.

Die Anfechtung des Beschlusses zieht zwar keine rechtliche, wohl aber in der Regel eine 42 faktische **Registersperre** nach sich. „Abhilfe" schafft hier das 2005 durch das UMAG eingeführte Freigabeverfahren des § 246a (→ § 293 Rn. 56 ff.).[72]

§ 293b Prüfung des Unternehmensvertrags

(1) Der Unternehmensvertrag ist für jede vertragschließende Aktiengesellschaft oder Kommanditgesellschaft auf Aktien durch einen oder mehrere sachverständige Prüfer (Vertragsprüfer) zu prüfen, es sei denn, daß sich alle Aktien der abhängigen Gesellschaft in der Hand des herrschenden Unternehmens befinden.

(2) § 293a Abs. 3 ist entsprechend anzuwenden.

Schrifttum: S. bei § 293a sowie *Kl. Bitzer,* Probleme der Prüfung des Umtauschverhältnisses bei aktienrechtlichen Verschmelzungen, 1987; *Wittgens,* Das Spruchverfahrensgesetz, 2005.

Übersicht

	Rn.		Rn.
I. Überblick	1–6	IV. Gegenstand der Prüfung	14, 15
II. Zweck	7–9	V. Inhalt der Prüfung	16–19b
III. Anwendungsbereich	10–13	1. Angemessenheit der Kompensation	16–18
1. Wie bei § 293a	10, 10a	2. Sonstige Fragen	19
2. Alle Unternehmensverträge	11	3. Zeitpunkt	19a, 19b
3. Ausnahme	12	VI. Rechtsfolgen	20–23
4. Verzicht	13		

I. Überblick

§ 293b beruht ebenso wie § 293a auf dem Umwandlungsrechtbereinigungsgesetz von 1 1994. Die jetzige Fassung der Vorschrift geht auf das KonTraG von 1998 zurück, durch das in Abs. 1 die Worte „einen oder mehrere" eingefügt wurden, um klarzustellen, dass bei Beteiligung mehrerer prüfungspflichtiger Gesellschaften (§§ 291 Abs. 1, 293 Abs. 2) nicht zwingend mehrere Prüfer bestellt werden müssen, sondern auch nur ein einziger Prüfer für alle Beteiligten bestellt werden kann (→ § 293c Rn. 5). In der Praxis wird von dieser Möglichkeit angeblich regelmäßig Gebrauch gemacht.

§ 293b ordnet für Unternehmensverträge eine Prüfung durch sachverständige Prüfer, sog. 2 **Vertragsprüfer** an. Die Prüfung muss danach für jede an einem Unternehmensvertrag beteiligte AG oder KGaA mit Sitz im Inland durchgeführt werden (§ 293b Abs. 1). Als Vertragsprüfer kommen, wie sich aus § 293d Abs. 1 S. 1 iVm § 319 HGB ergibt, grundsätzlich nur **Wirtschaftsprüfer** und Wirtschaftsprüfergesellschaften in Betracht. Ihre Bestellung richtet sich nach § 293c.

Nach Abschluss ihrer Prüfung müssen die Vertragsprüfer einen **Prüfungsbericht** aufstel- 3 len, in dem sie insbesondere zu der Angemessenheit der Vorschläge des Vorstands für Ausgleich und Abfindung Stellung zu nehmen haben (§ 293e S. 1 und 2). Der Prüfungsbericht wird den Aktionären zugänglich gemacht und zu diesem Zweck von der Einberufung der Hauptversammlung an in den Geschäftsräumen jeder beteiligten Gesellschaft sowie während der Hauptversammlung zur Einsicht der Aktionäre ausgelegt (§§ 293f Abs. 1 Nr. 3, 293g Abs. 1).

Vorbild der gesetzlichen Regelung über die Vertragsprüfung in den §§ 293b–293e 4 waren die Vorschriften des UmwG über die **Verschmelzungsprüfung** (§§ 9–12, 30, 48 und 60 UmwG). Dahinter steht der Gedanke, dass jedenfalls der Abschluss eines Beherrschungsvertrages in seinen Auswirkungen einer Verschmelzung nahekommt (→ § 293a Rn. 4). Diese Parallele rechtfertigt indessen, wenn überhaupt, so nur eine

---
[72] GroßkommAktG/*Mülbert* Rn. 60 f.

Vertragsprüfung bei **Beherrschungsverträgen** und entsprechend vielleicht noch bei **Gewinnabführungsverträgen** iSd § 291, *nicht* dagegen bei den *anderen Unternehmensverträgen* des § 292 (→ Rn. 6). Und auch bei einer Beschränkung des Blickfeldes auf Beherrschungs- und Gewinnabführungsverträge bestehen bei näherem Zusehen erhebliche *Unterschiede* zwischen der Verschmelzungsprüfung auf Grund der §§ 9 und 60 UmwG und der Vertragsprüfung nach § 293b.

5   Während sich die Verschmelzungsprüfung nach überwiegender Meinung vor allem auf die Richtigkeit und Vollständigkeit des Verschmelzungsvertrages sowie auf die Angemessenheit des vorgeschlagenen Umtauschverhältnisses an Hand des § 5 UmwG erstreckt, enthält das AktG im Gegensatz zum UmwG (§ 5) nur marginale Vorschriften über den Inhalt von Unternehmensverträgen (§§ 291 Abs. 1, 292 Abs. 1, 304 Abs. 3 S. 1 und 308), deren Einhaltung von Wirtschaftsprüfern im Rahmen der Vertragsprüfung kontrolliert werden könnte, sodass als eigentlicher **Gegenstand** der Prüfung hier nur die **Angemessenheit** der Vorschläge des Vorstandes für die Höhe von **Abfindung und Ausgleich** bleibt (§ 293e S. 2 und 3). Abfindung und Ausgleich werden indessen allein bei Abschluss eines Beherrschungs- oder Gewinnabführungsvertrages (einschließlich der bedeutungslosen Geschäftsführungsverträge) geschuldet (§§ 291, 304 und 305), *nicht* dagegen bei den anderen Unternehmensverträgen des § 292. Die notwendige Folge ist, dass bei Lichte besehen die Vertragsprüfung überhaupt nur bei den Verträgen des *§ 291,* dh bei Beherrschungs- und Gewinnabführungsverträgen einen sinnvollen *Anwendungsbereich* hat.

6   Dagegen ist *unklar,* worauf sich eigentlich bei den anderen Unternehmensverträgen des **§ 292** die **Vertragsprüfung** erstrecken soll, da hier für die Prüfung der Angemessenheit der Kompensation von vornherein kein Raum ist.[1] Vorstellbar wäre als Gegenstand der Prüfung zwar bei den Teilgewinnabführungsverträgen und den Betriebspacht- und Betriebsführungsverträgen (§ 292 Abs. 1 Nr. 2 und 3) die **Angemessenheit der Gegenleistung.**[2] Für eine derartige generelle Prüfung der Ausgewogenheit der beiderseitigen Leistungen bei den genannten Unternehmensverträgen bietet das Gesetz indessen, von der Kompetenz der Prüfer insoweit ganz abgesehen, keine Grundlage,[3] sodass sich tatsächlich bei den anderen Unternehmensverträgen die „Prüfung" des Vertrags im Regelfall auf einige Angaben zu den Vertragsformalien beschränken wird (→ Rn. 11).

II. Zweck

7   Zweck der Vorschriften über die Vertragsprüfung (§§ 293b–293e) war ebenso wie im Verschmelzungsrecht (→ Rn. 1) ursprünglich ausschließlich der **Schutz der außenstehenden Aktionäre** gegen eine Beeinträchtigung ihrer Rechte durch eine dem Gesetz widersprechende, weil zu niedrige Festsetzung von Ausgleich und Abfindung (§ 293e S. 2 und 3).[4] Die Vertragsprüfung soll mit anderen Worten einen Beitrag dazu leisten, dass die Kompensation von vornherein angemessen ist, dies im übrigen auch im Interesse der Aktionäre der herrschenden Gesellschaft, die dergestalt gegen eine *überhöhte* Festsetzung der Kompensation (mit-) geschützt werden, – wodurch sich zugleich die Notwendigkeit der Vertragsprüfung auch auf der Ebene der herrschenden Gesellschaft erklärt (→ Rn. 10).[5] Neben diesen Zweck ist jedoch in den letzten Jahren mit zunehmendem Gewicht der Zweck getreten, das gerichtliche **Spruchverfahren** auf Grund des SpruchG durch die vorweggenommene Vertragsprüfung seitens der gerichtlich bestellten sachverständigen Prüfer nach Möglichkeit zu **entlasten** (→ § 293a Rn. 5; → § 293c Rn. 3;

---

[1] *Bungert* DB 1995, 1384 (1391); Hüffer/*Koch* Rn. 5 f.; KK-AktG/*Koppensteiner* Rn. 6 f.
[2] So in der Tat MHdB AG/*Krieger* § 72 Rn. 60 (1338); dagegen KK-AktG/*Koppensteiner* Rn. 6 f.
[3] Hüffer/*Koch* Rn. 4; Hölters/*Deilmann* Rn. 8.
[4] BGHZ 107, 296 (303) = NJW 1989, 2689 = AG 1989, 399 – Koch's Adler/Dürrkopp; BGH NJW-RR 1990, 350 = AG 1990, 259 (260) – DAT/Altana; OLG Düsseldorf NZG 2000, 1079 = AG 2001, 189 (190) – Deutsche Centralbodenkredit AG/Frankfurter Hypothekenbank AG; AG 2001, 533 – Schumag AG; LG Frankfurt a.M. AG 2002, 357 = NZG 2002, 395.
[5] GroßkommAktG/*Mülbert* Rn. 12.

→ SpruchG § 8 Rn. 2).[6] Bei den Gerichten wächst infolgedessen die Neigung, den Prüfern bereits bei ihrer Bestellung (§ 293c) – letztlich ohne gesetzliche Grundlage – vorweg detaillierte *Vorgaben* für die Prüfung zu machen und ihnen dabei sogar die Beantwortung bestimmter Fragen zu der von den Unternehmen vorgeschlagenen Bewertung aufzugeben,[7] um sodann nach der Vertragsprüfung (§§ 293b, 293c Abs. 1) auf die (teure und zeitraubende) Bestellung neuer Sachverständiger im anschließenden Spruchverfahren verzichten zu können, und sich statt dessen mit einer bloßen *Anhörung* der Vertragsprüfer oder doch mit einer *ergänzenden Begutachtung* durch sie aufgrund des § 8 Abs. 2 S. 1 SpruchG zu begnügen (→ § 293c Rn. 3 f.).

Diese Entwicklung ist *nicht unproblematisch*,[8] nicht nur wegen der fortbestehenden Zweifel **8** an der Unabhängigkeit der Vertragsprüfer (→ Rn. 19a), sondern vor allem, weil tatsächlich die Vertragsprüfung nach den §§ 293b–293e eine gänzlich **andere Aufgabe als** die etwaige Begutachtung der Vorschläge für Ausgleich und Abfindung durch **Sachverständige** im gerichtlichen Verfahren hat.[9] Die Vertragsprüfung beschränkt sich im Wesentlichen auf eine (etwas vertiefte) **Plausibilitätsprüfung** der den Vorschlägen der beteiligten Gesellschaften zu Grunde gelegten Bewertungsgutachten, während von den Sachverständigen im gerichtlichen Verfahren die **Bewertung** ganz oder partiell **selbst erneut vorgenommen** werden muss (→ Rn. 17 ff.). Die Zurückdrängung von Sachverständigen im gerichtlichen Verfahren zu Gunsten der alleinigen vorweggenommenen Vertragsprüfung (durch gerichtlich bestellte Vertragsprüfer) muss unter diesen Umständen zu einer schwerwiegenden Beschneidung der Rechte der außenstehenden Aktionäre führen. Eine volle Überprüfung der Bewertungsgutachten im gerichtlichen Verfahren ist jedenfalls dann unentbehrlich, wenn die bisherige Bewertung der beteiligten Unternehmen mit Rücksicht auf die im Verfahren vorgebrachten substantiierten Einwände der außenstehenden Aktionäre oder des gemeinsamen Vertreters gegen die vorliegenden Gutachten zweifelhaft erscheint (→ Rn. 7, 19b).[10] Selbst die Bereitschaft zu solcher Vorgehensweise nimmt indessen in der gerichtlichen Praxis angesichts der Belastung mit den Spruchverfahren immer mehr ab.

Die Unternehmensvertragsprüfung nach den §§ 293b–293e tritt als Schutzinstrument für **9** die Aktionäre **neben** den **Unternehmensvertragsbericht** nach § 293a. Beide Rechtsinstitute ergänzen sich. Da die Prüfung des Vertrags durch sachverständige Prüfer aufgrund der §§ 293b–293e den Aktionären vor allem die Gewähr dafür geben soll, dass die Vorschläge des Vorstands für Ausgleich und Abfindung angemessen sind (→ Rn. 4), ist es auch nicht angängig, mit Rücksicht auf die Vertragsprüfung (§ 293b) die Berichtspflicht des Vorstandes nach § 293a einzuschränken.[11]

III. Anwendungsbereich

1. Wie bei § 293a. Nach § 293b Abs. 1 Hs. 1 ist der Unternehmensvertrag grundsätzlich **10** „für *jede* vertragsschließende AG oder KGaA" zu prüfen. Eine Beschränkung der Prüfungspflicht entsprechend § 293a Abs. 1 S. 1 auf die Fälle, in denen nach § 293 Abs. 1 und 2 überhaupt eine Zustimmung der Hauptversammlung erforderlich ist, enthält das Gesetz dagegen *nicht*. Gleichwohl wird man daraus nicht den Schluss ziehen dürfen, dass im Gegen-

---

[6] Begr. RegE des § 293b, BT-Drs. 12/6699, 178; ebenso zB OLG Hamburg AG 2011, 48; Hölters/Deilmann Rn. 1; Hüffer/*Koch* Rn. 1; GroßkommAktG/*Mülbert* Rn. 6.
[7] *Decher* FS Hoffmann-Becking, 2013, 295 (301); *Stephan* Konzern 2014, 1 (14).
[8] MüKoAktG/*Altmeppen* Rn. 10; *Bilda* NZG 2000, 296 (300); *Büchel* NZG 2003, 793 (800 ff.); *Emmerich* (2.) FS Mestmäcker, 2006, 137 (148 ff.); *ders.* FS Tilmann, 2003, 925 (933 f.); Hüffer/*Koch* FS Hadding, 2004, 461 (474 f.); Lutter/*Lutter/Drygala* UmwG § 10 Rn. 12 f.; *W. Meilicke/Th. Heidel* DB 2003, 2267 (2271); GroßkommAktG/*Mülbert* Rn. 6; *Puszkajler* ZIP 2003, 518 (520); KK-SpruchG/*ders.* § 8 Rn. 22; *Wittgens* Spruchverfahrensgesetz 215 ff.; *Wenger* in Fair Valuations, AG 2005, Sonderheft, 9 f.
[9] Ebenso OLG Karlsruhe AG 2009, 47 (48).
[10] BGH NJW-RR 2007, 1409 = NZG 2007, 714 = AG 2007, 625 (626 f.) – Vattenfall/Bewag; OLG Düsseldorf AG 2001, 533; OLG Frankfurt AG 2007, 449 (450 f.); OLG Karlsruhe AG 2009, 47 (48).
[11] BGHZ 107, 296 (303) = NJW 1989, 2689 = AG 1989, 399; BGH NJW-RR 1990, 350 = AG 1990, 259 (260).

satz zum Vertragsbericht die Vertragsprüfung auch in solchen Fällen stattzufinden habe, in denen eine Zustimmung der Hauptversammlung entbehrlich ist, also namentlich bei Beteiligung einer AG oder KGaA an einem der anderen Unternehmensverträge des § 292 Abs. 1 in der Rolle des anderen Vertragsteils, dh desjenigen Vertragsteils, der nicht die vertragstypischen Leistungen erbringt. Dies ist bei den Teilgewinnabführungsverträgen des § 292 Abs. 1 Nr. 2 der zum Gewinnbezug berechtigte Teil sowie bei den Betriebspachtverträgen der Nr. 3 des § 292 Abs. 1 der Pächter. Der **Anwendungsbereich** des § 293b entspricht folglich im Ergebnis dem des § 293a (→ § 293a Rn. 8 ff.).[12]

10a Die entsprechende Anwendbarkeit des § 293b auf Gesellschaften anderer Rechtsform einschließlich insbesondere der **GmbH** beurteilt sich nach denselben Erwägungen wie bei § 293a (§ 293a n. 10 ff.). Wie schon betont, muss diese Frage bei § 293a und bei § 293b indessen nicht mit Notwendigkeit im selben Sinne entschieden werden; vielmehr kann es von Fall zu Fall durchaus auch sinnvoll sein, lediglich analog § 293a einen Vertragsbericht zu verlangen, auf eine Vertragsprüfung entsprechend § 293b dagegen zu verzichten.[13] Zu beachten ist schließlich noch § 295 Abs. 1 S. 2, der die Unternehmensvertragsprüfung auch auf **Änderungen** von Unternehmensverträgen erstreckt (→ § 295 Rn. 11).

11 **2. Alle Unternehmensverträge.** § 293b Abs. 1 spricht schlechthin von Unternehmensverträgen. Die Vorschrift gilt daher gleichermaßen für die Unternehmensverträge des § 291 wie für die des § 292. Obwohl eine Prüfung der anderen Unternehmensverträge des § 292 wenig sinnvoll erscheint (→ Rn. 6), ist es doch angesichts des insoweit wohl eindeutigen Wortlauts des Gesetzes nicht angängig, diese Verträge ganz aus dem Anwendungsbereich der Vertragsprüfung auszuklammern.[14]

12 **3. Ausnahme.** Die Prüfungspflicht entfällt nach § 293b Abs. 1 Hs. 2, wenn sich sämtliche Aktien der abhängigen Gesellschaft in der Hand des herrschenden Unternehmens befinden (vgl. § 9 Abs. 2 UmwG). Da bei derartigen **100%igen Tochtergesellschaften** ein Schutz außenstehender Aktionäre nicht in Betracht kommt, sodass weder Ausgleich noch Abfindung erforderlich sind (§§ 304 Abs. 1 S. 3, 305 und 307), besteht auch keine Notwendigkeit zur Vertragsprüfung. Zu beachten ist, dass das Gesetz hier *nicht* auf § 16 Abs. 4 Bezug nimmt, sodass eine Zurechnung von Anteilen im vorliegenden Zusammenhang nicht stattfindet; § 293b Abs. 1 Hs. 2 greift vielmehr nur ein, wenn sämtliche Anteile der abhängigen Gesellschaft dem herrschenden Unternehmen unmittelbar selbst gehören.[15] In Fällen eines **Gemeinschaftsunternehmens** ist jedoch eine entsprechende Anwendung der Ausnahmevorschrift geboten, wenn alle Anteile des Gemeinschaftsunternehmens im Besitz der gemeinsam herrschenden Mütter sind.[16] Ebenso verhält es sich, wenn der einzige außenstehende Aktionär der abhängigen Gesellschaft wirksam auf einen Ausgleich verzichtet hat, sodass dann ebenfalls eine Vertragsprüfung entbehrlich ist.[17]

13 **4. Verzicht.** Nach § 293b Abs. 2 ist ferner § 293a Abs. 3 entsprechend anzuwenden, sodass die Vertragsprüfung auch entbehrlich ist, wenn sämtliche Anteilsinhaber aller beteiligten Unternehmen auf die Vertragsprüfung durch öffentlich beglaubigte Erklärung verzichten (→ § 293a Rn. 34 ff.). Dieser Fall dürfte ausgesprochen selten sein, da 100%ige Tochtergesellschaften, der wichtigste Fall, durch § 293b Abs. 1 Hs. 2 ohnehin schon vom Anwendungsbereich der Vertragsprüfung ausgeklammert sind (→ Rn. 12).

---

[12] Zust. OLG Stuttgart AG 2013, 724 (725); Hüffer/*Koch* Rn. 7; Hölters/*Deilmann* Rn. 10; KK-AktG/ *Koppensteiner* Rn. 8; K. Schmidt/Lutter/*Langenbucher* Rn. 2; GroßkommAktG/*Mülbert* Rn. 8; Grigoleit/*Servatius* Rn. 2; Spindler/Stilz/*Veil* Rn. 9.

[13] *Humbeck* BB 1995, 1893 f.

[14] Hüffer/*Koch* Rn. 2; KK-AktG/*Koppensteiner* Rn. 6 f., 12; GroßkommAktG/*Mülbert* Rn. 9; aA MüKo-AktG/*Altmeppen* Rn. 5, 12; *Bungert* DB 1995, 1384 (1391).

[15] MüKoAktG/*Altmeppen* Rn. 18; *Bungert* DB 1995, 1384 (1392); Hölters/*Deilmann* Rn. 2; *Humbeck* BB 1995, 1893 (1895); Hüffer/*Koch* Rn. 9; MHdB AG/*Krieger* § 70 Rn. 35.

[16] MüKoAktG/*Altmeppen* Rn. 19; *Bungert* DB 1995, 1384 (1391); Hölters/*Deilmann* Rn. 2; Hüffer/*Koch* Rn. 9; MHdB AG/*Krieger* § 70 Rn. 35; K. Schmidt/Lutter/*Langenbucher* Rn. 2; Spindler/Stilz/*Veil* Rn. 9.

[17] OLG Hamburg AG 2011, 48.

IV. Gegenstand der Prüfung

Prüfungsobjekt ist nach § 293b Abs. 1 Hs. 1 (nur) der **Unternehmensvertrag** selbst, 14 *nicht* also der davon sorgfältig zu trennende **Vertragsbericht** des Vorstands nach § 293a. Eine entsprechende Regelung enthält § 9 Abs. 1 UmwG für die Verschmelzung. Im **Umwandlungsrecht** ist gleichwohl umstritten, ob sich die Prüfung tatsächlich auf den jeweiligen Verschmelzungsvertrag oder Vertragsentwurf zu beschränken hat[18] oder ob sie sich darüber hinaus auch auf den Verschmelzungsbericht nach § 8 UmwG erstrecken muss.[19] Dieselbe Diskussion besteht im Anwendungsbereich des **§ 293b**. Teilweise wird angenommen, dass die Prüfer den Vertragsbericht angesichts der gesetzlichen Regelung lediglich als *zusätzliche Informationsquelle* verwenden dürfen.[20] In dieselbe Richtung weist letztlich die Auffassung, nach der der Vertragsbericht (nur) insoweit in die Prüfung einzubeziehen ist, wie er sich auf die *Angemessenheit* von Ausgleich und Abfindung bezieht (→ § 320 Rn. 15).[21] Dagegen lehnen andere solche Beschränkung ab und verlangen eine Ausdehnung der Prüfung auf die Plausibilität der Angaben des Vorstandes in dem Vertragsbericht insbesondere über die Angemessenheit der Gegenleistung bei den anderen Unternehmensverträgen, nicht dagegen auf die Zweckmäßigkeit des Vertrages.[22]

Auszugehen ist von dem Zweck der gesetzlichen Regelung (→ Rn. 7 f.). Dann aber zeigt 15 sich, dass nur bei einer zumindest partiellen **Erweiterung des Prüfungsgegenstandes auf** den **Vertragsbericht** der vom Gesetz beabsichtigte, umfassende Schutz der Aktionäre möglich erscheint. Die Prüfer dürfen mit anderen Worten nicht schweigen, wenn sie die Angaben des Vorstands in seinem Bericht als falsch oder lückenhaft ansehen oder wenn sie die Begründung für die Angemessenheit der Gegenleistung des anderen Vertragsteils bei den Verträgen des § 292 nicht für vertretbar halten.

V. Inhalt der Prüfung

1. Angemessenheit der Kompensation. Das Gesetz sagt in § 293b Abs. 1 nicht aus- 16 drücklich, *worauf* sich eigentlich die Prüfung des Unternehmensvertrages (unter Einbeziehung des Vertragsberichts, → Rn. 15 f.) durch sachverständige Prüfer zu erstrecken hat. Näheren Aufschluss verspricht hier erst – neben einem Blick auf die Praxis zu der Parallelvorschrift des § 9 UmwG – die nähere Betrachtung des § 293e. § 293e regelt den *Inhalt des Prüfungsberichts*. Aus ihm ergibt sich damit mittelbar, was die Prüfer überhaupt zu prüfen haben. Danach hat bei der Vertragsprüfung die (eigenständige) Prüfung der **Angemessenheit der Kompensation** eindeutig im Vordergrund der Prüfung zu stehen, zumal ohnehin nur bei einer möglichst sorgfältigen Überprüfung der Angemessenheit der Kompensation die gewünschte Entlastung des Spruchverfahrens (→ Rn. 7) erreicht werden kann.

§ 293e Abs. 1 S. 3 macht auf der anderen Seite aber auch deutlich, dass die Vertragsprüfer 17 *nicht* etwa verpflichtet sind, die Bewertung der Unternehmen der Vertragsparteien erneut *selbstständig* durchzuführen; sie können sich vielmehr darauf beschränken, die **Unternehmensbewertung** durch die Vertragsparteien, die deren Vorschlag für Art und Höhe des Ausgleichs und der Abfindung zugrunde liegt, einschließlich der dabei von den Vertragsparteien verwandten Bewertungsgutachten **auf ihre Plausibilität zu überprüfen.**[23]

Folglich müssen die Prüfer allein der Frage nachgehen, ob die zur Unternehmensbewer- 18 tung herangezogenen **Methoden** in dem fraglichen Fall *angemessen* sind, sowie, ob sie *richtig*

---

[18] So die wohl überwM: *Grunewald/Winter* Verschmelzung 19, 35; *Humbeck* BB 1995, 1893 (1896); Lutter/*Lutter/Drygala* UmwG § 9 Rn. 12; *Mertens* AG 1990, 20 (31); *Meyer zu Lösebeck* WPg 1989, 499; *Th. Möller* Verschmelzungsbeschluss 138.
[19] So *W. Bayer* ZIP 1997, 1613 (1621); *R. Becker* AG 1988, 223 (225); *Dirrigl* WPg 1989, 413 (417); 1989, 617 f.
[20] Hölters/*Deilmann* Rn. 4; GroßkommAktG/*Mülbert* Rn. 14 f.
[21] MHdB AG/*Krieger* § 70 Rn. 38; KK-AktG/*Koppensteiner* Rn. 9; K. Schmidt/Lutter/*Langenbucher* Rn. 5.
[22] LG Berlin AG 1996, 230 (232 f.) – Brau & Brunnen, für die Eingliederung; MüKoAktG/*Altmeppen* Rn. 9–11; Hüffer/*Koch* Rn. 3; ausf. Spindler/Stilz/*Veil* Rn. 7 f.
[23] Unstr., zuletzt zB GroßkommAktG/*Mülbert* Rn. 17 ff.; Grigoleit/*Servatius* Rn. 6; *Stephan* Konzern 2014, 1 (14).

angewandt wurden, sodass sich die Ergebnisse im Rahmen des danach jeweils Vertretbaren halten, wozu freilich auch die stichprobenartige Überprüfung des zugrundeliegenden Zahlenmaterials gehört.[24] Dazu müssen sie (nur) die ihnen vorliegenden Unternehmensbewertungen durch die Vorstände der beteiligten Gesellschaften und die von diesen herangezogenen Sachverständigen auf ihre **Plausibilität und Vertretbarkeit überprüfen,** wobei es vor allem um die richtige Anwendung der gewählten Bewertungsmethode und die Einhaltung der Ermessensgrenzen bei den einzelnen Wertansätzen geht (→ Rn. 17).[25] Der Prüfungsauftrag der Vertragsprüfer ist deshalb von vornherein **wesentlich enger** und beschränkter **als** der etwaige **gerichtlicher Sachverständiger** im Spruchverfahren, die ggf. eine vollständige oder partielle *neue* Bewertung der beteiligten Unternehmen vorzunehmen haben (→ Rn. 8).[26]

19 **2. Sonstige Fragen.** Als weitere Prüfungsgegenstände werden häufig entsprechend dem Vorbild der Verschmelzungsprüfung das Vorhandensein der **zwingenden Bestandteile eines Vertrags** des entsprechenden Unternehmensvertragstyps genannt, zB der wesentlichen Bestandteile eines Beherrschungs- oder Gewinnabführungsvertrages.[27] **Beispiele** sind die richtige Bezeichnung der Parteien und des Vertragstyps sowie insbesondere die Aufnahme von Ausgleichs- und Abfindungsregelungen, soweit erforderlich (§ 304 Abs. 3 S. 1). Indessen handelt es sich dabei um Grunde um bloße Formalien, deren Prüfung nicht den Aufwand einer Vertragsprüfung durch gerichtlich bestellte sachverständige Prüfer in Gestalt von Wirtschaftsprüfern rechtfertigte, zumal bei den anderen Unternehmensverträgen des § 292. Daher die Diskussion über die Frage, ob die Vertragsprüfer bei den anderen Unternehmensverträgen des § 292 darüber hinaus auch die Richtigkeit der Angaben des Vorstands insbesondere über die **Angemessenheit** der Gegenleistung des anderen Vertragsteils im Vertragsbericht zu prüfen haben.[28] Dies ist jedenfalls dann anzunehmen, wenn sich ihnen bei ihrer Prüfung (unter Berücksichtigung des Vertragsberichts) Zweifel in dieser Hinsicht aufdrängen müssen (→ Rn. 15). Die **Zweckmäßigkeit** des Vertrags gehört dagegen nach keiner Meinung zu den Prüfungsgegenständen.

19a **3. Zeitpunkt.** In der Praxis hat sich die Übung herausgebildet, sobald wenigstens ein Vertragsentwurf vorliegt, die *Bewertung* der Unternehmen der Vertragsparteien durch von diesen bestellte Sachverständige mit der Prüfung durch die vom Gericht (auf Vorschlag der Vertragsparteien) bestellten Vertragsprüfer zu verbinden **(sog. Parallelprüfung),** um den komplizierten Bewertungsprozess soweit wie möglich zu beschleunigen und zu vereinfachen: zu **beschleunigen,** indem mit der Vertragsprüfung bereits *während* der noch laufenden Unternehmensbewertung durch die von den beteiligten Unternehmen bestellten Sachverständigen begonnen wird, und zu **vereinfachen,** indem sich die von den Unternehmen bestellten Sachverständigen mit den vom Gericht bestellten Vertragsprüfern, durchweg Wirtschaftsprüfer, von vornherein in den zahlreichen Zweifelsfragen abstimmen, die mit der Unternehmensbewertung verbunden sind, um nachträgliche Beanstandungen seitens der Vertragsprüfer schon im voraus zu vermeiden.[29] Diese Vorgehensweise der Beteiligten

---

[24] Ebenso OLG Düsseldorf AG 2001, 189 (190) = NZG 2000, 1079 – Deutsche Centralbodenkredit AG/Frankfurter Hypothekenbank AG; AG 2001, 533 – Schumag AG; AG 2003, 329 (332) = NZG 2003, 588 – Siemens/SNI; AG 2004, 212 (214) (r. Sp.) = NZG 2004, 622 – Krupp/Hoesch-Krupp sowie bei Unterschieden iE MüKoAktG/*Altmeppen* Rn. 6 ff.; *Bitzer,* Probleme der Prüfung, 33 ff.; *Hölters/Deilmann* Rn. 5; *Hoffmann-Becking* FS Fleck, 1988, 105 (122); *Humbeck* BB 1995, 1893 (1896 f.); *Schmitz* Verschmelzungsprüfung 191 ff.; *Spindler/Stilz/Veil* Rn. 5 ff.; weitergehend *Dirrigl* WpG 1989, 413 (454); 1989, 617.

[25] OLG Düsseldorf AG 2001, 533 – Schumag AG; AG 2006, 287 (290) = NJW-RR 2006, 541 – Agrippina AG/Zürich Leben AG; OLG Stuttgart AG 2006, 420 (424) – Wüstenrot; KG OLGR 2008, 873 = AG 2009, 30 (35).

[26] OLG Düsseldorf AG 2001, 533 – Schumag AG; OLG Karlsruhe AG 2009, 47 (48); *Emmerich* FS Tilmann, 2003, 925 (933 ff.); *ders.* (2.) FS Mestmäcker, 2006, 137 (148 ff.).

[27] KG OLGR 2008, 873 = AG 2009, 30 (35) (r. Sp.); GroßkommAktG/*Mülbert* Rn. 16, 21.

[28] Dafür zB GroßkommAktG/*Mülbert* Rn. 21; dagegen etwa Grigoleit/*Servatius* Rn. 6.

[29] *Leuering* NZG 2004, 606; *Land/Hennings* AG 2005, 380 (383).

wird heute im Interesse der Verfahrensbeschleunigung und -vereinfachung – trotz auf der Hand liegender Bedenken[30] – überwiegend gebilligt.[31]

Das ist wenig überzeugend. Auf jeden Fall aber dürfte bei einer Parallelprüfung wohl **19b** ausnahmslos im nachfolgenden Spruchverfahren die **Besorgnis der Befangenheit** begründet sein, sodass sich schon deshalb die spätere Bestellung der Vertragsprüfer zu gerichtlichen Sachverständigen von selbst verbietet (§ 406 ZPO iVm § 42 ZPO; → SpruchG § 8 Rn. 2). Außerdem sollte im Prüfungsbericht die Zusammenarbeit mit den von den Unternehmen selbst bestellten Sachverständigen im Einzelnen dokumentiert werden, um die Bedenken gegen die Unabhängigkeit der Vertragsprüfer so weit wie möglich zu reduzieren, zumal andernfalls die Gefahr droht, dass das Gericht im Spruchverfahren doch gerichtliche Sachverständige bestellt.[32]

VI. Rechtsfolgen

Wenn die Vertragsprüfung entgegen § 293b unterblieben ist oder wenn in dem Prüfungs- **20** bericht des § 293e die Angemessenheit von Ausgleich und Abfindung nicht bestätigt wird oder sonstige Mängel des Vertrags beanstandet werden, darf das **Registergericht** den Unternehmensvertrag *nicht* ins Handelsregister eintragen (§ 294).[33] Denn dann entspricht das Verfahren nicht den gesetzlichen Vorschriften, ein Mangel, den auch das Registergericht ohne weiteres feststellen kann (§ 26 FamFG).

In den genannten Fällen (→ Rn. 20) ist der **Zustimmungsbeschluss** außerdem nach **21** § 243 Abs. 1 **anfechtbar** (→ Rn. 22 f.).[34] Ein Anfechtungsausschluss analog den §§ 304 Abs. 3 S. 2 und 305 Abs. 5 S. 1 ist hier ebenso wenig wie bei § 293a angebracht (→ § 293a Rn. 40). Wird die Klage noch vor Eintragung des Vertrags ins Handelsregister erhoben (§ 294), so hat das Registergericht nach § 381 FamFG zu verfahren.[35] In besonders eilbedürftigen Fällen „hilft" das Freigabeverfahren des § 246a (→ § 293 Rn. 56 f.).

Die Anfechtung des Zustimmungsbeschlusses (→ Rn. 21) kann aber nach hM nur auf **22** **formelle Mängel** des Prüfungsberichts gestützt werden. **Beispiele** sind die Erstattung des Berichts durch einen nicht wirksam bestellten Prüfer, Formmängel, Mängel der Bekanntmachung sowie Verstöße gegen den durch § 293e zwingend vorgeschriebenen Mindestinhalt des Berichts.[36] Ein weiteres deutliches Beispiel ist das Fehlen der Unterschrift der Prüfer oder das Fehlen des Testates nach § 293e Abs. 1 S. 2.

Von den formellen Mängeln des Berichts (→ Rn. 21 f.) werden üblicherweise die **inhalt-** **23** **lichen Mängel** des Prüfungsberichts unterschieden die nach überwiegender Meinung *nicht* die Anfechtbarkeit des Zustimmungsbeschlusses begründen, in erster Linie, weil derartige Mängel wegen der Unabhängigkeit und Selbstständigkeit der Vertragsprüfer der beschließenden Gesellschaft nicht zugerechnet werden könnten. Die einzige vom Gesetz für inhaltliche Mängel der Vertragsprüfung vorgesehene Sanktion besteht danach in der *Haftung* der

---

[30] *Emmerich* (2.) FS Mestmäcker, 2006, 137 (149).
[31] BGH AG 2009, 441 = ZIP 2009, 908. 913 Rn. 32; ZIP 2006, 2080 (2082) Rn. 14 = NZG 2006, 905 (906) = AG 2006, 887 – Degussa (im Anschluss an BGHZ 135, 260 = NJW 1997, 2178); NJW-RR 2007, 1407 = NZG 2007, 715 = AG 2007, 625 (629) Rn. 29; OLG Frankfurt AG 2008, 827 f. = ZIP 2008, 1968; AG 2010, 368 (371) – Commerzbank AG; OLG Düsseldorf AG 2007, 363 (367); OLG Stuttgart NZG 2007, 112 (114); AG 2009, 204 (209); OLG Karlsruhe AG 2007, 92 – Novasoft; *Bungert* BB 2006, 2761 (2762); Hölters/*Deilmann* Rn. 9; GroßkommAktG/*Mülbert* Rn. 26; – diff. KK-SpruchG/*Puszkajler* Vor §§ 7 ff. Rn. 29.
[32] So Hölters/*Deilmann* Rn. 9 unter Hinweis auf LG Frankfurt ZIP 2007, 382 – Wella.
[33] MüKoAktG/*Altmeppen* Rn. 20; Hölters/*Deilmann* Rn. 11; *Humbeck* BB 1995, 1893 (1898); GroßkommAktG/*Mülbert* Rn. 26; dagegen zB *Stephan* Konzern 2014, 1 (15).
[34] OLG Frankfurt AG 2010, 368 (371) – Commerzbank AG; LG Berlin AG 1996, 230 (232 f.) – Brau & Brunnen; *Humbeck* BB 1995, 1893 (1898).
[35] MüKoAktG/*Altmeppen* Rn. 20.
[36] OLG Frankfurt AG 2010, 39 (41); 2010, 368 (371) – Commerzbank; KG AG 2010, 166 (169) = NZG 2010, 224 = ZIP 2010, 180.

Vertragsprüfer nach § 293d AktG iVm § 323 HGB (→ § 293d Rn. 11).[37] Soweit die Folge der mangelhaften Vertragsprüfung in einer Unangemessenheit von Ausgleich und Abfindung besteht, werden die Aktionäre auf das Spruchverfahren verwiesen.[38] Anders zu entscheiden ist aber auf jeden Fall bei derart **schwerwiegenden Mängeln** des Prüfungsberichts, dass es sich im Grunde um einen Fall der *Nichterfüllung* handelt, sodass die Gesellschaft nach wie vor Erfüllung durch Erstellung eines neuen mangelfreien Prüfungsberichts verlangen kann.[39] Gleich steht der Fall, dass die von dem herrschenden Unternehmen angebotene Abfindung nach der Erstattung des Prüfungsberichts erhöht wurde, sodass die schließlich geschuldete Abfindung entgegen § 293b tatsächlich gar nicht geprüft wurde.[40]

§ 293c Bestellung der Vertragsprüfer

(1) ¹Die Vertragsprüfer werden jeweils auf Antrag der Vorstände der vertragschließenden Gesellschaften vom Gericht ausgewählt und bestellt. ²Sie können auf gemeinsamen Antrag der Vorstände für alle vertragschließenden Gesellschaften gemeinsam bestellt werden. ³Zuständig ist das Landgericht, in dessen Bezirk die abhängige Gesellschaft ihren Sitz hat. ⁴Ist bei dem Landgericht eine Kammer für Handelssachen gebildet, so entscheidet deren Vorsitzender an Stelle der Zivilkammer. ⁵Für den Ersatz von Auslagen und für die Vergütung der vom Gericht bestellten Prüfer gilt § 318 Abs. 5 des Handelsgesetzbuchs.

(2) § 10 Abs. 3 bis 5 des Umwandlungsgesetzes gilt entsprechend.

Übersicht

	Rn.		Rn.
I. Überblick	1–3	3. Gemeinsame Vertragsprüfer	7
II. Bestellung durch das Gericht	4–7	**III. Vergütung**	8, 9
1. Zuständigkeit	4		
2. Antrag	5–6a	**IV. Verfahrenskonzentration**	10

I. Überblick

1 § 293c regelt die **Zuständigkeit** zur Bestellung der Vertragsprüfer des § 293b. Seit 2003 liegt diese Zuständigkeit *ausschließlich* bei dem **Gericht,** das auf Antrag der Vorstände der vertragsschließenden Gesellschaften tätig wird (§ 293c Abs. 1 S. 1). Wer zum Vertragsprüfer bestellt werden kann, ergibt sich erst aus dem nachfolgenden § 293d Abs. 1 S. 1 AktG iVm § 319 Abs. 1 HGB idF von 2004 (BGBl. I 3166). Bei Aktiengesellschaften und KGaA kommen danach als Vertragsprüfer grundsätzlich **nur Wirtschaftsprüfer** und Wirtschaftsprüfungsgesellschaften in Betracht.

2 Die heutige Fassung des § 293c beruht auf dem Spruchverfahrensneuordnungsgesetz von 2003 (BGBl. I 838) sowie auf dem FGG-ReformG von 2008 (BGBl. I 2586). In seiner ursprünglichen Fassung hatte § 293c neben der schon immer möglichen Bestellung der Vertragsprüfer durch das Gericht auch noch ihre Bestellung (nur) durch den Vorstand der abhängigen Gesellschaft gekannt. **Zweck** der somit von Anfang an (auch) möglichen Bestellung der Vertragsprüfer durch das Gericht war es immer, ein nachfolgendes **Spruchverfah-**

---

[37] OLG Hamm AG 2005, 773 (775) = ZIP 2005, 1457 – GEA; OLG Karlsruhe AG 2007, 92 – Novasoft AG; OLG Frankfurt AG 2008, 167 (170) = ZIP 2008, 138 – Wella; AG 2010, 39 (41); 2010, 368 (371) – Commerzbank AG; KG OLGR 2008, 873 = AG 2009, 30 (35); AG 2010, 166 (169) = NZG 2010, 224 = ZIP 2010, 180; OLG Stuttgart AG 2009, 204 (209); LG München I AG 2008, 904 (908 f.); *Decher* FS Hoffmann-Becking, 2013, 295 (306 f.); GroßkommAktG/*Mülbert* Rn. § 293e Rn. 26; *Stephan* Konzern 2014, 1 (15); Spindler/Stilz/*Veil* Rn. 15.
[38] OLG Karlsruhe AG 2007, 92 – Novasoft AG; OLG Frankfurt AG 2008, 167 (170) = ZIP 2008, 138 – Wella; AG 2010, 368 (371) – Commerzbank AG; KG AG 2010, 166 (169) = NZG 2010, 224 = ZIP 2010, 180; LG München I AG 2008, 904 (908 f.).
[39] OLG Stuttgart AG 2009, 204 (209).
[40] KG AG 2010, 166 (169 f.) = NZG 2010, 224.

ren zu **entlasten,** weil erfahrungsgemäß den gerichtlich bestellten Prüfern ein größeres Vertrauen als solchen Prüfern entgegengebracht werde, die von den Vertragsbeteiligten selbst bestellt werden.[1]

Aus derselben Erwägung heraus ist im Jahre 2003 die früher mögliche Bestellung der Vertragsprüfer durch den Vorstand der abhängigen Gesellschaft ganz gestrichen worden; die Zuständigkeit für Auswahl und Bestellung der Vertragsprüfer liegt seitdem ausschließlich in der Hand des zuständigen Gerichts (§ 293c Abs. 1 S. 1). Man wollte dadurch vor allem dem Eindruck der Parteinähe der Prüfer entgegenwirken und damit „die **Akzeptanz** der Prüfungsergebnisse vor allem auch für die außenstehenden Aktionäre **erhöhen**". 3

II. Bestellung durch das Gericht

1. Zuständigkeit. Nach § 293c Abs. 1 S. 1 werden die Vertragsprüfer jeweils auf Antrag, 4 dh der Sache nach: auf Vorschlag der Vorstände der vertragsschließenden Gesellschaften, vom Gericht ausgewählt und bestellt. Die **Zuständigkeit** für die Bestellung liegt bei dem Landgericht, in dessen Bezirk die „abhängige" Gesellschaft ihren Sitz hat (§§ 5, 293c Abs. 1 S. 3 AktG; s. § 2 SpruchG). Mit der ungenauen Bezeichnung **„abhängige Gesellschaft"** meint das Gesetz in § 293c Abs. 1 S. 3 diejenige Gesellschaft, die jeweils die vertragstypischen Leistungen erbringt, im Falle eines Beherrschungs- oder Gewinnabführungsvertrages also in der Tat die abhängige oder verpflichtete Gesellschaft, bei einem Teilgewinnabführungsvertrag (§ 292 Abs. 1 Nr. 2) dagegen die zur Abführung des Gewinns verpflichtete (abhängige oder unabhängige) Gesellschaft sowie im Falle eines Betriebspacht- oder Betriebsüberlassungsvertrages die verpachtende oder überlassende Gesellschaft (§ 292 Abs. 1 Nr. 3), während bei einer Gewinngemeinschaft wohl am Sitz jeder beteiligten AG oder KGaA eine Zuständigkeit begründet ist (§ 292 Abs. 1 Nr. 1).[2] Damit wird erreicht, dass *in dem ganzen Verfahren* zur Überprüfung des Vertrages nach Möglichkeit *dasselbe Gericht* tätig wird, zunächst bei der Bestellung der Vertragsprüfer (§ 293c Abs. 1 S. 3) und sodann im Spruchverfahren (§ 2 SpruchG). Kommt es anschließend zu einer Leistungsklage über die Kompensation, so ist wiederum dasselbe Gericht zuständig (§ 16 SpruchG). Das **Verfahren** des Gerichts bei der Bestellung der Vertragsprüfer richtet sich gemäß § 293c Abs. 2 AktG iVm § 10 Abs. 3 UmwG nach dem **FamFG.** Besonderheiten gelten insoweit nicht. Anders als bei dem Spruchverfahren nach dem SpruchG handelt es sich hier auch nicht um ein Streitverfahren der freiwilligen Gerichtsbarkeit.[3]

2. Antrag. Das Verfahren wird nur durch einen (formlosen) Antrag der Vorstände der 5 vertragsschließenden Gesellschaften eingeleitet; von Amts wegen kann das Gericht nicht tätig werden (§ 293c Abs. 1 S. 1). Dabei handelt der Vorstand jeder der vertragsschließenden Parteien *nur für seine Gesellschaft*. In dem Antrag kann und wird der Vorstand in aller Regel **Vorschläge** zur Person eines zu bestellenden Vertragsprüfers machen, die zwar prinzipiell für das Gericht nicht bindend sind, denen das Gericht aber schon deshalb gewöhnlich folgen wird, weil die Gesellschaft auch die Kosten der Prüfung tragen muss (→ Rn. 8 f.). Das Gericht wird deshalb von dem Vorschlag nur abweichen, wenn im konkreten Fall tatsächlich Anhaltspunkte für eine mangelnde Unabhängigkeit oder Eignung des Prüfers bestehen.[4] In der Praxis werden dem Gericht deshalb vielfach mehrere Vorschläge für Vertragsprüfer unterbreitet, um ihm eine echte Auswahl zu ermöglichen. Dies ändert indessen nichts daran, dass damit im Ergebnis die **Auswahl** der Vertragsprüfer in der großen Mehrzahl der Fälle letztlich von den Vorständen der beteiligten Gesellschaften und damit der Sache nach **von dem herrschenden Unternehmen** allein getroffen wird.[5] Zu dem

---

[1] Begr. RegE des § 10 UmwG, BT-Drs. 12/6699, 85.
[2] Ebenso Hölters/*Deilmann* Rn. 2; Hüffer/*Koch* Rn. 2; GroßkommAktG/*Mülbert* Rn. 11.
[3] Hüffer/*Koch* Rn. 4; GroßkommAktG/*Mülbert* Rn. 11.
[4] OLG Düsseldorf AG 2005, 293 (296 f.) = NZG 2005, 347; AG 2007, 363 (368); Hölters/*Deilmann* Rn. 4; GroßkommAktG/*Mülbert* Rn. 12.
[5] Ebenso ausdrücklich OLG Düsseldorf AG 2005, 293 (296 f.) = NZG 2005, 347; AG 2007, 363 (368).

Beschluss kann das Gericht den Prüfern keine inhaltlichen Vorgaben für die Prüfung machen.[6]

6 Besteht bei dem Landgericht eine Kammer für Handelssachen, so entscheidet deren Vorsitzender (§ 293c Abs. 1 S. 4 idF von 1998). **Rechtsmittel** gegen den Beschluss des Landgerichts über den Antrag auf Bestellung eines oder mehrerer Vertragsprüfer ist seit dem 1.9.2009 die **Beschwerde,** über die das übergeordnete OLG entscheidet (§ 119 Abs. 1 Nr. 1 lit. b GVG; §§ 58, 70 ff. FamFG; § 10 Abs. 4 UmwG). Anders als früher ist heute auch eine revisionsähnliche Rechtsbeschwerde zum BGH möglich, wenn sie von dem OLG zugelassen wird (§ 70 FamFG).

6a Die **Beschwerdebefugnis** richtet sich nach § 59 FamFG. Beschwerdeberechtigt sind danach allein die antragstellenden Gesellschaften, *nicht* ihre Aktionäre und ebenso wenig die vom Gericht bestellten oder nicht ausgewählten Prüfer.[7] Hat lediglich eine Gesellschaft den Antrag gestellt, so ist auch nur sie beschwerdeberechtigt.[8] Wenn ihrem Antrag stattgegeben wird, kann auch die andere Partei beschwerdeberechtigt sein, sofern sie durch den Beschluss in ihren Rechten beeinträchtigt ist (§ 59 Abs. 1 FamFG).

7 **3. Gemeinsame Vertragsprüfer.** Nach § 293c Abs. 1 S. 2 können die Vertragsprüfer auf gemeinsamen Antrag der Vorstände der abhängigen und der herrschenden Gesellschaft auch für alle vertragsschließenden Gesellschaften gemeinsam bestellt werden. Der **Antrag** der Vorstände der betroffenen Gesellschaften muss in diesem Fall **auf die gemeinsame Bestellung der Prüfer** für die beteiligten Gesellschaften gerichtet sein. Damit ist aber nur gesagt, dass die Anträge der Vorstände der abhängigen und der herrschenden Gesellschaft inhaltlich übereinstimmen müssen, während eine gemeinsame Antragsschrift entbehrlich ist.[9] Die **Zahl** der jeweils zu bestellenden Vertragsprüfer ist in keinem Fall gesetzlich vorgeschrieben, sodass das Gericht nach seinem Ermessen einen oder mehrere Prüfer für eine oder mehrere Gesellschaften bestellen kann.[10]

III. Vergütung

8 Gemäß § 293c Abs. 1 S. 5 gilt für den Ersatz von Auslagen und für die Vergütung des oder der vom Gericht bestellten Prüfer § 318 Abs. 5 HGB entsprechend. Nach **§ 318 Abs. 5 HGB** haben die vom Gericht bestellten Prüfer (ebenso wie die Sonderprüfer nach § 142 Abs. 6) Anspruch auf Ersatz angemessener barer Auslagen und auf **Vergütung** für ihre Tätigkeit (§ 318 Abs. 5 S. 1 HGB). Beides wird *auf Antrag* der Prüfer **vom Gericht festgesetzt,** gegen dessen Entscheidung die Beschwerde zulässig ist (§ 318 Abs. 5 S. 2 und 3 HGB).[11] Die Entscheidung des Gerichts bildet einen Vollstreckungstitel (§ 318 Abs. 5 S. 5 HGB).

9 **Schuldner** der Auslagen und Vergütung bleibt aber – trotz der gerichtlichen Festsetzung – die **Gesellschaft,** auf deren Antrag hin der betreffende Prüfer vom Gericht bestellt wurde. Werden die Vertragsprüfer vom Gericht für mehrere Gesellschaften bestellt, so haften ihnen die Gesellschaften als Gesamtschuldner (§§ 421 ff. BGB). Mit Rücksicht darauf kann die jeweils verpflichtete Gesellschaft mit den gerichtlich bestellten Prüfern auch einen **Vertrag über** deren **Vergütung** abschließen, der dann den Vorrang vor der nur hilfsweise eingreifenden gerichtlichen Festsetzung hat.[12] Überhaupt dürfte anzunehmen sein, dass durch die gerichtliche Bestellung des Prüfers *auf Antrag* einer Gesellschaft und durch die *Annahme* der Bestellung durch den benannten Prüfer ein **Geschäftsbesorgungsvertrag**

---

[6] OLG Düsseldorf BeckRS 2015, 19042.
[7] GroßkommAktG/*Mülbert* Rn. 16.
[8] MüKoAktG/*Altmeppen* Rn. 9 f.; K. Schmidt/Lutter/*Langenbucher* Rn. 7; Spindler/Stilz/*Veil* Rn. 6.
[9] Begr. RegE, BT-Drs. 15/371 (r. Sp. 2. Abs.); Hölters/*Deilmann* Rn. 5; Hüffer/*Koch* Rn. 4.
[10] Begr. RegE des § 10 UmwG, BT-Drs. 12/6699, 85.
[11] GroßkommAktG/*Mülbert* Rn. 19.
[12] MüKoAktG/*Altmeppen* Rn. 12 f.; Hölters/*Deilmann* Rn. 8; KK-AktG/*Koppensteiner* Rn. 20; K. Schmidt/Lutter/*Langenbucher* Rn. 5; *Lutter* Umwandlungsrecht § 10 Rn. 16; GroßkommAktG/*Mülbert* Rn. 19.

mit Werkvertragscharakter zwischen der Gesellschaft und dem Prüfer zustande kommt (§§ 675 Abs. 1, 631 BGB).[13]

IV. Verfahrenskonzentration

§ 293c Abs. 2 AktG iVm § 10 Abs. 4 UmwG sieht die Möglichkeit der Verfahrenskonzentration bei einem Landgericht oder Oberlandesgericht durch Verordnung der Landesregierung oder der Landesjustizverwaltung vor. Die Regelung entspricht derjenigen für das Spruchverfahren (§§ 2 Abs. 4 und 12 Abs. 3 SpruchG). Für die Konzentration der Verfahren bei einem LG oder OLG ist in den Fällen des § 293c Abs. 2 AktG und der §§ 2 Abs. 4 und 12 Abs. 3 SpruchG je eine **gesonderte Verordnung** erforderlich. Die bloße Verordnung nach dem SpruchG (§§ 2 Abs. 4, 12 Abs. 3) reicht nicht für den Fall des § 293 Abs. 2 aus.[14] Von der Möglichkeit der Verfahrenskonzentration haben bisher Bayern,[15] Baden-Württemberg,[16] Hessen,[17] Niedersachsen[18] sowie Nordrhein-Westfalen Gebrauch gemacht.[19] In einer Verordnung nach § 293c Abs. 2 kann auch die Zuständigkeit nach § 327c Abs. 2 S. 3 (Prüferbestellung bei Ausschluss von Minderheitsaktionären) übertragen werden (§ 327c Abs. 2 S. 5). 10

§ 293d Auswahl, Stellung und Verantwortlichkeit der Vertragsprüfer

(1) [1]Für die Auswahl und das Auskunftsrecht der Vertragsprüfer gelten § 319 Abs. 1 bis 4, § 319a Abs. 1, § 319b Abs. 1, § 320 Abs. 1 Satz 2 und Abs. 2 Satz 1 und 2 des Handelsgesetzbuchs entsprechend. [2]Das Auskunftsrecht besteht gegenüber den vertragschließenden Unternehmen und gegenüber einem Konzernunternehmen sowie einem abhängigen und einem herrschenden Unternehmen.

(2) [1]Für die Verantwortlichkeit der Vertragsprüfer, ihrer Gehilfen und der bei der Prüfung mitwirkenden gesetzlichen Vertreter einer Prüfungsgesellschaft gilt § 323 des Handelsgesetzbuchs entsprechend. [2]Die Verantwortlichkeit besteht gegenüber den vertragschließenden Unternehmen und deren Anteilsinhabern.

Übersicht

	Rn.		Rn.
I. Überblick	1	IV. Auskunftsrecht	7, 8
II. Auswahl	2–4	V. Verantwortlichkeit	9–12
III. Prüfungsrecht	5, 6		

I. Überblick

§ 293d, zuletzt geändert durch das BilMoG von 2009 (BGBl. I 1102 [1123]), regelt durch eine partielle Verweisung auf die §§ 319, 319a, 319b, 320 und 323 HGB die Auswahl der Vertragsprüfer (→ Rn. 2), das Prüfungs- und Auskunftsrecht der Vertragsprüfer (→ Rn. 5, 7 f.) sowie ihre Verantwortlichkeit (→ Rn. 9 f.). Die Vorschrift entspricht im Wesentlichen dem § 11 UmwG. Ergänzend sind die Strafvorschriften der §§ 403 und 404 Abs. 1 Nr. 2 zu beachten. Nach **§ 403** macht sich strafbar, wer als Prüfer oder als Gehilfe eines Prüfers über das Ergebnis der Prüfung falsch berichtet oder erhebliche Umstände in dem Bericht 1

---

[13] Ebenso KK-AktG/*Koppensteiner* Rn. 20; GroßkommAktG/*Mülbert* Rn. 14, 19; – nach anderen soll dagegen lediglich ein „vertragsähnliches Verhältnis" begründet werden, zB Hüffer/*Koch* § 142 Rn. 32; Hölters/*Deilmann* Rn. 7.
[14] Ebenso für einen vergleichbaren Fall BGH NJW-RR 1987, 1058 = AG 1987, 377.
[15] VO vom 6.7.1995 (GVBl. 343); vom 11.6.2012 (GVBl. 295): LG München I und LG Nürnberg-Fürth.
[16] VO vom 20.11.1998 (GBl. 680): LG Mannheim und LG Stuttgart.
[17] VO vom 6.4.2006 (GVBl. I 101); vom 16.9.2008 (GVBl. I 822): LG Frankfurt a.M.
[18] VO vom 28.5.1996 (GVBl. 283); vom 18.12.2009 (GVBl. 68): LG Hannover.
[19] VO vom 26.11.1996 (GVBl. 518); vom 8.6.2010 (GVBl. 350): LG Köln, LG Düsseldorf und LG Dortmund.

verschweigt, während sich **§ 404 Abs. 1 Nr. 2** gegen den Geheimnisverrat durch Prüfer und ihre Gehilfen wendet. § 293d gilt entsprechend bei der Eingliederungsprüfung (§ 320 Abs. 3 S. 3; → § 320 Rn. 14) sowie bei der Prüfung des Ausschlusses von Minderheitsaktionären (§ 327c Abs. 2 S. 4; → § 327c Rn. 12 f.).

II. Auswahl

2   Die Auswahl der Vertragsprüfer (nach § 293c nur noch durch das Gericht) richtet sich gemäß 293d Abs. 1 S. 1 nach § 319 Abs. 1–4 HGB. Als Vertragsprüfer kommen danach bei einer AG oder KGaA allein **Wirtschaftsprüfer** und Wirtschaftsprüfungsgesellschaften in Betracht (§ 319 Abs. 1 S. 1 HGB). Dasselbe gilt für eine große **GmbH**, soweit auf sie § 293b entsprechend anwendbar ist (→ § 293b Rn. 8 iVm → § 293a Rn. 10 ff.). Bei einer kleinen oder mittelgroßen GmbH können dagegen auch vereidigte Buchprüfer und Buchprüfungsgesellschaften Vertragsprüfer sein (§§ 319 Abs. 1 S. 2 und 267 Abs. 2 HGB).[1]

3   Die **Ausschlussgründe** richten sich gemäß 293d Abs. 1 S. 1 bei **Wirtschaftsprüfern** nach § 319 Abs. 2 und 3, § 319a Abs. 1 und § 319b Abs. 1 HGB[2] sowie bei den **Wirtschaftsprüfungsgesellschaften** nach den §§ 319 Abs. 4 und 319a Abs. 1 S. 4 und 5 HGB. Sie greifen nach allgemeiner Meinung auch ein, wenn der Ausschlussgrund *nur* in Bezug auf den *anderen Vertragsteil* besteht, der nicht Auftraggeber des betreffenden Prüfers ist, wenn zB der Ausschlussgrund bei einem Beherrschungs- oder Gewinnabführungsvertrag (nur) im Verhältnis zu dem herrschenden Unternehmen besteht und die Bestellung des Prüfers nach § 293c Abs. 1 S. 1 von der abhängigen Gesellschaft beantragt wurde.[3] Einen Ausschlussgrund stellt zwar die Mitwirkung des fraglichen Wirtschaftsprüfers an der Abfassung des Vertrages oder an Erstellung des Vertragsberichts nach § 293a dar (§ 319 Abs. 3 Nr. 3 HGB analog),[4] *nicht* dagegen nach hM der *Beginn* der Prüfungstätigkeit bereits vor der Bestellung durch das Gericht, ebenso wenig die sog. *Parallelprüfung* (→ § 293b Rn. 19a f.) und auch nicht die vorausgegangene Tätigkeit des Prüfers als **Abschlussprüfer** eines der Vertragsbeteiligten.[5] Dies scheint wenig sachgerecht.[6] Auch einzelne Gerichte lehnen es deshalb mittlerweile ab, Abschlussprüfer anschließend noch zu Vertragsprüfern zu bestellen.[7] Dagegen soll nach hM die Tätigkeit als gerichtlich bestellter Vertragsprüfer ebenfalls keinen Ausschlussgrund für die nachfolgende Bestellung als **Sachverständiger** im Spruchverfahren bilden.[8]

4   Die **Rechtsfolgen** eines Verstoßes des Gerichts bei der Bestellung eines Vertragsprüfers (§ 293c Abs. 1 S. 1) gegen § 319 und § 319a sowie gegen § 319b HGB sind umstritten. Nach überwiegender Meinung ist der Beschluss, durch den die Bestellung erfolgte, mangels Vorliegens eines Nichtigkeitsgrundes lediglich mit der Beschwerde **anfechtbar** (§ 293c Abs. 2 AktG iVm § 10 Abs. 5 UmwG),[9] nicht etwa nichtig,[10] denn die Rechtsprechung

---

[1] Hölters/*Deilmann* Rn. 2; Lutter/*Lutter/Drygala* UmwG § 11 Rn. 4 f.; Spindler/Stilz/*Veil* Rn. 5.
[2] Der Verweis auf § 319b HGB ist in § 293d Abs. 1 S. 1 durch das BilMoG von 2009 eingefügt worden (→ Rn. 1). § 319b HGB bezweckt die netzwerkweite Ausdehnung der Unabhängigkeitsvorschriften für Wirtschaftsprüfer.
[3] MüKoAktG/*Altmeppen* Rn. 4; Hölters/*Deilmann* Rn. 3; Hüffer/*Koch* Rn. 3; GroßkommAktG/*Mülbert* Rn. 8.
[4] BGH NZG 2006, 905 Rn. 14 = AG 2006, 887 – DEGUSSA; OLG Düsseldorf WM 2006, 2137 (2138): sog. Selbstprüfungsverbot.
[5] OLG Stuttgart AG 2004, 105 (107); OLG Düsseldorf WM 2006, 2137 (2138); OLG München AG 2007, 287 – N. Energie AG; MüKoAktG/*Altmeppen* Rn. 5; Hüffer/*Koch* Rn. 3; GroßkommAktG/*Mülbert* Rn. 9.
[6] Ebenso K. Schmidt/Lutter/*Langenbucher* Rn. 3; Spindler/Stilz/*Veil* Rn. 2.
[7] Hölters/*Deilmann* Rn. 4.
[8] OLG Düsseldorf AG 2001, 533 – Schumag AG; AG 2001, 189 (190) = NZG 2000, 179 – Deutsche Centralbodenkredit AG/Frankfurter Hypothekenbank; WM 2006, 2137 (2138); LG Frankfurt a.M. AG 2002, 347 = NZG 2002, 395; fraglich.
[9] Hölters/*Deilmann* Rn. 5; Hüffer/*Koch* Rn. 3 und § 143 Rn. 6; KK-AktG/*Koppensteiner* Rn. 10; K. Schmidt/Lutter/*Langenbucher* Rn. 4; GroßkommAktG/*Mülbert* Rn. 10.
[10] So aber MüKoAktG/*Altmeppen* Rn. 8–10; Spindler/Stilz/*Veil* Rn. 3.

zur *vertraglichen* Bestellung eines Abschlussprüfers unter Verstoß gegen § 319 HGB[11] könne nicht auf den hier vorliegenden Fall der *gerichtlichen* Bestellung der Vertragsprüfer übertragen werden. Davon zu trennen ist die Frage nach dem rechtlichen Schicksal eines etwaigen **Vertrages** zwischen der Gesellschaft und dem ausgeschlossenen Prüfer. Hier dürfte nach § 134 BGB iVm § 319 HGB tatsächlich **Nichtigkeit** des Vertrages die gebotene Rechtsfolge sein.[12] Unklar sind die Auswirkungen einer fehlerhaften Bestellung der Prüfer auf den nachfolgenden **Zustimmungsbeschluss** der Hauptversammlung insbesondere der abhängigen Gesellschaft; zum Schutze der Aktionäre sollte man hier nicht zögern, die Anfechtbarkeit auch des Zustimmungsbeschlusses zu bejahen (§ 243 Abs. 1).[13]

III. Prüfungsrecht

Das Prüfungs- oder Einsichtsrecht der Vertragsprüfer richtet sich gemäß 293d Abs. 1 S. 1 AktG nach § 320 Abs. 1 S. 2 und Abs. 2 S. 1 und 2 HGB. Nach § 320 Abs. 1 S. 2 HGB haben die Vertragsprüfer in erster Linie das Recht, die Bücher und Schriften ihres Auftraggebers sowie die Vermögensgegenstände und Schulden, namentlich die Kasse und die Bestände an Wertpapieren und Waren zu prüfen. Nach hM soll das Prüfungsrecht der Abschlussprüfer nicht nur gegenüber dem Vertragsteil, auf dessen Antrag hin der betreffende Prüfer bestellt wurde, sondern **gegenüber allen Vertragsteilen** bestehen.[14] Dem ist indessen nur für den Fall der gemeinsamen Bestellung für alle vertragsschließenden Gesellschaften nach § 293c Abs. 1 S. 2 zuzustimmen, **nicht** jedoch **für** den **Regelfall der getrennten Bestellung** für die einzelnen vertragsschließenden Gesellschaften auf Grund des S. 1 des § 293c Abs. 1.[15] Dafür spricht auch die ausdrückliche Regelung des § 293d Abs. 1 S. 2 allein für das Auskunftsrecht der Vertragsprüfer (→ Rn. 8). 5

Die **praktische Bedeutung** des Prüfungsrechts wird bei der Vertragsprüfung vielfach als *gering* eingestuft,[16] zumal die Prüfer *keine* Möglichkeit zur zwangsweisen *Durchsetzung* ihres Prüfungs- und Auskunftsrechts gegen die Vertragsparteien besitzen.[17] Werden ihnen die nötigen Prüfungen oder Auskünfte **verweigert,** so kann dies lediglich dazu führen, dass sie den Vertrag über die Prüfung kündigen (§§ 675 Abs. 1 und 671 BGB), dass sie das Testat verweigern oder einschränken (§ 293e Abs. 1 S. 2) oder dass von ihnen überhaupt kein Prüfungsbericht erstattet wird (§ 293e) – mit der weiteren Folge, dass der Vertragsschluss letztlich scheitert (§§ 293f Abs. 1 Nr. 3, 293g Abs. 1, 294 Abs. 1 S. 2). 6

IV. Auskunftsrecht

Zur Durchführung ihrer Prüfungsaufgabe haben die Vertragsprüfer außerdem das Recht, von den gesetzlichen Vertretern der beteiligten Kapitalgesellschaften (→ Rn. 8) alle Aufklärungen und Nachweise zu verlangen, die für eine sorgfältige Prüfung notwendig sind (§ 293d Abs. 1 S. 1 AktG iVm § 320 Abs. 2 S. 1 HGB). **Gesetzliche Vertreter** in diesem Sinne sind bei der AG der *Vorstand* (§ 78), bei der KGaA die persönlich haftenden Gesellschafter (§§ 278 Abs. 2, 283) sowie bei der GmbH deren Geschäftsführer (§ 35 Abs. 1 GmbHG), *nicht* dagegen der Aufsichtsrat.[18] 7

Das Auskunftsrecht besteht (anders als das Prüfungsrecht, → Rn. 5) nach § 293d Abs. 1 S. 2 ausdrücklich **gegenüber beiden Vertragsteilen** und darüber hinaus gegenüber einem **Konzernunternehmen** (§ 18) sowie einem **abhängigen** und einem herrschenden Unternehmen (§ 17). Andere Unternehmensverbindungen, vor allem also bloße Mehrheitsbeteili- 8

---

[11] BGHZ 118, 142 (144 ff.) = NJW 1992, 2021 = AG 1992, 438.
[12] K. Schmidt/Lutter/*Langenbucher* Rn. 4; GroßkommAktG/*Mülbert* Rn. 10.
[13] GroßkommAktG/*Mülbert* Rn. 11.
[14] MüKoAktG/*Altmeppen* Rn. 14; KK-AktG/*Koppensteiner* Rn. 15; Spindler/Stilz/*Veil* Rn. 5.
[15] K. Schmidt/Lutter/*Langenbucher* Rn. 5; GroßkommAktG/*Mülbert* Rn. 15.
[16] Hölters/*Deilmann* Rn. 9; Hüffer/*Koch* Rn. 4.
[17] MüKoAktG/*Altmeppen* Rn. 13 f.; GroßkommAktG/*Mülbert* Rn. 19; Spindler/Stilz/*Veil* Rn. 7.
[18] MüKoAktG/*Altmeppen* Rn. 12; Hölters/*Deilmann* Rn. 8; Hüffer/*Koch* Rn. 4; K. Schmidt/Lutter/*Langenbucher* Rn. 6; Spindler/Stilz/*Veil* Rn. 6.

gungen (§ 16) und wechselseitige Beteiligungen (§ 19), stehen nicht gleich.[19] Nicht unterschieden wird dagegen zwischen inländischen und ausländischen Unternehmen, sodass auch die Letzteren die Auskunftspflicht trifft.[20] Die zur Auskunft verpflichteten Unternehmen besitzen auch nicht das Recht, eine von den Prüfern verlangte Auskunft unter Berufung auf **Geheimhaltungsinteressen** zu verweigern.[21] Den nötigen Ausgleich schafft die Verschwiegenheitspflicht der Prüfer (→ Rn. 10).

V. Verantwortlichkeit

9   Die Verantwortlichkeit der Vertragsprüfer, ihrer Gehilfen und der bei der Prüfung mitwirkenden gesetzlichen Vertreter einer Prüfungsgesellschaft richtet sich gemäß 293d Abs. 2 S. 1 AktG nach § 323 HGB; aus S. 2 des § 293d Abs. 2 AktG folgt außerdem, dass die Verantwortlichkeit **gegenüber beiden Vertragsparteien und** deren **Anteilsinhabern,** in erster Linie also gegenüber den Aktionären der abhängigen und der herrschenden Gesellschaft besteht. Ergänzend sind die Strafvorschriften der §§ 403 und 404 Abs. 1 Nr. 2 zu beachten, bei denen es sich um **Schutzgesetze** handelt (§ 823 Abs. 2 BGB). Die Regelung gilt entsprechend bei der Eingliederungsprüfung nach § 320 Abs. 3 S. 3 sowie bei der Prüfung des Ausschlusses von Minderheitsaktionären (§ 327c Abs. 2 S. 4).

10 Die Vertragsprüfer sind nach § 323 Abs. 1 S. 1 und 2 HGB zur gewissenhaften und unparteiischen Prüfung sowie zur Verschwiegenheit **verpflichtet;** sie dürfen außerdem nicht unbefugt Geschäfts- und Betriebsgeheimnisse verwerten, die sie bei ihrer Tätigkeit erfahren haben (§ 404 Abs. 1 Nr. 2).

11 Verletzen die Vertragsprüfer schuldhaft (§ 276 BGB) die genannten Pflichten (→ Rn. 10), so sind sie den Vertragsparteien und deren Anteilsinhabern, in erster Linie also den Aktionären der abhängigen Gesellschaft, **schadensersatzpflichtig (§ 323 Abs. 1 S. 3 HGB** iVm § 293d Abs. 2 S. 2 AktG). Diese Regelung ist zwingendes Recht (§ 323 Abs. 4 HGB); jedoch ist im Falle bloßer Fahrlässigkeit die Haftung summenmäßig beschränkt (§ 323 Abs. 2 HGB). Eine **weitergehende** vertragliche oder deliktische **Haftung** der Prüfer wird dadurch nicht ausgeschlossen (§§ 675 Abs. 1, 280 Abs. 1, 823 Abs. 2 BGB iVm §§ 403 und 404 Abs. 1 Nr. 2 AktG).[22]

12 Praktische Bedeutung könnte auf die Dauer allenfalls die **Haftung** der Vertragsprüfer **gegenüber** den **Aktionären** der abhängigen Gesellschaft erlangen, wenn sie schuldhaft ihre Pflichten bei der Prüfung der Angemessenheit von Ausgleich und Abfindung verletzen und diese infolgedessen zum Nachteil der Aktionäre zu niedrig festgesetzt werden.[23] Abweichend von § 323 Abs. 3 S. 3 HGB besteht aber keine Ersatzpflicht gegenüber Unternehmen, die mit den Vertragsparteien verbunden sind.

§ 293e Prüfungsbericht

(1) ¹**Die Vertragsprüfer haben über das Ergebnis der Prüfung schriftlich zu berichten.** ²**Der Prüfungsbericht ist mit einer Erklärung darüber abzuschließen, ob der vorgeschlagene Ausgleich oder die vorgeschlagene Abfindung angemessen ist.** ³**Dabei ist anzugeben,**
1. **nach welchen Methoden Ausgleich und Abfindung ermittelt worden sind;**
2. **aus welchen Gründen die Anwendung dieser Methoden angemessen ist;**
3. **welcher Ausgleich oder welche Abfindung sich bei der Anwendung verschiedener Methoden, sofern mehrere angewandt worden sind, jeweils ergeben würde; zugleich ist darzulegen, welches Gewicht den verschiedenen Methoden bei der**

---

[19] MüKoAktG/*Altmeppen* Rn. 15; Lutter/*Lutter/Drygala* UmwG § 11 Rn. 8.
[20] Lutter/*Lutter/Drygala* UmwG § 11 Rn. 8; GroßkommAktG/*Mülbert* Rn. 14.
[21] GroßkommAktG/*Mülbert* Rn. 18.
[22] GroßkommAktG/*Mülbert* Rn. 18; anders offenbar K. Schmidt/Lutter/*Langenbucher* Rn. 9.
[23] MüKoAktG/*Altmeppen* Rn. 18; Hüffer/*Koch* Rn. 5; K. Schmidt/Lutter/*Langenbucher* Rn. 8; Spindler/Stilz/*Veil* Rn. 10.

Bestimmung des vorgeschlagenen Ausgleichs oder der vorgeschlagenen Abfindung und der ihnen zugrunde liegenden Werte beigemessen worden ist und welche besonderen Schwierigkeiten bei der Bewertung der vertragschließenden Unternehmen aufgetreten sind.
(2) § 293a Abs. 2 und 3 ist entsprechend anzuwenden.

Schrifttum: S. bei §§ 293a–293c.

Übersicht

	Rn.		Rn.
I. Überblick	1–4	4. Zusätzliche Angaben?	16, 17
II. Inhalt	5–18	5. Andere Unternehmensverträge	18
1. Allgemeines	5, 6	**III. Ausnahmen, Schranken**	19, 20
2. Form	7–8	1. Verzicht, 100%ige Tochtergesellschaften	19
3. Bericht über die Bewertungsmethoden (§ 293e Abs. 1 S. 3)	9–15	2. Schutzklausel	20
a) Nr. 1	9, 10	**IV. Rechtsfolgen**	21–23
b) Nr. 2	11	1. Anfechtung	21
c) Nr. 3	12–15	2. Registersperre	22, 23

I. Überblick

§ 293e Abs. 1 regelt den gesetzlich vorgeschriebenen **Mindestinhalt des Prüfungsberichtes,** in dem die Vertragsprüfer (§§ 293c und 293d) über das Ergebnis der durch § 293b angeordneten Prüfung des Unternehmensvertrages zu berichten haben. Dieser Bericht wird den Aktionären von der Einberufung der Hauptversammlung an zugänglich gemacht, die über den Unternehmensvertrag entscheiden soll (§§ 293f Abs. 1 Nr. 3 und 293g Abs. 1; → Rn. 4). Die Vorschrift des § 293e ist entsprechend anwendbar auf die Eingliederungsprüfung (§ 320 Abs. 3 S. 3; → § 320 Rn. 16) sowie auf die Prüfung des Ausschlusses von Minderheitsaktionären (§ 327c Abs. 2 S. 4; → § 327c Rn. 13). 1

Schranken für die Berichtspflicht ergeben sich aus den nach § 293e Abs. 2 entsprechend anwendbaren Abs. 2 und 3 des § 293a. Danach entfällt die Pflicht zur Aufstellung eines schriftlichen Prüfungsberichts, wenn sämtliche Anteilsinhaber aller beteiligten Unternehmen auf seine Erstattung durch öffentlich beglaubigte Erklärung verzichten (§ 293a Abs. 3 iVm § 293e Abs. 2; → Rn. 19). Außerdem brauchen in den Bericht nicht solche Tatsachen aufgenommen zu werden, deren Bekanntwerden geeignet ist, einem der vertragschließenden Unternehmen oder einem mit diesem verbundenen Unternehmen einen nicht unerheblichen Nachteil zuzufügen (§ 293a Abs. 2 S. 1 iVm § 293e Abs. 2; → Rn. 20). 2

Wie der Wortlaut des § 293e Abs. 1 zeigt, der sich nahezu ausschließlich mit der Berichtspflicht über die Angemessenheit von Ausgleich und Abfindung iSd §§ 304 und 305 beschäftigt, ist die Vorschrift in erster Linie auf Beherrschungs- und Gewinnabführungsverträge iSd § 291 zugeschnitten, da nur bei diesen eine Pflicht zur Leistung von Ausgleich und Abfindung besteht. Daraus wird zum Teil der Schluss gezogen, der **Anwendungsbereich** des § 293e beschränke sich auf Beherrschungs- und Gewinnabführungsverträge (§ 291), während die Pflicht zur Erstattung eines Prüfungsberichts bei den anderen Unternehmensverträgen des **§ 292** im Grunde leer laufe.[1] Hält man dagegen daran fest, dass die §§ 293a ff. grundsätzlich für alle Unternehmensverträge gelten, auch für die des **§ 292,** so wird man für § 293e schwerlich anders entscheiden können (→ Rn. 18). 3

Zweck der durch § 293e in Anlehnung an § 12 UmwG eingeführten Berichtspflicht der Vertragsprüfer ist letztlich der **Schutz der Aktionäre** gegen eine fehlerhafte und insbesondere zu niedrige Festsetzung von Ausgleich und Abfindung unter Verstoß gegen die §§ 304 4

---

[1] MüKoAktG/*Altmeppen* Rn. 2, 15–17; *ders.* ZIP 1998, 1853 ff.; Hölters/*Deilmann* Rn. 2; KK-AktG/*Koppensteiner* Rn. 4.

und 305 (→ Rn. 3). Konkret gesprochen bedeutet dies, dass der Prüfungsbericht der Vertragsprüfer vor allem die Aufgabe hat, den Aktionären ein eigenes fundiertes Urteil über die Angemessenheit von Ausgleich und Abfindung zu ermöglichen. Dadurch sollen zugleich nach Möglichkeit spätere aussichtslose **Spruchverfahren** vermieden oder doch durch die Konzentration auf einzelne streitige Punkte spürbar **entlastet** werden (→ § 293b Rn. 4). Um diesem Zweck gerecht zu werden, enthalten die Berichte heute vielfach immer genauere Ausführungen zu den gewählten Bewertungsmethoden, zu den einzelnen Schritten der Bewertung und insbesondere zu den üblichen Einwänden der außenstehenden Aktionäre gegen die von den Wirtschaftsprüfern im Augenblick bei der Unternehmensbewertung favorisierte Vorgehensweise. Berichte von 60–100 Seiten sind seitdem keine Seltenheit mehr,[2] – sodass inzwischen, ebenso wie etwa im Kapitalmarktrecht, die Gefahr einer systematischen Überfrachtung der Aktionäre mit speziellen, für sie gar nicht geeigneten Informationen mit Händen zu greifen ist.

II. Inhalt

5   **1. Allgemeines.** Das Gesetz enthält in § 293e Abs. 1 im Wesentlichen drei Aussagen über den Inhalt des Prüfungsberichts. An der Spitze steht die Bestimmung (§ 293e Abs. 1 S. 1), dass die Vertragsprüfer über das „Ergebnis der Prüfung" schriftlich zu berichten haben. Gemeint ist damit die Prüfung des Unternehmensvertrags nach § 293b. **Bericht über das „Ergebnis" der Prüfung** bedeutet, dass nicht etwa der gesamte Prüfungsvorgang mit allen Einzelheiten in dem Bericht zu dokumentieren ist, sondern lediglich das *abschließende Urteil,* das sich die Vertragsprüfer über den Unternehmensvertrag und insbesondere über die Angemessenheit von Ausgleich und Abfindung bei ihrer Prüfung gebildet haben.[3]

6   Ausdruck dieses abschließenden Urteils der Prüfer ist das sog. **Testat.** § 293e Abs. 1 S. 2 bestimmt dazu, dass der Prüfungsbericht mit einer **Erklärung** darüber abzuschließen ist, ob der vorgeschlagene Ausgleich *oder* die vorgeschlagene Abfindung angemessen ist. Das Testat ist gesondert für den Ausgleich *und* für die Abfindung erforderlich und kann für beide Formen der Kompensation auch unterschiedlich ausfallen. Der Inhalt des Testats ist im Übrigen nicht vorgeschrieben. Bei den **anderen Unternehmensverträgen** des § 292 ist naturgemäß für ein derartiges Testat kein Raum, sodass sich die Prüfer hier auf die Feststellung beschränken müssen, dass der Vertrag keine Kompensation vorsieht und dass eine solche nach der Art des Vertrages auch nicht geschuldet ist.[4]

7   **2. Form.** Für den Prüfungsbericht ist durch § 293e Abs. 2 S. 1 **Schriftform** vorgeschrieben. Der Prüfungsbericht muss folglich von dem oder den Vertragsprüfern unterschrieben werden (§ 126 Abs. 1 BGB). Das gilt aber naturgemäß nur für das Original des Berichtes, während in den auszulegenden und den Aktionären ggf. zu übersendenden Berichten eine Bezugnahme auf die Unterzeichnung des Originals genügt (→ § 293a Rn. 18). Für die **elektronische Form** anstelle der Schriftform gilt bei dem Prüfbericht dasselbe wie hinsichtlich des Vertragsberichtes des § 293a (deshalb → § 293a Rn. 18). Eine **mündliche Berichterstattung** kommt entsprechend § 293e Abs. 2 iVm § 293a Abs. 3 nur in Betracht, wenn sämtliche Anteilsinhaber aller beteiligten Unternehmen durch öffentlich beglaubigte Erklärung auf die schriftliche Abfassung des Berichts verzichten (→ Rn. 19).

7a   Der Bericht ist von den Vertragsprüfern nach seiner Unterzeichnung derjenigen Gesellschaft **vorzulegen,** auf deren Antrag hin sie vom Gericht bestellt wurden und zu denen sie deshalb allein in vertraglichen Beziehungen stehen (§ 293c Abs. 1 S. 1). Der Vorstand dieser Gesellschaft hat den Bericht den anderen vertragsschließenden Unternehmen zu übersenden.[5] Lediglich im Falle der **gemeinsamen Bestellung** der Prüfer für alle vertrags-

---

[2] S. *Decher* FS Hoffmann-Becking, 2013, 295 (300 f.).
[3] Zust. Hölters/*Deilmann* Rn. 4; GroßkommAktG/*Mülbert* Rn. 9.
[4] Hölters/*Deilmann* Rn. 15; GroßkommAktG/*Mülbert* Rn. 22.
[5] Hüffer/*Koch* Rn. 2 Hölters/*Deilmann* Rn. 18; GroßkommAktG/*Mülbert* Rn. 6; aA MüKoAktG/*Altmeppen* Rn. 4; Spindler/Stilz/*Veil* Rn. 3.

schließenden Unternehmen nach § 293c Abs. 1 S. 2 ist der unterzeichnete Bericht sofort von den Prüfern *allen* vertragsschließenden Unternehmen zuzuleiten. Mehrere Prüfer (§§ 293b Abs. 1, 293c Abs. 1) können den Bericht entsprechend § 12 Abs. 1 S. 2 UmwG auch *gemeinsam* erstatten.[6]

Für die äußere **Gliederung** des Prüfungsberichts sowie für den **Text** der Abschlusserklärung fehlen gesetzliche Vorgaben, sodass die Prüfer darüber unter Berücksichtigung des Gesetzeszweckes (→ Rn. 4) nach ihrem Ermessen entscheiden können.[7] Das Institut der Wirtschaftsprüfer hat dafür **Vorschläge** erarbeitet, die in der Praxis bei der Abfassung der Prüfungsberichte offenbar weitgehend befolgt werden.[8] 8

3. Bericht über die Bewertungsmethoden (§ 293e Abs. 1 S. 3). a) Nr. 1. In dem 9 Prüfungsbericht muss (nach einer Beschreibung des fraglichen Vertrages) gemäß der Nr. 1 des § 293e Abs. 1 S. 3 zunächst angegeben werden, **nach welchen „Methoden"** Ausgleich und Abfindung in dem Vertrag ermittelt wurden. Der Begriff „Methoden", der sonst der Gesetzessprache fremd ist, kann in verschiedener Weise interpretiert werden. Maßgebend ist allein der Zweck der gesetzlichen Regelung (→ Rn. 4). Deshalb verbietet es sich, die gesetzliche Regelung dahin zu verstehen, die Prüfer könnten sich auf die Angabe beschränken, in dem vorliegenden Fall sei (wieder einmal) die *Ertragswertmethode* (und nicht eine der anderen Bewertungsmethoden der Betriebswirtschaftslehre) angewandt worden.[9] Denn mit solcher Angabe wäre den Aktionären tatsächlich nicht gedient, weil es sich im Grunde um eine Trivialität handelte.

Zu Recht wird deshalb überwiegend verlangt, den Begriff der „Methode" iSd jeweiligen 10 **Vorgehensweise in den vielen Zweifelsfragen** zu verstehen, die auch und gerade die Ertragswertmethode aufwirft.[10] **Beispiele** sind die „Methode", die bei der Abschätzung der zukünftigen Erträge angewandt wurde (pauschale oder Phasenmethode), sowie die „Methoden" zur Bestimmung der Zu- und Abschläge bei dem Kapitalisierungszinsfuß, zur Abgrenzung des nicht betriebsnotwendigen Vermögens oder zur Ermittlung der sog. Synergieeffekte sowie zur Bestimmung des Börsenwertes (→ Rn. 11). Es liegt auf der Hand, dass nur unter dieser Voraussetzung, wenn überhaupt, der Gesetzeszweck erreicht werden kann, den Aktionären die Bildung eines eigenen Plausibilitätsurteils über die Angemessenheit von Ausgleich und Abfindung zu ermöglichen (→ Rn. 4, 18).[11]

b) Nr. 2. Nach der Nr. 2 des § 293e Abs. 1 S. 3 muss der Prüfungsbericht außerdem die 11 Angabe enthalten, aus welchen Gründen die **Anwendung „dieser Methoden"**, dh der Methoden zur Ermittlung von Ausgleich und Abfindung nach der Nr. 1 der Vorschrift (→ Rn. 9 f.), „angemessen" ist. Dies hat zunächst Bedeutung, wenn die Bewertung ausnahmsweise nicht mittels der Ertragswertmethode, sondern etwa nach der Liquidationsmethode durchgeführt wurde, weil zum Beispiel das fragliche Unternehmen auf Dauer unrentabel ist. Außerdem unterstreicht das Gesetz mit der Nr. 2 des § 293e Abs. 1 S. 3 nochmals, dass der Prüfungsbericht Angaben darüber zu enthalten hat, aus welchen Gründen in den Augen der Vertragsprüfer die **einzelnen** im Rahmen der Ertragswertmethode gewählten **methodischen Schritte** (→ Rn. 10), dh die einzelnen Bewertungsverfahren, nach den Umständen des Falles angemessen oder besser: sachgerecht sind.[12] Handelt es sich um eine börsennotierte Gesellschaft, so sind schließlich Angaben darüber erforderlich, welche

---

[6] MüKoAktG/*Altmeppen* Rn. 3; Spindler/Stilz/*Veil* Rn. 3.
[7] MüKoAktG/*Altmeppen* Rn. 6 f.
[8] IdW Wpg 1989, 42; Hüffer/*Koch* Rn. 3; *Humbeck* BB 1995, 1893 (1897 f.); *Sagasser/Bula/Brünger* Umwandlungen Rn. J 110 ff.
[9] So aber Lutter/*Lutter/Drygala* UmwG § 12 Rn. 7 f.; *Rodewald* BB 1992, 237 (240 f.).
[10] *Dirrigl* Wpg 1989, 454 (456 ff.); 1989, 618; Hölters/*Deilmann* Rn. 6 ff.; Hüffer/*Koch* Rn. 4 f.; KK-AktG/*Koppensteiner* Rn. 9; GroßkommAktG/*Mülbert* Rn. 14 f.; Spindler/Stilz/*Veil* Rn. 8; Semler/Stengel/*Zeidler* § 12 Rn. 8 f.
[11] MüKoAktG/*Altmeppen* Rn. 12 f.; im Ergebnis wohl auch Hüffer/*Koch* Rn. 4 f.
[12] OLG Frankfurt AG 2007, 449 (450 f.) = NZG 2007, 875 – Bekaert; ebenso *Dirrigl* WpG 1989, 454 (459 f.); 1989, 617 (620); Spindler/Stilz/*Veil* Rn. 9.

Bedeutung den **Börsenkursen** bei der Festsetzung von Ausgleich und Abfindung beigemessen wurde, und warum ggf. das Angebot hinter den aktuellen oder durchschnittlichen Börsenkursen einer bestimmten Referenzperiode zurückbleibt.[13]

12 c) Nr. 3. In der Nr. 3 des § 293e Abs. 1 S. 3 verlangt das Gesetz schließlich noch Angaben darüber, welcher Ausgleich oder welche Abfindung sich bei **Anwendung verschiedener Methoden,** sofern mehrere angewandt wurden, jeweils ergäbe; dabei ist zugleich darzulegen, welches Gewicht den verschiedenen Methoden bei der Bestimmung des vorgeschlagenen Ausgleichs oder der vorgeschlagenen Abfindung und der ihnen zugrundeliegenden Werte beigemessen wurde und welche besonderen Schwierigkeiten bei der Bewertung der vertragschließenden Unternehmen aufgetreten sind.

13 Auch die in der Nr. 3 des § 293e Abs. 1 S. 3 geforderten Einzelangaben machen nur Sinn, wenn man den Begriff der Methoden in § 293e Abs. 1 S. 3 in dem hier befürworteten, weiteren Sinne der methodischen Schritte im Rahmen der Ertragswertmethode versteht (→ Rn. 10). Es liegt auf der Hand, dass die Aktionäre ein legitimes Interesse daran haben, über diese Fragen ebenso wie darüber informiert zu werden, welche Unterschiede sich für die Bestimmung von Ausgleich und Abfindung bei Anwendung der alternativen Methoden ergäben. Ein naheliegendes Beispiel ist der *Kapitalisierungszinssatz,* zu dessen Bestimmung es bekanntlich zahlreiche unterschiedliche „Methoden" gibt – mit weitreichenden Auswirkungen auf den schließlich ermittelten Unternehmenswert (→ § 305 Rn. 65 ff.).

14 Danach muss sich auch die Beantwortung der umstrittenen Frage richten, ob die Prüfer ggf. **Vergleichs- oder Alternativrechnungen** vorzunehmen haben.[14] Nach dem Gesagten (→ Rn. 13) lässt sich diese Frage bei Berücksichtigung des Zwecks der Regelung (→ Rn. 4) *nur im Einzelfall* beantworten. Alternativrechnungen sind jedenfalls dann erforderlich, wenn die Vertragsprüfer allein auf ihrer Grundlage den Aktionären ihr Urteil über die Angemessenheit der Vorschläge für Ausgleich und Abfindung plausibel zu machen vermögen.[15]

15 Das Gesetz fordert schließlich noch Angaben darüber, „**welche besonderen Schwierigkeiten bei der Bewertung**" der vertragschließenden Unternehmen aufgetreten sind (§ 293e Abs. 1 S. 3 Nr. 3 Hs. 2 Alt. 2). Angesichts der erheblichen „Schwierigkeiten", die die Unternehmensbewertung stets aufwirft, ist nicht eindeutig, welche „besonderen" Schwierigkeiten der Unternehmensbewertung das Gesetz hier im Auge hat. Zu denken ist hier wohl in erster Linie an zusätzliche Probleme, auf die die Anwendung der Ertragswertmethode in einzelnen Branchen oder bei einzelnen Unternehmen wegen der ungesicherten Perspektiven dieser Branchen oder Unternehmen treffen kann, sowie zB noch an Schwierigkeiten, auf die die Prüfer im Einzelfall bei der Beschaffung der nötigen Informationen gestoßen sind.[16]

16 4. Zusätzliche Angaben? Die gesetzliche Regelung, vor allem das Fehlen des Wortes „insbesondere" in S. 3 des § 293e Abs. 1 hat Anlass zu der Frage gegeben, ob es sich bei dem Prüfungsbericht des § 293e um einen **reinen Ergebnisbericht** handelt, der sich auf die in Gesetz vorgeschriebenen Angaben beschränken kann,[17] oder ob diese Angaben bloße Mindestangaben darstellen, sodass die Prüfer in ihrem Bericht ggf. zu weiteren Erläuterungen, etwa an Hand einzelner Planzahlen und sonstiger Daten, verpflichtet sind, soweit erforderlich, um den Aktionären ihr abschließendes Urteil über die Angemessenheit des Vorschlags für

---

[13] KK-AktG/*Koppensteiner* Rn. 13.
[14] Verneinend Lutter/*Lutter/Drygala* UmwG § 12 Rn. 8; wohl auch Hölters/*Deilmann* Rn. 9.
[15] GroßkommAktG/*Mülbert* Rn. 17.
[16] MüKoAktG/*Altmeppen* Rn. 10; GroßkommAktG/*Mülbert* Rn. 18.
[17] So OLG Hamm AG 1989, 31 (33) = WM 1988, 1164 – Kochs Adler/Dürkopp Werke (aufgehoben durch BGHZ 107, 296 = NJW 1989, 2689 aus anderen Gründen); Hüffer/*Koch* Rn. 6; MHdB AG/*Krieger* § 70 Rn. 40; Lutter/*Lutter/Drygala* UmwG § 12 Rn. 10; *Meyer zu Lösebeck* Wpg 1989, 499 (500); *Rodewald* BB 1992, 237 (240).

Ausgleich und Abfindung *plausibel* zu machen.[18] Richtig kann nach dem Zweck der Regelung (→ Rn. 4) nur die zweite, weitergehende Meinung sein (→ Rn. 4, 11).[19] Der vom Gesetz ausdrücklich verlangte Bericht der Prüfer über das „Ergebnis" ihrer Prüfung in Verbindung mit ausführlichen Angaben über die angewandten Methoden und deren Bedeutung (§ 293e Abs. 1 S. 1 und S. 3 Nr. 1; → Rn. 9 ff.) macht nur Sinn, wenn er es den Aktionären ermöglichen soll, sich ein **eigenes Urteil über die Plausibilität** der den Vorschlägen für Ausgleich und Abfindung zugrunde liegenden Unternehmensbewertungen zu bilden (→ Rn. 4, 10). Erforderlich sind mit anderen Worten, damit sich die Aktionäre ein eigenes Urteil bilden können, eine genaue Darstellung der Unternehmensanalyse, eine Einzelanalyse der wichtigsten Daten sowie die Herausstellung der zukunftsbezogene Plandaten.[20]

Soweit die hiernach (→ Rn. 16) erforderlichen, zusätzlichen Angaben bereits in dem Vertragsbericht des § 293a enthalten sind, können die Prüfer in ihrem Bericht darauf verweisen (→ § 293a Rn. 24 ff.). Sofern jedoch die Prüfer erst auf Grund von ihnen selbst erhobener Daten zu ihrem Ergebnis gelangt sind, liegt es auf der Hand, dass sie darüber nach § 293e die Aktionäre informieren müssen. **17**

5. Andere Unternehmensverträge. Das Gesagte (→ Rn. 16 f.) hat besondere Bedeutung für die anderen Unternehmensverträge des § 292. Zwar findet sich vielfach die Auffassung, dass bei den anderen Unternehmensverträgen praktisch kein Raum für die zusätzliche Prüfung insbesondere der Angemessenheit der Gegenleistung oder auch der der Vollständigkeit und Richtigkeit der in dem Vertrag enthaltenen Angaben sei, sodass darüber auch nicht nach § 293e berichtet werden müsse.[21] Dies trifft indessen in dieser Allgemeinheit schwerlich zu (→ § 293b Rn. 15). Die Prüfer müssen vielmehr berichten, wenn sie feststellen, dass die Angaben des Vorstandes in seinem Bericht (§ 293a) über die *rechtliche Einordnung und Zulässigkeit* des Vertrags sowie vor allem über die Angemessenheit der **Gegenleistung** des anderen Vertragsteils oder des Verteilungsschlüssels bei den Gewinngemeinschaften bei den Verträgen des § 292 in ihren Augen nicht mehr vertretbar sind, wenn anders eine Täuschung der Aktionäre verhindert werden soll.[22] **18**

III. Ausnahmen, Schranken

1. Verzicht, 100%ige Tochtergesellschaften. Nach § 293e Abs. 2 sind die Abs. 2 und 3 des § 293a hier entsprechend anzuwenden. Nach § 293a Abs. 3 sind ein Vertragsbericht und damit auch ein Prüfungsbericht entbehrlich, wenn **alle Anteilsinhaber aller** beteiligten **Unternehmen** auf die Berichterstattung durch öffentlich beglaubigte Erklärung **verzichten,** etwa weil ihnen ein mündlicher Bericht der Vertragsprüfer über das Ergebnis ihrer Prüfung genügt (→ Rn. 7). Der Gesetzgeber wollte dadurch den Beteiligten einen Weg eröffnen, die oft erheblichen Kosten eines schriftlichen Prüfungsberichts einzusparen (→ § 293a Rn. 34 ff.; → § 293b Rn. 11). Außerdem bleibt zu beachten, dass nach § 293b Abs. 1 Hs. 2 bei **100%igen Tochtergesellschaften** überhaupt keine Prüfungspflicht besteht (→ § 293b Rn. 10). Folglich entfällt bei Abschluss eines Unternehmensvertrags mit einer derartigen Tochtergesellschaft auch die Berichtspflicht nach § 293e. **19**

2. Schutzklausel. Soweit der Prüfungsbericht tatsächliche Angaben enthält (→ Rn. 16 f.), ist ferner Raum für die Anwendung der Schutzklausel des **§ 293a Abs. 2** (§ 293e Abs. 2; → § 293a Rn. 30 ff.). Tatsachen brauchen daher in den Bericht nicht aufge- **20**

---

[18] So OLG Frankfurt AG 2007, 449 (451) = NZG 2007, 875 – Bekaert; OLG Karlsruhe AG 1990, 35 (37 f.) = WM 1989, 1134 – SEN (aufgehoben durch BGH NJW-RR 1991, 358 = AG 1991, 102 aus anderen Gründen); LG Frankenthal AG 1990, 549 (551) – Hypothekenbank-Schwestern; LG Berlin AG 1996, 230 (232) – Brau & Brunnen; *W. Bayer* AG 1988, 323 (328).
[19] Ebenso MüKoAktG/*Altmeppen* Rn. 11–13; GroßkommAktG/*Mülbert* Rn. 20.
[20] So zutr. OLG Frankfurt AG 2007, 449 (451) (l. Sp. 1. Abs.) = NZG 2007, 875 – Bekaert.
[21] *Bungert* DB 1995, 1384 (1391); Hüffer/*Koch* Rn. 8.
[22] Ebenso GroßkommAktG/*Mülbert* Rn. 22; Spindler/Stilz/*Veil* Rn. 2; – noch weitergehend LG Berlin AG 1996, 230 (232 f.) – Brau & Brunnen; hilfsweise auch MüKoAktG/*Altmeppen* Rn. 17.

nommen zu werden, wenn ihr Bekanntwerden geeignet ist, einem der vertragschließenden Unternehmen oder einem mit diesem verbundenen Unternehmen einen nicht unerheblichen Nachteil zuzufügen; jedoch sind in diesem Fall die maßgeblichen Gründe für den Verzicht auf die Aufnahme der Tatsachen in dem Bericht im Einzelnen darzulegen. Unter den Voraussetzungen der Schutzklausel des § 293a Abs. 2 sind die Prüfer zur Geheimhaltung der fraglichen Tatsachen nicht etwa lediglich berechtigt, sondern gegenüber den Vertragsparteien auch *verpflichtet,* sodass sie sich bei einem Verstoß gegen diese Pflicht schadensersatzpflichtig machen können (§ 293c Abs. 2 AktG iVm § 323 HGB).[23]

IV. Rechtsfolgen

21   **1. Anfechtung.** Die Aktionäre sind nicht an das Urteil der Vertragsprüfer über die Angemessenheit der Vorschläge für Ausgleich und Abfindung *gebunden.* Selbst wenn die Prüfer die Angemessenheit verneinen, können die Aktionäre den Vertrag immer noch nach § 293 billigen.[24] Die überstimmte Minderheit behält jedoch die Möglichkeit, ein Spruchverfahren zu beantragen.[25] (Nur) in Ausnahmefällen stellt es darüber hinaus einen **Missbrauch des Stimmrechts** dar, wenn der Mehrheitsaktionär trotz des negativen Votums der Prüfer den Zustimmungsbeschluss mit seiner Stimmenmehrheit gegen den Widerstand der Minderheit durchsetzt, etwa, wenn infolge der schlechten Finanzlage des anderen Vertragsteils die Leistung von Abfindung und Ausgleich von vornherein ernsthaft gefährdet ist, wofür es aber noch nicht ausreichen soll, wenn eine Verwaltungsgesellschaft mit dem gesetzlichen Mindestkapital als anderer Vertragsteil vorgeschoben wird.[26] Der Zustimmungsbeschluss ist außerdem **anfechtbar,** wenn der Prüfungsbericht fehlt (§ 243; → § 293b Rn. 21). § 243 Abs. 4 S. 2 steht nicht entgegen, weil sich diese Vorschrift allein auf Informationsmängel „in der Hauptversammlung" bezieht. Inhaltliche Mängel des Prüfungsberichts führen dagegen nur in Ausnahmefällen zur Anfechtbarkeit des Zustimmungsbeschlusses (→ § 293b Rn. 22).

22   **2. Registersperre.** Der Prüfungsbericht ist nicht dem Registergericht vorzulegen (§ 294 Abs. 1 S. 2). Sein Fehlen oder seine Unvollständigkeit löst daher *nicht* automatisch eine Registersperre aus. Wenn jedoch das Registergericht auf Grund der ihm obliegenden Ermittlungen (§ 26 FamFG) feststellt, dass der Prüfungsbericht fehlt oder unvollständig ist, steht fest, dass das Verfahren bei der Beschlussfassung über den Unternehmensvertrag nicht dem Gesetz entsprach, sodass die Eintragung des Vertrags *abzulehnen* ist.[27] In solchen Fällen einer offenkundigen Gesetzesverletzung, bei denen der Zweck der Benachteiligung der außenstehenden Aktionäre auf der Hand liegt, verbietet sich auch ein Freigabeverfahren nach § 246a von selbst. Die Prüfer machen sich außerdem **ersatzpflichtig,** wenn sie bei der Erstattung des Berichts gegen ihre gesetzlichen Pflichten verstoßen (§ 293d Abs. 2 AktG iVm § 323 HGB; → Rn. 23).

23   Der Vorstand kann vom Registergericht nach § 407 Abs. 1 S. 1 durch Festsetzung von **Zwangsgeld** zur Beobachtung der §§ 293f und 293g, insbesondere also zur Auslage des Prüfungsberichts angehalten werden. Einzelne Aktionäre haben ergänzend einen klagbaren **Anspruch** auf Auslegung des Berichts, der notfalls auch durch einstweilige Verfügung durchgesetzt werden kann.[28]

§ 293f Vorbereitung der Hauptversammlung

(1) Von der Einberufung der Hauptversammlung an, die über die Zustimmung zu dem Unternehmensvertrag beschließen soll, sind in dem Geschäftsraum jeder

---

[23] MüKoAktG/*Altmeppen* Rn. 20.
[24] K. Schmidt/Lutter/*Langenbucher* Rn. 7; GroßkommAktG/*Mülbert* Rn. 27.
[25] Strenger MüKoAktG/*Altmeppen* Rn. 24.
[26] LG München I AG 2009, 918 (920 f.); GroßkommAktG/*Mülbert* Rn. 27.
[27] MüKoAktG/*Altmeppen* Rn. 22; Hölters/*Deilmann* Rn. 20; *Humbeck* BB 1995, 1893 (1898).
[28] Hölters/*Deilmann* Rn. 21; *Leuerning* ZIP 2000, 2053 (2057 f.); str.

der beteiligten Aktiengesellschaften oder Kommanditgesellschaften auf Aktien zur Einsicht der Aktionäre auszulegen
1. der Unternehmensvertrag;
2. die Jahresabschlüsse und die Lageberichte der vertragschließenden Unternehmen für die letzten drei Geschäftsjahre;
3. die nach § 293a erstatteten Berichte der Vorstände und die nach § 293e erstatteten Berichte der Vertragsprüfer.

(2) Auf Verlangen ist jedem Aktionär unverzüglich und kostenlos eine Abschrift der in Absatz 1 bezeichneten Unterlagen zu erteilen.

(3) Die Verpflichtungen nach den Absätzen 1 und 2 entfallen, wenn die in Absatz 1 bezeichneten Unterlagen für denselben Zeitraum über die Internetseite der Gesellschaft zugänglich sind.

Übersicht

	Rn.		Rn.
I. Überblick	1	4. Gegenstand	7–9
II. Auslegungspflicht	2–9	III. Abschrift	10–12
1. Beginn	2	IV. Veröffentlichung im Internet	13, 14
2. Geschäftsraum	3–5	V. Rechtsfolgen	15, 16
3. Adressaten	6		

I. Überblick

§ 293f regelt im Interesse der umfassenden Information der Aktionäre die **Auslegungspflichten** der beteiligten Gesellschaften zur Vorbereitung derjenigen Hauptversammlungen, die nach § 293 Abs. 1 oder Abs. 2 über die Zustimmung zu einem Unternehmensvertrag beschließen sollen (→ Rn. 9). Die sich aus § 293f ergebenden Pflichten der Vorstandsmitglieder der beteiligten Gesellschaften können nach **§ 407 Abs. 1 S. 1** vom Registergericht durch Festsetzung von Zwangsgeldern durchgesetzt werden (→ § 293e Rn. 23). § 293f ist zusammen mit § 293g entsprechend anwendbar, wenn der Vorstand nach § 119 Abs. 2 oder aufgrund der „Holzmüller/Gelatine-Doktrin" die Billigung anderer Verträge der Hauptversammlung überträgt.[1] Vorbild der Regelung war in erster Linie § 175 Abs. 2. Der **Anwendungsbereich** des § 293f erstreckt sich auf sämtliche Unternehmensverträge der **§§ 291 und 292**.[2] 1

II. Auslegungspflicht

1. Beginn. Die Auslegungspflicht der an einem Unternehmensvertrag beteiligten Gesellschaften nach § 293f beginnt mit der Einberufung der Hauptversammlung, die nach § 293 Abs. 1 *oder* Abs. 2 über die Zustimmung zu einem Unternehmensvertrag beschließen soll. Die **Einberufung** der Hauptversammlung richtet sich nach den §§ 121 ff., wobei neben § 124a (→ Rn. 2) namentlich noch § 124 Abs. 2 S. 2 zu beachten ist, nach dem bereits in der Einberufung mit der Tagesordnung auch der wesentliche Inhalt des Vertrags bekannt zu machen ist.[3] Dazu gehören alle den fraglichen Vertrag im positiven wie im negativen Sinne kennzeichnenden Punkte.[4] Es stellt daher einen Verstoß gegen § 124 Abs. 2 S. 2 dar, der zur **Anfechtbarkeit** des späteren Hauptversammlungsbeschlusses führt (§ 243 Abs. 1), wenn die Bekanntmachung wichtiger Punkte erst später nachgeschoben wird.[5] 2

2. Geschäftsraum. Die beteiligten Gesellschaften müssen ihrer Auslegungspflicht aufgrund des § 293f Abs. 1 durch Auslage der in § 293f Abs. 1 Nr. 1–3 genannten Unterlagen 3

---
[1] *Altmeppen* ZIP 1998, 1853 ff.
[2] Krit. *Altmeppen* ZIP 1998, 1853 (1865).
[3] LG Hanau AG 1996, 184 (185).
[4] LG Nürnberg-Fürth AG 1995, 141 = DB 1994, 1869 – Hertel.
[5] LG Nürnberg-Fürth AG 1995, 141 f. = DB 1994, 1869 – Hertel; MüKoAktG/*Altmeppen* Rn. 3.

"in dem Geschäftsraum" jeder beteiligten Gesellschaft nachkommen. Offen ist, *welcher* konkrete "Geschäftsraum" (von möglicherweise vielen Geschäftsräumen der Gesellschaft) damit gemeint ist. In Betracht kommen gleichermaßen Geschäftsräume am Sitz der Hauptverwaltung der Gesellschaft, am rechtlichen Sitz der Gesellschaft (§ 5) oder an einem sonstigen Ort (im Inland), an dem sich Geschäftsräume der Gesellschaft befinden. Eine Präferenz für einen der genannten Orte kann dem Gesetz nicht entnommen werden. Entscheidend ist daher nach Sinn und Zweck der gesetzlichen Regelung nur, ob der fragliche Ort für die Aktionäre während der üblichen Geschäftszeiten *leicht zugänglich* ist.

4   Im Zweifel wird danach als Ort der Auslegung der **Ort des Sitzes der Hauptverwaltung** der Gesellschaft in Betracht kommen.[6] Die Gesellschaft kann zugleich verlangen, dass sich der Aktionär, der dort in die in § 293f genannten Unterlagen Einsicht nehmen will, als solcher **ausweist**, zB durch die Vorlage einer Hinterlegungsbescheinigung.[7] Wählt die Gesellschaft stattdessen einen Ort, der für die Aktionäre nicht leicht zugänglich ist, so wird § 293f verletzt mit der Folge der **Anfechtbarkeit** des betreffenden Zustimmungsbeschlusses (§ 293 Abs. 1). Auch § 407 S. 1 ist dann anwendbar (→ Rn. 1).

5   In der **Einberufung** sollte zweckmäßigerweise auf die Auslegung der Unterlagen nach § 293f Abs. 1 und auf die Möglichkeit, auf Verlangen Abschriften zu erhalten (§ 293f Abs. 2; → Rn. 6), hingewiesen werden.[8] Stattdessen kann aber auch ein kurzer Vertragsbericht (§ 293a) oder ein kurzer Prüfungsbericht (§ 293e) in der Einladung zur Hauptversammlung gleich mitabgedruckt werden, wodurch jedenfalls den Anforderungen des § 293f Abs. 2 Genüge getan sein dürfte.[9]

6   **3. Adressaten.** Die Pflichten aus 293f treffen die an dem Unternehmensvertrag **beteiligten Gesellschaften** in der Rechtsform einer AG oder KGaA mit Sitz im Inland und sind durch deren Vorstände bzw. bei einer KGaA durch die persönlich haftenden Gesellschafter zu erfüllen (§§ 278 Abs. 2, 283, 407 Abs. 1 S. 1). Gemeint sind damit diejenigen vertragschließenden Gesellschaften, deren Hauptversammlungen nach **§ 293 Abs. 1 oder 2** zustimmen müssen (→ Rn. 1).[10] Dies sind nach § 293 Abs. 1 in jedem Fall die **abhängige Gesellschaft** (§ 291) bzw. im Falle des § 292 diejenige Gesellschaft, die die vertragstypischen Leistungen erbringt, sowie bei Abschluss eines Beherrschungs- oder Gewinnabführungsvertrages auch der **andere Vertragsteil**, sofern er die Rechtsform einer AG oder KGaA mit Sitz im Inland hat (§ 293 Abs. 2). Soweit die §§ 293 ff. auf Gesellschaften **anderer Rechtsform** entsprechend anwendbar sind, ist ebenfalls die Auslegung des Unternehmensvertrages von der Einberufung der Gesellschafterversammlung an zu beachten (§ 49 GmbHG; § 119 HGB, beide iVm dem dann entsprechend anwendbaren § 293f Abs. 1 Nr. 1).

7   **4. Gegenstand.** Auszulegen ist nach der **Nr. 1** des § 293f Abs. 1 zunächst der **Unternehmensvertrag**, und zwar der gesamte Vertrag einschließlich aller Nebenabreden und Anlagen, die mit dem Vertrag eine rechtliche Einheit iSd § 139 BGB bilden; vermeintlich unwesentliche Nebenabreden oder Anlagen dürfen nicht weggelassen werden.[11] Nach § 293f Abs. 1 **Nr. 2** sind ferner anzulegen die **Jahresabschlüsse** und die **Lageberichte** der vertragsschließenden Unternehmen für die letzten drei Geschäftsjahre, soweit es solche nach der Rechtsform der Vertragsparteien überhaupt gibt, nicht also, wenn herrschendes Unternehmen zB ein eingetragener Verein oder eine Stiftung ist.[12] Die genannten Dokumente müssen außerdem **in deutscher Sprache** abgefasst sein; eine Auslegung in einer

---

[6] BGHZ 189, 32 (39) Rn. 16 = NZG 2011, 669 = AG 2011, 518; Hölters/*Deilmann* Rn. 3; Hüffer/*Koch* § 175 Rn. 5; GroßkommAktG/*Mülbert* Rn. 10 f.
[7] Hüffer/*Koch* § 175 Rn. 6; K. Schmidt/Lutter/*Langenbucher* Rn. 10; Kallmeyer/*Marsch-Barner* UmwG § 63 Rn. 2; Spindler/Stilz/*Veil* Rn. 5.
[8] *Humbeck* BB 1995, 1449 (1450); MHdB AG/*Krieger* § 70 Rn. 44.
[9] *Humbeck* BB 1995, 1449 (1450); KK-AktG/*Koppensteiner* Rn. 12.
[10] Hüffer/*Koch* Rn. 1, 2; MHdB AG/*Krieger* § 70 Rn. 43.
[11] GroßkommAktG/*Mülbert* Rn. 16; Spindler/Stilz/*Veil* Rn. 4.
[12] Semler/Stengel/*Diekmann* UmwG § 63 Rn. 11; Lutter/*Grunewald* UmwG § 63 Rn. 3; MHdB AG/*Krieger* § 70 Rn. 45; Kallmeyer/*Marsch-Barner* UmwG § 63 Rn. 3.

fremden Sprache genügt nicht und begründet die Anfechtbarkeit des Zustimmungsbeschlusses.[13]

Das Gesetz spricht in § 293f Abs. 1 Nr. 2 von den „letzten drei Geschäftsjahren", ohne **8** klarzustellen, nach welchen Kriterien das **letzte maßgebliche Geschäftsjahr** bestimmt werden soll.[14] Gemeint sein kann entweder das letzte Geschäftsjahr, für das ein Jahresabschluss tatsächlich festgestellt *wurde* (§ 264 Abs. 1 S. 2 HGB; §§ 172, 173 AktG), *oder* das **letzte Jahr, für das dies** nach den genannten Vorschriften **geschehen musste,** mag es auch, aus welchen Gründen immer, (noch) nicht geschehen sein. Aus praktischen Gründen wird überwiegend das Letztere angenommen.[15] **Folgt** in dem zuletzt genannten Fall die Aufstellung oder **Feststellung** des letzten Jahresabschlusses der Einberufung nach, so bleibt immer noch § 293g Abs. 1 (Auslegung in der Hauptversammlung) zu beachten.[16] Eine Pflicht zur **Nachreichung** der Unterlagen lässt sich dem Gesetz dagegen nicht entnehmen.[17] Besteht die Gesellschaft noch keine drei Jahre, so genügt die Auslage der vorhandenen Abschlüsse.[18] In jedem Fall reicht zudem die Auslage von **Kopien;** ein Anspruch auf Auslage der Originale besteht nicht.[19]

Jahresabschluss und Lagebericht sind so auszulegen, wie sie festgestellt wurden. Ein **8a** Anspruch auf **Korrektur etwaiger Mängel** der Abschlüsse oder auf ihre Ergänzung um weitere Punkte ergibt sich aus § 293f nicht.[20] **Keine Auslegungspflicht** besteht dagegen, solange der Jahresabschluss noch *nicht festgestellt,* sondern vom Vorstand lediglich aufgestellt ist.[21] *Keine* Auslegungspflicht besteht ferner hinsichtlich des *Konzernabschlusses* und des Konzernlageberichts.[22] Eine Ausnahme kommt bei einer Holding in Betracht, die ihr gesamtes operatives Geschäft über Tochtergesellschaften ausübt.[23]

Auszulegen sind schließlich noch nach der **Nr. 3** des § 293f Abs. 1 der **Vertragsbericht** **9** (§ 293a) und der **Prüfungsbericht** (§ 293e), vorausgesetzt, dass solche Berichte überhaupt erstattet wurden, nicht also in den Fällen der §§ 293a Abs. 3, 293b Abs. 2 und 293e Abs. 2.

III. Abschrift

Nach § 293f Abs. 2 ist jedem Aktionär auf Verlangen unverzüglich und kostenlos eine **10** Abschrift der in § 293f Abs. 1 Nr. 1–3 bezeichneten Unterlagen (→ Rn. 7–9) zu erteilen. Jeder Aktionär hat darauf einen **Anspruch** gegen die Gesellschaft, den er notfalls durch **Klage** durchsetzen kann.[24] Der Anspruch wird durch die rechtzeitige Übersendung der Unterlagen erfüllt, wobei es sich um eine Schickschuld handelt (§ 269 Abs. 1 BGB).[25] Die Gesellschaft kann auch hier verlangen, dass sich der Aktionär, der eine Abschrift fordert, als solcher ausweist (→ Rn. 4).[26]

---

[13] OLG München ZIP 2009, 718 (720 f.) = AG 2009, 450 (453).
[14] Ausf. *J. Vetter* NZG 1999, 925 ff.
[15] OLG Hamburg AG 2003, 441 (443) = NZG 2003, 539 – Philips; MüKoAktG/*Altmeppen* Rn. 6; Hölters/*Deilmann* Rn. 6; KK-AktG/*Koppensteiner* Rn. 6; GroßkommAktG/*Mülbert* Rn. 18; *J. Vetter* NZG 1999, 925 (929); Spindler/Stilz/*Veil* Rn. 4; aA Semler/Stengel/*Diekmann* UmwG § 63 Rn. 12; MHdB AG/*Krieger* § 70 Rn. 45; K. Schmidt/Lutter/*Langenbucher* Rn. 6.
[16] OLG Hamburg AG 2003, 441 (443) = NZG 2003, 539 – Philips; Semler/Stengel/*Diekmann* UmwG § 63 Rn. 12; *J. Vetter* NZG 1999, 925 (929).
[17] Hölters/*Deilmann* Rn. 7.
[18] K. Schmidt/Lutter/*Langenbucher* Rn. 6; Spindler/Stilz/*Veil* Rn. 4.
[19] K. Schmidt/Lutter/*Langenbucher* Rn. 11.
[20] KG OLGR 2008, 873 = AG 2009, 30 (36) (l. Sp. u.); GroßkommAktG/*Mülbert* Rn. 19.
[21] OLG Hamburg AG 2003, 441 (443) = NZG 2003, 539 – Philips; K. Schmidt/Lutter/*Langenbucher* Rn. 7.
[22] OLG Düsseldorf AG 2005, 293 (296) = NZG 2005, 347; KG OLGR 2008, 873 = AG 2009, 30 (36); ebenso für § 327c Abs. 3 BGHZ 180, 154 (167) Rn. 29 = ZIP 2009, 908 (912) = AG 2009, 441 (445) – *Lindner*.
[23] OLG Celle AG 2004, 206, 207 (3. Abs.); offengelassen von KG OLGR 2008, 873 = AG 2009, 30 (36).
[24] Lutter/*Grunewald* UmwG § 63 Rn. 8; *Leuering* ZIP 2000, 2053; GroßkommAktG/*Mülbert* Rn. 34.
[25] GroßkommAktG/*Mülbert* Rn. 26.
[26] Kallmeyer/*Marsch-Barner* UmwG § 63 Rn. 8.

11 Die Gesellschaft muss erst **auf Verlangen** eines Aktionärs hin, dann aber „unverzüglich" (→ Rn. 12) tätig werden. Bei dem Anspruch auf Erteilung von Abschriften handelt es sich somit um einen sog. verhaltenen Anspruch, der **jederzeit formlos** geltend gemacht werden kann; **fällig** wird der Anspruch jedoch erst *mit der Einberufung* der Hauptversammlung (→ Rn. 3), vorausgesetzt außerdem, dass der Aktionär den Anspruch rechtzeitig geltend gemacht hat.[27] Der Anspruch entfällt, wenn die Gesellschaft die Unterlagen rechtzeitig nach § 293 Abs. 3 über das Internet zugänglich gemacht hat (→ Rn. 13 f.). Daneben ist § 30b Abs. 3 WpHG zu beachten.

12 Auf Verlangen eines Aktionärs hin muss die Gesellschaft **„unverzüglich"**, dh ohne schuldhaftes Zögern (§ 121 Abs. 1 S. 1 BGB) durch Anfertigung und Versendung der gewünschten Kopien tätig werden. Im Schrifttum ist umstritten, welche *Anforderungen* sich daraus für die Gesellschaft ergeben, insbesondere, ob es erforderlich ist, dass die Gesellschaft bereits Kopien in ausreichender Zahl vorhält oder ob es genügt, wenn sie erst auf Verlangen eines Aktionärs hin unverzüglich Kopien anfertigt und versendet.[28] Ein übertriebener Formalismus, mit dem niemandem gedient ist, dürfte hier in der Tat fehl am Platze sein. Etwaige **Kosten,** die durch die Erteilung oder Übersendung von Abschriften entstehen, muss aber die Gesellschaft als Schuldnerin der fraglichen Verpflichtung tragen.[29]

IV. Veröffentlichung im Internet

13 Nach § 293f Abs. 3 entfallen die Auslegungspflicht sowie die Verpflichtung zur Erteilung von Kopien (§ 293f Abs. 1 und 2), wenn die in § 293f Abs. 1 genannten Unterlagen „für denselben Zeitraum", dh von der Einberufung der Hauptversammlung an über die Internetseite der Gesellschaft zugänglich sind. Die Vorschrift geht auf das ARUG von 2009 zurück. Durch sie soll der Bürokratieaufwand der Gesellschaften verringert und zugleich der Zugang der Aktionäre zu den fraglichen Informationen vereinfacht werden.[30] **Vorbild** der Regelung war der bereits im Jahre 2006 in das Gesetz eingefügte § 175 Abs. 2 S. 4. **Vergleichbare Regelungen** für börsennotierte Gesellschaften sowie für inländische Emittenten finden sich in § 124a S. 1 Nr. 3 AktG sowie in § 30b Abs. 3 WpHG.

14 Ob die Gesellschaft von der Möglichkeit des § 293f Abs. 3 Gebrauch macht, entscheidet der Vorstand nach pflichtgemäßem *Ermessen*. Unberührt bleiben aber die zum Teil abweichenden und weitergehenden Verpflichtungen börsennotierter Gesellschaften aufgrund des § 124a AktG und des § 30b Abs. 3 WpHG.[31] Die Pflicht zur Zugänglichmachung besteht bis zum Ende der Hauptversammlung. Kurzfristige *Unterbrechungen* aus technischen Gründen sind unschädlich, während bei allen schwerwiegenden technischen Störungen die Pflichten der Gesellschaft aus § 293f nicht erfüllt sind, sodass der Zustimmungsbeschluss anfechtbar ist (→ Rn. 15).[32]

V. Rechtsfolgen

15 Ein Verstoß gegen § 293f macht den Zustimmungsbeschluss der Hauptversammlung der betreffenden Gesellschaft **anfechtbar** (§ 243 Abs. 1).[33] § 243 Abs. 4 S. 2 ist hier nicht anwendbar. Auch für eine Erstreckung des Anfechtungsausschlusses der §§ 304 Abs. 3 S. 2 und 305 Abs. 5 S. 1 auf den vorliegenden Fall besteht zum Schutz der Aktionäre kein Anlass. **Anfechtungsgründe** sind zB die Unterlassung der Auslegung vermeintlich unwesentlicher Vertragsteile, die Verspätung der Auslegung oder die Verweigerung von Abschriften (→ Rn. 10 f.).

---

[27] K. Schmidt/Lutter/*Langenbucher* Rn. 14.
[28] So Hölters/*Deilmann* Rn. 15; K. Schmidt/Lutter/*Langenbucher* Rn. 13; GroßkommAktG/*Mülbert* Rn. 27.
[29] GroßkommAktG/*Mülbert* Rn. 29.
[30] Begr. RegE des ARUG, BR-Drs. 847/08, 66, 34 f.
[31] GroßkommAktG/*Mülbert* Rn. 32.
[32] GroßkommAktG/*Mülbert* Rn. 31.
[33] OLG München NJW-RR 1997, 544 (545 f.) = AG 1996, 327; KK-AktG/*Koppensteiner* Rn. 16.

Die **Kausalität** des Gesetzesverstoßes für den Zustimmungsbeschluss beurteilt sich nach 16
§ 243 Abs. 4 S. 1.[34] Für den Regelfall dürfte die Kausalität danach zu verneinen sein, wenn
die Auslegung einer wenig bedeutsamen Unterlage versehentlich (nicht vorsätzlich) übersehen wurde, jedoch feststeht, dass kein Aktionär von seinem Einsichtsrecht überhaupt
Gebrauch gemacht hat[35] oder wenn im Falle der versehentlichen Unterlassung der Versendung einzelner Kopien feststeht, dass der Zustimmungsbeschluss auch ohne die Stimme des
betroffenen Aktionärs gefasst worden wäre.[36]

§ 293g Durchführung der Hauptversammlung

(1) In der Hauptversammlung sind die in § 293f Abs. 1 bezeichneten Unterlagen zugänglich zu machen.

(2) ¹Der Vorstand hat den Unternehmensvertrag zu Beginn der Verhandlung mündlich zu erläutern. ²Er ist der Niederschrift als Anlage beizufügen.

(3) Jedem Aktionär ist auf Verlangen in der Hauptversammlung Auskunft auch über alle für den Vertragschluß wesentlichen Angelegenheiten des anderen Vertragsteils zu geben.

Übersicht

	Rn.		Rn.
I. Überblick	1, 2	IV. Auskunftsrecht	9–24
II. Pflicht zur Zugänglichmachung	3–5b	1. Zweck	9, 10
1. Gegenstand	3, 4	2. Verhältnis zu den §§ 131 und 132	11–13
2. Durchführung	5, 5a	3. Adressat	14, 15
3. Rechtsfolgen	5b	4. Auskunftspflicht des anderen Teils?	16–18
III. Erläuterungspflicht	6–8	5. Umfang	19–22
1. Bedeutung	6, 7	6. Schranken	23
2. Ausnahmen	8	7. Rechtsfolgen	24
		V. Anlage zur Niederschrift	25

I. Überblick

§ 293g, zuletzt geändert durch das ARUG von 2009, regelt die Durchführung der Haupt- 1
versammlung einer AG oder KGaA, auf der nach Abs. 1 oder Abs. 2 des § 293 über die
Zustimmung zu einem Unternehmensvertrag iSd **§§ 291 und 292** zu entscheiden ist.[1]
Zweck der Regelung ist ebenso wie bei § 293f die Unterrichtung der Aktionäre der beteiligten Gesellschaften über die Umstände, die für ihre Entscheidung über die Zustimmung
zu dem Unternehmensvertrag nach § 293 Abs. 1 oder Abs. 2 relevant sein können. Aus
diesem Grunde bestimmt § 293g Abs. 1 zunächst, dass die in § 293f Abs. 1 Nr. 1–3 genannten Unterlagen in der Hauptversammlung zugänglich zu machen sind, damit die Aktionäre
auch noch in der Hauptversammlung Einsicht nehmen können (→ Rn. 3 ff.). Nach
§ 293 Abs. 2 S. 1 hat der Vorstand außerdem den Unternehmensvertrag zu Beginn der
Verhandlung über den fraglichen Tagesordnungspunkt mündlich zu erläutern (→ Rn. 6 ff.).
Schließlich erweitert noch § 293g Abs. 3 das Auskunftsrecht der Aktionäre aus § 131 auf
„alle" für den Vertragsabschluss wesentlichen Angelegenheiten des anderen Vertragsteils
(→ Rn. 9 ff.).

Vorbild des § 293g war § 64 UmwG. Entsprechende Regelungen finden sich für die 2
Eingliederung in den §§ 319 Abs. 3 S. 3 und 4 und 320 Abs. 4 S. 3 (→ § 319 Rn. 13–17;

---

[34] *R. Becker* AG 1988, 223 (228 f.); Hölters/*Deilmann* Rn. 17; Großkomm AktG/*Mülbert* Rn. 35; anders nach früherem Recht OLG München NJW-RR 1997, 544 (545 f.) = AG 1996, 327.
[35] Kallmeyer/*Marsch-Barner* UmwG § 63 Rn. 9.
[36] KG OLGR 2008, 873 = AG 2009, 30 (36 f.).
[1] Ganz hM, zB Großkomm/*Mülbert* Rn. 5.

→ § 320 Rn. 12) sowie für den Ausschluss von Minderheitsaktionären in § 327d (→ § 327d Rn. 2 ff.). Soweit § 293 auf die **GmbH** entsprechend angewandt wird (→ § 293 Rn. 39 ff.), sollte man nicht zögern, § 293g gleichfalls anzuwenden.

II. Pflicht zur Zugänglichmachung

3 **1. Gegenstand.** Nach § 293g Abs. 1 sind zunächst in der Hauptversammlung im Interesse der umfassenden Information der Aktionäre die in § 293f Abs. 1 Nr. 1–3 bezeichneten Unterlagen zugänglich zu machen (→ § 293f Rn. 7–9). Die geltende Fassung des § 293g Abs. 1 beruht auf dem ARUG von 2009, durch das in Abs. 1 des § 293g das Wort „auszulegen" durch die Wörter „zugänglich zu machen" ersetzt wurde. Damit wurde bezweckt, es den Gesellschaften zu ermöglichen, auf Kopien in Papierform zu verzichten und stattdessen den Aktionären die erforderlichen Informationen **elektronisch**, zB auf bereitgestellten Monitoren, zugänglich zu machen.[2] Die Gesellschaften haben seitdem die *Wahl zwischen der* herkömmlichen *Auslegung* der Unterlagen in Papierform und ihrer Zugänglichmachung in *elektronischer Form*, insbesondere auf Monitoren. Aus Gründen der Vereinfachung der Darstellung soll jedoch im Folgenden zunächst weiterhin (pars pro toto) von der „Auslegungspflicht" der Gesellschaft die Rede sein; auf die Besonderheiten der Zugänglichmachung der Unterlagen in elektronischer Form ist später gesondert einzugehen (→ Rn. 5a).

4 Gegenstand der Auslegungspflicht der Gesellschaft ist nach § 293g Abs. 1 iVm § 293f Abs. 1 Nr. 1 in erster Linie der **„Unternehmensvertrag"**. Damit sind **alle Abreden** gemeint, aus denen sich nach dem Willen der Parteien der Vertrag zusammensetzt, einschließlich etwaiger *Nebenabreden,* die mit dem Vertrag eine rechtliche Einheit iSd § 139 BGB bilden.[3] Der Vorstand ist nicht befugt, Nebenabreden oder Zusätze als angeblich für die Aktionäre unwesentlich von der Auslegung auszuschließen. Auch die nach § 293g Abs. 2 S. 1 vom Vorstand geschuldete Erläuterung des Unternehmensvertrags (→ Rn. 6 f.) ist kein Ersatz für die Auslage des Vertrags, sondern stellt eine zusätzliche Verpflichtung des Vorstandes dar.[4] *Keine* Auslegungspflicht besteht dagegen für *sonstige* auf den Unternehmensvertrag bezügliche *Unterlagen* der Gesellschaft wie zum Beispiel ein vom Vorstand eingeholtes Bewertungsgutachten, außer wenn dieses ganz oder partiell einen Teil des Vertragsberichts des § 293a gebildet.[5]

5 **2. Durchführung.** Die in § 293f Abs. 1 bezeichneten Unterlagen müssen den Aktionären nach § 293g Abs. 1 „in der Hauptversammlung" zugänglich gemacht werden. Das kann einmal durch **Auslegung** geschehen. Auslegung der in § 293f Abs. 1 Nr. 1–3 genannten Unterlagen in der Hauptversammlung bedeutet in § 293g Abs. 1, dass diese Unterlagen **für alle Teilnehmer** an der Hauptversammlung ohne weiteres, dh ohne weitere Voraussetzungen außer der berechtigten Teilnahme an der Hauptversammlung, **zugänglich** sein müssen, bei einer größeren Zahl von Aktionären daher in Gestalt einer ausreichenden Anzahl von Abschriften, und zwar nicht nur bis zum Abschluss der Verhandlungen der Hauptversammlung über den Unternehmensvertrag,[6] sondern entsprechend dem Wortlaut des § 293g Abs. 1 **bis zum Ende der Hauptversammlung** insgesamt, weil auch noch bis zu diesem Zeitpunkt Widerspruch zu Protokoll erklärt werden kann.[7] § 293f Abs. 2 dürfte gleichfalls anwendbar sein, sodass den Aktionären ggf. auch noch in der Hauptversammlung **Abschriften** auf Verlangen zu erteilen sind.[8] Die Auslegungspflicht wird nicht erfüllt, wenn die Unterlagen von einem Mitarbeiter verwahrt und nur auf Verlangen eines Aktionärs heraus-

---

[2] Begr. RegE des ARUG, BR-Drs. 847/08, 35; krit. K. Schmidt/Lutter/*Langenbucher* Rn. 4.
[3] BGHZ 82, 188 (196 f.) = NJW 1982, 933 = AG 1982, 129 – Hoesch/Hoogovens.
[4] BGHZ 82, 188 (198) = NJW 1982, 933 = AG 1982, 129 – Hoesch/Hoogovens.
[5] GroßkommAktG/*Mülbert* Rn. 13.
[6] So MüKoAktG/*Altmeppen* Rn. 3 f.; Lutter/*Grunewald* UmwG § 64 Rn. 2; Hüffer/*Koch* § 176 Rn. 2; K. Schmidt/Lutter/*Langenbucher* Rn. 3; Spindler/Stilz/*Veil* Rn. 4.
[7] Semler/Stengel/*Diekmann* UmwG § 64 Rn. 4.
[8] Schmitt/Hörtnagl/Stratz/*Stratz* UmwG § 64 Rn. 2.

gegeben werden.⁹ Die Auslegung muss grundsätzlich in dem **Raum** erfolgen, in dem auch die Hauptversammlung stattfindet.

Statt der Auslegung der fraglichen Unterlagen in Papierform gestattet § 293g Abs. 1 idF **5a** des ARUG seit 2009 auch eine **Zugänglichmachung** der Unterlagen **in elektronischer Form**, dh auf Bildschirmen oder elektronischen Speichermedien, insbesondere also Monitoren (vgl. auch § 52 Abs. 2 S. 5 und § 129 Abs. 4 S. 1). Aus dem Zweck der Regelung (→ Rn. 1) folgt, dass die *Zahl der Monitore* so groß sein muss, dass die Teilnehmer an der Hauptversammlung jederzeit von den über die Monitore verbreiteten Dokumenten Kenntnis nehmen können, und zwar problemlos ohne besonderen technischen Aufwand. Lediglich kurzfristige Funktionsstörungen bei einzelnen Monitoren dürften unschädlich sein und begründen jedenfalls in aller Regel mangels Kausalität keine Anfechtbarkeit des Hauptversammlungsbeschlusses (→ Rn. 5b).¹⁰

3. Rechtsfolgen. Ein Verstoß gegen die Pflicht zur Zugänglichmachung der fraglichen **5b** Unterlagen führt zur **Anfechtbarkeit** des Zustimmungsbeschlusses (§ 243 Abs. 1; → § 293 Rn. 38 ff.).¹¹ § 243 Abs. 4 S. 2 steht nicht entgegen. Jedoch wird es häufig an der Kausalität des Verstoßes iSd § 243 Abs. 4 S. 1 fehlen, wenn die Unterlagen nach den §§ 293f Abs. 3 und 124a S. 1 Nr. 3 oder nach § 30b WpHG über das Internet verfügbar sind (→ § 293f Rn. 2).

III. Erläuterungspflicht

1. Bedeutung. Gemäß § 293g Abs. 2 S. 1 hat der Vorstand (nur) den Unternehmensvertrag zu Beginn der Verhandlung der Hauptversammlung über den Tagesordnungspunkt „Zustimmung zu dem Unternehmensvertrag" mündlich zu erläutern. Gemeint ist damit ein **zusammenfassender mündlicher Vortrag** des Vorstandsvorsitzenden (oder des nach der Geschäftsordnung sonst zuständigen Vorstandsmitglieds) über die wesentlichen **Gründe**, die den Vorstand zum Abschluss des Vertrags veranlasst haben, über die **Vor- und Nachteile** des Vertragsabschlusses, über die zu erwartenden **Konsequenzen** für die Gesellschaft sowie vor allem über die **Angemessenheit** des Vorschlags für Ausgleich und Abfindung im Falle des § 291 *oder* über die Angemessenheit der Gegenleistung im Falle des § 292.¹²

Die Erläuterungspflicht des Vorstandes muss im Zusammenhang mit seiner Berichtspflicht **7** auf Grund des § 293a sowie mit der Prüfung des Vertrags durch sachverständige Prüfer nach den §§ 293b–293e gesehen werden. Die Folge ist, dass sich die Erläuterung des Vertrages, weil der Vertragsbericht den Aktionären bereits bekannt ist (§ 293f Abs. 1 Nr. 3), im Regelfall auf eine **kurze Zusammenfassung und Aktualisierung des Vertragsberichtes** beschränken kann.¹³ Wichtig ist vor allem der zweite Punkt, weil sich daraus die Verpflichtung des Vorstandes ergibt, auf *zwischenzeitliche Entwicklungen* einzugehen, sofern sie die Vor- und Nachteile des Vertragsabschlusses oder die Angemessenheit von Ausgleich und Abfindung (§ 291) bzw. der Gegenleistung (§ 292) in einem anderen Lichte als in dem Vertragsbericht dargestellt erscheinen lassen.¹⁴ Ein besonderes Augenmerk ist dabei auf die zwischenzeitliche Entwicklung der **Börsenkurse** zu richten.

2. Ausnahmen. Unklar ist, inwieweit sich der Vorstand im Rahmen seiner Erläuterungs- **8** pflicht auf etwaige **Geheimhaltungsinteressen** der an dem Vertrag beteiligten Unternehmen berufen kann. Früher wurde insoweit häufig § 131 Abs. 3 entsprechend angewandt.

---
⁹ OLG Frankfurt AG 1993, 185 = NJW-RR 1993, 298.
¹⁰ GroßkommAktG/*Mülbert* Rn. 10.
¹¹ BGHZ 82, 188 (199 f.) = NJW 1982, 933 = AG 1982, 129; OLG Frankfurt AG 1993, 185 = NJW-RR 1993, 298.
¹² MüKoAktG/*Altmeppen* Rn. 6 f.; *Bayer* AG 1988, 323 (328 f.); KK-AktG/*Koppensteiner* Rn. 6 ff.; Großkomm/*Mülbert* Rn. 18; K. Schmidt/Lutter/*Langenbucher* Rn. 5; Kallmeyer/*Marsch-Barner* UmwG § 64 Rn. 3 f.; Spindler/Stilz/*Veil* Rn. 5.
¹³ Ebenso zB Großkomm/*Mülbert* Rn. 19.
¹⁴ *J. Vetter* NZG 1999, 925 (927).

Näher liegt indessen die **Analogie zu § 293a Abs. 2,** wenn man bedenkt, dass es sich bei der vom Vorstand nach § 293g Abs. 2 S. 1 geschuldeten Erläuterung des Unternehmensvertrages im Grunde um nichts anderes als um eine mündliche Präzisierung und Aktualisierung des ohnehin bereits vorliegenden Vertragsberichts des Vorstandes nach § 293a handelt (→ Rn. 7; → § 293a Rn. 21 ff.).[15] Außerdem können die Aktionäre analog § 293a Abs. 3 auf die Erläuterung **verzichten.**

IV. Auskunftsrecht

9 **1. Zweck.** Nach § 293g Abs. 3 ist jedem Aktionär auf Verlangen in der Hauptversammlung, die nach § 293 Abs. 1 oder Abs. 2 über die Zustimmung zu einem Unternehmensvertrag zu beschließen hat, Auskunft „auch" über „alle" für den Vertragsschluss wesentlichen Angelegenheiten des anderen Vertragsteils zu geben. Das erweiterte Auskunftsrecht der Aktionäre besteht in jedem Fall des § 293 Abs. 1 und 2, also auch bei der Entscheidung über die Zustimmung zu einem der anderen Unternehmensverträge des § 292 (→ Rn. 1).[16]

10 **Zweck** der Erweiterung des Auskunftsrechts der Aktionäre durch Abs. 3 des § 293g ist die vollständige Unterrichtung der Aktionäre über die möglichen **Auswirkungen** des Unternehmensvertrages auf ihre Gesellschaft.[17] Dazu gehört im Falle des § 291 nicht zuletzt die Beurteilung der **Angemessenheit von Abfindung und Ausgleich.**[18] Im selben Licht muss die Erweiterung des Auskunftsrechts auf die für den Vertragsabschluss wesentlichen Angelegenheiten des *anderen* Vertragsteils gesehen werden, und zwar gleichermaßen in den Fällen des § 291 wie in denen des § 292.[19] Auch dadurch soll es den Aktionären ermöglicht werden, ihr Mitverwaltungsrecht bei dem Abschluss von Unternehmensverträgen auf Grund des § 293 Abs. 1 und Abs. 2 sachgerecht in Kenntnis der relevanten Umstände auszuüben (→ Rn. 20 f.).[20]

11 **2. Verhältnis zu den §§ 131 und 132.** Bei § 293g Abs. 3 handelt es sich ebenso wie bei § 64 Abs. 2 UmwG um eine **bloße Erweiterung** des allgemeinen Auskunftsrechts der Aktionäre auf Grund **des § 131,** das sich nach § 131 Abs. 1 S. 2 ohnehin schon auf die rechtlichen und geschäftlichen Beziehungen der Gesellschaft *zu* einem verbundenen Unternehmen iSd § 15 erstreckt. Die Erweiterung besteht darin, dass das Auskunftsrecht der Aktionäre hier außerdem die für den Vertragsabschluss wesentlichen Angelegenheiten des anderen Vertragsteils *selbst* sowie der mit diesem *verbundenen Unternehmen* umfaßt.[21] Dazu können von Fall zu Fall auch die weiteren Beziehungen der zuletzt genannten Unternehmen zu *Dritten* gehören.[22]

12 Im Übrigen bleibt es bei der Anwendbarkeit der §§ 131 und 132.[23] Daraus folgt zB, dass auch im Rahmen des § 293g Abs. 3 das Auskunftsrecht voraussetzt, dass die verlangte **Auskunft** zur sachgemäßen Beurteilung des fraglichen Tagesordnungspunktes (Zustimmung zu dem Unternehmensvertrag) *erforderlich* ist (§ 131 Abs. 1 S. 1),[24] sowie, dass sich die *Durchsetzung* des Auskunftsrechts nach § 132 richtet. Ein Beschluss, durch den die Gesell-

---

[15] Ebenso wohl MüKoAktG/*Altmeppen* Rn. 7; K. Schmidt/Lutter/*Langenbucher* Rn. 10; Großkomm/*Mülbert* Rn. 20; Spindler/Stilz/*Veil* Rn. 6.

[16] Hüffer/*Koch* Rn. 3; Großkomm/*Mülbert* Rn. 21; aA MüKoAktG/*Altmeppen* Rn. 9; ders. ZIP 1988, 1853 (1865).

[17] Begr. RegE des § 293, bei *Kropff* AktG 382.

[18] OLG Koblenz ZIP 2001, 1093 (1094) – Diebels/Reginaris I; ZIP 2001, 1095 (1098) – Diebels/Reginaris II.

[19] Enger KK-AktG/*Koppensteiner* Rn. 14 f.

[20] BGHZ 119, 1 (17) = NJW 1992, 2760 = AG 1992, 450 – Asea/BBC; BayObLGZ 1974, 208 (211 f.) = NJW 1974, 2094 = AG 1974, 224; KG NZG 2002, 818 (821) = AG 2003, 99 (101).

[21] KG NZG 2002, 818 (821) = AG 2003, 99 (101); LG Frankfurt a.M. AG 1989, 331 = WM 1989, 683 = ZIP 1989, 1062 – Nestlé; MüKoAktG/*Altmeppen* Rn. 11; Großkomm/*Mülbert* Rn. 22, 25.

[22] KG NZG 2002, 818 (821) = AG 2003, 99 (101).

[23] Kallmeyer/*Marsch-Barner* UmwG § 64 Rn. 6; Semler/Stengel/*Diekmann* UmwG § 64 Rn. 15 ff.

[24] BayObLGZ 1974, 208 (210) = NJW 1974, 2094 = AG 1974, 224; BayObLGZ 1975, 239 (242) = WM 1975, 1016 = AG 1975, 325; KG AG 2003, 99 (101) = NZG 2002, 818 (821); OLG Koblenz ZIP 2001, 1093 (1094 f.); 2001, 1095 (1098 f.); LG Frankfurt a.M. AG 1989, 331 = ZIP 1989, 1062 – Nestlé.

schaft zur Auskunftserteilung verpflichtet wird, ist nach § 888 ZPO zu vollstrecken.[25] Unberührt davon bleibt die Möglichkeit der Aktionäre, den Zustimmungsbeschluss im Falle einer Verletzung ihres Auskunftsrechts *anzufechten* (→ Rn. 24).

Das Auskunftsrecht auf Grund der §§ 131 und 293g Abs. 3 steht **„jedem Aktionär"** 13 auf sein Verlangen hin zu. Auskunftsberechtigt ist mithin jeder Aktionär ohne Rücksicht auf die Höhe seines Aktienbesitzes. Selbst wenn er nur über eine einzige Aktie verfügt, kann die Gesellschaft seinem Auskunftsverlangen grundsätzlich nicht den Einwand des Rechtsmissbrauchs entgegenhalten.[26] Für die Auskunftserteilung selbst gilt im Rahmen des § 293g Abs. 3 gleichfalls dasselbe wie im Rahmen des § 131. Die Aktionäre haben daher **nur Anspruch auf mündliche Erteilung** der Auskunft im Rahmen der Hauptversammlung, dagegen nicht auf schriftliche Beantwortung ihrer Fragen. Ebenso wenig steht ihnen ein Anspruch auf Vorlage von Urkunden oder auf Einsicht in Urkunden der Gesellschaft zu.[27]

3. Adressat. Das Auskunftsrecht der Aktionäre richtet sich **allein gegen** den **Vorstand** 14 **ihrer Gesellschaft** und ist in der Hauptversammlung auszuüben, die über die Zustimmung zu dem Unternehmensvertrag beschließen soll. Die §§ 131 und 293g Abs. 3 begründen **nicht** etwa ein Auskunftsrecht **auch gegen** den **anderen Vertragsteil** (→ Rn. 16 f.). Der Vorstand der Gesellschaft muss sich deshalb bereits *vor* der Hauptversammlung nach Kräften darum bemühen, sämtliche etwa erforderlichen Informationen über den anderen Vertragsteil zu erhalten (§ 93 Abs. 1 S. 1).[28] Tut er dies nicht, so macht er sich schadensersatzpflichtig (§ 93 Abs. 2). Außerdem kann sich der Vorstand dann nicht in der nachfolgenden Zwangsvollstreckung nach § 888 ZPO (→ Rn. 12) auf eine etwaige Unmöglichkeit der Auskunftserteilung berufen (→ Rn. 18).[29]

Unklar ist die Rechtslage, wenn der andere Vertragsteil trotz pflichtgemäßer Bemühungen des Vorstandes (→ Rn. 14) die erforderlichen **Informationen verweigert.** Zwei Fragen müssen hier unterschieden werden, einmal die Frage, ob der Vorstand unter bestimmten Voraussetzungen einen Anspruch gegen den anderen Teil auf Auskunftserteilung hat (→ Rn. 16 f.), zum anderen die Frage, welche Auswirkungen die (berechtigte oder unberechtigte) Auskunftsverweigerung des anderen Vertragsteils auf das Auskunftsrecht der Aktionäre nach § 293g Abs. 3 hat (→ Rn. 18): 15

4. Auskunftspflicht des anderen Teils? Aus den §§ 131 und 293g Abs. 3 allein folgt 16 noch *kein* Auskunftsrecht der Gesellschaft *oder* ihrer Aktionäre gegen den *anderen* Vertragsteil (→ Rn. 14).[30] Das Auskunftsrecht der **Aktionäre** richtet sich vielmehr auch im Falle des § 293g Abs. 3 grundsätzlich allein gegen den Vorstand ihrer Gesellschaft. Die Gesetzesverfasser haben die hierin liegende Beschränkung des Auskunftsrechts der Aktionäre damit gerechtfertigt, ein mit pflichtgemäßer Sorgfalt handelnder Vorstand müsse in der Lage sein, über alle für den Vertragsabschluss wesentlichen Angelegenheiten des anderen Vertragsteils von sich aus Auskunft zu geben.[31] Damit ist zugleich gesagt, dass auch die betreffende **Gesellschaft** selbst grundsätzlich *kein* Auskunftsrecht allein aufgrund der Regelung der §§ 293a–293g gegen den anderen Vertragsteil besitzt. Ein derartiges Auskunftsrecht kann sich vielmehr immer nur von Fall zu Fall aus besonderen Rechtsgründen ergeben.

---

[25] BayObLGZ 1974, 208 (214) = NJW 1974, 2094; BayObLGZ 1974, 484 (486 f.) = NJW 1975, 740 = AG 1975, 78; BayObLGZ 1975, 239 (243) = WM 1975, 1016 = AG 1975, 325.
[26] BGHZ 119, 1 (17) = NJW 1992, 2760 = AG 1992, 450 – Asea/BBC; BayObLGZ 1974, 208 (213) = NJW 1974, 2094 = AG 1974, 224.
[27] BGHZ 122, 211 (236 f.) = NJW 1993, 1976 = AG 1993, 422 – SSI; OLG Frankfurt AG 1989, 330; LG Ingolstadt AG 1991, 24 – SSI.
[28] BayObLGZ 1975, 239 (242 f.) = WM 1975, 1016 = AG 1975, 325; OLG Koblenz ZIP 2001, 1093 (1094); 2001, 1095 (1098).
[29] BayObLGZ 1975, 239 (242 f.) = WM 1975, 1016 = AG 1975, 325.
[30] AA Semler/Stengel/*Diekmann* UmwG § 64 Rn. 18.
[31] Begr. RegE des § 293, bei *Kropff* AktG 382 oben.

16a Eine abweichende Beurteilung dürfte nur im Falle des Abschlusses eines **Beherrschungsvertrages** in Betracht kommen. Zwar erlangt der Vertrag Wirksamkeit erst mit Eintragung ins Handelsregister (§ 294 Abs. 2). Jedoch lässt sich durchaus die Auffassung vertreten, dass bei einem Beherrschungsvertrag wegen dessen weitreichender Auswirkungen Auskunftspflichten beider Parteien bereits im vorvertraglichen Stadium auf Grund der §§ 241 Abs. 2 und 311 Abs. 2 BGB bestehen.[32] Jenseits dieses freilich praktisch besonders bedeutsamen Falles kommt eine Auskunftspflicht des anderen Teils gegenüber der betreffenden Gesellschaft vor allem noch im Falle der **Beteiligung** der Gesellschaft an dem anderen Vertragsteil in Betracht (§ 131 AktG; § 51a GmbHG).[33]

17 Bei den anderen Unternehmensverträgen des § 292 ist für die Annahme des Auskunftsrechts einer Partei gegen die andere ferner vor allem bei der **Gewinngemeinschaft** des § 292 Abs. 1 Nr. 1 auf Grund der Treuepflicht der Gesellschafter untereinander Raum (§§ 705, 716, 242, 241 Abs. 2 BGB). Dasselbe gilt von Fall zu Fall bei den **Teilgewinnabführungsverträgen** des § 292 Abs. 1 Nr. 2 (→ § 292 Rn. 29d), nicht aber generell und insbesondere *nicht* bei den Betriebspacht- und Betriebsüberlassungsverträgen (§ 292 Abs. 1 Nr. 3). In einer Vielzahl von Fällen **fehlt** es somit an einer tragfähigen Grundlage für die Annahme eines Auskunftsrechts des einen Vertragsteils gegen den anderen. In diesen Fällen muss geklärt werden, welche Konsequenzen dies für das Auskunftsrecht der Aktionäre hat (→ Rn. 18).

18 Wenn es dem Vorstand trotz pflichtgemäßer Bemühungen nicht gelingt, die nötigen Auskünfte von dem anderen Vertragsteil zu erlangen, oder wenn er durch eine unerwartete Frage überrascht wird, soll das Auskunftsrecht der Aktionäre nach einer verbreiteten Meinung auf **immanente Schranken** stoßen, sodass ebenso wie etwa bei einem sonst drohenden Verstoß gegen die Verschwiegenheitspflicht des Vorstands (§ 93 Abs. 1 S. 2) das Auskunftsrecht der Aktionäre entfalle (§§ 242, 275 Abs. 1 BGB).[34] Das ist indessen nur richtig, wenn der Vorstand der Gesellschaft tatsächlich *über keine Mittel verfügt*, sich die nötigen Informationen bei dem anderen Vertragsteil zu beschaffen (→ Rn. 16 f.); andernfalls bleibt er zur Auskunft verpflichtet, weil dann weder von Unmöglichkeit noch von Unvermögen die Rede sein kann (§ 275 Abs. 1 BGB).[35] Zudem darf ein pflichtgemäß handelnder Vorstand seinen Aktionären wohl *kaum die Zustimmung* zu einem Unternehmensvertrag mehr *vorschlagen*, wenn der andere Vertragsteil bereits die Erteilung der zur Beurteilung des Vertrags erforderlichen Auskünfte verweigert (§ 93 Abs. 1).[36]

19 **5. Umfang.** Durch § 293g Abs. 3 wird (in Übereinstimmung mit den §§ 319 Abs. 3 S. 4 und 320 Abs. 4 S. 3) das ohnehin schon weitreichende Auskunftsrecht der Aktionäre auf-grund des § 131 auf „alle" für den Vertragsabschluss „wesentlichen" Angelegenheiten des anderen Vertragsteils erweitert, im Falle des Abschlusses eines Beherrschungs- oder Gewinn-abführungsvertrages also zB in der Hauptversammlung der abhängigen Gesellschaft auf die für die außenstehenden Aktionäre der abhängigen Gesellschaft „wesentlichen" Angelegenheiten des herrschenden Unternehmens sowie außerdem der mit diesem verbundenen Unternehmen – und umgekehrt.

20 Das Auskunftsrecht der Aktionäre auf Grund der § 131 Abs. 1 und § 293g Abs. 3 ist **weit auszulegen,** da es vermutlich das wichtigste Schutzinstrument der außenstehenden Aktionäre darstellt (Stichwort: Schutz der Aktionäre durch Information).[37] Das Gesetz

---

[32] BayObLGZ 1974, 484 (488) = NJW 1975, 740 = AG 1975, 78: *Pöschke* ZGR 2015, 550.
[33] Lutter/*Grunewald* UmwG § 64 Rn. 7.
[34] BayObLGZ 1974, 484 (486 f.) = NJW 1975, 740 = AG 1975, 78; BayObLGZ 1975, 239 (243) = WM 1975, 1016 = AG 1975, 325; OLG Hamm AG 1999, 422 (425 f.) = ZIP 1999, 798 – Idunahall/Hoesch/ Krupp; Lutter/*Grunewald* UmwG § 64 Rn. 7; Hüffer/*Koch* Rn. 4; Kort ZGR 1987, 46 (70 ff.); Kallmeyer/ *Marsch-Barner* UmwG § 64 Rn. 7.
[35] *Wälde* AG 1975, 328 ff.
[36] Spindler/Stilz/*Veil* Rn. 11; anders BayObLGZ 1974, 484 = NJW 1975, 740 = AG 1975, 78; BayObLGZ 1975, 239 (243) = AG 1975, 325; Hüffer/*Koch* Rn. 4; MHdB AG/*Krieger* § 70 Rn. 48; K. Schmidt/Lutter/ *Langenbucher* Rn. 9.
[37] MüKoAktG/*Altmeppen* Rn. 15 f.; Ebenroth AG 1970, 104; Großkomm/*Mülbert* Rn. 25; Hüffer/*Koch* Rn. 3.

bringt dies dadurch zum Ausdruck, dass es das Auskunftsrecht in § 293g Abs. 3 ausdrücklich auf „alle" für den Vertragsabschluss „wesentlichen Angelegenheiten" des anderen Vertragsteils erstreckt, „wesentlich", dh wichtig oder bedeutsam für die Entscheidung der Aktionäre über die Zustimmung zu dem Unternehmensvertrag, wozu bei Beherrschungs- und Gewinnabführungsverträgen iSd § 291 in erster Linie sämtliche Informationen über die Angelegenheiten des herrschenden Unternehmens gehören, deren Kenntnis für die Beurteilung der *Angemessenheit der Kompensation* wichtig ist; gleich stehen bei den anderen Unternehmensverträgen des § 292 alle Punkte, deren Kenntnis zur Beurteilung der Angemessenheit *von Leistung und Gegenleistung* erforderlich ist.[38] Im Ergebnis umfasst das Auskunftsrecht der Aktionäre damit **sämtliche Angelegenheiten des anderen Vertragsteils,** die in irgendeiner Hinsicht für eine sachgerechte Entscheidung der Aktionäre über den Unternehmensvertrag bedeutsam sein können.[39] Die Aktionäre brauchen sich daher nicht mit der Beurteilung durch den Vorstand abspeisen zu lassen, sondern können selbst einen *umfassenden Einblick* in die Verhältnisse des herrschenden Unternehmens an Hand von Fakten verlangen.[40]

Aus dem Gesagten folgt, dass sich das Auskunftsrecht der Aktionäre danach insbesondere auf die *Bonität* des anderen Vertragsteils erstreckt.[41] Weitere **Beispiele** sind die *Zusammensetzung des Aktionärskreises,* weiter die *Vermögenslage* des anderen Vertragsteils im weitesten Sinne einschließlich seiner satzungsmäßigen Kapitalverhältnisse sowie seiner Ertragslage, wozu etwa auch eine geplante Kapitalerhöhung oder die Bewertung von Sacheinlagen sowie die Ergebnisse anderer Beteiligungsunternehmen gehören,[42] sowie noch die *wichtigsten Bilanzpositionen* der letzten Geschäftsjahre[43] und ggf. stille Reserven.[44] Weitere **Beispiele** sind von Fall zu Fall die *Beziehungen* des anderen Vertragsteils *zu Dritten,* sofern für die Entscheidung der Aktionäre erheblich,[45] der *Wertansatz* in der Bilanz des herrschenden Unternehmens für die Beteiligung an der abhängigen Gesellschaft,[46] ferner die *Ertragsentwicklung* des herrschenden Unternehmens, die von ihm erzielten Überschüsse, die geplanten zukünftigen Erträge sowie noch der Wert des nicht betriebsnotwendigen Vermögens.[47]

Zur Beurteilung der Angemessenheit von Ausgleich und Abfindung gehören ggf. auch **Alternativrechnungen** für den Fall der Veränderung wesentlicher Parameter wie insbesondere des Kapitalisierungszinsfußes einschließlich der üblichen Zu- und Abschläge. Bei einer Abfindung in Aktien des anderen Vertragsteils (§ 305 Abs. 2 Nr. 1) erstreckt sich das Auskunftsrecht der Aktionäre ferner auf den *Buchwert* der Aktien.[48] Weitere Beispiele sind die *Unternehmenspolitik* des anderen Vertragsteils, seine mit dem Vertragsabschluss verfolgten unternehmerischen *Ziele* sowie überhaupt die **Struktur und** die **Lage des Konzerns,** zu dem der andere Vertragsteil gehört. Davon zu trennen sind jedoch die Verhältnisse der

---

[38] BGHZ 122, 211 (238) = NJW 1993, 1976 = AG 1993, 422 – SSI; OLG Koblenz ZIP 2001, 1093 (1094); 2001, 1095 (1098) – Diebels/Reginaris I und II.
[39] BayObLGZ 1974, 208 (212 f.) = NJW 1974, 2094 = AG 1994, 224; BayObLGZ 1975, 239 (242) = WM 1975, 1016 = AG 1975, 326; LG Frankfurt a.M. AG 1989, 331 = WM 1989, 683 = ZIP 1989, 1062 – Nestlé; statt aller Großkomm/*Mülbert* Rn. 27 f.
[40] BayObLGZ 1974, 208 (211 f.) = NJW 1974, 2094 = AG 1974, 224; OLG Koblenz ZIP 2001, 1093 (1094); 2001, 1095 (1098).
[41] BGHZ 119, 1 (17) = NJW 1992, 2760 = AG 1992, 450 – Asea/BBC.
[42] BGHZ 119, 1 (15 f.) = NJW 1992, 2760 = AG 1992, 450 – Asea/BBC; BGHZ 122, 211 (238 f.) = NJW 1993, 1976 = AG 1993, 422 – SSI; BayObLGZ 1974, 208 (210 f.) = NJW 1974, 2094 = AG 1974, 224; BayObLGZ 1975, 239 (242) = WM 1975, 1016 = AG 1975, 325; OLG Karlsruhe AG 1991, 144 (147 f.) – Asea/BBC; LG Frankfurt a.M. AG 1989, 331 = WM 1989, 683 = ZIP 1989, 1062 – Nestlé.
[43] BayObLGZ 1974, 208 (210) = NJW 1974, 2094 = AG 1974, 224; OLG Hamburg AG 2004, 441 (443) = NZG 2003, 539 – Philips/PKV.
[44] OLG Karlsruhe AG 1991, 144 (147 f.).
[45] KG NZG 2002, 818 (821) = AG 2003, 99 (101).
[46] OLG Koblenz ZIP 2001, 1093 (1094); 2001, 1095 (1098).
[47] OLG Koblenz ZIP 2001, 1093 (1094); 2001, 1095 (1098).
[48] LG Hanau AG 1996, 184 (185) – Schwab Versand.

Gesellschafter des anderen Vertragsteils; ihre Verhältnisse umfasst das Auskunftsrecht der Aktionäre nur, sofern sie sich ausnahmsweise zugleich in den Verhältnissen des anderen Vertragsteils niederschlagen.[49]

23   **6. Schranken.** Bei dem Auskunftsrecht der Aktionäre nach § 293g Abs. 3 handelt es sich um eine bloße Erweiterung des Auskunftsrechts der Aktionäre auf Grund des § 131 Abs. 1 (→ Rn. 11). Daher rührt der Streit, ob auch im Rahmen des § 293g Abs. 3 Raum für das **Auskunftsverweigerungsrecht** des Vorstands **nach § 131 Abs. 3** ist, wie heute wohl überwiegend angenommen wird.[50] Während der BGH heute offenbar zur Verneinung der Frage tendiert,[51] wird in der Begründung zu dem dem § 293g Abs. 3 entsprechenden § 64 Abs. 2 UmwG ausdrücklich die gegenteilige Auffassung vertreten.[52] Gleichwohl sprechen nach wie vor die besseren Gründe gegen die **Anwendbarkeit** jedenfalls **des § 131 Abs. 3 Nr. 1** im Rahmen des § 293g Abs. 3 (→ § 319 Rn. 17). Wichtig sind vor allem die fehlende Bezugnahme auf § 131 Abs. 3 in § 293g Abs. 3 sowie der Zweck des Auskunftsrechts der Aktionäre (→ Rn. 10), der in der Tat nur verwirklicht werden kann, wenn hier zumindest kein Raum für das Auskunftsverweigerungsrecht nach § 131 Abs. 3 Nr. 1 ist.[53] In krassen Fällen genügt die **entsprechende Anwendung der §§ 93 Abs. 1 S. 2 und 293a Abs. 2 S. 1**.[54]

24   **7. Rechtsfolgen.** Wenn einem Aktionär entgegen § 293g Abs. 3 eine Auskunft verweigert wird, kann er nach **§ 132** vorgehen (→ Rn. 12, 14). Unabhängig davon ist das Recht der Aktionäre, den **Zustimmungsbeschluss** (§ 293 Abs. 1 und 2) im Falle eines Verstoßes gegen § 293g Abs. 1–3 nach § 243 Abs. 1 anzufechten; das Verfahren nach § 132 verdrängt nicht etwa die Anfechtungsklage.[55] Dieses Anfechtungsrecht bestand früher auch (und gerade), wenn es um Auskünfte über Fragen der Angemessenheit von Ausgleich und Abfindung ging.[56] Insoweit greift jetzt aber der **Anfechtungsausschluss des § 243 Abs. 4 S. 2** idF von 2005 ein. In den verbleibenden Fällen setzt die Anfechtung außerdem voraus, dass sich die Verweigerung der Auskunft auf den betreffenden Tagesordnungspunkt der Hauptversammlung (Zustimmung zum Unternehmensvertrag) bezieht.[57] Ist diese Voraussetzung erfüllt, so ist die Kausalität der Auskunftsverweigerung für den Zustimmungsbeschluss grundsätzlich zu bejahen (§ 243 Abs. 4 S. 1).[58]

V. Anlage zur Niederschrift

25   Nach § 293g Abs. 2 S. 1 ist der Unternehmensvertrag, sofern ihm die Hauptversammlung mit der nötigen Mehrheit nach § 293 Abs. 1 oder 2 zugestimmt hat, der Niederschrift über

---

[49] BGHZ 122, 211 (237) = NJW 1993, 1976 = AG 1993, 422 – SSI; LG Hanau AG 1996, 184 (185) – Schwab Versand.
[50] Begr. RegE des § 64 UmwG (1994), BT-Drs. 12/6699, 103 (l. Sp. u.); BayObLGZ 1974, 208 (212 f.) = NJW 1974, 2094 = AG 1974, 224; LG Frankfurt AG 1989, 331 = WM 1989, 683 – Nestlé; *Bungert* DB 1995, 1449 (1451); GroßkommAktG/*Mülbert* Rn. 36; Lutter/*Grunewald* UmwG § 64 Rn. 8; KK-AktG/*Koppensteiner* Rn. 16; Spindler/Stilz/*Veil* Rn. 13.
[51] BGHZ 119, 1 (16 f.) = NJW 1974, 204.
[52] Begr. RegE des § 64 UmwG (1994), BT-Drs. 12/6699, 103.
[53] Ebenso MüKoAktG/*Altmeppen* Rn. 21; *Decher* ZHR 158 (1994), 473 (492); Hüffer/*Koch* Rn. 4; *Wälde* AG 1975, 328 (329); wohl auch BGHZ 119, 1 (16 f.) = NJW 1992, 2760 = AG 1992, 450 – Asea/BBC; zust. wohl OLG München AG 1996, 327 = NJW-RR 1997, 544 (545).
[54] Ebenso MüKoAktG/*Altmeppen* Rn. 21; K. Schmidt/Lutter/*Langenbucher* Rn. 10.
[55] MüKoAktG/*Altmeppen* Rn. 22–25; *Becker* AG 1988, 223 (228 f.); Semler/Stengel/*Diekmann* UmwG § 64 Rn. 13, 23; Lutter/*Grunewald* UmwG § 64 Rn. 9; Hüffer/*Koch* Rn. 4; K. Schmidt/Lutter/*Langenbucher* Rn. 12.
[56] OLG Koblenz ZIP 2001, 1093 (1094); 2001, 1095 (1098 f.).
[57] BGHZ 119, 1 (13 ff.) = NJW 1992, 2760 = AG 1992, 450 – Asea/BBC.
[58] BGHZ 82, 188 (199 f.) = NJW 1982, 933 = AG 1982, 129 – Hoesch/Hoogovens; BGHZ 119, 1 (18 f.) = NJW 1992, 2760 = AG 1992, 450 – Asea/BBC; BGHZ 122, 211 (238 f.) = NJW 1993, 1976 = AG 1993, 422 – SSI; BGHZ 160, 385 (391 f.) = AG 2005, 87 = NZG 2005, 77; OLG Koblenz ZIP 2001, 1093 (1094 f.); 2001, 1094 (1098 f.); *W. Bayer* AG 1988, 323 (330); Großkomm/*Mülbert* Rn. 34 f.; anders nach den Umständen des Falles KG NZG 2002, 818 (821) = AG 2003, 99 (101).

die Hauptversammlung als Anlage beizufügen. Bei dieser Niederschrift handelt es sich immer um ein **notarielles Protokoll** (§ 130 Abs. 1 S. 3 iVm § 293 Abs. 1 und 2). Durch die Beifügung des Unternehmensvertrages soll sichergestellt werden, dass die Vertragsfassung, der die Hauptversammlung zugestimmt hat, eindeutig identifiziert werden kann.[59] Über § 294 Abs. 1 S. 2 AktG iVm § 9 Abs. 1 HGB wird auf diese Weise zugleich für die nötige **Publizität** der Unternehmensverträge gesorgt.

§ 294 Eintragung. Wirksamwerden

(1) ¹Der Vorstand der Gesellschaft hat das Bestehen und die Art des Unternehmensvertrages sowie den Namen des anderen Vertragsteils zur Eintragung in das Handelsregister anzumelden; beim Bestehen einer Vielzahl von Teilgewinnabführungsverträgen kann anstelle des Namens des anderen Vertragsteils auch eine andere Bezeichnung eingetragen werden, die den jeweiligen Teilgewinnabführungsvertrag konkret bestimmt. ²Der Anmeldung sind der Vertrag sowie, wenn er nur mit Zustimmung der Hauptversammlung des anderen Vertragsteils wirksam wird, die Niederschrift dieses Beschlusses und ihrer Anlagen in Urschrift, Ausfertigung oder öffentlich beglaubigter Abschrift beizufügen.

(2) Der Vertrag wird erst wirksam, wenn sein Bestehen in das Handelsregister des Sitzes der Gesellschaft eingetragen worden ist.

Schrifttum: S. bei §§ 291–293.

Übersicht

	Rn.		Rn.
I. Überblick	1, 2	**IV. Verfahren**	18–24
II. Anwendungsbereich	3–5	1. Zuständigkeit	18
1. Abhängige Gesellschaft	3, 4	2. Umfang der Prüfung	19, 20
2. Herrschende Gesellschaft?	5	3. Insbesondere Anfechtbarkeit	21, 22
III. Anmeldung	6–17	4. Eintragung	23, 24
1. Verpflichteter	6, 7	**V. Wirksamkeit**	25–29
2. Inhalt	8–11	1. Konstitutive Wirkung	25, 26
3. Teilgewinnabführungsvertrag	12, 12a	2. Rechtslage vor Eintragung	27, 28
4. Anlagen	13–17	3. Rückwirkung	29

I. Überblick

Nach § 294 Abs. 1 S. 1 Hs. 1 hat der Vorstand der Gesellschaft das Bestehen und die Art 1 des Unternehmensvertrages sowie den Namen des anderen Vertragsteils zur Eintragung in das Handelsregister anzumelden; Besonderheiten gelten nach Hs. 2 der genannten Vorschrift lediglich für Teilgewinnabführungsverträge (→ Rn. 12 f.). Der Anmeldung sind nach S. 2 der Vorschrift der Unternehmensvertrag sowie ggf. die Niederschrift über die Zustimmung der Hauptversammlung des anderen Vertragsteils nach § 293 Abs. 2 beizufügen. Die Eintragung hat konstitutive Wirkung (§ 294 Abs. 2).

Das **A**ktG von 1937 kannte noch keine vergleichbare Regelung, sodass nach damals 2 überwiegender Meinung Unternehmensverträge keiner Eintragung ins Handelsregister bedurften. § 22 Abs. 2 EGAktG ordnete deshalb für **Altverträge** eine nachträgliche Eintragungspflicht an. **Zweck** der seitdem geltenden Registerpublizität für Unternehmensverträge ist vor allem die **Information** der Aktionäre, der Gläubiger und **der Öffentlichkeit** über den Bestand von Unternehmensverträgen wegen ihrer häufig weitreichenden Wirkun-

---

[59] BGH NJW 1992, 1452 = AG 1992, 192 – Siemens/NRG im Anschluss an die Begr. RegE des § 293, bei *Kropff* AktG 381 unten.

gen (§ 9 HGB); zugleich wird durch die konstitutive Wirkung der Eintragung (§ 294 Abs. 2) die **Rechtssicherheit** gewährleistet.[1]

II. Anwendungsbereich

1. Abhängige Gesellschaft. Nach § 294 Abs. 1 S. 1 Hs. 1 obliegt die Anmeldung dem „Vorstand der Gesellschaft". Gemeint ist damit der Vorstand derjenigen **Gesellschaft,** die jeweils die **vertragstypischen Leistungen** erbringt, da bei dieser Gesellschaft das Interesse der Öffentlichkeit an der Offenlegung von Unternehmensverträgen am dringlichsten ist. Anmeldepflichtig sind mithin im Falle des Abschlusses eines Beherrschungs-, Gewinnabführungs- oder Teilgewinnabführungsvertrages der Vorstand bzw. die persönlich haftenden Gesellschafter der *abhängigen* oder zur Gewinnabführung *verpflichteten AG* oder KGaA sowie bei Betriebspacht- oder Betriebsüberlassungsverträgen der Vorstand oder die persönlich haftenden Gesellschafter der *verpachtenden* oder überlassenden Gesellschaft (§§ 291 Abs. 1, 292 Abs. 1 Nr. 2 und 3). Lediglich im Falle der *Gewinngemeinschaft* iSd § 292 Abs. 1 Nr. 1 betrifft die Regelung *jede* an der Gewinngemeinschaft beteiligte AG oder KGaA.

Geht der Unternehmensvertrag auf eine AG oder KGaA im Wege der **Gesamtrechtsnachfolge,** zB durch *Verschmelzung* mit einer *abhängigen* oder überlassenden Gesellschaft über, so wird dadurch die Anmeldepflicht nach § 294 erneut ausgelöst.[2] Die Anmeldepflicht trifft dann den übernehmenden Rechtsträger; die Eintragung hat jedoch in diesem Fall keine konstitutive Bedeutung.[3]

2. Herrschende Gesellschaft? Aus dem Gesagten (→ Rn. 3f.) wird überwiegend der Schluss gezogen, dass § 294 Abs. 1 *keine* Bedeutung für den anderen Vertragsteil hat, sodass für diesen *keine Anmelde- und Eintragungspflicht* besteht, verstanden als Wirksamkeitsvoraussetzung des Vertrages, selbst wenn es sich bei dem anderen Vertragsteil gleichfalls um eine AG oder KGaA mit Sitz im Inland handelt, deren Hauptversammlung dem Vertragsabschluss nach § 293 Abs. 2 zustimmen musste.[4] Ist jedoch der Unternehmensvertrag versehentlich auch bei dem herrschenden Unternehmen eingetragen worden, so steht die *Löschung* der Eintragung im Ermessen des Registergerichts (§ 395 FamFG), sodass das Registergericht je nach den Umständen des Falles auch zu dem Ergebnis gelangen kann, dass in dem betreffenden Fall gute Gründe für die Beibehaltung der Eintragung sprechen, sodass die Löschung unterbleiben kann.[5] Unberührt bleibt ferner die Vorschrift des § 130 Abs. 5 iVm § 293g Abs. 2 S. 2, nach der auch bei einer herrschenden AG oder KGaA im Falle des § 293 Abs. 2 der Vorstand unverzüglich nach der Hauptversammlung die Niederschrift über den Zustimmungsbeschluss der Hauptversammlung mit dem gebilligten Unternehmensvertrag als Anlage zum Handelsregister einzureichen hat.

III. Anmeldung

1. Verpflichteter. Die Anmeldung obliegt nach § 294 Abs. 1 S. 1 Hs. 1 dem **Vorstand** als Vertreter der jeweils anmeldepflichtigen AG (→ Rn. 4) sowie bei der KGaA den persönlich haftenden Gesellschaftern (§ 283 Nr. 1). Die Vorstandsmitglieder (oder die persönlich haftenden Gesellschafter) werden im Namen der Gesellschaft tätig.[6] Die Anmeldung muss

---

[1] Begr. RegE bei *Kropff* AktG 382; BGHZ 105, 324 (344) = NJW 1989, 295 = AG 1989, 91 – Supermarkt; OLG München AG 2009, 706 = ZIP 2009, 2295 = GmbHR 2009, 148 (150).
[2] LG München I AG 2011, 801 = WM 2012, 698 (700); KK-AktG/*Koppensteiner* Rn. 4; Hölters/*Deilmann* Rn. 4; GroßkommAktG/*Mülbert* Rn. 11;„Spindler/Stilz/ *Veil* Rn. 3.
[3] LG München I AG 2011, 801 = WM 2012, 698 (700).
[4] AG Erfurt AG 1997, 275 = GmbHR 1997, 75; AG Duisburg AG 1994, 568 = GmbHR 1994, 811 (GmbH); MüKoAktG/*Altmeppen* Rn. 12 f.; Hölters/*Deilmann* Rn. 1; KK-AktG/*Koppensteiner* Rn. 5; GroßkommAktG/*Mülbert* Rn. 12; K. Schmidt/Lutter/*Langenbucher* Rn. 2; *J. Vetter* AG 1994, 110 (111 f.); Spindler/Stilz/*Veil* Rn. 2; aA *Hommelhoff* Konzernleitungspflicht 319 f.; *U. Schneider* WM 1986, 181 (186 f.); für die GmbH → § 293 Rn. 46.
[5] OLG Celle AG 2014, 754 = GmbHR 2014, 1047 für eine GmbH.
[6] BGHZ 105, 324 (327 f.) = NJW 1989, 295 = AG 1989, 91 – Supermarkt.

von so vielen Vorstandsmitgliedern ausgehen, wie nach § 78 iVm der Satzung zur Vertretung der Gesellschaft erforderlich sind. Unechte Gesamtvertretung nach § 78 Abs. 3 S. 1 und Ermächtigung einzelner Gesamtvertreter nach § 78 Abs. 4 S. 1 sind ebenso möglich wie eine **Bevollmächtigung** Dritter, sofern sie sich gerade auf die Anmeldung bezieht und § 12 Abs. 2 S. 1 HGB beachtet wird.[7] Für die **Form** der Anmeldung gilt § 12 HGB.

Aus der Formulierung des § 294 Abs. 1 S. 1 darf **keine öffentlich-rechtliche,** mit 7 Zwangsgeldern nach § 14 HGB durchsetzbare **Anmeldpflicht** des Vorstandes oder der Gesellschaft hergeleitet werden, wie sich aus § 407 Abs. 2 S. 1 ergibt, nach dem die Anmeldung zum Handelsregister gemäß § 294 *nicht* durch Festsetzung von Zwangsgeldern vom Registergericht *erzwungen* wird. Eine Anmelde*pflicht* obliegt dem Vorstand vielmehr allein innergesellschaftlich gegenüber *seiner* Gesellschaft aufgrund des § 83 Abs. 2 (→ § 293 Rn. 31).[8] Eine wieder andere Frage ist, ob die Gesellschaft gegenüber dem anderen Vertragsteil zur Anmeldung verpflichtet ist (→ Rn. 27 f.; → § 293 Rn. 31).

2. Inhalt. Den Inhalt der Anmeldung regelt § 294 Abs. 1 S. 1 Hs. 1. Im Regelfall sind 8 danach (nur) das *Bestehen* und die *Art* des Unternehmensvertrages sowie der *Name* des anderen Vertragsteils anzumelden (→ Rn. 9 ff.). Außerdem sind gemäß § 294 Abs. 1 S. 2 der Anmeldung der Unternehmensvertrag selbst sowie ggf. die Niederschrift über die Zustimmung der Hauptversammlung des anderen Vertragsteils mit ihren Anlagen beizufügen (→ Rn. 13 ff.). Besonderheiten gelten für Teilgewinnabführungsverträge (→ Rn. 12, 12a).

Mit **Bestehen** des Unternehmensvertrages meint § 294 Abs. 1 S. 1, dass sich die Anmel- 9 dung auf einen bereits abgeschlossenen Unternehmensvertrag beziehen muss, der einen der in § 291 Abs. 1 oder § 292 Abs. 1 geregelten Vertragstypen entspricht (→ Rn. 10). Der Vertrag muss folglich, wenn eine ordnungsgemäße Anmeldung vorliegen soll, schon *sämtliche Wirksamkeitsvoraussetzungen,* von der Eintragung nach § 294 Abs. 2 abgesehen, erfüllen. Ist der Vertrag **nichtig,** so darf er, wenn das Registergericht dies erkennt, nicht ins Handelsregister eingetragen werden; gleich steht grundsätzlich die Teilnichtigkeit des Vertrages (§ 139 BGB; → Rn. 19).[9] Eine gleichwohl vorgenommene Eintragung des Vertrages hat **keine heilende Kraft** (→ Rn. 25). Stellt sich später die Nichtigkeit des Vertrages heraus, so kommt die **Amtslöschung** in Betracht (§ 395 FamFG; → Rn. 26). Dagegen ist weder die Anmeldung der Nichtigkeit des Vertrages noch deren Eintragung ins Handelsregister mangels einer gesetzlichen Grundlage möglich.[10]

Der Unternehmensvertrag muss in der Anmeldung nach seiner **Bezeichnung** einem 10 der Vertragstypen des § 291 Abs. 1 oder des § 292 Abs. 1 zugeordnet werden, da ein Unternehmensvertrag nur unter einer dieser Bezeichnungen ins Handelsregister eingetragen werden kann.[11] Jeder Vertrag muss daher, wie immer er sonst heißen mag, im Falle seiner Anmeldung nach § 294 **auch nach** einer der Vertragskategorien des **§ 291 Abs. 1 oder des § 292 Abs. 1 benannt** werden. Eine Interessengemeinschaft muss folglich zusätzlich als Gewinngemeinschaft (→ § 292 Rn. 10a), eine stille Gesellschaft zugleich als Teilgewinnabführungsvertrag (→ § 292 Rn. 29 f.) sowie ein Betriebsführungsvertrag als Betriebsüberlassungsvertrag bezeichnet werden (→ § 292 Rn. 55 ff.), und zwar jeweils iVm der genannten anderen Bezeichnung, damit die Rechtsnatur des Vertrages eindeutig festgelegt und durch seine Eintragung ins Handelsregister verlautbart wird.[12] Erfüllt ein konkreter Vertrag zugleich die **Voraussetzungen verschiedener Kategorien** von Unternehmensverträgen,

---

[7] MüKoAktG/*Altmeppen* Rn. 8; Hölters/*Deilmann* Rn. 5; Hüffer/*Koch* Rn. 2; GroßkommAktG/*Mülbert* Rn. 13 f.; Spindler/Stilz/*Veil* Rn. 4.
[8] MüKoAktG/*Altmeppen* Rn. 7, 9; Hüffer/*Koch* Rn. 2; KK-AktG/*Koppensteiner* Rn. 8; GroßkommAktG/*Mülbert* Rn. 15 f.; Spindler/Stilz/*Veil* Rn. 5.
[9] S. statt aller Hölters/*Deilmann* Rn. 6.
[10] OLG Hamm AG 2010, 216 = GmbHR 2010, 42 = ZIP 2010, 229.
[11] Hüffer/*Koch* Rn. 5; Hölters/*Deilmann* Rn. 7; KK-AktG/*Koppensteiner* Rn. 9; K. Schmidt/Lutter/*Langenbucher* Rn. 3; Spindler/Stilz/*Veil* Rn. 6; zum Teil abw. MüKoAktG/*Altmeppen* Rn. 18 f.
[12] Ebenso Hölters/*Deilmann* Rn. 8; GroßkommAktG/*Mülbert* Rn. 19.

etwa im Falle der Verbindung eines Betriebspachtvertrages mit einem Beherrschungsvertrag, so ist gleichfalls eine entsprechende Eintragung ins Handelsregister erforderlich.[13] Würde in dem zuletzt genannten Fall der Vertrag zB nur als Betriebspachtvertrag eingetragen, so wäre der zugleich vorliegende Beherrschungsvertrag mangels Eintragung ins Handelsregister nichtig (§ 294 Abs. 2 AktG; § 139 BGB; zu dieser Umgehungsproblematik → § 292 Rn. 60 ff.).[14]

11 Anzumelden und infolgedessen ins Handelsregister einzutragen ist weiter der **Name des anderen Vertragsteils,** in aller Regel also dessen **Firma** (§ 17 HGB). Schon mit Rücksicht auf § 30 HGB wird dazu gewöhnlich außerdem die Angabe des Wohnorts oder des **Sitzes** bzw. der Hauptniederlassung des anderen Vertragsteils gehören, dies auch deshalb, um den Aktionären und den Gläubigern der Gesellschaft zu verdeutlichen, mit wem sie es ggf. zu tun haben und an wen sie sich, namentlich in den Fällen der §§ 302–305, zu wenden haben.[15] Im Falle eines **Gemeinschaftsunternehmens** beziehen sich diese Anforderungen auf sämtliche Mütter, und zwar ohne Rücksicht darauf, ob formal zwischen die Mütter und das Gemeinschaftsunternehmen eine BGB-Gesellschaft, etwa aus steuerlichen Gründen oder zur Koordinierung der Herrschaftsausübung der Mütter, eingeschaltet ist oder nicht (zur Eintragung → Rn. 24).[16] Ist dies der Fall, so ist zusätzlich ein Hinweis auf die BGB-Gesellschaft erforderlich.[17]

12 **3. Teilgewinnabführungsvertrag.** Für Teilgewinnabführungsverträge iSd § 292 Abs. 1 Nr. 2 gilt seit der Änderung im Jahre 2001 (BGBl. I 3427) eine Sonderregelung. Danach kann bei Bestehen einer „Vielzahl" derartiger Verträge (anders als früher vorgeschrieben) anstelle des Namens des anderen Vertragsteils, dh des stillen Gesellschafters und Anlegers, auch eine **andere Bezeichnung** eingetragen werden kann, die den jeweiligen Teilgewinnabführungsvertrag konkret bestimmt (→ § 292 Rn. 29c); außerdem wurde die Verpflichtung zur Eintragung der Vereinbarung über die Höhe des abzuführenden Gewinns gestrichen (→ Rn. 24).[18] Diese Regelung war nötig geworden, weil die Anwendung des § 294 Abs. 1 S. 1 auf Teilgewinnabführungsverträge zu großen **Schwierigkeiten** in Fällen geführt hatte, in denen Gesellschaften mit einer Vielzahl von Anlegern, in einzelnen Fällen mit mehreren tausend, **stille Gesellschaftsverträge** abgeschlossen hatten, bei denen es sich um Teilgewinnabführungsverträge iSd § 292 Abs. 1 Nr. 2 handelte, da es auf der Hand liegt, dass die Registergerichte mit der Aufgabe, tausende solcher Verträge ins Handelsregister einzutragen, schlicht überfordert sind

12a Die Verpflichtung zur Eintragung des Namens des anderen Vertragsteils entfällt seitdem bei Teilgewinnabführungsverträgen nach § 294 Abs. 1 S. 1 Hs. 2 *nur* in dem Sonderfall des Abschlusses einer „Vielzahl von Teilgewinnabführungsverträgen". Unklar ist, wann von einer **„Vielzahl"** von Teilgewinnabführungsverträgen die Rede sein kann. Nach dem Zweck der Regelung (→ Rn. 12) dürfte jedoch ein derartiger Fall bereits anzunehmen sein, wenn die Eintragung mehrerer Teilgewinnabführungsverträge zu Schwierigkeiten bei dem Registergericht führte, dh, wenn es sich um ungefähr **8–10** oder sogar noch mehr Verträge handelt.[19] (Nur) unter dieser Voraussetzung kann auf die *namentliche Bezeichnung* der Vertragspartner der Gesellschaft, dh konkret: der stillen Gesellschafter *verzichtet* und stattdessen eine derartige **zusammenfassende Bezeichnung** der Verträge gewählt werden, die bei Einsicht in die Handelsregisterakten ihre Individualisierung ermöglicht. Für eine zusammenfassende Bezeichnung kommen insbesondere eine fortlaufende, dh durchgehende

---

[13] MüKoAktG/*Altmeppen* Rn. 18; Hüffer/*Koch* Rn. 5; MHdB AG/*Krieger* § 72 Rn. 65.
[14] Anders MüKoAktG/*Altmeppen* Rn. 18.
[15] Hüffer/*Koch* Rn. 3; Hölters/*Deilmann* Rn. 10.
[16] MüKoAktG/*Altmeppen* Rn. 20; KK-AktG/*Koppensteiner* Rn. 10; GroßkommAktG/*Mülbert* Rn. 21.
[17] K. Schmidt/Lutter/*Langenbucher* Rn. 4; Spindler/Stilz/*Veil* Rn. 7.
[18] Zu den Gründen s. die Begr. RegE (2001), BT-Drs. 14/6855, 21 f.
[19] Begr. RegE (2001), BT-Drs. 14/6855, 21 (r. Sp.); MüKoAktG/*Altmeppen* Rn. 21a; Hölters/*Deilmann* Rn. 11; Spindler/Stilz/*Veil* Rn. 8; *Schulte/Waechter* GmbHR 2002, 189; – noch enger GroßkommAktG/ *Mülbert* Rn. 51: mehr als drei Verträge.

Nummerierung der fraglichen Verträge sowie eine zusammenfassende oder eine *projektbezogene Bezeichnung* in Betracht.[20]

4. Anlagen. Der Anmeldung sind gemäß § 294 Abs. 1 S. 2 der **Vertrag** selbst sowie, wenn dieser nach § 293 Abs. 2 nur mit **Zustimmung** der Hauptversammlung **des anderen Vertragsteils** wirksam wird, außerdem die Niederschrift dieses Beschlusses und deren Anlagen, und zwar beides in Urschrift, Ausfertigung oder öffentlich beglaubigter Abschrift (§ 129 BGB) beizufügen. Auch diese Regelung bezieht sich nur auf die Anmeldung des Vertrags zur Eintragung ins Handelsregister durch den Vorstand derjenigen Gesellschaft, die jeweils die vertragstypischen Leistungen erbringt, in den Fällen des § 291 Abs. 1 also durch den Vorstand der *abhängigen oder verpflichteten* Gesellschaft (→ Rn. 4; zur Eintragung → Rn. 24).[21] 13

Das Gesetz verlangt als erstes die **Beifügung des Vertrags** (§ 294 Abs. 1 S. 2; → Rn. 4, 13). Zumindest im Regelfall dürfte solche Beifügung indessen *entbehrlich* sein, da bereits nach § 130 Abs. 5 iVm § 293g Abs. 2 S. 2 der Vorstand verpflichtet ist, unverzüglich nach der Hauptversammlung (der „abhängigen" Gesellschaft) eine Abschrift der Niederschrift über den Zustimmungsbeschluss *mit* dem *Vertrag* als Anlage zum Handelsregister einzureichen, sodass sich der Vorstand in der nachfolgenden Anmeldung nach § 294 Abs. 1 wohl unbedenklich auf eine bloße **Bezugnahme** auf diese schon eingereichten Unterlagen beschränken kann.[22] Lediglich wenn der Vorstand seiner Anmeldepflicht aus § 130 Abs. 5 nicht nachgekommen ist, hat die Regelung des § 294 Abs. 1 S. 2 daher eigenständige Bedeutung. 14

Der Anmeldung ist außerdem nach § 294 Abs. 1 S. 2, wenn der Vertrag nach § 293 Abs. 2 nur mit **Zustimmung** der Hauptversammlung **des anderen Vertragsteils** wirksam wird, also (nur) in den Fällen des § 291 Abs. 1, die Niederschrift dieses Beschlusses mit ihren Anlagen beizufügen; bei diesen Anlagen handelt es sich ebenfalls um den Vertrag. Auch hier sind aber die § 130 Abs. 5 und § 293g Abs. 2 S. 2 zu beachten. Die danach ohnehin erforderliche Einreichung der Niederschrift über den Zustimmungsbeschluss mit Anlagen macht die erneute Beifügung dieser Niederschrift mit Anlagen nach § 294 Abs. 1 S. 2 freilich nur entbehrlich, wenn zufällig beide Vertragsparteien ihren Sitz im selben Amtsgerichtsbezirk haben.[23] 15

Sofern der Unternehmensvertrag ausnahmsweise einer staatlichen **Genehmigung** bedarf, ist die Vorschrift des § 181 Abs. 1 S. 3 entsprechend anzuwenden, sodass der Anmeldung außerdem die Genehmigungsurkunde beizufügen ist.[24] Solche Fälle sind selten; ein (umstrittenes) **Beispiel** ist ein Beherrschungs- und Gewinnabführungsvertrag zwischen einem kommunalen Regiebetrieb und damit der Sache nach zwischen der Gemeinde selbst und einem von der Gemeinde abhängigen Unternehmen, der mit Rücksicht auf § 302 nach Landesrecht der Genehmigung der Kommunalaufsicht bedarf.[25] Dagegen begründet weder das KWG noch das VAG Genehmigungsvorbehalte für Unternehmensverträge mit **Kreditinstituten** oder **Versicherungsunternehmen;** es bestehen in der Praxis lediglich Beanstandungsrechte der Aufsichtsbehörde (→ § 293 Rn. 5).[26] Diese Behörde, die BAFin, kann nicht von sich aus ohne gesetzliche Grundlage Genehmigungsvorbehalte einführen (→ Rn. 21). 16

---

[20] Hölters/*Deilmann* Rn. 11; GroßkommAktG/*Mülbert* Rn. 51.
[21] Begr. RegE (2001), BT-Drs. 14/6855, 21 (r. Sp.); Hüffer/*Koch* Rn. 6.
[22] Ebenso MüKoAktG/*Altmeppen* Rn. 22; Hölters/*Deilmann* Rn. 12; Hüffer/*Koch* Rn. 7; KK-AktG/*Koppensteiner* Rn. 11; K. Schmidt/Lutter/*Langenbucher* Rn. 6; GroßkommAktG/*Mülbert* Rn. 26; Spindler/Stilz/*Veil* Rn. 11.
[23] MüKoAktG/*Altmeppen* Rn. 23; Hüffer/*Koch* Rn. 8.
[24] OLG München AG 2009, 706 = GmbHR 2009, 996 = ZIP 2009, 1520; Hüffer/*Koch* Rn. 9; KK-AktG/*Koppensteiner* Rn. 12; K. Schmidt/Lutter/*Langenbucher* Rn. 9; Spindler/Stilz/*Veil* Rn. 13; aA MüKoAktG/*Altmeppen* Rn. 24; Hölters/*Deilmann* Rn. 14.
[25] OLG München AG 2009, 706 = GmbHR 2009, 996 = ZIP 2009, 1520.
[26] Ausf. *C. van de Sande,* Die Unternehmensgruppe im Banken- und Versicherungsaufsichtsrecht, 2003, 136, 152 ff.

17 Soweit der Abschluss des Unternehmensvertrages einen **Zusammenschluss** iSd Fusionskontrolle darstellt (§ 37 Abs. 1 Nr. 2 GWB; Art. 3 FKVO), ist ergänzend das **Vollzugsverbot** des § 41 Abs. 1 GWB sowie des Art. 7 Abs. 1 FKVO zu beachten, und zwar nicht nur von den Parteien des Unternehmensvertrages, sondern auch vom Registergericht im Eintragungsverfahren (→ Rn. 18 f.; str.).[27] Der Vertrag darf daher, solange das Vollzugsverbot besteht, weder von den Parteien zur Eintragung ins Handelsregister angemeldet noch vom Registergericht auf eine danach unzulässige Anmeldung hin eingetragen werden.[28] Diese Rechtslage ist vom Registergericht selbstständig zu prüfen, wozu dieses ohne weiteres in der Lage ist (§ 26 FamFG; → Rn. 19 f.). Wird der Unternehmensvertrag gleichwohl unter Verstoß gegen das Vollzugsverbot im Handelsregister eingetragen, so greift freilich § 41 Abs. 1 S. 3 GWB ein, sodass der Vertrag wirksam wird.

IV. Verfahren

18 **1. Zuständigkeit.** Sachlich und örtlich zuständig für die Eintragung ist das Amtsgericht, in dessen Bezirk die Gesellschaft nach § 5 ihren Sitz hat (§ 14 AktG; § 8 HGB). Funktional zuständig ist beim Amtsgericht der Richter, nicht der Rechtspfleger (§ 17 Abs. 1 Nr. 1 lit. d RPflG).

19 **2. Umfang der Prüfung.** Das Registergericht hat die Anmeldung in formeller und materieller Hinsicht zu prüfen, weil das Gericht an das geltende Recht gebunden ist und keinen danach unwirksamen Unternehmensvertrag ins Handelsregister eintragen darf.[29] Entspricht die Anmeldung nicht den gesetzlichen Vorschriften (§ 294 Abs. 1 AktG; § 12 HGB), so ist die Eintragung ebenfalls abzulehnen. Anders als bei formellen Mängeln wird sich das Gericht **bei materiellen Mängeln** freilich zunächst auf eine bloße **Plausibilitätsprüfung** beschränken können; lediglich dann, wenn sich dabei Anhaltspunkte für eine Nichtigkeit des Vertrages ergeben, muss das Gericht in eine vertiefte Prüfung eintreten.[30] Dasselbe gilt bereits ab der Anmeldung, wenn eine abschließende Prüfung bereits anhand der eingereichten Dokumente möglich ist.[31]

20 Können die **Bedenken** des Gerichts gegen die Wirksamkeit des Unternehmensvertrages bei der dem Gericht von Amts wegen obliegenden Ermittlung des Sachverhalts (§ 26 FamFG) nicht ausgeräumt werden, so kann das Gericht nach seinem Ermessen die **Eintragung ablehnen oder** nach § 381 FamFG verfahren, nach dem das Registergericht, wenn eine von ihm zu erlassende Verfügung von der Beurteilung eines streitigen Rechtsverhältnisses abhängig ist, die Verfügung aussetzen *kann*, bis über das Verhältnis im Wege des Rechtsstreits entschieden ist (§ 381 S. 1 FamFG);[32] das Registergericht hat in diesem Fall zugleich einem der Beteiligten eine Frist zur Klageerhebung zu bestimmen (§ 381 S. 2 FamFG). **Beispiele** für einschlägige Fallgestaltungen sind die Nichtigkeit des Vertrages, insbesondere also die Formnichtigkeit, die Gesetzwidrigkeit oder die Sittenwidrigkeit des Vertrages (§§ 125, 134, 138 BGB), das Fehlen einer Ausgleichsregelung (§ 304 Abs. 3 S. 1), das Fehlen oder die Nichtigkeit eines nach § 293 Abs. 1 oder 2 erforderlichen Zustimmungsbeschlusses (aber → Rn. 21 f.) oder ein Verstoß gegen das fusionskontrollrechtliche Vollzugsverbot (→ Rn. 17).[33] Gleich steht die *unrichtige Bezeichnung* des Vertrags, etwa (nur) als Betriebspachtvertrag, obwohl es sich zugleich um einen Beherrschungsvertrag handelt, weil dies

---

[27] Anders zB Hölters/*Deilmann* Rn. 14.
[28] Hüffer/*Koch* Rn. 11; *Windbichler*, Unternehmensverträge und Zusammenschlusskontrolle, 1977, 20 ff.; aA MüKoAktG/*Altmeppen* Rn. 24.
[29] OLG München ZIP 2009, 1520 (1521) = AG 2009, 706 = GmbHR 2009, 996; AG 2009, 675 = GmbHR 2009, 148 = ZIP 2009, 2295; MüKoAktG/*Altmeppen* Rn. 26; Hüffer/*Koch* Rn. 11; KK-AktG/*Koppensteiner* Rn. 23; GroßkommAktG/*Mülbert* Rn. 31 ff.; Spindler/Stilz/*Veil* Rn. 15 ff.
[30] Hölters/*Deilmann* Rn. 17; Spindler/Stilz/*Veil* Rn. 18; iE str.
[31] GroßkommAktG/*Mülbert* Rn. 42, im einzelnen str.
[32] OLG München AG 2009, 706 = GmbHR 2009, 996; GroßkommAktG/*Mülbert* Rn. 56.
[33] OLG München ZIP 2009, 1520 (1521) = AG 2009, 706; Hüffer/*Koch* Rn. 11 f.; KK-AktG/*Koppensteiner* Rn. 14–19; GroßkommAktG/*Mülbert* Rn. 33 ff.

zumindest ein Eintragungshindernis darstellt.³⁴ Sofern bei einem der anderen Unternehmensverträge des § 292 dessen Wirksamkeit von der **Angemessenheit der Gegenleistung** abhängt, gehört deren Prüfung gleichfalls zur Zuständigkeit des Registergerichts.³⁵ Übersieht das Gericht ein derartiges Eintragungshindernis, so können sich die außenstehenden Aktionäre gegen die Eintragungsverfügung des Gerichts, solange sie noch nicht vollzogen ist, mit der **Beschwerde** wehren (§ 58 FamFG).³⁶ Nach der Eintragung bleibt dagegen nur noch das **Amtslöschungsverfahren** des § 395 FamFG (→ Rn. 9),³⁷ sofern der Eintragung nicht ein Freigabeverfahren nach § 246a vorausgegangen ist (§§ 242 Abs. 2 S. 5, 246a Abs. 1 und 4 S. 2).

3. Insbesondere Anfechtbarkeit. Die Vorgehensweise des Registergerichts bei 21 Anfechtung oder auch nur Anfechtbarkeit eines Zustimmungsbeschlusses ist umstritten. Am meisten spricht dafür, eine eigene Prüfungspflicht des Registergerichts nur anzunehmen, wenn Anfechtungsklage bereits erhoben ist.³⁸ Aber auch in diesem Fall besteht – anders als ursprünglich geplant – keine formelle Registersperre.³⁹ Stattdessen ist jetzt nach § 381 FamFG zu verfahren, sodass das Registergericht die Entscheidung über den Eintragungsantrag aussetzen kann, aber nicht muss, bis über die Anfechtungsklage rechtskräftig entschieden ist (→ Rn. 20).⁴⁰ Entscheidet sich das Gericht für die **Aussetzung,** so können die Antragsteller **Beschwerde** einlegen.⁴¹ Das Freigabeverfahren des § 246a hat nicht etwa die Beschwerdemöglichkeit der Beteiligten nach § 58 FamFG verdrängt. Ergreifen die Beteiligten keines dieser Rechtsmittel, so sollte sich das Registergericht bei seiner Entscheidung über die Eintragung nach Möglichkeit an den Maßstäben des § 246a orientieren.⁴² Die Folge wird freilich ebenfalls vielfach eine **faktische Registersperre** bis zum rechtskräftigen Abschluss des Anfechtungsprozesses sein (→ § 293a Rn. 41).

Anwendbar bleibt außerdem § 16 Abs. 2 HGB, sodass die Eintragung des Unternehmens- 22 vertrages grundsätzlich zu unterbleiben hat, wenn durch eine rechtskräftige oder vollstreckbare Entscheidung des Prozessgerichts die Vornahme der Eintragung für unzulässig erklärt ist. Darunter fällt **auch** eine **einstweilige Verfügung,** die der Anfechtungskläger erwirkt hat.⁴³

4. Eintragung. Der **Inhalt** der Eintragung richtet sich nach der durch § 294 Abs. 1 S. 1 23 vorgeschriebenen Anmeldung (→ Rn. 6 ff.).⁴⁴ Einzutragen sind mithin Bestehen und Art des Unternehmensvertrages, der Name und ggf. die Firma des anderen Vertragsteils sowie dessen Sitz, Hauptniederlassung oder Wohnort, soweit erforderlich, um die Identität des anderen Vertragsteils zweifelsfrei feststellen zu können (→ Rn. 11). Die Eintragung erfolgt in der Abteilung B Spalte 6 des Handelsregisters (§ 43 Nr. 6 lit. g HRV, § 1 HRV).

Bei **Teilgewinnabführungsverträgen** iSd § 292 Abs. 1 Nr. 2 war nach der früheren 24 Fassung des § 294 Abs. 1 S. 1 außerdem die Vereinbarung über die **Höhe** des abzuführenden Gewinns einzutragen. Diese Regelung ist ersatzlos **gestrichen** worden, um dem Registergericht fortan *generell*, nicht nur bei Vorliegen einer Vielzahl von Teilgewinnabführungsverträgen die Eintragung der Berechnungsgrundlage und des Berechnungsmodus zu ersparen

---

³⁴ Hölters/*Deilmann* Rn. 16; K. Schmidt/Lutter/*Langenbucher* Rn. 14; Spindler/Stilz/*Veil* Rn. 17.
³⁵ Spindler/Stilz/*Veil* Rn. 16; aA MüKoAktG/*Altmeppen* Rn. 29; Hölters/*Deilmann* Rn. 16.
³⁶ K. Schmidt/Lutter/*Langenbucher* Rn. 15, 21.
³⁷ OLG Hamm AG 2010, 216 (217) = GmbHR 2009, 214 = ZIP 2010, 229.
³⁸ S. mN GroßkommAktG/*Mülbert* Rn. 39 f.
³⁹ S. die Begr. und den Ausschussbericht zum RegE bei *Kropff* AktG 383 f.
⁴⁰ Ausschussbericht zum RegE bei *Kropff* AktG 383 f.; LG Hanau AG 1996, 60 (61); MüKoAktG/*Altmeppen* Rn. 32; Hölters/*Deilmann* Rn. 18; Hüffer/*Koch* Rn. 13 f.; KK-AktG/*Koppensteiner* Rn. 17; GroßkommAktG/*Mülbert* Rn. 45.
⁴¹ K. Schmidt/Lutter/*Langenbucher* Rn. 21.
⁴² Spindler/Stilz/*Veil* Rn. 21; str.
⁴³ LG Heilbronn AG 1971, 372; MüKoAktG/*Altmeppen* Rn. 33; Hüffer/*Koch* Rn. 15; MHdB AG/*Krieger* § 70 Rn. 57.
⁴⁴ MüKoAktG/*Altmeppen* Rn. 37; Hölters/*Deilmann* Rn. 20.

(→ Rn. 12).⁴⁵ Handelt es sich um eine *Vielzahl* solcher Verträge, so genügt außerdem ihre zusammenfassende Bezeichnung (→ Rn. 12 f.). – Bei einem Unternehmensvertrag mit einem **Gemeinschaftsunternehmen** (Stichwort: Mehrmütterorganschaft) sind konzernrechtlich (nicht steuerlich) sämtliche Mütter Vertragspartner und folglich als solche neben der ggf. zwischengeschalteten BGB-Gesellschaft ins Handelsregister einzutragen (→ Rn. 11). Für die **Bekanntmachung** der Eintragung gilt § 10 HGB, für die **Einsicht** in das Handelsregister und in die Handelsregisterakten (einschließlich des Unternehmensvertrages) § 9 HGB.

V. Wirksamkeit

25   **1. Konstitutive Wirkung.** Der Unternehmensvertrag erlangt erst Wirksamkeit mit seiner Eintragung ins Handelsregister (§ 294 Abs. 2). Maßgeblicher Zeitpunkt ist der der Eintragung des Vertrags in das Handelsregister derjenigen AG oder KGaA, die die vertragstypischen Leistungen erbringt, in erster Linie also bei der *abhängigen* Gesellschaft (→ Rn. 3). Das Datum der Eintragung ist daher jeweils im Handelsregister zu vermerken (§ 382 Abs. 2 FamFG). Die Eintragung hat **keine heilende Kraft**, sofern der Vertrag nichtig ist, etwa, weil er gegen das Gesetz verstößt (§ 134 BGB) oder weil ein Zustimmungsbeschluss fehlt oder nichtig ist.⁴⁶ Das Registergericht kann in diesem Fall nach seinem Ermessen gemäß § 395 FamFG das **Amtslöschungsverfahren** einleiten.⁴⁷ Unberührt bleiben die Regeln über fehlerhafte Unternehmensverträge (→ § 291 Rn. 28 ff.). Einen weitergehenden Schutz Dritter in ihrem Vertrauen auf die Wirksamkeit des Unternehmensvertrages, etwa nach **§ 15 Abs. 3 HGB**, gibt es nicht, da es sich bei Unternehmensverträgen nicht um eintragungspflichtige Tatsachen iSd § 15 HGB handelt (→ Rn. 7).⁴⁸

26   Nach überwiegender Meinung ist es möglich, in dem Vertrag einen **nach** dem Zeitpunkt der **Eintragung** liegenden Zeitpunkt als **Zeitpunkt der Wirksamkeit** des Vertrags zu bestimmen (→ § 293 Rn. 18; → § 297 Rn. 33 f.).⁴⁹ Jedoch sollte das Registergericht in solchen Fällen gemäß § 381 FamFG die Eintragung des Vertrages bis zum Eintritt dieses Zeitpunktes aufschieben. Auf jeden Fall ist so zu verfahren, wenn der Vertrag unter einer aufschiebenden Bedingung abgeschlossen ist (→ § 293 Rn. 18; → § 297 Rn. 21 f.).

27   **2. Rechtslage vor Eintragung.** Das Gesetz schreibt keine bestimmte Reihenfolge von Vertragsabschluss und Zustimmungsbeschluss vor. Der **Zustimmungsbeschluss** kann daher dem Vertragsabschluss ebenso gut **vorausgehen** wie nachfolgen (→ § 293 Rn. 25). Im ersten Fall muss freilich in der Hauptversammlung bereits der *Entwurf* eines Unternehmensvertrages vorliegen, weil sich die Hauptversammlung nur zu einem konkreten Vertrag äußern kann. Der Vorstand ist in diesem Fall der *Gesellschaft* gegenüber verpflichtet, einen entsprechenden Vertrag abzuschließen (§ 83 Abs. 2) und ihn, sobald dies geschehen ist, nach § 294 Abs. 1 zum Handelsregister anzumelden (→ Rn. 7). Für die zusätzlich vielfach angenommene Verpflichtung des Vorstandes auch gegenüber dem **anderen Vertragsteil** zur Anmeldung des Vertrags ist dagegen eine Rechtsgrundlage nicht zu erkennen, da nach dem Gesamtzusammenhang der gesetzlichen Regelung (§§ 292 ff., 407 Abs. 2) die Gesellschaft jederzeit in der Lage sein soll, frei darüber zu entscheiden, ob sie den Unternehmensvertrag in Kraft treten lassen will oder nicht (→ § 293 Rn. 31a, 32).

---

⁴⁵ Begr. RegE (2001), BT-Drs. 14/6855, 21 (r. Sp. 4. Abs.); *Chr. Schulte/Th. Waechter* GmbHR 2002, 189 (191).

⁴⁶ MüKoAktG/*Altmeppen* Rn. 40; Hölters/*Deilmann* Rn. 9; Hüffer/*Koch* Rn. 17, 21; KK-AktG/*Koppensteiner* Rn. 36; Spindler/Stilz/*Veil* Rn. 28.

⁴⁷ OLG Zweibrücken AG 1989, 251 (252 f.); OLG Hamm AG 2010, 216 = NZG 2009, 1117 = GmbHR 2010, 42; GroßkommAktG/*Mülbert* Rn. 70; Hölters/*Deilmann* Rn. 21.

⁴⁸ OLG Hamm AG 2010, 216 = NZG 2009, 1117 = GmbHR 2010, 42; Hölters/*Deilmann* Rn. 21; ebenso im Ergebnis MüKoAktG/*Altmeppen* Rn. 40–46; Hüffer/*Koch* Rn. 21.

⁴⁹ MüKoAktG/*Altmeppen* Rn. 63; Hölters/*Deilmann* Rn. 22; Hüffer/*Koch* Rn. 18; KK-AktG/*Koppensteiner* Rn. 30; K. Schmidt/Lutter/*Langenbucher* Rn. 25.

Geht dagegen der **Vertragsabschluss** der Zustimmung der Hauptversammlung **voraus**, 28
so hat der Vorstand bei Abschluss des Vertrages als Vertreter ohne Vertretungsmacht gehandelt (§ 177 BGB). In diesem Fall besteht gleichfalls *keine Bindung* der Gesellschaft bis zum Zeitpunkt der Eintragung des Unternehmensvertrages ins Handelsregister (§ 294 Abs. 2). Weder ist der Vorstand gegenüber dem Vertragspartner verpflichtet, nach Abschluss des Vertrages diesen der Hauptversammlung zur Genehmigung vorzulegen (→ § 293 Rn. 29), noch besteht eine Bindung der Hauptversammlung, sodass diese selbst nach ursprünglicher Zustimmung zu dem Vertrag bis zu dessen Eintragung ins Handelsregister immer noch einen gegenteiligen Beschluss fassen kann. Zustimmungsbeschlüsse erwachsen nicht in Rechtskraft (→ § 293 Rn. 32; str.).

3. Rückwirkung. Die konstitutive Wirkung der Eintragung nach § 294 Abs. 2 schließt 29
es nicht aus, dass sich der Unternehmensvertrag selbst **schuldrechtlich Rückwirkung** beilegt.[50] Die Frage, inwieweit dies tatsächlich möglich ist, hängt von der Natur des Vertrages ab. Generell ausgeschlossen ist eine Rückwirkung allein bei dem *Beherrschungsvertrag* (→ § 291 Rn. 15), während bei *Gewinnabführungsverträgen* gegen eine Rückwirkung bis zum Beginn des laufenden Geschäftsjahres keine Bedenken bestehen (→ § 291 Rn. 55). Ebenso zu beurteilen ist die Rechtslage bei den *anderen Unternehmensverträgen* des § 292, wo gleichfalls eine Rückwirkung jedenfalls für das laufende Geschäftsjahr zulässig ist.[51]

§ 295 Änderung

(1) ¹**Ein Unternehmensvertrag kann nur mit Zustimmung der Hauptversammlung geändert werden.** ²**§§ 293 bis 294 gelten sinngemäß.**

(2) ¹**Die Zustimmung der Hauptversammlung der Gesellschaft zu einer Änderung der Bestimmungen des Vertrags, die zur Leistung eines Ausgleichs an die außenstehenden Aktionäre der Gesellschaft oder zum Erwerb ihrer Aktien verpflichten, bedarf, um wirksam zu werden, eines Sonderbeschlusses der außenstehenden Aktionäre.** ²**Für den Sonderbeschluß gilt § 293 Abs. 1 Satz 2 und 3.** ³**Jedem außenstehenden Aktionär ist auf Verlangen in der Versammlung, die über die Zustimmung beschließt, Auskunft auch über alle für die Änderung wesentlichen Angelegenheiten des anderen Vertragsteils zu geben.**

Schrifttum: *Grüner*, Die Beendigung von Gewinnabführungs- und Beherrschungsverträgen, 2003; *Hommelhoff*, Die Konzernleitungspflicht, 1982, 437 ff.; *Hüchting*, Abfindung und Ausgleich im aktienrechtlichen Beherrschungsvertrag, 1972; *Kley*, Die Rechtsstellung der außenstehenden Aktionäre bei der vorzeitigen Beendigung von Unternehmensverträgen, 1986; *Krieger*, Änderung und Beendigung von Beherrschungs- und Gewinnabführungsverträgen, in U. Schneider (Hrsg.), Beherrschungs- und Gewinnabführungsverträge in der Praxis der GmbH, 1989, 99.

Übersicht

	Rn.		Rn.
I. Überblick	1–3	a) Durch Vertrag	13–14a
II. GmbH	4–5	b) Kraft Gesetzes	15, 16
III. Vertragsänderung	6–16	IV. Form	17
1. Begriff	6–7a	V. Zustimmungsbeschluss der Hauptversammlung	18–23
2. Änderungskündigung	8	1. Notwendigkeit, Einberufung	18–20
3. Tatsächliche Änderungen	9	2. Erläuterung, Auskunftsrecht	21, 22
4. Änderung der Vertragsdauer	10, 11	3. Vertragsbericht, Vertragsprüfung	23
5. Änderung des Vertragstypus	12	VI. Sonderbeschluss der außenstehenden Aktionäre	24–34
6. Parteiwechsel	13–16		

---

[50] So schon Begr. und Ausschussbericht bei *Kropff* AktG 383 und 384; ausf. MüKoAktG/*Altmeppen* Rn. 51–62; KK-AktG/*Koppensteiner* Rn. 31–35.
[51] MüKoAktG/*Altmeppen* Rn. 62.

§ 295   1–4   3. Buch. 1. Teil. 2. Abschn. Abschluss v. Unternehmensverträgen

	Rn.		Rn.
1. Anwendungsbereich	24–27a	4. Rechtsfolgen	33, 34
2. Außenstehende Aktionäre	28–30	VII. Wirksamwerden der Vertragsänderung	35, 36
3. Verfahren	31, 32		

I. Überblick

1   § 295 Abs. 1 regelt die Änderung von Unternehmensverträgen durch die Klarstellung, dass entsprechend § 311 Abs. 1 BGB für die Änderung grundsätzlich dieselben Erfordernisse wie für den Abschluss derartiger Verträge gelten. Seit 1994 nimmt das Gesetz in § 295 Abs. 1 S. 2 außerdem Bezug auf die §§ 293a–293g, sodass durch eine Vertragsänderung auch die Berichtspflicht des Vorstandes (§ 293a) sowie die Pflicht zur Prüfung der Änderung durch sachverständige Prüfer (§§ 293b–293e) ausgelöst werden. Für die Hauptversammlung, die über die Änderung des Unternehmensvertrages mit qualifizierter Mehrheit zu beschließen hat, gelten ferner die §§ 293f und 293g. Durch die entsprechende Anwendung der genannten Vorschriften soll vor allem sonst naheliegenden Versuchen der **Umgehungen** der Vorschriften über den Abschluss eines Unternehmensvertrages **vorgebeugt** werden.

2   Wenn die Änderung eine Bestimmung des Vertrags über die Leistung von Ausgleich oder Abfindung an außenstehende Aktionäre betrifft, ist zusätzlich nach § 295 Abs. 2 ein **Sonderbeschluss** der außenstehenden Aktionäre nach § 138 mit qualifizierter Mehrheit erforderlich. Mit dieser Regelung wird ein doppelter **Zweck** verfolgt. Im Vordergrund steht der **Schutz der außenstehenden Aktionäre** gegen eine Beeinträchtigung ihrer Rechte durch eine nachträgliche Änderung der Bestimmungen über Ausgleich und Abfindung. Zugleich werden jedoch, indem sich das Gesetz bei dem Sonderbeschluss der außenstehenden Aktionäre mit einer qualifizierten Mehrheit begnügt, die **Interessen der Vertragsparteien** an der Durchführbarkeit von Vertragsänderungen geschützt, weil ohne die Sonderregelung an sich *alle* außenstehenden Aktionäre der Änderung ihrer Rechtsstellung zustimmen müssten (§§ 35, 311, 328 BGB; → Rn. 24).

3   Vergleichbare Regelungen finden sich für die **Aufhebung** eines Unternehmensvertrages in § 296 Abs. 2 sowie für die ordentliche **Kündigung** des Unternehmensvertrages (nur) durch den Vorstand der abhängigen Gesellschaft in § 297 Abs. 2. Keines Sonderbeschlusses der außenstehenden Aktionäre bedürfen dagegen die ordentliche Kündigung durch den *anderen* Vertragsteil sowie eine außerordentliche Kündigung des Vertrags aus wichtigem Grund, gleichgültig durch welchen Vertragsteil (§ 297 Abs. 1).[1] Ergänzend ist § 299 zu beachten, nach dem auf Grund eines Beherrschungsvertrages der abhängigen Gesellschaft von dem herrschenden Unternehmen nicht die Weisung erteilt werden kann, den Vertrag zu ändern, aufrechtzuerhalten oder zu beenden.

II. GmbH

Schrifttum: Scholz/*Emmerich* GmbHG Anh. § 13 Rn. 185 ff.; *Krieger* in U. Schneider, Beherrschungs- und Gewinnabführungsverträge in der Praxis der GmbH, 1989, 99; *ders./Jannot* DStR 1995, 1473; MüKoGmbHG/ *Liebscher* GmbHG Anh. § 13 Rn. 962 ff.; *Priester* in Hommelhoff, Entwicklungen im GmbH-Konzernrecht, 1986, 151; *ders.*, FS Peltzer, 2001, 327; *Schwarz* MittRhNotK 1994, 49; *Sonnenschein*, Organschaft und Konzerngesellschaftsrecht, 1976; *Timm*, FS Kellermann, 1991, 461; *H. Wilhelm*, Die Beendigung des Beherrschungs- und Gewinnabführungsvertrages, 1976.

4   § 295 wird allgemein entsprechend auf die Abänderung von Unternehmensverträgen mit einer abhängigen GmbH angewandt.[2] Voraussetzungen einer wirksamen Vertragsänderung sind folglich eine **Änderungsvereinbarung**, wobei der Begriff hier ebenso wie im Aktienrecht zu verstehen ist (→ Rn. 6 ff.), sowie jedenfalls auf der Seite derjenigen Gesellschaft, die die vertragstypischen Leistungen erbringt, dh bei der „abhängigen" GmbH, (zumindest)

---

[1] BGH NJW 1979, 2103 = AG 1979, 289 – Salzgitter-Peine.
[2] BFH NJW-RR 2009, 529 (530) = AG 2009, 511; Scholz/*Emmerich* Anh. § 13 Rn. 182 f.; MüKoGmbHG/*Liebscher* Rn. 967, 970 ff.; Grigoleit/*Servatius* Rn. 14 ff.

ein **Zustimmungsbeschluss der Gesellschafterversammlung** (§§ 295 Abs. 1 S. 2, 293 Abs. 1 S. 1 AktG und § 53 Abs. 2 GmbHG). Umstritten ist, ob für diesen Beschluß eine qualifizierte Mehrheit ausreicht oder ob ebenso wie grundsätzlich für den Vertragsabschluß die Zustimmung aller Gesellschafter erforderlich ist (→ § 293 Rn. 42 ff.):

Soweit sich das Schrifttum für den Zustimmungsbeschluss zu einer Vertragsänderung mit einer **qualifizierten Mehrheit** der Gesellschafter begnügt, wird meistens noch zusätzlich analog § 295 Abs. 2 ein **Sonderbeschluss** der Minderheitsgesellschafter der abhängigen GmbH gefordert, sofern der Vertrag (ausnahmsweise) Bestimmungen über einen Ausgleich oder eine Abfindung enthält, in die durch die Änderung eingegriffen wird.[3] Dieser Meinung ist jedoch *nicht* zu folgen; man muss vielmehr unterscheiden: Um Umgebungen zu verhindern, ist jedenfalls für die Änderung eines **Beherrschungs- oder Gewinnabführungsvertrages** mit einer abhängigen GmbH ebenso wie für den Abschluss eines derartigen Vertrages grundsätzlich die Zustimmung *aller* Gesellschafter der abhängigen Gesellschaft zu fordern, und zwar nach denselben Regeln wie bei dem Abschluss solcher Verträge (→ § 293 Rn. 39 ff.).[4] Bei den **anderen Unternehmensverträgen** des § 292 müssen die Gesellschafter dem Änderungsvertrag aus denselben Erwägungen heraus jeweils mit derselben qualifizierten Mehrheit wie dem Abschluss des Vertrages zustimmen (→ § 292 Rn. 21 f., 37 f., 53 f.).[5] 4a

Umstritten ist ferner, ob im GmbH-Konzern auch die Zustimmung der Gesellschafter der **herrschenden Gesellschaft** zur Änderung eines Beherrschungs- oder Gewinnabführungsvertrages mit qualifizierter Mehrheit erforderlich ist. Diese Frage ist auf jeden Fall dann zu bejahen, wenn an der Unternehmensverbindung als herrschende Gesellschaft eine **AG** beteiligt ist, richtiger Meinung nach aber auch, wenn **beide** Parteien die Rechtsform einer **GmbH** haben, da die Gründe, die zur Einführung des Zustimmungserfordernisses der Gesellschafter der herrschenden Gesellschaft geführt haben, letztlich von deren Rechtsform unabhängig sind.[6] Aus denselben Gründen können auf beiden Seiten auch nur in engen Grenzen **Ermächtigungsklauseln** zugunsten der Geschäftsführer für die Änderung des Vertrags zugelassen werden; sie kommen wohl nur für sog. redaktionelle Änderungen in Betracht sowie dann noch, wenn in der Ermächtigung die vorgesehenen Änderungen bereits hinreichend bestimmt sind, sodass es letztlich nur noch um die Aushandlung der Einzelheiten geht.[7] 5

III. Vertragsänderung

1. Begriff. Das Gesetz unterscheidet in den §§ 295–297 die Änderung des Unternehmensvertrages von seiner Aufhebung und seiner Kündigung. Daraus folgt, dass in § 295 ebenso wie im bürgerlichen Recht (§ 311 Abs. 1 BGB) unter der Änderung des Vertrags jede **einverständliche inhaltliche Abänderung** des Vertrags zu verstehen ist, die noch **während seiner Laufzeit** wirksam werden soll.[8] Zwischen wesentlichen und unwesentlichen Änderungen wird nicht unterschieden, weil dem Gesetz eine derartige Differenzierung 6

---

[3] *Hoffmann-Becking* WiB 1994, 57; *Lutter/Hommelhoff* GmbHG Anh. § 13 Rn. 82; UHW/*C. Schäfer* GmbHG Anh. § 77 Rn. 200 (1102); *Grigoleit/Servatius* Rn. 18.
[4] *Krieger/Jannot* DStR 1995, 1473 f.; ebenso jedenfalls für personalistische Gesellschaften MüKoGmbH/*Liebscher* Rn. 971.
[5] Wegen der Einzelheiten MüKoGmbHG/*Liebscher* Rn. 973.
[6] *Krieger* in U. Schneider, Beherrschungs- und Gewinnabführungsverträge, 99, 101 ff.; MüKoGmbHG/*Liebscher* Rn. 972; *Grigoleit/Servatius* Rn. 15; *Wirth* DB 1990, 2105; – aA UHW/*C. Schäfer* GmbHG Anh. § 77 Rn. 201; offengelassen in BFH NJW-RR 2009, 529 (530) = AG 2009, 511.
[7] MüKoGmbHG/*Liebscher* Rn. 964, im einzelnen str.
[8] Begr. RegE bei *Kropff* AktG 384; BGH NJW 1979, 2103 = AG 1979, 289 – Salzgitter-Peine; AG 2013, 92 = NZG 2013, 53 Rn. 27; BeckRS 2012, 25500 – HSH Nordbank I und II; BFH NJW-RR 2009, 529 (530) = AG 2009, 511; OLG Frankfurt AG 2005, 353 (354) (l. Sp.) – AEG/Daimler Benz; LG Mannheim AG 1991, 26 (27) – Asea/BBC; MüKoAktG/*Altmeppen* Rn. 3, 13; Hölters/*Deilmann* Rn. 2; *Hommelhoff* Konzernleitungspflicht 440; Hüffer/*Koch* Rn. 3 f.; *Hüchting* Abfindung 102 f.; GroßkommAktG/*Mülbert* Rn. 8; MüKoGmbHG/*Liebscher* Rn. 964.

fremd ist.⁹ Keine Rolle spielt auch, ob die Parteien von der fraglichen Bestimmung des Vertrages jemals Gebrauch machen wollten oder ob sie die Bestimmung allein aus steuerlichen Gründen in den Vertrag aufgenommen haben.¹⁰ Der **Zweck**, den die Parteien mit der Änderung verfolgen, ist gleichfalls ohne Belang. Entscheidend ist allein „die inhaltliche Einwirkung auf das Rechte- und Pflichtengefüge des Vertrages".¹¹ **Beispiele** für Vertragsänderungen sind insbesondere die Aufhebung oder Einschränkung einzelner Bestimmungen (→ § 296 Rn. 5),¹² die Änderung der Vertragsdauer (→ Rn. 10 ff.) sowie der Parteiwechsel (→ Rn. 13 ff.). Die Parteien können einer Vertragsänderung außerdem unter denselben Voraussetzungen wie bei dem Vertragsabschluss **rückwirkende Kraft** beilegen (→ § 294 Rn. 29 f.).

7 Den Gegensatz bilden auf der einen Seite die Aufhebung des Vertrags (§ 296) und auf der anderen Seite die Ausübung von Gestaltungsrechten. Das wichtigste Beispiel ist die **Kündigung** des Vertrages (§ 297), die selbst dann nicht unter § 295 fällt, wenn die Parteien anschließend einen neuen abgeänderten Vertrag abschließen, sodass die Wirkung auf den ersten Blick dieselbe wie bei einer Vertragsänderung ist (→ Rn. 8 f.). Ebenso wenig findet § 295 auf die Ausübung anderer Gestaltungsrechte wie Anfechtung und Rücktritt Anwendung. Unklar ist die Behandlung bloßer **Textänderungen ohne sachlichen Gehalt**. Mit Rücksicht auf den Zweck der Regelung (→ Rn. 1 ff.) wird zum Teil die Auffassung vertreten, dass eine Änderung des Namens, der Firma oder des Sitzes einer der Parteien nicht unter das aufwendige Verfahren des § 295 falle,¹³ jedenfalls bei einer quasi automatischen Anpassung des Vertragstextes an die Veränderung der äußeren Verhältnisse, die keine Änderungsvereinbarung voraussetzt.¹⁴ Gegen solche Großzügigkeit sprechen indessen vor allem die erheblichen Abgrenzungsprobleme.¹⁵ Jedoch hindert die Parteien natürlich nichts, bereits im Vertrag Vorsorge zu treffen und einer Partei die Ermächtigung für solche Anpassung in klar definierten Fällen zu geben.

7a Von einer Vertragsänderung ist ferner der Abschluss rechtlich selbstständiger **Zusatzvereinbarungen** zu dem Unternehmensvertrag zu unterscheiden.¹⁶ Bei der Annahme derartiger Zusatzvereinbarungen ist indessen wegen der stets nahe liegenden **Umgehungsgefahr** Zurückhaltung geboten. Wenn zB eine Bank mit stillen Gesellschaftern vereinbart, dass diese in einem Jahr nicht an den zu erwartenden Verlusten partizipieren, sondern stattdessen eine vom Gewinn unabhängige Sonderzahlung erhalten sollen, so handelt es sich eindeutig um eine unter § 295 fallende Änderung des stillen Gesellschaftsvertrages, dh eines Teilgewinnabführungsvertrages iSd § 292 Abs. 1 Nr. 2 und nicht um eine selbstständige Zusatzvereinbarung (→ § 292 Rn. 29e).¹⁷

8 **2. Änderungskündigung.** Die gesetzliche Regelung, die auf der Unterscheidung zwischen einerseits der Änderung oder Aufhebung des Vertrages und andererseits dessen Kündigung durch den anderen Vertragsteil beruht (s. §§ 295 und 296 gegenüber § 297 Abs. 1), bringt es mit sich, dass die besonderen Kautelen für eine Vertragsänderung auf Grund des § 295 „umgangen" werden können, indem die Vertragsänderung nach § 295 durch eine sog. Änderungskündigung ersetzt wird.¹⁸ Man versteht darunter die **Kündigung** des Unter-

---

⁹ BGH AG 2013, 92 = NZG 2013, 53 Rn. 27.
¹⁰ BFH NJW-RR 2009, 529 (530) = AG 2009, 511.
¹¹ So BFH NJW-RR 2009, 529 (530) = AG 2009, 511; zust. BGH NZG 2013, 53; BeckRS 2012, 25500 – HSH Nordbank I und II.
¹² BayObLG AG 2003, 631 (632) = NZG 2003, 36 – PKV/Philips; *Hüchting* Abfindung 102 f.
¹³ K. Schmidt/Lutter/*Langenbucher* Rn. 8; Spindler/Stilz/*Veil* Rn. 3.
¹⁴ GroßkommAktG/*Mülbert* Rn. 10.
¹⁵ Hölters/*Deilmann* Rn. 2.
¹⁶ OLG Schleswig ZIP 2011, 517 (521) = NZG 2011, 620.
¹⁷ BGH NZG 2013, 53 = AG 2013, 92 Rn. 28 ff.; BeckRS 2012, 25500 – HSH Nordbank I und II (gegen OLG Schleswig ZIP 2011, 517 (521) = NZG 2011, 620).
¹⁸ BGHZ 122, 211 (233 f.) = NJW 1993, 1976 = AG 1993, 422 – SSI; BGH NJW 1979, 2103 = AG 1979, 289 – Salzgitter-Peine; OLG Düsseldorf AG 1990, 490 (491) – DAB/Hansa; *Ebenroth/Parche* BB 1989, 637 (641); *Kley* Rechtsstellung 93; *Priester* ZGR 1992, 293 (299); *Timm* FS Kellermann, 1991, 461 (462); zur Kritik s. *Hirte* ZGR 1994, 644 (655 ff.).

nehmensvertrages nach § 297 Abs. 1 iVm dem nachfolgenden **Neuabschluss** des Vertrages nach § 293. Der Vorteil dieser Vorgehensweise besteht darin, dass bei ihr ein möglicherweise auf Hindernisse stoßender **Sonderbeschluss** der außenstehenden Aktionäre **entbehrlich** ist. Diesem „Vorteil" steht freilich der Nachteil gegenüber, dass die **Vertragskontinuität** verloren geht, die nach § 14 Abs. 1 S. 1 Nr. 3 KStG von 2003 die Voraussetzung der körperschaft- und gewerbesteuerlichen Organschaft ist. Schon deshalb sollte im Interesse der Parteien in Zweifelsfällen eine „bloße" Vertragsänderung und nicht etwa eine Vertragsaufhebung in Verbindung mit dem Abschluss eines neuen Unternehmensvertrages angenommen werden.[19] Ebenso wenig ist Raum für die Annahme einer Änderungskündigung, wenn der andere Vertragsteil die **Kündigung** des Vertrages unter der auflösenden **Bedingung der Zustimmung** der abhängigen Gesellschaft zu einer Vertragsänderung ausspricht,[20] es bleibt dann vielmehr bei der Anwendbarkeit des § 295. Zwischen den genannten unterschiedlichen Vorgehensweisen haben die Parteien die **Wahl**; jedoch ist die rechtliche Qualifikation der von ihnen gewählten Vorgehensweise allein Sache der Gerichte, sodass die Parteien, wenn sie der Sache nach den Weg einer Vertragsänderung gewählt haben, in jedem Fall § 295 beachten müssen, auch wenn sie dessen Anwendung gerade vermeiden wollten.[21]

3. Tatsächliche Änderungen. Die streng formalisierten Anforderungen des Gesetzes an eine wirksame Vertragsänderung (§ 295) haben zu der Frage Anlass gegeben, wie zu verfahren ist, wenn die Parteien ohne Beachtung der Förmlichkeiten des § 295 lediglich „tatsächlich" ihre Vertragspraxis ändern. Die Antwort ergibt sich aus § 311 Abs. 1 BGB: Beruht die geänderte Vertragspraxis auf dem *Willen beider Parteien,* so handelt es sich der Sache nach um einen **konkludent** abgeschlossenen **Änderungsvertrag** iSd § 311 Abs. 1 BGB und des § 295 AktG, der schon mangels Beachtung der erforderlichen Schriftform (§§ 295 Abs. 1, 293 Abs. 3; § 125 BGB) sowie mangels Eintragung ins Handelsregister (§ 294 Abs. 2) **nichtig** ist.[22] Für eine Anwendung der Regeln über fehlerhafte Unternehmensverträge ist hier kein Raum, weil es sowohl an einer Eintragung des geänderten Vertrages ins Handelsregister als auch an dem oder den erforderlichen Zustimmungsbeschlüssen fehlt (→ § 291 Rn. 28 f.).[23] Außerdem entfallen mit der Praktizierung des unwirksam geänderten Vertrages die Voraussetzungen für die steuerliche Anerkennung der Organschaft nach den §§ 14 und 17 KStG.[24] Anders dagegen, wenn **nur eine Partei** ihre **Praxis** unter Verstoß gegen den fortbestehenden Vertrag **ändert.** Die Rechtsfolgen einer derartigen **Vertragsverletzung** beurteilen sich in erster Linie nach § 280 BGB. Außerdem kommt je nach Fallgestaltung die Anwendung der §§ 93, 297 Abs. 1, 309, 310, 317 und 318 AktG in Betracht. Im Einzelfall können derartige Vertragsverletzungen einer Partei auch zur Einschränkung oder Versagung des Testats seitens der Abschlussprüfer führen.[25]

4. Änderung der Vertragsdauer. Bei Abreden über eine Änderung der Vertragsdauer muss man unterscheiden. Was zunächst die **Verkürzung** der ursprünglich vorgesehenen Vertragsdauer angeht, so steht sie einer späteren (vorzeitigen) Aufhebung des Vertrages so nahe, dass es gerechtfertigt erscheint, auf diesen Fall **§ 296** (zumindest entsprechend) anzuwenden.[26] An der Notwendigkeit eines Sonderbeschlusses der außenstehenden Aktio-

---

[19] MüKoGmbHG/*Liebscher* Rn. 965 ff.
[20] MüKoAktG/*Altmeppen* Rn. 14; MHdB AG/*Krieger* § 70 Rn. 177; K. Schmidt/Lutter/*Langenbucher* Rn. 5; Spindler/Stilz/*Veil* Rn. 12; *Windbichler,* Unternehmensverträge und Zusammenschlusskontrolle, 1977, 77 ff.
[21] BGH AG 2013, 92 Rn. 29 = NZG 2013, 53; BeckRS 2012, 25500 – HSH Nordbank I und II.
[22] BGH AG 2013, 92 Rn. 27 = NZG 2013, 53; BeckRS 2012, 25500 – HSH Nordbank I und II; Hölters/*Deilmann* Rn. 5; GroßkommAktG/*Mülbert* Rn. 12.
[23] K. Schmidt/Lutter/*Langenbucher* Rn. 6; GroßkommAktG/*Mülbert* Rn. 13; – anders Spindler/Stilz/*Veil* Rn. 13.
[24] Ein Beispiel in BFH NJW-RR 2009, 529 = AG 2009, 511.
[25] MüKoAktG/*Altmeppen* Rn. 15; Hölters/*Deilmann* Rn. 5; KK-AktG/*Koppensteiner* Rn. 4.
[26] KK-AktG/*Koppensteiner* Rn. 17; K. Schmidt/Lutter/*Langenbucher* Rn. 11; GroßkommAktG/*Mülbert* Rn. 17; Spindler/Stilz/*Veil* Rn. 8.

näre ändert sich dadurch nichts (§ 296 Abs. 2). Entsprechend zu behandeln ist eine sonstige **nachträgliche Befristung** des Vertrages.[27]

11 Für eine **Verlängerung** der ursprünglich vorgesehenen Vertragsdauer lässt das Gesetz den Parteien in den §§ 295–297 die **Wahl** zwischen der *Änderung* der Vertragsdauer (§ 295) und der *Aufhebung* des alten Vertrages (§§ 296 und 297) iVm dem Abschluss eines neuen Vertrages. Entscheiden sie sich für die **Änderung** des Vertrags durch die bloße Verlängerung seiner Geltungsdauer während des Laufs des Vertrages, so müssen sie auch den dafür gesetzlich vorgeschriebenen Weg des § 295 beachten, wozu nach § 295 Abs. 2 insbesondere ein Sonderbeschluss der außenstehenden Aktionäre gehört.[28] Außerdem ist den außenstehenden Aktionären für den Verlängerungszeitraum ein **neues Ausgleichs- und Abfindungsangebot** zu machen (§§ 304 und 305 analog). Die überwiegende Meinung sieht dagegen in jedem Fall der Verlängerung der Vertragsdauer eine *Aufhebung* des alten Vertrages *iVm dem Abschluss eines neuen Vertrags,* sodass allein § 293 auf diesen Fall Anwendung finde (→ § 297 Rn. 33).[29] Die Folge ist freilich auch hier die (diesmal unmittelbare) Anwendbarkeit der §§ 304 und 305, sodass die Unterschiede zwischen beiden genannten Meinungen gering sind. Der Vorteil der hier vertretenen Lösung besteht jedoch darin, dass nur auf dem Weg über die Annahme einer bloßen Vertragsänderung die für die Anerkennung der steuerlichen Organschaft unabdingbare **Vertragskontinuität** gewahrt werden kann.[30] Enthält der Vertrag schließlich eine **Verlängerungsklausel** für den Fall, dass er nicht rechtzeitig gekündigt wird, so ist er im Ergebnis als auf unbestimmte Zeit abgeschlossen anzusehen mit der Folge, dass für die Annahme einer Vertragsänderung von vornherein kein Raum ist.[31]

12 **5. Änderung des Vertragstypus.** Die eigenartige gesetzliche Regelung bringt es mit sich, dass die Parteien bei einer Änderung des Vertragstypus, zB bei Ersetzung eines Betriebspachtvertrages durch einen Beherrschungsvertrag ebenso wie bei einer Änderung der Vertragsdauer (→ Rn. 11) die Wahl zwischen unterschiedlichen rechtlichen Gestaltungen haben. Entgegen einer verbreiteten Meinung liegt darin folglich *nicht* in jedem Fall eine Aufhebung des alten Vertrags nach § 296 iVm dem Abschluss eines neuen Vertrages gemäß § 293.[32] Sie können vielmehr auch den Weg der inhaltlichen **Umgestaltung** des alten Vertrages nach § 295 wählen (→ § 296 Rn. 5).[33] Der sachliche Unterschied zwischen beiden Vorgehensweisen ist freilich gering, weil in jedem Fall ein Sonderbeschluss erforderlich sein kann, entweder nach § 296 Abs. 2 oder nach § 295 Abs. 2.[34] Wenn die überwiegende Meinung gleichwohl die ausschließliche Anwendung des Wegs über § 296 vorzieht (durch Aufhebung des alten und Abschluss eines neuen Vertrages), so deshalb, weil man nur auf diesem Weg eine Möglichkeit zur *Anwendung der §§ 304 und 305* sieht. Es liegt indessen auf der Hand, dass das herrschende Unternehmen zB einen Betriebspachtvertrag nicht in einen Beherrschungsvertrag „umwandeln" darf, ohne den außenstehenden Aktionären ein neues Ausgleichs- und Abfindungsangebot zu machen, sei es in unmittelbarer, sei es in

---

[27] Hölters/*Deilmann* Rn. 6.
[28] BGH AG 2012, 92 Rn. 29 = NZG 2013, 53; BeckRS 2012, 25500– HSH Nordbank I und II; Hölters/*Deilmann* Rn. 7; *Bungert* DB 1995, 1449; *Grüner* Beendigung 138 ff.; MüKoGmbHG/*Liebscher* Rn. 968; GroßkommAktG/*Mülbert* Rn. 19.
[29] OLG Frankfurt AG 2005, 353 (354) (l. Sp. 3. Abs.) – AEG/Daimler Benz; MüKoAktG/*Altmeppen* Rn. 10–12; Hüffer/*Koch* Rn. 7; *Humbeck* BB 1995, 1893 (1894); KK-AktG/*Koppensteiner* Rn. 16; K. Schmidt/Lutter/*Langenbucher* Rn. 14; Spindler/Stilz/*Veil* Rn. 9.
[30] Ebenso BFH NJW-RR 2009, 529 = AG 2009, 511.
[31] K. Schmidt/Lutter/*Langenbucher* Rn. 13.
[32] So BayObLGZ 2001, 339 (342 f.) = NZG 2002, 133 = ZIP 2002, 127 = AG 2003, 42 (43) – Schörghuber Stiftung/Bayer. Brau Holding, für den Fall der Umwandlung eines Gewinnabführungsvertrages in einen Beherrschungsvertrag unter „Beibehaltung" der Regelung für Ausgleich und Abfindung; OLG Frankfurt AG 2005, 353 (354) – AEG/Daimler Benz; MüKoAktG/*Altmeppen* Rn. 7; Hüffer/*Koch* Rn. 7, 9; KK-AktG/*Koppensteiner* Rn. 18; K. Schmidt/Lutter/*Langenbucher* Rn. 15; Spindler/Stilz/*Veil* Rn. 10.
[33] Hölters/*Deilmann* Rn. 8; MüKoGmbHG/*Liebscher* Rn. 968; GroßkommAktG/*Mülbert* Rn. 15.
[34] Offengelassen in BayObLGZ 2001, 339 (343) unter 2 c = NZG 2003, 133 = AG 2003, 42 (43) (r. Sp.) = ZIP 2002, 127.

entsprechender Anwendung der §§ 304 und 305.³⁵ Die notwendige Folge ist, dass anschließend auch ein **neues Spruchverfahren** möglich ist.³⁶

6. Parteiwechsel. a) Durch Vertrag. Zu einem Parteiwechsel kann es auf beiden Seiten eines Unternehmensvertrages aus unterschiedlichen Gründen kommen. In der Frage der Anwendbarkeit des § 295 auf derartige Vorgänge muss man vor allem danach unterscheiden, ob der Parteiwechsel auf Vertrag oder auf Gesetz beruht. Zu beginnen ist mit dem zuerst genannten Fall (zum Parteiwechsel aufgrund Gesetzes → Rn. 15). Auch für den **Parteiwechsel durch Vertrag,** zB für den vertraglichen Austausch des herrschenden Unternehmens bei einem Beherrschungs- oder Gewinnabführungsvertrag, stellt das Gesetz den Beteiligten *mehrere Wege* zur Verfügung, die sorgfältig unterschieden werden müssen.³⁷ Die Parteien haben zunächst die Möglichkeit, den ersten **Vertrag** mit der alten Partei **aufzuheben** und einen zweiten Vertrag mit der neuen Partei abzuschließen. In diesem Fall gelten allein die §§ 296 und 293;³⁸ jedoch geht dann die Vertragskontinuität verloren – mit erheblichen steuerrechtlichen Konsequenzen. Die Parteien werden deshalb vor allem daran interessiert sein, die **Vertragskontinuität** aufrechtzuerhalten. Dafür bietet ihnen das Gesetz gleichfalls **zwei Möglichkeiten,** nämlich einmal einen Vertrag zwischen der alten und der neuen Partei mit Zustimmung des anderen Teils und zum anderen einen dreiseitigen Vertrag aller Beteiligten (§§ 311, 398 f. und 414 f. BGB). Gleichgültig welchen der beiden Wege die Beteiligten wählen, in jedem Fall handelt es sich dann um eine **Vertragsänderung** iSd § 295 (→ Rn. 27).³⁹ Das gilt selbst dann, wenn es sich um sog. **konzerninterne Umstrukturierungen,** etwa in Gestalt des „Umhängens" einer Tochter- oder Enkelgesellschaft, handelt⁴⁰ oder wenn das bisher herrschende Unternehmen im Zuge der Transaktion zugleich seine Beteiligung an der abhängigen Gesellschaft im Wesentlichen auf die beitretende Gesellschaft überträgt und infolgedessen zu einem außenstehenden Aktionär wird; zu beachten bleibt aber § 307.

Von dem Parteiwechsel (→ Rn. 13) muss der **Beitritt einer neuen Partei** zu dem Vertrag *neben* der bisherigen Partei unterschieden werden. Die Beteiligten haben hier gleichfalls die **Wahl** zwischen den **drei** genannten **rechtlichen Gestaltungsmöglichkeiten** (→ Rn. 13): Ersetzung des alten Vertrags durch einen neuen Vertrag, Abschluss eines Vertrages zwischen der beitretenden Partei und einer der bisherigen Parteien mit Zustimmung der anderen sowie dreiseitiger Vertrag aller Beteiligten.⁴¹ Während in dem zuerst genannten Fall allein die §§ 296 und 293 anzuwenden sind, dürfte im zweiten und dritten Fall eine Vertragsänderung iSd § 295 vorliegen. Nach einer verbreiteten Meinung soll gleichwohl ein Sonderbeschluss der außenstehenden Aktionäre in diesem Fall nach § 295 Abs. 2 entbehrlich sein; generell lässt sich dies indessen nicht sagen (→ Rn. 27 f.).

Für den Wechsel der Mütter bei der früher aus steuerlichen Gründen verbreiteten **Mehrmütterorganschaft** folgt aus dem Gesagten (→ Rn. 13 f.), dass es darauf ankommt, wer zivilrechtlich Vertragspartei ist, die Mütter oder die zwischengeschaltete BGB-Gesellschaft. Ist das Letztere anzunehmen, so spielt ein Wechsel der Mütter keine Rolle, während § 295 eingreift, wenn neben der BGB-Gesellschaft zugleich die Mütter Vertragspartei sind.⁴²

---

³⁵ Ebenso im Ergebnis BayObLGZ 2001, 339 (343) = NZG 2002, 133 = AG 2003, 42 (43).
³⁶ BayObLGZ 2001, 339 (343) = NZG 2002, 133 = AG 2003, 42 (43); OLG Frankfurt AG 2005, 353 (354) (r. Sp.).
³⁷ Staudinger/*Emmerich* (2014) BGB § 540 Rn. 39 ff.
³⁸ LG Essen AG 1995, 189 (190); Spindler/Stilz/*Veil* Rn. 6.
³⁹ BGHZ 119, 1 (6 ff., 16) = NJW 1992, 2760 = AG 1992, 450 – Asea/BBC I; OLG Karlsruhe AG 1997, 270 (271 f.) – ASEA/BBC; LG Essen AG 1996, 189 (190) – RAG Immobilien-AG; OLG Stuttgart AG 2005, 171 (172) (l. Sp. 2. Abs.) – Göttinger Gruppe; MüKoAktG/*Altmeppen* Rn. 4 f.; Hölters/*Deilmann* Rn. 9; Hüffer/*Koch* Rn. 5; KK-AktG/*Koppensteiner* Rn. 11; *Krieger/Jannot* DStR 1995, 1473 (1478); GroßkommAktG/*Mülbert* Rn. 20.
⁴⁰ LG Hannover AG 2001, 150 = DB 2000, 1607; MüKoGmbHG/*Liebscher* Rn. 21; aA offenbar LG München I AG 2011, 801 = WM 2012, 698 (701 ff.).
⁴¹ Staudinger/*Emmerich* BGB § 540 Rn. 42 ff. mN.
⁴² K. Schmidt/Lutter/*Langenbucher* Rn. 19; *Priester* ZIP 1992, 293 (301); Spindler/Stilz/*Veil* Rn. 11; str, anders zB Hölters/*Deilmann* Rn. 12; GroßkommAktG/*Mülbert* Rn. 42, 30.

15 **b) Kraft Gesetzes.** Von dem Parteiwechsel durch Vertrag (→ Rn. 13 f.) ist der Parteiwechsel kraft Gesetzes zu unterscheiden, zu dem es insbesondere im Falle der **Verschmelzung** einer Vertragspartei mit einem dritten Unternehmen oder bei ihrer übertragenden **Umwandlung** auf ein drittes Unternehmen kommen kann (→ § 297 Rn. 38 ff.). Auch der Fall der **Eingliederung** gehört in den vorliegenden Zusammenhang (→ § 297 Rn. 34 ff.). Nach überwiegender Meinung ist in solchen Fällen für die Anwendung des § 295 *kein* Raum.[43]

16 Dem ist schon deshalb zuzustimmen, weil, wie die §§ 295–297 zeigen, der gesetzlichen Regelung gerade nicht der Grundsatz zugrunde liegt, dass die außenstehenden Aktionäre an *allen* Vorgängen im Wege eines Sonderbeschlusses zu beteiligen sind, durch die ihre Ansprüche auf Ausgleich und Abfindung tangiert werden können, sondern allein dann, wenn die besonderen Voraussetzungen der §§ 295 Abs. 2, 296 Abs. 2 und 297 Abs. 2 vorliegen.[44] Jedoch ist der Parteiwechsel analog den §§ 295 Abs. 1 und 294 ins **Handelsregister einzutragen,** um die Öffentlichkeit zu informieren (→ Rn. 36). Besonderer Betrachtung bedarf in diesen Fällen außerdem die Frage nach dem Schicksal des Unternehmensvertrages sowie der dadurch begründeten Ausgleichs- und Abfindungsansprüche der außenstehenden Aktionäre (→ § 296 Rn. 17; → § 297 Rn. 27, 34 ff.).

IV. Form

17 Liegt eine Vertragsänderung in dem genannten Sinne vor (→ Rn. 6 ff.), so gelten für den Änderungsvertrag (§ 311 Abs. 1 BGB) der Sache nach *dieselben Wirksamkeitsvoraussetzungen* wie für den Abschluss des ursprünglichen Vertrages (§ 295 Abs. 1 S. 1 und S. 2 iVm §§ 293–294). Der Änderungsvertrag bedarf folglich der **Schriftform** (§ 295 Abs. 1 S. 2 iVm § 293 Abs. 3), wodurch konkludente Vertragsänderungen, insbesondere in Gestalt einer einvernehmlichen Änderung der Vertragspraxis ausgeschlossen werden (→ Rn. 9). Konkludente Änderungen des Vertrags führen vielmehr dazu, dass der Unternehmensvertrag fortan – mangels der gesetzlich vorgeschriebenen Schriftform (§ 295 Abs. 1 iVm § 293 Abs. 3, § 125 BGB) sowie mangels Eintragung im Handelsregister – nichtig ist (§ 294 Abs. 2).

V. Zustimmungsbeschluss der Hauptversammlung

18 **1. Notwendigkeit, Einberufung.** Dem Änderungsvertrag muss zumindest die Hauptversammlung derjenigen Gesellschaft mit qualifizierter Mehrheit zustimmen, die die vertragstypischen Leistungen erbringt, bei einem Beherrschungs- oder Gewinnabführungsvertrag also die **Hauptversammlung der abhängigen AG** oder KGaA (§ 295 Abs. 1 iVm § 293 Abs. 1). In dem zuletzt genannten Fall bedarf es außerdem der Zustimmung der **Hauptversammlung der herrschenden Gesellschaft,** ebenfalls mit qualifizierter Mehrheit, wenn diese die Rechtsform einer deutschen AG oder KGaA hat (§ 295 Abs. 1 S. 2 iVm § 293 Abs. 2). Schließlich muss noch in den Fällen des § 295 Abs. 2 (→ Rn. 24 ff.) der **Sonderbeschluss** der außenstehenden Aktionäre hinzutreten (→ Rn. 29 ff.). Die Vertragsänderung wird wirksam erst mit ihrer **Eintragung** ins Handelsregister (§ 295 Abs. 1 S. 2 iVm § 294; → Rn. 36 f.). Vergleichbare Regeln gelten bei der GmbH (→ Rn. 4 f.). Die Satzung kann nichts anderes bestimmen (§ 23 Abs. 5); daran scheitert insbesondere eine Ermächtigung des Vorstandes zur Vornahme von Vertragsänderungen.[45]

19 Für die **Einberufung,** die Vorbereitung und die Durchführung der Hauptversammlung, in der über die Zustimmung zu der Vertragsänderung zu beschließen ist, verweist § 295

---
[43] OLG Karlsruhe AG 1995, 139 = WM 1994, 2023; LG Mannheim AG 1991, 26 (27) = ZIP 1990, 379 – Asea/BBC; AG 1995, 89 = ZIP 1994, 1024 – Klöckner/SEN; LG Bonn GmbHR 1996, 774 f.; LG München I AG 2011, 801 = WM 2012, 698 (701 ff.) MüKoAktG/*Altmeppen* Rn. 16; Hüffer/*Koch* Rn. 6; KK-AktG/*Koppensteiner* Rn. 8; GroßkommAktG/*Mülbert* Rn. 24, 26; *Priester* ZIP 1992, 293 (301); aA *W. Bayer* ZGR 1993, 599 (604 f.).
[44] Ebenso im Grundsatz LG München I AG 2011, 801 = WM 2012, 698 (701 ff.).
[45] K. Schmidt/Lutter/*Langenbucher* Rn. 21.

Abs. 1 S. 2 auf die Vorschriften des § 293f und des § 293g. Anwendbar ist daneben außerdem § 124, sodass bei der Einberufung der Hauptversammlung bereits der wesentliche Inhalt „des Vertrages" bekanntzumachen ist (S. 2 des § 124 Abs. 2). Gemeint ist der Änderungsvertrag, nicht der ganze ursprüngliche Vertrag, sodass sich die **Bekanntmachung** grundsätzlich auf den wesentlichen Inhalt der vorgeschlagenen **Änderungen** beschränken kann.[46] Eine weitergehende Bekanntmachungspflicht besteht nur, wenn sie zum Verständnis der vorgeschlagenen Änderung unerlässlich ist.[47]

Von der Einberufung der Hauptversammlung an ist die vorgeschlagene **Änderung** ferner 20 in dem Geschäftsraum jeder beteiligten AG oder KGaA zur Einsicht der Aktionäre auszulegen oder sonst zugänglich zu machen (§ 293f Abs. 1 Nr. 1). Dazu gehört im Regelfall auch die **Auslegung** des ursprünglichen, vollständigen Vertragstextes, um den Aktionären eine eigene Beurteilung der Tragweite der Änderung zu ermöglichen. Dasselbe gilt entsprechend für die Erteilung von **Abschriften** nach § 293f Abs. 2.[48] Ebenso zu verstehen ist die Auslegungspflicht während der Hauptversammlung nach § 293g Abs. 1. In allen diesen Beziehungen wird eine Beschränkung auf Textauszüge nur in Betracht kommen, wenn das Gesamtverständnis dadurch nicht erschwert wird, in erster Linie also bei bloßen redaktionellen Änderungen.[49]

2. Erläuterung, Auskunftsrecht. Die vom Vorstand geschuldete **Erläuterung** der Ver- 21 tragsänderung (§ 293g Abs. 2 S. 1) muss sich vor allem auf Grund und Zweck, den Inhalt und die Tragweite sowie die wirtschaftlichen Auswirkungen der vorgeschlagenen Vertragsänderung beziehen, um den Aktionären eine sachgerechte Entscheidung zu ermöglichen. Entsprechend weit ist ihr **Auskunftsrecht** auf Grund der §§ 131 Abs. 1 und 293g Abs. 3 zu interpretieren. Im Falle eines Parteiwechsels (→ Rn. 13 ff.) erstreckt es sich auch auf die Verhältnisse der neuen Vertragspartei.[50]

Der Änderungsvertrag ist der notariellen Niederschrift über den Zustimmungsbeschluss 22 der Hauptversammlung (§ 130 Abs. 1 S. 3) nach § 293g Abs. 2 S. 2 als Anlage beizufügen und gemäß § 294 Abs. 1 zur **Eintragung** ins Handelsregister anzumelden (→ Rn. 36). Die Änderung wird erst wirksam mit ihrer Eintragung ins Handelsregister (§ 295 Abs. 1 S. 2 iVm § 294 Abs. 2; → Rn. 35 ff.). Lediglich in den Fällen des § 295 Abs. 2 muss als weitere Wirksamkeitsvoraussetzung noch der Sonderbeschluss der außenstehenden Aktionäre hinzutreten (→ Rn. 24 ff.).

3. Vertragsbericht, Vertragsprüfung. Seit 1994 verweist § 295 Abs. 1 S. 2 ferner auf 23 die §§ 293a–293e. Die Folge ist, dass die Vorstände derjenigen Gesellschaften, deren Hauptversammlungen dem Änderungsvertrag nach § 295 Abs. 1 iVm § 293 Abs. 1 und 2 zustimmen müssen (→ Rn. 18), einen Bericht über den vorgeschlagenen Änderungsvertrag erstatten müssen (§ 293a) und dass der Änderungsvertrag durch sachverständige Prüfer zu prüfen ist (§ 293b), die hierüber schriftlich zu berichten haben (§ 293e). Dies stellt, zumal bei kleineren Vertragsänderungen, einen erheblichen, sachlich nur schwer zu rechtfertigenden Aufwand dar.[51] Deshalb werden sich in derartigen Fällen der Vertragsbericht (§ 293a) und der Prüfungsbericht (§ 293e) häufig auf *wenige Sätze* zu Inhalt und Zweck der Vertragsänderung beschränken können. *Anders* dagegen bei weitreichenden Änderungen, vor allem bei Änderung der Bestimmungen über Ausgleich und Abfindung (§ 295 Abs. 2) sowie im Falle des Parteiwechsels.[52]

---

[46] BGHZ 119, 1 (11 f.) = NJW 1992, 2760 = AG 1992, 450 – Asea/BBC I.
[47] Hölters/*Deilmann* Rn. 15; GroßkommAktG/*Mülbert* Rn. 44; offengelassen in BGHZ 119, 1 (11 f.) = NJW 1992, 2760 = AG 1992, 450 – Asea/BBC I.
[48] MüKoAktG/*Altmeppen* Rn. 22; KK-AktG/*Koppensteiner* Rn. 9; GroßkommAktG/*Mülbert* Rn. 44.
[49] Hüffer/*Koch* Rn. 8; GroßkommAktG/*Mülbert* Rn. 44.
[50] BGHZ 119, 1 (16) = NJW 1992, 2760 = AG 1992, 450 – Asea/BBC I.
[51] Krit. auch MüKoAktG/*Altmeppen* Rn. 20 f.; *Bungert* DB 1995, 1449; KK-AktG/*Koppensteiner* Rn. 22 ff.; GroßkommAktG/*Mülbert* Rn. 51 ff.
[52] KK-AktG/*Koppensteiner* Rn. 22.

VI. Sonderbeschluss der außenstehenden Aktionäre

24 **1. Anwendungsbereich.** Nach § 295 Abs. 2 S. 1 bedarf die Zustimmung der Hauptversammlung der Gesellschaft zu einer Änderung der Bestimmungen des Vertrags über Ausgleichs- oder Abfindungsleistungen für außenstehende Aktionäre (→ Rn. 28) eines Sonderbeschlusses der außenstehenden Aktionäre, und zwar, wie aus der Verweisung auf § 293 Abs. 1 S. 2 in § 295 Abs. 2 S. 2 zu folgern ist, mit qualifizierter Mehrheit; außerdem haben die außenstehenden Aktionäre in diesem Fall ein erweitertes Auskunftsrecht (S. 3 des § 295 Abs. 2). Der **Grund** für diese eigenartige Regelung ist darin zu sehen, dass der Änderungsvertrag unter den genannten Voraussetzungen in Rechte der außenstehenden Aktionäre eingreift, die sie auf Grund der ursprünglichen Fassung des Unternehmensvertrags bereits erworben hatten (§ 328 BGB). An sich bedürfte die Änderung des Vertrags als Eingriff in diese Rechte deshalb sogar der Zustimmung *aller* außenstehenden Aktionäre (§§ 35, 311 Abs. 1, 328 BGB); aus praktischen Gründen begnügt sich das Gesetz indessen hier mit einer **qualifizierten Mehrheit,** um Änderungsverträge nicht übermäßig zu erschweren (→ Rn. 2).[53]

25 Die Notwendigkeit eines Sonderbeschlusses der außenstehenden Aktionäre beschränkt sich auf Fälle, in denen der Änderungsvertrag gerade in Bestimmungen des Vertrages eingreift, die zur **Leistung eines Ausgleichs** an die außenstehenden Aktionäre der Gesellschaft oder zum **Erwerb ihrer Aktien** verpflichten (§ 295 Abs. 2 S. 1). Gedacht ist dabei naturgemäß in erster Linie an Beherrschungs- und Gewinnabführungsverträge (§§ 291, 304, 305). Der Anwendungsbereich der Vorschrift beschränkt sich indessen nicht streng auf diese Verträge, sondern erfasst **auch** die anderen **Unternehmensverträge des § 292,** sofern sie ebenfalls Abreden der fraglichen Art enthalten. Ein Beispiel ist ein Betriebspachtvertrag (§ 292 Abs. 1 Nr. 3), der Ausgleichs- oder Abfindungsleistungen für die außenstehenden Aktionäre vorsieht, um einer Anfechtung des Zustimmungsbeschlusses nach § 243 Abs. 2 iVm § 292 Abs. 3 S. 2 wegen der Unangemessenheit der Gegenleistung des Betriebspächters zu entgehen (→ § 292 Rn. 51).[54]

26 Die Art der Änderung spielt *keine* Rolle; erforderlich ist lediglich, dass durch die Änderung im Ergebnis die Bestimmungen des Vertrags über die Leistung eines Ausgleichs oder einer Abfindung unmittelbar oder mittelbar tangiert werden, sodass **materiell ein Eingriff in die Rechtsstellung** der außenstehenden Aktionäre vorliegt.[55] Zwischen wesentlichen und unwesentlichen Änderungen wird dabei ebenso wenig wie zwischen vorteilhaften und nachteiligen Änderungen unterschieden (→ Rn. 6).[56] Ein Sonderbeschluss der außenstehenden Aktionäre ist daher auch erforderlich, wenn die Ausgleichs- oder Abfindungsleistungen *verbessert* werden sollen (str.) oder wenn es sich um (auf den ersten Blick) *unwesentliche* Änderungen handelt. In allen diesen Fällen ist auch ein neues **Spruchverfahren** möglich, wovon das Gesetz selbst ausgeht, wie aus § 304 Abs. 3 S. 2 und aus § 305 Abs. 5 S. 1 zu folgern ist (→ Rn. 34; → SpruchG § 13 Rn. 5).[57]

27 Für den Fall des Parteiwechsels (→ Rn. 13) bedeutet dies, dass jedenfalls die **Vertragsübernahme** durch ein neues herrschendes Unternehmen der Zustimmung der außenstehenden Aktionäre durch einen Sonderbeschluss bedarf (§ 295 Abs. 2), da es einen (schwerwiegenden) Eingriff in ihre Rechtsstellung bedeutet, wenn ihr Schuldner wechselt (vgl. § 415 Abs. 1 BGB).[58] Im Falle des **Vertragsbeitritts** einer neuen Partei neben der bisheri-

---

[53] Begr. RegE bei *Kropff* AktG 348 f.; BGHZ 119, 1 (8) = NJW 1992, 2760 = AG 1992, 450 – Asea/BBC I; *Hüchting* Abfindung 105 f.; KK-AktG/*Koppensteiner* Rn. 30 f.; Spindler/Stilz/*Veil* Rn. 2.

[54] So schon Begr. RegE bei *Kropff* AktG 384; KK-AktG/*Koppensteiner* Rn. 30; K. Schmidt/Lutter/*Langenbucher* Rn. 22; GroßkommAktG/*Mülbert* Rn. 54; – anders Spindler/Stilz/*Veil* Rn. 19, 30.

[55] OLG Frankfurt AG 2005, 353 (354) (r. Sp. 2. Abs.) – AEG/Daimler Benz; Hölters/*Deilmann* Rn. 21; GroßkommAktG/*Mülbert* Rn. 55; *Priester* ZIP 1992, 293 (296).

[56] MüKoAktG/*Altmeppen* Rn. 29 f.; Hölters/*Deilmann* Rn. 21; Hüffer/*Koch* Rn. 10; *Priester* ZIP 1992, 293 (296 f.); Spindler/Stilz/*Veil* Rn. 20.

[57] OLG Frankfurt AG 2005, 353 (354) (r. Sp.).

[58] MüKoAktG/*Altmeppen* Rn. 31–33; *Bayer* ZGR 1993, 599 (608) Hölters/*Deilmann* Rn. 21; Hüffer/*Koch* Rn. 11; KK-AktG/*Koppensteiner* Rn. 34; *Krieger/Jannot* DStR 1995, 1473 (1479); GroßkommAktG/*Mülbert* Rn. 57; Spindler/Stilz/*Veil* Rn. 21.

Änderung   27a–29   **§ 295**

gen (→ Rn. 14) wird dagegen vielfach ein Sonderbeschluss der außenstehenden Aktionäre nach § 295 Abs. 2 deshalb als *entbehrlich* angesehen, weil dadurch ihre Rechtsstellung nicht verschlechtert, sondern in Gestalt der Erstreckung auf einen *weiteren* Schuldner lediglich verbessert werde.[59] Anders ist aber auf jeden Fall zu entscheiden, wenn ein *Abfindungsangebot* in Aktien noch läuft oder ein *variabler* Ausgleich festgesetzt wurde, weil der Beitritt einer neuen Partei zu dem Vertrag dann eine derart schwerwiegende Veränderung der Position der außenstehenden Aktionäre darstellt, dass ein Sonderbeschluss unerlässlich ist.[60] Ebenso verhält es sich ferner, wenn als Abfindung Aktien der Obergesellschaft angeboten wurden (§ 305 Abs. 2 Nr. 2).[61] Auf einen Sonderbeschluss kann dagegen in der Tat verzichtet werden, wenn ein Barabfindungsangebot noch läuft oder wenn eine feste Dividendengarantie als Ausgleich vereinbart ist.[62]

Von der Frage der Notwendigkeit eines Sonderbeschlusses im Falle des Beitritts einer **27a** neuen Partei zu dem Vertrag neben der bisherigen (→ Rn. 27) ist die Frage zu trennen, ob in diesem Fall den außenstehenden Aktionären wegen der veränderten Situation ein **neues Abfindungsangebot,** wohl zu den ursprünglichen Bedingungen, zu machen ist, um ihnen erneut die Wahl zwischen Ausgleich und Abfindung zu ermöglichen. Überwiegend wird diese Frage heute bejaht.[63] Auch ein **variabler Ausgleich** muss der neuen Situation angepasst werden, während bei dem festen Ausgleich eine entsprechende Anpassungsnotwendigkeit bisher noch meistens verneint wird.[64] Im Falle der Anpassung ist auch Raum für ein neues Spruchverfahren (→ SpruchG § 13 Rn. 5).

2. Außenstehende Aktionäre. Zuständig für den nach § 295 Abs. 2 erforderlichen Son- **28** derbeschluss sind die „außenstehenden Aktionäre". Gemeint sind damit sämtliche Aktionäre, die, und zwar im Augenblick des Sonderbeschlusses, gerade in ihrer Eigenschaft als Aktionäre nach den §§ 304 und 305 **Ansprüche auf Ausgleich oder Abfindung** haben. Denn in *ihre* Ansprüche wird durch den Änderungsvertrag eingegriffen, sodass *sie* es sind, die dem Eingriff durch einen Sonderbeschluss zustimmen müssen.[65] Den Gegensatz bilden der **andere Vertragsteil,** bei einem Beherrschungsvertrag also das herrschende Unternehmen, sowie eine Reihe ihm gleichstehender weiterer Aktionäre (→ Rn. 30).

Frühere Aktionäre der Gesellschaft, die bis zu dem maßgebenden Zeitpunkt **29** (→ Rn. 28) bereits gegen Abfindung aus der Gesellschaft ausgeschieden sind, nehmen an dem Sonderbeschluss *nicht* mehr teil.[66] Anders jedoch, wenn noch ein **Spruchverfahren anhängig** ist, weil dieses auch zur Erhöhung der Abfindung für die bereits abgefundenen Aktionäre führen kann (§ 13 S. 2 SpruchG). Infolge einer Änderung der Vertragsbestimmungen über die Abfindung kann es daher zu einem Eingriff in ihren Abfindungsergänzungsanspruch kommen.[67]

---

[59] BGHZ 119, 1 (7 f.) = NJW 1992, 2760 = AG 1992, 450 – ASEA/BBCI; im Ergebnis wohl auch BGHZ 138, 136 (138 ff.) = NJW 1998, 1866 = NZG 1998, 379 = AG 1998, 286 – ASEA/BBC II; MüKoAktG/*Altmeppen* Rn. 34–37; Hüffer/*Koch* Rn. 11; KK-AktG/*Koppensteiner* Rn. 35; *Kort* ZGR 1999, 402 (418 ff.); *Priester* ZIP 1992, 293 (300 f.).

[60] Ebenso Hölters/*Deilmann* Rn. 22; *Hommelhoff* FS Claussen, 1997, 129; GroßkommAktG/*Mülbert* Rn. 60; *Pentz* FS Kropff, 1997, 225; *Röhricht* ZHR 162 (1998), 249 (252 f.); Spindler/Stilz/*Veil* Rn. 22.

[61] *Röhricht* ZHR 162 (1998), 249 (251 f.).

[62] So GroßkommAktG/*Mülbert* Rn. 60 mN.

[63] OLG Karlsruhe AG 1997, 270 (271) – ASEA/BBC II; zust. offenbar BGHZ 138, 136 (141 f.) = NJW 1998, 1866 = AG 1998, 286 – ASEA/BBC II; Hölters/*Deilmann* Rn. 22; *Hommelhoff* FS Claussen, 1997, 129; MHdB AG/*Krieger* § 70 Rn. 187 (1280); *Kort* ZGR 1999, 402 (424 f.); *Röhricht* ZHR 162 (1998), 249 (253 ff.); anders noch BGHZ 119, 1 (10 f.) = NJW 1992, 2760 = AG 1992, 450 – ASEA/BBC I.

[64] *Röhricht* ZHR 162 (1998), 249 (254 f.); Hölters/*Deilmann* Rn. 22.

[65] MüKoAktG/*Altmeppen* Rn. 40–54; Hölters/*Deilmann* Rn. 24; Hüffer/*Koch* Rn. 12; *Hirte* FS Hadding, 2004, 427 (428 f.); KK-AktG/*Koppensteiner* Rn. 58 ff.; K. Schmidt/Lutter/*Langenbucher* Rn. 28; GroßkommAktG/*Mülbert* Rn. 67 ff.

[66] MüKoAktG/*Altmeppen* Rn. 52; Hüffer/*Koch* Rn. 13; Beck AG-HdB/*Liebscher* § 14 Rn. 163 (1224); *Röhricht* ZHR 162 (1998), 249 (252).

[67] MüKoAktG/*Altmeppen* Rn. 54; Hölters/*Deilmann* Rn. 24; GroßkommAktG/*Mülbert* Rn. 70; aA zB KK-AktG/*Koppensteiner* Rn. 51 mN.

30   Von den außenstehenden Aktionären (→ Rn. 28 f.) sind der **andere Vertragsteil** sowie solche Aktionäre zu unterscheiden, die dem **anderen Vertragsteil** derart **nahe stehen,** dass sie im Ergebnis als „zu dessen Lager gehörig" angesehen werden müssen, da nur auf diese Weise eine Einflussnahme des anderen Vertragsteils auf den Sonderbeschluss der außenstehenden Aktionäre verhindert werden kann. Der Kreis dieser „nahe stehenden" Aktionäre sollte im AktG nach Möglichkeit einheitlich abgegrenzt werden. Deshalb besteht heute weitgehende Einigkeit darüber, dass bei den §§ 295 Abs. 2, 296 Abs. 2 und 297 Abs. 2 im Kern von denselben Begriff der außenstehenden Aktionäre wie bei den §§ 304 und 305 auszugehen ist (→ § 304 Rn. 15 ff.). Der Zweck der §§ 295 Abs. 2, 296 Abs. 2 und 297 Abs. 2 erzwingt indessen in einzelnen Beziehungen noch eine *Erweiterung* des Kreises der dem anderen Vertragsteil zugerechneten Aktionäre über den bei den §§ 304 und 305 angenommenen Kreis hinaus. Deshalb werden hier dem anderen Vertragsteil (zusätzlich) sämtliche Aktionäre gleichgestellt, die im weitesten Sinne **von dem anderen Vertragsteil,** rechtlich oder rein tatsächlich, **abhängig** sind, weil nur so in der Tat verhindert werden kann, dass der andere Vertragsteil über sie entgegen dem Zweck der gesetzlichen Regelung doch Einfluss auf den Sonderbeschluss der außenstehenden Aktionäre erlangt.[68] Der bloße Umstand, dass der Aktionär seine Aktien von dem herrschenden Unternehmen erworben hat, reicht dafür zwar nicht aus,[69] wohl aber eine sonstige Beziehung, die es dem herrschenden Unternehmen gestattet, auf die Stimmabgabe des Aktionärs Einfluss zu nehmen, wobei insbesondere an **Treuhandverhältnisse** zu denken ist.[70] Auch Aktionäre, die ihrerseits den anderen Vertragsteil **beherrschen,** dürfen nach dem Zweck der gesetzlichen Regelung nicht zu den außenstehenden Aktionären in § 295 Abs. 2 gerechnet werden.[71]

31   **3. Verfahren.** Für den Sonderbeschluss gilt **§ 138,** sodass er entweder in einer gesonderten Versammlung der außenstehenden Aktionäre oder in einer gesonderten Abstimmung im Rahmen der ohnehin nach § 295 Abs. 1 erforderlichen Hauptversammlung zu fassen ist.[72] In beiden Fällen steht den außenstehenden Aktionären nach dem Vorbild des § 293g Abs. 3 ein **erweitertes Auskunftsrecht** zu, da ihnen auf Verlangen auch Auskunft über die für die Änderung wesentlichen Angelegenheiten des *anderen* Vertragsteils zu geben ist (§ 295 Abs. 2 S. 3), wozu im Falle eines Parteiwechsels namentlich die Verhältnisse des neuen Vertragspartners gehören.[73]

32   Der Sonderbeschluss der außenstehenden Aktionäre bedarf einer **qualifizierten Mehrheit,** wofür § 293 Abs. 1 S. 2 und 3 entsprechend gilt, sodass zusätzlich zu der Stimmenmehrheit (mindestens) eine Mehrheit von drei Vierteln des bei der Sonderbeschlussfassung vertretenen Grundkapitals nötig ist, *soweit* es auf die außenstehenden Aktionäre entfällt. Die Satzung kann nur eine größere Kapitalmehrheit und weitere Erfordernisse bestimmen (§ 293 Abs. 1 S. 3 iVm § 295 Abs. 2 S. 2).

33   **4. Rechtsfolgen.** Der Sonderbeschluss der außenstehenden Aktionäre (→ Rn. 32) ist in den Fällen des § 295 Abs. 2 **Wirksamkeitsvoraussetzung** für den Änderungsvertrag (→ Rn. 22). Keine Rolle spielt die Reihenfolge von Sonderbeschluss und Hauptversammlungsbeschluss.[74] Notwendig sind vielmehr immer **beide Beschlüsse,** sodass der Anmel-

---

[68] Ebenso OLG Nürnberg AG 1996, 226 (227) – Tucherbräu; LG Essen AG 1995, 189 (190 f.) – RAG Immobilien-AG; MüKoAktG/*Altmeppen* Rn. 45–50; Hüffer/*Koch* Rn. 12; *Hüchting* Abfindung 110 f.; KK-AktG/*Koppensteiner* Rn. 47; K. Schmidt/Lutter/*Langenbucher* Rn. 24–27; *Pentz* AG 1996, 97 (108 f.); GroßkommAktG/*Mülbert* Rn. 68 f.; *Priester* ZIP 1992, 293 (296); Spindler/Stilz/*Veil* Rn. 24.
[69] OLG Nürnberg AG 1996, 226 (227) – Tucherbräu.
[70] LG Essen AG 1995, 189 (190 f.) – RAG Immobilien AG; MüKoAktG/*Altmeppen* Rn. 49; Hüffer/*Koch* Rn. 12.
[71] K. Schmidt/Lutter/*Langenbucher* Rn. 26M x 71.
[72] Hüffer/*Koch* Rn. 14; KK-AktG/*Koppensteiner* Rn. 53; MHdB AG/*Krieger* § 70 Rn. 183.
[73] BGHZ 119, 1 (16) = NJW 1992, 2760 = AG 1990, 450 – Asea/BBC.
[74] BayObLGZ 2001, 339 = NZG 2002, 133 = AG 2003, 42 (43) – Bayer. Brauholding/Schörghuberstiftung; *Hüchting* Abfindung 106 f.

dung der Vertragsänderung zum Handelsregister (§ 294 Abs. 1 S. 1) auch die Niederschrift über den Sonderbeschluss entsprechend § 294 Abs. 1 S. 2 als Anlage beizufügen ist.[75] Solange der Sonderbeschluss fehlt, darf die Änderung nicht ins Handelsregister eingetragen werden (→ Rn. 22).[76] Gegebenenfalls muss das Registergericht von Amts wegen ermitteln, ob ein Sonderbeschluss erforderlich ist und ob er tatsächlich gefasst wurde (§ 26 FamFG). Trägt das Registergericht die Vertragsänderung ein, obwohl der an sich erforderliche Sonderbeschluss der außenstehenden Aktionäre bisher fehlt, so erlangt die Vertragsänderung keine Wirksamkeit, da die Eintragung ins Handelsregister *keine* heilende Kraft hat.[77]

Der Sonderbeschluss ist ebenso wie ein Hauptversammlungsbeschluss unter den Voraussetzungen des § 243 **anfechtbar** (§ 138 S. 2). Anwendbar sind zugleich aber auch die §§ 243 Abs. 4 S. 2, 304 Abs. 3 S. 2 und 305 Abs. 5 S. 1 über einen **Anfechtungsausschluss**. § 243 Abs. 4 S. 2 betrifft Verletzungen des Auskunftsrechts der außenstehenden Aktionäre hinsichtlich der Angemessenheit von Ausgleich und Abfindung in der Verhandlung über den *Sonderbeschluss* nach § 138, während die §§ 304 Abs. 3 S. 2 und 305 Abs. 5 S. 1 den Anfechtungsausschluss auf den Fall erstrecken, dass die außenstehenden Aktionäre die fehlende Angemessenheit der Änderung von Ausgleich und Abfindung rügen (→ Rn. 26).[78] An die Stelle des Anfechtungsrechts der Aktionäre tritt in den genannten Fällen das **Spruchverfahren** nach dem SpruchG.[79] Nur in den verbleibenden Fällen ist heute noch Raum für ein Anfechtungsrecht der Aktionäre. 34

VII. Wirksamwerden der Vertragsänderung

Nach § 295 Abs. 1 S. 2 gilt § 294 sinngemäß. Dies bedeutet, dass der Vorstand derjenigen Gesellschaft, die die vertragstypischen Leistungen erbringt, die Änderung des Unternehmensvertrags zur Eintragung ins Handelsregister anzumelden hat. Der **Anmeldung** sind die in § 294 Abs. 1 S. 2 erwähnten Unterlagen sowie im Falle des § 295 Abs. 2 die Niederschrift über den Sonderbeschluss (→ Rn. 32) beizufügen. Die Vertragsänderung wird **erst mit** ihrer **Eintragung** in das Handelsregister **wirksam** (§ 294 Abs. 2); vorher ist die Vertragsänderung schwebend unwirksam (→ Rn. 22, 33). Ein **Freigabeverfahren** nach Anfechtung des Zustimmungsbeschlusses der abhängigen Gesellschaft bezieht sich allein auf diesen Beschluss, nicht zugleich auf den davon zu trennenden Sonderbeschluss der außenstehenden Aktionäre, sodass im Falle des Fehlens des Sonderbeschlusses das Eintragungshindernis trotz des Freigabebeschlusses fortbesteht.[80] 35

Im Handelsregister wird nur die Tatsache der Vertragsänderung, nicht dagegen ihr Inhalt **eingetragen**. Etwas anderes gilt nur im Fall des Parteiwechsels. Ebenso sollte entsprechend den §§ 295 Abs. 1 S. 2 und 294 Abs. 1 S. 1 in den Fällen der Gesamtrechtsnachfolge (→ Rn. 15 f.) verfahren werden, da sich offenbar die Person der Vertragsparteien immer eindeutig aus dem Handelsregister ergeben muss.[81] 36

---

[75] Ebenso MüKoAktG/*Altmeppen* Rn. 60; Hüffer/*Koch* Rn. 15; K. Schmidt/Lutter/*Langenbucher* Rn. 32; Spindler/Stilz/*Veil* Rn. 27.

[76] KK-AktG/*Koppensteiner* Rn. 54; Beck AG-HdB/*Liebscher* § 14 Rn. 164 (1224); K. Schmidt/Lutter/*Langenbucher* Rn. 32; Spindler/Stilz/*Veil* Rn. 27; anders für die Änderung eines Gewinnabführungsvertrages in einen Beherrschungsvertrag auf Grund der Qualifizierung des Vorganges als Aufhebung des alten und Abschluss eines neuen Vertrages BayObLGZ 2001, 339 (343) = NZG 2002, 133 = AG 2003, 42 (43) (r. Sp.) – Bayer. Brau Holding/Schörghuber Stiftung.

[77] KK-AktG/*Koppensteiner* Rn. 54; K. Schmidt/Lutter/*Langenbucher* Rn. 32; Spindler/Stilz/*Veil* Rn. 27; anders BayObLGZ 2001, 339 (343) = NZG 2002, 133 = AG 2003, 42 (43) (r. Sp.) = ZIP 2002, 127 – Bayer. Brau Holding/Schörghuber Stiftung.

[78] BayObLG AG 2003, 631 (633) (r. Sp.) = NZG 2003, 36 – PKV/Philips; Hölters/*Deilmann* Rn. 27.

[79] BayObLG AG 2003, 631 (633) (r. Sp.) = NZG 2003, 36 – PKV/Philips; OLG Frankfurt AG 2005, 353 – AEG/Daimler Benz; MüKoAktG/*Altmeppen* Rn. 58; Hüffer/*Koch* Rn. 15; *Hüchting* Abfindung 107; KK-AktG/*Koppensteiner* Rn. 55; MHdB AG/*Krieger* § 70 Rn. 185; Spindler/Stilz/*Veil* Rn. 28.

[80] K. Schmidt/Lutter/*Langenbucher* Rn. 32; anders Spindler/Stilz/*Veil* Rn. 28.

[81] Rn. 16; MüKoAktG/*Altmeppen* Rn. 26; *Fedke* Konzern 2008, 533 (538 f.); Hüffer/*Koch* Rn. 9; KK-AktG/*Koppensteiner* Rn. 27; K. Schmidt/Lutter/*Langenbucher* Rn. 20; GroßkommAktG/*Mülbert* Rn. 51; Spindler/Stilz/*Veil* Rn. 18.

§ 296 Aufhebung

(1) ¹Ein Unternehmensvertrag kann nur zum Ende des Geschäftsjahrs oder des sonst vertraglich bestimmten Abrechnungszeitraums aufgehoben werden. ²Eine rückwirkende Aufhebung ist unzulässig. ³Die Aufhebung bedarf der schriftlichen Form.

(2) ¹Ein Vertrag, der zur Leistung eines Ausgleichs an die außenstehenden Aktionäre oder zum Erwerb ihrer Aktien verpflichtet, kann nur aufgehoben werden, wenn die außenstehenden Aktionäre durch Sonderbeschluß zustimmen. ²Für den Sonderbeschluß gilt § 293 Abs. 1 Satz 2 und 3, § 295 Abs. 2 Satz 3 sinngemäß.

Schrifttum: *Grüner*, Die Beendigung von Gewinnabführungs- und Beherrschungsverträgen, 2003; *Gutheil*, Die Auswirkungen von Umwandlungen auf Unternehmensverträge nach §§ 291, 292 AktG und die Rechte außenstehender Aktionäre, 2001; *Hüchting*, Abfindung und Ausgleich im aktienrechtlichen Beherrschungsvertrag, 1972; *Kley*, Die Rechtsstellung der außenstehenden Aktionäre bei der vorzeitigen Beendigung von Unternehmensverträgen, 1986; *Krieger*, Änderung und Beendigung von Beherrschungs- und Gewinnabführungsverträgen, in U. Schneider (Hrsg.), Beherrschungs- und Gewinnabführungsverträge in der Praxis der GmbH, 1989, 99; *H. Wilhelm*, Die Beendigung des Beherrschungs- und Gewinnabführungsvertrages, 1976; *Windbichler*, Unternehmensverträge und Zusammenschlusskontrolle, 1977.

Übersicht

	Rn.		Rn.
I. Überblick	1–3a	V. Inhalt	12–16
		1. Termin	12–14
II. Anwendungsbereich	4–7g	2. Keine Rückwirkung	15
1. AG	4–6	3. Rechtsfolgen	16
2. GmbH	7–7g	VI. Sonderbeschluss	17–22
a) Überblick	7	1. Anwendungsbereich, Verfahren	17, 18
b) Beherrschungs- und Gewinnabführungsverträge mit einer GmbH	7a–7e	2. Bedeutung, Zeitpunkt	19–21b
c) Unterjährige und rückwirkende Aufhebung	7f	3. Anfechtung	22
d) Andere Unternehmensverträge	7g	VII. Rechtsfolgen	23–26
III. Die Abschluss des Vertrages	8–10	1. Beendigung des Unternehmensvertrages	23, 24
IV. Form	11	2. Überlebenshilfen?	25, 26

I. Überblick

1 § 296 leitet die verstreuten Vorschriften des AktG über die Beendigung von Unternehmensverträgen ein (§§ 296–299, 303 und 307). Näher geregelt sind lediglich drei Beendigungsgründe, nämlich erstens die einverständliche Aufhebung (§ 296), zweitens die Kündigung des Vertrages (§ 297) sowie drittens den Hinzutritt eines außenstehenden Aktionärs nach Abschluss eines Beherrschungs- oder Gewinnabführungsvertrages mit einer 100%igen Tochtergesellschaft (§ 307). Gemäß § 298 ist die Beendigung des Unternehmensvertrages ebenso wie der Abschluss des Vertrages (§ 294) ins Handelsregister einzutragen; anders als im Falle des § 294 hat die **Eintragung** hier indessen nur deklaratorische, keine konstitutive Bedeutung. § 299 fügt hinzu, dass sich ein etwaiges Weisungsrecht des anderen Teils nicht auf die Frage der Vertragsbeendigung bezieht. Wegen der Rechtsfolgen der Beendigung ist § 303 zu beachten (→ Rn. 25 ff.).

2 Die geschilderte Regelung (→ Rn. 1) ist nicht erschöpfend.[1] Als **weitere Beendigungsgründe** sind hervorzuheben der Zeitablauf bei einem befristeten Unternehmensvertrag, der Eintritt einer auflösenden Bedingung sowie Rücktritt und Anfechtung des Vertrages, soweit zulässig, weiter die Insolvenz einer der Vertragsparteien (→ § 297 Rn. 50 f.), die Nichtigkeit oder die Anfechtung des Zustimmungsbeschlusses einer der Parteien (§§ 241, 243, 248, 293 Abs. 1 und 2), die Eingliederung einer der Parteien in die andere oder in

---

[1] Übersicht über die Gesamtheit der Beendigungsgründe bei *Grüner* Beendigung 56 ff.

ein drittes Unternehmen (§§ 319, 320) sowie je nach den Umständen des Falles die Umwandlung oder die Verschmelzung einer der Parteien mit der anderen oder mit einem dritten Unternehmen (→ § 297 Rn. 27, 34 ff.). Ungeregelt geblieben sind außerdem, von § 303 abgesehen, die Rechtsfolgen der Beendigung eines Unternehmensvertrages (→ Rn. 23 ff.).

Die einverständliche Aufhebung eines Unternehmensvertrages ist auf dem Boden der 3 Vertragsfreiheit (§ 311 Abs. 1 BGB) *an sich jederzeit möglich.* Davon geht auch das AktG in § 296 aus, der in Abs. 1 im Interesse der Rechtssicherheit lediglich einige Restriktionen enthält und in Abs. 2 nach dem Vorbild des § 295 Abs. 2 zusätzlich einen **Sonderbeschluss** der außenstehenden Aktionäre verlangt, wenn der aufzuhebende Unternehmensvertrag Ausgleichs- oder Abfindungsleistungen für die außenstehenden Aktionäre vorsieht. **Bezweckt** wurde damit der **Schutz der außenstehenden Aktionäre,** insbesondere gegen die nachträgliche Entziehung bereits erworbener Ausgleichs- oder Abfindungsansprüche im Wege der Vertragsaufhebung. Dieser Schutz wurde indessen *nicht erreicht,* da das Erfordernis eines Sonderbeschlusses (§ 296 Abs. 2) ohne weiteres durch eine ordentliche oder außerordentliche Kündigung des Unternehmensvertrages (ohne Sonderbeschluss) umgangen werden kann (→ Rn. 17).

§ 296 enthält **zwingendes Recht,** sodass weder die Satzung (§ 23 Abs. 5) noch die 3a Parteien im Einzelfall von § 296 abweichen können (§ 134 BGB; → Rn. 16). **Steuerrechtlich** ist zu beachten, dass die Aufhebung eines Gewinnabführungsvertrages vor Ablauf der fünfjährigen Mindestdauer nach § 14 Abs. 1 S. 1 Nr. 3 KStG zum rückwirkenden Verlust der Organschaft führen kann.[2] S. 3 der genannten Vorschrift des KStG fügt hinzu, dass die Aufhebung des Gewinnabführungsvertrags auf einen Zeitpunkt während des Wirtschaftsjahrs der Organgesellschaft auf den Beginn dieses Wirtschaftsjahres zurückwirkt.

II. Anwendungsbereich

1. AG. Der Anwendungsbereich des § 296 beschränkt sich auf die einverständliche Auf- 4 hebung eines Unternehmensvertrages iSd § 291 oder des § 292 *im Ganzen* vorausgesetzt, dass an dem Vertrag eine **AG oder KGaA** beteiligt ist, und zwar in der Rolle derjenigen Gesellschaft, die die vertragstypischen Leistungen erbringt, bei einem Beherrschungs- oder Gewinnabführungsvertrag also **als abhängige Gesellschaft.**[3] Andere Unternehmensverträge, vor allem solche mit einer abhängigen *GmbH,* werden von § 296 seinem Wortlaut nach nicht erfasst. In Betracht kommt jedoch von Fall zu Fall eine entsprechende Anwendung der Vorschrift (→ Rn. 7 ff.).

Von der Aufhebung des Vertrages iSd § 296 muss vor allem die **Vertragsänderung** 5 gemäß § 295 unterschieden werden. Vertragsänderungen sind zB die Vertragsübernahme durch ein anderes Unternehmen (→ § 295 Rn. 13 ff.), die „bloße" Aufhebung einzelner Vertragsbestimmungen unter Aufrechterhaltung des Vertrages im Übrigen sowie vielfach auch die Änderung des Vertragstypus, zB durch Umwandlung eines Betriebspacht- in einen Beherrschungsvertrag. § 296 ist hier nur einschlägig, wenn die Parteien anstelle der Vertragsänderung den Weg wählen, den alten Vertrag, in dem Beispiel den Betriebspachtvertrag, aufzuheben und an seiner Stelle einen neuen Beherrschungsvertrag abzuschließen (→ § 295 Rn. 12).

Voraussetzung der Anwendbarkeit des § 296 ist ferner, dass es sich um eine *vertragliche* 6 Aufhebung des Unternehmensvertrages handelt (§ 311 Abs. 1 BGB). **Gesetzliche Beendigungsgründe** stehen nicht gleich.[4]

---
[2] Dazu zB *Fichtelmann* GmbHR 2010, 576.
[3] Krit. hinsichtlich der Anwendbarkeit des § 296 auf die Verträge des § 292 *Priester* GmbHR 2014, 254 (teleologische Reduktion geboten).
[4] BGH AG 1974, 320 (323) = WM 1974, 713 (715); OLG Celle AG 1972, 283 = WM 1972, 1004; K. Schmidt/Lutter/*Langenbucher* Rn. 3; Spindler/Stilz/*Veil* Rn. 4.

§ 296   7, 7a   3. Buch. 1. Teil. 2. Abschn. Abschluss v. Unternehmensverträgen

7   **2. GmbH.**[5] **a) Überblick.** Eine gesetzliche Regelung der Aufhebung von Unternehmensverträgen mit einer abhängigen oder verpflichteten GmbH fehlt. Daher stellt sich die Frage, ob hier Raum für eine Analogie zu § 296 ist. Der Fragenkreis ist vielfältig umstritten. Im einzelnen geht es vor allem um folgende Fragen: Zunächst bedarf der Klärung, welche Anforderungen an einen Aufhebungsvertrag insbesondere bei Beherrschungs- und Gewinnabführungsverträgen mit einer abhängigen oder verpflichteten GmbH zu stellen sind (→ Rn. 7a). Davon zu trennen ist die Frage nach der Rechtslage bei der herrschenden Gesellschaft, insbesondere wenn es sich bei dieser ebenfalls um eine GmbH handelt (→ Rn. 7e). Der Klärung bedürfen ferner die Frage einer entsprechenden Anwendbarkeit des S. 1 und 2 des § 296, dh das Problem der Zulässigkeit einer unterjährigen oder einer rückwirkenden Aufhebung eines Beherrschungs- oder Gewinnabführungsvertrages mit einer abhängigen oder verpflichteten GmbH (→ Rn. 7f). Schließlich wird noch diskutiert, ob für die anderen Unternehmensverträge des § 292 bei Abschluss mit einer GmbH in der Rolle der Gesellschaft, die die vertragstypischen Leistungen erbringt, dieselben Regeln wie für Beherrschungs- und Gewinnabführungsverträge gelten oder ob bei ihnen eine Aufhebung des Vertrages unter gegenüber dem Regelfall erleichterten Bedingungen in Betracht kommt (→ Rn. 7g).

7a   **b) Beherrschungs- und Gewinnabführungsverträge mit einer GmbH.** Im Mittelpunkt des Interesses steht die Frage, welche Voraussetzungen ein Vertrag zur Aufhebung eines Beherrschungs- oder Gewinnabführungsvertrages mit einer abhängigen oder verpflichteten GmbH erfüllen muss, um wirksam zu sein. In dieser Frage standen sich bis vor kurzem im wesentlichen drei Meinungen gegenüber; (1.) Die bisher wohl *überwiegende Meinung* ging von der entsprechenden Anwendbarkeit des § 296 auf Beherrschungs- und Gewinnabführungsverträge mit einer abhängigen GmbH aus, sodass im GmbH-Recht (ebenso wie im Aktienrecht; → Rn. 8) für die Vertragsaufhebung der **Abschluss** eines Vertrages **durch** die **Geschäftsführer** allein als ausreichend angesehen wurde (§ 311 Abs. 1 BGB; §§ 35, 37 GmbHG). Ein Sonderbeschluss der Minderheitsgesellschafter der abhängigen GmbH war nach dieser Auffassung nur erforderlich, wenn in dem aufzuhebenden Vertrag (ausnahmsweise) Ausgleichs- und Abfindungsleistungen zu ihren Gunsten vorgesehen sind.[6] Dagegen wurde (2.) verbreitet eingewandt, dass es sich bei der Aufhebung eines Unternehmensvertrages mit einer GmbH in aller Regel um eine außerordentliche Geschäftsführungsmaßnahme handele, zu der die **Zustimmung der Gesellschafterversammlung (mit einfacher Mehrheit)** erforderlich sei, wobei dann wieder umstritten war, ob das herrschende Unternehmen bei solcher Abstimmung ein Stimmrecht hat oder nicht (§ 47 Abs. 4 GmbHG).[7] Nach einer dritten Auffassung sollte hingegen darauf abzustellen sein, dass die Aufhebung eines Unternehmensvertrages für die abhängige GmbH in zahlreichen Fällen *dieselbe Bedeutung wie dessen Abschluss* hat, insbesondere wegen der häufig bedrohten Überlebensfähigkeit der Gesellschaft nach Aufhebung eines Unternehmensvertrages (→ Rn. 25). Deshalb sei anzunehmen, dass bei der GmbH auf die Vertragsaufhebung ebenso wie auf den Vertragsabschluss die **§§ 53 und 54 GmbHG** entsprechend anzuwenden sind.[8]

---

[5] Zum Folgenden auch zB MüKoAktG/*Altmeppen* Rn. 15–17; Scholz/*Emmerich* GmbHG Anh. § 13 Rn. 195 ff.; MüKoGmbHG/*Liebscher* Anh. § 13 Rn. 983 ff.; *Wittgens*/*J.-B. Fischer* DB 2015, 2315.

[6] OLG Frankfurt OLGR 1994, 286 (287 f.) = AG 1994, 85 = NJW-RR 1994, 296; OLG Karlsruhe AG 1995, 38 = NJW-RR 1994, 106 = GmbHR 1994, 807 – Mannesmann/Kienzle; LG Essen AG 1999, 135 = NZG 1998, 860; *Bungert* NJW 1995, 1118; *Halsterkamp* AnwBl. 1994, 487 (491 ff.); *Kallmeyer* GmbHR 1995, 578; MüKoGmbHG/*Liebscher* Anh. § 13 Rn. 988, besonders 993 ff.; *Paschos/Goslar* Konzern 2006, 479 (484); *St. Ulrich* GmbHR 2004, 1000 (1002 ff.); *Vetter* ZIP 1995, 345 (346 ff.); offengelassen in BayObLG GmbHR 2003, 476 (477) = NJW-RR 2003, 907.

[7] So *Grüner* Beendigung 61 ff.; Grigoleit/*Servatius* Rn. 10 f.; Baumbach/Hueck/*Zöllner* GmbHG Schlussanh. KonzernR Rn. 72.

[8] OLG Oldenburg NZG 2000, 1138 (1139); *Ehlke* ZIP 1995, 355 (357 f.); *Ebenroth/Wilken* WM 1993, 1617; *Fleischer/Rentsch* NZG 2000, 1141; *Halm* NZG 2001, 728 (736 ff.); *Hoffmann-Becking* WiB 1994, 57 (62 f.); *Krieger/Jannott* DStR 1995, 1473 (1477); *Schlögell* GmbHR 1995, 401 (403 ff.); *O. Schwarz* DNotZ 1996, 68 (75 ff.).

Der **BGH** hat sich in dieser Kontroverse mittlerweile zumindest im Ausgangspunkt der 7b zuletzt genannten engsten Auffassung angeschlossen, wonach bei der abhängigen oder verpflichteten GmbH anders als bei der AG die Entscheidung über die Aufhebung oder die Kündigung eines Unternehmensvertrags keine Maßnahme der Geschäftsführung, sondern einen **innergesellschaftlichen Organisationsakt** darstellt, weil mit der Beendigung des Unternehmensvertrags ein Eingriff in die Organisationsstrukturen der Gesellschaft verbunden sei, sodass die Aufhebung oder Kündigung des Vertrages nicht allein schuldrechtliche Wirkungen besitze.[9] Der BGH hat daraus zugleich den Schluss gezogen, dass der herrschende Gesellschafter, mit dem der Vertrag abgeschlossen worden war, bei der Abstimmung über dessen Aufhebung oder Kündigung ein Stimmrecht habe.[10] Jedoch könne sich im Einzelfall aus der Treuepflicht des Gesellschafters eine Stimmpflicht in einem bestimmten Sinne ergeben.[11]

Das erwähnte Urteil des BGH aus dem Jahre 2011 (→ Rn. 7b), das eine lebhafte **Diskus-** 7c **sion** über die Frage ausgelöst hatte, welche **Konsequenzen** sich aus ihm gleichermaßen für das GmbH-Konzernrecht insgesamt (→ § 293 Rn. 38 ff.) wie auch speziell für die Anforderungen an die Aufhebung oder Kündigung eines Unternehmensvertrages mit einer abhängigen oder verpflichteten GmbH ergeben,[12] entspricht der neuen Linie des BGH zu der differenzierten Anwendung der §§ 293 ff. auf die GmbH (→ § 293 Rn. 38). Für die **Aufhebung** von Beherrschungs- und Gewinnabführungsverträge mit einer abhängigen oder verpflichteten GmbH wird daraus jetzt – auf der Basis der jüngsten Rechtsprechung des BGH (→ Rn. 7b) – verbreitet der Schluss gezogen, dass *analog den §§ 53 und 54 GmbHG* (und damit abweichend von § 296) die Entscheidung über den Abschluss des Aufhebungsvertrages seitens der Geschäftsführer der **Zustimmung der Gesellschafter mit qualifizierter Mehrheit** bedarf sowie dass der Beschluss *beurkundet* und ins Handelsregister *eingetragen* werden muss.[13] Umstritten ist ferner, ob die **Eintragung** (analog § 53 Abs. 3 GmbHG) *konstitutive* Bedeutung hat[14] oder ob ihr analog § 298 lediglich deklaratorische Wirkung zukommt, wohin bisher deutlich die Rechtsprechung tendiert.[15] Dies alles soll offenbar auch für das Verhältnis zu **100%igen Tochtergesellschaften** gelten.[16] Solange der Zustimmungsbeschluss der Gesellschafterversammlung mit qualifizierter Mehrheit *fehlt*, ist der von den Geschäftsführern abgeschlossener Aufhebungsvertrag mangels Vertretungsmacht der Geschäftsführer schwebend *unwirksam*, wird aber mit Fassung des Zustimmungsbeschlusses der Gesellschafterversammlung rückwirkend wirksam (§ 177 BGB; → Rn. 16, 21a).[17]

Aus dem Gesagten (→ Rn. 7c) können sich Probleme in den offenbar nicht seltenen 7d Fällen ergeben, in denen bei Abschluss eines Aufhebungsvertrages (oder bei der Kündigung des Vertrages) die genannten Anforderungen an den Vertragsschluss oder die Kündigung *nicht beachtet* wurden, die Beteiligten den Unternehmensvertrag aber gleichwohl als nicht mehr wirksam behandelt haben. Da der Vertrag unter diesen Voraussetzungen in Wirklichkeit fortbesteht, kann dies erhebliche gesellschaftsrechtliche und steuerrechtliche Konse-

---

[9] BGH AG 2011, 668 Rn. 19 f. = NJW-RR 2011, 1117 = NZG 2011, 902 = GmbHR 2011, 922.
[10] BGH AG 2011, 668 Rn. 12 ff. = NJW-RR 2011, 1117 = NZG 2011, 902 = GmbHR 2011, 922.
[11] BGH AG 2011, 668 Rn. 20 = NJW-RR 2011, 1117= NZG 2011, 902 = GmbHR 2011, 922.
[12] S. iE zB *L. Beck* GmbHR 2014, 1075; *Kürten/E. Chr. Westermann* GmbHR 2014, 852; *Priester* NZG 2012, 641; *ders.* GmbHR 2014, 254; *Wachter* GmbHR 2015, 367.
[13] *L. Beck* GmbHR 2014, 1075 (1078 ff.); MüKoGmbHG/*Liebscher* Anh. § 13 Rn. 995 f.; *Wachter* GmbHR 2015, 360 (370 f.).
[14] *L. Beck* GmbHR 2012, 777; UHW/*C. Schäfer* GmbHG Anh. § 77 Rn. 199 (1101 f.); *Halm* NZG 2001, 728 (737 f.); MüKoGmbHG/*Liebscher* Anh. § 13 Rn. 995.
[15] BayObLG GmbHR 2003, 476 (477) = NJW-RR 2003, 907; OLG München AG 2011, 467 (468) = GmbHR 2011, 489; NZG 2011, 867 = GmbHR 2012, 871 (872); AG 2015, 280 = GmbHR 2015, 368 = NZG 2015, 311; *L. Beck* GmbHR 2014, 1075 (1081) mN; *Paschos/Goslar* Konzern 2006, 479 (484) (l. Sp. u.); *Veith/Schmid* DB 2012, 728 (731); – offengelassen in OLG Zweibrücken AG 2014, 630 = GmbHR 2014, 251 (252 f.).
[16] Scholz/*Emmerich* GmbHG Anh. § 13 Rn. 197; MüKoGmbHG/*Liebscher* Anh. § 13 Rn. 995.
[17] OLG München AG 2015, 280 = GmbHR 2015, 368 = NZG 2015, 311; *Wachter* GmbHR 2015, 369; str. mit Rücksicht auf das das Rückwirkungsverbot (§ 296 Abs. 1 S. 2; → Rn. 7f).

quenzen für die Beteiligten nach sich ziehen (§§ 302 und 303 AktG; §§ 14 und 17 KStG), für die bisher keine befriedigende Lösung gefunden wurde, – abgesehen von der natürlich immer möglichen Nachholung des Zustimmungsbeschlusses und dessen Eintragung ins Handelsregister mit rückwirkender Kraft (§ 177 BGB; → Rn. 7c).[18]

7e Es bleibt die Frage nach der Rechtslage auf der Ebene der **herrschenden Gesellschaft,** bei der es sich gleichermaßen um eine AG wie um eine GmbH handeln kann. Insoweit besteht weitgehende Übereinstimmung, dass eine Zustimmung der Hauptversammlung oder der Gesellschafterversammlung grundsätzlich entbehrlich ist.[19] Etwas anderes gilt jedoch, wenn es sich um eine *außergewöhnliche Geschäftsführungsmaßnahme* handelt, die nur mit Zustimmung der Gesellschafter (mit einfacher Mehrheit) möglich ist. Der Zustimmungsbeschluss hat aber lediglich interne Bedeutung.[20]

7f **c) Unterjährige und rückwirkende Aufhebung.** Nach § 296 Abs. 1 S. 1 ist die Aufhebung eines Unternehmensvertrages nur zum Ende des Geschäftsjahres (oder des sonst vertraglich bestimmten Abrechnungszeitraums) möglich (→ Rn. 13 f.). Außerdem ist eine rückwirkende Aufhebung des Vertrages unzulässig (§ 296 Abs. 1 S. 2; → Rn. 15). Beide Regelungen werden schon bei der AG als weithin überflüssige Regulierungen kritisiert. Daher rührt die Diskussion, ob sie auch auf eine abhängige oder verpflichtete GmbH übertragen werden sollen. Die Frage wird wegen der identischen Interessenlage bei der AG und der GmbH und mit Rücksicht auf die grundsätzlich mögliche Analogie zu § 296 zu Recht überwiegend bejaht.[21] Zwar mehren sich die *kritischen* Stimmen, die insbesondere für die **Zulässigkeit einer unterjährigen Aufhebung** von Beherrschungs- und Gewinnabführungsverträgen mit einer GmbH eintreten, verbunden dann freilich mit der Notwendigkeit einer Stichtagsbilanz;[22] – indessen ist nicht recht zu erkennen, was mit dieser Abweichung von § 296 Abs. 1 S. 1 eigentlich gewonnenen sein soll, zumal bei Berücksichtigung von §§ 14 Abs. 1 S. 1 Nr. 3 und 17 KStG. Für die Analogie zu § 296 Abs. 1 S. 1 und 2 sprechen zudem Erwägungen der Rechtssicherheit. Aus demselben Grund müssen auch die verschiedenen Vorschläge auf Bedenken stoßen, je nach Schutzbedürftigkeit der Beteiligten, der Gläubiger und der Gesellschafter, von Fall zu Fall zu differenzieren.[23]

7g **d) Andere Unternehmensverträge.** Neuerdings ist schließlich noch streitig geworden, ob die für die Aufhebung eines Beherrschungs- oder Gewinnabführungsvertrags mit einer GmbH entwickelten Regeln (→ Rn. 7a ff.) auch für die Aufhebung der anderen Unternehmensverträge des § 292 Abs. 1 mit einer GmbH in der Rolle der jeweils verpflichteten Gesellschaft zu gelten haben oder ob hier geringere Anforderungen an einen Aufhebungsvertrag gestellt werden können sowie ob wenigstens bei den anderen Unternehmensverträgen auf eine Analogie zu S. 1 und 1 des § 296 Abs. 1 (→ Rn. 7f) verzichtet werden kann. Die Diskussion wurde ausgelöst durch einen Beschluss des *OLG Zweibrücken* aus dem Jahr 2013, der mit Rücksicht auf die mangelnde Schutzbedürftigkeit der Beteiligten bei Aufhebung eines Betriebspachtvertrages mit einer GmbH als der Pächterin die Notwendigkeit einer Analogie zu § 296 Abs. 1 verneinte.[24] Im *Schrifttum* hat dies zum Teil Zustimmung gefunden.[25] Indessen bleibt zu bedenken, dass etwa die Wirkungen eines Teilgewinnabfüh-

---

[18] S. MüKoGmbHG/*Liebscher* Anh. § 13 Rn. 996; *Müller-Eising/Schmitt* NZG 20211, 1100 (1101 f.); *Wittgens/Fischer* DB 2015, 2315 (2317 f.).

[19] UHW/*C. Schäfer* GmbHG Anh. § 77 Rn. 201; MüKoGmbHG/*Liebscher* Anh. § 13 Rn. 997–999.

[20] *Grüner* Beendigung 181 ff.; *Veith/Schmid* DB 2012, 728 (732); *Grigoleit/Servatius* Rn. 9; krit. MüKoGmbHG/*Liebscher* Anh. § 13 Rn. 997 ff.

[21] BGH NJW 2002, 822 = AG 2002, 240; AG 2015, 630 Rn. 13 ff. = GmbHR 2015, 985 mit Anm. *Ulrich*; OLG München AG 2012, 422 = NZG 2012, 590 = GmbHR 2012, 641; GmbHR 2014, 535 (538); AG 2015, 280 = NZG 2015, 311 = GmbHR 2015, 368; *Wachter* GmbHR 2015, 369; *Wittgens/Fischer* DB 2015, 2315 ff.

[22] *L. Beck* GmbHR 2014, 1075 (1080); *Paschos/Goslar* Konzern 2006, 479 (482 ff.); *Priester* NZG 2012, 641; *ders.* GmbHR 2014, 254; *St. Ulrich* GmbHR 2004, 1000 (1002); *W. Walter* GmbHR 2015, 965.

[23] So *Kürten/E. Chr. Westermann* GmbHR 2014, 852.

[24] AG 2014, 630 = GmbHR 2014, 251 (253).

[25] *Kürten/E. Chr. Westermann* GmbHR 2014, 852 (854 f.); *Priester* GmbHR 2014, 254; *Wittgens/Fischer* DB 2015, 2315 (2317).

rungsvertrages iSd § 292 Abs. 1 Nr. 2 häufig kaum hinter denen eines Gewinnabführungsvertrages iSd § 291 Abs. 1 S. 1 zurückbleiben, sodass die Aufhebung beider Verträge auch rechtlich gleich behandelt werden sollte.[26] Deshalb sollte auch hinsichtlich der analogen Anwendung des § 296 Abs. 1 S. 1 und 2 auf die abhängige oder verpflichtete GmbH nicht nach der Art des Unternehmensvertrages differenziert werden; dagegen sprechen bereits Erfordernisse der Rechtssicherheit (→ Rn. 7f).

III. Die Abschluss des Vertrages

Die Aufhebung eines Unternehmensvertrages nach § 296 setzt den Abschluss eines Vertrages voraus, der auf die *vollständige* Beendigung des Unternehmensvertrages zwischen den Vertragsparteien zu einem zulässigen Termin (§ 296 Abs. 1 S. 1 und 2; → Rn. 12 ff.) gerichtet ist (§ 311 Abs. 1 BGB). Bei dem Abschluss handelt es sich bei der AG – anders als bei der GmbH (→ Rn. 7c) – um einen Akt der Geschäftsführung und Vertretung, sodass dafür bei der AG der **Vorstand** und bei der KGaA die persönlich haftenden Gesellschafter **zuständig** sind (§§ 77, 78, 283).[27] Lediglich in den Fällen des § 296 Abs. 2 (→ Rn. 6) ist die Vertretungsmacht des Vorstandes oder der persönlich haftenden Gesellschafter gesetzlich durch die Notwendigkeit eines zustimmenden Sonderbeschlusses der außenstehenden Aktionäre beschränkt, sodass der von ihnen abgeschlossene Aufhebungsvertrag so lange unwirksam ist, wie kein Zustimmungsbeschluss der außenstehenden Aktionäre vorliegt (→ Rn. 19). 8

Die Aufhebung eines Beherrschungs- oder Gewinnabführungsvertrages kann für die abhängige Gesellschaft **gravierende Konsequenzen** haben, insbesondere, weil der andere Vertragsteil nach Aufhebung des Vertrages nicht mehr zum Verlustausgleich nach § 302 verpflichtet ist. Die Folge kann durchaus sein, dass die Gesellschaft jetzt nicht mehr überlebensfähig ist. Der Vorstand der abhängigen Gesellschaft kann sich deshalb im Einzelfall durchaus **schadensersatzpflichtig** machen, wenn er trotz derartiger absehbarer Konsequenzen für seine Gesellschaft an der Aufhebung des Vertrages mitwirkt (§ 93). In Ausnahmefällen kann ein von dem herrschenden Unternehmen allein in dessen Interesse durchgesetzter Aufhebungsvertrag außerdem **nichtig** sein (§ 138 BGB) oder doch dessen **Ersatzpflicht,** etwa analog § 309 Abs. 2 oder nach § 826 BGB auslösen.[28] 8a

Anders als der Abschluss oder die Änderung eines Unternehmensvertrages (§§ 293 Abs. 1 und 2 und 295 Abs. 1) bedarf der Abschluss eines Aufhebungsvertrages in *keinem* Fall der **Zustimmung der Hauptversammlung** einer an dem Vertrag beteiligten AG oder KGaA. Die Gesetzesverfasser haben diese Regelung damit gerechtfertigt, dass die Aufhebung des Vertrags in wesentlich geringerem Maße als sein Abschluss die Interessen der Aktionäre berühre.[29] Die Rechtslage unterscheidet sich insoweit heute bei der AG deutlich von der bei der GmbH (→ Rn. 7c). 9

Der Verzicht des Gesetzes auf die Mitwirkung der Hauptversammlung bei dem Abschluss eines Aufhebungsvertrages mit einer AG oder KGaA (→ Rn. 9) hat zur Folge, dass hier auch **kein Raum für** die Anwendung des **§ 83** ist, sodass die Hauptversammlung den Vorstand nicht zum Abschluss eines Aufhebungsvertrages verpflichten kann.[30] Der Vorstand ist jedoch nicht gehindert, von sich aus die Frage des Abschlusses eines Aufhebungsvertrages der Hauptversammlung nach § 119 Abs. 2 vorzulegen. Eine **Verpflichtung** dazu besteht jedoch *nicht;* für eine Anwendung der Holzmüller/Gelatine-Doktrin dürfte hier mit Rücksicht auf die gesetzliche Regelung (§ 296), von seltenen Ausnahmefällen abgesehen, kein Raum sein.[31] – Die Frage einer Mitwirkung des **Aufsichtsrats** beurteilt sich nach § 111 10

---

[26] L. Beck GmbHR 2014, 1075 (1081 f.).
[27] Begr. RegE bei *Kropff* AktG 385.
[28] Dazu Hölters/*Deilmann* Rn. 5; insbes. H. P. Westermann FS Hüffer, 2010, 1071, besonders 1081 ff.
[29] Begr. RegE bei *Kropff* AktG 385; krit. Hüffer/*Koch* Rn. 5; anders Kley Rechtsstellung 77 ff.
[30] Hölters/*Deilmann* Rn. 6; Hüffer/*Koch* Rn. 5; *Kley* Rechtsstellung 97 ff.; MHdB AG/*Krieger* § 70 Rn. 189.
[31] MüKoAktG/*Altmeppen* Rn. 18; Grüner Beendigung 180; *Kley* Rechtsstellung 72, 79 ff.; Krieger/*Jannot* DStR 1995, 1473 (1477); K. Schmidt/Lutter/*Langenbucher* Rn. 5; Spindler/Stilz/*Veil* Rn. 10.

Abs. 4 S. 2. Der Aufsichtsrat besitzt genauso wenig wie die Hauptversammlung die Möglichkeit, seinerseits den Vorstand zum Abschluss eines Aufhebungsvertrags zu verpflichten.

IV. Form

11 Nach § 296 Abs. 1 S. 3 bedarf der Aufhebungsvertrag aus Gründen der Rechtssicherheit der **Schriftform**.[32] Das Gesetz verweist damit auf § 126 BGB. Ob die elektronische Form ausreicht, ist offen (§ 126 Abs. 3 BGB), wird aber heute ebenso wie bei § 293 Abs. 3 meistens bejaht (→ § 293 Rn. 21), da für die Aufhebung des Vertrages schwerlich eine strengere Formvorschrift als für den Abschluss des Vertrages gelten kann.[33] Wird die Schriftform nicht beachtet, so ist der Aufhebungsvertrag nichtig (§ 125 BGB), sodass der Unternehmensvertrag in Kraft bleibt (→ Rn. 7c f.). Damit scheidet die Möglichkeit einer mündlichen oder *konkludenten* Aufhebung eines Unternehmensvertrages aus,[34] – woraus sich naturgemäß erhebliche Probleme ergeben können, wenn die Beteiligten, etwa in Verkennung der Rechtslage, den Unternehmensvertrag gleichwohl über längere Zeit hinweg als nicht mehr in Kraft befindlich behandeln (s. insbesondere die §§ 302 und 303; → Rn. 7d).[35]

V. Inhalt

12 **1. Termin.** Für den Inhalt eines Aufhebungsvertrages besteht an sich Vertragsfreiheit (§ 311 Abs. 1 BGB). Aus Gründen der Rechtssicherheit enthält das Gesetz jedoch in § 296 Abs. 1 S. 1 und 2 verschiedene Restriktionen, mit denen zugleich ein Schutz der außenstehenden Aktionäre und der Gläubiger **bezweckt** wird.[36] § 296 Abs. 1 S. 1 bestimmt zu diesem Zweck zunächst, dass der Unternehmensvertrag (frühestens) zum Ende des laufenden Geschäftsjahrs oder des sonst vertraglich bestimmten (laufenden) Abrechnungszeitraums aufgehoben werden kann, nicht dagegen zu einem früheren Zeitpunkt (→ Rn. 13 f.). S. 2 der Vorschrift fügt hinzu, dass eine rückwirkende Aufhebung gleichfalls unzulässig ist (→ Rn. 15).

13 Frühester zulässiger Beendigungszeitpunkt für einen Unternehmensvertrag ist folglich im Falle seiner vertraglichen Aufhebung gemäß § 296 Abs. 1 S. 1 das **Ende des laufenden Geschäftsjahres** (im Folgenden immer pars pro toto für Geschäftsjahr und sonstigen Abrechnungszeitraum iSd § 296 Abs. 1 S. 1[37]). Dadurch sollte möglichen Abrechnungsschwierigkeiten und Gewinnmanipulationen vorgebeugt werden.[38] Mit dem **Geschäftsjahr** ist in diesem Zusammenhang das Geschäftsjahr derjenigen Gesellschaft gemeint, die die vertragstypischen Leistungen erbringt, bei einem Beherrschungs- oder Gewinnabführungsvertrag daher das Geschäftsjahr der *abhängigen oder verpflichteten* Gesellschaft.[39] Handelt es sich um eine **Gewinngemeinschaft** iSd § 292 Abs. 1 Nr. 1, an der mehrere Aktiengesellschaften oder KGaA beteiligt sind, so kann das Ende des Geschäftsjahrs einer beliebigen beteiligten AG oder KGaA gewählt werden.[40]

14 Das Ende des laufenden Geschäftsjahres (→ Rn. 13) ist nur der *früheste* zulässige Beendigungstermin. Den Parteien steht es frei, stattdessen auch einen **späteren Beendigungstermin** zu wählen, zB das Ende des nächsten oder des übernächsten Geschäftsjahrs.[41] Der Sache nach handelt es sich dann bei dem Aufhebungsvertrag um eine *nachträgliche Befristung* des Unternehmensvertrages (→ § 295 Rn. 10 f.). Fehlt in dem Aufhebungsvertrag eine

---

[32] Begr. RegE bei *Kropff* AktG 385.
[33] K. Schmidt/Lutter/*Langenbucher* Rn. 6; GroßkommAktG/*Mülbert* Rn. 22; anders noch 7. Aufl. Rn. 11.
[34] KK-AktG/*Koppensteiner* Rn. 8.
[35] *Müller-Eising/Schmitt* NZG 2011, 1100. 1101 f.
[36] Begr. RegE bei *Kropff* AktG 385.
[37] Zudem praktisch bedeutungslosen Fall des sonstigen Abrechnungszeitraums s. W. *Walter* GmbHR 2015, 965 (968).
[38] Hüffer/*Koch* Rn. 2; GroßkommAktG/*Mülbert* Rn. 15; *Windbichler* Unternehmensverträge 64; krit. *Paschos/Goslar* Konzern 2006, 479 (483 f.).
[39] KK-AktG/*Koppensteiner* Rn. 12; GroßkommAktG/*Mülbert* Rn. 16.
[40] MüKoAktG/*Altmeppen* Rn. 22; Hüffer/*Koch* Rn. 2; KK-AktG/*Koppensteiner* Rn. 13.
[41] Hüffer/*Koch* Rn. 2; Hölters/*Deilmann* Rn. 1; GroßkommAktG/*Mülbert* Rn. 162.

Angabe des Zeitpunkts, zu dem der Unternehmensvertrag sein Ende finden soll, so wird in der Regel davon auszugehen sein, dass der **nächste zulässige Termin,** dh das Ende des laufenden Geschäftsjahrs gemeint ist (§§ 133, 157 BGB).[42] Dasselbe ist anzunehmen, wenn die Parteien den Unternehmensvertrag aufheben wollen, weil eine Untersagung des durch ihn bewirkten Zusammenschlusses seitens der Kartellbehörden droht (§ 36 Abs. 1 GWB; Art. 2 FKVO; → Rn. 16).[43] Eine **unterjährige Aufhebung** des Vertrags ist in den genannten Fällen allein durch eine nachträgliche Änderung des Geschäftsjahres im Wege der Satzungsänderung zu erreichen (§§ 23, 179 AktG; § 53 GmbHG; § 42 HGB; § 7 Abs. 4 S. 3 KStG).[44] All dies gilt auch für die **GmbH** (str., → Rn. 7f).

2. Keine Rückwirkung. Nach § 296 Abs. 1 S. 2 ist eine rückwirkende Aufhebung **15** unzulässig. Dadurch soll verhindert werden, dass bei den Verträgen des **§ 291** bereits entstandenen Ansprüchen der Gesellschaft auf Verlustausgleich (§ 302) sowie der außenstehenden Aktionäre auf Abfindung und Ausgleich (§§ 304 und 305) nachträglich von den Vertragsparteien die Grundlage wieder entzogen wird.[45] Mit Rücksicht auf diesen beschränkten, im Grunde allein Beherrschungs- und Gewinnabführungsverträge betreffenden **Zweck** der Vorschrift ist ihr **Anwendungsbereich** umstritten. Sowohl für die anderen Unternehmensverträge des § 292 als auch für die GmbH wird im Wege der teleologischen Reduktion eine Einschränkung des Anwendungsbereichs des Rückwirkungsverbots erwogen.[46] Dem ist jedoch für die anderen Unternehmensverträge des § 292 ebenso wenig wie für die GmbH zu folgen (→ Rn. 7f), weil dieser Auffassung jedenfalls bei den anderen Unternehmensverträgen des § 292 der eindeutige Wortlaut des Gesetzes entgegensteht. Das Rückwirkungsverbot ist ferner bei der (jederzeit möglichen) „Aufhebung" eines an sich *nichtigen,* von den Beteiligten aber **vollzogenen** und deshalb für die Vergangenheit als wirksam zu behandelnden **Unternehmensvertrages** iSd § 291 zu beachten (→ § 291 Rn. 32).[47] Davon zu trennen ist die immer mögliche Aufhebung **einzelner Vertragsbestimmungen** bei Fortgeltung des Vertrages im übrigen, – solange dadurch bei Gewinnabführungsverträgen nicht die nötige Vertragskontinuität tangiert wird (§ 14 Abs. 1 Nr. 3 KStG).

3. Rechtsfolgen. Die Vorschriften des § 296 Abs. 1 S. 1 und S. 2 sind **gesetzliche 16 Verbote,** sodass der Aufhebungsvertrag *nichtig* ist, wenn und *soweit* er unter Verstoß gegen § 296 Abs. 1 S. 1 einen zu frühen Beendigungszeitpunkt vorsieht oder sich entgegen § 296 Abs. 1 S. 2 rückwirkende Kraft beilegt (§ 134 BGB; → Rn. 3).[48] Anders nur, wenn anzunehmen ist, dass die Parteien bei Kenntnis der Nichtigkeit des Vertrages wegen des Verstoßes gegen § 246 Abs. 1 S. 1 oder 2 eine mit dem Gesetz vereinbare Regelung gewählt hätten (§ 242 BGB).[49] Ist mit anderen Worten davon auszugehen, dass die Parteien die Aufhebung des Vertrags auf jeden Fall gewollt haben, ohne dabei dem *Zeitpunkt* der Beendigung oder der Frage der *Rückwirkung* ausschlaggebende Bedeutung beizumessen, so kann unbedenklich angenommen werden, dass sie bei Kenntnis der gesetzlichen Regelung dann eben eine Beendigung des Vertrages *zu dem frühesten zulässigen Termin* gewollt oder auf die Rückwirkung verzichtet hätten,[50] so zB, wenn der Unternehmensvertrag mit Rücksicht darauf aufgehoben wird, dass das bisher herrschende Unternehmen seine Mehrheit verloren hat oder dass die Kartellbehörden Bedenken gegen den mit dem Vertrag bezweckten Unterneh-

---

[42] MüKoAktG/*Altmeppen* Rn. 26; Hüffer/*Koch* Rn. 2; MHdB AG/*Krieger* § 70 Rn. 190; K. Schmidt/Lutter/*Langenbucher* Rn. 9; GroßkommAktG/*Mülbert* Rn. 16; Spindler/Stilz/*Veil* Rn. 5.
[43] MüKoAktG/*Altmeppen* Rn. 24; Hüffer/*Koch* Rn. 2.
[44] Hüffer/*Koch* § 23 Rn. 3, § 179 Rn. 39; *Müller/Dorweiler* FS Beuthien, 2009, 183 (189 f.); *Paschos/Goslar* Konzern 2006, 479 (484 ff.); *Wittgens/Fischer* DB 2015, 2315 (2318).
[45] Begr. RegE bei *Kropff* AktG 385; BGH NJW 2002, 822 = AG 2002, 240.
[46] KK-AktG/*Koppensteiner* Rn. 15; Spindler/Stilz/*Veil* Rn. 6; *Werth* DB 1975, 1140.
[47] BGH NJW 2002, 822 = AG 2002, 240.
[48] BGH NJW 2002, 822 = AG 2002, 240 = GmbHR 2002, 62; GroßkommAktG/*Mülbert* Rn. 20 f.
[49] Ebenso Hölters/*Deilmann* Rn. 13; GroßkommAktG/*Mülbert* Rn. 20 f.; im einzelnen str.
[50] BGH NJW 2002, 822 = AG 2002, 240 mit Anm. *Emmerich* LM GmbHG § 53 Nr. 11 Bl. 4 f.; MüKoAktG/*Altmeppen* Rn. 25; MHdB AG/*Krieger* § 70 Rn. 190; K. Schmidt/Lutter/*Langenbucher* Rn. 8; Spindler/Stilz/*Veil* Rn. 8; *Windbichler* Unternehmensverträge 65.

menszusammenschluss geäußert haben (→ Rn. 14; für einen weiteren Fall → Rn. 21).[51] Besonderheiten gelten bei der **GmbH** wegen des hier zusätzlich erforderlichen Zustimmungsbeschlusses der Gesellschafterversammlung mit qualifizierter Mehrheit (→ Rn. 7c). Solange dieser Beschluss von der Gesellschafterversammlung nicht gefasst ist, ist der Aufhebungsvertrag schwebend unwirksamen (§ 177 BGB); ebensolange besteht mit anderen Worten der Unternehmensvertrag vorläufig fort (→ Rn. 7c, 21a).[52]

VI. Sonderbeschluss

17 1. **Anwendungsbereich, Verfahren.** Nach § **296 Abs. 2** kann ein Vertrag mit einer AG oder KGaA, der zur Leistung eines Ausgleichs an die außenstehenden Aktionäre oder zum Erwerb ihrer Aktien verpflichtet, nur aufgehoben werden, wenn die außenstehenden Aktionäre der Aufhebung des Vertrags durch einen Sonderbeschluss zustimmen, für den die Vorschriften des § 293 Abs. 1 S. 2 und 3 über die erforderliche qualifizierte Mehrheit sowie des § 295 Abs. 2 S. 3 über das erweiterte Auskunftsrecht entsprechend gelten. Die Vorschrift hat denselben **Anwendungsbereich wie § 295 Abs. 2,** sodass wegen der Einzelheiten auf die Ausführungen zu § 295 verwiesen werden kann (→ § 295 Rn. 24 ff.). **Unanwendbar** ist § 296 Abs. 2 auf **sonstige Beendigungsgründe** wie insbesondere die Kündigung des Unternehmensvertrages, soweit nicht § 297 Abs. 2 eingreift,[53] die Anfechtung des Vertrags oder der Rücktritt von ihm[54] (→ § 297 Rn. 30 ff.) sowie vor allem die **Beendigung** des Unternehmensvertrages **kraft Gesetzes,** etwa durch die Eingliederung der einen Vertragspartei in die andere oder durch die Verschmelzung der Parteien (→ Rn. 5; im Einzelnen → § 297 Rn. 34 ff.).[55]

18 Der Begriff der **außenstehenden Aktionäre** ist hier gleichfalls derselbe wie in § 295 Abs. 2 (→ § 295 Rn. 28 f.). Auch die erforderliche **qualifizierte Mehrheit** berechnet sich in § 296 Abs. 2 ebenso wie im Falle des § 295 Abs. 2 (§ 296 Abs. 2 S. 2 iVm § 293 Abs. 1 S. 2 und 3; → § 295 Rn. 31). Für den Sonderbeschluss gilt § **138.** Das erweiterte **Auskunftsrecht** der außenstehenden Aktionäre (§ 296 Abs. 2 S. 2 iVm § 295 Abs. 2 S. 3) bezieht sich hier auf alle für die Vertragsaufhebung wesentlichen Angelegenheiten des anderen Vertragsteils (→ § 295 Rn. 32).

19 2. **Bedeutung, Zeitpunkt.** Das Erfordernis eines Sonderbeschlusses der außenstehenden Aktionäre nach § 296 Abs. 2 S. 1 bedeutet eine **gesetzliche Beschränkung der Vertretungsmacht** des Vorstandes, sodass ein vom Vorstand abgeschlossener Aufhebungsvertrag so lange unwirksam ist, wie ihm nicht die außenstehenden Aktionäre durch Sonderbeschluss mit der erforderlichen Mehrheit zugestimmt haben (§ 177 BGB). Ebenso lange besteht mit anderen Worten (vorläufig) der Unternehmensvertrag fort, sodass sich aus ihm auch noch weiterhin Ansprüche der Gesellschaft auf Verlustausgleich (§ 303) sowie der Aktionäre auf Ausgleich und Abfindung ergeben können (§§ 304 und 305). Die Gesellschaft ist in diesem Fall durch den bereits abgeschlossenen, aber schwebend unwirksamen Aufhebungsvertrag *nicht gebunden.*[56] Es besteht nicht einmal eine Verpflichtung gegenüber dem anderen Vertragsteil, den Aufhebungsvertrag den außenstehenden Aktionären zur Billigung vorzulegen. Die außenstehenden Aktionäre können jedoch nach § 138 S. 2 und 3 iVm § 122 die Einberufung einer Sonderversammlung verlangen, um in dieser über den Aufhebungsvertrag abzustimmen.

---

[51] BGH NJW 2002, 822 = AG 2002, 240.
[52] OLG München AG 2015, 280 = GmbHR 2015, 368 = NZG 2015, 311; *Wachter* GmbHR 20015, 369 (370 f.).
[53] *Kley* Rechtsstellung 85 ff.
[54] *Kley* Rechtsstellung 82 ff.
[55] BGH AG 1974, 320 (323) = WM 1974, 713 (715) – insoweit nicht in NJW 1974, 1557 abgedruckt; LG Bonn GmbHR 1996, 774 f.; Hüffer/*Koch* Rn. 7; KK-AktG/*Koppensteiner* Rn. 20; GroßkommAktG/ *Mülbert* Rn. 24.
[56] GroßkommAktG/*Mülbert* Rn. 29.

Der **andere Vertragsteil** ist **gebunden,** bis die außenstehenden Aktionäre eine Entschei- 20
dung getroffen haben, sofern er die Notwendigkeit eines Sonderbeschlusses der außenstehenden Aktionäre kannte (§ 178 S. 1 BGB), wovon in aller Regel auszugehen sein dürfte. Billigerweise kann ihm diese Bindung indessen nur **so lange** zugemutet werden, wie mit einer Entscheidung der außenstehenden Aktionäre vernünftigerweise noch zu rechnen ist, dh im Regelfall **bis** zur nächsten ordentlichen **Hauptversammlung.**[57] Nach diesem Zeitpunkt kann er analog **§ 178 BGB** den (schwebend unwirksamen) Aufhebungsvertrag widerrufen (→ § 297 Rn. 31a).[58] Lehnen die außenstehenden Aktionäre in dem Sonderbeschluss den Aufhebungsvertrag ab, so kann der andere Teil außerdem keinen Schadensersatz verlangen.[59]

Der Sonderbeschluss kann dem Aufhebungsvertrag sowohl vorausgehen als auch nachfol- 21
gen; eine bestimmte **Reihenfolge** von Aufhebungsvertrag und Sonderbeschluss ist gesetzlich nicht vorgeschrieben. Umstritten ist lediglich, ob die außenstehenden Aktionäre den **Sonderbeschluss** auch noch zu einem Zeitpunkt fassen können, der **nach** dem im Aufhebungsvertrag festgelegten **Beendigungszeitpunkt** für den Unternehmensvertrag liegt.[60] Die Frage ist mit Rücksicht auf § 296 Abs. 1 S. 2 zu verneinen.[61] Zwar bezieht sich das Rückwirkungsverbot an sich nur auf den Aufhebungsvertrag und nicht auf den Sonderbeschluss. Da indessen der Aufhebungsvertrag erst mit dem Sonderbeschluss wirksam wird (→ Rn. 20), sodass der Unternehmensvertrag bis zu dem Sonderbeschluss (vorläufig) fortgilt mit der weiteren Folge, dass sich aus ihm auch noch Ansprüche auf Verlustausgleich und Kompensation ergeben können, wäre das für den Aufhebungsvertrag geltende **Rückwirkungsverbot** des § 296 Abs. 1 S. 2 **verletzt,** wenn der zunächst unwirksame *Aufhebungsvertrag* jetzt *rückwirkend* durch den nachfolgenden Sonderbeschluss *Geltung* erlangte und damit zugleich der zunächst vorläufig fortgeltende Unternehmensvertrag doch noch rückwirkend beseitigt würde. Der Vertrag kann jedoch in diesem Fall wohl meistens dahin umgedeutet werden, dass die Aufhebung zum nächsten zulässigen Beendigungszeitpunkt wirken soll (§ 140 BGB; → Rn. 16).[62]

Zusätzliche Fragen stellen sich bei der **GmbH.** Der hier anders als bei der AG erforderli- 21a
che **Zustimmungsbeschluss** der Gesellschafterversammlung mit qualifizierter Mehrheit kann dem Aufhebungsvertrag auch nachfolgen (§ 177 BGB; → Rn. 7c, 16). Wird der Zustimmungsbeschluss erst nach dem im Vertrag vorgesehenen Termin der Vertragsbeendigung gefasst, so stellt sich auch hier die Frage eines Verstoßes gegen das Rückwirkungsverbot, und zwar wegen der rückwirkenden Aufhebung des zunächst vorläufig fortgeltenden Unternehmensvertrages, nur dass die Frage hier (bisher) anders als bei der AG mit Bezug auf den Sonderbeschluss der außenstehenden Aktionäre beantwortet wird.[63]

War bei Aufhebung eines Beherrschungs- und Gewinnabführungsvertrages ein **Spruch-** 21b
verfahren anhängig, so wird durch die Aufhebung des Vertrages das **Verfahren** nicht etwa beendet, sondern ist zum Schutze der außenstehenden Aktionäre **fortzuführen;** die Zustimmung der außenstehenden Aktionäre zu der Vertragsaufhebung durch Sonderbeschluss bedeutet nicht einen Verzicht auf ihre im Spruchverfahren verfolgten Ansprüche.[64] Schließt die abhängige Gesellschaft nach der Aufhebung des ersten Vertrages mit einem anderen herrschenden Unternehmen erneut einen Beherrschungs- oder Gewinnabführungsvertrag ab und leiten die außenstehenden Aktionäre daraufhin erneut ein Spruchverfahren ein, so sind beide Verfahren zu ihrem Schutz nebeneinander zu betreiben. Die beiden Anspruchsgegner sind in diesem Fall als Gesamtschuldner zu behandeln.[65]

---

[57] MüKoAktG/*Altmeppen* Rn. 34.
[58] GroßkommAktG/*Mülbert* Rn. 30; Spindler/Stilz/*Veil* Rn. 18.
[59] MüKoAktG/*Altmeppen* Rn. 34; *Kley* Rechtsstellung 94.
[60] Dafür Hüffer/*Koch* Rn. 8; KK-AktG/*Koppensteiner* Rn. 21; K. Schmidt/Lutter/*Langenbucher* Rn. 11.
[61] MüKoAktG/*Altmeppen* Rn. 36 f.; *Grüner* Beendigung 59 ff.; GroßkommAktG/*Mülbert* Rn. 27; Spindler/Stilz/*Veil* Rn. 19 f.
[62] GroßkommAktG/*Mülbert* Rn. 28; Spindler/Stilz/*Veil* Rn. 20.
[63] OLG München AG 2015, 280 = NZG 2015, 311 = GmbHR 2015, 369; *Wachter* GmbHR 2015, 369 (370 f.).
[64] BGHZ 176, 43 (55 ff.) Rn. 24 ff. = AG 2008, 320 = NZG 2008, 311 – EKU.
[65] BGHZ 176, 43 (56 ff.) Rn. 27 ff.; *H.-F. Müller* ZIP 2008, 1701 (1704 f.).

22 3. Anfechtung. Nichtigkeit und Anfechtung des Sonderbeschlusses richten sich gemäß § 138 S. 2 nach den §§ 241 und 243. Für einen **Anfechtungsausschluss** wie bei dem Sonderbeschluss des § 295 Abs. 2 (→ § 295 Rn. 34) ist hier *kein* Raum, weil im Falle der Aufhebung eines Unternehmensvertrages ein Spruchverfahren nicht mehr in Betracht kommt.[66]

VII. Rechtsfolgen

23 1. Beendigung des Unternehmensvertrages. Im Falle des Abschlusses eines wirksamen Aufhebungsvertrages nach § 296 Abs. 1 endet der Unternehmensvertrag zu dem im Vertrag vereinbarten (zulässigen) Zeitpunkt. Die **Eintragung** ins Handelsregister hat bei der AG – ebenso wie nach hM bei der GmbH (→ Rn. 7c, str) – lediglich deklaratorische Bedeutung (§ 298).[67] An die Stelle der Verlustübernahmepflicht des herrschenden Unternehmens nach § 302 tritt bei Beherrschungs- und Gewinnabführungsverträgen jetzt zum Schutze (allein) der bisherigen Gläubiger die Regelung des **§ 303**. Soweit außerdem Verluste noch während der Vertragsdauer entstanden sind, müssen auch sie noch ausgeglichen werden **(§ 302)**. Im Übrigen richten sich fortan die Rechtsbeziehungen der Parteien nach den **§§ 311 ff.**, sofern die eine Partei von der anderen abhängig ist.[68]

24 Falls der aufgehobene Vertrag eine **Ausgleichs- oder Abfindungspflicht** des einen Vertragsteils zugunsten der außenstehenden Aktionäre des anderen Vertragsteils begründet hatte (§ 328 BGB), enden diese Pflichten gleichfalls mit Aufhebung des Vertrags für die Zukunft. Bereits erbrachte Ausgleichs- und Abfindungsleistungen müssen jedoch **nicht erstattet** werden, weil der Rechtsgrund der Ausgleichsleistungen in Gestalt des Unternehmensvertrages (§ 328 BGB) nicht rückwirkend, sondern nur für die Zukunft entfällt und weil die Abfindungsleistungen ohnehin unabhängig von dem Unternehmensvertrag auf einem besonderen Kauf- oder Tauschvertrag zwischen dem herrschenden Unternehmen und den außenstehenden Aktionären beruhen.[69] Läuft ausnahmsweise bei Aufhebung des Vertrages die **Frist für die Annahme** des Abfindungsangebots noch (§ 305 Abs. 4), so **endet** auch diese Frist mit der Aufhebung des Unternehmensvertrages, sodass die außenstehenden Aktionäre fortan das nunmehr erloschene Abfindungsangebot des herrschenden Unternehmens nicht mehr annehmen können.[70] Eine Ausnahme gilt freilich, wenn in diesem Zeitpunkt noch ein **Spruchverfahren** anhängig ist.[71]

25 2. Überlebenshilfen?[72] Wie schon ausgeführt (→ Rn. 8a), wird nach Beendigung eines Beherrschungs- oder Gewinnabführungsvertrages die **Überlebensfähigkeit** der abhängigen Gesellschaft häufig **zweifelhaft** sein, weil das herrschende Unternehmen jetzt nicht mehr zum Verlustausgleich nach § 302 verpflichtet ist.[73] Dieser Umstand hat zu vielfältigen Überlegungen Anlass gegeben. Im Schrifttum finden sich für die Sicherung der Überlebensfähigkeit der abhängigen Gesellschaft sehr unterschiedliche **Vorschläge.** In Betracht kommen namentlich bereits *während* des Bestandes des Vertrages eine Beschränkung des Weisungsrechts des herrschenden Unternehmens (§ 308, → § 308

---

[66] MüKoAktG/*Altmeppen* Rn. 39; *Hüchting* Abfindung 113; *Hüffer/Koch* Rn. 7; KK-AktG/*Koppensteiner* Rn. 19; K. Schmidt/Lutter/*Langenbucher* Rn. 12; Spindler/Stilz/*Veil* Rn. 22.
[67] *Grüner* Beendigung 196.
[68] *Kley* Rechtsstellung 113 ff.; Spindler/Stilz/*Veil* Rn. 13.
[69] MüKoAktG/*Altmeppen* Rn. 41; *Hüffer/Koch* Rn. 9; *Kley* Rechtsstellung 99 ff.; Spindler/Stilz/*Veil* Rn. 14.
[70] Hölters/*Deilmann* Rn. 14.
[71] GroßkommAktG/*Mülbert* Rn. 32 mN.
[72] Dazu MüKoAktG/*Altmeppen* § 291 Rn. 58 ff.; *Burg/Hützen* Konzern 2010, 20; *Emmerich* in Hommelhoff, Entwicklungen im GmbH-Konzernrecht, 1986, 64 ff.; *Grüner* Beendigung 7 ff.; *Kleindiek*, Strukturvielfalt im Personengesellschafts-Konzern, 1991; *Kley* Rechtsstellung 108 ff.; *Priester* ZIP 1989, 1301; *C, Schäfer* ZIP 2010, 2025; *Servatius* ZGR 2015, 754 (763 ff.); *H. Wilhelm* Beendigung 109 ff.; *Wimmer-Leonhardt* Konzernhaftungsrecht, 2004, 37 ff.
[73] So schon Begr. RegE des § 303 und des § 305 bei *Kropff* AktG 393 oben, 397; ebenso ausdrücklich insbes. BAGE 131, 50 = AG 2009, 829 (832) = NZA 2010, 641.

Rn. 55 ff.) sowie die Verschärfung der Pflichten des herrschenden Unternehmens bei der Konzernleitung (Stichwort: Grundsätze ordnungsmäßiger Konzerngeschäftsführung) und darüber hinaus *bei Vertragsende* die Begründung zusätzlicher Pflichten des herrschenden Unternehmens, in erster Linie in Gestalt von **Wiederaufbauhilfen** oder eines erneuten **Abfindungsangebots** an die außenstehenden Aktionäre.[74] Dagegen wird freilich verbreitet eingewandt, der Gesetzgeber habe das Problem gesehen und bewusst auf eine entsprechende Regelung verzichtet, sodass § 303 als **abschließende Regelung** zu verstehen sei, neben der für einen weitergehenden Bestandsschutz zu Gunsten der abhängigen Gesellschaft kein Raum sei.[75]

Der Fragenkreis ist von einer Klärung noch weit entfernt. Hervorzuheben ist, dass das BAG einmal eine Verpflichtung des herrschenden Unternehmens bejaht hat, die abhängige Gesellschaft nach Beendigung eines Beherrschungsvertrages *finanziell so auszustatten,* dass sie weiterhin die für die Anpassung der Betriebsrenten nach § 16 BetrAVG erforderlichen Leistungsfähigkeit besitzt.[76] Das war indessen im Schrifttum mit der naheliegenden Argumentation *kritisiert* worden, dass eine gesetzliche Grundlage für eine derart weitgehende Verpflichtung des herrschenden Unternehmens nicht zu erkennen sei.[77] Das BAG hat deshalb seine Rechtsprechung zur Ausstattungspflicht des herrschenden Unternehmens offenbar wieder aufgegeben und stützt seitdem den Berechnungsdurchgriff im Vertragskonzern im Einzelfall auf konzernspezifische Gefahren für die abhängige Gesellschaft.[78]

26

§ 297 Kündigung

(1) ¹**Ein Unternehmensvertrag kann aus wichtigem Grunde ohne Einhaltung einer Kündigungsfrist gekündigt werden.** ²**Ein wichtiger Grund liegt namentlich vor, wenn der andere Vertragsteil voraussichtlich nicht in der Lage sein wird, seine auf Grund des Vertrags bestehenden Verpflichtungen zu erfüllen.**

(2) ¹**Der Vorstand der Gesellschaft kann einen Vertrag, der zur Leistung eines Ausgleichs an die außenstehenden Aktionäre der Gesellschaft oder zum Erwerb ihrer Aktien verpflichtet, ohne wichtigen Grund nur kündigen, wenn die außenstehenden Aktionäre durch Sonderbeschluß zustimmen.** ²**Für den Sonderbeschluß gilt § 293 Abs. 1 Satz 2 und 3, § 295 Abs. 2 Satz 3 sinngemäß.**

(3) **Die Kündigung bedarf der schriftlichen Form.**

Schrifttum: *Acher,* Vertragskonzern und Insolvenz, 1987; *Ehricke,* Das abhängige Konzernunternehmen in der Insolvenz, 1998; *Geng,* Ausgleich und Abfindung der Minderheitsaktionäre der beherrschten Aktiengesellschaft bei Verschmelzung und Spaltung, 2003; *Grüner,* Die Beendigung von Gewinnabführungs- und Beherrschungsverträgen, 2003; *Gutheil,* Die Auswirkungen von Umwandlungen auf Unternehmensverträge nach §§ 291, 292 AktG und die Rechte außenstehender Aktionäre, 2001; *Heesing,* Bestandsschutz des Beherrschungs- und Gewinnabführungsvertrages in der Unternehmenskrise und im Konkurs, 1988; *Hüchting,* Abfindung und Ausgleich im aktienrechtlichen Beherrschungsvertrag, 1972; *Kley,* Die Rechtsstellung der außenstehenden Aktionäre bei der vorzeitigen Beendigung von Unternehmensverträgen, 1986; *Samer,* Beherrschungs- und Gewinnabführungsverträge gemäß § 291 Abs. 1 AktG im Konkurs und Vergleich der Untergesellschaft, 1990; *Scheel* Konzerninsolvenzrecht, 1995; *U. Schneider* (Hrsg.), Beherrschungs- und Gewinnabführungsverträge in der Praxis der GmbH, 1989; *H. Wilhelm,* Die Beendigung des Beherrschungs- und Gewinnabführungsvertrags, 1976; *Windbichler,* Unternehmensverträge und Zusammenschlusskontrolle, 1977.

---

[74] OLG Düsseldorf AG 1990, 490 (492) – DAB/Hansa; *Grüner* Beendigung 7 ff.; *Hüffer/Koch* Rn. 9; *Kleindiek,* Strukturvielfalt im Personengesellschafts-Konzern, 1991, 209 ff.; *H. Wilhelm* Beendigung 116 ff.

[75] *Burg/Hützen* Konzern 2010, 20 (25 ff.); KK-AktG/*Koppensteiner* § 297 Rn. 63 f.; K. Schmidt/Lutter/*Langenbucher* Rn. 15; GroßkommAktG/*Mülbert* Rn. 33; *C. Schäfer* ZIP 2010, 2025 (2028 f.); Grigoleit/*Servatius* § 298 Rn. 9, § 308 Rn. 22; *Servatius* ZGR 2015, 754 (763 ff.); Spindler/Stilz/*Veil* Rn. 14; *Wimmer-Leonhardt* Konzernhaftungsrecht, 2004, 37 ff.

[76] BAGE 131, 50 = AG 2009, 829 (832) = NZA 2010, 641.

[77] *Burg/Hützen* Konzern 2010, 20 (25 ff.); *C. Schäfer* ZIP 2010, 2025 (2028 f.).

[78] BAG AG 2015, 539 = NZG 2015, 838 Rn. 28 ff. = GmbHR 2015, 696 mit Anm. *Ulrich/Schlichting* GmbHR 2015, 701; OLG Frankfurt AG 2015, 443.

Übersicht

	Rn.		Rn.
I. Überblick	1, 2	4. Rücktritt	31–32
II. Anwendungsbereich	3–3b	a) Gesetzliche Rücktrittsrechte	31, 31a
1. AG	3	b) Vertraglich vorbehaltene Rücktrittsrechte	32
2. GmbH	3a, 3b	5. Zeitablauf	33
III. Ordentliche Kündigung	4–13	6. Eingliederung	34–36
1. Voraussetzungen	4–6	a) Abhängige Gesellschaft	34, 35
2. Zuständigkeit	7	b) Anderer Vertragsteil	36
3. Sonderbeschluss	8, 9	7. Verschmelzung	37–44
4. Form	10	a) Überblick	37
5. Frist, Termin	11, 12	b) Verschmelzung der Parteien	38
6. Teilkündigung	13	c) Verschmelzung der abhängigen Gesellschaft mit einem dritten Unternehmen	39, 40
IV. Außerordentliche Kündigung	14–26	d) Abhängige Gesellschaft als übernehmender Rechtsträger	41, 42
1. Überblick, Steuerrecht	14–15c	e) Verschmelzung des herrschenden Unternehmens mit anderen Unternehmen	43–44
2. Zwingendes Recht	16, 17		
3. Konkurrenzen	18, 18a		
4. Wichtiger Grund	19–24a		
a) Begriff	19, 20	8. Formwechsel	45, 45a
b) Voraussichtliche Nichterfüllung des Vertrages	21–22	9. Spaltung	46–47
c) Sonstige Fälle	22a–23a	a) Herrschendes Unternehmen	46, 46a
d) Insbesondere Veräußerung der Beteiligung	24, 24a	b) Abhängiges Unternehmen	47
		10. Vermögensübertragung	48
5. Kündigungserklärung	25, 26	11. Auflösung	49–51
V. Andere Beendigungsgründe	27–53	12. Insolvenz	52–52b
1. Überblick	27, 28	13. Verlust der Unternehmenseigenschaft	53
2. Bedingung	29		
3. Anfechtung	30	VI. Rechtsfolgen	54–56

I. Überblick

1   Nach § 297 Abs. 1 S. 1 kann ein Unternehmensvertrag von jeder Partei **fristlos gekündigt** werden, wenn ein wichtiger Grund vorliegt. Dies kommt gemäß S. 2 der Vorschrift namentlich in Betracht, wenn der andere Vertragsteil voraussichtlich nicht in der Lage sein wird, seine auf Grund des Vertrages bestehenden Verpflichtungen zu erfüllen. § 297 Abs. 2 S. 1 fügt hinzu, dass eine etwaige **ordentliche, dh fristgebundene Kündigung** des Vertrages durch den Vorstand (nur) der (abhängigen oder sonst verpflichteten) Gesellschaft unter bestimmten Voraussetzungen nach dem Vorbild der §§ 295 Abs. 2 und 296 Abs. 2 einen Sonderbeschluss der außenstehenden Aktionäre mit qualifizierter Mehrheit voraussetzt, während für eine ordentliche Kündigung des anderen Vertragsteils eine entsprechende Regelung ebenso wie für die außerordentliche Kündigung, gleichgültig durch welche Partei, fehlt. Für den danach ausnahmsweise erforderlichen Sonderbeschluss gelten gemäß § 297 Abs. 2 S. 2 die Vorschriften des § 293 Abs. 1 S. 2 und 3 und des § 295 Abs. 2 S. 3 entsprechend. Nach § 297 Abs. 3 bedarf die Kündigung außerdem in jedem Fall der **Schriftform** und ist ins **Handelsregister** einzutragen (§ 298). § 299 fügt noch hinzu, dass das herrschende Unternehmen auf Grund eines Beherrschungsvertrages der abhängigen Gesellschaft nicht die Weisung erteilen darf, den Vertrag zu kündigen.

2   **Weitere Kündigungsrechte** (nur) des herrschenden Unternehmens begründen für Sonderfälle die (problematischen) Vorschriften der §§ 304 Abs. 4 und 305 Abs. 5 S. 4 (→ § 304 Rn. 84 f.). Eine ergänzende steuerrechtliche Regelung findet sich in **§ 14 Abs. 1 S. 1 Nr. 3 S. 2 KStG** iVm Abschn. 55 Abs. 7 der Körperschaftsteuerrichtlinien (KStR). Weitere Regelungen fehlen, sodass für alle anderen Fragen, wo immer möglich, auf das **BGB** und das **HGB** zurückzugreifen ist.

II. Anwendungsbereich

1. AG. Der unmittelbare Anwendungsbereich des § 297 entspricht dem der §§ 295 und 3 296 (→ § 296 Rn. 4 ff.). Es muss sich mithin um einen Unternehmensvertrag iSd §§ 291 und 292 handeln, an dem eine **AG** oder KGaA **mit Sitz im Inland** in der Rolle derjenigen Gesellschaft beteiligt ist, die die vertragstypischen Leistungen erbringt, während die Rechtsform und der Sitz des anderen Vertragsteils unerheblich sind.

2. GmbH. Die Vorschrift des § 297 kann nach heute überwiegender Meinung nur mit 3a erheblichen Modifikationen auf die GmbH übertragen werden; die damit zusammenhängenden vielfältigen Fragen sind jedoch von einer Klärung noch weit entfernt.[1] Ausgangspunkt der anhaltenden Diskussion über den Fragenkreis ist, dass es sich nach Meinung des BGH bei der Entscheidung über die Aufhebung oder die Kündigung eines Unternehmensvertrages bei einer GmbH – anders als bei der AG (§ 76) – um einen *innergesellschaftlichen Organisationsakt* handelt, der nicht in die alleinige Zuständigkeit der Geschäftsführer fällt, sondern der **Bestimmung der Gesellschafter** unterliegt, wobei, wenn es um die Kündigung der abhängigen oder sonst verpflichteten Gesellschaft geht, auch das herrschende Unternehmen ein Stimmrecht hat.[2] Zu den Konsequenzen dieser Rechtsprechung ist bereits im Rahmen der Ausführungen zu § 296 Stellung genommen worden, sodass hier folgende Bemerkungen genügen (→ § 296 Rn. 7a ff.): Danach ist davon auszugehen, dass die Kündigung eines Unternehmensvertrages jedenfalls auf der Seite der *abhängigen* oder sonst verpflichteten Gesellschaft der **Zustimmung der Gesellschafterversammlung mit qualifizierter Mehrheit** bedarf, dass der Zustimmungsbeschluss *beurkundet* und dass er ins Handelsregister *eingetragen* werden muss (§§ 53 und 54 GmbHG analog; § 298, → § 296 Rn. 7c); andernfalls ist die Kündigung unwirksam (→ Rn. 7).

Handelt es sich bei dem **herrschenden Unternehmen** gleichfalls um eine GmbH, so 3b ist Voraussetzung der Wirksamkeit der Kündigung seitens des herrschenden Unternehmens ebenfalls die *Zustimmung* der Gesellschafterversammlung mit qualifizierter Mehrheit.[3] Dagegen besteht kein Anlass, jeweils auch die Zustimmung der Gesellschafterversammlung der Kündigungsgegnerin zu verlangen, sofern diese die Rechtsform einer GmbH hat; dafür fehlt jede gesetzliche Grundlage.[4] Es wäre zudem eine ausgesprochen eigenartige Rechtsgestaltung, wenn zum Beispiel die Kündigung einer herrschenden GmbH von der Zustimmung der Gesellschafterversammlung der abhängigen GmbH mit qualifizierter Mehrheit – neben der Zustimmung der eigenen Gesellschafterversammlung – abhängig wäre.

III. Ordentliche Kündigung

1. Voraussetzungen. Das Gesetz hat die ordentliche, dh nicht vom Vorliegen eines 4 wichtigen Grundes abhängige und in der Regel fristgebundene Kündigung von Unternehmensverträgen bewusst nicht im Einzelnen geregelt,[5] sondern beschränkt sich in **§ 297 Abs. 2** auf die Bestimmung, dass (nur) die ordentliche Kündigung eines Unternehmensvertrages (gerade) seitens der abhängigen Gesellschaft, sofern der Vertrag Ausgleichs- oder Abfindungsleistungen zugunsten der außenstehenden Gesellschafter vorsieht (§§ 304 und 305), eines Sonderbeschlusses der außenstehenden Aktionäre mit qualifizierter Mehrheit bedarf (→ Rn. 8 f.).

§ 297 Abs. 2 äußert sich *nicht* zu den Voraussetzungen der ordentlichen Kündigung eines 5 Unternehmensvertrages. Deshalb ist umstritten, unter welchen Voraussetzungen überhaupt

---

[1] S. iE Scholz/*Emmerich* GmbHG Anh. § 13 Rn. 189 ff.; MüKoGmbHG/*Liebscher* Anh. § 13 Rn. 1000–1032; *Beck* GmbHR 2012, 777; 2014, 1076; *Müller-Eising/Schmitt* NZG 2011, 1100; *Veith/Schmid* DB 2012, 728.
[2] BGH AG 2011, 668 Rn. 19 f. = NJW-RR 2011, 1117 = NZG 2011, 922.
[3] *Deilmann* NZG 2015, 450 (463); sehr str., anders zB MüKoGmbHG/*Liebscher* Anh. § 13 Rn. 1008; Grigoleit/*Servatius* Rn. 31, 37: nur interne Bedeutung.
[4] MüKoGmbHG/*Liebscher* Anh. § 13 Rn. 1009, ebenfalls str., anders hier zB Grigoleit/*Servatius* Rn. 9, 15.
[5] Begr. RegE bei *Kropff* AktG 386.

solche Kündigung in Betracht kommt. Zum Teil wird angenommen, dass das Gesetz in § 297 Abs. 2 konkludent von der Möglichkeit der ordentlichen Kündigung aller Unternehmensverträge ausgehe.⁶ Dies widerspricht indessen dem Willen der Gesetzesverfasser (→ Rn. 4), sodass davon auszugehen ist, dass § 297 Abs. 2 ein **anderweitig bereits begründetes ordentliches Kündigungsrecht voraussetzt** und für diesen Fall lediglich regelt, dass ausnahmsweise zusätzlich ein Sonderbeschluss der außenstehenden Aktionäre erforderlich ist.⁷ Die ordentliche Kündigung eines Unternehmensvertrages kommt mithin *nur* in Betracht, wenn das Kündigungsrecht **im Vertrag vorgesehen** ist *oder* wenn es sich wie bei den meisten anderen Unternehmensverträgen des § 292 aus der **gesetzlichen Regelung** des betreffenden Vertragstypus ergibt. Hervorzuheben sind insoweit bei den Geschäftsführungsverträgen des § 291 Abs. 1 S. 2 AktG der § 671 BGB (→ § 291 Rn. 72), bei der Gewinngemeinschaft des § 292 Abs. 1 Nr. 1 AktG der § 723 Abs. 1 S. 1 BGB (→ § 292 Rn. 14), bei den Betriebspacht- und Betriebsüberlassungsverträgen des § 292 Abs. 1 Nr. 3 AktG der § 584 BGB (→ § 292 Rn. 40 ff.) sowie bei den Betriebsführungsverträgen, die entgeltliche Geschäftsbesorgungsverträge mit Dienstvertragscharakter sind, die §§ 675 Abs. 1 und 621 BGB (→ § 292 Rn. 56). Bei den Teilgewinnabführungsverträgen des § 292 Abs. 1 Nr. 2, die unterschiedlichen Vertragstypen zuzuordnen sind, kommt es darauf an, was im Einzelnen vorliegt; handelt es sich um eine stille Gesellschaft, so richtet sich die ordentliche Kündigung des Vertrages mangels abweichender Vereinbarungen der Parteien nach den §§ 132, 134 und 234 HGB sowie § 723 BGB (→ § 292 Rn. 29).

6 Die praktische Bedeutung der Kontroverse (→ Rn. 5) ist gering, da sich die Vertragspraxis auf das überwiegend vertretene Verständnis des § 297 Abs. 2 eingestellt hat, sodass heute in der Mehrzahl der Verträge die Frage der ordentlichen Kündbarkeit ausdrücklich geregelt sein dürfte. Insoweit besteht **Vertragsfreiheit** (§ 311 Abs. 1 BGB; → Rn. 7), sodass die Parteien die ordentliche Kündigung auch ganz oder vorübergehend ausschließen oder von zusätzlichen Voraussetzungen abhängig machen können.⁸ Bedeutung hat dies vor allem für **Beherrschungs- und Gewinnabführungsverträge,** die keinem gesetzlich geregelten Vertragstypus uneingeschränkt zugeordnet werden können, sodass sie ordentlich nur kündbar sind, wenn dies bereits in dem schriftlichen *Vertrag* vorgesehen ist (§ 293 Abs. 3), andernfalls also nicht. Für die Annahme der *konkludenten Vereinbarung* eines ordentlichen Kündigungsrechts für eine oder beide Parteien ist mit Rücksicht auf das Schriftformerfordernis des § 293 Abs. 3 nur ganz ausnahmsweise Raum, wenn sich aus der Vertragsurkunde selbst bereits hinreichend konkrete Anhaltspunkte für einen entsprechenden Willen der Parteien ergeben.⁹ Bei sehr langfristigen Verträgen ist außerdem an eine Kündigung aus wichtigem Grunde zu denken, wenn den Beteiligten eine weitere Bindung nicht mehr zumutbar ist (§ 297 Abs. 1; § 314 BGB).¹⁰ Am meisten verbreitet ist offenbar jedenfalls bei den Gewinnabführungsverträgen im Anschluss an § 14 Abs. 1 S. 1 Nr. 3 KStG von 2003 die Abrede, dass der Vertrag nach Ablauf einer festen Vertragsdauer von fünf Jahren auf unbestimmte Zeit weiterläuft und fortan ordentlich kündbar ist (→ Rn. 33 f.).

7 **2. Zuständigkeit.** Die Kündigung ist bei der **AG Sache des Vorstandes** der Gesellschaft (§§ 77, 78, 297 Abs. 2 S. 1),¹¹ an dessen Stelle bei der KGaA die persönlich haftenden Gesellschafter treten (§ 278 Abs. 2). Der Vorstand hat sich bei seiner Entscheidung über die Kündigung allein an dem Wohl seiner Gesellschaft zu orientieren (§§ 76, 93); andere

---
⁶ MüKoAktG/*Altmeppen* Rn. 52–73; *Grüner* Beendigung 92 ff.; *Hüchting* Abfindung 115; *Kley* Rechtsstellung 57; *Timm* FS Kellermann, 1991, 461 (469 ff.); *Windbichler* Unternehmensverträge 68 ff.
⁷ *Hüffer/Koch* Rn. 12 f.; *Hölters/Deilmann* Rn. 4; *Krieger* in U. Schneider, Beherrschungs- und Gewinnführungsverträge, 99, 106; *ders./Jannott* DStR 1995, 1473 (1475); *K. Schmidt/Lutter/Langenbucher* Rn. 20; GroßkommAktG/*Mülbert* Rn. 78; Grigoleit/*Servatius* Rn. 6; Spindler/Stilz/*Veil* Rn. 21.
⁸ *Hüffer/Koch* Rn. 11; GroßkommAktG/*Mülbert* Rn. 72 ff.; Grigoleit/*Servatius* Rn. 7; ebenso im Ergebnis MüKoAktG/*Altmeppen* Rn. 68–71; *K. Schmidt/Lutter/Langenbucher* Rn. 21; Spindler/Stilz/*Veil* Rn. 23.
⁹ *K. Schmidt/Lutter/Langenbucher* Rn. 21; Spindler/Stilz/*Veil* Rn. 21; str., anders *Grüner* Beendigung 91 f.
¹⁰ Ebenso im Ergebnis Hölters/*Deilmann* Rn. 5.
¹¹ *Kley* Rechtsstellung 56, 58; Grigoleit/*Servatius* Rn. 9, 16; *Windbichler* Unternehmensverträge 80.

Rücksichten, insbesondere auf das herrschende Unternehmen, scheiden hier aus.[12] Für die Zustimmung des Aufsichtsrats gilt § 111 Abs. 4 S. 2. Da durch den Unternehmensvertrag das ordentliche Kündigungsrecht auch ganz ausgeschlossen werden kann (→ Rn. 6), ist es ferner zulässig, den Vorstand bei dem Ausspruch der Kündigung an die **Mitwirkung anderer Organe,** zB eines Beirats, oder an die Mitwirkung Dritter zu binden.[13] Anders ist die Rechtslage bei der **GmbH,** bei der nach heute überwiegender Meinung die Entscheidung der Geschäftsführer zur Kündigung des Unternehmensvertrages der Zustimmung der Gesellschafterversammlung mit qualifizierter Mehrheit bedarf; ohne solche Zustimmung der Gesellschafterversammlung ist die Kündigung – mangels Vertretungsmacht der Geschäftsführer – unwirksam (→ Rn. 3a; §§ 177, 180 BGB).

3. Sonderbeschluss. Nach § 297 Abs. 2 S. 1 bedarf (nur) die ordentliche Kündigung **8** des Unternehmensvertrages (nur) durch den Vorstand der *abhängigen* Gesellschaft (→ Rn. 7) der Zustimmung der außenstehenden Aktionäre durch einen Sonderbeschluss iSd § 138 mit qualifizierter Mehrheit, sofern der Vertrag **Ausgleichs- oder Abfindungsleistungen** für die außenstehenden Aktionäre vorsieht. Die Regelung entspricht den § 295 Abs. 2 und § 296 Abs. 2 (→ § 295 Rn. 24 ff.; → § 296 Rn. 16 ff.). Hervorzuheben ist lediglich, dass der Sonderbeschluss der außenstehenden Aktionäre hier ebenso wie in den Fällen der §§ 295 Abs. 2 und 296 Abs. 2 **Wirksamkeitsvoraussetzung** der Kündigung ist. Der Sonderbeschluss kann der Kündigung sowohl vorausgehen als auch nachfolgen. Wenn jedoch im Augenblick des Zugangs der Kündigung bei dem anderen Teil noch kein zustimmender Sonderbeschluss vorliegt, ist diese grundsätzlich unwirksam (→ Rn. 10). Lediglich dann, wenn der andere Teil diesen Mangel kannte, kann der Sonderbeschluss gemäß § 180 BGB immer noch nachgeholt werden (→ Rn. 31a).[14]

Die Beschränkung des Anwendungsbereichs des § 297 Abs. 2 auf die ordentliche Kündi- **9** gung gerade durch den Vorstand der *abhängigen* Gesellschaft wird zwar verbreitet kritisiert, ist aber vom Gesetzgeber gewollt und deshalb hinzunehmen,[15] sodass eine ordentliche Kündigung des Vertrags durch den **anderen Vertragsteil** *keiner* Zustimmung der außenstehenden Aktionäre durch einen Sonderbeschluss bedarf.[16] Das gilt selbst dann, wenn die Parteien im unmittelbaren Anschluss an die Kündigung des Vertrages einen neuen Unternehmensvertrag abschließen (→ § 295 Rn. 8).[17] Die Folge ist, dass der mit den §§ 295 Abs. 2, 296 Abs. 2 und 297 Abs. 2 bezweckte Schutz der außenstehenden Aktionäre praktisch *leerläuft,* weil er jederzeit dadurch „umgangen" werden kann, dass die ordentliche Kündigung von dem anderen Vertragsteil ausgesprochen wird, ggf. mit dem unmittelbar nachfolgenden Abschluss eines neuen (geänderten) Unternehmensvertrages, worauf dann auch § 295 Abs. 2 keine Anwendung findet (sog. **Änderungskündigung;** → § 295 Rn. 8).[18]

4. Form. Nach § 297 Abs. 3 bedarf die Kündigung der **s**chriftlichen Form (§ 126 BGB). **10** Die elektronische Form dürfte ausreichen (§§ 126 Abs. 3, 126a BGB). Ein Verstoß gegen die vorgeschriebene Form hat die Nichtigkeit der Kündigung zur Folge (§ 125 BGB). Die Wirksamkeit der Kündigung setzt deshalb den **Zugang einer** von einem Vertreter der Gesellschaft eigenhändig **unterzeichneten Kündigungserklärung** bei dem anderen Vertragsteil voraus (§§ 126 und 130 BGB); dafür reicht es *nicht* aus, wenn die abhängige Gesell-

---

[12] K. Schmidt/Lutter/*Langenbucher* Rn. 18.
[13] GroßkommAktG/*Mülbert* Rn. 8, 75; aA *Timm* FS Kellermann, 1991, 461 (472 ff.).
[14] MüKoAktG/*Altmeppen* Rn. 80; GroßkommAktG/*Mülbert* Rn. 94; Spindler/Stilz/*Veil* Rn. 26.
[15] Begr. RegE bei *Kropff* AktG 386.
[16] So schon Begr. RegE bei *Kropff* AktG 386; BGHZ 122, 211 (232) = NJW 1993, 1976 = AG 1993, 422 – SSI; BGH NJW 1979, 2103 = AG 1979, 289 – Salzgitter-Peine; LG Berlin AG 2000, 284 (287); MüKoAktG/*Altmeppen* Rn. 81; Hüffer/*Koch* Rn. 18.
[17] BGHZ 122, 211 (232) = NJW 1993, 1976 = AG 1993, 422 – SSI; BGH NJW 1979, 2103 = AG 1979, 289 – Salzgitter-Peine.
[18] Krit. Hüffer/*Koch* Rn. 18; KK-AktG/*Koppensteiner* Rn. 4; dagegen freilich wieder GroßkommAktG/*Mülbert* Rn. 5, 84.

schaft lediglich einen internen Beschluss über die Kündigung fasst, selbst wenn der andere Teil bei der Beschlussfassung zugegen sein sollte, eben, weil das Gesetz in § 297 Abs. 3 zusätzlich eine formgebundene Kündigungserklärung im Namen der Gesellschaft gegenüber dem anderen Vertragsteil verlangt.[19] Die Regelung ist **zwingend** (§ 23 Abs. 5 S. 1), sodass durch die Satzung das Formerfordernis des § 297 Abs. 3 nicht abgeschwächt, wohl aber verschärft werden kann.[20] Die Kündigung muss eindeutig und unbedingt sein und vom Vorstand ausgehen (§ 78; → Rn. 7). Eine **Begründung** ist nicht erforderlich;[21] jedoch muss aus der Erklärung erkennbar sein, ob es sich um eine ordentliche oder um eine außerordentliche Kündigung handelt. Die Kündigung wird wirksam mit Zugang bei dem anderen Vertragsteil, vorausgesetzt, dass in diesem Zeitpunkt sämtliche Voraussetzungen der Kündigung einschließlich insbesondere des ggf. zusätzlich erforderlichen Sonderbeschlusses der außenstehenden Aktionäre nach § 297 Abs. 1 S. 2 vorliegen (§§ 130, 180 BGB; → Rn. 8, 12, 54).

11   **5. Frist, Termin.** Die **Kündigungsfrist** ist im Gesetz nicht geregelt, sodass sie sich in erster Linie nach den Abreden der Parteien richtet.[22] Fehlen Abreden darüber, so bestimmt sie sich bei den Unternehmensverträgen des § 292 nach den jeweils einschlägigen Vorschriften (→ Rn. 5), während bei den Beherrschungs- und Gewinnabführungsverträgen überwiegend eine Analogie zu **§ 132 HGB** befürwortet wird, sodass die Kündigung mangels abweichender Abreden der Parteien nur mit halbjähriger Frist zum Ende des Geschäftsjahrs möglich ist.[23] Bei **Gewinnabführungsverträgen** ist zu beachten, dass eine ordentliche Kündigung des Vertrages, die die Beendigung des Vertrages vor Ablauf der Frist von fünf Jahren des § 14 Abs. 1 S. 1 Nr. 3 S. 1 KStG zur Folge hat, zum (rückwirkenden) **Verlust der** körper- und gewerbesteuerlichen **Organschaft** führt, wobei auf Zeitjahre abzustellen ist (→ § 291 Rn. 51 a f.). Anders nur bei einer Kündigung aus wichtigem Grunde (→ Rn. 15; § 14 Abs. 1 S. 1 Nr. 3 S. 3 KStG). Gleich steht in beiden Beziehungen die vertragliche Aufhebung des Vertrages nach § 296.[24]

12   Der **Kündigungstermin** richtet sich gemäß den Vorstellungen der Gesetzesverfasser gleichfalls in erster Linie nach den Abreden der Parteien (→ Rn. 6).[25] Die Folge ist freilich, dass ggf. die Kündigung auch *während des Laufs* eines Geschäftsjahres wirksam werden kann. Dies gilt vielfach als wenig angemessen. Deshalb soll nach einer verbreiteten Meinung auf den Kündigungstermin **§ 296 Abs. 1 S. 1** entsprechend anzuwenden sein, sodass die ordentliche Kündigung grundsätzlich nur zum Ende des Geschäftsjahres (oder des sonst vertraglich bestimmten Abrechnungszeitraums) ausgesprochen werden könnte.[26] Dieser Meinung ist *nicht* zu folgen, da mangels einer Gesetzeslücke *kein Raum* für eine Analogie zu § 296 Abs. 1 S. 1 besteht; maßgeblich ist vielmehr die jeweilige vertragliche oder gesetzliche Kündigungsfrist (→ Rn. 11), mit deren Ablauf der Vertrag sein Ende findet, ggf. daher auch *während des laufenden Geschäftsjahrs*.[27] *Nicht* möglich ist dagegen eine **rückwirkende Kündigung,** weil die Parteien es andernfalls in der Hand hätten, den außenstehenden Aktionären bereits entstandene Ausgleichs- oder Abfindungsansprüche wieder zu entziehen.[28]

---

[19] OLG München AG 2011, 467 (468) = GmbHR 2011, 489.
[20] Hüffer/*Koch* Rn. 20; GroßkommAktG/*Mülbert* Rn. 14.
[21] MüKoAktG/*Altmeppen* Rn. 87.
[22] Begr. RegE bei *Kropff* AktG 386.
[23] MüKoAktG/*Altmeppen* Rn. 75 f.; *Grüner* Beendigung 93 f.; Hölters/*Deilmann* Rn. 10; GroßkommAktG/*Mülbert* Rn. 86, 88; Spindler/Stilz/*Veil* Rn. 25; aA *Windbichler* Unternehmensverträge 75.
[24] Beispielsweise *C Lange* GmbHR 2011, 806; Link/Greven M&A Rev. 2010, 285 (293) mN.
[25] Begr. RegE bei *Kropff* AktG 386.
[26] *Gerth* BB 1978, 1497 (1498); KK-AktG/*Koppensteiner* Rn. 5; *Krieger* in U. Schneider, Beherrschungs- und Gewinnabführungsverträge, 99, 106.
[27] BGHZ 122, 211 (228 ff.) = NJW 1993, 1976 = AG 1993, 422 – SSI; MüKoAktG/*Altmeppen* Rn. 78 f.; Hölters/*Deilmann* Rn. 11; *Grüner* Beendigung 95 f.; *Hirte* ZGR 1994, 644 (654); GroßkommAktG/*Mülbert* Rn. 87; *Timm* FS Kellermann, 1991, 461 (467, 469); Spindler/Stilz/*Veil* Rn. 24; *H. Wilhelm* Beendigung 71.
[28] *Krieger/Jannott* DStR 1995, 1473 (1475); GroßkommAktG/*Mülbert* Rn. 87.

Kündigung 13–15a § 297

6. Teilkündigung. Die Teilkündigung eines Vertrages läuft der Sache nach auf eine 13 einseitige Vertragsänderung gegen den Willen des anderen Teils hinaus und wird deshalb allgemein als grundsätzlich *unzulässig* angesehen (§ 311 Abs. 1 BGB).[29] Bei einem als Einheit zu betrachtenden **Organschaftsvertrag** kann daher zB ncht allein der Gewinnabführungsteil (unter Aufrechterhaltung des beherrschungsvertraglichen Teils) gekündigt werden.[30] Ebenso zu beurteilen ist die Rechtslage bei **Vertragsverbindungen,** zB bei der Verbindung eines Beherrschungs- mit einem Betriebspachtvertrag. Eine abweichende Beurteilung kommt nur im Einzelfall bei den anderen Unternehmensverträgen des § 292 in Betracht, soweit hier wie etwa bei einer Gewinngemeinschaft oder einem Teilgewinnabführungsvertrag der Vertragsgegenstand auf einen Teil des Unternehmens beschränkt werden kann *und ausnahmsweise* die nachträgliche, mit einer Teilkündigung verbundene Beschränkung des Vertragsgegenstandes dem Willen der Parteien entspricht (§§ 133, 157, 242 BGB), in aller Regel also nicht.

IV. Außerordentliche Kündigung

1. Überblick, Steuerrecht. Nach § 297 Abs. 1 S. 1 kann ein Unternehmensvertrag von 14 jeder Partei (außerordentlich) ohne Einhaltung einer Kündigungsfrist gekündigt werden, wenn ein wichtiger Grund vorliegt. Gemäß S. 2 der Vorschrift ist ein wichtiger Grund „namentlich" anzunehmen, wenn der andere Vertragsteil voraussichtlich nicht in der Lage sein wird, seine auf Grund des Vertrages bestehenden Verpflichtungen (s. insbesondere §§ 302–305) zu erfüllen. Die Kündigung bedarf der schriftlichen Form (§ 297 Abs. 3; → Rn. 10, 25) und ist ins Handelsregister einzutragen (§ 298). Ein Sonderbeschluss der außenstehenden Aktionäre ist dagegen entbehrlich (→ Rn. 9).

§ 297 Abs. 1 ist entsprechend auf die **GmbH** anwendbar.[31] Jedoch wird heute die 14a Entscheidung über die außerordentliche Kündigung eines Unternehmensvertrages aus wichtigem Grunde überwiegend – anders als bei der AG – nicht mehr als normale Geschäftsführungsmaßnahme eingestuft, sodass die Kündigung der *Zustimmung der Gesellschafterversammlung,* und zwar auf beiden Seiten des Vertrages, mit qualifizierter Mehrheit bedarf. Der Beschluss muss außerdem beurkundet und ins Handelsregister eingetragen werden (→ Rn. 3 a f., sehr streitig).

Sonderfälle der Kündigung eines Unternehmensvertrages aus wichtigem Grunde nach 15 § 297 Abs. 1 finden sich in den §§ 304 Abs. 4 und 305 Abs. 5 S. 4 (→ § 304 Rn. 84 f.). Ergänzend zu berücksichtigen ist für Organschafts- und Gewinnabführungsverträge **§ 14 Abs. 1 S. 1 Nr. 3 S. 2 KStG.** Danach ist eine vorzeitige Beendigung des Organschafts- oder Gewinnabführungsvertrages durch Kündigung *unschädlich,* wenn ein wichtiger Grund die Kündigung rechtfertigt. Die steuerlichen Vorteile der Organschaft bleiben in diesem Fall mit anderen Worten selbst dann erhalten, wenn die Kündigung zur Folge hat, dass die vorgeschriebene Mindestdauer der Organschaft von fünf Jahren nicht eingehalten werden kann. **Abschnitt (R) 60 Abs. 6 KStR** fügt hinzu, dass als wichtige Gründe für die außerordentliche Kündigung eines Unternehmensvertrages auch die Veräußerung der Beteiligung an der abhängigen Gesellschaft, die Einbringung der abhängigen Gesellschaft durch die herrschende Gesellschaft in eine andere Gesellschaft sowie die Verschmelzung, die Spaltung oder die Liquidation einer der Gesellschaften gelten.[32]

Die Vorschrift des § 14 Abs. 1 S. 1 Nr. 3 S. 2 KStG nimmt nicht ausdrücklich Bezug auf 15a § 297 Abs. 1 AktG. Daraus hat der BFH den Schluss gezogen, dass der Begriff des wichtigen

---

[29] BGH NJW 1993, 1320 = WM 1993, 610 (614); OLG Karlsruhe AG 2001, 536 (537) = GmbHR 2001, 523; MüKoAktG/*Altmeppen* Rn. 73; Hölters/*Deilmann* Rn. 11; *Windbichler* Unternehmensverträge 77.
[30] OLG Karlsruhe AG 2001, 536 (537) = GmbHR 2001, 523; str., aA *Cahn/Simon* Konzern 2003, 1.
[31] OLG Oldenburg NZG 2000, 1138 (1140); OLG München GmbHR 2014, 535 (538 f.); *Deilmann* NZG 2015, 460; *Krieger/Jannott* DStR 1995, 1473 (1475 f.); MüKoGmbHG/*Liebscher* Anh. § 13 Rn. 1013 ff.; UHW/*C. Schäfer* GmbHG Anh. § 77 Rn. 202; *St. Ulrich* GmbHR 2004, 1000 (1001 f.).
[32] Dazu ausf. zB *Deilmann* NZG 2015, 460 (461 f.); *Heurung/Engel* GmbHR 2012, 1227; *C. Schäfer* GmbHR 2011, 806.

Grundes im **Körperschaftsteuerrecht** anders als im Gesellschaftsrecht auszulegen sei.[33] Der Begriff umfasse auch die vertragliche Aufhebung eines Unternehmensvertrages iSd § 296 AktG und sei objektiv zu verstehen, sodass nicht jede vertragliche Ausdehnung des Begriffs des wichtigen Grundes in § 297 AktG steuerrechtlich anerkannt werden könne, und zwar insbesondere dann nicht, wenn es den Parteien in erster Linie darum gehe, die Organschaft entgegen § 14 Abs. 1 S. 1 Nr. 3 KStG zeitlich zu begrenzen. Von derartigen Fallgestaltungen abgesehen, sollen sich indessen offenbar doch der steuerrechtliche und der zivilrechtliche Begriff des wesentlichen Grundes zumindest weithin decken.

15b Die geschilderte Rechtsprechung des BFH (→ Rn. 15a) kann im Einzelfall zur Folge haben, dass die zivilrechtliche und die steuerrechtliche Beurteilung eines Sachverhalts als wichtiger Grund für eine außerordentliche Kündigung auseinandergehen. Daraus können sich erhebliche **Probleme** ergeben, und zwar gleichermaßen, wenn das Steuerrecht einen bestimmten Sachverhalt als wichtigen Grund anerkennt, nicht jedoch das Zivilrecht, und ebenso, wenn das Zivilrecht einen wichtigen Grund annimmt, nicht dagegen das Steuerrecht. Denn in beiden Fällen besteht die Gefahr, dass die Organschaft verworfen wird, und zwar insbesondere, wenn die Finanzverwaltung die Kündigung nicht anerkennt, sodass die Parteien den Vertrag nach Meinung der Finanzverwaltung zu Unrecht als wirksam gekündigt behandeln.[34] Nicht weniger kritisch ist aber auch der „umgekehrte" Fall, dass die Kündigung zwar steuerrechtlich, jedoch nicht zivilrechtlich als wirksam behandelt wird.[35]

15c In der Vertragspraxis hat die geschilderte Problematik (→ Rn. 15b) dazu geführt, dass es nahezu allgemein üblich geworden ist, bei Abschluss eines Gewinnabführungsvertrages Vorsorge zu treffen, indem insbesondere die *Veräußerung* der Beteiligung sowie außerdem die *Veränderung* der steuerlichen Rahmenbedingungen in grundsätzlich zulässiger Weise (→ Rn. 17) *und* in Übereinstimmung mit den KStR ausdrücklich als wichtiger Grund iSd § 297 Abs. 1 vereinbart werden.[36] Bei jeder zusätzlichen vertraglichen Erweiterung der Kündigungsgründe droht dagegen die Gefahr einer Verwerfung der Organschaft, sofern der vereinbarte Kündigungsgrund von der Finanzverwaltung nicht zugleich als wichtiger Grund iSd § 14 Abs. 1 S. 1 Nr. 3 S. 2 KStG anerkannt wird.

16 **2. Zwingendes Recht.** § 297 Abs. 1 enthält zwingendes Recht (§ 23 Abs. 5 S. 1). Weder der vertragliche Ausschluss des außerordentlichen Kündigungsrechts noch seine vertragliche Einschränkung sind möglich.[37] Unzulässig sind insbesondere die abschließende Aufzählung möglicher Gründe, die Bestimmung von Kündigungsfristen oder -terminen (→ Rn. 26) sowie die Bindung der Kündigung an die Mitwirkung Dritter wie zB anderer Organe.[38] **Unbedenklich** ist lediglich eine vertragliche **Präzisierung** des Begriffs des wichtigen Grundes, zB durch Aufzählung einzelner Umstände, die grundsätzlich als wichtige Gründe zu gelten haben, solange die Aufzählung keinen abschließenden Charakter hat (→ Rn. 17). Unbedenklich ist ferner die Vereinbarung, dass bestimmte konkrete Umstände im Einzelfall nicht als wichtiger Grund gelten sollen, weil den Parteien unter den gegebenen Umständen die Fortsetzung des Vertrages nicht unzumutbar ist.[39]

17 Von der grundsätzlich nicht möglichen Einschränkung des außerordentlichen Kündigungsrechts (→ Rn. 16) ist dessen **vertragliche Ausdehnung auf** beliebige **sonstige Gründe** zu unterscheiden, die an sich *keinen* wichtigen Grund iSd § 297 Abs. 1 S. 1 darstel-

---

[33] BFHE 244, 277 Rn. 19 ff. = AG 2014, 369 = NZG 2014, 558; dazu zB *Burwitz* NZG 2013, 91 (zur Vorinstanz); *Deilmann* NZG 2015, 460 (461 f.).
[34] So in dem Fall BFHE 244, 277 Rn. 19 ff. = AG 2014, 369 = NZG 2014, 558.
[35] S. zB *Burwitz* NZG 2013, 91; *Deilmann* NZG 2015, 460 (461 f.); *Heuning/Engel* GmbHR 2012, 1227; *C. Lange* GmbHR 2011, 806 ff.; *Link/Greven* M&A Rev 2010, 285 (290, 293); *Paschos/Goslar* Konzern 2006, 479 (480 ff.); *St. Ulrich* GmbHR 2004, 1000 (1001 f.).
[36] Hölters/*Deilmann* Rn. 18; *Happ/Liebscher,* Konzern- und Umwandlungsrecht, Kap 1.01 Rn. 15 ff. (107 ff.).
[37] BGHZ 122, 211 (228) = NJW 1993, 1976 = AG 1993, 422 – SSI.
[38] MüKoAktG/*Altmeppen* Rn. 15; Hüffer/*Koch* Rn. 19; K. Schmidt/Lutter/*Langenbucher* Rn. 17; Spindler/Stilz/*Veil* Rn. 5.
[39] MüKoGmbHG/*Liebscher* Anh. § 13 Rn. 1027; GroßkommAktG/*Mülbert* Rn. 23.

len. Die Problematik solcher Abreden besteht darin, dass bei ihrer unbeschränkten Zulassung die Mitwirkung der außenstehenden Aktionäre (nur) an einer *ordentlichen* Kündigung durch Sonderbeschluss nach § 297 Abs. 2 umgangen werden könnte (→ Rn. 9). Deshalb werden im Schrifttum verschiedentlich **Bedenken** gegen die Zulässigkeit derartiger Abreden geäußert.[40] Diese Zweifel sind *nicht begründet,* da zu beachten bleibt, dass hinsichtlich der Voraussetzungen und der Folgen einer ordentlichen Kündigung gleichfalls Vertragsfreiheit besteht (→ Rn. 6), sodass die Parteien zB auch bei einer ordentlichen Kündigung auf eine Kündigungsfrist verzichten oder die Kündigungsmöglichkeit auf bestimmte Fälle beschränken können (→ Rn. 11). Insoweit sind ordentliche und außerordentliche Kündigung letztlich austauschbar. Angesichts dessen dürfte es genügen, den (zwingenden) **§ 297 Abs. 2** immer dann ohne Rücksicht auf die Abreden der Parteien **anzuwenden,** wenn eine Kündigung des Vertrags auf vereinbarte Gründe gestützt wird, die an sich *keine* wichtigen Gründe iSd § 297 Abs. 1 darstellen.[41] **Steuerrechtlich** werden derartige Abreden zudem nur anerkannt, wenn der vereinbarte wichtige Grund zugleich bei objektiver Betrachtungsweise einen wichtigen Grund im Sinne des Körperschaftsteuerrechts darstellt (→ Rn. 15b).[42] Der Sache nach folgt dies bereits daraus, dass das Steuerrecht nicht zur Disposition der Parteien steht.

3. Konkurrenzen. Das außerordentliche Kündigungsrecht der Vertragsparteien aus 18 § 297 Abs. 1 konkurriert mit einer Vielzahl anderer vergleichbarer Regelungen. An erster Stelle ist hier **§ 314 BGB** von 2001 zu nennen, der jedoch *subsidiär* gegenüber Vorschriften wie § 297 Abs. 1 ist.[43] Auf § 314 BGB kann daher neben § 297 nur insoweit zurückgegriffen werden, wie das AktG selbst keine Regelung enthält. Bedeutung hat dies – neben der Definition des wichtigen Grundes durch § 314 Abs. 1 S. 2 BGB (→ Rn. 19) – insbesondere noch für die in den Abs. 2–4 des § 314 BGB enthaltenen Regelungen:[44] Nach Abs. 2 des § 314 BGB ist die Kündigung erst nach erfolglosem Ablauf einer zur Abhilfe bestimmten **Frist** oder nach erfolgloser **Abmahnung** zulässig, wenn der wichtige Grund in der Verletzung einer Pflicht aus dem Vertrag besteht, dabei findet § 323 Abs. 2 BGB entsprechende Anwendung, der die Fälle aufzählt, in denen eine Fristsetzung oder Abmahnung ausnahmsweise *entbehrlich* ist. § 314 Abs. 3 BGB fügt hinzu, dass der Berechtigte nur **innerhalb** einer angemessenen **Frist** kündigen kann, nachdem er vom Kündigungsgrund Kenntnis erlangt hat (→ Rn. 26). Und aus § 314 Abs. 4 BGB folgt, dass die Kündigung aus wichtigem Grund die Berechtigung, **Schadensersatz** wegen einer Vertragsverletzung zu verlangen, nicht ausschließt (§ 280 Abs. 1 BGB).

§ 297 Abs. 1 konkurriert ferner mit denjenigen Bestimmungen, aus denen sich bei den 18a **anderen Unternehmensverträgen** des § 292 gleichfalls das Recht einer Partei ergibt, den betreffenden Vertrag fristlos zu kündigen. Zu denken ist hier in erster Linie bei der Gewinngemeinschaft und den Teilgewinnabführungsverträgen in Form einer stillen Gesellschaft an **§ 723 Abs. 1 S. 2 BGB** sowie bei den Betriebspacht- und Betriebsüberlassungsverträgen an § 581 Abs. 2 BGB iVm **§ 543 BGB.** Da sich die Voraussetzungen und die Rechtsfolgen der genannten Vorschriften im Wesentlichen decken, dürfte grundsätzlich von ihrer parallelen Anwendbarkeit auszugehen sein.[45]

4. Wichtiger Grund. a) Begriff. Die außerordentliche (fristlose) Kündigung eines 19 Unternehmensvertrages setzt nach § 297 Abs. 1 S. 1 vor allem das Vorliegen eines wichtigen

---

[40] KK-AktG/*Koppensteiner* Rn. 20; wohl auch *Hirte* ZGR 1994, 644 (651 ff.).
[41] Ebenso im Ergebnis BGHZ 122, 211 (227, 231) = NJW 1993, 1976 = AG 1993, 422 – SSI; BAGE 121, 212 = NZA 2007, 999 = AG 2007, 665 (667 f.); OLG München GmbHR 2009, 148 (152); *Grüner Beendigung* 121 ff.; Hüffer/*Koch* Rn. 8; *Krieger/Jannott* DStR 1995, 1473 (1476); *Knott/Rodewald* BB 1996, 472 (475 f.); K. Schmidt/Lutter/*Langenbucher* Rn. 17; MüKoGmbHG/*Liebscher* Anh. § 13 Rn. 1029; GroßkommAktG/*Mülbert* Rn. 57, 91; *O. Schwarz* DNotZ 1996, 68 (82 f.); Spindler/Stilz/*Veil* Rn. 6; anders zB Hölters/*Deilmann* Rn. 18.
[42] BFHE 244, 277 Rn. 20 ff. = AG 2014, 369 (370 f.) = NZG 2014, 558.
[43] Begr. RegE des SchRModG (2001), BT-Drs. 14/6040, 177 (r. Sp. 4. Abs.).
[44] K. Schmidt/Lutter/*Langenbucher* Rn. 18.
[45] Spindler/Stilz/*Veil* Rn. 9.

Grundes voraus. Eine Definition des wichtigen Grundes enthält das Gesetz jedoch nicht, sodass zur weiteren Präzisierung des Begriffs auf **§ 314 Abs. 1 S. 2 BGB** zurückzugreifen ist (→ Rn. 18). Ein wichtiger Grund ist danach anzunehmen, wenn der kündigenden Vertragspartei die **Fortsetzung** des Vertrages unter Berücksichtigung der Umstände des Falles und unter Abwägung der beiderseitigen Interessen bis zum Ablauf der ordentlichen Kündigungsfrist oder bis zum vereinbarten Beendigungstermin **nicht mehr zuzumuten** ist. Hinzu kommen muss noch, dass die fraglichen Umstände, die der kündigenden Partei die Fortsetzung des Vertrages unzumutbar machen, *nicht* von ihr **verschuldet** sind und auch nicht zu ihrer **Risikosphäre** gehören (§ 242 BGB) sowie dass die aufgetretenen Schwierigkeiten nicht nur kurzfristiger Natur sind und auch nicht auf eine andere, weniger einschneidende Weise behoben werden können.[46] Die Annahme eines wichtigen Grundes kommt danach in erster Linie in Betracht, wenn infolge einer unvorhersehbaren, nachteiligen Veränderung der wirtschaftlichen Verhältnisse die **wirtschaftliche Existenz** des Kündigenden bei Fortbestand des Vertrages **bedroht** wäre.[47] *Nicht* ausreichend ist dagegen der **Nichteintritt** der mit dem Vertragsabschluss verbundenen, wirtschaftlichen **Erwartungen** der Parteien.[48] Erst recht genügt es nicht, wenn die Parteien lediglich nachträglich ihre *Vorstellungen ändern* und sich wieder von dem Vertrag lösen wollen; der dafür vom Gesetz vorgesehene Weg ist die Aufhebung des Vertrages nach § 296, der nicht auf dem Wege über § 297 umgangen werden darf.[49] Zu diesem Gesetzesverständnis nötigt bereits die steuerrechtliche Regelung des § 14 Abs. 1 S. 1 Nr. 3 KStG, die andernfalls auf dem Weg über die Vereinbarung beliebiger zusätzlicher Kündigungsgründe iSd § 297 Abs. 1 mühelos umgangen werden könnte (→ Rn. 15b f.).

20 Der Begriff des wichtigen Grundes wird im Kontext des § 297 Abs. 1 üblicherweise (trotz der nicht zu übersehenden steuerrechtlichen Problematik) *weit ausgelegt,* um die abhängige Gesellschaft bei Abschluss eines Beherrschungs- oder Gewinnabführungsvertrages gegen übermäßige Risiken aus dem Bereich des anderen Vertragsteils, des herrschenden Unternehmens zu schützen.[50] Die Annahme eines wichtigen Grundes setzt aber in jedem Fall eine **umfassende Abwägung** der Interessen der Beteiligten unter Berücksichtigung der Umstände des Falles voraus. Im Schrifttum wird dabei meistens zwischen wichtigen Gründen aus der **Sphäre der abhängigen** und solchen aus der **Sphäre der herrschenden Gesellschaft** unterschieden.[51] Indessen gibt es auch Gründe, die *aus beiden Sphären* stammen können wie zB die Erfüllungsverweigerung (→ Rn. 23) oder die nur schwer einer bestimmten Sphäre zugeordnet werden können wie etwa die allgemeine Verschlechterung der wirtschaftlichen Lage. Deshalb empfiehlt es sich, weiterhin an der gesonderten Betrachtung der einzelnen Fälle festzuhalten (→ Rn. 21 ff.).

21 **b) Voraussichtliche Nichterfüllung des Vertrages. aa) Abhängige Gesellschaft.** Nach § 297 Abs. 1 S. 2 liegt ein wichtiger Grund namentlich vor, wenn der andere Vertragsteil voraussichtlich nicht in der Lage sein wird, seine aufgrund des Vertrages bestehenden Verpflichtungen zu erfüllen.[52] Zu denken ist hier in erster Linie an die Verpflichtungen

---

[46] BGHZ 122, 211 (232) = NJW 1993, 1976 = AG 1993, 422 – SSI; BFHE 244, 277 Rn. 20 = AG 2014, 309 = NZG 2014, 558; OLG Oldenburg NZG 2000, 1138 (1140); OLG München GmbHR 2009, 148 (151); GmbHR 2011, 871 (872) = ZIP 2011, 1912; MüKoAktG/*Altmeppen* Rn. 18; Hölters/*Deilmann* Rn. 12; *Grüner* Beendigung 110 ff.; K. Schmidt/Lutter/*Langenbucher* Rn. 6–16; GroßkommAktG/*Mülbert* Rn. 21; Grigoleit/*Servatius* Rn. 26; *U. Phillipi/A. Neveling* BB 2003, 1685 (1686 f.); Spindler/Stilz/*Veil* Rn. 8–17.
[47] BFHE 244, 277 Rn. 19 ff. = AG 2014, 369 = NZG 2014, 558.
[48] OLG Karlsruhe AG 2001, 536 (537); OLG München GmbHR 2009, 148 (151); GmbHR 2011, 871 (872) = ZIP 2011, 1912; Hüffer/*Koch* Rn. 7; K. Schmidt/Lutter/*Langenbucher* Rn. 14 ff.
[49] OLG München GmbHR 2009, 148 (151); GmbHR 2011, 871 (872) = ZIP 2011, 1912.
[50] *Grüner* Beendigung 109 ff.; *Krieger* in U. Schneider, Beherrschungs- und Gewinnabführungsverträge, 99, 107; *Laule* AG 1990, 145 (155); GroßkommAktG/*Mülbert* Rn. 22.
[51] K. Schmidt/Lutter/*Langenbucher* Rn. 7, 11 ff.; Grigoleit/*Servatius* Rn. 21, 34 ff.; Spindler/Stilz/*Veil* Rn. 10, 15 ff.
[52] Dazu MüKoAktG/*Altmeppen* Rn. 19–21; *Grüner* Beendigung 114 ff.; *Laule* AG 1990, 145 (146, 152 ff.); K. Schmidt/Lutter/*Langenbucher* Rn. 4 f.; MüKoGmbHG/*Liebscher* Anh. § 13 Rn. 1015 ff.; GroßkommAktG/*Mülbert* Rn. 24 ff.; Grigoleit/*Servatius* Rn. 36; *Stephan* Konzern 2014, 1 (20 ff.); *H. Wilhelm* Beendigung 13.

eines herrschenden Unternehmens gegenüber der abhängigen Gesellschaft aufgrund der §§ 302 und 309 sowie gegenüber den außenstehenden Aktionären auf Grund der §§ 304 und 305. Hat das herrschende Unternehmen bereits einen **Insolvenzantrag** gestellt, so ist wohl generell damit zu rechnen, dass die genannten Verpflichtungen von ihm nicht mehr vollständig erfüllt werden, sodass eine Kündigung aus wichtigem Grunde in Betracht kommt.[53] Aber es reicht auch aus, wenn sich bereits **vorher** die **dauernde Unerfüllbarkeit** einer dieser Verpflichtungen **abzeichnet.** Der Vorstand der abhängigen Gesellschaft braucht dann nicht etwa den Zeitpunkt des endgültigen Eintritts der Unerfüllbarkeit der Pflichten abzuwarten, sondern kann nach § 297 Abs. 1 S. 2 bereits im Vorfeld der Insolvenz fristlos kündigen, wenn es *nach einer vernünftigen Prognose* zu dieser Situation kommen wird. Vorausgesetzt wird dabei jedoch eine *längerfristige,* in ihrer Dauer nicht absehbare oder doch unzumutbar lange *Störung* der Leistungsfähigkeit des anderen Teils, während *kurzfristige* Leistungsstockungen, wie sie immer einmal vorkommen können, keine Kündigung aus wichtigem Grund zu rechtfertigen vermögen.[54]

Im Schrifttum wird in diesem Zusammenhang diskutiert, ob den Vorstand der abhängigen Gesellschaft aus den genannten Gründen die Verpflichtung zur dauernden Beobachtung der finanziellen Situation des anderen Vertragsteils trifft, sowie ob er, wenn er eine finanzielle Schieflage des anderen Vertragsteils erkennt, zur Kündigung des Vertrages aus wichtigem Grunde verpflichtet ist, um eine persönliche Haftung nach § 93 oder § 310 zu vermeiden. Die Frage einer **Beobachtungspflicht** ist noch nicht geklärt; die Tendenz in Literatur und Rechtsprechung geht indessen, trotz der möglicherweise nur beschränkten Erkenntnismöglichkeit ebenso wie der persönlichen Abhängigkeit des Vorstandes der abhängigen oder sonst verpflichteten Gesellschaft, deutlich dahin, solche Pflicht zum Schutz der abhängigen Gesellschaft nach Möglichkeit zu bejahen, damit die abhängige Gesellschaft rechtzeitig auf sich abzeichnende Krisen reagieren kann. Hinsichtlich der **Kündigungspflicht** zeichnet sich im Gegensatz hierzu die Tendenz ab, auch bei Kenntnis des Vorstands der abhängigen Gesellschaft von der finanziellen Bedrängnis des herrschenden Unternehmens eine Kündigungspflicht zu verneinen, weil und sofern es ausreicht, dass in diesem Fall das Weisungsrecht des herrschenden Unternehmens suspendiert wird (§ 308 Rn. 55 ff.) und entgegen § 291 Abs. 3 die Kapitalbindung wieder in Kraft tritt. **21a**

bb) Herrschendes Unternehmen. Nach hM kann unter den genannten Voraussetzungen (→ Rn. 21) nicht nur die abhängige Gesellschaft, sondern auch der *andere* Vertragsteil, dh das herrschende Unternehmen, fristlos kündigen. Das ist jedoch deshalb problematisch, weil das herrschende Unternehmen seine finanzielle Bedrängnis wohl stets selbst zu vertreten hat, sodass an sich kein Raum für die Annahme eines wichtigen Grundes ist (→ Rn. 19). Eine abweichende Beurteilung ist nur gerechtfertigt, wenn das herrschende Unternehmen durch die fernere Erfüllung seiner verraglichen Verpflichtungen unmittelbar in seiner wirtschaftlichen **Existenz bedroht** würde *und* der eingetretene bedrohliche Zustand *nicht allein von ihm zu vertreten* ist, sondern etwa auf einer allgemeinen wirtschaftlichen Entwicklung oder auf höherer Gewalt beruht (→ Rn. 19).[55] **22**

c) Sonstige Fälle. Eine allgemeine **negative Entwicklung der wirtschaftlichen Verhältnisse** stellt grundsätzlich ebensowenig wie die **Verschlechterung der Ertragslage** der abhängigen Gesellschaft oder des herrschenden Unternehmens einen wichtigen Grund dar.[56] Eine abweichende Beurteilung kommt auch hier nur in Betracht, wenn das herrschende Unternehmen durch die weitere Durchführung des Vertrages in seiner wirtschaftlichen **Existenz bedroht** würde *und* der eingetretene bedrohliche Zustand *nicht* allein von **22a**

---

[53] Hölters/*Deilmann* Rn. 13.
[54] Hüffer/*Koch* Rn. 4; MHdB AG/*Krieger* § 70 Rn. 196; aA MüKoAktG/*Altmeppen* Rn. 19–21.
[55] Hüffer/*Koch* Rn. 5; *Krieger* in U. Schneider, Beherrschungs- und Gewinnabführungsverträge, 99, 106 f.; *Krieger*/*Jannott* DStR 1995, 1473 (1475); GroßkommAktG/*Mülbert* Rn. 24, 27.
[56] OLG München GmbHR 2011, 871 (872) = ZIP 2011, 1912; MüKoGmbHG/*Liebscher* Anh. § 13 Rn. 1018; GroßkommAktG/*Mülbert* Rn. 30; Grigoleit/*Servatius* Rn. 26 f.

ihm zu vertreten ist, sondern etwa auf einer allgemeinen wirtschaftlichen Entwicklung oder auf höherer Gewalt beruht (→ Rn. 20, 22).[57] Die **Verschlechterung** der **eigenen wirtschaftlichen Situation** wird einer Partei gleichfalls nur in Ausnahmefällen der bezeichneten Art ein außerordentliches Kündigungsrecht geben.[58]

23 Weitere Beispiele für einen wichtigen Grund sind je nach Umständen des Einzelfalls eine fortgesetzte **schwere Vertragsverletzung** des anderen Teils und insbesondere des herrschenden Unternehmens trotz Abmahnung (§ 314 Abs. 2 BGB), vor allem die wiederholte hartnäckige Überschreitung der gesetzlichen oder vertraglichen *Grenzen des Weisungsrechts* auf Grund eines Beherrschungsvertrages (→ § 308 Rn. 53 ff., 55 ff., 64a, 69), sowie die ernsthafte und endgültige *Verweigerung der Erfüllung* wesentlicher vertraglicher Pflichten.[59] Die **Umstrukturierung** des herrschenden Unternehmens kann gleichfalls einen wichtigen Grund für die abhängige Gesellschaft zur Kündigung des Vertrages darstellen, sofern dadurch die Erfüllung des Vertrages ernsthaft infrage gestellt wird (§ 297 Abs. 1 S. 2).[60] *Nicht* ausreichend sind dagegen in der Regel bloße **Veränderungen im Gesellschafterkreis** des herrschenden Unternehmens.[61]

23a Einen wichtigen Grund bilden ferner je nach den Umständen des Einzelfalles die **Auflösung des anderen Vertragsteils** (§ 262), sofern sie nicht bereits die automatische Beendigung des Vertrages nach sich zieht (→ Rn. 50 f.), jedoch nicht, wenn der Alleingesellschafter, mit dem der Gewinnabführungsvertrag abgeschlossen wurde, willkürlich zur Auflösung der abhängigen Gesellschaft schreitet,[62] sowie ferner **Verfügungen der Kartellbehörden**, durch die der mit dem Abschluss eines Unternehmensvertrags verbundene Unternehmenszusammenschluss untersagt oder seine Auflösung angeordnet wird (§§ 36, 41 Abs. 3 GWB; Art. 8 Abs. 3 und 4 FKVO).[63] Gleich stehen im Regelfall **Mängel des Unternehmensvertrages.** Die Eintragung des Vertrages trotz seiner Mängel aufgrund eines Freigabebeschlusses nach § 246a ins Handelsregister (→ § 293 Rn. 61 ff.) läßt die Möglichkeit einer Kündigung des Vertrags aus wichtigem Grunde unberührt, wenn später der Anfechtungsklage gegen einen der Zustimmungsbeschlüsse stattgegeben wird. Der Vorstand handelt pflichtwidrig, wenn er trotz rechtskräftiger Feststellung der Mangelhaftigkeit des Vertrages an einem für die Gesellschaft nachteiligen Vertrag festhält (§§ 93, 297 Abs. 1; → Rn. 49).[64]

24 **d) Insbesondere Veräußerung der Beteiligung.** Umstritten ist, ob auch die Veräußerung der Beteiligung des herrschenden Unternehmens an der abhängigen Gesellschaft als wichtiger Grund iSd § 297 Abs. 1 anzuerkennen ist. Hintergrund der Diskussion ist die schwierige Situation, in die ein herrschendes Unternehmen nach Veräußerung seiner Beteiligung im Falle des Fortbestandes des Unternehmensvertrages notwendigerweise gerät.[65] Das **Steuerrecht** betrachtete deshalb bisher eine Kündigung des Gewinnabführungsvertrages aus wichtigem Grunde in diesem Fall gewöhnlich als *unschädlich,* sodass die Vorteile der Organschaft trotz vorzeitiger Beendigung des Vertrages erhalten bleiben **(R 60 Abs. 6 KStR).** Nach der Rechtsprechung des **BFH** gilt dies indessen nur noch, wenn zugleich die Voraussetzungen des steuerrechtlichen Begriffs des wichtigen Grundes erfüllt sind, also insbesondere dann nicht, wenn etwa mit einer konzerninternen Veräußerung der Beteiligung letztlich allein der Zweck verfolgt wird, willkürlich einen Kündigungsgrund für den Gewinnabführungsvertrag und damit die Möglichkeit zu einer vorzeitigen Beendigung der

---

[57] MüKoAktG/*Altmeppen* Rn. 31 ff.; *Grüner* Beendigung 114 ff.; Hüffer/*Koch* Rn. 7; K. Schmidt/Lutter/ Langenbucher Rn. 11 f.
[58] Grigoleit/*Servatius* Rn. 28.
[59] MüKoAktG/*Altmeppen* Rn. 22, 27 f.; *Grüner* Beendigung 114 ff.; Hüffer/*Koch* Rn. 6; MüKoGmbHG/ Liebscher Anh. § 13 Rn. 1019; GroßkommAktG/*Mülbert* Rn. 33 ff.; Grigoleit/*Servatius* Rn. 29.
[60] K. Schmidt/Lutter/*Langenbucher* Rn. 9; GroßkommAktG/*Mülbert* Rn. 40 ff.
[61] K. Schmidt/Lutter/*Langenbucher* Rn. 10.
[62] OLG München GmbHR 2011, 871 (872) = ZIP 2011, 1912.
[63] MüKoAktG/*Altmeppen* Rn. 45; Hüffer/*Koch* Rn. 6; *Windbichler* Unternehmensverträge 84 ff.
[64] K. Schmidt/Lutter/*Langenbucher* Rn. 16.
[65] S. dazu zB MüKoGmbHG/*Liebscher* Anh. § 13 Rn. 1020–1029; *Müller/Dorweiler* FS Beuthien, 2009, 183 (195 f.); *H. Wilhelm* Beendigung 22 f.

Organschaft zu schaffen (→ Rn. 15a).⁶⁶ Die Einzelheiten sind noch nicht endgültig geklärt.⁶⁷

Auch im **Gesellschaftsrecht** ist der Fragenkreis nach wie vor umstritten. Überwiegend **24a** wird zwar bisher ein Kündigungsrecht des **herrschenden Unternehmens** im Falle der Anteilsveräußerung verneint, weil das herrschende Unternehmen die bedrohliche Situation infolge der Anteilsveräußerung selbst aus freien Stücken herbeigeführt habe.⁶⁸ Indessen mehren sich die Stimmen, die für eine großzügigere Beurteilung des Kündigungsrechts des herrschenden Unternehmens eintreten.⁶⁹ Eine wieder andere Frage ist, ob und unter welchen Voraussetzungen das **abhängige Unternehmen** im Falle der Anteilsveräußerung kündigen kann. Ein derartiges Kündigungsrecht des abhängigen Unternehmens ist in der Tat vor allem zu erwägen, wenn fortan die Erfüllung des Vertrages nicht mehr gewährleistet ist.⁷⁰

5. Kündigungserklärung. Bei einer AG ist für die außerordentliche Kündigung eines **25** Unternehmensvertrages anders als bei der GmbH (→ Rn. 3a f.) ausschließlich der **Vorstand** zuständig (§§ 77, 78, 297 Abs. 1; → Rn. 7). Eine Mitwirkung der Hauptversammlung oder der außenstehenden Aktionäre durch Sonderbeschluss ist nicht vorgesehen.⁷¹ Die Kündigungserklärung bedarf der **Schriftform** (§ 297 Abs. 3 AktG iVm §§ 125 und 126 BGB, → Rn. 10), an deren Stelle auch die elektronische Form treten kann (§§ 126 Abs. 3, 126a BGB). Die Kündigung wird grundsätzlich erst **wirksam mit Zugang** bei dem anderen Vertragsteil (§ 130 BGB); maßgebender Zeitpunkt für die Beurteilung der Frage, ob die Voraussetzungen für die Wirksamkeit der Kündigung erfüllt sind, ist deshalb der des Zugangs der Kündigungserklärung bei dem anderen Vertragsteil (str.). Die Vertragsbeendigung infolge der Kündigung ist ins Handelsregister einzutragen **(§ 298)**. Eine **Begründung** der Kündigungserklärung ist rechtlich nicht vorgeschrieben, sodass im Rechtsstreit auch noch andere Kündigungsgründe nachgeschoben werden können (ebenfalls str.).⁷² Die Vorschriften der §§ 569 Abs. 4 und 626 Abs. 2 S. 3 BGB enthalten sozialpolitisch motivierte Sonderregelungen, die nicht verallgemeinert werden können (vgl. § 314 Abs. 1 BGB). Für die grundsätzliche Unzulässigkeit der **Teilkündigung** gilt dasselbe wie bei der ordentlichen Kündigung (→ Rn. 13).

Nach § 314 Abs. 3 BGB kann der Berechtigte nur **innerhalb** einer **angemessenen Frist 26** kündigen, nachdem er von dem Kündigungsgrund Kenntnis erlangt hat, wobei sich die Dauer der Frist nach den Umständen des Falles bemisst (→ Rn. 18).⁷³ Genauere Angaben zur regelmäßigen Höchstdauer der Kündigungsfrist, zum Beispiel maximal vier Wochen, sind schwierig; die Frist dürfte jedoch im Regelfall überschritten sein, wenn sich der Kündigende mehr als zehn Monate Zeit lässt, bis er nach Eintritt des Kündigungsgrundes die Kündigung ausspricht.⁷⁴ Der Kündigende ist nicht gezwungen, die Kündigung fristlos zu erklären; er kann vielmehr dem anderen Teil einseitig auch eine **Kündigungsfrist** einräumen.⁷⁵ Jedoch kann nicht vertraglich *im Voraus* die fristlose Kündigung in eine befristete Kündigung umgewandelt werden (§ 23 Abs. 5 S. 1).

---

⁶⁶ BFHE 244, 277 = AG 2014, 369 = NZG 2014, 558.
⁶⁷ S. *Deilmann* NZG 2015, 460 (461 f.) mN.
⁶⁸ OLG Düsseldorf NJW-RR 1995, 233 = AG 1995, 137 (138); OLG Oldenburg NZG 2000, 1138 (1140); OLG München GmbHR 2014, 536 (538 f.); LG Frankenthal AG 1989, 253 (254 f.); LG Dortmund AG 1994, 85 (86); LG Duisburg AG 2004, 379; statt aller GroßkommAktG/*Mülbert* Rn. 36 ff.; mN s. 7. Aufl. Rn. 24 Fn. 62.
⁶⁹ LG Bochum AG 1987, 323 = GmbHR 1987, 24 (25); *Knott/Rodewald* BB 1996, 472 (473 f.); *Krieger/Jannott* DStR 1995, 1473 (1476); MüKoGmbHG/*Liebscher* Anh. § 13 Rn. 1020; *Müller/Dorweiler* FS Beuthien, 2009, 183 (193 f.); *Schlögell* GmbHR 1995, 401 (408 ff.).
⁷⁰ Hölters/*Deilmann* Rn. 16; Spindler/Stilz/*Veil* Rn. 12; aA K. Schmidt/Lutter/*Langenbucher* Rn. 8.
⁷¹ BGHZ 122, 211 (232 f.) = NJW 1993, 1976 = AG 1993, 422 – SSI.
⁷² GroßkommAktG/*Mülbert* Rn. 61; – aA MüKoAktG/*Altmeppen* Rn. 88; KK-AktG/*Koppensteiner* Rn. 24.
⁷³ Begr. RegE des SMG, BT-Drs. 14/6040, 178 (r. Sp. o.).
⁷⁴ OLG München AG 2011, 467 (468) = GmbHR 2011, 489 = ZIP 2012, 133.
⁷⁵ Vgl. auch für Betriebspacht- und Betriebsüberlassungsverträge die §§ 544, 580, 584 und 584a Abs. 2 BGB.

V. Andere Beendigungsgründe

27 **1. Überblick.** Ein Vertrag kann noch aus anderen als den in den §§ 296 und 297 geregelten Gründen vorzeitig sein Ende finden. Im Wesentlichen handelt es sich um **zwei Fallgruppen**. Die Erste betrifft Gründe, die mit dem Vertrag selbst zusammenhängen; die wichtigsten hierher gehörende Beispiele sind neben der bereits behandelten Kündigung (→ Rn. 4, 14 ff.) noch die **Anfechtung und** der **Rücktritt** (→ Rn. 30, 31 ff.). Bei der zweiten Fallgruppe geht es dagegen um bestimmte gesellschaftsrechtliche Vorgänge bei einer der Vertragsparteien, die nicht ohne Einfluss auf das Schicksal des Vertrages bleiben können; Paradigmata sind **Eingliederung und Umwandlung** (→ Rn. 34, 37 ff.). Ein Beispiel findet sich in § 307.

28 Nicht eigentlich hierher gehörig sind dagegen die unterschiedlichen Umstände, die zur **Nichtigkeit** eines Unternehmensvertrages (von Anfang an) führen können. Zu erwähnen ist hier neben den allgemeinen Nichtigkeitsgründen des bürgerlichen Rechts (s. die §§ 125, 134 und 138 BGB; → § 293 Rn. 19 f.) insbesondere noch der besondere in § 304 Abs. 3 S. 1 geregelte Nichtigkeitsgrund. Gewisse Einschränkungen bei den Nichtigkeitsfolgen können sich in diesen Fällen lediglich von Fall zu Fall aus den Regeln über fehlerhafte Unternehmensverträge ergeben (→ § 291 Rn. 28 ff.). Zu beachten ist, dass der **Ausschluss von Minderheitsaktionären** nach den §§ 327a ff. *nicht* zur Beendigung eines Unternehmensvertrages zwischen dem herrschenden Unternehmen und der abhängigen Gesellschaft führt, sodass insbesondere eine Organschaft durchaus fortgeführt werden kann (→ § 327e Rn. 11).[76]

29 **2. Bedingung.** Unternehmensverträge können ebenso wie andere Verträge unter einer aufschiebenden oder auflösenden Bedingung abgeschlossen werden (§ 158 BGB; → § 293 Rn. 18). Lediglich bei den Beherrschungs- und Gewinnabführungsverträgen des **§ 291** wird die **Zulässigkeit auflösender Bedingungen** wegen der damit verbundenen Rechtsunsicherheit überwiegend kritisch beurteilt.[77] Soweit die Vereinbarung einer auflösenden Bedingung danach ausnahmsweise unzulässig ist, dürfte sie gewöhnlich in die Vereinbarung eines ordentlichen Kündigungsrechts umzudeuten sein (§ 140 BGB; → § 291 Rn. 18; → § 293 Rn. 18).

30 **3. Anfechtung.** Unternehmensverträge können wegen eines Willensmangels nach den §§ 119, 120 und 123 BGB **angefochten** werden, nach überwiegender Meinung freilich nur **bis zum Vollzug** des Vertrages (→ § 291 Rn. 28), dagegen nicht mehr später wegen der mit der Rückwirkung der Anfechtung (§ 142 BGB) verbundenen Abwicklungsprobleme.[78] Das ist in dieser Allgemeinheit ebenso wenig zwingend wie bei Miete und Pacht.[79] Sollten sich tatsächlich einmal, zB bei den Verträgen des § 291 unlösbare Abwicklungsprobleme ergeben, so genügt es vollauf, von Fall zu Fall die Regeln über fehlerhafte Unternehmensverträge heranzuziehen (→ § 291 Rn. 28 ff.).[80]

31 **4. Rücktritt. a) Gesetzliche Rücktrittsrechte.** Gesetzliche Rücktrittsrechte können sich vor allem aus den **§§ 323 und 326 BGB** ergeben, etwa bei einem Betriebspacht- oder Betriebsüberlassungsvertrag im Falle der Unmöglichkeit der Erfüllung oder bei Verzug einer Partei. Die Zulässigkeit eines auf solche Gründe gestützten Rücktritts, die die Gesetzesverfasser bewusst offen gelassen haben,[81] ist nach denselben Regeln wie bei Miete und Pacht zu beurteilen. In der Zeit **zwischen Eintragung** des Vertrags ins Handelsregister **und** dessen **Vollzug** bleiben daher die §§ 323 und 326 BGB anwendbar. Erst danach wird das

---

[76] BGHZ 189, 261 (269) Rn. 18 – Wella I; BGH NZG 2011, 780 Rn. 18 – Wella II.
[77] *Grüner* Beendigung 141 f.; *Hölters/Deilmann* Rn. 24; aA *Timm* FS Kellermann, 1991, 461 (468); *W. Walter* GmbHR 2015, 965 (967).
[78] *Hölters/Deilmann* Rn. 25; *Gerth* BB 1978, 1497 (1498); *Kley* Rechtsstellung 62; *H. Wilhelm* Beendigung 24 ff.
[79] BGHZ 178, 16 (27 ff.) Rn. 33 ff. = NJW 2009, 1266; *Emmerich* NZM 1998, 692.
[80] Ebenso in der Tendenz MüKoAktG/*Altmeppen* Rn. 100 f.
[81] Ausschussbericht zu § 297 bei *Kropff* AktG 387 oben.

Rücktrittsrecht durch das Kündigungsrecht aus wichtigem Grunde aufgrund des § 297 Abs. 1 verdrängt.[82] Fraglich kann lediglich sein, wann in diesem Sinne ein **Vollzug** des Vertrages anzunehmen ist. Richtigerweise sollte darauf abgestellt werden, wann die verpflichtete Partei die vertragstypischen Leistungen erbracht hat, weil vor diesem Zeitpunkt im Falle des Rücktritts einer Partei keine Abwicklungsprobleme bestehen dürften.[83]

Besonderheiten gelten in der **Zeit vor Eintragung** des Vertrags ins Handelsregister **31a** und damit vor Wirksamwerden des Vertrags (§ 294 Abs. 2). In dieser Zeitspanne kommt nur eine *entsprechende Anwendung des § 323 Abs. 4 BGB* in Betracht, nach dem der Gläubiger bereits vor Eintritt der Fälligkeit der Leistung zurücktreten kann, sofern offensichtlich ist, dass die Voraussetzungen des Rücktritts (demnächst) eintreten werden. Der wichtigste Fall ist der, dass sich die **Eintragung** des Vertrags ins Handelsregister unvertretbar **verzögert**. Gleich stehen die **Verzögerung der Zustimmung** der Hauptversammlung des anderen Vertragsteils (§ 293 Abs. 2) oder die **Verzögerung eines** etwa erforderlichen **Sonderbeschlusses** der außenstehenden Aktionäre auf Grund des § 295 Abs. 2. In geeigneten Fällen wird stattdessen vielfach auch – mit demselben Ergebnis – eine entsprechende oder unmittelbare Anwendung des **§ 178 BGB** favorisiert (→ § 296 Rn. 20).[84] Praktische Bedeutung hat dieser Fragenkreis in jüngster Zeit vor allem bei **stillen Beteiligungen** von Anlegern an Aktiengesellschaften erlangt (§ 292 Abs. 1 Nr. 2), bei denen häufig die §§ 293 und 294 nicht beachtet wurden (→ § 292 Rn. 29 ff.). In solchen Fällen kommt ggf. ein Rücktritt der Anleger entsprechend § 323 Abs. 4 BGB oder § 178 BGB in Betracht (→ § 292 Rn. 29e).[85]

b) Vertraglich vorbehaltene Rücktrittsrechte. Vertraglich vorbehaltene Rücktritts- **32** rechte können **bis** zum **Vollzug** des Vertrages ebenfalls ausgeübt werden (→ Rn. 31 f.).[86] Noch nicht endgültig geklärt ist dagegen die Rechtslage in der Zeit **nach Vollzug** des Vertrages. Man wird unterscheiden müssen: **Bei den anderen Unternehmensverträgen des § 292** dürfte auch nach Vollzug weiterhin von Fall zu Fall ein vertraglich vorbehaltener Rücktritt möglich bleiben, da es sich bei diesen Verträgen grundsätzlich um schuldrechtliche Austauschverträge handelt, bei denen in der Regel keine Bedenken gegen die Vereinbarung zusätzlicher Rücktrittsrechte bestehen.[87] **Für die Unternehmensverträge des § 291** gilt nach hM dasselbe. Verneint man dagegen richtiger Meinung nach (→ § 291 Rn. 18) jedenfalls bei den Beherrschungsverträgen zum Schutze der außenstehenden Aktionäre die Möglichkeit der Vereinbarung zusätzlicher Rücktrittsrechte zu Gunsten des herrschenden Unternehmens, so dürften solche „Rücktrittsrechte" nach Vollzug des Vertrages wohl ausnahmslos in **ordentliche Kündigungsrechte umzudeuten** sein, auf deren Ausübung dann auch unbedenklich § 297 Abs. 2 S. 1 entsprechend angewandt werden kann (→ Rn. 19).[88]

5. Zeitablauf. Ebenso wie andere Verträge, die ein Dauerschuldverhältnis begründen, **33** können Unternehmensverträge auf bestimmte Zeit abgeschlossen werden (→ § 293 Rn. 18).[89] Damit kann gleichermaßen die Vereinbarung einer Höchstdauer wie die einer **Mindestdauer** gemeint sein; im Regelfall ist von letzterem auszugehen, schon mit Rück-

---

[82] MüKoAktG/*Altmeppen* Rn. 92 f.; Hölters/*Deilmann* Rn. 25; *Grüner* Beendigung 134 ff.; *Hirte* ZGR 1994, 644 (663); Hüffer/*Koch* Rn. 23; *Kley* Rechtsstellung 61 f.; GroßkommAktG/*Mülbert* Rn. 103; Spindler/Stilz/*Veil* Rn. 33; *H. Wilhelm* Beendigung 18.
[83] Spindler/Stilz/*Veil* Rn. 33.
[84] LG Göttingen 28.8.2002 – 3 O 5/02 nv; offengelassen in OLG Celle AG 1996, 370 (371); OLG Hamm NZG 2003, 228 (229 f.); OLG Stuttgart ZIP 2003, 763.
[85] OLG Braunschweig 28.1.2002 – 3 U 137/01 nv.
[86] Ebenso BGHZ 122, 211 (225 f.) = NJW 1993, 1976 = AG 1993, 422 – SSI; Spindler/Stilz/*Veil* Rn. 34 mit Ausnahme für die Beherrschungsverträge.
[87] MüKoAktG/*Altmeppen* Rn. 92 f.; *Hirte* ZGR 1994, 644 (663); Hüffer/*Koch* Rn. 23; *Kley* Rechtsstellung 61 f.; GroßkommAktG/*Mülbert* Rn. 102; *H. Wilhelm* Beendigung 18.
[88] GroßkommAktG/*Mülbert* Rn. 99 f.; Spindler/Stilz/*Veil* Rn. 35.
[89] OLG München AG 1991, 358 (360) = ZIP 1992, 327 – SSI; *Grüner* Beendigung 137 ff.; Spindler/Stilz/*Veil* Rn. 21; *H. Wilhelm* Beendigung 19.

sicht auf § 14 Abs. 1 Nr. 3 S. 1 KStG, sodass während des fraglichen Zeitraums die ordentliche Kündigung ausgeschlossen ist (→ Rn. 14) und der Vertrag mit Ablauf der vorgesehenen Vertragsdauer automatisch sein Ende findet, sofern die Parteien nicht wie in aller Regel eine **Verlängerungsklausel** vereinbart haben, die bewirkt, dass sich der Vertrag nach Ablauf der Mindestzeit automatisch verlängert, falls nicht eine Partei rechtzeitig ordentlich kündigt (→ § 304 Rn. 67 ff.). Bei der (ausgesprochen seltenen) Vereinbarung einer **Höchstdauer** ist der Vertrag dagegen bereits vor Ablauf der vereinbarten Zeitspanne im Zweifel ordentlich kündbar. Möglich ist schließlich auch die **nachträgliche einverständliche Verlängerung** des ursprünglich zB auf fünf Jahre befristeten Vertrags. Entgegen der überwiegenden Meinung liegt darin *kein Neu*abschluss des Vertrages iSd §§ 293 und 294, sondern eine **Vertragsänderung iSd § 295** (→ § 295 Rn. 10 f.).

34   **6. Eingliederung. a) Abhängige Gesellschaft.** Die Eingliederung der abhängigen Gesellschaft **in das herrschende Unternehmen** (§§ 319 oder 320) *beendet* einen zwischen den Unternehmen bestehenden *Beherrschungsvertrag,* weil dieser dadurch gegenstandslos wird (→ § 320 Rn. 5).[90] § 296 Abs. 2 findet keine, auch keine entsprechende Anwendung, sodass die Eingliederung nicht einen Sonderbeschluss der außenstehenden Aktionäre der abhängigen Gesellschaft voraussetzt (→ § 320 Rn. 5).[91] Ein noch anhängiges Spruchverfahren ist jedoch fortzuführen (→ Rn. 56). Ein **Gewinnabführungsvertrag,** ein Teilgewinnabführungsvertrag oder eine Gewinngemeinschaft werden durch die nachfolgende Eingliederung der einen Gesellschaft in die andere dagegen *nicht* aufgehoben, wie aus **§ 324 Abs. 2** zu folgern ist.[92] Gegen den Fortbestand von Betriebspacht- und Betriebsüberlassungsverträgen bestehen gleichfalls keine Bedenken.

35   Durch die Eingliederung der abhängigen Gesellschaft **in ein drittes Unternehmen** wird ein **Beherrschungsvertrag** nur dann nicht beendet, wenn eine koordinierte Herrschaft beider Obergesellschaften sichergestellt ist, sodass der Sache nach ein Fall der Mehrmütterorganschaft entsteht.[93] Andernfalls endet der Beherrschungsvertrag. Ein **Gewinnabführungsvertrag** und die anderen Unternehmensverträge können dagegen auch hier bestehen bleiben.[94] Da die Eingliederung der abhängigen Gesellschaft in ein drittes Unternehmen notwendigerweise mit der Veräußerung der Aktien durch das bisher herrschende Unternehmen verbunden ist (§ 320a S. 1), gelten für die außerordentliche Kündigung die weiter oben entwickelten Regeln (→ Rn. 24). Wird eine Eingliederung **nach § 327 beendet,** so verliert schließlich ein Gewinnabführungsvertrag seine Wirksamkeit, sofern er unter den erleichterten Voraussetzungen des § 324 Abs. 2 abgeschlossen wurde.[95]

36   **b) Anderer Vertragsteil.** Die Eingliederung des anderen Vertragsteils, des herrschenden Unternehmens, **in ein drittes Unternehmen** hat grundsätzlich *keine* Auswirkungen auf bestehende Unternehmensverträge.[96] Die §§ 295 und 296 sind hier nicht, auch nicht entsprechend, anwendbar (→ § 295 Rn. 16). Von Fall zu Fall kommt jedoch eine Kündigung aus wichtigem Grunde in Betracht (§ 297). Die Rechtslage ist im Übrigen mit der im Fall einer *Vertragsübernahme* vergleichbar, sodass wegen der Anpassung eines variablen Ausgleichs und der Notwendigkeit eines erneuten Abfindungsangebots auf die Ausführung zur Vertragsübernahme zu verweisen ist (→ § 295 Rn. 27).[97]

---

[90] BGH NJW 1974, 1557 = AG 1974, 320; OLG Hamm NZG 2003, 632 = AG 2003, 585 (586) – DAB/Hansa; MüKoAktG/*Altmeppen* Rn. 141; Hölters/*Deilmann* Rn. 25; *Grüner* Beendigung 168 ff.; *Kley* Rechtsstellung 119 ff.; GroßkommAktG/*Mülbert* Rn. 109.
[91] GroßkommAktG/*Mülbert* Rn. 109.
[92] MüKoAktG/*Altmeppen* Rn. 141.
[93] MüKoAktG/*Altmeppen* Rn. 142; Hölters/*Deilmann* Rn. 26; *Grüner* Beendigung 173 f.; Hüffer/*Koch* § 295 Rn. 6; GroßkommAktG/*Mülbert* Rn. 111; Spindler/Stilz/*Veil* Rn. 51.
[94] MüKoAktG/*Altmeppen* Rn. 142 f.; *Grüner* Beendigung 173 f.; GroßkommAktG/*Mülbert* Rn. 111; Spindler/Stilz/*Veil* Rn. 51.
[95] *Sonnenschein* Organschaft 418.
[96] MüKoAktG/*Altmeppen* Rn. 140; Hölters/*Deilmann* Rn. 27; *Grüner* Beendigung 168; GroßkommAktG/*Mülbert* Rn. 107; Spindler/Stilz/*Veil* Rn. 52.
[97] Ebenso Hölters/*Deilmann* Rn. 27.

Kündigung   37–39 § 297

7. Verschmelzung

Schrifttum: *Butzke,* FS Hüffer, 2010, 97; *Fedke* Konzern 2008, 533; *Gelhausen/Heinz* NZG 2005, 775; *Geng,* Ausgleich und Abfindung der Minderheitsaktionäre der beherrschten Aktiengesellschaft bei Verschmelzung und Spaltung, 2003; *Gutheil,* Die Auswirkungen von Umwandlungen auf Unternehmensverträge nach §§ 291, 292 AktG, 2001; *U. Phillipi/A. Neveling* BB 2003, 1685; *Rieble* ZIP 1997, 301; *Schubert* DB 1998, 761; *St. Ulrich* GmbHR 2004, 1000; *Vossius,* FS Widmann, 2000, 133; *H. Westermann,* FS Schilling, 1973, 271.

a) Überblick. Die Umwandlung einer der beiden Parteien eines Unternehmensvertrages 37 kann von Fall zu Fall ebenso wie die Eingliederung (→ Rn. 34 ff.) zur automatischen Beendigung des Vertrages führen, ohne dass in diesem Fall für die Anwendung der §§ 296 und 297 Raum wäre. Dabei muss man im Einzelnen sorgfältig zwischen den verschiedenen möglichen Fallgestaltungen unterscheiden, wobei hier mit der Verschmelzung der Vertragsparteien untereinander und mit dritten Unternehmen begonnen werden soll (→ Rn. 38 ff.; zum Formwechsel → Rn. 45; zur Spaltung → Rn. 46 ff.). Von den Auswirkungen der fraglichen Vorgänge auf Unternehmensverträge sind die Auswirkungen auf eine Eingliederung iSd § 319 zu trennen. Sie haben eine zumindest partielle Regelung in § 327 gefunden, sodass insoweit auf die Erläuterungen zu § 327 zu verweisen ist (→ § 327 Rn. 7 f.).

b) Verschmelzung der Parteien. Wenn die Parteien eines Unternehmensvertrages 38 durch Aufnahme oder Neugründung nach den §§ 2 und 60 ff. UmwG verschmolzen werden, *erlischt* ein (zweiseitiger) Unternehmensvertrag mit Wirksamwerden der Verschmelzung durch **Konfusion.**[98] Die §§ 295 und 296 sind hier nicht anwendbar, weil es sich um eine kraft Gesetzes eintretende Rechtsänderung handelt. Ein noch anhängiges **Spruchverfahren** ist jedoch fortzuführen (→ Rn. 56).[99] Dies bedeutet, dass ein noch nicht durch Zeitablauf erloschenes **Abfindungsangebot** auf Grund des (früheren) Unternehmensvertrages **fortbesteht,** sodass die Aktionäre zwischen beiden Abfindungsangeboten (auf Grund des Vertrages und infolge der Verschmelzung) die Wahl haben; der Sache nach läuft dies darauf hinaus, dass das Abfindungsangebot auf Grund des Unternehmensvertrages immer den Mindestbetrag für die Abfindung infolge der Verschmelzung bezeichnet.[100] Zu einem Erlöschen des Unternehmensvertrages infolge der Verschmelzung kommt es nur dann nicht, wenn an dem Vertrag **noch dritte Parteien beteiligt** sind, insbesondere also im Fall einer Gewinngemeinschaft unter Beteiligung Dritter, bei der die Verschmelzung zweier Mitglieder lediglich zur Folge hat, dass sich die Zahl der Mitglieder verringert.[101]

c) Verschmelzung der abhängigen Gesellschaft mit einem dritten Unterneh- 39 **men.** Im Falle der Verschmelzung oder der übertragenden Umwandlung derjenigen Gesellschaft, die die vertragstypischen Leistungen erbringt, bei einem Beherrschungs- oder Gewinnabführungsvertrag also der abhängigen Gesellschaft mit einem dritten Rechtsträger, muss man unterscheiden: Ein von ihr abgeschlossener **Beherrschungs- oder Gewinnabführungsvertrag (§ 291)** endet in diesem Fall mit Untergang der Gesellschaft, weil die Belastungen aus einem derartigen Vertrag auf den neuen Rechtsträger nicht ohne Mitwirkung seiner Gesellschafter (§ 293 Abs. 1) erstreckt werden können.[102] Daher ist auch weder

---

[98] OLG Hamm NZG 2003, 632 = AG 2003, 585 (586) – DAB/Hansa; MüKoAktG/*Altmeppen* Rn. 130; Hölters/*Deilmann* Rn. 29; *Geng,* Ausgleich und Abfindung, 23; Lutter/*Grunewald* UmwG § 20 Rn. 40; *Gutheil* Auswirkungen 270 ff.; K. Schmidt/Lutter/*Langenbucher* Rn. 33; Kallmeyer/*Marsch-Barner* UmwG § 20 Rn. 18; GroßkommAktG/*Mülbert* Rn. 112, 115; *Th. Schubert* DB 1998, 761; Spindler/Stilz/*Veil* Rn. 41; *H. Westermann* FS Schilling, 1973, 271 (279 f.).

[99] OLG Hamm NZG 2003, 632 = AG 2003, 585 (586) – DAB/Hansa; ausf. *Geng,* Ausgleich und Abfindung, 24 ff.; aA nur *Naraschewski* DB 1997, 1653 (1657 f.); 1998, 762 f.

[100] OLG Hamm NZG 2003, 632 = AG 2003, 585 (586) – DAB/Hansa; Hölters/*Deilmann* Rn. 29; *Gutheil* Auswirkungen 276 f.; Lutter/*Grunewald* UmwG § 20 Rn. 40; *Th. Schubert* DB 1998, 761 f.; dagegen *Butzke* FS Hüffer, 2010, 97 (108 f.).

[101] Lutter/*Grunewald* UmwG § 20 Rn. 40; K. Schmidt/Lutter/*Langenbucher* Rn. 33.

[102] OLG Karlsruhe AG 1995, 139 f. = NJW-RR 1995, 354 – SEN/KHS; MüKoAktG/*Altmeppen* Rn. 131; Hölters/*Deilmann* Rn. 30; *Gelhausen/Heinz* NZG 2005, 775, auch zu den bilanzrechtlichen Folgen; Lutter/*Grunewald* UmwG § 20 Rn. 36; *Gutheil* Auswirkungen 176 ff.; KK-AktG/*Koppensteiner* Rn. 38; GroßkommAktG/*Mülbert* Rn. 116; Kallmeyer/*Marsch-Barner* UmwG § 20 Rn. 21 f.; aA *Geng,* Ausgleich und Abfindung, 66 ff., 83.

für die Anwendung des § 295 noch für die der §§ 296 und 297 Raum (→ § 295 Rn. 16).[103] Trotz der Beendigung des Beherrschungs- oder Gewinnabführungsvertrags bleiben aber noch nicht durch Zeitablauf erloschene Abfindungsansprüche der außenstehenden Aktionäre bestehen; ein etwa anhängiges **Spruchverfahren** ist daher ohne Rücksicht auf die Verschmelzung der abhängigen Gesellschaft mit einem dritten Unternehmen fortzuführen (→ Rn. 56), während Ausgleichsansprüche wohl erlöschen.[104]

40   *Anders* zu beurteilen ist die Rechtslage ggf. bei den **anderen Unternehmensverträgen** des § 292, bei denen wegen ihres schuldrechtlichen Austauschcharakters eine Gesamtrechtsnachfolge und damit ein Übergang des Vertrages auf den neuen Rechtsträger (trotz des § 293 Abs. 1) nach herrschender, aber bestrittener Meinung durchaus denkbar ist, jedenfalls, sofern dies nicht zu einer Erweiterung des Vertragsgegenstandes und damit zu einer Vertragsänderung iSd § 295 führt. Ein Übergang des Vertrags kommt daher namentlich in Betracht bei einer betriebsbezogenen Gewinngemeinschaft oder einem entsprechenden Teilgewinnabführungsvertrag.[105] Betriebspacht- und Betriebsführungsverträge können gleichfalls auf den neuen Unternehmensträger übergehen. Weil sie jedoch dann nur noch betriebsbezogen sind, verlieren sie ihren Charakter als Unternehmensverträge iSd § 292 Abs. 1 Nr. 3 und bestehen als einfache bürgerlich-rechtliche Pachtverträge fort.[106] Die Folge ist, dass sie jetzt im Handelsregister zu löschen sind, weil einfache Pachtverträge nicht eintragungsfähig sind.

41   **d) Abhängige Gesellschaft als übernehmender Rechtsträger.** Wenn die abhängige Gesellschaft im Falle einer Verschmelzung oder übertragenden Umwandlung mit einem anderen Unternehmen der *übernehmende* Rechtsträger ist, wird im Schrifttum gleichfalls teilweise ein Erlöschen jedenfalls von Beherrschungs- und Gewinnabführungsverträgen angenommen.[107] Das ist indessen nicht zwingend, sodass mit der wohl überwiegenden Meinung von dem **Fortbestand des Vertrages** auszugehen ist.[108] Fraglich kann nur sein, ob der andere Teil, das herrschende Unternehmen ein **Kündigungsrecht** nach § 297 Abs. 1 erlangt, wie es vielfach angenommen wird. Dabei dürfte jedoch übersehen sein, dass die Beteiligten (abhängiges und herrschendes Unternehmen) die entstandene Situation hier letztlich selbst zu verantworten haben, sodass grundsätzlich kein Raum für die Anwendung des § 297 Abs. 1 ist (→ Rn. 19 f.).[109]

42   Besonderer Betrachtung bedarf in diesem Fall dagegen in der Tat der **Schutz der außenstehenden Gesellschafter** der übernehmenden Gesellschaft. Sicher ist, dass ihnen jetzt ebenso wie den außenstehenden Aktionären des übernommenen Rechtsträgers **Ausgleichsansprüche** zustehen; fraglich ist nur, in welcher Höhe. Richtiger Meinung nach sollte man zu ihrem Schutz eine **Neufestsetzung des Ausgleichs** verlangen.[110] Außerdem sollte – entgegen der hM – zu ihren Gunsten erneut **§ 305** angewandt werden.[111] Kein Raum ist dagegen für eine (erneute) Zustimmung der außenstehenden Gesellschafter durch Sonderbeschluss, weil auf diese Fälle die §§ 295 und 296 nicht anwendbar sind (→ § 295 Rn. 16).[112]

---

[103] OLG Karlsruhe AG 1995, 139 f. = NJW-RR 1995, 354 – SEN/KHS.
[104] *Butzke* FS Hüffer, 2010, 97 (109 f.); Lutter/*Grunewald* UmwG § 20 Rn. 36; *Gutheil* Auswirkungen 182 ff.
[105] Lutter/*Grunewald* UmwG § 20 Rn. 36; *Gutheil* Auswirkungen 192 ff.; aA GroßkommAktG/*Mülbert* Rn. 115.
[106] Zust. MüKoAktG/*Altmeppen* Rn. 132; Lutter/*Grunewald* UmwG § 20 Rn. 36; Spindler/Stilz/*Veil* Rn. 44.
[107] *H. Westermann* FS Schilling, 1973, 271, 281 ff.; *H. Wilhelm* Beendigung 31.
[108] BayObLG AG 2004, 99; MüKoAktG/*Altmeppen* Rn. 133; Hölters/*Deilmann* Rn. 32; *Geng*, Ausgleich und Abfindung, 90 ff.; Lutter/*Grunewald* UmwG § 20 Rn. 35; *Gutheil* Auswirkungen 250 ff.; GroßkommAktG/*Mülbert* Rn. 118; Spindler/Stilz/*Veil* Rn. 45.
[109] Hölters/*Deilmann* Rn. 32.
[110] *Geng*, Ausgleich und Abfindung, 96 ff.; Lutter/*Grunewald* UmwG UmG § 20 Rn. 35; *Gutheil* Auswirkungen 250 ff.; Kallmeyer/*Marsch-Barner* UmwG § 20 Rn. 20.
[111] *Gutheil* Auswirkungen 250 ff.; Spindler/Stilz/*Veil* Rn. 45.
[112] Kallmeyer/*Marsch-Barner* UmwG § 20 Rn. 20.

e) Verschmelzung des herrschenden Unternehmens mit anderen Unternehmen. Anders zu beurteilen sind vergleichbare Vorgänge auf der Seite des anderen Vertragsteils, insbesondere des herrschenden Unternehmens bei einem Beherrschungs- oder Gewinnabführungsvertrag. Erlischt dieses Unternehmen **infolge seiner Verschmelzung oder übertragenden Umwandlung mit einem anderen Unternehmen,** so geht der Unternehmensvertrag im Wege der Gesamtrechtsnachfolge auf den neuen Rechtsträger über.[113] Ist der neue Rechtsträger eine AG oder KGaA, so kann es hier unter den Voraussetzungen der §§ 52 Abs. 1 und 78 UmwG – entgegen den Wertungen des § 293 Abs. 2 – zur Bindung des neuen Rechtsträgers an Verträge des § 291 *ohne Mitwirkung seiner Hauptversammlung* kommen.[114] Für die Anwendung der §§ 295 und 296 ist gleichfalls kein Raum, sodass auch die abhängige Gesellschaft oder deren außenstehende Aktionäre nicht zuzustimmen brauchen.[115] Die **Ausgleichsansprüche** der außenstehenden Aktionäre sind jedoch der neuen Rechtslage *anzupassen;*[116] außerdem ist ihnen entsprechend § 305 erneut ein **Abfindungsangebot** zu machen. Für das (neue) herrschende Unternehmen kommt ggf. eine **Kündigung** des Vertrags aus wichtigem Grund nach § 297 Abs. 1 in Betracht, sofern nicht die Beteiligten die für sie jetzt möglicherweise unzumutbare Situation letztlich selbst zu verantworten haben.[117] Hat die aufnehmende Gesellschaft die Rechtsform einer **GmbH,** so ist schließlich nur noch eine Barabfindung möglich.[118]

Ebenso ist die Rechtslage zu beurteilen, wenn das herrschende Unternehmen die Rechtsform einer **Personengesellschaft,** zB einer KG hatte und aus dieser sämtliche Gesellschafter bis auf einen ausscheiden, sodass das Gesellschaftsvermögen im Wege der Gesamtrechtsnachfolge uno actu auf den einzigen verbliebenen Gesellschafter übergeht, während die Gesellschaft erlischt. Mit dem Gesellschaftsvermögen geht in diesem Fall auch der Unternehmensvertrag auf den neuen Rechtsträger, den genannten Gesellschafter über.[119] Dies gilt richtiger Meinung nach auch bei **konzerninternen Umstrukturierungen** (→ § 295 Rn. 13).[120]

Ist der **andere Vertragsteil** der **übernehmende Rechtsträger,** der ein drittes Unternehmen im Wege der Verschmelzung oder der übertragenden Umwandlung aufnimmt, so hat dies **keine Auswirkungen** auf einen von ihm abgeschlossenen Unternehmensvertrag, da sich lediglich sein Vermögen vergrößert.[121] Die §§ 295 und 296 finden keine Anwendung.[122] Außerdem haben die außenstehenden Aktionäre in diesem Fall keinen Anspruch auf Neufestsetzung des Ausgleichs oder auf ein erneutes Abfindungsangebot (§§ 304 und 305).[123] In Betracht kommt lediglich eine **Kündigung** des Vertrages seitens der abhängigen Gesellschaft aus wichtigem Grund nach § 297 Abs. 1.[124]

8. Formwechsel. Die formwechselnde Umwandlung einer der beiden Vertragsparteien nach den §§ 190, 202 und 226 ff. UmwG dürfte grundsätzlich **ohne Einfluss** auf einen von ihr abgeschlossenen Unternehmensvertrag sein, da sich an solchen Verträgen, auch an

---

[113] OLG Karlsruhe AG 1991, 144 (146) = NJW-RR 1991, 553 – ASEA/BBC; LG Mannheim DB 1990, 379 (380); LG Bonn GmbHR 1996, 774 f.; LG München I AG 2011, 801 = WM 2012, 698 (700); MüKo-AktG/*Altmeppen* Rn. 125; *Fedke* Konzern 2008, 533 f.; *Geng,* Ausgleich und Abfindung, 146 f.; Lutter/*Grunewald* UmwG § 20 Rn. 37; *Gutheil* Auswirkungen 155 ff.; GroßkommAktG/*Mülbert* Rn. 113; *Priester* ZIP 1992, 293 (301); Spindler/Stilz/*Veil* Rn. 42.
[114] Hölters/*Deilmann* Rn. 33; *Habersack* FS Horn, 2006, 337 (351 f.).
[115] LG Mannheim DB 1990, 379 (380); LG Bonn GmbHR 1996, 774; LG München I AG 2011, 801 = WM 2012, 698 (700); Hölters/*Deilmann* Rn. 33.
[116] Hölters/*Deilmann* Rn. 33.
[117] Lutter/*Grunewald* UmwG § 20 Rn. 37; *Gutheil* Auswirkungen 155 ff.
[118] *Gutheil* Auswirkungen 175 f.
[119] LG München I AG 2011, 801 = WM 2012, 698 (700).
[120] Anders freilich wohl LG München I AG 2011, 801 = WM 2012, 698 (700 f.).
[121] MüKoAktG/*Altmeppen* Rn. 125; Hölters/*Deilmann* Rn. 34; Lutter/*Grunewald* UmwG § 20 Rn. 35; *Gutheil* Auswirkungen 262 ff.; KK-AktG/*Koppensteiner* Rn. 19; GroßkommAktG/*Mülbert* Rn. 114: Spindler/Stilz/*Veil* Rn. 42.
[122] LG Bonn GmbHR 1996, 774 (775).
[123] MHdB AG/*Krieger* § 70 Rn. 204.
[124] Hölters/*Deilmann* Rn. 34.

denen des § 291, nach heutigem Verständnis auf beiden Seiten Unternehmen jeder Rechtsform beteiligen können.¹²⁵ Das gilt auch bei Umwandlung einer AG in eine *Personenhandelsgesellschaft*, sofern nicht im Einzelfall wegen der persönlichen Haftung außenstehender Gesellschafter § 138 BGB entgegensteht.¹²⁶ § 295 findet in diesen Fällen keine Anwendung (→ § 295 Rn. 15 f.).¹²⁷ Ein Zwang zur Kündigung des Vertrages nach § 297 Abs. 1 besteht gleichfalls nicht (§§ 76, 297 Abs. 1).¹²⁸

45a Die **Bestimmungen des Unternehmensvertrages,** die auf die frühere Rechtsform des herrschenden Unternehmens Bezug nehmen, müssen, soweit nötig, durch Auslegung der entstandenen neuen Situation *angepasst* werden.¹²⁹ Dasselbe gilt von Fall zu Fall für die **Rechte der außenstehenden** Aktionäre.¹³⁰ Wird zB eine herrschende AG in eine GmbH umgewandelt, so erlöschen Ansprüche auf einen variablen Ausgleich; in Betracht kommt stattdessen fortan nur noch ein fester Ausgleich oder eine Barabfindung. Bei den anderen Unternehmensverträgen des § 292 bestehen keine vergleichbaren Anpassungsprobleme.¹³¹ Für die Eingliederung ist schließlich die Sonderregelung in § 327 Abs. 1 Nr. 2 zu beachten (→ § 327 Rn. 7 f.).

46 9. **Spaltung.**¹³² a) **Herrschendes Unternehmen.** Auf der Ebene des herrschenden Unternehmens dürften Unternehmensverträge grundsätzlich **von** einer **Abspaltung oder Ausgliederung unberührt** bleiben. Der Vertrag kann aber auch einem der neuen Rechtsträger zugewiesen werden. Bei einer **Aufspaltung** des herrschenden Unternehmens muss ebenso verfahren werden.¹³³ Zu beachten ist, dass der Unternehmensvertrag in dem **Spaltungsvertrag** hinreichend genau bestimmt werden muss, wenn er zusammen mit einem Teil des Vermögens des herrschenden Unternehmens einem neuen Rechtsträger zugewiesen werden soll. Noch offen ist, ob die **Anteilseigner** des neuen Rechtsträgers der Übertragung des Unternehmensvertrages zustimmen müssen. Indessen ist für eine Analogie zu § 295 hier wohl kein Raum.¹³⁴ Auch für ein Kündigungsrecht des neuen Rechtsträgers aus § 297 Abs. 1 besteht keine Notwendigkeit.¹³⁵ Ebenso wenig erforderlich ist eine Zustimmung der **außenstehenden Aktionäre** der abhängigen Gesellschaft (ebenfalls str.). Jedoch muss ein **variabler Ausgleich** der neuen Rechtslage angepasst werden. Außerdem sollte den außenstehenden Aktionären erneut ein Abfindungsangebot gemacht werden.

46a Besonderheiten gelten, wenn der Unternehmensvertrag **mehreren neuen Rechtsträgern** zugewiesen werden soll. Gegen die damit verbundene Aufspaltung des einen Unternehmensvertrages in mehrere Verträge werden vor allem unter Hinweis auf § 295 *Bedenken* geäußert, weil die Aufspaltung des Vertrags auf eine Vertragsänderung ohne Mitwirkung der Aktionäre der abhängigen oder sonst verpflichteten Gesellschaft hinauslaufe.¹³⁶ Auf

---

¹²⁵ OLG Düsseldorf AG 2004, 324 (326 f.) = ZIP 2004, 753 – EVA, für die Umwandlung einer AG in eine GmbH und Co. KG; LG München I AG 2011, 801 = WM 2012, 698 (700); MüKoAktG/*Altmeppen* Rn. 137; Lutter/*Decher* UmwG § 202 Rn. 51; *Gutheil* Auswirkungen 120 ff.; KK-AktG/*Koppensteiner* Rn. 35; GroßkommAktG/*Mülbert* Rn. 128 f.; Spindler/Stilz/*Veil* Rn. 48.
¹²⁶ OLG Düsseldorf AG 2004, 324 (326 f.) = ZIP 2004, 753 – EVA; LG München I AG 2011, 801 = WM 2012, 698 (700); *Liebscher* GmbH-KonzernR Rn. 851 (311).
¹²⁷ LG München I AG 2011, 801 = WM 2012, 698 (700).
¹²⁸ OLG Düsseldorf AG 2004, 324 (327) = ZIP 2004, 753 – EVA.
¹²⁹ OLG Düsseldorf AG 2004, 324 (327) = ZIP 2004, 753 – EVA.
¹³⁰ S. iE *Gutheil* Auswirkungen 120 ff.
¹³¹ *Gutheil* Auswirkungen 150 ff.
¹³² Wegen der Einzelheiten s. MüKoAktG/*Altmeppen* Rn. 126, 134 f.; *Fedke* Konzern 2008, 533; *Geng*, Ausgleich und Abfindung, 149 ff.; *Gutheil* Auswirkungen 202, 216 ff.; *Heidenhain* NJW 1995, 2873 (2877); GroßkommAktG/*Mülbert* Rn. 117–128; Lutter/*Priester* UmwG § 126 Rn. 65; *Rieble* ZIP 1997, 301 (307); *M. Seibold*, Die Spaltung von Aktiengesellschaften nach dem UmwG, 2001.
¹³³ Ebenso MüKoAktG/*Altmeppen* Rn. 126–129; *Geng*, Ausgleich und Abfindung, 150, 181 ff.; *Gutheil* Auswirkungen 223 ff.; *Kallmeyer* UmwG § 126 Rn. 26 (557 f.); K. Schmidt/Lutter/*Langenbucher* Rn. 34; GroßkommAktG/*Mülbert* Rn. 120 ff.; Spindler/Stilz/*Veil* Rn. 43; anders Lutter/*Teichmann* UmwG § 132 Rn. 53.
¹³⁴ *Fedke* Konzern 2008, 533 (538 f.).
¹³⁵ Offengelassen in OLG München AG 2011, 467 = ZIP 2012, 133 (134).
¹³⁶ GroßkommAktG/*Mülbert* Rn. 121 ff.

der anderen Seite ist aber auch nicht zu übersehen, dass die Rechtslage in diesen Fallgestaltungen mit dem Beitritt eines neuen Rechtsträgers zu dem Unternehmensvertrag durchaus vergleichbar ist, sodass es genügen dürfte, analog § 295 eine Zustimmung der Hauptversammlung der abhängigen Gesellschaft zu verlangen (→ § 295 Rn. 14).[137] Einzuräumen ist freilich, dass es sich dabei um eine durchaus ungewöhnliche Rechtsgestaltung handelte.

b) Abhängiges Unternehmen. Anders zu beurteilen ist die Rechtslage im Regelfall bei einer **Spaltung** derjenigen Partei, die die vertragstypischen Leistungen erbringt, bei einem Beherrschungs- oder Gewinnabführungsvertrag also der abhängigen Gesellschaft. Hier ist anzunehmen, dass die **Aufspaltung** grundsätzlich zum *Erlöschen* der Unternehmensverträge des § 291 führt, außer im Falle der Aufspaltung zur Neugründung. **Ausgliederung und Abspaltung** lassen dagegen die Unternehmensverträge, auch die des § 291 grundsätzlich *unberührt*;[138] dies führt jedoch zur Erstreckung des Vertrages nur im Falle einer **Abspaltung oder Ausgliederung zur Neugründung.**[139] Dagegen wird bei einer Abspaltung oder Ausgliederung zur Aufnahme der neue Rechtsträger ohne seine Mitwirkung (§ 293) nicht gebunden, während sich an der Bindung der abspaltenden oder ausgliedernden Gesellschaft nichts ändert. Gegebenenfalls kommt jedoch eine **Kündigung** des Vertrags aus wichtigem Grund nach § 297 Abs. 1 in Betracht.[140] Soweit es um eine Eingliederung geht, ist die Sonderregelung des § 327 zu beachten (→ § 327 Rn. 7f.). **47**

10. Vermögensübertragung. Die Vermögensübertragung nach **§ 179a** ist auf beiden Seiten eines Unternehmensvertrags grundsätzlich *ohne Folgen* für den Vertrag möglich, da der Rechtsträger bestehen bleibt. Macht er sich durch die Vermögensübertragung die Erfüllung des Vertrags selbst unmöglich, so kann dies lediglich für den anderen Teil ein Kündigungsrecht nach § 297 Abs. 1 begründen oder die allgemeinen Rechtsfolgen einer nachträglichen zu vertretenden Unmöglichkeit auslösen (§§ 283, 326 BGB).[141] **48**

11. Auflösung. Die Auflösung der Gesellschaft aus den Gründen des § 262 Abs. 1 AktG oder des § 60 Abs. 1 GmbHG hat die Änderung ihres Zwecks zur Folge (§ 264 Abs. 1). Aus einer werbenden Gesellschaft wird eine Abwicklungsgesellschaft, die durch Abwickler geleitet wird (§§ 264f.), deren Aufgabe in erster Linie darin besteht, das Vermögen zu versilbern und die Schulden zu tilgen (§ 268). Die Auswirkungen auf bestehende Unternehmensverträge sind umstritten. Das Meinungsspektrum reicht vom Fortbestand der meisten Unternehmensverträge über ihre Suspendierung bis zur automatischen Beendigung der Verträge und insbesondere der Beherrschungsverträge.[142] Angesichts der großen Unterschiede zwischen den in Betracht kommenden Fallgestaltungen scheiden indessen Einheitslösungen wohl aus; man muss vielmehr unterscheiden: **49**

Auszuklammern ist zunächst der Fall der Insolvenz (→ Rn. 52ff.). Was sodann die **Auflösung des herrschenden Unternehmens** durch Beschluss der Hauptversammlung (oder der Gesellschafterversammlung) oder durch Zeitablauf angeht (§ 262 Abs. 1 Nr. 1 und 2 AktG, § 60 Abs. 1 Nr. 1 und 2 GmbHG), so sind vor allem die Auswirkungen auf einen **Beherrschungsvertrag** umstritten. Es findet sich sowohl die Auffassung, dass der Vertrag schon mit Rücksicht auf § 302 fortbestehe,[143] als auch die Auffassung, dass der **50**

---

[137] Spindler/Stilz/*Veil* Rn. 42.
[138] Gegen diese Unterscheidung ausf. *Geng,* Ausgleich und Abfindung, 218 ff.; GroßkommAktG/*Mülbert* Rn. 127.
[139] Hölters/*Deilmann* Rn. 36.
[140] MüKoAktG/*Altmeppen* Rn. 134–136; Hölters/*Deilmann* Rn. 36; *Fedke* Konzern 2008, 533 (534); *Geng,* Ausgleich und Abfindung, 234, 243 ff.; *Gutheil* Auswirkungen 211 ff.; *Heidenhain* NJW 1995, 2873 (2877); *Kallmeyer* UmwG § 126 Rn. 26; Spindler/Stilz/*Veil* Rn. 46.
[141] Hölters/*Deilmann* Rn. 36; *Kley* Rechtsstellung 143 f.; GroßkommAktG/*Mülbert* Rn. 130–132, auch zu weiteren Fallgestaltungen.
[142] S. zB MüKoAktG/*Altmeppen* Rn. 102 ff.; Hölters/*Deilmann* Rn. 39; *Grüner* Beendigung 154 ff.; KK-AktG/*Koppensteiner* Rn. 42–48; GroßkommAktG/*Mülbert* Rn. 133–142; Spindler/Stilz/*Veil* Rn. 36 ff.
[143] MüKoAktG/*Altmeppen* Rn. 113–115.

Vertrag infolge der Zweckänderung bei dem herrschenden Unternehmen (die nicht durch den Zustimmungsbeschluss der Hauptversammlung der abhängigen Gesellschaft gedeckt sei) automatisch beendet werde.[144] Am meisten spricht dafür, zunächst vom *Fortbestand* des Vertrages auszugehen, der abhängigen Gesellschaft jedoch in jedem Fall ein Recht zur fristlosen *Kündigung* aus wichtigem Grunde nach § 297 Abs. 1 zuzubilligen, um ihr jederzeit eine Anpassung an die neue Situation infolge der Auflösung des herrschenden Unternehmens zu ermöglichen; der Gläubigerschutz richtet sich dann nach § 303. Für **Gewinnabführungsverträge** und für die **anderen Unternehmensverträge** des § 292 gilt (bei dieser Sicht der Dinge) erst recht dasselbe, dh grundsätzlicher Fortbestand des Vertrages in Verbindung mit einem Kündigungsrecht des anderen Teils, soweit erforderlich (alles str.).

51 Ebenso unklar wie bei der Auflösung des herrschenden Unternehmens (→ Rn. 50) ist die Rechtslage bei der Auflösung der **abhängigen** oder sonst vertragstypisch verpflichteten **Gesellschaft.** Auch hier reicht das Meinungsspektrum von der automatischen Beendigung des Vertrages über die Suspendierung des Vertrages bis zum Fortbestand des Vertrages, wobei häufig noch zwischen den verschiedenen Erscheinungsformen der Unternehmensverträge unterschieden wird.[145] Richtig ist, dass sich **Beherrschungs- und Gewinnabführungsverträge** nicht mit dem Zweck der Abwicklung der abhängigen Gesellschaft nach ihrer Auflösung vertragen, sodass die einzige vernünftige Lösung die automatische Beendigung dieser Verträge ist. Für Gewinngemeinschaften und *Teilgewinnabführungsverträge* wird wohl ebenso zu entscheiden sein, während bei *Betriebspacht-* und Betriebsüberlassungsverträgen die Kündigung der Verträge ausreicht, wenn sich ihr Fortbestand mit der Abwicklung der verpflichteten Gesellschaft, der Verpächterin, nicht vereinbaren lassen sollte.

12. Insolvenz

Schrifttum: S. *Acher,* Vertragskonzern und Insolvenz, 1987; *Bous,* Die Konzernleitungsmacht im Insolvenzverfahren konzernverbundener Kapitalgesellschaften, 2001; *Ehricke,* Das abhängige Konzernunternehmen in der Insolvenz, 1998; *Freudenberg,* Die Beendigung von Gewinnabführungs- und Beherrschungsverträgen, 2003, 156 ff.; *Heesing,* Bestandsschutz des Beherrschungs- und Gewinnabführungsvertrags in der Unternehmenskrise und im Konkurs, 1988; *Samer,* Beherrschungs- und Gewinnabführungsverträge gemäß § 291 Abs. 1 AktG im Konkurs und Vergleich der Untergesellschaft, 1990; *Scheel* Konzerninsolvenzrecht 1995; *H. Wilhelm,* Die Beendigung des Beherrschungs- und Gewinnabführungsvertrags, 1976, 31 ff.

52 Die Eröffnung des Insolvenzverfahrens über das Vermögen einer AG oder einer GmbH führt zur Auflösung der Gesellschaft (§ 262 Abs. 1 Nr. 3 AktG, § 60 Abs. 1 Nr. 4 GmbHG). Infolgedessen stellt sich auch hier die Frage nach den Auswirkungen der insolvenzbedingten Auflösung der Gesellschaft auf Unternehmensverträge. Der Fragenkreis war bereits unter der Geltung der alten **KO** umstritten gewesen. Die Rechtsprechung ging überwiegend davon aus, dass die Eröffnung des Konkursverfahrens über das Vermögen einer der Vertragsparteien zur automatischen **Beendigung eines Beherrschungs- oder Gewinnabführungsvertrages** iSd § 291 Abs. 1 S. 1 führe, während das Schicksal der anderen Unternehmensverträge des § 292 ungeklärt blieb.[146] Zur Begründung wurde vor allem auf die mit der Eröffnung des Konkursverfahrens verbundene *Zweckänderung* sowie darauf abgestellt, dass ein *Konkursverwalter* – bei Konkurs der herrschenden Gesellschaft – nicht die Aufgabe habe, einen Konzern zu leiten (vgl. § 327 Abs. 1 Nr. 4), und dass der Konkursverwalter der abhängigen Gesellschaft nicht an die Weisungen des herrschenden Unternehmens gebunden werden könne (§ 308). Die Frage war aber *umstritten* geblieben; eingewandt wurde vor allem, selbst in einem Vertragskonzern verblieben dem Vorstand neben

---

[144] GroßkommAktG/*Mülbert* Rn. 135 mN.
[145] OLG München GmbHR 2011, 871 = ZIP 2011, 1912; GroßkommAktG/*Mülbert* Rn. 139–142; Spindler/Stilz/*Veil* Rn. 40.
[146] BGHZ 103, 1 (6 f.) = NJW 1988, 1326 = AG 1988, 133 – Familienheim; BayObLGZ 1998, 231 (234) = AG 1999, 43 = NJW-RR 1999, 109 – EKU/März; OLG Hamburg AG 2002, 406 (407) = NZG 2002, 189 – Bavaria/März.

dem Verwalter nach Eröffnung des Konkursverfahrens über das Vermögen einer oder beider Parteien gewisse Restzuständigkeiten, sodass selbst ein Beherrschungsvertrag, wenn auch weitgehend *suspendiert*, fortbestehe und daher ggf. nach Aufhebung des Verfahrens wiederaufleben könne.[147]

Nach Inkrafttreten der **Insolvenzordnung** hat die Diskussion einen neuen Akzent bekommen. Überwiegend wird zwar auch unter der Geltung des neuen Rechts die Auffassung vertreten, dass die mit der Eröffnung des Insolvenzverfahrens verbundene Zweckänderung (§ 262 Abs. 1 Nr. 3) jedenfalls zur automatischen **Beendigung von Beherrschungs- und Gewinnabführungsverträgen** führen müsse, weil der Zweck der Liquidation einer Gesellschaft nicht mit dem Fortbestand dieser Verträge vereinbar sei.[148] Daneben findet sich indessen jetzt auch vielfach die Auffassung, die neue Zielsetzung des Insolvenzverfahrens lasse durchaus Raum für den **Fortbestand** von Beherrschungs- und Gewinnabführungsverträgen, freilich in wichtigen Punkten entsprechend den Besonderheiten des Insolvenzverfahrens modifiziert und ergänzt durch ein außerordentliches *Kündigungsrecht* des anderen Vertragsteils.[149] Nach wieder anderen soll die einzige angemessene Lösung in einer **Suspendierung** der Verträge während der Dauer des Insolvenzverfahrens bestehen, um Raum für eine Fortführung der Verträge im Falle der Sanierung der insolventen Gesellschaft zu schaffen.[150] **52a**

Die besseren Gründe sprechen nach wie vor *im Regelfall* für die hM, dh für die automatische **Beendigung** jedenfalls der **Unternehmensverträge des § 291** in den genannten Fällen, und zwar nicht zuletzt aufgrund einer Analogie zu den §§ 115 und 116 InsO, nach denen Auftrags- und Geschäftsbesorgungsverträge in der Insolvenz des Beauftragten automatisch ihr Ende finden, da jedenfalls Beherrschungs- und Gewinnabführungsverträge den Geschäftsbesorgungsverträgen, zumindest in historischer Sicht, nahe stehen (→ § 291 Rn. 25 ff.). Es kommt hinzu, dass die Regelung des § 302 zumal in der Insolvenz des herrschenden Unternehmens nicht mehr praktikabel ist. Das gilt erst recht nach der Reform des Insolvenzrechts im Jahre 2011, die zu einer weiteren erheblichen Beschränkung der Rechte der Anteilinhaber in der Insolvenz geführt hat.[151] Es macht hier auch wenig Sinn, in einem Vertragskonzern zwischen der Insolvenz der Muttergesellschaft und der der Tochtergesellschaften unterscheiden zu wollen, da ohnehin meistens beide gleichzeitig in Insolvenz geraten. *Anders* wird nur in den Fällen der **Eigenverwaltung** (§§ 270 ff. InsO) zu entscheiden sein, während derer eine *Suspendierung* des Unternehmensvertrages wohl in der Tat die angemessenste Lösung ist, jedenfalls wenn in absehbarer Zeit mit einer Sanierung der abhängigen Gesellschaft zu rechnen ist.[152] Zieht sich in diesen Fällen das Insolvenzverfahren unerwartet lange hin, so kann der andere Teil immer noch nach § 297 Abs. 1 S. 1 kündigen.[153] Bei den **anderen Unternehmensverträgen des § 292** wird man dagegen in der Tat je nach der Art des Vertrages und der von der Insolvenz betroffenen Partei zu differenzieren haben. Insbesondere Betriebspacht- und Betriebsüberlassungsverträge dürften grundsätzlich bestehen bleiben, zumindest in der Insolvenz des anderen Vertragsteils (§ 292 Abs. 1 Nr. 3).[154] **52b**

---

[147] So BFHE 90, 370 (373) = WM 1968, 409 (410); *Acher* Vertragskonzern 95 ff.; *Heesing* Bestandsschutz 234 ff.; KK-AktG/*Koppensteiner* Rn. 47 f.; *Samer*, Beherrschungs- und Gewinnabführungsverträge.

[148] MüKoAktG/*Altmeppen* Rn. 103, 116 ff.; Hölters/*Deilmann* Rn. 40; Hüffer/*Koch* Rn. 22; MHdB AG/ *Krieger* § 70 Rn. 201; *ders.* FS Metzeler, 2003, 139 ff.; MüKoGmbHG/*Liebscher* Anh. § 13 Rn. 142 ff.; Spindler/Stilz/*Veil* Rn. 38; Grigoleit/*Servatius* Rn. 41.

[149] KK-AktG/*Koppensteiner* Rn. 47 f.; *H.-F. Müller* ZIP 2008, 1701 (1702); *H. Trendelenburg* NJW 2002, 647 (649 f.); *Zeidler* NZG 1999, 692 (696 f.); ausf. zum Kündigungsrecht des anderen Teils nach § 297 O. *Wilken*/*H.-J. Ziems* FS Metzeler, 2003, 153 ff.

[150] *Grüner* Beendigung 156 ff.

[151] S. iE *Landfermann* WM 2012, 821 (827 ff.); *Spliet* GmbHR 2012, 462.

[152] So auch andeutungsweise AG Duisburg ZIP 2002, 1636 (1640) – Babcock-Borsig; MüKoGmbHG/ *Liebscher* Anh. § 13 Rn. 1044; *H. Trendelenburg* NJW 2002, 647 (648 f.); zur Zulässigkeit der Eigenverwaltung in solchen Fallgestaltungen s. iE *Noack* ZIP 2002, 1873; zur Reform von 2011 s. *Landfermann* WM 2012, 869; *Vallender* GmbHR 2012, 450.

[153] MüKoGmbHG/*Liebscher* Anh. § 13 Rn. 1044.

[154] Anders Hölters/*Deilmann* Rn. 40; Spindler/Stilz/*Veil* Rn. 39.

53 **13. Verlust der Unternehmenseigenschaft.** Die meisten Unternehmensverträge können nur zwischen Unternehmen iSd § 15 abgeschlossen werden (Ausnahmen in § 292 Abs. 1 Nr. 2 und 3). Soweit in diesen Fällen eine der Vertragsparteien, wobei es sich eigentlich immer nur um den anderen Vertragsteil handeln kann, aus welchen Gründen immer, die Unternehmenseigenschaft einbüßt, findet folglich der Unternehmensvertrag als solcher kraft Gesetzes sein **Ende**.[155] Von Fall zu Fall kommt jedoch ein Fortbestand des Vertrages als anderer bürgerlich-rechtlicher Vertrag in Betracht (§ 140 BGB), vor allem in den Fällen des § 292, da zB ein Pachtvertrag mit jedermann abgeschlossen werden kann, dagegen wohl nicht in denen des § 291.

VI. Rechtsfolgen

54 Die Rechtsfolgen der Beendigung eines Unternehmensvertrages sind im Gesetz nur bruchstückhaft geregelt (s. insbesondere §§ 298 und 303). Im Übrigen sind daher die allgemeinen Regeln heranzuziehen, die für den jeweiligen Vertragstypus gelten. Hervorzuheben sind folgende Punkte: Der **Vertrag endet in** dem jeweils maßgeblichen **Zeitpunkt**, im Fall der fristlosen Kündigung des Vertrages nach § 297 folglich grundsätzlich mit Zugang der Kündigung bei dem anderen Teil (§ 130 BGB; → Rn. 10) oder mit Eintritt des sonstigen Beendigungsgrundes (→ Rn. 27 ff.). Die vertraglichen Rechte und Pflichten der Parteien finden in diesem Augenblick ihr Ende. Im Falle eines Beherrschungs- oder Gewinnabführungsvertrags tritt an die Stelle der Verlustausgleichspflicht des herrschenden Unternehmens (§ 302) fortan die Pflicht zur Sicherheitsleistung gegenüber den Gläubigern nach **§ 303**. Kommt es zur Beendigung des Vertrages **während des Laufs** eines Geschäftsjahrs, so müssen auf Grund einer **Stichtagsbilanz** die bis dahin entstandenen Verluste noch übernommen werden (→ § 302 Rn. 38 f.). Im Fall der Abhängigkeit der einen Gesellschaft von der anderen sind in Zukunft die **§§ 311 ff.** zu beachten.

55 **Ausgleichsleistungen** (§ 304) werden nur bis zum Augenblick der Beendigung des Vertrags geschuldet. Schwierigkeiten bereitet vor allem die Berechnung eines etwaigen *variablen Ausgleichs* im Falle der Auflösung der abhängigen Gesellschaft. Hier bleibt nichts anderes übrig, als zu unterstellen, dass der Bilanzgewinn, ggf. unter Bildung angemessener Rücklagen, auch ausgeschüttet worden wäre, sodass auf seiner Grundlage dann zeitanteilig der Ausgleich zu berechnen ist.[156] Eine **Abfindung** der außenstehenden Aktionäre nach § 305 kommt fortan nicht mehr in Betracht (aber → Rn. 56). Von dem herrschenden Unternehmen bereits vor Beendigung des Vertrags erbrachte **Ausgleichs- und Abfindungsleistungen** verbleiben dagegen den außenstehenden Aktionären. Der Rechtsgrund dieser Leistungen fällt nicht etwa rückwirkend weg, sodass für Bereicherungsansprüche kein Raum ist. Abfindungsleistungen beruhen ohnehin nicht auf dem beendeten Unternehmensvertrag, sondern auf einem davon unabhängigen Kauf- oder Tauschvertrag zwischen dem herrschenden Unternehmen und dem außenstehenden Aktionär über dessen Aktien.

56 Umstritten war lange Zeit das Schicksal bei Vertragsende noch anhängiger **Spruchverfahren.** Inzwischen ist jedoch geklärt, dass solche Verfahren ungeachtet der Beendigung des Unternehmensvertrages zum Schutz der außenstehenden Aktionäre *fortzuführen* sind (→ SpruchG § 11 Rn. 12 ff.). In diesem Fall ist dann ggf. auch noch Raum für die Annahme eines Abfindungsangebots des herrschenden Unternehmens oder für die Geltendmachung eines Abfindungsergänzungsanspruchs (§ 13 S. 2 SpruchG). In Betracht kommen schließlich noch gewisse **nachwirkende Pflichten** des herrschenden Unternehmens gegenüber der abhängigen Gesellschaft, um deren Überlebensfähigkeit sicherzustellen (→ § 296 Rn. 25).

---

[155] Hüffer/*Koch* Rn. 22; KK-AktG/*Koppensteiner* Rn. 50; Spindler/Stilz/*Veil* Rn. 55.
[156] Ebenso GroßkommAktG/*Mülbert* Rn. 145.

§ 298 Anmeldung und Eintragung

Der Vorstand der Gesellschaft hat die Beendigung eines Unternehmensvertrags, den Grund und den Zeitpunkt der Beendigung unverzüglich zur Eintragung in das Handelsregister anzumelden.

I. Überblick

§ 298 regelt als Gegenstück zu § 294 die Anmeldung und Eintragung der Beendigung 1 eines Unternehmensvertrages. **Zweck** der Regelung ist gleichermaßen die Berichtigung des durch die Beendigung des Unternehmensvertrages unrichtig gewordenen Handelsregisters wie die Information der Öffentlichkeit über die Beendigung von Unternehmensverträgen.[1] Anders als die Eintragung des Bestehens eines Unternehmensvertrages (§ 294 Abs. 2) hat bei der **AG** die Eintragung seiner Beendigung indessen keine konstitutive, sondern lediglich **deklaratorische Bedeutung,** weil die Beendigung des Vertrags unabhängig von der Eintragung bereits mit der Verwirklichung des jeweiligen Beendigungstatbestandes eintritt (→ § 297 Rn. 54).[2] Für die Eingliederung findet sich in § 327 Abs. 3 eine entsprechende Regelung (→ § 327 Rn. 10). Ebenso wird im Ergebnis heute überwiegend die Rechtslage bei der **GmbH** beurteilt, obwohl hier die Aufhebung und die Kündigung eines Unternehmensvertrages anders als bei der AG keine reinen Geschäftsführungsmaßnahmen, sondern innergesellschaftliche Organisationsakte darstellen (→ § 296 Rn. 7c; → § 297 Rn. 3a).[3]

II. Anwendungsbereich

§ 298 gilt entsprechend seinem Wortlaut für **jede Beendigung** eines Unternehmensver- 2 trages, also nicht nur für die Beendigungsgründe der §§ 296 und 297, sondern auch für die sonstigen Beendigungsgründe (→ § 297 Rn. 27 ff.). Gleich steht – entgegen der Rechtsprechung[4] – die von Anfang an gegebene **Nichtigkeit** des Vertrages (→ § 297 Rn. 28), sofern der Vertrag trotz seiner Nichtigkeit (ausnahmsweise) bereits ins Handelsregister eingetragen wurde, weil sich die Nichtigkeit erst nachträglich herausstellte, und zwar ungeachtet der gleichzeitig gegebenen Möglichkeit der Amtslöschung nach § 395 FamFG.[5] Auch § 14 HGB ist nach hM insoweit entsprechend anwendbar (→ Rn. 5).[6]

Umstritten ist die Rechtslage, wenn ein Unternehmensvertrag dadurch beendet wird, 3 dass eine der Parteien in ein anderes Unternehmen **eingegliedert,** mit einem anderen Unternehmen **verschmolzen oder umgewandelt** oder gespalten wird (→ § 297 Rn. 34 ff.). Nach einer verbreiteten Meinung ist in diesem Fall *kein Raum* für die Anwendung des § 298, weil sich in den genannten Fällen die Beendigung des Unternehmensvertrages bereits aus der ohnehin erforderlichen Eintragung der genannten strukturellen Vorgänge ins Handelsregister bei der betroffenen Vertragspartei ergebe (§ 327 Abs. 3 AktG sowie die §§ 16 und 17 UmwG).[7] Dagegen spricht jedoch, dass sich der Zweck des § 298 (→ Rn. 1) in den fraglichen Fällen nur dadurch verwirklichen lässt, dass – entsprechend dem Wortlaut der Vorschrift – neben der Eingliederung, der Verschmelzung oder der Umwandlung auch die Beendigung des Unternehmensvertrages ins Handelsregister eingetragen wird.[8] Dies

---

[1] Begr. RegE bei *Kropff* AktG 387.
[2] BGHZ 116, 37 (43 f.) = NJW 1992, 505 = AG 1992, 83 – Strom-lieferungen/Hansa-Feuerfest; BayObLG NJW-RR 2003, 907 = NZG 2003, 479 = GmbHR 2003, 476 (477); OLG Frankfurt AG 1994, 85 = NJW-RR 1994, 296 = GmbHR 1994, 809 für die GmbH.
[3] Ebenso zB (nur im Ergebnis) Grigoleit/*Servatius* Rn. 1.
[4] OLG Hamm AG 2010, 216 = GmbHR 2010, 42 = ZIP 2010, 229.
[5] Ebenso MüKoAktG/*Altmeppen* Rn. 5; Hölters/*Deilmann* Rn. 1; KK-AktG/*Koppensteiner* Rn. 7; GroßkommAktG/*Mülbert* Rn. 6; Grigoleit/*Servatius* Rn. 3.
[6] MüKoAktG/*Altmeppen* Rn. 8; Spindler/Stilz/*Veil* Rn. 7; anders 5. Aufl. Rn. 2.
[7] MüKoAktG/*Altmeppen* Rn. 4; KK-AktG/*Koppensteiner* Rn. 3; GroßkommAktG/*Mülbert* Rn. 5; Grigoleit/*Servatius* Rn. 3; Spindler/Stilz/*Veil* Rn. 2.
[8] Hölters/*Deilmann* Rn. 1; K. Schmidt/Lutter/*Langenbucher* Rn. 4.

muss schon deshalb so sein, weil der Vertrag bei dem anderen Vertragsteil nicht eingetragen ist (→ § 294 Rn. 4).

III. Anmeldepflicht

4   Die Anmelung obliegt derjenigen Gesellschaft, die die vertragstypischen Leistungen erbringt, bei einem Beherrschungs- oder Gewinnabführungsvertrag also der **abhängigen AG** (→ Rn. 5), *nicht* dagegen auch dem *anderen* Vertragsteil. Lediglich bei einer Gewinngemeinschaft iSd § 292 Abs. 1 Nr. 1 trifft die Anmeldepflicht *jede* an der Gewinngemeinschaft beteiligten AG oder KGaA. Die Anmeldepflicht **entsteht** mit der Vertragsbeendigung (→ Rn. 6)[9] und ist danach gemäß § 298 *unverzüglich*, dh ohne schuldhaftes Zögern zu erfüllen (§ 121 BGB). In der Praxis wird daraus vielfach der Schluss gezogen, dass *vor* der Vertragsbeendigung kein Raum für deren Anmeldung sei, wenn der Zeitpunkt der Vertragsbeendigung, zB aufgrund eines Aufhebungsvertrages oder einer befristeten Kündigung bereits endgültig feststeht; zwingend ist diese Handhabung des § 298 indessen nicht.[10] Ebenso ist die Rechtslage bei der **GmbH** (→ Rn. 1).[11]

5   Die Anmeldepflicht der abhängigen oder sonst verpflichteten Gesellschaft (→ Rn. 4) ist nach § 298 durch den **Vorstand** der Gesellschaft zu erfüllen. **Zuständig** für die Erfüllung der Anmeldepflicht ist mithin *jedes Vorstandsmitglied* der verpflichteten Gesellschaft sowie bei einer KGaA jeder persönlich haftende Gesellschafter. *Mitwirken* müssen an der Anmeldung aber jeweils nur so viele Vorstandsmitglieder wie zur Vertretung der Gesellschaft erforderlich (→ § 294 Rn. 6). Kommt der Vorstand einer Gesellschaft dieser Verpflichtung nicht nach, so kann er zur Anmeldung vom Registergericht durch die Festsetzung von Zwangsgeld angehalten werden **(§ 14 HGB)**. Für die Form der Anmeldung ist **§ 12 HGB** zu beachten.

IV. Inhalt

6   Nach § 298 sind anzumelden die Beendigung des Unternehmensvertrages, der Grund sowie der Zeitpunkt der Beendigung. Dabei ist der **Unternehmensvertrag** konkret entsprechend seiner Eintragung im Handelsregister zu bezeichnen (§ 43 Nr. 6 lit. g HRV). Der **Grund der Beendigung,** zB der Abschluss eines Aufhebungsvertrages (§ 296), die Kündigung des Vertrages (§ 297) oder seine Nichtigkeit sind gleichfalls *im Einzelnen* anzugeben, und zwar so *konkret* unter Benennung der maßgeblichen Tatsachen, dass das Registergericht seiner Prüfungspflicht nachkommen kann (→ Rn. 8).[12] Der **Zeitpunkt** der Beendigung muss schließlich genannt werden, weil die Eintragung nur deklaratorische Wirkung hat (→ Rn. 1). Daraus folgt zugleich, dass die Anmeldepflicht erst durch den Eintritt der Vertragsbeendigung ausgelöst wird (→ Rn. 5), nicht also schon vorher etwa durch den Abschluss des Aufhebungsvertrages,[13] wohl aber durchaus schon vorher erfüllt werden kann, sofern nur der Zeitpunkt der Beendigung bereits endgültig feststeht (→ Rn. 4).

V. Anlagen

7   Nach dem entsprechend anwendbaren § 294 Abs. 1 S. 2 sind der Anmeldung die **Urkunden,** aus denen sich die Beendigung des Unternehmensvertrages ergibt, in Urschrift, Ausfertigung oder öffentlich beglaubigter Abschrift beizufügen (§ 12 Abs. 1 HGB).[14] **Beispiele**

---

[9] BayObLG NJW-RR 2003, 907 = NZG 2003, 479 = GmbHR 2003, 477.
[10] S. GroßkommAktG/*Mülbert* Rn. 8 mN.
[11] BGHZ 116, 37 (43 f.) = NJW 1992, 505 = AG 1992, 83 = GmbHR 1992, 94 – Stromlieferungen/Hansa-Feuerfest.
[12] Hölters/*Deilmann* Rn. 4; Spindler/Stilz/*Veil* Rn. 5; GroßkommAktG/*Mülbert* Rn. 11; str.
[13] BayObLG NJW-RR 2003, 907 = NZG 2003, 479 = GmbHR 2003, 477.
[14] MüKoAktG/*Altmeppen* Rn. 7; Hölters/*Deilmann* Rn. 6; Hüffer/*Koch* Rn. 4; KK-AktG/*Koppensteiner* Rn. 5; GroßkommAktG/*Mülbert* Rn. 14; Grigoleit/*Servatius* Rn. 4.

Ausschluß von Weisungen

sind der Aufhebungsvertrag (§ 296 Abs. 1 S. 3), das Kündigungsschreiben (§ 297 Abs. 3) oder das Urteil, das die Nichtigkeit des Unternehmensvertrages feststellt (§§ 241, 243, 248). Setzt die Beendigung einen **Sonderbeschluss** der außenstehenden Aktionäre nach den §§ 296 Abs. 2 oder 297 Abs. 2 voraus, so genügt dagegen grundsätzlich die Bezugnahme auf die Niederschrift des fraglichen Beschlusses, da sich diese ohnehin in aller Regel bereits bei den Akten befindet (§§ 138 S. 2 und 130 Abs. 5).[15] Lediglich wenn das ausnahmsweise nicht der Fall ist, muss der Anmeldung auch die Niederschrift über den Sonderbeschluss beigefügt werden.

VI. Verfahren

Für die Zuständigkeit, das Verfahren und die **Prüfungspflicht** des Registergerichts gilt dasselbe wie bei § 294 (→ § 294 Rn. 18 ff.). Das Registergericht hat folglich die formelle und die materielle Richtigkeit der Angaben in der Anmeldung zu prüfen, weil es bei der Eintragung an Gesetz und Recht gebunden ist. Jedoch hat es (nur) bei Anhaltspunkten für die Unrichtigkeit der Anmeldung den Zweifeln nachzugehen und den Sachverhalt ggf. von Amts wegen zu ermitteln (§ 26 FamFG).[16] Bestehen zB Anhaltspunkte für das Fehlen eines *wichtigen Grundes* iSd § 297 Abs. 1, so muss das Registergericht in die materielle Prüfung der Wirksamkeit der Kündigung eintreten und klären, ob die in der Anmeldung genannten Umstände unter § 297 Abs. 1 fallen.[17]

VII. Eintragung

Der Inhalt der Eintragung entspricht dem Inhalt der Anmeldung (→ Rn. 8). Einzutragen sind mithin die Beendigung des Unternehmensvertrages, der Grund der Beendigung sowie deren genauer Zeitpunkt, und zwar in der Abteilung B Spalte 6 (§ 43 Nr. 6 lit. g HRV). Eine Eintragung vor diesem Zeitpunkt, etwa unmittelbar nach Abschluss des Aufhebungsvertrages, scheidet aus (→ Rn. 4, 6). Die Eintragung wird nach § 10 HGB bekanntgemacht und löst die Fristen der §§ 302 Abs. 3 S. 1 und 303 Abs. 1 S. 1 aus.

§ 299 Ausschluß von Weisungen

Auf Grund eines Unternehmensvertrags kann der Gesellschaft nicht die Weisung erteilt werden, den Vertrag zu ändern, aufrechtzuerhalten oder zu beendigen.

I. Zweck

Nach § 299 kann auf Grund eines Unternehmensvertrages der abhängigen Gesellschaft nicht die Weisung erteilt werden, den Vertrag zu ändern, aufrechtzuerhalten oder zu beenden. Die Gesetzesverfasser haben damit den Zweck verfolgt, der abhängigen Gesellschaft und ihrem Vorstand die freie, eigenverantwortliche Entscheidung über den Vertragsinhalt und die Vertragsdauer zu ermöglichen.[1] Dieser Zweck dürfte jedoch im Wesentlichen *verfehlt* worden sein, weil bei Beherrschungsverträgen, auf die sich der Sache nach der Anwendungsbereich des § 299 beschränkt (→ Rn. 2), das herrschende Unternehmen auch ohne Rücksicht auf § 299 doch immer in der Lage ist, seine Vorstellungen hinsichtlich der Änderung, der Aufrechterhaltung oder der Beendigung des Vertrages durchzusetzen, notfalls auf dem Weg über die §§ 83 und 119 Abs. 2 (→ Rn. 6 f.). § 299 hat aus diesem Grund allenfalls begrenzte **haftungsrechtliche Bedeutung.** Eine nach § 299 unzulässige Weisung

---

[15] MüKoAktG/*Altmeppen* Rn. 7; Hüffer/*Koch* Rn. 4.
[16] OLG Düsseldorf AG 1995, 137 (138) = NJW-RR 1995, 322 = GmbHR 1994, 805; OLG München GmbHR 2009, 148 (150) = AG 2009, 675; AG 2011, 467 (468) = GmbHR 2011, 489; GmbHR 2011, 871; OLG Hamm AG 20100, 216= GmbHR 2010, 42.
[17] OLG Düsseldorf AG 1995, 137 (138) = NJW-RR 1995, 322 = GmbHR 1994, 805; OLG München GmbHR 2009, 148 (150) = AG 2009, 675; GmbHR 2011, 871 = ZIP 2011, 1912.
[1] Begr. RegE bei *Kropff* AktG 387.

macht das herrschende Unternehmen und seine gesetzlichen Vertreter nach § 309 Abs. 2 schadensersatzpflichtig, während sich der Vorstand der abhängigen Gesellschaft, wenn er wegen einer für die Gesellschaft nachteiligen Änderung oder Beendigung eines Beherrschungsvertrages in Anspruch genommen wird (§§ 93 Abs. 2, 310 Abs. 1), zu seiner Entlastung mit Rücksicht auf § 299 nicht auf eine Weisung des herrschenden Unternehmens berufen kann (§ 310 Abs. 3; → Rn. 4).[2]

II. Anwendungsbereich

2 § 299 spricht zwar ganz allgemein von Unternehmensverträgen, meint aber der Sache nach **allein Beherrschungsverträge** iSd § 291 Abs. 1, da nur diese dem anderen Vertragsteil ein Weisungsrecht verleihen (§ 308).[3] Auch für die Eingliederung hat § 299 (trotz des § 323) keine Bedeutung, weil die Eingliederung nicht auf einem Unternehmensvertrag iSd § 299 beruht. Keine Rolle spielt dagegen, ob der Beherrschungsvertrag allein steht oder **mit** einem **anderen** Unternehmensvertrag **verbunden** ist. In jedem Fall greift § 299 ein. Die Vorschrift muss ihrem Sinn und Zweck nach ferner Anwendung finden, wenn die Parteien *rechtlich unverbunden* neben dem Beherrschungsvertrag noch andere Unternehmensverträge abgeschlossen haben, da die Reichweite des § 299 nicht davon abhängen kann, ob die Parteien die verschiedenen Verträge verbunden haben oder nicht.[4]

3 Die Anwendung des § 299 setzt weiter voraus, dass der Beherrschungsvertrag (→ Rn. 2) gerade *zwischen* den an der Weisung *Beteiligten*, dh zwischen dem die Weisung aussprechenden Unternehmen und dem Adressaten der Weisung besteht. *Nicht* erfasst werden dagegen Verträge, die die abhängige Gesellschaft (als Adressat der Weisung) **mit dritten Unternehmen** abgeschlossen hat, sodass das herrschende Unternehmen hinsichtlich *solcher* Verträge der abhängigen Gesellschaft nach § 308 durchaus auch Weisungen iSd § 299 erteilen kann.[5] Folglich kann zB **in mehrstufigen Konzernen** die Muttergesellschaft ihre Tochtergesellschaft anweisen, einen Unternehmensvertrag mit einer Schwester- oder Enkelgesellschaft zu ändern, aufrechtzuerhalten oder zu beenden (§ 308 Abs. 1). Darin liegt kein Verstoß gegen § 299.[6]

3a Auf die **GmbH** lässt sich § 299 wohl nicht übertragen, da hier – anders als bei der AG (→ Rn. 6 f.) – nicht nur die Änderung des Unternehmensvertrags, sondern auch dessen Aufhebung und Kündigung keine reine und deshalb dem Weisungsrecht des herrschenden Unternehmens analog § 308 unterliegende Geschäftsführungsmaßnahmen darstellen, sondern der Zustimmung der Gesellschafterversammlung mit qualifizierter Mehrheit unterliegen (→ § 295 Rn. 4 f.; → § 296 Rn. 7 ff.; → § 297 Rn. 3a). Das herrschende Unternehmen ist daher in allen genannten Fällen darauf „beschränkt", die Geschäftsführer anzuweisen, die fragliche *Maßnahme der Gesellschafterversammlung* zur Billigung *vorzulegen*. Hindernisse für die Durchsetzung des Willens des herrschenden Unternehmens dürften sich daraus freilich angesichts der regelmäßigen Mehrheit des herrschenden Unternehmens in der Gesellschafterversammlung nicht ergeben.

III. Verbotene Weisungen

4 In den genannten Fällen (→ Rn. 2 f.) verbietet § 299 Weisungen über die Änderung, die Aufrechterhaltung oder die Beendigung des zwischen den Parteien (→ Rn. 3) bestehenden

---

[2] Ebenso K. Schmidt/Lutter/*Langenbucher* Rn. 1; GroßkommAktG/*Mülbert* Rn. 2; Spindler/Stilz/*Veil* Rn. 1.
[3] Ebenso MüKoAktG/*Altmeppen* Rn. 3; Hölters/*Deilmann* Rn. 2; Hüffer/*Koch* Rn. 2; GroßkommAktG/*Mülbert* Rn. 4.
[4] MüKoAktG/*Altmeppen* Rn. 4 f.; Hölters/*Deilmann* Rn. 2; Hüffer/*Koch* Rn. 2; KK-AktG/*Koppensteiner* Rn. 2; GroßkommAktG/*Mülbert* Rn. 5.
[5] MüKoAktG/*Altmeppen* Rn. 5, 12–15; Hölters/*Deilmann* Rn. 2; Hüffer/*Koch* Rn. 3; KK-AktG/*Koppensteiner* Rn. 3; GroßkommAktG/*Mülbert* Rn. 6; K. Schmidt/Lutter/*Langenbucher* Rn. 2; Spindler/Stilz/*Veil* Rn. 3; wohl auch OLG Karlsruhe AG 1991, 144 (146) = NJW-RR 1991, 553 – ASEA/BBC.
[6] OLG Karlsruhe AG 1991, 144 (146) = NJW-RR 1991, 553 – ASEA/BBC.

Beherrschungsvertrages. **Beispiele** sind (nur) die Weisung an die abhängige Gesellschaft, mit dem herrschenden Unternehmen einen Aufhebungsvertrag iSd § 296 abzuschließen (→ § 296 Rn. 1) oder eine Kündigung des Vertrags nach § 297 auszusprechen oder zu unterlassen. Besonderheiten gelten für die Weisung des herrschenden Unternehmens, den bestehenden Unternehmensvertrag zu ändern, da die **Änderung** einen Zustimmungsbeschluß der Hauptversammlung der abhängigen Gesellschaft voraussetzt und die Hauptversammlung immer weisungsfrei ist. Daher rührt der Streit, ob § 299 in diesem Fall entsprechend auf die **Weisung** des herrschenden Unternehmens **zur Vorbereitung** von Vertragsänderungen angewandt werden kann. Überwiegend wird die Frage heute bejaht und § 299 in derartigen Fällen entsprechend angewandt.[7]

Eine andere Frage ist, ob hier Raum für die **Anwendung des § 83** ist, sodass das herrschende Unternehmen über seine regelmäßige Hauptversammlungsmehrheit den Vorstand der abhängigen Gesellschaft trotz des § 299 im Ergebnis doch anweisen kann, eine Änderung des Vertrages vorzubereiten (§ 83 Abs. 1 S. 2) und durchzuführen (§ 83 Abs. 2).[8] Die Frage dürfte zu bejahen sein, da dem § 299 keine Einschränkung des § 83 entnommen werden kann. Sollte jedoch der Hauptversammlungsbeschluss für die Gesellschaft nachteilig sein, so muss ihn der Vorstand **anfechten** (§§ 243, 245 Nr. 4), widrigenfalls er sich ersatzpflichtig macht (§ 93 Abs. 2).[9] 5

Im Gegensatz zur Vertragsänderung (→ Rn. 5) sind die **Aufhebung und die Kündigung** des Vertrags bei der AG – anders als bei der GmbH (→ Rn. 3a) – **Geschäftsführungsmaßnahmen,** die in die alleinige Zuständigkeit des Vorstands fallen (§§ 77, 296, 297). Folglich kann die Hauptversammlung insoweit dem Vorstand keine Weisungen erteilen. Der Vorstand ist jedoch nicht gehindert, von sich aus die Frage der Aufhebung oder der Kündigung des Vertrages der Hauptversammlung nach **§ 119 Abs. 2** zur Entscheidung vorzulegen, sodass er anschließend an den Beschluss der Hauptversammlung gebunden ist (§ 83 Abs. 2). Hierzu kann er gleichfalls von dem herrschenden Unternehmen nach § 308 Abs. 1 angewiesen werden (ebenfalls str.; → § 296 Rn. 10).[10] 6

IV. Rechtsfolgen

§ 299 ist ein gesetzliches Verbot iSd § 134 BGB, sodass gegen § 299 verstoßende **Weisungen nichtig** sind und vom Vorstand nicht beachtet werden dürfen. Befolgt der Vorstand der abhängigen Gesellschaft gleichwohl die nichtige Weisung, so macht er sich nach den §§ 93 Abs. 2 und 310 Abs. 2 **ersatzpflichtig** (→ Rn. 1).[11] Dieselbe Ersatzpflicht trifft nach § 309 Abs. 2 die gesetzlichen Vertreter des herrschenden Unternehmens sowie dieses selbst (→ § 309 Rn. 20 f.), sofern sie entgegen § 299 Weisungen erteilen. 7

V. Aufsichtsrat

Im Gegensatz zur Hauptversammlung (→ Rn. 6 f.) hat der Aufsichtsrat in keinem Fall ein Weisungsrecht gegenüber dem Vorstand. Der Aufsichtsrat kann jedoch die Änderung, die Aufrechterhaltung oder die Beendigung von Unternehmensverträgen nach § 111 Abs. 4 S. 2 von seiner Zustimmung abhängig machen; auch dem steht § 299 nicht entgegen. 8

---

[7] Dafür K. Schmidt/Lutter/*Langenbucher* Rn. 4; GroßkommAktG/*Mülbert* Rn. 8; Spindler/Stilz/*Veil* Rn. 4.
[8] Dafür Hölters/*Deilmann* Rn. 4, Hüffer/*Koch* Rn. 6; KK-AktG/*Koppensteiner* Rn. 4; K. Schmidt/Lutter/ *Langenbucher* Rn. 2; GroßkommAktG/*Mülbert* Rn. 12; Spindler/Stilz/*Veil* Rn. 3; aA MüKoAktG/*Altmeppen* Rn. 7–9.
[9] MüKoAktG/*Altmeppen* Rn. 17; KK-AktG/*Koppensteiner* Rn. 4; MHdB AG/*Krieger* § 70 Rn. 189.
[10] Wie hier MHdB AG/*Krieger* § 70 Rn. 189; anders MüKoAktG/*Altmeppen* § 296 Rn. 20, § 299 Rn. 18; Hüffer/*Koch* Rn. 6; KK-AktG/*Koppensteiner* Rn. 5; Spindler/Stilz/*Veil* Rn. 13.
[11] MüKoAktG/*Altmeppen* Rn. 20; Hölters/*Deilmann* Rn. 7; Hüffer/*Koch* Rn. 4; GroßkommAktG/*Mülbert* Rn. 10.

Dritter Abschnitt. Sicherung der Gesellschaft und der Gläubiger

§ 300 Gesetzliche Rücklage

In die gesetzliche Rücklage sind an Stelle des in § 150 Abs. 2 bestimmten Betrags einzustellen,
1. wenn ein Gewinnabführungsvertrag besteht, aus dem ohne die Gewinnabführung entstehenden, um einen Verlustvortrag aus dem Vorjahr geminderten Jahresüberschuß der Betrag, der erforderlich ist, um die gesetzliche Rücklage unter Hinzurechnung einer Kapitalrücklage innerhalb der ersten fünf Geschäftsjahre, die während des Bestehens des Vertrags oder nach Durchführung einer Kapitalerhöhung beginnen, gleichmäßig auf den zehnten oder den in der Satzung bestimmten höheren Teil des Grundkapitals aufzufüllen, mindestens aber der in Nummer 2 bestimmte Betrag;
2. wenn ein Teilgewinnabführungsvertrag besteht, der Betrag, der nach § 150 Abs. 2 aus dem ohne die Gewinnabführung entstehenden, um einen Verlustvortrag aus dem Vorjahr geminderten Jahresüberschuß in die gesetzliche Rücklage einzustellen wäre;
3. wenn ein Beherrschungsvertrag besteht, ohne daß die Gesellschaft auch zur Abführung ihres ganzen Gewinns verpflichtet ist, der zur Auffüllung der gesetzlichen Rücklage nach Nummer 1 erforderliche Betrag, mindestens aber der in § 150 Abs. 2 oder, wenn die Gesellschaft verpflichtet ist, ihren Gewinn zum Teil abzuführen, der in Nummer 2 bestimmte Betrag.

Schrifttum: *Grüner,* Die Beendigung von Gewinnabführungs- und Beherrschungsverträgen, 2003; *Kleindiek,* Strukturvielfalt in Personengesellschafts-Konzern, 1991; *Kohl,* Die Kompetenz zur Bildung von Gewinnrücklagen im Aktienkonzern, 1991; *Limmer,* Die Haftungsverfassung des faktischen GmbH-Konzerns, 1992; *Veit,* Unternehmensverträge und Eingliederung als aktienrechtliche Instrumente der Unternehmensverbindung, 1974.

Übersicht

	Rn.		Rn.
I. Überblick	1–5	a) Kapitalerhöhung	14
II. Gewinnabführungsvertrag (Nr. 1)	6–15	b) Kapitalherabsetzung	14a
		6. Geschäftsführungsvertrag	15
1. Allgemeines	6–8	III. Teilgewinnabführungsvertrag (Nr. 2)	16, 17
2. Erste Untergrenze (§ 150 Abs. 2)	9, 9a	IV. Beherrschungsvertrag (Nr. 3)	18–21
3. Zweite Untergrenze (§ 300 Nr. 1)	10–12	1. Anwendungsbereich	18
4. Geschäftsjahr	13	2. Isolierter Beherrschungsvertrag	19, 20
5. Kapitalveränderungen	14, 14a	3. Kombinierter Beherrschungsvertrag	21

I. Überblick

1   Mit § 300 beginnen die Vorschriften des AktG zur Sicherung der Gesellschaft, ihrer Gläubiger und ihrer außenstehenden Aktionäre im Vertragskonzern (§§ 300–310). Den Anfang bildet die Regelung des dritten Abschnitts (§§ 300–303), mit der in erster Linie der **Zweck** verfolgt wird, der Gesellschaft bei Abschluss eines Beherrschungs- oder Gewinnabführungsvertrages im Interesse ihrer Gläubiger ihr **bilanzmäßiges Anfangsvermögen, vermehrt um** die gesetzliche **Rücklage** des § 150, zu erhalten, wodurch das Gesetz einen Beitrag zur Sicherung der durch den Abschluss eines Beherrschungs- oder Gewinnabführungsvertrags bedrohten Überlebensfähigkeit der Gesellschaft nach Beendigung dieser Verträge leisten will (→ Rn. 2 ff.).[1] Aus diesem Grunde trifft das Gesetz in § 300 zunächst

---

[1] Begr. RegE des § 300, bei *Kropff* AktG 388.

Vorsorge für die ordnungsmäßige **Dotierung der gesetzlichen Rücklage** des § 150 während der üblichen Dauer von Beherrschungs- und Gewinnabführungsverträgen von fünf Jahren (§ 14 Abs. 1 S. 1 Nr. 3 S. 1 KStG). Im Anschluss daran bestimmt § 301 eine Obergrenze für die Gewinnabführung auf Grund eines Gewinnabführungs- oder Teilgewinnabführungsvertrages, während § 302 das herrschende Unternehmen nach Abschluss eines Beherrschungs- oder Gewinnabführungsvertrages zur Übernahme jedes während des Bestandes des Vertrags entstehenden Jahresfehlbetrages verpflichtet, sodass die abhängige oder zur Gewinnabführung verpflichtete Gesellschaft während der Dauer des Vertrages stets mit einem zumindest ausgeglichenen Ergebnis abschließt. Für den Schutz (nur) der Gläubiger in der Zeit *nach* Beendigung des Vertrages sorgt schließlich § 303.

Hintergrund der gesetzlichen Regelung ist die Überlegung der Gesetzesverfasser, dass die Zulassung des Vertragskonzerns nur vertretbar ist, wenn das Gesetz zugleich für einen **wirksamen Schutz der Gläubiger** gegen einen Verlust der ihnen haftenden Vermögensmasse durch eine Aushöhlung der Substanz der abhängigen Gesellschaft sorgt. Denn das Interesse des herrschenden Unternehmens, die abhängige Gesellschaft seinen Zwecken dienstbar zu machen, verdient unter keinem rechtlichen Gesichtspunkt den Vorrang vor den Interessen der Gläubiger, da es sich bei diesen Interessen ohne Ausnahme um Vermögensinteressen handelt, die prinzipiell gleichwertig sind.[2] Genau aus diesem Grunde sorgt das Gesetz zunächst in § 300 für eine regelmäßige Dotierung der gesetzlichen Rücklage des § 150. 2

Der Beitrag des § 300 zu dem gebotenen Gläubigerschutz im Vertragskonzern ist freilich *begrenzt,* da zu beachten bleibt, dass die Anwendung der Vorschrift ebenso wie die des § 150 voraussetzt, dass bei der abhängigen Gesellschaft überhaupt ein **Jahresüberschuss** entsteht, aus dem die gesetzliche Rücklage dotiert werden kann (aber → Rn. 20). Dies ist indessen *keineswegs gewährleistet,* da das herrschende Unternehmen über zahlreiche Mittel verfügt, die Entstehung eines Jahresüberschusses bei der abhängigen Gesellschaft zu verhindern, vor allem durch Weisungen hinsichtlich der Ausübung der verschiedenen Bilanzierungswahlrechte sowie durch nachteilige Konzernverrechnungspreise oder Konzernumlagen, wodurch der Gewinn bei der abhängigen Gesellschaft vorweg abgeschöpft wird (→ § 291 Rn. 65).[3] 3

§ 300 ist entsprechend seinem Zweck (→ Rn. 2 f.) **zwingendes Recht,** sodass von § 300 weder durch die Satzung noch durch den Unternehmensvertrag *zum Nachteil* der abhängigen Gesellschaft abgewichen werden darf (§ 134 BGB; § 23 Abs. 5 AktG). Satzungsklauseln oder sonstige Abreden, durch die die Anforderungen an die Auffüllung der gesetzlichen Rücklage gegenüber dem Standard des § 300 *herabgesetzt* werden, sind infolgedessen *nichtig.* Dasselbe gilt für **Weisungen** des herrschenden Unternehmens, die mit § 300 unvereinbar sind (§ 134 BGB). Ebenso zu behandeln ist schließlich ein für die abhängige Gesellschaft nachteiliger **Jahresabschluss,** der auf einer Verletzung des § 300 beruht (§ 256 Abs. 1 Nr. 1 und 4).[4] Möglich bleiben dagegen Abreden, durch die die Lage der abhängigen Gesellschaft gegenüber der gesetzlichen Regelung (§§ 150, 300) *verbessert* wird. Nichts hindert die Parteien, die gesetzliche Rücklage des § 150 in höherem Maß als nach § 300 und § 150 vorgeschrieben zu dotieren.[5] Bei derartigen Abreden kann freilich die Grenze zum Teilgewinnabführungsvertrag des § 292 Abs. 1 Nr. 2 flüssig werden. Das ist deshalb wichtig, weil ein Teilgewinnabführungsvertrag nicht als Grundlage der Organschaft nach § 14 KStG in Betracht kommt. 4

Der **Anwendungsbereich** des § 300 beschränkt sich auf Beherrschungs-, Gewinnabführungs-, Geschäftsführungs- und Teilgewinnabführungsverträge mit einer **AG oder KGaA mit Sitz im Inland,** während die Rechtsform und die Nationalität des herrschenden Unternehmens unerheblich sind. Erfasst werden insbesondere auch Verträge mit 100%igen 5

---

[2] *Filbinger,* Die Schranken der Mehrheitsherrschaft im Aktienrecht und Konzernrecht, 1942, 15, 57, 130 ff.; *Mestmäcker,* FG Kronstein, 1967, 129, 131.
[3] Ebenso BVerfG NJW 1999, 1701 = AG 1999, 217 = NZG 1999, 397 – Tarkett/Pegulan; NJW 1999, 1699 = AG 1999, 218 = NZG 19 999, 302 – SEN/KHS; BGHZ 105, 168 (182 ff.) = NJW 1988, 3143 = AG 1989, 27 – HSW.
[4] MüKoAktG/*Altmeppen* Rn. 3; Spindler/Stilz/*Euler/Wirth* Rn. 3; K. Schmidt/Lutter/*Stephan* Rn. 4.
[5] K. Schmidt/Lutter/*Stephan* Rn. 5.

Tochtergesellschaften.⁶ Dagegen kann § 300 auf die **GmbH** *nicht* entsprechend angewandt werden, da das deutsche GmbH-Recht anders (als etwa das österreichische) keine gesetzliche Rücklage kennt.⁷ Unanwendbar ist § 300 außerdem im Falle der **Eingliederung** der abhängigen Gesellschaft in die Hauptgesellschaft, selbst wenn zwischen den Parteien zusätzlich ein Gewinnabführungsvertrag abgeschlossen wurde (§ 324 Abs. 1; → § 324 Rn. 3 ff.).

II. Gewinnabführungsvertrag (Nr. 1)

6   **1. Allgemeines.** Nach der **§ 300 Nr. 1** ist im Falle des Abschlusses eines Gewinnabführungsvertrages anstelle des in § 150 Abs. 2 bestimmten Betrages derjenige Betrag aus dem ohne die Gewinnabführung entstehenden, um einen Verlustvortrag aus dem Vorjahr geminderten Jahresüberschuss in die gesetzliche Rücklage einzustellen, der erforderlich ist, um diese unter Hinzurechnung einer Kapitalrücklage innerhalb der ersten fünf Geschäftsjahre, die während des Bestehens des Vertrags *oder* nach Durchführung einer Kapitalerhöhung beginnen, gleichmäßig auf den zehnten *oder* den in der Satzung bestimmten höheren Teil des Grundkapitals aufzufüllen, „*mindestens*" aber der in Nr. 2 bestimmte Betrag. Unerheblich ist, ob der **Gewinnabführungsvertrag allein** steht **oder** mit einem Beherrschungsvertrag zu einem sog. **Organschaftsvertrag** verbunden ist (→ Rn. 18);⁸ gleich steht außerdem der Abschluss eines (unentgeltlichen) Geschäftsführungsvertrages iSd § 291 Abs. 1 S. 2 (→ Rn. 15).

7   Das Gesetz bestimmt in § 300 Nr. 1 für die beiden geregelten Fälle (→ Rn. 6), wie sich aus der Bezugnahme auf die Nr. 2 der Vorschrift und damit auf § 150 Abs. 2 ergibt, im Einzelnen **zwei Untergrenzen** der Rücklagendotierung. Die **eine Untergrenze** folgt aus dem *immer* anwendbaren § 150 Abs. 2 (§ 300 Nr. 1 iVm Nr. 2; → Rn. 9), die **andere** aus der zusätzlich eingreifenden Vorschrift des § 300 Nr. 1 (→ Rn. 10 f.). Maßgeblich ist die jeweils *höhere* Untergrenze, sodass die Anwendung des § 300 Nr. 1 nur zu einer *Verschärfung* der Rücklagendotierung gegenüber der allgemeinen Regelung des § 150 Abs. 2 führen kann, nicht dagegen zu einer Abmilderung. Zu demselben Ergebnis führen beide Vorschriften nur unter der Voraussetzung, dass bei Beginn des Vertrags noch keine gesetzliche Rücklage gebildet war und der (fiktive) Jahresüberschuss 40 % des Grundkapitals beträgt.⁹ Bestand dagegen bereits bei Vertragsbeginn eine gesetzliche Rücklage, so verschiebt sich diese Grenze entsprechend nach unten.¹⁰

8   Im **Körperschaft-** und **Gewerbesteuerrecht** wird im Rahmen der Organschaft unter den Voraussetzungen des § 14 KStG, also insbesondere bei Abschluss eines Gewinnabführungsvertrages der Ertrag der abhängigen Gesellschaft dem herrschenden Unternehmen zugerechnet und dort einheitlich zusammen mit den Erträgen des herrschenden Unternehmens der Steuer unterworfen (§ 14 Abs. 1 S. 1 KStG 2003; §§ 2, 7 GewStG). Dabei kann der dem herrschenden Unternehmen zuzurechnende Ertrag der abhängigen Gesellschaft höher als der auf Grund der §§ 300 Nr. 1 und 301 maximal abführbare Jahresüberschuss sein, weil ein Teil der Rücklagen auf Grund des § 300 Nr. 1 steuerrechtlich nicht anerkannt wird (sog. **Minderabführung**). In besonders ungünstigen Fällen kann infolgedessen die vom herrschenden Unternehmen für die abhängige Gesellschaft zu zahlende Körperschaft- und Gewerbesteuer höher als der ganze abführbare Jahresüberschuss sein. Jedoch hat das herrschende Unternehmen nach überwiegender Meinung auch in einem derartigen Fall **keine Ausgleichsansprüche** gegen die abhängige Gesellschaft, weil es handelsrechtlich

---

⁶ GroßkommAktG/*Hirte* Rn. 57; KK-AktG/*Koppensteiner* Vor § 300 Rn. 8.
⁷ Scholz/*Emmerich* GmbHG Anh. § 13 Rn. 203–206.
⁸ Hüffer/*Koch* Rn. 5; MHdB AG/*Krieger* § 70 Rn. 59.
⁹ In diesem Fall muss nach § 150 Abs. 2 der zwanzigste Teil des Jahresüberschusses in die Rücklage eingestellt werden; das sind hier 2 % des Grundkapitals (→ Rn. 9 mN); dasselbe Ergebnis ergibt sich nach § 300 Nr. 1, nach dem in fünf Jahren eine Rücklage von 10 % des Grundkapitals zu bilden ist; das ist in einem Jahr wiederum ein Betrag von 2 % des Grundkapitals.
¹⁰ S. die Berechnungen bei MüKoAktG/*Altmeppen* Rn. 13 f.; Spindler/Stilz/*Euler/Wirth* Rn. 9; GroßkommAktG/*Hirte* Rn. 30 ff.; *Veit* Unternehmensverträge 90 ff.; *ders.* DB 1974, 1245 ff.

Gesetzliche Rücklage 9–10 § 300

ohnehin den gesamten Jahresüberschuss der abhängigen Gesellschaft erhält (§ 301). Für zusätzliche Steuerumlagen ist daher hier – im Vertragskonzern – kein Raum.[11]

2. Erste Untergrenze (§ 150 Abs. 2). Ausgangspunkt ist nach dem Gesagten 9 (→ Rn. 7) § 150 Abs. 2, nach dem in die gesetzliche Rücklage auf jeden Fall (mindestens) der zwanzigste Teil **(5 %) des** um einen Verlustvortrag aus dem Vorjahr geminderten sog. **berichtigten Jahresüberschusses** einzustellen ist, bis die gesetzliche Rücklage und die Kapitalrücklagen nach § 272 Abs. 2 Nr. 1–3 HGB zusammen den zehnten oder den in der Satzung bestimmten höheren Teil des Grundkapitals erreichen.[12] Der Begriff der **gesetzlichen Rücklage** ist in § 300 derselbe wie in § 150. Gemeint ist mithin der Passivposten des § 266 Abs. 3 Nr. A III 1 HGB, sodass darunter in erster Linie diejenigen Teile des Eigenkapitals fallen, die auf Grund gesetzlicher Verpflichtung (§§ 150, 300) aus nichtverteilten Gewinnen in Rücklagen eingestellt werden.[13] Der Begriff der **Kapitalrücklage** wird in § 300 Nr. 1 allgemein iSd § 272 Abs. 2 Nr. 1–3 HGB (unter Ausschluss des § 272 Abs. 2 Nr. 4 HGB, aber unter Einbeziehung etwaiger Beträge aus einer Kapitalherabsetzung) verstanden (§§ 229 Abs. 1, 231, 232 und 237 Abs. 5).[14] Mit dem Begriff des um einen Verlustvortrag aus dem Vorjahr geminderten **(berichtigten) Jahresüberschusses** nimmt das Gesetz schließlich Bezug auf die Bilanzpositionen des § 275 Abs. 2 Nr. 20 und Abs. 3 Nr. 19 HGB.[15] Bei Bestehen eines Gewinnabführungsvertrages weist die abhängige Gesellschaft freilich keinen derartigen Jahresüberschuss mehr aus, sodass das Gesetz hier letztlich einen **fiktiven Jahresüberschuss** im Auge hat, der in einer *Vorbilanz* ermittelt wird (→ § 291 Rn. 64),[16] wobei ein Verlustvortrag mit Rücksicht auf § 302 nur aus der Zeit *vor* Abschluss des Unternehmensvertrages stammen kann. Sobald der Verlustvortrag ausgeglichen ist, darf er in der Folgezeit nicht mehr berücksichtigt werden. Der zwanzigste Teil *(5 %)* des auf diese Weise ermittelte fiktiven Jahresüberschusses ist also gemäß § 150 Abs. 2 auf jeden Fall in die gesetzliche Rücklage einzustellen (§ 300 Nr. 1 und 2 iVm § 150 Abs. 2).[17] Dieser Betrag wird häufig auch im Gegensatz zur Regelzuweisung oder Solldotierung nach der Nr. 1 des § 300 (→ Rn. 10 ff.) als **Mindestzuweisung** oder Mindestdotierung bezeichnet.

Unter der Voraussetzung eines besonders hohen fiktiven Jahresüberschusses kann die 9a Mindestzuweisung nach § 150 Abs. 2 **über** der **Regelzuweisung** nach § 300 Nr. 1 liegen. In diesem Fall hat die Gesellschaft in den Folgejahren, wenn kein vergleichbar hoher Jahresüberschuss mehr anfällt, die **Wahl,** ob sie die (immer erforderliche) Regelzuweisung für die Folgejahre anpasst, dh so weit herabsetzt, dass immer noch das Ziel des § 300 Nr. 1 erreicht werden kann, oder ob sie die ursprüngliche Regelzuweisung nach § 300 Nr. 1 beibehält, sodass das Ziel dieser Vorschrift (Rücklage von 10 % des Grundkapitals) schneller als eigentlich nach § 300 Nr. 1 erforderlich erreicht wird.[18] Denn in beiden Fällen erfüllt die Gesellschaft die Vorschriften des § 300 Nr. 1 für die Dotierung der gesetzlichen Rücklage.

3. Zweite Untergrenze (§ 300 Nr. 1). Für die Rücklagendotierung ist in § 150 Abs. 2 10 *kein* zeitlicher Rahmen vorgegeben, sodass die Auffüllung der gesetzlichen Rücklage nach

---

[11] BGH AG 2004, 205 (206) = NZG 2004, 185 = NJW-RR 2004, 474; OLG Oldenburg NZG 2001, 413 f. = AG 2001, 96; *St. Simon* ZIP 2001, 1697 (1699 f.); *ders.* ZGR 2007, 71 (82 ff.).
[12] Zur Vereinfachung der Darstellung wird im Folgenden durchweg darauf verzichtet, zusätzlich auf die Kapitalrücklagen nach § 272 Abs. 2 Nr. 1–3 HGB sowie die ggf. höhere satzungsmäßige Rücklage hinzuweisen.
[13] GroßkommAktG/*Brönner* § 150 Rn. 1 ff.; GroßkommAktG/*Hirte* Rn. 30; Hüffer/*Koch* Rn. 3 und § 150 Rn. 2 f.
[14] Spindler/Stilz/*Euler/Wirth* Rn. 14; K. Schmidt/Lutter/*Stephan* Rn. 10.
[15] GroßkommAktG/*Hirte* Rn. 31; KK-AktG/*Koppensteiner* Rn. 6; *Veit* Unternehmensverträge 89; *ders.* DB 1974, 1245.
[16] MüKoAktG/*Altmeppen* Rn. 9; Spindler/Stilz/*Euler/Wirth* Rn. 7; GroßkommAktG/*Hirte* Rn. 31; Hüffer/*Koch* Rn. 4; KK-AktG/*Koppensteiner* Rn. 5.
[17] Hüffer/*Koch* Rn. 9; Hölters/*Deilmann* Rn. 8; MHdB AG/*Krieger* § 71 Rn. 15; in dem oben erwähnten Beispiel (→ Rn. 7 mN) sind das, wie gezeigt, 2 % des Grundkapitals, dh der zwanzigste Teil des Jahresüberschusses in Höhe von 40 % des Grundkapitals.
[18] Hölters/*Deilmann* Rn. 11; K. Schmidt/Lutter/*Stephan* Rn. 19.

§ 150 Abs. 2 (→ Rn. 9), wenn die Gesellschaft keine oder nur sehr niedrige Gewinne ausweist, erhebliche Zeit in Anspruch nehmen kann (anders bei einem sehr hohen fiktiven Jahresüberschuss; → Rn. 9a). Da diese Gefahr naturgemäß bei Abschluss eines Gewinnabführungsvertrages besonders groß ist, enthält das Gesetz in der **Nr. 1** des § 300 eine zweite Untergrenze für den in die gesetzliche Rücklage einzustellenden Betrag, sog. **Regelzuweisung** oder **Solldotierung.**

11 Die Nr. 1 des § 300 knüpft gleichfalls an den fiktiven Jahresüberschuss an (→ Rn. 9); die Dotierung beläuft sich danach auf den Betrag, der erforderlich ist, um die gesetzliche Rücklage des § 150 Abs. 2 (unter Hinzurechnung einer Kapitalrücklage) *innerhalb der ersten fünf Geschäftsjahre* während des Bestehens des Vertrages *oder* nach Durchführung einer Kapitalerhöhung (→ Rn. 14) *gleichmäßig auf den zehnten* (oder den in der Satzung bestimmten höheren) *Teil des Grundkapitals aufzufüllen.* Dies bedeutet im Einzelnen: Besteht in dem maßgeblichen Zeitpunkt (erstes Geschäftsjahr während des Bestehens des Unternehmensvertrages; → Rn. 13) überhaupt noch keine gesetzliche Rücklage, so beträgt der in die Rücklage einzustellende Betrag mindestens ein Fünftel der gesetzlichen Rücklage von 10 % des Grundkapitals, dh **2 % des Grundkapitals,** vorausgesetzt, dass der fiktive Jahresüberschuss mindestens die Höhe von 2 % des Grundkapitals erreicht (Berechnungsbeispiel → Rn. 7 mN). Wenn dagegen bereits eine gesetzliche Rücklage vorhanden war, so beläuft sich der nach § 300 Nr. 1 in die Rücklage einzustellende Betrag auf ein **Fünftel der Differenz** zwischen der bei Vertragsabschluss bestehenden und der gesetzlichen Rücklage.[19] Oder einfacher ausgedrückt: Die Differenz zwischen der bestehenden und der gesetzlichen Rücklage, dividiert durch 5, ergibt dann die durch § 300 Nr. 1 vorgeschriebene Regelzuweisung oder Solldotierung.

12 *Reicht* der fiktive Jahresüberschuss *nicht aus,* um die durch das Gesetz in § 300 Nr. 1 vorgeschriebene Regelzuweisung (→ Rn. 11) zu dotieren, ist er zB bei gänzlichem Fehlen einer gesetzlichen Rücklage im Augenblick des Vertragsbeginns niedriger als 2 % des Grundkapitals, so muss die Dotierung in den folgenden Geschäftsjahren entsprechend *gleichmäßig erhöht* werden,[20] indem jetzt die Differenz zwischen der bestehenden und der gesetzlich vorgeschriebenen Rücklage durch die Zahl der noch offenen Jahre, zB durch 4 oder 3 dividiert wird, um die Regelzuweisung für die nächsten drei oder vier Jahre nach dem maßgebenden Zeitpunkt (→ Rn. 13) zu errechnen, die nötig ist, um auf den vorgeschriebenen Betrag binnen fünf Jahren zu kommen. Denn der erforderliche Betrag ist *zu gleichen Teilen* auf die verbleibenden Jahre aufzuteilen. Sofern es aber auch auf diese Weise nicht gelingt, innerhalb von fünf Jahren (→ Rn. 13) die gesetzliche Rücklage auf den in § 150 Abs. 2 oder in der Satzung vorgeschriebenen Betrag aufzufüllen, so muss nach Sinn und Zweck der gesetzlichen Regelung **in** den **Folgejahren** so lange der **gesamte Gewinn** in die Rücklage eingestellt werden, bis diese die gesetzlich oder satzungsmäßig vorgeschriebene Höhe erreicht hat (sog. **Nachholungsgebot**).[21]

13 **4. Geschäftsjahr.** Das Gesetz verlangt die Auffüllung der Rücklage in § 300 Nr. 1 in den ersten fünf Geschäftsjahren, die *während* des Bestehens des Gewinnabführungsvertrages oder nach Durchführung einer Kapitalerhöhung beginnen. Schwierigkeiten ergeben sich daraus, wenn der Vertragsbeginn nicht mit dem Beginn des Geschäftsjahres zusammenfällt, sondern *während des Laufs* eines Geschäftsjahres stattfindet. In diesem Fall muss entschieden werden, ob die Fünfjahresfrist **sofort** zu laufen beginnt, sodass die Dotierungspflicht nach § 300 Nr. 1 bereits während des *bei Inkrafttreten des Vertrages laufenden* Rumpfgeschäftsjahres zu erfüllen ist,[22] oder ob die Fünfjahresfrist erst vom **Beginn des nächsten ordentlichen Geschäftsjahres** ab zu rechnen ist. Die überwiegende Meinung nimmt aus praktischen

---

[19] MüKoAktG/*Altmeppen* Rn. 13; GroßkommAktG/*Hirte* Rn. 36; Hüffer/*Koch* Rn. 7.
[20] Spindler/Stilz/*Euler/Wirth* Rn. 10; K. Schmidt/Lutter/*Stephan* Rn. 13.
[21] MüKoAktG/*Altmeppen* Rn. 21 f.; Hölters/*Deilmann* Rn. 10; Hüffer/*Koch* Rn. 6; KK-AktG/*Koppensteiner* Rn. 12; K. Schmidt/Lutter/*Stephan* Rn. 13; *Veit* Unternehmensverträge 87 ff.; Berechnungsbeispiele bei *Veit* Unternehmensverträge 85 ff.; *ders.* DB 1974, 1245 ff.
[22] So *Raiser/Veil* KapGesR § 54 Rn. 49; ebenso wohl Hüffer/*Koch* Rn. 7.

Gründen das letztere an, sodass es für das bei Inkrafttreten des Vertrages laufende Geschäftsjahr bei der Regel des § 150 Abs. 2 verbleibt.[23] Dem Wortlaut des Gesetzes dürfte jedoch die zuerst genannte Meinung eher entsprechen. Tritt der Vertrag dagegen rückwirkend in Kraft (→ § 291 Rn. 55), so ist § 300 Nr. 1 ebenfalls *rückwirkend* anzuwenden.[24] Da solche **Rückwirkung** steuerrechtlich nur für das laufende Geschäftsjahr zulässig ist, ergeben sich aus der rückwirkenden Anwendung des § 300 Nr. 1 keine Schwierigkeiten.

5. Kapitalveränderungen. a) Kapitalerhöhung. Zusätzliche Probleme entstehen im Falle einer Kapitalerhöhung. Nach ihrer Durchführung, dh nach ihrer Eintragung in das Handelsregister (§§ 189, 203 Abs. 1), beginnt nach dem Wortlaut der Nr. 1 des § 300 eine **neue Fünfjahresfrist** für die Auffüllung der jetzt infolge der Erhöhung des Grundkapitals ebenfalls erhöhten gesetzlichen Rücklage zu laufen. Dies gilt auch, wenn die Kapitalerhöhung während der ersten mit Vertragsabschluss begonnenen Fünfjahresfrist (→ Rn. 13) durchgeführt wird. In diesem Fall bestehen nach dem Wortlaut des Gesetzes an sich **zwei Möglichkeiten:**[25] Denkbar ist zunächst, vom Wirksamwerden der Kapitalerhöhung an eine **neue Fünfjahresfrist** zu rechnen, in der entsprechend dem erhöhten Grundkapital einheitlich der erhöhte Auffüllungsbetrag (= Differenz zwischen der bestehenden und der erhöhten gesetzlichen Rücklage dividiert durch 5) in die gesetzliche Rücklage einzustellen ist. Stattdessen kann man aber auch an der bisherigen Fünfjahresfrist festhalten und nur für den sich aus der Kapitalerhöhung ergebenden **Differenzbetrag** (zwischen der ursprünglichen und der neuen gesetzlichen Rücklage) eine **neue Fünfjahresfrist** berechnen. Nach hM hat die Gesellschaft – mangels gesetzlicher Vorgaben – grundsätzlich die **Wahl** zwischen den beiden genannten Methoden zur Berechnung der Rücklage.[26] Der zweite Weg hat den Vorteil, dass er zu einer schnelleren Auffüllung der gesetzlichen Rücklage führt, woraus zum Teil (mit guten Gründen) der Schluss gezogen wird, dass der zweite Weg eher dem Gesetz entspreche.[27] Besonderheiten gelten, wenn bei der Kapitalerhöhung die ursprüngliche **Fünfjahresfrist** bereits **abgelaufen,** die volle Höhe der Rücklage aber noch nicht erreicht war, sodass noch das Nachholungsgebot eingriff (→ Rn. 12). Im Schrifttum wird der Gesellschaft auch für diesen Fall gewöhnlich ein Wahlrecht zwischen dem Festhalten an dem Nachholungsgebot in Verbindung mit einer neuen Fünfjahresfrist für die Differenz aufgrund der Kapitalerhöhung oder einer neuen Berechnung der Rücklage insgesamt zugebilligt.[28]

b) Kapitalherabsetzung. Nicht geregelt ist in § 300 der Fall der Kapitalherabsetzung. Für diesen Fall wird meistens angenommen, dass fortan für die Berechnung der gesetzlichen Rücklage das neue herabgesetzte Grundkapital maßgebend ist. Läuft bei der Herabsetzung die Fünfjahresfrist noch, so sind die Auffüllungsbeträge entsprechend zu kürzen.[29]

6. Geschäftsführungsvertrag. Der Geschäftsführungsvertrag wird durch § 291 Abs. 1 S. 2 dem Gewinnabführungsvertrag gleichgestellt (→ § 291 Rn. 67 ff.). Daraus ist der Schluss zu ziehen, dass auf ihn **ebenfalls § 300 Nr. 1 anzuwenden** ist. Entgegen einer verbreiteten Meinung bereitet dies auch keine unüberwindlichen Schwierigkeiten, da bei den Geschäftsführungsverträgen nicht anders als bei den Gewinnabführungsverträgen der abzuführende Gewinn zunächst vorweg in einer Vorbilanz ermittelt werden muss, sodass

---

[23] MüKoAktG/*Altmeppen* Rn. 16; Hölters/*Deilmann* Rn. 12; GroßkommAktG/*Hirte* Rn. 38; KK-AktG/*Koppensteiner* Rn. 10.
[24] MüKoAktG/*Altmeppen* Rn. 16; Hölters/*Deilmann* Rn. 12; Spindler/Stilz/*Euler/Wirth* Rn. 11; GroßkommAktG/*Hirte* Rn. 39; Hüffer/*Koch* Rn. 7; KK-AktG/*Koppensteiner* Rn. 10; K. Schmidt/Lutter/*Stephan* Rn. 12.
[25] MüKoAktG/*Altmeppen* Rn. 17–19; GroßkommAktG/*Hirte* Rn. 41; Hüffer/*Koch* Rn. 8; KK-AktG/*Koppensteiner* Rn. 11; MHdB AG/*Krieger* § 70 Rn. 62.
[26] Spindler/Stilz/*Euler/Wirth* Rn. 12; K. Schmidt/Lutter/*Stephan* Rn. 15.
[27] So Hölters/*Deilmann* Rn. 13; GroßkommAktG/*Hirte* Rn. 41; Hüffer/*Koch* Rn. 8; Spindler/Stilz/*Euler/Wirth* Rn. 12.
[28] K. Schmidt/Lutter/*Stephan* Rn. 15.
[29] MüKoAktG/*Altmeppen* Rn. 20; Hölters/*Deilmann* Rn. 13; Spindler/Stilz/*Euler/Wirth* Rn. 13; GroßkommAktG/*Hirte* Rn. 42; K. Schmidt/Lutter/*Stephan* Rn. 17.

hier ebenso wie bei den Gewinnabführungsverträgen ein **fiktiver Jahresüberschuss** zur Verfügung steht, aus dem dann der jeweilige Auffüllungsbetrag abgeleitet werden kann (→ § 291 Rn. 71).[30] Zu beachten bleibt, dass sich der Anwendungsbereich des § 291 Abs. 1 S. 2 auf **unentgeltliche Geschäftsführungsverträge** beschränkt (→ § 291 Rn. 68); bei entgeltlichen Geschäftsführungsverträgen ist infolgedessen kein Raum für die Anwendung des § 300 Nr. 1.[31] Anders mag es sich nur in eindeutigen Umgehungsfällen verhalten.[32]

III. Teilgewinnabführungsvertrag (Nr. 2)

16 Für die Teilgewinnabführungsverträge des § 292 Abs. 1 Nr. 2 beschränkt sich das Gesetz in der § 300 Nr. 2 auf die Bestimmung, dass in die gesetzliche Rücklage an Stelle des in § 150 Abs. 2 bestimmten Betrages der Betrag einzustellen ist, der nach § 150 Abs. 2 aus dem *ohne* die (partielle) *Gewinnabführung* entstehenden, um einen Verlustvortrag aus dem Vorjahr geminderten (fiktiven) Jahresüberschuss einzustellen wäre. Oder anders gewendet: Für die Berechnung der gesetzlichen Rücklage nach § 150 Abs. 2 ist der **fiktive Jahresüberschuss (ohne Gewinnabführung)** zugrunde zu legen (→ Rn. 9); eine weitergehende Bedeutung kommt der Vorschrift nicht zu.[33] Vor allem ergibt sich für Teilgewinnabführungsverträge aus § 300 Nr. 2 *keine Frist* für die Auffüllung der gesetzlichen Rücklage.[34]

17 Die Regelung des § 300 Nr. 2 erfasst nach ihrem Wortlaut **sämtliche Teilgewinnabführungsverträge** iSd § 292 Abs. 1 Nr. 2, mögen sie betriebsbezogen oder unternehmensbezogen sein.[35] Ebenso wenig wird danach unterschieden, wie der abzuführende Gewinn zu berechnen ist, solange es sich dabei nur um das Ergebnis einer periodischen Abrechnung handelt (→ § 292 Rn. 25). § 300 Nr. 2 findet daher auch Anwendung, wenn sich der Vertrag auf den *Bilanzgewinn* bezieht.[36] Gleichfalls erfasst werden *entgeltliche Verträge*, dies schon deshalb, weil unentgeltliche Teilgewinnabführungsverträge ohnehin grundsätzlich unzulässig sind (→ § 292 Rn. 27 f.). Für § 300 Nr. 2 folgt daraus, dass die von dem anderen Teil geschuldete *Gegenleistung* den fiktiven Jahresüberschuss *erhöht*, aus dem die gesetzliche Rücklage zu berechnen ist.[37] Kein Raum für die Anwendung des § 300 Nr. 2 ist dagegen in den Fällen des § 292 Abs. 2 (→ § 292 Rn. 33 ff.), weil dann kraft Gesetzes (§ 292 Abs. 2) kein Teilgewinnabführungsvertrag vorliegt.[38]

IV. Beherrschungsvertrag (Nr. 3)

18 **1. Anwendungsbereich.** § 300 Nr. 3 regelt ergänzend die beiden Fälle des Abschlusses eines isolierten Beherrschungsvertrags (→ Rn. 19 f.) sowie eines kombinierten Beherrschungs- und Teilgewinnabführungsvertrages (→ Rn. 21), und zwar durch Verweis auf die Nr. 1 und 2 des Vorschrift. Bei Verbindung eines Beherrschungsvertrages mit einem Gewinnabführungsvertrag zu einem **Organschaftsvertrag** findet dagegen allein die *Nr. 1 des § 300* Anwendung (→ Rn. 5, 6 ff.).

19 **2. Isolierter Beherrschungsvertrag.** Bei Abschluss eines isolierten oder reinen Beherrschungsvertrages, dh eines Beherrschungsvertrages, der weder mit einem Gewinnab-

---

[30] MüKoAktG/*Altmeppen* Rn. 39–41; Hölters/*Deilmann* Rn. 3; GroßkommAktG/*Hirte* Rn. 45; Hüffer/*Koch* Rn. 5; KK-AktG/*Koppensteiner* Rn. 7; MHdB AG/*Krieger* § 71 Rn. 18; K. Schmidt/Lutter/*Stephan* Rn. 20.
[31] MüKoAktG/*Altmeppen* Rn. 39; GroßkommAktG/*Hirte* Rn. 46; Spindler/Stilz/*Euler/Wirth* Rn. 5.
[32] Hölters/*Deilmann* Rn. 3; Hüffer/*Koch* Rn. 5.
[33] MüKoAktG/*Altmeppen* Rn. 26; Hölters/*Deilmann* Rn. 14; GroßkommAktG/*Hirte* Rn. 49; Hüffer/*Koch* Rn. 11; KK-AktG/*Koppensteiner* Rn. 17; K. Schmidt/Lutter/*Stephan* Rn. 24.
[34] Hölters/*Deilmann* Rn. 15.
[35] MüKoAktG/*Altmeppen* Rn. 24; Hölters/*Deilmann* Rn. 16; Spindler/Stilz/*Euler/Wirth* Rn. 17 f.; Hüffer/*Koch* Rn. 10; K. Schmidt/Lutter/*Stephan* Rn. 21 f.; *Veit* Unternehmensverträge 85; anders ohne ersichtlichen Grund die Begr. RegE bei *Kropff* AktG 389; zust. KK-AktG/*Koppensteiner* Rn. 14.
[36] Ebenso MüKoAktG/*Altmeppen* Rn. 25; Hölters/*Deilmann* Rn. 17; GroßkommAktG/*Hirte* Rn. 47; Hüffer/*Koch* Rn. 10; KK-AktG/*Koppensteiner* Rn. 15.
[37] KK-AktG/*Koppensteiner* Rn. 16.
[38] Hüffer/*Koch* Rn. 10.

führungs- noch mit einem Teilgewinnabführungsvertrag verbunden ist, verweist § 300 Nr. 3 auf § 300 Nr. 1. Für die Dotierung der gesetzlichen Rücklage sind daher hier ebenfalls die **beiden Untergrenzen des § 300 Nr. 1** zu beachten, sodass in die Rücklage jährlich entweder ein Fünftel der Differenz zwischen der bei Vertragsbeginn vorhandenen und der gesetzlichen Rücklage (§ 300 Nr. 1) *oder* der sich aus § 150 Abs. 2 ergebende (höhere) Betrag einzustellen ist.[39]

Die Formulierung der § 300 Nr. 3 weicht insofern von der der § 300 Nr. 1 und 2 ab, als **20** hier (auffälligerweise) die Bezugnahme auf den fiktiven Jahresüberschuss als Berechnungsgrundlage für die Dotierungspflicht fehlt. Daraus wird im Schrifttum zum Teil der Schluss gezogen, bei Abschluss eines isolierten Beherrschungsvertrages sei die Verpflichtung zur Dotierung der Rücklage (ausnahmsweise) von dem Ausweis eines Jahresüberschusses unabhängig, sodass der ggf. *durch* die *Auffüllung* der gesetzlichen Rücklage entstehende *Verlust* nach § 302 von dem herrschenden Unternehmen zu übernehmen sei.[40] Jedoch setzt nach dem Gesamtzusammenhang der §§ 150 und 300 die Verpflichtung zur Auffüllung der Rücklage in jedem Fall einen zumindest **fiktiven Jahresüberschuss** bei der abhängigen Gesellschaft voraus,[41] sodass bei Fehlen eines Jahresüberschusses lediglich in den **Folgejahren,** sobald wieder ein Jahresüberschuss anfällt, die **Dotierungspflicht entsprechend zu erhöhen ist,** bis die gesetzliche oder die höhere satzungsmäßige Rücklage in der vorgeschriebenen Frist erreicht ist; notfalls muss dafür der gesamte vorhandene Jahresüberschuss verwandt werden. Für die (zugegebenermaßen schwierige) **Berechnung** des fiktiven Jahresüberschusses gilt hier gleichfalls dasselbe wie sonst im Anwendungsbereich des § 300 (→ Rn. 9), sodass § 300 Nr. 3 nicht etwa die Aufgabe stellt, zunächst die negativen Auswirkungen der Weisungen des herrschenden Unternehmens (§ 308) zu quantifizieren und den fiktiven Jahresüberschuss um diesen Betrag zu erhöhen, zumal davon im Anwendungsbereich der § 300 Nr. 1 ebenfalls allgemein abgesehen wird.[42]

3. Kombinierter Beherrschungsvertrag. Für den (wohl hypothetischen) Fall der Verbindung eines Beherrschungs- mit einem Teilgewinnabführungsvertrag enthält das Gesetz in § 300 Nr. 3 einen (schwer verständlichen) **Verweis auf § 300 Nr. 2.** Dies kann *zweierlei* bedeuten, *entweder,* dass ebenso wie bei Abschluss eines isolierten Beherrschungsvertrages (→ Rn. 19 f.) die § 300 **Nr. 1 und** zusätzlich die § 300 **Nr. 2** zu beachten sind, wobei letztlich der jeweils höhere Betrag maßgebend ist,[43] *oder* dass allein die § 300 **Nr. 2** anzuwenden ist, sodass in diesem Fall § 150 Abs. 2, bezogen auf den fiktiven Jahresüberschuss (ohne Teilgewinnabführung), maßgebend wäre.[44] Zu folgen ist der *erstgenannten* Meinung (Anwendung der § 300 Nr. 1 und 2), weil die Situation der abhängigen Gesellschaft bei *zusätzlichem* Abschluss eines Teilgewinnabführungsvertrages schwerlich schlechter als bei *alleinigem* Abschluss eines Beherrschungsvertrages (→ Rn. 19) sein kann. **21**

§ 301 Höchstbetrag der Gewinnabführung

¹Eine Gesellschaft kann, gleichgültig welche Vereinbarungen über die Berechnung des abzuführenden Gewinns getroffen worden sind, als ihren Gewinn höchstens den ohne die Gewinnabführung entstehenden Jahresüberschuss, vermindert um einen Verlustvortrag aus dem Vorjahr, um den Betrag, der nach § 300 in die gesetzlichen Rücklagen einzustellen ist, und den nach § 268 Abs. 8 des Handelsge-

---

[39] Spindler/Stilz/*Euler/Wirth* Rn. 22; K. Schmidt/Lutter/*Stephan* Rn. 30.
[40] So MüKoAktG/*Altmeppen* Rn. 29–34; Spindler/Stilz/*Euler/Wirth* Rn. 23; GroßkommAktG/*Hirte* Rn. 52 f.; Hüffer/*Koch* Rn. 13.
[41] Hölters/*Deilmann* Rn. 19; KK-AktG/*Koppensteiner* Rn. 20; Grigoleit/*Servatius* Rn. 5; *Veit* Unternehmensverträge 93 f.; K. Schmidt/Lutter/*Stephan* Rn. 27–29.
[42] Hölters/*Deilmann* Rn. 19; K. Schmidt/Lutter/*Stephan* Rn. 29.
[43] GroßkommAktG/*Hirte* Rn. 54; Hüffer/*Koch* Rn. 15; KK-AktG/*Koppensteiner* Rn. 19; Grigoleit/*Servatius* Rn. 5; *Veit* Unternehmensverträge 92 f.
[44] So MüKoAktG/*Altmeppen* Rn. 36–38; Spindler/Stilz/*Euler/Wirth* Rn. 25 f.

§ 301 1, 2   3. Buch. 1. Teil. 3. Abschn. Sicherung der Ges. u. der Gläubiger

setzbuchs ausschüttungsgesperrten Betrag, abführen. ²Sind während der Dauer des Vertrags Beträge in andere Gewinnrücklagen eingestellt worden, so können diese Beträge den anderen Gewinnrücklagen entnommen und als Gewinn abgeführt werden.

Schrifttum: *Hommelhoff* (Hrsg.), Entwicklungen im GmbH-Konzernrecht, 1986, 64; *Grüner,* Die Beendigung von Gewinnabführungs- und Beherrschungsverträgen, 2003; *Veit,* Unternehmensverträge und Eingliederung als aktienrechtliche Instrumente der Unternehmensverbindung, 1974.

Übersicht

	Rn.		Rn.
I. Überblick	1–4	5. Höhe, Fälligkeit	10, 10a
II. Anwendungsbereich	5, 6	6. Zinsen	10b
III. Höchstbetrag der Gewinnabführung (S. 1)	7–10d	7. Rechtsfolgen	10c, 10d
		IV. Rücklagen	11–18
1. Bedeutung, Steuerrecht	7–7d	1. Andere Gewinnrücklagen (S. 2)	11–15
2. Berechnung	7e–8a	2. Gewinnvorträge	16
3. Verlustvortrag	9, 9a	3. Kapitalrücklagen	17
4. Ausschüttungsgesperrter Betrag	9b, 9c	4. Stille Rücklagen	18

I. Überblick

1   § 301, zuletzt geändert durch das BilMoG von 2009 (BGBl. I 1102 [1123]), regelt die Obergrenze des Gewinns, der insbesondere auf Grund eines Gewinnabführungsvertrages mit einer AG oder KGaA an den anderen Vertragsteil, das „herrschende" Unternehmen, abgeführt werden darf. Das Gesetz überlässt zwar grundsätzlich Definition und Ermittlung des abzuführenden Gewinns den Parteien (§ 311 Abs. 1 BGB). Um jedoch zu verhindern, dass auf Grund derartiger Abreden letztlich die Substanz der abhängigen Gesellschaft an das herrschende Unternehmen ausgekehrt wird, wodurch entgegen dem **Zweck** der §§ 300–302 doch ihr bilanzmäßiges Anfangsvermögen geschmälert würde, bestimmt das Gesetz zugleich eine **Obergrenze für die Gewinnabführung.**[1] Dahinter steht nicht zuletzt die Überlegung, dass die *Substanz* der Gesellschaft anteilig auch etwaigen *außenstehenden* Gesellschaftern gehört, sodass sie schon deshalb nicht auf Grund eines Gewinnabführungsvertrages in voller Höhe allein an das herrschende Unternehmen abgeführt werden darf.[2]

2   Zur Bestimmung der Obergrenze für die zulässige Gewinnabführung knüpft das Gesetz in § 301 S. 1 ebenso wie schon in § 300 an den **fiktiven Jahresüberschuss** an, der grundsätzlich in einer Vorbilanz ermittelt werden muss, vermindert um einen Verlustvortrag aus dem Vorjahr, um die nach § 300 in die gesetzliche Rücklage einzustellenden Beträge sowie (seit 2009) um den nach § 268 Abs. 3 HGB ausschüttungsgesperrten Betrag. Das Gesetz nimmt damit ebenso wie in § 300 (→ § 300 Rn. 9) auf den Betrag nach § 275 Abs. 2 Nr. 20 und Abs. 3 Nr. 19 HGB in der Gewinn- und Verlustrechnung Bezug, der vor allem, wie aus § 158 Abs. 1 zu folgern ist, von dem Bilanzgewinn zu unterscheiden ist. Die Folge ist, dass man auch bei der Anwendung des § 301 zwischen dem auf Grund des Gewinnabführungsvertrages im Rahmen der §§ 300 und 301 (höchstens) abzuführenden Betrag und den darüber hinaus ggf. noch auf Grund eines Beschlusses der Hauptversammlung (§ 174) auszuschüttenden Beträgen zu trennen hat.[3] Der Gewinnabführungsvertrag bedeutet *nicht* etwa eine vollständige **Ausschüttungssperre,** sondern lässt eine Ausschüttung auf Grund

---

[1] Begr. RegE bei *Kropff* AktG 389 f.; BFHE 196, 485 (489 f.) = NZG 2002, 832 (833) = AG 2002, 680; BFHE 201, 221 (225) = NZG 2003, 398 (399); *Habersack* FS Happ, 2006, 49 (50 ff.); *Priester* ZIP 2001, 725 (727).
[2] BFHE 201, 221 (225) = NZG 2003, 398 (399).
[3] BFHE 196, 485 (489 f.); BFHE 201, 221 (225) = NZG 2003, 398 (399); *Cahn/St. Simon* Konzern 2003, 1 (6 ff.); *Priester* ZIP 2001, 725 (727 f.); K. Schmidt/Lutter/*Stephan* Rn. 25–29; *Willenberg/Welte* DB 1994, 1688 (1690).

eines Hauptversammlungsbeschlusses (§ 174) immer noch hinsichtlich derjenigen Beträge zu, um die der Bilanzgewinn auf Grund des § 158 den Jahresüberschuss iSd §§ 300 und 301 übersteigt.[4] Ein **Beispiel** ist eine während des Bestandes des Gewinnabführungsvertrages angefallene „Sonderdividende" aus der Auflösung vorvertraglicher Gewinnrücklagen, weil solche Beträge nach § 301 nicht auf Grund des Vertrages an das herrschende Unternehmen abgeführt werden dürfen, sodass sie gemäß §§ 53a, 174 nur an *alle* Aktionäre zusammen ausgeschüttet werden können.[5]

Eine **Ausnahme** von der Ausschüttungssperre des § 301 S. 1 kennt das Gesetz nach 3 S. 2 des § 301 lediglich für solche Beträge, die *während* der Dauer des Vertrags in **andere Gewinnrücklagen** eingestellt wurden. Daraus folgt zugleich, dass *sonstige* Rücklagen wie insbesondere *vorvertragliche* Gewinnrücklagen[6] (→ Rn. 2 aE) grundsätzlich von der Abführung an das herrschende Unternehmen ausgeschlossen sind (→ Rn. 11 ff.). Eine ergänzende Bestimmung für den Fall der Eingliederung findet sich in § 324 Abs. 2 S. 3 (→ § 324 Rn. 7).

Die **aktienrechtliche** (nicht die steuerrechtliche) **Bedeutung** des § 301 ist *gering*.[7] Dies 4 hängt vor allem damit zusammen, dass das Gesetz die Gewinnermittlung – innerhalb der Grenzen des § 301 S. 1 – den Parteien überlässt (→ Rn. 7) und dass es außerdem keinen Schutz der abhängigen Gesellschaft gegen die Auflösung und Abführung stiller Rücklagen (Reserven) vorsieht (→ Rn. 18).

II. Anwendungsbereich

§ 301 betrifft in erster Linie **Gewinnabführungsverträge** iSd § 291 Abs. 1 S. 1 mit 5 einer abhängigen AG oder KGaA mit Sitz im Inland (zur GmbH → Rn. 6). Unklar ist, ob § 301 darüber hinaus auch die **Teilgewinnabführungsverträge** des § 292 Abs. 1 Nr. 2 erfasst. Überwiegend wird die Frage bejaht, weil § 301 allgemein von jeder Form der Gewinnabführung spricht.[8] Nach einer verbreiteten Meinung soll dies freilich nur gelten, wenn es sich um einen sog. **unternehmensbezogenen Vertrag** im Gegensatz zu betriebsbezogenen Verträgen handelt.[9] Der Wortlaut der Vorschrift bietet indessen für eine derartige Unterscheidung *keine* Grundlage.[10] § 301 hat hier vor allem die Bedeutung, eine unübersteigbare Obergrenze für den abzuführenden Gewinn festzulegen, um Umgehungen der §§ 291 und 301 durch die Vereinbarung von Teilgewinnabführungsverträgen zu verhindern. Zu beachten ist jedoch, dass Festvergütungen für **stille Gesellschafter** ebenso wenig wie feste **Darlehenszinsen** unter den Begriff des abzuführenden Gewinns iSd § 292 Abs. 1 Nr. 2 fallen, sodass für derartige Zahlungen § 301 keine Bedeutung hat (→ Rn. 8a). Unanwendbar ist § 301 ferner auf isolierte Beherrschungsverträge sowie auf Gewinngemeinschaften.[11]

Im Gegensatz zu den Teilgewinnabführungsverträgen (→ Rn. 5) werden von dem 6 Anwendungsbereich der Vorschrift meistens die (seltenen) **Geschäftsführungsverträge** des § 291 Abs. 1 S. 2 ausgenommen, weil die Geschäftsführungsverträge bewirkten, dass

---

[4] BFHE 196, 485 (489 f.); 201, 221 (225); *Cahn/St. Simon* Konzern 2003, 1 (6 ff.); GroßkommAktG/*Hirte* Rn. 10, 13; *Priester* ZIP 2001, 725 (727 f.); K. Schmidt/Lutter/*Stephan* Rn. 27 ff.; *Willenberg/Welte* DB 1994, 1688 (1690); ebenso im Ergebnis BGH NJW-RR 2004, 474 = AG 2004, 205 (206).

[5] BGHZ 155, 110 (115 f.) = NJW-RR 2003, 1541 = AG 2003, 629 – Philips I; BGH ZIP 2003, 1933 (1934 f.) – Philips II; *L. Knoll* ZIP 2003, 2329 (2331).

[6] BGHZ 155, 110 (115 f.) = NJW-RR 2003, 1541 = AG 2003, 629 – Philips I; BGH ZIP 2003, 1933 (1934 f.) – Philips II.

[7] *Habersack* FS Happ, 2006, 49 (51 ff.); GroßkommAktG/*Hirte* Rn. 7; KK-AktG/*Koppensteiner* Rn. 3.

[8] LG Bonn AG 2006, 465 = ZIP 2006, 382; Hölters/*Deilmann* Rn. 2; *Habersack* FS Happ, 2006, 49 (52 f.); GroßkommAktG/*Hirte* Rn. 29; *Rust* AG 2006, 563 (564 f.); Grigoleit/*Servatius* Rn. 1; anders K. Schmidt/Lutter/*Stephan* Rn. 10 ff.

[9] So schon Begr. RegE bei *Kropff* AktG 390; ebenso im Anschluss daran MüKoAktG/*Altmeppen* Rn. 7–9; Hüffer/*Koch* Rn. 2; KK-AktG/*Koppensteiner* Rn. 6; K. Schmidt/Lutter/*Stephan* Rn. 12; Spindler/Stilz/*Veil* Rn. 4.

[10] Ebenso Hölters/*Deilmann* Rn. 2; GroßkommAktG/*Hirte* Rn. 29; MHdB AG/*Krieger* § 72 Rn. 22 (1325); *Veit* Unternehmensverträge 96.

[11] K. Schmidt/Lutter/*Stephan* Rn. 9; Spindler/Stilz/*Veil* Rn. 4; – anders aber Grigoleit/*Servatius* Rn. 1.

bei der verpflichteten Gesellschaft mit Rücksicht auf § 667 BGB von vornherein gar kein abzuführender Gewinn entstehe.¹² Diese Einschränkung des Anwendungsbereichs des § 301 ist indessen unvereinbar mit § 291 Abs. 1 S. 2, zumal auch bei den Geschäftsführungsverträgen nicht anders als bei den Gewinnabführungsverträgen die Ermittlung eines fiktiven Jahresüberschusses erforderlich ist, an den dann § 301 genauso wie schon § 300 anknüpfen kann (→ § 300 Rn. 15).¹³ Auf die **GmbH** kann § 301 gleichfalls grundsätzlich entsprechend angewandt werden.¹⁴ Davon geht auch das Steuerrecht aus, wie sich aus § 17 S. 2 Nr. 1 KStG ergibt, nach dem bei der GmbH die Anerkennung der Organschaft voraussetzt, dass die Gewinnabführung nicht die Grenze des § 301 überschreitet. Freilich setzen das Fehlen einer gesetzlichen Rücklage sowie das weitere Fehlen sonstiger Vorschriften über gebundene Rücklagen der Analogie zu § 301 im GmbH-Konzernrecht enge **Schranken,** da bei der GmbH letztlich nur das Stammkapital gebunden ist. Die Einzelheiten sind noch nicht geklärt.¹⁵

III. Höchstbetrag der Gewinnabführung (S. 1)

7   **1. Bedeutung, Steuerrecht.** § 301 S. 1 bestimmt, dass aufgrund eines Gewinnabführungsvertrages ohne Rücksicht auf die Abreden der Beteiligten „höchstens" der Jahresüberschuss abzüglich bestimmter Posten an den anderen Vertragsteil abgeführt werden darf. Die Vorschrift legt auf diese Weise den Höchstbetrag, dh die **Obergrenze** der zulässigen Gewinnabführung aufgrund eines Gewinnabführungsvertrages iSd Gesetzes fest. Damit enthält § 301 S. 1 zugleich eine **Präzisierung des § 291 Abs. 1 S. 1 Fall 2,** wonach das Gesetz unter einem Gewinnabführungsvertrag einen Vertrag versteht, durch den sich eine Gesellschaft verpflichtet, „ihren ganzen Gewinn" an einer anderes Unternehmen abzuführen. Den Gegensatz bildet insbesondere der Teilgewinnabführungsvertrag des § 292 Abs. 1 Nr. 2, der sich auf einen „Teil des Gewinns" der Gesellschaft bezieht (→ § 291 Rn. 48; → § 292 Rn. 24 ff.). Daraus ist der Schluss zu ziehen, dass unter dem „*ganzen Gewinn*" iSd § 291 Abs. 1 S. 1 Fall 2 genau der nach § 301 berechnete *Höchstbetrag* des abzuführenden Gewinns zu verstehen ist.¹⁶ Denn *mehr* als diesen Betrag darf die Gesellschaft auf keinen Fall abführen, wie sich aus § 301 S. 1 ergibt; und wenn die Verpflichtung zur Gewinnabführung *dahinter zurückbleibt,* erfasst der Vertrag eben nicht mehr den „ganzen Gewinn", weil ein Teil des Gewinns der verpflichteten Gesellschaft verbleibt, sodass es sich lediglich um einen Teilgewinnabführungsvertrag iSd § 292 Abs. 1 Nr. 2 handelt.

7a   Das Gesagte (→ Rn. 7) hat unmittelbare **steuerrechtliche Bedeutung,** da nach den §§ 14 Abs. 1 S. 1 und 17 KStG die Anerkennung der Organschaft im Körperschaft- und Gewerbesteuerrecht die genaue Beachtung der §§ 291 und 301 voraussetzt. § 14 Abs. 1 S. 1 KStG verweist ausdrücklich auf § 291 Abs. 1 AktG; und § 17 S. 2 Nr. 1 KStG fügt hinzu, dass die Gewinnabführung auch bei der GmbH nicht die Grenze des § 301 überschreiten darf. Für die AG gilt nichts anderes. Daraus folgt, dass nur die genaue Beachtung der §§ 291 und 301 die Anerkennung der Organschaft durch die Finanzverwaltung im Körperschaft- und Gewerbesteuerrecht gewährleistet. Bei jeder von § 301 abweichenden Praxis der Gewinnabführung besteht die Gefahr, dass die körperschaftsteuerliche Organschaft bei der AG ebenso wie bei der GmbH von der Finanzverwaltung verworfen wird (sog. **verunglückte Organschaft**).¹⁷

---

¹² Hüffer/*Koch* Rn. 2; KK-AktG/*Koppensteiner* Rn. 4; MHdB AG/*Krieger* § 71 Rn. 23.
¹³ Ebenso MüKoAktG/*Altmeppen* Rn. 5; Hölters/*Deilmann* Rn. 2; GroßkommAktG/*Hirte* Rn. 31; K. Schmidt/Lutter/*Stephan* Rn. 13; Spindler/Stilz/*Veil* Rn. 5 sowie BGH NJW-RR 2004, 474 = NZG 2004, 185 = AG 2004, 205 für einen sog. Geschäftsbesorgungsvertrag, bei dem es sich tatsächlich um einen Geschäftsführungsvertrag gehandelt haben dürfte; → § 291 Rn. 72.
¹⁴ *Cahn/St. Simon* Konzern 2003, 1 (11); GroßkommAktG/*Hirte* Rn. 34 f.; *Hoffmann-Becking* WiB 1994, 57 (61); Grigoleit/*Servatius* Rn. 1, 4; *Morshäuser/Dietz* NZG 2011, 1135 (1137 f.); *Priester* ZIP 2001, 725 (729); *Sünner* AG 1989, 414 (417 ff.); krit. MüKoAktG/*Altmeppen* Rn. 11.
¹⁵ S im einzelnen *Hüffer* FS U. Schneider, 2011, 559 (565, 569 f.).
¹⁶ Ebenso Hölters/*Deilmann* Rn. 4.
¹⁷ *Baldamus* Ubg 2009, 484; *Cahn/St. Simon* Konzern 2003, 1 (5); *Rohrer/v. Goldacker/Cl. Huber* DB 2009, 360; K. Schmidt/Lutter/*Stephan* Rn. 6.

Nach § 16 KStG stehen **Ausgleichsleistungen** iSd § 304 der Anerkennung der Organ- 7b
schaft nicht entgegen und sind deshalb grundsätzlich von der Organgesellschaft, dh der
abhängigen Gesellschaft zu versteuern. Die Berechnung der somit steuerrechtlich unschädlichen Ausgleichs richtet sich nach § 304, der in Abs. 2 bestimmt, welche Größe der Ausgleich
„mindestens" haben muss. Die Beteiligten können folglich *auch höhere* Ausgleichsleistungen
als in § 304 bestimmt vereinbaren. Nach der Rechtsprechung des **BFH**[18] dürfen jedoch die
Ausgleichsleistungen nicht so hoch festgesetzt werden, dass „bei wirtschaftlicher Betrachtungsweise" von der Gewinnabführung im Ergebnis nichts mehr übrig bleibt, widrigenfalls
die Organschaft verworfen wird, da es dann an der tatsächlichen Durchführung der Organschaft iSd § 14 Abs. 1 S. 1 Nr. 3 KStG fehle. Diese restriktive Praxis des BFH ist freilich im
Schrifttum auf verbreitete **Kritik** gestoßen;[19] auch die Finanzverwaltung folgt ihr bisher
nicht.[20]

Ergänzend bestimmt noch § 14 Abs. 1 S. 1 Nr. 4 KStG, dass die Organgesellschaft aus 7c
dem Jahresüberschuss nur insoweit Beträge in die **Gewinnrücklagen** des § 272 Abs. 3
HGB mit Ausnahme der gesetzlichen Rücklagen einstellen darf, wie dies bei vernünftiger
kaufmännischer Beurteilung wirtschaftlich begründet ist. Voraussetzung dafür ist grundsätzlich, dass aufgrund eines konkreten Anlasses wie insbesondere geplanter Investitionen
bestimmte Verwendungspläne gefasst wurden oder dass die Gesellschaft existenzbedrohenden finanziellen Risiken ausgesetzt ist.[21]

Steuerrechtliche Sonderregelungen der geschilderten Art können im Einzelfall dazu füh- 7d
ren, dass die Steuerbelastung der herrschenden Gesellschaft infolge der Zurechnung der
Erträge der abhängigen Gesellschaft im Rahmen der Organschaft (§ 14 Abs. 1 S. 1 KStG
2003, §§ 2, 7 GewStG) den Höchstbetrag der Gewinnabführung nach den §§ 300 und
301 erreicht oder sogar überschreitet. Selbst in diesen Fällen bleibt jedoch § 301 zu beachten,
sodass im Konzern kein Raum für zusätzliche **Steuerumlagen** zu Lasten der abhängigen
Gesellschaft ist (→ § 300 Rn. 8).[22]

2. Berechnung. In der Frage der Ermittlung des abzuführenden Gewinns besteht (im 7e
Rahmen der Gesetze und insbesondere des § 301, → Rn. 8) grundsätzlich **Vertragsfreiheit**
(§ 311 Abs. 1 BGB; → Rn. 1).[23] Zulässig sind namentlich Abreden darüber, **wie** die abhängige Gesellschaft von etwaigen **Bilanzwahlrechten** Gebrauch zu machen hat.[24] Das herrschende Unternehmen kann, wenn der Gewinnabführungsvertrag wie häufig mit einem
Beherrschungsvertrag verbunden ist, ferner von seinem **Weisungsrecht** (§ 308 Abs. 1) mit
dem Ziel Gebrauch machen, die abhängige Gesellschaft zu einer bestimmten Bilanzierungspolitik zu veranlassen.[25] Ohne verbindliche Vorgaben des herrschenden Unternehmens
(→ Rn. 7) ist die Ausübung von Bilanzwahlrechten dagegen (im Rahmen des Handels- und des Steuerrechts) **Sache des Vorstands** der abhängigen Gesellschaft. Dabei muss er
die gebotene Rücksicht auf die Interessen des herrschenden Unternehmens nehmen (§§ 241
Abs. 2, 242 BGB). Verstößt der Vorstand gegen diese Pflicht, indem er zB sein Bilanzwahlrecht in einer Weise ausübt, die für das herrschende Unternehmen ohne Not zur Verlustausgleichspflicht (§ 302 Abs. 1) oder zur Verwerfung der Organschaft durch die Finanzverwaltung führt, so macht sich die abhängige Gesellschaft **schadensersatzpflichtig** (§ 280 Abs. 1

---

[18] BFHE 225, 312 = GmbHR 2009, 1168 (1171).
[19] Insbes. *Baldamus* ZGR 2007, 819 (849 ff.); *ders.* Ubg 2010, 483 (489 ff.); *Neumayer/Imschweiler* GmbHR 2011, 57 (63 f.); *Ismer* GmbHR 2011, 968 (971); *N. Schneider/U. Sommer* GmbHR 2013, 22 (23 ff.).
[20] S. den Nichtanwendungserlass vom 20.4.2010, BStBl. I 372 = GmbHR 2010, 556.
[21] Spindler/Stilz/*Veil* Rn. 13 mN.
[22] BGH AG 2004, 205 (206) = NJW-RR 2004, 474; *St. Simon* ZGR 2007, 71 (82 ff.).
[23] Begr. RegE bei *Kropff* AktG 389.
[24] MüKoAktG/*Altmeppen* Rn. 1, 12–14; Hölters/*Deilmann* Rn. 5; KK-AktG/*Koppensteiner* Rn. 8; *H.-P. Müller* FS Goerdeler, 1987, 375 (385 ff.).
[25] BGHZ 135, 374 (378) = NJW 1997, 2242 – Guano; zust. BVerfG NJW 1999, 1701 = NZG 1999, 397 = AG 1999, 217 – Tarkett/Pegulan; NJW 1999, 1699 = NZG 1999, 302 = AG 1999, 218 – SEN/KHS; OLG Frankfurt NZG 2000, 603 (604 f.); *H.-P. Müller* FS Goerdeler, 1987, 380 ff.; *Reichert*, Liber amicorum Winter, 2011, 541, 552 f.

BGB) und kann sich deshalb später nicht mehr auf § 302 Abs. 1 berufen (§ 249 BGB; → § 291 Rn. 27).²⁶ Unberührt bleibt aber nach Vertragsende die Anwendung des § 303.

8 § 301 S. 1 hat im Interesse der Erhaltung des bilanzmäßigen Anfangsvermögens der Gesellschaft eine **zwingende Obergrenze** für den abzuführenden Gewinn eingeführt. Zur Bestimmung dieser Obergrenze knüpft das Gesetz ebenso wie in § 300 an den **(fiktiven) Jahresüberschuss** der abhängigen Gesellschaft an, der grundsätzlich in einer Vorbilanz zu ermitteln ist und den Positionen des § 275 Abs. 2 Nr. 20 und Abs. 3 Nr. 19 HGB in der Gewinn- und Verlustrechnung entspricht (→ § 300 Rn. 9).²⁷ Dieser fiktive Jahresüberschuss muss sodann um verschieden Positionen **gekürzt** werden. Es sind dies der Reihe nach ein Verlustvortrag aus dem Vorjahr (→ Rn. 9), der nach § 300 Nr. 1 in die gesetzliche Rücklage einzustellenden Betrag (→ § 300 Rn. 6 ff.) sowie aufgrund des BilMoG von 2009 noch zusätzlich der nach § 268 Abs. 8 HGB ausschüttungsgesperrte Betrag (→ Rn. 9a f.). Erst der sich nach diesen Rechenoperationen ergebende sog. **berichtigte (fiktive) Jahresüberschuss** kann dann je nach den Abreden der Parteien *höchstens* auf Grund eines Gewinn- oder Teilgewinnabführungsvertrages an das herrschende Unternehmen abgeführt werden.

8a § 301 hat nach dem Gesagten (→ Rn. 8) *keine* Bedeutung für die der Ermittlung des fiktiven Jahresüberschusses vorausgehenden Rechenoperationen. Aus ihm ergeben sich mit anderen Worten **keine Schranken für** die Belastung der abhängigen Gesellschaft mit einem zusätzlichen **Aufwand,** sodass insbesondere auch eine **Festvergütung** für stille Gesellschafter (Teilgewinnabführungsvertrag nach § 292 Abs. 1 Nr. 2) – als bloßer Aufwand – ebenso wenig den Beschränkungen des § 301 unterliegt wie etwa feste, dh gewinnunabhängige **Darlehenszinsen** (→ Rn. 5, 9a; → § 292 Rn. 26).²⁸ Anders ist jedoch zu entscheiden, wenn die von der Gesellschaft geschuldeten Zahlungen *gewinnabhängig* sind (→ § 292 Rn. 26). Die Abgrenzung im Einzelfall ist schwierig, insbesondere wegen der vielfältigen Mischformen von gewinnabhängigen und gewinnunabhängigen Vergütungen für neue Formen der Kapitalüberlassung. Um naheliegenden Umgehungsversuchen begegnen zu können, sollte man hier, nicht zuletzt im Interesse des gebotenen umfassenden Gläubigerschutzes, in jedem Fall, in dem die Vergütung, wenn auch nur mittelbar, gewinnabhängig ist, von der Anwendbarkeit der §§ 292 Abs. 1 Nr. 2 und 301 ausgehen.

9 **3. Verlustvortrag.** Der erste Abzugsposten iSd § 301 S. 1 ist ein Verlustvortrag aus dem Vorjahr (→ Rn. 8), worunter mit Rücksicht auf § 302 bei **Gewinnabführungsverträgen** iSd § 291 Abs. 1 S, 1 allein das letzte Jahr *vor* Abschluss des Vertrages gemeint sein kann. Reicht der Jahresüberschuss aus dem ersten Geschäftsjahr nach Abschluss des Gewinnabführungsvertrages zur Tilgung des Verlustvortrags nicht aus, so muss die Tilgung (mit Vorrang vor der Gewinnabführung) in den folgenden Geschäftsjahren fortgesetzt werden.²⁹ Eine Verrechnung des Verlustvortrags erst mit späteren Gewinnen verstößt gegen § 301 S. 1 und führt zum Verlust der Anerkennung der körperschaftsteuerlichen Organschaft (→ Rn. 7 f.). Unberührt bleibt die Möglichkeit, den Verlustvortrag nicht mit dem fiktiven Überschuss des ersten Geschäftsjahrs nach Abschluss des Vertrages, sondern mit vorvertraglichen Kapital- oder Gewinnrücklagen zu verrechnen.³⁰

9a Anders ist die Rechtslage bei **Teilgewinnabführungsverträgen** iSd § 292 Abs. 1 Nr. 2, für die § 302 nicht gilt. Bei diesen Verträgen führt deshalb § 301 weitergehend dazu, dass ohne Rücksicht auf die Gegenleistung des anderen Teils eine Gewinnabführung ausscheidet, solange das Ergebnis der abhängigen Gesellschaft infolge des gesetzlich zwingend vorge-

---

²⁶ OLG Frankfurt NZG 2000, 603 (604 f.); ausf. *Reichert,* Liber amicorum Winter, 2011, 541, 552 f.
²⁷ BFHE 201, 221 (224 f.) = NZG 2003, 398 (399); MüKoAktG/*Altmeppen* Rn. 15–21; GroßkommAktG/ *Hirte* Rn. 9; Hüffer/*Koch* Rn. 3; KK-AktG/*Koppensteiner* Rn. 8; *Sünner* AG 1989, 414 (415); *Veit* Unternehmensverträge 98.
²⁸ LG Bonn AG 2006, 465 = ZIP 2006, 382; Hölters/*Deilmann* Rn. 11; *Habersack* FS Happ, 2006, 49 (57 ff.); *Rust* AG 2006, 563; str., aA zB *Hofert/Arends* ZIP 2005, 1297 (1299, 1303).
²⁹ K. Schmidt/Lutter/*Stephan* Rn. 17.
³⁰ *Cahn/St. Simon* Konzern 2003, 1 (6).

schriebenen Abzugs eines Verlustvortrags aus dem Vorjahr *insgesamt negativ* oder höchstens ausgeglichen ist; eine **Gewinnabführung** auf Grund des § 301 S. 1 kommt bei ihnen vielmehr erst in Betracht, wenn die abhängige oder besser: verpflichtete Gesellschaft (wieder) insgesamt ein *positives Ergebnis* erzielt hat.[31]

4. Ausschüttungsgesperrter Betrag. Durch das BilMoG von 2009 ist als dritter Abzugsposten der nach § 268 Abs. 8 HGB ausschüttungsgesperrte Betrag eingeführt worden.[32] § 268 Abs. 8 HGB bestimmt eine **Ausschüttungssperre** für Beträge, die sich aus dem Ausweis selbst geschaffener immaterieller Vermögensgegenstände im Anlagevermögen in der Bilanz ergeben; gleich stehen Beträge aus der Aktivierung latenter Steuern und der Zeitbewertung von Vermögensgegenständen (§ 268 Abs. 1 S. 2 und 3 HGB). Bei den genannten immateriellen Vermögensgegenständen ist insbesondere an betriebliches Know-how zu denken. Hintergrund der Regelung ist der Umstand, dass die Bewertung solcher Vermögensgegenstände und die Realisierung ihres Wertes oft unsicher sind. Deshalb soll durch die Ausschüttungssperre verhindert werden, dass hier letztlich fiktive, später nicht realisierte Gewinne an die Aktionäre ausgeschüttet werden. Die Folgerungen aus dieser handelsrechtlichen Regelung für die Gläubiger der Gesellschaft aufgrund eines Gewinn- oder Teilgewinnabführungsvertrages zieht § 301 durch die Klarstellung, dass die ausschüttungsgesperrten Beträge auch nicht aufgrund eines Gewinn- oder Teilgewinnabführungsvertrages an den anderen Vertragsteil und insbesondere nicht das herrschende Unternehmen abgeführt werden dürfen, soweit nicht frei verfügbare Rücklagen abzüglich eines Verlustvortrags und zuzüglich eines Gewinnvortrags dem Gesamtbetrag der angesetzten Beträge mindestens entsprechen.[33] Die Regelung ist entsprechend auf alle anderen Verträge einschließlich insbesondere der gewinnabhängigen Genussrechte anzuwenden, soweit sie unter § 292 Abs. 1 Nr. 2 fallen, dh soweit es sich um unmittelbar oder mittelbar *gewinnabhängige Vergütungen* handelt (→ Rn. 5, 8a; → § 291 Rn. 26).[34]

Die Änderung des § 301 durch das BilMoG wirft die Frage auf, wie der ausschüttungsgesperrte Betrag zu **verbuchen** ist. Möglich sind insbesondere die Einstellung des Betrags in freie Rücklagen, ein Ausweis des Betrages als Teil des Bilanzgewinns sowie die Verbuchung als mit einer Einrede behaftete Verbindlichkeit gegenüber dem herrschenden Unternehmen.[35] Eine **Ausschüttung** des Betrages darf, wie immer er im übrigen verbucht sein mag, nur erfolgen, wenn die freien Rücklagen den gesperrten Betrag überschreiten, wobei umstritten ist, ob dazu nur innervertragliche[36] oder auch vorvertragliche Rücklagen verwendet werden dürfen.[37] In den **Folgejahren** dürfen die fraglichen Positionen dann wohl zu Gunsten des Gewinns aufgelöst und zusammen mit dem Gewinn an das herrschende Unternehmen abgeführt werden.[38] Unklar ist, ob die Ausschüttungssperre iSd § 302 zu einer Erhöhung des negativen Ergebnisses der Gesellschaft und damit zu einem zusätzlichen Anspruch auf **Verlustausgleich** für die abhängige Gesellschaft führen kann. Dagegen spricht jedoch der fiktive Charakter dieser „Verluste".[39]

5. Höhe, Fälligkeit. § 301 enthält keine Regelung der **Fälligkeit** des Anspruchs des herrschenden Unternehmens auf Gewinnabführung, sodass die Parteien in der Bestimmung des Zeitpunkts der Gewinnabführung frei sind. In Betracht kommen als Zeitpunkte der

---

[31] Hüffer/*Koch* Rn. 5; Spindler/Stilz/*Veil* Rn. 10; *Veit* Unternehmensverträge 98.
[32] S. dazu zB Begr. RegE, BT-Drs. 16/12407 = BR-Drs. 344/08, 138; *Appelbacher* FS Hoffmann-Becking, 2013, 13; *Funnemann/Kerssenbrock* BB 2008, 2674; *Gelhausen/Althoff* Wpg 2009, 584; *Kropff* FS Hüffer, 2010, 539; *Neumayer/Imschweiler* GmbHR 2011; 57; *Ismer* GmbHR 2011, 968 (972 ff.); *St. Simon* NZG 2009, 1081.
[33] Begr. RegE, BR-Drs. 344/08, 139, 231.
[34] Sehr str., s. *Appelbacher* FS Hoffmann-Becking, 2013, 13 mN.
[35] *St. Simon* NZG 2009, 1081 (1084); K. Schmidt/Lutter/*Langenbucher* Rn. 18.
[36] So *St. Simon* NZG 2009, 1081 (1086).
[37] So *Kropff* FS Hüffer, 2010, 539 (550).
[38] *Ismer* GmbHR 2011, 968 (973); *Neumayer/Imschweiler* GmbHR 2011, 57 (59), alles str.
[39] *Baldamus* Ubg 2009, 484 (489 f.); Hölters/*Deilmann* § 302 Rn. 10; *Neumayer/Imschweiler* GmbHR 2011, 57 (60).

§ 301 10a–10c   3. Buch. 1. Teil. 3. Abschn. Sicherung der Ges. u. der Gläubiger

Fälligkeit insbesondere das Ende des Geschäftsjahres, dh der Stichtag des Jahresabschlusses, sowie der Tag der Feststellung des Abschlusses. Ebenso wie bei § 302 (→ § 302 Rn. 40 f.) tendiert die Vertragspraxis auch hier deutlich zu dem zuerst genannten Zeitpunkt, dh zu der Einigung auf den Stichtag des Jahresabschlusses als Termin der Fälligkeit des Anspruchs auf Gewinnabführung.[40] Fehlt eine vertragliche Regelung, so ist ebenfalls von dem **Stichtag des Jahresabschlusses** als dem maßgebenden Zeitpunkt auszugehen (§§ 133 und 157 BGB).[41]

10a   Der **Höhe** des Anspruchs des anderen Vertragsteils, dh des herrschenden oder sonst berechtigten Unternehmens auf Abführung des Gewinns richtet sich nach bisher hM nach dem ordnungsgemäß aufgestellten und festgestellten Jahresabschluss der verpflichteten Gesellschaft.[42] Das ist deshalb überraschend, weil die Rechtslage bei § 302 meistens anders beurteilt wird, indem für die Berechnung des Jahresfehlbetrags dort allein auf die objektiv ordnungsmäßige Bilanzierung abgestellt wird (→ § 302 Rn. 29 ff.). Aus diesem Grund ist es naheliegend – und zum Schutze der abhängigen oder zur Gewinnabführung verpflichteten Gesellschaft sowie zum Schutze der Gläubiger und Aktionäre dringend geboten – im Rahmen des § 301 ebenso zu entscheiden. Maßgebend ist mit anderen Worten auch hier allein der Betrag, der sich bei einer **objektiv ordnungsmäßigen Bilanzierung** als Jahresüberschuss ergibt.[43]

10b   **6. Zinsen.** Die Frage der Verzinsung des Anspruchs des anderen Vertragsteils, insbesondere also des herrschenden Unternehmens auf Abführung des Gewinns stellt sich vor allem, wenn der Anspruch auf Gewinnabführung bereits mit dem Stichtag des Jahresabschlusses fällig wird (→ Rn. 10), der Betrag tatsächlich aber erst später festgelegt und abgeführt wird. Haben die Parteien in diesem Fall keine Abreden über die Verzinsung getroffen, so muss entschieden werden, ob hier Raum für die Anwendung der §§ 352 und 353 HGB ist.[44] Entsprechende Abreden sind heute offenbar häufig,[45] weil die Finanzverwaltung die Anerkennung der Organschaft zunehmend von der ausdrücklichen *Vereinbarung einer Verzinsung* des Gewinnabführungsanspruchs des herrschenden Unternehmens von dem genannten Zeitpunkt ab abhängig macht.

10c   **7. Rechtsfolgen.** Bei der Ausschüttungssperre des § 301 handelt es sich um ein gesetzliches Verbot iSd § 134 BGB, sodass mit § 301 unvereinbare **Abreden** der Parteien und **Weisungen** des herrschenden Unternehmens aufgrund eines Beherrschungsvertrages (im Rahmen eines Organschaftsvertrages) nichtig sind.[46] In Betracht kommen außerdem **Erstattungsansprüche** der abhängigen oder sonst verpflichteten Gesellschaft, wenn sich der von der verpflichteten Gesellschaft abgeführte Betrag später als zu hoch erweist (→ Rn. 10a). Dieser Fragenkreis wird in jüngster Zeit mit zunehmender Heftigkeit diskutiert.[47] Erwogen werden – neben immer eingreifenden vertraglichen Ersatzansprüchen (§§ 280, 276 und 249 BGB) und Bereicherungsansprüchen (§ 812 Abs. 1 S. 1 Fall 1 BGB) – gleichermaßen verschuldensunabhängige Ansprüche in unmittelbarer oder entsprechender Anwendung des **§ 62 Abs. 1** sowie eine **Analogie zu § 302**.[48] § 62 Abs. 1 S. 1 ist seinem Wortlaut nach durchaus anwendbar, da es sich bei den Überzahlungen um gesetzwidrige Leistungen handelt, gilt aber nur für Zahlungen an *Aktionäre* und eine Reihe gleichstehender

---

[40] *Baldamus* Ubg 2009, 484 (489); Hölters/*Deilmann* Rn. 6.
[41] BGHZ 189, 261 (267) Rn. 14 = AG 2011, 514 – Wella I; BGH NZG 2011, 780 Rn. 14 – Wella II; anders früher BFHE 79, 282 (286) = BStBl. 1964 III, 334 (336).
[42] Goldschmidt/*Laeger* NZG 2012, 1201 (1202 f.); *Hennrichs* ZHR 174 (2010), 683 (697 ff.).
[43] *Gärtner* AG 2014, 793 (794 ff.) mN; Hüffer/*Koch* § 291 Rn. 26a; K. Schmidt/Lutter/*Stephan* Rn. 22; – anders noch 7. Aufl. Rn. 10.
[44] Dafür zB Hölters/*Deilmann* Rn. 7.
[45] S. zB LG Frankfurt AG 2007, 48 (50 f.); K. Schmidt/Lutter/*Stephan* Rn. 20.
[46] K. Schmidt/Lutter/*Stephan* Rn. 8; Spindler/Stilz/*Veil* Rn. 19; teilweise anders MüKoAktG/*Altmeppen* Rn. 22.
[47] S. *Gärtner* AG 2014, 793 (796 ff.); *Mylich* AG 2011, 765 (772 ff.); *Reichert,* Liber amicorum Winter, 2011, 541.
[48] Dafür insbes. *Gärtner* AG 2014, 793 (796 ff.); *Mylich* AG 2011, 765 (772 ff.).

Personen (zu denen der andere Vertragsteil nicht notwendig gehört); außerdem stellt sich hier die weitere Frage der Anwendung des Gutglaubensschutzes nach § 62 Abs. 1 S. 2 sowie nach der Anwendung des § 66 Abs. 2.

Wegen dieser Probleme spricht in der Tat viel für die neuerdings wiederholt vorgeschlagene ergänzende **Analogie zu § 302 Abs. 1.** Denn wenn das herrschende Unternehmen schon alle Verluste der abhängigen Gesellschaft ausgleichen muss, sollte für gesetzwidrige Überzahlungen aufgrund eines Gewinnabführungsvertrages (erst recht) nichts anderes gelten. Die Analogie zu § 302 Abs. 1 hat zudem den Vorteil, auch eine Lösung für die Frage des Erstattungsanspruchs bei einer **GmbH** als abhängiger Gesellschaft zu bieten, weil § 302 allgemein entsprechend auf die GmbH angewandt wird (→ § 302 Rn. 25 ff.), während durch den sonst nur anwendbaren § 31 GmbHG allein das der Stammkapitalziffer entsprechende Vermögen der abhängigen Gesellschaft geschützt wird.[49] Bei Bestehen eines Beherrschungsvertrages, dh im Rahmen einer Organschaft (wie sie die Regel bilden dürfte) ist ferner Raum für die Anwendung des **§ 309.**[50] Alle genannten Anspruchsgrundlagen sind unbedenklich *nebeneinander* anwendbar; keine schließt die andere aus.[51] Für die **Verzinsung** des Erstattungsanspruchs der Gesellschaft gelten § 63 Abs. 2 S. 1 AktG sowie die §§ 353 und 352 HGB.[52] 10d

IV. Rücklagen

1. Andere Gewinnrücklagen (S. 2). Nach § 301 S. 2 können (neben dem berichtigten fiktiven Jahresüberschuss, → Rn. 8 f.) nur noch solche Beträge als Gewinn abgeführt werden, die *während* der Dauer des betreffenden Gewinn- oder Teilgewinnabführungsvertrags (also nicht vorher) in andere Gewinnrücklagen eingestellt wurden (sog. *innervertragliche Gewinnrücklagen*). Das Gesetz nimmt damit Bezug auf § 158 Abs. 1 S. 1 Nr. 4 lit. d, nach dem in der Gewinn- und Verlustrechnung nach dem Jahresüberschuss unter anderem die Einstellungen in „andere Gewinnrücklagen" auszuweisen sind. Welche Rücklagen das Gesetz damit meint, ergibt sich im Einzelnen aus § 272 Abs. 3 S. 2 HGB. Die Gewinnrücklagen zerfallen danach in zwei Gruppen, die gesetzliche oder satzungsmäßige Rücklage (auf die sich der vorausgehende § 300 bezieht) sowie die anderen Gewinnrücklagen, die § 301 S. 2 allein im Auge hat. Davon zu unterscheiden sind insbesondere die Gewinnvorträge des § 158 Abs. 1 S. 1 Nr. 1 (→ Rn. 16) sowie die Kapitalrücklagen des § 272 Abs. 2 HGB, zu denen nach der Nr. 4 der Vorschrift (unter anderem) die anderen freiwilligen Zuzahlungen der Gesellschafter in das Eigenkapital gehören, die heute im Mittelpunkt der Auseinandersetzung um das richtige Verständnis der gesetzlichen Regelung stehen (→ Rn. 17). Kapital- und Gewinnrücklagen sind somit ebenso wie die Gewinnvorträge kein Teil des Jahresüberschusses (iSd § 301 S. 1), sondern bilden einen Teil des (verteilungsfähigen) **Bilanzgewinnes** der Gesellschaft (§§ 158 Abs. 1 S. 1 Nr. 5, 174 Abs. 2 Nr. 2).[53] 11

Aus dem Gesagten (→ Rn. 11) ergibt sich unmittelbar, dass die vorvertraglichen Gewinnrücklagen, die gesetzliche und die satzungsmäßige Rücklage sowie grundsätzlich auch die Kapitalrücklagen *nicht* nach § 301 S. 1 an den anderen Vertragsteil aufgrund eines Gewinnabführungsvertrages *abgeführt* werden dürfen, da sie *keinen Teil des Jahresüberschusses* bilden, auf den das Gesetz in § 301 S. 1 allein abstellt.[54] Wohl aber können Entnahmen aus diesen Rücklagen (soweit nach dem Gesetz oder der Satzung zulässig) zusammen mit dem **Bilanzgewinn** nach § 174 **ausgeschüttet** werden, wodurch sichergestellt wird, dass außenstehende Aktionäre anteilig an den ihnen ebenfalls gehörenden Rücklagen beteiligt werden, 12

---

[49] *Gärtner* AG 2014, 793 (801 f.).
[50] *Reichert,* Liber amicorum Winter, 2011, 541; Spindler/Stilz/*Veil* Rn. 20.
[51] *Gärtner* AG 2014, 793 (801).
[52] *Gärtner* AG 2014, 793 (801 f.).
[53] Ebenso BGHZ 155, 110 (115) = NJW-RR 2003, 1541 = AG 2003, 629 – Philips I; BGH ZIP 2003, 1933 (1934 f.) – Philips II.
[54] Ebenso Begr. RegE bei *Kropff* AktG 390; Hölters/*Deilmann* Rn. 16; Schmidt/Lutter/*Stephan* Rn. 26; *Hüffer* FS U. Schneider, 2011, 559; Hüffer/*Koch* Rn. 8 f.

während die fraglichen Beträge bei Einbeziehung in den abzuführenden Jahresüberschuss *allein* dem herrschenden Unternehmen zugutekämen.⁵⁵ Ein Beispiel ist eine während des Laufs des Vertrags an die Aktionäre ausgeschüttete **Sonderdividende** aus der Auflösung vorvertraglicher Gewinnrücklagen.⁵⁶

13 Eine **Ausnahme** von der Ausschüttungssperre für Rücklagen (→ Rn. 12) gilt jedoch nach § 301 S. 2 für **innervertragliche andere Gewinnrücklagen** iSd § 158 Abs. 1 S. 1 Nr. 4 lit. d AktG sowie des § 272 Abs. 4 S. 2 HGB. Denn nach § 301 S. 2 können Beträge, die während der Dauer des Gewinn- oder des Teilgewinnabführungsvertrages in andere Gewinnrücklagen eingestellt wurden, diesen Rücklagen (soweit nach dem Gesetz oder der Satzung zulässig) entnommen und als Gewinn (zusammen mit dem Jahresüberschuss) an den anderen Vertragsteil abgeführt werden. Mit dieser Regelung sollte ein Anreiz geschaffen werden, trotz des Abschlusses eines Gewinnabführungsvertrages andere Gewinnrücklagen zu bilden und dadurch die Substanz der abhängigen Gesellschaft zu stärken.⁵⁷ **Steuerrechtlich** ist in diesem Zusammenhang insbesondere noch § 14 Abs. 1 S. 1 Nr. 4 KStG zu beachten, nach dem die Organgesellschaft, dh die verpflichtete Gesellschaft Beträge aus dem Jahresüberschuss *nur* insoweit in die Gewinnrücklagen des § 272 Abs. 3 HGB (mit Ausnahme der gesetzlichen Rücklage) einstellen darf, als dies bei vernünftiger kaufmännischer Beurteilung wirtschaftlich begründet ist, etwa zur Finanzierung konkreter Investitionsvorhaben. Weitergehende Rückstellungen gefährden folglich die steuerrechtliche Anerkennung der Organschaft.

14 § 301 S. 2 regelt nicht die Frage, **ob** bei der abhängigen Gesellschaft andere Gewinnrücklagen **zu bilden** sind. *Diese* Frage beurteilt sich allein nach § 58 Abs. 2 sowie den Abreden der Parteien.⁵⁸ Das herrschende Unternehmen hindert *zivilrechtlich* auch nichts, von Fall zu Fall über den Vertrag hinaus auf die Abführung des Gewinns ganz oder teilweise zu **verzichten,** sodass die betreffenden Beträge dann, wenn sie nicht ausgeschüttet werden, als Gewinn vorzutragen oder in andere Gewinnrücklagen einzustellen sind, wobei sich das herrschende Unternehmen außerdem vorbehalten kann, die spätere Abführung dieser Beträge zu verlangen. **Steuerrechtlich** sind indessen derartige Praktiken riskant, weil sie die *tatsächliche Durchführung* des Gewinnabführungsvertrages iSd § 14 Abs. 1 S. 1 Nr. 3 S. 1 KStG infrage stellen, sodass in derartigen Fällen die Verwerfung der Organschaft durch die Finanzverwaltung droht.⁵⁹

15 Die **Auflösung** der anderen innervertraglichen Gewinnrücklagen ist (im Rahmen des Gesetzes und der Satzung) **Sache des Vorstandes,** der dazu bei Bestehen eines Beherrschungsvertrages vom herrschenden Unternehmen angewiesen werden kann (§ 308 Abs. 1).⁶⁰ Nach Auflösung sind die fraglichen Beträge in den **Jahresüberschuss** einzustellen und sodann (nur) mit diesem ggf. an das herrschende Unternehmen *abzuführen;* eine Ausschüttung an die Aktionäre nach § 174 scheidet nach Abschluss (nur) eines Gewinnabführungsvertrages mit Rücksicht auf den Zustimmungsbeschluss der Aktionäre nach § 293 Abs. 1 bei diesen innervertraglichen Gewinnrücklagen aus.⁶¹ **Anders** zu behandeln sind dagegen **vorvertragliche Gewinnrücklagen:** Sie dürfen nicht nach § 301 abgeführt werden, sondern sind im Rahmen

---

⁵⁵ BGHZ 155, 110 (115) = NJW-RR 2003, 1541 – Philips I; BGH ZIP 2003, 1933 (1934f.) – Philips II; BFHE 196, 485 (490f.) = AG 2002, 680 = NZG 2002, 832 (834); *Cahn/St. Simon* Konzern 2003, 1 (6ff.); *Priester* ZIP 2001, 725 (727f.); *Willenberg/Th. Welte* DB 1994, 1688 (1690); *K. Schmidt/Lutter/Stephan* Rn. 27 ff.; Spindler/Stilz/*Veil* Rn. 17; krit. *Breuninger/A. Krüger* GmbHR 2002, 277 (278f.); str.

⁵⁶ BGHZ 155, 110 (115) = NJW-RR 2003, 1541 – Philips I; BGH ZIP 2003, 1933 (1934f.) – Philips II.

⁵⁷ So Begr. RegE bei *Kropff* AktG 390; BFHE 196, 485 (490f.) = AG 2002, 680 = NZG 2002, 832 (834).

⁵⁸ MüKoAktG/*Altmeppen* Rn. 27; Hölters/*Deilmann* Rn. 15; *Geßler* FS Meilicke, 1985, 18ff.; Großkomm-AktG/*Hirte* Rn. 17f.; Hüffer/*Koch* § 58 Rn. 15; KK-AktG/*Koppensteiner* Rn. 16; MHdB AG/*Krieger* § 71 Rn. 20.

⁵⁹ Hölters/*Deilmann* Rn. 15.

⁶⁰ OLG Frankfurt NZG 2000, 603 (604f.); MüKoAktG/*Altmeppen* Rn. 28; KK-AktG/*Koppensteiner* Rn. 17; MHdB AG/*Krieger* § 71 Rn. 20; – anders Grigoleit/*Servatius* Rn. 6; Spindler/Stilz/*Veil* Rn. 15.

⁶¹ *Cahn/St. Simon* Konzern 2003, 1 (8).

der Ergebnisverwendung an alle Aktionäre auszuschütten (→ Rn. 12).[62] Für die Aktionäre hat dies unter anderem den Vorteil, dass eine auf der Ausschüttung solcher Beträge beruhende „Sonderdividende" unter keinem Gesichtspunkt auf die ihnen geschuldeten Ausgleichs- oder Abfindungsleistungen (§§ 304, 305) angerechnet werden darf.[63]

2. Gewinnvorträge. Den anderen Gewinnrücklagen iSd § 301 S. 2 (→ Rn. 11 ff.) stehen nach allgemeiner Meinung die Gewinnvorträge des § 158 Abs. 1 S. 1 Nr. 1 gleich. § 301 S. 2 ist entsprechend anzuwenden (→ Rn. 11–15).[64] Davon geht auch die Rechtsprechung aus.[65] **16**

3. Kapitalrücklagen. Besonderheiten gelten für die Kapitalrücklagen des § 272 Abs. 2 HGB. Nach dem Wortlaut des Gesetzes (§ 301 S. 2 AktG und § 272 Abs. 2 und 3 HGB idF von 2001) dürfen sie – im Gegensatz zu den anderen Gewinnrücklagen (→ Rn. 11 ff.) und den Gewinnvorträgen (→ Rn. 16) – nicht aufgelöst und zusammen mit dem Jahresüberschuss aufgrund eines Gewinn- oder Teilgewinnabführungsvertrages an den anderen Vertragsteil abgeführt werden. Das widerspricht jedoch für den Posten des § 272 Abs. 3 Nr. 4 HGB, dh für **freiwillige Zuzahlungen der Gesellschafter** in das Eigenkapital während der Laufzeit des Vertrages der früheren Praxis vor der Reform von 2001,[66] die seinerzeit auch die Billigung der Finanzverwaltung gefunden hatte.[67] Mit Rücksicht auf den seit 2001 entgegenstehenden Wortlaut des § 272 Abs. 3 Nr. 4 HGB ist die Frage jedoch heute umstritten. Während ein Teil des Schrifttums insoweit ein Redaktionsversehen annimmt, sodass die frühere Praxis beibehalten werden könne,[68] hat sich der BFH auf den (naheliegenden) Standpunkt gestellt, dass die freiwilligen Zuzahlungen der Gesellschafter fortan als Kapitalrücklage gemäß § 272 Abs. 2 Nr. 4 HGB in Verbindung mit § 301 S. 2 AktG **generell von der Abführung an** das herrschende Unternehmen (mangels Zugehörigkeit zum Jahresüberschuss) **ausgeschlossen** seien und nur (als Teil des Bilanzgewinnes gemäß § 158 Abs. 1 S. 1 Nr. 2) an die Aktionäre im Rahmen der Ergebnisverwendung ausgeschüttet werden könnten.[69] Eine andere Handhabung, dh die Abführung an das herrschende Unternehmen, gefährdet somit heute die Anerkennung der Organschaft durch die Finanzverwaltung.[70] **17**

4. Stille Rücklagen. Das Gesetz enthält *keine* Regelung für die Behandlung der stillen Rücklagen oder Reserven. Insbesondere *§ 301* ist auf sie *nicht* anwendbar. Daraus wird allgemein der Schluss gezogen, dass selbst *vorvertragliche* stille Rücklagen während des Bestehens eines Gewinn- oder Teilgewinnabführungsvertrages jederzeit, etwa durch Veräußerung unterbewerteter Grundstücke, **aufgelöst** und die dabei erzielten außerordentlichen Erträge zur Erhöhung des abgeführten Gewinns verwandt werden können.[71] Ein Schutz der außen- **18**

---

[62] BFHE 196, 485 (490 f.) = AG 2002, 680 = NZG 2002, 832 (834); BGHZ 155, 110 (115) = NJW-RR 2003, 1541 = AG 2003, 629 – Philips I; BGH ZIP 2003, 1933 (1934) – Philips II; *Cahn/St. Simon* Konzern 2003, 1 (8 ff.); krit. *Breuninger/A. Krüger* GmbHR 2002, 277 (278 f.).

[63] BGHZ 155, 110 (115) = NJW-RR 2003, 1541 = AG 2003, 629 – Philips I; BGH ZIP 2003, 1933 (1934) – Philips II.

[64] GroßkommAktG/*Hirte* Rn. 19 f.; *Hölters/Deilmann* Rn. 17; *Hüffer/Koch* Rn. 7; KK-AktG/*Koppensteiner* Rn. 19; MHdB AG/*Krieger* § 71 Rn. 22; *Grigoleit/Servatius* Rn. 6; *Spindler/Stilz/Veil* Rn. 16; *Veit* Unternehmensverträge 100.

[65] BGHZ 155, 110 (115) = NJW-RR 2003, 1541 – Philips I; BGH ZIP 2003, 1933 (1934) – Philips II.

[66] OLG Frankfurt NZG 2000, 603 (604); *Hoffmann-Becking* WiB 1994, 57 (61).

[67] BMF-Schreiben vom 11.10.1990, DB 1990, 2142.

[68] *Hölters/Deilmann* Rn. 14; *Hüffer/Koch* Rn. 8; *Hüffer* FS U. Schneider, 2001, 559 (564 ff.).

[69] BFHE 196, 485 (489 ff.) = NZG 2002, 832 (833 f.) = AG 2002, 680; BMF-Schreiben vom 27.11.2003, BStBl. I 2003, 674; s. aus *Breuninger/A. Krüger* GmbHR 2002, 277; *Cahn/St. Simon* Konzern 2003, 1 (7 ff.); *Priester* ZIP 2001, 725 (727 f.); *Willenberg/Th. Welte* DB 1994, 1688 (1690).

[70] *Hölters/Deilmann* Rn. 14.

[71] BVerfG NJW 1999, 1701 = NZG 1999, 397 = AG 1999, 217 – Tarkett/Pegulan; NJW 1999, 1699 = NZG 1999, 302 = AG 1999, 218 – SEN/KHS; BGHZ 135, 374 (378 f.) = NJW 1997, 2242 – Guano; BFHE 101, 221 = NZG 2003, 398 (399); OLG Düsseldorf AG 2004, 324 (327) (r. Sp.) = ZIP 2004, 753 – EVA; MüKoAktG/*Altmeppen* Rn. 32–35; *Cahn/St. Simon* Konzern 2003, 1 (11 ff.); *Hölters/Deilmann* Rn. 20; GroßkommAktG/*Hirte* Rn. 22; *H. P. Müller* FS Goerdeler, 1987, 375 (389 ff.); dagegen aber *Grüner* Beendigung 19 ff., 26.

stehenden Aktionäre dagegen ist nach geltendem Recht allein durch die angemessene Berücksichtigung der stillen Rücklagen bei der Berechnung von Abfindung und Ausgleich möglich (→ § 305 Rn. 41, 72 f.).[72]

§ 302 Verlustübernahme

(1) Besteht ein Beherrschungs- oder ein Gewinnabführungsvertrag, so hat der andere Vertragsteil jeden während der Vertragsdauer sonst entstehenden Jahresfehlbetrag auszugleichen, soweit dieser nicht dadurch ausgeglichen wird, daß den anderen Gewinnrücklagen Beträge entnommen werden, die während der Vertragsdauer in sie eingestellt worden sind.

(2) Hat eine abhängige Gesellschaft den Betrieb ihres Unternehmens dem herrschenden Unternehmen verpachtet oder sonst überlassen, so hat das herrschende Unternehmen jeden während der Vertragsdauer sonst entstehenden Jahresfehlbetrag auszugleichen, soweit die vereinbarte Gegenleistung das angemessene Entgelt nicht erreicht.

(3) ¹Die Gesellschaft kann auf den Anspruch auf Ausgleich erst drei Jahre nach dem Tage, an dem die Eintragung der Beendigung des Vertrags in das Handelsregister nach § 10 des Handelsgesetzbuchs bekannt gemacht worden ist, verzichten oder sich über ihn vergleichen. ²Dies gilt nicht, wenn der Ausgleichspflichtige zahlungsunfähig ist und sich zur Abwendung des Insolvenzverfahrens mit seinen Gläubigern vergleicht oder wenn die Ersatzpflicht in einem Insolvenzplan geregelt wird. ³Der Verzicht oder Vergleich wird nur wirksam, wenn die außenstehenden Aktionäre durch Sonderbeschluß zustimmen und nicht eine Minderheit, deren Anteile zusammen den zehnten Teil des bei der Beschlußfassung vertretenen Grundkapitals erreichen, zur Niederschrift Widerspruch erhebt.

(4) Die Ansprüche aus diesen Vorschriften verjähren in zehn Jahren seit dem Tag, an dem die Eintragung der Beendigung des Vertrags in das Handelsregister nach § 10 des Handelsgesetzbuchs bekannt gemacht worden ist.

Schrifttum: *Acher,* Vertragskonzern und Insolvenz, 1987; *Albers-Schönberg,* Haftungsverhältnisse im Konzern, 1980; *Altmeppen,* Die Haftung des Managers im Konzern, 1998; *Bitter,* Konzernrechtliche Durchgriffshaftung bei Personengesellschaften, 2000; *v. Büren,* Der Konzern, 2. Aufl. Basel 2005; *Cahn,* Vergleichsverbote im Gesellschaftsrecht, 1996; *Dachner,* Der Abwendungsvergleich des § 302 Abs. 3 S. 2 AktG an der Schnittstelle von Gesellschafts-, Steuer- und Insolvenzrecht, 2013; *Drüke,* Die Haftung der Muttergesellschaft für Schulden der Tochtergesellschaft, 1990; *Ehricke,* Das abhängige Konzernunternehmen in der Insolvenz, 1998; *Exner,* Beherrschungsvertrag und Vertragsfreiheit, 1984; *Filbinger,* Die Schranken der Mehrheitsherrschaft im Aktienrecht und Konzernrecht, 1942; *Görling,* Die Konzernhaftung in mehrstufigen Unternehmensverbindungen, 1998; *Grüner,* Die Beendigung von Gewinnabführungs- und Beherrschungsverträgen, 2003; *Haar,* Die Personengesellschaft im Konzern, 2006; *Handschin,* Der Konzern im geltenden schweizerischen Privatrecht, 1994; *Hommelhoff* (Hrsg.), Entwicklungen im GmbH-Konzernrecht, 1986; *Kleindiek,* Strukturvielfalt im Personengesellschafts-Konzern, 1991; *Limmer,* Die Haftungsverfassung des faktischen GmbH-Konzerns, 1992; *Lutter* (Hrsg.), Holding-Handbuch, 5. Aufl. 2014; *Mestmäcker,* Verwaltung, Konzerngewalt und Rechte der Aktionäre, 1958; *Mimberg,* Konzernexterne Betriebspachtverträge im Recht der GmbH, 2000; *Pentz,* Die Rechtsstellung der Enkel-AG in einer mehrstufigen Unternehmensverbindung, 1994; *Rieckers,* Konzernvertrauen und Konzernrecht, 2004; *Ekkenga/Röder* ua (Hrsg.), Gesellschaftsrecht in der Diskussion 2000, 2001, 3; *Mestmäcker/Behrens,* Das Gesellschaftsrecht der Konzerne im internationalen Vergleich, 1991, 473; *Scheel,* Konzerninsolvenzrecht, 1995; *Sonnenschein,* Organschaft und Konzerngesellschaftsrecht, 1976; *Veit,* Unternehmensverträge und Eingliederung als aktienrechtliche Instrumente der Unternehmensverbindung, 1974; *Vogel,* Die Haftung der Muttergesellschaft als Organ der Tochtergesellschaft, 1997; *H. Wiedemann,* Die Unternehmensgruppe im Privatrecht, 1988; *H. Wilhelm,* Die Beendigung des Beherrschungs- und Gewinnabführungsvertrages, 1976; *J. Wilhelm,* Rechtsform und Haftung bei der juristischen Person, 1981; *Wimmer-Leonhardt,* Konzernhaftungsrecht. Die Haftung der Konzernmuttergesellschaft für die Tochtergesellschaften, 2004; *Zeidler,* Zentrales Cashmanagement in faktischen Aktienkonzernen, 1999.

---

[72] *Sonnenschein* ZGR 1981, 429 (441 f.).

Übersicht

	Rn.		Rn.
I. Einleitung	1–7	b) Sonstige Rücklagen	35, 36
II. Patronatserklärungen	8–15	c) GmbH	36a
1. Überblick	8, 9	5. Dauer	37, 38
2. Harte Patronatserklärungen	10–14	6. Abwicklungsverluste	39
3. Weiche Patronatserklärungen	15	7. Entstehung und Fälligkeit des Anspruchs	40, 40a
III. Konzernvertrauenshaftung	16, 17	8. Zinsen	40b
IV. Anwendungsbereich	18–26	9. Stundung, Darlehen, Zurückbehaltungsrecht	40c–40e
1. Beherrschungs- und Gewinnabführungsverträge	18, 19	10. Erfüllung	40f, 40g
2. Geschäftsführungsverträge	20	11. Abschlagszahlungen	41
3. Betriebspacht- und Betriebsüberlassungsverträge	21–23	12. Verjährung	42
4. Gewinngemeinschaft und Teilgewinnabführungsvertrag	24	13. Geltendmachung	43, 44
5. GmbH	25	**VI. Verlustübernahme bei Betriebspacht- und Betriebsüberlassungsverträgen**	45–48a
6. Qualifizierte faktische Konzerne	26	1. Überblick	45, 46
V. Verlustübernahmepflicht im Vertragskonzern	27–44	2. Angemessenheit der Gegenleistung	47
1. Jahresfehlbetrag	27–30	3. Rechtsfolgen	48, 48a
2. GmbH	30a	**VII. Verzicht und Vergleich**	49–55
3. Vorvertragliche Verlustvorträge	31	1. Sperrfrist	49, 50
4. Ausgleich durch Entnahmen	32–36a	2. Ausnahme	51–53
a) Andere Gewinnrücklagen	32–34	3. Sonderbeschluss	54, 55

I. Einleitung

§ 302, zuletzt geändert durch das EHUG vom 10.11.2006 (BGBl. I 2553 [2579]), **1** bestimmt in Abs. 1, dass bei Bestehen eines Beherrschungs- oder Gewinnabführungsvertrages mit einer AG oder KGaA der andere Vertragsteil, das herrschende Unternehmen, zum Ausgleich jedes während der Vertragsdauer sonst, dh ohne § 302 Abs. 1 entstehenden Jahresfehlbetrags verpflichtet ist, vorausgesetzt, dass dieser nicht dadurch ausgeglichen wird, dass den anderen Gewinnrücklagen Beträge entnommen werden, die während der Vertragsdauer in sie eingestellt wurden. Nach Vertragsende tritt an die Stelle des § 302 zum Schutze der Gläubiger die Pflicht zur Sicherheitsleistung aufgrund des § 303.

Durch § 302 Abs. 2 wird die Verpflichtung zum Verlustausgleich unter bestimmten **2** Voraussetzungen auf Betriebspacht- oder Betriebsüberlassungsverträge iSd § 292 Abs. 1 Nr. 3 erstreckt (→ Rn. 21, 45 ff.). Abs. 3 der Vorschrift zieht außerdem nach dem Vorbild insbesondere des § 93 Abs. 4 S. 3–4 und des § 116 dem Verzicht der abhängigen Gesellschaft auf den Ausgleichsanspruch sowie einem Vergleich über ihn zum Schutz der abhängigen Gesellschaft enge Grenzen (→ Rn. 49 ff.). Abs. 4 des § 302, der erst im Jahre 2004 in das Gesetz eingefügt wurde, enthält schließlich eine besondere Verjährungsregelung (→ Rn. 42 ff.).

§ 302 muss im Zusammenhang mit dem sog. **Konzernprivileg des § 291 Abs. 3** gese- **3** hen werden, nach dem Leistungen der Gesellschaft bei Bestehen eines Beherrschungs- oder Gewinnabführungsvertrages nicht als Verstoß gegen die Kapitalerhaltungsregeln der §§ 57, 58 und 60 gelten (→ § 291 Rn. 75 f.). Einen zumindest partiellen Ausgleich für diese Durchbrechung der strengen Kapitalerhaltungsregeln bildet – zusammen mit der Ausschüttungssperre des § 301 und der Pflicht des herrschenden Unternehmens, zur Sicherheitsleistung bei Vertragsende aufgrund des § 303 – die Verlustübernahmepflicht des herrschenden Unternehmens nach § 302 (→ Rn. 16 f.). Im Ergebnis enthalten damit die genannten Vorschriften in ihrer Gesamtheit – als Kompensation des Konzernprivilegs des § 291 Abs. 3 –

den Kern eines besonderen **Kapitalerhaltungssystems im Vertragskonzern**.[1] Bei der Auslegung der genannten Vorschriften ist darauf Rücksicht zu nehmen ist, um Schutzlücken nach Möglichkeit zu vermeiden (→ § 301 Rn. 10 c f.)

4 Zumindest im Ausgangspunkt stimmt damit die **Rechtsprechung** überein, die im Zusammenhang mit § 302 gleichfalls durchweg den Umstand betont, dass für Vertragskonzerne ebenso wie für Eingliederungskonzerne das *Versagen des gesetzlichen Systems der Kapitalerhaltung* kennzeichnend ist (§§ 57 Abs. 1 S. 3, 291 Abs. 3, 323 Abs. 2, § 30 Abs. 1 S. 2 GmbHG),[2] wofür im Vertragskonzern unter anderem § 302 durch die Anordnung einer Verlustausgleichspflicht des herrschenden Unternehmens einen konzernadäquaten Ersatz bietet. Im **Schrifttum** werden die Akzente dagegen zum Teil anders gesetzt. Verbreitet ist vor allem die Betonung der Notwendigkeit, im Vertragskonzern, auf dem Weg über eine Verlustausgleichspflicht des herrschenden Unternehmens, einen *Ausgleich für* die weitgehenden *Eingriffsrechte* zu schaffen, die jedenfalls Beherrschungsverträge dem herrschenden Unternehmen nach den §§ 291 und 308 eröffnen.[3] Dahinter steht letztlich die Vorstellung, Herrschaft und Haftung müssten sich letztlich auch im Vertragskonzern grundsätzlich entsprechen. Einigkeit besteht jedenfalls durchgängig über die Notwendigkeit eines besonderen **Gläubigerschutzes** bei Abschluss eines Beherrschungs- oder Gewinnabführungsvertrages mit einer abhängigen AG oder KG aA.

5 Aus § 302 Abs. 1 und 2 ergibt sich lediglich eine sog. **Innenhaftung** des herrschenden Unternehmens gegenüber der abhängigen Gesellschaft. **Unmittelbare Ansprüche der Gläubiger** der abhängigen Gesellschaft gegen das herrschende Unternehmen und dessen Organe begründet das Gesetz dagegen *nur in wenigen Fällen*. Die wichtigsten finden sich in den § 309 Abs. 4 S. 3 und § 310 Abs. 4 für die Erteilung und Befolgung unzulässiger Weisungen des herrschenden Unternehmens, in den §§ 317 Abs. 3, 4 und 318 Abs. 4 für eine Nachteilszufügung ohne rechtzeitigen Nachteilsausgleich im faktischen Konzern sowie noch für die Eingliederung in den § 322 und § 323 Abs. 1 S. 2 iVm § 309 Abs. 4 S. 3 und § 310 Abs. 4 (→ § 309 Rn. 13 ff.; → § 310 Rn. 9 ff.; → § 317 Rn. 22 ff., 27 f.; → § 318 Rn. 9; → § 322 Rn. 300 ff.; → § 323 Rn. 8 ff.). Jenseits der genannten Fälle kennt jedoch das Gesetz auch im Vertragskonzern – mangels einer dem § 322 entsprechenden Vorschrift – grundsätzlich **keine unmittelbare Haftung** des herrschenden Unternehmens gegenüber den Gläubigern der abhängigen Gesellschaft, vorbehaltlich abweichender Abreden der Beteiligten im Einzelfall (→ Rn. 7 ff.). Liegen solche Abreden nicht vor, so haben die Gläubiger der abhängigen Gesellschaft folglich grundsätzlich nur die Möglichkeit, in den Ausgleichsanspruch der abhängigen Gesellschaft aus § 302 Abs. 1 zu vollstrecken und sodann gegen das herrschende Unternehmen vorzugehen (→ Rn. 44).

6 Aus dem Gesagten (→ Rn. 4) folgt, dass eine *generelle* Einstandspflicht von Konzernunternehmen für die Verbindlichkeiten anderer Konzernunternehmen **(Konzernhaftung)** dem deutschen Recht für den Regelfall *fremd* ist. Nach diesem sog. **Trennungsprinzip** haften vielmehr selbst im Vertragskonzern für die Verbindlichkeiten der einzelnen Konzernglieder grundsätzlich *nur diese*, nicht dagegen die anderen Konzernunternehmen einschließlich der Muttergesellschaft.[4] Nicht zuletzt darauf beruht zB die Möglichkeit, das Vermögen einzelner Konzerngesellschaften als Sicherheit für Kredite zu verwenden, die anderen Kon-

---

[1] Ausf. *Gärtner* AG 2014, 793.
[2] BGHZ 168, 285 (288 f.) Rn. 8 = NJW 2006, 3279 = AG 2006, 629 (630) = NZG 2006, 664.
[3] So Begr. RegE bei *Kropff* AktG 391; BGHZ 116, 37 (41 f.) = NJW 1992, 505 = AG 1992, 83 – Stromlieferungen/Hansa-Feuerfest; *Drüke*, Haftung der Muttergesellschaft, 175 ff.; GroßkommAktG/*Hirte* Rn. 4 ff.; *Hommelhoff* FS Goerdeler, 1987, 221 (226 ff.); KK-AktG/*Koppensteiner* Rn. 4 ff.; *Limmer* Haftungsverfassung 295 ff.; *W. Müller* FS Rowedder, 1994, 277 (279 ff.); K. Schmidt/Lutter/*Stephan* Rn. 7; Spindler/Stilz/*Veil* Rn. 5.
[4] So insbes. BGHZ 81, 311 (317) = NJW 1982, 383 = AG 1982, 72 – Sonnenring; BGHZ 166, 85 (98) Rn. 57 = NJW 2006, 830 (835 f.) = ZIP 2006, 317 (322) – Kirch/Breuer; BGH NJW 1979, 1823 (1828) = AG 1979, 258 (263) (insoweit nicht in BGHZ 75, 96 (116) abgedruckt) – Herrstadt; NJW-RR 2006, 178 = NZG 2006, 57 = ZIP 2005, 2060 (2062) – Göttinger Gruppe; BAG AP KO § 61 Nr. 31 = NJW 2003, 1340 = NZG 2003, 120 (121); OLG Frankfurt NJW 2011, 691 (694) – Kirch/Deutsche Bank; AG 2015. 443, 444.

zerngesellschaften gewährt werden (→ § 311 Rn. 47 f., 84).[5] Ebenso ist grundsätzlich die Rechtslage in unseren Nachbarländern.[6]

Eine unmittelbare Inanspruchnahme der Muttergesellschaft für Verbindlichkeiten einer 7 Tochtergesellschaft im Wege der sog. **Konzernhaftung** kommt nach dem Gesagten (→ Rn. 5) *nur im Einzelfall* aufgrund besonderer (zusätzlicher) Umstände in Betracht. Diese für das deutsche Recht bisher kennzeichnende Rechtslage (Stichwort: Trennungsprinzip) wird freilich durch Entwicklungen auf **Unionsebene** zunehmend infrage gestellt. Paradigma ist die weitreichende Einstandspflicht von Muttergesellschaften für **Kartellverstöße** ihrer Töchter, sofern die Muttergesellschaft und die Töchter eine wirtschaftliche Einheit und damit *ein* Unternehmen im Sinne der Wettbewerbsregeln der Art. 101 und 102 AEUV bilden. Dies hat dazu geführt, dass die Unionsorgane heute in großem Umfang Muttergesellschaften insbesondere durch die Festsetzung von Geldbußen für Kartellverstöße ihrer Töchter in Anspruch nehmen.[7] Schadensersatzansprüche wegen Kartellverstößen der Töchter sollen sich nach der **RL 2014/104/EU** für Schadensersatzklagen wegen Wettbewerbsverstößen[8] offenbar ebenfalls auf die Mütter erstrecken (s. insbesondere Art. 1 Abs. 1 und Art. 3 Abs. 1 RL 2014/104/EU).[9] Es verwundert angesichts dessen nicht, dass sich in der deutschen Gesetzgebung gleichfalls immer häufiger Fälle finden, in denen mit Rücksicht auf die besondere Schutzbedürftigkeit einzelner Personenkreise Muttergesellschaften in den Haftungsverbund neben ihren Tochtergesellschaften einbezogen werden. Ein Beispiel ist die Vorschrift des § 21 Abs. 1 S. 2 Nr. 2 WpPG, nach dem die Haftung für die Emission von Wertpapieren aufgrund eines unrichtigen Prospekts neben den die Wertpapiere emittierenden Finanztöchtern auch die hinter diesen stehenden Muttergesellschaften treffen kann.[10]

II. Patronatserklärungen

Schrifttum: *Fried,* Die weiche Patronatserklärung, 1998; *Gerth,* Atypische Kreditsicherheiten, 2. Aufl. 1980; *Koch,* Die Patronatserklärung, 2005; *Rieckers* Konzernvertrauen 50 ff.; *Wiegand,* Personalsicherheiten, Patronatserklärungen und ähnliche Erscheinungen, 1997; *Chr. U. Wolf,* Die Patronatserklärung, 2005.

1. Überblick. Auf rechtsgeschäftlichem Wege ist die Einbeziehung anderer Konzernun- 8 ternehmen in den Haftungsverbund jederzeit möglich. Als Mittel hierzu kommen neben der Bürgschaft (§ 765 BGB), dem Schuldbeitritt und der Garantie (§ 311 Abs. 1 BGB)[11] vor allem noch Patronatserklärungen in Betracht.[12] Als Patronatserklärungen bezeichnet man im weitesten Sinne Erklärungen eines Beteiligten, des sog. Patrons, in der Regel eines Gesellschafters, durch die er zusagt, für die nötige finanzielle Ausstattung einer Gesellschaft zu *sorgen*. Die Erscheinungsformen sind ebenso vielgestaltig wie die Terminologie.[13] In erster Linie unterscheidet man **harte und weiche** sowie **konzerninterne** und **konzernexterne** Patronatserklärungen, je nachdem, ob die Erklärung gegenüber der begünstigten Gesellschaft oder direkt gegenüber einem Gläubiger abgegeben wird.

---

[5] BGH NJW 1998, 2593 = AG 1998, 342 = NZG 1998, 427; *B. Bastuck* WM 2000, 1091.
[6] Für Österreich OGH SZ Bd. 54 (1981) Nr. 94 (452) = JBl. 1982, 257; SZ Bd. 56 (1983) Nr. 101 (450, 454) = GesRZ 1983, 156; OGH GesRZ 1973, 82 (83); RdW 2001, 149 = AG 2003, 700 sowie für die Schweiz *v. Büren,* Der Konzern, 174 ff.; *Handschin,* Der Konzern, §§ 28 ff. (283 ff.); *Schluep* FS Mayer-Hayoz, 1982, 345 (359 f.); für das Vereinigte Königreich *Wimmer-Leonhardt* Konzernhaftungsrecht 501 ff.; rechtsvergleichend *Antunes* FS Lutter, 2000, 995 ff.
[7] S. mN *Emmerich,* Kartellrecht, 13. Aufl. 2014, § 3 Rn. 50 f.
[8] RL 2014/104/EU des Europäischen Parlaments und des Rates vom 26.11.2014 über bestimmte Vorschriften für Schadensersatzklagen nach nationalem Recht wegen Zuwiderhandlungen gegen wettbewerbsrechtliche Bestimmungen der Mitgliedstaaten und der Europäischen Union (ABl. L 349, 1 = NZKart 2014, 518).
[9] So jedenfalls *Kersting* Konzern 2011, 445 (457 f.); *ders.* WuW 2014, 564 (565); *Lettl* WRP 2015, 537 (538); dagegen ausf *v. Hülsen/Kasten* NZKart 2015, 296 mN.
[10] BGHZ 195, 1 (16 ff.) Rn. 35 ff. = NZG 2012, 1262 = AG 2012, 674; OLG Dresden AG 2014, 284 (296); *L. Beck* NZG 2014, 1410.
[11] Zur Garantie s. Schweiz. BGE 120 (1994) II, 331, 334 = AG 1996, 44 – Wibru-Holding/Swissair.
[12] Überblick zuletzt bei MüKoBGB/*Habersack* 6. Aufl. 2013, Vor § 765 Rn. 49–55; *Maier-Reimer/Etzbach* NJW 2011, 1110 ff.
[13] Beispielsweise *H. Schmidt* NZG 2006, 883 ff.

9 Patronatserklärungen haben sich in der Praxis in Konkurrenz vor allem zur Bürgschaft und zur Garantie wegen verschiedener (früherer) bilanz- und steuerrechtlicher **Vorteile** herausgebildet. Obwohl heute feststeht, dass jedenfalls harte Patronatserklärungen in der Bilanz vermerkt werden müssen,[14] erfreuen sich Patronatserklärungen nach wie vor großer Beliebtheit in der Praxis, wofür als Grund vor allem die Flexibilität genannt wird, die solche Erklärungen im Verhältnis insbesondere zu Bürgschaften und Garantien dem Patron bei der Erfüllung der von ihm übernommenen Ausstattungsverpflichtung verleihen. Das Schwergewicht der Diskussion liegt heute bei der insolvenzrechtlichen Bedeutung von Patronatserklärungen (→ Rn. 10b f.).

10 2. Harte Patronatserklärungen. Harte Patronatserklärungen begründen eine rechtlich bindende Verpflichtung des Erklärenden, des sog. Patrons, jederzeit für die Ausstattung der fraglichen Gesellschaft mit den zur Erfüllung ihrer Verbindlichkeiten erforderlichen Mitteln zu sorgen.[15] Bei einer harten Patronatserklärung handelt es sich infolgedessen um einen einseitig verpflichtenden, **garantieähnlichen Vertrag,** für den keine besonderen **Formvorschriften** bestehen; insbesondere ist hier kein Raum für eine Anwendung des § 518 BGB.[16] Für den Abschluss des Vertrages gelten im Übrigen keine Besonderheiten. Wird die Erklärung gegenüber einem **Gläubiger** abgegeben, so kommt der Vertrag häufig nach § 151 BGB zustande.[17] Möglich ist auch eine Erklärung gegenüber der **Allgemeinheit,** die von den Gläubigern konkludent angenommen werden kann, insbesondere, indem sie der begünstigten Gesellschaft weiterhin Kredit gewähren. Häufig wird es sich dabei freilich auch nur um eine weiche Patronatserklärung handeln (→ Rn. 12).[18] In geeigneten Fällen ist ferner Raum für die Anwendung des § 307 BGB.[19] Generell gilt, dass jedenfalls Patronatserklärungen in AGB **restriktiv** auszulegen sind.[20]

11 Der **Umfang der** durch die Patronatserklärung übernommenen **Ausstattungspflicht** (→ Rn. 9) hängt von dem notfalls durch Auslegung zu ermittelnden Inhalt der Erklärung des Patrons ab (§§ 133, 157 BGB).[21] Kommt der Patron seiner Ausstattungsverpflichtung nicht pünktlich oder überhaupt nicht nach, so ist er den aus der Erklärung berechtigten Gläubigern, ggf. nach Fristsetzung, zum **Schadensersatz** verpflichtet ist (§§ 280 Abs. 1 und 2, 281, 283, 286, 311 Abs. 1 BGB).[22] Besteht die Ersatzpflicht gegenüber der *Gesellschaft*, so können die Gläubiger in den Ersatzanspruch der Gesellschaft vollstrecken, sodass sie sich im Ergebnis ebenso wie auf der Grundlage des § 302 stehen.[23]

12 Auf Patronatserklärungen sind wegen ihrer Vergleichbarkeit insbesondere mit Bürgschaften die **§§ 765 ff. BGB** entsprechend **anwendbar,**[24] sodass die Verpflichtung des Patrons gegenüber den Gläubigern **akzessorisch** ist und den Bestand einer zu sichernden Hauptforderung voraussetzt. Analog § 765 Abs. 2 BGB kann sich die Erklärung ggf. auch auf die *zukünftigen* Verpflichtungen einer Tochtergesellschaft gegenüber bestimmten oder allen Gläubigern beziehen.[25]

---

[14] *Maier-Reimer/Etzbach* NJW 2011, 1110 (1116 f.).
[15] BGH AG 2011, 512 Rn. 17 ff. = NZG 2011, 913; KG WM 2011, 1072.
[16] BGH NZG 2006, 543 Rn. 10 ff. = AG 2006, 548 – Boris Becker/Sportgate; OLG Düsseldorf WM 2011, 601 (607); *H. Schmidt* NZG 2006, 883 (885 f.); *Chr. U. Wolf* ZIP 2006, 1885 (1886 f.); str., aA zB *Strnad* Konzern 2004, 28 (30 f.).
[17] BGH NZG 2003, 725 (726) = NJW-RR 2003, 1042; KG WM 2002, 1190 (1191); AG 2009, 30 (33) = OLGR 2008, 873; OLG Düsseldorf WM 2011, 601 (607); *Schmidt* NZG 2006, 883 (886); *Wittig* WM 2003, 1981 (1987).
[18] MüKoBGB/*Habersack* Vor § 765 Rn. 53; *Maier-Reimer/Etzbach* NJW 2011, 1110 (1112 f.); iE str.
[19] KG WM 2011, 1072.
[20] KG WM 2011, 1072.
[21] *H. Schmidt* NZG 2006, 883 (884 ff.).
[22] BGH NZG 2003, 725 (726) = NJW-RR 2003, 1042; NZG 2006, 543 = AG 2006, 548 – Boris Becker/Sportgate; WM 2009, 2073 Rn. 14; OLG München ZIP 2004, 2102; KG WM 2002, 1190 (1191); AG 2009, 30 (33) = OLGR 2008, 873; OLG Düsseldorf WM 2011, 601 (607); *Maier-Reimer/Etzbach* NJW 2011, 1110 (1114 f.); *Mirow* Konzern 2006, 112 (114 f.); *Wittig* WM 2003, 1981 (1982 ff.); str.
[23] KG AG 2009, 30 (33) = OLGR 2008, 873.
[24] MüKoBGB/*Habersack* Vor § 765 Rn. 51; *Maier-Reimer/Etzbach* NJW 2011, 1110 (1113).
[25] KG WM 2002, 1190 (1191).

In der **Insolvenz** des begünstigten Unternehmens, des Schuldners, begründen konzern- 13
interne Patronatserklärungen einen vom Insolvenzverwalter zu verfolgenden Ausstattungsanspruch, während sich *externe* Patronatserklärungen in eine Pflicht zur Direktzahlung an die Gläubiger verwandeln.[26] Die Zahlungsunfähigkeit oder Überschuldung der fraglichen Gesellschaft wird jedoch weder durch eine interne noch durch eine externe Patronatserklärung *allein* abgewendet, sondern nur, wenn der Patron seiner Ausstattungspflicht tatsächlich nachkommt.[27]

Bedingungen und Befristungen sind zulässig (§ 311 Abs. 1 BGB). Ebenso möglich ist die 14
Vereinbarung eines **Kündigungsrechts** des Patrons; ein solches kann sich auch konkludent aus den Abreden der Parteien ergeben, wenn sie sich zB bei einer konzerninternen Patronatserklärung darüber einig sind, dass die Erklärung nur solange gelten soll, wie noch eine Sanierung der Tochtergesellschaft in Betracht kommt (§§ 133 und 157 BGB).[28] Die Kündigung wirkt freilich nur *ex nunc* und ändert daher bei einer externen Patronatserklärung nichts an der Verpflichtung des Patrons gegenüber den Gläubigern, deren Ansprüche bereits bei Zugang der Kündigung bei dem Schuldner begründet waren.[29] Unklar ist die Rechtslage, wenn die Parteien *kein* Kündigungsrecht vereinbart haben. In diesem Fall dürfte davon auszugehen sein, dass durch die Patronatserklärung ein *Dauerschuldverhältnis* begründet wird, entweder mit der begünstigten Gesellschaft oder direkt mit den Gläubigern, das nach § 314 BGB **kündbar** ist, wenn ein **wichtiger Grund** vorliegt, insbesondere also bei einer unerwarteten Verschlechterung der finanziellen Situation der begünstigten Gesellschaft.[30] Lediglich im **Vertragskonzern** ist für solche Kündigung mit Rücksicht auf § 302 kein Raum.[31] Eine Kündigung scheidet ferner aus, sobald die Zahlungsunfähigkeit der begünstigten Gesellschaft feststeht, insbesondere, sobald das Insolvenzverfahren über das Vermögen der begünstigten Gesellschaft eröffnet worden ist.

3. Weiche Patronatserklärungen. Weiche Patronatserklärungen unterscheiden sich 15
von den harten (→ Rn. 9 f.) dadurch, dass sie *keinen* rechtsgeschäftlichen Charakter haben, sondern im Kern nichts anderes als eine **unverbindliche Absichtserklärung** des Patrons zur Ausstattung der Tochtergesellschaft mit der erforderlichen Liquidität darstellen. Mit Rücksicht darauf lässt sich auf eine weiche Patronatserklärung auch nur in Ausnahmefällen eine Haftung des Patrons aus c.i.c. stützen (§ 311 Abs. 3 BGB), weil in der Regel für die angesprochenen Verkehrskreise ohne weiteres erkennbar ist, dass der Patron gerade *keine* Haftungsübernahme will.[32] Als Ansatzpunkt für eine Konzernvertrauenshaftung (→ Rn. 13 f.) taugen weiche Patronatserklärungen gleichfalls in der Regel nicht.

III. Konzernvertrauenshaftung

Schrifttum: *Brechbühl,* Haftung aus erwecktem Konzernvertrauen, Diss. Zürich 1998; *v. Büren,* Der Konzern, 2. Aufl. Basel 2005, 187 ff.; *Druey/Vogel,* Das schweizerische Konzernrecht in der Praxis der Gerichte, 1999, 131 ff.; *Kuzmic,* Haftung aus „Konzernvertrauen", 1998; *Rieckers,* Konzernvertrauen und Konzernrecht, 2004.

Als weiteren Gesichtspunkt, der in bestimmten Fallgestaltungen einen Haftungsdurch- 16
griff im Konzern auf das herrschende Unternehmen ermöglicht, hat das Schweizerische Bundesgericht den Gedanken einer Konzernvertrauenshaftung in die Diskussion einge-

---

[26] BGH AG 2011, 512 Rn. 19 f. = NZG 2011, 913; OLG München ZIP 2004, 2102 (2104 f.); MüKoBGB/*Habersack* Vor § 765 Rn. 50; *Haußer/Heeg* ZIP 2010, 1427 (1431 ff.); *H. Schmidt* NZG 2006, 883 (885); *Chr. U. Wolf* ZIP 2006, 1885 (1891 f.); aA OLG Celle OLGR 2001, 39.
[27] BGH AG 2011, 512 Rn. 21 ff. = NZG 2011, 913.
[28] So sehr großzügig BGHZ 187, 69 (73 ff.) Rn. 17 ff. = NJW 2010, 3442; s. dazu *Blum* NZG 2010, 1331; *Maier-Reimer/Etzbach* NJW 2011, 1110 (1115 f.); *Raeschke-Kessler/Christopeit* NZG 2010, 1361.
[29] BGHZ 187, 69 (80) Rn. 35 = NJW 2010, 3442.
[30] *Mirow* Konzern 2006, 112 (116 ff.); *H. Schmidt* NZG 2006, 883 (886 f.).
[31] *Mirow* Konzern 2006, 112 (116 ff.).
[32] Anders im Einzelfall OLG Düsseldorf GmbHR 2003, 178 (179) mit Anm. *Maxem.*

führt.³³ Die Muttergesellschaft eines Konzerns, die durch ihr Verhalten ein berechtigtes Vertrauen der Gläubiger einer Tochtergesellschaft in ihre „**Konzernverantwortung**" erweckt hat, ist danach, wenn sie später in treuwidriger Weise dieses Vertrauen enttäuscht, den Gläubigern der Tochtergesellschaft entsprechend den Grundgedanken der Haftung aus c.i.c. zum Schadensersatz verpflichtet. Noch unklar ist, welche **Voraussetzungen** das Verhalten der Muttergesellschaft konkret erfüllen muss, um tatsächlich ein berechtigtes Vertrauen der Gläubiger auf ihre „Konzernverantwortung" auszulösen; fest steht bisher nur, dass der bloße einheitliche Auftritt von Mutter- und Tochtergesellschaft als „Gruppe" hierfür allein *nicht* ausreicht, sondern dass noch weitere Umstände hinzutreten müssen.

17 Ob entsprechende Überlegungen auch für das **deutsche Recht** fruchtbar gemacht werden können, wird bisher wohl *überwiegend skeptisch* beurteilt (→ § 311 Rn. 92).³⁴ Die Rechtsprechung, die sich mit der Frage einer Konzernvertrauenshaftung bisher nur sporadisch befasst hat, ist uneinheitlich.³⁵ Einen Ansatzpunkt für die Entwicklung einer Konzernvertrauenshaftung im deutschen Recht, zumindest in bestimmten Fallgestaltungen, bietet vor allem **§ 311 Abs. 3 BGB,** nach dem ein Schuldverhältnis mit Schutz- und Rücksichtspflichten iSd § 241 Abs. 2 BGB auch zu Personen entstehen kann, die nicht selbst Vertragspartei sind. Das gilt jedenfalls dann, wenn die Muttergesellschaft als „**Sachwalter**" der **Tochtergesellschaft** auftritt, indem sie für ihre Person bei Vertragsverhandlungen in besonderem Maße das Vertrauen der Vertragspartner der Tochtergesellschaft in Anspruch nimmt und ihnen dadurch gleichsam eine Gewähr für die ordnungsmäßige Vertragsdurchführung bietet.³⁶

IV. Anwendungsbereich

18 **1. Beherrschungs- und Gewinnabführungsverträge.** § 302 Abs. 1 findet seinem Wortlaut nach unmittelbar nur auf Beherrschungs- und Gewinnabführungsverträge iSd § 291 Abs. 1 S. 1 mit einer **abhängigen AG oder KGaA mit Sitz im Inland** Anwendung. Die Rechtsform und die Nationalität des **herrschenden Unternehmens** spielen demgegenüber keine Rolle, sodass die Pflicht zur Verlustübernahme ggf. auch ein ausländisches Unternehmen oder die öffentliche Hand treffen kann (→ § 15 Rn. 29). Auf die **Wirksamkeit** des Vertrages kommt es gleichfalls nicht an. Die Rechtsfigur des fehlerhaften Unternehmensvertrages ist gerade zu dem Zweck entwickelt worden, unter bestimmten Voraussetzungen selbst bei Nichtigkeit des Beherrschungs- oder Gewinnabführungsvertrages die Vorschrift des § 302 zum Schutze der Gesellschaft (und damit mittelbar auch ihrer Gläubiger) anwenden zu können (→ § 291 Rn. 28 ff.). Bei einem Gewinnabführungsvertrag steht es ferner nicht der Anwendung des § 302 (wohl aber der Anerkennung der Organschaft durch die Finanzverwaltung) entgegen, wenn die abhängige Gesellschaft (ausnahmsweise) zur Rücklagenbildung über den Rahmen der §§ 300 und 301 hinaus befugt bleibt.³⁷

19 Handelt es sich bei der abhängigen Gesellschaft um ein **Gemeinschaftsunternehmen,** das in vertraglichen Beziehungen zu *mehreren* Muttergesellschaften steht, so führt § 302 Abs. 1 zu einer *gesamtschuldnerischen Haftung* der Mütter für den Ausgleich eines etwaigen

---

³³ BGE 120 (1994) II, 331, 335 ff. = AG 1996, 44 (45) – Wibru-Holding/Swissair; BGE 124 (1998) II, 297, 303 f. – Musikvertrieb/Motor-Columbus AG; besonders weitgehend für Banken BGE 116 (1990) Ib, 331, 339 ff. – Schweizerische Kreditanstalt/CS Holding.

³⁴ Dagegen zB *H. Honsell* GS Sonnenschein, 2002, 661; *Lutter* GS Knobbe-Keuk, 1997, 229; *ders.* FS Druey, 2002, 463; *U. Stein* FS Peltzer, 2001, 557; zurückhaltend auch *Rieckers* Konzernvertrauen 148 ff.; *ders.* BB 2006, 277 (280 ff.); – weit positiver dagegen *A. Broichmann/Burmeister* NZG 2006, 687 (689 ff.); *Druey* FS Lutter, 2000, 1069; *Fleischer* NZG 1999, 685 (690 ff.); *ders.* ZHR 163 (1999), 461 (474 ff.).

³⁵ Abl. wohl OLG Düsseldorf NZG 2001, 368 (371) – insoweit nicht in AG 2001, 477 abgedruckt; viel positiver dagegen OLG Düsseldorf NJOZ 2005, 3430 – Deutscher Herold; zust. *Broichmann/Burmeister* NZG 2006, 687 (689 ff.).

³⁶ OLG Düsseldorf NJOZ 2005, 3430 – Deutscher Herold; *A. Broichmann/Burmeister* NZG 2006, 687 (689 ff.); Lutter/*Trölitzsch* Holding-HdB § 7 Rn. 26 (278) M; ein weiteres Beispiel in BGH NJW-RR 1987, 335; MüKoBGB/*Emmerich* § 311 Rn. 179.

³⁷ Spindler/Stilz/*Veil* Rn. 11.

Jahresfehlbetrags ihrer gemeinsamen Tochter (§ 427 BGB).[38] Auf **mehrstufige Unternehmensverbindungen** lassen sich diese Überlegungen nicht übertragen; hier bleibt alleiniger Schuldner des Verlustausgleichs vielmehr der jeweilige Vertragspartner.[39] – § 302 Abs. 1 ist schließlich entsprechend anwendbar auf die Erstattung von **Überzahlungen** aufgrund eines Gewinnabführungsvertrages unter Verstoß gegen die Ausschüttungssperre des § 301 (→ § 301 Rn. 10c f.).

2. Geschäftsführungsverträge. Geschäftsführungsverträge stehen nach § 291 Abs. 1 S. 2 den Gewinnabführungsverträgen gleich. Die Folge müsste an sich die Anwendbarkeit des § 302 Abs. 1 auch auf die (seltenen) Geschäftsführungsverträge sein. Die überwiegende Meinung entscheidet gleichwohl anders, weil das herrschende Unternehmen hier bereits auf Grund des Vertrages selbst zum Ausgleich aller Aufwendungen der abhängigen Gesellschaft verpflichtet sei (§ 670 BGB; → § 291 Rn. 67, 71).[40] Dabei wird jedoch übersehen, dass bei den Geschäftsführungsverträgen nicht anders als bei den Gewinnabführungsverträgen ein etwaiger Jahresfehlbetrag zunächst in einer Vorbilanz ermittelt werden muss, an den anschließend § 302 Abs. 1 anknüpfen kann (→ § 291 Rn. 71).[41]

3. Betriebspacht- und Betriebsüberlassungsverträge. Das Gesetz ordnet in § 302 Abs. 2 unter engen Voraussetzungen auch bei Betriebspacht- und Betriebsüberlassungsverträgen iSd § 292 Abs. 1 Nr. 3 eine Verlustübernahmepflicht des herrschenden Unternehmens an. Voraussetzung ist jedoch nach § 302 Abs. 2, dass die verpachtende oder sonst überlassende AG oder KGaA mit Sitz im Inland von dem anderen Vertragsteil, dem Pächter (dessen Rechtsform und Nationalität keine Rolle spielen, → Rn. 18), *abhängig* iSd § 17 ist *und* dass die von diesem gezahlte Gegenleistung *kein angemessenes Entgelt* darstellt (→ Rn. 45 f.).

Hintergrund der eigenartigen Regelung ist die (naheliegende) Befürchtung der Gesetzesverfasser, dass unter den genannten Voraussetzungen (→ Rn. 21) keine Gewähr mehr für ein ausgewogenes Verhältnis von Leistung und Gegenleistung besteht (zur Kritik → § 292 Rn. 48 ff.; zur GmbH → Rn. 25).[42] Daraus wird allgemein der Schluss gezogen, dass die Abhängigkeit der überlassenden Gesellschaft bereits **im Augenblick des Vertragsabschlusses** vorgelegen haben muss.[43] Eine *spätere* Abhängigkeit führt nicht zur Anwendung des § 302 Abs. 2, außer wenn nach ihrem Eintritt die Abrede über die Höhe der Gegenleistung, der Pacht, auf Veranlassung des nunmehr herrschenden Unternehmens zum Nachteil der verpachtenden abhängigen Gesellschaft geändert wird.[44]

Ist der Betriebspacht- oder Betriebsüberlassungsvertrag mit einem **Beherrschungs- oder Gewinnabführungsvertrag** verbunden, so gilt allein § 302 Abs. 1.[45] § 302 Abs. 2 findet außerdem keine Anwendung, wenn der Betriebspacht- oder Betriebsüberlassungsvertrag nicht mit dem herrschenden Unternehmen, sondern mit einer **Schwestergesellschaft** desselben Konzerns abgeschlossen wird (→ Rn. 48).[46] Schließlich kann die Vorschrift auch nicht auf **Betriebsführungsverträge** angewandt werden, weil bei diesen die überlassende („geführte") Gesellschaft nicht eine möglicherweise unangemessene Gegenleistung erhält, sondern ihrerseits zur Zahlung eines Entgelts an den anderen Teil verpflichtet ist (→ Rn. 45; → § 292 Rn. 55 ff.).[47]

---

[38] *Exner* Beherrschungsvertrag 285 ff.; *Hommelhoff* FS Goerdeler, 1987, 221 ff.; K. Schmidt/Lutter/*Stephan* Rn. 13; aA *K. Schmidt* DB 1984, 1181.
[39] MüKoAktG/*Altmeppen* Rn. 107–109; *Görling* Konzernhaftung 122 ff.; Hüffer/*Koch* Rn. 21; K. Schmidt/Lutter/*Stephan* Rn. 14.
[40] MüKoAktG/*Altmeppen* Rn. 14; GroßkommAktG/*Hirte* Rn. 43; Hüffer/*Koch* Rn. 10; MHdB AG/*Krieger* § 71 Rn. 24; K. Schmidt/Lutter/*Stephan* Rn. 15; Spindler/Stilz/*Veil* Rn. 13.
[41] Hölters/*Deilmann* Rn. 3.
[42] Begr. RegE bei *Kropff* AktG 391; Spindler/Stilz/*Veil* Rn. 8 f.
[43] MüKoAktG/*Altmeppen* Rn. 56; Hüffer/*Koch* Rn. 23; KK-AktG/*Koppensteiner* Rn. 58.
[44] Spindler/Stilz/*Veil* Rn. 35.
[45] KK-AktG/*Koppensteiner* Rn. 60.
[46] Hölters/*Deilmann* Rn. 14; KK-AktG/*Koppensteiner* Rn. 60; aA MüKoAktG/*Altmeppen* Rn. 57.
[47] MüKoAktG/*Altmeppen* Rn. 52; Hölters/*Deilmann* Rn. 14; Hüffer/*Koch* Rn. 22; KK-AktG/*Koppensteiner* Rn. 59.

24 **4. Gewinngemeinschaft und Teilgewinnabführungsvertrag.** Auf die Unternehmensverträge der Nr. 1 und 2 des § 292 Abs. 1 ist § 302 nach seinem Wortlaut *nicht* anwendbar. Dies ist vor allem dann problematisch, wenn ein **Teilgewinnabführungsvertrag** nahezu den gesamten Gewinn der abhängigen Gesellschaft umfasst, sodass er der Sache nach einem Gewinnabführungsvertrag iSd §§ 291 Abs. 1 S. 1 und 302 Abs. 1 nahekommt. In derartigen Fallgestaltungen ist zunächst *bei Abhängigkeit* eine entsprechende Anwendung des *§ 302 Abs. 2* zu erwägen, *sofern* die abhängige Gesellschaft für die Teilgewinnabführung keine angemessene Gegenleistung erhält. In *Umgehungsfällen* kommt zudem eine Analogie zu Abs. 1 des § 302 in Betracht (→ § 292 Rn. 24a).

25 **5. GmbH.** Die praktische Bedeutung der Vorschrift des § 302 beruht nicht zuletzt darauf, dass sie gemäß ihrem Grundgedanken (→ Rn. 4 f.) heute in wachsendem Maße in anderen Fallgestaltungen entsprechende Anwendung findet. Weithin anerkannt ist dies bereits für Beherrschungs- und Gewinnabführungsverträge mit anderen **Kapitalgesellschaften** einschließlich insbesondere der **GmbH,**[48] der Genossenschaft und des Vereins.[49] Die Einzelheiten sind umstritten, insbesondere wegen der gravierenden Unterschiede, die gerade bei den Systemen der Kapitalerhaltung zwischen der AG und den anderen Kapitalgesellschaften, allen voran der GmbH bestehen. Dies wirkt sich insbesondere bei der Frage des Umfangs der Verlustausgleichspflicht (→ Rn. 30a) sowie bei der Frage aus, ob auf die GmbH das aus § 302 Abs. 1 abzuleitende Verbot der Auflösung vorvertraglicher Rücklagen zur Deckung eines Jahresfehlbetrags zu übertragen ist (→ Rn. 36a). Nicht zuletzt mit Rücksicht auf diese offenen Fragen bestimmt § 17 Abs. 1 S. 2 KStG ausdrücklich, dass die Anerkennung der **Organschaft** im Körperschaft- und Gewerbesteuerrecht mit einer GmbH (oder mit einer anderen Kapitalgesellschaft) neben dem Abschluss eines Gewinnabführungsvertrages voraussetzt, dass die Ausschüttungssperre des § 301 beachtet wird (§ 17 Abs. 1 S. 2 Nr. 1 KStG) und dass eine Verlustübernahme durch Verweis auf § 302 „in seiner jeweils gültigen Fassung" vereinbart wird (§ 17 Abs. 1 S. 2 Nr. 2 KStG). Die Finanzverwaltung achtet gerade auf die Einhaltung dieser Bestimmungen mit besonderer Strenge.

26 **6. Qualifizierte faktische Konzerne.** Nach früher überwiegender Meinung war § 302 Abs. 1 außerdem gemäß seinem Grundgedanken (→ Rn. 4 f.) in qualifizierten faktischen Konzernen entsprechend anzuwenden.[50] An die Stelle der inzwischen weithin nicht mehr als passend angesehenen Analogie zu § 302 Abs. 1 tritt jedoch in jüngster Zeit zunehmend die allgemeine Haftung des herrschenden Unternehmens wegen existenzvernichtender Eingriffe, die jedenfalls im GmbH-Konzernrecht bereits die Rechtsfigur des qualifizierten faktischen Konzerns ganz verdrängt hat (→ Anh. § 317 Rn. 1 ff.; → Anh. § 318 Rn. 33 ff.).

V. Verlustübernahmepflicht im Vertragskonzern

27 **1. Jahresfehlbetrag.** Die Ausgleichspflicht des herrschenden Unternehmens beschränkt sich nach § 302 Abs. 1 auf den „während der Vertragsdauer sonst entstehenden Jahresfehlbetrag". Mit der ungenauen Bezeichnung „sonst entstehender Jahresfehlbetrag" meint das Gesetz in § 302 Abs. 1 den **(fiktiven) Jahresfehlbetrag,** der **ohne** die Pflicht des herrschenden Unternehmens zum **Verlustausgleich** nach § 302 Abs. 1 entstände. Der „sonst" entstehende Jahresfehlbetrag ist mithin das Pendant zu dem fiktiven Jahresüberschuss, auf den das

---

[48] BGHZ 95, 330 (345 f.) = NJW 1986, 188 – Autokran/Heidemann; BGHZ 105, 168 (182) = NJW 1988, 3143 – HSW; BGHZ 105, 324 (336) = NJW 1989, 295 – Supermarkt; BGHZ 116, 37 (39) = NJW 1992, 505 – Stromlieferungen/Hansa Feuerfest; BGHZ 168, 285 = NJW 2006, 3279 Rn. 6; BGHZ 202, 317 Rn. 8 = AG 2014, 855 = NZG 2014, 1340; BGH NJW 2002, 822 = AG 2002, 240; BAGE 61, 94 = AG 1991, 274 (275); BGH NZG 2015, 912; BAG GmbHR 2015, 696 (699) Rn. 26; NZA 2011, 1112 Rn. 38 = ZIP 2011, 1433 (1437); OLG München GmbHR 2014, 535 (537 f.) = NZG 2014, 545 Ls.; MüKoGmbHG/*Liebscher* Anh. § 13 Rn. 855 ff.; UHW/*C. Schäfer* GmbHG Anh. § 77 Rn. 210 (1107 f.); Scholz/*Emmerich* GmbHG Anh. § 13 Rn. 180, 205 f.
[49] *Emmerich/Habersack* KonzernR § 36 Rn. 71, § 37 Rn. 13 f.; *A. Reul*, Das Konzernrecht der Genossenschaften, 1997, 192 ff.; *A. Sprengel* Vereinskonzernrecht, 1998, 165 ff.
[50] Ebenso heute noch Grigoleit/*Servatius* Rn. 1, 20.

Gesetz in § 300 Nr. 1 und in § 301 S. 1 Bezug nimmt, dh – genauer – der Betrag, der in der Gewinn- und Verlustrechnung nach § 275 Abs. 2 Nr. 20 oder Abs. 3 Nr. 19 HGB ohne § 302 „sonst" auszuweisen wäre und der deshalb in einer *Vorbilanz* ermittelt werden muss, und zwar *nach HGB* und nicht nach anderen Grundsätzen wie zB IFRS (→ § 300 Rn. 9; → § 301 Rn. 8).[51]

In der *endgültigen Gewinn- und Verlustrechnung* sind die Erträge aus der Verlustübernahme **28** dagegen gemäß § 277 Abs. 3 S. 2 HGB gesondert unter entsprechender Bezeichnung *vor* den genannten Bilanzpositionen auszuweisen. Die (wichtige) Folge ist, dass die abhängige Gesellschaft *während* der Vertragsdauer in jedem Fall **(mindestens)** mit einem **ausgeglichenen Ergebnis** abschließt und eine **Insolvenz** der abhängigen Gesellschaft ausgeschlossen ist, solange das herrschende Unternehmen seinerseits solvent ist.[52]

Die **Höhe** der Ausgleichspflicht des herrschenden Unternehmens richtet sich in erster **29** Linie nach der *Bilanz* der abhängigen Gesellschaft, da der Jahresfehlbetrag zunächst einmal dem Rechenwerk der abhängigen Gesellschaft entnommen werden muss. Umstritten ist, wie weit die *Verbindlichkeit* der Bilanz der abhängigen Gesellschaft in diesem Zusammenhang reicht. Nach der einen Meinung ist hier grundsätzlich von § 256 auszugehen, sodass die Bilanz der abhängigen Gesellschaft so lange für § 302 vorgreiflich ist, wie sie nicht (ausnahmsweise) nach der genannten Vorschrift nichtig ist.[53] Die überwiegende Meinung hat sich dagegen – im Interesse des umfassenden Schutzes der abhängigen Gesellschaft und ihrer Gläubiger – für eine **Vorrang des § 302** insbesondere vor § 256 ausgesprochen – mit der Folge, dass sich die Höhe der Ausgleichspflicht des herrschenden Unternehmens allein nach der **„ordnungsgemäß" aufgestellten Bilanz** der abhängigen Gesellschaft richtet, selbst wenn die vorgelegte Bilanz trotz einzelner Verstöße gegen das HGB nicht nach § 256 nichtig, sondern wirksam ist. Dadurch sollen Bilanzmanipulationen zum Nachteil der abhängigen Gesellschaft und ihrer Gläubiger ebenso wie einer andernfalls denkbaren Verzögerungstaktik des herrschenden Unternehmens bei der Aufstellung der Bilanz begegnet werden.[54] Die Folge ist insbesondere, dass, wenn sich der **Fehlbetrag erst später** durch die Vornahme notwendiger Rückstellungen für ungewisse Verbindlichkeiten ergibt, dieser Verlust ebenfalls noch von dem herrschenden Unternehmen übernommen werden muss.[55] Eine weitere Folge ist zB, dass der Anspruch der abhängigen Gesellschaft auf Verlustausgleich nicht im **Urkundenprozess** der §§ 592 ff. ZPO verfolgt werden kann.[56]

Besteht zwischen den Parteien ein Beherrschungsvertrag, so hindert das herrschende **29a** Unternehmen nichts, von seinem **Weisungsrecht** nach § 308 gegenüber der abhängigen Gesellschaft auch hinsichtlich der Bilanzaufstellung Gebrauch zu machen, um sicherzustellen, dass bei dieser seine Interessen angemessen berücksichtigt werden. Jedoch sind derartige Weisungen für die abhängige Gesellschaft nur verbindlich, wenn sie mit dem Gesetz vereinbar sind; gesetzwidrige Weisungen hinsichtlich der Bilanzaufstellung darf der Vorstand der abhängigen Gesellschaft nicht befolgen (§ 134 BGB; → § 308 Rn. 58).[57] Die abhängige Gesellschaft muss gleichfalls, selbst wenn keine verbindlichen Weisungen des herrschenden Unternehmens vorliegen, nach den §§ 241 Abs. 2 und 242 BGB bei der Aufstellung der Bilanz – versteht sich: im Rahmen des Gesetzes – die gebotene **Rücksicht auf die Interes-**

---

[51] MüKoAktG/*Altmeppen* Rn. 16–22; Hölters/*Deilmann* Rn. 6; GroßkommAktG/*Hirte* Rn. 20; KK-AktG/*Koppensteiner* Rn. 18 f.; Spindler/Stilz/*Veil* Rn. 15; enger K. Schmidt/Lutter/*Stephan* Rn. 19.

[52] *Hennrichs* ZHR 174 (2010), 683 (686); KK-AktG/*Koppensteiner* Rn. 19; K. Schmidt/Lutter/*Stephan* Rn. 18.

[53] Insbes. *Baldamus* Ubg 2009, 484 (487 ff.); Hölters/*Deilmann* Rn. 7; *Hennrichs* ZHR 174 (2010), 683 (689 ff.); *Krieger* NZG 2005, 787; im Prinzip auch *Spindler/Klöhn* NZG 2005, 584.

[54] BGHZ 142, 382 (385 f.) = NJW 2000, 210 = AG 2000, 129 (130); BGH AG 2005, 397 = NZG 2005, 481 (482) unter II 1 (l. Sp.); OLG Dresden AG 2006, 672 f.; LG Hamburg ZIP 1985, 805 (806); Cahn/St. Simon Konzern 2003, 1 (14); *Gärtner* AG 2014, 793; MüKoGmbHG/*Liebscher* Anh. § 13 Rn. 870–874; GroßkommAktG/*Hirte* Rn. 21 f.; UHW/*C. Schäfer* GmbHG Anh. § 77 Rn. 210 (1107 f.); K. Schmidt/Lutter/*Stephan* Rn. 20–24; Spindler/Stilz/*Veil* Rn. 16.

[55] BGH NJW-RR 1989, 1198 = AG 1989, 358.

[56] MüKoGmbHG/*Liebscher* Anh. § 13 Rn. 874.

[57] Ausf. MüKoGmbHG/*Liebscher* Anh. § 13 Rn. 877 ff.

sen des herrschenden Unternehmens nehmen. Von ihren Ermessensspielräumen darf sie daher ebenso wie von den Bilanzwahlrechten keinen Gebrauch zum offenkundigen Nachteil des herrschenden Unternehmens machen (§§ 241 Abs. 2, 242, 280 Abs. 1 BGB; → § 291 Rn. 7; → § 301 Rn. 8).[58] In Zweifelsfällen muss sich die abhängige Gesellschaft sorgfältig mit dem herrschenden Unternehmen abstimmen. Besondere Bedeutung hat dies im Falle der **Veräußerung der Beteiligung** und der daraus resultierenden Beendigung eines Beherrschungs- oder Gewinnabführungsvertrages. Denn nur bei Rücksichtnahme der abhängigen Gesellschaft auf die Interessen des herrschenden Unternehmens und sorgfältiger Beachtung dessen Weisungen hinsichtlich der Bilanzaufstellung kann letztlich verhindert werden, dass der Erwerber etwaige Mängel der Bilanz (die es immer gibt), soweit zulässig, zu Korrekturen der Bilanz und damit zu einer nachträglichen Erhöhung des Verlustausgleichs (und einer entsprechenden Verminderung des Kaufpreises) nutzt.[59]

30   Die **Ursache** des Fehlbetrages spielt *keine* Rolle. Das Gesetz bringt dies dadurch zum Ausdruck, dass es in § 302 Abs. 1 ausdrücklich die Ausgleichspflicht des herrschenden Unternehmens auf „jeden während der Vertragsdauer" entstehenden Jahresfehlbetrag erstreckt. Das herrschende Unternehmen kann sich daher seiner Verlustausgleichspflicht nicht durch den Nachweis entziehen, dass die Verluste nicht von ihm verursacht worden seien; soweit § 302 (unmittelbar oder entsprechend) anwendbar ist, muss das herrschende Unternehmen vielmehr das **Unternehmensrisiko** der abhängigen Gesellschaft tragen.[60] Zahlungsfähigkeit des herrschenden Unternehmens unterstellt, ist daher in der Tat eine **Insolvenz** der abhängigen Gesellschaft für den Regelfall nicht mehr denkbar, jedenfalls, wenn man aus § 302 zusätzlich die Verpflichtung des herrschenden Unternehmens zu Abschlagszahlungen folgert, sofern die Zahlungsfähigkeit der abhängigen Gesellschaft unmittelbar bedroht ist (→ Rn. 41).

30a   **2. GmbH.** § 302 Abs. 1 ist grundsätzlich auch auf eine abhängige GmbH bei Abschluss eines Beherrschungs- oder Gewinnabführungsvertrages anzuwenden (→ Rn. 25). Zu beachten ist jedoch, dass bei der GmbH nach den §§ 30 und 31 GmbHG anders als bei der AG nur das der Stammkapitalziffer entsprechende Vermögen strikt gebunden ist. Daraus wird vielfach der Schluss gezogen, dass bei der GmbH auch die Verlustausgleichspflicht des herrschenden Unternehmens entsprechend zu beschränken ist, dh lediglich *Verluste bei dem zur Deckung der Stammkapitalziffer erforderlichen Vermögen* umfasst, jedenfalls bei Einpersonengesellschaften, da hier die Notwendigkeit eines weitergehenden Schutzes der Minderheit entfalle.[61] Nach überwiegender Meinung hat dagegen § 302 Abs. 1 bei der GmbH ohne Einschränkungen dieselbe Reichweite wie bei der AG. Die praktische Bedeutung dieser Streitfrage ist gering. Beherrschungs- und Gewinnabführungsverträge haben bei der GmbH nahezu ausschließlich steuerrechtliche Bedeutung als Grundlagen der **Organschaft** im Körperschaft- und Gewerbesteuerrecht nach § 14 KStG. Für diesen Fall verlangt jedoch § 17 Abs. 1 S. 2 Nr. 2 KStG, dass in dem zugrunde liegenden Organschaftsvertrag ausdrücklich eine *Verlustübernahme* seitens des herrschenden Unternehmens durch Verweis auf § 302 „in seiner jeweils gültigen Fassung" vereinbart wird (→ Rn. 25), – womit sich die Streitfrage erledigt hat. Der **Höhe** nach entspricht damit die Verlustausgleichspflicht des herrschenden Unternehmens bei der GmbH derjenigen bei der AG, jedenfalls kraft Vereinbarung (→ Rn. 27 ff.).

31   **3. Vorvertragliche Verlustvorträge.** Verlustvorträge aus der Zeit *vor* Abschluss des Beherrschungs- oder Gewinnabführungsvertrages braucht das herrschende Unternehmen

---

[58] OLG Frankfurt NZG 2006, 603 (604 f.); Hölters/*Deilmann* Rn. 8; MüKoGmbHG/*Liebscher* Anh. § 13 Rn. 869, 875; *Reichert,* Liber amicorum Winter, 2011, 541, 552 ff.; K. Schmidt/Lutter/*Stephan* Rn. 22; krit. GroßkommAktG/*Hirte* Rn. 32.
[59] *Reichert,* Liber amicorum Winter, 2011, 541, 552 ff.; *Krieger* NZG 2005, 787 (789 f.).
[60] BGHZ 116, 37 (41 f.) = NJW 1992, 505 = AG 1992, 83 – Stromlieferungen/Hansa-Feuerfest; Hüffer/*Koch* Rn. 11; Spindler/Stilz/*Veil* Rn. 16.
[61] MüKoGmbHG/*Liebscher* Anh. § 13 Rn. 852 f.

nach § 302 Abs. 1 Hs. 2 *nicht* zu übernehmen, da die Ausgleichspflicht ausdrücklich auf einen „*während der Vertragsdauer*" sonst entstehenden Jahresfehlbetrag begrenzt ist.[62] Solche Verlustvorträge müssen jedoch nach § 301 S. 1 **zunächst ausgeglichen** werden, *bevor* auf Grund des Gewinnabführungsvertrages überhaupt ein *Jahresüberschuss* an das herrschende Unternehmen abgeführt werden darf (→ § 301 Rn. 9). Außerdem hindert das die Beteiligten zivilrechtlich nichts, eine gesetzliche oder satzungsmäßige Rücklage sowie andere Gewinnrücklagen zum Ausgleich des Verlustvortrags heranzuziehen, soweit dies nach § 150 Abs. 3 und 4 zulässig ist; § 302 Abs. 1 Hs. 2 steht nicht entgegen (→ Rn. 32 f.).[63] Zu beachten ist, dass die Unterlassung des Ausgleichs von Verlustvorträgen häufig zur Verwerfung der Organschaft durch die Finanzverwaltung führt, weil dann nämlich der Gewinnabführungsvertrag nicht iSd § 14 Abs. 1 KStG ordnungsgemäß durchgeführt worden ist.[64]

4. Ausgleich durch Entnahmen. a) Andere Gewinnrücklagen. Die Verlustausgleichspflicht des herrschenden Unternehmens entfällt nach § 302 Abs. 1 (nur), wenn und soweit der (fiktive) Jahresfehlbetrag dadurch ausgeglichen wird, dass den anderen Gewinnrücklagen Beträge entnommen werden, die *während der Vertragsdauer* in sie eingestellt wurden. Unter den anderen Gewinnrücklagen sind hier ebenso wie in § 301 S. 2 (→ § 301 Rn. 11 ff.) allein die Rücklagen iSd § 272 Abs. 3 S. 2 HGB und des § 158 Abs. 1 S. 1 Nr. 4 lit. d zu verstehen, sodass *ausschließlich diese* (sowie Gewinnvorträge, → Rn. 33) zum Ausgleich des fiktiven Jahresfehlbetrags herangezogen werden dürfen, und auch diese nur, wenn sie gerade *während* der Vertragsdauer gebildet wurden (sog. **innervertragliche Gewinnrücklagen**). *Vorvertragliche* andere Gewinnrücklagen (und Gewinnvorträge) dürfen hierfür *nicht* verwandt werden (wohl aber ggf. zum Ausgleich eines Verlustvortrags; → Rn. 31). In der Gewinn- und Verlustrechnung ist in diesen Fällen zunächst ein Fehlbetrag auszuweisen und dieser sodann gegen die Entnahmen aus den Rücklagen zu verrechnen.[65] 32

Ebenso wie im Rahmen des § 301 (→ § 301 Rn. 16) sind den anderen Gewinnrücklagen hier **(nur) innervertragliche Gewinnvorträge** gleichzustellen.[66] Vorvertragliche Gewinnvorträge dürfen gleichfalls nur zum Ausgleich von Verlustvorträgen verwandt werden (→ Rn. 31). 33

Soweit hiernach andere Gewinnrücklagen sowie entsprechende Gewinnvorträge zum Ausgleich des Jahresfehlbetrags herangezogen werden dürfen, ist die **Entscheidung** darüber Sache des Vorstands der abhängigen Gesellschaft (§ 77), freilich gemäß § 172 unter der Kontrolle des Aufsichtsrates.[67] Auch das Weisungsrecht des herrschenden Unternehmens (§ 308) erstreckt sich auf diesen Punkt. 34

b) Sonstige Rücklagen. § 302 Abs. 1 hat den Vorrang vor § 150 Abs. 3 und 4, sodass nach Abschluss eines Beherrschungs- oder Gewinnabführungsvertrags der gesetzlichen Rücklage keine Beträge zum Ausgleich des Jahresfehlbetrages mehr entnommen werden dürfen.[68] Ebenso zu behandeln sind satzungsmäßige Gewinnrücklagen iSd § 272 Abs. 3 S. 2 HGB sowie für bestimmte Zwecke bestimmte Rücklagen, da nach dem Grundgedanken des § 302 Abs. 1 die genannten Rücklagen durchweg nach Möglichkeit der abhängigen Gesellschaft zur Stärkung ihrer Substanz verbleiben sollen.[69] Gleich stehen ferner, wie sich aus den Ausführungen zu § 301 ergibt (→ § 301 Rn. 18), die **Kapitalrücklagen,** insbesondere für freiwillige Zuzahlungen in das Eigenkapital (§ 272 Abs. 2 Nr. 4 HGB), die im Rahmen des § 302 Abs. 1 S. 1 ebenso wenig wie im Rahmen des § 301 den innervertragli- 35

---

[62] Hüffer/*Koch* Rn. 12; K. Schmidt/Lutter/*Stephan* Rn. 25.
[63] GroßkommAktG/*Hirte* Rn. 28; Hüffer/*Koch* Rn. 12; KK-AktG/*Koppensteiner* Rn. 27, 29.
[64] *Baldamus* Ubg 2009, 484 (489) mN.
[65] *Hennrichs* ZHR 174 (2010), 683 (686 f.).
[66] MüKoAktG/*Altmeppen* Rn. 47; Hölters/*Deilmann* Rn. 11; GroßkommAktG/*Hirte* Rn. 32; Hüffer/*Koch* Rn. 14; K. Schmidt/Lutter/*Stephan* Rn. 30; Spindler/Stilz/*Veil* Rn. 29.
[67] K. Schmidt/Lutter/*Stephan* Rn. 29; anders MüKoAktG/*Altmeppen* Rn. 48.
[68] So schon Begr. RegE bei *Kropff* AktG 391.
[69] Begr. RegE bei *Kropff* AktG 391.

chen Gewinnrücklagen gleichgestellt werden dürfen; über sie darf vielmehr allein im Rahmen der allgemeinen Ergebnisverwendung verfügt werden.[70]

36 Bei Bestehen eines Beherrschungs- oder Gewinnabführungsvertrages kann der etwaige Jahresfehlbetrag ferner *nicht* im Wege einer **vereinfachten Kapitalherabsetzung** nach den §§ 229 und 234 ausgeglichen werden. Das folgt unmittelbar aus § 240 und entspricht auch allein dem Zweck der Vorschrift des § 302.[71]

36a **c) GmbH.** Das Verbot der Auflösung vorvertraglicher Rücklagen zur Deckung eines Jahresfehlbetrags ist grundsätzlich auch auf die GmbH in der Position der abhängigen Gesellschaft anwendbar. Die Frage ist freilich umstritten; anders wird vielfach insbesondere dann entschieden, wenn sämtliche Gesellschafter der Auflösung der Rücklagen ausdrücklich zugestimmt haben, sowie bei Einpersonengesellschaften.[72] Mit Rücksicht auf § 17 Abs. 1 S. 2 Nr. 2 KStG kommt der Kontroverse im vorliegenden Zusammenhang ebenfalls nahezu keine praktische Bedeutung zu, da, wie schon betont (→ Rn. 30a), Beherrschungs- und Gewinnabführungsverträge mit einer GmbH nahezu ausschließlich aus steuerrechtlichen Gründen abgeschlossen werden, um nach § 14 KStG die Voraussetzungen für eine Organschaft zu schaffen, die Vorschrift des § 17 Abs. 1 S. 2 Nr. 2 KStG für diesen Fall aber eine uneingeschränkte Bezugnahme des Organschaftsvertrages auf § 302 verlangt – einschließlich eben des Verbots der Auflösung vorvertraglicher Gewinnrücklagen zur Deckung eines Jahresfehlbetrags.[73] Wird das Verbot bei der Praktizierung der Organschaft nicht beachtet, so droht die Verwerfung der Organschaft durch die Finanzverwaltung.

37 **5. Dauer.** Die Verlustübernahmepflicht des herrschenden Unternehmens auf Grund des § 302 Abs. 1 **beginnt** mit Wirksamwerden des Beherrschungs- oder Gewinnabführungsvertrages durch dessen Eintragung ins Handelsregister (§ 294 Abs. 2) und besteht während der ganzen Vertragsdauer. Kommt es zum Wirksamwerden des Vertrags *während des Laufs* des Geschäftsjahres, so muss das herrschende Unternehmen, wenn es die bei Vertragsbeginn bestehenden Verluste nicht übernehmen will, die abhängige Gesellschaft veranlassen, ein **Rumpfgeschäftsjahr** bis zum Stichtag des Inkrafttretens des Beherrschungs- oder Gewinnabführungsvertrages zu bilden, sodass es sich dann bei den vorher entstandenen Verlusten um Verlustvorträge handelt, die nicht übernommen zu werden brauchen (→ Rn. 31).[74] Eine Änderung des satzungsmäßigen Geschäftsjahres ist dafür nicht erforderlich.[75] Wird dies versäumt, so muss das herrschende Unternehmen nach § 302 Abs. 1 sämtliche Verluste ausgleichen, die in den ersten Jahresfehlbetrag (→ Rn. 28) nach Vertragsbeginn eingehen, ohne Rücksicht darauf, ob die betreffenden Verluste aus der Zeit vor oder nach Wirksamwerden des Vertrages stammen.[76] Ist einem Gewinnabführungsvertrag in zulässiger Weise **rückwirkende Kraft** beigelegt (→ § 291 Rn. 55), so erstreckt sich die Ausgleichspflicht des herrschenden Unternehmens auch auf Jahresfehlbeträge aus dem Rückwirkungszeitraum.

38 Wenn der Vertrag wie in der Regel mit Ablauf eines Geschäftsjahres **endet,** muss der in diesem Jahr entstandene Verlust insgesamt übernommen werden, ohne Rücksicht darauf, dass die Bilanz erst nach Vertragsende festgestellt wird, weil dies keinen Einfluss auf die Verlustübernahmepflicht des herrschenden Unternehmens haben darf (→ Rn. 40). Findet der Vertrag dagegen **während des Laufs** eines Geschäftsjahres sein **Ende,** so bleibt das herrschende Unternehmen verpflichtet, etwaige Verluste zu übernehmen, die sich aus einer für das Rumpfgeschäftsjahr von der abhängigen Gesellschaft aufgestellten **Zwischen- oder**

---

[70] Breuninger/A. Krüger GmbHR 2002, 277 (278); Cahn/St. Simon Konzern 2003, 1 (14); Großkomm-AktG/Hirte Rn. 30; K. Schmidt/Lutter/Stephan Rn. 27; Spindler/Stilz/Veil Rn. 29.
[71] MüKoAktG/Altmeppen Rn. 50; Hölters/Deilmann Rn. 12; GroßkommAktG/Hirte Rn. 24; KK-AktG/Koppensteiner Rn. 26; MHd B AG/Krieger § 70 Rn. 70; K. Schmidt/Lutter/Stephan Rn. 31.
[72] Basten GmbHR 1990, 442 (447 f.); anders UHW/C. Schäfer GmbHG Anh. § 77 Rn. 210 (1107 f.).
[73] S. MüKoGmbHG/Liebscher Anh. § 13 Rn. 864; Scholz/Emmerich GmbHG Anh. § 13 Rn. 182, 206.
[74] MüKoAktG/Altmeppen Rn. 21; Cahn/St. Simon Konzern 2003, 1 (15); GroßkommAktG/Hirte Rn. 17.
[75] K. Schmidt/Lutter/Stephan Rn. 34.
[76] MüKoAktG/Altmeppen Rn. 20 f.; Hölters/Deilmann Rn. 10; KK-AktG/Koppensteiner Rn. 28; MHdB AG/Krieger § 70 Rn. 66; K. Schmidt/Lutter/Stephan Rn. 33; Spindler/Stilz/Veil Rn. 18.

Stichtagsbilanz ergeben, wobei es auch hier nur auf die Ordnungsmäßigkeit dieser Bilanz, nicht auf eine gesetzlich gar nicht vorgesehene Feststellung der Zwischenbilanz ankommt (→ Rn. 40; → § 297 Rn. 53).[77] Notfalls müssen die Verluste analog § 287 ZPO geschätzt werden.[78]

6. Abwicklungsverluste. Als Abwicklungsverluste bezeichnet man die **Unterbilanz,** 39 die sich **nach Auflösung** der Gesellschaft bei der Abwicklung ergibt und den endgültigen Vermögensverlust der Aktionäre anzeigt. Da die Auflösung einer der Vertragsparteien grundsätzlich zur Beendigung des Beherrschungs- oder Gewinnabführungsvertrages führt (→ § 297 Rn. 50 ff.), ist auf diesen Zeitpunkt eine **Schlussbilanz** aufzustellen. Den sich dabei ergebenden Jahresfehlbetrag muss das herrschende Unternehmen schon nach § 302 Abs. 1 ausgleichen. Dagegen trifft das herrschende Unternehmen nach einer verbreiteten Meinung *keine Ausgleichspflicht* hinsichtlich der genannten Abwicklungsverluste, weil in dem fraglichen Zeitpunkt der Unternehmensvertrag bereits nicht mehr in Kraft ist und weil überdies Abwicklungsverluste nicht mit dem Jahresfehlbetrag iSd § 302 Abs. 1 vergleichbar seien.[79] Die Gegenmeinung bejaht hingegen eine Verlustübernahmepflicht zumindest *insoweit*, wie die Verluste auf Grund einer negativen Überlebensprognose durch den Ansatz von Zerschlagungswerten nach den Grundsätzen ordnungsmäßiger Buchführung (GoB) von vornherein in die Abwicklungseröffnungsbilanz nach § 252 Abs. 1 Nr. 2 HGB aufzunehmen sind.[80] Nach wieder anderen ist schließlich danach zu unterscheiden, wer letztlich die Verantwortung für die Abwicklungsverluste trägt.[81] Die Vorschrift des § 302 Abs. 1 gilt auf jeden Fall für Abwicklungsverluste, die auf noch nicht ausgeglichenen Forderungen Dritter beruhen, wie aus § 303 zu folgern ist.[82] Darüber hinaus dürfte es wohl ausgesprochen schwierig sein, danach zu unterscheiden, wer die Verantwortung für die weiteren Abwicklungsverluste trägt. Nach den Wertungen der §§ 302 und 303 ist das ohnehin letztlich immer das herrschende Unternehmen, sodass es nur angemessen ist, das herrschende Unternehmen zum Ausgleich auch der gesamten Abwicklungsverluste zu verpflichten.

7. Entstehung und Fälligkeit des Anspruchs. Der Anspruch der abhängigen Gesell- 40 schaft auf Ausgleich des (fiktiven) Jahresfehlbetrages **entsteht** mit Ende des Geschäftsjahres, in dem der Jahresfehlbetrag eingetreten ist, nicht erst mit Feststellung der Bilanz.[83] Muss wegen vorzeitiger Beendigung des Unternehmensvertrags eine Zwischen- oder Stichtagsbilanz aufgestellt werden (→ Rn. 38), so ist dieser Stichtag der maßgebliche Zeitpunkt. Mit seiner Entstehung wird der Ausgleichsanspruch entsprechend der Regel des § 271 Abs. 1 BGB zugleich **fällig**. Das muss schon deshalb so sein, um dem herrschenden Unternehmen die Möglichkeit zu nehmen, durch Verzögerung der Bilanzfeststellung den Verlustausgleich

---

[77] BGHZ 103, 1 (9 f.) = NJW 1988, 1326 = AG 1988, 133 – Familienheim; BGHZ 105, 168 (182) = NJW 1988, 3143 = AG 1989, 29 – HSW; BGH NJW 2002, 822 = AG 2002, 240; *Altmeppen* DB 1999, 2453 (2455); *Cahn/St. Simon* Konzern 2003, 1 (16); *Grüner* Beendigung 199 ff.; Hölters/*Deilmann* Rn. 17; GroßkommAktG/*Hirte* Rn. 19; *H.-P. Müller* FS Goerdeler, 1987, 375 (391 ff.); Spindler/Stilz/*Veil* Rn. 19; *H. Wilhelm* Beendigung 48 ff.; *Wimmer-Leonhardt* Konzernhaftungsrecht 32 ff.; – anders früher *Meister* WM 1976, 1182 (1184); *Peltzer* AG 1975, 308 (311 f.); *Werner* AG 1967, 124.
[78] K. Schmidt/Lutter/*Stephan* Rn. 36.
[79] So wohl BFHE 90, 370 = WM 1968, 409; OLG Düsseldorf AG 1999, 89 (91) = DB 1998, 1454 – Guano; KK-AktG/*Koppensteiner* Rn. 36 f.; *Lwowski/Groeschke* WM 1994, 613 (615 f.); offengelassen in BGHZ 105, 168 (183) = NJW 1988, 3143 – HSW.
[80] MüKoAktG/*Altmeppen* Rn. 27–42; *ders.* DB 1999, 2453 (2456); *ders.* Haftung 24 f.; *Grüner* Beendigung 212 ff.; Hölters/*Deilmann* Rn. 18; GroßkommAktG/*Hirte* Rn. 23; *Meister* WM 1976, 1182 (1186 ff.); *H.-P. Müller* FS Goerdeler, 1987, 375 (391 ff.); *K. Schmidt* ZGR 1983, 513 (531 ff.); *ders.* FS Werner, 1984, 777 (793 ff.); *Servatius* ZGR 2015, 754 (765 f.); K. Schmidt/Lutter/*Stephan* Rn. 37–39; Spindler/Stilz/*Veil* Rn. 17; *Wimmer-Leonhardt* Konzernhaftungsrecht 33 ff.
[81] MüKoGmbHG/*Liebscher* Anh. § 13 Rn. 868.
[82] MüKoGmbHG/*Liebscher* Anh. § 13 Rn. 868.
[83] BGHZ 189, 261 (267) Rn. 14 = AG 2011, 514 – Wella I; BGH AG 2005, 397 = NZG 2005, 584 (585) unter II 1 (l. Sp.); NZG 2011, 780 Rn. 14 – Wella II; OLG Dresden AG 2006, 672 f.; *Kleindiek* ZGR 2001, 479 (485 ff.); K. Schmidt/Lutter/*Stephan* Rn. 41; Spindler/Stilz/*Veil* Rn. 20.

hinauszuzögern.⁸⁴ Aus demselben Grund ist die Meinung abzulehnen, nach der die Fälligkeit erst *mit Feststellung der Bilanz* eintreten soll, weil der Anspruch vorher nicht beziffert werden könne, sodass auch eine Leistungsklage oder eine Vollstreckung in den Anspruch unmöglich seien.⁸⁵

40a Im Rechtsstreit trifft die abhängige Gesellschaft die **Beweislast** für die Höhe der entstandenen Verluste und des deshalb erforderlichen Verlustausgleichs. Notfalls muss der Ausgleichsanspruch *vorläufig* anhand des bereits vorliegenden Zahlenmaterials *berechnet* werden, um Abschlagszahlungen zu ermöglichen; hilfsweise greift § 287 ZPO ein.⁸⁶ Aus dem Gesagten folgt zugleich die Verpflichtung der abhängigen Gesellschaft, etwaige **Überzahlungen** des herrschenden Unternehmens bei endgültiger Feststellung der Bilanz wieder zu erstatten.⁸⁷

40b **8. Zinsen.** Vom Augenblick der Fälligkeit an ist der Anspruch nach den §§ 353 S. 1 und 352 Abs. 1 HGB zu verzinsen, da Beherrschungs- und Gewinnabführungsverträge mit Rücksicht auf ihre schuldrechtlichen Elemente (→ § 291 Rn. 27) unbedenklich als beiderseitige Handelsgeschäfte eingestuft werden können.⁸⁸ Die **Finanzverwaltung** drängt deshalb neuerdings vielfach auf Klarstellung der Pflicht zur Verzinsung des Ausgleichsanspruchs ab Fälligkeit in den Organschaftsverträgen.⁸⁹ Jedoch hat die Unterlassung der Verzinsung keinen Einfluss auf die steuerrechtliche Anerkennung der Organschaft.⁹⁰ Streitig sind die Voraussetzungen des **Verzugs,** wenn das herrschende Unternehmen nicht sofort nach Fälligkeit den (notfalls geschätzten, → Rn. 40a) Ausgleichsanspruch der abhängigen Gesellschaft erfüllt, sondern etwa mit der Ausgleichsleistung bis zur endgültigen Feststellung der Bilanz zuwartet. Nach überwiegender Meinung kommt das herrschende Unternehmen erst in Verzug, wenn es den Ausgleich nicht nach Ablauf der üblicherweise auf neunzig Tage bemessenen Frist für die Feststellung der Bilanz der abhängigen Gesellschaft leistet.⁹¹ Außerdem soll der Verzug sogar gemäß § 286 Abs. 1 BGB noch eine **Mahnung** der abhängigen Gesellschaft voraussetzen.⁹² Für diese weiteren ebenfalls mit dem Gesetz nicht zu vereinbarenden Vergünstigungen besteht gleichfalls kein Anlass (§§ 286 Abs. 2 Nr. 1 und 288 BGB).⁹³

40c **9. Stundung, Darlehen, Zurückbehaltungsrecht.** Eine **Stundung** des Verlustausgleichs scheidet aus, wie aus der Verzichtssperre des § 302 Abs. 3 zu folgern ist, da eine Stundung der Sache nach nichts anderes als einen temporären Verzicht auf den Ausgleichsanspruch darstellt.⁹⁴ Zu erwägen ist indessen in geeigneten Fällen eine entsprechende Anwendung des § 302 Abs. 3 S. 2 (Abfindungsvergleich, → Rn. 51 f.).⁹⁵

---

⁸⁴ BGHZ 142, 382 (385 f.) = NJW 2000, 210 = AG 2000, 129; BGH AG 2005, 397 = NZG 2005, 481 (482) unter II 1 (l. Sp.); OLG Dresden AG 2006, 672 f.; BFHE 127, 56 = AG 1980, 309; LG Bochum GmbHR 1987, 24 (26) = AG 1987, 323 (324); *Altmeppen* DB 1999, 2453 ff.; GroßkommAktG/*Hirte* Rn. 36, 62; Hölters/*Deilmann* Rn. 19; *Kleindiek* ZGR 2001, 479 (488 ff.); MüKoGmbHG/*Liebscher* Anh. § 13 Rn. 899; Grigoleit/*Servatius* Rn. 13; *Philippi/Neveling* BB 2003, 1685 (1691); *Röhricht* in GesR in der Diskussion 2000, 3 (18 ff.); Spindler/Stilz/*Veil* Rn. 21; *Wimmer-Leonhardt* Konzernhaftungsrecht 31 f.; grds. auch *Baldamus* Ubg 2009, 484 (487 f.).

⁸⁵ OLG Schleswig AG 1988, 382 = ZIP 1987, 1448 – Familienheim; KK-AktG/*Koppensteiner* Rn. 53 f.; *Krieger* NZG 2005, 787 (789 f.); Lwowski/*Groeschke* WM 1994, 613 (614); grds. auch K. Schmidt/Lutter/*Stephan* Rn. 42.

⁸⁶ Spindler/Stilz/*Veil* Rn. 21 f.

⁸⁷ *Kleindiek* ZGR 2001, 479 (488 ff.); zurückhaltend *Röhricht* in GesR in der Diskussion 2000, 3, 18 ff.

⁸⁸ OLG Oldenburg NZG 2000, 1138 (1140); *Gärtner* AG 2014, 793 (808); Hüffer/*Koch* Rn. 16; *Röhricht* in GesR in der Diskussion 2000, 3, 19; KK-AktG/*Koppensteiner* Rn. 55; MüKoGmbHG/*Liebscher* Anh. § 13 Rn. 900; Grigoleit/*Servatius* Rn. 13; Spindler/Stilz/*Veil* Rn. 22; anders *Hennrichs* ZHR 174 (2010), 683 (697): Verzinsung erst von dem Zeitpunkt ab, zu dem der Abschluss spätestens hätte festgestellt werden müssen.

⁸⁹ *Philipi/Fickert* BB 2006, 1809; *Thoß* DB 2007, 206.

⁹⁰ BFM-Schreiben vom 15.10.2007, BStBl. I 765; *Baldamus* Ubg 2009, 484 (494).

⁹¹ GroßkommAktG/*Hirte* Rn. 64; *Thoß* DB 2007, 206 (207); K. Schmidt/Lutter/*Stephan* Rn. 43 f.

⁹² BGH NZG 2015, 912 Rn. 24 f. = AG 2015, 630 (633) = GmbHR 2015, 985.

⁹³ *Gärtner* AG 2014, 793 (808).

⁹⁴ Statt aller *Krieger* NZG 2005, 787 (789); Hölters/*Deilmann* Rn. 20; str., anders zB für eine maximal dreiwöchige Stundung *Bärenz/Fragel* FS Görg, 2010, 13 (16 ff.).

⁹⁵ So auch *Bärenz/Fragel* FS Görg, 2010, 13 (24 f.).

40d In der Gesellschaftspraxis kommt es offenbar häufig vor, dass das herrschende Unternehmen die abhängige Gesellschaft nach § 308 anweist, den als Ausgleich zu zahlenden Betrag „vorübergehend" als **Darlehen** an das herrschende Unternehmen zurückzugewähren, dh der Sache nach den Ausgleichsanspruch in ein Darlehen umzuwandeln. Nach einer im Vordringen begriffenen Meinung bestehen dagegen keine Bedenken, weil nach § 57 Abs. 1 S. 3 AktG und § 30 Abs. 1 S. 2 GmbHG idF des MoMiG von 2009 sog. *aufsteigende* Darlehen zulässig sind, sofern nur der Rückforderungsanspruch der abhängigen Gesellschaft vollwertig und ihre Existenz gesichert ist.[96] Für sog. **Stillhalteabkommen** mit dem herrschenden Unternehmen zur Vermeidung dessen Insolvenz bei sofortiger Geltendmachung des vollen Ausgleichsanspruchs soll nach manchen dasselbe gelten (→ Rn. 43, 49 f.).[97] Auch die Finanzverwaltung hat offenbar gegen derartige Praktiken keine Bedenken.[98] Gleichwohl sind die mit ihnen für die abhängige Gesellschaft verbundenen Gefahren nicht zu übersehen, sodass grundsätzlich daran festzuhalten ist, dass die Umwandlung des Anspruchs auf Verlustausgleich in ein Darlehen ebenso wie ein sog. Stillhalteabkommen – als *Stundung* – unzulässig sind (§§ 302 Abs. 3 S. 1, 308 Abs. 1 iVm § 134 BGB).

40e Solange das herrschende Unternehmen seiner Ausgleichspflicht auf Grund des § 302 Abs. 1 nicht nachkommt, hat die abhängige Gesellschaft ein **Zurückbehaltungsrecht** (§ 273 BGB und ggf. § 320 BGB), sodass sie fortan die Befolgung von Weisungen des herrschenden Unternehmens verweigern kann, bis dieses wieder seiner Ausgleichspflicht nachkommt (→ § 291 Rn. 27, 53; → § 308 Rn. 69). Macht der Vorstand der abhängigen Gesellschaft von dieser Möglichkeit zur Verweigerung der Befolgung nachteiliger Weisungen zum Schaden der Gesellschaft keinen Gebrauch, so ist er ersatzpflichtig (§§ 93 Abs. 1, 310 Abs. 1 S. 1).

40f **10. Erfüllung.** Bei dem Anspruch auf Verlustausgleich nach § 302 handelt es sich um einen normalen schuldrechtlichen Leistungsanspruch, der grundsätzlich auf **Geldzahlung** gerichtet ist.[99] Eine **Erfüllung** des Anspruchs ist folglich in erster Linie durch Zahlung (§ 362 BGB), durch Leistung an Erfüllung statt (§ 364 BGB, → Rn. 40g) sowie durch Aufrechnung (§§ 387 ff. BGB) möglich.[100] Die Zulässigkeit insbesondere einer **Aufrechnung** des herrschenden Unternehmens gegen den Ausgleichsanspruch der abhängigen Gesellschaft war zunächst umstritten gewesen,[101] ist jedoch mittlerweile durch die Rechtsprechung des BGH im Sinne des Textes geklärt,[102] wobei freilich zum Schutze der abhängigen Gesellschaft und ihrer Gläubiger zusätzlich gefordert wird, dass die zur Aufrechnung gestellte Forderung des herrschenden Unternehmens **werthaltig** ist, wobei die Beweislast für die Werthaltigkeit der Forderung bei dem herrschenden Unternehmen liegt.[103] Der Fragenkreis spielt vor allem bei der Praktizierung von **Cash-Pooling-Systemen** in Konzernen eine Rolle, in deren Rahmen es offenbar allgemein üblich ist, dass das herrschende Unternehmen unterjährig der abhängigen Gesellschaft die nötige Liquidität zur Verfügung

---

[96] *Baldamus* Ubg 2009, 484 (493); *Hoffmann/Theusinger* NZG 2014, 1170 (1173); MüKoGmbHG/*Liebscher* Anh. § 13 Rn. 898.

[97] So zB *Hoffmann/Theusinger* NZG 2014, 1170 (1171 ff.).

[98] *Baldamus* Ubg 2009, 484 (493).

[99] Grdl. BGHZ 168, 285 (288) Rn. 6; OLG München GmbHR 2014, 535 (537); ausf. MüKoGmbHG/*Liebscher* Anh. § 13 Rn. 879–895; Grigoleit/*Servatius* Rn. 12.

[100] BGHZ 168, 285 (288) Rn. 6; OLG München GmbHR 2014, 535 (537); MüKoGmbHG/*Liebscher* Anh. § 13 Rn. 884.

[101] Dagegen OLG Jena OLGR 2005, 12 = GmbHR 2005, 1058 = NZG 2005, 716; zust. Großkomm-AktG/*Hirte* Rn. 63; *Petersen* GmbHR 2005, 1031; diff. *Verse* ZIP 2005, 1627.

[102] BGHZ 168, 285 (290 ff.) Rn. 11 ff. = NJW 2006, 3279 = AG 2006, 629 (631) mit Anm. *Petersen* GmbHR 2006, 1246, *Theiselmann* GmbHR 2006, 931 und *Witt* NZG 2006, 735; s. dazu zB *Grunewald* NZG 2005, 781; *Hentzen* AG 2006, 133; *Liebscher* ZIP 2006, 1221; *Priester* BB 2005, 2483; *A. Reuter* DB 2005, 2339; *Sassenrath* FS U. Huber, 2006, 931.

[103] BGHZ 168, 285 (290 ff.) Rn. 11 ff. = NJW 2006, 3279; OLG München GmbHR 2014, 535 (537); *Baldamus* Ubg 2009, 484 (493). f.; Hölters/*Deilmann* Rn. 22; *Goldschmidt/Läger* NZG 2012, 1201 (1203 f.); MüKoGmbHG/*Liebscher* Anh. § 13 Rn. 888 ff.; *Priester* BB 2005, 2483 (2485 f.); *A. Reuter* DB 2005, 2339 (2342 f.); Spindler/Stilz/*Veil* Rn. 28; krit. K. Schmidt/Lutter/*Stephan* Rn. 45–47.

stellt und dann zum Jahresende mit den daraus resultierenden Darlehensforderungen gegen den Anspruch der abhängigen Gesellschaft auf Verlustausgleich aufrechnet.[104] Voraussetzung ist hier, dass über die Verrechnung von vornherein zwischen den Beteiligten *klare Absprachen* getroffen werden, um sonst naheliegenden Manipulationsmöglichkeiten zu begegnen; unter dieser Voraussetzung wird dann aber zum Teil auch auf die zusätzliche Prüfung der Werthaltigkeit der zur Verrechnung verwandten Ausgleichsansprüche der abhängigen Gesellschaft aus § 302 Abs. 1 verzichtet.[105] Außerdem soll unter den genannten Voraussetzungen eine bloße *Teilverrechnung* in Betracht kommen.[106] Leitend für solche Großzügigkeit dürften vor allem praktische Erwägungen sein.

40g Nach § 364 BGB ist eine Erfüllung des Ausgleichsanspruchs der abhängigen Gesellschaft ferner durch **Leistungen** des herrschenden Unternehmens **an Erfüllung statt** möglich, freilich wiederum nur unter der Voraussetzung, dass die fraglichen Leistungen des herrschenden Unternehmens, zB die Überlassung von Sachmitteln, werthaltig sind und zugleich bei der Leistung klargestellt wird, auf welchen Verlustausgleichsanspruch die Leistung angerechnet werden soll.[107] Zulässig ist weiter die Erfüllung des Anspruchs auf Verlustausgleich durch die **Befriedigung anderer (dritter) Gläubiger** der abhängigen Gesellschaft seitens des herrschenden Unternehmens, wiederum unter der Voraussetzung, dass die fraglichen Drittforderungen werthaltig sind.[108] Die somit entscheidende Frage der **Werthaltigkeit** oder Vollwertigkeit der Forderung des herrschenden Unternehmens oder Dritter gegen die abhängige Gesellschaft beurteilt sich in erster Linie danach, ob die fragliche Forderung noch durch das Vermögen der abhängigen Gesellschaft gedeckt ist, ob mit anderen Worten die abhängige Gesellschaft noch in vollem Umfang *kreditwürdig* ist. Im Konzern gehört dazu nicht zuletzt, dass die Liquidität der abhängigen Gesellschaft auf Dauer gesichert ist, notfalls durch regelmäßige Abschlagszahlungen des herrschenden Unternehmens auf den geschuldeten Verlustausgleich (→ Rn. 41).[109]

41 **11. Abschlagszahlungen.** § 302 Abs. 1 begründet ein Dauerschuldverhältnis, dessen Besonderheit lediglich darin besteht, dass die daraus entspringenden Ansprüche der abhängigen Gesellschaft grundsätzlich erst mit Abschluss der jeweiligen Rechnungsperiode fällig werden (§ 271 BGB; → Rn. 40). Daraus ist im Interesse des umfassenden Schutzes der Lebensfähigkeit der abhängigen Gesellschaft – entgegen der hM[110] – der Schluss zu ziehen, dass sie schon *während des Laufs* des Geschäftsjahres *Abschlagszahlungen* auf den mit Ende des Geschäftsjahres fällig werdenden *Verlustausgleich* verlangen kann, sofern ihre Zahlungsfähigkeit oder Kreditwürdigkeit ernsthaft bedroht ist.[111] Beruht die Krise der abhängigen Gesellschaft auf einer **rechtswidrigen**, weil existenzvernichtenden **Weisung** des herrschenden Unternehmens (→ § 308 Rn. 60 ff.), so ergibt sich der Anspruch auf Abschlagszahlungen (als Schadensersatzanspruch) bereits aus § 280 Abs. 1 BGB und § 309 Abs. 2 AktG sowie wohl auch aus § 826 BGB.[112] Folge der abweichenden hM ist dagegen, dass entgegen Sinn und Zweck von § 302 doch die Gefahr der **Insolvenz** der abhängigen Gesellschaft besteht,

---

[104] Dazu ausf. MüKoGmbHG/*Liebscher* Anh. § 13 Rn. 880–895; K. Schmidt/Lutter/*Stephan* Rn. 53–55.
[105] MüKoGmbHG/*Liebscher* Anh. § 13 Rn. 886.
[106] MüKoGmbHG/*Liebscher* Anh. § 13 Rn. 889.
[107] BGHZ 168, 285 (292) Rn. 13 = NJW 2006, 3279; BGH NZG 2015, 912 Rn. 21 = AG 2015, 630; OLG München GmbHR 2014, 535 (537); MüKoGmbHG/*Liebscher* Anh. § 13 Rn. 890 ff.
[108] BGHZ 168, 285 (292) Rn. 13 = NJW 2006, 3279; *Baldamus* Ubg 2009, 484 (493).
[109] IE *Petersen* GmbHR 2006, 1246 (1247 f.); *Theiselmann* GmbHR 2006, 931 (933).
[110] Hölters/*Deilmann* Rn. 23; GroßkommAktG/*Hirte* Rn. 62; *Hentzen* AG 2006, 133 (140 f.); *Liebscher* ZIP 2006, 1221 f.; MüKoGmbHG/*Liebscher* Anh. § 13 Rn. 867; *Lwowski/Groeschke* WM 1994, 613 (615); *Sassenrath* FS U. Huber, 2006, 931 (933 f.); K. Schmidt/Lutter/*Stephan* Rn. 49; *Grigoleit/Servatius* Rn. 14; wohl auch OLG Frankfurt AG 2015, 443; offengelassen bei *Röhricht* (in GesR in der Diskussion 2000, 3 (19)) unter Bezugnahme auf BGHZ 105, 168 (183 f.) = NJW 1988, 3143 = AG 1989, 27 – HSW.
[111] MüKoAktG/*Altmeppen* Rn. 36, 71; *ders.* DB 1999, 2453 (2456); 2002, 879; *Hennrichs* ZHR 174 (2010), 683 (696 f.); *Kleindiek* ZGR 2001, 479 (492 ff.); *Priester* ZIP 1989, 1301 (1307 f.); Spindler/Stilz/*Veil* Rn. 23; *Wimmer-Leonhardt* Konzernhaftungsrecht 35 ff.
[112] Ebenso GroßkommAktG/*Hirte* Rn. 62; MüKoGmbHG/*Liebscher* Anh. § 13 Rn. 867; F. *Zeidler*, Zentrales Cashmanagement, 47 ff.

wenn während des Laufs eines Geschäftsjahres Zahlungsunfähigkeit der Gesellschaft eintritt (→ Rn. 30).[113]

12. Verjährung. Eine besondere gesetzliche Regelung der Verjährung des Ausgleichsanspruchs fehlte ursprünglich in § 302, sodass die Verjährungsfrist für den Ausgleichsanspruch der abhängigen Gesellschaft zunächst 30 Jahre betrug.[114] Probleme ergaben sich aus dieser Regelung erst, nachdem 2001 durch das Schuldrechtsmodernisierungsgesetz von 2002 ab die regelmäßige Verjährungsfrist auf drei Jahre verkürzt worden war (§ 195 BGB nF). Denn diese Regelung konnte fortan mit der Regelung des § 302 Abs. 3 S. 1 für die *Sperrfrist* von gleichfalls drei Jahren nach Vertragsende *kollidieren*. Deshalb wurde 2004 die Vorschrift des § 302 um einen neuen Abs. 4 ergänzt, nach dem die Ansprüche aus § 302 erst **in zehn Jahren** seit dem Tag verjähren, an dem die Eintragung der Beendigung des Vertrags in das Handelsregister nach § 10 HGB als bekannt gemacht gilt (→ Rn. 3). Die neue Verjährungsfrist ist grundsätzlich auch auf bei Inkrafttreten des Anpassungsgesetzes am 15.12.2004 bereits laufende Verjährungsfristen anzuwenden, jedoch mit verschiedenen Modifikationen, die sich im Einzelnen aus den Überleitungsvorschriften des Art. 229 EGBGB §§ 6 und 11 ergeben.[115] Entsprechend dem Wortlaut des § 302 Abs. 4 gilt die Sonderverjährung indessen nur für die Ansprüche aus § 302 Abs. 1 und Abs. 2, nicht auch für etwaige zusätzliche Ansprüche auf Zinsen aus Verzug mit der Erfüllung der genannten Ansprüche.[116]

13. Geltendmachung. Der Anspruch aus § 302 Abs. 1 steht der abhängigen Gesellschaft zu und ist von ihrem Vorstand *unverzüglich nach Fälligkeit* (→ Rn. 40) geltend zu machen.[117] Dies bedeutet zwar nicht, dass der Vorstand sofort nach Ende des Geschäftsjahres auf Grund einer (vorläufigen) Zwischenbilanz tätig werden müsste; er kann vielmehr in der Regel die ordnungsgemäße Bilanzaufstellung abwarten.[118] Verzögert sich diese indessen unvertretbar, so darf der Vorstand nicht einfach zuwarten, sondern muss, notfalls aufgrund einer Schätzung nach § 287 ZPO, unverzüglich tätig werden, widrigenfalls er sich *ersatzpflichtig* macht (§ 93 Abs. 2; → Rn. 40 f.).[119] Entgegenstehende Weisungen des herrschenden Unternehmens sind rechtswidrig und daher unbeachtlich (§§ 308, 310 AktG; § 134 BGB). Für sog. *Stillhalteabkommen* in einer Krise des herrschenden Unternehmens, insbesondere zur Abwendung der Insolvenzantragspflicht, gilt grundsätzlich dasselbe (→ Rn. 40d, str.). Auch eine Vereinbarung oder Weisung, dass die abhängige Gesellschaft den bezogenen Verlustausgleich aus späteren Gewinnen zurückzahlen soll, verstößt gegen § 302 Abs. 1 und ist deshalb nichtig (§ 134 BGB).[120] In der **Insolvenz** der abhängigen Gesellschaft gehört der Anspruch nach § 35 InsO zur Masse und ist vom Insolvenzverwalter zu verfolgen.[121]

Wird der Anspruch von den Organen der abhängigen Gesellschaft pflichtwidrig nicht geltend gemacht, so können – entgegen einer verbreiteten Meinung[122] – die §§ 317 Abs. 4 und 309 Abs. 4 entsprechend angewandt werden, sodass (nur) die **außenstehenden Aktionäre** die Möglichkeit haben, den Anspruch mit dem Antrag auf Leistung an die Gesellschaft zu verfolgen.[123] Unmittelbare Ansprüche der **Gläubiger** der abhängigen Gesellschaft gegen

---

[113] K. Schmidt/Lutter/*Stephan* Rn. 49.
[114] OLG Oldenburg NZG 2000, 1138 (1140).
[115] MüKoGmbHG/*Liebscher* Anh. § 13 Rn. 905 f.
[116] BGH NZG 2015, 912 Rn. 29 = AG 2015, 630.
[117] LG Bochum AG 1987, 324 (325); GroßkommAktG/*Hirte* Rn. 55 f.; MüKoGmbHG/*Liebscher* Anh. § 13 Rn. 901.
[118] Hölters/*Deilmann* Rn. 25; *Röhricht* in GesR in der Diskussion 2000, 3, 18 ff.
[119] Hölters/*Deilmann* Rn. 25; KK-AktG/*Koppensteiner* Rn. 40; ebenso im Ergebnis Grigoleit/*Servatius* Rn. 18: Analoge Anwendung der §§ 147 ff.
[120] MüKoAktG/*Altmeppen* Rn. 94 f.; Hüffer/*Koch* Rn. 19; str.
[121] BGHZ 115, 187 (200) = NJW 1991, 3142 = AG 1991, 429 – Video.
[122] MüKoAktG/*Altmeppen* Rn. 76–78; Hüffer/*Koch* Rn. 20; K. Schmidt/Lutter/*Stephan* Rn. 58; Spindler/Stilz/*Veil* Rn. 26.
[123] *Görling* Konzernhaftung 139 f.; GroßkommAktG/*Hirte* Rn. 58 f.; KK-AktG/*Koppensteiner* Rn. 41; MüKoGmbHG/*Liebscher* Anh. § 13 Rn. 904; *Stützle* in U. Schneider, Beherrschungs- und Gewinnabführungsverträge, 81, 91; *H. Wilhelm* Beendigung 54.

das herrschende Unternehmen bestehen dagegen nicht; sie können lediglich auf Grund eines Titels gegen die Gesellschaft deren Anspruch gegen das herrschende Unternehmen auf Ausgleich des Fehlbetrages **pfänden** und sich überweisen lassen (§§ 829, 835 ZPO). Eine **Abtretung** des Verlustausgleichsanspruchs durch die abhängige Gesellschaft an ihre Gläubiger ist gleichfalls möglich (§ 398 BGB), freilich nur, wenn die abhängige Gesellschaft eine **vollwertige Gegenleistung** erhält (→ Rn. 40d).[124] Auch eine **Sicherungszession** des Anspruchs ist unter der genannten Voraussetzung zulässig, wobei die Gegenleistung in diesem Fall in der Kreditgewährung zu angemessenen, marktüblichen Konditionen besteht.[125]

VI. Verlustübernahme bei Betriebspacht- und Betriebsüberlassungsverträgen

45 **1. Überblick.** Durch § 302 Abs. 2 wird die Pflicht zur Verlustübernahme unter engen Voraussetzungen auf Betriebspacht- und Betriebsüberlassungsverträge iSd § 292 Abs. 1 Nr. 3 erstreckt. **Voraussetzungen** sind erstens die Abhängigkeit der verpachtenden oder überlassenden Gesellschaft von dem anderen Vertragsteil bereits im Augenblick des Vertragsabschlusses (→ Rn. 20 ff.), zweitens die Entstehung eines Jahresfehlbetrages in dem genannten Sinne während der Vertragsdauer (→ Rn. 28 ff.) sowie drittens das Zurückbleiben der vereinbarten Gegenleistung (insbesondere somit der Pacht) hinter dem angemessenen Entgelt (→ Rn. 47). Die **Rechtsfolge** besteht dann in einer Ausgleichspflicht (nur) in Höhe der Differenz zwischen der vereinbarten und der angemessenen Gegenleistung, also nicht in der Verpflichtung des herrschenden Unternehmens zum Ausgleich des vollen Jahresfehlbetrages, vorausgesetzt, dass er *höher* als diese Differenz sein sollte (§ 302 Abs. 2; → Rn. 48). Auf Betriebsführungsverträge ist § 302 Abs. 2 nach hM nicht anwendbar (→ Rn. 23).

46 § 302 Abs. 2 hat **keine praktische Bedeutung** erlangt, in erster Linie wohl deshalb, weil es bei richtiger Handhabung des Gesetzes zu der hier ins Auge gefassten Situation gar nicht kommen darf, da § 292 Abs. 1 Nr. 3 auf der Vorstellung beruht, dass die verpachtende oder überlassende Gesellschaft eine angemessene Gegenleistung zu erzielen vermag (→ § 292 Rn. 48 ff.).[126] Die Vorschrift des § 302 Abs. 2 schließt daher auch die **übrigen Rechtsfolgen** nicht aus, die eingreifen, wenn ausnahmsweise eine unangemessene, weil zu niedrige Gegenleistung (Pacht) vereinbart wird. Hervorzuheben sind die Anfechtbarkeit des Zustimmungsbeschlusses nach den §§ 243 Abs. 2 und 292 Abs. 3 S. 2 sowie die Schadensersatzpflicht des herrschenden Unternehmens auf Grund des § 317 (→ § 292 Rn. 50 ff.). Da der Schadensersatzanspruch von der abhängigen Gesellschaft zu aktivieren ist, wird es schon deshalb im Regelfall nicht zu der in § 302 Abs. 2 vorausgesetzten Situation kommen.[127]

47 **2. Angemessenheit der Gegenleistung.** Das Gesetz sagt nicht, an Hand welchen **Maßstabs** die Angemessenheit der Gegenleistung, insbesondere also der Pacht, zu überprüfen sein soll (→ § 292 Rn. 49). Von einer verbreiteten Meinung wird hierzu im Anschluss an eine Bemerkung der Gesetzesverfasser[128] auf eine *angemessene Verzinsung* des eingesetzten Eigenkapitals des Verpächters unter Berücksichtigung der vertraglichen Regelung der beiderseitigen Rechte und Pflichten abgestellt.[129] Indessen gibt es keinen Rechtssatz, der einem Verpächter einen Anspruch auf eine „angemessene" Verzinsung seines Kapitals zubilligte, ganz abgesehen davon, dass dafür jeder Maßstab fehlt.[130] Maßgebend kann vielmehr allein

---

[124] Hölters/*Deilmann* Rn. 26; GroßkommAktG/*Hirte* Rn. 59; Hüffer/*Koch* Rn. 17; KK-AktG/*Koppensteiner* Rn. 39; *Lwowski/Groeschke* WM 1994, 613 (617); anders K. Schmidt/Lutter/*Stephan* Rn. 56.
[125] Hüffer/*Koch* Rn. 17; KK-AktG/*Koppensteiner* Rn. 39; K. Schmidt/Lutter/*Stephan* Rn. 57.
[126] Ebenso MüKoAktG/*Altmeppen* Rn. 63; KK-AktG/*Koppensteiner* Rn. 67; K. Schmidt/Lutter/*Stephan* Rn. 66; Spindler/Stilz/*Veil* Rn. 31 f.
[127] K. Schmidt/Lutter/*Stephan* Rn. 65.
[128] Begr. RegE bei *Kropff* AktG 391.
[129] MüKoAktG/*Altmeppen* Rn. 60–62; ebenso im Ergebnis Hüffer/*Koch* Rn. 26.
[130] BGHZ 141, 257 (263 ff.) = NJW 1999, 3187; BGH NJW-RR 2002, 1521 = NZM 2002, 822 (823); Staudinger/*Emmerich* BGB Vor § 535 Rn. 120 mN.

die **marktübliche Pacht** sein, die ggf. zu schätzen ist (§ 287 ZPO).[131] Bleibt die vereinbarte Gegenleistung hinter dieser Pacht zurück, so ist sie „unangemessen" – mit der Folge, dass nach § 302 Abs. 2 die Pflicht des herrschenden Unternehmens zur (partiellen) Verlustübernahme ausgelöst wird, *sofern und soweit* während der Vertragsdauer ein Jahresfehlbetrag entstanden ist (→ Rn. 47). Dabei ist allein auf die Abreden der Parteien über die Höhe der Pacht abzustellen, während die sonstigen Abreden der Parteien, zB über Investitionen oder Nebenleistungen, nicht berücksichtigt werden, einfach deshalb, weil sie nicht quantifiziert werden können.[132] Ebenso wenig stellen **Leistungen an Dritte** eine Gegenleistung iSd § 302 Abs. 2 dar, sodass eine Dividendengarantie des herrschenden Unternehmens, des Pächters, gegenüber den außenstehenden Aktionären der Verpächterin bei der Beurteilung der Angemessenheit der Pacht gleichfalls außer Betracht bleibt.[133]

3. Rechtsfolgen. Unter den in § 302 Abs. 2 genannten Voraussetzungen (→ Rn. 20, **48** 28, 45–47) ist das herrschende Unternehmen zum Ausgleich des (fiktiven) Jahresfehlbetrages der abhängigen Gesellschaft verpflichtet, freilich nur, *soweit* die vereinbarte Gegenleistung hinter dem angemessenen Entgelt, dh **hinter der marktüblichen Pacht zurückbleibt.** Die Ausgleichspflicht des herrschenden Unternehmens umfasst infolgedessen hier anders als im Falle des § 302 Abs. 1 *nicht* den gesamten während der Vertragsdauer entstandenen Jahresfehlbetrag, sondern beschränkt sich – im Rahmen des etwaigen Jahresfehlbetrages – auf die **Differenz** zwischen der vereinbarten und der marktüblichen Pacht.[134] Ist der Pachtvertrag mit einem **Beherrschungs- oder Gewinnabführungsvertrag** mit dem anderen Vertragsteil *oder* mit einem Dritten verbunden, so geht jedoch der Abs. 1 des § 302 dem Abs. 2 der Vorschrift vor (→ Rn. 23).[135]

Eine Abwendung der (eingeschränkten) Ausgleichspflicht aus § 302 Abs. 2 durch **Ent- 48a nahmen** aus innervertraglichen anderen Gewinnrücklagen ist – anders als im Falle des § 302 Abs. 1 (→ Rn. 32 ff.) – *nicht* möglich, wie aus dem von Abs. 1 des § 302 betont abweichenden Wortlaut des Abs. 2 zu folgern ist.[136] Daraus folgt jedoch kein Verbot der Auflösung anderer Gewinnrücklagen; die Auflösung befreit nur nicht von der Ausgleichspflicht nach § 302 Abs. 2.[137]

VII. Verzicht und Vergleich[138]

1. Sperrfrist. Nach § 302 Abs. 3 S. 1 kann die Gesellschaft erst drei Jahre nach dem Tag **49** auf den Ausgleichsanspruch verzichten oder sich über ihn vergleichen, an dem die Eintragung der Beendigung des Vertrags ins Handelsregister nach § 298 AktG iVm § 10 HGB als bekanntgemacht gilt. Die geltende Fassung des § 302 Abs. 3 S. 1 beruht auf dem EHUG von 2006 (→ Rn. 1). **Stichtag** ist seitdem nur noch die Bekanntmachung im (elektronischen) Bundesanzeiger (§ 10 HGB nF iVm Art. 61 Abs. 4 EGHGB). Die Berechnung der Frist richtet sich nach § 188 Abs. 2 BGB.[139] Mit dieser Regelung wird **bezweckt,** die Gesellschaft an einer voreiligen Verfügung über ihren Anspruch gegen das herrschende Unternehmen zu hindern. Im Schrifttum wird die Regelung neuerdings vielfach kritisiert, weil sie zumal in der Krise des herrschenden Unternehmens angemessenen und im Interesse aller

---

[131] Ebenso GroßkommAktG/*Hirte* Rn. 46; K. Schmidt/Lutter/*Stephan* Rn. 62; Spindler/Stilz/*Veil* Rn. 41 ff.
[132] *Veil* Unternehmensverträge 138 f.; str.
[133] MüKoAktG/*Altmeppen* Rn. 64; GroßkommAktG/*Hirte* Rn. 47; Hüffer/*Koch* Rn. 24; KK-AktG/*Koppensteiner* Rn. 62; MHdB AG/*Krieger* § 70 Rn. 32 (3. Abs.).
[134] GroßkommAktG/*Hirte* Rn. 48; Hüffer/*Koch* Rn. 24.
[135] Hölters/*Deilmann* Rn. 13; K. Schmidt/Lutter/*Stephan* Rn. 65; iE str.
[136] So schon Begr. RegE bei *Kropff* AktG 391 unten; GroßkommAktG/*Hirte* Rn. 49; KK-AktG/*Koppensteiner* Rn. 61; Spindler/Stilz/*Veil* Rn. 338; einschr. MüKoAktG/*Altmeppen* Rn. 66.
[137] Hölters/*Deilmann* Rn. 13.
[138] Dazu zB *Bärenz/Frage* FS Görg, 2010, 13; *Chr. Dachner,* Der Abwendungsvergleich, 2013, besonders 76 ff.; *Deilmann* NZG 2015, 560; *Hirte* FS Happ, 2006, 65; *Hoffmann/Theusinger* NZG 2014, 1170.
[139] So der Ausschussbericht zu § 302 bei *Kropff* AktG 392 Fn. 1; Begr. RegE des § 351 bei *Kropff* AktG 464.

Beteiligten liegenden Lösungen wie etwa einem vorübergehenden Stillhalteabkommen zwischen den Beteiligten oder einer Umwandlung des Ausgleichsanspruchs des abhängigen Unternehmens in ein Darlehen an das herrschende Unternehmen entgegenstehe (→ Rn. 40d, 43).[140] § 302 Abs. 3 S. 1 ist ein gesetzliches Verbot, sodass ein Verzicht oder Vergleich *vor* Ablauf der Sperrfrist von drei Jahren nichtig ist **(§ 134 BGB)**.[141]

50 Mit Rücksicht auf seinen Zweck (→ Rn. 49) wird § 302 Abs. 3 S. 1 meistens *weit ausgelegt*.[142] Unter den Begriff des **Verzichts** fällt daher in § 302 Abs. 3 S. 1 nicht nur der Erlassvertrag iSd § 397 BGB, sondern überhaupt jedes Verhalten der abhängigen Gesellschaft, das zu einem Verlust des Anspruchs, wenn auch nur vorübergehend (temporär), führen kann.[143] Beispiele sind der Verzicht auf die Klage nach Klageerhebung gegen das herrschende Unternehmen (§ 306 ZPO)[144] oder die Mitwirkung der abhängigen Gesellschaft bei der Übernahme der Verlustausgleichspflicht des herrschenden Unternehmens seitens eines Dritten (§§ 414, 415 BGB),[145] zB bei der Übernahme der Ausgleichspflicht im Falle der Veräußerung der Anteile seitens des herrschenden Unternehmens zum Zwecke der Freistellung des Erwerbers von der Ausgleichspflicht.[146] Gleich stehen eine **Stundung** des Anspruchs auf Verlustausgleich (als temporärer Verzicht, → Rn. 40a), ein sog. Stillhalteabkommen zwischen der abhängigen Gesellschaft und dem herrschenden Unternehmen, die Umwandlung des Ausgleichsanspruch der abhängigen Gesellschaft in ein Darlehen (→ Rn. 40d, 43) sowie eine etwaige **Weisung** des herrschenden Unternehmens an die abhängige Gesellschaft, von einer Geltendmachung des Anspruchs, wenn auch nur vorübergehend, abzusehen oder eine bereits erhobene Klage zurückzunehmen (§§ 302 Abs. 3 S. 1, 308 Abs. 1 AktG iVm § 134 BGB).[147] Ebenso weit ist der Begriff des **Vergleichs** in § 302 Abs. 3 S. 1 auszulegen.[148] Er umfasst gleichermaßen einen Vergleich iSd § 779 BGB wie einen Prozessvergleich, und zwar selbst dann, wenn der Vergleich auf den bereits festgestellten Jahresabschluss Bezug nimmt, weil sich die Höhe des Verlustausgleichsanspruchs nicht nach dem festgestellten, sondern nur nach dem richtigen Jahresabschluss richtet (→ Rn. 29 f.).[149] Unter beiden Gesichtspunkten des § 302 Abs. 3 scheidet daher auch die **Rücknahme einer Klage** auf Ausgleich des Jahresfehlbetrages gegen das herrschende Unternehmen auf Grund eines Vergleichs aus.[150] Die ganze Regelung gilt auch im **GmbH-Recht**.[151]

51 2. **Ausnahme**.[152] Die Sperrfrist des § 302 Abs. 3 S. 1 von drei Jahren findet nach S. 2 der Vorschrift keine Anwendung, wenn der Ausgleichspflichtige, das *herrschende* Unternehmen, zahlungsunfähig ist und sich zur Abwendung des Insolvenzverfahrens mit seinen Gläubigern vergleicht (sog. Abwendungsvergleich, → Rn. 52) *oder* wenn die Ersatzpflicht in einem Insolvenzplan (→ Rn. 53) geregelt wird. Vergleichbare Bestimmungen finden sich in den §§ 50 S. 2, 93 Abs. 4 S. 4 und 309 Abs. 3 S. 2. Die Regelung hat zur Folge, dass ein Verzicht

---

[140] Beispielsweise *Hoffmann/Theusinger* NZG 2014, 1170; MüKoGmbHG/*Liebscher* Anh. § 13 Rn. 903.
[141] OLG Oldenburg NZG 2000, 1138 (1140); GroßkommAktG/*Hirte* Rn. 73; Hüffer/*Koch* Rn. 27; K. Schmidt/Lutter/*Stephan* Rn. 68; Spindler/Stilz/*Veil* Rn. 44.
[142] Dagegen zB *Hoffmann/Theusinger* NZG 2014, 1170.
[143] *Hirte* FS Happ, 2006, 65 (66 f.); Hölters/*Deilmann* Rn. 27; enger K. Schmidt/Lutter/*Stephan* Rn. 69.
[144] LG Bochum AG 1987, 324 (325) – Salzgitter/Still II.
[145] MüKoAktG/*Altmeppen* Rn. 92; *Deilmann* NZG 2015, 460 (465); dagegen K. Schmidt/Lutter/*Stephan* Rn. 69 unter Hinweis auf die Zulässigkeit der Abtretung des Anspruchs.
[146] S. *Deilmann* NZG 2015, 460 (465).
[147] MHdB AG/*Krieger* § 70 Rn. 76.
[148] *Hirte* FS Happ, 2006, 65 (67); auch dagegen *Hoffmann/Theusinger* NZG 2014, 1170.
[149] K. Schmidt/Lutter/*Stephan* Rn. 70.
[150] LG Bochum AG 1987, 323 = GmbHR 1987, 24; AG 1987, 324 (325) – Salzgitter/Still I und II; wegen der Einzelheiten s. *Cahn*, Vergleichsverbote im Gesellschaftsrecht, 1996.
[151] *Hirte* FS Happ, 2006, 65 (77 f.); mit Einschränkungen auch MüKoGmbHG/*Liebscher* Anh. § 13 Rn. 902 f.
[152] Dazu insbes. *Bärenz/Frage* FS Görg, 2010, 13; *Cahn*, Vergleichsverbote im Gesellschaftsrecht, 1996; *Hirte* FS Happ, 2006, 65 (68 ff.).

oder Vergleich hier bereits *während des Laufs* des Unternehmensvertrages oder unmittelbar danach zulässig ist.[153]

Erste Voraussetzung eines **Abwendungsvergleichs** ist nach § 302 Abs. 3 S. 2, dass das **52** herrschende Unternehmen **zahlungsunfähig** ist (§ 17 InsO). Handelt es sich wie im Regelfall bei dem herrschenden Unternehmen um eine juristische Person, so muss auch die **Überschuldung** ausreichen (§ 19 InsO).[154] Hinzu kommen muss zweitens, dass sich das herrschende Unternehmen aufgrund der gegebenen kritischen Situation „mit seinem Gläubigern" vergleicht, und zwar gerade drittens zu dem Zweck der Abwendung des Insolvenzverfahrens. Umstritten ist hier vor allem, **wie viele Gläubiger** sich an dem Abfindungsvergleich beteiligen müssen. *Nicht* notwendig ist jedenfalls, weil praktisch undurchführbar, die Mitwirkung *aller* Gläubiger des herrschenden Unternehmens; erforderlich ist vielmehr nach dem Zweck der Regelung lediglich, dass sich an dem Abschluss des Abwendungsvergleichs so viele Gläubiger beteiligen, dass für einen überschaubaren Zeitraum die *Insolvenz* tatsächlich *abgewendet* wird. Unter den genannten Voraussetzungen kann dafür ggf. auch ein Vergleich mit nur *einem einzigen Gläubiger* ausreichen, bei dem es sich zudem ohne weiteres auch um die *abhängige* Gesellschaft handeln kann. Denn zu den Gläubigern des herrschenden Unternehmens gehört auf Grund des § 302 Abs. 1 nicht zuletzt die abhängige Gesellschaft, sodass der Vergleich zur Abwendung des Insolvenzverfahrens auch der Mitwirkung der abhängigen Gesellschaft bedarf, wobei § 302 Abs. 3 S. 3 zu beachten ist (→ Rn. 54 f.). Der abhängigen Gesellschaft wird dadurch die Möglichkeit eröffnet, einen Beitrag zur Rettung der Konzernobergesellschaft in der drohenden Insolvenz zu leisten.[155] Hinzukommen muss schließlich noch in jedem Fall, dass durch den Vergleich tatsächlich bei objektiver Betrachtungsweise die *Situation* der Gläubiger einschließlich der abhängigen Gesellschaft gegenüber der sonst drohenden Insolvenz für einen absehbaren Zeitraum *verbessert* wird.[156]

Bei dem **Insolvenzplan** kommt es nicht darauf an, wer ihn vorgelegt hat und ob die **53** Parteien ihm zugestimmt haben; entscheidend ist vielmehr allein, ob der Insolvenzplan durch gerichtliche Bestätigung wirksam geworden ist (§ 248 InsO).[157]

3. Sonderbeschluss. Für den Verzicht auf den Anspruch gegen das herrschende Unter- **54** nehmen ist ebenso wie für den Abschluss eines Abwendungsvergleichs bei der abhängigen Gesellschaft deren Vorstand zuständig (§§ 77 f.). Seine *Vertretungsmacht* ist jedoch in beiden Fällen gesetzlich *beschränkt* durch die Notwendigkeit einer Zustimmung der außenstehenden Aktionäre durch **Sonderbeschluss** nach § 138 (§ 302 Abs. 3 S. 3). Der Grund für diese eigenartige Regelung ist darin zu sehen, dass das herrschende Unternehmen in der Regel über die Mehrheit bei der abhängigen Gesellschaft verfügt (§ 293 Abs. 1), sodass es letztlich selbst über den Verzicht oder den Vergleich entscheiden könnte, wenn nicht das Gesetz durch § 302 Abs. 3 S. 3 Vorsorge getroffen hätte.[158] Dem § 302 Abs. 3 S. 3 liegt somit letztlich derselbe Gedanke wie etwa dem § 136 Abs. 1 S. 1 zugrunde.

Der Begriff der **außenstehenden Aktionäre** ist hier derselbe wie in den §§ 295 Abs. 2, **55** 296 Abs. 2 und 297 Abs. 2 (→ § 295 Rn. 28 ff.).[159] Für den Sonderbeschluss genügt die **einfache Mehrheit** der bei der Beschlussfassung vertretenen außenstehenden Aktionäre. Hinzu kommen muss jedoch nach § 302 Abs. 3 S. 3 Hs. 2, dass *nicht* eine Minderheit, deren Anteile zusammen den zehnten Teil des bei der Beschlussfassung (§ 302 Abs. 3 S. 2) *vertretenen* Grundkapitals erreichen, gegen den Sonderbeschluss **Widerspruch** zur Niederschrift

---

[153] MüKoAktG/*Altmeppen* Rn. 93; GroßkommAktG/*Hirte* Rn. 74 f.; Hüffer/*Koch* Rn. 26; KK-AktG/ *Koppensteiner* Rn. 72.
[154] *Bärenz/Frage* FS Görg, 2010, 13 (20 f.).
[155] Hüffer/*Koch* Rn. 26.
[156] *Hirte* FS Happ, 2006, 65 (68 ff.); *Bärenz/Frage* FS Görg, 2010, 13 (23 f.); *Cahn,* Vergleichsverbote im Gesellschaftsrecht, 1996; K. Schmidt/Lutter/*Stephan* Rn. 73.
[157] K. Schmidt/Lutter/*Stephan* Rn. 72.
[158] Begr. RegE bei *Kropff* AktG 392.
[159] *Mertens* FS Fleck, 1988, 209 (217).

erhebt. Geschieht dies, so ist der Sonderbeschluss unwirksam, ohne dass es einer besonderen Anfechtung des Beschlusses bedürfte.[160]

§ 303 Gläubigerschutz

(1) ¹Endet ein Beherrschungs- oder ein Gewinnabführungsvertrag, so hat der andere Vertragsteil den Gläubigern der Gesellschaft, deren Forderungen begründet worden sind, bevor die Eintragung der Beendigung des Vertrags in das Handelsregister nach § 10 des Handelsgesetzbuchs bekannt gemacht worden ist, Sicherheit zu leisten, wenn sie sich binnen sechs Monaten nach der Bekanntmachung der Eintragung zu diesem Zweck bei ihm melden. ²Die Gläubiger sind in der Bekanntmachung der Eintragung auf dieses Recht hinzuweisen.

(2) Das Recht, Sicherheitsleistung zu verlangen, steht Gläubigern nicht zu, die im Fall des Insolvenzverfahrens ein Recht auf vorzugsweise Befriedigung aus einer Deckungsmasse haben, die nach gesetzlicher Vorschrift zu ihrem Schutz errichtet und staatlich überwacht ist.

(3) ¹Statt Sicherheit zu leisten, kann der andere Vertragsteil sich für die Forderung verbürgen. ²§ 349 des Handelsgesetzbuchs über den Ausschluß der Einrede der Vorausklage ist nicht anzuwenden.

Schrifttum: S. bei § 302 sowie *Hattstein*, Gläubigerschutz durch das ehemals herrschende Unternehmen, 1995; *Hommelhoff/Stimpel/Ulmer* (Hrsg.), Heidelberger Konzernrechtstage: Der qualifizierte faktische GmbH-Konzern, 1992, 133; *Veit*, Unternehmensverträge und Eingliederung als aktienrechtliche Instrumente der Unternehmensverbindung, 1974.

Übersicht

	Rn.		Rn.
I. Überblick	1, 2	4. Verpflichteter	14
II. Anwendungsbereich	3–5	5. Anmeldung	15–17
III. Voraussetzungen	6–17	**IV. Sicherheitsleistung**	18–23
1. Vertragsbeendigung	6, 7	1. §§ 232 ff. BGB	18, 19
2. Stichtag	8–11	2. Bürgschaft	20–22
3. Forderungen	12–13c	3. Schutzgesetz?	23
a) Begriff	12	**V. Ausfallhaftung**	24, 25
b) Begründung	13	**VI. Ausnahmen**	26–28
c) Keine Endloshaftung	13a–13c		

I. Überblick

1 § 303 Abs. 1 begründet für die Gläubiger einer abhängigen AG oder KGaA mit Sitz im Inland bei Beendigung eines Beherrschungs- oder Gewinnabführungsvertrages iSd § 291 Abs. 1 einen Anspruch auf Sicherheitsleistung gemäß §§ 232 ff. BGB gegen den anderen Vertragsteil, dh gegen das herrschende Unternehmen (→ Rn. 6 ff.). Zum Verständnis dieser Regelung muss man sich vergegenwärtigen, dass mit der Beendigung der genannten Verträge auch die Verlustübernahmepflicht des herrschenden Unternehmens auf Grund des § 302 ihr Ende findet (→ § 302 Rn. 37 f.), sodass den Gläubigern der abhängigen Gesellschaft fortan wieder allein deren Vermögen haftet, ohne dass indessen die Überlebensfähigkeit dieser Gesellschaft gewährleistet wäre. Den deshalb zum **Schutz der Gläubiger** nötigen Ausgleich schafft die Regelung des § 303 Abs. 1.[1]

---

[160] GroßkommAktG/*Hirte* Rn. 72; *Hüffer/Koch* Rn. 29; KK-AktG/*Koppensteiner* Rn. 74.
[1] So schon Begr. RegE bei *Kropff* AktG 392 f.; ebenso BGHZ 95, 330 (346) = NJW 1986, 188 = AG 1986, 15 – Autokran/Heidemann; BGHZ 115, 187 (198) = NJW 1991, 3142 = AG 1991, 429 – Video; BGHZ 202, 317 Rn. 13 = AG 2014, 855 = NZG 2014, 1340.

Durch § 303 Abs. 2 werden bestimmte Gläubiger, die bereits anderweitig ausreichend 2 gesichert sind, von dem Anwendungsbereich des § 303 wieder ausgenommen, um zu verhindern, dass sie zu Lasten der anderen Gläubiger eine doppelte Sicherheit erlangen (→ Rn. 26 f.). § 303 Abs. 3 gestattet es dem herrschenden Unternehmen schließlich, die Sicherheitsleistung nach den §§ 232 ff. BGB durch die Übernahme einer **Bürgschaft** abzuwenden (→ Rn. 20 ff.). Damit wird der **Zweck** verfolgt, das herrschende Unternehmen, das nicht in jedem Fall die Verantwortung für die Beendigung des Unternehmensvertrages trägt, vor unerwarteten, übermäßigen Belastungen infolge der Sicherheitsforderungen der Gläubiger der abhängigen Gesellschaft zu bewahren.[2] Diese Regelung hat dazu geführt, dass in der Gesellschaftspraxis mittlerweile die Sicherheitsleistung gemäß § 303 Abs. 1 gänzlich von der Bürgschaft des herrschenden Unternehmens nach § 303 Abs. 3 *verdrängt* wurde.[3]

II. Anwendungsbereich

Der Anwendungsbereich des § 303 deckt sich im Wesentlichen mit dem des § 302 3 (→ § 302 Rn. 18 ff.). Hervorzuheben sind folgende Punkte: § 303 gilt allein für die Beendigung eines Beherrschungs- oder Gewinnabführungsvertrages mit einer **AG** oder **KGaA** mit Sitz **im Inland** (§ 291 Abs. 1 S. 1); gleich steht der Geschäftsführungsvertrag des § 291 Abs. 1 S. 2. Soweit fehlerhafte Beherrschungs- und Gewinnabführungsverträge nach ihrem Vollzug als wirksam behandelt werden (→ § 291 Rn. 28 ff.), findet auf sie § 303 ebenfalls Anwendung. Auch im **GmbH-Konzernrecht** ist Raum für eine entsprechende Anwendung des § 303.[4] § 303 Abs. 1 wird ferner vielfach entsprechend auf die Beendigung eines **qualifizierten faktischen Konzerns** angewandt (→ Rn. 8; → Anh. § 317 Rn. 24). Auf die anderen Unternehmensverträge des **§ 292** findet die Vorschrift dagegen keine Anwendung. Auffällig ist das wegen der sachlich nicht zu erklärenden Abweichung von § 302 Abs. 2 insbesondere für Betriebspacht- und Betriebsüberlassungsverträge mit abhängigen Gesellschaften ohne angemessene Gegenleistung.

In **mehrstufigen Unternehmensverbindungen** kann § 303 jeweils nur auf derjenigen 4 Konzernstufe angewandt werden, auf der es gerade zur Beendigung eines Beherrschungs- oder Gewinnabführungsvertrages gekommen ist, nicht jedoch auf anderen Konzernstufen.[5] Im Falle der Beendigung eines Beherrschungsvertrages zwischen Mutter- und Tochtergesellschaft können die Gläubiger einer Enkelgesellschaft folglich von der Muttergesellschaft keine Sicherheitsleistung verlangen. Das gilt – entgegen einer verbreiteten Meinung[6] – wohl auch im Falle mehrerer hintereinander geschalteter Verträge auf sämtlichen Konzernstufen. Zu beachten bleibt aber, dass in dem zuletzt genannten Fall mehrerer hintereinander geschalteter Unternehmensverträge zu den **Gläubigern der Tochtergesellschaft** (die nach § 303 allein Sicherheitsleistung verlangen können) sehr wohl *auch die Enkelgesellschaft* selbst mit ihren Ansprüchen aus § 302 sowie *deren* außenstehende Aktionäre mit ihren Ansprüchen aus den §§ 304 und 305 gehören, weil und sofern sich diese Ansprüche unmittelbar gegen den anderen Vertragsteil, die Tochtergesellschaft, richten, *nicht* jedoch die übrigen *Gläubiger der Enkelgesellschaft,* die auch in einem mehrstufigen Vertragskonzern grundsätzlich keine direkten Ansprüche gegen Unternehmen auf anderen Konzernstufen haben (→ § 302 Rn. 1 ff.).[7] Anders verhält es sich nur, wenn sich die Tochtergesellschaft gegenüber den Gläubigern

---

[2] So Begr. RegE bei *Kropff* AktG 393.
[3] *Lwowski/Groeschke* WM 1994, 613 (618 f.); *van Venrooy* BB 1981, 1003; *Werner* FS Goerdeler, 1987, 677 (685 f.).
[4] BGHZ 95, 330 (346) = NJW 1986, 188 = AG 1986, 15 – Autokran/Heidemann; BGHZ 115, 187 (198) = NJW 1991, 3142 = AG 1991, 429 – Video; KG AG 2001, 529 = NZG 2001, 80; UHW/*C. Schäfer* GmbHG Anh. § 77 Rn. 211 (1108 f.); MüKoGmbHG/*Liebscher* Anh. § 13 Rn. 907 ff.; *Wimmer-Leonhardt* Konzernhaftungsrecht 46 ff.
[5] Ebenso MüKoAktG/*Altmeppen* Rn. 36; *Görling* Konzernhaftung 145; MüKoGmbHG/*Liebscher* Anh. § 13 Rn. 908; *Pentz* Enkel-AG 165 f.; K. Schmidt/Lutter/*Stephan* Rn. 18; anders *Leinekugel/Winstel* AG 2012, 389 (391 ff.).
[6] *Pentz* Enkel-AG 161 ff.; *Leinekugel/Winstel* AG 2012, 389 (391, 394 ff.).
[7] Ebenso MüKoAktG/*Altmeppen* Rn. 37; KK-AktG/*Koppensteiner* Rn. 7.

§ 303 5–9   3. Buch. 1. Teil. 3. Abschn. Sicherung der Ges. u. der Gläubiger

der Enkelgesellschaft nach § 303 Abs. 3 S. 1 verbürgt hat, weil dann zu den Gläubigern der Tochtergesellschaft, die ggf. von der Muttergesellschaft bei *späterer* Beendigung des Beherrschungs- oder Gewinnabführungsvertrages zwischen der Mutter- und der Tochtergesellschaft Sicherheit verlangen können, (ausnahmsweise) auch die (Bürgschafts-) Gläubiger der Enkelgesellschaft gehören.[8]

5   Sie Eröffnung des **Insolvenzverfahrens** über das Vermögen einer der Vertragsparteien führt in bestimmten Fällen (nach anderen sogar generell) lediglich zu einer **Suspendierung** von Unternehmensverträgen, nicht jedoch zu deren Beendigung (→ § 297 Rn. 52b). Folgt man dem, so muss für die Anwendung des § 303 in den genannten Fällen bereits die Suspendierung des Beherrschungs- oder Gewinnabführungsvertrages genügen (→ Rn. 7).[9]

III. Voraussetzungen

6   **1. Vertragsbeendigung.** Nach § 303 Abs. 1 S. 1 hat der Anspruch eines Gläubigers der abhängigen Gesellschaft gegen das herrschende Unternehmen auf Sicherheitsleistung drei Voraussetzungen, erstens die Beendigung (nur) eines Beherrschungs- oder Gewinnabführungsvertrages (→ Rn. 3, 7), zweitens die Begründung einer Forderung gegen die abhängige Gesellschaft, bevor die Eintragung der Beendigung des Vertrags in das Handelsregister der Gesellschaft (§ 298) nach § 10 HGB als bekanntgemacht gilt (→ Rn. 8 ff.), sowie drittens die Meldung des Gläubigers binnen sechs Monaten nach dem Stichtag bei dem herrschenden Unternehmen (→ Rn. 15 ff.).

7   Erste Voraussetzung des Anspruchs eines Gläubigers auf Sicherheitsleistung ist nach § 303 Abs. 1 die **Beendigung (nur) eines Beherrschungs-, Gewinnabführungs- oder Geschäftsführungsvertrags** mit einer abhängigen AG, KGaA oder GmbH mit Sitz im Inland iSd § 291 Abs. 1 (→ Rn. 3 f.). Der Grund der Vertragsbeendigung bleibt gleich. Der Anwendungsbereich des § 303 beschränkt sich nicht etwa auf die Fälle der §§ 296 und 297, sondern umfasst ohne Ausnahme *alle* denkbaren *Beendigungsgründe* (→ § 297 Rn. 27, 34 ff.). Richtiger Meinung nach gehört dazu auch die Auflösung einer der Vertragsparteien, insbesondere durch Eröffnung des **Insolvenzverfahrens** über ihr Vermögen (→ Rn. 5). Der Anspruch der Gläubiger auf Sicherheitsleistung ist ferner unabhängig davon, ob das herrschende Unternehmen in der Zeit *vor* Vertragsbeendigung seiner Pflicht zur Verlustübernahme auf Grund des § 302 nachgekommen ist oder nicht.[10] Erforderlich ist lediglich eine **wirksame Beendigung** des Vertrags. Die Bekanntmachung einer „Beendigung", die sich später als unwirksam erweist, zB einer Kündigung aus wichtigem Grund nach § 297 Abs. 1, bei der es tatsächlich an einem wichtigen Grund fehlte, löst nicht die Folgen des § 303 Abs. 1 aus; vielmehr bleibt es dann bei der Verlustübernahmepflicht des herrschenden Unternehmens aufgrund des § 302 Abs. 1.[11]

8   **2. Stichtag.** Anspruch auf Sicherheitsleistung haben nach § 303 Abs. 1 S. 1 nur solche Gläubiger der abhängigen Gesellschaft, deren Forderungen begründet wurden, *bevor* die Eintragung der Beendigung des Vertrags in das Handelsregister nach § 298 gemäß § 10 HGB im Bundesanzeiger als bekannt gemacht gilt. Soweit § 303 entsprechend auf **qualifizierte faktische Aktienkonzerne** anwendbar ist oder doch war (→ Rn. 3), tritt als Stichtag an die Stelle der Bekanntmachung der Eintragung (die es hier nicht gibt) die tatsächliche Beendigung des fraglichen Beherrschungsverhältnisses (→ Anh. § 317 Rn. 24).[12]

9   § 303 Abs. 1 enthält eine **strenge Stichtagsregelung**, die keine weiteren Differenzierungen zwischen den in Betracht kommenden Forderungen erlaubt. Insbesondere spielt es *keine* Rolle, **wann** die Forderung des Gläubigers vor dem Stichtag **begründet** wurde.

---

[8] *Leinekugel/Winstel* AG 2012, 389 (391 ff.).
[9] Ebenso Hölters/*Deilmann* Rn. 4; GroßkommAktG/*Hirte* Rn. 10; Hüffer/*Koch* Rn. 2.
[10] BGHZ 115, 187 (202) = NJW 1991, 3142 = AG 1991, 429 – Video.
[11] *Ströhmann* NZG 1999, 1030 (1032 f.); K. Schmidt/Lutter/*Stephan* Rn. 5; Spindler/Stilz/*Veil* Rn. 7.
[12] BGHZ 95, 330 (347) = NJW 1986, 188 = AG 1989, 15 – Autokran/Heidemann; BGHZ 115, 187 (202) = NJW 1991, 3142 = AG 1991, 429 – Video; BAGE 76, 79 (88) = NJW 1994, 3244; KG AG 2001, 529 (530) = NZG 2001, 80.

Anspruch auf Sicherheitsleistung haben insbesondere auch solche Gläubiger, deren Forderungen noch aus der Zeit *vor Abschluss* des Unternehmensvertrages stammen (→ Anh. § 317 Rn. 25),[13] ebenso aber auch diejenigen Gläubiger, deren Forderungen erst in der Zeitspanne *zwischen der Vertragsbeendigung und dem Stichtag* begründet wurden, da eben das Gesetz allein auf die Begründung der Forderung *vor* dem *Stichtag* abstellt.[14] Daraus können sich insbesondere Probleme im Falle der Beendigung eines Gewinnabführungsvertrages im Zusammenhang mit der **Veräußerung der Beteiligung** des herrschenden Unternehmens an einen Dritten ergeben, weil dann die Gefahr besteht, dass die Gläubiger dieses Dritten, dh des Erwerbers in der Zwischenzeit bis zur Bekanntmachung der Eintragung (§ 303 Abs. 1 S. 1) ebenfalls einen Anspruch auf Sicherheitsleistung erwerben. Vereinbaren die Beteiligten deshalb eine Freistellung des Veräußerers von derartigen Forderungen der Gläubiger des Erwerbers, so droht auf der anderen Seite die Gefahr, dass die Finanzverwaltung die Durchführung der **Organschaft** iSd § 14 Abs. 1 S. Nr. 3 S. 1 KStG verneint und deshalb die Organschaft verwirft.[15] Dieses Risiko lässt sich nicht vermeiden, weil in der gesetzlichen Regelung angelegt.

Obwohl es sich bei der Beendigung eines Beherrschungs- oder Gewinnabführungsvertrages an sich nach § 298 um eine eintragungspflichtige Tatsache handelt, ist doch hier nach überwiegender Meinung für eine Anwendung des **§ 15 Abs. 1 und 2 HGB** *kein* Raum. Deshalb schadet es dem Gläubiger *nicht*, wenn er bereits vor dem Stichtag, dh vor der Bekanntmachung der Vertragsbeendigung (→ Rn. 8), von der Beendigung des Unternehmensvertrages auf andere Weise positive **Kenntnis** erlangt hatte.[16] Dies ändert an dem Fristbeginn (erst) mit dem nachfolgenden Stichtag ebenso wenig etwas wie umgekehrt der Umstand, dass er, aus welchen Gründen immer, von der Bekanntmachung **keine Kenntnis** erhält (→ Rn. 16). Daraus können sich zwar unbestreitbar Schwierigkeiten ergeben, insbesondere, wenn zwischen den Beteiligten Streit über die Beendigung eines Unternehmensvertrages besteht,[17] wenn es bei dem Registergericht zu einer Verzögerung der Bekanntmachung kommt oder wenn die Bekanntmachung inhaltlich unrichtig ist.[18] Diese Schwierigkeiten sind indessen mit Rücksicht auf den Wortlaut des § 303 Abs. 1 hinzunehmen. In den zuletzt genannten Fällen bieten allein Amtshaftungsansprüche einen Ausweg (§ 839 BGB iVm Art. 34 GG).

Die etwaige **Fälligkeit der Forderung** des Gläubigers spielt gleichfalls keine Rolle (→ Rn. 13). Auch wenn sich der Gläubiger wegen der Fälligkeit seiner Forderung gegen die abhängige Gesellschaft gleichzeitig an diese halten könnte, ändert dies doch unter den genannten Voraussetzungen (→ Rn. 6 ff.) nichts an seinem Anspruch auf Sicherheitsleistung gegen das herrschende Unternehmen nach § 303 Abs. 1.[19] Lediglich dann, wenn sich der Gläubiger ohne weiteres durch **Aufrechnung** gegenüber der abhängigen Gesellschaft befriedigen könnte, sollte man eine Ausnahme machen, weil der Gläubiger in diesem Fall keines besonderen Schutzes nach § 303 bedarf (→ Rn. 27).

3. Forderungen. a) Begriff. Anspruch auf Sicherheitsleistung haben nach § 303 Abs. 1 S. 1 (nur) die Gläubiger von „Forderungen". Überwiegend werden darunter allein **schuldrechtliche Ansprüche** (§ 241 Abs. 1 BGB) verstanden, diese freilich ohne Rücksicht auf ihren Rechtsgrund, also gleichermaßen *vertragliche wie gesetzliche* Ansprüche.[20] Der Begriff ist also *weit* zu fassen, sodass zB grundsätzlich auch die *Lohnansprüche* der

---
[13] BGHZ 115, 187 (199) = NJW 1991, 3142 = AG 1991, 429 – Video; *Assmann*, 100 Jahre GmbHG, 1992, 657, 732 f.; *Sonnenschein/Holdorf* JZ 1992, 715 (720); Spindler/Stilz/*Veil* Rn. 13.
[14] MüKoAktG/*Altmeppen* Rn. 19; GroßkommAktG/*Hirte* Rn. 15.
[15] Hölters/*Deilmann* Rn. 6.
[16] MüKoAktG/*Altmeppen* Rn. 19; Grigoleit/*Servatius* Rn. 17; *Ströhmann* NZG 1999, 1030 (1032 f.); Spindler/Stilz/*Veil* Rn. 17; enger K. Schmidt/Lutter/*Stephan* Rn. 5, 7; aA *Peltzer* AG 1975, 309 (312 f.).
[17] KK-AktG/*Koppensteiner* Rn. 13; *Peltzer* AG 1975, 309 (312 f.).
[18] *Ströhmann* NZG 1999, 1030 (1033 ff.).
[19] *Habersack* FS Koppensteiner, 2001, 31 (35 f.); GroßkommAktG/*Hirte* Rn. 18; K. Schmidt/Lutter/*Stephan* Rn. 9.
[20] MüKoAktG/*Altmeppen* Rn. 13; KK-AktG/*Koppensteiner* Rn. 11.

Arbeitnehmer ebenso wie ihre Ansprüche auf *Betriebsrenten* unter § 303 fallen (→ Rn. 13 f., 24 f.). Nicht erforderlich ist, dass die Forderung gerade auf Geldzahlung gerichtet ist; vielmehr sind die Gläubiger von **Lieferungs- und Dienstleistungsansprüchen** ebenso schutzbedürftig wie die Gläubiger von Geldforderungen.[21] Mitgesichert sind ferner die **Nebenforderungen** auf Zinsen und Kostenersatz, selbst wenn sie erst nach Vertragsbeendigung, aber eben vor dem Stichtag entstanden sind.[22] Inhaber **nachrangiger Forderungen** dürften dagegen von dem Anwendungsbereich des § 303 auszuschließen sein.[23] Bei **dinglichen Ansprüchen** muss man unterscheiden: Sofern der Gläubiger eines dinglichen Anspruchs bereits anderweitig gesichert ist, besteht entsprechend § 303 Abs. 2 keine Notwendigkeit zur Anwendung des § 303 Abs. 1 (→ Rn. 27). Sofern sich dagegen die fraglichen Ansprüche in ihrer Struktur nicht von (schuldrechtlichen) Forderungen unterscheiden, steht bei Fehlen einer anderweitigen Sicherung einer Anwendung des § 303 Abs. 1 nichts im Wege. Zu denken ist hier in erster Linie an Ansprüche aus den §§ 987 ff. BGB sowie noch an Folgenbeseitigungsansprüche aus § 1004 BGB oder an Ansprüche aus dem nachbarlichen Gemeinschaftsverhältnis.[24]

13 b) **Begründung.** Voraussetzung für den Anspruch auf Sicherheitsleistung für eine Forderung gegen die abhängige Gesellschaft (→ Rn. 12) ist nach § 303 Abs. 1 S. 1 ferner, dass die fragliche Forderung bereits vor dem Stichtag (→ Rn. 8 f.) „begründet" wurde. Dies ist anzunehmen, wenn der vertragliche oder gesetzliche **Entstehungsgrund** der Forderung **vor** dem **Stichtag** im Wesentlichen abgeschlossen wurde, während es nicht erforderlich ist, dass die Höhe der Forderung bereits feststeht; *keine* Rolle spielt, ob die Forderung schon *fällig* ist (→ Rn. 11; → § 321 Rn. 3).[25] Keine Sicherheitsleistung wird dagegen geschuldet für Forderungen, deren Entstehungsgrund *nach* dem *Stichtag* liegt. Für *Wiederkehrschuldverhältnisse* bedeutet dies, dass, sofern man an dieser Rechtsfigur überhaupt festhält, für Teilleistungen nach dem Stichtag keine Sicherheitsleistung verlangt werden kann. Dagegen muss das herrschende Unternehmen den Gläubigern der abhängigen Gesellschaft sehr wohl auch für aufschiebend und auflösend **bedingte Forderungen,** für verhaltene, betagte und befristete Forderungen sowie für Schadensersatzansprüche aus **Delikt** Sicherheit leisten, selbst wenn im zuletzt genannten Fall deren Höhe noch nicht feststeht oder – bei aufschiebend bedingten Forderungen – die Bedingung noch nicht eingetreten ist.[26] **Zukünftige Rentenansprüche** aus (noch) verfallbaren Versorgungsanwartschaften begründen nach dem Gesagten gleichfalls einen Anspruch auf Sicherheitsleistung des Versorgungsberechtigten (zu unverfallbaren Versorgungsanwartschaften → Rn. 27).[27] Ebenso wenig kommt es bei **gegenseitigen Verträgen** darauf an, ob der Sicherheit verlangende Gläubiger seinerseits seine Leistung bereits erbracht hat. Eine nachträgliche **Reduzierung** der Forderung lässt den Anspruch auf Sicherheitsleistung (in der herabgesetzten Höhe) unberührt, solange nur der Rechtsgrund der Forderung keine Änderung erfährt. Eine nachträgliche **Erhöhung**

---

[21] *Hölters/Deilmann* Rn. 5; Spindler/Stilz/*Veil* Rn. 10.
[22] BGHZ 115, 187 (202) = NJW 1991, 3142 = AG 1991, 429 – Video; OLG Zweibrücken NZG 2004, 670 = GmbHR 2004, 802 (803) = AG 2004, 568 (569); Grigoleit/*Servatius* Rn. 5.
[23] *Habersack* FS Koppensteiner, 2001, 31 (40 f.); Hölters/*Deilmann* Rn. 5.
[24] Lutter/*Grunewald* UmwG § 22 Rn. 24; *Habersack* FS Koppensteiner, 2001, 31 (33 ff.); K. Schmidt/Lutter/*Stephan* Rn. 6; Spindler/Stilz/*Veil* Rn. 10.
[25] BGHZ 116, 37 (46 f.) = NJW 1992, 505 = AG 1992, 83 – Stromlieferungen/Hansa-Feuerfest; BGHZ 202, 317 Rn. 12 = AG 2014, 855 = NZG 2014, 1340; BAGE 83, 356 (362) = AG 1997, 268 = NZA 1997, 436; BAGE 131, 50 Rn. 21 ff. = NZA 2010, 641 = AG 2009, 829; OLG Frankfurt NZG 2000, 933 (934) = AG 2001, 139 (140); OLG Zweibrücken NZG 2004, 670 = GmbHR 2004, 802 (803) = AG 2004, 568; Hölters/*Deilmann* Rn. 7; *Habersack* FS Koppensteiner, 2001, 31 (37 f.); KK-AktG/*Koppensteiner* Rn. 14 ff.; Schröer DB 1999, 317 (318 ff.); wegen der Einzelheiten s. Heymann/*Emmerich* HGB § 128 Rn. 50 ff.
[26] BGHZ 116, 37 (46 f.) = NJW 1992, 505; BGHZ 115, 187 (202) = NJW 1991, 3142 = AG 1991, 429 – Video; BGHZ 116, 37 (46 f.) = NJW 1992, 505; BGHZ 202, 317 Rn. 12 = AG 2014, 855 = NZG 2014, 1340; BAGE 83, 356 (362) = AG 1997, 268; *Krieger* FS Nirk, 1992, 551 (555); Ströhmann NZG 1999, 1030 (1031); Spindler/Stilz/*Veil* Rn. 12; *Wimmer-Leonhardt* Konzernhaftungsrecht 41.
[27] Str., wie hier Lutter/*Grunewald* UmwG § 22 Rn. 7.

oder Änderung der Forderung begründet Ansprüche auf Sicherheitsleistung nur, wenn der Änderungsvertrag noch rechtzeitig *vor* dem Stichtag abgeschlossen wird, sonst nicht.[28]

c) Keine Endloshaftung. Aus der gesetzlichen Regelung, die auf die Begründung, 13a nicht auf die möglicherweise erst viel später eintretende Fälligkeit der Forderung abstellt (§ 303 Abs. 1 S. 1, → Rn. 13), ergeben sich Probleme vor allem bei **Dauerschuldverhältnissen** wie zB Miet-, Pacht- und Arbeitsverträgen einschließlich etwaiger Ruhegeldzusagen, weil bei derartigen Rechtsverhältnissen allgemein angenommen wird, dass die Anspruchsbegründung bereits **im Vertragsabschluss** liegt.[29] Die Folge ist, dass hier bei wörtlicher Auslegung des § 303 Abs. 1 die jeweiligen Gläubiger, zB bei einer Ruhegeldzusage die aus ihr (in Zukunft) berechtigten Arbeitnehmer, für *sämtliche* möglicherweise erst Jahre oder Jahrzehnte nach Beendigung des Unternehmensvertrags fällig werdenden *Forderungen schon jetzt* (hic et nunc) Sicherheit verlangen könnten, ggf. sogar in Höhe des Barwerts einer „ewigen Rente", dh – je nach Kapitalisierungszinsfuß – in nahezu unkalkulierbarer Höhe, zumal bei einer großen Zahl von Arbeitnehmern und Pensionsberechtigten. Der aus dieser Rechtslage resultierenden **Gefahr einer Endloshaftung** insbesondere von Arbeitgebern ist der Gesetzgeber bislang 1994 mit dem Nachhaftungsbegrenzungsgesetz (BGBl. I 560) nur im Handelsrecht durch die Änderung der §§ 26 und 160 HGB (iVm § 736 Abs. 2 BGB) sowie sodann auch im Jahre 2004 im Aktienrecht durch die Anpassung des § 327 Abs. 4 an § 160 HGB (BGBl. I 3214; → § 327 Rn. 1, 14) entgegengetreten. Eine Anpassung des § 303 Abs. 1 (sowie der gleichstehenden anderen Vorschriften der §§ 225 Abs. 1 und 321 Abs. 1 AktG sowie des § 22 UmwG) ist dagegen bisher unterblieben.

Welche Folgerungen aus diesem Befund (→ Rn. 13a) für die gebotene Begrenzung der 13b Nachhaftung des herrschenden Unternehmens gemäß § 303 zu ziehen sind, war im Schrifttum lange Zeit umstritten.[30] Vor allem zwei Wege zur Begrenzung der Nachhaftung wurden diskutiert, einmal die Einführung einer **Fünfjahresfrist** in Analogie zu den §§ 26 und 160 HGB,[31] zum andern ein Rückgriff auf die früher zur Begrenzung der Nachhaftung im Rahmen des § 159 HGB aF entwickelte **Kündigungstheorie iVm** einer sachgerechten **Begrenzung des Anspruchs** auf Sicherheitsleistung entsprechend dem Sicherungsbedürfnis des Gläubigers (→ Rn. 19).[32] Speziell mit Rücksicht auf die Sicherung der Ansprüche von **Arbeitnehmern** aus am Stichtag noch laufenden Arbeitsverhältnissen sowie der **Rentenansprüche** von Versorgungsberechtigten werden noch zusätzlich zum Ausgleich der divergierenden Interessen der Beteiligten weitere Lösungen erwogen; hervorzuheben sind ein Schutz nur der am Stichtag bereits endgültig begründeten Ansprüche, zB auf Urlaubsgeld,[33] eine Begrenzung des Schutzes der Ansprüche von Arbeitnehmern auf die Dauer der laufenden ordentlichen Kündigungsfrist, wobei wiederum streitig ist, ob auf die Kündigungsfrist für den Arbeitgeber oder für den Arbeitnehmer abzustellen ist,[34] eine zeitliche Begrenzung der Haftung für Rentenansprüche analog § 160 HGB auf fünf Jahre[35] sowie jedenfalls ein Schutz der schon begründeten Rentenansprüche, soweit nicht ohnehin § 303

---

[28] OLG Zweibrücken NZG 2004, 670 = GmbHR 2004, 802 (803) = AG 2004, 568; K. Schmidt/Lutter/*Stephan* Rn. 10.
[29] BGHZ 142, 324 (329) = NJW 2000, 208 sowie für § 303 ausdrücklich BGHZ 202, 317 Rn. 12 = AG 2014, 855 = NZG 2014, 1340; BGH NJW 1996, 1539 = AG 1996, 321 (322); OLG Frankfurt NZG 2000, 933 = AG 2001, 139 (140); OLG Zweibrücken NZG 2004, 670 = GmbHR 2004, 802 (803) = AG 2004, 568; OLG Hamm AG 2008, 898 = ZIP 2008, 1925; *Henssler/Heiden* NZG 2010, 328; *Hoffmann* NZG 2000, 935 (936); *Mutschler* FS Säcker, 2011, 429; krit. *Burg/Hützen* Konzern 2010, 20 (24 ff.).
[30] Ausf. 7. Aufl. Rn. 13b–13d; *Servatius* ZGR 2015, 754.
[31] *Bork* ZIP 2012, 1005 (1011); *Goldschmidt/Läger* NZG 2012, 1201 (1204 ff.); *Habersack* FS Koppensteiner, 2001, 31 (38 f.); Hüffer/*Koch* Rn. 3; Hölters/*Deilmann* Rn. 8; GroßkommAktG/*Hirte* Rn. 17; KK-AktG/*Koppensteiner* Rn. 16; Grigoleit/*Servatius* Rn. 5; *Singhof* FS Hadding, 2004, 655 (658, 660).
[32] MüKoAktG/*Altmeppen* Rn. 27–33; Lutter/*Grunewald* UmwG § 22 Rn. 22; *Henssler/Heiden* NZG 2010, 328 (330 ff.); MüKoGmbHG/*Liebscher* Anh. § 13 Rn. 910; *Mutschler* FS Säcker, 2011, 429 (437 ff.); *Schröer* DB 1999, 317 (321 f.); K. Schmidt/Lutter/*Stephan* Rn. 11, 15; *Wimmer-Leonhardt* Konzernhaftungsrecht 41 f.
[33] *Burg/Hützen* Konzern 2010, 20 (25 ff.).
[34] *Henssler/Heiden* NZG 2010, 328 (330); im Ergebnis wohl auch *Burg/Hützen* Konzern 2010, 20 (25 ff.).
[35] *Henssler/Heiden* NZG 2010, 328 (332).

Abs. 2 eingreift, und zwar mit Rücksicht auf das überwiegende Sicherungsinteresse der versorgungsberechtigten Arbeitnehmer.[36]

13c Die **Rechtsprechung** tendierte ursprünglich deutlich zu der genannten zweiten Lösung (→ Rn. 13b), dh zu einer Kombination von Kündigungstheorie und *sachgerechter Begrenzung* des Anspruchs der Gläubiger auf Sicherheitsleistung.[37] Das war indessen keine befriedigende Lösung, weil insbesondere die frühere Kündigungstheorie mit derart vielen Mängeln behaftet war, dass sie bereits im Handelsrecht schon lange aufgegeben ist.[38] Für § 303 kann dann schwerlich etwas anderes gelten, sodass sich der BGH im Jahre 2014 schließlich zu Recht entschlossen hat, die Sicherheitsleistung entsprechend den Nachhaftungsregeln in den §§ 26 und 160 HGB sowie insbesondere seit 2004 in § 327 Abs. 4 zeitlich **auf Ansprüche** zu **begrenzen, die innerhalb von fünf Jahren ab Bekanntmachung** der Eintragung der Beendigung des Vertrags ins Handelsregister **fällig** werden.[39]

14 **4. Verpflichteter.** Zur Sicherheitsleistung verpflichtet ist gemäß § 303 Abs. 1 S. 1 unter den genannten Voraussetzungen (→ Rn. 7 ff.) „der andere Vertragsteil", dh das **herrschende oder berechtigte Unternehmen.** In den Fällen der **Mehrmütterorganschaft** trifft die Verpflichtung zur Sicherheitsleistung aus § 303 Abs. 1 sämtliche Mütter *gesamtschuldnerisch* gegenüber den Gläubigern der gemeinsamen Tochtergesellschaft, weil in der Person jeder Mutter der volle Tatbestand der §§ 302 und 303 Abs. 1 erfüllt ist (§ 427 BGB).[40] Für eine bloße pro-rata-Haftung der Mütter ist kein Raum (→ § 302 Rn. 19). Dasselbe gilt im Falle des **Beitritts** eines **weiteren Unternehmens** zu dem Vertrag: Wieder haften beide Unternehmen im Falle der späteren Vertragsbeendigung gesamtschuldnerisch nach § 303.[41] Umstritten ist lediglich der Fall der **Vertragsübernahme:** Weil in diesem Fall der Vertrag mit dem Vertragsübernehmer fortbesteht, wird zum Teil eine Anwendung des § 303 auf den ausscheidenden früheren Vertragsteil abgelehnt.[42] Nach dem Grundgedanken der gesetzlichen Regelung soll jedoch offenbar durchweg an die Stelle der wegfallenden Verlustübernahmepflicht, hier des ausscheidenden Vertragsteils, eine Pflicht zur Sicherheitsleistung nach § 303 treten, sodass auch im Falle der Vertragsübernahme mehr *für* eine Anwendung des § 303 spricht.[43]

15 **5. Anmeldung.** Der Anspruch eines Gläubigers der abhängigen Gesellschaft gegen das herrschende Unternehmen auf Sicherheitsleistung für seine vor dem Stichtag begründeten Forderungen setzt nach § 303 Abs. 1 S. 1 als letztes voraus, dass sich der Gläubiger binnen sechs Monaten nach dem Stichtag, dh nach der Bekanntmachung der Eintragung der Vertragsbeendigung (→ Rn. 8 f.), bei dem herrschenden Unternehmen „zu diesem Zweck" meldet. In der Bekanntmachung der Eintragung (§ 10 HGB) sind die Gläubiger auf ihr Recht auf Sicherheitsleistung hinzuweisen (§ 303 Abs. 1 S. 2). *Nicht* erforderlich sind eine Substantiierung der Forderung, etwa durch genaue Bezeichnung des Forderungsgrundes oder der Forderungshöhe (→ Rn. 17), sowie die Glaubhaftmachung, dass durch die Vertragsbeendigung die Erfüllung der Forderung gefährdet wird.[44]

16 Die Sechsmonatsfrist des § 303 Abs. 1 S. 1 ist eine materiell-rechtliche **Ausschlussfrist,** die an dem Tag beginnt, der auf den Stichtag (→ Rn. 8) folgt (§ 187 Abs. 1 BGB), und deren Berechnung sich nach § 188 Abs. 2 BGB richtet. *Keine* Rolle spielt, ob der Gläubiger

---

[36] *Mutschler* FS Säcker, 2011, 429 (438 ff.).
[37] BGH NJW 1996, 1539 = AG 1996, 321 (322); OLG Frankfurt NZG 2000, 933 (934) mit zust. Anm. *J. Hoffmann* = AG 2001, 139 (141); OLG Hamm AG 2008, 898 (899 f.) = ZIP 2008, 1925.
[38] BGHZ 142, 324 (329) = NJW 2000, 208; BAGE 110, 372 = NJW 2004, 3287.
[39] BGHZ 202, 317 Rn. 10, 15 ff. = AG 2014, 855 = NZG 2014, 1340; ebenso schon *Goette* DStR 2009, 2602 (2609) Nr. 9 zu dem Verfahren II ZR 80/08; zust. *Servatius* ZGR 2015, 754 mN.
[40] GroßkommAktG/*Hirte* Rn. 24; KK-AktG/*Koppensteiner* Rn. 21; Spindler/Stilz/*Veil* Rn. 9.
[41] Zu den verschiedenen Fällen des Parteiwechsels → § 295 Rn. 13–16; Spindler/Stilz/*Veil* Rn. 9.
[42] KK-AktG/*Koppensteiner* Rn. 8.
[43] MüKoAktG/*Altmeppen* Rn. 7–11; Spindler/Stilz/*Veil* Rn. 9.
[44] Grigoleit/*Servatius* Rn. 7.

Kenntnis von dem Lauf der Frist hat; § 15 HGB findet keine Anwendung (→ Rn. 10).[45] Auch wenn der Gläubiger ohne sein Verschulden keine Kenntnis von dem Ablauf der Sechsmonatsfrist erlangt, verliert er endgültig den Anspruch auf Sicherheitsleistung gegen das herrschende Unternehmen (nicht aber seine Forderung gegen die abhängige Gesellschaft).[46] Dies gilt selbst dann, wenn das Registergericht in der Bekanntmachung der Eintragung entgegen § 303 Abs. 1 S. 2 die Gläubiger **nicht** auf ihr Recht auf Sicherheitsleistung **hingewiesen** hatte; in Betracht kommen in solchem Fall lediglich Amtshaftungsansprüche nach § 839 BGB iVm Art. 34 GG (→ Rn. 10).[47] **Nichts hindert** das herrschende Unternehmen jedoch an einer freiwilligen **Verlängerung** der Meldefrist, weil dadurch die Position der Gläubiger gegenüber dem Gesetz (§ 303 Abs. 1) nur verbessert werden kann.[48]

Die **Meldung** des Gläubigers ist rechtzeitig, wenn sie vor Fristablauf dem herrschenden Unternehmen zugeht (§ 130 Abs. 1 BGB).[49] Unerheblich ist, wann der Gläubiger die Meldung erstattet. Dies kann auch schon *vor Fristbeginn,* dh zwischen Vertragsbeendigung und Stichtag geschehen, während eine Anmeldung noch vor Vertragsbeendigung verfrüht und deshalb unwirksam ist.[50] Eine besondere **Form** ist für die Meldung nicht vorgeschrieben, sodass sie auch mündlich erfolgen kann.[51] Aus der Meldung muss sich jedoch nach § 303 Abs. 1 S. 1 ihr „**Zweck**" ergeben. Dies bedeutet, dass für das herrschende Unternehmen erkennbar sein muss, dass der meldende Gläubiger von ihm Sicherheitsleistung für eine bestimmte Forderung verlangt; nicht erforderlich ist dagegen, dass die Forderung bereits der Höhe nach beziffert wird oder auch nur beziffert werden kann (→ Rn. 13, 14).[52]

IV. Sicherheitsleistung

1. §§ 232 ff. BGB. Unter den Voraussetzungen des § 303 Abs. 1 ist der andere Vertragsteil, dh das herrschende oder berechtigte Unternehmen, zur Sicherheitsleistung[53] verpflichtet. Das Gesetz verweist damit auf die §§ 232 ff. BGB. Der Anspruch des Gläubigers auf Sicherheitsleistung ist ein normaler schuldrechtlicher Anspruch, der notfalls durch **Leistungsklage** gegen das herrschende nternehmen durchgesetzt werden muss.[54] Das SpruchG findet keine Anwendung.[55] Die **Vollstreckung** des Urteils richtet sich nach § 887 Abs. 1 ZPO.

Die **Höhe** der Sicherheitsleistung bemisst sich nach dem Wert des zu sichernden Rechts, dh der fraglichen Forderung (→ Rn. 12 ff.), unter Berücksichtigung des Zwecks der Regelung, hier also des § 303 Abs. 1.[56] Bei Ansprüchen des Gläubigers aus Dauerschuldverhältnissen wie zB Miet- oder Pachtverträgen ist dabei die Begrenzung der Nachhaftung des herrschenden Unternehmens entsprechend § 160 HGB und § 327 Abs. 4 auf Ansprüche, die

---

[45] BGHZ 116, 37 (44) = NJW 1992, 505 = AG 1992, 83 – Stromlieferungen/Hansa-Feuerfest; MüKoAktG/*Altmeppen* Rn. 21; Lutter/*Grunewald* UmwG § 22 Rn. 19; GroßkommAktG/*Hirte* Rn. 21; Hüffer/*Koch* Rn. 4 f.; KK-AktG/*Koppensteiner* Rn. 18; K. Schmidt/Lutter/*Stephan* Rn. 20; Ströhmann NZG 1999, 1030 (1032 ff.); Spindler/Stilz/*Veil* Rn. 17.
[46] Hölters/*Deilmann* Rn. 10; Kallmeyer/*Marsch-Barner* UmwG § 22 Rn. 5.
[47] Lutter/*Grunewald* UmwG § 22 Rn. 18; Hüffer/*Koch* Rn. 5; KK-AktG/*Koppensteiner* Rn. 18; anders Grigoleit/*Servatius* Rn. 7: Frist läuft weiter.
[48] GroßkommAktG/*Hirte* Rn. 21; Spindler/Stilz/*Veil* Rn. 19.
[49] Hölters/*Deilmann* Rn. 10; Hüffer/*Koch* Rn. 5; GroßkommAktG/*Hirte* Rn. 22.
[50] Lutter/*Grunewald* UmwG § 22 Rn. 18; MHdB AG/*Krieger* § 60 Rn. 47, § 70 Rn. 222; K. Schmidt/Lutter/*Stephan* Rn. 20.
[51] LAG Frankfurt AG 1989, 256 (257).
[52] MüKoAktG/*Altmeppen* Rn. 22; GroßkommAktG/*Hirte* Rn. 20; K. Schmidt/Lutter/*Stephan* Rn. 19; Spindler/Stilz/*Veil* Rn. 18; vermittelnd KK-AktG/*Koppensteiner* Rn. 18; offengelassen in OLG Zweibrücken NZG 2004, 670 = GmbHR 2004, 802 (803) = AG 2004, 568 (569).
[53] *Mutschler* FS Säcker, 2011, 429; *Rittner* FS Oppenhoff, 1985, 317 (320 ff.).
[54] OLG Düsseldorf AG 1996, 426; Beispiele in BGHZ 202, 317 = AG 2014, 855; BGH NJW 1996, 1539 = AG 1996, 321; BGH bei *Goette* DStR 2009, 2609 Nr. 9; BAGE 131, 50 = AG 2009, 829.
[55] OLG Düsseldorf AG 1996, 426; *Pentz* Enkel-AG 162.
[56] So noch ausdrücklich § 199 BGB-E I; Hölters/*Deilmann* Rn. 12; Staudinger/*Repgen* (2009) BGB Vor § 232 Rn. 8; GroßkommAktG/*Hirte* Rn. 26; K. Schmidt/Lutter/*Stephan* Rn. 15.

20 **2. Bürgschaft.** Nach § 303 Abs. 3 S. 1 kann das herrschende Unternehmen, anstatt Sicherheit zu leisten (→ Rn. 18 f.), sich auch selbst für die Forderung des Gläubigers der abhängigen oder verpflichteten Gesellschaft verbürgen; in diesem Fall findet nach S. 2 der Vorschrift § 349 HGB keine Anwendung, sodass dem herrschenden Unternehmen grundsätzlich die Einrede der Vorausklage verbleibt (§ 771 BGB). Zu beachten ist indessen, dass in den eigentlich kritischen Fällen, dh im Falle der Insolvenz der abhängigen Gesellschaft, die Einrede der Vorausklage nach § 773 Abs. 1 Nr. 3 BGB doch ausgeschlossen ist, sodass das herrschende Unternehmen aus der Bürgschaft sofort in Anspruch genommen werden kann.

21 § 303 Abs. 3 S. 1 bedeutet keine Änderung des § 765 BGB, sodass die Bürgschaft hier ebenso wie sonst gemäß § 765 Abs. 1 BGB nur **durch Vertrag** zwischen dem zur Sicherheitsleistung verpflichteten herrschenden Unternehmen und dem Gläubiger begründet wird. Die Entscheidung zwischen der Sicherheitsleistung (§ 303 Abs. 1; → Rn. 18 f.) und der Übernahme einer Bürgschaft (§ 303 Abs. 3; → Rn. 20) ist allein Sache des herrschenden Unternehmens, sodass es sich um eine **Wahlschuld** mit Wahlrecht des *Schuldners* nach den §§ 262 ff. BGB handelt.[57] (Nur) unter den Voraussetzungen des § 264 Abs. 1 BGB geht folglich das Wahlrecht auf den Gläubiger über. Der Bürgschaftsvertrag wird für das herrschende Unternehmen in der Regel ein Handelsgeschäft sein (§ 343 HGB), sodass die **Formvorschrift** des § 766 BGB *keine* Anwendung findet (§ 350 HGB). Nach Treu und Glauben wird jedoch der Gläubiger zu Beweiszwecken in der Regel eine schriftliche Bestätigung des herrschenden Unternehmens verlangen können (§ 242 BGB).[58]

22 **Lehnt der Gläubiger** das Bürgschaftsangebot des herrschenden Unternehmens **ab,** so verliert er seine Rechte aus § 303, da er nach Wahl der Bürgschaft seitens des herrschenden Unternehmens (→ Rn. 21) nur noch diese beanspruchen kann (§ 263 Abs. 2 BGB).[59] Der Gläubiger hat daher jetzt nur noch die „Wahl" zwischen der Annahme und der Ablehnung des Antrags des herrschenden Unternehmens auf Abschluss eines Bürgschaftsvertrages. Bei Ablehnung erlischt der Antrag (§§ 146, 765 BGB). Zu einem neuen Antrag ist das herrschende Unternehmen nicht verpflichtet (§ 303 Abs. 3).

23 **3. Schutzgesetz?** Die Parallelvorschrift des § 22 UmwG wird zum Teil als Schutzgesetz iSd § 823 Abs. 2 BGB angesehen.[60] Ein entsprechendes Verständnis des § 303 Abs. 1 hätte zwar für den Gläubiger den Vorteil, dass er bei einem Verstoß des herrschenden Unternehmens gegen seine Pflicht zur Sicherheitsleistung auch gegen die verantwortlichen Organmitglieder des herrschenden Unternehmens direkt auf Grund des § 823 Abs. 2 BGB mit der Forderung auf Schadensersatz vorgehen könnte. Gegen solches Verständnis des § 303 spricht jedoch, dass die Vorschrift kein gesetzliches Gebot oder Verbot enthält, sondern lediglich bestimmte Ansprüche begründet, sodass sie schwerlich als Schutzgesetz interpretiert werden kann.[61]

V. Ausfallhaftung

24 Eine bloße Sicherheitsleistung des herrschenden Unternehmens macht keinen Sinn mehr, sobald seine **Inanspruchnahme** an Stelle der abhängigen Gesellschaft auf Grund des „Ausfalls", dh der Zahlungsunfähigkeit der abhängigen Gesellschaft endgültig feststeht. Das ist

---

[57] Ebenso zB *Leinekugel/Winstel* AG 2012, 389 (390 f.).
[58] K. Schmidt/Lutter/*Stephan* Rn. 26.
[59] OLG Hamm AG 2008, 898 (900) = ZIP 2008, 1925; MüKoAktG/*Altmeppen* Rn. 59; KK-AktG/ *Koppensteiner* Rn. 22; *Leinekugel/Winstel* AG 2012, 389 (390 f.); K. Schmidt/Lutter/*Stephan* Rn. 25; Spindler/ Stilz/*Veil* Rn. 20; aA GroßkommAktG/*Hirte* Rn. 31.
[60] Kallmeyer/*Marsch-Barner* UmwG § 22 Rn. 13.
[61] MüKoAktG/*Altmeppen* Rn. 62; Lutter/*Grunewald* UmwG § 22 Rn. 25; *Schröer* DB 1999, 317 (323); K. Schmidt/Lutter/*Stephan* Rn. 2.

(spätestens) der Fall, wenn die Eröffnung eines Insolvenzverfahrens über das Vermögen der abhängigen Gesellschaft mangels Masse abgelehnt, das Verfahren aus diesem Grunde eingestellt oder die Gesellschaft wegen Vermögenslosigkeit im Handelsregister gelöscht wurde (→ Rn. 25). Entsprechend § 322 verwandelt sich dann der Anspruch des Gläubigers auf Sicherheitsleistung in einen **Zahlungsanspruch** gegen das herrschende Unternehmen.[62] § 322 Abs. 2 ist in diesem Fall entsprechend anwendbar.[63]

Umstritten ist die Rechtslage, wenn das **Insolvenzverfahren** über das Vermögen der abhängigen Gesellschaft tatsächlich eröffnet wird. Nach einer verbreiteten Meinung soll dann die Geltendmachung der Ausfallhaftung des herrschenden Unternehmens entsprechend § 171 Abs. 2 HGB grundsätzlich Sache des **Insolvenzverwalters** sein (§ 93 InsO),[64] und zwar entweder generell[65] oder doch jedenfalls insoweit, wie der Ausfall der Gläubiger im Insolvenzverfahren noch nicht endgültig feststeht, während die Gläubiger in Höhe des bereits feststehenden Ausfalls direkt aus § 303 Abs. 1 gegen das herrschende Unternehmen vorgehen könnten.[66] Man muss hier unterscheiden: Hat das herrschende Unternehmen (wie offenbar im Regelfall) nach § 303 Abs. 3 eine **Bürgschaft** übernommen, so wird von § 773 Abs. 1 Nr. 3 BGB auszugehen sein (→ Rn. 20), sodass der Gläubiger in der Tat das herrschende Unternehmen direkt in Anspruch nehmen kann.[67] Es besteht kein Anlass, in diesem Fall § 93 InsO anzuwenden.[68] In den wenigen verbleibenden Fällen, in denen das herrschende Unternehmen tatsächlich nach § 303 Abs. 1 **Sicherheit geleistet** hat, sollte man ebenfalls an der Ausfallhaftung des herrschenden Unternehmens festhalten. Der Ausfallhaftung steht es dann auch nicht entgegen, wenn die **abhängige** Gesellschaft gegen das herrschende Unternehmen selbst **noch Ansprüche** zB auf Verlustausgleich nach § 302 oder auf Schadensersatz nach § 309 AktG iVm § 31 BGB hat.[69]

VI. Ausnahmen

Nach § 303 Abs. 2 steht das Recht auf Sicherheitsleistung (§ 303 Abs. 1) solchen Gläubigern *nicht* zu, die im Falle der Insolvenz ein Recht auf vorzugsweise Befriedigung aus einer Deckungsmasse haben, die nach gesetzlicher Vorschrift zu ihrem Schutz errichtet und staatlich überwacht ist (ebenso §§ 225 Abs. 1 S. 3 und 233 Abs. 2 S. 3 AktG sowie § 22 Abs. 2 UmwG). Dahinter steht die Überlegung, dass Gläubiger, für deren Sicherheit im Insolvenzfall gesetzlich bereits auf andere Weise Sorge getragen ist, keines weiteren Schutzes durch Sicherheitsleistung nach § 303 bedürfen. **Beispiele** sind die Inhaber der von Hypothekenbanken ausgegebenen **Pfandbriefe** und der von Schiffspfandbriefbanken ausgegebenen Schiffspfandbriefe (§§ 5, 29 PfandBG von 2005, BGBl. I 1373), die Inhaber der gedeckten Schuldverschreibungen der Landwirtschaftlichen Rentenbank (§§ 13, 14 LwRentenBG)

---

[62] Ebenso, freilich meistens zum qualifizierten faktischen GmbH-Konzern, BGHZ 95, 330 (347) = NJW 1986, 188 – Autokran; BGHZ 105, 168 (183) = NJW 1988, 3143 – HSW; BGHZ 115, 187 (200) = NJW 1991, 3142 – Video; BGHZ 116, 37 (42) = NJW 1992, 505 – Stromlieferungen; BAGE 76, 79 (87) = NJW 1994, 3244; BAG NJW 1996, 1491 = AG 1996, 222 (223); KG AG 2001, 529 (530) = NZG 2001, 80; BSGE 75, 82 (87) = NJW-RR 1995, 730; Hölters/*Deilmann* Rn. 14; *Habersack* FS Koppensteiner, 2001, 31 (32); GroßkommAktG/*Hirte* Rn. 11; *Joost* in Konzernrechtstage 133; *Kleindiek* Strukturvielfalt 236 ff.; *Limmer* Haftungsverfassung 336 ff.; *Kübler* FS Heinsius, 1991, 397 (419 ff.); Spindler/Stilz/*Veil* Rn. 24; *Wimmer-Leonhardt* Konzernhaftungsrecht 42 f.
[63] BGH NJW 1994, 3288 = AG 1995, 35 (37); KG AG 2001, 529 (530) = NZG 2001, 80.
[64] BGHZ 115, 187 (200 f.) = NJW 1991, 3142 – Video; OLG Frankfurt NZG 2000, 933 (934) = AG 2001, 139.
[65] So *Bork* ZIP 2012, 1001; GroßkommAktG/*Hirte* Rn. 12, 33; *Wimmer-Leonhardt* Konzernhaftungsrecht 42 f.; dagegen *Klöckner* ZIP 2011, 1454.
[66] So wohl OLG Frankfurt NZG 2000, 933 (934) = AG 2001, 139; *J. Hoffmann* NZG 2000, 935 f.
[67] Hölters/*Deilmann* Rn. 15; *Klöckner* ZIP 2011, 1454; KK-AktG/*Koppensteiner* Rn. 25 f.
[68] Anders *Bork* ZIP 2012, 1001 (1006 f.).
[69] Ebenso BGHZ 115, 187 (200 f.) = NJW 1991, 3142 = AG 1991, 429 = GmbHR 1991, 520 – Video; MüKoAktG/*Altmeppen* Rn. 47; *Habersack* FS Koppensteiner, 2001, 31 (32); K. Schmidt/Lutter/*Stephan* Rn. 29; Spindler/Stilz/*Veil* Rn. 24.

§ 304

sowie die Gläubiger der mit Versicherungsaktiengesellschaften abgeschlossenen **Lebens-, Unfall-, Pflege- und Krankenversicherungen** (§§ 66, 71, 77a, 124 ff. VAG).[70]

27 Der dem § 303 Abs. 2 zugrundeliegende Gedanke (→ Rn. 26) ist **auch in anderen Fällen** einer ausreichenden Sicherung des Gläubigers entsprechend anwendbar. Das wichtigste Beispiel sind Gläubiger, die bereits ausreichend durch Grundpfandrechte, durch sonstige **dingliche Rechte** oder durch eine Sicherungsübereignung gesichert sind; ihre Forderung nach zusätzlichen Sicherheiten auf Grund des § 303 wäre missbräuchlich (§ 242 BGB).[71] Ebenso verhält es sich, wenn sich der Gläubiger ohne weiteres durch **Aufrechnung** gegen die abhängige Gesellschaft selbst befriedigen kann (→ Rn. 13). Umstritten ist, ob dasselbe für unverfallbare **Ruhegeldanwartschaften** sowie für Ansprüche von Betriebsrentnern auf **Ruhegelder** gilt, soweit sie Insolvenzschutz nach den §§ 7 f. BetrAVG genießen, dh soweit die genannten Ansprüche von Arbeitnehmern durch den *Pensionssicherungsverein* gedeckt sind (der seinerseits keine Sicherheitsleistung nach § 303 Abs. 1 verlangen kann, sofern er wie in der Regel Ansprüche erst nach dem Stichtag erwirbt). Nach wohl überwiegender Meinung soll zwar auch in diesen Fällen § 303 Abs. 2 entsprechend anwendbar sein;[72] dasselbe müsste dann wohl auch für den Anspruch auf **Insolvenzgeld** nach den §§ 183 ff. SGB III gegen die Agentur für Arbeit gelten. Dabei wird indessen übersehen, dass speziell der Pensionssicherungsverein lediglich einen begrenzten Schutz bietet und vor allem weder dieser noch die Bundesagentur eine gesetzlich überwachte Deckungsmasse kennen, sodass der Grundsatz des § 303 Abs. 1 jedenfalls insoweit anwendbar bleiben muss, wie insbesondere Betriebsrenten nicht durch den Pensionssicherungsverein abgedeckt sind.[73]

28 Lehnt man mit einer verbreiteten Meinung (entgegen der hier vertretenen Auffassung, → Rn. 25) eine Ausfallhaftung des herrschenden Unternehmens bereits bei **Insolvenzeröffnung** ab (sodass der Gläubiger gemäß § 303 Abs. 1 allein Sicherheitsleistung verlangen kann), so stellt sich im vorliegenden Zusammenhang die weitere Frage, ob man analog § 303 Abs. 3 solchen Gläubigern, die über **Insolvenzvorrechte** verfügen, einen Anspruch auf Sicherheitsleistung nach § 303 verweigern darf.[74] Die Frage dürfte allein dann zu bejahen sein, wenn das Insolvenzvorrecht dem Gläubiger bereits eine ausreichende Sicherheit für seine Forderung gewährt. Dagegen kann Arbeitnehmern mit Rücksicht auf die Bevorrechtigung von Lohnforderungen in der Insolvenz der Anspruch auf Sicherheitsleistung aus § 303 nicht versagt werden.[75]

Vierter Abschnitt. Sicherung der außenstehenden Aktionäre bei Beherrschungs- und Gewinnabführungsverträgen

§ 304 Angemessener Ausgleich

(1) ¹**Ein Gewinnabführungsvertrag muß einen angemessenen Ausgleich für die außenstehenden Aktionäre durch eine auf die Anteile am Grundkapital bezogene wiederkehrende Geldleistung (Ausgleichszahlung) vorsehen.** ²**Ein Beherrschungs-**

---

[70] BGHZ 90, 161 (165 f.) = NJW 1984, 1681; BAGE 83, 356 (364) = NZA 1997, 436 = AG 1997, 268 (269); GroßkommAktG/*Hirte* Rn. 27; Hüffer/*Koch* Rn. 8 und § 225 Rn. 10; KK-AktG/*Koppensteiner* Rn. 20; *Krieger* FS Nirk, 1992, 551 (558); K. Schmidt/Lutter/*Stephan* Rn. 23.

[71] Lutter/*Grunewald* UmwG § 22 Rn. 24; *Habersack* FS Koppensteiner, 2001, 31 (34 f.); *Krieger* FS Nirk, 1992, 551 (558); *Rittner* FS Oppenhoff, 1985, 317 (322, 324).

[72] BAGE 83, 356 (367 ff.) = NZA 1997, 436 = AG 1997, 268; OLG Zweibrücken NZG 2004, 670 = AG 2004, 568 (569); Lutter/*Grunewald* UmwG § 22 Rn. 23; GroßkommAktG/*Hirte* Rn. 28; *Krieger* FS Nirk, 1992, 551 (559 ff.).

[73] Hüffer/*Koch* § 225 Rn. 10; *Mutschler* FS Säcker, 2011, 429 (434 f.); *Rittner* FS Oppenhoff, 1985, 317 (327 f.); K. Schmidt/Lutter/*Stephan* Rn. 17, 24.

[74] Dafür MüKoAktG/*Altmeppen* Rn. 58; Lutter/*Grunewald* UmwG § 22 Rn. 24; dagegen aber OLG Zweibrücken NZG 2004, 670 = GmbHR 2004, 802 (803) = AG 2004, 568; Hüffer/*Koch* Rn. 8, § 225 Rn. 11; *Rittner* FS Oppenhoff, 1985, 317 (324 f.).

[75] OLG Zweibrücken NZG 2004, 670 = GmbHR 2004, 802 (803) = AG 2004, 568 (569).

vertrag muß, wenn die Gesellschaft nicht auch zur Abführung ihres ganzen Gewinns verpflichtet ist, den außenstehenden Aktionären als angemessenen Ausgleich einen bestimmten jährlichen Gewinnanteil nach der für die Ausgleichszahlung bestimmten Höhe garantieren. ³Von der Bestimmung eines angemessenen Ausgleichs kann nur abgesehen werden, wenn die Gesellschaft im Zeitpunkt der Beschlußfassung ihrer Hauptversammlung über den Vertrag keinen außenstehenden Aktionär hat.

(2) ¹Als Ausgleichszahlung ist mindestens die jährliche Zahlung des Betrags zuzusichern, der nach der bisherigen Ertragslage der Gesellschaft und ihren künftigen Ertragsaussichten unter Berücksichtigung angemessener Abschreibungen und Wertberichtigungen, jedoch ohne Bildung anderer Gewinnrücklagen, voraussichtlich als durchschnittlicher Gewinnanteil auf die einzelne Aktie verteilt werden könnte. ²Ist der andere Vertragsteil eine Aktiengesellschaft oder Kommanditgesellschaft auf Aktien, so kann als Ausgleichszahlung auch die Zahlung des Betrags zugesichert werden, der unter Herstellung eines angemessenen Umrechnungsverhältnisses auf Aktien der anderen Gesellschaft jeweils als Gewinnanteil entfällt. ³Die Angemessenheit der Umrechnung bestimmt sich nach dem Verhältnis, in dem bei einer Verschmelzung auf eine Aktie der Gesellschaft Aktien der anderen Gesellschaft zu gewähren wären.

(3) ¹Ein Vertrag, der entgegen Absatz 1 überhaupt keinen Ausgleich vorsieht, ist nichtig. ²Die Anfechtung des Beschlusses, durch den die Hauptversammlung der Gesellschaft dem Vertrag oder einer unter § 295 Abs. 2 fallenden Änderung des Vertrags zugestimmt hat, kann nicht auf § 243 Abs. 2 oder darauf gestützt werden, daß der im Vertrag bestimmte Ausgleich nicht angemessen ist. ³Ist der im Vertrag bestimmte Ausgleich nicht angemessen, so hat das in § 2 des Spruchverfahrensgesetzes bestimmte Gericht auf Antrag den vertraglich geschuldeten Ausgleich zu bestimmen, wobei es, wenn der Vertrag einen nach Absatz 2 Satz 2 berechneten Ausgleich vorsieht, den Ausgleich nach dieser Vorschrift zu bestimmen hat.

(4) Bestimmt das Gericht den Ausgleich, so kann der andere Vertragsteil den Vertrag binnen zwei Monaten nach Rechtskraft der Entscheidung ohne Einhaltung einer Kündigungsfrist kündigen.

Schrifttum: Institut der Wirtschaftsprüfer (IDW), IDW Standard S1, Grundsätze zur Durchführung von Unternehmensbewertungen vom 2. April 2008 (IDW S1), FN-IDW 2008, 826; *Adolff*, Unternehmensbewertung im Recht der börsennotierten AG, 2007; *Exner*, Beherrschungsvertrag und Vertragsfreiheit, 1984; *Fabian*, Inhalt und Auswirkungen des Beherrschungsvertrags, 1997; *Fleischer/Hüttemann*, Rechtshandbuch (HdB) Unternehmensbewertung, 2015; *Geng*, Ausgleich und Abfindung der Minderheitsaktionäre der beherrschten Aktiengesellschaft bei Verschmelzung und Spaltung, 2003; *Großfeld*, Unternehmens- und Anteilsbewertung im Gesellschaftsrecht, 7. Aufl. 2014; *Grüner*, Die Beendigung von Gewinnabführungs- und Beherrschungsverträgen, 2003; *Gude*, Strukturänderungen und Unternehmensbewertung zum Börsenkurs, 2004; *Hüchting*, Abfindung und Ausgleich im aktienrechtlichen Beherrschungsvertrag, 1972; *Hüffer/Schmidt-Aßmann/M. Weber*, Anteilseigentum, Unternehmenswert und Börsenkurs, 2005; *Kley*, Die Rechtsstellung der außenstehenden Aktionäre bei der vorzeitigen Beendigung von Unternehmensverträgen, 1986; *Komp*, Zweifelsfragen des aktienrechtlichen Abfindungsanspruchs nach §§ 305, 320b AktG, 2002; *Lindemann*, Gewinnabhängige Ansprüche im Konzern, 2003; *Luttermann*, Unternehmen, Kapital und Genußrecht, 1998; *Marchand*, Abhängigkeit und Konzernzugehörigkeit von Gemeinschaftsunternehmen, 1985; *Mestmäcker*, Verwaltung, Konzerngewalt und Rechte der Aktionäre, 1958; *Pentz*, Die Rechtsstellung der Enkel-AG in der mehrstufigen Unternehmensverbindung, 1994; *Röhricht*, Aktuelle höchstrichterliche Rechtsprechung, in Gesellschaftsrecht in der Diskussion 2001, 2002, 3; *J. Schmidt*, Das Recht der außenstehenden Aktionäre, 1979; *Schoppe*, Aktieneigentum, 2011; *Veit*, Unternehmensverträge und Eingliederung als aktienrechtliche Instrumente der Unternehmensverbindung, 1974, 113 ff.; *Schwenn*, Der Ausgleichs- und Abfindungsanspruch der außenstehenden Aktionäre im Unternehmensvertrag bei Eintritt neuer Umstände, 1998; *Veil* Unternehmensverträge, 2003; *Wackerbarth*, Grenzen der Leistungsmacht, 2001; *Wanner*, Konzernrechtliche Probleme mehrstufiger Unternehmensverbindungen nach Aktienrecht, 1998.

Übersicht

	Rn.		Rn.
I. Überblick, Zweck	1–7a	VIII. Variabler Ausgleich	45–55
II. Anwendungsbereich	8–14a	1. Überblick	45, 46
1. AG	8–10	2. Gewinnanteil	47–49
2. GmbH	11, 12	3. Umrechnungsverhältnis	50–53
3. Andere Gläubiger	13–14a	4. Mindestgarantie?	54
III. Außenstehende Aktionäre	15–22	5. Fälligkeit	55
1. Begriff	15–20	IX. Mehrstufige Konzerne	56–66
2. Zeitpunkt	21–22	1. Koordinierte Verträge zwischen allen Beteiligten	56–59
IV. Schuldner	23, 24	2. Vertrag nur zwischen Mutter- und Enkelgesellschaft	60–62
V. Der Anspruch auf Ausgleich	25–33b	3. Sonstige Fälle	63–66
1. Überblick	25–26a	X. Anpassung	67–73
2. Stichtag	27–28	1. Grundsatz	67, 68
3. Vertragliche Abwandlungen	28a	2. Grundstürzende Veränderungen	69, 70
4. Abtretung, Pfändung, Verzicht	29, 29a	3. Kapitalerhöhungen	71, 72
5. Fälligkeit	30–30b	4. Kapitalherabsetzungen	73
6. Zinsen	31	XI. Beendigung	74–75a
7. Null-Ausgleich	32	XII. Mängel des Vertrages und des Zustimmungsbeschlusses	76–81
8. Unterschiedliche Aktiengattungen	33, 33a	1. Überblick	76
9. Verjährung	33b	2. Nichtigkeit	77–79
VI. Dividendengarantie	34–37	3. Anfechtungsausschluss	80, 81
VII. Fester Ausgleich	38–44	XIII. Sonderkündigungsrecht	82, 83
1. Berechnung	38–41b		
2. Neutrales Vermögen	42		
3. Steuereffekte	43–44		

I. Überblick, Zweck

1 § 304 leitet die Vorschriften des AktG über die Sicherung der außenstehenden Aktionäre bei Abschluss eines Beherrschungs- oder Gewinnabführungsvertrages ein (§§ 304–307). Die Vorschrift muss vor allem im Zusammenhang mit § 305 und dem SpruchG von 2003 gesehen werden, weil sich erst aus den genannten Vorschriften des AktG und des SpruchG in ihrer Gesamtheit ergibt, wie sich der Gesetzgeber einen angemessenen **Schutz der außenstehenden Aktionäre** im Vertragskonzern vorstellt. Die Aktionäre sollen danach wählen können, ob sie gegen angemessenen Ausgleich für ihre Nachteile in der Gesellschaft verbleiben (§ 304) oder gegen angemessene Abfindung aus ihr ausscheiden wollen (§ 305). Der Schutz der Angemessenheit von Ausgleich und Abfindung wurde außerdem einem besonderen Verfahren der freiwilligen Gerichtsbarkeit, dem sog. Spruchverfahren, früher häufig auch Spruchstellenverfahren genannt, übertragen, dessen Regelung sich ursprünglich in § 306 und seit 2003 im SpruchG findet.

2 Bereits **vor** Inkrafttreten des AktG von **1965** hatten sich bei Abschluss eines Organschaftsvertrages Ausgleichszahlungen für die außenstehenden Aktionäre weithin eingebürgert, meistens in der Form sog. **Dividendengarantien,** weil es als notwendig angesehen wurde, den außenstehenden Aktionären einen Ausgleich dafür zu gewähren, dass die Organgesellschaft auf Grund des Vertrages letztlich ihr Eigenleben aufgibt, indem sie eine Gewinnabführungsverpflichtung übernimmt und sich fremder Leitung unterstellt.[1] Hieran hat das AktG von 1965 in § 304 angeknüpft und als weitere Form der Entschädigung der außenstehenden Aktionäre durch § 305 die Abfindung hinzugefügt. **Entsprechende Regelungen** finden

---

[1] BGH NJW 1960, 721 = WM 1960, 314 (315); *Baums* FS Horn, 2006, 249 (261 f.); *Bilda* FS Hüffer, 2010, 49 (53); *Mestmäcker* Verwaltung 342, 354 ff.

Angemessener Ausgleich 3, 4 § 304

sich für die Eingliederung durch Mehrheitsbeschluss in § 320b, für den Ausschluss von Minderheitsaktionären in § 327b sowie für die verschiedenen Umwandlungsfälle in den §§ 15, 29 und 207 UmwG.

Für die geschilderten Regelungen zum Schutze der außenstehenden Aktionäre 3 (→ Rn. 1 f.) sind nicht zuletzt verfassungsrechtliche Überlegungen maßgebend gewesen. Denn wenn es die Rechtsordnung einem herrschenden Unternehmen schon gestattet, durch den Abschluss eines Beherrschungs- oder Gewinnabführungsvertrags in die Vermögens- und Mitverwaltungsrechte der anderen Aktionäre einzugreifen, so muss sie zugleich mit Rücksicht auf **Art. 14 Abs. 1 GG** „wenigstens" für eine **volle Entschädigung** der außenstehenden Aktionäre sorgen, die den „wirklichen" oder „wahren" Wert ihres Anteil widerspiegelt.[2] Dazu gehört vor allem auch eine **Gestaltung des Verfahrens,** die es den außenstehenden Aktionäre ermöglicht, ihren Anspruch auf volle Entschädigung mit Aussicht auf Erfolg und zumutbarem Aufwand durchzusetzen,[3] ein Postulat, gegen das der Gesetzgeber in jüngster Zeit im angeblichen Interesse der Verfahrensbeschleunigung immer häufiger verstößt (→ § 293 Rn. 65 ff.).[4] Eine Garantie für die tatsächliche Durchsetzbarkeit der Ansprüche der außenstehenden Aktionäre übernimmt der Staat dagegen nicht, sodass ihnen bei einer **Insolvenz** des herrschenden Unternehmens der weitgehende Verlust ihrer Ansprüche droht, sofern der Insolvenzverwalter über das Vermögen des herrschenden Unternehmens die Erfüllung der Ausgleichspflicht ablehnt (§ 103 Abs. 2 InsO; → § 305 Rn. 7b).[5] Eine besondere **Insolvenzsicherung** sieht das Gesetz – anders als im Falle des Ausschlusses von Minderheitsaktionären nach § 327b Abs. 4 – *nicht* vor. Besonderheiten gelten, wenn der fragliche Unternehmensvertrag während des Verfahrens aufgehoben und durch einen Vertrag mit einem anderen Unternehmen (das später gleichfalls insolvent wird), ersetzt wurde (§§ 296 und 293). Wurde auch hinsichtlich des zweiten Vertrages ein Spruchverfahren eingeleitet, so sind später in der Insolvenz beider herrschenden Unternehmen diese als **Gesamtschuldner** zu behandeln (§ 43 InsO; § 68 KO).[6]

§ 304 regelt den Fall, dass sich die Aktionäre, obwohl ihre Gesellschaft mit einem anderen 4 Unternehmen einen Beherrschungs- oder Gewinnabführungsvertrag abgeschlossen hat, für den **Verbleib** in ihrer Gesellschaft entscheiden. Auf dem Weg über Ausgleichsansprüche nach § 304 soll für diesen Fall erreicht werden, dass sich die außenstehenden Aktionäre im Ergebnis ebenso stellen, wie wenn der Vertrag nicht zustande gekommen wäre, dh als ob ihre **Gesellschaft unabhängig geblieben** wäre und weiter im gemeinsamen Interesse *aller* Aktionäre (und nicht nur in dem des herrschenden Unternehmens) geführt würde.[7] Für den Regelfall wird dieser Zweck durch feste Ausgleichszahlungen des herrschenden Unternehmens erreicht, die an die Stelle der früheren Gewinnausschüttungen der abhängigen Gesellschaft treten (§ 304 Abs. 2 S. 1; → Rn. 29 ff.). Lediglich im Falle des variablen Ausgleichs werden die außenstehenden Aktionäre stattdessen im Ergebnis so gestellt, als hätten

---

[2] BVerfGE 14, 263 (276 ff.) = NJW 1962, 1667 – Feldmühle; BVerfGE 100, 289 (303, 305) = NJW 1999, 3769 = AG 1999, 567 – DAT/Altana; BVerfGE 132, 99 Rn. 62 = NJW 2012, 3081 = AG 2012, 557 – Delisting; BVerfG NJW 2012, 3020 = AG 2012, 625 f. – NordLB/Deutsche Hypothekenbank; AG 2013, 255 Rn. 8 = WM 2013, 129 – Wella; BGHZ 119, 1 (10) = NJW 1992, 2760 = AG 1992, 450 – Asea/BBC; AG 2012, 557 Rn. 62 = ZIP 2012, 1402 – Delisting; BGHZ 156, 57 (61) = NJW 2003, 3272 = NZG 2003, 1017 = AG 2003, 627 – Ytong AG; *Krafczyk* WM 2012, 1992; *Mestmäcker* JuS 1963, 417; *Röhricht* ZHR 162 (1998), 249 (256 ff.); *Schoppe,* Aktieneigentum, 2011; *Tonner* FS K. Schmidt, 2009, 1581; – krit. Grigoleit/ *Servatius* Rn. 2.

[3] BVerfGE 14, 263 (276 ff.) = NJW 1962, 1667 – Feldmühle; BVerfGE 100, 289 (303, 305) = NJW 1999, 3769 = AG 1999, 567 – DAT/Altana; BVerfGE 132, 99 Rn. 62 = NJW 2012, 3081 = AG 2012, 557– Delisting; BVerfG ZIP 2012, 1656 Rn. 21 ff. = AG 2012, 674 – Daimler/Chrysler; AG 2012, 625 f. = ZIP 2012, 1408 – NordLB/Deutsche Hypothekenbank.

[4] IE *Emmerich* FS Tilmann, 2003, 925; *ders.* (2.) FS Mestmäcker, 2006, 137 (148 ff.) *ders.* FS U. Schneider, 2011, 323; *ders.* FS Stilz, 2014, 135; *ders.* AG 2015, 627.

[5] BGHZ 176, 43 (61) Rn. 38 – EKU; OLG Köln AG 2002, 94 f. – EKU/März; MüKoGmbHG Anh. § 13 Rn. 920; *H.-F. Müller* ZIP 2008, 1701 (1705 f.).

[6] BGHZ 176, 43 (55 ff.); *H.-F. Müller* ZIP 2008, 1701 (1704 f.).

[7] So Begr. RegE bei *Kropff* AktG 394 f.; BGHZ 138, 136 (139) = NJW 1998, 1866 = AG 1998, 286 – ASEA/BBC II; BayObLGZ 1998, 231 (235) = NJW-RR 1999, 109 = AG 1999, 43 f. – EKU/März.

die beteiligten Gesellschaften fusioniert (§ 304 Abs. 2 S. 2 und 3; → Rn. 45 ff.). Der Sache nach handelt es sich folglich bei den Ausgleichszahlungen um eine wirtschaftlich an die Stelle der jetzt nicht mehr geschuldeten Dividenden tretende **Verzinsung des** von den außenstehenden Aktionären eingezahlten **Kapitals,** während die Abfindung im Gegensatz dazu auf eine Rückzahlung des investierten Kapitals an die außenstehenden Aktionäre hinausläuft.[8]

5 Die Situation der außenstehenden Aktionäre ist besonders kritisch bei **Abschluss eines Gewinnabführungsvertrages,** weil hier die abhängige Gesellschaft keine Gewinne mehr erwirtschaftet, aus denen allein Ausschüttungen an die außenstehenden Aktionäre vorgenommen werden könnten. Folgerichtig leitet § 304 Abs. 1 S. 1 die gesetzliche Regelung mit der Bestimmung ein, dass der Vertrag in diesem Fall einen angemessenen Ausgleich für die außenstehenden Aktionäre durch eine auf die Anteile am Grundkapital bezogene **wiederkehrende Geldleistung** vorsehen muss. Die Einzelheiten regelt § 304 Abs. 2. Danach hat man zwei Formen des Ausgleichs zu unterscheiden, für die sich die (sachlich nicht ganz zutreffenden) Bezeichnungen **fester und variabler Ausgleich** eingebürgert haben (§ 304 Abs. 2 S. 1 und S. 2; → Rn. 29, 45 ff.).

6 Dieselben Regeln sind zu beachten, wenn mit dem Gewinnabführungsvertrag wie häufig ein Beherrschungsvertrag zu einem Organschaftsvertrag verbunden ist. Besonderheiten gelten nach § 304 Abs. 1 S. 2 lediglich für **isolierte Beherrschungsverträge,** da es sich bei ihnen auch so verhalten kann, dass die abhängige Gesellschaft tatsächlich noch Gewinne ausschüttet. Indessen ist darauf kein Verlass mehr, weshalb in diesem Fall den außenstehenden Aktionären durch den Unternehmensvertrag zumindest der Betrag garantiert werden muss, der bei Abschluss eines Gewinnabführungsvertrages als fester oder variabler Ausgleich geschuldet wäre (§ 304 Abs. 1 S. 2).

7 Sieht der Vertrag unter Verstoß gegen § 304 überhaupt *keinen* Ausgleich vor, so ist er **nichtig** (§ 304 Abs. 3 S. 1; → Rn. 76 ff.). Eine Ausnahme gilt nur nur bei 100%igen Tochtergesellschaften (§ 304 Abs. 1 S. 3). Anders gestaltet sich die Rechtslage dagegen, wenn der im Vertrag für die außenstehenden Aktionäre vorgesehene Ausgleich **nicht angemessen,** weil zu niedrig ist. In diesem Fall tritt an die Stelle der Anfechtung des Zustimmungsbeschlusses die Befugnis jedes außenstehenden Aktionärs, binnen einer Frist von drei Monaten bei dem Landgericht am Sitz der Gesellschaft (§ 2 SpruchG) in dem sog. **Spruchverfahren** die Festsetzung des angemessenen Ausgleichs zu beantragen (§ 304 Abs. 3 S. 2 und 3; → Rn. 80). Das Gericht ist dabei an die von den Vertragsparteien gewählte Form des Ausgleichs gebunden (§ 304 Abs. 3 S. 3 Hs. 2), hat aber im Übrigen die Angemessenheit des Ausgleichs von Amts wegen zu überprüfen.

7a Die **steuerliche Behandlung** von Ausgleichsleistungen richtet sich im Rahmen von Organschaftsverhältnissen in erster Linie nach § 16 KStG, nach dem die Organgesellschaft ihr Einkommen (ungeachtet des § 301) in Höhe von 20 Siebzehntel der geleisteten Ausgleichszahlungen selbst zu versteuern hat (§ 16 KStG S. 1) oder bei Erfüllung durch den Organträger in dieser Höhe anstelle des Letzteren versteuern muss. Entsprechend sind die Ausgleichszahlungen zu bilanzieren (→ § 301 Rn. 7a f.).

II. Anwendungsbereich

8 **1. AG.** Der unmittelbare Anwendungsbereich des § 304 entspricht grundsätzlich dem des § 291. Er beschränkt sich mithin auf **Beherrschungs- und Gewinnabführungsverträge** iSd § 291 Abs. 1 S. 1 mit einer abhängigen **AG oder KGaA mit Sitz im Inland.** Gleich stehen (nur) die Geschäftsführungsverträge des § 291 Abs. 1 S. 2. Keine Rolle spielt die Rechtsform oder die Nationalität des herrschenden Unternehmens, sodass die Ausgleichspflicht ggf. auch die öffentliche Hand oder ein ausländisches Unternehmen in der

---

[8] BGHZ 152, 29 (35 f.) = NJW 2002, 3467 – Rütgers; BGHZ 156, 57 (61) = NJW 2003, 3272 – Ytong AG: „Substitution der ordentlichen Dividende"; BGHZ 166, 195 (197) Rn. 8 = NJW 2006, 1663: „Ersatz für die ausfallende Dividende".

Rolle des herrschenden Unternehmens trifft (aber → Rn. 45 f.). Sind wie namentlich im Falle der **Mehrmütterorganschaft** an dem Vertragsabschluss mehrere Unternehmen als herrschende Unternehmen beteiligt, so haften diese für den Ausgleich gesamtschuldnerisch (→ Rn. 23; → § 17 Rn. 32). Wenn der Vertrag später hinsichtlich der Ausgleichsregelung geändert, aufgehoben oder gekündigt wird, sind ergänzend die §§ 295–297 zu beachten (→ § 295 Rn. 12 ff.).

Keine Anwendung findet § 304 auf die **anderen Unternehmensverträge** des § 292, auch nicht auf Teilgewinnabführungsverträge iSd § 292 Abs. 1 Nr. 2, selbst wenn sie im Ergebnis einem Gewinnabführungsvertrag gleichkommen, und ebenso wenig auf Betriebspachtverträge, auch wenn die vereinbarte Gegenleistung das angemessene Entgelt nicht erreicht (§ 302 Abs. 2). Der Grund für diese auf den ersten Blick überraschende Regelung liegt darin, dass die anderen Unternehmensverträge grundsätzlich nur bei Leistung einer *angemessenen Gegenleistung* zulässig sind, aus der dann auch Gewinnausschüttungen an die außenstehenden Aktionäre möglich sind, sodass Ausgleichsleistungen zu ihrem Schutz entbehrlich sind.[9] Dagegen spricht viel dafür, § 304 in Situationen zum Schutz der Minderheit entsprechend anzuwenden, für die zumindest früher die Bezeichnung **qualifizierter faktischer Konzern** üblich war (→ Anh. § 317 Rn. 30).[10] Im Falle einer sog. **übertragenden Auflösung,** dh bei Veräußerung des Vermögens der abhängigen Gesellschaft an das herrschende Unternehmen (§ 179a) und anschließender Auflösung (§ 262 Abs. 1 Nr. 2), kommt dagegen, sofern man solche Vorgehensweise überhaupt noch neben den §§ 327a ff. für zulässig hält, höchstens die entsprechende Anwendung des **§ 305,** nicht dagegen auch die des § 304 in Betracht (→ § 305 Rn. 9; → § 327a Rn. 10).

Eine besondere Ausgleichsregelung zum Schutz außenstehender Aktionäre ist in den genannten Fällen (→ Rn. 8 f.) nur entbehrlich, wenn die abhängige Gesellschaft **keine außenstehenden Aktionäre** hat (§ 304 Abs. 1 S. 3). Zum Schutze etwaiger *späterer* außenstehender Aktionäre ordnet jedoch § 307 für diesen Fall ergänzend an, dass der Vertrag spätestens mit Ende des Geschäftsjahrs endet, in dem erstmals wieder außenstehende Aktionäre an der abhängigen Gesellschaft beteiligt sind (→ Rn. 77; → § 307 Rn. 5). Dies gilt selbst dann, wenn der Vertrag – überflüssigerweise – eine Ausgleichsregelung enthielt.

2. GmbH. Wieweit § 304 auf Beherrschungs- und Gewinnabführungsverträge mit einer abhängigen GmbH entsprechend angewandt werden kann, ist offen. Verlangt man für den Abschluss derartiger Verträge mit der hier vertretenen Meinung grundsätzlich **Einstimmigkeit** (→ § 293 Rn. 42 ff.), so erübrigt sich für den Regelfall die entsprechende Anwendung des § 304 ebenso wie die des § 305, weil die außenstehenden Gesellschafter dann ohne weiteres selbst in der Lage sind, für die Wahrung ihrer Rechte zu sorgen.[11] Eine abweichende Beurteilung ist nur angebracht, wenn man sich – entgegen der hier vertretenen Meinung (→ § 293 Rn. 42 ff.) – generell mit einer **qualifizierten Mehrheit** begnügt (§ 293 AktG; § 53 GmbHG) *oder* wenn ausnahmsweise auf Grund entsprechender Bestimmungen des Gesellschaftsvertrages ausreichend ist. Gleich steht der Fall, dass die außenstehenden Gesellschafter auf Grund ihrer Treuepflicht zur Zustimmung zu dem Beherrschungs- oder Gewinnabführungsvertrag mit einer abhängigen GmbH verpflichtet sind. In derartigen Fallgestaltungen ist eine **Analogie zu** den **§§ 304 und 305** unverzichtbar.[12]

Wenn der Beherrschungs- oder Gewinnabführungsvertrag mit einer abhängigen GmbH in einem der genannten Fälle (→ Rn. 11) überhaupt *kein* Ausgleichs- oder Abfindungsangebot enthält, sollte man ihn zum Schutze der Minderheitsgesellschafter entsprechend § 304

---

[9] Ebenso Hölters/*Deilmann* Rn. 4.
[10] Ebenso zB Grigoleit/*Servatius* Rn. 5.
[11] Anders nur Grigoleit/*Servatius* Rn. 4 (2. Abs.).
[12] *Baldamus* ZGR 2007, 819 (843 ff.); UHW/*C. Schäfer* GmbHG Anh. § 77 Rn. 214–217; GroßkommAktG/*Hasselbach/Hirte* Rn. 142 f.; *Hoffmann-Becking* WiB 1994, 57 (59 f.); *Kleindiek* ZIP 1988, 613 (617 f.); MüKoGmbHG Anh. § 13 Rn. 913 ff., 921; Grigoleit/*Servatius* Rn. 4; – anders (ohne Begr.) BGHZ 105, 324 (335) = NJW 1989, 295 = AG 1989, 91 – Supermarkt.

Abs. 3 S. 1 als **nichtig** behandeln.[13] Ist das Angebot dagegen „lediglich" *nicht angemessen,* so stellt sich die Frage einer entsprechenden Anwendung des **SpruchG.** Überwiegend wird solche Analogie zwar bisher noch abgelehnt;[14] indessen ist aus heutiger Sicht nicht mehr erkennbar, was einer entsprechenden Anwendung des SpruchG auf die außenstehenden Gesellschafter einer GmbH entgegenstehen sollte, wenn sich bei ihr (ausnahmsweise) die Frage der Angemessenheit von Ausgleich und Abfindung im Falle des Abschlusses eines Beherrschungs- oder Gewinnabführungsvertrages mit einem anderen Unternehmen stellt, seitdem die Rechtsprechung auch in anderen Fällen nicht gezögert hat, eine Analogie zu dem SpruchG zuzulassen (→ SpruchG § 1 Rn. 3 ff.).[15]

13   **3. Andere Gläubiger.** Zusätzliche Probleme wirft die Behandlung solcher Gläubiger der abhängigen Gesellschaft auf, die ebenso wie die Aktionäre über **gewinnabhängige Ansprüche** verfügen. Die wichtigsten Beispiele sind die Inhaber gewinnabhängiger Schuldverschreibungen (§ 221) oder **Genussrechte,** weiter stille Gesellschafter sowie die Organmitglieder oder Mitarbeiter der abhängigen Gesellschaft, denen Ansprüche auf Tantiemen zustehen (s. für Vorstands- und Aufsichtsratsmitglieder die §§ 86, 113 Abs. 3 und 292 Abs. 2). Es liegt auf der Hand, dass die Ansprüche der genannten Gläubiger im Kern getroffen werden, wenn die Gesellschaft später einen Gewinnabführungs- oder Beherrschungsvertrag mit einem anderen Unternehmen abschließt, da die Gesellschaft danach entweder gar keinen oder doch nur noch einen ganz geringen Gewinn ausweisen wird, sodass im gleichen Maße die gewinnabhängigen Ansprüche der genannten Gläubiger entwertet werden.

14   Im **Schrifttum** werden sehr unterschiedliche Lösungen für die durch den Abschluss von Beherrschungs- und Gewinnabführungsverträgen in Bezug auf gewinnabhängige Ansprüche (→ Rn. 13) aufgeworfenen Fragen diskutiert, wobei **Genussrechte** ganz im Mittelpunkt des Interesses stehen, auf die sich deshalb auch die folgenden Ausführungen zunächst im wesentlichen konzentrieren sollen. Die Lösungsvorschläge reichen oder besser: reichten doch bis vor kurzem von einer Vertragsanpassung im Wege der ergänzenden Vertragsauslegung oder wegen Wegfalls der Geschäftsgrundlage (§§ 157, 242 und 313 BGB) über außerordentliche Kündigungsrechte (§ 314 BGB) und Schadensersatzansprüche aus § 280 Abs. 1 BGB bis zu einer Analogie zu § 304 AktG oder zu einer Anknüpfung der gewinnabhängigen Ansprüche der Gläubiger der abhängigen Gesellschaft an den fiktiven Bilanzgewinn der abhängigen Gesellschaft vor der Gewinnabführung oder an den Gewinn der Muttergesellschaft.[16] Für eine **Analogie zu § 304** hatte sich vor allem das OLG Frankfurt in zwei Urteilen aus den Jahren 2011 und 2012 ausgesprochen.[17] Auf die Revision gegen eines dieser Urteile hat der **BGH** schließlich eine Lösung gefunden, die im Ergebnis weitgehend mit der vom OLG Frankfurt vertretenen Auffassung übereinstimmt.[18] Denn auch nach dem BGH sind die Genussrechtsbedingungen **wegen Wegfalls der Geschäftsgrundlage** gemäß § 313 BGB **entsprechend § 304** in dem Sinne **anzupassen,** dass die Genussrechte von der abhängigen Gesellschaft weiter in voller Höhe zu bedienen und bei Fälligkeit zurückzuzahlen sind, vorausgesetzt dass eine Prognose auf den Stichtag des Vertragsschlusses ergibt, dass die abhängige Gesellschaft auch in Zukunft genügend Gewinne ausgewiesen hätte, um

---

[13] Scholz/*Emmerich* GmbHG Anh. § 13 Rn. 162; anders die überwM, zB *Baldamus* ZGR 2007, 819 (844 f.); *Liebscher* GmbH-KonzernR Rn. 792 (292).

[14] KK-SpruchG/*Riegger/Wassmann* § 1 Rn. 46; *Wittgens* Spruchverfahrensgesetz, 2005, 45 ff.

[15] Zust. UHW/*C. Schäfer* GmbHG Anh. § 77 Rn. 215 (1111); GroßkommAktG/*Hasselbach/Hirte* Rn. 143; MüKoGmbHG Anh. § 13 Rn. 953 ff.

[16] S. insbes. *M. Casper* ZIP 2012, 497; *Ekkenga/Becker* Konzern 2011, 593; *Emmerich* JuS 2012, 1038; MüKoAktG/*Habersack* § 221 Rn. 320; *Hüffer* FS Kruse, 2001, 651; *Lindemann,* Gewinnabhängige Ansprüche im Konzern, 2003; MüKoAktG/*Paulsen* § 304 Rn. 31 f.; *U. Schneider* FS Goerdeler, 1987, 511.

[17] AG 2012, 217 = ZIP 2012, 79 – Eurohypo/Rheinhyp; AG 2012, 293 = ZIP 2012, 524 – Eurohypo/Rheinhyp/Essenhyp.

[18] BGHZ 197, 284 (293 ff.) Rn. 25 ff. = AG 2013, 680 = NZG 2013, 987 – Eurohypo/Rheinhyp/Essenhyp; s. dazu insbes. *Ehmann* AG 2013, 751; *Maerkert/Wagner* DB 2013, 2549; *Verse/Wiersch* NZG 2014, 5.

ihren Verpflichtungen aus den Genussrechten nachzukommen.[19] Bankaufsichtsrechtliche Regelungen stehen dieser Lösung nach Meinung des BGH nicht entgegen.[20]

Voraussetzung der Anpassung der Genussrechtsbedingungen nach Abschluss des Beherrschungs- oder Gewinnabführungsvertrages ist somit, wie besonderer Hervorhebung bedarf, eine *positive Ertragsprognose* im Zeitpunkt des Vertragsschlusses (→ Rn. 27 f.). Daraus ist der Schluss zu ziehen, dass bei einer ungünstigen oder negativen Ertragsprognose die Rechte der Genussrechtsinhaber weitgehend oder sogar ganz entfallen.[21] Noch offen sind die bankrechtlichen Konsequenzen der vom BGH entwickelten Lösung auf dem Weg über § 313 BGB. Unter dem früheren **Eigenkapitalrecht** waren die Genussrechte nach ihrer Anpassung an die Konzernrechtslage – mangels einer Verlustbeteiligung – wohl nicht mehr als Eigenkapitalersatz geeignet (§ 10 Abs. 5 KWG aF).[22] Unter dem neuen Eigenkapitalrecht der VO (EU) Nr. 515/2013 vom 26.6.2013 (ABl. L 176, 1), das keine dem früheren § 10 Abs. 5 KWG entsprechende Bestimmungen mehr kennt, ist die Frage dagegen ebenso offen[23] wie die weitere Frage, ob die Lösung des BGH für Genussrechte über eine Anpassung der Vertragsbedingungen nach § 313 BGB an die neue Konzernrechtslage auf die **übrigen gewinnabhängigen Ansprüche** von Gläubigern der abhängigen Gesellschaft (→ Rn. 13) übertragen werden kann. Grundsätzlich sollte dies jedoch zu bejahen sein, weil es sich bei diesen Ansprüchen durchweg um vertragliche Ansprüche handelt, auf die § 313 BGB ohne weiteres angewandt werden kann.

III. Außenstehende Aktionäre

1. Begriff. Der Anspruch auf Ausgleich steht nach § 304 Abs. 1 S. 1 nur den „außenstehenden Aktionären" zu. Obwohl das Gesetz denselben Begriff noch an mehreren anderen Stellen verwendet (s. noch die §§ 295 Abs. 2, 296 Abs. 2, 297 Abs. 2 und 302 Abs. 3 S. 3 sowie § 307), hat es doch durchweg auf eine Definition des Begriffs verzichtet (s. außerdem noch § 1 Nr. 1 und § 3 S. 1 Nr. 1 SpruchG). Zum Verständnis des Begriffs insbesondere im Rahmen der §§ 295–297 wurde schon weiter oben Stellung genommen (→ § 295 Rn. 28–30). Ergänzend ist mit speziellem Bezug auf die §§ 304, 305 und 307 sowie auf die Vorschriften des SpruchG (§ 1 Nr. 1 und § 3 S. 1 Nr. 1) noch folgendes zu bemerken:

Das Gesetz unterscheidet in den genannten Vorschriften zwischen dem anderen Vertragsteil (dem herrschenden oder aus dem Vertrag berechtigten Unternehmen) und den außenstehenden Aktionären. Außenstehende Aktionäre sind mithin grundsätzlich **alle Aktionäre** der abhängigen Gesellschaft **mit** der einen **Ausnahme** eben **des anderen Vertragsteils**, sodass sich hier nicht anders als bereits bei den §§ 295–297 (→ § 295 Rn. 30) im Grunde nur die Frage stellen kann, welche Aktionäre der abhängigen Gesellschaft rechtlich oder wirtschaftlich in so engen Beziehungen zu dem anderen Vertragsteil, dem herrschenden Unternehmen stehen, dass sie in Bezug auf den Beherrschungs- oder Gewinnabführungsvertrag als **in dessen „Lager" stehend** anzusehen sind, sodass es gerechtfertigt erscheint, ihnen gleichfalls Ausgleichs- und Abfindungsansprüche auf Grund der §§ 304 und 305 zu versagen, und zwar deshalb, *weil sie* letztlich im selben Ausmaß wie das herrschende Unternehmen *von den Vorteilen* des fraglichen Vertrages *profitieren*.

Von dieser Sicht der Dinge sind bereits die **Gesetzesverfasser** ausgegangen.[24] Sie haben daraus den Schluss gezogen, dem anderen Vertragsteil dürften (nur) diejenigen Aktionäre gleichgestellt werden, deren Vermögen wirtschaftlich mit dem Vermögen des anderen Vertragsteils eine Einheit bildet *oder* deren Erträge dem letzteren *oder* denen ihrerseits die Erträge des anderen Vertragsteils zufließen. Diese Voraussetzungen seien allein bei solchen Aktionären erfüllt, die mit dem anderen Vertragsteil unmittelbar oder mittelbar **durch** den

---

[19] BGHZ 197, 284 Rn. 28, 37 f. = NZG 2013, 987 – Eurohypo/Rheinhyp/Essenhyp.
[20] BGHZ 197, 284 Rn. 40 ff. = NZG 2013, 987 – Eurohypo/Rheinhyp/Essenhyp.
[21] *Verse/Wiersch* NZG 2014, 5 (10).
[22] *Ehmann* AG 2013, 751 (753 f.); offengelassen in BGHZ 197, 284 Rn. 46 f.
[23] *Verse/Wiersch* NZG 2014, 5 (11).
[24] Begr. RegE des § 295 bei *Kropff* AktG 385.

Besitz aller Anteile oder durch einen **Gewinnabführungs- oder Beherrschungsvertrag verbunden** sind. Folgerichtig bezeichnet auch der **BGH** als außenstehend alle Aktionäre der abhängigen Gesellschaft mit Ausnahme des anderen Vertragsteils sowie derjenigen Aktionäre, die **auf Grund rechtlich fundierter wirtschaftlicher Verknüpfung** mit dem anderen Vertragsteil insbesondere von der Gewinnabführung unmittelbar oder mittelbar **in ähnlicher Weise** wie dieser **profitieren**.[25]

18 Dem anderen Vertragsteil sind folglich im Rahmen der §§ 304, 305 und 307 sowie der §§ 1 Nr. 1 und 3 S. 1 Nr. 1 SpruchG (nur) diejenigen Aktionäre gleichzustellen, die an dem anderen Vertragsteil unmittelbar oder mittelbar, dh über andere Gesellschaften, **zu 100 % beteiligt** sind *oder* an denen dieser seinerseits unmittelbar oder mittelbar mit 100 % beteiligt ist, sowie *außerdem* noch solche Aktionäre, die mit dem anderen Vertragsteil unmittelbar oder mittelbar **durch** einen **Beherrschungs- oder Gewinnabführungsvertrag verbunden** sind, sodass die Beteiligten wirtschaftlich als *ein Unternehmen* anzusehen sind.[26] Zu den außenstehenden Aktionären können ferner solche nicht gerechnet werden, die in den anderen Vertragsteil eingegliedert sind oder in die er seinerseits eingegliedert ist, weil die **Eingliederung** ebenfalls zu einer wirtschaftlichen und weithin auch rechtlichen Einheit der verbundenen Unternehmen führt.[27] Diese Abgrenzung des Kreises der außenstehenden Aktionäre hat infolge ihrer Anknüpfung an formale, im Regelfall noch verhältnismäßig leicht feststellbare Kriterien den *Vorteil*, im Streitfall eine sichere Entscheidung über die Zugehörigkeit eines Aktionärs zu dem Kreis der außenstehenden Aktionäre zu ermöglichen. Deshalb ist *nicht* den Stimmen zu folgen, die den Kreis der außenstehenden Aktionäre auf alle mit dem herrschenden Unternehmen iSd § 15 *verbundenen* oder doch auf alle *Konzernunternehmen* iSd § 18 ausdehnen wollen.[28] Denn die Folge wären häufig erhebliche Abgrenzungsschwierigkeiten. Ebenso wenig Zustimmung verdienen auf der anderen Seite aber auch diejenigen Autoren, die den Begriff wesentlich enger als hier befürwortet fassen wollen.[29] Die Eigenschaft eines Aktionärs als außenstehender wird somit *nicht* dadurch beeinträchtigt, dass er mit dem anderen Vertragsteil, dem herrschenden Unternehmen, sonst iSd §§ 15–18 verbunden ist. Weder eine Mehrheitsbeteiligung noch eine bloße faktische Konzernbeziehung zu dem herrschenden Unternehmen rechtfertigen im Rahmen der §§ 304, 305 und 307 sowie im Rahmen des SpruchG (§§ 1 Nr. 1 und 3 S. 1 Nr. 1) eine Identifizierung dieser Unternehmen mit dem anderen Vertragsteil.[30]

19 Im Extremfall können infolgedessen **auch alle Aktionäre außenstehende** sein, sofern nämlich der Beherrschungs- oder Gewinnabführungsvertrag mit einem Unternehmen abgeschlossen wurde, das *nicht unmittelbar* an der abhängigen Gesellschaft *beteiligt* ist *und* das auch *nicht* mit den übrigen Aktionären in dem genannten Sinne (→ Rn. 17 f.) eine *wirtschaftliche Einheit* bildet.[31] Ein **Beispiel** ist ein Vertrag zwischen einer Enkel- und der an ihr nicht unmittelbar beteiligten Muttergesellschaft, sofern zwischen Mutter- und Tochtergesellschaft kein Eingliederungs- oder Vertragsverhältnis nach § 291, sondern lediglich ein Abhängigkeitsverhältnis besteht, sodass nach dem Gesagten die Tochtergesellschaft gleichfalls als außenstehender Aktionär zu behandeln ist (→ Rn. 18 f.). Im Übrigen ist wegen der Beson-

---

[25] BGHZ 167, 299 (302 f.) Rn. 10 = NZG 2006, 623 = AG 2006, 543 – Jenoptik.
[26] BGHZ 167, 299 (302 f.) Rn. 10; KG OLGZ 1971, 260 (264) = AG 1971, 158; OLG Nürnberg AG 1996, 228 f. – Tucherbräu; ausf. Baldamus ZGR 2007, 819; MüKoAktG/*Paulsen* Rn. 26 ff.; GroßkommAktG/ Hasselbach/Hirte Rn. 1; *Hirte* FS Hadding, 2004, 427 (428); Hüffer/*Koch* Rn. 2 f.; KK-AktG/*Koppensteiner* § 295 Rn. 40 ff.; Grigoleit/*Servatius* Rn. 7; Spindler/Stilz/*Veil* Rn. 20 ff.
[27] *Kley* Rechtsstellung 37, 40; GroßkommAktG/Hasselbach/Hirte Rn. 30.
[28] Wie hier Baldamus ZGR 2007, 819 (828 ff.); *J. Schmidt* Außenstehende Aktionäre, 38 ff.; Spindler/Stilz/ *Veil* Rn. 22 f.
[29] So *Kley* Rechtsstellung 29 ff.; *Pentz* Enkel-AG 55 ff.; *ders.* AG 1996, 97 ff.; K. Schmidt/Lutter/*Stephan* Rn. 69.
[30] Baldamus ZGR 2007, 819 (828 ff.); MüKoAktG/*Paulsen* Rn. 28; GroßkommAktG/Hasselbach/Hirte Rn. 31; Hüffer/*Koch* Rn. 3; *Kley* Rechtsstellung 36 ff., 39 f.; KK-AktG/*Koppensteiner* § 295 Rn. 43 f.; Spindler/Stilz/*Veil* Rn. 23 f.
[31] OLG Nürnberg AG 1996, 228 (229) – Tucherbräu.

derheiten mehrstufiger Unternehmensverbindungen auf die Ausführungen weiter unten zu verweisen (→ Rn. 56 ff.).

Gehören der abhängigen Gesellschaft **eigene Aktien,** so ist § 71b zu beachten, nach 20 dem der Gesellschaft aus diesen Aktien keine Ausgleichsansprüche zustehen. Dasselbe gilt nach § 71d S. 4 für Aktionäre, die im **Mehrheitsbesitz der abhängigen Gesellschaft** stehen **oder von ihr abhängig** sind, sodass diese Aktionäre im vorliegenden Zusammenhang gleichfalls nicht als außenstehende zu behandeln sind.[32] Ein Ausschluss von Ausgleichsansprüchen kann sich ferner von Fall zu Fall aus den **Ausübungssperren** der §§ 20 Abs. 7 und 21 Abs. 4, des § 28 WpHG und des § 59 WpÜG ergeben. Diese Ausübungssperren erstrecken sich jedenfalls nach hM auch auf Ausgleichsansprüche aus § 304 (→ § 20 Rn. 47).[33] Das ist wohl zwingendes Recht. Im Übrigen ist jedoch umstritten, ob die Beteiligten in Zweifelsfällen, etwa bei Einschaltung von Schwestergesellschaften in den Beteiligungskreis, um sicher zu gehen und die Gefahr von Rechtsstreitigkeiten zu vermeiden, den Kreis der außenstehenden Aktionäre **vertraglich auch weiter** als nach dem Gesagten erforderlich **ziehen** können. Die Frage dürfte zu bejahen sein, weil dadurch nicht in die Rechtsstellung der übrigen außenstehenden Aktionäre eingegriffen wird.[34] Dagegen sind die Inhaber von **Genussrechten** und die anderen Gläubiger gewinnabhängiger Ansprüche den außenstehenden Aktionären verfahrensrechtlich wohl nicht gleichzustellen.

2. Zeitpunkt. Das Gesetz sagt nicht ausdrücklich, *wann* die Eigenschaft eines Aktionärs 21 als außenstehender begründet sein muss, um Ausgleichsansprüche gegen das herrschende Unternehmen (→ Rn. 23 f.) zu erwerben. Im Schrifttum wird daraus zum Teil der Schluss gezogen, dass hier nicht anders als bei der Unternehmensbewertung von dem **Stichtagsprinzip** auszugehen sei (→ Rn. 40 f.), sodass grundsätzlich nur diejenigen Aktionäre, die bereits im Augenblick der Zustimmung der Hauptversammlung zu dem Vertrag nach § 293 Abs. 1 die Eigenschaft als außenstehender Aktionär besitzen, auch Ausgleichsansprüche gegen das herrschende Unternehmen erlangten, nicht dagegen solche Personen, die erst nach der Hauptversammlung durch den Erwerb von Aktien der abhängigen Gesellschaft zu außenstehenden Aktionären werden.[35] Für eine derartige Begrenzung des Kreises der anspruchsberechtigten Aktionäre besteht indessen weder eine Notwendigkeit noch eine Möglichkeit (§ 53a). Auszugehen ist vielmehr davon, dass der Unternehmensvertrag, soweit er den außenstehenden Aktionären Ausgleichsansprüche gegen das herrschende Unternehmen zuwendet, einen echten Vertrag zugunsten Dritter iSd § 328 BGB darstellt (→ Rn. 23), sodass anspruchsberechtigt **jeder** außenstehende Aktionär ist, der diese Eigenschaft, gleichgültig wann, noch **vor Vertragsende** erwirbt.[36] Anspruchsberechtigt sind folglich insbesondere auch solche Aktionäre, die ihre Aktien erst nach Abschluss des Unternehmensvertrages oder *nach der* Hauptversammlung, die dem Vertrag zugestimmt hat (§ 293 Abs. 1), aber noch *vor* dessen *Beendigung* erworben haben, und zwar selbst dann, wenn es gerade der *andere Vertragsteil,* das herrschende Unternehmen war, von dem sie die Aktien erworben haben (§ 53a; → Rn. 27).[37] Dasselbe gilt im Ergebnis bei einem Erwerb der Aktien von der *abhängigen Gesellschaft.*

Entscheidend für die Anspruchsberechtigung des einzelnen Aktionärs ist somit immer 21a nur, ob er **im Augenblick der Fälligkeit** der einzelnen Ausgleichsraten (noch) außenste-

---

[32] *Baldamus* ZGR 2007, 819 (830); Hölters/*Deilmann* Rn. 10; GroßkommAktG/*Hasselbach/Hirte* Rn. 29; Hüffer/*Koch* § 71d Rn. 18; *Koppensteiner* Rn. 45; KK-AktG/*Lutter* § 71d Rn. 36 f.
[33] K. Schmidt/Lutter/*Stephan* Rn. 72.
[34] *Baldamus* ZGR 2007, 819 (842 f.); Hölters/*Deilmann* Rn. 8.
[35] So *Bilda* AG 2008, 641 (644 ff.); Grigoleit/*Servatius* Rn. 7.
[36] BGHZ 167, 299 (303 ff.) Rn. 11 ff., 15 ff. = NZG 2006, 623 = AG 2006, 543 – Jenoptik; OLG Nürnberg AG 1996, 228 (229) – Tucherbräu; *Baldamus* ZGR 2007, 819 (833 ff.); Hölters/*Deilmann* Rn. 13; K. Schmidt/Lutter/*Stephan* Rn. 22; Spindler/Stilz/*Veil* Rn. 29.
[37] BGHZ 167, 299 (303 ff.) Rn. 11 ff., 15 ff. = NZG 2006, 623 = AG 2006, 543 – Jenoptik; OLG Nürnberg AG 1996, 228 (229); MüKoGmbHG Anh. § 13 Rn. 919, 924; *Bayer/J. Schmidt* ZHR 178 (2014), 150 (161); *Hirte* FS Hadding, 2004, 427 (428 ff.); *Tebben* AG 2003, 600 (601 ff.).

hender Aktionär ist. Wichtig ist das vor allem im Falle der **Veräußerung** der fraglichen Aktien noch vor Vertragsende. Der Ausgleichsanspruch steht dann dem **Erwerber** für die restliche Vertragsdauer zu (§ 328 BGB). Entscheidend ist nur, ob der Erwerb der Aktien *vor der Fälligkeit* der jeweiligen *Ausgleichsrate* und auch *vor Vertragsende* abgeschlossen wurde. Selbst wenn dies erst kurz vor dem danach maßgebenden Zeitpunkt geschieht (→ Rn. 30 f.), steht dem Erwerber doch der Ausgleich für die ganze vorausgegangene Periode zu. Für einen **internen Ausgleich** zwischen dem Verkäufer und dem Käufer der Aktien, insbesondere nach § 101 Nr. 2 BGB, dürfte in der Regel kein Raum sein, weil die bevorstehenden Ausgleichszahlungen wohl durchweg bereits im Kaufpreis oder im Börsenkurs vorweg berücksichtigt sein werden.[38] Bei Erwerb der Aktien **nach** der **Fälligkeit** einzelner Ausgleichsansprüche (→ Rn. 30 ff.) wird dagegen der Ausgleichsanspruch, bei dem es sich jetzt (nach seiner Fälligkeit) um ein selbstständiges Forderungsrecht handelt, im Zweifel bei dem Veräußerer verbleiben.[39]

21b Der Ausgleichsanspruch der außenstehenden Aktionäre **erlischt mit Vertragsende** (→ Rn. 74 f.). Das gilt auch bei einer **Verschmelzung** beider Gesellschaften, weil dadurch der Vertrag als Grundlage des Ausgleichsanspruchs ebenfalls sein Ende findet (→ § 297 Rn. 39 ff.). Gleich steht im Ergebnis die **Eingliederung** der abhängigen Gesellschaft in das herrschende Unternehmen – trotz des Fortbestandes eines etwaigen Gewinnabführungsvertrages und damit des Organschaftsverhältnisses zwischen den verbundenen Unternehmen (§ 324 Abs. 2) –, weil die Folge der Übergang sämtlicher Aktien auf das herrschende Unternehmen ist (§ 320a), sodass die noch verbliebenen außenstehenden Aktionäre aus der Gesellschaft ausscheiden. Sie können jetzt nur noch eine Abfindung verlangen (§ 320b). Soweit in diesen Fällen den Aktionären vor dem jeweils maßgeblichen Zeitpunkt vor Vertragsende **bereits Ausgleichsbeträge zugeflossen** sind, hat es dabei sein Bewenden, weil alle genannten Vorgänge **nur für die Zukunft** wirken und daher den Unternehmensvertrag als Rechtsgrund der Leistungen für die Vergangenheit unberührt lassen. Eine **Anrechnung** der den außenstehenden Aktionären bereits zugeflossenen Ausgleichszahlungen auf die jetzt geschuldete Abfindung kommt *nicht* in Betracht.[40] Die Parteien können in dem Verschmelzungsvertrag sowie in den Beschlüssen zur Eingliederung der abhängigen Gesellschaft nichts Gegenteiliges bestimmen (§ 134 BGB).

22 Umstritten ist, was aus dem Gesagten für den Fall des **Ausschlusses der Minderheitsaktionäre** nach den §§ 327a ff. folgt. Die Frage stellt sich vor allem, wenn nach Abschluss eines Beherrschungs- oder Gewinnabführungsvertrages und Begründung des Rechts der außenstehenden Aktionäre auf Ausgleichsleistungen (§ 304) die Minderheitsaktionäre ausgeschlossen werden, sodass sie mit ihrer Aktionärsstellung (§ 327e Abs. 3) für die *Zukunft* zugleich die Ansprüche auf Ausgleichsleistungen einbüßen. Auch hier gilt zunächst, dass bereits *bezogene* Ausgleichsleistungen den Aktionären verbleiben (→ Rn. 21b). Zweifelhaft ist indessen die Rechtslage für das **laufende Geschäftsjahr,** in dem die Eintragung des Übertragungsbeschlusses ins Handelsregister erfolgt (§ 327e). Geschieht dies noch **vor Fälligkeit** der letzten Ausgleichsrate, so muss geklärt werden, ob die früheren außenstehenden Aktionäre für die vorausgegangene Zeitspanne leer ausgehen – mangels Fälligkeit der letzten Ausgleichsrate – oder, etwa analog § 101 Nr. 2 BGB oder aufgrund ergänzender Vertragsauslegung, einen anteiligen Ausgleichsanspruch erwerben.[41] Die Rechtsprechung hat sich in dieser Frage im Ergebnis für eine strenge **Stichtagsregelung** entschieden: Wird der Ausschluss der Minderheitsaktionäre *vor* dem Zeitpunkt der *Fälligkeit* der letzten Ausgleichsrate durch Eintragung des Übertragungsbeschlusses ins Handelsregister wirksam (§ 327e Abs. 3),

---

[38] BGHZ 189, 261 (270) Rn. 23 – Wella I; BGH NZG 2011, 780 Rn. 23 – Wella II.
[39] K. Schmidt/Lutter/*Stephan* Rn. 23 f.
[40] OLG Hamburg NZG 2003, 359 = AG 2003, 441 f.; *Dreier/Riedel* BB 2009, 1822; *Tebben* AG 2003, 600 (605 ff.).
[41] Dazu einerseits einen derartigen Anspruch bejahend *Altmeppen* ZIP 2010, 1773; *Tebben* AG 2003, 600; andererseits verneinend *A. Bödeker/Fink* NZG 2010, 296; 2011, 816; *Bungert/Janson* FS U. Schneider, 2011, 159; *Popp* AG 2010, 1, jeweils mN.

so gehen die außenstehenden Aktionäre grundsätzlich leer aus.[42] Mangels Rechtsschutzbedürfnisses haben sie dann auch kein Antragsrecht auf Einleitung eines Spruchverfahrens hinsichtlich des Ausgleichs mehr (str., → SpruchG § 3 Rn. 16). Eine abweichende Beurteilung wird nur erwogen, wenn das herrschende Unternehmen den Eintritt der Fälligkeit der letzten Ausgleichsrate künstlich verzögert (§§ 328, 280 Abs. 1 und 242 BGB).[43] Die Problematik dieser Praxis liegt in der sich für den fraglichen Zeitraum aus der Regelung der §§ 327b Abs. 2 und 327e ergebenden **„Zinslücke"**, die die hM indessen als vom Gesetzgeber gewollt hinnimmt.[44] In diesen offenbar häufigen Fällen wird außerdem vielfach die **Barabfindung** für die ausgeschlossenen Minderheitsaktionäre iSd § 327b aus dem bereits festgesetzten Ausgleich durch die Diskontierung der Ausgleichsbeträge, meistens bei Unterstellung einer ewigen Rente, auf ihren Gegenwartswert abgeleitet, wobei für die Festsetzung des (wie immer alles entscheidenden) *Kapitalisierungszinssatzes* im Prinzip dieselben Erwägungen maßgebend sind wie umgekehrt für die ebenfalls übliche Ableitung des Ausgleichs bei Abschluss eines Beherrschungs- oder Gewinnabführungsvertrages aus der gemäß § 305 Abs. 2 Nr. 2 und 3 vorgeschriebenen Barabfindung (→ Rn. 39; → § 305 Rn. 61; → § 327b Rn. 9).[45] Der Fragenkreis liegt mittlerweile aufgrund eines Vorlagebeschlusses des OLG Frankfurt vom Oktober 2013[46] im BGH zur Entscheidung vor.

IV. Schuldner

Anders als in § 305 Abs. 1 sagt das Gesetz in § 304 nicht ausdrücklich, **wer** zur Zahlung 23 des Ausgleichs **verpflichtet** ist. Gleichwohl besteht heute, schon mit Rücksicht auf § 57 Abs. 1, Übereinstimmung darüber, dass die Ausgleichspflicht ebenso wie die Abfindungspflicht grundsätzlich das **herrschende Unternehmen** trifft.[47] Auch das SpruchG geht davon in § 1 Nr. 1 und in § 5 Nr. 1 aus. Das herrschende Unternehmen muss folglich selbst in dem Vertrag eine Ausgleichspflicht gegenüber den außenstehenden Aktionären der abhängigen Gesellschaft übernehmen, widrigenfalls der Vertrag nichtig ist (§ 304 Abs. 3 S. 1; → Rn. 78). Soweit sich das herrschende Unternehmen durch den Vertrag zu Ausgleichsleistungen an die außenstehenden Aktionäre verpflichtet, stellt der Vertrag einen **echten Vertrag zugunsten Dritter** iSd § 328 BGB dar.[48] Im Falle **mehrfacher Abhängigkeit** obliegt die Ausgleichspflicht *allen* herrschenden Unternehmen, und zwar gesamtschuldnerisch (→ Rn. 8).

Die Parteien werden hierdurch nicht gehindert, in den Zahlungsvorgang die abhängige 24 Gesellschaft einzuschalten oder den außenstehenden Aktionären zusätzlich einen Anspruch auch gegen die **abhängige Gesellschaft** zu gewähren, vorausgesetzt, dass der Letzteren durch den Vertrag zugleich ein Anspruch auf die für die Ausgleichsleistungen erforderlichen Mittel gegen das herrschende Unternehmen eingeräumt wird.[49] Auf diese Weise wurde unter dem alten Recht meistens im Falle einer sog. Dividendengarantie verfahren.[50] Unbe-

---

[42] BVerfG AG 2013, 255 Rn. 13 ff. = WM 2013, 129 – Wella AG; BGHZ 189, 261 (264 f.) Rn. 7 ff. = AG 2011, 514 = NZG 2011, 701 – Wella I; BGH NZG 2011, 780 Rn. 7 ff. – Wella II; OLG München ZIP 2012, 1180.
[43] BVerfG AG 2013, 255 Rn. 15 ff. – Wella; BGHZ 189, 261 (268 ff.) Rn. 17 = AG 2011, 514 = NZG 2011, 701 – Wella I; BGH NZG 2011, 780 Rn. 17 – Wella II; dagegen *Bödeker/Fink* NZG 2011, 816 (817 f.).
[44] BGHZ 189, 261 (272) Rn. 27 f. = AG 2011, 514 = NZG 2011, 701 – Wella I; BGH NZG 2011, 780 Rn. 27 f. – Wella II.
[45] S. *Jüngst,* Der Ausschluß von Minderheitsgesellschaftern im Vertragskonzern, 2010; *Ruthardt* Konzern 2013, 615 (621 ff.).
[46] OLG Frankfurt AG 2015, 205 = ZIP 2014, 2437.
[47] OLG Düsseldorf AG 1990, 490; 1992, 200 (201); 1998, 39; OLG Frankfurt AG 2010, 368 (373) – Commerzbank; Hölters/*Deilmann* Rn. 5, 20; *Exner* Beherrschungsvertrag 173 ff.; GroßkommAktG/*Hasselbach/Hirte* Rn. 36 ff.; *Hüchting* Abfindung 11 ff.; *D. Schwenn,* Der Ausgleichs- und Abfindungsanspruch, 62 ff.; K. Schmidt/Lutter/*Stephan* Rn. 26 ff., 54; Spindler/Stilz/*Veil* Rn. 32.
[48] BGHZ 135, 374 (380) = NJW 1997, 2242 = AG 1997, 515 – Guano; ebenso für die Abfindung zB BGHZ 167, 299 (306 f.) Rn. 18 = NZG 2006, 623 = AG 2006, 543 (544) – Jenoptik.
[49] K. Schmidt/Lutter/*Stephan* Rn. 27.
[50] BGH LM AktG 1937 § 256 Nr. 1 = NJW 1960, 721.

rührt bleibt jedoch in jedem Fall der unmittelbare Anspruch der außenstehenden Aktionäre gegen das **herrschende Unternehmen** aus § 328 BGB iVm § 304. Dies folgt aus dem zwingenden Charakter der gesetzlichen Regelung (§ 134 BGB; → Rn. 23).[51]

V. Der Anspruch auf Ausgleich

25 **1. Überblick.** Das Gesetz kennt, wie sich aus S. 2 des § 304 Abs. 1 und aus den S. 1 und 2 des § 304 Abs. 2 ergibt, im Einzelnen **drei** verschiedene **Formen** des Ausgleichs, für die sich die Bezeichnungen **Dividendengarantie** (→ Rn. 34 f.) sowie **fester** und **variabler Ausgleich** eingebürgert haben (→ Rn. 45 ff.). Eine Dividendengarantie kommt nur im Falle des Abschlusses eines reinen oder isolierten Beherrschungsvertrages in Betracht (§ 304 Abs. 1 S. 2), während der feste oder der variable Ausgleich in allen Fällen des § 304 gewählt werden kann. Die **Wahl** zwischen den verschiedenen Ausgleichsformen ist im Rahmen des Gesetzes (§ 304) allein *Sache der Vertragsparteien*.[52] Die außenstehenden Aktionäre haben darauf keinen Einfluss. Gemäß § 304 Abs. 3 S. 3 Hs. 2 ist im Spruchverfahren selbst das Gericht an die einmal von den Vertragsparteien getroffene Wahl gebunden.

25a Das Gesetz betrachtet offenkundig in den §§ 304 und 305 Ausgleich und Abfindung als prinzipiell *gleichwertige Methoden* zur Entschädigung der außenstehenden Aktionäre für ihre Verluste infolge des Abschlusses eines Beherrschungs- oder Gewinnabführungsvertrages, zwischen denen die Aktionäre frei wählen können. Daraus wird allgemein das Postulat der **Gleichwertigkeit oder Äquivalenz** von Ausgleich und Abfindung abgeleitet (→ Rn. 48).[53] Das hat zu der Frage geführt, ob der Ausgleich im Ergebnis *finanziell* auf dasselbe wie die Abfindung hinauslaufen muss. Der Sache nach bedeutete dies, dass es sich bei dem festen Ausgleich um nichts anderes als um die **verrentete Abfindung** (oder bei der Abfindung um den kapitalisierten Festausgleich) handelte, sodass der feste Ausgleich aus dem ohnehin zur Festsetzung der Abfindung zu ermittelnden Unternehmenswert unter Anwendung der Rentenformel abgeleitet werden könnte, jedenfalls wenn von einer unbegrenzten Dauer des Vertrages ausgegangen werden kann (→ Rn. 39).

26 Von der überwiegenden Meinung wird bisher ungeachtet des Äquivalenzpostulats (→ Rn. 25a) eine **völlige Gleichsetzung** des festen Ausgleichs mit der verrenteten Abfindung *abgelehnt,* und zwar mit der Begründung, in die Ermittlung des Unternehmenswertes als Grundlage der Abfindung gehe *nicht* allein der Ertragswert der abhängigen Gesellschaft ein, dieser werde vielmehr (nur) für die Zwecke der Abfindungsberechnung in verschiedener Hinsicht korrigiert; hervorgehoben werden neben der regelmäßig begrenzten Dauer der Unternehmensverträge (die es ausschließe, die Ausgleichsbeträge wie eine ewige Rente zu behandeln) die zunehmende Bedeutung des Börsenwertes, die Einbeziehung des neutralen (nicht betriebsnotwendigen) Vermögens sowie die Berücksichtigung des Liquidationswertes als Untergrenze des Unternehmenswertes, alles Faktoren, die dazu führen könnten, dass trotz negativer Ertragsaussichten der abhängigen Gesellschaft (mit der Folge der Festsetzung eines Nullausgleichs, → Rn. 32) doch ein positiver Unternehmenswert als Basis für die Abfindung anzunehmen sei.[54]

26a Die **Gegenmeinung,** die unter dem Gebot der prinzipiellen Gleichwertigkeit von Abfindung und Ausgleich (→ Rn. 37) den festen Ausgleich (entsprechend der üblichen Vorgehensweise der **Praxis**) einfach aus dem für die Berechnung der Abfindung ohnehin

---

[51] MüKoAktG/*Paulsen* Rn. 38; MHdB AG/*Krieger* § 70 Rn. 81; KK-AktG/*Koppensteiner* Rn. 25.
[52] OLG Düsseldorf AG 2000, 323 (326).
[53] BVerfGE 100, 289 (305, 310 f.) = NJW 1999, 3769 = AG 1999, 566 – DAT/Altana; BVerfG AG 2000, 40 (41) = NJW-RR 2000, 842 – Hartmann u. Braun/Mannesmann; BGHZ 166, 195 Rn. 11 = NJW 2006, 1663 = AG 2006, 331; s. dazu *Vetter* ZIP 2000, 561.
[54] BGHZ 156, 57 (63 f.) = NJW 2003, 3272 = AG 2003, 627 (629) – Ytong AG; BGHZ 166, 195 (200) Rn. 11 = NJW 2006, 1663 = AG 2006, 331; OLG Düsseldorf AG 2012, 716 (717 ff.) = ZIP 2012, 1713 = NZG 2012, 1181; OLG Frankfurt AG 2003, 581 (582) – Henninger Bräu; Hüffer/*Koch* JZ 2007, 151 f.; Hölters/*Deilmann* Rn. 31; Spindler/Klöhn Konzern 2003, 511 (514 f.); K. Schmidt/Lutter/*Stephan* Rn. 80.

ermittelten Unternehmenswert ableitet, gewinnt indessen offenkundig an Boden.[55] Der Haupteinwand gegen diese Berechnungsmethode, die unterschiedliche Behandlung des **neutralen** (nicht betriebsnotwendigen) **Vermögens** bei der Berechnung von Ausgleich und Abfindung, geht in der Tat fehl (→ Rn. 42). Auch aus der zunehmenden Berücksichtigung des *Börsenwertes* neben dem Ertragswert ergeben sich keine durchgreifenden Einwände gegen die Gleichsetzung von Abfindung und Ausgleich, weil der Börsenwert immer nur die Untergrenze des Unternehmenswertes bezeichnet. Unterschiede bestehen demnach tatsächlich nur bei der Berücksichtigung eines etwaigen positiven **Liquidationswerts** trotz negativer Ertragsaussichten (allein) bei der Abfindung (→ Rn. 35). Diese Fälle sollten jedoch ausgesprochen selten sein,[56] sodass für die Masse der Fälle im Ergebnis nichts dagegen spricht, den **festen Ausgleich** durch die Anwendung der Rentenformel aus dem für die Berechnung der Abfindung ermittelten **Unternehmenswert** (oder umgekehrt die Abfindung aus dem kapitalisierten Festausgleich) *abzuleiten,* zumal andernfalls nur schwer vorstellbar ist, in welcher Hinsicht von der „Gleichwertigkeit" von Abfindung und Ausgleich die Rede sein soll, jedenfalls, wenn Ausgleich und Abfindung zum selben Zeitpunkt zu ermitteln sind und von einer unbegrenzten Dauer des Vertrages ausgegangen werden kann. Offen ist freilich, ob bei der Ableitung des Festausgleichs aus dem Unternehmenswert von **demselben Kapitalisierungszinsfuß** wie bei der Berechnung der Abfindung auszugehen ist[57] oder ob dieser in einzelnen Beziehungen zu korrigieren ist (sog. risikoangepasster Verrentungszinssatz; → Rn. 39; → § 305 Rn. 65 ff.).[58]

2. Stichtag. Der maßgebliche Zeitpunkt für die Schätzung der zukünftigen Ertragsaussichten der Gesellschaft ist nach überwiegender Meinung der der **Hauptversammlung der abhängigen Gesellschaft,** die gemäß § 293 Abs. 1 über die Zustimmung zu dem Unternehmensvertrag zu beschließen hat.[59] Zur Begründung wird vor allem auf § 305 Abs. 3 S. 2 verwiesen, der (nur) für die Berechnung der Barabfindung ausdrücklich die Maßgeblichkeit der Verhältnisse der Gesellschaft im Zeitpunkt der Beschlussfassung ihrer Hauptversammlung über den Vertrag vorschreibt (→ § 305 Rn. 41 ff.). Hinter diesem sog. **Stichtagsprinzip** steht letztlich die Vorstellung, dass jede Bewertung von Informationen abhänge, sodass bei der Bewertung eines Unternehmens, wann immer sie vorgenommen wird, stets *nur* diejenige *Informationen* berücksichtigt werden dürften, die zu dem maßgeblichen *Zeitpunkt,* dem „Stichtag", tatsächlich verfügbar waren; denn nur nach diesen Informationen richte sich der Wert des Unternehmens an dem fraglichen Stichtag.[60] Die hM folgert daraus, dass bei der Prognose der zukünftigen Erträge (→ Rn. 39 ff.) grundsätzlich nur solche positiven und negativen Entwicklungen berücksichtigt werden dürften, **die** bereits in dem fraglichen Zeitpunkt zumindest in ihrem Kern *angelegt und absehbar* sind (sog. **Wurzeltheorie**).[61]

---

[55] OLG Stuttgart AG 2008, 783 (789); AG 2009, 513 = ZIP 2009, 274 Ls.; AG 2011, 601 (602 f.); AG 2011, 420 (421 f.) = GWR 2011, 61; LG Frankfurt AG 1983, 136 (138); LG Hamburg AG 1995, 517 (518); LG Nürnberg-Fürth AG 2000, 89 (91); LG Bremen AG 2003, 214 – Gestra/Foxboro; insbes. *W. Meilicke* AG 1999, 103; ebenso in der Tendenz *Baldamus* AG 2005, 77 (78); *Hennrichs* ZHR 164 (2000), 453 (473); *Hüchting* Abfindung 55; KK-AktG/*Koppensteiner* Rn. 52 ff.; *L. Knoll* ZIP 2003, 2329 (2335); *J. Schmidt,* Außenstehende Aktionäre, 70; abl. dagegen *Hüffer/Koch* JZ 2007, 151 f.
[56] Ein Beispiel aber in BGHZ 166, 195 mit Anm. *Hüffer/Koch* JZ 2007, 151 f.
[57] *L. Knoll* ZIP 2003, 2329 (2335); *ders.* BB 2004, 1727, bes. 1731 f.
[58] Ebenso OLG München AG 2008, 28 (32); im Ergebnis wohl auch OLG Stuttgart AG 2009, 513 = ZIP 2009, 274 Ls.; AG 2011, 601 (602 f.); 2011, 420 (421 f.) = GWR 2011, 61.
[59] BGHZ 138, 136 (139 ff.) = NJW 1998, 1866 – Asea/BBC II; BGHZ 156, 57 (63) = NJW 2003, 3272 – Ytong AG; BayObLG AG 2002, 392 = NZG 2001, 1137; OLG Frankfurt AG 2002, 404 – Nestlé; *Baldamus* AG 2005, 77 (80 ff.); MüKoAktG/*Paulsen* Rn. 72, 90 ff.; GroßkommAktG/*Hasselbach/Hirte* Rn. 95 ff.; *Fleischer/Hüttemann/Meyer* § 12 (324 ff.); *Meyer* AG 2015, 16; *Komp* Zweifelfragen 141 ff.
[60] IDW S1 Rn. 22 f.
[61] BGHZ 138, 136 (140) = NJW 1998, 1866 – ASEA/BBC II; OLG Düsseldorf AG 1998, 236 (237); 2000, 323 f.; OLG Karlsruhe AG 1998, 288 (289) – SEN/KHS; OLG Celle AG 1999, 128 (129 f.) – Wolters/Gilde; *Hüffer/Koch* Rn. 10; – dagegen zB *Meyer* AG 2015, 16 (22 ff.).

27a Spätere Entwicklungen, die seinerzeit noch nicht absehbar waren, dürfen dagegen *nicht* berücksichtigt werden, selbst wenn sich in ihrem Gefolge die zugrunde gelegte Ertragsprognose als grundfalsch erweist.[62] Für eine **ex-post-Betrachtung** ist mit anderen Worten *kein* Raum – mit der für die außenstehenden Aktionäre fatalen Konsequenz, dass insbesondere in Spruchverfahren Sachverständige und Gerichte die Ertragsaussichten der abhängigen Gesellschaft vielfach *rückblickend* von einem längst vergangenen Zeitpunkt aus beurteilen müssen, ohne die zwischenzeitliche Entwicklung berücksichtigen zu dürfen. Die notwendige Folge sind häufig *gänzlich realitätsferne Bewertungsergebnisse*. Lediglich eine **Vorverlegung des Stichtags** wird gelegentlich für den Fall erwogen, dass bereits vor Abschluss des Vertrags zwischen den Vertragsparteien eine so enge Verflechtung bestand, dass eine Schätzung der Ertragsaussichten der als unabhängig gedachten (tatsächlich abhängigen) Gesellschaft zu dem Zeitpunkt der Hauptversammlung nicht mehr möglich ist (→ § 305 Rn. 56 ff.).[63] Diese ganze Praxis bedarf dringend der **Überprüfung,** wenn man eine offenkundige Benachteiligung der außenstehenden Aktionäre durch die *Ausklammerung* aller schließlich auch zum Unternehmensvermögen gehörenden, aber zunächst nicht absehbaren *Chancen* für eine Ertragssteigerung vermeiden will (→ § 305 Rn. 59).[64]

28 Die gesetzliche Regelung beruht außerdem offenkundig auf der Vorstellung, dass die **Prognose** auf der Basis des maßgeblichen Stichtags (→ Rn. 27 f.) für die gesamte Vertragsdauer **einheitlich** zu erfolgen hat, ungeachtet der mit der Dauer des Prognosezeitraumes naturgemäß wachsenden Ungewissheit über die zukünftige Entwicklung. Deshalb wird ein **gestaffelter Ausgleich,** entsprechend den schwankenden Ertragsaussichten der abhängigen Gesellschaft, meistens abgelehnt.[65] Für die Richtigkeit dieser Meinung sprechen einmal der Wortlaut des § 304 Abs. 2 S. 1, zum anderen der Umstand, dass man sich mit der Berechnung eines gestaffelten Ausgleichs wohl endgültig auf den Boden der Spekulation begäbe. – Aus der genannten Prämisse wird ferner überwiegend der Schluss gezogen, dass die außenstehenden Aktionäre *keinen* Anspruch auf eine **Wertsicherung** des Ausgleichs haben, dass sie mit anderen Worten die **Inflationsgefahr** allein tragen müssen, schon deshalb, weil die Geldentwertungsrate nicht voraussehbar sei.[66] Noch nicht entschieden ist damit freilich über die andere Frage, ob nicht den außenstehenden Aktionären zumindest unter bestimmten engen Voraussetzungen ein **Anspruch auf Anpassung** des Ausgleichs einzuräumen ist (→ Rn. 67 ff.).

28a **3. Vertragliche Abwandlungen.** Der Ausgleich muss „angemessen" sein (§ 304 Abs. 1 S. 1 und 2), dh dem Verlust des Anteils der außenstehenden Aktionäre an dem Gewinn ihrer Gesellschaft durch den Abschluss eines Beherrschungs- oder Gewinnabführungsvertrages entsprechen. Welcher Ausgleich in diesem Sinne *mindestens* (so § 304 Abs. 2 S. 1) „angemessen" ist, ergibt sich im Einzelnen aus Abs. 2 des § 304. Das Gesetz bestimmt somit in § 304 Abs. 1 und 2 lediglich eine *zwingende Untergrenze* des angemessenen Ausgleichs, die von den Parteien des Vertrages zwar nicht unterschritten, sehr wohl aber überschritten werden darf. Nichts hindert die Vertragsparteien mit anderen Worten, den außenstehenden Aktionären auch einen **höheren Ausgleich** als in § 304 Abs. 2 vorgeschrieben in dem Vertrag anzubieten (§ 328 BGB). Zivilrechtlich bestehen insoweit keine Schranken, ebenso wenig wie gegen eine Ausdehnung des Kreises der außenstehenden Aktionäre über den gesetzlichen Rahmen hinaus (→ Rn. 20).[67] Zu beachten bleibt freilich, dass dadurch nach der Rechtsprechung des BFH (unter Widerspruch der Finanzverwaltung) die **Durchführung**

---

[62] BayObLG AG 2002, 392 (394) = NZG 2001, 1137 – Ytong; OLG Hamburg NZG 2003, 89 (91 f.) = AG 2003, 583 – Texaco/RWE-DEA.
[63] OLG Stuttgart AG 1994, 564; GroßkommAktG/*Hasselbach/Hirte* Rn. 96; Hüffer/*Koch* Rn. 10; Hölters/*Deilmann* Rn. 33.
[64] *Emmerich* (2.) FS Mestmäcker, 2006, 137 (143 ff.) mN; *ders.* FS Stilz, 2014, 135 (142); *J. Schmidt*, Außenstehende Aktionäre, 64 f.; ebenso im Ergebnis OLG Hamburg AG 2001, 479 (480) = NZG 2001, 471 – Bauverein zu Hamburg/Wünsche AG; – dagegen zB ausf. *Meyer* AG 2015, 16 (20 ff.) mN.
[65] KK-AktG/*Koppensteiner* Rn. 65 mN; Spindler/Stilz/*Veil* Rn. 59.
[66] Beispielsweise OLG Frankfurt ZIP 2012, 124 (133).
[67] Ausf. *Baldamus* ZGR 2007, 819 (842 f.); *ders.* Ubg 2010, 483.

der Organschaft iSd § 14 Abs. 1 S. 1 Nr. 3 S. 1 KStG gefährdet werden kann, sofern nämlich die vertragliche Besserstellung der außenstehenden Aktionäre dazu führt, dass von der Gewinnabführung iSd § 301 (als Voraussetzung der Organschaft nach § 14 KStG) im Ergebnis fast nichts mehr übrig bleibt (→ § 301 Rn. 7a f.).

4. Abtretung, Pfändung, Verzicht. Der Anspruch der Aktionäre auf die Ausgleichszahlungen des herrschenden Unternehmens stellt nach Fälligkeit der einzelnen Raten eine normale schuldrechtliche Forderung aus dem Unternehmensvertrag (§ 328 BGB) dar, die abgetreten, verpfändet und gepfändet werden kann (§§ 398, 1273, 1280 BGB; § 829 ZPO).[68] Der Anspruch der außenstehenden Aktionäre auf den Ausgleich tritt an die Stelle ihres Anspruchs auf die Dividende (→ Rn. 4), ist aber mit diesem nicht identisch, sodass sich insbesondere die **Pfändung** des Dividendenanspruchs eines Aktionärs nicht automatisch auf seine etwaigen späteren Ausgleichsforderungen erstreckt.[69] 29

Die außenstehenden Aktionäre können den ihnen in dem Beherrschungs- oder Gewinnabführungsvertrag nach § 328 BGB zugewandten Anspruch auf Ausgleich **zurückweisen** (§ 333 BGB) und sind dann nicht mehr ausgleichsberechtigt. Der Verzicht wirkt indessen nach § 333 BGB nur ad personam, sodass bei einer späteren Veräußerung der Aktien durch den Aktionär (nach dem Verzicht) bei Fälligkeit in der Person des Erwerbers die Ausgleichsansprüche wieder entstehen, einfach deshalb, weil der Veräußerer für den Erwerber im Zweifel keine Vertretungsmacht besitzt.[70] Ebenso dürfte bei einem jederzeit möglichen Verzicht auf den Ausgleich durch Vertrag zwischen Aktionär und herrschendem Unternehmen zu entscheiden sein (§ 397 Abs. 1 BGB). 29a

5. Fälligkeit. Der Ausgleichsanspruch **entsteht** (als vertraglicher Anspruch) gemäß §§ 294 Abs. 2 und 304 Abs. 1 iVm § 328 BGB in dem Zeitpunkt, in dem der Vertrag durch seine Eintragung ins Handelsregister **Wirksamkeit** erlangt.[71] Vielfach ist in diesem Zusammenhang auch von der Begründung eines **Stammrechts** der Aktionäre auf Ausgleichleistungen die Rede, – womit aber der Sache nach nichts anderes zum Ausdruck gebracht wird, als dass eben nach der gesetzlichen Regelung die Ausgleichsansprüche der Aktionäre ihre Grundlage letztlich in dem Unternehmensvertrag haben und deshalb von dessen Wirksamkeit abhängig sind, – nicht mehr. Tritt der Vertrag ausnahmsweise erst später in Kraft, so verschiebt sich im selben Umfang der Beginn der Ausgleichspflicht nach hinten, während der Beginn der Ausgleichspflicht vorzuverlegen ist, wenn sich (nur) der Gewinnabführungsvertrag zulässigerweise Rückwirkung beilegt (→ § 291 Rn. 54). In keinem Fall ändert sich indessen dadurch der Stichtag (→ Rn. 27 f.; → § 291 Rn. 15, 55; → § 294 Rn. 31 f.).[72] Daraus folgt zugleich, dass, da Abfindungszinsen gemäß § 305 Abs. 3 S. 3 erst von dem Zeitpunkt der Eintragung ab geschuldet werden, für den etwaigen Rückwirkungszeitraum *keine* Verrechnung des Ausgleichs mit den Abfindungszinsen in Betracht kommt.[73] 30

Von der Entstehung des Stammrechts auf Ausgleich (→ Rn. 30) müssen Entstehung und Fälligkeit der Ansprüche der Aktionäre auf die einzelnen Ausgleichsleistungen unterschieden werden.[74] Eine gesetzliche Regelung fehlt, sodass insoweit grundsätzlich ebenfalls **Vertragsfreiheit** besteht (→ Rn. 28a), vorausgesetzt, dass durch die vertragliche Regelung insbeson- 30a

---

[68] K. Schmidt/Lutter/*Stephan* Rn. 40, 58; Spindler/Stilz/*Veil* Rn. 31.
[69] MüKoAktG/*Paulsen* Rn. 177; GroßkommAktG/*Hasselbach/Hirte* Rn. 49; Hüffer/*Koch* Rn. 13; KK-AktG/*Koppensteiner* Rn. 19.
[70] Baldamus ZGR 2007, 819 (837 f.); *ders.* Ubg 2010, 483 (488).
[71] OLG Hamburg AG 2002, 409 (411) = ZIP 2002, 754 – Philips; LG Hamburg AG 1991, 365 (366) = WM 1991, 1081 – Bauverein Hamburg; MüKoAktG/*Paulsen* Rn. 96; GroßkommAktG/*Hasselbach/Hirte* Rn. 41.
[72] BGHZ 155, 110 (116) = NZG 2003, 1113 = AG 2003, 629 – Philips I; BGH ZIP 2003, 1933 (1934) – Philips II; Hölters/*Deilmann* Rn. 41; MüKoAktG/*Paulsen* Rn. 98 f.
[73] BGHZ 155, 110 (116) = NZG 2003, 1113 = AG 2003, 629 – Philips I; BGH ZIP 2003, 1933 (1934) – Philips II.
[74] Dazu *Baldamus* ZGR 2007, 819 (833 ff.); *ders.* Ubg 2010, 483 (489 f.); GroßkommAktG/*Hasselbach/Hirte* Rn. 42–44; MüKoGmbHG Anh. § 13 Rn. 9225; MüKoAktG/*Paulsen* Rn. 106 ff.; K. Schmidt/Lutter/*Stephan* Rn. 34 f., 55; Grigoleit/*Servatius* Rn. 12; Tebben AG 2003, 600 (601 f.); Spindler/Stilz/*Veil* Rn. 34 f.

dere der Fälligkeit der Ansprüche nicht das Recht der außenstehenden Aktionäre auf einen angemessenen Ausgleich, wie es sich im Einzelnen aus § 304 Abs. 1 S. 1 und 2 ergibt, beeinträchtigt wird. Auszugehen ist davon, dass der Ausgleichsanspruch an die Stelle des Anspruchs der Aktionäre auf die Dividende tritt (→ Rn. 4), dessen Fälligkeit sich grundsätzlich nach § 175 richtet. Daraus wird heute überwiegend der Schluss gezogen, dass jedenfalls der Anspruch auf den festen Ausgleich – mangels abweichender Regelung im Beherrschungs- oder Gewinnabführungsvertrag – ebenfalls im Zweifel zum **Zeitpunkt der ordentlichen Hauptversammlung** nach Abschluss des Geschäftsjahres (§ 175) fällig wird. In der Praxis wird stattdessen meistens auf den ersten Bankarbeitstag nach der ordentlichen Hauptversammlung abgestellt. Bedenken dagegen bestehen nicht.[75] Die Festlegung eines *späteren* Fälligkeitszeitpunkts in dem Vertrag dürfte dagegen mit dem Gesetz kaum zu vereinbaren sein, während die vertragliche Festlegung eines *früheren* Fälligkeitszeitpunktes, zB des Zeitpunkts der Feststellung des Jahresabschlusses durch Vorstand und Aufsichtsrat (§ 172), unproblematisch ist.[76]

30b Anders zu beurteilen ist die Rechtslage bei der Dividendengarantie des § 304 Abs. 1 S. 2 (→ Rn. 34) sowie bei dem variablen Ausgleich (→ Rn. 45 ff.). Weil bei der **Dividendengarantie** die Höhe des als Ausgleich zu zahlenden Betrages immer erst nach Fassung der Gewinnverwendungsbeschlüsse der abhängigen Gesellschaft oder (bei dem **variablen Ausgleich**) beider Gesellschaften feststeht, kann der Ausgleichsanspruch hier auch nicht vorher fällig werden.[77] Bei dem variablen Ausgleich kommt es folgerichtig auf den Gewinnverwendungsbeschluss der herrschenden Gesellschaft an (str., → Rn. 55). *Verzögert* das herrschende Unternehmen künstlich die Durchführung der ordentlichen Hauptversammlung der abhängigen Gesellschaft und der herrschenden Gesellschaft oder die Fassung der erforderlichen Gewinnverwendungsbeschlüsse, so ist an **Schadensersatzansprüche** wegen Pflichtverletzungen zu denken (§§ 328, 280 Abs. 1, 241 Abs. 2 und 242 BGB).[78]

31 **6. Zinsen.** Nach überwiegender Meinung haben die außenstehenden Aktionäre keinen Anspruch auf **„Fälligkeitszinsen"**, weil Ausgleichsansprüche keine Forderungen aus beiderseitigen Handelsgeschäften unter Kaufleuten iSd § 353 S. 1 HGB seien.[79] **Verzugszinsen** setzten dagegen nach hM gemäß § 286 Abs. 1 BGB eine Mahnung der außenstehenden Aktionäre voraus.[80] Doch hindert nach dem Gesagten eigentlich nichts die Anwendung des § 286 Abs. 2 Nr. 1 BGB, weil in allen genannten Fällen (→ Rn. 30a, 30b) der Zeitpunkt, zu dem die Ausgleichszahlungen zu erbringen sind, zumindest nach dem Kalender bestimmbar ist. Von diesem Zeitpunkt ab haben die außenstehenden Aktionäre folglich Anspruch auf Verzugszinsen nach § 288 Abs. 1 S. 1 BGB.[81]

32 **7. Null-Ausgleich.** Sind die *Ertragsaussichten* der Gesellschaft auf absehbare Zeit *negativ*, so entfällt ein fester Ausgleich, da die Garantie einer Mindestdividende dem Gesetz nicht zu entnehmen ist (→ Rn. 54).[82] Voraussetzung ist freilich, dass sich auch bei Berücksichtigung des neutralen (nicht betriebsnotwendigen) Vermögens der Gesellschaft keine positiven Ertragsaussichten ergeben (→ Rn. 42). Für den Ansatz der fiktiven Verzinsung eines etwai-

---

[75] BGHZ 189, 261 (268) Rn. 15 = NZG 2011, 701 = AG 2011, 514 – Wella I; OLG München ZIP 2012, 1180 = AG 2012, 603.
[76] BGHZ 189, 261 (265 f.) Rn. 8, 12 – Wella I; MüKoAktG/*Paulsen* Rn. 108.
[77] BGHZ 189, 261 (267) Rn. 13 – Wella I; BGH NZG 2011, 780 Rn. 13 – Wella II.
[78] BGHZ 189, 261 (268) Rn. 17; BGH NZG 2011, 780 Rn. 17 – Wella I und II.
[79] OLG Hamm AG 2012, 598; LG Frankfurt a.M. AG 1996, 187 (190) – Nestlé; LG Berlin AG 2000, 284 (287) – Aluminiumwerk Unna; LG Bremen AG 2003, 213 – Gestra/Foxboro; LG Nürnberg-Fürth AG 2000, 89 (91) – Philips; MüKoAktG/*Paulsen* Rn. 112 ff.; K. Schmidt/Lutter/*Stephan* Rn. 36.
[80] OLG Hamm AG 2012, 598; MüKoAktG/*Paulsen* Rn. 115 f.; GroßkommAktG/*Hasselbach/Hirte* Rn. 46.
[81] Ebenso im Ergebnis *T. Busch* AG 1993, 1 (4 f.); KK-AktG/*Koppensteiner* Rn. 10; K. Schmidt/Lutter/ *Stephan* Rn. 37–39; OLG Hamm AG 2012, 598.
[82] BGHZ 166, 195 (197 f.) Rn. 8 = NJW 2006, 1663 = AG 2006, 331; OLG Düsseldorf AG 2009, 667; BayObLGZ 1998, 231 (241) = NJW-RR 1999, 109 = AG 1999, 43 (46) – EKU/März; OLG Frankfurt AG 2002, 404 (405) – Nestlé; *G. und A. Hartmann* FS Pleyer, 1986, 287 (292 ff.); *Lutter/Drygala* AG 1995, 49 (51); MüKoAktG/*Paulsen* Rn. 92 f.; K. Schmidt/Lutter/*Stephan* Rn. 81; Spindler/Stilz/*Veil* Rn. 60.

gen positiven Liquidationswertes[83] bietet das Gesetz gleichfalls keine Grundlage.[84] Auch aus § 304 Abs. 3 S. 1 folgt nichts anderes, der allein den anderen Fall im Auge hat, dass im Unternehmensvertrag völlig auf die Festsetzung eines Ausgleichs verzichtet wird (→ Rn. 77). Die Angemessenheit des Null-Ausgleichs ist ebenso wie in anderen vergleichbaren Fällen im Spruchverfahren zu überprüfen.[85] Bessern sich in der Zukunft die Ertragsaussichten der Gesellschaft unerwartet wieder deutlich, so folgt aus dem Gebot der Angemessenheit des Ausgleichs (§ 304 Abs. 1 S. 1) ebenso wie aus den §§ 242 und 313 BGB die Verpflichtung des herrschenden Unternehmens zur **Anpassung** des nunmehr offensichtlich unangemessenen Ausgleichs an die neue Situation (→ Rn. 67 ff.).[86]

8. Unterschiedliche Aktiengattungen. Hat die Gesellschaft unterschiedliche Aktiengattungen ausgegeben, die gemäß § 139 mit **Vorzügen bei der Gewinnverteilung** verbunden wird, so stellt sich die Frage, ob und wie dies ggf. bei der Bemessung der Ausgleichshöhe zu berücksichtigen ist.[87] Das Problem rührt nicht zuletzt daher, dass es sehr verschiedene Formen von Vorzügen gibt, die zudem von der Börse ganz unterschiedlich bewertet werden, sodass die Quantifizierung der Vorzüge, Voraussetzung für ihre Berücksichtigung im Rahmen des Ausgleichs, erhebliche Schwierigkeiten bereiten kann. Die Rechtsprechung hat daraus verschiedentlich den Schluss gezogen, dass angesichts des Fehlens aller Maßstäbe für eine Quantifizierung etwaiger Vorzüge die verschiedenen Aktiengattungen im vorliegenden Zusammenhang (§§ 304 und 305) grundsätzlich *gleich* zu behandeln seien.[88] Wo aber derartige Maßstäbe vorhanden sind, ggf. auf der Basis einer Schätzung nach § 287 ZPO, sollte man sie auch anwenden.[89] Zu beachten bleibt ferner, zB bei der Ausgabe von Spartenaktien,[90] dass § 304 nur eine zwingende Untergrenze für den angemessenen Ausgleich vorschreibt (→ Rn. 28a), sodass es immer möglich ist, vertraglich durch zusätzliche Zahlungen etwa an die außenstehenden Aktionäre einer bestimmten Aktiengattung das gewünschte Verhältnis zwischen den Aktiengattungen aufrechtzuerhalten, soweit dem nicht im Einzelfall § 53 entgegensteht.

Am meisten verbreitet ist offenbar die **Ausgabe stimmrechtsloser Vorzugsaktien** iSd § 139 iVm der Gewährung einer **Mehrdividende**. Bei diesen Vorzugsaktien sollte sich der Vorzug jedenfalls dann auswirken, wenn der Ausgleichsbetrag nicht einmal zur Bedienung der Vorzüge ausreicht; bei Vereinbarung eines **Festausgleichs** sollten dann die Vorzüge einschließlich der Mehrdividende *vor* den Stammaktien bedient werden, ggf. anteilig gekürzt.[91] Zusätzliche Probleme tauchen dagegen beim **variablen Ausgleich** auf, sofern man mit der hM den Gewinnanteil iSd § 304 Abs. 2 S. 2 mit der Dividende der herrschenden Gesellschaft gleichsetzt;[92] anders dagegen, wenn man, wie hier vertreten (→ Rn. 47 ff.), unter dem Gewinnanteil den anteiligen Jahresüberschuss der herrschenden Gesellschaft versteht.[93] Denn dann ist die Situation im Ergebnis nicht anders als beim Festausgleich.

---

[83] So KK-AktG/*Koppensteiner* Rn. 60, 68.
[84] BGHZ 166, 195 (199 f.) Rn. 10 = NJW 2006, 1663 = AG 2006, 331; Hüffer/*Koch* JZ 2007, 151 (152).
[85] BGHZ 166, 195 (201 f.) Rn. 14.
[86] G. und A. *Hartmann* FS Pleyer, 1986, 298 f.; Hüffer/*Koch* Anm. JZ 2007, 151 (152); *Lutter/Drygala* AG 1995, 49 (54 ff.); G. *Roth* Konzern 2005, 685 (689); *Spindler/Klöhn* Konzern 2003, 511 (521); *Weiss* FS Semler, 1993, 631 (646); offengelassen in BGHZ 166, 195 (202 f.) Rn. 15.
[87] Für die Berücksichtigung insbes. BVerfG AG 2000, 40 (41 f.) = NJW-RR 2000, 842 = ZIP 1999, 1804 – Hartmann u. Braun/Mannesmann; MüKoAktG/*Paulsen* Rn. 61 f.; GroßkommAktG/*Hasselbach/Hirte* Rn. 86 ff.; KK-AktG/*Koppensteiner* Rn. 49; *Krieger* FS Lutter, 2000, 497 (499 ff.); G. *Roth* Konzern 2006, 685; *Vetter* ZIP 2000, 561 (566); ebenso offenbar Begr. RegE des § 306 bei *Kropff* AktG 401 (2. Abs.).
[88] OLG Frankfurt AG 1989, 442 (443); OLG Karlsruhe AG 2006, 643 – Rheinmetall/Aditron.
[89] Beispielsweise OLG Düsseldorf AG 2009, 907 (911 f.); Hölters/*Deilmann* Rn. 39.
[90] Dazu *Baldamus* Ubg 2010, 483 (485 ff.).
[91] G. *Roth* Konzern 2005, 685 (686 ff.); K. Schmidt/Lutter/*Stephan* Rn. 83; s. aber OLG Karlsruhe AG 2006, 463 – Rheinmetall/Aditron.
[92] Deshalb für Nichtberücksichtigung der Vorzüge in diesem Fall OLG Frankfurt AG 1989, 442 (443); krit. *Krieger* FS Lutter, 2000, 497 (503 ff.).
[93] G. *Roth* Konzern 2005, 685 (692 f.).

33b **9. Verjährung.** Die Verjährung des Anspruchs auf Ausgleichszahlungen richtet sich nach den allgemeinen Vorschriften (§§ 195, 197 Abs. 2 und 199 BGB). Die Verjährungsfrist beträgt mithin drei Jahre, beginnend mit Ende des Jahres, in dem der Anspruch entstanden und fällig geworden ist (§ 199 Abs. 1 BGB).[94]

VI. Dividendengarantie

34 Nach § 304 Abs. 1 S. 2 muss ein Beherrschungsvertrag, bei dem die Gesellschaft nicht auch zur Abführung ihres ganzen Gewinns verpflichtet ist (sog. reiner oder **isolierter Beherrschungsvertrag**), den außenstehenden Aktionären als angemessenen Ausgleich *(mindestens)* einen bestimmten jährlichen „Gewinnanteil" (→ Rn. 47 ff.) nach der für die Ausgleichszahlung gemäß § 304 Abs. 2 bestimmten (festen oder variablen) Höhe garantieren. Der Grund für diese eigenartige Regelung ist darin zu sehen, dass es sich im Falle des Abschlusses eines isolierten Beherrschungsvertrages von Fall zu Fall auch so verhalten kann, dass die abhängige Gesellschaft noch Gewinne ausschüttet. Da dies jedoch letztlich allein vom Willen des herrschenden Unternehmens abhängt (§ 308), muss den außenstehenden Aktionären hier zu ihrem Schutz durch den Beherrschungsvertrag *zusätzlich* zu dem möglicherweise noch ausgeschütteten Gewinn mindestens derjenige **Betrag garantiert** werden, der nach § 304 Abs. 1 und 2 bei Abschluss eines Organschafts- oder Gewinnabführungsvertrags als **fester oder variabler Ausgleich** geschuldet würde. Damit ist zugleich gesagt, dass es den Parteien (natürlich) frei steht, in dem Vertrag den außenstehenden Aktionären von vornherein *zusätzlich* einen Anspruch auf einen festen oder variablen Ausgleich einzuräumen, auf dessen Höhe der Ausgleich ohnehin immer aufzustocken ist.

35 Die **Garantie** (→ Rn. 26) muss von dem *herrschenden* Unternehmen ausgehen (§§ 311 Abs. 1, 328 BGB; → Rn. 23 f.) und sich der **Höhe** nach gemäß § 304 Abs. 1 S. 2 auf einen Anteil der außenstehenden Gesellschafter am Gewinn der abhängigen Gesellschaft beziehen, der nach den Bestimmungen des § 304 Abs. 1 und 2 über den festen oder variablen Ausgleich zu berechnen ist. Dieser Betrag bildet mit anderen Worten die **Untergrenze** des auf jeden Fall geschuldeten Ausgleichs, sodass bei einer Ausschüttung der abhängigen Gesellschaft, die hinter der Garantie zurückbleibt, die **Differenz** von dem herrschenden Unternehmen aufzufüllen ist.[95] **Verteilt** die **abhängige Gesellschaft** dagegen **mehr** als vom herrschenden Unternehmen garantiert, so hat es dabei sein Bewenden, weil die vertragliche Fixierung einer **Höchstdividende** mit dem Gesetz unvereinbar ist (§ 58 Abs. 4).[96]

36 Die gesetzliche Regelung macht es notwendig, bei Wahl der Dividendengarantie in jedem Fall eine **Vergleichsrechnung** durchzuführen. Wird als **Maßstab** der **feste Ausgleich** des § 304 Abs. 2 S. 1 gewählt (→ Rn. 38 ff.), so ist dieser Betrag bei Abschluss des Beherrschungsvertrages festzulegen und dann Jahr für Jahr ggf. aus der Dividendengarantie aufzufüllen, wenn die ausgeschütteten Beträge der abhängigen Gesellschaft *hinter* dem Vergleichsbetrag, dem festen Ausgleich *zurückbleiben*. Wenn sich die Parteien dagegen als Vergleichsmaßstab für den **variablen Ausgleich** des § 304 Abs. 2 S. 2 entscheiden (→ Rn. 45 ff.), so markiert die von Jahr zu Jahr schwankende Höhe des variablen Ausgleichs zugleich den ebenso schwankenden Betrag, auf den jeweils der von der abhängigen Gesellschaft ausgeschüttete Betrag aus der Dividendengarantie aufzufüllen (aufzustocken) ist. Die außenstehenden Aktionäre der abhängigen Gesellschaft sind hier mithin von der Ausschüttungspolitik *beider* verbundenen Unternehmen abhängig (auf die sie keinen Einfluss haben).

37 Die **Dividendengarantie** des herrschenden Unternehmens umfasst auch die von der abhängigen Gesellschaft aufgrund des Gewinnverwendungsbeschlusses (§ 174) geschuldete **Dividende,** sodass sich die außenstehenden Aktionäre, wenn die abhängige Gesellschaft ihrer Verpflichtung zur Zahlung der beschlossenen Dividende nicht nachkommt, wegen des vollen Ausgleichs sofort an das herrschende Unternehmen halten können. Die **Fällig-**

---

[94] Beispielsweise Hölters/*Deilmann* Rn. 46; Hüffer/*Koch* Rn. 13.
[95] *Hüchting* Abfindung 14 f.; Hüffer/*Koch* Rn. 6; K. Schmidt/Lutter/*Stephan* Rn. 51 f.
[96] MüKoAktG/*Paulsen* Rn. 51; Grigoleit/*Servatius* Rn. 11; krit. K. Schmidt/Lutter/*Stephan* Rn. 49.

keit des Anspruchs aus der Dividendengarantie tritt mit Fassung des Gewinnverwendungsbeschlusses der abhängigen Gesellschaft ein; knüpft die Dividendengarantie an den variablen Ausgleich an, so ist zusätzlich auf den Gewinnverwendungsbeschluss der herrschenden Gesellschaft abzustellen (→ Rn. 30b).

VII. Fester Ausgleich

1. Berechnung. Als fester Ausgleich ist nach § 304 Abs. 2 S. 1 vom herrschenden Unternehmen (→ Rn. 23) mindestens die jährliche Zahlung desjenigen Betrages zuzusichern, der nach der bisherigen Ertragslage der (abhängigen) Gesellschaft *und* ihren zukünftigen Ertragsaussichten voraussichtlich als durchschnittlicher Gewinnanteil auf die einzelne Aktie verteilt werden könnte; dabei sind zwar angemessene Abschreibungen und Wertberichtigungen, nicht jedoch die Bildung anderer Gewinnrücklagen iSd § 272 Abs. 3 S. 2 HGB zu berücksichtigen, sodass in der Regel der Ausgleich *höher als* die bei fortbestehender Unabhängigkeit zu erwartende *Dividende* der abhängigen Gesellschaft liegen dürfte.[97] In Einzelfällen übertraf infolgedessen in der bisherigen Praxis der feste Ausgleich die früher gezahlte Dividende sogar um ein Vielfaches.[98]

Für die Berechnung des festen Ausgleichs sind nach § 304 Abs. 2 S. 1 in erster Linie die bisherige Ertragslage sowie die zukünftigen Ertragsaussichten der Gesellschaft maßgebend. In der Praxis geschieht dies in der Regel in der Weise, dass zunächst aus den genannten Parametern (bisherige Ertragslage und zukünftige Ertragsaussichten der abhängigen Gesellschaft) nach der Ertragswertmethode (→ § 305 Rn. 51 ff.) der **Unternehmenswert** „berechnet" wird, dessen Ermittlung ohnehin mit Rücksicht auf § 305 nach hM meistens nötig ist. Aus diesem werden sodann nach der **Rentenformel** die Ausgleichsbeträge abgeleitet, wobei freilich der **Kapitalisierungszinssatz** in einzelnen Beziehungen modifiziert wird, um dem Umstand Rechnung zu tragen, dass die Ausgleichszahlungen mit nahezu keinem Risiko mehr behaftet sind, auf der anderen Seite aber bei den (deutschen) Aktionären in voller Höhe der Einkommensteuer unterworfen sind (→ Rn. 44). Die Einzelheiten sind streitig; verbreitet ist insbesondere die Verwendung eines Zinssatzes, der aus dem Mittelwert zwischen dem Kapitalisierungszinssatz (der der Ermittlung des Ertragswertes zugrunde gelegt wird) und dem Basiszinssatz gebildet wird (→ Rn. 26a); alternativ wird vielfach auch auf den um den halben Risikoaufschlag vermehrten Basiszinssatz abgestellt, wobei schließlich noch der auf die eine oder andere Weise ermittelte Betrag des Ausgleichs um einen weiteren Betrag zum Ausgleich der durchschnittlichen Einkommensteuerbelastung deutscher Aktionäre unter dem System der Abgeltungssteuer erhöht werden muss.[99] Es gibt daneben auch noch andere Lösungen, beispielshalber eine geringfügige Erhöhung des Basiszinssatzes um 0,15 %.[100] Wie immer man hier vorgeht, die Folge ist jedenfalls, dass auch die Berechnung des Ausgleichs nach § 304 mit sämtlichen Unwägbarkeiten der Unternehmensbewertung bei § 305 belastet ist. Darauf ist im Rahmen der Erläuterungen zu § 305 im einzelnen einzugehen (→ § 305 Rn. 42, 51 ff.). Hier genügt der Hinweis, dass bei § 305 die Tendenz zunimmt, anstelle des nur schwer zu ermittelnden Ertragswerts auf Marktpreise einschließlich insbesondere des **Börsenwertes** zurückzugreifen (→ § 305 Rn. 42). Es besteht kein Anlass, bei der Berechnung des festen Ausgleichs demgegenüber generell den Börsenwert auszuklammern,[101] weil dadurch ohne Not die Berechnung des Ausgleichs nur noch weiter erschwert würde. Im folgenden wird mit Rücksicht auf die ausführliche

---

[97] Deshalb spricht das Gesetz hier auch von „Gewinnanteil" (→ Rn. 47 ff.).
[98] Hüffer/*Koch* FS Kruse, 2001, 651 (660) mN.
[99] OLG Frankfurt AG 2011, 832 (837 f.); 2014, 822 (828); 2015, 205 (208); 2015, 504 (507 f.); 2015, 547 (549); OLG Stuttgart AG 2012, 49 (53); 2012, 135 (138); 2013, 724 (731); AG 2014, 291 (295 f.) = NZG 2014, 140; LG Frankfurt a.M. NZG 2013, 342 (343 f.); *Lauber*, Das Verhältnis des Ausgleichs gemäß § 304 AktG zu den Abfindungen gemäß §§ 305, 327a AktG, 2013; *Ruthardt* Konzern 2013, 615 (622 ff.).
[100] So zB OLG Frankfurt ZIP 2012, 124 (132 f.): krit. zB OLG Düsseldorf AG 2012, 716 (717 f.) = ZIP 2012, 1713.
[101] So aber OLG Frankfurt AG 2011, 832 (834 f.); *Decher* FS Maier-Reimer, 2010, 55 (72); Grigoleit/ *Servatius* Rn. 15.

§ 304 40–41a

Darstellung der Materie bei § 305 nur ein kurzer Überblick über die übliche Vorgehensweise bei der Berechnung des festen Ausgleichs gegeben.

40 Erster Schritt bei der Berechnung des festen Ausgleichs ist üblicherweise die sog. „**Vergangenheitsanalyse**" als Grundlage jeder auf der Ertragswertmethode beruhenden Unternehmensbewertung.[102] Gemeint ist damit entsprechend § 304 Abs. 2 S. 1 die Ermittlung der *tatsächlichen bisherigen Ertragssituation* der Gesellschaft als Basis für die nachfolgende Schätzung der zukünftigen Erträge und der daraus abgeleiteten Unternehmensbewertung (→ Rn. 41; → § 395 Rn. 60 f.).[103] Zu diesem Zweck ist an den in der Gewinn- und Verlustrechnung ausgewiesenen Jahresüberschuss anzuknüpfen (§ 275 Abs. 2 Nr. 20 und Abs. 3 Nr. 19 HGB) und dieser anschließend um außerordentliche Erträge und Verluste sowie die Nachteile der schon vor Vertragsabschluss bestehenden Abhängigkeit zu korrigieren (sog. **korrigierter Jahresüberschuss**). Daraus war früher überwiegend der Schluss gezogen worden, dass auch *Ausgleichs- und Schadensersatzansprüche* der abhängigen Gesellschaft auf Grund der §§ 311 und 317 in die Berechnung einzugehen haben,[104] während die neuere Rechtsprechung dahin tendiert, die genannten Ansprüche nur noch zu berücksichtigen, wenn sie anerkannt oder rechtskräftig festgestellt sind, sonst dagegen nicht.[105] Unberücksichtigt bleiben sollen auch **stille Rücklagen** (Reserven), soweit sie aus dem Ertrag gebildet wurden und nicht auf bloßen Wertsteigerungen beruhen,[106] sowie **andere Gewinnrücklagen** im Gegensatz zu den gesetzlichen Rücklagen (→ Rn. 41b).[107]

41 Der korrigierte Jahresüberschuss der Gesellschaft (→ Rn. 40) dient sodann als Basis für die daraus abzuleitende **Schätzung der** letztlich ausschlaggebenden **zukünftigen Erträge** und anschließend für die Bewertung des Unternehmens der abhängigen Gesellschaft aufgrund dieser Parameter. Denn § 304 bezweckt, die außenstehenden Aktionäre im Ergebnis hinsichtlich des Gewinnbezugs so zu stellen, wie wenn der Vertrag nicht zustande gekommen wäre, dh als ob ihre Gesellschaft *unabhängig geblieben* wäre und daher weiter im gemeinsamen Interesse aller Aktionäre geführt würde (→ Rn. 4). Folglich ist – auf der Basis der Erträge der letzten drei bis fünf Jahre (→ Rn. 40) – zu ermitteln, **welche Erträge** die Gesellschaft **vermutlich** bei Unterstellung ihrer fortbestehenden Unabhängigkeit **in Zukunft** erzielt hätte.[108]

41a Bei der Schätzung der zukünftigen Erträge der abhängigen Gesellschaft hat man die Pauschal- und die Phasenmethode zu unterscheiden (→ § 305 Rn. 62 ff.). Die **Pauschalmethode** unterstellt zur Vereinfachung der Berechnung ein tendenziell *gleichbleibendes* Ertragspotential der abhängigen Gesellschaft unter der Bedingung ihrer fortbestehenden Unabhängigkeit, sodass die für die nächste Zukunft *absehbaren Erträge einfach* in die Zukunft *fortgeschrieben* werden – mit der Folge, dass der auf der Grundlage der absehbaren Erträge berechnete Ausgleichsbetrag dann für die *ganze Dauer* des Unternehmensvertrages *gleichbleibend* festgesetzt wird.[109] In der Bewertungspraxis wird jedoch die Pauschalmethode wegen

---

[102] IDW S1 von 2008 Rn. 72 ff.

[103] BGH NJW 2003, 3272 = AG 2003, 627 (628) (insoweit nicht in BGHZ 156, 57 abgedruckt) – Ytong; IDW S1 von 2008 Rn. 72 ff.

[104] OLG Hamburg AG 1980, 163 (164) – Hamburger Verkehrsbetriebe; OLG Frankfurt AG 1989, 444 (445); OLG Düsseldorf AG 1991, 106 (107 f.) – Wicküler-Küpper Brauerei.

[105] OLG Düsseldorf AG 2000, 323 (325) = NZG 2000, 693; OLG Stuttgart AG 2000, 428 (430) = NZG 2000, 744 – Schwaben Zell/Hannover Papier; OLG Celle AG 2007, 865 (866) = ZIP 2007, 2025.

[106] MüKoAktG/*Paulsen* Rn. 78; GroßkommAktG/*Hasselbach*/*Hirte* Rn. 78; Hüffer/*Koch* Rn. 9; KK-AktG/*Koppensteiner* Rn. 58, 63; *J. Schmidt*, Außenstehende Aktionäre, 62; aA OLG Düsseldorf AG 2000, 323 (325); LG Berlin AG 2000, 284 (287).

[107] MüKoAktG/*Paulsen* Rn. 79; GroßkommAktG/*Hasselbach*/*Hirte* Rn. 79 f.; Grigoleit/*Servatius* Rn. 16.

[108] IDW S1 Rn. 75 ff.; OLG Düsseldorf AG 1977, 168 (171); 1990, 397; 1990, 490 – DAB/Hansa; 1999, 89 f. – Guano AG; OLG Frankfurt AG 2003, 581 (582) – Henninger Bräu/Kulmbacher; OLG Hamburg AG 2003, 583 (585) = NZG 2003, 89 – Texaco/RWE; LG Berlin AG 2000, 284 (287) – Aluminiumwerk Unna; s. *Großfeld* NZG 2004, 74 (75); GroßkommAktG/*Hasselbach*/*Hirte* Rn. 81 ff.; *L. Knoll* ZIP 2003, 2329; MüKoAktG/*Paulsen* Rn. 82 ff.; K. Schmidt/Lutter/*Stephan* Rn. 78 f.; *Spindler*/*Klöhn* Konzern 2003, 511 (515 ff.).

[109] BGH NJW 2003, 3272 = AG 2003, 627 (628) (insoweit nicht in BGHZ 156, 57 abgedruckt) – Ytong; OLG Celle AG 1981, 234 f.; *Großfeld* NZG 2004, 74; krit. *Lutter*/*Drygala* AG 1995, 49 (54 ff.).

ihrer unrealistischen Annahmen heute überwiegend *abgelehnt*.[110] An ihre Stelle ist stattdessen durchweg die sog. **Phasenmethode** getreten, die auf einer Einteilung der Zukunft in einzelne Abschnitte („Phasen") mit unterschiedlichen Ertragsaussichten beruht, um den „festen" Ausgleich den in der Zeit schwankenden Ertragsaussichten der Gesellschaft anzupassen. Üblich ist die Einteilung der Zukunft in (mindestens) **zwei Phasen,** vor allem zu dem Zweck, in der ersten noch einigermaßen überschaubaren Phase, der sog. **Detailplanungsphase,** soweit wie möglich die *vorhandenen Unternehmensplanungen* für die nächsten drei, vier oder fünf Geschäftsjahre als Grundlage für die Abschätzung der zukünftigen Erträge nutzen zu können,[111] während für die nächste, in die fernere Zukunft weisende **Phase der ewigen Rente** nur noch allgemeine **Trendaussagen** unter Berücksichtigung der Besonderheiten der einzelnen Branchen und ihrer daraus resultierenden Zukunftsperspektiven möglich sind.[112]

Bei der Schätzung der zukünftigen Erträge ist nach § 304 Abs. 2 S. 1 von der **Fiktion der Vollausschüttung** auszugehen, dh von dem Verzicht auf die Bildung anderer Gewinnrücklagen iSd § 272 Abs. 3 S. 2 HGB; lediglich die gesetzlichen Rücklagen sowie die zur Substanzerhaltung erforderlichen, angemessenen Abschreibungen sind im Rahmen der §§ 253, 279 ff. HGB abzusetzen,[113] nicht aber zB steuerlich bedingte Sonderabschreibungen, die folglich den Ertrag erhöhen.[114] Die **Problematik** dieser Regelung besteht darin, dass sie, zumal bei einer langen Vertragsdauer, praktisch zur weitgehenden Entblößung der abhängigen Gesellschaft von den zum Überleben unerlässlichen anderen Gewinnrücklagen führt. Im Rahmen der Unternehmensbewertung hat sich die Praxis deshalb mittlerweile von der Fiktion der Vollausschüttung gelöst und stellt stattdessen darauf ab, dass nur von der Ausschüttung derjenigen finanziellen Überschüsse auszugehen ist, die unter Berücksichtigung des zum Bewertungsstichtag dokumentierten Unternehmenskonzepts und rechtlicher Restriktionen zur Ausschüttung zur Verfügung stehen.[115] (Nur) für die Ableitung des Ausgleichs aus dem Unternehmenswert ist dem jedoch mit Rücksicht auf den insoweit wohl eindeutigen Wortlaut des § 304 Abs. 2 S. 1 *nicht* zu folgen.[116]

2. Neutrales Vermögen. Es steht außer Frage, dass bei der Abfindung nach § 305 in die Schätzung des Unternehmenswertes das sog. neutrale, dh nicht betriebsnotwendige Vermögen einfließen muss (→ § 305 Rn. 72 f.). Für die Berechnung des Ausgleichs wird dagegen vielfach eine *Berücksichtigung* des neutralen Vermögens *abgelehnt,* und zwar mit der Begründung, dass dieses Vermögen *keinen* Einfluss auf die zu erwartenden, laufenden Erträge der Gesellschaft unter der Bedingung fortbestehender Unabhängigkeit habe.[117] Dagegen spricht jedoch, dass die Ausklammerung des neutralen Vermögens bei der Berechnung des festen Ausgleichs in vielen Fällen dazu führen muss, dass der Ausgleich spürbar *hinter der (verrenteten) Abfindung* zurückbleibt. Es kommt hinzu, dass das neutrale Vermögen bei guter Anlage auch spürbar zum laufenden Unternehmensertrag beitragen kann. Hält man daran fest, dass Abfindung und Ausgleich prinzipiell gleichwertige Alternativen zur Entschädigung der außenstehenden Aktionäre sind (→ Rn. 25a ff.), so kann aus dem Gesagten nur der

---

[110] IDW S1 Rn. 75 ff.
[111] Ausf. IDW S1 Rn. 76 f.; BayObLG AG 2002, 388; 2002, 390 (391) – Rieter Ingolstadt I + II; OLG Frankfurt AG 2002, 404 (405) – Nestlé; *Exner* Beherrschungsvertrag 179 ff.; *Großfeld* NZG 2004, 74; *Lutter/Drygala* AG 1995, 49 (54 ff.).
[112] IDW S1 Rn. 78 ff.; BGH NJW 2003, 3272 = NZG 2003, 1017 = AG 2003, 627 (628) = ZIP 2003, 1745 – Ytong AG; s. dazu *Großfeld* NZG 2004, 74; *L. Knoll* ZIP 2003, 2329.
[113] OLG Stuttgart AG 1994, 564 (565) – Schwaben Zell/Hannover Papier; OLG Karlsruhe AG 1998, 288 (289) – SEN/KHS; LG Nürnberg-Fürth AG 2000, 89 (91) – Philips.
[114] LG Berlin AG 2000, 284 (287) – Aluminiumwerk Unna.
[115] So wörtlich IDW S1 Rn. 35.
[116] Hölters/*Deilmann* Rn. 25; MüKoAktG/*Paulsen* Rn. 78; GroßkommAktG/*Hasselbach/Hirte* Rn. 83; KK-AktG/*Koppensteiner* Rn. 56 f.; MHdB AG/*Krieger* § 70 Rn. 88; *J. Schmidt,* Außenstehende Aktionäre, 65 f.; K. Schmidt/Lutter/*Stephan* Rn. 84.
[117] BGHZ 156, 57 (63 f.) = NJW 2003, 3272 = AG 2003, 627 – Ytong; BayObLG AG 2002, 390 (391) – Rieter Ingolstadt II; AG 2006, 41 (45) = NZG 2006, 156 – Pilkington Deutschland; OLG Stuttgart AG 2004, 43 (47) – Filzfabriken; OLG München AG 2008, 28 (32).

Schluss gezogen werden, dass auch in die Berechnung des Ausgleichs zumindest die voraussichtlichen **Erträge des neutralen Vermögens** einfließen müssen.[118]

43   **3. Steuereffekte.** Besondere Schwierigkeiten wirft die Frage auf, ob bei der Ermittlung der vermutlichen zukünftigen Erträge der Gesellschaft von Bruttobeträgen (vor Steuern) oder von Nettobeträgen (nach Steuern) auszugehen ist. Diese Frage stellt sich gleichermaßen auf der Ebene der Gesellschaft wie auf der der Aktionäre und muss nicht notwendigerweise für beide Ebenen im selben Sinne beantwortet werden (sog. **Separationstheorie**).[119] **Früher** herrschte auf beiden Ebenen deutlich die **Bruttobetrachtung** vor, schon, um die ohnehin ungewöhnlich schwierige Abschätzung der zukünftigen Erträge eines Unternehmens nicht noch zusätzlich mit den kaum prognostizierbaren Steuereffekten auf der Ebene der Gesellschaft *und* der Aktionäre zu belasten.[120] Dagegen bevorzugt die Bewertungspraxis heute, um zu „realistischeren" Ergebnissen zu gelangen, die **Nachsteuerbewertung auf beiden Ebenen,** auf der der Gesellschaft wie auf der der Aktionäre,[121] wobei, um die unterschiedliche Steuerbelastung der Gesellschaften wie der Aktionäre in den Griff zu bekommen, mit sog. „realistischen" **Durchschnittssätzen** gearbeitet wird. Die unvermeidliche Folge ist freilich, dass bei jeder Steueränderung auch die Bewertungsgrundsätze geändert werden müssen, so zuletzt im Jahre 2008 als Konsequenz der **Steuerreform von 2008,** durch die vom Veranlagungszeitraum 2009 ab die pauschale Besteuerung von Zinsen und Dividenden in Höhe von 25 % (zuzüglich Solidaritätszuschlag und Kirchensteuer) in Verbindung mit der erstmaligen Besteuerung von Veräußerungsgewinnen eingeführt wurde. Das Ergebnis der Anpassung ist der neue **IDW S1 vom 2.4.2008,**[122] der an die Stelle des IDW S1 vom 18.10.2005[123] getreten ist.

43a   Die Berücksichtigung von Steuereffekten im Rahmen der Bewertung von Unternehmen ist aus einer Vielzahl von Gründen ungewöhnlich **schwierig,** zunächst natürlich, weil die steuerliche Situation der Unternehmen und der Aktionäre sehr verschieden sein kann (rund die Hälfte der Aktionäre deutscher Unternehmen sind Ausländer!),[124] dann aber auch, weil je nach Anlageverhalten der Aktionäre die steuerlichen Auswirkungen divergieren. In der Bewertungspraxis versucht man, dieser Probleme aufgrund kapitalmarkttheoretischer Annahmen und unter Zugrundelegung einer Durchschnittsbelastung der Aktionäre (dh letztlich im Wege einer radikalen Vereinfachung der maßgeblichen Parameter) durch Anpassung des Kapitalisierungszinssatzes mittels des sog. **Tax-CAPM** Herr zu werden (→ § 305 Rn. 69 ff.).

43b   Auf der Ebene der **Gesellschaft** ist nach dem gegenwärtigen Stand der Rechtsprechung bei der Berechnung des Ausgleichs grundsätzlich von den **Bruttoerträgen** der Gesellschaft **abzüglich der jeweiligen Körperschaftsteuerlast** auszugehen,[125] wobei umstritten ist, ob dabei der jeweilige *nominelle Körperschaftsteuersatz*[126] oder die *tatsächliche Körperschaftsteuerbelastung* (so die wohl hM) zugrunde zu legen ist. In beiden Fällen ist folglich der jeweilige

---

[118] OLG Hamburg AG 2001, 479 (480) = NZG 2001, 471 – Bauverein zu Hamburg/Wünsche AG; OLG Stuttgart AG 2012, 49 (53); OLG Frankfurt AG 2015, 241 (246); LG Frankfurt a.M. NZG 2013, 342 (343) mN; GroßkommAktG/*Hasselbach/Hirte* Rn. 74; *L. Knoll* ZIP 2003, 2329 (2335); KK-AktG/*Koppensteiner* Rn. 61 f.; K. Schmidt/Lutter/*Stephan* Rn. 82.

[119] BGHZ 155, 110 (119) = NJW-RR 2003, 1541 – Philips I.

[120] Beispielsweise *Baldamus* AG 2005, 77 (82 ff.); OLG Hamburg AG 2003, 583 (585) = NZG 2003, 89 – Texaco/RWE.

[121] IDW S1 Rn. 28, 43, 93, 139; ausf. Fleischer/*Jonas/Wieland-Blöse* HdB § 15 Rn. 28 ff.

[122] FN-IDW 2008, 271.

[123] Wpg 2005, 1303.

[124] S. zB OLG Düsseldorf AG 2014, 817 (820); *Fr. Meilicke* ZIP 2014, 605 (610).

[125] BGHZ 156, 57 (61 ff.) = NJW 2003, 3272 – Ytong; OLG Stuttgart AG 2004, 43 (47) – Filzfabriken; AG 2008, 783 (789); 2012, 49 (53 f.); BayObLG AG 2006, 41 (45) = NZG 2006, 156 – Pilkington Deutschland; OLG München AG 2007, 287 – N-Energie; 2007, 411 (414); 2008, 28 (32); zust. *Großfeld* NZG 2004, 74 (75); GroßkommAktG/*Hasselbach/Hirte* Rn. 85, 156 ff.; *L. Knoll* ZIP 2003, 2329 (2333 f.); *A. Reuter* AG 2007, 1 (6 ff.); K. Schmidt/Lutter/*Stephan* Rn. 88; – dagegen aber zB *Happ/Bednarz* FS Stilz, 2014, 219 ff.; *A. Meyer* AG 2015, 16 (22 f.).

[126] So zB K. Schmidt/Lutter/*Stephan* Rn. 88.

Gewinn *vor* Körperschaftsteuern, der sog. durchschnittliche Bruttogewinn, zu ermitteln, von dem dann die (wohl tatsächliche) Körperschaftsteuerbelastung in der *jeweils* geschuldeten Höhe abzusetzen ist,[127] weil nur auf diese Weise die niemals auszuschließende Senkung oder Erhöhung des Körperschaftsteuersatzes angemessen berücksichtigt werden kann.[128] Entsprechend ist dann jeweils der Ausgleich vom herrschenden Unternehmen neu zu berechnen. Insoweit wird das Stichtagsprinzip (→ Rn. 27 ff.) durchbrochen.[129] Das kann aber natürlich von vornherein nur für die *Gewinne deutscher Betriebsstätten* gelten.[130] Offen ist nach wie vor, wie die unterschiedliche **Gewerbesteuerbelastung** der Unternehmen zu berücksichtigen ist, dh ob auch insoweit sowie außerdem noch hinsichtlich des **Solidaritätszuschlags** das Stichtagsprinzip durchbrochen werden soll.[131] Ebenso unklar ist, wie mit Änderungen der Körperschaftsteuer-Bemessungsgrundlage und mit ausländischen Gewinnanteilen verfahren werden soll, die nicht mit der deutschen Körperschaftsteuer vorbelastet sind. Die **Praxis** behilft sich insoweit heute in der Regel (angeblich) damit, dass ein Bruttoausgleich vereinbart wird, von dem dann, soweit er mit deutscher Körperschaftsteuer vorbelastet ist, Körperschaftsteuer und Solidaritätszuschlag in Höhe des *jeweiligen* Tarifs abgezogen werden, während Änderungen bei der Körperschaftsteuer-Bemessungsgrundlage und bei der Gewerbesteuer (vorerst?) nicht berücksichtigt werden.[132]

Auf der Ebene der **Aktionäre** wurde früher gleichfalls überwiegend eine Berücksichtigung der individuellen Steuerbelastung der Aktionäre, weil nicht zu ermitteln, abgelehnt.[133] Heute hat sich dagegen hier ebenfalls weitgehend die **Nachsteuerbewertung** durchgesetzt, und zwar im Rahmen des Kapitalisierungszinssatzes mittels des **Tax-CAPM,** wobei bis 2008 von einem angenommenen durchschnittlichen Einkommensteuersatz der Aktionäre **von 35 %** bzw. im Rahmen des Halbeinkünfteverfahrens von **17,5 %** ausgegangen wurde.[134] Mit der Steuerreform von 2008 ist diese Annahme (natürlich) hinfällig geworden. Der neue **IDW S1 von 2008** beruht deshalb auf anderen, überaus komplexen Annahmen, mittels derer es möglich sein soll, die neue Steuerrechtslage bei der Berechnung des Kapitalisierungszinssatzes nach Tax-CAPM abzubilden (→ § 305 Rn. 69 ff.). Zu berücksichtigen bleibt aber in jedem Fall, dass die Ausgleichsbeträge für die Aktionäre **Bruttobeträge** sind, weil die Aktionäre die Ausgleichsleistungen versteuern müssen; dies muss folglich bei der Berechnung des Ausgleichs zusätzlich beachtet werden, um eine *Doppelbelastung* der Aktionäre zu *vermeiden* (→ § 305 Rn. 64).[135] Dafür gibt es unterschiedliche Modelle; nahe liegt insbesondere eine „Umrechnung" des Nachsteuerbetrages in eine Bruttodividende unter Zugrundelegung eines (fiktiven) Durchschnittsteuersatzes von 35 %.[136]

VIII. Variabler Ausgleich

1. Überblick. Statt des festen Ausgleichs (→ Rn. 38 ff.) können die Vertragsparteien *in beiden Fällen des § 304,* dh sowohl bei Vorliegen eines Gewinnabführungsvertrages (mit oder ohne Beherrschungsvertrag) als auch bei Vorliegen eines reinen (isolierten) Beherr-

---

[127] BGHZ 156, 57 (61) = NJW 2003, 3272 – Ytong; OLG Frankfurt AG 2015, 241 (247).
[128] BGHZ 156, 57 (61 f.) = NJW 2003, 3272 – Ytong; dagegen *Baldamus* AG 2005, 77 (82 ff.).
[129] Deshalb abl. K. Schmidt/Lutter/*Stephan* Rn. 90 f.
[130] OLG München AG 2008, 28 (32).
[131] Dafür OLG Hamburg Konzern 2014, 464 (467); dagegen zB *A. Meyer* AG 2015, 16 (22 f.).
[132] OLG Frankfurt AG 2015, 241 (247); ebenso *Baldamus* Ubg 2010, 483 (484) (l. Sp. u.).
[133] BayObLG AG 2002, 392 (394) = NZG 2001, 1137 – Ytong; OLG Hamburg AG 2001, 479 (481) = NZG 2001, 471 – Bauverein zu Hamburg/Wünsche AG; AG 2002, 409 (412) = ZIP 2002, 754 – Philips; anders aber zu Recht OLG Karlsruhe AG 2013, 880, 885.
[134] IDW S1 von 2005 Rn. 53 f. (Wpg 2005, 1303 [1308 f.]); ebenso, freilich zum Teil für die Abfindung, OLG München AG 2014, 453 (454); LG Frankfurt AG 2002, 357 (358) = NZG 2002, 395; LG Mannheim AG 2002, 467 (468); LG Bremen AG 2003, 214 – Gestra/Foxboro; im Ergebnis auch *Baldamus* AG 2005, 77 (79 f.); *Komp* Zweifelsfragen 93 ff.; *Kruschwitz/Löffler* Wpg 2005, 73; *A. Reuter* AG 2007, 1 (6 ff.); anders nach wie vor OLG München AG 2007, 411 (414); 2008, 28 (32).
[135] OLG Hamburg AG 2002, 409 (412) – Philips; *Emmerich* (2.) FS Mestmäcker, 2006, 137 (144 f.) mN.
[136] So OLG Stuttgart AG 2008, 783 (789 f.); AG 2013, 724 (731); LG Frankfurt a.M. NZG 2013, 342 (343 f.); *A. Reuter* AG 2007, 1 (9); K. Schmidt/Lutter/*Stephan* Rn. 87.

schungsvertrages, den sog. variablen Ausgleich wählen, vorausgesetzt, dass der andere Vertragsteil, das herrschende Unternehmen, die Rechtsform einer **AG** oder **KGaA** hat (§ 304 Abs. 2 S. 2). Keine Rolle spielt dagegen, ob es sich um eine Gesellschaft mit Sitz im Inland oder im Ausland handelt, weil das Gesetz darauf hier – anders als früher in § 305 Abs. 2 Nr. 1 und 2 – nicht abstellt.[137] Als variabler Ausgleich ist die Zahlung desjenigen Betrages zuzusichern, der unter Herstellung eines angemessenen Umrechnungsverhältnisses auf Aktien der *anderen* Gesellschaft, des *herrschenden* Unternehmens, jeweils als Gewinnanteil entfällt (§ 304 Abs. 2 S. 2). Im Falle eines reinen oder **isolierten Beherrschungsvertrages** (→ Rn. 25) markiert die Höhe des variablen Ausgleichs folglich *jeweils* die *Höhe der* vom herrschenden Unternehmen (mindestens) geschuldeten *„Dividendengarantie"* (§ 304 Abs. 1 S. 2; → Rn. 34 ff.), sodass das herrschende Unternehmen hier notfalls Jahr für Jahr die Ausschüttungen der abhängigen Gesellschaft aus der Garantie bis zur wechselnden Höhe des variablen Ausgleichs aufzufüllen hat, während bei Abschluss eines **Gewinnabführungsvertrages** (mit oder ohne Beherrschungsvertrag) als variabler Ausgleich immer der jeweils *umgerechnete Betrag* (Gewinnanteile der Aktionäre der herrschenden Gesellschaft für die einzelnen Jahre multipliziert mit der Verschmelzungswertrelation) geschuldet wird. Lediglich bei mehrfacher Abhängigkeit, insbesondere also in Fällen der **Mehrmütterorganschaft,** scheidet mit Rücksicht auf die in solchen Fällen nahezu unlösbaren Berechnungs- und Umrechnungsprobleme die Vereinbarung eines variablen Ausgleichs aus, sodass hier wohl nur der feste Ausgleich in Betracht kommt (§ 134 BGB), zumal im Falle der Mehrmütterorganschaft auch die Parallele zur Verschmelzung endgültig nicht mehr zutrifft.[138]

46 Der variable Ausgleich umfasst gemäß § 304 Abs. 2 S. 2 den Betrag, der „unter Herstellung eines angemessenen Umrechnungsverhältnisses" auf die Aktien der herrschenden Gesellschaft „jeweils als Gewinnanteil" entfällt. Wegen des „angemessenen Umrechnungsverhältnisses" verweist das Gesetz zugleich in S. 3 des § 304 Abs. 2 auf die Vorschriften über die Verschmelzung von Aktiengesellschaften, dh auf die sog. **Verschmelzungswertrelation.** Wirtschaftlich gesehen bedeutet diese Regelung, dass die außenstehenden Aktionäre bei Vereinbarung eines variablen Ausgleichs (nur) in einzelnen Beziehungen *so gestellt* werden, *als ob* es zu einer *Verschmelzung* der beiden Gesellschaften gekommen wäre, ohne dass sie freilich einen Einfluss auf die Ausschüttungspolitik der herrschenden Gesellschaft erlangten. Für die Letztere eröffnet sich dadurch, jedenfalls bei dem üblichen Verständnis des § 304 Abs. 2 (→ Rn. 47), die Möglichkeit, durch eine restriktive und zögerliche Ausschüttungspolitik ihre Belastung mit Ausgleichsansprüchen der außenstehenden Aktionäre in engen Grenzen zu halten.[139] Außerdem nehmen die außenstehenden Aktionäre der abhängigen Gesellschaft nicht an dem etwaigen Wertzuwachs der Aktien der herrschenden Gesellschaft teil.[140]

47 **2. Gewinnanteil.** Die mit dem variablen Ausgleich verbundenen Probleme (→ Rn. 46) haben ihre Ursache in erster Linie darin, dass in § 304 Abs. 2 S. 2 unter dem „Gewinnanteil" überwiegend die von der herrschenden Gesellschaft tatsächlich **ausgeschüttete Dividende** verstanden wird,[141] – mit der Folge eben, dass die außenstehenden Aktionäre der abhängigen Gesellschaft völlig von der Ausschüttungspolitik der herrschenden Gesellschaft abhängig werden (→ Rn. 46). Im **Schrifttum** sind zahlreiche Vorschläge zum „Ausgleich" dieser

---

[137] MüKoAktG/*Paulsen* Rn. 54, 95; Hüffer/*Koch* Rn. 14.
[138] Hölters/*Deilmann* Rn. 34; Hüffer/*Koch* Rn. 14; Grigoleit/*Servatius* Rn. 20; MüKoAktG/*Paulsen* Rn. 54, 95.
[139] BVerfG AG 2000, 40 f. = NJW-RR 2000, 842 – Hartmann u. Braun/Mannesmann; *Vetter* ZIP 2000, 561.
[140] KK-AktG/*Koppensteiner* Rn. 69 ff.
[141] OLG Düsseldorf AG 1978, 238 = NJW 1978, 827; AG 1984, 216 (219) = ZIP 1984, 586 – ATH/Rheinstahl I und II; LG Frankfurt AG 1987, 315 (317 f.); *Exner* Beherrschungsvertrag 184 ff.; Hölters/*Deilmann* Rn. 35; *Hennrichs* ZHR 164 (2000), 453 (472 f.); Hüffer/*Koch* Rn. 15; *Mestmäcker*, FG Kronstein, 1967, 129, 137; *Pentz* Enkel-AG 67 ff.; *J. Schmidt,* Außenstehende Aktionäre, 61; *D. Schwenn,* Der Ausgleichs- und Abfindungsanspruch, 66 ff.; *K. Schmidt/Lutter/Stephan* Rn. 95 ff.

Nachteile des variablen Ausgleichs entwickelt worden.¹⁴² Vorgeschlagen wird insbesondere, unter dem Gewinnanteil in § 304 Abs. 2 S. 2 nicht (wie üblich) die ausgeschüttete Dividende, sondern den anteiligen Jahresüberschuss,¹⁴³ den anteiligen Bilanzgewinn¹⁴⁴ oder die langjährige durchschnittliche Dividende der herrschenden Gesellschaft zu verstehen.¹⁴⁵

Eine wieder andere Lösung favorisiert das **BVerfG**.¹⁴⁶ Es will zwar offenbar grundsätzlich **48** an der von der überwiegenden Meinung (→ Rn. 47) befürworteten Gleichsetzung des Gewinnanteils in § 304 Abs. 4 S. 2 mit der von der herrschenden Gesellschaft ausgeschütteten Dividende festhalten, verlangt aber in Fällen einer *missbräuchlichen Dividendenpolitik* der herrschenden Gesellschaft „gemäß § 162 Abs. 1 BGB" eine **Anpassung** des Ausgleichs. Ein **Missbrauch** soll namentlich vorliegen, wenn der variable Ausgleich infolge seiner Bindung an die Dividende der herrschenden Gesellschaft hinter dem Betrag zurückbleibt, den die außenstehenden Aktionäre ohne den Abschluss des Vertrages als Dividende oder Wertsteigerung ihres mit Gewinn abschließenden Unternehmens erhalten hätten.

Der vom BVerfG empfohlene Ausweg (→ Rn. 48) erlaubt nur in besonders krassen **49** Fällen evidenten Missbrauchs eine Korrektur zu niedriger Ausgleichsleistungen zugunsten der außenstehenden Aktionäre.¹⁴⁷ Eine generelle Lösung der mit dem variablen Ausgleich verbundenen Probleme (→ Rn. 46) ist dagegen auf diesem Wege nicht möglich. Vorzugswürdig ist deshalb die Aufgabe der herkömmlichen Gleichsetzung des Gewinnanteils mit der Dividende der herrschenden Gesellschaft (→ Rn. 47) zugunsten der Orientierung des Gewinnanteils am **anteiligem Jahresüberschuss** der herrschenden Gesellschaft iSd § 275 Abs. 2 Nr. 20 und Abs. 3 Nr. 19 HGB.¹⁴⁸ Auf diesem Wege ist jedenfalls in der Mehrzahl der Fälle eine angemessene Lösung möglich; anders verhält es sich freilich zB, wenn die herrschende Gesellschaft ihre Gewinne nicht bei sich selbst, sondern bei Tochtergesellschaften thesauriert und selbst nur noch einen geringen Jahresüberschuss ausweist oder wenn die Gesellschaft, zu Recht oder zu Unrecht, erhebliche stille Reserven ansammelt. In solchen Fällen muss auf anderen Wegen „geholfen" werden (→ Rn. 67 ff.).¹⁴⁹

3. Umrechnungsverhältnis. Der variable Ausgleich wird nach § 304 Abs. 2 S. 2 aus **50** dem Gewinnanteil (→ Rn. 49) abgeleitet, der „unter Herstellung eines angemessenen Umrechnungsverhältnisses" auf Aktien der herrschenden Gesellschaft entfällt. S. 3 der Vorschrift fügt hinzu, dass sich die Angemessenheit der Umrechnung nach dem Verhältnis bestimmt, in dem bei einer Verschmelzung auf eine Aktie der Gesellschaft Aktien der anderen Gesellschaft zu gewähren wären (ebenso für die Abfindung § 305 Abs. 3 S. 1). Mit dem Umrechnungsverhältnis ist in S. 2 des § 304 Abs. 2 folglich der Sache nach die sog. **Verschmelzungswertrelation** zwischen den Aktien der beiden verbundenen Gesellschaften gemeint.

Die Verschmelzungswertrelation muß nach dem UmwG (§§ 12 Abs. 2 S. 2 Nr. 2, 15) **51** ebenso wie nach S. 2 des § 304 Abs. 2 (vgl. auch § 305 Abs. 3 S. 1) **„angemessen"** sein. Mit Rücksicht auf den Zweck der ganzen Regelung (→ Rn. 3) wird daraus allgemein der Schluss gezogen, dass für die Bemessung der Verschmelzungswertrelation von dem **„wahren inneren Wert" beider Gesellschaften** auszugehen ist, sodass die Bestimmung des variablen Ausgleichs neben der Bewertung der abhängigen Gesellschaft ebenso wie bei § 305 Abs. 3 S. 1 auch noch die der herrschenden Gesellschaft erforderlich macht.¹⁵⁰

---

¹⁴² Übersicht bei GroßkommAktG/*Hasselbach/Hirte* Rn. 101 ff.; KK-AktG/*Koppensteiner* Rn. 72–81; Spindler/Stilz/*Veil* Rn. 63–67; *Wackerbarth*, Grenzen der Leitungsmacht, 2001, 446 ff.
¹⁴³ KK-AktG/*Koppensteiner* Rn. 79 ff.; MüKoAktG/*Paulsen* Rn. 70; Spindler/Stilz/*Veil* Rn. 67.
¹⁴⁴ So *Hüchting* Abfindung 60 ff.
¹⁴⁵ So *J. Schmidt*, Außenstehende Aktionäre, 111 ff.
¹⁴⁶ NJW-RR 2000, 842 = AG 2000, 40 (41) – Hartmann u. Braun/Mannesmann; zust. Hüffer/*Koch* Rn. 15; Hölters/*Deilmann* Rn. 36; MüKoGmbHG Anh. § 13 Rn. 935; K. Schmidt/Lutter/*Stephan* Rn. 96 ff.
¹⁴⁷ Ausf. *Vetter* ZIP 2000, 561 (563 ff.); K. Schmidt/Lutter/*Stephan* Rn. 79.
¹⁴⁸ Ebenso zB Grigoleit/*Servatius* Rn. 21.
¹⁴⁹ *Wackerbarth*, Grenzen der Leitungsmacht, 446 ff.: „konzernweite Geltung des § 58 Abs. 2".
¹⁵⁰ OLG Düsseldorf AG 1984, 216 f. = WM 1984, 732; LG Frankfurt AG 1987, 315 = WM 1987, 559; Hölters/*Deilmann* Rn. 39; GroßkommAktG/*Hasselbach/Hirte* Rn. 105; Hüffer/*Koch* Rn. 16; *Hoffmann-Becking* FS Fleck, 1988, 105 (114 ff.); *Hüchting* Abfindung 56 f.

52 Für die Unternehmensbewertung gelten hier dieselben Grundsätze wie im Rahmen des § 305 (→ § 305 Rn. 38 ff.), sodass heute der **Börsenkurs** – anders als in der früheren Praxis – grundsätzlich die Untergrenze des Wertes der abhängigen Gesellschaft bezeichnet (→ § 305 Rn. 42 ff.).[151] Dasselbe hat für die herrschende Gesellschaft zu gelten, weil die Verschmelzungswertrelation offenbar nur angemessen iSd § 304 Abs. 2 S. 2 und 3 ist, wenn bei *beiden* Gesellschaften *dieselben* Bewertungsmaßstäbe angelegt werden (→ § 305 Rn. 48 f.).[152]

53 Ist nach den geschilderten Grundsätzen (→ Rn. 51 ff.) die Wertrelation zwischen den beiden Vertragsparteien ermittelt, so ergibt sich daraus zugleich das **Umrechnungsverhältnis** zwischen ihren Aktien. Der variable Ausgleich besteht folglich in dem „Gewinnanteil" (→ Rn. 49), der auf die (gemäß dem Umrechnungsverhältnis ermittelte) Zahl der Aktien der *herrschenden* Gesellschaft entfällt (§ 304 Abs. 2 S. 2). Bestehen bei der abhängigen Gesellschaft **unterschiedlicher Aktiengattungen,** so bereitet die Berechnung des angemessenen Umrechnungsverhältnisses nur dann keine zusätzlichen Schwierigkeiten, wenn bei der herrschenden Gesellschaft dieselben Aktiengattungen bestehen.[153] Fehlt es indessen wie vermutlich häufig daran, so bleibt nichts anderes übrig, als mit frei geschätzten Zu- und Abschlägen bei dem Umrechnungsverhältnis zu arbeiten; andere Lösungen sind nicht in Sicht.

54 **4. Mindestgarantie?** Wegen der vielfältigen Mängel des variablen Ausgleichs (→ Rn. 46) wird im Schrifttum gelegentlich vorgeschlagen, die Vereinbarung eines variablen Ausgleichs in einem Beherrschungs- oder Gewinnabführungsvertrag nur zuzulassen, wenn die Parteien in dem Vertrag zugleich den außenstehenden Aktionären den **festen Ausgleich** des § 304 Abs. 2 S. 1 als **Untergrenze** des Ausgleichs garantieren.[154] Es ist nicht zu verkennen, dass auf diese Weise zahlreiche Mängel des variablen Ausgleichs behoben werden könnten. Der genannte Vorschlag ist indessen mit dem Wortlaut des Gesetzes kaum zu vereinbaren, da das Gesetz in § 304 Abs. 2 S. 1 und 2 den festen und den variablen Ausgleich deutlich als zwei *alternative* Möglichkeiten des Ausgleichs versteht.[155]

55 **5. Fälligkeit.** Der Gewinnanteil iSd § 304 Abs. 2 S. 2 bemisst sich nach dem Jahresüberschuss der herrschenden Gesellschaft iSd § 275 Abs. 2 Nr. 20 und Abs. 3 Nr. 19 HGB (→ Rn. 49). Fraglich ist, was daraus für die Fälligkeit des Anspruchs auf den variablen Ausgleich folgt (→ Rn. 30b). Teilweise wird angenommen, der Anspruch werde bereits fällig, wenn seine Höhe feststeht, dh mit der *Feststellung des Jahresabschlusses* der herrschenden Gesellschaft,[156] während die überwiegende Meinung auf den Zeitpunkt abstellt, in dem der **Gewinnverwendungsbeschluss** der herrschenden Gesellschaft gefasst wird (§§ 172 und 174).[157]

IX. Mehrstufige Konzerne

Schrifttum: *Görling,* Die Konzernhaftung in mehrstufigen Unternehmensverbindungen, 1998; *Pentz,* Die Rechtsstellung der Enkel-AG in einer mehrstufigen Unternehmensverbindung, 1994, 57 ␣.; *J. Schmidt,* Das Recht der außenstehenden Aktionäre, 1979, 38, 116 ff.; *E. Schmitt,* Schutz der außenstehenden Gesellschafter einer abhängigen Personengesellschaft im mehrstufigen Unternehmensverbund, 2003; *Wanner,* Konzernrechtliche Probleme mehrstufiger Unternehmensverbindungen nach Aktienrecht, 1998.

56 **1. Koordinierte Verträge zwischen allen Beteiligten.** In mehrstufigen Unternehmensverbindungen kann es sich zunächst so verhalten, dass auf sämtlichen Konzernstufen „koordinierte", dh von vornherein aufeinander bezogene und abgestimmte Beherrschungs-

---

[151] BGHZ 147, 108 (114 ff.) = NJW 2001, 2080 = AG 2001, 417 – DAT/Altana IV; OLG Hamburg AG 2002, 406 (408) = NZG 2002, 189 – Bavaria und St. Pauli Brauerei (Jever)/März.
[152] MüKoAktG/*Paulsen* Rn. 97; Grigoleit/*Servatius* Rn. 22; *Spindler/Klöhn* Konzern 2003, 511 (521 f.).
[153] K. Schmidt/Lutter/*Stephan* Rn. 102.
[154] *Hüchting* Abfindung 62 ff.
[155] KK-AktG/*Koppensteiner* Rn. 42; Hölters/*Deilmann* Rn. 36, 40; Spindler/Stilz/*Veil* Rn. 64.
[156] MüKoAktG/*Paulsen* Rn. 110.
[157] *Baldamus* ZGR 2007, 819 (834); Hüffer/*Koch* Rn. 15; Hölters/*Deilmann* Rn. 43; KK-AktG/*Koppensteiner* Rn. 9; zur Verzinsung des Ausgleichsanspruchs → Rn. 31.

oder Gewinnabführungsverträge abgeschlossen werden. Geht hier der Vertrag zwischen Mutter- und Tochtergesellschaft voran (sog. Aufbau **von oben nach unten**), so scheidet in dem nachfolgenden Vertrag zwischen der Tochter- und der Enkelgesellschaft jedenfalls die Vereinbarung eines **variablen Ausgleichs nach** den Gewinnen der **Tochtergesellschaft** aus, da diese dann in aller Regel gar keine Gewinne mehr ausschütten wird (§ 304 Abs. 3 S. 1; → Rn. 78). Möglich bleibt jedoch die Vereinbarung eines **festen Ausgleichs**.[158]

Daneben sollte hier auch die Orientierung des variablen Ausgleichs an den **Gewinnen der Muttergesellschaft** zugelassen werden; damit würden nur die gebotenen Folgerungen aus der wirtschaftlichen Einheit des Konzerns gezogen (§§ 18 Abs. 1 S. 2, 304 Abs. 2 S. 2, 305 Abs. 2 Nr. 2 analog).[159] Der Wortlaut des § 304 Abs. 2 steht nicht entgegen, weil der Gesetzgeber die Problematik der mehrstufigen Konzerne im Grunde – von dem Sonderfall des § 305 Abs. 2 Nr. 2 abgesehen – ungeregelt gelassen hat.[160] Schuldner des variablen Ausgleichs bleibt freilich gemäß § 304 die Tochtergesellschaft. Eine besondere Garantie der von ihr geschuldeten Ausgleichsleistungen durch die Muttergesellschaft ist daneben mit Rücksicht auf § 302 wohl entbehrlich.[161]

Zusätzliche Schwierigkeiten entstehen bei einem Aufbau des Konzerns **von unten nach oben,** dh dann, wenn der Beherrschungs- oder Gewinnabführungsvertrag zwischen der Enkel- und der Tochtergesellschaft *vorangeht* und erst *anschließend* zwischen Tochter- und Muttergesellschaft ein derartiger Vertrag abgeschlossen oder die Tochter- in die Muttergesellschaft eingegliedert wird. Für diese Fälle steht nur fest, dass die Vereinbarung eines **festen Ausgleichs** in dem zuerst abgeschlossenen Vertrag zwischen Tochter- und Enkelgesellschaft durch den späteren Vertragsabschluss zwischen Mutter- und Tochtergesellschaft oder die Eingliederung *nicht* tangiert wird (§§ 302, 322). Umstritten ist dagegen die Frage, was mit der Vereinbarung eines **variablen Ausgleichs** in dem vorausgegangenen Vertrag zwischen Tochter- und Enkelgesellschaft geschehen soll.[162]

Für diesen Fall werden unterschiedliche **Lösungen** diskutiert. Von diesen spricht am meisten für die Annahme, dass im Falle der Vereinbarung eines variablen Ausgleichs der **Beherrschungs- oder Gewinnabführungsvertrag** zwischen der Enkel- und der Tochtergesellschaft analog § 307 sein **Ende** findet, sobald später ein derartiger Vertrag zwischen Tochter- und Muttergesellschaft abgeschlossen wird.[163] Die Tochtergesellschaft muss folglich jetzt den außenstehenden Aktionären ein *neues Ausgleichs- und Abfindungsangebot* machen.

2. Vertrag nur zwischen Mutter- und Enkelgesellschaft.[164] Wenn die Muttergesellschaft einen Beherrschungs- oder Gewinnabführungsvertrag allein mit der Enkelgesellschaft abschließt, werden die **außenstehenden Aktionäre** der **Tochtergesellschaft** bereits nach den §§ 311 und 317 gegen für sie nachteilige Einwirkungen der Muttergesellschaft geschützt.[165] Für zusätzliche Ausgleichsansprüche dieser Aktionäre entsprechend § 304 ist daneben kein Raum.[166] Offen ist, ob freiwillige Leistungen der Muttergesellschaft analog § 304 an die außenstehenden Aktionäre der Tochtergesellschaft als Ausgleich iSd § 311 ausreichen.[167]

---

[158] *Hüchting* Abfindung 66 f.; *Hölters/Deilmann* Rn. 47; *Pentz* Enkel-AG 67 f.; *Wanner* Probleme 68 ff.
[159] OLG Düsseldorf AG 1992, 200 (204 f.); MüKoAktG/*Paulsen* Rn. 57; *Exner* Beherrschungsvertrag 195 ff.; *Görling* Konzernhaftung 135 f.; *E. Rehbinder* ZGR 1977, 581 (605 ff.); Spindler/Stilz/*Veil* Rn. 47; *S. Wanner* Probleme 73 ff.
[160] AA Hüffer/*Koch* Rn. 17; *Pentz* Enkel-AG 70 ff.; krit. auch Hölters/*Deilmann* Rn. 47; wieder anders *J. Schmidt,* Außenstehende Aktionäre, 116 ff.
[161] *Görling* Konzernhaftung 136; MHdB AG/*Krieger* § 70 Rn. 99; str.
[162] MüKoAktG/*Paulsen* Rn. 58; *Wanner* Probleme 77 ff.
[163] Hölters/*Deilmann* Rn. 49; KK-AktG/*Koppensteiner* Rn. 38.
[164] Dazu ausf. *Krieger* FS K. Schmidt, 2009, 999 (1010 ff.), auch zu den zusätzlichen Fragen bei einer Zwischenschaltung mehrerer Tochtergesellschaften.
[165] *E. Rehbinder* ZGR 1977, 581 (621 ff.).
[166] KK-AktG/*Koppensteiner* § 295 Rn. 44; Spindler/Stilz/*Veil* Rn. 27; str.
[167] Dafür *Krieger* FS K. Schmidt, 2009, 999 (1011 f.).

61 In diesem Fall gehört grundsätzlich auch die „übersprungene" **Tochtergesellschaft** zu den außenstehenden Aktionären der Enkelgesellschaft, sodass die Muttergesellschaft ihrer Tochtergesellschaft ebenfalls nach § 304 ausgleichspflichtig ist (→ Rn. 15 ff.). Anders nur, wenn es sich bei Tochtergesellschaft um eine 100%ige Tochter der Mutter handelt oder wenn sie in die Muttergesellschaft eingegliedert ist.[168]

62 Wenn der **Unternehmensvertrag** zwischen Mutter- und Enkelgesellschaft **aufgehoben** und durch gesonderte Verträge zwischen Mutter- und Tochtergesellschaft sowie zwischen Tochter- und Enkelgesellschaft ersetzt wird, sind auf beiden Stufen die §§ 304 ff. erneut anwendbar. Folglich ist jetzt auch wieder ein Spruchverfahren möglich.[169]

63 **3. Sonstige Fälle.** Schließt **allein** die **Tochtergesellschaft** mit der **Enkelgesellschaft** einen Beherrschungs- oder Gewinnabführungsvertrag ab, so liegt im Verhältnis zwischen Tochter- und Muttergesellschaft – mangels Vertragsabschlusses – ein faktischer Konzern vor. Problematisch ist in derartigen Fallgestaltungen vor allem der Schutz der außenstehenden Aktionäre der Enkelgesellschaft gegen eine nachteilige Einflussnahme der Mutter- auf die Tochtergesellschaft (→ § 311 Rn. 19).

64 Zweifelhaft ist ferner die Rechtsstellung der **Muttergesellschaft,** sofern sie – neben ihrer Tochtergesellschaft – ebenfalls an der Enkelgesellschaft beteiligt ist. Die Frage, ob sie dann zu den außenstehenden Aktionären gehört,[170] ist nach denselben Kriterien zu entscheiden, die auch sonst für die Beurteilung dieser Frage heranzuziehen sind (→ Rn. 15 ff.). Maßgebend ist mithin, ob die Muttergesellschaft zu 100 % (auch) an der Tochtergesellschaft beteiligt ist oder ob diese in die Muttergesellschaft eingegliedert ist. In allen anderen Fällen ist sie ebenfalls als außenstehender Gesellschafter zu behandeln.[171]

65 Schließt die **Muttergesellschaft** einen Beherrschungs- oder Gewinnabführungsvertrag **allein mit ihrer Tochtergesellschaft** ab, so liegt im Verhältnis zu der Enkelgesellschaft ein faktischer Konzern vor. Folglich sind hier an Stelle der §§ 304 und 305 die §§ 311 ff. anzuwenden.[172]

66 Ein mehrstufiger Konzern kann schließlich auch dergestalt aufgebaut werden, dass die Muttergesellschaft *gleichzeitig* Beherrschungs- oder Gewinnabführungsverträge **mit der Tochter- und** mit der **Enkelgesellschaft** abschließt. In diesem Fall gelten die §§ 304 und 305 für beide Verhältnisse,[173] soweit nicht die Tochtergesellschaft zu 100 % an der Enkelgesellschaft beteiligt ist (vgl. § 304 Abs. 1 S. 3).

X. Anpassung

67 **1. Grundsatz.** Der *feste* Ausgleich wird grundsätzlich zum Stichtag (→ Rn. 21 f.) *gleichmäßig* für die gesamte Vertragsdauer festgesetzt. Entsprechendes gilt bei dem *variablen* Ausgleich für die Verschmelzungswertrelation, die gleichfalls anhand des Wertverhältnisses der Unternehmen zum Stichtag fixiert wird (→ Rn. 27 ff.). Diese Praxis ist vor allem dann problematisch, wenn sich nachträglich die für die Festsetzung des Ausgleichs (und der Abfindung) seinerzeit maßgeblichen Umstände in einer Weise verändern, dass der Ausgleich nicht mehr als angemessene, dh vollständige Entschädigung der außenstehenden Aktionäre angesehen werden kann, *und* die Parteien für diesen Fall auch nicht durch die Vereinbarung einer hinreichend konkreten und praktikablen **Anpassungsklausel** bereits im Vertrag Vorsorge getroffen haben.[174] Solche Entwicklung kann unterschiedliche Gründe haben. Bereits behandelt wurden der *Parteiwechsel* auf der Seite der herrschenden

---

[168] *W. Bayer* FS Ballerstedt, 1975, 169 ff.; MüKoAktG/*Paulsen* Rn. 59; Hüffer/*Koch* Rn. 18; KK-AktG/*Koppensteiner* § 295 Rn. 44; *Pentz* Enkel-AG 66 ff.; *ders.* AG 1996, 97 (99 ff.); Spindler/Stilz/*Veil* Rn. 27; dagegen ausf. *Krieger* FS K. Schmidt, 2009, 999 (1015 ff.).
[169] OLG Düsseldorf AG 1992, 200 (201 f.).
[170] Dazu insbes. Hölters/*Deilmann* Rn. 51; *Pentz* Enkel-AG 57 ff.; *ders.* AG 1996, 97 (99 ff.).
[171] Hölters/*Deilmann* Rn. 51; MHdB AG/*Krieger* § 70 Rn. 101; Spindler/Stilz/*Veil* Rn. 28.
[172] *Wanner* Probleme 169 ff.; ausf. *Emmerich/Habersack* KonzernR § 21 Rn. 46 f.
[173] KK-AktG/*Koppensteiner* Rn. 41; *Wanner* Probleme 133 ff.
[174] MüKoAktG/*Paulsen* Rn. 139–149 mN; Spindler/Stilz/*Veil* Rn. 83.

Gesellschaft einschließlich des Beitritts eines neuen Unternehmens zu dem Vertrag (→ § 295 Rn. 13 ff.) sowie die Eingliederung oder die Umwandlung einer der Vertragsparteien (→ § 297 Rn. 34 ff.).

In den verbleibenden Fällen wird überwiegend aus dem Stichtagsprinzip (→ Rn. 27 f.) **68** der Schluss gezogen, dass im Grundsatz **keine Anpassungspflicht** und ebenso wenig ein Anpassungsrecht des herrschenden Unternehmens bestehe, da *beide* Parteien das *Risiko* späterer, für sie nachteiliger Veränderungen der Verhältnisse *freiwillig übernommen* hätten, das herrschende Unternehmen durch Abschluss des Vertrags und die außenstehenden Aktionäre durch die ihnen freistehende Wahl des Ausgleichs statt der Abfindung.[175] Richtig daran ist, dass es tatsächlich zum Risikobereich des *herrschenden* Unternehmens gehört, wenn sich die wirtschaftlichen Verhältnisse der abhängigen Gesellschaft nach Vertragsabschluss *schlechter* als von ihm erwartet entwickeln (§ 313 BGB). Es liegt auf der Hand, dass das herrschende Unternehmen im Falle des variablen Ausgleichs deshalb nicht etwa eine nachträgliche Korrektur des Umrechnungsverhältnisses verlangen kann. Im Übrigen ist jedoch zu unterscheiden:[176]

2. Grundstürzende Veränderungen. Wenn grundstürzende, unvorhersehbare Verän- **69** derungen der Verhältnisse, von einer Verschlechterung der wirtschaftlichen Situation der abhängigen Gesellschaft abgesehen (→ Rn. 68), dazu führen, dass fortan der feste wie der variable Ausgleich unter keinem Gesichtspunkt mehr als „angemessen" iSd § 304 Abs. 1 S. 1 bezeichnet werden kann, ist anzunehmen, dass die **Geschäftsgrundlage** des Vertrages entfallen ist, sodass das herrschende Unternehmen zu einer **Anpassung** des Ausgleichs an die veränderten Verhältnisse verpflichtet ist (§ 313 Abs. 1 BGB; zum Null-Ausgleich → Rn. 22).[177] Die Durchsetzung des Anspruchs der abhängigen Gesellschaft oder der außenstehenden Aktionäre auf Anpassung des auch zu ihren Gunsten wirkenden Unternehmensvertrags (§ 328 BGB) geschieht durch **Leistungsklage,** nicht im Spruchverfahren, weil in diesem keine Entscheidungen mit vollstreckbarem Inhalt ergehen (→ SpruchG § 13 Rn. 5).[178]

Von Fall zu Fall kommt an Stelle der Anpassung des Vertrages auch eine **Kündigung 70** des Vertrags seitens der durch die Veränderungen besonders betroffenen Partei aus wichtigem Grund nach § 297 Abs. 1 AktG oder nach den §§ 313 Abs. 3 und 314 BGB in Betracht, vorausgesetzt, dass die außenstehenden Aktionäre dadurch nicht übermäßig belastet werden.[179] Eine Ausnahme ist jedoch für **Steueränderungen** zu machen, da angesichts der nicht abreißenden, unvoraussehbaren und unkalkulierbaren (erratischen) Änderungen der Steuergesetze anzunehmen ist, dass jeder Aktionär, der an Stelle der Abfindung den Ausgleich wählt, damit zugleich das Risiko späterer Steueränderungen übernimmt (§ 313 Abs. 1 BGB).[180] Soweit es um die wechselnde **Körperschaftsteuerbelastung** der Gesellschaften

---

[175] OLG Frankfurt AG 1989, 442 (443); MHdB AG/*Krieger* § 70 Rn. 106.
[176] Übersicht über den Meinungsstand bei MüKoAktG/*Paulsen* Rn. 150–173; GroßkommAktG/*Hasselbach/Hirte* Rn. 106 ff.; KK-AktG/*Koppensteiner* Rn. 83 ff.; *D. Schwenn,* Ausgleichs- und Abfindungsanspruch; K. Schmidt/Lutter/*Stephan* Rn. 118 ff.; Spindler/Stilz/*Veil* Rn. 69 ff.
[177] *Hüchting* Abfindung 121 ff.; Hölters/*Deilmann* Rn. 53; *D. Schwenn,* Ausgleichs- und Abfindungsanspruch, 124, 177 ff.; K. Schmidt/Lutter/*Stephan* Rn. 159 ff.; ebenso im Ergebnis im Wege der ergänzenden Vertragsauslegung MüKoAktG/*Paulsen* Rn. 154 ff.; dagegen sehr zurückhaltend OLG Stuttgart AG 2004, 43 (47 f.) – Filzfabriken.
[178] So BVerfG AG 2000, 40 (41) = NJW-RR 2000, 842 – Hartmann und Braun/Mannesmann; AG 2000, 321 (322); *Beckmann/Simon* ZIP 2001, 1906 (1909 f.); *Vetter* ZIP 2000, 561 (567 f.).
[179] MüKoAktG/*Paulsen* Rn. 157.
[180] Ebenso schon für die Herabsetzung der Ausschüttungsbelastung von 36 % auf 30 % durch das Standortsicherungsgesetz von 1993 (BGBl. I 1569): BayObLG AG 2002, 392 (394) = NZG 2001, 1137 – Ytong; OLG Düsseldorf AG 2000, 322 (326); anders OLG Zweibrücken AG 1995, 421 (422) = WM 1995, 980 (982); offengelassen in BGH AG 2002, 85 (86); ebenso sodann für den Übergang vom körperschaftsteuerlichen Anrechnungsverfahren zum Halbeinkünfteverfahren durch das Steuersenkungsgesetz vom 23.10.2002 (BGBl. I 1433): *Kl. Beckmann/St. Simon* ZIP 2001, 1906 (1909); Hölters/*Deilmann* Rn. 53; KK-AktG/*Koppensteiner* Rn. 162; MüKoAktG/*Paulsen* Rn. 172 f.; anders *Th. Sauter/R. Heurung* GmbHR 2001, 754.

geht, trägt dem der BGH dadurch Rechnung, dass er den Ausgleich von dem Bruttogewinn abzüglich der *jeweiligen* Körperschaftsteuer berechnet (→ Rn. 43b).

71   **3. Kapitalerhöhungen.** Durch eine Kapitalerhöhung **bei der herrschenden Gesellschaft** wird der **feste Ausgleich** nicht berührt.[181] Dagegen kann der **variable Ausgleich** sowohl durch eine Kapitalerhöhung aus Gesellschaftsmitteln als auch durch eine solche gegen Einlagen verwässert werden. Für die Kapitalerhöhung aus Gesellschaftsmitteln liegt das auf der Hand, gilt aber ebenso für die Kapitalerhöhung gegen Einlagen, wenn der Ausgabekurs der jungen Aktien hinter dem Wert der alten Aktien zurückbleibt. Schon mit Rücksicht auf Art. 14 Abs. 1 GG ist daher in derartigen Fällen eine **Anpassung** des variablen Ausgleichs geboten.[182] Das ist zwingendes Recht; der Vertrag kann nichts anderes bestimmen (§ 134 BGB).

72   Bei **Kapitalerhöhungen aus Gesellschaftsmitteln bei der abhängigen Gesellschaft** besteht Übereinstimmung, dass der *variable Ausgleich* entsprechend erhöht werden muss, sei es auf Grund des § 216 Abs. 3, sei es nach dem Grundgedanken des § 304.[183] Der Betrag des *festen* Ausgleichs ändert sich dagegen insgesamt nicht. Da es jedoch zu einer nominellen Veränderung der Anzahl der Aktien in der Hand der außenstehenden Aktionäre kommt, müssen die Ausgleichszahlungen im Verhältnis der neuen zu den alten Aktien dieser Veränderung angepasst werden.[184] Im Falle einer Kapitalerhöhung bei der abhängigen Gesellschaft **gegen Einlagen** sind die jungen Aktien dagegen ebenso ausgleichsberechtigt wie die alten (→ Rn. 18).

73   **4. Kapitalherabsetzungen.** Eine Kapitalherabsetzung bei der **herrschenden Gesellschaft** verändert den festen Ausgleich nicht. Lediglich, wenn der Nennbetrag der Aktien herabgesetzt wird, muss im selben Verhältnis der variable Ausgleich angepasst werden.[185] Dasselbe gilt im Fall eines Aktiensplits bei der herrschenden Gesellschaft.[186] Kommt es bei der **abhängigen Gesellschaft** zu einer Kapitalherabsetzung, zB zur Deckung eines Verlustvortrags oder zur Kapitalrückzahlung, so bleibt dies gleichfalls ohne Einfluss auf den festen Ausgleich, während der variable Ausgleich ggf. der Veränderung der Aktiennennbeträge anzupassen ist.[187]

XI. Beendigung

74   Der Anspruch der außenstehenden Aktionäre auf Ausgleichsleistungen des anderen Vertragsteils, insbesondere also des herrschenden Unternehmens, beruht in erster Linie auf dem Unternehmensvertrag sowie auf ihrer Aktionärseigenschaft. Der Anspruch **erlischt** folglich, wenn der Vertrag, aus welchem Grund auch immer, sein Ende findet (→ Rn. 21b, 75) oder wenn der fragliche Aktionär **aufhört,** außenstehende **Aktionär** zu sein, indem er zB seine Aktien veräußert oder das Abfindungsangebot des herrschenden Unternehmens annimmt und seine Aktien bei diesem gegen Abfindung einreicht (§ 305; → Rn. 21b;

---

[181] OLG Frankfurt AG 1989, 442 (443); GroßkommAktG/*Hasselbach/Hirte* Rn. 109; Hüffer/*Koch* Rn. 19; MHdB AG/*Krieger* § 70 Rn. 102; *D. Schwenn,* Der Ausgleichs- und Abfindungsanspruch, 109; K. Schmidt/Lutter/*Stephan* Rn. 125; Spindler/Stilz/*Veil* Rn. 71.

[182] BVerfG AG 2000, 40 (41) = NJW-RR 2000, 842 = ZIP 1999, 1804 – Hartmann und Braun/Mannesmann; GroßkommAktG/*Hasselbach/Hirte* Rn. 110; KK-AktG/*Koppensteiner* Rn. 87 ff.; MüKoAktG/*Paulsen* Rn. 159 ff.; *D. Schwenn* Der Ausgleichs- und Abfindungsanspruch, 109 ff.; *Vetter* ZIP 2000, 561 (566); ausf. K. Schmidt/Lutter/*Stephan* Rn. 126–131; Spindler/Stilz/*Veil* Rn. 72 f.

[183] Statt aller Hüffer/*Koch* Rn. 19; KK-AktG/*Koppensteiner* Rn. 87; Grigoleit/*Servatius* Rn. 25.

[184] GroßkommAktG/*Hasselbach/Hirte* Rn. 107; MHdB AG/*Krieger* § 70 Rn. 105 (1247); *D. Schwenn,* Der Ausgleichs- und Abfindungsanspruch, 121 f.; K. Schmidt/Lutter/*Stephan* Rn. 120; Spindler/Stilz/*Veil* Rn. 74.

[185] GroßkommAktG/*Hasselbach/Hirte* Rn. 111; Hölters/*Deilmann* Rn. 54; KK-AktG/*Koppensteiner* Rn. 92; *D. Schwenn,* Der Ausgleichs- und Abfindungsanspruch, 120 f.; anders MHdB AG/*Krieger* § 70 Rn. 84.

[186] Hölters/*Deilmann* Rn. 54; MüKoAktG/*Paulsen* Rn. 164; GroßkommAktG/*Hasselbach/Hirte* Rn. 111; MHdB AG/*Krieger* § 70 Rn. 84, 103; K. Schmidt/Lutter/*Stephan* Rn. 135; Spindler/Stilz/*Veil* Rn. 82.

[187] MüKoAktG/*Paulsen* Rn. 168; GroßkommAktG/*Hasselbach/Hirte* Rn. 108; *Hüchting* Abfindung 139 ff.; KK-AktG/*Koppensteiner* Rn. 85; MHdB AG/*Krieger* § 70 Rn. 105; *D. Schwenn,* Der Ausgleichs- und Abfindungsanspruch, 122 f.; ausf. K. Schmidt/Lutter/*Stephan* Rn. 122–124; Spindler/Stilz/*Veil* Rn. 75.

→ § 305 Rn. 19, 25, 30, im Einzelnen str.).[188] Die Rechtsstellung des **Erwerbers** der Aktien hängt in diesem Fall davon ab, ob er zu dem Kreis der außenstehenden Aktionäre gehört (→ Rn. 15 ff.) und ob der Unternehmensvertrag im Augenblick seines Aktienerwerbs noch in Kraft ist (→ § 305 Rn. 19 ff.). Nur unter diesen *beiden* Voraussetzungen erwirbt der Dritte mithin ebenfalls Ausgleichsansprüche (§ 304 AktG iVm § 328 BGB; → Rn. 21a).

Der Ausgleichsanspruch erlischt, wenn der **Vertrag** sein **Ende** findet (§§ 296, 297; → Rn. 21b, 74). Tritt die Beendigung des Unternehmensvertrags **während des Laufs** eines Geschäftsjahres ein, zB infolge der Kündigung des Vertrags durch den anderen Vertragsteil gemäß § 297 Abs. 1, so hängt die Entstehung des Ausgleichsanspruchs letztlich davon ab, ob die Beendigung des Vertrages *vor oder nach Fälligkeit* des Anspruchs eintritt; im ersten Fall gehen die außenstehenden Aktionäre nach überwiegender (freilich bedenklicher) Meinung leer aus (→ Rn. 21a f.). Die Ausgleichspflicht des herrschenden Unternehmens endet (zusammen mit dem Unternehmensvertrag) außerdem, wenn die abhängige Gesellschaft in die herrschende Gesellschaft **eingegliedert oder** wenn beide Gesellschaften **verschmolzen** werden (→ § 297 Rn. 34, 38 ff.). Dies schon deshalb, weil nach Eintragung dieser Vorgänge ins Handelsregister keine außenstehenden Aktionäre der abhängigen Gesellschaft mehr vorhanden sind (§ 322). Ebenso verhält es sich im Ergebnis, wenn die außenstehenden Aktionäre nach den §§ 327a ff. aus der Gesellschaft **ausgeschlossen** werden (→ Rn. 22). 75

Anders zu beurteilen ist die **Eingliederung** der herrschenden Gesellschaft in eine andere (dritte) Gesellschaft (§§ 319 f.) oder ihre **Verschmelzung** mit einem anderen Unternehmen. Weil in diesen Fällen der Unternehmensvertrag bestehen bleibt (→ § 297 Rn. 37), wird auch die Verpflichtung der herrschenden Gesellschaft (im Falle ihrer Eingliederung) oder des neuen Unternehmens (nach der Verschmelzung) zur weiteren Zahlung des Ausgleichs nicht berührt. Im Falle der Eingliederung haftet vielmehr für die Ausgleichzahlungen jetzt neben der eingegliederten Tochtergesellschaft deren Muttergesellschaft (§ 322). Ebenso verhält es sich im Ergebnis im Falle der Verschmelzung (§§ 20 ff. UmwG; → § 297 Rn. 38 ff.).[189] 75a

XII. Mängel des Vertrages und des Zustimmungsbeschlusses

1. Überblick. § 304 ist zwingend, sodass ein Beherrschungs- oder Gewinnabführungsvertrag, der gegen § 304 verstößt, an sich nichtig sein müsste (§§ 134, 139 BGB). Die Gesetzesverfasser waren indessen der Meinung, dass mit diesem Ergebnis den Beteiligten häufig nicht gedient sei.[190] Sie haben deshalb die Nichtigkeit auf den Fall beschränkt, dass der fragliche Vertrag entgegen Abs. 1 des § 304 überhaupt **keinen Ausgleich** für im Augenblick der Beschlussfassung vorhandene außenstehende Aktionäre vorsieht (§ 304 Abs. 1 S. 3 und Abs. 3 S. 1 iVm § 307; → Rn. 77). Diesem Fall wird eine Reihe weiterer Fallgestaltungen gleichgestellt, in denen der Vertrag so **schwere Mängel** aufweist, dass er ebenfalls so behandelt werden muss, als ob er überhaupt keinen Ausgleich vorsehe (→ Rn. 78 f.). Ohne Einfluss auf die Wirksamkeit des Vertrages bleibt es dagegen, wenn der in dem Vertrag bestimmte **Ausgleich nicht angemessen** ist. An die Stelle der Nichtigkeit des Vertrages tritt in diesem Falle vielmehr die Befugnis des im SpruchG bestimmten Gerichts, auf Antrag eines außenstehenden Aktionärs den vertraglich geschuldeten Ausgleich zu bestimmen (§ 304 Abs. 3 S. 3 und Abs. 4; → Rn. 81 f.). Unberührt bleiben ferner die **sonstigen Nichtigkeits- und Anfechtungsgründe** des bürgerlichen Rechts (§§ 119, 123, 125, 134, 138 BGB) sowie des Aktienrechts (→ § 293 Rn. 19, 50 ff.). An der Nichtigkeit des Vertrages ändert in diesen Fällen auch seine etwaige Eintragung ins Handelsregister nichts (§ 294). 76

---

[188] BGHZ 152, 29 (31) = NJW 2002, 3467 – Rütgers AG; BGHZ 155, 110 (114) = NZG 2003, 1113 = AG 2003, 629 – Philips I; BGH ZIP 2003, 1933 (1934) – Philips II; OLG Düsseldorf AG 2001, 596.
[189] OLG Düsseldorf AG 1990, 490 f.; 1996, 475.
[190] Begr. RegE bei *Kropff* AktG 395.

77 2. Nichtigkeit. Nichtigkeit des Beherrschungs- oder Gewinnabführungsvertrages wegen Verstoßes gegen § 304 tritt nach § 304 Abs. 3 S. 1 iVm Abs. 1 S. 3 nur ein, wenn in dem Vertrag entgegen § 304 Abs. 1 S. 1 und 2 **kein Ausgleich für vorhandene** außenstehende **Aktionäre** vorgesehen ist. Diese Voraussetzung ist nur erfüllt, wenn nach der gesetzlichen Regelung an sich eine Ausgleichsregelung geboten wäre, die Vertragsparteien aber gleichwohl auf die Festsetzung eines Ausgleichs überhaupt verzichtet haben. Deshalb darf, wenn die Parteien zulässigerweise in dem Vertrag mit Rücksicht auf die auf Dauer negativen Ertragsaussichten der Gesellschaft einen sog. *Null-Ausgleich* festgesetzt haben (→ Rn. 32),[191] nicht etwa von vornherein stattdessen gänzlich auf eine Ausgleichsregelung verzichtet werden; auch das wäre ein Verstoß gegen § 304 Abs. 3 S. 1. **Nichtigkeit** des Vertrags bedeutet in den genannten Fällen, dass der Vertrag keinerlei Rechtswirkungen äußert, auch nicht für die Vergangenheit (str.). Für eine Anwendung der Regeln über fehlerhafte Unternehmensverträge ist hier mit Rücksicht auf den Wortlaut des Gesetzes und die Schwere des Mangels kein Raum (→ § 291 Rn. 31).[192] Die Nichtigkeit des Vertrages ist in den genannten Fällen in erster Linie durch **Anfechtung** des Zustimmungsbeschlusses (§ 293 Abs. 1 und 2) sowie ggf. durch Feststellungsklage geltend zu machen.

77a Maßgebender Zeitpunkt für die Beurteilung der Erforderlichkeit einer Ausgleichsregelung nach § 304 ist der der **Beschlussfassung** der Hauptversammlung nach § 293 Abs. 1 und nicht der des Wirksamwerdens des Vertrags durch Eintragung ins Handelsregister (§ 294 Abs. 2), wie aus dem Wortlaut der §§ 304 Abs. 1 S. 3 und 307 zu folgern ist. In diesem Zeitpunkt muss folglich der Vertrag, wenn er wirksam sein soll, soweit erforderlich, eine Ausgleichsregelung enthalten.

78 Dem völligen Fehlen einer Ausgleichsregelung in dem Vertrag (§ 304 Abs. 3 S. 1; → Rn. 77) ist der Fall gleichzustellen, dass der Vertrag entgegen § 304 (→ Rn. 20 f.) die Ausgleichspflicht der **abhängigen Gesellschaft** und nicht dem herrschenden Unternehmen auferlegt, da in diesem Fall der Vertrag gleichfalls keine Ausgleichspflicht des *herrschenden* Unternehmens enthält.[193] Ebenso zu behandeln ist der Fall, dass in einem **mehrstufigen Konzern** eine *Tochtergesellschaft,* die durch einen Beherrschungs- oder Gewinnabführungsvertrag mit ihrer Muttergesellschaft verbunden oder in diese eingegliedert ist, *anschließend* einen Beherrschungs- oder Gewinnabführungsvertrag mit einer Enkelgesellschaft abschließt, in dem ein *variabler* Ausgleich nach § 304 Abs. 2 S. 2 vorgesehen wird; denn auch solche Regelung läuft der Sache nach darauf hinaus, dass der Vertrag tatsächlich keine Ausgleichsregelung zu Lasten des herrschenden Unternehmens, dh hier der Tochtergesellschaft, vorsieht (→ Rn. 56 f.). Dasselbe gilt schließlich bei ersatzloser **Aufhebung der Ausgleichsregelung** durch einen Änderungsvertrag iSd § 295.

79 Umstritten ist die Rechtslage, wenn der Vertrag eine vom Gesetz **nicht zugelassene Form** des Ausgleichs vorsieht, zB einen von § 304 Abs. 2 S. 2 abweichenden variablen Ausgleich oder einen variablen Ausgleich, obwohl das herrschende Unternehmen keine AG oder KGaA ist. Im Schrifttum wird zum Teil angenommen, dass der Vertrag in derartigen Fällen *wirksam* sei, sodass – abweichend von § 304 Abs. 3 S. 3 – die Bestimmung des zulässigen Ausgleichs dem Gericht im Spruchverfahren obliege.[194] Dem ist *nicht* zu folgen, weil der Vertrag hier in Wirklichkeit ebenfalls keine Ausgleichsregelung iSd Gesetzes (§ 304) enthält, sodass die *Nichtigkeit* des Vertrags die einzige angemessene Rechtsfolge ist. Die Bestimmung der Ausgleichsart obliegt dann nicht etwa nach § 304 Abs. 3 S. 3 dem Gericht im Spruchverfahren, weil im Spruchverfahren lediglich die Angemessenheit eines im Vertrag festgesetzten Ausgleichs überprüft, nicht aber die fragliche Regelung durch eine andere ersetzt werden kann.[195]

---

[191] BGHZ 166, 195 (201 f.) Rn. 14 = NJW 2006, 1663.
[192] Anders zB Grigoleit/*Servatius* Rn. 28.
[193] Hölters/*Deilmann* Rn. 61; MüKoAktG/*Paulsen* Rn. 175; GroßkommAktG/*Hasselbach/Hirte* Rn. 123; Hüffer/*Koch* Rn. 20; *Hüchting* Abfindung 69 f.; Spindler/Stilz/*Veil* Rn. 86; anders aber K. Schmidt/Lutter/ *Stephan* Rn. 105.
[194] K. Schmidt/Lutter/*Stephan* Rn. 105, .114; Spindler/Stilz/*Veil* Rn. 86, 88.
[195] Hüffer/*Koch* Rn. 22; Hölters/*Deilmann* Rn. 62; GroßkommAktG/*Hasselbach/Hirte* Rn. 123.

3. Anfechtungsausschluss. Nach § 304 Abs. 3 S. 2 kann die Anfechtung des Zustim- 80 mungsbeschlusses der abhängigen oder verpflichteten Gesellschaft (§§ 293 Abs. 1, 295) nicht auf § 243 Abs. 2 oder darauf gestützt werden kann, dass der im Vertrag bestimmte Ausgleich nicht angemessen, insbesondere also wegen Verstoßes gegen § 304 zu niedrig ist (vgl. auch § 243 Abs. 4 S. 2 und dazu → § 293 Rn. 50 ff., 55). Dieser Anfechtungsausschluss, der gleichermaßen für die Anfechtung nach § 243 Abs. 1 wie nach Abs. 2 gilt,[196] wird von den Gerichten (im Interesse ihrer Entlastung) ganz *weit ausgelegt* und deshalb insbesondere auch auf den Ausgleichsanspruch ausgestaltende vertragliche Regelungen einschließlich zB der Regelung der Fälligkeit des Anspruchs erstreckt, obwohl das Spruchverfahren zur Klärung und Entscheidung derartiger Fragen durchaus ungeeignet ist.[197] An die Stelle der Anfechtung tritt in diesen Fällen gleichwohl das **Spruchverfahren** nach dem SpruchG. Führt das Verfahren zu einer Erhöhung des Ausgleichs, so steht allen außenstehenden Aktionären (analog § 13 S. 2 SpruchG) einen **Ausgleichsergänzungsanspruch** zu, und zwar auch den früheren außenstehenden Aktionären, die mittlerweile aus der Gesellschaft ausgeschieden sind, zB durch Wahl der Abfindung oder durch Veräußerung ihrer Aktien.[198] Jedoch können nach hM die außenstehenden Aktionäre weder Fälligkeits- noch Verzugszinsen von dem Erhöhungsbetrag verlangen.[199]

Keinen Beschränkungen unterliegt bisher die Anfechtung des **Zustimmungsbeschlus-** 81 **ses der herrschenden Gesellschaft** auf Grund des § 293 Abs. 2 (→ § 293 Rn. 60).[200] Dies hat die merkwürdige Folge, dass zwar nicht die außenstehenden Aktionäre der abhängigen Gesellschaft, wohl aber die der herrschenden Gesellschaft den Zustimmungsbeschluss mit der Begründung anfechten können, der Ausgleich sei unangemessen.[201]

XIII. Sonderkündigungsrecht

Nach § 304 Abs. 4 kann das herrschende Unternehmen den Vertrag binnen zweier Monate 82 nach Rechtskraft der Entscheidung im Spruchverfahren ohne Einhaltung einer Kündigungsfrist kündigen, wenn das Gericht den Ausgleich neu, dh höher als vereinbart, bestimmt (vgl. § 297 Abs. 1). Durch diese (problematische) Regelung, die dem herrschenden Unternehmen strategische Verhaltensweisen zum Nachteil der außenstehenden Aktionäre ermöglicht,[202] wollten die Gesetzesverfasser dem herrschenden Unternehmen einen Weg eröffnen, sich von dem Beherrschungs- oder Gewinnabführungsvertrag wieder kurzfristig zu lösen, wenn sich aus ihm infolge des Spruchverfahrens unerwartete Belastungen ergeben.[203]

Die Kündigungsfrist beträgt zwei Monate nach Rechtskraft der Entscheidung des LG 83 oder des OLG im Spruchverfahren (§§ 187 Abs. 1, 188 Abs. 2 BGB). Ein Sonderbeschluss der außenstehenden Aktionäre ist nicht vorgesehen. Die Kündigung wirkt **ex nunc**, sodass es für die Vergangenheit bei dem gerichtlich festgesetzten Ausgleich verbleibt – mit der weiteren Folge, dass die außenstehenden Aktionäre ggf. weiterhin eine Nachzahlung verlangen können.[204] Das ist zwingendes Recht, sodass der Vertrag nichts anderes bestimmen kann, zB durch Ersetzung der Kündigung durch ein Rücktrittsrecht.[205]

§ 305 Abfindung

(1) Außer der Verpflichtung zum Ausgleich nach § 304 muß ein Beherrschungs- oder ein Gewinnabführungsvertrag die Verpflichtung des anderen Vertragsteils

---
[196] Hüffer/*Koch* Rn. 21; KK-AktG/*Koppensteiner* Rn. 107; MHdB AG/*Krieger* § 70 Rn. 108.
[197] KG OLGR 2008, 873 = AG 2009, 30 (33); Grigoleit/*Servatius* Rn. 29.
[198] *Rezori* NZG 2008, 812.
[199] K. Schmidt/Lutter/*Stephan* Rn. 115.
[200] Hölters/*Deilmann* Rn. 66.
[201] K. Schmidt/Lutter/*Stephan* Rn. 112; Grigoleit/*Servatius* Rn. 30.
[202] *Hecker/Wenger* ZBB 1995, 321 (331 f.); *Kübler* FS Goerdeler, 1987, 279; *W. Meilicke* AG 1995, 181.
[203] So Begr. RegE bei *Kropff* AktG 396 oben.
[204] LG Stuttgart AG 1998, 103 (104) – Gestra/Foxboro; GroßkommAktG/*Hirte*/Hasselbach Rn. 139.
[205] Grigoleit/*Servatius* Rn. 32; Spindler/Stilz/*Veil* Rn. 90.

enthalten, auf Verlangen eines außenstehenden Aktionärs dessen Aktien gegen eine im Vertrag bestimmte angemessene Abfindung zu erwerben.

(2) Als Abfindung muß der Vertrag,
1. wenn der andere Vertragsteil eine nicht abhängige und nicht in Mehrheitsbesitz stehende Aktiengesellschaft oder Kommanditgesellschaft auf Aktien mit Sitz in einem Mitgliedstaat der Europäischen Union oder in einem anderen Vertragsstaat des Abkommens über den Europäischen Wirtschaftsraum ist, die Gewährung eigener Aktien dieser Gesellschaft,
2. wenn der andere Vertragsteil eine abhängige oder in Mehrheitsbesitz stehende Aktiengesellschaft oder Kommanditgesellschaft auf Aktien und das herrschende Unternehmen eine Aktiengesellschaft oder Kommanditgesellschaft auf Aktien mit Sitz in einem Mitgliedstaat der Europäischen Union oder in einem anderen Vertragsstaat des Abkommens über den Europäischen Wirtschaftsraum ist, entweder die Gewährung von Aktien der herrschenden oder mit Mehrheit beteiligten Gesellschaft oder eine Barabfindung,
3. in allen anderen Fällen eine Barabfindung
vorsehen.

(3) [1]Werden als Abfindung Aktien einer anderen Gesellschaft gewährt, so ist die Abfindung als angemessen anzusehen, wenn die Aktien in dem Verhältnis gewährt werden, in dem bei einer Verschmelzung auf eine Aktie der Gesellschaft Aktien der anderen Gesellschaft zu gewähren wären, wobei Spitzenbeträge durch bare Zuzahlungen ausgeglichen werden können. [2]Die angemessene Barabfindung muß die Verhältnisse der Gesellschaft im Zeitpunkt der Beschlußfassung ihrer Hauptversammlung über den Vertrag berücksichtigen. [3]Sie ist nach Ablauf des Tages, an dem der Beherrschungs- oder Gewinnabführungsvertrag wirksam geworden ist, mit jährlich 5 Prozentpunkten über dem jeweiligen Basiszinssatz nach § 247 des Bürgerlichen Gesetzbuchs zu verzinsen; die Geltendmachung eines weiteren Schadens ist nicht ausgeschlossen.

(4) [1]Die Verpflichtung zum Erwerb der Aktien kann befristet werden. [2]Die Frist endet frühestens zwei Monate nach dem Tage, an dem die Eintragung des Bestehens des Vertrags im Handelsregister nach § 10 des Handelsgesetzbuchs bekannt gemacht worden ist. [3]Ist ein Antrag auf Bestimmung des Ausgleichs oder der Abfindung durch das in § 2 des Spruchverfahrensgesetzes bestimmte Gericht gestellt worden, so endet die Frist frühestens zwei Monate nach dem Tage, an dem die Entscheidung über den zuletzt beschiedenen Antrag im Bundesanzeiger bekanntgemacht worden ist.

(5) [1]Die Anfechtung des Beschlusses, durch den die Hauptversammlung der Gesellschaft dem Vertrag oder einer unter § 295 Abs. 2 fallenden Änderung des Vertrags zugestimmt hat, kann nicht darauf gestützt werden, daß der Vertrag keine angemessene Abfindung vorsieht. [2]Sieht der Vertrag überhaupt keine oder eine den Absätzen 1 bis 3 nicht entsprechende Abfindung vor, so hat das in § 2 des Spruchverfahrensgesetzes bestimmte Gericht auf Antrag die vertraglich zu gewährende Abfindung zu bestimmen. [3]Dabei hat es in den Fällen des Absatzes 2 Nr. 2, wenn der Vertrag die Gewährung von Aktien der herrschenden oder mit Mehrheit beteiligten Gesellschaft vorsieht, das Verhältnis, in dem diese Aktien zu gewähren sind, wenn der Vertrag nicht die Gewährung von Aktien der herrschenden oder mit Mehrheit beteiligten Gesellschaft vorsieht, die angemessene Barabfindung zu bestimmen. [4]§ 304 Abs. 4 gilt sinngemäß.

Schrifttum: S. bei § 304 sowie Institut der Wirtschaftsprüfer (IDW), Grundsätze zur Durchführung von Unternehmensbewertungen, IDW Standard (IDW S1) vom 18. Oktober 2005 (Wpg 2005, 1303) und vom 2. April 2008, Fachnachrichten des IDW (FN-IDW) 2008, 271; *Adolff*, Unternehmensbewertung im Recht der börsennotierten AG, 2007; *Ballwieser*, Betriebswirtschaftliche Anforderungen an die Unternehmensbewer-

Abfindung 1 § 305

tung, Wirtschaftsprüfung (Wpg) 2008 Sonderheft (S), 102; *Burger,* Börsenkurs und angemessene Abfindung, 2012; *Drukarczyk/Schüler,* Unternehmensbewertung, 6. Aufl. 2009; *Fleischer/Hartmann/Görling,* Die Konzernhaftung in mehrstufigen Unternehmensverbindungen, 1998; *Großfeld,* Recht der Unternehmensbewertung, 7. Aufl. 2014; *Haar,* Die Personengesellschaft im Konzern, 2006, 498 ff.; *Hüffer/Schmidt-Aßmann/M. Weber,* Anteilseigentum, Unternehmenswert und Börsenkurs, 2005; *Hügel,* Verschmelzung und Einbringung, 1993; *Karrer,* Die Angemessenheit der Leistung im Konzern-, Übernahme- und Ausschlußrecht, 2003; *Klöhn,* Das System der aktien- und umwandlungsrechtlichen Abfindungsansprüche, 2009; *Lauber,* Das Verhältnis des Ausgleichs gemäß § 304 AktG zu den Abfindungen gemäß §§ 305, 327a AktG, 2013; *Meilicke,* Die Barabfindung für den ausgeschlossenen oder ausscheidungsberechtigten Minderheitskapitalgesellschafter, 1975; *Piltz,* Die Unternehmensbewertung in der Rechtsprechung, 3. Aufl. 1994; *Ruthardt,* Unternehmensbewertung und Abfindungsbemessung bei dem aktienrechtlichen Squeeze-out, 2014; *Schürnbrand,* Organschaft im Recht der privaten Verbände, 2007; *Weiland,* Synergieeffekte bei der Abfindung außenstehender Gesellschafter, 2003; *E. Wenger,* Verzinsungsparameter in der Unternehmensbewertung, AG 2005, Sonderheft, 9.

Übersicht

	Rn.		Rn.
I. Überblick	1–3	**VII. Marktpreise**	42–50
II. Optionsrecht	4–7b	1. Börsenkurse	42–48a
1. Rechtsnatur	4–6	2. Paketzuschläge	49, 50
2. Grundlage	7, 7a	**VIII. Ertragswertmethode**	51–77
3. Insolvenz	7b	1. Überblick	51–55
III. Anwendungsbereich, Delisting	8–10d	2. Stichtagsprinzip	56–59
IV. Abfindungsformen	11–17	3. Schätzung der zukünftigen Erträge	60–62b
1. Abfindung in Aktien	11–15	4. Nachsteuerbewertung	63–64a
a) § 305 Abs. 2 Nr. 1	11–13a	5. Abzinsung, Kapitalisierungszinssatz	65–69b
b) § 305 Abs. 2 Nr. 2	14, 15	6. Verbundvorteile	70–71
2. Barabfindung	16, 17	7. Neutrales Vermögen	72–73a
V. Abfindungsanspruch	18–35a	8. Liquidationswert	74, 74a
1. Gläubiger	18–21d	9. Ableitung des Anteilswertes	75
2. Schuldner	22–24	10. Unterschiedliche Aktiengattungen	75a, 75b
3. Ausübung	25	11. Umtauschverhältnis, Spitzenbeträge	76, 77
4. Frist	26–28	**IX. Mehrstufige Unternehmensverbindungen**	78–80
5. Entstehung, Fälligkeit	29, 30		
6. Zinsen	31–32a	**X. Mängel des Vertrags und des Zustimmungsbeschlusses**	81–86
7. Anrechnung	33, 33a	1. Keine Nichtigkeit oder Anfechtung	81, 82
8. Erlöschen	34	2. Spruchverfahren	83, 84
9. Anpassung	35, 35a	3. Kündigung	85
VI. Angemessenheit der Abfindung – Überblick	36–41c	4. Abfindungsergänzungsanspruch	86

I. Überblick

Nach § 305 Abs. 1 muss ein Beherrschungs- oder Gewinnabführungsvertrag zusätzlich **1** zu dem Ausgleich des § 304 eine angemessene Abfindung für die außenstehenden Aktionäre vorsehen. Die Abfindung hat je nach Fallgestaltung entweder in Aktien der herrschenden Gesellschaft oder der Muttergesellschaft des Konzerns (§ 305 Abs. 2 Nr. 1 und 2) oder in einer Barzahlung zu bestehen (§ 305 Abs. 2 Nr. 2 und 3). Die Angemessenheit der Abfindung in Aktien einer anderen Gesellschaft richtet sich nach der Verschmelzungswertrelation beider Gesellschaften zum Stichtag (§ 305 Abs. 3). Das Abfindungsangebot des herrschenden Unternehmens kann befristet werden (§ 305 Abs. 4). Die Überprüfung der Angemessenheit der Abfindung ist in erster Linie Aufgabe der Gerichte im Spruchverfahren (§ 305 Abs. 5 in Verbindung mit dem SpruchG). Durch diese Regelung soll den außenstehenden Aktionären unter den Bedingungen eines Vertragskonzerns der Sache nach ermöglicht werden, ihre Investitionsentscheidung wieder rückgängig zu machen. Maßgeblich für die Eröffnung dieser zusätzlichen Möglichkeit neben dem herkömmlichen Ausgleich des § 304 waren vor allem zwei Erwägungen, einmal die Überlegung, dass die außenstehenden Aktionäre in einem Vertragskonzern weitgehend ihrer **Mitverwaltungsrechte beraubt** werden (§ 308), sodass ihnen billigerweise nicht zugemutet werden kann, weiterhin in der nunmehr völlig auf das herrschende Unternehmen ausgerichteten Gesellschaft zu verbleiben, zum anderen die Annahme, dass die Zahlung eines bloßen Ausgleichs nach § 304 **nicht immer** eine **angemessene Entschädigung** für die außenstehenden Aktionäre darstellt.[1] Mit den beiden unterschiedlichen Abfindungsformen des § 305 Abs. 2 – Abfindung in Aktien und Barabfindung – wird folglich konkret der **Zweck** verfolgt, es den außenstehenden Aktionären zu ermöglichen, entweder – bei der Abfindung in Aktien – ihre Rechte fortan (wieder) in einer unabhängigen Gesellschaft auszuüben oder – bei der Barabfindung – über ihr Investment erneut frei zu entscheiden,[2] und zwar in beiden Fällen gegen **volle Entschädigung** für die mit dem Abschluss des fraglichen Vertrags verbundenen Eingriffe in ihre Vermögens- und Mitverwaltungsrechte (Art. 14 Abs. 1 GG; → § 304 Rn. 3 f.).[3]

2   § 305 ist in den letzten Jahren wiederholt geändert worden, zuletzt durch das ARUG vom 30.7.2009 (BGBl. I 2479) sowie durch das sog. VkBekG vom 22.12.2011 (→ Einl. Rn. 42a). Hervorzuheben ist zunächst die Änderung des Abs. 3 S. 2 im Jahre 1994 durch das **Gesetz zur Bereinigung des Umwandlungsrechts** (BGBl. I 3210). In seiner ursprünglichen Fassung hatte § 305 Abs. 3 S. 2 bestimmt, dass die angemessene Barabfindung „die Vermögens- und Ertragslage der Gesellschaft" im Zeitpunkt der Beschlussfassung ihrer Hauptversammlung über den Vertrag zu berücksichtigen habe. Daraus war früher gelegentlich eine Entscheidung des Gesetzgebers zugunsten einer Verbindung von Substanz- und Ertragswertmethode gefolgert worden. Um diesen „Fehlschluss" zu vermeiden, stellt das Gesetz jetzt nur noch allgemein auf die „Verhältnisse der Gesellschaft" in dem genannten Zeitpunkt ab (ebenso § 327b Abs. 1 S. 1 Hs. 2).[4] Mit der Einfügung des S. 3 des § 305 Abs. 3 über die Verpflichtung zur Verzinsung der Barabfindung wurde zugleich eine alte Streitfrage geklärt.[5] An die Stelle des Diskontsatzes der Deutschen Bundesbank, auf den das Gesetz zunächst in Hs. 1 dieser Vorschrift Bezug genommen hatte, ist später auf Grund des Art. 5 Abs. 1 Nr. 1 **VO zur Ersetzung von Zinssätzen** vom 5.4.2002 (BGBl. I 1250 (1252)) der „Basiszinssatz nach § 247 BGB" getreten. Die jetzige Fassung des § 305 Abs. 3 S. 3 geht auf das ARUG von 2009 zurück. Damit wurde die Anpassung unter anderem des § 305 Abs. 3 S. 3 (sowie der §§ 320b Abs. 1 S. 6 und 327b) an die §§ 288 Abs. 1 S. 2 und 291 S. 2 BGB bezweckt, um einen weiteren Beitrag zur Vermeidung einer übermäßigen Verzögerung der Spruchverfahren zu leisten.[6] Durch das **Spruchverfahrensneuordnungsgesetz** von 2003 wurde der § 305 ferner der Ersetzung des § 306 durch das SpruchG angepasst (s. Art. 2 Nr. 3 Spruchverfahrensneuordnungsgesetz, BGBl. 2003 I 838).

3   § 305 Abs. 2 Nr. 1 und 2 hatte ursprünglich bestimmt, dass sich die Pflicht zur Abfindung in Aktien auf herrschende Aktiengesellschaften und KGaA mit **Sitz im Inland** beschränkt. Die Europäische Kommission hatte in dieser Regelung jedoch eine mit dem AEUV unvereinbare Diskriminierung herrschender Unternehmen aus anderen Mitgliedstaaten der EU sowie eine vertragswidrige Beschränkung der Niederlassungsfreiheit für diese Unternehmen gesehen.[7] Deshalb wurden 2005 durch das **UMAG** in § 305 Abs. 2 Nr. 1 und 2 die Wörter „im Inland" durch die Wörter „in einem Mitgliedstaat der Europäischen Union oder in einem anderen Vertragsstaat des Abkommens über den Europäischen Wirtschaftsraum" ersetzt (BGBl. I 2802).

II. Optionsrecht

4   **1. Rechtsnatur.** Bei der Abfindung handelt es sich im Kern um einen **Kauf- oder Tauschvertrag** zwischen dem herrschenden Unternehmen und den außenstehenden Akti-

---

[1] So Begr. RegE bei *Kropff* AktG 397; BGHZ 138, 136 (138 f.) = NJW 1998, 1866 – Asea/BBC II.
[2] BGHZ 147, 108 (113) = NJW 2001, 2080 – DAT/Altana IV.
[3] *Klöhn* System 155 ff.; *Tonner* FS K. Schmidt, 2009, 1581.
[4] Begr. RegE (1994), BT-Drs. 12/6699, 94.
[5] Begr. RegE (1994), BT-Drs. 12/6699, 88, 179.
[6] Begr. RegE, BR-Drs. 847/08, 66.
[7] *P. Becker* GmbHR 2004, R 341.

onären über deren Aktien, wobei die Gegenleistung des herrschenden Unternehmens entweder in Aktien oder in Geld besteht (§ 305 Abs. 2 AktG iVm §§ 433, 480 BGB). Die Regelung des § 305 bedeutet mithin im Zusammenhang, dass das *herrschende* Unternehmen in dem Beherrschungs- oder Gewinnabführungsvertrag mit der abhängigen Gesellschaft den außenstehenden Aktionären der letzteren neben dem Ausgleich des § 304 den Abschluss eines Kauf- oder Tauschvertrages über ihre Aktien antragen muss, wobei der Antrag in der Regel gemäß § 305 Abs. 4 S. 1 befristet ist (§§ 145, 148 BGB, → Rn. 6).

Da das herrschende Unternehmen in dem Vertrag nach § 304 außerdem eine Ausgleichspflicht gegenüber den außenstehenden Aktionären der abhängigen Gesellschaft übernehmen muss (→ § 304 Rn. 23 ff.), erlangen die außenstehenden Aktionäre durch den Vertrag im Ergebnis ein **Wahlrecht zwischen Ausgleich und Abfindung,** verbunden mit dem Recht, bei Wahl der Abfindung den Kauf- oder Tauschvertrag mit dem herrschenden Unternehmen durch Annahme des Antrags auf Abschluss eines Kauf- oder Tauschvertrages zustande zu bringen. Diese Position der außenstehenden Aktionäre wird vielfach auch plastisch als Optionsrecht, der Unternehmensvertrag dementsprechend zugleich als **Optionsvertrag** bezeichnet. Gemeint ist damit aber der Sache nach lediglich, dass die außenstehenden Aktionäre aufgrund des Unternehmensvertrages (zwingend) die Wahl zwischen der Inanspruchnahme der von dem herrschenden Unternehmen angebotenen Ausgleichsleistungen (gemäß § 328 BGB) oder dem Abschluss des Kauf- oder Tauschvertrages über ihre Aktien mit dem anderen Vertragsteil, dem herrschenden Unternehmen haben (§§ 433 und 480 BGB). 5

Nach § 305 Abs. 4 S. 1 kann die Option in dem Vertrag **befristet** werden, wobei die Mindestfrist zwei Monate ab Eintragung des Vertrages ins Handelsregister beträgt (§ 305 Abs. 4 S. 2). Ist jedoch in diesem Zeitpunkt noch ein Spruchverfahren anhängig, so endet die Frist frühestens zwei Monate nach Bekanntmachung der rechtskräftigen Entscheidung über den zuletzt beschiedenen Antrag im Bundesanzeiger (§ 305 Abs. 4 S. 3). Angesichts der häufig nur nach Jahren zu bemessenden Dauer der Spruchverfahren kann dies bedeuten, dass die Aktionäre buchstäblich **über viele Jahre hinweg** ihr Wahlrecht zwischen Abfindung und Ausgleich behalten. Ist das Wahlrecht mit Ablauf der Frist aber einmal erloschen, so lebt es auch nicht wieder auf, wenn anschließend die verbundenen Unternehmen verschmolzen werden.[8] 6

2. Grundlage. Als Grundlage des Wahlrechts der außenstehenden Aktionäre, ihres sog. Optionsrechts, kommen gleichermaßen der betreffende Unternehmensvertrag wie das Gesetz in Betracht (§ 305).[9] Der Wortlaut des § 305 Abs. 1 S. 1 spricht an sich deutlich für eine **vertragliche Grundlage** des Optionsrechts. Indessen gibt es unbestreitbar auch Fälle, in denen das Abfindungsrecht der außenstehenden Aktionäre letztlich aus dem **Gesetz** folgt. Der erste Fall findet sich in **§ 305 Abs. 5 S. 2,** da nach dieser Vorschrift die außenstehenden Aktionäre, selbst wenn der Unternehmensvertrag überhaupt keine Abfindungsregelung enthält, die Möglichkeit besitzen, ein Spruchverfahren einzuleiten, in dem dann, trotz fehlender vertraglicher Grundlage, die angemessene Abfindung vom Gericht festzusetzen ist, wobei das Gericht § 305 Abs. 5 S. 3 zu beachten hat. Diesem Fall wurde später der andere gleichgestellt, dass der Unternehmensvertrag während eines anhängigen Spruchverfahrens vorzeitig sein Ende findet, zB auf Grund einer Kündigung seitens des herrschenden Unternehmens (→ § 297 Rn. 54 ff.; → SpruchG § 7 Rn. 17 ff.), da auch in diesem Falle das Abfindungsrecht der außenstehenden Aktionäre zu ihrem Schutz bestehen bleibt (sog. **vertragsüberdauerndes Spruchverfahren**). Soweit in weiteren Fallgestaltungen eine **entsprechende Anwendung** des § 305 in Betracht kommen sollte (→ Rn. 8 ff.), folgt der Abfindungsanspruch gleichfalls letztlich aus dem Gesetz, dh aus einer Analogie zu § 305. 7

---

[8] OLG Hamm AG 2003, 585 (586) = NZG 2003, 632 – DAB/Hansa.
[9] S. zuletzt einerseits für eine vertragliche Grundlage *Bilda* FS Hüffer, 2010, 49, andererseits für eine gesetzliche Grundlage *Klöhn* System 128 ff., beide mN.

7a Nach hM handelt es sich bei den genannten eigenartigen Fällen (→ Rn. 7) um nichts anderes als bloße **gesetzliche Ergänzungen des Unternehmensvertrages** zum Schutze der außenstehenden Aktionäre.[10] Nach anderen ist dagegen anzunehmen, dass mit Abschluss eines Beherrschungs- oder Gewinnabführungsvertrages **zugleich** ein **gesetzliches Schuldverhältnis** (§§ 241 Abs. 2, 276, 311a Abs. 3 und 328 BGB) mit dem Inhalt des § 305 zwischen dem herrschenden Unternehmen und den außenstehenden Aktionäre begründet wird, das freilich nur in den genannten Fällen (→ Rn. 7) praktische Bedeutung erlange und sonst hinter dem vertraglichen Schuldverhältnis aufgrund des Unternehmensvertrages in den Hintergrund trete.[11] Die praktische Bedeutung der Diskussion ist gering, da über die Ergebnisse weithin Einigkeit besteht. Unter diesen Umständen spricht am meisten dafür, entsprechend dem Wortlaut des Gesetzes (§ 305 Abs. 1 S. 1) von der grundsätzlich **vertraglichen Natur** des Abfindungsanspruchs der außenstehenden Aktionäre auszugehen.

7b **3. Insolvenz.** Abfindungsansprüche außenstehender Aktionäre werden, nicht zuletzt aus verfassungsrechtlichen Gründen (Art. 14 GG), durch die Eröffnung des Insolvenzverfahrens über das Vermögen des herrschenden Unternehmens grundsätzlich *nicht* tangiert. Hatte ein außenstehender Aktionär das Abfindungsangebot des herrschenden Unternehmens bereits *vor* Eröffnung des Insolvenzverfahrens über das Vermögen des herrschenden Unternehmens angenommen, so findet § 103 InsO entsprechende Anwendung. Der Insolvenzverwalter hat folglich ein **Wahlrecht**. Lehnt er die Erfüllung ab, so ist der Schadensersatzanspruch des außenstehenden Aktionärs eine bloße *Insolvenzforderung* (§§ 38, 103 Abs. 2 InsO).[12] Ebenso ist zu entscheiden, wenn der Aktionär das Abfindungsangebot des herrschenden Unternehmens erst *nach* Eröffnung des Verfahrens annimmt.[13] Wiederum richtet sich folglich die weitere Rechtslage nach den entsprechend anwendbaren §§ 103 und 38 InsO, jedoch stehen den außenstehenden Aktionären während des Verfahrens keine Abfindungszinsen nach § 305 Abs. 3 zu.[14] Zu der Frage, ob durch die Eröffnung des Insolvenzverfahrens das Spruchverfahren unterbrochen wird, → SpruchG § 11 Rn. 17.

III. Anwendungsbereich, Delisting

8 Der Anwendungsbereich des § 305 entspricht dem des § 304 (→ § 304 Rn. 8 ff.). Die Abfindungspflicht auf Grund des § 305 bei Abschluss eines Beherrschungs- oder Gewinnabführungsvertrages mit einer abhängigen deutschen AG oder KGaA trifft daher jedes herrschende Unternehmen ohne Rücksicht auf seine Rechtsform und seinen Sitz, daher zB auch die öffentliche Hand oder ausländische Unternehmen.

9 In einer Reihe eigenartiger Fälle wird oder wurde doch bis vor kurzem eine **entsprechende Anwendung** des § 305 auf vergleichbare Fallgestaltungen erwogen.[15] Hervorzuheben sind die Fälle der qualifizierten Nachteilszufügung im faktischen Konzern (→ § 291 Rn. 24d; → Anh. § 317 Rn. 29), der faktischen und der verdeckten Beherrschungsverträge (→ § 291 Rn. 24–24d), der übertragenden Auflösung (→ § 327a Rn. 10; → SpruchG § 1 Rn. 6) sowie insbesondere die Fälle des sog. Delisting, dh des Widerrufs der Börsenzulassung durch die Zulassungsstelle auf Antrag der Gesellschaft nach § 39 Abs. 2 BörsG idF von 2015 (→ Rn. 10 f.). Allein auf den zuletzt genannten Fall ist hier näher einzugehen.

10 Als (vollständiges) **Delisting** bezeichnet man üblicherweise (die Terminologie schwankt) den vollständigen Rückzug einer Gesellschaft vom Börsenhandel durch den Antrag auf

---

[10] *Bilda* FS Hüffer, 2010, 49; *Paulsen* NZG 2005, 375 (376 f.); GroßkommAktG/*Hirte*/*Hasselbach* Rn. 7 f.; K. *Schmidt*/*Lutter*/*Stephan* Rn. 12.
[11] *Ammon* FGPrax 1998, 121, 122 f. unter II 3; *Luttermann* JZ 1997, 1183 f.; 2005, 201 (203); ders. NZG 2006, 816; *Korth* ZGR 1999, 402 (408 f.); *Röhricht* ZHR 162 (1998), 249 (256 ff.); Spindler/Stilz/*Veil* Rn. 10 f.; ebenso wohl die Rspr., insbes. BGHZ 138, 136 (138 f.) = NJW 1998, 1866 – ASEA/BBC II; BGHZ 176, 43 (50 f.) Rn. 14 f. = NZG 2008, 391 = AG 2008, 370 – EKU; anders insbes. *Klöhn* System 115, 128 ff.
[12] BGHZ 176, 43 (49 ff., 51 ff.) = NZG 2008, 391 = AG 2008, 370; *H.-F. Müller* ZIP 2008, 1701 (1702 ff.).
[13] *H.-F. Müller* ZIP 2008, 1701 (1703 ff.).
[14] BGHZ 176, 43 (60 ff.) Rn. 51 ff.; *H.-F. Müller* ZIP 2008, 1701 (1705).
[15] Ausf. *Klöhn* System 287 ff.; *Schoppe* Aktieneigentum, 2011, 264 ff.

Widerruf der Zulassung zum regulierten Markt aufgrund des § 39 Abs. 2 BörsG. Davon zu unterscheiden ist das bloße sog. **Downgrading** oder auch **Downlisting,** worunter man die Herabstufung von einem Börsensegment in ein anderes und damit insbesondere den Übergang von regulierten oder organisierten Markt der §§ 32 ff. BörsG zum (qualifizierten oder einfachen) Freiverkehr des § 48 BörsG versteht. Die **Problematik** des Delistings (einschließlich des vielfach als weniger gravierend eingestuften Downgradings) besteht zumal für Kleinaktionäre darin, dass sie schlagartig die Möglichkeit einbüßen, ihre bisher an einer liquiden Börse gehandelten Aktien zu veräußern und damit „wieder zu Geld zu machen". Die Folge ist häufig ein ganz erheblicher *Kursverlust* der Aktien noch vor Widerruf der Börsenzulassung.[16] Großaktionären, die Strukturmaßnahmen planen, durch die Abfindungsansprüche außenstehender Aktionäre ausgelöst werden können, insbesondere nach den §§ 305 und 327b, werden dadurch (bedenkliche) Spielräume für strategische Verhaltensweisen zum Nachteil außenstehender Aktionäre eröffnet, die auch durchaus gezielt genutzt werden.[17]

Die außenstehenden Aktionäre bedürfen deshalb des **Schutzes** gegen den Widerruf der Börsenzulassung auf Antrag des Emittenten nach § 39 Abs. 2 S. 1 BörsG. Deshalb bestimmte ursprünglich S. 2 der genannten Vorschrift lediglich, dass der Widerruf nicht dem Schutz der Anleger widersprechen darf. Die Einzelheiten regelten die **Börsenordnungen** in durchaus unterschiedlicher Weise. Üblich war vor allem die Anordnung einer Wartefrist, um den Aktionären noch Gelegenheit zu geben, ihre Aktien an der Börse (freilich zu dem bereits reduzierten Kurs) zu veräußern, bevor die Börsenzulassung widerrufen wird; weitergehende Schutzmechanismen waren selten.[18] Der BGH hatte deshalb im Jahre 2003 in dem **Macrotron-Urteil** entschieden, dass neben dem kapitalmarktrechtlichen Schutz der Anleger auf der Grundlage des § 39 Abs. 2 S. 2 BörsG auch *gesellschaftsrechtliche Schutzvorkehrungen* geboten seien, und zwar in Gestalt eines *Zustimmungsbeschlusses* der Hauptversammlung, in dem (analog § 207 UmwG) eine *Abfindung* der außenstehenden Aktionäre durch ein **Pflichtangebot** der Gesellschaft *oder* des Hauptaktionärs vorgesehen ist, das im Spruchverfahren entsprechend § 1 SpruchG überprüft werden konnte (→ SpruchG § 1 Rn. 6 f.).[19] Umstritten war die Übertragbarkeit dieser Rechtsprechung auf das sog. **Downlisting,** weil in diesem Fall die Aktien weiterhin im ggf. sogar qualifizierten Freiverkehr gehandelt werden. Während der BGH seinerzeit noch davon ausgegangen war, dass auch in diesem Fall ein Abfindungsangebot erforderlich sei,[20] überwog zuletzt jedenfalls für die dem regulierten Markt angenäherten Segmente des Freiverkehrs der Börsen in Frankfurt und München die gegenteilige Auffassung.[21] Dagegen blieb bei dem nachfolgenden Rückzug auch vom Freiverkehr ein Abfindungsangebot erforderlich.[22] Eine partielle gesetzliche Regelung des Fragenkreises fand sich seit 2007 in **§ 29 UmwG** für das sog. **kalte Delisting.** Von einem solchen spricht man bei der Aufspaltung einer börsennotierten AG in zwei nicht börsennotierte Gesellschaften[23] sowie bei Verschmelzung einer börsennotierten AG auf eine nicht

---

[16] Zahlen bei *Bayer/Hoffmann* AG 2015, R55, 2015 R 307.
[17] *Bayer/Hoffmann* AG 2015, R55; *Bungert/Leyendecker-Langner* BB 2014, 521; *Drygala/Staake* ZIP 2013, 905.
[18] S. zB *Brellochs* AG 2014, 633; *Hasselbach/Pröhl* NZG 2015, 209.
[19] BGHZ 153, 47 (55 ff.) = NJW 2003, 1032 – Macrotron; BGHZ 177, 131 (134 ff.) Rn. 10 ff. = NJW-RR 2008, 1355 = AG 2008, 659; BGH AG 2010, 453 = NZG 2010, 618; BayObLGZ 2004, 200 (202 ff.) = = AG 2005, 241 – Knürr AG; BayObLGZ 2004, 349 ff. =AG 2005, 288 – Macrotron II; OLG Frankfurt AG 2010, 332 = NZG 2010, 307; AG 2012, 330 = ZIP 2012, 371; s. dazu zB *Geyrhalter/P. Gänßler* NZG 2003, 313; *Grunewald* ZIP 2004, 542; *Habersack* AG 2005, 137 (141); *ders.,* ZHR 176 (2012), 463; *Henze* FS Raiser, 2005, 145; *ders.* FS Hadding, 2004, 409 (423 ff.); *Klöhn* System 313 ff.; *Schoppe* Aktieneigentum, 2011, 371 ff.; *Seibt/Wollenschläger* AG 2009, 807; *Vetter* ZHR 168 (2004), 8 (39 f.); *Wittgens* Spruchverfahrensgesetz, 2005, 36 ff.
[20] BGHZ 153, 47 (55 ff.) = NJW 2003, 1032 – Macrotron; LG Köln AG 2009, 835.
[21] OLG München AG 2008, 674 (677) = NZG 2008, 755; KG NZG 2009, 752 = AG 2009, 697; OLG Bremen AG 2013, 697; LG Berlin AG 2013, 846; *Seibt/Wollenschläger* AG 2009, 807 mN.
[22] KG ZIP 2009, 1116 (1117) = AG 2009, 697 = NZG 2009, 752.
[23] OLG Düsseldorf AG 2005, 252 = ZIP 2005, 300 – Rhenag; AG 2005, 480.

börsennotierte Gesellschaft, außer bei sofortiger Einführung der Aktien der neuen Gesellschaft an der Börse.[24] Ebenso zu behandeln ist die Eingliederung in eine nicht börsennotierte Gesellschaft.[25]

10b Die sachliche Berechtigung dieser Praxis war umstritten, weil offen war, ob die Beeinträchtigung der Verkehrsfähigkeit der Aktien durch die genannten börsenrechtlichen Vorgänge mit einem Eingriff in die Substanz des Eigentumsrechts iSd Art. 14 GG verglichen werden kann.[26] Diese Frage wurde schließlich im Jahre 2012 vom **BVerfG** in der Tat verneint.[27] Danach berührt der Widerruf der Börsenzulassung für den regulierten Markt *nicht* den Schutzbereich des Eigentumsgrundrechts des Art. 14 GG der Aktionäre. Dies gelte erst recht für das bloße Downlisting.[28] Das BVerfG hatte es jedoch auf der anderen Seite *gebilligt,* im Wege einer „Gesamtanalogie" aus den Vorschriften insbesondere des AktG und des UmwG über die Verpflichtung zur Zahlung einer Abfindung bei Strukturmaßnahmen (§§ 305, 320b und 327b AktG sowie §§ 29 und 207 UmwG) jedenfalls bei dem freiwilligen *Delisting* eine Verpflichtung der Gesellschaft oder des Hauptaktionärs zu einem **Pflichtangebot** abzuleiten, das im Spruchverfahren überprüft werden kann.[29]

10c Das Urteil des BVerfG von 2012 (→ Rn. 10b) löste erwartungsgemäß eine lebhafte Diskussion aus, in der bereits wiederholt die Auffassung vertreten wurde, mit dem Urteil des BVerfG sei der bisherigen Rechtsprechung zum Delisting die Grundlage entzogen.[30] Und tatsächlich schloss sich der **BGH** dieser Auffassung Ende des Jahres 2013 in dem viel diskutierten **Frosta-Beschluss** an, in dem er entschied, dass der Antrag der Geschäftsführung auf Widerruf der Börsenzulassung nach § 39 Abs. 2 BörsG keiner Zustimmung der Hauptversammlung bedürfe, dass außerdem ein Abfindungsangebot der Gesellschaft oder des Großaktionärs entbehrlich sei, dass deshalb die Aktionäre keinen Anspruch auf eine Abfindung hätten und dass aus demselben Grund kein Spruchverfahren über die Höhe der Abfindung zulässig sei.[31] Die **Unzulässigkeit von Spruchverfahren** bei Widerruf der Börsenzulassung erfasste auch bei Erlass des Frosta-Beschlusses des BGH bereits *anhängige,* noch unter der Geltung der Macrotron-Doktrin eingeleitete *Spruchverfahren,* die – zum offenbaren Nachteil der außenstehenden Aktionäre – nicht mehr weitergeführt werden durften.[32] Wurde das Verfahren noch vor Erlass des Frosta-Beschlusses des BGH abgeschlossen, so sollte es außerdem entbehrlich sein, die Entscheidung nach § 14 SpruchG bekannt zu machen, sodass auch keine Frist zur Annahme des Abfindungsangebots mehr ausgelöst wird.[33] In dieses Bild der *totalen Verweigerung jeden Rechtsschutzes* für außenstehende Aktionäre bei Widerruf der Börsenzulassung gehört es schließlich noch, dass ihnen auch, um das Maß voll zu machen, der *Verwaltungsrechtsweg* gegen einen Widerruf der Börsenzulassung versperrt wurde, weil § 39 Abs. 2 S. 2 BörsG keine drittschützende Wirkung habe, eine offenbar willkürliche Annahme.[34]

10d Der Frosta-Beschluss des BGH löste eine regelrechte *Delistingwelle* aus, in der es durchweg zu erheblichen *Vermögensverlusten* der außenstehenden Aktionäre in Gestalt von Kursverlus-

---

[24] OLG Stuttgart AG 2006, 420 (428) – Wüstenrot und Württembergische AG; AG 2010, 42 (46) = WM 2010, 173; vgl. auch BayObLGZ 2004, 200 (202 ff.) = AG 2005, 241.

[25] MüKoAktG/*Kubis* Anh. SpruchG § 1 Rn. 22.

[26] Abl. insbes. *Gude* Strukturänderungen 73 f.; *Krolop* NZG 2005, 546; KK-SpruchG/*Wasmann* § 1 Rn. 19 ff., 42.

[27] BVerfGE 132, 99 Rn. 51 ff. = NJW 2012, 3081 = AG 2012, 657 – Lindner/MVS.

[28] BVerfGE 132, 99 Rn. 69.

[29] BVerfGE 132, 99 Rn. 72 ff., 86.

[30] *Bungert/Wettich* BB 2012, 2265; *C. Heldt/Cl. Royé* AG 2012, 660; *Kiefner/Gillessen* AG 2012, 645; *Klöhn* NZG 2012, 1041; *Königshausen* BB 2012, 2414; *Paschos/Klaaßen* ZIP 2013, 154; *Reger/Schilka* NJW 2012, 3066; *Schmid* GRUR 2012, 320; *Schnaittacher/Stindt* WM 2012, 2225.

[31] BGH NJW 2014, 146 = AG 2013, 877.

[32] OLG München AG 2015, 277 = NZG 2015, 556; OLG Stuttgart AG 2015, 326; NZG 2015, 629 = AG 2015, 321; OLG Jena AG 2015, 450; OLG Düsseldorf AG 2015, 270 = NZG 2015, 518; OLG Karlsruhe AG 2015, 366 = NZG 2015, 516; zust zB *G. A. Müller/Schorn* AG 2015, 420 mN; dagegen aber zutr. *Lochner/Schmitz* AG 2014, 489.

[33] LG Frankfurt a.M. AG 2014, 330.

[34] So erstaunlicherweise VG Frankfurt AG 2013, 847.

ten wegen des Widerrufs der Börsenzulassung (wie befürchtet oder auch erhofft) kam.[35] Trotz dieser negativen Erfahrungen überwogen die **positiven Kommentare** interessierter Kreise in denen insbesondere die Erleichterung etwaiger Strukturmaßnahmen der Großaktionäre betont wurde.[36] **Kritische Stimmen,** die zu Recht auf die grundlose massive Beeinträchtigung der Vermögensposition der außenstehenden Aktionäre durch den unverständlichen Kurswechsel des BGH hinwiesen, blieben selten.[37] Sie fanden jedoch erfreulicherweise Gehör bei dem Gesetzgeber, der sich schließlich für eine **kapitalmarktrechtliche** (und damit gegen eine an sich vorzugswürdige gesellschaftsrechtliche) **Lösung** der Problematik entschied. Die ausführliche gesetzliche Regelung findet sich jetzt in § 39 des Börsengesetzes idF des Gesetzes zur Umsetzung der Transparenzrichtlinie-Änderungsrichtlinie von 2015 (BGBl. 2015 I 2029). Danach setzt fortan der Antrag der Geschäftsführung einer Gesellschaft auf Widerruf der Börsenzulassung ein **Angebot auf Erwerb** der Aktien zu dem durchschnittlich gewichteten Börsenkurs der letzten sechs Monate voraus, während ein Hauptversammlungsbeschluss weiterhin entbehrlich ist. Wegen der Berechnung des Börsenkurses verweist das Gesetz auf § 31 WpÜG und damit auf die Angebotsverordnung zu dem WpÜG. Für die Kontrolle der Höhe des Erwerbspreises steht der ordentliche Rechtsweg offen. Für eine Anwendung des SpruchG ist damit jetzt kein Raum mehr.[38]

IV. Abfindungsformen

1. Abfindung in Aktien. a) § 305 Abs. 2 Nr. 1. Das Gesetz kennt in § 305 Abs. 2 **11** Nr. 1–3 *nur zwei Formen der Abfindung,* nämlich die Abfindung in Aktien als Regelform (→ Rn. 12 ff.) sowie die subsidiär geschuldete Barabfindung (→ Rn. 17 f.). Eine vergleichbare Regelung enthält für die Eingliederung durch Mehrheitsbeschluss § 320b Abs. 1 S. 2 und 3, während bei dem Ausschluss von Minderheitsaktionären naturgemäß nur eine Barabfindung in Betracht kommt (§ 327a Abs. 1 S. 1). Durch diese Regelung wird das herrschende Unternehmen nicht daran gehindert, den außenstehenden Aktionären *wahlweise* (zusätzlich) auch noch eine **andere Abfindung** anzubieten, etwa in Gestalt der früher häufigen Substanzkoppelung, die von den Gesetzesverfassern lediglich als Regelform der Abfindung verworfen wurde.[39]

Bei der Abfindung in Aktien muss man nach § 305 Abs. 2 Nr. 1 und 2 zwei Fälle unter- **12** scheiden. Eine Abfindung (zumindest auch) in Aktien ist nach § 305 Abs. 2 Nr. 1 vorgeschrieben, wenn der andere Vertragsteil eine **unabhängige AG** oder KGaA mit Sitz in der EU (oder in dem EWR) ist, wobei auf den **Satzungssitz** abzustellen sein dürfte.[40] Auch in diesem Fall hindert die Parteien jedoch nichts, den außenstehenden Aktionären *zusätzlich* noch eine andere Abfindung und insbesondere eine Geldabfindung anzubieten (→ Rn. 11), insbesondere, wenn die herrschende Gesellschaft nach Möglichkeit eine Abfindung der außenstehenden Aktionäre in eigenen Aktien vermeiden will, etwa, um die bestehenden Mehrheitsverhältnisse nicht zu beeinflussen, oder weil die Beschaffung eigener Aktien in der nötigen Anzahl auf Schwierigkeiten stößt.

Hatte die abhängige Gesellschaft **unterschiedliche Aktiengattungen** ausgegeben, so **13** müssen die als Abfindung angebotenen Aktien grundsätzlich derjenigen Aktiengattung entsprechen, die die außenstehenden Aktionäre innehaben (Prinzip der **Gattungsgleichheit** oder der Gleichbehandlung). Dies bedeutet, dass **Stammaktionäre** der abhängigen Gesellschaft nach Möglichkeit mit Stammaktien der herrschenden Gesellschaft und **Vorzugsaktionäre** mit Vorzugsaktien der herrschenden Gesellschaft abzufinden sind, wobei Wertunter-

---

[35] Zahlen bei *Bayer/Hoffmann* AG 2015, R55; 2015, R 307; ebenso zB *J. Koch/Harnos* NZG 2015, 729.
[36] Beispielsweise *Kocher/Widder* NJW 2014, 127; *Lampert/Weichel* WM 2014, 1024; *Roßkopf* ZGR 2014, 487; *Stöber* WM 2014, 1757; *Wieneke* NZG 2014, 27.
[37] *Bayer* ZfPW 2015, 163; *Drygala/Staake* ZIP 2013, 905; *Habersack* JZ 2014, 147; *J. Hoffmann* FS Stilz, 2014, 267 (279 f.) mN; *J. Koch/Harnos* NZG 2015, 729.
[38] Wegen aller Einzelheiten s. *Bayer* NZG 2015, 1169; *W. Groß* AG 2015, 812, beide mN.
[39] Begr. RegE bei *Kropff* AktG 397.
[40] *Grigoleit/Servatius* Rn. 10; *K. Schmidt/Lutter/Stephan* Rn. 39.

schiede zwischen den Aktien bei der Bemessung der Höhe der Abfindung zu berücksichtigen sind (→ Rn. 75a, 75b).[41] Voraussetzung ist natürlich, dass es bei beiden Gesellschaften überhaupt unterschiedliche Aktiengattungen gibt. Ist dies dagegen **nur bei der abhängigen Gesellschaft** der Fall, so wird überwiegend auch eine Abfindung der Vorzugsaktionäre mit *Stammaktien* der anderen (herrschenden) Gesellschaft zugelassen (→ Rn. 75a).[42] Nichts anderes gilt im Ergebnis, wenn **nur bei der herrschenden Gesellschaft** Stamm- und Vorzugsaktionäre vorhanden sind; auch dann kommt grundsätzlich nur eine Abfindung in Stammaktien in Betracht.[43] Wegen der Einzelheiten ist auf die Ausführungen zu § 320b zu verweisen (→ § 320b Rn. 6f.).

13a Zu beachten ist, dass in bestimmten Fällen eine Abfindung in Aktien der herrschenden Gesellschaft auch deshalb ausgeschlossen sein kann, weil dem betreffenden außenstehenden Aktionär der Erwerb von Aktien der herrschenden Gesellschaft *nicht gestattet* ist.[44] Ein Beispiel ist – neben den Fällen der Mehrmütterorganschaft (→ Rn. 17) – der Fall der Abhängigkeit des außenstehenden Aktionärs von der herrschenden Gesellschaft (§§ 71d, 71; → § 304 Rn. 20). In derartigen Fällen kommt allein eine *Barabfindung* in Betracht (→ Rn. 16f.).

14 **b) § 305 Abs. 2 Nr. 2.** Ist der andere Vertragsteil eine abhängige oder in Mehrheitsbesitz stehende AG oder KGaA und das herrschende oder an ihm mit Mehrheit beteiligte Unternehmen seinerseits eine AG oder KGaA mit Sitz in der EU (oder in dem EWR), so kommen als Abfindung (mindestens) *entweder* die Gewährung von Aktien der herrschenden oder mit Mehrheit beteiligten *Obergesellschaft oder* eine Barabfindung in Betracht (§ 305 Abs. 2 Nr. 2).[45] *Keine* Rolle spielt in diesem Fall, *wo* der andere Vertragsteil seinen Sitz hat (zum Wahlrecht → Rn. 15f.).[46] § 305 Abs. 2 Nr. 2 ist auch anwendbar, wenn der andere Vertragsteil (die abhängige AG oder KGaA) ihren Sitz in einem Drittland hat, sofern sich nur der **Sitz der Obergesellschaft** des Konzerns in der **EU** (oder in dem EWR) befindet. Gleich steht nach Sinn und Zweck der Regelung der Fall, dass der andere Vertragsteil zwar die Rechtsform einer **GmbH** hat, jedoch die Obergesellschaft des Konzerns die Rechtsform einer europäischen AG oder KGaA besitzt.[47] § 305 Abs. 2 Nr. 2 ist ferner in drei- oder **mehrstufigen** Konzernen entsprechend anzuwenden (→ Rn. 59ff.).[48] Abfindungs*schuldner* bleibt aber in jedem Fall der *andere* Vertragsteil, sodass sich dieser notfalls die zur Abfindung benötigten Aktien der Obergesellschaft des Konzerns erst noch besorgen muss (→ Rn. 22f.). Die Möglichkeit hierzu eröffnet ihm § 71d S. 2 iVm § 71 Abs. 1 Nr. 3 (→ Rn. 24).

15 Das Gesetz sagt in **§ 305 Abs. 2 Nr. 2** (→ Rn. 14) nicht ausdrücklich, **wem** das **Wahlrecht** zwischen der Barabfindung und der Abfindung in Aktien der Obergesellschaft zustehen soll. In Betracht kommen daher gleichermaßen die Vertragsparteien wie die außenstehenden Aktionäre. Billigt man das Wahlrecht den Vertragsparteien zu, so können sie sich in dem Vertrag auch darauf beschränken, den außenstehenden Aktionären *allein* eine Abfindung in Aktien *oder* eine Barabfindung anzubieten, während sie im zweiten Fall in dem Vertrag von vornherein ebenso wie bei der Eingliederung *beide* Abfindungsformen nach

---

[41] Vgl. OLG Düsseldorf AG 2002, 398 (402) – Kaufhof/Metro (Abschlag von 20 % auf die Vorzugsaktien, weil sie am Markt entsprechend niedriger als die Stammaktien bewertet würden); K. Schmidt/Lutter/*Stephan* Rn. 41; Spindler/Stilz/*Veil* Rn. 35.
[42] OLG Düsseldorf AG 2003, 329 (334) = NZG 2003, 588 – Siemens/SNI; Hölters/*Deilmann* Rn. 4; Hüffer/*Koch* Rn. 11; Grigoleit/*Servatius* Rn. 10.
[43] Hölters/*Deilmann* Rn. 4; anders K. Schmidt/Lutter/*Stephan* Rn. 41.
[44] Spindler/Stilz/*Veil* Rn. 34.
[45] Diese Vorschrift bezieht sich zwar ihrem Wortlaut nach zunächst nur auf den Fall eines „herrschenden Unternehmens" (§ 17); der weitere Text der Nr. 2 des § 305 Abs. 2 zeigt jedoch, dass damit auch die Mehrheitsbeteiligung (§ 16) erfasst werden sollte (unstr.).
[46] MHdB AG/*Krieger* § 70 Rn. 119.
[47] Anders K. Schmidt/Lutter/*Stephan* Rn. 44f.
[48] Hölters/*Deilmann* Rn. 6; MüKoAktG/*Paulsen* Rn. 55; KK-AktG/*Koppensteiner* Rn. 45; MHdB AG/*Krieger* § 70 Rn. 119; *Pentz* Enkel-AG 102ff.; K. Schmidt/Lutter/*Stephan* Rn. 43.

Wahl der außenstehenden Aktionäre vorsehen müssen. Obwohl die zweite Alternative für die außenstehenden Aktionäre offenkundig vorzugswürdig ist, wird doch heute durchweg das Wahlrecht **allein** den **Vertragsparteien** zugebilligt (→ § 320b Rn. 11).[49] Maßgebend für diese Entscheidung ist vor allem – neben dem von § 320b Abs. 1 S. 3 abweichende Wortlaut des § 305 Abs. 2 Nr. 2 – die in § 305 Abs. 5 S. 3 ausgesprochene Bindung des Gerichts an die Wahl einer der beiden Abfindungsformen durch die Parteien in dem Vertrag.

2. Barabfindung. Für sämtliche nicht durch die § 305 Abs. 2 Nr. 1 und 2 erfassten Fälle (→ Rn. 12 ff.) sieht das Gesetz in § 305 Abs. 2 **Nr. 3** des allein eine Barabfindung vor, in erster Linie also, wenn weder der andere Vertragsteil noch die ihn beherrschende Gesellschaft eine (europäische) AG oder KGaA ist, sondern zB eine GmbH oder eine KG. Hierher gehört außerdem der Fall, dass als herrschendes Unternehmen eine Körperschaft des öffentlichen Rechts fungiert oder dass der andere Vertragsteil im Mehrheitsbesitz der **öffentlichen Hand** steht oder von dieser abhängig ist.[50]

Gleich steht nach hM der Fall mehrfacher Abhängigkeit einschließlich des Falles der **Mehrmütterorganschaft** wegen der bei einer Mehrzahl von herrschenden Gesellschaften nur schwer lösbaren Umrechnungsprobleme bei einer Abfindung in Aktien.[51] Stattdessen könnte man freilich auch daran denken, die Verpflichtung zur Abfindung in Aktien dann allen denjenigen Müttern gleichmäßig aufzuerlegen, die die Rechtsform einer AG oder KGaA haben, während andere Mütter nur eine Barabfindung schuldeten. Die Folge wäre freilich, dass die außenstehenden Aktionäre gleich ein vielfaches Wahlrecht erhielten.[52] Nichts hindert jedenfalls die Beteiligten, neben der in jedem Fall geschuldeten Barabfindung zusätzlich eine Abfindung in Aktien einer oder mehrerer Mütter anzubieten.

V. Abfindungsanspruch

1. Gläubiger. Nach den §§ 304 und 305 haben **allein die außenstehenden Aktionäre** die Wahl zwischen Ausgleich und Abfindung. Der Begriff der außenstehenden Aktionäre ist hier derselbe wie in § 304 (→ § 304 Rn. 15 ff.). Das Wahlrecht der außenstehenden Aktionäre, ihr sog. Optionsrecht, entsteht mit Wirksamwerden des Vertrags durch **Eintragung** ins Handelsregister (§§ 294, 304, 305)[53] und ist *während* der *Frist* des § 305 Abs. 4 auszuüben. Wahlberechtigt sind folglich alle Aktionäre, die – irgendwann – *innerhalb* dieser *Frist und vor Vertragsende* die Eigenschaft als außenstehender Aktionär erwerben (→ Rn. 20 ff.).

Ist das Wahlrecht ausnahmsweise **nicht befristet,** so besteht es bis zum Vertragsende fort. Bis zu diesem Zeitpunkt gebührt folglich den außenstehenden Aktionären zunächst der Ausgleich nach § 304. Die bloße **Entgegennahme der Ausgleichszahlungen** des anderen Vertragsteils stellt, solange die Frist für die Geltendmachung des Abfindungsanspruchs (§ 305 Abs. 4) noch läuft, *keinen Verzicht* auf die Abfindung dar; anders verhält es sich nur, wenn der außenstehende Aktionär ausdrücklich (unmissverständlich) auf das Abfindungsangebot des herrschenden Unternehmens zugunsten des Ausgleichs verzichtet, weil (nur) dann nach dem Zweck der Regelung das ihm gemachte Angebot des herrschenden Unternehmens erlischt (§ 146 BGB, → § 304 Rn. 21b), sonst dagegen nicht. Unklar ist die Rechtslage, die sich ergibt, sobald der außenstehende Aktionär das Abfindungsangebot des anderen Vertragsteils dh dessen **Antrag** auf Abschluss eines Kauf- oder Tauschvertrags über seine Aktien **annimmt;** zum Teil wird angenommen, dass mit Zugang der

---

[49] OLG Düsseldorf AG 2009, 873 = OLGR 2009, 511 – AML/AMB; Hölters/*Deilmann* Rn. 8; MüKoAktG/*Paulsen* Rn. 58; *Exner* Beherrschungsvertrag 239 ff.; K. Schmidt/Lutter/*Stephan* Rn. 8; *Pentz* Enkel-AG 96.
[50] BGHZ 69, 334 (335 ff.) = NJW 1978, 104 = AG 1978, 50 – Veba/Gelsenberg.
[51] MüKoAktG/*Paulsen* Rn. 61; *Emmerich/Gansweid* JuS 1975, 294 (298); Hüffer/*Koch* Rn. 12; K. Schmidt/Lutter/*Stephan* Rn. 46.
[52] So MHdB AG/*Krieger* § 70 Rn. 121 (1255).
[53] BGHZ 176, 43 (49) Rn. 13 = NZG 2008, 391 = AG 2008, 370 – EKU; s. iE *Tebben* AG 2003, 600 (601); Spindler/Stilz/*Veil* Rn. 17.

Annahmeerklärung des Aktionärs bei dem anderen Vertragsteil (wodurch der Kauf- oder Tauschvertrag zustande kommt) zugleich sein Anspruch auf Ausgleichsleistungen erlösche, weil Ausgleich und Abfindung von dem anderen Vertragsteil immer nur *alternativ* geschuldet würden.[54] Dem ist nicht zu folgen, weil bei Annahme des Erlöschens des Ausgleichsanspruchs dem anderen Vertragsteils Spielräume für strategische Verhaltensweisen zum Nachteil der außenstehenden Aktionäre in Gestalt der systematischen *Verzögerung der Abfindungsleistungen* eröffnet würden. Deshalb ist anzunehmen, dass der Ausgleich weiter zu zahlen ist, *bis die Abfindung* in Gestalt der Leistung von Aktien oder der Zahlung des Kaufpreises *tatsächlich* erbracht ist (→ Rn. 25, 30; → § 304 Rn. 21b, 74 f.). Etwaige Schadensersatzansprüche der außenstehenden Aktionäre wegen Verzugs sind kein angemessener Ersatz. Der Wortlaut des Gesetzes steht der hier vorgeschlagenen Lösung nicht entgegen. Der Anspruch auf die Abfindung **erlischt** ferner, wenn der außenstehende Aktionär seine Aktien an Dritte veräußert (→ § 304 Rn. 21b) *oder* wenn der Vertrag endet. (Nur) für den Fall der **Barabfindung** folgt daraus außerdem, dass sich der außenstehende Aktionär nach der Wahl der Barabfindung die von ihm bereits empfangenen Ausgleichsleistungen allein auf die jetzt vom herrschenden Unternehmen geschuldeten Abfindungszinsen nach § 305 Abs. 3 S. 3 anrechnen lassen muss (→ Rn. 33 f.).

20 Das Abfindungsrecht steht **jedem außenstehenden Aktionär** ohne Rücksicht darauf zu, *wann* er seine Aktien innerhalb der möglicherweise sehr langen Frist des § 305 Abs. 4 *und* vor Vertragsende *erworben* hat (→ § 304 Rn. 21). Es besteht kein Anlass, das Recht der außenstehenden Aktionäre, durch Annahme des Abfindungsangebots des anderen Vertragsteils einen Kauf- oder Tauschvertrag über ihre Aktien zustande zu bringen, auf diejenigen Aktionäre zu beschränken, die mehr oder weniger zufällig im Augenblick der Fassung des Zustimmungsbeschlusses (§ 293 Abs. 1) oder der Eintragung des Vertrags ins Handelsregister (§ 294 Abs. 2) gerade außenstehende Aktionäre waren, wie vielfach angenommen wird.[55] Nicht nur, dass dem Wortlaut des Gesetzes kein Hinweis auf eine derartige Beschränkung des Kreises der Anspruchsberechtigten entnommen werden kann; auch sachlich ist kein Grund für eine Zurücksetzung von Aktionären zu erkennen, die ihre Aktien erst nach den genannten Zeitpunkten erworben haben. Insbesondere **Inhaber junger Aktien,** die aus einer von der abhängigen Gesellschaft nach Wirksamwerden des Unternehmensvertrags durchgeführten **Kapitalerhöhung** gegen Einlagen stammen, können von dem Abfindungsrecht nicht ausgeschlossen werden (§ 53a).[56] Ebenso verhält es sich bei einer Kapitalerhöhung aus Gesellschaftsmitteln. Dasselbe gilt von Aktionären, die nach dem genannten Zeitpunkt **durch Eingliederung** oder **Verschmelzung** Aktionäre der abhängigen Gesellschaft werden, immer vorausgesetzt, dass es sich bei ihnen zugleich um außenstehende Aktionäre iSd §§ 304 und 305 handelt (→ § 304 Rn. 16).[57] Anders dagegen in allen genannten Fällen bei einem Erwerb der Aktien erst *nach Vertragsende,* selbst wenn dann noch ein Spruchverfahren anhängig sein sollte (→ Rn. 21).

21 Allein die hier vertretene Auffassung erlaubt auch eine sachgerechte Lösung insbesondere des umstrittenen Falles der **Veräußerung** von Aktien **durch das herrschende Unternehmen** (oder gleichstehende Aktionäre), Für diesen Fall war zum Teil die Auffassung vertreten worden, die Erwerber könnten in solchem Fall, mangels eines Abfindungsrechts des Veräußerers, gleichfalls kein Abfindungsrecht erwerben.[58] Dabei wurde jedoch übersehen, dass sich das Abfindungsangebot des anderen Vertragsteils, dh dessen Antrag auf Abschluss eines Kauf- oder Tauschvertrags über die Aktien der außenstehenden Aktionäre an jeden Aktionär richtet, der *während* der Frist des § 305 Abs. 4 *und vor* Vertragsende, von wem immer und

---

[54] Grigoleit/*Servatius* Rn. 4; K. Schmidt/Lutter/*Stephan* Rn. 29.
[55] So zB Grigoleit/*Servatius* Rn. 6; *Bilda* AG 2008, 641; *Bungert/L. Bednarz* BB 2006, 1865 (1867 f.).
[56] BGHZ 167, 299 (303 f.) Rn. 11 = NJW 2006, 3146 – Jenoptik; LG München I AG 1998, 147 – Paulaner/Hacker-Pschorr; Hölters/*Deilmann* Rn. 13; GroßkommAktG/*Hirte*/*Hasselbach* Rn. 16; K. Schmidt/Lutter/*Stephan* Rn. 19–22.
[57] Hölters/*Deilmann* Rn. 13; KK-AktG/*Koppensteiner* Rn. 35; MHdB AG/*Krieger* § 70 Rn. 110 (1250).
[58] OLG Jena AG 2005, 619 = NZG 2005, 400 – Jenoptik; s. ausf. 7. Aufl. Rn. 21 mN.

wie immer, Aktien der abhängigen Gesellschaft erwirbt, sofern er nur zu dem Kreis der *außenstehenden* und damit abfindungsberechtigten Aktionäre gehört, also insbesondere auch dann, wenn er seine Aktien von dem herrschenden Unternehmen oder einem gleichstehenden anderen Aktionär erworben habt.[59] Anders dagegen, wenn im Augenblick des Erwerbs der Aktien die Frist des § 305 Abs. 4 bereits **a**bgelaufen ist oder der Unternehmensvertrag mittlerweile sein Ende gefunden hat: In diesen Fällen erwerben die neuen Aktionäre folglich kein Abfindungsrecht mehr, selbst dann nicht, **wenn** noch ein **vertragsüberdauerndes Spruchverfahren anhängig** ist, weil in solchem Fall lediglich zu Gunsten der *früheren* außenstehenden Aktionäre (die die fragliche Eigenschaft bereits bei Einleitung des Verfahrens hatten) der Fortbestand ihres Abfindungsrechts *fingiert* wird (→ § 297 Rn. 56; → Rn. 34; → SpruchG § 11 Rn. 12 ff.).[60]

21a Für die Frage der **Beweislast** folgt aus dem Gesagten (→ Rn. 21), dass ein Aktionär, der noch nach Vertragsende die Abfindung verlangt, alle Anspruchsvoraussetzungen behaupten und beweisen muss – einschließlich des Umstandes, dass er bereits vor Vertragsende die Aktien erworben hatte oder dass sein Erwerb auf Gesamtrechtsnachfolge nach einem außenstehenden Aktionär beruht.[61] Macht das herrschende Unternehmen demgegenüber geltend, dass der fragliche Aktionär ausnahmsweise nicht zum Kreis der außenstehenden Aktionäre gehört, so dürfte es sich um eine Einwendung handeln, die das herrschende Unternehmen beweisen muss.

21b Zusätzliche Fragen stellen sich, wenn der Aktionär **vor der Veräußerung** seiner Aktien bereits von seinem Optionsrecht Gebrauch gemacht, dh den **Antrag** des herrschenden Unternehmens auf Abfindung schon **angenommen,** seine Aktien aber noch nicht übertragen hatte. Für diesen Fall findet sich teilweise die Auffassung, dass der Erwerber der Aktien an die Ausübung des Optionsrechts durch den Veräußerer gebunden sei, sodass er den von dem Veräußerer bereits abgeschlossenen Kauf- oder Tauschvertrag über die erworbenen Aktien seinerseits erfüllen müsse.[62] Dafür fehlt indessen jede Begründung, da der Veräußerer offenbar keine Vertretungsmacht für den Erwerber besitzt.[63] Der Veräußerer hat es sich bei dieser Fallkonstellation letztlich selbst zuzuschreiben, dass er zwei widersprüchlichen Verträgen gegenübersteht, sodass er ggf. dem anderen Vertragsteil, dem herrschenden Unternehmen wegen der von ihm zu vertretenden Unmöglichkeit der Erfüllung des von ihm freiwillig eingegangen Kauf- oder Tauschvertrags zum Schadensersatz verpflichtet ist (§ 283 BGB).[64] Eine abweichende Beurteilung kommt nur in den Fällen der **Gesamtrechtsnachfolge** in Betracht; insbesondere Erben erlangen auch noch nach Vertragsende im Falle eines vertragsüberdauernden Spruchverfahrens die Rechtsstellung ihres Erblassers einschließlich des zu dessen Gunsten als fortbestehend fingierten Wahlrechts.[65]

21c Mit Übergang des Eigentums an den Aktien wird der **Erwerber** außenstehender Aktionär und erwirbt als solcher das **Wahlrecht** zwischen Ausgleich und Abfindung (§§ 304 und 305). Solange er von dem Wahlrecht keinen Gebrauch macht, stehen ihm folglich – ebenso wie ggf. dem Veräußerer für die vorausgehende Zeitspanne – die **Ausgleichsleistungen** zu. Nach der Wahl der Abfindung muss er sich dementsprechend nur die von *ihm* bezogenen

---

[59] BGHZ 167, 299 (303, 305 f.) Rn. 11 f., 17 ff. = NJW 2006, 3146 – Jenoptik; BGHZ 176, 43 (54) Rn. 22 – EKU; Hölters/*Deilmann* Rn. 16; wegen der Einzelheiten s zB *Emmerich* JuS 2006. 938 mN.
[60] BVerfG ZIP 2007, 1055 = AG 2007, 483 – Jenoptik; OLG Düsseldorf WM 2006, 2219 = AG 2007, 325 (327 ff.); *H. Braun/L. Krämer* ZIP 2006, 1396; *Bungert/L. Bednarz* BB 2006, 1865; Hölters/*Deilmann* Rn. 15; *Lehmann* WM 2007, 771; *Luttermann* NZG 2006, 816; MüKoAktG/*Paulsen* Rn. 27 ff.; K. Schmidt/Lutter/*Stephan* Rn. 23; Spindler/Stilz/*Veil* Rn. 23 ff.; – dagegen *Butzke* FS Hüffer, 2010, 97 (101 ff.).
[61] BGHZ 167, 299 (304 f.) Rn. 14 = NJW 2006, 3146; BGHZ 176, 43 (54) Rn. 22 – EKU; *Bungert/Bednarz* BB 2005, 1865 (1867) (r. Sp. 2. Abs.); *Paulsen* NZG 2005, 375 (381); *Ruoff* BB 2005, 2201 (2204 f.); aA *Hirte/Mock* DB 2005, 1444.
[62] Für Bindung des Erwerbers KK-AktG/*Koppensteiner* Rn. 32; MHdB AG/*Krieger* § 70 Rn. 110; *Stimpel* AG 1998, 259 (263).
[63] Zutr. Hölters/*Deilmann* Rn. 16; K. Schmidt/Lutter/*Stephan* Rn. 26; MüKoAktG/*Paulsen* Rn. 35; offengelassen von *Bungert/L. Bednarz* BB 2006, 1865 (1866).
[64] So K. Schmidt/Lutter/*Stephan* Rn. 26.
[65] *H. Braun/L. Krämer* ZIP 2006, 1396 (1399) (r. Sp. 2. Abs.); Hölters/*Deilmann* Rn. 16.

Ausgleichsleistungen auf die Abfindungs*zinsen* anrechnen lassen, nicht etwa auch die an den Veräußerer erbrachten Ausgleichsleistungen (→ Rn. 33b), – wodurch im Falle des Aktienhandels die Belastung des herrschenden Unternehmens deutlich erhöht werden kann.[66] **Nach Beendigung** des Unternehmensvertrags kann der Erwerber dagegen kein Wahlrecht zwischen Abfindung und Ausgleich mehr erwerben. Der maßgebende **Zeitpunkt,** von dem ab die Schutzbedürftigkeit eines Aktienerwerbers entfällt, ist der der Bekanntmachung der Eintragung der Vertragsbeendigung ins Handelsregister (§ 298 AktG iVm § 10 HGB). Auch **§ 15 HGB** dürfte hier anwendbar sein.[67]

21d Besonderheiten gelten bei **Nichtigkeit des Unternehmensvertrages,** zB infolge des Fehlens oder der erfolgreichen Anfechtung eines Zustimmungsbeschlusses oder wegen Verstoßes gegen die §§ 125, 134 und 138 BGB. Teilweise werden auf diese Fälle, zumindest nach Eintragung des Vertrags ins Handelsregister (§ 294) und Vollzug des Vertrages, die Regeln über fehlerhafte Unternehmensverträge angewandt (→ § 291 Rn. 28 ff.) und daraus der Schluss gezogen, dass es dementsprechend jedenfalls für die Vergangenheit bei der Anwendung der §§ 304 und 305 verbleiben müsse (→ SpruchG § 11 Rn. 11a). Dieser Meinung ist *nicht* zu folgen (→ § 291 Rn. 30). Erweist sich der Vertrag im Nachhinein als nichtig, etwa infolge der erfolgreichen Anfechtung eines der Zustimmungsbeschlüsse, so äußert er eben keine Rechtswirkungen, sodass auf ihn auch *keine Ansprüche auf Ausgleich und Abfindung* mehr gestützt werden können, während sich ein bereits eingeleitetes Spruchverfahren erledigt (→ § 291 Rn. 30 f.; → SpruchG § 11 Rn. 11a).[68]

22 **2. Schuldner.** Die Abfindungspflicht trifft nach § 305 Abs. 1 den „anderen Vertragsteil", das meistens sog. **herrschende Unternehmen,** das aus dem Beherrschungs- oder Gewinnabführungsvertrag berechtigt ist (→ Rn. 14). Wird gleichwohl in dem Vertrag die abhängige Gesellschaft als Schuldner der Abfindung bezeichnet, so ist es so anzusehen, als ob der Vertrag überhaupt keine Abfindungsregelung enthalte (§ 305 Abs. 5 S. 2). Die abhängige Gesellschaft kann in die Abwicklung lediglich als Bote oder Vertreter des herrschenden Unternehmens eingeschaltet werden.[69]

23 Es ist allein Sache des anderen Vertragsteils, **wie** er sich die für eine Abfindung der außenstehenden Aktionäre in Aktien nach § 305 Abs. 2 Nr. 1 und 2 (→ Rn. 12 f.) erforderlichen **Aktien beschafft** (→ Rn. 14). Im Fall der Abfindung in *eigenen Aktien* (§ 305 Abs. 2 Nr. 1) muss er dabei § 71 Abs. 1 Nr. 3 beachten. Ist es der herrschenden Gesellschaft aus diesem Grund nicht möglich, sich die nötige Anzahl eigener Aktien auf dem Markt zu besorgen, so kommen als Auswege in erster Linie die Ausnutzung eines genehmigten Kapitals oder – so in der Regel – eine bedingte Kapitalerhöhung nach § 192 Abs. 2 Nr. 2 in Betracht.[70]

24 Im Fall des § 305 Abs. 2 Nr. 2 obliegt es gleichfalls ausschließlich dem anderen Vertragsteil, sich, gleichgültig auf welchem Weg, **Aktien der Obergesellschaft** in der erforderlichen Anzahl oder Gattung zu beschaffen (→ Rn. 14, 43). Dabei ist § 71d S. 2 zu beachten. Scheitert der Erwerb der nötigen Anzahl von Aktien der Obergesellschaft, so bleibt nur die Barabfindung (→ Rn. 14), dies ein Grund mehr, das Wahlrechts zwischen den verschiedenen Formen der Abfindung allein den Vertragsparteien zuzubilligen (→ Rn. 15).

25 **3. Ausübung.** Das „Abfindungsrecht" der außenstehenden Aktionäre ist nichts anderes als die Kehrseite des Antrags auf Abschluss eines Kauf- oder Tauschvertrages, den ihnen das herrschende Unternehmen nach § 305 in dem Unternehmensvertrag machen muss (→ Rn. 5 f.). Die außenstehenden Aktionäre erwerben auf diese Weise das Recht, ggf. unbefristet, in aller Regel jedoch befristet (§ 305 Abs. 4 S. 1), durch die ihnen freistehende Annahme des Antrags des herrschenden Unternehmens mit diesem einen Kauf- oder

---

[66] Bungert/L. Bednarz BB 2006, 1865 (1866) (r. Sp. 2. Abs.).
[67] Paulsen NZG 2005, 375 (381); Luttermann NZG 2006, 816 (818) (r. Sp. u.).
[68] Zuletzt ausf. OLG Karlsruhe AG 2011, 673 (675 f.) = ZIP 2011, 1817 mN.
[69] Hüffer/Koch Rn. 5.
[70] Kowalski AG 2000, 555; K. Schmidt/Lutter/Stephan Rn. 28, 42.

Tauschvertrag über ihre Aktien zustande zu bringen (→ Rn. 5, 27, 82 ff.).⁷¹ Das Abfindungsrecht wird daher ausgeübt **durch Annahme des Antrags,** sodass mit Zugang der Annahmeerklärung bei dem herrschenden Unternehmen der Kauf- oder Tauschvertrag mit diesem zustande kommt (§§ 130 Abs. 1, 148 BGB). Der Ausgleichsanspruch der außenstehenden Aktionäre erlischt jedoch richtiger Meinung nach erst mit *Erfüllung* des Kauf- oder Tauschvertrages durch den anderen Vertragsteil, das herrschende Unternehmen (str., → Rn. 19). Eine bestimmte **Form** ist für die Ausübung des Abfindungsrechts, dh für die Annahmeerklärung nicht vorgeschrieben, sodass auch eine mündliche Annahme des Angebots genügt (zur Frist → Rn. 26–28).

4. Frist. Nach § 305 Abs. 4 S. 1 kann die Verpflichtung des herrschenden Unternehmens **26** zum Erwerb der Aktien der abhängigen Gesellschaft, genauer: das Recht der außenstehenden Aktionäre zur Annahme des Abfindungsangebots des herrschenden Unternehmens (→ Rn. 25), in dem Unternehmensvertrag befristet werden (§ 148 BGB). Die Frist beträgt **mindestens zwei Monate** seit dem Tag, an dem die Eintragung des Bestehens des Vertrags ins Handelsregister (§ 294 Abs. 2) nach § 10 HGB nF als bekanntgemacht gilt (§ 305 Abs. 4 S. 2). Die Parteien des Unternehmensvertrages können keine kürzere, wohl aber eine *längere Frist* als zwei Monate vereinbaren (§ 148 BGB).⁷² Wird in dem Vertrag gleichwohl eine kürzere Frist als zwei Monate bestimmt, so tritt an die Stelle dieser unzulässigen Frist ohne weiteres die gesetzliche Mindestfrist von zwei Monaten.⁷³

Die Frist verlängert sich kraft Gesetzes, möglicherweise um Jahre, wenn ein **Spruchver- 26a fahren** eingeleitet wird, da in diesem Fall die Frist nach S. 3 des § 305 Abs. 4 frühestens zwei Monate nach dem Tag endet, an dem die (rechtskräftige) Entscheidung über den zuletzt beschiedenen Antrag auf Bestimmung von Ausgleich *oder* Abfindung bekannt gemacht wurde (§ 10 HGB; § 14 Nr. 1 SpruchG). Diese Fristverlängerung tritt auch ein, wenn in der *Bekanntmachung* die Abfindung *falsch berechnet* sein sollte. Ist die Berechnung der Abfindung aufgrund der gerichtlichen Entscheidung im Spruchverfahren zwischen den Beteiligten streitig, so muss hierüber ggf. aufgrund einer anschließenden Leistungsklage entschieden werden (§ 16 SpruchG).⁷⁴ Ein Urteil in diesem zweiten Rechtsstreit löst aber nicht erneut die Annahmefrist aus.⁷⁵ Der Bekanntmachung einer Entscheidung im Spruchverfahren steht ferner die Bekanntmachung einer Beendigung des Verfahrens durch Abschluss eines **Vergleichs** gemäß § 11 Abs. 2 SpruchG gleich.⁷⁶ Zwar ist umstritten, ob in diesem Fall § 14 Nr. 1 SpruchG entsprechend anwendbar ist (→ SpruchG § 14 Rn. 3a). Zum Schutze der außenstehenden Aktionäre ist jedoch anzunehmen, dass jedenfalls die verlängerte Frist des § 305 Abs. 4 S. 3 erst von der (ggf. freiwilligen) Bekanntmachung des Vergleichs ab läuft.⁷⁷ Das herrschende Unternehmen kann außerdem, solange die Frist noch läuft, diese einseitig nach Belieben *verlängern*.⁷⁸ Ist die Frist aber einmal *abgelaufen,* so bedarf ihre erneute Ingangsetzung einer Vereinbarung der Unternehmensvertragsparteien oder des herrschenden Unternehmens mit den außenstehenden Aktionären.⁷⁹

Durch die Fristverlängerung aufgrund des § 305 Abs. 4 S. 3 (→ Rn. 26) soll den außen- **27** stehenden Aktionären die Möglichkeit erhalten werden, sich erst in *Kenntnis des Ausgangs* des Spruchverfahrens zwischen Ausgleich und Abfindung zu entscheiden. Daraus wird heute überwiegend der Schluss gezogen, dass der Abfindungsanspruch, sobald ein Spruchverfahren

---

⁷¹ RGZ 147, 42 (47); BGHZ 135, 374 (380) = NJW 1997, 2242 – Guano; BGHZ 152, 29 (31) = NJW 2002, 3467 – Rütgers AG; BayObLGZ 1978, 209 = AG 1980, 76 (77); Hölters/*Deilmann* Rn. 18; *Haase* AG 1995, 8 (10 ff.).
⁷² Spindler/Stilz/*Veil* Rn. 82.
⁷³ Hölters/*Deilmann* Rn. 19.
⁷⁴ OLG Hamburg AG 2005, 659 – Philips AG.
⁷⁵ OLG Hamburg AG 2005, 659 – Philips AG.
⁷⁶ Vgl. BGHZ 112, 382 (384 ff.) = NJW 1991, 566 – Langenbrahm/Dr. Rüger.
⁷⁷ Ebenso im Ergebnis BGHZ 112, 382 (386) = NJW 1991, 566 – Langenbrahm/Dr. Rüger, für einen Fall der freiwilligen Bekanntmachung des außergerichtlichen Vergleichs.
⁷⁸ OLG Hamburg AG 2005, 659.
⁷⁹ OLG Hamburg AG 2005, 659 (661).

einmal anhängig ist, selbst bei Beendigung des Vertrags *während* des Verfahrens nicht mehr wegfallen kann, sodass sich ein bereits anhängiges Spruchverfahren auch nicht erledigt (sog. **vertragsüberdauerndes Spruchverfahren,** → Rn. 7, 25; → SpruchG § 11 Rn. 13 ff.). Zu dieser Situation kann es insbesondere wegen der häufig ungewöhnlichen Dauer der Spruchverfahren kommen. Ist dagegen kein Spruchverfahren anhängig, so führt die **Beendigung des Vertrags** ohne weiteres zum Erlöschen des Abfindungsrechts, einfach deshalb, weil der Antrag immer äußerstenfalls bis Vertragsende befristet war (§ 148 BGB, → Rn. 25, 34). Eine andere Beurteilung kommt nur in Betracht, wenn ausnahmsweise bei Vertragsende die *Antragsfrist* für das Spruchverfahren *noch läuft,* da diese Frist den außenstehenden Aktionären immer voll erhalten bleiben muss (§ 4 Abs. 1 S. 1 Nr. 1 SpruchG; → Rn. 34).[80]

28   Im Falle der Befristung des Abfindungsangebots nach § 305 Abs. 4 S. 1 genügt es zur **Fristwahrung,** wenn die Erklärung, durch die der außenstehende Aktionär das Abfindungsangebot, dh den Vertragsantrag des herrschenden Unternehmens (→ Rn. 25) annimmt, diesem binnen der fraglichen Frist zugeht (§§ 130 Abs. 1, 148 BGB). Die Aktien brauchen dagegen nicht innerhalb der Frist bei dem herrschenden Unternehmen oder der von ihm sonst bezeichneten Stelle eingereicht zu werden (→ Rn. 30). Verzögert der außenstehende Aktionär die Erfüllung des von ihm mit dem anderen Vertragsteil abgeschlossenen Kauf- oder Tauschvertrages über seine Aktien, um etwa noch möglichst lange die Ausgleichsleistungen des anderen Teils beziehen zu können (→ Rn. 20), so macht er sich schadensersatzpflichtig (§§ 282 Abs. 2 und 286 BGB). Bei der Frist des § 305 Abs. 4 handelt es sich um eine materiell-rechtliche **Ausschlussfrist,** sodass eine Wiedereinsetzung in den vorigen Stand bei Versäumung der Frist nicht in Betracht kommt.[81] Mit **Fristablauf** erlischt das Abfindungsangebot endgültig, wenn es bis dahin nicht wirksam angenommen worden ist; daran kann dann auch ein späterer Antrag auf Einleitung eines Spruchverfahrens nichts mehr ändern.[82]

29   **5. Entstehung, Fälligkeit.** Das Wahlrecht der außenstehenden Aktionäre (→ Rn. 25) entsteht mit Wirksamwerden des Unternehmensvertrages durch **Eintragung** ins Handelsregister (§ 294 Abs. 2; → Rn. 19) und wird durch rechtzeitige Annahme des Abfindungsangebots ausgeübt (§§ 130 Abs. 1, 148 BGB; → Rn. 19, 25, 28). (Erst) dadurch entsteht der eigentliche Abfindungsanspruch des außenstehenden Aktionärs, bei dem es sich, bei Lichte besehen, schlicht um den **Erfüllungsanspruch** aus dem von ihm durch Annahme des Abfindungsangebots mit dem herrschenden Unternehmen abgeschlossenen **Kauf- oder Tauschvertrag** handelt (§§ 148, 328, 433, 480 BGB; → Rn. 25).[83] (Nur) dieser Anspruch verjährt in der Frist der §§ 195 und 199 BGB. Während der Dauer eines Spruchverfahrens ist die **Verjährung** jedoch analog § 204 Abs. 1 Nr. 1 BGB gehemmt. Die Hemmung beginnt mit Zustellung des das Verfahren einleitenden Antrags an den Antragsgegner (§ 5 SpruchG). Nach rechtskräftigem Abschluss des Verfahrens gilt § 197 Abs. 1 Nr. 3 BGB.[84]

30   **Fällig** wird der Anspruch des außenstehenden Aktionärs auf Abfindung in Geld oder in Aktien erst, wenn der Aktionär nach Abschluss des Kauf- oder Tauschvertrags mit dem herrschenden Unternehmen (→ Rn. 25, 29) seine Aktien bei diesem *oder* bei der vom herrschenden Unternehmen bezeichneten Stelle einreicht (§§ 433 Abs. 2, 480, 320 BGB).[85] Im selben Augenblick erlischt sein Ausgleichsanspruch, vorausgesetzt, dass der andere Vertragsteil, das herrschende Unternehmen nunmehr ebenfalls unverzüglich leistet (→ Rn. 19, 25 und 32), und zwar durch Leistung eigener **Aktien** oder von Aktien der Obergesellschaft **oder,** je nach Angebot des herrschenden Unternehmens und der von dem außenstehenden

---

[80] Hölters/*Deilmann* Rn. 21; MüKoAktG/*Paulsen* Rn. 38; Spindler/Stilz/*Veil* Rn. 25; str.
[81] BayObLGZ 2002, 56 (59) = AG 2002, 559 (560) = NZG 2002, 877.
[82] OLG Frankfurt AG 2010, 332 = NZG 2010, 307.
[83] LG München I AG 1998, 147 – Paulaner; LG Stuttgart AG 1998, 103 – Gestra/Foxboro.
[84] MüKoAktG/*Kubis* SpruchG Anh. § 13 Rn. 5–7; Hölters/*Simons* SpruchG § 13 Rn. 12.
[85] BGHZ 155, 110 (120) = NJW-RR 2003, 1541 = AG 2003, 629 – Philips I; LG Stuttgart AG 1998, 103; MüKoAktG/*Paulsen* Rn. 24; GroßkommAktG/*Hirte/Hasselbach* Rn. 19 f.; KK-AktG/*Koppensteiner* Rn. 17; MHdB AG/*Krieger* § 70 Rn. 114 (1252); K. Schmidt/Lutter/*Stephan* Rn. 29; Spindler/Stilz/*Veil* Rn. 18.

Aktionär getroffenen Wahl, durch Zahlung der **Barabfindung** in Gestalt des Kaufpreises für die von ihm eingereichten Aktien (§§ 433 Abs. 2, 480 BGB) nebst **Zinsen** (§ 305 Abs. 3 S. 3, → Rn. 31). Ist ein **Spruchverfahren** anhängig, so hat das herrschende Unternehmen während des Verfahrens nicht etwa mit Rücksicht auf das Sonderkündigungsrecht aus den §§ 305 Abs. 5 S. 4 und 304 Abs. 4 ein Leistungsverweigerungsrecht (§ 273 BGB); es bleibt vielmehr bis zum Ablauf der Frist des § 305 Abs. 4 S. 3 zur Erfüllung aller durch rechtzeitige Annahme des Abfindungsangebots entstandenen Abfindungsansprüche verpflichtet.[86]

6. Zinsen.[87] Nach § 305 Abs. 3 S. 3 Hs. 1 idF von 2009 ist (nur) die Barabfindung von dem Ablauf des Tages ab, an dem der Beherrschungs- oder Gewinnabführungsvertrag durch seine Eintragung ins Handelsregister wirksam geworden ist (§ 294 Abs. 2), mit jährlich fünf Prozentpunkten über dem jeweiligen Basiszinssatz nach § 247 BGB zu verzinsen, um einer Verzögerung des Spruchverfahrens durch das herrschende Unternehmen entgegenzuwirken (→ Rn. 2). Die Geltendmachung eines weiteren Schadens ist möglich (§ 305 Abs. 3 S. 3 Hs. 2), setzt jedoch voraus, dass sich das herrschende Unternehmen mit der Zahlung der Barabfindung oder der darauf geschuldeten Zinsen in **Verzug** befindet (§§ 286, 288 BGB; → Rn. 32).[88] Dies alles gilt jedoch, um es zu wiederholen, allein für die **Barabfindung** nach § 305 Abs. 2 Nr. 3, *nicht* dagegen für die Abfindung in Aktien nach § 305 Abs. 2 Nr. 1 und 2,[89] woraus überwiegend der Schluss gezogen wird, dass auch **bare Zuzahlungen** zum Ausgleich von Spitzenbeträgen nach § 305 Abs. 3 S. 1 Hs. 2 (→ Rn. 76 f.), anders als die Barabfindung, *nicht* zu verzinsen sind.[90] Zwingend ist diese Auslegung nicht; näher liegt hier vielmehr eine Analogie zu der abweichenden Regelung in § 320b Abs. 1 S. 6. In der **Insolvenz** des herrschenden Unternehmens entfällt der Zinsanspruch (→ Rn. 7b). Die Regelung ist auch nicht entsprechend auf den **Ausgleichsanspruch** anwendbar (→ § 304 Rn. 31) und setzt voraus, dass der Aktionär überhaupt einen Abfindungsanspruch hat; fehlt es hieran, zB weil er vor dem maßgeblichen Zeitpunkt seiner Aktien veräußert hat, so stehen ihm auch keine Zinsen mehr zu.[91]

31

Der **Zinssatz** beträgt seit 2009 fünf Prozentpunkte über dem jeweiligen Basiszinssatz (§ 247 Abs. 1 BGB). Nur wenn das herrschende Unternehmen in **Verzug** ist, schuldet es nach § 288 BGB noch höhere Zinsen, nämlich aufgrund des Gesetzes von 2014 zur Umsetzung der Zinsverzugsrichtlinie von 2011 (BGBl. 2014 I 1218) *neun* Prozentpunkte über dem Basiszinssatz des § 247 Abs. 1 BGB. Da die außenstehenden Aktionäre vorleistungspflichtig sind, gerät das herrschende Unternehmen mit der Zahlung der Barabfindung indessen erst in Verzug, wenn es nach Einreichung der Aktien (→ Rn. 30) auf eine **Mahnung** des außenstehenden Aktionärs hin nicht zahlt (§ 286 Abs. 1 S. 1 BGB); eine Mahnung ist nur in den Ausnahmefällen des § 286 Abs. 2 BGB entbehrlich, wobei insbesondere an die **Erfüllungsverweigerung** des herrschenden Unternehmens zu denken ist (§ 286 Abs. 2 Nr. 3 BGB).[92] Dafür genügt seine Weigerung, das Abfindungsangebot entsprechend einer Entscheidung im Spruchverfahren zu erhöhen.[93] Ebenso ist es zu beurteilen, wenn das herrschende Unternehmen gegen seine **Mitwirkungspflicht** verstößt und zB keine Einreichungsstelle für die Aktien benennt.[94] Außerdem läuft dann die Verpflichtung zur Erbringung der Ausgleichsleistungen weiter (→ Rn. 19, 25 und 30). Die Ausgleichsleistungen werden auf die Zinsschuld verrechnet (→ Rn. 32a).

32

Die Pflicht des herrschenden Unternehmens zur Verzinsung der Barabfindung beruht unmittelbar auf Gesetz (§ 305 Abs. 3 S. 3) und ist aus diesem Grund nicht Gegenstand eines

32a

---

[86] LG Stuttgart AG 1998, 103 – Gestra/Foxboro; *Ammon* FGPrax 1998, 121, 123; Hölters/*Deilmann* Rn. 24; MHdB AG/*Krieger* § 70 Rn. 114 (1252).
[87] Dazu *L. Knoll* ZIP 2003, 2329; *ders.* BB 2004, 1727; *W. Meilicke*/*Th. Heidel* DB 2003, 2267.
[88] Beispiel in LG Stuttgart AG 1998, 103 – Gestra/Foxboro.
[89] K. Schmidt/Lutter/*Stephan* Rn. 119.
[90] MHdB AG/*Krieger* § 70 Rn. 114.
[91] OLG Hamm NZG 2012, 740.
[92] BGHZ 155, 110 (120 f.) = NJW-RR 2003, 1541 – Philips I.
[93] BGHZ 155, 110 (120 f.) = NJW-RR 2003, 1541 – Philips I.
[94] BGHZ 155, 110 (120 f.) = NJW-RR 2003, 1541 – Philips I.

etwaigen Spruchverfahrens. Die Zinspflicht braucht deshalb auch nicht in die Entscheidung im Spruchverfahren aufgenommen zu werden, kann dies aber natürlich aus Gründen der Klarstellung.[95] Ein Streit der Parteien über die Abfindungszinsen ist im ordentlichen Verfahren, dh grundsätzlich durch **Leistungsklage** auszutragen.[96] Hat der außenstehende Aktionär Ausgleichsleistungen in Anspruch genommen und entscheidet er sich später für die Barabfindung (nebst Abfindungszinsen), so muss er sich die schon erhaltenen Ausgleichsleistungen (nur) auf seinen Anspruch auf die Zinsen einschließlich der Verzugszinsen (→ Rn. 32) **anrechnen** lassen; beides zugleich kann er nicht verlangen (→ Rn. 33 f.).

33   **7. Anrechnung.** Hatten die außenstehenden Aktionäre zunächst Ausgleichszahlungen entgegengenommen, bevor sie sich für eine Barabfindung (nebst rückwirkender Zinsen!) entschieden, so scheidet nach überwiegender Meinung eine **Kumulierung** von Ausgleichszahlungen und Verzinsung der Barabfindung aus;[97] vielmehr ist davon auszugehen, dass es sich bei dem Ausgleich des § 304 der Sache nach um nichts anderes als um eine *Verzinsung des eingesetzten Kapitals* der außenstehenden Aktionäre handelt, die bei Abschluss eines Beherrschungs- oder Gewinnabführungsvertrags an die Stelle der jetzt im Regelfall nicht mehr gezahlten Dividende tritt (→ § 304 Rn. 1, 4), sodass eine Verrechnung der Ausgleichszahlungen mit der Abfindung selbst, die Kapitalersatzfunktion hat, ausscheidet.[98] Möglich ist vielmehr allein eine **Verrechnung mit** den vom herrschenden Unternehmen im Falle der Barabfindung ab Wirksamwerden des Beherrschungs- oder Gewinnabführungsvertrages durch Eintragung ins Handelsregister (§ 294 Abs. 2) nach § 305 Abs. 3 S. 3 geschuldeten **Zinsen,** wobei nach der Rechtsprechung des BGH *nicht* etwa eine Gesamtabrechnung durch Saldierung sämtlicher Ausgleichsleistungen und Zinsen erfolgt; vielmehr ist **für jede Referenzperiode,** insbesondere also für jedes Geschäftsjahr **gesondert** zu **saldieren,** wodurch die außenstehenden Aktionäre begünstigt werden.[99] Ist der Ausgleich danach *höher* als die Zinsen, so verbleibt er den außenstehenden Aktionären, während die **Differenz** nachzuzahlen ist, wenn der Ausgleich *niedriger* als die Zinsen ist (→ § 304 Rn. 21b mN).

33a   Tritt der Gewinnabführungsvertrag zulässigerweise **rückwirkend** in Kraft, so werden Ausgleichsleistungen auch für den Rückwirkungszeitraum geschuldet. Eine Verrechnung auf Abfindungszinsen scheidet jedoch für diesen Zeitraum aus, weil die Abfindungszinsen *erst vom Wirksamwerden* des Vertrags durch Eintragung in das Handelsregister ab geschuldet werden (§§ 305 Abs. 3 S. 3 Hs. 1, 294 Abs. 2).[100] Ebenso wenig ist eine etwaige **Sonderdividende** aus der Auflösung vorvertraglicher Rücklagen auf den Ausgleich, die Abfindung oder die Abfindungszinsen zu verrechnen, da solche Beträge nach § 301 nicht auf Grund des Gewinnabführungsvertrages abgeführt werden dürfen, sondern im Rahmen der Gewinnverwendung an die Aktionäre auszuschütten sind (→ § 301 Rn. 2 f. mN).[101] Erwirbt der Aktionär erst **nachträglich** die Aktien, so muss er sich auch nur die *nach seinem Erwerb* bezogenen Ausgleichsleistungen auf die Abfindungszinsen anrechnen lassen; eine Verrechnung mit den schon an den Veräußerer gezahlten Ausgleichsbeträgen kommt nicht in Betracht (→ Rn. 21b).

34   **8. Erlöschen.** Der Abfindungsanspruch der außenstehenden Aktionäre beruht auf dem Beherrschungs- oder Gewinnabführungsvertrag (§ 305 Abs. 5 S. 2; → Rn. 7, 25). Dies hat

---

[95] OLG Düsseldorf AG 2009, 907 (912); AG 2012, 716 (719); K. Schmidt/Lutter/*Stephan* Rn. 124; Spindler/Stilz/*Veil* Rn. 77.
[96] OLG Düsseldorf AG 2012, 716 (719) = ZIP 2012, 1713.
[97] Anders nur *L. Knoll* ZIP 2003, 2329 (2332 f.); *ders.* BB 2004, 1727 (1730 f.); dagegen *Riegger/Roskop* BB 2003, 1026.
[98] BGHZ 152, 29 (33 ff.) = NJW 2002, 3467 – Rütgers; BGHZ 155, 110 = NZG 2003, 1113 = AG 2003, 629 – Philips I; BGH ZIP 2003, 1933 – Philips II.
[99] Hölters/*Deilmann* Rn. 28.
[100] BGHZ 155, 110 (116) = NJW-RR 2003, 1541 = NZG 2003, 1113 = AG 2003, 629 – Philips I; BGH ZIP 2003, 1933 (1934) – Philips II.
[101] BGHZ 155, 110 (115) = NZG 2003, 1113 = AG 2003, 629 – Philips I; BGH ZIP 2003, 1933 (1934) – Philips II.

zur Folge, dass der Anspruch grundsätzlich von dem Schicksal des Vertrages abhängig ist. Wird der **Vertrag beendet,** bevor der außenstehende Aktionär von seinem Abfindungsrecht Gebrauch gemacht hat, dh bevor er den Antrag des anderen Vertragsteils auf Abschluss eines Kauf- oder Tauschvertrages über seine Aktien angenommen hat, so kann er daher fortan keine Abfindung mehr verlangen, außer wenn in diesem Zeitpunkt ausnahmsweise die Antragsfrist des § 4 Abs. 1 S. 1 Nr. 1 SpruchG noch nicht abgelaufen ist (→ Rn. 27; → § 297 Rn. 51).[102] Ist das Abfindungsangebot gemäß § 305 Abs. 4 S. 1 befristet, so endet mit **Fristablauf** vor Annahme des Antrags des anderen Vertragsteils, des herrschenden Unternehmens, ebenfalls die Möglichkeit der Aktionäre, noch Abfindung zu verlangen (§ 148 BGB).[103] Besonderheiten gelten im Falle des sog. **vertragsüberdauernden Spruchverfahrens,** dh im Falle der Beendigung des Vertrags *während* eines anhängigen Spruchverfahrens (→ Rn. 7, 21; → SpruchG § 11 Rn. 12 ff.). In diesen Fall können (nur) die (früheren) außenstehenden Aktionäre das Abfindungsangebot auch noch nach Vertragsbeendigung annehmen. Der Abfindungsanspruch der außenstehenden Aktionäre endet ferner, wenn der Aktionär seine Aktien **veräußert** (→ Rn. 21 ff.) oder wenn ein Aktionär wirksam nach § 327a **ausgeschlossen** wird, bevor er von einem Abfindungsangebot Gebrauch gemacht hat. Werden der Unternehmensvertrag und der Ausschluss der Minderheitsaktionäre in derselben Hauptversammlung beschlossen, so fehlt es außerdem an dem Rechtsschutzbedürfnis für ein Spruchverfahren wegen der Höhe der Abfindung aufgrund des Unternehmensvertrages, wenn bereits ein Verfahren über die identische Höhe der Abfindung aufgrund des Ausschlusses der Minderheitsaktionäre anhängig ist.[104] Anders dagegen, wenn der Unternehmensvertrag zeitlich vor dem Ausschluss beschlossen wird.[105]

9. Anpassung. Das Abfindungsangebot des herrschenden Unternehmens, zu dem es auf Grund des § 305 verpflichtet ist, stellt der Sache nach den Antrag auf Abschluss eines Kauf- oder Tauschvertrages über die Aktien der außenstehenden Aktionäre gegen eine einmalige Gegenleistung entweder in Gestalt von Aktien oder in Gestalt einer Barzahlung, des Kaufpreises dar. Dieser Kaufpreis oder bei der Abfindung in Aktien das Umtauschverhältnis werden grundsätzlich ein für allemal zum Stichtag, dem Tag der Beschlussfassung der Hauptversammlung der abhängigen Gesellschaft über den Vertrag (§ 305 Abs. 2 S. 2; → Rn. 56 ff.), festgesetzt, sodass es damit an sich fortan sein Bewenden haben sollte. Trotzdem spielt auch bei der Abfindung die Anpassungsproblematik in einer Reihe von Fällen eine Rolle, insbesondere bei nachträglichen Veränderungen der maßgeblichen Verhältnisse während eines anhängigen Spruchverfahrens. Die erste hierher gehörende Fallgruppe bilden die bereits erörterten Fälle, in denen es **während** der Anhängigkeit eines **Spruchverfahrens** auf der Ebene des herrschenden Unternehmens zu **gesellschaftsrechtlichen Veränderungen** kommt, die das bisherige, auf die früheren gesellschaftsrechtlichen Verhältnisse des herrschenden Unternehmens bezogene Abfindungsangebot als obsolet erscheinen lassen. Die wichtigsten derartigen Fälle sind der **Beitritt** eines neuen herrschenden Unternehmens zu dem Vertrag, die **Übertragung** des Vertrags auf ein anderes herrschendes Unternehmen sowie die **Eingliederung** des herrschenden Unternehmens in oder seine Verschmelzung mit einem anderen Unternehmen. Sehen sich die außenstehenden Aktionäre infolge dieser Vorgänge bei dem herrschenden Unternehmen einer völlig veränderten Situation gegenüber, so muss ihnen ein **erneutes Abfindungsangebot** gemacht werden, um ihnen wieder die Möglichkeit zu eröffnen, über ihr Ausscheiden gegen Abfindung (§ 305) oder über den

---

[102] OLG Stuttgart AG 2011, 601 (603) = NZG 2011, 990; *Altmeppen* FS P. Ulmer, 2003, 3 (6 ff.); *Butzke* FS Hüffer, 2010, 97 (98 ff.); Hölters/*Deilmann* Rn. 29; GroßkommAktG/*Hirte/Hasselbach* Rn. 34 ff.; KK-AktG/*Koppensteiner* Rn. 20 ff.; Spindler/Stilz/*Veil* Rn. 24 f.; dagegen *Luttermann* JZ 1997, 1183 ff.; anders für den Fall der Insolvenz der abhängigen Gesellschaft auch *Beyerle* AG 1979, 306 (308 ff.); offengelassen in BayObLGZ 1978, 209 = AG 1980, 76 (77).
[103] Insbes. OLG Hamm AG 2003, 585 (586) = NZG 2003, 632 – DAB/Hansa; *Altmeppen* FS P. Ulmer, 2003, 3 (6 ff.).
[104] OLG Stuttgart AG 2011, 601 (603) = NZG 2011, 990.
[105] OLG Stuttgart AG 2011, 601 (603) = NZG 2011, 990 mN.

Fortbestand ihres Investments in der abhängigen Gesellschaft (gegen Ausgleichszahlungen nach § 304) zu entscheiden. Das folgt aus der Treuepflicht des herrschenden Unternehmens in Verbindung mit dem gesetzlichen Gebot einer „angemessenen", dh vollen Entschädigung der außenstehenden Aktionäre (§ 305 AktG iVm §§ 242, 313 BGB; → Rn. 78 ff.; → § 295 Rn. 13 ff.; → § 297 Rn. 34 ff.).

35a Davon zu trennen sind die Fälle einer grundstürzenden **Veränderung der tatsächlichen Verhältnisse** während eines anhängigen Spruchverfahrens, die die bisher angebotene Abfindung des herrschenden Unternehmens als unangemessen, weil jetzt mit dem Grundsatz voller Entschädigung unvereinbar erscheinen lassen. Hier ist es vor allem das aus § 305 Abs. 3 S. 2 hergeleitete **Stichtagsprinzip** (→ Rn. 56 ff.), in dem überwiegend ein Hindernis für eine Berücksichtigung solcher nachträglichen Veränderungen der Verhältnisse gesehen wird, sofern sie am Stichtag unter keinen Umständen vorhersehbar waren. Indessen darf das Stichtagsprinzip nicht als unerschütterliches Dogma missverstanden werden, wenn anders eine nicht zu rechtfertigende Benachteiligung der außenstehenden Aktionäre verhindert werden soll (§ 313 BGB), sodass es in geeigneten Fällen einer **Anpassung** der Abfindung während eines langwierigen Spruchverfahrens an veränderte tatsächliche Verhältnisse nicht entgegenstehen sollte.[106] Zu weiteren Fallgestaltungen in mehrstufigen Unternehmensverbindungen → Rn. 78–81; zum nachträglichen Wegfall der Abhängigkeit des anderen Vertragsteils → Rn. 56, 81.

VI. Angemessenheit der Abfindung – Überblick

36 Die Abfindung muss nach § 305 Abs. 1 „angemessen" sein. Wann dies der Fall ist, sagt das Gesetz allein für die **Abfindung in Aktien** in § 305 Abs. 3 S. 1, nach dem eine Abfindung in Aktien nur dann als angemessen anzusehen ist, wenn die Aktien in dem Verhältnis gewährt werden, in dem bei einer Verschmelzung auf eine Aktie der abhängigen Gesellschaft Aktien der anderen Gesellschaft, des herrschenden Unternehmens, zu gewähren wären, wobei Spitzenbeträge durch bare Zuzahlungen auszugleichen sind (sog. **Verschmelzungswertrelation**). Für die **Barabfindung** bestimmt dagegen § 305 Abs. 3 S. 2 lediglich, dass sie die Verhältnisse der abhängigen Gesellschaft im Zeitpunkt der Beschlussfassung ihrer Hauptversammlung über den Vertrag (§ 293 Abs. 1) zu berücksichtigen hat. Vergleichbare Regelungen finden sich an mehreren anderen Stellen innerhalb und außerhalb des Gesetzes. Hervorzuheben sind aus dem **AktG** für die Eingliederung durch Mehrheitsbeschluss § 320b Abs. 1 S. 1, 4 und 5 sowie für den Ausschluss von Minderheitsaktionären § 327a Abs. 1 S. 1 und § 327b Abs. 1 S. 1. Außerhalb des AktG ist im vorliegenden Zusammenhang insbesondere noch die Regelung in dem **WpÜG** von 2001 (§§ 31, 39 WpÜG) iVm der WpÜG-AV von 2001 (BGBl. I 4263) zu beachten (s. §§ 4, 5 und 9 WpÜG-AV).

37 Trotz der spärlichen gesetzlichen Regelung (→ Rn. 36) besteht heute Übereinstimmung darüber, dass eine Abfindung grundsätzlich nur als „angemessen" iSd § 305 Abs. 1 sowie der übrigen genannten Bestimmungen (→ Rn. 36) anzusehen ist, wenn sie den außenstehenden Aktionären eine **volle Entschädigung** für ihr Ausscheiden aus der abhängigen Gesellschaft bietet, die dem „wirklichen" oder „wahren Wert" ihrer Beteiligung an dem lebenden Unternehmen ihrer Gesellschaft unter Einschluss namentlich der stillen Reserven entspricht. Das folgt bereits aus Art. 14 Abs. 1 GG (→ § 304 Rn. 3; → Rn. 1 ff.) und gilt im Falle des § 305 gleichermaßen für die Abfindung in Aktien wie für die Barabfindung. Aus der unterschiedlichen Formulierung der Sätze 1 und 2 des § 305 Abs. 3 darf nichts Gegenteiliges gefolgert werden, weil die Abfindung nach § 305 Abs. 1 in jedem Fall zugleich „angemessen", dh vollständig sein muss.

38 Es ist nach wie vor offen, was aus dem Gesagten (→ Rn. 37) konkret für die Abfindung der außenstehenden Aktionäre zu folgern ist.[107] Fest steht lediglich, dass jedenfalls der

---

[106] *Emmerich* (2.) FS Mestmäcker, 2006, 137 (143 f.); *ders.* FS Stilz, 2014, 135 (142).
[107] Zum Folgenden s. ausf. schon *Emmerich* (2.) FS Mestmäcker, 2006, 137 (142 f.); *ders.* FS U. Schneider, 2011, 323; *ders.* FS Stilz, 2014, 135; *ders.* AG 2015, 627 (630).

Buch- oder Bilanzwert der abhängigen Gesellschaft als Grundlage für die Berechnung der Abfindung ausscheidet, da die Folge ein Ausschluss der außenstehenden Aktionäre von der Beteiligung an den oft hohen stillen Reserven wäre.[108] Umstritten ist dagegen, ob bei der Ermittlung der Angemessenheit der Abfindung das Schwergewicht auf den sog. „Grenzpreis" oder „Schiedspreis" zu legen ist.[109] Die wohl noch überwiegende Meinung setzt bisher insbesondere unter dem Einfluss der tonangebenden Wirtschaftsprüfer die „volle Entschädigung" der außenstehenden Aktionäre mit dem sog. **Grenzpreis** gleich. Man versteht darunter denjenigen Preis, den die außenstehenden Aktionäre (mindestens) erhalten müssen, um aus ihrer Gesellschaft ohne Nachteile ausscheiden zu können.[110] Dieser Preis wird als identisch mit dem Betrag angesehen, den der außenstehende Aktionär benötigt, *um bei einer Ersatzinvestition* in öffentlichen Anleihen *oder* in anderen Aktien *genauso dazustehen, wie wenn er weiterhin an seiner als unabhängig gedachten Gesellschaft beteiligt wäre.*[111] Den Gegensatz bildet der sog. **Schiedspreis**, womit derjenige Preis (und damit Wert) des Anteils gemeint ist, den der außenstehende Aktionär im Falle eines **Verkaufs am Markt** erzielen könnte; bei börsennotierten Gesellschaften entspricht dieser Schiedspreis grundsätzlich (mindestens) dem *Börsenkurs,* kann aber durchaus auch *höher* sein.[112] Vielfach wird in diesem Zusammenhang auch in Anlehnung an die Rechtsprechung zu § 738 BGB auf den anteiligen Betrag abgestellt, die sich bei einer hypothetischen **Veräußerung des ganzen,** weiter als unabhängig gedachten **Unternehmens** der Gesellschaft am Markt ergäbe, im Grunde der einzige rational vertretbare Maßstab.[113]

Hinter der Diskussion um die Maßgeblichkeit des Grenzpreises oder des Schiedspreises **39** steht letztlich die Frage, welche Bedeutung im Rahmen der Unternehmensbewertung den (notwendigerweise) **subjektiven Wertvorstellungen** der Beteiligten zukommen soll. Ausdruck solcher Wertvorstellungen ist gerade der Schiedspreis, weil er das Ergebnis rechtsgeschäftlicher Transaktionen am Markt ist. Bei börsennotierten Gesellschaften spiegelt sich dieser Preis in erster Linie, aber nicht allein im **Börsenkurs** wider. Zu Abweichungen vom Börsenkurs kommt es vor allem bei dem Handel mit ganzen „Aktienpaketen" (Stichwort: **Paketzuschläge,** → Rn. 49). Gegen die Berücksichtigung derartiger „Marktpreise" im Rahmen des § 305 bestehen verbreitet *Vorbehalte,* auch bei den Gerichten,[114] insbesondere, weil ihre Höhe naturgemäß von den Umständen des Einzelfalles abhängig ist. Deshalb bemüht man sich um eine von subjektiven Wertvorstellungen einzelner Beteiligter und den rasch wechselnden Umständen des Einzelfalls einschließlich der konkreten Marktbedingungen nach Möglichkeit gelöste, in diesem Sinne **„verobjektivierte" Unternehmensbewertung,** dh um eine Unternehmensbewertung, die auf angebbaren, von den Umständen des Einzelfalls unabhängigen, verallgemeinerungsfähigen Regeln beruht, – wobei unterstellt

---

[108] MüKoAktG/*Paulsen* Rn. 65; *Hüffer/Koch/Koch* Rn. 20; *Hüchting* Abfindung 28 f., 30; KK-AktG/*Koppensteiner* Rn. 37; unstr.
[109] S. zB *Emmerich* (2.) FS Mestmäcker, 2006, 137 (142 f.); *ders.* FS U. Schneider, 2011, 323; *Hüffer/Koch* FS Hadding, 2004, 461 (464 ff.); *ders./Schmidt-Aßmann/Weber* Anteilseigentum 23 ff.; *Karrer* Angemessenheit 118, 152 ff.; *W. Müller* FS G. Roth, 2011, 517; *Stilz* FS Goette, 2011, 529.
[110] BGHZ 138, 136 (140) = NJW 1998, 1866 = AG 1998, 286 – ASEA/BBC II; BGHZ 153, 47 (54 f.) = NJW 2003, 1032 = AG 2003, 273 – Macrotron; BayObLG AG 2002, 390 – Rieter II; AG 2006, 41 (42) = NZG 2006, 156 – Pilkington ZIP 2006, 1722 (1723) = AG 2007, 246; ZIP 2007, 375 = AG 2007, 287 – N.-Energie; AG 2008, 461 (462); zust. MüKoAktG/*Paulsen* Rn. 59; Hölters/*Deilmann* Rn. 34; *Hüffer* FS Hadding, 2004, 461 (464 ff.); *Korth* ZGR 1999, 402 (413, 416).
[111] *Hüttemann* ZHR 162 (1998), 563 (578 ff.).
[112] *Bungert/Wettich* FS Hoffmann/Becking, 2013, 157; *Decher* FS Maier-Reimer, 2010, 55 (70 ff.); *Emmerich* FS U. Schneider, 2011, 323; *Komp* Zweifelsfragen 38 ff.; *W. Müller* FS Bezzenberger, 2000, 705 (712, 714 ff.); *Luttermann* ZIP 1999, 45; *ders.* JZ 1999, 945; *W. Müller* FS G. Roth, 2011, 517; *Reichert* FS Stilz, 2014, 479; *C. Steinhauer* AG 1999, 299 (302 ff.); *Stilz* ZGR 2001, 875 (881 ff.); *ders.* FS Goette, 2011, 529; *Wicke* FS Stilz, 2014, 707 (713 ff.); *D. Wilm* NZG 2000, 234.
[113] *Hüttemann* ZHR 162 (1998), 563; *ders.* FS Hoffmann-Becking, 2013, 603; *Fr. Meilicke* ZIP 2014, 605 (611) insbes. unter Hinweis auf die steuerlichen Konsequenzen; dagegen wieder *Ruthardt/Hachmeister* NZG 2014, 885.
[114] S. zB OLG Stuttgart AG 2008, 783 (784); LG Dortmund AG 2007, 792 (793); *Ruthardt/Hachmeister* NZG 2014, 455; *dies.* WM 2014, 725.

wird, dass sich die Preisbildung für Unternehmen am Markt tatsächlich nach angebbaren Regeln richtet, die man jedenfalls annäherungsweise ermitteln kann. Als Grundlage dieser sog. **fundamental-analytischen Methode** (die also vorgibt, „klüger als der Markt" zu sein) dient heute durchweg die **Portfoliotheorie,** die es erlauben soll, Regeln der Preisbildung am Markt formal abzubilden. Auf diese Weise soll es möglich sein, Unternehmenswerte theoretisch aus den Daten über die Ertragslage eines Unternehmens abzuleiten, und zwar aufgrund der Annahme, dass sich die Preisvorstellungen der Marktbeteiligten in erster Linie an den erwarteten zukünftigen Erträgen eines Unternehmens ausrichten werden. Den tatsächlich am Markt gezahlten Preisen, allen voran den Börsenkursen, wird dagegen, wenn überhaupt, so nur Bedeutung im Rahmen einer *Plausibilitätskontrolle* zugemessen.

40 Der **Grenzpreis** wird in der Regel anhand der sog. *Ertragswertmethode* ermittelt, die auf der Diskontierung der für die Zukunft erwarteten Erträge der zu bewertenden Gesellschaft beruht (→ Rn. 51 ff.). Der Grenzpreis unterscheidet sich infolgedessen häufig signifikant von dem **Schiedspreis,** weil in diesen je nach den Vorstellungen der Beteiligten außer den prognostizierten zukünftigen Erträgen (auf die die Ertragswertmethode vorrangig abstellt, die aber in Wirklichkeit niemand kennt) noch zahlreiche andere, nur schwer kalkulierbare Faktoren eingehen, sodass er sowohl unter als auch – so in der Regel – über dem Ertragswert (= Grenzpreis) liegen kann. Zu einer Überbietung des Grenzpreises durch den Schiedspreis kann es vor allem kommen, wenn **Paketzuschläge** gezahlt werden, bei denen es sich um einen besonders deutlichen Ausdruck der Bewertung des Unternehmens auf dem Unternehmensmarkt handelt. Die übliche *Bevorzugung des Grenzpreises* hat nicht zuletzt den **Zweck,** eine Beteiligung der außenstehenden Aktionäre an derartigen Paketzuschlägen zu verhindern, – unter klarem Verstoß etwa gegen die Wertungen des § 738 BGB (→ Rn. 49).[115] Die Ermittlung der angemessenen Abfindung soll auf diese Weise nach Möglichkeit einer Beeinflussung oder Manipulation durch die Beteiligten ebenso wie der Volatilität von Marktpreisen einschließlich insbesondere der Börsenkurse entzogen werden, – eben, indem aufgrund „objektiver" Größen wie insbesondere der prognostizierten zukünftigen Erträge des fraglichen Unternehmens nach angebbaren Regeln über die Preisbildung auf vollkommen transparenten Märkten unter der Bedingung streng rationalen Verhaltens der informierten Beteiligten und unendlicher Anpassungsgeschwindigkeit Preise „errechnet" werden, unabhängig von den subjektiven Wertvorstellungen der Beteiligten, denen in dieser (gänzlich unrealistischen, ja irrealen) Modellwelt jede Relevanz abgesprochen wird.

41 Die **Ertragswertmethode** beherrscht nach wie vor die *Praxis,* einmal wegen ihrer (angeblichen) theoretischen Vorzugswürdigkeit vor allen anderen in der Literatur diskutierten Bewertungsmethoden,[116] vor allem aber, weil die Wirtschaftsprüfer, die in erster Linie zur Unternehmensbewertung in aktienrechtlichen Verfahren berufen sind (§ 293d Abs. 1 S. 1 in Verbindung mit § 319 Abs. 1 S. 1 HGB) kraft Berufsrechts auf den **Standard S 1** des Instituts der Wirtschaftsprüfer **(IDW)** für die Unternehmensbewertung festgelegt sind, nach dem allein die Ertragswertmethode (zusammen mit ihrer Variante DCF-Methode) als Verfahren der Unternehmensbewertung in Betracht kommt, – und weil die Mehrzahl der Gerichte diese berufsständische Fixierung der Wirtschaftsprüfer auf eine einzige Methode der Unternehmensbewertung kritiklos mit der einfachen Begründung hinnimmt, bei der Ertragswertmethode handele es sich eben angesichts der Stellungnahme des IDW um eine von der Wissenschaft und den Experten in der Praxis befürwortete und praktizierte Methode, die von den Gerichten nicht durch eine andere Methode (die auch nicht besser sei) ersetzt werden könne, – obwohl es durchaus derartige Alternativen gibt.[117] Das ist umso

---

[115] S. *Hüttemann* FS Hoffmann-Becking, 2013, 157: *Fr. Meilicke* ZIP 2014, 605 (611).
[116] S. zB *Brösel/Karami* Wpg 2012, 418; *Burger* NZG 2012, 281; *Karami* Wpg 2012, 418; *Ruthardt/Hachmeister* NZG 2014, 41; 2014, 455; *dies.* WM 2014, 725; *Ruthardt,* Normzweckkonforme Unternehmensbewertung, 2014; *Schulte/Köller/Luksch* Wpg 2012, 380 mN.
[117] Exemplarisch, mit immer derselben Formulierung, OLG Stuttgart AG 2913, 724 (725 f.); 2013, 840 f.; 2014, 208 (209); 2014, 291 f. = NZG 2014, 140; dagegen *Emmerich* AG 2015, 627 (630); krit. zu Recht insbes. auch *Fleischer* AG 2014, 97 (99 ff., 112 ff.).

erstaunlicher, als die Mängel oder, wenn man so will, *Schwächen,* der Ertragswertmethode heute kaum mehr bestritten werden, sodass inzwischen die Suche nach Alternativen – jenseits des IDW – allgemein sein dürfte.

Um die mangelnde Eignung der Ertragswertmethode zur verlässlichen Ermittlung des Unternehmenswertes zu erkennen, genügt es, sich folgendes zu vergegenwärtigen:[118] Kern der Ertragswertmethode ist die *Diskontierung der prognostizierten zukünftigen Erträge* eines Unternehmens mittels eines bestimmten Kapitalisierungszinssatzes nach der Rentenformel auf einen Gegenwartswert. Indessen liegt es auf der Hand, dass die **zukünftigen Erträge** eines Unternehmens ebenso wie die ganze Zukunft **unbekannt** sind. Man kann sie nur schätzen aufgrund der bisherigen Erträge, der Unternehmensplanungen und der allgemeinen Einschätzung der Zukunft. Das Ergebnis ist nahezu willkürlich und – wie die Erfahrung immer wieder bestätigt – meistens grundfalsch,[119] kann dann aber wegen des Stichtagsprinzips (→ Rn. 56 ff.) nicht mehr korrigiert werden, – womit bereits die ganze Berechnung des Unternehmenswertes nach dem Ertragswertverfahren buchstäblich „in der Luft hängt". Nicht besser steht es mit dem **Kapitalisierungszinsfuß.** Er setzt sich üblicherweise aus einem Basiszinssatz, einem Risikozuschlag (als Produkt aus der sog. Marktrisikoprämie und dem sog. Betafaktor) und einem Wachstumsabschlag zusammen (→ Rn. 65 ff.). Alle diese Größen sind, wenn man ehrlich ist, *hoffnungslose Unbekannte* und können daher nur frei geschätzt werden – mit der Folge wieder nahezu beliebiger Ergebnisse, wobei noch erschwerend die nur in Deutschland übliche sog. **Nachsteuerbewertung** hinzukommt, die, um überhaupt praktikabel zu sein, mit völlig unrealistische Annahmen über die durchschnittliche Steuerbelastung deutscher Aktionäre arbeiten muss, die für die Masse der Aktionäre (die Ausländer sind) eindeutig *nicht* zutreffen (→ Rn. 63; → § 304 Rn. 43 ff.). Was dabei herauskommt, hat notwendigerweise *keinen Realitätsbezug* mehr, sondern stellt eine bloße errechnete Zahl ohne Aussagekraft dar.

Die Konsequenz kann an sich nur sein, wo immer möglich auf **Marktpreise** (die es gibt) auszuweichen dies umso mehr, als nicht ernstlich zweifelhaft sein kann, dass der Anteil an einem Unternehmen in einer Marktwirtschaft für einen Aktionär immer mindestens so viel wert ist, wie am Markt tatsächlich dafür gezahlt wird. Bei börsennotierten Gesellschaften folgt daraus, dass der jeweilige **Börsenkurs** auf jeden Fall die *Untergrenze* der angemessenen Abfindung markiert, – hinter dem die Abfindung in keinem Fall zurückbleiben darf, über die sie aber ggf. durchaus auch hinausgehen kann, wenn sich nämlich zeigen lässt, dass der *Marktpreis für das Unternehmen* insgesamt oder für *Beteiligungen* an dem Unternehmen *über* den Börsenkursen liegt, etwa weil hohe Paketzuschläge gezahlt werden (→ Rn. 49).

Zumindest die Vorzugswürdigkeit realistischer Börsenkurse setzt sich langsam auch in der Gerichtspraxis durch – trotz nach wie vor verbreiteter Einwände der Betriebswirtschaftslehre.[120] Aus Ganze gesehen handelt es sich dabei freilich nach wie vor um Einzelfälle, vor allem, weil die Wirtschaftsprüfer aufgrund ihres Berufsrechts unbedingt an der alleinigen Anwendbarkeit der in ihren Augen nach wie vor vorzugswürdigen Ertragswertmethode festhalten, sodass andere Methoden überhaupt nicht mehr in den Blick geraten. Die bedauerliche Konsequenz ist die weithin feststellbare **Resignation der Gerichte,** nicht zuletzt vor der überbordenden Komplexität der Ertragswertmethode mit ihren pseudowissenschaftli-

---

[118] S. zB *Bungert/Wettich* FS Hoffmann-Becking, 2013, 157; *Emmerich* FS U. Schneider, 2011, 323; *ders.* FS Stilz, 2014, 135; *Fleischer* AG 2014, 97; *Gärtner/Handke* NZG 2012, 247; *Großfeld/Frantzmann* FS Beuthien, 2009, 155 (157 ff.); *Gude* Strukturänderungen 212 ff.; *Komp* Zweifelsfragen 381: „Fiktion"; *Krause* FS Hopt, Bd. I, 2010, 1005; *Mülbert* FS Hopt, Bd. I, 2010, 1039 (1070 ff.); *W. Müller* FS G. Roth, 2011, 517; *Stilz* ZGR 2001, 875 (881 ff.); *ders.* FS Goette, 2011, 529; ebenso in der Rechtsprechung zB OLG Frankfurt AG 2010, 751 (752 f.) = NZG 2010, 1141 – DTK/T-Online; NZG 2014, 464; OLG Stuttgart AG 2011, 49 (52, 54) Rn. 123 f. – DB/Daimler-Chrysler; OLG München AG 2012, 749; dagegen wieder ausf zB *Schulte/Köller/Luksch* Wpg 2012, 380.

[119] Ebenso zB OLG Stuttgart AG 2011, 560 (562 f.) = BB 2011, 1522; *Stilz* FS Goette, 2011, 529 ff.; *M. Wehr* FAZ Nr. 269 vom 17.11.2012, 40.

[120] S. statt aller zuletzt mN *Ruthardt/Hachmeister* NZG 2014, 41; 2014, 455; *dies.* WM 2014, 725; *dies.* DB 2013, 2666; *Ruthardt* NZG 2014, 972; *ders.*, Normzweckkonforme Unternehmensbewertung, 2014; *A. Schüler* DB 2015, 2277.

chen Formeln und Ableitungen:[121] Aus der Erkenntnis heraus, dass das Ertragswertverfahren mit nahezu beliebigen Prognosen, Schätzungen und theoretischen Annahmen arbeitet, beschränken sich die Gerichte immer häufiger, meistens unter Berufung auf § 287 ZPO, auf eine bloße **Plausibilitäts- und Missbrauchskontrolle,**[122] – womit in der Sache den Wirtschaftsprüfern und ihrem Ertragswertverfahren das Feld nahezu kampflos überlassen wird, mit allen negativen Folgen für den Rechtsschutz der außenstehenden Aktionäre.

VII. Marktpreise

42 **1. Börsenkurse.** Die Eignung von Börsenkursen als Maßstab für die Berechnung der Abfindung bei börsennotierten Gesellschaften war und ist umstritten. Gegen sie wird vor allem immer wieder eingewandt, in dem Börsenkurs einer Aktie drücke sich allein die Bewertung des Anteils durch kurzfristige und spekulative Anleger aus; die Kurse seien infolgedessen volatil und aus demselben Grund für langfristige und institutionelle Anleger ohne jede Aussagekraft, dies umso mehr, als in sie immer auch nur ein Bruchteil der für die Unternehmensbewertung relevanten Informationen eingingen, während diese Informationen im Rahmen der Ertragswertmethode umfassend berücksichtigt werden könnten.[123] Auch die **Rechtsprechung** hat es deshalb, vor allem unter Hinweis auf die angebliche oder tatsächliche Volatilität der Börsenkurse,– trotz gelegentlichen Widerspruchs einzelner Gerichte und des Schrifttums[124] – *bis 1999* nahezu durchgängig *abgelehnt,* die Abfindung der außenstehenden Aktionäre am Börsenkurs ihrer Aktien am Stichtag (→ Rn. 56 ff.) oder in den letzten Monaten davor zu orientieren.[125] Die Folge war freilich, dass in der Mehrzahl der Fälle die von dem herrschenden Unternehmen angebotene Abfindung deutlich **hinter dem Börsenkurs zurückblieb,** – woran sich bis heute erstaunlicherweise nichts geändert hat, wie neuere empirische Untersuchungen zeigen, nach denen im Schnitt der Ertragswert unverändert nur rund 80 % des Börsenkurses beträgt, während Fälle, in denen der Ertragswert über dem Börsenkurs liegt, so gut wie nicht vorkommen.[126]

43 Indessen konnte von Anfang an nicht ernstlich zweifelhaft sein, dass der **Börsenkurs das mindeste** ist, was eine Aktie ihrem Inhaber wert ist, da er die Aktie, liquide Börsen vorausgesetzt, zu diesem Preis grundsätzlich jederzeit zu Geld machen kann.[127] Deshalb ist mittlerweile unter der Führung der Rechtsprechung des **BVerfG** anerkannt, dass bei der Ermittlung des Verkehrswertes (als des Maßstabs für die volle Entschädigung der außenstehenden Aktionäre) der Börsenkurs nicht außer acht gelassen werden darf, weil der Vermö-

---

[121] S. dazu *Emmerich* FS Stilz, 2014, 135 mN; *ders.* AG 2015, 627 (630); *Puskajler/Sekera-Terplan* NZG 2015, 1055 (1058 ff.).

[122] So ausdrücklich auch das BVerfG NJW 2012, 3020 = AG 2012, 674 (676) (l. Sp. 1. Abs.) sowie zB (unter besonderer Betonung der mangelnden Sachkunde der Gerichte) KG AG 2009, 199 = KGR 2009, 657; AG 2011, 627 (628 f.) = NZG 2011, 1302; ebenso im Ergebnis zB OLG Frankfurt ZIP 2012, 124 (126 ff.) = AG 2015, 504 (507): bloße Prüfung der Vertretbarkeit der Unternehmensbewertung durch Wirtschaftsprüfer; OLG Karlsruhe AG 2013, 353; 2013, 765; OLG Frankfurt AG 2013, 566; 2013, 647; 2014, 822; 2015, 241; OLG München AG 2014, 453; 2014, 741; insbes. OLG Stuttgart AG 2913, 724 (725 f): 2013, 840 f.; 2014, 208 (209); 2014, 291 f. = NZG 2014, 140 AG 2913, 724 (725 f): 2013, 840 f.; 2014, 208 (209); 2014, 291 f. = NZG 2014, 140; krit. *Emmerich* FS Stilz, 2014, 135 mN; *ders.* AG 2015, 627 (630); *Puskajler/Sekera-Terplan* NZG 2015, 1055 (1058 ff.).

[123] *Brösel/Karami* Wpg 2012, 418; *Burger* NZG 2012, 281; *Hüchting* Abfindung 39, 44 ff.; *Korth* BB 1992, Beilage 19, 4 f.; *J. Schmidt,* Außenstehende Aktionäre, 71 f. *Ruthardt,* Normzweckorientierte Unternehmensbewertung, 2014, 54, 89 ff.; *ders./Hachmeister* NZG 2014, 41 mN.

[124] OLG Hamm AG 1963, 219; BayObLGZ 1998, 231 (238 ff.) = NJW-RR 1999, 109 = AG 1999, 43–EKU/März; *Emmerich/Sonnenschein* KonzernR, 6. Aufl. 1997, § 17a IV (291 ff.).

[125] So schon der Ausschussbericht zu § 305, bei *Kropff* AktG 399; ebenso BGHZ 71, 40 (51) = NJW 1978, 1316 – Kali & Salz; BGH LM UmwG Nr. 2 = NJW 1967, 1464; BayObLG AG 1996, 127 (128) = DB 1995, 2590; AG 1996, 176 (177); zuletzt OLG Celle AG 1999, 128 (129) = DB 1998, 2006 – Wolters/Gilde.

[126] *Hasselbach/Ebbinghaus* Konzern 2010, 467 (468) (l. Sp. 1. Abs.); *Henselmann/Schrenker/Winkler* Konzern 2011, 223 (227) (r. Sp. u.).

[127] S. die Kritik bei *Gude* Strukturänderungen 222 ff.; *Dörfler/Gahler/Unterstraßer/Wirichs* BB 1994, 156; *Hecker/Wenger* ZBB 1995, 321 (326 f.); *Hügel,* Verschmelzung und Einbringung, 200 ff.; *Komp* Zweifelsfragen 350 ff.

gensverlust eines Aktionärs infolge des Abschlusses eines Unternehmensvertrages in der Regel für ihn (mindestens) mit dem Börsenkurs seiner Aktie identisch ist.[128] Das BVerfG hat hinzugefügt, dass es sich bei dem maßgeblichen Börsenkurs durchaus auch um einen wie immer berechneten **Durchschnittskurs** handeln könne;[129] *unterschritten* werden dürfe der Börsenkurs indessen nur in Ausnahmefällen, zB bei einer ausgesprochenen Marktenge, sofern der Börsenkurs infolgedessen nicht den „Verkehrswert" der Aktie widerspiegele, während eine *Überschreitung* des Börsenkurses durchaus in Betracht kommt, wenn der Ertragswert höher als der Börsenwert liegt.[130]

Wenn man bei der Unternehmensbewertung auf Börsenkurse abstellen möchte, muss man als erstes entscheiden, ob Stichtagskurse oder Durchschnittskurse aus einer wie immer bemessenen Referenzperiode maßgebend sein sollen. Der BGH hat sich in dieser Frage – im Anschluss an die geschilderte Rechtsprechung des BVerfG (→ Rn. 43) für die Maßgeblichkeit gewichteter **Durchschnittskurse** aus einer grundsätzlich dreimonatigen Referenzperiode entschieden, wobei der BGH in dem DAT/Altana-Beschluss von 2001 zunächst davon ausgegangen war, dass der maßgebliche **Stichtag** die Hauptversammlung der abhängigen Gesellschaft sei (§ 293 Abs. 1), von dem aus folglich die Referenzperiode zurückgerechnet werden müsse, und zwar unter *Ausklammerung* außergewöhnlicher Tagesausschläge oder sprunghafter Entwicklungen binnen weniger Tage, die sich nicht verfestigen.[131] Keine Rolle soll dagegen spielen, ob sich in den aktuellen Kursen bereits die Erwartungen der Börsenteilnehmer in Bezug auf die anstehende Unternehmensverbindung widerspiegeln, wobei vornehmlich an die von der Unternehmensverbindung erhofften Verbundvorteile sowie an die Spekulation auf ein besonders günstiges Abfindungsangebot des herrschenden Unternehmens zu denken ist, da die Berücksichtigung derartiger Faktoren in der Preisentwicklung letztlich auf den Marktgesetzen beruhe.[132] Werden die Aktien an mehreren Börsen gehandelt, so soll auf einen *nach Umsätzen gewichteten Durchschnittskurs aus* den Kursfestsetzungen *jeder* der in Betracht kommenden Börsen abzustellen sein.[133] **44**

Lediglich in der Frage des maßgeblichen **Stichtags** (von dem ab die Referenzperiode zurückzurechnen hast) hat der BGH später seine Praxis in dem **Stollwerk-Beschluss** von 2010 korrigiert.[134] Die Referenzperiode wird seitdem nicht mehr von der Hauptversammlung der abhängigen Gesellschaft, sondern von der *Bekanntgabe der Strukturmaßnahme* ab berechnet, wobei in erster Linie, aber nicht allein an Ad-hoc-Mitteilungen nach § 15 WpHG zu denken ist (→ Rn. 46a).[135] Etwas anderes soll jedoch gelten, wenn ein „längerer Zeitraum" wie zB siebeneinhalb Monate zwischen der Bekanntgabe der Strukturmaßnahme und der Hauptversammlung der abhängigen Gesellschaft liegt; in diesem Fall ist der Börsenwert **45**

---

[128] Grdl. BVerfGE 100, 289 (305 ff.) = NJW 1999, 3769 = AG 1999, 566 (567 f.) – DAT/Altana; ebenso zB BVerfGE AG 2000, 178 = NZG 2000, 420; WM 2007, 73 f. = AG 2007, 119 (120) – Siemens/SNI; AG 2007, 697 (698) = NZG 2007, 629; AG 2011, 128 Rn. 9 f. = ZIP 2011, 170 – Kuka AG; NJW 2011, 1495 Rn. 21 = AG 2011, 511 – DTK/T-Online; AG 2012, 557 Rn. 62 = ZIP 2012, 1402; NJW 2012, 1656 = ZIP 2012, 1656 Rn. 29 = AG 2012, 674 – Daimler/Chrysler; AG 2012, 625 (626) = ZIP 2012, 1408 – NordLB; ebenso insbes. BGHZ 147, 108 – DAT/Altana IV; BGHZ 186, 229 – Stollwerk; BGH NZG 2015, 139 Rn. 33 f.; Analyse der Rechtsprechung zuletzt bei *Bungert/Wettich* FS Hoffmann-Becking, 2013, 157; *Land/Hallermayer* AG 2015, 659; *Reichert* FS Stilz, 2014, 219.
[129] BVerfGE 100, 289 (309 f.).
[130] BVerfGE 100, 289 (309 f.).
[131] BGHZ 147, 108 (118) = NJW 2001, 2080 = AG 2001, 417; ausf. *Röhricht* in GesR in der Diskussion 2001, 3, 22 ff.
[132] BGHZ 147, 108 (120 f.) – DAT/Altana IV; OLG Hamburg AG 2003, 583 (584) = NZG 2003, 89 – Texaco/RWE; OLG München ZIP 2006, 1722 (1724) = AG 2007, 246; LG Frankfurt AG 2006, 757 (759) – MAN; *Röhricht* in GesR in der Diskussion 2001, 3 (26).
[133] BGHZ 147, 108 (124 f.) – DAT/Altana IV; zust. *Großfeld* Unternehmensbewertung 318; aA *P. Bauer* NZG 2001, 892 (893): allein Kurs des Börsenplatzes mit dem höchsten Umsatz; *M. Weber* ZGR 2004, 280 (296 f.).
[134] BGHZ 186, 229 = NJW 2010, 2657 = AG 2010, 629; ebenso BGH AG 2011, 590 Rn. 7; 2011, 590 = ZIP 2011, 1708 Rn. 8.
[135] BGHZ 186, 229 Rn. 20 ff., 25 ff.; OLG Karlsruhe AG 2015, 789 (791 f.); LG München I BeckRS 2015, 17382 = ZIP 2015, 2131.

entsprechend der allgemeinen oder branchentypischen Wertentwicklung unter Berücksichtigung der seitherigen Kursentwicklung „*hochzurechnen*" (→ Rn. 47).[136]

46 Der nach Umsätzen **gewichtete Durchschnittskurs** einer Aktie, die an mehreren Börsen gehandelt wird, aus einer Referenzperiode von drei Monaten ist (natürlich) eine letztlich nach § 287 ZPO geschätzte rein rechnerische Größe, die nicht verabsolutiert werden darf, die aber wegen ihres Realitätsbezugs immer noch jedem frei kalkulierten Ertragswert überlegen ist.[137] Als Vorbild für die Berechnung dient allgemein § 5 Abs. 1 WpÜG-AV, sodass sich die Gewichtung an den **Börsenumsätzen** unter Abschneidung von Ausschlägen nach oben und unten zu orientieren hat.[138] Noch nicht endgültig geklärt ist die Frage, ob dabei allein staatliche Börsen zu berücksichtigen sind, an denen Börsenpreise amtlich festgelegt werden (§ 23 BörsG), oder auch die verschiedenen Formen des **Freiverkehrs** einschließlich namentlich des qualifizierten Freiverkehrs sowie darüber hinaus ggf. sogar **private Börsen,** in denen bekanntlich gleichfalls Kurse ermittelt werden. Bisher überwiegt offenbar noch die *Ablehnung* jeder Berücksichtigung der im Freiverkehr oder an privaten Börsen ermittelten Kurse wegen der mangelnden Kapitalmarkteffizienz derartiger nichtstaatlicher Börsen.[139] Indessen wird dabei übersehen, dass auch die im Freiverkehr und an rein privaten Börsen ermittelten Preise letztlich Börsenkurse sind, die deshalb ggf., wenn sie ausreichend aussagekräftig sind (→ Rn. 48 f.), der Unternehmensbewertung zugrunde gelegt werden können.[140] Die Frage hatte eine zeitlang durch die sog. Frosta-Rechtsprechung des BGH, durch die bekanntlich der **Widerruf der Börsenzulassung** erheblich erleichtert wurde (→ Rn. 10c f.), erhebliche praktische Bedeutung erlangt, da seitdem zahlreiche Aktien auf einmal nur noch in geringem Umfang im Freiverkehr gehandelt werden. Es lag nahe, in derartigen Fällen die Aussagekraft der dann nur noch im Freiverkehr ermittelten „Kurse" mit großer Zurückhaltung zu beurteilen (→ Rn. 47).[141]

46a Die Referenzperiode ist von der **Bekanntgabe** oder auch dem Bekanntwerden der Strukturmaßnahme, bei § 305 also der Absicht des herrschenden Unternehmens zum Abschluss eines Unternehmensvertrages ab, rückwärts zu rechnen, worunter in erster Linie, aber nicht allein eine *Ad-hoc-Mitteilung nach § 15 WpHG* über den beabsichtigten Abschluss eines Unternehmensvertrages zu verstehen ist.[142] Im Schrifttum werden unterschiedliche Voraussetzungen für die Annahme einer Bekanntgabe oder des Bekanntwerdens der Maßnahme in diesem Sinne diskutiert.[143] Entscheidend dürfte sein, wann über allgemein zugängliche Medien die konkrete Absicht des herrschenden Unternehmens zum Abschluss eines Unternehmensvertrages iSd § 291 Abs. 1 in einer Weise verbreitet („kommuniziert") wird, dass in Kürze tatsächlich mit der Maßnahme zu rechnen ist, sodass ein Einfluss der bevorstehenden Maßnahme auf die Kursentwicklung an den Börsen naheliegt, während die üblicherweise bereits vor Bekanntgabe einer Strukturmaßnahmen an den Börsen kursierenden Vermutungen und Gerüchte nicht für eine weitere Vorverlegung des Beginns der Referenzperiode ausreichen.[144]

47 Wenn zwischen der Bekanntgabe der Maßnahme (→ Rn. 46a) und der Hauptversammlung der abhängigen Gesellschaft, die über den Abschluss des Unternehmensvertrages zu beschließen hat (§ 293 Abs. 1), ein **„längerer Zeitraum"** verstreicht, ist zum Schutze der

---

[136] BGHZ 186, 229 Rn. 29 ff. OLG Stuttgart AG 2010, 510 (513); 2011, 560; 2012, 49 (52 f.); OLG Frankfurt NZG 2010, 664 (665 f.); AG 2010, 751 = NZG 2010, 1141 – DTK/T-Online; OLG München AG 2012, 749; OLG Karlsruhe AG 2015, 789 (791 f.).
[137] Treffend OLG Stuttgart AG 2011, 560; OLG Frankfurt AG 2010, 751 = NZG 2010, 1141.
[138] OLG München ZIP 2006, 1722 (1725) = AG 2007, 246; OLG Stuttgart NZG 2007, 302 = AG 2007, 209 – Daimler Chrysler; LG Frankfurt AG 2006, 757 (759) – MAN.
[139] OLG München AG 2014, 714 = NZG 2014, 1230; *Riegger/Wasman* FS Stilz, 2014, 509.
[140] OLG Düsseldorf AG 2008, 498 (501); *Bungert/Wettich* FS Hoffmann-Becking, 2013, 157 (173 ff.); *Bungert/Leyendecker-Langner* BB 2014, 52, 53 ff.
[141] OLG Düsseldorf AG 2008, 498 (501); str., s. mN *Bungert/Leyendecker-Langner* BB 2014, 52, 53 ff.
[142] BGHZ 186, 229 (236) Rn. 20 ff., 238 Rn. 25 ff.; OLG Karlsruhe AG 2015, 789 (791 f.); LG München I BeckRS 2015, 17382 = ZIP 2015, 2131.
[143] *Brösel/Karami* Wpg 2012, 418 (421 ff.); *Bücker* NZG 2010, 967 (969 f.); *Bungert/Wettich* ZIP 2012, 449 (450 f.); *Hasselbach/Ebbinghaus* Konzern 2010, 467 (471 ff.); *Wasmann* ZGR 2011, 83 (88 ff.).
[144] OLG München AG 2015, 508 (510) – HRE.

Aktionäre der Börsenwert entsprechend der allgemeinen oder branchentypischen Wertentwicklung „hochzurechnen", sofern die Entwicklung der Börsenkurse eine Anpassung geboten erscheinen lässt, wobei erst ein Zeitraum von siebeneinhalb Monaten als längerer Zeitraum in diesem Sinne zu qualifizieren sein soll.[145] Bei Zeiträumen bis zu sechs oder sieben Monaten wird dagegen überwiegend die Notwendigkeit einer Anpassung verneint.[146] Wenn ausnahmsweise doch nötig, wird die **Anpassung** in erster Linie an einem *Branchenindex* oder, wenn nicht vorhanden, an der Kursentwicklung einer Peer-Group orientiert, vorausgesetzt, dass die Differenz *signifikant* ist, dh mehr als 10 % beträgt.[147] Schon aus praktischen Gründen wird dabei eine Hochrechnung nur auf einen *Tag kurz vor der Hauptversammlung* der abhängigen Gesellschaft in Betracht kommen, am besten auf den Tag des Abschlusses der Bewertungsarbeiten.[148] Eine *Anpassung nach unten* bei einem **Kursverfall** in der Zwischenzeit kommt – entgegen der Rechtsprechung – nicht in Betracht,[149] weil sonst die Gefahr der Eröffnung von Spielräumen für strategische Verhaltensweisen des herrschenden Unternehmens zum Nachteil der außenstehenden Aktionäre bestände. Insgesamt wird dabei in der Mehrzahl der Fälle nicht ohne eine Schätzung nach § 287 ZPO auszukommen sein.[150]

48 Die Relevanz von wie immer ermittelten Börsenkursen setzt ferner voraus, dass die Kurse **aussagekräftig** sind, weil die fragliche Börse gewisse Mindestanforderungen an die **Kapitalmarkteffizienz** erfüllt. Die Rechtsprechung lehnt deshalb die Berücksichtigung des Börsenkurses als Maßstab für die Bemessung der Abfindungshöhe insbesondere ab, wenn über einen längeren Zeitraum mit Aktien der betreffenden Gesellschaft *praktisch kein Handel* mehr stattgefunden hat, ferner, wenn auf Grund einer *Marktenge* der einzelne außenstehende Aktionär gar nicht in der Lage gewesen wäre, seine Aktien tatsächlich zum Börsenpreis zu veräußern, insbesondere, wenn nur Geldkurse ohne jede Aussagekraft ermittelt werden, sowie schließlich, wenn der Börsenpreis *manipuliert* wurde, wobei die Gerichte durchweg ausgesprochen *restriktiv* verfahren, um wo immer möglich auf Börsenkurse zurückgreifen zu können.[151] Anzeichen für eine relative **Marktenge** sind ein Handel mit einem ganz geringen Bruchteil der Aktien an wenigen Tagen sowie eine hohe Volatilität der Kurse, die auf eine große Marktenge, auf die Manipulierbarkeit der Kurse und auf das Fehlen eines realen Marktgeschehens mit einer konstanten Nachfrage hindeuten. Ein Beispiel ist der Handel mit wenigen Aktien im Freiverkehr nach Widerruf der Börsenzulassung (→ Rn. 46). Andernfalls stehen aber auch über das übliche Maß hinausgehende Kursschwankungen auf engen Märkten der Berücksichtigung der Börsenkurse nicht entgegen.[152]

---

[145] BGHZ 186, 229 (240 f.) Rn. 29 ff.; BGH AG 2011, 590 Rn. 7; OLG Stuttgart AG 2011, 560 (562); 2011, 420 (422); 2011, 795 (800); 2012, 49 (52 f.); KG AG 2011, 832 (833); OLG Karlsruhe AG 2015, 789 (791 f.).

[146] So zB zuletzt OLG Stuttgart AG 2013, 724 (731); 2013, 840 (845); OLG Saarbrücken AG 2014, 866 (867 f.); *Happ/Bednarz* FS Stilz, 2014, 219 (225 ff.).

[147] KG AG 2011, 832 (833); OLG Frankfurt AG 2012, 417 (418); *Brösel/Karami* Wpg 2012, 418 (426 f.); *Bücker* NZG 2010, 967 (970 f.); *Bungert/Wettich* ZIP 2012, 449 (451 f.); *Decher* ZIP 2010, 1673 (1676 f.); *Hasselbach/Ebbinghaus* Konzern 2010, 467 (473 ff.); *Wasmann* ZGR 2011, 83 (93 ff.).

[148] *Bücker* NZG 2010, 967.

[149] *Wasmann* ZGR 2011, 83 (99); anders aber zB OLG Karlsruhe AG 2015, 789 (792); *Bücker* NZG 2010, 967 (970); offengelassen bei *Bungert/Wettich* ZIP 2012, 449 (453).

[150] *Wasmann* ZGR 2011, 83 (101 ff.).

[151] BVerfG AG 2007, 119 (120) = NJW 2007, 828 – Siemens/SNI; BGHZ 147, 108, 116 (123) = NJW 2001, 2080 = AG 2001, 417 – DAT/Altana IV; BGH NJW 2011, 2495 Rn. 25 = AG 2011, 511 – DTK/T-Online; OLG Düsseldorf AG 2000, 421 (422); 2003, 329 (331); AG 2007, 327 (329); AG 2008, 783 (787); OLG Hamburg AG 2003, 583 (584) = NZG 2003, 89 – Texaco/RWE; OLG Karlsruhe ZIP 2004, 2330 (2331) = AG 2005, 45 – SEN; AG 2015, 789 (792); OLG Stuttgart AG 2007, 705 (715); 2008, 783 (785 f.); 2011, 560 (563); OLG Frankfurt AG 2010, 751 (756) = NZG 2010, 1141 – DTK/T-Online; NZG 2014, 464 – Hoechst AG; *Happ/Bednarz* FS Stilz, 2014, 219 (227 f.); *Karrer* Angemessenheit 147; *Reichert* FS Stilz, 2014, 479 (488 ff.); *Riegger/Wasmann* FS Stilz, 2014, 509 (511 ff.); *Röhricht* in GesR in der Diskussion, 2002, 3, 26 ff.

[152] OLG München ZIP 2006, 1722 (1723 f.) = AG 2007, 246; OLG Düsseldorf WM 2006, 2219 (2225 f.) = AG 2007, 325; AG 2008, 498 (501); KG ZIP 2007, 75 = NZG 2007, 71 – DeTeWe; OLG Frankfurt AG 2007, 403 – Koepp Schaum/Vita Polymere; OLG Stuttgart AG 2008, 783 (787); LG Hamburg AG 2005, 822 – Maihak/Sick UPA; LG Frankfurt a.M. AG 2005, 930 (933 f.) – Alte Leipziger VersicherungsAG; 2006, 757; K. Schmidt/Lutter/*Stephan* Rn. 100–102; Spindler/Stilz/*Veil* Rn. 56 f.

48a Wenn es sich bei dem anderen Vertragsteil gleichfalls um eine börsennotierte Gesellschaft handelt, stellt sich die weitere Frage, ob die zur Ermittlung der Verschmelzungswertrelation zusätzlich erforderliche Ermittlung des Wertes der **herrschenden Gesellschaft** in jedem Fall nach *denselben* Grundsätzen zu erfolgen hat wie die des Wertes der abhängigen Gesellschaft, dh konkret: ob immer nur Börsenkurse mit Börsenkursen und Schätzwerte mit Schätzwerten verglichen werden dürfen oder ob zB auch ein Vergleich von Schätzwerten mit Börsenkursen möglich ist, wobei dann meistens stillschweigend unterstellt wird, dass der jeweils höhere Kurs maßgebend ist. Diese Frage kann *von erheblicher Bedeutung* für das Ergebnis sein. Setzt man zB nur bei der herrschenden Gesellschaft einen etwaigen höheren Schätzwert statt des niedrigeren Börsenwertes an, so verändert dies die **Verschmelzungswertrelation** zum Nachteil der außenstehenden Gesellschafter der abhängigen Gesellschaft (und zum Vorteil der Gesellschafter der herrschenden Gesellschaft). Umgekehrt kommt ein Druck auf den Wertansatz für die herrschende Gesellschaft (in Richtung des ggf. unter dem Schätzwert liegenden Börsen- oder Verkehrswerts) tendenziell den außenstehenden Gesellschaftern der abhängigen Gesellschaft zugute, benachteiligt aber in gleichem Ausmaß die Aktionäre der herrschenden Gesellschaft. Für derartige „Manipulationen" der Verschmelzungswertrelation ist kein Grund erkennbar.[153] Der Sache angemessen ist deshalb allein der Grundsatz der **Methodengleichheit**.[154] Die abweichende Rechtsprechung des BVerfG[155] erscheint wenig angemessen, weil dadurch die außenstehenden Aktionäre nur ohne Grund (erneut) benachteiligt werden können.

49 **2. Paketzuschläge.** Börsenkurse sind nicht die einzigen „Marktpreise", an denen der Wert eines Unternehmens abgelesen werden kann, da einzelne Aktien und ganze „Aktienpakete" ebenso wie Unternehmen selbst an vielen Märkten gehandelt werden. Soweit solche Preise ermittelt werden können, müssen sie gleichfalls bei der Bewertung von Unternehmen berücksichtigt werden.[156] Allein dies entspricht insbesondere den Wertungen des § 738 BGB sowie des § 31 Abs. 6 WpÜG, nach dem Paketzuschläge sowohl bei freiwilligen als auch bei Pflichtangeboten unter gewissen Voraussetzungen den anderen Inhabern von Aktien, die das Angebot angenommen haben, ebenfalls zugute kommen müssen.[157] Es sollte sich von selbst verstehen, dass bei § 305 dasselbe zu gelten hat, woraus insbesondere auch die Beachtlichkeit sog. Paketzuschläge folgt.[158]

50 Als **Paketzuschläge** bezeichnet man die Zuschläge auf den Börsenkurs, die häufig außerbörslich für *„Aktienpakete"* gezahlt werden. Der Sache nach handelt es sich dabei um den kapitalisierten Wert der Vorteile, die sich der Aktienerwerber von der Erlangung einer Einflussmöglichkeit und insbesondere von der Übernahme der Herrschaft in der betreffen-

---

[153] Anders Hölters/*Deilmann* Rn. 45; *A. Reuter* DB 2001, 2483 (2485 f., 2487); *ders.* AG 2007, 1; *Riegger/Wasmann* FS Stilz, 2014, 509 (513 f.).

[154] BGHZ 147, 108 (121 f.) = NJW 2001, 2080 = AG 2001, 417 – DAT/Altana IV; BayObLGZ 2002, 400 (408 f.) = NZG 2003, 483 = AG 2003, 569 – Hypobank/Vereinsbank; OLG Düsseldorf AG 2003, 329 (333 f.) = NZG 2003, 588 – Siemens/SNI; AG 2003, 507 (508) = ZIP 2003, 1247 – DAT/Altana IV; AG 2003, 688 (693) – Veba; 2009, 873; OLG Karlsruhe AG 2006, 463 (464) – Rheinmetall/Aditron; OLG Stuttgart AG 2006, 420 (427) – Wüstenrot; OLG München AG 2012, 749; *Bungert* BB 2001, 1163 f.; *ders./Wettich* FS Hoffmann-Becking, 2013, 157 (180 ff.); *Busse v. Colbe* FS Lutter, 2000, 1053 (1062 f.); *Gärtner/Handke* NZG 2012, 247; *Hüffer/Koch* Rn. 24 d; *Hüttemann* ZGR 2001, 454 (464 f.); *Karrer* Angemessenheit 171 f.; KK-AktG/*Koppensteiner* Rn. 110; *Reichert* FS Stilz, 2014, 479 (481 f.); *Stilz* ZGR 2001, 875 (894 f.); K. Schmidt/Lutter/*Stephan* Rn. 107 ff.; *Tonner* FS K. Schmidt, 2009, 1581 (1589 ff.); Spindler/Stilz/*Veil* Rn. 60 f.; *Vetter* DB 2001, 1347 (1352 f.).

[155] BVerfGE 100, 289 (310 f.) = NJW 1999, 3769 = AG 1999, 566 (569) – DAT/Altana I; AG 2011, 128 Rn. 10 = ZIP 2011, 170 – Kuka AG.

[156] Bejaht für bekannte Preise vergleichbarer Unternehmen in OLG Stuttgart AG 2008, 510 (516); AG 2012, 221 (224); *Hüttemann* FS Hoffmann-Becking, 2013, 603; *Jonas* Wpg 2008, 117; *Fr. Meilicke* ZIP 2014, 605 (611); MüKoAktG/*Paulsen* Rn. 82.

[157] *Traugott/Fr. Schaefer* NZG 2004, 158.

[158] Insbes. LG Köln AG 2009, 835 (837 ff.) = Konzern 2009, 494; zust. *Krause* FS Hopt, Bd. I, 2010, 1005; in der Tendenz ebenso OLG Stuttgart AG 2011, 49 (52, 54) Rn. 123 f. – DB/Daimler Chrysler; *Großfeld* Unternehmensbewertung 326 f.; *Hüttemann* FS Hoffmann-Becking, 2013, 603 (615 f.).

den Gesellschaft verspricht.[159] Die überwiegende Meinung lehnt bisher bei börsennotierten Gesellschaften die zusätzliche Berücksichtigung von Paketzuschlägen neben „repräsentativen" Börsenkursen bei der Ermittlung der angemessenen Abfindung im Rahmen des § 305 ab.[160] Dahinter steht letztlich die Auffassung, Paketzuschläge kämen außenstehenden Aktionären auch am Markt nicht zugute, sodass sie im Rahmen des § 305 gleichfalls unberücksichtigt bleiben müssten. Dies trifft indessen nicht zu, weil es sich auch bei Paketzuschlägen letztlich ebenso wie bei Börsenkursen um **„Marktpreise"** handelt, die bei der Ermittlung der angemessenen Abfindung nicht unberücksichtigt bleiben dürfen. In ihnen kommt der Wert des Unternehmens zum Ausdruck, an dem die außenstehenden Aktionäre in vollem Umfang beteiligt sind, sodass es keinen legitimen Grund gibt, ihnen eine Beteiligung an den Paketzuschlägen zu verweigern. Das steht in der Rechtsprechung zu § 738 BGB seit langem fest und sollte daher auch bei § 305 anerkannt werden.

VIII. Ertragswertmethode

1. Überblick. Auch wenn man Marktpreise, gleich welcher Art, in jeder Hinsicht als 51 vorzugswürdig für die Ermittlung des Wertes eines Unternehmens oder der Anteile an diesem Unternehmen ansieht (→ Rn. 42–50), wird es doch immer zahlreiche Fälle geben, in denen keine hinreichend aussagekräftigen Marktpreise zur Verfügung stehen, an denen man sich orientieren könnte. In diesen Fällen bleibt nur der Rückgriff auf eine der verschiedenen in der Betriebswirtschaftslehre entwickelten **Methoden** der Unternehmensbewertung.[161] Die **Auswahl** zwischen diesen Methoden ist eine **Rechtsfrage,** sodass keine der in der Betriebswirtschaftslehre entwickelten Methoden ipso iure einen Vorrang beanspruchen kann;[162] der Gesetzgeber und – bei Fehlen gesetzlicher Vorgaben – die Gerichte sind vielmehr frei in der Entscheidung der Frage, wie sie bei der Bewertung eines Gegenstandes vorgehen wollen. Die **Gerichte** haben es deshalb wiederholt ausdrücklich abgelehnt, einer der verschiedenen Bewertungsmethoden im Rahmen der §§ 304 und 305 den Vorrang zuzubilligen.[163] Tatsächlich beherrscht jedoch heute die sog. **Ertragswertmethode** (oder auch Ertragswertverfahren) nahezu unangefochten das Feld.[164] Der Grund für den Siegeszug dieses Verfahrens liegt nicht zuletzt darin, dass die Wirtschaftsprüfer, die gemäß § 293d Abs. 1 S. 1 AktG iVm § 319 Abs. 1 S. 1 HGB in erster Linie zur Unternehmensbewertung im Rahmen der §§ 304 und 305 berufen sind (→ § 293d Rn. 4), anders als die Gerichte nach ihrem **Berufsrecht** bei der Unternehmensbewertung in der Methodenwahl keineswegs frei sind, sondern der Bewertung grundsätzlich den **IDW Standard S1 von 2008**[165] zugrunde legen müssen,[166] der für den Regelfall als

---

[159] Zu den Hintergründen s. *Decher* FS Wiedemann, 2002, 787 (791 ff.).
[160] OLG Düsseldorf AG 1995, 85 (86 f.) = WM 1995, 756; AG 2003, 329 (332) = NZG 2003, 588 – Siemens/SNI; OLG Celle AG 1999, 128 (129) = DB 1998, 2006 – Wolters/Gilde; OLG Stuttgart NZG 2007, 112 = AG 2007, 128; AG 2011, 420 (423); LG Nürnberg-Fürth AG 2000, 89 – Philips; LG Dortmund AG 2007, 792 = WM 2007, 917; in der Tendenz auch BVerfGE 100, 289 (306 f.) = NJW 1999, 3769 = AG 1999, 566 (568) – DAT/Altana I; zust. Hölters/*Deilmann* Rn. 47; MüKoAktG/*Paulsen* Rn. 65; Hüffer/*Koch* Rn. 21; *Karrer* Angemessenheit 117 ff., 134, 149 ff.; KK-AktG/*Koppensteiner* Rn. 73.
[161] Überblicke bei *Fleischer* §§ 4, 8, 10; *Großfeld* Unternehmensbewertung Rn. 123 ff.; *G. Karrer,* Die Angemessenheit der Leistung, 108 ff.; *Komp* Zweifelsfragen 54 ff.; *A. Schüler* DB 2015, 2277.
[162] Beispielsweise BayObLG AG 1996, 127 (128) = WM 1996, 526 – Paulaner; AG 2002, 390 f. – Rieter II; *Fleischer* ZGR 1997, 368 (374 ff.); *ders.* AG 2014, 97 (109); *Hennrichs* ZHR 164 (2000), 453 (457 ff.); *Hügel* Verschmelzung 184 ff.; *Mertens* AG 1992, 321; zum Teil abw. *Piltz* Unternehmensbewertung 1 ff.
[163] BVerfG AG 2007, 697 (698) = NZG 2007, 629; AG 2012, 625 (626 f.) – NordLB; NJW 2012, 3020 = AG 2012, 674 (675) – Daimler/Chrysler; BGH NJW 1978, 1316 (1317) = AG 1978, 196 (199 f.) = WM 1978, 401 (405 f.) – Kali & Salz (insoweit nicht in BGHZ 71, 40 (52) abgedruckt); BGHZ 129, 136 (165) = NJW 1995, 1739 = Girmes.
[164] S. aus der Rspr. zB BVerfGE 100, 289 (307) = NJW 1999, 3769 = AG 1999, 566 (568) = NZG 1999, 931 – DAT/Altana I; BVerfG NJW 2012, 3020 = AG 2012, 674 (675 f.) – Daimler/Chrysler; BGH NJW 2003, 3272 = NZG 2003, 1017 = AG 2003, 627 (628) (insoweit nicht in BGHZ 156, 57 abgedruckt) – Ytong usw. bis zB OLG Karlsruhe AG 2013, 353; 2013, 765; OLG Stuttgart AG 2013, 724 (725 f.); 2014, 291 f. = NZG 2014, 140; wN bei Fleischer/*Böcking/Nowak* HdB § 4 Rn. 46 ff.; *Schüler* DB 2015, 2277 ff.
[165] FN-IDW 2008, 271.
[166] MüKoAktG/*Paulsen* Rn. 77 mN.

Bewertungsmethoden nur noch das Ertragswertmethode (mit der Variante Discounted Cashflow-[DCF]-Methode) zulässt.[167] Von den Gerichten ist diese berufstypische Bevorzugung der Ertragswertmethode nahezu kritiklos hingenommen worden, weil sich bisher keine der zahlreichen in der Wissenschaft sonst noch diskutierten Methoden der Unternehmensbewertung durchgesetzt habe und zudem gegen alle fundierte Einwände vorgebracht würden, sodass den Gerichten im Grunde nichts anderes übrig bleibe, als sich der Meinung der Fachleute (sprich der Wirtschaftsprüfer) anzuschließen, die aus den genannten Gründen durchgängig die Ertragswertmethode favorisieren.[168] Als Alternative werden deshalb, sofern vorhanden, heute lediglich noch Börsenkurse in die Betrachtung miteinbezogen (→ Rn. 42 ff.). Andere Bewertungsverfahren (die es durchaus gibt)[169] werden demgegenüber in der Rechtsprechung generell vernachlässigt. Die folgenden Ausführungen konzentrieren sich infolgedessen notgedrungen im wesentlichen auf die Ertragswertmethode und die mit dieser verbundenen Probleme.[170]

52 Verfasser des IDW S1 von 2008 ist das Institut der Wirtschaftsprüfer **(IDW)**, ein privatrechtlicher Verein, dem rund 80 % der Wirtschaftsprüfer angehören. Dieser Verein hat seit 1983 wiederholt „Grundsätze zur Durchführung von Unternehmensbewertungen", sog. **IDW-Standards (IDW-S)** veröffentlicht, bei denen es sich folglich lediglich um sog. Grundsätze guter beruflicher Praxis ohne normativen Rang handelt, durch die (natürlich) die Gerichte *nicht* gebunden werden.[171] Der vorletzte **IDW S1** stammte aus dem Jahre **2005**.[172] Seine Verabschiedung war vor allem durch den Übergang zum Halbeinkünfteverfahren im Steuerrecht veranlasst gewesen, weil der vorausgegangene Standard von 2000 noch auf dem früheren Anrechnungsverfahren beruht hatte, woraus sich unter dem Halbeinkünfteverfahren nach Meinung des IDW „Verzerrungen" ergeben hatten. Die wichtigsten Änderungen, die der IDW S1 von 2005 gebracht hatte, waren die Ersetzung der Alternativanlage in festverzinslichen Wertpapieren durch ein Aktienportfolio, die Aufgabe der Vollausschüttungsannahme, der Übergang zur Nachsteuerbewertung sowie die Berechnung des Kapitalisierungszinssatzes an Hand der Kapitalmarktpreisbildungsmodelle CAPM und Tax-CAPM.[173] Die erneute Änderung der Standards im Jahre 2007 wurde sodann durch die Unternehmenssteuerreform von 2008 erzwungen, durch die das Halbeinkünfteverfahren durch die pauschalierte Besteuerung von Zinsen, Dividenden und Veräußerungsgewinnen im Wege des Vorsteuerabzugs in Höhe von 25 % zuzüglich Solidaritätszuschlag und Kirchensteuer ersetzt wurde. Ergebnis ist der neue **IDW S1 von 2008,** der schon ab Mitte 2007 angewandt wird. Der Standard von 2008 hält grundsätzlich an den Neuerungen fest, die der Standard von 2005 gebracht hatte, modifiziert aber die Regeln des Standards dort, wo es erforderlich erschien, um das objektivierte Verfahren der Unternehmensbewertung „nach Steuern" der neuen Steuerrechtslage anzupassen.

52a Die wiederholten **Änderungen** der Standards in den letzten Jahren stellen keine bloßen technischen Anpassungen dar, sondern haben (erwünschte) *erhebliche Auswirkungen* auf die Bewertung der Unternehmen, da dem IDW die auf der Grundlage des Standards von 2000 ermittelten Unternehmenswerte als „zu hoch" erschienen, weshalb man einen „Druck" auf die Unternehmenswerte (natürlich im Interesse der Kunden der Wirtschaftsprüfer) für erforderlich hielt.[174] Nicht zuletzt dadurch erklären sich die Änderungen, die die neuen Standards von 2005 und 2008 gebracht haben. Die *Reduzierung* der Unternehmenswerte aufgrund der neuen Standards bewegt sich in einer Größenordnung von *20–30 %*.[175] Vor

---

[167] IDW S1 Rn. 101.
[168] Exemplarisch OLG Stuttgart AG 2013, 724, 725 f.; AG 2014, 291 f. = NZG 2014, 140; krit. auch *Fleischer* AG 2014, 97 (99 f.); *Emmerich* AG 2015, 627 (630).
[169] Überblick bei Fleischer/*Franken*/*Schulte* HdB § 10.
[170] Zusammenfassend *Fleischer* HdB §§ 4 ff.
[171] Zur Geschichte zB *Jonas* Wpg 2008, 826; Fleischer/*Jonas* § 3 Rn. 1 ff.; *Rohde* Wpg 2008, 123.
[172] Wpg 2005, 1303.
[173] S. zB *A. Reuter* AG 2007, 1; *ders./S. Lenz* DB 2006, 1689.
[174] S. mN *Emmerich* (2.) FS Mestmäcker, 2006, 137.
[175] OLG Düsseldorf AG 2012, 459 (460 f.); 2014, 817 (818 f.) = NZG 2014, 1418 (Vorlagebeschluss); *Reuter/Lenz* DB 2006, 1689; *Ruthardt/Hachmeister* Wpg 2011, 351; MüKoAktG/*Paulsen* Rn. 92.

allem dieser Umstand hat Anlass zu der Frage gegeben, ob auch in den vielen im Jahre 2007 noch anhängigen **alten Verfahren** aus der Zeit vor „Inkrafttreten" des neuen IDW S1 von dem neuen Standard oder von dem IDW S1 von 2005, von 2000 oder sogar von den alten Grundsätzen aus dem Jahre 1983 auszugehen ist. Die Frage ist umstritten und noch nicht endgültig geklärt.[176] Im **Schrifttum** herrscht die Auffassung vor, der *jeweils jüngste IDW-Standard* bringe den neuesten Erkenntnisstand der „Wissenschaft" in der Frage der Unternehmensbewertung zum Ausdruck und sei deshalb – ebenso wie etwa eine geänderte höchstrichterliche Rechtsprechung – in allen noch anhängigen Bewertungsverfahren anzuwenden, gleichgültig, aus welcher Zeit sie stammen.[177] Die **Rechtsprechung** war uneinheitlich.[178] Während mehrere Gerichte dahin tendierten, grundsätzlich den am *Stichtag* (→ Rn. 56 ff.) maßgeblichen Standard anzuwenden,[179] außer wenn mit dem neuesten Standard eindeutig große Erkenntnisfortschritte verbunden sind,[180] favorisierten andere den jeweils **neuesten Standard,** obwohl dessen Anwendung für die außenstehenden Aktionäre überaus nachteilig sein kann, weil mit den Standards von 2005 und 2008 bewusst ein massiver Druck auf die Unternehmenswerte (zum Nachteil der außenstehenden Aktionäre) ausgeübt wurde.[181] Dieser Meinung hat sich jetzt auch auf Vorlage des OLG Düsseldorf der BGH angeschlossen.[182]

Um einen Gegenstand bewerten zu können, braucht man einen **Maßstab,** an dem man den fraglichen Gegenstand, und sei es auch ein ganzes Unternehmen, messen kann. Das ist gemeint, wenn man immer wieder lesen kann: „Bewerten heißt vergleichen", vergleichen eben mit dem jeweils gewählten Maßstab. Aufgrund der Fixierung auf den sog. Grenzpreis (zu dem die Aktionäre ohne Verluste aus der Gesellschaft ausscheiden können, → Rn. 37) sieht nun die Ertragswertmethode den Maßstab allein in einer **Alternativanlage,** die dem Aktionär nachhaltig dieselben Erträge wie seine bisherige Beteiligung sichert. Die Ertragswertmethode stellt folglich im Kern die Aufgabe zu ermitteln, mit welchen *Erträgen* der Aktionär aus seiner bisherigen Beteiligung *in Zukunft* vernünftigerweise rechnen konnte *und* wie eine *Alternativanlage* in Anleihen oder wiederum in Aktien aussehen muss, die ihm *vergleichbare,* insbesondere ebenso risikobehaftete *Erträge* wie seine bisherige Beteiligung gewährleistet. Der (bekannte) Wert dieser Alternativanlage, konkret also der Wert eines entsprechenden Anleihen- oder Aktiendepots, bezeichnet folglich – in den Augen der Ertragswertmethode – den Wert der fraglichen Unternehmensbeteiligung, wobei man üblicherweise den Umweg über die Bewertung des Unternehmens insgesamt geht, sog. **Ganzheitsbetrachtung** (oder auch indirekte Methode) im Gegensatz zur direkten Methode, die allein den Anteilswert – ohne den Umweg über den Unternehmenswert – ins Auge fasst. 53

Man verspricht sich von dieser Vorgehensweise insbesondere eine von den subjektiven Wertungen einzelner Marktteilnehmer gelöste, in diesem Sinne **„verobjektivierte",** dh generell gültige **Unternehmensbewertung.**[183] Zu diesem Zweck greift die Ertragswertmethode auf kapitalmarkttheoretische Überlegungen über die Preisbildung auf funktionie- 54

---

[176] *Großfeld* Unternehmensbewertung Rn. 182 ff.; *Ruthardt/Hachmeister* Wpg 2011, 351; MüKoAktG/*Paulsen* Rn. 93–95.
[177] *Kollrus* MDR 2012, 66 (68); *S. Lenz* Wpg 2006, 1160 (1165); KK-SpruchG/*Riegger* Anh. § 11 Rn. 40 (317 f.); *Riegger/Wasmann* FS Goette, 2011, 433 (439 f.); *Ruthardt/Hachmeister* Wpg 2011, 351; *W. Wagner/Jonas/Ballwieser/Tschöpel* Wpg 2006, 1005 (1007); *Wasmann/Gayk* BB 2005, 955 (957); *Wittgens/Redeke* ZIP 2007, 2015 (2016); aA *Dörschell/L. Franken* DB 2005, 2257 f.
[178] Ausf. *Ruthardt/Hachmeister* Wpg 2011, 351.
[179] OLG Frankfurt AG 2010, 798 (800); KG AG 2011, 627 = NZG 2011, 1302; OLG Düsseldorf AG 2012, 459 (460 f.); AG 2012, 716 (719) = ZIP 2012, 1713.
[180] So OLG Frankfurt AG 2014, 822 (824 f.); 2015, 205 (209); 2015, 241 (242 f.); grds. auch OLG Düsseldorf AG 2014, 817 = NZG 2014, 1418.
[181] OLG Stuttgart AG 2011, 205 (208 f.); 2011, 420 (426 f.); AG 2011, 794 (796); 2012, 49 (50 f.); OLG Karlsruhe AG 2013, 765 f.; OLG Frankfurt AG 2015, 547 (549): jedenfalls bei einem erheblichen „wissenschaftlichen" Fortschritt.
[182] BGH NJW 2016, 139; OLG Düsseldorf AG 2014, 817 = NZG 2014, 1418.
[183] Beispielsweise ausf mN *Schulte/Köller/Luksch* Wpg 2012, 380 (390 ff.).

renden Märkten unter den Bedingungen vollständiger Information, unendlicher Anpassungsgeschwindigkeit sowie streng rationalen Verhaltens aller Beteiligten zurück (sog. **Portfoliotheorie;** → Rn. 69). Unter diesen (völlig unrealistischen) Bedingungen – so die Grundannahme der Ertragswertmethode – wird sich ein Unternehmenskäufer im Zweifel bei seinen Preisüberlegungen vorrangig daran orientieren, mit welchen *Erträgen* er in Zukunft nachhaltig rechnen kann. Kern der Ertragswertmethode ist folglich die **Schätzung der zukünftigen Erträge** des fraglichen Unternehmens und deren **Diskontierung** auf einen Gegenwartswert unter Zugrundlegung eines bestimmten **Kapitalisierungszinssatzes,** abgeleitet aus der Verzinsung der jeweils gewählten Alternativanlage, sodass die Höhe des Kapitalisierungszinssatzes im Mittelpunkt aller Auseinandersetzungen über die Ertragswertmethode steht, da schon geringfügige Veränderungen bei dem Kapitalisierungszinssatz *erhebliche Auswirkungen* auf den endgültig ermittelten Unternehmenswert haben (→ Rn. 65). Dabei gilt, dass der Ertragswert um so niedriger ist, je höher der Kapitalisierungszinssatz angesetzt wird, und umgekehrt. Bereits eine Veränderung des Kapitalisierungszinssatzes um lediglich zwei Prozentpunkte zieht eine Verringerung oder Erhöhung des Ertragswertes um rund ein Viertel nach sich. Die auf der Hand liegende Konsequenz ist, dass sich in sämtlichen Spruchverfahren die Auseinandersetzung der Beteiligten in erster Linie um die Schätzung der zukünftigen Erträge des betreffenden Unternehmens (auf der Basis der vorliegenden Unternehmensplanungen) sowie sodann um die Höhe des Kapitalisierungszinssatzes dreht. Beides, die zukünftigen Erträge und der Kapitalisierungszinssatz sind aber im Grunde „hoffnungslose Unbekannte", die allenfalls vage geschätzt werden können, – mit der notwendigen Folge, dass sich hier für interessierte Kreise nahezu beliebige *Spielräume für Manipulationen* hinsichtlich der Höhe der Abfindung auftun, Spielräume, die offenkundig auch weidlich genutzt werden.[184]

55   Die verschiedenen **DCF-Methoden** knüpfen im Gegensatz zur Ertragswertmethode (→ Rn. 54) nicht allgemein an die zukünftigen Erträge der betreffenden Gesellschaft, sondern speziell an die von den Kapitaleignern aus der Gesellschaft zu erwartenden Einnahmenüberschüsse an, den sog. *Cashflow,* der sodann nicht anders als bei der Ertragswertmethode nach der Rentenformel auf einen Gegenwartswert diskontiert wird.[185] Zentrales Problem ist hier (neben der immer nötigen Ermittlung des Kapitalisierungszinssatzes) zusätzlich die genaue *Abgrenzung des Eigenkapitals* von dem Fremdkapital und den durch dieses verursachten Kosten. Die DCF-Methode ist in allen ihren Spielarten lediglich eine Variante der Ertragswertmethode. Sie kommt daher ebenso wenig wie die letztere ohne unsichere Prognosen aus, sodass es letztlich gleich bleibt, welche Methode man anwendet.[186] Richtig verstanden, müssen ohnehin beide Methoden zum selben Ergebnis führen.[187] In der gegenwärtigen Bewertungspraxis spielen die DCF-Methoden, soweit ersichtlich, nur eine ganz untergeordnete Rolle, sodass sie im Folgenden vernachlässigt werden können.

56   **2. Stichtagsprinzip.** Nach § 305 Abs. 3 S. 2 muss die angemessene Barabfindung die Verhältnisse der (abhängigen) Gesellschaft „im Zeitpunkt der Beschlussfassung ihrer Hauptversammlung über den Vertrag" nach § 293 Abs. 1 berücksichtigen. Daraus wird ebenso wie im Rahmen des § 304 (→ § 304 Rn. 27 f.) überwiegend eine Entscheidung des Gesetzgebers zugunsten des Stichtagsprinzips gefolgert, nach dem bei der Bewertung der abhängigen wie der herrschenden Gesellschaft allein von den **in** dem genannten **Zeitpunkt** (§ 293 Abs. 1) **erkennbaren Verhältnissen** auszugehen ist, während spätere, abweichende Ent-

---

[184] Statt aller mN *Emmerich* FS Stilz, 2014, 135.
[185] Insbes. IDW S1 Rn. 134 ff. (Wpg 2005, 1316); OLG Karlsruhe AG 2013, 765 (766 f.); *Großfeld* NZG 2002, 353 (355 ff.); *ders./Egert* FS Ludewig, 1996, 365; *Großfeld/Stöver* BB 2004, 2799; *dies./Tönnes* BB 2005, Beilage 7 zu Heft 30, 2; *Hommel/I. Dehmel/Pauly* BB 2005, Beilage 7 zu Heft 30, 13; *Habersack/Lüssow* NZG 1999, 629 (632 f.); *Fleischer/Jonas/Wieland* § 9; *Komp* Zweifelsfragen 82 ff.; KK-AktG/*Koppensteiner* Rn. 85 ff.; *Neun,* Berichts- und Prüfungspflichten, 108 ff.
[186] KK-AktG/*Koppensteiner* Rn. 87.
[187] Ebenso ausdrücklich IDW S1 Rn. 101.

wicklungen außer Betracht zu bleiben haben.[188] Gerechtfertigt wird dies vor allem damit, dass die Unternehmensbewertung immer *von den jeweils verfügbaren Informationen abhängt,* sodass auch im Nachhinein allein diejenigen Informationen verwandt werden dürften, die am Bewertungsstichtag tatsächlich verfügbar waren.[189]

Die wichtigste Konsequenz des Stichtagsprinzips (→ Rn. 56) ist, dass **spätere Entwicklungen** bei der Unternehmensbewertung grundsätzlich **unberücksichtigt** bleiben, dass es mit anderen Worten keinen Vergleich der Ertragsprognose mit der tatsächlichen späteren Entwicklung der Erträge gibt, selbst wenn sich rückblickend die Ertragsprognose (der Kern der Ertragswertmethode), wie eigentlich regelmäßig, als völlig *falsch* erweist.[190] Eine **Ausnahme** wird in der Rechtsprechung – unter Widerspruch eines erheblichen Teils des Schrifttums[191] – lediglich erwogen, wenn die fragliche Entwicklung bereits am Stichtag (→ Rn. 56) zumindest für Sachverständige erkennbar, dh „angelegt" war (sog. **Wurzeltheorie,** → Rn. 57). Sonstige Entwicklungen, für die dies *nicht* zutrifft, die mit anderen Worten auch für „Sachverständige" nicht erkennbar, weil nicht absehbar waren, bleiben dagegen außer Betracht (Stichwort: **keine ex-post-Betrachtung,** → Rn. 58; → § 304 Rn. 27a).[192] Eine weitere Ausnahme von dem Stichtagsprinzip bildet die im Rahmen der Nachsteuerbewertung anerkannte Berücksichtigung der Belastung der Unternehmensgewinne mit der jeweiligen **Körperschaftsteuer** und wohl auch zusätzlich mit dem Solidaritätszuschlag sowie mit der Gewerbesteuer (→ Rn. 63a; → § 304 Rn. 43b, str.).

Stichtag ist gemäß § 305 Abs. 3 S. 2 der Tag der **Hauptversammlung der abhängigen Gesellschaft,** in der nach § 293 Abs. 1 über den Unternehmensvertrag abgestimmt wird, und zwar auch dann, wenn wegen Mängeln des fraglichen Zustimmungsbeschlusses später ein Bestätigungsbeschluss erforderlich wird (§ 244).[193] Folgt man nun der hM (→ Rn. 56 f.), so müssen sich in etwaigen nachfolgenden Spruchverfahren die sog. „Sachverständigen", auch wenn sie erst Jahre später mit der Unternehmensbewertung beauftragt werden, – daher rückblickend – auf diesen Zeitpunkt stellen und *von dort aus* die Unternehmensbewertung vornehmen (→ § 304 Rn. 27a). Dabei sind entsprechend der Wurzeltheorie (→ Rn. 56a) nur diejenigen Entwicklungen zu berücksichtigen, die am Stichtag bereits *angelegt und* deshalb für den „Fachmann" *erkennbar* waren, während sonstige spätere Entwicklungen außer Betracht zu bleiben haben.[194] Ein wichtiges Hilfsmittel sind dabei die vorhandenen **Unternehmensplanungen.** Entwicklungen, durch die die Unternehmensplanungen im Wesentlichen bestätigt werden, sind grundsätzlich als am Stichtag „angelegt" anzusehen. Ohnehin bietet die spätere Entwicklung zumindest einen Hinweis darauf, welche Entwicklungen

---

[188] BGHZ 138, 136 (139 f.) = NJW 1998, 1866 = AG 1998, 286 = NZG 1998, 379 – ASEA/BBC II; BGHZ 156, 157 (163) = NJW 2003, 3272 = AG 2003, 627 (629) – Ytong; OLG Düsseldorf AG 2003, 329 (332) = NZG 2003, 588 – Siemens/SNI; OLG Stuttgart AG 2007, 596 (598); 2008, 510 (514); 2012, 221 (222); 2013, 840 (843); OLG München AG 2005, 486 (488) = NZG 2006, 181; AG 2008, 28 (31 f.); *Baldamus* AG 2005, 77 (80 f.); MüKoAktG/*Paulsen* Rn. 84 ff.; *Großfeld* Unternehmensbewertung Rn. 262 ff.; *Happ/ Bednarz* FS Stilz, 2014, 219; Fleischer/*Hüttemann/Meyer* § 12 Rn. 56 ff.; *Meyer* AG 2015, 16; Großkomm-AktG/*Hirte/Hasselbach* Rn. 100 ff.; *Komp* Zweifelsfragen 141 ff.; KK-SpruchG/*Riegger* Anh. § 11 Rn. 5 (300 f.); *Riegger/Wasmann* FS Goette, 2011, 433.

[189] IDW S1 Rn. 23; BGHZ 156, 57 (63) = AG 2003, 627 (629) = NJW 2003, 3272 – Ytong; Fleischer/ *Hüttemann/Meyer* § 12 Rn. 56 ff.; *Meyer* AG 2015, 16 (20 ff.); *Riegger/Wasmann* FS Goette, 2011, 433; *Ruthardt/ Hachmeister* Wpg 2012, 451.

[190] OLG Düsseldorf AG 2003, 329 (332) = NZG 2003, 588 – Siemens/SNI; OLG Stuttgart AG 2004, 43 (44) – Vereinigte Filzfabriken; AG 2013, 840 (843); OLG München AG 2005, 486 (488) = NZG 2006, 181; OLG Frankfurt AG 2015, 547 (549); OLG Karlsruhe AG 2015, 549 (550 f.) – Singulus; LG Frankfurt AG 2006, 930 (932) = NZG 2006, 868 (869 f.) – SAI Automotive.

[191] *Happ/Bednarz* FS Stilz, 2014, 219; Fleischer/*Hüttemann/Meyer* § 12 Rn. 56 ff.; *Meyer* AG 2015, 16.

[192] OLG Düsseldorf AG 2003, 329 (332) = NZG 2003, 588 – Siemens/SNI; OLG Stuttgart AG 2004, 43 (44) – Vereinigte Filzfabriken; OLG München AG 2005, 486 (488) = NZG 2006, 181; AG 2015, 508 (511) – HRE; OLG Frankfurt AG 2015, 547 (549); OLG Karlsruhe AG 2015, 549 (550 f.); – Singulus; LG Frankfurt AG 2006, 930 (932) = NZG 2006, 868 (869 f.) – SAI Automotive.

[193] LG München I AG 2000, 230 – Rieter Ingolstadt.

[194] OLG Stuttgart AG 2004, 43 (44) – Vereinigte Filzfabriken; NZG 2007, 302 = AG 2007, 209 – DaimlerChrysler; AG 2007, 596 (598); OLG München NZG 2006, 181 = AG 2005, 486; OLG Frankfurt AG 2012, 513 = ZIP 2012, 124 (129 f.); AG 2012, 293 (294) Rn. 97 = ZIP 2012, 524 – Eurohypo.

bereits am Stichtag angelegt waren.[195] Im Schrifttum wird diese Praxis – vor allem wegen der unsicheren Abgrenzungskriterien – verbreitet *kritisiert* und stattdessen eine strikte Handhabung des Stichtagsprinzips gefordert.[196]

58   Die Wurzeltheorie „erlaubt" **zB** die Berücksichtigung einer ausgeprägten Umsatz- oder Ertragsdynamik des Unternehmens[197] oder einer Umsatz- oder Ertragssteigerung infolge des Erwerbs von Beteiligungen, wenn über deren Erwerb bereits am Stichtag verhandelt wurde. *Unzulässig* soll es dagegen sein, eine „unerwartete", für die abhängige Gesellschaft günstige Änderung der Steuergesetzgebung, den Unternehmenswert erhöhend, zugunsten der außenstehenden Aktionäre zu berücksichtigen.[198] Ebenso wurde nach 1989 für die Wiedervereinigung entschieden, weil daran (zu Unrecht) niemand mehr geglaubt hatte,[199] sowie später für die sog. Finanzkrise von 2008, diesmal, da die sog. Fachleute bei den Banken die Augen vor den sich abzeichnenden krisenhaften Entwicklungen bewusst verschlossen und (notfalls) auf die Steuerzahler vertraut hatten.[200] Dasselbe soll sogar für die Rettung von durch unvertretbare Spekulationen in die Krise geratenen Banken aufgrund des FinMStG durch Ausgliederung der schlechten Risiken in einer Abwicklungsbank gelten (obwohl am Stichtag bereits beschlossen), wenn Voraussetzung dieser Maßnahmen erst der nachfolgende Ausschluss der Minderheitsaktionäre ist.[201] In den Fällen der **§ 305 Abs. 2 Nr. 2 und 3** soll es außerdem, eine weitere Konsequenz des Stichtagsprinzips, bei der Barabfindung verbleiben, selbst wenn die Abhängigkeit des anderen Vertragsteils, des „herrschenden Unternehmens" von einem dritten Unternehmen, der Konzernmutter, später, etwa während eines anhängigen Spruchverfahrens endet.[202]

59   Die Folge der geschilderten Handhabung des Stichtagsprinzips sind häufig ausgesprochen **unbefriedigende Ergebnisse,** insbesondere, wenn sich die der Schätzung der Unternehmenserträge zugrunde gelegten Prognosen (→ Rn. 60 ff.) wie im Regelfall bereits nach kurzer Zeit als grundfalsch erweisen (→ Rn. 41a). Daran ändert auch die Wurzeltheorie nichts, weil die Abgrenzung der relevanten von den irrelevanten Entwicklungen zum Stichtag angesichts der Interdependenz aller wirtschaftlichen Vorgänge vielfach nicht ohne Willkür möglich ist.[203] Dies sollte Anlass geben, das Stichtagsprinzip kritisch zu überdenken:[204] Das Stichtagsprinzip wird überwiegend auf § 305 Abs. 3 S. 2 gestützt (→ Rn. 56). Das Gesetz verlangt indessen hier lediglich eine „Berücksichtigung" der Verhältnisse der Gesellschaft am Stichtag, nicht mehr, und dies auch nur für die Barabfindung, nicht also für die Abfindung der außenstehenden Aktionäre in Aktien. Deshalb ist auch eine Berücksichtigung der *späteren* Entwicklung ohne weiteres mit dem Wortlaut des Gesetzes vereinbar – und zwingend geboten, um die übliche Benachteiligung der außenstehenden Gesellschafter aufgrund der durchweg falschen Prognosen, die der

---

[195] BGHZ 138, 136 (139 f.) = NJW 1998, 1866 = AG 1998, 379 – Asea/BBC II; BGHZ 140, 35 (38) = NJW 1999, 283 = NZG 1999, 70; BayObLG AG 2001, 138 = ZIP 2000, 885 (886) – MBB/DAS; OLG Zweibrücken AG 1995, 421 (422) = WM 1995, 980 – Saint Gobain/Grünzweig und Hartmann; OLG Düsseldorf AG 2000, 323 f. = NZG 2000, 693 – Hoffmann's Stärkefabriken; AG 2003, 329 (332) = NZG 2003, 588 – Siemens/SNI; OLG Celle AG 1999, 128 = DB 1998, 2006 – Wolters/Gilde; OLG München NZG 2006, 181 = AG 2005, 486.
[196] *Happ/Bednarz* FS Stilz, 2014, 219; *Meyer* AG 2015, 16 (18 ff.); *Ruthardt/Hachmeister* Wpg 2012, 451 (453 ff.).
[197] BayObLG AG 2002, 390 (391) – *Rieter II.*
[198] OLG Hamburg NZG 2003, 89 (90 f.) = AG 2003, 583 – Texaco/RWE/DEA; OLG Stuttgart AG 2011, 560 (563) = BB 2011, 1522; LG Frankfurt AG 1996, 187 (189) – Nestlé; LG Mannheim AG 2000, 85 f. – EURAG/Deere; *Riegger/Wasmann* FS Goette, 2011, 433 (435).
[199] OLG Celle AG 1999, 128 f. = DB 1998, 2006 – Wolters/Gilde; Baldamus AG 2005, 77 (80 ff.).
[200] OLG Frankfurt AG 2012, 513 = ZIP 2012, 124 (129 f.); AG 2012, 293 (294) Rn. 97 = ZIP 2012, 524 – Eurohypo.
[201] So erstaunlicherweise OLG München AG 2015, 508 (511) – HRE.
[202] MHdB AG/*Krieger* § 70 Rn. 22.
[203] *Großfeld* Unternehmensbewertung Rn. 262 ff.; *Komp* Zweifelsfragen 141 ff.; KK-AktG/*Koppensteiner* Rn. 61; *Meyer* AG 2015, 16; *J. Schmidt,* Außenstehende Aktionäre, 64 f.
[204] *Emmerich* (2.) FS Mestmäcker, 2006, 137 (143 f.); *ders.* FS Stilz, 2014, 135 (142); ebenso insbes. *Großfeld* Unternehmensbewertung Rn. 262 ff.

Unternehmensbewertung auf der Basis der Ertragswertmethode zugrunde gelegt werden, zu vermeiden. Es kommt hinzu, dass die Chance auf unvorausgesehene positive Entwicklungen ebenfalls zum Unternehmensvermögen gehört, an dem die außenstehenden Aktionäre ebenso zu beteiligen sind wie das herrschende Unternehmen. Die gegenwärtige Praxis hat die fatale Folge, dass derartige Chancen – ohne jede Gegenleistung – dem herrschenden Unternehmen in den Schoß fallen. An diesem nicht hinnehmbaren Ergebnis ändert wegen ihrer unsicheren Abgrenzungskriterien auch die Wurzeltheorie nichts. Sie sollte daher ebenso wie das ganze Stichtagsprinzip über Bord geworfen werden. Ohnedies hindert, eine normale Entwicklung der Dinge unterstellt, nichts, spätere Entwicklungen grundsätzlich als bereits am Stichtag „angelegt" anzusehen und deshalb bei der Unternehmensbewertung durchgängig umfassend zu berücksichtigen, insbesondere, wenn durch sie die vorliegenden Unternehmensplanungen im Kern bestätigt werden.[205] Die Bedeutung des Stichtagsprinzips reduzierte sich damit auf die *Ausklammerung ganz außergewöhnlicher,* schlechterdings von niemandem vorauszusehender *Entwicklungen* aus dem Spektrum der bei der Unternehmensbewertung zu berücksichtigenden Faktoren.[206]

3. Schätzung der zukünftigen Erträge. Kern der Ertragswertmethode (→ Rn. 53 f.) **60** ist die Schätzung der vermutlichen, zukünftigen Erträge des zu bewertenden Unternehmens aus der Sicht des Stichtages (→ Rn. 56 ff.) sowie die anschließende Diskontierung (Abzinsung) der geschätzten Erträge auf den Stichtag anhand eines Kapitalisierungszinssatzes für eine vergleichbare Anlage, die insbesondere ebenso risikobehaftet wie die bisherige Beteiligung ist (→ Rn. 65 ff.), weil, wie bereits ausgeführt (→ Rn. 53 ff.), die Ertragswertmethode auf der (durch nichts begründeten) Annahme beruht, dass sich der Wert eines Unternehmens am Markt nach dem *Gegenwartswert der* von einem rational handelnden fiktiven Unternehmenserwerber *erwarteten Erträge* aus seiner Investitionen richtet, verglichen mit alternativen, aber vergleichbaren Investitionen am Markt. Die *Schätzung* der prognostizierten zukünftigen Erträge des Unternehmens (sowie deren *Abzinsung* mittels eines bestimmten Kapitalisierungszinssatzes) bilden folglich den Kern der Unternehmensbewertung nach der Ertragswertmethode, stellen aber zugleich angesichts der notorischen Unsicherheit sämtlicher Prognosen das „Kernproblem jeder Unternehmensbewertung" dar.[207] Auf die Einzelheiten ist bereits im Rahmen der Ausführungen zu § 304 eingegangen worden; darauf kann verwiesen werden (→ § 304 Rn. 40 ff.). Ergänzend ist folgendes zu bemerken:[208]

Die Basis der Schätzung der zukünftigen Erträge bildet die sorgfältige **Vergangenheits- 60a analyse,** dh die genaue Ermittlung der bisherigen Erträge der Gesellschaft aus den letzten drei bis fünf Jahren vor dem Stichtag des § 293 Abs. 1 (→ § 304 Rn. 40 ff.).[209] Einzubeziehen sind dabei alle Erträge der mit der abhängigen Gesellschaft *verbundenen Unternehmen,* soweit sie voll konsolidiert werden, während die zutreffende Bewertung nicht voll konsolidierter Beteiligungen noch ungelöste, nur im Einzelfall zu beantwortende Fragen aufwirft.[210] Die auf diese Weise ermittelten früheren Erträge der Gesellschaft können freilich nicht unbesehen in die Zukunft fortgeschrieben werden, sondern müssen zunächst durch die *Eliminierung außerordentlicher Erträge und Aufwendungen* „bereinigt", dh sozusagen auf ihr **„Normalmaß"** zurückgeführt werden.[211] Auf der anderen Seite sind ausschüttungsfähige **stille Reserven,** die auf autonomen Entscheidungen der Gesellschaft und nicht auf bloßen

---

[205] *Emmerich* (2.) FS Mestmäcker, 2006, 137 (143 f.); *ders.* FS Stilz, 2014, 135 (142); ebenso insbes. *Großfeld* Unternehmensbewertung Rn. 262 ff.
[206] Zust. *Kollrus* MDR 2012, 66; dagegen Fleischer/*Hüttemann/Meyer* § 12 Rn. 48, 56 ff.; *Meyer* AG 2015, 16; *Ruthardt/Hachmeister* Wpg 2012, 451 ff.
[207] So IDW S1 Rn. 68.
[208] S. im Übrigen ausf. Fleischer/*Franke/Schulte* § 5; *Emmerich* FS Stilz, 2014, 135 (138 ff.) mN.
[209] IDW S1 Rn. 72 f.; Spindler/Stilz/*Stephan* Rn. 70 ff.
[210] Spindler/Stilz/*Stephan* Rn. 71 f.
[211] Beispielsweise BayObLG AG 2002, 390 (391) – Rieter II; AG 2005, 486 (487) = NZG 2005, 181; AG 2006, 41 (43 f.) = NZG 2006, 156– Pilkington AG; OLG München ZIP 2007, 375 = AG 2007, 287 – N.-Energie; zur Bedeutung der Bilanzwerte in diesem Zusammenhang s. *Großfeld/Tönnes* NZG 2010, 921.

Wertsteigerungen beruhen, ertragserhöhend zu berücksichtigen.²¹² Ebenso zu behandeln sind überhöhte steuerliche Sonderabschreibungen. Von den danach prognostizierten Erträgen müssen schließlich noch im Rahmen einer Investitionsrechnung (nur) die zur Substanzerhaltung notwendigen **Abschreibungen** abgezogen werden, wobei – anders als nach Steuerrecht – Wiederbeschaffungswerte zugrunde zu legen sind (→ § 304 Rn. 41b).²¹³ Dasselbe wie für Abschreibungen gilt für unterlassene Zuführungen zu den Pensionsrückstellungen.²¹⁴ Keine Rolle spielt dabei, ob die aus dem Unternehmensvertrag verpflichtete Gesellschaft in diesem Augenblick noch selbstständig oder, wie in aller Regel, *bereits abhängig* war, obwohl dadurch naturgemäß die Schätzung ihrer zukünftigen Erträge bei *unterstellter Unabhängigkeit* weiter (erheblich) erschwert wird (→ Rn. 61).²¹⁵

60b Bei der nach dem Gesagten (→ Rn. 60a) nötigen Schätzung der vermutlichen zukünftigen Erträge des fraglichen Unternehmens ist früher durchgängig, von den genannten Ausnahmen abgesehen (→ Rn. 60), von dem Grundsatz der sog. **Vollausschüttung** ausgegangen worden (→ § 304 Rn. 41b).²¹⁶ Eine der wesentlichen Neuerungen, die der IDW S1 von 2005 gebracht hatte, war die *Aufgabe* dieser sog. Vollausschüttungsannahme oder -hypothese zu Gunsten einer Orientierung an der bisherigen Ausschüttungspolitik des betreffenden Unternehmens.²¹⁷ Die **thesaurierten Gewinne** sind gleichfalls mit dem Kapitalisierungszinssatz zu verzinsen und auf diese Weise, den Unternehmenswert erhöhend, in die Rechnung einzustellen, freilich – abweichend von der üblichen Nachsteuerbewertung (→ Rn. 63 ff.) – *ohne Steuern;* für eine Nachsteuerbewertung ist hier kein Raum.²¹⁸ Für die Zukunft ist, sofern mit den Unternehmensplanungen übereinstimmend und in der Sache vertretbar, eine *Fortsetzung* der bisherigen Ausschüttungs- und Thesaurierungspolitik anzunehmen.²¹⁹ Dagegen bleibt es bei der Annahme der Vollausschüttung, wenn das herrschende Unternehmen bisher eine derartige Politik gegenüber der abhängigen Gesellschaft verfolgt hat.²²⁰

61 Die Schätzung der vermutlichen zukünftigen Erträge der abhängigen Gesellschaft bei **Unterstellung** ihrer **fortbestehenden Unabhängigkeit** stößt naturgemäß vor allem dann auf Schwierigkeiten, wenn der Zustand der **Abhängigkeit** der zu bewertenden Gesellschaft schon längere Zeit vor dem Stichtag (§ 293 Abs. 1) bestand, sodass im Grunde heute keine Grundlage mehr für eine Ertragsprognose der als unabhängig gedachten, tatsächlich seit langem abhängigen Gesellschaft existiert. In solchen Fällen stellt sich die Frage, ob noch an dem strikten Stichtagsprinzip festgehalten werden kann oder ob dann (ausnahmsweise) der für die Bewertung *maßgebende Zeitpunkt* auf das letzte Jahr der Unabhängigkeit der fraglichen Gesellschaft *vorverlegt* werden soll (→ Rn. 56). Die Gerichte sind früher tatsächlich gelegentlich so verfahren;²²¹ heute wird solche Abweichung vom Stichtagsprinzip jedoch nach Möglichkeit vermieden;²²² statt dessen werden, wo immer möglich, etwaige

---

²¹² LG Berlin AG 2000, 284 (285 f.) – Aluminiumwerk Unna; *Aha* AG 1997, 26 (30 f.).
²¹³ OLG Düsseldorf AG 2000, 323 (324) = NZG 2000, 693 – Hoffmann's Stärkefabriken; OLG Stuttgart AG 2004, 43 (46 f.) – Vereinigte Filzfabriken; LG Berlin AG 2000, 284 (285) – Aluminiumwerk Unna; MüKoAktG/*Paulsen* Rn. 99; *Hügel* Verschmelzung 192; *Korth* BB 1992, Beilage 19, 8; Spindler/Stilz/*Stephan* Rn. 77.
²¹⁴ LG Berlin AG 2000, 284 (285) – Aluminiumwerk Unna.
²¹⁵ KG NZG 2003, 644 (645) – Spinne Zehlendorf.
²¹⁶ OLG Stuttgart AG 2000, 428 (432) unter 3 f = NZG 2000, 744; KK-SpruchG/*Riegger* Anh. § 11 Rn. 14.
²¹⁷ IDW S1 Rn. 45–47 (Wpg 2005, 1308); jetzt IDW S1 von 2008 Rn. 35–37; *Komp* Zweifelsfragen 104 f.; *Kunowski* DStR 2005, 569 (570 f.); MüKoAktG/*Paulsen* Rn. 75 ff.; *A. Reuter/S. Lenz* DB 2006, 1689 (1692 f.); Spindler/Stilz/*Stephan* Rn. 75; *W. Wagner/Jonas/Ballwieser/A. Tschöpel* Wpg 2006, 1005 (1007).
²¹⁸ Anders aber jetzt LG München I BeckRS 2015, 17382 = ZIP 2015, 2131.
²¹⁹ OLG Stuttgart AG 2011, 794 (797 f.); 2011, 560 (563) = BB 2011, 2135; AG 2012, 221 (223); OLG Frankfurt AG 2012, 330 (333); 2012, 417 (419); NZG 2012, 1382 (1383); s. iE *Kunowski* DStR 2005, 569 (570 f.); *A. Reuter/S. Lenz* DB 2006, 1689 (1692 f.).
²²⁰ OLG Frankfurt AG 2011, 832 (835 f.).
²²¹ OLG Düsseldorf AG 1990, 490 (492) – DAB/Hansa; vgl. auch KG NZG 2003, 644 (645) – Spinnerei Zehlendorf.
²²² OLG Stuttgart AG 2000, 428 (430) unter 3 b = NZG 2000, 744 = DB 2000, 709 – Schwaben Zell/Hannover Papier.

Ersatzansprüche der abhängigen Gesellschaft nach den §§ 311 und 317 sowie Ersatzansprüche gegen die Mitglieder der Verwaltung der abhängigen Gesellschaft nach den §§ 93 und 116 bei der Schätzung der zukünftigen Erträge berücksichtigt, dies freilich nur, sofern mit ihrer Durchsetzung ernsthaft zu rechnen ist, woran es in der Regel fehlen dürfte.[223] Das Problem spielt ferner eine Rolle bei dem Ausschluss von Minderheitsaktionären nach § 327a, wenn bereits vor dem Ausschluss ein Beherrschungs- und Gewinnabführungsvertrag bestand, aufgrund dessen die Aktionäre einen festen Ausgleich erhielten oder ihnen doch eine Dividende garantiert war (§ 304 Abs. 1 S. 1 und 2). In derartigen Fällen wächst heute die Bereitschaft, zur Vereinfachung der Unternehmensbewertung als nunmehr geschuldete Abfindung (§§ 327a und 327b) den **Barwert des Ausgleichs,** eben als regelmäßigen Ertrag der Beteiligung, festzusetzen (→ § 304 Rn. 22).[224]

62 Die Vergangenheitsanalyse (→ Rn. 60 f.) bildet lediglich die Basis für die (alles entscheidende) **Schätzung der zukünftigen Erträge** der Gesellschaft (→ § 304 Rn. 43a f.). Über die damit verbundenen Schwierigkeiten darf man sich keinen Illusionen hingeben, da die zukünftigen Erträge einer Gesellschaft ebenso wie die Zukunft insgesamt im Grunde eine „hoffnungslose Unbekannte" sind.[225] Daraus werden unterschiedliche Konsequenzen gezogen. Man kann einmal für die ganze Zukunft – heroisch – im Interesse der Vereinfachung der Schätzung gleichbleibende Erträge wie bisher unterstellen, jedenfalls, wenn sich das Unternehmen im sog. Gleichgewichts- oder Beharrungszustand befindet (sog. **Pauschalmethode**);[226] oder man kann die Zukunft in unterschiedliche Phasen und Szenarien entsprechend der abnehmenden „Genauigkeit" von Ertragsprognosen einteilen, je weiter der Prognosezeitraum in die Zukunft reicht (sog. **Phasenmethode,** → § 304 Rn. 41a). Während früher die Pauschalmethode deutlich vorherrschte,[227] ist heute in Gefolge des IDW S1 von 2005 und 2008 die Phasenmethode üblich.[228] Den Vorteil der Phasenmethode sieht man vor allem darin, dass in der ersten Phase, meistens Phase I oder **Detailplanungsphase** genannt, der Schätzung der zukünftigen Erträge der Gesellschaft nach Möglichkeit die vorhandenen Unternehmensplanungen zugrunde gelegt werden können, sofern plausibel (→ Rn. 62a). Diese Phase wird in der Regel auf drei bis fünf Jahre bemessen. Liegt eine aussagekräftige Unternehmensplanung nur für eine kürzere Periode, zB nur für ein Jahr vor, so kann die erste Phase auch entsprechend kürzer bemessen werden.[229] Für die zweite Phase, meistens **Phase der ewigen Rente** genannt, sind dagegen nur allgemeine Trendaussagen möglich, wobei man sich gleichfalls so weit wie möglich an den vorhandenen langfristigen Unternehmensplanungen – faute de mieux – zu orientieren pflegt.

62a Dies macht deutlich, dass den **Unternehmensplanungen** in der gegenwärtigen Bewertungspraxis eine nachgerade zentrale Bedeutung zukommt.[230] Das ist *nicht unproblematisch,* vor allem, weil feststeht, dass die Unternehmensplanungen meistens *grundfalsch* sind und schon nach ein bis zwei Jahren nur noch Makulatur darstellen, da sich die relevanten Daten

---

[223] So zB OLG Stuttgart AG 2014, 208 (211); OLG München AG 2015, 508 (512) – HRE.
[224] S. OLG Stuttgart AG 2010, 510 (511); 2011, 420 (423) = GWR 2010, 61; AG 2011, 794 (796 f.); 2012, 135 (136 f.); *Jonas* FS Kruschwitz, 2008, 105; *Leyendecker* NZG 2010, 927; *Popp* AG 2010, 1; str., anders zB OLG Düsseldorf AG 2015, 573 (574 f.); offengelassen in OLG Karlsruhe AG 2015, 789 (793 f.).
[225] S. mN *Emmerich* FS Stilz, 2014, 135 (138 ff.).
[226] So OLG Stuttgart AG 2012, 135 (137).
[227] Beispielsweise BGHZ 140, 35 (38) = NJW 1999, 283 = NZG 1999, 70; OLG Karlsruhe AG 1998, 96 f.; OLG Düsseldorf AG 2000, 323 = NZG 2000, 693 – Hoffmann's Stärkefabriken; AG 2001, 189 (190 f.) = NZG 2000, 1079 (1080 f.) – Deutsche Centralbodenkredit/Frankfurter Hypothekenbank; *Aha* AG 1997, 26 (29 ff.); *Seetzen* WM 1994, 45 (47 f.); 1999, 565 ff.
[228] IDW S1 Rn. 83 ff. (Wpg 2005, 1311); jetzt IDW S1 von 2008 Rn. 36 f., 75 ff.; wegen der Einzelheiten s. *Fleischer/Franken/Schulte* § 5 Rn. 20 ff.; *Hachmeister/Ruthardt/Lampenius* Wpg 2011, 519 (523); *Großfeld* Unternehmensbewertung Rn. 355 ff. (103 ff.); MüKoAktG/*Paulsen* Rn. 97 f.; Spindler/Stilz/*Stephan* Rn. 53 ff.
[229] BGH NJW 2003, 3272 = NZG 2003, 1017 = AG 2003, 627 – Ytong (insoweit nicht in BGHZ 156, 57 abgedruckt); BayObLG AG 2002, 392 (393) – Ytong; OLG Frankfurt AG 2010, 798 (799).
[230] Krit. zB mit guten Gründen *Hüttemann* FS Hoffmann-Becking, 2013, 603 (606 f.).

immer schneller und in nicht voraussehbare Weise ändern (→ Rn. 41a);[231] man denke nur an die Finanzmarktkrise nach 2008 und ihre nach wie vor unabsehbaren Konsequenzen, an die von niemandem vorausgesehene Senkung des Ölpreises im Jahre 2014 um sage und schreibe 50 %, an die unkalkulierbaren Risiken der Niedrigzinspolitik der Europäischen Zentralbank oder der verschiedenen Eurokrisen oder an die Flüchtlingskrise usw. Gleichwohl verbietet – zu Unrecht – nach hM das Stichtagsprinzip grundsätzlich die Berücksichtigung dieser Änderungen, sodass die Unternehmensbewertung nach der Ertragswertmethode eigentlich durchgängig auf einer *falschen Datenbasis* beruht – und damit notwendigerweise von vornherein *unrichtig* ist, dh nicht die Realität des Unternehmens widerspiegelt. Die Konsequenz müsste eigentlich sein, das schädliche strenge Stichtagsprinzip aufzugeben (→ Rn. 59) *oder* doch wenigstens die Unternehmensplanungen einer überaus kritischen Kontrolle auf ihre Tragfähigkeit hin zu unterziehen, und zwar anhand der zwischenzeitlichen Entwicklungen. Beides lehnt die **Rechtsprechung** indessen – zu Unrecht – nach wie vor ab. Im Gegenteil: Um den Prüfungsaufwand zu reduzieren, betonen die Gerichte – mit Billigung des BVerfG[232] –, allen voran die Oberlandesgerichte Stuttgart und Frankfurt mit wachsendem Nachdruck und weithin identischen Formulierungen, dass es sich bei der Unternehmensplanung um eine *unternehmerische Entscheidung,* etwa iSd § 93 Abs. 1 S. 2, handele, die von den Gerichten nur ganz grob auf ihre *Plausibilität* überprüft werden könne, sodass sie grundsätzlich hinzunehmen sei, wenn die Planung und die darauf beruhenden Prognosen auf zutreffenden Informationen beruhten sowie realistisch und nicht widersprüchlich, dh insgesamt (noch) *vertretbar* seien.[233]

62b Obwohl durch die geschilderte Praxis (→ Rn. 62a) unverkennbar Spielräume für strategische Verhaltensweisen für Unternehmen eröffnet werden, die Strukturmaßnahmen planen, sodass aller Anlass zu einer strengen Kontrolle bestände,[234] leugnen die Gerichte doch eine ernst zu nehmende Missbrauchsgefahr[235] – und nehmen so im Ergebnis die Kontrolle über die von den Unternehmen ihren Bewertungen zugrunde gelegten Prognosen immer weiter zurück.[236] Wenn sich aber ausnahmsweise doch einmal eine *Korrektur* der Unternehmensplanungen, weil zu optimistisch, als erforderlich erweist, können die Planungen auch zum Nachteil der außenstehenden Aktionäre geändert werden.[237] Das Gesagte bedeutet **zB**, dass es bei Immobilienunternehmen hingenommen wird, wenn auch für die Zukunft eine weitgehende Thesaurierung der Gewinne geplant wird, um Schulden abzubauen,[238] oder wenn bei Versicherungsunternehmen im Rahmen der §§ 341b ff. HGB Rückstellungen vorgesehen sind, selbst wenn in diesen erhebliche stille Reserven enthalten sind.[239] Oder anders gewendet: an den genannten Vermögensteilen werden die außenstehenden Aktionäre (wie häufig auch sonst bei stillen Reserven) nicht beteiligt; sie fallen vielmehr allein dem herrschenden Unternehmen buchstäblich ohne Gegenleistung in den Schoß.

63 **4. Nachsteuerbewertung.** In der Unternehmensbewertung war es früher üblich, Steuereffekte nach Möglichkeit aus der Bewertung auszuklammern, einmal, weil sie kaum kalkulierbar sind, zum andern weil sie, zumal auf der Ebene der Aktionäre, die denkbar größten

---

[231] Beispielsweise ausdrücklich OLG Stuttgart AG 2011, 560 (562 f.) = BB 2011, 1522; *Stilz* FS Goette, 2011, 529 (532) (3. Abs.); *Emmerich* FS Stilz, 2014, 135 (138 ff.).
[232] NJW 2012, 3020 = AG 2012, 674 (676) = ZIP 2012, 1656 – Daimler/Chrysler.
[233] Beispielsweise OLG Stuttgart AG 2010, 42 (43 f.) = WM 2010, 173; AG 2011, 420 (424); AG 2011, 794 (796 f.); AG 2011, 560 (562 f.); AG 2012, 49; AG 2013, 724 (726 f.); 2013, 840 (842 f.); 2015, 580 (582); OLG Karlsruhe AG 2013, 353 (354); OLG Düsseldorf AG 2012, 839 (842); AG 2014, 817 (821); 2015, 573 (577); OLG Frankfurt AG 2011, 832 (834 f.); ZIP 2010, 729; AG 2012, 417 (418 f.); AG 2012, 513, = ZIP 2012, 124 (127 f.); AG 2012, 919; LG München I BeckRS 2015, 17382 = ZIP 2015, 2131; BeckRS 2015, 13240 = ZIP 2015, 2124 = AG 2016, 51 (52 f.) – MAN; zust. zB *Decher* FS Maier-Reimer, 2010, 55 (62 ff.); Fleischer/*Franken*/Schulte HdB § 5 Rn. 58 ff.
[234] *Hachmeister/Ruthardt/Lampenius* Wpg 2011, 519 (523 f.).
[235] OLG Frankfurt AG 2012, 417 (419).
[236] Zur Kritik s. statt aller mN *Emmerich* FS Stilz, 2014, 135 (138 ff.).
[237] OLG Stuttgart AG 2013, 840 (842 f.).
[238] OLG Frankfurt AG 2013, 647.
[239] OLG Frankfurt AG 2013, 566.

Unterschiede aufweisen und obendrein im Laufe der Zeit ständigen Schwankungen unterliegen.[240] Diese steuerrechtliche „Unschuld" der Unternehmensbewertung gehört der Vergangenheit an, seitdem sich das **IDW** bereits 1997 für die durchgängige **Nachsteuerbewertung** entschieden hat, und zwar gleichermaßen auf der Ebene der zu bewertenden Gesellschaft wie auf der der Aktionäre.[241] In der jüngsten **Rechtsprechung** findet dies zwar nicht generell, aber doch überwiegend Billigung,[242] während im **Schrifttum** nach wie vor erhebliche Zweifel an der Berechtigung einer Nachsteuerbewertung bestehen, insbesondere wegen der damit verbundenen, als nur schwer erträglich angesehenen Komplexität der Unternehmensbewertung nach der Ertragswertmethode, sowie außerdem wegen der auf der Hand liegenden Benachteiligung solcher Aktionäre, deren individueller Grenzsteuersatz unter dem bisher der Unternehmensbewertung zugrunde gelegten Durchschnittssteuersatz von 35 % liegt, wobei man bedenken muss, dass inzwischen bereits mehr als die Hälfte der Aktionäre deutscher Gesellschaften **Ausländer** sind, für die das deutsche Steuerrecht ohne Bedeutung ist.[243]

Was zunächst die **Ebene der** zu bewertenden **Gesellschaft** angeht, so werden bei dieser **63a** im Rahmen der Berechnung des *Ausgleichs* die steuerlichen Aspekte, wie gezeigt (→ Rn. 56a; → § 304 Rn. 43b), durch die Festsetzung von (vermuteten) Bruttoerträgen, abzüglich der *jeweiligen* Belastung mit Körperschaftsteuer berücksichtigt. Dagegen hat der Fragenkreis im Rahmen der *Abfindung* bisher nur eine marginale Rolle gespielt.[244] Offenbar gilt es als selbstverständlich, die **Unternehmenssteuern,** insbesondere also die Körperschaft- und die Gewerbesteuer aufgrund der Rechtslage am Stichtag bei der Schätzung der zukünftigen Erträge eines Unternehmens zu berücksichtigen, sodass es sich bei den zukünftigen Erträgen dieses Unternehmens von vornherein um die allein zur Ausschüttung zur Verfügung stehenden **Nettobeträge** handelt.[245] Unterstellt man die Veräußerung des nicht betriebsnotwendigen (neutralen) Vermögens (→ Rn. 72), so müssen auch die dabei anfallenden, zusätzlichen Steuern, etwa infolge der Auflösung stiller Reserven, berücksichtigt werden (→ Rn. 73b). Etwaige **Verlustvorträge** dürfen gleichfalls nicht unberücksichtigt bleiben, da sie in der Praxis einen wichtigen Faktor bei der Wertfindung darstellen.[246] Ihre genaue Quantifizierung ist freilich schwierig, in Betracht kommen insbesondere eine Schätzung der zukünftigen Steuerersparnis und deren Abzinsung auf den Stichtag oder eine Bemessung in Höhe der Differenz des Unternehmenswertes mit und ohne Verlustvorträge.[247]

Auf der Ebene der **Aktionäre** muss man wegen der unterschiedlichen Grenzsteuerbela- **64** stung der Aktionäre mit typisierten Durchschnittssätzen (allein) für die Einkommensteuer (zuzüglich des Solidaritätszuschlages und der Kirchensteuer) arbeiten, weil eine auf die

---

[240] Beispielsweise BayObLG AG 2006, 41 (44) = NZG 2006, 156 – Pilkington Deutschland AG; OLG Düsseldorf AG 2000, 323 (325) = NZG 2000, 693 – Hoffmanns Stärkefabriken; AG 2014, 817 (820) = NZG 2014, 1418; LG Dortmund AG 2007, 792 (794) = ZIP 2007, 2020 = WM 2007, 917; LG Frankfurt NZG 2009, 553 (558) – T-Online/DTK; in diesem Sinne auch heute noch *Fr. Meilicke* ZIP 2014, 605.
[241] IDW S1 Rn. 33, 53, 101 ff., 121, 149; dazu ausf. zB Fleischer/*Jonas*/*Wieland-Blöse* § 15 Rn. 28 ff.
[242] S. zuletzt zB OLG München AG 2008, 31; AG 2008, 37 (39) = NZG 2007, 635; OLG Stuttgart AG 2008, 783 (789); AG 2010, 42 (45); 2011, 205; AG 2011, 420 (425 f.); AG 2012, 135 (137); OLG Frankfurt AG 2011, 832 (835); OLG Karlsruhe AG 2009, 47 (51); krit. aber zu Recht zB OLG Düsseldorf AG 2014, 817 (820) = NZG 2014, 1418; wN bei *Hachmeister/Ruthardt/Lampenius* Wpg 2011, 828 (837 ff.).
[243] SDK AG 2005, Sonderheft, 43; *Barthel* DStR 2007, 83; *Emmerich* (2.) FS Mestmäcker, 2006, 137 (144 f.); *Hachmeister/Ruthardt/Lampenius* Wpg 2011, 829 (839); *Hennrichs* ZHR 164 (2000), 453 (471 ff.); *L. Knoll* AG 2005, Sonderheft, 39 f.; *Fr. Meilicke* ZIP 2014, 605 mit Berechnungsbeispielen; *Seetzen* WM 1999, 565 (573); Spindler/Stilz/*Stephan* Rn. 94; *Wenger* AG 2005, Sonderheft, 9, 12, alle mN; zust. dagegen *A. Reuter* AG 2007, 1 (4 ff.) mN.
[244] MüKoAktG/*Paulsen* Rn. 100; Spindler/Stilz/*Stephan* Rn. 91.
[245] IDW S1 Rn. 28.
[246] BGH NJW 1978, 1316 (1319) = AG 1978, 176 (179 f.) – Kali & Salz (insoweit nicht in BGHZ 71, 40 (52) abgedruckt); OLG Düsseldorf WM 1988, 1052 (1056) = AG 1988, 275; 276 f.; NZG 2000, 1079 (1081); OLG Stuttgart AG 2000, 428 (432) = NZG 2000, 744; AG 2004, 271 (276); OLG München AG 2008, 28; *Fleischer* ZGR 1997, 368 (378 ff.); *Komp* Zweifelsfragen 93–110.
[247] OLG München AG 2008, 28 (31); OLG Stuttgart AG 2008, 510 (515).

individuellen steuerlichen Verhältnisse der Aktionäre zugeschnittene Bewertung offenbar unmöglich ist.[248] Üblich war bisher die Annahme einer **typisierten Durchschnittsbelastung von 35 %,** wobei man – als „Musteraktionär" – eine unbeschränkt steuerpflichtige natürliche Person mit Sitz im Inland unterstellt,[249] bei der es sich freilich – realistisch betrachtet – eher um einen untypischen Grenzfall handeln dürfte, weil die große Mehrheit der Aktionäre heute institutionelle oder unternehmerische Anleger sowie Ausländer sind, für die die genannte Durchschnittsbelastung ohne jede Aussagekraft ist, – mit der weiteren Folge wiederum grundlos künstlich gedrückter Unternehmenswerte.[250]

64a Mit der Unternehmenssteuerreform von 2008 wurden jedoch die bisherigen Annahmen zur Besteuerung eines (in Wirklichkeit atypischen) Durchschnittsaktionärs infolge des Übergangs zur **Pauschalbesteuerung** der Zinsen und Dividenden sowie der Veräußerungsgewinne in Höhe von 25 % (zuzüglich Solidaritätszuschlag und Kirchensteuer) hinfällig, sodass sich eine Änderung der Bewertungsverfahren als notwendig erwies. Vor allem diesem Zweck dient der **IDW S1 von 2008.** Als besonders schwierig stellte sich dabei die Berücksichtigung der ab dem Veranlagungszeitraum 2009 anfallenden Besteuerung der Veräußerungsgewinne mit dem pauschalen Steuersatz von 25 % (zuzüglich Solidaritätszuschlag und Kirchensteuer) heraus, weil sich wegen des Zinseszinseffekts die tatsächliche Steuerbelastung der Veräußerungsgewinne mit der Länge der Haltedauer laufend verringert, sodass man mit pauschalen Annahmen über die Haltedauer (10–20 Jahre) und die damit verbundene Steuerersparnis arbeiten muss.[251] Technisch geschieht dies im Rahmen des sog. **Tax-CAPM** durch eine durchaus problematische Einkalkulierung der Steuerbelastung der Aktionäre in den Kapitalisierungszinssatz durch dessen rechnerische *Ermäßigung* um einen bestimmten Faktor, der sich aus der Umrechnung der angenommenen Steuerbelastung ergibt, wobei der Abschlag nach Meinung des IDW allein bei dem *Basiszinssatz,* also nicht insgesamt bei dem Kapitalisierungszinssatz vorzunehmen ist. Die theoretischen Grundlagen sind ebenso umstritten wie die Konsequenzen für die Praxis der Unternehmensbewertung.[252] Sicher ist jedenfalls, dass nach der Unternehmenssteuerreform von 2008 die Nachsteuerbewertung eine **Komplexität** erreicht hat, die in der Praxis zu radikalen Vereinfachungen durch zum Teil heroische Annahmen zwingt, – wodurch jedoch die Praktikabilität und vor allem die Zweckmäßigkeit der Nachsteuerbewertung zunehmend infrage gestellt werden.[253] Zutreffend ist in diesem Zusammenhang gelegentlich von einer „vorgetäuschten Scheingenauigkeit" die Rede.[254]

65 **5. Abzinsung, Kapitalisierungszinssatz.** Die Ertragswertmethode ermittelt den gesuchten Unternehmenswert durch Vergleich der vermutlichen Erträge eines Unternehmens mit denen einer (bekannten) Alternativanlage. Wählt man zB (wie früher üblich) als Alternativanlage *öffentliche Anleihen,* so muss man ermitteln, in welcher Höhe ein Aktionär Geld in öffentlichen Anleihen investieren müsste, um in Zukunft dieselben Erträge zu erzielen, wie er sie (aufgrund der Schätzung der zukünftigen Erträge seiner Beteiligung, → Rn. 60 ff.) voraussichtlich erzielt hätte. Das hängt natürlich von der Verzinsung der als Anlage gewählten Anleihen ab. Denn je niedriger dieser Zinssatz ist, desto mehr Geld muss der Aktionär in Anleihen anlegen, um einen bestimmten Ertrag zu erzielen. Das gesamte danach erforderliche Investment des Aktionärs bezeichnet dann den Wert seiner Beteiligung.

---

[248] So zB OLG München AG 2014, 453 (454); 2015, 508 (511) – HRE; OLG Frankfurt AG 2015, 504 (505); OLG Stuttgart AG 2013, 840 (843).
[249] IDW S1 von 2005 Rn. 37, 53, 101 f., 121, 149; IDW S1 von 2008 Rn. 28, 43 ff., 93; statt aller *Hachmeister/Ruthardt/Lampenius* Wpg 2011, 829 (837 ff.); *Wagner/Saur/Willershausen* Wpg 2008, 731 (733 ff.).
[250] S. mit Zahlenbeispielen *Fr. Meilicke* ZIP 2014, 605.
[251] Beispielsweise OLG Frankfurt AG 2015, 504 (505).
[252] Wegen der verwickelten Einzelheiten s. (überwiegend krit.) *Ballwieser* Wpg 2008, 102; *Hachmeister/ Ruthardt/Lampenius* Wpg 2011, 829; *Hommel/Pauly* BB 2007, 2728; *Jonas* Wpg 2008, 826; *Fleischer/ders./ Wieland-Blöse* § 10 Rn. 46, 50 ff.; *Fr. Meilicke* ZIP 2014, 605; *Wagner/Saur/Willershausen* Wpg 2008, 731 (733 f., 737 f.); sehr krit. (zu Recht) auch LG München I BeckRS 2015, 17382 = ZIP 2015, 2131 (bloße Fiktion); BeckRS 2015, 13240 = ZIP 2015, 2124.
[253] Ebenso OLG Düsseldorf AG 2014, 817 (820) = NZG 2014, 1418; *Hachmeister/Ruthardt/Lampenius* Wpg 2011, 829 (839); Spindler/Stilz/*Stephan* Rn. 94; *Emmerich* FS Stilz, 2014, 135 ff.
[254] *Hachmeister/Ruthardt/Lampenius* Wpg 2011, 829 (839).

Um den Betrag zu ermitteln, den man in eine Alternativanlage, in dem Beispiel in **65a** öffentlichen Anleihen investieren muss, um eine bestimmte Verzinsung zu erreichen, muss man zusätzlich den **Barwert** oder **Gegenwartswert** der aus der Beteiligung an einer Gesellschaft erwarteten zukünftigen Erträge berechnen. Dies geschieht mittels der Abzinsung oder **Diskontierung** der Summe der erwarteten Erträge mittels der **Rentenformel**[255] auf ihren Gegenwartswert zum Stichtag, dh auf den Tag der Hauptversammlung der abhängigen Gesellschaft, die nach § 293 Abs. 1 über die Zustimmung zu dem fraglichen Unternehmensvertrag beschließt (→ Rn. 56 ff.). Der Barwert der zukünftigen Erträge, ermittelt anhand des Kapitalisierungszinssatzes mittels der Rentenformel, bezeichnet somit – nach der Ertragswertmethode – den gesuchten Wert der Beteiligung.

Aus dem Gesagten (→ Rn. 65a) folgt, dass der Barwert der erwarteten zukünftigen **66** Erträge einer Gesellschaft letztlich von der **Höhe des Kapitalisierungszinssatzes** abhängt. Denn je höher dieser Zinssatz ist, desto geringer ist nach der Rentenformel (→ Rn. 65a) der Barwert der Erträge und damit zugleich die Höhe der Abfindung. So erklärt es sich, dass in den Spruchverfahren ausnahmslos – neben der Höhe der erwarteten Erträge – die Höhe des Kapitalisierungszinssatzes *im Mittelpunkt der Auseinandersetzungen der Beteiligten* steht. Eine gesetzliche Regelung findet sich allein für steuerrechtliche Zwecke in **§ 203 BewG** (Bewertungsgesetz in der Fassung von 1991). Nach dieser Vorschrift, die gelegentlich auch in Spruchverfahren zur Bestimmung des Kapitalisierungszinssatzes herangezogen wird,[256] setzt sich der Kapitalisierungszinssatz aus einem Basiszins und einem Zuschlag von 4,5 % zusammen (§ 203 Abs. 1 BewG), wobei der Basiszins aus der langfristig erzielbaren Rendite öffentlicher Anleihen abzuleiten ist, abzulesen an den von der Bundesbank anhand der Zinsstrukturkurve zu Beginn eines Jahres errechneten Zinssätzen (§ 203 Abs. 2 S. 1 und 2 BewG).

Mit der steuerrechtlichen Regelung des § 203 BewG stimmen auffällig die Empfehlungen **66a** der **Fachausschüsse des IDW** zur Höhe des Basiszinses und des Kapitalisierungszinssatzes überein,[257] die von den Gerichten ebenso wie die IDW-Standards – faute de mieux – vielfach weitgehend kritiklos übernommen werden.[258] Der Kapitalisierungszinssatz setzt sich danach ebenfalls aus einem Basiszins und einem **Risikozuschlag** zusammen, der aus dem Produkt der sog. **Marktrisikoprämie** und des **Betafaktors** gebildet wird, abzüglich eines sog. **Wachstumsabschlags** in der Regel in der Größenordnung von 1 % oder 1,5 %. Dahinter stehen, kurz gesagt folgende Erwägungen:[259] Auszugehen ist davon, dass nach dem IDW-S 1 von 2008 als Alternativanlage nicht mehr eine Anlage in öffentlichen Anleihen, sondern in einem risikoäquivalenten Aktienportfolio besteht. Daraus wird abgeleitet, dass als Kapitalisierungszinssatz nicht mehr wie früher die erwartete durchschnittliche Verzinsung öffentlicher Anleihen – das ist der Basiszins – genommen werden könne, sondern dass der Basiszins um verschiedene Zu- und Abschläge korrigiert werden müsse, weil eine Anlage in öffentlichen Anleihen *nicht* mit der Anlage in Unternehmensbeteiligungen *vergleichbar (äquivalent)* sei. **Unterschiede** sieht man insbesondere hinsichtlich des **Risikos,** das der Anleger bei den unterschiedlichen Anlagen eingeht, weil Unternehmen in größerem Ausmaß insolvenzgefährdet sind als öffentliche Anleiheschuldner, weshalb Anleger für die Anlage von Geld in Unternehmensanteilen eine sog. **(Markt-) Risikoprämie** verlangten. Auf der anderen Seite sei das **Inflationsrisiko** hier **geringer** als bei Anleihen, weil Unternehmen über Preiserhöhungen die Chance (nicht mehr) haben, von Fall zu Fall in unterschiedlichem Umfang dem Inflationsrisiko zu entgehen, während öffentliche Anleihen dafür keinen Ausgleich bieten. Auch dieser Unterschied müsse, so die Folgerung, in der einen oder anderen Weise in dem

---

[255] Ertragswert = Zukünftige Erträge x (1 – Kapitalisierungszinssatz); zB Grigoleit/*Servatius* Rn. 24.
[256] OLG München AG 2014, 453 (455); AG 2015, 508 (512) – HRE.
[257] S. IDW/FAUW, FN-IDW 2005, 555; 2008, 490; 2012, 293; Einzelheiten bei Fleischer/*Franken*/*Schulte* HdB § 6 Rn. 26, 63 f.
[258] Beispielsweise OLG Stuttgart AG 2014, 208 (212) (und öfters); OLG Saarbrücken AG 2014, 866 (868); OLG Karlsruhe AG 2015, 549 (551 f.); krit. dazu *Emmerich* AG 2015, 627 (630).
[259] Wegen der Einzelheiten s. statt aller Fleischer/*Franken*/*Schulte* § 6 Rn. 1 ff.; *Emmerich* FS Stilz, 2014, 135 (140 ff.); ein Beispiel statt aller OLG Stuttgart AG 2015, 580 (582 ff.).

Kapitalisierungszinssatz abgebildet werden, und zwar mittels des sog. **Wachstumsabschlags,** meistens frei geschätzt auf 1–1,5 %-Punkte. Um den Kapitalisierungszinssatz bestimmen zu können, muss man folglich als erstes den Basiszins ermitteln (→ Rn. 67), der sodann um verschiedene Zu- und Abschläge zu ergänzen ist (→ Rn. 68 ff.).

67 Der **Basiszins,** früher vielfach auch landesüblicher Zinssatz genannt, wird – ganz entsprechend § 203 Abs, 2 S. 1 BewG – allgemein aus der langfristig erzielbaren Rendite öffentlicher Anleihen abgeleitet. Infolgedessen schwankt der Basiszins notwendigerweise von Land zu Land im Zeitablauf. In der Literatur werden im wesentlichen drei Verfahren zur Lösung der sich daraus ergebenden Berechnungsprobleme diskutiert.[260] Man kann (1.) auf den historischen Durchschnittswert, etwa aus den letzten zehn oder 20 Jahren abstellen; stattdessen kann man (2.) auch von der Effektivverzinsung am Stichtag ausgehen (und käme dann heute zu sehr niedrigen Zinsen und entsprechend hohen Unternehmenswerten); und schließlich kann man (3.) aus kapitalmarkttheoretischen Überlegungen heraus auf die laufzeitabhängige Effektivverzinsung von Zero Bonds, sog. Spot Rates abstellen, die man an der nach der Methode von *Svensson, Nelson* und *Siegel* fortlaufend von der Bundesbank ermittelten **Zinsstrukturkurve** ablesen kann, die die Korrelation von Laufzeit und Zinsen widerspiegeln soll (ebenso § 203 Abs. 2 S. 2 BewG). Um auf einen Basiszinssatz für eine ewige Rente zu kommen, erforderlich bei Unterstellung einer „unbegrenzten" Lebensdauer des fraglichen Unternehmens, werden sodann die Werte der Zinsstrukturkurve „einfach" in die Zukunft verlängert.

67a Aufgrund der Empfehlungen der Fachausschüsse des IDW[261] sowie im Anschluss an das Steuerrecht (§ 203 Abs. 2 S. 2 BewG) favorisieren die **Gerichte** heute ebenfalls überwiegend die Ableitung des Basiszinses aus der von der Bundesbank regelmäßig veröffentlichten Zinsstrukturkurve.[262] Das Ergebnis ist – trotz extremer Niedrigzinsphase mit zum Teil negativen Zinsen – meistens ein **Basiszins** zwischen **4,5 und 6 %.** Die theoretische Berechtigung dieser Vorgehensweise ist ebenso umstritten wie der Zeitpunkt, auf den für die Ermittlung des Basiszinses abzustellen ist (Hauptversammlung der abhängigen Gesellschaft oder Zahlung der Abfindung), und das bei der Bildung von Mittelwerten anzuwendende Verfahren (geometrisches oder arithmetisches Mittel). *Vorzugswürdig* wäre demgegenüber nach wie vor, weil leicht zu ermitteln und ohne weiteres nachvollziehbar, eine Orientierung an dem **Basiszins zum Stichtag;** denn nur das ist der aktuelle (und damit allein maßgebliche) landesübliche Zinssatz.[263] Alle anderen Zahlen sind beliebig manipulierbare, theoretische Konstrukte, nur dazu angetan, die außenstehenden Aktionäre zu benachteiligen.[264]

68 Wie bereits ausgeführt (→ Rn. 66a), muss der Basiszins nach überwiegender Meinung noch durch einen Risikozuschlag und einen Wachstumsabschlag den Besonderheiten einer Kapitalanlage in einem Aktienportfolio angepasst werden. Zur Berechnung dieser **Zu- und Abschläge** werden oder besser: wurden bis vor wenigen Jahren vor allem zwei Verfahren diskutiert, die sog. Risikozuschlagmethode sowie das CAPM mit der Variante Tax-CAPM (→ Rn. 69 ff.). Die **Risikozuschlagmethode,** die heute nur noch wenige Anhänger hat, korrigierte „einfach" den Basiszins (→ Rn. 67 f.) für den Zweck der Unternehmensbewertung in zweierlei Hinsicht, einmal „nach oben" durch einen Risikozuschlag und auf der anderen Seite „nach unten" durch einen Inflationsabschlag. Der **Risikozuschlag** sollte dem

---

[260] Alle Einzelheiten bei Fleischer/*Franken*/*Schulte* § 6 Rn. 13 ff.; *Hachmeister/Ruthardt/Lampenius* Wpg 2011, 519 (524 f.) mN.
[261] FN-IDW 2008, 490; 2012, 293; Fleischer/*Franken*/*Schulte* § 6 Rn. 19 ff.
[262] Beispielsweise OLG Frankfurt AG 2010, 798 (801); 2011, 629 (630); 2011, 828 (830); 2011, 832 (836); NZG 2012, 1382 (1383) (r. Sp. 3. Abs.); AG 2015, 231 (243 f.); OLG Stuttgart AG 2011, 205 (208); 2011, 794 (798); 2011, 560 (563); 2012, 49 (51); 2014, 208 (211); 2015, 580; OLG Düsseldorf AG 2012, 839 (842 f.); AG 2014, 817 (822) = NZG 2014, 1418; OLG Karlsruhe AG 2013, 353; OLG Saarbrücken AG 2014, 866 (868); dagegen für für den durchschnittlichen Zinssatz der letzten zehn Jahre zB zuletzt OLG Stuttgart AG 2010, 42 (44) = WM 2010, 773; wN bei *Hachmeister/Ruthardt/Lampenius* Wpg 2011, 519 (525 ff.); *A. Schüler* DB 2015, 2277 (2283 f.).
[263] Dagegen OLG Stuttgart AG 2010, 510 (512).
[264] Dagegen OLG Frankfurt AG 2011, 828 (830).

Umstand Rechnung tragen, dass Anleger bei der Anlage ihres Kapitals in Unternehmensanteilen ein höheres Risiko als Anleihegläubiger eingehen. Man hatte dabei das allgemeine Unternehmens- oder Insolvenzrisiko (im Gegensatz zu dem speziellen Unternehmensrisiko der betreffenden abhängigen Gesellschaft) im Auge.[265] In die entgegengesetzte Richtung wirkte demgegenüber der sog. **Inflationsabschlag**, der dem Umstand Rechnung tragen soll, dass Unternehmenserträge dem Inflationsrisiko in geringerem Maße als Anleihen ausgesetzt sind. Beide Parameter, der Risikozuschlag ebenso wie der Inflationsabschlag, wurden letztlich *frei geschätzt*, wobei sich insbesondere die Bemessung des Inflationsabschlags als ausgesprochen schwierig erwies.[266] Die Gerichte gelangten dergestalt zu sehr unterschiedlichen Kapitalisierungszinssätzen zwischen **7,5 und 9,5 %**.[267]

Die Risikozuschlagmethode (→ Rn. 68) gilt wegen der unsicheren Annahmen, auf der sie letztlich beruht, heute als überholt. An ihre Stelle ist weithin das **Capital Asset Pricing Model** oder kurz **CAPM** sowie (allein in Deutschland) im Rahmen der Nachsteuerbewertung das **Tax-CAPM** getreten. Das CAPM ist ein von zwei amerikanischen Ökonomen entwickeltes *kapitalmarkttheoretisches Modell* über die Preisbildung auf Kapitalmärkten unter den *Bedingungen* vollständiger Information, unendlicher Anpassungsgeschwindigkeit sowie streng rationalen Verhaltens aller Marktteilnehmer (→ Rn. 54). Ziel ist die Ermittlung der Gleichgewichtspreise, die sich unter den genannten *(gänzlich unrealistischen)* Bedingungen auf Kapitalmärkten für die verschiedenen Formen von Anlagen bilden.[268] Dazu operiert auch das CAPM mit einem Risikozuschlag und einem Wachstumsabschlag bei dem Basiszins. Der **Risikozuschlag** wird jedoch nicht mehr geschätzt, sondern („wissenschaftlich") ermittelt aus einer (in Wirklichkeit unbekannten) **Marktrisikoprämie** und dem sog. Betafaktor. Die Marktrisikoprämie soll den Zinszuschlag abbilden, den Anleger (angeblich) für eine Anlage ihrer Mittel in Aktien statt in öffentlichen Anleihen verlangen. Die Existenz dieser Marktrisikoprämie ist ebenso umstritten wie ihre Berechnung und ihrer Höhe.[269] Das **IDW** schätzt die Marktrisikoprämie seit 2009 vor Steuern auf 4,5–5 % und nach Steuern auf 4–5 % sowie zuletzt auf 5,5–7 % bzw auf **5–6 %**.[270] Auch diesen Vorgaben der Zunft der Wirtschaftsprüfer folgen die meisten Gerichte nahezu kritiklos.[271]

Die Marktrisikoprämie darf indessen nicht einfach dem Basiszins hinzugerechnet werden, sondern muss noch der individuellen Risikostruktur des zu bewertenden Unternehmens angepasst werden. Diesem Zweck dient der **Betafaktor (ß)**, der die Unterschiede in der Rendite zwischen einem allgemeinen Aktienportfolio und der Anlage in dem betreffenden Unternehmen widerspiegeln soll.[272] Decken sich beide Renditen, so ist ß = 1. Bestehen dagegen Unterschiede, so ist der Betafaktor entsprechend höher oder niedriger als 1 (ß ≠ 1).

---

[265] So insbes. OLG Düsseldorf AG 2003, 329 (333) = NZG 2003, 588 – Siemens/SNI; AG 2004, 324 (329) = ZIP 2004, 753 – EVA; OLG Düsseldorf BeckRS 2012, 20476; OLG München WM 2009, 1848 (1851).

[266] *Aha* AG 1997, 26 (32 f.); *Großfeld* NZG 2004, 74; *Komp* Zweifelsfragen 200 ff.

[267] SDK AG 2005, Sonderheft, 43; *Emmerich* (2.) FS Mestmäcker, 2006, 137 (145 f.); *L. Knoll* AG 2005, Sonderheft, 39 ff.; *E. Wenger* AG 2005, Sonderheft, 9, 12 ff., alle mN.

[268] Wegen der Einzelheiten s. IDW S1 von 2005 Anh.: CAPM und Tax-CAPM, Wpg 2005, 1320 ff.; *Ballwieser* Wpg 2008, 102 (104 ff.); *Großfeld* Unternehmensbewertung Rn. 676 ff.; *ders.* NZG 2009, 1204; *ders./Stöven* BB 2004, 2799; *dies./Tönnes* BB 2005, Beilage 7 zu Heft 30 2; *ders./Frantzmann* FS Beuthien, 2009, 155; *Hachmeister/Ruthardt/Lampenius* Wpg 2011, 519; 2011, 829; *Fleischer/Jonas* § 3 Rn. 43 ff.; *Komp* Zweifelsfragen 186 ff.; *L. Knoll* AG 2005, Sonderheft, 39; *Lochner* AG 2011, 692; *W. Wagner/Jonas/Ballwieser/Tschöpel* Wpg 2006, 1005 (1014 ff.); *W. Wagner/Saur/Willershausen* Wpg 2008, 731 (737 ff.).

[269] S. zB *Emmerich* FS Stilz, 2014, 135 (140 f.); *Fleischer/Franken/Schulte* § 6 Rn. 43 ff.; *Großfeld* Unternehmensbewertung Rn. 676 ff.; *ders.* NZG 2009, 1204; *ders./Frantzmann* FS Beuthien, 2009, 155; *Hachmeister/Ruthardt/Lampenius* Wpg 2011, 829 (830 ff.); *Lochner* AG 2011, 692. Ebenso im Ergebnis OLG Karlsruhe AG 2015, 789 (794): hoffnungslos umstritten.

[270] S. mN *Fleischer/Franken/Schulte* § 6 Rn. 63.

[271] Beispielsweise OLG Karlsruhe AG 2013, 353 (355 f.); OLG Frankfurt AG 2015, 241 (244 f.); 2015, 504 (506); OLG Stuttgart AG 2013, 724 (729); 2014, 208 (212); 2014, 291 (294); OLG München AG 2015, 508 (512) – HRE; wN bei *Fleischer/Franken/Schulte* § 6 Rn. 65–71; krit. zu Recht LG München I AG 2016, 51 (55 f.) – MAN.

[272] Einzelheiten bei *Fleischer/Franken/Schulte* § 6 Rn. 73 ff.

Der Betafaktor kann *unternehmensindividuell* oder durch *Vergleich mit anderen Unternehmen* ermittelt werden. In dem zuerst genannten Fall stellt man auf die Differenz zwischen dem durchschnittlichen Börsenkurs der betreffenden Gesellschaft und dem Marktkurs für Unternehmen dieser Art ab, während man in dem zweiten Fall auf die entsprechenden Werte einer Gruppe vergleichbarer Unternehmen (sog. Peer Group) zurückgreift. Erst das Produkt aus der Marktrisikoprämie r_m (= Durchschnittsrendite des Aktienportfolios ÷ Basiszinssatz) und Betafaktor ($r_m × ß$) ergibt den unternehmensindividuellen Risikozuschlag.

69b Insgesamt beschränken sich die Gerichte heute in der Mehrzahl der Fälle der Sache nach auf eine bloße **Missbrauchs- und Plausibilitätskontrolle** gegenüber den nach dem Tax-CAPM „errechneten Werten",[273] noch verstärkt durch eine in jüngster Zeit zunehmend betonte **Bagatellgrenze von 5–10 %**, sodass Korrekturen der von den Wirtschaftsprüfern angesetzten Unternehmenswerte nur noch selten erwogen werden, wenn die „Berechnung" der Gerichte einen um 5–10 % höheren Wert ergeben sollten. Die Berechtigung für diese weitere Zurücknahme der Kontrolle der Unternehmenswerte sieht man in § 287 ZPO, da es sich bei der Unternehmensbewertung im Rahmen der §§ 304 und 305 um bloße **Schätzungen** handele, bei denen ein erheblicher Ermessensspielraum einkalkuliert werden müsse.[274] Das ist wenig befriedigend, wenn man die ungesicherte theoretische Basis bedenkt, auf der nach wie vor die übliche Vorgehensweise, insbesondere an Hand des CAPM, beruht.[275] Tatsächlich täuscht das CAPM ebenso wie das Tax-CAPM aufgrund seiner Bedingungen, die nur in einer idealen Modellwelt Gültigkeit beanspruchen können, eine **pseudo-mathematische Exaktheit** vor, die hier überhaupt nicht zu erreichen ist. Die Konsequenz kann, wenn man den Schutz der außenstehenden Aktionäre ernst nimmt, eigentlich nur darin bestehen, sich wo immer möglich an **Marktpreisen** zu orientieren (→ Rn. 42 ff.) und sonst vom **Basiszins** auszugehen, ggf. geringfügig in der einen oder anderen Richtung korrigiert.

70 **6. Verbundvorteile.** Unternehmenszusammenschlüsse können unterschiedliche Auswirkungen auf die beteiligten Unternehmen haben. Dementsprechend unterscheidet man positive und negative Verbundvorteile oder Synergieeffekte. Von vornherein auszuklammern sind im vorliegenden Zusammenhang etwaige **negative Verbundeffekte**, worunter man in erster Linie die nach wie vor mit einer Vielzahl von Unternehmenszusammenschlüssen verbundene *Kapitalvernichtung* versteht. Diese Effekte sind im Rahmen der §§ 304 und 305 allein dem herrschenden Unternehmen anzulasten und dürfen deshalb keinen Einfluss auf die Höhe der Abfindung der außenstehenden Aktionäre nach § 305 haben.[276] Bei den deshalb allein interessierenden **positiven Verbundvorteilen** hat man vornehmlich die von der Unternehmensverbindung erhofften *Rationalisierungsvorteile* im Auge, wobei etwa an Größenvorteile sowie an die Ersparnis solcher Kosten zu denken ist, die in dem Verbund nur noch einmal anfallen.[277]

70a Im Einzelnen unterscheidet man echte und unechte Verbundvorteile. Während **echte Verbundvorteile** nur durch den konkreten Unternehmenszusammenschluss zu verwirklichen sind, der Anlass zu der Unternehmensbewertung gibt, können **unechte Verbundvorteile** auch mit anderen Kooperationspartnern erzielt werden. Echte wie unechte Verbundvorteile gehören an sich – als Chancen auf Gewinnsteigerung oder Kostensenkung – zum Vermögen der abhängigen Gesellschaft. Ihre Identifizierung und Quantifizierung bereiten jedoch ebenso wie ihre Aufteilung auf die verbundenen Unternehmen in der Regel erhebli-

---

[273] In diesem Sinne zB OLG Stuttgart AG 2010, 510 (512); 2011, 205 (209); 2011, 560 (564); 2012, 49 (51 f.); 2013, 724; 2013, 840; 2014, 208; 2014, 291; OLG Karlsruhe AG 2013, 353; 2013, 765; 2013, 88; 2015, 789 (794 f.); OLG Frankfurt AG 2011, 828 (830 f.); 2011, 832 (836 f.); NZG 2012, 1382 (1383 ff.); AG 2012, 919 (920 ff.); 2015, 241; OLG München AG 2014, 453; OLG Düsseldorf AG 2012, 797.

[274] Für eine derartige Bagatellgrenze zB OLG Stuttgart AG 2011, 205 (211 f.); 2011, 794 (800 f.); 2012, 135 (139); OLG Frankfurt AG 2012, 330 (334 f.); 2015, 504 (506).

[275] S. mN *Emmerich* FS Stilz, 2014, 135 (140 f.).

[276] MüKoAktG/*Paulsen* Rn. 135; ebenso im Ergebnis wohl GroßkommAktG/*Hirte/Hasselbach* Rn. 72 f., 80.

[277] Ausf. Fleischer/*Winner* § 14 Rn. 1 ff.

che Schwierigkeiten. In der Praxis werden sie von den beteiligten Unternehmen häufig übertrieben, um den Zusammenschluss vor der Öffentlichkeit zu rechtfertigen. Nicht zuletzt aus diesem Grund überwiegt bisher in der Praxis der Unternehmensbewertung unter Berufung auf das sog. **stand-alone-Prinzip** die *Ablehnung* einer Berücksichtigung jedenfalls *echter* Verbundvorteile,[278] während *unechte* Verbundvorteile von Fall zu Fall durchaus berücksichtigt werden, sofern sie sich quantifizieren *und* zuordnen lassen.[279]

Dieser Praxis (→ Rn. 70a) ist *nicht* zu folgen.[280] Die Schwierigkeiten bei der Identifizierung, Quantifizierung und Aufteilung etwaiger echter und unechter Verbundvorteile können nicht ihrer Berücksichtigung zu Gunsten der außenstehenden Aktionäre in denjenigen Fällen entgegenstehen, in denen sie doch identifiziert und quantifiziert werden können. Denn die mit echten Synergieeffekten verbundenen Chancen auf eine Steigerung des Unternehmenswerts der abhängigen Gesellschaft sowie auf eine Erhöhung ihrer Gewinne gehören eindeutig auch zum Vermögen der abhängigen Gesellschaft und müssen deshalb ebenso wie sonstige Chancen und Vorteile, soweit sie identifiziert und quantifiziert werden können, zu Gunsten der außenstehenden Gesellschafter berücksichtigt werden (Art. 14 GG). Ist, wie wohl in der Regel, ihre eindeutige Zuordnung zu den verbundenen Unternehmen nicht möglich, so sind sie entsprechend dem Verhältnis der *Unternehmenswerte* oder notfalls *hälftig* auf die verbundenen Unternehmen aufzuteilen.[281] 71

7. Neutrales Vermögen. In einem dritten Schritt muss der Ertragswert schließlich noch in verschiedenen Richtungen korrigiert werden. Die erste Korrektur besteht darin, dass zu dem Ertragswert, ermittelt durch Abzinsung der prognostizierten zukünftigen Erträge der Gesellschaft (→ Rn. 51, 65 ff.), der Wert des nicht betriebsnotwendigen oder neutralen Vermögens hinzuzurechnen ist. Auch diese Vermögenswerte gehören anteilig den außenstehenden Aktionären und sind daher bei der Unternehmensbewertung zu berücksichtigen.[282] Die **Abgrenzung** des neutralen Vermögens von dem betriebsnotwendigen Vermögen wird in der Regel **funktional** vorgenommen.[283] Als neutral gelten danach sämtliche Vermögensgegenstände, die nicht dem Betriebszweck dienen, die für die Erzielung der der Unternehmensbewertung zugrunde gelegten Erträge nicht erforderlich sind und die deshalb *ohne weiteres veräußert* werden könnten, ohne dass dadurch der prognostizierte Ertrag beeinträchtigt würde. Maßgebend ist die **Notwendigkeit** des fraglichen Vermögensgegenstandes **zur Erreichung des Unternehmenszweckes,** in aller Regel also zur Gewinnerzielung auf 72

---

[278] BGHZ 138, 136 (140) = NJW 1998, 1866 = AG 1998, 286 – Asea/BBC II; BayObLG AG 1996, 127 (128) = WM 1996, 526; AG 1996, 176 (178); OLG Stuttgart AG 2000, 428 (429) = NZG 2000, 422; AG 2011, 420 (421); AG 2013, 840 (843); OLG Frankfurt AG 2011, 717 (718) – Faurecia; AG 2014, 822 (825); OLG Düsseldorf AG 2004, 324 (327) = ZIP 2004, 703 – EVA; wN bei *Hachmeister/Ruthardt/Gebhardt* Wpg 2011, 607 ff.; ebenso zB MüKoAktG/*Paulsen* Rn. 82; *Decker* FS Hommelhoff, 2012, 115 (124 ff.); *Forster* FS Claussen, 1997, 91 (92); *Koppensteiner* FS Ostheim, 1990, 403 (424); *Kort* ZGR 1999, 402 (416 ff.); *Mertens* AG 1992, 321 ff.; *Werner* FS Steindorff, 1990, 303 (316 ff.); *Fleischer/Winner* § 14 Rn. 45 f.

[279] BGHZ 147, 108 (119 f.) = NJW 2001, 2080 = AG 2001, 417 – DAT/Altana IV; OLG Celle AG 1999, 128 (130) = DB 1998, 2006 – Wolters/Gilde; OLG Stuttgart AG 2007, 128 (135) = NZG 2007, 112; LG München I BeckRS 2015, 13240 = AG 2016, 51 (54) = ZIP 2015, 2124 – MAN; s. *Hüttemann* ZHR 162 (1998), 563 (586 ff.); *Stilz* ZGR 2001, 875 (889 ff.).

[280] Ebenso Fleischer/*Adolff* § 19 Rn. 103 f.; *Böcking* FS Moxter, 1994, 1407 (1423); *Busse von Colbe* ZGR 1994, 595 (603 ff.); *Fleischer* ZGR 1997, 368 (376 ff.); *Großfeld/Frantzmann* FS Beuthien, 2009, 155 (161 ff.); *Hachmeister/Ruthardt/Gebhardt* Wpg 2011, 600 (612 ff.); *Hüttemann* ZHR 162 (1998), 563 (586 ff.); ders. FS Hoffmann-Becking, 2013, 603 (610); *Komp* Zweifelsfragen 244 ff.; *Moxter* Grundsätze 91 ff.; MüKoAktG/*Paulsen* Rn. 135–139; *A. Reuter* DB 2001, 2483 (2487 f.).

[281] OLG Stuttgart AG 2007, 705 (707); Hz 603 f.; *Hachmeister/Ruthardt/Gebhardt* Wpg 2011, 600 (603 f.); GroßkommAktG/*Hirte/Hasselbach* Rn. 86 f.; *Komp* Zweifelsfragen 314 ff.; MüKoAktG/*Paulsen* Rn. 139.

[282] IDW S1 Rn. 59 ff.; BayObLGZ 2002, 400 (404) = NZG 2003, 483 = AG 2003, 569 – Hypobank/Vereinsbank; BayObLG AG 2002, 388 (389) – Rieter I; OLG Düsseldorf AG 2004, 324 (328) = ZIP 2004, 753 – EVA; NZG 2004, 429 – Agrippina/Zürich; OLG Stuttgart AG 2007, 128 (135 f.) = NZG 2007, 112; AG 2012, 49 (50); OLG Frankfurt AG 2011, 832 (837); 2012, 330 (334); OLG München ZIP 2007, 375 (379) = AG 2007, 287 – N. Energie; AG 2012, 49 (50), 411; statt aller ausf. Fleischer/*Hüttemann/Meinert* § 7 Rn. 1 ff.; zur Berücksichtigung der stillen Rücklagen → § 301 Rn. 19.

[283] Beispielsweise OLG Frankfurt AG 2012, 330 (334); OLG Düsseldorf AG 2014, 817 (821) = NZG 2014, 1418; OLG Stuttgart AG 2012, 49 (50) (l. Sp.); Fleischer/*Hüttemann/Meinert* § 7 Rn. 6, 24 ff.

dem den Unternehmensgegenstand bildenden Tätigkeitsgebiet des Unternehmens; dabei kommt es nicht auf den Standpunkt eines objektiven Betrachters an, sondern auf die **tatsächliche Funktion** des betreffenden Vermögensgegenstandes nach der betrieblichen Organisation des zu bewertenden Unternehmens.[284]

72a Die **Abgrenzung** des betriebsnotwendigen von dem neutralen Vermögen kann im Einzelfall Schwierigkeiten bereiten.[285] In derartigen Zweifelsfällen gehen die Gerichte heute meistens davon aus, dass es sich auch bei der Einordnung eines Vermögensgegenstandes als neutral oder als betriebsnotwendig letztlich um eine *unternehmerische Entscheidung* handele, die von den Gerichten nur beschränkt überprüft werden könne.[286] Dies ist unter dem Blickwinkel des gebotenen Schutzes der außenstehenden Aktionäre wenig befriedigend; entscheidend sollte vielmehr in solchen Grenzfällen der *tatsächliche Beitrag* des fraglichen Vermögensgegenstandes zum Unternehmensertrag sein, wie er aus der den Unternehmensgegenstand bildenden Tätigkeit erzielt wird. Ist dieser Beitrag im Verhältnis zu dem Verkehrswert des fraglichen Gegenstandes *gering*, übersteigt mit anderen Worten der Verkehrswert des Gegenstandes deutlich den Barwert der finanziellen Überschüsse bei Verbleib des Gegenstandes im Unternehmen, so ist der Gegenstand *gesondert* zu bewerten, um die sonst unvermeidliche Begünstigung des herrschenden Unternehmens auf Kosten der außenstehenden Aktionäre zu vermeiden.[287] Der Begriff ist deshalb *weit* auszulegen,[288] sodass *in Zweifelsfällen* zum Schutz der außenstehenden Aktionäre von dem Vorliegen **neutralen Vermögens** auszugehen und der Gegenstand gesondert zu bewerten ist.[289]

73 Das neutrale Vermögen kann zum Ertragswert oder zum Veräußerungswert (Liquidationswert) angesetzt werden, wobei der jeweils *höhere* Betrag maßgebend sein sollte.[290] Im Regelfall wird dies (→ Rn. 72 f.) der Liquidations- oder **Veräußerungswert** sein. In diesem Fall müssen die *Kosten* der Veräußerung sowie die dabei anfallenden *Ertragsteuern* einschließlich der Gewerbeertragsteuer auf bei der Veräußerung offengelegte stille Reserven von dem Wert des betreffenden Vermögensgegenstandes wieder abgezogen werden.[291] Legt man dagegen den **Ertragswert** zugrunde, so sind die zukünftigen Erträge mit den diskontierten Verlustvorträgen zu verrechnen.[292] Der verbleibende Wert der neutralen Vermögensgegenstände ist schließlich dem Ertragswert des Unternehmens hinzuzurechnen. Erst die Summe dieser Werte ergibt den Unternehmenswert.

73a **Beispiele** neutralen Vermögens sind nach der bisherigen Praxis insbesondere Reservegrundstücke, Betriebswohnungen, stillgelegte und nicht mehr benötigte Anlagen sowie Finanzanlagen und sonstige überschüssige Mittel, die angelegt werden können.[293] Bei einer

---

[284] IDW S1 Rn. 59; OLG Düsseldorf AG 2002, 398 (400) – Kaufhof/Metro; AG 2003, 688 (692) – Veba; AG 2004, 324 (328) = ZIP 2004, 753 – EVA; OLG München ZIP 2007, 375 (379) = AG 2007, 287 – N. Energie; OLG Stuttgart AG 2012, 49 (50); 2015, 580 (585); OLG Frankfurt AG 2012, 330 (334); *Großfeld* Unternehmensbewertung Rn. 1062 ff.; str., s. Spindler/Stilz/*Stephan* Rn. 82.

[285] Dazu zB *Aha* AG 1997, 26 (35 f.); *Forster* FS Claussen, 1997, 91 (93 ff.); *Großfeld* Unternehmensbewertung 299 ff.; *Hüttemann* ZHR 162 (1998), 563 (592 f.); Fleischer/*Hüttemann/Meinert* § 7 Rn. 6, 24 ff.; *Komp* Zweifelsfragen Rn. 1062 ff.; *Seetzen* WM 1994, 45 (50); *Weiss* FS Semler, 1993, 631 (640 ff.).

[286] OLG Frankfurt AG 2011, 832 (837) (r. Sp. 2. Abs.); OLG Stuttgart AG 2013, 724 (730).

[287] IDW S1 Rn. 60; *Hüttemann* ZHR 162 (1998), 563 (592 f.); MHdB AG/*Krieger* § 70 Rn. 133 (1261).

[288] BayObLG AG 1996, 127 (128, 130) = DB 1995, 2590 = WM 1996, 526 – Paulaner; AG 1996, 176 (178, 180) = BB 1996, 687 – Hacker-Pschorr; aA *Aha* AG 1997, 26 (35 f.); *Forster* FS Claussen, 1997, 91 (93 ff.).

[289] *Emmerich* (2.) FS Mestmäcker, 2006, 137 (146 f.).

[290] IDW S1 Rn. 68; OLG Düsseldorf AG 2003, 688 (692) – Veba; AG 2004, 324 (328) = ZIP 2004, 753 – EVA; NZG 2004, 429 – Agrippina/Zürich; GroßkommAktG/*Hirte/Hasselbach* Rn. 229 ff.; Fleischer/ *Hüttemann/Meinert* § 7 Rn. 31 ff.

[291] IDW S1 Rn. 61; OLG Düsseldorf AG 2003, 688 (692) – Veba; AG 2004, 324 (328) = ZIP 2004, 753 – EVA; OLG München ZIP 2007, 375 (379) = AG 2007, 287 – N. Energie; OLG Frankfurt AG 2011, 828 (832).

[292] OLG Stuttgart AG 2007, 128 (135 f.) = NZG 2007, 112.

[293] OLG Düsseldorf AG 2003, 688 (692) – Veba, betr. Grundstücke; AG 2004, 324 (328) (r. Sp. u.) = ZIP 2004, 753 – EVA, betr. Mitarbeiterwohnungen; OLG Frankfurt AG 2011, 832 (837) betr. freie Liquidität; OLG Stuttgart AG 2012, 49 (50) betr. Erträge aus Beteiligungen; LG Frankfurt AG 2007, 42 (47) betr. Grundstücke; Fleischer/*Hüttemann/Meinert* § 7 Rn. 46 ff.

Brauerei gehören dazu ferner etwa die Gaststättengrundstücke, weil der Getränkeabsatz über brauereieigene Gaststätten heute nur noch eine untergeordnete Rolle spielt,[294] während bei einer Kaufhausgesellschaft die mit Kaufhäusern bebauten Grundstücke als betriebsnotwendig anzusehen und deshalb nicht gesondert zu bewerten sind.[295] Dasselbe soll bei Versicherungsgesellschaften generell für Unternehmensbeteiligungen – als Teil des Vermögensstocks – gelten.[296] Ebenso zu beurteilen sind schließlich die Erträge solcher Gesellschaften, die im Wege des Outsourcing typische Betriebsaufgaben übernommen haben.[297] Neutrales Vermögen bilden dagegen grundsätzlich **Schadensersatzansprüche** der Gesellschaft, zB gegen Organmitglieder oder gegen das herrschende Unternehmen. Ihre Behandlung ist schwierig und umstritten, weil die Durchsetzbarkeit derartiger Ansprüche häufig zweifelhaft ist.[298] Meistens wird hier darauf abgestellt, dass die Entscheidung über die Verfolgung von Schadensersatzansprüchen gegen die Genannten eine *unternehmerische Entscheidung* darstelle, die von den Gerichten im Spruchverfahren ebenso wie andere unternehmerische Entscheidungen nur in engen Grenzen daraufhin überprüft werden könnten, ob sie noch vertretbar sind.[299]

8. Liquidationswert. Als Liquidationswert eines Unternehmens bezeichnet man den *Barwert* der *Nettoerlöse* aus der Veräußerung der Vermögensgegenstände eines Unternehmens insgesamt, *abzüglich* der Schulden, der latenten Steuern und der Liquidationskosten. Der Liquidationswert stellt an sich immer die Untergrenze des Wertes eines Unternehmens dar, weil jedes Unternehmen mindestens so viel wert ist, wie sich aus der Veräußerung seiner Bestandteile ergibt. Gleichwohl ist umstritten, ob das auch im Rahmen des § 305 zu gelten hat, ob mit anderen Worten der Liquidationswert zugleich die **Untergrenze des** für die Berechnung der Abfindung nach § 305 anzusetzenden **Unternehmenswertes** bildet oder ob die Berücksichtigung des Liquidationswertes zusätzlich voraussetzt, dass die Liquidation des Unternehmens überhaupt möglich und beabsichtigt ist. Das Schrifttum tendiert nach wie vor überwiegend dahin, dass der Liquidationswert auch für die Zwecke des § 305 die Untergrenze des Unternehmenswertes bezeichnet, und zwar insbesondere bei unrentablen oder **ertragsschwachen Unternehmen** einschließlich solcher Unternehmen, deren Ertragsaussichten *auf Dauer negativ* sind, sodass nach der Ertragswertmethode die Abfindung mit Null angesetzt werden müsste.[300] Dagegen wird jedoch neuerdings vielfach eingewandt, auch bei der Entscheidung über die Liquidation oder die Fortführung eines Unternehmens handele es sich letztlich um eine *unternehmerische Entscheidung,* die nur in engen Grenzen auf ihre Vertretbarkeit oder Missbräuchlichkeit von den Gerichten überprüft werden könne, im Übrigen aber respektiert werden müsste, sodass ein Ansatz des Liquidationswertes im Rahmen des § 305 als Untergrenze des Unternehmenswertes ausscheide, wenn aus rechtlichen oder tatsächlichen Gründen gar keine Liquidationsmöglichkeit bestehe oder wenn doch das fragliche Unternehmen trotz seiner mangelnden Rentabilität nach dem Willen der Geschäftsleitung fortgeführt werden solle, solange diese Entscheidung nicht geradezu unvertretbar oder missbräuchlich sei.[301]

Die **Rechtsprechung** ist nicht einheitlich, tendiert aber in jüngster Zeit ebenfalls deutlich zu einem differenzierten Ansatz unter besonderer Betonung der grundsätzlichen Maßgeblichkeit der unternehmerischen Entscheidung über die Liquidation oder die Fortführung des Unternehmens trotz seiner mangelnden Rentabilität, vor allem dann, wenn die Fortfüh-

---

[294] BayObLG AG 1996, 127 (128, 130) – Paulaner; aA *Aha* AG 1997, 26 (35 f.); *Forster* FS Claussen, 1997, 91 (93 ff.).
[295] OLG Düsseldorf AG 2002, 398 (401) – Kaufhof/Metro.
[296] OLG München AG 2007, 411; *Fleischer/Hüttemann/Meinert* § 7 Rn. 47.
[297] OLG Stuttgart AG 2012, 49 (50).
[298] Dazu *Decher* FS Maier-Reimer, 2010, 57 (66 f.); *Fleischer/Hüttemann/Meinert* § 7 Rn. 49 f.; *Schroeder/ J. S. Habbe* NZG 2011, 845.
[299] Ebenso wohl OLG Frankfurt AG 2010, 798 (801 f.) mN.
[300] IDW S1 Rn. 140; *Großfeld* Unternehmensbewertung Rn. 1152 ff.; *Fleischer/Fleischer* § 8 Rn. 8; *Fleischer/Schneider* DStR 2013, 1736; *Komp* Zweifelsfragen 214 ff.; Spindler/Stilz/*Stephan* Rn. 81.
[301] So statt aller *Ruiz de Vargas/Theusinger/Zollner* AG 2014, 428 (432 ff.) mN.

rung noch vertretbar erscheint oder wenn doch das Unternehmen aus rechtlichen oder tatsächlichen Gründen fortgeführt werden muss, etwa, weil es sich um ein sog. Unternehmen der „Daseinsvorsorge" handelt.[302] Dem ist nicht zu folgen.[303] Leitender Gesichtspunkt bei der Auslegung des § 305 darf allein die Sicherung des Anspruchs der außenstehenden Aktionäre auf eine angemessene Abfindung sein (§ 305 Abs. 1, → Rn. 1 ff.), sodass keine Auslegung der Vorschrift akzeptiert werden kann, die zu einer grundlosen Benachteiligung der außenstehenden Aktionäre zu Gunsten des herrschenden Unternehmens führt. Deshalb darf auf die Ermittlung des Liquidationswertes als Untergrenze der Abfindung nicht verzichtet werden, um eine *Bereicherung des herrschenden Unternehmens* auf Kosten der außenstehenden Aktionäre zu verhindern. Evident ist diese Gefahr insbesondere bei unrentablen Unternehmen mit hohem Liquidationswert. Verzichtete man hier wegen der angeblichen Notwendigkeit der Unternehmensfortführung oder wegen eines angeblichen dahingehenden Willens der Geschäftsleitung auf eine Berücksichtigung des Liquidationswertes bei der Bemessung der Abfindung nach § 305, so bedeutete dies nicht weniger, als dass die außenstehenden Aktionäre im Ergebnis leer ausgehen, während dem herrschenden Unternehmen ein hoher Liquidationswert – entschädigungslos – zufiele. Das kann nicht richtig sein.[304]

75 **9. Ableitung des Anteilswertes.** Der letzte Schritt, der zur Berechnung der Höhe von Abfindung und Ausgleich erforderlich ist, besteht bei der üblichen indirekten Vorgehensweise (→ Rn. 53) in der Ableitung des Anteilswertes aus dem nach den vorstehenden Grundsätzen ermittelten Unternehmenswert. Dabei ist gemäß § 53a von der grundsätzlichen *Gleichberechtigung der Aktionäre* ohne Rücksicht auf die Höhe ihrer Beteiligung auszugehen, sodass sich der jeweilige Wert des Anteils der außenstehenden Aktionäre an dem gesamten Unternehmenswert einfach aus dem Verhältnis der Aktiennennbeträge zum Grundkapital ergibt. Entsprechend ist bei Stückaktien zu verfahren. Ein **Abschlag für den Minderheitsbesitz** der außenstehenden Aktionäre, gleichsam als Kehrseite der üblichen Kontroll- oder Übernahmeprämie bei dem Handel mit großen Aktienpaketen, ausgedrückt in den viel diskutierten der Paketzuschlägen, verbietet sich von selbst.[305] Dasselbe gilt für die verschiedentlich geforderte Berücksichtigung der mangelnden Fungibilität der Aktien nicht börsennotierter Gesellschaften im Rahmen des § 305; dem steht bereits die übliche indirekte Unternehmensbewertung entgegen.[306]

75a **10. Unterschiedliche Aktiengattungen.** Zusätzliche Schwierigkeiten ergeben sich, wenn die abhängige Gesellschaft unterschiedliche Aktiengattungen ausgegeben hatte, wobei vor allem an die Ausgabe von **Vorzugsaktien ohne Stimmrecht** zu denken ist (§§ 11, 12, 139 ff.). Hier muss zunächst danach unterschieden werden, ob eine Abfindung in Aktien oder eine Barabfindung vorgesehen ist. Im Falle der Abfindung der außenstehenden Aktionäre mit **Aktien einer Obergesellschaft** kommt es insbesondere darauf an, ob bei der Obergesellschaft dieselben unterschiedlichen Aktiengattungen wie bei der abhängigen Gesellschaft bestehen. Lediglich in diesem Fall dürften in der Regel Vorzugsaktionäre der abhängigen Gesellschaft mit Vorzugsaktien der Obergesellschaft und Stammaktionäre mit Stammaktien abgefunden werden. Kennt jedoch die Obergesellschaft keine oder jedenfalls

---

[302] OLG Düsseldorf AG 2002, 398 (402 f.) – Kaufhof/Metro; AG 2009, 907 (909 f.) = WM 2009, 2220; AG 1999, 321 (324 f.) – Lippe-Weser-Zucker-AG; AG 2002, 398 (400, 402 f.) unter 4. – Kaufhof/Metro; OLGR 2009, 438 = AG 2009, 667 f.; großzügiger dagegen offenbar bei der Berücksichtigung des Liquidationswertes BayObLG AG 1995, 509 (510) = WM 1995, 1580; OLG Düsseldorf AG 2004, 324 (327 f.) = ZIP 2004, 753 – EVA; AG 2007, 325 (326); AG 2008, 498 (500); OLGR 2009, 438 = AG 2009, 667; OLG Stuttgart AG 2008, 783 (789); KG AG 2009, 199 (200).
[303] Ebenso zuletzt insbes. Fleischer/*Fleischer* § 8 Rn. 8; *Fleischer/Schneider* DStR 2013, 1736.
[304] Ebenso wohl OLG Düsseldorf AG 2004, 324 (327 f.) = ZIP 2004, 753 – EVA im Anschluss an BGH NJW 1982, 2497 zu § 2311 BGB.
[305] *Hüchting* Abfindung 35; Hüffer/*Koch* Rn. 24; *Komp* Zweifelsfragen 395 ff.; *Korth* ZGR 1999, 402 (412 ff.), *Ruthardt* NZG 2014, 972; ausf. *Fleischer* ZIP 2012, 1633 (1636 ff.) für die GmbH; Fleischer/*ders.* § 128 Rn. 7 ff.
[306] *Fleischer* FS Hoffmann-Becking, 2013, 331 (337 ff., 344); Fleischer/*ders.* § 18 Rn. 17 ff.

keine unterschiedlichen Aktiengattungen, die mit denen der abhängigen Gesellschaft vergleichbar sind, so ist es auf jeden Fall zulässig, Vorzugsaktionäre der abhängigen Gesellschaft mit Stammaktien der herrschenden Gesellschaft abzufinden (→ Rn. 13).[307] Wenn aber wie im Regelfall eine **Barabfindung** gewählt wird, so verbieten sich von vornherein pauschale Lösungen für die Frage der Berücksichtigung etwaiger Wertunterschiede zwischen den einzelnen Aktiengattungen, weil es sehr unterschiedliche Formen von Vorzugsaktien gibt, die zudem am Markt ganz verschieden bewertet zu werden pflegen.[308] Maßgebend sind deshalb jeweils die Umstände des Einzelfalles, dh die Frage, ob sich in dem betreffenden Fall eine *unterschiedliche Bewertung* der Stamm- und der Vorzugsaktien am Markt nachweisen lässt.[309] Nur wenn dies der Fall ist, ist der Wertunterschied dann auch bei der Berechnung der Abfindung zu Grunde zu legen.

In der Praxis steht das Verhältnis zwischen Stammaktien und **stimmrechtslosen Vorzugsaktien** im Vordergrund des Interesses. Werden beide Aktiengattungen an der Börse gehandelt, so gibt die **Kursdifferenz** in der Regel einen Hinweis auf die unterschiedliche Bewertung beider Aktiengattungen am Markt.[310] Erhalten zB die Vorzugsaktionäre nach der bisherigen Ausschüttungspolitik des Unternehmens und nach dessen Planungen eine nennenswerte *Mehrdividende*, die sich auch in einem höheren Börsenkurs der Vorzugsaktien im Verhältnis zu den Stammaktien ausdrückt, so muss dies bei der Berechnung der Abfindung durch einen Zuschlag für die Vorzugsaktionäre berücksichtigt werden.[311] Es gibt freilich auch Fälle, in denen die Stammaktien am Markt wegen des mit ihnen verbundenen Stimmrechts höher als die Vorzugsaktien bewertet werden, worauf dann ebenfalls bei der Bemessung der Abfindung Rücksicht zu nehmen ist. Befinden sich aber nahezu alle Stammaktien in einer Hand, so dürften die wenigen am Markt noch gehandelten anderen Stammaktien schwerlich höher als die im Streubesitz befindlichen Vorzugsaktien zu bewerten sein.[312] Fehlen schließlich Hinweise auf eine unterschiedliche Bewertung der Stamm- und Vorzugsaktien am Markt, so sollten sie auch bei der Abfindung grundsätzlich *gleich behandelt* werden.[313]

11. Umtauschverhältnis, Spitzenbeträge. Bei der Abfindung in Aktien folgt aus dem Verhältnis zwischen den Wertansätzen für die beteiligten Gesellschaften die sog. Verschmelzungswertrelation; man versteht darunter das Verhältnis, das dem Umtausch der Aktien der außenstehenden Aktionäre in die der herrschenden Gesellschaft oder der Konzernobergesellschaft gemäß § 305 Abs. 3 S. 1 zugrunde zu legen ist. Ergibt sich dabei kein glattes Umtauschverhältnis (wie 1 : 2 oder 1 : 3), so sind nach § 305 Abs. 3 S. 1 Hs. 2 Spitzenbeträge durch **bare Zuzahlungen** auszugleichen.[314] Zu beachten ist, dass in diesem Fall, also zB bei einem *Umtauschverhältnis von 13 : 4* (= 4 1/3 : 1) nicht etwa 13 Aktien der abhängigen Gesellschaft nötig sind, um 4 Aktien des herrschenden Unternehmens zu erwerben, sondern auf jeden Fall (bei einem Verhältnis von 4 1/3 : 1) bereits 5 Aktien der abhängigen Gesellschaft ausreichen, um eine Aktie des herrschenden Unternehmens (+ Zuzahlungen) zu erlangen; die Beteiligten können nichts anderes vereinbaren.[315] Wird das Umtauschverhältnis im **Spruchverfahren** zu Gunsten der außenstehenden Aktionäre verbessert, so muss

---

[307] OLG Düsseldorf AG 2003, 329 (334) = NZG 2003, 588 – Siemens/SNI.
[308] Vgl. für einen Extremfall (Ausstattung der Vorzugsaktien mit mehreren tausend Stimmrechten) OLG München ZIP 2007, 375 (379 f.) = AG 2007, 287 – N. Energie.
[309] OLG Düsseldorf AG 2009, 907 (911) = WM 2009, 2220; Fleischer/*Fleischer* § 18 Rn. 40 ff.
[310] OLG Düsseldorf AG 1973, 282 (284); 2002, 398 (402); 2009, 907 (911) = WM 2009, 2220; OLG Frankfurt AG 2014, 822 (826 f.); Spindler/Stilz/*Stephan* Rn. 83.
[311] OLG Frankfurt AG 2014, 822 (826 f.).
[312] LG Dortmund AG 2007, 792 (796) = WM 2007, 917.
[313] Ebenso wohl OLG Karlsruhe AG 2006, 463 – Rheinmetall/Aditron; OLG München ZIP 2007, 375 (379 f.) = AG 2007, 287 – N. Energie; BFHE 173, 561 (563 ff.) = BStBl. II 1994, 394; BFHE 183, 224 (227 ff.) = DStR 1997, 1163; BFHE 188, 431 (433) = NZG 2000, 109 (110) = BStBl. II 1999, 811 (812); *Großfeld* Unternehmensbewertung Rn. 1199 ff.; *Komp* Zweifelsfragen 406 ff.
[314] Dazu *Vetter* AG 1997, 6; 2000, 193 (200, 205 f.).
[315] BGH AG 2010, 910 Rn. 10 ff. = NZG 2010, 1344 – Siemens/SNI II mit zust. Anm. *Merkner/Schmidt-Bendun* NZG 2011, 10.

nachträglich die Umtauschmöglichkeit auch denjenigen Aktionären wieder eröffnet werden, die bisher aufgrund ihres geringen Aktienbesitzes keine Umtauschmöglichkeit besaßen.[316] Etwas anderes gilt lediglich für solche Aktionäre, die sich durch entsprechende Stückelung ihres Aktienbesitzes in kleine, für den Umtausch zunächst nicht ausreichende Aktienpakete eine ihnen an sich nicht zustehende Barabfindung erschlichen hatten. Sie bleiben nach Treu und Glauben an die einmal getroffene Wahl gebunden (§§ 242, 263 BGB).[317]

77 Der Ausgleich von Spitzenbeträgen durch bare Zuzahlungen steht entgegen dem insoweit missverständlichen Wortlaut des § 305 Abs. 3 S. 1 Hs. 2 nicht im Belieben der Vertragsparteien, sondern stellt unter dem Postulat voller Entschädigung der außenstehenden Aktionäre (§ 305 Abs. 1) eine gesetzliche **Pflicht des herrschenden Unternehmens** dar.[318] In dem Vertrag kann *nicht* etwa stattdessen den außenstehenden *Aktionären* ihrerseits eine *Verpflichtung* zum Spitzenausgleich auferlegt werden, um ihnen den Aktienaustausch zu ermöglichen.[319] Im Gegenteil spricht viel für die Annahme, dass das herrschende Unternehmen auf Grund seiner Treuepflicht gehalten ist, bei der Ausgabe junger Aktien zum Zweck der Abfindung der außenstehenden Aktionäre auf eine **Stückelung** der Aktien zu achten, bei der ein Spitzenausgleich nach Möglichkeit vermieden wird (§ 242 BGB).[320] Auf jeden Fall ist der Spitzenausgleich gering zu halten.[321] Im **Spruchverfahren** kann bei einer Verbesserung des Umtauschverhältnisses zugleich die Höhe der Zuzahlung geändert, und zwar auch herabgesetzt werden, sofern sich nur insgesamt die Abfindung für die außenstehenden Aktionäre verbessert (→ Rn. 86).[322]

IX. Mehrstufige Unternehmensverbindungen

Schrifttum: *Görling*, Die Konzernhaftung in mehrstufigen Unternehmensverbindungen, 1998, 138 f.; *Pentz*, Die Rechtsstellung der Enkel-AG in einer mehrstufigen Unternehmensverbindung, 1994, 93 ff.; *Wanner*, Konzernrechtliche Probleme mehrstufiger Unternehmensverbindungen, 1998.

78 Mehrstufige Unternehmensverbindungen werfen im Rahmen des § 305 prinzipiell dieselben Fragen wie bei § 304 auf, sodass wegen der Einzelheiten zunächst auf die Ausführungen zu § 304 verwiesen werden kann (→ § 304 Rn. 56–66; wegen der entsprechenden Anwendbarkeit des § 305 Abs. 2 Nr. 2 auf drei und mehrstufige Unternehmensverbindungen → Rn. 12). Ergänzend ist zu bemerken:

79 Wenn in einer zwei- oder mehrstufigen Unternehmensverbindung **allein** zwischen der **Tochter- und** der **Enkelgesellschaft** ein Unternehmensvertrag nach § 291 abgeschlossen wird, stellt sich die Frage, ob dann die ebenfalls an der Enkelgesellschaft beteiligte **Muttergesellschaft** als **außenstehende Aktionärin** iSd § 305 zu behandeln ist. Diese Frage ist nach denselben Kriterien wie bei § 304 zu beurteilen (→ § 304 Rn. 13 ff., 63 f.). Von den Ausnahmefällen einer 100%igen Beteiligung der Mutter- an der Tochtergesellschaft oder der Eingliederung der Letzteren in die Muttergesellschaft abgesehen, sind danach der Mutter gleichfalls Ausgleichs- und Abfindungsansprüche zuzubilligen. In Betracht kommt hier freilich nur eine **Barabfindung** (→ Rn. 80).

80 Ebenso ist zu entscheiden, wenn die **Mutter-** unmittelbar **mit** der **Enkelgesellschaft** einen Vertrag abschließt mit der Folge, dass dann in der Regel die **Tochtergesellschaft** im Falle ihrer Beteiligung an der Enkelgesellschaft zu den **außenstehenden Aktionären**

---

[316] BGH AG 2010, 910 Rn. 13, 20 = NZG 2010, 1344 – Siemens/SNI II.
[317] BGH AG 2010, 910 Rn. 16 ff. = NZG 2010, 1344 – Siemens/SNI II.
[318] OLG Düsseldorf AG 1995, 85 (88) = WM 1995, 756; LG Berlin AG 1996, 230 (232); Hüffer/*Koch* Rn. 25; Spindler/Stilz/*Stephan* Rn. 114.
[319] MüKoAktG/*Paulsen* Rn. 1144; Spindler/Stilz/*Stephan* Rn. 114.
[320] LG Berlin AG 1996, 230 (232) – Brau & Brunnen; MüKoAktG/*Paulsen* Rn. 144; Hüffer/*Koch* Rn. 25; offenbar auch BGHZ 142, 167 (169 ff.) = NJW 1999, 3197 = AG 1999, 517 – Hilgers; Spindler/Stilz/*Stephan* Rn. 114; dagegen *Vetter* AG 1997, 6; 2000, 193 (200, 205 ff.).
[321] BGH AG 2010, 910 Rn. 11 = NZG 2010, 1344 – Siemens/SNI II.
[322] BGH AG 2010, 910 Rn. 12 ff. = NZG 2010, 1344 – Siemens/SNI II; krit. *Merkner/Schmidt-Bendun* NZG 2011, 10 (13).

zu rechnen ist, außer im Falle einer 100%igen Beteiligung der Mutter- an der Tochtergesellschaft oder der Eingliederung der letzteren in die Mutter (→ § 304 Rn. 60 ff.). In beiden Fallgestaltungen (→ Rn. 79, 80) scheitert freilich eine Abfindung in Aktien, im ersten Fall der Muttergesellschaft, im zweiten Fall der Tochtergesellschaft, an den §§ 71 und 71d S. 2, sodass hier lediglich eine **Barabfindung** nach § 305 Abs. 2 Nr. 3 in Betracht kommt.[323]

X. Mängel des Vertrags und des Zustimmungsbeschlusses

1. Keine Nichtigkeit oder Anfechtung. Nach § 305 Abs. 5 S. 2 hat das in § 2 SpruchG bezeichnete Gericht auf Antrag eines außenstehenden Aktionärs die Abfindung zu bestimmen, wenn der Vertrag entweder überhaupt keine *oder* eine dem § 305 Abs. 1–3 widersprechende Abfindung vorsieht. Abweichend von § 134 BGB ist daher in den genannten Fällen – trotz des Verstoßes gegen § 305 – von der **Wirksamkeit** des Beherrschungs- oder Gewinnabführungsvertrags auszugehen, da sonst die Anordnung eines Spruchverfahrens keinen Sinn machte.[324] Folgerichtig scheidet in den genannten Fällen auch eine **Anfechtung** des Zustimmungsbeschlusses der abhängigen Gesellschaft nach § 243 Abs. 1 oder 2 aus, wie zugleich aus § 305 Abs. 5 S. 1 zu folgern ist, der damit im Ergebnis dasselbe besagt wie § 304 Abs. 3 S. 2 (→ Rn. 83). 81

Nach § 305 Abs. 5 S. 1 kann die Anfechtung des Zustimmungsbeschlusses ferner nicht darauf gestützt werden, dass der Vertrag keine angemessene Abfindung vorsieht.[325] Ein weiterer **Anfechtungsausschluss** folgt aus § 243 Abs. 4 S. 2 idF von 2005 (→ § 293 Rn. 65 ff.). Im Ergebnis ändern damit sämtliche mit der Art und Höhe der Abfindung zusammenhängenden Mängel nichts an der Wirksamkeit des Vertrages und begründen auch kein Anfechtungsrecht; ihre Erledigung ist vielmehr durchgängig ins Spruchverfahren verwiesen (→ Rn. 84). 82

2. Spruchverfahren. Die Bestimmung der angemessenen Abfindung obliegt auf Antrag eines außenstehenden Aktionärs dem in § 2 SpruchG bezeichneten Gericht im Spruchverfahren, sofern der Vertrag überhaupt keine Abfindungsregelung enthält (→ Rn. 82) *oder* die Abfindung nicht angemessen ist (→ Rn. 83; § 305 Abs. 5 S. 2). Für die **Antragsberechtigung** der außenstehenden Aktionäre gilt § 3 SpruchG. Sobald aber ein Aktionär das Abfindungsangebot des herrschenden Unternehmens angenommen hat, verliert er mit dem Umtausch seiner Aktien seine Aktionärseigenschaft und damit auch die Antragsberechtigung im Spruchverfahren.[326] 83

In den Fällen des § 305 Abs. 2 Nr. 2 ist das **Gericht an** die von den Vertragsparteien getroffene **Wahl** zwischen einer Abfindung in Aktien oder einer Barabfindung **gebunden** und kann nicht etwa eine Barabfindung durch eine Abfindung in Aktien ersetzen (§ 305 Abs. 5 S. 3). Überlässt der Vertrag dagegen die Wahl zwischen Abfindung in Aktien und Barabfindung den außenstehenden Aktionären (→ Rn. 15 f.), so muss es auch im Spruchverfahren dabei verbleiben, sodass das Gericht ggf. *beide* Formen der Abfindung, die in Aktien und die Barabfindung, neu zu bestimmen hat. Dasselbe gilt im Ergebnis, wenn die Parteien gar keine Abfindung vorgesehen oder eine unzulässige Art der Abfindung gewählt hatten. 84

3. Kündigung. Kommt es in dem Spruchverfahren zu einer Erhöhung der Abfindung, so steht nach § 305 Abs. 5 S. 4 iVm § 304 Abs. 4 dem herrschenden Unternehmen ein außerordentliches Kündigungsrecht zu (→ § 304 Rn. 84 f.). Die Kündigung wirkt nur für die Zukunft (**ex nunc**) und ändert daher nichts an den bereits entstandenen Abfindungsansprüchen außenstehender Aktionäre auf Grund des bis zum Wirksamwerden der Kündigung fortbestehenden Vertrages. Das ist zwingendes Recht, sodass abweichende Vereinbarungen 85

---

[323] *Pentz* Enkel-AG 94 ff.
[324] Ebenso MüKoAktG/*Paulsen* Rn. 166; GroßkommAktG/*Hirte/Hasselbach* Rn. 251; Hüffer/*Koch* Rn. 29; KK-AktG/*Koppensteiner* Rn. 138; Spindler/Stilz/*Stephan* Rn. 138 f.
[325] Krit. zu der vergleichbaren Regelung des § 327f zB OLG Bremen AG 2013, 643 (644 f.).
[326] Hüffer/*Koch* Rn. 33; Spindler/Stilz/*Stephan* Rn. 145 f.

§ 307 1, 2   3. Buch. 1. Teil. 4. Abschn. Sicherung der außenstehenden Aktionäre

nicht möglich sind, auch nicht in Gestalt eines schon im Vertrag vorbehaltenen Rücktrittsrechts des herrschenden Unternehmens (→ SpruchG § 13 Rn. 4).[327] Läuft bei Ausspruch der Kündigung des herrschenden Unternehmens noch die Frist für die **Annahme des Abfindungsangebotes** des herrschenden Unternehmens (§ 305 Abs. 4), so können die außenstehenden Aktionäre das Abfindungsangebot ungeachtet der Kündigung des herrschenden Unternehmens immer noch annehmen, wodurch die Problematik dieses Kündigungsrechts deutlich entschärft wird.[328]

86   **4. Abfindungsergänzungsanspruch.** Wenn einzelne Aktionäre gerichtlich eine höhere Festsetzung der Abfindung als im Unternehmensvertrag vorgesehen durchsetzen, andere jedoch zuvor schon das erste (zu niedrige) Abfindungsangebot des herrschenden Unternehmens angenommen hatten, stellt sich die Frage, ob die letzteren einen Anspruch auf *nachträgliche Erhöhung* der Barabfindung oder auf *nachträgliche Gewährung* weiterer Aktien besitzen. Die Bejahung der Frage ergibt sich heute aus § 13 S. 2 SpruchG, nach dem die Entscheidung im Spruchverfahren für und gegen alle wirkt einschließlich derjenigen Anteilsinhaber, die bereits gegen die ursprünglich angebotene Barabfindung oder sonstige Abfindung aus der Gesellschaft ausgeschieden sind (→ SpruchG § 13 Rn. 4).[329] Keine Rolle spielt dabei, ob sich der Aktionär an dem Spruchverfahren überhaupt beteiligt hat oder nicht; ebenso unerheblich ist, ob er noch Aktionär der abhängigen Gesellschaft ist. Er hat einen Abfindungsergänzungsanspruch auch dann, wenn er seine Eigenschaft als Aktionär der abhängigen Gesellschaft mittlerweile verloren hat.[330] Der Abfindungsergänzungsanspruch kann nicht im Spruchverfahren, sondern nur anschließend durch **Klage** verfolgt werden, wie durch § 16 SpruchG klargestellt wird.

§ 306 *(aufgehoben)*

§ 307 Vertragsbeendigung zur Sicherung außenstehender Aktionäre

Hat die Gesellschaft im Zeitpunkt der Beschlußfassung ihrer Hauptversammlung über einen Beherrschungs- oder Gewinnabführungsvertrag keinen außenstehenden Aktionär, so endet der Vertrag spätestens zum Ende des Geschäftsjahrs, in dem ein außenstehender Aktionär beteiligt ist.

I. Überblick

1   § 307 enthält in Ergänzung zu den §§ 296 und 297 einen weiteren **Beendigungsgrund** (nur) für Beherrschungs- oder Gewinnabführungsverträge iSd § 291 Abs. 1, sofern an der abhängigen Gesellschaft im Augenblick der Beschlussfassung ihrer Hauptversammlung über den Vertrag (§ 293 Abs. 1) *kein außenstehender Aktionär beteiligt* war. In diesem Fall endet der Vertrag nach § 307 spätestens zum Ende desjenigen Geschäftsjahres, in dem ein außenstehender Aktionär erstmals wieder an der abhängigen Gesellschaft beteiligt ist. Eine vergleichbare Regelung findet sich für die Eingliederung in § 327 Abs. 1 Nr. 3 (→ § 327 Rn. 6).

2   § 307 muss im *Zusammenhang mit § 304 Abs. 1 S. 3 und Abs. 3 S. 1* gelesen werden: Nach § 304 Abs. 3 S. 1 ist ein Beherrschungs- oder Gewinnabführungsvertrag grundsätzlich nichtig, wenn er überhaupt keinen Ausgleich für die außenstehenden Aktionäre vorsieht. Eine Ausnahme gilt jedoch gemäß Abs. 1 S. 3 der Vorschrift, wenn die abhängige Gesellschaft im Zeitpunkt der Beschlussfassung ihrer Hauptversammlung über den Vertrag keinen

---

[327] BGH AG 2010, 910 Rn. 13 = NZG 2010, 1344 – Siemens/SNI II; ebenso schon BGH AG 2002, 550.
[328] Grigoleit/*Servatius* Rn. 31; Spindler/Stilz/*Stephan* Rn. 129–131.
[329] Ebenso schon früher BGH AG 2002, 559; BayObLG AG 1996, 127 (130) = DB 1995, 2590 = WM 1996, 526 – Paulaner; AG 1996, 176 (180) = BB 1996, 687 – Hacker-Pschorr; *Exner* Beherrschungsvertrag 249 ff.; *Haase* AG 1995, 7 (18 ff.); *Hoffmann-Becking* ZGR 1990, 482 (499 f.); *Komp* Zweifelsfragen 426 ff.
[330] OLG Karlsruhe AG 2008, 716 (717) = ZIP 2008, 1633 – SEN.

außenstehenden Aktionär hatte. Auch eine Abfindungsregelung ist in diesem Fall entbehrlich (§ 305 Abs. 1 und Abs. 5 S. 2).[1] Verzichtet der Vertrag mit Rücksicht auf die genannten Bestimmungen tatsächlich auf eine Ausgleichs- oder Abfindungsregelung, so ergeben sich indessen Probleme, wenn *später* an der abhängigen Gesellschaft *außenstehende Aktionäre beteiligt* werden. Zum Schutze dieser neuen Aktionäre ordnet deshalb § 307 die Beendigung des Vertrages spätestens zum Ende des Geschäftsjahres an, in dem erstmals wenigstens *ein* außenstehender Aktionär an der abhängigen Gesellschaft beteiligt wird. Durch diese Regelung sollen die Vertragsparteien im Falle der nachträglichen Beteiligung eines außenstehenden Aktionärs veranlasst werden, in den Vertrag nunmehr, dh nach der erstmaligen Beteiligung eines außenstehenden Aktionärs eine dem Gesetz entsprechende und im Spruchverfahren überprüfbare **Ausgleichs- und Abfindungsregelung** aufzunehmen (§§ 295, 304, 305) *oder* einen neuen Vertrag mit einer gesetzmäßigen Ausgleichs- oder Abfindungsregelung abzuschließen (§§ 293, 304, 305).[2] Gleich steht der Fall, dass der Vertrag lediglich eine Ausgleichs- *oder* eine Abfindungsregelung enthält.[3] Ebenso zu entscheiden ist schließlich, wenn die Parteien vorsorglich – trotz Fehlens außenstehender Aktionäre – eine Ausgleichs- und Abfindungsregelung in den Vertrag aufgenommen haben: In jedem Fall findet § 307 Anwendung; denn § 307 stellt nicht auf das Fehlen einer Ausgleichs- oder Abfindungsregelung in dem Vertrag ab, sondern darauf, ob im maßgebenden Zeitpunkt (§ 293 Abs. 1) ein außenstehender Aktionär an der Gesellschaft beteiligt war oder nicht.

Die Regelung des § 307 ist *nicht* unproblematisch, weil sie zur Folge hat, dass sich ein **2a** herrschendes Unternehmen in den hier geregelten Fällen ohne Rücksicht auf die §§ 296 und 297 jederzeit durch bloße Veräußerung einer einzigen Aktie, und zwar gerade an einen außenstehenden Aktionär, von einem lästig gewordenen Beherrschungs- oder Gewinnabführungsvertrag zu lösen vermag (§ 302). Bei Verträgen mit Gesellschaften, an denen im Augenblick des Vertragsabschlusses keine außenstehenden Aktionäre beteiligt sind, kann das herrschende Unternehmen infolgedessen jederzeit auf dem Weg über § 307 das Verbot des § 299 für Weisungen hinsichtlich der Beendigung des Vertrags der abhängigen Gesellschaft umgehen. Die **praktische Bedeutung** des § 307 scheint gleichwohl gering zu sein.

II. Anwendungsbereich

Der Anwendungsbereich des § 307 beschränkt sich auf Beherrschungs- und Gewinnab- **3** führungsverträge iSd § 291 Abs. 1 einschließlich der Geschäftsführungsverträge des § 291 Abs. 1 S. 2 mit einer AG oder KGaA mit Sitz im Inland. Nach § 22 Abs. 1 S. 1 EGAktG gilt die Vorschrift außerdem für **Altverträge.** Keine Anwendung findet sie dagegen auf die anderen Unternehmensverträge des § 292, auch nicht auf Teilgewinnabführungsverträge (§ 292 Abs. 1 Nr. 2),[4] immer vorausgesetzt, dass sich nicht hinter dem anderen Unternehmensvertrag in Wirklichkeit ein Beherrschungs- oder Gewinnabführungsvertrag verbirgt (→ § 292 Rn. 60 ff.). Umstritten ist die Anwendbarkeit des § 307 auf Unternehmensverträge mit einer **abhängigen GmbH.** Überwiegend wird die Anwendbarkeit wohl bejaht;[5] das ist jedoch deshalb zweifelhaft, weil die §§ 293, 304 und 305 (auf denen § 307 unmittelbar aufbaut) nur eingeschränkte Bedeutung für die GmbH haben (→ § 293 Rn. 43a).[6] Dies

---
[1] § 305 Abs. 1 verweist auf § 304, woraus folgt, dass eine Abfindung nur erforderlich ist, wenn nach § 304 auch ein Ausgleich geschuldet ist (s. GroßkommAktG/*Hirte* Rn. 3). Nach § 305 Abs. 5 2 ist die Bestimmung der Abfindung außerdem selbst dann Sache des Gerichts im Spruchverfahren, wenn der Vertrag überhaupt keine Abfindung vorsieht. Dies bedeutet, dass der Vertrag trotz völligen Fehlens einer Abfindungsregelung wirksam ist; sind keine außenstehenden Aktionäre vorhanden, so scheidet auch die Einleitung eines Spruchverfahrens aus (§ 305 Abs. 5 S. 4 iVm § 2 SpruchG; → § 305 Rn. 82 f.).
[2] Begr. RegE und Ausschussbericht bei *Kropff* AktG 401 f.; GroßkommAktG/*Hirte* Rn. 4.
[3] MüKoAktG/*Paulsen* Rn. 5; KK-AktG/*Koppensteiner* Rn. 3; MHdB AG/*Krieger* § 70 Rn. 199; *H. Wilhelm*, Die Beendigung des Beherrschungs- und Gewinnabführungsvertrags, 1976, 21.
[4] OLG Düsseldorf AG 1996, 473 – Citicorp AG; AG 1997, 578 = ZIP 1997, 2084 – Citicorp AG; GroßkommAktG/*Hirte* Rn. 11.
[5] Nachweise bei *Katschinski* FS Reuter, 2010, 1043 (1045).
[6] Deshalb gegen die Anwendbarkeit des § 307 ausf. *Katschinski* FS Reuter, 2010, 1043 (1047 ff.).

ändert indessen nichts daran, dass hier gleichfalls ein **Schutzbedürfnis** außenstehender Gesellschafter besteht, die sich erst nachträglich, dh nach Abschluss eines Unternehmensvertrages an einer GmbH beteiligen, sodass die besseren Gründe für die Anwendbarkeit des § 307 auch auf die GmbH sprechen.

III. Voraussetzungen

4   Erste Voraussetzung für die Anwendung des § 307 ist, dass der Vertrag *zunächst* durch seine Eintragung ins Handelsregister **wirksam** geworden war (§ 294 Abs. 2). § 307 ist dagegen unanwendbar ist, wenn der Vertrag ohnehin **nichtig** ist, insbesondere, weil schon von Anfang an wenigstens ein außenstehender Aktionär an der abhängigen Gesellschaft beteiligt war (§ 304 Abs. 3 S. 1).

5   **Maßgeblicher Zeitpunkt,** auf den für das Vorhandensein oder Fehlen eines außenstehenden Aktionärs abzustellen ist, ist nach § 307 der der Beschlussfassung der abhängigen Gesellschaft über den Unternehmensvertrag nach § 293 Abs. 1. Daraus ergeben sich Probleme lediglich dann, wenn noch in der Zeit **zwischen** der **Beschlussfassung** der Hauptversammlung der abhängigen Gesellschaft (§ 293 Abs. 1) *und* der **Eintragung** des Vertrags ins Handelsregister (§ 294) ein außenstehender Aktionär beteiligt wird. Zwar darf dann das Registergericht den Vertrag an sich nicht eintragen, weil er dem Gesetz (§§ 304 und 305) widerspricht (→ § 294 Rn. 19 ff.),[7] sodass es bei richtiger Handhabung des Gesetzes in diesem Sonderfall nicht zu einer Anwendbarkeit des § 307 kommen kann. Trägt jedoch das Registergericht den Vertrag, möglicherweise unter Verkennung der Sach- oder Rechtslage, trotz der zwischenzeitlichen Beteiligung wenigstens eines außenstehenden Aktionärs ins Handelsregister ein, so bewendet es richtiger Meinung nach bei der Regelung des **§ 307**, sodass der Vertrag (erst) mit Beendigung des laufenden Geschäftsjahres wieder außer Kraft tritt.[8] Nichts hindert die zumindest entsprechende Anwendung des § 307 in diesem Fall.

6   Zweite Voraussetzung der Anwendbarkeit des § 307 ist die **nachträgliche Beteiligung** gerade eines **außenstehenden Aktionärs.** Der **Begriff** des außenstehenden Aktionärs ist hier derselbe wie in den §§ 304 und 305 (→ § 304 Rn. 15 ff.). Daraus folgt, dass sich der Anwendungsbereich des § 307 nicht etwa auf hundertprozentige Tochtergesellschaften beschränkt; die Vorschrift ist vielmehr auch bei einer Beteiligung weiterer Unternehmen (neben dem herrschenden Unternehmen) an der abhängigen Gesellschaft anwendbar, sofern diese nur „zum Lager" des herrschenden Unternehmens zählen und deshalb nicht als außenstehende Aktionäre zu qualifizieren sind. § 307 ist daher auch anwendbar bei **Umwandlung der Rechtsstellung** eines bisher „zum Lager" des herrschenden Unternehmens gerechneten Aktionärs in einen außenstehenden Aktionär, etwa durch die Beendigung des Beherrschungs- oder Gewinnabführungsvertrags zwischen ihm und dem herrschenden Unternehmen (→ § 304 Rn. 18 f.).[9] Weitere hierher gehörende Fälle sind zB die Veräußerung von Aktien durch das herrschende Unternehmen an einen außenstehenden Aktionär sowie der Erwerb eines Anteils in einer Kapitalerhöhung oder durch die Bedienung einer Option (→ § 327 Rn. 6).[10] Anders zu behandeln ist lediglich ein Effektenaustausch innerhalb des Konzerns, vorausgesetzt, dass alle Beteiligten *keine* außenstehenden Aktionäre sind.

IV. Rechtsfolgen

7   Unter den Voraussetzungen des § 307 **endet** der Beherrschungs- oder Gewinnabführungsvertrag kraft Gesetzes „spätestens" zum Ende des Geschäftsjahres, in dem erstmals

---

[7] Spindler/Stilz/*Veil* Rn. 3.
[8] GroßkommAktG/*Hirte* Rn. 11; Hölters/*Deilmann* Rn. 6; anders aber MüKoAktG/*Paulsen* Rn. 5; K. Schmidt/Lutter/*Stephan* Rn. 5.
[9] Hölters/*Deilmann* Rn. 5; *Katschinski* FS Reuter, 2010, 1043 (1044); MüKoAktG/*Paulsen* Rn. 7; Hüffer/*Koch* Rn. 2; GroßkommAktG/*Hirte* Rn. 12 ff.; MHdB AG/*Krieger* § 70 Rn. 199; K. Schmidt/Lutter/*Stephan* Rn. 4.
[10] Ein Beispiel in BFHE 225, 312 = GmbHR 2009, 1168.

wieder ein außenstehender Aktionär an der abhängigen Gesellschaft beteiligt ist. Das ist zwingendes Recht, sodass abweichende Vereinbarungen nicht möglich sind (§ 134 BGB). Die Regelung bedeutet zugleich, dass der Vertrag bis zu dem genannten Zeitpunkt (Ende des Geschäftsjahres) *wirksam* bleibt, sodass zB bei einem Gewinnabführungsvertrag noch der Gewinn für das laufende Geschäftsjahr an das herrschende Unternehmen abzuführen ist (§ 291 Abs. 1 S. 1).[11] Handelt es sich bei dem fraglichen Unternehmensvertrag um einen Gewinnabführungsvertrag, der als Grundlage für eine **Organschaft** iSd § 14 KStG dient, so entfällt die Organschaft rückwirkend für den gesamten bisherigen Zeitraum, sofern die Beendigung des Vertrages aufgrund des § 307 vor Ablauf der Fünfjahresfrist des § 14 Abs. 1 S. 1 Nr. 3 KStG eintritt – mit allen steuerlichen Konsequenzen.[12] Im steuerrechtlichen Schrifttum wird deshalb auf diesem Fall zum Teil § 14 Abs. 1 S. 1 Nr. 3 S. 2 KStG entsprechend angewandt und der Eintritt eines außenstehenden Gesellschafters als wichtiger Grund iSd § 297 Abs. 1 behandelt.[13] Der BFH lässt es jedenfalls zu, mit dem hinzutretenden Aktionär eine Vereinbarung zB über Ausgleichszahlungen zu treffen, vorausgesetzt, dass diese sich an § 304 orientiert.[14]

Nach § 307 endet der Vertrag „spätestens" zum Ende des fraglichen Geschäftsjahres (→ Rn. 7). Diesem Tatbestandsmerkmal kommt keine eigenständige Bedeutung zu. Das Gesetz will damit lediglich die Selbstverständlichkeit zum Ausdruck bringen, dass der Vertrag aus anderen Gründen (§§ 296 f.) auch schon früher sein Ende finden kann.[15] Zu denken ist dabei insbesondere an eine Kündigung aus wichtigem Grunde (§ 297 Abs. 1) oder an eine Aufhebung des Vertrags mit Rücksicht auf die veränderten Umstände (§ 296). 8

Fällt der Beendigungsgrund, dh die Beteiligung eines außenstehenden Aktionärs *nachträglich*, aber noch vor Ablauf des Geschäftsjahres wieder *weg*, so ändert dies nichts an der bereits eingetretenen Rechtsfolge des § 307, dh an der Beendigung des Vertrags zum Ende des Geschäftsjahres.[16] Die Parteien können jedoch jederzeit die Fortsetzung des Vertrages beschließen, wobei sie freilich § 295 beachten müssen.[17] 9

---

[11] BFHE 225, 312 = GmbHR 2009, 1168 (1170f.); MüKoAktG/*Paulsen* Rn. 12–14; aA Großkomm-AktG/*Hirte* Rn. 19.
[12] *Katschinski* FS Reuter, 2010, 1043 (1044).
[13] Nachweise bei *Katschinski* FS Reuter, 2010, 1043 (1045).
[14] BFHE 225, 312 = GmbHR 2009, 1168 (1170f.); str.
[15] MüKoAktG/*Paulsen* Rn. 10; Hüffer/*Koch* Rn. 3; MHdB AG/*Krieger* § 70 Rn. 199.
[16] MüKoAktG/*Paulsen* Rn. 11; Hölters/*Deilmann* Rn. 9.
[17] Dagegen K. Schmidt/Lutter/*Stephan* Rn. 7.

Zweiter Teil. Leitungsmacht und Verantwortlichkeit bei Abhängigkeit von Unternehmen

Erster Abschnitt. Leitungsmacht und Verantwortlichkeit bei Bestehen eines Beherrschungsvertrags

§ 308 Leitungsmacht

(1) ¹Besteht ein Beherrschungsvertrag, so ist das herrschende Unternehmen berechtigt, dem Vorstand der Gesellschaft hinsichtlich der Leitung der Gesellschaft Weisungen zu erteilen. ²Bestimmt der Vertrag nichts anderes, so können auch Weisungen erteilt werden, die für die Gesellschaft nachteilig sind, wenn sie den Belangen des herrschenden Unternehmens oder der mit ihm und der Gesellschaft konzernverbundenen Unternehmen dienen.

(2) ¹Der Vorstand ist verpflichtet, die Weisungen des herrschenden Unternehmens zu befolgen. ²Er ist nicht berechtigt, die Befolgung einer Weisung zu verweigern, weil sie nach seiner Ansicht nicht den Belangen des herrschenden Unternehmens oder der mit ihm und der Gesellschaft konzernverbundenen Unternehmen dient, es sei denn, daß sie offensichtlich nicht diesen Belangen dient.

(3) ¹Wird der Vorstand angewiesen, ein Geschäft vorzunehmen, das nur mit Zustimmung des Aufsichtsrats der Gesellschaft vorgenommen werden darf, und wird diese Zustimmung nicht innerhalb einer angemessenen Frist erteilt, so hat der Vorstand dies dem herrschenden Unternehmen mitzuteilen. ²Wiederholt das herrschende Unternehmen nach dieser Mitteilung die Weisung, so ist die Zustimmung des Aufsichtsrats nicht mehr erforderlich; die Weisung darf, wenn das herrschende Unternehmen einen Aufsichtsrat hat, nur mit dessen Zustimmung wiederholt werden.

Schrifttum: *Altmeppen,* Die Haftung des Managers im Konzern, 1998; *A. Anders,* Vorstandsdoppelmandate – Zulässigkeit und Pflichtenkollision, 2006; *W. Bayer,* Der grenzüberschreitende Beherrschungsvertrag, 1988; *Decher,* Personelle Verflechtungen im Aktienkonzern, 1990; *Denzer,* Konzerndimensionale Beendigung der Vorstands- und Geschäftsführerstellung, 2004; *Drüke,* Die Haftung der Muttergesellschaft für Schulden der Tochtergesellschaft, 1990; *Eichholz,* Das Recht konzerninterner Darlehen, 1993; *Emmerich.,* Das Wirtschaftsrecht der öffentlichen Unternehmen, 1969; *Eschenbruch,* Konzernhaftung, 1996; *Exner,* Beherrschungsvertrag und Vertragsfreiheit, 1984; *S. Fabian,* Inhalt und Auswirkungen des Beherrschungsvertrags, 1997, 119 ff.; *Filbinger,* Die Schranken der Mehrheitsherrschaft im Aktienrecht und Konzernrecht, 1942; *Großfeld,* Aktiengesellschaft, Unternehmenskonzentration und Kleinaktionär, 1968; *Haar,* Die Personengesellschaft im Konzern, 2006, 268 ff.; *Hommelhoff* (Hrsg.), Entwicklungen im GmbH-Konzernrecht, 1986; *Hommelhoff,* Die Konzernleitungspflicht, 1982; *Kühbacher,* Darlehen an Konzernunternehmen, Besicherung und Vertragsanpassung, 1993; *Mestmäcker/Behrens* (Hrsg.), Das Gesellschaftsrecht der Konzerne im internationalen Vergleich, 1991; *Oesterreich,* Die Betriebsüberlassung zwischen Vertragskonzern und faktischem Konzern, 1979; *Pentz,* Die Rechtsstellung der Enkel-AG in einer mehrstufigen Unternehmensverbindung, 1994; *Scheffler,* Konzernmanagement, 1992; *Schürnbrand,* Organschaft im Recht der privaten Verbände, 2007; *v. Schwabe,* Abgrenzung der weisungsfesten Regelungsbereiche im Vertragskonzern, Diss. Mannheim 1986; *Semler,* Leitung und Überwachung der AG, 2. Aufl. 1996; *Sonnenschein,* Organschaft und Konzerngesellschaftsrecht, 1976; *M. Steiner,* Die Haftung im Vertragskonzern, 2006; *Streyl,* Zur konzernrechtlichen Problematik von Vorstands-Doppelmandaten, 1992; *Voigt,* Haftung aus Einfluß auf die Aktiengesellschaft (§§ 117, 309, 317 AktG), 2004; *Wackerbarth,* Grenzen der Leitungsmacht in der internationalen Unternehmensgruppe, 2001; *H. Wilhelm,* Die Beendigung des Beherrschungs- und Gewinnabführungsvertrages, 1976.

Übersicht

	Rn.		Rn.
I. Überblick	1–3	2. Mehrstufige Unternehmensverbindungen	6
II. Anwendungsbereich	4–10a		
1. Wirksamer Beherrschungsvertrag	4, 5	3. Mehrmütterorganschaft	7, 8

	Rn.		Rn.
4. GmbH	9–10a	3. Gewinnabführung	43–44a
III. Weisungsberechtigter	11–16	4. Nachteilige Weisungen	45–51
1. Herrschendes Unternehmen	11	a) Begriff	45
2. Ausübung durch Dritte	12–16	b) Voraussetzungen	46–51
a) Delegation	12–15	5. Folgepflicht des Vorstandes (Abs. 2)	52–53c
b) Übertragung	16	a) Nur zulässige Weisungen	52–52b
IV. Adressat	17–20	b) Insbesondere nachteilige Weisungen	52c, 53
1. Vorstand	17, 18	c) Konsultationspflicht	53a–53c
2. Mitarbeiter	19, 20	6. Weisungsfreier Raum	54
V. Weisung	21–35	**VII. Schranken**	55–66
1. Begriff	21–25	1. Überblick	55, 55a
2. Rechtsnatur	26–28	2. Vertrag	56
3. Vorstandsdoppelmandate	29, 29a	3. Satzung	56a, 57
4. Einflussnahme über Hauptversammlung oder Aufsichtsrat	30	4. Gesetz, Aufsichtsrecht	58–59
5. Bevollmächtigung	31–33	5. Lebensfähigkeit der Gesellschaft	60–65
		a) Aktuelle Lebensfähigkeit	60–64
6. Keine Weisungspflicht	34, 35	b) Überlebensfähigkeit	65
VI. Umfang	36–54	6. Prüfungspflicht	66
1. Leitung der Gesellschaft	36–39a	**VIII. Durchsetzung**	67–69
2. Innerkorporativer Bereich	40–42	**IX. Zustimmungsbedürftige Geschäfte**	70–73

I. Überblick

Nach § 308 Abs. 1 S. 1 ist das herrschende Unternehmen (nur) bei Bestehen eines Beherrschungsvertrages berechtigt, dem Vorstand der abhängigen Gesellschaft hinsichtlich der Leitung der abhängigen Gesellschaft (§ 76) Weisungen zu erteilen. S. 2 der Vorschrift fügt hinzu, dass, wenn der Vertrag nichts anderes bestimmt, auch nachteilige Weisungen zulässig sind, vorausgesetzt, dass sie den Belangen des herrschenden Unternehmens oder der mit ihm und der Gesellschaft konzernverbundenen Unternehmen (§ 18 Abs. 1 S. 1) dienen. Der Vorstand der abhängigen Gesellschaft ist verpflichtet, die Weisungen zu befolgen (§ 308 Abs. 2 S. 1); etwas anderes gilt nur unter den engen Voraussetzungen des § 308 Abs. 2 S. 2, dh dann, wenn die fragliche Weisung *offensichtlich* nicht den Belangen des herrschenden Unternehmens *oder* der mit ihm und der Gesellschaft konzernverbundenen Unternehmens dient. Kollidiert das Weisungsrecht des herrschenden Unternehmens mit dem Zustimmungsrecht des Aufsichtsrats der abhängigen Gesellschaft auf Grund des § 111 Abs. 4 S. 2, so setzt sich nach § 308 Abs. 3 letztlich das Weisungsrecht des herrschenden Unternehmens gegen das Zustimmungsrecht des Aufsichtsrates durch, sofern die Weisung wiederholt wird. Für die Eingliederung findet sich eine vergleichbare Regelung in § 323 Abs. 1 S. 1 und 2 (→ § 323 Rn. 2–7). 1

Als **Mittel der einheitlichen Leitung** der durch einen Beherrschungsvertrag in einem Vertragskonzern zusammengefassten Unternehmen (§ 18 Abs. 1 S. 2) kennt das Gesetz ebenso wie im Eingliederungskonzern grundsätzlich **nur** die von dem herrschenden Unternehmen an den Vorstand der abhängigen Gesellschaft gerichtete **Weisung** (§§ 18 Abs. 1 S. 2, 299, 308–310 und 323). **Andere Leitungsmittel** werden dadurch zwar nicht ausgeschlossen; sie begründen jedoch im Gegensatz zur Weisung mangels Anwendbarkeit der §§ 308 Abs. 2 S. 1 und 323 Abs. 1 keine Folgepflicht des Vorstands der abhängigen Gesellschaft oder der anderen Organe dieser Gesellschaft. 2

Aus § 309 Abs. 1 ergibt sich ferner, dass in einem Vertragskonzern das Weisungsrecht, wenn es sich bei dem herrschenden Unternehmen um ein einzelkaufmännisches Unternehmen handelt, grundsätzlich von dem Kaufmann selbst und sonst von den **gesetzlichen Vertretern** des herrschenden Unternehmens auszuüben ist, sowie, dass die genannten Personen bei der Erteilung von Weisungen die **Sorgfalt** eines ordentlichen und gewissenhaften 3

Geschäftsleiter anzuwenden haben, widrigenfalls sie sich ersatzpflichtig machen (§§ 309 Abs. 2, 323 Abs. 1 S. 2; vgl. die Parallele zu § 93 Abs. 1 und 2). Dieselbe Sorgfalt müssen die Mitglieder des Vorstands und des Aufsichtsrats der abhängigen Gesellschaft beachten, soweit es um die Befolgung von Weisungen des herrschenden Unternehmens geht (§§ 310 Abs. 1, 323 Abs. 1 S. 2). Die Gesetzesverfasser haben mit diesen Vorschriften in erster Linie das **Ziel** verfolgt, in einem durch einen Beherrschungsvertrag begründeten Vertragskonzern ebenso wie im Eingliederungskonzern Leitungsmacht und Verantwortlichkeit in Übereinstimmung zu bringen (zu § 323 → § 323 Rn. 2, 6, 8 ff.).[1]

II. Anwendungsbereich

4   **1. Wirksamer Beherrschungsvertrag.** Der unmittelbare Anwendungsbereich des § 308 beschränkt sich auf den Fall, dass zwischen einer abhängigen AG oder KGaA mit Sitz im Inland und einem beliebigen anderen Unternehmen ein wirksamer Beherrschungsvertrag iSd § 291 Abs. 1 S. 1 besteht. Sitz und Rechtsform des herrschenden Unternehmens spielen keine Rolle. § 308 ist deshalb zB auch auf Beherrschungsverträge **mit der öffentlichen Hand** oder mit **ausländischen Unternehmen** anzuwenden. Gleich steht ein fehlerhafter Beherrschungsvertrag, sofern und solange er (ausnahmsweise) als wirksam zu behandeln ist (→ § 291 Rn. 28 ff.).[2] Frühester Zeitpunkt, von dem ab § 308 angewandt werden kann, ist die Eintragung des Vertrages ins Handelsregister (§ 294 Abs. 2). Eine **rückwirkende Inkraftsetzung** von Beherrschungsverträgen, etwa zwecks Legitimierung der Wirksamkeit dem Vertrag vorausgegangener und deshalb rechtswidriger Weisungen, ist nicht möglich (→ § 291 Rn. 15).

5   Unerheblich ist, ob es sich um einen isolierten Beherrschungsvertrag handelt oder ob der Beherrschungsvertrag mit einem anderen Unternehmensvertrag verbunden ist. Auf Gewinnabführungsverträge und die **anderen Unternehmensverträge** des § 292 ist § 308 dagegen *nicht,* auch nicht entsprechend anwendbar. Leitungsmacht des herrschenden Unternehmens im Vertragskonzern wird vielmehr nach der Konzeption des AktG, von der Eingliederung abgesehen, ausschließlich durch den Abschluss eines Beherrschungsvertrages iSd § 291 Abs. 1 S. 1 begründet (§§ 18 Abs. 1 S. 2, 308, 323 Abs. 1 S. 1).

2. Mehrstufige Unternehmensverbindungen

Schrifttum: *Altmeppen,* Die Haftung des Managers im Konzern, 1998; *Pentz,* Die Rechtsstellung der Enkel-AG in einer mehrstufigen Unternehmensverbindung, 1994; *E. Schmitt,* Schutz der außenstehenden Gesellschafter einer abhängigen Personengesellschaft im mehrstufigen Unternehmensverbund, 2003; *Wanner,* Konzernrechtliche Probleme mehrstufiger Unternehmensverbindungen nach Aktienrecht, 1998.

6   In mehrstufigen Unternehmensverbindungen besteht ein Weisungsrecht des herrschenden Unternehmens allein in denjenigen Beziehungen, die durch einen Beherrschungsvertrag geregelt sind (→ § 291 Rn. 38–40; → § 311 Rn. 17 ff.). Das gilt selbst im Falle einer *Aufeinanderfolge* mehrerer Beherrschungsverträge. Auch wenn in einem mehrstufigen Konzern sämtliche Unternehmen auf den verschiedenen Stufen durch Beherrschungsverträge verbunden sind, folgt daraus **nicht** etwa ein **direktes Weisungsrecht** der Mutter- gegenüber der Enkelgesellschaft, sofern diese einen Beherrschungsvertrag nur mit der Tochtergesellschaft abgeschlossen hat. Die Muttergesellschaft ist in diesem Fall vielmehr darauf beschränkt, die Tochtergesellschaft ggf. anzuweisen, ihrerseits der Enkelgesellschaft nach § 308 bestimmte Weisungen zu erteilen.[3] Dies folgt aus dem zwingenden Charakter des § 308 AktG iVm § 134 BGB, an dem auch eine etwaige „Übertragung" des Weisungsrechts der Tochter- auf ihre Muttergesellschaft scheitern muss (→ Rn. 16). Will die Mutter ein

---

[1] Vgl. Begr. RegE Vor § 308 bei *Kropff* AktG 402; *Emmerich* GS Sonnenschein, 2002, 651.
[2] Spindler/Stilz/*Veil* Rn. 9.
[3] BGH NJW-RR 1990, 1313 = AG 1990, 459 (460); *Altmeppen* Haftung 110 ff.; *Cahn* BB 2000, 1477; *Exner* Beherrschungsvertrag 161 ff.; GroßkommAktG/*Hirte* § 308 Rn. 24; K. Schmidt/Lutter/*Langenbucher* Rn. 16, 19; Hölters/*Leuering/Goertz* Rn. 9; *Pentz* Enkel-AG 114 ff.; *E. Rehbinder* ZGR 1977, 581 (609 ff.); *S. Wanner,* Konzernrechtliche Probleme, 50 ff.

eigenes Weisungsrecht gegenüber der Enkelgesellschaft erlangen, so muss sie deshalb mit dieser einen unmittelbaren Beherrschungsvertrag abschließen, ggf. zusätzlich zu einem entsprechenden Vertrag mit der Tochtergesellschaft oder zwischen dieser und der Enkelgesellschaft.[4] Stattdessen kann sich die Muttergesellschaft auch das Weisungsrecht ihrer Tochtergesellschaft gegen die Enkelgesellschaft *delegieren* lassen, soweit solche Delegation zulässig ist (→ Rn. 13 f.).

3. Mehrmütterorganschaft. Im Falle der Mehrmütterorganschaft droht vor allem die Gefahr widersprüchlicher Weisungen der Mütter. Es ist jedoch allein Sache der Mütter, wie sie dieser Gefahr begegnen wollen. Verzichten sie auf jede Regelung der Frage, so wird davon auszugehen sein, dass auch die Weisung **einer der Mütter** allein auf Grund des Beherrschungsvertrages grundsätzlich für die gemeinsame Tochter im Rahmen des § 308 *verbindlich* ist, sofern sich nicht im Einzelfall aus den §§ 709 und 714 BGB etwas anderes ergibt.[5] Werden dagegen **widersprüchliche Weisungen** der Mütter ausgesprochen, so heben sie sich gegenseitig auf, sodass von der gemeinsamen Tochter keine der Weisungen beachtet werden darf (vgl. § 711 BGB und § 115 Abs. 1 HGB).[6]

Wollen die Mütter dieses Ergebnis (→ Rn. 7) vermeiden, so müssen sie die **Ausübung** des Weisungsrechts, wie immer, **koordinieren.** Eine Verpflichtung hierzu kann sich in erster Linie aus einem zwischen den Müttern bestehenden Gesellschaftsvertrag ergeben (§§ 705, 709, 714 BGB); dasselbe gilt – erst recht –, wenn formal als Vertragspartner der abhängigen Gesellschaft eine BGB-Gesellschaft der Mütter „zwischengeschaltet" ist. Aber auch beliebige andere Regelungen sind zulässig. Möglich ist es zB auch, das Weisungsrecht im Verhältnis zu dem Gemeinschaftsunternehmen **einer der Mütter allein** einzuräumen, entweder generell oder nur unter bestimmten Voraussetzungen oder in bestimmten Fällen (→ § 17 Rn. 32).[7] Soweit es um die Zulässigkeit **nachteiliger Weisungen** geht, genügt es, wenn die Weisung den Belangen wenigstens *einer* der verschiedenen Mütter oder Mütterkonzerne iSd § 308 Abs. 1 S. 2 dient.[8]

4. GmbH. § 308 ist entsprechend anwendbar auf Beherrschungsverträge mit Gesellschaften anderer Rechtsform.[9] Es liegt auf der Hand, dass das Weisungsrecht des herrschenden Unternehmens auf Grund eines Beherrschungsvertrages mit einer GmbH, mit einer Personengesellschaft (soweit zulässig) oder mit einer Genossenschaft nicht weiter gehen kann als im Verhältnis zu einer AG oder KGaA. Die Einzelheiten sind umstritten.[10] Besonders unklar ist die Situation hinsichtlich der **SE** (→ Einl. Rn. 40 f.).[11] Im Folgenden ist nur näher auf die GmbH einzugehen.

Die grundsätzliche Anwendbarkeit des § 308 auf eine abhängige GmbH im Falle des Abschlusses eines Beherrschungs- oder Organschaftsvertrages nach den §§ 14 und 17 KStG steht, soweit ersichtlich, außer Frage.[12] Jedoch machen sich gerade hier die **Strukturunterschiede** zwischen der AG und der GmbH bemerkbar. Bei der AG ist die gesetzliche Konzentrierung des Weisungsrechts des herrschenden Unternehmens auf den Vorstand der abhängigen Gesellschaft unter Ausklammerung der Hauptversammlung und des Aufsichtsrats durch § 308 Abs. 1 deshalb unproblematisch, weil die Leitung der abhängigen Gesell-

---

[4] Zu diesen Fällen *Altmeppen* Haftung 105, 109 (121 ff.); *Cahn* BB 2000, 1477.
[5] GroßkommAktG/*Hirte* § 308 Rn. 23; Hölters/*Leuering*/*Goertz* Rn. 10.
[6] Hölters/*Leuering*/*Goertz* Rn. 10; K. Schmidt/Lutter/*Langenbucher* Rn. 14.
[7] Hüffer/*Koch* Rn. 3; MHdB AG/*Krieger* § 70 Rn. 152; KK-AktG/*Koppensteiner* Rn. 7.
[8] KK-AktG/*Koppensteiner* Rn. 43.
[9] *Emmerich*/*Habersack* KonzernR § 32 Rn. 32 ff., § 34 Rn. 20, § 36 Rn. 17 ff., § 37 Rn. 14; *S. Fabian*, Inhalt und Auswirkungen, 121, 132 ff.
[10] Zu Personengesellschaften s. zuletzt *Br. Haar*, Die Personengesellschaft im Konzern, 2006, 268 ff.; MüKoHGB/*Mülbert* KonzernR Rn. 237 ff. (634 f.); zur Genossenschaft *A. Reul*, Das Konzernrecht der Genossenschaften, 1997, 166 ff., 188 f.; zum Verein *H. Sprengel* Vereinskonzernrecht, 1998, 161 ff.
[11] GroßkommAktG/*Hirte* Rn. 71 ff.
[12] S. zB Scholz/*Emmerich* GmbHG Anh. § 13 Rn. 170 ff.; *M. Geißler* NZG 2015, 734; Henze/Lübke Konzern 2009, 159; MüKoGmbHG/*Liebscher* Anh. § 13 Rn. 786 ff.; UHW/*C. Schäfer* GmbHG Anh. § 77 Rn. 218 ff. (1111 ff.); Grigoleit/*Servatius* Rn. 2.

schaft ohnehin allein bei deren Vorstand liegt (§§ 76, 111 und 119), sodass das Weisungsrecht des herrschenden Unternehmens gegenüber dem Vorstand der abhängigen Gesellschaft ausreicht, um im Vertragskonzern eine einheitlichen Leitung der verbundenen Unternehmen sicherzustellen (§§ 18 Abs. 1, 291 Abs. 1). Ganz anders dagegen bei der GmbH: Wegen des Primats der Gesellschafterversammlung, die in allen Leitungsfragen den Geschäftsführern (ebenfalls) Weisungen erteilen kann (§§ 37 und 45 GmbHG), kann es hier, anders als bei der AG, jederzeit zu einer **Kollision** zwischen dem Weisungsrecht des herrschenden Unternehmens und dem der Gesellschafterversammlung kommen. Wie diese Konkurrenz zweier Weisungsrechte aufzulösen ist, ist umstritten.

10a Klar ist nur, dass den Weisungen des herrschenden Unternehmens, *sofern* dieses von seinem **Weisungsrecht Gebrauch** macht, der **Vorrang** vor etwaigen entgegenstehenden Weisungen der Gesellschafterversammlung gebührt, nachdem die Gesellschafter mit der erforderlichen Mehrheit (→ § 293 Rn. 42 ff.) dem Beherrschungsvertrag zugestimmt haben.[13] Klar ist auch, dass, solange das herrschende Unternehmen von seinem Weisungsrecht **keinen Gebrauch** macht, die Leitung der abhängigen Gesellschaft weiterhin die Aufgabe der Geschäftsführer ist und bleibt (§ 37 GmbHG). Umstritten ist dagegen die Position der **Gesellschafterversammlung** in dem zuletzt genannten Fall. Zum Teil wird angenommen, dass die Gesellschafter den Geschäftsführern auch dann *keine Weisungen* über die Gesellschafterversammlung mehr erteilen könnten, wenn das herrschende Unternehmen seinerseits gar keine Weisungen ausspricht, weil durch den Beherrschungsvertrag die Gesellschafterversammlung ganz aus ihrer Rolle als Geschäftsführungsorgan verdrängt werde.[14] Dafür fehlt jede Begründung. Denn die Folge wäre, dass die Geschäftsführer der GmbH, wenn und solange das herrschende Unternehmen keine Weisungen erteilt, in eine von den übrigen Gesellschaftern völlig unabhängige Position hineinwüchsen, die mit der Struktur der GmbH, insbesondere mit den §§ 37 und 45 GmbHG unvereinbar ist. Unstreitig ist dagegen wieder, dass die Position der Gesellschafterversammlung in allen Fragen, die kraft zwingenden Rechts der Gesellschafterversammlung übertragen sind wie die Änderung des Gesellschaftsvertrags (§ 53 GmbHG) oder Kapitalveränderungen (§§ 55 ff. GmbHG) unberührt bleibt.[15] Dieselben Regeln gelten für das Verhältnis des herrschenden Unternehmens zu einem fakultativen **Aufsichtsrat**,[16] während ein obligatorischer Aufsichtsrat bei der GmbH im Rahmen seiner gesetzlichen Zuständigkeiten auf Grund der verschiedenen Mitbestimmungsgesetze weisungsfrei ist (→ Rn. 42, 70 ff.).

III. Weisungsberechtigter

11 **1. Herrschendes Unternehmen.** Das Weisungsrecht steht nach § 308 Abs. 1 S. 1 auf Grund des Beherrschungsvertrages dem anderen Vertragsteil zu. Ausgeübt wird das Weisungsrecht bei einem einzelkaufmännischen Unternehmen durch den Kaufmann und sonst durch die **gesetzlichen Vertreter** des anderen Vertragsteils (§ 309 Abs. 1). Gemeint ist damit im weitesten Sinne jedes vertretungsberechtigte Organ des herrschenden Unternehmens einschließlich der vertretungsberechtigten Gesellschafter bei den Personengesellschaften und der Organe der Körperschaften des öffentlichen Rechts.[17] Denn bei der Ausübung des Weisungsrechts handelt es sich, wie § 309 Abs. 1 deutlich macht, mit Rücksicht darauf, dass Weisungen rechtsgeschäftliche oder doch rechtsgeschäftsähnliche Handlungen darstellen (→ Rn. 26), um einen **Akt der Vertretung,** der folglich den Regeln über die Vertretungsmacht unterliegt, bei der BGB-Gesellschaft daher den §§ 709 und 714 BGB, bei der OHG

---

[13] OLG Stuttgart AG 1998, 585 = NZG 1998, 601 – Dornier/DB; *S. Fabian,* Inhalt und Auswirkungen, 126 ff.; Hölters/*Leuering/Goertz* Rn. 5; MüKoGmbHG/*Liebscher* Anh. § 13 Rn. 792 f.; *Zöllner* ZGR 1992, 173 (177 ff.).
[14] MüKoGmbHG/*Liebscher* Anh. § 13 Rn. 790–793 mN.
[15] MüKoGmbHG/*Liebscher* Anh. § 13 Rn. 797 f.; Hölters/*Leuering/Goertz* Rn. 5.
[16] MüKoGmbHG/*Liebscher* Anh. § 13 Rn. 805; Scholz/*Emmerich* GmbHG Anh. § 13 Rn. 173; Hölters/*Leuering/Goertz* Rn. 5.
[17] Begr. RegE des § 309 bei *Kropff* AktG 404; *J. Schürnbrand* Organschaft 178 ff.

den §§ 125 und 126 HGB, bei der GmbH dem § 37 GmbHG sowie bei der AG dem § 78 AktG. Umstritten ist, inwieweit darüber hinaus auch eine Ausübung durch Dritte zulässig ist (→ Rn. 12 ff.).

2. Ausübung durch Dritte. a) Delegation. In der Frage, ob und in welchem Umfang 12 das herrschende Unternehmen befugt ist, sein Weisungsrecht auf Dritte zu übertragen, unterscheidet man üblicherweise zwischen der bloßen Delegation und der („echten") Übertragung des Weisungsrechts. Unter einer **Delegation** des Weisungsrechts versteht man in diesem Zusammenhang die bloße Hinzuziehung Dritter zur Wahrnehmung des Weisungsrechts durch die eigentlich dazu nach § 309 Abs. 1 berufenen Personen (und grundsätzlich *neben* diesen; → Rn. 13–15), während mit **Übertragung** des Weisungsrechts die „Ermächtigung" Dritter zur Ausübung des Weisungsrechts *anstelle* der Vertreter des herrschenden Unternehmens bezeichnet wird (→ Rn. 16).

Die gesetzlichen Vertreter des herrschenden Unternehmens brauchen das Weisungsrecht 13 nicht persönlich auszuüben, sondern können sich hierzu der **Mithilfe beliebiger Dritter** bedienen, wobei vor allem an Prokuristen und sonstige leitende Angestellte des herrschenden Unternehmens zu denken ist (§§ 48, 54 HGB).[18] Erforderlich ist dazu lediglich eine Bevollmächtigung der genannten Personen zur Ausübung des Weisungsrechts, weil es sich dabei um einen Vertretungsakt handelt (→ Rn. 11; str.). Die Delegatare sind in diesem Fall **Erfüllungsgehilfen des herrschenden Unternehmens** bei der Ausübung seiner Rechte und der Wahrnehmung seiner Pflichten aus dem Beherrschungsvertrag, sodass das letztere bei einer schuldhaften Verletzung des Beherrschungsvertrages durch die Delegatare selbst haften muss (§ 309 AktG iVm §§ 31 und 278 BGB; zur Haftung der Delegatare → § 309 Rn. 15 f.).

Umstritten ist, ob im Fall der Delegation *neben* dem herrschenden Unternehmen 14 (→ Rn. 13) gesamtschuldnerisch **auch** dessen gesetzlichen **Vertreter** selbst nach § 309 **haften** oder ob Letztere nur eine Haftung für Auswahlverschulden trifft (§ 664 Abs. 1 S. 2 BGB).[19] In dieser Frage ist davon auszugehen, dass das Gesetz in § 309 offenkundig auf der Annahme eines gesetzlichen Schuldverhältnisses zwischen den *Vertretern* des herrschenden Unternehmens persönlich und der abhängigen Gesellschaft beruht (→ § 309 Rn. 1 ff.). Die notwendige Folge ist die Anwendbarkeit des **§ 278 BGB** auf sie.

Der Anwendungsbereich der Delegation iSd *(Unter-)Bevollmächtigung Dritter* zur Aus- 15 übung des Weisungsrechts (*neben* den Mitgliedern des Vertretungsorgans des herrschenden Unternehmens) beschränkt sich nicht auf Mitarbeiter des herrschenden Unternehmens; vielmehr können **auch Dritte** zu diesem Zweck unterbevollmächtigt werden.[20] Zu denken ist hier insbesondere an *Muttergesellschaften* in mehrstufigen Unternehmensverbindungen (→ Rn. 6). Der Sache nach handelt es sich dann entweder um einen Auftrag oder um einen Geschäftsbesorgungsvertrag in Verbindung mit einer Vollmacht (§§ 662, 675 Abs. 1, 665, 167 BGB; §§ 48, 54 HGB). Für die Haftung der Beteiligten ist dies ohne Bedeutung; sie ist in jedem Fall dieselbe wie in den Fällen der Delegation des Weisungsrechts an Mitarbeiter des herrschenden Unternehmens (→ Rn. 13 f.). **Schranken** für die Zulässigkeit einer derartigen Delegation des Weisungsrechts im Wege der Unterbevollmächtigung eines Dritten ergeben sich aus der Unzulässigkeit einer „echten" Übertragung des Weisungsrechts auf Dritte (→ Rn. 16). Die Delegation darf deshalb nicht der Sache nach auf eine Übertragung des Weisungsrechts auf einen Dritten hinauslaufen, sondern muss in jedem Fall **sachlich und zeitlich** so **beschränkt** bleiben, dass die Verantwortung für die Ausübung

---

[18] Beispielsweise Grigoleit/*Servatius* Rn. 7; MüKoGmbHG/*Liebscher* Anh. § 13 Rn. 814.
[19] In dem zuletzt genannten Sinne *Altmeppen* Haftung 13 f.; MüKoAktG/*Altmeppen* Rn. 41 ff.; KK-AktG/ *Koppensteiner* Rn. 7; 12; dagegen für persönliche Haftung der gesetzlichen Vertreter die überwiegende Meinung: *Eschenbruch* Konzernhaftung Rn. 3030; *Exner* Beherrschungsvertrag 154 ff.; *S. Fabian,* Inhalt und Grenzen, 202 ff.; Hüffer/*Koch* Rn. 5; *Kantzas* Weisungsrecht 80 ff.; MHdB AG/*Krieger* § 70 Rn. 161.
[20] *Altmeppen* Haftung 14 ff.; MüKoAktG/*Altmeppen* Rn. 51, 54 ff.; Hüffer/*Koch* Rn. 5; KK-AktG/*Koppensteiner* Rn. 13 f.; MHdB AG/*Krieger* § 70 Rn. 152; Hölters/*Leuering/Goertz* Rn. 42; aA *Cahn* BB 2000, 1477 (1483).

des Weisungsrechts weiterhin bei demjenigen liegt, dem das Weisungsrecht nach dem Beherrschungsvertrag zusteht. Zu dieser Restriktion zwingt schon die Haftungsregelung des § 309.[21]

16 **b) Übertragung.** Die Übertragung des Weisungsrechts auf einen Dritten unterscheidet sich von der „bloßen" Delegation (→ Rn. 13–15) vor allem dadurch, dass hier der Dritte (als „Zessionar") *an die Stelle* des herrschenden Unternehmens als Weisungsberechtigter iSd §§ 308 und 309 treten soll. Solche Zession ist *nicht möglich,* da das „Weisungsrecht" kein selbstständiges (übertragbares) subjektives Recht iSd §§ 398 und 413 BGB ist.[22] Der Sache nach geht es hier vielmehr um eine Auswechslung des herrschenden Unternehmens im Beherrschungsvertrag, die als **Vertragsänderung** nur unter den Kautelen des **§ 295** möglich ist (→ § 295 Rn. 13 ff.). Daraus ergeben sich auch Schranken für eine besonders weitgehende „Delegation" des Weisungsrechts auf Dritte (→ Rn. 15). Dies alles gilt *in mehrstufigen Konzernen* ebenfalls, sodass zB im Falle des Abschlusses eines Beherrschungsvertrages allein zwischen Tochter- und Enkelgesellschaft die Erstere ihr Weisungsrecht nicht auf die Muttergesellschaft „übertragen", wohl aber delegieren kann (→ Rn. 6).

IV. Adressat

17 **1. Vorstand.** Nach § 308 Abs. 2 S. 1 trifft die Verpflichtung zur Befolgung der Weisungen des herrschenden Unternehmens die *Vorstandsmitglieder* der abhängigen Gesellschaft *persönlich* (→ Rn. 52). Dies ist deshalb überraschend, weil Vertragspartner des herrschenden Unternehmens nicht etwa diese Vorstandsmitglieder, sondern die von ihnen lediglich vertretene abhängige Gesellschaft ist (§ 291 Abs. 1 S. 1). Das Gesetz macht durch diese Regelung die Überlagerung des Normalstatuts der abhängigen Gesellschaft (§ 76) durch den Beherrschungsvertrag deutlich[23] und stellt zugleich klar, dass der Beherrschungsvertrag allein in die Kompetenz des *Vorstandes* eingreift, während die **anderen Gesellschaftsorgane** im Rahmen ihrer Zuständigkeiten **weisungsfrei** bleiben.[24] Eine begrenzte Ausnahme von diesem Grundsatz findet sich lediglich in § 308 Abs. 3 für den Aufsichtsrat (→ Rn. 70 ff.).

18 Die geschilderte gesetzliche Regelung (→ Rn. 17) hat zur Folge, dass neben den Beherrschungsvertrag zwischen dem herrschenden Unternehmen und der abhängigen Gesellschaft ein **gesetzliches Schuldverhältnis** zwischen dem herrschenden Unternehmen und den Vorstandsmitgliedern der abhängigen Gesellschaft tritt.[25] Bei einer Verletzung des Beherrschungsvertrags können daher auch die Vorstandsmitglieder der abhängigen Gesellschaft neben dieser dem herrschenden Unternehmen persönlich ersatzpflichtig werden (§§ 280, 249 BGB; → Rn. 68; zu dem ergänzenden gesetzlichen Schuldverhältnis zwischen den gesetzlichen Vertretern des herrschenden Unternehmens und der abhängigen Gesellschaft → Rn. 14; → § 309 Rn. 1 ff.).

19 **2. Mitarbeiter.** Aus der gesetzlichen Regelung (§ 308 Abs. 2 S. 1) folgt weiter, dass das herrschende Unternehmen *kein* direktes Weisungsrecht gegenüber den **Mitarbeitern** der abhängigen Gesellschaft besitzt.[26] Deshalb ist fraglich, ob der Vorstand der abhängigen Gesellschaft seinerseits *seine Mitarbeiter anweisen* kann, unmittelbar an sie gerichtete Weisungen des herrschenden Unternehmens zu befolgen. Die Frage ist wegen der problematischen

---

[21] Ebenso Hüffer/*Koch* Rn. 6; GroßkommAktG/*Hirte* Rn. 25; Hölters/*Leuering*/*Goertz* Rn. 43; Spindler/Stilz/*Veil* Rn. 14.
[22] Ebenso *Exner* Beherrschungsvertrag 163 ff.; *S. Fabian,* Inhalt und Grenzen, 200 ff.; GroßkommAktG/*Hirte* Rn. 24; Hüffer/*Koch* Rn. 6; *Kantzas* Weisungsrecht 81 ff.; KK-AktG/*Koppensteiner* Rn. 15; K. Schmidt/Lutter/*Langenbucher* Rn. 12; MüKoGmbHG/*Liebscher* Anh. § 13 Rn. 815; Hölters/*Leuering*/*Goertz* Rn. 41; *Pentz* Enkel-AG 110 ff.; *Sina* AG 1991, 1 (4).
[23] Zur daraus resultierenden Organstellung des herrschenden Unternehmens *Schürnbrand* Organschaft 179 ff.
[24] OLG Karlsruhe AG 1991, 144 – Asea/BBC; *Kantzas* Weisungsrecht 83 ff.
[25] Hölters/*Leuering*/*Goertz* Rn. 45; dagegen GroßkommAktG/*Hirte* Rn. 27.
[26] Begr. RegE bei *Kropff* AktG 403; Hüffer/*Koch* Rn. 7; GroßkommAktG/*Hirte* Rn. 28; MüKoGmbHG/*Liebscher* Anh. § 13 Rn. 817; Grigoleit/*Servatius* Rn. 7 Abs. 2; Spindler/Stilz/*Veil* Rn. 16.

Vereinbarkeit direkter Weisungen des herrschenden Unternehmens an die Mitarbeiter der abhängigen Gesellschaft mit dem Prüfungsrecht des Vorstands der abhängigen Gesellschaft umstritten (→ Rn. 60).[27]

Eine Anweisung der Mitarbeiter zur Befolgung von Weisungen des herrschenden Unternehmens sollte grundsätzlich nur zugelassen werden, wenn zugleich **Vorsorge für** die **Beachtung des Prüfungsrechts** des Vorstands getroffen wird, in erster Linie durch die Verpflichtung der Mitarbeiter zur unverzüglichen *Information* des Vorstands über vom herrschenden Unternehmen direkt an sie gerichteten Weisungen, um dem Vorstand, wo er dies für geboten hält, die Möglichkeit zur Intervention zu geben.[28] Ob man darüber hinaus auch eine **Delegation dieses Prüfungsrechts** des Vorstandes auf andere Mitarbeiter zulassen kann, erscheint fraglich.[29] Soweit danach im Rahmen des § 308 die Mitarbeiter der abhängigen Gesellschaft vom Vorstand zur Befolgung von Weisungen des herrschenden Unternehmens angewiesen werden können, ist auch im Voraus eine entsprechende Regelung im Beherrschungsvertrag möglich.[30]

V. Weisung

1. Begriff. Das Gesetz regelt in den §§ 308–310 im einzelnen das Recht des herrschenden Unternehmens zum Ausspruch von „Weisungen" als Ausdruck der „Leitungsmacht" des herrschenden Unternehmens (s. die Überschrift des § 308), sagt aber nicht, was unter einer Weisung iSd §§ 308 und 323 Abs. 1 S. 1 zu verstehen ist. Ihm kann lediglich entnommen werden, dass die Weisung von den gesetzlichen Vertretern des herrschenden Unternehmens ausgehen muss (§§ 308 Abs. 1 S. 1, 309 Abs. 1, 323 Abs. 1 S. 2; → Rn. 11 ff.), dass sie an den Vorstand der abhängigen Gesellschaft zu richten ist und dass sie für den Letzteren grundsätzlich verbindlich ist (§§ 308 Abs. 2 S. 1, 323 Abs. 1 S. 2; → Rn. 17 ff.).

Der Ausspruch einer Weisung hat zur **Folge,** dass, soweit die Weisung reicht, an die Stelle der Leitung der abhängigen Gesellschaft durch ihren Vorstand (§ 76 Abs. 1) die durch das herrschende Unternehmen tritt, womit diesem die einheitliche Leitung des von ihm geführten Konzerns ermöglicht werden soll (§ 18 Abs. 1 S. 2).[31] Soweit dagegen das herrschende Unternehmen von seinem Weisungsrecht keinen Gebrauch macht, bleibt es bei der Anwendbarkeit der §§ 76 ff., sodass der Vorstand der abhängigen Gesellschaft diese weiterhin unter eigener Verantwortung zu leiten hat (→ Rn. 54).

Aus dem Gesagten (→ Rn. 22) folgt, dass unter einer Weisung jede Maßnahme des herrschenden Unternehmens zu verstehen ist, durch die dieses von seiner auf dem Beherrschungsvertrag beruhenden „Leitungsmacht" Gebrauch macht, indem es über den Vorstand der abhängigen Gesellschaft **Einfluss auf** deren **Leitung** nimmt (§§ 18 Abs. 1 S. 2, 291 Abs. 1 S. 1, 308 Abs. 1 S. 1, 323 Abs. 1 S. 1). Hinzukommen muss lediglich noch, wie aus § 308 Abs. 2 S. 1 zu folgern ist, dass die fragliche Maßnahme (im weitesten Sinne, → Rn. 24) für den Vorstand der abhängigen Gesellschaft **zumindest faktisch** in dem Sinne **verbindlich** ist, dass seine erneute Bestellung gefährdet ist, wenn er der Weisung des herrschenden Unternehmens nicht nachkommt.[32] Denn das Gesetz spricht hier von einer „Verpflichtung" des Vorstands zur Befolgung der Weisungen.

---

[27] Ablehnend deshalb zB Grigoleit/*Servatius* Rn. 7 Abs. 2; viel großzügiger dagegen *Altmeppen,* Die Haftung des Managers, 17 ff.; MüKoAktG/*Altmeppen* Rn. 72, 75 ff.; K. Schmidt/Lutter/*Langenbucher* Rn. 18; Spindler/Stilz/*Veil* Rn. 16.

[28] *Ballerstedt* ZHR 137 (1973), 388 (399 ff.); *Exner* Beherrschungsvertrag 131 ff.; GroßkommAktG/*Hirte* Rn. 28; Hüffer/*Koch* Rn. 8; *Kentzas* Weisungsrecht 85 f.; KK-AktG/*Koppensteiner* Rn. 10; MüKoGmbHG/*Liebscher* Anh. § 13 Rn. 817; großzügiger *Altmeppen,* Die Haftung des Managers, 17 ff.; Spindler/Stilz/*Veil* Rn. 16.

[29] Dagegen zutr. *Henze/Lübke* Konzern 2009, 159 (162); anders *Altmeppen,* Die Haftung des Managers, 17 ff.

[30] Dagegen KK-AktG/*Koppensteiner* Rn. 19.

[31] *Schürnbrand* Organschaft 178 ff.

[32] Vgl. *Hirte/Schall* Konzern 2006, 243 (245); Hüffer/*Koch* Rn. 10; KK-AktG/*Koppensteiner* Rn. 22; K. Schmidt/Lutter/*Langenbucher* Rn. 3; Hölters/*Leuering/Goertz* Rn. 11; Spindler/Stilz/*Veil* Rn. 5; *Wellkamp* WM 1993, 2155 (2156).

24   Der Begriff der Weisung ist nach dem Gesagten (→ Rn. 23) grundsätzlich **weit** zu verstehen.[33] Auch bloße **Empfehlungen und Ratschläge** des herrschenden Unternehmens, die verbindlich gemeint sind *oder* doch vom Vorstand der abhängigen Gesellschaft so verstanden werden, stellen daher Weisungen im Sinne des Gesetzes dar. Lediglich Empfehlungen und Ratschläge, die tatsächlich so gemeint sind *und* vom Vorstand der abhängigen Gesellschaft auch *so verstanden* werden, können *nicht* als Weisungen iSd § 308 behandelt werden, weil sie keine Folgepflicht des Vorstandes der abhängigen Gesellschaft iSd § 308 Abs. 2 S. 1 auslösen.[34] Maßgeblich ist somit letztlich allein das Verständnis des Vorstands der abhängigen Gesellschaft als des Adressaten der Maßnahme (§ 133 BGB).

25   Zwischen speziellen und generellen Weisungen wird nicht unterschieden.[35] Auch die Ausübung bloßer **Zustimmungs- oder Vetorechte** kann unter § 308 zu subsumieren sein, sofern sie im Rahmen eines Beherrschungsvertrages geschieht und die Beteiligten die Ersetzung von Weisungen generell oder im Einzelfall durch derartige Zustimmungs- oder Vetorechte vereinbart haben.[36] Davon zu trennen ist die Frage, wann die Vereinbarung von Zustimmungs- oder Vetorechten auf das Vorliegen eines **verdeckten Beherrschungsvertrages** hindeutet (→ § 291 Rn. 24a f.).

26   **2. Rechtsnatur.** Weisungen sind rechtsgeschäftliche oder doch **rechtsgeschäftsähnliche Handlungen,** für die die Vorschriften über Willenserklärungen (unmittelbar oder entsprechend) gelten.[37] Die Weisung wird daher erst mit **Zugang** bei einem der Vorstandsmitglieder der abhängigen Gesellschaft wirksam (§ 130 Abs. 1 S. 1 BGB; § 78 Abs. 2 S. 2 AktG); bis zu diesem Zeitpunkt kann sie noch **widerrufen** werden und ist dann unbeachtlich (§ 130 Abs. 1 S. 2 BGB). Nichts hindert im Übrigen das herrschende Unternehmen, auch später noch eine einmal erteilte Weisung *für die Zukunft* zu widerrufen, nur mit dem Unterschied, dass die widerrufene Weisung in diesem Fall bis zum Zugang des Widerrufs für den Vorstand der abhängigen Gesellschaft verbindlich war.[38]

27   Eine bestimmte **Form** ist für die Weisung nicht vorgeschrieben, kann aber im Beherrschungsvertrag vereinbart werden (§ 127 BGB).[39] Dagegen dürfte eine **Anfechtung** von Weisungen nach den §§ 119 und 123 BGB schwerlich in Betracht kommen, dies auch mit Rücksicht auf § 309 Abs. 2.[40] – Das Weisungsrecht des herrschenden Unternehmens **endet** mit Ablauf des Beherrschungsvertrages, zB mit dessen Kündigung oder mit Ablauf der vertraglich vereinbarten Vertragsdauer. Noch vor Vertragsende ausgesprochene Weisungen behalten ihre Wirkung für die restliche Vertragszeit, etwa für die Aufstellung des Jahresabschlusses für das letzte Geschäftsjahr unter der Geltung des Vertrages. Im Übrigen aber verlieren die Weisungen mit Ablauf des Vertrages ihre Wirkung und brauchen daher fortan von dem Vorstand der abhängigen Gesellschaft nicht mehr beachtet zu werden.[41]

28   Ein herrschendes Unternehmen verfügt im Vertragskonzern neben der ausdrücklich als solcher bezeichneten Weisung noch über eine Vielzahl **anderer Mittel** zur Gewährleistung der einheitlichen Leitung der verbundenen Unternehmen iSd § 18 Abs. 1 (→ § 18 Rn. 16). Das Spektrum derartiger Lenkungsinstrumente – als Ausdruck der „Leitungsmacht" des herrschenden Unternehmens – reicht von personellen Verflechtungen (→ Rn. 29) über die Einflussnahme auf dem Weg über die Hauptversammlung oder den Aufsichtsrat der

---

[33] GroßkommAktG/*Hirte* Rn. 18 f.; *ders./Schall* Konzern 2006, 243 (245); MüKoGmbHG/*Liebscher* Anh. § 13 Rn. 811; Hölters/*Leuering/Goertz* Rn. 11.
[34] MüKoAktG/*Altmeppen* Rn. 9; K. Schmidt/Lutter/*Langenbucher* Rn. 4.
[35] MüKoAktG/*Altmeppen* Rn. 14.
[36] MüKoAktG/*Altmeppen* Rn. 10 ff.; *Emmerich* Wirtschaftsrecht 218 ff.; *Sina* AG 1991, 1 ff.; *R. Veil* Unternehmensverträge, 2003, 236, 284, 297 ff.; aA Hüffer/*Koch* Rn. 10; KK-AktG/*Koppensteiner* Rn. 23.
[37] Hüffer/*Koch* Rn. 11; KK-AktG/*Koppensteiner* Rn. 20; Hölters/*Leuering/Goertz* Rn. 12; MüKoGmbHG/*Liebscher* Anh. § 13 Rn. 812.
[38] *Liebscher* GmbH-KonzernR Rn. 697 (260).
[39] *Exner* Beherrschungsvertrag 85; *Kantzas* Weisungsrecht 65 f.; *Sina* AG 1991, 1 f.
[40] Ebenso jedenfalls im Ergebnis GroßkommAktG/*Hirte* Rn. 17; – dagegen MüKoGmbHG/*Liebscher* Anh. § 13 Rn. 818.
[41] MüKoGmbHG/*Liebscher* Anh. § 13 Rn. 813 mN.

abhängigen Gesellschaft (→ Rn. 30) bis zum Handeln an Stelle und im Namen der abhängigen Gesellschaft (→ Rn. 31–33). Auch derartige Formen der Einflussnahme auf die abhängige Gesellschaft sind unter die §§ 308, 309 und 323 zu subsumieren, sofern sie die genannten Merkmale einer Weisung iSd § 308 erfüllen (→ Rn. 21 ff.).

3. Vorstandsdoppelmandate. Von einem Vorstandsdoppelmandat spricht man, wenn 29 ein Vorstandsmitglied des herrschenden Unternehmens zugleich in der Geschäftsführung der abhängigen Gesellschaft tätig wird. Trotz der auf der Hand liegenden Gefahr von Interessenkonflikten, die mit derartigen Doppelmandaten verbunden ist, gelten doch Vorstandsdoppelmandate, sofern nur die Aufsichtsräte beider Gesellschaften zugestimmt haben (§ 88 Abs. 1 S. 2), als grundsätzlich *zulässig*.[42] Auch § 181 BGB steht nicht entgegen, weil nach den Umständen grundsätzlich von der Genehmigung eines etwaigen Insichgeschäfts auszugehen ist.[43] Dies entbindet freilich das betreffende Vorstandsmitglied nicht von der **Beachtung aller Pflichten,** die sich aus seinem jeweiligen Tätigkeitskreis ergeben, auch wenn sie sich widersprechen. Das Vorstandsmitglied, der sog. Doppelmandatsträger, darf nicht etwa bei seiner Tätigkeit in der abhängigen Gesellschaft generell den Interessen des herrschenden Unternehmens den Vorrang vor denen der abhängigen Gesellschaft geben (§§ 93, 310).[44] Es verbleibt vielmehr bei der **Geltung der §§ 308–310.**

Die Frage ist umstritten. Jedoch hindert tatsächlich nichts die auch von der Sache her 29a gebotene Anwendung der §§ 308–310 auf die Tätigkeit des Doppelmandatsträgers im Vorstand der abhängigen Gesellschaft. Denn in der Tätigkeit eines Verwaltungsmitglieds des herrschenden Unternehmens in dem Vorstand der abhängigen Gesellschaft kann unbedenklich zugleich die **generelle Weisung** des herrschenden Unternehmens an die abhängige Gesellschaft gesehen werden, die „Vorschläge" des „entsandten" Verwaltungsmitglieds zu befolgen (→ § 311 Rn. 35).[45] Die Konsequenz ist die Anwendbarkeit der §§ 308–310.

4. Einflussnahme über Hauptversammlung oder Aufsichtsrat. Anders als bei Vor- 30 standsdoppelmandaten (→ Rn. 29 f.) wird bei der Einflussnahme des herrschenden Unternehmens auf die abhängige Gesellschaft auf dem Weg über deren Hauptversammlung oder Aufsichtsrat häufig das Vorliegen einer Weisung verneint und stattdessen für die Haftung des herrschenden Unternehmens auf die Verletzung der Treuepflicht verwiesen.[46] Doch steht auch in diesen Fällen letztlich nichts der Annahme wenigstens einer **mittelbaren Weisung** des herrschenden Unternehmens an den Vorstand der abhängigen Gesellschaft über deren Organe im Wege (→ § 311 Rn. 28 ff.).[47]

5. Bevollmächtigung. Aus dem Weisungsrecht nach § 308 folgt keine Vertretungsmacht 31 des herrschenden Unternehmens für die abhängige Gesellschaft; diese wird vielmehr weiterhin auf Grund der §§ 76 und 78 allein durch ihre Organe vertreten.[48] Daher ist umstritten, ob es zulässig ist, die besonderen Kautelen, mit denen das Gesetz in den §§ 308 und 309 die Ausübung des Weisungsrechts umgibt, durch das Ausweichen auf eine Bevollmächtigung des herrschenden Unternehmens, sei es generell, sei es im Einzelfall, zu umgehen.

Die Frage ist zweifelhaft, da – natürlich – die abhängige Gesellschaft an sich nicht gehin- 32 dert ist, beliebigen Dritten von sich aus („freiwillig") beliebige Vollmachten einschließlich

---

[42] BGHZ 180, 105 (110) Rn. 14 f. = NZG 2009, 744 = AG 2009, 500; *Aschenbeck* NZG 2000, 1015; K. Schmidt/Lutter/*Langenbucher* Rn. 7 ff.
[43] Hölters/*Leuering*/*Goertz* Rn. 16.
[44] BGHZ 180, 105 (111) Rn. 16; *Henze*/*Lübke* Konzern 2009, 159 (165 f.); K. Schmidt/Lutter/*Langenbucher* Rn. 16.
[45] *Aschenbeck* NZG 2000, 1015 (1020); *Decher,* Personelle Verflechtungen; *Hoffmann-Becking* ZHR 150 (1986), 570; *Henze*/*Lübke* Konzern 2009, 159 (165); *Hommelhoff* in Druey, Das St. Galler-Konzernrechtsgespräch, 1988, 107, 121 ff.; *Lindermann* AG 1987, 225; *U. Schneider* ZHR 150 (1986), 609; *Semler* FS Stiefel, 1987, 719; *Streyl* Vorstands-Doppelmandate 26 ff. und passim; *Wellkamp* WM 1993, 2155 (2156); enger K. Schmidt/Lutter/*Langenbucher* Rn. 7; anders Hölters/*Leuering*/*Goertz* Rn. 17; *Noack* FS Hoffmann-Becking, 2013, 847 (849 ff.); → § 309 Rn. 22 f.
[46] Hölters/*Leuering*/*Goertz* Rn. 15; *Voigt,* Haftung aus Einfluss, 298 f.
[47] Ebenso schon Begr. RegE des § 310 bei *Kropff* AktG 406; *Wellkamp* WM 1993, 2155 (2156).
[48] BGH AG 1990, 459 (460) = NJW-RR 1990, 1313; *Kantzas* Weisungsrecht 67 f.

einer Generalvollmacht zu erteilen. Daraus wird zum Teil der Schluss gezogen, dass dann auch gegen eine freiwillige Bevollmächtigung des herrschenden Unternehmens durch die abhängige Gesellschaft keine Bedenken erhoben werden könnten.[49] Indessen spricht dagegen bereits, dass es in aller Regel unmöglich sein dürfte, zwischen einer „freiwilligen" und einer auf einer Weisung des herrschenden Unternehmens beruhenden Bevollmächtigung zu unterscheiden. Vor allem aber ist zu bedenken, dass bei einer umfassenden Bevollmächtigung des herrschenden Unternehmens durch die abhängige Gesellschaft das für die Funktionsweise des gesetzlichen Regelungssystems in den §§ 308–310 unabdingbare *Prüfungsrecht* des Vorstandes der abhängigen Gesellschaft endgültig *nicht mehr gewahrt* wäre (→ Rn. 66). Zulässig ist daher allein eine (freiwillige oder unfreiwillige) Bevollmächtigung des herrschenden Unternehmens **im Einzelfall** oder doch für einen begrenzten und überschaubaren **Kreis von Geschäften,** und auch dies nur, wenn zugleich die Wahrung des Prüfungsrechts des Vorstandes der abhängigen Gesellschaft sichergestellt ist (→ § 311 Rn. 31).[50]

33 Wieder anders zu beurteilen ist die Rechtslage, wenn das herrschende Unternehmen als **Vertreter ohne Vertretungsmacht** für die abhängige Gesellschaft tätig wurde und anschließend den Vorstand der abhängigen Gesellschaft zur Genehmigung des Geschäfts nach § 177 BGB anweist. Derartige Praktiken können **nicht** zugelassen werden, weil unter den gegebenen Umständen die Genehmigung durch die abhängige Gesellschaft ein bloßer Formalakt wäre, sodass das herrschende Unternehmen hier der Sache nach eine ihm nicht zustehende Vertretungsmacht in Anspruch nimmt.[51]

34 **6. Keine Weisungspflicht.**[52] Die Ausübung des Weisungsrechts liegt im unternehmerischen *Ermessen* des herrschenden Unternehmens. Weder die abhängige Gesellschaft noch Dritte haben im Regelfall einen Anspruch auf die Erteilung bestimmter Weisungen.[53] Das herrschende Unternehmen ist vielmehr grundsätzlich frei, ob es der abhängigen Gesellschaft Weisungen erteilen will und welche. Verzichtet es auf die Weisungserteilung, so bleibt es bei der Regel des § 76 (→ Rn. 54). **Ausnahmen** können sich nur im Einzelfall aus § 309 ergeben, wenn *zur Vermeidung einer Haftung* des herrschenden Unternehmens und seiner gesetzlichen Vertreter eine bestimmte (erneute) Weisung an die abhängige Gesellschaft unerlässlich ist.[54] Dies kommt insbesondere in Betracht, wenn sich nachträglich die übermäßig nachteilige Wirkung einer vorausgegangenen Weisung des herrschenden Unternehmens herausstellt, sodass sich die Weisung jetzt als unzulässig erweist und deshalb rückgängig gemacht werden muss (§ 309 Abs. 2 AktG iVm § 249 Abs. 1 BGB). Damit ist zugleich gesagt, dass die abhängige Gesellschaft in diesem besonderen Fall einen *Anspruch* auf Widerruf der Weisung hat (→ Rn. 59).[55]

35 Davon zu unterscheiden ist die Frage, ob die gesetzlichen Vertreter des herrschenden Unternehmens, namentlich also der Vorstand einer herrschenden AG oder die Geschäftsführer einer herrschenden GmbH, dieser, dh *ihrer eigenen Gesellschaft gegenüber verpflichtet* sind, von einem vertraglich begründeten Weisungsrecht in Bezug auf eine abhängige Gesellschaft im Interesse der Konzernbegründung, Konzernleitung und Konzernkontrolle auch tatsächlich Gebrauch zu machen. Es handelt sich dabei um einen Ausschnitt aus dem schwierigen

---

[49] *Altmeppen,* Die Haftung des Managers, 16 f.; MüKoAktG/*Altmeppen* Rn. 21–28; K. Schmidt/Lutter/*Langenbucher* Rn. 6.
[50] *Berkenbrock* AG 1981, 69; *Exner* Beherrschungsvertrag 117 ff.; *ders.* AG 1981, 175; Hüffer/*Koch* Rn. 9; *Michalski* AG 1980, 261; KK-AktG/*Koppensteiner* Rn. 24 f.; MüKoGmbHG/*Liebscher* Anh. § 13 Rn. 818; Hölters/*Leuering/Goertz* Rn. 20; Spindler/Stilz/*Veil* Rn. 17; noch enger GroßkommAktG/*Hirte* Rn. 28.
[51] *Berkenbrock* AG 1981, 69; Hüffer/*Koch* Rn. 9; KK-AktG/*Koppensteiner* Rn. 25; aA OLG München AG 1980, 272 (273); MHdB AG/*Krieger* § 70 Rn. 154; Hölters/*Leuering/Goertz* Rn. 20; K. Schmidt/Lutter/*Langenbucher* Rn. 6.
[52] Ausf. *Fleischer* DB 2005, 759.
[53] LAG Hamm AG 1977, 323 für die Durchsetzung der Mitbestimmung bei einer Tochtergesellschaft; grds. auch *Fleischer* DB 2005, 759 (761 f.); *Kantzas* Weisungsrecht 73 ff.
[54] *Emmerich* GS Sonnenschein, 2002, 651 (653 ff.); Hölters/*Leuering/Goertz* Rn. 47; *Wellkamp* WM 1993, 2154 (2155).
[55] Hölters/*Leuering/Goertz* Rn. 47.

Fragenkreis, der üblicherweise unter dem Stichwort **„Konzernleitungspflicht"** diskutiert wird. Insoweit ist auf die Ausführungen an anderer Stelle zu verweisen (→ § 309 Rn. 35; → Vor § 311 Rn. 7).

VI. Umfang

1. Leitung der Gesellschaft. Das Weisungsrecht des herrschenden Unternehmens **36** erstreckt sich im Vertrags- wie im Eingliederungskonzern nach § 308 Abs. 1 S. 1 und nach § 323 Abs. 1 S. 1 auf den gesamten weiten Bereich der „Leitung der (abhängigen) Gesellschaft" durch ihren Vorstand (→ Rn. 38 f.). Unerheblich ist grundsätzlich, ob die Weisung vorteilhaft oder nachteilig ist (§ 308 Abs. 1 S. 1). Im Falle der **Nachteiligkeit** der Weisung muss jedoch gemäß § 308 Abs. 1 S. 2 hinzukommen, dass der Beherrschungsvertrag nichts anderes bestimmt (→ Rn. 37) *sowie* dass die Weisung trotz ihrer Nachteiligkeit (wenigstens) den Belangen des herrschenden Unternehmens *oder* der mit ihm (und der Gesellschaft) konzernverbundenen Unternehmen dient (→ Rn. 45 ff.). Den Ausgleich für diese weitgehenden Befugnisse des herrschenden Unternehmens bilden die Pflichten, die sich für das letztere aus den §§ 302–305 sowie aus § 309 ergeben.

Aus dem Gesagten (→ Rn. 36) darf **nicht** der Schluss gezogen werden, dass das Wei- **37** sungsrecht des herrschenden Unternehmens praktisch schrankenlos sei. **Schranken** für das Weisungsrecht des herrschenden Unternehmens können sich vielmehr insbesondere aus dem Beherrschungsvertrag (→ § 291 Rn. 16 f.), aus der Satzung der abhängigen Gesellschaft, aus § 138 BGB sowie aus dem zwingenden Gesetzesrecht ergeben (§ 134 BGB; → Rn. 55 ff.).

Das Weisungsrecht erstreckt sich nach den §§ 308 Abs. 1 S. 1 und 323 Abs. 1 S. 1 auf die **38** „Leitung der (abhängigen) Gesellschaft" durch ihren Vorstand. Das Gesetz verweist damit auf die **§§ 76–78**. Die Folge ist, dass die „**Leitung** der Gesellschaft" durch den Vorstand iSd § 308 Abs. 1 und des § 323 Abs. 1 S. 1 den gesamten Bereich der **Geschäftsführung und Vertretung** der Gesellschaft umfasst, und zwar einschließlich der zentralen Leitungsfunktionen wie der Zielplanung, der Unternehmenskoordination und -kontrolle sowie der Besetzung der Führungspositionen (→ § 291 Rn. 12–15).[56]

Das herrschende Unternehmen kann folglich dem Vorstand der abhängigen Gesellschaft **39** Weisungen hinsichtlich aller Fragen der Geschäftsführung und der Vertretung seiner Gesellschaft erteilen, mag es sich um grundsätzliche Fragen oder Einzelfragen des laufenden Tagesgeschäfts handeln. **Beispiele** sind der Abschluss, die Änderung oder die Aufhebung von Verträgen, die Einstellung oder Entlassung von Personal, die Einberufung der Hauptversammlung (→ Rn. 40 f.), die Ausnutzung eines bestehenden genehmigten Kapitals, die Vorbereitung von Satzungsänderungen oder die Einführung von Zustimmungsvorbehalten des herrschenden Unternehmens für bestimmte Geschäfte der Tochter[57] sowie die Einrichtung und Durchsetzung konzernweiter Aufsichts- und Kontrollsysteme zur Vermeidung von Haftungsrisiken, insbesondere durch Gesetzesverstöße bei Tochtergesellschaften (→ § 309 Rn. 35a).[58] Das Gesetz stellt auf diese Weise sicher, dass das herrschende Unternehmen über die nötigen Mittel verfügt, um im Vertragskonzern (§ 18 Abs. 1 S. 2) die von ihm *gewünschte Geschäftspolitik* bei denjenigen Tochtergesellschaften *durchzusetzen,* mit denen es einen Beherrschungsvertrag abgeschlossen hat.[59]

Das Weisungsrecht des herrschenden Unternehmens umfasst, da es offenbar nur auf der **39a** Basis einer umfassenden Information über die Verhältnisse der abhängigen Gesellschaft sinnvoll ausgeübt werden kann, zugleich ein **Auskunftsrecht** des herrschenden Unternehmens gegenüber der abhängigen Gesellschaft über alle Umstände, die überhaupt für die

---

[56] GroßkommAktG/*Hirte* Rn. 31 ff.; K. Schmidt/Lutter/*Langenbucher* Rn. 21; Hölters/*Leuering/Goertz* Rn. 26; Spindler/Stilz/*Veil* Rn. 20; *Voigt,* Haftung aus Einfluss, 289 f.
[57] *Lutter* FS Happ, 2006, 143 (145 f.); K. Schmidt/Lutter/*Langenbucher* Rn. 22.
[58] IE str., insbes. *Habersack* FS Möschel, 2011, 1175 (1187 f.); *U. Schneider* NZG 2009, 1321 (1325 f.).
[59] MüKoAktG/*Altmeppen* Rn. 83 ff.; Hüffer/*Koch* Rn. 12; KK-AktG/*Koppensteiner* Rn. 27 f.; MHdB AG/ *Krieger* § 70 Rn. 146 f.; *Lutter* FS Happ, 2006, 143 ff.

Ausübung des Weisungsrechts relevant werden können.⁶⁰ Soweit das herrschende Unternehmen von diesem Recht Gebrauch macht, ist auch kein Raum für die Anwendung des § 131 Abs. 4 S. 1, weil die fraglichen Auskünfte dem herrschenden Unternehmen nicht in seiner Eigenschaft als Aktionär, sondern auf Grund des Beherrschungsvertrages erteilt werden.⁶¹ Für den Sonderfall der Erteilung von Auskünften durch ein Tochterunternehmen an ein Mutterunternehmen iSd § 290 HGB zum Zwecke der Erstellung des Konzernabschlusses ist dies mittlerweile durch § 131 Abs. 4 S. 3 idF von 2005 gesetzlich klargestellt.

40 **2. Innerkorporativer Bereich.** Zur Leitung der Gesellschaft iSd §§ 76 Abs. 1, 291 Abs. 1 S. 1, 308 Abs. 1 S. 1 und 323 Abs. 1 S. 1 gehören auch Maßnahmen im „innerkorporativen Bereich". Man versteht darunter Maßnahmen wie die Einberufung der Hauptversammlung, die Ausübung von Bewertungswahlrechten bei der Aufstellung des Jahresabschlusses sowie die Bildung anderer Gewinnrücklagen iSd § 272 Abs. 3 S. 2 HGB.⁶² Dasselbe gilt ferner für die etwaige *Vorbereitung* solcher Maßnahmen, die wie zB Kapitalmaßnahmen oder der Abschluss von Unternehmensverträgen zur ausschließlichen Zuständigkeit der Hauptversammlung oder des Aufsichtsrats gehören, sodass sich auf die Durchführung dieser Maßnahmen selbst das Weisungsrecht des herrschenden Unternehmens nicht erstreckt (→ Rn. 42). Dem § 83 kommt in diesem Zusammenhang keine Bedeutung zu.⁶³

41 Zusätzliche Probleme ergeben sich im Falle einer **Weisung** des herrschenden Unternehmens an den Vorstand der abhängigen Gesellschaft, die **Hauptversammlung nach den §§ 111 Abs. 4 S. 3 und 119 Abs. 2** einzuberufen. Da bei derartigen Beschlüssen der Hauptversammlung über Fragen der Geschäftsführung die Gefahr besteht, dass das herrschende Unternehmen auf dem Weg über die Einschaltung der Hauptversammlung der abhängigen Gesellschaft seine Verantwortlichkeit nach § 309 verwischen könnte, werden derartige Weisungen zum Teil insgesamt als unzulässig angesehen.⁶⁴ So weit braucht man indessen nicht zu gehen, weil auf jeden Fall die unmittelbare oder doch entsprechende Anwendung des § 309 auf die Weisung zur Einberufung der Hauptversammlung auf Grund der §§ 111 Abs. 4 S. 3 und 119 Abs. 2 möglich bleibt (→ § 309 Rn. 24).⁶⁵ Unbedenklich ist dagegen die Weisung des herrschenden Unternehmens an den Vorstand der abhängigen Gesellschaft, auf eine Befassung der Hauptversammlung mit Fragen der Geschäftsführung nach § 119 Abs. 2 zu *verzichten*, weil insoweit durch § 308 Abs. 1 S. 1 die Zuständigkeit ausschließlich auf das herrschende Unternehmen verlagert ist.⁶⁶

42 Aus § 308 Abs. 1 folgt ferner, dass der Beherrschungsvertrag dem herrschenden Unternehmen, von § 308 Abs. 3 abgesehen (→ Rn. 70 ff.), keine Möglichkeiten eröffnet, in die zwingenden Zuständigkeiten von **Aufsichtsrat** und **Hauptversammlung** einzugreifen. Ausgeschlossen sind namentlich Weisungen in Fragen, die wie die Änderung der Satzung (§ 179), Kapitalmaßnahmen (§§ 182, 222), die Feststellung des Jahresabschlusses im Falle des § 173 Abs. 1 oder der Abschluss, die Änderung oder die Aufhebung von Unternehmensverträgen (§§ 293, 295, 296) der alleinigen Zuständigkeit der Hauptversammlung unterliegen.⁶⁷

---

⁶⁰ MHdB AG/*Krieger* § 70 Rn. 151; KK-AktG/*Koppensteiner* Rn. 2; K. Schmidt/Lutter/*Langenbucher* Rn. 21; Hölters/*Leuering*/*Goertz* Rn. 23; Spindler/Stilz/*Veil* Rn. 20; zum Auskunftsrecht der abhängigen Gesellschaft s. *Pöschker* ZGR 2015, 550.
⁶¹ LG München I AG 1999, 138 – Vereinte Versicherungs-AG; *H. Götz* ZGR 1998, 524 (527).
⁶² BGHZ 135, 374 (377 f.) = NJW 1997, 2242 = AG 1997, 515 – Guano, für die Ausübung von Bewertungswahlrechten; MüKoAktG/*Altmeppen* Rn. 88 ff.; *Exner* Beherrschungsvertrag 100 ff.; *S. Fabian*, Inhalt und Auswirkungen, 137 ff.; Hüffer/*Koch* Rn. 12; MüKoGmbHG/*Liebscher* Anh. § 13 Rn. 800; Hölters/*Leuering*/*Goertz* Rn. 24; *Sina* AG 1991, 1 (7); *Voigt*, Haftung aus Einfluss, 276 ff.; enger hingegen *Kantzas* Weisungsrecht 66 f.
⁶³ OLG Karlsruhe AG 1991, 144 – Asea/BBC.
⁶⁴ So zB MüKoAktG/*Altmeppen* Rn. 90; GroßkommAktG/*Hirte* Rn. 22; KK-AktG/*Koppensteiner* Rn. 34; K. Schmidt/Lutter/*Langenbucher* Rn. 23; Hölters/*Leuering*/*Goertz* Rn. 24; Spindler/Stilz/*Veil* Rn. 21; *Voigt*, Haftung aus Einfluss, 278, 298 f.
⁶⁵ *S. Fabian*, Inhalt und Grenzen, 142 ff.; GroßkommAktG/*Hirte* Rn. 22; MüKoGmbHG/*Liebscher* Anh. § 13 Rn. 801.
⁶⁶ MüKoAktG/*Altmeppen* Rn. 91.
⁶⁷ OLG Karlsruhe AG 1991, 144 (146) – Asea/BBC; Hüffer/*Koch* Rn. 12; *Semler* Leitung Rn. 330.

Für die Änderung, Aufrechterhaltung oder Beendigung des Beherrschungsvertrages wiederholt § 299 diesen Grundsatz nochmals ausdrücklich (→ § 299 Rn. 4 ff.). Lediglich zur *Vorbereitung* derartiger Maßnahmen kann daher das herrschende Unternehmen den Vorstand der abhängigen Gesellschaft nach § 308 Abs. 1 anweisen (→ Rn. 40).

3. Gewinnabführung. Das herrschende Unternehmen kann auf Grund eines Beherrschungsvertrags die abhängige Gesellschaft *nicht* zur Abführung ihres Gewinnes anweisen. Soweit es um die Abführung des Bilanzgewinns geht, ergibt sich dies bereits aus der Zuständigkeit der Hauptversammlung auf Grund des § 174 (→ Rn. 42). Aber auch im Übrigen ist für eine derartige Weisung kein Raum, wie daraus zu schließen ist, dass das Gesetz in § 291 Abs. 1 ebenso wie in § 304 Abs. 1 und § 305 Abs. 1 genau zwischen dem Beherrschungs- und dem Gewinnabführungsvertrag unterscheidet.[68] 43

Wenn das herrschende Unternehmen die Abführung der Gewinne der abhängigen Gesellschaft wünscht, muss es folglich zusätzlich zu dem Beherrschungsvertrag einen **Gewinn- oder Teilgewinnabführungsvertrag** mit der abhängigen Gesellschaft abschließen, wozu es unter den gegebenen Umständen in aller Regel ohne weiteres in der Lage sein dürfte (s. die §§ 291 Abs. 1 S. 1, 292 Abs. 1 Nr. 2 und § 293). Der auf diese Weise erreichte Schutz der abhängigen Gesellschaft bei Abschluss (nur) eines (isolierten oder reinen) Beherrschungsvertrages darf indessen nicht überbewertet werden, da das herrschende Unternehmen auch ohne Abschluss eines Gewinn- oder Teilgewinnabführungsvertrages bereits auf Grund des Beherrschungsvertrages über zahlreiche Möglichkeiten verfügt, sich die **Gewinne** der abhängigen Gesellschaft verdeckt ausschütten zu lassen (§ 291 Abs. 3 nF). 44

Hervorzuheben sind für die abhängige Gesellschaft besonders ungünstige **Konzernverrechnungspreise, Konzernumlagen** oder etwa Lizenzgebühren für weithin fiktive Leistungen des herrschenden Unternehmens. Weisungen zu derartigen nachteiligen Maßnahmen sind insbesondere an dem Vertrag (§ 308 Abs. 1 S. 2), an § 308 Abs. 2 S. 2 (→ Rn. 43 ff.) sowie an den sonstigen **Schranken** des Weisungsrechts zu messen (→ Rn. 55 ff.). Soweit die Weisung danach zulässig ist, spielt es jedoch heute grundsätzlich keine Rolle mehr, ob durch sie das Grund- oder Stammkapital der Gesellschaft tangiert wird (§§ 57 Abs. 1 S. 3 und 291 Abs. 3 sowie § 30 Abs. 1 S. 2 GmbHG, → § 291 Rn. 74–79). Freilich ist auch dieses sog. **Konzernprivileg** seinerseits nicht schrankenlos; Schranken ergeben sich vielmehr in erster Linie aus § 92 Abs. 2 S. 3 sowie aus der Unzulässigkeit von Weisungen, durch die die abhängige Gesellschaft übermäßig geschädigt und ihre Existenz bedroht wird (→ Rn. 59 ff.).[69] 44a

4. Nachteilige Weisungen. a) Begriff. Sofern der Beherrschungsvertrag nichts anderes bestimmt, sind nach § 308 Abs. 1 S. 2 nicht nur vorteilhafte, sondern auch nachteilige Weisungen zulässig, vorausgesetzt dass sie zugleich den Belangen des herrschenden Unternehmens *oder* der mit diesem (und der Gesellschaft)[70] iSd § 18 Abs. 1 S. 1 konzernverbundenen Unternehmen dienen. Der Begriff der Nachteiligkeit ist hier derselbe wie in den §§ 311 und 317 Abs. 2. Nachteilig sind daher solche Weisungen, die Maßnahmen betreffen, die der ordentliche und gewissenhafte Geschäftsleiter einer unabhängigen Gesellschaft, der sich ausschließlich an dem Interesse seiner Gesellschaft orientiert, nicht vorgenommen hätte (§§ 76, 93 Abs. 1 S. 1, 311, 317 Abs. 2; → § 311 Rn. 39 f.).[71] **Beispiele** sind die abhängige Gesellschaft benachteiligende Konzernverrechnungspreise (→ Rn. 44a, 59), die Verlagerung von Geschäftschancen oder von gewinnbringenden Geschäftsfeldern auf andere Konzernunternehmen, der Abzug von Liquidität, insbesondere im Rahmen von Systemen des 45

---

[68] Ebenso MüKoAktG/*Altmeppen* Rn. 98; *S. Fabian,* Inhalt und Grenzen, 156 ff.; GroßkommAktG/*Hirte* Rn. 35 f.; KK-AktG/*Koppensteiner* Rn. 36; K. Schmidt/Lutter/*Langenbucher* Rn. 22; Hölters/*Leuering/Goertz* Rn. 26; Spindler/Stilz/*Veil* Rn. 21; anders *Semler* Leitung Rn. 334.
[69] S. insbes. MüKoAktG/*Altmeppen* Rn. 95 ff.; *Habersack* FS Schaumburg, 2009, 1291 (1295 ff.); Grigoleit/*Servatius* Rn. 12 f.; *Stephan* Konzern 2014, 1 (24 f.) mN.
[70] Dieser Zusatz ist überflüssig und pleonastisch, wie aus § 18 Abs. 1 S. 1 folgt.
[71] GroßkommAktG/*Hirte* Rn. 50; Hüffer/*Koch* Rn. 15; *Kantzas* Weisungsrecht 98 ff.; K. Schmidt/Lutter/*Langenbucher* Rn. 24; *Sina* AG 1991, 1 (5); Hölters/*Leuering/Goertz* Rn. 28; Spindler/Stilz/*Veil* Rn. 24.

Cash Pooling,⁷² die Einstellung aussichtsreicher Entwicklungen, ein nachteiliger Effektenaustausch, der vom herrschenden Unternehmen verlangte Erwerb von Lizenzen an weithin wertlosen Schutzrechten und dergleichen mehr.⁷³ Den Gegensatz bilden Weisungen, die für die abhängige Gesellschaft **vorteilhaft** sind, dh in ihrem wohlverstandenen Interesse liegen, sodass die Vornahme entsprechender Maßnahmen seitens des Vorstandes der abhängigen Gesellschaft durch § 76 gedeckt wäre; derartige Weisungen sind – bei Abschluss eines Beherrschungsvertrages – immer zulässig, wie aus der Formulierung des § 308 Abs. 1 S. 2 („... auch ...") zu folgern ist.⁷⁴

46 b) **Voraussetzungen.** Nachteilige Weisungen (→ Rn. 45) sind nach § 308 nur unter bestimmten Voraussetzungen zulässig. Erste Voraussetzung ist nach § 308 Abs. 1 S. 2, dass der Beherrschungsvertrag nichts anderes bestimmt, zweite Voraussetzung, dass die nachteilige Weisung zugleich wenigstens mittelbar Vorteile für das herrschende Unternehmen oder für ein mit diesem (und der abhängigen Gesellschaft) konzernverbundenes Unternehmen hat. Man spricht insoweit vielfach auch von **Verbundvorteilen.** Hintergrund der eigenartigen Regelung ist die Vorstellung, dass ein Vertragskonzern im Grunde ein *einziges Unternehmen* (versteht sich: im wirtschaftlichen Sinne) darstellt, sodass es vertretbar erschien, nachteilige Weisungen unter der Voraussetzung zuzulassen, dass den Nachteilen für die abhängige Gesellschaft Vorteile für den Konzern insgesamt gegenüberstehen, die die Nachteile für die abhängige Gesellschaft zumindest aufwiegen.⁷⁵ Daraus ergibt sich als erstes die Frage, welche Unternehmen im Einzelnen zu dem Kreis der begünstigten Konzernunternehmen iSd § 308 Abs. 1 S. 2 gehören (→ Rn. 47).

47 In einem **Konzern** stehen Vorteile für das herrschende und für die anderen Konzernunternehmen im Rahmen des § 308 Abs. 1 S. 2 einander gleich. Die dieser Regelung zugrunde liegende Annahme einer wirtschaftlichen Einheit der Beteiligten (→ Rn. 46) rechtfertigt sich hinsichtlich des Verhältnisses der abhängigen Gesellschaft zu dem *herrschenden Unternehmen* bereits aus dem Abschluss des Beherrschungsvertrages, auf dem das Weisungsrecht des letzteren nach § 308 Abs. 1 beruht. Fraglich ist dagegen, *welche anderen* zu demselben Konzern gehörenden Unternehmen dem aus dem Beherrschungsvertrag berechtigten herrschenden Unternehmen gleichgestellt werden können, sodass Vorteile für sie gleichfalls die Nachteile der Weisung für die abhängige Gesellschaft aufzuwiegen vermögen. Die Frage stellt sich zunächst in **mehrstufigen Konzernen** (→ Rn. 6). Sind hier die Unternehmen auf allen Stufen des Konzerns durch Beherrschungs- oder Gewinnabführungsverträge verbunden, so ist ihre Betrachtung als wirtschaftliche Einheit iSd § 308 Abs. 1 S. 2 unproblematisch. Das gilt auch für Weisungen einer Tochtergesellschaft gegenüber einer Enkelgesellschaft im Interesse der Konzernobergesellschaft. Aber auch Vorteile für *Schwestergesellschaften* dürften in einem Vertragskonzern nach Sinn und Zweck der gesetzlichen Regelung (§§ 18 Abs. 1 S. 2, 308 Abs. 1 S. 2) zum Ausgleich der Nachteile einer Weisung für die abhängige Gesellschaft genügen, sofern die Schwestergesellschaften ebenfalls mit der Konzernobergesellschaft unmittelbar oder mittelbar durch Beherrschungs- oder Gewinnabführungsverträge verbunden sind. Dem Abschluss eines Vertrages iSd § 291 steht in allen genannten Fällen außerdem (erst recht) die **Eingliederung** (§§ 319 ff.) gleich. In den Kreis der begünstigten Unternehmen sind in Vertragskonzernen unter den genannten Voraussetzung ferner noch **sonstige Konzernunternehmen** auf anderen Konzernstufen einzubeziehen.⁷⁶ Zusammenfassend ist in diesem Zusammenhang häufig auch von dem sog. „**Konzerninteresse**" die Rede, das aber richtiger Meinung nach nicht verselbständigt werden darf.⁷⁷

47a Zweifelhaft ist die Rechtslage, wenn zwischen dem herrschenden Unternehmen und dem begünstigten anderen Konzernunternehmen, insbesondere zwischen der Konzernober-

---

⁷² S. dazu zB BGHZ 195, 1 (14) Rn. 31 = NZG 2012, 1262 = AG 2012, 674.
⁷³ K. Schmidt/Lutter/*Langenbucher* Rn. 21.
⁷⁴ *Voigt*, Haftung aus Einfluss, 271 f.
⁷⁵ *Altmeppen*, Die Haftung des Managers im Konzern, 20 f.; GroßkommAktG/*Hirte* Rn. 49.
⁷⁶ KK-AktG/*Koppensteiner* Rn. 45; *Mestmäcker*, FG Kronstein, 1967, 129, 134 f.
⁷⁷ Ausf. *Hoffmann-Becking* FS Hommelhoff, 2012, 433 (441 ff.); str.

gesellschaft und einer Schwestergesellschaft, lediglich eine **faktische Konzernverbindung** besteht. Die Beurteilung dieser Fälle hängt davon ab, ob auch hier noch der Grundgedanke des § 308 Abs. 1 S. 2 – Behandlung des Konzerns als wirtschaftliche Einheit (→ Rn. 46) – zutrifft. Von der überwiegenden Meinung wird dies mit Rücksicht auf den Wortlaut der §§ 18 Abs. 1 S. 1 und 311 bejaht.[78] Im Rahmen faktischer Konzerne sollen zwar die verbundenen Unternehmen nach den §§ 311 und 317 grundsätzlich wie selbstständige Gesellschaften geführt werden (→ § 311 Rn. 39 ff.); dadurch wird es jedoch nicht ausgeschlossen, dass Nachteile für eine Konzerngesellschaft mit Vorteilen für nur faktisch verbundene andere Konzerngesellschaften verbunden sind, und sei es auch nur in Gestalt des Ausgleichs von Nachteilen auf Grund des § 311. Deutlich ist indessen, dass für die Anwendung des § 308 Abs. 1 S. 2 hier, bei faktischen Konzernverbindungen, spürbar *engere Schranken* als in Vertrags- oder Eingliederungskonzernen bestehen.

Die Zulässigkeit einer nachteiligen Weisungen setzt ferner voraus, dass die Maßnahme, **48** zu der die abhängige Gesellschaft angewiesen wurde, im „Konzerninteresse" (→ Rn. 47) liegt, weil mit ihr sog. **Verbundvorteile** verbunden sind. Denn nach § 308 Abs. 1 S. 2 ist erforderlich, dass die Maßnahme den Belangen des herrschenden Unternehmens *oder* der mit ihm vertraglich oder faktisch konzernverbundenen anderen Unternehmen (→ Rn. 47 f.) iSd § 308 Abs. 1 S. 2 dient. Ob diese Voraussetzung erfüllt ist, müssen die gesetzlichen Vertreter des herrschenden Unternehmens bei der Weisungserteilung *nach pflichtgemäßem Ermessen* beurteilen. **Maßstab** ist nach § 309 die Sorgfalt eines ordentlichen und gewissenhaften Geschäftsleiters, der insbesondere die dem Weisungsrecht durch Gesetz und Satzung gezogenen Grenzen beachtet (→ Rn. 55 ff.).[79] Nur innerhalb dieser Grenzen sind daher nachteilige Weisungen zulässig (→ Rn. 49).

§ 308 Abs. 1 S. 2 verlangt, dass die fragliche nachteilige Weisung „den **Belangen**" eines **49** Konzernunternehmens (→ Rn. 47a, 48) dient. Die nachteilige Weisung muss mit anderen Worten für den Konzern in irgendeiner Hinsicht (unmittelbar oder mittelbar) *vorteilhaft* sein. Die Einzelheiten sind (mangels jeglicher Praxis) wenig geklärt. Nahe liegt insbesondere eine Parallele zu § 311 Abs. 2 (→ § 311 Rn. 62 ff.). Folgt man dem, so sollte grundsätzlich bereits **jeder positive Effekt** der Weisung auf die Vermögens- *oder* Ertragslage des herrschenden Unternehmens *oder* eines anderen mit ihm iSd § 308 Abs. 1 S. 2 konzernverbundenen Unternehmens zur Zulässigkeit einer nachteiligen Weisung nach § 308 Abs. 1 S. 2 führen (→ Rn. 47 f.).[80] Aber auch dies kann man unterschiedlich, insbesondere quantitativ oder qualitativ verstehen. Das neuere Schrifttum tendiert im Interesse der möglichst umfassenden Zulässigkeit einer einheitlichen Leitung der verbundenen Unternehmen im Vertragskonzern durchweg zu einer *ganz weiten qualitativen Interpretation* des Begriffs des Konzernvorteils in § 308 Abs. 2, dh der Belange des herrschenden Unternehmens und der mit diesem konzernverbundenen anderen Unternehmen, sodass jeder beliebige Vorteil für die genannten Unternehmen bereits ausreiche, um eine nachteilige Weisung zu rechtfertigen, ohne dass es noch zusätzlich auf das *Ausmaß* des Vorteils ankäme.[81] Dagegen spricht indessen, dass die gesetzliche Regelung letztlich auf der Vorstellung beruht, dass sich im Vertragskonzern die Vor- und Nachteile einer Maßnahme ausgleichen (→ Rn. 46). Daraus folgt, dass das Gesetz hier im Grunde eine **Saldierung der Vor- und Nachteile** einer Weisung für den Konzern verlangt, deren ungewöhnliche Schwierigkeit freilich auf der Hand liegt. Im Ergebnis werden daher in der Tat meistens *lediglich grobe Plausibilitätserwägungen* möglich sein,[82] – mit der Folge, dass es wohl schon genügt, wenn die Vorteile für den Konzern und insbesondere für das herrschende Unter-

---

[78] *Altmeppen,* Die Haftung des Managers, 21; MüKoAktG/*Altmeppen* Rn. 108 f. (aber sehr restriktiv); GroßkommAktG/*Hirte* Rn. 49; Hüffer/*Koch* Rn. 18; *Kantzas* Weisungsrecht 100; MüKoGmbHG/*Liebscher* Anh. § 13 Rn. 823; K. Schmidt/Lutter/*Langenbucher* Rn. 27; Hölters/*Leuering*/*Goertz* Rn. 30; Spindler/Stilz/ *Veil* Rn. 26 f.; aA *M. Steiner* Haftung 14 ff. mN.
[79] *Sina* AG 1991, 1 (7 f.); *Voigt,* Haftung aus Einfluss, 283, 289 ff.
[80] K. Schmidt/Lutter/*Langenbucher* Rn. 27; Spindler/Stilz/*Veil* Rn. 26 f.
[81] So zB Grigoleit/*Servatius* Rn. 10 f.; *Stephan* Konzern 2014, 1 (23 f.).
[82] *Voigt,* Haftung aus Einfluss, 293.

nehmen in einem vernünftigen Verhältnis zu den Nachteilen für die abhängige Gesellschaft infolge der fraglichen Weisung stehen (**Verhältnismäßigkeitsgrundsatz**, → Rn. 51, 61).⁸³ Außerdem dürfte bei der erforderlichen Abwägung nach dem Sinn der gesetzlichen Regelung (§§ 308 Abs. 1, 309 und 311) auf eine **ex-ante-Sicht** vom Standpunkt des herrschenden Unternehmens aus abzustellen sein, weil jede andere Auffassung von den gesetzlichen Vertretern des herrschenden Unternehmens letztlich Unmögliches verlangte (→ § 311 Rn. 44; aber → Rn. 34).⁸⁴

50   Im Konzerninteresse können ausnahmsweise auch für die abhängige Gesellschaft **nachteilige Geschäfte mit Dritten** liegen, *vorausgesetzt*, dass der Konzern in dem genannten Sinne (→ Rn. 47 ff.) davon profitiert. Den Gegensatz bilden für die abhängige Gesellschaft nachteilige Weisungen, die ausschließlich den *Interessen beliebiger Dritter* einschließlich des Mehrheitsgesellschafters des herrschenden Unternehmens dienen, ohne dass sich aus ihnen zugleich für den *Konzern* irgendwelche Vorteile ergäben.⁸⁵ Interessen Dritter in diesem Sinne stehen bei Unternehmen, die von der öffentlichen Hand abhängig sind, *öffentliche Interessen* gleich, die daher ebenfalls als Rechtfertigungsgrund für eine Schädigung der abhängigen Gesellschaft und ihrer außenstehenden Aktionäre ausscheiden.⁸⁶

51   Da die Nachteile für die abhängige Gesellschaft in einem vernünftigen Verhältnis zu den Vorteilen für den Konzern stehen müssen (§ 242 BGB; → Rn. 49), bleibt eine **unverhältnismäßige Schädigung** der abhängigen Gesellschaft, der keine vergleichbaren Vorteile für andere Konzernunternehmen gegenüberstehen, verboten (→ Rn. 49, 61).⁸⁷ An der Folgepflicht des Vorstandes ändert dies freilich nur etwas unter den engen zusätzlichen Voraussetzungen des § 308 Abs. 2 S. 2, dh nur dann, wenn die Unverhältnismäßigkeit *offensichtlich* ist (→ Rn. 52 f.).⁸⁸

52   **5. Folgepflicht des Vorstandes (Abs. 2). a) Nur zulässige Weisungen.** Nach § 308 Abs. 2 S. 1 ist der Vorstand der abhängigen Gesellschaft grundsätzlich verpflichtet, die Weisungen des herrschenden Unternehmens zu befolgen, selbst wenn sie für seine Gesellschaft nachteilig sind (§ 308 Abs. 1 S. 2), außer wenn ihre Unzulässigkeit – mangels Vorteilhaftigkeit für den Konzern – offensichtlich ist (§ 308 Abs. 2 S. 2). Die Folgepflicht trifft mithin nicht nur die abhängige Gesellschaft (als Vertragspartei § 291 Abs. 1 S. 1), sondern auch die *Vorstandsmitglieder* der abhängigen Gesellschaft **persönlich**, sodass sie sich – neben der abhängigen Gesellschaft – selbst **ersatzpflichtig** machen, wenn sie zulässigen Weisungen nicht nachkommen (§§ 276, 280 Abs. 1 BGB; → Rn. 17 f.).⁸⁹ Außerdem kann dann ihre Bestellung aus wichtigem Grunde widerrufen werden (§ 84 Abs. 3).

52a   Eine Folgepflicht des Vorstands besteht naturgemäß allein gegenüber **gesetzmäßigen Weisungen.** Weisungen, die dem Gesetz oder dem Beherrschungsvertrag widersprechen, sind nichtig (§ 134 BGB) und dürfen von dem Vorstand aufgrund seiner Legalitätspflicht nicht befolgt werden (→ Rn. 55 ff.). Dies hat nichts mit § 308 Abs. 2 S. 2 zu tun, der sich allein auf sich *zulässige*, weil durch den Vertrag oder das Gesetz gedeckte, aber *nachteilige* Weisungen bezieht. Daraus folgt, dass der Vorstand jede Weisung einer **doppelten Prüfung** unterziehen muss (→ Rn. 66).⁹⁰ Auf der *ersten Stufe* ist zu prüfen, ob die Weisung mit dem Gesetz und dem Vertrag in Übereinstimmung steht. Ist dies zu bejahen, so greift auf der *zweiten Stufe* die Regelung des § 308 Abs. 2 ein, die mithin allein an sich zulässige, aber

---

⁸³ Dagegen aber wieder Grigoleit/*Servatius* Rn. 10.
⁸⁴ *Hoffman-Becking* FS Hommelhoff, 2012, 433 (443); *Immenga* ZHR 140 (1976), 301 (304 ff.); *Voigt*, Haftung aus Einfluss, 293 f.
⁸⁵ GroßkommAktG/*Hirte* Rn. 51; K. Schmidt/Lutter/*Langenbucher* Rn. 30; Spindler/Stilz/*Veil* Rn. 27.
⁸⁶ BGHZ 135, 107 (113 f.) = NJW 1997, 1855 (1856) = AG 1997, 374 – VW/Niedersachsen; aA KK-AktG/*Koppensteiner* Rn. 41 f.
⁸⁷ *Altmeppen*, Die Haftung des Managers, 21; *Emmerich* in Hommelhoff Entwicklungen 64, 69 f.; KK-AktG/*Koppensteiner* Rn. 47, 53; MüKoGmbHG/*Liebscher* Anh. § 13 Rn. 823; *Lutter* FS Happ, 2006, 143; *Sina* AG 1991, 1 (7 f.); dagegen Grigoleit/*Servatius* Rn. 10.
⁸⁸ MüKoAktG/*Altmeppen* Rn. 110–114.
⁸⁹ K. Schmidt/Lutter/*Langenbucher* Rn. 25.
⁹⁰ S. zB Grigoleit/*Servatius* Rn. 26 f.

nachteilige Weisungen betrifft. Nur bei solchen Weisungen hat der Vorstand folglich *zusätzlich* zu prüfen, ob die nachteilige Weisung offensichtlich nicht den Belangen des herrschenden Unternehmens und der anderen mit ihm konzernverbundenen Unternehmen dient (§ 308 Abs. S, 2). Aus diesem Zusammenhang ergibt sich unmittelbar die zentrale Rolle, die der **Prüfungspflicht** des Vorstands der abhängigen Gesellschaft im Rahmen des gesetzlichen Systems der §§ 308–310 zum Schutz der abhängigen Gesellschaft zukommt (→ Rn. 66). Dies alles gilt ohne Einschränkungen auch für **Doppelmandatsträger** (→ Rn. 29a).[91]

Handlungen, die der Vorstand der abhängigen Gesellschaft aufgrund von Weisungen des 52b herrschenden Unternehmens vornimmt, sind im **Außenverhältnis** allein der *abhängigen* Gesellschaft zuzurechnen. Das gilt gleichermaßen für Willenserklärungen (keine Vertretungsmacht des herrschenden Unternehmens aufgrund des § 308, → Rn. 31 ff.) wie für unerlaubte Handlungen.[92] In dem zuletzt genannten Fall kommt jedoch eine Mithaftung des herrschenden Unternehmens als **Anstifter** in Betracht (§ 830 Abs. 2 BGB; → Rn. 55a).

b) Insbesondere nachteilige Weisungen. Eine (begrenzte) Ausnahme von der grund- 52c sätzlichen Unverbindlichkeit unzulässiger Weisungen (→ Rn. 52a) kennt das Gesetz in **§ 308 Abs. 2 S. 2** für nachteilige Weisungen, deren Unzulässigkeit allein auf dem Verstoß gegen § 308 Abs. 1 S. 2 beruht (→ Rn. 45 ff.): Nach § 308 Abs. 2 S. 2 ist der Vorstand der abhängigen Gesellschaft nicht berechtigt, die Befolgung einer Weisung zu verweigern, weil sie seiner Ansicht nach nicht den Belangen des herrschenden Unternehmens sowie der mit diesem konzernverbundenen Unternehmen dient, außer wenn dies „offensichtlich" ist. Die Gesetzesverfasser haben diese eigenartige Regelung damit gerechtfertigt, dass der Vorstand einer einzelnen abhängigen Konzerngesellschaft häufig nicht zu der Beurteilung in der Lage sei, ob eine Weisung tatsächlich den Belangen des herrschenden Unternehmens oder der mit ihm konzernverbundenen anderen Unternehmen dient.[93] Folgerichtig entfällt die Verpflichtung des Vorstandes der abhängigen Gesellschaft zur Befolgung auch unzulässiger nachteiliger Weisungen erst, wenn ihre Unzulässigkeit aus dem genannten Grund „offensichtlich" ist.

Die Folgepflicht des Vorstands der abhängigen Gesellschaft gegenüber an sich unzulässi- 53 gen nachteiligen Weisungen (§ 308 Abs. 1 S. 2 und Abs. 2 S. 2) tritt **nur in evidenten Missbrauchsfällen** zurück, dh in Fällen, in denen die Unzulässigkeit, weil Missbräuchlichkeit der Weisung für jeden Sachkenner ohne weitere Nachforschungen auf der Hand liegt, wobei von dem *Wissensstand des Vorstandes der abhängigen Gesellschaft* auszugehen ist.[94] § 308 Abs. 2 S. 2 sagt zwar nicht, *für wen* die Unzulässigkeit der nachteiligen Weisung „offensichtlich" sein muss. Gemeint sein kann indessen der Sache nach nur der Vorstand der *abhängigen* Gesellschaft, dessen Wissensstand über die Konzerninterna durchaus auch dem außenstehender Dritter überlegen sein kann. Ist für *ihn* nach *seinem* Wissensstand die Unzulässigkeit der Weisung mangels irgendwelcher Verbundvorteile der Weisung „offensichtlich", so bleibt es daher bei der grundsätzlichen Unbeachtlichkeit unzulässiger nachteiliger Weisungen (→ Rn. 52c); und an die Stelle der Folgepflicht des Vorstands der abhängigen Gesellschaft (§ 308 Abs. 2 S. 1) tritt wieder seine alleinige Verpflichtung auf das Wohl der abhängigen Gesellschaft, mit der die Befolgung für die abhängige Gesellschaft nachteiliger unzulässiger Weisungen eben grundsätzlich unvereinbar ist (§§ 76, 93).[95]

c) Konsultationspflicht. Aus der geschilderten Regelung (→ Rn. 52 f.) ergibt sich 53a vor allem die Frage, wie zu verfahren ist, wenn der Vorstand der abhängigen Gesellschaft

---

[91] K. Schmidt/Lutter/*Langenbucher* Rn. 38; Hölters/*Leuering/Goertz* Rn. 59.
[92] Hölters/*Leuering/Goertz* Rn. 54.
[93] Begr. RegE des § 308 und des § 310 bei *Kropff* AktG 403, 406.
[94] *Altmeppen*, Die Haftung des Managers, 28; MüKoAktG/*Altmeppen* Rn. 148; Hüffer/*Koch* Rn. 22; K. Schmidt/Lutter/*Langenbucher* Rn. 40; Hölters/*Leuering/Goertz* Rn. 53; MüKoGmbHG/*Liebscher* Anh. § 13 Rn. 825; *Hoffmann-Becking* FS Hommelhoff, 2012, 433 (443); Spindler/Stilz/*Veil* Rn. 34.
[95] Ebenso schon Begr. RegE bei *Kropff* AktG 403.

zwar **Zweifel** hinsichtlich der Vereinbarkeit der für seine Gesellschaft nachteiligen Weisung mit dem „Konzerninteresse" iSd § 308 Abs. 2 S. 2 hat, die Situation jedoch *unklar* ist, sodass nicht von Offensichtlichkeit iSd genannten Vorschrift die Rede sein kann. Für diese Fälle folgt schon aus den §§ 93 und 310, dass der Vorstand der abhängigen Gesellschaft dann auf jeden Fall (zumindest) verpflichtet ist, das herrschende Unternehmen über seine **Zweifel** zu **informieren,** um dieses zu einer *Überprüfung* seiner Weisung zu veranlassen.[96]

53b Beharrt das herrschende Unternehmen trotz der Einwände der abhängigen Gesellschaft (→ Rn. 53a) auf seiner nachteiligen Weisung, weil es davon ausgeht, dass die Nachteile der Weisung für die abhängige Gesellschaft durch Vorteile für andere Konzernunternehmen iSd § 308 Abs. 1 S. 2 aufgewogen werden, so muss entschieden werden, wessen Sicht der Dinge dann letztlich den Ausschlag geben soll, dh wem hier, wenn man so will, die **Beurteilungsprärogative** zusteht. Überwiegend wird aus der Formulierung des § 308 Abs. 2 S. 2 („es sei denn, dass") der Schluss gezogen, dass im Konfliktfall die **Beweislast** für die Unzulässigkeit einer nachteiligen Weisung **bei** der **abhängigen Gesellschaft** liegt, sodass der Vorstand der abhängigen Gesellschaft trotz fortbestehender Zweifel einer (wiederholten) nachteiligen Weisung folgen müsste, außer wenn er in der Lage ist, ihre Unzulässigkeit infolge mangelnder Vorteile für das herrschende Unternehmen und die mit diesem konzernverbundenen anderen Unternehmen auch nachzuweisen.[97]

53c Der hM (→ Rn. 53b) ist nur zu folgen, wenn und soweit zwischen der abhängigen Gesellschaft und dem herrschenden Unternehmen bereits umstritten ist, **ob** die fragliche Weisung überhaupt **nachteilig** für die abhängige Gesellschaft ist (worüber man häufig durchaus unterschiedlicher Meinung sein kann), da hier die *abhängige Gesellschaft* tatsächlich „näher daran ist", ihre Zweifel zu begründen.[98] Im Übrigen ist jedoch entgegen der hM von der Beweislast des *herrschenden* Unternehmens auszugehen, das ohne weiteres in der Lage sein muss, ein etwaiges vorrangiges Konzerninteresse darzulegen. Dieses Gesetzesverständnis ist durchaus mit dem Wortlaut des Gesetzes (§ 308 Abs. 1 S. 2 und Abs. 2 S. 2) vereinbar. Im Falle der Erteilung unzulässiger Weisungen hat der Vorstand der abhängigen Gesellschaft außerdem nach pflichtgemäßem Ermessen zu prüfen, ob der Vertrag nach § 297 Abs. 1 aus wichtigem Grunde zu *kündigen* ist (→ § 297 Rn. 23).

54 **6. Weisungsfreier Raum.** § 308 bedeutet lediglich eine Einschränkung, keine Aufhebung des § 76. Soweit das herrschende Unternehmen von Weisungen absieht, bleibt es bei der Maßgeblichkeit des § 76, sodass sich der Vorstand der abhängigen Gesellschaft in dem weisungsfreien Raum weiterhin allein an dem Interesse seiner Gesellschaft zu orientieren hat. Entgegen einer verbreiteten Meinung braucht er dabei auf das **„Konzerninteresse",** dh konkret: insbesondere das Interesse des herrschenden Unternehmens, **keine Rücksicht** zu nehmen (§ 93).[99] Lediglich Maßnahmen, die *direkt* gegen das herrschende Unternehmen oder gegen andere Konzernunternehmen gerichtet sind, dürften nach dem Sinn des Beherrschungsvertrages verboten sein, sodass solche Maßnahmen die abhängige Gesellschaft schadensersatzpflichtig machen (§§ 675 Abs. 1, 280, 249, 252 BGB). In Zweifelsfällen ergibt sich aus dem Beherrschungsvertrag ferner die Verpflichtung des Vorstands der abhängigen Gesellschaft, das herrschende Unternehmen vor der Durchführung der fraglichen Maßnahmen zu konsultieren (§§ 241 Abs. 2, 242 BGB).[100]

---

[96] MüKoAktG/*Altmeppen* Rn. 145; GroßkommAktG/*Hirte* Rn. 57; Hüffer/*Koch* Rn. 21; KK-AktG/*Koppensteiner* Rn. 68; K. Schmidt/Lutter/*Langenbucher* Rn. 40; Hölters/*Leuering*/*Goertz* Rn. 52; MüKoGmbHG/ *Liebscher* Anh. § 13 Rn. 825; Spindler/Stilz/*Veil* Rn. 35.
[97] MüKoAktG/*Altmeppen* Rn. 145; Hüffer/*Koch* Rn. 21; GroßkommAktG/*Hirte* Rn. 56; Hölters/*Leuering*/*Goertz* Rn. 53; Spindler/Stilz/*Veil* Rn. 34; *Voigt,* Haftung aus Einfluss, 270 ff., 272.
[98] *Voigt,* Haftung aus Einfluss, 272 ff.
[99] Ebenso MüKoAktG/*Altmeppen* Rn. 154; aA *Denzer* 92 ff.; KK-AktG/*Koppensteiner* Rn. 71 f.; K. Schmidt/Lutter/*Langenbucher* Rn. 42; Hölters/*Leuering*/*Goertz* Rn. 55 f.; *S. Schneider*/*U. Schneider* AG 2005, 57 (61 f.).
[100] MüKoAktG/*Altmeppen* Rn. 155; Hüffer/*Koch* Rn. 20; K. Schmidt/Lutter/*Langenbucher* Rn. 42; Hölters/*Leuering*/*Goertz* Rn. 55; Spindler/Stilz/*Veil* Rn. 23.

VII. Schranken

1. Überblick. Das Weisungsrecht des herrschenden Unternehmens auf Grund eines 55 Beherrschungsvertrages ist nicht schrankenlos (→ Rn. 37); vielmehr zieht ihm bereits das **AktG** in den §§ 299 und 308 Abs. 1 S. 2 gewisse äußerste Grenzen (→ Rn. 45 ff.). Dass diese Schranken ernst zu nehmen sind, zeigt auch die abweichende Regelung für die Eingliederung in § 323 Abs. 1 S. 2 (→ § 323 Rn. 2 ff.). Weitere Schranken können sich aus dem Beherrschungsvertrag und aus der Satzung der abhängigen Gesellschaft (→ Rn. 56 f.) sowie aus den §§ 134 und 138 BGB ergeben (→ Rn. 58 ff.). In diesen Zusammenhang gehören ferner der Verhältnismäßigkeitsgrundsatz und die damit zusammenhängende Frage, ob die Lebensfähigkeit der abhängigen Gesellschaft dem Weisungsrecht des herrschenden Unternehmens zusätzliche Schranken zieht (→ Rn. 60 ff.). Eine Weisung ist schließlich unzulässig, wenn sie sorgfaltswidrig ist, wie aus § 309 Abs. 1 zu folgern ist (→ § 309 Rn. 28 ff.).

Befolgt der Vorstand der abhängigen Gesellschaft eine rechtswidrige und deshalb unzulässige Weisung, durch die die abhängige Gesellschaft geschädigt wird, so richtet sich die 55a **Ersatzpflicht** des herrschenden Unternehmens und seiner gesetzlichen Vertreter sowie die der gesetzlichen Vertreter der abhängigen Gesellschaft gegenüber dieser nach den §§ 309 Abs. 2 und 310 Abs. 1. Zusätzliche Haftungsfolgen können sich für alle Beteiligte ergeben, wenn durch die Befolgung der rechtswidrigen Weisung Dritte deliktisch geschädigt werden (→ Rn. 52b). Neben der abhängigen Gesellschaft und ihren gesetzlichen Vertretern (§§ 823, 826, 31 BGB) kommt in diesem Fall auch eine Haftung des herrschenden Unternehmens und seiner gesetzlichen Vertreter als Anstifter oder Mittäter in Betracht (§§ 830, 31 BGB; → Rn. 52b).[101]

2. Vertrag. Durch den Beherrschungsvertrag können dem Weisungsrecht des herrschen- 56 den Unternehmens in verschiedener Hinsicht Schranken gezogen werden, wovon das Gesetz selbst in § 308 Abs. 1 S. 2 (Ausschluss nachteiliger Weisungen durch den Vertrag) ausgeht (→ § 291 Rn. 20 ff.). Ein weiteres Beispiel sind Teilbeherrschungsverträge, soweit mit § 291 vereinbar (§ 291 Rn. 20 ff.). Danach unzulässige, weil gegen den Vertrag verstoßende Weisungen dürfen vom Vorstand der abhängigen Gesellschaft nicht befolgt werden.

3. Satzung. Schranken zieht dem Weisungsrecht des herrschenden Unternehmens fer- 56a ner die Satzung der abhängigen Gesellschaft. Satzungswidrige Weisungen des herrschenden Unternehmens dürfen von dem Vorstand der abhängigen Gesellschaft ebensowenig wie vertragswidrige Weisungen befolgt werden (→ Rn. 56). Die Geschäftsführungsbefugnis des Vorstandes beschränkt sich nach den §§ 76 Abs. 1 und 82 Abs. 2 auf den satzungsmäßigen Gegenstand der Gesellschaft. Solange die Satzung nicht geändert ist, bleibt daher der Vorstand der abhängigen Gesellschaft ohne Rücksicht auf den Beherrschungsvertrag an den *satzungsmäßigen Gegenstand* der Gesellschaft gebunden (§ 179). Das gilt gleichermaßen für die Aufnahme von Tätigkeiten außerhalb des Gegenstandes der Gesellschaft wie für die Einstellung zentraler, zum bisherigen Gegenstand gehörender Tätigkeitsbereiche. Derartige Satzungsänderungen fallen in die alleinige Zuständigkeit der Hauptversammlung (§ 179) und sind damit dem Weisungsrecht des herrschenden Unternehmens entzogen.[102]

Das herrschende Unternehmen darf daher den Vorstand der abhängigen Gesellschaft 57 **zB** nicht dazu anweisen, *neue Tätigkeiten* außerhalb ihres bisherigen Gegenstandes aufzunehmen oder wichtige derartige *Tätigkeitsbereiche einzustellen,* ohne dass zuvor die Satzung geändert wurde.[103] Ebenso verboten sind Weisungen, die zur Folge haben, dass die abhän-

---

[101] *Ehricke* ZGR 2000, 351 (355 ff.); Hüffer/*Koch* Rn. 14.
[102] OLG Düsseldorf AG 1990, 490 (492); OLG Nürnberg AG 2000, 228 (229) – WBG; MüKoAktG/*Altmeppen* Rn. 130 f.; *M. Geißler* NZG 2015, 734 (737 f.); *S. Fabian,* Inhalt und Grenzen, 185 ff.; Großkomm-AktG/*Hirte* Rn. 40; KK-AktG/*Koppensteiner* Rn. 55; Hölters/*Leuering/Goertz* Rn. 34; MüKoGmbHG/*Liebscher* Anh. § 13 Rn. 829.
[103] S. außer den Genannten noch *Hommelhoff* Konzernleitungspflicht 149, 316 ff.; *Kantzas* Weisungsrecht 103 ff.

gige Gesellschaft ihre *Geschäftstätigkeit* ganz oder im Wesentlichen *einstellen* muss. Durch Weisung kann nicht eine bisher produktiv tätige Tochtergesellschaft in eine bloße Zwischenholding verwandelt werden.[104] Wohl aber kann der Geschäftsführer einer abhängigen Gesellschaft, deren Tätigkeit erheblich reduziert wurde, angewiesen werden, zusätzliche Sachbearbeitertätigkeiten in der Gesellschaft zu übernehmen, damit er wieder ausgelastet ist.[105]

58 **4. Gesetz, Aufsichtsrecht.** Zwingende gesetzliche Vorschriften ziehen (selbstverständlich) auch dem Weisungsrecht des herrschenden Unternehmens unübersteigbare Schranken (sog. **Legalitätspflicht** des Vorstandes). Weisungen sind rechtsgeschäftsähnliche Handlungen (→ Rn. 26). Ein Verstoß gegen die §§ 134 oder 138 BGB hat daher die **Nichtigkeit** der Weisung zur Folge. Das herrschende Unternehmen ist nicht befugt, den Vorstand der abhängigen Gesellschaft zu Verstößen zB gegen Vorschriften des Wettbewerbs- oder des Steuerrechts sowie des Handels-, Gesellschafts- oder Bilanzrechts anzuweisen (zu § 291 Abs. 3 → Rn. 59).[106] Unbeachtlich wäre daher zB eine Weisung, den Anspruch auf Verlustausgleich aus § 302 nicht geltend zu machen oder Mitbestimmungsrechte der Arbeitnehmer zu übergehen.[107]

58a Schranken des Weisungsrechts können sich ferner von Fall zu Fall aus dem **Aufsichtsrecht** über bestimmte Wirtschaftszweige ergeben, wobei in erster Linie an **Kreditinstitute** und **Versicherungsunternehmen** zu denken ist. Einschlägig sind in erster Linie das KWG und das VAG sowie eine Fülle ergänzender unionsrechtlicher und nationaler Rechtsakte. Die nur schwer überschaubare Materie, die in letzter Zeit verstärkte Aufmerksamkeit gefunden hat,[108] hat verschiedene Aspekte. Im Vordergrund des Interesses stehen die zahlreichen Fragen, die mit der vor allem vom Unionsrecht favorisierten **Gruppenaufsicht** über miteinander verbundene Banken und Versicherungen zusammenhängen, in der zunehmend unterschiedlich abgegrenzte Gruppen derartiger Unternehmen, dh eben „Konzerne", für die Zwecke der Aufsicht zusammengefasst werden. Ein besonderes Problem ist dabei die zum Teil weitreichende Gruppenverantwortung, die dem übergeordneten Unternehmen der Gruppe auferlegt wird und die sich zB in besonderen Informationspflichten sowie in zusätzlichen Anforderungen an die Kapitalausstattung der Gruppe insgesamt oder das Risikomanagement in der Gruppe äußert (vgl. zB § 25a Abs. 3 KWG). Aufsichtsrechtliche Regelungen dieser Art sind eigentlich durchgängig nicht mit dem Konzernrecht des AktG abgestimmt, sondern stehen unverbunden neben dem Gesellschaftsrecht, sodass sich die Frage stellt, welche Regelung in den häufigen Konfliktfällen den **Vorrang** haben soll. Im Schrifttum findet sich teilweise die Auffassung, in derartigen Fällen gebühre dem Aufsichtsrat als öffentlich-rechtlichem Sonderkonzernrecht der Vorrang.[109] Dafür fehlt indessen jede Begründung; es ist vielmehr Sache des Gesetzgebers, das Gesellschaftsrecht, wenn er dies für Aufsichtszwecke für erforderlich hält, an das Aufsichtsrecht anzupassen. Solange dies nicht geschieht, hat das Aufsichtsrecht das Gesellschaftsrecht und damit insbesondere auch die §§ 18, 291 und 308 zu respektieren.[110]

---

[104] *Kantzas* Weisungsrecht 106 f.
[105] OLG Nürnberg AG 2000, 228 f. – WBG.
[106] GroßkommAktG/*Hirte* Rn. 37 ff.; Hüffer/*Koch* Rn. 14; *Kantzas* Weisungsrecht 98; KK-AktG/*Koppensteiner* Rn. 30; K. Schmidt/Lutter/*Langenbucher* Rn. 24; MüKoGmbHG/*Liebscher* Anh. § 13 Rn. 828; Grigoleit/*Servatius* Rn. 16; *Streyl* Vorstands-Doppelmandate 60; Spindler/Stilz/*Veil* Rn. 28 f.
[107] GroßkommAktG/*Hirte* Rn. 39.
[108] *Casper* ZIP 2012, 497; *Binder* ZGR 2013, 760; *Dreher* ZVersWiss. 1988, 619; *ders.* DB 1992, 2605; *ders.*/Ballmeier ZGR 2014, 753; *Gromann* AG 1981, 241; GroßkommAktG/*Hirte* Rn. 39; *Miederhoff* WM 2001, 2041; *A. Müller-Wiedenhorn*, Versicherungsvereine auf Gegenseitigkeit im Unternehmensverbund, 1993; *Preußner*/Fett AG 2001, 337 (339 ff.); *C. van de Sande*, Die Unternehmensgruppe im Banken- und Versicherungsaufsichtsrecht, 2003, 189 ff.; *Sasse* FS Sieg, 1976, 435; *U. Schneider* in Büschgen/U. Schneider (Hrsg.), Der europäische Binnenmarkt 1992, 1990, 95, 107 ff.; *ders.* ZGR 1996, 225; *Streyl* Vorstands-Doppelmandate 145 ff.; *Tröger* ZHR 177 (2013), 475; *Weber-Ray* ZGR 2010, 549.
[109] Insbes. *Tröger* ZHR 177 (2013), 475.
[110] *Dreher*/Ballmeier ZGR 2014, 753 (773 ff.); ebenso speziell für § 290 Abs. 2 Nr. 2 Hs. 2 KAGB *Stephan* Konzern 2014, 1 (25).

Das Aufsichtsrecht bemüht sich gleichzeitig darum, **sachfremde Einflüsse** auf Banken 58b
und Versicherungen in Unternehmensgruppen nach Möglichkeit zurückzudrängen. Ein
Beispiel ist die Regelung des § 25a KWG nF, aus der zum Teil der Schluss gezogen wird, dass
den „Geschäftsleitern" eines Kreditinstituts, insbesondere also dem Vorstand einer Bank-AG
die uneingeschränkte Geschäftsführungs- und Vertretungsbefugnis zustehen müsse, womit
Eingriffsrechte Dritter unvereinbar seien, sodass für Weisungsrechte Dritter aufgrund eines
Beherrschungsvertrages hier *kein* Raum mehr sei.[111] Anders verhält es sich aber auf jeden
Fall, wenn das herrschende Unternehmen von der sog. **Waiver-Regelung des § 2a KWG
nF** Gebrauch macht, weil in diesem Fall das nachgeordnete Kreditinstitut in einer Unternehmensgruppe von der Beachtung des § 25a KWG befreit ist, sofern die gesamte Verantwortung bei dem übergeordneten, dh bei dem herrschenden Unternehmen liegt, wozu unter
anderem ein umfassendes **Weisungsrecht** aufgrund eines Beherrschungsvertrages erforderlich ist. Aber auch jenseits dieser Sonderregelung bleibt in Unternehmensgruppen durchaus
Raum für die Anwendung des § 308 auf Kreditinstitute.[112] Auf der anderen Seite versteht
es sich von selbst, dass nach Abschluss eines Beherrschungsvertrages das Weisungsrecht
immer nur im Rahmen und nach Maßgabe des zwingenden **Aufsichtsrechts** ausgeübt
werden darf (§ 134 BGB), worauf das Bundesaufsichtsamt (BaFin) mit großer Sorgfalt achtet
(→ § 291 Rn. 5; → § 294 Rn. 14).[113] Die Einzelheiten gehören die Darstellungen des
Aufsichtsrechts.

Eine **Ausnahme** von der durchgängigen Gesetzesbindung des herrschenden Unterneh- 59
mens bei der Ausübung seines Weisungsrechts folgt aus dem **Konzernprivileg** des § 291
Abs. 3 idF von 2008, nach dem Leistungen der abhängigen Gesellschaft bei Bestehen eines
Beherrschungsvertrages nicht als Verstoß gegen die §§ 57, 58 und 60 gelten (→ Rn. 44a;
→ § 291 Rn. 74 ff.).[114] Eine vergleichbare Regelung enthält für den Eingliederungskonzern
§ 323 Abs. 2 (→ § 323 Rn. 3). Das herrschende Unternehmen kann daher von der abhängigen Gesellschaft in den Grenzen des § 308 Abs. 1 S. 2 auch die **verdeckte Ausschüttung
von Gewinnen** verlangen; die üblichen Mittel hierzu sind ungünstige Konzernverrechnungspreise oder Konzernumlagen (→ Rn. 44a). Entsprechendes gilt heute im Ergebnis
für die **GmbH** im Rahmen der §§ 30 und 31 GmbHG.[115]

5. Lebensfähigkeit der Gesellschaft. a) Aktuelle Lebensfähigkeit. Als weitere 60
Schranke des Weisungsrechts des herrschenden Unternehmens auf Grund des § 308 wird
im Schrifttum die Lebens- oder Überlebensfähigkeit der abhängigen Gesellschaft diskutiert.
Dieser Fragenkreis hat mehrere Aspekte. Im Mittelpunkt des Interesses steht heute die
Frage der Zulässigkeit solcher Weisungen, durch die *aktuell* die Existenz der abhängigen
Gesellschaft bedroht wird (→ Rn. 61–64). Davon zu trennen ist die Frage nach der Zulässig-
keit von Weisungen, durch die (zumindest) ernste Gefahren für die *Überlebensfähigkeit* der
Gesellschaft nach Beendigung des Beherrschungsvertrages heraufbeschworen werden
(→ Rn. 65).

Weisungen, durch die die **Lebensfähigkeit** der abhängigen Gesellschaft hic et nunc 61
unmittelbar, dh *konkret*, **bedroht** wird, sind nach der zutreffenden hM **unzulässig**.[116] Hier

---

[111] S. mN zum Streitstand *Casper* ZIP 2012, 497 (499).
[112] BGHZ 197, 284 (292 ff.) Rn. 40 ff. = AG 2013, 680 – Essenhyp; OLG Frankfurt AG 2012, 217 (218) Rn. 39, 41 f. = ZIP 2012, 79 – Eurohypo/Rheinhyp; *Casper* ZIP 2012, 497 (499 ff.).
[113] Beispielsweise GroßkommAktG/*Mülbert* § 291 Rn. 87 f.
[114] *Habersack* FS Schaumburg, 2009, 1291 (1295 ff.).
[115] *Habersack* FS Schaumburg, 2009, 1291 (1299).
[116] OLG Düsseldorf AG 1990, 490 (492) – DAB/Hansa; LG München I NZG 2012, 1152; *Emmerich* in Hommelhoff Entwicklungen 64, 71 ff.; *S. Fabian,* Inhalt und Grenzen, 227 ff.; *M. Geißler* NZG 2015, 734 (738 ff.); *Habersack* FS Schaumburg, 2009, 1291 (1298 f.); *Hommelhoff* Konzernleitungspflicht 148, 307 ff.; GroßkommAktG/*Hirte* Rn. 42–44; *Hüffer/Koch* Rn. 19; *Kantzas* Weisungsrecht 109 ff.; *Kleindiek,* Strukturvielfalt im Personengesellschafts-Konzern, 1991, 168 ff.; K. Schmidt/Lutter/*Langenbucher* Rn. 31 ff.; Hölters/
Leuering/Goertz Rn. 36; MüKoGmbHG/*Liebscher* Anh. § 13 Rn. 830–836; *Redeke* ZIP 2012, 159 (163 f.);
Semler FS Stiefel, 1987, 750 f.; *Sina* AG 1991, 1 (7 f.); *Streyl* Vorstands-Doppelmandate 49 ff.; *Tröger/Dangel-
mayer* ZGR 2011, 558 (575, 585 ff.); *Vanis* GesRZ 1987, 132 (141 f.); *Wiedemann/Hirte,* FG 50 Jahre BGH,
Bd. II, 2000, 337, 383; *H. Wilhelm* Beendigung 139 ff.; *Wimmer-Leonhardt* Konzernhaftungsrecht 21, 39,
275 ff.; im Ergebnis auch *Stephan* Konzern 2014, 1 (24 f.).

ist daran zu erinnern, dass auch Beherrschungsverträge im Kern Geschäftsbesorgungsverträge iSd § 675 Abs. 1 BGB sind, aus denen sich beiderseitige Treue- und Rücksichtspflichten ergeben, mit denen offenbar Weisungen unvereinbar sind, bei denen eine Vernichtung der abhängigen Gesellschaft zumindest in Kauf genommen wird, insbesondere dann, wenn an der abhängigen Gesellschaft noch außenstehende Aktionäre beteiligt sind (§§ 241 Abs. 2, 242 und 662 BGB, §§ 309, 310 AktG; → § 291 Rn. 25 ff.). Damit steht es in Einklang, dass das Gesetz in den §§ 302–305 offenkundig von einem *Fortbestand* der abhängigen Gesellschaft trotz des Abschlusses eines Beherrschungs- oder Gewinnabführungsvertrages ausgeht. Die in § 304 für die gesamte Dauer des Unternehmensvertrages vorgeschriebene *Ausgleichspflicht* des herrschenden Unternehmens macht nur Sinn, wenn der Fortbestand der abhängigen Gesellschaft während der Dauer des Vertrages gesichert ist, da andernfalls nicht auszuschließen ist, dass sich das herrschende Unternehmen der Ausgleichspflicht dadurch entziehen könnte, dass es die abhängige Gesellschaft in die Insolvenz treibt, mit der der Beherrschungsvertrag (auf dem die Ausgleichspflicht beruht, § 328 BGB) sein Ende findet (→ § 297 Rn. 52 ff.). Folglich sind zumindest solche Weisungen mit der Sorgfalt eines ordentlichen und gewissenhaften Geschäftsleiters iSd § 309 Abs. 1 unvereinbar, durch die die abhängige Gesellschaft *übermäßig geschädigt* würde, sodass ernsthaft mit ihrer *Insolvenz* zu rechnen ist (Stichwort: **Verhältnismäßigkeitsgrundsatz,** → Rn. 51). Damit ist zugleich gesagt, dass immer noch hinzukommen muss, dass das herrschende Unternehmen seinen Pflichten aufgrund der §§ 302 und 303 nicht mehr nachkommen kann oder will (→ Rn. 64). Der verbreiteten abweichenden Meinung[117] ist lediglich zuzugeben, dass das herrschende Unternehmen – natürlich – der abhängigen Gesellschaft nicht das allgemeine Marktrisiko abzunehmen braucht. § 308 begründet keine Verpflichtung des herrschenden Unternehmens, eine am Markt nicht mehr lebensfähige Gesellschaft künstlich am Leben zu erhalten.

62 Im Kern geht es hier vorrangig um Fallgestaltungen, wie sie – namentlich im Rahmen faktischer GmbH-Konzerne – unter dem Stichwort **Haftung für existenzvernichtende Eingriffe** diskutiert werden (→ Rn. 63; → Anh. § 318 Rn. 33 ff.).[118] **Beispiele** für danach unzulässige, weil existenzgefährdende Weisungen sind vor allem der übermäßige Abzug von Liquidität, der insbesondere bei zentralen Cashmanagement-Systemen droht (→ § 311 Rn. 48), die Einstellung lebenswichtiger Produktionen oder vielversprechender Entwicklungen,[119] die Übertragung der ertragreichsten Betriebszweige auf andere Konzernunternehmen sowie die Unterlassung der für den Fortbestand der Gesellschaft am Markt unerlässlichen Erneuerungsinvestitionen. Von Fall zu Fall können ferner ein die abhängige Gesellschaft besonders benachteiligender Effektenaustausch, Kredite an andere Konzernunternehmen ohne ausreichende Sicherheiten oder zu ungünstigen Konditionen sowie die Aufnahme von Krediten unter Belastung des Gesellschaftsvermögens im Interesse anderer Konzernunternehmen als unzulässig anzusehen sein, immer vorausgesetzt, dass davon unmittelbar die *Insolvenz* der abhängigen Gesellschaft droht (→ Rn. 63; → § 311 Rn. 47).[120]

63 Mit Rücksicht auf § 302 sind in den genannten Fällen (→ Rn. 61 f.) die Zulässigkeitsgrenzen des Weisungsrechts des herrschenden Unternehmens (erst) überschritten, wenn auch die **Verlustausgleichspflicht** des herrschenden Unternehmens (§ 302) die aktuelle Bedrohung der Lebensfähigkeit der abhängigen Gesellschaft infolge einer Weisung nicht mehr zu verhindern vermag (→ Rn. 61). Der wichtigste Fall ist die drohende Insolvenz des *herrschenden* Unternehmens. Gleich steht der übermäßige Abzug von Liquidität, etwa im Rahmen von Cashmanagement-Systemen, sofern das herrschende Unternehmen seiner Verpflichtung zur Leistung von Abschlagszahlungen (→ § 302 Rn. 41) nicht mehr nach-

---

[117] KK-AktG/*Koppensteiner* Rn. 50 ff.; *ders.* FS Ostheim, 1990, 403 (432); *ders.* AG 1995, 96; Grigoleit/*Servatius* Rn. 20 f.; Spindler/Stilz/*Veil* Rn. 31; *Wellkamp* WM 1993, 2155 (2156 f.).
[118] S. zB iE *Emmerich* AG 2004, 423.
[119] OLG Düsseldorf AG 1990, 490 (492) – DAB/Hansa.
[120] OLG München AG 1980, 272; OLG Düsseldorf AG 1990, 490 (492) – DAB/Hansa; *Autenrieth* GmbHR 1984, 198 f.; *Clemm* ZHR 141 (1977), 197; *Emmerich* in Hommelhoff Entwicklungen 64, 74 ff.; *Eichholz,* Konzerninterne Darlehen, 1993; *Kühlbacher,* Darlehen an Konzernunternehmen, 1993.

kommen kann oder will. In den meisten derartigen Fällen greifen heute ohnehin § 92 Abs. 2 S. 3 AktG und § 64 S. 3 GmbHG ein, durch die das Gesagte im wesentlichen vom Gesetzgeber bestätigt wurde.[121]

In derartigen Fällen folgt aus dem Zusammenhang der gesetzlichen Regelung (§§ 302 **64** und 308 AktG iVm §§ 823 Abs. 2, 826 BGB und § 266 StGB) die zusätzliche Verpflichtung des Vorstands der abhängigen Gesellschaft, sobald er insoweit auch nur Zweifel an der Zulässigkeit einer Weisung wegen der mit ihrer Befolgung verbundenen Gefahren für die Lebensfähigkeit seiner Gesellschaft hat, entsprechend den §§ 302 und 311 auf einem **vorherigen Verlust- oder Nachteilsausgleich** seitens des herrschenden Unternehmens zu bestehen, bevor er die Weisung befolgt (§§ 93, 302, 310).[122] Kommt das herrschende Unternehmen diesem Verlangen nicht nach, so erweist sich nunmehr (spätestens) die Weisung als unzulässig (§ 308 Abs. 2 S. 2 AktG; § 134 BGB). Der Vorstand der abhängigen Gesellschaft muss daher stets die *Solvenz* des herrschenden Unternehmens *im Auge* behalten. Sobald diese seiner Einschätzung nach ernsthaft bedroht ist, muss er aktiv werden und zB prüfen, ob es zum Schutze der abhängigen Gesellschaft nunmehr geboten ist, den Beherrschungsvertrag aus wichtigem Grund zu *kündigen* (§§ 93, 297 Abs. 1 S. 2, 310 Abs. 1; → Rn. 69; → § 297 Rn. 21, 23).

b) Überlebensfähigkeit. Von der bisher behandelten Frage der Sicherstellung der **65** Lebensfähigkeit der Gesellschaft *während* des Bestandes eines Beherrschungsvertrages (→ Rn. 60–64) ist die Frage zu trennen, ob auch Gefahren für die Überlebensfähigkeit der Gesellschaft *nach Vertragsende* von Fall zu Fall dem Weisungsrecht des herrschenden Unternehmens auf Grund des Beherrschungsvertrages bereits *jetzt,* dh noch *während* des Bestehens des Vertragskonzerns Grenzen zu ziehen vermögen. Bisher wird diese Frage überwiegend *verneint,* vor allem, weil man hier letztlich auf ganz unsichere Prognosen angewiesen ist, die als Grundlage für eine praktikable Schrankenziehung offenbar nicht taugen und weil für den Schutz der Gläubiger bereits ausreichend durch § 303 Sorge getragen ist (→ § 296 Rn. 27).[123] Aus dem Gesagten folgt zugleich, dass eine abweichende Beurteilung (Unzulässigkeit der Weisung) jedenfalls in Betracht kommt, wenn schon jetzt abzusehen ist, dass das herrschende Unternehmen nicht in der Lage oder nicht bereit sein wird, nach Vertragsende seinen Verpflichtungen aus § 303 gegenüber den Gläubigern nachzukommen.[124] – Eine wieder andere Frage ist, ob das herrschende Unternehmen ggf. verpflichtet ist, die Überlebensfähigkeit der abhängigen Gesellschaft nach Vertragsende durch entsprechende **Wiederaufbauhilfen** sicherzustellen. Insoweit ist auf die Ausführungen an anderer Stelle zu verweisen (→ § 296 Rn. 26).

6. Prüfungspflicht. Allein *zulässige* Weisungen des herrschenden Unternehmens sind **66** für den Vorstand der abhängigen Gesellschaft verbindlich (§ 308 Abs. 2 S. 1); unzulässige Weisungen darf er dagegen nicht befolgen (→ Rn. 52; § 266 StGB; § 76 AktG, §§ 134, 138 BGB; → Rn. 52 f.).[125] Eine begrenzte Ausnahme besteht lediglich für nachteilige Weisungen im Rahmen des § 308 Abs. 2 S. 2 (→ Rn. 52 ff.). Daraus ist der Schluss zu ziehen, dass der Vorstand der abhängigen Gesellschaft entsprechend seiner allgemeinen Legalitätspflicht die Weisungen des herrschenden Unternehmens *vor* ihrer *Ausführung* mit der Sorgfalt eines ordentlichen und gewissenhaften Geschäftsleiters (§§ 93 Abs. 1, 310 Abs. 1) *auf ihre Zulässigkeit* überprüfen muss.[126] Hat er **Zweifel** hinsichtlich der Bedrohung der Lebensfähigkeit seiner Gesellschaft infolge der Weisung, so muss er das herrschende

---

[121] Ebenso im Ergebnis *Stephan* Konzern 2014, 1 (24 f.).
[122] *Eschenbruch* Konzernhaftung Rn. 3057; *Emmerich* in Hommelhoff Entwicklungen 64, 75 f.; GroßkommAktG/*Hirte* Rn. 43; *H. Wilhelm* Beendigung 140 ff.; zur Verpflichtung des herrschenden Unternehmens, die Solvenz der abhängigen Gesellschaft notfalls durch Abschlagszahlungen sicherzustellen, → § 302 Rn. 41.
[123] GroßkommAktG/*Hirte* Rn. 45; *Grigoleit/Servatius* Rn. 22 f.
[124] *M. Geißler* NZG 2015, 734 (739); *K. Schmidt/Lutter/Langenbucher* Rn. 35.
[125] So schon Begr. RegE bei *Kropff* AktG 403.
[126] GroßkommAktG/*Hirte* Rn. 54; *Hüffer/Koch* Rn. 20–22; *Kantzas* Weisungsrecht 120 ff.; KK-AktG/ *Koppensteiner* Rn. 61; *Sina* AG 1991, 1 (8 f.).

Unternehmen darüber informieren und sich um eine umfassende Aufklärung des Sachverhalts bemühen (→ Rn. 53a ff.). Bleiben Zweifel hinsichtlich der Zulässigkeit der fraglichen Weisung, so darf der Vorstand der abhängigen Gesellschaft die Weisung – anders als im Fall des § 308 Abs. 2 S. 2 (→ Rn. 53a ff.) – *nicht* befolgen, da ihm ein Verhalten, das seiner Meinung nach rechtswidrig ist, in keinem Fall gestattet ist (Stichwort: Legalitätspflicht). Diese Prüfungspflicht des Vorstands der abhängigen Gesellschaft ist die wohl *wichtigste Garantie* für die fortbestehende Lebensfähigkeit der abhängigen Gesellschaft. Auf sie kann daher auch dann nicht verzichtet werden, wenn das herrschende Unternehmen unter weitgehendem Verzicht auf ausdrückliche Weisungen zu anderen Lenkungsmitteln im Konzern greift (→ Rn. 28 ff.). Zu denken ist hier in erster Linie an personelle Verflechtungen, insbesondere in Gestalt der Vorstandsdoppelmandate (→ Rn. 29 f.).[127]

VIII. Durchsetzung

67 Die abhängige Gesellschaft ist auf Grund des Beherrschungsvertrages zur Befolgung zulässiger Weisungen verpflichtet (→ Rn. 66; §§ 291 Abs. 1 S. 1, 308 Abs. 1). Dieselbe Pflicht trifft die Mitglieder des Vorstandes der abhängigen Gesellschaft *persönlich* auf Grund des § 308 Abs. 2 S. 1.[128] Folglich kann das herrschende Unternehmen, wenn der Vorstand der abhängigen Gesellschaft seinen Weisungen nicht nachkommt, *von beiden,* der abhängigen Gesellschaft wie den Mitgliedern deren Vorstandes, **Erfüllung** durch Ausführung der Weisungen verlangen.[129] Die Vollstreckung eines derartigen Leistungsurteils richtet sich nach § 888 ZPO.

68 Kommt der Vorstand der abhängigen Gesellschaft einer wirksamen Weisung nicht nach oder führt er diese schlecht aus, so kann das herrschende Unternehmen von der abhängigen Gesellschaft *und* von den Mitgliedern ihres Vorstandes *persönlich* wegen der Verletzung ihrer Pflichten (→ Rn. 67) **Schadensersatz verlangen** (§§ 675 Abs. 1, 276, 280 Abs. 1, 249, 252 BGB; → Rn. 18). Vor allem hieran wird der jedenfalls auch schuldrechtliche Charakter des Beherrschungsvertrages deutlich (→ § 291 Rn. 27).

69 Auf die Beziehungen der abhängigen Gesellschaft zum herrschenden Unternehmen auf Grund des Beherrschungsvertrages finden ferner die §§ 273 und 320 BGB Anwendung. Die abhängige Gesellschaft und ihr Vorstand können daher auch die **Befolgung** zulässiger Weisungen **verweigern,** wenn das herrschende Unternehmen seinen Pflichten nicht nachkommt, zB entgegen § 302 keinen Verlustausgleich leistet oder die verschiedenen Schranken des Weisungsrechts missachtet (→ § 291 Rn. 27).[130]

IX. Zustimmungsbedürftige Geschäfte

70 In § 308 Abs. 3 enthält das Gesetz eine (rechtspolitisch umstrittene) Regelung für den Fall, dass das Weisungsrecht des herrschenden Unternehmens mit dem Zustimmungsrecht des Aufsichtsrats der abhängigen Gesellschaft auf Grund des § 111 Abs. 4 S. 2 kollidiert.[131] Die Regelung wurde erforderlich, weil ein etwaiges Zustimmungsrecht des (weisungsfreien) Aufsichtsrats auch im Vertragskonzern fortbesteht (→ Rn. 42), sodass der Aufsichtsrat der abhängigen Gesellschaft seine Zustimmung zu einer bestimmten Maßnahme selbst dann verweigern kann, wenn das herrschende Unternehmen dem Vorstand auf Grund des Beherrschungsvertrages insoweit eine (zulässige) Weisung erteilt hat. Durch die Regelung, deren praktische Bedeutung gering zu sein scheint, soll vor allem die **Information der Aufsichtsräte** der abhängigen Gesellschaft und des herrschenden Unternehmens **sicherge-**

---

[127] Anders *Streyl* Vorstands-Doppelmandate 41, 55 (60 ff.); ähnlich wie hier offenbar OLG Köln AG 1993, 86 (89) = ZIP 1993, 110 – Winterthur/Nordstern.
[128] Anders *Altmeppen,* Die Haftung des Managers im Konzern, 28 f.; GroßkommAktG/*Hirte* Rn. 27.
[129] *Kantzas* Weisungsrecht 45 ff.; KK-AktG/*Koppensteiner* Rn. 62 f.; dagegen *Altmeppen,* Die Haftung des Managers im Konzern, 28 f.
[130] Ebenso *Stephan* Konzern 2014, 1 (21 f.).
[131] Zur Kritik s. *Rowedder* FS Duden, 1977, 504 ff.; *Turner* DB 1991, 583.

stellt werden. Nach überwiegender Meinung ist die Vorschrift auch auf eine **GmbH** anzuwenden, bei der auf Grund der Mitbestimmungsgesetze ein obligatorischer Aufsichtsrat gebildet wurde.[132]

§ 308 Abs. 3 S. 1 bestimmt zunächst, dass den Vorstand der abhängigen Gesellschaft, wenn die nach § 111 Abs. 4 S. 2 erforderliche Zustimmung des Aufsichtsrats der abhängigen Gesellschaft zur Vornahme eines angewiesenen Geschäfts nicht innerhalb einer angemessenen Frist erteilt wird, dies dem herrschenden Unternehmen unverzüglich *mitzuteilen* hat (§ 308 Abs. 3 S. 1). Gleich steht (erst recht) die ausdrückliche Verweigerung der Zustimmung seitens des Aufsichtsrats.[133] Das herrschende Unternehmen muss darauf hin entscheiden, ob es an seiner Weisung festhalten will oder nicht. Im ersten Fall muss es die **Weisung wiederholen** mit der Folge, dass dann die Zustimmung des Aufsichtsrats der abhängigen Gesellschaft zu der angewiesenen Maßnahme entbehrlich ist (§ 308 Abs. 3 S. 2 Hs. 1) und der Vorstand der abhängigen Gesellschaft die Weisung nunmehr *unbedingt befolgen* muss (§ 308 Abs. 2 S. 1). Handelt es sich bei dem herrschenden Unternehmen um ein solches, das kraft Gesetzes einen Aufsichtsrat hat, so bedarf die Wiederholung der Weisung freilich zusätzlich dessen Zustimmung (§ 308 Abs. 3 S. 2 Hs. 2; → Rn. 72). **71**

Durch **§ 308 Abs. 3 S. 2 Hs. 2** soll sichergestellt werden, dass in **mitbestimmten Gesellschaften** die Arbeitnehmer des Konzerns wenigstens auf der Ebene des herrschenden Unternehmens an der fraglichen Maßnahme mitwirken können. Wenn es sich freilich bei dem herrschenden Unternehmen um ein ausländisches Unternehmen handelt, läuft dieser eigenartige Schutz der deutschen Mitbestimmung leer, ohne dass dies an der Weisungsbefugnis des herrschenden Unternehmens etwas änderte (→ § 291 Rn. 33 ff.).[134] **72**

Unklar ist, ob die Zustimmung des Aufsichtsrats des herrschenden Unternehmens (§ 308 Abs. 3 S. 2 Hs. 2) lediglich interne Bedeutung hat (sodass die Wirksamkeit der wiederholten Weisung des herrschenden Unternehmens im Außenverhältnis gegenüber der abhängigen Gesellschaft nicht von der Zustimmung seines Aufsichtsrats abhängt) oder ob ohne solche Zustimmung die wiederholte Weisung wiederum unverbindlich ist.[135] Der Wortlaut des § 308 Abs. 3 S. 2 Hs. 2 („darf") spricht hier wohl mehr für eine bloß *interne Wirkung* der Zustimmung des Aufsichtsrats des herrschenden Unternehmens, jedoch nur vorbehaltlich der Prüfungspflicht des Vorstandes der abhängigen Gesellschaft (→ Rn. 66).[136] **73**

§ 309 Verantwortlichkeit der gesetzlichen Vertreter des herrschenden Unternehmens

(1) Besteht ein Beherrschungsvertrag, so haben die gesetzlichen Vertreter (beim Einzelkaufmann der Inhaber) des herrschenden Unternehmens gegenüber der Gesellschaft bei der Erteilung von Weisungen an diese die Sorgfalt eines ordentlichen und gewissenhaften Geschäftsleiters anzuwenden.

(2) ¹Verletzen sie ihre Pflichten, so sind sie der Gesellschaft zum Ersatz des daraus entstehenden Schadens als Gesamtschuldner verpflichtet. ²Ist streitig, ob sie die Sorgfalt eines ordentlichen und gewissenhaften Geschäftsleiters angewandt haben, so trifft sie die Beweislast.

(3) ¹Die Gesellschaft kann erst drei Jahre nach der Entstehung des Anspruchs und nur dann auf Ersatzansprüche verzichten oder sich über sie vergleichen, wenn die außenstehenden Aktionäre durch Sonderbeschluß zustimmen und nicht eine Minderheit, deren Anteile zusammen den zehnten Teil des bei der Beschlußfas-

---

[132] Scholz/*U. Schneider* GmbHG § 52 Rn. 119 f.; Scholz/*Emmerich* GmbHG Anh. § 13 Rn. 173; aA MüKoGmbHG/*Liebscher* Anh. § 13 Rn. 806 f.: genereller Vorrang des Weisungsrechts.
[133] MüKoAktG/*Altmeppen* Rn. 158; Spindler/Stilz/*Veil* Rn. 37.
[134] MüKoAktG/*Altmeppen* Rn. 161; *ders.* FS Lutter, 2000, 975; *W. Bayer* Beherrschungsvertrag 106 ff.; Hüffer/*Koch* Rn. 24; KK-AktG/*Koppensteiner* Rn. 77; Spindler/Stilz/*Veil* Rn. 38.
[135] MüKoAktG/*Altmeppen* Rn. 162; GroßkommAktG/*Hirte* Rn. 63; Hüffer/*Koch* Rn. 24.
[136] GroßkommAktG/*Hirte* Rn. 63; K. Schmidt/Lutter/*Langenbucher* Rn. 44; Spindler/Stilz/*Veil* Rn. 39.

sung vertretenen Grundkapitals erreichen, zur Niederschrift Widerspruch erhebt. ²Die zeitliche Beschränkung gilt nicht, wenn der Ersatzpflichtige zahlungsunfähig ist und sich zur Abwendung des Insolvenzverfahrens mit seinen Gläubigern vergleicht oder wenn die Ersatzpflicht in einem Insolvenzplan geregelt wird.

(4) ¹Der Ersatzanspruch der Gesellschaft kann auch von jedem Aktionär geltend gemacht werden. ²Der Aktionär kann jedoch nur Leistung an die Gesellschaft fordern. ³Der Ersatzanspruch kann ferner von den Gläubigern der Gesellschaft geltend gemacht werden, soweit sie von dieser keine Befriedigung erlangen können. ⁴Den Gläubigern gegenüber wird die Ersatzpflicht durch einen Verzicht oder Vergleich der Gesellschaft nicht ausgeschlossen. ⁵Ist über das Vermögen der Gesellschaft das Insolvenzverfahren eröffnet, so übt während dessen Dauer der Insolvenzverwalter oder der Sachwalter das Recht der Aktionäre und Gläubiger, den Ersatzanspruch der Gesellschaft geltend zu machen, aus.

(5) Die Ansprüche aus diesen Vorschriften verjähren in fünf Jahren.

Schrifttum: S. bei § 308 sowie *Abeltshauser,* Leitungshaftung im Kapitalgesellschaftsrecht, 1998, 243 ff.; *M. Becker,* Verwaltungskontrolle durch Gesellschafterrechte, 1998; *v. Bünau,* Beratungsverträge mit Aufsichtsratsmitgliedern im Aktienkonzern, 2004; *Görling,* Die Konzernhaftung in mehrstufigen Unternehmensverbindungen, 1998; *Paefgen,* Unternehmerische Entscheidungen und Rechtsbindung der Organe in der AG, 2002; *Pammler,* Die gesellschaftsfinanzierte D & O-Versicherung im Spannungsfeld des Aktienrechts, 2006; *Schürnbrand,* Organschaft im Recht der privaten Verbände, 2007; *M. Steiner,* Die Haftung im Vertragskonzern, 2006; *Wimmer-Leonhardt,* Konzernhaftungsrecht, 2004.

Übersicht

	Rn.		Rn.
I. Überblick	1–6f	8. Gesamtschuldner	27
1. Zweck	1–5a	**IV. Doppelfunktion der Sorgfaltspflichtverletzung**	28–31
2. D & O-Versicherung	6–6f		
II. Anwendungsbereich	7–12	**V. Haftungsvoraussetzungen**	32–44
1. GmbH	7	1. Die geschuldete Sorgfalt	32–34
2. Mehrstufige Unternehmensverbindungen	8–11	2. Unterlassung von Weisungen	35, 35a
		3. Kausalität	36
3. Mehrmütterorganschaft	12	4. Schaden	37–41
III. Verpflichteter	13–27	5. Beweislast	42–44
1. Gesetzliche Vertreter	13–16	**VI. Verzicht und Vergleich**	45–47a
2. Aufsichtsrat	17	**VII. Geltendmachung**	48–51
3. Öffentliche Hand	18	1. Abhängige Gesellschaft	48
4. Einzelkaufmann	19	2. Aktionäre	49–50
5. Herrschendes Unternehmen	20, 21	3. Gläubiger	51
6. Organverflechtung	22–25	**VIII. Verjährung**	52
7. Delegation	26	**IX. Konkurrenzen**	53

I. Überblick

1. Zweck. § 309 regelt einzelne Aspekte aus dem Fragenkreis der Haftung für die Erteilung von Weisungen auf Grund eines Beherrschungsvertrages. Abs. 1 der Vorschrift bestimmt zunächst, dass die gesetzlichen Vertreter des herrschenden Unternehmens sowie bei einem Einzelkaufmann der Inhaber des Geschäfts gegenüber der abhängigen Gesellschaft bei der Erteilung von Weisungen auf Grund eines Beherrschungsvertrages die Sorgfalt eines ordentlichen und gewissenhaften Geschäftsleiters anzuwenden haben. Abs. 2 fügt hinzu, dass die genannten Personen bei einer Verletzung ihrer Pflichten aus einem Beherrschungsvertrag der abhängigen Gesellschaft zum Ersatz des daraus entstehenden Schadens als Gesamtschuldner verpflichtet sind, wobei sie die Beweislast trifft, wenn streitig ist, ob sie die Sorgfalt eines ordentlichen und gewissenhaften Geschäftsleiters angewandt haben. Die Besonderheit dieser Regelung besteht darin, dass sie sich, wenn man einmal von dem überflüssigerweise in die Regelung einbezogenen Inhaber eines einzelkaufmännischen Geschäfts absieht, auf die *gesetzlichen Vertreter* des herrschenden Unternehmens bezieht, *obwohl* Partei des Beherrschungsvertrages das *herrschende Unternehmen* selbst und nicht etwa dessen gesetzliche Vertreter sind (→ § 308 Rn. 11). Die gesetzliche Regelung bedeutet daher der Sache nach, dass der Abschluss eines Beherrschungsvertrages die Entstehung eines **gesetzlichen Schuldverhältnisses** zwischen den gesetzlichen *Vertretern* des herrschenden Unternehmens und der abhängigen Gesellschaft nach sich zieht.[1] Damit wird in erster Linie **bezweckt,** den Schutz der abhängigen Gesellschaft durch Einbeziehung der gesetzlichen Vertreter des herrschenden Unternehmens in den Haftungsverbund zu verbessern. Auf derselben Linie liegt die Regelung der Abs. 3 und 4 des § 309. Abs. 3 der Vorschrift zieht einem Verzicht oder einem Vergleich über die Ersatzansprüche der abhängigen Gesellschaft enge Grenzen (→ Rn. 45 ff.), während **Abs. 4** des § 309 die Aktivlegitimation zur Geltendmachung der Ersatzansprüche der abhängigen Gesellschaft auf deren Aktionäre und Gläubiger ausdehnt (→ Rn. 48 ff.). Abs. 5 der Vorschrift fügt noch hinzu, dass die Ersatzansprüche der Gesellschaft in fünf Jahren verjähren (→ Rn. 52).

Die geltende Fassung des § 309 Abs. 3 und 4 beruht auf dem Einführungsgesetz zur 2 Insolvenzordnung vom 5.10.1994 (BGBl. I 2911 (2931)). Die **praktische Bedeutung** des § 309 ist gering.[2] Gerichtsentscheidungen zu § 309 sind jedenfalls, soweit ersichtlich, bisher nicht bekannt geworden. Diese Entwicklung mag viele **Gründe** haben.[3] Aber man geht sicher nicht fehl in der Annahme, dass der wichtigste Grund für die praktische Bedeutungslosigkeit des § 309 das *mangelnde Interesse der* verschiedenen *klageberechtigten* Personenkreise (§§ 78, 309 Abs. 4 S. 1 und 3) an einer Rechtsverfolgung aufgrund des § 309 ist. Von dem Vorstand der abhängigen Gesellschaft, der dazu in erster Linie berufen ist (→ Rn. 48), kann dies im Vertragskonzern ernsthaft nicht erwartet werden. Bereits die Gesetzesverfasser haben deshalb die Aktivlegitimation aus § 309 auch den **Aktionären** der abhängigen Gesellschaft und ihren Gläubigern zugebilligt (§ 309 Abs. 4 S. 1 und 3; → Rn. 49 ff.). Aber auch dies führt nicht weiter, einmal wegen des unkalkulierbaren Kostenrisikos, das insbesondere die außenstehenden Aktionäre der abhängigen Gesellschaft bei der Verfolgung von Ansprüchen aus § 309 eingehen, zum anderen, weil die Aktionäre ohnehin nur auf Leistung an die Gesellschaft klagen können, sodass ihnen selbst ein Erfolg ihrer Klage allenfalls ganz mittelbar zugute kommt (§ 309 Abs. 4 S. 2; → Rn. 49). Die Folge ist die bekannte „rationale Apathie" zumal der Kleinaktionäre, die offenbar nur schwer überwindbar ist.[4] Unter diesen Umständen ist nicht recht erkennbar ist, was die außenstehenden Aktionäre, zumal bei Berücksichtigung der schwierigen Beweislage (→ Rn. 36, 42 f.), überhaupt zu einer Klageerhebung veranlassen sollte. Als Kläger bleiben daher im Grunde nur die **Gläubiger** der abhängigen Gesellschaft übrig (§ 309 Abs. 4 S. 3), die aber in der Regel bereits ausreichend durch die §§ 302 und 303 gesichert sind, sodass sie gleichfalls keinen Anlass haben werden, nach § 309 vorzugehen. An dieser alles in allem wenig befriedigenden Situation hat auch das erleichterte Klageerzwingungsverfahren der §§ 148 und 149 idF des UMAG von 2005 bisher jedenfalls im Ergebnis nichts geändert (→ Rn. 48).[5]

Vorbild der gesetzlichen Regelung war in erster Linie § 93 (vgl. weiter die §§ 116 und 3 117). Abs. 3 S. 1 des § 309 orientiert sich zusätzlich an § 302 Abs. 3 S. 3. § 309 findet **entsprechende Anwendung** im Falle der Eingliederung (§ 323 Abs. 1 S. 2; → § 323

---

[1] Zur Dogmatik derartiger Pflichten s. statt aller *Tröger/Dangelmayer* ZGR 2011, 558 (575 ff.) mN.
[2] Ebenso K. Schmidt/Lutter/*Langenbucher* Rn. 3; Hölters/Leuering/*Goertz* Rn. 5; *Stephan* Konzern 2014, 1 (26).
[3] *Kropff* FS Bezzenberger, 2000, 233 (236 ff.); *H.-Fr. Müller* Konzern 2006, 725 (726 f.); *Stephan* Konzern 2014, 1 (26).
[4] *Paefgen* AG 2014, 554 (579).
[5] *Lutter* FS U. Schneider, 2011, 763; *H.-Fr. Müller* Konzern 2006, 725 (728 f.); *Paefgen* AG 2014, 554. 576 ff.; *Peltzer* FS U. Schneider, 2011, 953; *Semler* FS Goette, 2011, 499.

§ 309 4–6a 3. Buch. 2. Teil. 1. Abschn. Leitungsmacht und Verantwortlichkeit

Rn. 8 f.). Auf die Abs. 3–5 des § 309 wird außerdem noch in den §§ 310 Abs. 4, 317 Abs. 4 und 318 Abs. 4 verwiesen.

4 § 309 zieht letztlich die Konsequenzen aus dem Umstand, dass im Vertragskonzern die Leitung der abhängigen Gesellschaft zumindest partiell auf das herrschende Unternehmen übergeht, sodass dessen gesetzliche Vertreter, soweit sie von dem Weisungsrecht des herrschenden Unternehmens Gebrauch machen, in der Organisation der abhängigen Gesellschaft deren *Vorstand verdrängen* (§§ 291 Abs. 1 S. 1, 308 Abs. 1).[6] Das Gesetz musste daher, um hier keine Schutzlücke entstehen zu lassen, den Anwendungsbereich der Organhaftung (§ 93) auf die gesetzlichen Vertreter des herrschenden Unternehmens ausdehnen. Dies ist durch § 309 Abs. 1 geschehen, der folgerichtig häufig auch als weiterer Fall der **Organhaftung** (neben den §§ 93 und 116) interpretiert wird.[7]

5 Der Anwendungsbereich des § 309 beschränkt sich entsprechend dem Zweck der Regelung (→ Rn. 1, 4) auf die gesetzlichen Vertreter des herrschenden Unternehmens (→ Rn. 7). Dagegen enthält das Gesetz auffälligerweise keine ausdrückliche Regelung der Haftung des **herrschenden Unternehmens** selbst, weil die Gesetzesverfasser eine entsprechende Regelung für entbehrlich hielten (§ 280 Abs. 1 BGB). Dementsprechend ist diese – im Grunde vorrangige – Haftung des herrschenden Unternehmens selbst, obwohl gesetzlich nicht geregelt, seit Inkrafttreten des Gesetzes unstreitig (→ Rn. 20 f.).

5a Von der in § 309 allein geregelten Haftung der gesetzlichen Vertreter des herrschenden Unternehmens gegenüber der *abhängigen* Gesellschaft muss die Haftung der genannten Personen gegenüber dem von ihnen vertretenen Unternehmen, dh **gegenüber der herrschenden Gesellschaft** für die Erteilung sorgfaltswidriger Weisungen an die abhängige Gesellschaft unterschieden werden. Diese Haftung richtet sich nicht nach § 309, sondern nach den allgemeinen Vorschriften, dh bei der AG nach § 93 AktG, bei der GmbH nach § 43 GmbHG sowie bei den Personengesellschaften nach den §§ 705, 708, 713 und 280 BGB. Sie greift ein, wenn das *herrschende Unternehmen* durch die Erteilung sorgfaltswidriger Weisungen *mittelbar,* dh auf dem Weg über die Schädigung der abhängigen Gesellschaft ebenfalls geschädigt wird. Soweit jedoch der Schaden der abhängigen Gesellschaft gemäß § 309 ausgeglichen wird, entfällt auch die Ersatzpflicht gegenüber dem herrschenden Unternehmen.

6 **2. D & O-Versicherung.** Seinem Zweck entsprechend (→ Rn. 1, 4) enthält § 309 durchgängig **zwingendes Recht,** sodass in dem Beherrschungsvertrag nichts anderes bestimmt werden kann (§ 134 BGB).[8] Dadurch wird es indessen nicht ausgeschlossen, dass sich intern das herrschende Unternehmen gegenüber seinen gesetzlichen Vertretern verpflichtet, sie von einer etwaigen Haftung nach § 309 Abs. 2 freizustellen. Die **Haftungsfreistellung** kann auch davon abhängig gemacht werden, dass bei der Weisungserteilung die Interessen des herrschenden Unternehmens berücksichtigt wurden.[9]

6a Im selben Umfang ist es dem herrschenden Unternehmen ferner gestattet, seine gesetzlichen Vertreter gegen die Haftungsrisiken aus § 309 zu versichern (sog. Director's and Officer's Liability Insurance, meistens kurz **D & O-Versicherung** genannt).[10] Da eine eigene Berufshaftpflichtversicherung für Vorstandsmitglieder wegen der unkalkulierbaren Höhe der Schäden am Markt nicht angeboten wird, kommt allein eine Versicherung seitens

---

[6] *Emmerich* GS Sonnenschein, 2002, 651 (653 ff.); *Schürnbrand* Organschaft 181 ff.; *Voigt,* Haftung aus Einfluss, 282 f.
[7] Begr. RegE bei *Kropff* AktG 404; *Schürnbrand* Organschaft 181 ff.
[8] Begr. RegE bei *Kropff* AktG 404; *Habersack* ZGR 2015, 1297; *Kantzas* Weisungsrecht 164; K. Schmidt/Lutter/*Langenbucher* Rn. 2; Hölters/*Leuering/Goertz* Rn. 6; anders zu Unrecht *Seibt* NZG 2015, 1097.
[9] Ausf. *Habersack* FS P. Ulmer, 2003, 151 (167 ff.).
[10] Dazu *Armbrüster* NJW 2009, 187; *Baumann* NZG 2012, 1366; *Bayer/Scholz* NZG 2014, 926; *de Beauregard/Gleich* NJW 2013, 824; *Böttcher* NZG 2008, 645; *Deilmann/Otto* AG 2010, 323; *Dreher/Thomas* ZGR 2009, 31; *Franz* DB 2009, 2764; *Gädtke/Wax* AG 2010, 851; *Grooterhorst/Looman* NZG 2015, 215; *Habersack* FS P. Ulmer, 2003, 151 (167 ff.); *Hemeling* FS Hoffmann-Becking, 2013, 491; *Kort* DStR 2006, 799; *Lange,* D & O-Versicherung und Managerhaftung, 2014; *Lenz* FS Graf v. Westphalen, 2010, 469; *Ruchatz* AG 2015, 1; *Staudinger* NZG 2009, 716; *Weiß* GmbHR 2014, 574.

der *Gesellschaft* zu Gunsten ihrer Vorstandsmitglieder (und ggf. anderer leitender Angestellter) in Betracht. Es handelt sich dabei um eine **Haftpflichtversicherung für fremde Rechnung** nach den §§ 43 ff., 110 ff. und 210 VVG.[11] Versichert wird sowohl die Haftung der Vorstandsmitglieder gegenüber Dritten (sog. Außenhaftung) als auch deren Haftung gegenüber der Gesellschaft selbst (sog. Innenhaftung). Von diesem *Haftungsverhältnis,* das sich unter anderem nach den §§ 93 und 309 sowie 310 richtet, muss das *Deckungsverhältnis* zwischen der Gesellschaft und dem Versicherer unterschieden werden, dass meistens ausführlich in den Versicherungsbedingungen geregelt ist.

Die D & O-Versicherung hat sich erst in den letzten 10–15 Jahren allgemein durchgesetzt und gilt mittlerweile bereits als Standard. Ihre **rechtspolitische Berechtigung** ist gleichwohl nach wie vor umstritten, da sie – entgegen insbesondere den §§ 93, 309 und 310 – der Sache nach auf eine *Freistellung* der Vorstandsmitglieder von ihrer Haftung gegenüber der Gesellschaft hinausläuft, wobei zu bedenken ist, dass die (hohen) Prämien auch noch von der Gesellschaft getragen werden.[12] Die Zulässigkeit der D & O-Versicherung steht jedoch heute mit Rücksicht auf die ausdrückliche gesetzliche Regelung in § 93 Abs. 2 S. 3 außer Frage, der die Vereinbarung eines Selbstbehalts bei Abschluss einer D & O-Versicherung vorschreibt (→ Rn. 6d). Wird die Versicherung wegen eines schuldhaften Verhaltens eines versicherten Organmitglieds von der Gesellschaft in Anspruch genommen, so kann die Versicherung entweder dem betreffenden Organmitglied Abwehrdeckung gewähren oder sofort die Ansprüche der Gesellschaft befriedigen.[13] Üblich ist zudem heute durchweg die nunmehr nach § 108 Abs. 2 VVG nF zulässige **Abtretung** des Freistellungsanspruchs des versicherten Organmitglieds an die Gesellschaft, sodass diese einen direkten Anspruch auf Ersatz ihrer Schäden gegen die Versicherung erwirbt.[14]

6b

Eine viel diskutierte Besonderheit der D & O-Versicherung besteht in dem in sämtlichen Versicherungsbedingungen vorgesehenen Anspruchserhebungs- oder **Claims-made-Prinzip**.[15] **Versicherungsfall** ist danach nicht wie regelmäßig sonst bei der Haftpflichtversicherung das schädigende Ereignis, dh hier der Verstoß gegen die §§ 93, 309 oder 310, sondern die erstmalige *Geltendmachung* von Ersatzansprüchen insbesondere der Gesellschaft gegen das Vorstandsmitglied wegen eines derartigen Verstoßes. Dieses Prinzip hat zwar auf der einen Seite den Vorteil einer *Rückwärtsversicherung,* auf der anderen Seite begrenzt es aber zum massiven Nachteil der Vorstandsmitglieder die *Nachhaftung* der Versicherung nach Vertragsende, beide Auswirkungen heute freilich durchweg modifiziert durch die Versicherungsbedingungen. Trotz der somit offenkundigen Nachteiligkeit des genannten Prinzips für die Vorstandsmitglieder wird es doch von der Rechtsprechung bisher als mit § 307 BGB vereinbar angesehen.[16] Die Rückwärtsversicherung begründet naturgemäß die erhebliche Gefahr einer arglistigen Täuschung des Versicherers bei Vertragsabschluss über bereits drohende Haftungsfälle. In den Versicherungsverträgen fand sich deshalb früher häufig ein **Ausschluss des § 123 BGB** zum Schutz der Vorstandsmitglieder gegen eine Anfechtung des Versicherungsvertrags. Derartige Klauseln sind jedoch am Widerspruch des BGH gescheitert.[17]

6c

Die Umschreibung des **versicherten Risikos** in den Versicherungsbedingungen ist unterschiedlich. Jedoch werden generell **nur fahrlässig verursachte Schäden** abgedeckt.

6d

---

[11] OLG München WM 2006, 452; NZG 2009, 714; *de Beauregard/Gleich* NJW 2013, 824 (825 f.); *Böttcher* NZG 2008, 645; *Dreher/Thomas* ZGR 2009, 31 (35); *Hemeling* FS Hoffmann-Becking, 2013, 491 (494 ff.); *Weiß* GmbHR 2014, 574 (825 f.).
[12] Krit. zB auch *Armbrüster* NJW 2009, 187 (191 f.); *Bayer/Scholz* NZG 2014, 926.
[13] *Böttcher* NZG 2008, 645 (647 f.); zu möglichen Vergleichen s. *Dietz-Vollmer* NZG 2011, 248 (253 f.).
[14] So *Böttcher* NZG 2008, 645; *Dreher/Thomas* ZGR 2009, 31 (35 ff.); dagegen zutr. *Armbrüster* NJW 2009, 187 (191 f.).
[15] Dazu zB *de Beauregard/Gleich* NJW 2013, 824 (825 f): *Hemeling* FS Hoffmann-Becking, 2013, 491 (494 ff.); *Weiß* GmbHR 2014, 574 (575 f.).
[16] OLG München NZG 2009, 714 = r + s 2009, 327.
[17] BGH NJW 2012, 296 (298) Rn. 27 ff. im Anschluss an BGH NJW 2007, 1058; statt aller *Hemeling* FS Hoffmann-Becking, 2013, 491 (499 ff.).

Eine Versicherung vorsätzlich verursachter Schäden kommt nicht in Betracht (§ 138 BGB). Dasselbe sollte grundsätzlich für Schäden infolge der grob fahrlässigen Eingehung übermäßige Risiken, insbesondere durch reine **Spekulationsgeschäfte** gelten.[18] Bei Abschluss einer D & O-Versicherung durch die Gesellschaft ist seit 2009 ferner gemäß § 93 Abs. 2 S. 3 ein **Selbstbehalt** vorzusehen, der mindestens 10 % für jeden einzelnen Schaden und mindestens ein Eineinhalbfaches der jährlichen Festvergütung betragen muss.[19] Die Zuständigkeit für die Entscheidung über die Höhe des Selbstbehalts sollte bei dem Aufsichtsrat liegen.[20] Das Vorstandsmitglied kann den Selbstbehalt versichern, wofür es unterschiedliche Konzepte gibt.[21]

6e Bei den **Prämien** für die D & O-Versicherung handelt es sich nach Auffassung der Finanzverwaltung – entgegen einer verbreiteten Meinung – um einen bloßen Aufwand und *nicht* um eine *Vergütung* iSd § 87 AktG, sodass die fraglichen Beträge nicht der Einkommensteuer unterliegen (§ 15 EStG). Folgt man dem, so hat dies die erstaunliche Folge, dass für den Abschluss der Versicherung nicht der Aufsichtsrat, sondern der Vorstand selbst zuständig ist.[22] Zumindest für die Entscheidung über die Höhe des Selbstbehalts kann dies indessen nicht gelten (str., → Rn. 6d).

6f Eine den § 309 ergänzende Regelung für die Haftung der Organmitglieder der *abhängigen* Gesellschaft findet sich in § 310. Übernimmt das herrschende Unternehmen auch dieses Haftungsrisiko, sei es durch eine Freistellungsvereinbarung, sei es durch Abschluss einer D & O-Versicherung zu Gunsten der Organmitglieder der abhängigen Gesellschaft, so gilt dies gleichfalls – in den genannten Grenzen – als unbedenklich.[23]

II. Anwendungsbereich

7 **1. GmbH.** Der Anwendungsbereich des § 309 deckt sich mit dem des § 308. Wegen der Einzelheiten kann daher auf die Ausführungen zu § 308 verwiesen werden (→ § 308 Rn. 4 ff.). § 309 kann entsprechend auf Beherrschungsverträge mit Gesellschaften anderer Rechtsform, insbesondere also mit einer GmbH angewandt werden. Das gilt auch für die persönliche Haftung der gesetzlichen Vertreter des herrschenden Unternehmens (§ 309 Abs. 2).[24]

8 **2. Mehrstufige Unternehmensverbindungen.** In mehrstufigen Unternehmensverbindungen kommt eine Anwendung des § 309 nur in denjenigen Beziehungen in Betracht, die unmittelbar durch einen Beherrschungsvertrag geregelt sind (→ § 291 Rn. 38 ff.; → § 308 Rn. 6; → § 311 Rn. 7 ff.). § 309 ist daher zB anwendbar, wenn ein Beherrschungsvertrag unmittelbar zwischen der **Mutter-** und der **Enkelgesellschaft** abgeschlossen wird. Sorgfaltswidrige Weisungen der gesetzlichen Vertreter der Muttergesellschaft an die Enkelgesellschaft führen hier direkt zur Haftung der Muttergesellschaft und ihrer gesetzlichen Vertreter nach § 309 Abs. 2. Unberührt bleibt davon die eigene Haftung der **Tochtergesellschaft** und ihrer gesetzlichen Vertreter auf Grund des § 309, sofern auch zwischen der Tochter- und der Enkelgesellschaft ein Beherrschungsvertrag besteht und die Tochtergesellschaft auf dessen Grundlage der Enkelgesellschaft gleichfalls sorgfalt-

---

[18] *Lenz* FS Graf v. Westphalen, 2010, 469.
[19] S. dazu *de Beauregard/Gleich* NJW 2013, 824 (828 f.); *Kort* DStR 2006, 799; *Pammler* D & O-Versicherung 43 ff.; *P. Ulmer* ZHR 171 (2007), 119 (121 ff.); *Fleischer* NZG 2009, 801; *Fiedler* MDR 2009, 1077; *Franz* DB 2009, 2764; *Hoffmann-Becking* NZG 2009, Beilage zu Heft 26; *v. Kann* NZG 2009, 1010; *Hohenstatt* ZIP 2009, 1349; *R. Koch* AG 2009, 632; *Peltzer* NZG 2009, 970; *Seibert* WM 2009, 1489.
[20] *Deilmann/Otto* AG 2010, 323.
[21] *de Beauregard/Gleich* NJW 2013, 824 (829); *Gädtke/Wax* AG 2010, 851; *Spindler* AG 2013, 889 (896 f.).
[22] *Deilmann/Otto* AG 2010, 323; *Dreher/Thomas* ZGR 2009, 31 (49 ff.); *Kort* DStR 2006, 799 (801 f.); dagegen die wohl hM.
[23] *Habersack* FS P. Ulmer, 2003, 151 (154 ff.).
[24] *Altmeppen*, Die Haftung des Managers, 73 f.; MüKoGmbHG/*Liebscher* Anh. § 13 Rn. 837; Grigoleit/ *Servatius* Rn. 2; UHW/*C. Schäfer* GmbHG Anh. § 77 Rn. 223 (1115); zur SE → Einl. Rn. 39 ff.; Großkomm-AktG/*Hirte* Rn. 55 f.

widrige Weisungen erteilt, selbst wenn diese letztlich vom herrschenden Unternehmen veranlasst sind.[25]

Im Falle **mehrerer** hintereinander geschalteter (gestaffelter) **Beherrschungsverträge** ergeben sich Probleme vor allem, wenn die Muttergesellschaft, die hier kein direktes Weisungsrecht gegenüber der Enkelgesellschaft besitzt (→ § 308 Rn. 6), ihre *Tochter anweist*, der Enkelgesellschaft eine bestimmte Weisung zu erteilen. Verfährt die Muttergesellschaft dabei ebenso wie die Tochtergesellschaft sorgfaltswidrig, so stellt sich im Rahmen des § 309 gleichermaßen die Frage nach einer Haftung der Tochtergesellschaft wie die nach einer Haftung der Muttergesellschaft und ihrer gesetzlichen Vertreter. Die *Haftung der Tochtergesellschaft* wird hier zum Teil *verneint,* wenn die Weisung der Muttergesellschaft auf Grund des § 308 Abs. 2 für sie *bindend* war.[26] Indessen ist zu bedenken, dass die Zulässigkeit einer Weisung der Tochter- gegenüber der Enkelgesellschaft nur nach diesem Verhältnis beurteilt werden kann, während das Verhältnis der Tochtergesellschaft zu einem Dritten, der Muttergesellschaft dafür ohne Bedeutung ist (Stichwort: keine Einwendungen aus Rechten Dritter).[27] Geht man von der eigenen Haftung der Tochtergesellschaft aus, so kommen bei einer Vertragsverletzung der Muttergesellschaft gegenüber der Tochtergesellschaft durch die fragliche Weisung ggf. Regressansprüche der Tochter- gegen die Muttergesellschaft in Betracht (§ 280 Abs. 1 BGB).[28]

Ebenso ist die Rechtslage im Ergebnis aber auch, wenn die Weisung für die Tochtergesellschaft, etwa wegen eines Verstoßes gegen § 308 Abs. 1 S. 2, *nicht bindend* war. In diesem Fall ist die Haftung der Tochtergesellschaft nebst ihrer gesetzlichen Vertreter nach § 309 unproblematisch; umstritten ist dagegen die Rechtslage in Bezug auf die Muttergesellschaft. Im Schrifttum wird in derartigen Fallgestaltungen zum Teil eine Haftung der Muttergesellschaft verneint.[29] Das ist jedoch nicht zwingend; nichts hindert hier die Anwendung des § 830 Abs. 2 BGB unter dem Gesichtspunkt der Anstiftung. Daneben kommen Regressansprüche der Tochter- gegen die Muttergesellschaft in Betracht. Außerdem ist in beiden genannten Fällen § 309 Abs. 4 auf die Aktionäre und Gläubiger der Enkelgesellschaft entsprechend anzuwenden, sodass sie die Ersatzansprüche der Enkelgesellschaft auch gegen die Muttergesellschaft und ihre gesetzlichen Vertreter verfolgen können (→ Rn. 50).[30]

Ebenso wie im Fall mehrerer hintereinander geschalteter Verträge (→ Rn. 9 f.) wird überwiegend die Rechtslage beurteilt, wenn ein Beherrschungsvertrag allein zwischen der **Tochter- und** der **Enkelgesellschaft** abgeschlossen wird, während in dem Verhältnis zwischen der Mutter- und der Tochtergesellschaft nur ein sonstiges Abhängigkeitsverhältnis besteht (→ Rn. 8).[31] Begründet wird dies mit der (angeblichen) Unanwendbarkeit der §§ 311 und 317 in derartigen mehrstufigen Unternehmensverbindungen, die zur Folge habe, dass im Falle einer von der Mutter veranlassten Weisung der Tochter (neben dieser) auch die Mutter entsprechend § 309 haften müsse. Dieser Meinung ist *nicht* zu folgen (→ § 291 Rn. 39); vielmehr ergibt sich hier die Haftung der *Mutter* als herrschendes Unternehmen bereits aus den *§§ 311 und 317,* sodass daneben für eine entsprechende Anwendung des § 309 kein Raum ist.[32] Nichts anderes gilt schließlich, wenn ein Beherrschungsvertrag lediglich zwischen der **Mutter- und** der **Tochtergesellschaft** besteht. Auf die Beziehun-

---

[25] Hüffer/*Koch* Rn. 7.
[26] MüKoAktG/*Altmeppen* Rn. 31a ff.; KK-AktG/*Koppensteiner* Rn. 30; Hölters/*Leuering/Goertz* Rn. 14; *Pentz* Enkel-AG 116 ff.; Spindler/Stilz/*Veil* Rn. 17.
[27] So GroßkommAktG/*Hirte* Rn. 52; *Henze/Lübke* Konzern 2009, 159 (164); K. Schmidt/Lutter/*Langenbucher* Rn. 13.
[28] *Henze/Lübke* Konzern 2009, 159 (164); K. Schmidt/Lutter/*Langenbucher* Rn. 14.
[29] Gegen eine Haftung nach § 309 MüKoAktG/*Altmeppen* Rn. 32 f.
[30] KK-AktG/*Koppensteiner* Rn. 55.
[31] MüKoAktG/*Altmeppen* Rn. 41 ff.; Hüffer/*Koch* Rn. 7; KK-AktG/*Koppensteiner* Rn. 31.
[32] Ebenso *Görling* Konzernhaftung 140; GroßkommAktG/*Hirte* Rn. 53; Hölters/*Leuering/Goertz* Rn. 15; *Pentz* Enkel-AG 119 f.; Spindler/Stilz/*Veil* Rn. 15; vermittelnd *S. Wanner,* Konzernrechtliche Probleme, 156 ff.

gen der Mutter- zu der *Enkel*gesellschaft finden dann gleichfalls allein die §§ 311 und 317 Anwendung mit der Folge, dass die Mutter nach diesen Vorschriften gleichermaßen im Falle einer unmittelbaren Einflussnahme auf die Enkelgesellschaft wie im Fall einer mittelbaren Einflussnahme über die Tochtergesellschaft haftet.[33]

12 **3. Mehrmütterorganschaft.** Im Falle der Mehrmütterorganschaft haften die gesetzlichen Vertreter sämtlicher Muttergesellschaften *gesamtschuldnerisch,* wenn sie *gemeinsam* Einfluss auf ihr Gemeinschaftsunternehmen nehmen (→ § 308 Rn. 7 f.). Überlassen die Mütter dagegen die Ausübung des Weisungsrechts einer der Mütter zur ausschließlichen Wahrnehmung gegenüber dem Gemeinschaftsunternehmen, so trifft die Haftung aus § 309 grundsätzlich auch nur die gesetzlichen Vertreter dieser Muttergesellschaft, während die anderen Mütter allein für Auswahlverschulden haften.[34]

III. Verpflichteter

13 **1. Gesetzliche Vertreter.** Die Haftung gegenüber der abhängigen Gesellschaft wegen der Erteilung sorgfaltswidriger Weisungen trifft nach § 309 Abs. 1 die „gesetzlichen Vertreter" des herrschenden Unternehmens sowie ergänzend bei einem Einzelkaufmann den Inhaber des Geschäfts, dh diesen selbst.

14 § 309 Abs. 1 und 2 wendet sich in erster Linie an „die gesetzlichen Vertreter" des herrschenden Unternehmens. Dieser Begriff umfasst hier entsprechend dem Zweck der Regelung (→ Rn. 1 f., 4) **jedes vertretungsberechtigte Organ** des herrschenden Unternehmens im weitesten Sinne, daher bei den Personengesellschaften einschließlich der BGB-Gesellschaft auch deren vertretungsberechtigte Gesellschafter (→ § 308 Rn. 11).[35] Nimmt diese Stellung wie bei einer GmbH und Co. KG eine **juristische Person** ein, so sind als gesetzliche Vertreter gleichermaßen diese juristische Person wie deren Geschäftsführer oder Vorstandsmitglieder anzusehen.[36] Es liegt auf der Hand, dass nicht durch derartige jederzeit mögliche Konstruktionen die Haftung des herrschenden Unternehmens und seiner gesetzlichen Vertreter aus § 309 umgangen werden kann.

15 Die sog. **Delegation** des Weisungsrechts auf Dritte ändert nichts an den Pflichten und der Haftung der gesetzlichen Vertreter des herrschenden Unternehmens, weil es sich dabei der Sache nach lediglich um die Hinzuziehung Dritter als Erfüllungsgehilfen bei der Ausübung des Weisungsrechts des herrschenden Unternehmens durch dessen gesetzliche Vertreter handelt; deutlich ist das etwa, wenn die gesetzlichen Vertreter des herrschenden Unternehmens ihre leitenden Mitarbeiter mit dieser Aufgabe betrauen (§§ 31, 278 BGB; → § 308 Rn. 13 ff.).[37] Dagegen wird zwar eingewandt, Geschäftsherr des Delegatars seien nicht die gesetzlichen Vertreter des herrschenden Unternehmens, sondern dieses selbst, sodass nur das herrschende Unternehmen und nicht seine Vertreter nach den §§ 31 und 278 BGB für ein Verschulden des Delegatars haften könnten,[38] während bei den gesetzlichen Vertretern selbst allein eine Haftung wegen Auswahlverschuldens in Betracht komme.[39] Dabei wird jedoch übersehen, dass auch zwischen den gesetzlichen Vertretern persönlich und der abhängigen Gesellschaft auf Grund des § 309 ein gesetzliches Schuldverhältnis besteht (→ Rn. 1),

---

[33] Ebenso MüKoAktG/*Altmeppen* Rn. 45; *ders.,* Die Haftung des Managers, 123 ff.; GroßkommAktG/*Hirte* Rn. 53.
[34] MüKoAktG/*Altmeppen* Rn. 13; GroßkommAktG/*Hirte* Rn. 18; Hüffer/*Koch* Rn. 7; KK-AktG/*Koppensteiner* Rn. 29; K. Schmidt/Lutter/*Langenbucher* Rn. 9; Hölters/*Leuering*/*Goertz* Rn. 16; str.
[35] MüKoAktG/*Altmeppen* Rn. 13; GroßkommAktG/*Hirte* Rn. 15; Hüffer/*Koch* Rn. 4; *Kantzas* Weisungsrecht 157 ff.; KK-AktG/*Koppensteiner* Rn. 26; K. Schmidt/Lutter/*Langenbucher* Rn. 6; Hölters/*Leuering*/*Goertz* Rn. 9; Spindler/Stilz/*Veil* Rn. 6.
[36] MüKoAktG/*Altmeppen* Rn. 15 f.; Hüffer/*Koch* Rn. 3; *Kantzas* Weisungsrecht 158 f.; KK-AktG/*Koppensteiner* Rn. 28; dagegen Hölters/*Leuering*/*Goertz* Rn. 9.
[37] *Henze/Lübke* Konzern 2009, 159 (163); Hüffer/*Koch* Rn. 4; MHdB AG/*Krieger* § 70 Rn. 161; K. Schmidt/Lutter/*Langenbucher* Rn. 7; *Mertens* AcP 168 (1968), 225 (227 f.); Spindler/Stilz/*Veil* Rn. 6.
[38] MüKoAktG/*Altmeppen* Rn. 149 ff.; *ders.,* Haftung des Managers, 13 ff.; Hölters/*Leuering*/*Goertz* Rn. 17 f.; *Liebscher* GmbH-KonzernR Rn. 720 (267).
[39] So zB MüKoGmbHG/*Liebscher* Anh. § 13 Rn. 838 mN; Grigoleit/*Servatius* Rn. 5.

in dessen Rahmen Raum für die Anwendung der §§ 31 und 278 BGB ist. Zur Haftung des Delegatars selbst → Rn. 26.

Wenig geklärt ist die Rechtslage im Falle der ohnehin grundsätzlich unzulässigen **Übertragung des Weisungsrechtes** auf selbstständige Dritte (→ § 308 Rn. 16). Solches Verhalten stellt jedenfalls eine Verletzung des Beherrschungsvertrages dar, die das herrschende Unternehmen selbst ersatzpflichtig macht (§§ 31, 276, 278, 280 Abs. 1, 249, 252 BGB). Zum Schutz der abhängigen Gesellschaft ist daneben aber *auch § 309* entsprechend anzuwenden, und zwar gleichermaßen auf das sein Weisungsrecht „übertragende" herrschende Unternehmen einschließlich seiner gesetzlichen Vertreter wie auf die begünstigten Dritten.[40] Dasselbe gilt im Falle einer **unzulässigen Bevollmächtigung** des herrschenden Unternehmens durch die abhängige Gesellschaft (→ § 308 Rn. 31 f.).[41] 16

2. Aufsichtsrat. Die Mitglieder eines etwaigen Aufsichtsrates des herrschenden Unternehmens zählen *nicht* zu den gesetzlichen Vertretern iSd § 309 Abs. 1, und zwar auch nicht im Falle des § 308 Abs. 3 S. 2 Hs. 2, dh bei Zustimmung des Aufsichtsrats des herrschenden Unternehmens zur Wiederholung einer Weisung.[42] Dafür spricht, dass die Zustimmung des Aufsichtsrats des herrschenden Unternehmens in dem genannten Fall lediglich interne Bedeutung hat (→ § 308 Rn. 71). Ein **Testamentsvollstrecker** kann dagegen durchaus als gesetzlicher Vertreter iSd § 309 behandelt werden.[43] 17

3. Öffentliche Hand. Ist herrschendes Unternehmen eine Gebietskörperschaft (→ § 15 Rn. 26 ff.), so ist nach bisher überwiegender Meinung *kein* Raum für die Anwendung des § 309 auf die für die öffentliche Hand gegenüber der abhängigen Gesellschaft tätig gewordenen Beamten oder Angestellten; vielmehr soll § 309 in diesem Fall durch die Regeln über die Staatshaftung verdrängt werden (§§ 31, 89 Abs. 1, 278, 839 BGB mit Art. 34 GG).[44] Anwendbar bleibt aber auf jeden Fall **§ 309 Abs. 3–5**. Und auch darüber hinaus spricht aus heutiger Sicht eigentlich alles *für* und nichts gegen eine **persönliche Haftung** der für die öffentliche Hand bei der Leitung ihrer Unternehmen tätig werdenden Beamten und Angestellten nach Maßgabe des § 309 Abs. 1 und 2 im Interesse der Verstärkung des Schutzes der abhängigen Gesellschaft, und zwar auch und gerade gegen die besonderen Gefahren, die von jeder Form der Einflussnahme der öffentlichen Hand für die abhängige Gesellschaft drohen.[45] 18

4. Einzelkaufmann. Bei einem Einzelkaufmann tritt an die Stelle der (hier gar nicht vorhandenen) gesetzlichen Vertreter nach einem Klammerzusatz in § 309 Abs. 1 dessen Inhaber, dh der Einzelkaufmann selbst. Die Regelung dürfte *überflüssig* sein, jedenfalls wenn man davon ausgeht, dass sich die Haftung des herrschenden Unternehmens im Ergebnis ebenfalls nach § 309 richtet (→ Rn. 20 f.). Eigenständige Bedeutung hat infolgedessen die Regelung des § 309 Abs. 1 mit Bezug auf Einzelkaufleute lediglich insofern, als durch sie die Anwendbarkeit der Abs. 3–5 auch auf Einzelkaufleute klargestellt wird. 19

5. Herrschendes Unternehmen. § 309 regelt allein die Haftung der *gesetzlichen Vertreter* des herrschenden Unternehmens für sorgfaltswidrige Weisungen gegenüber der abhängigen Gesellschaft, nicht dagegen die (wohl wichtigere) Haftung des herrschenden Unternehmens selbst (→ Rn. 6). Die Gesetzesverfasser haben diese Enthaltsamkeit damit begründet, dass das herrschende Unternehmen für sorgfaltswidrige Weisungen bereits „nach allgemeinen 20

---

[40] Henze/Lübke Konzern 2009, 159 (163).
[41] Hüffer/Koch Rn. 12; MHdB AG/Krieger § 70 Rn. 160; Hölters/Leuering/Goertz Rn. 24.
[42] MüKoAktG/Altmeppen Rn. 19; GroßkommAktG/Hirte Rn. 14; Hüffer/Koch Rn. 4; MHdB AG/Krieger § 70 Rn. 161; K. Schmidt/Lutter/Langenbucher Rn. 8; Hölters/Leuering/Goertz Rn. 11; Spindler/Stilz/Veil Rn. 7; aA Kantzas Weisungsrecht 171.
[43] K. Schmidt/Lutter/Langenbucher Rn. 8.
[44] Hüffer/Koch Rn. 6; KK-AktG/Koppensteiner Rn. 32; K. Schmidt/Lutter/Langenbucher Rn. 10; Hölters/Leuering/Goertz Rn. 12; Spindler/Stilz/Veil Rn. 10; zweifelnd MüKoAktG/Altmeppen Rn. 20 ff.
[45] Ebenso wohl GroßkommAktG/Hirte Rn. 17.

Rechtsgrundsätzen auf Grund des Vertrages" hafte, sodass eine besondere aktienrechtliche Regelung entbehrlich sei.[46]

21 Im Anschluss an die erwähnte Bemerkung der Gesetzesverfasser (→ Rn. 20) ist die Haftung des herrschenden Unternehmens – neben seinen Vertretern (§ 309) – für sorgfaltswidrige Weisungen gegenüber der abhängigen Gesellschaft unstreitig. Bei einer Personengesellschaft als herrschendem Unternehmen erfasst die Haftung außerdem die persönlich haftenden Gesellschafter, mögen sie vertretungsberechtigt sein (dann auch § 309 Abs. 1) oder nicht (§§ 705, 714 BGB; § 128 HGB).[47] Umstritten ist lediglich, ob diese Haftung auf Vertrag, auf Gesetz (als nicht geschriebener Fall der Organhaftung analog § 309)[48] oder auf § 309 AktG iVm § 31 BGB beruht. Der Streit ist müßig, da sich jedenfalls aus heutiger Sicht angesichts des auch schuldrechtlichen Charakters des Beherrschungsvertrages (→ § 291 Rn. 27) das Ergebnis zwanglos aus **§ 280 Abs. 1 BGB** (iVm § 31 BGB) ergibt, ganz entsprechend den Vorstellungen des Gesetzgebers von 1965.[49] **Inhaltlich** richtet sich die Haftung des herrschenden Unternehmens auf jeden Fall nach dem unmittelbar oder entsprechend anwendbaren **§ 309,** insbesondere nach dessen Abs. 3–5.[50]

22 **6. Organverflechtung.** Zusätzliche Schwierigkeiten bereiten ebenso wie im Anwendungsbereich des § 308 (→ § 308 Rn. 29) die Fälle der Organverflechtung (Paradigma: Vorstandsdoppelmandate; → Rn. 23). Die Beurteilung dieser Fälle anhand des § 309 hängt, jedenfalls bei dem überwiegend vertretenen Verständnis des § 309 Abs. 1 und 2, vor allem davon ab, ob es möglich ist, in ihnen von einer *Weisung* des herrschenden Unternehmens iSd § 308 Abs. 1 zu sprechen, während nach der hier vertretenen (weiteren) Auffassung die Anwendung des § 309 Abs. 2 in den im Folgenden zu diskutierenden Fallgestaltungen generell keine Schwierigkeiten bereitet (→ Rn. 30 f.).

23 Zu beginnen ist mit einem Blick auf die Fälle der **Vorstandsdoppelmandate.** Ihre Behandlung ist in der Regel unproblematisch, da in der Mehrzahl dieser Fälle der Annahme einer **Weisung** nichts im Wege steht, wenn das entsandte Vorstandsmitglied als verlängerter Arm der Mutter tätig wird (→ § 308 Rn. 29) mit der Folge, dass dieses Vorstandsmitglied dann die Haftung nach § 309 trifft.[51] Anders beurteilt wird freilich vielfach die Rechtslage, wenn der Doppelmandatsträger *von sich aus* („autonom"), und zwar **unsorgfältig** tätig wird und dadurch die abhängige Gesellschaft schädigt. Umstritten ist dann sowohl die Haftung der Mutter wegen einer Verletzung des Beherrschungsvertrages[52] als auch die persönliche Haftung des Doppelmandatsträgers; vielfach wird sie dann nur aus § 93 hergeleitet.[53] Dies erscheint indessen nach den ganzen Umständen als wenig angemessen, insbesondere mit Rücksicht auf § 309 Abs. 3–5. Neben die Haftung des entsandten Vorstandsmitglieds tritt hier ferner die des herrschenden Unternehmens aus Pflichtverletzung, entsprechend § 309 AktG iVm §§ 31, 278 und 280 Abs. 1 BGB (→ Rn. 20 f.).[54]

---

[46] Begr. RegE bei *Kropff* AktG 404 f.
[47] Heymann/*Emmerich* HGB § 128 Rn. 13 f.; GroßkommAktG/*Hirte* Rn. 29.
[48] So *Schürnbrand* Organschaft 181 ff.
[49] Begr. RegE bei *Kropff* AktG 404, 405; K. Schmidt/Lutter/*Langenbucher* Rn. 41 ff.; Grigoleit/*Servatius* Rn. 14.
[50] MüKoAktG/*Altmeppen* Rn. 137; GroßkommAktG/*Hirte* Rn. 28, 33 ff.; Hüffer/*Koch* Rn. 27; *Schürnbrand* Organschaft 181 ff.; Grigoleit/*Servatius* Rn. 14; *Voigt,* Haftung aus Einfluss, 275; wohl unstr.
[51] GroßkommAktG/*Hirte* Rn. 13; Hüffer/*Koch* Rn. 29; *Kantzas* Weisungsrecht 160 f.; KK-AktG/*Koppensteiner* Rn. 9; MHdB AG/*Krieger* § 70 Rn. 160; *Mestmäcker,* Verwaltung, Konzerngewalt und Rechte der Aktionäre, 1958, 259 ff., ders., FG Kronstein, 1967, 129, 135 f.; *Semler* FS Stiefel, 1987, 719 (739, 750); *Streyl* Vorstands-Doppelmandate 64 ff.; *P. Ulmer* FS Stimpel, 1985, 705 (712); aA *Hoffmann-Becking* ZHR 150 (1986), 570 (577); *Lindermann* AG 1987, 225; *Noack* FS Hoffmann-Becking, 2013, 847 (849 ff.).
[52] Dagegen zB Spindler/Stilz/*Veil* Rn. 42.
[53] So MüKoAktG/*Altmeppen* Rn. 61–63; *Henze/Lübke* Konzern 2009, 159 (165 f.); K. Schmidt/Lutter/*Langenbucher* Rn. 20, 45; Hölters/*Leuering/Goertz* Rn. 23; Spindler/Stilz/*Veil* Rn. 18.
[54] Hüffer/*Koch* Rn. 29; KK-AktG/*Koppensteiner* Rn. 41; *Noack* FS Hoffmann-Becking, 2013, 847 (849, 854 ff.); str., anders Spindler/Stilz/*Veil* Rn. 41.

Eine Weisung des herrschenden Unternehmens an den Vorstand der abhängigen Gesellschaft, die **Hauptversammlung** nach den §§ 111 Abs. 4 S. 3 und 119 Abs. 2 **einzuberufen,** ist grundsätzlich unzulässig (→ § 308 Rn. 41). Verfährt das herrschende Unternehmen gleichwohl auf diese Weise, so steht außer Frage, dass § 309 zum Schutz der abhängigen Gesellschaft entsprechend anzuwenden ist, jedenfalls wenn die Hauptversammlung nach ihrer Einberufung den Vorstand im Ergebnis zu bestimmten Maßnahmen anweist.[55] Das Ergebnis folgt hier freilich bereits aus der Unzulässigkeit der Weisung zur Einberufung der Hauptversammlung, die die Haftung des herrschenden Unternehmens für alle darauf beruhenden Folgen nach sich zieht (§ 309 Abs. 2 AktG, §§ 249, 252, 276, 280 Abs. 1 BGB). 24

Wieder andere Fragen stellen sich, wenn gesetzliche Vertreter des herrschenden Unternehmens im **Aufsichtsrat oder** in der **Hauptversammlung** der abhängigen Gesellschaft tätig werden. Nach einer verbreiteten Meinung ist dann zwar *kein Raum* mehr für die (entsprechende) Anwendung des § 309, auch nicht iVm §§ 31 oder 278 BGB.[56] Dieser Meinung ist indessen *nicht* zu folgen.[57] Nichts hindert hier die Annahme einer mittelbaren **Weisung** des herrschenden Unternehmens über die genannten Organe der abhängigen Gesellschaft an deren Vorstand mit der Folge der Anwendbarkeit des § 309 (→ § 308 Rn. 30). Ohnehin findet richtiger Meinung nach in solchen Fällen § 309 Abs. 2 bereits unmittelbare Anwendung (→ Rn. 30 f.). 25

7. Delegation. Im Falle der Delegation des Weisungsrechts an die Mitarbeiter des herrschenden Unternehmens ändert sich nichts an der Haftung dessen gesetzlicher Vertreter aus § 309 (→ Rn. 15). Die Mitarbeiter selbst können dagegen für unzulässige Weisungen nur aus § 117 Abs. 3 oder aus unerlaubter Handlung (§ 823 Abs. 2 BGB iVm § 266 StGB; §§ 826, 830 BGB) *persönlich* in Anspruch genommen werden.[58] Für die gelegentlich befürwortete entsprechende Anwendung des § 309 auf sie besteht keine Notwendigkeit.[59] 26

8. Gesamtschuldner. Mehrere gemeinsam handelnde Vertreter haften gemäß § 309 Abs. 2 S. 1 als Gesamtschuldner. § 309 Abs. 2 S. 1 bedeutet nicht etwa, dass im Falle der Pflichtverletzung eines gesetzlichen Vertreters stets alle zusammen als Gesamtschuldner haften müssten (vgl. § 840 BGB); gesagt ist vielmehr lediglich, dass *(nur) diejenigen* gesetzlichen Vertreter, die ihre **Pflichten** aus dem auf sie erstreckten Beherrschungsvertrag **verletzt** haben, zusammen als Gesamtschuldner nach § 309 Abs. 2 haften.[60] Weitere gesetzliche Vertreter trifft eine Haftung lediglich dann, wenn in ihrer Person ein besonderer Haftungstatbestand erfüllt ist. 27

IV. Doppelfunktion der Sorgfaltspflichtverletzung

§ 309 Abs. 1, nach dem bei Bestehen eines Beherrschungsvertrages die gesetzlichen Vertreter des herrschenden Unternehmens gegenüber der abhängigen Gesellschaft bei der Erteilung von Weisungen die Sorgfalt eines ordentlichen und gewissenhaften Geschäftsleiters anzuwenden haben, wird unterschiedlich interpretiert, nämlich entweder als bloßer Verschuldensmaßstab für die Haftung wegen der Erteilung ohnehin unzulässiger Weisungen nach § 309 Abs. 2 oder – weitergehend – als zusätzliche Schranke für die Erteilung von 28

---

[55] MüKoAktG/*Altmeppen* Rn. 64; Hüffer/*Koch* Rn. 12; Hölters/*Leuering*/*Goertz* Rn. 22; Spindler/Stilz/ *Veil* Rn. 19.
[56] BGHZ 36, 296 (309 f.) = NJW 1962, 864; BGHZ 90, 381 (397 f.) = NJW 1984, 1893 = AG 1984, 181 – BuM; BGH NJW 1980, 1629 = AG 1980, 111; MüKoAktG/*Altmeppen* Rn. 140 ff.; Hölters/*Leuering*/ *Goertz* Rn. 22; *Voigt,* Haftung aus Einfluss, 298 f.
[57] GroßkommAktG/*Hirte* Rn. 13; *Kantzas* Weisungsrecht 161 f.; KK-AktG/*Koppensteiner* Rn. 39; *Noack* FS Hoffmann-Becking, 2013, 847 (854 ff.).
[58] GroßkommAktG/*Hirte* Rn. 19; Hüffer/*Koch* Rn. 4; KK-AktG/*Koppensteiner* Rn. 36; K. Schmidt/Lutter/*Langenbucher* Rn. 47.
[59] Anders MüKoAktG/*Altmeppen* Rn. 150 ff.; *ders.,* Die Haftung des Managers, 14 ff.; Hölters/*Leuering*/ *Goertz* Rn. 17; Spindler/Stilz/*Veil* Rn. 8.
[60] *Kantzas* Weisungsrecht 169; *S. Schneider*/*U. Schneider* AG 2005, 57 (63).

Weisungen bei Verletzung der Sorgfalt eines ordentlichen und gewissenhaften Geschäftsleiters. Man spricht insoweit auch von der *Doppelfunktion* der Sorgfaltspflichtverletzung in § 309 Abs. 1, und zwar gleichzeitig als Grundlage des Rechtswidrigkeitsurteils über die Weisung wie als Verschuldensmaßstab.

29   Die Lehre von der Doppelfunktion der Sorgfaltspflichtverletzung in § 309 Abs. 1 ist heute durchaus hM, nach der grundsätzlich auch die Erteilung an sich mit § 308 vereinbarer Weisungen doch ersatzpflichtig macht, *sofern* die gesetzlichen Vertreter des herrschenden Unternehmens dabei die nach § 309 Abs. 1 geschuldete *Sorgfalt verletzen* und *dadurch* der abhängigen Gesellschaft Schaden zufügen.[61] In der Tat ergibt sich aus dem schon durch den Aufbau des Gesetzes nahegelegten, engen Zusammenhang zwischen den §§ 308 und 309, dass § 309 Abs. 1 als **zusätzliche Schranke** für das Weisungsrecht des herrschenden Unternehmens zu begreifen ist (→ § 308 Rn. 55). Die Verletzung der erforderlichen Sorgfalt bei der Erteilung von Weisungen iSd § 309 Abs. 1 begründet mithin *gleichermaßen* die *Rechtswidrigkeit* der Weisungserteilung *wie* das *Verschulden* der gesetzlichen Vertreter des herrschenden Unternehmens. Oder anders gewendet: Eine sorgfaltswidrige und deshalb gegen § 309 Abs. 1 verstoßende Weisung ist ebenso verboten wie eine Weisung unter Verletzung des § 308, der Satzung oder des Beherrschungsvertrags.[62]

30   Aber man darf bei dem Gesagten (→ Rn. 29) nicht stehen bleiben; vielmehr hat Abs. 2 des § 309 bei Lichte besehen gleichfalls eine *weitergehende* Bedeutung als üblicherweise angenommen.[63] Meistens wird diese Vorschrift zwar allein im Zusammenhang mit § 309 Abs. 1 gesehen. Tatsächlich nimmt indessen Abs. 2 des § 309 überhaupt nicht Bezug auf Abs. 1 der Vorschrift, sondern ordnet ganz allgemein eine Haftung der gesetzlichen Vertreter des herrschenden Unternehmens bei einer Verletzung „*ihrer* (nicht: dieser) Pflichten" aus dem Beherrschungsvertrag gegenüber der abhängigen Gesellschaft an. Nichts hindert deshalb die Erstreckung des § 309 Abs. 2 S. 1 auf die **Verletzung aller** sich möglicherweise für das herrschende Unternehmen (und damit auch für seine gesetzlichen Vertreter) **aus dem Beherrschungsvertrag ergebenden Pflichten** gegenüber der abhängigen Gesellschaft.[64]

31   Diese Sichtweise (→ Rn. 30) hätte den Vorteil, eine einfache Lösung der Probleme zu ermöglichen, die sich bei der Anwendung des § 309 in *anderen Fällen der Einflussnahme* des herrschenden Unternehmens auf die abhängige Gesellschaft jenseits der Weisungserteilung ergeben (→ Rn. 22, 24 f.). Auch die *Unterlassung* von Weisungen könnte auf diese Weise von Fall zu Fall erfasst werden (→ Rn. 35). Vor allem aber steht bei der hier vertretenen Sicht der Dinge nichts im Wege, die immer wieder geforderte Haftung des herrschenden Unternehmens und seiner Vertreter für Verstöße gegen die **Grundsätze ordnungsmäßiger Konzerngeschäftsführung** gleichfalls auf § 309 Abs. 2 S. 1 zu stützen.[65] Nichts hindert in der Tat die Vorstellung, dass sich jedenfalls im Vertragskonzern – über § 309 Abs. 1 hinaus – aus dem Beherrschungsvertrag auch *Sorgfaltspflichten gegenüber den abhängigen Gesellschaften* ergeben (§§ 241 Abs. 2, 242, 675 Abs. 1 BGB), deren Verletzung das herrschende Unternehmen ersatzpflichtig machen kann (§ 280 Abs. 1 BGB). Dabei ist den gesetzlichen Vertretern des herrschenden Unternehmens zwar ein *weiter unternehmerischer Ermessensspielraum* zuzubilligen (§ 93 Abs. 1 S. 2 idF von 2005);[66] aber bei seiner Überschreitung kann unbedenklich auf § 309 Abs. 2 zurückgegriffen werden, sodass neben dem herrschenden

---

[61] So *Emmerich* GS Sonnenschein, 2002, 651 (656 f.); GroßkommAktG/*Hirte* Rn. 22; Hüffer/*Koch* Rn. 2, 13 ff.; *Kantzas* Weisungsrecht 166 f.; Hölters/*Leuering/Goertz* Rn. 3, 27–29; *Mertens* AcP 168 (1968), 225 (229 f.); K. Schmidt/Lutter/*Langenbucher* Rn. 5; Spindler/Stilz/*Veil* Rn. 28; *Wimmer-Leonhardt* Konzernhaftungsrecht 55 f.; ebenso für § 93 *Wirth* RWS-Forum 20, 2001, 99 (104 f.); anders insbes. KK-AktG/*Koppensteiner* Rn. 11; *ders.* AG 1995, 95 (96).

[62] Ebenso im Ergebnis auch MüKoAktG/*Altmeppen* Rn. 68 ff.; *ders., Die Haftung des Managers*, 34 ff.; Hölters/*Leuering/Goertz* Rn. 32; *Voigt*, Haftung aus Einfluss, 286 f.

[63] *Emmerich* GS Sonnenschein, 2002, 651 (653 ff.).

[64] *Emmerich* GS Sonnenschein, 2002, 651 (653 ff.); GroßkommAktG/*Hirte* Rn. 26; dagegen K. Schmidt/Lutter/*Langenbucher* Rn. 19 und die hM.

[65] *Emmerich* GS Sonnenschein, 2002, 651 (653 ff.); GroßkommAktG/*Hirte* Rn. 26.

[66] Insbes. *Fleischer* DB 2005, 759 (762 ff.); *Koch* WM 2009, 1013; Hölters/*Leuering/Goertz* Rn. 33.

Unternehmen dann auch dessen *gesetzlichen Vertreter* selbst nach Maßgabe des § 309 haften, und zwar einschließlich des § 309 Abs. 3–5. Die Haftung für Sorgfaltspflichtverletzungen bei der Erteilung von Weisungen (→ Rn. 32 ff.) erweist sich damit als bloßer Anwendungsfall der weitergehenden Haftung für Verstöße gegen die Grundsätze ordnungsmäßiger Konzerngeschäftsführung.

V. Haftungsvoraussetzungen

1. Die geschuldete Sorgfalt. Soweit es um die Haftung der gesetzlichen Vertreter des herrschenden Unternehmens (und dessen selbst) für die Erteilung von Weisungen nach § 309 Abs. 2 geht, muss man nach dem Gesagten (→ Rn. 28 f.) **zwei Tatbestände** unterscheiden.[67] Der erste umfasst die Verletzung allgemeiner Sorgfaltspflichten bei dem Ausspruch von Weisungen (§ 309 Abs. 1; → Rn. 33), der zweite die schuldhafte Missachtung der Schranken des Weisungsrechts, wie sie sich insbesondere aus den §§ 308 Abs. 1 S. 2 und 309 Abs. 1, aus dem Beherrschungsvertrag, aus der Satzung der abhängigen Gesellschaft und aus den §§ 134 und 138 BGB ergeben (→ Rn. 34; → § 308 Rn. 35 ff.). 32

Bei der Anwendung des ersten genannten Tatbestandes, dh bei der **Verletzung allgemeiner Sorgfaltspflichten bei** dem Ausspruch von **Weisungen** (§ 309 Abs. 1), ist *Zurückhaltung* geboten. Das ergibt sich aus der Notwendigkeit, bei dem Ausspruch von Weisungen den gesetzlichen Vertretern des herrschenden Unternehmens – im Rahmen der allgemeinen Schranken des Weisungsrechts – wegen der prinzipiellen Ungewissheit der Zukunft einen weiten *geschäftspolitischen Ermessensspielraum* einzuräumen.[68] Insoweit kann im vorliegenden Zusammenhang § 93 Abs. 1 S. 2 idF von 2005 entsprechend angewandt werden. Eine Haftung der gesetzlichen Vertreter des herrschenden Unternehmens für die Verletzung allgemeiner kaufmännischer Sorgfaltspflichten bei der Erteilung von Weisungen nach § 309 Abs. 1 ist deshalb erst bei einer Überschreitung des ihnen zuzubilligenden, weiten unternehmerischen Ermessensspielraums durch geschäftspolitisch in keiner Weise mehr zu rechtfertigende Weisungen gegeben, bei denen elementare kaufmännische Vorsichtsmaßnahmen und betriebswirtschaftliche Erkenntnisse vernachlässigt wurden (→ Rn. 31).[69] Der **Bezugsrahmen** für die von den gesetzlichen Vertretern des herrschenden Unternehmens bei dem Ausspruch von Weisungen geschuldete Sorgfalt (§ 309 Abs. 1) ergibt sich dabei aus § 308 Abs. 1 S. 2; es sind dies mit anderen Worten neben der abhängigen Gesellschaft das herrschende Unternehmen und die mit diesem konzernverbundenen anderen Unternehmen. Aus dem Blickwinkel dieser Unternehmen ist daher zu beurteilen, ob die Weisung gerade noch vertretbar ist oder nicht. Ein davon zu trennendes unbestimmtes Konzerninteresse (von dem das Gesetz nichts weiß) ist nicht anzuerkennen und taugt infolgedessen auch nicht als Maßstab für die Beurteilung der Vertretbarkeit von Weisungen.[70] 33

Der zweite erwähnte Haftungstatbestand ist gegeben, wenn die gesetzlichen Vertreter des herrschenden Unternehmens bei der Erteilung von Weisungen schuldhaft die **Schranken** missachten, die dem **Weisungsrecht** durch § 308 sowie durch den Beherrschungsvertrag, die Satzung der abhängigen Gesellschaft und das Gesetz gezogen werden (→ § 308 Rn. 55 ff.). Das ist insbesondere anzunehmen, wenn nachteilige Weisungen nicht durch Belange des herrschenden Unternehmens oder der mit ihm konzernverbundenen Unternehmen gerechtfertigt werden können (§ 308 Abs. 1 S. 2; → Rn. 33) oder wenn durch solche Weisungen hic et nunc die Lebensfähigkeit der abhängigen Gesellschaft grundlos beeinträchtigt wird (→ § 308 Rn. 45, 60 ff.). Dasselbe gilt, wenn nachteilige Weisungen gegen den Grundsatz der Verhältnismäßigkeit verstoßen (→ § 308 Rn. 50), etwa, weil sich 34

---

[67] Ebenso K. Schmidt/Lutter/*Langenbucher* Rn. 21; Spindler/Stilz/*Veil* Rn. 24.
[68] *Altmeppen,* Die Haftung des Managers, 35 f.; MüKoAktG/*Altmeppen* Rn. 71; *Emmerich* GS Sonnenschein, 2002, 651 (655 f.); K. Schmidt/Lutter/*Langenbucher* Rn. 22; Hölters/*Leuering*/*Goertz* Rn. 33; *Mertens* AcP 168 (1968), 225 (232 f.); Grigoleit/*Servatius* Rn. 8; *Voigt,* Haftung aus Einfluss, 289 ff.
[69] Ebenso Hölters/*Leuering*/*Goertz* Rn. 33; *Voigt,* Haftung für Einfluss, 292 f.
[70] Anders 7. Aufl. Rn. 33 mN.

dasselbe Ziel auch auf eine weniger nachteilige Weise für die abhängige Gesellschaft erreichen ließe. § 308 Abs. 2 S. 2 hat in diesem Zusammenhang keine Bedeutung.

35 **2. Unterlassung von Weisungen.** § 309 Abs. 1 und 2 begründet eine Haftung für die „Erteilung" von Weisungen, also für den *Ausspruch* von Weisungen iSd § 308 Abs. 1. Daraus wird überwiegend der Schluss gezogen, dass aus § 309 *nicht* auch umgekehrt eine Haftung für die bloße Unterlassung von Weisungen seitens des herrschenden Unternehmens hergeleitet werden könne (→ § 308 Rn. 34 f.).[71] **Ausnahmen** sind – nach hM – nur denkbar, wenn sich erst nachträglich die Unzulässigkeit einer nachteiligen Weisung herausstellt, weil das herrschende Unternehmen dann bereits auf Grund seiner Ersatzpflicht (§ 309 Abs. 2 S. 1 AktG iVm §§ 280 Abs. 1 und 249 Abs. 1 BGB) zur Beseitigung der Folgen dieser unzulässigen Weisung durch die Erteilung einer entgegengesetzten Weisung verpflichtet ist, sowie allgemein dann, wenn das herrschende Unternehmen eine für die abhängige Gesellschaft nachteilige und schädliche Situation geschaffen hat, zu deren Bereinigung eine Weisung nötig ist (→ § 308 Rn. 34, 49).[72]

35a Der hM (→ Rn. 35) ist nicht zu folgen. Wie gezeigt (→ Rn. 30 ff.), kann nach § 309 Abs. 2 *jede Sorgfaltspflichtverletzung* bei der Durchführung des Beherrschungsvertrages eine Haftung des herrschenden Unternehmens *und* seiner gesetzlichen Vertreter nach sich ziehen, worunter ohne weiteres neben der Verletzung der Grundsätze ordnungsmäßiger Konzerngeschäftsführung (→ Rn. 31) in geeigneten Fällen auch die **Unterlassung** an sich **gebotener Weisungen** subsumiert werden kann.[73] Hier ist daher auch der richtige Ansatzpunkt für die Lösung der umstrittenen Frage zu suchen, in welchem Umfang eine **Pflicht zur konzernweiten „Compliance"** anzuerkennen ist. Die Geschäftsleiter des herrschenden Unternehmens, insbesondere also dessen Vorstandsmitglieder, sind daher aufgrund ihrer Legalitäts- und Schadensabwendungspflicht gehalten, im Vertrags- und Eingliederungskonzern eine konzernweite Überwachungsorganisation zur Verhinderung von Gesetzesverstößen, und zwar auch durch abhängige Unternehmen einzurichten (→ § 308 Rn. 39),[74] dies jedenfalls dann, wenn der Verzicht auf solche Organisation mit Rücksicht auf die von dem herrschenden Unternehmen durch seine Weisungen geschaffenen Gefahren für die abhängige Gesellschaft und für Dritte eine Sorgfaltspflichtverletzung darstellte.

36 **3. Kausalität.** Die Haftung der gesetzlichen Vertreter des herrschenden Unternehmens setzt Kausalität zwischen der Sorgfaltspflichtverletzung insbesondere durch die Erteilung rechtswidriger Weisungen (→ Rn. 30 ff.) und dem bei der abhängigen Gesellschaft eingetretenen Schaden voraus (§ 309 Abs. 2 S. 1). Die **Beweislast** trifft nach überwiegender Meinung insoweit zwar den *Kläger,* dh entweder die abhängige Gesellschaft oder ihre Aktionäre und Gläubiger (§ 309 Abs. 4). Dem ist jedoch, weil unzumutbar, *nicht* zu folgen (→ Rn. 42).

37 **4. Schaden.** Letzte Haftungsvoraussetzung ist, dass die abhängigen Gesellschaft infolge des Ausspruchs der sorgfaltswidrigen Weisung einen Schaden iSd §§ 249–252 BGB erlitten hat (§ 309 Abs. 2 S. 1). Das ist der Fall, wenn sich im jeweils maßgeblichen Zeitpunkt, im Rechtsstreit folglich im Augenblick der letzten mündlichen Verhandlung vor der letzten Tatsacheninstanz, bei einer Saldierung der Vor- und Nachteile der fraglichen Weisung ein negatives Ergebnis zeigt, dh wenn der jetzige tatsächliche Vermögensstand der Gesellschaft infolge der nachteiligen Weisung negativ von dem hypothetischen Stand ohne Weisung abweicht (sog. Differenzhypothese).

---

[71] *Henze/Lübke* Konzern 2009, 159 (163); *Kantzas* Weisungsrecht 165; KK-AktG/*Koppensteiner* Rn. 6; K. Schmidt/Lutter/*Langenbucher* Rn. 17; MüKoGmbHG/*Liebscher* Anh. § 13 Rn. 839; *S. Schneider/U. Schneider* AG 2005, 57 (61); Spindler/Stilz/*Veil* Rn. 17; *Wimmer-Leonhardt* Konzernhaftungsrecht 58 f.
[72] Hüffer/*Koch* Rn. 10; Hölters/*Leuering/Goertz* Rn. 25; *Wimmer-Leonhardt* Konzernhaftungsrecht 59.
[73] *Emmerich* GS Sonnenschein, 2002, 651 (654 ff.); besonders weitgehend Grigoleit/*Servatius* Rn. 6; wohl auch GroßkommAktG/*Hirte* Rn. 26; *S. Schneider/U. Schneider* AG 2005, 57 (61).
[74] Besonders weitgehend in diesem Sinne zB *U. Schneider* NZG 2009, 1321 (1325 f.); im Ansatz wohl auch OLG Jena AG 2010, 376 = NZG 2010, 226; deutlich enger dagegen *Habersack* FS Möschel, 2011, 1175; vermittelnd *Bunting* ZIP 2012, 1542, alle mN.

Die Durchführung dieses Vermögensvergleichs stößt im Falle des § 309 auf besondere **38 Schwierigkeiten,** die vor allem damit zusammenhängen, dass die abhängige Gesellschaft neben § 309 noch *weitere* Ansprüche gegen das herrschende Unternehmen besitzt, durch die ihr Vermögen im Vertragskonzern geschützt wird. In erster Linie ist hier an den Anspruch auf **Verlustausgleich** nach § 302 zu denken. Diese Schwierigkeiten steigern sich noch, wenn im Rahmen eines Organschaftvertrages mit dem Beherrschungsvertrag ein Gewinnabführungsvertrag verbunden ist, und zwar wegen der dann von der abhängigen Gesellschaft ohnehin geschuldeten **Gewinnabführung** (§§ 291 Abs. 1 S. 1, 301).

Berücksichtigte man bei der Schadensermittlung den Verlustausgleich nach § 302 sowie **39** ggf. – im Rahmen eines Organschaftvertrages – die Gewinnabführung nach § 301, so hätte eine Schädigung der abhängigen Gesellschaft durch eine Sorgfaltspflichtverletzung des herrschenden Unternehmens, insbesondere in Gestalt der Erteilung einer unzulässigen Weisung, in zahlreichen Fällen lediglich zur Folge, dass sich entweder ihr Anspruch auf Verlustausgleich entsprechend erhöhte oder doch der von ihr abzuführende Gewinn im gleichen Ausmaß verringerte. Die abhängige Gesellschaft stände sich mit anderen Worten trotz Schädigung zB durch eine sorgfaltswidrige Weisung im Ergebnis *vermögensmäßig nicht anders als ohne* solche *Weisung,* sodass es letztlich an einem Schaden fehlte.[75]

Es liegt jedoch auf der Hand, dass eine Interpretation des § 309, die dazu führt, dass **40** der Vorschrift kein ins Gewicht fallender Anwendungsbereich mehr verbleibt (→ Rn. 39), schwerlich richtig sein kann. Aus diesem Grund wird heute im Rahmen des § 309 Abs. 2 überwiegend eine **Berücksichtigung** der „Vorteile" auf Grund des Verlustausgleichs und der „Nachteile" infolge einer Gewinnabführungspflicht bei der Schadensermittlung **abgelehnt** (§ 242 BGB).[76] Das ist eindeutig, soweit es um die Schadensersatzpflicht der gesetzlichen Vertreter des herrschenden Unternehmens nach § 309 Abs. 1 geht; da es sich um Einwände aus dem Rechte Dritter, nämlich des herrschenden Unternehmens handelte, können sich die gesetzlichen Vertreter des herrschenden Unternehmens, wenn sie persönlich auf Schadensersatz von der abhängigen Gesellschaft in Anspruch genommen werden, nicht auf die Verlustausgleichspflicht des herrschenden Unternehmens oder auf die Gewinnabführung an dieses berufen. Dasselbe gilt aber auch, soweit es um die Ersatzpflicht des herrschenden Unternehmens selbst nach § 280 BGB geht (→ Rn. 20 f.). Denn auch insoweit trifft es nicht zu, dass die Ersatzpflicht des herrschenden Unternehmens im Ergebnis nur auf eine Verminderung seiner Verlustausgleichspflicht oder auf eine Erhöhung des abzuführenden Gewinns hinausliefe, schon, weil der Schaden *sofort* und nicht erst möglicherweise erst lange nach Ende des Geschäftsjahres auszugleichen ist (§§ 280 Abs. 1, 249, 252, 271 BGB). Ebenso wenig spielt es eine Rolle, wenn der Schaden bei der abhängigen Gesellschaft erst **nach Beendigung** des Beherrschungsvertrages eintritt, sofern nur der Haftungstatbestand insbesondere durch Erteilung einer sorgfaltswidrigen oder sonst unzulässigen Weisung seitens der gesetzlichen Vertreter des herrschenden Unternehmens bereits *vor* Vertragsbeendigung erfüllt wurde.[77] Durch die Verpflichtung des herrschenden Unternehmens zur *sofortigen* Schadensersatzleistung (§ 271 BGB) wird vor allem die Liquidität der abhängigen Gesellschaft umfassend geschützt, und zwar gerade in den kritischen Fällen existenzvernichtender Eingriffe. § 309 erweist sich dergestalt als ein weiteres Mittel zum Schutz der abhängigen Gesellschaft gegen die jederzeit drohende Gefahr der Insolvenz im Vertragskonzern.[78]

Von der bisher behandelten Frage der Berücksichtigung von Verlustausgleich und **41** Gewinnabführung bei der Schadensermittlung (→ Rn. 37 ff.) ist die andere zu trennen, ob **Vorteile, die für den Konzern** insgesamt und insbesondere für das herrschende Unterneh-

---

[75] So in der Tat KK-AktG/*Koppensteiner* Rn. 14; MHdB AG/*Krieger* § 70 Rn. 159; diff. *Stephan* Konzern 2014, 1 (26 f.).

[76] *Altmeppen* Haftung 36 ff.; MüKoAktG/*Altmeppen* Rn. 84 ff.; *Emmerich* GS Sonnenschein, 2002, 651 (657 f.); GroßkommAktG/*Hirte* Rn. 23; Hüffer/*Koch* Rn. 18; Hölters/*Leuering/Goertz* Rn. 38; *Mertens* AcP 168 (1968), 225 (231 f.); Grigoleit/*Servatius* Rn. 10; Spindler/Stilz/*Veil* Rn. 27; *Wimmer-Leonhardt* Konzernhaftungsrecht 59 ff.; im Ergebnis auch K. Schmidt/Lutter/*Langenbucher* Rn. 25 f.

[77] MüKoAktG/*Altmeppen* Rn. 110; GroßkommAktG/*Hirte* Rn. 23; Spindler/Stilz/*Veil* Rn. 28.

[78] Ebenso GroßkommAktG/*Hirte* Rn. 23.

men mit einer weisungsbedingten Schädigung der abhängigen Gesellschaft verbunden sind, bei der Schadensermittlung im Wege der Vorteilsausgleichung berücksichtigt werden können oder gar müssen. Die Antwort auf diese Frage ergibt sich aus den §§ 308 Abs. 1 S. 2 und 309 Abs. 1. Entscheidend ist danach nur, ob die Schädigung *gerade der abhängigen Gesellschaft* zulässig ist oder nicht. Ist sie erlaubt, so fehlt es bereits am Haftungstatbestand. Andernfalls ist die Weisung rechtswidrig und verpflichtet zum Ersatz des vollen Schadens, der der abhängigen Gesellschaft entstanden ist.[79] Zu bedenken ist hier außerdem, dass eine *Saldierung* der Vor- und Nachteile einer Weisung für den Gesamtkonzern *uferlos* wäre und endgültig dazu führen müsste, dass § 309 nicht mehr praktikabel ist.

42 **5. Beweislast.** Nach § 309 Abs. 2 S. 2 trifft im Rechtsstreit die gesetzlichen Vertreter des herrschenden Unternehmens die Beweislast, wenn streitig ist, ob sie die Sorgfalt eines ordentlichen und gewissenhaften Geschäftsleiters angewandt haben (vgl. § 93 Abs. 2 S. 2). Bei der Würdigung dieser Vorschrift muss man die Doppelfunktion der Sorgfaltspflichtverletzung in § 309 Abs. 1 als Haftungsvoraussetzung *und* als Sorgfaltsmaßstab im Auge behalten (→ Rn. 28 f.). S. 2 des § 309 Abs. 2 besagt folglich, dass bis zum Beweis des Gegenteils in beiden Beziehungen, dh gleichermaßen hinsichtlich der Haftungsvoraussetzungen wie des Sorgfaltsmaßstabes, von dem *Vorliegen* einer Sorgfaltspflichtverletzung (und nicht von deren Fehlen) auszugehen ist.[80] Keine besondere Regelung hat dagegen die Beweislast hinsichtlich der übrigen Haftungsvoraussetzungen gefunden (→ Rn. 36 ff.). Daraus wird überwiegend der Schluss gezogen, dass es insoweit bei den allgemeinen Regeln über die Beweislastverteilung bleibt, sodass im Streitfall die **Kläger,** dh die abhängige Gesellschaft oder im Rahmen des § 309 Abs. 4 ihre Aktionäre und Gläubiger, zunächst den Beweis für die **kausale Schädigung** der abhängigen Gesellschaft *durch* eine Sorgfaltspflichtverletzung, insbesondere also durch eine nachteilige und rechtswidrige **Weisung** führen müssten, bevor die Beweislastumkehr aus § 309 Abs. 2 S. 2 eingreift (→ Rn. 36).[81] Solche Verteilung der Beweislast ist jedoch für die Kläger im Grunde unzumutbar, sodass man unterscheiden muss:[82]

43 Der **Kläger** muss im Streitfalle lediglich vortragen und ggf. beweisen, dass die abhängige Gesellschaft einen Schaden erlitten hat, der *typischerweise* insbesondere auf eine nachteilige *Weisung* des herrschenden Unternehmens zurückzuführen ist, weil das fragliche Verhalten aus dem eigenen Interesse der abhängigen Gesellschaft heraus unverständlich erscheinen muss, während es offenkundig mit Vorteilen für das herrschende Unternehmen oder andere konzernverbundene Unternehmen verbunden ist, sodass als Erklärung – rationales Handeln des Vorstandes der abhängigen Gesellschaft unterstellt – allein eine nachteilige Weisung des herrschenden Unternehmens übrig bleibt. Ist dem Kläger dieser unter Berücksichtigung ökonomischer Gesetzmäßigkeiten und Erfahrungssätze allenfalls noch mögliche Beweis gelungen, so ist es nunmehr Sache des herrschenden Unternehmens, die dann eingreifende **Kausalitätsvermutung** zu widerlegen.[83] Auf jeden Fall aber kommt dann ein Anscheinsbeweis in Betracht.[84]

44 Kann das herrschende Unternehmen die Kausalitätsvermutung nicht widerlegen (→ Rn. 43), so greift nunmehr die **Beweislastumkehr** auf Grund des § 309 Abs. 2 S. 2 ein. § 309 Abs. 2 S. 2 ist außerdem entsprechend anzuwenden, wenn sich das herrschende Unternehmen zur Rechtfertigung einer nachteiligen Weisung auf § 308 Abs. 1 S. 2 beruft (→ § 308 Rn. 52 f.).[85]

---

[79] Ebenso im Ergebnis MüKoAktG/*Altmeppen* Rn. 93 ff.; Hölters/*Leuering/Goertz* Rn. 37; Grigoleit/*Servatius* Rn. 10; Spindler/Stilz/*Veil* Rn. 27; *Wimmer-Leonhardt* Konzernhaftungsrecht 61.
[80] Hüffer/*Koch* Rn. 16.
[81] *Altmeppen,* Die Haftung des Managers, 46; MüKoAktG/*Altmeppen* Rn. 113; Hüffer/*Koch* Rn. 16; KK-AktG/*Koppensteiner* Rn. 21; K. Schmidt/Lutter/*Langenbucher* Rn. 28; Grigoleit/*Servatius* Rn. 9; *Stephan* Konzern 2014, 1 (26); *Voigt,* Haftung aus Einfluss, 295 ff.
[82] S. iE *Emmerich* GS Sonnenschein, 2002, 651 (658 ff.); GroßkommAktG/*Hirte* Rn. 24 f.
[83] Ebenso Hölters/*Leuering/Goertz* Rn. 39.
[84] So Spindler/Stilz/*Veil* Rn. 29.
[85] MüKoAktG/*Altmeppen* Rn. 115 f.; Hüffer/*Koch* Rn. 16; KK-AktG/*Koppensteiner* Rn. 23; Hölters/*Leuering/Goertz* Rn. 56 f.

VI. Verzicht und Vergleich

Nach § 309 Abs. 3 S. 1 kann die abhängige Gesellschaft erst drei Jahre nach der Entstehung 45 des Anspruchs *und* nur dann auf Ersatzansprüche wegen sorgfaltswidriger nachteiliger Weisungserteilung verzichten oder sich über solche Ansprüche vergleichen, wenn die außenstehenden Aktionäre durch Sonderbeschluss zustimmen und nicht eine Minderheit, deren Anteile zusammen den zehnten Teil des bei der Beschlussfassung der *außenstehenden* Aktionäre vertretenen Grundkapitals erreichen, Widerspruch zur Niederschrift erklärt. Die Sperrfrist von drei Jahren für Verzicht und Vergleich gilt gemäß § 309 Abs. 3 S. 2 nur dann nicht, wenn der ersatzpflichtige gesetzliche Vertreter des herrschenden Unternehmens zahlungsunfähig ist (§ 17 InsO) und sich zur Abwendung des Insolvenzverfahrens mit seinen Gläubigern vergleicht oder wenn die Ersatzpflicht in einem Insolvenzplan geregelt wird (§§ 217 ff. InsO).

§ 309 Abs. 3 S. 2 entspricht den §§ 50 S. 2, 93 Abs. 4 S. 4 und 302 Abs. 3 S. 2. Dagegen 46 ist S. 1 der Vorschrift dem § 93 Abs. 4 S. 3 nachgebildet, freilich mit der Besonderheit, dass an die Stelle der Zustimmung der Hauptversammlung (§ 93 Abs. 4 S. 3) ein **Sonderbeschluss der außenstehenden Aktionäre** tritt. Diese Regelung wurde aus § 302 Abs. 3 S. 3 übernommen, um das herrschende Unternehmen mit seiner regelmäßigen Hauptversammlungsmehrheit bei der abhängigen Gesellschaft daran zu hindern, sich letztlich selbst zu entlasten (→ § 317 Rn. 31).[86] Hinzu kommen muss jedoch noch, dass nicht eine **Minderheit,** deren Anteile zusammen den zehnten Teil des bei der Beschlussfassung der außenstehenden Aktionäre (zum Begriff → § 304 Rn. 15 ff.) vertretenen Grundkapitals erreichen, **Widerspruch** zur Niederschrift erklärt. Die Regelung gilt entsprechend, soweit es um Ansprüche wegen sorgfaltswidriger Weisungserteilung gegen das **herrschende Unternehmen** selbst geht (→ Rn. 20 f.).

Wegen der Einzelheiten ist auf die Erläuterungen zu § 93 Abs. 4 S. 3 und zu § 302 Abs. 3 47 zu verweisen (→ § 302 Rn. 49–53).[87] Anders als im Falle des § 93 Abs. 4 S. 3 liegt die **Zuständigkeit** für die Vereinbarung eines Vergleichs oder Verzichts mit den Vorstandsmitgliedern des herrschenden Unternehmens jedoch bei dem *Vorstand* der abhängigen Gesellschaft; § 112 ist hier nicht anwendbar.[88] Der Vorstand der abhängigen Gesellschaft muss dabei sorgfältig die Vor- und Nachteile einer vertraglichen Regelung der Ersatzansprüche der abhängigen Gesellschaft abwägen, widrigenfalls er sich ersatzpflichtig macht (§ 93 Abs. 2 S.). Das angesichts der Abhängigkeit der Gesellschaft von dem herrschenden Unternehmen ernst zu nehmen. Der dringend gebotenen Missbrauchskontrolle dient der Sonderbeschluss der außenstehenden Aktionäre der abhängigen Gesellschaft.

Die Sperrfrist von drei Jahren (§ 309 Abs. 3 S. 1) ist **zwingendes Recht,** sodass ein 47a vorheriger Verzicht oder Vergleich einschließlich einer Abfindungsvereinbarung zwischen der abhängigen Gesellschaft und einem ausgeschiedenen gesetzlichen Vertreter gemäß § 134 BGB nichtig ist.[89] Dasselbe gilt für einen Prozessvergleich oder für einen Verzicht nach § 306 ZPO.[90] An der Nichtigkeit des Vertrages ändert es auch nichts, wenn er unter dem Vorbehalt eines späteren Sonderbeschlusses der außenstehenden Aktionäre nach Ablauf der Sperrfrist abgeschlossen wird.[91] Verbreitet sind **Umgehungsstrategien,** insbesondere in Gestalt einer Abtretung der Ersatzansprüche der abhängigen Gesellschaft an die D&O-Versicherung, für die die Sperrfrist nicht gilt.[92] Zu beachten ist, dass § 309 Abs. 3 S. 2 für den Fall der **Zahlungsunfähigkeit** lediglich auf die Einhaltung der Sperrfrist des § 309 Abs. 3 S. 1, nicht dagegen auch auf einen Sonderbeschluss der außenstehenden Aktionäre

---

[86] Begr. RegE bei *Kropff* AktG 405.
[87] S. zB *Dietz-Vellmer* NZG 2011, 248; *Fleischer* AG 2015, 133; *Kantzas* Weisungsrecht 182 ff.; *Mertens* FS Fleck, 1988, 209 ff.
[88] *Fleischer* AG 2015, 133 (135 f.).
[89] OLG Schleswig AG 2006, 120 (126) = Konzern 2006, 294 – Mobilcom; *Dietz-Vellmer* NZG 2011, 248 (249 f.); *Fleischer* AG 2015, 133 (138 f.); Grigoleit/*Servatius* Rn. 11; Hölters/*Leuering*/*Goertz* Rn. 44; *Mertens* FS Fleck, 1988, 209 (212 f.); krit. *Zimmermann* FS Duden, 1977, 773.
[90] *Fleischer* AG 2015, 133 (140); *Mertens* FS Fleck, 1988, 209 (213); GroßkommAktG/*Hirte* Rn. 38.
[91] *Fleischer* AG 2015, 133 (135) im Anschluss an RGZ 133, 33; str.
[92] *Fleischer* AG 2015, 133 (139).

verzichtet, sodass es in diesem Fall ebenfalls bei der Notwendigkeit eines derartigen Sonderbeschlusses verbleibt.[93] Selbst ein wirksamer Vergleich oder Verzicht ist schließlich relativ den **Gläubigern gegenüber** unwirksam, sofern sie von der Gesellschaft keine Befriedigung zu erlangen vermögen (§ 309 Abs. 4 S. 4). Das gilt auch im Verhältnis zu dem Insolvenzverwalter, der Ansprüche der Gesellschaftsgläubiger verfolgt.[94]

VII. Geltendmachung

48 **1. Abhängige Gesellschaft.** Der Schadensersatzanspruch aus § 309 Abs. 2 S. 1 steht der abhängigen Gesellschaft zu. Seine Geltendmachung ist daher in erster Linie **Sache des Vorstandes** der abhängigen Gesellschaft (§ 78), der insoweit *kein Ermessen* besitzt, sodass er sich schadensersatzpflichtig macht, wenn er pflichtwidrig die Geltendmachung des Ersatzanspruches gegen das herrschende Unternehmen unterlässt (§ 93 Abs. 2)[95] oder ohne zwingende Gründe aus den Interessen der Gesellschaft heraus einen Vergleich oder Verzicht hinsichtlich der Ersatzansprüche der Gesellschaft vereinbart (→ Rn. 47). Eine in diese Richtung zielende Weisung des herrschenden Unternehmens wäre rechtswidrig und daher unbeachtlich (§ 134 BGB). Gleichwohl wird in der Regel im Vertragskonzern nicht mit einer Geltendmachung etwaiger Ersatzansprüche der abhängigen Gesellschaft aus § 309 durch ihren Vorstand zu rechnen sein, – wie durch die praktische Irrelevanz der Vorschrift bestätigt wird (→ Rn. 2). Als Ausweg bietet sich hier die entsprechende Anwendung des **Klagezulassungsverfahrens** nach § 148 idF von 2005 an. Zwar sind die Fälle des § 309 in den §§ 147 Abs. 1 S. 1 und 148 Abs. 1 nicht mitaufgeführt; das sollte jedoch der entsprechenden Anwendung des § 148 in den hier interessierenden Fällen nicht entgegenstehen (→ Rn. 2; → § 317 Rn. 27).[96] Es ist dann nur folgerichtig, darüber hinaus auch **§ 149 Abs. 2** entsprechend anzuwenden.[97] Freilich hat auch § 148 bisher in der Praxis keine Spuren hinterlassen.

49 **2. Aktionäre.** Nach § 309 Abs. 4 S. 1 kann der Ersatzanspruch der Gesellschaft ferner – neben dem Vorstand (→ Rn. 48) – von jedem einzelnen Aktionär, nicht etwa nur von den außenstehenden Aktionären, geltend gemacht werden. Jedoch kann der Aktionär gemäß § 309 Abs. 4 S. 2 nur Leistung an die Gesellschaft fordern, auch dies natürlich ein Grund für die mangelnde praktische Bedeutung der ganzen Regelung (→ Rn. 2). In der **Insolvenz** der Gesellschaft tritt der Insolvenzverwalter oder der Sachwalter an die Stelle der Aktionäre (§ 309 Abs. 4 S. 5). Entsprechendes hat für die Geltendmachung von Ersatzansprüchen der abhängigen Gesellschaft gegen das **herrschende Unternehmen** selbst zu gelten (→ Rn. 20 f.).[98] § 309 Abs. 4 enthält eine bemerkenswerte Abweichung von § 147 und erklärt sich aus dem üblichen Einfluss des herrschenden Unternehmens auf die Hauptversammlung der abhängigen Gesellschaft.[99] Der Sache nach handelt es sich bei § 309 Abs. 4 S. 1 um einen gesetzlich geregelten Fall der **actio pro societate** und, da der Aktionär nur Leistung an die Gesellschaft verlangen kann (§ 309 Abs. 4 S. 2), zugleich um einen gesetzlichen Fall der **Prozessstandschaft** (→ § 317 Rn. 27).[100]

---

[93] *Fleischer* AG 2015, 133 (140); *Hüffer/Koch* § 93 Rn. 30.
[94] *Fleischer* AG 2015, 133 (140 f.).
[95] GroßkommAktG/*Hirte* Rn. 41; *Kantzas* Weisungsrecht 171 f.; *Hölters/Leuering/Goertz* Rn. 46; ebenso BGHZ 135, 244 (254 ff.) = NJW 1997, 1926 = AG 1997, 377 – ARAG/Garmenbeck, für den Aufsichtsrat und § 93.
[96] *Hölters/Leuering/Goertz* Rn. 48; *H.-Fr. Müller* Konzern 2006, 725 (728 ff.); ebenso für § 147 aF *Altmeppen*, Die Haftung des Managers, 47; GroßkommAktG/*Hirte* Rn. 41; *Kropff* FS Bezzenberger, 2000, 244 ff.
[97] *K. Schmidt/Lutter/Langenbucher* Rn. 34.
[98] MüKoAktG/*Altmeppen* Rn. 139; KK-AktG/*Koppensteiner* Rn. 44; *Hölters/Leuering/Goertz* Rn. 56.
[99] So Begr. RegE bei *Kropff* AktG 405; s. zu der deshalb naheliegenden Frage einer entsprechenden Anwendbarkeit des § 309 Abs. 4 in vergleichbaren Situationen (zurückhaltend) *Paefgen*, Unternehmerische Entscheidungen, 260, 310, 329 ff.
[100] BGH AG 2006, 550 (551) Rn. 13 = NZG 2006, 545 – Mobilcom; *M. Becker* Verwaltungskontrolle, 1998, 664 ff.; GroßkommAktG/*Hirte* Rn. 43; *Hüffer/Koch* Rn. 21a; *Kantzas* Weisungsrecht 173; *K. Schmidt/Lutter/Langenbucher* Rn. 35; *Hölters/Leuering/Goertz* Rn. 47; *Grigoleit/Servatius* Rn. 12; *Spindler/Stilz/Veil* Rn. 34; im Ergebnis wohl auch KG AG 2012, 256 (260), anders dagegen MüKoAktG/*Altmeppen* Rn. 123 f.

Umstritten sind die Folgerungen, die sich aus dem Gesagten (→ Rn. 49) für die **Kosten-** 49a
verteilung ergeben. Teilweise wird angenommen, als Prozeßstandschafter sei der klagende
Aktionär mit dem gesamten Kostenrisiko belastet, ohne von der Gesellschaft Ersatz verlangen zu können.[101] Solche Kostenverteilung wäre gleichbedeutend mit der endgültigen
Verurteilung der gesetzlichen Regelung zur praktischen Bedeutungslosigkeit. Als Ausweg
wird deshalb im Schrifttum zutreffend die entsprechende **Anwendbarkeit des § 247 Abs. 2**
befürwortet.[102]

Der Aktionär verfolgt als Prozeßstandschafter materiell einen Anspruch der *Gesellschaft,* 50
sodass ein (wirksamer) **Verzicht oder Vergleich der Gesellschaft** über den Anspruch
auch ihn bindet (vgl. § 309 Abs. 4 S. 4).[103] Die gesetzliche Regelung hat außerdem zur
Folge, dass ein gegen die Gesellschaft ergangenes Urteil **Rechtskraft gegen den Aktionär**
wirkt, nicht jedoch umgekehrt.[104] Daraus ergibt sich zugleich, dass die Klage eines Aktionärs
die Gesellschaft nicht an einer eigenen Klage hindert, wohl aber umgekehrt die Klage der
Gesellschaft einen Aktionär. Die Klage eines Aktionärs erledigt sich daher, wenn anschließend die Gesellschaft selbst Klage erhebt.[105] Irgendwelche praktische Bedeutung haben alle
diese mehr oder weniger theoretischen Erwägungen freilich nicht, da unter den gegebenen
Umständen kein Aktionär jemals auf die Idee kommen wird zu klagen (Stichwort: Rationale
Apathie der Aktionäre).

3. Gläubiger. Bereits die Gesetzesverfasser haben deshalb in realistischer Einschätzung 51
der Verhältnisse nicht mit einer Klage der Gesellschaft oder ihrer Aktionäre gegen das
herrschende Unternehmen gerechnet (→ Rn. 48 ff.). Deshalb bestimmt § 309 Abs. 4 S. 3
ergänzend, dass der Ersatzanspruch der Gesellschaft auch von den Gläubigern der Gesellschaft geltend gemacht werden kann, *soweit sie von dieser keine Befriedigung zu erlangen
vermögen,* und zwar in diesem Fall durch *Antrag auf Leistung an sich selbst* (vgl. § 93 Abs. 5
S. 1; → § 317 Rn. 28). § 93 Abs. 5 S. 2 findet hier (mangels Bezugnahme in § 309 Abs. 4)
keine Anwendung. Ebenso wenig wird das Klagerecht der Gläubiger durch einen Verzicht
oder Vergleich der Gesellschaft berührt (§ 309 Abs. 4 S. 4, → Rn. 47a). In der **Insolvenz**
der abhängigen Gesellschaft wird das Klagerecht jedoch allein durch den Insolvenzverwalter
oder den Sachwalter wahrgenommen (§ 309 Abs. 4 S. 5), sodass die Gläubiger mit der
Eröffnung des Insolvenzverfahrens ihr eigenes Klagerecht einbüßen.[106] Ein bereits anhängiger Rechtsstreit wird analog § 240 ZPO unterbrochen, kann aber vom Insolvenzverwalter
aufgenommen werden.[107] Zu beachten ist freilich, dass auch mit Klagen der Gläubiger, die
bereits durch § 303 ausreichend geschützt sind, kaum jemals zu rechnen sein dürfte.

VIII. Verjährung

Die Ansprüche aus § 309 verjähren gemäß Abs. 5 der Vorschrift in fünf Jahren. Die Rege- 52
lung ist entsprechend auf die korrespondierenden Ansprüche gegen das herrschende Unternehmen anzuwenden (→ Rn. 20). § 309 Abs. 5 ist dem § 93 Abs. 6 nachgebildet. Jedoch ist
in § 309 Abs. 5 die Verjährungsfrist anders als in § 93 Abs. 6 durch das Restrukturierungsgesetz
von 2010 nicht auf zehn Jahre verlängert worden. Die Verjährung **beginnt** gemäß § 200 S. 1

---

[101] So Begr. RegE bei *Kropff* AktG 405; Hüffer/*Koch* Rn. 22 unter Hinweis auf einen Ausweg über § 3 ZPO.
[102] MüKoAktG/*Altmeppen* Rn. 127 f.; *M. Becker* Verwaltungskontrolle 666; GroßkommAktG/*Hirte* Rn. 43; *Kantzas* Weisungsrecht 176; KK-AktG/*Koppensteiner* Rn. 47 ff.; MHdB AG/*Krieger* § 70 Rn. 163; *Kropff* FS Bezzenberger, 2000, 233 (241 ff.); Hölters/*Leuering/Goertz* Rn. 48; *Mertens* AcP 168 (1968), 225 (227); Spindler/Stilz/*Veil* Rn. 35; dagegen zB Grigoleit/*Servatius* Rn. 12.
[103] MüKoAktG/*Altmeppen* Rn. 125; GroßkommAktG/*Hirte* Rn. 43; Hüffer/*Koch* Rn. 21; *Kantzas* Weisungsrecht 174 f., 185; K. Schmidt/Lutter/*Langenbucher* Rn. 35; Spindler/Stilz/*Veil* Rn. 34; aA *Mertens* FS Fleck, 1988, 209 (218).
[104] MüKoAktG/*Altmeppen* Rn. 125; GroßkommAktG/*Hirte* Rn. 43; *Mertens* FS Fleck, 1988, 209 (218); aA *Kantzas* Weisungsrecht 179.
[105] Heymann/*Emmerich* HGB § 109 Rn. 25a.
[106] *Kantzas* Weisungsrecht 177 ff.
[107] Hüffer/*Koch* § 93 Rn. 35.

BGB mit der Entstehung des Schadens, insbesondere also mit der pflichtwidrigen Schädigung der abhängigen Gesellschaft durch Ausspruch einer unzulässigen oder unsorgfältigen Weisung. Die Regelung ist **zwingendes Recht.** Durch die Satzung kann sie nicht geändert werden (§ 23 Abs. 5); eine Verkürzung oder Verlängerung der Verjährungsfrist durch die Satzung ist daher nicht möglich. Dieselbe Verjährungsfrist von fünf Jahren gilt für das Klagerecht der Aktionäre und der Gläubiger auf Grund des § 309 Abs. 4. Für die Hemmung der Verjährung und den Neubeginn der Verjährung (Unterbrechung) gelten die §§ 202 ff. und 212 BGB. § 309 Abs. 5 erfasst aber ebenso wenig wie § 93 Abs. 6 etwaige **konkurrierende Ansprüche** aus Vertrag oder Delikt, so dass diese selbstständig verjähren (→ Rn. 53).

IX. Konkurrenzen

53 § 309 verdrängt nicht andere Haftungstatbestände, weder im Verhältnis zu den gesetzlichen Vertretern des herrschenden Unternehmens noch im Verhältnis zu diesem selbst. Das ist wichtig insbesondere wegen der unterschiedlichen Verjährungsfristen für die einzelnen Ansprüche (→ Rn. 52). Neben die Haftung der **gesetzlichen Vertreter** des herrschenden Unternehmens aus § 309 kann daher ihre Haftung aus § 117 oder aus Delikt treten, wobei vor allem die Anwendbarkeit des **Untreuetatbestandes** des § 266 StGB (iVm § 823 Abs. 2 BGB) zu betonen ist (s. außerdem §§ 826, 830 Abs. 2 BGB).[108] § 117 Abs. 7 Nr. 2 betrifft nur rechtmäßige Weisungen, die weder gegen § 308 noch gegen § 309 verstoßen.[109] Das **herrschende Unternehmen** haftet daneben, wie schon ausgeführt (→ Rn. 20 f.), jedenfalls wegen der Verletzung des Beherrschungsvertrages (§ 280 BGB). Zur Haftung wegen Treuepflichtverletzung → § 311 Rn. 89 f.

§ 310 Verantwortlichkeit der Verwaltungsmitglieder der Gesellschaft

(1) ¹Die Mitglieder des Vorstands und des Aufsichtsrats der Gesellschaft haften neben dem Ersatzpflichtigen nach § 309 als Gesamtschuldner, wenn sie unter Verletzung ihrer Pflichten gehandelt haben. ²Ist streitig, ob sie die Sorgfalt eines ordentlichen und gewissenhaften Geschäftsleiters angewandt haben, so trifft sie die Beweislast.

(2) Dadurch, daß der Aufsichtsrat die Handlung gebilligt hat, wird die Ersatzpflicht nicht ausgeschlossen.

(3) Eine Ersatzpflicht der Verwaltungsmitglieder der Gesellschaft besteht nicht, wenn die schädigende Handlung auf einer Weisung beruht, die nach § 308 Abs. 2 zu befolgen war.

(4) § 309 Abs. 3 bis 5 ist anzuwenden.

Schrifttum: S. bei § 308.

Übersicht

	Rn.		Rn.
I. Überblick	1–3	2. Kausalität, Schaden	13
II. Anwendungsbereich	4–8	3. Verschulden	14
1. Beherrschungsvertrag	4	4. Beweislast	15–17
2. GmbH	5	5. Billigung des Aufsichtsrates	18
3. Pflichtverletzung	6–8	6. Billigung der Hauptversammlung	19
III. Haftung des Vorstands	9–20	7. Mitarbeiter	20
1. Voraussetzungen	9–12a	IV. Haftung des Aufsichtsrats	21, 22

---

[108] Ebenso Grigoleit/*Servatius* Rn. 13.
[109] KK-AktG/*Koppensteiner* Rn. 61.

I. Überblick

Die Vorschriften des AktG über Leitungsmacht und Verantwortlichkeit bei Bestehen 1 eines Beherrschungsvertrages (§§ 308–310) enden mit einer dem § 117 Abs. 2 nachgebildeten Bestimmung[1] über die Verantwortlichkeit der Verwaltungsmitglieder der (abhängigen) Gesellschaft (§ 310), die inhaltlich weitgehend mit den §§ 93 und 116 übereinstimmt. Die Mitglieder des Vorstandes und des Aufsichtsrates der abhängigen Gesellschaft sind danach *neben* den nach § 309 ersatzpflichtigen Personen als Gesamtschuldner schadensersatzpflichtig, wenn sie unter Verletzung „ihrer Pflichten" gehandelt haben (§ 310 Abs. 1 S. 1). S. 2 der Vorschrift fügt hinzu, dass die Beweislast die Verwaltungsmitglieder der abhängigen Gesellschaft trifft, wenn streitig ist, ob sie die Sorgfalt eines ordentlichen und gewissenhaften Geschäftsleiters angewandt haben. Die Haftung von Vorstand und Aufsichtsrat wird auch nicht dadurch ausgeschlossen, dass der Aufsichtsrat der abhängigen Gesellschaft die fragliche Handlung gebilligt hat (Abs. 2 des § 310). Nur wenn die schädigende Handlung der Verwaltungsmitglieder der abhängigen Gesellschaft auf einer nachteiligen Weisung beruht, die für die abhängige Gesellschaft nach § 308 Abs. 2 verbindlich ist, entfällt ihre Ersatzpflicht (§ 310 Abs. 3). Abs. 4 des § 310 ordnet schließlich noch die entsprechende Anwendbarkeit der Abs. 3–5 des § 309 auf die Ersatzansprüche der abhängigen Gesellschaft gegen ihre Verwaltungsmitglieder aus § 310 an.

Die **eigenständige Bedeutung** des § 310 neben den §§ 93 und 116 liegt in erster 2 Linie in der Anordnung der *gesamtschuldnerischen* Haftung der Verwaltungsmitglieder der abhängigen Gesellschaft *neben* dem herrschenden Unternehmen und dessen gesetzlichen Vertretern nach § 309 (§ 310 Abs. 1 S. 1) sowie in der der entsprechenden Anwendbarkeit der *Abs. 3–5 des § 309* (§ 310 Abs. 4), die zur Folge hat, dass die Ersatzansprüche der abhängigen Gesellschaft gegen ihre Verwaltungsmitglieder ggf. auch von ihren Aktionären und Gläubigern geltend gemacht werden können (§ 309 Abs. 4 S. 1 und 3). Die **praktische Bedeutung** des § 310 scheint ebenso wie die des § 309, und zwar aus vergleichbaren Gründen, ganz gering zu sein (→ § 309 Rn. 2).

Aus der Entstehungsgeschichte des § 310 (→ Rn. 1) folgt, dass die Vorschrift **lex specia-** 3 **lis zu § 117 Abs. 2 ist**.[2] Soweit es um die Schädigung der abhängigen Gesellschaft durch die Befolgung unzulässiger Weisungen seitens ihrer Verwaltungsmitglieder geht, verdrängt die Vorschrift zugleich die **§§ 93 und 116** (→ Rn. 12, 22). Mit Ansprüchen aus § 310 können von Fall zu Fall noch **Deliktsansprüche** zusammentreffen (§ 823 Abs. 2 BGB iVm § 266 StGB; §§ 826, 830 BGB). Außerdem kommen Ansprüche aus dem Anstellungsvertrag gegen die Vorstandsmitglieder in Betracht.[3]

II. Anwendungsbereich

1. Beherrschungsvertrag. Der Anwendungsbereich des § 310 entspricht dem des § 309 4 (→ § 309 Rn. 7–12). Auch § 310 setzt daher vor allem, wie sich aus der Stellung der Vorschrift im Rahmen der §§ 308–310 ergibt, den Bestand eines wirksamen Beherrschungsvertrags mit einem anderen Unternehmen voraus (→ Rn. 1).[4]

2. GmbH. § 310 ist bei Abschluss eines Beherrschungsvertrages entsprechend anwendbar 5 auf die Geschäftsführer einer abhängigen GmbH.[5] Wichtig ist das wiederum wegen der Anordnung der gesamtschuldnerischen Haftung (§ 310 Abs. 1) sowie wegen der entsprechenden Anwendbarkeit des § 309 Abs. 3–5 (§ 310 Abs. 4; → Rn. 2).

---

[1] Begr. RegE bei *Kropff* AktG 406.
[2] MüKoAktG/*Altmeppen* Rn. 40; GroßkommAktG/*Hirte* Rn. 4; Hüffer/*Koch* Rn. 1; KK-AktG/*Koppensteiner* Rn. 10; K. Schmidt/Lutter/*Langenbucher* Rn. 2; Spindler/Stilz/*Veil* Rn. 2.
[3] GroßkommAktG/*Hirte* Rn. 3; Hüffer/*Koch* § 93 Rn. 11 mN.
[4] *Kantzas* Weisungsrecht 199.
[5] Scholz/*Emmerich* GmbHG Anh. § 13 Rn. 184 mN; Hölters/Leuering/*Goertz* Rn. 4; MüKoGmbHG/ *Liebscher* Anh. § 13 Rn. 842–844; Grigoleit/*Servatius* Rn. 2.

6 3. Pflichtverletzung. Nach § 310 Abs. 1 S. 1 sind die Mitglieder des Vorstands und des Aufsichtsrats der abhängigen Gesellschaft bei Bestehen eines Beherrschungsvertrags (→ Rn. 4) ihrer (abhängigen) Gesellschaft neben den gesetzlichen Vertretern des herrschenden Unternehmens (§ 309) gesamtschuldnerisch zum Schadensersatz verpflichtet, wenn sie unter Verletzung „ihrer Pflichten" gehandelt haben (§ 310 Abs. 1 S. 1; vgl. § 93 Abs. 2 S. 1). Durch die Billigung der fraglichen Handlung seitens des Aufsichtsrats der abhängigen Gesellschaft wird die Haftung nicht ausgeschlossen (§ 310 Abs. 2), wohl aber dadurch, dass die Handlung auf einer nach § 308 Abs. 2 verbindlichen Weisung beruht (§ 310 Abs. 3).

7 § 310 Abs. 1 S. 1 sagt nicht ausdrücklich, **welche Pflichten** der Verwaltungsmitglieder der abhängigen Gesellschaft das Gesetz hier im Auge hat. Gemeint sein können damit gleichermaßen generell die Pflichten der Verwaltungsmitglieder und insbesondere der Vorstandsmitglieder der abhängigen Gesellschaft bei der Durchführung eines Beherrschungsvertrages wie im Besonderen ihre Pflichten in Bezug auf unzulässige Weisungen des herrschenden Unternehmens. Nach überwiegender Meinung ist mit Rücksicht auf den Zusammenhang des § 310 mit den unmittelbar vorausgehenden §§ 308 und 309 die Vorschrift des § 310 in dem zweiten engeren Sinne zu verstehen, sodass sich sein Anwendungsbereich im Wesentlichen auf die Schädigung der abhängigen Gesellschaft durch die **sorgfaltswidrige Befolgung unzulässiger Weisungen** seitens ihrer Verwaltungsmitglieder beschränkt. Darunter soll zwar auch die Verletzung der Prüfungspflicht des Vorstandes der abhängigen Gesellschaft gegenüber den Weisungen des herrschenden Unternehmens fallen (→ § 308 Rn. 53, 66), indessen *nicht* mehr die schuldhafte Schädigung der abhängigen Gesellschaft bei der **Durchführung zulässiger Weisungen**.[6] In den zuletzt genannten Fällen sollen vielmehr wieder die allgemeinen Vorschriften der **§§ 93 und 116** anstelle des § 310 Abs. 1 Anwendung finden. Zur Begründung wird vor allem darauf abgestellt, dass § 310 Abs. 1 S. 1 eine Haftung der Verwaltungsmitglieder der abhängigen Gesellschaft (nur) neben der der gesetzlichen Vertreter des herrschenden Unternehmens, insbesondere also neben den Vorstandsmitgliedern oder Geschäftsführern des herrschenden Unternehmens anordnet, die ihrerseits aber den Ausspruch einer *unzulässigen* Weisung voraussetzt, sodass auch für eine Anwendung des § 310 allein in diesem besonderen Fall Raum sei.[7]

8 Dieser Schluss ist nicht zwingend. Die Schädigung der abhängigen Gesellschaft durch die sorgfaltswidrige Befolgung *unzulässiger* Weisungen des herrschenden Unternehmens seitens ihrer Verwaltungsmitglieder ist nur der wichtigste Anwendungsfall des § 310 (→ Rn. 7, 9). Der Wortlaut des § 310 Abs. 1 zwingt indessen nicht zur Beschränkung des Anwendungsbereichs der Vorschrift gerade auf diesen Fall; aus der Stellung der Vorschrift im Rahmen der §§ 308–310 ist vielmehr der Schluss zu ziehen, dass das Gesetz hier darüber hinaus **sämtliche Pflichten** der Verwaltungsmitglieder mit Bezug auf den von der abhängigen Gesellschaft abgeschlossenen und sie bindenden Beherrschungsvertrag im Auge hat, und zwar gegenüber ihrer, dh der abhängigen Gesellschaft, dh alle Pflichten, die die Verwaltungsmitglieder der abhängigen Gesellschaft nach Abschluss eines wirksamen Beherrschungsvertrags bei dessen Durchführung mit Bezug auf *ihre* Gesellschaft treffen. Erfasst wird daher insbesondere auch eine schuldhafte Schädigung der abhängigen Gesellschaft durch ihre Verwaltungsmitglieder bei der **Durchführung** an sich **zulässiger Weisungen** (→ Rn. 11), sodass § 310 Abs. 1 im Ergebnis ebenso weit auszulegen ist wie schon § 309 Abs. 2 (→ § 309 Rn. 28 ff.). Der Unterschied zur hM (→ Rn. 7) ist freilich gering, da es im Ergebnis wohl im Wesentlichen auf dasselbe hinausläuft, ob man die Haftung der Verwaltungsmitglieder der abhängigen Gesellschaft bei Befolgung zulässiger Weisungen auf § 310 oder auf die §§ 93 und 116 stützt. Das hat nichts Verwunderliches an sich, da § 310 ohnehin nur weitgehend die §§ 93 und 116 wiederholt – mit einigen konzernbedingten Varianten (→ Rn. 2).

---

[6] So GroßkommAktG/*Hirte* Rn. 10 f.; Hüffer/*Koch* Rn. 3; *Kantzas* Weisungsrecht 196, 215 f.; KK-AktG/ *Koppensteiner* Rn. 1; Grigoleit/*Servatius* Rn. 5; K. Schmidt/Lutter/*Langenbucher* Rn. 4; Hölters/*Leuering/ Goertz* Rn. 11; Spindler/Stilz/*Veil* Rn. 3.
[7] Beispielsweise Grigoleit/*Servatius* Rn. 5 f.: doppelte Rechtswidrigkeit erforderlich.

III. Haftung des Vorstands

1. Voraussetzungen. Der wichtigste Anwendungsfall des § 310 Abs. 1 mit Bezug auf **9** die Vorstandsmitglieder der abhängigen Gesellschaft ist die Schädigung der abhängigen Gesellschaft durch die **Befolgung** unverbindlicher, weil **unzulässiger Weisungen** des herrschenden Unternehmens durch ihre Verwaltungsmitglieder und insbesondere durch den Vorstand (→ Rn. 7 f.). Ein Schadensersatzanspruch der abhängigen Gesellschaft setzt in diesem Fall dreierlei voraus: (1.) den **Ausspruch einer unzulässigen Weisung** seitens der gesetzlichen Vertreter des herrschenden Unternehmens auf Grund eines bestehenden Beherrschungsvertrags (§§ 308, 309; → Rn. 10 f.), (2.) die **Schädigung** der abhängigen Gesellschaft durch die Befolgung dieser Weisung seitens des Vorstandes der abhängigen Gesellschaft (→ Rn. 13) sowie (3.) die **Verletzung der Sorgfalt** eines ordentlichen und gewissenhaften Geschäftsleiters durch den Vorstand bei der Befolgung der unzulässigen Weisung (§ 310 Abs. 1 S. 2. → Rn. 14 ff.). Der Begriff der **Weisung** ist hier derselbe wie in § 308 (→ § 308 Rn. 23 f.). Er umfasst insbesondere auch die unzulässige Bevollmächtigung des herrschenden Unternehmens zum Handeln anstelle der abhängigen Gesellschaft, außerdem die Tätigkeit gesetzlicher Vertreter des herrschenden Unternehmens im Rahmen von Vorstandsdoppelmandaten bei der abhängigen Gesellschaft sowie noch eine Reihe vergleichbarer Fallgestaltungen (→ § 309 Rn. 16, 22 ff.). Bei dem hier zugrunde gelegten weiten Verständnis des § 310 Abs. 1 (→ Rn. 8) bereitet die Anwendung der Vorschrift in den genannten Fällen ohnehin keine Schwierigkeiten.

Unverbindlich, weil **unzulässig** in dem genannten Sinne (→ Rn. 9) sind vor allem **10** Weisungen, die gegen den Beherrschungsvertrag, gegen die Satzung oder gegen das Gesetz verstoßen (§§ 134 und 138 BGB) oder durch die § 309 Abs. 1 verletzt wird, sowie nachteilige Weisungen, die offensichtlich nicht den Belangen des herrschenden Unternehmens oder der mit diesem konzernverbundenen Unternehmen dienen (§ 308 Abs. 2 S. 2), die also, wie es häufig ausgedrückt wird, einen evidenten Machtmissbrauch seitens des herrschenden Unternehmens darstellen (→ § 308 Rn. 45 ff.).[8] Fehlt es dagegen hieran, ist der Machtmissbrauch seitens des herrschenden Unternehmens mit anderen Worten *nicht* offensichtlich, so muss der Vorstand der abhängigen Gesellschaft grundsätzlich auch *an sich unzulässige nachteilige Weisungen* befolgen (§ 308 Abs. 2 S. 1). Die Folgerungen hieraus zieht § 310 Abs. 3 durch die Bestimmung, dass die Vorstandsmitglieder der abhängigen Gesellschaft in diesem Fall keine Haftung gegenüber ihrer Gesellschaft nach § 310 trifft, vorbehaltlich freilich einer Haftung wegen der Verletzung ihrer Prüfungspflicht (→ Rn. 11).

Zu den wichtigsten Pflichten der Vorstandsmitglieder der abhängigen Gesellschaft mit **11** Bezug auf Weisungen des herrschenden Unternehmen gehört ihre **Prüfungspflicht** (→ § 308 Rn. 53, 66). Folgerichtig ist § 310 Abs. 1 auch auf die Verletzung der Prüfungspflicht anzuwenden. Aus § 310 Abs. 3 iVm § 308 Abs. 2 S. 2 darf nicht der Schluss gezogen werden, dass der Vorstand der abhängigen Gesellschaft auch an sich unzulässige nachteilige Weisungen ohne weiteres befolgen dürfte; er hat vielmehr *jede Weisung* gemäß § 310 Abs. 1 mit der gebotenen Sorgfalt zunächst auf ihre Zulässigkeit, dh auf ihre Vereinbarkeit mit dem Gesetz, der Satzung und dem Vertrag, zu *überprüfen* und, wenn sich dabei Zweifel an der Zulässigkeit der Weisung ergeben, diese dem herrschenden Unternehmen mitzuteilen (→ § 308 Rn. 43). Erst wenn das herrschende Unternehmen in diesem Fall gleichwohl auf seiner Weisung besteht, kann und muss der Vorstand der abhängigen Gesellschaft auch eine etwaige nachteilige Weisung befolgen (§ 308 Abs. 2) mit der Folge, dass ihm (nur) dann **keine Ersatzpflicht** droht (§ 310 Abs. 3), und auch dies nur, *solange nicht der Missbrauch* des Weisungsrechts „*offensichtlich*" iSd § 308 Abs. 2 S. 2 ist (→ § 308 Rn. 52 f.).

Von der pflichtwidrigen Befolgung unzulässiger Weisungen des herrschenden Unternehmens (→ Rn. 11) muss die unsorgfältige und deshalb ebenfalls pflichtwidrige Ausführung **12** zulässiger Weisungen des herrschenden Unternehmens unterschieden werden. Während

---

[8] MüKoAktG/*Altmeppen* Rn. 12 ff.; GroßkommAktG/*Hirte* Rn. 16; *Kantzas* Weisungsrecht 196 ff.

nach hM in diesem Fall allein die §§ 93 und 116 anwendbar sind (→ Rn. 7), hindert nach der hier vertretenen Meinung nichts die Anwendung des § 310, wenn die Vorstandsmitglieder der abhängigen Gesellschaft bei Durchführung zulässiger Weisungen ihre Sorgfaltspflicht verletzen und die abhängige Gesellschaft *dadurch* schädigen (→ Rn. 8). Nach jeder Meinung bleibt schließlich jenseits des Anwendungsbereichs des § 310 die Vorschrift des **§ 93** anwendbar (→ Rn. 3). Eine Haftung der Vorstandsmitglieder nach § 93 Abs. 2 kommt bei dem hier zugrunde gelegten weiten Verständnis des § 310 Abs. 1 (→ Rn. 7 f.) vornehmlich **im weisungsfreien Bereich** in Betracht, in dem sich der Vorstand der abhängigen Gesellschaft weiterhin ausschließlich an den Interessen seiner Gesellschaft zu orientieren hat (→ § 308 Rn. 54).

12a Von der Haftung des Vorstands der abhängigen Gesellschaft ist die **Haftung der abhängigen Gesellschaft** für Vertragsverletzungen zu unterscheiden, die der Vorstand der abhängigen Gesellschaft zu vertreten hat (§§ 31, 278 und 280 BGB). **Beispiele** sind die pflichtwidrige Unterlassung oder Verzögerung der Ausführung zulässiger Weisungen, die Schädigung des herrschenden Unternehmens bei einer mangelhaften Umsetzung von Weisungen sowie die Unterlassung der rechtzeitigen Information des herrschenden Unternehmens über die für den Konzern insgesamt relevanten Umstände.[9]

13 **2. Kausalität, Schaden.** Für die Kausalität zwischen der Befolgung der Weisung und der Schädigung der abhängigen Gesellschaft sowie für den Schaden der Gesellschaft gilt sinngemäß dasselbe wie bei § 309 (→ § 309 Rn. 31 ff.). Auch hier entfällt daher der Schaden der abhängigen Gesellschaft nicht etwa, wenn gleichzeitig ein Gewinnabführungsvertrag besteht (→ § 309 Rn. 39 f.); genauso wenig kann mit Rücksicht auf die Verlustausgleichspflicht des herrschenden Unternehmens (§ 302) in derartigen Fällen ein Schaden verneint werden (→ § 309 Rn. 32 f.).[10]

14 **3. Verschulden.** Die Haftung der Vorstandsmitglieder der abhängigen Gesellschaft setzt in den genannten Fällen (→ Rn. 9 ff.) voraus, dass sie die Sorgfalt eines ordentlichen und gewissenhaften Geschäftsleiters verletzt haben (§ 310 Abs. 1 S. 1 und 2). Die Regelung entspricht § 93 Abs. 1 S. 1, sodass die Vorstandsmitglieder bei der Prüfung und Durchführung von Weisungen mit derselben Sorgfalt zu verfahren haben, die sie auch sonst bei ihrer Geschäftsführung nach § 93 Abs. 1 S. 1 anwenden müssen. Dazu gehört freilich auch das „Recht auf Irrtum", solange sie nicht die Grenzen ihres *unternehmerischen Ermessens* überschreiten (§ 93 Abs. 1 S. 2 idF von 2005; → § 309 Rn. 32).[11] Lediglich, wenn es um die Befolgung nachteiliger und den Belangen des herrschenden Unternehmens oder der mit diesem konzernverbundenen Unternehmen widersprechender Weisungen geht, ist der Sache nach die von ihnen geschuldete Sorgfalt durch die eigenartige Regelung des § 310 Abs. 3 iVm § 308 Abs. 2 S. 2 überlagert (→ Rn. 10).

15 **4. Beweislast.** Nach § 310 Abs. 1 S. 2 trifft die Verwaltungsmitglieder der abhängigen Gesellschaft die Beweislast nur, wenn streitig ist, ob sie bei der Wahrnehmung ihrer Pflichten auf Grund der §§ 308 und 310 die Sorgfalt eines ordentlichen und gewissenhaften Geschäftsleiters angewandt haben (→ Rn. 14). Diese Regelung legt auf den ersten Blick den Schluss nahe, dass sämtliche *anderen* Haftungsvoraussetzungen vom jeweiligen Kläger, also entweder von der abhängigen Gesellschaft oder von ihren Aktionären oder Gläubigern (§ 310 Abs. 4 iVm § 309 Abs. 4 S. 1 und 3), zu beweisen sind.[12] Im Falle der Schädigung der abhängigen Gesellschaft durch eine unzulässige nachteilige Weisung bedeutete dies, dass der Kläger im Streitfall vortragen und ggf. beweisen müsste, dass die abhängige Gesellschaft gerade durch eine unzulässige, weil den Belangen des herrschenden Unternehmens oder der mit diesem konzernverbundenen Unternehmen widersprechende Weisung geschädigt wurde sowie,

---

[9] Stephan Konzern 2014, 1 (27).
[10] GroßkommAktG/*Hirte* Rn. 19; anders *Kantzas* Weisungsrecht 202.
[11] K. Schmidt/Lutter/*Langenbucher* Rn. 8; Grigoleit/*Servatius* Rn. 9.
[12] So in der Tat *Altmeppen*, Die Haftung des Managers, 48 f.; MüKoAktG/*Altmeppen* Rn. 22–28; KK-AktG/*Koppensteiner* Rn. 7; Grigoleit/*Servatius* Rn. 10.

dass die Unzulässigkeit der Weisung für die Vorstandsmitglieder iSd § 308 Abs. 2 S. 2 Hs. 2 „offensichtlich" war (→ Rn. 9–13).¹³

Dieser Meinung (→ Rn. 15) ist *nicht* zu folgen, weil sie zur Folge hätte, dass die ohnehin schon erheblich eingeschränkte Haftung der Vorstandsmitglieder der abhängigen Gesellschaft aufgrund des § 310 endgültig leerliefe; denn die überwiegend favorisierte Beweislastverteilung bei § 310 ist insbesondere für die außenstehenden Aktionäre und die Gläubiger der abhängigen Gesellschaft (§ 310 Abs. 4 iVm § 309 Abs. 4 S. 1 und 3) schlicht *unzumutbar*. Abhilfe ermöglicht hier allein eine **Kausalitätsvermutung** im Falle einer Schädigung der abhängigen Gesellschaft unter Umständen, die auf die Erteilung einer nachteiligen Weisung seitens des herrschenden Unternehmens hindeuten.¹⁴ Solche Umstände liegen namentlich vor, wenn das Verhalten der abhängigen Gesellschaft – rationales Handeln der Vorstandsmitglieder der abhängigen Gesellschaft unterstellt – aus deren Interessenlage heraus unverständlich erscheinen muss und deshalb wegen der damit verbundenen Vorteile für das herrschende Unternehmen oder andere Konzernunternehmen nur auf Grund einer nachteiligen Weisung des herrschenden Unternehmens erklärlich ist (→ § 309 Rn. 43). Gelingt den Vorstandsmitgliedern der abhängigen Gesellschaft in solchen Fällen nicht die Widerlegung der Kausalitätsvermutung durch den Nachweis, dass seitens des herrschenden Unternehmens keine Weisung ausgesprochen wurde, so greift dann ferner zusätzlich § 310 Abs. 1 S. 2 ein, sodass zugleich die **Verletzung ihrer Sorgfaltspflichten vermutet** wird. 16

Die geschilderte Verteilung der Beweislast (→ Rn. 16) ist nur billig, wenn man bedenkt, dass allein den Vorstandsmitgliedern der abhängigen Gesellschaft die Umstände bekannt sind, die tatsächlich zur Schädigung der abhängigen Gesellschaft geführt haben. Sie können sich deshalb nur durch den Vortrag entlasten, dass entweder **keine Weisung** vorlag oder dass sie doch bei der Befolgung der Weisung, namentlich bei der Prüfung ihrer Zulässigkeit, **die geschuldete Sorgfalt** beobachtet haben. Im Falle nachteiliger und den Belangen des herrschenden Unternehmens oder der mit diesem konzernverbundenen Unternehmen widersprechender Weisungen genügt dafür bereits der Nachweis, dass dieser Zusammenhang für sie *nicht offensichtlich* war (§ 310 Abs. 3 iVm § 308 Abs. 2 S. 2).¹⁵ 17

5. Billigung des Aufsichtsrates. Nach § 310 Abs. 2 wird die Ersatzpflicht der Vorstandsmitglieder nicht dadurch ausgeschlossen, dass der Aufsichtsrat die fragliche Handlung, in erster Linie also die pflichtwidrige Befolgung einer unzulässigen Weisung des herrschenden Unternehmens, gebilligt hat (vgl. §§ 93 Abs. 4 S. 2, 117 Abs. 2 S. 4). Diese Regelung erklärt sich daraus, dass in dem genannten Fall die Mitglieder des Aufsichtsrats nach § 310 Abs. 1 S. 1 ebenfalls eine Ersatzpflicht treffen kann (→ Rn. 21 f.), sodass sie nicht gut zugleich ihre etwaige eigene Haftung durch Billigung der Handlung des Vorstands wieder ausschließen können.¹⁶ Es kommt hinzu, dass der Aufsichtsrat der abhängigen Gesellschaft im Vertragskonzern ohnehin in der Regel von Vertretern des herrschenden Unternehmens dominiert wird, sodass die Billigung einer Maßnahme der Vorstandsmitglieder der abhängigen Gesellschaft durch den Aufsichtsrat der Sache nach häufig nichts anderes als eine Wiederholung oder Bekräftigung der Weisung des herrschenden Unternehmens darstellte. 18

6. Billigung der Hauptversammlung. Die etwaige Billigung der Befolgung der Weisung durch die Hauptversammlung auf Vorlage durch den Vorstand nach § 119 Abs. 2 hat ebenfalls *keine haftungsausschließende Wirkung*.¹⁷ Denn § 310 Abs. 2 wiederholt nicht den § 117 Abs. 2 S. 3, nach dem eine Haftung der Mitglieder des Vorstands und des Aufsichtsrats im Falle der Verletzung ihrer Pflichten ausgeschlossen ist, wenn die fragliche Handlung auf 19

---

¹³ So MüKoAktG/*Altmeppen* Rn. 27 f.
¹⁴ GroßkommAktG/*Hirte* Rn. 21; *Kantzas* Weisungsrecht 201 f., 205 f.; Hölters/*Leuering/Goertz* Rn. 35.
¹⁵ K. Schmidt/Lutter/*Langenbucher* Rn. 14.
¹⁶ *Kantzas* Weisungsrecht 209.
¹⁷ Begr. RegE bei *Kropff* AktG 406.

einem gesetzmäßigen Beschluss der Hauptversammlung beruht. Eine abweichende Entscheidung ist hier schon deshalb geboten, weil andernfalls mit Rücksicht auf die regelmäßige Hauptversammlungsmehrheit des herrschenden Unternehmens die gesetzliche Regelung über die Haftung der Verwaltungsmitglieder der abhängigen Gesellschaft in § 310 zur Disposition der Beteiligten stände.[18]

20　**7. Mitarbeiter.** Soweit Mitarbeiter der abhängigen Gesellschaft auf Grund einer Anordnung ihres Vorstands verpflichtet sind, Weisungen des herrschenden Unternehmens zu befolgen (→ § 308 Rn. 13 ff.), haften sie bei Befolgung unzulässiger Weisungen gegenüber ihrer Gesellschaft nur aus dem **Anstellungsvertrag und** aus **Delikt**.[19] Keine Anwendung findet dagegen auf sie § 310.[20] Unberührt bleibt jedoch die eigene Haftung der **Vorstandsmitglieder** nach § 310 Abs. 1, sofern sie ihre Pflicht verletzen, die den Mitarbeitern direkt erteilten Weisungen ebenso wie die unmittelbar an sie gerichteten Weisungen auf ihre Zulässigkeit zu überprüfen (→ § 308 Rn. 14, 66), sowie durch eine angemessene Organisation sicherzustellen, dass sie überhaupt von Weisungen des herrschenden Unternehmens Kenntnis erlangen und noch rechtzeitig Gelegenheit zu dersn Überprüfung erhalten; außerdem haften sie für eine mangelhafte Auswahl oder Überwachung ihrer Mitarbeiter.[21]

IV. Haftung des Aufsichtsrats

21　Nach § 310 Abs. 1 S. 1 haften *neben* den Mitgliedern des Vorstandes auch die des Aufsichtsrats der *abhängigen* Gesellschaft gesamtschuldnerisch im Falle einer Schädigung ihrer Gesellschaft durch die Verletzung ihrer Pflichten. Die praktische Bedeutung dieser Regelung ist gering, da der Aufsichtsrat der abhängigen Gesellschaft grundsätzlich *nicht* Adressat der Weisungen des herrschenden Unternehmens ist (→ § 308 Rn. 42). Infolgedessen beschränkt sich die Haftung der Aufsichtsratsmitglieder nach § 310 Abs. 1 im Wesentlichen auf *zwei* Fallgestaltungen, einmal auf Pflichtverstöße bei der allgemeinen Überwachung der Geschäftsführung des Vorstands, wozu auch die **Verhinderung der Befolgung unzulässiger Weisungen** gehört (§ 111 Abs. 1), zum anderen auf Pflichtverletzungen bei der **Erteilung der Zustimmung** nach § 111 Abs. 4 S. 2 zu einem Geschäft, zu dem das herrschende Unternehmen die abhängige Gesellschaft angewiesen hat, obwohl die Weisung unzulässig war und die Mitglieder des Aufsichtsrats dies bei Anwendung der gebotenen Sorgfalt (§ 310 Abs. 1 S. 2) erkennen konnten und mussten.[22]

22　In den Fällen des **§ 310 Abs. 2,** dh bei Erteilung nachteiliger, aber nicht offensichtlich dem Konzerninteresse widersprechender Weisungen ist auch die Haftung der Aufsichtsratsmitglieder ausgeschlossen.[23] Im Übrigen bleibt **§ 116** unberührt. Eine Haftung der Aufsichtsratsmitglieder nach dieser Vorschrift kommt zB bei einer mangelhaften Kontrolle des Vorstands im weisungsfreien Raum oder bei der Ausführung *zulässiger* Weisungen in Betracht,[24] sofern man nicht, wie hier befürwortet (→ Rn. 8), § 310 Abs. 1 auch auf den zuletzt genannten Fall erstreckt.

---

[18] *Altmeppen,* Die Haftung des Managers, 49 f.; MüKoAktG/*Altmeppen* Rn. 15–19; GroßkommAktG/*Hirte* Rn. 23; Hüffer/*Koch* Rn. 5; *Kantzas* Weisungsrecht 208; KK-AktG/*Koppensteiner* Rn. 9; MHdB AG/*Krieger* § 70 Rn. 166; K. Schmidt/Lutter/*Langenbucher* Rn. 10; Spindler/Stilz/*Veil* Rn. 5; aA *Canaris* ZGR 1978, 207 (211 ff.).

[19] GroßkommAktG/*Hirte* Rn. 24; Hüffer/*Koch* Rn. 2; KK-AktG/*Koppensteiner* Rn. 4; Hölters/*Leuering*/*Goertz* Rn. 23; aA MüKoAktG/*Altmeppen* Rn. 34.

[20] K. Schmidt/Lutter/*Langenbucher* Rn. 7; Hölters/*Leuering*/*Goertz* Rn. 22; Spindler/Stilz/*Veil* Rn. 6; str.

[21] Grigoleit/*Servatius* Rn. 4; Spindler/Stilz/*Veil* Rn. 6, str.

[22] GroßkommAktG/*Hirte* Rn. 27 f.; *Kantzas* Weisungsrecht 209 ff.; KK-AktG/*Koppensteiner* Rn. 5; x 5; aA *Altmeppen,* Die Haftung des Managers, 50; MüKoAktG/*Altmeppen* Rn. 35 f. – Zur Haftung des Aufsichtsrats des herrschenden Unternehmens s. *U. Schneider* FS Hadding, 2004, 621, bes. 629 ff.

[23] *Altmeppen,* Die Haftung des Managers, 50; *Kantzas* Weisungsrecht 212.

[24] GroßkommAktG/*Hirte* Rn. 30; *Kantzas* Weisungsrecht 213.

Vorbemerkungen   Vor § 311

Zweiter Abschnitt. Verantwortlichkeit bei Fehlen eines Beherrschungsvertrags

Vorbemerkungen zu § 311 (Vor § 311): Konzernbildungskontrolle

Schrifttum: Konzernbildungskontrolle auf der Ebene der abhängigen AG: *Armbrüster,* Wettbewerbsverbote im Kapitalgesellschaftsrecht, ZIP 1997, 1269; *Bayer,* Gesetzliche Zuständigkeit der Hauptversammlung für die Zustimmung zur Übertragung vinkulierter Namensaktien auf einen künftigen Mehrheitsaktionär?, FS Hüffer, 2010, 35; *B. Binnewies,* Die Konzerneingangskontrolle in der abhängigen Gesellschaft, 1996; *Burgard,* Die Offenlegung von Beteiligungen bei der Aktiengesellschaft, AG 1992, 41; *ders.,* Das Wettbewerbsverbot des herrschenden Aktionärs, FS Lutter, 2000, 1033; *Cahn/Decher,* Schadensersatzpflicht wegen Beteiligungserwerb?, Konzern 2015, 469; *Eckert,* Konzerneingangsschutz im Aktienkonzernrecht auf der Ebene der Untergesellschaft, 1998; *Emmerich,* Konzernbildungskontrolle, AG 1991, 303; *Forum Europaeum Konzernrecht,* Konzernrecht für Europa, ZGR 1998, 672; *M. Geiger,* Wettbewerbsverbote im Konzernrecht, 1996; *Grundmann,* Der Treuhandvertrag, 1997; *Henssler,* Minderheitenschutz im faktischen GmbH-Konzern – Zugleich ein Plädoyer für die Aufwertung des Konzernabschlusses, FS Zöllner, Bd. I, 1998, 203; *Henze,* Die Treupflicht im Aktienrecht, BB 1996, 489; *ders.,* Das Wettbewerbsverbot im außervertraglichen Aktienrechtskonzern, FS Hüffer, 2010, 309; *ders.,* Kein ungeschriebenes Wettbewerbsverbot für herrschende Unternehmen gegenüber abhängigen Gesellschaften?, ZHR 175 (2011), 1; *Herkenroth,* Konzernierungsprozesse im Schnittfeld von Konzernrecht und Übernahmerecht, 1994; *Hüffer,* Der herrschende Aktionär – Adressat eines ungeschriebenen Wettbewerbsverbots?, FS Röhricht, 2005, 251; *ders.,* Kompetenzfragen bei der Zustimmung zur Übertragung vinkulierter Namensaktien, Liber Amicorum M. Winter, 2011, 279; *Jilg,* Die Treupflicht des Aktionärs, 1996; *Kalss,* Anlegerinteressen – Der Anleger im Handlungsdreieck von Vertrag, Verband und Markt, 2000; *Kindler,* Hauptfragen des Konzernrechts in der internationalen Diskussion, ZGR 1997, 449; *Lieb,* Abfindungsansprüche im (qualifizierten?) faktischen Konzern, FS Lutter, 2000, 1151; *Lutter,* Treupflichten und ihre Anwendungsprobleme, ZHR 162 (1998), 164; *Michalski,* Abwehrmechanismen gegen unfreundliche Übernahmeangebote („unfriendly takeovers") nach deutschem Aktienrecht, AG 1997, 152; *Mülbert,* Genehmigtes Kapital im Vorfeld eines unerwünschten Übernahmeangebots, FS Schwark, 2009, 553; *ders./Kiem,* Der schädigende Beteiligungserwerb, ZHR 177 (2013), 819; *Raiser,* Wettbewerbsverbote als Mittel des konzernrechtlichen Präventivschutzes, FS Stimpel, 1985, 855; *Reiling,* Die Unterschreitung des Unternehmensgegenstandes, 2015; *Reul,* Die Pflicht zur Gleichbehandlung der Aktionäre bei privaten Kontrolltransaktionen, 1991; *Schindler,* Das Austrittsrecht in Kapitalgesellschaften, 1999; *J. Schneider,* Wettbewerbsverbot für Aktionäre, 2008; *U.H. Schneider,* Gesetzliches Verbot von Stimmrechtsbeschränkungen bei der Aktiengesellschaft?, AG 1990, 56; *Seydel,* Konzernbildungskontrolle bei der Aktiengesellschaft, 1995; *Teichmann,* Austrittsrecht und Pflichtangebot bei Gründung einer Europäischen Aktiengesellschaft, AG 2004, 67; *Timm,* Zur Sachkontrolle von Mehrheitsentscheidungen im Kapitalgesellschaftsrecht, ZGR 1987, 403; *Verse,* Treuepflicht und Gleichbehandlungsgrundsatz, in Bayer/Habersack, Aktienrecht im Wandel, 2007, Band 1, Kap. 13, 579 ff.; *M. Weber,* Vormitgliedschaftliche Treubindungen, 1999; *Wiedemann,* Minderheitenschutz und Aktienhandel, 1968; *Wimmer-Leonhardt,* Konzernhaftungsrecht, 2004; *M. Wolf,* Konzerneingangsschutz bei Übernahmeangeboten, AG 1998, 212; *Ziemons/Jaeger,* Treupflichten bei der Veräußerung einer Beteiligung an einer Aktiengesellschaft, AG 1996, 358; *Zöllner,* Treupflichtgesteuertes Aktienkonzernrecht, ZHR 162 (1998), 235; *ders.,* Schutz der Aktionärsminderheit bei einfacher Konzernierung, FS Kropff, 1997, 333.

WpÜG: *Adolff/Meister/Randell/Stephan,* Public Company Takeovers in Germany, 2002; *Aha,* Rechtsschutz der Zielgesellschaft bei mangelhaften Übernahmeangeboten, AG 2002, 160; *Altmeppen,* Neutralitätspflicht und Pflichtangebot nach dem neuen Übernahmerecht, ZIP 2001, 1073; *Assmann,* Erwerbs-, Übernahme- und Pflichtangebote nach dem Wertpapiererwerbs- und Übernahmegesetz aus der Sicht der Bietergesellschaft, AG 2002, 114; *ders./Bozenhardt,* Übernahmeangebote als Regelungsproblem zwischen gesellschaftsrechtlichen Normen und zivilrechtlich begründeten Verhaltensgeboten, in Assmann/Basaldua/Bozenhardt/Peltzer, Übernahmeangebote, 1990, 1; *ders./Pötzsch/Schneider* (Hrsg.), WpÜG, 2. Aufl. 2013; *Austmann/Mennicke,* Übernahmerechtlicher Squeeze-out und Sell-out, NZG 2004, 846; *Baums,* Low Balling, Creeping in und übernahmerechtliche Zurechnung, ZIP 2010, 2374; *ders./Thoma* (Hrsg.), WpÜG, Stand: Mai 2012; *Bayer,* Vorsorge- und präventive Abwehrmaßnahmen gegen feindliche Übernahmen, ZGR 2002, 588; *H. Braun,* Die Befreiung vom Pflichtangebot nach dem WpÜG, 2008; *ders.,* Das einflusslose Mitglied im Stimmrechtspool, NZG 2008, 928; *Bredow/Liebscher,* Befreiung vom Pflichtangebot nach WpÜG bei Selbstverpflichtung zur Durchführung eines Squeeze-out, DB 2003, 1368; *Brellochs,* Konzernrechtliche Beherrschung und übernahmerechtliche Kontrolle, NZG 2012, 1010; *Burg/Braun,* Austrittsrechte nach Verschmelzung von börsennotierten Aktiengesellschaften bei gleichbleibender Kontrolle im aufnehmenden Rechtsträger?, AG 2009, 22; *Cahn,* Verwaltungsbefugnisse der Bundesanstalt für Finanzdienstleistungsaufsicht im Übernahmerecht und Rechtsschutz Betroffener, ZHR 167 (2003), 262; *Cascante,* „12 Years a Rave"? – Schlüsseltransaktionen im deutschen Übernahmerecht von 2002 bis 2013, FS Wegen, 2015, 175; *Drinkuth* in Marsch-Barner/Schäfer, Handbuch börsennotierte AG, 3. Aufl. 2014, § 60: Öffentliche Übernahme börsennotierter Unternehmen; *ders.,* Informationspflichten bei Ermächtigungsbeschlüssen nach § 33 WpÜG, AG 2005, 597; *Drygala,* Die neue deutsche Übernahmeskepsis und ihre Auswirkungen auf die Vorstandspflichten nach § 33 WpÜG, ZIP 2001, 1861; *Ehricke/Ekkenga/Oechsler,* WpÜG, 2003; *Ekkenga,* § 33 WpÜG:

Neutralitätsgebot oder Grundsatz der Abwehrbereitschaft?, FS Kümpel, 2003, 95; *ders./Hofschroer,* Das Wertpapiererwerbs- und Übernahmegesetz, DStR 2002, 724, 768; *Fabritius,* Aktuelle Fragen des Übernahmerechts – Erfahrungen aus der Praxis, VGR 8 (2004), 45; *v. Falkenhausen,* Reformbedarf beim Pflichtangebot gemäß § 35 WpÜG, ZHR 174 (2010), 293; *ders.,* Das nachgeholte Pflichtangebot, NZG 2010, 1213; *ders.,* Die Übernahme der Postbank – Neues zum Recht des Pflichtangebots, NZG 2014, 1368; *Fleischer,* Schnittmengen des WpÜG mit benachbarten Rechtsmaterien – eine Problemskizze, NZG 2002, 545; *ders./Kalss,* Das neue Wertpapiererwerbs- und Übernahmegesetz – Einführende Gesamtdarstellung und Materialien, 2002; *Franck,* Die Stimmrechtszurechnung nach § 22 WpHG und § 30 WpÜG, BKR 2002, 709; *Gätsch/Schäfer,* Abgestimmtes Verhalten nach § 22 II WpHG und § 30 II WpÜG in der Fassung des Risikobegrenzungsgesetzes, NZG 2008, 846; *Geibel/Süßmann* (Hrsg.), WpÜG, 2. Aufl. 2008; *dies.,* Erwerbsangebote nach dem Wertpapiererwerbs- und Übernahmegesetz, BKR 2002, 52; *Haarmann/Schüppen* (Hrsg.), Frankfurter Kommentar zum WpÜG, 3. Aufl. 2008; *Habersack,* Auf der Suche nach dem gerechten Preis – Überlegungen zu § 31 WpÜG, ZIP 2003, 1123; *ders.,* Reformbedarf im Übernahmerecht!, ZHR 166 (2002), 619; *ders./Mayer,* Der neue Vorschlag einer Takeover-Richtlinie – Überlegungen zur Umsetzung in das nationale Recht, ZIP 1997, 2141; *Harbarth,* Kontrollerlangung und Pflichtangebot, ZIP 2002, 321; *ders.,* Europäische Durchbrechungsregel im deutschen Übernahmerecht, ZGR 2007, 37; *Heiser,* Interessenkonflikte in der Aktiengesellschaft und ihre Lösung am Beispiel des Zwangsangebots, 1999; *Hemeling,* Gesellschaftsrechtliche Grenzen der Due Diligence beim Unternehmenskauf, ZHR 169 (2005), 274; *Heusel,* Das Instrumentarium zur Durchsetzung unterlassener Pflichtangebote im Lichte der BKN-Entscheidung des BGH, AG 2014, 232; *Hirte,* Verteidigung gegen Übernahmeangebote und Rechtsschutz des Aktionärs gegen die Verteidigung, ZGR 2002, 623; *Hoffmann-Becking,* Subjektive öffentliche Rechte im Recht der Unternehmensübernahmen, Liber amicorum H.-U. Erichsen, 2004, 47; *Hommelhoff/Witt,* Konzernunternehmen im Recht der Pflichtangebote nach deutschem WpÜG, FS Nobel, 2005, 125; *Hopt,* Europäisches und deutsches Übernahmerecht, ZHR 161 (1997), 368; *ders.,* Verhaltenspflichten des Vorstands der Zielgesellschaft bei feindlichen Übernahmen – Zur aktien- und übernahmerechtlichen Rechtslage in Deutschland und Europa, FS Lutter, 2000, 1361; *ders.,* Grundsatz- und Praxisprobleme nach dem Wertpapiererwerbs- und Übernahmegesetz, ZHR 166 (2002), 383; *ders.,* Konzernrecht: Die europäische Perspektive, ZHR 171 (2007), 199; *Ihrig,* Rechtsschutz Drittbetroffener im Übernahmerecht, ZHR 167 (2003), 315; *Jünemann,* Die angemessene Gegenleistung nach § 31 Abs. 1 WpÜG im Lichte des Verfassungsrechts, 2008; *Kiem,* Der Hauptversammlungsentscheid zur Legitimation von Abwehrmaßnahmen nach dem neuen Übernahmegesetz, ZIP 2000, 1509; *Kiesewetter,* Befreiung vom Pflichtangebotsverfahren bei anschließendem Squeeze Out?, ZIP 2004, 1638; *Kindler/Horstmann,* Die EU-Übernahmerichtlinie – Ein „europäischer" Kompromiss, DStR 2004, 866; *Kleindiek,* Funktion und Geltungsanspruch des Pflichtangebots nach dem WpÜG, ZGR 2002, 546; Kölner Kommentar zum WpÜG, hrsg. v. Hirte/v. Bülow, 2. Aufl. 2010; *Koch,* Passiver Kontrollerwerb und Pflichtangebot, ZIP 2008, 1260; *Korff,* Das Risikobegrenzungsgesetz und seine Auswirkungen auf das WpHG, AG 2008, 692; *Kort,* Rechte und Pflichten des Vorstands der Zielgesellschaft bei Übernahmeversuchen, FS Lutter, 2000, 1421; *Krause,* Prophylaxe gegen feindliche Übernahmeangebote, AG 2002, 133; *ders.,* Die Abwehr feindlicher Übernahmeangebote auf der Grundlage von Ermächtigungsbeschlüssen der Hauptversammlung, BB 2002, 1053; *ders.,* Die EU-Übernahmerichtlinie – Anpassungsbedarf im Wertpapiererwerbs- und Übernahmegesetz, BB 2004, 113; *ders.,* Zum richterrechtlichen Anspruch der Aktionäe auf angemessene Gegenleistung bei Übernahme- und Pflichtangeboten, AG 2014, 833; *Letzel,* Das Pflichtangebot nach dem WpÜG, BKR 2002, 293; *Liebscher,* Die Zurechnungstatbestände des WpHG und WpÜG, ZIP 2002, 1005; *Maier-Reimer,* Verhaltenspflichten des Vorstands der Zielgesellschaft bei feindlichen Übernahmen, ZHR 165 (2001), 258; *Maul/Muffat-Jeandet,* Die EU-Übernahmerichtlinie – Inhalt und Umsetzung in nationales Recht, AG 2004, 221, 306; *Merkt,* Verhaltenspflichten des Vorstands der Zielgesellschaft bei feindlichen Übernahmen, ZHR 165 (2001), 224; *Mülbert,* Übernahmerecht zwischen Kapitalmarktrecht und Aktien(konzern)recht – die konzeptionelle Schwachstelle des RegE WpÜG, ZIP 2001, 1221; *ders.,* Umsetzungsfragen der Übernahmerichtlinie, NZG 2004, 633; *ders./Kiem/Wittg* (Hrsg.), 10 Jahre WpÜG, 2011 (mit Beiträgen von *Bachmann, v. Bülow, Cahn, Cascante, Hopt, Leithner, Meyer, Seibt, Tyrolt, Verse, Wollburg*); *ders./Schneider,* Der außervertragliche Abfindungsanspruch im Recht der Pflichtangebote, WM 2003, 2301; *Nietsch,* Rechtsschutz der Aktionäre der Zielgesellschaft im Übernahmeverfahren, BB 2003, 2581; *Oechsler,* Rechtsgeschäftliche Anwendungsprobleme bei öffentlichen Übernahmeangeboten, ZIP 2003, 1330; *ders.,* Der Grundsatz der angemessenen Gegenleistung bei Übernahmeangeboten nach § 31 Abs. 1 Satz 1 WpÜG, FS Hadding, 2004, 1027; *ders.,* Acting in Concert beim Aktienerwerb (§ 30 Abs. 2 WpÜG), ZIP 2011, 449; *Paefgen,* Zum Zwangsausschluss im neuen Übernahmerecht, WM 2007, 765; *Paul,* Gesetzgeberisches Regelungsanliegen und rechtsdogmatische Einordnung von § 35 WpÜG – Wider die These vom Konzerneingangsschutz, Konzern 2009, 80; *Pohlmann,* Rechtsschutz der Aktionäre der Zielgesellschaft im Wertpapiererwerbs- und Übernahmeverfahren, ZGR 2007, 1; *von Riegen,* Rechtsverbindliche Zusagen zur Annahme von Übernahmeangeboten (sog. „irrevocable undertakings"), ZHR 167 (2003), 702; Riehmer in Habersack/Mülbert/Schlitt, Handbuch der Kapitalmarktinformation, 2. Aufl. 2013, §§ 15–19; *Riethmüller,* Minderheitenschutz und allokative Steuerung im System von Konzern- und Übernahmerecht, 2013; *Schanz/Wedell,* Der Zinsanspruch aus § 38 WpÜG bei unterlassenem Pflichtangebot, AG 2011, 615; *U.H. Schneider,* Die Zielgesellschaft nach Abgabe eines Übernahme- oder Pflichtangebots, AG 2002, 125; *ders.,* Acting in Concert – ein kapitalmarktrechtlicher Zurechnungstatbestand, WM 2006, 1321; *ders./Burgard,* Übernahmeangebote und Konzerngründung – Zum Verhältnis von Übernahmerecht, Gesellschaftsrecht und Konzernrecht, DB 2001, 963; *I. Scholz,* Das Übernahme- und Pflichtangebot bei der KGaA, NZG 2006, 445; *Stengel/Naumann,* Börslicher

Vorbemerkungen **Vor § 311**

versus außerbörslicher Erwerb nach einem Übernahme- oder Pflichtangebot, WM 2013, 2345; *Schwark/Zimmer* (Hrsg.), Kapitalmarktrechtskommentar (KMRK), 4. Aufl. 2010; *Schwark/Heiser,* Analyse des Übernahmerichtlinie-Umsetzungsgesetzes (Regierungsentwurf), AG 2006, 301; *Seibt,* Rechtsschutz im Übernahmerecht, ZIP 2003, 1865; *ders.,* Reform der EU-Übernahmerichtlinie und des deutschen Übernahmerechts, ZIP 2012, 1; *Süßmann,* Unerwünschte Übernahmen, NZG 2011, 1281; *Steinmeyer,* WpÜG, 3. Aufl. 2013; *Strunk/Behnke,* Die Aufsichtstätigkeit der BaFin nach dem WpÜG im Jahr 2003, VGR 8 (2004), 81; *Thoma,* Das Wertpapiererwerbs- und Übernahmegesetz im Überblick, NZG 2002, 105; *v. Thunen,* Aktientausch nur für ausgewählte Aktionäre?, NZG 2008, 925; *Tröger,* Unternehmensübernahmen im deutschen Recht, DZWIR 2002, 353, 397; *Uechtritz/Wirth,* Drittschutz im WpÜG – Erste Entscheidungen des OLG Frankfurt a.M.: Klarstellungen und offene Fragen, WM 2004, 410; *Verse,* Zum zivilrechtlichen Rechtsschutz bei Verstößen gegen die Preisbestimmungen des WpÜG, ZIP 2004, 199; *ders.,* Übergang von gemeinsamer zu alleiniger Kontrolle – ein Fall für das Pflichtangebot?, NZG 2009, 1331; *ders.,* Neues zum Rechtsschutz der Aktionäre im Übernahmerecht, Konzern 2015, 1; *Wackerbarth,* Die Auslegung des § 30 Abs. 2 WpÜG und die Folgen des Risikobegrenzungsgesetzes, ZIP 2007, 2340; *Wiesbrock,* Erfordernis eines Pflichtangebots nach dem WpÜG bei gleichzeitigem Vorliegen der Voraussetzungen eines Squeeze-out?, DB 2003, 2584; *Winter/Harbarth,* Verhaltenspflichten von Vorstand und Aufsichtsrat der Zielgesellschaft bei feindlichen Übernahmeangeboten nach dem WpÜG, ZIP 2002, 1; *Wymeersch,* Übernahmeangebote und Pflichtangebote, ZGR 2002, 520; *Zschocke/Berresheim,* Schadensersatzhaftung des Bieters wegen unterlassener Angebotsunterbreitung im Übernahmerecht, BKR 2004, 301.

„**Holzmüller**", „**Gelatine**", **Delisting:** *J. Adolff,* Zur Reichweite des verbandsrechtlichen Abwehranspruchs des Aktionärs gegen rechtswidriges Verwaltungshandeln, ZHR 169 (2005), 310; *P. Adolff/J. Adolff,* Holzmüller-Kompetenzen der Hauptversammlung und Missbrauch der Vertretungsmacht durch die Vorstände einer Aktiengesellschaft, FS Mailänder, 2006, 289; *Altmeppen,* Ausgliederung zwecks Organschaftsbildung gegen die Sperrminorität?, DB 1998, 49; *Arnold,* Mitwirkungsbefugnisse der Aktionäre nach Gelatine und Macrotron, ZIP 2005, 1573; *Auer,* Der Rückzug von der Börse als Methodenproblem, JZ 2014, 71; *Baums,* Vorzugsaktien, Ausgliederung und Konzernfinanzierung, AG 1994, 1; *ders.,* Empfiehlt sich eine Neuregelung des aktienrechtlichen Anfechtungs- und Organhaftungsrechts, insbesondere der Klagemöglichkeiten von Aktionären?, Gutachten F zum 63. DJT, 2000; *Bayer,* Aktionärsklage de lege lata und de lege ferenda, NJW 2000, 2609; *ders.,* Die Delisting-Entscheidungen „Macrotron" und „Frosta" des II. Zivilsenats des BGH, ZfPW 2015, 163; *Becker/Fett,* Börsengang im Konzern – Über ein „Zuteilungsprivileg" zum Schutz der Aktionärsinteressen, WM 2001, 549; *Bernhardt,* Unternehmensführung und Hauptversammlung – Holzmüller und die Folgen, DB 2000, 1873; *Beusch,* Die Aktiengesellschaft – eine Kommanditgesellschaft in der Gestalt einer juristischen Person?, FS Werner, 1984, 1; *Böttcher/Blasche,* Die Grenzen der Leitungsmacht des Vorstands, NZG 2006, 569; *Brellochs,* Der Rückzug von der Börse nach „Frosta", AG 2014, 633; *Bungert,* Ausgliederung durch Einzelrechtsübertragung und analoge Anwendung des Umwandlungsgesetzes, NZG 1998, 367; *ders.,* Festschreibung der ungeschriebenen „Holzmüller"-Hauptversammlungszuständigkeiten bei der Aktiengesellschaft, BB 2004, 1345; *ders./Leyendecker-Langner,* Börsenkursrechtsprechung beim vorgeschalteten Delisting, BB 2014, 521; *Busch/Groß,* Vorerwerbsrechte der Aktionäre beim Verkauf von Tochtergesellschaften über die Börse?, AG 2000, 503; *Decher,* Mitwirkungsrechte der Aktionäre beim Kauf von Unternehmen?, FS U. H. Schneider, 2011, 261; *Dreher,* Der VVaG-Konzern, FS zum 100jährigen Bestehen der Stuttgarter Lebensversicherung a.G., 2008, 139; *Drinkuth,* Formalisierte Informationsrechte bei Holzmüller-Beschlüssen, AG 2001, 256; *Drygala/Staake,* Delisting als Strukturmaßnahme, ZIP 2013, 905; *Feddersen/Kiem,* Die Ausgliederung zwischen „Holzmüller" und neuem Umwandlungsrecht, ZIP 1994, 1078; *Feldhaus,* Der Erforderlichkeit einer Zustimmung der Hauptversammlung bei Veräußerung von Unternehmensteilen einer Aktiengesellschaft und die Notwendigkeit einer außerordentlichen Hauptversammlung, BB 2009, 562; *Fleischer,* Börseneinführung von Tochtergesellschaften, ZHR 165 (2001), 513; *ders.,* Ungeschriebene Hauptversammlungszuständigkeiten im Aktienrecht: Von „Holzmüller" zu „Gelatine", NJW 2004, 2335; *ders.,* Mitwirkungsbefugnisse der Aktionäre bei Struktur-, Vergütungs- und Personalentscheidungen in Deutschland, Österreich und der Schweiz, GesRZ 2010, 193; *A. Fuchs,* Der Schutz der Aktionäre beim Börsengang der Tochtergesellschaft, in Henze/Hoffmann-Becking (Hrsg.), Gesellschaftsrecht 2001, RWS-Forum 20, 2001, 259; *Fuhrmann,* „Gelatine" und die Holzmüller-Doktrin: Ende einer juristischen Irrfahrt?, AG 2004, 339; *Geßler,* Einberufung und ungeschriebene Hauptversammlungszuständigkeiten, FS Stimpel, 1985, 771; *Görg,* Behindern „Holzmüller" und „Gelatine" die Sanierung der Aktiengesellschaft?, FS Greiner, 2005, 51; *Goette,* Organisation und Zuständigkeit im Konzern, AG 2006, 522; *H. Götz,* Die Sicherung der Rechte der Aktionäre der Konzernobergesellschaft bei Konzernbildung und Konzernleitung, AG 1984, 85; *Götze,* „Gelatine" statt „Holzmüller" – Zur Reichweite ungeschriebener Mitwirkungsbefugnisse der Hauptversammlung, NZG 2004, 585; *Groß,* Zuständigkeit der Hauptversammlung bei Erwerb und Veräußerung von Unternehmensbeteiligungen, AG 1994, 266; *ders.,* Vorbereitung und Durchführung von Hauptversammlungsbeschlüssen zu Erwerb oder Veräußerung von Unternehmensbeteiligungen, AG 1996, 111; *Habersack,* Die Mitgliedschaft – subjektives und „sonstiges" Recht, 1996; *ders.,* Die Aktionärsklage – Grundlagen, Grenzen und Anwendungsfälle, DStR 1998, 533; *ders.,* „Holzmüller" und die schönen Töchter – Zur Frage eines Vorerwerbsrechts der Aktionäre beim Verkauf von Tochtergesellschaften, WM 2001, 545; *ders.,* Mitwirkungsrechte der Aktionäre nach Macrotron und Gelatine, AG 2005, 137; *ders.,* „Macrotron" – Was bleibt?, ZHR 176 (2012), 463; *Hasselbach/Pröhl,* Delisting mit oder ohne Erwerbsangebot nach neuer Rechtslage, NZG 2015, 209; *Heinsius,* Organzuständigkeiten bei Bildung, Erweiterung und Umorganisation des Konzerns, ZGR 1984, 383; *Henze,* Leitungsverantwortung des Vorstands – Überwachungspflicht des Aufsichtsrats, BB 2000, 209; *ders.,* Entscheidungen und Kompetenzen der

Vor § 311   3. Buch. 2. Teil. 2. Abschn. Fehlen eines Beherrschungsvertrags

Organe in der AG: Vorgaben der höchstrichterlichen Rechtsprechung, BB 2001, 53; *ders.*, Holzmüller vollendet das 21. Lebensjahr, FS Ulmer, 2003, 211; *Hirte*, Bezugsrechtsausschluß und Konzernbildung, 1986; *Hoffmann-Becking*, „Holzmüller", „Gelatine" und die These von der Mediatisierung der Aktionärsrechte, ZHR 172 (2008), 231; *Hofmeister*, Veräußerung und Erwerb von Beteiligungen bei der Aktiengesellschaft: Denkbare Anwendungsfälle der Gelatine-Rechtsprechung?, NZG 2008, 47; *Hommelhoff*, Die Konzernleitungspflicht, 1982; *Horbach*, Verfahrensfragen bei Holzmüller-Beschlüssen der Hauptversammlung, BB 2001, 893; *Hüffer*, Zur Holzmüller-Problematik: Reduktion des Vorstandsermessens oder Grundlagenkompetenz der Hauptversammlung?, FS Ulmer, 2003, 279; *ders.*, Kompetenzfragen bei der Zustimmung zur Übertragung vinkulierter Namensaktien, Liber Amicorum M. Winter, 2011, 279; *Joost*, „Holzmüller 2000" vor dem Hintergrund des Umwandlungsgesetzes, ZHR 163 (1999), 164; *Kiefner*, Konzernumbildung und Börsengang der Tochter, 2005; *ders.*, Beteiligungserwerb und ungeschriebene Hauptversammlungszuständigkeit, ZIP 2011, 545; *Klöhn*, Gesellschaftsrecht in der Eigenverwaltung: Die Grenzen des Einflusses auf die Geschäftsführung gemäß § 276a Satz 1 InsO, NZG 2013, 81; *Koppensteiner*, „Holzmüller" auf dem Prüfstand, Konzern 2004, 381; *Kort*, Bezugsrechtsfragen und „Holzmüller"-Fragen einer Tochter-Kapitalerhöhung aus Sanierungsgründen, AG 2002, 369; *ders.*, Neues zu „Holzmüller": Bekanntmachungspflichten bei wichtigen Verträgen, AG 2006, 272; *Krieger*, Aktionärsklage zur Kontrolle des Vorstands- und Aufsichtsratshandelns, ZHR 163 (1999), 343; *ders.*, Der Abschluss eines Gewinnabführungsvertrags zwischen Mutter und Enkel im mehrstufigen faktischen Konzern, FS K. Schmidt, 2009, 999; *Kropff*, Über die „Ausgliederung", FS Geßler, 1971, 111; *R. Leinekugel*, Die Ausstrahlungswirkungen des Umwandlungsgesetzes, 2000; *Liebscher*, Konzernbildungskontrolle, 1995; *ders.*, Konzernrecht, in Müller/Rödder (Hrsg.), Beck'sches Handbuch der AG, 2. Aufl. 2009, § 15; *ders.*, Ungeschriebene Hauptversammlungszuständigkeiten im Lichte von Holzmüller, Macrotron und Gelatine, ZGR 2005, 1; *Lüders/Wulff*, Rechte der Aktionäre der Muttergesellschaft beim Börsengang des Tochterunternehmens, BB 2001, 1209; *Lutter*, Zur Binnenstruktur des Konzerns, FS H. Westermann, 1974, 347; *ders.*, Teilfusionen im Gesellschaftsrecht, FS Barz, 1974, 199; *ders.*, Organzuständigkeiten im Konzern, FS Stimpel, 1985, 825; *ders.*, Das Vor-Erwerbsrecht/Bezugsrecht der Aktionäre beim Verkauf von Tochtergesellschaften über die Börse, AG 2000, 342; *ders.*, Noch einmal: Zum Vorerwerbsrecht der Aktionäre beim Verkauf von Tochtergesellschaften über die Börse, AG 2001, 349; *ders.*, Das unvollendete Konzernrecht, FS K. Schmidt, 2009, 1065; *ders./Leinekugel*, Kompetenzen von Hauptversammlung und Gesellschafterversammlung beim Verkauf von Unternehmensteilen, ZIP 1998, 225; *dies.*, Der Ermächtigungsbeschluss der Hauptversammlung zu grundlegenden Strukturmaßnahmen – zulässige Kompetenzübertragung oder unzulässige Selbstentmündigung?, ZIP 1998, 805; *Markwardt*, „Holzmüller" im vorläufigen Rechtsschutz, WM 2004, 211; *Martens*, Die Entscheidungsautonomie des Vorstands und die „Basisdemokratie" in der Aktiengesellschaft, ZHR 147 (1983), 377; *Mecke*, Konzernstruktur und Aktionärsentscheid, 1992; *Mülbert*, Aktiengesellschaft, Unternehmensgruppe und Kapitalmarkt, 2. (unveränderte) Aufl. 1996; *Noack*, „Holzmüller" in der Eigenverwaltung – Zur Stellung von Vorstand und Hauptversammlung im Insolvenzverfahren, ZIP 2002, 1873; *Paefgen*, „Holzmüller" und der Rechtsschutz des Aktionärs gegen das Verwaltungshandeln im Rechtsvergleich, ZHR 172 (2008), 42; *Pentz*, Zustimmungserfordernisse beim Stufen übergreifenden Unternehmensvertrag in Mehrstufigkeitsverhältnissen, DB 2004, 1543; *Priester*, Die klassische Ausgliederung – ein Opfer des Umwandlungsgesetzes 1994?, ZHR 163 (1999), 187; *ders.*, Satzungsvorgaben zum Vorstandshandeln, FS Hüffer, 2010, 777; *ders.*, Aktionärsentscheid zum Unternehmenserwerb, AG 2011, 654; *v. Rechenberg*, Holzmüller – Auslaufmodell oder Grundpfeiler der Kompetenzverteilung in der AG?, FS Bezzenberger, 2000, 359; *Rehbinder*, Zum konzernrechtlichen Schutz der Aktionäre einer Obergesellschaft, ZGR 1983, 92; *Reichert*, Ausstrahlungswirkungen der Ausgliederungsvoraussetzungen nach UmwG auf andere Strukturveränderungen, in Habersack/Koch/Winter (Hrsg.), Die Spaltung im neuen Umwandlungsrecht und ihre Rechtsfolgen, 1999, 25; *ders.*, Die Hauptversammlung, in Müller/Rödder (Hrsg.), Beck'sches Handbuch der AG, 2. Aufl. 2009, § 5; *ders.*, Mitwirkungsrechte und Rechtsschutz der Aktionäre nach Macrotron und Gelatine, AG 2005, 150; *M. Renner*, Hauptversammlungszuständigkeit und Organadäquanz, AG 2015, 513; *W. Renner*, Holzmüller-Kompetenz der Hauptversammlung beim Erwerb einer Unternehmensbeteiligung?, NZG 2002, 1091; *v. Riegen*, Gesellschafterschutz bei Ausgliederungen durch Einzelrechtsnachfolge, 1999; *Röhricht*, Die aktuelle höchstrichterliche Rechtsprechung zum Gesellschaftsrecht, VGR 5 (2002), 3; *Roßkopf*, Delisting zwischen Gesellschafts- und Kapitalmarktrecht, ZGR 2014, 487; *Rüffler*, Lücken im Umgründungsrecht, 2002; *Schlitt* in Semler/Stengel, UmwG, 3. Aufl. 2012, Anh. § 173: Einbringung im Wege der Einzelrechtsnachfolge; *H. Schmidt*, Die Ausgliederung als Unterfall der Spaltung nach neuem Umwandlungsrecht, in Habersack/Koch/Winter (Hrsg.), Die Spaltung im neuen Umwandlungsrecht und ihre Rechtsfolgen, 1999, 10; *K. Schmidt*, Macrotron oder: weitere Ausdifferenzierung des Aktionärsschutzes durch den BGH, NZG 2003, 601; *ders.*, Aktienrecht und Insolvenzrecht, AG 2006, 597; *U.H. Schneider*, Zur Wahrnehmung von Mitgliedschaftsrechten an Tochtergesellschaften einer Personengesellschaft, FS Bärmann, 1975, 873; *ders.*, Konzernleitung als Rechtsproblem, BB 1981, 249; *Schockenhoff*, Informationsrechte der HV bei Veräußerung eines Tochterunternehmens, NZG 2001, 921; *ders.*, Delisting – Karlsruhe locuta, causa finita?, ZIP 2013, 2429; *Scholz*, Zurück ins „Macrotron"-Zeitalter durch Satzungsregelung?, BB 2015, 2248; *Seiler/Singhof*, Zu den Rechtsfolgen bei Nichtbeachtung der „Holzmüller"-Grundsätze, Konzern 2003, 313; *Sieger/Hasselbach*, Die Holzmüller-Entscheidung im Unterordnungskonzern, AG 1999, 241; *Simon*, Von „Holzmüller" zu „Gelatine" – Ungeschriebene Hauptversammlungszuständigkeiten im Lichte der BGH-Rechtsprechung, DStR 2004, 1482, 1528; *Spindler*, Ungeschriebene Hauptversammlungszuständigkeiten – wohin führt der Weg?, FS Goette, 2011, 513; *Staake*, Ungeschriebene Hauptversammlungskompetenzen in börsennotierten und nicht börsennotierten Aktiengesellschaften, 2009; *Stöber*, Die Zukunft der Macrotron-

Vorbemerkungen   **1 Vor § 311**

Regeln zum Delisting nach den jüngsten Entscheidungen des BVerfG und des BGH, BB 2014, 9; *ders.*, Ungeschriebene Hauptversammlungskompetenzen am Beispiel eines Börsenrückzugs und der fakultativen Insolvenzantragstellung, WM 2014, 1757; *Sünner*, Aktionärsschutz und Aktienrecht, AG 1983, 169; *Thomale*, Minderheitenschutz gegen Delisting – die Macrotron-Rechtsprechung zwischen Eigentumsgewähr und richterlicher Rechtsfortbildung, ZGR 2013, 686; *Tieves*, Der Unternehmensgegenstand der Kapitalgesellschaft, 1998; *Timm*, Die Aktiengesellschaft als Konzernspitze, 1980; *Trapp/Schick*, Die Rechtsstellung des Aktionärs der Obergesellschaft beim Börsengang von Tochtergesellschaften, AG 2001, 381; *Tröger*, Treupflicht im Konzernrecht, 2000; *ders.*, Vorbereitung von Zustimmungsbeschlüssen bei Strukturmaßnahmen, ZIP 2001, 2029; *ders.*, Informationsrechte der Aktionäre bei Beteiligungsveräußerungen, ZHR 165 (2001), 593; *Ulmer*, Richterrechtliche Entwicklungen im Gesellschaftsrecht 1971–1985, 1986; *Veil*, Aktuelle Probleme im Ausgliederungsrecht, ZIP 1998, 361; *J. Vetter*, Freigabeverfahren, Holzmüller und Änderung des Unternehmensgegenstands, Liber Amicorum M. Winter, 2011, 731; *von der Linden*, Kann die Satzung eine Börsennotierung vorschreiben?, NZG 2015, 176; *Wackerbarth*, Grenzen der Leitungsmacht in der internationalen Unternehmensgruppe, 2001; *ders.*, Aktionärsrechte beim Börsengang einer Tochter – obey the law, if not the spirit, AG 2002, 14; *Wahlers*, Konzernbildungskontrolle durch die Hauptversammlung der Obergesellschaft, 1995; *Weißhaupt*, Der „eigentliche" Holzmüller-Beschluß, NZG 1999, 804; *ders.*, Holzmüller-Informationspflichten nach den Erläuterungen des BGH in Sachen „Gelatine", AG 2004, 585; *Werner*, Zuständigkeitsverlagerung in der Aktiengesellschaft durch Richterrecht?, ZHR 147 (1983), 429; *Westermann*, Organzuständigkeit bei Bildung, Erweiterung und Umorganisation des Konzerns, ZGR 1984, 352; *ders.*, Die Holzmüller-Doktrin – 19 Jahre danach, FS Koppensteiner, 2001, 259; *Wiedemann*, Die Unternehmensgruppe im Privatrecht, 1988; *Wirth*, „Holzmüller"-Zuständigkeit der Hauptversammlung – auch in der beherrschten Aktiengesellschaft?, FS Bechtold, 2006, 647; *Wollburg/Gehling*, Umgestaltung des Konzerns – Wer entscheidet über die Veräußerung von Beteiligungen einer Aktiengesellschaft?, FS O. Lieberknecht, 1997, 133; *Zeidler*, Die Hauptversammlung der Konzernmutter – ungeschriebene Zuständigkeiten und Information der Aktionäre, NZG 1998, 91; *Zimmermann/Pentz*, „Holzmüller" – Ansatzpunkt, Klagefristen, Klageantrag, FS W. Müller, 2001, 151.

Übersicht

	Rn.		Rn.
I. Sicherung der Unabhängigkeit der Aktiengesellschaft	1–9	3. Pflichtangebote	24–30
		a) Überblick	24
1. Grundsatz	1	b) Kapitalmarktrechtlicher Charakter	25
2. Satzungsmäßige Vorkehrungen	2, 3	c) Verhältnis zum Aktienkonzernrecht und zu §§ 327a ff.	26
3. Kapitalmaßnahmen	4	d) Kontrollerwerb	27–29
4. Treupflicht	5–9	e) Gegenleistung	30
a) Grundlagen	5		
b) Beschlusskontrolle	6	**III. Kontrolle der Gruppen(um)bildung und Gruppenleitung auf der Ebene der Obergesellschaft**	31–55
c) Wettbewerbsverbot	7, 8		
d) Verhaltenspflichten im Zusammenhang mit dem Anteilshandel	9	1. Satzungsmäßige Ermächtigung	31
II. Verhaltenspflichten nach dem WpÜG	10–30	2. Vermögensveräußerung	32
		3. „Ungeschriebene" Hauptversammlungskompetenzen	33–55
1. Überblick	10, 11	a) Grundlagen	33–40
2. Freiwillige Übernahmeangebote	12–23	b) Reichweite	41–49
a) Überblick	12, 13	c) Rechtsfolgen	50–55
b) Abwehrmaßnahmen	14–23		

I. Sicherung der Unabhängigkeit der Aktiengesellschaft

1. Grundsatz. Die §§ 311 ff. setzen bei der bereits abhängigen oder konzernierten **1** Gesellschaft an und suchen den in diesem Fall gebotenen Schutz der Gläubiger und außenstehenden Aktionäre (→ § 311 Rn. 1) durch ein System des Einzelausgleichs nebst Berichts- und Prüfungspflichten zu erreichen. Dagegen enthalten sie keine Vorschriften zum Schutz der unabhängigen[1] Gesellschaft und ihrer Aktionäre gegen abhängigkeits- und konzernbegründende Maßnahmen. Nach der Konzeption der §§ 311 ff.[2] haben deshalb die außenste-

---
[1] Ist die AG bereits bei ihrer Gründung abhängig, so erübrigt sich ein Präventivschutz (→ Anh. § 317 Rn. 12; → Anh. § 318 Rn. 9).
[2] Zu möglichen Maßnahmen de lege ferenda *Hommelhoff* Gutachten G zum 59. DJT, 1992, 43 ff.; zur Rechtsvergleichung s. den Überblick bei *Kindler* ZGR 1997, 449 (451 ff.); *Lübking*, Ein einheitliches Konzernrecht für Europa, 2000, 73 ff. (Großbritannien und Frankreich); *Reul* 17 ff., 76 ff. (USA, Frankreich); *Schindler* 257 ff. (Frankreich).

henden Aktionäre die Begründung des Abhängigkeitsverhältnisses und die einfache faktische Konzernierung ihrer Gesellschaft grundsätzlich hinzunehmen.³ Über die rechtspolitische Bewertung dieser aktienrechtlichen Ausgangslage mag man streiten.⁴ De lege lata hat es jedoch dabei zu bewenden, dass die Aktionäre der Untergesellschaft erst bei Begründung eines **Vertragskonzerns** zur **Mitwirkung** berufen und zum **Austritt** aus der Gesellschaft berechtigt sind,⁵ die Begründung eines Abhängigkeitsverhältnisses und die einfache Konzernierung nach §§ 311 ff. also weder eine „Konzernierungserklärung" des herrschenden Unternehmens⁶ noch gar einen Hauptversammlungsbeschluss der abhängigen Gesellschaft⁷ voraussetzen. Hieran hat sich durch das Inkrafttreten des **WpÜG** nichts geändert; im Gegenteil haben die Regulierung freiwilliger Übernahmeangebote und die Einführung eines Pflichtangebots des die Gesellschaft kontrollierenden Aktionärs die aktienkonzernrechtliche Ausgangslage stabilisiert (→ Rn. 10, 26).

2 **2. Satzungsmäßige Vorkehrungen.** Mit Blick auf den Grundsatz der Satzungsstrenge (§ 23 Abs. 5) bieten sich nach dem AktG nur wenige Möglichkeiten, die Unabhängigkeit der Gesellschaft durch satzungsmäßige Vorkehrungen zu sichern.⁸ So können insbesondere *Vorkaufsrechte* und *Andienungspflichten* nur mit schuldrechtlicher Wirkung vereinbart werden. Entsprechendes gilt für ein Verbot, beherrschenden Einfluss zu begründen; ein *statutarisches Verbot der Konzernierung oder Abhängigkeitsbegründung* muss angesichts der konzernrechtlichen Ausgangslage (→ Rn. 1) an § 23 Abs. 5 scheitern.⁹ Anderes gilt dagegen für ein Wettbewerbsverbot zu Lasten des beherrschenden Gesellschafters; seiner Verankerung in der Satzung stehen weder kartellrechtliche noch aktienrechtliche Erwägungen entgegen (→ Rn. 8).

---

³ *Emmerich/Habersack* KonzernR § 8 Rn. 14 f.; MüKoAktG/*Altmeppen* Rn. 33, 36 f.; MHdB AG/*Krieger* § 70 Rn. 17, 66; Spindler/Stilz/*Müller* Rn. 37; K. Schmidt/Lutter/*J. Vetter* § 311 Rn. 135; *Mülbert* 453 ff.; wohl auch BGHZ 119, 1 (7) = NJW 1992, 2760 – freilich im Zusammenhang mit dem Vertragskonzern und deshalb wohl nur in dem Sinne, dass dieser nicht der Zustimmung der außenstehenden Aktionäre bedarf; s. ferner OLG München AG 2008, 672; OLG Schleswig AG 2009, 374 (375 ff.) – Zu personellen Verflechtungen → § 311 Rn. 28, 35 f.; → Anh. § 317 Rn. 22.

⁴ Im Fehlen eines Konzerneingangsschutzes wird verbreitet ein gravierender Mangel der §§ 311 ff. gesehen, s. *Lutter/Timm* NJW 1982, 409 (411); *Wiedemann* ZGR 1978, 477 (487); *Immenga* ZGR 1978, 269 (271); eingehend *Binnewies* 217 ff.; *Reul* 277 ff.

⁵ *Emmerich/Habersack* KonzernR § 8 Rn. 14 f.; MüKoAktG/*Altmeppen* Rn. 33, 36 f.; MHdB AG/*Krieger* § 70 Rn. 17, 25; Spindler/Stilz/*Müller* Rn. 37; K. Schmidt/Lutter/*J. Vetter* § 311 Rn. 135; wohl auch BGHZ 119, 1 (7) = NJW 1992, 2760 – freilich im Zusammenhang mit dem Vertragskonzern und deshalb wohl nur in dem Sinne, dass dieser nicht der Zustimmung der außenstehenden Aktionäre bedarf; s. ferner OLG München AG 2008, 672; OLG Schleswig AG 2009, 374 (375 ff.); speziell zum Nichtbestehen eines Austrittsrechts *Mülbert* 456 und *Schindler* 188 ff., jeweils gegen *Wiedemann* Unternehmensgruppe 68 ff., der ein solches Recht für geschlossene Gesellschaften bejaht; dafür auch *Lieb* FS Lutter, 2000, 1151 (1155 ff.); tendenziell auch *Teichmann* AG 2004, 67 (75 f.); allg. zu Grundlagen, Reichweite und Funktion von Austritts- und Andienungsrechten (insbes. bei börsennotierten Gesellschaften) *Kalss* 451 ff. – Zu den Rechten der Aktionäre bei qualifizierter Nachteilszufügung aber → Anh. § 317 Rn. 27 ff.

⁶ So aber (freilich mit Blick auf die Interessen der Mitglieder der Konzernspitze) *Hommelhoff* 408 ff.; ferner Forum Europaeum Konzernrecht ZGR 1998, 672 (740 ff.) (dazu *Hopt* ZHR 171 [2007], 199, 213 ff.); befürwortend mit Blick auf die abhängige Gesellschaft und deren Außenseiter *Tröger* 314 ff.; *Zöllner* FS Kropff, 1997, 333 (340 f.); abl. die ganz hM, s. KK-AktG/*Koppensteiner* Vor § 291 Rn. 66, Anh. § 318 Rn. 36; MüKoAktG/*Altmeppen* Rn. 37; K. Schmidt/Lutter/*J. Vetter* § 311 Rn. 135; Spindler/Stilz/*Müller* Rn. 37; *Kropff* ZGR 1984, 112 (120 ff.); *Westermann* ZGR 1984, 352 (354); ferner OLG München AG 2008, 672; OLG Schleswig AG 2009, 374 (375 ff.).

⁷ So tendenziell *Emmerich* AG 1991, 303 (305 f.); *Wiedemann* Unternehmensgruppe 64; de lege ferenda *U. H. Schneider/Burgard* DB 2001, 963 (969); abl. die ganz hM, s. KK-AktG/*Koppensteiner* Vor § 291 Rn. 66, Anh. § 318 Rn. 36; MüKoAktG/*Altmeppen* Rn. 37; K. Schmidt/Lutter/*J. Vetter* § 311 Rn. 135 f.; Spindler/Stilz/*Müller* Rn. 37; *Kropff* ZGR 1984, 112 (120 ff.); *Westermann* ZGR 1984, 352 (354).

⁸ Eingehend zum Folgenden MüKoAktG/*Altmeppen* Rn. 62 ff.; *Adolff/Meister/Randell/Stephan* 207 ff.; *Bayer* ZGR 2002, 588 (589 ff.); *Binnewies* 291 ff.; *Eckert* 27 ff.; *Herkenroth* 92 ff.; *Krause* AG 2002, 133 ff.; *Liebscher* 352 ff.; aus dem Blickwinkel des WpÜG ferner *U. H. Schneider/Burgard* DB 2001, 963 (966 ff.).

⁹ Vgl. BGHZ 119, 1 (7) = NJW 1992, 2760; MüKoAktG/*Altmeppen* Rn. 62; KK-AktG/*Koppensteiner* Anh. § 318 Rn. 26, 37; *Krause* AG 2002, 133 (141); *Mülbert* 455; aA – für Zulässigkeit eines entsprechenden satzungsmäßigen Verbots – *U. H. Schneider* AG 1990, 56 (62).

Vorbemerkungen　　　　　　　　　　　　　　　　　　　　　3, 4　**Vor § 311**

Darüber hinaus ist an die **Vinkulierung von Namensaktien** zu denken. Nach § 68 **3**
Abs. 2 hat sie zur Folge, dass die Übertragung der Aktien an die Zustimmung der Gesellschaft gebunden ist, die wiederum durch den Vorstand oder, wenn dies in der Satzung bestimmt ist, durch den Aufsichtsrat oder die Hauptversammlung (→ Rn. 6) zu erteilen ist. Die nachträgliche Aufnahme oder Verschärfung der Vinkulierung erfordert allerdings eine Satzungsänderung, die nach § 180 Abs. 2 zudem der Zustimmung aller betroffenen Aktionäre bedarf. In Betracht kommen ferner die **Erhöhung des Mehrheitserfordernisses** für Hauptversammlungsbeschlüsse, das Recht zur Zwangseinziehung von Aktien,[10] die Einführung von Entsendungsrechten gemäß § 101 Abs. 2[11] und die Statuierung persönlicher Voraussetzungen für **Aufsichtsratsmitglieder** gemäß § 100 Abs. 4.[12] **Höchststimmrechte** können nach § 134 Abs. 1 S. 2–4 nur bei nichtbörsennotierten Gesellschaften[13] eingeführt werden;[14] die Einführung von Mehrfachstimmrechten ist gänzlich ausgeschlossen.[15] Auch der satzungsmäßige *Unternehmensgegenstand* vermag nicht vor der Abhängigkeit zu schützen; er setzt vielmehr allein der nachfolgenden Einflussnahme durch das herrschende Unternehmen Grenzen (→ § 311 Rn. 9).[16]

3. Kapitalmaßnahmen. Der Erwerb einer beherrschenden Stellung kann sowohl durch **4** eine Kapitalerhöhung, zumal in Verbindung mit einem Ausschluss des Bezugsrechts, als auch durch den Erwerb eigener Aktien nach § 71 Abs. 1 Nr. 8 erschwert werden.[17] Namentlich die Ausnutzung eines genehmigten Kapitals nach §§ 202 ff. und einer Ermächtigung zum Erwerb eigener Aktien nach § 71 Abs. 1 Nr. 8 steht allerdings unter dem Vorbehalt ihrer Vereinbarkeit mit der dem Vorstand und dem Aufsichtsrat gegenüber der AG obliegenden **„Neutralitätspflicht"**. Für den Bereich öffentlicher Übernahmeangebote hat die Frage in § 33 WpÜG eine (abschließende, → Rn. 15) Regelung erfahren (→ Rn. 14 ff.). Die wohl überwiegende Meinung geht indes davon aus, dass es den Organwaltern schon nach §§ 93, 116 und damit unabhängig von § 33 WpÜG im Grundsatz untersagt ist, ein an die Aktionäre adressiertes Erwerbsangebot durch das Ergreifen von Abwehrmaßnahmen zu vereiteln.[18] Von Bedeutung ist dies für nicht öffentliche Übernahmeangebote sowie für das

---

[10] Die nachträgliche Zulassung der Zwangseinziehung bedarf der Zustimmung der betroffenen Aktionäre, s. *Hüffer/Koch* § 237 Rn. 7 f.; die nachträgliche Erhöhung des Mehrheitserfordernisses für Hauptversammlungsbeschlüsse kann durch gewöhnliche Satzungsänderung erfolgen.
[11] Zur Vereinbarkeit von Entsendungsrechten mit Art. 63 AEUV s. BGH ZIP 2009, 1566; OLG Hamm AG 2008, 552; *Verse* ZIP 2008, 1754 ff.
[12] Dazu MüKoAktG/*Habersack* § 100 Rn. 51 ff.; *Hüffer/Koch* § 100 Rn. 20 f.; zu §§ 100 Abs. 5, 107 Abs. 4 sowie zu weitergehenden Vorschlägen betr. die Stärkung des Aufsichtsrats → § 314 Rn. 2.
[13] Für börsennotierte Gesellschaften iSv § 3 Abs. 2 ist die Einführung von Höchststimmrechten durch das KonTraG (→ Einl. Rn. 21) beseitigt worden.
[14] Nach BGHZ 70, 117 (121 ff.) und OLG Celle AG 1993, 178 (180) kann die Einführung auch nachträglich erfolgen, selbst wenn bereits einzelne Aktionäre die Höchstgrenze überschreiten.
[15] Die Aufhebung des § 12 Abs. 2 S. 2 betr. die Einführung von Mehrstimmrechten und die Schaffung der Übergangsregelung in § 5 EGAktG sind durch das KonTraG (→ Einl. Rn. 21) erfolgt; zu § 5 EGAktG s. BayObLG ZIP 2002, 1765; *St. Schulz* NZG 2002, 996; zur rechtspolitischen Bewertung s. auch *Noack* AG 2009, 227 (233 ff.).
[16] Näher *Zöllner* FS Kropff, 1997, 333 (342 f.); zur Frage, ob die Konzernbildung durch die Satzung des herrschenden Unternehmens gedeckt sein muss, → Rn. 31.
[17] Eingehend zum Folgenden KK-AktG/*Koppensteiner* Anh. § 318 Rn. 19 ff.; *Michalski* AG 1997, 152 ff.; *Mülbert* IStR 1998, 83 (89 ff.); *M. Wolf* AG 1998, 212 ff.; *Schubel* in Henn/Frodermann/Jannott AktR-HdB § 14 Rn. 59 ff.; ferner – jeweils unter dem besonderen Blickwinkel des § 33 WpÜG – APS/*Krause/Pötzsch/Stephan* WpÜG § 33 Rn. 88 ff.; MüKoAktG/*Schlitt/Ries* WpÜG § 33 Rn. 82 ff.; EEO/*Ekkenga* WpÜG § 33 Rn. 112 ff.; *Haarmann/Schüppen/Röh* WpÜG § 33 Rn. 46 ff.
[18] *Adams* AG 1990, 243 ff.; *Altmeppen* ZIP 2001, 1073 (1074 ff.); *Ekkenga* FS Kümpel, 2003, 95 (102); *Hopt* ZGR 1993, 534 ff.; *ders.* FS Lutter, 2000, 1361 (1379 ff.); GroßkommAktG/*ders./Roth* 5. Aufl. § 93 Rn. 213 ff.; *Bayer* ZGR 2002, 588 (598 ff.); *Mülbert* IStR 1999, 83 (87 ff.); *ders.* FS Schwark, 2009, 553 (559 ff.) betr. die Abwehr eines bevorstehenden Übernahmeangebots; *Krause* AG 2000, 217 (218 ff.) mwN; s. ferner OLG Celle ZIP 2006, 1768; zu Recht einschr. KK-AktG/*Mertens/Cahn* § 76 Rn. 25 f.; *Hüffer/Koch* § 76 Rn. 40; *Kort* FS Lutter, 2000, 1421 (1426 ff.); *Martens* FS Beusch, 1993, 529 (539 ff.); *Krieger* in Henze/Hoffmann-Becking 289, 303 ff.; für abschließenden Charakter des § 33 WpÜG auch MüKoAktG/*Schlitt/Ries* WpÜG § 33 Rn. 49 ff.; offengelassen von BGH ZIP 2008, 218 (219). – Zum US-amerikanischen Recht *Harbarth* ZvglRWiss 100 (2001), 275 (282 ff.); *Schaefer/Eichner* NZG 2003, 150 ff.

Vor § 311   5, 6   3. Buch. 2. Teil. 2. Abschn. Fehlen eines Beherrschungsvertrags

Angebot zum Erwerb von nicht zum Handel an einem organisierten Markt zugelassenen Aktien, mithin für nicht vom WpÜG erfasste Sachverhalte, des Weiteren für nicht auf Kontrollerwerb gerichtete und damit von § 33 WpÜG nicht erfasste öffentliche Erwerbsangebote gemäß §§ 10 ff. WpÜG.

5   **4. Treupflicht. a) Grundlagen.** Vor dem Hintergrund, dass der Aktionär sowohl im Verhältnis zur AG als auch im Verhältnis zu seinen Mitaktionären der mitgliedschaftlichen Treupflicht unterliegt,[19] ist auch für das Aktienrecht eine auf der Treupflicht basierende Kontrolle der Abhängigkeitsbegründung nicht grundsätzlich ausgeschlossen. Zu berücksichtigen ist dabei allerdings, dass der Gesetzgeber die AG bewusst als konzernoffen ausgestaltet hat (→ Rn. 1); diese Grundwertung darf nicht durch Rückgriff auf die mitgliedschaftliche Treupflicht in ihr Gegenteil verkehrt werden. Darüber hinaus ist auch im Zusammenhang mit der Frage eines Konzerneingangsschutzes[20] auf spezielle Vorkehrungen zum Schutz der Minderheit, mögen diese im AktG oder in sonstigen Gesetzen enthalten sein, Rücksicht zu nehmen. Demgemäß haben insbesondere die in § 20, §§ 21 ff. WpHG geregelten Mitteilungspflichten und das in §§ 35 ff. WpÜG vorgesehene Pflichtangebot (→ Rn. 24 ff.) eine weitgehende Verdrängung der mitgliedschaftlichen Treupflicht zur Folge (→ Rn. 9 f.).

6   **b) Beschlusskontrolle.** Wie im Recht der GmbH unterliegt auch im Aktienrecht ein Beschluss der Anteilseigner, der die Gefahr der Abhängigkeit oder Konzernierung der Gesellschaft begründet, einer gerichtlichen Inhaltskontrolle.[21] Davon betroffen ist zunächst der *Ausschluss des Bezugsrechts:*[22] Begründet oder verstärkt er die Gefahr der Abhängigkeit der Gesellschaft, so fehlt es ihm zwar nicht prinzipiell, wohl aber tendenziell an der sachlichen Rechtfertigung;[23] umgekehrt kann er insbesondere deshalb sachlich gerechtfertigt sein, weil er zur Erhaltung der Unabhängigkeit der Gesellschaft eingesetzt wird.[24] Entsprechendes gilt

---

[19] BGHZ 103, 184 = NJW 1988, 1579; BGHZ 129, 136 = NJW 1995, 1739; *Lutter* ZHR 153 (1989), 446 (452 ff.); *ders.* ZHR 162 (1998), 164 f.; *Henze* FS Kellermann, 1991, 141 ff.; *ders.* ZHR 162 (1998), 186 ff.; *Schäfer* FS Hommelhoff, 2012, 939 ff.; *Timm* WM 1991, 481 ff.; *Hüffer/Koch* § 53a Rn. 13 ff.; näher zur Entwicklung sowie zum Verhältnis zwischen Treupflicht und Gleichbehandlungsgrundsatz *Verse*, Der Gleichbehandlungsgrundsatz im Recht der Kapitalgesellschaften, 2006, passim, insbes. 15 ff., 33 ff., 228 ff.; Bayer/Habersack/*ders.* Bd. II Kap. 13 Rn. 1 ff., 4 ff., 18 ff., 28 ff.; ferner *Wandrey*, Materielle Beschlusskontrolle im Aktienrecht, 2011, 9 ff., 89 ff. – Zum Vorrang der Treupflicht gegenüber der Gesellschaft → Anh. § 318 Rn. 27.

[20] Zur entsprechenden Problematik im Zusammenhang mit dem Verhältnis zwischen §§ 311 ff. und der mitgliedschaftlichen Treupflicht → § 311 Rn. 89 f.

[21] Zu Grundlage und Maßstab der Inhaltskontrolle → Anh. § 318 Rn. 12 f.; für Übertragung der in BGHZ 80, 69 = NJW 1981, 1512 für die GmbH entwickelten Grundsätze auch *Henze* BB 1996, 489 (497); MHdB AG/*Krieger* § 70 Rn. 19; *Emmerich/Habersack* KonzernR § 8 Rn. 19; Spindler/Stilz/*Müller* Rn. 53; *Hüffer/Koch* § 186 Rn. 32; *Seydel* 183 ff.; im Grundsatz auch MüKoAktG/*Altmeppen* Rn. 43; eingehend *Timm* ZGR 1987, 403 (421 ff.), einschr. *Binnewies* 381 ff. Allg. zur Reichweite der Inhaltskontrolle von Hauptversammlungsbeschlüssen *Röhricht* in Hommelhoff/Hopt/v. Werder, Handbuch Corporate Governance, 2003, 513 ff.; *Verse*, Der Gleichbehandlungsgrundsatz im Recht der Kapitalgesellschaften, 2006, passim, insbes. 15 ff., 33 ff., 228 ff.; *Wandrey*, Materielle Beschlusskontrolle im Aktienrecht, 2011, 9 ff., 89 ff.

[22] Vgl. BGHZ 71, 40 = NJW 1978, 1316; BGHZ 83, 319 = NJW 1982, 2444; BGHZ 120, 141 = NJW 1993, 400; BGHZ 125, 239 = NJW 1994, 1410; s. für das genehmigte Kapital aber auch BGHZ 136, 133 (138 ff.) = NJW 1997, 2815 – Siemens/Nold und BGHZ 164, 249 (254 ff.) = NJW 2006, 374 – Mangusta/Commerzbank II: Verlagerung der Inhaltskontrolle auf Ausnutzungsbeschluss des Vorstands und Rechtsschutz der Aktionäre bei Fehlerhaftigkeit desselben (→ Rn. 54); ferner § 186 Abs. 3 S. 4 und dazu *Hüffer/Koch* § 186 Rn. 39a ff.; *Lutter* AG 1994, 429 (440 ff.).

[23] Für Übertragung der in BGHZ 80, 69 = NJW 1981, 1512 für die GmbH entwickelten Grundsätze auch *Henze* BB 1996, 489 (497); MHdB AG/*Krieger* § 70 Rn. 19; *Emmerich/Habersack* KonzernR § 8 Rn. 19; Spindler/Stilz/*Müller* Rn. 53; *Hüffer/Koch* § 186 Rn. 32; *Seydel* 183 ff.; s. aber auch BGHZ 83, 319 (323) = NJW 1982, 2444; LG Heidelberg ZIP 1988, 1257, jeweils zum Einsatz des Bezugsrechtsausschlusses zu Sanierungszwecken. – Zur Rechtfertigung des Bezugsrechtsausschlusses kann ggf. auch beitragen, dass der zugelassene Zeichner ein Pflichtangebot nach § 35 WpÜG abzugeben hat.

[24] So im Ansatz bereits BGHZ 33, 175 (186) = NJW 1961, 26 für den Fall der Vernichtung; wie im Text *Lutter/Timm* NJW 1982, 409 (415); KK-AktG/*Lutter* § 186 Rn. 71; *Martens* FS R. Fischer, 1979, 437 (452); *Hüffer/Koch* § 186 Rn. 32; aA *Hirte* 50 ff. – Zur „Neutralitätspflicht" von Vorstand und Aufsichtsrat aber → Rn. 4, 14 ff.; speziell zur Abwehr eines bevorstehenden Übernahmeangebots durch Ausübung eines genehmigten Kapitals *Mülbert* FS Schwark, 2009, 553 (559 ff.).

Vorbemerkungen   7, 8 **Vor § 311**

für die Zustimmung zur Übertragung vinkulierter Aktien (soweit sie der Hauptversammlung obliegt), für die Aufhebung der Vinkulierung oder von Stimmrechtsbeschränkungen,[25] ferner für die Befreiung von einem Wettbewerbsverbot (→ Rn. 8) und für die abhängigkeitsbegründende Verschmelzung.[26]

c) Wettbewerbsverbot. Noch nicht abschließend geklärt ist die Frage, ob und, wenn 7 ja, unter welchen Voraussetzungen der Mehrheitsaktionär einem Wettbewerbsverbot unterliegt. Als **Ausprägung der mitgliedschaftlichen Treupflicht** lässt sich ein solches Wettbewerbsverbot auch über den unmittelbaren Anwendungsbereichs des § 112 HGB hinaus begründen;[27] es kommt deshalb, da auch der Aktionär der Treupflicht unterliegt (→ Rn. 5), auch im Aktienrecht durchaus in Betracht. Zwar bewendet es auch innerhalb der abhängigen oder konzernierten AG bei der eigenverantwortlichen Leitung der Gesellschaft durch den Vorstand (→ § 311 Rn. 77 f.), sodass der Einflussnahme des konkurrierenden Mehrheitsaktionärs *de iure* Grenzen gesetzt sind. Indes ist es schon im Allgemeinen fraglich, ob der Vorstand der abhängigen Gesellschaft tatsächlich in jeder Hinsicht von seinem Leitungsermessen Gebrauch macht und bei nachteiligen Maßnahmen auf Nachteilsausgleich besteht. Jedenfalls in den Fällen, in denen herrschendes Unternehmen und abhängige Gesellschaft konkurrieren, sind entsprechende Gefahren für die abhängige Gesellschaft nicht von der Hand zu weisen. Es kommt hinzu, dass die §§ 311 ff. nur den Gefahren Rechnung tragen, die der abhängigen Gesellschaft aus der Verfolgung eines *beliebigen unternehmerischen Interesses* durch das herrschende Unternehmen erwachsen; die besonderen Gefahren, die mit der Aufnahme einer *Konkurrenztätigkeit* durch das herrschende Unternehmen verbunden sind, werden dagegen von diesen Vorschriften nicht berücksichtigt. Grundsätzlich sprechen somit die besseren Gründe für die Ansicht, dass das *herrschende Unternehmen* einem – auf den Handelszweig der Gesellschaft beschränkten – Wettbewerbsverbot unterliegt; auf die Realstruktur der abhängigen Gesellschaft kommt es dabei nicht an.[28] Eine **Ausnahme** ist allerdings für die **börsennotierte Gesellschaft** anzuerkennen. Bei ihr würde die Annahme eines Wettbewerbsverbots nicht nur die Handelbarkeit der Aktie beeinträchtigen, sondern darüber hinaus den Wertungen des – den Kontrollwechsel nachgerade fördernden – WpÜG zuwiderlaufen. Der Schutz der Minderheitsaktionäre wird insoweit durch das WpÜG sowie – zumindest reflexartig – durch die sonstigen Vorschriften des Kapitalmarktrechts und die Institutionen des Kapitalmarkts besorgt.[29]

Nach § 23 Abs. 5 S. 2 steht das Wettbewerbsverbot, soweit es anzuerkennen ist 8 (→ Rn. 7), zur Disposition der Hauptversammlung.[30] Ein **Beschluss über die Befreiung** des herrschenden Unternehmens vom Wettbewerbsverbot ist einer Inhaltskontrolle zu

---

[25] So auch MHdB AG/*Krieger* § 70 Rn. 19; Spindler/Stilz/*Müller* Rn. 53; weitergehend – für zwingende Zuständigkeit der Hauptversammlung für die Zustimmung zu einer abhängigkeitsbegründenden Übertragung vinkulierter Aktien – *Bayer* FS Hüffer, 2010, 35 (42 ff.); dagegen zu Recht *Hüffer*, Liber Amicorum Winter, 2011, 279, 286 ff., 292 ff.
[26] Lutter/*Drygala* UmwG § 13 Rn. 38.
[27] Für die GmbH → Anh. § 318 Rn. 16 ff.; allg. *Henze* ZHR 175 (2011), 1 ff.
[28] *Henze* BB 1996, 489 (497); *ders.* FS Hüffer, 2010, 309 (318 ff.); *ders.* ZHR 175 (2011), 1 (7 f.); GroßkommAktG/*ders./Notz* § 53a Rn. 78; *Burgard* FS Lutter, 2000, 1033 (1039 ff.); *Armbrüster* ZIP 1997, 1269 (1271); *Geiger* 75 ff., 146 f.; *J. Schneider* 85 ff.; für die nicht-börsennotierte AG Bayer/Habersack/*Verse* Bd. II Kap. 13 Rn. 47; für die personalistisch strukturierte *Wimmer-Leonhardt* 312 ff.; auch insoweit zurückhaltend bis abl. OLG Stuttgart ZIP 2007, 1210 (1217); MüKoAktG/*Altmeppen* Rn. 51 ff.; Spindler/Stilz/*Müller* Rn. 44, 55; MHdB AG/*Krieger* § 70 Rn. 20; *Binnewies* 340 ff.; *Hüffer* FS Röhricht, 2005, 251 (257 ff.); *ders.* § 311 Rn. 2; *Immenga* JZ 1984, 578 (579 f.); *Tröger* 241 ff.; *Seydel* 171 ff.; *U. H. Schneider* BB 1981, 249 (258); KK-AktG/*Koppensteiner* Anh. § 318 Rn. 10; zumindest tendenziell auch BGH NZG 2008, 831 (833) = AG 2008, 779 – Züblin/Strabag, wo ein Wettbewerbsverbot des herrschenden Aktionärs „jedenfalls dann" abgelehnt wird, wenn die Wettbewerbssituation vor Erwerb der Mehrheitsbeteiligung (nämlich in der Person des Veräußerers der Anteile) bestanden hat; hierbei bleibt freilich unberücksichtigt, dass die Intensität der mit der Wettbewerbssituation verbundenen Gefahren ganz entscheidend von der Person des jeweiligen Aktionärs abhängt.
[29] Zust. Bayer/Habersack/*Verse* Bd. II Kap. 13 Rn. 47; s. ferner *Hüffer* FS Röhricht, 2005, 251 (261 f.).
[30] Näher dazu *Geiger* 146 ff.; *J. Schneider* 289 ff.; *Burgard* FS Lutter, 2000, 1033 (1050 f.).

unterziehen. Er ist nur unter der Voraussetzung rechtmäßig, dass die Befreiung im Interesse der Gesellschaft geboten ist (→ Rn. 6; → Anh. § 318 Rn. 12 f.). Das herrschende Unternehmen ist bei der Beschlussfassung nach § 136 Abs. 1 S. 1 Fall 2 vom Stimmrecht ausgeschlossen.[31] Hinsichtlich des Mehrheitserfordernisses findet § 179 Abs. 2 Anwendung. Sofern die Satzung nicht etwas anderes bestimmt, bedarf der Befreiungsbeschluss der Dreiviertelmehrheit (→ Anh. § 318 Rn. 18).[32] Satzungsbestimmungen, die sich in der Konkretisierung des gesetzlichen Wettbewerbs erschöpfen, begegnen weder unter dem Gesichtspunkt der §§ 23 Abs. 5, 55 noch unter demjenigen des § 1 GWB Bedenken.[33] Soweit ein bestehendes Wettbewerbsverbot missachtet wird, kann der Aktionär auf Unterlassung in Anspruch genommen werden; hinzu kommen die Rechte aus § 113 Abs. 1 (→ Anh. § 318 Rn. 19). Entsprechend §§ 317 Abs. 4, 309 Abs. 4 können die Rechte der abhängigen Gesellschaft von den außenstehenden Aktionären geltend gemacht werden (→ § 317 Rn. 20, 26 ff.).

9 **d) Verhaltenspflichten im Zusammenhang mit dem Anteilshandel.** Ein auf Verhaltenspflichten im Zusammenhang mit dem Erwerb von Anteilen gestützter Präventivschutz lässt sich **nach geltendem Aktienrecht grundsätzlich nicht** begründen. Namentlich **Informationspflichten** desjenigen Aktionärs, der beabsichtigt, eine beherrschende Stellung aufzubauen, sind in §§ 20 ff., §§ 15, 21 ff. WpHG abschließend geregelt.[34] Davon betroffen ist auch der Übergang zur einheitlichen Leitung; die Annahme, dass herrschende Unternehmen sei zur Abgabe einer „Konzernierungserklärung" verpflichtet,[35] ist mit der konzernoffenen Konzeption der §§ 311 ff. nicht zu vereinbaren. Aber auch der **Anteilserwerb als solcher** unterliegt, selbst wenn der Erwerber bereits an der Untergesellschaft beteiligt ist, weder der Treupflicht noch dem Grundsatz der Gleichbehandlung; beide zielen auf den Schutz des mitgliedschaftlichen Bereichs und wirken nur verbandsintern.[36] Aus der Treupflicht oder dem Gleichbehandlungsgrundsatz nicht herleiten lässt sich deshalb insbesondere eine Pflicht zur Beteiligung der Mitaktionäre an einem vom Erwerber zu zahlenden **Paketzuschlag,** sei es, dass der Veräußerer dafür zu sorgen hätte, dass der Erwerber auch die Aktien der Minderheit übernimmt, oder der Erwerber unmittelbar die Abgabe eines entsprechenden Angebots schul-

---

[31] Für das GmbH-Recht → Anh. § 318 Rn. 18; krit. zum Stimmverbot MüKoAktG/*Kropff* 2. Aufl. Rn. 67, dessen Hinweis auf einen Wertungswiderspruch zur Rechtslage nach § 293 Abs. 1 freilich nicht berücksichtigt, dass es vorliegend um § 136 Abs. 1 S. 1 Fall 2 (Befreiung von einer Verbindlichkeit) geht, wohingegen sich das Stimmverbot bei Abschluss des Beherrschungsvertrags für das Aktienrecht überhaupt nicht und für das GmbH-Recht allenfalls aus § 47 Abs. 4 S. 2 Fall 1 (Vornahme eines Rechtsgeschäfts) herleiten lässt.

[32] *Burgard* FS Lutter, 2000, 1033 (1050).

[33] Vgl. zu § 23 Abs. 5 AktG zutr. *Binnewies* 319 ff.; aA KK-AktG/*Koppensteiner* Anh. § 318 Rn. 25; im Ergebnis auch *Seydel* 172 f., der §§ 54, 55 anführt, dabei aber nicht die Grundlage des Wettbewerbs in der mitgliedschaftlichen Treupflicht berücksichtigt. Zur Vereinbarkeit von treupflichtimmanenten Wettbewerbsverboten mit § 1 GWB s. BGHZ 38, 306 (314 f.) = NJW 1963, 646; BGHZ 70, 331 (335) = NJW 1978, 1001; BGHZ 89, 162 (169) = NJW 1984, 1351; BGHZ 120, 161 (166) = NJW 1993, 1710; BGH NJW 1994, 384; *Zimmer* in Immenga/Mestmäcker, Wettbewerbsrecht, Bd. 2/1, GWB, 5. Aufl. 2014, § 1 Rn. 150 f. mwN.

[34] *Binnewies* 337; *Henze* BB 1996, 489 (498); MHdB AG/*Krieger* § 70 Rn. 21; MüKoAktG/*Altmeppen* Rn. 45 ff.; Spindler/Stilz/*Müller* Rn. 56; aA → § 20 Rn. 10 f. (*Emmerich*) mwN; *Burgard* AG 1992, 41 (48 f.); wohl auch *Ziemons/Jäger* AG 1996, 358 (364). – Zur Rechtslage im GmbH-Recht → Anh. § 318 Rn. 15.

[35] So (freilich mit Blick auf die Interessen der Mitglieder der Konzernspitze) *Hommelhoff* 408 ff.; ferner Forum Europaeum Konzernrecht ZGR 1998, 672 (740 ff.); (dazu Hopt ZHR 171 [2007], 199, 213 ff.); befürwortend mit Blick auf die abhängige Gesellschaft und deren Außenseiter *Tröger* 314 ff.; *Zöllner* FS Kropff, 1997, 333 (340 f.).

[36] Vgl. BGH NJW 1992, 3167 (3171); im Ergebnis zutr. auch BGH JZ 1976, 561; s. ferner Baums/Thoma/*Baums/Hecker* WpÜG § 1 Rn. 76; KK-AktG/*Koppensteiner* Anh. § 318 Rn. 8 ff.; MHdB AG/*Krieger* § 70 Rn. 21; MüKoAktG/*Altmeppen* Rn. 45; *Lutter* ZHR 153 (1989), 446 (460 f.); *ders.* ZHR 162 (1998), 164 (171 ff.); Bayer/Habersack/*Verse* Bd. II Kap. 13 Rn. 41 ff.; *Assmann/Bozenhardt* 1, 72 ff., die freilich Ansprüche aus c.i.c. bejahen; im Grundsatz auch *Jilg* 101 ff.; aA *Grundmann* 458 ff.; *Reul* 251 ff.; *Schwark* ZGR 1976, 271 (302); *Weber* 347 ff., 379 ff.; *Wiedemann* Minderheitenschutz 53 ff., 60 ff.; *Wimmer-Leonhardt* 302 ff.; *Ziemons/Jaeger* AG 1996, 358 (360 ff.). – Zur entsprechenden Rechtslage im GmbH-Recht → Anh. § 318 Rn. 20 f.

Vorbemerkungen

dete;[37] das **Pflichtangebot nach § 35 WpÜG** hat spezifisch kapitalmarktrechtlichen Charakter und strahlt nicht auf §§ 311 ff. aus (→ Rn. 10, 26). Auch für eine Pflicht des Veräußerers oder gar des noch nicht beteiligten Erwerbers zur Rücksichtnahme auf etwaige Interessen der Gesellschaft an der **Zusammensetzung des Aktionariats** sowie für die Pflicht, der Gesellschaft die ihr aus einer ihrem Interesse zuwiderlaufenden Transaktion entstandenen Nachteile auszugleichen, ist kein Raum.[38] Insbesondere hat es die Gesellschaft hinzunehmen, dass sie aufgrund einer Anteilsübertragung steuerliche Nachteile erleidet, vertragliche Rechte Dritter (etwa aufgrund einer change of control-Klausel) entstehen oder öffentlich-rechtliche Genehmigungen erlöschen. Verzichtet die Gesellschaft auf die Vinkulierung der von ihr ausgegebenen Aktien, hat sie die mit dem Aktienhandel verbundenen Folgen zu tragen; der Aktionär haftet nach der Wertung der §§ 117, 311, 317 nur für von ihm ausgehende nachteilige Einflussnahmen auf die Geschäftsführung.

II. Verhaltenspflichten nach dem WpÜG

1. Überblick. Die in → Rn. 9 dargestellte Rechtslage hat sich mit dem Inkrafttreten 10 des WpÜG[39] am 1.1.2002 insoweit geändert, als dieses nunmehr für **öffentliche**[40] **Kauf- oder Tauschangebote** zum Erwerb von Wertpapieren, die von der Zielgesellschaft (nach § 2 Abs. 3 WpÜG neben einer AG[41] oder KGaA mit Sitz im Inland noch Gesellschaften mit Sitz in einem anderen Staat des EWR) ausgegeben wurden und zum Handel an einem **organisierten Markt** zugelassen sind,[42] besondere Verhaltenspflichten statuiert.[43] Aus Sicht des Aktienkonzernrechts interessieren allein die in §§ 29 ff. WpÜG geregelten freiwilligen Übernahmeangebote und die in §§ 35 ff. WpÜG geregelten Pflichtangebote;[44] auf sie ist

---

[37] MüKoAktG/*Altmeppen* Rn. 45 ff.; KK-AktG/*Koppensteiner* Anh. § 318 Rn. 8 ff.; MHdB AG/*Krieger* § 70 Rn. 21; *Lutter* ZHR 153 (1989), 446 (460 f.); *ders.* ZHR 162 (1998), 164 (171 ff.); *Baums* ZIP 1989, 1376 (1379); *Binnewies* 336 ff.; im Ergebnis auch *Mülbert* 457 ff., dem zufolge sich allerdings das Pflichtangebot durchaus aus der Treupflicht herleiten lässt (für Abfindungsanspruch gegen das herrschende Unternehmen sodann aber *ders.* ZIP 2001, 1221 (1227 f.); → Rn. 10, 26); aA *Grundmann* 458 ff.; *Reul* 303 ff.; *Weber* 347 ff., 379 ff.; *Wiedemann* Minderheitenschutz 64 ff.

[38] So auch KK-AktG/*Koppensteiner* Anh. § 318 Rn. 11; MüKoAktG/*Altmeppen* Rn. 45, 48; *Cahn/Decher* Konzern 2015, 469 (470 ff.); *Lutter* ZHR 162 (1998), 164 (172 ff.) mit Vorbehalt für die beabsichtigte qualifizierte Nachteilszufügung, gegen die sich die Außenseiter freilich anderweitig zur Wehr setzen können, → Anh. § 317 Rn. 27 ff.; grds. auch MHdB AG/*Krieger* § 70 Rn. 21, allerdings mit Vorbehalt eines konkret unternehmensgefährdenden Erwerbers; s. ferner *Binnewies* 338 ff.; *Seydel* 99; Bayer/Habersack/*Verse* Bd. II Kap. 13 Rn. 44; aA namentlich *Mülbert/Kiem* ZHR 177 (2013), 819 (843 ff.).

[39] Art. 1 des Gesetzes zur Regelung von öffentlichen Angeboten zum Erwerb von Wertpapieren und von Unternehmensübernahmen vom 20.12.2001, BGBl. I 3822, zuletzt geändert durch Art. 4 Abs. 53 des Gesetzes vom 7.8.2013, BGBl. I 3154; s. ferner Verordnung über den Inhalt der Angebotsunterlage, die Gegenleistung bei Übernahmeangeboten und Pflichtangeboten und die Befreiung von der Verpflichtung zur Veröffentlichung und zur Abgabe eines Angebots (WpÜG-Angebotsverordnung) vom 27.12.2001, BGBl. I 4263. Zu dem (freilich unverbindlichen) Übernahmekodex (AG 1995, 572 ff.) und zum Vollzug desselben durch die Börsensachverständigenkommission s. *Assmann* AG 1995, 563 ff.; *Diekmann* WM 1997, 897 ff.; *Weisgerber* ZHR 161 (1997), 421 ff.; instruktive Darstellung maßgeblicher Transaktionen unter Geltung des WpÜG bei *Cascante* FS Wegen, 2015, 175 (178 ff.).

[40] Speziell hierzu *Baum* AG 2003, 144 ff.; *Fleischer* ZIP 2001, 1653 ff.; *Assmann* AG 2002, 114 (115); *Tröger* DZWIR 2002, 353 (355).

[41] Ihr steht nach Art. 10 SE-VO die SE gleich.

[42] Darunter fallen nach § 2 Abs. 7 WpÜG der regulierte Markt an einer inländischen Börse und der geregelte Markt iSd Art. 4 Abs. 1 Nr. 14 RL 2004/39/EG über Märkte für Finanzinstrumente in einem anderen Staat des EWR; näher dazu, insbes. zur Nichteinbeziehung von Freiverkehrswerten, *Tröger* DZWIR 2002, 353 (355); Baums/Thoma/*Hecker* WpÜG § 1 Rn. 9 ff.; APS/*Schneider* WpÜG § 2 Rn. 130 ff.; Geibel/Süßmann/*Angerer* WpÜG § 1 Rn. 58 ff.

[43] Überblick etwa bei *Ekkenga/Hofschroer* DStR 2002, 724 ff., 768 ff.; *Krause* NJW 2002, 705 ff.; *Thoma* NZG 2002, 105 ff.; *Zinser* WM 2002, 15 ff.; speziell zur Frage der Anwendbarkeit auf den Rückerwerb eigener Aktien *Baum* ZHR 167 (2003), 580 ff.; *Baums/Stöcker* FS Wiedemann, 2002, 703 ff.; *Berrar/Schnorbus* ZGR 2003, 59 ff.; *Diekmann/Merkner* ZIP 2004, 836 ff.; *Fleischer/Körber* BB 2001, 2589 ff.; *Oechsler* NZG 2001, 817 (818 f.); zum Einfluss kartellrechtlicher Vorschriften *Holzborn/Israel* BKR 2002, 982 ff.; speziell zur KGaA *Scholz* NZG 2006, 445 ff.

[44] Zu dem einfachen, dh nicht auf Erlangung der Kontrolle gerichteten Erwerbsangebot gemäß §§ 10 ff. WpÜG s. die Kommentare zum WpÜG.

im Folgenden, soweit im Zusammenhang mit der Frage einer Konzernbildungskontrolle von Interesse, näher einzugehen (→ Rn. 12 ff., 24 ff.). Dem WpÜG liegt ein spezifisch **kapitalmarktrechtlicher Ansatz** zugrunde (→ Rn. 25). So erfasst es nur den Erwerb solcher Wertpapiere, die zum Handel an einem organisierten Markt[45] zugelassen sind. Zudem unterstellt es das Übernahmeverfahren der **Aufsicht durch die BaFin,** die die ihr zugewiesenen Aufgaben und Befugnisse nach § 4 Abs. 2 WpÜG überdies nicht im Interesse der Aktionäre der Zielgesellschaft, sondern „nur im öffentlichen Interesse" wahrnimmt (→ Rn. 24).[46] Auf das Gesellschaftsrecht im Allgemeinen und die §§ 311 ff. im Besonderen strahlt das WpÜG deshalb grundsätzlich nicht aus. Für die börsennotierte AG bedeutet dies, dass Aktienkonzernrecht und WpÜG nebeneinander Anwendung finden (→ Rn. 26).[47] Umgekehrt hat es für die **börsenferne AG** bei der **Geltung allein des Aktienkonzernrechts** der §§ 291 ff., 311 ff. zu bewenden, mithin dabei, dass die außenstehenden Aktionäre, solange nicht ein Beherrschungs- oder Gewinnabführungsvertrag geschlossen oder die Gesellschaft eingegliedert ist, den Kontrollerwerb und den Kontrollwechsel hinzunehmen haben, ohne hierauf durch Austritt aus der AG oder Andienung ihrer Aktien reagieren zu können (→ Rn. 1).[48] Zu den **Mitteilungspflichten nach §§ 21 ff. WpHG** → § 20 Rn. 5; zu **§ 12 Abs. 1–3 FMStBG** → Einl. Rn. 38; zur Frage zivilrechtlicher Rechtsbehelfe des Aktionärs der Zielgesellschaft bei unterlassenem Pflichtangebot sowie bei Angebot einer nicht angemessenen Gegenleistung → Rn. 13, 24.

11 Mit Erlass des WpÜG ist die Bundesrepublik Deutschland der Regulierung von Übernahmeangeboten auf europäischer Ebene zuvorgekommen. Beflügelt durch die Urteile des EuGH zur grundsätzlichen Unvereinbarkeit „goldener Aktien" mit der Kapitalverkehrsfreiheit,[49] hatte allerdings die Kommission Anfang 2003 erneut[50] einen Vorschlag für eine

---

[45] Nach § 2 Abs. 7 WpÜG der regulierte Markt an einer inländischen Börse und der geregelte Markt iSd Art. 4 Abs. 1 Nr. 14 RL 2004/39/EG über Märkte für Finanzinstrumente in einem anderen Staat des EWR; näher dazu, insbes. zur Nichteinbeziehung von Freiverkehrswerten, *Tröger* DZWIR 2002, 353 (355); Baums/Thoma/*Baums*/*Hecker* WpÜG § 1 Rn. 9 ff.; APS/*Schneider* WpÜG § 2 Rn. 130 ff.; Geibel/Süßmann/*Angerer* WpÜG § 1 Rn. 58 ff.

[46] Zur Frage des Rechtsschutzes Dritter, insbes. der Aktionäre der Zielgesellschaft, s. BVerfG ZIP 2004, 950, OLG Frankfurt ZIP 2003, 1251; 2003, 1392; 2012, 270, jeweils die Genehmigung eines Übernahmegebots betr.; dazu Baums/Thoma/*Thoma* WpÜG § 14 Rn. 112 ff.; *Uechtritz*/*Wirth* WM 2004, 410 ff.; *Hoffmann-Becking* FS Erichsen, 2004, 47 (50 ff.); *Nietsch* WM 2003, 2581 ff.; *Berding* Konzern 2004, 771 ff.; *Seibt* ZIP 2003, 1865 ff. – OLG Frankfurt ZIP 2003, 1297; ZIP 2003, 2206; ZIP 2003, 2254; BaFin ZIP 2004, 223, jeweils die Befreiung von einem Pflichtangebot betr.; krit. hierzu Baums/Thoma/*Hecker* WpÜG § 37 Rn. 205 ff.; *Seibt* ZIP 2003, 1865 (1874 ff.); *Uechtritz*/*Wirth* WM 2004, 410 (415 ff.); MKW/*Verse* 276, 291 ff.; dem OLG zust. dagegen *Hoffmann-Becking* FS Erichsen, 2004, 47 (57 ff.)); OLG Frankfurt ZIP 2003, 1977: kein einstweiliger Rechtsschutz des Befreiung begehrenden Bieters; OLG Frankfurt ZIP 2014, 2443: kein Akteneinsichtsrecht der Aktionäre der Zielgesellschaft; näher zum Ganzen *Aha* AG 2002, 160 ff.; *Cahn* ZHR 167 (2003), 262 ff.; Marsch-Barner/*Drinkuth* HdB § 60 Rn. 354 ff.; *Habersack* ZHR 166 (2002), 619 (620 f.); *Ihrig* ZHR 167 (2003), 315 ff.; *Krause* NJW 2004, 3681 (3686 ff.); *Möller* ZHR 167 (2003), 301 ff.; *Pohlmann* ZGR 2007, 1 ff.; *Schnorbus* ZHR 166 (2002), 72 (94 ff.); MKW/*Verse* 276 ff., dort auch Reformüberlegungen; zur aufsichtsrechtlichen Praxis s. *Strunk*/*Behnke* VGR 8 (2004), 81 ff.; *Lenz*/*Linke* AG 2002, 361 ff.; *Lenz*/*Behnke* BKR 2003, 43 ff. – Vgl. ferner zu § 6 Abs. 4 KWG EuGH ZIP 2004, 2039; BGH ZIP 2005, 287.

[47] Hieran ist auch de lege ferenda festzuhalten, zutr. *Kleindiek* ZGR 2002, 546 (561 ff.) mwN; instruktiv zum Zusammenspiel von Konzern- und Übernahmerecht *Riethmüller* 207 ff.

[48] *Emmerich/Habersack* KonzernR § 8 Rn. 14 f.; KK-AktG/*Koppensteiner* Anh. § 318 Rn. 47; MüKoAktG/*Altmeppen* Rn. 33, 36 f.; MHdB AG/*Krieger* § 70 Rn. 17, 66; Spindler/Stilz/*Müller* Rn. 37; K. Schmidt/Lutter/*J. Vetter* § 311 Rn. 135; *Kleindiek* ZGR 2002, 546 (557 ff., 562 f.); aA *Kalss* 501 ff.; *Mülbert* ZIP 2001, 1221 (1227 f.), der in § 35 WpÜG eine Art „gesetzgeberisches Misstrauensvotum gegenüber der Wirksamkeit der §§ 311 ff." sieht und sich de lege ferenda für einen Abfindungsanspruch des Minderheitsaktionärs gegenüber dem Mehrheitsaktionär ausspricht; → Rn. 26.

[49] EuGH NZG 2002, 624 (628, 632) = BKR 2002, 773 (778, 783); dazu *Grundmann*/*Möslein* BKR 2002, 758 ff.; *Krause* NJW 2002, 2747; *Müller-Graff* FS Ulmer, 2003, 929 ff.; seitdem namentlich EuGH ZIP 2005, 1225; 2010, 2340.

[50] Näher zur Entwicklung auf europäischer Ebene, insbes. zum Scheitern der vorangegangenen Kommissionsinitiativen, *Krause* ZGR 2002, 500 ff.; Baums/Thoma/*Baums*/*Rieder* WpÜG Einl. Rn. 1.15 ff.; *Habersack*/*Verse* EuropGesR § 11 Rn. 1 ff.; KK-WpÜG/*Hirte*/*Heinrich* Einl. Rn. 60 ff.; zum Vorschlag vom 2.10.2002 (ZIP 2002, 1863 ff. und NZG 2002, 1144 ff. mit Einführung von *Neye*) s. *Wiesner* ZIP 2002, 1967; *Seibt*/*Heiser* ZIP 2002, 2193 ff.; *Krause* BB 2002, 2341 ff.

Richtlinie betreffend Übernahmeangebote vorgelegt, der sodann zur endgültigen Verabschiedung der **RL 2004/25/EG betreffend Übernahmeangebote** geführt hat.[51] War die Verabschiedung der Richtlinie zunächst an der Frage des Pflichtangebots gescheitert,[52] so standen seit 1999[53] die Frage nach der Reichweite des „Neutralitätsgebots" und die Problematik des Abbaus von Übernahmehindernissen in Gestalt von gesetzlichen oder satzungsmäßigen Beschränkungen des Stimmrechts und der Übertragbarkeit von Aktien im Zentrum der politischen Auseinandersetzung. Herausgekommen ist eine **Kompromisslösung,** deren Kern in dem **Optionsmodell des Art. 12 RL 2004/25/EG** besteht, wonach die Mitgliedstaaten das Recht haben, die zentralen Grundsätze der Art. 9 Abs. 2 und 3 RL 2004/25/EG (Verhinderungsverbot) und/oder Art. 11 RL 2004/25/EG (Durchbrechungsregel) ihren Gesellschaften nicht vorzugeben und stattdessen den Gesellschaften ein entsprechendes Wahlrecht einzuräumen.[54] Die Umsetzung der Richtlinie ist durch das Übernahmerichtlinie-**Umsetzungsgesetz** vom 8.7.2006 (BGBl. I 1426) erfolgt.[55] Seine Schwerpunkte bilden die Weitergabe des Optionsrechts des Art. 12 RL 2004/25/EG an die Gesellschaften in §§ 33a ff. WpÜG und die Einführung eines spezifisch übernahmerechtlichen Ausschlussrechts (Squeeze-out) sowie eines korrespondierenden Andienungsrechts der Restminderheit („Sell-out") in §§ 39a ff. WpÜG.[56] Durch Art. 2 Gesetz zur Begrenzung der mit Finanzinvestitionen verbundenen Risiken **(Risikobegrenzungsgesetz)** vom 12.8.2008 (BGBl. I 1666) ist sodann der in § 30 Abs. 2 WpÜG geregelte Tatbestand des **acting in concert** neu gefasst worden (→ Rn. 27).[57]

2. Freiwillige Übernahmeangebote. a) Überblick. Was zunächst das in §§ 29 ff. 12 WpÜG geregelte (freiwillige) Übernahmeangebot betrifft, so unterscheidet es sich von dem einfachen Erwerbsangebot der §§ 10 ff. WpÜG allein dadurch, dass es **auf den Erwerb der Kontrolle** (iSv §§ 29 Abs. 2, 30 WpÜG, → Rn. 27 ff.) über die Zielgesellschaft **gerichtet** ist.[58] Aus einer bereits vorhandenen Kontrollposition heraus abgegebene und deren Aufstockung dienende öffentliche Erwerbsangebote sind demnach keine Übernahmeangebote, sondern einfache Erwerbsangebote.[59] Liegt dagegen ein Übernahmeangebot im Rechtssinne vor, gelangen die speziellen Vorschriften der §§ 31 ff. WpÜG zur Anwendung; ergänzend, dh soweit sich aus §§ 31 ff. WpÜG nichts anderes ergibt, gelten nach § 34 WpÜG die Vorschriften der §§ 10 ff. WpÜG über einfache Erwerbsangebote.[60]

---

[51] RL 2004/25/EG vom 21.4.2004, ABl. Nr. L 142, 12, auch abgedruckt in NZG 2004, 651 und in *Habersack/Verse* EuropGesR § 11 Rn. 39.
[52] Hierzu sowie zu der im Vorschlag der Jahre 1996/97 enthaltenen „Gleichwertigkeitsklausel", die es erlauben sollte, die Pflichtangebotsregel durch konzernrechtliche Schutzvorschriften nach Art der §§ 311 ff. AktG zu ersetzen, *Krause* WM 1996, 845 (846 ff.); *Baums* ZIP 1997, 1310 ff.; *Hopt* ZHR 161 (1997), 368 (379 ff.); *Habersack/Mayer* ZIP 1997, 2141 (2143 ff.).
[53] Im Juni 1999 konnte eine politische Einigung über die Frage des Pflichtangebots erzielt werden, s. *Neye* AG 2000, 289 (293).
[54] Näher hierzu *Maul/Muffat-Jeandet* AG 2004, 306 (310 ff.); *Glade/Haak/Hellich* Konzern 2004, 515 (516 ff.); *Kindler/Horstmann* DStR 2004, 866 (868 f.); *Krause* BB 2004, 113 (114 ff.); *Habersack/Verse* EuropGesR § 11 Rn. 27 ff.
[55] Dazu *Harbarth* ZGR 2007, 37 ff.; *Knott* NZG 2006, 849 ff.; *Meyer* WM 2006, 1135 ff.; *Schüppen* BB 2006, 165 ff.; *Seibt/Heiser* AG 2006, 301 ff.; zuvor zum Anpassungsbedarf *Austmann/Mennicke* NZG 2004, 846 ff.; *Glade/Haak/Hellich* Konzern 455 ff., 515 ff.; *Kindler/Horstmann* DStR 2004, 866 (871 ff.); *Krause* BB 2004, 113 ff.; *Maul/Muffat-Jeandet* AG 2004, 222 ff., 306 ff.; *Mülbert* NZG 2004, 633 ff.; *Seibt/Heiser* ZGR 2005, 200 ff.; *Wiesner* ZIP 2004, 343 ff.
[56] Dazu sowie Verhältnis zum aktienrechtlichen Squeeze-out → § 327a Rn. 8a; ferner *Austmann/Mennicke* NZG 2004, 846 ff.; *Heidel/Lochner* Konzern 2006, 653 ff.; *Paefgen* WM 2007, 765 ff.
[57] Zur Neuregelung s. *Gätsch/Schäfer* NZG 2008, 846 ff.; *Korff* AG 2008, 692 ff.; *Oechsler* ZIP 2011, 449 ff.; *Wackerbarth* ZIP 2007, 2340 ff.
[58] Zur Frage des Rechtsschutzes Dritter → Rn. 10; zu den sich aus § 3 Abs. 5 WpÜG und dem WpHG ergebenden Verhaltenspflichten s. *Assmann* ZGR 2002, 697 ff.; speziell zum Insiderrecht *Hopt* ZGR 2002, 333 (335 ff.); *Streißle* BKR 2003, 788 ff. (Pflichtangebot).
[59] Wohl unstr., s. nur *Thoma* NZG 2002, 105 (106).
[60] Näher zum Angebotsverfahren, insbes. zur Angebotsunterlage, *Liebscher* ZIP 2001, 853 ff.; *Thoma* NZG 2002, 105 (107 f.); *Riehmer/Schröder* BB 2001, Beilage 5; *Riehmer* in Habersack/Mülbert/Schlitt KapMarktinformation-HdB §§ 15 f.; zur Haftung bei fehlerhafter Angebotsunterlage *van Aerssen* in Habersack/Mülbert/

Vor § 311 13   3. Buch. 2. Teil. 2. Abschn. Fehlen eines Beherrschungsvertrags

13 Im Einzelnen sehen § 31 WpÜG, §§ 3 ff. WpÜG-AV[61] besondere Anforderungen an die Ausgestaltung der vom Bieter anzubietenden **Gegenleistung** und damit unter den dort genannten Voraussetzungen eine Teilhabe der Aktionäre der Zielgesellschaft an vom Bieter geleisteten Paketzuschlägen vor.[62] Die Gegenleistung, die sich auf der Grundlage der Berücksichtigungsgebote des § 31 Abs. 1 S. 2 WpÜG in ihrer Ausgestaltung durch §§ 4 und 5 WpÜG-AV sowie unter Berücksichtigung von Parallel- und Nacherwerben sowie dem Erwerb gleichgestellten Vereinbarungen iSd § 31 Abs. 4–6 WpÜG ergibt, ist grundsätzlich angemessen iSd § 31 Abs. 1 S. 1 WpÜG;[63] einer Unternehmensbewertung bedarf es somit – vorbehaltlich der §§ 5 Abs. 4, 6 Abs. 6 WpÜG-AV – nicht. Zudem hat es auch im Rahmen der § 31 Abs. 1 WpÜG, §§ 4 ff. WpÜG-AV bei dem Grundsatz der **gattungsbezogenen Gleichbehandlung** gemäß § 3 Abs. 1 WpÜG zu bewenden,[64] sodass der durchschnittliche Börsenkurs für jede Aktiengattung gesondert zu ermitteln und der Bieter zudem nicht verpflichtet ist, eine den Stammaktionären im Rahmen eines Vorerwerbs geleistete und damit nach § 4 WpÜG-AV zu berücksichtigende Kontrollprämie auch den Vorzugsaktionären anzubieten. Darüber hinaus dürfte es mit Blick auf § 31 Abs. 2 S. 2 WpÜG zulässig sein, auch hinsichtlich der **Art der Gegenleistung**[65] unterschiedliche Angebote zu unterbreiten, also etwa den Vorzugsaktionären Aktien und den Stammaktionären eine Geldleistung anzubieten. Aus aktienkonzernrechtlicher Sicht weiter von Bedeutung ist, dass nach § 32 WpÜG ein Übernahmeangebot, das sich nur auf einen Teil der Aktien der Zielgesellschaft erstreckt, vorbehaltlich der in § 24 WpÜG vorgesehenen Befreiungsmöglichkeit unzulässig ist.[66] Dieses (in der Übernahmerichtlinie nicht vorgesehene)[67] Erfordernis eines **Vollangebots** ist vor dem Hintergrund zu sehen, dass die Zielgesellschaft, den Erfolg des Übernahmeangebots unterstellt, in die Abhängigkeit gerät. Es handelt sich mithin um einen der Pflichtangebotsregel vorgelagerten Präventivschutz, weshalb § 35 Abs. 3 WpÜG die Verpflichtung des die Zielgesellschaft kontrollierenden Aktionärs zur Abgabe eines Angebots entfallen lässt, wenn die Kontrolle auf Grund eines Übernahmeangebots (und damit unter Beachtung des § 32 WpÜG) erlangt worden

---

Schlitt KapMarktinformation-HdB § 31; zu Fehlerkorrektur und Aktualisierungspflicht *Oechsler* ZIP 2003, 1330 ff., *Stephan* AG 2003, 551 ff.; zum Widerruf der Angebotsankündigung *Stöcker* NZG 2003, 993 ff.; zu im Vorfeld des Angebots übernommenen Verpflichtungen zur Annahme des Angebots *v. Riegen* ZHR 167 (2003), 702 ff.; zur Haftung des Vorstands und Aufsichtsrats für fehlerhafte Stellungnahmen nach § 27 WpÜG *Ebke* FS Hommelhoff, 2012, 161 ff.; *Harbarth* ZIP 2004, 3 ff.; *Friedl* NZG 2004, 448 ff.

[61] Verordnung über den Inhalt der Angebotsunterlage, die Gegenleistung bei Übernahmeangeboten und Pflichtangeboten und die Befreiung von der Verpflichtung zur Veröffentlichung und zur Abgabe eines Angebots (WpÜG-Angebotsverordnung) vom 27.12.2001, BGBl. I 4263.

[62] Näher neben den Kommentierungen zu § 31 WpÜG etwa Marsch-Barner/Schäfer/*Drinkuth* § 60 Rn. 248 ff.; *Geibel/Süßmann* BKR 2002, 52 (58 ff.); *Jünemann* passim, insbes. 23 ff.; *Oechsler* FS Hadding, 2004, 1027 ff.; *Rodewald/Siems* ZIP 2002, 926 ff.; *Tröger* DZWIR 2002, 397 (398 ff.); Fleischer/Kalss, Das neue Wertpapiererwerbs- und Übernahmegesetz, 2002, 115 ff.; speziell zu Fragen im Zusammenhang mit Vorerwerben vgl. *Tominski/Kuthe* BKR 2004, 10 ff.; zu § 31 Abs. 5 WpÜG s. *Stengel/Naumann* WM 2013, 2345 ff. – Zur rechtspolitischen Kritik an der Preisregulierung s. *Mülbert* ZIP 2001, 1221 (1223 f.); *Habersack* ZHR 166 (2002), 619 (624); → Rn. 30 im Zusammenhang mit dem Pflichtangebot.

[63] APS/*Krause* WpÜG § 31 Rn. 34 ff.; Baums/Thoma/*Marsch-Barner* WpÜG § 31 Rn. 16 f.; KK-WpÜG/ *Kremer/Oesterhaus* § 31 Rn. 19 f.; *Habersack* ZIP 2003, 1123 ff. mwN, auch zur verfassungsrechtlichen Beurteilung; *Traugott/Schaefer* NZG 2004, 158 ff.; einschr. *Oechsler* FS Hadding, 2004, 1027 (1042 ff.); *Jünemann* 173 ff.

[64] APS/*Krause* WpÜG § 31 Rn. 30 f.; KK-WpÜG/*Versteegen* § 3 Rn. 17 ff.; KK-WpÜG/*Kremer/Oesterhaus* Anh. § 31 Rn. 18; Baums/Thoma/*Marsch-Barner* WpÜG § 31 Rn. 21 f.; Schwark/Zimmer/*Noack* WpÜG § 31 Rn. 7; *Habersack* ZIP 2003, 1123 (1127 ff.); vgl. auch BVerfG ZIP 2004, 950 (951); OLG Frankfurt ZIP 2003, 1392.

[65] Eingehend zur Art der Gegenleistung APS/*Krause* WpÜG § 31 Rn. 37 f.; speziell zur Eignung ausländischer Aktien als Gegenleistung und deren Grenzen *Bouchon/v. Breitenbach* ZIP 2004, 58 ff.; zur Zulässigkeit, nur einzelnen Aktionären (wahlweise) Aktien im Tausch gegen Aktien der Zielgesellschaft anzubieten, s. *v. Thunen* NZG 2008, 925 ff.

[66] Näher zu § 32 WpÜG, insbes. zur Einbeziehung von Vorzugsaktien einerseits, zur analogen Anwendung des § 35 Abs. 2 S. 3 WpÜG andererseits, Geibel/Süßmann/*Thun* WpÜG § 32 Rn. 2 ff.

[67] Nach Art. 2 Abs. 1 lit. a RL 2004/25/EG (→ Rn. 11) umfasst der Begriff des Übernahmeangebots auch Teilangebote, vorausgesetzt, sie haben den Erwerb der Kontrolle über die Zielgesellschaft zum Ziel.

Vorbemerkungen 14 Vor § 311

ist (→ Rn. 28).⁶⁸ Auch das Übernahmeangebot kann allerdings nach Maßgabe des § 18 WpÜG mit **Bedingungen** versehen, insbesondere also von einer Mindestannahmequote abhängig gemacht werden.⁶⁹ Für den Schutz der Restminderheit sorgen die „**Zaunkönigregelung**" des § 16 Abs. 2 WpÜG und das **Andienungsrecht** des § 39c WpÜG (→ Rn. 11 mwN). Ist die angebotene Gegenleistung nicht angemessen iSd § 31 Abs. 1 S. 1 WpÜG, haben die Aktionäre, die das Angebot angenommen haben, einen Anspruch gegen den Bieter auf **Zahlung der Differenz** zwischen der angebotenen und der angemessenen Gegenleistung.⁷⁰

b) Abwehrmaßnahmen. aa) Grundsatz. Das Übernahmeangebot richtet sich zwar **14** an die Aktionäre der Zielgesellschaft, spricht diese jedoch in ihrer Rolle als Teilnehmer des Kapitalmarktes an, indem es ihnen die Gelegenheit zur Veräußerung ihrer Anteile bietet. Sie sollen deshalb in Kenntnis der Sachlage über die Annahme des Angebots entscheiden. Hieraus erklärt sich der – nach hM auch im allgemeinen Aktienrecht angesiedelte (→ Rn. 4) – Grundsatz des § 33 Abs. 1 S. 1 WpÜG, dass der Vorstand⁷¹ der Zielgesellschaft nach Veröffentlichung der Entscheidung zur Abgabe eines Angebots bis zur Veröffentlichung des Ergebnisses nach § 23 Abs. 1 S. 1 Nr. 2 WpÜG keine Handlungen vornehmen darf, durch die der Erfolg des Angebots verhindert werden könnte.⁷² Dieser vielfach als „Neutralitätsgebot" bezeichnete, schon mit Blick auf §§ 27, 34 WpÜG allerdings besser als **Verhinderungsverbot** zu bezeichnende⁷³ Grundsatz ist allerdings vor dem Hintergrund zu sehen, dass das Übernahmeangebot zwar die Rechte der Anteilseigner zum Gegenstand hat, letztlich aber auf den Erwerb der Kontrolle über die Zielgesellschaft zielt. Vorstand und Aufsichtsrat der Zielgesellschaft müssen indes, wie § 3 Abs. 3 WpÜG noch einmal ausdrücklich klarstellt, auch während des Übernahmeverfahrens im Interesse der Zielgesellschaft handeln. Zudem statuiert § 3 Abs. 4 WpÜG in Anerkennung der Tatsache, dass Übernahmeangebote in der Regel eine erhebliche Belastung für die Zielgesellschaft darstellen, neben dem Beschleunigungsgrundsatz das Gebot der geringstmöglichen Behinderung der Zielgesellschaft. Schließlich hat das Gesetz zu berücksichtigen, dass sich Vorstand und Aufsichtsrat der Zielgesellschaft mit Blick auf ihr Eigeninteresse an Bewahrung ihrer Organstellung häufig in einem Interessenkonflikt befinden. In Anbetracht dieses **Bündels an widerstreitenden Interessen** hat der Gesetzgeber den Grundsatz des § 33 Abs. 1 S. 1 WpÜG durch die Ausnahmetatbestände des § 33 Abs. 1 S. 2, Abs. 2 WpÜG (→ Rn. 16 ff.) nicht unerheb-

---

⁶⁸ § 35 Abs. 3 WpÜG befreit allerdings nur von dem auf die Zielgesellschaft bezogenen Pflichtangebot; hat der Bieter mit der Erlangung der Kontrolle über die Zielgesellschaft zugleich (mittelbar) die Kontrolle über börsennotierte (iSv § 2 Abs. 7 WpÜG, → Rn. 10) Tochtergesellschaften erlangt, ist er deren außenstehenden Aktionären zur Abgabe eines Pflichtangebots verpflichtet; → Rn. 29; zur davon zu unterscheidenden Frage einer Befreiung der Muttergesellschaft bei Kontrollerlangung gemäß § 35 Abs. 3 WpÜG durch eine Tochtergesellschaft s. KG AG 2009, 30 (37 f.).
⁶⁹ Näher *Busch* AG 2002, 145 f.; speziell zu „material adverse change"-Klauseln Baums/Thoma/*Thoma*/*Stöcker* WpÜG § 18 Rn. 116 ff.; APS/*Krause*/*Favoccia* WpÜG § 18 Rn. 88 ff.; KK-WpÜG/*Hasselbach* § 18 Rn. 58 ff.; EEO/*Oechsler* WpÜG § 18 Rn. 6; *Berger*/*Filgut* WM 2005, 253 ff.; *Hopt* FS K. Schmidt, 2009, 681 ff.; zu Kartellbedingungen Baums/Thoma/*Merkner*/*Sustmann* WpÜG § 18 Rn. 57 ff.; APS/*Krause*/*Favoccia* WpÜG § 18 Rn. 39 ff.; *Holzborn*/*Israel* BKR 2002, 982 (986 ff.).
⁷⁰ BGH NZG 2014, 985 Rn. 21 ff. mzN, dort auch zur – vom BGH bejahten – Frage einer Verlängerung der Referenzzeiträume der §§ 4, 5 WpÜG-AV in Fällen, in denen der Bieter bereits vor Veröffentlichung des Angebots die Kontrolle iSd § 29 Abs. 2 WpÜG erworben und die Abgabe eines Pflichtangebots unterlassen hat; näher *Ekkenga* ZGR 2015, 485 ff.; *v. Falkenhausen* NZG 2014, 1368 ff.; *Krause* AG 2014, 833 ff.; *Löhdefink*/*Jaspers* ZIP 2014, 2261 ff.; *Verse* Konzern 2015, 1 ff.
⁷¹ Zur Frage der Anwendbarkeit des § 33 WpÜG auch auf den Aufsichtsrat der Zielgesellschaft s. *Winter*/*Harbarth* ZIP 2002, 11; Baums/Thoma/*Grunewald* WpÜG § 33 Rn. 22; KK-WpÜG/*Hirte* § 33 Rn. 48 ff.; APS/*Krause*/*Pötzsch*/*Stephan* WpÜG § 33 Rn. 76 ff.; MüKoAktG/*Schlitt*/*Ries* WpÜG § 33 Rn. 60 ff.; → Rn. 19. Zur Anwendbarkeit auf die Organwalter verbundener Unternehmen KK-WpÜG/*Hirte* § 33 Rn. 52 ff.; APS/*Krause*/*Pötzsch*/*Stephan* WpÜG § 33 Rn. 81 f.; MüKoAktG/*Schlitt*/*Ries* WpÜG § 33 Rn. 64.
⁷² Entscheidend ist allein die objektive Eignung zur Verhinderung des Erfolgs, s. Begr. RegE, BT-Drs. 14/7034, 141; zu den iE in Betracht kommenden Abwehrinstrumenten → Rn. 2.
⁷³ Vgl. Überschrift zu § 33a WpÜG, ferner APS/*Krause*/*Pötzsch*/*Stephan* WpÜG § 33 Rn. 56.

lich relativiert.[74] Hieran hat er auch im Rahmen der Umsetzung der **Übernahmerichtlinie** (→ Rn. 11) festgehalten: In Ausübung des Optionsrechts aus Art. 12 Abs. 1 RL 2004/25/ EG hat er es bei den Ausnahmetatbestände des § 33 Abs. 1 S. 2, Abs. 2 WpÜG bewenden lassen und – in Übereinstimmung mit Art. 12 Abs. 2 RL 2004/25/EG – den Gesellschaften in § 33a WpÜG die Möglichkeit der Wahl des strengeren europäischen Verhinderungsverbots gewährt. Entsprechend ist der Gesetzgeber in § 33b WpÜG hinsichtlich der – dem Vereitelungsverbot funktional vergleichbaren – Durchbrechungsregel des Art. 11 RL 2004/ 25/EG verfahren (→ Rn. 11).

15   bb) **Verhältnis zum AktG.** Von entscheidender Bedeutung für die Auslegung des § 33 Abs. 1 und 2 WpÜG ist dessen Verhältnis zum allgemeinen Aktienrecht. Klar ist zunächst, dass § 33 WpÜG das allgemeine Aktienrecht nur insoweit verdrängen kann, als sein Anwendungs- und Regelungsbereich reicht. Dies bedeutet insbesondere, dass sich die Verhaltenspflichten des Vorstands und des Aufsichtsrats bei nicht öffentlichen Übernahmeangeboten, bei auf den Erwerb von Freiverkehrswerten oder gänzlich unnotierten Aktien gerichteten öffentlichen Übernahmeangeboten und bei sämtlichen einfachen Erwerbsangeboten vollumfänglich nach allgemeinem Aktienrecht beurteilen.[75] Zudem regelt § 33 WpÜG, von den Vorratsbeschlüssen des Abs. 2 abgesehen, allein das Verhalten **während der Übernahmephase;** außerhalb derselben bewendet es deshalb auch für die vom WpÜG erfassten Gesellschaften bei §§ 93, 116 (→ Rn. 4).[76] Schließlich sollte nicht zweifelhaft sein, dass die Ausnahmetatbestände des § 33 Abs. 1 S. 2, Abs. 2 WpÜG nur von dem Vereitelungsverbot als solchem befreien. Die sich aus dem allgemeinen Aktienrecht ergebenden Schranken im Zusammenhang mit dem **Vollzug einzelner Abwehrmaßnahmen,** darunter insbesondere die Kompetenzordnung (einschließlich der „Holzmüller/Gelatine"-Grundsätze) und die Verpflichtung der Organwalter auf das Interesse der Gesellschaft, bleiben dagegen unberührt (→ Rn. 17 ff.).[77] Entsprechendes gilt für die Vorschriften des Aktienrechts über das Zustandekommen und den Inhalt von **Hauptversammlungsbeschlüssen,** insbesondere über die Zulässigkeit von Vorstandsermächtigungen (→ Rn. 21). Alles in allem verdrängt deshalb § 33 Abs. 1, 2 WpÜG innerhalb seines Anwendungsbereichs allein eine etwaige aktienrechtliche „Neutralitätspflicht".[78]

16   cc) **Die Tatbestände des § 33 Abs. 1 S. 2, Abs. 2 WpÜG im Überblick.** Nach § 33 Abs. 1 S. 2 WpÜG gilt das Vereitelungsverbot des § 33 Abs. 1 S. 1 WpÜG nicht (1.) für Handlungen, die auch ein ordentlicher und gewissenhafter Geschäftsleiter einer Gesellschaft, die nicht von einem Übernahmeangebot betroffen ist, vorgenommen hätte (→ Rn. 17), (2.) für die Suche nach einem konkurrierenden Angebot (→ Rn. 18) und (3.) für Handlungen, denen der Aufsichtsrat der Zielgesellschaft zugestimmt hat (→ Rn. 19). Gemeinsam ist diesen drei Ausnahmetatbeständen, dass sie Maßnahmen im **Zuständigkeitsbereich des Vorstands** betreffen; hierzu gehört auch die Ausübung einer dem Vorstand allgemein, dh

---

[74] Zur Entstehungsgeschichte und rechtspolitischen Beurteilung s. – überwiegend krit. – APS/*Krause/ Pötzsch/Stephan* WpÜG § 33 Rn. 16 ff.; Baums/Thoma/*Grunewald* WpÜG § 33 Rn. 1 ff.; Hüffer/*Koch* § 76 Rn. 42 ff.; Haarmann/Schüppen/*Röh* WpÜG § 33 Rn. 3 ff.; MüKoAktG/*Schlitt/Ries* WpÜG § 33 Rn. 23 ff., 39 f.; *Bayer* ZGR 2002, 588 (605 ff.); *Drygala* ZIP 2001, 1861 ff.; *Hopt* ZHR 166 (2002), 383 (421 ff.); *Winter/ Harbarth* ZIP 2002, 1 (3 ff.); eher befürwortend *Schneider* AG 2002, 125 (127 ff.); s. ferner dens./*Burgard* DB 2001, 963 ff.

[75] APS/*Krause/Pötzsch/Stephan* WpÜG § 33 Rn. 60; Baums/Thoma/*Grunewald* WpÜG § 33 Rn. 8 ff.; MüKoAktG/*Schlitt* WpÜG § 33 Rn. 79 mwN; aA – für analoge Anwendung des § 33 Abs. 1 und 3 WpÜG auf einfache Erwerbsangebote – *Hirte* ZGR 2002, 623 (625 f.) – Zur Frage eines insoweit bestehenden Verhinderungsverbots → Rn. 4.

[76] Für analoge Anwendung des § 33 WpÜG allerdings *Bayer* ZGR 2002, 588 (618 f.); *Krause* AG 2002, 133 (136); dagegen zu Recht MüKoAktG/*Schlitt/Ries* WpÜG § 33 Rn. 68 ff.; *Ekkenga* FS Kümpel, 2003, 95 (102); ders./*Hofschroer* DStR 2002, 724 (730); zur Ausübung eines genehmigten Kapitals im Vorfeld eines erwarteten Übernahmeangebots s. *Mülbert* FS Schwark, 2009, 553 (559 ff.).

[77] Vgl. etwa *Krause* AG 2002, 133 (136); *Hopt* ZHR 166 (2002), 383 (425 ff.).

[78] Zutr. *Krause* AG 2002, 133 (136); Baums/Thoma/*Grunewald* WpÜG § 33 Rn. 55 f.; Haarmann/Schüppen/*Röh* WpÜG § 33 Rn. 19 ff.; zur Frage eines aktienrechtlichen Vereitelungsverbots → Rn. 4.

nicht zu Verteidigungszwecken erteilten Ermächtigung, etwa zur Ausgabe neuer oder zum Erwerb eigener Aktien (→ Rn. 17, 19). Demgegenüber sieht § 33 Abs. 2 WpÜG für Maßnahmen, die in die **Zuständigkeit der Hauptversammlung** fallen, die Möglichkeit eines vorab im Wege eines sog. „Vorratsbeschlusses" erteilten und dann vom Vorstand gezielt zur Abwehr des Übernahmeangebots in Anspruch genommenen Dispenses von dem Grundsatz des § 33 Abs. 1 S. 1 WpÜG vor (→ Rn. 20 f.). Hiervon unberührt bleibt schließlich die in § 33 WpÜG nicht eigens geregelte, in § 16 Abs. 3 und 4 WpÜG allerdings vorausgesetzte Möglichkeit einer ad hoc erteilten Zustimmung der Hauptversammlung zum Ergreifen von Abwehrmaßnahmen (→ Rn. 22); sie umfasst sowohl in die Zuständigkeit der Hauptversammlung fallende Maßnahmen als auch vom Vorstand nach § 119 Abs. 2 vorgelegte Maßnahmen der Geschäftsführung.

dd) Handlungen eines ordentlichen Geschäftsleiters einer nicht von einem Übernahmeangebot betroffenen Gesellschaft. § 33 Abs. 1 S. 2 Fall 1 WpÜG gestattet zunächst Handlungen, die auch ein ordentlicher und gewissenhafter Geschäftsleiter einer nicht von einem Übernahmeangebot betroffenen Gesellschaft vorgenommen hätte. Dieser Ausnahmetatbestand trägt dem – allgemein in § 3 Abs. 4 WpÜG anerkannten – Interesse der Zielgesellschaft Rechnung, ihren Geschäftsbetrieb auch während der Übernahmephase aufrechtzuerhalten.[79] Dabei haben es sowohl der Bieter als auch die Aktionäre der Zielgesellschaft nicht nur hinzunehmen, dass der Vorstand das Tagesgeschäft fortführt. Von § 33 Abs. 1 S. 2 Fall 1 WpÜG[80] – gedeckt sind vielmehr auch Maßnahmen außergewöhnlichen Charakters, soweit sie sich im Rahmen der bereits vor Bekanntwerden des Angebots eingeschlagenen, hinreichend verlautbarten und konkretisierten[81] Unternehmensstrategie bewegen;[82] hierzu zählt ggf. auch die Ausübung einer dem Vorstand allgemein erteilten Ermächtigung, etwa einer solchen zum Rückerwerb eigener Aktien oder zur Ausgabe neuer Aktien unter Ausschluss des Bezugsrechts der Aktionäre.[83] Indem somit an im Vorfeld des Übernahmeangebots getroffene unternehmerische Entscheidungen angeknüpft wird, muss dem Vorstand, wiewohl er sich während der Übernahmephase in einem Interessenkonflikt befinden mag (→ Rn. 14), auch im Rahmen des § 33 Abs. 1 S. 2 Fall 1 WpÜG die **business judgment rule** des § 93 Abs. 1 S. 2[84] zugute kommen.[85] Nicht von § 33 Abs. 1 S. 2 Fall 1 WpÜG gedeckt sind deshalb zum einen Maßnahmen, die zur Vereitelung des Angebots geeignet sind und schon auf Grund ihres Inhalts (dh unabhängig davon, zu welchem Zeitpunkt sie vorgenommen werden) außerhalb des unternehmerischen Ermessens liegen; durch sie macht sich der Vorstand zugleich schadensersatzpflichtig nach § 93. Dem Vorstand untersagt sind zum anderen Maßnahmen, die als solche durchaus vertretbar sind, die aber außergewöhnlichen Charakter haben und nicht schon vor Abgabe des Übernahmeangebots angelegt

---

[79] Vgl. *Hopt* FS Lutter, 2000, 1361 (1391); *Maier-Reimer* ZHR 165 (2001), 258 (274); KK-WpÜG/*Hirte* § 33 Rn. 66; APS/*Krause*/*Pötzsch*/*Stephan* WpÜG § 33 Rn. 145; MüKoAktG/*Schlitt*/*Ries* WpÜG § 33 Rn. 130 f.; krit. *Drygala* ZIP 2001, 1861 (1865 ff.).
[80] Zu Ziff. 3.7 Abs. 2 DCGK aF s. 6. Aufl. Rn. 17; MüKoAktG/*Schlitt*/*Ries* WpÜG § 33 Rn. 186; zu Ziff. 3.7 Abs. 3 des Kodex → Rn. 19.
[81] Zu den Anforderungen s. *Hirte* ZGR 2002, 623 (636 f.); *Winter*/*Harbarth* ZIP 2002, 1 (7).
[82] Begr. RegE, BT-Drs. 14/7034, 58; ferner *Drygala* ZIP 2001, 1861 (1865 f.); Baums/Thoma/*Grunewald* WpÜG § 33 Rn. 58 f.; *Hirte* ZGR 2002, 623 (636 f.); KK-WpÜG/*ders.* § 33 Rn. 70 f.; APS/*Krause*/*Pötzsch*/*Stephan* WpÜG § 33 Rn. 148 f.; MüKoAktG/*Schlitt*/*Ries* WpÜG § 33 Rn. 134 ff.; *Süßmann* NZG 2011, 1281 (1286); *Winter*/*Harbarth* ZIP 2002, 1 (6); krit. Steinmeyer/*Steinmeyer* WpÜG § 33 Rn. 20 f.
[83] So auch Baums/Thoma/*Grunewald* WpÜG § 33 Rn. 60 und MüKoAktG/*Schlitt*/*Ries* WpÜG § 33 Rn. 139 f., jeweils mwN zum Streitstand; Steinmeyer/*Steinmeyer* WpÜG § 33 Rn. 22; Hüffer/*Koch* AktG § 76 Rn. 45; *Winter*/*Harbarth* ZIP 2002, 1 (7 f.); *Krause* BB 2002, 1053 (1055); aA *Bayer* ZGR 2002, 588 (616 f.); EEO/*Ekkenga* WpÜG § 33 Rn. 51.
[84] Hüffer/*Koch* § 93 Rn. 8 ff.; GroßkommAktG/*Hopt*/*Roth* 5. Aufl. § 93 Rn. 61 ff.; zuvor BGHZ 135, 244 (253) = NJW 1997, 1926; s. ferner BGHZ 141, 79 (89) = NJW 1999, 1706.
[85] *Hirte* ZGR 2002, 623 (635 f.); *Tröger* DZWIR 2002, 397 (402 f.); *Winter*/*Harbarth* ZIP 2002, 1 (6 f.); MüKoAktG/*Schlitt*/*Ries* WpÜG § 33 Rn. 146 f.; Schwark/Zimmer/*Noack*/*Zetzsche* WpÜG § 33 Rn. 15; Steinmeyer/*Steinmeyer* WpÜG § 33 Rn. 22; aA *Krause* BB 2002, 1053 (1058); Ekkenga/Hofschroer DStR 2002, 724 (733 f.).

sind. Bei Lichte betrachtet gebietet § 33 Abs. 1 S. 1, S. 2 Fall 1 WpÜG somit vor allem strategische Enthaltsamkeit während der Übernahmephase.

18 **ee) Suche nach konkurrierendem Angebot.** Nach § 33 Abs. 1 S. 2 Fall 2 WpÜG ist dem Vorstand die Suche nach einem konkurrierenden Angebot gestattet. Durch das Einspringen eines weiteren Bieters, des sog. „white knight", kann zwar die Übernahme als solche nicht verhindert, wohl aber den Aktionären die Wahl zwischen mehreren Erwerbsangeboten ermöglicht und durch den solchermaßen erzeugten Wettbewerbsdruck die Chance auf attraktive Konditionen, insbesondere eine höhere Abfindung, verschafft werden. Da die Letztentscheidung bei den Aktionären liegt,[86] kann bei teleologischer Betrachtung in der Suche nach einem „white knight" eine Ausnahme von dem Verbot des § 33 Abs. 1 S. 1 WpÜG nicht gesehen werden;[87] in § 33 Abs. 1 S. 2 Fall 2 WpÜG ist deshalb allein die **Klarstellung** zu sehen, dass, obschon das Einspringen des „white knight" wie kaum eine andere Maßnahme sonst geeignet sein kann, das Erstangebot zu vereiteln, eine Vereitelung im Rechtssinne nicht vorliegt. Auch im Rahmen des § 33 Abs. 1 S. 2 Fall 2 WpÜG bewendet es allerdings bei den **aktienrechtlichen Verhaltenspflichten** des Vorstands (→ Rn. 15). Der Vorstand darf sich deshalb bei der Suche nach einem „white knight" zwar durchaus von dem Interesse der Aktionäre leiten lassen; zugleich muss er aber auch das Interesse der Gesellschaft im Auge behalten, was bedeutet, dass die Übernahme durch den konkurrierenden Bieter aus Sicht der Gesellschaft der Übernahme durch den Erstbieter zumindest gleichwertig zu sein hat. Auch die Zulässigkeit der Weitergabe von Informationen an den „white knight" beurteilt sich im Ausgangspunkt nach allgemeinem Aktien- und Kapitalmarktrecht;[88] nach hM ist der Vorstand insoweit allerdings grundsätzlich zur Bietergleichbehandlung verpflichtet.[89]

19 **ff) Handlungen mit Zustimmung des Aufsichtsrats.** In rechtspolitischer Hinsicht überaus fragwürdig[90] ist der Ausnahmetatbestand des § 33 Abs. 1 S. 2 Fall 3 WpÜG, wonach dem Vorstand die Vornahme von Handlungen gestattet ist, denen der Aufsichtsrat zugestimmt hat. Die Problematik rührt daher, dass § 33 Abs. 1 S. 2 Fall 3 WpÜG vor allem solche Maßnahmen im Auge hat, die weder zum laufenden Geschäft zählen noch von der bisherigen Unternehmensstrategie gedeckt sind. Erlaubt sind mithin von § 33 Abs. 1 S. 2 Fall 1 WpÜG nicht erfasste **gezielte Abwehrmaßnahmen,**[91] und zwar nicht nur solche im originären Zuständigkeitsbereich des Vorstands (mithin Maßnahmen der Geschäftsführung), sondern auch die Ausnutzung allgemeiner, dh nicht zu Verteidigungszwecken eingeräumter **Ermächtigungen** des Vorstands durch die Hauptversammlung,[92] darunter neben

---

[86] Die Suche nach einem konkurrierenden Angebot ist deshalb als solche keine „Holzmüller"-Maßnahme, zutr. *Winter/Harbarth* ZIP 2002, 1 (5); *Hirte* ZGR 2002, 623 (639); KK-WpÜG/*ders.* § 33 Rn. 75; MüKo-AktG/*Schlitt/Ries* WpÜG § 33 Rn. 152.

[87] *Hopt* ZGR 1993, 534 (557); s. ferner MüKoAktG/*Schlitt/Ries* WpÜG § 33 Rn. 150; Schwark/Zimmer/*Noack/Zetzsche* WpÜG § 33 Rn. 10; *Mülbert* IStR 1999, 83 (89); vgl. aber auch EEO/*Ekkenga* WpÜG § 33 Rn. 53; *Oechsler* NZG 2001, 817 (822). – Zur Problematik konkurrierender Übernahmeangebote s. *Rothenfußer/Friese-Dormann/Rieger* AG 2007, 137 ff.; *Klemm/Reinhardt* NZG 2007, 281 (282 f.); *M. Martin,* Der konkurrierende Bieter bei öffentlichen Übernahmeangeboten, 2014, passim.

[88] Näher *Hemeling* ZHR 169 (2005), 274 (278 ff.); *Hopt* FS Lutter, 2000, 1361 (1384 ff.), *Maier-Reimer* ZHR 165 (2001), 258 (264), *Winter/Harbarth* ZIP 2002, 1 (5), jeweils mwN.

[89] Vgl. *Fleischer* ZIP 2002, 651 (652 ff.); *Hirte* ZGR 2002, 628 (640); EEO/*Ekkenga* WpÜG § 33 Rn. 54; MüKoAktG/*Schlitt/Ries* WpÜG § 33 Rn. 158 mwN; aA APS/*Krause* WpÜG § 22 Rn. 94 ff.; *Maier-Reimer* ZHR 165 (2001), 258 (264 f.); *Assmann* ZGR 2002, 697 (709). Zur Rechtslage außerhalb des § 33 Abs. 1 S. 2 WpÜG s. *Hemeling* ZHR 169 (2005), 274 (287 ff.).

[90] Berechtigt die Kritik etwa von *Krause* AG 2002, 133 (136 f.); *Hopt* ZGR 2002, 333 (360 f.); *Ulmer* AcP 202 (2002), 143 (153 f.); MüKoAktG/*Schlitt/Ries* WpÜG § 33 Rn. 39 f.; dagegen *Schneider* AG 2002, 125 (129).

[91] S. statt aller *Schneider* AG 2002, 125 (129); *Winter/Harbarth* ZIP 2002, 1 (8).

[92] *Hüffer/Koch* § 76 Rn. 45; Baums/Thoma/*Grunewald* WpÜG § 33 Rn. 69; Haarmann/Schüppen/*Röh* WpÜG § 33 Rn. 88; Schwark/Zimmer/Noack/Zetzsche KMRK WpÜG § 33 Rn. 22; MüKoAktG/*Schlitt* WpÜG § 33 Rn. 168; *Krause* NJW 2002, 705 (712); *Schneider* AG 2002, 125 (128 f.); *Süßmann* NZG 2011, 1281 (1286 n.); *Thoma* NZG 2002, 105 (110); *Tröger* DZWIR 2002, 397 (403); *Winter/Harbarth* ZIP 2002, 1 (9); *Zschocke* DB 2002, 79 (83); aA *Bayer* ZGR 2002, 588 (612 ff.); *Hirte* ZGR 2002, 623 (647 f.); EEO/*Ekkenga* WpÜG § 33 Rn. 57.

der Ermächtigung zum Rückerwerb eigener Aktien und zur Ausgabe neuer Aktien unter Ausschluss des Bezugsrechts der Altaktionäre auch die Ermächtigung zu „Holzmüller/Gelatine"-Maßnahmen (→ Rn. 51). Insoweit besteht ein enger Zusammenhang mit dem in § 33 Abs. 2 WpÜG geregelten Vorratsbeschluss (→ Rn. 21). Nach Ziff. 3.7 Abs. 3 des Deutschen Corporate Governance Kodex „sollte" zwar der Vorstand in „angezeigten Fällen" eine außerordentliche Hauptversammlung einberufen; doch handelt es sich hierbei nur um eine Anregung, deren Nichtbeachtung nicht der Erklärungspflicht nach § 161 AktG unterliegt.[93] Vorstand und Aufsichtsrat[94] sind zwar auch im Rahmen des § 33 Abs. 1 S. 2 Fall 3 WpÜG nicht nur an die organisationsrechtlichen Vorgaben des allgemeinen Aktienrechts (darunter insbesondere die Kompetenzordnung und den satzungsmäßigen Unternehmensgegenstand) gebunden,[95] sondern auch auf das Gesellschaftsinteresse verpflichtet (→ Rn. 14), weshalb sie Kronjuwelen nicht verschleudern und neue Aktien nicht unter Wert ausgegeben dürfen. Zudem unterliegen Vorstand und Aufsichtsrat in der Übernahmephase einem Interessenkonflikt, sodass ihnen das nach §§ 93 Abs. 1 S. 2, 116 S. 1 im Allgemeinen zustehende weite unternehmerische Ermessen insoweit nicht ohne weiteres zukommt, vielmehr von Fall zu Fall plausibel darzulegen ist, dass das Interesse der Gesellschaft an der Durchführung der Abwehrmaßnahme die Veräußerungsinteressen der Aktionäre eindeutig überwiegt.[96] Gleichwohl dürfte dem Ausnahmetatbestand des § 33 Abs. 1 S. 1 Fall 3 WpÜG gewisse praktische Bedeutung zukommen.

gg) Vorratsbeschluss. Nach § 33 Abs. 2 S. 1 WpÜG kann die Hauptversammlung den Vorstand auch schon vor Veröffentlichung der Entscheidung des Bieters zur Abgabe eines Angebots ermächtigen, angebotsvereitelnde Handlungen, die in ihre Zuständigkeit fallen und die in dem Ermächtigungsbeschluss nur „der Art nach", dh in abstrakter Form, zu bestimmen sind, vorzunehmen. Die Zulässigkeit solcher Vorratsbeschlüsse ist vor dem Hintergrund zu sehen, dass die Konzernierung der Gesellschaft im Allgemeinen weder der Zustimmung durch die Hauptversammlung bedarf noch durch die Satzung der AG ausgeschlossen werden kann (→ Rn. 1 ff.).[97] Um allerdings der Gefahr einer Selbstentmündigung der Aktionäre zu begegnen, sieht § 33 Abs. 2 S. 2–4 WpÜG eine Reihe von Einschränkungen vor. So kann die Ermächtigung nach § 33 Abs. 2 S. 2 WpÜG nur für höchstens 18 Monate erteilt werden. Zudem bedarf der Beschluss nach § 33 Abs. 2 S. 3 WpÜG einer Mehrheit von mindestens drei Vierteln des vertretenen Kapitals, wobei der Bieter allerdings nicht vom Stimmrecht ausgeschlossen ist (→ Rn. 22). Die Ausübung der Ermächtigung durch den Vorstand unterstellt § 33 Abs. 2 S. 4 WpÜG schließlich der Zustimmung des Aufsichtsrats. 20

Die praktische Bedeutung des § 33 Abs. 2 WpÜG dürfte nicht allzu hoch sein.[98] So signalisiert ein Vorratsbeschluss, dass sich die Gesellschaft selbst als Übernahmekandidat 21

---

[93] Näher zur Reichweite der Ziff. 3.7 Abs. 3 DCGK *Baums/Thoma/Grunewald* WpÜG § 33 Rn. 78; *Schwark/Zimmer/Noack/Zetzsche* KMRK WpÜG § 33 Rn. 24; *Wilsing/Johannsen-Roth* Ziff. 3.7 DCGK Rn. 33 ff.

[94] Näher *Hirte* ZGR 2002, 623 (642 ff.); *Winter/Harbarth* ZIP 2002, 1 (11 f.).

[95] Näher MüKoAktG/*Schlitt/Ries* WpÜG § 33 Rn. 177, 180 ff.; speziell zur Ausübung eines genehmigten Kapitals zu Abwehrzwecken *Altmeppen* ZIP 2001, 1073 (1079 f.), *Hopt* ZHR 166 (2002), 383 (427 f.) und *Kort* FS Lutter, 2000, 1421 (1430 ff.), aber auch Hüffer/*Koch* § 186 Rn. 32 und *Krause* BB 2002, 1053 (1056), jeweils mwN; zur Ausübung im Vorfeld eines erwarteten Übernahmeangebots s. *Mülbert* FS Schwark, 2009, 553 (559 ff.).

[96] So auch *Hopt* ZHR 166 (2002), 383 (427 f.); *Winter/Harbarth* ZIP 2002, 1 (9 ff.); *Hirte* ZGR 2002, 623 (642); Steinmeyer/*Steinmeyer* WpÜG § 33 Rn. 29 f.; MüKoAktG/*Schlitt/Ries* WpÜG § 33 Rn. 169 ff., 177; aA *Tröger* DZWIR 2002, 397 (403). Allg. zum Nichteingreifen der business judgment rule in Konfliktlagen s. BGHZ 135, 244 (253) = NJW 1997, 1926: „ausschließlich am Unternehmenswohl orientiertes ... Handeln"; *Henze* NJW 1998, 3309 (3310 f.); für § 93 Abs. 1 S. 2 Hüffer/*Koch* § 93 Rn. 25; GroßkommAktG/ Hopt/*Roth* 5. Aufl. § 93 Rn. 90 ff.; *Fleischer* ZIP 2004, 685 (690 f.).

[97] S. in diesem Zusammenhang auch den Vorschlag von *Schneider/Burgard* DB 2001, 963 (969), Übernahmeangebote unter die aufschiebende Bedingung zu stellen, dass sie von der Mehrheit der freien Aktionäre angenommen werden; dagegen aber *Merkt* ZHR 165 (2001), 224 (252 f.).

[98] So auch *Geibel/Süßmann* BKR 2002, 52 (66); *Krause* NJW 2002, 705 (712); APS/*Krause/Pötzsch/Stephan* WpÜG § 33 Rn. 203; *Schneider* AG 2002, 125 (131); vgl. aber auch LG München I ZIP 2005, 352 = AG 2005, 261 und dazu *Drinkuth* AG 2005, 597.

ansieht. Hinzu kommt das Risiko der Beschlussanfechtung. Vor allem ist es dem Vorstand bereits unter den Voraussetzungen des § 33 Abs. 1 S. 2 Fall 3 WpÜG gestattet, ihm allgemein erteilte Ermächtigungen zu Abwehrzwecken einzusetzen (→ Rn. 19). Allerdings brauchen Vorstand und Aufsichtsrat, wenn sie sich auf einen Vorratsbeschluss nach § 33 Abs. 2 WpÜG stützen können, nicht darzulegen, dass das Interesse der Gesellschaft an der Abwehrmaßnahme die Veräußerungsinteressen der Aktionäre überragt: Da nämlich die Aktionäre selbst ihre Veräußerungsinteressen dem Gesellschaftsinteresse untergeordnet und Vorstand und Aufsichtsrat zur einseitigen Durchsetzung des wohlverstandenen Gesellschaftsinteresses[99] ermächtigt haben, erübrigt sich eine diesbezügliche Abwägung durch die Organwalter. Jenseits der in §§ 71 Abs. 1 Nr. 8, 202 Abs. 1, 203 Abs. 2 geregelten Fälle ist dagegen zu bedenken, dass § 33 Abs. 2 WpÜG, nicht anders als die Ausnahmetatbestände des § 33 Abs. 1 S. 2 WpÜG, allein die Außerkraftsetzung des Vereitelungsverbots des § 33 Abs. 1 S. 1 WpÜG regelt, das **allgemeine Aktienrecht** und damit insbesondere die Bindung an das Gesellschaftsinteresse und an die Kompetenzordnung also nicht antastet (→ Rn. 15). Dies schließt es zwar keineswegs aus, dass der Vorstand etwa allgemein zur Übertragung des gesamten Gesellschaftsvermögens oder zum Vollzug einer Spaltung ermächtigt wird. Ihm ist es dann allerdings nur sub specie des übernahmerechtlichen Vereitelungsgebots gestattet, die entsprechenden Maßnahmen einzuleiten. Die Notwendigkeit einer nochmaligen, diesmal durch das Aktienrecht vorgegebenen Beschlussfassung bleibt demgegenüber unberührt. Entsprechendes gilt für „Holzmüller"-Maßnahmen, da die Ermächtigung nach § 33 Abs. 2 WpÜG kaum jemals den Anforderungen an die Bestimmtheit der aktienrechtlichen Vorab-Zustimmung (→ Rn. 46) genügen dürfte.[100]

22 **hh) Ad hoc-Zustimmung.** Durch § 33 Abs. 2 WpÜG keineswegs ausgeschlossen, in § 16 Abs. 3 und 4 WpÜG vielmehr stillschweigend vorausgesetzt ist die Befugnis der Aktionäre, den Vorstand in einer nach Ankündigung des Übernahmeangebots eigens einberufenen Hauptversammlung zur Durchführung von Abwehrmaßnahmen zu ermächtigen.[101] Das WpÜG sieht besondere Anforderungen an das Zustandekommen des Ermächtigungsbeschlusses nicht vor, weshalb es bei den aktienrechtlichen Vorgaben zu bewenden hat. Der Beschluss bedarf deshalb der im Aktienrecht vorgesehenen Mehrheit (zum „Holzmüller/Gelatine"-Beschluss → Rn. 50 f.); soll der Vorstand zur Durchführung einer das Übernahmeangebot vereitelnden Geschäftsführungsmaßnahme ermächtigt werden, genügt mithin die **einfache Mehrheit**.[102] Der Bieter ist nicht vom Stimmrecht ausgeschlossen.[103]

23 **ii) Rechtsschutz.** Handeln Vorstand und Aufsichtsrat dem Vereitelungsverbot des § 33 Abs. 1 S. 1 WpÜG zuwider, ohne hierzu nach § 33 Abs. 1 S. 2, Abs. 2 WpÜG berechtigt zu sein, haften sie der Gesellschaft nach §§ 93, 116 auf Schadensersatz.[104] Leichtfertiges oder

---

[99] Hieran muss der Vorstand seine Entscheidung über die Ausübung der Ermächtigung ausrichten, vgl. § 3 Abs. 3 WpÜG, ferner APS/*Krause/Pötzsch/Stephan* WpÜG § 33 Rn. 236 f.; Haarmann/Schüppen/*Röh* WpÜG § 33 Rn. 116.

[100] MüKoAktG/*Schlitt/Ries* WpÜG § 33 Rn. 208; *Winter/Harbarth* ZIP 2002, 1 (16); *Bayer* ZGR 2002, 588 (612); *Krause* NJW 2002, 705 (712 f.).

[101] Im Grundsatz wohl unstr., s. *Bayer* ZGR 2002, 588 (606); *Hirte* ZGR 2002, 623 (646); KK-WpÜG/ *ders.* § 33 Rn. 88 ff.; *Hopt* ZHR 166 (2002), 383 (423); *Schneider* AG 2002, 125 (131); *Tröger* DZWiR 2002, 397 (403 f.); *Winter/Harbarth* ZIP 2002, 1 (13 f.); APS/*Krause/Pötzsch/Stephan* WpÜG § 33 Rn. 188; MüKoAktG/ *Schlitt/Ries* WpÜG § 33 Rn. 189 ff.; eingehend *Kiem* ZIP 2000, 1509 ff.

[102] *Hirte* ZGR 2002, 623 (646); KK-WpÜG/*ders.* § 33 Rn. 88 ff.; *Hopt* ZHR 166 (2002), 383 (423); *Tröger* DZWiR 2002, 397 (403 f.); *Winter/Harbarth* ZIP 2002, 1 (13 f.); ferner APS/*Krause/Pötzsch/Stephan* WpÜG § 33 Rn. 196; aA – Abwehrmaßnahmen enthielten eine Bestätigung des bisherigen Gesellschaftszwecks, weshalb stets eine „Holzmüller"-Maßnahme vorliege – *Mülbert* IStR 1999, 83 (88).

[103] *Krieger* in Henze/Hoffmann-Becking 289, 315; *Hirte* ZGR 2002, 623 (646); *Hopt* ZHR 166 (2002), 383 (423); *Winter/Harbarth* ZIP 2002, 1 (14); MüKoAktG/*Schlitt/Ries* WpÜG § 33 Rn. 193; aA *Maier-Reimer* ZHR 165 (2001), 258 (276 f.).

[104] Näher hierzu und zum Folgenden *Bürgers/Holzborn* ZIP 2003, 2273 ff.; Baums/Thoma/*Grunewald* WpÜG § 33 Rn. 100 ff.; MüKoAktG/*Schlitt/Ries* WpÜG § 33 Rn. 233 ff.; KK-WpÜG/*Hirte* § 33 Rn. 139 ff.; Schwark/Zimmer/*Noack/Zetzsche* KMRK WpÜG § 33 Rn. 41 ff.

gar vorsätzliches Verhalten begründet nach § 60 Abs. 1 Nr. 8 WpÜG eine Ordnungswidrigkeit. Schließlich greifen Vorstand und Aufsichtsrat, wenn sie dem § 33 Abs. 1, 2 WpÜG zuwiderhandeln, in die **Zuständigkeit der Hauptversammlung** ein, sodass jeder Aktionär die Gesellschaft und die verantwortlichen Organwalter nach Maßgabe der „Holzmüller/ Gelatine"-Grundsätze (→ Rn. 31 ff., 49) auf Unterlassung und Beseitigung in Anspruch nehmen kann.[105] Dagegen ist § 33 Abs. 1 S. 1 WpÜG kein Schutzgesetz iSd § 823 Abs. 2 BGB.[106]

3. Pflichtangebote. a) Überblick. Das – hierzulande rechtspolitisch lange Zeit umstrittene, nunmehr in Art. 5 Abs. 1 der Übernahmerichtlinie vorgesehene[107] – Pflichtangebot ist in §§ 35 ff. WpÜG geregelt.[108] Nach § 35 Abs. 1 S. 1 WpÜG ist zunächst derjenige, der unmittelbar oder mittelbar die Kontrolle über eine Zielgesellschaft (mithin über eine AG oder KGaA mit Sitz im Inland, § 2 Abs. 3 WpÜG), deren Wertpapiere zum Handel an einem organisierten Markt (→ Rn. 10) zugelassen sind, erlangt, verpflichtet, dies unverzüglich, spätestens innerhalb von sieben Kalendertagen, gemäß § 10 Abs. 3 S. 1, 2 WpÜG zu veröffentlichen. Innerhalb von vier Wochen nach der Veröffentlichung hat der die Gesellschaft kontrollierende Aktionär (der „Bieter") nach § 35 Abs. 2 S. 1 WpÜG der BaFin sodann eine Angebotsunterlage zu übermitteln und nach Maßgabe des § 14 Abs. 2 S. 1 WpÜG ein Angebot zu veröffentlichen. Dieses Pflichtangebot kann zwar nach Maßgabe der §§ 39, 18 WpÜG unter Bedingungen gestellt werden (→ Rn. 13), hat aber nach §§ 39, 32 WpÜG grundsätzlich ein Vollangebot zu sein; ausgenommen sind jedoch eigene Aktien der Zielgesellschaft und diesen nach § 35 Abs. 2 S. 3 gleichstehende Aktien. In § 36 WpÜG ist die Nichtberücksichtigung bestimmter Stimmrechte, in § 37 WpÜG iVm §§ 8 ff. WpÜG-AV (→ Rn. 10) die Befreiung des Bieters von den sich aus § 35 Abs. 1 S. 1, Abs. 2 S. 1 WpÜG ergebenden Verpflichtungen vorgesehen.[109] Bei einem Verstoß gegen § 35 Abs. 1, 2 WpÜG sehen §§ 38, 59, 60 Abs. 1 Nr. 1 lit. a, Nr. 2 lit. a WpÜG weitreichende **Sanktionen** vor.[110] **Ansprüche der außenstehenden Aktionäre** gegen den Bieter auf Abnahme ihrer Aktien gegen angemessene Gegenleistung (iSv §§ 4 ff. WpÜG-AV, → Rn. 13) bestehen hingegen mit Blick auf die kapitalmarktrechtliche Ausrichtung des WpÜG im Allgemeinen und der Pflichtangebots-

---

[105] Für Einordnung des § 33 Abs. 1 S. 1 WpÜG als Kompetenznorm auch *Hirte* ZGR 2002, 623 (649 ff.); KK-WpÜG/*ders.* § 33 Rn. 147 ff.; *Hopt* ZHR 166 (2002), 383 (425); *Fleischer* NZG 2002, 545 (547); *Winter/ Harbarth* ZIP 2002, 1 (17); aA – Unterlassungsanspruch nur, soweit Maßnahme des Vorstands ohnehin (dh auch unabhängig von § 33 WpÜG) in den Kompetenzbereich der Hauptversammlung fällt – MüKoAktG/ *Schlitt/Ries* WpÜG § 33 Rn. 236; *Baums/Thoma/Grunewald* WpÜG § 33 Rn. 100; APS/*Krause/Pötzsch/ Stephan* WpÜG § 33 Rn. 87, 304; Steinmeyer/*Steinmeyer* WpÜG § 33 Rn. 56 ff.; Schwark/Zimmer/*Noack/ Zetzsche* WpÜG § 33 Rn. 46; EEO/*Ekkenga* WpÜG § 33 Rn. 41; vor Inkrafttreten des WpÜG auch LG Düsseldorf AG 2000, 233.
[106] MüKoAktG/*Schlitt/Ries* WpÜG § 33 Rn. 239; *Baums/Thoma/Grunewald* WpÜG § 33 Rn. 101; APS/ *Krause/Pötzsch/Stephan* WpÜG § 33 Rn. 312; *Winter/Harbarth* ZIP 2002, 1 (16); aA *Hirte* ZGR 2002, 623 (625); KK-WpÜG/*ders.* § 33 Rn. 159; EEO/*Ekkenga* WpÜG § 33 Rn. 41.
[107] S. namentlich *Grunewald* WM 1989, 1233 (1238); *Hommelhoff* FS Semler, 1993, 455 ff.; *ders./Kleindiek* AG 1990, 106 (108 ff.); *Altmeppen* ZIP 2001, 1073 (1082 f.); *Letzel* BKR 2002, 293 (294 ff., 299); zur aktuellen Reformdiskussion s. *Baums* ZIP 2010, 2374 ff.; *v. Falkenhausen* ZHR 174 (2010), 293 ff.; *Seibt* ZIP 2012, 1 (7 ff.); zur Entwicklung auf europäischer Ebene → Rn. 11; *Habersack/Verse* EuropGesR § 11 Rn. 1 ff., 17 ff.
[108] Vgl. neben den Kommentaren zum WpÜG insbes. Marsch-Barner/Schäfer/*Drinkuth* § 60 Rn. 220 ff.; *Harbarth* ZIP 2002, 321 ff.; *Kleindiek* ZGR 2002, 546 ff.; *Letzel* BKR 2002, 293 ff.; speziell zur KGaA *Scholz* NZG 2006, 445 (447 ff.); rechtsvergleichend *Baums/Thoma/Baums/Hecker* WpÜG Vor § 35 Rn. 49 ff.; KK-WpÜG/*Hasselbach* § 35 Rn. 23 ff.; *Haarmann/Schüppen/Hommelhoff/Witt* WpÜG Vor § 35 Rn. 10 ff.; APS/ *Krause/Pötzsch* WpÜG § 35 Rn. 285 ff.; *Wymeersch* ZGR 2002, 520 (525 ff.); *Zinser* NZG 2000, 573 ff.; zum abschließenden Charakter der Mitteilungspflicht des § 35 Abs. 1 WpÜG s. OLG Schleswig Konzern 2005, 447.
[109] Zur Frage, ob bereits der Antrag auf Befreiung bzw. Nichtberücksichtigung von den Pflichten nach § 35 WpÜG suspendiert, s. *Bunz* ZIP 2014, 454 ff.
[110] Zu § 59 WpÜG s. LG München I ZIP 2009, 584: Keine Feststellungsklage des einzelnen Aktionärs; ferner KG AG 2009, 30 (37); zu § 38 WpÜG s. BGH NZG 2013, 939 Rn. 25 ff. = ZIP 2013, 1565 mit Anm. *Seibt*; *Schanz/Wedell* AG 2011, 615 ff.; zur Nachholung des Pflichtangebots s. *v. Falkenhausen* NZG 2010, 1213 ff.

regel im Besonderen (→ Rn. 10, 25) nicht.[111] Auch Art. 5 Abs. 1 S. 1, 17 der Übernahmerichtlinie dürften einen entsprechenden Anspruch der außenstehenden Aktionäre nicht verlangen; ihnen wird vielmehr durch die aus § 4 Abs. 1 WpÜG herzuleitende Möglichkeit der BaFin, ein Pflichtangebot anzuordnen und durchzusetzen, Genüge getan.[112]

25 **b) Kapitalmarktrechtlicher Charakter.** Die Vorschriften über das Pflichtangebot bezwecken den Schutz der Minderheitsaktionäre; ihnen soll die Möglichkeit gegeben werden, ihre Aktien an der unter die Kontrolle durch den Bieter geratenen Gesellschaft zu einem angemessenen, von der Übernahme nicht negativ beeinflussten Preis zu veräußern.[113] Ein Konzerneingangsschutz, verstanden im Sinne einer Sicherung der Unabhängigkeit der Zielgesellschaft, ist hiermit allerdings nicht verbunden; in Übereinstimmung mit dem AktG (→ Rn. 1) nimmt vielmehr auch das WpÜG den Kontrollerwerb hin und knüpft an ihn die Verpflichtung zur Abgabe eines Erwerbsangebots. Auch ist das Recht der Minderheitsaktionäre zum Ausscheiden aus der Gesellschaft nicht im Sinne eines – mit dem Grundsatz der Kapitalerhaltung des europäischen[114] und deutschen Rechts ohnehin unvereinbaren – Austrittsrechts, sondern im Sinne einer Erwerbsverpflichtung des Bieters und damit im Sinne einer **Transaktion auf Aktionärsebene** konzipiert. In funktionaler und systematischer Hinsicht zielt das Pflichtangebot in seiner Ausgestaltung durch das WpÜG nicht auf einen dem Aktienkonzernrecht zuzuschlagenden präventiven Minderheitenschutz;[115] es versteht sich vielmehr als wesentlicher Bestandteil des **kapitalmarktrechtlichen Anlegerschutzes**.[116] Hierfür spricht schon der Umstand, dass die Pflichten aus § 35 WpÜG unabhängig von der Unternehmenseigenschaft des Bieters bestehen, ferner, dass sie nicht nur bei erstmaliger Erlangung der Kontrolle über die bis dahin unabhängige Zielgesellschaft, sondern auch bei jedem nachfolgen Kontrollwechsel entstehen (→ Rn. 28). Hinzu kommen der auf zum Handel an einem organisierten Markt zugelassenen Papieren beschränkte Anwendungsbereich der §§ 35 ff. WpÜG (→ Rn. 24) und die Divergenz zwischen dem Kontrolltatbestand des § 29 Abs. 2 WpÜG (→ Rn. 27) und dem Abhängigkeitstatbestand des § 17 Abs. 1 AktG. Schließlich lässt sich die durch das Pflichtangebot sichergestellte

---

[111] BGH NZG 2013, 939 Rn. 9 ff. = ZIP 2013, 1565 mit Anm. *Seibt*; OLG Köln BeckRS 2013, 10385; LG Köln BeckRS 2011, 20382; s. ferner Begr. RegE KapMuG, BT-Drs. 15/5091, 20; aus dem Schrifttum APS/*Krause*/*Pötzsch* WpÜG § 35 Rn. 251 ff.; MüKoAktG/*Schlitt*/*Ries* WpÜG § 35 Rn. 245; Schwark/Zimmer/*Noack*/*Zetzsche* WpÜG § 35 Rn. 53; *Habersack* ZHR 166 (2002), 619 (622 f.); *Heusel* AG 2014, 232 ff.; *Hoffmann-Becking* FS Erichsen, 2004, 47 (59 ff.); *Pohlmann* ZGR 2007, 1 (12 f.); *Schnorbus* WM 2003, 657 (663); *Simon* NZG 2005, 541 ff.; MKW/*Verse* 276, 296 ff. mit rechtspolitischer Kritik; wohl auch BGH ZIP 2006, 2077 (2078); aA – für Anspruch aus § 35 Abs. 1 WpÜG – 3. Aufl. Rn. 24; *Ekkenga*/*Hofschroer* DStR 2002, 768 (777); *Seibt* ZIP 2003, 1865 (1876); ähnlich (zu § 823 Abs. 2 BGB) *Baums*/*Thoma*/*Baums*/*Hecker* WpÜG § 35 Rn. 297; KK-WpÜG/*Hasselbach* § 35 Rn. 278; EEO/*Ekkenga* WpÜG § 35 Rn. 75; *Ihrig* ZHR 167 (2003), 315 (349); für Abfindungsanspruch in Höhe des inneren Anteilswerts *Mülbert*/*Schneider* WM 2003, 2301 ff. – Allg. zum Rechtsschutz der Minderheitsaktionäre → Rn. 10; zum Zahlungsanspruch des Aktionärs bei nicht angemessener Gegenleistung im Rahmen eines freiwilligen Übernahmeangebots → Rn. 13.
[112] BGH NZG 2013, 939 Rn. 31 f. = ZIP 2013, 1565 mit Anm. *Seibt*; zur Frage eines Anspruchs der Aktionäre auf Tätigwerden der BaFin s. APS/*Krause*/*Pötzsch* WpÜG § 35 Rn. 248 f.; zur Richtlinie s. *Habersack* ZHR 166 (2002), 619 (621 f.); s. ferner den Abdruck eines Schreibens der BaFin Sachen Gerhard Schmid/France Télécom bei *Seibt* in RWS-Forum Gesellschaftsrecht 2003, 337 (345); zu § 60 Abs. 1 Nr. 1 lit. a WpÜG s. OLG Frankfurt ZIP 2006, 1726.
[113] Begr. RegE, BT-Drs. 14/7034, 30; Geibel/Süßmann/*Meyer* § 35 Rn. 1; Haarmann/Schüppen/*Hommelhoff*/*Witt* WpÜG Vor § 35 Rn. 32 ff.
[114] Art. 17 RL 2012/30/EU vom 25.10.2012 (Kapital-RL); dazu *Habersack*/*Verse* EuropGesR § 6 Rn. 41 ff.
[115] So aber *Hopt* FS Rittner, 1991, 187 (201); *ders.* ZHR 171 (2007), 199 (231 f., 234); *Mülbert* ZIP 2001, 1221 (1226); *ders.*/*Schneider* WM 2003, 2301 (2304); *Harbarth* ZIP 2002, 321 (322); *Ekkenga*/*Hofschroer* DStR 2002, 768 (771); *Ihrig* ZHR 167 (2003), 315 (342); *Letzel* BKR 2002, 293 (299).
[116] Zust. BGH NZG 2013, 939 Rn. 19 = ZIP 2013, 1565 mit Anm. *Seibt*; so auch *Heiser* 47 ff., 350 ff.; *Houben* WM 2000, 1873 (1877); *Kleindiek* ZGR 2002, 546 (558 ff.) mit rechtsvergleichenden Hinweisen; *Paul* Konzern 2009, 80 ff.; Haarmann/Schüppen/*Hommelhoff*/*Witt* WpÜG Vor § 35 Rn. 39; *Krause* WM 1996, 893 (899); APS/*Krause*/*Pötzsch* WpÜG § 35 Rn. 32; MüKoAktG/*Schlitt*/*Ries* WpÜG § 35 Rn. 8; Steinmeyer/*Steinmeyer* WpÜG § 35 Rn. 8 f.; EEO/*Ekkenga*/*Schulz* WpÜG § 35 Rn. 5; Geibel/Süßmann/*Meyer* WpÜG § 35 Rn. 7 f.; offengelassen von *Fleischer* NZG 2002, 545 (548), allerdings mit starker Betonung der kapitalmarktrechtlichen Funktionszusammenhänge.

Partizipation des Minderheitsaktionärs an einer vom Bieter gezahlten Kontrollprämie und das dadurch verwirklichte „Prinzip der Meistbegünstigung"[117] (→ Rn. 30) gesellschaftsrechtlich nicht überzeugend begründen (→ Rn. 9 mwN).[118]

c) Verhältnis zum Aktienkonzernrecht und zu §§ 327a ff. Die Vorschriften über das Pflichtangebot ergänzen diejenigen des Aktienkonzernrechts, sodass es – die in §§ 35 ff. WpÜG nicht vorausgesetzte Unternehmenseigenschaft des über die Kontrollmehrheit verfügenden Aktionärs unterstellt – ungeachtet des Pflichtangebots und unabhängig von dem Verbleib einer Restminderheit bei der uneingeschränkten Geltung der §§ 311 ff. sowie ggf. der §§ 291 ff. bewendet.[119] Werden somit die konzernrechtlichen Schutzvorschriften mit Einführung des Pflichtangebots keineswegs entbehrlich, so strahlen umgekehrt die §§ 35 ff. WpÜG nicht auf die §§ 311 ff. aus. Insbesondere geben sie keinen Anlass, hinsichtlich der nicht dem WpÜG unterliegenden Gesellschaften von dem konzernoffenen Charakter der §§ 311 ff. (→ Rn. 1) abzurücken und den außenstehenden Aktionären einer in die Abhängigkeit geratenen Gesellschaft einen Abfindungsanspruch gegen das herrschende Unternehmen einzuräumen;[120] dies folgt schon aus dem kapitalmarktrechtlichen Charakter der §§ 35 ff. WpÜG (→ Rn. 25). Auch was das Verhältnis zwischen §§ 35 ff. WpÜG und dem in §§ 327a ff. geregelten Squeeze out betrifft, ist von einem ergänzenden Nebeneinander beider Normenkomplexe auszugehen.[121] Vorbehaltlich einer – durch Nebenbestimmungen oder Bedingungen zu sichernden[122] – Befreiung nach § 37 WpÜG[123] kann auf das Eingreifen der Vorschriften über das Pflichtangebot schon deshalb nicht verzichtet werden, weil der Hauptaktionär nur das Recht, nicht aber die Pflicht zum Squeeze Out hat.

d) Kontrollerwerb. aa) Grundlagen. Nach § 35 Abs. 2 S. 1 WpÜG ist die Angebotspflicht daran geknüpft, dass der Bieter unmittelbar oder mittelbar die Kontrolle über eine Zielgesellschaft erlangt. Nach §§ 39, 29 Abs. 2 WpÜG muss deshalb der Bieter **mindestens 30 % der Stimmrechte** an der Zielgesellschaft halten, wobei ihm die in § 30 Abs. 1 und 2 WpÜG genannten Stimmrechte **zuzurechnen** sind.[124] Mit dem Kontrollbegriff des § 29 Abs. 2 WpÜG hat sich der Gesetzgeber bewusst von dem – über die Anwendbarkeit der

---

[117] So treffend *Doralt* GesRZ 2000, 197 (202).
[118] Zu den einzelnen Erklärungsversuchen s. *Heiser* 307 ff.; *M. Weber* 178 ff., 328 ff., der vormitgliedschaftliche Treupflichten bemüht.
[119] *Kleindiek* ZGR 2002, 546 (561 ff.), *Fleischer* NZG 2002, 545 (548 f.), jeweils auch zu überholten Bestrebungen, das Pflichtangebot durch konzernrechtliche Schutzinstrumentarien ersetzen zu wollen; dazu auch *Habersack/Mayer* ZIP 1997, 2141 (2143 ff.); s. ferner Haarmann/Schüppen/Hommelhoff/Witt WpÜG Vor § 35 Rn. 32 ff.; instruktiv zum Zusammenspiel von Konzern- und Übernahmerecht *Riethmüller* 207 ff.
[120] So aber *Mülbert* ZIP 2001, 1221 (1228), der in der Einführung des Pflichtangebots eine „Art gesetzgeberisches Misstrauensvotum gegenüber der Wirksamkeit der §§ 311 ff. erblickt"; dagegen zu Recht *Kleindiek* ZGR 2002, 546 (557 ff., 562 f.).
[121] Vgl. *Strunk/Behnke* VGR 8 (2004), 82 (91); *Kiesewetter* ZIP 2003, 1638 (1640); *Bredow/Liebscher* DB 2003, 1368 (1371); aA *Wiesbrock* DB 2003, 2584 (2585 f.).
[122] Insbes. ist sicherzustellen, dass der Hauptaktionär den Squeeze Out zügig durchführt und mindestens die nach § 35 WpÜG geschuldete Entschädigung (→ Rn. 30) leistet, vgl. *Strunk/Behnke* VGR 8 (2004), 82 (91); *Kiesewetter* ZIP 2003, 1638 (1640); *Bredow/Liebscher* DB 2003, 1368 (1371).
[123] *Bredow/Liebscher* DB 2003, 1368 (1369) und *Kiesewetter* ZIP 2003, 1638 (1639) (jeweils auf die „mit der Erlangung der Kontrolle beabsichtigte Zielsetzung" abstellend), aber auch *Strunk/Behnke* VGR 8 (2004), 82 (91) (auf die „Beteiligungsverhältnisse" abstellend und grds. einen Streubesitz von unter 1 % verlangend).
[124] S. BGH NZG 2014, 985 Rn. 38 ff. (zu § 30 Abs. 1 S. 1 Nr. 2, 5, Abs. 2); OLG Frankfurt ZIP 2006, 1726; LG Köln ZIP 2012, 229 (230 ff.); speziell zum acting in concert neben BGH NZG 2014, 985 Rn. 56 ff. noch LG Köln ZIP 2012, 229 (231 f.); *Scheinpflug/Tönningsen* BKR 2015, 140 ff. (Interessenschutzklausel); zu § 30 Abs. 2 S. 1 WpÜG aF (zur Neufassung → Rn. 11) s. BGHZ 169, 98 = ZIP 2006, 2077 – WMF; OLG München ZIP 2005, 856; OLG Frankfurt NZG 2004, 865 (867 f.); ZIP 2007, 864 (867 f.); LG Hamburg ZIP 2007, 427; zur – durch das TUG (→ Einl. Rn. 35) allerdings wieder rückgängig gemachten (*Arnold* AG 2007, R 55 f.) – Ausweitung der Zurechnung nach § 30 Abs. 1 S. 1 Nr. 1 WpÜG durch das Übernahmerichtlinie-Umsetzungsgesetz s. *Arnold* AG 2006, 567 ff.; *Nelle* ZIP 2006, 2057 ff. – Eingehend zu den Zurechnungstatbeständen neben den Kommentierungen zu § 30 WpÜG namentlich *Franck* BKR 2002, 709 ff.; *Hommelhoff/Witt* FS Nobel, 2005, 125 ff.; *Lange* Konzern 2003, 675 ff.; *Liebscher* ZIP 2002, 1005 ff.; *Seibt* ZIP 2005, 729 ff.; zur Berücksichtigung eigener Aktien s. *Krause* AG 2015, 553 ff.

§§ 311 ff. bestimmenden – Abhängigkeitstatbestand des § 17 Abs. 1 distanziert.[125] Für den Fall, dass der Bieter, obschon er 30 % oder mehr der Stimmrechte hält, die Gesellschaft deshalb nicht kontrollieren kann, weil ein anderer Aktionär über einen höheren Stimmrechtsanteil verfügt, sieht § 9 S. 2 Nr. 1 WpÜG-AV (→ Rn. 10) zwar die Möglichkeit der **Befreiung** von den Pflichten aus § 35 WpÜG vor; Entsprechendes gilt nach § 9 S. 2 Nr. 2 WpÜG-AV für den Fall, dass auf Grund des in den zurückliegenden drei ordentlichen Hauptversammlungen vertretenen stimmberechtigten Kapitals nicht zu erwarten ist, dass der Bieter in der Hauptversammlung der Zielgesellschaft über mehr als 50 % der vertretenen Stimmrechte verfügen wird.[126] Dagegen vermag die Pflichtangebotsregelung Fälle, in denen ein **beherrschender Einfluss unterhalb der Schwelle des § 29 Abs. 2 WpÜG** aufgebaut oder übertragen wird, nicht zu erfassen.[127] Entsprechendes gilt, wenn ein mit 30 % oder mehr beteiligter Aktionär einen beherrschenden Einfluss deshalb nicht ausüben kann, weil ein **weiterer Aktionär eine höhere Beteiligung** hält, er deshalb zur Abgabe eines Erwerbsangebots nicht verpflichtet ist,[128] und er sodann von dem Mehrheitsaktionär oder von dritter Seite Anteile hinzuerwirbt und so die tatsächliche Kontrolle über die Gesellschaft erlangt.[129]

28 **bb) Erwerbstatbestände.** §§ 35 Abs. 1, 2, 29 Abs. 2 WpÜG stellen allein darauf ab, *dass* der Bieter (unmittelbar oder mittelbar, → Rn. 29) die Kontrolle über die Zielgesellschaft erlangt, und zwar nach dem Inkrafttreten der §§ 35 ff. WpÜG am 1.1.2002.[130] Ausgenommen ist nach **§ 35 Abs. 3 WpÜG** allein der Erwerb der Kontrolle auf Grund eines **Übernahmeangebots**;[131] denn in diesem Fall hatten die Minderheitsaktionäre bereits die Gelegenheit zum Ausscheiden, sodass es eines nachfolgenden Pflichtangebots nicht mehr bedarf (→ Rn. 13). Im Übrigen ist es für das Eingreifen des § 35 WpÜG **unerheblich, auf welche Weise** die Kontrolle erlangt worden ist. Erfasst wird somit jede Form des rechtsgeschäftlichen Erwerbs von Stimmrechte verkörpernden Aktien (sei es über die Börse oder außerbörslich), vorbehaltlich des § 36 WpÜG (→ Rn. 24) ferner der Erwerb kraft Gesetzes[132] und darüber hinaus

---

[125] Vgl. Begr. RegE, BT-Drs. 14/7034, 53; BGH AG 2012, 594 Rn. 22; zur rechtspolitischen Kritik hieran s. *Mülbert* ZIP 2001, 1221 (1225 f.); *Harbarth* ZIP 2002, 321 (323); *Habersack* ZHR 166 (2002), 619 (622 ff.); aus dem neueren Schrifttum namentlich MKW/*Cahn* 77 ff., aber auch *Brellochs* NZG 2012, 1010 (1016 ff.); aus österreichischer Sicht *Diregger/Winner* WM 2002, 1583 (1585 f.).

[126] Näher zu den einzelnen Befreiungstatbeständen sowie zu den Tatbeständen des § 36 WpÜG *v. Bülow/Bücker* Konzern 2003, 185 ff.; *Bernau* WM 2004, 809 ff.; *Harbarth* ZIP 2002, 321 (327 f.); *Holzborn/Blank* NZG 2002, 948 ff.; *Holzborn/Israel* WM 2004, 309 ff.; *Braun* passim; zum Widerruf der Befreiung *Widder* DB 2004, 1875 ff. – Zum Rechtsschutz Dritter im Rahmen des Befreiungsverfahrens → Rn. 10; unzutr. *Mülbert/Schneider* WM 2003, 2301 (2303 ff.), die den außenstehenden Aktionären auch bei Vorliegen einer bestandskräftigen Befreiungsentscheidung einen Abfindungsanspruch gegen den Kontrollaktionär – noch dazu in Höhe des inneren Anteilswerts – zusprechen.

[127] Hierzu im vorliegenden Zusammenhang *Mülbert* ZIP 2001, 1221 (1225 f.); *Habersack* ZHR 166 (2002), 619 (623); allg. zum Abhängigkeitsbegriff → § 17 Rn. 5 ff. (18 f.).

[128] Entweder weil es sich um einen Altfall handelt (→ Rn. 28) oder weil Befreiung gemäß § 9 S. 2 Nr. 1 WpÜG-AV erteilt worden ist.

[129] *Habersack* ZHR 166 (2002), 619 (623 f.); *Diregger/Winner* WM 2002, 1583 (1585 f.); *v. Bülow/Bücker* Konzern 2003, 185 (197); MüKoAktG/*Schlitt/Ries* WpÜG § 37 Rn. 71, dort auch zur Möglichkeit, die Befreiung unter Widerrufsvorbehalt zu stellen; ferner *Harbarth* ZIP 2002, 321 (324 f.), der freilich nicht hinreichend berücksichtigt, dass die einmal erteilte Befreiung vom Pflichtangebot nur nach Maßgabe verwaltungsrechtlicher Grundsätze und grds. nur bei Widerrufsvorbehalt zurückgenommen werden kann, vgl. §§ 35 ff., 48 VwVfG; näher *Widder* DB 2004, 1875 ff.

[130] Altfälle sind also ausgeklammert, s. MüKoAktG/*Schlitt* WpÜG § 35 Rn. 149 ff.; eine Übergangsregelung fand sich in § 68 Abs. 3 WpÜG aF.

[131] Zu den Voraussetzungen dieses Befreiungstatbestands s. neben den Kommentierungen zu § 35 WpÜG namentlich KG AG 2009, 30 (37) (bei mittelbarem Kontrollerwerb wird auch Muttergesellschaft befreit); OLG Düsseldorf ZIP 2007, 380; *Kossmann/Horz* NZG 2006, 481 ff.; *v. Riegen* ZHR 167 (2003), 702 (718 ff.) mzN zur Praxis der BaFin; zur rechtspolitischen Bewertung sowie zur Reformdiskussion s. *Baums* ZIP 2010, 2374 ff.

[132] Zur Frage der Anwendbarkeit auf den umwandlungsrechtlich begründeten Erwerb einer Kontrollmehrheit s. *Seibt/Heiser* ZHR 165 (2001), 466 ff.; *Fleischer* NZG 2002, 545 (549 f.); *Grabbe/Fett* NZG 2003, 755 ff.; *Weber-Rey/Schütz* AG 2001, 325 ff.; *Technau* AG 2002, 260 ff.; *Vetter* WM 2002, 1999 ff.; *Baums/Thoma/Baums/Hecker* WpÜG § 35 Rn. 108 ff.; KK-WpÜG/*Hasselbach* § 35 Rn. 106 ff.; *Haarmann/Schüppen/Hommelhoff/Witt* WpÜG § 35 Rn. 54 ff.; APS/*Krause/Pötzsch* WpÜG § 35 Rn. 133 ff.; MüKoAktG/*Schlitt/Ries*

Vorbemerkungen   29 **Vor § 311**

(vorbehaltlich des § 9 S. 1 Nr. 6 WpÜG) die nicht auf Wertpapiererwerb, sondern auf *Passivität* zurückgehende Kontrollerlangung.[133] Soweit die Erlangung der Kontrolle, wie im Regelfall, auf Aktienerwerb zurückgeht, ist für das Eingreifen der Pflichtangebotsregelung der **dingliche Erwerb** maßgebend.[134] Nicht erforderlich ist, dass die Zielgesellschaft erstmals unter die Kontrolle eines Aktionärs gerät; von § 35 WpÜG erfasst ist vielmehr auch der **Kontrollwechsel**,[135] mithin der Fall, dass die Zielgesellschaft bereits unter der Kontrolle durch einen anderen Aktionär stand. Auch setzt die Pflichtangebotsregelung nicht voraus, dass die Kontrolle durch den Bieter erstmalig erlangt wird. Hatte also der Bieter bereits eine Kontrollmehrheit inne, so ist er nach § 35 Abs. 1, 2 WpÜG verpflichtet, wenn er die 30 %-Schwelle unterschreitet und sodann wieder überschreitet.[136]

Von § 35 WpÜG ausdrücklich erfasst ist der **mittelbare Erwerb** der Kontrolle. Hierbei **29** sind drei Fallgruppen zu unterscheiden.[137] Die erste Fallgruppe betrifft Gestaltungen, bei denen die *Zielgesellschaft eine oder mehrere Tochtergesellschaften iSd § 2 Abs. 6 WpÜG*[138] *kontrolliert* und diese ihrerseits die Voraussetzungen der §§ 2 Abs. 3 und 7 WpÜG erfüllen, mithin über die Rechtsform der AG oder KGaA verfügen, ihren Sitz im Inland oder in einem anderen Staat des EWR haben und zum Handel an einem organisierten Markt zugelassene Wertpapiere iSd § 2 Abs. 2 WpÜG ausgegeben haben. In diesem Fall hat der Bieter auch den Minderheitsaktionären der Tochtergesellschaft (nicht dagegen der Zielgesellschaft in ihrer Eigenschaft als Tochteraktionärin)[139] ein Erwerbsangebot zu unterbreiten,[140] sofern ihm nicht nach § 9 S. 2 Nr. 3 WpÜG-AV Befreiung erteilt wird. Die zweite Fallgruppe unterscheidet sich von der ersten allein dadurch, dass der Bieter Anteile an einer – ihrerseits eine Beteiligung an einer börsennotierten Gesellschaft haltenden – nicht börsennotierten Gesellschaft erwirbt.[141] Die dritte Fallgruppe (die mit der ersten oder zweiten zusammenfallen kann) erfasst Konstellationen, in denen der Bieter die Kontrolle über die Zielgesellschaft auf Grund eines *schon zuvor verwirklichten* Zurechnungstatbestands des § 30 WpÜG erlangt. In Betracht kommt dabei vor allem der Kontrollerwerb durch eine schon zuvor erworbene Tochtergesellschaft iSd §§ 30 Abs. 1 S. 1 Nr. 1, 2 Abs. 6 WpÜG,[142] wobei Rechtsform, Sitz

---

WpÜG § 35 Rn. 122 ff., 137 ff.; *Adolff/Meister/Randell/Stephan* 240 ff.; zur Frage der analogen Anwendung bei Verschmelzung einer Gesellschaft auf eine bereits unter Kontrolle stehende Gesellschaft *Burg/Braun* AG 2009, 22 ff.

[133] Näher Baums/Thoma/*Baums/Hecker* WpÜG § 35 Rn. 90 ff.; KK-WpÜG/*Hasselbach* § 35 Rn. 92 ff.; APS/*Krause/Pötzsch* WpÜG § 35 Rn. 110 ff.; MüKoAktG/*Schlitt/Ries* WpÜG § 35 Rn. 85 ff.; *Fleischer/Körber* BB 2001, 2589 (2593 ff.); *Koch* ZIP 2008, 1260 ff.; ferner *Letzel* BKR 2002, 293 (300 f.); *Harbarth* ZIP 2002, 321 (325).

[134] BGH NZG 2014, 985 Rn. 36: schuldrechtlicher Anspruch auf Übereignung reicht auch dann nicht aus, wenn der Anspruch aus einer Pflichtwandelanleihe folgt; näher *Harbarth* ZIP 2002, 321 (323 f.).

[135] Haarmann/Schüppen/*Hommelhoff/Witt* WpÜG § 35 Rn. 33; Schwark/Zimmer/*Noack/Zetzsche* KMRK WpÜG § 35 Rn. 6; APS/*Krause/Pötzsch* WpÜG § 35 Rn. 72; KK-WpÜG/*Hasselbach* § 35 Rn. 132; *Harbarth* ZIP 2002, 321 (323); s. aber auch *Verse* NZG 2009, 1331 ff., der beim Übergang von gemeinsamer zu alleiniger Kontrolle mit guten Gründen einen relevanten Kontrollerwerb verneint; ebenso *Brellochs* NZG 2012, 1010 (1013) mwN.

[136] KK-WpÜG/*Hasselbach* § 35 Rn. 135; APS/*Krause/Pötzsch* WpÜG § 35 Rn. 73 mit zutr. Hinweis auf die Möglichkeit der Befreiung gemäß § 37 Abs. 1 WpÜG; s. ferner OLG Frankfurt ZIP 2007, 864 (867): Rechtsverlust nach § 59 WpÜG trotz zwischenzeitlichen Unterschreitens der 30 %-Schwelle.

[137] Zutr. MüKoAktG/*Schlitt/Ries* WpÜG § 35 Rn. 98 ff.; näher zum Ganzen auch *Hommelhoff/Witt* FS Nobel, 2005, 125 ff.

[138] Es genügt also nicht, dass der Bieter die Kontrolle (§ 29 Abs. 2 WpÜG) über die Zielgesellschaft erlangt, s. MüKoAktG/*Schlitt/Ries* WpÜG § 35 Rn. 114 f.; Geibel/Süßmann/*Meyer* WpÜG § 35 Rn. 39 f.

[139] Dies ist zwar nicht in § 35 Abs. 2 S. 3 WpÜG geregelt, wohl aber für den Zurechnungstatbestand des § 30 Abs. 1 S. 1 Nr. 1, 2 WpÜG zu Recht allseits anerkannt, s. Geibel/Süßmann/*Meyer* WpÜG § 35 Rn. 69; Haarmann/Schüppen/*Hommelhoff/Witt* WpÜG § 35 Rn. 44; MüKoAktG/*Schlitt/Ries* WpÜG § 35 Rn. 110.

[140] Im Ergebnis wohl unstr., s. Begr. RegE, BT-Drs. 14/7034, 59; *Hopt* ZHR 166 (2002), 383 (417); Haarmann/Schüppen/*Hommelhoff/Witt* WpÜG § 35 Rn. 44 ff.; MüKoAktG/*Schlitt/Ries* WpÜG § 35 Rn. 110 ff., dort auch zur Unanwendbarkeit des § 35 Abs. 3 WpÜG.

[141] Näher MüKoAktG/*Schlitt/Ries* WpÜG § 35 Rn. 118 ff.; APS/*Krause/Pötzsch* WpÜG § 35 Rn. 96; Geibel/Süßmann/*Meyer* WpÜG § 35 Rn. 38 f.

[142] Vgl. KG AG 2009, 30 (37 f.), dort auch zu § 35 Abs. 3 WpÜG: bei mittelbarem Kontrollerwerb wird auch Muttergesellschaft befreit; MüKoAktG/*Schlitt/Ries* WpÜG § 35 Rn. 101; aA *Land* DB 2001, 1707 (1713).

und Börsennotierung der Tochter unerheblich sind. Vorbehaltlich einer Befreiung gemäß § 37 WpÜG, §§ 8 ff. WpÜG-AV ist in diesem Fall nicht nur die Mutter, der die Stimmrechte der Tochter zugerechnet werden, sondern auch die Tochtergesellschaft zur Veröffentlichung und Angebotsabgabe verpflichtet.[143]

30 e) **Gegenleistung.** Was die vom Bieter anzubietende Gegenleistung betrifft, so finden nach § 39 WpÜG auch auf Pflichtangebote die §§ 31 WpÜG, 3 ff. WpÜG-AV Anwendung (→ Rn. 13),[144] was nach § 4 WpÜG-AV bedeutet, dass den Minderheitsaktionären zumindest der bei Vorerwerben und damit insbesondere bei einem der Kontrollerlangung dienenden Paketerwerb gezahlte Preis zu bieten ist. Nach § 31 Abs. 2 S. 1 WpÜG kann die Gegenleistung grundsätzlich[145] in liquiden,[146] zum Handel an einem organisierten Markt zugelassenen Aktien bestehen. Hiernach ist dem Bieter auch gestattet, **Aktien von Tochtergesellschaften** anzubieten.[147] Der Schutz der Minderheitsaktionäre erschöpft sich in diesem Fall in dem Recht, von einer in die Abhängigkeit geratenen Gesellschaft in eine andere abhängige Gesellschaft zu wechseln; in Ermangelung einer Vorschrift nach Art des § 305 Abs. 2 Nr. 2 ist dies de lege lata hinzunehmen.[148]

III. Kontrolle der Gruppen(um)bildung und Gruppenleitung auf der Ebene der Obergesellschaft

31 1. **Satzungsmäßige Ermächtigung.** Handelt es sich bei dem herrschenden Unternehmen um eine Gesellschaft, so bestimmt das jeweils maßgebliche Organisationsrecht, ob und in welchem Umfang die Mitglieder an der Begründung des Abhängigkeits- oder Konzernverhältnisses zu beteiligen sind.[149] Für das Aktienrecht kann sich die Notwendigkeit einer Beteiligung der Aktionäre zunächst aus der satzungsmäßigen Festlegung des **Unternehmensgegenstands** ergeben. Ihn darf der Vorstand *nicht überschreiten*.[150] Andererseits muss er ihn grundsätzlich[151] *ausfüllen*,[152] und zwar in Ermangelung einer entspre-

---

[143] Zutr. Baums/Thoma/*Baums/Hecker* WpÜG § 35 Rn. 290 ff.; EEO/*Ekkenga/Schulz* WpÜG § 35 Rn. 49; für gemeinsames Angebot *Hopt* ZHR 166 (2002), 383 (416 f.); aA MüKoAktG/*Schlitt/Ries* WpÜG § 35 Rn. 109; Geibel/Süßmann/*Meyer* WpÜG § 35 Rn. 36, die sich für ein Wahlrecht aussprechen; *Krause* NJW 2002, 705 (713 f.), dem zufolge der Inhaber des höchsten Stimmrechtsanteils das Angebot abzugeben hat; näher zur Problematik *Braun* NZG 2008, 928 ff.

[144] AA *Mülbert/Schneider* WM 2003, 2301 (2302 ff.): Abfindungsanspruch in Höhe des inneren Anteilswerts.

[145] Ausnahmen sind in § 31 Abs. 3, Abs. 5 S. 1 WpÜG vorgesehen.

[146] Eingehend zu diesem Erfordernis *Krause* ZGR 2002, 500 (514 ff.) mwN; zur Art der geschuldeten Gegenleistung → Rn. 13.

[147] Geibel/Süßmann/*Süßmann* WpÜG § 31 Rn. 9; Haarmann/Schüppen/*Haarmann* WpÜG § 31 Rn. 81.

[148] Zur rechtspolitischen Kritik s. *Diregger/Winner* WM 2002, 1583 (1587); *Habersack* ZHR 166 (2002), 619 (624).

[149] Vgl. für die GmbH als herrschendes Unternehmen → Anh. § 318 Rn. 47 ff.; für die SE → Einl. Rn. 41; für die Personengesellschaft *Emmerich/Habersack* KonzernR § 9 Rn. 7 ff.; Staub/*Schäfer* HGB Anh. § 105 Rn. 83 ff.; für die KGaA OLG Stuttgart NZG 2003, 778 (782 ff.); Fett/Förl NZG 2004, 210 ff.; Hoffmann-Becking/*Herfs* FS Sigle, 2000, 273 (286 f.); Bayer/Habersack/*K. Schmidt* Bd. II Kap. 26 Rn. 17; für den VVaG *Dreher* FS Stuttgarter Lebensversicherung a.G., 2008, 139 (145 ff.).

[150] Zur Zulässigkeit von Hilfsgeschäften (zu denen auch ein Beteiligungserwerb zählen kann) sowie zur Befugnis des Vorstands, statisch formulierte Gegenstandsbestimmungen entsprechend dem Stand der Technik usw. fortzuschreiben, s. GroßkommAktG/*Habersack/Foerster* 5. Aufl. § 82 Rn. 24 f.

[151] Namentlich bei weiter Gegenstandsbestimmung kann allerdings die Auslegung der Satzung ergeben, dass lediglich eine Obergrenze für die Geschäftsführungsbefugnis des Vorstands geregelt sein soll, zutr. OLG Stuttgart DB 2001, 854 (856 f.); MHdB AG/*Krieger* § 70 Rn. 7; Hüffer/*Koch* § 179 Rn. 9a; s. ferner *Feldhaus* BB 2009, 562 (565 ff.); *Kiesewetter/Spengler* Konzern 2009, 450 (457).

[152] Als Ausgangspunkt und vorbehaltlich eines durch Auslegung zu ermittelnden abweichenden Satzungsinhalts heute hM, s. OLG Stuttgart NZG 2003, 778 (783) betr. KGaA; OLG Stuttgart AG 2005, 693 (695 f.); OLG Köln AG 2009, 416 (417 f.); LG Köln AG 2008, 327 (331); MHdB AG/*Krieger* § 70 Rn. 7; KK-AktG/ *Koppensteiner* Vor § 291 Rn. 91; GroßkommAktG/*Habersack/Foerster* 5. Aufl. § 82 Rn. 25; GroßkommAktG/ *Wiedemann* § 179 Rn. 60; Spindler/Stilz/*Müller* Rn. 57; *Groß* AG 1994, 266 (269); *Hommelhoff* 58 ff., 54 ff.; *Lutter/Leinekugel* ZIP 1998, 225 (227 f.); *Priester* ZHR 163 (1999), 187 (193); *Tieves* 300 ff.; eingehend – und mit Rechtsvergleich zum französischen Recht – *Reiling* 101 ff.; einschr. Hüffer/*Koch* § 179 Rn. 9a; KK-AktG/ *Mertens/Cahn* § 82 Rn. 23 f.; krit. auch *Feldhaus* BB 2009, 562 (565 ff.) – Zur Zulässigkeit einer nur

chenden Ermächtigung unmittelbar.¹⁵³ Grundsätzlich bedarf somit jede Maßnahme der Gruppenbildung und der Beteiligungsabgabe, wenn mit ihr der Unternehmensgegenstand über- oder unterschritten wird, einer Ermächtigung durch die Satzung (→ Rn. 43).¹⁵⁴ Davon betroffen sind der Erwerb und die endgültige¹⁵⁵ Abgabe einer unternehmerischen Beteiligung,¹⁵⁶ die Ausgliederung von bislang selbst betriebenen Geschäftszweigen und die Gründung einer Tochtergesellschaft. Erst recht gilt dies für die „Umwandlung" der Obergesellschaft in eine Vollholding; sie muss als solche¹⁵⁷ in der Satzung vorgesehen sein, kann also nicht auf eine die eigene unternehmerische Betätigung der Gesellschaft voraussetzende Konzernklausel gestützt werden.¹⁵⁸

2. Vermögensveräußerung. Auch die Vorschrift des § 179a kann der Gruppenbildung 32 durch den Vorstand Grenzen setzen. Danach nämlich bedarf ein Vertrag, durch den sich die Gesellschaft zur Übertragung des gesamten Gesellschaftsvermögens verpflichtet, auch dann eines Beschlusses der Hauptversammlung nach § 179,¹⁵⁹ wenn damit nicht eine Änderung des Unternehmensgegenstandes verbunden ist. Die Vorschrift gelangt auch dann zur Anwendung, wenn die Gesellschaft einen „unwesentlichen" Teil ihres Vermögens behält, wobei sich allerdings die Frage der Wesentlichkeit danach bestimmt, ob die Gesellschaft mit dem zurückbehaltenen Betriebsvermögen „noch ausreichend in der Lage bleibt, ihre in der Satzung festgelegten Unternehmensziele weiterhin, wenn auch in eingeschränktem Umfang, selbst zu verfolgen".¹⁶⁰ Unerheblich ist die Person des Erwerbers; neben der Veräußerung an einen Dritten wird also insbesondere auch eine solche an das herrschende Unternehmen erfasst (zur „übertragenden Auflösung" → § 311 Rn. 30; → § 327a Rn. 10).

---

vorübergehenden Unterschreitung des Unternehmensgegenstands s. RG DR 1939, 720 (721); OLG Stuttgart AG 2005, 693 (695 f.); GroßkommAktG/*Wiedemann* § 179 Rn. 60; *Groß* AG 1994, 266 (269); *Kropff* FS Geßler, 1970, 111 (119); *Mertens* AG 1978, 309 (311); *Timm* AG 1980, 172 (179); zur Begrenzung der Satzungsautonomie durch das Leitungsermessen des Vorstands s. OLG Stuttgart ZIP 2007, 231 f.; AG Stuttgart NZG 2006, 598; *Priester* FS Hüffer, 2010, 777 ff.; GroßkommAktG/*Habersack/Foerster* 5. Aufl. § 82 Rn. 26 mwN; zu Umwandlungssachverhalten s. *Kort* AG 2011, 611 ff.; *ders.* NZG 2011, 929 ff.
¹⁵³ Zur Notwendigkeit einer Konzernklausel s. BGHZ 159, 30 (46) = NJW 2004, 1860; OLG Stuttgart DB 2001, 854 (856 f.); OLG Frankfurt AG 2008, 862 mit zutr. Hinweis, dass eine solche Klausel auch den Erwerb einer nur „kapitalistischen" Beteiligung erlaubt; *Lutter* FS Stimpel, 1985, 825 (847); *Martens* ZHR 147 (1983), 377 (389 f.); MHdB AG/*Krieger* § 70 Rn. 5 f.; KK-AktG/*Koppensteiner* Vor § 291 Rn. 39, 42; MüKoAktG/*Stein* § 179 Rn. 113; Spindler/Stilz/*Müller* § 179 Rn. 57; GroßkommAktG/*Wiedemann* § 179 Rn. 64; *Tieves* 479 ff.; *Wahlers* 142 ff.; aA OLG Hamburg ZIP 1980, 1000 (1006); *Henze* FS Ulmer, 2003, 211 (217); GroßkommAktG/*Mülbert* § 293 Rn. 90 ff.; HKW/*Reichert* 25, 40 f.; *Westermann* ZGR 1984, 352 (362); für die Ausgliederung auch Hüffer/Koch § 179 Rn. 9a; offengelassen in BGHZ 83, 122 (130) = NJW 1982, 1703.
¹⁵⁴ Für einen Ausnahmefall s. LG Hanau ZIP 2007, 633 (635) betr. einen die Verschmelzung vorbereitenden Anteilserwerb; dazu, dass die Ermächtigung schon bei Vornahme der Maßnahme vorhanden sein muss, s. MHdB AG/*Krieger* § 70 Rn. 8 mwN und zutr. Hinweis auf die Möglichkeit der Vornahme des Geschäfts unter der auflösenden Bedingung oder mit Rücktrittsvorbehalt für den Fall des Scheiterns der Satzungsänderung; aA insoweit OLG Stuttgart AG 2005, 693 (696): jedenfalls nächste Hauptversammlung.
¹⁵⁵ Zur Zulässigkeit einer nur vorübergehenden Unterschreitung des Unternehmensgegenstands s. RG DR 1939, 720 (721); OLG Stuttgart AG 2005, 693 (695 f.); GroßkommAktG/*Wiedemann* § 179 Rn. 60; *Groß* AG 1994, 266 (269); *Kropff* FS Geßler, 1970, 111 (119); *Mertens* AG 1978, 309 (311); *Timm* AG 1980, 172 (179).
¹⁵⁶ Für Entbehrlichkeit bei bloßen Finanzanlagen, s. GroßkommAktG/*Wiedemann* § 179 Rn. 63; dagegen allerdings mit guten Gründen MüKoAktG/*Stein* § 179 Rn. 113 mwN; zur Zulässigkeit einer Beteiligung mit Hilfsgeschäftscharakter s. GroßkommAktG/*Habersack/Foerster* 5. Aufl. § 82 Rn. 24 f.
¹⁵⁷ Etwa in der Form, dass es dem Vorstand gestattet wird, die unternehmerische Betätigung „ganz oder teilweise" auf Tochtergesellschaften zu verlagern.
¹⁵⁸ Für Erfordernis einer Holdingklausel die hM, s. *Groß* AG 1994, 266 (269 f.); *Timm* 131; *Tieves* 447 ff.; aA *Götz* AG 1984, 85 (90); *Hommelhoff* 273.
¹⁵⁹ Mithin eines Beschlusses mit qualifizierter Mehrheit iSd § 179 Abs. 2, s. Hüffer/Koch § 179a Rn. 8; zur Anwendbarkeit bei Veräußerungen auf Tochterebene → Rn. 49.
¹⁶⁰ So zu § 361 AktG aF (= § 179a) BGHZ 83, 122 (128) = NJW 1982, 1703; *Henze* FS Boujong, 1996, 233 (244 f.); Hüffer/Koch § 179a Rn. 5; näher *Brocker/Schulenberg* BB 2015, 1993 ff.; aA – für Maßgeblichkeit einer wertmäßigen Betrachtung – *Mertens* FS Zöllner, 1998, 385 (386 ff.); aA auch *Bredthauer* NZG 2008, 816 ff., dem zufolge § 179a bei Veräußerung einzelner Vermögensgegenstände keine Anwendung findet.

33   3. „Ungeschriebene" Hauptversammlungskompetenzen. a) Grundlagen. aa) Überblick. Das Erfordernis einer Zustimmung der Hauptversammlung der AG[161] zu einer konzernbildenden oder -umbildenden Maßnahme kann sich schließlich aus der „Holzmüller"- und „Gelatine"-Rechtsprechung des BGH ergeben. In **„Holzmüller"** hat der BGH für die durch Ausgliederung entstandene 100%ige Tochtergesellschaft[162] entschieden, dass grundlegende Entscheidungen, die mit einem wesentlichen Eingriff in die Mitgliedsrechte und in die mitgliedschaftlich vermittelten Vermögensinteressen der Aktionäre verbunden sind, auch dann der Zustimmung durch die Hauptversammlung bedürfen, wenn sie durch die Satzung des herrschenden Unternehmens gedeckt sind und die Voraussetzungen des § 179a nicht vorliegen.[163] Diese im Jahr 1982 entwickelten Grundsätze hat der BGH, nachdem sie auf die Akzeptanz durch die instanzgerichtliche Rechtsprechung gestoßen waren[164] und auch im Schrifttum zuletzt die zustimmenden Stellungnahmen dominierten,[165] in seinen **„Gelatine"-Entscheidungen** vom 26.4.2004 sowie einem **Nichtannahmebeschluss vom 20.11.2006** bestätigt und präzisiert.[166] Am Beispiel einer Umstrukturierung einer Tochter- in eine Enkelgesellschaft haben sie nicht nur hinsichtlich des Schutzzwecks (→ Rn. 34 f.), der normativen Grundlage ungeschriebener Hauptversammlungszuständigkeiten (→ Rn. 36) und des Mehrheitserfordernisses (→ Rn. 45) für Klarheit gesorgt. Sie haben vielmehr klar zum Ausdruck gebracht, dass ungeschriebene Mitwirkungsbefugnisse der Hauptversammlung „nur ausnahmsweise und in engen Grenzen anzuerkennen" sind.[167] Nach wie vor offen ist allerdings, wie weit der sachliche Anwendungsbereich der „Holzmüller/Gelatine"-Grundsätze reicht (→ Rn. 42 ff.). Zur sich abzeichnenden Regulierung von **related party transactions** durch die Aktionärsrechte-RL → Einl. Rn. 43 f.

34   bb) Schutzzweck. Was zunächst die Frage nach dem Schutzzweck der „Holzmüller/Gelatine"-Grundsätze betrifft, so ist dem BGH darin zuzustimmen, dass die Zuständigkeit der Hauptversammlung nicht Ausdruck einer spezifischen Konzernverfassung ist, sondern

---

[161] Für die GmbH als herrschendes Unternehmen → Anh. § 318 Rn. 47 ff.; für die SE → Einl. Rn. 41; für die Personengesellschaft *Emmerich/Habersack* KonzernR § 9 Rn. 7 ff.; Staub/*Schäfer* HGB Anh. § 105 Rn. 83 ff.; für die KGaA OLG Stuttgart NZG 2003, 778 (782 ff.); *Fett/Förl* NZG 2004, 210 ff.; *Hoffmann-Becking/Herfs* FS Sigle, 2000, 273 (286 f.); *Bayer/Habersack/K. Schmidt* Bd. II Kap. 26 Rn. 17; für den VVaG *Dreher* FS Stuttgarter Lebensversicherung a.G., 2008, 139 (145 ff.).
[162] Betonung dieses Umstands bei *Henze* BB 2001, 53 (61).
[163] BGHZ 83, 122 (131 f.) = NJW 1982, 170.
[164] OLG Celle ZIP 2001, 613 (615); OLG Karlsruhe DB 2002, 1094; OLG Köln ZIP 1993, 110; OLG München AG 1995, 232 (233); LG Stuttgart WM 1992, 58 (61 f.); LG Frankfurt a.M. ZIP 1993, 830 (832 ff.) und ZIP 1997, 1698; LG Köln AG 1992, 238 (239); LG Heidelberg AG 1999, 135 (137); LG Hannover DB 2000, 1607; für die KGaA s. OLG Stuttgart NZG 2003, 778.
[165] Grundlegend *Lutter* FS H. Westermann, 1974, 347 ff.; *ders.* FS Barz, 1974, 199 ff.; *U. H. Schneider* FS Bärmann, 1975, 873 (881 ff.); *Timm* 135 ff., 165 ff.; BGHZ 83, 122 im Grundsatz zust. auch *Emmerich* AG 1991, 303 (307); *Geßler* FS Stimpel, 1985, 771 ff.; *Henze* BB 2000, 209 (211 f.); *ders.* FS Ulmer, 2003, 211 ff.; *Hirte* 160 ff.; *Hüffer* FS Ulmer, 2003, 279 ff.; *Joost* ZHR 163 (1999), 164 (179 ff.); *Leinekugel* 71 ff.; *Mecke* 129 ff.; *Priester* ZHR 163 (1999), 187 (194 ff.); *v. Rechenberg* FS Bezzenberger, 2000, 359; *Rehbinder* ZGR 1983, 92 (98 f.); HKW/*Reichert* 25, 42 ff.; *Wahlers* 66 ff., 93 ff.; *Wiedemann* Unternehmensgruppe 50 ff.; *Zimmermann/Pentz* FS Müller, 2001, 151 ff.; stark einschr. *Mülbert* 416 ff., 430 ff.: Schutz nur bei Beeinträchtigung in vermögensrechtlicher Hinsicht und damit bei Aufnahme neuer Gesellschafter; → Rn. 34; abl. namentlich *Beusch* FS Werner, 1984, 1 (21); *Flume* JurPerson § 8 V 4; *Götz* AG 1984, 85 (90); *Heinsius* ZGR 1984, 383 (398); *Martens* ZHR 147 (1983), 377 (404 ff.); *Sünner* AG 1983, 169 (171 ff.); *Ulmer*, Richterrechtliche Entwicklungen, 47 ff.; *Werner* ZHR 147 (1983), 429 (450 ff.); *Westermann* ZGR 1984, 352 (371 ff.); ferner *Bernhardt* DB 2000, 1873 (1881) mit empirischer Studie zu „Holzmüller"-Vorlagen; nach „Gelatine" *Koppensteiner* Konzern 2004, 381 (382 ff.); KK-AktG/*ders.* Vor § 291 Rn. 44 ff.; *Hoffmann-Becking* ZHR 172 (2008), 231 ff.; *Simon* DStR 2004, 1528 (1529 f.); *Paefgen* ZHR 172 (2008), 42 ff., der dem Aktionär stattdessen eine allgemeine Klagebefugnis zur Abwehr pflichtwidrigen Organhandels zubilligt. – Näher zur Entwicklung des in BGHZ 83, 122 anerkannten Rechts des Einzelaktionärs auf Entscheidungsteilhabe und zum Meinungsstand *Habersack* 297 ff.; *Tieves* 450 ff.; *Wahlers* 11 ff.
[166] BGHZ 159, 30 = NJW 2004, 1860 – Gelatine I; BGH NZG 2004, 575 = ZIP 2004, 1001 – Gelatine II; BGH ZIP 2007, 24; rechtsvergleichende Hinweise bei *Fleischer* GesR 2010, 193 ff.; *Kraakman* et al., The Anatomy of Corporate Law, 2. Aufl. 2009, 183 ff.
[167] So der erste Ls. von BGHZ 159, 30 = NJW 2004, 1860 – Gelatine I und BGH NZG 2004, 575 = ZIP 2004, 1001 – Gelatine II.

Vorbemerkungen

der mit der jeweiligen Maßnahme verbundenen **Gefährdung von Aktionärsrechten** Rechnung trägt.[168] Daraus wiederum folgt, dass die „Holzmüller/Gelatine"-Grundsätze nicht per se auf Konzernsachverhalte beschränkt sind. Sie setzen vielmehr allgemein bei dem Schutz der durch die fragliche Maßnahme *betroffenen Aktionäre* an und können deshalb durchaus *auch in der unverbundenen AG* zur Anwendung gelangen.[169] Das Hauptanwendungsfeld von „Holzmüller" und „Gelatine" liegt jedoch im Bereich der **Gruppenbildung** und der ihr nachfolgenden Maßnahmen der Gruppenumbildung und Gruppenleitung. Dies folgt nicht zuletzt aus dem Katalog des § 119 Abs. 1 selbst: Er ist auf die unverbundene AG zugeschnitten und nimmt auf die besondere Gefährdung der Aktionäre einer Konzernobergesellschaft keine Rücksicht.[170] Grundlage der zuständigkeitsbegründenden Gefährdung von Aktionärsinteressen ist denn auch der sog. **Mediatisierungseffekt**.[171] Er hat seine Grundlage in der mit jeder Gruppenbildung verbundenen Zuständigkeitsverlagerung: Unterlag das für die Gruppenbildung eingesetzte Kapital bislang der Kontrolle und Beeinflussung durch die Aktionäre, so ist es nunmehr Sache des Vorstands, die Rechte aus der – an die Stelle des investierten Vermögens getretenen – Beteiligung auszuüben. Den Aktionären droht mithin eine Verkürzung ihrer mitgliedschaftlichen *Herrschaftsbefugnisse und Dividendenrechte*, die es ggf. durch die Begründung ungeschriebener Zuständigkeiten zu kompensieren gilt. Zudem besteht die Gefahr einer *Vermögensverlagerung*:[172] Erwirbt nämlich die AG die Anteile gegen eine den Anteilswert übersteigende Einlage, so geht mit dem Erwerb der Beteiligung eine Subventionierung der außenstehenden Mitglieder der Tochter durch die

---

[168] S. neben BGHZ 83, 122 (131 f.) = NJW 1982, 1703; BGHZ 153, 47 (54) = NZG 2003, 280 und BGHZ 159, 30 (39 ff.) = NJW 2004, 1860 insbes. *Goette* DStR 2004, 927 (928), *dens.* AG 2006, 522 ff.; ferner Hüffer/*Koch* § 119 Rn. 18 f.; MHdB AG/*Krieger* § 70 Rn. 9; näher *Habersack* AG 2005, 137 (142 ff.); ferner *Henze* BB 2001, 53 (61): „Die Entwicklung einer konzernspezifischen Binnenordnung durch den BGH ist nach dem gegenwärtigen Stand der Dinge nicht zu erwarten"; aA – Konzern als rechtlich gegliederte Wirtschaftseinheit mit Hauptversammlung der Obergesellschaft als Grundorgan des Konzerns – *Lutter* FS H. Westermann, 1974, 347 ff.; *ders.* FS Barz, 1974, 199 ff.; *U. H. Schneider* FS Bärmann, 1975, 873 (881 ff.); *Timm* 135 ff., 165 ff.; aus neuerer Zeit *Lutter* FS K. Schmidt, 2009, 1065 ff.

[169] Vgl. die – freilich durch „Gelatine" weitgehend überholte – Auflistung der im Schrifttum genannten Maßnahmen bei GroßkommAktG/*Mülbert* § 119 Rn. 30; s. ferner *Liebscher* ZGR 2005, 1 (25 ff.) betr. das Betreten eines regulierten und die Gestaltungsmöglichkeiten der Aktionäre beeinträchtigenden Marktes; zu Unrecht einen „Holzmüller"-Fall annehmend auch OLG Schleswig ZIP 2006, 421 (424 f.) (dazu *Kort* AG 2006, 272 (273 f.)); s. ferner BGH AG 2012, 87 Rn. 27 ff.: Vergleich über Differenzhaftung bei Sachkapitalerhöhung bedarf nicht der Zustimmung der Hauptversammlung; zu Börsengang und Delisting → Rn. 38, 49; zur Festlegung eines Sanierungskonzepts OLG Köln ZIP 2014, 263 (267); zur Frage, ob dem Insolvenzantrag gemäß § 18 InsO ein Hauptversammlungsbeschluss voranzugehen hat, s. *Wortberg* ZInsO 2004, 707 (709); zur Vorlage eines Insolvenzplans. MüKoInsO/*Eidenmüller* § 218 Rn. 81 mwN.

[170] Vgl. *Geßler* FS Stimpel, 1985, 771 (780 f.); *Henze* Rn. 107; *Hüffer* FS Ulmer, 2003, 279 (284 f.).

[171] So zu Recht BGHZ 83, 122 (136 ff.) = NJW 1982, 1703; BGHZ 153, 47 (54) = NZG 2003, 280; BGHZ 159, 30 (40) = NJW 2004, 1860; BGH ZIP 2007, 24; OLG Köln ZIP 2014, 263 (267); aus dem Schrifttum namentlich *Goette* AG 2006, 522 (525 f.) (allerdings unter Betonung des Umstands, dass in „Gelatine" keine Festlegung dahingehend erfolgt sei, dass ausschließlich die Mediatisierung eine ungeschriebene Zuständigkeit zu begründen vermöge); *Habersack* AG 2005, 137 (142 ff.); *Reichert* AG 2005, 150 (152 ff.); ferner K. Schmidt/Lutter/*Spindler* § 119 Rn. 29 f.; MüKoAktG/*Kubis* § 119 Rn. 41 ff.; Grigoleit/*Herrler* § 119 Rn. 19; Semler/Stengel/*Schlitt* UmwG Anh. § 173 Rn. 30; *Hirte* 180 ff.; *v. Riegen* 17 ff.; *Wiedemann* Unternehmensgruppe 50 ff.; Zimmermann/*Pentz* FS Müller, 2001, 151 (166 ff.); *Wahlers* 66 ff. mwN; im Ergebnis auch Böttcher/*Blasche* NZG 2006, 569 ff.; ähnlich – primär auf die Nähe der Maßnahme zur „faktischen Satzungsänderung" abstellend – *Renner* AG 2015, 513 (516 ff.); aA – allein auf den Schutz der Vermögensinteressen abstellend – *Mülbert* 416 ff.; GroßkommAktG/*ders.* § 119 Rn. 33, § 293 Rn. 218 ff.; abl. auch *Simon* DStR 2004, 1529 f., der in der Möglichkeit der Aktionäre zur Ausgestaltung des Unternehmensgegenstands (→ Rn. 31) einen hinreichenden Schutzmechanismus erblickt; ähnlich *Koppensteiner* Konzern 2004, 381 (382 ff.); *Hoffmann-Becking* ZHR 172 (2008), 231 ff.; *Paefgen* ZHR 172 (2008), 42 (66 ff.), allerdings für allgemeine Klagebefugnis des Aktionärs zur Abwehr pflichtwidrigen Organhandels.

[172] In diesem Sinne wohl auch BGHZ 159, 30 (40) = NJW 2004, 1860: „Zugleich ... Schutz der Anteilseigner vor einer durch grundlegende Entscheidungen des Vorstands eintretenden nachhaltigen Schwächung des Werts ihrer Beteiligung..."; vgl. in diesem Zusammenhang auch *Simon* DStR 2004, 1528 (1529) mit Hinweis auf und Nachweisen zu § 253 Abs. 2 HGB 1897 und die darauf basierende, durch das AktG 1937/1965 korrigierten Rspr. des RG, wonach „wichtige, kostspielige, riskante und deshalb das Interesse der Aktionäre in besonderem Maße berührende Unternehmungen" der Zustimmung der Generalversammlung bedurften.

AG und damit letztlich durch deren Aktionäre einher. Verfügt die AG über sämtliche Anteile an der Tochter, so besteht diese Gefahr zwar nicht unmittelbar; ganz abgesehen davon, dass es auch in diesem Fall zu einer Verwässerung der mitgliedschaftlichen Herrschaftsrechte kommt, lässt es sich jedoch nicht ausschließen, dass im Nachhinein weitere Gesellschafter aufgenommen werden.[173]

35 Entsprechendes gilt für Maßnahmen der **Gruppenumbildung.** Namentlich die Einbringung von Anteilen an einer Tochtergesellschaft in eine andere Beteiligungsgesellschaft führt zu einer Verstärkung des Mediatisierungseffekts und kann deshalb dem Erfordernis der Zustimmung durch die Aktionäre der Mutter-AG unterliegen (→ Rn. 45). Maßnahmen der **Gruppenleitung** schließlich können sich, wiewohl sie unmittelbar die Tochtergesellschaft betreffen, reflexartig auch auf die Rechtsstellung der Aktionäre der Muttergesellschaft auswirken, sodass sich deren Mitspracherechte ggf. bis in das abhängige Unternehmen verlängern (→ Rn. 48 f.).[174] Die Zuständigkeit der Hauptversammlung der herrschenden AG tritt dann ggf. neben die – geschriebene oder ungeschriebene (→ Rn. 33) – Zuständigkeit der Gesellschafter der abhängigen Gesellschaft. Das Vorliegen eines hinreichenden Mediatisierungseffekts ist anhand einer wertenden Betrachtung zu ermitteln. Namentlich bei Maßnahmen der Gruppenumbildung sind hierbei auch den Mediatisierungseffekt **neutralisierende Effekte** wie namentlich ein satzungsmäßig abgesichertes Einflusspotential auf Zwischenholdings und dergleichen zu berücksichtigen (→ Rn. 45).

36 cc) **Erfasste Gesellschaften.** Die „Holzmüller/Gelatine"-Grundsätze finden im Grundsatz auf sämtliche Aktiengesellschaften Anwendung, und zwar gleichermaßen auf börsennotierte und nicht börsennotierte Gesellschaften.[175] Auf die **Realstruktur** der Gesellschaft kommt es nicht an.[176] Unanwendbar sind die Rechtsprechungsgrundsätze allerdings in der durch **Beherrschungsvertrag** gebundenen Gesellschaft und in der eingegliederten Gesellschaft.[177] Die Ausrichtung des Zwecks der vertraglich konzernierten Gesellschaft am Konzerninteresse (→ § 291 Rn. 25 f.)[178] und die damit einher gehenden Schutzinstrumentarien der §§ 304 f., die die außenstehenden Aktionäre zum Ausscheiden aus der Gesellschaft berechtigen und, soweit sie hiervon keinen Gebrauch machen, von dem wirtschaftlichen Risiko der abhängigen Gesellschaft befreien und ihnen eine gläubigerähnliche Position verleihen, lassen für ungeschriebene Mitwirkungsbefugnisse keinen Raum. Aus der zum GmbH-Recht geführten Diskussion[179] lässt sich für das Aktienrecht nichts herleiten. Da nämlich die Gesellschafter schon nach dem Katalog des § 46 GmbHG für eine Reihe von Geschäftsführungsmaßnahmen zuständig sind und darüber hinaus sämtliche Fragen der Geschäftsführung an sich ziehen können, greift der Abschluss des Beherrschungsvertrags naturgemäß in ihre Zuständigkeit ein; vor diesem Hintergrund kann es im GmbH-Recht nur darum gehen, im Wege der Auslegung des

---

[173] So für die Mitwirkung an einer nachfolgenden Kapitalerhöhung zu Recht BGHZ 83, 122 (143) = NJW 1982, 1703; aA – gegen Notwendigkeit der Zustimmung bei Ausgliederung auf eine 100 %ige Tochtergesellschaft – *Mülbert* 430 ff. in Umsetzung seiner allg. auf einen Schutz der Vermögensinteressen der Aktionäre beschränkten Konzeption; näher dazu *Habersack* 326 ff.; *Hirte* WM 1997, 1001 (1006 ff.); *Hüffer* FS Kropff, 1997, 127 ff.
[174] BGHZ 83, 122 (137 ff.) = NJW 1982, 1703.
[175] AA – gegen Anwendung auf börsennotierte Gesellschaft – *Staake* 87 ff., 183 ff.; zu sonstigen Rechtsformen → Rn. 31, 33.
[176] So wohl auch BGHZ 159, 30 (44) = NJW 2004, 1860; s. ferner LG München I ZIP 2006, 2036; aA *Liebscher* 100 ff.
[177] Zutr. *Sieger/Hasselbach* AG 1999, 241 (244 ff.); *Arnold* ZIP 2005, 1573 (1578 f.); *Fuhrmann* AG 2004, 339 (342); *Wirth* FS Bechtold, 2006, 647 ff.; MHdB AG/*Krieger* § 71 Rn. 177; *Adolff/Meister/Randell/Stephan* 278; aA MüKoAktG/*Altmeppen* § 291 Rn. 84; *Liebscher* ZGR 2005, 1 (32); *Sina* AG 1991, 1 (4); für die vertraglich konzernierte Gesellschaft GroßkommAktG/*Mülbert* § 293 Rn. 230; für die GmbH OLG Stuttgart NZG 1998, 601 (602); *Rottnauer* NZG 1999, 337 (339); *Zöllner* ZGR 1992, 173 (178, 185).
[178] BGHZ 103, 1 (4 f.) = NJW 1988, 1326.
[179] OLG Stuttgart NZG 1998, 601 (602); *Rottnauer* NZG 1999, 337 (339); *Zöllner* ZGR 1992, 173 (178, 185).

Vertrags die Reichweite dieses Eingriffs zu ermitteln. Auch in der **Insolvenz** der Gesellschaft ist für die „Holzmüller/Gelatine"-Grundsätze kein Raum, und zwar weder im Regelinsolvenzverfahren noch bei Anordnung von Eigenverwaltung.[180] Auf die aus anderen Gründen **aufgelöste** Gesellschaft finden die Rechtsprechungsgrundsätze hingegen Anwendung.[181]

dd) Abgrenzung. Die „Holzmüller/Gelatine"-Grundsätze zielen primär auf die 37 Begründung ungeschriebener Zuständigkeiten der Hauptversammlung und gewähren – auf einer zweiten Ebene – dem Aktionär die Möglichkeit zur klageweisen Geltendmachung seiner Teilhaberechte (→ Rn. 49). Sie sind damit schon im Ansatz von den Grundsätzen über die **„faktische Satzungsänderung"** zu unterscheiden, die dadurch gekennzeichnet sind, dass der Vorstand die Satzung verletzt, indem er etwa Geschäfte außerhalb des satzungsmäßigen Unternehmensgegenstands tätigt.[182] In diesem Fall haben die übergangenen Aktionäre zwar gleichfalls einen Abwehr- und Beseitigungsanspruch; die Zuständigkeit der Aktionäre für die Änderung der Satzung – und damit sozusagen die erste Stufe der „Holzmüller/ Gelatine"-Grundsätze – steht insoweit freilich außer Frage. Entsprechendes gilt für sonstige Fälle eines Übergriffs in gesetzlich geregelte Zuständigkeiten der Hauptversammlung, etwa bei Verstoß gegen § 33 Abs. 1 S. 1 WpÜG (→ Rn. 23).

Die „Holzmüller/Gelatine"-Grundsätze waren darüber hinaus von dem in der „Mac- 38 rotron"-Entscheidung des BGH[183] für den Fall des **Delisting** entwickelten Erfordernis eines Zustimmungsbeschlusses der Hauptversammlung zu unterscheiden. Dieses war vom BGH aus der Beeinträchtigung der Verkehrsfähigkeit und des Verkehrswerts der Aktie und damit aus Art. 14 GG hergeleitet und hierdurch schon im Ansatz von dem „Holzmüller/ Gelatine"-Erfordernis abgegrenzt.[184] Die Herleitung des Zustimmungserfordernisses aus Art. 14 GG sah sich allerdings von vornherein berechtigten Einwänden ausgesetzt.[185] So ermangelt es dem Delisting für sich genommen schon an einer den konzernrechtlichen Strukturmaßnahmen eigenen und auf die Mitgliedschaft ausstrahlenden Umgestaltung der Gesellschaft.[186] Auch wird die Verkehrsfähigkeit der Aktie durch den Wegfall der Börsennotierung keineswegs aufgehoben; hierdurch unterscheidet sich das Delisting insbesondere von der nachträglichen Anteilsvinkulierung. Zu Recht hat denn auch das **BVerfG** ausgesprochen, dass die „Macrotron"-Grundsätze – und damit auch das Zustimmungserfordernis – verfassungsrechtlich zwar zulässig, nicht aber geboten sind.[187] Der BGH hat sich daraufhin in seinem **„Frosta"-Beschluss** vom 8.10.2013 von den „Macrotron"-Grundsätzen distanziert

---

[180] *Noack* ZIP 2002, 1873 (1874 ff.); GroßkommAktG/*Mülbert* § 293 Rn. 233 ff. mwN; zur Eigenverwaltung s. auch § 276a S. 1 InsO und dazu *Klöhn* NZG 2013, 81 (84 ff.); aA – für Anwendbarkeit – LG Duisburg ZIP 2004, 76 (78); diff. *K. Schmidt* AG 2006, 597 (602 ff.); instruktiv zu § 276a InsO *Haas* FS Kübler, 2015, 203 ff. – Zur Frage der „Sanierungsfeindlichkeit" der „Holzmüller"-Grundsätze s. *Görg* FS Greiner, 2005, 51 ff.
[181] GroßkommAktG/*Mülbert* § 293 Rn. 232; Hüffer/*Koch* 268 Rn. 6; vgl. auch BGH NZG 2012, 1189 Rn. 24.
[182] BGHZ 83, 122 (130) = NJW 1982, 1703; Hüffer/*Koch* § 179 Rn. 9; MüKoAktG/*Stein* § 179 Rn. 44.
[183] BGHZ 153, 47 (53) = NZG 2003, 280; dazu namentlich *Adolff/Tieves* BB 2003, 797 ff.; *Reichert* AG 2005, 150 (154 f.); *K. Schmidt* NZG 2003, 601 ff.; *Schlitt* ZIP 2004, 533 ff.; s. ferner KG 2009, 1116 (1117); BayObLG BB 2005, 458 (dazu *Schiffer/Goetz* BB 2005, 453 ff.); OLG München ZIP 2008, 1137; 2009, 718 (722); OLG Frankfurt AG 2012, 330 (331); OLG Zweibrücken ZIP 2008, 2192.
[184] Vgl. dazu auch *Bungert* BB 2004, 1345 (1351); *Koppensteiner* Konzern 2004, 381 (386); aA – für Zuordnung zu „Holzmüller" – *Hüffer* § 119 Rn. 24; *Liebscher* ZGR 2005, 1 (19 f.); *Spindler* FS Goette, 2011, 513 (521 f.) mwN.
[185] *Arnold* ZIP 2005, 1573 (1575 f.); *Beck/Hedtmann* BKR 2003, 190 (191 f.); *Benecke* WM 2004, 1122 (1123 f.); *Krämer/Theiß* AG 2003, 225 (229 f.); *Lutter* JZ 2003, 684 (686); *Schlitt* ZIP 2004, 533 (535 f.); *K. Schmidt* NZG 2003, 601 (603); *Habersack* AG 2005, 137 (141); ders. ZHR 176 (2012), 463 ff.; *Heldt/Royé* AG 2012, 660 ff.; *Kiefner/Gillessen* AG 2012, 645 ff.; *Schanz* CFL 2012, 234 ff.
[186] AA *Drygala/Staake* ZIP 2013, 905 (907 ff.); *Staake* 156 ff.: Delisting als Formwechsel; dagegen *Wackerbarth* WM 2012, 2077 (2078); *Kiefner/Gillessen* AG 2012, 645 (653).
[187] BVerfG ZIP 2012, 1402 = AG 2012, 557; näher dazu *Thomale* ZGR 2013, 686 ff.; bereits vor BGHZ 153, 47 gegen verfassungsrechtliche Herleitung OLG München ZIP 2001, 700 (705); *Mülbert* ZHR 165 (2001), 104 (111 ff.); *Wirth/Arnold* ZIP 2000, 111 (114 f.).

und entschieden, dass das Delisting keines Beschlusses der Hauptversammlung bedarf.[188] Dem ist sub specie des Aktienrechts und damit vorbehaltlich börsenrechtlicher Schutzbestimmungen iSd § 39 Abs. 2 BörsG im Grundsatz[189] zuzustimmen.[190] Zu widersprechen ist dem BGH indes, soweit er die Notwendigkeit eines **Abfindungsangebots** zugunsten der Minderheitsaktionäre verneint. Dem Wegfall eines liquiden Marktes ist vielmehr durch eine Pflicht des das Delisting betreibenden Hauptaktionärs zum Angebot einer am gewichteten durchschnittlichen Börsenkurs während einer gewissen Frist vor Bekanntwerden der Delisting-Absicht Rechnung zu tragen.[191] Durch das Gesetz zur Umsetzung der Transparenzrichtlinie-Änderungsrichtlinie vom 20.11.2015 (BGBl. I 2029) ist denn auch § 39 Abs. 2, 3 BörsG in diesem Sinne geändert worden. Maßgebend ist nun grundsätzlich der gewichtete durchschnittliche inländische Börsenkurs während der letzten sechs Monate vor der Veröffentlichung nach §§ 10 Abs. 1 S. 1, 35 Abs. 1 S. 1 WpÜG; eines Hauptversammlungsbeschlusses bedarf es nicht.[192]

39 ee) Rechtsgrundlage. In der „Holzmüller"-Entscheidung hatte der BGH – vor allem in der Absicht, die Rechtsfolgen einer Missachtung des Zustimmungserfordernisses auf das Innenverhältnis zu beschränken[193] (→ Rn. 53) – die Grundlage für die Zuständigkeit der Hauptversammlung noch in **§ 119 Abs. 2** erblickt. Diese Vorschrift gebe dem Vorstand zwar nur das *Recht*, Fragen der Geschäftsführung der Hauptversammlung vorzulegen; bei Maßnahmen, die tief in die Mitgliedsrechte der Aktionäre eingreifen, könne sich dieses Recht jedoch zu einer Vorlagepflicht verdichten.[194] Das Schrifttum hat dagegen überwiegend an geschriebene Zuständigkeiten der Hauptversammlung angeknüpft und diese im Wege der Analogie auf vergleichbare Sachverhalte erstreckt.[195] Gegen die Heranziehung des § 119 Abs. 2 spricht in der Tat bereits dessen Normzweck, besteht dieser doch im Wesentlichen darin, dem Vorstand im Zusammenhang mit *Geschäftsführungsmaßnahmen* die Möglichkeit eines *Haftungsausschlusses* nach § 93 Abs. 4 S. 1 zu verschaffen.[196] Demgegenüber geht es bei der Begründung ungeschriebener Hauptversammlungszuständigkeiten nicht um den Schutz des Vorstands, sondern umgekehrt um den Schutz der Aktionäre vor dem

---

[188] BGH NZG 2013, 1342 Rn. 10 ff. = JZ 2013, 145 mit Anm. *Habersack*; näher dazu *Auer* JZ 2015, 71 ff.; *Bayer* ZIP 2015, 853 ff.; *ders.* ZfPW 2015, 163 ff.; *Brellochs* AG 2014, 633 ff.; *Buckel/Glindemann/Vogel* AG 2015, 373 ff.; *Bungert/Leyendecker-Langner* BB 2014, 521 ff.; *Hasselbach/Pröhl* NZG 2015, 209 ff.; *Roßkopf* ZGR 2014, 487 ff.; *Stöber* BB 2014, 9 ff.; *ders.* WM 2014, 1757 (1760 ff.); *Wicke* DNotZ 2015, 488 ff.; zu den Folgen für laufende Spruchverfahren s. einerseits BVerfG ZIP 2015, 2371; OLG München ZIP 2015, 270; OLG Düsseldorf ZIP 2015, 123; OLG Stuttgart AG 2015, 321, andererseits LG Stuttgart ZIP 2014, 2346; näher *Lochner/Schmitz* AG 2014, 489 ff.
[189] Anderes mag gelten, soweit die Satzung die Börsennotierung vorschreibt, s. bereits *Wirth/Arnold* ZIP 2000, 111 (115); ferner *Brellochs* AG 2014, 633 (638); *Schockenhoff* ZIP 2013, 2429 (2434); s. aber auch *von der Linden* NZG 2015, 176 (177 f.) und *Scholz* BB 2015, 2248 (2249 ff.), die sich mit beachtlichen Gründen gegen die Zulässigkeit einer entsprechenden Satzungsbestimmung aussprechen.
[190] Gegen das Beschlusserfordernis bereits 7. Aufl. Rn. 37; *Habersack* AG 2005, 137 (141); *ders.* ZHR 176 (2012), 463 (467 f.); *ders.* in Habersack/Mülbert/Schlitt, Unternehmensfinanzierung am Kapitalmarkt, 3. Aufl. 2013, § 40 Rn. 6 ff.; ferner *Arnold* ZIP 2005, 1573 (1575 f.); *Beck/Hedtmann* BKR 2003, 190 (191 f.); *Benecke* WM 2004, 1122 (1123 f.); *Krämer/Theiß* AG 2003, 225 (229 f.); *Lutter* JZ 2003, 684 (686); *Schlitt* ZIP 2004, 533 (535 f.); *K. Schmidt* NZG 2003, 601 (603); *Heldt/Royé* AG 2012, 660 ff.; *Kiefner/Gillessen* AG 2012, 645 ff.; *Schanz* CFL 2012, 234 ff.
[191] So bereits *Habersack* JZ 2014, 147 (148 f.); *ders.* ZHR 176 (2012), 463 (466 f.); de lege ferenda auch *Wicke* DNotZ 2015, 488 (492 f.).
[192] Näher zur Neuregelung *Groß* AG 2015, 812 ff.
[193] Zu dieser Motivation s. BGHZ 159, 30 (42) = NJW 2004, 1860.
[194] BGHZ 83, 122 (131 f.) = NJW 1982, 1703.
[195] So (mit Unterschieden im Detail) *Henze* FS Ulmer, 2003, 211 (218 ff.); *ders.* BB 2001, 53 (60); *Joost* ZHR 163 (1999), 164 (179 ff.); MüKoAktG/*Kubis* 2. Aufl. § 119 Rn. 39 ff.; *Lutter* FS Fleck, 1988, 169 (182 f.); *Martens* ZHR 147 (1983), 377 (380 ff.); *Mülbert* 395 ff.; GroßkommAktG/*ders.* § 119 Rn. 23; Beck AG-HdB/*Liebscher* 1. Aufl. § 14 Rn. 49 f.; *Priester* ZHR 163 (1999), 187 (195); *K. Schmidt* GesR § 28 V 2 b; *Wiedemann* Unternehmensgruppe 52; *Weißhaupt* NZG 1999, 804 (807); *Westermann* FS Koppensteiner, 2001, 259 (270 ff.); *Leinekugel* 156 ff.; *v. Riegen* 56 ff. mwN; ähnlich *Zimmermann/Pentz* FS Müller, 2001, 151 (160 ff.); nach „Gelatine" *Fleischer* NJW 2004, 2335 (2337); *Liebscher* ZGR 2005, 1 (20 ff.); aA – für § 119 Abs. 2 – HKW/*Reichert* 25, 45 f.; Beck AG-HdB/*ders.* 1. Aufl. § 5 Rn. 46 f.; *Arnold* ZIP 2005, 1573 (1575).
[196] So bereits *Martens* ZHR 147 (1983), 377 (383 f.); *Werner* ZHR 147 (1983), 429 (438 ff.).

Vorstand, der, sei es eigenmächtig oder im Zusammenwirken mit dem Mehrheitsaktionär, eine Maßnahme mit strukturänderndem Charakter vollzieht und dadurch nicht nur den Bereich der Geschäftsführung verlässt,[197] sondern zugleich die mitgliedschaftlichen Rechte und Interessen der Aktionäre gefährdet. Es kommt hinzu, dass der auf § 119 Abs. 2 gestützte Begründungsansatz äußerst konturenlos ist.

In den **„Gelatine"**-Entscheidungen hat sich denn auch der BGH von der Herleitung 40 der ungeschriebenen Hauptversammlungszuständigkeit aus § 119 Abs. 2 distanziert. Zugleich hat er sich gegen die von wesentlichen Teilen des Schrifttums befürwortete[198] analoge Anwendung aktien- und umwandlungsrechtlicher Zuständigkeitsregeln und stattdessen dafür ausgesprochen, „die zutreffenden Elemente beider Ansätze, nämlich die bloß das Innenverhältnis betreffende Wirkung einerseits und die Orientierung der in Betracht kommenden Fallgestaltungen an den gesetzlich festgelegten Mitwirkungsbefugnissen auf der anderen Seite, aufzunehmen und diese besondere Zuständigkeit der Hauptversammlung als Ergebnis einer **offenen Rechtsfortbildung** anzusehen".[199] Damit bleibt zwar die eigentliche Rechtsgrundlage ungeschriebener Zuständigkeiten letztlich offen.[200] Doch ist dies vor dem Hintergrund zu sehen, dass der BGH sich zu dem Mediatisierungseffekt als dem die ungeschriebene Zuständigkeit auslösenden Umstand bekannt (→ Rn. 34 f.) und hierdurch sowie mit der Distanzierung von § 119 Abs. 2 (→ Rn. 36) zugleich zum Ausdruck gebracht hat, dass es um die Mitwirkung der Aktionäre an **mitgliedschaftsrelevanten Strukturmaßnahmen,** nicht dagegen um die Mitwirkung an außergewöhnlichen Leitungsmaßnahmen geht.[201]

b) Reichweite. aa) Ausgliederung. Für die Ausgliederung von Unternehmensteilen 41 haben die §§ 123 Abs. 3, 125, 13, 65 UmwG insoweit eine klare gesetzliche Regelung der Problematik geschaffen, als es danach zur Wirksamkeit der Ausgliederung der Zustimmung der Hauptversammlung mit einer Mehrheit von mindestens drei Vierteln des bei der Beschlussfassung vertretenen Kapitals bedarf. Die genannten Vorschriften betreffen allerdings allein die Ausgliederung im Wege der partiellen Gesamtrechtsnachfolge. Daneben besteht weiterhin die Möglichkeit, die Ausgliederung im Wege der Einzelrechtsnachfolge und damit außerhalb des Anwendungsbereichs der §§ 123 Abs. 3, 125, 13 UmwG zu vollziehen.[202] In diesen Fällen kann sich die Zuständigkeit der Hauptversammlung aus dem strukturändernden Charakter der Maßnahme und den mit ihr verbundenen **Gefahren für die Aktionäre**

---

[197] So im Wesentlichen die Befürworter einer analogen Anwendung zuständigkeitsbegründender Vorschriften, s. etwa *Henze* FS Ulmer, 2003, 211 (218 ff.); *ders.* BB 2001, 53 (60); *Joost* ZHR 163 (1999), 164 (179 ff.); *Lutter* FS Fleck, 1988, 169 (182 f.); *Martens* ZHR 147 (1983), 377 (380 ff.); *Mülbert* 395 ff.; *Priester* ZHR 163 (1999), 187 (195); *K. Schmidt* GesR § 28 V 2 b; *Wiedemann* Unternehmensgruppe 52; *Weißhaupt* NZG 1999, 804 (807); *Westermann* FS Koppensteiner, 2001, 259 (270 ff.); *Leinekugel* 156 ff.; *v. Riegen* 56 ff. mwN; dezidiert aA *Hüffer* FS Ulmer, 2003, 279 (286 ff.), der in dem durch „Holzmüller" anerkannten Beschlusserfordernis (und der damit einhergehenden Möglichkeit der Beschlusskontrolle) vor allem eine Verbesserung des Rechtsschutzes der Aktionäre gegen Leitungs-, dh Geschäftsführungsmaßnahmen des Vorstands erblickt; ähnlich der Ansatz von *Paefgen* ZHR 172 (2008), 42 (66 ff.).

[198] Gegen eine Gesamtanalogie und für Einzelanalogie im Zusammenhang mit der Pflicht zur Offenlegung von Verträgen bereits BGHZ 146, 288 (295 ff.) = NJW 2001, 1277 (→ Rn. 52); für vorliegenden Zusammenhang s. ferner *Henze* Rn. 111; GroßkommAktG/*Mülbert* § 119 Rn. 23; *Westermann* FS Koppensteiner, 2001, 259 (272 f.); *Zimmermann/Pentz* FS Müller, 2001, 151 (160 ff.).

[199] BGHZ 159, 30 (42 f.) = NJW 2004, 1860 und BGH NZG 2004, 575 (578), jeweils unter Hinweis auf *Geßler* FS Stimpel, 1985, 771 (780); dazu auch *Goette* AG 2006, 522 (525).

[200] Krit. denn auch *Fleischer* NJW 2004, 2335 (2337), *Weißhaupt* AG 2004, 585 (586), jeweils mit zutr. Hinweisen auf die Möglichkeit einer „Teilanalogie"; *Koppensteiner* Konzern 2004, 381 (384); *Liebscher* ZGR 2005, 1 (21 f.): „Ergebnisbeschreibung".

[201] Näher *Habersack* AG 2005, 137 (142 f.); s. ferner BGH AG 2012, 87 Rn. 27 ff.: Vergleich über Differenzhaftung bei Sachkapitalerhöhung bedarf nicht der Zustimmung der Hauptversammlung; im Ergebnis auch die Befürworter einer analogen Anwendung zuständigkeitsbegründender Vorschriften; dezidiert aA *Hüffer* FS Ulmer, 2003, 279 (286 ff.); *Paefgen* ZHR 172 (2008), 42 (66 ff.).

[202] Im Ausgangspunkt wohl einhM, s. neben BGHZ 159, 30 (41) = NJW 2004, 1860 etwa *Priester* ZHR 163 (1999), 187 ff.; MHdB AG/*Krieger* § 70 Rn. 10; Hölters/*Drinhausen* § 119 Rn. 21; eingehend zu den mit der Einbringung im Wege der Einzelübertragung verbundenen Fragen Semler/Stengel/*Schlitt* UmwG Anh. § 173 Rn. 4 ff.; zur Frage der analogen Anwendung umwandlungsrechtlicher Vorschriften → Rn. 52, 55.

der ausgliedernden Gesellschaft (→ Rn. 34) ergeben (→ Rn. 33).[203] Es kommt nicht darauf an, dass durch die Ausgliederung erstmals ein Abhängigkeits- oder Konzernverhältnis begründet wird. Auch wenn die ausgliedernde Gesellschaft bereits über Tochtergesellschaften verfügt, beurteilt sich die Zuständigkeit für die Ausgliederung mit Blick auf den auch in diesem Fall eintretenden Mediatisierungseffekt (→ Rn. 34) nach den nachfolgend darzustellenden Grundsätzen; der **Gruppenausbau** steht also, was die Frage der Zuständigkeit betrifft, der Gruppenbildung gleich.[204]

42 bb) **Bargründung und Beteiligungserwerb.** Für die Bargründung gelten die Grundsätze über die Einbringung von Unternehmensteilen sinngemäß. Dagegen ist die Frage der Anwendbarkeit der „Holzmüller/Gelatine"-Grundsätze auf den Beteiligungserwerb nach wie vor umstritten. Die „Gelatine"-Entscheidungen des BGH (→ Rn. 33) halten sich diesbezüglich ebenso bedeckt wie ein im Zusammenhang mit dem Erwerb der Dresdner Bank AG durch die Commerzbank AG ergangener **Nichtannahmebeschluss des BGH vom 7.2.2012.**[205] In Instanzgerichtsbarkeit und Schrifttum stehen Stimmen, die für ein Zustimmungserfordernis von vornherein keinen Raum sehen,[206] solche gegenüber, die die Vergleichbarkeit des Beteiligungserwerbs mit der Ausgliederung betonen und demgemäß die Anwendbarkeit der „Holzmüller/Gelatine"-Grundsätze bejahen.[207] Letzteren Stimmen ist schon deshalb zu folgen, weil der Beteiligungserwerb, soweit er nicht im Tausch gegen andere Anteile erfolgt,[208] aus Sicht der Aktionäre die nämlichen Wirkungen und Gefahren zeitigt wie die Ausgliederung von Gesellschaftsvermögen; insbesondere kommt es auch durch den Beteiligungserwerb zu dem erwähnten (→ Rn. 34) **Mediatisierungseffekt.**[209] Soweit demgegenüber darauf hingewiesen wird, dass die Aktionäre bei Vorhandensein einer satzungsmäßigen Ermächtigung zum Beteiligungserwerb (→ Rn. 31) mit entsprechenden Vorgängen rechnen müssten und schon dadurch ihrem Schutzbedürfnis Rechnung getragen sei,[210] vermag dies nicht zu überzeugen. Die „Holzmüller/Gelatine"-Grundsätze betreffen

---

[203] S. BGHZ 159, 30 (41) = NJW 2004, 1860; BGHZ 83, 122 (131 f.) = NJW 1982, 170; OLG Frankfurt AG 2010, 39 (41); LG München I ZIP 2006, 2036 (2039 f.); Goette AG 2006, 522 (527); GroßkommAktG/ *Mülbert* § 293 Rn. 243; zur Notwendigkeit einer satzungsmäßigen Ermächtigung für die Ausgliederung → Rn. 31; zur Zustimmung zur Übertragung vinkulierter Aktien → Rn. 6; vgl. auch BGH AG 2012, 87 Rn. 25 ff.: Vergleich über Differenzhaftung bei Sachkapitalerhöhung bedarf nicht der Zustimmung der Hauptversammlung; dazu *Priester* AG 2012, 525 ff.
[204] GroßkommAktG/*Mülbert* § 293 Rn. 243.
[205] BGH ZIP 2012, 515 (ausdrücklich offengelassen); aA *Bungert* BB 2004, 1345 (1350), *Götze* NZG 2004, 585 (588), die jeweils den Mediatisierungseffekt in Abrede stellen und deshalb davon ausgehen, dass die „Holzmüller"-Grundsätze nach „Gelatine" nicht mehr anwendbar sind.
[206] OLG Frankfurt WM 2011, 116 (118 ff.) (Erwerb der Dresdner Bank durch Commerzbank; dazu *Lutter* ZIP 2012, 351; *Bodenbenner/Grewe* Konzern 2011, 547 ff.; *Kiefner* ZIP 2011, 545 ff.; *Priester* AG 2011, 654 ff.); OLG Frankfurt AG 2008, 862; tendenziell bereits OLG Frankfurt NZG 2005, 558 (560); ferner MHdB AG/ *Krieger* § 70 Rn. 10; Spindler/Stilz/*Müller* Rn. 62; Hölters/*Drinhausen* § 119 Rn. 21; HK-AktG/*Reger* § 119 Rn. 17; *Arnold* ZIP 2005, 1573 (1577); *Bungert* BB 2004, 1345 (1350); *Decher* FS U. H. Schneider, 2011, 261 (271 ff.); *Götze* NZG 2004, 585 (588); *Kiefner* ZIP 2011, 545 (547 ff.); *Joost* ZHR 163 (1999), 164 (183); *Reichert* AG 2005, 150 (155 f.); *Renner* NZG 2002, 1091 ff.; *Timm* ZIP 1993, 114 (117); *Werner* ZHR 147 (1983), 429 (447); *Wollburg/Gehling* FS Lieberknecht, 1997, 133 (152).
[207] LG Frankfurt a.M. ZIP 2010, 429 (431) betr. Erwerb der Dresdner Bank durch Commerzbank; LG Stuttgart AG 1992, 236 (237 f.) obiter; Hüffer/*Koch* § 119 Rn. 21; Grigoleit/*Herrler* § 119 Rn. 23; K. Schmidt/ Lutter/*Spindler* § 119 Rn. 33; ders. FS Goette, 2011, 513 (518 f.); *Gessler* FS Stimpel, 1985, 771 (786 f.); Goette AG 2006, 522 (527); *Habersack* AG 2005, 137 (144); *Henze* FS Ulmer, 2003, 211 (229 f.); *Hirte* 177 f.; *Hofmeister* NZG 2008, 47 (51); *Liebscher* ZGR 2005, 1 (23 f.); *Lutter* ZIP 2012, 351; *Priester* AG 2011, 654 (656 ff.); *Wahlers* 94 ff.; bei fortbestehender Beteiligung außenstehender Gesellschafter auch GroßkommAktG/ *Mülbert* § 293 Rn. 246 ff. (249).
[208] Zutr. *Hofmeister* NZG 2008, 47 (51); *Decher* FS U.H. Schneider, 2011, 261 (269 f.); *Kiefner* ZIP 2011, 545 (548).
[209] Die tragenden Erwägungen der „Holzmüller"-Entscheidung (BGHZ 83, 122 (136 f.) = NJW 1982, 1703; s. ferner BGHZ 83, 122 (143)) lassen sich denn auch ohne jede Einschränkung auf den Beteiligungserwerb übertragen.
[210] So OLG Frankfurt WM 2011, 116 (118); AG 2008, 862 (863); MHdB AG/*Krieger* § 70 Rn. 10; *Joost* ZHR 163 (1999), 164 (183); wie hier dagegen K. Schmidt/Lutter/*Spindler* § 119 Rn. 33; *Priester* AG 2011, 654 (660).

vielmehr gerade den Fall, dass sich der Vorstand im Rahmen der Satzung bewegt (→ Rn. 37), und fragen nach der Notwendigkeit einer einzelfallbezogenen Zustimmung der Aktionäre. Zwar trifft es zu, dass der Erwerb von Tochtergesellschaften im Grundsatz in den gewöhnlichen Rahmen von Handlungen der Geschäftsführung fällt.[211] Hiervon zu unterscheiden sind indes Erwerbsvorgänge von besonderer Tragweite für Gesellschaft und Aktionäre (→ Rn. 40 f.). Sie können selbst dann dem Zustimmungserfordernis unterliegen, wenn es sich bei der erwerbenden Gesellschaft um eine **Holding-AG** handelt.[212] Allerdings sollte die satzungsmäßige Gegenstandsbestimmung (und damit das Ausmaß des dem Vorstand eingeräumten Freiraums) bei Beurteilung der „Wesentlichkeit" der Maßnahme Berücksichtigung finden (→ Rn. 46 f.).

cc) Beteiligungsabgabe. Die Veräußerung von Beteiligungen[213] macht den Effekt der Mediatisierung rückgängig:[214] Während bislang ein Teil des Gesellschaftsvermögens in der Beteiligung gebunden und durch den Vorstand namens der AG zu verwalten war, fließt nunmehr der Kaufpreis in das Gesellschaftsvermögen. Eine strukturändernde, die Zuständigkeit der Hauptversammlung begründende Maßnahme liegt deshalb schon im Ansatz nicht vor;[215] hierfür spricht nicht zuletzt die **Vorschrift des § 179a,** die Veräußerungsvorgänge nur ausnahmsweise, nämlich bei Betroffensein des gesamten Vermögens, der Mitwirkung der Hauptversammlung unterstellt (→ Rn. 32). In diesem Sinne waren, wie der II. Zivilsenat des BGH mit **Nichtannahmebeschluss vom 20.11.2006** bestätigt hat, bereits die – ungeschriebene Zuständigkeiten aus dem Mediatisierungseffekt herleitenden – „Gelatine"-Entscheidungen des BGH (→ Rn. 33 f.) zu verstehen.[216] Nachdem auch Art. 14 Abs. 1 GG die Anerkennung einer ungeschriebenen Hauptversammlungskompetenz nicht gebietet,[217] sind die Aktionäre mithin – vorbehaltlich des § 179a – nur dann zur Mitwirkung berufen, wenn infolge der Veräußerung der satzungsmäßige **Unternehmensgegenstand** nicht mehr ausgefüllt und somit die Satzung verletzt wird (→ Rn. 31, 37). Dabei wird man allerdings in Fällen, in denen die satzungsmäßige Gegenstandsbestimmung die tatsächliche

---

[211] BGHZ 83, 122 (132) = NJW 1982, 1703.

[212] AA insoweit *Hofmeister* NZG 2008, 47 (51); ferner *Decher* FS U.H. Schneider, 2011, 261 (266 f.).

[213] Entsprechendes gilt für die Verpfändung von Beteiligungen sowie für die Veräußerung und Verpfändung sonstiger Aktiva; zum asset deal s. OLG Köln AG 2009, 416 (418).

[214] Eingehend zum Folgenden *Habersack* AG 2005, 137 (144 ff.).

[215] BGH ZIP 2007, 24; OLG Hamm NZG 2008, 155 (157); OLG Stuttgart AG 2005, 693 (695); OLG Köln AG 2009, 416 (418); KK-AktG/*Mertens/Cahn* § 76 Rn. 63; Spindler/Stilz/*Müller* Rn. 62; K. Schmidt/Lutter/*Spindler* § 119 Rn. 34; Hölters/*Drinhausen* § 119 Rn. 21; Hüffer/*Koch* § 119 Rn. 22; Grigoleit/*Herrler* § 119 Rn. 22; HK-AktG/*Reger* § 119 Rn. 16; Wachter/*Mayrhofer* § 119 Rn. 26; *Goette* AG 2006, 522 (527); *Arnold* ZIP 2005, 1573 (1576 f.); *Hofmeister* NZG 2008, 47 (49 f.); vor „Gelatine" bereits 3. Aufl. Rn. 39; *Habersack* DStR 1998, 533 (535 f.); *Groß* AG 1994, 266 (271 f., 275 f.); *Joost* ZHR 163 (1999), 164 (185 f.); KK-AktG/*Koppensteiner* Vor § 291 Rn. 93 ff.; *Seydel* 441; *Spindler* FS Goette, 2011, 513 (519 f.); *Sünner* AG 1983, 169 (170); aA – für Eingreifen der „Holzmüller"-Grundsätze – die vor „Gelatine" hM, s. OLG München AG 1995, 232 (233); LG Düsseldorf AG 1999, 94; LG Duisburg NZG 2002, 643 f. und ZIP 2004, 76; LG Frankfurt a.M. ZIP 1997, 1698 (1701 f.); LG Stuttgart AG 1992, 236 (237 f.); *Lutter* FS Westermann, 1974, 347 (365); *ders.* FS Stimpel, 1985, 825 (840, 849); *ders.*/*Leinekugel* ZIP 1998, 225 (230 f.); *Henze* FS Ulmer, 2003, 211 (230 f.); *Hirte* 182 ff.; *Hüffer* FS Ulmer, 2003, 279 (294 f.); *Fuchs* in Henze/Hoffmann-Becking 259, 268 f.; *Fleischer* ZHR 165 (2001), 513 (524 f.); *Mülbert* 434 f.; MüKoAktG/*Kubis* 2. Aufl. § 119 Rn. 62 ff.; HKW/*Reichert* 25, 69 f.; *Wollburg/Gehling* FS Lieberknecht, 1997, 133 (155 ff.); *Timm* 138 ff.; ZIP 1993, 114 (117); *Wackerbarth* 469 ff.; *ders.* AG 2002, 14 (16); *Wiedemann* Unternehmensgruppe 57; GroßkommAktG/*ders.* § 179 Rn. 75; *Zimmermann/Pentz* FS Müller, 2001, 151 (167 f.); nach „Gelatine" LG München I AG 2007, 336 (337 f.); *Hüffer* 10. Aufl. § 119 Rn. 18a; *Lutter* FS K. Schmidt, 2009, 1065 (1072 ff.); für die Teilveräußerung GroßkommAktG/*Mülbert* § 293 Rn. 258, 263 ff.; wohl auch LG Köln AG 2008, 327 (330 f.), wo nur auf das Nichterreichen der quantitativen Voraussetzungen abgestellt wird; zur Unternehmenspraxis s. ferner den instruktiven Bericht von *Bernhardt* DB 2000, 1873 (1876 f.). Für die KGaA s. OLG Stuttgart NZG 2003, 778 (782 ff.) und dazu *Fett/Förl* NZG 2004, 210 ff.

[216] BGH ZIP 2007, 24; so auch OLG Stuttgart AG 2005, 693 (695); *Goette* AG 2006, 522 (527); *Arnold* ZIP 2005, 1573 (1576 f.); *Liebscher* ZGR 2005, 1 (24); aA OLG Hamburg ZIP 2005, 1075 (1081); LG München I ZIP 2005, 352 (353); *Götze* NZG 2004, 585 (588); *Bungert* BB 2004, 1345 (1350), freilich unter Überbewertung des Umstands, dass die „Holzmüller"-Grundsätze auch vor einer Schwächung des Anteilswerts schützen sollen (→ Rn. 34); offengelassen von LG Frankfurt a.M. ZIP 2005, 579.

[217] BVerfG ZIP 2011, 2094 Rn. 19.

Struktur und die tatsächlichen Betätigungsfelder der Gesellschaft nur unzureichend wiedergibt, weniger auf den Wortlaut der Satzung als auf die **tatsächliche Prägung** der Gesellschaft abzustellen und eine – der Gegenstandsänderung vergleichbare – Strukturmaßnahme auch in der Aufgabe eines eigenständigen und im Kernbereich des Unternehmens angesiedelten Geschäftszweigs zu erblicken haben.[218]

44 Im Übrigen ist der allgemein bestehenden Gefahr einer mittelbaren Schädigung der Aktionäre infolge verbilligter Abgabe der Beteiligung durch Rückgriff auf die schadensersatzbewehrten Verhaltenspflichten der Organwalter, mithin durch **§§ 93, 116**, Rechnung zu tragen.[219] Für ein **Vorerwerbsrecht** der Mutteraktionäre auf die Tochter-Aktien ist de lege lata kein Raum.[220] Auch in der **erstmaligen Aufnahme von Minderheitsgesellschaftern**[221] in die Tochtergesellschaft kann jedenfalls dann keine Strukturänderung gesehen werden, wenn die Tochter die Rechtsform der AG aufweist; dies deshalb, weil der konzernrechtliche Status der Tochter-AG durch die Aufnahme von Minderheitsaktionären keine Änderung erfährt (→ § 311 Rn. 13; → § 312 Rn. 6; → Anh. § 317 Rn. 5, dort und in → Anh. § 318 Rn. 33 ff. auch zur abweichenden Rechtslage im GmbH-Recht).[222] Was schließlich die Teilabgabe einer **unternehmerischen Einfluss** vermittelnden Beteiligung, insbesondere der Verlust einer qualifizierten oder einfachen Mehrheit, betrifft, so vermag sie schon vor dem Hintergrund, dass dem Vorstand eine Konzernleitungspflicht nicht obliegt (→ § 311 Rn. 12), *als solche* (dh unabhängig von dem Betroffensein eines im Kernbereich des Unternehmens angesiedelten Geschäftszweigs) ein Zustimmungserfordernis nicht zu begründen.[223] Die zur Beteiligungsveräußerung getroffenen Feststellungen beanspruchen schließlich für die **Veräußerung sonstiger Vermögensgegenstände,** insbesondere unselbstständiger Unternehmensbereiche, entsprechende Geltung.[224] Vorbehaltlich einer mit ihr verbundenen „faktischen" Gegenstandsänderung (→ Rn. 31, 37) greift auch sie grundsätzlich nicht in die mitgliedschaftlichen Befugnisse der Aktionäre ein.

45 **dd) Gruppenumbildung.** Die Zuständigkeit der Hauptversammlung kommt nicht nur bei der Begründung eines Abhängigkeits- oder Konzernverhältnisses in Betracht. Zustimmungspflichtig können vielmehr auch Maßnahmen sein, die nicht auf die Bildung neuer

---

[218] So zu Recht *Wollburg/Gehling* FS Lieberknecht, 1997, 133 (156 f.); *HKW/Reichert* 25, 69 f.; *Lutter/Leinekugel* ZIP 1998, 225 (229 ff.); *Zimmermann/Pentz* FS Müller, 2001, 153 (168); *GroßkommAktG/Wiedemann* § 179 Rn. 75.

[219] *Groß* AG 1994, 266 (275 f.); *Wollburg/Gehling* FS Lieberknecht, 1997, 133 (153 f.); *Habersack* WM 2001, 545 (546 ff.); zum Zusammenhang mit der Haftungsproblematik s. auch *Goette* DStR 2004, 927 (928); *Fleischer* NJW 2004, 2335 (2339).

[220] *Busch/Groß* AG 2000, 503 (505 ff.); *Fuchs* in Henze/Hoffmann-Becking 259, 271 ff.; *Fleischer* ZHR 165 (2001), 513 (514 ff.); *Habersack* WM 2001, 545 (546 ff.); *Henze* FS Ulmer, 2003, 211 (237 f.); *Hüffer/Koch* § 119 Rn. 23, § 186 Rn. 5a; *Lüders/Wulff* BB 2001, 1209 (1213 f.); *Trapp/Schick* AG 2001, 381 (388 ff.); *Wackerbarth* AG 2002, 14 (20) (freilich basierend auf der unzutr. Prämisse, dass die erstmalige Aufnahme Dritter in die Tochtergesellschaft stets der Zustimmung der Mutteraktionäre bedarf); aA *Lutter* AG 2000, 342 (343 f.); *ders.* AG 2001, 349 (351); für den Primärmarkt und vorbehaltlich eines sachlich gerechtfertigten Ausschlusses des Vorerwerbsrechts *Kiefner* 288 ff. mwN; für ein „Zuteilungsprivileg" *Becker/Fett* WM 2001, 549 (555 f.); eingehend zur Problematik auch *Kowalewski*, Das Vorerwerbsrecht der Mutteraktionäre beim Börsengang einer Tochtergesellschaft, 2008.

[221] Hierauf wird das Zustimmungserfordernis gegründet von *Lutter* FS Westermann, 1974, 347 (365 f.); *Hirte* 182 ff.; *Fuchs* in Henze/Hoffmann-Becking 259, 269; *Fleischer* ZHR 165 (2001), 513 (524 f.); *Mülbert* 434 f.; *GroßkommAktG/ders.* § 293 Rn. 263; auf der Basis einer (nicht überzeugenden, weil die Eigenständigkeit der Einpersonen-Gesellschaft ausblendenden) „rechtsträgerübergreifenden" Betrachtung von Mutter und 100%iger Tochter, der ein Durchgriff der unternehmensbezogenen Gesellschafterrechte von oben nach unten, mithin eine Verlängerung sämtlicher mitgliedschaftlicher Rechte der Aktionäre der Obergesellschaft in die Tochter hinein entspreche, auch *Wackerbarth* AG 2002, 14 (16 f.); *ders.* 469 ff., 489 ff.

[222] S. ferner *Habersack* ZIP 2001, 1230 (1234).

[223] So aber (konsequenterweise) *Hommelhoff* 447; *Timm* 142; *ders.* ZIP 1993, 114 (117); ebenso *Fuchs* in Henze/Hoffmann-Becking 259, 269; *Götze* NZG 2004, 585 (588); *Henze* FS Ulmer, 2003, 211 (231); *Lüders/Wulff* BB 2001, 1209 (1212); *Liebscher* ZGR 2005, 1 (24 f.).

[224] So im Ausgangspunkt auch *GroßkommAktG/Mülbert* § 293 Rn. 259; gegen ein Zustimmungserfordernis auch *Joost* ZHR 163 (1999), 164 (185 f.); aA *Lutter/Leinekugel* ZIP 1998, 225 (230); *dies.* ZIP 1998, 805 (806); *HKW/Reichert* 25, 69 f.

Abhängigkeits- oder Konzernverhältnisse, sondern auf die Umgestaltung der bereits vorhandenen Konzernstrukturen zielen. Paradigmatisch ist zunächst die – in der Praxis als „Umhängung" bezeichnete – **Einbringung einer Beteiligung** an einer Tochtergesellschaft[225] in eine andere Konzerngesellschaft. Die mit ihr einhergehende Tiefenstaffelung verstärkt den bereits durch die Ausgliederung oder den Beteiligungserwerb begründeten Mediatisierungseffekt, indem die bisherige Tochter nunmehr noch weiter dem Einflussbereich der Aktionäre der Obergesellschaft entzogen wird und es sowohl auf der Ebene der Tochter- als auch auf derjenigen der Enkelgesellschaft zur Vermögensverlagerung auf außenstehende Aktionäre kommen kann.[226] Die Einbringung kann deshalb, das Überschreiten der Wesentlichkeitsschwelle unterstellt (→ Rn. 46 f.), nicht ohne Mitwirkung der Hauptversammlung erfolgen, und zwar auch dann, wenn die Hauptversammlung bereits dem Erwerb der Beteiligung durch die Mutter zugestimmt hat. Entsprechendes gilt für Ausgliederungen auf Tochterebene, ferner für sonstige **umwandlungsrechtliche Vorgänge auf der Ebene von Tochter- oder Enkelgesellschaften**, sofern die Maßnahme Haftungsrisiken der Mutter oder die Gefahr einer Vermögensverlagerung auf außenstehende Dritte begründet (zum Abschluss von Unternehmensverträgen → Rn. 49).[227] Umstrukturierungen zwischen Tochtergesellschaften, die auf die Teilhabe- und Vermögensrechte der Aktionäre der Obergesellschaft ohne spürbaren nachteiligen Einfluss sind, unterliegen dagegen keinem Zustimmungserfordernis. Hiervon betroffen sind namentlich Maßnahmen horizontaler Art wie die Übertragung der von einer 100%igen Tochtergesellschaft gehaltenen Anteile auf eine andere 100%ige Tochtergesellschaft.[228] Entsprechendes dürfte entgegen der noch in der 4. Aufl. Rn. 45 vertretenen Ansicht gelten, wenn die von einer Tochter- in eine Enkelgesellschaft herabgestufte Gesellschaft über einen Beherrschungs- und Gewinnabführungsvertrag mit der Muttergesellschaft verbunden bleibt oder der mit der Verenkelung an sich verbundene Mediatisierungseffekt anderweitig – etwa über satzungsmäßig abgesicherten Einfluss auf die zwischengeschaltete Einpersonen-GmbH – **neutralisiert** wird.[229]

ee) Wesentlichkeitserfordernis. Eine die Zuständigkeit der Hauptversammlung begründende Strukturmaßnahme liegt nur unter der Voraussetzung vor, dass die Konzernbildung oder -umbildung einen „wesentlichen" Teil des Gesellschaftsvermögens betrifft. Andernfalls erscheint die Hinzuziehung der Hauptversammlung ungeachtet des Umstands, dass die Maßnahme ihrer Art nach zur Beeinträchtigung mitgliedschaftlicher Positionen geeignet ist, als verzichtbar.[230] Der Vorschrift des § 123 Abs. 3 UmwG lässt sich nichts Gegenteiliges entnehmen. Zwar bedarf danach jede und damit auch eine wirtschaftlich völlig unbedeutende Ausgliederung der Zustimmung nach §§ 125, 13, 65 UmwG; indes erklärt sich dies zum einen aus der in § 131 Abs. 1 Nr. 1 UmwG vorgesehenen partiellen Gesamtrechtsnachfolge, zum anderen aus der auch an formalen Ordnungsprinzipien und den Vorgaben des europäischen Rechts orientierten Regelungstechnik des UmwG.[231] In

46

---

[225] Unerheblich ist, ob die Tochtergesellschaft über außenstehende Aktionäre verfügt (→ Rn. 34).
[226] BGHZ 159, 30 (41) = NJW 2004, 1860; OLG Karlsruhe DB 2002, 1094 (1095); krit. bis abl. *Götze* NZG 2004, 585 (589); *Hoffmann-Becking* ZHR 172 (2008), 231 ff.; *Koppensteiner* Konzern 2004, 381 (385); *Simon* DStR 2004, 1482 (1485); diff. GroßkommAktG/*Mülbert* § 293 Rn. 276.
[227] S. ferner OLG Köln AG 1993, 86 (88) und LG Köln AG 1992, 238 (239), die Vorlagepflicht allerdings jeweils in Ermangelung der Wesentlichkeit der Maßnahme abl.; *Lutter* FS Stimpel, 1985, 825 (849); *Henze* FS Ulmer, 2003, 211 (225); *Mülbert* 437 f.; → § 319 Rn. 16; → § 327 Rn. 4. – Zum Verhältnis zwischen „Holzmüller" und § 62 UmwG (betr. die Ebene der aufnehmenden Gesellschaft) *Habersack* FS Horn, 2006, 337 (342 f.), aber auch *Priester* AG 2011, 654 (658 f.).
[228] Zutr. BGHZ 159, 30 (47) = NJW 2004, 1860; s. ferner *Goette* AG 2006, 522 (527).
[229] *Bungert* BB 2004, 1345 (1348); *Arnold* ZIP 2005, 1573 (1576); weitergehend MHdB AG/*Krieger* § 70 Rn. 10. – Zur Frage, ob die „Holzmüller"-Grundsätze innerhalb der vertraglich konzernierten Gesellschaft zur Anwendung gelangen, → Rn. 36.
[230] Im Grundsatz wohl unstr., s. BGHZ 83, 122 (131 f., 139 ff.) = NJW 1982, 1703; MHdB AG/*Krieger* § 70 Rn. 11; eingehend *Lutter* FS Stimpel, 1985, 825 (846 ff.); *Wahlers* 203 ff. mzN; s. aber auch *Joost* ZHR 163 (1993), 164 (179 ff.); *Veil* ZIP 1998, 361 (368).
[231] So auch GroßkommAktG/*Mülbert* § 119 Rn. 28; HKW/*Reichert* 25, 46; zu den im Text genannten, nicht die Ausgliederung, sondern nur die Verschmelzung und die Auf- und Abspaltung betr. Vorgaben des europäischen Rechts s. *Habersack/Verse* EuropGesR § 8 Rn. 28 ff.

den „Gelatine"-Entscheidungen[232] hat denn auch der BGH – in Übereinstimmung mit der hM[233] – betont, dass eine wesentliche Beeinträchtigung der Mitwirkungsbefugnisse der Aktionäre erst dann vorliege, wenn die wirtschaftliche Bedeutung der Maßnahme in etwa Ausmaße wie in der „Holzmüller"-Entscheidung[234] erreiche. Durch die Maßnahme – mithin die Ausgliederung, den Erwerb[235] oder die Einbringung (→ Rn. 37 ff.) – müssen damit **rund 80 % des Gesellschaftsvermögens** betroffen sein,[236] wobei im Falle einer Konzernobergesellschaft, da der Beteiligungsbesitz einen Bestandteil des Gesellschaftsvermögens bildet, eine konsolidierte Betrachtung maßgebend ist, mithin die Konzernkennziffern relevant sind.[237] Im Falle des Beteiligungserwerbs → Rn. 42.

47 Dabei sollte allerdings einer auf den Einzelfall abstellenden Wertung der Vorzug gegenüber einer schematischen Lösung gegeben und neben dem Anteil der abzugebenden Vermögensgegenstands am **Ertrag**[238] (und sekundär an Umsatz, Aktiva und Bilanzsumme) der Gesellschaft auch die Frage der Zugehörigkeit zum Kerngeschäft und die Bedeutung für Strategie und Image des Unternehmens berücksichtigt werden.[239] Zu berücksichtigen ist darüber hinaus, dass die Aktionäre den Verantwortungsbereich des Vorstands insbesondere durch die Ausgestaltung des Unternehmensgegenstands beeinflussen können;[240] namentlich in der **Holding-AG** können deshalb die „Holzmüller/Gelatine"-Grundsätze nur mit großer Zurückhaltung zur Anwendung gebracht werden (→ Rn. 42).[241] Was den Anteil an Ertrag und sonstigen Kennzahlen betrifft, so ist bei Einbringung einer Beteiligung die „Wesentlichkeit" in Bezug auf die einzubringende Beteiligung, nicht dagegen in Bezug auf die Tochter-

---

[232] BGHZ 159, 30 (44 f.) = NJW 2004, 1860; BGH NZG 2004, 575 (578 f.); seitdem insbes. OLG Stuttgart AG 2005, 693 (695); vgl. zuvor bereits die Äußerungen einiger Mitglieder des II. Zivilsenats des BGH zur – eine freiwillige Vorlage nach § 119 Abs. 2 AktG betr. – „Altana/Milupa"-Entscheidung (BGHZ 146, 288 = NJW 2001, 1277 betr. die Veräußerung des Geschäftsbetriebs einer Konzerntochter mit einem Volumen von 23 % der Konzernbilanzsumme und 30 % des Gesamtumsatzes): *Röhricht* VGR 5 (2002), 3 (35 ff.); *Kurzwelly* in Henze/Hoffmann/Becking 1, 19: „Holzmüller" lag „eher fern"; s. ferner *Henze* FS Ulmer, 2003, 211 (223 f.): nicht weniger als 50 %, zudem besondere Bedeutung des auszugliedernden Betriebsteils erforderlich; *ders.* Rn. 153: Vorstandsmaßnahmen, die denen im „Holzmüller"-Fall vergleichbar sind.

[233] Vgl. OLG Karlsruhe DB 2002, 1094; OLG Köln ZIP 1993, 110 (113 f.); OLG München AG 1995, 232 (233); OLG Celle ZIP 2001, 613 (615 f.); LG Hannover 2000, 1607; LG Düsseldorf AG 1999, 94; *Hüffer* FS Ulmer, 2003, 279 (295 f.); HKW/*Reichert* 25, 44 f. (51); Semler/Stengel/*Schlitt* UmwG Anh. § 173 Rn. 33; großzügiger (freilich auf der Grundlage eines engen „Holzmüller"-Tatbestands) 3. Aufl. Rn. 40 mwN zum damaligen Streitstand; ferner *Lutter* FS Stimpel, 1985, 825 (846 ff.); *Kropff* 111, 124; *Mecke* 185 ff.; *Wahlers* 203 ff.; *Mülbert* 436 f.; s. ferner LG Frankfurt a.M. NZG 1998, 113 (115).

[234] BGHZ 83, 122 (131 f.) = NJW 1982, 1703; in casu ging es um die Ausgliederung eines Teilbetriebs, dessen Aktiva sich auf 80 % der gesamten Aktiva der ausgliedernden AG beliefen, s. die Angaben im Berufungsurteil der OLG Hamburg ZIP 1980, 1000 (1005).

[235] In diesem Fall sind die Kennziffern der erwerbenden Gesellschaft vor Erwerb und die der Zielgesellschaft maßgebend, s. *Decher* FS U.H. Schneider, 2011, 261 (271); *Lorenz/Pospiech* DB 2010, 1925 (1929); *Priester* AG 2011, 654 (661); aA – erwerbender Konzern nach Erwerb und Zielgesellschaft – OLG Frankfurt WM 2011, 116 (118); MHdB AG/*Krieger* § 70 Rn. 11; *Nikoleyczik/Gubitz* NZG 2011, 91 (93).

[236] BGHZ 83, 122 (131 f.) = NJW 1982, 1703 mit OLG Hamburg ZIP 1980, 1000 (1005); ferner OLG Hamm NZG 2008, 155 (157); OLG Stuttgart AG 2005, 693 (695); LG München I ZIP 2006, 2036 (2040); *Goette* AG 2006, 522 (526); *ders.* DStR 2004, 927 (928); *Bungert* BB 2004, 1345 (1347); *Fleischer* NJW 2004, 2335 (2338 f.); *Fuhrmann* AG 2004, 339 (341); *Götze* NZG 2004, 585 (589); *Liebscher* ZGR 2005, 1 (15 f.); *Simon* DStR 2004, 1482 (1484 f.); K. Schmidt/Lutter/*Spindler* § 119 Rn. 31 (75 %). – Nachweise zu den vor „Gelatine" genannten Eingriffsschwellen s. 4. Aufl. Rn. 40 f.

[237] Zutr. LG München I ZIP 2006, 2036 (2040); MüKoAktG/*Kubis* § 119 Rn. 50; allg. für Maßgeblichkeit einer Konzernbetrachtung MHdB AG/*Krieger* § 70 Rn. 11; HK-AktG/*Reger* § 119 Rn. 22; *Kiesewetter/Spengler* Konzern 2009, 451 (456); *Liebscher* ZGR 2005, 1 (16); aA noch 7. Aufl. Rn. 46 (stets Kennziffern der Einzelgesellschaft).

[238] So auch *Liebscher* ZGR 2005, 1 (15 f.); *Simon* DStR 2004, 1482 (1485); ferner OLG Stuttgart AG 2005, 693 (695).

[239] In diesem Sinne zu Recht (jeweils vor „Gelatine") *Henze* FS Ulmer, 2003, 211 (222 ff.); *Priester* ZHR 163 (1999), 187 (196); HKW/*Reichert* 25, 44 f. (72 f.); *Zimmermann/Pentz* FS Müller, 2001, 151 (168 f.); s. ferner OLG Stuttgart AG 2005, 693 (695); MHdB AG/*Krieger* § 70 Rn. 11; *Bungert* BB 2004, 1345 (1347); *Fleischer* NJW 2004, 2335 (2339); *Fuhrmann* AG 2004, 339 (341).

[240] Hierauf zu Recht hinweisend HKW/*Reichert* 25, 44 f.

[241] MüKoAktG/*Kubis* § 119 Rn. 95.

gesellschaft insgesamt zu bestimmen.²⁴² **Mehrere Einzelmaßnahmen** sind zusammenzurechnen, wenn zwischen ihnen ein zeitlicher und wirtschaftlicher Zusammenhang besteht;²⁴³ davon ist insbesondere in Fällen auszugehen, in denen die Einzelmaßnahmen Bestandteil einer allgemeinen Umstrukturierung des Konzerns sind.

ff) Gruppenleitung. In der Konsequenz des „Holzmüller/Gelatine"-Ansatzes liegt es, 48 dass die Hauptversammlung der herrschenden AG auch an Maßnahmen zu beteiligen ist, die der Vorstand in einer *bereits ausgegliederten* oder anderweitig in die Unternehmensgruppe eingebundenen Gesellschaft ergreift.²⁴⁴ Denn auch solche Maßnahmen der Konzernleitung können die Konzernstruktur nachhaltig verändern und die Mitgliedsrechte und Vermögensinteressen der Aktionäre der Obergesellschaft beeinträchtigen. Voraussetzung ist zwar, dass die Tochtergesellschaft von *„wesentlicher"* Bedeutung ist (→ Rn. 46 f.),²⁴⁵ wobei auf die Verhältnisse bei Vornahme der jeweiligen Maßnahme abzustellen ist. Dagegen dürfte es unerheblich sein, ob die Aktionäre schon der gruppenbildenden oder -umbildenden Maßnahme zugestimmt haben.²⁴⁶ Den §§ 123 ff. UmwG lässt sich insoweit schon deshalb nichts Gegenteiliges entnehmen, weil sie – dem Regelungsplan des UmwG folgend – bewusst nur die Spaltung als solche regeln und die Frage weitergehender Mitspracherechte der Gesellschafter der sich spaltenden Gesellschaft somit außerhalb ihres Regelungsgegenstandes liegt. Ist allerdings die Gruppenbildung durch Satzung und Hauptversammlung legitimiert, so gilt dies auch für *gewöhnliche* Maßnahmen der Gruppenleitung; *wesentliche*²⁴⁷ Strukturentscheidungen auf der Ebene der beherrschten (und ihrerseits „wesentlichen", → Rn. 46 f.) Gesellschaft lösen dagegen ungeachtet der Zustimmung der Hauptversammlung zur gruppenbildenden Maßnahme die Zuständigkeit der Hauptversammlung der herrschenden AG aus.²⁴⁸

Welche Maßnahmen im Einzelnen dem Zustimmungserfordernis unterliegen, ist nicht 49 abschließend geklärt. Klar ist zunächst, dass Maßnahmen, die auf der Ebene der Obergesellschaft ohne Mitwirkung der Aktionäre vorgenommen werden können, auch bei Vollzug auf der Tochterebene²⁴⁹ mitwirkungsfrei sind; nach hier vertretener Ansicht gilt dies

---

²⁴² So für Veräußerungsvorgänge auch *Lüders/Wulff* BB 2001, 1209 (1212); *Busch/Groß* AG 2000, 503 (507); wohl auch *Wollburg/Gehling* FS Lieberknecht, 1997, 159 (161); aA *Lutter* AG 2000, 349 (350); *Fuchs* in Henze/Hoffmann-Becking 259, 269.

²⁴³ Vgl. zum Sachverhalt der „Gelatine"-Entscheidungen *Goette* DStR 2004, 927; wie hier auch OLG Hamm NZG 2008, 155 (157 f.); *Zimmermann/Pentz* FS Müller, 2001, 153 (169); *Semler/Stengel/Schlitt* UmwG Anh. § 173 Rn. 37; GroßkommAktG/*Mülbert* § 293 Rn. 240; MHdB AG/*Krieger* § 70 Rn. 11 mwN; s. ferner für die zum 31.12.1998 erfolgte Umstrukturierung des Metro-Konzerns *Westermann* FS Koppensteiner, 2001, 259 (261).

²⁴⁴ BGHZ 83, 122 (136 ff., 141 ff.) = NJW 1982, 1703; wohl auch BGHZ 159, 30 (38, 46) = NJW 2004, 1860; LG Frankfurt a.M. ZIP 1997, 1698; *Emmerich/Habersack* KonzernR § 9 Rn. 22 f.; KK-AktG/*Koppensteiner* Vor § 291 Rn. 66 ff.; MHdB AG/*Krieger* § 70 Rn. 43 ff.; MüKoAktG/*Kubis* § 119 Rn. 72 ff.; GroßkommAktG/*Mülbert* § 293 Rn. 277 ff.; Schmidt/Lutter/*Spindler* § 119 Rn. 36; *Arnold* ZIP 2005, 1573 (1577 f.); *Henze* BB 2000, 209 (211 f.); *Hirte* 163 ff., 177 f.; *Lutter* FS Stimpel, 1985, 825 (845 ff.); *K. Timm* ZIP 1993, 114 (116 ff.); *Wiedemann* Unternehmensgruppe 52 ff.; aA *Baums* AG 1994, 1 (10); wohl auch *Altmeppen* DB 1998, 49 (51); zurückhaltend auch *Götze* NZG 2004, 585 (588); diff. *Paefgen* ZHR 172 (2008), 42 (72 f.). – Zur Problematik der Gewinnverwendung im Konzern, insbes. zur Frage einer Zurechnung der in der abhängigen Gesellschaft gebildeten Rücklagen gegenüber der herrschenden AG, s. namentlich *Geßler* AG 1985, 257 ff.; MHdB AG/*Krieger* § 69 Rn. 56 ff.; *Lutter* FS Goerdeler, 1987, 327 ff.; *Priester* ZHR 176 (2012), 268 ff.; *Werner* FS Stimpel, 1985, 935 ff.; *Westermann* FS Pleyer, 1986, 421 (437 ff.); *Gollnick*, Gewinnverwendung im Konzern, 1991; für die Personengesellschaft BGH ZIP 2007, 475 (479); *Wertenbruch* ZIP 2007, 798 ff.

²⁴⁵ MüKoAktG/*Kubis* Rn. 70; GroßkommAktG/*Mülbert* § 293 Rn. 284 mwN.

²⁴⁶ *Habersack* AG 2005, 137 (148 f.); MHdB AG/*Krieger* § 70 Rn. 39; *Reichert* AG 2005, 150 (157 f.); offengelassen in BGHZ 83, 122 (140) = NJW 1982, 1703; aA K. Schmidt/Lutter/*Spindler* § 119 Rn. 36; *Kiesewetter/Spengler* Konzern 2009, 451 (454).

²⁴⁷ Nicht zu verwechseln mit dem Erfordernis der „wesentlichen" Bedeutung der Tochtergesellschaft, s. soeben im Text.

²⁴⁸ *Emmerich/Habersack* KonzernR § 9 Rn. 22 f.; KK-AktG/*Koppensteiner* Vor § 291 Rn. 66 ff.; MHdB AG/*Krieger* § 70 Rn. 43 ff.; MüKoAktG/*Kubis* § 119 Rn. 72 ff.; GroßkommAktG/*Mülbert* § 293 Rn. 277 ff.; *Henze* FS Ulmer, 2003, 211 (226).

²⁴⁹ Die Ausführungen gelten gleichermaßen für Vorgänge auf der Ebene einer Enkelgesellschaft usw; zur geringen praktischen Bedeutung s. aber MHdB AG/*Krieger* § 70 Rn. 43, 46.

grundsätzlich für die Veräußerung von Beteiligungen und Unternehmensteilen (→ Rn. 43 f.).[250] Zu weit ginge es auch, wollte man sämtliche Maßnahmen, die auf der Ebene der Tochtergesellschaft nur mit qualifizierter Mehrheit beschlossen werden können, dem Mitwirkungserfordernis unterstellen.[251] Über gewöhnliche Satzungsänderungen, aber auch über auf Tochterebene angesiedelte Aktienoptionspläne,[252] kann deshalb der Vorstand in seiner Eigenschaft als organschaftlicher Vertreter der beteiligten Obergesellschaft ohne Mitwirkung „seiner" Aktionäre befinden. Erst Recht gilt dies für Maßnahmen, die – wie etwa *Börsengang*[253] und *Delisting* (→ Rn. 38) – schon nicht der Zustimmung der Tochter-Hauptversammlung bedürfen. Dagegen unterliegen insbesondere auf der Tochterebene angesiedelte **Kapitalerhöhungen** dem Zustimmungserfordernis, entgegen der Ansicht des BGH[254] allerdings nur dann, wenn die Obergesellschaft ihr Bezugsrecht[255] nicht vollumfänglich ausübt.[256] Dementsprechend bedarf die Einräumung eines genehmigten Kapitals nur dann der Zustimmung, wenn der Tochter-Vorstand auch zum Bezugsrechtsausschluss ermächtigt wird.[257] Zustimmungspflichtig sind des Weiteren auf Tochterebene angesiedelte **Gesamtvermögensgeschäfte** (iSd § 179a) und Auflösungsbeschlüsse,[258] ferner der Abschluss eines **Beherrschungs- oder Gewinnabführungsvertrags** oder eine Eingliederung auf Tochter- oder Enkelebene, sofern hierdurch über §§ 302 f., 322, 324 Abs. 3 Haftungsrisiken der Mutter begründet werden, mithin bei einer durchgehenden Kette von Eingliederungen oder Unternehmensverträgen iSd § 302;[259] auch insoweit ist allerdings das Zustimmungserfordernis von der „Wesentlichkeit" (→ Rn. 46 f.) der Beteiligungsgesellschaft abhängig zu machen (→ § 293 Rn. 10 ff.).[260] Zustimmungspflichtig ist schließlich (wiederum die „Wesentlichkeit" der Tochtergesell-

---

[250] Für Erstreckung des Beschlusserfordernisses aus § 179a (→ Rn. 32) auf entsprechende Veräußerungsvorgänge auf der Ebene von Tochtergesellschaften dagegen zu Recht OLG Dresden AG 2003, 433; LG Frankfurt a.M. ZIP 1997, 1698 (1701); LG Hannover DB 2000, 1607; für 100 %-ige Töchter auch *Paefgen* ZHR 172 (2008), 42 (72 f.).
[251] So zu Recht BGHZ 83, 122 (140 f.) = NJW 1982, 1703.
[252] Hierbei handelt es sich auch auf Tochterebene nicht um eine „Holzmüller"-Maßnahme, s. OLG Stuttgart ZIP 2001, 1367 (1371).
[253] Zur Entbehrlichkeit eines Hauptversammlungsbeschlusses der Tochter s. MüKoAktG/*Kubis* § 119 Rn. 84; *Halasz/Kloster* ZBB 2001, 474 (477 ff.); ferner *Wachter/Mayrhofer* mit zutr. Hinweis auf die regelmäßige Vornahme eines Kapitalerhöhungsbeschlusses; aA – für Beschlusserfordernis – *Spindler* FS Goette, 2011, 513 (524); *Lutter/Drygala* FS Raisch, 1995, 239 (240 f.); *Lutter/Leinekugel* ZIP 1998, 805 (806); *Vollmer/Grupp* ZGR 1995, 459 (466 f.); *Staake* 156 ff. – Gegen Erfordernis eines Zustimmungsbeschlusses auf der Ebene des herrschenden Unternehmens bei Börsengang der Tochter LG München I ZIP 2006, 2036 (2040) (jedenfalls wenn die Ausgliederung als solche nicht zustimmungspflichtig ist); K. *Schmidt/Lutter/Spindler* § 119 Rn. 37; *Fuchs* in Henze/Hoffmann-Becking 259, 270 f.; *Henze* FS Ulmer, 2003, 211 (236); eingehend zur Problematik *Kiefner* insbes. 276 ff., 372 ff.
[254] BGHZ 83, 122 (141 ff.) = NJW 1982, 1703; so auch *Rehbinder* ZGR 1983, 92 (102); *Hirte* 175 ff.
[255] S. dazu BGHZ 83, 122 (142 f.) = NJW 1982, 1703; LG Kassel AG 2002, 414 (415 f.); KK-AktG/*Koppensteiner* Vor § 291 Rn. 97; *Busch/Groß* AG 2000, 503 (505 ff.); *Habersack* WM 2001, 545 (546); *Kort* AG 2002, 369 (370 ff.); aA – für Bezugsrecht der Muttergesellschaft oder zumindest Pflicht derselben, ihr Bezugsrecht an die Aktionäre weiterzureichen – *Lutter* AG 2000, 342 (343 f.) und AG 2001, 349 (350); s. ferner *Martens* ZHR 147 (1983), 377 (406 ff.). Zur Frage eines Vorerwerbsrechts der Mutteraktionäre bei der Beteiligungsabgabe durch die Mutter → Rn. 44 mwN.
[256] Zutr. *Lutter* FS Westermann, 1974, 347 (357 ff.); *Götz* AG 1984, 85 (87 f.); *Westermann* ZGR 1984, 352 (376); MüKoAktG/*Kubis* § 119 Rn. 81 f.; KK-AktG/*Koppensteiner* Vor § 291 Rn. 100; s. ferner *Habersack* AG 2005, 137 (147 ff.); umfassend *Kiefner* 197 ff.; aA – generell gegen Zustimmungserfordernis – MHdB AG/*Krieger* § 70 Rn. 46.
[257] Konsequenterweise auch insoweit gegen Zustimmungserfordernis MHdB AG/*Krieger* § 69 Rn. 44.
[258] BGHZ 83, 122 (140) = NJW 1982, 1703; OLG Celle ZIP 2001, 613 (615 f.); LG Hannover DB 2000, 1607; LG Frankfurt a.M. ZIP 1997, 1698 (1701 f.); *Henze* Rn. 109.
[259] LG Düsseldorf DB 2004, 428 f.; *Henze* FS Ulmer, 2003, 211 (225); MüKoAktG/*Altmeppen* § 293 Rn. 115; deutlich enger KK-AktG/*Koppensteiner* Vor § 291 Rn. 105; weitergehend *Pentz* DB 2004, 1543 (1546); gänzlich ablehnend MHdB AG/*Krieger* § 70 Rn. 45; zur Frage eines Zustimmungserfordernisses auf Tochterebene bei Abschluss eines Gewinnabführungsvertrags zwischen Mutter- und Enkelgesellschaft s. *Krieger* FS K. Schmidt, 2009, 999 (1003 ff.); → § 319 Rn. 16.
[260] LG Düsseldorf DB 2004, 428 f.; *Henze* FS Ulmer, 2003, 211 (225); MüKoAktG/*Altmeppen* § 293 Rn. 115; *Rehbinder* ZGR 1977, 581 (613); *Timm* 171.

Vorbemerkungen 50, 51 Vor § 311

schaft unterstellt) der Abschluss eines Unternehmensvertrags zwischen der Tochter und einem Dritten.[261]

c) Rechtsfolgen. aa) Beschlusserfordernis. In der „Holzmüller"-Entscheidung **50** konnte die Frage, welcher Mehrheit der Zustimmungsbeschluss bedarf, noch offen bleiben.[262] Immerhin hatte der BGH in Bezug auf Maßnahmen der Konzernleitung betont, dass die Aktionäre daran so zu beteiligen seien, wie wenn es sich um Angelegenheiten der Obergesellschaft selbst handelte; insbesondere für Kapitalerhöhungen innerhalb der Tochtergesellschaft und für den Abschluss von Unternehmensverträgen (→ Rn. 49) war damit das Erfordernis qualifizierter Mehrheit anerkannt.[263] In den „Gelatine"-Entscheidungen hat sich der II. Zivilsenat im Anschluss an die seinerzeit hL[264] und in Abweichung von der das Delisting betreffenden „Macrotron"-Entscheidung (→ Rn. 38) allgemein für das Erfordernis einer **Mehrheit von drei Monaten des vertretenen Grundkapitals** ausgesprochen. Zur Begründung hat er zu Recht darauf hingewiesen, dass die Beschlussfassung eine Maßnahme betreffe, die zwar noch keine Satzungsänderung erfordere, ihr aber angesichts der tief in die mitgliedschaftliche Stellung der Aktionäre eingreifende Wirkung so nahe komme, dass die an sich gegebene Gestaltungsmacht des Vorstands hinter der gebotenen Mitwirkung der Hauptversammlung zurücktreten müsse.[265] Eine Konzern- oder Holdingklausel vermag hieran ebenso wenig etwas zu ändern[266] wie eine Satzungsbestimmung, der zufolge die Hauptversammlung im Rahmen des gesetzlich Zulässigen mit einfacher Mehrheit beschließt.[267] Die Vorschrift des § 130 Abs. 1 S. 3 betreffend die Entbehrlichkeit der notariellen Niederschrift findet keine Anwendung. Vorbehaltlich des § 140 Abs. 2 sind Vorzugsaktionäre auch im Zusammenhang mit der Beschlussfassung über „Holzmüller/Gelatine"-Sachverhalte vom Stimmrecht ausgeschlossen; insbesondere bedarf es keines Sonderbeschlusses.

Erforderlich ist die Zustimmung zu der konkreten Maßnahme der Gruppenbildung **51** oder -leitung; eine satzungsmäßige Konzernklausel erlaubt zwar dem Vorstand die Verlagerung von Aktivitäten auf Tochtergesellschaften (→ Rn. 31), legitimiert aber nicht den mit der einzelnen Maßnahme ggf. verbundenen Eingriff in die Mitgliedsrechte der Aktionäre.[268] Zumal mit Blick auf die „Siemens/Nold"-Entscheidung betreffend den Bezugsrechtsausschluss beim genehmigten Kapital[269] begegnet es aber keinen Bedenken, dass die Hauptversammlung den Vorstand im Rahmen eines **Konzeptbeschlusses** vorab zu einer bestimmten Maßnahme ermächtigt.[270] Nicht erforderlich ist also, dass der Vorstand die

---

[261] BGHZ 83, 122 (137, 140) = NJW 1982, 1703; *Götz* AG 1984, 85 (88); *Lutter* FS Stimpel, 1985, 825 (849); *ders.* FS H. Westermann, 1974, 347 (367); *Westermann* ZGR 1984, 352 (373); KK-AktG/*Koppensteiner* Vor § 291 Rn. 105; MHdB AG/*Krieger* § 70 Rn. 46. – Zur konzerninternen Verschmelzung → Rn. 45.
[262] Zum Meinungsstand vor „Gelatine" s. 3. Aufl. Rn. 45; zur Frage eines Initiativrechts der Hauptversammlung nach § 83 s. *Arnold* ZIP 2005, 1573 (1578) mwN; ferner zu § 119 Abs. 2 *Rohde/Geschwandtner* NZG 2005, 996 ff.
[263] BGHZ 83, 122 (139 ff.) = NJW 1982, 1702.
[264] 3. Aufl. Rn. 45; *Altmeppen* DB 1998, 49 (50 f.); *Geßler* FS Stimpel, 1985, 771 (786); *Henze* FS Ulmer, 2003, 211 (220 ff.); MHdB AG/*Krieger* § 69 Rn. 11; MüKoAktG/*Kubis* 2. Aufl. § 119 Rn. 55; *Lutter* FS Fleck, 1988, 169 (182); *ders./Leinekugel* ZIP 1998, 225 (231); *Mecke* 231; *Mülbert* 438 f.; *Priester* ZHR 163 (1999), 187 (199 f.); *Rehbinder* ZGR 1983, 92 (98); *Timm* 66 f.; *Leinekugel* 76 ff.; *Wahlers* 177 ff.; *Weißhaupt* NZG 1999, 804 (810); trotz der von ihm befürworteten Heranziehung des § 119 Abs. 2 auch HKW/*Reichert* 50 f.; aA OLG Karlsruhe DB 2002, 1094 (1095); *Hüffer* FS Ulmer, 2003, 279 (297 ff.); *Horbach* BB 2001, 893 (894 ff.); *Immenga* BB 1992, 2446 (2448); *Liebscher* 92 f.; Semler/Stengel/*Schlitt* UmwG 1. Aufl. Anh. § 173 Rn. 48; *Wasmann* DB 2002, 1096 f.
[265] BGHZ 159, 30 (45 f.) = NJW 2004, 1860; BGH NZG 2004, 575 (579); zust. *Arnold* ZIP 2005, 1573 (1575); *Altmeppen* ZIP 2004, 1000; *Bungert* BB 2004, 1345 (1349 f.).
[266] BGHZ 159, 30 (45 f.) = NJW 2004, 1860; BGH NZG 2004, 575 (579) im Anschluss an 3. Aufl. Rn. 45; aA *Lutter* FS Stimpel, 1985, 825 (847 f.), *Wiedemann* Unternehmensgruppe 57, die in diesem Fall die einfache Mehrheit genügen lassen wollen; → Rn. 51.
[267] BGHZ 159, 30 (45 f.) = NJW 2004, 1860; BGH NZG 2004, 575 (579).
[268] BGHZ 159, 30 (45 f.) = NJW 2004, 1860; BGH NZG 2004, 575 (579).
[269] BGHZ 136, 133 (138 ff.) = NJW 1997, 2815; s. ferner BGHZ 153, 47 (59 f.) = NZG 2003, 280; auf den Zusammenhang mit „Holzmüller" bereits hinweisend *Zeidler* NZG 1998, 91 (93).
[270] So zu Recht LG Frankfurt a.M. DB 2001, 751 (752); GroßkommAktG/*Mülbert* § 293 Rn. 286; MüKoAktG/*Kubis* § 119 Rn. 99 ff.; Hölters/*Drinhausen* § 119 Rn. 22; Grigoleit/*Herrler* § 119 Rn. 25; MHdB AG/

Zustimmung zu einem konkreten Vertrag erbittet; er kann sich vielmehr allgemein und unabhängig von der Vornahme vorbereitender Ausführungshandlungen eine hinreichend bestimmte und damit zumindest in konzeptioneller Hinsicht klar umrissene[271] Maßnahme, etwa die Ausgliederung eines Unternehmensteils, der Erwerb einer Beteiligung oder die Einbringung einer Beteiligung in eine Tochtergesellschaft, genehmigen lassen, um so rasch auf sich ändernde Marktverhältnisse oder eine Änderung der steuerlichen Rahmenbedingungen reagieren zu können.[272] Einer Befristung der Ermächtigung bedarf es nicht; auch kann nicht angenommen werden, dass die Ermächtigung per se bis zur nächsten ordentlichen Hauptversammlung befristet sei.[273] Allerdings hat der Vorstand auf der nächsten ordentlichen Hauptversammlung über den Stand der Dinge zu berichten.[274] Umgekehrt handelt der Vorstand zwar rechtswidrig, wenn er eine zustimmungspflichtige Maßnahme ohne Mitwirkung der Aktionäre vollzieht. Der Eingriff in die Zuständigkeit der Aktionäre kann jedoch durch deren **nachträgliche Zustimmung** geheilt werden; einer etwaigen Abwehr- und Beseitigungsklage (→ Rn. 54) wird auf diese Weise die Grundlage entzogen.[275] Der Einwand rechtmäßigen Alternativverhaltens ist dem Vorstand hingegen versagt; der Vorstand kann also nicht geltend machen, dass er die erforderliche Zustimmung angesichts der Mehrheitsverhältnisse unzweifelhaft erhalten hätte.[276] Die Beschlussfassung folgt im Übrigen allgemeinen Grundsätzen. Der Zustimmungsbeschluss unterliegt keiner gesteigerten **Inhaltskontrolle**; insbesondere ist er nicht auf die sachliche Rechtfertigung der Maßnahme zu überprüfen.[277] Davon unberührt bleibt allerdings eine Kontrolle des Beschlusses auf seine Vereinbarkeit mit der Treupflicht und dem Gleichbehandlungsgrundsatz.

52   **bb) Information der Aktionäre.** Nicht abschließend geklärt ist die Frage, welche Information die zur Mitwirkung berufenen Aktionäre beanspruchen können. Vor dem Hintergrund, dass „Holzmüller/Gelatine"-Sachverhalte strukturändernden Charakter haben, bietet sich zunächst die **entsprechende Anwendung des § 124 Abs. 2 S. 2** an.[278]

Krieger § 70 Rn. 12; Semler/Stengel/*Schlitt* UmwG Anh. § 173 Rn. 41 f.; *Lutter/Leinekugel* ZIP 1998, 805 (811 ff.); *Henze* FS Ulmer, 2003, 211 (233 f.); *Reichert* AG 2005, 150 (159); *Bungert* NZG 1998, 367 (370); aA offensichtlich LG Stuttgart WM 1992, 58 (61 f.); LG Karlsruhe ZIP 1998, 385 (387 f.); *Veil* ZIP 1998, 361 (368); wohl auch *Zeidler* NZG 1998, 91 (92 f.); einschr. *Tröger* ZIP 2001, 2029 (2039 f.).

[271] Speziell dazu MüKoAktG/*Kubis* § 119 Rn. 100; Semler/Stengel/*Schlitt* UmwG Anh. § 173 Rn. 42; *Lutter/Leinekugel* ZIP 1998, 805 (815 f.); *Henze* FS Ulmer, 2003, 211 (234) (mit zutr. Hinweis darauf, dass der Vorstand verschiedene Konzeptionen vorlegen und sich ein Auswahlermessen einräumen lassen kann); *Westermann* FS Koppensteiner, 2001, 259 (273 ff.). Zu den Informationspflichten → Rn. 52.

[272] Hieraus folgt, dass für eine Vorabermächtigung (mit eingeschränkten Informationspflichten, → Rn. 52) kein Raum mehr ist, wenn die fragliche Maßnahme bereits hinreichend konkretisiert ist, insbes. die ausführenden Verträge bereits geschlossen sind, s. LG Frankfurt a.M. DB 2001, 751 (752).

[273] S. für das Delisting (→ Rn. 38) BGHZ 153, 47 (59 f.) = NZG 2003, 280; für „Holzmüller"-Beschlüsse MüKoAktG/*Kubis* § 119 Rn. 101; Semler/Stengel/*Schlitt* UmwG Anh. § 173 Rn. 41; wohl auch Hölters/*Drinhausen* § 119 Rn. 22; aA noch 3. Aufl. Rn. 46 im Anschluss an LG Frankfurt a.M. DB 2001, 751 (753); ferner GroßkommAktG/*Mülbert* § 293 Rn. 286; *Lutter/Leinekugel* ZIP 1998, 805 (816); *Henze* FS Ulmer, 2003, 211 (233 f.); *Tröger* ZIP 2001, 2029 (2041); *Westermann* FS Koppensteiner, 2001, 259 (275).

[274] Für das Delisting (→ Rn. 38) BGHZ 153, 47 (59 f.) = NZG 2003, 280; für „Holzmüller"-Beschlüsse MüKoAktG/*Kubis* § 119 Rn. 101.

[275] BGHZ 83, 122 (135) = NJW 1982, 1703; *Hommelhoff* 468; *Habersack* 331 f.; *Bayer* NJW 2000, 2609 (2612) mit zutr. Hinweis darauf, dass etwaige Schadensersatzverpflichtungen des Vorstands unberührt bleiben.

[276] Näher *Habersack* 330 f. mwN.

[277] So auch MüKoAktG/*Kubis* § 119 Rn. 60; GroßkommAktG/*Mülbert* Rn. 290; MHdB AG/*Krieger* § 69 Rn. 13; *Henze* FS Ulmer, 2003, 211 (224); *Westermann* FS Koppensteiner, 2001, 259 (276); für das Delisting (→ Rn. 38) BGHZ 153, 47 (58 f.) = NZG 2003, 280; für die Eingliederung → § 320 Rn. 6; aA *Hirte* 162 ff.

[278] Dafür auch OLG Schleswig ZIP 2006, 421 (424 f.); OLG München AG 1995, 232 (233); LG Frankfurt a.M. ZIP 1997, 1698 (1701 f.); ZIP 2005, 579; LG München I AG 2007, 336 (337 f.); *Lutter* FS Fleck, 1988, 169 (176); Hüffer/*Koch* § 119 Rn. 27, § 124 Rn. 11; MüKoAktG/*Kubis* § 119 Rn. 54; MHdB AG/*Krieger* § 70 Rn. 14; Grigoleit/*Herrler* § 119 Rn. 26; *Weißhaupt* AG 2004, 586 (588); tendenziell auch OLG Frankfurt WM 1999, 1881 (1884): „liegt nahe"; für analoge Anwendung des § 124 Abs. 2 S. 2 (Vereinbarung eines Rücktrittsvorbehalts) auch BGHZ 146, 288 (294, 297) = NJW 2001, 1277, freilich eine freiwillige Vorstandsvorlage gemäß § 119 Abs. 2 AktG betr.; dazu *Schockenhoff* NZG 2001, 921 (922); krit. *Drinkuth* AG 2001, 256 (258); *Kort* ZIP 2002, 685 (686 f.); *Tröger* ZHR 165 (2001), 593 (596 ff.).

Vorbemerkungen

In der Bekanntmachung ist deshalb der wesentliche Inhalt der Maßnahme darzustellen.[279] Was die Frage weitergehender Informationspflichten betrifft, so ist zwar eine umfassende und generelle „Ausstrahlungswirkung" des UmwG abzulehnen.[280] Anderes gilt dagegen für die **Berichtspflicht** nach §§ 127, 8 Abs. 1 S. 2–4, Abs. 2 und 3 UmwG, §§ 186 Abs. 4 S. 2, 293a. In entsprechender Anwendung der genannten Vorschriften besteht sie auch bei der Ausgliederung durch Einzelrechtsübertragung und vergleichbaren Strukturmaßnahmen (→ Rn. 37 ff.), und zwar sowohl bei Vorabermächtigung (→ Rn. 51) als auch bei Zustimmung zu einer bereits konkretisierten Maßnahme.[281] Der Bericht ist entsprechend §§ 125 S. 1, 63 Abs. 1 Nr. 4, Abs. 3, Abs. 4 UmwG, §§ 293f, 293g Abs. 1 und 2 auszulegen, zu erläutern und ggf. den Aktionären auszuhändigen oder zugänglich zu machen. Entsprechend §§ 125 S. 1, 63 Abs. 1 Nr. 2 und 3, Abs. 4 UmwG sollten mit ihm bei Beteiligung Dritter die Jahresabschlüsse und Lageberichte der Tochter und im Fall der Ausgliederung, Bargründung und Einbringung (→ Rn. 37 f., 42) eine spezielle *Einbringungsbilanz* ausgelegt oder zugänglich gemacht werden.[282] Hat die Hauptversammlung nach § 124 Abs. 2 S. 2 (sei es in unmittelbarer oder in entsprechender[283] Anwendung der Vorschrift) über einen (zumindest ausgehandelten)[284] Vertrag der AG zu entscheiden, so ist die Gesellschaft, wenn dem Vertrag eine zustimmungspflichtige Strukturmaßnahme iSv „Holzmüller/Gelatine" zugrunde liegt, darüber hinaus verpflichtet, den **Vertrag auszulegen**.[285] Ist der Vertrag nicht in deutscher Sprache abgefasst, ist (neben der Originalfassung) eine deutsche Übersetzung vorzulegen.[286] Allgemein gilt, dass insbesondere bei Beteiligung Dritter auf berechtigte Geheimhaltungsinteressen Rücksicht zu nehmen ist.[287]

cc) Vertretungsmacht. Nach ganz hM soll es für zustimmungspflichtige Maßnahmen **53** der Gruppenbildung und -leitung bei dem Grundsatz der unbeschränkten und unbeschränkbaren Vertretungsmacht des Vorstands bewenden. Missachtet also der Vorstand die an sich

---

[279] Zu den diesbezüglichen Anforderungen s. etwa OLG München ZIP 2002, 1353; LG Frankfurt a.M. ZIP 2005, 579 (580 f.).

[280] LG Hamburg AG 1997, 238; LG München I ZIP 2006, 2036 (2038 f.); *Aha* AG 1997, 345 ff.; *Bungert* NZG 1998, 367 ff.; *Kallmeyer* ZIP 1994, 1746 (1749); *Nagel* DB 1996, 1221 (1225); HKW/*Reichert* 25, 35 ff.; Semler/Stengel/*Schlitt* UmwG Anh. § 173 Rn. 10, 52 ff.; *Westermann* FS Koppensteiner, 2001, 259 (264 ff.); *Zöllner* ZGR 1993, 334 (337); dagegen zumindest in der Tendenz für weitgehende Ausstrahlung der §§ 123 ff. UmwG LG Karlsruhe ZIP 1998, 385 (387 ff.); *Feddersen/Kiem* ZIP 1994, 1078 ff.; *Veil* ZIP 1998, 361 (366 ff.); eingehend *Leinekugel*, insbes. 191 ff., 222 ff.; für das österreichische Recht *Rüffler* 393 ff.

[281] LG Frankfurt a.M. ZIP 1997, 1698 (1702); LG Karlsruhe ZIP 1998, 385 (387 ff.); GroßkommAktG/ *Mülbert* § 293 Rn. 296 f.; MHdB AG/*Krieger* § 70 Rn. 14; Grigoleit/*Herrler* § 119 Rn. 26; *Groß* AG 1996, 111 (116 f.); *Lutter* FS Fleck, 1988, 169 (176 ff.); *Lutter/Leinekugel* ZIP 1998, 805 (814 ff.); *Leinekugel* 228 ff.; HKW/*Reichert* 25, 60 f.; *ders.* AG 2005, 150 (158 f.); Semler/Stengel/*Schlitt* UmwG Anh. § 173 Rn. 55; *v. Riegen* 131 f.; *Zeidler* NZG 1998, 91 (93); enger – Berichtspflicht nur bei Vorabermächtigung – MüKoAktG/ *Kubis* § 119 Rn. 55; *Weißhaupt* AG 2004, 585 (589 ff.); aA – gegen Berichtspflicht – LG Hamburg AG 1997, 238; Hüffer/*Koch* § 119 Rn. 27; K. Schmidt/Lutter/*Spindler* § 119 Rn. 43; *Priester* ZHR 163 (1999), 187 (200 f.); *Zeidler* NZG 1998, 91 (93). – Zur Entbehrlichkeit einer Vertragsprüfung s. § 125 S. 2 UmwG, ferner Semler/Stengel/*Schlitt* UmwG Anh. § 173 Rn. 19.

[282] So für die Ausgliederung auch HKW/*Reichert* 25, 61; für analoge Anwendung des § 63 Abs. 1 Nr. 2, 3 UmwG LG Karlsruhe ZIP 1998, 385 (387 ff.); aA MüKoAktG/*Kubis* § 119 Rn. 55.

[283] Zur analogen Anwendung bei Aufnahme eines Rücktrittsvorbehalts in den der Hauptversammlung vorgelegten Vertrag s. BGHZ 146, 288 (294, 297) = NJW 2001, 1277; *Drinkuth* AG 2001, 256 (258); *Kort* ZIP 2002, 685 (686 f.); *Schockenhoff* NZG 2001, 921 (922); *Tröger* ZHR 165 (2001), 593 (596 ff.).

[284] Vgl. BGHZ 146, 288 (294) = NJW 2001, 1277; *Schockenhoff* NZG 2001, 921 (924 f.); zur Anwendbarkeit insbes. der §§ 179a Abs. 2, 293f Abs. 1 Nr. 1 auch auf Vertragsentwürfe s. auch BGH NJW 1982, 933.

[285] OLG Schleswig ZIP 2006, 421 (424 ff.); OLG Frankfurt WM 1999, 1881 (1883 f.); OLG München AG 1995, 232 (233); LG Frankfurt a.M. ZIP 1997, 1698 (1702); LG Karlsruhe ZIP 1998, 385 (387 ff.); GroßkommAktG/*Mülbert* § 293 Rn. 298; K. Schmidt/Lutter/*Spindler* § 119 Rn. 44; Grigoleit/*Herrler* § 119 Rn. 26; s. für die freiwillige Vorlage eines auf Tochterebene angesiedelten Veräußerungsvorgangs in zutr. analoger Anwendung des § 179a Abs. 2 auch BGHZ 146, 288 (294, 295 ff.) = NJW 2001, 1277; dazu *Röhricht* VGR 5 (2002), 3 (35 ff.); aA – grds. gegen Auslegungspflicht – Hüffer/*Koch* § 119 Rn. 28; *Kort* AG 2006, 272 (275 f.).

[286] So auch GroßkommAktG/*Mülbert* § 293 Rn. 298; Hüffer/*Koch* § 119 Rn. 28; für Pflicht zur Vorlage einer deutschen Übersetzung auch OLG Schleswig ZIP 2006, 421 (427); LG München I ZIP 2001, 1148 (1150), im Übrigen offengelassen; vgl. auch OLG Dresden AG 2003, 433 (435).

[287] *Henze* FS Ulmer, 2003, 211 (234); *Weißhaupt* AG 2004, 585 (591).

gebotene Zuständigkeit der Hauptversammlung, so soll dies – vorbehaltlich des § 179a (→ Rn. 32) – die Wirksamkeit der von ihm vorgenommenen Rechtsgeschäfte unberührt lassen.[288] Vor dem Hintergrund, dass die Zuständigkeit der Hauptversammlung dem strukturändernden Charakter der Maßnahme Rechnung trägt und somit der Bereich der Geschäftsführung verlassen ist, erscheint dies freilich keineswegs als selbstverständlich.[289] Jedenfalls gelangen auch im vorliegenden Zusammenhang und vorbehaltlich – im Regelfall allerdings anzuerkennender – schutzwürdiger Drittinteressen die Grundsätze über den **Missbrauch** der Vertretungsmacht zur Anwendung.[290] Zudem gilt es zu berücksichtigen, dass *konzerninterne* Maßnahmen ohnehin in weitem Umfang vom Grundsatz der unbeschränkten und unbeschränkbaren Vertretungsmacht ausgenommen sind, interne Begrenzungen der Vertretungsmacht also auch unabhängig von den besonderen Voraussetzungen eines Missbrauchs der Vertretungsmacht – und wiederum vorbehaltlich entgegenstehender Drittinteressen – auf das Außenverhältnis durchschlagen können;[291] dies gilt zumal im Falle personeller Verflechtungen auf der Vorstandsebene.

54 dd) **Abwehr- und Beseitigungsanspruch.** Missachtet der Vorstand die Zuständigkeit der Hauptversammlung,[292] so hat jeder Aktionär einen eigenen Abwehr- und Beseitigungsanspruch.[293] Dieser Anspruch gründet zunächst auf dem mitgliedschaftlichen Rechtsverhältnis zwischen dem Aktionär und der Gesellschaft und richtet sich insoweit gegen diese.[294] Darüber hinaus ist die Mitgliedschaft „sonstiges" Recht iSd § 823 Abs. 1 BGB und genießt als solches auch im Verbandsinnenverhältnis quasi-negatorischen und deliktischen Schutz.[295] Auf der Grundlage der §§ 823 Abs. 1, 1004 BGB kann deshalb jeder außenstehende Gesell-

---

[288] BGHZ 83, 122 (128 ff., 132) = NJW 1982, 1703; BGHZ 159, 30 (42 f.) = NJW 2004, 1860; OLG Celle ZIP 2001, 613 (616); MHdB AG/*Krieger* § 70 Rn. 15; GroßkommAktG/*Mülbert* § 293 Rn. 299; MüKoAktG/*Kubis* § 119 Rn. 63; *Altmeppen* ZIP 2004, 999 (1000 f.); *Henze* FS Ulmer, 2003, 211 (221).

[289] Zweifelnd auch KK-AktG/*Koppensteiner* Vor § 291 Rn. 58; zur entsprechenden Einschränkung des § 126 HGB s. Staub/*Habersack* HGB § 126 Rn. 12 ff. mwN.

[290] S. aber auch die im Zusammenhang mit der Gründung der Tochtergesellschaft angestellten zutr. Erwägungen in BGHZ 83, 122 (132 f.) = NJW 1982, 1703; ferner OLG Celle AG 2001, 357 (358 f.); *Adolff/Adolff* FS Mailänder, 2006, 289 (297 ff.). Allg. zum Missbrauch der Vertretungsmacht Hüffer/*Koch* § 82 Rn. 6 ff.; GroßkommAktG/*Habersack/Foerster* 5. Aufl. § 82 Rn. 9 ff.

[291] S. aber auch die im Zusammenhang mit der Gründung der Tochtergesellschaft angestellten zutr. Erwägungen in BGHZ 83, 122 (132 f.) = NJW 1982, 1703; ferner OLG Celle AG 2001, 357 (358 f.); *Adolff/Adolff* FS Mailänder, 2006, 289 (297 ff.); allg. zur Unanwendbarkeit des § 82 auf konzerninterne Rechtsgeschäfte GroßkommAktG/*Habersack/Foerster* 5. Aufl. § 82 Rn. 18.

[292] Für Befugnis des Vorstands, den angefochtenen Beschluss unter den Voraussetzungen des § 246a Abs. 2 Nr. 3 AktG analog umzusetzen, *J. Vetter*, Liber Amicorum Winter, 2011, 731, 741 ff. – zweifelhaft; s. zum Folgenden auch den Praxisbericht von *Bernhardt* DB 2000, 1873 (1879 ff.).

[293] Der Klageantrag braucht nur den angestrebten Erfolg (Rückgängigmachung), nicht dagegen auch die dazu notwendigen Maßnahmen zu bezeichnen; zutr. *Zimmermann/Pentz* FS Müller, 2001, 151 (179 f.); *Seiler/Singhof* Konzern 2003, 313 (318); näher zum Inhalt des Beseitigungsanspruchs *Seiler/Singhof* Konzern 2003, 313 (318 f.).

[294] So der Ansatz des BGH in BGHZ 83, 122 (133 ff.) = NJW 1982, 1703; s. ferner BGHZ 106, 54 (64) = NJW 1989, 979 – Opel; OLG Köln AG 2009, 416 (417); für das genehmigte Kapital BGHZ 136, 133 (141) = NJW 1997, 2815 – Siemens/Nold; BGHZ 164, 249 (254 ff.) = NJW 2006, 374 – Mangusta/Commerzbank II (vorbeugende Unterlassungsklage oder Feststellungsklage; dazu BVerfG ZIP 2009, 753 (755 f.); *Goette* VGR 10 [2006], 1, 8 f.; *Bartels* ZGR 2008, 723 ff.; *Busch* NZG 2006, 81 (83 ff.); *Krämer/Kiefner* ZIP 2005, 301 (303 ff.); *Kubis* DStR 2005, 188 (191 f.); *Reichert/Senger* Konzern 2006, 338 (344 ff.); *Schürnbrand* ZHR 171 [2007], 731 ff.; *Wilsing* ZGR 2006, 722 (733 ff.)); zust. etwa OLG Stuttgart NZG 2003, 778 (785); OLG Köln ZIP 1993, 110 (113); LG Köln AG 2008, 327 (329); LG Frankfurt a.M. DB 2003, 987 (989); *Adolff* ZHR 169 (2005), 310 (313 ff.); *Bayer* NJW 2000, 2609 (2610 f., 2614); *Baums* Gutachten 199 ff. (209 f.); *Seiler/Singhof* Konzern 2003, 313 (315 f.); *K. Schmidt* GesR § 21 V 3; GroßkommAktG/*Mülbert* Vor § 118 Rn. 212 ff.; näher *Habersack* 305 ff.; *ders.* DStR 1998, 533 ff.; krit. *Krieger* ZHR 163 (1999), 343 (355 f.); abl. *H. Roth* FS Henckel, 1995, 707 (713 ff.).

[295] Vgl. für die Mitgliedschaft im Idealverein BGHZ 110, 323 (327 f.) = NJW 1990, 2877; näher dazu (verbandstypenübergreifend) *Habersack* 117 ff., 171 ff. allg. zum Schutz der Mitgliedschaft im Verbandsinnenverhältnis, 297 ff. zur Verletzung der Mitgliedschaft bei Übergriffen in die Zuständigkeit der Hauptversammlung; für die AG LG Bonn AG 2001, 484 (485); *Bayer* NJW 2000, 2609 (2611 f.) mwN; aA namentlich *Hadding* FS Kellermann, 1991, 91 ff.; *Reuter* FS Lange, 1992, 707 (721 ff.); *Beuthien* FS Wiedemann, 2002, 755 ff.

schafter sämtliche an dem Kompetenzübergriff beteiligten Personen – neben der Gesellschaft mithin auch deren Vorstandsmitglieder – auf Unterlassung und Beseitigung in Anspruch nehmen.[296] Sowohl der Anspruch aus dem mitgliedschaftlichen Rechtsverhältnis als auch derjenige aus §§ 823 Abs. 1, 1004 BGB stehen unter dem Vorbehalt der mitgliedschaftlichen Treupflicht und des aus ihr folgenden Gebots der Rücksichtnahme. Zutreffend betont deshalb der BGH, dass die Ansprüche nicht „ohne unangemessene Verzögerung" geltend zu machen sind, weshalb die Zeit, die zwischen dem Vollzug der Maßnahme und der Klageerhebung vergeht, „nicht außer Verhältnis" zur Monatsfrist des § 246 Abs. 1 stehen dürfe.[297] Dies ist eindeutig im Sinne einer flexiblen, auf die Umstände des Einzelfalls abstellenden Betrachtungsweise zu verstehen.[298] Ein **Schadensersatzanspruch der Gesellschaft** kann sich aus §§ 93, 116, 117 ergeben. Er setzt allerdings, soweit er sich gegen die Maßnahme als solche richtet, deren nachteiligen Charakter voraus. Besteht der Schaden der Gesellschaft in dem Erfordernis der Rückabwicklung der Maßnahme, fehlt es an einem Verschulden des Vorstands, wenn dieser von der Unbegründetheit der Abwehrklage des Aktionärs ausgehen durfte.

ee) Keine analoge Anwendung der §§ 133, 325 UmwG. Kommt es zur Ausgliederung im Wege der Einzelrechtsnachfolge, so beurteilen sich die Rechte der Gläubiger der ausgliedernden Gesellschaft nach allgemeinen Grundsätzen. Für die entsprechende Anwendung des § 133 UmwG betreffend die Spaltungshaftung ist dagegen kein Raum. Diese Vorschrift steht vielmehr im Zusammenhang mit dem in § 131 Abs. 1 Nr. 1 UmwG angeordneten, ohne Mitwirkung des Gläubigers möglichen *Übergang der Verbindlichkeiten* auf den neuen Rechtsträger.[299] Bei der Ausgliederung im Wege der Einzelrechtsübertragung bedarf es dagegen zur Übertragung der Verbindlichkeiten und ganzer Rechtsverhältnisse auf die Tochtergesellschaft der Zustimmung des Gläubigers. Erteilt dieser die Zustimmung, so ist kein Grund für eine Forthaftung der ausgliedernden Gesellschaft ersichtlich; nach §§ 414, 415 BGB haftet dann vielmehr allein die aufnehmende Gesellschaft als neuer Schuldner. Auch die analoge Anwendung des § 325 UmwG betreffend die Beibehaltung der Mitbestimmung erscheint nicht veranlasst; für die Ausgliederung im Wege der Einzelrechtsnachfolge hat es vielmehr bei § 5 MitbestG, § 2 DrittelbG zu bewenden.

§ 311 Schranken des Einflusses

(1) Besteht kein Beherrschungsvertrag, so darf ein herrschendes Unternehmen seinen Einfluß nicht dazu benutzen, eine abhängige Aktiengesellschaft oder Kommanditgesellschaft auf Aktien zu veranlassen, ein für sie nachteiliges Rechtsgeschäft vorzunehmen oder Maßnahmen zu ihrem Nachteil zu treffen oder zu unterlassen, es sei denn, daß die Nachteile ausgeglichen werden.

(2) [1]Ist der Ausgleich nicht während des Geschäftsjahrs tatsächlich erfolgt, so muß spätestens am Ende des Geschäftsjahrs, in dem der abhängigen Gesellschaft

---

[296] Näher zu Inhalt und Geltendmachung des Anspruchs *Habersack* 355 ff.; *Seiler/Singhof* Konzern 2003, 313 (318 ff.); zur analogen Anwendung des § 247 s. OLG Düsseldorf NZG 2000, 1078; → § 317 Rn. 27; zur Möglichkeit einstweiligen Rechtsschutzes s. LG Duisburg NZG 2002, 643; *Markwardt* WM 2004, 211 ff.; *Seiler/Singhof* Konzern 2003, 313 (316 ff.); allg. hierzu *Schlitt/Seiler* ZHR 166 (2002), 544 ff.

[297] So BGHZ 83, 122 (136) = NJW 1982, 1703, wo zweieinhalb Jahre vergangen waren, was vom BGH zu Recht als verspätet angesehen wurde; s. ferner LG Koblenz DB 2001, 1660 – Verfristung der 20 Monate nach Abschluss des Kaufvertrags erhobenen Feststellungsklage.

[298] So denn auch *Binge*, Gesellschafterklagen gegen Maßnahmen der Geschäftsführer in der GmbH, 1994, 151 ff.; *Zimmermann/Pentz* FS Müller, 2001, 151 (172 ff.); *Zöllner* ZGR 1988, 392 (432); aA – für analoge Anwendung des § 246 Abs. 1, freilich in dem Sinne, dass zunächst innerhalb eines Monats der Gesellschaft der Anspruch geltend zu machen und sodann, wiederum innerhalb eines Monats, ggf. die Klage zu erheben sei – *Flume* JurPerson § 8 V (311 f.); *Altmeppen* DB 1998, 49 (51); für § 246 Abs. 1 als Richtschnur, freilich unter Betonung, dass subjektive Elemente in die Wertung einflössen, *Brondics*, Die Aktionärsklage, 1988, 119.

[299] Näher zur Spaltungshaftung *Habersack* FS Bezzenberger, 2000, 93 ff.

der Nachteil zugefügt worden ist, bestimmt werden, wann und durch welche Vorteile der Nachteil ausgeglichen werden soll. ²Auf die zum Ausgleich bestimmten Vorteile ist der abhängigen Gesellschaft ein Rechtsanspruch zu gewähren.

Schrifttum: *Altmeppen,* Zur Vermögensbindung in der faktisch abhängigen AG, ZIP 1996, 693; *ders.,* Die Haftung des Managers im Konzern, 1998; *ders.,* Interessenkonflikte im Konzern, ZHR 171 (2007), 320; *ders.,* Zur immer noch geheimnisvollen Regelung der faktisch abhängigen AG, FS Priester, 2007, 1; *ders.,* Wirklich keine Haftung der Bundesrepublik Deutschland im Fall Telekom?, NJW 2008, 1553; *ders.,* Cash Pooling und Kapitalerhaltung im faktischen Konzern, NZG 2010, 401; *Chr. Arnold,* Variable Vergütung von Vorstandsmitgliedern im faktischen Konzern, FS J.-H. Bauer, 2010, 35; *M. Arnold/Aubel,* Einlagenrückgewähr, Prospekthaftung und Konzernrecht bei öffentlichen Angeboten von Aktien, ZGR 2012, 113; *M. Arnold/Gärtner,* Konzerninterne Unternehmensveräußerungen im Spannungsfeld von § 311 Abs. 2 AktG und Beschlussmängelrecht, FS Stilz, 2014, 7; *Austmann,* Integration der Zielgesellschaft nach Übernahme, ZGR 2009, 277; *Bachmayr,* Der reine Verlustübernahmevertrag, ein Unternehmensvertrag iSd Aktiengesetzes, BB 1967, 135; *J. Bauer/Schmidt-Bendun,* Aktien- und kapitalmarktrechtliche Grenzen des Informationsflusses im faktischen Aktienkonzern – Informationsweitergabe durch Doppelmandatsträger im faktischen Aktienkonzern, FS Wegen, 2015, 105; *Bälz,* Einheit und Vielheit im Konzern, FS L. Raiser, 1974, 287; *ders.,* Verbundene Unternehmen, AG 1992, 277; *W.F. Bayer,* Mehrstufige Unternehmensverträge, FS Ballerstedt, 1975, 157; *W. Bayer,* Zentrale Konzernfinanzierung, Cash Management und Kapitalerhaltung, FS Lutter, 2000, 1011; *ders./Lieder,* Upstream-Darlehen und Aufsichtsratshaftung, AG 2010, 885; *L. Beck,* Kapitalmarktrechtliche Prospekthaftung im Konzern, NZG 2014, 1410; *ders.,* Nachteilszufügung, ihre Wirkung und ihr Ausgleich im faktischen AG-Konzern, BB 2015,1289; *Becker/Grazé,* Schrifttum und Rechtsprechung zu den Verrechnungspreisen zwischen verbundenen Unternehmen, DB 1985, Beilage 15; *Beuthien,* Art und Grenzen der aktienrechtlichen Haftung herrschender Unternehmen bei Leitungsmachtmißbrauch, DB 1969, 1781; *T. Bezzenberger,* Das Kapital der Aktiengesellschaft, 2005; *Bicker,* Gläubigerschutz in der grenzüberschreitenden Konzerngesellschaft, 2007; *ders.,* Compliance – organisatorische Umsetzung im Konzern, AG 2012, 542; *F. Born,* Die abhängige Kommanditgesellschaft auf Aktien, 2004; *Brüggemeier,* Die Einflußnahme auf die Verwaltung einer Aktiengesellschaft, AG 1988, 93; *Cahn,* Kapitalerhaltung im Konzern, 1998; *ders.,* Zur Anwendbarkeit der §§ 311 ff. AktG im mehrstufigen Vertragskonzern, BB 2000, 1477; *ders.,* Das richterrechtliche Verbot der Kreditvergabe an Gesellschafter und seine Folgen, Konzern 2004, 235; *ders.,* Das Zahlungsverbot nach § 92 Abs. 2 Satz 3 AktG – aktien- und konzernrechtliche Aspekte des neuen Liquiditätsschutzes, Konzern 2009, 7; *ders.,* Kredite an Gesellschafter – zugleich Anmerkung zur MPS-Entscheidung des BGH, Konzern 2009, 67; *Decher,* Personelle Verflechtungen im Aktienkonzern, 1990; *ders.,* Das Konzernrecht des AktG: Bestand und Bewährung, ZHR 171 (2007), 126; *ders.,* Verbundeffekte im Aktienkonzernrecht und im Recht der Unternehmensbewertung, FS Hommelhoff, 2012, 115; *Dettling,* Die Entstehungsgeschichte des Konzernrechts im Aktiengesetz von 1965, 1997; *Dreher,* Kartellrechtliche Kronzeugenprogramme und Gesellschaftsrecht, ZWeR 2009, 397; *Drexl,* Wissenszurechnung im Konzern, ZHR 161 (1997), 491; *Druey,* Die Zukunft des Konzernrechts, FS Hommelhoff, 2012, 135; *Ederle,* Verdeckte Beherrschungsverträge, 2010; *Ehricke,* Gedanken zu einem allgemeinen Konzernorganisationsrecht zwischen Markt und Regulierung, ZGR 1996, 300; *ders.,* Das abhängige Konzernunternehmen in der Insolvenz, 1998; *Eichholz,* Das Recht konzerninterner Darlehen, 1993; *Ekkenga/Weinbrenner/Schütz,* Einflusswege und Einflussfolgen im faktischen Unternehmensverbund – Ergebnisse einer empirischen Untersuchung, Konzern 2005, 261; *Endres,* Organisation der Unternehmensleitung aus der Sicht der Praxis, ZHR 163 (1999), 441; *Eschenbruch,* Konzernhaftung, 1996; *Fabritius,* Zu den Grenzen der Durchsetzung eines kapitalmarktrechtlich begründeten Informationsinteresses des herrschenden Unternehmens im faktischen Konzern, FS U. Huber, 2006, 705; *Feddersen,* Gewerbesteuerumlage im faktischen Konzern, ZGR 2000, 523; *Fett/Gebauer,* Compliance-Strukturen im faktischen Bankkonzern, FS Schwark, 2009, 375; *Fleischer,* Konzernrechtliche Vertrauenshaftung, ZHR 163 (1999), 461; *ders.,* Haftung des herrschenden Unternehmens im faktischen Konzern und unternehmerisches Ermessen (§§ 317 II, 93 I AktG), NZG 2008, 371; *Flume,* Der Referentenentwurf eines AktG, 1958; *ders.,* Die abhängige AG und die Aktienrechtsreform, DB 1959, 190; *Forum Europaeum Konzernrecht,* Konzernrecht für Europa, ZGR 1998, 672; *Ganssweid,* Gemeinsame Tochtergesellschaften im deutschen Konzern- und Wettbewerbsrecht, 1976; *Geßler,* Der Schutz der abhängigen Gesellschaft, FS W. Schmidt, 1959, 247; *ders.,* Probleme des neuen Aktienrechts, DB 1965, 1729; *ders.,* Leitungsmacht und Verantwortlichkeit im faktischen Konzern, FS H. Westermann, 1974, 145; *ders.,* Überlegungen zum faktischen Konzern, FS Flume, Bd. II, 1978, 55; *ders.,* Schutz vor Fremdeinflüssen im Aktienrecht, ZHR 145 (1981), 457; *Goette,* Zur Orientierung der Vorstandsvergütung an der Lage der Muttergesellschaft, FS Hopt, 2010, 689; *H. Götz,* Leitungssorgfalt und Leitungskontrolle der Aktiengesellschaft hinsichtlich abhängiger Unternehmen, ZGR 1998, 524; *ders.,* Zur Binnenstruktur der Unternehmensgruppe, FS Semler, 2004, 375; *Grundmeier,* Rechtspflicht zur Compliance im Konzern, 2011; *Haarmann,* Der Begriff des Nachteils nach § 311 AktG, in Hommelhoff/Rowedder/Ulmer (Hrsg.), Max Hachenburg – Vierte Gedächtnisvorlesung 2000, 2001, 45; *Habersack,* Die Mitgliedschaft – subjektives und "sonstiges" Recht, 1996; *ders.,* Das Konzernrecht der "deutschen" SE, ZGR 2003, 724; *ders.,* Die Einbeziehung des Tochtervorstands in das Aktienoptionsprogramm der Muttergesellschaft – ein Problem der §§ 311 ff. AktG?, FS Raiser, 2005, 111; *ders.,* Die UMTS-Auktion – ein Lehrstück des Aktienkonzernrechts, ZIP 2006, 1327; *ders.,* Steuerumlagen im faktischen Konzern – konzernrechtlich betrachtet, BB 2007, 1397; *ders.,* „Superdividenden", FS K. Schmidt, 2009, 523; *ders.,* Aufsteigende Kredite

§ 311

im Lichte des MoMiG und des „Dezember"-Urteils des BGH, ZGR 2009, 347; *ders.,* Aufsteigende Kredite nach MoMiG, FS Schaumburg, 2009, 1291; *ders.,* Finanzielle Unterstützung des Aktienerwerbs nach MoMiG, FS Hopt, 2010, 725; *ders.,* Gedanken zur konzernweiten Compliance-Verantwortung des Geschäftsleiters eines herrschenden Unternehmens, FS Möschel, 2011, 1175; *ders.,* Die Umplatzierung von Aktien und das Verbot der Einlagenrückgewähr, FS Hommelhoff, 2012, 303; *ders.,* Geschäftschancen im Recht der verbundenen Aktiengesellschaft, FS Hoffmann-Becking, 2013, 421; *ders.,* Gesellschafts- und Gruppeninteresse im Recht der abhängigen AG, in Kalss/Fleischer/Vogt, Gesellschafts- und Kapitalmarktrecht in Deutschland, Österreich und der Schweiz 2013, 2014, 1; *ders./Schürnbrand,* Cash Management und Sicherheitenbestellung bei AG und GmbH im Lichte des richterrechtlichen Verbots der Kreditvergabe an Gesellschafter, NZG 2004, 689; *Haesen,* Der Abhängigkeitsbericht im faktischen Konzern, 1970; *Hassner,* Finanzielle Unterstützung zum institutionellen Leveraged Buyout einer Aktiengesellschaft, 2014; *Hentzen,* Konzerninnenfinanzierung nach BGHZ 157, 72, ZGR 2005, 480; *Henze,* Die Treupflicht im Aktienrecht, BB 1996, 489; *Hoffmann-Becking,* Vorstands-Doppelmandate im Konzern, ZHR 150 (1986), 570; *ders.,* Der Aufsichtsrat im Konzern, ZHR 159 (1995), 325; *ders.,* Gibt es das Konzerninteresse?, FS Hommelhoff, 2012, 433; *Hogh,* Die Nachteilsermittlung im Rahmen des § 311 I AktG, 2004; *Hohenstatt/Seibt/Wagner,* Einbeziehung von Vorstandsmitgliedern in ergebnisabhängige Vergütungssysteme von Konzernobergesellschaften, ZIP 2009, 2289; *Holle,* Legalitätskontrolle im Kapitalgesellschafts- und Konzernrecht, 2014; *Hommelhoff,* Die Konzernleitungspflicht, 1982; *ders.,* Empfiehlt es sich, das Recht faktischer Unternehmensverbindungen neu zu regeln?, Gutachten G zum 59. DJT, 1992; *ders.,* Vorstandsbezüge in der Konzerntochter, FS Goette, 2011, 169; *Hormuth,* Recht und Praxis des konzernweiten Cash Managements, 1997; *Hüffer,* Probleme des Cash Managements im faktischen Aktienkonzern, AG 2004, 416; *ders.,* Die Leitungsverantwortung des Vorstands in der Managementholding, FS Happ, 2006, 93; *ders.,* Unternehmenszusammenschlüsse: Bewertungsfragen, Anfechtungsprobleme und Integrationsschranken, ZHR 172 (2008), 572; *ders.,* Informationen zwischen Tochtergesellschaft und herrschendem Unternehmen im vertragslosen Konzern, FS Schwark, 2009, 185; *Hüttemann,* Steuerumlagen im Konzern, ZHR 171 (2007), 451; *Ihrig/Meder,* Der Mehrheitsaktionär als abhängiges Aufsichtsratsmitglied?, FS Hellwig, 2011, 163; *Jula/Breitbarth,* Liquiditätsausgleich im Konzern durch konzerninterne Darlehen, AG 1997, 256; *Kalss,* Alternativen zum deutschen Aktienkonzernrecht, ZHR 171 (2007), 146; *dies.,* Auskunftsrechte und -pflichten für Vorstand und Aufsichtsrat im Konzern, GesRZ 2010, 137; *Kellmann,* Schadensersatz und Ausgleich im faktischen Konzern, BB 1969, 1509; *ders.,* Zum „faktischen Konzern", ZGR 1974, 220; *Kerber,* Die aktienrechtlichen Grenzen der finanziellen Unterstützung des Aktienerwerbs im Buy-out-Verfahren, DB 2004, 1027; *ders.,* Cash-Management im faktischen Aktienkonzern: Aktienrechtliche Defizite des Liquiditätsschutzes, DB 2005, 1835; *Kiefner/Theusinger,* Aufsteigende Darlehen und Sicherheitenbegebung im Aktienrecht nach dem MoMiG, NZG 2008, 801; *Kleindiek,* Steuerumlagen im gewerbesteuerlichen Organkreis – Anmerkungen aus aktienrechtlicher Perspektive, DStR 2000, 559; *Koch,* Compliance-Pflichten im Unternehmensverbund?, WM 2009, 1013; *Köhler,* Der Schutz des abhängigen Unternehmens im Schnittpunkt von Kartell- und Konzernrecht, NJW 1978, 2473; *Koppensteiner,* Abhängige Gesellschaften aus rechtspolitischer Sicht, FS Steindorff, 1990, 79; *Krag,* Konzepte für die Durchführung von Sonderprüfungen gemäß § 315 AktG, BB 1988, 1850; *Kronstein,* Die Anwendbarkeit der §§ 311 ff. über die Verantwortlichkeit im „faktischen" Konzern bei mehrstufigen Unternehmensverbindungen, BB 1967, 637; *ders.,* Aktienrechtliche und wettbewerbsrechtliche Aspekte der Konzentration, FS Geßler, 1971, 219; *Kropff,* Der „faktische Konzern" als Rechtsverhältnis, DB 1967, 2147, 2204; *ders.,* Zur Anwendung des Rechts der verbundenen Unternehmen auf den Bund, ZHR 144 (1980), 74; *ders.,* Zur Konzernleitungsmacht, ZGR 1984, 112; *ders.,* Konzerneingangskontrolle bei der qualifiziert konzerngebundenen Aktiengesellschaft, FS Goerdeler, 1987, 259; *ders.,* Außenseiterschutz in der faktisch abhängigen „kleinen Aktiengesellschaft", ZGR 1988, 558; *ders.,* Benachteiligungsverbot und Nachteilsausgleich im faktischen Konzern, FS Kastner, 1992, 279; *ders.,* Ausgleichspflichten bei passiven Konzernwirkungen?, FS Lutter, 2000, 1133; *ders.,* Aufsichtsratsmitglied „im Auftrag", FS U. Huber, 2006, 841; *ders.,* Einlagenrückgewähr und Nachteilsausgleich im faktischen Konzern, NJW 2009, 814; *Kühbacher,* Darlehen an Konzernunternehmen – Besicherung und Vertragsanpassung, 1993; *Kuntz,* Zur Frage der Verantwortlichkeit der Geschäftsleiter der abhängigen Gesellschaft gegenüber dem herrschenden Unternehmen, Konzern 2007, 802; *Lakner,* Der mehrstufige Konzern, 2005; *Leuschner,* Das Konzernrecht des Vereins, 2011; *ders.,* Öffentliche Platzierung, Prospekthaftung und Innenregress, NJW 2011, 3275; *Lieb,* Abfindungsansprüche im (qualifizierten?) faktischen Konzern, FS Lutter, 2000, 1151; *Löbbe,* Unternehmenskontrolle im Konzern, 2003; *Luchterhandt,* Leitungsmacht und Verantwortlichkeit im faktischen Konzern, ZHR 133 (1970), 1; *Lutter,* 100 Bände BGHZ: Konzernrecht, ZHR 151 (1987), 444; *ders.,* Vermögensveräußerungen einer abhängigen AG, FS Steindorff, 1990, 125; *ders.,* Haftung aus Konzernvertrauen?, GS Knobbe-Keuk, 1997, 229; *ders.,* Grenzen zulässiger Einflußnahme im faktischen Konzern – Nachbetrachtung zum Mannesmann/Vodafone-Takeover, FS Peltzer, 2001, 241; *ders.,* Konzernphilosophie vs. konzernweite Compliance und konzernweites Risikomanagement, FS Goette, 2011, 289; *Lutter/Scheffler/Schneider* (Hrsg.), Handbuch der Konzernfinanzierung, 1998; *Lutter/Timm,* Zum VEBA/Gelsenberg-Urteil des Bundesgerichtshofs, BB 1978, 836; *Martens,* Die Organisation des Konzernvorstands, FS Heinsius, 1991, 523; *Marx,* Rechtfertigung, Bemessung und Abbildung von Steuerumlagen, DB 1996, 950; *S. Maul,* Die faktische abhängige SE (Societas Europaea) im Schnittpunkt zwischen deutschem und europäischem Recht, 1998; *dies.,* Probleme im Rahmen von grenzüberschreitenden Unternehmensverbindungen, NZG 1999, 741; *dies.,* Aktienrechtliches Konzernrecht und Gemeinschaftsunternehmen, NZG 2000, 470; *Mertens,* Der Nachteilsausgleich im faktischen Konzern – Nachlese zu Mannesmann/Vodafone, in Hommelhoff/Rowedder/Ulmer (Hrsg.), Max Hachenburg – Vierte Gedächtnisvorlesung 2000, 2001, 27; *Messer,* Kreditbesicherung im Konzern, ZHR 159 (1995), 375; *Mestmäcker*, Verwaltung, Konzerngewalt und Rechte der Aktionäre, 1958; *ders.*, Zur Systematik des Rechts der verbundenen Unternehmen im neuen Aktiengesetz, FG Kronstein, 1967, 129; *M. Meyer*, Nachteil und Einlagenrückgewähr im faktischen Konzern, 2013; *Michalski*, Ungeklärte Fragen bei der Einlagenrückgewähr im Aktienrecht, AG 1980, 261; *Möhring*, Zur Systematik der §§ 311, 317, FS Schilling, 1973, 253; *Möhrle*, Zur Erstattungspflicht des Mutterunternehmens für Buchführungskosten bei Aufstellung eines IFRS-Jahresabschlusses von Tochterunternehmen im faktischen Konzern, Konzern 2006, 487; *Mülbert*, Aktiengesellschaft, Unternehmensgruppe und Kapitalmarkt, 2. (unveränderte) Aufl. 1996; *ders.*, Unternehmensbegriff und Konzernorganisationsrecht, ZHR 163 (1999), 1; *ders.*, Kapitalschutz und Gesellschaftszweck bei der Aktiengesellschaft, FS Lutter, 2000, 535; *ders./Leuschner*, Aufsteigende Darlehen im Kapitalerhaltungs- und Konzernrecht – Gesetzgeber und BGH haben gesprochen, NZG 2009, 281; *H.-F. Müller*, Konzernrechtlicher Nachteilsausgleich bei Beschlüssen der Hauptversammlung, FS Stilz, 2014, 427; *H.-P. Müller*, Zur Gewinn- und Verlustermittlung bei aktienrechtlichen Gewinnabführungsverträgen, FS Goerdeler, 1987, 375; *K. Müller*, Die Haftung der Muttergesellschaft für die Verbindlichkeiten der Tochtergesellschaft im Aktienrecht, ZGR 1977, 1; *W. Müller*, Die Begrenzung der Zulässigkeit von Konzernumlagen durch die Vorschriften des Aktiengesetzes, FS Beisse, 1997, 363; *Neuhaus*, Die Grenzen der Konzernleitungsgewalt im faktischen Konzern und der Nachteilsbegriff des § 311 AktG 65, DB 1970, 1913; *ders.*, Die zivilrechtliche Organhaftung des Vorstandes einer beherrschten Aktiengesellschaft im sogenannten „faktischen" Konzern und im Vertragskonzern, 1970; *Noack*, Haftungsfragen bei Vorstandsdoppelmandaten im Konzern, FS Hoffmann-Becking, 2013, 847; *Nodoushani*, Financial Assistance und Konzerninnenfinanzierung, Konzern 2008, 385; *Noll*, Haftungsbeschränkung im Konzern – Eine ökonomische Analyse, Ordo 1992, 205; *Paschke*, Rechtsfragen der Durchgriffsproblematik im mehrstufigen Unternehmensverbund, AG 1988, 196; *Paehler*, Die Zulässigkeit des faktischen Konzerns, 1972; *Paul*, Informelle und formelle Einflussnahmen des faktisch herrschenden Unternehmens auf die faktisch abhängige AG, 2013; *Pentz*, Die Rechtsstellung der Enkel-AG in einer mehrstufigen Unternehmensverbindung, 1994; *ders.*, Schutz der AG und der außenstehenden Aktionäre in mehrstufigen faktischen und unternehmensvertraglichen Unternehmensverbindungen, NZG 2000, 1103; *Pfeuffer*, Verschmelzungen und Spaltungen als nachteilige Rechtsgeschäfte im Sinne von § 311 Abs. 1 AktG?, 2006; *Philipp*, Die UMTS-Lizenzen der Deutschen Telekom AG – Ein nachteiliges Geschäft mit dem Mehrheitsaktionär?, AG 2001, 463; *Pickardt*, Die zivilrechtliche Haftung des Vorstands abhängiger Aktiengesellschaften nach dem Aktiengesetz vom 6.9.1965, 1973; *Pöppl*, Aktienrechtlicher Minderheitenschutz durch den „Abhängigkeitsbericht", 1972; *Pöschke*, Auskunftsrechte der abhängigen Kapitalgesellschaft gegenüber dem herrschenden Unternehmen, ZGR 2015, 550; *Priester*, Abspaltung im faktischen Konzern – Umwandlungsrechtlicher Schutz und seine Grenzen, FS Goette, 2011, 369; *Pyszka*, Verdeckte Gewinnausschüttungen bei Gewerbesteuerumlagen im Organkreis, GmbHR 1999, 646; *Ransiek*, Strafrecht im Unternehmen und Konzern, ZGR 1999, 613; *Redeke*, Zu den Organpflichten bei bestandsgefährdenden Risiken, ZIP 2010, 159; *Rehbinder*, Gesellschaftsrechtliche Probleme mehrstufiger Unternehmensverbindungen, ZGR 1977, 581; *Renner*, Kollisionsrecht und Konzernwirklichkeit in der transnationalen Unternehmensgruppe, ZGR 2014, 452; *Reichert/Balke*, Die Berücksichtigung von Konzernzielen bei der variablen Vergütung des Vorstands einer abhängigen Gesellschaft im faktischen Konzern, FS Hellwig, 2011, 285; *Reidenbach*, Cash Pooling und Kapitalerhalt nach neuerer höchstrichterlicher Rechtsprechung, WM 2004, 1421; *Rieckers*, Konzernvertrauen und Konzernrecht, 2004; *Riegger*, Kapitalgesellschaftsrechtliche Grenzen der Finanzierung von Unternehmensübernahmen durch Finanzinvestoren, ZGR 2008, 233; *Rittner*, Konzernorganisation und Privatautonomie, AcP 183 (1983), 295; *ders.*, Gesellschaftsrecht und Unternehmenskonzentration – Zu den Vorschlägen der Monopolkommission, ZGR 1990, 203; *Röhricht*, Die aktuelle höchstrichterliche Rechtsprechung zum Gesellschaftsrecht, VGR 2 (2000), 3; *Säcker*, Zur Problematik von Mehrfachfunktionen im Konzern, ZHR 151 (1987), 59; *Schäfer/Fischbach*, Vorstandspflichten bei der Vergabe von Krediten an die Muttergesellschaft im faktischen Aktienkonzern nach „MPS", FS Hellwig, 2011, 293; *Schilling*, Grundlagen eines GmbH-Konzernrechts, FS Hefermehl, 1976, 383; *ders.*, Bemerkungen zum Europäischen Konzernrecht, ZGR 1978, 415; *K. Schmidt*, Abhängigkeit und faktischer Konzern als Aufgaben der Rechtspolitik, JZ 1992, 856; *ders.*, Konzernunternehmen, Unternehmensgruppe und Konzern-Rechtsverhältnis, FS Lutter, 2000, 1167; *S.H. Schneider*, Informationspflichten und Informationssystemeinrichtungspflichten im Aktienkonzern, 2006; *U.H. Schneider*, Der Aufsichtsrat des herrschenden Unternehmens im Konzern – Ein Beitrag zum Konzernverfassungsrecht, FS Hadding, 2004, 621; *ders.*, Der Aufsichtsrat des abhängigen Unternehmens im Konzern, FS Raiser, 2005, 341; *ders./S.H. Schneider*, Vorstandshaftung im Konzern, AG 2005, 57; *dies.*, Konzern-Compliance als Aufgabe der Konzernleitung, ZIP 2007, 2061; *Schnorberger/Billau*, Wer ist fremd beim Fremdvergleich?, Konzern 2011, 511; *Schnorbus/Plassmann*, Die Sonderdividende – Organsorgfaltspflichten, Beschlussmängel und Aktionärshaftung, ZGR 2015, 446; *Schön*, Kreditbesicherung durch abhängige Kapitalgesellschaften, ZHR 159 (1995), 351; *ders.*, Deutsches Konzernprivileg und europäischer Kapitalschutz – ein Widerspruch?, FS Kropff, 1997, 285; *Schürnbrand*, Organschaft im Recht der privaten Verbände, 2007; *Schwintowski*, Die Zurechnung des Wissens von Mitgliedern des Aufsichtsrats, ZIP 2015, 617; *Simon*, Steuerumlagen im Konzern, ZGR 2007, 71; *Sonnenhol/Groß*, Besicherung von Krediten Dritter an Konzernunternehmen, ZHR 159 (1995), 388; *Spindler*, Konzernfinanzierung, ZHR 171 (2007), 245; *Stoffels*, Grenzen der Informationsweitergabe durch den Vorstand einer Aktiengesellschaft im Rahmen einer „Due Diligence", ZHR 165 (2001), 362; *Strohn*, Die Verfassung der Aktiengesellschaft im faktischen Konzern, 1977; *Theisen*, Der Konzern, 2. Aufl. 2000; *Tillmann/Rieckhoff*, Nachteilsausgleichspflicht bei Abspaltungen im faktischen Konzern?, AG 2008, 486; *H. Timmann*, Die Durchsetzung von Konzerninteressen in der Satzung der abhängigen Gesellschaft, 2001; *Tröger*, Treupflicht im Konzernrecht, 2000; *ders.*, Anreizorientierte Vorstandsvergütung im faktischen Konzern, ZGR 2009, 447; *Ulmer,* Zur Haftung der abordnenden Körperschaft nach § 31 BGB für Sorgfaltsverstöße des von ihr benannten Aufsichtsratsmitglieds, FS Stimpel, 1985, 705; *ders.,* Das Sonderrecht der §§ 311 ff. AktG und sein Verhältnis zur allgemeinen aktienrechtlichen Haftung für Schädigungen der AG, FS Hüffer, 2009, 997; *Veil,* Weitergabe von Informationen durch den Aufsichtsrat an Aktionäre und Dritte, ZHR 172 (2008), 239; *Verse,* Der Gleichbehandlungsgrundsatz im Recht der Kapitalgesellschaften, 2006; *ders.,* Treuepflicht und Gleichbehandlungsgrundsatz, in Bayer/Habersack, Aktienrecht im Wandel, 2007, Bd. 2, Kap. 13, 579; *ders.,* Compliance im Konzern, ZHR 175 (2011), 401; *ders.,* Doppelmandate und Wissenszurechnung im Konzern, AG 2015, 413; *E. Vetter,* Interessenkonflikte im Konzern – vergleichende Betrachtungen zum faktischen Konzern und zum Vertragskonzern, ZHR 171 (2007), 342; *J. Vetter,* Rechtliche Grenzen und praktische Ausgestaltung von Cash Management-Systemen, VGR 6 (2003), 69; *ders./Stadler,* Haftungsrisiken beim konzernweiten Cash Pooling, 2003; *Voigt,* Haftung aus Einfluss auf die Aktiengesellschaft (§§ 117, 309, 317 AktG), 2004; *Wackerbarth,* Grenzen der Leitungsmacht in der internationalen Unternehmensgruppe, 2001; *ders.,* Der Vorstand der abhängigen Aktiengesellschaft und die §§ 311 ff. AktG in der jüngeren Rechtsprechung des II. Senats, Konzern 2010, 261 und 337; *Wälde,* Die Angemessenheit konzerninterner Transfergeschäfte bei multinationalen Unternehmen nach Konzernrecht, AG 1974, 370; *Waldhausen/Schüller,* Variable Vergütung von Vorständen und weiteren Führungskräften im AG-Konzern, AG 2009, 179; *Wardenbach,* Weisung auf Unterstützung der Due Diligence im Konzern, FS Lüer, 2008, 303; *Weinbrenner,* Moderne Kommunikationsmittel und Konzerncontrolling im faktischen Konzern – zugleich ein Beitrag zur Verbesserung des Rechtsschutzes für Außenseiter, Konzern 2006, 583; *Wessels,* Aufsteigende Finanzierungshilfen in GmbH und AG, ZIP 2004, 793; *Wiedemann/Strohn,* Die Zulässigkeit einer Konzernumlage im Aktienrecht, AG 1979, 113; *A. Wilhelm,* Zur Gestaltung des Nachteilsausgleichs bei Unternehmensveräußerungen im faktischen Aktienkonzern, NZG 2012, 1287; *J. Wilhelm,* Rechtsform und Haftung bei der juristischen Person, 1981; *Wilken,* Cash-Management, Liquiditätssicherung und qualifiziert faktische Konzernierung, DB 2001, 2383; *Wimmer-Leonhardt,* Konzernhaftungsrecht, 2003; *Zeidler,* Zentrales Cashmanagement im faktischen Aktienkonzern, 1999; *Ziemons,* Die Weitergabe von Unternehmensinterna an Dritte durch den Vorstand einer Aktiengesellschaft, AG 1999, 492; *dies.,* Kritische Anmerkungen zu den aktien- und kapitalmarktrechtlichen Regelungen des Regierungsentwurfs eines FMStErgG, NZG 2009, 369; *Zöllner,* Die Schranken mitgliedschaftlichen Stimmrechtsmacht bei den privatrechtlichen Personenverbänden, 1963; *ders.,* Empfiehlt es sich, das Recht faktischer Unternehmensverbindungen neu zu regeln?, Referat zum 59. DJT 1992, Bd. II (Sitzungsbericht), R 35; *ders.,* Schutz der Aktionärsminderheit bei einfacher Konzernierung, FS Kropff, 1997, 333; *ders.,* Treupflichtgesteuertes Aktienkonzernrecht, ZHR 162 (1998), 235.

Übersicht

	Rn.		Rn.
I. Einführung	1–7	b) Hauptversammlungsbeschluss	29–30a
1. Grundlagen	1–3	c) Bevollmächtigung des herrschenden Unternehmens	31
2. Inhalt und Zweck der §§ 311 ff.	4–6	4. Darlegungs- und Beweislast	32–36
3. Entstehungsgeschichte	7	5. Veranlassungswirkung	37
II. Die Zulässigkeit des einfachen faktischen Konzerns und ihre Grenzen	8–12	6. Kausalität	38
		V. Nachteil	39–58
1. Grundsatz	8	1. Begriff; Grundlagen	39, 40
2. Grenzen	9–11	2. Maßgeblichkeit der besonderen Verhältnisse der abhängigen Gesellschaft	41, 42
3. Rechtspolitische Würdigung	12	3. Nicht quantifizierbare Nachteile	43
III. Anwendungsbereich	13–21a	4. Maßgebender Zeitpunkt	44
1. Abhängigkeit iSv § 17	13, 14	5. Nachteil, Schaden und Verlust	45
2. Verhältnis zu §§ 291 ff., 319 ff.	15, 16	6. Beispiele	46–52
3. Mehrstufige Unternehmensverbindungen	17–20	a) Umsatzgeschäfte	46
		b) Maßnahmen der Konzernfinanzierung	47–48
4. Internationaler Anwendungsbereich	21	c) Konzernumlagen	49
5. Ausnahmetatbestände	21a	d) Steuerumlagen	50, 50a
IV. Veranlassung zu Rechtsgeschäft oder Maßnahme	22–38	e) Sonstige	51–51b
		f) Passiver Konzerneffekt	52
1. Begriff der Veranlassung	22–24	7. Ermittlung des nachteiligen Charakters	53–58
2. Urheber und Adressat der Veranlassung	25–27	a) Problemstellung	53
a) Urheber	25, 26	b) Rechtsgeschäft	54–56
b) Adressat	27	c) Sonstige Maßnahme	57–58
3. Besondere Formen der Veranlassung	28–31	**VI. Nachteilsausgleich**	59–76
a) Personelle Verflechtungen	28		

	Rn.		Rn.
1. Grundlagen	59, 60	6. Leistungsstörungen	76
2. Rechtsnatur	61	**VII. Auswirkungen auf die Verfassung der abhängigen Gesellschaft**	77–86
3. Vorteil	62–68		
a) Erfordernis eines konkreten Vorteils	62, 62a	1. Grundlagen	77
		2. Pflichten des Vorstands	78–80
b) Neutralisierung der bilanziellen Folgen	63	3. Pflichten des Aufsichtsrats	81
c) Nicht quantifizierbare Vorteile	64–66	4. Kapitalerhaltung	82–84
d) Wert des Vorteils	67	5. Beschlussfassung	85, 86
e) Maßgebender Zeitpunkt	68	**VIII. Haftung des herrschenden Unternehmens und seiner Organwalter**	87–93
4. Erfüllung der Ausgleichsverpflichtung	69–74		
a) Allgemeines	69	1. Konzerndimensionaler Charakter von Sorgfalts- und Verkehrspflichten	87
b) Tatsächlicher Ausgleich	70, 71		
c) Begründung eines Rechtsanspruchs	72–74	2. § 117	88
		3. Treupflicht; Gleichbehandlung	89–91
5. Undurchsetzbarkeit der Ausgleichsverpflichtung	75	4. Sonstige Haftungstatbestände	92, 93

I. Einführung

1 **1. Grundlagen.** Die §§ 311 ff. enthalten Vorschriften für den Fall der Abhängigkeit (→ § 17 Rn. 5 ff.) einer AG oder KGaA von einem Unternehmen (→ § 15 Rn. 6 ff.). Sie knüpfen damit an die Vorschriften der §§ 15, 17 an und tragen dem Umstand Rechnung, dass es bei Bestehen eines Abhängigkeitsverhältnisses eines **besonderen Schutzes der abhängigen Gesellschaft sowie ihrer Gläubiger und außenstehenden Aktionäre** bedarf. Kann nämlich das herrschende Unternehmen auf die AG oder KGaA einen beherrschenden Einfluss ausüben, so ist nicht auszuschließen, dass es von diesem Einflusspotential tatsächlich Gebrauch macht und sein anderweitig verfolgtes unternehmerisches Interesse innerhalb der abhängigen Gesellschaft zur Geltung bringt. Das Vorliegen eines Abhängigkeitstatbestands iSv §§ 17, 311 droht mit anderen Worten − bei einer unabhängigen Gesellschaft typischerweise gegebenen − *Gleichlauf von Gesellschafter- und Gesellschaftsinteresse* und damit die Richtigkeitsgewähr der verbandsinternen Willensbildung und die unternehmerische Autonomie der Gesellschaft zu beeinträchtigen; dies wiederum geht einher mit der Gefahr, dass das herrschende Unternehmen das Vermögen der abhängigen Gesellschaft zu deren Nachteil und zum Nachteil der Gesellschaftsgläubiger und der außenstehenden Aktionäre für seine eigenen Belange einsetzt. Die §§ 311 ff. begegnen diesem „**Konzernkonflikt**" dadurch, dass sie dem herrschenden Unternehmen und seinen gesetzlichen Vertretern, aber auch den Mitgliedern des Vorstands und des Aufsichtsrats der abhängigen Gesellschaft, besondere Verhaltenspflichten auferlegen, deren Verletzung zum Schadensersatz verpflichtet.

2 Freilich verbieten die §§ 311 ff. auch die der abhängigen Gesellschaft zum Nachteil gereichende Einflussnahme des herrschenden Unternehmens nicht schlechthin; vielmehr erlaubt § 311 die Durchführung von nachteiligen Rechtsgeschäften oder Maßnahmen, sofern nur der Nachteil ausgeglichen oder Nachteilsausgleich rechtsverbindlich versprochen wird. Zudem hat der Gesetzgeber bewusst und mit gutem Grund darauf verzichtet, den (einfachen) *faktischen Konzern* vom Anwendungsbereich der − an das Bestehen eines *Abhängigkeitsverhältnisses* iSv § 17 anknüpfenden − §§ 311 ff. auszunehmen.[1] Dem in § 311 geregelten System des Nachteilsausgleichs lässt sich darüber hinaus sogar die Entscheidung des Gesetzgebers für

---

[1] Vgl. demgegenüber den Alternativvorschlag von *Geßler* (in BMJ, Bericht über die Verhandlungen der Unternehmensrechtskommission, 1980, Rn. 1418 ff.; s. ferner *Geßler* FS Flume, Bd. II, 1978, 55 ff.; *ders.* ZHR 145, 457 (465 ff.)), die §§ 311 ff. auf bloße Abhängigkeitslagen zu beschränken und für Konzernsachverhalte weitergehende Schutzinstrumentarien (insbes. das Erfordernis einer „Konzernierungserklärung", → Vor § 311 Rn. 1, ferner die Verpflichtung des herrschenden Unternehmens zum Verlust- und „Ertragswertausgleich") zu entwickeln; dazu *Sura* ZHR 145 (1981), 436 ff.; *K. Schmidt* JZ 1992, 856 (858 f.); *Hommelhoff* Gutachten 28 ff.; zu möglichen Alternativen zum deutschen Aktienkonzernrecht s. namentlich *Kalss* ZHR 171 (2007), 146 ff.

Schranken des Einflusses 3 § 311

die **Zulässigkeit des einfachen faktischen Konzerns** entnehmen (→ Rn. 8): Sofern nur die *Vermögensinteressen* der abhängigen Gesellschaft gewahrt werden, ist es dem herrschenden Unternehmen gestattet, im Einvernehmen mit dem Vorstand der abhängigen Gesellschaft seine außerhalb der Gesellschaft verfolgten Interessen auch gegenüber einem gegenläufigen *Eigenwillen* der abhängigen Gesellschaft durchzusetzen. Bei Lichte betrachtet ist den §§ 311 ff. deshalb, soweit sie dem herrschenden Unternehmen auch eine nachteilige Einflussnahme (unter hinausgeschobenem Ausgleich, → Rn. 7) und damit die Einbindung der abhängigen Gesellschaft in das Konzerninteresse gestatten, ein **organisationsrechtlicher Gehalt** eigen.[2] Dieser kommt nicht zuletzt in den *Rechtsfolgen* einer nachteiligen Einflussnahme zum Ausdruck. Sofern nämlich das herrschende Unternehmen den Nachteil ausgleicht, treten nicht nur die Kapitalerhaltungsregeln, sondern auch die allgemeinen Haftungstatbestände zurück (→ Rn. 82 ff., 87 ff.). Diese den Aufbau dezentral geführter Konzerne fördernde, nunmehr auch vom **BGH** und der hL anerkannte[3] und vom **BVerfG** sub specie des Art. 14 Abs. 1 GG gebilligte[4] **Privilegierungsfunktion** der §§ 311 ff. (→ Rn. 4 f.) versteht sich allerdings nur als Kehrseite[5] der den §§ 311 ff. primär zukommenden Schutzfunktion (→ Rn. 1): Das herrschende Unternehmen darf von seinem Einfluss nur unter der Voraussetzung Gebrauch machen, dass sich die der abhängigen Gesellschaft entstehenden Nachteile isolieren und gemäß § 311 ausgleichen lassen (→ Rn. 9).

In der Erfassung sowohl von bloßen Abhängigkeitsverhältnissen als auch von Konzernlagen (→ Rn. 2, 8) unterscheidet sich die Konzeption der §§ 311 ff. schon im Ansatz von dem Modell einer **organischen Konzernverfassung.** Letzteres lag noch dem zweiteiligen Vorentwurf einer Konzernrechtsrichtlinie der Kommission aus dem Jahre 1974 zugrunde[6] und zeichnet sich dadurch aus, dass es nicht an die einzelne nachteilige Einflussnahme, sondern an den Tatbestand der *einheitlichen Leitung* anknüpft. Konzernrechtliche Schutzvorschriften nach Art der §§ 302 f., 304 f. finden danach unabhängig davon Anwendung, ob es sich um einen faktischen Konzern oder um einen Vertragskonzern handelt. Demgegenüber unterscheidet das dritte Buch des AktG – ebenso wie der im Jahre 1984 vorgelegte revidierte Vorentwurf einer Konzernrechtsrichtlinie[7] – zwischen (1.) den Tatbeständen der Abhängig- 3

---

[2] Vgl. bereits Begr. RegE bei *Kropff* 407; ferner insbes. *K. Schmidt* GesR § 17 II 1; weiterführend *ders.* FS Lutter, 2000, 1167 (1179 ff.); *Mülbert* 281 ff., 453 ff.; *ders.* ZHR 163 (1999), 1 (22 ff.); MüKoAktG/*Kropff* 2. Aufl. Rn. 19 f.; MüKoAktG/*Altmeppen* Rn. 20 f.; *K. Schmidt*/Lutter/*J. Vetter* Rn. 127 ff.; reserviert noch *Altmeppen* 56 ff. – Zu den Auswirkungen der §§ 311 ff. auf die Verfassung der abhängigen Gesellschaft → Rn. 77 ff.; zur Akzeptanz und Wahrnehmung der §§ 311 ff. durch die Praxis sowie zur tatsächlichen Bedeutung des Nachteilsausgleichs s. die Ergebnisse einer empirischen Untersuchung bei *Ekkenga/Weinbrenner/Schütz* Konzern 2005, 261 ff. – Zur Zulässigkeit der Teilnahme des Vorstands der abhängigen Gesellschaft an ergebnisabhängigen Vergütungssystemen des herrschenden Unternehmens → Rn. 5.

[3] BGHZ 179, 71 Rn. 11 = NJW 2009, 850 – MPS; sodann BGHZ 190, 7 Rn. 48 = NZG 2011, 829 – Dritter Börsengang; BGH NZG 2012, 1030 Rn. 16, 19; offengelassen noch in BGHZ 175, 365 Rn. 28 = NJW 2008, 1583 – UMTS; s. ferner *Strohn* 6 ff.; *Hommelhoff* 124 ff.; *Lutter/Timm* BB 1978, 836 (838 f.); *Habersack/Schürnbrand* NZG 2004, 689 (692); KK-AktG/*Koppensteiner* Vor § 311 Rn. 5; Spindler/Stilz/*Müller* Vor § 311 Rn. 2; *K. Schmidt*/Lutter/*J. Vetter* Rn. 6; *Mülbert* ZHR 163 (1999), 1 (22 ff.); *Leuschner* 59 ff.; im Ergebnis auch MüKoAktG/*Altmeppen* Rn. 32, 38 ff.; zum Inhalt der Privilegierung, insbes. zum Verhältnis zwischen § 311 einerseits, §§ 57, 93, 117 andererseits, → Rn. 77 ff., dort auch Nachweise zu krit. Stimmen; s. ferner *Hoffmann-Becking* FS Hommelhoff, 2012, 433 (437 ff.), der zu Recht die Bindung der Organwalter des herrschenden Unternehmens an das Interesse des herrschenden Unternehmens (nicht dagegen an ein Gesamtinteresse des Konzerns) herausstellt.

[4] BVerfG NZG 2011, 1379 Rn. 19 f. = ZIP 2011, 2094, allerdings mit ausdrücklicher Hervorhebung des Erfordernisses der Funktionsfähigkeit des Einzelausgleichssystems; → Rn. 43; → Anh. § 317 Rn. 5.

[5] Den Primat der Privilegierungsfunktion und damit des organisationsrechtlichen Elements betont *Mülbert* ZHR 163 (1993), 1 (24 ff.); dagegen zu Recht *K. Schmidt* FS Lutter, 2000, 1167 (1179 ff.); s. ferner KK-AktG/*Koppensteiner* Vor § 311 Rn. 5 f., 9 ff.; MüKoAktG/*Altmeppen* Rn. 21 Fn. 30: „Übertreibung".

[6] Abdruck des zweiteiligen Vorentwurfs bei *Lutter* EuropGesR, 2. Aufl. 1984, 187 ff.; dazu *Schilling* ZGR 1978, 415 ff. S. ferner VII. Hauptgutachten der Monopolkommission, BT-Drs. 11/2677 vom 19.7.1988, Rn. 839 ff. (857); dazu *Rittner* ZGR 1990, 203 (211 ff.); ferner Verordnungsvorschlag eines Statuts für Europäische Aktiengesellschaften vom 30.6.1970 sowie geänderter Vorschlag vom 30.4.1975, jeweils abgedruckt bei *Lutter* EuropGesR, 1. Aufl. 1979, 278 ff., 329 ff.; zur davon abweichenden Konzeption des schlussendlich verabschiedeten Statuts der SE → Einl. Rn. 45 ff.

[7] Abdruck in ZGR 1985, 444 ff. und bei *Lutter,* Europäisches Unternehmensrecht, 4. Aufl. 1996, 244 ff.; dazu *Hommelhoff* FS Fleck, 1988, 125 ff.; *Maul* DB 1985, 1749 ff.

keit und des einfachen faktischen Konzerns gemäß §§ 311 ff., (2.) dem Vertragskonzern gemäß §§ 291 ff. und (3.) der Eingliederung gemäß § 319 ff. Während bei Abhängigkeit und einfacher Konzernierung der Schutz der abhängigen Gesellschaft und ihrer Außenseiter durch Kontrolle der seitens des herrschenden Unternehmens veranlassten *einzelnen Maßnahmen* erfolgen soll, greifen bei Vorliegen eines Vertragskonzerns oder einer Eingliederung weitergehende, dem umfassenden Einwirkungs- und Gefährdungspotential Rechnung tragende Mechanismen zum Schutz der Außenseiter; hierzu zählen namentlich die Verpflichtung zum Verlustausgleich, die Außenhaftung der Mutter für die Tochterverbindlichkeiten und Abfindungsverpflichtungen.

4 **2. Inhalt und Zweck der §§ 311 ff.** Der Schutz- und Privilegierungsfunktion der §§ 311 ff. (→ Rn. 1 f.) tragen vor allem die Vorschriften der §§ 311, 317 Rechnung. Während § 311 jede nachteilige Einflussnahme verbietet, davon aber eine Ausnahme macht, wenn das herrschende Unternehmen Nachteilsausgleich gewährt oder rechtsverbindlich zusagt und damit die Vermögensinteressen der abhängigen AG wahrt (→ Rn. 5), knüpft § 317 an die *Nichterfüllung der Ausgleichspflicht* an und begründet für diesen Fall die Verpflichtung des herrschenden Unternehmens und seiner gesetzlichen Vertreter zum Schadensersatz gegenüber der abhängigen Gesellschaft und der außenstehenden Aktionäre. Was zunächst § 311 betrifft, so geht er zwar über die allgemeine Vorschrift des § 117 hinaus, der zufolge nur bestimmte *vorsätzliche* Einflussnahmen zum Schaden der Gesellschaft verboten sind.[8] Dahinter steht die Erwägung, dass es bei Abhängigkeit der Gesellschaft von einem Unternehmen eines besonderen Schutzes der Gesellschaft und der Außenseiter bedarf (→ Rn. 1). Vor dem Hintergrund der nach Erlass der §§ 311 ff. erfolgten Anerkennung weitreichender *mitgliedschaftlicher Treupflichten* des Aktionärs sowohl im Verhältnis zur AG als auch im Verhältnis zu seinen Mitgesellschaftern[9] käme dem Verbot der nachteiligen Einflussnahme als solchem freilich nur dann eigenständige, über die allgemeinen Haftungstatbestände hinausgehende Bedeutung zu, wenn man das *Vorsatzerfordernis* des § 117 auf die Haftung wegen Treupflichtverletzung erstrecken und somit auch letztere nur bei vorsätzlichem Handeln oder Unterlassen eingreifen lassen wollte.[10]

5 Zumal vor dem Hintergrund der zwischenzeitlich erfolgten Anerkennung mitgliedschaftlicher Treupflichten des Aktionärs (→ Rn. 4) besteht denn auch die wesentliche Funktion der §§ 311 ff. zumindest gleichermaßen in der **Außerkraftsetzung des allgemeinen Verbots nachteiliger Einflussnahme** und, damit einhergehend, der Verdrängung der allgemeinen Haftungstatbestände durch besondere Schutzmechanismen (→ Rn. 87 ff.) für den Fall, dass das herrschende Unternehmen den durch die nachteilige Maßnahme entstehenden Nachteil nach Maßgabe des Abs. 2 ausgleicht.[11] Nach zutreffender Ansicht hat nämlich der **Nachteilsausgleich die Rechtfertigung der Maßnahme** zur Folge.[12] Der damit einhergehenden – mit Art. 14 Abs. 1 GG im Einklang stehenden (→ Rn. 2) – **Privilegie-**

---

[8] Zum Verhältnis zwischen §§ 311, 317 einerseits, §§ 117 Abs. 7, 243 Abs. 2 andererseits → Rn. 85 f.
[9] BGHZ 103, 184 = NJW 1988, 1579; BGHZ 129, 136 = NJW 1995, 1739; s. zuvor bereits (freilich ohne erkennbare Folgen) BGHZ 14, 25 (38) = NJW 1954, 1401; zu wN → Vor § 311 Rn. 5; zum Verhältnis zwischen §§ 311 ff. und der mitgliedschaftlichen Treupflicht → Rn. 89 f.
[10] So für die treuwidrige Stimmrechtsausübung BGHZ 129, 136 (162) = NJW 1995, 1739 – im Übrigen offengelassen; allg. GroßkommAktG/*Henze*/*Notz* Anh. § 53a Rn. 149 mwN.
[11] So im Ergebnis auch MüKoAktG/*Altmeppen* Rn. 15 f.; s. aber auch MüKoAktG/*Kropff* 2. Aufl. Rn. 14 ff., dessen Hinweis auf etwaige Unsicherheiten hinsichtlich der Reichweite und Grenzen der mitgliedschaftlichen Treupflicht zwar nicht verfängt, dem aber darin zu folgen ist, dass ungeachtet der genannten Entwicklung der telos der §§ 311 ff. weiterhin primär im Schutz der abhängigen Gesellschaft und ihrer Außenseiter besteht; → Rn. 1 f. Gänzlich unbedeutend ist der im Text genannte Aspekt freilich nicht (→ Rn. 89 f. betreffend das Verhältnis zwischen §§ 311, 317 und der mitgliedschaftlichen Treupflicht).
[12] Heute hM, s. *Flume* JurPerson § 4 IV; *K. Schmidt* GesR § 31 IV 2 b; *Hüffer*/*Koch* Rn. 6 f., 42; KK-AktG/*Koppensteiner* Vor § 311 Rn. 5 f.; *K. Schmidt*/*Lutter*/*J. Vetter* Rn. 6; Spindler/Stilz/*Müller* Vor § 311 Rn. 5; *Grigoleit*/*Grigoleit* Rn. 9, 44; Hölters/*Leuering*/*Goertz* Rn. 2, 15; *Mülbert* ZHR 163 (1999), 1 (22 ff.); *Strohn* 109 ff.; offengelassen von BGHZ 124, 111 (118 f.) = NJW 1994, 520; aA namentlich GroßkommAktG/*Würdinger* 3. Aufl. § 311 Anm. 5, 6, 9; *Altmeppen* 56 ff.; *Bälz* FS Raiser, 2005, 287 (308); *Kellmann* ZGR 1974, 220 (221 ff.) – Zur Frage der Zulässigkeit des einfachen faktischen Konzerns → Rn. 8.

rung des herrschenden Unternehmens entspricht auf Seiten der abhängigen Gesellschaft eine punktuelle Überlagerung ihres Eigenwillens durch einen fremden Willen:[13] Dem herrschenden Unternehmen sind nachteilige Einflussnahmen gestattet, sofern es nur die Voraussetzungen des § 311 Abs. 2 erfüllt und damit die Vermögensinteressen der abhängigen Gesellschaft wahrt. Innerhalb dieses Rahmens wiederum dürfen sich Vorstand und Aufsichtsrat der abhängigen Gesellschaft der Einflussnahme durch das herrschende Unternehmen öffnen, ohne Gefahr zu laufen, aus §§ 93, 116 in Anspruch genommen zu werden (→ Rn. 78 ff.); so gesehen akzeptiert § 311 nicht nur den **Interessenkonflikt** in der Person des herrschenden Unternehmens (→ Rn. 1), sondern auch den bei den Organwaltern der abhängigen Gesellschaft anzutreffenden Interessenkonflikt,[14] weshalb etwa die Mitglieder des Vorstands der abhängigen AG in **erfolgsabhängige Vergütungssysteme** des herrschenden Unternehmens eingebunden werden können.[15] Liegen dagegen die Voraussetzungen des § 311 Abs. 2 nicht vor – sei es, dass eine dem Nachteilsausgleich zugängliche Maßnahme nicht ausgeglichen wird (→ Rn. 59 ff.) oder die nachteilige Maßnahme ihrer Art nach nicht ausgleichsfähig ist (→ Rn. 9, 43, 64 f.) –, so bewendet es bei der *Rechtswidrigkeit* der Maßnahme. Eine nicht durch Nachteilsausgleich gerechtfertigte Einflussnahme verpflichtet nach § 317 das herrschende Unternehmen und seine gesetzlichen Vertreter zum **Schadensersatz,** ohne dass es auf das Vorliegen der besonderen Voraussetzungen des § 117 ankommt.[16] Die Organwalter der abhängigen Gesellschaft haften nach Maßgabe der §§ 318, 93, 116 (→ Rn. 78 ff.).

In Ergänzung zu §§ 311, 317 bestimmen §§ 312–316, dass der Vorstand der abhängigen 6 AG einen Bericht über die Beziehungen zwischen der Gesellschaft und dem herrschenden Unternehmen zu erstellen hat. Dieser **Abhängigkeitsbericht** ist Gegenstand der Prüfung durch den Abschlussprüfer und den Aufsichtsrat der abhängigen Gesellschaft und soll die Geltendmachung von Schadensersatzansprüchen gemäß § 317 erleichtern. Als *fleet in being* soll er jedenfalls die Stellung des Vorstands der abhängigen AG stärken und damit dazu beitragen, dass es erst gar nicht zur Verwirklichung des Tatbestands des § 317 kommt (→ § 312 Rn. 2 ff.). Nach § 318 sind schließlich die Mitglieder des Vorstands und des Aufsichtsrats der abhängigen AG dieser und den außenstehenden Aktionären gegenüber zum Schadensersatz verpflichtet, wenn sie ihre Berichts- und Prüfungspflicht schuldhaft verletzen.

3. Entstehungsgeschichte. Unter Geltung des AktG 1937 wurden der Einflussnahme 7 des herrschenden Unternehmens auf die abhängige Gesellschaft allein durch die – im Wesentlichen dem heutigen § 117 entsprechende – Vorschrift des § 101 Grenzen gesetzt.[17] Auch auf der Grundlage dieser Vorschrift hatte sich freilich die Ansicht durchgesetzt, dass eine nachteilige Einflussnahme rechtswidrig und allenfalls gegen Gewährung eines Aus-

---

[13] Betont von *Mülbert* 281 f.; *ders.* ZHR 163 (1999), 1 (26); wie hier auch KK-AktG/*Koppensteiner* Vor § 311 Rn. 6; s. ferner *Habersack* FS Raiser, 2005, 111 (122 ff.); aA *Voigt* 310 ff. mwN. – Zum Verhältnis zwischen §§ 311 ff. und allgemeinen Haftungstatbeständen sowie zum Grundsatz der Kapitalerhaltung iE → Rn. 78 ff., 87 ff.
[14] BGHZ 175, 365 Rn. 11 = NJW 2008, 1583 – UMTS; MüKoAktG/*Habersack* § 100 Rn. 78, § 116 Rn. 40; *ders.* ZIP 2006, 445 (450); s. ferner *Hoffmann-Becking* FS Hommelhoff, 2012, 433 (437 ff.) der zu Recht die Bindung der Organwalter des herrschenden Unternehmens an das Interesse des herrschenden Unternehmens (nicht dagegen an ein Gesamtinteresse des Konzerns) herausstellt; zur Frage unabhängiger Aufsichtsratsmitglieder → § 314 Rn. 2.
[15] LG München AG 2008, 133 (134 f.); *Arnold* FS Bauer, 2010, 35 (39 ff.); *Habersack* FS Raiser, 2005, 111 (120 ff.); *Hohenstatt/Seibt/Wagner* ZIP 2008, 2289 (2291 ff.); *Reichert/Balke* FS Hellwig, 2011, 285 (289 ff.); zumindest tendenziell *Waldhausen/Schüller* AG 2009, 179 (181 ff.); im Grundsatz auch (allerdings für Einzelfallbetrachtung) *Goette* FS Hopt, 2010, 689 (697 ff.); tendenziell auch BGH ZIP 2009, 2436 (Nichtannahmebeschluss); aA OLG München NZG 2008, 631 mit abl. Anm. *Habersack*; *Tröger* ZGR 2009, 447 ff.; im Grundsatz auch *Hommelhoff* FS Goette, 2011, 169 (175 f.).
[16] Zum Verhältnis zwischen §§ 311, 317 einerseits, § 117 und der mitgliedschaftlichen Treupflicht andererseits → Rn. 87 ff.; → § 317 Rn. 33 f.
[17] Näher *Geßler* FS W. Schmidt, 1959, 247 (256 ff.); zur historischen Entwicklung → Einl. Rn. 16 ff. mwN.

gleichs zulässig sei.[18] Die Vorarbeiten zum AktG 1965 wurden denn auch durch die Vorstellung geprägt, dass nachteilige Einflussnahmen nur bei Vorliegen eines Beherrschungsvertrags gerechtfertigt seien.[19] Der Referentenentwurf aus dem Jahre 1958 sah gar noch eine strikte Erfolgshaftung des herrschenden Unternehmens vor (→ Einl. Rn. 18). Doch hat die Bundesregierung im Anschluss insbesondere an *Flume*[20] von diesem Vorschlag Abstand genommen und nachteilige Einzelmaßnahmen unter der Voraussetzung erlaubt, dass sich das herrschenden Unternehmen vertraglich zum Nachteilsausgleich verpflichtet; zugleich wurde im Interesse der Transparenz die Verpflichtung zur Erstellung eines Abhängigkeitsberichts eingeführt. Im weiteren Verlauf des Gesetzgebungsverfahrens ist die Konzeption des Einzelausgleichs schließlich dahin gehend abgeändert worden, dass das herrschende Unternehmen auch noch am Ende des Geschäftsjahres, in dem der Nachteil zugefügt worden ist, Art und Zeitpunkt des Ausgleichs bestimmen kann. Mit dieser – sodann Gesetz gewordenen – Regelung des Nachteilsausgleichs hat der Gesetzgeber den §§ 311 ff. zwar ein hohes Maß an Flexibilität verliehen, zugleich aber die Interessen der Gesellschaft und der Außenseiter erheblichen Gefahren ausgesetzt.[21]

II. Die Zulässigkeit des einfachen faktischen Konzerns und ihre Grenzen

1. Grundsatz. Die §§ 311 ff. knüpfen zwar an das Bestehen eines Abhängigkeitsverhältnisses iSv § 17 an, doch kann dies nicht dahin gehend verstanden werden, dass der Gesetzgeber mit diesem Ansatz den Übergang von einfacher Abhängigkeit zu einheitlicher Leitung iSv § 18 Abs. 1 S. 1 missbilligt habe. Der heute hM ist vielmehr darin zu folgen, dass die §§ 311 ff. iSd sog. „Faktizitätsprinzips"[22] zu verstehen sind und von der **Zulässigkeit (einfacher) faktischer Konzernierung** ausgehen (→ Rn. 13).[23] Auf der Grundlage dieser Auffassung hat das herrschende Unternehmen demnach die *Wahl* zwischen (1.) dem Verzicht auf die Ausübung einheitlicher Leitung (was freilich an der Geltung der §§ 311 ff. nichts zu ändern vermag, → Rn. 13), (2.) der Begründung eines *faktischen Konzerns,* auf den dann gleichfalls die §§ 311 ff. Anwendung finden, (3.) dem Abschluss eines *Beherrschungsvertrags* gemäß §§ 18 Abs. 1 S. 2, 291 Abs. 1, dessen Voraussetzungen und Rechtsfolgen sich nach §§ 293 ff. beurteilen, und (4.) der *Eingliederung* der abhängigen Gesellschaft gemäß §§ 319 ff. Die §§ 311 ff. betreffend die faktische Abhängigkeit auf der einen und die §§ 291 ff., 319 ff. betreffend den Beherrschungsvertrag und die Eingliederung auf der anderen Seite begründen allerdings einen strikten **numerus clausus** der Konzernierungsformen; Typenvermischungen sind nicht zulässig. Während also der

---
[18] Vgl. neben *Geßler* FS W. Schmidt, 1959, 247 (256 ff.) namentlich *Mestmäcker* 275 ff.
[19] Zum Folgenden → Einl. Rn. 18 mwN; ferner MüKoAktG/*Altmeppen* Vor § 311 Rn. 9 ff.
[20] RefE 19 ff.; DB 1959, 190.
[21] Vgl. denn auch *Kropff* FS Kastner, 1992, 279 (290 ff.) und *Hommelhoff* Gutachten 49, die für die Abschaffung des hinausgeschobenen Ausgleichs plädieren; ferner Grigoleit/*Grigoleit* Rn. 8; dagegen MüKoAktG/ *Altmeppen* Rn. 44; s. dazu auch den Diskussionsbericht von *Schürnbrand* ZHR 171 (2007), 241 (243); → Rn. 12.
[22] Dazu sowie zum sog. „Vertragsprinzip", dem zufolge (im Unterschied zum „Faktizitätsprinzip") nur der Abschluss eines Beherrschungsvertrags zur Beherrschung und einheitlichen Leitung legitimiere, s. *Schilling* FS Hefermehl, 1976, 383 (391).
[23] Vgl. namentlich BGH NZG 2008, 831 Rn. 17 = AG 2008, 779 – Züblin/Strabag; OLG Hamm NJW 1987, 1030 – Banning; OLG Köln AG 2009, 416 (418); OLG Stuttgart AG 2015, 163 (168); LG Mannheim WM 1990, 760 (764); *Flume* BGB AT I 2, 122; *Hommelhoff* 109 ff.; *Luchterhandt* ZHR 133 (1970), 1 (5 ff.); *Lutter* AG 1990, 179; *Mülbert* 285 ff.; ders. ZHR 163 (1999), 1 (20 ff.); *Scheffler* AG 1990, 173; *Schlieper* 79 ff.; *Timm* NJW 1987, 977 (982); *K. Schmidt* GesR § 31 IV 2 b; *Emmerich/Habersack* KonzernR § 24 Rn. 14; MHdB AG/*Krieger* § 70 Rn. 22; MüKoAktG/*Kropff* 2. Aufl. Rn. 21 ff. (30 f.); MüKoAktG/*Altmeppen* Rn. 20 ff. (26); K. Schmidt/Lutter/*J. Vetter* Rn. 6; Spindler/Stilz/*Müller* Vor § 311 Rn. 5; Hüffer/*Koch* Rn. 4; HK-AktG/*Fett* Rn. 3; NK-AktR/*Schatz/Schödel* Rn. 6; Hölters/*Leuering/Goertz* Rn. 2; im Grundsatz auch Grigoleit/*Grigoleit* Rn. 4; KK-AktG/*Koppensteiner* Vor § 311 Rn. 5, § 311 Rn. 155 f. unter zutr. Betonung des Primats des Außenseiterschutzes (→ Rn. 9); iS bloßer Duldung dagegen *Geßler* FS H. Westermann, 1974, 145 (150 ff.); *Tröger* 166 ff. mwN; aA GroßkommAktG/*Würdinger* 3. Aufl. § 311 Rn. 5; *Bälz* FS Raiser, 2005, 287 (308 ff.); ders. AG 1992, 277 (303 f.); *Reuter* ZHR 146 (1982), 1 (10); tendenziell auch *Lieb* FS Lutter, 2000, 1151 (1156 f., 1163 f.).

Abschluss eines *Beherrschungsvertrags* und die Eingliederung nach §§ 308, 323 nicht nur die rechtliche Absicherung der Konzernleitungsmacht und damit die Möglichkeit zentraler Konzernleitung begründen, sondern – als Kehrseite dazu – das herrschende Unternehmen zu Ausgleichs- und Abfindungsleistungen nach §§ 302 ff. verpflichten bzw. der gesamtschuldnerischen Haftung nach § 322 unterstellen, kann im *faktischen Konzern* einheitliche Leitung nur nach Maßgabe der §§ 311 ff. und damit unter Beachtung der Belange der Minderheitsaktionäre und Gläubiger ausgeübt werden; der nach diesen Vorschriften allein zulässigen dezentralen Konzernführung (→ Rn. 9) entspricht freilich – wiederum spiegelbildlich – eine abgeschwächte Verantwortlichkeit des herrschenden Unternehmens (→ Rn. 3).

2. Grenzen. Die Vorschriften der §§ 311 ff. setzen der Konzernleitung durch das herrschende Unternehmen in verschiedener Hinsicht Grenzen. So versteht es sich von selbst, dass das herrschende Unternehmen – nicht anders als Vorstand und Aufsichtsrat der abhängigen Gesellschaft – an den satzungsmäßigen **Unternehmensgegenstand** der abhängigen Gesellschaft gebunden ist (→ § 308 Rn. 56 f.). Veranlasst also das herrschende Unternehmen die abhängige Gesellschaft zu einer mit dem satzungsmäßigen Gegenstand unvereinbaren Maßnahme, ist dies von vornherein rechtswidrig. Aber auch eine durch das herrschende Unternehmen veranlasste Änderung der satzungsmäßigen Gegenstandsbestimmung ist nicht uneingeschränkt zulässig (→ Rn. 30, 41, 57 ff., 64 f.). Entsprechendes gilt für den – typischerweise auf Gewinnerzielung (aber → Rn. 41) gerichteten – **Gesellschaftszweck.** Zwar wird der Eigenwille der abhängigen Gesellschaft infolge des Abhängigkeitsverhältnisses durch ein anderweitiges unternehmerisches Interesse überlagert (→ Rn. 5). Doch darf die Einflussnahme nicht so weit gehen, dass der abhängigen Gesellschaft eine dem herrschenden Unternehmen oder dem Konzern dienende Funktion beigelegt und dadurch die Verwirklichung ihres satzungsmäßigen Zwecks in Frage gestellt wird (→ Rn. 57 ff.; → Anh. § 317 Rn. 12, 14). Des Weiteren darf das herrschende Unternehmen seinen Einfluss nur im Rahmen der **Funktionsfähigkeit des Systems des Einzelausgleichs** ausüben. Insbesondere eine Einflussnahme, die sich nicht in Einzelmaßnahmen zerlegen lässt und damit auch dem Einzelausgleich nicht zugänglich ist, bewegt sich außerhalb des Bereichs erlaubter faktischer Konzernherrschaft und kann somit ungeachtet der Privilegierungsfunktion der §§ 311 ff. (→ Rn. 2) nur durch Abschluss eines Beherrschungsvertrags legalisiert werden; Entsprechendes gilt für nachteilige Maßnahmen der Konzernintegration (→ Rn. 57 ff.). Das herrschende Unternehmen ist in Fällen dieser Art nach § 317 zum Schadensersatz verpflichtet (→ Rn. 41, 43) und kann zudem auf Unterlassung in Anspruch genommen werden (→ § 317 Rn. 19 f.); bei fehlender Quantifizierbarkeit des Schadens kommen die Grundsätze über die qualifizierte Nachteilszufügung und mit ihnen die Vorschriften der §§ 302 ff. zur Anwendung (→ Rn. 41, 43, 57 ff.; → Anh. § 317 Rn. 16 f., 23 ff.). Zudem handelt der Vorstand der abhängigen Gesellschaft pflichtwidrig, wenn er eine nicht dem Nachteilsausgleich zugängliche Maßnahme ergreift (→ Rn. 78 f.). Umstritten ist das Verhältnis des § 311 zum Grundsatz der **Vermögensbindung gemäß §§ 57, 62,** zum Verbot der finanziellen Unterstützung des Erwerbs von Aktien gemäß § 71a und zur Möglichkeit der Beschlussanfechtung nach § 243; auch aus diesen Vorschriften können sich mithin Schranken der Einflussnahme ergeben (→ Rn. 82 ff.). Hingegen besteht **keine Pflicht** des herrschenden Unternehmens, das abhängige Unternehmen über die bevorstehende oder bereits eingeleitete nachteilige Einflussnahme **zu informieren.**[24]

Darüber hinaus bewendet es auch innerhalb der abhängigen oder konzernierten AG bei Geltung des § 76 Abs. 1 und damit bei der **eigenverantwortlichen Leitung** der

---

[24] So aber *Schwintowski* ZIP 2015, 617 (618), freilich unter verfehlter Berufung auf Hüffer/*Koch* § 311 Rn. 42 und Grigoleit/*Grigoleit* Rn. 45 und in Verkennung der Privilegierungsfunktion des § 311 und der Rechtfertigung der nachteiligen Maßnahme durch Nachteilsausgleich; dagegen zu Recht *Verse* AG 2015, 413 (414 f.).

Tochtergesellschaft durch deren Vorstand (→ Rn. 78 f.).²⁵ Unter den Voraussetzungen des § 311 ist der Vorstand deshalb zwar berechtigt, nicht aber verpflichtet, „Weisungen" des herrschenden Unternehmens zu befolgen, mögen sie für die abhängige Gesellschaft von Vorteil oder Nachteil sein. Die Vorschriften der §§ 311 ff. begründen demnach **kein Weisungsrecht** und damit auch *keine rechtlich fundierte Konzernleitungsmacht* des herrschenden Unternehmens gegenüber der abhängigen Gesellschaft in dem Sinne, dass das Konzerninteresse auch gegenüber widerstreitenden Interessen der abhängigen Gesellschaft und der Außenseiter durchgesetzt werden könnte.²⁶ Erst recht obliegt dem herrschenden Unternehmen keine **Konzernleitungspflicht** gegenüber der abhängigen Gesellschaft.²⁷ Dem herrschenden Unternehmen, dem an einer weitergehenden, von §§ 76, 311 nicht mehr gedeckten Durchsetzung des Konzerninteresses gelegen ist, verbleibt nur die Möglichkeit des Abschlusses eines Beherrschungsvertrags oder der Eingliederung der Tochter-AG.

11 Davon zu unterscheiden ist die Frage einer **Konzernleitungspflicht** (verstanden im Sinne einer Verpflichtung zur einheitlichen und zudem umfassenden Leitung auch der abhängigen Gesellschaft) des Vorstands einer herrschenden AG gegenüber seiner *eigenen (der herrschenden) Gesellschaft*.²⁸ Auch wenn man mit Rücksicht auf die Aktionäre der Obergesellschaft eine entsprechende Einschränkung des aus § 76 Abs. 1 folgenden Leitungsermessens des Vorstands annehmen wollte,²⁹ ließe sich die Frage doch *allenfalls insoweit* bejahen, als das Konzernrecht der abhängigen Gesellschaft die *Möglichkeit der Konzernleitung* begründet. Im Fall einer abhängigen AG stehen somit die §§ 311, 76 jedenfalls der Annahme einer Pflicht zur breitflächigen und intensiven Konzernleitung von vornherein entgegen.³⁰ Davon unberührt bleiben allerdings sowohl **aufsichtsrechtliche Vorgaben** (→ Rn. 87) als auch die aus § 93 Abs. 1 S. 1 herzuleitende Pflicht zur gewissenhaften **Ausübung der Beteiligungsrechte** für das herrschende Unternehmen (womit die Pflicht zur unternehmerischen Ausrichtung wesentlicher Beteiligungen einhergeht)³¹ nebst der Pflicht zur Kontrolle der abhängigen Gesellschaft; jene Pflicht verdichtet sich, wenn das herrschende Unternehmen zur einheitlichen Leitung übergeht, zu einer Pflicht, ein **konzernweites Überwachungssystem** einzuführen (→ Rn. 87).

---

²⁵ Ganz hM, s. BGHZ 179, 71 Rn. 13 = NJW 2009, 850 – MPS; KG ZIP 2003, 1042 (1049); *Beuthien* DB 1969, 1781 (1793); *Flume* BGB AT I 2, 121; *Geßler* FS Flume, Bd. II, 1978, 55 (65); MüKoAktG/*Altmeppen* Rn. 403 f.; KK-AktG/*Koppensteiner* Rn. 139, Vor § 311 Rn. 9 ff.; Hüffer/*Koch* Rn. 48; Spindler/Stilz/ *Müller* Rn. 62; K. Schmidt/Lutter/*J. Vetter* Rn. 109, 129; Grigoleit/*Grigoleit* Rn. 53; HK-AktG/*Fett* Rn. 60; Hölters/*Leuering/Goertz* Rn. 10; Wachter/*Rothley* Rn. 34; MHdB AG/*Krieger* § 70 Rn. 23; aA *Luchterhandt* ZHR 133 (1970), 1 (8 ff., 12); *J. Wilhelm* 227, 243 ff. auf der Grundlage einer Qualifizierung des faktischen Konzerns als Innengesellschaft bürgerlichen Rechts.

²⁶ Ganz hM, s. BGHZ 179, 71 Rn. 13 = NJW 2009, 850 – MPS; KG ZIP 2003, 1042 (1049); MüKoAktG/ *Altmeppen* Rn. 403 f.; KK-AktG/*Koppensteiner* Rn. 139, Vor § 311 Rn. 9 ff.; Hüffer/*Koch* § 311 Rn. 48; näher *Mestmäcker*, FG Kronstein, 1967, 129, 145 ff.; *Geßler* FS H. Westermann, 1974, 145 (146 ff.); *E. Vetter* ZHR 171 (2007), 343 (345); *Ehricke* ZGR 1996, 300; zu den Folgen für ein gegen ein Konzernunternehmen gerichtetes Kartellverfahren, insbes. für einen Kronzeugenantrag, s. *Dreher* ZWeR 2009, 397 (404 ff.); aA – für Konzernleitungsmacht des herrschenden Unternehmens ggf. auch bei widerstreitenden Außenseiter-Interessen – *Luchterhandt* ZHR 133 (1970), 1 (6 ff., 13); mit Einschränkungen auch *Hommelhoff* 109 ff., 132 ff. (139): Konzernleitungsmacht nur im Rahmen der Funktionsfähigkeit des Systems des Einzelausgleichs.

²⁷ MüKoAktG/*Altmeppen* Rn. 402; Hüffer/*Koch* Rn. 5; K. Schmidt/Lutter/*J. Vetter* Rn. 132; Grigoleit/ *Grigoleit* Rn. 9; MHdB AG/*Krieger* § 70 Rn. 27; *Hüffer* FS Happ, 2006, 93 (97 f.); aA – für Konzernleitungspflicht gegenüber der abhängigen Gesellschaft – *U. H. Schneider* BB 1981, 249 (256 ff.); ders./*S. H. Schneider* AG 2005, 57 (61).

²⁸ Dafür namentlich *Hommelhoff* 43 ff., 165 ff., 184 ff.; s. ferner *Timm* 95 ff.; MHdB AG/*Krieger* § 70 Rn. 27.

²⁹ Dagegen aber zutr. Spindler/Stilz/*Fleischer* § 76 Rn. 86 ff.; Hüffer/*Koch* Rn. 5; KK-AktG/*Koppensteiner* Vor § 291 Rn. 72; *H. Götz* ZGR 1998, 524 (527 ff.); *ders.* FS Semler, 1993, 375 (380 ff.); *Löbbe* 78 ff.; zurückhaltend bis abl. auch MüKoAktG/*Altmeppen* Rn. 406 f.; KK-AktG/*Mertens/Cahn* § 76 Rn. 65; *Martens* FS Heinsius, 1991, 523 (531); *H. Götz* ZGR 1998, 524 (526 ff.); *Löbbe* 78 ff.; *Mülbert* 28 ff.; speziell zur Managementholding *Hüffer* FS Happ, 2006, 93 (96 ff.).

³⁰ Nur unter diesem Vorbehalt eine Konzernleitungspflicht bejahend *Kropff* ZGR 1984, 112 (116); *Rittner* AcP 183 (1983), 295 (301 ff.); *Rehbinder* ZHR 147 (1983), 464 (467 f.); tendenziell auch K. Schmidt/Lutter/ *J. Vetter* Rn. 132; weitergehend *Hommelhoff* 43 ff., 165 ff., 184 ff.

³¹ → Rn. 87; ferner MüKoAktG/*Altmeppen* Rn. 406. – Nach den „Holzmüller/Gelatine"-Grundsätzen kann allerdings die vorherige Zustimmung der Hauptversammlung erforderlich sein, → Vor § 311 Rn. 33 ff.

3. Rechtspolitische Würdigung. Waren das System des Einzelausgleichs und die 12 Pflicht zur Erstellung eines Abhängigkeitsberichts über lange Zeit bevorzugter Gegenstand rechtspolitischer Kritik,[32] so lassen sich in jüngerer Zeit eine Reihe von Stimmen verzeichnen, die der Konzeption der §§ 311 ff. aufgeschlossen bis durchaus positiv gegenüber stehen.[33] Mag auch nicht zu bezweifeln sein, dass ein auf dem Ausgleich einzelner nachteiliger Maßnahmen basierendes System mit zum Teil beträchtlichen Abgrenzungs- und Durchsetzungsproblemen zu leben hat,[34] so darf andererseits nicht übersehen werden, dass von den §§ 311 ff., macht man nur mit den ihnen immanenten Grenzen einheitlicher Leitung (→ Rn. 9, 41, 43; → Anh. § 317 Rn. 7 ff.) Ernst, eine Tendenz zur **dezentralen Konzernführung** ausgehen kann; dies ist aus Sicht der Außenseiter, aber vor allem auch aus wettbewerbspolitischer Sicht durchaus zu begrüßen.[35] Vor diesem Hintergrund ist systemimmanenten Korrekturen[36] der Vorzug vor einer Totalrevision des Rechts des einfachen faktischen Aktienkonzerns zu geben (→ § 312 Rn. 3; → § 313 Rn. 6 f.; → § 318 Rn. 2). Zur Frage eines **Präventivschutzes** → Vor § 311 Rn. 1 ff., 31 ff.

III. Anwendungsbereich

1. Abhängigkeit iSv § 17. Die Vorschriften der §§ 311 ff. setzen voraus, dass eine **AG** 13 **oder KGaA**[37] von einem Unternehmen (→ § 15 Rn. 6 ff.) abhängig ist. Der AG steht nach Art. 10 SE-VO die **SE** mit Sitz in Deutschland gleich (→ Einl. Rn. 45 f.); hingegen sind §§ 311 ff. auf die GmbH unanwendbar (→ Anh. § 318 Rn. 6). Unerheblich ist die Rechtsform des **herrschenden Unternehmens.** Von §§ 311 ff. erfasst sind insbesondere auch Körperschaften oder Anstalten des öffentlichen Rechts (→ Rn. 22; → § 15 Rn. 26 ff.). Auch auf das Vorhandensein von Minderheitsaktionären kommt es nicht an; de lege lata unterliegt also auch die abhängige **Einpersonen-AG** den §§ 311 ff. ohne jede Einschränkung (→ § 312 Rn. 6; → § 315 Rn. 7). Die Voraussetzungen der Abhängigkeit bestimmen sich nach § 17. Nach § 17 Abs. 2 wird das Bestehen eines Abhängigkeitsverhältnisses bei Vorliegen einer Mehrheitsbeteiligung iSv § 16 **vermutet.** Demjenigen, der sich auf die Nichtanwendbarkeit der §§ 311 ff. beruft, obliegt dann die Darlegung und ggf. der Nachweis, dass ein beherrschender Einfluss nicht ausgeübt werden kann (→ § 17 Rn. 35 ff.).

---

[32] S. insbes. Monopolkommission, VII. Hauptgutachten, BT-Drs. 11/2677 vom 19.7.1988, Rn. 842; *Großfeld,* Aktiengesellschaft, Unternehmenskonzentration und Kleinaktionär, 1968, 218 f.; *Kronstein* FS Geßler, 1971, 219 (222); *Koppensteiner* ZGR 1973, 1 (11 f.); KK-AktG/*ders.* Vor § 311 Rn. 143; *Reul* 278 ff.; s. ferner die Darstellung der Reformvorschläge bei *Koppensteiner* FS Steindorff, 1990, 79 ff. – Vgl. ferner BGHZ 65, 15 und BGHZ 95, 330 (340), jeweils betreffend die Nichtübertragbarkeit der §§ 311 ff. auf die abhängige GmbH; dem zust. namentlich *Stimpel* AG 1986, 117 (119); *Westermann* GmbHR 1976, 77 (80); → Anh. § 318 Rn. 6.

[33] Insbes. *Hommelhoff* Gutachten 19 ff.; Hüffer/*Koch* § 311 Rn. 6; MüKoAktG/*Altmeppen* Vor § 311 Rn. 28 f.; Spindler/Stilz/*Müller* Vor § 311 Rn. 16; K. Schmidt/Lutter/*J. Vetter* Rn. 8 f.; Grigoleit/*Grigoleit* Rn. 8 f.; *Kropff* FS Kastner, 1992, 279 (283 ff.); *Decher* ZHR 171 (2007), 126 (132 ff.); *Lutter* ZHR 151 (1987), 444 (460); *Rittner* ZGR 1990, 203 (211 ff.); *K. Schmidt* JZ 1992, 856 (858 f.); s. auch den Diskussionsbericht von *Schürnbrand* in ZHR 171 (2007), 241 (242 f.); allg. zur rechtspolitischen und ökonomischen Bewertung der Haftungsbeschränkung im Konzern *Noll* Ordo 1992, 205 (208 ff.); zu Alternativkonzeptionen s. *Druey* FS Hommelhoff, 2012, 135 ff.; *Kalss* ZHR 171 (2007), 146 f.; zur europäischen Perspektive → Einl. Rn. 43 f.

[34] Prägnante Zusammenfassung der Kritik bei MüKoAktG/*Altmeppen* Vor § 311 Rn. 23 ff. mwN.

[35] Zum zuletzt genannten Gesichtspunkt s. insbes. *Rittner* ZGR 1990, 203 (214 ff.) in Auseinandersetzung mit dem Vorschlag der Monopolkommission (BT-Drs. 11/2677 vom 19.7.1988, Rn. 839 ff.) betreffend die organische Konzernverfassung.

[36] → Rn. 7; → § 313 Rn. 3 ff.; s. ferner die Vorschläge von *Hommelhoff* Gutachten 48 ff. Auf eine Erweiterung der Möglichkeit des nachträglichen Ausgleichs zielen die – mit Blick auf eine Harmonisierung des Konzernrechts und in dem Bewusstsein, dass das Modell der §§ 311 ff. auf europäischer Ebene keine Akzeptanz finden wird, formulierten von der Kommission aufgegriffenen (→ Einl. Rn. 37) – Vorschläge des Forum Europaeum Konzernrecht ZGR 1998, 672 ff., insbes. 704 ff.; zur dort favorisierten „Rozenblum"-Doktrin des französischen Rechts s. *Hopt* ZHR 171 (2007), 199 (222 ff.); *Lutter* FS Kellermann, 1991, 254 (261); *Maul* NZG 1998, 965 (966 ff.); s. aber auch die Grundsatzkritik von MüKoAktG/*Kropff* 2. Aufl. Vor § 311 Rn. 38; KK-AktG/*Koppensteiner* Vor § 291 Rn. 135, *Habersack* NZG 2004, 1 (7 f.).

[37] Zur abhängigen KG aA *Born* 90 ff., 118 ff. mit – wohl überzeugender – Unterscheidung zwischen der komplementärbeherrschten KGaA, auf die §§ 311 ff. keine Anwendung finden, und der durch einen Kommanditaktionär beherrschten KGaA; s. auch MüKoAktG/*Perlitt* § 278 Rn. 314 ff.

Dies ist nicht zwangsläufig das herrschende Unternehmen. Will beispielsweise die in Mehrheitsbesitz stehende Gesellschaft keinen Abhängigkeitsbericht aufstellen, so hat *sie* die Abhängigkeitsvermutung zu widerlegen. Bilden die abhängige Gesellschaft und das herrschende Unternehmen einen sog. **faktischen Konzern** iSv § 18 Abs. 1 S. 1, 3, Abs. 2, so steht dies der Anwendbarkeit der §§ 311 ff. nicht entgegen (→ Rn. 3, 8 ff.). Keine Anwendung finden die §§ 311 ff. dagegen bei Bestehen eines Beherrschungsvertrags und bei Eingliederung der abhängigen Gesellschaft (→ Rn. 8). Bei Bestehen eines isolierten Gewinnabführungsvertrags befreit § 316 von §§ 312 ff. (→ Rn. 16). Zur Unzulässigkeit und zu den Rechtsfolgen einer qualifizierten Nachteilszufügung → Rn. 9; → Anh. § 317 Rn. 1 ff.

14   Bei **mehrfacher Abhängigkeit** der Gesellschaft, wie sie insbesondere im Fall eines Gemeinschaftsunternehmens begegnet, gelangen die §§ 311 ff. gegenüber jedem an der *koordinierten Beherrschung* beteiligten Unternehmen zur Anwendung.[38] In dem nach § 312 zu erstellenden *Abhängigkeitsbericht* ist dann über die Beziehungen zu beiden Muttergesellschaften zu berichten (→ § 312 Rn. 9). *Nachteilsausgleich* gemäß § 311 oder *Schadensersatz* gemäß § 317 ist von demjenigen Unternehmen zu leisten, das die fragliche Maßnahme veranlasst hat. Bei (aus Sicht der abhängigen Gesellschaft, → Rn. 24) gemeinsamer Veranlassung sowie bei jeder durch die Grundvereinbarung[39] gedeckten Veranlassung durch ein Unternehmen haften die Mütter als **Gesamtschuldner**.[40] Eine *eigenmächtige,* also erkennbar (→ Rn. 24 f.) nicht von der Grundvereinbarung gedeckte Veranlassung begründet dagegen schon deshalb keine Verpflichtung des an der Einflussnahme unbeteiligten herrschenden Unternehmens,[41] weil die Grundvereinbarung nur eine Innengesellschaft bürgerlichen Rechts begründet,[42] eine Zurechnung der Einflussnahme und damit eine Haftung der GbR und ihrer Mitglieder also schon in Ermangelung eines Handelns für die GbR ausscheidet. Zu den Fällen mittelbarer und mehrstufiger Abhängigkeit → Rn. 17 ff.

15   **2. Verhältnis zu §§ 291 ff., 319 ff.** In § 311 Abs. 1 ist ausdrücklich bestimmt, dass die Vorschrift des § 311 und mit ihr die Folgevorschriften der §§ 312–318 keine Anwendung finden, wenn zwischen dem herrschenden Unternehmen und der abhängigen Gesellschaft ein **Beherrschungsvertrag** besteht. Der Grund für die Nichtanwendbarkeit der §§ 311 ff. ist insbesondere in der Vorschrift des § 308 zu sehen, wonach der Abschluss eines Beherrschungsvertrags das herrschende Unternehmen zur Erteilung nachteiliger Weisungen und damit zur Konzernleitung berechtigt. Mit diesem Weisungsrecht wäre die Geltung des § 311 unvereinbar. Die Vorschriften der §§ 300 ff. tragen denn auch der Befugnis zur Konzernleitung durch ein von §§ 311 ff. abweichendes Schutzsystem Rechnung. Entsprechendes gilt gemäß ausdrücklicher Anordnung in § 323 Abs. 1 S. 3 bei **Eingliederung** der Gesellschaft. Die Grundsätze über den fehlerhaften Unternehmensvertrag und die fehlerhafte Eingliederung (→ § 291 Rn. 28 ff.; → § 319 Rn. 12) finden Anwendung und schließen einen Rückgriff auf die §§ 311 ff. aus.

16   Bei **qualifizierter Nachteilszufügung** bewendet es zwar bei der Nichtgeltung des § 308 und damit bei dem Leitungsermessen des Vorstands der abhängigen Gesellschaft. Da jedoch ein solcher Tatbestand durch das Versagen des Einzelausgleichssystems gekennzeichnet ist

---

[38] BGHZ 62, 193 (197 f.) = NJW 1974, 855; 74, 359 (366) = NJW 1979, 2401; KK-AktG/*Koppensteiner* § 311 Rn. 20; MüKoAktG/*Altmeppen* Rn. 64 ff.; MHdB AG/*Krieger* § 70 Rn. 71; Hüffer/*Koch* Rn. 10; Grigoleit/*Grigoleit* Rn. 11; NK-AktR/*Schatz/Schödel* Rn. 31; eingehend *Maul* NZG 2000, 470 ff. Näher zum Tatbestand der mehrfachen Abhängigkeit → § 17 Rn. 28 ff.
[39] Eine solche ist zwar nicht erforderlich, wird aber häufig vorliegen, → § 17 Rn. 30.
[40] Zutr. KK-AktG/*Koppensteiner* § 317 Rn. 31; MüKoAktG/*Kropff* 2. Aufl. Rn. 143; im Ergebnis ganz ähnlich MüKoAktG/*Altmeppen* Rn. 144; wie hier auch HK-AktG/*Fett* Rn. 8; Spindler/Stilz/*Müller* Rn. 17; enger *S. Maul* NZG 2000, 470 (472 f.): gesamtschuldnerische Haftung nur bei gemeinsamer Veranlassung, die freilich zu vermuten ist, wenn sie von Grundvereinbarung gedeckt ist; dem folgend K. Schmidt/Lutter/*J. Vetter* Rn. 37.
[41] KK-AktG/*Koppensteiner* § 317 Rn. 41; MHdB AG/*Krieger* § 70 Rn. 132; *Marchand,* Abhängigkeit und Konzernzugehörigkeit von Gemeinschaftsunternehmen, 1985, 144, 150 f.; aA *Gansweid* 174 f.; zu Unrecht für aus § 18 Abs. 1 S. 3 herzuleitende Vermutung gemeinschaftlicher Veranlassung MüKoAktG/*Altmeppen* Rn. 144.
[42] Vgl. MüKoBGB/*Ulmer/Schäfer* Vor § 705 Rn. 67.

(→ Anh. § 317 Rn. 16 ff.), treten die §§ 302–305 an die Stelle der §§ 311, 317, soweit ein Einzelausgleich mangels Isolierbarkeit der nachteiligen Einflussnahme oder mangels Quantifizierbarkeit des bei der abhängigen Gesellschaft eingetretenen Schadens ausgeschlossen ist. Die §§ 312–316, 318 bleiben uneingeschränkt anwendbar. Besteht zwischen der abhängigen Gesellschaft und dem herrschenden Unternehmen ein **Gewinnabführungsvertrag**, so sind nach § 316 die §§ 312–315 betreffend den Abhängigkeitsbericht und mit ihnen der § 318 (→ § 316 Rn. 8) unanwendbar; die §§ 311, 317 kommen dagegen auch in diesem Fall zur Anwendung (→ § 316 Rn. 10). Der Abschluss eines anderen **Unternehmensvertrags iSv § 292** steht dagegen der Anwendbarkeit der §§ 311 ff. insgesamt nicht entgegen. Zum **unterjährigen Abschluss** eines Beherrschungs- oder Gewinnabführungsvertrags → § 312 Rn. 12.

3. Mehrstufige Unternehmensverbindungen. Nach § 17 Abs. 1 liegt ein Abhängigkeitsverhältnis auch dann vor, wenn ein Unternehmen lediglich *mittelbar* einen beherrschenden Einfluss auf die Gesellschaft ausüben kann. Die §§ 311 ff. sind deshalb grundsätzlich auch bei **mittelbarer Abhängigkeit** anwendbar.[43] Ist der den beherrschenden Einfluss vermittelnde Dritte seinerseits von dem herrschenden Unternehmen abhängig iSv § 17, so liegt ein **mehrstufiges Abhängigkeitsverhältnis** vor. Die §§ 311 ff. kommen dann sowohl in den unmittelbaren Abhängigkeitsverhältnissen, also im Verhältnis zwischen Mutter und Tochter und in demjenigen zwischen Tochter und Enkel, als auch in dem zwischen Mutter und Enkel bestehenden mittelbaren Abhängigkeitsverhältnis zur Anwendung.[44] Besteht innerhalb der mehrstufigen Unternehmensverbindung ein **Beherrschungsvertrag**, so steht dies der Anwendbarkeit der §§ 311 ff. nur insoweit entgegen, als der Vorrang der §§ 291 ff. (→ Rn. 15) reicht. Zu weit ginge freilich die Annahme, ein Beherrschungsvertrag schließe die Anwendung der §§ 311 ff. stets nur im Verhältnis zwischen den Vertragsparteien aus. Denn die mit dem Abschluss eines Beherrschungsvertrags verbundene Statusänderung (→ § 291 Rn. 25 f.) entfaltet Wirkungen nicht nur gegenüber der anderen Vertragspartei, sondern gegenüber jedermann und damit insbesondere auch gegenüber sonstigen übergeordneten Unternehmen.[45] Dies schließt allerdings die Geltung der §§ 311 ff. im Verhältnis zwischen der vertraglich konzernierten Gesellschaft und einem Drittunternehmen nicht von vornherein aus; maßgebend ist vielmehr, ob der Schutzzweck dieser Vorschriften deren Anwendung gebietet.[46] Im Einzelnen ist wie folgt **zu unterscheiden:**

Bei einer **durchgehenden Kette** von Beherrschungsverträgen sind die §§ 311 ff. *insgesamt* und damit auch im (vertragslosen) Verhältnis zwischen Mutter und Enkel unanwendbar.[47] Die Mutter hat in diesem Fall zwar kein eigenes Weisungsrecht gegenüber der Enkel-AG. Sie darf jedoch mittelbar, nämlich über die Tochter, auf die Enkel-AG Einfluss nehmen (→ § 308 Rn. 6); auch darf sie sich von der Tochter zu unmittelbaren Weisungen gegenüber der Enkel-AG ermächtigen lassen.[48] In beiden Fällen erfolgt der Schutz der Enkel-AG und ihrer Außenseiter mittelbar, nämlich über die Ansprüche der Tochter gegen die Mutter (→ § 308 Rn. 6; → § 309 Rn. 9 f.).[49] Bei Ausübung des Weisungsrechts der Tochter haften die Mutter und ihre gesetzlichen Vertreter zudem nach §§ 308, 309 (→ § 309 Rn. 9 f.); dies

---

[43] Vgl. statt aller Hüffer/Koch Rn. 12; eingehend zum Folgenden Pentz passim; Lakner 33 ff.

[44] Wohl unstr., s. MüKoAktG/Altmeppen Anh. § 311 Rn. 5 ff.; zum Inhalt des Abhängigkeitsberichts in diesem Fall → § 312 Rn. 9.

[45] Zutr. LG Frankfurt AG 1999, 238 (239); MüKoAktG/Altmeppen Anh. § 311 Rn. 12 ff.; im Ausgangspunkt ebenso Spindler/Stilz/Müller Rn. 10; HK-AktG/Fett Rn. 7.

[46] MüKoAktG/Altmeppen Anh. § 311 Rn. 15 f.; Spindler/Stilz/Müller Rn. 10; → § 291 Rn. 38 ff.

[47] Ganz hM, s. OLG Frankfurt ZIP 2000, 926 (927); KK-AktG/Koppensteiner Vor § 311 Rn. 29; MüKoAktG/Altmeppen Anh. § 311 Rn. 20 ff.; MHdB AG/Krieger § 70 Rn. 73; Spindler/Stilz/Müller Rn. 10; K. Schmidt/Lutter/J. Vetter Rn. 20; Hüffer/Koch Rn. 12; Grigoleit/Grigoleit Rn. 14; Hölters/Leuering/Goertz Rn. 29; NK-AktR/Schatz/Schödel Rn. 40; HK-AktG/Fett Rn. 6; ADS Rn. 13; Rehbinder ZGR 1977, 581 (601 f.); Wimmer-Leonhardt 120 ff.; diff. Pentz 214 ff.; ders. NZG 2000, 1103 (1105 f.); aA Cahn BB 2000, 1477 (1481 ff.); Mülbert WuB II A. § 312 AktG 1.00, 991, 994.

[48] Weitergehend – für Entbehrlichkeit einer Delegation des Weisungsrechts – MüKoAktG/Altmeppen Rn. 20, § 311 Rn. 51 ff.

[49] Anders verhält es sich, wenn nur ein Beherrschungsvertrag zwischen Tochter und Enkel-AG besteht, → Rn. 19.

hat auch dann zu gelten, wenn es an einer entsprechenden Ermächtigung durch die Tochter fehlt. Angesichts dieser Ausgangslage erscheint die Anwendung der §§ 311 ff. im Verhältnis zwischen Mutter und Enkel, wiewohl der Einflussnahme weder die Kapitalerhaltungsvorschriften noch die allgemeinen Haftungstatbestände entgegenstehen, als entbehrlich. Bei einem Beherrschungsvertrag zwischen **Mutter und Tochter** bleiben hingegen die §§ 311 ff. sowohl im Verhältnis zwischen Mutter und Enkel als auch in demjenigen zwischen Tochter und Enkel anwendbar.[50] Ein Beherrschungsvertrag zwischen **Mutter und Enkel** lässt im Verhältnis zwischen Mutter und Tochter die Anwendbarkeit der §§ 311 ff. unberührt.[51] Im Verhältnis zwischen Tochter und Enkel finden die §§ 311 ff. dagegen deshalb keine Anwendung, weil die Mutter das ihr nach § 308 zustehende Weisungsrecht auch über die Tochter ausüben kann; zudem sind die Enkel-AG und ihre Außenseiter hinreichend durch Ansprüche der Enkel-AG gegen die Mutter geschützt.[52] Besteht zusätzlich zu dem Beherrschungsvertrag zwischen Mutter und Enkel ein Beherrschungsvertrag zwischen *Mutter und Tochter*, so finden die §§ 311 ff. auch in diesem Verhältnis keine Anwendung. Ist die *Enkel-AG sowohl mit der Mutter als auch mit der Tochter* durch einen Beherrschungsvertrag verbunden,[53] so ist für die §§ 311 ff. nur im Verhältnis zwischen Mutter und Tochter Raum.[54]

19   Ein Beherrschungsvertrag **zwischen Tochter und Enkel** lässt unzweifelhaft die Anwendbarkeit der §§ 311 ff. im Verhältnis zwischen Mutter und Tochter unberührt. Umstritten ist hingegen die Anwendbarkeit im *Verhältnis zwischen Enkel und Mutter*. Die hM verneint die Anwendbarkeit unter Hinweis auf § 305 Abs. 2 Nr. 2 und auf das Übermaß an Schutz, das die Enkel-AG bei gleichzeitiger Anwendbarkeit der §§ 300 ff. (im Verhältnis zur Tochter) und §§ 311 ff. (im Verhältnis zur Mutter) erfahren würde.[55] Dem kann *nicht* gefolgt werden. Ist nämlich die Tochter zur Erfüllung ihrer Verpflichtungen aus §§ 302 f. nicht imstande, so wären die Enkel-AG und ihre Gläubiger bei Nichtgeltung der §§ 311 ff. weitgehend rechtlos gestellt. Zwar mag es sein, dass der Tochter, wenn sie auf Veranlassung der Mutter auf die Enkel-AG einwirkt, ihrerseits Ausgleichs- oder Schadensersatzansprüche gegen die Mutter zustehen; auf diese Ansprüche könnten die Enkel-AG oder ihre Gläubiger im Wege der Pfändung zugreifen. Indes laufen in diesem Fall die Enkel-AG und die Gläubiger Gefahr, dass das im Verhältnis zwischen Tochter und Mutter anzuwendende Organisationsrecht hinter dem Schutzstandard der §§ 311 ff. zurückbleibt; dies kann insbesondere bei ausländischem Sitz der Tochter- und Muttergesellschaft der Fall sein (→ Rn. 21). Aber auch bei Geltung der §§ 311 ff. im Verhältnis zwischen Mutter und Tochter geht es nicht an, die Enkelgesellschaft und ihre Gläubiger und Aktionäre auf die überaus ungewisse Pfändung etwaiger Ansprüche der Tochter aus § 317 zu verweisen.[56] Vollends muss ein

---

[50] KK-AktG/*Koppensteiner* Vor § 311 Rn. 29; Hüffer/*Koch* Rn. 12; MHdB AG/*Krieger* § 70 Rn. 73; K. Schmidt/Lutter/*J. Vetter* Rn. 22; Hölters/*Leuering*/*Goertz* Rn. 31.

[51] MüKoAktG/*Altmeppen* Anh. § 311 Rn. 40 ff.; KK-AktG/*Koppensteiner* Vor § 311 Rn. 30 Hüffer/*Koch* Rn. 12; MHdB AG/*Krieger* § 70 Rn. 73; K. Schmidt/Lutter/*J. Vetter* Rn. 21; Spindler/Stilz/*Müller* Rn. 10; Hölters/*Leuering*/*Goertz* Rn. 33.

[52] MüKoAktG/*Altmeppen* Anh. § 311 Rn. 40 ff.; KK-AktG/*Koppensteiner* Vor § 311 Rn. 30 Hüffer/*Koch* Rn. 12; MHdB AG/*Krieger* § 70 Rn. 73; K. Schmidt/Lutter/*J. Vetter* Rn. 21; Spindler/Stilz/*Müller* Rn. 10; Hölters/*Leuering*/*Goertz* Rn. 33; Grigoleit/*Grigoleit* Rn. 14; einschr. *Pentz* 201 f., 218 aE; diff. *Rehbinder* ZGR 1977, 581 (619 f.). (Anwendbarkeit der §§ 311 ff. bei autonomer Einflussnahme durch die Tochter); ihm folgend Hölters/*Leuering*/*Goertz* Rn. 33.

[53] Zur Zulässigkeit → § 291 Rn. 38.

[54] MüKoAktG/*Altmeppen* Anh. § 311 Rn. 29 f.; Spindler/Stilz/*Veil* § 291 Rn. 29; Hölters/*Leuering*/*Goertz* Rn. 32; aA *Pentz* 219.

[55] OLG Frankfurt AG 2001, 53; LG Frankfurt a.M. AG 1999, 238 (239); MüKoAktG/*Altmeppen* Anh. § 311 Rn. 52 ff.; KK-AktG/*Koppensteiner* Vor § 311 Rn. 31; MHdB AG/*Krieger* § 70 Rn. 73; Hüffer/*Koch* Rn. 12; K. Schmidt/Lutter/*J. Vetter* Rn. 19; Spindler/Stilz/*Müller* Rn. 10; HK-AktG/*Fett* Rn. 7; Grigoleit/*Grigoleit* Rn. 14; Henssler/Strohn/*Bödeker* Rn. 7; *ADS* Rn. 15; *Paschke* AG 1988, 196 (201 f.); im Grundsatz auch *Bayer* FS Ballerstedt, 1975, 157 (181 f.); *Rehbinder* ZGR 1977, 581 (628 ff.); aA – für Anwendbarkeit der §§ 311 ff. – *Kronstein* BB 1967, 637 (640); *Cahn* BB 2000, 1477 (1478 ff.); *Haesen* 57 ff.; *Pentz* 201, 208 ff.; *ders.* NZG 2000, 1103 (1106 f.); *Wimmer-Leonhardt* 124 ff.; Hölters/*Leuering*/*Goertz* Rn. 35; NK-AktR/ *Schatz*/*Schödel* Rn. 38.

[56] Anders liegt es bei einer durchgehenden Kette von Beherrschungsverträgen (→ Rn. 18).

mittelbarer Schutz der Enkel-AG und ihrer Gläubiger ausscheiden, wenn die Mutter unmittelbaren Einfluss auf die Enkel-AG nimmt.[57] Auch der Vorschrift des § 305 Abs. 2 Nr. 2 lassen sich keine gegenteiligen Anhaltspunkte entnehmen; denn sie kommt auch in den Fällen zur Anwendung, in denen die Tochter nur in Mehrheitsbesitz (iSv § 16 Abs. 1) steht oder ihrerseits beherrschungsvertraglich eingebunden ist.

Bei **Eingliederung** einer Gesellschaft sowie bei Bestehen eines **Gewinnabführungsvertrags** gelten die in → Rn. 17 ff. getroffenen Feststellungen entsprechend (→ § 316 Rn. 7; → § 323 Rn. 11). Der Vorrang der §§ 291 ff. bezieht sich allerdings gemäß § 316 im Fall eines Gewinnabführungsvertrags nur auf die Vorschriften der §§ 312–315, 318 betreffend die Aufstellung eines Abhängigkeitsberichts (→ Rn. 16); die §§ 311, 317 finden dagegen Anwendung (→ § 316 Rn. 10). Eine qualifizierte Nachteilszufügung (→ Anh. § 317 Rn. 1 ff.) schließt die Anwendung der §§ 311, 317 keineswegs generell, sondern nur insoweit aus, als die fragliche Maßnahme einem Einzelausgleich nicht zugänglich ist (→ Rn. 16). 20

4. Internationaler Anwendungsbereich. Die §§ 311 ff. bezwecken den Schutz der abhängigen AG oder KGaA, ihrer Gläubiger und ihrer außenstehenden Aktionäre. Das **herrschende Unternehmen** unterliegt ihnen deshalb auch dann, wenn es seinen Sitz im Ausland hat;[58] auf die Rechtsform des herrschenden Unternehmens kommt es insoweit nicht an.[59] Was die **abhängige Gesellschaft** betrifft, so muss es sich um eine AG oder KGaA deutschen Rechts oder um eine SE mit Sitz in Deutschland handeln (→ Rn. 1, 13); im Inland ansässige Auslandsgesellschaften unterliegen hingegen nicht dem deutschen Aktien(konzern)recht.[60] Die identitätswahrende Verlegung des Verwaltungssitzes einer deutschen AG oder KGaA ins Ausland ist zwar unionsrechtlich nicht geboten,[61] deutschen Gesellschaften indes nach § 5 in der Fassung durch das MoMiG (→ Einl. Rn. 39) gleichwohl gestattet.[62] Unter der Voraussetzung, dass das Recht des Zuzugstaates die deutsche Gesellschaft als solche anerkennt,[63] bleibt es deshalb auch nach Wegzug bei der Geltung der §§ 311 ff.[64] Für die SE bewendet es hingegen bei dem in Art. 7 SE-VO geregelten Erfordernis der Identität von Satzungs- und Verwaltungssitz. 21

---

[57] Insoweit für Anwendung der §§ 311 ff. auch *Bayer* FS Ballerstedt, 1975, 157 (181 f.), und *Rehbinder* ZGR 1977, 581 (633).

[58] Wohl einhM, s. BGH ZIP 2005, 250 (251); KK-AktG/*Koppensteiner* Vor § 291 Rn. 182 f.; Hüffer/*Koch* Rn. 9; MHdB AG/*Krieger* § 70 Rn. 70; s. ferner OLG Frankfurt AG 1988, 267 (272); eingehend *Renner* ZGR 2014, 452 (459 ff.). – Zur internationalen Zuständigkeit deutscher Gerichte bei angeblicher Schädigung der deutschen Gesellschaft durch das im Ausland ansässige herrschende Unternehmen s. OLG Stuttgart AG 2007, 633 f.; OLG Schleswig NZG 2008, 868 (874); LG Kiel NZG 2008, 346; *Bachmann* IPRax 2009, 140 ff.; *Bruhns*, Das Verfahrensrecht der internationalen Konzernhaftung, 2006, insbes. 207 ff.; *Kindler* FS Ulmer, 2003, 305 ff.; *Maul* NZG 1999, 741 (742 ff.).

[59] BGH ZIP 2005, 250 (251); KK-AktG/*Koppensteiner* Vor § 291 Rn. 182 f.; Hüffer/*Koch* Rn. 9; MHdB AG/*Krieger* § 70 Rn. 70.

[60] Allg. zur Maßgeblichkeit des Personalstatuts der abhängigen Gesellschaft für die Anknüpfung im Rahmen des internationalen Unterordnungskonzerns MüKoBGB/*Kindler* IntGesR Rn. 756 ff., 788 ff., dort auch zur abweichenden Rechtslage bei zustimmungspflichtigen Maßnahmen der Konzernbildung iSd „Holzmüller/Gelatine"-Grundsätze (→ Vor § 311 Rn. 31 ff.; → Einl. Rn. 41); eingehend zum Gläubigerschutz in der abhängigen limited mit Sitz in Deutschland *Bicker* 207 ff., 265 ff.

[61] EuGH NJW 2009, 569 = ZIP 2009, 24 – Cartesio; dazu *Paefgen* WM 2009, 529 ff.; *Sethe* WM 2009, 536 ff.; *Teichmann* ZIP 2009, 393 ff.; *Zimmer/Naendrup* NJW 2009, 545 ff.; s. ferner EuGH ZIP 2012, 1394 – Vale; NJW 2006, 425 – Sevic; Slg. 2003, I-10155 = NJW 2003, 3331 – Inspire Art; Slg. 2002, I-9919 = NJW 2002, 3614 Rn. 52, 62 – Überseering; Slg. 1988, 5505 Rn. 20 ff. – Daily Mail; BayObLG ZIP 2004, 806 (807 f.) und OLG Brandenburg ZIP 2005, 489 ff., jeweils mwN; näher zum Ganzen MüKoBGB/*Kindler* IntGesR Rn. 519 ff.; *Habersack/Verse* EuropGesR § 3 Rn. 11 ff. mwN.

[62] Näher dazu *Kindler* in Goette/Habersack MoMiG Kap. 7 Rn. 38 ff.; ferner *Noack* DB 2006, 1475 (1478 f.).

[63] Hierzu ist es im Anwendungsbereich der Art. 49, 54 AEUV verpflichtet, s. EuGH NJW 2009, 569 = ZIP 2009, 24 – Cartesio; Slg. 2003, I-10155 = NJW 2003, 3331 – Inspire Art; MüKoBGB/*Kindler* IntGesR Rn. 519 ff.; *Habersack/Verse* EuropGesR § 3 Rn. 11 ff. mwN.

[64] Allg. zur Maßgeblichkeit des Rechts des Gründungsstaates in Fällen der unionsinternen Sitzverlegung → § 291 Rn. 33 f.; Hüffer/*Koch* § 1 Rn. 42 ff., jeweils mwN; s. ferner *Schubel* in Henn/Frodermann/Jannott AktR-HdB § 14 Rn. 76.

21a **5. Ausnahmetatbestände.** Besonderheiten gelten für die Treuhandanstalt und deren Nachfolgeorganisation; nach **§ 28a S. 1 EGAktG** sind die Vorschriften des AktG über herrschende Unternehmen und damit auch die §§ 311 ff. auf sie nicht anzuwenden (→ § 312 Rn. 8). Entsprechendes gilt nach **§ 7d S. 1 FMStBG** (→ Einl. Rn. 37 f.), dem zufolge die Vorschriften des AktG über herrschende Unternehmen – und damit auch §§ 311 ff. – auf den Finanzmarktstabilisierungsfonds, den Bund und die von ihnen errichteten Körperschaften, Anstalten und Sondervermögen sowie die ihnen nahestehenden Personen oder sonstige von ihnen mittelbar oder unmittelbar abhängigen Unternehmen nicht anzuwenden sind.[65] Unanwendbar sind danach unzweifelhaft die Vorschriften der §§ 311 ff. Ausweislich des Regierungsentwurfs soll § 7d S. 1 FMStBG allerdings auch ungeschriebene konzernrechtliche Grundsätze, wie sie aus der gesellschaftsrechtlichen Treupflicht herzuleiten seien, umfassen.[66] Dabei bleibt indes unklar, welche Grundsätze dies sein sollten.[67] Was zunächst die „Holzmüller"- und „Gelatine"-Grundsätze betrifft, so finden sie ihre Grundlage nicht in der Treupflicht (→ Vor § 311 Rn. 31 ff.); im Übrigen wäre es ganz und gar unangemessen, sie hier zur Anwendung zu bringen. Die allgemeine mitgliedschaftliche Treupflicht, die, nachdem §§ 311 ff. unanwendbar sind, wieder auflebt (→ Rn. 89 ff.), muss schon deshalb uneingeschränkt zur Anwendung gebracht werden, weil sie nicht konzernrechtlicher Natur ist und nicht angenommen werden kann, der Gesetzgeber wolle sich auch insoweit dispensieren. Am Ehesten dürften die Materialien deshalb die Grundsätze über die qualifizierte faktische Nachteilszufügung (→ Anh. § 317 Rn. 1 ff.) vor Augen haben; deren Nichtanwendung lässt allerdings die Geltung der Grundsätze über die „Existenzvernichtungshaftung" (→ Anh. § 317 Rn. 5) unberührt.

IV. Veranlassung zu Rechtsgeschäft oder Maßnahme

22 **1. Begriff der Veranlassung.** Nach Abs. 1 darf das herrschende Unternehmen seinen Einfluss nicht dazu benutzen, die abhängige Gesellschaft zur Vornahme eines nachteiligen Rechtsgeschäfts oder einer nachteiligen Maßnahme zu veranlassen, sofern es nicht die Nachteile nach Maßgabe des Abs. 2 ausgleicht. Damit trägt das Gesetz dem Umstand Rechnung, dass die AG oder KGaA unter dem beherrschenden Einfluss eines Unternehmens steht und es aus Sicht dieses Unternehmens naheliegt, unter Ausnutzung dieser Machtstellung seinen anderweitig verfolgten Interessen auch innerhalb der AG oder KGaA Geltung zu verschaffen. So wie der beherrschende Einfluss nach § 17 Abs. 1 gesellschaftsrechtlich vermittelt sein muss (→ § 17 Rn. 15 ff.), kann auch von einer Veranlassung iSd Abs. 1 nur dann die Rede sein, wenn zwischen dem Abhängigkeitsverhältnis und dem dadurch begründeten Einfluss des herrschenden Unternehmens auf die Gesellschaft einerseits und dem Verhalten der Gesellschaft andererseits (→ Rn. 37) eine kausale Verknüpfung besteht (→ Rn. 38). Eine Veranlassung setzt mithin voraus, dass das herrschende Unternehmen, **gestützt auf** seinen **gesellschaftsrechtlich vermittelten Einfluss,** das Verhalten der abhängigen Gesellschaft zu bestimmen versucht.[68] Daran fehlt es, wenn das als Körperschaft oder Anstalt des öffentlichen Rechts verfasste herrschende Unternehmen (→ Rn. 13) von ihm durch das öffentliche Recht ermöglichten Handlungsspielräumen Gebrauch macht.[69]

---

[65] Dazu *Ziemons* NZG 2009, 369 (375); ferner OLG Frankfurt BeckRS 2015, 00419 = GWR 2015, 34; LG Frankfurt a.M. ZIP 2014, 322 (323 f.) (Befreiung von der Berichtspflicht gemäß § 312, → § 312 Rn. 8).
[66] Begr. RegE, BR-Drs. 160/09, 21.
[67] So auch *Ziemons* NZG 2009, 369 (375).
[68] MHdB AG/*Krieger* § 70 Rn. 77; schon im Ausgangspunkt aA MüKoAktG/*Altmeppen* Rn. 80, 163 ff., *ders.* ZHR 171 (2007), 320 (330 ff), *ders.* FS Priester, 2007, 1 (5 ff.), der §§ 311, 317 iS einer konzernrechtlichen Verschuldenshaftung für fehlerhafte Fremdgeschäftsführung interpretiert (→ Rn. 39 f.) und im Erfordernis der Veranlassung die allgemeine Haftungsvoraussetzung der haftungsbegründenden Kausalität (iS einer psychisch vermittelten Kausalität) erblickt.
[69] Vgl. am Beispiel der UMTS-Auktion (→ Rn. 44, 46) OLG Köln ZIP 2006, 997 (1000); LG Bonn NZG 2005, 856 (857 f.); *Habersack* ZIP 2006, 1327 (1329); s. aber auch *Altmeppen* NJW 2008, 1553 (1555 f.) (kartellrechtlicher Monopolmissbrauch); allg. MüKoAktG/*Altmeppen* Rn. 136 ff.; MHdB AG/*Krieger* § 70 Rn. 77.

Im Übrigen genügt **jede Form der Verlautbarung** des auf Vornahme der Maßnahme 23 gerichteten Willens des herrschenden Unternehmens, mag dieser Wunsch in Form eines Ratschlags, einer Anregung, einer Weisung oder auf sonstige Weise zum Ausdruck gebracht werden.[70] Unerheblich ist, ob sich die Veranlassung in einer Vereinbarung zwischen dem herrschenden Unternehmen und der abhängigen Gesellschaft manifestiert; weder setzt eine Veranlassung das Vorliegen einer solchen Vereinbarung voraus, noch wird sie durch eine solche ausgeschlossen.[71] Nicht erforderlich ist des Weiteren, dass die Einflussnahme mit einer gewissen Nachdrücklichkeit erfolgt oder der abhängigen Gesellschaft für den Fall der Nichtbefolgung gar Nachteile angedroht werden.[72] Die Veranlassung muss sich auch nicht auf eine Einzelmaßnahme beziehen; von Abs. 1 werden mithin auch **allgemeine Anweisungen** oder „Richtlinien" erfasst.[73] Der Begriff der Veranlassung entspricht damit grundsätzlich (aber → Rn. 27) demjenigen der Weisung iSd § 308.[74] Die unterschiedliche Terminologie soll allein zum Ausdruck bringen, dass § 311 im Unterschied zu § 308 kein Weisungs*recht* des herrschenden Unternehmens und damit auch keine Befolgungspflicht der abhängigen Gesellschaft statuiert.

Maßgebend ist, wie das – objektiv erforderliche – Veranlassungsverhalten vom Empfän- 24 gerhorizont und damit aus der **Perspektive der abhängigen Gesellschaft** zu beurteilen ist; zu fragen ist also, ob sich die abhängige Gesellschaft aufgrund einer Verlautbarung des herrschenden Unternehmens veranlasst sehen durfte.[75] An einer Veranlassung fehlt es deshalb nur in den Fällen, in denen das herrschende Unternehmen auch aus Sicht der abhängigen Gesellschaft einen Vorschlag oder eine Anregung macht, ohne damit die Erwartung zu verbinden, die abhängige Gesellschaft werde sich dem Vorschlag entsprechend verhalten.[76] Ein „**Veranlassungsbewusstsein**" des herrschenden Unternehmens ist nicht erforderlich.[77] Die Veranlassung zielt im Übrigen auf ein tatsächliches Verhalten und nicht auf die – von Rechts wegen ohnehin nicht bestehende (→ Rn. 10) – Bindung der abhängigen Gesellschaft; sie ist deshalb **nicht als Willenserklärung** zu qualifizieren.[78] Werden etwaige Willensmängel des herrschenden Unternehmens nicht durch actus contrarius korrigiert, so sind sie unbeachtlich und stehen dem Eintritt der gesetzlichen Rechtsfolgen des § 311 nicht entgegen.

2. Urheber und Adressat der Veranlassung. a) Urheber. Die Veranlassung muss vom 25 **herrschenden Unternehmen** ausgehen. Nicht erforderlich ist, dass der Inhaber oder der gesetzliche Vertreter des herrschenden Unternehmens handelt. Vielmehr kann die Einfluss-

---

[70] Heute wohl einhM, vgl. MüKoAktG/*Kropff* 2. Aufl. Rn. 73: „Kamingespräch"; KK-AktG/*Koppensteiner* Rn. 2; Hüffer/*Koch* Rn. 13; Spindler/Stilz/*Müller* Rn. 12; K. Schmidt/Lutter/*J. Vetter* Rn. 25; HK-AktG/*Fett* Rn. 12; Hölters/*Leuering/Goertz* Rn. 40; Grigoleit/*Grigoleit* Rn. 17; MHdB AG/*Krieger* § 70 Rn. 77; im Ergebnis auch MüKoAktG/*Altmeppen* Rn. 76, 80; zum Einsatz moderner Kommunikationsmittel *Weinbrenner* Konzern 2005, 583 (584 ff.).

[71] Vgl. am Beispiel der Konzernumlage (→ Rn. 49) BGHZ 141, 79 (83) = NJW 1999, 1706 = NZG 1999, 658 mit Anm. *S. Maul.*

[72] Heute hM, s. KK-AktG/*Koppensteiner* Rn. 2; Hüffer/*Koch* Rn. 13; im Ergebnis auch MüKoAktG/*Altmeppen* Rn. 80; aA noch *Leo* AG 1965, 352 (356).

[73] KK-AktG/*Koppensteiner* Rn. 16; Hüffer/*Koch* Rn. 13; MHdB AG/*Krieger* § 70 Rn. 77; *Haesen* 90.

[74] KK-AktG/*Koppensteiner* Rn. 4; Spindler/Stilz/*Müller* Rn. 13; der Sache nach auch MüKoAktG/*Kropff* 2. Aufl. Rn. 73 Fn. 150, dessen Bedenken primär terminologischer Natur sind und nicht berücksichtigen, dass es sich auch bei den von ihm genannten „Bitten" und „Empfehlungen" um Weisungen iSd § 308 handeln kann (→ § 308 Rn. 24).

[75] Hüffer/*Koch* Rn. 13; Spindler/Stilz/*Müller* Rn. 14; Hölters/*Leuering/Goertz* Rn. 40; HK-AktG/*Fett* Rn. 12; aA Grigoleit/*Grigoleit* Rn. 17.

[76] KK-AktG/*Koppensteiner* Rn. 2; MHdB AG/*Krieger* § 70 Rn. 77; weitergehen MüKoAktG/*Altmeppen* Rn. 80, 153 ff.

[77] Umstr., wie hier KK-AktG/*Koppensteiner* Rn. 5; MHdB AG/*Krieger* § 70 Rn. 77; Hüffer/*Koch* Rn. 13; Spindler/Stilz/*Müller* Rn. 13; Hölters/*Leuering/Goertz* Rn. 40; ebenso MüKoAktG/*Altmeppen* Rn. 80; aA *Neuhaus* DB 1970, 1913 (1915 f.); für den Fall, dass das Veranlassungsbewusstsein trotz pflichtgemäßer Sorgfalt fehlt, auch MüKoAktG/*Kropff* 2. Aufl. Rn. 75; ähnlich K. Schmidt/Lutter/*J. Vetter* Rn. 27: Zurechenbarkeit; wohl auch *ADS* Rn. 22, 28.

[78] KK-AktG/*Koppensteiner* Rn. 8; Hüffer/*Koch* Rn. 13; MüKoAktG/*Kropff* 2. Aufl. Rn. 73; aA noch Geßler/Hefermehl/*ders.* Rn. 90.

nahme auch von einer **nachgeordneten Stelle,** etwa einem Angestellten, von einem sonstigen Organ oder von einem außenstehenden Dritten ausgehen, sofern sie nur aus Sicht der abhängigen Gesellschaft (→ Rn. 24) dem herrschenden Unternehmen zuzurechnen ist und als Ausübung des gesellschaftsrechtlich vermittelten Einflusses erscheint.[79] Auf das Vorliegen einer (Anscheins-)Vollmacht kommt es schon in Ermangelung einer Willenserklärung nicht an (→ Rn. 24).[80] Zu *personellen Verflechtungen* sowie zur Veranlassung durch *Hauptversammlungsbeschluss* → Rn. 28 ff.

26   Bei **mehrfacher Abhängigkeit** (→ Rn. 14) kommt es darauf an, ob es sich um eine eigenmächtige oder im Einvernehmen der gemeinschaftlich herrschenden Unternehmen erfolgende Veranlassung handelt. Erfolgt die Veranlassung aus Sicht der abhängigen Gesellschaft (→ Rn. 24) in Vollzug der zwischen den Gesellschaftern bestehenden Grundvereinbarung oder auf Grund einer anderweitigen Koordinierung, so sind sämtliche an der gemeinschaftlichen Beherrschung beteiligten Unternehmen als Urheber anzusehen (→ Rn. 14). Bei erkennbar eigenmächtigem Vorgehen eines herrschenden Unternehmens kommt eine Zurechnung dagegen nicht in Betracht. Bei **mehrstufiger Abhängigkeit** (→ Rn. 17 ff.) kann die *von der Tochter ausgehende Veranlassung* nicht ohne weiteres auch der Mutter zugerechnet werden.[81] Entscheidend ist vielmehr, ob die Enkel-AG im Hinblick auf die konkrete Führungsstruktur der Unternehmensverbindung davon ausgehen durfte, die Veranlassung durch die Tochter sei zugleich Ausdruck des Willens der Mutter. Umgekehrt kann eine unmittelbar von der Mutter ausgehende Veranlassung grundsätzlich nicht der Tochter zugerechnet werden.[82]

27   b) **Adressat.** Veranlassungsadressat ist die abhängige Gesellschaft. Allerdings muss sich eine Veranlassung iSd Abs. 1 nicht zwangsläufig an den **Vorstand** der Gesellschaft richten. Eine Veranlassung liegt vielmehr, wie bereits ein Vergleich des Wortlauts des § 311 mit demjenigen des § 308 Abs. 1 S. 1 zeigt, auch dann vor, wenn sich das herrschende Unternehmen (→ Rn. 25 f.) an den **Aufsichtsrat** (→ Rn. 36) oder an eine dem Vorstand **nachgeordnete Stelle** wendet.[83] Der Vorstand der abhängigen Gesellschaft hat zwar sicherzustellen, dass er über die an nachgeordnete Stellen gerichteten Veranlassungen informiert wird, um ggf. deren Vollzug verhindern zu können (→ Rn. 80). Eine Verletzung dieser **Organisationspflicht** ändert jedoch nichts am Vorliegen einer Veranlassung iSd § 311.

28   **3. Besondere Formen der Veranlassung.**[84] a) **Personelle Verflechtungen.** Es ist im Ergebnis unbestritten, dass eine Veranlassung auch durch einen Organwalter oder leitenden Angestellten der abhängigen Gesellschaft erfolgen kann, sofern dieser zugleich als Organwalter oder leitender Angestellter im herrschenden Unternehmen tätig oder gar mit diesem identisch ist;[85] insbesondere steht der Grundsatz der weisungsfreien Amtsführung (§§ 76

---

[79] So oder ähnlich auch MüKoAktG/*Altmeppen* Rn. 81; KK-AktG/*Koppensteiner* Rn. 17; Hüffer/*Koch* Rn. 14; MHdB AG/*Krieger* § 70 Rn. 78; K. Schmidt/Lutter/*J. Vetter* Rn. 28; speziell zur öffentlichen Hand als herrschendes Unternehmen OLG Köln ZIP 2006, 997 (1000); MüKoAktG/*Altmeppen* Rn. 136 ff.; *Kropff* ZHR 144 (1980), 74 (91 f.); Hölters/*Leuering/Goertz* Rn. 46; ferner → Rn. 22.

[80] Auf eine Bevollmächtigung oder den Anschein, für das herrschende Unternehmen handeln zu können, abstellend dagegen MüKoAktG/*Kropff* 2. Aufl. Rn. 76.

[81] So aber MüKoAktG/*Altmeppen* Rn. 148 f.; GroßkommAktG/*Würdinger* 3. Aufl. § 312 Anm. 3; *Kronstein* BB 1967, 637 (640), jeweils unter Hinweis auf § 18 Abs. 1 S. 3; wie hier dagegen KK-AktG/*Koppensteiner* Rn. 19; MüKoAktG/*Kropff* 2. Aufl. Rn. 133; MHdB AG/*Krieger* § 70 Rn. 80; Hüffer/*Koch* Rn. 16; K. Schmidt/Lutter/*J. Vetter* Rn. 38; Spindler/Stilz/*Müller* Rn. 16; *Rehbinder* ZGR 1977, 581 (589, 593).

[82] So auch MüKoAktG/*Kropff* 2. Aufl. Rn. 135; Spindler/Stilz/*Müller* Rn. 16.

[83] Nahezu einhM, s. KK-AktG/*Koppensteiner* Rn. 21; MHdB AG/*Krieger* § 70 Rn. 78; Hüffer/*Koch* Rn. 15; HK-AktG/*Fett* Rn. 14; K. Schmidt/Lutter/*J. Vetter* Rn. 28; Spindler/Stilz/*Müller* Rn. 18; Hölters/*Leuering/Goertz* Rn. 42; aA *Paul* 60, 93 ff.

[84] Zu personellen Verflechtungen → Rn. 35 f., 93; ferner BGHZ 180, 105 = ZIP 2009, 1162; OLG Hamburg ZIP 2007, 1370; LG Hannover ZIP 2009, 761 (762 f.); LG Wiesbaden ZIP 2015, 2028 (2029); *Hoffmann-Becking* ZHR 150 (1986), 570 ff.; Fleischer/*ders.* HdB § 18 Rn. 126 ff.; *Altmeppen* ZIP 2008, 437 ff.; *Aschenbeck* NZG 2000, 1015 ff.; *Löbbe* 63 ff.; *Noack* FS Hoffmann-Becking, 2013, 847 ff.; *Verse* AG 2015, 413 ff.; *Wackerbarth* Konzern 2010, 261 (262 ff.); zu konzernweiten Aktienoptionsprogrammen → Rn. 5.

[85] Vgl. statt aller Hüffer/*Koch* Rn. 21; näher → Rn. 35 f.

Abs. 1, 111 Abs. 5) der Annahme einer Veranlassung nicht entgegen. Zwar sind personelle Verflechtungen **als solche zulässig und nicht nachteilig** iSd § 311;[86] sie begründen deshalb als solche nicht den Tatbestand einer qualifizierten Nachteilszufügung (→ Anh. § 317 Rn. 13). Ungeachtet dessen sind solche „von innen" kommenden Veranlassungen aus Sicht der abhängigen Gesellschaft und ihrer Außenseiter **besonders gefährlich,** erlauben sie doch die unmittelbare Umsetzung des außerhalb der abhängigen Gesellschaft verfolgten unternehmerischen Interesses des herrschenden Unternehmens. Eine am Schutzzweck des § 311 orientierte Auslegung hat deshalb den Umstand zu berücksichtigen, dass im Fall personeller Verflechtungen der „entsandte" Organwalter oder Angestellte weiterhin Bindungen gegenüber dem herrschenden Unternehmen unterliegt, die seine Tätigkeit innerhalb der abhängigen Gesellschaft beeinflussen können. Am Vorliegen einer Veranlassung ist deshalb nicht zu zweifeln. Es fragt sich denn auch allein, ob im Fall einer personellen Verflechtung unwiderleglich von einer Veranlassung der nachteiligen Maßnahme durch das herrschende Unternehmen auszugehen ist oder ob es auch insoweit bei den allgemeinen Grundsätzen der **Darlegungs- und Beweislast** bewendet (→ Rn. 35 f.).

b) Hauptversammlungsbeschluss. Eine **Veranlassung** iSd § 311 kann auch durch **29** Ausübung des Stimmrechts des herrschenden Unternehmens und damit durch Beschluss der Hauptversammlung erfolgen.[87] Der – durch Art. 1 Nr. 3 UMAG (→ Einl. Rn. 33) aufgehobene – Tatbestand des § 117 Abs. 7 Nr. 1 aF, dem zufolge die Haftung aus § 117 nicht bei Ausübung des Stimmrechts in der Hauptversammlung eingreifen sollte, hat im Rahmen des § 311 keine Geltung beansprucht (→ Rn. 86).[88] Eine Veranlassung ist somit jedenfalls dann anzunehmen, wenn die Hauptversammlung über Fragen der **Geschäftsführung** entscheidet, also bei Beschlüssen gemäß §§ 119 Abs. 2, 179a sowie bei der Zustimmung zu einem Unternehmensvertrag iSd § 292, ferner bei „Holzmüller/Gelatine"-Beschlüssen.[89] Des Weiteren lässt sich §§ 27, 125 UmwG entnehmen, dass auch **Verschmelzungs- und Spaltungsbeschlüsse** nicht von vornherein vom Anwendungsbereich des § 311 ausgeschlossen sind.[90] Da strikt zwischen Veranlassung und Nachteil zu unterscheiden ist (→ Rn. 30 f.), müssen aber auch **alle sonstigen Beschlüsse** als Veranlassung iSd § 311 qualifiziert werden.[91] Eine Veranlassung ist deshalb auch bei dem mit den Stimmen des herrschenden Unternehmens zustande gekommenen Beschluss über die Gewinnverwendung,[92] über die Auflösung oder Umwandlung der Gesellschaft oder

---
[86] BGHZ 180, 105 = ZIP 2009, 1162 Rn. 14 ff.; OLG Köln AG 2009, 416 (420); OLG Stuttgart AG 2015, 163 (168).
[87] Nahezu einhM, s. Begr. RegE bei *Kropff* 408; ferner BGH NZG 2012, 1030 Rn. 18; LG München I AG 2010, 173 (175); MüKoAktG/*Altmeppen* Rn. 118; KK-AktG/*Koppensteiner* Rn. 24 f.; K. Schmidt/Lutter/ *J. Vetter* Rn. 35; Spindler/Stilz/*Müller* Rn. 21; *ders.* FS Stilz, 2014, 427 ff.; Hölters/*Leuering/Goertz* Rn. 45; Hüffer/*Koch* Rn. 15; Grigoleit/*Grigoleit* Rn. 25; MHdB AG/*Krieger* § 70 Rn. 78; Henssler/Strohn/*Bödeker* Rn. 12; *Pfeuffer* 60 f.; *Wimmer-Leonhardt* 81 ff.; aA *Paul* 76 ff. (100 ff.), 122 ff. unter Hinweis auf die durch die Ausführungspflicht beeinträchtigte Leitungsautonomie des Vorstands. – Zum Verhältnis zwischen Beschlussanfechtung und Schadensersatzverpflichtung, insbes. zur Frage, ob die Bestandskraft des Beschlusses die Geltendmachung von Schadensersatz ausschließt, s. *Habersack* 231 ff. mwN.
[88] Zur ohnehin gebotenen einschränkenden Auslegung des § 117 Abs. 7 Nr. 1 aF, der zufolge die Haftung nur insoweit ausgeschlossen war, als die Möglichkeit der Beschlussanfechtung den Eintritt des Schadens verhindern konnte, s. BGHZ 129, 136 (158 ff.); *Zöllner/Winter* ZHR 158 (1994), 59 (74); *Henssler* ZHR 157 (1993), 91 (121).
[89] Vgl. zu § 119 Abs. 2 BGH NZG 2012, 1030 Rn. 18; im Übrigen MüKoAktG/*Altmeppen* Rn. 118 ff.; KK-AktG/*Koppensteiner* Rn. 24 f.; Spindler/Stilz/*Müller* Rn. 21; Grigoleit/*Grigoleit* Rn. 25.
[90] So auch KK-AktG/*Koppensteiner* Rn. 25; Hölters/*Leuering/Goertz* Rn. 45; MHdB AG/*Krieger* § 70 Rn. 88; Lutter/*Grunewald* UmwG § 27 Rn. 8, dort auch zu den weiteren Rechtsfolgen; vgl. schon zum alten Recht *Immenga* BB 1970, 629 (632); aA Hüffer/*Koch* Rn. 15; K. Schmidt/Lutter/*J. Vetter* Rn. 80 Grigoleit/*Grigoleit* Rn. 2 (freilich nicht klar zwischen Veranlassung und Nachteil unterscheidend, → Rn. 30 f.)
[91] Wie hier und mit der gebotenen klaren Trennung zwischen Veranlassung und Nachteil K. Schmidt/ Lutter/*J. Vetter* Rn. 35; Spindler/Stilz/*Müller* Rn. 21; MHdB AG/*Krieger* § 70 Rn. 78, 88; Veranlassung und Nachteil vermengend hingegen Hüffer/*Koch* Rn. 15; Grigoleit/*Grigoleit* Rn. 25.
[92] Wohl hM, s. K. Schmidt/Lutter/*J. Vetter* Rn. 35; Spindler/Stilz/*Müller* Rn. 21; MHdB AG/*Krieger* § 70 Rn. 78, 88; MüKoAktG/*Altmeppen* Rn. 122; *Werner* FS Stimpel, 1985, 935 (943); aA KK-AktG/*Koppensteiner* Rn. 26 mwN.

über die Änderung des Unternehmensgegenstands gegeben (→ Rn. 41, 43; → Anh. § 317 Rn. 12).[93] Entsprechendes gilt für den Beschluss über die Zustimmung zu einem **Beherrschungs- oder Gewinnabführungsvertrag** oder zur **Eingliederung** der Gesellschaft (→ Rn. 15), ferner für den Beschluss über den Formwechsel.[94] Ungeachtet der besonderen Schutzvorschriften der §§ 291 ff., 319 ff., §§ 190 ff. UmwG ist in diesen Fällen ein Nachteil denkbar (→ Rn. 30 f.), sodass es verfehlt wäre, bereits das Vorliegen einer Veranlassung zu verneinen.[95] Die noch in der 7. Aufl. Rn. 29 vertretene gegenteilige Ansicht wird aufgegeben.

30 Eine von der Frage der Veranlassung **schon im Ansatz zu unterscheidende Frage** ist es indes, ob der Hauptversammlungsbeschluss die in § 311 Abs. 1 vorausgesetzte Veranlassungswirkung – nämlich eine Geschäftsführungsmaßnahme – zeitigt (→ Rn. 37) und, soweit dies der Fall ist, das Rechtsgeschäft oder die Maßnahme *nachteiligen Charakter* hat (→ Rn. 39 ff.). Was zunächst die erforderliche **Veranlassungswirkung** betrifft, so fehlt es an ihr bei Beschlüssen, die, wie etwa der Entlastungsbeschluss, keiner Ausführung durch Geschäftsführungsakt bedürfen. Bedarf es hingegen ausführender Maßnahmen, so ist für die Annahme des **nachteiligen Charakters** der ausführenden Maßnahme von vornherein nur Raum, soweit dem Vorstand Entscheidungsspielraum zukommt. Hieran fehlt es bei vorbereitenden Maßnahmen iSd § 83 Abs. 1 S. 1, 2 sowie in den Fällen des § 83 Abs. 2.[96] Dem entspricht es, dass der Vorstand nach § 93 Abs. 4 S. 1 nicht haftet, soweit er in Ausführung eines gesetzmäßigen (→ Rn. 318 Rn. 13)[97] Beschlusses der Hauptversammlung gehandelt hat; diese Wertung muss, da dem Nachteilsbegriff eine Sorgfaltspflichtverletzung immanent ist (→ Rn. 40), auch im Rahmen des § 311 Abs. 1 Berücksichtigung finden.[98] Im Ergebnis ist damit für die Anwendung des § 311 auf Maßnahmen in Vollzug von Hauptversammlungsbeschlüssen nur insoweit Raum, als der **Beschluss** als solcher infolge eines Inhaltsmangels **nichtig oder anfechtbar** ist.

30a Vor dem Hintergrund, dass das AktG der Mehrheit der Aktionäre das Recht zugesprochen hat, auch unabhängig vom Vorliegen eines sachlichen Grundes die Auflösung der Gesellschaft und über deren Unternehmensgegenstand zu beschließen sowie – im Rahmen der §§ 58 Abs. 3, 254 – frei über die Verwendung des Bilanzgewinns zu entscheiden,[99] kommt deshalb die Anwendung des § 311 auf Maßnahmen im Zusammenhang mit der **Auflösung,** der **Gegenstandsänderung** oder **Gewinnverwendung** in Ermangelung des nachteiligen Charakters dieser Maßnahmen grundsätzlich nicht in Betracht.[100] Ausnahmen sind insbesondere bei mit dem Beschluss einhergehender Treupflichtverletzung denkbar,

---

[93] Im Wesentlichen zust. MüKoAktG/*Altmeppen* Rn. 123 ff.; *Wimmer-Leonhardt* 82; für die Umwandlung *Pfeuffer* 60 f.; s. ferner K. Schmidt/Lutter/*J. Vetter* Rn. 35; Spindler/Stilz/*Müller* Rn. 21; aA KK-AktG/*Koppensteiner* Rn. 27 f.
[94] MHdB AG/*Krieger* § 70 Rn. 84; im Ergebnis auch Grigoleit/*Grigoleit* Rn. 25; aA noch 7. Aufl. Rn. 29; ferner Hölters/*Leuering/Goertz* Rn. 45; Hüffer/*Koch* Rn. 15; für §§ 291 ff., 319 ff. MüKoAktG/*Altmeppen* Rn. 128; Spindler/Stilz/*Müller* Rn. 21.
[95] MHdB AG/*Krieger* § 70 Rn. 84; im Ergebnis auch Grigoleit/*Grigoleit* Rn. 25.
[96] Für die Verschmelzung zutr. herausgearbeitet von *Pfeuffer* 124 ff., 152 f.; allg. zur Bindung des Vorstands nach § 83 Abs. 2 und zu deren Grenzen GroßkommAktG/*Habersack/Foerster* 5. Aufl. § 83 Rn. 11 ff.; *Servatius* Strukturmaßnahmen als Unternehmensleitung, 2004, 330 ff.; s. ferner für den Gewinnverwendungsbeschluss *Haertlein* ZHR 168 (2004), 437 (447 f.); nur im Ergebnis wie hier *Tillmann/Rieckhoff* AG 2008, 486 ff., die im UmwG eine abschließende Sonderregelung erblicken; aA – gegen Ausklammerung der Fälle des § 83 Abs. 2 – Hüffer/*Koch* Rn. 15.
[97] Dazu GroßkommAktG/*Hopt/Roth* 5. Aufl. § 93 Rn. 480 ff.; Hüffer/*Koch* § 93 Rn. 73 f.
[98] Zutr. *Pfeuffer* 152 f.
[99] Zur Wirksamkeit von Auflösungsbeschlüssen auch unabhängig vom Vorliegen eines sachlichen Grundes (und damit zum Verzicht auf eine Inhaltskontrolle des Beschlusses) s. BGHZ 76, 352 (353) = NJW 1980, 1278; BGHZ 103, 184 (190) = NJW 1988, 1579 mit Anm. *Timm*; s. ferner im Zusammenhang mit §§ 311, 317 OLG Stuttgart AG 1994, 411 (412 f.); LG Stuttgart AG 1993, 471; zur „übertragenden Auflösung" s. sogleich im Text, ferner → § 327a Rn. 10.
[100] Vgl. zur Auflösung BGHZ 76, 352 (353) = NJW 1980, 1278; BGHZ 103, 184 (190) = NJW 1988, 1579 mit Anm. *Timm*; zum Gewinnverwendungsbeschluss *Habersack* FS K. Schmidt, 2009, 523 (526 ff.) Schnorbus/Plassmann ZGR 2015, 446 (469 ff.), jeweils mwN, aber auch MüKoAktG/*Altmeppen* Rn. 123; *Müller* FS Stilz, 2014, 427 (430 ff.), dort auch zur Gegenstandsänderung und zur Auflösung.

etwa im Zusammenhang mit einer „übertragenden" Auflösung,[101] ferner bei unverhältnismäßiger, weil den Fortbestand der abhängigen Gesellschaft als unabhängiges Unternehmen gefährdender Gegenstandsänderung (→ Rn. 41, 57 ff., 64 f.). Zudem sind ausgleichspflichtige Veranlassungen ohne weiteres denkbar, soweit es um Maßnahmen im Rahmen der – dem Gewinnverwendungsbeschluss vorhergehenden – Aufstellung des Jahresabschlusses durch die Verwaltung geht (→ Rn. 51); auch insoweit ist freilich das Ermessen der Verwaltung im Zusammenhang mit der Bildung freiwilliger Rücklagen und der Ausübung von Wahlrechten usw. zu beachten.[102] Auch was Maßnahmen der **Umwandlung** der abhängigen Gesellschaft betrifft, ist die Strukturmaßnahme als solche keineswegs nachteilig; der nachteilige Charakter kann sich auch insoweit allenfalls aus über die Strukturmaßnahme hinausgehenden Umständen ergeben, etwa aus der Ermittlung des Umtauschverhältnisses im Rahmen einer Verschmelzung, Aufspaltung oder Abspaltung auf Tochterebene,[103] aber auch daraus, dass für den Fortbestand der Gesellschaft unverzichtbare Vermögensteile abgespalten werden oder eine Verschmelzung mit einer überschuldeten Gesellschaft erfolgt.[104] Entsprechendes gilt für den Abschluss eines **Beherrschungs- oder Gewinnabführungsvertrags** sowie für die Eingliederung; ein Nachteil kann zwar nicht aus der Strukturmaßnahme als solcher, wohl aber aus begleitenden Umständen wie insbesondere der fehlenden Bonität des zum Verlustausgleich verpflichtenden Aktionärs ergeben.[105] Zum Verhältnis zwischen § 311 und den Vorschriften über die **Beschlussanfechtung,** insbesondere § 243 Abs. 2, → Rn. 85 f.

c) Bevollmächtigung des herrschenden Unternehmens. Eine Veranlassung kann **31** auch dadurch erfolgen, dass die abhängige Gesellschaft dem herrschenden Unternehmen Vollmacht erteilt und dieses daraufhin ein für die abhängige Gesellschaft nachteiliges Rechtsgeschäft vornimmt.[106] In einem solchen Fall sind die im Namen der abhängigen Gesellschaft getätigten Rechtsgeschäfte *stets* durch das herrschende Unternehmen veranlasst; unerheblich ist also, ob bereits die Erteilung der Vollmacht auf eine Veranlassung zurückzuführen ist. Entsprechendes gilt, wenn das herrschende Unternehmen zugleich gesetzlicher Vertreter der abhängigen Gesellschaft ist, wie dies im Fall einer KGaA der Fall sein kann.[107]

4. Darlegungs- und Beweislast. Die §§ 311, 317 und damit der Schutz der abhängigen **32** Gesellschaft, ihrer außenstehenden Aktionäre und ihrer Gläubiger drohten weitgehend leerzulaufen, würde es hinsichtlich des Tatbestandsmerkmals der Veranlassung (zum Erfordernis eines Nachteils → Rn. 40; → § 317 Rn. 21) bei den allgemeinen Grundsätzen der Darlegungs- und Beweislast bewenden. Denn häufig erfolgt die Einflussnahme durch das herrschende Unternehmen auf eher informellem Wege; insbesondere allgemein gehaltene

---

[101] BGHZ 103, 184 (193 ff.) = NJW 1988, 1579; vgl. des weiteren OLG Stuttgart ZIP 1995, 1515 ff.; 1997, 362; BayObLG ZIP 1998, 2002; dazu *Henze* FS Peltzer, 2001, 181 ff.; *Lutter/Drygala* FS Kropff, 1997, 191 ff., *Lutter/Leinekugel* ZIP 1999, 261 ff. und *Wiedemann* ZGR 1998, 857 ff.; zur Notwendigkeit einer gerichtlichen Überprüfung des vom herrschenden Unternehmen gezahlten Kaufpreises, sei es im Wege eines Spruchverfahrens nach dem SpruchG oder im Rahmen einer gegen den Auflösungsbeschluss gerichteten Anfechtungsklage, s. BVerfG NJW 2001, 279 (281) = ZIP 2000, 1670 (1672 f.); zur Rechtslage nach Inkrafttreten der §§ 327a ff. → § 327a Rn. 10.
[102] Näher *Habersack* FS K. Schmidt, 2009, 523 (535 ff.); *Schorbus/Plassmann* ZGR 2015, 446 (451 ff.).
[103] Vgl. BGH NZG 2013, 233 Rn. 31 ff.: kein Nachteil durch Verschiebung des Gewinnbezugsrechts der Aktionäre der übertragenden Gesellschaft, dazu → § 317 Rn. 13a; näher *Pfeuffer* 118 ff., 172 ff., 193 ff., 230 ff.; wie hier auch *Müller* FS Stilz, 2014, 427 (432 f.) – Zur Frage einer Inhaltskontrolle von Verschmelzungsbeschlüssen s. OLG Frankfurt ZIP 2006, 370 (372 f.); *Lutter/Drygala* UmwG § 13 Rn. 38 ff.; zur Eingliederung → § 320b Rn. 21.
[104] Zutr. *Priester* FS Goette, 2011, 369 (373 ff.); K. Schmidt/Lutter/*J. Vetter* Rn. 81; wohl auch MHdB AG/*Krieger* § 70 Rn. 88; zu eng noch 7. Aufl. Rn. 30.
[105] Zutr. MHdB AG/*Krieger* § 70 Rn. 88; ihm folgend auch Grigoleit/*Grigoleit* Rn. 25; K. Schmidt/Lutter/ *J. Vetter* Rn. 81.
[106] So bereits GroßkommAktG/*Würdinger* 3. Aufl. Anm. 3; s. ferner KK-AktG/*Koppensteiner* Rn. 23; Hüffer/*Koch* Rn. 14; zum Vertragskonzern → § 308 Rn. 31 ff.
[107] So zu Recht MüKoAktG/*Altmeppen* Rn. 115. Zur Komplementärfähigkeit der juristischen Person s. BGHZ 134, 392 = NJW 1997, 1923; ferner § 279 Abs. 2 und dazu Hüffer/*Koch* § 278 Rn. 9.

Anweisungen oder Richtlinien (→ Rn. 23) können das Handeln der Organe der abhängigen Gesellschaft prägen, ohne dass eine außenstehende Person in der Lage wäre, die konkrete Ursache einer im fremden Interesse ergriffenen und damit für die abhängige Gesellschaft nachteiligen Maßnahme darzutun. Zu Recht geht deshalb die ganz hM davon aus, dass der abhängigen Gesellschaft, ihren Gläubigern und ihren außenstehenden Aktionären Beweiserleichterungen zugute kommen.[108]

33 Sämtliche Einzelheiten sind freilich umstritten. Dies gilt bereits hinsichtlich des *Mittels* der Beweiserleichterung. Insoweit sollte man nicht von einer Veranlassungsvermutung,[109] sondern – entsprechend der Rechtslage bei qualifizierter Nachteilszufügung (→ Anh. § 317 Rn. 21 f.) – von einem **Beweis des ersten Anscheins** ausgehen.[110] Dem herrschenden Unternehmen ist es mithin zu gestatten, die ernsthafte Möglichkeit eines atypischen Geschehensablaufs, etwa als „autonome", dh nicht von ihm veranlasste Pflichtverletzung darzulegen und damit den Anscheinsbeweis durch einfachen Gegenbeweis zu erschüttern.[111] Weitgehende Einigkeit dürfte sodann zwar darüber bestehen, dass die Beweiserleichterungen zumindest das Vorliegen einer *nachteiligen Maßnahme* voraussetzen.[112] Umstritten ist indes, ob es sich bei einer solchen Maßnahme um eine auch hinreichende Voraussetzung für Beweiserleichterungen handelt[113] oder ob diese nur unter der weiteren Voraussetzung eingreift, dass das herrschende Unternehmen oder ein anderes verbundenes Unternehmen **Vorteile** aus der Maßnahme gezogen hat.[114] Vor dem Hintergrund, dass die §§ 311 ff. dem herrschenden Unternehmen nicht die Verantwortung für jegliches Fehlverhalten der Organwalter der abhängigen Gesellschaft auferlegen, eine Beeinträchtigung der Vermögens- oder Ertragslage der abhängigen Gesellschaft aber auch auf einer „autonomen" Pflichtverletzung des Vorstands beruhen kann, sprechen die besseren Gründe dafür, das Eingreifen der Beweiserleichterung von einem Vorteil des herrschenden oder verbundenen Unternehmens abhängig zu machen. Der vom herrschenden oder verbundenen Unternehmen gezogene Vorteil ist danach das Indiz, auf dem der Anscheinsbeweis gründet.

34 Der prima-facie-Beweis gilt bereits bei einfacher **Abhängigkeit;** auf das Vorliegen eines Konzerns kommt es also nicht an.[115] Im Fall mehrfacher Abhängigkeit (→ Rn. 14) greift der prima-facie-Beweis im Verhältnis zu sämtlichen herrschenden Unternehmen.[116] Was schließlich **mehrstufige Unternehmensverbindungen** (→ Rn. 17 ff.) betrifft, so spricht der Beweis des ersten Anscheins dafür, dass eine von der Tochtergesellschaft ausgehende Einflussnahme auf die Enkel-AG die Vorgaben der Konzernmutter umsetzt und deshalb auch von dieser veranlasst ist; vorbehaltlich des Beweises des Gegenteils ist die Maßnahme

---

[108] BGHZ 190, 7 Rn. 40 = NZG 2011, 829 – Dritter Börsengang; BGHZ 179, 71 Rn. 14 = NJW 2009, 850 – MPS; Hüffer/*Koch* Rn. 18; aA – gegen jegliche Beweiserleichterung – *Haesen* 90 f.; *Säcker* ZHR 151 (1987), 59 (63).

[109] So aber im Ausgangspunkt (dh mit Unterschieden hinsichtlich der Vermutungsbasis) MüKoAktG/*Altmeppen* Rn. 90 ff.; MHdB AG/*Krieger* § 70 Rn. 79; HK-AktG/*Fett* Rn. 15; Grigoleit/*Grigoleit* Rn. 21 f.; offenlassend BGHZ 190, 7 Rn. 40 = NZG 2011, 829 – Dritter Börsengang; BGHZ 179, 71 Rn. 14 = NJW 2009, 850 – MPS.

[110] OLG Jena ZIP 2007, 1314 (1316); KK-AktG/*Koppensteiner* Rn. 10; K. Schmidt/Lutter/*J. Vetter* Rn. 30; Spindler/Stilz/*Müller* Rn. 25; Hüffer/*Koch* Rn. 19 f.; Hölters/*Leuering/Goertz* Rn. 77; offenlassend BGHZ 190, 7 Rn. 40 = NZG 2011, 829 – Dritter Börsengang; BGHZ 179, 71 Rn. 14 = NJW 2009, 850 – MPS.

[111] BGHZ 100, 31 (34).

[112] K. Schmidt/Lutter/*J. Vetter* Rn. 30; Spindler/Stilz/*Müller* Rn. 25; Hölters/*Leuering/Goertz* Rn. 77; näher *Habersack* ZIP 2006, 1327 (1329 f.) in Auseinandersetzung mit LG Bonn NZG 2005, 856 (857 f.); aA wohl *Altmeppen* ZHR 171 (2007), 320 (331 f.), der in §§ 18 Abs. 1 S. 3, 17 Abs. 2 eine allgemeine Vermutung der Veranlassung erblickt.

[113] So MüKoAktG/*Altmeppen* Rn. 90 ff.; MHdB AG/*Krieger* § 70 Rn. 79.

[114] So K. Schmidt/Lutter/*J. Vetter* Rn. 30; Spindler/Stilz/*Müller* Rn. 25; Hüffer/*Koch* Rn. 20; Hölters/*Leuering/Goertz* Rn. 77; *Schürnbrand* 338.

[115] So auch GroßkommAktG/*Würdinger* 3. Aufl. § 312 Anm. 3; KK-AktG/*Koppensteiner* Rn. 11; K. Schmidt/Lutter/*J. Vetter* Rn. 30; Spindler/Stilz/*Müller* Rn. 25; Hölters/*Leuering/Goertz* Rn. 77; *Kiethe* WM 2000, 1182 (1188); aA MHdB AG/*Krieger* § 70 Rn. 79; MüKoAktG/*Altmeppen* Rn. 91 f.; wohl auch LG Köln AG 2008, 327 (331); Hüffer/*Koch* Rn. 20.; diff. MüKoAktG/*Kropff* 2. Aufl. Rn. 85 ff.

[116] So für Gemeinschaftsunternehmen zutr. S. *Maul* NZG 2000, 470 (471).

dann sowohl durch die Mutter als auch durch die Tochter veranlasst, sodass, die Nachteilhaftigkeit der Maßnahme unterstellt, beide nach §§ 311, 317 haften.[117]

Bei Vorliegen personeller Verflechtungen (→ Rn. 28, 93) auf der Geschäftsführungsebene und damit insbesondere im Fall sog. **Vorstandsdoppelmandate** geht eine verbreitete Ansicht von einer *unwiderlegbaren Veranlassungsvermutung* aus; bereits das Vorliegen einer nachteiligen Maßnahme hat danach die Anwendung der §§ 311, 317 zur Folge.[118] Damit wird nun allerdings das Merkmal der Veranlassung für überflüssig erklärt. Aber auch in der Sache vermag diese Ansicht nicht zu überzeugen, lässt es sich doch auch bei Wahrnehmung eines Doppelmandats nicht ausschließen, dass die nachteilige Maßnahme schlicht auf – autonomer – sorgfaltswidriger Geschäftsführung innerhalb der abhängigen Gesellschaft beruht. Dem herrschenden Unternehmen ist deshalb der Gegenbeweis (→ Rn. 33) zu gestatten, dass die nachteilige Maßnahme auf Umständen beruht, die mit dem Abhängigkeitsverhältnis nichts zu tun haben.[119] Erst Recht eröffnet ist der Gegenbeweis bei bloßer **Drittanstellung**, mithin für den Fall, dass der Anstellungsvertrag eines Vorstandsmitglieds oder leitenden Angestellten der abhängigen Gesellschaft mit dem herrschenden Unternehmen geschlossen wird, ferner in Fällen, in denen die Mitglieder des Vorstands der abhängigen Gesellschaft an einem konzernweiten und an den Erfolg des herrschenden Unternehmens oder des Konzerns anknüpfenden **Vergütungssystem** teilnehmen.[120]

Entsprechend verhält es sich bei **Verflechtungen über den Aufsichtsrat**. Ist das herrschende Unternehmen, ein Mitglied der Geschäftsleitung oder ein leitender Angestellter *im Aufsichtsrat der abhängigen Gesellschaft* vertreten, so verschafft ihm dies keine Möglichkeit der *unmittelbaren* Umsetzung der Interessen des herrschenden Unternehmens. Obschon die Präsenz im Aufsichtsrat eine erhebliche Steigerung des Einflusspotentials des herrschenden Unternehmens begründet, muss es deshalb bei den allgemeinen Beweisregeln – nach der hier vertretenen Ansicht also bei dem Anscheinsbeweis (→ Rn. 33) – bewenden.[121] Davon ist auch dann auszugehen, wenn der Aufsichtsrat nach § 111 Abs. 4 S. 2 über Fragen der Geschäftsführung entscheidet. Nichts anderes gilt schließlich für den Fall, dass ein Mitglied des *Aufsichtsrats des herrschenden Unternehmens* als Mitglied des Vorstands oder als leitender Angestellter in der abhängigen Gesellschaft tätig ist. Soweit einer entsprechenden Verflechtung nicht bereits die Vorschrift des § 100 Abs. 2 S. 1 Nr. 2 entgegensteht, kommt die Annahme einer über den allgemeinen Anscheinsbeweis hinausgehenden Beweiserleichterung angesichts der fehlenden Geschäftsführungskompetenz des Aufsichtsrats innerhalb des herrschenden Unternehmens nicht in Betracht. Eine Veranlassung ist freilich auch in diesem Fall durchaus denkbar.[122]

5. Veranlassungswirkung. Nach Abs. 1 muss sich die Veranlassung durch das herrschende Unternehmen in der Vornahme eines Rechtsgeschäfts oder in dem Ergreifen

---

[117] *Pentz* 197 f.; aA – gegen Beweiserleichterung – KK-AktG/*Koppensteiner* Rn. 12.
[118] In diesem Sinne *Hüffer* 10. Aufl. Rn. 22; Grigoleit/*Grigoleit* Rn. 24; MHdB AG/*Krieger* § 70 Rn. 78; *Neuhaus* DB 1970, 1913 (1916); s. ferner *Säcker* ZHR 151 (1987), 59 (65 ff.); *Semler* FS Stiefel, 1987, 719, (760); *Ulmer* FS Stimpel, 1985, 705 (712 ff.); wohl auch GroßkommAktG/*Würdinger* 3. Aufl. Anm. 4; aA KK-AktG/*Koppensteiner* Rn. 30 Fn. 83; MüKoAktG/*Altmeppen* Rn. 107; Spindler/Stilz/*Müller* Rn. 26; K. Schmidt/Lutter/*J. Vetter* Rn. 32; Hüffer/*Koch* Rn. 21; Hölters/*Leuering/Goertz* Rn. 79; *Decher* 174; *Paehler* 36; *Schürnbrand* 337 ff. unter Herstellung des Bezugs zur allgemeinen Lehre von der Doppelorganschaft; s. ferner LG Köln AG 2008, 327 (331 f.).
[119] KK-AktG/*Koppensteiner* Rn. 30 Fn. 83; MüKoAktG/*Altmeppen* Rn. 107; Spindler/Stilz/*Müller* Rn. 26; K. Schmidt/Lutter/*J. Vetter* Rn. 32; Hüffer/*Koch* Rn. 21; Hölters/*Leuering/Goertz* Rn. 79; Henssler/Strohn/*Bödeker* Rn. 40; *Decher* 174; *Paehler* 36; *Noack* FS Hoffmann-Becking, 2013, 847 (853 f.); *Schürnbrand* 337 ff. unter Herstellung des Bezugs zur allgemeinen Lehre von der Doppelorganschaft; s. ferner LG Köln AG 2008, 327 (331 f.).
[120] Vgl. K. Schmidt/Lutter/*J. Vetter* Rn. 33; Spindler/Stilz/*Müller* Rn. 26; zur Frage der Zulässigkeit entsprechender Vergütungssysteme → Rn. 5.
[121] So auch Hüffer/*Koch* Rn. 22; K. Schmidt/Lutter/*J. Vetter* Rn. 34; vgl. auch LG Hannover ZIP 2009, 761 (762 f.): Konzernkonflikt steht der gerichtlichen Bestellung nicht entgegen. – Zur Rechtslage im Vertragskonzern → § 308 Rn. 30.
[122] AA KK-AktG/*Koppensteiner* Rn. 33.

oder Unterlassen einer Maßnahme manifestieren;[123] daran fehlt es bei Hauptversammlungsbeschlüssen, die keines Vollzuges bedürfen (→ Rn. 30). Der Wortlaut der Vorschrift bringt nur unzureichend zum Ausdruck, dass es sich bei dem Begriff der **Maßnahme** um den **Oberbegriff** handelt; das Rechtsgeschäft ist mithin eine bestimmte Form der Maßnahme (→ § 312 Rn. 22).[124] Daraus, aber auch aus dem Schutzzweck des § 311 folgt, dass auch das **Unterlassen** eines *Rechtsgeschäfts* Gegenstand der Veranlassung sein kann.[125] Für §§ 311, 317 kommt es denn auch nicht auf die Abgrenzung zwischen Rechtsgeschäft und (sonstiger) Maßnahme an; anders verhält es sich im Zusammenhang mit § 312 (→ § 312 Rn. 22 ff.). Als „Maßnahme" iSv §§ 311, 317 ist deshalb **jeder Akt der Geschäftsführung** anzusehen, der sich auf die Vermögens- oder Ertragslage der abhängigen Gesellschaft auswirken kann.[126]

38 **6. Kausalität.** Eine von der abhängigen Gesellschaft getroffene Maßnahme wird schließlich nur unter der Voraussetzung von §§ 311 ff. erfasst, dass sie auf der Veranlassung durch das herrschende Unternehmen beruht.[127] Zwischen der Veranlassung seitens des herrschenden Unternehmens und der Maßnahme muss deshalb Kausalität bestehen; **Mitursächlichkeit genügt** allerdings.[128] An der Kausalität der Veranlassung fehlt es deshalb nur in dem Fall, dass sich die abhängige Gesellschaft auch ohne Veranlassung nicht anders verhalten hätte.

V. Nachteil

39 **1. Begriff; Grundlagen.** Nach § 311 Abs. 1 ist es dem herrschenden Unternehmen verboten, die abhängige Gesellschaft zu einer nachteiligen Maßnahme zu veranlassen, es sei denn, dass die Nachteile nach Maßgabe des § 311 Abs. 2 ausgeglichen werden. In dem unter Vorbehalt des Nachteilsausgleichs stehenden Verbot der Nachteilszufügung und der damit verbundenen Privilegierungsfunktion (→ Rn. 2, 5, 9) kommt der auf die Vermögensinteressen der abhängigen Gesellschaft bezogene Ansatz der §§ 311 ff. zum Ausdruck: Das Gesetz nimmt die Überlagerung des Eigenwillens der Gesellschaft durch das anderweitig verfolgte unternehmerische Interesse des beherrschenden Aktionärs hin, soweit die Vermögensinteressen der abhängigen Gesellschaft und die daran anknüpfenden Interessen der außenstehenden Aktionäre und der Gläubiger unangetastet bleiben. Vor dem Hintergrund dieses Schutzzwecks des § 311 ist unter einem Nachteil **jede Minderung oder konkrete Gefährdung der Vermögens- oder Ertragslage der Gesellschaft** zu verstehen, soweit sie **auf die Abhängigkeit zurückzuführen** ist (→ Rn. 40).[129] Die Beeinträchtigung der

---

[123] Spindler/Stilz/*Müller* Rn. 22.
[124] KK-AktG/*Koppensteiner* Rn. 14; Hüffer/*Koch* Rn. 23; Spindler/Stilz/*Müller* Rn. 22; Grigoleit/*Grigoleit* Rn. 20; *Emmerich*/*Habersack* KonzernR § 25 Rn. 12.
[125] KK-AktG/*Koppensteiner* Rn. 14; Hüffer/*Koch* Rn. 23; Spindler/Stilz/*Müller* Rn. 22; Grigoleit/*Grigoleit* Rn. 20; *Emmerich*/*Habersack* KonzernR § 25 Rn. 12.
[126] KK-AktG/*Koppensteiner* Rn. 14; Hüffer/*Koch* Rn. 23; Spindler/Stilz/*Müller* Rn. 22; *Emmerich*/*Habersack* KonzernR § 25 Rn. 12.
[127] KK-AktG/*Koppensteiner* Rn. 6; MHdB AG/*Krieger* § 70 Rn. 77; Hüffer/*Koch* Rn. 23; im Ergebnis auch MüKoAktG/*Altmeppen* Rn. 153 f.
[128] LG Bonn NZG 2005, 856 (857); KK-AktG/*Koppensteiner* Rn. 6; MHdB AG/*Krieger* § 70 Rn. 77; Hüffer/*Koch* Rn. 23; enger noch *Neuhaus* DB 1970, 1913 (1915); ADS Rn. 35, wonach es darauf ankommen soll, dass die Veranlassung durch das herrschende Unternehmen als Ursache überwiegt.
[129] In diesem Sinne BGHZ 141, 79 (84) = NJW 1999, 1706 = NZG 1999, 658 mit Anm. *Maul;* BGHZ 175, 365 Rn. 9 = NJW 2008, 1583 – UMTS; BGHZ 179, 71 Rn. 8 = NJW 2009, 850 – MPS; BGHZ 190, 7 Rn. 37 = NZG 2011, 829; BGH NZG 2013, 233 Rn. 32; OLG Köln ZIP 2006, 997 (998); ZIP 2009, 1276 (1280 f.); LG Köln AG 2008, 327 (332); LG Bonn NZG 2005, 856 (857); KK-AktG/*Koppensteiner* Rn. 36; Hüffer/*Koch* Rn. 24; MHdB AG/*Krieger* Rn. 82; K. Schmidt/Lutter/*J. Vetter* Rn. 40; Spindler/Stilz/*Müller* Rn. 27; Hölters/Leuering/*Goertz* Rn. 51; Grigoleit/*Grigoleit* Rn. 27; HK-AktG/*Fett* Rn. 23; Wachter/*Rothley* Rn. 13; Henssler/Strohn/*Bödekeer* Rn. 16; aA – gegen Verknüpfung des Nachteilsbegriffs mit der Abhängigkeit und für Annahme einer Verschuldenshaftung für fehlerhafte Fremdgeschäftsführung (→ Rn. 40) – MüKoAktG/*Altmeppen* Rn. 157 ff., 162 ff.; *ders.* ZHR 171 (2007), 320 (330 ff.); *ders.* FS Priester, 2007, 1 (5 ff.); *ders.* NJW 2008, 1553 (1554); ferner *Wackerbarth* Konzern 2010, 261 (268 ff., 338 ff.), dem zufolge §§ 311 ff. die Einflussnahme nur innerhalb des Bereichs sorgfaltsgemäßen Handelns des Vorstands einer unabhängigen Gesellschaft erlauben.

Vermögensinteressen der außenstehenden Aktionäre ist weder notwendige noch hinreichende Voraussetzung eines Nachteils; insbesondere erfasst § 311 nicht negative Auswirkungen auf den **Börsenkurs**,[130] zumal es sich bei solchen Auswirkungen, sofern sie nicht auf einen Beeinträchtigung der Vermögens- oder Ertragslage der Gesellschaft zurückzuführen sind, vielfach um passive Konzerneffekte (→ Rn. 52) handeln dürfte. Auf die **Quantifizierbarkeit** des Nachteils der Gesellschaft kommt es nicht an (→ Rn. 43, 60, 64 ff.). Wohl aber setzt das Vorliegen eines Nachteils (und damit die Möglichkeit des Nachteilsausgleichs) voraus, dass die Maßnahme im Interesse des herrschenden Unternehmens oder eines mit diesem verbundenen Unternehmens liegt (→ Rn. 60).

Ein Nachteil iSv Abs. 1 liegt nach dem in → Rn. 39 Gesagten nur unter der Voraussetzung vor, dass die negativen Auswirkungen auf die Vermögens- oder Ertragslage der Gesellschaft ihre **Ursache in der Abhängigkeit** haben.[131] Nach heute ganz hM fehlt es deshalb bereits an einem Nachteil, wenn ein ordentlicher und gewissenhafter Geschäftsleiter einer unabhängigen Gesellschaft sich ebenso verhalten hätte wie der Vorstand der abhängigen Gesellschaft.[132] Dem Begriff des Nachteils ist damit eine **Sorgfaltspflichtverletzung iSd § 93 Abs. 1 S. 1 immanent:** Hätte auch der pflichtgemäß handelnde Vorstand der als unabhängig gedachten Gesellschaft die Maßnahme (iwS, → Rn. 37) treffen dürfen (und zwar unter Berücksichtigung der **business judgment rule** des § 93 Abs. 1 S. 2; → Rn. 53; → Vor § 311 Rn. 17), so entfällt nicht erst die Ersatzpflicht gemäß § 317 Abs. 2, sondern bereits der nachteilige Charakter.[133] Die §§ 311 ff. setzen zwar dem Einfluss des herrschenden Unternehmens Schranken; das **allgemeine unternehmerische Risiko** ist dagegen, was von einer im neueren Schrifttum prononciert vorgetragenen, in §§ 311, 317 AktG eine Verschuldenshaftung für fehlerhafte Fremdgeschäftsführung erblickenden Ansicht verkannt wird,[134] von der abhängigen Gesellschaft, ihren Gläubigern und sämtlichen Aktionären gleichermaßen zu tragen. An einem Nachteil kann es demnach fehlen, obschon das herrschende Unternehmen die abhängige Gesellschaft zur Vornahme einer die Vermögens- oder Ertragslage beeinträchtigenden Maßnahme veranlasst hat; im Unterschied zum Erfordernis der Kausalität der Veranlassung (→ Rn. 38) geht es nämlich im Rahmen des Nachteilsbegriffs um die Bewertung des Verhaltens der abhängigen Gesellschaft und damit um die am Schutzzweck orientierte Begrenzung der Rechtsfolgen der §§ 311, 317. Die **Darlegungs- und Beweislast** sowie die Anforderungen an die Substantiierungslast richten sich nach allge-

---

[130] K. Schmidt/Lutter/*J. Vetter* Rn. 43; Hüffer/*Koch* Rn. 30; aA Grigoleit/*Grigoleit* Rn. 27.
[131] BGHZ 141, 79 (84) = NJW 1999, 1706 = NZG 1999, 658 mit Anm. *Maul*; BGHZ 175, 365 Rn. 9 = NJW 2008, 1583 – UMTS; BGHZ 179, 71 Rn. 8 = NJW 2009, 850 – MPS; BGHZ 190, 7 Rn. 37 = NZG 2011, 829; BGH NZG 2013, 233 Rn. 32; Hüffer/*Koch* Rn. 24; MHdB AG/*Krieger* § 70 Rn. 82; K. Schmidt/Lutter/*J. Vetter* Rn. 40; Spindler/Stilz/*Müller* Rn. 27; *Kleindiek* DStR 2000, 559 (561 f.); *Haarmann* in HRU 45, 59 ff.; am Beispiel der Mannesmann-Übernahme durch Vodafone auch *Lutter* FS Peltzer, 2001, 241 (245 ff.); *Mertens* in HRU 27, 29 ff.
[132] BGHZ 175, 365 Rn. 9, 11 = NJW 2008, 1583 – UMTS; BGHZ 179, 71 Rn. 9 f. = NJW 2009, 850 – MPS; LG Bonn NZG 2005, 856 (857); KK-AktG/*Koppensteiner* Rn. 36; Hüffer/*Koch* Rn. 27; K. Schmidt/Lutter/*J. Vetter* Rn. 40; Spindler/Stilz/*Müller* Rn. 28; HK-AktG/*Fett* Rn. 23; Hölters/*Leuering/Goertz* Rn. 52; MHdB AG/*Krieger* § 70 Rn. 82; *Habersack* ZIP 2006, 1327 (1330); *Hommelhoff* 118 f.; *Köhler* NJW 1978, 2473 (2477 f.); *Lutter* FS Peltzer, 2001, 241 (248); *Wilhelm* Rechtsform und Haftung bei der juristischen Person, 1981, 233 ff.; im Ergebnis auch *Haarmann* in HRU 45, 60 f., der darauf abstellt, ob bei seiner Entscheidung Konzerninteressen unberücksichtigt geblieben wären; aA – für Entbehrlichkeit einer Pflichtverletzung – noch Baumbach/Hueck Rn. 8; *Kellmann* BB 1969, 1509 (1512 ff.); *ders.* ZGR 1974, 220 (222 ff.); aus dem neueren Schrifttum MüKoAktG/*Altmeppen* Rn. 157 ff., 162 ff.; *ders.* ZHR 171 (2007), 320 (330 ff.); *ders.* FS Priester, 2007, 1 (5 ff.); *ders.* NJW 2008, 1553 (1554): gegen Verknüpfung des Nachteilsbegriffs mit der Abhängigkeit und für Annahme einer Verschuldenshaftung für fehlerhafte Fremdgeschäftsführung; *Wackerbarth* Konzern 2010, 261 (268 ff., 338 ff.), dem zufolge §§ 311 ff. die Einflussnahme nur innerhalb des Bereichs sorgfaltsgemäßen Handelns des Vorstands einer unabhängigen Gesellschaft erlauben.
[133] Zum Zusammenhang mit § 317 Abs. 2 s. KK-AktG/*Koppensteiner* Rn. 36; → § 317 Rn. 7.
[134] MüKoAktG/*Altmeppen* Rn. 158 ff., 163 ff.; *ders.* ZHR 171 (2007), 320 (330 ff.); *ders.* FS Priester, 2007, 1 (5 ff.); *ders.* NJW 2008, 1553 (1554).

meinen Grundsätzen; die für das Erfordernis der Veranlassung geltenden Erleichterungen (→ Rn. 32 ff.) finden keine Anwendung.[135]

41 **2. Maßgeblichkeit der besonderen Verhältnisse der abhängigen Gesellschaft.** Maßgeblich für das Vorliegen eines Nachteils ist das fiktive Verhalten einer – im Rahmen der Sorgfaltsanforderungen des § 93 Abs. 1 geführten – Gesellschaft, die zwar nicht in einem Abhängigkeitsverhältnis (iSd § 17 Abs. 1) zu dem herrschenden Unternehmen steht, die aber im Übrigen unter gleichen tatsächlichen und rechtlichen Bedingungen wie die abhängige Gesellschaft zu agieren hat. Der Begriff des Nachteils ist mit anderen Worten auf die besonderen Verhältnisse der abhängigen Gesellschaft zu beziehen.[136] Ist die Gesellschaft von dem herrschenden Unternehmen auch **wirtschaftlich abhängig**, so mag es also sein, dass durch das herrschende Unternehmen veranlasste Maßnahmen auch bei rechtlicher Unabhängigkeit getroffen worden wären und deshalb nicht als nachteilig angesehen werden können.[137] Freilich gilt dies nur unter dem Vorbehalt, dass die wirtschaftliche Abhängigkeit nicht gerade auf der rechtlichen Abhängigkeit beruht. Dem herrschenden Unternehmen ist es deshalb nicht nur verwehrt, der vormals unabhängigen Gesellschaft durch **Zweck- oder Gegenstandsänderung** eine den Konzerninteressen dienende Funktion zuzuweisen (→ Rn. 30a, 57 ff., 64 f.; → Anh. § 317 Rn. 12, dort auch zu § 33 Abs. 1 S. 2 BGB; → Anh. § 318 Rn. 9, 39); vielmehr lassen auch entsprechende tatsächliche (dh ohne satzungsmäßige Grundlage erfolgende) Maßnahmen, soweit sie nicht bereits als solche nachteilig iSd § 311 sind (→ Rn. 57 ff.; → Anh. § 317 Rn. 9 ff.), den Schutz der nunmehr auch wirtschaftlich abhängigen Gesellschaft und ihrer Außenseiter unberührt.[138] Im Übrigen aber beurteilt sich das Vorliegen eines Nachteils anhand des **satzungsmäßigen Unternehmensgegenstands und Zwecks** der abhängigen Gesellschaft.[139] Verfügt diese über einen atypischen, nicht auf Gewinnerzielung und -maximierung gerichteten Zweck,[140] ist auch das Vorliegen (und die Höhe, → Rn. 54) eines Nachteils nicht am Maßstab einer gesetzestypischen, sondern an dem einer zwar unabhängigen, aber atypischen Gesellschaft zu ermitteln.[141]

42 Das Leitbild einer unabhängigen Gesellschaft versagt, soweit es um Maßnahmen geht, die der Vorstand einer unabhängigen Gesellschaft in berechtigter Erwartung eines **Kompen-**

---

[135] BGH AG 2008, 779 (780 f.) = NZG 2008, 831; OLG Köln ZIP 2009, 1469 (1472); sodann BVerfG ZIP 2011, 2094 Rn. 22 ff.; ferner BVerfG ZIP 2010, 1121 Rn. 4 f.; ferner → § 317 Rn. 21 zur Beweiserleichterungen zugunsten von Gläubigern und Aktionären bei Klagen aus § 317.

[136] So auch BGHZ 141, 79 (84, 88) = NJW 1999, 1706; LG Köln AG 2008, 327 (332); Spindler/Stilz/ *Müller* Rn. 30; K. Schmidt/Lutter/*J. Vetter* Rn. 41; MHdB AG/*Krieger* § 70 Rn. 82; zu etwaigen Modifikationen dieses Ansatzes → Rn. 49 f.

[137] KK-AktG/*Koppensteiner* Rn. 46 f.; Spindler/Stilz/*Müller* Rn. 30; K. Schmidt/Lutter/*J. Vetter* Rn. 41; s. ferner *Wilhelm* Rechtsform und Haftung bei der juristischen Person, 1981, 236; *Strohn* 73 ff.; *Wimmer-Leonhardt* 92.

[138] Zust. *Kleindiek* DStR 2000, 559 (561 f.) Fn. 29; wie hier wohl auch KK-AktG/*Koppensteiner* Rn. 47; s. ferner *Wimmer-Leonhardt* 103 ff.; aA MüKoAktG/*Altmeppen* Rn. 195 f., der sich gegen die hier vertretene Position wendet, indes die Gründung einer von vornherein abhängigen und mit dienender Funktion ausgestatteten Gesellschaft (und nicht die „Umwandlung" der zuvor am Markt agierenden Gesellschaft) im Auge zu haben scheint; s. ferner *dens.* ZHR 171 (2007), 320 (334 f.).

[139] LG Köln AG 2008, 327 (332); KK-AktG/*Koppensteiner* Rn. 43; *Mülbert* FS Lutter, 2000, 535 (543 f.); *Timmann* 74 ff. mwN; zum konkreten Gesellschaftszweck als Maßstab und Zielrichtung der mitgliedschaftlichen Treupflicht s. *Zöllner* ZHR 162 (1998), 235 (238 f.).

[140] Eingehend zu solchen Gebilden *Eberth*, Die Aktiengesellschaft mit atypischer Zwecksetzung, 2000, insbes. 34 ff.; *J. Köster*, Ziele der Aktiengesellschaft in Europa, 2004, 229 ff.; *Timmann* 102 ff.

[141] KK-AktG/*Koppensteiner* Rn. 43; näher dazu, insbes. zur Vereinbarkeit dieses Ansatzes mit Art. 17, 18 Kapital-RL (RL 2012/30/EU, ABl. EU Nr. L 315, 94) *Mülbert* FS Lutter, 2000, 535 (543 ff., 550 ff.), dessen weitergehende Folgerung – Unvereinbarkeit des § 302 mit Art. 17, 18 Kapital-RL deshalb, weil diese für zweckkonforme Leistungen an die Aktionäre das Höchstniveau des Gläubigerschutzes abschließend regele – freilich auch beim Fehlen von Minderheitsaktionären deutlich zu weit geht (→ Rn. 82; → § 323 Rn. 3): Die qua Beherrschungsvertrag konzernierte Gesellschaft verfügt nicht a priori, sondern auf Grund ihrer Abhängigkeit über einen dienenden Zweck (→ Anh. § 318 Rn. 9, 37; → Anh. § 317 Rn. 12); s. ferner *Timmann* 74 ff., 84 ff.

sationsgeschäfts nach § 93 Abs. 1 hätte vornehmen dürfen.[142] Im Unterschied zum Geschäftspartner einer unabhängigen Gesellschaft ist nämlich das herrschende Unternehmen zur Fortsetzung der Geschäftsverbindung mit der abhängigen Gesellschaft nicht auf die Gewährung einer Kompensation angewiesen. Zudem stünde die Annahme, die mehr oder weniger berechtigte Erwartung eines Kompensationsgeschäfts lasse den nachteiligen Charakter der Maßnahme entfallen, in Widerspruch zu § 311 Abs. 2 S. 2. Danach bedarf es, will das herrschende Unternehmen der Ersatzpflicht aus § 317 entgehen, eines Nachteilsausgleichs im Wege der tatsächlichen Durchführung eines Kompensationsgeschäfts oder der Einräumung eines Anspruchs auf Vornahme eines solchen Geschäfts.

3. Nicht quantifizierbare Nachteile. Nach zutreffender Ansicht entfällt der nachteilige Charakter einer Maßnahme nicht dadurch, dass der Nachteil nicht quantifiziert werden kann.[143] Solche nicht quantifizierbaren Nachteile sind allerdings im Allgemeinen einem Ausgleich nach § 311 Abs. 2 nicht zugänglich (→ Rn. 53 ff., 64 ff.) und machen deshalb die Einflussnahme von vornherein **rechtswidrig**.[144] Die Rechtsfolgen einer solchen Veranlassung bestimmen sich danach, ob ein etwaiger Schaden der Gesellschaft *bezifferbar ist*. Soweit dies der Fall ist, haften das herrschende Unternehmen nach Maßgabe des § 317 (→ Rn. 58 f.; → § 317 Rn. 15 ff.) und der Vorstand der abhängigen Gesellschaft nach § 93 Abs. 2 (→ Rn. 78 ff.; → § 318 Rn. 10 ff.) auf **Schadensersatz**. Lässt sich dagegen der (drohende) Schaden der Gesellschaft auch unter Berücksichtigung des § 287 ZPO nicht beziffern, finden – auch mit Blick auf Art. 14 Abs. 1 GG[145] – die Grundsätze über die **qualifizierte Nachteilszufügung** Anwendung (→ Anh. § 317 Rn. 7 ff., 28 ff.). Etwaige Unterlassungs- und Beseitigungsansprüche der abhängigen Gesellschaft (→ § 317 Rn. 19 f.) stehen dem nicht entgegen; mit Geltendmachung dieser Ansprüche und vollständiger Beseitigung der nachteiligen Folgen entfällt allerdings der Tatbestand der qualifizierten faktischen Abhängigkeit mit Wirkung ex nunc.

4. Maßgebender Zeitpunkt. Für die Beurteilung des nachteiligen Charakters und der Höhe des Nachteils[146] ist der Zeitpunkt der **Vornahme** des Rechtsgeschäfts oder der Maßnahme maßgeblich. Dies lässt sich schon §§ 312 Abs. 3 S. 1, 313 Abs. 1 S. 2 Nr. 2 entnehmen, folgt aber jedenfalls aus dem Erfordernis einer Sorgfaltspflichtverletzung (→ Rn. 40): Auch der Geschäftsleiter einer unabhängigen Gesellschaft kann trotz Aufbringung aller erdenklichen Sorgfalt die Entscheidung über die Durchführung einer Maßnahme nur auf der Grundlage der zu diesem Zeitpunkt verfügbaren Informationen treffen. Demgemäß ist auch im Rahmen des § 311 eine **ex-ante-Prognose** anzustellen, wobei sämtliche Umstände zu berücksichtigen sind, die einem ordentlichen und gewissenhaften Geschäftsleiter zum damaligen Zeitpunkt erkennbar gewesen wären.[147] Durfte danach die Maßnahme getroffen werden, so wird sie

---

[142] KK-AktG/*Koppensteiner* Rn. 70; s. dazu *Strohn* 82 f.; *Mertens* in HRU 27, 37 f.
[143] BGHZ 141, 79 (84) = NJW 1999, 1706 = NZG 1999, 658 mit Anm. *Maul*; BGH NZG 2012, 1030 Rn. 23; OLG Köln ZIP 2006, 997 (998); KK-AktG/*Koppensteiner* Rn. 54; K. Schmidt/Lutter/*J. Vetter* Rn. 42; Spindler/Stilz/*Müller* Rn. 40; Hüffer/*Koch* Rn. 24; Grigoleit/*Grigoleit* Rn. 28; MHdB AG/*Krieger* § 70 Rn. 84; *K. Schmidt* GesR § 31 IV 2 b; *Mertens* in HRU 27, 29 ff.; *Strohn* 83 f.; *Zöllner* FS Kropff, 1997, 333 (345 f.); aA noch *Baumbach/Hueck* Rn. 8; *Haesen* 98 f., 103, 109 f.
[144] OLG Köln AG 2009, 416 (419); KK-AktG/*Koppensteiner* Rn. 54, 89; Hüffer/*Koch* Rn. 24; K. Schmidt/Lutter/*J. Vetter* Rn. 112; Spindler/Stilz/*Müller* Rn. 40; Hölters/*Leuering/Goertz* Rn. 56; MHdB AG/*Krieger* § 70 Rn. 84; Grigoleit/*Grigoleit* Rn. 28; *Ulmer* FS Hüffer, 2010, 997 (1000).
[145] Ausdrücklich Betonung der Funktionsfähigkeit des Einzelausgleichs als Voraussetzung der Verfassungskonformität der §§ 311 ff. in BVerfG ZIP 2012, 2094 Rn. 19 f.
[146] Spindler/Stilz/*Müller* Rn. 29.
[147] Ganz hM, s. BGHZ 179, 71 Rn. 13 = NJW 2009, 850 – MPS; OLG Köln ZIP 2007, 28 (30); OLG Köln AG 2009, 416 (420); ZIP 2009, 1276 (1281); LG Köln AG 2008, 327 (332); KK-AktG/*Koppensteiner* Rn. 39; Hüffer/*Koch* Rn. 26; MHdB AG/*Krieger* § 70 Rn. 83; HK-AktG/*Fett* Rn. 24; Hölters/*Leuering/Goertz* Rn. 57; Grigoleit/*Grigoleit* Rn. 29; *Schubel* in Henn/Frodermann/Jannott AktR-HdB § 14 Rn. 87; *Emmerich/Habersack* KonzernR § 25 Rn. 18; *Hommelhoff* 119 f.; *Wilhelm* Rechtsform und Haftung der juristischen Person, 1981, 236 ff.; am Beispiel der UMTS-Auktion BGHZ 175, 365 Rn. 13, 19 f. = NJW 2008, 1584; OLG Köln ZIP 2006, 997 (998); LG Bonn NZG 2005, 856 (857); *Habersack* ZIP 2006, 1327 (1330 f.); *Fleischer* NZG 2008, 371 (372); zur Mannesmann-Übernahme durch Vodafone s. *Lutter* FS Peltzer,

auch dann nicht nachteilig iSd § 311, wenn sich die entscheidungsrelevanten Umstände im Nachhinein anders entwickeln und die Gesellschaft eine Vermögenseinbuße erleidet.[148] Umgekehrt entfällt der nachteilige Charakter einer Maßnahme nicht durch eine zugunsten der Gesellschaft verlaufende Entwicklung.[149] Ein Risikogeschäft, das ein gewissenhafter Geschäftsleiter nicht vorgenommen hätte, verliert somit seinen nachteiligen Charakter nicht dadurch, dass sich das Risiko nicht realisiert (→ Rn. 45; → § 317 Rn. 17).

45 **5. Nachteil, Schaden und Verlust.** Der Begriff des Nachteils deckt sich nach dem in → Rn. 44 Gesagten nicht mit dem Begriff des Schadens.[150] Während die Bestimmung des auszugleichenden **Schadens ex post** und damit auf der Grundlage des nunmehr bekannten Geschehensablaufs zu erfolgen hat, bemisst sich die Höhe des Nachteils nach der im Zeitpunkt der Vornahme der Maßnahme (→ Rn. 44) abzusehenden Beeinträchtigung der Vermögens- oder Ertragslage der abhängigen Gesellschaft. Ein Nachteil kann deshalb gegeben sein, auch wenn es nicht zum Eintritt eines entsprechend hohen Schadens kommt oder die abhängige Gesellschaft gar einen Gewinn erzielt; auch in diesen Fällen ist der ex ante zu beurteilende Nachteil auszugleichen (→ § 317 Rn. 17).[151] Umgekehrt geht ein nicht abzusehender oder den Nachteil übersteigender Schaden zu Lasten der abhängigen Gesellschaft; fehlt es an einem Nachteil oder wird der Nachteil ausgeglichen, so haben die abhängige Gesellschaft und die außenstehenden Aktionäre keinen Anspruch auf Schadensersatz gemäß § 317 Abs. 1.[152] Entsprechendes gilt für das Verhältnis zwischen Nachteil und Verlust.[153] Eine Maßnahme, die zwar nicht zur Entstehung eines Verlusts führt, durch die aber der abhängigen Gesellschaft ein andernfalls erzielbarer (höherer) Gewinn entgeht, ist nachteilig iSd § 311. Umgekehrt sind verlustbringende Geschäfte nicht zwangsläufig nachteilig.

46 **6. Beispiele. a) Umsatzgeschäfte.** Der Begriff des Nachteils ist so weit wie derjenige der Pflichtverletzung iSd § 93 (→ Rn. 40) und lässt sich deshalb nur unzureichend präzisieren (→ Rn. 39 f.). Nachteiligen Charakter haben aber jedenfalls solche Leistungen der abhängigen Gesellschaft, denen **keine gleichwertige Leistung** des herrschenden Unternehmens gegenübersteht. Dies gilt zunächst für die Veräußerung von Gegenständen des Anlage- oder Umlaufvermögens sowie für die Erbringung von Leistungen unter Wert;[154] ihnen gleich steht der Erwerb solcher Gegenstände und Leistungen über Wert.[155] Nament-

---

2001, 241 (245 ff.); *Mertens* in HRU 27, 29 ff.; aA MüKoAktG/*Altmeppen* Rn. 174 ff. (→ Rn. 40); *Kellmann* ZGR 1974, 220 (221 ff.); *Haesen* 102 ff.
[148] S. BGHZ 179, 71 Rn. 13 = NJW 2009, 850 – MPS.
[149] Hüffer/*Koch* Rn. 28; Spindler/Stilz/*Müller* Rn. 29; MHdB AG/*Krieger* § 69 Rn. 79.
[150] Heute ganz hM, s. LG Köln AG 2008, 327 (332); KK-AktG/*Koppensteiner* Rn. 53; Hüffer/*Koch* Rn. 26; Spindler/Stilz/*Müller* Rn. 28; K. Schmidt/Lutter/*J. Vetter* Rn. 45; HK-AktG/*Fett* Rn. 25; Hölters/*Leuering/Goertz* Rn. 60; MHdB AG/*Krieger* § 70 Rn. 83; *Strohn* 85; aA *Kellmann* ZGR 1974, 220 (222 f.); *ders.* BB 1969, 1509 (1512 f.); *Möhring* FS Schilling, 1973, 253 (264 f.); MüKoAktG/*Altmeppen* Rn. 182 ff. (→ Rn. 40).
[151] KK-AktG/*Koppensteiner* Rn. 53; Spindler/Stilz/*Müller* Rn. 29; einschr. MHdB AG/*Krieger* § 70 Rn. 83: kein Nachteilsausgleich, wenn sich bereits zum Ende des Geschäftsjahres zeigt, dass ein Schaden nicht entstehen wird; ähnlich K. Schmidt/Lutter/*J. Vetter* Rn. 93, der zugunsten des herrschenden Unternehmens berücksichtigen will, dass sich der Vorstand der abhängigen Gesellschaft auf einen Anspruch auf Ausgleich der tatsächlich eingetretenen Vermögenseinbuße einlassen dürfte, dabei indes ex ante- und ex post-Betrachtung vermengt: aA MüKoAktG/*Altmeppen* Rn. 183; *Kellmann* BB 1969, 1509 (1516), der darin eine Privilegierung der abhängigen Gesellschaft sieht, dabei aber nicht berücksichtigt, dass eine unabhängige Gesellschaft das fragliche Geschäft nicht ohne Risikoprämie vorgenommen hätte.
[152] MüKoAktG/*Kropff* 2. Aufl. Rn. 146; HK-AktG/*Fett* Rn. 25.
[153] MüKoAktG/*Kropff* 2. Aufl. Rn. 147 ff.; nur im Ergebnis MüKoAktG/*Altmeppen* Rn. 186.
[154] Zur Veräußerung einer Beteiligung s. BGH NZG 2012, 1030 Rn. 12, 15; *Lutter* FS Steindorff, 1990, 125 (135 ff.); *E. Vetter* ZHR 171 (2007), 342 (354 ff.); zur Mannesmann-Übernahme durch Vodafone s. *Lutter* FS Peltzer, 2001, 241 (245 ff.); *Mertens* in HRU 27, 29 ff.; zur Veräußerung an Dritte und zur damit verbundenen Frage, ob die nachteilige Maßnahme im Interesse des herrschenden Unternehmens liegen muss, → Rn. 60.
[155] Zum Erwerb der UMTS-Lizenzen durch die Deutsche Telekom AG s. BGHZ 175, 365 Rn. 13, 19 f. = NJW 2008, 1584; OLG Köln ZIP 2006, 997 (998); LG Bonn NZG 2005, 856 (857); *Habersack* ZIP 2006, 1327 (1330 f.); *Fleischer* NZG 2008, 371 (372); krit. *Philipp* AG 2001, 463 ff. und *Altmeppen* NJW 2008, 1553 ff.

lich sog. **Konzernverrechnungspreise** unterliegen mithin einer Überprüfung auf ihre Angemessenheit (→ Rn. 54 ff.).[156]

b) Maßnahmen der Konzernfinanzierung. Die Frage, ob Maßnahmen der Konzernfinanzierung nachteiligen Charakter haben, stellt sich vor allem im Zusammenhang mit der Gewährung von Darlehen und der Bestellung von Sicherheiten durch die abhängige Gesellschaft[157] und war **bis zum Inkrafttreten des MoMiG** am 1.11.2008 (→ Einl. Rn. 39) vor dem Hintergrund zu sehen, dass §§ 57, 62 nach zutr., nunmehr auch vom BGH geteilter Ansicht[158] durch § 311 verdrängt werden und es dem herrschenden Unternehmen somit gestattet ist, offene und verdeckte Vermögensverlagerungen nach Maßgabe des § 311 Abs. 2 auszugleichen (→ Rn. 82 ff.). Die Hingabe eines ungesicherten Darlehens und die Bestellung einer Sicherheit durch die abhängige Gesellschaft waren deshalb, wiewohl sie der unverbundenen AG nach § 57 Abs. 1, 3 AktG grundsätzlich verboten waren,[159] auch dann **nicht per se nachteilig,** wenn sie auf Veranlassung und zugunsten des herrschenden Unternehmens erfolgten.[160] Der Zulässigkeit des gestreckten und zudem rein schuldrechtlichen Nachteilsausgleichs nach § 311 Abs. 2 (→ Rn. 59 ff., 72 ff.) war vielmehr auch vor Inkrafttreten des MoMiG dadurch Rechnung zu tragen, dass an die Stelle des *abstrakten Vermögens- und Liquiditätsschutzes* nach § 57 eine *konkrete,* auf die Umstände des Einzelfalles abstellende, im Rahmen des § 311 Abs. 2 ohnehin maßgebende (→ Rn. 73, 78 f.) Betrachtungsweise treten musste (→ Rn. 47a).[161] Diesen für die *abhängige AG* seit jeher maßgebenden Ansatz hat das MoMiG in § 57 Abs. 1 S. 3 (für die GmbH in der inhaltsgleichen Vorschrift des § 30 Abs. 1 S. 2 GmbHG) nunmehr dahin gehend verallgemeinert, dass Leistungen, die durch einen **vollwertigen Gegenleistungs- oder Rückgewähranspruch** gegen den Aktionär gedeckt sind, keine Einlagenrückgewähr

47

---

[156] Vgl. BGHZ 124, 111 (118 f.) = NJW 1994, 520; OLG Celle ZIP 2007, 2025 (2026 f.). Näher zur Frage der Angemessenheit von Konzernverrechnungspreisen *Becker/Grazé* DB 1985, Beilage 15; *Krag* BB 1988, 1850 (1852 ff.); LSS/*Sieker* § 28 Rn. 10 ff.; LSS/*Wiedemann/Fleischer* § 29 Rn. 15 ff.

[157] Bei „absteigenden" Darlehen und vergleichbaren Unterstützungsmaßnahmen finden die Grundsätze über Gesellschafterdarlehen, insbes. §§ 39 Abs. 1 Nr. 5, 44a, 135, 143 InsO, Anwendung, dazu BGH ZIP 2011, 575; BGHZ 190, 364; BGH ZIP 2012, 86; *Huber/Habersack* BB 2006, 1 ff.; *dies.* in Lutter, Das Kapital der Aktiengesellschaft in Europa, 2006, 370 ff.; *Habersack* in Goette/Habersack MoMiG Kap. 5; *ders.* ZIP 2008, 2385 ff.; *Huber* FS Priester, 2007, 259 ff.; *Seibert* ZIP 2006, 1157 (1160 ff.); *Bayer/Graff* DStR 2006, 1634 ff.; *Mülbert* WM 2006, 197 ff.; *K. Schmidt* ZIP 2006, 1925 ff.; *Thiessen* ZIP 2007, 253 ff. Zur Anwendbarkeit der Regeln über „eigenkapitalersetzende Darlehen" auf die AG s. BGHZ 90, 381 (390 f.); BGH ZIP 2005, 1316 (1317 f.); *Habersack* ZHR 162 (1998), 201 (215 ff.); zu Konzernkonstellationen s. namentlich BGHZ 81, 318 (318); 105, 176; BGH NZG 1999, 939 mit Anm. *Schlitt;* ZIP 2008, 1230 Rn. 13; zu Finanzplankrediten und vergleichbaren Finanzierungszusagen s. BGHZ 142, 116; BGH ZIP 2006, 1199.

[158] BGHZ 179, 71 Rn. 11 f. = NJW 2009, 850 – MPS; BGHZ 190, 7 Rn. 48 = NZG 2011, 829 – Dritter Börsengang; BGH NZG 2012, 1030 Rn. 16, 19; offengelassen noch in BGHZ 175, 365 Rn. 28 = NJW 2008, 1583 – UMTS; zu wN Rn. 82 ff.

[159] OLG Jena ZIP 2007, 1314 (1315 f.); OLG Hamm ZIP 1995, 1263 (1270); GroßkommAktG/*Henze* § 57 Rn. 49; *Bayer/Lieder* ZGR 2005, 133 (146 ff.); *Habersack/Schürnbrand* NZG 2004, 689 (690, 695 f.); *Reidenbach* WM 2004, 1421 (1426); *Wessels* ZIP 2004, 793 (796); offengelassen allerdings in BGHZ 179, 71 Rn. 11 = NJW 2009, 850 – MPS. – Für die GmbH s. BGHZ 157, 72 = NJW 2004, 1111 = NZG 2004, 233; OLG München BB 2006, 286 mit Anm. *Habersack/Schürnbrand;* relativierend bereits BGH ZIP 2007, 1705 Rn. 24 f.; aufgegeben sodann in BGHZ 179, 71 Rn. 12 = NJW 2009, 850 – MPS.

[160] *Habersack/Schürnbrand* NZG 2004, 689 (692 f.); *Hentzen* ZGR 2005, 480 (507 ff.); *Reidenbach* WM 2004, 1421 (1427 f.); *Wessels* ZIP 2004, 793 (796); MüKoAktG/*Altmeppen* Rn. 239 ff. mwN; aA *Hüffer* AG 2004, 416 (417 ff.); *Kerber* DB 2005, 1835 ff.; im Ergebnis auch *Schön* ZHR 159 (1995), 351 (372) und MüKoAktG/*Bayer* 2. Aufl. § 57 Rn. 149, die in der Hingabe eines ungesicherten Darlehens gar eine dem Einzelausgleich von vornherein entzogene Maßnahme erblicken; relativierend *Bayer/Lieder* ZGR 2005, 133 (148 f.); krit. auch *Spindler* ZHR 171 (2007), 245 (264 f.).

[161] BGHZ 179, 71 Rn. 11 = NJW 2009, 850 – MPS; näher *Habersack/Schürnbrand* NZG 2004, 689 (693 f.); *Reidenbach* WM 2004, 1421 (1428 f.); *Wessels* ZIP 2004, 793 (796); *Zeidler* ZIP 39, 65 f.; im Ergebnis auch KK-AktG/*Koppensteiner* Rn. 79; im Anschluss an „MPS" auch *Cahn* Konzern 2009, 67 (69 ff.); *Kropff* NJW 2009, 814 f.; *Mülbert/Leuschner* NZG 2009, 281 (284 ff.); näher *Habersack* ZGR 2009, 347 (354 ff.); zu § 311 s. ferner Hüffer/*Koch* Rn. 29; K. Schmidt/Lutter/*J. Vetter* Rn. 56 ff.; Spindler/Stilz/*Müller* Rn. 42; Hölters/*Leuering/Goertz* Rn. 62.

§ 311   47a   3. Buch. 2. Teil. 2. Abschn. Fehlen eines Beherrschungsvertrags

darstellen.[162] In der „MPS"-Entscheidung hat der II. Zivilsenat des BGH – gestützt auf die Materialien zum MoMiG[163] – die Neuregelung zum Anlass genommen, im Rahmen des § 57 AktG (ebenso wie im Rahmen des § 30 Abs. 1 GmbHG) auch für Altfälle auf eine rein **bilanzielle Betrachtungsweise** abzustellen und auf einen darüber hinausgehenden allgemeinen Liquiditätsschutz zu verzichten.[164] Der **Verdrängung des § 57** durch § 311 (→ Rn. 83) kommt deshalb für die Kreditgewährung durch die abhängige Gesellschaft keine gesteigerte Bedeutung mehr zu, zumal bei nachteiligem Charakter der Kreditvergabe sofortiger Nachteilsausgleich zu leisten ist (→ Rn. 62a).

47a   Was zunächst die Vergabe oder Aufnahme konzerninterner **Darlehen** betrifft, so muss namentlich die **Verzinsung** einem Drittvergleich standhalten; fehlt es hieran, so hat die Vergabe des Darlehens nachteiligen Charakter.[165] Davon zu unterscheiden[166] ist der in der Übernahme eines **Ausfallrisikos** liegende Nachteil. Insoweit kommt es auf die Vollwertigkeit des Rückzahlungsanspruchs an (→ Rn. 47). Sie beurteilt sich nach allgemeinen Grundsätzen der Forderungsbewertung und kann – namentlich bei nicht nur kurzfristigen Ausleihungen[167] – die Stellung hinreichender Sicherheiten erfordern;[168] ist Vollwertigkeit iSd § 57 Abs. 1 S. 3 gegeben, fehlt es, was das Ausfallrisiko anbelangt, an einem Nachteil iSd § 311 Abs. 1. Bei existenzgefährdendem Ausmaß des Ausfallrisikos und Unbezifferbarkeit der der abhängigen Gesellschaft entstehenden Nachteile finden die Grundsätze über die qualifizierte Nachteilszufügung (→ Rn. 43; → Anh. § 317 Rn. 7 ff.) Anwendung.[169] Nicht nur, aber insbesondere im Zusammenhang mit einem Cash-Pooling kann sich der nachteilige Charakter der Darlehensvergabe schließlich aufgrund der negativen Auswirkungen auf die **Liquiditätslage** der Gesellschaft ergeben (→ Rn. 48);[170] der Abzug existenznotwendiger Liquidität kann zum Eingreifen der Grundsätze über die qualifizierte Nachteilszufügung führen.[171] Der Vorstand hat im Zeit-

---

[162] Näher dazu *J. Vetter* in Goette/Habersack MoMiG Kap. 4 Rn. 29 ff.; *Habersack* FS Schaumburg, 2009, 1291 ff.; *Kiefner/Theusinger* NZG 2008, 801 ff.; *M. Meyer* 80 ff.; zur entsprechenden Änderung des § 30 Abs. 1 GmbHG → Anh. § 318 Rn. 33; zu den gleichfalls im Rahmen des MoMiG eingeführten Zahlungsverboten der §§ 92 Abs. 2 S. 3, § 64 S. 3 GmbHG s. – speziell im Zusammenhang mit der Kreditvergabe – *Cahn* Konzern 2009, 7 ff.; allg. BGH NZG 2012, 1379; *Haas* NZG 2013, 41 ff.; GroßkommAktG/*Habersack/Foerster* 5. Aufl. § 92 Rn. 143 ff.; UHW/*Casper* GmbHG § 64 Rn. 102 ff.; Staub/*Habersack* HGB § 130a Rn. 28 ff.
[163] Begr. RegE, BT-Drs. 16/6140, 41, 52 = *Goette* Einf. 258 ff., 357; dazu *Goette* Einf. 22 ff.; *Seibert* MoMiG 28 ff.; *Habersack* FS Schaumburg, 2009, 1291 ff.
[164] BGHZ 179, 71 Rn. 12 = NJW 2009, 850 – MPS; dazu *Altmeppen* ZIP 2009, 49 ff.; *Cahn* Konzern 2009, 67 ff.; *Habersack* ZGR 2009, 347 (350 ff.); *Kropff* NJW 2009, 814 ff.; *Mülbert/Leuschner* NZG 2009, 281 ff.; *Wand/Tillmann/Heckenthaler* AG 2009, 148 ff.
[165] BGHZ 179, 71 Rn. 17 = NJW 2009, 850 – MPS; *Cahn* Konzern 2009, 67 (69); *Habersack* ZGR 2009, 347 (359 f.); *M. Meyer* 202 ff.; näher dazu sowie zu den Besonderheiten des Cash Poolings (→ Rn. 48) MüKoAktG/*Altmeppen* Rn. 254 ff.; ders. ZIP 2009, 49 (52); K. Schmidt/Lutter/*J. Vetter* Rn. 60, dort auch zur Möglichkeit der Kompensation durch die Befugnis der abhängigen Gesellschaft, ihrerseits zinsgünstigen Kredit in Anspruch zu nehmen (→ Rn. 48).
[166] Ein unangemessener Zins begründet noch nicht die Nachteiligkeit der Darlehensvergabe als solcher, s. BGHZ 179, 71 Rn. 17 = NJW 2009, 850 – MPS; MüKoAktG/*Altmeppen* Rn. 254 ff.; ders. ZIP 2009, 49 (52); K. Schmidt/Lutter/*J. Vetter* Rn. 60; *Habersack* ZGR 2009, 347 (359 f.).
[167] So auch KK-AktG/*Koppensteiner* Rn. 79; näher zum Vollwertigkeitstest *Cahn* Konzern 2009, 67 (70 ff.); *J. Vetter* in Goette/Habersack MoMiG Kap. 4 Rn. 40 ff.
[168] Dazu namentlich BGHZ 179, 71 Rn. 13 = NJW 2009, 850 – MPS, wo von der vom Berufungsgericht festgestellten Vollwertigkeit auszugehen war (s. BGHZ 179, 71 Rn. 16); speziell zum „MPS"-Sachverhalt (insbes. dem sich aus der Vielzahl der Darlehen ergebenden Klumpenrisiko) *Bayer/Lieder* AG 2010, 885 (886 ff.); *Cahn* Konzern 2009, 67 (69 ff.); *Habersack* ZGR 2009, 347 (354 ff.); *Kropff* NJW 2009, 814 f.; *Mülbert/Leuschner* NZG 2009, 281 (284 ff.); s. ferner OLG Jena ZIP 2007, 1314 (1316 f.); OLG Hamm AG 1995, 512 (515); LG Dortmund AG 2002, 97 (98 f.); *Jula/Breitbarth* AG 1997, 256 (260); *Kerber* DB 2004, 1027 (1029 f.); *Eichholz* insbes. 106 ff.
[169] MHdB AG/*Krieger* § 70 Rn. 64; *Habersack/Schürnbrand* NZG 2004, 689 (693); s. ferner *Kropff* NJW 2009, 814 (815); weitergehend *Schön* ZHR 159 (1995), 351 (372); s. ferner OLG Jena ZIP 2007, 1314 (1316 f.). – Zur Rechtslage im Vertragskonzern → § 308 Rn. 64 f.
[170] Vgl. im Zusammenhang mit dem „MPS"-Fall (BGHZ 179, 71 = NJW 2009, 850) *Bayer/Lieder* AG 2010, 885 (888 f.); *Mülbert/Leuschner* NZG 2009, 281 (285); ferner MHdB AG/*Krieger* § 70 Rn. 62, 64.
[171] MHdB AG/*Krieger* § 70 Rn. 64.

punkt der Darlehensvergabe[172] unter Beachtung der ihm obliegenden Sorgfaltspflicht (→ Rn. 40, 78) zu prüfen, ob die Darlehensvergabe unter einem der genannten Gesichtspunkte nachteilig ist. Ergibt sich hierbei ein konkretes Ausfall- oder Liquiditätsrisiko, so hat er die Auszahlung zu verweigern (→ Rn. 62a).[173] Auf einen unangemessen niedrigen Zins hingegen darf sich der Vorstand gegen die Zusage von Nachteilsausgleich einlassen (→ Rn. 78).

Erscheinen aus der allein maßgeblichen ex ante-Perspektive (→ Rn. 44) der Rückzahlungsanspruch als vollwertig und der Liquiditätsbedarf der abhängigen Gesellschaft als gedeckt, so behält das Darlehen seinen nicht nachteiligen Charakter auch dann, wenn es später **wider Erwarten** doch zu einem **Forderungsausfall oder** zu **Liquiditätsengpässen** kommt.[174] Von dem stichtagsbezogenen Ansatz des § 311 unberührt bleiben hingegen die aus § 93 Abs. 1 S. 1 herzuleitende Pflicht des Vorstands[175] der abhängigen Gesellschaft, nach Ausreichung des Darlehens laufend die Solvenz des herrschenden Unternehmens zu prüfen und ggf. – unter Androhung der Kündigung – auf Besicherung des Rückzahlungsanspruchs zu bestehen.[176] Bei umfangreichen langfristigen Darlehen und bei Teilnahme an einem Cash-Management (→ Rn. 48) wird regelmäßig die Einrichtung eines geeigneten Informations- oder **„Frühwarnsystems"** geboten sein.[177] Ein Nachteil iSd § 311 liegt in diesem Fall auch darin, dass der Vorstand der abhängigen Gesellschaft auf entsprechende vertragliche Vorkehrungen verzichtet.[178] Zum Nachteilsausgleich bei nachteiligem Darlehen → Rn. 62a. **47b**

Die Bestellung von **Sicherheiten** für Verbindlichkeiten des herrschenden Unternehmens oder anderer Konzernunternehmen (→ Rn. 62a, 84)[179] kann nicht nur nachteilig sein, wenn im Zeitpunkt der Bestellung der Sicherheit[180] die Inanspruchnahme derselben nicht unwahrscheinlich ist und der abhängigen Gesellschaft kein vollwertiger **Rückgriffsanspruch** zusteht.[181] Vielmehr kann bereits der Umstand, dass die Gesellschaft den Gegenstand nicht mehr als Sicherheit für eigene Verbindlichkeiten einsetzen kann, einen Nachteil begründen.[182] Vorbehaltlich verbleibender Ausfallrisiken kann es umgekehrt an einem Nachteil fehlen, wenn die Konzerngesellschaften **wechselseitig** ihre jeweiligen Verbindlichkeiten gegenüber Dritten sichern und auf diese Weise die Kreditwürdigkeit der abhängi- **47c**

---

[172] BGHZ 179, 71 Rn. 13 = NJW 2009, 850 – MPS – stellt allg. auf den Zeitpunkt der Vornahme des Rechtsgeschäfts ab; zeigt sich freilich der nachteilige Charakter nach Abschluss des schuldrechtlichen Geschäfts, aber vor Auszahlung des Darlehens, so hat der Vorstand ggf. von dem Kündigungsrecht des § 490 Abs. 1 BGB Gebrauch zu machen oder auf Nachbesicherung zu bestehen (→ Rn. 47b, 78). – Allg. zur gebotenen ex ante-Betrachtung → Rn. 44 f.
[173] BGHZ 179, 71 Rn. 13 = NJW 2009, 850 – MPS.
[174] So hinsichtlich des Ausfallrisikos BGHZ 179, 71 Rn. 13 = NJW 2009, 850 – MPS; allg. → Rn. 44.
[175] Zu den hierauf bezogenen Überwachungspflichten des Aufsichtsrats s. BGHZ 179, 71 Rn. 14 ff., 19 ff. = NJW 2009, 850 – MPS; *Habersack* ZGR 2009, 347 (363 f.); *Bayer/Lieder* AG 2010, 885 (893 ff.).
[176] BGHZ 179, 71 Rn. 14 = NJW 2009, 850 – MPS; *Bayer/Lieder* AG 2010, 885 (890 f.); *Habersack* ZGR 2009, 347 (361 ff.); *ders.* FS Schaumburg, 2009, 1291 (1303 f.); *Kiefner/Theusinger* NZG 2008, 801 (805); *Paefgen* DZWIR 2009, 177 ff.; *Pentz* ZIP 2006, 781 (785); *Schäfer/Fischbach* FS Hellwig, 2011, 293 (306 ff.); *J. Vetter* in Goette/Habersack MoMiG Kap. 4 Rn. 52 f.; K. Schmidt/Lutter/*ders.* Rn. 65; s. ferner Begr. RegE, BT-Drs. 16/6140, 41 – *Goette* Einf. 259; zur entsprechenden Rechtslage im Vertragskonzern (in Bezug auf den Anspruch aus § 302 AktG) → § 302 Rn. 44; *Bormann/Urlichs* GmbHR 2008, Oktober-Sonderheft, 37, 47; *Habersack* FS Schaumburg, 2009, 1291 (1298 f.).
[177] Vgl. BGHZ 179, 71 Rn. 14 = NJW 2009, 850 – MPS: „was ... erforderlich machen kann", dort Hinweis ua auf *Henze* WM 2005, 717 (726); *Vetter/Stadler* Haftungsrisiken Rn. 194 ff.; s. ferner *Goette* Einf. 11; näher *Bayer/Lieder* AG 2010, 885 (890 f.); *Habersack* ZGR 2009, 347 (361 ff.); allg. *S. H. Schneider* Informationspflichten und Informationssystemeinrichtungspflichten in Aktienkonzernen, 2006, passim, insbes. 125 ff.
[178] Zutr. BGHZ 179, 71 Rn. 14 = NJW 2009, 850 – MPS, dort auch Hinweis auf die Beweiserleichterungen im Zusammenhang mit dem Erfordernis der Veranlassung (→ Rn. 32 f.; allg. → Rn. 51b).
[179] Zur Verpfändung von Aktien zur Sicherung eines dem herrschenden Unternehmen gewährten Darlehens s. schon LG Düsseldorf AG 1979, 290 (291 f.) (aufgehoben durch OLG Düsseldorf AG 1980, 273 f.).
[180] Allg. → Rn. 44; speziell im Zusammenhang mit der Bestellung von Sicherheiten MHdB AG/*Krieger* § 70 Rn. 63; MüKoAktG/*Altmeppen* Rn. 259 ff. (263 f.); → Rn. 84.
[181] K. Schmidt/Lutter/*J. Vetter* Rn. 62; Hölters/*Leuering/Goertz* Rn. 63; Grigoleit/*Grigoleit* Rn. 40; MHdB AG/*Krieger* § 70 Rn. 63.
[182] MHdB AG/*Krieger* § 70 Rn. 63; Hüffer/*Koch* Rn. 29; Hölters/*Leuering/Goertz* Rn. 63.

gen Gesellschaft steigt.[183] Gänzlich unproblematisch ist die Besicherung, wenn das besicherte Darlehen zwar vom herrschenden Unternehmen aufgenommen wird, indes an die abhängige Gesellschaft weitergereicht wird.[184] Zum Nachteilsausgleich im Falle nachteiliger Darlehen und Sicherungsgeschäfte → Rn. 62a, 63.

48 Auch die Einbindung der abhängigen Gesellschaft in ein zentrales **Cash-Management**[185] ist nicht per se nachteilig.[186] Die mit einem solchen System verbundene Unterordnung unter die konzernweite Liquiditätssteuerung darf aber die abhängige Gesellschaft nicht mit den auf die Betreibergesellschaft durchschlagenden Liquiditätsproblemen anderer Konzerngesellschaften belasten. Vielmehr muss sichergestellt sein, dass die abhängige Gesellschaft über die von ihr benötigte (und von ihr bereitgestellte)[187] Liquidität verfügt.[188] Zudem sind die mit der Zentralisierung verbundenen Synergieeffekte in sachgerechter Weise an die abhängige Gesellschaft weiterzureichen (→ Rn. 49). Auch die abhängige Gesellschaft muss deshalb, ihre Kreditwürdigkeit unterstellt, über die Möglichkeit verfügen, ihren Kreditbedarf durch Inanspruchnahme des Cash Pools zu decken. Die von der abhängigen Gesellschaft bereitgestellten Mittel sind angemessen zu verzinsen; dabei kann berücksichtigt werden, dass die abhängige Gesellschaft ihrerseits zinsgünstigen Kredit in Anspruch nehmen kann (→ Rn. 47a). Des Weiteren ist etwaigen Ausfallrisiken aus der Vergabe von Darlehen oder der Bestellung von Sicherheiten Rechnung zu tragen; auch im Cash-Pool bewendet es mithin bei dem Erfordernis der Vollwertigkeit des Rückzahlungs- oder Rückgriffsanspruchs (→ Rn. 47 ff.). Auch darf die abhängige Gesellschaft nicht restlos von eigenen Bankverbindungen und Kreditlinien abgeschnitten werden.[189] Schließlich ist sicherzustellen, dass die einzelnen Geschäftsvorfälle ordnungsgemäß erfasst werden; andernfalls kann das Cash-Management den Tatbestand einer qualifizierten Nachteilszufügung begründen (→ Anh. § 317 Rn. 16 ff.). Auch im Zusammenhang mit der Einbindung in ein Cash Management hat es bei der ex ante-Perspektive (→ Rn. 44) sowie bei den aus §§ 93 Abs. 1 S. 1, 111 Abs. 1 herzuleitenden Sorgfaltspflichten (→ Rn. 47b) zu bewenden.

49 **c) Konzernumlagen.** Die zum Cash-Management getroffenen Feststellungen gelten entsprechend für sog. Konzernumlagen, dh für Zuwendungen der abhängigen Gesellschaft, die Leistungen der Konzernleitung vergüten sollen.[190] Nachteiligen Charakter haben solche Umlagen nur dann nicht, wenn sie **Leistungen** des herrschenden Unternehmens (und nicht nur den passiven Konzerneffekt, → Rn. 52, 62) vergüten und diese im Interesse nicht nur des Gesamtkonzerns, sondern auch im **Interesse der abhängigen Gesellschaft** liegen.

---

[183] MüKoAktG/*Kropff* 2. Aufl. Rn. 191; K. Schmidt/Lutter/*J. Vetter* Rn. 64; s. ferner BGHZ 138, 291 (302) = NJW 1998, 2592; *Schön* ZHR 159 (1995), 351 (368).

[184] K. Schmidt/Lutter/*J. Vetter* Rn. 64; *Bastuck* WM 2000, 1091 (1094); *Bayer* FS Lutter, 2000, 1011 (1025).

[185] Dazu namentlich die Beiträge von HdB/*Wehlen* HdB § 23 und LSS/*U. H. Schneider* § 25; ferner *Bayer* FS Lutter, 2000, 1011 ff.; *Burgard* VGR 6 (2003), 45 ff.; *Hormuth* insbes. 51 ff.; *Morsch* NZG 2003, 97 ff.; *J. Vetter* VGR 6 (2003), 69 ff.; *ders./Stadler*, Haftungsrisiken beim konzernweiten Cash Pooling, 2003, Rn. 1 ff.

[186] So auch MüKoAktG/*Altmeppen* Rn. 225 ff. (239 ff.); *ders.* NZG 2010, 401 (402 ff.); KK-AktG/*Koppensteiner* Rn. 80; MHdB AG/*Krieger* § 70 Rn. 64; K. Schmidt/Lutter/*J. Vetter* Rn. 65; Spindler/Stilz/*Müller* Rn. 43; HK-AktG/*Fett* Rn. 36; Hölters/Leuering/Goertz Rn. 65; *Habersack/Schürnbrand* NZG 2004, 689 (692 f.); *Hüffer* AG 2004, 416 ff.; *Reidenbach* WM 2004, 1421 (1427); LSS/*U. H. Schneider* § 25 Rn. 55; *Wessels* ZIP 2004, 793 (796); für die GmbH auch BGHZ 149, 10 (17 ff.) = ZIP 2001, 1874 (1876) = DStR 2001, 1853 mit Anm. *Goette* („Schwarz/Weiß-Lösungen... verwirft der Senat"); dazu im vorliegenden Zusammenhang *Wilken* DB 2001, 2383 (2385 f.); s. ferner BGH ZIP 2004, 1200 (1206).

[187] Eine darüber hinausgehende Pflicht des herrschenden Unternehmens zur Sicherung ausreichender Liquidität der abhängigen Gesellschaft besteht allerdings nicht, → § 302 Rn. 41; MHdB AG/*Krieger* § 70 Rn. 64; aA *Jula/Breitbarth* AG 1997, 256 (262); *U. H. Schneider* ZGR 1984, 497 (532 ff.).

[188] LSS/*Hommelhoff/Kleindiek* § 21 Rn. 20; MHdB AG/*Krieger* § 70 Rn. 64; näher *Hormuth* 125 ff., dort auch zu Möglichkeiten des Nachteilsausgleichs.

[189] LSS/*Hommelhoff/Kleindiek* § 21 Rn. 20; MHdB AG/*Krieger* § 70 Rn. 64.

[190] BGHZ 141, 79 (85) = NJW 1999, 1706; *Wiedemann/Strohn* AG 1979, 113 (119); eingehend zu Konzernumlagen LSS/*Sieker* § 28 Rn. 10 ff.; LSS/*Wiedemann/Fleischer* § 29 Rn. 15; *Theisen* Konzern 472 ff.; MüKoAktG/*Altmeppen* Rn. 279 ff.; s. ferner für den GmbH-Konzern BGHZ 65, 15 (18 ff.) = NJW 1976, 791; → Anh. § 318 Rn. 27 ff.

Daran fehlt es bei konzernbezogenen Aufwendungen, etwa solchen der allgemeinen Konzernkontrolle, der Konzernleitung und der allgemeinen Öffentlichkeitsarbeit.[191] Liegt eine im Grundsatz umlagefähige Leistung vor (was etwa bei den Kosten eines angemessenen Cash-Managements der Fall ist, → Rn. 48), so muss die Höhe der Umlage einem Drittvergleich standhalten, soll nicht in der Leistung der Umlage ein Nachteil liegen (→ Rn. 40). Da sich der Vorstand einer unabhängigen Gesellschaft an einer entsprechenden „Zentralisierung" von Gesellschaftsangelegenheiten nur gegen **Partizipation an etwaigen Synergieeffekten** beteiligen würde, muss das herrschende Unternehmen nach § 311 auch die abhängige Gesellschaften an diesen Effekten teilhaben lassen.[192] Es darf deshalb nur die Gesamtkosten anhand eines sachgerechten Verteilungsschlüssels auf die einzelnen Konzerngesellschaften umlegen.[193] Der Vereinnahmung eines Gewinnzuschlags steht dies allerdings nicht entgegen.[194]

d) Steuerumlagen. Steuerumlagen[195] sind vor dem Hintergrund zu sehen, dass im Falle **50** einer ertragsteuerlichen Organschaft (→ Einl. Rn. 48) das Ergebnis der Organgesellschaft dem Organträger zugerechnet wird, die Körperschaft- und Gewerbesteuerpflicht der abhängigen Gesellschaft entfällt, stattdessen der Organträger das (saldierte) Ergebnis des gesamten Organkreises zu versteuern hat und sich deshalb die Frage eines Ausgleichsanspruchs des Organträgers gegen die Organgesellschaft stellt. Nachdem die Voraussetzungen der gewerbesteuerlichen Organschaft denjenigen der körperschaftsteuerlichen Organschaft angepasst worden sind und die steuerliche Organschaft nunmehr einen Gewinnabführungsvertrag voraussetzt (→ Einl. Rn. 48), hat sich insoweit die Frage der Vereinbarkeit von Steuerumlagen mit § 311 de lege lata erledigt.[196] Für § 2 Abs. 2 S. 2 GewStG aF, mithin für **Altfälle** der gewerbesteuerlichen Organschaft, ist davon auszugehen, dass dem Organträger entsprechend § 426 Abs. 1 BGB ein Ausgleichsanspruch gegen die Organgesellschaft zusteht[197] und die Geltendmachung dieses Ausgleichsanspruchs im Wege einer sog. Steuerumlage als solche – ebenso wie die Vereinnahmung von Abschlagszahlungen – unzweifelhaft noch keine nachteilige Einflussnahme zu begründen vermag. Entsprechend sind bei der **umsatzsteuerlichen Organschaft** (→ Einl. Rn. 48) die Vorsteuerabzugsbeträge, die auf Leistungsbezüge der abhängigen Gesellschaft entfallen, auszugleichen (→ Einl. Rn. 48).[198]

Im Einzelnen ist mit dem BGH davon auszugehen, dass der Organträger **nur** seinen **50a** **effektiven Steueraufwand** umlegen darf, mithin nach der **Verteilungsmethode** vorzugehen hat; die Auferlegung des darüber hinausgehenden fiktiven Steueraufwandes der abhängigen Gesellschaft – und damit ein Vorgehen nach der „stand alone-Methode"[199] – begründet

---

[191] Näher LSS/*Wiedemann*/*Fleischer* § 29 Rn. 30 ff.; wie hier auch MüKoAktG/*Altmeppen* Rn. 279 f.; K. Schmidt/Lutter/*J. Vetter* Rn. 66; Spindler/Stilz/*Müller* Rn. 45; Hölters/*Leuering*/*Goertz* Rn. 67.
[192] Vgl. *Mülbert* 470; LSS/*Wiedemann*/*Fleischer* § 29 Rn. 27, 44; *dies.* JZ 2000, 159 (161); Spindler/Stilz/*Müller* Rn. 45; *Hogh* 58 ff.; aA KK-AktG/*Koppensteiner* Rn. 45; MHdB AG/*Krieger* § 70 Rn. 86; K. Schmidt/Lutter/*J. Vetter* Rn. 70; Hölters/*Leuering*/*Goertz* Rn. 68; Grigoleit/*Grigoleit* Rn. 41; *Decher* FS Hommelhoff, 2012, 115 (120 ff.).
[193] *Mülbert* 470; LSS/*Wiedemann*/*Fleischer* § 29 Rn. 27, 44; *dies.* JZ 2000, 159 (161); Spindler/Stilz/*Müller* Rn. 45; *Hogh* 58 ff.
[194] LSS/*Wiedemann*/*Fleischer* § 29 Rn. 28; K. Schmidt/Lutter/*J. Vetter* Rn. 66 und KK-AktG/*Koppensteiner* Rn. 85, freilich auf Grundlage ihrer Ansicht, dass die abhängige Gesellschaft nicht an Synergieeffekten beteiligt werden braucht.
[195] Eingehend zu ihnen *Marx* DB 1996, 950 ff.; *W. Müller* FS Beisse, 1997, 363 ff.
[196] Zum Vertragskonzern s. BGH ZIP 2004, 164; zu den Perspektiven der Gruppenbesteuerung s. *Hüttemann* ZHR 171 (2007), 451. 468 ff.; *Simon* ZGR 2007, 71 (87 ff.); *Witt*, Die Konzernbesteuerung, 2006, 135 ff.
[197] BGHZ 120, 50 (59 f.) = NJW 1993, 585; BGHZ 141, 79 (85) = NJW 1999, 1706 = NZG 1999, 658 mit Anm. *Maul;* KG NZG 2001, 1084 (1085); zur umsatzsteuerlichen Organschaft s. BGH ZIP 2013, 409.
[198] BGH ZIP 2013, 409 Rn. 13 ff. (21): Unterlassung des gebotenen Ausgleichs für Zuweisung des Vorsteuerabzugsrechts begründet Nachteil; ablehnend *Menkel* NZG 2014, 52 ff.
[199] Näher zu Verteilungs- und Stand-alone-Verfahren *Marx* DB 1996, 950 ff.; *W. Müller* FS Beisse, 1997, 363 ff.

dagegen einen Nachteil iSd § 311.²⁰⁰ Weder der Organträger noch die Organgesellschaft kann im Rahmen der Endabrechnung einen Ausgleich für den Verbrauch von in den Organkreis eingebrachten **Verlusten** – und damit für die Minderung der Steuerlast des Organträgers und mittelbar auch der Organgesellschaften – beanspruchen.²⁰¹ Konzernrechtlich handelt es sich bei den steuerlichen Folgen der Organschaft im Allgemeinen und dem Verlustverbrauch im Besonderen um einen typischen **passiven Konzerneffekt**.²⁰² Ein solcher begründet aber weder einen ausgleichspflichtigen Nachteil auf Seiten der abhängigen Gesellschaft (→ Rn. 52) noch einen zugunsten des herrschenden Unternehmens zu veranschlagenden Vorteil (→ Rn. 62); er vermag deshalb auch keine Ausgleichsansprüche konzernrechtlicher Art zu begründen. Für einen Bereicherungsanspruch wiederum ist schon deshalb kein Raum, weil es dem Verlust an einem hinreichenden Zuweisungsgehalt fehlt.²⁰³ Abweichend von der nach §§ 311, 317 AktG an sich maßgebenden Periodenbetrachtung kann allerdings die Frage der Nachteiligkeit der Umlage anhand einer – spätestens mit Beendigung der Organschaft endenden – **Gesamtbetrachtung** beurteilt werden.²⁰⁴ Im Rahmen der Endabrechnung sind dann die geleisteten Umlagen dem auf die einzelne Organgesellschaft entfallenden Anteil²⁰⁵ an dem Gesamtsteueraufwand des Organträgers gegenüberzustellen; erst dann beginnt die Verjährung nach §§ 317 Abs. 4, 309 Abs. 5 zu laufen.²⁰⁶

51 **e) Sonstige.** Allgemein kommt es für die Anwendbarkeit der §§ 311, 317 nicht auf eine Verminderung des Gesellschaftsvermögens oder auf die bilanzielle Erfassbarkeit der Maßnahme an. Nachteiligen Charakter können deshalb auch Maßnahmen der **Personalpolitik** haben, etwa die „Abordnung" eines Vorstandsmitglieds der abhängigen Gesellschaft an das herrschende Unternehmen,²⁰⁷ ferner **konzernintegrative oder organisatorische Maßnahmen** (→ Rn. 41, 43, 57 ff., 64 f.; → Anh. § 317 Rn. 12, 14) wie etwa die Übertragung der gesamten EDV auf ein verbundenes Unternehmen,²⁰⁸ des Weiteren Maßnahmen der **Bilanzierung** (→ Rn. 30a),²⁰⁹ die Umlenkung von **Geschäftschancen** der

---

²⁰⁰ Im Ausgangspunkt (und vorbehaltlich der Frage eines Ausgleichs für Verlustverbrauch, dazu → Rn. 50) hM, s. BGHZ 141, 79 (85 ff.) = NJW 1999, 1706 = NZG 1999, 658 mit Anm. *Maul;* BGH ZIP 2013, 409 Rn. 22; *Röhricht* VGR 2 (2000), 3 (10 ff.); *Henze* Rn. 453 ff.; *Habersack* BB 2007, 1397 (1399 ff.); zuvor bereits *Marx* DB 1996, 950 (954); *W. Müller* FS Beisse, 1997, 363 (371); dem BGH zust. auch MüKoAktG/*Kropff* 2. Aufl. Rn. 204 f.; KK-AktG/*Koppensteiner* Rn. 86; Spindler/Stilz/*Müller* Rn. 46; Hüffer/*Koch* Rn. 35; HK-AktG/*Fett* Rn. 38; Hölters/*Leuering/Goertz* Rn. 70; *Kleindiek* DStR 2000, 559 (561 ff.); *Maul* NZG 1999, 660 f.; *U. H. Schneider/Singhof* WuB II A. § 317 AktG 1.99; im Grundsatz auch *Wiedemann/Fleischer* JZ 2000, 159 f.

²⁰¹ Vgl. BGHZ 141, 79 (85 ff.) = NJW 1999, 1706 = NZG 1999, 658 mit Anm. *Maul;* BGH ZIP 2013, 409 Rn. 22; *Röhricht* VGR 2 (2000), 3 (10 ff.); *Henze* Rn. 453 ff.; *Habersack* BB 2007, 1397 (1399 ff.); ferner BFH Konzern 2005, 328 (330); aA BFH BStBl. II 2002, 369 ff.; *Dötsch* Konzern 2003, 21 (37); *Feddersen* ZGR 2000, 523 (529 ff.); *Herlinghaus* GmbHR 2002, 989 (994); *Hüttemann* ZHR 171 (2007), 451 (460 ff.); MHdB AG/*Krieger* § 70 Rn. 86; *K. Schmidt/Lutter/J. Vetter* Rn. 69; *Pyszka* GmbHR 1999, 646 (648 f.); *ders.* GmbHR 1999, 812; *Schön* ZHR 168 (2004), 628 (634 f.); *Simon* DStR 2000, 431 (436); *ders.* ZGR 2007, 71 (93 ff.); *Witt*, Die Konzernbesteuerung, 2006, 333 ff.; wohl auch MüKoAktG/*Altmeppen* Rn. 289 (allerdings mit Hinweis auf das Fehlen einer Veranlassung, dazu sogleich im Text); zur umsatzsteuerlichen Organschaft *Menkel* NZG 2014, 52 ff.

²⁰² So auch *Röhricht* VGR 2 (2000), 3 (12); näher *Habersack* BB 2007, 1397 (1400 f.).

²⁰³ Näher *Habersack* BB 2007, 1397 (1399); aA – für Bereicherungsanspruch – *Feddersen* ZGR 2000, 523 (529 ff.); *Herlinghaus* GmbHR 2002, 989 (994); *Hüttemann* ZHR 171 (2007), 451 (460 ff.).

²⁰⁴ So zu Recht *W. Müller* FS Beisse, 1997, 363 (371); *Kleindiek* DStR 2000, 559 (562); tendenziell auch BGHZ 141, 79 (86) = NJW 1999, 1706 = NZG 1999, 658 mit Anm. *Maul.*

²⁰⁵ Zu dessen Ermittlung *Habersack* BB 2007, 1397 (1401).

²⁰⁶ Näher *Habersack* BB 2007, 1397 (1401 f.).

²⁰⁷ OLG Stuttgart AG 1979, 200 (202); zur Abberufung des Vorstandsmitglieds nach erfolgter Übernahme der Gesellschaft s. LG Düsseldorf AG 2006, 892 (893).

²⁰⁸ Vgl. LG Darmstadt AG 1987, 218 (220), das freilich einen Nachteil verneint auf Grund der mit der Übertragung verbundenen Kostenersparnis (aus anderen Gründen aufgehoben durch OLG Frankfurt AG 1988, 109); dagegen zutr. *Stein* ZGR 1988, 163 (181 ff.).

²⁰⁹ Vgl. ferner *K. Schmidt/Lutter/J. Vetter* Rn. 74; *H.-P. Müller* FS Goerdeler, 1987, 375 (384 f.); *Decher* FS Hommelhoff, 2012, 115 (118); *Mylich* AG 2011, 765 (771 f.); zur Frage der Kostenerstattung bei vom herrschenden Unternehmen veranlasster Umstellung der Rechnungslegung auf IFRS s. *Möhrle* Konzern 2006, 487 (493) (→ Rn. 52).

abhängigen Gesellschaft auf das herrschende Unternehmen oder ein sonstiges Konzernunternehmen,[210] der Zugriff auf Immaterialgüterrechte der abhängigen Gesellschaft durch das herrschende Unternehmen[211] sowie die **Übernahme von Haftungsrisiken**. Letztere begegnet nicht nur im Zusammenhang mit der Bestellung von Sicherheiten (→ Rn. 47c), sondern auch bei der **Umplatzierung von Aktien** der abhängigen Gesellschaft aus dem Bestand des herrschenden Unternehmens.[212] Nach Ansicht des BGH ist die Übernahme der Prospektverantwortung aus der Platzierung von Altaktien nachteilig und kann der Nachteil nur durch Freistellung der abhängigen Gesellschaft von den Prospektrisiken ausgeglichen werden.[213] Folgt man dem,[214] so hat die Freistellung, soll sie zum Nachteilsausgleich imstande sein, unbedingt und vorbehaltslos zu erfolgen. Die Abtretung von Ersatzansprüchen der Gesellschaft gegen für den Prospektfehler Verantwortliche kann der Aktionär erst nach erfolgter Freistellung und zudem nur mit der Maßgabe verlangen, dass die Abtretung von Organhaftungsansprüchen nicht dem Gesellschaftsinteresse zuwiderlaufen darf.[215] Zu **personellen Verflechtungen** → Rn. 28, 35 f.; → Anh. § 317 Rn. 13.

Was die Erteilung von **Informationen** durch die abhängige Gesellschaft betrifft, so ist über sie zwar zu berichten (→ § 312 Rn. 34). Vor dem Hintergrund, dass § 131 Abs. 4 in Abhängigkeits- und Konzernverhältnissen keine Anwendung findet (→ § 312 Rn. 5), ist freilich davon auszugehen, dass es – vorbehaltlich etwaiger Kosten der Informationsgewinnung und -übermittlung – schon am nachteiligen Charakter der Informationsweitergabe fehlt, wenn sich das herrschende Unternehmen verpflichtet, die erlangten Informationen ausschließlich zum Zwecke der konzerninternen Kontrolle oder zur Erfüllung konzernbezogener Informationspflichten,[216] nicht dagegen zur Förderung eigener unternehmerischer Interessen zu nutzen.[217] Auch soweit es an einer entsprechenden Vertraulichkeitsvereinbarung fehlt, ist der nachteilige Charakter der Informationsweitergabe zu verneinen, soweit dieser nur Hilfsfunktion im Rahmen einer anderweitigen, ihrerseits nicht nachteiligen Maßnahmen zukommt.

---

[210] Zur Umlenkung von Geschäftschancen s. OLG Köln ZIP 2009, 1469 (1472 f.); LG Köln AG 2008, 327 (332 f.); näher zu den Voraussetzungen einer nachteiligen Wahrnehmung von Geschäftschancen *Habersack* FS Hoffmann-Becking, 2013, 421 (424 ff.); für die GmbH BGH GmbHR 1977, 129; NJW 1979, 2104; 1986, 584 (585).

[211] Zur Nutzung von Markenrechten vgl. OLG Frankfurt WM 2002, 1048 (1052).

[212] Vgl. am Beispiel der Übernahme der Prospektverantwortung durch die Deutsche Telekom AG im Zusammenhang mit der Platzierung von Aktien aus dem Bestand des Bundes und der KfW BGHZ 190, 7 Rn. 13 ff., 29 ff. = NZG 2011, 829 – Dritter Börsengang; OLG Köln ZIP 2009, 1276 (1280 f.); LG Bonn ZIP 2007, 1269; näher dazu sowie zur gemischten Platzierung *Arnold/Aubel* ZGR 2012, 113 ff.; *Fleischer* ZIP 2007, 1969 ff.; *ders./Thaten* NZG 2011, 1081 ff.; *Habersack* FS Hommelhoff, 2012, 303 ff.; *Kremer/Gillessen/Kiefner* CFL 2011, 328 (331 ff.); *Mülbert/Wilhelm* FS Hommelhoff, 2012, 747 ff.; *Schäfer* ZIP 2010, 1877 (1882 f.); *ders.* FS Hoffmann-Becking, 2013, 997 ff.; *Schlitt* CFL 2010, 304 ff.; *Wackerbarth* WM 2011, 193 ff.

[213] BGHZ 190, 7 Rn. 29 ff. = NZG 2011, 829 – Dritter Börsengang.

[214] Krit. aus konzernrechtlicher Sicht *Leuschner* NJW 2011, 3275 (3276 f.); allg. *Arnold/Aubel* ZGR 2012, 113 ff.; *Fleischer* ZIP 2007, 1969 ff.; *Kremer/Gillessen/Kiefner* CFL 2011, 328 (331 ff.); *Mülbert/Wilhelm* FS Hommelhoff, 2012, 747 ff.; *Habersack* FS Hommelhoff, 2012, 303 (305 ff.) mit Überblick zu den iE vertretenen Positionen.

[215] Näher *Habersack* FS Hommelhoff, 2012, 303 (312 ff.).

[216] Zu den Mitwirkungs- und Informationspflichten der abhängigen Gesellschaft aus § 294 Abs. 3 S. 2 HGB s. Staub/*Kindler* § 294 Rn. 13 ff.; *Möhrle* Konzern 2006, 487 (488 ff.); zur Frage weitergehender Pflichten der abhängigen Gesellschaft zur Überlassung von Informationen an das herrschende Unternehmen MüKoAktG/*Altmeppen* Rn. 424 ff.; *Fabritius* FS Huber, 2006, 705 (708 f.); *Habersack* FS Möschel, 2012, 1175 (1188 ff.); *Hüffer* FS Schwark, 2009, 185 ff., *Kalss* GesRZ 2010, 137 ff., jeweils mwN; speziell zur Informationsweitergabe im Rahmen einer Due Diligence, deren Gegenstand die abhängige Gesellschaft ist, *Lutter* ZIP 1997, 613 (617); *Ziemons* AG 1999, 492 (494); *Stoffels* ZHR 165 (2001), 362 (374); diff. *Wardenbach* FS Lüer, 2008, 303 (309 ff.), der freilich zu Unrecht von einem Weisungsrecht des herrschenden Unternehmens ausgeht. – Zu Informationsrechten der abhängigen Gesellschaft → Rn. 90; zu konzernweiten Kontroll- und Compliance-Pflichten → Rn. 87 mN.

[217] Überzeugend *Löbbe* 113 ff.; wie hier auch *Bauer/Schmidt-Bendun* FS Wegen, 2015, 105 (108 f.); ähnlich K. Schmidt/Lutter/*J. Vetter* Rn. 72; Hüffer/*Koch* Rn. 36; eingehend *Holle* 123 ff.; einschr. *Bauckhage-Hoffer* WM 2012, 486 (487); *Weinbrenner* Konzern 2006, 583 (586 ff.); unklar LG München I AG 2007, 830 (831), das von einem umfassenden Auskunftsanspruch des herrschenden Unternehmens auszugehen scheint; zu datenschutzrechtlichen Schranken *Spindler* FS Hoffmann-Becking, 2013, 1185 ff.

51b Ein Nachteil kann weiter in der Begründung einer **Schadensersatz- oder Ausgleichspflicht** der abhängigen Gesellschaft, aber auch in der **Nichtverfolgung** solcher Ansprüche sowie im Verzicht auf Ansprüche gesehen werden. Veranlasst das herrschende Unternehmen etwa die abhängige Tochtergesellschaft, der von ihr abhängigen (Enkel-)Gesellschaft einen Nachteil zuzufügen, so hat es der Tochter die von ihr an die Enkel-Gesellschaft zu leistenden Ausgleichs- oder Schadensersatzleistungen nach Maßgabe der §§ 311, 317 zu erstatten.[218] Entsprechendes gilt, wenn das herrschende Unternehmen auf die Erstellung eines fehlerhaften Wertpapierprospekts durch die abhängige Gesellschaft hinwirkt und diese damit der **Prospekthaftung** unterliegt; auch unabhängig davon, ob das herrschende Unternehmen als Prospektveranlasser der Außenhaftung unterliegt (→ Rn. 92), hat es die abhängigen Gesellschaft nach Maßgabe der §§ 311, 317 von deren Haftung freizustellen.[219] Nachteilsausgleich bzw Schadensersatz und damit zur Freistellung verpflchtAuch kann der auf Veranlassung des herrschenden Unternehmens zurückgehende **Verlust von Aktionärsrechten** der abhängigen Gesellschaft nachteiligen Charakter haben, etwa der mit Zustimmung der abhängigen Tochter erfolgende Abschluss eines Gewinnabführungsvertrags zwischen Mutter- und Enkelgesellschaft;[220] Nachteilsausgleich kann in diesem Fall durch eine nach § 304 bemessene Ausgleichszahlung, nicht dagegen durch Zusicherung von Verlustausgleich geleistet werden.[221] Nachteilig kann ferner eine Maßnahme sein, durch die das Gesellschaftsvermögen in seiner **Zusammensetzung** geändert wird.[222] Auch der Abschluss eines **großvolumigen** und/oder **langfristigen Vertrags** kann bereits als solcher nachteilig sein, etwa, weil es der Vertrag an Vorkehrungen zum Schutz der abhängigen Gesellschaft wie etwa Preisanpassungs- oder Nachverhandlungsklauseln fehlen lässt (→ Rn. 47b).[223] Allerdings kann nicht schon in der Übernahme eines nur abstrakten Risikos der Bestandsgefährdung eine Pflichtverletzung und damit ein Nachteil gesehen werden.[224] Zur Frage der Anwendbarkeit der §§ 311 ff. auf von der Hauptversammlung beschlossene Maßnahmen → Rn. 29 f.

52 **f) Passiver Konzerneffekt.** Die sog. passiven Konzerneffekte, dh die mit der Begründung des Abhängigkeits- oder Konzernverhältnisses als solcher verbundenen Folgen, beruhen nicht auf einer – in § 311 vorausgesetzten – Einwirkung auf die Willensbildung der bereits abhängigen Gesellschaft; sie können deshalb nicht als Nachteil qualifiziert werden.[225] Erhält etwa die abhängige Gesellschaft infolge ihrer Einbindung in den Konzern des herrschenden Unternehmens von einem mit diesem konkurrierenden Unternehmen keine Aufträge mehr, verschlechtert sich ihr Rating oder ihr Zugang zu Absatz- oder Beschaffungskanälen, kommt es infolge des § 2 Abs. 2 S. 2 GewStG aF zum Verbrauch von Verlusten (→ Rn. 59 f.) oder erwachsen der abhängigen Gesellschaft infolge der Einbindung in den Konzern **gesetzliche Pflichten** (etwa solche bilanz- oder kapitalmarktrechtlicher Art oder die Pflicht zur Erstellung eines Abhängigkeitsberichts),[226] so fehlt es im Allgemeinen schon an einer Veranlassung durch das herrschende Unternehmen und

---

[218] *Rehbinder* ZGR 1977, 581 (595 ff.). Zum nachteiligen Charakter der Nichtgeltendmachung von Schadensersatzansprüchen der abhängigen Gesellschaft gegen Organwalter *Fischbach/Lüneborg* NZG 2015, 1142 (1143 f.); zur mehrstufigen Abhängigkeit → Rn. 17 ff.
[219] *L. Beck* NZG 2014, 1410 ff.; zur Ausgleichspflicht bei Übernahme der Prospekthaftung → Rn. 51.
[220] *K. Schmidt/Lutter/J. Vetter* Rn. 78; näher dazu *Krieger* FS K. Schmidt, 2009, 999 ff. Zur mehrstufigen Abhängigkeit → Rn. 17 ff.
[221] Tendenziell wie hier K. Schmidt/Lutter/*J. Vetter* Rn. 78; aA *Krieger* FS K. Schmidt, 2009, 999 (1008 ff.).
[222] KK-AktG/*Koppensteiner* Rn. 51; zu Maßnahmen der Konzernfinanzierung → Rn. 47 ff.
[223] *Kropff* DB 1967, 2204 (2205 ff.).
[224] Hüffer/*Koch* § 93 Rn. 27; näher *Redeke* ZIP 2010, 159 ff. mwN; aA namentlich KK-AktG/*Mertens/Cahn* § 93 Rn. 24; *Lutter* ZIP 2009, 841 (845).
[225] Vgl. bereits Begr. RegE in *Kropff* 409; ferner *Kropff* FS Lutter, 2000, 1133 (1142 f.) (s. aber → Rn. 89); *Decher* FS Hommelhoff, 2012, 115 (117 f.); KK-AktG/*Koppensteiner* Rn. 34; HK-AktG/*Fett* Rn. 34; Hölters/*Leuering/Goertz* Rn. 72; *Strohn* 81; *Kiehne* DB 1974, 321 (323); Bayer/Habersack/*Verse* Bd. II Kap. 13 Rn. 46.
[226] Zu den Kosten des Abhängigkeitsberichts → § 312 Rn. 17; zu den Kosten einer vom herrschenden Unternehmen veranlassten – gesetzlich nicht geschuldeten und deshalb keine passive Folge der Konzernierung bildenden – Umstellung des Einzelabschlusses auf IFRS s. *Möhrle* Konzern 2006, 487 (493 f.).

Schranken des Einflusses   53, 54   § 311

einer darauf zurückgehenden Geschäftsführungsmaßnahme (→ Rn. 22 ff., 37); im Übrigen entziehen sich derlei Effekte einer Überprüfung anhand des Nachteilsbegriffs. Ausgleichs- oder Schadensersatzpflichten des herrschenden Unternehmens nach §§ 311, 317 bestehen somit nicht. Umgekehrt können passive Konzerneffekte, soweit sie (wie etwa ein verbessertes Rating oder die Änderung der steuerlichen Rahmenbedingungen, → Rn. 50) der abhängigen Gesellschaft zum Vorteil gereichen, nicht zum Ausgleich anderer Nachteile oder als Grundlage für einen Ausgleichsanspruch herangezogen werden (→ Rn. 50, 62). Zur Partizipation der abhängigen Gesellschaft an Verbundvorteilen → Rn. 48 f.; zur Frage, ob beim **Aktienerwerb** Rücksicht auf die Interessen der Gesellschaft zu nehmen ist, → Vor § 311 Rn. 9.

7. Ermittlung des nachteiligen Charakters. a) Problemstellung. Zur Ermittlung 53
des nachteiligen Charakters eines Rechtsgeschäfts oder einer Maßnahme ist es erforderlich, das Verhalten des Vorstands der abhängigen Gesellschaft mit dem fiktiven Verhalten des Vorstands einer unabhängigen Gesellschaft zu vergleichen (→ Rn. 39 ff.). Die dabei auftretenden Probleme resultieren zum einen daraus, dass auf das fiktive Verhalten des Geschäftsleiters einer Gesellschaft abzustellen ist, die sich, abgesehen vom Bestehen eines Abhängigkeitsverhältnisses, in der rechtlichen und wirtschaftlichen *Situation der abhängigen Gesellschaft* befindet (→ Rn. 41 f.). Zum anderen kommt, wie § 93 Abs. 1 S. 2 ausdrücklich anerkennt (→ Vor § 311 Rn. 17), dem ordentlichen und gewissenhaften Geschäftsleiter einer unabhängigen Gesellschaft ein **unternehmerisches Ermessen** zu,[227] sodass im Rahmen unternehmerischer Entscheidungen regelmäßig nicht nur eine, sondern *mehrere Verhaltensweisen sorgfaltsgemäß* sind. Dieses Ermessen kommt im Rahmen des Nachteilsbegriffs – und damit mittelbar und ungeachtet des nicht zu leugnenden Konzernkonflikts – **auch dem Vorstand der abhängigen Gesellschaft** zu.[228] Aufgabe des Nachteilsbegriffs ist es in Fällen dieser Art, die pflichtgemäße von der pflichtwidrigen Ermessensausübung abzugrenzen. Dies bereitet oftmals große Schwierigkeiten; doch sind diese dem auf einen globalen Verlustausgleich verzichtenden (→ Rn. 3) Ansatz der §§ 311 ff. immanent. De lege lata hat es deshalb bei der skizzierten Methode zu bewenden.[229] Im Übrigen laufen das herrschende Unternehmen und der Vorstand der abhängigen Gesellschaft Gefahr, bei zu Lasten der abhängigen Gesellschaft gehender Bewertung des nachteiligen Charakters aus §§ 317, 93 Abs. 2 in Anspruch genommen zu werden (→ Rn. 9, 78 f.); dies mag die Beteiligten zu sorgfältiger Bewertung der jeweiligen Maßnahme veranlassen.

b) Rechtsgeschäft. Ist der nachteilige Charakter eines Rechtsgeschäfts zu ermitteln, so 54
können – vorbehaltlich eines atypischen Gesellschaftszwecks (→ Rn. 41) – die steuerrechtlichen Grundsätze über die sog. verdeckte Gewinnausschüttung herangezogen werden.[230] Das Rechtsgeschäft ist somit einem **Drittvergleich** zu unterziehen; von einer verdeckten Gewinnausschüttung und damit auch von einem Nachteil iSd § 311 ist auszugehen, wenn

---

[227] → Vor § 311 Rn. 17; zu Voraussetzungen und Folgen des § 93 Abs. 1 S. 2 s. Hüffer/Koch § 93 Rn. 8 ff. mwN.
[228] BGHZ 175, 365 Rn. 11 = NJW 2008, 1583 – UMTS; BGHZ 190, 7 Rn. 32 = NZG 2011, 829 – Dritter Börsengang; BGH NZG 2013, 233 Rn. 31; OLG Köln ZIP 2006, 997 (1000 f.); OLG Köln AG 2009, 416 (420); LG Bonn NZG 2005, 856 (857); MüKoAktG/*Altmeppen* Rn. 191 f.; K. Schmidt/Lutter/ *J. Vetter* Rn. 48; Spindler/Stilz/*Müller* Rn. 31; Hölters/Leuering/Goertz Rn. 53; *Habersack* ZIP 2006, 1327 (1330 f.); *ders.* FS Hoffmann-Becking, 2013, 421 (426 ff.); *ders.* in KFV 1, 8 ff.; *Mertens* in HRU 27, 38 ff.; *Haarmann* ebenda 45, 59 ff.; krit. *Ederle* 32 ff.; *ders.* AG 2010, 273 (276 ff.).
[229] Zutr. KK-AktG/*Koppensteiner* Rn. 57 ff. mit Hinweisen zu Alternativkonzeptionen (insbes. *Albach* NB 1966, 203; *Kirchner* ZGR 1985, 214 (233)); zur Problematik s. auch *Wackerbarth* 308 ff.
[230] HM, s. BGHZ 141, 79 (84 ff.) = NJW 1999, 1706; MüKoAktG/*Altmeppen* Rn. 203 f.: „wertvolle Beurteilungshilfe"; KK-AktG/*Koppensteiner* Rn. 61; MHdB AG/*Krieger* § 70 Rn. 85; K. Schmidt/Lutter/ *J. Vetter* Rn. 49; Spindler/Stilz/*Müller* Rn. 32; Hüffer/Koch Rn. 27; HK-AktG/*Fett* Rn. 40; *Döllerer* BB 1967, 1437 ff.; *Neuhaus* DB 1970, 1913 (1918); eingehend *Hogh* 191 ff.; skeptisch bis abl. *ADS* Rn. 47; Godin/ Wilhelmi Anm. 3; *Goerdeler* WPg 1966, 113 (125).

zwischen Leistung und Gegenleistung ein objektives Missverhältnis besteht.[231] Zwar geht es bei der Problematik der verdeckten Gewinnausschüttung um die Erfassung von *Vorteilen* aufseiten des *Gesellschafters*, während nach § 311 der von der abhängigen *Gesellschaft* erlittene *Nachteil* auszugleichen ist.[232] Indes ist dies nur eine Frage der Perspektive; auch im unmittelbaren Anwendungsbereich der Grundsätze über die verdeckte Gewinnausschüttung wird das *Rechtsgeschäft als solches* einem Drittvergleich unterzogen. Eine *sinngemäße Anwendung* dieser Grundsätze ist deshalb selbst dann geboten, wenn sich Vor- und Nachteil nicht decken sollten. Häufig aber entspricht der Nachteil der Gesellschaft dem Vorteil des Gesellschafters oder eines anderen verbundenen Unternehmens, zumal Maßnahmen, die zwar durch das herrschende Unternehmen veranlasst sind, aber einem Dritten zugute kommen, ohnehin dem Nachteilsausgleich nicht zugänglich sind (→ Rn. 60).

55 Besteht für die zu beurteilende Lieferung oder Leistung der abhängigen Gesellschaft oder des herrschenden Unternehmens ein **Marktpreis,** so bildet dieser den wesentlichen Vergleichsmaßstab; Entsprechendes gilt für den Fall, dass der Gesellschaft ein **Angebot eines Dritten** vorliegt.[233] Die Differenz zwischen dem Marktpreis bzw. dem vom Dritten gebotenen Preis und dem tatsächlich gezahlten oder vereinnahmten Preis ergibt dann den Nachteil. Freilich ermöglicht der Rückgriff auf einen etwaigen Marktpreis zumeist allenfalls eine erste Annäherung. Denn zum einen fehlt es häufig an einem *einheitlichen* Marktpreis. Zum anderen fließen in die Bemessung des Marktpreises die Nebenbedingungen des Geschäfts ein; eine diesbezügliche Abweichung vom typischen Inhalt des Vertrags kommt mit anderen Worten in einem entsprechend niedrigeren oder höheren Endpreis zum Ausdruck und ist somit vom Marktpreis abzuziehen bzw. diesem hinzuzurechnen. Davon betroffen sind insbesondere Vereinbarungen über die Zahlungsmodalitäten, über den Transport und Vertrieb der Ware und über die Gewährleistungshaftung. Abgesehen von diesen Schwierigkeiten im Zusammenhang mit der Ermittlung des „richtigen" Marktpreises kann sich bei Vorliegen besonderer Umstände – etwa in dem Bestreben, einen Großkunden zu binden (→ Rn. 42), aber auch bei wirtschaftlicher Schieflage oder bei Überkapazitäten – auch ein gewissenhafter und ordentlicher Geschäftsleiter einer unabhängigen Gesellschaft (→ Rn. 40) veranlasst sehen, zu anderen als zu Marktpreisen abzuschließen.[234] Dies lässt sich freilich umkehren: Auch ein Abschluss zu Marktpreisen kann nachteilig sein (→ Rn. 45). Zu **Konzernverrechnungspreisen** → Rn. 46.

56 Sind Marktpreise nicht vorhanden oder nicht zu ermitteln und lässt sich zudem nicht auf für *vergleichbare Leistungen* Dritter gezahlte Preise zurückgreifen, so kommen im Wesentlichen zwei Berechnungsverfahren in Betracht.[235] Nach dem **Kostenaufschlagsverfahren** bestimmt sich die angemessene Gegenleistung nach den *Selbstkosten* der Gesellschaft *zuzüglich eines branchenüblichen Gewinnaufschlags*.[236] Das **Absatzpreisverfahren** setzt dagegen bei dem *Endverkaufspreis* des marktgängigen Produkts an und zieht von diesem die auf die zwischengeschalteten Konzernunternehmen entfallenden Anteile ab.[237] Beide Verfahren ermöglichen allenfalls

---

[231] Vgl. zur verdeckten Gewinnausschüttung namentlich *Döllerer,* Verdeckte Gewinnausschüttungen und verdeckte Einlagen bei Kapitalgesellschaften, 1975; *Fiedler,* Verdeckte Vermögensverlagerungen bei Kapitalgesellschaften, 1994; *Herlinghaus* GmbHR 2003, 373 ff.; *Hogh* 83 ff.; *Lange/Janssen,* Verdeckte Gewinnausschüttung, 11. Aufl. 2013; *Knobbe-Keuk,* Bilanz- und Unternehmensteuerrecht, 9. Aufl. 1993, § 19; *Neumann,* Verdeckte Gewinnausschüttungen und verdeckte Einlagen, 2. Aufl. 2006; *Schnorberger/Billau* Konzern 2011, 511 ff.; *Schulze-Osterloh* StuW 1994, 131; *Wassermeyer* GmbHR 1998, 157 ff.; wN bei Scholz/ *Verse* GmbHG § 29 Rn. 132 f.
[232] Vgl. nur KK-AktG/*Koppensteiner* Rn. 61; MHdB AG/*Krieger* § 70 Rn. 85.
[233] Vgl. dazu sowie zum Folgenden MüKoAktG/*Altmeppen* Rn. 207 ff.; KK-AktG/*Koppensteiner* Rn. 63, jeweils mwN; s. ferner *ADS* Rn. 49; OLG Frankfurt WM 1973, 348 (350 f.).
[234] Hüffer/*Koch* Rn. 31.
[235] Näher zum Folgenden ADS Rn. 50 ff.; KK-AktG/*Koppensteiner* Rn. 65 ff.; MüKoAktG/*Altmeppen* Rn. 213 ff.; K. Schmidt/Lutter/*J. Vetter* Rn. 53; *Hogh* 130 ff., 216 ff.; *Pöppl* 60 ff.; *Wälde* AG 1974, 370; *Wackerbarth* 309 ff.
[236] KK-AktG/*Koppensteiner* Rn. 65 ff.; MüKoAktG/*Altmeppen* Rn. 213 ff.; K. Schmidt/Lutter/*J. Vetter* Rn. 53; Hüffer/*Koch* Rn. 33; zur entsprechenden Konzernpraxis *Hommelhoff* ZHR 156 (1992), 295 (307).
[237] KK-AktG/*Koppensteiner* Rn. 65 ff.; MüKoAktG/*Altmeppen* Rn. 217; K. Schmidt/Lutter/*J. Vetter* Rn. 53; Hüffer/*Koch* Rn. 33.

die Ermittlung einer gewissen *Bandbreite* für die Angemessenheit der Gegenleistung. Zudem stehen sie unter dem *Vorbehalt*, dass auch der Vorstand einer unabhängigen Gesellschaft gelegentlich zu (oder gar unter) Selbstkosten leistet (→ Rn. 55). Regelmäßig ungeeignet zur Ermittlung des Nachteils ist dagegen der **Buchwert** des Vertragsgegenstands.[238]

c) Sonstige Maßnahme. Bei Veranlassung der abhängigen Gesellschaft zu einer sonstigen Maßnahme (→ Rn. 37) ist zunächst deren nachteiliger Charakter festzustellen. Zu fragen ist also, ob der Vorstand einer unabhängigen, im Übrigen aber vergleichbaren Gesellschaft von der Maßnahme Abstand genommen hätte (→ Rn. 40 f.; → Anh. § 317 Rn. 11 f.). Schon diese Feststellung bereitet erhebliche Schwierigkeiten. Denn in einem wettbewerblich geprägten System handelt es sich bei Investitions-, Organisations- oder Personalmaßnahmen um unternehmerische Entscheidungen, die in der bloßen Hoffnung auf eine bestimmte künftige Entwicklung getroffen werden müssen und die deshalb naturgemäß Ausfluss des **unternehmerischen Ermessens** sind (→ Rn. 53). Demgemäß können nur solche vom herrschenden Unternehmen veranlasste Maßnahmen als nachteilig angesehen werden, bei denen eine ex-ante-Betrachtung (→ Rn. 44) ergibt, dass die aus der Maßnahme resultierenden Chancen und Risiken in einem nicht mehr vertretbaren Verhältnis zueinander stehen und deshalb ein Ermessensfehlgebrauch vorliegt (zum Cash Management → Rn. 48).[239] 57

Davon betroffen sind zunächst unvertretbare **Investitionsentscheidungen.**[240] Maßnahmen der **Konzernintegration** sind dagegen nicht per se nachteilig.[241] Was zunächst die **Zentralisierung** unternehmerischer Funktionen betrifft, so ist der nachteilige Charakter namentlich dann zu verneinen, wenn die abhängige Gesellschaft für den Fall der Beendigung des Abhängigkeitsverhältnisses weiterhin Zugriff auf die ausgelagerte Funktion hat und zudem an den mit der Zentralisierung verbundenen Kostenvorteilen und sonstigen Synergieeffekten partizipiert (→ Rn. 48 f.).[242] Dagegen sind Maßnahmen, die den Bestand oder die Rentabilität der abhängigen Gesellschaft und damit deren Existenzfähigkeit nach Beendigung des Abhängigkeitsverhältnisses ernsthaft in Frage stellen, ebenso nachteilig (→ Rn. 58; → Anh. § 317 Rn. 12)[243] wie solche, bei denen den der Gesellschaft auferlegten Risiken oder entzogenen Chancen keine adäquaten Vorteile gegenüber stehen.[244] Für Maßnahmen zur **Spezialisierung** im Konzern gelten vergleichbare Grundsätze. Sie sind nicht nachteilig, wenn die Lebensfähigkeit sichernde Vorkehrungen wie etwa die Zusage geeigneter Ersatzfunktionen oder der Wiedereinräumung von Funktionen nach Beendigung des Konzernverhältnisses getroffen sind, ferner, wenn mit der Aufgabe einer Funktion die Übernahme einer neuen, unter wirtschaftlichen Gesichtspunkten und unter Zugrundelegung des gebotenen Beurteilungsspielraums gleichwertigen Funktion einher geht.[245] Zu weiteren Beispielen → Rn. 48, 51. 57a

---

[238] Hüffer/*Koch* Rn. 32; K. Schmidt/Lutter/*J. Vetter* Rn. 54; weitergehend – „schon theoretisch ausgeschlossen" – KK-AktG/*Koppensteiner* Rn. 69.
[239] So oder ähnlich OLG Köln AG 2009, 416 (420); KK-AktG/*Koppensteiner* Rn. 72 ff.; Hüffer/*Koch* Rn. 34 f.; MHdB AG/*Krieger* § 70 Rn. 87; K. Schmidt/Lutter/*J. Vetter* Rn. 71; Hölters/*Leuering/Goertz* Rn. 71; *ADS* Rn. 56; *Paehler* 141 ff.; *Pöppl* 67 ff.; der Sache nach auch MüKoAktG/*Altmeppen* Rn. 218 ff.
[240] Näher MüKoAktG/*Altmeppen* Rn. 220.
[241] Vgl. OLG Köln AG 2009, 416 (420 f.); LG Köln AG 2008, 327 (332); MüKoAktG/*Kropff* 2. Aufl. Rn. 206 ff., Anh. § 317 Rn. 91 ff.; MüKoAktG/*Altmeppen* Rn. 196; K. Schmidt/Lutter/*J. Vetter* Rn. 71; Spindler/Stilz/*Müller* Rn. 38; MHdB AG/*Krieger* § 70 Rn. 144; *Austmann* ZGR 2009, 277 (291 ff.); *Habersack* in KFV 1, 22; *Hüffer* ZHR 172 (2008), 582 (589 f.); *Ulmer* FS Hüffer, 2010, 997 (1001); *E. Vetter* ZHR 171 (2007), 342 (358 f.).
[242] Vgl. ferner LG Köln AG 2002, 327 (332); MüKoAktG/*Kropff* 2. Aufl. Rn. 210; anders MüKoAktG/ *Altmeppen* Rn. 196, der vor allem auf Prüfbarkeit und Bewertbarkeit des konzerninternen Leistungsaustauschs abstellt; enger auch *Ederle* 36 ff.
[243] Vgl. MüKoAktG/*Kropff* 2. Aufl. Rn. 155, 158, 178; KK-AktG/*Koppensteiner* Rn. 73; MHdB AG/ *Krieger* § 70 Rn. 87, 144; K. Schmidt/Lutter/*J. Vetter* Rn. 71; Hölters/*Leuering/Goertz* Rn. 71.
[244] OLG Köln AG 2009, 416 (420 f.); MüKoAktG/*Kropff* 2. Aufl. Anh. § 317 Rn. 94; *ders.* AG 1993, 485 (493).
[245] S. noch → Rn. 65, ferner OLG Köln AG 2009, 416 (420 f.); LG Köln AG 2008, 327 (332); MüKoAktG/*Kropff* 2. Aufl. Rn. 206 ff., Anh. § 317 Rn. 91 ff.; MüKoAktG/*Altmeppen* Rn. 196; K. Schmidt/Lutter/ *J. Vetter* Rn. 71; Spindler/Stilz/*Müller* Rn. 38; MHdB AG/*Krieger* § 70 Rn. 144; *Habersack* in KFV 1, 22; *Mertens* in HRU 27, 34 f.

58 Lässt sich im Einzelfall eine Ermessensüberschreitung feststellen (→ Rn. 57 f.), so kann doch die **Quantifizierung** des Nachteils Probleme bereiten. Denn im Hinblick auf die Maßgeblichkeit einer ex-ante-Beurteilung (→ Rn. 44) bedarf es nicht nur der Ermittlung der möglichen Auswirkungen der getroffenen Maßnahme auf die Vermögens- und Ertragslage der Gesellschaft; vielmehr ist zugleich festzustellen, wie sich die Gesellschaft entwickelt hätte, hätte der Vorstand sein Leitungsermessen nicht überschritten.[246] Der Umstand, dass der Nachteil zukunftsbezogen und unter Berücksichtigung der tatsächlichen und fiktiven Ertragslage der abhängigen Gesellschaft zu ermitteln ist, ist zwar dem System der §§ 311 ff. immanent und macht als solcher die Einflussnahme noch nicht rechtswidrig. Insbesondere bei nachteiligen Maßnahmen der Konzernintegration (→ Rn. 57a) wie etwa dem vollständigen oder teilweisen Rückzug der abhängigen Gesellschaft vom Markt, der Aufgabe einzelner unternehmerischer Funktionen, aber auch der Aufnahme neuer Aktivitäten können und werden indes die gängigen Bewertungsmethoden bisweilen überfordert sein (→ Rn. 41; → Anh. § 317 Rn. 12, 14 mwN).[247] Dem Nachteilsausgleich iSd § 311 nicht zugängliche nachteilige Maßnahmen dieser Art sind grundsätzlich (aber → Rn. 64 f.) rechtswidrig und haben entweder Schadensersatzverpflichtungen gemäß §§ 93 Abs. 2, 317 oder – bei fehlender Quantifizierbarkeit des Schadens – das Eingreifen der Grundsätze über die **qualifizierte Nachteilszufügung** (→ Rn. 43; → Anh. § 317 Rn. 23 ff.) zur Folge. Dies gilt zumal (jedoch nicht nur) in Fällen, in denen eine Fortführung des Unternehmens durch die aus der Abhängigkeit entlassene Gesellschaft unmöglich ist.

VI. Nachteilsausgleich

59 **1. Grundlagen.** Nach § 311 Abs. 1 ist die **nachteilige Einflussnahme** durch das herrschende Unternehmen **gerechtfertigt** (→ Rn. 5), wenn die Nachteile (→ Rn. 39 ff.) durch Gewährung gleichwertiger Vorteile (→ Rn. 62 ff.) ausgeglichen und damit die Vermögensinteressen der abhängigen Gesellschaft gewahrt werden. Zeit und Form des Nachteilsausgleichs sind in § 311 Abs. 2 geregelt. Dem herrschenden Unternehmen obliegt es danach lediglich,[248] die Nachteile noch innerhalb des Geschäftsjahres auszugleichen, und zwar entweder tatsächlich (→ Rn. 70 f.) oder dadurch, dass es der abhängigen Gesellschaft einen Rechtsanspruch auf Nachteilsausgleich einräumt (→ Rn. 72 ff.). Kommt es nicht zum Nachteilsausgleich, so bewendet es bei der Rechtswidrigkeit der Nachteilszufügung; das herrschende Unternehmen und seine gesetzlichen Vertreter haften dann gemäß § 317 auf Schadensersatz.[249] Künftigen nachteiligen Einflussnahmen darf der Vorstand der abhängigen Gesellschaft nur noch gegen die Verpflichtung des herrschenden Unternehmens zum Nachteilsausgleich nachgehen (→ Rn. 78 f.).

60 Aus dem Zusammenhang zwischen § 311 und § 317 lassen sich auch die **Grenzen des Systems des Nachteilsausgleichs** ableiten. Von § 311 ist zunächst nur eine für die *abhängige Gesellschaft* nachteilige Maßnahme erfasst. Demzufolge kommt ein Nachteilsausgleich gemäß Abs. 2 nicht in Betracht, soweit die durch das herrschende Unternehmen veranlasste Maßnahme einen **Nachteil zu Lasten eines Dritten** begründet und dieser Nachteil nicht lediglich als Reflex des der abhängigen Gesellschaft zugefügten Nachteils anzusehen ist. Ob und inwieweit der Dritte das herrschende Unternehmen auf Ausgleich oder Schadensersatz in Anspruch nehmen kann, bestimmt sich nach allgemeinen Regeln (→ § 317 Rn. 26 f.). Umgekehrt muss die nachteilige Maßnahme entsprechend § 308 Abs. 1 S. 2 im **Interesse des herrschenden Unternehmens** oder eines mit diesem verbundenen Unternehmens

---

[246] KK-AktG/*Koppensteiner* Rn. 76; näher *Pöppl* 67 ff.; s. ferner OLG Düsseldorf ZIP 2009, 518 (521).
[247] *Haarmann* in HRU 45, 59 ff.; ferner MHdB AG/*Krieger* § 70 Rn. 87; MüKoAktG/*Kropff* 2. Aufl. Rn. 155, 158, 178; *Zöllner* FS Kropff, 1997, 333 (345 f.); am Beispiel der Mannesmann-Übernahme durch Vodafone *Lutter* FS Peltzer, 2001, 241 (244 ff., 250 f.); *Mertens* in HRU 27, 29 ff.
[248] Zur verbreiteten rechtspolitischen Kritik an der Möglichkeit des gestreckten Nachteilsausgleichs → Rn. 7, 12.
[249] KK-AktG/*Koppensteiner* Rn. 122.

(bei Vorliegen einheitlicher Leitung: im Konzerninteresse) liegen.²⁵⁰ Die Schädigung der abhängigen Gesellschaft zugunsten eines Dritten ist nicht Ausfluss des anderweitig verfolgten unternehmerischen Interesses des herrschenden Unternehmens und damit vom Zweck der Ausgleichsmöglichkeit nicht erfasst; entsprechende Maßnahmen sind deshalb per se rechtswidrig und verpflichten das herrschende Unternehmen zum Schadensersatz gemäß § 317. Schließlich kommt ein Nachteilsausgleich grundsätzlich nur bei **Quantifizierbarkeit** des Nachteils in Betracht (→ Rn. 43, 58; aber → Rn. 64 ff.).

2. Rechtsnatur. Das Zusammenspiel zwischen §§ 311, 317 (→ Rn. 59) gibt des Weiteren Aufschluss hinsichtlich der Rechtsnatur der Ausgleichspflicht. Geht man nämlich davon aus, dass die Gewährung des Ausgleichs zur *Rechtfertigung der Einflussnahme* führt (→ Rn. 5), so ist es ausgeschlossen, den Nachteilsausgleich als Leistung auf eine *Schadensersatzpflicht* des herrschenden Unternehmens zu qualifizieren.²⁵¹ Zur Entstehung des Schadensersatzanspruchs kommt es nach § 317 nämlich überhaupt nur unter der Voraussetzung, dass das herrschende Unternehmen nicht frist- und formgerecht Nachteilsausgleich gewährt. Erfolgt der Nachteilsausgleich nach Maßgabe des § 311 Abs. 2, so fehlt es mit anderen Worten an einer Schadensersatzverpflichtung, auf die die Leistung angerechnet werden könnte.²⁵² Es kommt hinzu, dass sich der Begriff des Nachteils und derjenige des Schadens nicht decken (→ Rn. 45): Auch unabhängig von der Frage der Rechtswidrigkeit der Einflussnahme nimmt § 311 dieselbe hin, sofern nur die Vermögensinteressen der abhängigen Gesellschaft gewahrt werden. Das herrschende Unternehmen kann mithin die drohende Schadensersatzpflicht dadurch abwenden, dass es die mit der Einflussnahme einhergehenden Nachteile kompensiert. So gesehen handelt es sich bei der Ausgleichspflicht um eine **Kompensationsleistung sui generis**.²⁵³ Wenn auch die abhängige Gesellschaft *keinen durchsetzbaren Anspruch* auf Nachteilsausgleich hat (→ Rn. 75), so begründet § 311 doch **nicht lediglich** eine **Obliegenheit** des herrschenden Unternehmens. Vielmehr ist das herrschende Unternehmen, wenn es die abhängige Gesellschaft zur Vornahme nachteiliger Maßnahmen veranlasst, zum Nachteilsausgleich *verpflichtet*.²⁵⁴ Diese Verpflichtung tritt dann an die Stelle der – durch § 311 verdrängten – allgemeinen und schadensersatzbewehrten Verpflichtung eines jeden Gesellschafters, sich jeder schädigenden Einflussnahme auf die Gesellschaft zu enthalten; darin wiederum kommt die Privilegierungsfunktion des § 311 (→ Rn. 2, 5) zum Ausdruck.

3. Vorteil. a) Erfordernis eines konkreten Vorteils. Das herrschende Unternehmen kann seiner Ausgleichsverpflichtung (→ Rn. 61) nur dadurch nachkommen, dass es der abhängigen Gesellschaft einen Vorteil gewährt, der den erlittenen Nachteil zumindest aufwiegt. Unabhängig von der Art und Weise der Ausgleichsgewährung (→ Rn. 69 ff.) gilt, dass nur **konkrete Vorteile** zur Erfüllung der Ausgleichsverpflichtung geeignet sind. So wie die Abhängigkeit oder Konzernierung als solche und die mit ihnen einhergehenden

---

²⁵⁰ HM, s. MüKoAktG/*Altmeppen* Rn. 308 f. mit zutr. Hinweis darauf, dass einheitliche Leitung entbehrlich ist; KK-AktG/*Koppensteiner* Rn. 102; Hüffer/*Koch* Rn. 43; *K. Schmidt* GesR § 31 IV 2 b; *Beuthien* DB 1969, 1781 (1784); *Möhring* FS Schilling, 1973, 253 (265 f.); aA GroßkommAktG/*Würdinger* 3. Aufl. Anm. 2e; *Gansweid* 177; *Neuhaus* 30 ff.
²⁵¹ So aber die zunächst hL, s. GroßkommAktG/*Würdinger* 3. Aufl. Anm. 5, 6 (9), und *Bälz* FS Raiser, 2005, 287 (308): Gedanke der Vorteilsanrechnung; *Kellmann* BB 1969, 1509 (1512 ff.), und KK-AktG/*Mertens* 1. Aufl. § 117 Rn. 37 (Ersetzungsbefugnis); *Geßler* FS Westermann, 1974, 145 (160 f.): vertragliche Vereinbarung einer Art Ersetzungsbefugnis; der Sache nach auch MüKoAktG/*Altmeppen* Rn. 310 ff.
²⁵² Zutr. MüKoAktG/*Kropff* 2. Aufl. Rn. 221; Hüffer/*Koch* Rn. 37; s. ferner KK-AktG/*Koppensteiner* Rn. 119.
²⁵³ MüKoAktG/*Kropff* 2. Aufl. Rn. 222 f.; Hüffer/*Koch* Rn. 37; *K. Schmidt/Lutter/J. Vetter* Rn. 105; Spindler/Stilz/*Müller* Rn. 48; Hölters/*Leuering/Goertz* Rn. 80; HK-AktG/*Fett* Rn. 47; Wachter/*Rothley* Rn. 25; *Schubel* in Henn/Frodermann/Jannott AktR-HdB § 14 Rn. 98; im Ergebnis auch Grigoleit/*Grigoleit* Rn. 45: „Suspensivelement des dominanten Schädigungsverbots".
²⁵⁴ MüKoAktG/*Kropff* 2. Aufl. Rn. 263, 343; *K. Schmidt/Lutter/J. Vetter* Rn. 106; Spindler/Stilz/*Müller* Rn. 48 f.; aA KK-AktG/*Koppensteiner* Rn. 154; Grigoleit/*Grigoleit* Rn. 45: „Suspensivelement des dominanten Schädigungsverbots".

„passiven" **Abhängigkeits- oder Konzerneffekte** noch keinen Nachteil begründen (→ Rn. 52), handelt es sich bei ihnen auch nicht um ausgleichsfähige Vorteile.[255] Entsprechendes gilt für die Kontrolle und Leitung der abhängigen Gesellschaft durch das herrschende Unternehmen. Soweit allerdings entsprechende Leistungen des herrschenden Unternehmens der abhängigen Gesellschaft eigene Aufwendungen ersparen und demgemäß die Erhebung einer Konzernumlage gestatten (→ Rn. 48 f.), wird man in ihnen – bzw. in dem Verzicht auf die Erhebung einer Umlage – einen ausgleichsfähigen Vorteil sehen können.[256] Allgemein ist es unerheblich, ob der (konkrete) Vorteil vom herrschenden Unternehmen oder – auf dessen Veranlassung – von einem **Dritten,** insbesondere einem anderen verbundenen Unternehmen, gewährt wird.[257] Nicht erforderlich ist des Weiteren, dass zwischen dem Nachteil und dem Vorteil ein **innerer Zusammenhang** besteht.[258] Das herrschende Unternehmen kann somit insbesondere aus Austauschgeschäften herrührende Vorteile der abhängigen Gesellschaft in Anrechnung bringen, sofern es sich das Recht einer entsprechenden Verrechnung vorbehalten hat (→ Rn. 69). Die für die Feststellung des nachteiligen Charakters der Maßnahme geltenden Grundsätze (→ Rn. 53 ff.) finden im Zusammenhang mit der Ermittlung des vorteilhaften Charakters der Ausgleichsleistung entsprechende Anwendung.

62a Besonderheiten gelten immer dann, wenn der nachteilige Charakter der Maßnahme seiner Art nach sofortigen Ausgleich verlangt, wie dies insbesondere bei nachteiligen Finanzierungsmaßnahmen (→ Rn. 47 ff.) der Fall ist. Was zunächst die der abhängigen Gesellschaft nachteilige **Darlehensvergabe** betrifft, so hat der Vorstand der abhängigen Gesellschaft, wenn der Nachteil in der Begründung eines unangemessenen Ausfall- oder Liquiditätsrisikos liegt, die Auszahlung des Darlehens zu verweigern (→ Rn. 47a). Ist es gleichwohl zur Auszahlung gekommen, so kann Nachteilsausgleich nur durch effektive Beseitigung des Nachteils und damit entweder durch Rückführung des Darlehens oder (sofern nicht die abhängige Gesellschaft auf liquide Mittel angewiesen ist) durch vollständige Besicherung desselben, nicht dagegen durch Begründung eines Rechtsanspruchs auf Nachteilsausgleich (→ Rn. 72) geschehen.[259] Die besondere Natur des der abhängigen Gesellschaft zugefügten Nachteils, nämlich die Begründung eines konkreten Ausfallrisikos, gebietet es dann zudem, Nachteilsausgleich abweichend von § 311 Abs. 2 nicht erst am Ende des Geschäftsjahres, sondern sofort zu leisten.[260] Entsprechendes gilt, wenn das Darlehen im Zeitpunkt seiner Gewährung noch keinen nachteiligen Charakter hat und es sodann zur Veranlassung weiterer Maßnahmen nachteiliger Art durch das herrschende Unternehmen kommt, etwa dergestalt, dass der Vorstand der abhängigen Gesellschaft dazu veranlasst wird, von der Möglichkeit der Darlehenskündigung abzusehen (zum Vorliegen eines Nachteils → Rn. 47b).[261] Hat die **Bestellung einer Sicherheit** durch die abhängige Gesellschaft nachteiligen Charakter, so lässt sich das konkrete Risiko der Inanspruchnahme der Sicherheit regelmäßig nicht durch Zahlung einer Avalprovision (→ Rn. 63), sondern allein durch

---

[255] S. bereits Begr. RegE bei *Kropff* AktG 409; ferner MüKoAktG/*Altmeppen* Rn. 341; K. Schmidt/Lutter/ J. Vetter Rn. 85; HK-AktG/*Fett* Rn. 48; Hüffer/*Koch* Rn. 39; Grigoleit/*Grigoleit* Rn. 47; Beck AG-HdB/ *Liebscher* § 14 Rn. 77; MHdB AG/*Krieger* § 69 Rn. 86; *Decher* FS Hommelhoff, 2012, 115 (118 ff.); großzügiger *Leo* AG 1965, 357 (358) Fn. 23a. – Zur Partizipation der abhängigen Gesellschaft an Verbundvorteilen → Rn. 48 f.
[256] MüKoAktG/*Kropff* 2. Aufl. Rn. 237; K. Schmidt/Lutter/*J. Vetter* Rn. 85; aA MüKoAktG/*Altmeppen* Rn. 342.
[257] Wohl einhM, s. MüKoAktG/*Altmeppen* Rn. 345; KK-AktG/*Koppensteiner* Rn. 120; Hüffer/*Koch* Rn. 39; MHdB AG/*Krieger* § 70 Rn. 90.
[258] MüKoAktG/*Altmeppen* Rn. 345 f.; Spindler/Stilz/*Müller* Rn. 50.
[259] Näher *Habersack/Schürnbrand* NZG 2004, 689 (694); *Habersack* ZGR 2009, 347 (357 ff.); *Mülbert/ Leuschner* NZG 2009, 281 (286); zust. K. Schmidt/Lutter/*J. Vetter* Rn. 104; HK-AktG/*Fett* Rn. 51; *M. Meyer* 276 ff.; einschr. *Riegger* ZGR 2008, 233 (241 f.), der freilich Fälle im Auge hat, bei denen es schon am nachteiligen Charakter des Darlehens fehlen dürfte.
[260] K. Schmidt/Lutter/*J. Vetter* Rn. 104; *Habersack/Schürnbrand* NZG 2004, 689 (694); *Mülbert/Leuschner* NZG 2009, 281 (286); aA *Wessels* ZIP 2004, 793 (796).
[261] Zum Nachteilsausgleich *Habersack* ZGR 2009, 347 (357 ff.).

Ablösung des Darlehens oder durch hinreichende Sicherung des Rückgriffsanspruchs der abhängigen Gesellschaft ausgleichen.²⁶² Zum Ausgleich für die Übernahme von **Prospektrisiken** → Rn. 51.

b) Neutralisierung der bilanziellen Folgen. Im Übrigen kann der Nachteil durch 63 jeden Vermögensvorteil kompensiert werden; in Betracht kommen Sacheigentum, sonstige Rechte, aber auch Dienstleistungen. Der Vorteil muss allerdings bewertbar sein.²⁶³ Bilanzierungsfähigkeit des Vorteils ist hingegen nur insoweit erforderlich, als etwaige bilanziellen Auswirkungen des Nachteils zu neutralisieren sind; dies hat sodann in dem Jahresabschluss zu erfolgen, in dem sich auch der Nachteil bilanziell auswirkt.²⁶⁴ Hat der Nachteil keine bilanziellen Auswirkungen, kommt es demnach auf die Bilanzierungsfähigkeit des Vorteils nicht an. Die Pflicht zum Ausgleich wird dadurch allerdings nicht berührt. Stellt etwa die abhängige Gesellschaft auf Veranlassung des herrschenden Unternehmens Sicherheiten (→ Rn. 47) und müssen diese gemäß § 251 HGB lediglich „unter dem Strich" vermerkt werden,²⁶⁵ so hat das herrschende Unternehmen gleichwohl zumindest eine angemessene Avalprovision zu entrichten (→ Rn. 67).

c) Nicht quantifizierbare Vorteile. Nicht quantifizierbare *Nachteile* sind einem Nach- 64 teilsausgleich nicht zugänglich (→ Rn. 43, 58). Die Veranlassung zu einer entsprechenden Maßnahme hat deshalb grundsätzlich das Eingreifen des § 317 oder der Grundsätze über die qualifizierte faktische Abhängigkeit zur Folge (→ Rn. 43). Nach hM besteht allerdings die Möglichkeit, einen nicht quantifizierbaren Nachteil durch einen *nicht quantifizierbaren Vorteil* auszugleichen.²⁶⁶ Voraussetzung soll sein, dass sich – ex-ante betrachtet – Chancen und Risiken nicht zu Lasten der abhängigen Gesellschaft verschieben und deshalb auch ein ordentlicher und gewissenhafter Geschäftsleiter (→ Rn. 40) einem entsprechenden Austausch hätte zustimmen können. Bei Lichte betrachtet fehlt es allerdings bei Vorliegen der genannten Voraussetzungen zumeist bereits an einem **Nachteil** (→ Rn. 39 f.).²⁶⁷ So verhält es sich insbesondere in dem häufig angeführten Fall, dass die abhängige Gesellschaft eine konkrete Geschäftschance zugunsten einer gleichwertigen, ihr vom herrschenden Unternehmen zugewiesenen Geschäftschance aufgibt; selbst wenn sich im Nachhinein die zugewiesene Geschäftschance nicht realisieren sollte, kann doch in dem Tausch angesichts der Maßgeblichkeit einer ex ante-Prognose (→ Rn. 44 f.) ein Nachteil nicht gesehen werden. Dann aber kommt es nicht darauf an, ob, wann und wie sich die Maßnahme bilanziell auswirkt.²⁶⁸ Ist dagegen ein Nachteil gegeben, etwa weil die abhängige Gesellschaft zur Vorleistung veranlasst und dies bei Bemessung der Gegenleistung nicht berücksichtigt wird, so hat es dabei zu bewenden, dass die

---

²⁶² Vgl. *Mülbert* ZGR 1995, 578 (590); *Peltzer/Bell* ZIP 1993, 1757 (1764); *Schön* ZHR 159 (1995), 351 (367); *Habersack/Schürnbrand* NZG 2004, 689 (696); K. Schmidt/Lutter/*J. Vetter* Rn. 104; HK-AktG/*Fett* Rn. 51.
²⁶³ Vgl. statt aller MüKoAktG/*Altmeppen* Rn. 340; Hüffer/*Koch* Rn. 39.
²⁶⁴ BGH NZG 2012, 1030 Rn. 23; OLG Jena AG 2007, 785 (787); Hüffer/*Koch* Rn. 39; Spindler/Stilz/ *Müller* Rn. 50; HK-AktG/*Fett* Rn. 50; einschr. – spätere Neutralisierung genügt – MüKoAktG/*Kropff* 2. Aufl. Rn. 242 ff. und MüKoAktG/*Altmeppen* Rn. 349 ff. (in dem von *Kropff* und *Altmeppen* gebildeten Beispiel dürfte freilich schon das Vorliegen eines Nachteils fraglich sein, → Rn. 65 f.); so auch KK-AktG/*Koppensteiner* Rn. 112; K. Schmidt/Lutter/*J. Vetter* Rn. 88; MHdB AG/*Krieger* § 70 Rn. 90; Grigoleit/*Grigoleit* Rn. 47; krit. auch *Beck* BB 2015, 1289 (1290).
²⁶⁵ Bei drohender Inanspruchnahme kommt nur noch Nachteilsausgleich durch Ablösung des Darlehens oder Sicherung des Rückgriffsanspruchs in Betracht (→ Rn. 62a).
²⁶⁶ Vgl. KK-AktG/*Koppensteiner* Rn. 110, 134 ff.; MüKoAktG/*Altmeppen* Rn. 347; Hüffer/*Koch* Rn. 39; MHdB AG/*Krieger* § 70 Rn. 91; *Strohn* 91 ff.; aA *Müller* ZGR 1977, 1 (15); *Lutter* FS Peltzer, 2001, 241 (254 f.); *Mertens* in HRU 27, 34 f.
²⁶⁷ *Mertens* in HRU 27, 34 f. in Auseinandersetzung mit der hier noch in der 1. Aufl. Rn. 42 vertretenen und bereits in der 2. Aufl. Rn. 64 aufgegebenen gegenteiligen Ansicht; ebenso KK-AktG/*Koppensteiner* Rn. 110 (s. aber auch KK-AktG/*Koppensteiner* Rn. 134 ff.); MHdB AG/*Krieger* § 70 Rn. 91; K. Schmidt/ Lutter/*J. Vetter* Rn. 87; Spindler/Stilz/*Müller* Rn. 52; HK-AktG/*Fett* Rn. 52.
²⁶⁸ Für Ausnahme von dem Erfordernis einer Neutralisierung der bilanziellen Folgen im Jahresabschluss, in dem auch der Nachteil abgebildet wird (→ Rn. 63), KK-AktG/*Koppensteiner* Rn. 113.

Maßnahme zu unterbleiben hat; der Ausgleich eines nicht quantifizierbaren Nachteils durch einen entsprechenden Vorteil kommt also nicht in Betracht.

65 Von Bedeutung sind die vorstehend getroffenen Feststellungen auch im Zusammenhang mit **Strukturmaßnahmen** (→ Rn. 57a). Gegebenenfalls kann deshalb etwa die Aufgabe eines ganzen Produktionszweiges durch Zuweisung eines gleichwertigen Zweiges neutralisiert werden. In Fällen dieser Art sind allerdings die Schranken, die der **satzungsmäßige Gegenstand und der Zweck** der abhängigen Gesellschaft einer jeden Einflussnahme durch das herrschende Unternehmen setzen (→ Rn. 9, 30, 41; → Anh. § 317 Rn. 12), zu berücksichtigen: Die Zuweisung eines neuen Geschäftsfeldes muss entweder durch die bisherige Satzung der abhängigen Gesellschaft gedeckt sein[269] oder mit einer zulässigen (→ Rn. 30a, 41; → Anh. § 317 Rn. 12) Satzungsänderung einhergehen.

66 Eine weitere Möglichkeit, nicht quantifizierbare Nachteile auszugleichen, soll darin bestehen, dass das herrschende Unternehmen **Ausgleich der später entstehenden Nachteile zusagt.** Voraussetzung sei allerdings, dass sich der Nachteil später konkretisieren und ausgleichen lasse, sodass diese Form des Nachteilsausgleichs etwa bei Abschluss langfristiger Verträge, wohl aber kaum jemals bei strukturverändernden Maßnahmen in Betracht komme.[270] Auch dem kann zwar im Ergebnis zugestimmt werden, indes wiederum mit der Maßgabe und unter der Voraussetzung, dass es im Fall einer entsprechenden Garantie schon an einem Nachteil fehlen kann.[271]

67 **d) Wert des Vorteils.** Was den Wert des Vorteils betrifft, so muss dieser zumindest dem Wert des Nachteils entsprechen. Bleibt der Wert des Vorteils hinter dem des Nachteils zurück, so ist das herrschende Unternehmen seiner Ausgleichspflicht auch dann nicht nachgekommen, wenn die bilanziellen Auswirkungen des Nachteils neutralisiert worden sind (→ Rn. 63). Es ist somit zunächst die Höhe des Nachteils zu ermitteln (→ Rn. 39 ff., 53 ff.); dabei ist auf den Zeitpunkt der Vornahme der Maßnahme abzustellen (→ Rn. 44). In einem zweiten Schritt ist der Vorteil zu bewerten und dem Nachteil gegenüberzustellen. Die Bewertung des Vorteils hat grundsätzlich nach Maßgabe der Ausführungen in → Rn. 39 ff., 53 ff. betreffend die Bewertung des Nachteils zu erfolgen (→ Rn. 68).

68 **e) Maßgebender Zeitpunkt.** Maßgebend für die Bewertung des Vorteils und die Kompensation des Nachteils ist der Zeitpunkt der **Vorteilsgewährung**.[272] Ein Nachteil, der nach Vornahme der nachteiligen Maßnahme und *vor Gewährung des Ausgleichs* (dh entweder vor tatsächlicher Ausgleichsleistung oder vor Einräumung eines Rechtsanspruchs, → Rn. 69 ff.) eintritt, ist somit zu berücksichtigen;[273] auch insoweit hat es allerdings bei der ex ante-Betrachtung (→ Rn. 44) zu bewenden, sodass nur absehbare Folgenachteile zu berücksichtigen sind. Hiervon betroffen ist namentlich der durch die „Vorleistung" der abhängigen Gesellschaft entstehende **„Verzögerungsnachteil"**. Er ist auch insoweit zu berücksichtigen, als das herrschende Unternehmen der abhängigen Gesellschaft zwar einen Anspruch auf Nachteilsausgleich einräumt, die Erfüllung desselben aber hinausgeschoben ist (→ Rn. 72).[274] Im

---

[269] Zu Recht auf dieses allgemeine Erfordernis des Nachteilsausgleichs hinweisend MüKoAktG/*Kropff* 2. Aufl. Rn. 225.
[270] *Hommelhoff* 127 f.; MHdB AG/*Krieger* § 70 Rn. 91 (der auch die Stellung von Sicherheiten anführt; dazu aber → Rn. 62a); weitergehend – für entsprechenden Nachteilsausgleich auch bei Strukturmaßnahmen – MüKoAktG/*Altmeppen* Rn. 348; KK-AktG/*Koppensteiner* Rn. 135 ff. mwN.
[271] Zum Erfordernis eines bezifferten Anspruchs auf Ausgleich bei Bezifferbarkeit des Nachteils s. dagegen BGH NZG 2012, 1030 Rn. 23 f.
[272] Im Ausgangspunkt wohl unstr., s. MüKoAktG/*Altmeppen* Rn. 324; KK-AktG/*Koppensteiner* Rn. 107; Hüffer/*Koch* Rn. 40; K. Schmidt/Lutter/*J. Vetter* Rn. 91; Spindler/Stilz/*Müller* Rn. 51; Hölters/*Leuering*/*Goertz* Rn. 88; Grigoleit/*Grigoleit* Rn. 48; HK-AktG/*Fett* Rn. 24; MHdB AG/*Krieger* § 70 Rn. 90; *Habersack* ZIP 2006, 1327 (1330 f.); *Möhring* FS Schilling, 1973, 253 (265).
[273] KK-AktG/*Koppensteiner* Rn. 107; Hüffer/*Koch* Rn. 40; K. Schmidt/Lutter/*J. Vetter* Rn. 92; Spindler/Stilz/*Müller* Rn. 51; Hölters/*Leuering*/*Goertz* Rn. 88; Grigoleit/*Grigoleit* Rn. 48; HK-AktG/*Fett* Rn. 49; ausgehend von der Annahme, Nachteilsausgleich sei Schadensersatz (→ Rn. 40), auch MüKoAktG/*Altmeppen* Rn. 326 ff.
[274] MüKoAktG/*Kropff* 2. Aufl. Rn. 227; K. Schmidt/Lutter/*J. Vetter* Rn. 92; im Ergebnis auch MüKoAktG/*Altmeppen* Rn. 326 ff.

Übrigen gilt auch für die Vorteilsgewährung, dass für einen gewissenhaften Geschäftsleiter nicht vorhersehbare Entwicklungen, mögen sie zugunsten oder zu Lasten der abhängigen Gesellschaft gehen,[275] außer Betracht zu bleiben haben (→ Rn. 44 f.).[276] Durfte also der Vorstand der abhängigen Gesellschaft eine gegen einen Dritten gerichtete Forderung als einen den Nachteil ausgleichenden Vorteil annehmen, so ist das herrschende Unternehmen seiner Ausgleichsverpflichtung auch dann nachgekommen, wenn sich die Forderung nunmehr als undurchsetzbar erweist. Zu Leistungsstörungen → Rn. 76.

4. Erfüllung der Ausgleichsverpflichtung. a) Allgemeines. Nach § 311 Abs. 2 hat **69** das herrschende Unternehmen grundsätzlich (zu Finanzierungsmaßnahmen → Rn. 62a; zur Nachteilszufügung durch Hauptversammlungsbeschluss → Rn. 85) die **Wahl** zwischen dem tatsächlichen Ausgleich des Nachteils (→ Rn. 70 f.) und der Begründung eines Rechtsanspruchs der abhängigen Gesellschaft auf Nachteilsausgleich (→ Rn. 72 ff.).[277] Sowohl der tatsächliche Ausgleich als auch die Begründung eines Rechtsanspruchs auf Nachteilsausgleich müssen **bis zum Ende des Geschäftsjahres** erfolgt sein, soll die Einflussnahme rechtmäßig sein. Bis zum Ende des Geschäftsjahres muss deshalb feststehen, ob Nachteilsausgleich erfolgt, wann dies der Fall ist und welcher Art der Vorteil ist. Das herrschende Unternehmen hat die Möglichkeit der **Verrechnung von früher gewährten Vorteilen** mit später entstandenen Nachteilen,[278] sofern es sich anlässlich der Vorteilsgewährung das Recht einer entsprechenden Verrechnung vorbehalten hat.[279] Zum Erfordernis sofortigen Ausgleichs bei Finanzierungsmaßnahmen und bei Nachteilszufügung durch Hauptversammlungsbeschluss → Rn. 62a, 85.

b) Tatsächlicher Ausgleich. Ein tatsächlicher Ausgleich iSd § 311 Abs. 2 S. 1 Hs. 1 **70** setzt voraus, dass der Vorteil (→ Rn. 62 ff.) *spätestens zum Bilanzstichtag* (→ Rn. 69) dem Vermögen der abhängigen Gesellschaft zugeführt wird. Nicht erforderlich ist, dass jeder einzelne Nachteil durch einen entsprechenden Vorteil ausgeglichen wird. Zulässig ist vielmehr auch die **kontokorrentartige Zusammenstellung** der während des Geschäftsjahres entstandenen Vor- und Nachteile, sofern nur gewährleistet ist, dass die Durchführung des Einzelausgleichs nachprüfbar ist, die Einzelposten also isolierbar und ausgleichsfähig sind.[280] Ein sich zu Lasten des herrschenden Unternehmens ergebender Negativsaldo kann durch einmalige Schlusszahlung ausgeglichen werden; der Begründung eines Rechtsanspruchs (→ Rn. 72 ff.) bedarf es in diesem Fall nicht. Ein Überschuss zugunsten des herrschenden Unternehmens kann stehengelassen und nach Maßgabe der Ausführungen in → Rn. 69 zur Verrechnung mit künftigen Nachteilen eingesetzt werden.

Die Modalitäten des Ausgleichs, insbesondere dessen Art und Höhe, können vom herr- **71** schenden Unternehmen **einseitig bestimmt** werden.[281] Auf das *Einverständnis* der abhängi-

---

[275] Zu einseitig auf das von der abhängigen Gesellschaft zu tragende Risiko der späteren Entwicklung abstellend noch *Kellmann* BB 1969, 1509 (1515); GroßkommAktG/*Würdinger* 3. Aufl. Anm. 11, § 317 Rn. 4.
[276] Im vorliegenden Zusammenhang insbes. MüKoAktG/*Kropff* 2. Aufl. Rn. 229 f., 265 f.
[277] MHdB AG/*Krieger* § 70 Rn. 92; K. Schmidt/Lutter/*J. Vetter* Rn. 104; aA MüKoAktG/*Altmeppen* Rn. 369.
[278] Vgl. KK-AktG/*Koppensteiner* Rn. 127; K. Schmidt/Lutter/*J. Vetter* Rn. 90; *Baumbach*/*Hueck* Rn. 10; MHdB AG/*Krieger* § 70 Rn. 93.
[279] *Krieger* MHdB AG § 70 Rn. 93; K. Schmidt/Lutter/*J. Vetter* Rn. 90; aA – für Erfordernis einer Verrechnungsabrede – Hüffer/*Koch* Rn. 41 aE; allg. für Erfordernis einvernehmlicher Festlegung des Ausgleichs MüKoAktG/*Kropff* 2. Aufl. Rn. 250 ff.; *ders.* FS Kastner, 1992, 279 (287); *Geßler* FS Westermann, 1974, 145 (161); ADS Rn. 69; MüKoAktG/*Altmeppen* Rn. 359 ff.; *ders.* ZIP 1996, 693 (696).
[280] MüKoAktG/*Altmeppen* Rn. 346; KK-AktG/*Koppensteiner* Rn. 128; Hüffer/*Koch* Rn. 45; Grigoleit/ Grigoleit Rn. 47.
[281] So die hM, s. GroßkommAktG/*Würdinger* 3. Aufl. Anm. 10; Hüffer/*Koch* Rn. 41; K. Schmidt/Lutter/ *J. Vetter* Rn. 102; Spindler/Stilz/*Müller* Rn. 56; HK-AktG/*Fett* Rn. 53; Hölters/*Leuering/Goertz* Rn. 89; MHdB AG/*Krieger* § 70 Rn. 93; *Beuthien* DB 1969, 1781 (1783); *Kellmann* BB 1969, 1509 (1512) Fn. 41; *Möhring* FS Schilling, 1973, 253 (265); *Wimmer-Leonhardt* 117 f.; aA MüKoAktG/*Kropff* 2. Aufl. Rn. 250 ff.; *ders.* FS Kastner, 1992, 279 (287); MüKoAktG/*Altmeppen* Rn. 359 ff.; *ders.* ZIP 1996, 693 (696); Grigoleit/ Grigoleit Rn. 52 MüKoAktG/*Altmeppen* Rn. 359 ff.; *ders.* ZIP 1996, 693 (696); *Geßler* FS Westermann, 1974, 145 (161); ADS Rn. 69; hinsichtlich der Art des Ausgleichs auch KK-AktG/*Koppensteiner* Rn. 123 ff.

gen Gesellschaft mit dem vom herrschenden Unternehmen angebotenen Ausgleich oder gar auf das Vorliegen eines *Vertrags* im zivilrechtlichen Sinne kann es schon mit Blick auf die Privilegierungsfunktion des § 311 nicht ankommen. Denn danach darf das herrschende Unternehmen, sofern es auf die Vermögensinteressen der abhängigen Gesellschaft Rücksicht nimmt, sein anderweitig verfolgtes unternehmerisches Interesse auch *gegen den Eigenwillen* der abhängigen Gesellschaft verfolgen (→ Rn. 2, 5); es muss deshalb auch Art und Weise des Ausgleichs bestimmen können. Maßgebend ist mithin allein, ob der vom herrschenden Unternehmen gewährte Vorteil bei objektiver Betrachtung (→ Rn. 67) zur Kompensation des erlittenen Nachteils geeignet ist. Bleibt die Höhe des Vorteils hinter derjenigen des Nachteils zurück, so ist die Einflussnahme rechtswidrig und nach § 317 zu beurteilen.

72 **c) Begründung eines Rechtsanspruchs.** Werden die Nachteile nicht tatsächlich ausgeglichen (→ Rn. 70 f.), so muss nach § 311 Abs. 2 S. 1 bis zum Ende des Geschäftsjahres bestimmt werden, wann und durch welche Vorteile der Ausgleich erfolgen soll. Nach § 311 Abs. 2 S. 2 ist der abhängigen Gesellschaft ein Rechtsanspruch auf Nachteilsausgleich einzuräumen. Dazu bedarf es des **Abschlusses eines Vertrags** zwischen der abhängigen Gesellschaft und dem herrschenden Unternehmen oder einem Dritten (→ Rn. 41),[282] zu dem die abhängige Gesellschaft allerdings verpflichtet ist (→ Rn. 69). Einhaltung der Schriftform schreibt das Gesetz nicht vor,[283] empfiehlt sich aber schon mit Blick auf das Erfordernis der Erstellung und Prüfung des Abhängigkeitsberichts. Der Abschluss des Vertrags hat *spätestens am Bilanzstichtag* und damit vor Aufstellung und Prüfung des Abhängigkeitsberichts zu erfolgen (→ Rn. 69).[284] Die *Erfüllung* des Vertrags durch das herrschende Unternehmen kann dagegen auf einen späteren Zeitpunkt aufgeschoben werden (→ Rn. 7, 73). Zum Erfordernis sofortigen Ausgleichs bei Finanzierungsmaßnahmen und bei Nachteilszufügung durch Hauptversammlungsbeschluss → Rn. 62a, 85.

73 Was den **Inhalt des Vertrags** betrifft, so verlangt § 311 Abs. 2 S. 1 zunächst die Angabe der **Leistungszeit**.[285] Der Fälligkeitszeitpunkt braucht freilich nicht kalendermäßig bestimmt zu sein; es genügt vielmehr jede Vereinbarung, der sich der Leistungszeitpunkt entnehmen lässt, mag dies auch nur unter Rückgriff auf äußere Umstände wie etwa die Realisierung eines näher bezeichneten Risikos, möglich sein.[286] Bei der Bewertung des Vorteils ist der hinausgeschobene Fälligkeitszeitpunkt angemessen zu berücksichtigen (→ Rn. 68).[287] Der tatsächlich zufließende Vorteil ist deshalb zumindest entsprechend abzuzinsen (→ Rn. 68). Gegebenenfalls ist aber der hinausgeschobenen Fälligkeit durch weitergehende Abschläge Rechnung zu tragen. So ist etwa das sich konkret abzeichnende Risiko der Insolvenz des herrschenden Unternehmens dadurch zu berücksichtigen, dass der abhängigen Gesellschaft entweder Sicherheiten gewährt werden oder der versprochene Vorteil mit einem weiteren Risikoabschlag versehen wird.[288]

74 Neben der Leistungszeit muss der Vertrag **Art und Umfang** der als Ausgleich zugesagten Vorteile bestimmen.[289] Die Vereinbarung einer Wahlschuld, die gemäß § 262 BGB der *abhängigen Gesellschaft* das Bestimmungsrecht belässt, genügt diesen Anforderungen.[290] Mit Rücksicht auf die Notwendigkeit einer vertraglichen Vereinbarung (→ Rn. 72) und das

---

[282] KK-AktG/*Koppensteiner* Rn. 129.
[283] LG Köln DB 1999, 685; MHdB AG/*Krieger* § 70 Rn. 94; offengelassen von OLG Köln DB 1999, 1697 (1698).
[284] Ganz hM, s. MüKoAktG/*Altmeppen* Rn. 366; KK-AktG/*Koppensteiner* Rn. 126; MHdB AG/*Krieger* § 70 Rn. 94; K. Schmidt/Lutter/*J. Vetter* Rn. 97; aA *Kellmann* BB 1969, 1509 (1517).
[285] Wohl unstr., s. BGH NZG 2012, 1030 Rn. 23 f.; Hüffer/*Koch* Rn. 47.
[286] *Kropff* DB 1967, 2204 (2207); KK-AktG/*Koppensteiner* Rn. 131; *ADS* Rn. 72; Hüffer/*Koch* Rn. 47; K. Schmidt/Lutter/*J. Vetter* Rn. 85; Spindler/Stilz/*Müller* Rn. 59.
[287] MüKoAktG/*Kropff* 2. Aufl. Rn. 227 f.; K. Schmidt/Lutter/*J. Vetter* Rn. 98; Spindler/Stilz/*Müller* Rn. 59; *ADS* Rn. 72.
[288] K. Schmidt/Lutter/*J. Vetter* Rn. 98; Spindler/Stilz/*Müller* Rn. 59; zur entsprechenden Rechtslage bei der Beurteilung von Darlehen und Sicherheiten → Rn. 47 f.
[289] Im Ausgangspunkt unstr., s. BGH NZG 2012, 1030 Rn. 23 f.; Hüffer/*Koch* Rn. 47.
[290] Wohl einhM, s. KK-AktG/*Koppensteiner* Rn. 132; Hüffer/*Koch* Rn. 47; Spindler/Stilz/*Müller* Rn. 60; K. Schmidt/Lutter/*J. Vetter* Rn. 101.

Erfordernis der Vollwertigkeit im Zeitpunkt der Vorteilsgewährung (→ Rn. 68) bestehen auch keine Bedenken gegen eine Wahlschuld mit Bestimmungsrecht des *herrschenden Unternehmens* oder eines Dritten.[291] Erst recht zulässig ist eine Vereinbarung des Inhalts, dass das Bestimmungsrecht *einvernehmlich* auszuüben ist.[292] Voraussetzung ist jedoch stets, dass der Vertrag die alternativ zu gewährenden **Vorteile konkret** bezeichnet. Eine Vereinbarung, der zufolge der Ausgleich nach Wahl des herrschenden Unternehmens oder eines Dritten erfolgt, ohne dass der Vertrag bereits die wahlweise zu erbringenden Leistungen festlegt, verschafft dagegen der abhängigen Gesellschaft keine Planungssicherheit und vermag deshalb die Einflussnahme nicht zu rechtfertigen.[293] Entsprechenden Bedenken sieht sich eine vor Ablauf des Geschäftsjahres (→ Rn. 72) getroffene Vereinbarung ausgesetzt, die der abhängigen Gesellschaft zunächst einen **unbezifferten Anspruch** auf Ausgleich der erst später festzustellenden Nachteile einräumt.[294] Gleichfalls unzureichend ist eine Vereinbarung, die den Grund des Anspruchs unter den **Vorbehalt der gerichtlichen (oder anderweitigen) Feststellung eines Nachteils** stellt.[295] Allfälligen Bewertungsschwierigkeiten ist durch Zubilligung unternehmerischen Ermessens Rechnung zu tragen (→ Rn. 40, 62). Zu nicht quantifizierbaren Vor- und Nachteilen → Rn. 43, 58, 64 ff.

5. Undurchsetzbarkeit der Ausgleichsverpflichtung. Wenn auch das herrschende **75** Unternehmen zum Nachteilsausgleich verpflichtet ist (→ Rn. 61), so geht doch mit der gesetzlichen[296] Pflicht zum Nachteilsausgleich nach § 311 Abs. 2 kein durchsetzbarer Anspruch der abhängigen Gesellschaft einher.[297] Vor dem Hintergrund nämlich, dass es nach § 311 Abs. 2 dem herrschenden Unternehmen gestattet ist, mit dem Nachteilsausgleich bis zum Ende des Geschäftsjahres zuzuwarten (→ Rn. 69), und mit Ablauf des Geschäftsjahres die Ausgleichsverpflichtung entfällt und an ihre Stelle die Verpflichtung zum Schadensersatz gemäß § 317 tritt (→ Rn. 59, 61), ist für die Annahme eines durchsetzbaren Anspruchs auf Nachteilsausgleich weder unter rechtlichen noch unter praktischen Gesichtspunkten Raum. Auch wäre es nicht zu erklären, dass § 311 Abs. 2 die Leistung von Nachteilsausgleich durch Begründung eines Rechtsanspruchs der abhängigen Gesellschaft zulässt (→ Rn. 72 ff.), wenn der abhängigen Gesellschaft auch unabhängig von einer entsprechenden vertraglichen Abrede ein Ausgleichsanspruch zustünde. Schließlich steht die Privilegierungsfunktion des § 311 der Annahme eines Anspruchs auf Nachteilsausgleich entgegen: Die Verpflichtung zum Nachteilsausgleich verdrängt zwar vorübergehend die – durch § 317 verschärfte – Schadensersatzhaftung des treuwidrig handelnden Aktionärs, gibt aber der abhängigen Gesellschaft keinen Anspruch gegen das herrschende Unternehmen auf Ausnutzung dieser Privilegierung. In Ermangelung eines Anspruchs der abhängigen Gesellschaft kommt auch eine **Pfändung** durch Gesellschaftsgläubiger nicht in Betracht.[298]

6. Leistungsstörungen. Verspricht das herrschende Unternehmen gemäß § 311 Abs. 2 **76** S. 2 (→ Rn. 72 ff.) einen zum maßgebenden Zeitpunkt (→ Rn. 68) vollwertigen Vorteil,

---

[291] MüKoAktG/*Kropff* 2. Aufl. Rn. 238; KK-AktG/*Koppensteiner* Rn. 132; K. Schmidt/Lutter/*J. Vetter* Rn. 101; Hüffer/*Koch* Rn. 47; HK-AktG/*Fett* Rn. 54; aA Spindler/Stilz/*Müller* Rn. 60.
[292] So auch Hüffer/*Koch* Rn. 47.
[293] MüKoAktG/*Kropff* 2. Aufl. Rn. 238.
[294] BGH NZG 2012, 1030 Rn. 23 f.; MüKoAktG/*Altmeppen* Rn. 367 f.; Hüffer/*Koch* Rn. 47; Grigoleit/ *Grigoleit* Rn. 51; aA *Arnold/Gärnter* FS Stilz, 2014, 7 (15 ff.); *A. Wilhelm* NZG 2012, 1287 (1288 ff.); ADS Rn. 71.
[295] BGH NZG 2012, 1030 Rn. 24; MüKoAktG/*Altmeppen* Rn. 367 f.; aA LG München I AG 2010, 173 (175); *Arnold/Gärnter* FS Stilz, 2014, 7 (15 ff.).
[296] Anderes gilt bei vertraglicher Vereinbarung des Nachteilsausgleichs (→ Rn. 72 ff.), s. MüKoAktG/ *Altmeppen* Rn. 380; K. Schmidt/Lutter/*J. Vetter* Rn. 107.
[297] MüKoAktG/*Altmeppen* Rn. 377 f.; KK-AktG/*Koppensteiner* Rn. 122; K. Schmidt/Lutter/*J. Vetter* Rn. 106; Spindler/Stilz/*Müller* Rn. 49; Grigoleit/*Grigoleit* Rn. 45; *Henze* BB 1996, 489 (499); *Luchterhandt* ZHR 133 (1970), 1 (38); *Kellmann* BB 1969, 1509 (1511); aA *Geßler* FS Westermann, 1974, 145 (162).
[298] KK-AktG/*Koppensteiner* Rn. 122; Hüffer/*Koch* Rn. 38 mit zutr. Hinweis, dass auch bei Annahme eines Anspruchs eine Pfändung im Hinblick auf die Zweckbindung des Nachteilsausgleichs gemäß § 399 Fall 1 BGB ausgeschlossen wäre.

vermag es diesen sodann aber nicht zu leisten, so beurteilen sich die Rechtsfolgen nach allgemeinem Schuldrecht. Mit Blick auf die Rechtsnatur der Ausgleichsverpflichtung (→ Rn. 61) bietet es sich an, die §§ 280 ff., 323 ff. BGB zur Anwendung zu bringen. Bei vom herrschenden Unternehmen zu vertretender Unmöglichkeit ist dieses deshalb nach § 283 BGB zum Schadensersatz verpflichtet, wobei allerdings allein der eigentliche Nichterfüllungsschaden zu ersetzen ist; für einen – unter Umständen weitergehenden – Anspruch auf Ersatz des sich nunmehr auf Grund der nachteiligen Einflussnahme abzeichnenden Schadens der Gesellschaft iSd § 317 ist dagegen angesichts der rechtfertigenden Wirkung der Ausgleichsvereinbarung kein Raum. Allerdings kann die abhängige Gesellschaft nach § 323 BGB stattdessen oder neben der Geltendmachung von Schadensersatz (§ 325 BGB) von der Ausgleichsvereinbarung zurücktreten; die Folge ist, dass die rechtfertigende Wirkung entfällt und die Verpflichtung aus § 317 zur Entstehung gelangt (→ Rn. 59, 61). Bei weder von dem herrschenden Unternehmen noch von der abhängigen Gesellschaft zu vertretender Unmöglichkeit kann die abhängige Gesellschaft in entsprechender Anwendung des § 326 Abs. 4 BGB ihre Willenserklärung (→ Rn. 72) widerrufen und nach § 317 Schadensersatz verlangen.[299]

VII. Auswirkungen auf die Verfassung der abhängigen Gesellschaft

77 **1. Grundlagen.** Wiewohl die §§ 311 ff. **keine Leitungsmacht** des herrschenden Unternehmens begründen (→ Rn. 10), kann nicht geleugnet werden, dass diesen Vorschriften, indem sie die Einbindung der abhängigen Gesellschaft in das Konzerninteresse gestatten, ein organisationsrechtlicher Gehalt eigen ist (→ Rn. 2, 87). Dieser nimmt seinen Ausgangspunkt bei der den Konzern kennzeichnenden, durch §§ 311 ff. erlaubten (→ Rn. 8 ff.) einheitlichen Leitung der Untergesellschaft durch die Obergesellschaft auf der einen und dem – in Ermangelung eines Weisungsrechts gleichermaßen geltenden – Gebot der eigenverantwortlichen Leitung der abhängigen Gesellschaft durch deren Vorstand (→ Rn. 78) auf der anderen Seite. Die §§ 311 ff. suchen diesen Konflikt dadurch zu bewältigen, dass sie dem herrschenden Unternehmen eine aus Sicht der abhängigen Gesellschaft zwar nachteilige, aber dem Konzerninteresse dienende Einflussnahme gestatten, sofern nur der Vermögensnachteil ausgeglichen wird. Die damit einhergehende Überlagerung des Interesses der abhängigen Gesellschaft durch das Konzerninteresse schlägt sich zwar auch in der Organisations- und Finanzverfassung der abhängigen Gesellschaft nieder, weicht diese doch nicht unerheblich von derjenigen der unverbundenen AG ab (→ Rn. 78 ff.).[300] Da allerdings der Vorstand der abhängigen Gesellschaft nicht verpflichtet ist, der Einflussnahme Folge zu leisten, ihm es vielmehr weiterhin obliegt, auf die Interessen der abhängigen Gesellschaft Rücksicht zu nehmen, tritt an die Stelle rechtlich abgesicherter Konzernleitungsmacht die Notwendigkeit einer Abstimmung und **Kooperation** zwischen den verbundenen Unternehmen (→ Rn. 78, 80).

78 **2. Pflichten des Vorstands.** Nach dem in → Rn. 77 Gesagten bewendet es ungeachtet des Abhängigkeitsverhältnisses bei der Geltung der §§ 76, 93 (→ § 318 Rn. 10 ff.). Der Vorstand der abhängigen Gesellschaft ist deshalb **nicht weisungsunterworfen** und nicht verpflichtet, einer Veranlassung durch das herrschende Unternehmen zu folgen (→ Rn. 10).[301] Anders kann es sich zwar bei einer für die abhängige Gesellschaft *vorteilhaften* Maßnahme verhalten; doch besteht die Verpflichtung des Vorstands auch in diesem

---

[299] So im Ergebnis auch Spindler/Stilz/*Müller* Rn. 61; HK-AktG/*Fett* Rn. 56; aA MüKoAktG/*Altmeppen* Rn. 384.

[300] Heute hM, s. namentlich MüKoAktG/*Altmeppen* Rn. 386 ff.; KK-AktG/*Koppensteiner* Rn. 159 ff.; K. Schmidt/Lutter/*J. Vetter* Rn. 108 ff.; Spindler/Stilz/*Müller* Rn. 62 ff.; HK-AktG/*Fett* Rn. 58 ff.; Hüffer/*Koch* Rn. 48 f.; Grigoleit/*Grigoleit* Rn. 53 ff.; *Mülbert* 280 ff.; aA – gegen jegliche Modifizierung der für die unabhängige AG geltenden Regeln – GroßkommAktG/*Würdinger* 3. Aufl. § 318 Anm. 1; *Bälz* FS Raiser, 2005, 287 (302 ff.); im Ergebnis auch *Wackerbarth* Konzern 2010, 261 (264 ff., 338 ff.).

[301] Die Einführung eines Zustimmungsvorbehalts zugunsten des herrschenden Unternehmens ist nach §§ 23 Abs. 5, 76 nicht möglich, s. MüKoAktG/*Altmeppen* Rn. 409.

Fall allein im Verhältnis zur abhängigen Gesellschaft, nicht dagegen im Verhältnis zum herrschenden Unternehmen. Einer *nachteiligen* Veranlassung *darf* der Vorstand unter den Voraussetzungen des § 311 nachgehen. Er hat deshalb zu prüfen, ob die Maßnahme im Konzerninteresse liegt (→ Rn. 60), der Nachteil ausgleichsfähig und das herrschende Unternehmen zum Ausgleich bereit und aller Voraussicht nach imstande ist.[302] Stellt der Vorstand fest, dass die begehrte Maßnahme nachteiligen Charakter hat und sich der Nachteil ausgleichen ließe, so hat er das herrschende Unternehmen auf den drohenden Nachteil hinzuweisen und sich die grundsätzliche Bereitschaft zum Nachteilsausgleich erklären zu lassen. Bestreitet das herrschende Unternehmen den nachteiligen Charakter der Maßnahme, erklärt es sich nicht ausgleichsbereit oder erscheint seine Fähigkeit zur Leistung des Ausgleichs als ungewiss, so hat die Maßnahme zu unterbleiben; andernfalls macht sich der Vorstand schadensersatzpflichtig gemäß § 93.[303] Erklärt sich dagegen das herrschende Unternehmen zum Ausgleich bereit und ist auch mit dem Nachteilsausgleich zu rechnen, so darf der Vorstand die Maßnahme ergreifen; er handelt dann **nicht sorgfaltswidrig iSd § 93 Abs. 1 S. 1**.[304] Der Begründung eines Rechtsanspruchs (→ Rn. 72 ff.) vor Vollzug der Maßnahme bedarf es nicht, zumal sich der Inhalt der Ausgleichspflicht in diesem Stadium regelmäßig noch nicht bestimmen lässt.[305] Besonderheiten gelten für die **Gewährung von Kredit,** sei es in Form eines Darlehens an das herrschende Unternehmen oder durch Besicherung eines vom herrschenden Unternehmen aufgenommenen Darlehens. Erscheint die Kreditgewährung aufgrund eines ex ante feststellbaren konkreten Ausfall- oder Liquiditätsrisikos als nachteilig, so hat sie zu unterbleiben; auf Nachteilsausgleich gemäß § 311 Abs. 2 darf sich der Vorstand in diesem Fall nicht einlassen (→ Rn. 47 ff., 62a). Erscheint hingegen die Kreditgewährung aus der Sicht ex ante als nicht nachteilig, so darf sie erfolgen.[306] Unberührt bleiben in diesem Fall die sich aus § 93 Abs. 1 S. 1 ergebende Pflicht zur **laufenden Prüfung des Ausfallrisikos** (→ Rn. 47b).

Kommt es zum Vollzug einer dem Nachteilsausgleich zugänglichen Maßnahme, wird aber der Nachteil **wider Erwarten nicht ausgeglichen,** haftet das herrschende Unternehmen nach § 317. Der Vorstand der abhängigen Gesellschaft haftet in diesem Fall zwar nicht, doch hat er Ansprüche der Gesellschaft aus §§ 317, 62 (→ Rn. 83) geltend zu machen; zudem darf er künftigen Veranlassungen zu nachteiligen Maßnahmen regelmäßig nur noch gegen sofortigen Nachteilsausgleich oder Begründung eines entsprechenden Anspruchs (für den ggf. Sicherheiten zu stellen sind) nachgehen.[307] Ist die fragliche Maßnahme einem Nachteilsausgleich nicht zugänglich, so haftet das herrschende Unternehmen nach § 317

79

---

[302] Vgl. *Geßler* FS Westermann, 1974, 145 (156 f.); MHdB AG/*Krieger* § 70 Rn. 31. Eingehend zur Interessen- und Pflichtenlage des Vorstands der abhängigen Gesellschaft E. *Vetter* ZHR 171 (2007), 342 (352 ff.); MüKoAktG/*Altmeppen* Rn. 443 ff., 463 ff.; speziell im Zusammenhang mit Vorstands-Doppelmandaten (→ Rn. 35) s. *Hoffmann-Becking* ZHR 150 (1986), 570 (579 ff., 583 ff.); *Löbbe* 354 ff.

[303] OLG Hamm AG 1995, 512 (516); MüKoAktG/*Altmeppen* Rn. 448 f.; KK-AktG/*Koppensteiner* Rn. 140 ff.; K. Schmidt/Lutter/*J. Vetter* Rn. 115; Spindler/Stilz/*Müller* Rn. 62; Hüffer/*Koch* Rn. 48; HK-AktG/*Fett* Rn. 60; MHdB AG/*Krieger* § 70 Rn. 31; *Kropff* DB 1967, 2147 (2151 f.); *Löbbe* 346 ff.; *Maul* 25 ff.; *Strohn* 30 ff.; aA *Bälz* FS Raiser, 2005, 287 (316); *Kronstein* BB 1967, 637 (642). Zur Freistellung des Vorstandsmitglieds von seiner Haftung durch das herrschende Unternehmen s. *Habersack* FS Ulmer, 2003, 151 (169 ff.); *Westermann* FS Beusch, 1993, 871 (888 ff.); zum Nichtbestehen von Sorgfaltspflichten des Vorstands der abhängigen Gesellschaft gegenüber dem herrschenden Unternehmen s. *Kuntz* Konzern 2007, 802 (808 f.).

[304] K. Schmidt/Lutter/*J. Vetter* Rn. 115; Spindler/Stilz/*Müller* Rn. 62; Hüffer/*Koch* Rn. 48; HK-AktG/*Fett* Rn. 60; MHdB AG/*Krieger* § 70 Rn. 31; *Ulmer* FS Hüffer, 2010, 997 (1004 ff.), der zu Recht betont, dass es bei dem Verhältnis zwischen § 311 und § 93 nicht um ein Konkurrenz-, sondern um ein Tatbestandsproblem geht.

[305] MüKoAktG/*Kropff* 2. Aufl. Rn. 338; Schmidt/Lutter/*J. Vetter* Rn. 115; MHdB AG/*Krieger* § 70 Rn. 31; *Löbbe* 349; aA Grigoleit/*Grigoleit* Rn. 53; wohl auch *Altmeppen* ZIP 1996, 693 (696).

[306] Eine Pflicht zur Kreditgewährung besteht allerdings in keinem Fall, vgl. BGHZ 179, 71 Rn. 13 = NJW 2009, 850 – MPS.

[307] *Altmeppen* ZIP 1996, 693 (696 f.); *Emmerich*/*Habersack* KonzernR § 25 Rn. 43; weitergehend *Henze* BB 1996, 489 (499), dem zufolge das herrschende Unternehmen, das für das Vorjahr keinen Nachteilsausgleich geleistet hat, wegen Treupflichtverletzung (→ Rn. 89 f.) haftet, wenn es nicht sofort, also bereits vor Ablauf des Geschäftsjahres, ausgleicht.

§ 311 80–82   3. Buch. 2. Teil. 2. Abschn. Fehlen eines Beherrschungsvertrags

oder nach den Grundsätzen über die qualifizierte Nachteilszufügung (→ Rn. 43); der Vorstand der abhängigen Gesellschaft haftet nach § 93 Abs. 2. Zur Überlagerung des § 93 durch § 318 → § 318 Rn. 11 f.

80   Vor dem Hintergrund, dass auch nachgeordnete Stellen Adressat nachteiliger Veranlassungen sein können (→ Rn. 27), obliegt dem Vorstand der abhängigen Gesellschaft nach § 93 die Erfüllung von **Organisationspflichten.** Insbesondere hat der Vorstand sicherzustellen, dass er von sämtlichen Veranlassungen erfährt, die nachteiligen Charakter haben und bei denen die Bereitschaft zum Nachteilsausgleich nicht gesichert ist.[308] Des Weiteren hat er dafür zu sorgen, dass sämtliche im Abhängigkeitsbericht darzustellenden Vorgänge (→ § 312 Rn. 21 ff.) **dokumentiert** werden. Schließlich hat der Vorstand ggf. **Verhandlungen** über Art und Umfang des Nachteilsausgleichs zu führen und dabei auf die Gewährung des Ausgleichs hinzuwirken.[309]

81   **3. Pflichten des Aufsichtsrats.** Der Aufsichtsrat hat, nicht anders als der Vorstand, seine Tätigkeit an den Interessen der abhängigen Gesellschaft auszurichten. Seine Rechtsstellung – darunter insbesondere das Gebot höchstpersönlicher und weisungsfreier Amtsführung (§ 111 Abs. 5) – und seine Pflichten werden **durch die §§ 311 ff. nicht berührt** (→ § 318 Rn. 10 ff., 15). Insbesondere hat der Aufsichtsrat darauf zu achten, dass nachteilige Maßnahmen nur unter den in → Rn. 78 ff. genannten Voraussetzungen ergriffen werden, dass also Nachteilsausgleich zu erwarten ist und dem Nachteilsausgleich nicht zugängliche Maßnahmen unterbleiben.[310] Hat sich der Aufsichtsrat gemäß § 111 Abs. 4 S. 2 die Zustimmung zu Geschäftsführungsmaßnahmen vorbehalten, so darf er die Zustimmung nach Maßgabe der Ausführungen in → Rn. 78 ff. erteilen; insoweit verdrängt also § 311 auch § 116.[311] Zur **Unabhängigkeit** der Aufsichtsratsmitglieder → § 314 Rn. 2; zur **Überlagerung des § 116 durch § 318** → § 318 Rn. 11 f., 15.

82   **4. Kapitalerhaltung.** Die Veranlassung zu einer nachteiligen Maßnahme geht, lässt man die Pflicht zum Nachteilsausgleich außer Betracht, regelmäßig mit einer nicht durch einen Gewinnverwendungsbeschluss gedeckten und damit an sich gemäß §§ 57, 60, 62 unzulässigen Vermögensverlagerung auf das herrschende Unternehmen einher.[312] Die Anwendung dieser Vorschriften, darunter namentlich derjenigen des § 62 betreffend die Verpflichtung des Aktionärs zur Rückgewähr entsprechender Zuwendungen, würde indes die in § 311 Abs. 2 vorgesehene Möglichkeit des hinausgeschobenen Nachteilsausgleichs in Frage stellen. Mit der heute hM ist deshalb davon auszugehen, dass die **§§ 57, 60, 62 – ebenso wie § 71a**[313] **– durch § 311 verdrängt** werden;[314] das Fehlen einer dem §§ 57 Abs. 1 S. 3, 71a Abs. 1 S. 3, 291

---

[308] Näher KK-AktG/*Koppensteiner* Rn. 144; *Löbbe* 352 ff.; s. ferner K. Schmidt/Lutter/*J. Vetter* Rn. 116; allg. zu gesellschaftsinternen Informationssystemen *S. H. Schneider* 125 ff., 141 ff., 310 ff.
[309] *Geßler* FS Westermann, 1974, 145 (156 f.); KK-AktG/*Koppensteiner* Rn. 146.
[310] Zu den Pflichten des Aufsichtsrats im Zusammenhang mit der Kreditgewährung (Rn. 47 ff., 62a, 78) s. BGHZ 179, 71 Rn. 19 ff. = NJW 2009, 850 – MPS; *Bayer/Lieder* AG 2010, 893 ff.; *Habersack* ZGR 2009, 347 (363 f.); allg. *U. H. Schneider* FS Raiser, 2005, 341 ff.; *Löbbe* 389 ff.
[311] MüKoAktG/*Altmeppen* Rn. 473; s. ferner *Kropff* FS U. Huber, 2006, 841 (854 f.). Allg. zu Zustimmungsvorbehalten im Konzern MüKoAktG/*Habersack* § 111 Rn. 116 ff.; GroßkommAktG/*Hopt/Roth* § 111 Rn. 685 ff.; MüKoAktG/*Altmeppen* Rn. 415 ff.; zur Freistellung des Aufsichtsratsmitglieds durch das herrschende Unternehmen s. *Habersack* FS Ulmer, 2003, 151 (161 ff.); Westermann FS Beusch, 1993, 871 ff.
[312] Zur Änderung des § 57 durch das MoMiG (→ Einl. Rn. 20, 39) → Rn. 47.
[313] *Schroeder*, Finanzielle Unterstützung des Aktienerwerbs, 1995, 278 ff.; K. Schmidt/Lutter/*J. Vetter* Rn. 119; MHdB AG/*Krieger* § 70 Rn. 54; *Habersack* FS Hopt, 2010, 725 (742 f.); *Riegger* ZGR 2008, 233 (240); wohl auch *Fleischer* AG 1996, 494 (505 ff.); offengelassen von *Kerber* DB 2004, 1027 (1030); aA KK-AktG/*Koppensteiner* Rn. 163; *Grigoleit/Grigoleit* Rn. 56; *Lutter/Wahlers* AG 1989, 1 (9); *Hassner* 464 ff.; *Nodoushani* Konzern 2008, 385 (388 ff.). – Näher zu Schutzzweck und Anwendungsbereich des § 71a sowie zu dessen Nähe zu §§ 57, 62 LG Düsseldorf ZIP 2006, 516; *Habersack* FS Hopt, 2010, 725 (742 f.); ders. FS Röhricht, 2005, 181 ff., aber auch *Oechsler* ZIP 2006, 1661 ff.; *Kerber* NZG 2006, 50 ff.; ders. ZIP 2006, 522 ff.; *Nodoushani* Konzern 2008, 385 (388 ff.); umfassend (auch zu den unionsrechtlichen Grundlagen) *Hassner* passim, insbes. 111 ff.
[314] BGHZ 179, 71 Rn. 11 = NJW 2009, 850 – MPS; BGHZ 190, 7 Rn. 48 = NZG 2011, 829 – Dritter Börsengang; BGH NZG 2012, 1030 Rn. 16, 19; OLG München NZG 2005, 181 (183); OLG Frankfurt AG 1996, 324 (327); OLG Hamm AG 1995, 512 (516); OLG Stuttgart AG 1994, 411 (412); LG München I

Abs. 3 entsprechenden Vorschrift steht dem nicht entgegen.[315] Von Bedeutung ist dies insbesondere für den Fall, dass das herrschende Unternehmen nicht im unmittelbaren zeitlichen Zusammenhang mit der Einflussnahme, sondern erst am Ende des Geschäftsjahres Ausgleich gewährt oder verspricht (→ Rn. 70 ff.). Berücksichtigt man, dass das herrschende Unternehmen zum Ersatz auch des „Verzögerungsnachteils" verpflichtet ist (→ Rn. 68, 72), so bleiben allerdings auch in diesem Fall die Vermögensinteressen der abhängigen Gesellschaft gewahrt (→ Rn. 2). Einzuräumen ist zwar, dass die abhängige Gesellschaft, wenn es nicht sogleich zum Nachteilsausgleich kommt, mit dem Risiko einer Insolvenz des herrschenden Unternehmens belastet ist. Dies allein vermag indes den Vorrang des § 311 nicht in Frage zu stellen,[316] zumal eine nachteilige Maßnahme ohnehin zu unterbleiben hat, wenn es als ungewiss erscheint, dass das herrschende Unternehmen seiner Ausgleichsverpflichtung nachkommt (→ Rn. 78). Auch mit **Art. 17 und 18 Kapital-RL,**[317] sollte die Richtlinie überhaupt auf Konzernsachverhalte anwendbar sein, wäre es im Übrigen durchaus vereinbar, dass die Verpflichtung zum Nachteilsausgleich einstweilen (→ Rn. 83) an die Stelle des allgemeinen Rückgewähranspruchs aus § 62 (Art. 18 Kapital-RL) tritt.[318]

Für die Darlehensvergabe und ihr entsprechende Kreditierungen durch die abhängige **83** Gesellschaft (→ Rn. 47 ff., 62a) kommt dem Vorrang des § 311 gegenüber § 57 freilich keine Bedeutung mehr zu, nachdem das **MoMiG** (→ Einl. Rn. 39) in **§ 57 Abs. 1 S. 3** die im Rahmen des § 311 seit jeher maßgebende **konkrete Betrachtungsweise** aufgegriffen hat (→ Rn. 47). Hinsichtlich des mit der Kreditgewährung verbundenen Ausfall- und Liquiditätsrisikos macht es seitdem keinen Unterschied, ob auf § 57 Abs. 1 oder auf § 311 abzustellen ist (→ Rn. 47 ff.); ist die Kreditgewährung nachteilig, so ist sie sowohl nach § 57 als auch nach § 311 verboten, ist sie nicht nachteilig, ist sie nach beiden Vorschriften erlaubt. Bei Rechtsgeschäften und Maßnahmen, die ihrer Art nach nicht auf eine Vorleistung durch die abhängige Gesellschaft gerichtet sind,[319] ist § 57 Abs. 1 S. 3 hingegen schon deshalb nicht anwendbar, weil die abhängige Gesellschaft grundsätzlich *keinen Anspruch* auf Nachteilsausgleich hat (→ Rn. 75). Die Unanwendbarkeit des Zahlungsverbots des § 57 Abs. 1 S. 1, Abs. 3 ist in diesem Fall aus § 311 herzuleiten (→ Rn. 82) und steht unter dem Vorbehalt, dass die Voraussetzungen dieser Vorschrift erfüllt sind. Anderes gilt nur für den Fall, dass das herrschende Unternehmen bereits bei Vornahme der nachteiligen Maßnahme Nachteilsausgleich rechtsverbindlich zusagt (→ Rn. 72 ff.) und der hierdurch zur Entstehung gebrachte Anspruch der abhängigen Gesellschaft vollwertig ist.

Die Freistellung vom Verbot der Einlagenrückgewähr steht und fällt mit der Rechtferti- **84** gung der nachteiligen Einflussnahme. **Unterbleibt** der nach § 311 Abs. 2 gebotene **Nachteilsausgleich** (→ Rn. 69 ff.) oder darf der Vorstand der abhängigen Gesellschaft einer nachteiligen Veranlassung nicht nachkommen (→ Rn. 78), so finden die Vorschriften der

---

AG 2010, 173 (175); LG Düsseldorf AG 1979, 290 (291 f.); MüKoAktG/*Altmeppen* Rn. 450 f.; KK-AktG/ *Koppensteiner* Rn. 161 f.; Hüffer/*Koch* Rn. 49; Spindler/Stilz/*Müller* Rn. 63; K. Schmidt/Lutter/*J. Vetter* Rn. 117; HK-AktG/*Fett* Rn. 58; Grigoleit/*Grigoleit* Rn. 56; Hölters/*Leuering/Goertz* Rn. 9; MHdB AG/ *Krieger* § 70 Rn. 52; *Schubel* in Henn/Frodermann/Jannott AktR-HdB § 14 Rn. 89 f.; *Bezzenberger* 326 ff.; *Henze* BB 1996, 489 (498 f.); *Michalski* AG 1980, 261 (264 f.); *Riegger* ZGR 2008, 233 (239 ff.); *Strohn* 24 ff.; *Ulmer* FS Hüffer, 2010, 997 (1003 ff.); *Wimmer-Leonhardt* 130 ff.; einschr. *Bayer* FS Lutter, 2000, 1011 (1030 f.); aA GroßkommAktG/*Würdinger* 3. Aufl. Anm. 5; *Flume* BGB AT I 2, 127; *Cahn* 64 ff.; *Bälz* FS Raiser, 2005, 287 (314 f.); *Altmeppen* ZIP 1996, 693 (695 ff.); *ders.* 57 ff.; *Wackerbarth* 126 ff.; *ders.* Konzern 2010, 337 (346 ff.); offengelassen noch in BGHZ 175, 365 = NJW 2008, 1583 Rn. 28 – UMTS; s. ferner BGHZ 141, 79 (87 f.) = NJW 1999, 1706, wo allerdings Nachteilsausgleich nicht geleistet war.
[315] Vgl. BGHZ 179, 71 Rn. 11 = NJW 2009, 850 – MPS; zu § 57 Abs. 1 S. 3 → Rn. 82a.
[316] Vgl. auch die im Zusammenhang mit der Darlehensvergabe angestellten Erwägungen in BGHZ 179, 71 Rn. 11 f. = NJW 2009, 850 – MPS; → Rn. 83.
[317] RL 2012/30/EU vom 25.10.2012, ABl. EU Nr. L 315, 94.
[318] Näher *Habersack* ZGR 2003, 724 (733 f.); *ders./Verse* § 6 Rn. 48; KK-AktG/*Koppensteiner* Vor § 311 Rn. 7; K. Schmidt/Lutter/*J. Vetter* Rn. 117; *Bezzenberger* 325; *Wimmer-Leonhardt* 132 f.; aA *Schön* FS Kropff, 1997, 285 (295 ff.).
[319] Speziell zum Zinsnachteil der abhängigen Gesellschaft s. BGHZ 179, 71 Rn. 17 = NJW 2009, 850 – MPS; *Habersack* ZGR 2009, 347 (359 f.); → Rn. 47a.

§§ 57, 60, 62, 71a mithin *neben* denjenigen der §§ 317, 117 (→ Rn. 87) Anwendung.[320] Entsprechendes gilt zwar an sich bei Vornahme einer dem *Nachteilsausgleich nicht zugänglichen Maßnahme* (→ Rn. 60) auf Veranlassung durch das herrschende Unternehmen; die fehlende Quantifizierbarkeit des Nachteils wird jedoch in aller Regel auch der Geltendmachung eines Rückforderungsanspruchs aus § 62 entgegenstehen.

85 **5. Beschlussfassung.** Vor dem Hintergrund, dass eine nachteilige Veranlassung auch durch Hauptversammlungsbeschluss erfolgen kann (→ Rn. 29 f.), stellt sich die Frage nach dem Verhältnis des § 311 zur Möglichkeit der Beschlussanfechtung nach § 243. Der Frage kommt zunächst im Zusammenhang mit **§ 243 Abs. 2** Bedeutung zu.[321] Insoweit rührt die Problematik daher, dass der in § 243 Abs. 2 S. 2 vorgesehene, zur Beseitigung der Anfechtbarkeit des Beschlusses führende **Ausgleich** zugunsten der Gesellschaft[322] bereits **im Beschluss selbst** festzuhalten ist. Demgegenüber sieht § 311 die Möglichkeit des hinausgeschobenen Nachteilsausgleichs vor (→ Rn. 69 ff.). Bei Anwendbarkeit des § 243 Abs. 2 wäre mithin der Beschluss, sofern er nicht selbst eine Ausgleichsregelung enthält,[323] stets anfechtbar; die nachteilige Maßnahme hätte zu unterbleiben. Ungeachtet der Privilegierungsfunktion des § 311 Abs. 2 (→ Rn. 2, 4 f.) erscheint dies freilich aus Gründen des Gesellschafts- und Aktionärsschutzes auch als geboten. Wollte man nämlich einen Sondervorteil iSd § 243 Abs. 2 S. 1 nicht bereits darin sehen, dass das herrschende Unternehmen den Nachteil nicht sofort ausgleicht, so würde der für die Gesellschaft nachteilige Beschluss auch dann in **Bestandskraft** erwachsen, wenn das herrschende Unternehmen seiner Ausgleichspflicht aus § 311 Abs. 2 nicht nachkommt; der Aktionär könnte den Eintritt der Bestandskraft nicht verhindern. Würde das herrschende Unternehmen von der Leistung von Nachteilsausgleich absehen, bliebe zwar die Haftung nach § 317. Ganz abgesehen davon, dass im Rahmen der Geltendmachung dieses Anspruchs eine Inzidentkontrolle des (bestandskräftigen) Beschlusses zu erfolgen hätte, käme jedenfalls ein Anspruch auf Beseitigung der Maßnahme nicht in Betracht (demgegenüber → § 317 Rn. 15 ff.). Mit der hM ist deshalb davon auszugehen, dass der Anfechtungsgrund des § 243 Abs. 2 nicht durch § 311 verdrängt wird und der Nachteilsausgleich somit bereits im Hauptversammlungsbeschluss – hinreichend konkret[324] – zu regeln ist.[325] Hat es somit dabei zu bewenden, dass der Nachteilsausgleich bereits im Beschluss der Hauptversammlung selbst geregelt sein muss, so hat dies auch dann zu gelten, wenn der Beschluss infolge der unterbliebenen Nachteilsfestsetzung nicht nur anfechtbar, sondern wegen Ver-

---

[320] OLG Koblenz AG 2007, 408 (409); OLG München NZG 2005, 181 (183); OLG Frankfurt AG 1996, 324 (327); OLG Hamm AG 1995, 512 (516); KK-AktG/*Koppensteiner* § 317 Rn. 51; Hüffer/*Koch* Rn. 49; K. Schmidt/Lutter/*J. Vetter* Rn. 117; Spindler/Stilz/*Müller* Rn. 63; HK-AktG/*Fett* Rn. 58; Grigoleit/*Grigoleit* Rn. 56; MHdB AG/*Krieger* § 70 Rn. 52; *Ulmer* FS Hüffer, 2010, 997 (1006 f.); aA *Bezzenberger* 331 ff.; *Michalski* AG 1980, 261 (264) unter Hinweis darauf, dass die Anwendung des § 62 neben § 317 überflüssig sei, was freilich schon im Hinblick auf die unterschiedlichen Anspruchsvoraussetzungen nicht zutrifft.
[321] Vgl. auch OLG Frankfurt ZIP 2006, 370 (372 f.): gesetzliche Verschmelzungsfolgen begründen keinen Sondervorteil iSd § 243 Abs. 2 S. 1; ferner LG Düsseldorf ZIP 2006, 516 (520 f.): Unanwendbarkeit des § 71a auf die Verschmelzung.
[322] Zu der diesbezüglichen Korrektur des Wortlauts des § 243 Abs. 2 S. 2 s. GroßkommAktG/*K. Schmidt* § 243 Rn. 60; KK-AktG/*Zöllner* 1. Aufl. § 243 Rn. 242 ff.; Hüffer/*Koch* § 243 Rn. 40; aA *Geßler* FS Barz, 1974, 97 (99 f.); *Mülbert* 290 f.
[323] Zu den Anforderungen → Rn. 72 ff., ferner BGH NZG 2012, 1030 Rn. 23 f.
[324] Insoweit finden die für Ausgleichsvereinbarungen geltenden Anforderungen entsprechende Anwendung, → Rn. 73 f.; dazu sowie zum Zusammenspiel zwischen Beschluss und Ausgleichsvereinbarung auch *Müller* FS Stilz, 2014, 427 (436 f.).
[325] BGH NZG 2012, 1030 Rn. 20; OLG Frankfurt WM 1973, 348 (350 f.); LG München I NZG 2002, 826 (827); AG 2010, 173 (178 f.); KK-AktG/*Koppensteiner* Rn. 165 f. – anders noch in 2. Aufl. Rn. 109; Hüffer/*Koch* § 243 Rn. 43; Spindler/Stilz/*Müller* Rn. 65; K. Schmidt/Lutter/*J. Vetter* Rn. 123; Hölters/*Leuering*/*Goertz* Rn. 14; HK-AktG/*Fett* Rn. 59; Grigoleit/*Grigoleit* Rn. 54; GroßkommAktG/*K. Schmidt* § 243 Rn. 85; KK-AktG/*Zöllner* § 243 Rn. 255 ff.; *Müller* FS Stilz, 2014, 427 (434 ff.); *Schilling* FS Hengeler, 1972, 226 (234 f.); *A. Wilhelm* NZG 2012, 1287 (1288 ff.); wohl auch BGH ZIP 2006, 2167 (2170); weitergehend *Beck* BB 2015, 1289 (1292 f.): Nichtigkeit des Beschlusses gemäß § 241 Nr. 3; aA OLG Stuttgart AG 1994, 411 (412); *Mülbert* 288 ff.; *Wimmer-Leonhardt* 136 f.; *Arnold*/*Gärtner* FS Stilz, 2014, 7 (9 ff.); *Abrell* BB 1974, 1463 (1467); für § 119 Abs. 2 *Strohn* 39 ff.

letzung gläubigerschützender Vorschriften nach § 241 Nr. 3 nichtig ist.[326] Die **Privilegierungsfunktion** des § 311 (→ Rn. 2, 5) wird freilich durch das Eingreifen des § 243 Abs. 2 nicht berührt.[327]

Entsprechendes hat für die Beschlussanfechtung nach § 243 Abs. 1 zu gelten, soweit 86 diese auf eine Verletzung der mitgliedschaftlichen **Treupflicht** oder auf eine Verletzung des **Gleichbehandlungsgrundsatzes** gestützt wird.[328] Die durch das UMAG aufgehobene Vorschrift des § 117 Abs. 7 Nr. 1 aF (→ Rn. 33) war im Rahmen der §§ 311, 317 auch insoweit nicht entsprechend anwendbar, als die Beschlussanfechtung den Eintritt eines Schadens oder Nachteils verhindert hätte. Abweichend von den für die unabhängige AG geltenden Grundsätzen[329] bewendet es vielmehr auch bei Bestandskraft des Beschlusses bei Geltung der §§ 311, 317 und bei dem Erfordernis der Nachteilsfestsetzung im Beschluss.

VIII. Haftung des herrschenden Unternehmens und seiner Organwalter

1. Konzerndimensionaler Charakter von Sorgfalts- und Verkehrspflichten. Die 87 dem herrschenden Unternehmen eröffnete Möglichkeit der Einflussnahme auf die abhängige Gesellschaft bleibt nicht ohne Folgen für den Aufgaben- und Pflichtenkreis seiner Organwalter. Zwar besteht keine Konzernleitungspflicht des Vorstands der herrschenden AG, verstanden im Sinne einer Pflicht zur Ausübung einheitlicher Leitung oder gar zur breitflächigen und intensiven Einflussnahme auf die abhängige Gesellschaft (→ Rn. 11); Entsprechendes gilt vorbehaltlich einer entsprechenden Weisung der Gesellschafter für den Geschäftsführer der herrschenden GmbH. Nicht zu bezweifeln ist jedoch, dass die Verwaltung des Beteiligungsbesitzes Bestandteil der Geschäftsführungsbefugnis ist, ferner, dass die Organwalter, mögen sie weisungsfrei (§ 76 Abs. 1) oder weisungsgebunden (§ 37 Abs. 1 GmbHG) sein, im Verhältnis zur herrschenden Gesellschaft[330] zumindest zur Überwachung der Geschäftsführung innerhalb der abhängigen oder konzernierten Gesellschaft verpflichtet sind.[331] Dürfen somit entsprechende Beteiligungen nicht als bloße Finanzanlagen gehalten werden, so erlangen die eigentlichen Leitungsaufgaben der Organwalter des herrschenden Unternehmens – Entsprechendes gilt für die Kontrollpflichten des Aufsichtsrats[332] – durchaus eine konzernweite Dimension. Davon betroffen ist neben der Risiko-Früherkennung und Controlling[333] insbesondere auch die **Compliance**; da die Folgen rechtswidrigen Verhaltens auf Tochter- oder Enkelebene teils unmittelbar,[334] jedenfalls aber mittelbar auch die Muttergesellschaft betreffen, haben deren Organwalter im Rahmen der ihnen durch §§ 311 ff. eröffneten Möglichkeiten darauf hinzuwirken, dass Rechtsverstöße im Konzern unterbleiben.[335] Nicht zuletzt vor dem Hintergrund, dass der Vorstand der abhängigen

---

[326] So im Zusammenhang mit § 241 Nr. 3 BGH NZG 2012, 1030 Rn. 20.
[327] *Arnold/Gärtner* FS Stilz, 2014, 7 (21 f.); wohl auch BGH NZG 2012, 1030 Rn. 22, 25; aA *A. Wilhelm* NZG 2012, 1287 (1289).
[328] Zust. *Verse* 346 f.; allg. zur Anfechtung wegen Treupflichtverletzung oder Verstoßes gegen § 53a GroßkommAktG/*K. Schmidt* § 243 Rn. 42, 45 ff.; zur Treupflicht des Aktionärs → Rn. 4; zu § 53a → Rn. 91.
[329] Zur Reichweite des Vorrangs der Anfechtungs- vor der Schadensersatzklage s. *Habersack* 225 ff., 231 ff.
[330] Zum Bezugspunkt der Organpflichten (herrschendes Unternehmen, nicht Konzern) s. *Hoffmann-Becking* FS Hommelhoff, 2012, 433 (437 ff.).
[331] Zum Insiderrecht, insbes. zum Weitergabeverbot des § 14 Abs. 1 Nr. 2 WpHG, sowie zu den korrespondierenden Verschwiegenheitspflichten aus §§ 93 Abs. 1 S. 3, 116 S. 2 s. *Verse* 509 ff.; *Veil* ZHR 172 (2008), 239 (248 ff.); *Dittmar* AG 2013, 498 ff.
[332] Näher MüKoAktG/*Habersack* § 111 Rn. 52 ff.; GroßkommAktG/*Hopt/Roth* § 111 Rn. 369 ff.; *Hoffmann-Becking* ZHR 159 (1995), 325 ff.; *Hommelhoff* ZGR 1996, 144 ff.; *Löbbe* 235 ff.; *Lutter* AG 2006, 517 ff.; *U. H. Schneider* FS Hadding, 2004, 621 ff.; speziell zur konzernbezogenen Berichtspflicht nach § 90 Abs. 1 S. 2 *Götz* NZG 2002, 599 (600); *Ihrig/Wagner* BB 2002, 789 (793); *Hüffer/Koch* § 90 Rn. 7a; zu den Informationsrechten des Aufsichtsratsmitglieds *U. H. Schneider* FS Kropff, 1997, 271 ff.
[333] OLG Jena NZG 2010, 227; MHdB AG/*Krieger* § 70 Rn. 27 mwN.
[334] EuGH ZIP 2010, 392 Rn. 54 ff.; EuZw 2015, 868 Rn. 31 ff.; *Lutter* FS Goette, 2011, 289 (290 ff.); *Habersack* FS Möschel, 2011, 1175 (1177 ff.).
[335] MüKoAktG/*Altmeppen* Rn. 439 ff.; *Hüffer/Koch* § 76 Rn. 48 f.; MHdB AG/*Krieger* § 70 Rn. 27; näher *Bachmann* VGR 13 (2008), 66 ff.; *Bicker* AG 2012, 542 ff.; *Endres* ZHR 163 (1999), 441 ff.; *Fleischer* DB 2005, 759 ff.; *H. Götz* ZGR 1998, 524 (526 ff.); *Grundmeier* Konzern 2012, 487 ff.; *Habersack* FS Möschel, 2011, 1175 (1187 ff.); *Hommelhoff/Mattheus* BFuP 2000, 217 ff.; *Koch* WM 2009, 1013 ff.; *Löbbe* 74 ff.; *Lutter*

§ 311 88   3. Buch. 2. Teil. 2. Abschn. Fehlen eines Beherrschungsvertrags

Gesellschaft nicht weisungsgebunden ist (→ Rn. 10, 77 f.), erweisen sich insbesondere die **aufsichtsrechtlichen Vorgaben** der § 25a Abs. 1 KWG, § 64a Abs. 1 VAG, § 25 Abs. 1 FKAG, § 33 WpHG für die Organwalter des herrschenden Unternehmens zunehmend als besondere Herausforderung.[336] Der organisationsrechtliche Gehalt der §§ 311 ff. (→ Rn. 2) kommt darüber hinaus in der „Verlängerung" der dem herrschenden Unternehmen obliegenden Verkehrspflichten, namentlich solchen aus dem Bereich der **Produkt- und Umwelthaftung,** zum Ausdruck.[337] Entsprechendes lässt sich im Zusammenhang mit der **Wissenszurechnung** feststellen.[338] Hingegen ist für das Außenverhältnis eine allgemeine Compliance-Pflicht des herrschenden Unternehmens nicht zu begründen; sie lässt sich insbesondere nicht aus **§ 130 OWiG** herleiten.[339]

88   **2. § 117.** Die Veranlassung zu einer nachteiligen Maßnahme iSv § 311 erfüllt häufig zugleich den Tatbestand des § 117. Die Anwendbarkeit dieser Vorschrift ließe freilich die Möglichkeit des gestreckten Nachteilsausgleichs gemäß § 311 Abs. 2 weitgehend leerlaufen. Mit der hM ist deshalb davon auszugehen, dass die Vorschrift des § 311 den allgemeinen Haftungstatbestand des § 117 verdrängt.[340] Kommt es allerdings nicht zum Nachteilsausgleich gemäß § 311 Abs. 2, sei es, dass die Maßnahme einem Nachteilsausgleich nicht zugänglich ist oder ein an sich möglicher Ausgleich unterbleibt (→ Rn. 43, 58, 69 ff.), so haftet das herrschende Unternehmen nicht nur aus § 317 Abs. 1; vielmehr lebt dann, wie nicht zuletzt auch aus einem Umkehrschluss aus § 117 Abs. 7 Nr. 1 und 2 folgt, auch die Haftung nach § 117 wieder auf.[341] Praktische Bedeutung kommt der Geltung des § 117 neben § 317 vor allem insoweit zu, als es um die Haftung des **Nutznießers** der Einflussnahme gemäß § 117 Abs. 3 geht; sie betrifft insbesondere eine **Schwestergesellschaft,** auf die Vermögen der abhängigen Gesellschaft verlagert wurde (→ Anh. § 318 Rn. 36, 42). **Gesetzliche Vertreter,** sonstige Organwalter und Angestellte des herrschenden Unternehmens unterliegen nach heute hM zwar auch insoweit der Haftung nach § 117, als sie lediglich den Einfluss des herrschenden Unternehmens geltend machen.[342] Gesetzliche Vertreter des herrschenden Unternehmens haften indes bereits nach § 317 Abs. 3 (→ § 317 Rn. 22 ff.); soweit einer Haftung des herrschenden Unter-

---

FS Goette, 2011, 289 ff.; *K. Schmidt* FS Lutter, 2000, 1167 (1175 ff.); *S. H. Schneider/U. H. Schneider* AG 2005, 57 (58 ff.); *dies.* ZIP 2007, 2061 ff.; *S. H. Schneider* passim, insbes. 125 ff., 141 ff., 310 ff.; *Semler* ZGR 2004, 631 ff.; *Schwark* FS Ulmer, 2003, 605 ff.; *Verse* ZHR 175 (2011), 401 (419 ff.); *Grundmeier* 33 ff.; *Holle* 84 ff., 123 ff.; eingehend zur Organisation der Konzernführung und -überwachung *Theisen* Konzern 199 ff., 259 ff.; zur strafrechtlichen Verantwortlichkeit des Compliance Officer s. BGH AG 2009, 740; *Ransiek* AG 2010, 147 ff.; allg. zu den Compliance-Pflichten des AG-Vorstands LG München I NZG 2014, 345; *Harbarth* ZHR 179 (2015), 136 ff.
[336] Näher dazu *Dreher/Ballmaier* ZGR 2014, 753 ff.; *Fett/Gebauer* FS Schwark, 2009, 375 (378 ff.); *Tröger* ZHR 177 (2013), 475 ff.; *Weber-Rey/Gissing* AG 2014, 884 ff.; *Wilm* GS Gruson, 2009, 465 (473 f.); allg. zur kapitalmarktrechtlichen Compliance *Krause* CCZ 2014, 248 ff.; *Seibt/Cziupka* AG 2015, 93 ff. – Zur Informationsweitergabe → Rn. 51a.
[337] Zur strafrechtlichen Verantwortlichkeit s. *Ransiek* ZGR 1999, 613 ff.
[338] Aus der Rspr. BGH NJW 2001, 359 (360); näher dazu GroßkommAktG/*Habersack/Foerster* 5. Aufl. § 78 Rn. 44; *Drexl* ZHR 161 (1997), 491 ff.; *W. Schüler,* Die Wissenszurechnung im Konzern, 2000; allg. zur Zurechnung im Konzern *Bork* ZGR 1994, 237 ff.; zu weitgehend *Schwintowski* ZIP 2015, 617 (619 ff.), der der Gesellschaft jegliches Wissen eines Aufsichtsratsmitglieds (auch eines solchen, der Organwalter des herrschenden Unternehmens ist) zurechnet; dagegen zu Recht *Verse* AG 2015, 413 (415 ff.).
[339] *Hüffer/Koch* § 76 Rn. 21; *ders.* AG 2009, 564 ff.; MHdB AG/*Krieger* § 70 Rn. 27; *Bosch* ZHR 177 (2013), 454 (462 ff.); *Habersack* FS Möschel, 2011, 1175 (1179 ff.); *Verse* ZHR 177 (2013), 401 (409 ff.); näher *Holle* 400 ff.; aA *Grundmeier* Konzern 2012, 487 (488 ff.); *Löbbe* ZHR 177 (2013), 518 (543 ff.).
[340] KK-AktG/*Koppensteiner* Rn. 164; KK-AktG/*Mertens/Cahn* § 117 Rn. 42; *Hüffer/Koch* Rn. 50, § 117 Rn. 14; *K. Schmidt/Lutter/J. Vetter* Rn. 124; *Spindler/Stilz/Müller* Rn. 64; *Hölters/Leuering/Goertz* Rn. 8; *Kropff* DB 1967, 2147 (2150 ff.); *Strohn* 32 ff.; *Ulmer* FS Hüffer, 2010, 997 (1007 ff.); aA GroßkommAktG/*Würdinger* 3. Aufl. Anm. 5; *Voigt* 305 ff., 358 f. – Zur Verdrängung einer etwaigen Haftung als „faktisches Organ" durch § 311 s. *Fleischer/ders.* HdB § 11 Rn. 33; *ders.* AG 2004, 517 (527).
[341] MüKoAktG/*Altmeppen* § 317 Rn. 116 f.; KK-AktG/*Koppensteiner* Rn. 164; KK-AktG/*Mertens/Cahn* § 117 Rn. 42; *Hüffer/Koch* Rn. 50, § 117 Rn. 14; *K. Schmidt/Lutter/J. Vetter* Rn. 124; *Spindler/Stilz/Müller* Rn. 64; *Hölters/Leuering/Goertz* Rn. 8; aA – für Verdrängung des § 117 durch § 317 – *Brüggemeier* AG 1988, 93 (101 f.); *Geßler* DB 1965, 1729 (1730); *Leo* AG 1965, 352 (355); *Möhring* FS Schilling, 1973, 253 (265 f.).
[342] KK-AktG/*Mertens/Cahn* § 117 Rn. 13 mwN.

nehmens die Vorschrift des § 317 Abs. 2 entgegensteht (→ § 317 Rn. 7 f.), kommt auch den gesetzlichen Vertretern der Vorrang des § 311 gegenüber § 117 zugute (→ § 317 Rn. 7 f.: kein Nachteil).[343] Die Organwalter der abhängigen Gesellschaft schließlich haften nach § 117 Abs. 2. Ihre Haftung nach §§ 93, 116 (→ Rn. 78 ff.) wird dadurch nicht berührt.

3. Treupflicht; Gleichbehandlung. Der in §§ 311 ff. vorausgesetzte beherrschende **89** Einfluss iSd § 17 Abs. 1 muss gesellschaftsrechtlich vermittelt sein (→ § 17 Rn. 15 ff.); er gründet mithin auf der Mitgliedschaft des herrschenden Unternehmens in der abhängigen Gesellschaft.[344] Wie nicht zuletzt die Rechtslage bei der abhängigen oder konzernierten GmbH zeigt (→ Anh. § 318 Rn. 12, 22 ff.), ließe sich der Schutz der Gesellschaft und ihrer Außenseiter mithin auch unter Rückgriff auf die mitgliedschaftliche Treupflicht erreichen (→ Rn. 4). Dies gilt auch bei mittelbarer Abhängigkeit (→ Rn. 17). Da nämlich die mitgliedschaftliche Treupflicht dem Einwirkungspotential des Gesellschafters Rechnung tragen und Schranken setzen soll,[345] muss sie auch gegenüber der mittelbar, nämlich über eine zwischengeschaltete Tochtergesellschaft Einfluss nehmenden Muttergesellschaft zur Geltung gebracht werden (→ Anh. § 318 Rn. 28).[346] Demgegenüber mag zwar der Gesetzgeber bei Kodifikation des Aktienkonzernrechts geglaubt haben, eine gesetzliche Ausgestaltung des mitgliedschaftlichen Rechtsverhältnisses zwischen dem herrschenden Unternehmen und der abhängigen Gesellschaft sei zum Schutz der abhängigen Gesellschaft unerlässlich.[347] Diese Fehleinschätzung darf jedoch nicht zu einem Nebeneinander von §§ 311 ff. und mitgliedschaftlicher Treupflicht führen. Mit Blick auf die vom Gesetzgeber mit Bedacht vorgesehene (→ Rn. 2, 5, 8) Möglichkeit des gestreckten Nachteilsausgleichs ist vielmehr davon auszugehen, dass im Anwendungsbereich des § 311 ein Rückgriff auf die Haftung wegen Treupflichtverletzung – sei es gegenüber der Gesellschaft oder gegenüber außenstehenden Aktionären (→ § 317 Rn. 13; → Anh. § 318 Rn. 27) – grundsätzlich (aber → Rn. 86, 90) ausgeschlossen ist.[348] Der von einem Teil des Schrifttums[349] befürworteten Überlagerung der §§ 311 ff. durch die mitgliedschaftliche Treupflicht ist deshalb im Grundsatz (aber → Rn. 86, 90) eine klare Absage zu erteilen.[350] Gefahren für die abhängige Gesellschaft und ihre Außenseiter sind mit der weitgehenden Verdrängung der Haftung aus Treupflichtverletzung durch § 311 nicht verbunden, wenn man nur mit den Grenzen einer nach § 311 erlaubten Einflussnahme (→ Rn. 9, 43, 58, 64 f.; → Anh. § 317 Rn. 9 ff.) Ernst macht.[351] Unterbleibt der Nachteilsausgleich, so tritt

---

[343] Im Ergebnis auch *Geßler* DB 1965, 1729 (1730).
[344] Zutr. Betonung dieses Gedankens durch *Zöllner* ZHR 162 (1998), 235 (237 f.); *Tröger* 7 ff.
[345] Grdl. *Zöllner*, Die Schranken mitgliedschaftlicher Stimmrechtsmacht bei den privatrechtlichen Personenverbänden, 1963, 339 ff.; s. des Weiteren *M. Winter*, Mitgliedschaftliche Treubindungen im GmbH-Recht, 1988, 63 ff.; *Hüffer* FS Steindorff, 1990, 59 (73 f.); *ders.* § 53a Rn. 17; Bayer/Habersack/*Verse* Bd. II Kap. 13 Rn. 4 ff., 18 ff.
[346] Im Ergebnis ganz hM, s. *Emmerich* FS Stimpel, 1985, 743 (748 ff.); UHW/*Casper* GmbHG Anh. § 77 Rn. 74; eingehend *Tröger* 37 ff.
[347] Zur Entstehungsgeschichte der §§ 311 ff. → Rn. 7; → Einl. Rn. 16 ff.; zur mitgliedschaftlichen Treupflicht des Aktionärs → Rn. 4.
[348] So auch MüKoAktG/*Altmeppen* 3. Aufl. § 317 Rn. 119 f.; KK-AktG/*Koppensteiner* Rn. 167 f.; Spindler/Stilz/*Müller* Rn. 67; Hüffer/*Koch* Rn. 52; *Bezzenberger* 335 ff.; *Müller* ZHR 163 (1999), 1 (26) Fn. 96; Bayer/Habersack/*Verse* Bd. II Kap. 13 Rn. 45 f.; *Beck* BB 2015, 1289 f.; *Wimmer-Leonhardt* 68 ff. mwN; am Beispiel passiver Konzerneffekte (→ Rn. 52) *Kropff* FS Lutter, 2000, 1133 (1144 ff.), dort allerdings mit Vorbehalt für zu erheblichen Beeinträchtigungen führenden passiven Konzernwirkungen (gegen diesen Vorbehalt aber zu Recht Bayer/Habersack/*Verse* Bd. II Kap. 13 Rn. 45 f.).
[349] *Henze* BB 1996, 489 (499); *Zöllner* ZHR 162 (1998), 235 ff.; *Tröger* 210 ff., 252 ff.; *Ehricke* 439 ff.; *Voigt* 317 ff.; im Grundsatz auch Grigoleit/*Grigoleit* Rn. 6, 57: Verdrängung nur hinsichtlich der zeitlichen Verlagerung des Ausgleichs.
[350] MüKoAktG/*Altmeppen* § 317 Rn. 119 f.; KK-AktG/*Koppensteiner* Rn. 167 f.; Spindler/Stilz/*Müller* Rn. 67; K. Schmidt/Lutter/*J. Vetter* Rn. 126; Hüffer/*Koch* Rn. 52.
[351] *Zöllner* (ZHR 162 [1998], 235, 245) hat denn auch primär Maßnahmen im Auge, die sich einem Nachteilsausgleich entziehen und nach hier vertretener Ansicht (Rn. 9, 43, 58, 64 ff.) entweder zur Haftung aus § 317 oder zur Annahme einer qualifizierten Nachteilszufügung (→ Anh. § 317 Rn. 1 ff.) führen; *Tröger* (314 ff.) geht es um einen auf der Treupflicht gründenden Präventivschutz (→ Vor § 311 Rn. 1 ff.).

die Haftung aus Treupflichtverletzung neben diejenige aus § 317 (→ Rn. 88); die noch in der 2. Aufl. (→ Rn. 89) gegen eine solche Konkurrenz angemeldeten Bedenken haben sich mit der zum 1.1.2002³⁵² erfolgten Verkürzung der Regelverjährung des § 195 BGB³⁵³ erledigt.

90 Für die Heranziehung der mitgliedschaftlichen Treupflicht ist nach den Ausführungen in → Rn. 89 nur außerhalb des Regelungsbereichs der §§ 311 ff. Raum. So lässt sich aus der Treupflicht ein **Wettbewerbsverbot** des beherrschenden Aktionärs der nicht börsennotierten Gesellschaft ableiten (→ Vor § 311 Rn. 7 f.). Des Weiteren erscheint es nicht von vornherein ausgeschlossen, dass das herrschende Unternehmen auf Grund der mitgliedschaftlichen Treupflicht gehalten ist, die Begründung eines Abhängigkeitsverhältnisses oder die Einbeziehung der abhängigen Gesellschaft in den von ihm geleiteten Konzern den übrigen Aktionären mitzuteilen (→ § 20 Rn. 10 f.); tatsächlich sind treupflichtbasierte Mitteilungspflichten freilich abzulehnen (→ Vor § 311 Rn. 1, 9). In Betracht kommen auch aus der Treupflicht hergeleitete **Auskunftsrechte** der abhängigen Gesellschaft gegenüber dem herrschenden Unternehmen, insbesondere soweit diese es der abhängigen Gesellschaft ermöglichen sollen, ihren gesetzlichen Pflichten (darunter auch denjenigen aus §§ 311 ff.) nachkommen zu können.³⁵⁴ Hingegen ist für eine allgemeine Pflicht des herrschenden Unternehmens, die konzernierte Gesellschaft in angemessener Weise am **Konzernerfolg** zu beteiligen, im System der §§ 311 ff. kein Raum;³⁵⁵ davon unberührt bleiben unmittelbar aus dem Nachteilsbegriff des § 311 herzuleitende Schranken der Einflussnahme und damit insbesondere die Pflicht zur Weitergabe von Synergieeffekten (→ Rn. 48 ff.). Schon gar nicht lässt sich aus § 311 oder aus der Treupflicht eine Pflicht des herrschenden Unternehmens herleiten, das abhängige Unternehmen über die bevorstehende oder bereits eingeleitete nachteilige Einflussnahme zu informieren (→ Rn. 9).

91 Die zur Treupflicht getroffenen Feststellungen lassen sich auf den in § 53a geregelten Gleichbehandlungsgrundsatz³⁵⁶ übertragen.³⁵⁷ Mit Blick auf die Privilegierungsfunktion der §§ 311 ff. (→ Rn. 2, 4) ist für die Annahme, die abhängige Gesellschaft sei zur **Gleichbehandlung** ihrer Aktionäre verpflichtet, **schon im Ansatz kein Raum**.³⁵⁸ Dem entspricht es, dass die Erteilung von Informationen an das herrschende Unternehmen jedenfalls im Konzern, nach zutr. Ansicht aber auch bei bloßer Abhängigkeit, kein erweitertes Informationsrecht der außenstehenden Aktionäre nach § 131 Abs. 4 nach sich zieht (→ § 312 Rn. 5).

92 **4. Sonstige Haftungstatbestände.** Dem deutschen Recht ist eine allein auf dem Tatbestand des Konzerns oder dem einheitlichen Auftreten als Gruppe gründende Haftung aus „**Konzernvertrauen**" (→ § 302 Rn. 13 f. mwN) fremd.³⁵⁹ Auch das deutsche Recht kennt jedoch eine Reihe von Haftungstatbeständen, die auf die dem herrschenden Unternehmen zurechenbare Begründung eines konkreten Vertrauenstatbestands in der Person

---

³⁵² Gesetz zur Modernisierung des Schuldrechts vom 26.11.2001, BGBl. I 3138.
³⁵³ Der zehnjährigen Verjährung nach § 199 Abs. 3 BGB dürfte im vorliegenden Zusammenhang keine praktische Bedeutung zukommen.
³⁵⁴ Näher *Pöschke* ZGR 2015, 550 (571 ff.); zum korrespondierenden Informationsanspruch des herrschenden Unternehmens → Rn. 51a.
³⁵⁵ *Geßler* FS Kunze, 1969, 159 (172); *Kirchner* ZGR 1985, 214 (231); aA noch 7. Aufl. Rn. 90; ferner MüKoAktG/*Kropff* 2. Aufl. Rn. 345.
³⁵⁶ Eingehend zu Entwicklung und Reichweite des Gleichbehandlungsgrundsatzes *Verse* passim, insbes. 15 ff., 67 ff., 141 ff.; Bayer/Habersack/*ders.* Bd. II Kap. 13 Rn. 1 ff., 4 ff.
³⁵⁷ GroßkommAktG/*Henze*/*Notz* § 53a Rn. 158 ff.; KK-AktG/*Drygala* § 53a Rn. 54; *Lutter* FS Ferid, 1988, 599 (607); *Verse* 340 ff.; zur hiervon zu unterscheidenden Frage einer Pflicht des herrschenden Unternehmens zur Gleichbehandlung der Tochtergesellschaften s. *Verse* 349 ff.
³⁵⁸ Zutr. *Verse* 340 f.
³⁵⁹ *Lutter* GS Knobbe-Keuk, 1997, 229 ff.; *Rieckers* 75 ff.; *ders.* BB 2006, 277 ff.; *ders.* NZG 2007, 125 ff.; MüKoAktG/*Altmeppen* Rn. 121; für eine entsprechende Haftung aber *Broichmann*/*Burmeister* NZG 2006, 687 ff.

eines Gläubigers der abhängigen Gesellschaft abstellen;³⁶⁰ zu nennen sind namentlich die **culpa in contrahendo** (§§ 311 Abs. 2, 280 Abs. 1 BGB), die Duldungs- und Anscheinsvollmacht, aber auch die Haftung für eine **weiche Patronatserklärung,** soweit diese den (unzutreffenden) Eindruck erweckt, die Tochtergesellschaft sei solvent.³⁶¹ Eine solche Haftung gründet dann allerdings nicht auf der Einflussnahme auf die abhängige Gesellschaft. Sie ist vielmehr eine Haftung unmittelbar gegenüber dem in seinem Vertrauen enttäuschten Gläubiger und besteht unabhängig von den Voraussetzungen der §§ 311 ff., wird also nicht durch § 311 verdrängt.³⁶² Von §§ 311, 317 unberührt bleibt – selbstverständlich – die Haftung des herrschenden Unternehmens aufgrund **rechtsgeschäftlicher Übernahme der Haftung** für Verbindlichkeiten der abhängigen Gesellschaft (→ § 302 Rn. 7 ff. mwN), ferner die allgemeine **Delikthaftung.** Allerdings ist die abhängige Gesellschaft kein Verrichtungsgehilfe des herrschenden Unternehmens, sodass dessen Haftung aus § 831 BGB schon deshalb ausscheiden muss.³⁶³ Das herrschende Unternehmen kann schließlich als Prospektveranlasser iSd §§ 21 Abs. 1 S. 1 Nr. 2, 22 WpPG, § 20 Abs. 1 VermAnlG zu qualifizieren sein und in der Folge auch hinsichtlich eines von der abhängigen Gesellschaft erstellten Prospekts der **Prospekthaftung** unterliegen.³⁶⁴

Auch **personelle Verflechtungen** (→ Rn. 28, 35 f.) begründen **als solche keine** 93 **Haftung** des herrschenden Unternehmens, schon gar nicht gegenüber außenstehenden Dritten.³⁶⁵ Liegt eine nachteilige Maßnahme vor, ist zwar deren Veranlassung durch das herrschende Unternehmen zu vermuten (→ Rn. 35 f.), sodass, sofern nicht die Veranlassungsvermutung widerlegt werden kann, nach Maßgabe der §§ 311, 317 Nachteilsausgleich oder Schadensersatz zu leisten ist. Fehlt es hingegen an einer nachteiligen Maßnahme oder hat das herrschende Unternehmen die Veranlassungsvermutung widerlegt (→ Rn. 35 f.), ist für eine Haftung des herrschenden Unternehmens gegenüber der abhängigen Gesellschaft im Allgemeinen kein Raum; insbesondere ist es ausgeschlossen, sorgfaltswidriges Organverhalten auf Ebene der abhängigen Gesellschaft nach § 31 BGB dem herrschenden Unternehmen zuzurechnen.³⁶⁶

§ 312 Bericht des Vorstands über Beziehungen zu verbundenen Unternehmen

(1) ¹Besteht kein Beherrschungsvertrag, so hat der Vorstand einer abhängigen Gesellschaft in den ersten drei Monaten des Geschäftsjahrs einen Bericht über die Beziehungen der Gesellschaft zu verbundenen Unternehmen aufzustellen. ²In dem

---

³⁶⁰ Eingehend *Fleischer* ZHR 163 (1999), 461 (467 ff.); *Rieckers* 91 ff. – Zur hiervon zu unterscheidenden Frage, ob das herrschende Unternehmen und andere Konzerngesellschaften in den Schutzbereich des zwischen einer Konzerngesellschaft und einem Darlehensgeber bestehenden Darlehensvertrags einbezogen sind, s. BGH ZIP 2006, 317 (322 f.) (in Abweichung von OLG München ZIP 2004, 19 (24)); dazu *Canaris* ZIP 2004, 1781 ff., 2362 ff.; *Schumann* ZIP 2005, 2353 ff. (2367 f.); *Westermann* FS Raiser, 2005, 781 ff.; *Ehricke/ Rotstegge* ZIP 2006, 925 ff.; *Kort* NZG 2006, 1098 ff.
³⁶¹ Speziell dazu MüKoBGB/*Habersack* Vor § 765 Rn. 54.
³⁶² So auch MüKoAktG/*Altmeppen* § 317 Rn. 121.
³⁶³ BGH NZG 2013, 279 Rn. 14 ff.
³⁶⁴ Vgl. BGH ZIP 2006, 420 = NJW-RR 2006, 610; ZIP 2012, 2199 Rn. 35 ff.; *L. Beck* NZG 2014, 1410 ff.; *Wieneke* NZG 2012, 1420; s. ferner BGHZ 190, 7 Rn. 15 ff. = NZG 2011, 829 – Dritter Börsengang: Keine Außenhaftung des Aktien platzierenden Großaktionärs; dazu → Rn. 51; zur Vereinbarkeit der Prospekthaftung gegenüber Aktionären mit Art. 17 der Kapitalrichtlinie s. EuGH ZIP 2014, 121.
³⁶⁵ Näher *Noack* FS Hoffmann-Becking, 2013, 847 (853 f.); ferner *Bork* ZGR 1994, 237 (260); *Hoffmann-Becking* ZHR 150 (1986), 570 (571).
³⁶⁶ S. für Aufsichtsratsmitglieder BGHZ 90, 381 (397 f.) = NJW 1984, 1893; BGHZ 36, 296 (309 ff.) = NJW 1962, 864; MüKoAktG/*Habersack* § 116 Rn. 82 f. mwN; allg. BGH BeckRS 2014, 2375 = GWR 2015, 32; LG Wiesbaden ZIP 2015, 2028 (2029); s. für das „entsandte" Vorstandsmitglied aber auch BGH JZ 1987, 781 mit Anm. *Wiedemann;* aA – für weitgehende Zurechnung – *Ulmer* FS Stimpel, 1985, 705 (715 ff.); *Mestmäcker* 258 ff.; vermittelnd – Zurechnung nach § 31 BGB für den Fall, dass das Organmitglied seine Pflichten gegenüber der abhängigen Gesellschaft gerade dadurch verletzt, dass es den Interessen des herrschenden Unternehmens den Vorrang gibt und sich hierdurch als Organ des herrschenden Unternehmens geriert – KK-AktG/*Mertens/Cahn* § 76 Rn. 76, Vor § 95 Rn. 15; Spindler/Stilz/*Spindler* § 116 Rn. 208; *Noack* FS Hoffmann-Becking, 2013, 847 (854 ff.); *Schürnbrand* 330 ff. mwN.

§ 312

Bericht sind alle Rechtsgeschäfte, welche die Gesellschaft im vergangenen Geschäftsjahr mit dem herrschenden Unternehmen oder einem mit ihm verbundenen Unternehmen oder auf Veranlassung oder im Interesse dieser Unternehmen vorgenommen hat, und alle anderen Maßnahmen, die sie auf Veranlassung oder im Interesse dieser Unternehmen im vergangenen Geschäftsjahr getroffen oder unterlassen hat, aufzuführen. ³Bei den Rechtsgeschäften sind Leistung und Gegenleistung, bei den Maßnahmen die Gründe der Maßnahme und deren Vorteile und Nachteile für die Gesellschaft anzugeben. ⁴Bei einem Ausgleich von Nachteilen ist im einzelnen anzugeben, wie der Ausgleich während des Geschäftsjahrs tatsächlich erfolgt ist, oder auf welche Vorteile der Gesellschaft ein Rechtsanspruch gewährt worden ist.

(2) Der Bericht hat den Grundsätzen einer gewissenhaften und getreuen Rechenschaft zu entsprechen.

(3) ¹Am Schluß des Berichts hat der Vorstand zu erklären, ob die Gesellschaft nach den Umständen, die ihm in dem Zeitpunkt bekannt waren, in dem das Rechtsgeschäft vorgenommen oder die Maßnahme getroffen oder unterlassen wurde, bei jedem Rechtsgeschäft eine angemessene Gegenleistung erhielt und dadurch, daß die Maßnahme getroffen oder unterlassen wurde, nicht benachteiligt wurde. ²Wurde die Gesellschaft benachteiligt, so hat er außerdem zu erklären, ob die Nachteile ausgeglichen worden sind. ³Die Erklärung ist auch in den Lagebericht aufzunehmen.

Schrifttum: *Bachmann,* Die Einmann-AG, NZG 2001, 961; *Bode,* Abhängigkeitsbericht und Kostenlast im einstufigen faktischen Konzern, AG 1995, 261; *Böttcher,* Der Abhängigkeitsbericht im faktischen Konzern – kostspielig, unpraktikabel und wirkungslos?, FS Maier-Reimer, 2010, 29; *Decher,* Das Konzernrecht des AktG: Bestand und Bewährung, ZHR 171 (2007), 126; *Dielmann,* Die Beteiligung der öffentlichen Hand an Kapitalgesellschaften und die Anwendung des Rechts der verbundenen Unternehmen, 1977; *Döllerer,* Der Abhängigkeitsbericht und seine Prüfung bei einem Vorstandswechsel, FS Semler, 1993, 441; *Enßlin,* Bilanzierung von Ausgleichsforderungen und -verbindlichkeiten gemäß § 311 AktG – Abhängigkeitsverhältnis –, DB 1968, 1190; *Fleischer,* „Geheime Kommandosache": Ist die Vertraulichkeit des Abhängigkeitsberichts (§ 312 AktG) noch zeitgemäß?, BB 2014, 835; *Friedl,* Abhängigkeitsbericht und Nachteilsausgleich zwischen erfolgreicher Übernahme und Abschluss eines Beherrschungsvertrags, NZG 2005, 875; *Goerdeler,* Geschäftsbericht, Konzerngeschäftsbericht und „Abhängigkeitsbericht" aus der Sicht des Wirtschaftsprüfers, WPg 1966, 113; *J. Götz,* Der Abhängigkeitsbericht der 100%igen Tochtergesellschaft, AG 2000, 498; *ders.,* Anfechtungsklage gegen Entlastungsbeschlüsse wegen unterlassener Aufstellung eines Abhängigkeitsberichts – OLG Düsseldorf NZG 2000, 314, JuS 2000, 1054; *ders.,* Der Abhängigkeitsbericht der 100%igen Tochtergesellschaft, AG 2000, 498; *Habersack,* Staatliche und halbstaatliche Eingriffe in die Unternehmensführung, Gutachten E zum 69. DJT, 2012; *ders./Verse,* Zum Auskunftsrecht des Aktionärs im faktischen Konzern, AG 2003, 300; *Haesen,* Der Abhängigkeitsbericht im faktischen Konzern, 1970; *Hommelhoff,* Praktische Erfahrungen mit dem Abhängigkeitsbericht, ZHR 156 (1992), 295; *ders.,* Empfiehlt es sich, das Recht faktischer Unternehmensverbindungen – auch im Hinblick auf das Recht anderer EG-Staaten – neu zu regeln?, Gutachten G zum 59. DJT, 1992; *Hüffer,* Probleme des Cash Managements im faktischen Aktienkonzern, AG 2004, 416; *ders.,* Informationen zwischen Tochtergesellschaft und herrschendem Unternehmen im vertragslosen Konzern, FS Schwark, 2009, 185; *IdW,* Zur Aufstellung und Prüfung des Berichts über die Beziehungen zu verbundenen Unternehmen (Abhängigkeitsbericht nach § 312 AktG), Stellungnahme HFA 3/1991, Sammlung IdW/HFA 227 = WPg 1992, 91; *Klussmann,* Einzelfragen zu Inhalt und Gliederung des Abhängigkeitsberichtes nach § 312 AktG 1965, DB 1967, 1487; *Koppensteiner,* Aktienrechtliches Auskunftsrecht und Unternehmensverbund, GesRZ 2008, 200; *Kropff,* Zur Anwendung des Rechts der verbundenen Unternehmen auf den Bund, ZHR 144 (1980), 74; *ders.,* Außenseiterschutz in der faktisch abhängigen „kleinen" Aktiengesellschaft, ZGR 1988, 558; *ders.,* Die Beschlüsse des Aufsichtsrats zum Jahresabschluß und zum Abhängigkeitsbericht, ZGR 1994, 628; *Kupsch,* Die Auswirkungen einer fehlenden Schlußerklärung nach § 312 Abs. 3 AktG im Lagebericht auf den Bestätigungsvermerk des Abschlußprüfers, DB 1993, 493; *Lanfermann/Maul,* Änderung der EU-Rechnungslegungsrichtlinien, BB 2006, 2011; *Lentfer/Weber,* Das Corporate Governance Statement als neues Publizitätsinstrument, DB 2006, 2357; *Löbbe,* Unternehmenskontrolle im Konzern, 2003; *Maul,* Der Abhängigkeitsbericht im künftigen Konzernrecht – Ein Vergleich zwischen der Regelung des Vorentwurfs zur 9. EG-Richtlinie und des geltenden Aktienrechts, DB 1985, 1749; *S. Maul,* Die faktisch abhängige SE (Societas Europaea) im Schnittpunkt zwischen deutschem und europäischem Recht, 1998; *dies.,* Aktienrechtliches Konzernrecht und Gemeinschaftsunternehmen, NZG 2000, 470; *A. Meier,* Inhalt und Prüfung des Abhängigkeitsberichts, WPg 1968, 64; *Menke,* Befugnis des Vorstands einer börsennotierten Aktiengesellschaft zur bevorzugten Information eines Aktionärspools, NZG 2004, 697; *Mertens,* Verpflichtung der Volkswagen

AG, einen Bericht gemäß § 312 AktG über ihre Beziehungen zum Land Niedersachsen zu erstatten?, AG 1996, 241; *ders.,* Abhängigkeitsbericht bei „Unternehmenseinheit" in der Handelsgesellschaft KGaA?, FS Claussen, 1997, 297; *Pentz,* Erweitertes Auskunftsrecht und faktische Unternehmensverbindungen, ZIP 2007, 2298; *Pöppl,* Aktienrechtlicher Minderheitenschutz durch den „Abhängigkeitsbericht", 1972; *Rasner,* Der Abhängigkeitsbericht des § 312 des Aktiengesetzes, BB 1966, 1043; *Schenk,* Ökonomische Analyse des Minderheitenschutzes im Konzern, Zfbf 49 (1997), 652; *Schiessl,* Abhängigkeitsbericht bei Beteiligungen der öffentlichen Hand – Besprechung des Beschlusses BGHZ 135, 107 – VW/Niedersachsen, ZGR 1998, 871; *U.H. Schneider,* Der Auskunftsanspruch des Aktionärs im Konzern, FS Lutter, 2000, 1193; *Singhof,* Zur Weitergabe von Insiderinformationen im Unterordnungskonzern, ZGR 2001, 146; *Strieder,* Der aktienrechtliche Abhängigkeitsbericht bei der kapitalistischen Kommanditgesellschaft auf Aktien, DB 2004, 799; *Ulmer,* Begriffsvielfalt im Recht der verbundenen Unternehmen als Folge der Bilanzrichtlinien-Gesetzes, FS Goerdeler, 1987, 623; *van Venrooy,* Erfüllungsgeschäfte im Abhängigkeitsbericht der Aktiengesellschaft, DB 1980, 385; *E. Vetter,* Interessenkonflikte im Konzern – vergleichende Betrachtungen zum faktischen Konzern und zum Vertragskonzern, ZHR 171 (2007), 342; *Weimar,* Wegfall des Abhängigkeitsberichts bei treuhandeigenen Aktiengesellschaften?, DB 1992, 1969; *H. Wieland,* Die Abbildung von Fremdeinfluß im Abhängigkeitsbericht: Eine ökonomische Betrachtung der Berichterstattung über faktische Abhängigkeitsverhältnisse, 1998; *Zöllner,* Schutz der Aktionärsminderheit bei einfacher Konzernierung, FS Kropff, 1997, 333.

Übersicht

	Rn.		Rn.
I. Einführung	1–5	2. Sonstige	19, 20
1. Inhalt und Zweck der Vorschrift	1–3	**V. Inhalt des Abhängigkeitsberichts (Abs. 1)**	21–40
2. Zur Frage der Publizität des Berichts	4, 5	1. Überblick	21
a) Grundsatz	4	2. Berichtpflichtige Vorgänge (S. 2)	22–36
b) Auskunftsrecht des Aktionärs	5	a) Verhältnis zwischen „Rechtsgeschäft" und „Maßnahme"	22
II. Voraussetzungen der Berichtspflicht	6–13	b) Rechtsgeschäfte	23–33
1. Abhängigkeit	6–9	c) Maßnahmen	34–36
2. Abhängige KGaA	10	3. Einzelangaben	37–40
3. Eintritt oder Wegfall von Voraussetzungen während des Geschäftsjahres	11, 12	a) Rechtsgeschäfte (S. 3)	37, 38
		b) Maßnahmen (S. 3)	39
4. Negativbericht	13	c) Nachteilsausgleich (S. 4)	40
III. Adressat, zeitlicher Rahmen und Kosten der Berichtspflicht	14–17	**VI. Allgemeine Grundsätze der Berichterstattung (Abs. 2)**	41–43
1. Adressat	14	1. Grundsätze einer „gewissenhaften und getreuen Rechenschaft"	41
2. Frist	15	2. Konkretisierung	42, 43
3. Feststellung des Jahresabschlusses	16	**VII. Schlusserklärung (Abs. 3)**	44–47
4. Kosten	17	1. Zweck	44
IV. Rechtsfolgen fehlender oder fehlerhafter Berichterstattung	18–20	2. Inhalt (Abs. 3 S. 1 und 2)	45, 46
1. Zwangsgeld	18	3. Aufnahme in den Lagebericht (Abs. 3 S. 3)	47

I. Einführung

1. Inhalt und Zweck der Vorschrift. Nach Abs. 1 S. 1 der Vorschrift hat der Vorstand **1** der abhängigen Gesellschaft in den ersten drei Monaten des Geschäftsjahres einen Bericht über die Beziehungen der Gesellschaft zu verbundenen Unternehmen aufzustellen. Der *Inhalt dieses sog. Abhängigkeitsberichts* ist in Abs. 1 S. 2–4 geregelt. Zu berichten ist danach vor allem über die auf Veranlassung des herrschenden Unternehmens vorgenommenen Rechtsgeschäfte und Maßnahmen. Abs. 2 umschreibt generalklauselartig die *Sorgfaltsanforderungen,* die der Vorstand im Zusammenhang mit der Erstellung des Berichts einzuhalten hat; danach muss die Berichterstattung insbesondere wahrheitsgemäß und vollständig sein. Nach Abs. 3 hat der Bericht eine *Schlusserklärung* des Vorstands zu enthalten, die in den Lagebericht aufzunehmen und somit gemäß § 175 Abs. 2 der Hauptversammlung vorzulegen und gemäß § 325 HGB bekanntzumachen ist. § 312 enthält durchweg zwingendes Recht (→ Rn. 4).

Die Pflicht zur Erstellung eines Abhängigkeitsberichts steht in unmittelbarem Zusam- **2** menhang mit §§ 311, 317 und soll zunächst dazu beitragen, dass nachteilige Veranlassungen *dokumentiert* werden und zudem nur gegen Nachteilsausgleich und damit in Übereinstimmung mit § 311 erfolgen. Zugleich sollen den außenstehenden Aktionären und Gläubigern **Informationen** verschafft werden, damit sie von ihrer nach **§§ 317 Abs. 4, 318 Abs. 4** (jeweils iVm § 309 Abs. 4) bestehenden Möglichkeit zur Geltendmachung von Ansprüchen der abhängigen Gesellschaft gegen das herrschende Unternehmen und die Organwalter der Gesellschaft auch tatsächlich Gebrauch machen können.[1] Das zuletzt genannte Ziel sucht das Gesetz freilich, da der Abhängigkeitsbericht *nicht* der *Publizität* unterliegt (→ Rn. 4 f.), auf mittelbarem Weg zu erreichen: Zur Verwirklichung des auf Effektuierung der §§ 311, 317 gerichteten Schutzzwecks binden nämlich die §§ 312–314, 318 neben dem Vorstand auch den *Abschlussprüfer* (aber → § 313 Rn. 3 f. zur sog. kleinen AG) und den *Aufsichtsrat* der abhängigen Gesellschaft in das Pflichtenprogramm im Zusammenhang mit der Erstellung und Prüfung des Berichts ein. Die damit verbundenen **Haftungsrisiken aller Beteiligten** sowie das Recht des Aktionärs, unter den Voraussetzungen des § 315 die Bestellung eines *Sonderprüfers* zu beantragen, sollen letztlich nicht nur eine wahrheitsgemäße Berichterstattung und damit die Einhaltung der sich aus § 311 ergebenden Schranken der legitimen Einflussnahme durch das herrschende Unternehmen gewährleisten. Sie sollen vielmehr den Aktionären und Gläubigern auch Gewissheit darüber verschaffen, dass, sofern nichts anderes verlautbart wird, Ansprüche gemäß §§ 317, 318 nicht bestehen und somit die Ausübung der Klagebefugnisse gemäß §§ 317 Abs. 4, 318 Abs. 4 iVm § 309 Abs. 4 nicht veranlasst ist.

3 Der Pflicht zur Erstellung eines Abhängigkeitsberichts kommt mithin eine **Schlüsselfunktion** innerhalb des Systems der §§ 311 ff. zu (→ § 311 Rn. 6).[2] Das **rechtspolitische Urteil** über die Konzeption des Gesetzgebers des Jahres 1965 fiel lange Zeit negativ aus (→ § 311 Rn. 12). Dabei wurde insbesondere darauf hingewiesen, dass die Geltendmachung von Schadensersatzansprüchen gegen das herrschende Unternehmen durch Aktionäre oder Gläubiger der abhängigen Gesellschaft (→ Rn. 2), wiewohl §§ 317 Abs. 4, 309 Abs. 4 entsprechende Klagemöglichkeiten vorsehen, schon *mangels Publizität* des Berichts tatsächlich kaum jemals in Betracht kommt (→ Rn. 4); zudem sei von dem zur Aufstellung verpflichteten Vorstand der abhängigen Gesellschaft angesichts seiner persönlichen Abhängigkeit vom herrschenden Unternehmen eine Umsetzung der sich aus §§ 311 f. ergebenden Schranken der Einflussnahme und der Berichtspflichten nicht zu erwarten.[3] In jüngerer Zeit wird freilich zunehmend auf die **präventive Wirkung** hingewiesen, die von der – sämtliche beteiligten Personen einbeziehenden und schadensersatzbewehrten (→ Rn. 2) – Pflicht zur Erstellung und Prüfung des Abhängigkeitsberichts ausgeht (→ § 311 Rn. 12 mwN).[4] Nicht zu bestreiten ist in der Tat, dass die Verpflichtung aus § 312 die Stellung des Vorstands der abhängigen Gesellschaft gegenüber dem herrschenden Unternehmen zu stärken und die Beachtung der sich aus § 311 ergebenden Schranken der legitimen Einflussnahme sicherzustellen vermag. Nach wie vor sprechen deshalb gute Gründe dafür, auf die Funktionsfähigkeit des internen Berichtssystems zu vertrauen und von einer Totalrevision[5]

---

[1] Begr. RegE bei *Kropff* AktG 410 f.; BGHZ 135, 107 (109 f.) = NJW 1997, 1855; OLG Stuttgart NZG 2004, 966 (968); KK-AktG/*Koppensteiner* Rn. 2; MüKoAktG/*Altmeppen* Rn. 5.

[2] BGHZ 135, 107 (111 f.) = NJW 1997, 1855; OLG Braunschweig AG 1996, 271 (272); LG Traunstein ZIP 1993, 1551.

[3] Vgl. namentlich BMJ (Hrsg.), Bericht über die Verhandlungen der Unternehmensrechtskommission, 1980, Rn. 1387 f.; *Haesen* 121 f.; s. ferner *J. Götz* AG 2000, 498 (499 f.).

[4] BGHZ 135, 107 (112) = NJW 1997, 1855; LG Traunstein ZIP 1993, 1511; MüKoAktG/*Altmeppen* Rn. 19; Hüffer/*Koch* Rn. 1; K. Schmidt/Lutter/*J. Vetter* Rn. 5; Spindler/Stilz/*Müller* Rn. 3; Grigoleit/*Grigoleit* Rn. 2; *Hommelhoff* ZHR 156 (1992), 295 ff.; *Böttcher* FS Maier-Reimer, 2010, 29 (35 ff.); *E. Vetter* ZHR 171 (2007), 342 (362 ff.); skeptisch KK-AktG/*Koppensteiner* Rn. 5; wohl auch NK-AktR/*Schatz/Schödel* Rn. 5 f.

[5] Beachte aber auch die das System der §§ 312 ff. im Kern unangetastet lassenden Vorschläge von *Baums* (Hrsg.), Bericht der Regierungskommission Corporate Governance, 2001, Rn. 180: bei Insolvenz der abhängigen Gesellschaft Offenlegung der Abhängigkeits- und Prüfberichte der letzten fünf Jahre vor Insolvenzeintritt; *Hommelhoff* Gutachten 52 ff.: Steigerung der Aussagekraft des Berichts; *Zöllner* FS Kropff, 1997, 333 (339): Einsichtsrecht eines zur Verschwiegenheit verpflichteten Treuhänders der Minderheit; *Wieland* 330: inhaltliche Wiedergabe des Berichts in einem besonderen Abschnitt des Lageberichts. Zur Frage systemimmanenter Korrekturen im Übrigen → § 311 Rn. 12; → § 313 Rn. 3; → § 318 Rn. 2.

der §§ 312 ff. abzusehen.⁶ Fraglich ist allein, ob de lege ferenda daran festzuhalten ist, dass der Abhängigkeitsbericht nicht offenzulegen ist (→ Rn. 4). Zumal vor dem Hintergrund der zahlreichen Offenlegungspflichten, denen sich börsennotierte Gesellschaften schon heute aufgrund kapitalmarktrechtlicher Vorschriften ausgesetzt sehen, und der in **IAS 24** und seit Inkrafttreten des BilMoG (→ Einl. Rn. 41) auch in **§ 314 Abs. 1 Nr. 13 HGB** vorgesehenen Transparenz konzerninterner Austauschbeziehungen im Besonderen⁷ und der sich abzeichnenden weitergehenden Regulierung von **related party transacitions** (→ Einl. Rn. 43) dürften gute Gründe dafür sprechen, den auf Geheimhaltung des Abhängigkeitsberichts gerichteten Ansatz des § 312 zu überdenken, und zwar nicht nur für börsennotierte Gesellschaften und nicht beschränkt auf den Insolvenzfall.⁸

2. Zur Frage der Publizität des Berichts. a) Grundsatz. Mit Rücksicht auf die 4 Geheimhaltungsinteressen der abhängigen Gesellschaft verlangt das Gesetz keine Offenlegung des Berichts.⁹ Im Unterschied zur Schlusserklärung nach Abs. 3 (→ Rn. 44, 47) und zu dem nach Maßgabe des § 315 zu erstellenden Sonderprüfungsbericht (→ § 315 Rn. 2) ist der Abhängigkeitsbericht vielmehr ausschließlich für den Abschlussprüfer, den Sonderprüfer und den Aufsichtsrat der abhängigen Gesellschaft bestimmt; auch das herrschende Unternehmen soll von seinem Inhalt allenfalls aufgrund seiner Repräsentanz im Aufsichtsrat der abhängigen Gesellschaft Kenntnis erlangen. Die **Satzung** der Gesellschaft kann davon nicht abweichen; die §§ 312 ff. enthalten vielmehr auch insoweit eine – iSv § 23 Abs. 5 S. 2 abschließende und damit – **zwingende Regelung** der Problematik.¹⁰ Auch Gläubiger und außenstehende Aktionäre, die nach §§ 317 Abs. 4, 309 Abs. 4 das herrschende Unternehmen auf Schadensersatz in Anspruch nehmen, haben keinen Anspruch auf Vorlage des Berichts.¹¹ Anders verhält es sich allerdings bei **Insolvenz** der abhängigen Gesellschaft. Dann kann zumindest der Insolvenzverwalter der abhängigen Gesellschaft über den Abhängigkeitsbericht verfügen.¹² Darüber hinaus wird man nach § 69 S. 2 InsO auch den Mitgliedern eines Gläubigerausschusses das Recht auf Einsichtnahme in den Abhängigkeitsbericht zusprechen müssen. Nach § 145 Abs. 1 können schließlich auch die nach § 315 zu bestellenden **Sonderprüfer** den Bericht einsehen, was über § 145 Abs. 4 auch den außenstehenden Aktionären und Gläubigern zugute kommt (→ § 315 Rn. 3, 18). Das Einsichtsrecht aus § 321a HGB dagegen umfasst weder den Abhängigkeitsbericht noch den Prüfbericht nach § 313 (→ § 313 Rn. 28). Unberührt bleibt das Auskunftsrecht der Aktionäre (→ Rn. 5).

---

⁶ *Hommelhoff* Gutachten 59; *Schiessl* ZGR 1998, 871 (873); s. aber auch *Koppensteiner* FS Steindorff, 1990, 79 (109); aus ökonomischer Sicht *Schenk* Zfbf 49 (1997), 652 (656 ff.).
⁷ Zur zugrunde liegenden Richtlinie 2006/46/EG vom 14.6.2006, ABl. EG L 224, 1, sowie zu IAS 24 s. *Fleischer* BB 2014, 835 (837 f.); *Lentfer/Weber* DB 2006, 2357 ff.; *Lanfermann/Maul* BB 2006, 2011; *Hopt* ZHR 171 (2007), 199 (213 ff.); s. ferner § 7 WpPG iVm Anh. I Ziff. 19 VO (EG) Nr. 809/2004 (Prospektverordnung vom 29.4.2004 zur Umsetzung der RL 2003/71/EG, ABl. Nr. 186, 3); zur Prospektverordnung s. *Schlitt/Wilczek* in Habersack/Mülbert/Schlitt KapMarktinformation-HdB § 4 Rn. 17, § 5 Rn. 17 ff.
⁸ In diesem Sinne auch *Fleischer* BB 2014, 835 (837 ff.) mit rechtsvergleichenden Hinweisen; de lege ferenda für Offenlegung bereits *Habersack* Gutachten 79; *Koppensteiner* FS Steindorff, 1990, 79 (109); *Kalss* ZHR 171 (2007), 146 (197); *Peltzer* AG 1997, 145 (151); *Schneider* FS Lutter, 2000, 1193 (1197 f.); *E. Vetter* ZHR 171 (2007), 342 (365 f.); NK-AktR/*Schatz/Schödel* Rn. 5; wohl auch K. Schmidt/Lutter/*J. Vetter* § 311 Rn. 9; s. ferner die Wiedergabe der Diskussion auf dem ZHR-Symposion 2007 bei *Schürnbrand* ZHR 171 (2007), 241 (243); *Kersting* ZHR 171 (2007), 376 (377 f.); krit. *Decher* ZHR 171 (2007), 126 (138). Zum Einsichtsrecht nach § 321a HGB → § 313 Rn. 28.
⁹ Wohl einhM, s. OLG Frankfurt NZG 2003, 224 (225); MüKoAktG/*Altmeppen* Rn. 7 f.; MHdB AG/*Krieger* § 70 Rn. 96; Hüffer/*Koch* Rn. 38; K. Schmidt/Lutter/*J. Vetter* Rn. 7; Spindler/Stilz/*Müller* Rn. 2; HK-AktG/*Fett* Rn. 3; *Schiessl* ZGR 1998, 871 (873). – Zur im Entwurf einer 9. Richtlinie (Konzern-RL) vorgesehenen Pflicht zur Veröffentlichung des sog. Sonderberichts s. *Maul* DB 1985, 1749 (1751 f.); zu Forderungen de lege ferenda → Rn. 3; zu § 321a HGB → § 313 Rn. 28.
¹⁰ MüKoAktG/*Altmeppen* Rn. 11; MHdB AG/*Krieger* § 70 Rn. 96; KK-AktG/*Koppensteiner* Rn. 3 Fn. 5.
¹¹ OLG Düsseldorf AG 1988, 275 (277); MüKoAktG/*Altmeppen* Rn. 11; Hüffer/*Koch* Rn. 38.
¹² MüKoAktG/*Altmeppen* Rn. 11; Spindler/Stilz/*Müller* Rn. 2; K. Schmidt/Lutter/*J. Vetter* Rn. 7; s. in diesem Zusammenhang auch den begrüßenswerten Vorschlag der Regierungskommission Corporate Governance 2001, Rn. 180, bei Insolvenz der abhängigen Gesellschaft die Abhängigkeits- und Prüfberichte der letzten fünf Jahre vor Insolvenzeintritt offenzulegen; s. dazu auch den durch das Bilanzrechtsreformgesetz (→ Einl. Rn. 32) eingefügten § 321a HGB und dazu im Text sowie → § 313 Rn. 28.

5 b) Auskunftsrecht des Aktionärs. Die Pflicht zur Erstellung eines Abhängigkeitsberichts lässt sowohl die sonstigen Publizitäts- und Mitteilungspflichten des herrschenden Unternehmens und der abhängigen Gesellschaft als auch das allgemeine Auskunftsrecht des Aktionärs unberührt.[13] Andererseits begründen dem herrschenden Unternehmen außerhalb der Hauptversammlung gegebene Informationen regelmäßig **kein erweitertes Auskunftsrecht** des außenstehenden Aktionärs iSd § 131 Abs. 4. Denn die hM geht zu Recht davon aus, dass jedenfalls im **faktischen Konzern** solche Informationen nicht mit Rücksicht auf die Aktionärseigenschaft des herrschenden Unternehmens erteilt werden, sondern die – in §§ 311 ff. als zulässig erachtete (→ Vor § 311 Rn. 6 ff.) – *einheitliche Leitung* der Konzernunternehmen ermöglichen sollen. Die Möglichkeit einheitlicher Leitung wäre aber dem herrschenden Unternehmen genommen, würde jede ihm erteilte Information ein erweitertes Informationsrecht und damit die Verpflichtung zur Offenlegung von Unternehmensinterna begründen.[14] Der (klarstellenden) Vorschrift des § 131 Abs. 4 S. 3 lässt sich nichts Gegenteiliges entnehmen.[15] Bei bloßer **Abhängigkeit** muss Entsprechendes gelten; auch insoweit ist mit Blick auf das Sonderregime der §§ 311 ff. für ein erweitertes Auskunftsrecht der außenstehenden Aktionäre kein Raum.[16]

II. Voraussetzungen der Berichtspflicht

6 1. Abhängigkeit. Die Berichtspflicht steht im Zusammenhang mit der Verpflichtung zum Nachteilsausgleich gemäß § 311 und knüpft wie diese an das Bestehen eines Abhängigkeitsverhältnisses iSd § 17 oder eines Konzerns iSd § 18 an (→ Rn. 11 f.; → § 311 Rn. 8). Auf das Vorhandensein außenstehender Aktionäre kommt es nicht an, sodass auch im Fall einer abhängigen **Einpersonen-AG** ein Bericht zu erstellen ist.[17] Eine Ausnahme von der Berichtspflicht ist auch nicht für den Fall anzuerkennen, dass durch die Satzung eine „vollständige Interesseneinheit" zwischen herrschendem Unternehmen und abhängiger Gesellschaft hergestellt wird (zur abhängigen KGaA → Rn. 10).[18] Schließlich lässt auch die **Auflösung** der Gesellschaft die Berichtspflicht nicht entfallen.[19]

---

[13] OLG Düsseldorf DB 1991, 2532 (2533); OLG Stuttgart NZG 2004, 966 (968); MüKoAktG/*Altmeppen* Rn. 16; MHdB AG/*Krieger* § 70 Rn. 96; KK-AktG/*Koppensteiner* Rn. 6; Hüffer/*Koch* Rn. 39; Grigoleit/*Grigoleit* Rn. 32; Spindler/Stilz/*Müller* Rn. 4; K. Schmidt/Lutter/*J. Vetter* Rn. 8; Hölters/*Leuering/Goertz* Rn. 4; Grigoleit/*Grigoleit* Rn. 32; HK-AktG/*Fett* Rn. 3; *Schneider* FS Lutter, 2000, 1193 (1198 f.); *Strohn* 144 ff.; näher *Habersack/Verse* AG 2003, 300 (302 ff.); aA – kein Auskunftsrecht hinsichtlich solcher Vorgänge, über die im Abhängigkeitsbericht zu berichten ist – KG NJW 1972, 2307 (2309 f.); OLG Frankfurt NZG 2003, 224 (225).
[14] LG München I Konzern 2007, 448 (455 f.); MüKoAktG/*Altmeppen* § 311 Rn. 431; Hüffer/*Koch* § 131 Rn. 38; Grigoleit/*Grigoleit* Rn. 32; Hölters/*Leuering/Goertz* Rn. 4; *Decher* ZHR 158 (1994), 473 (483 ff.); KK-AktG/*Kersting* § 131 Rn. 444; *Koppensteiner* GesRZ 2008, 200 (207 f.); KK-AktG/*ders.* Rn. 8; *Kropff* DB 1967, 2204 (2205); *Löbbe* 126 f.; *Menke* NZG 2004, 697 (698 ff.); *Pentz* ZIP 2007, 2298 ff.; *Singhof* ZGR 2001, 146 (160); s. ferner *Habersack/Verse* AG 2003, 300 (305 ff.); aA LG Frankfurt a.M. AG 2007, 48 (50); Geßler/Hefermehl/*Eckardt* § 131 Rn. 48; NK-AktR/*Heidel* § 131 Rn. 76 f.; ferner *Schneider* FS Lutter, 2000, 1193 (1200 ff.); offengelassen von LG München I Konzern 2007, 365 (367 f.) – Zum Einfluss des Weitergabeverbots des § 14 Abs. 1 Nr. 2 WpHG auf den konzerninternen Informationsfluss s. *Schneider* FS Wiedemann, 2002, 575 ff.; *Singhof* ZGR 2001, 146 (148 ff.); *Menke* NZG 2004, 697 (700 f.).
[15] *Decher* ZHR 158 (1994), 473 (485 f.); Hüffer/*Koch* § 131 Rn. 39; *Löbbe* 124 f.; *Habersack/Verse* AG 2003, 300 (306 f.); s. ferner *Hoffmann-Becking* FS Rowedder, 1994, 155 (169).
[16] KK-AktG/*Koppensteiner* Rn. 8; *ders.* GesRZ 2008, 200 (207 f.); Hüffer/*Koch* § 131 Rn. 38; Hüffer FS Schwark, 2009, 185 (194 f.); Grigoleit/*Grigoleit* Rn. 32; *Löbbe* 128; *Verse*, Der Gleichbehandlungsgrundsatz im Recht der Kapitalgesellschaften, 2006, 342 ff.; *Pentz* FS Priester, 2007, 593 (602 ff.); *ders.* ZIP 2007, 2298 ff.; aA MüKoAktG/*Altmeppen* § 311 Rn. 432; KK-AktG/*Kersting* § 131 Rn. 446; Spindler/Stilz/*Siems* § 131 Rn. 78; K. Schmidt/Lutter/*Spindler* § 131 Rn. 101; wohl auch Hölters/*Leuering/Goertz* Rn. 4. – Die noch in AG 2003, 300 (307) sowie in den ersten Auflagen vertretene gegenteilige Ansicht ist bereits in der 5. Aufl. Rn. 5 Fn. 16 aufgegeben worden.
[17] Ganz hM, s. nur MüKoAktG/*Altmeppen* Rn. 27; KK-AktG/*Koppensteiner* Rn. 9; MHdB AG/*Krieger* § 70 Rn. 97; K. Schmidt/Lutter/*J. Vetter* Rn. 9; Spindler/Stilz/*Müller* Rn. 6; HK-AktG/*Fett* Rn. 4; Hölters/*Leuering/Goertz* Rn. 6; krit. *J. Götz* AG 2000, 498 ff.; gegen ihn zu Recht *Bachmann* NZG 2001, 961 (970).
[18] So aber *Mertens* FS Claussen, 1997, 297 ff.; wie hier MüKoAktG/*Altmeppen* Rn. 27.
[19] MüKoAktG/*Altmeppen* Rn. 27; KK-AktG/*Koppensteiner* Rn. 9; → § 313 Rn. 8.

Gemäß ausdrücklicher Klarstellung in Abs. 1 S. 1 entfällt die Berichtspflicht bei Bestehen **7** eines **Beherrschungsvertrags** (→ § 311 Rn. 15). § 323 Abs. 1 S. 3 bestimmt darüber hinaus, dass die §§ 311–318 auch bei **Eingliederung** der abhängigen Gesellschaft unanwendbar sind (→ § 311 Rn. 15). Bei **qualifizierter Nachteilszufügung** (→ Anh. § 317 Rn. 1 ff.) sowie bei Bestehen eines Unternehmensvertrags iSd § 292 bewendet es dagegen bei der Anwendbarkeit der §§ 312 ff. (→ § 311 Rn. 16). Bei Vorliegen eines **isolierten Gewinnabführungsvertrags** schließlich sind die §§ 312–315 und damit auch § 318 (→ § 316 Rn. 8) gemäß ausdrücklicher Bestimmung in § 316 unanwendbar.

Was die Person des **herrschenden Unternehmens** betrifft, so gilt auch im Anwen- **8** dungsbereich der §§ 312 ff. der funktionale Unternehmensbegriff des § 15. Ein Abhängigkeitsbericht ist deshalb auch in den Fällen zu erstellen, in denen die Gesellschaft von einer natürlichen Person oder von einer juristischen Person des öffentlichen Rechts abhängig ist.[20] Im zuletzt genannten Fall gelten freilich Besonderheiten hinsichtlich des *Inhalts* des Berichts (→ Rn. 32). Nach **§ 28a S. 1 EGAktG** sind die Vorschriften über herrschende Unternehmen und damit auch die §§ 312 ff. betreffend die Berichtspflicht allerdings nicht auf die (vormalige) Treuhandanstalt anzuwenden. Entsprechendes gilt für die Bundesanstalt für vereinigungsbedingte Sonderaufgaben; auch deren Beteiligungsunternehmen sind keine mit ihr oder mit dem Bund verbundenen Unternehmen und damit nicht berichtspflichtig gemäß § 312.[21] Eine entsprechende Bereichsausnahme enthält **§ 7d S. 1 FMStBG** (→ § 311 Rn. 21a).[22]

Bei **mehrfacher Abhängigkeit** (→ § 311 Rn. 14; → § 17 Rn. 28 ff.) ist über die **9** Beziehungen zu jedem herrschenden Unternehmen zu berichten (→ Rn. 30). Für den Regelfall der koordinierten Beherrschung eines Gemeinschaftsunternehmens genügt zwar ein einheitlicher Bericht; ihm muss sich aber entnehmen lassen, auf Veranlassung und im Interesse welches Unternehmens die berichtspflichtigen Vorgänge erfolgten.[23] Entsprechendes gilt bei mittelbarer Abhängigkeit (→ § 311 Rn. 17). Bei **mehrstufigen Abhängigkeitsverhältnissen** (→ § 311 Rn. 17 ff.) ist für jedes Abhängigkeitsverhältnis ein Bericht zu erstellen. Doch gilt auch insoweit, dass die von der Mutter und der Tochter abhängige Enkel-AG einen einheitlichen Bericht erstellen kann, sofern dieser das veranlassende und das begünstigte Unternehmen konkret benennt.[24] Soweit innerhalb der mehrstufigen Unternehmensverbindung ein Beherrschungs- oder Gewinnabführungsvertrag besteht oder eine Gesellschaft eingegliedert ist, entfällt die Berichtspflicht (→ Rn. 7; → § 311 Rn. 17 ff.).

2. Abhängige KGaA. Wiewohl § 312 lediglich vom „Vorstand" der abhängigen Gesell- **10** schaft spricht, finden §§ 312 ff. nicht nur auf die abhängige AG, sondern auch auf die abhängige[25] KGaA Anwendung.[26] Dafür spricht namentlich der auf Effektuierung der –

---

[20] Vgl. für Unternehmen der öffentlichen Hand BGHZ 69, 334 (338 ff.) = NJW 1978, 104; BGHZ 135, 107 (113 f.) = NJW 1997, 1855; BGHZ 175, 365 Rn. 10 = NJW 2008, 1583 betr. §§ 311, 317; KK-AktG/ *Koppensteiner* Rn. 52; Hüffer/*Koch* Rn. 3. Näher zur Unternehmenseigenschaft von juristischen Personen des öffentlichen Rechts und von natürlichen Personen → § 15 Rn. 11, 26 ff.

[21] Vgl. § 1 VO vom 20.12.1994, BGBl. I 3913 (AusführungsVO zum Gesetz zur abschließenden Erfüllung der verbliebenen Aufgaben der Treuhandanstalt, BGBl. 1994 I 2062).

[22] Zur Befreiung der (unmittelbar oder mittelbar) abhängigen Gesellschaft von der Berichtspflicht nach § 312 s. OLG Frankfurt ZIP 2015, 1020 (1023 f.); LG Frankfurt a.M. ZIP 2014, 322 (323 f.).

[23] MüKoAktG/*Altmeppen* Rn. 127; KK-AktG/*Koppensteiner* Rn. 12; Spindler/Stilz/*Müller* Rn. 9; K. Schmidt/Lutter/*J. Vetter* Rn. 9; HK-AktG/*Fett* Rn. 30; MHdB AG/*Krieger* § 70 Rn. 99; *Gansweid* 184; *Haesen* 53 f.; unbegründet die von *S. Maul* (111 ff. und NZG 2000, 470 (471)) vorgetragenen Bedenken gegen eine Berichterstattung.

[24] MüKoAktG/*Altmeppen* Rn. 129; KK-AktG/*Koppensteiner* Rn. 11; Spindler/Stilz/*Müller* Rn. 8; K. Schmidt/Lutter/*J. Vetter* Rn. 9; HK-AktG/*Fett* Rn. 30; MHdB AG/*Krieger* § 70 Rn. 99; *Rehbinder* ZGR 1977, 581 (594 f.); *Haesen* 48; aA *Bayer* FS Ballerstedt, 1975, 157 (181).

[25] Auch insoweit gelten die allg. Grundsätze, → § 15 Rn. 22 ff., § 311 Rn. 13; s. aber auch *Mertens* FS Claussen, 1997, 297 d., dem zufolge eine KGaA mit einer anderweitig unternehmerisch tätigen Personengesellschaft als Komplementärin dann nicht berichtspflichtig sein soll, wenn die KGaA satzungsmäßig am Ergebnis der Komplementärin so beteiligt wird, als hätte diese ihr gesamtes Vermögen in die KGaA eingebracht; dazu bereits → Rn. 6, ferner KK-AktG/*Koppensteiner* Rn. 10 Fn. 34, der die Frage offen lässt; weitergehend

unzweifelhaft für die KGaA geltenden – §§ 311, 317 gerichteten Schutzzweck der §§ 312 ff. (→ Rn. 2); ihm kommt im Fall einer abhängigen KGaA gleichermaßen Bedeutung zu. Entsprechend § 283 ist der Abhängigkeitsbericht in diesem Fall von den persönlich haftenden Gesellschaftern bzw. von deren Organwaltern[27] aufzustellen.[28] Zur **SE** → § 311 Rn. 13; → Einl. Rn. 45 f.

11 **3. Eintritt oder Wegfall von Voraussetzungen während des Geschäftsjahres.** Ein Abhängigkeitsbericht ist grundsätzlich auch dann zu erstellen, wenn die Voraussetzungen der Berichtspflicht nur während eines Teils des Geschäftsjahres vorgelegen haben. Die Berichtspflicht besteht dann für den *(Rumpf-)Zeitraum*, in dem die Voraussetzungen des § 312 vorgelegen haben. Für die **Begründung oder den Wegfall der Abhängigkeit** ist dies weithin anerkannt,[29] doch hat Entsprechendes auch bei einem **Wechsel der Rechtsform** zu gelten.[30] Die Umwandlung der AG in eine KGaA (oder umgekehrt der KGaA in eine AG) lässt zwar die Berichtspflicht unberührt.[31] Kommt es dagegen zum Formwechsel einer (abhängigen) GmbH in eine AG, so ist vom Zeitpunkt der Eintragung desselben an die Berichtspflicht gegeben; für die Zeit bis zur Eintragung des Formwechsels gelangen dagegen die Grundsätze über die abhängige GmbH zur Anwendung (→ Anh. § 318 Rn. 6, 22 ff.). Umgekehrt entfällt die Berichtspflicht mit Wirkung ex nunc, wenn eine abhängige AG die Rechtsform einer GmbH annimmt; zu berichten ist dann nur über die bis zur Eintragung des Formwechsels vorgenommenen oder unterlassenen Maßnahmen und Rechtsgeschäfte. Entsprechendes gilt bei **Verschmelzung** einer abhängigen Gesellschaft. Erlischt also eine abhängige AG durch Verschmelzung auf einen nicht berichtspflichtigen Rechtsträger, so erlischt vom Verschmelzungsstichtag (§ 5 Abs. 1 Nr. 6 UmwG) an auch die Berichtspflicht.[32] Unterliegt die aufnehmende Gesellschaft ihrerseits der Berichtspflicht nach § 312, so wird diese durch die Verschmelzung nicht berührt.

12 Hinsichtlich des Verhältnisses der §§ 312 ff. zu §§ 291 ff., 319 ff. (→ Rn. 7) ist zu differenzieren (→ § 316 Rn. 5). Was zunächst die **Beendigung** eines **Beherrschungs- oder Gewinnabführungsvertrags** oder einer **Eingliederung** (→ Rn. 7) während des laufenden Geschäftsjahres betrifft, so wird auch in diesem Fall die Berichtspflicht mit Wirkung ex nunc begründet; zu berichten ist also über die Vorgänge nach Beendigung des Vertrags bzw. der Eingliederung.[33] Bei **Abschluss** eines entsprechenden Vertrags oder Eingliederung

---

Strieder DB 2004, 799 (800), der davon auszugehen scheint, dass Abhängigkeit der KGaA stets im Verhältnis zur Komplementär-GmbH gegeben sei.

[26] Heute ganz hM, s. OLG Stuttgart ZIP 2003, 1981 (1984); KK-AktG/*Koppensteiner* Rn. 10; MüKoAktG/ *Altmeppen* Rn. 23; Hüffer/*Koch* Rn. 5; K. Schmidt/Lutter/*J. Vetter* Rn. 10; Spindler/Stilz/*Müller* Rn. 7; Hölters/*Leuering/Goertz* Rn. 8; *Mertens* FS Claussen, 1997, 297 f.; *Strieder* DB 2004, 799 (800); aA noch *Gail* WPg 1966, 425 (429); *Werner* NB 1967 Heft 4 S. 1 (12).

[27] Zur Komplementärfähigkeit von juristischen Personen s. BGHZ 134, 392 = NJW 1997, 1923; ferner § 279 Abs. 2 und dazu Hüffer/*Koch* § 278 Rn. 8 f.

[28] OLG Stuttgart ZIP 2003, 1981 (1984); Hüffer/*Koch* Rn. 5; K. Schmidt/Lutter/*J. Vetter* Rn. 10; *Mertens* FS Claussen, 1997, 297 f.; *Strieder* DB 2004, 799 (800).

[29] OLG Düsseldorf DB 1993, 2222; MüKoAktG/*Altmeppen* Rn. 30 ff. mit zutr. Ausführungen auch zur Rechtslage bei vor- und nachwirkender Abhängigkeit; KK-AktG/*Koppensteiner* Rn. 14 ff.; Hölters/*Leuering/ Goertz* Rn. 14; NK-AktR/*Schatz/Schödel* Rn. 12; *ADS* Rn. 23 ff.; Hüffer/*Koch* Rn. 6; Spindler/Stilz/*Müller* Rn. 11; K. Schmidt/Lutter/*J. Vetter* Rn. 11; Hüffer/*Koch* Rn. 5/*Fett* Rn. 5; Grigoleit/*Grigoleit* Rn. 5; MHdB AG/ *Krieger* § 70 Rn. 100; s. ferner IdW/HFA WPg 1992, 91 (92), Nr. 14.

[30] KK-AktG/*Koppensteiner* Rn. 14 ff.; Hüffer/*Koch* Rn. 6; Spindler/Stilz/*Müller* Rn. 11; Hölters/*Leuering/ Goertz* Rn. 14; NK-AktR/*Schatz/Schödel* Rn. 12; HK-AktG/*Fett* Rn. 5; MHdB AG/*Krieger* § 70 Rn. 100; NK-AktR/*Schatz/Schödel* Rn. 12; aA aber MüKoAktG/*Altmeppen* Rn. 43 ff., der in diesem Fall einen Bericht (bzw. bei einer Umwandlung einer AG bzw. KGaA in eine Gesellschaft anderer Rechtsform: den Wegfall der Berichtspflicht) für das gesamte Geschäftsjahr fordert; für den Wechsel in eine nicht berichtspflichtige Rechtsform auch K. Schmidt/Lutter/*J. Vetter* Rn. 15; Grigoleit/*Grigoleit* Rn. 5.

[31] NK-AktR/*Schatz/Schödel* Rn. 12.

[32] So auch KK-AktG/*Koppensteiner* Rn. 14 ff.; Hölters/*Leuering/Goertz* Rn. 14; Spindler/Stilz/*Müller* Rn. 11; HK-AktG/*Fett* Rn. 5; aA MüKoAktG/*Altmeppen* Rn. 46; K. Schmidt/Lutter/*J. Vetter* Rn. 16.

[33] KK-AktG/*Koppensteiner* Rn. 19; Hüffer/*Koch* Rn. 7; Spindler/Stilz/*Müller* Rn. 12; MHdB AG/*Krieger* § 70 Rn. 100; *Friedl* NZG 2005, 875 (877); für den Beherrschungsvertrag auch MüKoAktG/*Altmeppen* Rn. 49; für den Gewinnabführungsvertrag s. MüKoAktG/*Altmeppen* § 316 Rn. 14; → § 316 Rn. 5 f.

der Gesellschaft während des laufenden Geschäftsjahres hat das herrschende Unternehmen nach §§ 302, 322 Abs. 1, 324 Abs. 3 auch für die vor Vertragsschluss bzw. Eingliederung begründeten Verluste bzw. Verbindlichkeiten einzustehen (→ § 302 Rn. 37; → § 322 Rn. 5; → § 324 Rn. 9). Die Nachteilsausgleichspflicht[34] und die Berichtspflicht entfallen deshalb für das gesamte Geschäftsjahr.[35] Voraussetzung ist allerdings, dass die Maßnahme bis zum Ende des Geschäftsjahres in das Handelsregister eingetragen und damit wirksam geworden ist oder ein Gewinnabführungsvertrag mit Rückwirkung für das bereits abgelaufene Geschäftsjahr geschlossen wird (→ § 316 Rn. 5).

4. Negativbericht. Ein Abhängigkeitsbericht ist auch dann zu erstellen, wenn für das abgelaufene Geschäftsjahr keine berichtspflichtigen Vorgänge zu verzeichnen sind. In diesem Fall haben der Bericht und die Schlusserklärung eine entsprechende Negativerklärung zu enthalten.[36] Dieser Bericht ist dann Gegenstand der Prüfung nach §§ 313, 314 und ggf. Grundlage der Haftung des Vorstands und des Aufsichtsrats nach § 318. Zur Schlusserklärung → Rn. 45. **13**

III. Adressat, zeitlicher Rahmen und Kosten der Berichtspflicht

1. Adressat. Nach Abs. 1 S. 1 ist der Abhängigkeitsbericht vom Vorstand der **abhängigen Gesellschaft** aufzustellen. Ihm gleich steht der Komplementär der KGaA (→ Rn. 10);[37] handelt es sich bei diesen um eine juristische Person oder Personengesellschaft, so obliegt die Erstellung des Berichts ihren gesetzlichen Vertretern. Wie in § 91 ist auch in § 312 der Vorstand *als Organ* der abhängigen Gesellschaft angesprochen; der Bericht ist mit anderen Worten von der abhängigen Gesellschaft aufzustellen, die sich dazu ihres Vorstands zu bedienen hat. Die Erstellung des Abhängigkeitsberichts fällt in die **Gesamtverantwortung des Vorstands.**[38] Der Vorstand kann sich zwar der Hilfe anderer Personen bedienen; eine Delegation kommt jedoch nicht in Betracht (→ § 313 Rn. 10).[39] Der Bericht ist, wie aus §§ 318 Abs. 1, 407 Abs. 1 folgt, von sämtlichen Mitgliedern des Vorstands und damit auch von stellvertretenden Mitgliedern (§ 94) zu unterzeichnen.[40] Maßgebend ist die Zusammensetzung des Vorstands in dem nach Abs. 1 S. 1 relevanten (→ Rn. 15) Zeitpunkt der Berichterstellung.[41] Bei einem **Vorstandswechsel** ist also das zuvor ausgeschiedene Mitglied befreit. Umgekehrt kann das neue Mitglied des Vorstands nicht geltend machen, es sei über die berichtspflichtigen Vorgänge nicht informiert. Dies gilt auch bei vollständigem Vorstandswechsel.[42] Zu Informationsrechten der abhängigen Gesellschaft → § 311 Rn. 90. **14**

2. Frist. Nach Abs. 1 S. 1 ist der (auf das abgelaufene Geschäftsjahr bezogene) Abhängigkeitsbericht in den ersten drei Monaten des Geschäftsjahres aufzustellen; Stichtag ist grundsätzlich (aber → Rn. 11 f.) derjenige des Jahresabschlusses. Dem Vorstand obliegt es, Vorkehrungen zu treffen, damit der Bericht nicht nur seinem Inhalt nach den Anforderungen des § 312 entspricht (→ Rn. 42), sondern auch fristgerecht erstellt werden kann; ggf. emp- **15**

---

[34] Zutr. MHdB AG/*Krieger* § 70 Rn. 72; aA ADS § 311 Rn. 9; *Friedl* NZG 2005, 875 (878). – Zur Ausgleichspflicht bei Abschluss des Unternehmensvertrags während des Laufs des Geschäftsjahres → § 302 Rn. 37.
[35] MüKoAktG/*Altmeppen* Rn. 47 f.; KK-AktG/*Koppensteiner* Rn. 18; MHdB AG/*Krieger* § 70 Rn. 100; Hüffer/*Koch* Rn. 7; Spindler/Stilz/*Müller* Rn. 12; K. Schmidt/Lutter/*J. Vetter* Rn. 14; HK-AktG/*Fett* Rn. 6; NK-AktR/*Schatz*/*Schödel* Rn. 13; Henssler/Strohn/*Bödeker* Rn. 3; IdW/HFA WPg 1992, 91 (92) (Nr. 12).
[36] Wohl einhM, s. KK-AktG/*Koppensteiner* Rn. 13; MüKoAktG/*Altmeppen* Rn. 28; MHdB AG/*Krieger* § 70 Rn. 113; Hüffer/*Koch* Rn. 8; Spindler/Stilz/*Müller* Rn. 13; IdW/HFA WPg 1992, 91 (92) (Nr. 17).
[37] Im Folgenden ist nur vom Vorstand die Rede, doch gelten die Ausführungen entsprechend für die Komplementäre der KGaA.
[38] Hüffer/*Koch* Rn. 2; Grigoleit/*Grigoleit* Rn. 3; K. Schmidt/Lutter/*J. Vetter* Rn. 18.
[39] KK-AktG/*Koppensteiner* Rn. 27.
[40] ADS Rn. 78; Hüffer/*Koch* Rn. 2.
[41] BGHZ 135, 107 (110 f.) = NJW 1997, 1855; MüKoAktG/*Altmeppen* Rn. 51.
[42] MüKoAktG/*Altmeppen* Rn. 51; Spindler/Stilz/*Müller* Rn. 14; K. Schmidt/Lutter/*J. Vetter* Rn. 18; *Döllerer* FS Semler, 1993, 441 (448 ff.).

fiehlt sich die Einrichtung eines formalisierten und kontinuierlich vollzogenen **Kontroll- und Erfassungssystems**.[43] Der enge, sowohl in § 264 Abs. 1 S. 2 HGB als auch in §§ 313, 314 zum Ausdruck kommende Zusammenhang zwischen der Pflicht zur Aufstellung des Jahresabschlusses und derjenigen zur Aufstellung des Abhängigkeitsberichts sowie die in § 312 Abs. 3 S. 3 vorgesehene Aufnahme der Schlusserklärung in den Lagebericht sprechen allerdings für eine **Anpassung der Frist** des Abs. 1 S. 1 an eine von § 264 Abs. 1 S. 3 HGB abweichende Frist betreffend die Erstellung des Jahresabschlusses.[44] Von Bedeutung ist dies zunächst für **Versicherungsunternehmen**, für die in § 341a Abs. 1 und 5 HGB eine Verlängerung der Frist zur Erstellung des Jahresabschlusses vorgesehen ist. Aber auch **kleine Aktiengesellschaften iSv § 267 Abs. 1 HGB** und Kleinstkapitalgesellschaften iSv § 267a HGB können den Abhängigkeitsbericht innerhalb der – von § 264 Abs. 1 S. 3 HGB abweichenden – Frist des § 264 Abs. 1 S. 4 HGB erstellen (→ § 313 Rn. 6 f.).

16   **3. Feststellung des Jahresabschlusses.** Die Pflicht zur Aufstellung eines Abhängigkeitsberichts entfällt nicht mit Feststellung des Jahresabschlusses der abhängigen Gesellschaft.[45] Dies folgt schon daraus, dass der Abhängigkeitsbericht trotz der in Abs. 3 S. 3 vorgesehenen Aufnahme der Schlusserklärung in den Lagebericht keinen Bestandteil des Jahresabschlusses bildet (→ Rn. 20, 47) und auch im Übrigen der zwischen Abhängigkeitsbericht und Jahresabschluss bestehende Zusammenhang (→ Rn. 15) keineswegs umfassender Natur ist. Vor allem aber spricht der auf die erleichterte Geltendmachung etwaiger Ansprüche aus §§ 317 f. gerichtete Zweck des Abhängigkeitsberichts (→ Rn. 2) gegen einen Wegfall der Pflicht aus § 312 bereits mit Feststellung des Jahresabschlusses. Die Aufstellung des Abhängigkeitsberichts kann deshalb auch für **frühere Geschäftsjahre** erzwungen werden, und zwar von jedem Aktionär (→ Rn. 18).

17   **4. Kosten.** Aufstellung und Prüfung des Abhängigkeitsberichts haben nach §§ 312 ff. durch die abhängige Gesellschaft selbst oder auf deren Veranlassung zu erfolgen. Ihr fallen deshalb auch die Kosten der Aufstellung und Prüfung des Berichts zur Last. Ob und auf welcher Grundlage die abhängige Gesellschaft das herrschende Unternehmen auf Ausgleich der ihr entstehenden Kosten in Anspruch nehmen kann, ist nach wie vor nicht geklärt. Klar ist zunächst, dass es an einer Veranlassung iSd § 311 Abs. 1 fehlt (→ § 311 Rn. 22 ff.). Da sonstige Anspruchsgrundlagen nicht ersichtlich sind,[46] bliebe allein die entsprechende Anwendung der §§ 311, 317.[47] Sie widerspräche indes der Tatsache, dass es sich bei den mit der Verpflichtung aus § 312 verbundenen Kosten um einen typischen **„passiven" Konzerneffekt** (→ § 311 Rn. 52) handelt, und ist deshalb abzulehnen.[48]

---

[43] Näher K. Schmidt/Lutter/*J. Vetter* Rn. 58 ff.
[44] Zutr. Hüffer/*Koch* Rn. 9; MüKoAktG/*Altmeppen* Rn. 54; Spindler/Stilz/*Müller* Rn. 16; K. Schmidt/Lutter/*J. Vetter* Rn. 19; HK-AktG/*Fett* Rn. 9; Hölters/*Leuering*/*Goertz* Rn. 60; s. ferner *ADS* Rn. 5.
[45] BGHZ 135, 107 (111 f.) = NJW 1997, 1855; OLG Braunschweig AG 1996, 271 (272); LG Traunstein ZIP 1993, 1551; MüKoAktG/*Altmeppen* Rn. 62; KK-AktG/*Koppensteiner* Rn. 32; Hüffer/*Koch* Rn. 10; Spindler/Stilz/*Müller* Rn. 20; K. Schmidt/Lutter/*J. Vetter* Rn. 20; HK-AktG/*Fett* Rn. 11; Grigoleit/*Grigoleit* Rn. 6; Hölters/*Leuering*/*Goertz* Rn. 61; *Henze* Rn. 468; MHdB AG/*Krieger* § 70 Rn. 101; *Schiessl* ZGR 1998, 871 (875); aA AG Bremen DB 1976, 1760; *ADS* Rn. 103; *Mertens* AG 1996, 241 (247 ff.); s. ferner OLG Köln AG 1978, 171 (172); vermittelnd – für analoge Anwendung des § 256 Abs. 6 S. 1, 1. Fall – *J. Götz* JuS 2000, 1054 (1057 f.); ders. NZG 2001, 68 (69 f.).
[46] Ein Anspruch aus §§ 683 S. 1, 670 BGB scheitert daran, dass die Gesellschaft die Aufwendungen im eigenen Interesse tätigen muss, so auch *Bode* AG 1995, 261 (263). Für einen Anspruch aus Treupflichtverletzung fehlt es auch unabhängig von der Frage nach dem Verhältnis zu §§ 311, 317 (→ § 311 Rn. 89 f.) an einem pflichtwidrigen Verhalten, so im Ergebnis auch MüKoAktG/*Kropff* 2. Aufl. Rn. 57; gegen Heranziehung der Treupflicht auch MüKoAktG/*Altmeppen* Rn. 57.
[47] So denn auch *Bode* AG 1995, 261 (269 ff.); ihm zust. Hüffer 10. Aufl. Rn. 40; NK-AktR/*Walchner* 3. Aufl. Rn. 36.
[48] Heute ganz hM, s. MüKoAktG/*Altmeppen* § 312 Rn. 56 f.; KK-AktG/*Koppensteiner* § 311 Rn. 35; Spindler/Stilz/*Müller* Rn. 18; K. Schmidt/Lutter/*J. Vetter* Rn. 21; Hüffer/*Koch* Rn. 40; HK-AktG/*Fett* Rn. 10; Hölters/*Leuering*/*Goertz* Rn. 63; Grigoleit/*Grigoleit* Rn. 7; NK-AktR/*Schatz/Schödel* Rn. 19; Henssler/Strohn/*Bödeker* Rn. 7; MHdB AG/*Krieger* § 70 Rn. 95; *Kropff* FS Lutter, 2000, 1133 (1141 ff.); *Strieder* DB 2004, 799 (800).

IV. Rechtsfolgen fehlender oder fehlerhafter Berichterstattung

1. Zwangsgeld. Nach § 407 Abs. 1 ist die Pflicht des Vorstands (→ Rn. 14) zur Aufstellung des Abhängigkeitsberichts durch Festsetzung von Zwangsgeld seitens des Registergerichts durchzusetzen. Die Möglichkeit zur Festsetzung von Zwangsgeld entfällt nicht bereits mit der Feststellung des Jahresabschlusses (→ Rn. 16).[49] Vor dem Hintergrund des auf die erleichterte Geltendmachung von Ansprüchen der abhängigen Gesellschaft durch die Aktionäre gerichteten Schutzzwecks des § 312 (→ Rn. 2) ist vielmehr davon auszugehen, dass das Zwangsgeldverfahren in der Regel bis zur **Verjährung etwaiger Ansprüche** aus §§ 317, 318 betrieben werden kann.[50] Die Festsetzung des Zwangsgeldes kann auch von **jedem außenstehenden Aktionär** der abhängigen Gesellschaft beantragt werden; im Fall einer ablehnenden Verfügung des Registergerichts hat jeder außenstehende Aktionär die Möglichkeit der Beschwerde und der Rechtsbeschwerde gemäß §§ 391, 70 FamFG.[51] 18

2. Sonstige. Unterbleibt die Aufstellung eines Abhängigkeitsberichts oder entspricht der vom Vorstand aufgestellte Bericht nicht den Anforderungen des § 312, so haften die Mitglieder des Vorstands nach Maßgabe des § 318 Abs. 1, 3 und 4 auf Schadensersatz. Der **Aufsichtsrat** hat in dem nach § 171 Abs. 2 zu erstattenden Bericht über die Prüfung des Jahresabschlusses und des Lageberichts auf das Fehlen eines Abhängigkeitsberichts hinzuweisen.[52] Ist der **Abschlussprüfer** der Ansicht, dass ein Abhängigkeitsbericht aufzustellen ist, so hat er nach § 323 Abs. 3 HGB das Testat einzuschränken;[53] zudem hat er im Rahmen des den Jahresabschluss betreffenden Bestätigungsvermerks den Vermerk iSd § 313 Abs. 3 ausdrücklich zu versagen, um so die Voraussetzungen für eine Sonderprüfung nach § 315 Nr. 1 zu schaffen.[54] Das Streitbeilegungsverfahren des § 324 HGB aF ist hingegen nach Inkrafttreten des BilMoG (→ Rn. 41) nicht mehr eröffnet (→ § 313 Rn. 13). 19

Ein Beschluss, der dem Vorstand trotz Nichterstellung eines Abhängigkeitsberichts **Entlastung** erteilt, kann von einem Aktionär nach § 243 Abs. 1 angefochten werden,[55] und zwar ungeachtet der Möglichkeit, die Aufstellung des Abhängigkeitsberichts nach Maßgabe der Ausführungen in → Rn. 18 zu erzwingen.[56] Da der Abhängigkeitsbericht keinen Bestandteil des Jahresabschlusses bildet (→ Rn. 47), hat sein Fehlen oder seine Unvollständigkeit zwar nicht per se die **Nichtigkeit des Jahresabschlusses** zur Folge.[57] Ist aber der Jahresabschluss ebenfalls unvollständig, was nach Ansicht des BGH insbesondere bei fehlen- 20

---

[49] BGHZ 135, 107 (111) = NJW 1997, 1855.
[50] OLG Braunschweig AG 1996, 271 (272); LG Traunstein ZIP 1993, 1551; KK-AktG/*Koppensteiner* Rn. 32; Hüffer/*Koch* Rn. 10; Spindler/Stilz/*Müller* Rn. 20; K. Schmidt/Lutter/*J. Vetter* Rn. 20; s. ferner BGHZ 135, 107 (112 f.) = NJW 1997, 1855: „auf jeden Fall bis zum Ablauf der fünfjährigen Verjährungsfrist"; so auch MüKoAktG/*Altmeppen* Rn. 62.
[51] Überzeugend BGHZ 135, 107 (109 f.) = NJW 1997, 1855 mwN.
[52] MüKoAktG/*Altmeppen* Rn. 70; KK-AktG/*Koppensteiner* Rn. 30; MHdB AG/*Krieger* § 70 Rn. 101; Hüffer/*Koch* Rn. 10.
[53] KK-AktG/*Koppensteiner* Rn. 30; MHdB AG/*Krieger* § 70 Rn. 101; Hüffer/*Koch* Rn. 10; MüKoAktG/*Altmeppen* Rn. 65 ff.; *Kupsch* DB 1993, 493 ff.; s. ferner IdW/HFA WPg 1992, 91 (93), Nr. 3; aA OLG Köln ZIP 1993, 110 (113).
[54] MüKoAktG/*Altmeppen* Rn. 67 ff., der allerdings zu Recht darauf hinweist, dass auch bei fehlendem Versagungsvermerk die Sonderprüfung nach § 315 S. 1 Nr. 1 eröffnet ist; s. ferner *Kupsch* DB 1993, 493 (496).
[55] BGHZ 62, 193 (194 f.) = NJW 1974, 855; OLG Karlsruhe NZG 1999, 953 (954); OLG Stuttgart ZIP 2003, 1981 (1984 f.) (Verstoß gegen § 312 Abs. 3 S. 3, → Rn. 47); OLG Frankfurt ZIP 2000, 926 (927); LG Berlin AG 1997, 183 (184 f.); LG Düsseldorf AG 2010, 882 (883 f.); MHdB AG/*Krieger* § 70 Rn. 101; MüKoAktG/*Altmeppen* Rn. 74; Hüffer/*Koch* Rn. 10; Grigoleit/*Grigoleit* Rn. 8; Spindler/Stilz/*Müller* Rn. 22; K. Schmidt/Lutter/*J. Vetter* Rn. 25; HK-AktG/*Fett* Rn. 13; offengelassen von BGHZ 148, 123 (124) = NJW 2001, 2973 (dazu *Bayer* ZGR 2002, 933 (952 f.)); s. sodann aber auch BGHZ 153, 47 (51 f.) = NJW 2003, 1032 zu § 314 (→ § 314 Rn. 17); ferner BGHZ 160, 385 (388) = NJW 2005, 828; BGH AG 2010, 79; aA – Ermessen der Hauptversammlung – OLG München AG 2003, 452 (453); WM 1991, 1843 (1851). Zur Frage, ob die Pflicht zur Aufstellung des Abhängigkeitsberichts auch nach Feststellung des Jahresabschlusses fortbesteht, → Rn. 16.
[56] OLG Düsseldorf NZG 2000, 314; s. zu dieser Entscheidung *J. Götz* JuS 2000, 1054 ff.
[57] BGHZ 124, 111 (121 f.) = NJW 1994, 520; OLG Köln AG 1993, 86 (87).

der Aktivierung eines Schadensersatzanspruchs aus § 317 der Fall ist,[58] so kann sich seine Nichtigkeit aus § 256 Abs. 1 Nr. 1, Abs. 5 S. 1 Nr. 2, S. 3 ergeben (→ § 317 Rn. 18);[59] die Nichtigkeit des Jahresabschlusses kann dann wiederum nach § 139 BGB die Nichtigkeit der Vorlage desselben durch den Vorstand, der den Jahresabschluss und den Abhängigkeitsbericht billigenden Aufsichtsratsbeschlüsse und der zu den Prüfungsberichten abgegebenen Schlusserklärungen des Aufsichtsrats gemäß § 171 Abs. 2 S. 4, Abs. 3, § 314 Abs. 3 nach sich ziehen.[60] Auch unabhängig von den genannten Voraussetzungen kann die Feststellung des Jahresabschlusses durch die Hauptversammlung (§ 173) angefochten werden, wenn ein nach § 312 erforderlicher Abhängigkeitsbericht fehlt und damit der Lagebericht unvollständig ist.[61] Die Nichterstellung eines Abhängigkeitsberichts kann schließlich den Tatbestand einer qualifizierten Nachteilszufügung begründen (→ Anh. § 317 Rn. 19). Zu den Rechtsfolgen mangelhafter Berichterstattung vgl. §§ 313 Abs. 2 und 4 (→ § 313 Rn. 29, 34ff.), 314 Abs. 2 und 3 (→ § 314 Rn. 14ff.) und 318 (→ § 318 Rn. 3ff., 14).

V. Inhalt des Abhängigkeitsberichts (Abs. 1)

21 **1. Überblick.** Nach Abs. 1 S. 1 ist ein Bericht über die „Beziehungen der Gesellschaft zu verbundenen Unternehmen" aufzustellen. Der Inhalt des Berichts wird in Abs. 1 S. 2–4 präzisiert: Abs. 1 S. 2 benennt zunächst die berichtspflichtigen Vorgänge und konkretisiert damit den Begriff der in Abs. 1 S. 1 genannten „Beziehungen". In Abs. 1 S. 3 und 4 werden sodann bestimmte Einzelangaben angeführt, deren Aufnahme in den Abhängigkeitsbericht die Beurteilung des nachteiligen Charakters der berichtspflichtigen Vorgänge und des Ausgleichs ermöglichen soll. Die berichtspflichtigen Vorgänge gehen deutlich über die nach § 311 ausgleichspflichtigen Rechtsgeschäfte und Maßnahmen hinaus. Insbesondere kommt es nach § 312 Abs. 1 **weder** auf den **nachteiligen Charakter** des Rechtsgeschäfts oder der Maßnahme **noch** auf die **Veranlassung** durch das herrschende Unternehmen an. Damit soll die **Transparenz** der Beziehungen der abhängigen Gesellschaft zu den mit ihr verbundenen Unternehmen gesteigert werden. Zugleich trägt das Gesetz dem Umstand Rechnung, dass bei Bestehen eines Abhängigkeitsverhältnisses eine gewisse Wahrscheinlichkeit für die tatsächliche Ausnutzung des Verhandlungs- und Machtungleichgewichts durch das herrschende Unternehmen spricht. Gegenstand der Prüfung gemäß §§ 313ff. und der an diese anknüpfenden Verhaltenspflichten sollen deshalb auch solche Rechtsgeschäfte und Maßnahmen sein, die nach Einschätzung durch das herrschende Unternehmen oder durch die abhängige Gesellschaft nicht nachteilig oder nicht veranlasst und damit auch nicht ausgleichspflichtig sind. In der Tat vermag der Abhängigkeitsbericht nur so die ihm zugedachten Funktionen (→ Rn. 2 f.) zu erfüllen.

22 **2. Berichtspflichtige Vorgänge (S. 2). a) Verhältnis zwischen „Rechtsgeschäft" und „Maßnahme"** Anders als § 311 unterscheidet § 312 auch in der Sache zwischen „Rechtsgeschäften" und „Maßnahmen". So muss zwar sowohl über Rechtsgeschäfte als auch über Maßnahmen immer dann berichtet werden, wenn diese auf Veranlassung oder im Interesse des herrschenden oder eines mit ihm verbundenen Unternehmens getätigt werden. Über Rechtsgeschäfte muss jedoch unabhängig von Veranlassung und Interesse auch dann berichtet werden, wenn sie mit dem herrschenden oder einem mit ihm verbundenen Unternehmen vorgenommen werden. Darüber hinaus ist nach dem Wortlaut des Abs. 1 S. 2 zwar über unterlassene Maßnahmen, nicht aber über unterlassene Rechtsgeschäfte zu berichten. Unterschiede bestehen schließlich hinsichtlich der nach Abs. 1 S. 3 erforderlichen

---

[58] BGHZ 124, 111 (119) = NJW 1994, 520; zu Recht enger – Durchsetzung des Anspruchs müsse wahrscheinlich sein – *Kropff* ZGR 1994, 628 (635ff.); *Schön* JZ 1994, 684; *H. P. Müller* AG 1994, 410f.; K. Schmidt/Lutter/*J. Vetter* Rn. 26; MHdB AG/*Krieger* § 70 Rn. 103.
[59] BGHZ 124, 111 (119) = NJW 1994, 520; BGHZ 137, 378 (384) = NJW 1998, 1559; Hüffer/*Koch* § 256 Rn. 26 mwN.
[60] BGHZ 124, 111 (116, 119ff.) = NJW 1994, 520.
[61] OLG Stuttgart ZIP 2003, 1981 (1894) betr. Fehlen der Schlusserklärung nach § 312 Abs. 3 S. 3; MüKo-AktG/*Altmeppen* Rn. 74.

Einzelangaben (→ Rn. 37 ff.). Aus diesen Gründen bedarf es nicht nur der Abgrenzung zwischen Rechtsgeschäft und Maßnahme. Es stellt sich vielmehr die Frage nach dem Verhältnis beider Begriffe zueinander. Diese Frage ist mit Blick auf den Wortlaut des Abs. 1 S. 2, der von „anderen Maßnahmen" spricht, dahingehend zu beantworten, dass der Begriff der **Maßnahme der Oberbegriff** und das Rechtsgeschäft mithin eine besondere Art der Maßnahme ist (→ § 311 Rn. 37).[62] Daraus wiederum folgt zunächst, dass auch über unterlassene Rechtsgeschäfte zu berichten ist (→ Rn. 28). Darüber hinaus erlaubt es die getroffene Feststellung, die auf „Maßnahmen" bezogenen Einzelangaben iSd Abs. 1 S. 3 auf „Rechtsgeschäfte" zu erstrecken, wenn die Angabe von Leistung und Gegenleistung nicht ausreicht, um den nachteiligen Charakter des Rechtsgeschäfts verlässlich zu klären (→ Rn. 38).

b) Rechtsgeschäfte. aa) Begriff. Der Begriff des Rechtsgeschäfts iSd Abs. 1 S. 2 **23** stimmt mit demjenigen des Bürgerlichen Rechts überein und umfasst jeden Tatbestand, der aus mindestens einer Willenserklärung besteht und an den die Rechtsordnung den Eintritt des gewollten rechtlichen Erfolgs knüpft.[63] Neben Verträgen (→ Rn. 25) und anderen mehrseitigen Rechtsgeschäften (→ Rn. 24) werden mithin **auch einseitige Rechtsgeschäfte** erfasst, etwa die Anfechtung, Kündigung, Aufrechnung oder die Ausübung eines sonstigen Gestaltungsrechts.[64] Der Vorschrift des Abs. 1 S. 3, der zufolge im Fall eines Rechtsgeschäfts Leistung und Gegenleistung anzugeben sind, lässt sich schon mit Rücksicht auf das Verhältnis zwischen dem Begriff des Rechtsgeschäfts und dem der Maßnahme nichts Gegenteiliges entnehmen (→ Rn. 17). Jedenfalls gebietet es der Schutzzweck des § 312, über einseitige Rechtsgeschäfte unabhängig von einer „Veranlassung" und einem „Nachteil" zu berichten (→ Rn. 22). Nicht erforderlich ist, dass das einseitige Rechtsgeschäft nur gegenüber dem herrschenden (oder einen mit ihm verbundenen) Unternehmen vorgenommen wird.[65] Von einseitigen Rechtsgeschäften zu unterscheiden ist das **Angebot.** Es ist ggf. Bestandteil eines mehrseitigen Rechtsgeschäfts und als solches nicht berichtpflichtig. Wird das Angebot angenommen, so ist der Vertrag als Rechtsgeschäft berichtspflichtig. Dies gilt auch im Rahmen von Übernahmeangeboten.[66] **Rechtsgeschäftsähnliche Handlungen** stehen auch im Rahmen des § 312 den Rechtsgeschäften gleich.

Von dem herrschenden Unternehmen und der abhängigen Gesellschaft gefasste **24** **Beschlüsse** sind gleichfalls berichtspflichtige Rechtsgeschäfte, vorausgesetzt, die Beschlussfassung erfolgt auf Grund einer entsprechenden Koordination des Stimmverhaltens (mag diese Koordination auch auf Grund der Einflussnahme des herrschenden Unternehmens zustande gekommen sein).[67] So kann es sich insbesondere bei der Beschlussfassung in einer gemeinsam beherrschten Enkelgesellschaft verhalten. Die Stimmabgabe des herrschenden Unternehmens in der Hauptversammlung der abhängigen Gesellschaft ist dagegen Bestandteil der Willensbildung und als solche kein berichtspflichtiges Rechtsgeschäft. Davon zu unterscheiden ist die beschlossene Maßnahme. Sie kann berichtspflichtig sein, und zwar je nach ihrem Charakter als Rechtsgeschäft oder Maßnahme (→ § 311 Rn. 29 f.).

Was zwischen dem herrschenden Unternehmen und der abhängigen Gesellschaft **25** geschlossene **Verträge** betrifft, so ist sowohl über gegenseitige Verträge als auch über **einsei-**

---

[62] Vgl. ferner MüKoAktG/*Altmeppen* Rn. 77; K. Schmidt/Lutter/*J. Vetter* Rn. 29; Spindler/Stilz/*Müller* Rn. 26; KK-AktG/*Koppensteiner* Rn. 37; ADS Rn. 41a; *Haesen* 80 f.
[63] KK-AktG/*Koppensteiner* Rn. 42; Hüffer/*Koch* Rn. 13.
[64] HM, s. KK-AktG/*Koppensteiner* Rn. 45; MüKoAktG/*Altmeppen* Rn. 84; ADS Rn. 41a; MHdB AG/ *Krieger* § 70 Rn. 105; K. Schmidt/Lutter/*J. Vetter* Rn. 30; Spindler/Stilz/*Müller* Rn. 27; Hüffer/*Koch* Rn. 13; Grigoleit/*Grigoleit* Rn. 11; Hölters/*Leuering/Goertz* Rn. 28; HK-AktG/*Fett* Rn. 14; *Goerdeler* WPg 1966, 113 (125); IdW/HFA WPg 1992, 91 (92), Nr. 3; aA – gegen die Einbeziehung von Gestaltungserklärungen – wohl *Rasner* BB 1966, 1043 (1044) und *Meier* WPg 1968, 64 (65), jeweils für Beschränkung auf gegenseitige Verträge.
[65] Für Beschränkung auf solche einseitigen Rechtsgeschäfte aber MüKoAktG/*Altmeppen* Rn. 84 f. unter Abgrenzung von „einseitigen Willenserklärungen gegenüber einem unbestimmten Personenkreis"; wohl auch KK-AktG/*Koppensteiner* Rn. 45.
[66] So im Ergebnis auch MüKoAktG/*Altmeppen* Rn. 85; K. Schmidt/Lutter/*J. Vetter* Rn. 30.
[67] Zust. KK-AktG/*Koppensteiner* Rn. 46: Spindler/Stilz/*Müller* Rn. 27.

tig verpflichtende und unvollkommen zweiseitig verpflichtende Verträge zu berichten.[68] Die Vorschrift des Abs. 1 S. 3 steht dem nicht entgegen (→ Rn. 22). Vielmehr gilt gerade für einseitig und unvollkommen zweiseitig verpflichtende Verträge, dass sie aus Sicht der abhängigen Gesellschaft nachteiligen Charakter haben können; der Schutzzweck des § 312 gebietet deshalb, dass über sie als Rechtsgeschäft berichtet wird. Auch auf den **Inhalt** des Vertrags kommt es nicht an. Neben Zuwendungsgeschäften unterliegen deshalb auch Tätigkeits- oder Unterlassungspflichten begründende Verträge der Berichtspflicht.[69] Im Fall eines **Rahmenvertrags** ist sowohl über diesen als auch über das die konkrete Leistungsverpflichtung begründende Ausführungsgeschäft zu berichten.[70]

26 Bloße **Erfüllungsgeschäfte** sind dagegen mit Rücksicht auf den Schutzzweck des § 312 grundsätzlich (aber → Rn. 33) von der Berichtspflicht auszunehmen, soweit sie sich in dem Vollzug des bereits im Verpflichtungsgeschäft vereinbarten Pflichtenprogramms erschöpfen und deshalb keinen darüber hinausgehenden Nachteil begründen können.[71] Anderes gilt für *rechtsgrundlose* Verfügungen.[72] Verfügungsgeschäfte, die – etwa infolge der Mangelhaftigkeit der gelieferten Sache – nicht als vollständige oder ordnungsgemäße Erfüllung der Leistungsverpflichtung des herrschenden Unternehmens angesehen werden können, sind dagegen unter dem Gesichtspunkt einer *unterlassenen Maßnahme* berichtspflichtig.[73] Davon zu unterscheiden ist der Fall, dass das Verpflichtungsgeschäft keine Vorkehrungen gegen eine Veränderung der tatsächlichen Umstände enthält, ein gewissenhafter Geschäftsleiter aber auf einer entsprechenden Abrede – etwa einer Preisanpassungsklausel – bestanden hätte. Dann entspricht die Leistung des herrschenden Unternehmens dem unverändert fortbestehenden Vertrag, sodass sich ein Bericht über die Erfüllung erübrigt; freilich kann in einem solchen Fall das Verpflichtungsgeschäft nachteiligen Charakter haben.[74]

27 **bb) Vornahme durch abhängige Gesellschaft.** Zu berichten ist nur über die durch die abhängige Gesellschaft vorgenommenen Rechtsgeschäfte. Voraussetzung ist, dass die abhängige Gesellschaft selbst eine Willenserklärung abgegeben hat. Von § 312 nicht erfasst sind deshalb zum einen einseitige Rechtsgeschäfte des herrschenden Unternehmens gegenüber der abhängigen Gesellschaft,[75] zum anderen Rechtsgeschäfte, die von einer **Tochtergesellschaft der berichtspflichtigen Gesellschaft** vorgenommen werden und an denen letztere nicht beteiligt ist.[76] Allerdings kann eine berichtspflichtige *Maßnahme* (→ Rn. 34) vorliegen, wenn die Repräsentanten der berichtspflichtigen (Tochter-) Gesellschaft die Vornahme des Rechtsgeschäfts durch die Enkelgesellschaft aktiv oder durch Nichtausübung von Einwirkungsmöglichkeiten gefördert haben.[77] So verhält es sich etwa, wenn der mit Repräsentanten der berichtspflichtigen Tochtergesellschaft besetzte Aufsichtsrat der Enkelgesellschaft gemäß § 111 Abs. 4 S. 2 der Vornahme des Rechtsgeschäfts zustimmt. Das

---

[68] HM, s. MüKoAktG/*Altmeppen* Rn. 83; KK-AktG/*Koppensteiner* Rn. 43; Spindler/Stilz/*Müller* Rn. 27; Hüffer/*Koch* Rn. 13; Grigoleit/*Grigoleit* Rn. 11; Hölters/*Leuering/Goertz* Rn. 27; HK-AktG/*Fett* Rn. 14; *Haesen* 72 f.; *Klussmann* DB 1967, 1487 (1488); aA *Rasner* BB 1966, 1043 (1044); *Meier* WPg 1968, 64 (65).
[69] KK-AktG/*Koppensteiner* Rn. 44; *ADS* Rn. 41a; Hüffer/*Koch* Rn. 13.
[70] Zutr. KK-AktG/*Koppensteiner* Rn. 62; speziell zum Cash-Management-Vertrag K. Schmidt/Lutter/*J. Vetter* Rn. 32; *Hüffer* AG 2004, 416 (421 f.).
[71] HM, s. KK-AktG/*Koppensteiner* Rn. 63; MüKoAktG/*Altmeppen* Rn. 86; Hüffer/*Koch* Rn. 14; K. Schmidt/Lutter/*J. Vetter* Rn. 33; Spindler/Stilz/*Müller* Rn. 28; Grigoleit/*Grigoleit* Rn. 11; HK-AktG/*Fett* Rn. 15; Hölters/*Leuering/Goertz* Rn. 28; IdW/HFA WPg 1992, 91 (92), Nr. 4; aA *van Venrooy* DB 1980, 385 ff.
[72] KK-AktG/*Koppensteiner* Rn. 64.
[73] IdW/HFA WPg 1992, 91 (92), Nr. 4.
[74] MüKoAktG/*Altmeppen* Rn. 87; Hüffer/*Koch* Rn. 14.
[75] MüKoAktG/*Altmeppen* Rn. 96; Hüffer/*Koch* Rn. 15; K. Schmidt/Lutter/*J. Vetter* Rn. 37; Spindler/Stilz/*Müller* Rn. 29; HK-AktG/*Fett* Rn. 18.
[76] Im Grundsatz hM, s. MüKoAktG/*Altmeppen* Rn. 97; KK-AktG/*Koppensteiner* Rn. 61; Hüffer/*Koch* Rn. 15; Spindler/Stilz/*Müller* Rn. 29; K. Schmidt/Lutter/*J. Vetter* Rn. 37; HK-AktG/*Fett* Rn. 19; eingehend *Götz* AG 2000, 498 (500 ff.).
[77] So auch MüKoAktG/*Altmeppen* Rn. 97; Hüffer/*Koch* Rn. 15; Grigoleit/*Grigoleit* Rn. 12; K. Schmidt/Lutter/*J. Vetter* Rn. 37; Spindler/Stilz/*Müller* Rn. 29; enger KK-AktG/*Koppensteiner* Rn. 61, der die rechtlich gesicherte Möglichkeit der Einflussnahme der berichtspflichtigen Tochter auf die Enkelgesellschaft verlangt.

Rechtsgeschäft zwischen der Enkel- und der Muttergesellschaft ist in diesem Fall unabhängig von einer direkten Einflussnahme der Muttergesellschaft berichtspflichtig; es genügt, dass die Enkelgesellschaft von sich aus im Konzerninteresse gehandelt hat und die Tochtergesellschaft hiergegen nicht eingeschritten ist.[78]

Wiewohl der Wortlaut des § 312 Abs. 1 S. 2 nur „unterlassene Maßnahmen" erfasst, ist **28** auch über **unterlassene Rechtsgeschäfte** zu berichten. Dies ist als solches unstreitig und folgt schon aus dem in → Rn. 22 aufgezeigten Verhältnis zwischen dem Begriff des Rechtsgeschäfts und der Maßnahme. Die Berichterstattung erfolgt im Rahmen der sonstigen Maßnahmen (→ Rn. 38, 39), sodass immer dann zu berichten ist, wenn das Unterlassen des Rechtsgeschäfts auf Veranlassung oder im Interesse des herrschenden Unternehmens erfolgt ist.[79] Zu den berichtspflichtigen Rechtsgeschäften zählt etwa das Unterlassen eines Rücktritts oder einer Kündigung.

cc) Beteiligung, Veranlassung durch oder Interesse des herrschenden oder eines **29** **mit ihm verbundenen Unternehmens.** Abs. 1 zieht den Kreis der berichtspflichtigen Rechtsgeschäfte sehr weit. Erfasst werden zum einen sämtliche Rechtsgeschäfte der abhängigen Gesellschaft *mit dem herrschenden Unternehmen oder einem mit ihm verbundenen Unternehmen,* zum anderen sämtliche Rechtsgeschäfte, die die abhängige Gesellschaft zwar *mit einem Dritten,* aber auf Veranlassung oder im Interesse des herrschenden oder eines mit ihm verbundenen Unternehmens vornimmt. Dahinter steht der Gedanke, dass in all diesen Fällen die Umstände des Vertragsschlusses den **Verdacht einer Benachteiligung** der abhängigen Gesellschaft nahelegen. Die Aufzählung ist abschließend. Rechtsgeschäfte der abhängigen Gesellschaft mit einem Unternehmen, das nur mit ihr und nicht mit dem herrschenden Unternehmen verbunden ist, sind somit nur unter der Voraussetzung erfasst, dass sie im Interesse oder auf Veranlassung des herrschenden Unternehmens vorgenommen werden.[80]

Was den Kreis der mit dem herrschenden Unternehmen **verbundenen Unternehmen** **30** betrifft, so bestimmt sich dieser nicht nach § 271 Abs. 2 HGB, sondern nach § 15.[81] Erfasst ist insbesondere auch der Tatbestand der *mehrstufigen Abhängigkeit* (→ Rn. 9; → § 311 Rn. 17), sodass – die Anwendbarkeit der §§ 311 ff. im jeweiligen Abhängigkeitsverhältnis unterstellt (→ § 311 Rn. 18 ff.) – auch über Rechtsgeschäfte (iSd Abs. 1 S. 2) der berichtspflichtigen Tochtergesellschaft mit der von ihr (und von der Muttergesellschaft) abhängigen Enkelgesellschaft zu berichten ist.[82] Bei *mehrfacher Abhängigkeit* (→ Rn. 9; → § 311 Rn. 14) ist über die Beziehungen zu allen herrschenden und mit ihnen verbundenen Unternehmen zu berichten.[83] Ob und inwieweit im Fall einer Abhängigkeit von einer *juristischen Person des öffentlichen Rechts* (→ Rn. 8) bereits der Kreis der mit dieser verbundenen Unternehmen (und nicht erst derjenige der betroffenen Rechtsgeschäfte, → Rn. 32) einzuschränken ist, ist umstritten, dürfte jedoch grundsätzlich zu verneinen sein.[84]

---

[78] Zutr. MüKoAktG/*Altmeppen* Rn. 97; K. Schmidt/Lutter/*J. Vetter* Rn. 37.
[79] KK-AktG/*Koppensteiner* Rn. 37 f., 49; MüKoAktG/*Altmeppen* Rn. 95; Spindler/Stilz/*Müller* Rn. 26; MHdB AG/*Krieger* § 70 Rn. 105; aA noch 3. Aufl. Rn. 28.
[80] MüKoAktG/*Altmeppen* Rn. 101; Spindler/Stilz/*Müller* Rn. 34; Hüffer/*Koch* Rn. 19; wohl auch KK-AktG/*Koppensteiner* Rn. 55: keine Berichtspflicht.
[81] MüKoAktG/*Altmeppen* Rn. 98; Hüffer/*Koch* Rn. 18; K. Schmidt/Lutter/*J. Vetter* Rn. 34; Spindler/Stilz/*Müller* Rn. 35; HK-AktG/*Fett* Rn. 20; Grigoleit/*Grigoleit* Rn. 14; MHdB AG/*Krieger* § 70 Rn. 107; näher dazu *Ulmer* FS Goerdeler, 1987, 623 (637 f.).
[82] KK-AktG/*Koppensteiner* Rn. 56; MüKoAktG/*Altmeppen* Rn. 99; Hüffer/*Koch* Rn. 19; *Haesen* 30 ff.; aA *Klussmann* DB 1967, 1487; *J. Götz* AG 2000, 498 (501 ff.); zur Frage, ob ein einheitlicher Bericht erstellt werden kann, → Rn. 9.
[83] KK-AktG/*Koppensteiner* Rn. 57; Hüffer/*Koch* Rn. 19; zur Frage, ob ein einheitlicher Bericht erstellt werden kann, → Rn. 9.
[84] So auch MüKoAktG/*Altmeppen* Rn. 125 mit erwägenswertem Vorbehalt für ausschließlich der Wirtschaftsförderung dienende Anstalten; s. ferner *Kropff* ZHR 144 (1980), 74 (95 f.); *Lutter/Timm* BB 1978, 836 (841); HK-AktG/*Fett* Rn. 29; tendenziell enger – für Beschränkung auf erwerbswirtschaftlich tätige Unternehmen sowie auf solche, die derselben Stelle angehören bzw. von ihr abhängig sind wie die abhängige Gesellschaft selbst – KK-AktG/*Koppensteiner* Rn. 58; allgemein → § 15 Rn. 26 ff.

31 Neben den mit dem herrschenden oder einem mit ihm verbundenen Unternehmen *vorgenommenen* (→ Rn. 27) Rechtsgeschäften erfasst Abs. 1 S. 2 auch *Drittgeschäfte* der abhängigen Gesellschaft, sofern sie von ihr auf Veranlassung oder im Interesse eines dieser Unternehmen vorgenommen werden. Was zunächst den Begriff der **Veranlassung** iSd Abs. 1 S. 2 betrifft, so entspricht er demjenigen des § 311 Abs. 1 (→ § 311 Rn. 22 ff.).[85] Auch auf Hauptversammlungsbeschlüsse zurückgehende Rechtsgeschäfte und Maßnahmen sind deshalb einzubeziehen (→ § 311 Rn. 29 f.).[86] Das der Veranlassung gleichstehende **Interesse** des herrschenden oder eines mit ihm verbundenen Unternehmens an der Vornahme des Rechtsgeschäfts ist nach zutreffender, freilich umstrittener Ansicht sowohl bei entsprechender *objektiver Interessenlage*[87] *als auch bei Vorliegen einer Begünstigungsabsicht* der abhängigen Gesellschaft[88] anzunehmen.[89] Bei Vorliegen einer der beiden Tatbestände erfordert der Schutzzweck des § 312 (→ Rn. 2 f.) die Aufnahme des Rechtsgeschäfts in den Bericht. Der Berichtspflicht steht es auch nicht entgegen, dass das Rechtsgeschäft zugleich im objektiv verstandenen Interesse der abhängigen Gesellschaft liegt;[90] andernfalls würde man die Berichtspflicht, abweichend von der Konzeption des § 312 (→ Rn. 21), auf *nachteilige* Rechtsgeschäfte und sonstige Maßnahmen beschränken.

32 Bei Abhängigkeit von einer **juristischen Person des öffentlichen Rechts** gelten Besonderheiten (→ Rn. 30). Insoweit folgt die Berichtspflicht nicht bereits daraus, dass die Vornahme des Rechtsgeschäfts (oder die Maßnahme, → Rn. 34 ff.) zugleich im *öffentlichen Interesse* liegt. Vor dem Hintergrund, dass die Berichtspflicht an das Vorliegen eines gewissen Nachteilsverdachts geknüpft ist (→ Rn. 29), und in Übereinstimmung mit einer entsprechenden (durch den VW/Niedersachsen-Beschluss[91] nicht in Frage gestellten) Andeutung im VEBA/Gelsenberg-Urteil des BGH[92] wird man vielmehr verlangen müssen, dass nach den Gesamtumständen begründete Zweifel bestehen, ob der Vorstand einer unabhängigen Gesellschaft das Geschäft unter Berücksichtigung des § 93 Abs. 1 vorgenommen hätte.[93] Auf durch die öffentliche Hand *veranlasste* Rechtsgeschäfte oder Maßnahmen lässt sich dies freilich ebenso wenig übertragen[94] wie auf Eigengeschäfte der öffentlichen Hand oder der mit ihr verbundenen Unternehmen (→ Rn. 22) mit der abhängigen Gesellschaft; insoweit ist umfassend zu berichten.

---

[85] MHdB AG/*Krieger* § 70 Rn. 108; Hüffer/*Koch* Rn. 20; enger KK-AktG/*Koppensteiner* Rn. 53, der darauf abstellt, ob ein nachteiliges, an den Interessen anderer Verbundmitglieder orientiertes Verhalten vorliegt; s. ferner Grigoleit/*Grigoleit* Rn. 15, der, ausgehend von der von ihm befürworteten unwiderlegbaren Veranlassungsvermutung, Grigoleit/*Grigoleit* § 311 Rn. 24, dagegen aber (→ § 311 Rn. 23) Einschränkungen für Vorstandsdoppelmandate bejaht.

[86] So auch KK-AktG/*Koppensteiner* Rn. 53; MHdB AG/*Krieger* § 70 Rn. 108; Hüffer/*Koch* Rn. 20; ferner Spindler/Stilz/*Müller* Rn. 36; HK-AktG/*Fett* Rn. 21; im Grundsatz auch K. Schmidt/Lutter/*J. Vetter* Rn. 38 mit erwägenswerter Ausnahme für von einem unabhängigen Prüfer geprüfte Maßnahmen; aA MüKoAktG/*Altmeppen* Rn. 111 f.

[87] Für Beschränkung auf diesen Fall KK-AktG/*Koppensteiner* Rn. 50 f.; *E. Vetter* ZHR 171 (2007), 342 (363).

[88] Für Beschränkung auf diesen Fall ADS Rn. 47; IdW/HFA WPg 1992, 91 (93), Nr. 9.

[89] MHdB AG/*Krieger* § 70 Rn. 109; ihm folgend auch Hüffer/*Koch* Rn. 21; MüKoAktG/*Altmeppen* Rn. 106; NK-AktR/*Schatz/Schödel* Rn. 36; K. Schmidt/Lutter/*J. Vetter* Rn. 39; Henssler/Strohn/*Bödeker* Rn. 13; Hölters/*Leuering/Goertz* Rn. 37.

[90] Zutr. MHdB AG/*Krieger* § 70 Rn. 109; K. Schmidt/Lutter/*J. Vetter* Rn. 40; Spindler/Stilz/*Müller* Rn. 36; wohl auch KK-AktG/*Koppensteiner* Rn. 50; aA – für Berichtspflicht nur, wenn das Interesse des herrschenden Unternehmens überwog – MüKoAktG/*Altmeppen* Rn. 110; ADS Rn. 49.

[91] BGHZ 135, 107 (113 f.) = NJW 1997, 1855.

[92] BGHZ 69, 334 (343) = NJW 1978, 104: Beschränkung des Abhängigkeitsberichts „auf das nach dem Zweck der Vorschrift tatsächlich Erforderliche".

[93] Zutr. *Kropff* ZHR 144 (1980), 74 (96); MüKoAktG/*Altmeppen* Rn. 126; KK-AktG/*Koppensteiner* Rn. 52; MHdB AG/*Krieger* § 70 Rn. 109; Hüffer/*Koch* Rn. 22; Spindler/Stilz/*Müller* Rn. 37; K. Schmidt/Lutter/*J. Vetter* Rn. 46; Hölters/*Leuering/Goertz* Rn. 37; s. ferner *Emmerich*, Das Wirtschaftsrecht der öffentlichen Unternehmen, 1970, 228; Lutter/Timm BB 1978, 836 (841); Schiessl ZGR 1998, 871 (879 ff.); abl. HK-AktG/*Fett* Rn. 28.

[94] So auch KK-AktG/*Koppensteiner* Rn. 52; K. Schmidt/Lutter/*J. Vetter* Rn. 46; Schiessl ZGR 1998, 871 (880 f.).

dd) Abgelaufenes Geschäftsjahr. Berichtspflichtig sind die im abgelaufenen Geschäftsjahr vorgenommenen und unterlassenen (→ Rn. 28) Rechtsgeschäfte. Maßgebend ist der Zeitpunkt des **Zustandekommens des jeweiligen Rechtsgeschäfts,** bei Verträgen also der Eintritt der Bindungswirkung, bei einseitigen Rechtsgeschäften die Abgabe der Willenserklärung durch die abhängige Gesellschaft.[95] Für *unterlassene* Rechtsgeschäfte ist auf den Zeitpunkt abzustellen, in dem der gewissenhafte Geschäftsleiter einer unabhängigen Gesellschaft gehandelt hätte.[96] Auf die bilanzielle Erfassung des Rechtsgeschäfts oder auf den Zeitpunkt derselben kommt es nicht an.[97] Zeitigt das Rechtsgeschäft auch noch im Folgejahr Auswirkungen, so ist gleichwohl nicht mehr zu berichten. Lagen die Voraussetzungen der Berichtspflicht zwar noch nicht bei Vornahme des Verpflichtungsgeschäfts, wohl aber bei Vornahme des Erfüllungsgeschäfts (→ Rn. 26) vor, so ist ausnahmsweise über das Erfüllungsgeschäft zu berichten.[98] Wurde über ein berichtspflichtiges Rechtsgeschäft nicht berichtet, so kann der Vorstand gemäß §§ 76 Abs. 1, 93 Abs. 1 S. 1 verpflichtet sein, das Rechtsgeschäft in den für das Folgejahr zu erstellenden Bericht aufzunehmen.[99] 33

c) Maßnahmen. Neben Rechtsgeschäften sind nach Abs. 1 S. 2 auch „andere Maßnahmen" berichtspflichtig. Der **Begriff** umfasst jede Handlung oder Unterlassung, die, ohne rechtsgeschäftlichen Charakter zu haben, *Auswirkungen auf die Vermögens- oder Ertragslage* der abhängigen Gesellschaft haben *kann*.[100] In diesem weiten Begriff der Maßnahme kommt der Zweck der Berichtspflicht zum Ausdruck: Der Bericht soll ein möglichst vollständiges Bild der Beziehungen der abhängigen Gesellschaft zum herrschenden Unternehmen und der mit ihm verbundenen Unternehmen vermitteln und damit eine geeignete Grundlage für die Ermittlung des nachteiligen Charakters und der Vollwertigkeit des Ausgleichs schaffen. Unter den Begriff der Maßnahme fallen beispielsweise[101] Investitionsentscheidungen, Änderungen in der Produktion, Finanzierungsentscheidungen, die Stilllegung von Betriebsteilen, die Informationsweitergabe[102] und die Durchführung oder das Unterlassen von Forschungsvorhaben. Auch Personalmaßnahmen gehören hierher (→ § 311 Rn. 51);[103] regelmäßig geht mit ihnen allerdings der Abschluss eines Dienst- oder Aufhebungsvertrags einher, sodass es sich ggf. um ein berichtspflichtiges Rechtsgeschäft handelt. 34

Nach Abs. 1 S. 2 Alt. 2 besteht die Berichtspflicht nur unter der Voraussetzung, dass die abhängige Gesellschaft die Maßnahme auf **Veranlassung** oder im **Interesse** des herrschenden Unternehmens oder eines mit ihm *verbundenen Unternehmens* getroffen oder unterlassen (→ Rn. 22, 28) hat. Daraus ergibt sich allerdings keine Einschränkung der Berichtspflicht; denn anders als ein Rechtsgeschäft kann eine Maßnahme schon begrifflich nicht „mit" einem Unternehmen getroffen werden.[104] Hinsichtlich der Tatbestandsmerkmale Veranlassung, Interesse und verbundene Unternehmen kann auf die Ausführungen zu entsprechenden Voraussetzungen berichtspflichtiger Rechtsgeschäfte verwiesen werden (→ Rn. 30 ff.). 35

---

[95] Vgl. MHdB AG/*Krieger* § 70 Rn. 110; Hüffer/*Koch* Rn. 17; K. Schmidt/Lutter/*J. Vetter* Rn. 41; Spindler/Stilz/*Müller* Rn. 38; Grigoleit/*Grigoleit* Rn. 17; Hölters/*Leuering/Goertz* Rn. 32; HK-AktG/*Fett* Rn. 23; NK-AktR/*Schatz/Schödel* Rn. 41; aA – stets Abgabe der Willenserklärung der abhängigen Gesellschaft – MüKoAktG/*Altmeppen* Rn. 113.

[96] MHdB AG/*Krieger* § 70 Rn. 110; MüKoAktG/*Altmeppen* Rn. 113.

[97] ADS Rn. 55; Hüffer/*Koch* Rn. 17.

[98] MHdB AG/*Krieger* § 70 Rn. 110.

[99] Zutr. Hüffer/*Koch* Rn. 17.

[100] MüKoAktG/*Altmeppen* Rn. 89 ff.; ADS Rn. 42; Hüffer/*Koch* Rn. 23; K. Schmidt/Lutter/*J. Vetter* Rn. 35; Spindler/Stilz/*Müller* Rn. 39; Hölters/*Leuering/Goertz* Rn. 38; Grigoleit/*Grigoleit* Rn. 13; *Goerdeler* WPg 1966, 113 (125); weitergehend – für Verzicht auf das Erfordernis der Vermögensgefährdung – KK-AktG/*Koppensteiner* Rn. 47.

[101] Vgl. IdW/HFA WPg 1992, 91 (92), Nr. 6, wo freilich auch einige Maßnahmen mit rechtsgeschäftlichem Charakter (nämlich Kündigung, Vertragsanpassung und Unterlassen eines Rechtsgeschäfts) genannt werden.

[102] Speziell hierzu MHdB AG/*Krieger* § 70 Rn. 29; *Singhof* ZGR 2001, 146 (159 f.); zur Frage eines erweiterten Auskunftsrechts der Minderheitsaktionäre → Rn. 5; zum nachteiligen Charakter der Informationsweitergabe → § 311 Rn. 51.

[103] KK-AktG/*Koppensteiner* Rn. 48; zurückhaltend MüKoAktG/*Altmeppen* Rn. 91.

[104] Vgl. KK-AktG/*Koppensteiner* Rn. 35.

36 Wie das Rechtsgeschäft (→ Rn. 27) muss auch die Maßnahme **von der abhängigen Gesellschaft** selbst getroffen worden sein; eine Maßnahme des herrschenden Unternehmens oder eines mit ihm verbundenen Unternehmens *gegenüber* der abhängigen Gesellschaft genügt nicht. Was schließlich den zeitlichen Rahmen betrifft, so ist entsprechend der Rechtslage bei Rechtsgeschäften (→ Rn. 33) auf den Zeitpunkt abzustellen, in dem die Willensbildung der abhängigen Gesellschaft abgeschlossen und die Entscheidung für die Durchführung der Maßnahme getroffen ist.[105] Über die Durchführung ist dann nur in dem Fall zu berichten, dass sie von der Ausgangsentscheidung abweicht (zur Frage, ob das Erfüllungsgeschäft der Berichtspflicht unterliegt, → Rn. 26).[106] Fehlt es an einem die fragliche Maßnahme betreffenden Beschluss der Hauptversammlung, des Vorstands oder des Aufsichtsrats der abhängigen Gesellschaft, so kommt es auf den Zeitpunkt der *ersten Ausführungshandlung* an.[107] Bei einer *unterlassenen* Maßnahme ist schließlich auf den Zeitpunkt abzustellen, in dem der gewissenhafte Geschäftsleiter einer unabhängigen Gesellschaft gehandelt hätte (→ Rn. 33).

37 **3. Einzelangaben. a) Rechtsgeschäfte (S. 3).** Auf der Grundlage des Berichts soll festgestellt werden können, ob eine von der abhängigen Gesellschaft getroffene oder unterlassene Maßnahme (im weiten Sinne, → Rn. 22) nachteiligen Charakter hat und die Nachteile ausgeglichen worden sind. Zu diesem Zweck schreibt das Gesetz in Abs. 1 S. 3 bestimmte Einzelangaben vor, wobei es sich hinsichtlich der getroffenen oder unterlassenen (→ Rn. 28) Rechtsgeschäfte vom Regelfall des **gegenseitigen Vertrags** hat leiten lassen. Insoweit muss die Angabe von **Leistung und Gegenleistung** so detailliert sein, dass Abschlussprüfer und Aufsichtsrat zur Überprüfung der Angemessenheit des Leistungsaustauschs imstande sind. Anzugeben sind deshalb sämtliche Umstände, die für die Beurteilung der Angemessenheit von Relevanz sind, hinsichtlich der *Leistung* also insbesondere deren Art, Umfang, Menge und Vorkosten, hinsichtlich des *Preises* dessen Höhe, etwaige Nachlässe und die Modalitäten der Erbringung.[108] Je nach Lage des Falles hat der Vorstand darüber hinaus darzulegen, aus welchen Gründen er das Verhältnis zwischen Leistung und Gegenleistung als angemessen erachtet;[109] umgekehrt muss der Bericht Angaben über die nach Ansicht des Vorstands nachteiligen Rechtsgeschäfte enthalten.[110]

38 Bei **einseitig verpflichtenden** und unvollkommen zweiseitig verpflichtenden Verträgen (→ Rn. 25) ist zunächst anzugeben, dass es an einer Gegenleistung fehlt; des Weiteren ist ggf. darzulegen, weshalb das Rechtsgeschäft gleichwohl als angemessen anzusehen ist.[111] Soweit ausnahmsweise über *Erfüllungsgeschäfte* zu berichten ist (→ Rn. 26), sind Ursache und Ausmaß der nicht vollständigen Erfüllung bzw. die Gründe für die rechtsgrundlose Leistung darzulegen. *Einseitige Rechtsgeschäfte* sind unter Angabe von Gründen zu erläutern.[112] Über **unterlassene Rechtsgeschäfte** (→ Rn. 22, 28) ist dagegen im Rahmen der sonstigen Maßnahmen (→ Rn. 39) zu berichten.

39 **b) Maßnahmen (S. 3).** Bei sonstigen Maßnahmen (hierzu zählen auch unterlassene Rechtsgeschäfte, → Rn. 38) sind zunächst die **Gründe** anzugeben, die die Gesellschaft zur

---

[105] Zutr. ADS Rn. 56; Hüffer/*Koch* Rn. 25; MüKoAktG/*Altmeppen* Rn. 113; MHdB AG/*Krieger* § 70 Rn. 110.
[106] Hüffer/*Koch* Rn. 25.
[107] Vgl. Hüffer/*Koch* Rn. 25; MüKoAktG/*Altmeppen* Rn. 113; MHdB AG/*Krieger* § 70 Rn. 110.
[108] So im Grundsatz und mit Unterschieden im Detail MüKoAktG/*Altmeppen* Rn. 115; KK-AktG/*Koppensteiner* Rn. 71 f.; MHdB AG/*Krieger* § 70 Rn. 111; Hüffer/*Koch* Rn. 27; K. Schmidt/Lutter/*J. Vetter* Rn. 48; Spindler/Stilz/*Müller* Rn. 41; Grigoleit/*Grigoleit* Rn. 21; HK-AktG/*Fett* Rn. 24; ADS Rn. 66 f.; IdW/HFA WPg 1992, 91 (93), Nr. 10; speziell zur Berichterstattung über die Einbindung der Gesellschaft in ein konzernweites Cash Management → Rn. 25.
[109] MüKoAktG/*Altmeppen* Rn. 116; MHdB AG/*Krieger* § 70 Rn. 111; K. Schmidt/Lutter/*J. Vetter* Rn. 48; Spindler/Stilz/*Müller* Rn. 41; HK-AktG/*Fett* Rn. 24.
[110] KK-AktG/*Koppensteiner* Rn. 73.
[111] Vgl. KK-AktG/*Koppensteiner* Rn. 73; MüKoAktG/*Altmeppen* Rn. 117; Hüffer/*Koch* Rn. 28; NK-AktR/*Schatz*/*Schödel* Rn. 44.
[112] KK-AktG/*Koppensteiner* Rn. 73; Hüffer/*Koch* Rn. 28.

Vornahme bzw. zum Unterlassen der Maßnahme bewogen haben. Maßgebend sind die *Motive der abhängigen Gesellschaft*. Darüber hinaus sind die **Vor- und Nachteile** für die Gesellschaft anzugeben, und zwar jeweils für sich und nach Möglichkeit *beziffert*.[113] Maßgebend sind zwar die im Zeitpunkt der Vornahme der Maßnahme erwarteten Vor- und Nachteile.[114] Haben sich die Erwartungen des Vorstands nicht erfüllt, so ist allerdings auch dies anzugeben und zu begründen.[115] Der Begriff des Nachteils iSd § 312 Abs. 1 S. 3 ist nicht mit dem Nachteilsbegriff des § 311 (→ § 311 Rn. 39 ff.) identisch, denn er besagt noch nichts hinsichtlich des Gesamtcharakters der Maßnahme. Insgesamt müssen die Angaben dem Abschlussprüfer und dem Aufsichtsrat eine verlässliche Grundlage für die Beurteilung der Maßnahme liefern.

c) **Nachteilsausgleich (S. 4).** Für den Fall, dass ein Rechtsgeschäft oder eine Maßnahme nachteiligen Charakter iSd § 311 Abs. 1 hat (→ § 311 Rn. 39 ff.), ist schließlich nach § 312 Abs. 1 S. 4 anzugeben, wie der Nachteil ausgeglichen worden ist. Anzugeben ist zunächst, ob der Nachteil *tatsächlich* (→ § 311 Rn. 70 f.) oder durch Begründung eines *Rechtsanspruchs* (→ § 311 Rn. 72 ff.) ausgeglichen worden ist. Darüber hinaus müssen Einzelangaben gemacht werden, die die Beurteilung der Angemessenheit des Ausgleichs erlauben; regelmäßig bedarf es deshalb einer **Bezifferung der** der abhängigen Gesellschaft gewährten **Vorteile**.[116]

VI. Allgemeine Grundsätze der Berichterstattung (Abs. 2)

1. Grundsätze einer „gewissenhaften und getreuen Rechenschaft". Abs. 2 bestimmt, dass der Bericht den Grundsätzen einer „gewissenhaften und getreuen Rechenschaft" zu entsprechen hat, und enthält damit eine selbstverständliche Regelung. Dass nämlich der Abhängigkeitsbericht wahrheitsgemäß zu erstellen ist und eine vollständige und übersichtliche Darstellung der Beziehungen innerhalb des Unternehmensverbunds zu enthalten hat (→ Rn. 42), ergibt sich schon aus dessen Zweck: Soll der Bericht dem Abschlussprüfer und dem Aufsichtsrat eine Überprüfung der Verbundbeziehungen ermöglichen, so müssen nicht nur *sämtliche* berichtspflichtigen Vorgänge erfasst sein; vielmehr darf der Informationsgehalt des Berichts nicht durch die Art der Darstellung beeinträchtigt werden.[117] Das Problem liegt denn auch weniger in der Bestimmung der aus der Generalklausel des Abs. 2 abzuleitenden Einzelgrundsätze als vielmehr darin, diese Grundsätze in das rechte Verhältnis zueinander zu bringen. So liegt es auf der Hand, dass eine detaillierte und getrennte Berichterstattung über eine Vielzahl von Bagatell- und Routinevorgängen auf Kosten der Übersichtlichkeit geht; umgekehrt vermag eine zusammenfassende Berichterstattung, soweit sie sich auch auf komplexere Vorgänge bezieht, die an sich gebotene Überprüfung einer jeden Einzelmaßnahme nicht zu gewährleisten.

2. Konkretisierung. Dem **Vollständigkeitsgebot** kommt im Hinblick auf den Zweck des § 312 (→ Rn. 2, 41) besondere Bedeutung zu. Es gebietet, dass der Bericht *aus sich heraus verständlich* ist und dem Abschlussprüfer sowie dem Aufsichtsrat eine zutreffende Beurteilung sämtlicher berichtspflichtiger Vorgänge ermöglicht.[118] Gegebenenfalls muss der Vorstand über die nach Abs. 1 der Vorschrift gebotenen Angaben hinausgehende Ausführungen machen. Eine *Verweisung* auf andere Unterlagen ist nur insoweit statthaft, als diese dem Prüfer bzw. dem Aufsichtsrat zur Verfügung stehen.[119] Aufgrund des Vollständigkeitsgebots obliegt dem Vorstand eine **Dokumentations- und Organisationspflicht** (→ Rn. 15; → § 311 Rn. 80); insbesondere hat er durch geeignete Vorkehrungen dafür

---

[113] KK-AktG/*Koppensteiner* Rn. 74 f.; MüKoAktG/*Altmeppen* Rn. 119; Hüffer/*Koch* Rn. 29.
[114] MüKoAktG/*Altmeppen* Rn. 119.
[115] MüKoAktG/*Altmeppen* Rn. 119.
[116] KK-AktG/*Koppensteiner* Rn. 77; Hüffer/*Koch* Rn. 30.
[117] Zutr. KK-AktG/*Koppensteiner* Rn. 20 f.
[118] MüKoAktG/*Altmeppen* Rn. 134.
[119] MüKoAktG/*Altmeppen* Rn. 134.

43 Der Abhängigkeitsbericht muss **klar und übersichtlich** gegliedert sein; denn eine ungegliederte Zusammenstellung der nach Abs. 1 berichtspflichtigen Vorgänge ermöglicht keine zuverlässige Überprüfung der Verbundbeziehungen.[121] Bei einem verzweigten Unternehmensverbund ist dem Bericht über die Einzelmaßnahmen eine *Verbundübersicht* voranzustellen.[122] In jedem Fall bedarf es der genauen Bezeichnung des herrschenden Unternehmens; soweit für die Überprüfung des Berichts erforderlich, sind ferner die mit dem herrschenden Unternehmen verbundenen Unternehmen zu benennen.[123] Eine **zusammenfassende Berichterstattung** ist immer dann zulässig, wenn und soweit eine weitere Aufgliederung keinen zusätzlichen Informationswert hätte. Davon betroffen sind namentlich wiederkehrende, stets zu gleichen Bedingungen vorgenommene Rechtsgeschäfte und Maßnahmen; diesbezüglich erhöht eine Gruppenbildung die Übersichtlichkeit und ist zumindest zulässig, wenn nicht sogar geboten.[124] Entsprechendes gilt für sog. Bagatellfälle.[125]

VII. Schlusserklärung (Abs. 3)

44 **1. Zweck.** Gemäß Abs. 3 S. 1 hat der Vorstand am Schluss des Berichts zu erklären, ob die Gesellschaft bei Rechtsgeschäften stets eine angemessene Gegenleistung erhielt und durch andere Maßnahmen nicht benachteiligt wurde, des Weiteren, ob ein etwaiger Nachteil ausgeglichen worden ist. Dieses Erfordernis einer Schlusserklärung soll den Vorstand zu einer eindeutigen und **zusammenfassenden persönlichen Bewertung** der im Abhängigkeitsbericht mitgeteilten Tatsachen zwingen. Dies wiederum soll dem Vorstand in Erinnerung rufen, dass er ungeachtet des Abhängigkeitsverhältnisses zur eigenverantwortlichen Leitung der Gesellschaft (→ § 311 Rn. 10, 78 ff.) und zur Wahrung von deren Interessen verpflichtet ist. Das Erfordernis einer Schlusserklärung soll es dem Vorstand also letztlich erleichtern, einem unangemessenen Verlangen des herrschenden Unternehmens *nicht* nachzukommen, und damit zur Verwirklichung des auf **Prävention** gerichteten Zwecks des Abhängigkeitsberichts (→ Rn. 3) beitragen.[126] Die in Abs. 3 S. 3 vorgeschriebene Aufnahme in den Lagebericht (→ Rn. 47) stellt die **Publizität** der Schlusserklärung sicher. Sie steht damit im unmittelbaren Zusammenhang mit dem Recht eines jeden Aktionärs, gemäß § 315 S. 1 Nr. 3 eine Sonderprüfung zu beantragen: Da der Abhängigkeitsbericht auch Angaben über nicht durch das herrschende Unternehmen *veranlasste* Rechtsgeschäfte und Maßnahmen enthält, ergibt sich zwar aus einer Schlusserklärung des Inhalts, dass Nachteile eingetreten und nicht ausgeglichen worden sind, nicht zwangsläufig die Ausgleichs- und Schadensersatzverpflichtung des herrschenden Unternehmens nach §§ 311, 317. Doch besteht dann Anlass für eine erneute Prüfung der Verbundbeziehungen.

45 **2. Inhalt (Abs. 3 S. 1 und 2).** Der Inhalt der Schlusserklärung ist in Abs. 3 S. 1 und 2 geregelt. Anders als § 313 Abs. 3 betreffend die Erklärung des Abschlussprüfers schreibt

---

[120] KK-AktG/*Koppensteiner* Rn. 22; *ADS* Rn. 102; Hüffer/*Koch* Rn. 32.
[121] Wohl einhM, s. KK-AktG/*Koppensteiner* Rn. 21; MüKoAktG/*Altmeppen* Rn. 136, 139; K. Schmidt/Lutter/*J. Vetter* Rn. 55; Spindler/Stilz/*Müller* Rn. 47; HK-AktG/*Fett* Rn. 33.
[122] MüKoAktG/*Altmeppen* Rn. 137; Hüffer/*Koch* Rn. 33; NK-AktR/*Schatz/Schödel* Rn. 50; K. Schmidt/Lutter/*J. Vetter* Rn. 55; Spindler/Stilz/*Müller* Rn. 47; HK-AktG/*Fett* Rn. 33; de lege ferenda für Generalberichtsteil *Hommelhoff* Gutachten 54 f.
[123] MüKoAktG/*Altmeppen* Rn. 137; Grigoleit/*Grigoleit* Rn. 26.
[124] Wohl einhM, s. OLG München AG 2003, 452 (453); KK-AktG/*Koppensteiner* Rn. 69; MüKoAktG/*Altmeppen* Rn. 139; MHdB AG/*Krieger* § 70 Rn. 111; Hüffer/*Koch* Rn. 34; K. Schmidt/Lutter/*J. Vetter* Rn. 56; Spindler/Stilz/*Müller* Rn. 47; Grigoleit/*Grigoleit* Rn. 26; Hölters/*Leuering/Goertz* Rn. 52; HK-AktG/*Fett* Rn. 33; aus der frühen Diskussion s. *Goerdeler* WPg 1966, 113 (124); *Rasner* BB 1966, 1043 (1044 f.).
[125] MüKoAktG/*Altmeppen* Rn. 139; MHdB AG/*Krieger* § 70 Rn. 111; Hüffer/*Koch* Rn. 34; Grigoleit/*Grigoleit* Rn. 26.
[126] Begr. RegE bei *Kropff* AktG 412.

§ 312 Abs. 3 keine bestimmte Erklärungsformel vor;[127] dadurch ist es möglich, Sondersituationen auch durch den Inhalt der Schlusserklärung Rechnung zu tragen.[128] Im Einzelnen muss der Vorstand gemäß Abs. 3 S. 1 erklären, ob die Gesellschaft bei *Rechtsgeschäften* stets eine angemessene *Gegenleistung* erhielt und durch sonstige *Maßnahmen* nicht **benachteiligt** wurde. Was die Beurteilung der von der abhängigen Gesellschaft vorgenommenen oder unterlassenen (→ Rn. 22, 28) Rechtsgeschäfte betrifft, so hat Abs. 3 S. 1 ebenso wie Abs. 2 S. 3 (→ Rn. 37 f.) den gegenseitigen Vertrag im Auge. Eine sachliche Einschränkung der Schlusserklärung geht damit allerdings nicht einher; hinsichtlich sonstiger Rechtsgeschäfte ist der nachteilige Charakter vielmehr auf andere Weise festzustellen (→ Rn. 38; → § 311 Rn. 53 ff.) und die Schlusserklärung entsprechend zu formulieren. Hat die Erklärung iSd Abs. 3 S. 1 den Inhalt, dass die Gesellschaft benachteiligt wurde, so hat der Vorstand gemäß Abs. 3 S. 2 zu erklären, ob die **Nachteile ausgeglichen** worden sind oder nicht. Fehlt es nach der Erklärung des Vorstands an einem Ausgleich, so zieht dies die Rechtsfolgen der §§ 313 Abs. 2 S. 4, 315 S. 1 Nr. 3 nach sich (→ § 313 Rn. 36; → § 315 Rn. 5 f.). Im Rahmen des Abs. 3 S. 2 sind insbesondere auch dem Einzelausgleich nicht zugängliche nachteilige Maßnahmen zu berücksichtigen (→ § 311 Rn. 37, 58); der Vorstand hat dann zu erklären, dass nicht sämtliche Nachteile ausgeglichen worden sind.[129] Sind keine berichtspflichtigen Rechtsgeschäfte oder Maßnahmen angefallen, so ist dies in der Schlusserklärung anzugeben (→ Rn. 13).

In der Schlusserklärung ist nach Abs. 3 S. 1 darauf hinzuweisen, dass die Beurteilung auf Grund der dem Vorstand bei Vornahme oder Unterlassung des Rechtsgeschäfts oder der anderen Maßnahme **bekannten Umstände** erfolgt. Was den *Zeitpunkt* der Vornahme oder der Unterlassung des Rechtsgeschäfts oder der Maßnahme betrifft, deckt sich dies mit dem Nachteilsbegriff des § 311 (→ § 311 Rn. 44). Dem Vorstand bei Vornahme oder Unterlassung der Maßnahme unbekannte, für ihn aber *erkennbare* Umstände können dagegen zwar den nachteiligen Charakter des Rechtsgeschäfts oder der Maßnahme begründen (→ § 311 Rn. 39 ff.), sind aber nach dem Wortlaut des Abs. 3 S. 1 auch dann nicht in der Schlusserklärung zu berücksichtigen, wenn sie dem Vorstand nunmehr bekannt sind. Dem Vorstand bleibt es danach erspart, sich in der Schlusserklärung mangelnder Sorgfalt bezichtigen zu müssen.[130] Vor dem Hintergrund des Schutzzwecks der Schlusserklärung (→ Rn. 44) erscheint dies zwar als wenig folgerichtig.[131] Angesichts der Entstehungsgeschichte der Vorschrift[132] muss aber die Annahme eines Redaktionsversehens ausscheiden.[133]

3. Aufnahme in den Lagebericht (Abs. 3 S. 3). Die Schlusserklärung des Vorstands ist nach Abs. 3 S. 3 in den nach §§ 264 Abs. 1, 289 HGB aufzustellenden Lagebericht aufzunehmen; sie erlangt damit Publizität nach Maßgabe der §§ 325 ff. HGB und bildet die Grundlage für einen Antrag auf Sonderprüfung gemäß § 315 S. 1 Nr. 3 (→ Rn. 44). Handelt es sich um eine **kleine AG iSd § 267 Abs. 1 HGB,** die gemäß § 264 Abs. 1 S. 4 HGB zur Aufstellung eines Lageberichts nicht verpflichtet sind, so ist die Schlusserklärung in den *Anhang* aufzunehmen.[134] Ist die Gesellschaft auch von der Erstellung des Anhangs befreit

---

[127] Zu Formulierungsvorschlägen s. *ADS* Rn. 91.
[128] Etwa bei komplettem Vorstandswechsel (→ Rn. 14), näher zum Inhalt der Erklärung in diesem Fall *Döllerer* FS Semler, 1993, 441 (450 f.).
[129] So auch KK-AktG/*Koppensteiner* Rn. 84.
[130] Hüffer/*Koch* Rn. 36; MHdB AG/*Krieger* § 70 Rn. 112; Henssler/Strohn/*Bödeker* Rn. 20; *Haesen* 102.
[131] Kritik auch bei MüKoAktG/*Altmeppen* Rn. 146; KK-AktG/*Koppensteiner* Rn. 80; Spindler/Stilz/*Müller* Rn. 50; K. Schmidt/Lutter/*J. Vetter* Rn. 67; Grigoleit/*Grigoleit* Rn. 28.
[132] Nach MüKoAktG/*Kropff* 2. Aufl. Rn. 146 Fn. 284 ist die Frage im Anschluss an die Ausführungen von *Semler* WPg 1960, 553 (554, 556) beraten worden; s. ferner MüKoAktG/*Altmeppen* Rn. 146.
[133] Für Maßgeblichkeit der am Wortlaut orientierten Auslegung auch MüKoAktG/*Kropff* 2. Aufl. Rn. 146; Hüffer/*Koch* Rn. 36; MHdB AG/*Krieger* § 70 Rn. 112; Spindler/Stilz/*Müller* Rn. 50; K. Schmidt/Lutter/*J. Vetter* Rn. 67; Hölters/Leuering/*Goertz* Rn. 55; HK-AktG/*Fett* Rn. 34; Henssler/Strohn/*Bödeker* Rn. 20; *Haesen* 102; aA – für Annahme eines Redaktionsversehens – KK-AktG/*Koppensteiner* Rn. 80; für Auslegung gegen den klaren Wortlaut auch MüKoAktG/*Altmeppen* Rn. 146; Grigoleit/*Grigoleit* Rn. 28.
[134] Zutr. *ADS* Rn. 88; zust. auch MüKoAktG/*Altmeppen* Rn. 152; Spindler/Stilz/*Müller* Rn. 51; K. Schmidt/Lutter/*J. Vetter* Rn. 70; Henssler/Strohn/*Bödeker* Rn. 21; *Strieder* DB 2004, 799 (801); aA MHdB AG/*Krieger* § 70 Rn. 112.

(sei es nach § 264 Abs. 3 oder weil es sich um eine **Kleinstkapitalgesellschaft iSd § 267a Abs. 1 HGB** handelt und die Voraussetzungen des § 264 Abs. 1 S. 5 HGB erfüllt sind), ist ein Vermerk unter der Bilanz geboten.[135] Wird die Schlusserklärung nicht in den Lagebericht (im Fall der kleinen AG iSd § 267 Abs. 1 HGB: in den Anhang; in den Fällen der §§ 264 Abs. 3, 264 Abs. 1 S. 5 HGB: unter der Bilanz) aufgenommen, so hat der Abschlussprüfer sein Testat (iSd § 322 HGB) einzuschränken;[136] auch kann der Beschluss über die Entlastung des Vorstands angefochten werden (→ Rn. 20). Dagegen hat ein Verstoß gegen Abs. 3 S. 3 schon deshalb nicht die Nichtigkeit des Jahresabschlusses zur Folge, weil der Lagebericht keinen Bestandteil des Jahresabschlusses, sondern einen eigenständigen Teil der Rechnungslegung bildet.[137]

§ 313 Prüfung durch den Abschlußprüfer

(1) ¹Ist der Jahresabschluß durch einen Abschlußprüfer zu prüfen, so ist gleichzeitig mit dem Jahresabschluß und dem Lagebericht auch der Bericht über die Beziehungen zu verbundenen Unternehmen dem Abschlußprüfer vorzulegen. ²Er hat zu prüfen, ob
1. die tatsächlichen Angaben des Berichts richtig sind,
2. bei den im Bericht aufgeführten Rechtsgeschäften nach den Umständen, die im Zeitpunkt ihrer Vornahme bekannt waren, die Leistung der Gesellschaft nicht unangemessen hoch war; soweit sie dies war, ob die Nachteile ausgeglichen worden sind,
3. bei den im Bericht aufgeführten Maßnahmen keine Umstände für eine wesentlich andere Beurteilung als die durch den Vorstand sprechen.

³§ 320 Abs. 1 Satz 2 und Abs. 2 Satz 1 und 2 des Handelsgesetzbuchs gilt sinngemäß. ⁴Die Rechte nach dieser Vorschrift hat der Abschlußprüfer auch gegenüber einem Konzernunternehmen sowie gegenüber einem abhängigen oder herrschenden Unternehmen.

(2) ¹Der Abschlußprüfer hat über das Ergebnis der Prüfung schriftlich zu berichten. ²Stellt er bei der Prüfung des Jahresabschlusses, des Lageberichts und des Berichts über die Beziehungen zu verbundenen Unternehmen fest, daß dieser Bericht unvollständig ist, so hat er auch hierüber zu berichten. ³Der Abschlussprüfer hat seinen Bericht zu unterzeichnen und dem Aufsichtsrat vorzulegen; dem Vorstand ist vor der Zuleitung Gelegenheit zur Stellungnahme zu geben.

(3) ¹Sind nach dem abschließenden Ergebnis der Prüfung keine Einwendungen zu erheben, so hat der Abschlußprüfer dies durch folgenden Vermerk zum Bericht über die Beziehungen zu verbundenen Unternehmen zu bestätigen:
Nach meiner/unserer pflichtmäßigen Prüfung und Beurteilung bestätige ich/bestätigen wir, daß
1. die tatsächlichen Angaben des Berichts richtig sind,
2. bei den im Bericht aufgeführten Rechtsgeschäften die Leistung der Gesellschaft nicht unangemessen hoch war oder Nachteile ausgeglichen worden sind,
3. bei den im Bericht aufgeführten Maßnahmen keine Umstände für eine wesentlich andere Beurteilung als die durch den Vorstand sprechen.

²Führt der Bericht kein Rechtsgeschäft auf, so ist Nummer 2, führt er keine Maßnahme auf, so ist Nummer 3 des Vermerks fortzulassen. ³Hat der Abschlußprüfer bei keinem im Bericht aufgeführten Rechtsgeschäft festgestellt, daß die Leistung

---
[135] MüKoAktG/*Altmeppen* Rn. 152; KK-AktG/*Koppensteiner* Rn. 87; Henssler/Strohn/*Bödeker* Rn. 21; K. Schmidt/Lutter/*J. Vetter* Rn. 70, der allerdings auch eine separate Erklärung als zulässig ansieht; aA MHdB AG/*Krieger* § 70 Rn. 112.
[136] KK-AktG/*Koppensteiner* Rn. 86; Hüffer/*Koch* Rn. 37.
[137] BGHZ 124, 111 (121 f.) = NJW 1994, 520; BGH NJW 1997, 1855 (1856); OLG Köln ZIP 1993, 110 (112).

der Gesellschaft unangemessen hoch war, so ist Nummer 2 des Vermerks auf diese Bestätigung zu beschränken.

(4) ¹Sind Einwendungen zu erheben oder hat der Abschlußprüfer festgestellt, daß der Bericht über die Beziehungen zu verbundenen Unternehmen unvollständig ist, so hat er die Bestätigung einzuschränken oder zu versagen. ²Hat der Vorstand selbst erklärt, daß die Gesellschaft durch bestimmte Rechtsgeschäfte oder Maßnahmen benachteiligt worden ist, ohne daß die Nachteile ausgeglichen worden sind, so ist dies in dem Vermerk anzugeben und der Vermerk auf die übrigen Rechtsgeschäfte oder Maßnahmen zu beschränken.

(5) ¹Der Abschlußprüfer hat den Bestätigungsvermerk mit Angabe von Ort und Tag zu unterzeichnen. ²Der Bestätigungsvermerk ist auch in den Prüfungsbericht aufzunehmen.

Schrifttum: *Bezzenberger,* Die Überwachungsaufgabe des Aufsichtsrats und die Durchführung besonderer Prüfungshandlungen unter Einschaltung des Abschlußprüfers, FS Brönner, 2000, 35; *Deilmann,* Die Entstehung des qualifizierten faktischen Konzerns, 1990; *Döllerer,* Der Abhängigkeitsbericht und seine Prüfung bei einem Vorstandswechsel, FS Semler, 1993, 441; *Habersack,* Alte und neue Ungereimtheiten im Rahmen der §§ 311 ff. AktG, FS Peltzer, 2001, 139; *Haesen,* Der Abhängigkeitsbericht im faktischen Konzern, 1970; *Hommelhoff,* Praktische Erfahrungen mit dem Abhängigkeitsbericht, ZHR 156 (1992), 295; *ders.,* Empfiehlt es sich, das Recht faktischer Unternehmensverbindungen – auch im Hinblick auf das Recht anderer EG-Staaten – neu zu regeln?, Gutachten G zum 59. DJT, 1992; *ders.,* Die neue Position des Abschlußprüfers im Kraftfeld der aktienrechtlichen Organisationsverfassung, BB 1998, 2567, 2625; *ders./Mattheus,* Corporate Governance nach dem KonTraG, AG 1998, 259; IdW, Zur Aufstellung und Prüfung des Berichts über die Beziehungen zu verbundenen Unternehmen (Abhängigkeitsbericht nach § 312 AktG), Stellungnahme HFA 3/1991, Sammlung IdW/HFA 227 = WPg 1992, 91; *Kropff,* Außenseiterschutz in der faktisch abhängigen „kleinen" Aktiengesellschaft, ZGR 1988, 558; *Kupsch,* Die Auswirkungen einer fehlenden Schlußerklärung nach § 312 Abs. 3 AktG im Lagebericht auf den Bestätigungsvermerk des Abschlußprüfers, DB 1993, 493; *S. Maul,* Probleme im Rahmen von grenzüberschreitenden Unternehmensverbindungen, NZG 1999, 741; *A. Meier,* Inhalt und Prüfung des Abhängigkeitsberichts, WPg 1968, 64; *Pöppl,* Aktienrechtlicher Minderheitenschutz durch den „Abhängigkeitsbericht", 1972; *Velte,* Die Prüfung des Abhängigkeitsberichts durch Aufsichtsrat und Abschlussprüfer sowie ihre Berichterstattung – Ergebnisse einer empirischen Befragung, Konzern 2010, 49.

Übersicht

	Rn.		Rn.
I. Einführung	1–5	c) Maßnahmen	18, 19
1. Inhalt und Zweck der Vorschrift	1–3	4. Umfang der Prüfung	20, 21
2. Änderung durch Art. 2 BiRiLiG	4	5. Einsichts- und Auskunftsrecht (S. 3 und 4)	22–24
3. Änderung durch Art. 3 KapCoRiLiG	5		
II. Prüfungspflicht (Abs. 1)	6–24	**III. Berichtspflicht (Abs. 2)**	25–29
1. Anwendungsbereich (S. 1)	6–8	1. Berichtsempfänger	25, 26
2. Einleitung des Prüfungsverfahrens (S. 1)	9–13	2. Stellungnahme des Vorstands	27
a) Prüfungsauftrag	9–11	3. Eingeschränkte Publizität	28
b) Vorlage des Abhängigkeitsberichts	12, 13	4. Form und Inhalt des Berichts	29
3. Gegenstand der Prüfung (S. 2)	14–19	**IV. Bestätigungsvermerk (Abs. 3–5)**	30–36
a) Richtigkeit der tatsächlichen Angaben	14	1. Funktion und Verfahren	30
		2. Erteilung (Abs. 3)	31–33
b) Rechtsgeschäfte	15–17	3. Einschränkung oder Versagung (Abs. 4)	34–36

I. Einführung

1. Inhalt und Zweck der Vorschrift. Die Vorschrift regelt die Prüfung des Abhängigkeitsberichts durch den Abschlussprüfer der Gesellschaft. Im Einzelnen nennt Abs. 1 zunächst die Voraussetzungen der Prüfungspflicht; zugleich konkretisiert er den Umfang der Prüfung. Abs. 2 bestimmt sodann, dass über das Ergebnis der Prüfung schriftlich zu berichten ist. Abs. 3–5 der Vorschrift schließlich regeln die Erteilung, Einschränkung oder Versagung des Bestätigungsvermerks des Prüfers sowie die Aufnahme des Vermerks in den nach Abs. 2 zu erstellenden Prüfungsbericht. Die Vorschrift enthält zwingendes Recht; von ihr kann weder durch Satzung noch durch Beschluss abgewichen werden.

2 Ausweislich der Gesetzesmaterialien dient die Prüfung durch den Abschlussprüfer der Vorbereitung und Ergänzung der nach § 314 obligatorischen Prüfung des Berichts durch den **Aufsichtsrat** der Gesellschaft. Zur Einführung einer zusätzlichen Prüfung sah sich der Gesetzgeber nicht allein auf Grund der möglicherweise fehlenden Sachkunde der Mitglieder des Aufsichtsrats veranlasst. Im Vordergrund stand vielmehr die nicht von der Hand zu weisende Befürchtung, dass der zumeist mit Repräsentanten des herrschenden Unternehmens besetzte Aufsichtsrat ungeachtet der in § 314 angelegten Haftungsrisiken befangen und damit zu einer unabhängigen, aus Sicht der abhängigen Gesellschaft erfolgenden Prüfung schwerlich in der Lage ist.[1] Die Vorschrift soll demnach vor allem die Verwirklichung der dem Abhängigkeitsbericht zugedachten Funktionen gewährleisten, dh die Stellung des Vorstands der abhängigen Gesellschaft stärken und damit die Einhaltung der sich aus § 311 ergebenden Schranken der Einflussnahme durch das herrschende Unternehmen sichern. Damit im Zusammenhang steht auch die Vorschrift des § 315 S. 1 Nr. 1, die im Fall einer Einschränkung oder Versagung des Bestätigungsvermerks des Abschlussprüfers jedem Aktionär das Recht gibt, eine Sonderprüfung zu beantragen; dadurch soll zum einen die Durchsetzung etwaiger Schadensersatzansprüche durch die Aktionäre ermöglicht (→ § 312 Rn. 2), zum anderen die Verwirklichung des Tatbestands des § 317 von vornherein unterbunden werden (→ § 312 Rn. 2 f.). Steht somit der **Präventionsgedanke** durchaus im Vordergrund (→ § 312 Rn. 3),[2] so erschöpft sich der Zweck des § 313 doch nicht darin. Vielmehr geht es der Vorschrift auch darum, eine **begrenzte Publizität** des Abhängigkeitsberichts zu gewährleisten. Dies geschieht im Zusammenspiel mit § 314 Abs. 2 S. 2, wonach der Aufsichtsrat in seinem Bericht an die Hauptversammlung auch zu dem Ergebnis der Prüfung nach § 313 Stellung zu nehmen hat.

3 Bereits im Rahmen des Gesetzgebungsverfahrens wurde erkannt, dass die Vorschrift des § 313 an Person und Tätigkeit des Abschlussprüfers hohe Erwartungen knüpft.[3] So befindet sich der Abschlussprüfer im Rahmen seiner Aufgaben nach § 313 in der auch im Zusammenhang mit der Prüfung des Jahresabschlusses bekannten Abhängigkeitslage: Der von ihm erhofften Erteilung weiterer Prüfungsaufträge ist eine allzu kritische Prüfung des Abhängigkeitsberichts gewiss nicht förderlich.[4] Mit dem **KonTraG** (→ Einl. Rn. 21), dem KapCoRiLiG (→ Rn. 5), dem **Bilanzrechtsreformgesetz** (→ Einl. Rn. 32), dem BilMoG (→ Einl. Rn. 41) und zuletzt der EU-Abschlussprüferverordnung nebst der reformierten EU-Abschlussprüferrichtlinie[5] haben der europäische und der deutsche Gesetzgeber dieser Problematik zwar zu begegnen versucht (→ Rn. 10, 25 ff.; → § 314 Rn. 3.[6] Es bleibt jedoch abzuwarten, ob diese Maßnahmen die Stellung des Abschlussprüfers nachhaltig stärken werden. Unabhängig davon muss auch der Abschlussprüfer mit der dem § 311 immanenten Problematik leben, dass die Verbundbeziehungen am Maßstab des Verhaltens eines

---

[1] Begr. RegE bei *Kropff* AktG 413; → § 314 Rn. 2; ferner MüKoAktG/*Altmeppen* Rn. 3; Spindler/Stilz/ *Müller* Rn. 2; *Haesen* 120 ff.

[2] MüKoAktG/*Altmeppen* Rn. 2 mit zutr. Hinweis auf die „Scheu vor Diskussionen mit dem Abschlussprüfer".

[3] Vgl. Begr. RegE bei *Kropff* AktG 413, 414; dazu auch die Ergebnisse einer Befragung von Abschlussprüfern und Aufsichtsratsmitgliedern bei *Velte* Konzern 2010, 49 (51 ff.).

[4] Dazu namentlich KK-AktG/*Koppensteiner* Rn. 4; *Hommelhoff* Gutachten 55, 65 (85), ua mit dem Vorschlag, den Abhängigkeitsbericht zwingend durch einen anderen als den Jahresabschlussprüfer prüfen zu lassen; dagegen allerdings *Hoffmann-Becking*, Verhandlungen des 59. DJT, 1992, Bd. II, R 23, 24, 33; *K. Schmidt* JZ 1992, 857 (862); MüKoAktG/*Altmeppen* Rn. 5 f., 13 ff.

[5] VO (EU) Nr. 537/2014, ABl. Nr. L 158, 77; RL 2014/56/EU vom 16.4.2014, ABl. Nr. L 158, 196; dazu *Velte* DStR 2014, 1688 ff.

[6] Zur Problematik s. *Baetge/Brötzmann* Konzern 2004, 724 ff.; *Bezzenberger* FS Brönner, 2000, 46 ff.; *Gelhausen/Heinz* WPg 2005, 693 ff.; *Habersack* NZG 2007, 207 ff.; *Bayer/Habersack/ders*. Bd. II Kap. 16 Rn. 30 ff.; *Hommelhoff* BB 1998, 2567 (2568 ff.); *ders./Mattheus* AG 1998, 249 (256 ff.); *Peemöller/Oehler* BB 2004, 539 ff., 1158 ff.; *Petersen/Zwirner* WPg 2008, 967 ff.; *Volhard/Weber* FS Ulmer, 2003, 865 ff.; aus der höchstrichterlichen Rspr. s. BGHZ 118, 142 (148) = NJW 1992, 2021; BGHZ 135, 260 (262 ff.) = NJW 1997, 2178; BGHZ 153, 32 (37 ff.) = NJW 2003, 970; BGHZ 159, 234 (240 ff.) = NZG 2004, 770.

ordentlichen Geschäftsleiters einer unabhängigen Gesellschaft und damit auf ihre wirtschaftliche Vertretbarkeit hin zu kontrollieren sind (→ § 311 Rn. 39 ff.).

2. Änderung durch Art. 2 BiRiLiG. Die Vorschrift hat durch Art. 2 BiRiLiG vom 16.12.1985 (BGBl. I 2355) eine Reihe von Änderungen erfahren. Die wesentliche Änderung ist *mittelbar* erfolgt, nämlich durch die Vorschrift des § 316 Abs. 1 S. 1 HGB. Sie ist deshalb von Bedeutung für § 313 Abs. 1, weil die Pflicht zur Prüfung des Abhängigkeitsberichts an diejenige zur Prüfung des *Jahresabschlusses* gebunden ist. Infolge der Neufassung des § 316 Abs. 1 S. 1 HGB, wonach nur der *Jahresabschluss* einer großen oder mittelgroßen Kapitalgesellschaft iSd § 267 Abs. 2, 3 HGB zu prüfen ist, sind nunmehr **kleine Gesellschaften** iSd § 267 Abs. 1 HGB – und mit ihnen **Kleinstkapitalgesellschaften** iSd § 267a Abs. 1 HGB – dem Anwendungsbereich des § 313 entzogen. Dies begegnet gravierenden Bedenken und sollte alsbald korrigiert werden (→ Rn. 6 f.). Unproblematisch sind dagegen die Änderungen, die § 313 unmittelbar erfahren hat. So ist die in der alten Fassung des § 313 enthaltene Verweisung auf die (durch das BiRiLiG aufgehobenen) §§ 162, 165 aF durch eine solche auf § 320 HGB ersetzt und das Auskunftsrecht, welches sich zuvor aus § 165 Abs. 4 aF ergab, in Abs. 1 S. 4 geregelt worden.

3. Änderung durch Art. 3 KapCoRiLiG. Eine weitere Änderung hat § 313 durch Art. 3 Nr. 2 KapCoRiLiG (→ Einl. Rn. 26) erfahren. Nunmehr bestimmt Abs. 2 S. 3 der Vorschrift, dass der Abschlussprüfer seinen Bericht unmittelbar dem Aufsichtsrat vorzulegen hat und dem Vorstand vor der Zuleitung Gelegenheit zur Stellungnahme zu geben ist. Dadurch ist dem Umstand Rechnung getragen worden, dass bereits zuvor das KonTraG (→ Einl. Rn. 21) die Zusammenarbeit von Abschlussprüfer und Aufsichtsrat neu geregelt und in § 321 Abs. 5 S. 2 HGB (iVm § 111 Abs. 2 S. 3) den Aufsichtsrat als unmittelbaren Adressaten des den *Jahresabschluss* betreffenden Prüfungsberichts des Abschlussprüfers bestimmt hatte.

II. Prüfungspflicht (Abs. 1)

1. Anwendungsbereich (S. 1). Vor dem Hintergrund des Normzwecks des § 313 (→ Rn. 2) wäre es an sich konsequent, entspräche der Anwendungsbereich der in Abs. 1 normierten Prüfungspflicht demjenigen des § 312. Im Grundsatz ist dem auch so (→ § 312 Rn. 6 ff.). Da allerdings die Pflicht zur Prüfung des Abhängigkeitsberichts nach der Konzeption des Abs. 1 S. 1 unselbstständiger Bestandteil der gesetzlichen Verpflichtung zur Prüfung des Jahresabschlusses ist (→ Rn. 9), letztere aber gemäß § 316 Abs. 1 S. 1 HGB nur bezüglich mittelgroßer und großer Kapitalgesellschaften iSd § 267 Abs. 2 und 3 HGB besteht, sind die **kleine Aktiengesellschaft und die kleine KGaA** (jeweils iSd § 267 Abs. 1 HGB) sowie **Kleinstkapitalgesellschaften** (iSd § 267a Abs. 1 HGB) in der Rechtsform der AG oder KGaA dem Anwendungsbereich des § 313 entzogen. Ein sachlich einleuchtender Grund für die Beschränkung der Prüfungspflicht des § 313 Abs. 1 auf Gesellschaften, deren Jahresabschluss prüfungspflichtig ist, ist nicht ersichtlich.[7] Vielmehr liegt es auf der Hand, dass die aus der Abhängigkeit resultierenden Gefahren für die Gläubiger und außenstehenden Aktionäre größenunabhängig sind und deshalb bei kleinen Gesellschaften und Kleinstkapitalgesellschaften iSd §§ 267 Abs. 1, 267a Abs. 1 HGB (zumindest) gleichermaßen begegnen.[8] Bedenkt man, dass die Prüfung des Abhängigkeitsberichts durch den Abschlussprüfer eine zentrale Funktion innerhalb des Schutzsystems der §§ 311 ff. einnimmt, indem sie nicht nur die fehlende Publizität des Abhängigkeitsberichts ausgleichen (→ § 312 Rn. 2, 4), sondern vor allem die Einhaltung der sich aus §§ 311, 317 ergebenden Schranken der Einflussnahme durch das herrschende Unternehmen sicherstellen soll (→ Rn. 2; → § 315

---

[7] So auch MüKoAktG/*Altmeppen* Rn. 13; KK-AktG/*Koppensteiner* Rn. 8; Spindler/Stilz/*Müller* Rn. 4; Hölters/*Leuering*/*Goertz* Rn. 6; s. zum Folgenden auch *Habersack* FS Peltzer, 2001, 139 (143 ff.).

[8] Zutr. *Hommelhoff* Gutachten G 55 f.; s. ferner bereits *Kropff* FS Goerdeler, 1987, 259 (271 f.); *ders.* ZGR 1988, 558 (560 ff.); MüKoAktG/*Altmeppen* Rn. 13.

§ 313   7, 8   3. Buch. 2. Teil. 2. Abschn. Fehlen eines Beherrschungsvertrags

Rn. 2), so erscheint es geboten, bereits de lege lata⁹ nach Möglichkeiten zur Beseitigung dieses – bei Schaffung der §§ 316 Abs. 1 S. 1, 267 Abs. 1 HGB offensichtlich übersehenen und in §§ 313, 314 schlicht nachvollzogenen¹⁰ – Schutzdefizits zu suchen (→ Rn. 7).

7   Zunächst ist davon auszugehen, dass sich die in der **Satzung** vorgesehene (freiwillige) Prüfung des Jahresabschlusses im Zweifel auch auf den Abhängigkeitsbericht erstreckt.¹¹ Fehlt es an einer entsprechenden Satzungsbestimmung, so sollte der Vorzug einer Lösung gegeben werden, die die Vertraulichkeit des Abhängigkeitsberichts wahrt (→ § 312 Rn. 4). In Anlehnung an §§ 253, 254 des Referentenentwurfs eines GmbH-Gesetzes von 1969¹² sollte deshalb für die kleine AG eine Pflicht zur **eigenständigen**, also unabhängig von der Prüfung des Jahresabschlusses erfolgenden **Prüfung des Abhängigkeitsberichts** angenommen werden.¹³ Hinsichtlich des Gegenstands, des Umfangs und der Durchführung der Prüfung sollten die Vorschriften des § 313 entsprechend herangezogen werden;¹⁴ die Frage der Bestellung und der Haftung des Prüfers ließe sich in entsprechender Anwendung der § 111 Abs. 2, § 323 HGB lösen (→ Rn. 11). Die gegen die hier vorgeschlagene Lösung vorgetragenen Bedenken¹⁵ vermögen nicht zu überzeugen. Zugegeben sei, dass der Wortlaut des § 313 Abs. 1 eindeutig ist, ferner, dass sich die Prüfung des Abhängigkeitsberichts nach der Konzeption des § 313 als Teil der Abschlussprüfung versteht (→ Rn. 6, 9). Ebenso eindeutig ist aber, dass die durch Art. 2 BiRiLiG (→ Rn. 4) entstandene Lücke nicht nur planwidrig entstanden ist, sondern einen nach der ursprünglichen Konzeption des Gesetzgebers zentralen Baustein des Außenseiterschutzes zum Wegfall gebracht und damit die Berechtigung der **Privilegierung,** die das herrschende Unternehmen durch § 311 erfährt (→ § 311 Rn. 2, 4 f., 8), rechtspolitisch und -dogmatisch sehr **in Frage gestellt** hat. Soll es auch für die kleine AG und KGaA (iSd § 267 HGB) und Kleinstkapitalgesellschaften (iSd § 267a Abs. 1 HGB) in der Rechtsform der AG oder KGaA bei Geltung der §§ 311, 317 und damit insbesondere bei der Möglichkeit des hinausgeschobenen Nachteilsausgleichs bewenden, so erscheint ein Korrektiv und damit die entsprechende Anwendung des § 313 als unabdingbar. Zur analogen Anwendung des § 270 Abs. 3 → Rn. 8.

8   Abweichend von der Rechtslage vor Inkrafttreten des BiRiLiG¹⁶ findet § 313 auch auf die **Liquidationsgesellschaft** Anwendung. Nach § 270 Abs. 3 kann allerdings das gemäß § 23a GVG iVm § 375 FamFG zuständige Amtsgericht von der Pflicht zur Prüfung des Jahresabschlusses befreien. Soweit es sich um eine große oder mittelgroße Gesellschaft handelt, entfällt damit zwar auch die Pflicht zur Erstellung des Abhängigkeitsberichts; doch darf das Gericht die Befreiung nicht erteilen, wenn die Voraussetzungen des § 270 Abs. 3 zwar hinsichtlich des Jahresabschlusses, nicht aber hinsichtlich des Abhängigkeitsberichts

---

⁹ Zu entsprechenden Vorschlägen de lege ferenda s. *Hommelhoff* Gutachten G 55 f.; *Kropff* FS Goerdeler, 1987, 259 (271 f.); *ders.* ZGR 1988, 558 (560 ff.); K. *Schmidt* JZ 1992, 857 (862); MüKoAktG/*Altmeppen* Rn. 13; Hüffer/*Koch* Rn. 2; s. ferner den Beschluss der Wirtschaftsrechtlichen Abteilung in Verhandlungen des 59. DJT, 1992, Bd. II (Sitzungsbericht), R. 188.
¹⁰ Näher *Kropff* FS Goerdeler, 1987, 259 (272).
¹¹ Zutr. *Kropff* ZGR 1988, 558 (561 f.); s. ferner K. Schmidt/Lutter/*J. Vetter* Rn. 5; MüKoAktG/*Altmeppen* Rn. 22; Spindler/Stilz/*Müller* Rn. 4; HK-AktG/*Fett* Rn. 2; Grigoleit/*Grigoleit* Rn. 2; s. ferner BGH ZIP 2008, 70 betr. die in der Satzung der kleinen Kapitalgesellschaft vorgesehene Pflicht zur Erstellung eines Lageberichts; aA – für Erfordernis einer speziellen Satzungsregelung – MHdB AG/*Krieger* § 70 Rn. 114; wohl auch Hensseler/Strohn/*Bödeker* Rn. 2.
¹² BMJ (Hrsg.), RefE eines Gesetzes über Gesellschaften mit beschränkter Haftung, 1969.
¹³ Näher *Habersack* FS Peltzer, 2001, 139 (142 ff.); aA *Kropff* ZGR 1988, 558 (565 ff.) und MüKoAktG/*Altmeppen* Rn. 21, § 312 Rn. 13 f., die sich stattdessen für ein Einsichtsrecht der außenstehenden Aktionäre analog § 51a GmbHG aussprechen; gegen Pflichtprüfung des Abhängigkeitsberichts auch KK-AktG/*Koppensteiner* Rn. 9; K. Schmidt/Lutter/*J. Vetter* Rn. 4; Spindler/Stilz/*Müller* Rn. 4; Hüffer/*Koch* Rn. 2; Höltes/ *Leuering/Goertz* Rn. 6; Grigoleit/*Grigoleit* Rn. 2; HK-AktG/*Fett* Rn. 2; Wachter/*Rothley* Rn. 2; MHdB AG/ *Krieger* § 70 Rn. 114.
¹⁴ Die Vorschrift des Abs. 2 S. 2 ist im Fall der isolierten Prüfung des Abhängigkeitsberichts allerdings weitgehend gegenstandslos, → Rn. 21.
¹⁵ MüKoAktG/*Altmeppen* Rn. 21, § 312 Rn. 13 f.; *Kropff* ZGR 1988, 558 (565 ff.); ferner K. Schmidt/ Lutter/*J. Vetter* Rn. 4; Spindler/Stilz/*Müller* Rn. 4; Hüffer/*Koch* Rn. 2; Höltes/*Leuering/Goertz* Rn. 6; Grigoleit/*Grigoleit* Rn. 2; HK-AktG/*Fett* Rn. 2; KK-AktG/*Koppensteiner* Rn. 9; MHdB AG/*Krieger* § 70 Rn. 114.
¹⁶ Geßler/Hefermehl/*Kropff* Rn. 8.

vorliegen. Handelt es sich um eine kleine Gesellschaft oder Kleinstkapitalgesellschaft, so liegt es nahe, im Falle ihrer Auflösung die Vorschrift des § 270 Abs. 3 auf die hier befürwortete (→ Rn. 7) Pflicht zur eigenständigen Prüfung des Abhängigkeitsberichts analog anzuwenden.

2. Einleitung des Prüfungsverfahrens (S. 1). a) Prüfungsauftrag. Die Prüfung des 9 Abhängigkeitsberichts ist im unmittelbaren Anwendungsbereich des § 313 (→ Rn. 10) stets und ausnahmslos unselbständiger Bestandteil der Abschlussprüfung und damit **Aufgabe des Abschlussprüfers.** Vorbehaltlich der kleinen Kapitalgesellschaft und der Kleinstkapitalgesellschaft (→ Rn. 7) wird ein gesonderter Prüfungsauftrag nicht erteilt. Nach Abs. 1 S. 1 ist die Pflicht zur Prüfung des Abhängigkeitsberichts vielmehr Bestandteil des dem Abschlussprüfer erteilten Auftrags[17] zur Prüfung des Jahresabschlusses.[18] Die Vorschrift des Abs. 1 S. 1 ergänzt mithin diejenige des § 317 HGB betreffend den Gegenstand und den Umfang der Abschlussprüfung. Demgemäß bestimmt sich auch die **Verantwortlichkeit und Haftung des Prüfers** nach §§ 403, 404 Abs. 1 Nr. 2, §§ 323, 333 HGB.[19]

Die Zuständigkeit des Abschlussprüfers ist zwingend; die Erteilung eines gesonderten 10 Auftrags zur Prüfung des Abhängigkeitsberichts, sei es an den Abschlussprüfer oder an einen Dritten, ist nicht möglich.[20] Da die abhängige Gesellschaft das herrschende Unternehmen nicht auf Ersatz der im Zusammenhang mit den §§ 312 ff. getätigten *Aufwendungen* in Anspruch nehmen kann (→ § 312 Rn. 17), bedarf es auch keines gesonderten Ausweises der Kosten der Prüfung des Abhängigkeitsberichts.[21] Entsprechend § 319 Abs. 3 Nr. 3 HGB ist es nicht nur ausgeschlossen, dass der Prüfer beauftragt wird, den Abhängigkeitsbericht aufzustellen.[22] Ihm ist vielmehr auch jede sonstige **gestalterische Einflussnahme** auf den Inhalt des Abhängigkeitsberichts **untersagt;**[23] insbesondere ist ihm auch unabhängig davon, dass der Nachteilsausgleich nach § 311 Abs. 2 spätestens zum Schluss des Geschäftsjahres festgelegt werden muss (→ Rn. 17; → § 311 Rn. 69 ff.), ein Aushandeln des Ausgleichs mit dem herrschenden Unternehmen verboten.[24] Wohl aber ist es zulässig, dass über den gesetzlichen Auftrag des § 313 hinaus besondere Prüfungsschwerpunkte festgelegt werden.[25]

Besonderheiten gelten für die **kleine AG oder KGaA** sowie **Kleinstkapitalgesellschaf-** 11 **ten** entsprechender Rechtsform (→ Rn. 7). Sofern nicht deren *Satzung* die Prüfung des *Jahresabschlusses* vorsieht,[26] ist ein Auftrag speziell zur Prüfung des Abhängigkeitsberichts zu erteilen. Entsprechend § 111 Abs. 2 S. 3 hat dies durch den Aufsichtsrat der abhängigen Gesellschaft zu geschehen. Mit der Prüfung des Abhängigkeitsberichts ist eine *zur Abschlussprüfung befähigte Person* zu beauftragen. Deren Verantwortlichkeit richtet sich nach §§ 403, 404 Abs. 1 Nr. 2, §§ 323, 333 HGB.

---

[17] Die Beauftragung des Prüfers erfolgt nach § 111 Abs. 2 S. 3 durch den Aufsichtsrat; dieser handelt dabei im Namen der Gesellschaft.
[18] MüKoAktG/*Altmeppen* Rn. 29; *ADS* Rn. 5; *Kupsch* DB 1993, 493.
[19] AllgM, s. statt aller MüKoAktG/*Altmeppen* Rn. 104; zu § 321a HGB → Rn. 28.
[20] MüKoAktG/*Altmeppen* Rn. 29; Hüffer/*Koch* Rn. 4; K. Schmidt/Lutter/*J. Vetter* Rn. 6; Spindler/Stilz/ *Müller* Rn. 6; HK-AktG/*Fett* Rn. 10.
[21] AA – konsequenterweise – *Hüffer* 10. Aufl. Rn. 3.
[22] Wohl einhM, s. MüKoAktG/*Kropff* 2. Aufl. Rn. 35; KK-AktG/*Koppensteiner* Rn. 7; Hüffer/*Koch* Rn. 4; *ADS* Rn. 7.
[23] Vgl. im Zusammenhang mit der Prüfung des Jahresabschlusses BGHZ 135, 260 (262 ff.) = NJW 1997, 2178 (Beratung in wirtschaftlichen und steuerlichen Angelegenheiten ist mit Abschlussprüfung durch denselben Wirtschaftsprüfer grds. vereinbar, kann jedoch nach Art und Umfang im Einzelfall eine unzulässige Mitwirkung iSd § 319 Abs. 2 Nr. 5 HGB aF darstellen); BGHZ 153, 32 (37 ff.) = NJW 2003, 970; zu §§ 319 Abs. 3 S. 1 Nr. 3 lit. a, 319a Abs. 3 S. 1 Nr. 2 und 3 HGB s. Staub/*Habersack/Schürnbrand* HGB § 319 Rn. 38 ff., HGB § 319a Rn. 11 ff.; Baumbach/*Hopt/Merkt* HGB § 319 Rn. 18 ff., HGB § 319a Rn. 3 ff.; allg. zur Problematik *Röhricht* WPg 1998, 153; *Gelhausen/Kuss* NZG 2003, 424 ff.; *Marx* DB 2003, 431 ff.; *dies.*, Unabhängige Abschlussprüfung und Beratung, 2002, passim, insbes. 135 ff.; speziell zu § 319 Abs. 3 S. 1 Nr. 3 lit. c HGB *Henssler* ZHR 171 (2007), 10 ff.
[24] MüKoAktG/*Altmeppen* Rn. 36.
[25] Vgl. Begr. RegE KonTraG, BR-Drs. 872/97, 41.
[26] In diesem Fall sollte es bei der in § 313 Abs. 1 S. 1 vorgesehenen Prüferidentität bewenden, aA MüKoAktG/*Altmeppen* Rn. 28.

12   b) **Vorlage des Abhängigkeitsberichts.** Nach Abs. 1 S. 1 hat der Vorstand den von ihm aufgestellten Abhängigkeitsbericht **gleichzeitig mit dem Jahresabschluss** und dem Lagebericht dem Abschlussprüfer zu übergeben. Nach § 320 Abs. 1 S. 1 HGB hat dies „unverzüglich nach der Aufstellung" zu geschehen. Die Aufstellung der Unterlagen hat nach § 312 Abs. 1 S. 1 iVm § 264 Abs. 1 S. 3 HGB grundsätzlich innerhalb der ersten drei Monate des neuen Geschäftsjahres zu erfolgen. Ausnahmen gelten jedoch für Versicherungsunternehmen sowie für kleine Kapitalgesellschaften und Kleinstkapitalgesellschaften (→ § 312 Rn. 15; → Rn. 7).

13   Die Pflicht zur Aushändigung des Abhängigkeitsberichts kann gemäß § 407 Abs. 1 im **Zwangsgeldverfahren** durchgesetzt werden (→ § 312 Rn. 18 ff., dort auch zu weiteren Sanktionen). Das der Beilegung von Meinungsverschiedenheiten über die Notwendigkeit eines Abhängigkeitsberichts dienende **Streitbeilegungsverfahren des § 324 HGB** ist mit Inkrafttreten des BilMoG ersatzlos entfallen.[27] Meinungsverschiedenheiten, die sich auf den *Inhalt* und die *Vollständigkeit* des Berichts beziehen, konnten ohnehin nie mittels dieses Verfahrens beigelegt werden.[28] Nunmehr gilt allgemein, dass der Vermerk zum Jahresabschluss entsprechend einzuschränken ist, wenn der Vorstand die Vorlage eines nach Ansicht des Abschlussprüfers erforderlichen Abhängigkeitsberichts verweigert (→ § 312 Rn. 19). Zu weiteren Folgen bei **Fehlen eines Abhängigkeitsberichts** → § 312 Rn. 19.

14   **3. Gegenstand der Prüfung (S. 2). a) Richtigkeit der tatsächlichen Angaben.** Abs. 1 S. 2 Nr. 1 definiert den Gegenstand der Prüfung zunächst dahin gehend, dass die tatsächlichen Angaben des Abhängigkeitsberichts auf ihre Richtigkeit zu überprüfen sind. Unter „tatsächlichen Angaben" sind **in der Vergangenheit liegende und objektiv nachprüfbare Vorgänge** zu verstehen; im Abhängigkeitsbericht enthaltene Bewertungen und Prognosen sind somit von S. 2 Nr. 1 nicht erfasst.[29] Die Grenzen zwischen Tatsachenangaben und Werturteilen sind allerdings fließend. In Zweifelsfällen hat der Prüfer auf Klarstellung hinzuwirken.[30] Zu prüfen ist insbesondere, ob die im Bericht genannten Rechtsgeschäfte wirklich und zu den angegebenen Konditionen vorgenommen und die im Bericht genannten Maßnahmen wirklich und unter den genannten Umständen getroffen oder unterlassen worden sind.[31] Eine Überprüfung des Berichts auf die **Vollständigkeit** der tatsächlichen Angaben gehört dagegen, wie sich namentlich dem Wortlaut des S. 2 Nr. 1–3 („richtig", „im Bericht aufgeführten Rechtsgeschäften" bzw. „Maßnahmen") entnehmen lässt, nicht zum Prüfungsgegenstand.[32] Stößt der Prüfer allerdings auf Lücken im Bericht, so ist er gehalten, ihnen nach Maßgabe des Abs. 2 S. 2 nachzugehen (→ Rn. 21).

15   b) **Rechtsgeschäfte.** Die im Bericht aufgeführten Rechtsgeschäfte sind nach Abs. 1 S. 2 Nr. 2 zunächst darauf zu überprüfen, ob „die Leistung der Gesellschaft nicht unangemessen hoch war". Insoweit obliegt dem Abschlussprüfer mithin die **Bewertung** der im Abhängigkeitsbericht dokumentierten Rechtsgeschäfte. Dabei hat die Vorschrift des Abs. 1 S. 2 Nr. 2 ebenso wie diejenige des § 312 Abs. 1 S. 3 (→ § 312 Rn. 37 f.) den praktischen Regelfall des Austauschvertrags im Auge. Eine Begrenzung des Prüfungsumfangs lässt sich dem allerdings nicht entnehmen (→ § 312 Rn. 23). Vielmehr bezieht sich Abs. 1 S. 2 Nr. 2 auf sämtliche Rechtsgeschäfte (→ § 312 Rn. 23 ff.), im Unterschied zu § 312 Abs. 1 freilich

---

[27] Zu den Gründen s. Begr. RegE BilMoG, BT-Drs. 16/10067, 91 ff.; zur Rechtslage vor Inkrafttreten des BilMoG (Statthaftigkeit des Verfahrens) s. 5. Aufl. Rn. 13 mwN.
[28] Vgl. bereits Begr. RegE bei *Kropff* AktG 415; ferner 5. Aufl. Rn. 13.
[29] Wohl einhM, s. KK-AktG/*Koppensteiner* Rn. 17; MüKoAktG/*Altmeppen* Rn. 37 f.; MHdB AG/*Krieger* § 70 Rn. 115; Hüffer/*Koch* Rn. 5; Spindler/Stilz/*Müller* Rn. 8; K. Schmidt/Lutter/*J. Vetter* Rn. 13; HK-AktG/*Fett* Rn. 3; Grigoleit/*Grigoleit* Rn. 6.
[30] So wohl auch MüKoAktG/*Altmeppen* Rn. 39: Prüfer habe auf Vervollständigung zu dringen.
[31] Hüffer/*Koch* Rn. 5; KK-AktG/*Koppensteiner* Rn. 17.
[32] Vgl. bereits Begr. RegE bei *Kropff* AktG 414; ferner MüKoAktG/*Altmeppen* Rn. 39, 56; KK-AktG/*Koppensteiner* Rn. 17, 25; MHdB AG/*Krieger* § 70 Rn. 115; Hüffer/*Koch* Rn. 5; Spindler/Stilz/*Müller* Rn. 8; K. Schmidt/Lutter/*J. Vetter* Rn. 15; HK-AktG/*Fett* Rn. 3; Grigoleit/*Grigoleit* Rn. 4; Wachter/*Rothley* Rn. 3; missverständlich *Baumbach/Hueck* Rn. 6; s. dazu auch *Velte* Konzern 2010, 49 (51 f.).

nur auf die im Abhängigkeitsbericht dokumentierten (→ Rn. 14). Dem Abschlussprüfer obliegt denn auch nach Abs. 1 S. 2 Nr. 2 die Prüfung, ob das Rechtsgeschäft **nachteiligen Charakter** iSd § 311 Abs. 1 hat. Zu prüfen ist demnach, ob das Rechtsgeschäft auch vom gewissenhaften und sorgfältigen Vorstand einer unabhängigen AG hätte vorgenommen werden dürfen (→ § 311 Rn. 39 ff.).[33] Über *unterlassene Rechtsgeschäfte* ist im Rahmen der sonstigen Maßnahmen zu berichten (→ § 312 Rn. 28, 38 f.); die Prüfung beurteilt sich demzufolge nach § 313 Abs. 1 S. 2 Nr. 3 (→ Rn. 18 f.).

Aus der Anknüpfung an den Nachteilsbegriff erklärt sich zunächst die – in Abs. 1 S. 2 Nr. 2 ausdrücklich betonte – Maßgeblichkeit des **Zeitpunkts der Vornahme des Rechtsgeschäfts.** Der nachteilige Charakter des Rechtsgeschäfts ist demnach auf der Grundlage der dem Vorstand bekannten und erkennbaren[34] Umstände zu ermitteln; erst später auftretende und bei pflichtgemäßer Sorgfalt nicht erkennbare Entwicklungen bleiben außer Betracht.[35] Des Weiteren ist den Bewertungsschwierigkeiten, die dem Nachteilsbegriff und damit auch dem in Abs. 1 S. 2 Nr. 2 enthaltenen Prüfungsauftrag immanent sind (→ § 311 Rn. 53 ff.), durch Anerkennung eines gewissen **Beurteilungsspielraums** Rechnung zu tragen.[36] Der Wortlaut des Gesetzes bringt dies dadurch zum Ausdruck, dass allein zu prüfen ist, ob die Leistung der Gesellschaft „nicht unangemessen hoch" war. Entscheidend ist danach, ob die Vornahme des Rechtsgeschäfts bei vernünftiger kaufmännischer Betrachtung als vertretbar erscheint. Geringfügige Abweichungen können außer Betracht bleiben.

Ergibt sich aus dem Inhalt des Abhängigkeitsberichts (→ § 312 Rn. 40, 45) oder auf Grund der Prüfung durch den Abschlussprüfer, dass die Leistung der Gesellschaft „unangemessen hoch" ist, das Rechtsgeschäft also nachteiligen Charakter hat (→ Rn. 16), so ist nach Abs. 1 S. 2 Nr. 2 Hs. 2 zu prüfen, ob der Nachteil ausgeglichen worden ist.[37] Mit dem Begriff des **Nachteilsausgleichs** nimmt Abs. 1 S. 2 Nr. 2 auf § 311 Abs. 2 Bezug. Zu berücksichtigen sind demnach ein tatsächlich erfolgter Ausgleich und die Begründung eines entsprechenden Rechtsanspruchs.[38] Erst nach Schluss des Geschäftsjahres eingeräumte Vorteile berechtigen dagegen nicht zur Erteilung des uneingeschränkten Bestätigungsvermerks iSd Abs. 3 S. 2 Nr. 2; dies gilt insbesondere für einen erst auf Veranlassung des Abschlussprüfers gewährten Ausgleich (→ Rn. 10).[39] Da im Ausgleichsvertrag iSd § 311 Abs. 2 Art und Umfang der als Ausgleich zugesagten Vorteile bestimmt werden müssen (→ § 311 Rn. 73 f.), ist es ausgeschlossen, dass die Konkretisierung des Ausgleichsanspruchs von den Feststellungen des Abschlussprüfers abhängig gemacht wird.[40] Auch genügt es nicht, einen bezifferten Ausgleichsvertrag unter der auflösenden Bedingung einer beanstandungsfreien Prüfung des Rechtsgeschäfts abzuschließen.[41] Auch im Zusammenhang mit dem Nachteils-

---

[33] MüKoAktG/*Altmeppen* Rn. 41; KK-AktG/*Koppensteiner* Rn. 18; *ADS* Rn. 22 f.; zu den damit verbundenen Schwierigkeiten s. die empirische Untersuchung bei *Velte* Konzern 2010, 49 (53 f.).

[34] *Döllerer* FS Semler, 1993, 441 (445); MüKoAktG/*Altmeppen* Rn. 42; KK-AktG/*Koppensteiner* Rn. 18; Hüffer/*Koch* Rn. 7; Grigoleit/*Grigoleit* Rn. 7; Spindler/Stilz/*Müller* Rn. 9; K. Schmidt/Lutter/*J. Vetter* Rn. 18; Hölters/*Leuering*/*Goertz* Rn. 18; HK-AktG/*Fett* Rn. 4; zur entsprechenden (dort freilich umstrittenen) Rechtslage im Zusammenhang mit der Berichtspflicht des Vorstands → § 312 Rn. 46.

[35] MüKoAktG/*Altmeppen* Rn. 42; KK-AktG/*Koppensteiner* Rn. 18; Hüffer/*Koch* Rn. 7; Grigoleit/*Grigoleit* Rn. 7; Spindler/Stilz/*Müller* Rn. 9; K. Schmidt/Lutter/*J. Vetter* Rn. 18; Hölters/*Leuering*/*Goertz* Rn. 18; HK-AktG/*Fett* Rn. 4.

[36] Vgl. bereits Begr. RegE bei *Kropff* AktG 414; ferner MüKoAktG/*Altmeppen* Rn. 43; KK-AktG/*Koppensteiner* Rn. 18; Spindler/Stilz/*Müller* Rn. 9; *ADS* Rn. 22.

[37] Zum weiteren Verfahren für den Fall, dass der Prüfer der Ansicht ist, eine vom Vorstand als nicht nachteilig qualifizierte Maßnahme sei nachteilig, s. MüKoAktG/*Altmeppen* Rn. 52.

[38] Vgl. statt aller KK-AktG/*Koppensteiner* Rn. 21.

[39] KK-AktG/*Koppensteiner* Rn. 21; Hüffer/*Koch* Rn. 8; K. Schmidt/Lutter/*J. Vetter* Rn. 21; HK-AktG/*Fett* Rn. 7; s. ferner MüKoAktG/*Altmeppen* Rn. 54, dem zufolge ein nachträglich gewährter Ausgleich zum Wegfall der Schadensersatzpflicht aus § 317 führen soll.

[40] So aber *ADS* § 311 Rn. 71; Hölters/*Leuering*/*Goertz* Rn. 20; wie hier dagegen auch KK-AktG/*Koppensteiner* Rn. 21; Spindler/Stilz/*Müller* Rn. 10; Grigoleit/*Grigoleit* Rn. 8; Hüffer/*Koch* Rn. 8; Henssler/Strohn/*Bödeker* Rn. 7.

[41] Hüffer/*Koch* Rn. 8; Grigoleit/*Grigoleit* Rn. 8; Spindler/Stilz/*Müller* Rn. 10; aA *Hüffer* 10. Aufl. Rn. 8; HK-AktG/*Fett* Rn. 7; Hölters/*Leuering*/*Goertz* Rn. 20.

ausgleich kommt dem Abschlussprüfer ein Bewertungsspielraum zu. Zu prüfen ist also, ob der Nachteil im Hinblick auf den gewährten Vorteil nicht unangemessen hoch war (→ Rn. 16).[42] Maßgebend ist der Zeitpunkt der Vorteilsgewährung (→ § 311 Rn. 68). Ist das Rechtsgeschäft einem Einzelausgleich nicht zugänglich, so ist das Testat einzuschränken (→ Rn. 19).

18 **c) Maßnahmen.** Soweit der Bericht sonstige Maßnahmen anführt (→ § 312 Rn. 34 f.), hat der Abschlussprüfer nach Abs. 1 S. 2 Nr. 3 nur zu prüfen, ob keine Umstände für eine wesentlich andere Beurteilung als die des Vorstands sprechen. Dadurch trägt das Gesetz bewusst[43] dem Umstand Rechnung, dass im Fall sonstiger Maßnahmen die Beurteilung des nachteiligen Charakters und die Bezifferung des Nachteils mit besonderen Schwierigkeiten verbunden sind. Der Abschlussprüfer soll deshalb nicht gezwungen werden, sein Ermessen an die Stelle des **unternehmerischen Ermessens des Vorstands** zu setzen. Zugleich begrenzt das Gesetz die Verantwortlichkeit des Prüfers (→ Rn. 9). Im Einzelnen hat der Abschlussprüfer zunächst die Angaben, die der Vorstand nach § 312 Abs. 1 S. 3 zu machen hat (→ § 312 Rn. 39), auf ihre Schlüssigkeit und Überzeugungskraft hin zu überprüfen.[44] Zu fragen ist also, ob die Angaben des Vorstands die Maßnahme als *vertretbar* erscheinen lassen. In einem zweiten Schritt hat der Abschlussprüfer im Bericht nicht angegebene, ihm aber bekannte Gründe und Erwägungen in die Betrachtung einzubeziehen; insoweit geht es weniger um die Ermittlung weiterer Tatsachen (→ Rn. 21) als um die Einbringung der besonderen Sachkunde des Prüfers.[45] Sind solche zusätzlichen Umstände gegeben, so ist zu prüfen, ob die Vornahme der Maßnahme gleichwohl als noch vertretbar erscheint. Insoweit ist die persönliche Einschätzung des Prüfers gefragt. Im Abhängigkeitsbericht nicht angeführte, bei der Beurteilung aber berücksichtigte Umstände braucht der Prüfer nicht zu beweisen.[46]

19 In die Prüfung nach Abs. 1 S. 2 Nr. 3 ist auch ein etwaiger **Nachteilsausgleich** einzubeziehen. Ist also die Maßnahme nach der Erklärung des Vorstands oder nach dem Ergebnis der Prüfung nachteilig, ist zu prüfen, ob Ausgleich in Übereinstimmung mit § 311 Abs. 2 erfolgt ist. Insoweit findet Abs. 1 S. 2 Nr. 2 entsprechende Anwendung; zu untersuchen ist also, ob der Nachteil im Verhältnis zu dem gewährten Vorteil nicht unangemessen hoch war.[47] Lässt sich der Nachteil nicht quantifizieren und ist somit die nachteilige Maßnahme dem Einzelausgleich nach § 311 nicht zugänglich (→ § 311 Rn. 9, 43, 53 ff.), ist der Bestätigungsvermerk entsprechend einzuschränken. Jedenfalls in Fällen dieser Art kommt deshalb dem Abschlussprüfer durchaus die Aufgabe zu, auf das Vorliegen einer (rechtswidrigen, → Anh. § 317 Rn. 2, 27 f.) **qualifizierten Nachteilszufügung** aufmerksam zu machen.[48] Was den für die Prüfung maßgeblichen **Zeitpunkt** betrifft, so ist auch im Rahmen des Abs. 1 S. 2 Nr. 3 auf denjenigen der Vornahme bzw. des Unterlassens der Maßnahme sowie ggf. auf denjenigen der Vorteilsgewährung abzustellen (→ Rn. 11 f.).

20 **4. Umfang der Prüfung.** Dem Abschlussprüfer obliegt nicht die Prüfung, ob der Abhängigkeitsbericht den Vorgaben des § 312 entsprechend aufgestellt wurde; insbesondere gebietet Abs. 1 S. 2 Nr. 1 grundsätzlich **keine Vollständigkeitsprüfung** (→ Rn. 14; aber → Rn. 21). Gegenstand der Prüfung sind vielmehr der Abhängigkeitsbericht und die in

---

[42] MüKoAktG/*Altmeppen* Rn. 51; KK-AktG/*Koppensteiner* Rn. 17.
[43] Vgl. Begr. RegE bei *Kropff* AktG 414 f.
[44] MüKoAktG/*Altmeppen* Rn. 46; KK-AktG/*Koppensteiner* Rn. 22.
[45] MüKoAktG/*Altmeppen* Rn. 47.
[46] KK-AktG/*Koppensteiner* Rn. 22.
[47] KK-AktG/*Koppensteiner* Rn. 23; MüKoAktG/*Altmeppen* Rn. 51; MHdB AG/*Krieger* § 70 Rn. 115.
[48] KK-AktG/*Koppensteiner* Rn. 24; HK-AktG/*Fett* Rn. 8; weitergehend *Kropff* FS Goerdeler, 1987, 259 (273) (Hinweis auf qualifizierte faktische Konzernierung auch in den Fällen, in denen auf Grund des nur eingeschränkten Prüfungsmaßstabs die Prüfung gemäß § 313 Abs. 1 S. 2 noch durchführbar ist, obschon der Einzelausgleich auf Grund der Breite und Vielfalt der Konzerneinwirkungen nicht mehr nachprüfbar ist); dagegen *Deilmann* 113 ff. – Zum Vorliegen einer qualifizierten Nachteilszufügung bei Versagen des Einzelausgleichssystems → Anh. § 317 Rn. 7 ff.

ihm dokumentierten Verbundbeziehungen.[49] Die Prüfung erfolgt somit retrograd. Bei umfangreichen Geschäftsbeziehungen darf der Prüfer die nach Abs. 1 S. 2 Nr. 1 erforderliche Überprüfung der Richtigkeit der Tatsachen (→ Rn. 14) auf **Stichproben** beschränken.[50] Davon darf freilich nur im Zusammenhang mit Routinevorgängen Gebrauch gemacht werden. Vorfälle von außergewöhnlicher Bedeutung sind dagegen stets einer Einzelprüfung zu unterziehen.

Der Vorschrift des Abs. 2 S. 2 lässt sich entnehmen, dass der Abschlussprüfer über ihm bekannte Lücken des Abhängigkeitsberichts nicht hinweggehen darf.[51] Nach dem Wortlaut dieser Vorschrift besteht eine entsprechende Pflicht des Prüfers zwar nur für den Fall, dass er bei Prüfung des Jahresabschlusses, des Lageberichts und des Abhängigkeitsberichts die Unvollständigkeit des Letzteren feststellt. Kraft seiner Treupflicht und vorbehaltlich etwaiger Verschwiegenheitspflichten gegenüber Dritten hat der Prüfer jedoch auch sein in sonstiger Weise (etwa auf Grund früherer Prüfungstätigkeit) erlangtes Wissen heranzuziehen.[52] Er hat deshalb **allen Verdachtsmomenten gezielt nachzugehen.** Davon betroffen sind zum einen die im Abhängigkeitsbericht *dokumentierten* Rechtsgeschäfte und Maßnahmen. Insoweit ist zu überprüfen, ob alle für die Beurteilung wesentlichen Umstände angegeben sind.[53] Erlauben die im Bericht angegebenen Tatsachen keine verlässliche Überprüfung der verzeichneten Rechtsgeschäfte und Maßnahmen, so muss der Prüfer auf Ergänzung bestehen. Zum anderen hat der Abschlussprüfer allen ihm aus seiner Tätigkeit für die abhängige Gesellschaft bekannten, im Abhängigkeitsbericht aber *nicht dokumentierten* Rechtsgeschäften und Maßnahmen bzw. entsprechenden Verdachtsmomenten nachzugehen.[54] In beiden Fällen haben Mängel des Berichts die Einschränkung oder Versagung des Testats zur Folge (→ Rn. 34 ff.).

5. Einsichts- und Auskunftsrecht (S. 3 und 4). Nach § 313 Abs. 1 S. 3 hat der Abschlussprüfer auch im Zusammenhang mit der Prüfung des Abhängigkeitsberichts die in § 320 Abs. 1 S. 2, Abs. 2 S. 1 und 2 HGB genannten Einsichts- und Auskunftsrechte. Der Vorstand der abhängigen Gesellschaft hat danach dem Abschlussprüfer sämtliche prüfungsrelevanten Unterlagen und Gegenstände zur Verfügung zu stellen (Abs. 1 S. 3 iVm § 320 Abs. 1 S. 2 HGB) und ihm die für eine sorgfältige Prüfung des Berichts notwendigen Auskünfte und Nachweise zu erteilen (Abs. 1 S. 3 iVm § 320 Abs. 2 S. 1 HGB). Die Verweisung in § 313 Abs. 1 S. 3 auf § 320 Abs. 2 S. 2 HGB stellt zudem klar, dass der Abschlussprüfer die Rechte aus § 320 Abs. 1 S. 2 und Abs. 2 S. 1 HGB, soweit es die Vorbereitung der Prüfung erfordert, auch schon *vor Aufstellung des Abhängigkeitsberichts* hat. Eine entsprechende **Zwischenprüfung** kommt namentlich im Hinblick auf die vom Vorstand ergriffenen Maßnahmen zur vollständigen Erfassung und Dokumentation der Verbundbeziehungen (→ § 312 Rn. 15, 42; → § 311 Rn. 80) in Betracht. Des Weiteren kann der Abschlussprüfer auf der Grundlage des § 320 Abs. 2 S. 2 HGB einen Überblick über den Kreis der verbundenen Unternehmen beanspruchen, sofern nicht bereits der Abhängigkeitsbericht eine entsprechende Verbundübersicht enthält (→ § 312 Rn. 43).[55] Die Erfüllung der aus Abs. 1 S. 3 folgenden Pflichten kann nach § 407 Abs. 1 mittels Zwangsgeld durchgesetzt werden.

---

[49] MüKoAktG/*Altmeppen* Rn. 56; Hüffer/*Koch* Rn. 10; Spindler/Stilz/*Müller* Rn. 13; K. Schmidt/Lutter/*J. Vetter* Rn. 27; HK-AktG/*Fett* Rn. 3, 15.
[50] Begr. RegE bei *Kropff* AktG 414; KK-AktG/*Koppensteiner* Rn. 28; MHdB AG/*Krieger* § 70 Rn. 115; Spindler/Stilz/*Müller* Rn. 15; zur entsprechenden Praxis s. *ADS* Rn. 45.
[51] MüKoAktG/*Altmeppen* Rn. 57 ff.; KK-AktG/*Koppensteiner* Rn. 25; Hüffer/*Koch* Rn. 11; K. Schmidt/Lutter/*J. Vetter* Rn. 27; Spindler/Stilz/*Müller* Rn. 13; HK-AktG/*Fett* Rn. 15; Grigoleit/*Grigoleit* Rn. 4; Hölters/*Leuering/Goertz* Rn. 27; *ADS* Rn. 46 ff.; zur entsprechenden Praxis s. *Hommelhoff* ZHR 156 (1992), 295 (304 f.).
[52] MüKoAktG/*Altmeppen* Rn. 58; KK-AktG/*Koppensteiner* Rn. 25; K. Schmidt/Lutter/*J. Vetter* Rn. 27; Grigoleit/*Grigoleit* Rn. 4. – Zur Treupflicht des Abschlussprüfers s. BGHZ 16, 17 (25); s. dazu aber auch *Schürnbrand,* Organschaft im Recht der privaten Verbände, 2007, 214 ff.
[53] KK-AktG/*Koppensteiner* Rn. 26.
[54] KK-AktG/*Koppensteiner* Rn. 25.
[55] KK-AktG/*Koppensteiner* Rn. 14; Hüffer/*Koch* Rn. 12; *ADS* Rn. 56.

Die unrichtige oder verschleiernde Darstellung ist nach § 400 Abs. 1 Nr. 2 mit Strafe bedroht.

23 Nach der durch das BiRiLiG (→ Rn. 4) eingefügten Vorschrift des Abs. 1 S. 4 hat der Abschlussprüfer die in § 320 Abs. 1 S. 2, Abs. 2 S. 1 und 2 HGB geregelten Rechte (→ Rn. 21) auch gegenüber einem **Konzernunternehmen** sowie gegenüber einem **abhängigen oder herrschenden Unternehmen.** Damit geht § 313 zwar insoweit über § 320 Abs. 3 HGB hinaus, als dem Prüfer nicht lediglich ein Auskunftsrecht, sondern die Befugnis zur Prüfung der in § 320 Abs. 1 S. 2 HGB genannten Bücher und Schriften zusteht.[56] Der Kreis der informationspflichtigen Unternehmen bestimmt sich dagegen – ausgehend von der Sicht der abhängigen Gesellschaft – nach §§ 17, 18 und deckt sich deshalb nicht mit den berichtsrelevanten Unternehmensverbindungen (→ § 312 Rn. 29 ff.). So werden von § 313 Abs. 1 S. 4 Unternehmen, die zwar von dem herrschenden Unternehmen abhängig sind (§ 17), mit diesem aber keinen Konzern bilden, nicht erfasst. Zudem versagt die Vorschrift gegenüber Konzerngesellschaften des herrschenden Unternehmens, wenn die abhängige Gesellschaft selbst nicht in den Konzern eingebunden, sondern lediglich abhängig ist. De lege lata ist die fehlende Abstimmung des Abs. 1 S. 4 mit § 312 Abs. 1 S. 2 und 3 freilich hinzunehmen.[57]

24 Nach § 407 Abs. 1 kann auch gegenüber den nach Abs. 1 S. 4 auskunftspflichtigen Unternehmen das **Zwangsgeldverfahren** betrieben werden;[58] die unrichtige oder verschleiernde Darstellung ist auch insoweit nach § 400 Abs. 1 Nr. 2 strafbar. Handelt es sich um ein **ausländisches verbundenes Unternehmen,** so kann zwar die zwangsweise Durchsetzung des Einsichts- und Auskunftsrechts Schwierigkeiten bereiten; insbesondere kann insoweit kein Zwangsgeld festgesetzt werden.[59] Da jedoch der Abschlussprüfer für den Fall, dass sich prüfungsrelevante Tatsachen nicht feststellen lassen, sein Testat einzuschränken hat (→ Rn. 34 ff.), was wiederum eine Sonderprüfung gemäß § 315 S. 1 Nr. 1 zur Folge haben kann, wird sich die Frage einer zwangsweisen Durchsetzung regelmäßig nicht stellen.

III. Berichtspflicht (Abs. 2)

25 **1. Berichtsempfänger.** Nach Abs. 2 S. 1 hat der Abschlussprüfer über das Ergebnis der Prüfung zu berichten. Was den Adressaten betrifft, so bestimmt Abs. 2 S. 3, 1. Hs. nunmehr (→ Rn. 5), dass der Bericht unmittelbar dem **Aufsichtsrat** vorzulegen ist. Dies trägt nicht nur dem Umstand Rechnung, dass einer der Zwecke des § 313 in der Vorbereitung und Unterstützung der nach § 314 obligatorischen Prüfung des Abhängigkeitsberichts durch den Aufsichtsrat besteht (→ Rn. 2). Die Neuregelung hat vielmehr auch die erforderliche Abstimmung zwischen § 313 und § 321 Abs. 5 S. 2 HGB (iVm § 111 Abs. 2 S. 3) hergestellt (→ Rn. 5).[60]

26 Empfänger des Prüfungsberichts ist der Aufsichtsrat als Organ der Gesellschaft; denn er ist es, der nach § 314 den Abhängigkeitsbericht des Vorstands zu prüfen hat. Die Vorlage kann (und sollte) zu Händen des **Aufsichtsratsvorsitzenden** erfolgen.[61] Dieser hat sodann nach § 314 Abs. 1 S. 2 zu verfahren, also den Prüfungsbericht jedem Aufsichtsratsmitglied oder den Mitgliedern eines etwaigen Ausschusses auszuhändigen. Der Abschlussprüfer kann zwar den Bericht auch unmittelbar den einzelnen Aufsichtsrats- oder Ausschussmitgliedern aushändigen; ist ein Ausschuss gebildet, so hat er allerdings sicherzustellen, dass die übrigen Mitglieder des Aufsichtsrats kein Exemplar des Berichts erhalten.

---

[56] Dies ist durchaus zu begrüßen, so auch MüKoAktG/*Altmeppen* Rn. 71.
[57] MüKoAktG/*Altmeppen* Rn. 72 f.; KK-AktG/*Koppensteiner* Rn. 14; MHdB AG/*Krieger* § 70 Rn. 116; Hüffer/*Koch* Rn. 13; K. Schmidt/Lutter/*J. Vetter* Rn. 31; Spindler/Stilz/*Müller* Rn. 17; Grigoleit/*Grigoleit* Rn. 11.
[58] MüKoAktG/*Altmeppen* Rn. 74; Spindler/Stilz/*Müller* Rn. 18; NK-AktR/*Schatz/Schödel* Rn. 19.
[59] Näher KK-AktG/*Koppensteiner* Rn. 16 mwN; s. ferner MHdB AG/*Krieger* § 70 Rn. 116; aA – für Zwangsgeldfestsetzung – *S. Maul* NZG 1999, 741 (745).
[60] Zum zeitlichen Anwendungsbereich der Neuregelung s. 4. Aufl. Rn. 25.
[61] MüKoAktG/*Altmeppen* § 314 Rn. 14; KK-AktG/*Koppensteiner* Rn. 31; zu § 170 Hüffer/*Koch* § 170 Rn. 4; zu § 321 HGB Staub/*Habersack/Schürnbrand* HGB 5. Aufl. § 321 Rn. 56.

2. Stellungnahme des Vorstands. Nach § 313 Abs. 2 S. 3 Hs. 2 ist dem Vorstand vor 27 der Zuleitung des Berichts an den Aufsichtsrat **Gelegenheit zur Stellungnahme** zu geben. Dies deckt sich mit § 321 Abs. 5 S. 2 Hs. 2 HGB betreffend den Bericht über die Prüfung des Jahresabschlusses und ist vor dem Hintergrund zu sehen, dass die Prüfung nach § 313 Teil der Jahresabschlussprüfung ist. Beide Vorschriften tragen dem Umstand Rechnung, dass nunmehr der Aufsichtsrat als Organ der Gesellschaft den Prüfungsauftrag erteilt und Berichtsempfänger ist (→ Rn. 5, 25). Der Vorstand soll sich deshalb, bevor der Aufsichtsrat seine Prüfungs- und Berichtstätigkeit nach § 314 aufnimmt, insbesondere in den Fällen des § 313 Abs. 4 S. 1 mit der Beurteilung der Verbundbeziehungen durch den Prüfer auseinandersetzen können. Die Stellungnahme des Vorstands ist kein Bestandteil des Prüfungsberichts. Sie ist jedoch entsprechend § 314 Abs. 1 S. 1 vom Vorstand unmittelbar dem Aufsichtsrat vorzulegen.[62]

3. Eingeschränkte Publizität. Wie der Abhängigkeitsbericht (→ § 312 Rn. 4) wird 28 auch der Prüfungsbericht nicht offengelegt. Nach § 314 Abs. 2 S. 3 ist allerdings in den Bericht des Aufsichtsrats an die Hauptversammlung auch ein vom Abschlussprüfer erteilter **Bestätigungsvermerk** (→ Rn. 30 ff.) aufzunehmen und eine Versagung des Vermerks ausdrücklich mitzuteilen. Auf diesem Weg erlangt das **Ergebnis der Prüfung Publizität** (→ Rn. 30; → § 315 Rn. 6). Dagegen steht das durch das BilReG (→ Einl. Rn. 32) geschaffene **Einsichtsrecht** nach § 321a HGB[63] im unmittelbaren Zusammenhang mit den auf den Jahres- und Konzernabschluss bezogenen Offenlegungspflichten. Schon deshalb lässt es sich nicht auf den – den nicht publizitätspflichtigen Abhängigkeitsbericht (→ § 312 Rn. 4) betreffenden – Prüfbericht nach § 313 Abs. 2 erstrecken.[64] Es kommt hinzu, dass der Abhängigkeitsbericht keinen Bestandteil des Jahresabschlusses bildet (→ § 312 Rn. 16, 20, 47).

4. Form und Inhalt des Berichts. Der Prüfungsbericht ist gemäß Abs. 2 S. 1 und 3 29 schriftlich abzufassen und vom Prüfer – entsprechend § 313 Abs. 5 S. 1 mit Angabe von Ort und Datum[65] – zu unterzeichnen. Was den Inhalt des Berichts betrifft, so umschreibt Abs. 2 S. 1 diesen nur dahin gehend, dass über das **Ergebnis der Prüfung** zu berichten ist. Die Anforderungen, die § 321 HGB an den Bericht über den Jahresabschluss stellt, lassen sich allerdings ohne weiteres auf den Bericht gemäß § 313 übertragen.[66] Die Vorschrift des Abs. 2 S. 2 stellt klar, dass die vom Abschlussprüfer festgestellte **Unvollständigkeit** des Abhängigkeitsberichts gleichfalls zum Ergebnis der Prüfung zählt und damit berichtspflichtig ist (→ Rn. 21). Im Übrigen empfiehlt es sich, den Bericht entsprechend den in Abs. 1 S. 2 bestimmten Prüfungsgegenständen zu gliedern.[67] Das Ergebnis der Prüfung ist zu begründen; anzugeben ist, worauf sich die Beurteilung des Prüfers stützt.[68] Zu berichten ist auch über die Kooperationsbereitschaft des Vorstands, ferner über die Abgrenzung der in die Berichterstattung einbezogenen Verbundunternehmen.[69]

IV. Bestätigungsvermerk (Abs. 3–5)

1. Funktion und Verfahren. Nach Abs. 3 und 4 hat die Abschlussprüfung in die Ertei- 30 lung eines uneingeschränkten oder eingeschränkten Bestätigungsvermerks oder in die Versa-

---

[62] KK-AktG/*Koppensteiner* Rn. 31; Spindler/Stilz/*Müller* Rn. 19; für bloßes Vorlagerecht dagegen wohl *Hüffer* § 170 Rn. 2 betr. § 321 Abs. 5 S. 2 HGB; für Zuleitung an den Abschlussprüfer Henssler/Strohn/*Bödeker* Rn. 10.
[63] *Forster/Gelhausen/Möller* WPg 2007, 191 ff.
[64] So auch Staub/*Habersack/Schürnbrand* HGB 5. Aufl. § 321a Rn. 8; K. Schmidt/Lutter/*J. Vetter* Rn. 36; *Weinbrenner* Konzern 2006, 583 (591 f.); aA Grigoleit/*Grigoleit* Rn. 12.
[65] So zu Recht MüKoAktG/*Altmeppen* Rn. 85, dort auch der zutr. Hinweis, dass mit Blick auf § 313 Abs. 5 S. 1 das Datum des Bestätigungsvermerks auch für den Prüfungsbericht zu wählen ist; s. ferner K. Schmidt/Lutter/*J. Vetter* Rn. 35.
[66] MüKoAktG/*Altmeppen* Rn. 80 ff.
[67] KK-AktG/*Koppensteiner* Rn. 29; näher zum Inhalt *ADS* Rn. 67 ff.
[68] IdW/HFA WPg 1992, 91 (93), Nr. III. 8.
[69] IdW/HFA WPg 1992, 91 (93), Nr. III. 8.

gung eines solchen Vermerks zu münden. Der Inhalt des Bestätigungsvermerks ist in Abs. 3 detailliert geregelt; dadurch soll sichergestellt sein, dass das Prüfungsergebnis möglichst vollständig auch im Bestätigungsvermerk zum Ausdruck kommt. Die besondere Bedeutung des Bestätigungsvermerks resultiert daraus, dass er, anders als der Prüfungsbericht (→ Rn. 28), nach § 314 Abs. 2 S. 3 in den Bericht des Aufsichtsrats an die Hauptversammlung aufzunehmen ist und auf diese Weise Publizität erlangt (→ § 314 Rn. 15). Dadurch wird zugleich sichergestellt, dass die Aktionäre von ihrem Recht aus § 315 S. 1 Nr. 1, im Falle einer Einschränkung oder Versagung des Bestätigungsvermerks eine **Sonderprüfung** zu beantragen, auch tatsächlich Gebrauch machen können (→ Rn. 34). Der Bestätigungsvermerk – Entsprechendes gilt für den Versagungsvermerk (→ Rn. 34) – ist nach Abs. 5 S. 1 vom Abschlussprüfer unter Angabe von Ort und Tag zu **unterzeichnen.** Sind mehrere Abschlussprüfer bestellt worden, so müssen sie alle unterschreiben.[70] Nach Abs. 5 S. 2 ist der Vermerk in den Prüfungsbericht aufzunehmen. Als dessen Bestandteil ist er nach Maßgabe des § 313 Abs. 2 S. 3, 314 Abs. 1 S. 1 dem Aufsichtsrat vorzulegen (→ Rn. 25 f.; → § 314 Rn. 4). Entsprechend den zur Jahresabschlussprüfung geltenden Grundsätzen ist der Abschlussprüfer zum **Widerruf** des Bestätigungsvermerks berechtigt und verpflichtet, wenn ihm nachträglich Tatsachen bekannt werden, die ihn zur Versagung oder Einschränkung des Testats berechtigt hätten.[71] Zur Rechtslage bei **Fehlen eines Abhängigkeitsberichts** → Rn. 13; → § 312 Rn. 19.

31 **2. Erteilung (Abs. 3).** Der Abschlussprüfer ist nach Abs. 3 S. 1 zur Erteilung eines uneingeschränkten Bestätigungsvermerks verpflichtet, wenn nach dem Prüfungsergebnis keine Einwendungen zu erheben sind. Anders als § 322 HGB betreffend die Prüfung des Jahresabschlusses sieht § 313 Abs. 3 weiterhin ein **Formaltestat** vor. Dessen Wortlaut ist in Abs. 3 S. 1 vorgeschrieben. Er lehnt sich an den Gegenstand der Prüfung an (→ Rn. 14 ff.) und soll auf diese Weise das Prüfungsergebnis vollständig zum Ausdruck bringen (→ Rn. 30). Vorbehaltlich der in Abs. 3 S. 2 und 3 genannten Textabwandlungen (→ Rn. 33) kommt eine generelle Ergänzung des formalisierten Textes nicht in Betracht.[72]

32 Denkbar sind jedoch **Zusätze,** die der besonderen Problematik des Einzelfalls, etwa der Beurteilung einer Maßnahme, Rechnung tragen.[73] Anders als eine Einschränkung oder Versagung des Vermerks begründen sie nicht das Recht aus § 315 S. 1 Nr. 1.[74] Schon deshalb müssen sie als solche erkennbar sein;[75] zudem dürfen sie weder den Positivbefund des Vermerks in Frage stellen noch an die Stelle einer gebotenen Einschränkung oder Versagung (→ Rn. 34 ff.) treten.[76] Eine Einbeziehung des Grades der Leitungsdichte in den Inhalt des Vermerks ist auch de lege ferenda entbehrlich,[77] wenn man nur mit den Grenzen einer

---

[70] Hüffer/*Koch* Rn. 16.
[71] KK-AktG/*Koppensteiner* Rn. 41; MüKoAktG/*Altmeppen* Rn. 103; Spindler/Stilz/*Müller* Rn. 22; K. Schmidt/Lutter/*J. Vetter* Rn. 39; Hölters/*Leuering/Goertz* Rn. 43; für den Jahresabschluss Staub/*Habersack*/ Schürnbrand HGB § 322 Rn. 35 f.; Baumbach/Hopt/Merkt HGB § 322 Rn. 12.
[72] MüKoAktG/*Altmeppen* Rn. 92; Spindler/Stilz/*Müller* Rn. 23; K. Schmidt/Lutter/*J. Vetter* Rn. 41; Hüffer/*Koch* Rn. 17; Grigoleit/*Grigoleit* Rn. 15; HK-AktG/*Fett* Rn. 18; Hölters/*Leuering/Goertz* Rn. 41; ADS Rn. 83; MHdB AG/*Krieger* § 70 Rn. 117 Fn. 437; aA KK-AktG/*Koppensteiner* Rn. 32 – für Ergänzung des Inhalts, dass die Folgen nachteiliger Maßnahmen ausgeglichen sind.
[73] *ADS* Rn. 83; IdW/HFA WPg 1992, 91 (94), Nr. III. 10; MüKoAktG/*Altmeppen* Rn. 100; Hüffer/ *Koch* Rn. 17; Spindler/Stilz/*Müller* Rn. 24; K. Schmidt/Lutter/*J. Vetter* Rn. 42; Grigoleit/*Grigoleit* Rn. 15; HK-AktG/*Fett* Rn. 18; Hölters/*Leuering/Goertz* Rn. 4.
[74] Je nach Lage des Falles können sie aber einen „Verdacht" iSd § 315 S. 2 begründen.
[75] Zur Abgrenzung gegenüber einer Einschränkung des Testats s. auch AG Köln DB 1999, 271 = EWiR 1999, 145 *(Dreher/Schnorbus):* Der mit „Zusätzlich weisen wir darauf hin . . ." eingeleitete Hinweis darauf, dass das Zustandekommen einer mündlichen Vereinbarung über einen Nachteilsausgleich noch im Berichtsjahr nur durch schriftliche Bestätigungen des Anfang folgenden Jahres belegt worden ist, enthält keine Einschränkung, sondern lediglich einen Zusatz; bestätigt durch LG Köln DB 1999, 685; OLG Köln AG 1999, 519.
[76] MüKoAktG/*Altmeppen* Rn. 101; Spindler/Stilz/*Müller* Rn. 24; IdW/HFA WPg 1992, 91 (94), Nr. III. 10.
[77] Dafür aber *Hommelhoff* Gutachten G 56, wonach in den Vermerk die Erklärung aufgenommen werden soll, dass die Gesellschaft nach der pflichtgemäß gebildeten Überzeugung des Abschlussprüfers nicht unzulässig eng in den Konzernverbund einbezogen worden ist; s. ferner *Kropff* FS Goerdeler, 1987, 259 (277 f.); skeptisch Hüffer/*Koch* Rn. 17.

nach § 311 zulässigen Einflussnahme Ernst macht (→ § 311 Rn. 43, 60); insbesondere der Problematik der **qualifizierten Nachteilszufügung** kann durch die – im Hinblick auf die Unmöglichkeit des Einzelausgleichs (→ Anh. § 317 Rn. 16 ff.) gebotene – Einschränkung oder Versagung des Bestätigungsvermerks Rechnung getragen werden.

Der in Abs. 3 S. 1 vorgeschriebene, sich an die Prüfungsgegenstände des Abs. 1 S. 2 anlehnende Wortlaut des Testats ist nach Abs. 3 S. 3 dem **Inhalt des Abhängigkeitsberichts** und der damit verbundenen Einschränkung des Prüfungsgegenstands (→ Rn. 20 f.) anzupassen. So ist der in Abs. 3 S. 1 Nr. 2 genannte Teil des Vermerks wegzulassen, wenn der Abhängigkeitsbericht kein Rechtsgeschäft aufführt; führt der Vorstandsbericht keine Maßnahme auf, so ist der in Abs. 3 S. 1 Nr. 3 genannte Teil fortzulassen. Werden weder Rechtsgeschäfte noch Maßnahmen aufgeführt und bestehen im Übrigen keine Einwendungen gegen den **Negativbericht** des Vorstands, so hat das Testat nach Abs. 3 S. 1 Nr. 1 die Richtigkeit der tatsächlichen Angaben zu bestätigen.[78] Abs. 3 S. 3 schließlich betrifft den Fall, dass der Vorstandsbericht zwar Rechtsgeschäfte aufführt, der Abschlussprüfer aber deren Angemessenheit bestätigen kann. Dann ist der mit „oder" beginnende Teil des Vermerks gemäß Abs. 3 S. 1 Nr. 2 fortzulassen. Die negative Schlusserklärung des Vorstands schließlich (→ § 312 Rn. 45) hat die Einschränkung des Testats zur Folge (→ Rn. 36).

3. Einschränkung oder Versagung (Abs. 4). Hat die Prüfung ergeben, dass Einwendungen gegen den Abhängigkeitsbericht zu erheben sind oder der Bericht unvollständig ist (→ Rn. 21; zur Rechtslage bei fehlendem Abhängigkeitsbericht → Rn. 13; → § 312 Rn. 19), ist der Bestätigungsvermerk nach Abs. 4 S. 1 einzuschränken oder gar zu versagen. Während im Fall der Einschränkung die Formel des Abs. 3 S. 2 um einen **einschränkenden Zusatz**[79] zu erweitern ist, bleibt unklar, wie im Fall der Versagung zu verfahren ist. Nach bislang hM ist ein Versagungsvermerk entbehrlich; es soll vielmehr genügen, dass sich die Versagung dem Prüfungsbericht entnehmen lässt.[80] Die besseren Gründe sprechen jedoch für die entsprechende Anwendung der den Vermerk zum Jahresabschluss betreffenden Vorschriften des **§ 322 Abs. 4 und 5 HGB**.[81] § 314 Abs. 2 S. 3, dem zufolge der Aufsichtsrat in seinem Bericht an die Hauptversammlung die Versagung ausdrücklich mitzuteilen hat, lässt sich nichts Gegenteiliges entnehmen. Schon im Interesse einer Effektuierung des Rechts aus § 315 S. 1 Nr. 1, aber auch mit Blick auf die durch das KapCoRiLiG (→ Rn. 5) zwar im Grundsatz bestätigte, aber nicht detailgetreu durchgeführte Verzahnung von Jahresabschluss- und Abhängigkeitsberichtsprüfung erscheint es vielmehr geboten, dass die Aktionäre die Gründe für die Versagung erfahren, und zwar in der Form, in der sie der Abschlussprüfer selbst zusammengefasst hat. Entsprechend § 322 Abs. 4 S. 2 HGB ist somit die Versagung in einen **Versagungsvermerk** aufzunehmen; dieser darf nicht als Bestätigungsvermerk bezeichnet werden. Einschränkung und Versagung sind entsprechend § 322 Abs. 4 S. 3 HGB zu begründen;[82] für die Einschränkung gilt zudem § 322 Abs. 4 S. 4 HGB. Einschränkung und Versagung rechtfertigen nach § 315 S. 1 Nr. 1 jeweils für sich die Anordnung der **Sonderprüfung.**

Verlangt man mit der hier vertretenen Ansicht einen begründeten Versagungsvermerk (→ Rn. 34), so braucht sich der Abschlussprüfer bei der **Entscheidung zwischen der Einschränkung und der Versagung** nicht von dem Informationsinteresse der außenstehenden Aktionäre und der Gläubiger leiten zu lassen; denn diese erfahren auch im Fall der

---
[78] KK-AktG/*Koppensteiner* Rn. 35; *ADS* Rn. 84 f.; *Hüffer/Koch* Rn. 18.
[79] Der den einschränkenden Charakter deutlich zum Ausdruck bringen muss (→ Rn. 32).
[80] KK-AktG/*Koppensteiner* Rn. 39; *Hüffer* 10. Aufl. Rn. 21.
[81] So zu Recht MüKoAktG/*Kropff* 2. Aufl. Rn. 98 f.; ihm folgend die heute hM, s. MüKoAktG/*Altmeppen* Rn. 99; Spindler/Stilz/*Müller* Rn. 25; K. Schmidt/Lutter/*J. Vetter* Rn. 45; *Hüffer/Koch* Rn. 21; HK-AktG/*Fett* Rn. 23; Hölters/*Leuering/Goertz* Rn. 49; Grigoleit/*Grigoleit* Rn. 16; Wachter/*Rothley* Rn. 11; NK-AktR/*Schatz/Schödel* Rn. 32.
[82] MüKoAktG/*Kropff* 2. Aufl. Rn. 98 f.; MüKoAktG/*Altmeppen* Rn. 99; KK-AktG/*Koppensteiner* Rn. 36; Spindler/Stilz/*Müller* Rn. 25; K. Schmidt/Lutter/*J. Vetter* Rn. 45; einschr. *Hüffer* 10. Aufl. Rn. 19: „zweckmäßig".

Versagung, welcher Art die Einwendungen sind.[83] Der Abschlussprüfer wird vielmehr zu berücksichtigen haben, ob sich die Einwendungen (einschließlich etwaiger Unvollständigkeiten, → Rn. 21, 34) auf einzelne abgrenzbare Teilgebiete oder Sachverhalte beziehen, ohne die Ordnungsmäßigkeit der Berichterstattung im Übrigen in Frage zu stellen, oder ob die Einwendungen so zahlreich oder umfangreich sind, dass sie sich nicht in einem einschränkenden Zusatz ausdrücken lassen. Im ersten Fall ist die Bestätigung einzuschränken, im zweiten dagegen zu versagen.[84]

36   Der Fall einer **negativen Schlusserklärung** des Vorstands ist in Abs. 4 S. 2 besonders geregelt. Hat der Vorstand gemäß § 312 Abs. 3 S. 2 erklärt, dass die Gesellschaft benachteiligt und der Nachteil nicht vollständig ausgeglichen worden sei (→ § 312 Rn. 45), so ist dies auch in dem Bestätigungsvermerk des Abschlussprüfers anzugeben. Der Bestätigungsvermerk ist sodann auf die übrigen Rechtsgeschäfte oder Maßnahmen zu beschränken; einer Überprüfung der von der negativen Schlusserklärung des Vorstands betroffenen Rechtsgeschäfte und Maßnahmen bedarf es nicht. Die Vorschrift erklärt sich daraus, dass für eine Einschränkung des Testats kein Raum ist, wenn der Vorstand selbst einzelne Rechtsgeschäfte oder Maßnahmen beanstandet. Seiner Funktion nach enthält deshalb Abs. 4 S. 2 **einen besonderen Fall der Vermerkseinschränkung.** Die Aufnahme der negativen Schlusserklärung des Vorstands in den Bestätigungsvermerk des Prüfers verschafft dem aller Wahrscheinlichkeit vorliegenden (→ § 312 Rn. 44) Verstoß gegen § 311 **Publizität;** nach § 314 Abs. 2 S. 3 hat nämlich der Aufsichtsrat den Bestätigungsvermerk und damit auch die negative Schlusserklärung in seinen Bericht an die Hauptversammlung aufzunehmen. Da das Testat keine Einschränkung enthält, begründet die negative Schlusserklärung als solche das Recht auf Sonderprüfung nach § 315 S. 1 Nr. 3, nicht dagegen nach § 315 S. 1 Nr. 1.

§ 314 Prüfung durch den Aufsichtsrat

(1) ¹Der Vorstand hat den Bericht über die Beziehungen zu verbundenen Unternehmen unverzüglich nach dessen Aufstellung dem Aufsichtsrat vorzulegen. ²Dieser Bericht und, wenn der Jahresabschluss durch einen Abschlussprüfer zu prüfen ist, der Prüfungsbericht des Abschlussprüfers sind auch jedem Aufsichtsratsmitglied oder, wenn der Aufsichtsrat dies beschlossen hat, den Mitgliedern eines Ausschusses zu übermitteln.

(2) ¹Der Aufsichtsrat hat den Bericht über die Beziehungen zu verbundenen Unternehmen zu prüfen und in seinem Bericht an die Hauptversammlung (§ 171 Abs. 2) über das Ergebnis der Prüfung zu berichten. ²Ist der Jahresabschluß durch einen Abschlußprüfer zu prüfen, so hat der Aufsichtsrat in diesem Bericht ferner zu dem Ergebnis der Prüfung des Berichts über die Beziehungen zu verbundenen Unternehmen durch den Abschlußprüfer Stellung zu nehmen. ³Ein von dem Abschlußprüfer erteilter Bestätigungsvermerk ist in den Bericht aufzunehmen, eine Versagung des Bestätigungsvermerks ausdrücklich mitzuteilen.

(3) Am Schluß des Berichts hat der Aufsichtsrat zu erklären, ob nach dem abschließenden Ergebnis seiner Prüfung Einwendungen gegen die Erklärung des Vorstands am Schluß des Berichts über die Beziehungen zu verbundenen Unternehmen zu erheben sind.

(4) Ist der Jahresabschluss durch einen Abschlussprüfer zu prüfen, so hat dieser an den Verhandlungen des Aufsichtsrats oder eines Ausschusses über den Bericht über die Beziehungen zu verbundenen Unternehmen teilzunehmen und über die wesentlichen Ergebnisse seiner Prüfung zu berichten.

Schrifttum: *Döllerer,* Der Abhängigkeitsbericht und seine Prüfung bei einem Vorstandswechsel, FS Semler, 1993, 441; *Emde,* Das Sonderwissen des Aufsichtsratsmitglieds und die Pflicht zur Informationsweitergabe,

---
[83] Vgl. demgegenüber KK-AktG/*Koppensteiner* Rn. 37; *ADS* Rn. 88.
[84] Hüffer/*Koch* Rn. 19, 21; *ADS* Rn. 88.

DB 1999, 1486; *Forster*, Zur Teilnahme des Abschlußprüfers an der Bilanzsitzung des Aufsichtsrats und zur Berichterstattung in der Sitzung, FS Sieben, 1998, 375; *Habersack*, Aufsichtsrat und Prüfungsausschuss nach dem BilMoG, AG 2008, 98; *ders.*, Staatliche und halbstaatliche Eingriffe in die Unternehmensführung, Gutachten E zum 69. DJT, 2012; *Haesen*, Der Abhängigkeitsbericht im faktischen Konzern, 1970; *Hommelhoff*, Praktische Erfahrungen mit dem Abhängigkeitsbericht, ZHR 156 (1992), 295; *ders.*, Empfiehlt es sich, das Recht faktischer Unternehmensverbindungen – auch im Hinblick auf das Recht anderer EG-Staaten – neu zu regeln?, Gutachten G zum 59. DJT, 1992; *Immenga*, Schutz abhängiger Gesellschaften durch Bindung oder Unterbindung beherrschenden Einflusses?, ZGR 1978, 269; *Koppensteiner*, Abhängige Aktiengesellschaften aus rechtspolitischer Sicht, FS Steindorff, 1990, 79; *Kropff*, Die Beschlüsse des Aufsichtsrats zum Jahresabschluß und zum Abhängigkeitsbericht, ZGR 1994, 628; *ders.*, Der unabhängige Finanzexperte in der Gesellschaftsverfassung, FS K. Schmidt, 2009, 1023; *Lutter*, Der Bericht des Aufsichtsrats an die Hauptversammlung, AG 2008, 1; *Velte*, Die Prüfung des Abhängigkeitsberichts durch Aufsichtsrat und Abschlussprüfer sowie ihre Berichterstattung – Ergebnisse einer empirischen Befragung, Konzern 2010, 49.

Übersicht

	Rn.		Rn.
I. Einführung	1–3	3. Teilnahme- und Berichtspflicht des Abschlussprüfers	9, 10
1. Inhalt und Zweck der Vorschrift	1, 2	4. Beschluss des Aufsichtsrats	11
2. Entstehungsgeschichte	3	**III. Prüfungs- und Berichtspflicht**	12–17
II. Prüfungsverfahren	4–11	1. Prüfung	12, 13
1. Vorlage der Unterlagen	4, 5	2. Bericht	14, 15
2. Informationsrecht	6–8	3. Schlusserklärung	16
		4. Sanktionen	17

I. Einführung

1. Inhalt und Zweck der Vorschrift. Die Vorschrift regelt die Prüfung des Abhängig- 1 keitsberichts durch den Aufsichtsrat der abhängigen Gesellschaft. Sie ist den §§ 170 f. betreffend die Vorlage und Prüfung des Jahresabschlusses und des Lageberichts nachgebildet. In Abs. 1 ist zunächst die Vorlage des Abhängigkeitsberichts und eines etwaigen Prüfungsberichts des Abschlussprüfers geregelt. Zugleich wird dafür gesorgt, dass die Mitglieder des Aufsichtsrats oder eines die Prüfungsentscheidung vorbereitenden (→ Rn. 11) Ausschusses über die zur Prüfung erforderlichen Informationen verfügen. Die Prüfungspflicht selbst ist zusammen mit der Pflicht zur Berichterstattung in Abs. 2 und 3 geregelt. Abs. 4 der Vorschrift regelt schließlich die Teilnahme des Abschlussprüfers an den Verhandlungen des Aufsichtsrats oder Ausschusses über den Abhängigkeitsbericht.

Die obligatorische Prüfung des Abhängigkeitsberichts soll zunächst den Vorstand zu 2 **ordnungsgemäßer Berichterstattung** veranlassen. Vorbehaltlich der nunmehr für kapitalmarktorientierte Gesellschaften iSd § 264d HGB geltenden Anforderungen der §§ 100 Abs. 5, 107 Abs. 4,[1] der Empfehlung in Ziff. 5.4.2 DCGK[2] und den Vorschriften des Mitbestimmungsrechts ist zwar der Aufsichtsrat der abhängigen Gesellschaft in der Regel überwiegend mit **Repräsentanten des herrschenden Unternehmens** besetzt.[3] Gleichwohl lässt

---

[1] Eingefügt durch das BilMoG (→ Einl. Rn. 41); dazu *Habersack* AG 2008, 98 (103 ff.); *Kropff* FS K. Schmidt, 2009, 1023 (1025 ff.); *E. Vetter* ZGR 2010, 751 ff.

[2] Zur Neufassung vom Juni 2012 s. *Ringleb/Kremer/Lutter/v. Werder* NZG 2012, 1081 ff.; *Hoffmann-Becking* NZG 2014, 801 (804 ff.); *Wilsing/v. der Linden* DStR 2012, 1391 ff.; zu Ziff. 5.4.2 DCGK aF s. *Habersack* ZHR 168 (2004), 373 ff.; *ders.* ZIP 2006, 445 (449 f.); *Hopt* ZIP 2005, 461 (467 f.); *Hüffer* ZIP 2006, 637 ff.; *Maul/Lanfermann* DB 2004, 2407 ff.; *Lieder* NZG 2005, 569 ff.; *Spindler* ZIP 2005, 2033 ff.

[3] Die Forderung, dem Aufsichtsrat müsse zwingend ein Vertreter der außenstehenden Aktionäre angehören (so namentlich *Hommelhoff* Gutachten 63 ff.; ferner OLG Hamm NJW 1987, 1030 = AG 1987, 38; *Koppensteiner* FS Steindorff, 1990, 79 (106 ff.)), ebenso wie diejenige, das herrschende Unternehmen bei der Wahl des Aufsichtsrats vom Stimmrecht auszuschließen, s. *Immenga* ZGR 1978, 269 (281 ff.)), zu Recht auf Ablehnung gestoßen, s. MüKoAktG/*Altmeppen* Rn. 7 f. mwN; zur Akzeptanz des allgemeinen „Konzernkonflikts" in der Person des Aufsichtsratsmitglieds s. OLG Düsseldorf NZG 2013, 178 (180 f.) = BeckRS 2012, 25022; LG Hannover ZIP 2009, 761 (762 f.); *Kropff* FS K. Schmidt, 2009, 1023 (1027 ff.); *Hoffmann-Becking* NZG 2014, 801 (804 ff.); *Ihrig/Meder* FS Hellwig, 2011, 163 ff.; MüKoAktG/*Habersack* § 100 Rn. 73; s. ferner *dens.* Gutachten 72 ff. mit dem – allerdings auf Grundlage der Ziff. 5.4.2 DCGKaF unterbreiteten – Vorschlag, den DCGK um eine Empfehlung des Inhalts zu ergänzen, dass dem Aufsichtsrat eine angemessene Zahl von nicht dem Lager des herrschenden Unternehmens zuzurechnenden Anteilseignervertretern angehören soll.

§ 314 3, 4   3. Buch. 2. Teil. 2. Abschn. Fehlen eines Beherrschungsvertrags

die Mitverantwortung der Aufsichtsratsmitglieder erwarten, dass diese, zumal die mit den Gegebenheiten des Unternehmensverbunds vertrauten Repräsentanten des herrschenden Unternehmens, auf die zutreffende Wiedergabe der Verbundbeziehungen hinwirken. Bei Solvenz der Gesellschaft wird es freilich kaum jemals zur Geltendmachung von Schadensersatzansprüchen gegen die Mitglieder des Vorstands und Aufsichtsrats kommen, wenn der Aufsichtsrat an sich bestehende Einwendungen gegen die Schlusserklärung nicht erhebt und somit das Recht auf Sonderprüfung nach § 315 S. 1 Nr. 2 vereitelt wird. Dies kann sich indes in der Insolvenz der abhängigen Gesellschaft ändern. Dann nämlich kann der Insolvenzverwalter über den Abhängigkeitsbericht verfügen (→ § 312 Rn. 4) und etwaige Schadensersatzansprüche verfolgen. Die in Abs. 2 der Vorschrift geregelte Berichtspflicht soll darüber hinaus für die **Publizität** des Prüfungsergebnisses und des Bestätigungsvermerks des Abschlussprüfers sorgen. Die Vorschrift steht deshalb in unmittelbarem Zusammenhang mit dem Recht auf Sonderprüfung gemäß § 315 S. 1 Nr. 1–3.

3   **2. Entstehungsgeschichte.** Die Vorschrift ist zunächst durch **Art. 2 BiRiLiG** (→ § 313 Rn. 4) geringfügig geändert worden (→ § 313 Rn. 4, 13 f.). Eine weitere Änderung ist durch **Art. 3 KapCoRiLiG** (→ Einl. Rn. 26; → § 313 Rn. 5) erfolgt. Sie hat die im Rahmen des KonTraG (→ Einl. Rn. 21) versäumte Anpassung des § 314 an die Änderungen der §§ 170 f. nachgeholt.[4] Im Einzelnen berücksichtigt Abs. 1 nunmehr, dass der Abschlussprüfer nach § 313 Abs. 2 S. 3 seinen Prüfungsbericht unmittelbar dem Aufsichtsrat zuleitet. Des Weiteren gleicht Abs. 1 S. 2 die Informationsrechte innerhalb des Aufsichtsrats denjenigen nach § 170 Abs. 3 S. 2 an. Die durch das KonTraG eingeführte obligatorische Teilnahme des Abschlussprüfers an den Verhandlungen des Aufsichtsrats über den Jahresabschluss ist schließlich in § 314 Abs. 4 auf die Verhandlungen über den Abhängigkeitsbericht erstreckt worden. Die jüngste Änderung schließlich geht auf **Art. 1 Nr. 6 TransPuG** (→ Einl. Rn. 29) zurück. Er hat § 314 Abs. 1 S. 2 dahin geändert, dass der Abhängigkeitsbericht und der Prüfungsbericht den Mitgliedern des Aufsichtsrats nicht mehr „auszuhändigen", sondern „zu übermitteln" sind. Dadurch ist klargestellt, dass es einer Übergabe der entsprechenden Dokumente auf materialisierten Medien nicht bedarf, vielmehr Übermittlung auf elektronischem Wege, insbesondere per E-Mail, genügt.

II. Prüfungsverfahren

4   **1. Vorlage der Unterlagen.** Nach Abs. 1 S. 1 ist der Vorstand der abhängigen Gesellschaft verpflichtet, den von ihm aufgestellten **Abhängigkeitsbericht** dem Aufsichtsrat vorzulegen.[5] Der **Prüfungsbericht** des Abschlussprüfers ist dagegen nach § 313 Abs. 2 S. 3 dem Aufsichtsrat nicht durch den Vorstand, sondern unmittelbar durch den Abschlussprüfer zuzuleiten. Hierdurch und durch die durch das KapCoRiLiG erfolgten Änderungen des § 314 Abs. 1 S. 2, Abs. 4 (→ Rn. 3) soll die Unabhängigkeit des Abschlussprüfers vom Vorstand gestärkt und zugleich betont werden, dass der Abschlussprüfer den *Aufsichtsrat* bei Wahrnehmung der Prüfungspflicht aus § 314 zu *unterstützen* hat (→ § 313 Rn. 2, 5, 25).[6] Was den **Zeitpunkt der Vorlage** betrifft, so war nach § 314 Abs. 1 S. 1 aF (iVm § 170 Abs. 1 S. 1 und 2 aF) unverzüglich nach Aufstellung des Jahresabschlusses und des Abhängigkeitsberichts, im Fall einer Prüfung unverzüglich nach Eingang des Prüfungsberichts des Abschlussprüfers vorzulegen.[7] Nach § 314 Abs. 1 S. 1 nF ist dagegen der Abhängigkeitsbericht unverzüglich, dh ohne schuldhaftes Zögern (§ 121 Abs. 1 S. 1 BGB) nach Aufstellung durch den Vorstand vorzulegen. Ein Zuwarten bis zum Abschluss der Prüfung des Jahresab-

---

[4] Zum nur deklaratorischen Charakter sowie zum zeitlichen Anwendungsbereich der Neuregelung s. 4. Aufl. Rn. 3.
[5] Vgl. auch OLG München AG 2003, 452 (453): Bericht an die Hauptversammlung über Zuleitung des Abhängigkeitsberichts ist nicht erforderlich.
[6] Vgl. für § 321 Abs. 5 S. 2 HGB, §§ 111 Abs. 2 S. 3, 170 Abs. 3, 171 Abs. 1 S. 2 Begr. RegE KonTraG, BT-Drs. 13/9712, 22; *Clemm* FS Havermann, 1995, 84 (97); *Lutter* ZHR 159 (1995), 287 (299 f.).
[7] KK-AktG/*Koppensteiner* 2. Aufl. Rn. 3.

schlusses und des Abhängigkeitsberichts ist damit nicht vereinbar.[8] Nicht zu beanstanden ist dagegen, wenn der Vorstand Jahresabschluss, Lagebericht und Abhängigkeitsbericht gemeinsam vorlegt.[9]

Zur Vorlage verpflichtet ist der **Vorstand als Organ.**[10] Nach § 407 Abs. 1 S. 1 kann die **5** Pflicht zur Vorlage im Zwangsgeldverfahren durchgesetzt werden (→ § 312 Rn. 18). Hat der Vorstand von seinem Recht aus § 313 Abs. 2 S. 3 Hs. 2 Gebrauch gemacht und zum Bericht des Abschlussprüfers eine Stellungnahme abgegeben, ist auch diese vorzulegen (→ § 313 Rn. 27). Im Hinblick auf die Vorschrift des Abs. 1 S. 2 (→ Rn. 5) empfiehlt sich die Vorlage zu Händen des Aufsichtsratsvorsitzenden; doch spricht auch nichts dagegen, dass der Vorstand den Bericht den einzelnen Aufsichtsrats- oder Ausschussmitgliedern zuleitet (→ § 313 Rn. 26).

2. Informationsrecht. Nach § 314 Abs. 1 S. 2 in der Fassung durch Art. 3 Nr. 3 Kap- **6** CoRiLiG (→ Rn. 3) und Art. 1 Nr. 6 TransPuG (→ Rn. 3) sind der Abhängigkeitsbericht und der Prüfungsbericht des Abschlussprüfers (→ § 313 Rn. 6 ff., 25 ff.) jedem Mitglied des Aufsichtsrats zu übermitteln, sofern nicht der Aufsichtsrat beschließt, die Aushändigung auf die Mitglieder eines Ausschusses zu beschränken. Dies entspricht der Rechtslage nach § 170 Abs. 3 S. 2 betreffend den Jahresabschluss und dessen Prüfung (→ Rn. 3). Einem durch Beschluss des Aufsichtsrats gebildeten **Ausschuss** kann nach § 107 Abs. 3 S. 3 nur die **Vorbereitung der Prüfung,** nicht dagegen die abschließende Prüfung selbst übertragen werden. Die Bildung eines Ausschusses verschafft damit der Gesellschaft zwar die Möglichkeit, der Gefahr einer Weitergabe vertraulicher Dokumente gegenzusteuern. Nicht aber vermag sie die Verantwortung eines jeden Aufsichtsratsmitglieds für die Prüfung des Abhängigkeitsberichts in Frage zu stellen (→ Rn. 11, 17);[11] dem ist durch Zubilligung eines individuellen Einsichtsrechts Rechnung zu tragen (→ Rn. 7).

Auch durch das KapCoRiLiG ist freilich keine vollständige Angleichung des § 314 an **7** § 170 Abs. 3 herbeigeführt worden. Während nämlich § 170 Abs. 3 S. 1 jedem Mitglied des Aufsichtsrats (und damit auch denjenigen, die nicht dem Ausschuss angehören) das Recht einräumt, von den Vorlagen und Prüfungsberichten Kenntnis zu nehmen, fehlt es in § 314 Abs. 1 an einer entsprechenden Bestimmung. Doch hindert dies nicht daran, den nicht im (vorbereitenden, → Rn. 11) Ausschuss vertretenen Mitgliedern des Aufsichtsrats in entsprechender Anwendung des § 170 Abs. 3 S. 1 ein **Einsichtsrecht** einzuräumen.[12] Dies folgt schon aus der Mitverantwortung eines jeden Aufsichtsratsmitglieds für den Inhalt des Abhängigkeitsberichts (→ Rn. 6, 11, 17). Zudem ging es dem Gesetzgeber mit dem KonTraG (und damit zugleich mit Art. 3 KapCoRiLiG) um eine *Stärkung* der Stellung des Aufsichtsrats. Bedenkt man, dass § 314 Abs. 1 S. 2 aF noch ausdrücklich ein Einsichtsrecht eines jeden Aufsichtsratsmitglieds vorsah (1. Aufl. Rn. 4), muss Entsprechendes für die Neufassung gelten. In der unterbliebenen Verweisung auf § 170 Abs. 3 S. 1 kann deshalb nur ein **Redaktionsversehen** erblickt werden.

Das Einsichtsrecht kann – ebenso wie das Recht auf Aushändigung an die Mitglieder **8** des Aufsichtsrats oder eines Ausschusses (→ Rn. 6) – weder durch die Satzung der Gesellschaft noch durch Beschluss des Aufsichtsrats eingeschränkt werden. Im Hinblick auf die mögliche Haftung der Aufsichtsratsmitglieder (→ Rn. 17) obliegt es diesen, von dem Einsichtsrecht Gebrauch zu machen; eine durchsetzbare Pflicht zur Einsichtnahme besteht

---

[8] So auch MüKoAktG/*Altmeppen* Rn. 12; Hüffer/*Koch* Rn. 2; Henssler/Strohn/*Bödeker* Rn. 2.
[9] So auch MüKoAktG/*Altmeppen* Rn. 12.
[10] Erforderlich ist ein Vorstandsbeschluss mit mindestens einfacher Mehrheit, s. zu § 124 Abs. 3 S. 1 OLG Dresden AG 1999, 517; Spindler/Stilz/*Müller* Rn. 4.
[11] Zur gestuften Verantwortlichkeit von Mitgliedern des Aufsichtsrats bei Bildung eines Ausschusses s. aber MüKoAktG/*Habersack* § 116 Rn. 26 mwN.
[12] Wohl allgM, s. MüKoAktG/*Altmeppen* Rn. 16; KK-AktG/*Koppensteiner* Rn. 4; MHdB AG/*Krieger* § 70 Rn. 119; K. Schmidt/Lutter/*J. Vetter* Rn. 7; Spindler/Stilz/*Müller* Rn. 6; Hüffer/*Koch* Rn. 3; Grigoleit/*Grigoleit* Rn. 3; HK-AktG/*Fett* Rn. 2; Hölters/*Leuering/Goertz* Rn. 12; Henssler/Strohn/*Bödeker* Rn. 3; Wachter/*Rothley* Rn. 2; zur Frage eines über § 170 Abs. 3 S. 1 hinausgehenden Informationsrechts des nicht im Bilanzausschuss vertretenen Ratsmitglieds s. *Hommelhoff* BB 1998, 2567 (2572 f.).

dagegen nicht. Auch unabhängig von der Bildung eines Ausschusses (→ Rn. 6) wird allerdings die aus § 93 Abs. 1 S. 2, 116 folgende **Verschwiegenheitspflicht** der Aufsichtsratsmitglieder durch die Vorschrift des § 314 nicht berührt.

9 **3. Teilnahme- und Berichtspflicht des Abschlussprüfers.** Für den Fall, dass der Jahresabschluss – und mit ihm der Abhängigkeitsbericht – prüfungspflichtig ist (→ § 313 Rn. 6 ff.), sieht § 314 Abs. 4 nunmehr die obligatorische Teilnahme des Abschlussprüfers[13] an den Verhandlungen des Aufsichtsrats oder eines Ausschusses über den Abhängigkeitsbericht vor; zudem hat der Prüfer über die wesentlichen Ergebnisse seiner Prüfung zu berichten. Auch insoweit ist erst durch Art. 3 KapCoRiLiG der erforderliche Gleichlauf zwischen § 314 und den Vorschriften über die Prüfung des Jahresabschlusses wiederhergestellt worden (→ Rn. 3): Während § 171 Abs. 1 S. 2 seit dem Inkrafttreten des KonTraG (→ Einl. Rn. 21) die Teilnahme- und Berichtspflicht des Abschlussprüfers vorsieht, ist in § 314 eine entsprechende Pflicht erst durch **Art. 3 KapCoRiLiG** aufgenommen worden (→ Rn. 3). Dies hinderte jedoch auch vor Verabschiedung des KapCoRiLiG nicht an einer korrigierenden Auslegung des § 314 (1. Aufl. Rn. 5). Bei *isolierter Prüfung des Abhängigkeitsberichts* (→ § 313 Rn. 6 f.) ist Abs. 4 entsprechend anwendbar.

10 Ausweislich des klaren Wortlauts des § 314 Abs. 4 und in Übereinstimmung mit der Rechtslage nach § 171 Abs. 1 S. 2[14] kann der Aufsichtsrat wählen, ob der Prüfer an der Sitzung des Aufsichtsrats oder an der eines etwaigen Ausschusses (oder an beiden) teilnehmen soll. Der Aufsichtsrat kann den Abschlussprüfer nicht von der Teilnahme- und Berichtspflicht entbinden. Fasst der Aufsichtsrat gleichwohl einen entsprechenden Beschluss, so handelt zwar nicht der den Sitzungen fernbleibende Abschlussprüfer, wohl aber der Aufsichtsrat pflichtwidrig.[15] Das eigenmächtige Fernbleiben des Abschlussprüfers ist dagegen eine Verletzung des Prüfungsauftrags und verpflichtet zu Schadensersatz gegenüber der Gesellschaft. Ob das Fernbleiben die **Wirksamkeit des Beschlusses** über den Abhängigkeitsbericht (→ Rn. 11) berührt, ist nicht abschließend geklärt. Entgegen der hM[16] sollte die Frage mit Rücksicht auf den Schutzzweck des § 314 Abs. 4 jedenfalls dann zu bejahen sein, wenn das Fernbleiben dem Aufsichtsrat zurechenbar ist. Was die in § 314 Abs. 4 geregelte Berichtspflicht betrifft, so ist zu berücksichtigen, dass den Mitgliedern des Aufsichtsrats oder Ausschusses der schriftliche Prüfungsbericht des Abschlussprüfers bereits vorliegt (→ § 313 Rn. 25 f.). § 314 Abs. 4 meint deshalb eine zusammenfassende mündliche Berichterstattung und die Bereitschaft, auf Nachfragen – ggf. unter Heranziehung von Mitarbeitern – zu antworten.

11 **4. Beschluss des Aufsichtsrats.** Die Prüfungs- und Berichtspflicht obliegt dem Gesamtaufsichtsrat. Einem Ausschuss (→ Rn. 6) kann nach § 107 Abs. 3 S. 2 nur die Vorbereitung, nicht aber die abschließende Erledigung der in § 314 Abs. 2 und 3 genannten Aufgaben übertragen werden.[17] Die Wirksamkeit des Beschlusses über den Abhängigkeitsbericht beurteilt sich nach allgemeinen Grundsätzen.[18] Neben inhaltlichen Verstößen gegen Gesetz oder Satzung können auch **wesentliche Verfahrensfehler** die Nichtigkeit des Beschlusses begründen;[19] einen solchen wird man in einem dem Aufsichtsrat zurechenbaren Fernbleiben des

---

[13] Im Fall einer Wirtschaftsprüfungsgesellschaft hat ein verantwortlicher Prüfungsleiter teilzunehmen, s. zu § 171 Abs. 1 S. 2 Hüffer/*Koch* § 171 Rn. 14.
[14] Hüffer/*Koch* § 171 Rn. 14 – allerdings mit berechtigtem Hinweis darauf, dass sich ein Ausschluss von der Plenarsitzung nicht empfiehlt; aA – für Pflicht zur Teilnahme auch an Plenarsitzung, wenn der Abschlussprüfer zuvor an der Ausschusssitzung teilgenommen hat – Hommelhoff BB 1998, 2625 (2627).
[15] S. für § 171 Abs. 1 S. 2 zu Recht *Forster* FS Sieben, 1998, 375 (377); Hüffer/*Koch* § 171 Rn. 14.
[16] KK-AktG/*Koppensteiner* Rn. 7; für § 171 Abs. 1 S. 2 *Forster* FS Sieben, 1998, 375 (381); Hüffer/*Koch* § 171 Rn. 14; wie hier dagegen Wachter/*Rothley* Rn. 2.
[17] Dazu im Zusammenhang mit der Prüfung des Jahresabschlusses und des Lageberichts *Hommelhoff* BB 1998, 2567 (2570); s. ferner K. Schmidt/Lutter/*J. Vetter* Rn. 10. Allg. zur gestuften Verantwortlichkeit von Mitgliedern des Aufsichtsrats bei Bildung eines Ausschusses s. aber MüKoAktG/*Habersack* § 116 Rn. 26 mwN.
[18] Zur Unanwendbarkeit der §§ 243 ff. s. BGHZ 122, 342 (347 ff.) = NJW 1993, 2307; BGHZ 124, 111 (115) = NJW 1994, 520; BGHZ 164, 249 (252) = NJW 2006, 374; MüKoAktG/*Habersack* § 108 Rn. 73 ff.; Hüffer/*Koch* § 108 Rn. 26 ff.
[19] Vgl. BGHZ 135, 244 (247) = NJW 1997, 1926; MüKoAktG/*Habersack* § 108 Rn. 73 ff.; Hüffer/*Koch* § 108 Rn. 26 ff.

Abschlussprüfers erblicken müssen (→ Rn. 9 f.). Ist die Unwirksamkeit des Beschlusses rechtskräftig festgestellt, so begründet dies jedenfalls das Recht auf Sonderprüfung nach § 315 S. 2; gute Gründe sprechen zudem für die entsprechende Anwendung des § 315 S. 1 Nr. 2.[20]

III. Prüfungs- und Berichtspflicht

1. Prüfung. Nach Abs. 2 S. 1 besteht die Pflicht des Aufsichtsrats zunächst in der Prüfung[21] des Abhängigkeitsberichts. Im Unterschied zu der in § 313 geregelten Prüfungspflicht des Abschlussprüfers (→ § 313 Rn. 20 f.) bezieht sich die Prüfungspflicht des Aufsichtsrats auch auf die **Vollständigkeit und Richtigkeit** des Berichts.[22] Was die Intensität der Prüfung betrifft, so braucht der Aufsichtsrat grundsätzlich **keine eigenen Recherchen** vorzunehmen. Er genügt seiner Prüfungspflicht vielmehr grundsätzlich schon dadurch, dass er den Abhängigkeitsbericht unter Zugrundelegung des *Prüfungsberichts des Abschlussprüfers* und seiner *eigenen Informationen,* Kenntnisse und Erfahrungen einer sorgfältigen Würdigung unterzieht.[23] Soweit sich danach Anhaltspunkte für Beanstandungen ergeben, ist diesen allerdings durch das Ergreifen weiterer Prüfungsmaßnahmen nachzugehen. 12

Bei der Prüfung des Abhängigkeitsberichts müssen sich die Aufsichtsratsmitglieder von den **Interessen der abhängigen Gesellschaft** leiten lassen; insbesondere müssen sie den nachteiligen Charakter der im Abhängigkeitsbericht erfassten Rechtsgeschäfte und Maßnahmen sowie die Angemessenheit von Ausgleichsleistungen aus der Sicht der abhängigen Gesellschaft beurteilen. Dies gilt auch für die **Repräsentanten** des herrschenden Unternehmens. Ein etwaiges **Sonderwissen** müssen sie auch dann berücksichtigen, wenn es Interessen des herrschenden Unternehmens zuwiderläuft.[24] Schon während des laufenden Geschäftsjahres hat der Aufsichtsrat darauf hinzuwirken, dass der Vorstand seiner Pflicht zur **Erfassung und Dokumentation** aller berichtspflichtigen Vorgänge nachkommt (→ § 312 Rn. 15, 42; → § 311 Rn. 80 f.). 13

2. Bericht. Nach Abs. 2 S. 1 hat der Aufsichtsrat der Hauptversammlung über das Ergebnis seiner Prüfung des Abhängigkeitsberichts zu berichten. Dieser Bericht ist Bestandteil des schriftlichen Berichts, den der Aufsichtsrat nach § 171 Abs. 2 über den Jahresabschluss, den Lagebericht, den Gewinnverwendungsvorschlag und die Prüfung der Geschäftsführung zu erstatten hat.[25] Als solcher unterliegt der Abhängigkeitsbericht zugleich den Vorschriften der §§ 171 Abs. 3, 175 Abs. 2.[26] Der Bericht ist mithin binnen eines Monats nach Zugang der Vorlagen (→ Rn. 4) dem Vorstand zuzuleiten, der ihn wiederum nach Maßgabe des § 175 Abs. 2 publik zu machen hat. 14

Der Inhalt des Aufsichtsratsberichts ergibt sich zum einen aus Abs. 2 S. 1 – danach hat der Aufsichtsrat das Ergebnis seiner eigenen Prüfung darzulegen[27] –, zum anderen aus Abs. 2 S. 2 und 3. Nach Abs. 2 S. 2 hat der Aufsichtsrat zu dem Ergebnis der Prüfung des Abhängig- 15

---

[20] Zutr. MüKoAktG/*Altmeppen* Rn. 30.
[21] Dagegen bedarf der Abhängigkeitsbericht nicht der Zustimmung des Aufsichtsrats, vgl. BGHZ 153, 47 (53) = NJW 2003, 1032.
[22] Wohl einhM, s. MüKoAktG/*Altmeppen* Rn. 18; KK-AktG/*Koppensteiner* Rn. 5; Hüffer/*Koch* Rn. 4; Spindler/Stilz/*Müller* Rn. 7; K. Schmidt/Lutter/*J. Vetter* Rn. 11; Grigoleit/*Grigoleit* Rn. 5; HK-AktG/*Fett* Rn. 5; Hölters/*Leuering/Goertz* Rn. 21; NK-AktR/*Schatz/Schödel* Rn. 8; Henssler/Strohn/*Bödeker* Rn. 5; MHdB AG/*Krieger* § 70 Rn. 120; zur Praxis s. aber auch E. *Vetter* ZHR 171 (2007), 342 (364 f.); ferner *Velte* Konzern 2010, 49 (56 f.).
[23] Näher MüKoAktG/*Altmeppen* Rn. 20 ff.; ferner KK-AktG/*Koppensteiner* Rn. 5; Spindler/Stilz/*Müller* Rn. 7; K. Schmidt/Lutter/*J. Vetter* Rn. 12; MHdB AG/*Krieger* § 70 Rn. 120; *Haesen* 67 f.
[24] KK-AktG/*Koppensteiner* Rn. 6; MüKoAktG/*Altmeppen* Rn. 24; Hüffer/*Koch* Rn. 4; Spindler/Stilz/*Müller* Rn. 9; K. Schmidt/Lutter/*J. Vetter* Rn. 13; Hölters/*Leuering/Goertz* Rn. 22; Grigoleit/*Grigoleit* Rn. 5; HK-AktG/*Fett* Rn. 5; s. für § 90 Abs. 1 und 2 Emde DB 1999, 1486 ff. – Allg. zur Berücksichtigung von Spezialkenntnissen des Aufsichtsratsmitglieds im Rahmen der Haftung nach §§ 116 S. 1, 93 Abs. 2 BGH NZG 2011, 1271 Rn. 28; MüKoAktG/*Habersack* § 116 Rn. 28 mwN.
[25] BGHZ 153, 47 (52) = NJW 2003, 1032.
[26] KK-AktG/*Koppensteiner* Rn. 7; K. Schmidt/Lutter/*J. Vetter* Rn. 15; Spindler/Stilz/*Müller* Rn. 10; Hüffer/*Koch* Rn. 5.
[27] LG Berlin DB 2005, 1320; s. ferner OLG Düsseldorf NZG 2013, 178 (180) = BeckRS 2012, 25022.

keitsberichts durch die Abschlussprüfer Stellung zu nehmen, vorausgesetzt, eine solche Prüfung ist nach Gesetz oder Satzung vorgeschrieben (→ § 313 Rn. 6 ff.). Darüber hinaus ist gemäß Abs. 2 S. 3 ein vom Abschlussprüfer erteilter **Bestätigungsvermerk** in den Aufsichtsratsbericht aufzunehmen, und zwar durch wörtliche Wiedergabe;[28] die Versagung des Testats ist ausdrücklich mitzuteilen. Auf diesem Weg erfahren die Aktionäre von dem Ergebnis der Prüfung durch den Abschlussprüfer; damit werden sie zugleich über die Möglichkeit unterrichtet, nach **§ 315 S. 1 Nr. 1 und 3** Antrag auf **Sonderprüfung** zu stellen (→ § 315 Rn. 6). Der Prüfungsbericht selbst wird nicht offengelegt (→ § 313 Rn. 28). Hat der Vorstand keinen Abhängigkeitsbericht aufgestellt, ist der Aufsichtsrat aber der Meinung, die Voraussetzungen des § 312 lägen vor, so ist über diesen Umstand an die Hauptversammlung zu berichten (→ § 318 Rn. 14).

16   **3. Schlusserklärung.** Der Bericht des Aufsichtsrats über die Prüfung des Abhängigkeitsberichts hat nach Abs. 3 mit einer Erklärung zu schließen, in der mitgeteilt wird, ob gegen die *Schlusserklärung des Vorstands* (→ § 312 Rn. 44 ff.) Einwendungen zu erheben sind. Die Notwendigkeit einer eindeutigen Schlusserklärung des Aufsichtsrats ergibt sich aus dem Recht auf Beantragung einer **Sonderprüfung nach § 315 S. 1 Nr. 2**. Aus diesem Zusammenhang sowie aus der entsprechenden Rechtslage nach § 313 (→ § 313 Rn. 16, 18) folgt, dass **kleinere Beanstandungen** zwar in den Bericht des Aufsichtsrats aufzunehmen sind,[29] aber nicht zur Erhebung von Einwendungen in der Schlusserklärung selbst verpflichten.[30]

17   **4. Sanktionen.** Die schuldhafte Verletzung der in § 314 geregelten Pflichten verpflichtet die Mitglieder des Aufsichtsrats[31] nach § 318 Abs. 2 zu **Schadensersatz** (näher → § 318 Rn. 14). Die Wirksamkeit eines Aufsichtsratsbeschlusses über den Abhängigkeitsbericht beurteilt sich nach allgemeinen Grundsätzen (→ Rn. 11). Ist der Beschluss des Aufsichtsrats über die Feststellung des Jahresabschlusses unwirksam,[32] so kann dies nach § 139 BGB auch die **Unwirksamkeit des Beschlusses** über den Abhängigkeitsbericht nach sich ziehen.[33] Die Verletzung der Berichtspflicht kann schließlich die Anfechtbarkeit des Beschlusses über die **Entlastung** des Aufsichtsrats zur Folge haben.[34] Zumal mit Blick auf § 315 S. 1 Nr. 1 (→ § 315 Rn. 5 f.) ist eine die Anfechtung der Entlastung rechtfertigende Verletzung der Berichtspflicht insbesondere darin zu sehen, dass der Bestätigungsvermerk nicht wörtlich wiedergegeben wird.[35] Hingegen fehlt es an einem die Anfechtbarkeit begründenden Mangel, wenn der Bericht zwar keinen ausdrücklichen Hinweis auf die Prüfung durch den Aufsichtsrat enthält, jedoch anderweitig hinreichend deutlich wird, dass Einwendungen des Aufsichtsrats nicht bestehen.[36]

---

[28] Zum Erfordernis der wörtlichen Wiedergabe s. BGHZ 153, 47 (53) = NJW 2003, 1032; OLG Dresden AG 2003, 433 (435 f.); OLG München ZIP 2009, 718 (720); LG München I AG 2006, 170; ZIP 2008, 745 = BeckRS 2008, 02739; tendenziell aA OLG Celle AG 2008, 858.

[29] Dagegen muss in der Schlusserklärung darauf hinweisen, dass dem Vorstand für die Beurteilung von Maßnahmen nach § 311 relevante Umstände zwar nicht bekannt waren, aber hätten bekannt sein müssen, s. *Döllerer* FS Semler, 1993, 441 (447); → § 311 Rn. 39 ff.; → § 312 Rn. 46.

[30] Zutr. Hüffer/*Koch* Rn. 6; KK-AktG/*Koppensteiner* Rn. 10; K. Schmidt/Lutter/*J. Vetter* Rn. 18.

[31] Zur gestuften Verantwortlichkeit der Mitglieder des Aufsichtsrats bei Bildung eines Ausschusses s. aber MüKoAktG/*Habersack* § 116 Rn. 26 mwN.

[32] Dies wiederum ist bereits bei Nichtigkeit des Jahresabschlusses gemäß § 256 Abs. 1 Nr. 1, Abs. 5 S. 1 Nr. 2, S. 3 der Fall, s. BGHZ 124, 111 (116) = NJW 1994, 520; BGH WM 1998, 510 (512); → § 312 Rn. 20; → § 317 Rn. 18.

[33] BGHZ 124, 111 (122 f.) = NJW 1994, 520; näher dazu *Kropff* ZGR 1994, 628 (639 ff.); → § 312 Rn. 20.

[34] BGHZ 153, 47 (50 ff.) = NJW 2003, 1032; OLG Stuttgart ZIP 2003, 1981 (1985); OLG Hamburg AG 2001, 359 (362); LG München I ZIP 2001, 1415 (1417); AG 2006, 170 f.; ZIP 2008, 745 = BeckRS 2008, 02739; → § 312 Rn. 20; allg. zur Problematik der Beschlussanfechtung wegen Informationsmängeln → § 319 Rn. 18 mwN; zur Berichtspflicht des Aufsichtsrats nach § 171 Abs. 2 (insbes. zur Berichtsintensität) s. OLG Stuttgart ZIP 2006, 756 (759); LG München I ZIP 2005, 1031 (1032 f.); *Maser/Bäumker* AG 2005, 906 ff.; *E. Vetter* ZIP 2006, 257 ff.; *Sünner* AG 2006, 450 ff.; Hüffer/*Koch* § 120 Rn. 12 f. mwN.

[35] OLG München AG 2009, 450 (452); LG München I ZIP 2008, 745 = BeckRS 2008, 02739; Spindler/Stilz/*Müller* Rn. 13; *Lutter* AG 2008, 1 (8); aA OLG Celle AG 2008, 858; K. Schmidt/Lutter/*J. Vetter* Rn. 21.

[36] OLG Düsseldorf NZG 2013, 178 (180) = BeckRS 2012, 25022; K. Schmidt/Lutter/*J. Vetter* Rn. 21.

§ 315 Sonderprüfung

¹Auf Antrag eines Aktionärs hat das Gericht Sonderprüfer zur Prüfung der geschäftlichen Beziehungen der Gesellschaft zu dem herrschenden Unternehmen oder einem mit ihm verbundenen Unternehmen zu bestellen, wenn
1. der Abschlußprüfer den Bestätigungsvermerk zum Bericht über die Beziehungen zu verbundenen Unternehmen eingeschränkt oder versagt hat,
2. der Aufsichtsrat erklärt hat, daß Einwendungen gegen die Erklärung des Vorstands am Schluß des Berichts über die Beziehungen zu verbundenen Unternehmen zu erheben sind,
3. der Vorstand selbst erklärt hat, daß die Gesellschaft durch bestimmte Rechtsgeschäfte oder Maßnahmen benachteiligt worden ist, ohne daß die Nachteile ausgeglichen worden sind.

²Liegen sonstige Tatsachen vor, die den Verdacht einer pflichtwidrigen Nachteilszufügung rechtfertigen, kann der Antrag auch von Aktionären gestellt werden, deren Anteile zusammen den Schwellenwert des § 142 Abs. 2 erreichen, wenn sie glaubhaft machen, dass sie seit mindestens drei Monaten vor dem Tage der Antragstellung Inhaber der Aktien sind. ³Über den Antrag entscheidet das Landgericht, in dessen Bezirk die Gesellschaft ihren Sitz hat. ⁴§ 142 Abs. 8 gilt entsprechend. ⁵Gegen die Entscheidung ist die Beschwerde zulässig. ⁶Hat die Hauptversammlung zur Prüfung derselben Vorgänge Sonderprüfer bestellt, so kann jeder Aktionär den Antrag nach § 142 Abs. 4 stellen.

Schrifttum: *Bode,* Abhängigkeitsbericht und Kostenlast im einstufigen faktischen Konzern, AG 1995, 261; *Forum Europaeum Konzernrecht,* Konzernrecht für Europa, ZGR 1998, 672; *Habersack,* Zweck und Gegenstand der Sonderprüfung nach § 142 AktG, FS Wiedemann, 2002, 889; *Hirte,* Die Nichtbestellung von Sonderprüfern im Feldmühle-Verfahren, ZIP 1988, 953; *Hommelhoff/Mattheus,* Corporate Governance nach dem KonTraG, AG 1998, 249; *Krag,* Konzepte für die Durchführung von Sonderprüfungen gemäß § 315 AktG, BB 1988, 1850; *S. Maul,* Aktienrechtliches Konzernrecht und Gemeinschaftsunternehmen, NZG 2000, 470; *Noack,* Die konzernrechtliche Sonderprüfung nach § 315 AktG, WPg 1994, 225; *U.H. Schneider,* Die aktienrechtliche Sonderprüfung im Konzern, AG 2008, 305; *Simons,* Ungeklärte Zuständigkeitsfragen bei gesellschaftsrechtlichen Auseinandersetzungen, NZG 2012, 609; *Weinbrenner,* Moderne Kommunikationsmittel und Konzerncontrolling im faktischen Konzern – zugleich ein Beitrag zur Verbesserung des Rechtsschutzes für Außenseiter, Konzern 2006, 583.

Übersicht

	Rn.		Rn.
I. Einführung	1–4	**III. Bestellung des Sonderprüfers**	14, 15
1. Inhalt, Zweck und Entstehungsgeschichte der Vorschrift	1, 2	1. Bestellung durch das Gericht	14
2. Verhältnis zu §§ 142 ff.	3, 4	2. Verfahren	15
II. Voraussetzungen der Sonderprüfung	5–13	**IV. Gegenstand und Durchführung der Sonderprüfung**	16–19
1. Tatbestände des S. 1	5–8	1. Gegenstand	16, 17
a) Erklärung gemäß Nr. 1–3	5, 6	2. Durchführung	18, 19
b) Weitere Voraussetzungen	7, 8	**V. Gerichtliche Bestellung eines anderen Sonderprüfers (S. 6)**	20–23
2. Tatbestand des S. 2	9–13	1. Normzweck und Verhältnis zu § 142 Abs. 4	20, 21
a) Allgemeines	9		
b) Verdacht pflichtwidriger Nachteilszufügung	10	2. Prüfung derselben Vorgänge	22
c) Weitere Voraussetzungen	11, 12	3. Verfahren	23
d) Missbrauch	13		

I. Einführung

1. Inhalt, Zweck und Entstehungsgeschichte der Vorschrift. Nach § 315 S. 1 hat **1** jeder Aktionär das Recht, bei Vorliegen eines der in Nr. 1–3 genannten Tatbestände die gerichtliche Bestellung eines Sonderprüfers zur Prüfung der geschäftlichen Beziehungen der Gesellschaft zu dem herrschenden Unternehmen oder einem mit ihm verbundenen Unternehmen zu beantragen. Der durch Art. 1 Nr. 31 KonTraG (→ Einl. Rn. 21) eingefügte und sodann durch Art. 3 § 1 Nr. 8 EuroEG (→ Einl. Rn. 25) sowie durch Art. 1 Nr. 36 UMAG (→ Rn. 2; → Einl. Rn. 33) erneut geänderte § 315 S. 2 ergänzt den Katalog des S. 1 um einen generalklauselartigen Sonderprüfungstatbestand. Art. 1 Nr. 36 UMAG hat darüber hinaus § 315 S. 3–5 eingefügt, die in Übereinstimmung mit den gleichfalls durch das UMAG geänderten (und inzwischen durch das FGG-Reformgesetz geänderten) Vorschriften der § 142 Abs. 5 S. 3, 4, § 148 Abs. 2 S. 1, 2 die gerichtliche Zuständigkeit regeln und auf die in § 142 Abs. 5 S. 5 und 6 geregelte Möglichkeit der Zuständigkeitskonzentration verweisen. Art. 74 Nr. 26 **FGG-Reformgesetz** (→ Einl. Rn. 40) hat S. 4 des § 315 aF aufgehoben (die Zuständigkeit ergibt sich nun aus §§ 71 Abs. 2, 95 Abs. 2 GVG), den Verweis in Satz 5 aF (= S. 4 nF) auf § 142 infolge der dortigen Änderungen angepasst und in Satz 6 aF (= S. 5 nF) der neuen Terminologie des FamFG Rechnung getragen; die subsidiäre Geltung der Vorschriften des FamFG ergibt sich nunmehr aufgrund des Verweises in § 315 S. 4 auf § 142 Abs. 8. Die Vorschrift des § 315 S. 6 schließlich ist vor dem Hintergrund zu sehen, dass die §§ 142 ff. neben § 315 anwendbar sind (→ Rn. 3) und es deshalb bereits zur Bestellung eines Sonderprüfers durch die Hauptversammlung gekommen sein kann; in diesem Fall soll jeder Aktionär Antrag auf Bestellung eines anderen Sonderprüfers durch das Gericht stellen können.

2 Die Vorschrift des § 315 bezweckt, die **Durchsetzung von Schadensersatzansprüchen** aus §§ 317, 318 zu **erleichtern**;[1] mittelbar will sie dazu beitragen, dass die in §§ 311, 312 bestimmten Verhaltensanforderungen eingehalten werden und es deshalb erst gar nicht zur Entstehung von Schadensersatzansprüchen kommt.[2] Einer Vorschrift nach Art des § 315 bedarf es vor dem Hintergrund, dass der Abhängigkeitsbericht und der Prüfungsbericht des Abschlussprüfers nicht offengelegt und somit darin dokumentierte Beanstandungen nicht publik werden (→ § 312 Rn. 4; → § 313 Rn. 28). § 315 S. 1 gewährt deshalb jedem Aktionär bei Vorliegen eines näher bezeichneten Anfangsverdachts die Möglichkeit, eine erneute Überprüfung der Verbundbeziehungen durchzusetzen. Der Antrag nach S. 2 kann dagegen nur von einer qualifizierten Minderheit von Aktionären gestellt werden; durch das UMAG ist allerdings der Schwellenwert von zuvor 5 % oder anteilig 500.000 Euro auf den neuen Schwellenwert des § 142 Abs. 2 S. 1 – 1 % oder anteilig 100.000 Euro – herabgesetzt worden. Kommt es zur Sonderprüfung, so ist der Sonderprüfungsbericht nach § 145 Abs. 6 S. 3 zum Handelsregister einzureichen, wo er gemäß § 9 HGB von jedermann und damit auch von den Gläubigern und außenstehenden Aktionären eingesehen werden kann. Der Sonderprüfungsbericht verschafft mithin den Aktionären und Gläubigern (zur Rechtslage bei der Einpersonen-AG → Rn. 7) die zur Geltendmachung der Ansprüche aus §§ 317, 318 erforderlichen **Informationen;** er kompensiert das infolge der Vertraulichkeit des Abhängigkeits- und Prüfungsberichts bestehende Informationsdefizit.

3 **2. Verhältnis zu §§ 142 ff.** Bei den Sonderprüfungstatbeständen des § 315 S. 1 und 2 handelt es sich um **besondere Anwendungsfälle** der allgemeinen Sonderprüfung nach §§ 142 ff.[3] Die Vorschriften der §§ 142 ff. sind deshalb insoweit anwendbar, als § 315 keine spezielle Regelung enthält. Letzteres ist freilich in verschiedener Hinsicht der Fall. So ist nach § 315 S. 1 jeder Aktionär antragsberechtigt, ohne dass es des in § 142 Abs. 2 S. 1

---

[1] BGHZ 135, 107 (109 f.) = NJW 1997, 1855; OLG Hamm ZIP 2000, 1299; MüKoAktG/*Altmeppen* Rn. 1; KK-AktG/*Koppensteiner* Rn. 1 f.; Spindler/Stilz/*Müller* Rn. 2; K. Schmidt/Lutter/*J. Vetter* Rn. 2; Hüffer/*Koch* Rn. 1; *Noack* WPg 1994, 225; allg. dazu sowie zur Frage einer schadensersatzunabhängigen Sonderprüfung *Habersack* FS Wiedemann, 2002, 889 (892 ff.); allg. zur Sonderprüfung in Konzerngesellschaften, insbes. zu den Rechten des Sonderprüfers *U. H. Schneider* AG 2008, 305 ff.
[2] Zu dieser präventiven Funktion s. – auch rechtsvergleichend – Forum Europaeum Konzernrecht ZGR 1998, 672 (717 f.); zur weiteren Entwicklung auf europäischer Ebene *Hopt* ZHR 171 (2007), 199 (217 f.); wie hier auch K. Schmidt/Lutter/*J. Vetter* Rn. 2.
[3] Wohl einhM, s. OLG Hamm ZIP 2000, 1299; OLG München AG 2011, 720; OLG Stuttgart AG 2010, 717 (718); LG Münster AG 2001, 54; MüKoAktG/*Altmeppen* Rn. 8; Spindler/Stilz/*Müller* Rn. 3; K. Schmidt/Lutter/*J. Vetter* Rn. 3; HK-AktG/*Fett* Rn. 1; Hölters/*Leuering/Goertz* Rn. 4.

vorausgesetzten Quorums bedarf; das Quorum des § 315 S. 2 ist dagegen demjenigen des § 142 Abs. 2 S. 1 angepasst worden (→ Rn. 2). Des Weiteren ist nach § 315 – wiederum abweichend von § 142 Abs. 2 – ein vorgeschalteter Beschluss der Hauptsammlung nicht erforderlich. Ferner unterscheiden sich §§ 142, 315 hinsichtlich des Prüfungsgegenstands (→ Rn. 16 f., 22). Schließlich typisiert § 315 S. 1 die Voraussetzungen, bei deren Vorliegen eine Sonderprüfung beantragt werden kann; „Tatsachen" iSd § 142 Abs. 2 S. 1 müssen also insoweit nicht zusätzlich dargelegt werden.

Die §§ 142 ff. finden allerdings **nicht nur subsidiär, sondern auch neben § 315** Anwendung.[4] Dies bedeutet, dass sowohl bei Vorliegen als auch bei Nichtvorliegen der Voraussetzungen des § 315 ein Sonderprüfer nach § 142 bestellt werden kann. Ist bereits eine Sonderprüfung nach § 142 in Gang gesetzt, so schließt dies zwar eine weitere Sonderprüfung nach § 315 nicht von vornherein aus. Um allerdings eine doppelte Sonderprüfung zu vermeiden, gewährt § 315 S. 6 jedem Aktionär das Recht, die Bestellung eines anderen Sonderprüfers und ggf. eine Erweiterung des Prüfungsauftrags zu beantragen (→ Rn. 20 ff.).

II. Voraussetzungen der Sonderprüfung

1. Tatbestände des S. 1. a) Erklärung gemäß Nr. 1–3. Nach § 315 S. 1 hat das Gericht einen Sonderprüfer immer dann zu bestellen, wenn dies von einem Aktionär beantragt wird (→ Rn. 7) und einer der in Nr. 1–3 geregelten Tatbestände gegeben ist. Was die in S. 1 Nr. 1–3 genannten Tatbestände betrifft, so kommt es allein auf die Abgabe einer der dort genannten Erklärungen an; dagegen hat das Gericht nicht zu prüfen, ob die Erklärung zutrifft.[5] Liegen die genannten Voraussetzungen vor, so ist dem Antrag stattzugeben; vorbehaltlich der Verjährung etwaiger Ansprüche der Gesellschaft (→ Rn. 8) hat das Gericht keinen Ermessensspielraum.

Das Vorliegen einer Erklärung iSd S. 1 Nr. 1–3 lässt sich dem **Bericht des Aufsichtsrats** an die Hauptversammlung (→ § 314 Rn. 14 f.) entnehmen. Denn in diesen Bericht ist nach § 314 Abs. 2 S. 3 ein vom Abschlussprüfer erteilter Bestätigungsvermerk und damit auch eine Einschränkung[6] desselben aufzunehmen; eine Versagung des Testats ist zumindest mitzuteilen.[7] Dies verschafft die Information über den Tatbestand des **S. 1 Nr. 1** (→ § 314 Rn. 15). Die negative Schlusserklärung des Vorstands, die nach **S. 1 Nr. 3** die Sonderprüfung rechtfertigt, ist nach § 313 Abs. 4 S. 2 in den Bestätigungsvermerk des Abschlussprüfers aufzunehmen, sodass auch sie über § 314 Abs. 2 S. 3 Eingang in den Bericht des Aufsichtsrats findet (→ § 313 Rn. 36; → § 314 Rn. 15). Zudem ist sie nach § 312 Abs. 3 S. 3 Teil des Lageberichts (→ § 312 Rn. 44, 47). Der Tatbestand des **S. 1 Nr. 2** schließlich knüpft unmittelbar an die Schlusserklärung des Aufsichtsrats an, die wiederum nach § 314 Abs. 3 Bestandteil des Aufsichtsratsberichts ist (→ § 314 Rn. 16).[8]

b) Weitere Voraussetzungen. Nach § 315 S. 1 kann der Antrag auf Sonderprüfung von **jedem Aktionär,** aber auch nur von einem Aktionär gestellt werden. Den Gesellschaftsgläubigern hat das Gesetz aus gutem Grund[9] kein Antragsrecht eingeräumt; mag dies

---

[4] K. Schmidt/Lutter/*J. Vetter* Rn. 3.
[5] MüKoAktG/*Altmeppen* Rn. 11; Spindler/Stilz/*Müller* Rn. 5; K. Schmidt/Lutter/*J. Vetter* Rn. 7; HK-AktG/*Fett* Rn. 2; Hölters/*Leuering/Goertz* Rn. 9; *Dreher/Schnorbus* EWiR 1999, 145 (146).
[6] Erläuternde Zusätze begründen dagegen nicht das Recht aus § 315 S. 1 Nr. 1, dazu AG Köln DB 1999, 271 = EWiR 1999, 145 *(Dreher/Schnorbus)*; LG Köln DB 1999, 685; OLG Köln AG 1999, 519; → § 313 Rn. 32.
[7] Zur Frage eines besonderen Versagungsvermerks → § 313 Rn. 34; zur Rechtslage bei Fehlen eines nach Ansicht des Abschlussprüfers erforderlichen Abhängigkeitsberichts → § 312 Rn. 19.
[8] Zur analogen Anwendung des § 315 S. 1 Nr. 2 bei rechtskräftiger Feststellung der Unwirksamkeit des den Abhängigkeitsbericht billigenden Aufsichtsratsbeschlusses → § 314 Rn. 11; zur analogen Anwendung bei gänzlichem Fehlen der Schlusserklärung des Aufsichtsrats s. KK-AktG/*Koppensteiner* Rn. 3; MüKoAktG/*Altmeppen* Rn. 14.
[9] MüKoAktG/*Altmeppen* Rn. 10; K. Schmidt/Lutter/*J. Vetter* Rn. 8; Grigoleit/*Grigoleit* Rn. 1; Hüffer/*Koch* Rn. 2; aA – de lege ferenda für ein Antragsrecht der Gläubiger – KK-AktG/*Koppensteiner* Rn. 7; ders. FS Steindorff, 1990, 79 (108 f.); *Weinbrenner* Konzern 2006, 583 (591 f.).

auch im Fall der Einpersonen-Gesellschaft zum Leerlaufen des § 315 führen,[10] so ist der Schutz der Gläubiger doch in erster Linie durch den **Insolvenzverwalter** der abhängigen Gesellschaft zu besorgen (→ § 312 Rn. 4). Der Besitz einer Aktie genügt. Anders als §§ 315 S. 2, 142 Abs. 2 S. 2 verlangt § 315 S. 1 keine **Mindestbesitzzeit**.[11] Dies erklärt sich aus der genauen Umschreibung der Sonderprüfungstatbestände: Liegen die Voraussetzungen eines Tatbestands des S. 1 Nr. 1–3 vor, so besteht auch unabhängig von der Dauer des Aktienbesitzes und den Motiven des Aktienerwerbs Anlass für eine neuerliche Prüfung der Verbundbeziehungen. Der **Hinterlegung** der Aktien oder des Nachweises der Fortdauer des Aktienbesitzes bedarf es zwar nicht.[12] Auch im Rahmen des § 315 S. 1 obliegt es allerdings dem Antragsteller, seine Eigenschaft als Aktionär nachzuweisen, sei es durch Hinterlegungsurkunde oder anderweitig, etwa durch Depotbestätigung. Vor dem Hintergrund, dass der Aktionär mit Veräußerung seiner Aktien während des Antragsverfahrens die **Antragsbefugnis** verliert,[13] bietet es sich zudem an, entsprechend § 142 Abs. 2 S. 2 den Nachweis des Fortbestehens des Aktienbesitzes zu führen; um eine Antragsvoraussetzung handelt es sich hierbei allerdings nicht.

8   Die **Begründung des Antrags** kann sich in dem Hinweis auf das Vorliegen eines der Tatbestände des S. 1 erschöpfen. Eine **Befristung** des Antragsrechts ist in § 315 zwar nicht vorgesehen. Mit Blick auf den Zweck der Vorschrift (→ Rn. 2) wird man aber davon auszugehen haben, dass der Antrag nur bis zum Eintritt der **Verjährung** etwaiger Ansprüche aus §§ 317, 318 gestellt werden kann (→ § 312 Rn. 18).[14] Eine **Verwirkung** des Antragsrechts und damit eine weitere Verkürzung der Antragsfrist kommt dagegen im Hinblick auf die Formalisierung der Sonderprüfungstatbestände ebenso wenig in Betracht wie der Einwand der rechtsmissbräuchlichen Antragstellung (→ Rn. 13).[15] Zuständig ist nach § 315 S. 3 das Landgericht (Kammer für Handelssachen) des Gesellschaftssitzes (→ Rn. 15).

9   **2. Tatbestand des S. 2. a) Allgemeines.** Die durch das KonTraG eingefügte und seitdem schon mehrfach geänderte (→ Rn. 1 f.) Vorschrift des § 315 S. 2 gewährt einer qualifizierten Minderheit von Aktionären (→ Rn. 11) das Recht, auch unabhängig vom Vorliegen einer der in S. 1 Nr. 1–3 genannten Tatbestände die gerichtliche Bestellung von Sonderprüfern zu beantragen.[16] Die in der Praxis so gut wie nie gegebenen[17] Einzeltatbestände des S. 1 werden mithin um einen generalklauselartigen Tatbestand ergänzt, um hierdurch die Effektivität des Rechts auf Sonderprüfung zu steigern und damit letztlich die Durchsetzung

---

[10] KK-AktG/*Koppensteiner* Rn. 7, aber auch MüKoAktG/*Altmeppen* Rn. 10.
[11] KK-AktG/*Koppensteiner* Rn. 3; MüKoAktG/*Altmeppen* Rn. 9; Hüffer/*Koch* Rn. 2; Spindler/Stilz/*Müller* Rn. 4; K. Schmidt/Lutter/*J. Vetter* Rn. 9; Grigoleit/*Grigoleit* Rn. 3; Hölters/*Leuering/Goertz* Rn. 10; HK-AktG/*Fett* Rn. 3; NK-AktR/*Schatz/Schödel* Rn. 4; Henssler/Strohn/*Bödeker* Rn. 3; Wachter/*Rothley* Rn. 2; MHdB AG/*Krieger* § 70 Rn. 123; *Noack* WPg 1994, 225 (234 f.); aA noch GroßkommAktG/*Würdinger* 3. Aufl. Anm. 4.
[12] MüKoAktG/*Altmeppen* Rn. 16; KK-AktG/*Koppensteiner* Rn. 3; Hüffer/*Koch* Rn. 2; MHdB AG/*Krieger* § 70 Rn. 123; Henssler/Strohn/*Bödeker* Rn. 3; vgl. auch 4. Aufl. Rn. 7.
[13] MüKoAktG/*Altmeppen* Rn. 16.
[14] So auch MHdB AG/*Krieger* § 70 Rn. 122; KK-AktG/*Koppensteiner* Rn. 8; Spindler/Stilz/*Müller* Rn. 8; HK-AktG/*Fett* Rn. 4; Hölters/*Leuering/Goertz* Rn. 14; Grigoleit/*Grigoleit* Rn. 7; NK-AktR/*Schatz/Schödel* Rn. 5; Henssler/Strohn/*Bödeker* Rn. 3; für Rechtsmissbrauch bei offensichtlicher Verjährung etwaiger Ansprüche der abhängigen Gesellschaft MüKoAktG/*Altmeppen* Rn. 22.
[15] KK-AktG/*Koppensteiner* Rn. 8; NK-AktR/*Schatz/Schödel* Rn. 5; im Ergebnis auch K. Schmidt/Lutter/*J. Vetter* Rn. 15: „praktisch kaum denkbar"; aA Henssler/Strohn/*Bödeker* Rn. 7: Schaffung eines Sondervorteils; *Noack* WPg 1994, 225 (234 f.): Verwirkung des Antragsrechts, wenn Antrag erst gestellt wird, nachdem bereits der nächsten Hauptversammlung über das Ergebnis der Prüfung des Abhängigkeitsberichts für das folgende Geschäftsjahr berichtet wurde. – Zur Frage eines Missbrauchs des Antragsrechts aus § 142 Abs. 2 → Rn. 13.
[16] Zu dem zunächst gleichfalls mit § 315 S. 2 verfolgten, mit Inkrafttreten des § 33 WpÜG (→ Vor § 311 Rn. 14 ff.) allerdings gegenstandslos gewordenen Zweck, die §§ 311 ff. zu einer „gleichwertigen Vorkehrung" iSd Art. 3 Abs. 1 des 1997er Entwurfs einer Richtlinie über Übernahmeangebote (→ Einl. Rn. 38; → Vor § 311 Rn. 11) aufzuwerten, s. 1. Aufl. Rn. 6.
[17] *Hommelhoff/Matthues* AG 1998, 249 (259): Bislang keine Sonderprüfung auf der Grundlage des § 315 S. 1; zur Unanwendbarkeit des § 315 S. 1 Nr. 1 bei erläuternden Zusätzen → Rn. 6.

von Schadensersatzansprüchen nach §§ 317, 318 (→ Rn. 2) noch mehr zu erleichtern;[18] diesem Ziel war insbesondere auch die durch das UMAG erfolgte Absenkung des Quorums verpflichtet. Wie § 315 S. 1 setzt auch § 315 S. 2 einen Antrag und einen verdachtsbegründenden Sachverhalt voraus; letzterer begründet entgegen dem Wortlaut der Vorschrift nicht erst die Antragsbefugnis, sondern gemeinsam mit dem Antrag das Recht auf Sonderprüfung.[19]

b) Verdacht pflichtwidriger Nachteilszufügung. Wesentliche Voraussetzung ist nach § 315 S. 2 das Vorliegen von **Tatsachen,** die den Verdacht einer pflichtwidrigen Nachteilszufügung rechtfertigen. Der Gesetzgeber hat insoweit bewusst auf den Wortlaut des § 142 Abs. 2 S. 1 aE zurückgegriffen, sodass die zu dieser Vorschrift entwickelten Grundsätze auch im Rahmen des § 315 S. 2 herangezogen werden können. Auch nach § 315 S. 2 müssen also die Antragsteller Tatsachen behaupten, die den Verdacht – im Fall des § 315 S. 2 den Verdacht einer „pflichtwidrigen" Nachteilszufügung und damit einer ausgleichspflichtigen, aber nicht ausgeglichenen[20] Maßnahme nachteiligen Charakters – rechtfertigen. Der Glaubhaftmachung oder des Beweises bedarf es allerdings nicht. Es genügt vielmehr, dass die Tatsachen den genannten Verdacht zur Überzeugung des Gerichts indizieren oder das Gericht zur Amtsermittlung nach § 26 FamFG veranlassen.[21] Nicht zu prüfen ist, ob der Verdacht begründet ist, ob also tatsächlich nicht ausgeglichene Nachteile zugefügt worden sind.[22] „Sonstige" Tatsachen sind alle außer den in § 315 S. 1 Genannten. Doch schließt der Antrag nach § 315 S. 2 auch denjenigen nach § 315 S. 1 ein.[23]

c) Weitere Voraussetzungen. Der Antrag nach S. 2 kann nicht von jedem Aktionär gestellt werden. Antragsbefugt sind vielmehr nur Aktionäre, deren Anteile zusammen den Schwellenwert des § 142 Abs. 2 und damit **1 % des Grundkapitals** oder einen **anteiligen Betrag von 100.000 Euro** erreichen.[24] Unerheblich ist, ob das Quorum des S. 2 von einem oder von mehreren Aktionären erreicht wird. Auch kommt es nicht darauf an, dass die Aktionäre eine entsprechende *Stimmrechtsmacht* auf sich vereinigen. Insbesondere sind Vorzugsaktien und aus sonstigen Gründen, etwa nach §§ 71b, 134 vom Stimmrecht ausgeschlossene Aktien zu berücksichtigen, und zwar sowohl bei Berechnung des Quorums als auch im Rahmen des Grundkapitals.[25]

Wie §§ 142 Abs. 2 S. 2, 258 Abs. 2 S. 4 setzt auch § 315 S. 2 eine **Vorbesitzzeit von drei Monaten** voraus. Dadurch soll verhindert werden, dass Aktien eigens zu dem Zweck gekauft werden, eine Sonderprüfung zu veranlassen (→ Rn. 13). Maßgebend ist der Tag der Antragstellung, von dem ab die Mindestbesitzzeit nach §§ 187 Abs. 1, 188 Abs. 2 BGB zu berechnen ist. Anders als § 142 Abs. 2 S. 2 AktG begnügt sich 315 S. 2 hinsichtlich des Vorbesitzerfordernisses mit der **Glaubhaftmachung** durch die Aktionäre. Entsprechend

---

[18] Vgl. auch Beschlussempfehlung der Abteilung Wirtschaftsrecht des 59. DJT, in Verhandlungen des 59. DJT Hannover 1992, Bd. II, R 186, 188; ferner die Stellungnahme des Gemeinsamen Arbeitsausschusses des BDI und weiterer Verbände zum vorangegangenen, auf die Glaubhaftmachung der Vorbesitzzeit noch verzichtenden RefE eines KonTraG (ZIP 1996, 2129 (2138 f.)), WM 1997, 490 (496).

[19] Hüffer/*Koch* Rn. 3a; KK-AktG/*Koppensteiner* Rn. 6.

[20] Der Verdacht einer pflichtwidrigen Nachteilszufügung liegt also nicht schon durch Vortrag zum Vorliegen einer nachteiligen Maßnahme begründet; so auch MüKoAktG/*Altmeppen* Rn. 17; K. Schmidt/Lutter/*J. Vetter* Rn. 10; Hölters/*Leuering/Goertz* Rn. 17; aA KK-AktG/*Koppensteiner* Rn. 6; HK-AktG/*Fett* Rn. 6.

[21] MüKoAktG/*Altmeppen* Rn. 18; KK-AktG/*Koppensteiner* Rn. 6; Spindler/Stilz/*Müller* Rn. 7; K. Schmidt/Lutter/*J. Vetter* Rn. 11; Hüffer/*Koch* Rn. 3c; für Beispiele aus der Praxis s. OLG München AG 2011, 720 f.; OLG Stuttgart AG 2010, 717 (718); LG Münster AG 2001, 54; zu § 142 Abs. 2 OLG Düsseldorf AG 2010, 126 (127 f.); OLG München AG 2010, 598 (599 f.).

[22] OLG München AG 2011, 720 und AG 2010, 840 (841).

[23] Zutr. Hüffer/*Koch* Rn. 3c.

[24] Hüffer/*Koch* § 142 Rn. 22; NK-AktR/*Wilsing/von der Linden* § 142 Rn. 33, dort auch zum Aktionärsforum gemäß § 127a. – Zur Rechtslage vor Inkrafttreten des UMAG s. 3. Aufl. Rn. 11; zu der noch im RegE zum UMAG (BR-Drs. 3/05, 35 f.) vorgesehenen Anknüpfung an den Börsenkurs von 100 000 Euro s. 4. Aufl. Rn. 11; zu Überlegungen de lege ferenda s. *Habersack,* Gutachten E zum 69. DJT, 2012, 91 ff.

[25] Hüffer/*Koch* Rn. 3b; näher KK-AktG/*Rieckers/J. Vetter* § 142 Rn. 209 ff.

§ 258 Abs. 2 S. 5 genügt insoweit eine eidesstattliche Versicherung vor einem Notar;[26] doch kann die Glaubhaftmachung auch anderweitig erfolgen. Darüber hinaus ist entsprechend § 142 Abs. 2 S. 2 nachzuweisen, dass die Antragsteller die für die Antragsbefugnis erforderliche Zahl von Aktien **bis zur Entscheidung über den Antrag halten** werden.[27] Dieser Nachweis kann nicht nur durch Hinterlegungsbescheinigung, sondern auch durch Depotbestätigung mit Sperrvermerk oder durch eine zum Ende des Verfahrens ausgestellte und auf den zurückliegenden Zeitraum bezogene Depotbestätigung geführt werden.[28]

13   **d) Missbrauch.** Auch für den Antrag nach S. 2 ist eine Befristung nicht vorgesehen; grundsätzlich kann er deshalb bis zum Eintritt der Verjährung etwaiger Ansprüche aus §§ 317, 318 gestellt werden (→ Rn. 8). Anders als der Antrag nach S. 1 kann freilich der Antrag nach S. 2 auch unabhängig von der Verjährung der Ansprüche aus §§ 317, 318 dem Einwand des Rechtsmissbrauchs ausgesetzt sein.[29] Im Hinblick auf das nach § 315 S. 2 erforderliche Quorum (→ Rn. 11) werden Fälle dieser Art zwar nicht häufig vorkommen. Doch hindert dies nicht daran, nach Lage des Falles die Grundsätze über den **Missbrauch des Anfechtungsrechts** nach § 245 Nr. 1 entsprechend heranzuziehen.[30] Missbrauch liegt demnach insbesondere dann vor, wenn der Aktionär mit dem Antrag einen Lästigkeitswert aufbaut und ausschließlich gesellschaftsfremde Interessen verfolgt, mithin einen Sondervorteil[31] anstrebt. Ein danach missbräuchlicher Antrag ist unbegründet.[32] Von einer börsennotierten Gesellschaft zur Vermeidung einer Sonderprüfung getroffene Vereinbarungen unterliegen nach § 142 Abs. 2 S. 3 dem **Publizitätserfordernis des § 149**.[33]

III. Bestellung des Sonderprüfers

14   **1. Bestellung durch das Gericht.** Liegen die Voraussetzungen des S. 1 oder diejenigen des S. 2 vor (→ Rn. 4 ff.), so muss das Gericht einen oder mehrere Sonderprüfer bestellen. Die **Auswahl** der Sonderprüfer erfolgt durch das Gericht. Dabei ist die Vorschrift des § 143 zu beachten. Im Hinblick auf den Prüfungsgegenstand (→ Rn. 16) wird daher zwar nicht zwangsläufig, wohl aber in aller Regel ein Wirtschaftsprüfer oder eine Prüfungsgesellschaft bestellt werden.[34] Nicht bestellt werden darf der zunächst mit der Prüfung des Abhängigkeitsberichts Beauftragte, in der Regel (aber → § 313 Rn. 7) also der Abschlussprüfer der Gesellschaft. Nach § 143 Abs. 2 finden zudem die Bestellungsverbote des § 319 Abs. 2– 4, § 319a Abs. 1, § 319b HGB Anwendung. Wird dem Antrag stattgegeben, so sind die Sonderprüfer namentlich zu bezeichnen. Nach § 142 Abs. 5 S. 1 sind vor der Entscheidung

---

[26] MüKoAktG/*Altmeppen* Rn. 19; Hüffer/*Koch* Rn. 3b; K. Schmidt/Lutter/*J. Vetter* Rn. 13; Hölters/*Leuering*/*Goertz* Rn. 19; Grigoleit/*Grigoleit* Rn. 5.
[27] Für entsprechende Anwendung des § 142 Abs. 2 S. 2 auch Hüffer/*Koch* Rn. 3b; MüKoAktG/*Altmeppen* Rn. 20; Spindler/Stilz/*Müller* Rn. 6; Hölters/*Leuering*/*Goertz* Rn. 20; Grigoleit/*Grigoleit* Rn. 5; MHdB AG/*Krieger* § 70 Rn. 124; für § 142 Abs. 2 S. 2 aF s. OLG Hamm ZIP 2000, 1299 = EWiR 2000, 801 (*Fleischer*); LG Münster AG 2001, 54; 3. Aufl. s. ferner BayObLGZ 2004, 260 (263); aA K. Schmidt/Lutter/ *J. Vetter* Rn. 14; tendenziell auch NK-AktR/*Schatz*/*Schödel* Rn. 8.
[28] Hüffer/*Koch* Rn. 3b; MHdB AG/*Krieger* § 69 Rn. 116.
[29] Vgl. zu § 142 Abs. 2 OLG Düsseldorf AG 2010, 126 f.; OLG München AG 2010, 598 (600); AG Düsseldorf ZIP 1988, 970 – Feldmühle; KK-AktG/*Rieckers*/*J. Vetter* § 142 Rn. 306 ff.; Hüffer/*Koch* § 142 Rn. 21; NK-AktR/*Wilsing*/*von der Linden* § 142 Rn. 31; KK-AktG/*Koppensteiner* Rn. 8; Hirte ZIP 1988, 953 (954 ff.); Trölitzsch/*Gunßer* AG 2008, 833 ff.
[30] Grdl. BGHZ 107, 296 (308 ff.) = NJW 1989, 2689; BGH NJW 1990, 322; 1992, 569; ZIP 1992, 1391; GroßkommAktG/*K. Schmidt* § 245 Rn. 47 ff.; Hüffer/*Koch* § 245 Rn. 22 ff.; Boujong FS Kellermann, 1991, 1 ff.
[31] Dass der Antragsteller an der Geltendmachung etwaiger Schadensersatzansprüche mittelbar (nämlich über seine Mitgliedschaft) partizipiert, genügt selbstredend nicht; verkannt von AG Frankfurt/M Beschluss vom 17.7.2002, Az. 72 HRB 8433.
[32] So zu § 142 Abs. 2 zutr. KK-AktG/*Rieckers*/*J. Vetter* § 142 Rn. 315; Hüffer/*Koch* § 142 Rn. 21; Hirte ZIP 1988, 953 (956); aA AG Düsseldorf ZIP 1988, 970 – Feldmühle. Zur Unbegründetheit der missbräuchlich erhobenen Anfechtungsklage s. BGH ZIP 1992, 1391.
[33] NK-AktR/*Wilsing*/*von der Linden* § 142 Rn. 35.
[34] KK-AktG/*Koppensteiner* Rn. 11; MüKoAktG/*Altmeppen* Rn. 25; Hüffer/*Koch* Rn. 4.

der Antragsteller und die Gesellschaft als Beteiligte und zudem der Aufsichtsrat der Gesellschaft anzuhören.[35]

2. Verfahren. Zuständig ist nach § 315 S. 3 das **Landgericht** des Gesellschaftssitzes. Ist bei dem Landgericht eine **Kammer für Handelssachen** gebildet, so ist diese nach §§ 71 Abs. 2 Nr. 4 lit. b, 95 Abs. 2 Nr. 2 GVG funktional zuständig, freilich nur auf Antrag gemäß §§ 96 Abs. 1, 98 Abs. 1 GVG; die Zuständigkeit ist also keine ausschließliche.[36] Auch im Rahmen des § 315 kann eine **Zuständigkeitskonzentration** eingeführt werden; die entsprechende Ermächtigung findet sich nunmehr in § 71 Abs. 4 GVG.[37] Auf das Verfahren finden nach S. 4 iVm § 142 Abs. 8 die Vorschriften des **FamFG** Anwendung, soweit das AktG nichts anderes bestimmt.[38] Wird dem Antrag stattgegeben, so trägt nach § 146 S. 1 die Gesellschaft die **Kosten** des Verfahrens (zu den Kosten der Prüfung → Rn. 18); unter den Voraussetzungen des § 146 S. 2 (→ Rn. 18) hat sie Anspruch auf Erstattung durch den Antragsteller. Gegen die Entscheidung ist nach § 315 S. 5 die **Beschwerde** nach § 58 FamFG zulässig. Über sie entscheidet das OLG. Ein Ausschluss der Rechtsbeschwerde, wie er in §§ 142 Abs. 6 S. 3, 148 Abs. 2 S. 8 angeordnet ist, ist in §§ 142, 315 nicht vorgesehen; es bewendet mithin bei § 70 Abs. 2 S. 1 Nr. 1 und 2 FamFG. Zur Anhörung der Beteiligten und des Aufsichtsrats der Gesellschaft → Rn. 14.

IV. Gegenstand und Durchführung der Sonderprüfung

1. Gegenstand. Gegenstand der Sonderprüfung sind nach § 315 S. 1 die Beziehungen der abhängigen Gesellschaft „zu dem herrschenden Unternehmen oder einem mit ihm verbundenen Unternehmen". Dem lässt sich entnehmen, dass sich die Prüfung nicht notwendigerweise auf die gesamten Verbundbeziehungen erstreckt. Gegenstand der Prüfung sind vielmehr die Beziehungen der abhängigen Gesellschaft zu dem oder den **vom Gericht bestimmten Unternehmen.**[39] Dies können, müssen aber nicht sämtliche mit dem herrschenden Unternehmen verbundenen Unternehmen sein; selbst die Beziehungen zu dem oder den[40] herrschenden Unternehmen selbst sind nicht zwangsläufig Gegenstand der Sonderprüfung.[41]

Innerhalb dieses Rahmens sind allerdings **sämtliche Sachverhalte** zu überprüfen, aus denen sich ein Nachteil iSd § 311 ergeben kann.[42] § 315 S. 1 und 2 verlangt dabei eine Bewertung dieser Sachverhalte im Hinblick auf §§ 311, 317. Der Prüfer hat also zunächst zu ermitteln, ob es sich um eine durch das herrschende Unternehmen veranlasste nachteilige Maßnahme handelt (→ § 311 Rn. 22 ff., 39 ff.). Daran schließt sich die Prüfung an, ob der Nachteil vollumfänglich ausgeglichen worden ist (→ § 311 Rn. 59 ff.). Ist dies nicht der Fall, so ist zu fragen, ob und, wenn ja, in welcher Höhe der Gesellschaft ein Schaden

---

[35] MüKoAktG/*Altmeppen* Rn. 21, 23; KK-AktG/*Koppensteiner* Rn. 10; Hüffer/*Koch* Rn. 4; K. Schmidt/Lutter/*J. Vetter* Rn. 17, 20; Spindler/Stilz/*Müller* Rn. 9; aA hinsichtlich des Aufsichtsrats GroßkommAktG/*Würdinger* 3. Aufl. Anm. 3.
[36] Hüffer/*Koch* Rn. 4; MHdB AG/*Krieger* § 70 Rn. 125; *Simons* NZG 2012, 609 (610); aA → SpruchG § 2 Rn. 9 (*Emmerich*); wohl auch Grigoleit/*Grigoleit* Rn. 7; Hölters/*Leuering/Goertz* Rn. 31.
[37] S. dazu die Übersicht bei KK-AktG/*Rieckers/J. Vetter* § 142 Rn. 359.
[38] Vgl. zu § 12 FamFG OLG Stuttgart AG 2010, 717 (718).
[39] KK-AktG/*Koppensteiner* Rn. 12; MHdB AG/*Krieger* § 70 Rn. 127; Spindler/Stilz/*Müller* Rn. 12; K. Schmidt/Lutter/*J. Vetter* Rn. 21; Hüffer/*Koch* Rn. 6; HK-AktG/*Fett* Rn. 11; Hölters/*Leuering/Goertz* Rn. 36; aA – Gegenstand der Prüfung seien ohne weiteres die Beziehungen zum herrschenden Unternehmen und zu allen sonst mit der Gesellschaft verbundenen Unternehmen – MüKoAktG/*Altmeppen* Rn. 31; Grigoleit/*Grigoleit* Rn. 9; wohl auch *Noack* WPg 1994, 225 (226 ff.).
[40] Weitergehend wohl *Maul* NZG 2000, 470 (471 f.), der zufolge sich die Prüfung bei mehrfacher Abhängigkeit zwangsläufig auf sämtliche herrschenden Unternehmen erstreckt.
[41] So auch MHdB AG/*Krieger* § 70 Rn. 127; Spindler/Stilz/*Müller* Rn. 12; K. Schmidt/Lutter/*J. Vetter* Rn. 21; aA wohl Hüffer/*Koch* Rn. 6.
[42] MüKoAktG/*Altmeppen* Rn. 31; KK-AktG/*Koppensteiner* Rn. 15; MHdB AG/*Krieger* § 70 Rn. 127; Hüffer/*Koch* Rn. 6; K. Schmidt/Lutter/*J. Vetter* Rn. 21; Spindler/Stilz/*Müller* Rn. 12; Grigoleit/*Grigoleit* Rn. 9; *Noack* WPg 1994, 224 (227 ff.). – Zur Überprüfbarkeit einzelner Positionen des Jahres- oder Konzernabschlusses s. *Habersack* FS Wiedemann, 2002, 889 (899 ff.).

entstanden ist (→ § 317 Rn. 15 ff.). Zu prüfen ist mithin, ob der Abhängigkeitsbericht die Beziehungen zu dem im Prüfungsauftrag bezeichneten Unternehmen **richtig und vollständig** wiedergibt. Insoweit geht § 315 zwar über § 313 Abs. 1 S. 2 hinaus (→ § 313 Rn. 14 ff.).[43] In zeitlicher Hinsicht beschränkt sich die Prüfung jedoch auf das **Geschäftsjahr,** auf das sich der – nach S. 1 Nr. 1–3 oder S. 2 beanstandete – Abhängigkeitsbericht bezieht. Dies schließt es freilich nicht aus, Vorgänge aus früheren Geschäftsjahren zu berücksichtigen, soweit sie auf das Prüfungsjahr fortwirken oder auch nur für die Beurteilung späterer Maßnahmen von Bedeutung sind.[44] Im Übrigen gelten die allgemeinen Grundsätze über die Bewertung von Rechtsgeschäften und Maßnahmen durch den Abschlussprüfer (→ § 313 Rn. 15 ff.) entsprechend.[45]

18   **2. Durchführung.** Die Durchführung der Sonderprüfung beurteilt sich nach §§ 142 ff. **Aufklärungen und Nachweise** können die Sonderprüfer nach Maßgabe des § 145 Abs. 2 und 3 verlangen, also von der abhängigen Gesellschaft, von Konzernunternehmen und von abhängigen oder herrschenden Unternehmen. Dabei geht § 145 Abs. 2 und 3 insoweit über § 313 Abs. 1 S. 3 iVm § 320 Abs. 2 S. 1 HGB (→ § 313 Rn. 23) hinaus, als er die Informationsrechte auch gegenüber dem Aufsichtsrat der jeweiligen Gesellschaft einräumt.[46] Hinsichtlich des Anspruchs auf Vergütung und Ersatz von Auslagen gilt § 142 Abs. 6. Die **Kostenlast** beurteilt sich nach § 146. Danach ist die Gesellschaft Kostenschuldnerin, doch kann sie ggf. bei ihren Organwaltern oder bei dem herrschenden Unternehmen (§ 317) **Regress** nehmen.[47] Regress beim Antragsteller kann die Gesellschaft unter den Voraussetzungen des § 146 S. 2 nehmen, mithin immer dann, wenn der Antragsteller die Bestellung durch vorsätzlich oder grob fahrlässig unrichtigen Vortrag erwirkt hat.

19   Nach § 145 Abs. 6 S. 1 ist über das Ergebnis der Sonderprüfung **schriftlich zu berichten.**[48] § 145 Abs. 6 S. 2 bestimmt ausdrücklich, dass von der Berichtspflicht auch solche zur Beurteilung des Vorgangs erforderlichen Tatsachen nicht ausgenommen sind, deren Bekanntwerden geeignet ist, der Gesellschaft oder einem verbundenen Unternehmen einen nicht unerheblichen Nachteil zuzufügen. Hiervon macht allein § 145 Abs. 4 eine Ausnahme, indem er das Gericht auf Antrag des Vorstands verpflichtet, dem Prüfer zu gestatten, bestimmte Tatsachen nicht in den Bericht aufzunehmen, wenn überwiegende Belange der Gesellschaft dies gebieten und sie zur Darlegung der pflichtwidrigen Nachteilszufügung nicht unerlässlich sind; hierdurch sollen insbesondere **Geschäftsgeheimnisse** der Gesellschaft geschützt werden. Im Übrigen, dh vorbehaltlich einer Gestattung durch das Gericht nach § 145 Abs. 4, gebührt dem Grundsatz der **Vollständigkeit** des Berichts der Vorrang gegenüber dem Geheimhaltungsinteresse der abhängigen Gesellschaft oder eines verbundenen Unternehmens. Die durch § 145 Abs. 6 S. 3–5 sichergestellte **Publizität** des Prüfungsberichts (→ Rn. 2) soll alle Beteiligten motivieren, den – nicht offenzulegenden (→ § 312 Rn. 4) – Abhängigkeitsbericht entsprechend den gesetzlichen Vorschriften aufzustellen. Hinsichtlich der **Verantwortlichkeit** der Sonderprüfer verweist § 144 auf § 323 HGB.

V. Gerichtliche Bestellung eines anderen Sonderprüfers (S. 6)

20   **1. Normzweck und Verhältnis zu § 142 Abs. 4.** Die Vorschrift des § 315 schließt es nicht aus, dass die **Hauptversammlung** von sich aus nach § 142 Abs. 1 Sonderprüfer bestellt (→ Rn. 3). Im Hinblick auf das Stimmrecht des herrschenden Unternehmens kann es deshalb zur Bestellung eines der Gesellschaft genehmen Sonderprüfers und damit letztlich

---

[43] MüKoAktG/*Altmeppen* Rn. 29 f.; aA *Krag* BB 1988, 1850 (1856).
[44] MüKoAktG/*Altmeppen* Rn. 32; K. Schmidt/Lutter/*J. Vetter* Rn. 23; Spindler/Stilz/*Müller* Rn. 12; HK-AktG/*Fett* Rn. 11.
[45] Eingehend *Krag* BB 1988, 1850 ff.
[46] MüKoAktG/*Altmeppen* Rn. 33; KK-AktG/*Koppensteiner* Rn. 15; näher zu den Befugnissen des Sonderprüfers gegenüber verbundenen Unternehmen *U. H. Schneider* AG 2008, 305 (309 ff.).
[47] Näher *Noack* WPg 1994, 225 (236), *Bode* AG 1995, 261 (264 f.), jeweils mwN; ferner Henssler/Strohn/*Bödeker* Rn. 13; für Regress bei dem herrschenden Unternehmen auch MüKoAktG/*Altmeppen* Rn. 39.
[48] Näher *Noack* WPg 1994, 224 (234).

zur Vereitelung des Rechts aus § 315 kommen. Um dem vorzubeugen,[49] spricht S. 6 das nach § 142 Abs. 4 im Allgemeinen an ein bestimmtes Quorum gebundene Recht, die Bestellung eines anderen Sonderprüfers zu beantragen, **jedem Aktionär** zu, und zwar auch in den Fällen des § 315 S. 2 (→ Rn. 21). Bereits vor Einfügung des § 315 S. 2 (→ Rn. 1) war es unerheblich, ob einer der Tatbestände des § 315 S. 1 Nr. 1–3 gegeben ist, der Aktionär also seinerseits den Antrag nach § 315 S. 1 stellen könnte. Voraussetzung war und ist vielmehr allein, dass die Hauptversammlung zur Überprüfung derselben Vorgänge (→ Rn. 22) Sonderprüfer bestellt hat und einer der **in § 142 Abs. 4 S. 1 genannten Gründe** für die Bestellung eines anderen Sonderprüfers vorliegt (→ Rn. 21). Dabei wird allerdings „Besorgnis der Befangenheit" im Zweifel anzunehmen sein, wenn eine Sonderprüfung nach § 315 S. 1 oder S. 2 erzwungen werden könnte (→ Rn. 4).[50]

21 Bis zur Einfügung des § 315 S. 2 durch das KonTraG (→ Rn. 1) korrespondierte das Recht aus § 315 S. 6 mit dem Individualantragsrecht aus § 315 S. 1. Nunmehr bezieht sich dagegen § 315 S. 6 unzweifelhaft auch auf **§ 315 S. 2**. Fraglich ist jedoch, ob in den Fällen des § 315 S. 2 der Antrag auf Bestellung eines anderen Sonderprüfers gleichfalls von jedem Aktionär[51] oder nur von Aktionären, deren Anteile zusammen 1 % des Grundkapitals oder einen anteiligen Betrag von 100.000 Euro erreichen,[52] gestellt werden kann. Bedenkt man, dass nach § 142 Abs. 2 und 4, § 315 aF das Recht, Sonderprüfung zu beantragen, und das Recht, die Bestellung eines anderen Sonderprüfers zu beantragen, jeweils an identische Voraussetzungen geknüpft sind, ferner, dass sich den Materialien kein Hinweis auf eine bewusste Abkehr von diesem Grundsatz entnehmen lässt,[53] so spricht dies an sich für die zuletzt genannte Ansicht. Dabei würde indes verkannt, dass auch nach § 315 aF das Recht, die Bestellung eines anderen Sonderprüfers zu beantragen, nicht von dem Vorliegen eines der Formaltatbestände des § 315 S. 1 abhängig war (→ Rn. 20). Da das KonTraG die Rechte der außenstehenden Aktionäre stärken wollte, kann dies nur bedeuten, dass es bei dem Wortlaut des § 315 S. 6 zu bewenden hat und der Antrag in jedem Fall von einem **einzelnen Aktionär** gestellt werden kann (→ Rn. 22).

22 **2. Prüfung derselben Vorgänge.** Nach § 315 S. 6 setzt das Antragsrecht des Einzelaktionärs voraus, dass die Hauptversammlung Sonderprüfer „zur Prüfung derselben Vorgänge" bestellt hat. Da allerdings eine Sonderprüfung nach § 142 nur zur Prüfung bestimmter Vorgänge angeordnet werden kann, die Sonderprüfung nach § 315 dagegen die gesamten geschäftlichen Beziehungen zu einem oder mehreren anderen Unternehmen erfasst (→ Rn. 16 f.), kann der Antrag nach S. 6 immer dann gestellt werden, wenn der von der Hauptversammlung bestimmte Prüfungsgegenstand auch Gegenstand der umfassenden Prüfung nach § 315 wäre.[54] Des Weiteren ist davon auszugehen, dass ein gegenständlich beschränkter Prüfungsauftrag der Hauptversammlung das Recht, eine umfassende Sonderprüfung nach S. 1 und 2 zu beantragen, nicht ausschließt.[55] Das Gericht muss dann durch Auslegung des Antrags oder Rückfrage beim Aktionär klären, ob nur die Auswechslung des Sonderprüfers (Antrag nach S. 6 iVm § 142 Abs. 4) oder auch die **Erweiterung des Prüfungsgegenstands** auf die gesamten geschäftlichen Beziehungen zum herrschenden Unternehmen oder einem mit ihm verbundenen Unternehmen (Antrag nach S. 1, 2)

---

[49] So auch Hüffer/*Koch* Rn. 5; Spindler/Stilz/*Müller* Rn. 10; Grigoleit/*Grigoleit* Rn. 8; Henssler/Strohn/ *Bödeker* Rn. 10; NK-AktR/*Schatz/Schödel* Rn. 12; aA – bezweckt sei die Vermeidung unnötiger Kosten – K. Schmidt/Lutter/*J. Vetter* Rn. 29.
[50] So auch MüKoAktG/*Altmeppen* Rn. 37; KK-AktG/*Koppensteiner* Rn. 13; Hölters/*Leuering/Goertz* Rn. 26.
[51] So MüKoAktG/*Altmeppen* Rn. 36; KK-AktG/*Koppensteiner* Rn. 13; HK-AktG/*Fett* Rn. 14; Hüffer/ *Koch* Rn. 5; Spindler/Stilz/*Müller* Rn. 11; Hölters/*Leuering/Goertz* Rn. 28; Grigoleit/*Grigoleit* Rn. 8; NK-AktR/*Schatz/Schödel* Rn. 14.
[52] So MHdB AG/*Krieger* § 70 Rn. 126; K. Schmidt/Lutter/*J. Vetter* Rn. 29.
[53] Vgl. Begr. RegE KonTraG, BR-Drs. 872/97, 65 f.
[54] Vgl. dazu sowie zum Folgenden MüKoAktG/*Altmeppen* Rn. 38; wie hier auch Hölters/*Leuering/Goertz* Rn. 25.
[55] AA K. Schmidt/Lutter/*J. Vetter* Rn. 30.

gewollt ist. Eine Erweiterung des Prüfungsauftrags kommt allerdings nur in Betracht, wenn die Voraussetzungen des § 315 S. 1 oder 2 erfüllt sind; im Falle des § 315 S. 2 muss also das dort bestimmte **Quorum** erreicht sein.[56]

23   **3. Verfahren.** Der Antrag ist nach § 142 Abs. 4 S. 2 binnen zwei Wochen seit dem Tage der Hauptversammlung zu stellen. Bei Vorliegen einer der in § 142 Abs. 4 S. 1 genannten Gründe ist ihm stattzugeben. Das Verfahren richtet sich im Übrigen nach § 142 Abs. 5. Beschwerdeberechtigt (§ 142 Abs. 5 S. 2) sind bei erfolgreichem Antrag die Gesellschaft und der zunächst bestellte Prüfer,[57] bei erfolglosem Antrag der Antragsteller.

§ 316 Kein Bericht über Beziehungen zu verbundenen Unternehmen bei Gewinnabführungsvertrag

§§ 312 bis 315 gelten nicht, wenn zwischen der abhängigen Gesellschaft und dem herrschenden Unternehmen ein Gewinnabführungsvertrag besteht.

Schrifttum: *Altmeppen,* Cash Pooling und Kapitalerhaltung bei bestehendem Beherrschungs- oder Gewinnabführungsvertrag, NZG 2010, 361; *Bachmayr,* Der reine Verlustübernahmevertrag, ein Unternehmensvertrag im Sinne des Aktiengesetzes 1965, BB 1967, 135; *Cahn/Simon,* Isolierte Gewinnabführungsverträge, Konzern 2003, 1; *Habersack,* Alte und neue Ungereimtheiten im Rahmen der §§ 311 ff. AktG, FS Peltzer, 2001, 139; *ders.,* Aufsteigende Kredite nach MoMiG, FS Schaumburg, 2009, 1291; *Haesen,* Der Abhängigkeitsbericht im faktischen Konzern, 1970; *Priester,* Abhängigkeitsbericht bei isoliertem Verlustdeckungsvertrag?, FS Priester, 2009, 1327.

I. Inhalt und Zweck der Vorschrift

1   Die Vorschrift erklärt die §§ 312–315 betreffend die Aufstellung und Prüfung eines Abhängigkeitsberichts für unanwendbar, wenn zwischen der abhängigen Gesellschaft und dem herrschenden Unternehmen ein Gewinnabführungsvertrag besteht. Sie ergänzt damit §§ 311 Abs. 1, 323 Abs. 1 S. 3, wonach die §§ 311–318 bei Bestehen eines Beherrschungsvertrags und bei Eingliederung der abhängigen Gesellschaft unanwendbar sind (→ § 311 Rn. 15 f.). Eigenständige Bedeutung kommt der Vorschrift deshalb nur im Zusammenhang mit dem Abschluss eines **isolierten Gewinnabführungsvertrags** (→ § 291 Rn. 60 f.) zu. Da das herrschende Unternehmen auch in diesem Fall den Vorschriften der **§§ 300–307** unterliegt, die abhängige Gesellschaft, ihre Aktionäre und Gläubiger also in gleichem Maße wie bei Bestehen eines Beherrschungsvertrags geschützt sind, erübrigt sich die mit Aufwendungen verbundene Aufstellung und Prüfung eines Abhängigkeitsberichts.[1] Die §§ 311, 317 sollen dagegen Anwendung finden (→ Rn. 10).

II. Tatbestand

2   **1. Gewinnabführungsvertrag.** Die Vorschrift setzt das Bestehen eines isolierten (→ Rn. 1) Gewinnabführungsvertrags zwischen der abhängigen Gesellschaft und dem herrschenden Unternehmen voraus. Die Grundsätze über die **fehlerhafte Gesellschaft** sind anwendbar; auch ein fehlerhafter, aber durchgeführter Gewinnabführungsvertrag (→ § 291 Rn. 28 ff.) hat also die Unanwendbarkeit der §§ 312–315 zur Folge.[2] Auf **andere Unternehmensverträge** iSd § 292, insbesondere auf die Gewinngemeinschaft und den Teilgewinnabführungsvertrag, findet § 316 keine Anwendung; mit Rücksicht auf die Unanwendbarkeit der §§ 300 ff. (→ Rn. 1) hat es insoweit vielmehr bei Geltung der §§ 312 ff. zu bewenden.[3]

---

[56] K. Schmidt/Lutter/*J. Vetter* Rn. 30 f.; Spindler/Stilz/*Müller* Rn. 11; Hölters/*Leuering/Goertz* Rn. 27; HK-AktG/*Fett* Rn. 14; weitergehend MüKoAktG/*Altmeppen* Rn. 38; Hüffer/*Koch* Rn. 5.
[57] Hüffer/*Koch* § 142 Rn. 30.
[1] Vgl. Begr. RegE bei *Kropff* AktG 418.
[2] MüKoAktG/*Altmeppen* Rn. 7; Spindler/Stilz/*Müller* Rn. 2; K. Schmidt/Lutter/*J. Vetter* Rn. 3.
[3] MüKoAktG/*Altmeppen* Rn. 8; Hüffer/*Koch* Rn. 2; Hölters/*Leuering/Goertz* Rn. 4; NK-AktR/*Walchner* Rn. 2.

Auch auf den **Verlustübernahmevertrag** (→ § 291 Rn. 62 f.) ist § 316 im Grundsatz 3 nicht anwendbar.[4] Diesem Vertrag fehlt schon die Eigenschaft eines Unternehmensvertrags, sodass eine Eintragung in das Handelsregister, wie sie nach § 294 für Unternehmensverträge vorgeschrieben ist, nicht in Betracht kommt. Dies wiederum hat nicht nur zur Folge, dass eine registergerichtliche Kontrolle des Vertrags unterbleibt. Vielmehr ist auch nicht gewährleistet, dass die Gläubiger von der Verlustübernahmepflicht und der Befreiung von der Verpflichtung zur Aufstellung eines Abhängigkeitsberichts Kenntnis nehmen können. Beide Gesichtspunkte sprechen je für sich gegen die entsprechende Anwendung des § 316, und zwar auch dann, wenn die abhängige Gesellschaft nicht über außenstehende Aktionäre verfügt.

Ein Abhängigkeitsbericht ist auch dann zu erstellen, wenn im Hinblick auf die vertragliche Verpflichtung des herrschenden Unternehmens zur Übernahme der Tochter-Verluste nach **§ 264 Abs. 3 HGB** verfahren wird, die abhängige Gesellschaft also insbesondere von der Prüfung und Offenlegung ihres Jahresabschlusses und Lageberichts absieht und stattdessen die Verpflichtung des herrschenden Unternehmens nach Maßgabe der §§ 264 Abs. 3 Nr. 5, 325 HGB offengelegt wird.[5] In diesem Fall muss zwar auch die in § 312 Abs. 3 S. 3 vorgesehene Aufnahme der Schlusserklärung des Vorstands in den Lagebericht oder Anhang (→ § 312 Rn. 47) unterbleiben. Der Prüfung des Abhängigkeitsberichts steht dies dagegen nicht von vornherein entgegen. Zumal vor dem Hintergrund, dass der Verlustübernahmevertrag keiner registergerichtlichen Prüfung unterliegt, hat es vielmehr bei Geltung der §§ 312 ff. – und damit entsprechend der Rechtslage bei der kleinen AG (→ § 313 Rn. 7) beim Erfordernis einer isolierten Prüfung – zu bewenden, mag die abhängige Gesellschaft über außenstehende Aktionäre verfügen oder nicht.[6] 4

2. Vertragsbeginn oder -ende während des Geschäftsjahres. Fällt der Beginn oder 5 das Ende des Gewinnabführungsvertrags in das laufende Geschäftsjahr, so beurteilt sich die Anwendbarkeit des § 316 danach, ob und inwieweit die Gläubiger und die außenstehenden Aktionäre der abhängigen Gesellschaft nach §§ 300 ff. geschützt sind und sich deshalb die Aufstellung eines Abhängigkeitsberichts erübrigt (→ Rn. 1; → § 312 Rn. 11 f.). Was zunächst den **Abschluss des Vertrags** während des laufenden Geschäftsjahres betrifft, so ist das herrschende Unternehmen nach §§ 302, 303 auch insoweit zu Verlustübernahme oder Sicherheitsleistung verpflichtet, als der Jahresfehlbetrag auf die vor Vertragsbeginn begründeten Verluste zurückzuführen ist (→ § 302 Rn. 37). Da die außenstehenden Aktionäre den Schutz der §§ 304 f. erfahren,[7] sind die §§ 312–315, 318 in diesem Fall für das gesamte Geschäftsjahr unanwendbar.[8] Voraussetzung ist, dass der Gewinnabführungsvertrag bis zum Ende des Geschäftsjahres in das Handelsregister eingetragen ist.[9] Dem gleich steht

---

[4] Ganz hM, s. MüKoAktG/*Altmeppen* Rn. 8; KK-AktG/*Koppensteiner* Rn. 4; Hüffer/*Koch* Rn. 2; K. Schmidt/Lutter/*J. Vetter* Rn. 3; Spindler/Stilz/*Müller* Rn. 3; HK-AktG/*Fett* Rn. 2; Hölters/*Leuering/Goertz* Rn. 5; Grigoleit/*ders.* Rn. 2; Henssler/Strohn/*Bödeker* Rn. 2; NK-AktR/*Schatz/Schödel* Rn. 4; Wachter/*Rothley* Rn. 2; *Haesen* 62 ff.; im Grundsatz auch *Priester* FS Schaumburg, 2009, 1327 (1333 ff.) (zu einer möglichen Ausnahme → Rn. 4); aA *Bachmayr* BB 1967, 135 ff.; zweifelnd MHdB AG/*Krieger* § 70 Rn. 97.
[5] So auch MüKoAktG/*Altmeppen* Rn. 8 ff.; K. Schmidt/Lutter/*J. Vetter* Rn. 3; Hölters/*Leuering/Goertz* Rn. 5; aA für den Fall, dass außenstehende Aktionäre nicht vorhanden sind und der Vertrag Pflichten gemäß §§ 300, 303 begründet, *Priester* FS K. Schmidt, 2009, 1327 (1333 ff.).
[6] So auch MüKoAktG/*Altmeppen* Rn. 8 ff.; K. Schmidt/Lutter/*J. Vetter* Rn. 3; Hölters/*Leuering/Goertz* Rn. 5; aA für den Fall, dass außenstehende Aktionäre nicht vorhanden sind und der Vertrag Pflichten gemäß §§ 300, 303 begründet, *Priester* FS K. Schmidt, 2009, 1327 (1333 ff.).
[7] Etwaige Ausgleichs- oder Schadensersatzansprüche der abhängigen Gesellschaft können im Rahmen der §§ 304 ff. erfasst werden, → § 304 Rn. 60; ferner MüKoAktG/*Altmeppen* Rn. 12; KK-AktG/*Koppensteiner* Rn. 2, § 312 Rn. 18.
[8] MüKoAktG/*Altmeppen* Rn. 11 f.; KK-AktG/*Koppensteiner* § 312 Rn. 18 (s. aber auch KK-AktG/*Koppensteiner* § 316 Rn. 2: „jeweils verbleibender Teil des Geschäftsjahres"); Hüffer/*Koch* Rn. 4; Spindler/Stilz/*Müller* Rn. 5; K. Schmidt/Lutter/*J. Vetter* Rn. 5; Hölters/*Leuering/Goertz* Rn. 6; Grigoleit/*Grigoleit* Rn. 3; HK-AktG/*Fett* Rn. 3; Henssler/Strohn/*Bödeker* Rn. 4; MHdB AG/*Krieger* § 70 Rn. 100; IdW/HFA WPg 1992, 91 (92), Nr. 12.
[9] So auch Hüffer/*Koch* § 312 Rn. 7; Spindler/Stilz/*Müller* Rn. 5, § 312 Rn. 12; HK-AktG/*Fett* Rn. 3; NK-AktR/*Schatz/Schödel* Rn. 6; aA MüKoAktG/*Altmeppen* Rn. 7, KK-AktG/*Koppensteiner* Rn. 2, K. Schmidt/Lutter/*J. Vetter* Rn. 5, die es genügen lassen, dass die Eintragung im Zeitpunkt der Vorlage der Abschlussunterlagen an den Abschlussprüfer erfolgt ist.

der Fall, dass der Gewinnabführungsvertrag mit **Rückwirkung** für das bereits abgelaufene Geschäftsjahr geschlossen wird.[10]

6 Fällt das **Ende des Vertrags** in das laufende Geschäftsjahr, so ist das herrschende Unternehmen nur insoweit nach §§ 302, 303 verpflichtet, als die Verluste und Verbindlichkeiten vor Beendigung des Gewinnabführungsvertrags begründet worden sind (→ § 302 Rn. 38). Demzufolge muss die Berichtspflicht mit Wirkung ex nunc aufleben. Zu berichten ist dann an sich nur über die nach Beendigung des Vertrags und damit im weiteren Verlauf des Geschäftsjahres anfallenden Rechtsgeschäfte und Maßnahmen (→ § 312 Rn. 12). Aus Gründen der Rechtsklarheit und im Interesse eines effektiven Schutzes der abhängigen Gesellschaft ist allerdings die Einlegung eines Rumpfgeschäftsjahres zu verlangen.[11]

7 **3. Mehrstufige Unternehmensverbindung.** Bei einer mehrstufigen Unternehmensverbindung hat § 316 die Unanwendbarkeit der § 312–315, 318 (nur) im Verhältnis zwischen der abhängigen Gesellschaft und dem am Gewinnabführungsvertrag beteiligten Unternehmen zur Folge (→ § 311 Rn. 17 ff., 20). Anderes gilt nur bei einer *durchgehenden Kette von Gewinnabführungsverträgen;* dann finden die §§ 312 ff., 318 insgesamt und damit auch im vertragslosen Verhältnis zwischen der Mutter und der Enkel-AG keine Anwendung (→ § 311 Rn. 18, 20). Bei Abschluss eines **Gewinnabführungsvertrags zwischen Tochter- und Enkelgesellschaft** hat es dagegen bei der Anwendbarkeit der §§ 312–315, 318 im Verhältnis zwischen der Enkel- und der Muttergesellschaft zu bewenden (→ § 311 Rn. 19, 20).[12] Soweit demgegenüber von der hM auf die Geltung der §§ 311, 317 im Verhältnis zwischen der Enkel-AG auf der einen Seite und der Tochter- und Muttergesellschaft auf der anderen Seite hingewiesen wird,[13] vermag dies nicht zu überzeugen. Denn es ist anerkannt, dass die Aufstellung und Prüfung des Abhängigkeitsberichts die Geltendmachung von Ansprüchen aus § 317 erleichtern, wenn nicht gar erst ermöglichen soll (→ § 312 Rn. 2 f.); bei isolierter Geltung der §§ 311, 317 wird es dagegen kaum zur Geltendmachung von Schadensersatzansprüchen kommen (→ Rn. 10).

III. Rechtsfolgen

8 **1. Unanwendbarkeit der §§ 312–315, 318. a) Grundsatz.** Besteht zwischen der abhängigen Gesellschaft und dem herrschenden Unternehmen ein isolierter (→ Rn. 1) Gewinnabführungsvertrag, so finden die §§ 312–315 betreffend die Verpflichtung zur Aufstellung und Prüfung des Abhängigkeitsberichts keine Anwendung. Dies wiederum hat die Unanwendbarkeit des § 318 zur Folge.[14] Fehlt es nämlich an einer Verpflichtung zur Aufstellung eines Abhängigkeitsberichts, so ist ein an diese Verpflichtung anknüpfender Haftungstatbestand gegenstandslos.

9 **b) Ausnahme.** Was dagegen die Vorschrift des **§ 315 S. 2** betrifft, so knüpft sie, anders als § 315 S. 1, nicht an das Vorliegen eines Abhängigkeitsberichts an. Im Interesse einer erleichterten Durchsetzung etwaiger Ansprüche aus § 317 (→ Rn. 10) ist die Vorschrift

---

[10] Hüffer/*Koch* Rn. 4; KK-AktG/*Koppensteiner* Rn. 2; Hölters/*Leuering/Goertz* Rn. 7; aA MüKoAktG/*Altmeppen* Rn. 7. – Zur Frage der Zulässigkeit einer solchen Rückwirkung aber → § 294 Rn. 32.
[11] MüKoAktG/*Altmeppen* Rn. 14; Spindler/Stilz/*Müller* Rn. 5; Hüffer/*Koch* Rn. 5; Grigoleit/*Grigoleit* Rn. 3; aA KK-AktG/*Koppensteiner* Rn. 2; K. Schmidt/Lutter/*J. Vetter* Rn. 6; Hölters/*Leuering/Goertz* Rn. 8.
[12] HK-AktG/*Fett* Rn. 5; Hölters/*Leuering/Goertz* Rn. 9; NK-AktR/*Schatz/Schödel* Rn. 9; *Kronstein* BB 1967, 637 (641); aA die hM, s. KK-AktG/*Koppensteiner* Rn. 3; MüKoAktG/*Altmeppen* Rn. 15; Hüffer/*Koch* Rn. 3; Spindler/Stilz/*Müller* Rn. 4; K. Schmidt/Lutter/*J. Vetter* Rn. 4; Grigoleit/*Grigoleit* Rn. 2; Henssler/Strohn/*Bödeker* Rn. 2.
[13] So namentlich MüKoAktG/*Altmeppen* Rn. 15; Hüffer/*Koch* Rn. 3; Spindler/Stilz/*Müller* Rn. 4; ferner KK-AktG/*Koppensteiner* Rn. 1, der freilich in anderem Zusammenhang die isolierte (also unabhängig von einem Abhängigkeitsbericht anzunehmende) Geltung der §§ 311, 317 als „systemwidrig, überflüssig und praktisch obsolet" bezeichnet.
[14] EinhM, s. MüKoAktG/*Altmeppen* Rn. 12; KK-AktG/*Koppensteiner* Rn. 1; Hüffer/*Koch* Rn. 6; Spindler/Stilz/*Müller* Rn. 6; Bürbers/Körber/*Fett* Rn. 8.

deshalb auch bei Bestehen eines isolierten Gewinnabführungsvertrags anwendbar.[15] Entsprechendes gilt für **§ 315 S. 6,** soweit danach die in § 315 S. 2 bezeichnete Minderheit die Bestellung eines anderen Sonderprüfers beantragen kann (→ § 315 Rn. 21).

2. Anwendbarkeit der §§ 311, 317. Die Anwendbarkeit der §§ 311, 317 wird durch **10** § 316 nicht berührt (→ § 291 Rn. 60 f.).[16] Im Ausgangspunkt ist dies zwar durchaus stimmig.[17] Kommt es nämlich nicht zum Abschluss eines Beherrschungsvertrags, so bleibt es bei dem Grundsatz der eigenverantwortlichen Leitung der abhängigen Gesellschaft durch deren Vorstand; hiervon dürfen auch die Gesellschaftsgläubiger ausgehen. Schon die theoretische Bedeutung der §§ 311, 317 ist allerdings mit Blick auf die Gewinnabführungspflicht der Gesellschaft einerseits und die Verlustausgleichspflicht des anderen Vertragsteils andererseits gering. Immerhin ermöglicht § 317 Abs. 3 die Inanspruchnahme der **gesetzlichen Vertreter** des herrschenden Unternehmens (→ § 317 Rn. 22 ff.).[18] Darüber hinaus können Einflussnahmen erfasst werden, deren nachteilige Folgen erst nach Beendigung des Gewinnabführungsvertrags eintreten und deshalb im Rahmen des § 302 nicht berücksichtigt werden. Im Übrigen aber kommen Ausgleichs- und Schadensersatzleistungen sowie entsprechende Verpflichtungen dem anderen Vertragsteil ohnehin zugute, indem sie entweder den abzuführenden Gewinn erhöhen oder den auszugleichenden Verlust mindern.[19] Bedenkt man weiter, dass sich die Gläubiger und außenstehenden Aktionäre der abhängigen Gesellschaft bei Fehlen eines Abhängigkeitsberichts regelmäßig außerstande sehen, Schadensersatzansprüche gemäß § 317 Abs. 4 iVm § 309 Abs. 4 geltend zu machen, und somit allenfalls nach Eröffnung des Insolvenzverfahrens mit der Geltendmachung von Ansprüchen zu rechnen ist, sollten die §§ 311, 317 **de lege ferenda** auch bei Bestehen eines isolierten Gewinnabführungsvertrags für unanwendbar erklärt und damit die Rechtslage derjenigen bei Abschluss eines Beherrschungsvertrags angeglichen werden.[20] Dies gilt zumal vor dem Hintergrund, dass das Konzernprivileg der §§ 57 Abs. 1 S. 3, 291 Abs. 3 seit Inkrafttreten des **MoMiG** (→ Einl. Rn. 39) bereits „bei Bestehen eines Gewinnabführungsvertrags" eingreift (→ § 291 Rn. 74 ff.) und deshalb auch beim isolierten Gewinnabführungsvertrag jeder unterjährig erfolgende Vermögenstransfer dem Anwendungsbereich des § 57 Abs. 1 S. 1, Abs. 3 entzogen ist.[21] De lege lata hat es allerdings bei der Anwendbarkeit der §§ 311, 317 zu bewenden.

§ 317 Verantwortlichkeit des herrschenden Unternehmens und seiner gesetzlichen Vertreter

(1) ¹Veranlaßt ein herrschendes Unternehmen eine abhängige Gesellschaft, mit der kein Beherrschungsvertrag besteht, ein für sie nachteiliges Rechtsgeschäft vorzunehmen oder zu ihrem Nachteil eine Maßnahme zu treffen oder zu unterlassen, ohne daß es den Nachteil bis zum Ende des Geschäftsjahrs tatsächlich ausgleicht oder der abhängigen Gesellschaft einen Rechtsanspruch auf einen zum Ausgleich bestimmten Vorteil gewährt, so ist es der Gesellschaft zum Ersatz des ihr daraus

---

[15] So auch MüKoAktG/*Altmeppen* Rn. 17; Spindler/Stilz/*Müller* Rn. 6; Hölters/*Leuering/Goertz* Rn. 11; Henssler/Strohn/*Bödeker* Rn. 5; NK-AktR/*Schatz/Schödel* Rn. 10; Wachter/*Rothley* Rn. 5; näher *Habersack* FS Peltzer, 2001, 139 (147 ff.); aA HK-AktG/*Fett* Rn. 6; K. Schmidt/Lutter/*J. Vetter* Rn. 2; Grigoleit/*Grigoleit* Rn. 1.
[16] MüKoAktG/*Altmeppen* Rn. 4 ff., 16; Spindler/Stilz/*Müller* Rn. 6; K. Schmidt/Lutter/*J. Vetter* Rn. 1; Hüffer/*Koch* Rn. 6; Hölters/*Leuering/Goertz* Rn. 12; Grigoleit/*Grigoleit* Rn. 1; Cahn/*Simon* Konzern 2003, 1 (17 ff.).
[17] MüKoAktG/*Altmeppen* Rn. 4 f.; *ders.* NZG 2010, 361 (365 f.); aA KK-AktG/*Koppensteiner* Rn. 1: „systemwidrig, überflüssig und praktisch obsolet"; eingehend *Cahn/Simon* Konzern 2003, 1 (17 ff.).
[18] MüKoAktG/*Altmeppen* Rn. 5; GroßkommAktG/*Würdinger* 3. Aufl. Anm. 1.
[19] *Cahn/Simon* Konzern 2003, 1 (17 f.); zur Aktivierung des Anspruchs aus § 317 Abs. 1 S. 1 → § 312 Rn. 20; → § 317 Rn. 18.
[20] *Cahn/Simon* Konzern 2003, 1 (20); Spindler/Stilz/*Müller* Rn. 1; aA MüKoAktG/*Altmeppen* Rn. 5; *ders.* NZG 2010, 361 (366 f.), ua unter Hinweis auf § 309.
[21] Näher *Habersack* FS Schaumburg, 2009, 1291 (1299 f.); *Mülbert/Leuschner* NZG 2009, 281 (287).

§ 317

entstehenden Schadens verpflichtet. ²Es ist auch den Aktionären zum Ersatz des ihnen daraus entstehenden Schadens verpflichtet, soweit sie, abgesehen von einem Schaden, der ihnen durch Schädigung der Gesellschaft zugefügt worden ist, geschädigt worden sind.

(2) Die Ersatzpflicht tritt nicht ein, wenn auch ein ordentlicher und gewissenhafter Geschäftsleiter einer unabhängigen Gesellschaft das Rechtsgeschäft vorgenommen oder die Maßnahme getroffen oder unterlassen hätte.

(3) Neben dem herrschenden Unternehmen haften als Gesamtschuldner die gesetzlichen Vertreter des Unternehmens, die die Gesellschaft zu dem Rechtsgeschäft oder der Maßnahme veranlaßt haben.

(4) § 309 Abs. 3 bis 5 gilt sinngemäß.

Schrifttum: *Altmeppen,* Die Haftung des Managers im Konzern, 1998; *ders.,* Interessenkonflikte im Konzern, ZHR 171 (2007), 320; *Bachmann,* Internationale Zuständigkeit bei Konzernsachverhalten, IPRax 2009, 140; *Baums,* Empfiehlt sich eine Neuregelung des aktienzuständigkeitlichen Anfechtungs- und Organhaftungsrechts, insbesondere der Klagemöglichkeiten von Aktionären?, Gutachten F zum 63. DJT, 2000; *Bernau,* Konzernrechtliche Ersatzansprüche als Gegenstand des Klageerzwingungsrechts nach § 147 Abs. 1 Satz 1 AktG, AG 2011, 894; *Beuthien,* Art und Grenzen der aktienrechtlichen Haftung herrschender Unternehmen für Leitungsmachtmißbrauch, DB 1969, 1781; *Brandes,* Ersatz von Gesellschafts- und Gesellschafterschaden, FS Fleck, 1988, 13; *Brosius-Gersdorf,* Zum Schadensersatzanspruch der Aktionäre einer Bank gegen ein Presseunternehmen wegen unwahrer Presseberichte, NZG 1998, 664; *Brüggemeier,* Die Einflußnahme auf die Verwaltung einer Aktiengesellschaft, AG 1988, 93; *Geßler,* Leitungsmacht und Verantwortlichkeit im faktischen Konzern, FS Westermann, 1974, 145; *Habersack,* Die UMTS-Auktion – ein Lehrstück des Aktienkonzernrechts, ZIP 2006, 1327; *ders.,* Staatliche und halbstaatliche Eingriffe in die Unternehmensführung, Gutachten E zum 69. DJT, 2012; *Hommelhoff,* Empfiehlt es sich, das Recht faktischer Unternehmensverbindungen – auch im Hinblick auf das Recht anderer EG-Staaten – neu zu regeln?, Gutachten G zum 59. DJT, 1992; *Kellmann,* Schadensersatz und Ausgleich im faktischen Konzern, BB 1969, 1509; *Krieger,* Aktionärsklage zur Kontrolle des Vorstands- und Aufsichtsratshandelns, ZHR 163 (1999), 343; *Kropff,* Der konzernrechtliche Ersatzanspruch – ein zahnloser Tiger?, FS Bezzenberger, 2000, 233; *Luchterhandt,* Leitungsmacht und Verantwortlichkeit im faktischen Konzern, ZHR 133 (1970), 1; *Lutter,* Grenzen zulässiger Einflussnahme im faktischen Konzern, FS Peltzer, 2001, 241; *S. Maul,* Aktienrechtliches Konzernrecht und Gemeinschaftsunternehmen, NZG 2000, 470; *Mertens,* Die gesetzliche Einschränkung der Disposition über Ersatzansprüche der Gesellschaft durch Verzicht oder Vergleich in der aktien- und konzernrechtlichen Organhaftung, FS Fleck, 1988, 209; *Möhring,* Zur Systematik der §§ 311, 317 AktG, FS Schilling, 1973, 253; *G. Müller,* Gesellschafts- und Gesellschafterschaden, FS Kellermann, 1991, 317; *H.-F. Müller,* Die Durchsetzung konzernrechtlicher Ersatzansprüche nach dem UMAG, Konzern 2006, 725; *Schürnbrand,* Organschaft im Recht der privaten Verbände, 2007; *Stöcklhuber,* Dogmatik der Haftung im faktischen AG-Konzern, Konzern 2011, 253; *Trescher,* Aufsichtsratshaftung zwischen Norm und Wirklichkeit, DB 1995, 661; *Ulmer,* Die Aktionärsklage als Instrument zur Kontrolle des Vorstands- und Aufsichtsratshandelns, ZHR 163 (1999), 290; *Voigt,* Haftung aus Einfluss auf die Aktiengesellschaft (§§ 117, 309, 317 AktG), 2004; *Wackerbarth,* Der Vorstand der abhängigen Aktiengesellschaft und die §§ 311 ff. AktG in der jüngeren Rechtsprechung des II. Senats, Konzern 2010, 261 und 337; *Wälde,* Die Anwendbarkeit des § 31 BGB und der Begriff des „gesetzlichen Vertreters" im Rahmen konzernrechtlicher Haftungstatbestände des faktischen Konzerns, DB 1972, 2289; *Wellkamp,* Die Haftung von Geschäftsleitern im Konzern, WM 1993, 2155; *Wimmer-Leonhardt,* Konzernhaftungsrecht, 2004.

Übersicht

	Rn.		Rn.
I. Einführung	1–3	b) Aktionäre (Abs. 1 S. 2)	13–14
1. Inhalt der Vorschrift	1	3. Rechtsfolgen	15–20
2. Schutzzweck	2	a) Schadensersatz	15–18
3. Reformvorschläge	3	b) Unterlassung	19, 20
II. Haftung des herrschenden Unternehmens (Abs. 1 und 2)	4–21	4. Beweislast	21
1. Anspruchsvoraussetzungen	4–11	**III. Haftung der gesetzlichen Vertreter (Abs. 3)**	22–25
a) Tatbestand des § 311 Abs. 1	4–6	1. Schuldner	22, 23
b) Nachteil im Besonderen (Abs. 2)	7, 8	2. Haftungsgrund	24
c) Unterbliebener Nachteilsausgleich	9, 10	3. Rechtsfolgen	25
d) Rechtsnatur der Haftung	11	**IV. Aktivlegitimation und Geltendmachung der Ansprüche (Abs. 4)**	26–30
2. Gläubiger	12–14		
a) Gesellschaft (Abs. 1 S. 1)	12		

	Rn.		Rn.
1. Ansprüche der Gesellschaft	26–29	2. Verjährung	32
2. Ansprüche der außenstehenden Aktionäre	30	**VI. Verhältnis zu anderen Vorschriften**	33, 34
V. Verzicht, Vergleich und Verjährung (Abs. 4)	31, 32	1. Grundsatz	33
1. Verzicht und Vergleich	31	2. Konkretisierung	34

I. Einführung

1. Inhalt der Vorschrift. Die Vorschrift regelt die Verantwortlichkeit des herrschenden 1 Unternehmens und seiner gesetzlichen Vertreter bei Verletzung der aus § 311 folgenden Verhaltenspflichten. Nach Abs. 1 ist das herrschende Unternehmen der Gesellschaft und den unmittelbar betroffenen außenstehenden Aktionären zum **Schadensersatz** verpflichtet, wenn es die abhängige Gesellschaft zu einer nachteiligen Maßnahme iSd § 311 veranlasst hat, ohne den Nachteil nach § 311 Abs. 2 auszugleichen. Die Haftung entfällt nach Abs. 2, wenn sich ein ordentlicher und gewissenhafter Geschäftsleiter einer unabhängigen Gesellschaft nicht anders verhalten hätte; in diesem Fall fehlt es freilich bereits an einem Nachteil iSd § 311 (→ Rn. 7 f.). Der Haftung wegen kompensationsloser nachteiliger Einflussnahme unterliegen nach Abs. 3 auch die für die Einflussnahme verantwortlichen **gesetzlichen Vertreter** des herrschenden Unternehmens. Sie haften gemeinsam mit dem herrschenden Unternehmen als Gesamtschuldner. Abs. 4 nimmt schließlich die Vorschriften des § 309 Abs. 3–5 betreffend die Möglichkeit eines Verzichts und Vergleichs, die Verjährung und die Geltendmachung des Schadensersatzanspruchs in Bezug. Zum internationalen Anwendungsbereich des § 317 → § 311 Rn. 21.

2. Schutzzweck. § 317 verfolgt den Zweck, einen **Verstoß gegen § 311 zu sanktionieren** 2 und damit zum Schutz der Gesellschaft, der außenstehenden Aktionäre (aber → Rn. 4) und der Gläubiger gegen die aus der Abhängigkeit resultierenden Gefahren beizutragen.[1] Insbesondere die in Abs. 3 angeordnete persönliche Haftung der gesetzlichen Vertreter soll bewirken, dass von einer nachteiligen Einflussnahme auf die abhängige Gesellschaft abgesehen, jedenfalls aber ein Nachteil nach Maßgabe des § 311 Abs. 2 ausgeglichen wird. Besondere Bedeutung kommt dabei der in Abs. 4 iVm § 309 Abs. 4 vorgesehenen Möglichkeit der Gläubiger und außenstehenden Aktionäre zu, die Schadensersatzansprüche der Gesellschaft geltend zu machen. Sie steht wiederum im **Zusammenhang mit § 315**, dem zufolge die Aktionäre bei begründetem Anlass eine Sonderprüfung der Verbundbeziehungen beantragen und (nur) dadurch zur Offenlegung von Haftungstatbeständen beitragen können (→ § 315 Rn. 2). Die den §§ 312 ff. eigenen, auch durch § 315 S. 2 nicht substantiell behobenen Schwächen schlagen indes auf § 317 durch und sind wohl die wesentliche Ursache für die nach wie vor nicht allzu große praktische Bedeutung der Vorschrift.[2]

3. Reformvorschläge. Der Gesetzgeber des Jahres 1965 hatte sich vor allem von der 3 in § 317 Abs. 4 S. 1 iVm § 309 Abs. 4 S. 1 geregelten Klagebefugnis des einzelnen Aktionärs eine effektive Durchsetzung der sich aus §§ 311, 317 ergebenden Schranken der nachteiligen Einflussnahme durch das herrschende Unternehmen versprochen.[3] Tatsächlich ist jedoch bislang, soweit ersichtlich, nur vereinzelt von der Klagebefugnis aus §§ 317 Abs. 4, 309 Abs. 4 S. 1 Gebrauch gemacht worden.[4] Vorschläge zur Reform der §§ 311 ff. setzen denn

---

[1] Zu diesem – heute ganz überwiegend anerkannten – Zusammenhang zwischen § 311 und § 317 → Rn. 4, 9 f. sowie MüKoAktG/*Altmeppen* Rn. 5 f.
[2] Nachweise zur Aktionärsklage → Rn. 3; allg. zu § 317 bei *Emmerich/Habersack* KonzernR § 27 Rn. 1 Fn. 2; *Kropff* FS Bezzenberger, 2000, 233 (235) Fn. 13; KK-AktG/*Koppensteiner* Rn. 4.
[3] Begr. RegE bei *Kropff* AktG 405.
[4] Vgl. im Zusammenhang mit der UMTS-Auktion BGHZ 175, 365 = NJW 2008, 1583, OLG Köln ZIP 2006, 997 und LG Bonn NZG 2005, 856, jeweils die Klage eines Aktionärs der Deutsche Telekom AG gegen die Bundesrepublik betreffend, dazu *Habersack* ZIP 2006, 1327 ff.; ferner OLG Frankfurt WM 2002, 1048 (Commerzbank); LG Kiel AG 2008, 677; LG Düsseldorf AG 2006, 892; Börsen-Zeitung vom 23.6.2007, 5

auch vielfach bei diesem Klagerecht an. So ist zunächst die Umgestaltung des auf Initiative des Einzelaktionärs in Gang gesetzten Verfahrens in ein Verfahren der Freiwilligen Gerichtsbarkeit vorgeschlagen worden;[5] dieser Vorschlag ist indes nicht weiter verfolgt worden. Erfolgversprechender scheinen Bestrebungen zu sein, das **Kostenrisiko**, welches derzeit den Aktionär von der Verfolgung etwaiger Ansprüche der Gesellschaft abhält, substantiell zu verringern. De lege lata[6] bietet sich diesbezüglich die analoge Anwendung des § 247 Abs. 2 an (→ Rn. 27; → § 309 Rn. 1, 36, 49).

II. Haftung des herrschenden Unternehmens (Abs. 1 und 2)

4   **1. Anspruchsvoraussetzungen. a) Tatbestand des § 311 Abs. 1.** Nach Abs. 1 ist das herrschende Unternehmen der Gesellschaft und ihren außenstehenden Aktionären zum Schadensersatz verpflichtet, wenn es den Tatbestand des § 311 Abs. 1 verwirklicht, ohne den nach § 311 Abs. 2 gebotenen Nachteilsausgleich zu erbringen. Vorausgesetzt ist demnach zunächst, dass **§ 311 anwendbar** ist (→ Rn. 2), mithin das Bestehen eines Abhängigkeitsverhältnisses iSd § 17 (→ § 311 Rn. 13 ff.).[7] Des Weiteren darf zwischen der abhängigen Gesellschaft und dem herrschenden Unternehmen kein Beherrschungsvertrag bestehen (→ § 311 Rn. 15). Zudem darf die abhängige Gesellschaft nicht in das herrschende Unternehmen eingegliedert sein (→ § 311 Rn. 15). Ein isolierter Gewinnabführungsvertrag lässt dagegen die Geltung der §§ 311, 317 unberührt (→ § 316 Rn. 10). Wie § 311 setzt auch § 317 nicht voraus, dass die Gesellschaft über außenstehende Aktionäre verfügt. Ist das herrschende Unternehmen Alleinaktionär, so sind allerdings Abs. 1 S. 2 und Abs. 4 iVm § 309 Abs. 4 S. 1 gegenstandslos.

5   Die Haftung nach § 317 setzt des Weiteren voraus, dass das herrschende Unternehmen den **Tatbestand des § 311** verwirklicht hat. Es muss also die abhängige Gesellschaft dazu veranlasst haben (→ § 311 Rn. 22 ff.), ein Rechtsgeschäft oder eine Maßnahme zu ihrem Nachteil vorzunehmen oder zu unterlassen (→ § 311 Rn. 37 ff.), ohne dass es zum Nachteilsausgleich nach § 311 Abs. 2 gekommen ist (→ Rn. 9 f.; → § 311 Rn. 59 ff.). Auf ein **Verschulden** des herrschenden Unternehmens kommt es nicht an (→ Rn. 7).

6   Wie § 311 kommt § 317 auch in den Fällen **mehrfacher oder mittelbarer Abhängigkeit** zur Anwendung (→ § 311 Rn. 14, 17 ff.). Haftungsschuldner ist das herrschende Unternehmen, das die nachteilige Maßnahme veranlasst hat (→ § 311 Rn. 14); dies beurteilt sich aus der Sicht der abhängigen Gesellschaft (→ § 311 Rn. 24). Geht die Veranlassung von mehreren herrschenden Unternehmen aus und kommt es nicht zum Nachteilsausgleich, so haften diese – gemeinsam mit den verantwortlichen gesetzlichen Vertretern (→ Rn. 22 ff.) – als **Gesamtschuldner**. So kann es sich insbesondere bei einem Gemeinschaftsunternehmen verhalten (→ § 311 Rn. 14).[8] Doch kommt eine Veranlassung durch mehrere Unternehmen auch im Rahmen einer mehrstufigen Unternehmensverbindung (→ § 311 Rn. 17 ff.) in Betracht (→ Rn. 24).

(HVB); für eine Klage aus § 317 Abs. 1 S. 2 s. BGH ZIP 2006, 1218, OLG Schleswig ZIP 2005, 1656 und LG Kiel AG 2008, 677; vgl. auch *Kropff* FS Bezzenberger, 2000, 233 (235), dem zufolge bis zum Jahr 2000 keine einzige Aktionärsklage zu verzeichnen war; ferner *Müller* Konzern 2006, 725 (726) mit Hinweis auf LG Aachen 27.2.1996 – 41 O 169/95 nv, allerdings zu § 309 Abs. 4 S. 1.

[5] *Hommelhoff* Gutachten 67.

[6] Die Reformüberlegungen konzentrierten sich zunächst auf das Verfolgungsrecht nach § 147 (s. namentlich *Ulmer* ZHR 163 (1999), 290 (329 ff., 338 ff.) mwN; ferner *Baums* 245 ff., *Trescher* DB 1995, 661 (665), aber auch *Krieger* ZHR 163 (1999), 343 (344 ff.)) und haben zur Neufassung des § 147 und zur Einfügung des § 148 durch das UMAG (→ Einl. Rn. 33) geführt; zu den – eher enttäuschenden – Erfahrungen mit §§ 147, 148 nF und zu Vorschlägen de lege ferenda s. *Habersack* Gutachten 91 ff., dort auch zu dem im Text angesprochenen Kostenrisiko sowie zur Frage einer „Fangprämie". – Zum Verhältnis zwischen § 317 Abs. 4 und § 147 → Rn. 27.

[7] Vgl. OLG Düsseldorf AG 1991, 106 (108): nur herrschendes Unternehmen kann Schuldner gemäß Abs. 1 sein.

[8] Näher *S. Maul* NZG 2000, 470 (472 f.).

b) Nachteil im Besonderen (Abs. 2). Nach Abs. 2 entfällt die Ersatzpflicht des herr- 7
schenden Unternehmens und mit ihr diejenige der gesetzlichen Vertreter aus Abs. 3, wenn
auch der Vorstand einer unabhängigen Gesellschaft das für den Schadenseintritt kausale
Rechtsgeschäft oder die sonstige Maßnahme getroffen oder unterlassen hätte. Nach zutr.
Ansicht versteht sich die in Abs. 2 ausgesprochene Rechtsfolge allerdings von selbst, fehlt
es doch unter den genannten Voraussetzungen schon an einem *Nachteil* iSd § 311 Abs. 1
(→ § 311 Rn. 39 f.; zu dem insoweit zu berücksichtigenden unternehmerischen Ermessen
→ § 311 Rn. 53) und damit am objektiven Haftungstatbestand des Abs. 1.[9] Daraus ergibt
sich zugleich, dass Abs. 2 keine Exkulpationsmöglichkeit begründet. Aber auch im Übrigen
haftet das herrschende Unternehmen **ohne Rücksicht auf** sein **Verschulden**.[10] Maßgebend ist allein die Veranlassung zu der nachteiligen Maßnahme, die wiederum nicht einmal
ein entsprechendes Bewusstsein des herrschenden Unternehmens erfordert (→ § 311
Rn. 24). Eine Pflichtverletzung ist demgegenüber zwar auf Seiten des Vorstands der abhängigen Gesellschaft erforderlich, doch geht diese in dem – in Abs. 2 definierten – **Nachteilsbegriff der §§ 311, 317** auf.

Von Bedeutung ist die Vorschrift des Abs. 2 freilich im Zusammenhang mit der Verteilung 8
der **Darlegungs- und Beweislast** (→ Rn. 21, 25). Sie wird durch Abs. 2 hinsichtlich des
Nachteilserfordernisses – und damit dem Erfordernis einer Pflichtverletzung (→ Rn. 7) –
dem Anspruchsgegner auferlegt. Abs. 2 stellt hierdurch sicher, dass das herrschende Unternehmen und seine gesetzlichen Vertreter nicht besser stehen als der Vorstand der abhängigen
Gesellschaft, der seinerseits bei Vorliegen der Voraussetzungen des § 317 Abs. 1 S. 1 regelmäßig nach § 93 Abs. 2 S. 1, Abs. 2 auf Grund vermuteter Pflichtverletzung haftet (→ § 311
Rn. 78 ff.).

c) Unterbliebener Nachteilsausgleich. Die Haftung des herrschenden Unternehmens 9
setzt des Weiteren voraus, dass die der abhängigen Gesellschaft zugefügten Nachteile nicht
bis zum Ende des Geschäftsjahres ausgeglichen werden, sei es tatsächlich oder durch Begründung eines entsprechenden Rechtsanspruchs der abhängigen Gesellschaft (→ § 311
Rn. 59 ff.). Zumal vor dem Hintergrund der Privilegierungsfunktion des § 311 (→ § 311
Rn. 2, 4 f., 8 ff.) handelt es sich bei dem unterbliebenen Nachteilsausgleich um das zentrale,
die *Rechtswidrigkeit* der Maßnahme und damit die **Haftung begründende Tatbestandsmerkmal** des § 317.[11] Dem Wortlaut des Abs. 3 lässt sich nichts Gegenteiliges entnehmen.
Wenn dort auf die Veranlassung als solche abgestellt wird, so dient dies allein der Bestimmung der verantwortlichen und deshalb neben dem herrschenden Unternehmen haftenden gesetzlichen Vertreter; hinsichtlich des Haftungsgrundes dagegen knüpft auch Abs. 3 an Abs. 1
S. 1 und damit an den unterbliebenen Nachteilsausgleich an.

---

[9] BGHZ 175, 365 Rn. 11 = NJW 2008, 1583 – UMTS; OLG Köln ZIP 2006, 997 (1000 f.); LG Bonn NZG 2005, 856 (857); KK-AktG/*Koppensteiner* Rn. 14; K. Schmidt/Lutter/*J. Vetter* Rn. 7; Grigoleit/*Grigoleit* Rn. 2; HK-AktG/*Fett* Rn. 7; MHdB AG/*Krieger* § 70 Rn. 131; NK-AktR/*Schatz/Schödel* Rn. 5; Hölters/ Leuering/*Goertz* Rn. 10; *Habersack* ZIP 2006, 1327 (1329 f.); im Ergebnis auch Hüffer/*Koch* Rn. 11 (Nachteil unter den Voraussetzungen des Abs. 2 keine Abhängigkeitsfolge; so bereits BGHZ 141, 79 (88) = NJW 1999, 1706; aA MüKoAktG/*Altmeppen* Rn. 10; *ders.* ZHR 171 (2007), 320 (332) (→ § 311 Rn. 40); GroßkommAktG/*Würdinger* 3. Aufl. Anm. 5; *Brüggemeier* AG 1988, 93 (100); *Stöcklhuber* Konzern 2011, 253 (255 ff.); *Wackerbarth* Konzern 2010, 337 (338 ff.); *Voigt* 324 ff., 332 ff. mwN.
[10] KK-AktG/*Koppensteiner* Rn. 14; K. Schmidt/Lutter/*J. Vetter* Rn. 7; Spindler/Stilz/*Müller* Rn. 4; HK-AktG/*Fett* Rn. 7; Hüffer/*Koch* Rn. 5; Grigoleit/*Grigoleit* Rn. 4; Hölters/Leuering/*Goertz* Rn. 9; im Grundsatz auch MüKoAktG/*Kropff* 2. Aufl. Rn. 25 f., der allerdings Veranlassungsbewusstsein des herrschenden Unternehmens verlangt; aA – für Verschuldenserfordernis – namentlich MüKoAktG/*Altmeppen* Rn. 10; *Brüggemeier* AG 1988, 93 (100); *Stöcklhuber* Konzern 2011, 253 (255 ff.); *Voigt* 324 ff., 332 ff. mwN.
[11] Zutr. MüKoAktG/*Kropff* 2. Aufl. Rn. 17 ff.; Hüffer/*Koch* Rn. 6; K. Schmidt/Lutter/*J. Vetter* Rn. 6; HK-AktG/*Fett* Rn. 5; Grigoleit/*Grigoleit* Rn. 3; *Brüggemeier* AG 1988, 93 (100); *Luchterhandt* ZHR 133 (1970), 1 (36 ff.); s. ferner MHdB AG/*Krieger* § 70 Rn. 130; aA – für Veranlassung der nachteiligen Maßnahme als Haftungsgrund – KK-AktG/*Koppensteiner* Rn. 8; *Beuthien* DB 1969, 1781 (1783); *Möhring* FS Schilling, 1973, 253 (265); *Kellmann* ZGR 1974, 220 (221 ff.); aA auch MüKoAktG/*Altmeppen* Rn. 10; *Stöcklhuber* Konzern 2011, 253 (255 ff.); *Voigt* 309 ff. mzN, die in § 317 Abs. 1 eine Ausprägung der Geschäftsleiterhaftung erblicken (→ Rn. 11).

10 Erblickt man mit der hier vertretenen Ansicht den Haftungsgrund in dem unterbliebenen Nachteilsausgleich (→ Rn. 9), so ist dabei allerdings vorausgesetzt, dass es zur Rechtfertigung der Maßnahme durch Ausgleichsleistung nach § 311 Abs. 2 kommen kann. Daran fehlt es insbesondere bei Maßnahmen, die ihrer Art nach dem **Einzelausgleich nicht zugänglich** sind (→ § 311 Rn. 9, 41, 43), ferner bei solchen, die nicht dem Konzerninteresse dienen (→ § 311 Rn. 60). In beiden Fällen hat das herrschende Unternehmen den Bereich der nach § 311 erlaubten Einflussnahme verlassen. Es ist dann schon die **Veranlassung als solche rechtswidrig,** sodass das herrschende Unternehmen ohne weiteres, dh auch schon vor dem Ende des Geschäftsjahres (§ 311 Abs. 2), nach § 317 oder nach den Grundsätzen über die qualifizierte Nachteilszufügung (→ Anh. § 317 Rn. 1 ff.) in Anspruch genommen werden kann (→ Rn. 18; → § 311 Rn. 9, 41, 43).[12]

11 **d) Rechtsnatur der Haftung.** Die Haftung des herrschenden Unternehmens – Entsprechendes gilt für die Haftung seiner gesetzlichen Vertreter (→ Rn. 22 ff.) – ist in Abs. 1 und 2 im Sinne einer **verschuldensunabhängigen, an den unterbliebenen Nachteilsausgleich anknüpfenden Veranlassungshaftung** konzipiert (→ Rn. 7, 9). Ihre dogmatische Herleitung aus der mitgliedschaftlichen Treupflicht oder, der Sache nach identisch, aus dem mitgliedschaftlichen Sonderrechtsverhältnis[13] muss freilich schon daran scheitern, dass es in den Fällen des § 317 Abs. 3 an einer Sonderverbindung fehlt; zudem bereitet sie bei nur mittelbarer Abhängigkeit Schwierigkeiten. Entgegen der hM handelt es auch nicht um eine Organhaftung.[14] Dem steht bereits entgegen, dass das herrschende Unternehmen und seine Vertreter weder die Stellung eines Organs noch Leitungsmacht in Form eines Weisungsrechts haben (→ § 311 Rn. 10, 78 f.). Diese Voraussetzungen einer Organhaftung lassen sich auch nicht unter Hinweis auf § 317 Abs. 2 begründen. Denn diese Vorschrift nimmt auf das Verhalten des Leitungsorgans der abhängigen Gesellschaft Bezug, um daran die Haftung des herrschenden Unternehmens und seiner gesetzlichen Vertreter zu knüpfen (→ Rn. 7); nicht aber geht es ihr darum, den Adressaten des § 317 eine dem Vorstand der abhängigen Gesellschaft entsprechende Stellung zuzusprechen. Mag auch § 309 angesichts des dort vorausgesetzten Weisungsrechts und der damit verbundenen Außerkraftsetzung des § 76 den Charakter einer Organhaftung haben (→ § 309 Rn. 4), so kann doch § 317 nur als **Verschärfung gegenüber § 117** und damit wie dieser als besonderer – freilich verschuldensunabhängiger (→ Rn. 7) – **Deliktstatbestand** qualifiziert werden.[15]

12 **2. Gläubiger. a) Gesellschaft (Abs. 1 S. 1).** Der Ersatzanspruch aus Abs. 1 S. 1 steht der Gesellschaft zu. Die Geltendmachung des Anspruchs ist zunächst Sache der Gesellschaft, die dabei entweder vom Vorstand oder – im Fall des § 112 – vom Aufsichtsrat vertreten wird. Darüber hinaus kann der Anspruch der Gesellschaft nach Maßgabe des Abs. 4 iVm § 309 Abs. 4 sowohl von jedem Aktionär als auch von den Gläubigern geltend gemacht werden (→ Rn. 27 ff.). Zudem besteht die Möglichkeit der Geltendmachung nach § 147 (→ Rn. 27). Während es im Belieben der Aktionäre und Gläubiger steht, ob sie von ihrer Befugnis zur Geltendmachung Gebrauch machen, sind die Organwalter der abhängigen Gesellschaft nach §§ 93, 116 grundsätzlich zur Geltendmachung des Anspruchs verpflichtet (→ Rn. 26).[16]

---

[12] MüKoAktG/*Kropff* 2. Aufl. Rn. 20 f.; KK-AktG/*Koppensteiner* Rn. 6; K. Schmidt/Lutter/*J. Vetter* Rn. 6; MHdB AG/*Krieger* § 70 Rn. 84, 91.

[13] Dafür K. Schmidt/Lutter/*J. Vetter* Rn. 3; Grigoleit/*Grigoleit* Rn. 1; *Wimmer-Leonhardt* 138 ff.

[14] So aber MüKoAktG/*Kropff* 2. Aufl. Rn. 8; KK-AktG/*Koppensteiner* Rn. 5; *Baumbach/Hueck* Rn. 6; *Möhring* FS Schilling, 1973, 253 (263); MüKoAktG/*Altmeppen* Rn. 10; *Stöcklhuber* Konzern 2011, 253 (255 ff.); *Voigt* 342 ff., 350 ff.

[15] Zust. *Schürnbrand* 186 ff.; s. ferner LG Kiel AG 2008, 677 (internationale Zuständigkeit; → Rn. 26; → § 311 Rn. 21); zum deliktischen Charakter der Haftung aus § 117 s. BGH NJW 1992, 3167 (3172); BGHZ 129, 136 (160).

[16] Die vom BGH in der „ARAG"-Entscheidung (BGHZ 135, 244 (256)) entwickelten Grundsätze lassen sich ohne weiteres übertragen; so auch MüKoAktG/*Altmeppen* Rn. 50 mit berechtigtem Hinweis darauf, dass die Geltendmachung häufig schon wegen der eigenen Haftung der Organwalter der abhängigen Gesellschaft (§ 311 Rn. 78 ff.) unterbleiben wird.

b) Aktionäre (Abs. 1 S. 2). Nach Abs. 1 S. 2 ist das herrschende Unternehmen unter **13** den Voraussetzungen des Abs. 1 S. 1 (→ Rn. 4 ff.) auch gegenüber den Aktionären ersatzpflichtig, soweit ihnen ein eigener, nicht auf der Minderung des Gesellschaftsvermögens beruhender und damit durch Geltendmachung des Anspruchs der Gesellschaft zu kompensierender Schaden erwächst. Auch für den Schaden der Aktionäre haften zudem die für die Einflussnahme verantwortlichen gesetzlichen Vertreter des herrschenden Unternehmens (→ Rn. 22 ff.). Die Vorschrift des Abs. 1 S. 2 ist derjenigen des § 117 Abs. 1 S. 2 nachgebildet. Sie ist eine Ausprägung des Grundsatzes der Kapitalerhaltung und der Zweckbindung des Gesellschaftsvermögens, indem sie sicherstellt, dass der Ausgleich eines am Gesellschaftsvermögen entstandenen Schadens nur durch Leistung an die Gesellschaft beansprucht werden kann;[17] hierdurch soll zugleich verhindert werden, dass der Schädiger für denselben Schaden zweimal aufkommen muss.[18]

Nach Abs. 1 S. 2 zu ersetzen ist mithin nur der unmittelbare, über den durch die **13a** Mitgliedschaft vermittelten Reflexschaden hinausgehende **Eigenschaden** des Aktionärs.[19] In Betracht kommt ein Anspruch aus Abs. 1 S. 2 etwa bei der Verkürzung der Dividende (etwa auf Grund eines auf Veranlassung des herrschenden Unternehmens fehlerhaft erstellten Jahresabschlusses[20] oder auf Grund nachteiliger Einflussnahme im Zusammenhang mit einer Verschmelzung[21]), bei einer vom herrschenden Unternehmen veranlassten Überbewertung einer Sacheinlage im Rahmen eines genehmigten Kapitals unter Ausschluss des Bezugsrechts der Minderheitsaktionäre sowie bei auf die Nachteilszufügung zurückgehender Uneinbringlichkeit eines der Gesellschaft von einem Aktionär zur Erhaltung seines Aktienkapitals gewährten Darlehens.[22] Bei einem im Anschluss an den durch das herrschende Unternehmen verursachten Kursverfall erfolgten überstürzten Verkauf der Aktien ist dagegen kein Raum für einen Anspruch aus § 317 Abs. 1 S. 2. Geht der Kursverfall auf die nachteilige Einflussnahme des herrschenden Unternehmens auf die abhängige Gesellschaft zurück, so erleidet der Aktionär nur einen – im Rahmen des § 317 Abs. 1 S. 2 unbeachtlichen – Reflexschaden. Soweit es dagegen an einem Gesellschaftsschaden fehlt, der Kursverfall und in der Folge der durch Veräußerung realisierte Eigenschaden also etwa durch Äußerungen des herrschenden Unternehmens über die abhängige Gesellschaft verursacht wird, dürfte es dagegen schon an einer nachteiligen Einflussnahme auf die abhängige Gesellschaft fehlen.[23]

Maßgebend ist die Aktionärseigenschaft bei Begründung des Anspruchs, im Regelfall **14** also im **Zeitpunkt der nachteiligen Veranlassung.** Die Veräußerung der Aktie lässt die Aktivlegitimation des Geschädigten unberührt.[24] Die Geltendmachung des Anspruchs ist Sache des Anspruchsinhabers, mithin des Aktionärs; dieser kann Leistung an sich selbst verlangen (→ Rn. 30). Was den Reflexschaden betrifft, so wird dieser durch den Anspruch

---

[17] Näher BGH NJW 1987, 1077; BGHZ 105, 121 (130 ff.); BGH NJW 1992, 3167 (3171); 1995, 1739 (1746 f.); LG Hamburg ZIP 1997, 1409 (1410 f.); *Brandes* FS Fleck, 1988, 13 ff.; *G. Müller* FS Kellermann, 1991, 317 ff.; *Kiethe* ZIP 2005, 1535 ff.
[18] *Wiedemann* JZ 1987, 784 (785).
[19] Hüffer/*Koch* Rn. 8; MüKoAktG/*Altmeppen* Rn. 84; KK-AktG/*Koppensteiner* Rn. 40; K. Schmidt/Lutter/*J. Vetter* Rn. 32; Spindler/Stilz/*Müller* Rn. 6; HK-AktG/*Fett* Rn. 18; Hölters/*Leuering/Goertz* Rn. 29 f.; Grigoleit/*Grigoleit* Rn. 15; NK-AktR/*Schatz/Schödel* Rn. 7; vgl. dazu im Zusammenhang mit § 117 Abs. 1 S. 2 BGH NJW 1992, 3167 (3171 f.); BGHZ 94, 55 (58 f.) = NJW 1985, 1777; ferner BGH NJW 1987, 126 (128); OLG Düsseldorf ZIP 1997, 27 ff.; *Brosius-Gersdorf* NZG 1998, 664 (668 f.).
[20] BGH NJW 1992, 3165 (3171 f.); GroßkommAktG/*Meyer-Landrut* 3. Aufl. § 117 Anm. 8; vgl. dazu auch *Mylich* AG 2011, 765 (769 ff.).
[21] BGH NZG 2013, 233 Rn. 33 = AG 2013, 165; Hüffer/*Koch* Rn. 8.
[22] BGHZ 94, 55 (59) = NJW 1985, 1777; Hüffer/*Koch* § 117 Rn. 9.
[23] BGH NJW 1992, 3165 (3171 f.) greift denn auch das auf Geßler/Hefermehl/*Kropff* § 117 Rn. 38 zurückgehende Beispiel des überstürzten Verkaufs von Aktien konsequenter Weise im Rahmen des § 117 Abs. 1 S. 2 auf; s. ferner MüKoAktG/*Kropff* 2. Aufl. Rn. 79; *Kowalski*, Der Ersatz von Gesellschafts- und Gesellschafterschaden, 1990, 15; ungenau noch 3. Aufl. Rn. 13 aE.
[24] Vgl. den Sachverhalt in BGH ZIP 2006, 1218 und OLG Schleswig ZIP 2005, 1656; ferner K. Schmidt/Lutter/*J. Vetter* Rn. 33; zum Fortbestand des Anspruchs trotz Beendigung des Abhängigkeitsverhältnisses → Rn. 27, 30; zu Unrecht weitergehend (Erwerb nach Einflussnahme genügend) Grigoleit/*Grigoleit* Rn. 15.

der Gesellschaft kompensiert. Die Geltendmachung dieses Anspruchs kann zwar nach §§ 317 Abs. 4, 309 Abs. 4 auch durch die Aktionäre erfolgen (→ Rn. 27). Einen eigenen, wenn auch auf Leistung an die Gesellschaft gerichteten Anspruch auf Ersatz des Reflexschadens haben die Aktionäre dagegen nicht.[25] Handelt es sich um eine dem Einzelausgleich nicht zugängliche Maßnahme (→ § 311 Rn. 9, 41, 43), so tritt der Anspruch aus § 317 Abs. 1 S. 2 neben den Anspruch der Gesellschaft auf Verlustausgleich (→ Anh. § 317 Rn. 23) und den Anspruch der Aktionäre auf Ausgleich oder Abfindung entsprechend §§ 304, 305 (→ Anh. § 317 Rn. 29 f.).

15 3. **Rechtsfolgen. a) Schadensersatz.** Nach Abs. 1 S. 1 und 2 haftet das herrschende Unternehmen auf Schadensersatz. Handelt es sich bei dem herrschenden Unternehmen um eine Gesellschaft, so beurteilt es sich nach deren Organisations- und Haftungsverfassung, ob und inwieweit die Mitglieder für die Verbindlichkeit aus § 317 Abs. 1 einzustehen haben. Der **Inhalt** des Anspruchs aus § 317 Abs. 1 bestimmt sich nach §§ 249 ff. BGB. Grundsätzlich schuldet das herrschende Unternehmen deshalb Wiederherstellung des ursprünglichen Zustands (§ 249 Abs. 1 BGB).[26] Gegebenenfalls ist es also zur Rückabwicklung eines nachteiligen Rechtsgeschäfts oder zur Rückgängigmachung einer sonstigen Maßnahme verpflichtet. Soweit Naturalrestitution unmöglich ist, ist nach § 251 Abs. 1 BGB **Geldersatz** zu leisten (→ Rn. 17).[27] Auf ein **Mitverschulden** auf Seiten der abhängigen Gesellschaft können sich die Haftungsadressaten des § 317 jedenfalls insoweit nicht berufen, als es sich auf die Nachteilszufügung und den unterbliebenen Nachteilsausgleich bezieht.[28] Mit Blick auf die Wertung des § 318 kann freilich nichts anderes gelten, soweit sich das Mitverschulden auf die Durchführung der vom herrschenden Unternehmen veranlassten Maßnahme oder auf das Ausmaß des Schadens bezieht.[29]

16 Die Höhe des zu ersetzenden Schadens kann zwar nach Maßgabe des **§ 287 ZPO** geschätzt werden.[30] Namentlich bei nachteiligen Strukturänderungen (→ § 311 Rn. 57 ff.) kann jedoch eine richterliche Schadensschätzung schon in Ermangelung hinreichender Anhaltspunkte für die Bemessung des Schadens ausgeschlossen sein. In diesem Fall ist das herrschende Unternehmen nach den Grundsätzen über die **qualifizierte Nachteilszufügung** der abhängigen Gesellschaft zum Verlustausgleich und den außenstehenden Aktionären zu Abfindungs- und Ausgleichsleistungen verpflichtet.[31] Ist dagegen eine nachteilige Maßnahme oder ein nachteiliges Rechtsgeschäft zwar nicht dem *Nachteilsausgleich* nach § 311, wohl aber dem Einzelausgleich nach § 317, § 287 ZPO zugänglich, ist für die Annahme einer qualifizierten Nachteilszufügung kein Raum (→ § 311 Rn. 43, 58).

17 Der Schaden der Gesellschaft ist zunächst anhand allgemeiner Grundsätze zu ermitteln. Er ist auch insoweit zu ersetzen, als er den – aus der Sicht ex ante zu bestimmenden (→ § 311 Rn. 44) – Nachteil übersteigt.[32] Bleibt der Schaden infolge günstiger Entwicklung hinter dem Nachteil zurück, ist als **Mindestschaden** der **Betrag des Nachteils** zu

---

[25] Die Rechtslage unterscheidet sich somit von derjenigen bei Verletzung der Treupflicht, s. BGHZ 129, 136 (165 f.) (aber → Anh. § 318 Rn. 27); zu § 826 BGB s. ferner LG Hamburg ZIP 1997, 1409 (1410 ff.); dazu *Brosius-Gersdorf* NZG 1998, 664 (668 f.).
[26] BGH ZIP 2013, 409 Rn. 21; KK-AktG/*Koppensteiner* Rn. 20; MüKoAktG/*Altmeppen* Rn. 33; Hüffer/*Koch* Rn. 9; K. Schmidt/Lutter/*J. Vetter* Rn. 18; Grigoleit/*Grigoleit* Rn. 8; Henssler/Strohn/*Bödeker* Rn. 6.
[27] BGH ZIP 2013, 409 Rn. 21 betr. den nachteiligen Erlass eines der abhängigen Gesellschaft zustehenden Ausgleichsanspruchs.
[28] Grigoleit/*Grigoleit* Rn. 8; NK-AktR/*Schatz/Schödel* Rn. 10a; K. Schmidt/Lutter/*J. Vetter* Rn. 18 mwN.
[29] Grigoleit/*Grigoleit* Rn. 8; s. ferner BGHZ 190, 7 Rn. 22 = NZG 2011, 829 – Dritter Börsengang, betr. § 62; aA K. Schmidt/Lutter/*J. Vetter* Rn. 18; NK-AktR/*Schatz/Schödel* Rn. 10a; *Leuschner* NJW 2011, 3275 (3276); s. ferner *Arnold/Aubel* ZGR 2012, 113 (134 f.).
[30] MHdB AG/*Krieger* § 70 Rn. 130; MüKoAktG/*Altmeppen* Rn. 33; Hüffer/*Koch* Rn. 9; K. Schmidt/Lutter/*J. Vetter* Rn. 18; Spindler/Stilz/*Müller* Rn. 9; HK-AktG/*Fett* Rn. 11; Hölters/*Leuering/Goertz* Rn. 12; Wachter/*Rothley* Rn. 7.
[31] Sehr umstr., → § 317 Anh.; zum Anspruch der Aktionäre aus § 317 Abs. 1 S. 2 → Rn. 14.
[32] Heute ganz hM, s. namentlich KK-AktG/*Koppensteiner* Rn. 16; Hüffer/*Koch* Rn. 7; aA *Möhring* FS Schilling, 1973, 253 (265). – Zur Unterscheidung zwischen Nachteil und Schaden → § 311 Rn. 45.

ersetzen.³³ Dies folgt aus dem Normzweck des § 317 (→ Rn. 2) und aus dem – auch im Rahmen dieser Vorschrift maßgeblichen – normativen Schadensbegriff. Beide schließen es aus, eine im Zeitpunkt der nachteiligen Einflussnahme nicht vorhersehbare Entwicklung zugunsten des herrschenden Unternehmens zu berücksichtigen.³⁴ Für den Einwand **rechtmäßigen Alternativverhaltens** ist im Rahmen des § 317 kein Raum.³⁵ Zwar mag es sein, dass sich das herrschende Unternehmen den Vorteil auch auf rechtmäßige Weise, etwa mittels einer Kapitalherabsetzung, hätte beschaffen können.³⁶ Es hätte dabei jedoch zumindest³⁷ gläubigerschützende Verfahrensvorschriften beachten müssen; schon dies steht der Geltendmachung des besagten Einwands entgegen.

Was den **Zeitpunkt der Entstehung** des Schadensersatzanspruchs betrifft, so ist zu **18** differenzieren.³⁸ Ist die nachteilige Maßnahme dem Nachteilsausgleich nach § 311 Abs. 2 zugänglich, so entsteht der Anspruch erst mit fruchtlosem Ablauf des Geschäftsjahres (→ Rn. 9). Handelt es sich dagegen um eine dem Nachteilsausgleich nicht zugängliche Maßnahme, so kann sofort Schadensersatz verlangt werden (→ Rn. 10); denn in diesem Fall ist die nachteilige Einflussnahme per se rechtswidrig (→ § 311 Rn. 41, 43, 58, 60). Auch wenn der Schadensersatzanspruch erst mit Ende des Geschäftsjahres entsteht, kann er doch bereits in dem **Jahresabschluss** für das Jahr der Veranlassung zu aktivieren sein. Voraussetzung ist allerdings, dass mit der Durchsetzung des Anspruchs gerechnet werden kann.³⁹ Unterbleibt die gebotene Aktivierung, so führt dies unter den weiteren Voraussetzungen des § 256 Abs. 5 S. 1 Nr. 2, S. 3 zur **Nichtigkeit des Jahresabschlusses;** die Nichtigkeit des Jahresabschlusses kann nach § 139 BGB wiederum die Nichtigkeit der den Jahresabschluss und den Abhängigkeitsbericht billigenden Aufsichtsratsbeschlüsse nach sich ziehen (→ § 312 Rn. 20).⁴⁰

b) Unterlassung. Im Ergebnis ist es weithin anerkannt, dass die abhängige Gesellschaft **19** das herrschende Unternehmen auf Unterlassung solcher nachteiliger Einflussnahmen in Anspruch nehmen kann, die ihrer Art nach dem **Nachteilsausgleich nach § 311 Abs. 2 nicht zugänglich** sind und deren Rechtswidrigkeit somit von vornherein feststeht (→ § 311 Rn. 9, 41, 43).⁴¹ Entsprechendes gilt, wenn das herrschende Unternehmen offensichtlich zum **Nachteilsausgleich nicht bereit oder nicht imstande** ist,⁴² ferner, wenn die Maßnahme nicht dem **Konzerninteresse** dient (→ § 311 Rn. 60).⁴³ Die Grundlage des Unterlassungsanspruchs ist freilich nicht geklärt. Als zutreffend erscheint es, den Anspruch

---

³³ → § 311 Rn. 45; vgl. ferner Hüffer/*Koch* Rn. 7; MHdB AG/*Krieger* § 70 Rn. 130; Spindler/Stilz/*Müller* Rn. 10; HK-AktG/*Fett* Rn. 4; *Beuthien* DB 1969, 1781 (1783 ff.); aA MüKoAktG/*Altmeppen* Rn. 40; KK-AktG/*Koppensteiner* Rn. 17; Grigoleit/*Grigoleit* Rn. 6; K. Schmidt/Lutter/*J. Vetter* Rn. 8; NK-AktR/*Schatz/Schödel* Rn. 10.
³⁴ Zutr. Hüffer/*Koch* Rn. 7; Spindler/Stilz/*Müller* Rn. 10; unter Rückgriff auf Überlegungen zum Grund der Haftung nach § 317 (→ Rn. 9) auch *Beuthien* DB 1969, 1781 (1783 ff.); abl. MüKoAktG/*Altmeppen* Rn. 40; KK-AktG/*Koppensteiner* Rn. 17.
³⁵ Spindler/Stilz/*Müller* Rn. 11; Hüffer/*Koch* Rn. 7; Hölters/*Leuering/Goertz* Rn. 15; → Vor § 311 Rn. 46.
³⁶ Mit Blick auf § 76 (→ § 311 Rn. 78 ff.) ist dies gegen den Willen des Vorstands der abhängigen Gesellschaft nur mittels eines Hauptversammlungsbeschlusses möglich (→ § 311 Rn. 29 ff.).
³⁷ Zudem hätten außenstehende Aktionäre nach §§ 53a, 243 Abs. 2 nicht von den Vorteilen ausgeschlossen werden dürfen.
³⁸ Wie hier auch MüKoAktG/*Kropff* 2. Aufl. Rn. 17 ff.; K. Schmidt/Lutter/*J. Vetter* Rn. 6, 21; Spindler/Stilz/*Müller* Rn. 12; HK-AktG/*Fett* Rn. 5 f.; aA MüKoAktG/*Altmeppen* Rn. 25 f.
³⁹ Für diese Einschränkung zu Recht *Kropff* ZGR 1994, 628 (635 ff.); MüKoAktG/*ders.* 2. Aufl. Rn. 23 ff.; MHdB AG/*Krieger* § 70 Rn. 103; K. Schmidt/Lutter/*J. Vetter* Rn. 21; *Schön* JZ 1994, 684; *H. P. Müller* AG 1994, 410 f.
⁴⁰ BGHZ 124, 111 (119 ff.) = NJW 1994, 520; BGH WM 1998, 510 (512).
⁴¹ OLG Köln AG 2009, 416 (417); LG Düsseldorf AG 2006, 892 (893); MüKoAktG/*Altmeppen* Rn. 47; KK-AktG/*Koppensteiner* Rn. 27; Hüffer/*Koch* Rn. 10; K. Schmidt/Lutter/*J. Vetter* Rn. 22; Spindler/Stilz/*Müller* Rn. 13; Hölters/*Leuering/Goertz* Rn. 19; Grigoleit/*Grigoleit* Rn. 8; Henssler/Strohn/*Bödeker* Rn. 7; MHdB AG/*Krieger* § 70 Rn. 129; *Emmerich/Habersack* KonzernR § 27 Rn. 8.
⁴² Hüffer/*Koch* Rn. 10; MüKoAktG/*Altmeppen* Rn. 47.
⁴³ MüKoAktG/*Altmeppen* Rn. 47.

unmittelbar aus § 317 herzuleiten:[44] Ist nämlich in den genannten Fällen der Geltungsbereich des § 311 und damit der Bereich erlaubter Einflussnahme verlassen, so gebieten es der Schutzzweck des § 317 und das Zusammenspiel dieser Vorschrift mit § 311 (→ Rn. 2), der abhängigen Gesellschaft die Abwehr einer per se rechtswidrigen Einflussnahme zu ermöglichen. Der Annahme eines zusätzlichen **Beseitigungsanspruchs** bedarf es dagegen nicht.[45] Da nämlich in den genannten Fällen die abhängige Gesellschaft unabhängig von einem Verschulden des herrschenden Unternehmens (→ Rn. 7, 11) Schadensersatz beanspruchen kann und dieser Anspruch primär auf Naturalrestitution gerichtet ist (→ Rn. 15), käme einem Beseitigungsanspruch jedenfalls dann keine eigenständige Bedeutung zu, wenn die Wiederherstellung des ursprünglichen Zustands möglich ist. Aber auch bei Unmöglichkeit der Naturalrestitution wäre mit einem zusätzlichen Beseitigungsanspruch nichts gewonnen; in diesem Fall ist Geldersatz zu leisten, und zwar zumindest in Höhe des Nachteils (→ Rn. 17).

20   Was die **Geltendmachung** des Unterlassungsanspruchs betrifft, so ist zu berücksichtigen, dass die Gesellschaft ohnehin nicht zu veranlassungskonformem Verhalten verpflichtet ist (→ § 311 Rn. 10, 78). Die Geltendmachung des Unterlassungsanspruchs kann indes nach Abs. 4 iVm § 309 Abs. 4 auch durch die **außenstehenden Aktionäre** erfolgen.[46] Soweit die Aktionäre Gefahr laufen, unmittelbar geschädigt zu werden, können sie zudem nach Abs. 1 S. 2 aus eigenem Recht auf Unterlassung klagen (→ Rn. 13). Ein Unterlassungsanspruch der Gläubiger lässt sich dagegen aus Abs. 4 iVm § 309 Abs. 4 nicht herleiten (→ Rn. 28). Ist die fragliche Maßnahme einem Einzelausgleich nach § 317, § 287 ZPO nicht zugänglich, so können sich die außenstehenden Aktionäre hiergegen auch unabhängig von der Gefahr eines Eigenschadens durch Geltendmachung eigener Unterlassungs- und Beseitigungsansprüche zur Wehr setzen (→ Anh. § 317 Rn. 27 f.).

21   **4. Beweislast.** Die in Abs. 1 genannten Anspruchsvoraussetzungen (→ Rn. 4 f.) sind von der abhängigen Gesellschaft darzulegen und ggf. zu beweisen.[47] Das Bestehen eines Abhängigkeitsverhältnisses wird allerdings unter den Voraussetzungen des § 17 Abs. 2 vermutet. Hinsichtlich der Veranlassung durch das herrschende Unternehmen kommen dem Gläubiger Beweiserleichterungen nach Maßgabe der Ausführungen in → § 311 Rn. 32 ff. zugute, hinsichtlich des durch die nachteilige Einflussnahme verursachten Schadens[48] die Vorschrift des § 287 ZPO. Nach Abs. 2 obliegt es dagegen dem herrschenden Unternehmen bzw. dem nach Abs. 3 in Anspruch genommenen gesetzlichen Vertreter, den nachteiligen Charakter des Rechtsgeschäfts bzw. der Maßnahme zu widerlegen (→ Rn. 7 f.). Will oder kann der Anspruchsgegner diesen Nachweis nicht erbringen, so kann er seiner Inanspruchnahme dadurch entgehen, dass er die Gewährung eines Ausgleichs gemäß § 311 Abs. 2 darlegt und beweist.[49] Klagt ein Aktionär oder Gläubiger, so finden die im „TBB"-Urteil

---

[44] MüKoAktG/*Altmeppen* Rn. 46; *Lutter* FS Peltzer, 2001, 241 (257); für §§ 311, 317 iVm § 823 Abs. 2 BGB LG Düsseldorf AG 2006, 892 (893); für Herleitung aus der mitgliedschaftlichen Treupflicht (dagegen aber → Rn. 11) Hüffer/Koch Rn. 10; ähnlich K. Schmidt/Lutter/*J. Vetter* Rn. 22; offenlassend KK-AktG/*Koppensteiner* Rn. 27; Grigoleit/*Grigoleit* Rn. 8.

[45] Zust. Grigoleit/*Grigoleit* Rn. 8; K. Schmidt/Lutter/*J. Vetter* Rn. 22; Hüffer/Koch Rn. 10; aA KK-AktG/ *Koppensteiner* Rn. 29; MüKoAktG/*Altmeppen* Rn. 46, 49; s. ferner MüKoAktG/*Kropff* 2. Aufl. Rn. 43, der auf Maßnahmen hinweist, bei denen nur Teilaspekte nachteilig sind, dabei aber nicht berücksichtigt, dass über den Unterlassungs- und Schadensersatzanspruch eben der Teilaspekt angegriffen werden kann (so in dem von MüKoAktG/*Kropff* 2. Aufl. Rn. 43 Fn. 90 gebildeten Beispielsfall der Zugriff der Schwestergesellschaft auf die Daten der abhängigen Gesellschaft); wie hier dagegen.

[46] LG Düsseldorf AG 2006, 892 f.; MüKoAktG/*Altmeppen* Rn. 48 mit zutr. Hinweis, dass der Vorstand der abhängigen Gesellschaft der Veranlassung ohnehin nicht folgen darf (→ § 311 Rn. 78 ff.) und deshalb auf die Unterlassungsklage nicht angewiesen ist; ferner K. Schmidt/Lutter/*J. Vetter* Rn. 23; *Lutter* FS Peltzer, 2001, 241 (258).

[47] Näher dazu, insbes. zu den Anforderungen an die Substantiierung des Vortrags BGH AG 2008, 779 (780 f.) = NZG 2008, 831 – Züblin/Strabag; → § 311 Rn. 40.

[48] Für Darlegungs- und Beweislast des Klägers auch die hM, s. BGH ZIP 2013, 409 Rn. 22; MüKoAktG/ *Altmeppen* Rn. 75; Hüffer/Koch Rn. 12; s. auch KK-AktG/*Koppensteiner* Rn. 34.

[49] MüKoAktG/*Altmeppen* Rn. 77; Hüffer/Koch Rn. 12.

III. Haftung der gesetzlichen Vertreter (Abs. 3)

1. Schuldner. Neben dem herrschenden Unternehmen unterliegen nach § 317 Abs. 3 **22** auch die gesetzlichen Vertreter, die die Gesellschaft zu dem nachteiligen Rechtsgeschäft oder der nachteiligen Maßnahme veranlasst haben, der deliktischen (→ Rn. 11) Haftung für unerlaubte Einflussnahme auf die abhängige Gesellschaft. Wiewohl der Wortlaut des Abs. 3 nicht eindeutig ist, ist mit der hM davon auszugehen, dass es sich um die gesetzlichen Vertreter **des herrschenden Unternehmens** handeln muss; die gesetzlichen Vertreter des davon ggf. zu unterscheidenden veranlassenden Unternehmens haften allenfalls aus § 117.[51] Der Begriff des gesetzlichen Vertreters entspricht demjenigen des § 309 Abs. 1 (→ § 309 Rn. 14 ff.). Anders als § 309 Abs. 1 erwähnt § 317 Abs. 3 den Einzelkaufmann nicht besonders; dies deshalb, weil der Einzelkaufmann bereits nach § 317 Abs. 1 haftet. Auch in § 317 Abs. 3 umfasst der Begriff des gesetzlichen Vertreters diejenigen Personen, die für die **organschaftliche Geschäftsführung** des herrschenden Unternehmens zuständig sind. Im Fall einer GmbH oder AG sind dies die Geschäftsführer oder die Mitglieder des Vorstands, im Fall einer Personengesellschaft die geschäftsführenden Gesellschafter, im Falle einer monistisch verfassten Kapitalgesellschaft europäischen (SE) oder ausländischen Rechts die geschäftsführenden Direktoren.[52] Auf die Vertretungsbefugnis des Veranlassers kommt es schon deshalb nicht an, weil die Veranlassung iSd §§ 311, 317 nicht als Willenserklärung zu qualifizieren ist und somit Vertretungsmacht nicht voraussetzt (→ § 311 Rn. 24). Ist also ein Gesellschafter des als Personengesellschaft verfassten herrschenden Unternehmens zwar zur Geschäftsführung, nicht aber zur organschaftlichen Vertretung berechtigt, so unterliegt auch er der Haftung nach Abs. 3.

Dem Normzweck des Abs. 3 (→ Rn. 2) entspricht es, in den Fällen, in denen es sich **23** bei dem gesetzlichen Vertreter um **eine juristische Person** oder um eine **atypische Personengesellschaft** handelt, die Haftung auf die mittelbar handelnden natürlichen Personen zu erstrecken. Im Fall einer GmbH & Co. KG haftet also neben der Komplementär-GmbH auch deren Geschäftsführer (→ § 309 Rn. 14).[53] Nicht zu den gesetzlichen Vertretern zählen die Mitglieder des **Aufsichtsrats**,[54] ferner Prokuristen, Handlungsbevollmächtigte und sonstige Personen, die auf Grund **abgeleiteter Vertretungsmacht** zur Vertretung des herrschenden Unternehmens berechtigt sind.[55] Diese Personen können jedoch ggf. nach § 117 in Anspruch genommen werden.[56] Zudem lässt der Umstand, dass die Einflussnahme auf die abhängige Gesellschaft durch Bevollmächtigte oder sonstige Angestellte erfolgt, die Haftung des gesetzlichen Vertreters nach Abs. 3 grundsätzlich unberührt (→ Rn. 24).

2. Haftungsgrund. Nach Abs. 3 haften nur diejenigen gesetzlichen Vertreter des herr- **24** schenden Unternehmens, die die abhängige Gesellschaft zu dem Rechtsgeschäft oder der sonstigen Maßnahme veranlasst haben. Die übrigen gesetzlichen Vertreter bleiben also haf-

---

[50] So auch MüKoAktG/*Altmeppen* Rn. 78 f.; K. Schmidt/Lutter/*J. Vetter* Rn. 16; Spindler/Stilz/*Müller* Rn. 14; offengelassen in BGH AG 2008, 779 (780) = NZG 2008, 831 – Züblin/Strabag.
[51] Begr. RegE bei *Kropff* AktG 419; KK-AktG/*Koppensteiner* Rn. 42; Hüffer/*Koch* Rn. 13.
[52] Der Sache nach auch Hüffer/*Koch* Rn. 13, K. Schmidt/Lutter/*J. Vetter* Rn. 36 und Hölters/*Leuering*/*Goertz* Rn. 33: die Personen, die im Hinblick auf Geschäftsführung und Vertretung die dem Vorstand einer AG ähnlichste Stellung einnehmen.
[53] Hüffer/*Koch* Rn. 13; NK-AktR/*Schatz*/*Schödel* Rn. 14.
[54] MüKoAktG/*Altmeppen* Rn. 101; Hüffer/*Koch* Rn. 13; K. Schmidt/Lutter/*J. Vetter* Rn. 36; Spindler/Stilz/*Müller* Rn. 15; Hölters/*Leuering*/*Goertz* Rn. 33; Henssler/Strohn/*Bödeker* Rn. 10; aA *Wälde* DB 1972, 2289 (2292); tendenziell NK-AktR/*Schatz*/*Schödel* Rn. 14.
[55] HM, s. MüKoAktG/*Altmeppen* Rn. 98; KK-AktG/*Koppensteiner* Rn. 47; HK-AktG/*Fett* Rn. 15; Spindler/Stilz/*Müller* Rn. 15; Hölters/*Leuering*/*Goertz* Rn. 33; NK-AktR/*Schatz*/*Schödel* Rn. 14; aA *Altmeppen* 64.
[56] Vgl. Begr. RegE bei *Kropff* 419.

tungsfrei.⁵⁷ Der Begriff der **Veranlassung** entspricht demjenigen in Abs. 1 und in § 311 Abs. 1 S. 1 (→ § 311 Rn. 22 ff.). Eine unmittelbar durch den gesetzlichen Vertreter erfolgende Einflussnahme auf die abhängige Gesellschaft ist nicht erforderlich. Es genügt vielmehr jede Form der **mittelbaren Einflussnahme,** sei es, dass der gesetzliche Vertreter Angestellte des herrschenden Unternehmens sehenden Auges gewähren lässt oder gar – im Einzelfall oder allgemein – anweist, auf die abhängige Gesellschaft Einfluss zu nehmen, oder dass er im Rahmen einer mehrstufigen Unternehmensverbindung (→ § 311 Rn. 17 ff.) das Leitungsorgan einer zwischengeschalteten Gesellschaft zur Einflussnahme auf die Enkel-AG veranlasst; im zuletzt genannten Fall haften dann Mutter- und Tochtergesellschaft nach Abs. 1 S. 1, die verantwortlichen gesetzlichen Vertreter beider Gesellschaften nach Abs. 3. Die nur unzureichende **Organisation oder Überwachung** der nachgeordneten Stellen begründet dagegen als solche noch keine Haftung des gesetzlichen Vertreters aus Abs. 3.⁵⁸ Sie kann und wird allerdings die Haftung gegenüber dem herrschenden Unternehmen begründen, sodass der gesetzliche Vertreter mittelbar für den Schaden der abhängigen Gesellschaft aufzukommen hat. Auch die Haftung aus § 317 Abs. 3 ist **verschuldensunabhängig** (→ Rn. 7, 11).⁵⁹ Unternehmerisches Ermessen ist zwar im Rahmen des Nachteilsbegriffs (→ § 311 Rn. 53), nicht aber im Rahmen des § 317 Abs. 1, 3 anzuerkennen (→ § 318 Rn. 5).

25   **3. Rechtsfolgen.** Die Haftung der gesetzlichen Vertreter tritt nach Abs. 3 neben die Haftung des herrschenden Unternehmens sowie ggf. diejenige seiner Mitglieder (→ Rn. 15). Herrschendes Unternehmen und gesetzliche Vertreter haften der abhängigen Gesellschaft als Gesamtschuldner gemäß §§ 421 ff. BGB. Die Vorschriften des **Abs. 1 S. 2, Abs. 2 und 4** finden auch auf die Haftung der gesetzlichen Vertreter Anwendung: Die gesetzlichen Vertreter sind also unter Umständen auch den Aktionären zum Schadensersatz verpflichtet (→ Rn. 13 f.). Sie haben den nachteiligen Charakter der Maßnahme zu widerlegen sowie ggf. die Ausgleichsgewährung darzulegen und zu beweisen (→ Rn. 21). Die Gläubiger und Aktionäre können die Ansprüche der abhängigen Gesellschaft gegen die gesetzlichen Vertreter nach Maßgabe des Abs. 4 iVm § 309 Abs. 4 geltend machen (→ Rn. 27 ff.). Verjährung, Verzicht und Vergleich beurteilen sich nach den Ausführungen in → Rn. 31 f. Auch die gesetzlichen Vertreter haften der abhängigen Gesellschaft und den Aktionären auf **Unterlassung** (→ Rn. 19 f.).

IV. Aktivlegitimation und Geltendmachung der Ansprüche (Abs. 4)

26   **1. Ansprüche der Gesellschaft.** Die Geltendmachung der Ansprüche der Gesellschaft gegen das herrschende Unternehmen und seine gesetzlichen Vertreter erfolgt grundsätzlich durch den **Vorstand** (→ Rn. 12). Dieser ist grundsätzlich zur Geltendmachung des Anspruchs verpflichtet, mag er sich bei Vollzug der nachteiligen Maßnahme auch seinerseits nach § 93 Abs. 2 schadensersatzpflichtig gemacht haben (→ Rn. 12). Bei Insolvenz der Gesellschaft ist die Geltendmachung Sache des **Insolvenzverwalters,** der dabei auf den Abhängigkeitsbericht zurückgreifen kann (→ § 312 Rn. 4). Die internationale Zuständigkeit beurteilt sich nach **Art. 5 Nr. 3 EuGVVO.**⁶⁰

---

⁵⁷ MüKoAktG/*Altmeppen* Rn. 89; KK-AktG/*Koppensteiner* Rn. 42; Hüffer/*Koch* Rn. 14; K. Schmidt/Lutter/*J. Vetter* Rn. 37; MHdB AG/*Krieger* § 69 Rn. 108.
⁵⁸ HM, s. MüKoAktG/*Altmeppen* Rn. 94 f.; MHdB AG/*Krieger* § 70 Rn. 135; Hüffer/*Koch* Rn. 14; Spindler/Stilz/*Müller* Rn. 16; K. Schmidt/Lutter/*J. Vetter* Rn. 37; HK-AktG/*Fett* Rn. 14; Hölters/*Leuering/Goertz* Rn. 33; Henssler/Strohn/*Bödeker* Rn. 10; aA KK-AktG/*Koppensteiner* Rn. 44; Grigoleit/*Grigoleit* Rn. 13; *Altmeppen* 65.
⁵⁹ Hölters/*Leuering/Goertz* Rn. 35; NK-AktR/*Schatz/Schödel* Rn. 15; aA K. Schmidt/Lutter/*J. Vetter* Rn. 37 (bedingter Vorsatz des Haftungsadressaten); Grigoleit/*Grigoleit* Rn. 13 (schuldhaftes Handeln).
⁶⁰ OLG Schleswig NZG 2008, 868 (874); OLG Stuttgart AG 2007, 634 (635); LG Kiel AG 2008, 677; MüKoAktG/*Altmeppen* Rn. 111; K. Schmidt/Lutter/*J. Vetter* Rn. 30; *Bachmann* IPRax 2009, 140 ff.; *Bruhns,* Das Verfahrensrecht der internationalen Konzernhaftung, 2006, insbes. 207 ff.; *Kindler* FS Ulmer, 2003, 305 ff.; *Maul* NZG 1999, 741 (742 ff.).

Nach Abs. 4 iVm § 309 Abs. 4 S. 1 und 2 kann der Anspruch auf Schadensersatz oder 27 Unterlassung (→ Rn. 19) auch von jedem **Aktionär** geltend gemacht werden, der allerdings im Falle des Ersatzanspruchs nur **Leistung an die Gesellschaft** verlangen kann. Die Geltendmachung erfolgt mittels Leistungs- oder Feststellungsklage; das Spruchverfahren ist insoweit nicht eröffnet.[61] Nach zutreffender Ansicht handelt es sich dabei um einen Fall **gesetzlicher Prozessstandschaft.**[62] Die Nebenintervention anderer Aktionäre ist ausgeschlossen.[63] Die Einzelklagebefugnis des Aktionärs verdrängt weder das Klageerzwingungsverfahren nach **§ 147** noch das Zulassungsverfahren nach **§ 148** (→ § 309 Rn. 48 f.).[64] Auf der Grundlage der hier vertretenen Ansicht folgt dies schon daraus, dass es sich bei den Ansprüchen aus § 317 um spezielle Ausprägungen des in § 147 ausdrücklich genannten Anspruchs aus § 117 handelt (→ Rn. 11). Es kommt hinzu, dass der Schutzzweck des § 317 (→ Rn. 2) und die regelmäßig gegebene Befangenheit des an sich zur Geltendmachung berufenen Vorstands der abhängigen Gesellschaft (→ Rn. 12, 26) es gebieten, dass die allgemeinen Rechtsbehelfe auch insoweit zur Verfügung stehen. Dies gilt zumal vor dem Hintergrund, dass das Einzelklagerecht aus § 317 Abs. 4 vor allem[65] auf Grund des – auch durch die zu befürwortende entsprechende Anwendung des **§ 247 Abs. 2** (→ Rn. 3; → § 309 Rn. 49a mwN)[66] nicht nachhaltig zu begrenzenden[67] – Prozesskostenrisikos nach wie vor keine große praktische Bedeutung hat (→ Rn. 3). Jedenfalls der Weg über einen Hauptversammlungsbeschluss nach § 147 Abs. 1[68] mag den Ausfall des im System der §§ 311 ff. durchaus bedeutsamen Einzelklagerechts in wenig zu kompensieren. Die Entstehungsgeschichte des § 317 Abs. 4 steht der Anwendung der §§ 147, 148 auf die Ansprüche aus § 317 jedenfalls nicht entgegen.[69] Mit **Beendigung des Abhängigkeitsverhältnisses** entfällt die Klagebefugnis des Aktionärs aus §§ 317 Abs. 4, 309 Abs. 4 S. 1, 2;[70] die Inanspruchnahme des vormals herrschenden Unternehmens richtet sich dann wieder nach allgemeinen Grundsätzen. Zur Darlegungs- und Beweislast → Rn. 21.

Nach Abs. 4 iVm § 309 Abs. 4 S. 3 können die Ansprüche des Weiteren durch die 28 **Gläubiger** der Gesellschaft geltend gemacht werden, soweit sie von dieser keine Befriedigung erlangen können (→ § 309 Rn. 51). Anders als der Aktionär kann der Gläubiger **Leistung an sich selbst** verlangen; er klagt aus eigenem Recht (→ § 309 Rn. 51). Schon deshalb, aber auch wegen des primär auf vermögensmäßige Befriedigung gerichteten Interesses des Gläubigers bezieht sich sein Verfolgungsrecht nicht auf etwaige Unterlassungsansprüche der Gesellschaft (→ Rn. 19 f.).

---

[61] OLG Stuttgart NZG 2000, 744 (746) unter Hinweis auf den vermeintlich gegenteiligen, freilich nur die Heranziehung von Ansprüchen nach § 317 im Rahmen des Verfahrens nach § 306 aF befürwortenden Beschluss des OLG Düsseldorf AG 1991, 106.

[62] KG AG 2012, 256 (260); OLG Schleswig ZIP 2005, 1656 (1657, 1658 f.); wohl auch BGH ZIP 2006, 1218 (1219) (actio pro socio); → § 309 Rn. 49 f.; Hüffer/Koch Rn. 16, § 309 Rn. 21; Grigoleit/Grigoleit Rn. 10; aA – für Klage aus eigenem Recht – Mertens FS Fleck, 1988, 209 (218).

[63] OLG Schleswig ZIP 2005, 1656 (1657 f.) mwN; zu § 317 Abs. 1 S. 2 → Rn. 30.

[64] OLG München ZIP 2008, 1916 (1918); 2008, 73 (75); LG München ZIP 2007, 2420 (2425); LG Frankfurt a.M. NZG 2013, 1181 (1182 f.); Bernau AG 2011, 894 (897 f.); Kropff FS Bezzenberger, 2000, 233 (244 ff.); Nietsch ZGR 2011, 589 (599); Müller Konzern 2006, 725 (728 ff.); Spindler/Stilz/Müller Rn. 19; MüKoAktG/Altmeppen Rn. 6$; Hüffer/Koch Rn. 16, § 147 Rn. 3; K. Schmidt/Lutter/J. Vetter Rn. 26; KK-AktG/Rieckers/J. Vetter § 147 Rn. 143 ff.; MHdB AG/Krieger § 71 Rn. 168; aA KK-AktG/Koppensteiner Rn. 35; HK-AktG/Fett Rn. 16; Grigoleit/Grigoleit Rn. 10. Für Verdrängung des § 148 noch 4. Aufl. Rn. 27.

[65] Zudem verliert der klagende Aktionär seine Aktivlegitimation durch die nachfolgende Klage der Gesellschaft, s. OLG Hamburg AG 1999, 380; → § 309 Rn. 50.

[66] Kropff FS Bezzenberger, 2000, 233 (240 ff.); MüKoAktG/Altmeppen Rn. 56 ff.; Spindler/Stilz/Müller Rn. 19; MHdB AG/Krieger § 71 Rn. 168; aA Hüffer/Koch Rn. 16; HK-AktG/Fett § 309 Rn. 23; K. Schmidt/Lutter/Langenbucher § 309 Rn. 33; Grigoleit/Grigoleit Rn. 11.

[67] So auch die Einschätzung von Ulmer ZHR 163 (1999), 290 (338); skeptisch auch MüKoAktG/Altmeppen Rn. 59.

[68] Das herrschende Unternehmen ist nach § 136 Abs. 1 S. 1 vom Stimmrecht ausgeschlossen; s. auch MüKoAktG/Altmeppen Rn. 68.

[69] Vgl. Begr. RegE bei Kropff 405; ferner Bernau AG 2011, 894 (897); aA KK-AktG/Koppensteiner Rn. 35.

[70] Nicht dagegen ein etwaiger Anspruch aus § 317 Abs. 1 S. 2 (→ Rn. 30).

29 Bei **Insolvenz der abhängigen Gesellschaft** werden nach Abs. 4 iVm § 309 Abs. 4 S. 5 nicht nur die Ansprüche der Gesellschaft, sondern auch das Klagerecht der Aktionäre und das Verfolgungsrecht der Gläubiger durch den Insolvenzverwalter ausgeübt. Dies bedeutet insbesondere, dass die Vorschrift des § 309 Abs. 4 S. 4 betreffend die Unbeachtlichkeit eines Verzichts oder Vergleichs (→ Rn. 31) auch zugunsten des Insolvenzverwalters zur Anwendung gelangt. Der Insolvenzverwalter kann sich allerdings seinerseits vergleichen (→ Rn. 31). Zur Darlegungs- und Beweislast → Rn. 21.

30 **2. Ansprüche der außenstehenden Aktionäre.** Die Geltendmachung der Ansprüche aus Abs. 1 S. 2, Abs. 3 iVm Abs. 1 S. 2 gegen das herrschende Unternehmen (→ Rn. 13) und die gesetzlichen Vertreter (→ Rn. 25) ist Sache der Aktionäre. Diese klagen insoweit nicht als Prozessstandschafter, sondern aus **eigenem Recht**; § 309 Abs. 4 S. 1 und 2 (→ Rn. 27) findet keine Anwendung. Der Fortbestand des Anspruchs wird denn auch weder durch das Ausscheiden des Aktionärs aus der Gesellschaft (→ Rn. 14) noch durch die Beendigung des Abhängigkeitsverhältnisses (→ Rn. 27) berührt. Nebenintervention anderer Aktionäre ist nicht statthaft.[71]

V. Verzicht, Vergleich und Verjährung (Abs. 4)

31 **1. Verzicht und Vergleich.** Ein Verzicht auf und ein Vergleich über die **Ansprüche der Gesellschaft** aus Abs. 1 und 3 ist nach Abs. 4 nur unter den in § 309 Abs. 3 genannten Voraussetzungen möglich.[72] Danach bedarf es zunächst des Ablaufs einer **Frist von drei Jahren** seit Entstehung des Anspruchs; dies entspricht dem § 93 Abs. 4 S. 3. Zudem ist ein **Sonderbeschluss** der außenstehenden Aktionäre erforderlich;[73] ihm darf nicht eine Minderheit von 10 % des vertretenen Grundkapitals widersprochen haben. Die Dreijahresfrist (nur sie) gilt gemäß Abs. 4 iVm § 309 Abs. 3 S. 2 nicht, wenn der Ersatzpflichtige, also das herrschende Unternehmen oder sein gesetzlicher Vertreter, zahlungsunfähig ist und sich zur Abwendung oder Beseitigung des Insolvenzverfahrens mit seinen Gläubigern vergleicht oder wenn die Ersatzpflicht in einem Insolvenzplan geregelt wird (→ § 309 Rn. 47). Soweit nach Abs. 4 iVm § 309 Abs. 3 S. 1 ein Verzicht oder Vergleich vereinbart werden kann, berührt dies zwar nach Abs. 4 iVm § 309 Abs. 4 S. 4 nicht das Verfolgungsrecht der Gläubiger (→ Rn. 29). Der Insolvenzverwalter ist allerdings auch insoweit, als er das Verfolgungsrecht der Gläubiger ausübt, nicht an die Beschränkungen des § 309 Abs. 3 S. 2, Abs. 4 S. 4 gebunden.[74] Er kann sich vielmehr nach Abs. 4 iVm § 309 Abs. 4 S. 5 auch mit Wirkung gegenüber den Gläubigern und den Aktionären vergleichen.

32 **2. Verjährung.** Die Ansprüche der abhängigen Gesellschaft und der außenstehenden Aktionäre gegen das herrschende Unternehmen und seine gesetzlichen Vertreter verjähren nach Abs. 4 iVm § 309 Abs. 5 in **fünf Jahren**. Davon betroffen sind die Ansprüche der Gesellschaft aus § 317 Abs. 1 und 3, auch soweit sie durch den Insolvenzverwalter geltend gemacht werden (→ Rn. 29), ferner das Klagerecht der Aktionäre und das Verfolgungsrecht der Gläubiger (→ Rn. 27 f.), schließlich der auf Ersatz des Eigenschadens gerichtete Ersatzanspruch der Aktionäre nach Abs. 1 S. 2 (→ Rn. 13 f.). Die Verjährung beginnt mit der Entstehung des Anspruchs, mithin bei Ausgleichsfähigkeit des Nachteils mit Ende des Geschäftsjahres, in dem der kompensationslos gebliebene Nachteil zugefügt worden ist, bei nicht ausgleichsfähigen Nachteilen mit Nachteilszufügung (→ Rn. 18).[75] Für den Verjährungsbeginn unerheblich ist, ob und, wenn ja, wann das herrschende Unternehmen einen

---

[71] BGH ZIP 2006, 1218 f.; OLG Schleswig ZIP 2005, 1656 (1657 f.); K. Schmidt/Lutter/*J. Vetter* Rn. 34; zu § 317 Abs. 1 S. 1 → Rn. 27.
[72] Vgl. OLG Schleswig ZIP 2006, 421 (427 f.).
[73] *Mertens* FS Fleck, 1988, 208 (217); s. ferner OLG Schleswig ZIP 2006, 421 (428).
[74] Vgl. zu § 93 Abs. 5 RGZ 74, 428 (430); näher MüKoAktG/*Spindler* § 93 Rn. 256 f.
[75] K. Schmidt/Lutter/*J. Vetter* Rn. 41; Grigoleit/*Grigoleit* Rn. 16; vgl. ferner BGHZ 100, 228 (231 ff.) = NJW 1987, 1887; BGHZ 124, 27 (29 f.) = NJW 1994, 323.

Vorteil aus der Veranlassung gezogen hat. Fristbeginn und Fristberechnung beurteilen sich im Übrigen nach §§ 200, 187 Abs. 1, 188 Abs. 2 BGB.[76]

VI. Verhältnis zu anderen Vorschriften

1. Grundsatz. Die Haftung des herrschenden Unternehmens und seiner gesetzlichen 33 Vertreter nach § 317 hat **keinen Einfluss auf die Organisations- und Finanzverfassung** der abhängigen Gesellschaft. Dies beruht darauf, dass im Anwendungsbereich des § 317 die Nichtgewährung des Nachteilsausgleichs – und damit die Rechtswidrigkeit der Einflussnahme – feststeht (→ Rn. 9 f.); auf die Privilegierungsfunktion des § 311 (→ § 311 Rn. 2, 4 f., 8 ff.) ist mithin keine Rücksicht mehr zu nehmen. Die zu § 311 getroffene Feststellung, dass die Kapitalerhaltungsvorschriften und die allgemeinen Haftungstatbestände verdrängt werden (→ § 311 Rn. 77 ff., 82 ff., 88 ff.), lässt sich deshalb auf § 317 grundsätzlich nicht übertragen.[77]

2. Konkretisierung. Sobald die Rechtswidrigkeit der Maßnahme feststeht, finden §§ 76, 34 93, 116 uneingeschränkt Anwendung (→ § 311 Rn. 77 ff.). Vorstand und Aufsichtsrat der abhängigen Gesellschaft haften mithin neben den nach § 317 Verantwortlichen (→ § 318 Rn. 3 ff.). Auch die Vorschriften der §§ 57, 60, 62 sind neben § 317 anwendbar (→ § 311 Rn. 82 ff.). Das herrschende Unternehmen und seine gesetzlichen Vertreter haften ggf. auch aus § 117 (→ Rn. 88), das herrschende Unternehmen zudem unter dem Gesichtspunkt der Treupflichtverletzung (→ § 311 Rn. 89). Die Vorschrift des § 243 findet schon neben § 311 und erst recht neben § 317 Anwendung (→ § 311 Rn. 85 f.).

Anh. § 317

Qualifizierte Nachteilszufügung

Schrifttum: (Auswahl; zu wN, insbesondere für die Zeit vor „Bremer Vulkan", s. 2. Aufl. (Anh. II zu § 318); zur Kommentar- und Handbuchliteratur sowie zu den spezifisch GmbH-rechtlichen Fragen der „Existenzvernichtungshaftung" → Anh. § 318). *Balthasar*, Zum Austrittsrecht nach § 305 AktG bei „faktischer Beherrschung", NZG 2008, 858; *Beinert*, Die Konzernhaftung für die satzungsgemäß abhängig gegründete GmbH, 1995; *G. Bitter*, Das „TBB"-Urteil und das immer noch vergessene GmbH-Vertragskonzernrecht, ZIP 2001, 265; *Bruns*, Das „TBB"-Urteil und die Folgen, WM 2001, 1497; *Büscher*, Die qualifizierte faktische Konzernierung – eine gelungene Fortbildung des Rechts der GmbH?, 1999; *Cahn*, Verlustübernahme und Einzelausgleich im qualifizierten faktischen Konzern, ZIP 2001, 2159; *Decher*, Personelle Verflechtungen im Aktienkonzern, 1990; *ders.*, Die Zulässigkeit des qualifizierten faktischen Aktienkonzerns, DB 1990, 2005; *ders.*, Das Konzernrecht des AktG: Bestand und Bewährung, ZHR 171 (2007), 126; *ders.*, Das Business Combination Agreement – ein verdeckter Beherrschungsvertrag oder sonstiger strukturändernder Vertrag?, FS Hüffer, 2010, 145; *Deilmann*, Die Entstehung des qualifizierten faktischen Konzerns, 1990; *Eberth*, Die Aktiengesellschaft mit atypischer Zwecksetzung, 2000; *Emmerich*, Nachlese zum Autokran-Urteil des BGH zum GmbH-Konzernrecht, GmbHR 1987, 213; *M. Fuchs*, Verlustausgleich bei „qualifizierter Nachteilszufügung"? – Aktienrechtliche Konsequenz aus „Trihotel", 2011; *Geuting*, Ausgleichs- und Abfindungsansprüche der Minderheitsgesellschafter im qualifizierten faktischen GmbH-Konzern, BB 1994, 365; *Grigoleit*, Gesellschafterhaftung für interne Einflussnahme im Recht der GmbH, 2006; *Haarmann*, Der Begriff des Nachteils nach § 311 AktG, in Hommelhoff/Rowedder/Ulmer (Hrsg.), Max Hachenburg – Vierte Gedächtnisvorlesung 2000, 2001, 45; *Habersack*, Die Mitgliedschaft – subjektives und „sonstiges" Recht, 1996; *ders.*, Die Aktionärsklage – Grundlagen, Grenzen und Anwendungsfälle, DStR 1998, 533; *ders.*, Trihotel – Das Ende der Debatte?, Überlegungen zur Haftung für schädigende Einflussnahme im Aktien- und GmbH-Recht, ZGR 2008, 533; *ders.*, Gesellschafts- und Gruppeninteresse im Recht der abhängigen AG, in Kalss/Fleischer/Vogt, Gesellschafts- und Kapitalmarktrecht in Deutschland, Österreich und der Schweiz 2013, 2014, 1, in Kalss/Fleischer/Vogt, Gesellschafts- und Kapitalmarktrecht in Deutschland, Österreich und der Schweiz 2013, 2014, 1; *Hensler*, Die Betriebsaufspaltung – Konzernrechtliche Durchgriffshaftung im Gleichordnungskonzern?, ZGR 2000, 479; *Henze*, Reichweite und Grenzen des aktienrechtlichen Grundsatzes der Vermögensbindung – Ergänzung durch die Rechtsprechung zum Existenz vernichtenden Eingriff?, AG 2004, 405; *Heyder*, Der qualifizierte faktische Aktienkonzern, 1997; *Hoffmann-Becking*, Der qualifizierte faktische AG-Konzern – Tatbestand und Abwehransprüche, in Ulmer (Hrsg.), Probleme des Konzernrechts, 1989, 68; *Hommelhoff*, Empfiehlt es sich, das Recht faktischer Unternehmensverbindungen – auch im Hinblick auf das Recht anderer EG-

---

[76] Näher Hüffer/*Koch* § 93 Rn. 87 f.
[77] KK-AktG/*Koppensteiner* Rn. 50; Hüffer/*Koch* Rn. 17; MHdB AG/*Krieger* § 70 Rn. 137.

Staaten – neu zu regeln?, Gutachten G zum 59. DJT, 1992; *Hommelhoff/Stimpel/Ulmer* (Hrsg.), Heidelberger Konzernrechtstage: Der qualifizierte faktische GmbH-Konzern, 1992; *Hüffer*, Qualifiziert faktisch konzernierte Aktiengesellschaften nach dem Übergang zur Existenzvernichtungshaftung bei der GmbH, FS Goette, 2011, 191; *Klöckner*, Ausfallhaftung der Obergesellschaft bei Beendigung eines Beherrschungs- oder Gewinnabführungsvertrags, ZIP 2011, 1454; *Koppensteiner*, Über die Verlustausgleichspflicht im qualifizierten AG-Konzern, in Ulmer (Hrsg.), Probleme des Konzernrechts, 1989, 87; *Kropff*, Das „TBB"-Urteil und das Aktienkonzernrecht, AG 1993, 485; *ders.*, Konzerneingangskontrolle bei der qualifiziert konzerngebundenen Aktiengesellschaft, FS Goerdeler, 1987, 259; *Lieb*, Abfindungsansprüche im (qualifizierten?) faktischen Konzern, FS Lutter, 2000, 1151; *Lutter*, Der qualifizierte faktische Konzern, AG 1990, 179; *Mülbert*, Aktiengesellschaft, Unternehmensgruppe und Kapitalmarkt, 2. (unveränderte) Aufl. 1996; *Reiner*, Unternehmerisches Gesellschaftsinteresse und Fremdsteuerung, 1995; *Röhricht*, Die GmbH im Spannungsfeld zwischen wirtschaftlicher Dispositionsfreiheit ihrer Gesellschafter und Gläubigerschutz, FS BGH, Bundesanwaltschaft und Rechtsanwaltschaft beim BGH, 2000, 83; *ders.*, Die aktuelle höchstrichterliche Rechtsprechung zum Gesellschaftsrecht, VGR 5 (2002), 3; *Schall*, „Durchgriffshaftung" im Aktienrecht – haften faktischen Aktionären für existenzvernichtende Eingriffe, qualifiziert faktische Konzernierung oder materielle Unterkapitalisierung?, FS Stilz, 2014, 537; *K. Schmidt*, Gleichordnung im Konzern – terra incognita?, ZHR 155 (1991), 417; *Schürnbrand*, „Verdeckte" und „atypische" Beherrschungsverträge im Aktien- und GmbH-Recht, ZHR 169 (2005), 35; *Schulze-Osterloh*, Vermeidung der Konzernhaftung nach dem „TBB"-Urteil durch ordnungsgemäße Buchführung, ZIP 1993, 1838; *Schwörer*, Kein Austrittsrecht aus § 305 AktG im qualifizierten faktischen Aktienkonzern, NZG 2001, 550; *U. Stein*, Konzernherrschaft durch EDV?, ZGR 1988, 163; *Stimpel*, Die Rechtsprechung des Bundesgerichtshofes zur Innenhaftung des herrschenden Unternehmens im GmbH-Konzern, AG 1986, 117; *ders.*, „Durchgriffshaftung" bei der GmbH: Tatbestände, Verlustausgleich, Ausfallhaftung, FS Goerdeler, 1987, 601; *ders.*, Haftung im qualifizierten faktischen GmbH-Konzern, ZGR 1991, 144; *Timm*, Grundfragen des „qualifizierten" faktischen Konzerns im Aktienrecht, NJW 1987, 977; *H. Timmann*, Die Durchsetzung von Konzerninteressen in der Satzung der abhängigen Aktiengesellschaft, 2001; *Ulmer*, Verlustübernahmepflicht des herrschenden Unternehmens als konzernspezifischer Kapitalerhaltungsschutz, AG 1986, 123; *ders.*, Gläubigerschutz im „qualifizierten" faktischen GmbH-Konzern, NJW 1986, 1579; *G. Weigl*, Die Haftung im (qualifizierten) faktischen Konzern, 1996; *Werner*, Probleme der Anwendung des § 303 AktG im qualifizierten faktischen GmbH-Konzern, FS Goerdeler, 1987, 677; *Wilken*, Cash Management und qualifiziert faktische Konzernierung, DB 2001, 2383; *Wimmer-Leonhardt*, Konzernhaftungsrecht, 2004; *Zöllner*, Empfiehlt es sich, das Recht faktischer Unternehmensverbindungen neu zu regeln?, Referat zum 59. DJT, 1992, Bd. II (Sitzungsbericht), R 35; *ders.*, Qualifizierte Konzernierung im Aktienrecht, GS Knobbe-Keuk, 1997, 369.

Übersicht

	Rn.
I. Einführung	1–6
1. Überblick	1, 2
2. Die Entwicklung im GmbH-Recht	3, 4
3. Die Ausgangslage im Aktienrecht	5, 5a
4. Vereinbarkeit mit der Einpersonen-Gesellschaft-Richtlinie	6
II. Tatbestand	7–22
1. Abhängigkeit	7, 8
2. Nachteilszufügung und unterlassener Ausgleich	9–15
a) Grundlagen	9, 10
b) Nachteilige Einflussnahme	11–15
3. Unmöglichkeit des Einzelausgleichs	16–20
a) Allgemeines	16
b) Einzelfälle	17–20
4. Darlegungs- und Beweislast	21, 22
III. Rechtsfolgen	23–30
1. Ansprüche der abhängigen Gesellschaft	23
2. Ansprüche der Gläubiger	24–26
3. Ansprüche der außenstehenden Aktionäre	27–30
a) Abwehr- und Beseitigungsansprüche	27, 28
b) Anspruch auf Abfindung	29
c) Ausgleichsanspruch	30

I. Einführung

1 **1. Überblick.** Der durch das System des Einzelausgleichs (→ § 311 Rn. 9 f., 59 ff.) bezweckte Schutz der abhängigen Gesellschaft und ihrer Außenseiter kann naturgemäß nicht verwirklicht werden, wenn das herrschende Unternehmen die abhängige Gesellschaft in einer Weise leitet, dass sich einzelne Nachteilszufügungen nicht mehr isolieren oder in ihren nachteiligen Folgen für die abhängige Gesellschaft bewerten lassen.[1] Im Grundsatz ist es denn auch weithin anerkannt, dass sich solchermaßen „qualifizierte Nachteilszufügungen"[2] allein auf der

---

[1] Deutliche Betonung dieses Zusammenhangs bei *Stimpel* AG 1986, 117 (122).
[2] So auch die Terminologie bei MüKoAktG/*Kropff* 2. Aufl. § 317 Anh.; ferner *Emmerich/Habersack* KonzernR § 28 Rn. 5 ff.; KK-AktG/*Koppensteiner* Anh. § 318 Rn. 54; K. Schmidt/Lutter/*J. Vetter* § 317 Rn. 47 ff.; *Hölters/Leuering/Goertz* § 311 Rn. 57; HK-AktG/*Fett* § 311 Rn. 30; *Bitter/Bitter* BB 1996, 2153 (2156); *M. Fuchs* passim, insbes. 140 ff.

Grundlage eines Beherrschungsvertrags³ vornehmen lassen (→ Rn. 27 f.; → § 311 Rn. 8 f.). Fehlt es an einem solchen Vertrag, so fragt sich, ob die – im Vergleich zur Haftung aus §§ 311, 317 oder wegen Treupflichtverletzung sehr viel schärferen – **Rechtsfolgen der §§ 302 ff.** gleichwohl zur Anwendung gelangen. Dafür spricht bereits die Überlegung, dass andernfalls das herrschende Unternehmen, das jenseits der Funktionsvoraussetzungen des aktienrechtlichen Systems des Einzelausgleichs Leitungsmacht in Anspruch nimmt, gegenüber einem Unternehmen, das den gesetzlich vorgegebenen Weg des Abschlusses eines Beherrschungsvertrags mit all seinen Konsequenzen wählt (→ § 311 Rn. 8 f.), in unerträglicher Weise privilegiert würde. Auch die neueren Entwicklungen auf dem Gebiet des GmbH-Rechts (→ Anh. § 318 Rn. 33 ff.) geben für das Aktienrecht keinen Anlass, diese Wertung in Frage zu stellen (→ Rn. 5).

Die Erkenntnis, dass jede durch das System des Einzelausgleichs nicht mehr erfass- oder **2** kompensierbare nachteilige Einflussnahme nur auf der Grundlage eines Beherrschungsvertrags erfolgen darf, ist denn auch im Zusammenhang mit der Herausbildung des Tatbestands der qualifizierten Nachteilszufügung von Bedeutung. Aus ihr ergibt sich zunächst, dass die entsprechende Anwendung der §§ 302 ff. nicht erst bei einheitlicher Leitung, sondern **schon bei Abhängigkeit** in Betracht kommt (→ Rn. 7). Zudem macht sie deutlich, dass die entsprechende Anwendung der §§ 302 ff. nicht nur bei umfassender und dichter Leitung, sondern auch bei der Veranlassung zu **Einzelmaßnahmen** nachteiliger Art zu befürworten ist (→ Rn. 10, 14 f.). Auch mit der entsprechenden Anwendung der §§ 302 ff. geht freilich nicht die rechtliche Billigung dieses – nicht unternehmensvertraglich legitimierten – Beherrschungsverhältnisses einher. Vielmehr haben die abhängige Gesellschaft und jeder außenstehende Gesellschafter unabhängig vom Eingreifen der Rechtsfolgen der §§ 302 ff. das Recht, das herrschende Unternehmen auf **Unterlassung und Beseitigung** in Anspruch zu nehmen (→ Rn. 27 f.).

2. Die Entwicklung im GmbH-Recht. Tatbestand und Rechtsfolgen der qualifizier- **3** ten Nachteilszufügung gehen auf entsprechende Überlegungen zum Recht der abhängigen GmbH zurück.⁴ Während im Schrifttum bereits in den siebziger Jahren eine lebhafte Diskussion über den sog. qualifizierten faktischen Konzern aufgekommen war,⁵ ist es die „**Autokran**"-**Entscheidung** des II. Zivilsenats des BGH vom 16.9.1985 gewesen, die diesen Überlegungen zum praktischen Durchbruch verholfen hat.⁶ In dieser Entscheidung hat der BGH in „entsprechender Anwendung" des § 303 eine allein unter dem Vorbehalt des Gedankens des § 317 Abs. 2 stehende Ausfallhaftung des herrschenden Unternehmens gegenüber den Gläubigern der abhängigen und vermögenslosen GmbH für den Fall bejaht, dass das herrschende Unternehmen die Geschäfte der abhängigen GmbH dauernd und umfassend selbst geführt hat. Im „**Tiefbau**"-**Urteil** vom 20.2.1989 hat der Senat den Tatbestand der dauernden und umfassenden Leitung präzisiert und zudem als Rechtsfolge die Verlustübernahmepflicht des herrschenden Unternehmens gegenüber der abhängigen (mehrgliedrigen) GmbH anerkannt;⁷ zugleich hat der den noch im Autokran-Urteil bemühten § 317 Abs. 2 durch einen neu eingeführten Kausalitätsgegenbeweis ersetzt und damit

---

³ Dem Beherrschungsvertrag steht die Eingliederung gleich.
⁴ Näher zur Entwicklung UHW/Casper GmbHG Anh. § 77 Rn. 96 ff.; Emmerich/Habersack KonzernR § 31; Habersack ZGR 2008, 533 ff.; Holzwarth, Konzernrechtlicher Gläubigerschutz bei der klassischen Betriebsaufspaltung, 1994, 135 ff.
⁵ Vgl. namentlich den vom Arbeitskreis GmbH-Reform unterbreiteten Gesetzgebungsvorschlag (Arbeitskreis GmbH-Reform, Hueck/Lutter/Mertens/Rehbinder/Ulmer/Wiedemann/Zöllner, Thesen und Vorschläge zur GmbH-Reform, Bd. 2, 1972, 49 ff.); s. ferner Schilling FS Hefermehl, 1976, 383 (393 f., 398 f.); Martens DB 1970, 865 (868 f.); Emmerich AG 1975, 285 (288 f.).
⁶ BGHZ 95, 330 (339, 345 ff.) = NJW 1986, 188; s. zuvor bereits BGH WM 1979, 937 (941) (Gervais): Verlustübernahmepflicht bei umfassender Eingliederung einer GmbH & Co. KG im Einvernehmen mit Gesellschafter. Zu BGHZ 95, 330 s. namentlich Assmann JZ 1986, 881 ff.; Emmerich GmbHR 1987, 213 ff.; Lutter ZIP 1985, 1425 ff.; K. Schmidt ZIP 1986, 146 ff.; ders. BB 1985, 2074 ff.; Stimpel AG 1986, 117 ff.; ders. FS Goerdeler, 1987, 601 ff.; Ulmer NJW 1986, 1579 ff.; ders. AG 1986, 123 ff.; J. Wilhelm DB 1986, 2113 ff.
⁷ BGHZ 107, 7 (15 ff.) = NJW 1989, 1800; dazu Decher DB 1989, 965 ff.; K. Schmidt ZIP 1989, 545 ff.; Stimpel ZGR 1991, 144 ff.; Ziegler WM 1989, 1041 ff. (1077 ff.).

dem herrschenden Unternehmen der Einwand gestattet, dass die eingetretenen Verluste auf Umstände zurückzuführen sind, die mit der einheitlichen Leitung nichts zu tun haben.[8] Das **„Video"-Urteil** vom 23.9.1991 hat die Haftung nach §§ 302, 303 auf Sachverhalte erstreckt, in denen der geschäftsführende Alleingesellschafter der GmbH zugleich ein einzelkaufmännisches Unternehmen betreibt und weitere GmbH-Beteiligungen hält.[9] Ein zu weit formulierter Leitsatz,[10] vor allem aber einige weitreichende Vermutungsregeln haben eine heftige, sehr kontrovers geführte Diskussion ausgelöst,[11] deren vorläufiger Schlusspunkt das als bloße „Klarstellung" bezeichnete, in der Sache aber eine Wende einleitende **„TBB"-Urteil** vom 29.3.1993 bildete.[12] Die herausragende Bedeutung dieses Urteils war in der Auswechslung des die Qualifikation begründenden Tatbestands zu sehen. Danach sollte die Haftung entsprechend §§ 302, 303 nicht auf der dauernden und umfassenden Leitung der abhängigen Gesellschaft, sondern auf einem – grundsätzlich vom Kläger darzulegenden und ggf. zu beweisenden (→ Rn. 21 f.) – objektiven Missbrauch der Leitungsmacht durch das herrschende Unternehmen gründen. Ein solcher Missbrauch sollte vorliegen, „wenn der die GmbH beherrschende Unternehmensgesellschafter die Konzernleitungsmacht in einer Weise ausübt, die keine angemessene Rücksicht auf die eigenen Belange der abhängigen Gesellschaft nimmt, ohne dass sich der ihr insgesamt zugefügte Nachteil durch Einzelausgleichsmaßnahmen kompensieren ließe."[13]

4 Der Ansatz des „TBB"-Urteils wurde zwar zunächst vom BGH mehrfach bestätigt,[14] freilich stets nur obiter und zudem im Zusammenhang mit der Einpersonen-GmbH.[15] Für die Einpersonen-GmbH enthielt allerdings schon das „TBB"-Urteil selbst die Einschränkung, dass ein Missbrauch der Leitungsmacht erst dann anzunehmen sei, wenn die abhängige Gesellschaft infolge des Eingriffs ihren Verbindlichkeiten nicht mehr nachkommen könne.[16] Der Sache nach lief deshalb der „TBB"-Ansatz auf die Anerkennung eines nicht zur Disposition des Gesellschafters stehenden Bestandsinteresses der abhängigen Einpersonen-GmbH oder, anders gewendet, auf die Etablierung eines Verbots existenzvernichtender Eingriffe hinaus,[17] wie es von Teilen des Schrifttums auch unabhängig von Konzernsachverhalten propagiert worden war (→ Anh. § 318 Rn. 34). In seinem **„Bremer-Vulkan"-Urteil** hat

---

[8] BGHZ 107, 7 (18) = NJW 1989, 1800; ferner BGHZ 116, 37 (42) = NJW 1992, 505 (Stromlieferung); näher *Hommelhoff* DB 1992, 309 (310, 314); *Ulmer* AG 1986, 123 (128); *Stimpel* FS Goerdeler, 1987, 601 (618 f.).
[9] BGHZ 115, 187 (189) = NJW 1991, 3142; dazu insbes. die Beiträge in Hommelhoff/Stimpel/Ulmer; ferner *Altmeppen* DB 1991, 2225 ff.; *Drygala* ZIP 1992, 1797 ff.; *Flume* ZIP 1992, 817 ff.; *Hommelhoff* Gutachten 69 ff.; *Kleindiek* ZIP 1991, 1330 ff.; ders. GmbHR 1992, 574 ff.; *K. Schmidt* ZIP 1991, 1325 ff.; *Stodolkowitz* ZIP 1992, 1517 ff.; *Westermann* DWiR 1992, 179 ff.; *Zöllner*, Sitzungsbericht 59. DJT, 1992, R 35, 41 ff. Zur Frage der Vereinbarkeit der Video-Doktrin mit der Einpersonen-Gesellschaft-Richtlinie → Rn. 6.
[10] *Stodolkowitz* ZIP 1992, 1517 (1523); ferner *Goette* DStR 2000, 1066 (1067).
[11] S. namentlich die Beiträge in Hommelhoff/Stimpel/Ulmer; ferner *Altmeppen* DB 1991, 2225 ff.; *Flume* ZIP 1992, 817 ff.; *Kleindiek* ZIP 1991, 1330 ff.; ders. GmbHR 1992, 574 ff.; *K. Schmidt* ZIP 1991, 1325 ff.
[12] BGHZ 122, 123 = NJW 1993, 1200 = JZ 1993, 575 mit Anm. *Lutter*; Vorinstanzen: LG Oldenburg ZIP 1992, 1632 und OLG Oldenburg ZIP 1992, 1631 f.; näher zum „TBB"-Urteil *Altmeppen* DB 1994, 1912 ff.; *Burgard* WM 1993, 925 ff.; *Drygala* GmbHR 1993, 317 ff.; *Goette* DStR 1993, 568; *Hommelhoff* ZGR 1994, 395 ff.; *Krieger* ZGR 1994, 375 ff.; *Kleindiek* DZWiR 1993, 177 ff.; *K. Schmidt* ZIP 1993, 549; *U. H. Schneider* WM 1993, 782 ff.; *Westermann* ZIP 1993, 554 ff.; verkannt von OLG Rostock NZG 1999, 170 mit Anm. *Habersack*.
[13] BGHZ 122, 123 (130) = NJW 1993, 1200; zust. namentlich Hachenburg/*Ulmer* 8. Aufl. GmbHG Anh. § 77 Rn. 130 ff.; Emmerich/Sonnenschein/*Habersack* 7. Aufl. § 28 II 2, § 31; *Hommelhoff* ZGR 1994, 395 ff.; *Krieger* ZGR 1994, 375 ff.; abl. etwa Roth/Altmeppen/*Altmeppen* 3. Aufl. GmbHG Anh. § 13 Rn. 117 ff., 170; Rowedder/*Koppensteiner* 3. Aufl. GmbHG Anh. § 52 Rn. 74 ff.; *W. Müller* FS Rowedder, 1994, 277 (287 ff.); *Bitter* ZIP 2001, 265 (266 ff.); *Büscher* 153 ff.
[14] BGH NJW 1994, 446; 1994, 3288 (3290); 1995, 1544 (1545); 1995, 2989 (2990) (X. Zivilsenat); 1997, 943; ZIP 2000, 2163; s. ferner BAGE 76, 79 (86 ff.) = NJW 1994, 3244; BAG NJW 1996, 1491 (1492); BSGE 75, 82 (90 f.) = NJW-RR 1995, 730; OLG München NJW 1994, 2900 (2901); OLG Köln BB 1997, 169 (170); OLG Celle ZIP 2000, 1981 (1984 f.); OLG Düsseldorf AG 2001, 90.
[15] Vgl. die sorgfältige Rechtsprechungsanalyse von *Goette* in Ulmer (Hrsg.), Haftung im qualifizierten faktischen GmbH-Konzern – Verbleibende Relevanz nach dem TBB-Urteil?, 11 ff.
[16] BGHZ 122, 123 (130) = NJW 1993, 1200; dazu 3. Aufl. § 318 Anh. II Rn. 8.
[17] Herausarbeitung dieser Zusammenhänge bei *Röhricht* FS BGH, 2000, 83 (103 ff.).

deshalb der BGH den konzernrechtlichen Ansatz der „TBB"-Formel aufgegeben und diese zu einer *allgemeinen* Haftung des Alleingesellschafters für existenzvernichtende Eingriffe fortentwickelt.[18] Die **„KBV"-Entscheidung** hat sodann den Zusammenhang dieser Haftung mit der allgemeinen Durchgriffslehre hergestellt und damit zugleich das Modell einer Binnenhaftung verworfen.[19] Mit dem **„Trihotel"-Urteil** vom 16.7.2007 ist der BGH zur Binnenhaftung zurückgekehrt; die Haftung gründet danach auf § 826 BGB (ist also vorsatzabhängig) und ist auf Ersatz des eingriffsbedingten Gläubigerausfallschadens gerichtet (→ Anh. § 318 Rn. 34 ff.).

3. Die Ausgangslage im Aktienrecht. Bis in das Jahr 2001 hinein entsprach es der 5 ganz hM, dass sich die für das GmbH-Recht entwickelten Grundsätze über die qualifizierte faktische Unternehmensverbindung auf das Aktienrecht übertragen lassen.[20] Hieran hat sich durch die zur Einpersonen-GmbH ergangene Rechtsprechung zur Existenzvernichtungshaftung (→ Rn. 4) nichts geändert.[21] Zwar hat der **BGH** die Frage einer Haftung für qualifizierte Nachteilszufügung ausdrücklich offen gelassen.[22] Das **BVerfG** hat indes zu erkennen gegeben, dass das Ausgleichssystem der §§ 311 ff. einer verfassungsrechtlichen Überprüfung nur unter der **Voraussetzung** Stand zu halten vermag, dass die Einflussnahme durch das herrschende Unternehmen dem **Einzelausgleich zugänglich** ist.[23] Für die Anerkennung der Lehre von der qualifizierten Nachteilszufügung spricht vor allem, dass die §§ 311 ff. und damit das – allein unter dem Vorbehalt des Ausgleichs stehende – Verbot der Nachteilszufügung auch für die **Einpersonen-AG** uneingeschränkt Geltung beanspruchen (→ § 311 Rn. 13; → § 312 Rn. 6). Dem entspricht es, dass auch der über Unternehmensqualität verfügende Alleinaktionär, solange er keinen Beherrschungsvertrag schließt, **kein Weisungsrecht** gegenüber dem Vorstand hat, vielmehr auch der Vorstand der abhängigen Einpersonen-AG dieselbe nach Maßgabe der §§ 76 Abs. 1, 311 ff. (→ § 311 Rn. 77 ff.) zu leiten hat. In beidem unterscheidet sich das Aktienrecht schon im Ausgangspunkt vom Recht der GmbH. Die „Bremer Vulkan"-, „KBV"- und „Trihotel"-Rechtsprechung basiert denn auch auf der Prämisse, dass die Einpersonen-GmbH – vorbehaltlich existenzvernichtender Eingriffe – offen für kompensationslose Nachteilszufügungen durch den Gesellschaf-

---

[18] BGHZ 149, 10 (16 f.) = NJW 2001, 3622 = NZG 2002, 38.
[19] BGHZ 151, 181 (186 ff.) = NZG 2002, 914.
[20] OLG Hamm NJW 1987, 1030; *Emmerich/Sonnenschein/Habersack* 7. Aufl. § 28; *Hommelhoff* Gutachten 14 f., 32 ff.; *Hüffer* 4. Aufl. § 302 Rn. 30, § 303 Rn. 7, § 311 Rn. 11; MHdB AG/*Krieger* 2. Aufl. § 69 Rn. 113 ff.; *Lutter* ZGR 1982, 244 (262 ff.); *Stimpel* AG 1986, 117 (121 f.); *Timm* NJW 1987, 977 (978 ff.); *Wiedemann* 77 ff.; *Zöllner* GS Knobbe-Keuk, 1997, 369 ff.; *Deilmann* 125 ff.; *Heyder* 175 ff.; *Weigl* 179 ff.; der Sache nach auch MüKoAktG/*Kropff* 2. Aufl. Rn. 50 ff. (einschr. – Verlustausgleich nur bei nachhaltiger und dauernder Einwirkung – noch *ders.* AG 1993, 485 (493 f.)); *Mülbert* 476 ff., 487 ff. mwN; aA – gegen Vorliegen einer Regelungslücke – OLG Düsseldorf NJW-RR 2000, 1132 f.; für Stärkung oder Modifizierung der §§ 311 ff. *Bälz* AG 1992, 277 (291 ff.); KK-AktG/*Koppensteiner* 2. Aufl. Rn. 24; *ders.* in Ulmer, Probleme des Konzernrechts, 87, 90 ff.; *W. Müller* FS Rowedder, 1994, 277 (287 f.); für Durchgriffshaftung *Reiner* 263 ff.
[21] So auch OLG Köln AG 2009, 416 (418 ff.); LG Köln AG 2008, 327 (334 f.); LG München I ZIP 2008, 242 (243); MüKoAktG/*Bayer* § 18 Rn. 11; *Bayer/Trölitzsch* in Lutter/Bayer Holding-HdB § 8 Rn. 87; K. Schmidt/Lutter/*J. Vetter* § 317 Rn. 47 ff.; Spindler/Stilz/*Müller* Vor § 311 Rn. 25 ff.; HK-AktG/*Fett* § 311 Rn. 27 ff.; *Hölters/Leuering/Goertz* § 311 Rn. 97 f.; MHdB AG/*Krieger* § 70 Rn. 142; Kübler/*Assmann* GesR 448; Raiser/Veil KapGesR § 53 Rn. 54 ff.; *K. Schmidt* GesR § 31 IV 4; *Burgard* WM 2006, 1651 (1652); *Cahn* ZIP 2001, 2159 (2160); *Eberl-Borges* Jura 2002, 761 (764); *dies.* WM 2003, 105; *M. Fuchs* 140 ff.; *Habersack* ZGR 2008, 533 (549 ff.); *ders.* in KFV 18 ff.; *Schall* FS Stilz, 2014, 536 (548 ff.); *Schürnbrand* ZHR 169 (2005), 35 (58); *Wimmer-Leonhardt* 380 ff.; s. ferner *Wiedemann* ZGR 2003, 283 (296 f.); aA OLG Stuttgart ZIP 2007, 1210 (1213); AG 2007, 873 (875); LG Kiel GWR 2009, 92; MüKoAktG/*Altmeppen* Rn. 14 ff., 22 ff.; KK-AktG/*Koppensteiner* Anh. § 318 Rn. 63 ff.; Hüffer/*Koch* § 1 Rn. 29, § 317 Rn. 9a; *Hüffer* FS Goette, 2011, 192 (200 ff.); Grigoleit/*Grigoleit* § 1 Rn. 113 f., § 317 Rn. 7; *Grigoleit*, Gesellschafterhaftung für interne Einflussnahme im Recht der GmbH, 2006, 261 ff., 411 f.; *Decher* ZHR 171 (2007), 126 (137); *Tröger/Dangelmayer* ZGR 2011, 558 (585 ff.); wohl auch OLG Köln ZIP 2007, 28 (30); *Henze* AG 2004, 405 (414 f.) – Zur Fortgeltung der Grundsätze über die qualifizierte Nachteilszufügung auch für die mehrgliedrige GmbH → Anh. § 318 Rn. 3.
[22] BGH AG 2008, 779 f. = NZG 2008, 831 – Züblin/Strabag; ebenso OLG Zweibrücken ZIP 2005, 948 (950).
[23] BVerfG ZIP 2011, 2094 Rn. 19 ff.

ter ist.²⁴ Sie ist vor dem Hintergrund zu sehen, dass ein Eigeninteresse der Einpersonen-GmbH – Entsprechendes gilt für die im Einvernehmen aller Gesellschafter geschädigte GmbH – vorbehaltlich des Verbots existenzvernichtender Eingriffe nicht anzuerkennen ist, und versteht sich deshalb als erhebliche Einschränkung des allgemeinen, aus der Treupflicht herzuleitenden Schädigungsverbots (→ Anh. § 318 Rn. 27 ff., 33 ff.). Nicht wenige Gegner der Lehre von der qualifizierten Nachteilszufügung gelangen denn auch über großzügige und die Grenzen des § 287 ZPO sprengende **Schadenspauschalierungen** und Erleichterungen des Kausalitätsnachweises zu ganz ähnlichen Ergebnissen.²⁵

5a So gesehen geht es nicht um die Frage, ob der Gläubigerschutz bei der AG hinter dem Standard des GmbH-Rechts zurückbleiben kann; mit Blick auf die skizzierten Unterschiede zwischen Aktien- und GmbH-Recht ist vielmehr zu fragen, ob nicht das Aktienrecht einen über das Verbot existenzvernichtender Eingriffe hinausgehenden Schutz der AG und ihrer Gläubiger sowie etwaiger Minderheitsaktionäre gebietet. Bedenkt man, dass sich für das Aktienrecht angesichts der Existenz der §§ 291 ff., 311 ff. die Berechtigung eines Sonderrechts der abhängigen Gesellschaft kaum wird leugnen lassen, ferner, dass die Funktionsfähigkeit des in §§ 311, 317 geregelten Schutzsystems unter dem Vorbehalt steht, dass die jeweilige Maßnahme dem Einzelausgleich zugänglich ist und jede Form der Einflussnahme, die der Möglichkeit des Einzelausgleichs entzogen sind, rechtswidrig sind,²⁶ so sollte es für die **abhängige AG,** mag sie über außenstehende Aktionäre verfügen oder nicht, nach wie vor dabei bewenden, dass das herrschende Unternehmen in **entsprechender Anwendung der §§ 302 ff.** haftet, wenn es der Gesellschaft in qualifizierter, dh nicht dem Einzelausgleich zugänglicher Weise Nachteile zufügt.²⁷ Die praktische Folge ist, dass die AG und mit ihr die Gesellschaftsgläubiger bereits gegen existenzgefährdende Maßnahmen geschützt ist, das herrschende Unternehmen also schon **im Vorfeld der Existenzvernichtung** von den Minderheitsaktionären auf Unterlassung und von der abhängigen Gesellschaft auf Verlustausgleich in Anspruch genommen werden kann; von Bedeutung ist dies namentlich im Zusammenhang mit konzernintegrativen Maßnahmen (→ Rn. 23, 27 ff.). Ein Rückgriff auf die – problematische – Lehre vom **„verdeckten" Beherrschungsvertrag** (→ § 291 Rn. 24 ff.) erübrigt sich hierdurch. Hingegen mag man in Fällen, in denen Insolvenzreife eingetreten ist, ergänzend auf die Grundsätze über die Existenzvernichtungshaftung zurückzugreifen.²⁸ Praktische Bedeutung kommt dem indes schon deshalb nicht zu, weil sich das in der „Trihotel"-Entscheidung entwickelte Haftungskonzept (→ Rn. 4; → Anh. § 318 Rn. 34 ff.) weitgehend an die – durch die Grundsätze über die qualifizierte Nachteilszufügung nicht verdrängte – **Haftung nach § 117** anlehnt.²⁹

6 **4. Vereinbarkeit mit der Einpersonen-Gesellschaft-Richtlinie.** Die Grundsätze über die qualifizierte faktische Unternehmensverbindung sahen sich, zumal in ihrer Ausprägung durch das (schon durch „TBB" überholte, → Rn. 3) „Video"-Urteil, wiederholt dem

---

²⁴ So in aller Deutlichkeit und unter Betonung der im Text genannten Unterschiede zwischen GmbH- und Aktienrecht *Röhricht* VGR 5 (2002), 3 (13 f.); s. ferner dessen Äußerung im Rahmen der sich an den Vortrag anschließenden Diskussion, wiedergegeben im Diskussionsbericht von *Grahn* 39, 43, wonach man den grundlegenden strukturellen Unterschied zwischen GmbH und AG auch beim Schutz der Gläubiger der Ein-Mann-Gesellschaften berücksichtigen müsse und eine Gleichbehandlung aller Ein-Mann-Gesellschaften unabhängig von der Rechtsform deshalb nicht zwingend geboten sei; s. ferner MHdB AG/*Krieger* § 70 Rn. 142: „nicht übertragbar"; Spindler/Stilz/*Müller* Vor § 311 Rn. 26; K. Schmidt/Lutter/*J. Vetter* § 317 Rn. 49; HK-AktG/*Fett* § 311 Rn. 30.
²⁵ MüKoAktG/*Altmeppen* Rn. 14 ff., 22 ff.; Grigoleit/*Grigoleit* § 1 Rn. 113 f., § 317 Rn. 7; *Grigoleit,* Gesellschafterhaftung für interne Einflussnahme im Recht der GmbH, 2006, 261 ff., 411 f.; s. ferner Hüffer/*Koch* § 317 Rn. 9a.
²⁶ Dies betont auch KK-AktG/*Koppensteiner* Anh. § 318 Rn. 38 mit Anh. § 317 Rn. 26 ff.
²⁷ Diese Zusammenhänge werden verkannt von OLG Düsseldorf NJW-RR 2000, 1132 (1133).
²⁸ Gegen ergänzenden Rückgriff auf die „Existenzvernichtungshaftung" deshalb MHdB AG/*Krieger* § 70 Rn. 142; *Schall* FS Stilz, 2014, 536 (547 f.); ferner MüKoAktG/*Altmeppen* Rn. 13.
²⁹ *Habersack* in KFV 1, 18 f.; zutr. Betonung der Parallelität zwischen „Existenzvernichtungshaftung" und § 117 auch bei Hüffer/*Koch* Rn. 30.

Vorwurf ihrer Unvereinbarkeit mit der Einpersonen-Gesellschaft-Richtlinie[30] ausgesetzt.[31] Geltend gemacht wurde, dass Art. 2 Abs. 2 RL 2009/102/EG die zulässigen Beschränkungen des Zugangs zur Rechtsform der Einpersonen-Gesellschaft mit beschränkter Haftung abschließend regle. Zumal nach der durch das „TBB"-Urteil erfolgten, für das Aktienrecht weiterhin maßgebenden (→ Rn. 5, 9 ff.) Kurskorrektur sind diese Stimmen heute verstummt. In der Tat regelt Art. 2 Abs. 2 RL 2009/102/EG nur allgemeine Beschränkungen des Zugangs zur Rechtsform der Einpersonen-Gesellschaft. Gesetzliche oder richterrechtliche Haftungsregeln, denen zufolge der Alleingesellschafter nicht schlechthin, sondern nur unter besonderen Voraussetzungen und im Einzelfall für die Verbindlichkeiten der Gesellschaft einzustehen hat, sind dagegen durch Art. 2 Abs. 2 RL 2009/102/EG auch dann nicht verboten, wenn sie konzernrechtlicher Natur sind.[32]

II. Tatbestand

1. Abhängigkeit. Die wohl hM war unter Geltung der „TBB"-Grundsätze der Auffassung, dass die Haftung entsprechend §§ 302, 303 (→ Rn. 28 ff.) das Vorliegen eines Konzerns iSv § 18 voraussetzt und somit bei (qualifizierter) Abhängigkeit nicht in Betracht kommt.[33] Dem konnte schon seinerzeit nicht gefolgt werden.[34] Zu berücksichtigen war und ist vielmehr, dass die Gefährdung der außenstehenden Aktionäre und Gläubiger, der die §§ 311 ff. Rechnung tragen wollen, allein auf der Verfolgung eines anderweitigen unternehmerischen Interesses des herrschenden Gesellschafters und damit auf der Abhängigkeit beruhen (→ § 311 Rn. 1). Nimmt aber das herrschende Unternehmen in der Weise Einfluss, dass der Schutz der Außenseiter durch Einzelausgleich versagt, so kann dieser Gefährdungslage nur durch Rückgriff auf die für diese Art der Einflussnahme konzipierten Vorschriften der §§ 302 ff. begegnet werden. Mittelbare Abhängigkeit genügt (→ § 17 Rn. 26 f.). Auf die **Einpersonen-AG** finden die Grundsätze über die qualifizierte Nachteilszufügung – ebenso wie die §§ 311 ff. – ohne jede Einschränkung Anwendung (→ Rn. 5).[35] – Zum Sonderfall der **statutarischen Abhängigkeit** → Rn. 12; → § 311 Rn. 41. 7

Die Grundsätze über die qualifizierte Nachteilszufügung verstehen sich als Ergänzung des in §§ 311, 317 geregelten Systems des Einzelausgleichs und gelangen deshalb auch gegenüber einer **natürlichen Person** zur Anwendung, die neben ihrer Beteiligung an der Gesellschaft ein einzelkaufmännisches Unternehmen betreibt oder eine anderweitige unternehmerische Beteiligung hält und damit als Unternehmen iSv § 15 zu qualifizieren ist (→ § 15 Rn. 11).[36] 8

---

[30] RL 2009/102/EG des Europäischen Parlaments und des Rates auf dem Gebiet des Gesellschaftsrechts betreffend Gesellschaften mit beschränkter Haftung mit einem einzigen Gesellschafter vom 16.9.2009, ABl. EG L 258, 20; abgedruckt auch in *Habersack/Verse* EuropGesR § 10 Rn. 22; zur Geltung der Richtlinie auch für die AG s. *dies.* § 10 Rn. 4; zur anstehenden Reform → Einl. Rn. 43.

[31] S. namentlich *Kindler* ZHR 157 (1993), 1 ff.; *W. H. Roth* ZIP 1992, 1054 ff.

[32] BGHZ 122, 123 (135 f.) = NJW 1993, 1200; *Drygala* ZIP 1992, 1528 ff.; *Stodolkowitz* ZIP 1992, 1517 (1526 ff.); *Habersack/Verse* EuropGesR § 10 Rn. 12 ff. mwN.

[33] BAG ZIP 1994, 1378 (1379); OLG Bremen NZG 1999, 724; Hachenburg/*Ulmer* 8. Aufl. GmbHG Anh. § 77 Rn. 126; Baumbach/Hueck/*Zöllner* GmbHG 17. Aufl. Schlussanh. I Rn. 87; *Zöllner* Referat 35, 37 f. (52); *Krieger* in Hommelhoff/Stimpel/Ulmer 41, 43 f.; MHdB AG/*ders.* 2. Aufl. § 69 Rn. 115; *Michalski/Zeidler* NJW 1996, 224 (225).

[34] *Emmerich/Sonnenschein/Habersack* 7. Aufl. § 31 I 3; *Kropff* AG 1993, 485 (488); MüKoAktG/*ders.* 2. Aufl. Rn. 32 f.; *K. Schmidt* in Hommelhoff/Stimpel/Ulmer 109, 111 ff.; *ders.* ZIP 1989, 545 (548); *Bruns* WM 2001, 1497 (1498 f.); *Drygala* GmbHR 1993, 317 (321 f.); *Hommelhoff* ZGR 1994, 395 (400); *Versteegen* DB 1993, 1225; wie hier jetzt auch Spindler/Stilz/*Müller* Vor § 311 Rn. 25; K. Schmidt/Lutter/*J. Vetter* § 311 Rn. 49; MHdB AG/*Krieger* § 70 Rn. 143; *M. Fuchs* 141 f.; wohl auch OLG Düsseldorf NZG 1999, 502 (503); OLG Frankfurt AG 1998, 139 (140).

[35] So auch *Zöllner* GS Knobbe-Keuk, 1997, 369 (377).

[36] So unter Geltung von „TBB" auch (jeweils die GmbH betr.) BGH NJW 1994, 446; 1997, 943; ZIP 2000, 2163; OLG Köln BB 1997, 169 (170 f.); OLG Naumburg NZG 2001, 850 (851); Hachenburg/*Ulmer* 8. Aufl. GmbHG Anh. § 77 Rn. 115; *Boujong* FS Odersky, 1996, 739 (750 f.); offengelassen von BGHZ 122, 123 (128) = NJW 1993, 1200; BGHZ 115, 187 (190 f.) = NJW 1991, 3142; aA *K. Schmidt* ZHR 155 (1991), 417 (432 ff., 440 ff.) (Verlustausgleich zwischen gleichstufigen Schwestergesellschaften); ähnlich bereits *Ehlke* DB 1986, 523 (526). Zur Frage eines Durchgriffs auf Schwestergesellschaften → § 18 Rn. 38; → Anh. § 318 Rn. 36, 38.

Die Annahme eines Haftungsprivilegs hinsichtlich des Privatvermögens der natürlichen Person ist schon deshalb nicht veranlasst, weil in den einschlägigen Fällen häufig auch die Schwestergesellschaften insolvent sind; es kommt hinzu, dass sich ein solches Privileg ohnehin nicht auf den (konzernrechtlich relevanten) Beteiligungsbesitz der natürlichen Person erstrecken würde und damit eine unter vollstreckungsrechtlichen Gesichtspunkten gebotene Vermögensseparierung nicht gewährleistet wäre.[37] Auch durch Einschaltung einer **Zwischenholding** kann der Gesellschafter die persönliche Haftung nur unter der Voraussetzung abwenden, dass die Mitgliedschaftsrechte rechtlich und tatsächlich durch die Holding selbst ausgeübt werden.[38] Daran fehlt es regelmäßig, wenn der frühere Aktionär persönlich die Geschäfte der Holding führt.

9 **2. Nachteilszufügung und unterlassener Ausgleich. a) Grundlagen.** Für das GmbH-Recht hatte das „TBB"-Urteil (→ Rn. 3) eine **mit Strukturelementen versehene Verhaltenshaftung** des herrschenden Unternehmens etabliert.[39] Hieran ist für das Aktienrecht anzuknüpfen.[40] Dabei liegt das Verhaltenselement in der Anknüpfung der Haftung an einen objektiven, dh verschuldensunabhängigen (→ § 317 Rn. 24)[41] Missbrauch der Leitungsmacht und damit letztlich in der nachteiligen und nicht nach Maßgabe des § 311 ausgeglichenen Einflussnahme durch das herrschende Unternehmen (→ Rn. 11 ff.). Das Strukturelement ist demgegenüber in dem Vorliegen eines Abhängigkeitsverhältnisses (→ Rn. 7 f.) und in der durch Zufügung eines dem Einzelausgleich nicht zugänglichen Nachteils geschaffenen Gefährdungslage zu sehen. Qualifizierendes Element ist demnach die **Unmöglichkeit des Einzelausgleichs** (→ Rn. 16 ff.),[42] weshalb die Haftung auf einer „qualifizierten Nachteilszufügung" bzw. – bei der mehrgliedrigen GmbH (→ Anh. § 318 Rn. 3) – auf einer „qualifizierten Treupflichtverletzung" beruht (→ Rn. 1).

10 Indem das qualifizierende Element darauf abstellt, dass wegen der Art der Einflussnahme ein Einzelausgleich nicht möglich ist, bringt es – im Sinne eines negativen Tatbestandsmerkmals[43] – den subsidiären Charakter der Haftung zum Ausdruck: Für sie ist kein Raum, wenn und soweit sich der der abhängigen Gesellschaft zugefügte Nachteil im Wege des Einzelausgleichs kompensieren lässt.[44] Des Weiteren unterstreicht das den Vorrang der Schadensersatzhaftung und sonstiger Einzelausgleichsmechanismen betonende Tatbestandsmerkmal noch einmal, dass die Haftung entsprechend §§ 302 f. weder durch die Ausübung von (umfassender) Leitungsmacht noch durch die Unmöglichkeit des Einzelausgleichs als solche

---

[37] Zu dem zuletzt genannten Gesichtspunkt s. BGH NJW 1994, 446.
[38] In diesem Sinne die wohl hM, → § 15 Rn. 17; Hüffer/Koch § 15 Rn. 12; Lutter ZIP 1985, 1425 (1435) (s. aber dens. in Hommelhoff/Stimpel/Ulmer 183, 193 f.); Priester ZIP 1986, 137 (144 f.); Stimpel ZGR 1991, 144 (157); Ulmer NJW 1986, 1579 (1586); aA – für persönliche Haftung auch in diesem Fall – K. Schmidt ZIP 1986, 146 (149); Sigle in Hommelhoff/Stimpel/Ulmer 167, 172.
[39] BGHZ 122, 123 (130) = NJW 1993, 1200; BGH NJW 1997, 943; zutr. Interpretation der „TBB"-Grundsätze bei Baumbach/Hueck/Zöllner 17. Aufl. GmbHG Schlussanh. I Rn. 89; Hachenburg/Ulmer GmbHG Anh. § 77 Rn. 113 mwN und zutr. Abgrenzung zu der von Lutter (JZ 1993, 580 f.; ders. ZIP 1995, 1425 (1433 ff.)) propagierten Haftung bei nicht ordnungsgemäßer Konzerngeschäftsführung; aA – „verbundspezifische Erfolgshaftung" – Hommelhoff ZGR 1994, 395 (415 ff.).
[40] So auch MüKoAktG/Kropff 2. Aufl. Rn. 34 ff., 40 ff.; MHdB AG/Krieger § 70 Rn. 143 f.; K. Schmidt/Lutter/J. Vetter § 311 Rn. 53, 65; HK-AktG/Fett § 311 Rn. 30; im Ergebnis auch Spindler/Stilz/Müller Vor § 311 Rn. 28, der Pflichtwidrigkeit – und damit einen nicht ausgleichsfähigen Nachteil – verlangt.
[41] Deutlich BGH NJW 1994, 3288 (3290); 1997, 943; Bruns WM 2001, 1497 (1505 f.); MüKoAktG/Kropff 2. Aufl. Rn. 39; K. Schmidt/Lutter/J. Vetter § 311 Rn. 53 ff., 60.
[42] So in aller Deutlichkeit OLG Düsseldorf NZG 1999, 502 (504); OLG München NZG 1998, 350; OLG Bremen NZG 1999, 724 (725); LG Köln AG 2008, 327 (334); MüKoAktG/Kropff 2. Aufl. Rn. 40; MHdB AG/Krieger § 70 Rn. 143 f.; K. Schmidt/Lutter/J. Vetter § 317 Rn. 65; Spindler/Stilz/Müller Vor § 311 Rn. 28; Röhricht FS BGH, 2000, 83 (87 ff.).
[43] Zutr. Bruns WM 2001, 1497 (1503); Ulmer in Ulmer, Haftung im qualifizierten faktischen GmbH-Konzern – Verbleibende Relevanz nach dem TBB-Urteil?, 41, 58 f.
[44] BGHZ 122, 123 (130, 131 f.) = NJW 1993, 1200; BGH NJW 1994, 3288 (3290); 1995, 1544 (1545); für das Aktienrecht Kropff AG 1993, 485 (492 f.); MüKoAktG/ders. 2. Aufl. Rn. 101 ff.; K. Schmidt/Lutter/ J. Vetter § 317 Rn. 65.

begründet wird, sondern an eine Verletzung der dem herrschenden Unternehmen obliegenden Verhaltenspflichten anknüpft, nämlich an die **nachteilige Einflussnahme jenseits der Funktionsfähigkeit des Einzelausgleichs nach §§ 311, 317** (→ Rn. 9). Umgekehrt wird deutlich, dass eine Haftung entsprechend §§ 302 f. Verschulden nicht voraussetzt (→ § 317 Rn. 7) und zudem nicht nur bei breitflächiger, nicht mehr in Einzelmaßnahmen zerlegbarer Einflussnahme in Betracht kommt; es können vielmehr auch einzelne, als solche **isolierbare Maßnahmen,** insbesondere solche konzernintegrativer Art, kompensationsunfähig sein und damit die Verpflichtung zum Verlustausgleich und die Ausfallhaftung begründen (→ Rn. 14; → § 311 Rn. 9, 41, 43).[45]

b) Nachteilige Einflussnahme. aa) Maßgeblichkeit des Nachteilsbegriffs. Was 11 zunächst das Verhaltenselement der Konzernhaftung betrifft, so deckt es sich mit dem Nachteilsbegriff des § 311 Abs. 1.[46] Erfasst wird demnach jede auf die Abhängigkeitslage zurückzuführende Beeinträchtigung der Vermögens- oder Ertragslage der Gesellschaft, sofern diese nicht durch einen bewertbaren und zumindest gleichwertigen Vorteil ausgeglichen wird.[47] Auch nachteilige Maßnahmen, die nicht im Interesse des herrschenden Unternehmens oder eines anderen abhängigen Unternehmens liegen und somit nicht von § 311 erfasst sind, können die Haftung für qualifizierte Nachteilszufügung nach sich ziehen (→ § 311 Rn. 60).

Wie für die Beurteilung des nachteiligen Charakters im Allgemeinen kommt es auch für 12 die Frage einer qualifizierten Nachteilszufügung im Grundsatz auf die Interessen der konkret betroffenen Gesellschaft und damit vor allem auf deren **statutarischen Zweck und Unternehmensgegenstand** an (→ § 311 Rn. 9, 41). Dem herrschenden Unternehmen ist es allerdings nicht ohne weiteres gestattet, der abhängigen Gesellschaft durch **Änderung** des vor Begründung des Abhängigkeitsverhältnisses bestehenden Unternehmensgegenstands eine dem Konzerninteresse oder den eigenen Interessen des herrschenden Unternehmens dienende Funktion zuzuweisen.[48] Auch hierin kann vielmehr eine nachteilige Einflussnahme iSd § 311 Abs. 1 zu sehen sein (→ Rn. 14; → § 311 Rn. 30a, 41). Auch kann eine entsprechende Satzungsänderung einer Änderung des Gesellschaftszwecks gleichkommen, was bedeutet, dass sie entsprechend § 33 Abs. 1 S. 2 BGB der Zustimmung aller Aktionäre bedarf.[49] Im Übrigen begründet allerdings die statutarische Ausrichtung der Tochtergesellschaft auf das Konzerninteresse (sei es bei Gründung oder im Nachhinein durch Satzungsänderung) als solche noch keine Haftung des herrschenden Unternehmens: Solange die Gesellschaft unter Wahrung ihres – durch den konkreten Zweck und Gegenstand definierten – Eigeninteresses geleitet wird,[50] hat ihre satzungsmäßige Indienstnahme für die Belange des Konzerns weder die Pflicht zum Verlustausgleich noch gar eine unmittelbare Einstandspflicht

---

[45] *Burgard* WM 1993, 925 (928); *M. Fuchs* 144 ff.; MHdB AG/*Krieger* § 70 Rn. 144; s. ferner *dens.* ZGR 1994, 375 (385 f.); *U. H. Schneider* WM 1993, 782 (783); *Westermann* ZIP 1993, 554 (557); s. ferner BVerfG ZIP 2011, 2094 Rn. 19 ff.; aA noch *Krieger* in Hommelhoff/Stimpel/Ulmer 41, 47 f.; s. ferner *Lutter* DB 1994, 129 (130); wohl auch Michalski/*Zeidler* NJW 1996, 224 (225); speziell für das Aktienrecht Emmerich/Sonnenschein KonzernR, 6. Aufl., § 20a III 2.

[46] So auch MüKoAktG/*Kropff* 2. Aufl. Rn. 34 ff.; K. Schmidt/Lutter/*J. Vetter* Rn. 65; HK-AktG/*Fett* § 311 Rn. 30; Spindler/Stilz/*Müller* Vor § 311 Rn. 25, 27; MHdB AG/*Krieger* § 70 Rn. 144; *Zöllner* GS Knobbe-Keuk, 1997, 369 (375 f.); *Heyder* 39 ff., 53 ff.; zu entsprechenden Parallelen im GmbH-Recht → Anh. § 318 Rn. 29; *Kropff* AG 1993, 485 (489 f.); *Krieger* ZGR 1994, 375 (379 ff.); *Lutter* DB 1994, 129 (130); *Schulze-Osterloh* ZIP 1993, 1838 (1840).

[47] Näher dazu sowie zur Unbeachtlichkeit allgemeiner (passiver) Konzerneffekte → § 311 Rn. 39 ff.; zur GmbH → Anh. § 318 Rn. 6, 23, 29.

[48] Zutr. *Kropff* FS Semler, 1993, 520 (532); aA für die GmbH – für die freilich eine dem § 23 Abs. 5 entsprechende Vorschrift nicht existiert, s. dazu auch *K. Schmidt* GesR § 39 II 1 – *Hommelhoff* ZGR 1994, 395 (403 ff.).

[49] So auch *H. Timmann* 162 ff.; *Eberth* 152 ff.; KK-AktG/*Koppensteiner* Anh. § 318 Rn. 43 Allg. zur Geltung des § 33 Abs. 1 S. 2 BGB bei Zweckänderungen Hüffer/*Koch* § 179 Rn. 33 mwN; für die GmbH UHL/Ulmer/*Löbbe* GmbHG § 1 Rn. 10; Lutter/Hommelhoff/*Lutter/Bayer* GmbHG § 1 Rn. 20.

[50] Selbstverständlich sind auch in einer solchen Gesellschaft nachteilige Einflussnahmen denkbar; sind sie dem Einzelausgleich nicht zugänglich, greifen die Grundsätze über die qualifizierte Nachteilszufügung ein.

des herrschenden Unternehmens zur Folge.[51] Eine Ausnahme gilt auch nicht für den Fall, dass der Gesellschaft bereits durch die Satzung die Fähigkeit vorenthalten wird, als Haftungsträger für die gewöhnlichen Geschäftsverbindlichkeiten zu dienen. In Ermangelung einer die abhängigen Gesellschaft zu einer nachteiligen Maßnahme veranlassenden Einflussnahme finden dann weder §§ 311 ff. noch die Grundsätze über die qualifizierte Nachteilszufügung Anwendung. Auch für eine Haftung wegen **materieller Unterkapitalisierung** ist nach hM kein Raum (→ Anh. § 318 Rn. 42).

13 bb) Einzelfälle. Mit Blick auf die Maßgeblichkeit des Nachteilsbegriffs lassen sich die Ausführungen in → § 311 Rn. 39 f., 46 ff. auch im vorliegenden Zusammenhang heranziehen. Eine nachteilige Einflussnahme ist deshalb namentlich dann anzunehmen, wenn das herrschende Unternehmen die abhängige Gesellschaft zu Lieferungen oder Leistungen veranlasst, denen keine angemessenen Gegenleistungen gegenüberstehen,[52] ferner dann, wenn der abhängigen Gesellschaft Liquidität entzogen oder diese zur Übernahme unangemessener Haftungsrisiken oder zum Verzicht auf Forderungen veranlasst wird (→ § 311 Rn. 47 ff.).[53] Regelmäßig sind Nachteilszufügungen dieser Art allerdings einem Einzelausgleich zugänglich, sodass es an dem die Anwendbarkeit der §§ 302 f. begründenden qualifizierenden Element fehlt (→ Rn. 16 ff.). Aus der Anknüpfung an den Nachteilsbegriff des § 311 ergibt sich des Weiteren, dass die **Vermögenslosigkeit oder Insolvenz** der abhängigen Gesellschaft als solche **weder notwendige noch hinreichende Voraussetzung** für das Eingreifen der §§ 302 f. ist. Maßgebend ist vielmehr die **unangemessene Einwirkung** auf die abhängige Gesellschaft als solche.[54] An einem Nachteil iSv § 311 fehlt es ferner bei Veräußerung der Beteiligung an der abhängigen Gesellschaft und der dadurch bewirkten Beendigung des Abhängigkeitsverhältnisses;[55] eine vor der Veräußerung begründete Haftung wird dadurch allerdings nicht berührt. Auch **personelle Verflechtungen** (→ § 311 Rn. 28, 35 f.) begründen als solche noch keinen Nachteil; auf sie lässt sich somit die Konzernhaftung nicht stützen.[56] Die **Betriebsaufspaltung** ist als solche gleichfalls nicht geeignet, die §§ 302 f. zur Anwendung zu bringen;[57] auch bei ihr bedarf es vielmehr des Nachweises konkreter schädigender und dem Einzelausgleich nicht zugänglicher Leitungsmaßnahmen.[58]

---

[51] KK-AktG/*Koppensteiner* Anh. § 318 Rn. 42, 44; *Eberth* 101 ff., 141 ff.; *Mülbert* FS Lutter, 2000, 535 (543 f.); *Timmann* 265 ff., der für die Fälle der Gegenstands- und Zweckänderung einen Anspruch der Altgläubiger auf Sicherheitsleistung bejaht; für die GmbH BGH NJW 1994, 3288 (3290); OLG Köln NZG 1998, 820 (821); *Lutter/Hommelhoff* GmbHG Anh. § 13 Rn. 29; *Beinert* 89 ff., 135 ff., 167 ff. mwN; aA namentlich *Fleck* ZGR 1988, 104 (134 f.); deutlich zu weitgehend auch *Schön* ZGR 1996, 429 (454 ff.), der sich generell für die Anwendung der Grundsätze über die Unterkapitalisierung auf Kapitalgesellschaften mit ideeller oder gemischtwirtschaftlicher Zielsetzung ausspricht.
[52] Vgl. BGH NJW 1995, 1544 (1545): Abtretung von Forderungen der abhängigen Gesellschaft an ein anderes Konzernunternehmen zur Sicherung von Ansprüchen, die diesem seinerseits gegen die abhängige Gesellschaft zustehen.
[53] Näher BGH ZIP 2000, 2163 f. (Forderungsverzicht); BGHZ 122, 123 (131 ff.) = NJW 1993, 1200; s. aber auch BGH NJW 1994, 3288 (3290 f.).
[54] So für die GmbH zutr. BGH NJW 1997, 943 (944); s. ferner BGH DStR 1997, 1937: keine Haftung aus qualifizierter faktischer Konzernierung, wenn die abhängige Gesellschaft schon vor Einbindung in den Konzern in Vermögensverfall geraten war; OLG München DB 1998, 614; OLG Celle ZIP 2000, 1981 (1984 f.); AG 2001, 474 (476): kein Missbrauch von Leitungsmacht dadurch, dass Gebietskörperschaft als herrschendes Unternehmen die finanzielle Stützung ihrer Eigengesellschaft beendet; zur Abgrenzung s. aber auch BGH NJW 1997, 943 (944) und OLG Düsseldorf AG 2001, 476 (478), jeweils zum „Auslaufen lassen" der abhängigen Gesellschaft ohne ordnungsgemäße Liquidation.
[55] So für die GmbH zutr. BGH NJW 1997, 943 (944).
[56] OLG Köln AG 2009, 416 (420 f.); *Krieger* ZGR 1994, 375 (386); MüKoAktG/*Kropff* 2. Aufl. Rn. 84; MHdB AG/*ders.* § 70 Rn. 144; *Drygala* GmbHR 1993, 317 (322); *Kowalski* GmbHR 1993, 253 (255). Zum Stand der Diskussion vor BGHZ 122, 123 „TBB" s. *Decher* 31 ff.; ferner *Krieger* in Hommelhoff/Stimpel/Ulmer 41, 49 ff.
[57] Hachenburg/*Ulmer* 8. Aufl. GmbHG Anh. § 77 Rn. 155; *Drygala*, Der Gläubigerschutz bei der typischen Betriebsaufspaltung, 1991, 78 ff.; *Priester* in Hommelhoff/Stimpel/Ulmer 223, 241 ff.; *D. Wittich*, Die Betriebsaufspaltung als Mitunternehmerschaft, 2002, 303 ff., 321 ff.
[58] AA – für „konzernrechtliche Durchgriffshaftung" – BAG NZG 1999, 661 (662) = AG 1999, 376; dagegen zu Recht *Henssler* ZGR 2000, 479 (487 ff., 492 ff.); ferner → Anh. § 318 Rn. 36, 42.

Auch Gewinnverwendungsbeschlüsse haben im Allgemeinen keinen nachteiligen Charakter (→ § 311 Rn. 30).

Besonderer Betrachtung bedürfen **Maßnahmen der Umstrukturierung** der abhängigen Gesellschaft. Sie lassen sich zwar regelmäßig als solche isolieren, sind aber bisweilen in ihren Folgen für die abhängige Gesellschaft nicht sicher zu beurteilen und einem Einzelausgleich nach § 317 nicht zugänglich (→ Rn. 20; → § 311 Rn. 43, 58, 64). Davon betroffen sind etwa die Ausgliederung und Zentralisierung wichtiger Unternehmensfunktionen oder sonstige Maßnahmen zur Verringerung oder Einstellung bestehender Aktivitäten, ferner der Abzug von Ressourcen, die für den Fortbestand der Gesellschaft als unabhängiges oder einfach abhängiges Unternehmen notwendig wären, oder der Verkauf einer unternehmerischen Beteiligung, die für die Ausrichtung der abhängigen Gesellschaft von wesentlicher Bedeutung ist und deren Position am Markt bereits geprägt hat. In allen diesen Fällen ist zunächst zu fragen, ob die jeweilige Maßnahme überhaupt **nachteiligen Charakter** iSv § 311 hat, was sich danach beurteilt, ob der Leiter einer unabhängigen Gesellschaft vom Vollzug der Maßnahme abgesehen hätte (→ § 311 Rn. 39 f.). Dies ist bei strukturändernden oder konzernintegrativen Maßnahmen keineswegs zwangsläufig der Fall (→ § 311 Rn. 57 f.). Nachteilig ist eine solche Maßnahme aber dann, wenn sie bei vernünftiger kaufmännischer Beurteilung und unter Berücksichtigung des gebotenen unternehmerischen Ermessens eindeutig zu Lasten der abhängigen Gesellschaft geht, insbesondere weil den der Gesellschaft auferlegten Risiken oder entzogenen Chancen keine adäquaten Vorteile gegenüberstehen (→ § 311 Rn. 30, 41, 58, 62 ff.). Stellt also die Maßnahme den Bestand der Gesellschaft oder die Rentabilität des von dieser betriebenen Unternehmens ernsthaft in Frage[59] oder weist sie der Gesellschaft unkalkulierbare oder erhebliche Risiken zu, so rechtfertigt dies die Annahme einer qualifizierten Nachteilszufügung, sofern nicht ausnahmsweise ein Einzelausgleich nach § 317, und sei es auch nur unter Berücksichtigung der Möglichkeit der **Schadensschätzung nach § 287 ZPO** (→ Rn. 16), in Betracht kommt.[60] Stets vorausgesetzt ist freilich das Ergreifen der vom herrschenden Unternehmen veranlassten Maßnahme; die bloße Verabredung (mag sie verbindlich oder unverbindlich sein, mag sie mit dem Vorstand der abhängigen Gesellschaft oder mit einem Dritten, etwa einem Mitaktionär erfolgt sein), genügt nicht; von Bedeutung ist dies insbesondere für ein sog. **Business Combination Agreement.**[61]

Maßgebend für die Beurteilung des nachteiligen Charakters ist der Zeitpunkt der Vornahme der Maßnahme (→ § 311 Rn. 44); erscheint die Maßnahme aus **Sicht ex ante** vertretbar, so haftet das herrschende Unternehmen auch dann nicht, wenn die Umstrukturierung die abhängige Gesellschaft ihrer Existenzfähigkeit beraubt (→ Rn. 18).[62] Andererseits steht der Umstand, dass eine Maßnahme unzulässig ist und das herrschende Unternehmen von der abhängigen Gesellschaft und den außenstehenden Gesellschaftern auf Unterlassung und Beseitigung in Anspruch genommen werden kann (→ § 317 Rn. 19 f.), der Annahme einer qualifizierten Nachteilszufügung weder im Allgemeinen (→ Rn. 2, 27 f.) noch im Zusammenhang mit Umstrukturierungen entgegen (→ § 311 Rn. 43). Den strukturändernden Maßnahmen stehen **sonstige Einzelmaßnahmen** gleich, deren nachteilige Folgen für die abhängige Gesellschaft sich auch nicht unter Rückgriff auf § 287 ZPO (→ Rn. 16) erfassen lassen. Zu denken ist dabei insbesondere an die Veranlassung zur Übernahme übermäßiger, in ihren Auswirkungen auf Vermögenslage und Bestand der Gesellschaft nicht kalkulierbarer finanzieller Risiken,[63] sei es durch das Stellen

---

[59] Zu einem besonders drastischen Fall s. BGH NJW 1996, 1283 (1284) betr. die GmbH.
[60] OLG Köln AG 2009, 416 (420 f.); LG Köln AG 2008, 327 (334 f.); *Kropff* AG 1993, 485 (493); MüKoAktG/*Kropff* 2. Aufl. Rn. 92 ff., 94; MHdB AG/*Krieger* § 70 Rn. 144; s. ferner BVerfG ZIP 2011, 2094 Rn. 19 ff.; MüKoAktG/*Altmeppen* Rn. 46. – Zur Frage der Ausgleichsfähigkeit → Rn. 20.
[61] K. Schmidt/Lutter/*J. Vetter* Rn. 65; *Decher* FS Hüffer, 2010, 145 (159 f.); näher zu Business Combination Agreements und ähnlichen Absprachen → § 291 Rn. 24, 24d ff.
[62] MüKoAktG/*Kropff* 2. Aufl. Rn. 99; *Bitter/Bitter* BB 1996, 2153 (2157).
[63] So auch MHdB AG/*Krieger* § 70 Rn. 144; *Kropff* AG 1993, 485 (493).

von **Sicherheiten** (→ § 311 Rn. 47 f., 62a),[64] durch die Hingabe ungesicherter **Darlehen** (→ § 311 Rn. 47 f., 62a),[65] durch die Verlagerung (nur) der **Geschäftschancen** auf das herrschende oder ein sonstiges abhängiges Unternehmen[66] oder durch **unvertretbare Investitionsentscheidungen**.[67] Der Sache nach geht es hierbei sowie im Falle von Strukturänderungen um Maßnahmen, die über kurz oder lang die Existenzvernichtung der Gesellschaft zur Folge haben; das Aktienkonzernrecht – Entsprechendes gilt für den Fall, dass Minderheitsinteressen involviert sind,[68] für das GmbH-Recht – vermag hierauf bereits im Stadium der **Existenzgefährdung** zu reagieren. – Zur Annahme eines Missbrauchs bei Undurchsichtigkeit der Verhältnisse sowie bei fehlerhafter oder fehlender Buchführung → Rn. 18 f.

16 **3. Unmöglichkeit des Einzelausgleichs. a) Allgemeines.** Die entsprechende Anwendung der §§ 302 ff. ist nur unter der Voraussetzung veranlasst, dass zwar eine nachteilige Einflussnahme vorliegt, diese aber einem Einzelausgleich nicht zugänglich ist. Dabei besteht die Möglichkeit des Einzelausgleichs immer dann, wenn sich die nachteilige Einflussnahme bestimmten schädlichen Folgen zuordnen lässt und der abhängigen Gesellschaft[69] deshalb ein Anspruch auf Schadloshaltung zusteht. Dabei genügt es für das Eingreifen der Grundsätze über die qualifizierte Nachteilszufügung keineswegs, dass die fragliche Maßnahme dem Nachteilsausgleich nach § 311 nicht zugänglich ist.[70] Entscheidend ist vielmehr, ob die Möglichkeit des Einzelausgleichs durch **Schadensersatz gemäß § 317** (im Fall der mehrgliedrigen GmbH: nach Treupflichtgrundsätzen, → Anh. § 318 Rn. 27 ff.) besteht; dabei ist die Möglichkeit der Schadensschätzung nach **§ 287 ZPO** auszuschöpfen (→ § 317 Rn. 16),[71] weshalb Verlustübernahme vor allem dann geschuldet ist, wenn es an einer überschaubaren Basis für die Schadensschätzung fehlt (→ Rn. 18 f.). Dem Einzelausgleich durch Schadensersatz nach § 317 steht derjenige durch Erstattung zu Unrecht empfangener Leistungen nach § 62 gleich;[72] nennenswerte praktische Bedeutung kommt dem indes schon deshalb nicht zu, weil auf Veranlassung des herrschenden Unternehmens zurückgehende Vermögensverlagerungen stets nachteiligen Charakter haben (→ § 311 Rn. 46) und damit bei unterlassenem Nachteilsausgleich die Haftung nach § 317 nach sich ziehen. Die Haftung des herrschenden Unternehmens aus Delikt sollte dagegen den Rückgriff auf §§ 302 f. nicht ausschließen.[73]

17 **b) Einzelfälle.** Die Voraussetzungen, unter denen ein Einzelausgleich ausgeschlossen ist, differieren je nach Art der nachteiligen Maßnahme. An der Möglichkeit des Einzelausgleichs fehlt es jedenfalls dann, wenn sich die unzweifelhaft vorliegenden nachteiligen Maßnahmen infolge der **Dichte der Einflussnahme** schon objektiv nicht mehr isolieren lassen und

---

[64] Vgl. BGHZ 122, 123 (131 f.) = NJW 1993, 1200, wo freilich auf die nicht ordnungsgemäße Buchung (insbes. auf die unterbliebene Bildung von Rückstellungen) abgestellt wird.

[65] So auf der Grundlage des Existenzvernichtungskonzepts auch KK-AktG/*Koppensteiner* Anh. § 318 Rn. 95.

[66] In diesem Sinne BGH NJW 1994, 3288 (3290 f.); s. ferner BGH NJW 1994, 446 (447); 1995, 1544 (1545); OLG Dresden AG 1997, 330 (332) (Verlagerung nicht rentabler Unternehmensteile auf unterkapitalisierte Tochter).

[67] BGH NJW 1994, 446 (447).

[68] Zur Rechtslage in der Einpersonen-GmbH dagegen → Anh. § 318 Rn. 33 ff.

[69] Direktansprüche des Gläubigers gegen das herrschende Unternehmen (etwa solche aus Insolvenzverschleppung) verdrängen die Grundsätze über die qualifizierte Nachteilszufügung nicht, vgl. Hachenburg/*Ulmer* 8. Aufl. GmbHG Anh. § 77 Rn. 142.

[70] Wohl unstr., s. MüKoAktG/*Kropff* 2. Aufl. Rn. 40; K. Schmidt/Lutter/*J. Vetter* § 317 Rn. 65; Spindler/Stilz/*Müller* Vor § 311 Rn. 25, 28.

[71] Schmidt/Lutter/*J. Vetter* § 317 Rn. 65; Spindler/Stilz/*Müller* Vor § 311 Rn. 25, 28; MHdB AG/*Krieger* § 70 Rn. 144.

[72] S. für die GmbH BGH ZIP 2000, 2163 (2164); → Anh. § 318 Rn. 42 f.

[73] So auch *Röhricht* FS BGH, 2000, 83 (115 f.); *Ulmer* in ders., Haftung im qualifizierten faktischen GmbH-Konzern – Verbleibende Relevanz nach dem TBB-Urteil?, ZHR-Beiheft 70 (2002), 41 (59 f.); aA *Goette* ZHR-Beiheft 70 (2002), 11 (16, 18); *Bruns* WM 2001, 1497 (1503).

auch eine ordnungsgemäße Buchführung sowie die pflichtgemäße Erstellung des Abhängigkeitsberichts nicht zur vollständigen Erfassung der Nachteile beitragen können.[74]

Entsprechendes gilt für die – treffend als **„Waschkorblage"** bezeichneten – Sachverhalte, bei denen der abhängigen Gesellschaft erwiesenermaßen Nachteile zugefügt worden sind und diese Nachteile an sich auch isolierbar und dem Einzelausgleich zugänglich sind, eine vollständige Kompensation der von der abhängigen Gesellschaft erlittenen Nachteile aber an der fehlenden oder nicht ordnungsgemäßen Buchführung oder Dokumentation im Abhängigkeitsbericht scheitert[75] und dies dem herrschenden Unternehmen zurechenbar ist (→ Rn. 19). So liegt es insbesondere, wenn die abhängige Gesellschaft im Rahmen des konzerninternen[76] Geschäfts- und Abrechnungsverkehrs permanent unangemessene Konzernverrechnungspreise oder Konzernumlagen zu erbringen hat und nicht sämtliche Geschäftsvorfälle ordnungsgemäß verbucht oder dokumentiert sind. Entsprechendes kann bei zentralem cash-management anzunehmen sein. Soweit nicht bereits die Zentralisierung dieser Unternehmensfunktion als solche eine nachteilige Strukturveränderung darstellt (→ Rn. 14; → § 311 Rn. 48), kann jedenfalls die nicht ordnungsgemäß dokumentierte Durchführung eines solchen Systems zum Nachteil der abhängigen Gesellschaft[77] den Tatbestand der qualifizierten faktischen Unternehmensverbindung begründen.[78] **18**

Lassen sich einzelne nachteilige Maßnahmen nicht mit Gewissheit feststellen und ist diese Ungewissheit auf die fehlerhafte oder gar fehlende **Buchführung** zurückzuführen, so wird man in Fortentwicklung der vom BGH im „TBB"-Urteil anerkannten Erleichterungen hinsichtlich der Substantiierungslast (→ Rn. 21 f.) vom Vorliegen einer qualifizierten Nachteilszufügung auszugehen haben, wenn nur feststeht, dass es überhaupt zur Einflussnahme des herrschenden Unternehmens auf die abhängige Gesellschaft oder zum konzerninternen Leistungsaustausch gekommen ist[79] und die mangelnde oder fehlerhafte Buchführung vom herrschenden Unternehmen zu verantworten ist.[80] Dem steht auch nicht entgegen, dass die nicht ordnungsgemäße Buchführung als solche keinen Nachteil iSv § 311 begründet.[81] Entscheidend ist, dass das herrschende Unternehmen die Funktionsfähigkeit des Systems des Einzelausgleichs aufhebt und dadurch die – vor dem Hintergrund des allgemeinen Schutzzwecks der Regeln über die abhängige Gesellschaft (→ § 311 Rn. 1) durchaus nahe liegende – Gefahr begründet, dass etwaige Nachteilszufügungen in dem von ihm zu verantwortenden Zustand der Unkontrollierbarkeit kompensationslos versickern. Entsprechendes gilt bei Fehlen oder nicht ordnungsgemäßer Erstellung des **Abhängigkeitsberichts,** sofern das Vorliegen der Voraussetzungen der §§ 312 ff., nämlich ein Abhängigkeitsverhältnis iSd § 17, evident ist und infolge personeller Verflechtungen zwischen herrschendem Unternehmen und abhängiger Gesellschaft davon ausge- **19**

---

[74] Vgl. OLG Köln AG 2009, 416 (421); *Goette* DStR 1997, 503 (504); *Hommelhoff* ZHR 156 (1992), 295 (312 f.); *Kropff* AG 1993, 485 (488, 493); MüKoAktG/*Kropff* 2. Aufl. Rn. 69; KK-AktG/*Koppensteiner* Anh. § 318 Rn. 94; *Krieger* ZGR 1994, 375 (384 f.); MHdB AG/*ders.* § 70 Rn. 144; *Schulze-Osterloh* ZIP 1993, 1838 (1841); *Weigl* 29, 183; krit. *Röhricht* FS BGH, 2000, 83 (90 ff.).
[75] Dazu *Kropff* AG 1993, 485 (493); MüKoAktG/*Kropff* 2. Aufl. Rn. 71 ff.; KK-AktG/*Koppensteiner* Anh. § 318 Rn. 94; MHdB AG/*Krieger* § 70 Rn. 144; s. ferner MüKoAktG/*Altmeppen* Rn. 39 ff.; für die GmbH *Drygala* GmbHR 1993, 317 (320) mit zutr. Vorbehalt für Bagatellverstöße; *Hommelhoff* in Hommelhoff/Stimpel/Ulmer 245, 252; *Röhricht* FS BGH, 2000, 83 (89 f.).
[76] Zur Frage, ob es einer Konzernierung der abhängigen Gesellschaft bedarf, → Rn. 7.
[77] Etwa infolge systematischen Entzugs von Geschäftschancen oder Anlagegewinnen; s. auch OLG Bremen NZG 1999, 724 (725): keine qualifizierte faktische Unternehmensverbindung bei korrekter Buchung der Geschäftsvorfälle.
[78] *Krieger* ZGR 1994, 375 (386); MHdB AG/*ders.* § 70 Rn. 144; s. ferner *Bayer* FS Lutter, 2000, 1011 (1030 f.); *Timm* NJW 1987, 977 (983); *Weigl* 190 ff.; *Wilken* DB 2001, 2383 (2385 ff.); aA Koppensteiner in Ulmer, Probleme des Konzernrechts, 87, 92 f.
[79] In diesem Sinne für die GmbH bereits *Kleindiek* ZIP 1991, 1330 (1335); s. ferner *Drygala* GmbHR 1993, 317 (325 f.); im Ergebnis auch BGHZ 122, 123 (331 f.) = NJW 1993, 1200.
[80] Dies verlangt auch MüKoAktG/*Kropff* 2. Aufl. Rn. 72.
[81] MüKoAktG/*Kropff* 2. Aufl. Rn. 74; MüKoAktG/*Altmeppen* Rn. 40 f.; insoweit aA *Drygala* GmbHR 1993, 317 (325 f.).

20 Was schließlich die Frage der Ausgleichsfähigkeit von nachteiligen **Einzelmaßnahmen** (→ Rn. 14 f.) betrifft, so kommt es darauf an, ob sich die Auswirkungen der konkreten Maßnahme auf die Vermögens- und Ertragslage der abhängigen Gesellschaft ermitteln lassen. Wenn auch in diesen Fällen von der Möglichkeit der Schadensschätzung nach § 287 ZPO Gebrauch gemacht werden kann (→ Rn. 16), wird es gleichwohl bisweilen an der Quantifizierbarkeit des der abhängigen Gesellschaft zugefügten Nachteils oder Schadens fehlen.[83] Die Annahme einer qualifizierten Nachteilszufügung gründet dann letztlich auf der durch die (nachteilige, → Rn. 10 ff., 19 f.) Einzelmaßnahme hervorgerufenen, in ihren möglichen Auswirkungen nicht abzuschätzenden und damit auch durch entsprechenden Vermögensausgleich nicht zu behebenden Beeinträchtigung der Entfaltungsmöglichkeiten der abhängigen Gesellschaft. Vor dem Hintergrund, dass §§ 311 ff. die Ausübung von Leitungsmacht durch das herrschende Unternehmen nur insoweit legitimieren, als die Vermögensinteressen der abhängigen Gesellschaft gewahrt bleiben,[84] ist dies nur konsequent.

21 **4. Darlegungs- und Beweislast.** Auch für die Haftung aus qualifizierter Nachteilszufügung ist von dem allgemeinen Grundsatz auszugehen, dass es dem Kläger obliegt, die anspruchsbegründenden Umstände darzulegen und ggf. zu beweisen.[85] Das „TBB"-Urteil (→ Rn. 3) hat allerdings für das Recht der GmbH dem Umstand, dass insbesondere ein außenstehender Gläubiger – Entsprechendes hat für den außenstehenden Gesellschafter, nicht aber für den Insolvenzverwalter zu gelten[86] – kaum jemals in der Lage ist, seiner Darlegungs- und Beweislast voll zu genügen, durch Anerkennung von **Erleichterungen hinsichtlich der Substantiierungslast** Rechnung getragen.[87] Danach genügt es, dass der Kläger Umstände darlegt und ggf. beweist, „die die Annahme zumindest nahelegen, dass bei der Unternehmensführung im Hinblick auf das Konzerninteresse die eigenen Belange der GmbH über bestimmte, konkret ausgleichsfähige Einzeleingriffe hinaus beeinträchtigt worden sind."[88] Hieran ist für das Aktienrecht festzuhalten.[89] Kennt das herrschende Unternehmen die maßgebenden Tatsachen und ist ihm die Darlegung des Sachverhalts zumutbar,[90] so obliegt es ihm, seinerseits substantiiert zu bestreiten und auf diesem Weg nähere Angaben zu machen; die Verletzung dieser Obliegenheit hat zur Folge, dass das Vorbringen

---

[82] Ähnlich MüKoAktG/*Kropff* 2. Aufl. Rn. 77 f.; weitergehend *Weigl* 195 ff., dem zufolge das Fehlen des Abhängigkeitsberichts stets eine Vermutung für das Vorliegen von nachteiligen Maßnahmen begründet.

[83] In diesem Sinne auch *Kropff* AG 1993, 485 (493); KK-AktG/*Koppensteiner* Anh. § 318 Rn. 96; Spindler/Stilz/*Müller* Vor § 311 Rn. 28; wohl auch Hüffer/*Koch* § 311 Rn. 35; für die GmbH Hachenburg/*Ulmer* 8. Aufl. GmbHG Anh. § 77 Rn. 137; zu großzügig in der Annahme der Ausgleichsfähigkeit *Haarmann* in HRU 45, 65 ff.; *Krieger* ZGR 1994, 375 (385). Vgl. auch BGH NJW 1996, 1283 (1284): An der Möglichkeit des Einzelausgleichs fehlt es stets mit Auflösung der Gesellschaft durch Abweisung des Antrags auf Eröffnung des Insolvenzverfahrens mangels Masse; ferner BVerfG ZIP 2011, 2094 Rn. 19 ff.

[84] Näher → § 311 Rn. 5; zur Rechtslage bei der mehrgliedrigen GmbH → Anh. § 318 Rn. 23, zu derjenigen bei der Einpersonen-GmbH → Rn. 8; → Anh. § 318 Rn. 34 ff.

[85] BGHZ 122, 123 (132 f.) = NJW 1993, 1200; OLG Köln AG 2009, 416 (419); s. dazu auch BGH NJW 1997, 943 (944) (kurze Dauer der faktischen Konzernierung spricht gegen einen Missbrauch der Konzernleitungsmacht).

[86] Vgl. *Krieger* ZGR 1994, 375 (389); Hachenburg/*Ulmer* 8. Aufl. GmbHG Anh. § 77 Rn. 148.

[87] Allg. BGHZ 100, 190 (195 f.) = NJW 1987, 2008; BGH NJW 1990, 3151; speziell zur Substantiierungslast im Rahmen des § 311 s. – die Frage von Beweiserleichterungen ausdrücklich offenlassend – BGH AG 2008, 779 (780 f.) = NZG 2008, 831 – Züblin/Strabag; s. ferner BVerfG ZIP 2011, 2094 Rn. 22 ff.; 2010, 1121 Rn. 4 f.

[88] BGHZ 122, 123 (131, 132 f.) = NJW 1993, 1200 im Anschluss an *Kleindiek* GmbHR 1992, 574 (578 ff.); s. ferner *Kowalski* ZIP 1992, 1637 (1638 ff.); *Stodolkowitz* ZIP 1992, 1517 (1522 ff.); näher dazu Hachenburg/*Ulmer* 8. Aufl. GmbHG Anh. § 77 Rn. 147 ff.

[89] Für Heranziehung dieser Grundsätze auch MüKoAktG/*Kropff* 2. Aufl. Rn. 56 ff.; *ders.* AG 1993, 485 (494 f.); KK-AktG/*Koppensteiner* Anh. § 318 Rn. 100; K. Schmidt/Lutter/*J. Vetter* § 317 Rn. 66; HK-AktG/*Fett* § 311 Rn. 33; MHdB AG/*Krieger* § 70 Rn. 145 f.; offengelassen von OLG Köln AG 2009, 416 (419). – Zur Fortgeltung auch im Rahmen der GmbH-rechtlichen Haftung für existenzvernichtenden Eingriff → Anh. § 318 Rn. 39.

[90] MHdB AG/*Krieger* § 70 Rn. 145; *ders.* ZGR 1994, 375 (389 f.) mit zutr. Hinweis auf § 131 Abs. 3.

des Klägers, auch wenn er hinter den im Allgemeinen bestehenden Anforderungen an die Substantiierung des Vortrags zurückbleibt, nach § 138 Abs. 3 ZPO als zugestanden gilt. Eine Umkehr der Beweislast ist mit diesen Grundsätzen freilich nicht verbunden; ein non liquet geht deshalb zu Lasten des Klägers.

Grundsätzlich obliegt es somit dem Kläger, konkrete Anhaltspunkte für einzelne nachteilige und im Einzelausgleich nicht berücksichtigungsfähige Maßnahmen darzutun.[91] **Organisatorische Maßnahmen,** insbesondere personelle Verflechtungen (aber → Rn. 19), lassen dagegen ebenso wenig auf das Vorliegen einer qualifizierten Nachteilszufügung schließen wie die dauernde und umfassende Leitung der abhängigen Gesellschaft durch das herrschende Unternehmen oder die **Insolvenz** der abhängigen Gesellschaft; mit einem entsprechenden Vortrag kann der Kläger mithin seiner Substantiierungslast nicht nachkommen.[92] Entsprechendes gilt grundsätzlich (aber → Rn. 19) für das Fehlen des Abhängigkeitsberichts sowie für die verspätete oder fehlerhafte Aufstellung der Bilanz.[93] Ist der Kläger seiner Darlegungslast nachgekommen, obliegt es dem Beklagten, entweder den nachteiligen Charakter der Maßnahmen oder die fehlende Funktionsfähigkeit des Einzelausgleichs substantiiert zu bestreiten. Weitergehende Beweiserleichterungen erscheinen nur nach Maßgabe der Ausführungen in → Rn. 19 veranlasst.

III. Rechtsfolgen

1. Ansprüche der abhängigen Gesellschaft. Die qualifizierte Nachteilszufügung verpflichtet das herrschende Unternehmen[94] in analoger Anwendung des § 302 Abs. 1 zur Übernahme der bei der abhängigen Gesellschaft entstehenden Verluste (→ Rn. 1, 5).[95] Die **Verlustausgleichspflicht** bezieht sich auf sämtliche Verluste, also auch auf solche, die nicht auf die nachteilige Einflussnahme durch das herrschende Unternehmen zurückzuführen sind.[96] Gläubiger des Anspruchs auf Verlustausgleich ist allein die abhängige Gesellschaft. Hinsichtlich des Inhalts, der Geltendmachung, der Verjährung, der Übertragung, Belastung und Pfändung des Anspruchs sowie der Möglichkeit eines Verzichts oder Vergleichs bewendet es bei den im unmittelbaren Anwendungsbereich des § 302 Abs. 1 und 3 geltenden Grundsätzen (→ § 302 Rn. 27 ff.). Die Pflicht zur Verlustübernahme beginnt mit der qualifizierten Nachteilszufügung; sie endet mit Beseitigung der Folgen dieser Einflussnahme, ferner mit Wegfall der beherrschenden Stellung.[97] Die Verlustausgleichspflicht besteht auch gegenüber der **Einpersonen-Gesellschaft** (→ Rn. 7). Neben dem Anspruch auf Verlustausgleich hat die abhängige Gesellschaft regelmäßig noch **Schadensersatzansprüche** gegen ihre Organwalter: Da der Vorstand nur im Rahmen der §§ 311 ff. von seiner Pflicht zur eigenverantwortlichen Leitung der Gesellschaft suspendiert ist, handelt er pflichtwidrig iSv § 93 Abs. 1 und 2, wenn er es zur Entstehung einer qualifizierten Nachteilszufügung

---

[91] KK-AktG/*Koppensteiner* Anh. § 318 Rn. 100; MHdB AG/*Krieger* § 70 Rn. 146; *Drygala* GmbHR 1993, 317 (328).

[92] *Kropff* AG 1993, 485 (494); *Krieger* ZGR 1994, 375 (392); MHdB AG/*ders.* § 70 Rn. 146; KK-AktG/*Koppensteiner* Anh. § 318 Rn. 98; Hachenburg/*Ulmer* 8. Aufl. GmbHG Anh. § 77 Rn. 151 f.; aA *U. H. Schneider* WM 1993, 782 (784); *Burgard* WM 1993, 925 (932 f.).

[93] MHdB AG/*Krieger* § 70 Rn. 146.

[94] Zur Rechtslage bei mehrfacher Abhängigkeit sowie bei mehrstufigen Unternehmensverbindungen → § 302 Rn. 19.

[95] Für Verlustausgleich auf der Grundlage des § 317 in Fällen, in denen die Gesellschaft vor Eintritt des haftungsbegründenden Tatbestands Jahresüberschüsse erzielt hat und auch künftig wohl erzielt hätte, KK-AktG/*Koppensteiner* § 317 Rn. 22 f.; für Schadenspauschalierung bzw. Schätzung MüKoAktG/*Altmeppen* Rn. 22 ff., 56; Grigoleit/*Grigoleit* § 1 Rn. 113 f., § 317 Rn. 7; *Grigoleit,* Gesellschafterhaftung für interne Einflussnahme im Recht der GmbH, 2006, 261 ff., 411 f.

[96] HM, s. MüKoAktG/*Kropff* 2. Aufl. Rn. 109; Spindler/Stilz/*Müller* Vor § 311 Rn. 29; HK-AktG/*Fett* § 311 Rn. 31; aA MHdB AG/*Krieger* § 70 Rn. 148 und K. Schmidt/Lutter/*J. Vetter* § 317 Rn. 63, die dem herrschenden Unternehmen auch weiterhin den – vor „TBB" verbreitet anerkannten (→ Rn. 3) – Kausalitätsgegenbeweis gestatten wollen.

[97] MüKoAktG/*Kropff* 2. Aufl. Rn. 112; Spindler/Stilz/*Müller* Vor § 311 Rn. 29; allg. → § 302 Rn. 37 ff.

kommen lässt (→ § 311 Rn. 77 ff.).[98] In Betracht kommen ferner Ansprüche gegen die Organwalter des herrschenden Unternehmens.[99]

24 **2. Ansprüche der Gläubiger.** Die Gläubiger der abhängigen Gesellschaft haben zunächst die Möglichkeit, die in → Rn. 23 genannten Ansprüche der Gesellschaft gegen das herrschende Unternehmen zu pfänden.[100] Zudem können sie **etwaige Einzelansprüche** der Gesellschaft aus §§ 317, 318 geltend machen (→ § 311 Rn. 16); diese Einzelansprüche beruhen jedoch zwangsläufig (→ Rn. 16) auf gewöhnlichen, nicht qualifizierten Einflussnahmen. Bei Beseitigung der der abhängigen Gesellschaft zugefügten qualifizierten Nachteile sowie bei Wegfall der beherrschenden Stellung (→ Rn. 23) ist das herrschende Unternehmen zudem entsprechend § 303 Abs. 1 zur **Sicherheitsleistung** verpflichtet.[101] Bei Vermögenslosigkeit[102] der abhängigen Gesellschaft macht allerdings die Leistung von Sicherheit keinen Sinn. Für das GmbH-Recht hat deshalb der BGH die Verpflichtung zur Sicherheitsleistung – mit Blick auf § 303 Abs. 3 S. 1 iVm § 773 Abs. 1 Nr. 3 und 4 BGB völlig zu Recht[103] – zu einer **Ausfallhaftung** des herrschenden Unternehmens gegenüber den Gläubigern der abhängigen Gesellschaft fortentwickelt.[104] Dies hat auch für das Aktienrecht zu gelten.[105] Zur Ausfallhaftung des herrschenden Unternehmens kommt es allerdings nur unter der Voraussetzung, dass der Ausfall der Gläubiger betragsmäßig feststeht, etwa weil die abhängige Gesellschaft wegen Vermögenslosigkeit gelöscht oder die Eröffnung des Insolvenzverfahrens mangels Masse abgelehnt worden ist. Während des laufenden Insolvenzverfahrens über das Vermögen der abhängigen Gesellschaft haben die Gläubiger deshalb zunächst grundsätzlich[106] nur Anspruch auf Sicherheitsleistung.[107]

25 Anspruchsberechtigt sind entsprechend § 303 Abs. 1 S. 1 **sämtliche Altgläubiger,** dh diejenigen Gläubiger, deren Forderungen vor Beseitigung der Folgen der nachteiligen Einflussnahme (bzw. vor Wegfall der beherrschenden Stellung, → Rn. 23) begründet waren (→ § 303 Rn. 8 ff.).[108] Dazu zählen auch die Gläubiger, deren Forderungen bereits vor der nachteiligen Einflussnahme begründet oder gar entstanden waren.[109] **Neugläubiger,** also Gläubiger, deren Forderungen erst nach Folgenbeseitigung begründet worden sind, können dagegen grundsätzlich keine Rechte aus § 303 Abs. 1 S. 1 herleiten; anderes gilt nur insoweit, als es sich bei der Forderung um eine Nebenforderung zu einer Altforderung handelt.[110] Die

---

[98] *Heyder* 222 f.; zu Regressansprüchen des herrschenden Unternehmens gegen seine Organwalter zutr. *K. Schmidt* GesR § 31 IV 4 a.

[99] Spindler/Stilz/*Müller* Vor § 311 Rn. 30; *Heyder* 221 f., der eine Haftung aus § 117 Abs. 3 in Erwägung zieht, eine solche aus § 309 Abs. 2 analog dagegen (wohl zu Unrecht) schon im Ansatz verneint.

[100] Zur Frage, ob die Gläubiger entsprechend §§ 309 Abs. 4, 317 Abs. 4 zur Geltendmachung des Anspruchs berechtigt sind, → § 302 Rn. 44.

[101] Spindler/Stilz/*Müller* Vor § 311 Rn. 32; näher → Rn. 1, 5.

[102] Dies ist auch dann der Fall, wenn der abhängigen Gesellschaft noch ein Anspruch auf Verlustausgleich zusteht, s. BGHZ 115, 187 (200 f.) = NJW 1991, 3142; Hachenburg/*Ulmer* 8. Aufl. GmbHG Anh. § 77 Rn. 175.

[103] Näher dazu *Habersack* FS Koppensteiner, 2001, 31 (32).

[104] BGHZ 95, 330 (347) = NJW 1986, 188; BGHZ 105, 168 (183) = NJW 1988, 3143; BGHZ 115, 187 (200) = NJW 1991, 3142; BGHZ 116, 37 (42) = NJW 1992, 505; BGH NJW 1997, 943 (944); ZIP 2000, 2163; zu wN → § 303 Rn. 24 f., ferner *Klöckner* ZIP 2011, 1454 (1455 ff.), dort auch zur Rechtslage bei Doppelinsolvenz.

[105] Näher → Rn. 1, 5; abl. freilich MüKoAktG/*Kropff* 2. Aufl. Rn. 119 ff., der dem Gläubiger stattdessen die Befugnis zuspricht, den Anspruch auf Verlustausgleich entsprechend §§ 317 Abs. 4, 309 Abs. 4 S. 3 geltend zu machen und dabei Zahlung an sich selbst zu verlangen; ihm zust. MüKoAktG/*Altmeppen* Rn. 57 f.; *K. Schmidt/Lutter/J. Vetter* § 317 Rn. 64; → § 302 Rn. 44.

[106] S. aber auch OLG Frankfurt NZG 2000, 933 (934), dort auch zur Unanwendbarkeit des § 171 Abs. 2 HGB.

[107] BGHZ 95, 330 (347) = NJW 1986, 188; BGHZ 115, 187 (200) = NJW 1991, 3142; OLG Karlsruhe ZIP 1992, 1394 (1399); aA *Joost* in Hommelhoff/Stimpel/Ulmer 133, 149.

[108] OLG Düsseldorf AG 2001, 90 (91): kein Schutz des für das herrschende Unternehmen handelnden Treuhänders; zu den Voraussetzungen, unter denen eine Forderung „begründet" ist, s. auch Staub/*Habersack* HGB § 128 Rn. 62 ff.

[109] So für das GmbH-Recht zumindest tendenziell BGHZ 115, 187 (199) = NJW 1991, 3142; BGH NJW 1997, 943 (944): „nicht grds. ausgeschlossen"; aA *Joost* in Hommelhoff/Stimpel/Ulmer 133, 154.

[110] BGHZ 115, 187 (201 f.) = NJW 1991, 3142.

Ausschlussfrist des § 303 Abs. 1 S. 1 findet in Ermangelung eines eindeutigen Stichtages und der Möglichkeit eines Hinweises nach § 303 Abs. 1 S. 2 grundsätzlich[111] keine entsprechende Anwendung. Stattdessen steht dem herrschenden Unternehmen ggf. der Einwand der **Verwirkung** zu.[112] Zudem verjährt der Anspruch entsprechend § 327 Abs. 4[113] in fünf Jahren.

Die Ausfallhaftung begründet keine Gesamtschuld. Im Grundsatz kann deshalb das herrschende Unternehmen neben seinen eigenen **Einwendungen und Einreden** auch diejenigen der abhängigen Gesellschaft geltend machen, ohne dass dem der Grundsatz der Einzelwirkung (§ 425 BGB) entgegensteht. Das herrschende Unternehmen kann demnach ggf. auch schon vor Ablauf von fünf Jahren (→ Rn. 25) einwenden, die Forderung des Gläubigers gegen die abhängige Gesellschaft sei bereits verjährt (→ § 322 Rn. 11 f.).[114] Aus § 303 Abs. 3 iVm § 768 Abs. 2 BGB folgt, dass das herrschende Unternehmen eine abgeleitete Einrede nicht durch Verzicht der abhängigen Gesellschaft verliert. Im Übrigen aber steht die Möglichkeit zur Geltendmachung abgeleiteter Einreden nach § 768 Abs. 1 S. 1 BGB, § 129 Abs. 1 HGB, § 322 Abs. 2 allgemein und auch im vorliegenden Zusammenhang unter dem Vorbehalt, dass auch die abhängige Gesellschaft noch zur Geltendmachung der Einrede befugt ist.[115] Entsprechendes hat für den Fall zu gelten, dass die Forderung des Gläubigers einer Einwendung ausgesetzt ist; ein Verzicht der abhängigen Gesellschaft geht also auch insoweit nicht zu Lasten des herrschenden Unternehmens. Auf Gestaltungsrechte der abhängigen Gesellschaft kann sich das herrschende Unternehmen nach Maßgabe des § 322 Abs. 3 (→ § 322 Rn. 13 ff.) berufen.

3. Ansprüche der außenstehenden Aktionäre. a) Abwehr- und Beseitigungsansprüche. Die qualifizierte Nachteilszufügung begründet einen Zustand, der nach dem Regelungsmodell der §§ 291 ff., 311 ff., 319 ff. nur durch Abschluss eines Beherrschungsvertrags oder durch Eingliederung legitimiert werden kann;[116] eine entsprechende Einflussnahme ist deshalb ungeachtet der entsprechenden Anwendung der §§ 302 f. rechtswidrig (→ § 311 Rn. 43).[117] Die außenstehenden Aktionäre können sich hiergegen durch Geltendmachung von Abwehr- und Beseitigungsansprüchen[118] zur Wehr setzen.[119] Da allerdings nicht die Konzernstruktur als solche, sondern die in Frage stehende Einflussnahme die Rechtswidrigkeit begründet, muss sich der Anspruch gegen konkrete nachteilige Maßnahmen richten.[120]

Entsprechende Ansprüche lassen sich zunächst aus §§ 317 Abs. 4, 309 Abs. 4 S. 1 herleiten (→ § 317 Rn. 19 f.). Denkbar sind darüber hinaus Ansprüche der außenstehenden Aktionäre aus eigenem Recht. Diese gründen auf der Erwägung, dass die qualifizierte Nachteils-

---

[111] Vgl. aber auch *Werner* FS Goerdeler, 1987, 677 (694) mit Hinweis auf die Möglichkeit der Ingangsetzung der Ausschlussfrist durch freiwilligen Gläubigeraufruf entsprechend § 303 Abs. 1 S. 2 oder gleichwertige Information der Gläubiger; zust. auch Hachenburg/*Ulmer* 8. Aufl. GmbHG Anh. § 77 Rn. 180.
[112] BGHZ 95, 330 (346 f.) = NJW 1986, 188; BGHZ 115, 187 (202 f.) = NJW 1991, 3142; KG NZG 2001, 80 (81); krit. *Werner* FS Goerdeler, 1987, 677 (693 ff.).
[113] Ebenso für das GmbH-Recht Hachenburg/*Ulmer* 8. Aufl. GmbHG Anh. § 77 Rn. 181: Verjährung entsprechend §§ 9 Abs. 2, 9b Abs. 2, 31 Abs. 5 GmbHG aF; abl. *Bruns* WM 2001, 1497 (1510).
[114] Näher Staub/*Habersack* HGB § 129 Rn. 6 ff.
[115] Zutr. BGHZ 95, 330 (347 f.) = NJW 1986, 188; s. ferner *Stimpel* FS Goerdeler, 1987, 601 (620 f.); aA – gegen die im Text genannte Einschränkung – *Joost* in Hommelhoff/Stimpel/Ulmer 149 ff.; *K. Schmidt* BB 1985, 2074 (2079); *Werner* FS Goerdeler, 1987, 677 (689 ff.); Hachenburg/*Ulmer* GmbHG Anh. § 77 Rn. 179. Allg. zu diesem Vorbehalt Staub/*Habersack* HGB § 129 Rn. 14; MüKoBGB/*Habersack* § 768 Rn. 9.
[116] → Rn. 1; zur Frage der Legalisierung durch Hauptversammlungsbeschluss → Rn. 28.
[117] OLG Hamm NJW 1987, 1030; *Deilmann* 82 ff.; Emmerich/*Habersack* KonzernR § 31 Rn. 11; *Flume* BGB AT I 2, 130; *Hommelhoff* Gutachten 35 ff.; KK-AktG/*Koppensteiner* Anh. § 318 Rn. 38, § 317 Rn. 26 ff.; *Kort* ZGR 1987, 46 (59); MHdB AG/*Krieger* § 70 Rn. 153; *Lutter* ZGR 1982, 244 (265); *Mülbert* 489 ff.; *Schlieper* 222 ff.; *U. Stein* ZGR 1988, 163 (183 ff.); aA namentlich *Decher* 108 ff.; ders. DB 1990, 2005 (2006 f.).
[118] Zur Frage, ob der Anspruch aus § 302 (→ Rn. 23) von den Aktionären im Wege der actio pro socio geltend gemacht werden kann, → Rn. 24; → § 302 Rn. 44.
[119] LG Köln AG 2008, 327 (329); MüKoAktG/*Kropff* 2. Aufl. Rn. 102 ff.; MHdB AG/*Krieger* § 70 Rn. 153; KK-AktG/*Koppensteiner* Anh. § 318 Rn. 106, § 317 Rn. 26 ff.; Spindler/Stilz/*Müller* Vor § 311 Rn. 33; K. Schmidt/Lutter/*J. Vetter* Rn. 69; HK-AktG/*Fett* § 311 Rn. 30; s. ferner OLG Stuttgart ZIP 2007, 1210 (1213 f.).
[120] OLG Köln AG 2009, 416 (421); MüKoAktG/*Kropff* 2. Aufl. Rn. 105; MHdB AG/*Krieger* § 70 Rn. 153.

zufügung allein durch Abschluss eines Beherrschungsvertrags[121] legitimiert werden kann; selbst durch einstimmigen Beschluss der Aktionäre kann deshalb das zumindest gleichermaßen den Schutz der Gläubiger bezweckende Verbot der qualifizierten Nachteilszufügung nicht außer Kraft gesetzt werden.[122] Da der Abschluss eines solchen Beherrschungsvertrags nach § 293 Abs. 1 der Zustimmung der Hauptversammlung der abhängigen Gesellschaft bedarf, greift das herrschende Unternehmen mit der qualifizierten Nachteilszufügung – entsprechend den in der „Holzmüller"-Entscheidung aufgestellten Grundsätzen[123] – in das Recht eines jeden außenstehenden Gesellschafters auf **Entscheidungsteilhabe** ein.[124] Das herrschende Unternehmen und die abhängige Gesellschaft verstoßen demnach gegen ihre mitgliedschaftlichen Pflichten gegenüber den außenstehenden Gesellschaftern der abhängigen Gesellschaft und können von diesen auf der Grundlage des mitgliedschaftlichen Rechtsverhältnisses in Anspruch genommen werden.[125] Darüber hinaus ist die Mitgliedschaft „sonstiges" Recht iSd § 823 Abs. 1 BGB und genießt als solches auch im Verbandsinnenverhältnis quasi-negatorischen und deliktischen Schutz.[126] Auf der Grundlage der §§ 823 Abs. 1, 1004 BGB kann deshalb jeder außenstehende Gesellschafter sämtliche an dem Kompetenzübergriff beteiligte Personen – neben dem herrschenden Unternehmen und der abhängigen Gesellschaft mithin auch die Organwalter der abhängigen Gesellschaft sowie ggf. diejenigen des herrschenden Unternehmens – auf Unterlassung und Beseitigung in Anspruch nehmen.[127] Handelt es sich bei dem herrschenden Unternehmen um eine Gesellschaft, so haben auch deren Gesellschafter entsprechende Unterlassungs- und Beseitigungsansprüche.[128] Zur Klagefrist → Vor § 311 Rn. 54.

29 b) Anspruch auf Abfindung. Die außenstehenden Aktionäre sind nicht auf die Geltendmachung von Unterlassungs- und Abwehransprüchen beschränkt; sie können die qualifizierte Nachteilszufügung vielmehr zum Anlass nehmen, ihre Mitgliedschaft in der Gesellschaft zu beenden.[129] So haben sie in entsprechender Anwendung des § 305 Anspruch auf Abfindung durch das herrschende Unternehmen.[130] Der Umstand, dass dieser Anspruch

---

[121] Ihm gleich steht die Eingliederung.
[122] HM, s. MüKoAktG/*Kropff* 2. Aufl. Rn. 106; KK-AktG/*Koppensteiner* Anh. § 318 Rn. 39; allg. *Hommelhoff* Gutachten G 38; *Mülbert* 492 f.
[123] BGHZ 83, 122 = NJW 1982, 1703; → Vor § 311 Rn. 33 ff., 54; s. ferner BGHZ 106, 54 (64) = NJW 1989, 979 – Opel; für das genehmigte Kapital BGHZ 136, 133 (141) = NJW 1997, 2815 – Siemens/Nold; BGHZ 164, 249 (254 ff.) = NJW 2006, 374 – Mangusta/Commerzbank II (vorbeugende Unterlassungsklage oder Feststellungsklage); dazu BVerfG ZIP 2009, 753 (755 f.).
[124] Vgl. *K. Schmidt* GesR § 31 IV 4 a; *Hommelhoff* Gutachten 34 ff.; ferner *Flume* BGB AT I 2, 130; *U. Stein* ZGR 1988, 163 (188 f.); *Heyder* 117 ff., 144 ff.; zweifelnd *Hoffmann-Becking* in Ulmer, Probleme des Konzernrechts, 68, 85 f. Näher zum Ganzen und mwN *Habersack* 297 ff., 334 f.; *ders.* DStR 1998, 533 (535 ff.).
[125] So der dogmatische Ansatz in BGHZ 83, 122 (133 ff.) = NJW 1982, 1703; s. dazu *Habersack* 305 ff. mwN.
[126] Vgl. für die Mitgliedschaft im Idealverein BGHZ 110, 323 (327 f.) = NJW 1990, 2877; näher dazu (verbandstypenübergreifend) *Habersack* 117 ff., 171 ff. allg. zum Schutz der Mitgliedschaft im Verbandsinnenverhältnis, 297 ff. zur Verletzung der Mitgliedschaft bei Übergriffen in die Zuständigkeit der Hauptversammlung; aA namentlich *Reuter* FS Lange, 1992, 707 (721 ff.); *Hadding* FS Kellermann, 1991, 91 ff.; *Beuthien* FS Wiedemann, 2002, 755 ff.
[127] Näher zu Inhalt und Geltendmachung des Anspruchs *Habersack* 355 ff.
[128] Zum Erfordernis der Mitwirkung der Gesellschafter der Obergesellschaft s. für die AG § 293 Abs. 2 S. 1; für die GmbH BGHZ 105, 324 (333 ff.); BGH ZIP 1992, 395 (396 f.); → § 293 Rn. 46; für die Personengesellschaft Staub/*Schäfer* HGB Anh. § 105 Rn. 83.
[129] Auch die Minderheitsgesellschafter der GmbH haben ein Austrittsrecht aus wichtigem Grund. Mit erfolgtem Austritt haben sie Anspruch auf volle Barabfindung, und zwar sowohl gegen die abhängige Gesellschaft als auch – entsprechend § 305 Abs. 2 Nr. 3 – gegen das herrschende Unternehmen, so die nach „TBB" hM, s. Hachenburg/*Ulmer* 8. Aufl. GmbHG Anh. § 77 Rn. 167; *Geuting* BB 1994, 365 (367 f.) – Allg. zur Frage der Fortgeltung der „TBB"-Grundsätze in der mehrgliedrigen GmbH → Anh. § 318 Rn. 3.
[130] HM, vgl. MHdB AG/*Krieger* § 70 Rn. 151; MüKoAktG/*Kropff* 2. Aufl. Rn. 123; Spindler/Stilz/*Müller* Vor § 311 Rn. 34; *K. Schmidt/Lutter/J. Vetter* § 317 Rn. 67; HK-AktG/*Fett* § 311 Rn. 32; Grigoleit/*Grigoleit* § 317 Rn. 19; *Raiser/Veil* KapGesR § 53 Rn. 62; *Lieb* FS Lutter, 2000, 1151 (1154 f.); *Säcker* ZHR 151 (1987), 59 (64); *Zöllner* GS Knobbe-Keuk, 1997, 369 (379 ff.); *Ebenroth* AG 1990, 188 (193); *Decher* 117 f.; *Timm* NJW 1987, 977 (983 f.); *Deilmann* 131 f.; im Ergebnis auch *Mülbert* 494 ff. (Treupflicht); KK-AktG/*Koppensteiner* Anh. § 318 Rn. 105 ff. (Austritt aus wichtigem Grund); aA MüKoAktG/*Altmeppen* Rn. 59; *Balthasar* NZG

im unmittelbaren Anwendungsbereich des § 305 vertraglicher Natur ist (→ § 305 Rn. 25), steht der entsprechenden Anwendung dieser Vorschrift auf Sachverhalte, die nur durch Abschluss eines solchen Vertrags und damit durch Begründung einer Abfindungsverpflichtung des Unternehmens legitimiert werden können, nicht entgegen.[131] Inhaltlich geht der Anspruch allerdings auch in der AG nur auf Barabfindung gemäß § 305 Abs. 2 Nr. 3; einer entsprechenden Anwendung auch des § 305 Abs. 2 Nr. 1 und 2 steht das Fehlen einer Zustimmung der Aktionäre der Obergesellschaft nach § 293 Abs. 2 entgegen.[132] Was die **Geltendmachung** des Anspruchs aus § 305 betrifft, so bedarf es zunächst der gerichtlichen Feststellung des Bestehens einer qualifizierten Nachteilszufügung; auf der Grundlage eines entsprechenden Feststellungsurteils kann sodann in das Spruchverfahren eingetreten werden.[133]

c) **Ausgleichsanspruch.** Umstritten ist, ob die außenstehenden Gesellschafter auch 30 Anspruch auf Ausgleich nach Maßgabe des § 304 Abs. 1 S. 2, Abs. 2 haben.[134] Auch insoweit ist eine entsprechende Anwendung des § 304 nicht schon wegen des Fehlens eines Beherrschungsvertrags ausgeschlossen. Die Vorschrift des § 304 Abs. 3 spricht vielmehr für die Analogie, lässt sich ihr doch entnehmen, dass bei fehlender Übernahme einer Ausgleichsverpflichtung selbst der Abschluss eines Beherrschungsvertrags zur Begründung von Leitungsmacht des herrschenden Unternehmens nicht imstande ist.

§ 318 Verantwortlichkeit der Verwaltungsmitglieder der Gesellschaft

(1) ¹Die Mitglieder des Vorstands der Gesellschaft haften neben den nach § 317 Ersatzpflichtigen als Gesamtschuldner, wenn sie es unter Verletzung ihrer Pflichten unterlassen haben, das nachteilige Rechtsgeschäft oder die nachteilige Maßnahme in dem Bericht über die Beziehungen der Gesellschaft zu verbundenen Unternehmen aufzuführen oder anzugeben, daß die Gesellschaft durch das Rechtsgeschäft oder die Maßnahme benachteiligt wurde und der Nachteil nicht ausgeglichen worden war. ²Ist streitig, ob sie die Sorgfalt eines ordentlichen und gewissenhaften Geschäftsleiters angewandt haben, so trifft sie die Beweislast.

(2) Die Mitglieder des Aufsichtsrats der Gesellschaft haften neben den nach § 317 Ersatzpflichtigen als Gesamtschuldner, wenn sie hinsichtlich des nachteiligen Rechtsgeschäfts oder der nachteiligen Maßnahme ihre Pflicht, den Bericht über die Beziehungen zu verbundenen Unternehmen zu prüfen und über das Ergebnis der Prüfung an die Hauptversammlung zu berichten (§ 314), verletzt haben; Absatz 1 Satz 2 gilt sinngemäß.

2008, 858 (859 f.); *Schwörer* NZG 2001, 550 (551 f.); *Wiedemann* 69. – Zur Frage der analogen Anwendung der §§ 304, 305 bei „verdecktem" Beherrschungsvertrag s. OLG Schleswig NZG 2008, 868; OLG München NZG 2008, 753; → § 291 Rn. 24d.
[131] AA *Mülbert* 494 ff., der stattdessen auf die Verletzung der mitgliedschaftlichen Treupflicht abstellt, dabei aber weder das für Ansprüche wegen Treupflichtverletzung geltende Erfordernis schuldhaften Handelns berücksichtigt noch überzeugend zu begründen vermag, dass der einzelne Aktionär (neben oder anstelle der Gesellschaft?) einen Schadensersatzanspruch haben soll, der zudem gerade auf Abfindung gerichtet sein soll.
[132] Näher *Geuting* BB 1994, 365 (370 f.); s. ferner Hachenburg/*Ulmer* 8. Aufl. GmbHG Anh. § 77 Rn. 167; MHdB AG/*Krieger* § 70 Rn. 151; K. Schmidt/Lutter/*J. Vetter* § 317 Rn. 67; Spindler/Stilz/*Müller* Vor § 311 Rn. 34.
[133] OLG Stuttgart NZG 2000, 744 (746); OLG Zweibrücken ZIP 2005, 948 (950); Spindler/Stilz/*Müller* Vor § 311 Rn. 36; K. Schmidt/Lutter/*J. Vetter* § 317 Rn. 67; *Ebenroth* AG 1990, 188 (193) Fn. 65; *Mülbert* 499 f. – Zur Analogiefähigkeit des SpruchG s. BVerfG ZIP 2000, 1670 (1672 f.); BGH DB 2003, 544 (547); → SpruchG § 1 Rn. 3 ff.
[134] Für eine solche Gewinngarantie Spindler/Stilz/*Müller* Vor § 311 Rn. 34; *Säcker* ZHR 151 (1987), 59 (64); *Lieb* FS Lutter, 2000, 1151 (1154 f.); *Ebenroth* AG 1990, 188 (193); *Decher* 117 f.; ferner MüKoAktG/*Kropff* 2. Aufl. Rn. 124 ff.; aA Hachenburg/*Ulmer* 8. Aufl. GmbHG Anh. § 77 Rn. 168; KK-AktG/*Koppensteiner* Anh. § 318 Rn. 111; MüKoAktG/*Altmeppen* Rn. 59; K. Schmidt/Lutter/*J. Vetter* Rn. 68; MHdB AG/*Krieger* § 70 Rn. 151; HK-AktG/*Fett* § 311 Rn. 32; Grigoleit/*Grigoleit* § 317 Rn. 19; *Deilmann* 132; *Mülbert* 500 f.

(3) Der Gesellschaft und auch den Aktionären gegenüber tritt die Ersatzpflicht nicht ein, wenn die Handlung auf einem gesetzmäßigen Beschluß der Hauptversammlung beruht.

(4) § 309 Abs. 3 bis 5 gilt sinngemäß.

Schrifttum: S. die Angaben zu § 317.

Übersicht

	Rn.		Rn.
I. Einführung	1, 2	5. Entsprechende Geltung des § 309 Abs. 3–5	9
1. Inhalt und Zweck der Vorschrift	1	6. Verhältnis zu § 93	10–13
2. Kritik	2	a) Geltung des § 93 neben § 318	10
II. Haftung der Vorstandsmitglieder	3–13	b) Überlagerung des § 93 durch § 318	11–13
1. Gläubiger und Schuldner	3	III. Haftung der Aufsichtsratsmitglieder	14, 15
2. Haftungstatbestand	4–6	1. Haftungstatbestand	14
3. Rechtsfolgen	7	2. Sonstiges	15
4. Hauptversammlungsbeschluss	8		

I. Einführung

1 **1. Inhalt und Zweck der Vorschrift.** Die Vorschrift regelt die Verantwortlichkeit des Vorstands und des Aufsichtsrats der abhängigen Gesellschaft für die Verletzung der nach §§ 312, 314 bestehenden Pflichten im Zusammenhang mit der Aufstellung und Prüfung des Abhängigkeitsberichts. Ihr Zweck besteht darin, die Organwalter der abhängigen Gesellschaft zur **ordnungsgemäßen Erfüllung** ihrer **Berichts- und Prüfungspflichten** anzuhalten und damit zum Schutz der abhängigen Gesellschaft, ihrer Gläubiger und außenstehenden Aktionäre gegen die aus der Abhängigkeit resultierenden Gefahren beizutragen. Die Vorschrift steht deshalb im unmittelbaren Zusammenhang mit §§ 312, 314. Mittelbar geht es ihr aber um die Durchsetzung der aus § 311 folgenden Grenzen der Einflussnahme, sei es auch nur über die Verwirklichung des Rechts auf Sonderprüfung nach § 315 und damit über die Geltendmachung der Ansprüche aus § 318.

2 **2. Kritik.** Die Vorschrift ist auf berechtigte Kritik gestoßen.[1] Die geltende Fassung des § 318 ist auf die Möglichkeit des gestreckten Nachteilsausgleichs nach § 311 Abs. 2 zurückzuführen. Der noch im RegE[2] vorgesehene umfassende Haftungstatbestand nach Art des § 310 Abs. 1 ließ sich mit § 311 Abs. 2 und dem Umstand, dass der Vorstand der abhängigen Gesellschaft den Nachteilsausgleich nicht erzwingen kann (→ § 311 Rn. 75), nicht vereinbaren, sodass sich der Gesetzgeber im Laufe des Gesetzgebungsverfahrens zur Schaffung eines **an die Berichts- und Prüfungspflichten anknüpfenden Haftungstatbestands** veranlasst sah. Eigenständige Bedeutung kommt der Vorschrift des § 318 freilich nur insoweit zu, als nach ihr Vorstand und Aufsichtsrat auch den Aktionären zum Schadensersatz verpflichtet sind (→ Rn. 3, 7), ferner insoweit, als sie in Abs. 4 die sinngemäße Geltung der in § 309 Abs. 3–5 geregelten Modalitäten der Haftung anordnet (→ Rn. 9). Im Übrigen aber sind Aufstellung und Prüfung des Abhängigkeitsberichts Bestandteil der Geschäftsführungs- und Überwachungsaufgabe, sodass damit im Zusammenhang stehende Pflichtverletzungen ohne weiteres von §§ 93, 116 erfasst wären. Die Anknüpfung an die Berichts- und Prüfungspflichten könnte zudem zu dem Fehlschluss verleiten, § 318 sei lex specialis zu §§ 93, 116 (→ Rn. 10). Zudem bereitet die Anknüpfung an die Verletzung der Prüfungs- und Berichtspflicht Probleme bei der Bestimmung des Inhalts des Anspruchs (→ Rn. 7). Missglückt ist schließlich der in Abs. 3 vorgesehene Haftungsausschluss

---

[1] Eingehend MüKoAktG/*Altmeppen* Rn. 1 ff.; s. ferner Hüffer/*Koch* Rn. 1; KK-AktG/*Koppensteiner* Rn. 2; K. Schmidt/Lutter/*J. Vetter* Rn. 1; Spindler/Stilz/*Müller* Rn. 2; HK-AktG/*Fett* Rn. 1; Grigoleit/*Grigoleit* Rn. 1; NK-AktR/*Schatz*/*Schödel* Rn. 1.

[2] Vgl. *Kropff* 420.

(→ Rn. 8). Nach allem ist die Vorschrift nicht nur weitgehend überflüssig, sondern auch in der Sache verfehlt.[3]

II. Haftung der Vorstandsmitglieder

1. Gläubiger und Schuldner. Gläubiger des Anspruchs aus § 318 Abs. 1 ist primär die 3 abhängige Gesellschaft; ihr Anspruch kann nach Abs. 4 iVm § 309 Abs. 4 von jedem Aktionär und von den Gläubigern geltend gemacht werden (→ Rn. 9). Darüber hinaus hat jeder außenstehende Aktionär einen Anspruch auf Ersatz seines eigenen, nicht durch die Mitgliedschaft vermittelten Vermögensschadens (→ Rn. 12; → § 317 Rn. 13 f.).[4] Schuldner der Ersatzverpflichtung sind nach Abs. 1 die Mitglieder des Vorstands der abhängigen Gesellschaft. Im Hinblick auf die **Gesamtverantwortung** des Vorstands für die Aufstellung des Abhängigkeitsberichts (→ § 312 Rn. 14) unterliegen der Haftung aus Abs. 1 S. 1 sämtliche Mitglieder, die dem Vorstand in dem nach § 312 Abs. 1 S. 1 relevanten Zeitpunkt der Berichterstattung (→ § 312 Rn. 14 f.) angehören.

2. Haftungstatbestand. Die Haftung nach Abs. 1 S. 1 setzt in ihrem objektiven Tatbe- 4 stand zunächst voraus, dass das herrschende Unternehmen den **Tatbestand des § 317 Abs. 1 S. 1** verwirklicht, herrschendes Unternehmen und gesetzliche Vertreter also nach § 317 Abs. 1 und 3 gesamtschuldnerisch haften. Dies folgt aus dem Wortlaut des Abs. 1 S. 1, dem zufolge die Mitglieder des Vorstands „neben den nach § 317 Ersatzpflichtigen als Gesamtschuldner" haften. Voraussetzung ist also, dass ein nach § 311 an sich gebotener Nachteilsausgleich unterblieben ist;[5] die Verletzung der Berichtspflicht aus § 312 verpflichtet als solche noch nicht zum Schadensersatz. Es genügt allerdings, dass der Anspruch aus § 317 besteht; nicht erforderlich ist, dass er auch geltend gemacht wird. Auch sind die im Rahmen des § 317 bestehenden Beweiserleichterungen (→ § 317 Rn. 21) auch insoweit zu berücksichtigen, als aus dem Unterlassen eines an sich gebotenen Nachteilsausgleichs die Haftungsfolgen des § 318 hergeleitet werden.

Des Weiteren setzt Abs. 1 S. 1 eine **Verletzung der Berichtspflicht des § 312** durch 5 den Vorstand voraus. Eine solche liegt nach Abs. 1 S. 1 bei **Unvollständigkeit** des Berichts vor. Dies wiederum ist der Fall, wenn einzelne nachteilige Maßnahmen oder Rechtsgeschäfte entweder nicht aufgeführt oder nicht als nachteilig gekennzeichnet werden, ferner, wenn verschwiegen wird, dass ein nach § 311 gebotener Nachteilsausgleich nicht erfolgt ist. Der Unvollständigkeit sind die **Unrichtigkeit** und das gänzliche **Fehlen** eines Abhängigkeitsberichts gleichzustellen.[6] Für ein unternehmerisches Ermessen und das damit verbundene Eingreifen des § 93 Abs. 1 S. 2 ist schon mit Blick auf den rechtlich bindenden Charakter der in § 318 angesprochenen Berichtspflichten kein Raum.[7]

In subjektiver Hinsicht setzt die Haftung gemäß ausdrücklicher Bestimmung in Abs. 1 6 S. 2 und im Unterschied zur Haftung nach § 317 Abs. 1 und 3 (→ § 317 Rn. 7) **Verschulden** voraus. Fahrlässigkeit genügt allerdings. Der Kläger hat den objektiven Tatbestand des Abs. 1 S. 1 darzulegen und zu beweisen; hinsichtlich des Erfordernisses des unterbliebenen Nachteilsausgleichs kommen ihm auch im Rahmen des § 318 die zu § 317 geltenden Beweiserleichterungen (→ § 317 Rn. 21) zugute. Dem in Anspruch genommenen Mitglied des Vorstands obliegt gemäß Abs. 1 S. 2 der **Nachweis,** dass die Verletzung der Berichts-

---

[3] MüKoAktG/*Altmeppen* Rn. 1 ff.; Hüffer/*Koch* Rn. 1; KK-AktG/*Koppensteiner* Rn. 2; K. Schmidt/Lutter/*J. Vetter* Rn. 1; Spindler/Stilz/*Müller* Rn. 2; HK-AktG/*Fett* Rn. 1; Grigoleit/*Grigoleit* Rn. 1; NK-AktR/ *Schatz/Schödel* Rn. 1.
[4] Vgl. Begr. RegE bei *Kropff* AktG 420; ferner MüKoAktG/*Altmeppen* Rn. 20; Hüffer/*Koch* Rn. 2.
[5] KK-AktG/*Koppensteiner* Rn. 4; MüKoAktG/*Altmeppen* Rn. 8; K. Schmidt/Lutter/*J. Vetter* Rn. 4; Spindler/Stilz/*Müller* Rn. 5; HK-AktG/*Fett* Rn. 2; Grigoleit/*Grigoleit* Rn. 2.
[6] Heute wohl einM, s. MüKoAktG/*Altmeppen* Rn. 9; KK-AktG/*Koppensteiner* Rn. 5; Hüffer/*Koch* Rn. 3; K. Schmidt/Lutter/*J. Vetter* Rn. 5; Spindler/Stilz/*Müller* Rn. 6; HK-AktG/*Fett* Rn. 3; Henssler/Strohn/*Bödeker* Rn. 3; aA noch GroßkommAktG/*Würdinger* 3. Aufl. Anm. 4.
[7] Näher zu den Voraussetzungen einer unternehmerischen Entscheidung sowie zum Nichteingreifen des § 93 Abs. 1 S. 2 bei rechtlich gebundenen Entscheidungen Hüffer/*Koch* § 93 Rn. 15 ff.

pflicht auch bei Aufbringung der nach Abs. 1 S. 2, § 93 Abs. 1 S. 1 gebotenen Sorgfalt nicht hätte erkannt werden können.

7 **3. Rechtsfolgen.** Liegen die Voraussetzungen des Abs. 1 vor (→ Rn. 4 ff.), so haften die Mitglieder des Vorstands neben den nach § 317 Abs. 1 und 3 Verantwortlichen, also neben dem herrschenden Unternehmen und seinen gesetzlichen Vertretern, als Gesamtschuldner auf **Schadensersatz.** Der Inhalt des Anspruchs bestimmt sich nach §§ 249 ff. BGB. Allerdings knüpft die Haftung nach § 318 Abs. 1 an die **Verletzung der Berichtspflicht** und nicht an den Vollzug der nachteiligen Einflussnahme an (→ Rn. 2). Zu ersetzen ist deshalb nach der Gesetz gewordenen Fassung des § 318 nur der **„Berichtsschaden",**[8] dh der durch die unrichtige oder unvollständige Berichterstattung entstehende Schaden.[9] Die Bezugnahme auf § 317 in Abs. 1 S. 1 und die Anordnung gesamtschuldnerischer Haftung vermögen daran nichts zu ändern. Was den durch die kompensationslos gebliebene **Einflussnahme als solche** entstandenen Schaden betrifft, so kann allerdings auf §§ 93, 116 zurückgegriffen werden (→ Rn. 10). Auf die daraus folgende Ersatzpflicht sind zudem die Sonderregeln des § 318 entsprechend anzuwenden (→ Rn. 11 ff.). Im Ergebnis sind deshalb die nach § 317 Verantwortlichen und die Mitglieder des Vorstands der Gesellschaft als Gesamtschuldner (→ Rn. 12) verpflichtet, die auf rechtswidriger Einflussnahme basierende Maßnahme rückgängig zu machen. Anspruchsberechtigt sind die Gesellschaft und – bei Vorliegen der Voraussetzungen des § 317 Abs. 1 S. 2 (→ Rn. 3) – die außenstehenden Aktionäre. Aus § 318 lässt sich darüber hinaus ein **Unterlassungsanspruch** der Gesellschaft herleiten, der wie im Falle des § 317 auch durch die Aktionäre geltend gemacht werden kann (→ § 317 Rn. 19 f.).

8 **4. Hauptversammlungsbeschluss.** Nach Abs. 3 tritt die Haftung gegenüber der Gesellschaft und den Aktionären nicht ein, wenn die „Handlung" auf einem gesetzmäßigen Beschluss der Hauptversammlung beruht. Die Vorschrift ist den §§ 93 Abs. 4 S. 1, 117 Abs. 2 S. 3 nachgebildet. Ihr kommt im Rahmen des § 318 freilich **keine Bedeutung** zu.[10] Da nämlich die Haftung nach Abs. 1 an die Verletzung der Berichtspflicht des § 312 anknüpft, diese Berichtspflicht aber auf Gesetz beruht und nicht zur Disposition der Hauptversammlung steht, ist ein gesetzmäßiger Beschluss, gerichtet auf die Befreiung von der Pflicht zur ordnungsgemäßen Berichterstattung, nicht möglich. Wird gleichwohl ein entsprechender Beschluss gefasst, ist dieser nach § 241 Nr. 3 nichtig.[11] Die nach allem gegenstandslose Vorschrift des Abs. 3 war bereits Bestandteil des RegE und ist nach der Abänderung des § 318 Abs. 1 (→ Rn. 2) versehentlich nicht gestrichen worden. Aber auch auf der Grundlage der alten Fassung des § 318 wäre die Vorschrift schon deshalb verfehlt, weil eine „Veranlassung" iSd § 311 Abs. 1 auch durch Beschluss der Hauptversammlung erfolgen kann (→ § 311 Rn. 29 f.) und der Vorstand verpflichtet wäre, den Eintritt der Bestandskraft des Beschlusses zu verhindern (→ Rn. 13).[12]

9 **5. Entsprechende Geltung des § 309 Abs. 3–5.** Wie § 317 Abs. 4 nimmt auch § 318 Abs. 4 hinsichtlich der Möglichkeit eines Verzichts oder Vergleichs, der Verjährung und der Geltendmachung des Schadensersatzanspruchs durch Aktionäre und Gläubiger auf § 309 Abs. 3–5 Bezug (→ § 317 Rn. 26 ff.; → § 309 Rn. 48 ff.).

10 **6. Verhältnis zu § 93. a) Geltung des § 93 neben § 318.** Die Vorschrift des § 318 Abs. 1 regelt allein die Verantwortlichkeit des Vorstands für die Verletzung der **Berichtspflicht** des § 312, nicht aber die Verantwortlichkeit für die **sonstigen Pflichten,** die sich

---

[8] K. Schmidt/Lutter/*J. Vetter* Rn. 8.
[9] MüKoAktG/*Altmeppen* Rn. 13; Spindler/Stilz/*Müller* Rn. 10; K. Schmidt/Lutter/*J. Vetter* Rn. 8; Grigoleit/*Grigoleit* Rn. 3.
[10] MüKoAktG/*Altmeppen* Rn. 21; KK-AktG/*Koppensteiner* Rn. 7; MHdB AG/*Krieger* § 70 Rn. 139; Hüffer/*Koch* Rn. 7; K. Schmidt/Lutter/*J. Vetter* Rn. 18; Spindler/Stilz/*Müller* Rn. 9; HK-AktG/*Fett* Rn. 5; Wachter/*Rothley* Rn. 7.
[11] KK-AktG/*Koppensteiner* Rn. 8.
[12] KK-AktG/*Koppensteiner* Rn. 7.

für den Vorstand der Gesellschaft infolge und trotz des Abhängigkeitsverhältnisses ergeben (→ § 311 Rn. 78 ff.). Schon mit Rücksicht auf die Pflicht des Vorstands zur eigenverantwortlichen Leitung der Gesellschaft (→ § 311 Rn. 10) ist der ganz hM darin zuzustimmen, dass § 318 den allgemeinen Haftungstatbestand des § 93 nicht verdrängt.[13] § 318 ist deshalb zwar insoweit lex specialis zu § 93, als es um die Verletzung der Berichtspflicht geht; für die Verletzung sonstiger Pflichten haftet der Vorstand dagegen nach § 93.

b) Überlagerung des § 93 durch § 318. Soweit die Mitglieder des Vorstands für die Verletzung der sich aus der Abhängigkeit der Gesellschaft ergebenden Pflichten nach § 93 haften (→ Rn. 10), sind die in § 318 enthaltenen **Sonderregeln** grundsätzlich **entsprechend anzuwenden**.[14] Dafür spricht, dass die allgemeine Vorschrift des § 93 auf die Verwaltung einer unabhängigen Gesellschaft zugeschnitten ist, die spezifischen Gefahren der Abhängigkeit iSv § 17 also nicht berücksichtigt. Es kommt hinzu, dass damit der ursprünglichen Absicht des Gesetzgebers, die Vorschrift des § 318 im Sinne eines umfassenden Haftungstatbestands zu konzipieren (→ Rn. 2), zumindest partiell Geltung verschafft werden kann. Dem lässt sich auch nicht entgegenhalten, der Gesetzgeber habe von seinem ursprünglichen Vorhaben bewusst Abstand genommen. Denn mit der Anknüpfung an die Verletzung der Berichtspflicht wollte der Gesetzgeber allein dem Umstand Rechnung tragen, dass der Vorstand nicht weisungsgebunden ist; nicht aber sollten die abhängigkeitsspezifischen Besonderheiten negiert werden (→ Rn. 7). Daraus folgt allerdings zugleich, dass § 93 nur insoweit durch § 318 modifiziert wird, als der Vorstand die **sich aus dem Abhängigkeitsverhältnis ergebenden Pflichten** verletzt (→ § 311 Rn. 78 ff.).[15] Auch setzt die Überlagerung des § 93 durch § 318 voraus, dass das herrschende Unternehmen nach § 317 haftet.[16] Von der entsprechenden Anwendung auf die Verletzung abhängigkeitsspezifischer Pflichten ausgenommen sind allerdings im Falle börsennotierter Gesellschaften die §§ 318 Abs. 4, 309 Abs. 5; insoweit muss es vielmehr bei der **zehnjährigen Verjährungsfrist** des § 93 Abs. 6 bleiben.[17]

Aus dem in → Rn. 11 Gesagten folgt zunächst, dass die Mitglieder des Vorstands und die nach § 317 Abs. 1, 3 Ersatzpflichtigen als **Gesamtschuldner** haften (→ Rn. 7). Die Mitglieder des Vorstands haben des Weiteren bei Verletzung einer abhängigkeitsspezifischen Sorgfaltspflicht einen etwaigen **Eigenschaden der Aktionäre** auszugleichen (→ Rn. 3). Verzicht und Vergleich setzen nach Abs. 4 iVm § 309 Abs. 3 einen **Sonderbeschluss** der außenstehenden Aktionäre voraus und müssen bei Widerspruch einer Minderheit unterbleiben (→ § 317 Rn. 31). Der Anspruch der Gesellschaft kann von jedem Aktionär und von den Gläubigern nach Maßgabe des Abs. 4 iVm **§ 309 Abs. 4** geltend gemacht werden (→ § 317 Rn. 27 ff.). Zur Verjährung → Rn. 11.

Was den Haftungsausschluss des § 93 Abs. 4 S. 1 betrifft, so kommt er zwar im Hinblick auf die entsprechende Vorschrift des § 318 Abs. 3 (→ Rn. 8) auch in Abhängigkeitsverhältnissen zur Anwendung; insoweit wird also § 93 nicht durch § 318 modifiziert.[18] Ein **Beschluss,** der den Vorstand der abhängigen Gesellschaft von seinen Pflichten nach § 311

---

[13] BGHZ 179, 71 Rn. 14 = NJW 2009, 850 – MPS; MüKoAktG/*Altmeppen* Rn. 23; KK-AktG/*Koppensteiner* Rn. 10; Hüffer/*Koch* Rn. 9; K. Schmidt/Lutter/*J. Vetter* Rn. 15; Spindler/Stilz/*Müller* Rn. 13; Hölters/Leuering/*Goertz* Rn. 3; HK-AktG/*Fett* Rn. 10; NK-AktR/*Schatz/Schödel* Rn. 10; Wachter/*Rothley* Rn. 4; Grigoleit/*Grigoleit* Rn. 8; Henssler/Strohn/*Bödeker* Rn. 8; MHdB AG/*Krieger* § 69 Rn. 132; *Ulmer* FS Hüffer, 2009, 997 (1011 f.); *Geßler* FS Westermann, 1974, 145 (158 ff.); *Pickardt* 91 ff., 108 ff.; aA *Luchterhandt* ZHR 133 (1970), 1 (42 ff.).

[14] HM, s. MüKoAktG/*Altmeppen* Rn. 24 f.; KK-AktG/*Koppensteiner* Rn. 11; Hüffer/*Koch* Rn. 10; Spindler/Stilz/*Müller* Rn. 14; HK-AktG/*Fett* Rn. 11; Grigoleit/*Grigoleit* Rn. 9; NK-AktR/*Schatz/Schödel* Rn. 11; Wachter/*Rothley* Rn. 2; Henssler/Strohn/*Bödeker* Rn. 8; MHdB AG/*Krieger* § 70 Rn. 140; einschr. – gegen Einzelklagebefugnis entsprechend §§ 318 Abs. 4, 309 Abs. 4 S. 1 – K. Schmidt/Lutter/*J. Vetter* Rn. 16 f.; aA *Baumbach/Hueck* Rn. 7.

[15] Zutr. MüKoAktG/*Altmeppen* Rn. 24 f.; Spindler/Stilz/*Müller* Rn. 14.

[16] MüKoAktG/*Altmeppen* Rn. 25; Spindler/Stilz/*Müller* Rn. 14.

[17] MHdB AG/*Krieger* § 70 Rn. 140; *Harbarth/Jaspers* NZG 2011, 368 (373).

[18] So auch MüKoAktG/*Altmeppen* Rn. 26; KK-AktG/*Koppensteiner* Rn. 11; K. Schmidt/Lutter/*J. Vetter* Rn. 18 f.

befreit, ist aber zumindest anfechtbar. Wird er infolge des Ablaufs der Anfechtungsfrist bestandskräftig und damit „gesetzmäßig" iSv §§ 93 Abs. 4 S. 1, 318 Abs. 3, so haften die Mitglieder des Vorstands grundsätzlich auf Grund der Nichtausübung ihres Anfechtungsrechts nach § 245 Nr. 5; sie können sich deshalb nach § 93 nicht auf den Hauptversammlungsbeschluss berufen.[19] Hinsichtlich des herrschenden Unternehmens bleibt es dabei, dass eine „Veranlassung" auch durch Hauptversammlungsbeschluss erfolgen kann (→ § 311 Rn. 29 f.).

III. Haftung der Aufsichtsratsmitglieder

14 **1. Haftungstatbestand.** Nach Abs. 2 haften die Mitglieder des Aufsichtsrats neben den nach Abs. 1 und § 317 Verantwortlichen als Gesamtschuldner, wenn sie die **Prüfungs- und Berichtspflichten des § 314** verletzt haben. Eine Pflichtverletzung liegt insbesondere darin, dass der Aufsichtsrat den Abhängigkeitsbericht nicht mit der gebotenen Sorgfalt auf unausgeglichen gebliebene Nachteile überprüft (→ § 314 Rn. 12 f.) oder der Bericht an die Hauptversammlung unvollständig oder unrichtig ist (→ § 314 Rn. 14 f.). Die Berichtspflicht ist deshalb auch dann verletzt, wenn der Aufsichtsrat nicht mitteilt, dass der Vorstand zu Unrecht keinen Abhängigkeitsbericht aufgestellt hat,[20] ferner, wenn Einwendungen nicht in die Schlusserklärung aufgenommen werden und dadurch eine an sich mögliche Sonderprüfung vereitelt wird.[21] Der Haftungstatbestand entspricht im Übrigen demjenigen des Abs. 1, setzt also neben einer Verletzung der Prüfungs- und Berichtspflicht die Verwirklichung des Tatbestands des § 317 Abs. 1 S. 1 und Verschulden des Aufsichtsratsmitglieds voraus (→ Rn. 4); Letzteres wird allerdings gemäß S. 2 auch im Rahmen des Abs. 2 vermutet. Auch den Aufsichtsratsmitgliedern kommt im Rahmen des § 318 Abs. 2 die business judgment rule des § 93 Abs. 1 S. 2 nicht zugute (→ Rn. 5).

15 **2. Sonstiges.** Die Haftung der Aufsichtsratsmitglieder beurteilt sich im Übrigen nach den in → Rn. 3 ff., 7 ff. getroffenen Feststellungen. Auch § 318 Abs. 2 verdrängt nicht den allgemeinen Haftungstatbestand des § 116 (→ Rn. 10).[22] Soweit der Aufsichtsrat **abhängigkeitsspezifische Pflichten** verletzt, kommt es zur Modifizierung der §§ 116, 93 durch § 318 (→ Rn. 11 ff.).

Anh. § 318

Abhängige GmbH und „faktischer" GmbH-Konzern

Schrifttum: Kommentare und Handbücher: *Altmeppen* in Roth/Altmeppen, GmbHG, 8. Aufl. 2015, Anh. § 13: Konzernrecht der GmbH; *Casper* in Ulmer/Habersack/Winter, GmbHG, 2008, Anh. § 77: GmbH-Konzernrecht; *Decher/Kiefner* in Münchener Handbuch des Gesellschaftsrechts, Bd. 3: GmbH, 4. Aufl. 2012, §§ 67–70; *Emmerich* in Scholz, GmbHG, 11. Aufl. 2012, Anh. § 13: GmbH-Konzernrecht; *Goette*, Die GmbH, 2. Aufl. 2002, § 9; *ders./Habersack*, Das MoMiG in Wissenschaft und Praxis, 2009; *Kessler* in Saenger/Inhester, GmbHG, 2. Aufl. 2013, Anh. § 13: Konzernrecht; *Koppensteiner/Schnorbus* in Rowedder/Schmidt-Leithoff, GmbHG, 5. Aufl. 2013, Anh. § 52: Konzernrecht; *Liebscher* in MüKoGmbHG, 2. Aufl. 2015, Anh. § 13: Die GmbH als Konzernbaustein (GmbH-Konzernrecht); *Lutter/Hommelhoff* in Lutter/Hommelhoff, GmbHG, 18. Aufl. 2012, Anh. § 13: Die GmbH als verbundenes Unternehmen; *Maul* in Gehrlein/Ekkenga/Simon, GmbHG, 2. Aufl. 2015, Anh. § 13: Die GmbH als verbundenes Unternehmen (Konzernrecht); *Servatius* in Michalski, GmbHG, 2. Aufl. 2010, Systematische Darstellung 4: Konzernrecht; *Ulmer* in Hachenburg, GmbHG, 8. Aufl. 1990/1992, Anh. § 77: GmbH-Konzernrecht; *Verse* in Henssler/Strohn, Gesellschaftsrecht, 2. Aufl. 2014, Anh. § 13: Konzernrecht der GmbH; *Weller/Discher* in Bork/Schäfer, GmbHG, 3. Aufl. 2015, Anh. § 13: Konzernrecht; *Zöllner/Beurskens* in Baumbach/Hueck, GmbHG, 20. Aufl. 2013, Schlussanhang: Die GmbH im Unternehmensverbund (GmbH-Konzernrecht).

---

[19] MüKoAktG/*Altmeppen* Rn. 26; KK-AktG/*Koppensteiner* Rn. 11; K. Schmidt/Lutter/*J. Vetter* Rn. 18 f.; allg. dazu Hüffer/*Koch* § 93 Rn. 73 f.; GroßkommAktG/*Habersack/Foerster* 5. Aufl. § 83 Rn. 13.

[20] MüKoAktG/*Altmeppen* Rn. 10; KK-AktG/*Koppensteiner* Rn. 5; Hüffer/*Koch* Rn. 6; Spindler/Stilz/*Müller* Rn. 7; Grigoleit/*Grigoleit* Rn. 2.

[21] MüKoAktG/*Altmeppen* Rn. 10; vgl. auch OLG Jena ZIP 2007, 1314 (1317).

[22] Zu den Überwachungspflichten des Aufsichtsrats im Zusammenhang mit der Vergabe von Darlehen s. BGHZ 179, 71 Rn. 14, 19 ff. = NJW 2009, 850 – MPS; *Habersack* ZGR 2009, 346 (363 f.).

Konzernbildungskontrolle: S. die Nachweise Vor § 311; ferner *Beinert,* Die Konzernhaftung für die satzungsgemäß abhängig gegründete GmbH, 1995; *Bouchon,* Konzerneingangsschutz im GmbH- und Aktienrecht, 2002; *Emmerich,* Der heutige Stand der Lehre vom GmbH-Konzernrecht, AG 1987, 1; *ders.,* Konzernbildungskontrolle, AG 1991, 303; *Ettinger/Reiff,* Die Gelatine-Entscheidungen des BGH: Auswirkungen auf die Kompetenzverteilung in der GmbH bei Ausgliederungen außerhalb des Umwandlungsgesetzes, GmbHR 2007, 617; *Grauer,* Konzernbildungskontrolle im GmbH-Recht, 1991; *Haas/Müller,* Haftungsrisiken des GmbH-Geschäftsführers im Zusammenhang mit Unternehmens(ver)käufen, GmbHR 2004, 1169; *Henssler,* Minderheitenschutz im faktischen GmbH-Konzern – Zugleich ein Plädoyer für die Aufwertung des Konzernabschlusses, FS Zöllner, Bd. I, 1998, 203; *Hommelhoff,* Förder- und Schutzrecht für den faktischen GmbH-Konzern, ZGR 2012, 535; *Hüffer,* Der herrschende Aktionär – Adressat eines ungeschriebenen Wettbewerbsverbots?, FS Röhricht, 2005, 251; *Ivens,* Das Konkurrenzverbot des GmbH-Gesellschafters, 1987; *ders.,* Das Konkurrenzverbot der GmbH-Gesellschafter und § 1 GWB, DB 1988, 215; *Jansen,* Konzernbildungskontrolle im faktischen GmbH-Konzern, 1993; *Kallmeyer,* Schutz vor Übernahmen in der GmbH, GmbHR 2001, 745; *Leitzen,* Die analoge Anwendung von § 179a AktG auf Gesellschaften mit beschränkter Haftung und Personengesellschaften in der Praxis, NZG 2012, 491; *Lutter/Timm,* Konzernrechtlicher Präventivschutz in der GmbH, NJW 1982, 409; *Mertens/Cahn,* Wettbewerbsverbot und verdeckte Gewinnausschüttung im GmbH-Konzern, FS Heinsius, 1991, 545; *Priester,* „Holzmüller" im GmbH-Recht, FS Westermann, 2008, 1281; *Raiser,* Wettbewerbsverbote als Mittel des konzernrechtlichen Präventivschutzes, FS Stimpel, 1985, 855; *Reichert,* Zulässigkeit der nachträglichen Einführung oder Aufhebung von Vinkulierungsklauseln in der Satzung der GmbH, BB 1985, 1496; *ders.,* Mitwirkungsrechte und Rechtsschutz der Aktionäre nach Macroton und Gelatine, AG 2005, 150; *Schmiegel,* Informationspflichten der Geschäftsführung bei Strukturmaßnahmen in Kapitalgesellschaften, 2011; *U. H. Schneider,* Die Gründung von faktischen GmbH-Konzernen, in Hommelhoff ua (Hrsg.), Entwicklungen im GmbH-Konzernrecht, ZGR-Sonderheft 6, 1986, 121; *ders.,* Konzerngründung im faktischen GmbH-Konzern, GmbHR 2014, 113; *Timm,* Wettbewerbsverbot und Geschäftschancenlehre im Recht der GmbH, GmbHR 1981, 177; *van Venrooy,* Zwingende Zustimmungsvorbehalte der Gesellschafterversammlung gegenüber der Geschäftsführung, GmbHR 2005, 1243; *Verhoeven,* GmbH-Konzern-Innenrecht, 1978; *Wehlmann,* Kompetenzen von Gesellschaftern und Gesellschaftsorganen bei der Bildung faktischer GmbH-Konzerne, 1996; *Wiedemann/Hirte,* Die Konkretisierung der Pflichten des herrschenden Unternehmens, ZGR 1986, 163; *Zitzmann,* Die Vorlagepflichten des GmbH-Geschäftsführers, 1991.

Schranken der Einflussnahme im Allgemeinen: *Altmeppen,* Die Haftung des Managers im Konzern, 1998; *Assmann,* Der faktische GmbH-Konzern, FS 100 Jahre GmbH-Gesetz, 1992, 657; *Fleck,* Die Drittanstellung des GmbH-Geschäftsführers, ZHR 149 (1985), 387; *ders.,* Mißbrauch der Vertretungsmacht oder Treubruch des mit Einverständnis aller Gesellschafter handelnden GmbH-Geschäftsführers aus zivilrechtlicher Sicht, ZGR 1990, 31; *ders.,* Der Grundsatz der Kapitalerhaltung – seine Auswirtung und seine Grenzen, FS 100 Jahre GmbH-Gesetz, 1992, 391; *Fleischer/Harzmeier,* Zur Abdingbarkeit der Treupflichten bei Personengesellschaft und GmbH, NZG 2015, 1289; *Hellgardt,* Abdingbarkeit der gesellschaftsrechtlichen Treupflicht, FS Hopt, 2010, 765; *Henze,* Treupflichten der Gesellschafter im Kapitalgesellschaftsrecht, ZHR 162 (1998), 186; *Jungkurth,* Konzernleitung bei der GmbH: Die Pflichten des Geschäftsführers, 2000; *Konzen,* Geschäftsführung, Weisungsrecht und Verantwortlichkeit in der GmbH und GmbH & Co. KG, NJW 1989, 2977; *Lakner,* Der mehrstufige Konzern, 2005; *Limmer,* Die Haftungsverfassung des faktischen GmbH-Konzerns, 1992; *Lutter,* Treupflichten und ihre Anwendungsprobleme, ZHR 162 (1998), 164; *Martens,* Die GmbH und der Minderheitenschutz, GmbHR 1984, 265; *Priester,* Die eigene GmbH als fremder Dritter – Eigensphäre der Gesellschaft und Verhaltenspflichten ihrer Gesellschafter, ZGR 1993, 512; *K. Schmidt,* Konzernrecht, Minderheitenschutz und GmbH-Innenrecht, GmbHR 1979, 121; *ders.,* Konkursverschleppungshaftung und Konkursverursachungshaftung, ZIP 1988, 1497; *Schneider,* Konzernleitung als Rechtsproblem, BB 1981, 249; *ders./Burgard,* Treupflichten im mehrstufigen Unterordnungskonzern, FS Ulmer, 2003, 579; *Törggler,* Minderheitenschutz im GmbH-Konzern, in Kalss/Rüffler, GmbH-Konzernrecht – Stand und Entwicklung im österreichischen, italienischen und slowenischen Recht, 2003, 49; *Tröger,* Treupflicht im Konzernrecht, 2000; *Verse,* Treuepflicht und Gleichbehandlungsgrundsatz, in Bayer/Habersack Aktienrecht im Wandel, Bd. 2, Kap. 13; *Wackerbarth,* Grenzen der Leitungsmacht in der internationalen Unternehmensgruppe, 2001; *Westermann,* Haftungsrisiken eines „beherrschenden" GmbH-Gesellschafters, NZG 2002, 1129; *Wiedemann,* Die Unternehmensgruppe im Privatrecht, 1988; *ders.,* Treubindungen und Sachlichkeitsgebot, WM 2009, 1; *ders./Hirte,* Konzernrecht, in 50 Jahre BGH, Festgabe aus der Wissenschaft, Bd. II, 2000, 337; *Wilhelm,* Rechtsform und Haftung bei der juristischen Person, 1981; *ders.,* Konzernrecht und allgemeines Haftungsrecht, DB 1986, 2113; *Wimmer-Leonhardt,* Konzernhaftungsrecht, 2004; *M. Winter,* Mitgliedschaftliche Treubindungen im GmbH-Recht, 1988; *Ziemons,* Die Haftung der Gesellschafter für Einflußnahmen auf die Geschäftsführung der GmbH, 1996.

Bestandsschutz der GmbH („Existenzvernichtungshaftung") im Besonderen: *Altmeppen,* Grundlegend Neues zum „qualifiziert faktischen" Konzern und zum Gläubigerschutz in der Einmann-GmbH, ZIP 2001, 1837; *ders.,* Gesellschafterhaftung und „Konzernhaftung" bei der GmbH, NJW 2002, 321; *ders.,* Ausfall- und Verhaltenshaftung des Mitgesellschafters in der GmbH, ZIP 2002, 961; *ders.,* Zur Konzeption eines neuen Gläubigerschutzkonzeptes in der GmbH, ZIP 2002, 1553; *ders.,* Existenzvernichtungshaftung und Scheinauslandsgesellschaften, FS Röhricht, 2005, 3; *ders.,* Zur vorsätzlichen Gläubigerschädigung, Existenzvernichtung und materiellen Unterkapitalisierung in der GmbH, ZIP 2008, 1201; *Bayer,* Die Gesamtverantwortung der Gesellschafter für das Stammkapital und die Existenz der GmbH, FS Röhricht, 2005, 25; *ders./Lieder*, Zur Abwicklung der Haftung wegen existenzvernichtenden Eingriffs und der Ersatzpflicht aus § 826 BGB in der Insolvenz, WM 2006, 999; *Bitter*, Konzernrechtliche Durchgriffshaftung bei Personengesellschaften, 2000; *ders.*, Der Anfang vom Ende des „qualifiziert faktischen GmbH-Konzerns" – Ansätze einer allgemeinen Mißbrauchshaftung in der Rechtsprechung des BGH, WM 2001, 2133; *Bruns*, Existenz- und Gläubigerschutz in der GmbH – das Vulkan-Konzept, WM 2003, 815; *Büscher*, Die qualifizierte faktische Konzernierung – eine gelungene Fortbildung des Rechts der GmbH?, 1999; *Burg/Hützen*, Existenzvernichtungshaftung im Vertragskonzern, Konzern 2010, 20; *Burgard*, Die Förder- und Treupflicht des Alleingesellschafters einer GmbH, ZIP 2002, 827; *ders.*, Cash Pooling und Existenzgefährdung, VGR 6 (2003), 45; *Casper*, Insolvenzverschleppungs- und Insolvenzverursachungshaftung des Geschäftsführers und der Gesellschafter, in Goette/Habersack, Das MoMiG in Wissenschaft und Praxis, 2009, Kap. 6; *Dauner-Lieb*, Die Existenzvernichtungshaftung – Schluss der Debatte?, DStR 2006, 2034; *dies.*, Die Existenzvernichtungshaftung als deliktische Innenhaftung gemäß § 826 BGB, ZGR 2008, 34; *Decher*, Haftung im qualifizierten faktischen GmbH-Konzern – verbleibende Relevanz nach dem TBB-Urteil? – Bemerkungen aus der Sicht der Praxis, in Ulmer (Hrsg.), Haftung im qualifizierten faktischen Konzern – Verbleibende Relevanz nach dem TBB-Urteil?, ZHR-Beiheft 70, 2002, 25; *Diem*, Besicherung von Gesellschafterverbindlichkeiten als existenzvernichtender Eingriff des Gesellschafters?, ZIP 2003, 1283; *Drygala*, Abschied vom qualifizierten faktischen Konzern – oder Konzernrecht für alle?, GmbHR 2003, 729; *Eberl-Borges*, Die Konzernhaftung im Kapitalgesellschaftskonzernrecht, Jura 2002, 761; *Emmerich*, Nachlese zum Autokran-Urteil des BGH zum GmbH-Konzernrecht, GmbHR 1987, 213; *ders.*, Anmerkungen zu der Vulkan-Doktrin, AG 2004, 423; *Esters*, Die GmbH als taugliches Objekt von Konzernfinanzierungen und LBOs nach „Bremer Vulkan" und „KBV"?, GmbHR 2004, 105; *Freitag*, §§ 30, 31 GmbHG, Bremer Vulkan-Urteil und Limitation Language, WM 2003, 805; *Gehrlein*, Die Existenzvernichtungshaftung im Wandel der Rechtsprechung, WM 2008, 761; *Gloge/C. Goette/Japing*, Existenzvernichtungshaftung und Unterkapitalisierung, ZInsO 2008, 1051; *Goette*, Haftung im qualifizierten faktischen Konzern – Verbleibende Relevanz nach dem TBB-Urteil? – Rechtsprechungsbericht, in Ulmer (Hrsg.), Haftung im qualifizierten faktischen Konzern – Verbleibende Relevanz nach dem TBB-Urteil?, ZHR-Beiheft 70, 2002, 11; *ders.*, Aus der neueren Rechtsprechung des BGH zum GmbH-Recht, ZIP 2005, 1481; *Grigoleit*, Gesellschafterhaftung für interne Einflussnahme im Recht der GmbH, 2006; *Gudlich*, Gläubigerschutz und Gesellschafterhaftung beim Cash-Pooling, 2012; *Haas*, Die Gesellschafterhaftung wegen „Existenzvernichtung", WM 2003, 1929; *ders.*, Die Haftung des GmbH-Geschäftsführers in der Krise der Gesellschaft, in Heintzen/Kruschwitz, Unternehmen in der Krise, 2004, 73; *ders.*, Reform des gesellschaftsrechtlichen Gläubigerschutzes, Gutachten E zum 66. DJT, 2006; *ders.*, Ist das Trihotel-Haftungsmodell Vorbild auch für andere dem Schutz der Gläubigergesamtheit dienende Ansprüche?, ZIP 2009, 1257; *Habersack*, Trihotel – Das Ende der Debatte?, Überlegungen zur Haftung für schädigende Einflussnahme im Aktien- und GmbH-Recht, ZGR 2008, 533; *Hennrichs*, Zur Kapitalaufbringung und Existenzvernichtungshaftung in sog. Aschenputtel-Konstellationen, FS U.H. Schneider, 2011, 489; *Henze*, Entwicklungen der Rechtsprechung des BGH im GmbH-Recht – Freud und Leid der Kommentatoren, GmbHR 2000, 1069; *ders.*, Gesichtspunkte des Kapitalerhaltungsgebotes und seiner Ergänzung im Kapitalgesellschaftsrecht in der Rechtsprechung des BGH, NZG 2003, 649; *Hönn*, Roma locuta? – Trihotel, Rechtsfortbildung und gesetzliche Wertung, WM 2008, 769; *Hoffmann*, Das GmbH-Konzernrecht nach dem „Bremer Vulkan"-Urteil, NZG 2002, 68; *Kessler*, Kapitalerhaltung und normativer Gläubigerschutz in der Einpersonen-GmbH – zum „beiläufigen" Ende des „qualifizierten faktischen" GmbH-Konzerns, GmbHR 2001, 1095; *ders.*, Die Durchgriffshaftung wegen „existenzgefährdender" Eingriffe – Zur dogmatischen Konzeption des Gläubigerschutzes in der GmbH, GmbHR 2002, 945; *Kleindiek*, Materielle Unterkapitalisierung, Existenzvernichtung und Deliktshaftung – GAMMA, NZG 2008, 686; *A. Koch*, Die Abkehr von der „bilanziellen Betrachtungsweise" und ihre Auswirkungen auf die Existenzvernichtungshaftung, 2007; *Koppensteiner*, „Existenzvernichtung" der GmbH durch ihren einzigen Gesellschafter, FS Honsell, 2002, 607; *Kroh*, Der existenzvernichtende Eingriff, 2013; *Kropff*, Benachteiligungsverbot und Nachteilsausgleich im faktischen Konzern, FS Kastner, 1992, 279; *ders.*, GmbH-Beherrschungsvertrag: Voraussetzung für den Vorrang von Konzerninteressen?, FS Semler, 1993, 517; *Kuntz*, Haftung von Banken gegenüber anderen Gläubigern nach § 826 BGB wegen Finanzierung von Leveraged Buyouts?, ZIP 2008, 814; *Kurzwelly*, Die Existenzvernichtungshaftung – Entwicklung und Abschluss einer höchstrichterlichen Rechtsprechung, FS Goette, 2011, 277; *Lieder*, Zur Haftung wegen existenzvernichtenden Eingriffs, DZWiR 2005, 309; *Lutter/Banerjea*, Die Haftung wegen Existenzvernichtung, ZGR 2003, 402; *dies.*, Die Haftung des Geschäftsführers für existenzvernichtende Eingriffe, ZIP 2003, 2177; *Matschernus*, Die Durchgriffshaftung wegen Existenzvernichtung in der GmbH, 2007; *Chr. Möller*, Die materiell unterkapitalisierte GmbH, 2005; *Mülbert*, Abschied von der „TBB"-Haftungsregel für den qualifiziert faktischen GmbH-Konzern, DStR 2001, 1937; *Nassall*, Der existenzvernichtende Eingriff in die GmbH: Einwendungen aus verfassungs- und insolvenzrechtlicher Sicht, ZIP 2003, 969; *ders.*, Kapitalersatz bei der GmbH – Abschied für immer oder Wiederkehr in anderer Gestalt?, NJW 2010, 2305; *Oechsler*, Die Existenzvernichtungshaftung und das Beweisrecht, FS U.H. Schneider, 2011, 913; *Osterloh-Konrad*, Abkehr vom Durchgriff: Die Existenzvernichtungshaftung des GmbH-Gesellschafters nach „Trihotel", ZHR 172 (2008), 274; *Paefgen*, Existenzvernichtungshaftung nach Gesellschaftsdeliktsrecht, DB 2007, 1907; *Philipp/Weber*, Materielle Unterkapitalisierung als Durchgriffshaftung im Lichte der jüngeren BGH-Rechtsprechung zur Existenzvernichtung, DB 2006, 142; *Raiser*, Die Haftung einer Schwestergesellschaft für die Schulden einer anderen Schwester nach dem Urteil „Bremer Vulkan" des BGH, FS Ulmer, 2003, 493; *Röhricht*, Die GmbH im Spannungsfeld zwischen wirtschaftlicher Dispositionsfreiheit ihrer Gesellschafter und Gläubigerschutz, FS BGH, 2000, 83; *ders.*, Die aktuelle höchstrichterliche Rechtsprechung zum Gesellschaftsrecht, VGR 5 (2002), 3; *ders.* VGR 6 (2003), 3; *Römermann/Schröder*, Aufgabe des qualifiziert faktischen GmbH-Konzerns, GmbHR 2001, 1015; *G.H. Roth*, Gläubigerschutz durch Existenzschutz, NZG 2003, 1081; *Rubner*, Abschied von der Existenzvernichtungshaftung, DStR 2005, 1694; *ders.*, Die Haftung wegen sittenwidriger vorsätzlicher Existenzvernichtung, Konzern 2007, 635; *Schanze*, Gesellschafterhaftung für unlautere Einflussnahme nach § 826 BGB: Die Trihotel-Doktrin des BGH, NZG 2007, 681; *K. Schmidt*, Gesellschafterhaftung und „Konzernhaftung" bei der GmbH, NJW 2001, 3577; *ders.*, Sternförmige GmbH & Co. KG und horizontaler Haftungsdurchgriff, FS Wiedemann, 2002, 1199; *S. H. Schneider*, (Mit-)Haftung des Geschäftsführers eines wegen Existenzvernichtung haftenden Gesellschafters, FS U.H. Schneider, 2011, 1177; *Schön*, Zur „Existenzvernichtung" der juristischen Person, ZHR 168 (2004), 268; *Schrell/Kirchner*, Fremdfinanzierte Unternehmenskäufe nach der KBV-Entscheidung des BGH: Sicherheitenpakete als existenzvernichtender Eingriff?, BB 2003, 1451; *Schulz/Israel*, Kein existenzvernichtender Eingriff durch typische Finanzierung bei Leveraged buy-out, NZG 2005, 329; *Schwab*, Die Neuauflage der Existenzvernichtungshaftung: Kein Ende der Debatte!, ZIP 2008, 341; *Seibt*, Gläubigerschutz bei Änderung der Kapitalstruktur durch Erhöhung des Fremdkapitalanteils (Leveraged Recapitalization/ Leveraged Buy Out), ZHR 171 (2007), 282; *Steffek*, Der subjektive Tatbestand der Gesellschafterhaftung im Recht der GmbH- zugleich ein Beitrag zum Haftungsdurchgriff, JZ 2009, 77; *Stöber*, Die Haftung für existenzvernichtende Eingriffe, ZIP 2013, 2295; *Tröger/Dangelmayer*, Eigenhaftung der Organe für die Veranlassung existenzvernichtender Leitungsmaßnahmen im Konzern, ZGR 2011, 558; *Veil*, Existenzvernichtungshaftung, VGR 10 (2006), 103; *Ulmer*, Der Gläubigerschutz im faktischen GmbH-Konzern beim Fehlen von Minderheitsgesellschaftern, ZHR 148 (1984), 391; *ders.*, Gesellschafterhaftung im faktischen Einmann-Konzern („Konzernhaftung"), in *ders.*, Haftung im qualifizierten faktischen GmbH-Konzern – Verbleibende Relevanz nach dem TBB-Urteil?, ZHR-Beiheft 70, 2002, 41; *ders.*, Von „TBB" zu „Bremer Vulkan" – Revolution oder Evolution?, ZIP 2001, 2021; *Veil*, Gesellschafterhaftung wegen existenzvernichtenden Eingriffs und materieller Unterkapitalisierung, NJW 2008, 3264; *J. Vetter*, Rechtsfolgen existenzvernichtender Eingriffe, ZIP 2003, 601; *ders.*, Rechtliche Grenzen und praktische Ausgestaltung von Cash Management-Systemen, VGR 6 (2003), 69; *ders.*, Grundlinien der GmbH-Gesellschafterhaftung, ZGR 2005, 788; *ders.*, Die neue dogmatische Grundlage des BGH zur Existenzvernichtungshaftung, BB 2007, 1965; *Waclawik*, Die Verantwortlichkeit für existenzvernichtendes Unterlassen, DStR 2008, 1486; *ders.*, Existenzvernichtungshaftung und kein Ende – Ein Nachruf auf die Konzernhaftung und andere offengebliebene Fragen, DStR 2009, 291; *Wagner*, Existenzvernichtung als Deliktstatbestand – Einordnung, Ausgestaltung und Anknüpfung der Haftung wegen „existenzvernichtenden Eingriffs", FS Canaris, Bd. II, 2007, 473; *Wahl*, Die Haftung der GmbH-Gesellschafter wegen Existenzvernichtung, 2005; *Weitnauer*, Die Akquisitionsfinanzierung auf dem Prüfstand der Kapitalerhaltungsregeln, ZIP 2005, 790; *Weller*, Europäische Rechtsformwahlfreiheit und Gesellschafterhaftung, 2004; *ders.*, Solvenztest und Existenzvernichtungshaftung – Zwei grundverschiedene Gläubigerschutzfiguren, DStR 2007, 116; *ders.*, Die Neuausrichtung der Existenzvernichtungshaftung durch den BGH und ihre Implikationen für die Praxis, ZIP 2007, 1681; *Wessels*, Aufsteigende Finanzierungshilfen in GmbH und AG, ZIP 2004, 793; *Wiedemann*, Reflexionen zur Durchgriffshaftung, ZGR 2003, 283; *ders.*, Aufstieg und Krise des GmbH-Konzernrechts, GmbHR 2011, 1009; *Wilhelm*, Zurück zur Durchgriffshaftung – das „KBV"-Urteil des II. Zivilsenats des BGH vom 24.6.2002, NJW 2003, 175; *Wilhelmi*, Die neue Existenzvernichtungshaftung der Gesellschafter der GmbH, DZWiR 2003, 45; *Wimmer-Leonhardt*, Konzernhaftungsrecht, 2004; *Winter*, Eigeninteresse und Treupflicht bei der Einmann-GmbH in der neueren Rechtsprechung, ZGR 1994, 570; *Zöllner*, Gläubigerschutz durch Gesellschafterhaftung bei der GmbH, FS Konzen, 2006, 999.

Übersicht

	Rn.		Rn.
I. Einführung	1–7	c) Sonstige Schranken	14–21
1. Das GmbH-Konzernrecht im Überblick	1–3	**III. Schranken der nachteiligen Einflussnahme auf die abhängige Gesellschaft**	22–48
2. Problemaufriss	4, 5		
3. Unanwendbarkeit der §§ 311–318	6	1. Grundlagen	22, 23
4. Kumulation von Konzernbildungs- und Konzernleitungskontrolle	7	2. Instrumente des Minderheiten- und Gläubigerschutzes	24–26
II. Präventivschutz auf der Ebene der Untergesellschaft	8–21	3. Treupflicht im Besonderen	27–32
		a) Bezugspunkt und Rangordnung	27
1. Überblick	8	b) Geltungsbereich	28
2. Gründung einer abhängigen GmbH	9	c) Inhalt	29
3. Nachträgliche Begründung der Abhängigkeit	10–21	d) Rechtsfolgen	30–32
a) Satzungsmäßige Vorkehrungen	10, 11	4. Bestandsschutz („Existenzvernichtungshaftung")	33–48
b) Inhaltskontrolle abhängigkeitsbegründender Beschlüsse	12, 13	a) Ausgangslage	33, 34
		b) Rechtsgrundlage	35–38
		c) Haftungsadressaten	39

	Rn.		Rn.
d) Haftungstatbestand	40–44	Ebene des herrschenden Unternehmens	49–52
e) Verhältnis zu § 31 GmbHG	45		
f) Rechtsfolgen	46	1. Überblick	49
g) Geltendmachung; Verjährung	47	2. Gruppenbildung und -umbildung	50, 51
h) Konkurrenzen	48		
IV. Kontrolle der Gruppen(um)bildung und Gruppenleitung auf der		3. Gruppenleitung	52

I. Einführung

1 **1. Das GmbH-Konzernrecht im Überblick.** Obschon sich die GmbH auf Grund ihrer Organisations- und Finanzverfassung eher als die AG zur Einbindung in einen Konzern eignet (→ Rn. 4), enthält das GmbHG weder Vorschriften über verbundene Unternehmen im Allgemeinen noch solche über die GmbH als verbundenes Unternehmen.[1] Einzelne Aspekte des GmbH-Konzernrechts sind freilich außerhalb des GmbHG geregelt.[2] So knüpfen die **Definitionsnormen der §§ 15–19** allgemein an das Vorliegen verbundener Unternehmen an und beanspruchen deshalb auch für die GmbH Geltung (s. im Einzelnen Erl. zu §§ 15 ff.). Die Vorschriften der §§ 20–22 über **Mitteilungspflichten** gelten für die GmbH, wenn es sich bei dem anderen beteiligten Unternehmen um eine AG handelt (s. im Einzelnen Erl. zu §§ 20 ff.). Auch die §§ 291–310 über **Unternehmensverträge** sind unmittelbar auf die GmbH anwendbar, wenn die beherrschte oder zur Erbringung der vertragstypischen Leistung (insbesondere zur Gewinnabführung) verpflichtete Partei eine AG ist (s. im Einzelnen Erl. zu §§ 291 ff.). Im Übrigen lassen sie sich über weite Bereiche auf die GmbH entsprechend anwenden, freilich nur unter dem Vorbehalt rechtsformspezifischer Besonderheiten (s. im Einzelnen Erl. zu §§ 291 ff.).

2 Es bleiben im Wesentlichen vier Bereiche, für die Anleihen im kodifizierten Aktienkonzernrecht ausgeschlossen sind. Was zunächst die Rechtslage bei **Abhängigkeit oder faktischer Konzernierung** der GmbH betrifft, so sind die §§ 311–318 zwar unmittelbar anwendbar, wenn eine GmbH herrschendes und eine AG oder KGaA abhängiges Unternehmen ist. Bei *Abhängigkeit der GmbH* sind dagegen die §§ 311 ff. auch nicht entsprechend anwendbar; den mit der Abhängigkeit verbundenen Gefahren für die Minderheitsgesellschafter und Gläubiger ist vielmehr mit der mitgliedschaftlichen Treupflicht und dem Grundsatz der Gleichbehandlung zu begegnen (→ Rn. 6, 22 ff.). Die Vorschriften über die **Eingliederung** (§§ 319–327) und über den **Ausschluss von Minderheitsaktionären** (§§ 327a ff.) finden im GmbH-Recht keine Entsprechung,[3] sieht man von der gesetzlich nicht geregelten Möglichkeit der Ausschließung eines GmbH-Gesellschafters aus wichtigem Grund ab.[4] Was schließlich die Frage einer **Konzernbildungskontrolle** auf der Ebene der *abhängigen Gesellschaft* betrifft, so ist sie als solche weder im Aktien- noch im GmbH-Recht geregelt; insoweit ist vielmehr auf allgemeine Vorschriften und Institute zurückzugreifen (→ Rn. 8 ff.). Entsprechendes gilt für die Frage einer Konzernbildungs- und Konzernleitungskontrolle auf der Ebene des *herrschenden Unternehmens*. Zwar finden sich diesbezüglich in §§ 293 Abs. 2, 319 Abs. 2 gewisse Ansätze; diese bedürfen jedoch der Ergänzung um rechtsformspezifische Schutzmechanismen (→ Rn. 49 ff.).

3 Die Problematik der **„qualifizierten faktischen Abhängigkeit"** hat sich für das GmbH-Recht keineswegs erledigt. Bei der Einpersonen-GmbH – ihr gleich steht die mehrgliedrige GmbH, deren Schädigung im Einvernehmen aller Gesellschafter erfolgt – gründet zwar die Haftung des Gesellschafters für insolvenzverursachende Eingriffe nach der neueren

---

[1] Zur GmbH-Novelle 1971/1973 und zu deren Scheitern sowie zum MoMiG → Einl. Rn. 20, 39.
[2] Zum Steuer-, Bilanz- und Mitbestimmungsrecht → Einl. Rn. 48 ff.; ferner MüKoGmbHG/*Liebscher* Anh. § 13 Rn. 1239 ff., 1296 ff., 1349 ff.
[3] S. für die Eingliederung UHW/*Casper* GmbHG Anh. § 77 Rn. 5; Lutter/Hommelhoff/*Lutter*/*Hommelhoff* GmbHG Anh. § 13 Rn. 96; Baumbach/Hueck/Zöllner/*Beurskens* GmbHG Schlussanh. Rn. 5; aA – für Zulässigkeit der Eingliederung einer Einpersonen-GmbH in eine AG oder GmbH – *J. Meyer*, Haftungsbeschränkung im Recht der Handelsgesellschaften, 2000, 788 ff. Zum Squeeze-Out → § 327a Rn. 5, 12 f.
[4] UHW/*Ulmer*/*Habersack* GmbHG Anh. § 34 Rn. 9 ff.

Rechtsprechung des BGH[5] nicht mehr auf der analogen Anwendung der §§ 302, 303, sondern auf § 826 BGB. Die Folge ist, dass es auf die Unternehmenseigenschaft des in Anspruch genommenen Gesellschafters nicht mehr ankommt und die Haftung allgemeiner, dh nicht konzernrechtsspezifischer Natur ist (→ Rn. 35 ff.). Jedenfalls bei Existenz von (der fraglichen Maßnahme nicht zustimmenden) **Minderheitsgesellschaftern** sprechen indes gute Gründe[6] dafür, der allgemeinen Haftung aus Treupflichtverletzung in Fällen, in denen das GmbH-rechtliche System des Einzelausgleichs versagt, mit der Verpflichtung zum Verlustausgleich ein spezifisch konzernrechtliches und zudem **im Vorfeld der Existenzvernichtung** (→ Anh. § 317 Rn. 5, 15) eingreifendes Schutzinstrumentarium zur Seite zu stellen;[7] die Weisungsbindung des Geschäftsführers vermag schon deshalb nichts zu ändern, weil das Weisungsrecht nur der Gesellschaftergesamtheit, nicht dagegen einem dominierenden Gesellschafter zusteht.[8] Wollte man dem nicht folgen, so muss die Existenzvernichtungshaftung in der mehrgliedrigen GmbH *erst Recht* zur Anwendung gelangen.[9] Allzu große praktische Bedeutung dürfte der Frage freilich nicht zukommen,[10] zumal sich Abwehr- und Beseitigungsansprüche sowie ein Austrittsrecht der opponierenden Minderheit schon aus allgemeinen Grundsätzen herleiten lassen.[11] Zu Tatbestand und Rechtsfolgen der qualifizierten Nachteilszufügung im Aktienrecht → Anh. § 317 Rn. 1 ff.

2. Problemaufriss. Mit der mehrheitlichen Beteiligung eines Unternehmens-Gesellschafters verbindet sich für die abhängige Gesellschaft, ihre Minderheitsgesellschafter und Gläubiger die Gefahr, dass das Eigeninteresse der Gesellschaft durch das vom beherrschenden Gesellschafter anderweitig verfolgte unternehmerische Interesse überlagert wird, der Gleichlauf von Gesellschafts- und Gesellschafterinteressen, der im Allgemeinen für die Verwirklichung des gemeinsamen Zwecks und für die Richtigkeitsgewähr der verbandsinternen Willensbildung sorgt, zerstört und die Gesellschaft zu einem Partikularinteressen dienenden Element degradiert wird. Bei der GmbH bestehen diese **Gefahren im besonderen Maße.** Ursächlich dafür ist ihre Organisationsverfassung. Während nämlich das AktG eine Reihe von Vorkehrungen enthält, die der abhängigen AG eine gewisse Konzernresistenz verleihen, ist die GmbH nach ihrer Ausgestaltung durch das GmbHG nachgerade prädestiniert für

---

[5] BGHZ 173, 246 – Trihotel; → Rn. 33 ff.
[6] Nämlich die uneingeschränkte Geltung des allgemeinen, deutlich über das Verbot des existenzvernichtenden Eingriffs hinausgehenden Schädigungsverbots und die Tatsache, dass die Abhängigkeit ein gesteigertes Schutzbedürfnis auf Seiten der Minderheit begründet; → Anh. § 317 Rn. 5.
[7] Dafür auch *Cahn* ZIP 2001, 2159 (2160); *Eberl-Borges* Jura 2002, 761 (764); *dies.* WM 2003, 105; *Habersack* ZGR 2008, 533 (556 f.); *K. Schmidt* GesR § 39 III 3; BeckOK GmbHG/*Servatius* Rn. 506 ff.; Baumbach/Hueck/*Zöllner/Beurskens* GmbHG Schlussanh. Rn. 133 ff. (ohne Unterscheidung zwischen Einpersonen- und mehrgliedriger GmbH); wohl auch *Röhricht* FS BGH, 2000, 83 (104); *ders.* VGR 5 (2002), 3 (13 ff., 40 ff.) (Diskussionsbericht); im Ergebnis auch *Mülbert* DStR 2001, 1937 (1944 ff.); s. ferner *Wiedemann* ZGR 2003, 283 (296 f.) (dem zufolge die „Bremer Vulkan"-Doktrin eine engere Fassung des Unternehmensbegriffs nahe legt); aA Roth/Altmeppen/*Altmeppen* GmbHG Anh. § 13 Rn. 157 ff.; Henssler/Strohn/*Verse* GmbHG Anh. § 13 Rn. 58 f.; Bork/Schäfer/Weller/*Discher* GmbHG Anh. § 13 Rn. 54; *Drygala* GmbHR 2003, 729 (739); *Henze* NZG 2003, 649 (654 f.); *Hoffmann* NZG 2002, 68 (72 f.); *Raiser* FS Ulmer, 2003, 493 (501 f.); *Römermann/Schröder* GmbHR 2001, 1015 (1019); diff. – für Weitergeltung der minderheitsschützenden Ausprägungen der Lehre vom qualifizierten faktischen Konzern – Scholz/*Emmerich* GmbHG Anh. KonzernR Rn. 120 ff.; ähnlich UHW/*Casper* GmbHG Anh. § 77 Rn. 163 ff.; MüKoGmbHG/*Liebscher* Anh. § 13 Rn. 614 ff. Für einen rechtsvergleichenden Überblick s. *Wiedemann* FS 50 Jahre BGH, 2000, 337 (354 ff.).
[8] AA *Bitter* ZIP 2001, 265 (270 ff.); zum Aktienrecht → Anh. § 317 Rn. 5.
[9] Für Anwendbarkeit auch Scholz/*Emmerich* GmbHG Anh. KonzernR Rn. 123 f.; Henssler/Strohn/*Verse* GmbHG Anh. § 13 Rn. 58; *Lutter/Banerjea* ZGR 2003, 402 (433 ff.).
[10] S. die Rechtsprechungsanalyse von *Goette* in Ulmer (Hrsg.), Haftung im qualifizierten faktischen GmbH-Konzern – Verbleibende Relevanz nach dem TBB-Urteil?, 11, 12 ff.: unter Geltung der „TBB"-Formel betrafen sämtliche vom BGH entschiedenen Fälle Einpersonen-Gesellschaften oder Gesellschaften mit einvernehmlich agierenden Gesellschaftern; ferner Roth/Altmeppen/*Altmeppen* 4. Aufl. GmbHG Anh. § 13 Rn. 191 mit zutr. Feststellung, dass der Außenseiterschutz im „qualifiziert faktischen Konzern" überhaupt keine Rolle gespielt habe; s. aber auch Baumbach/Hueck/*Zöllner/Beurskens* GmbHG Schlussanh. Rn. 5, der zu Recht auf die Präventivfunktion der Existenz des Haftungstatbestandes hinweist.
[11] Insoweit zutr. UHW/*Casper* GmbHG Anh. § 77 Rn. 165 f.; Henssler/Strohn/*Verse* GmbHG Anh. § 13 Rn. 59; *Drygala* GmbHR 2003, 729 (739); *Hoffmann* NZG 2002, 68 (73 f.).

die Einbindung in einen Unternehmensverbund. So kennt das GmbHG keine dem § 23 Abs. 5 vergleichbare Vorschrift; die GmbH verfügt vielmehr über eine flexible, durch die Satzung weithin frei gestaltbare Organisationsverfassung. Zudem sind bei ihr die Geschäftsführer weisungsgebunden. Vor dem Hintergrund, dass die Gesellschafter ohne weiteres über Fragen der Geschäftsführung beschließen können, ist es dem Gesellschafter, der über die Mehrheit der Stimmrechte verfügt, ein leichtes, seinen Vorstellungen über die Geschäftspolitik der GmbH im Wege der Beschlussfassung zum Durchbruch zu helfen; häufig wird er nicht einmal den Weg über die Gesellschafterversammlung gehen, sondern unmittelbar „Weisungen" erteilen. Es kommt schließlich hinzu, dass der Grundsatz der Kapitalerhaltung im GmbH-Recht schwächer ausgeprägt ist als im Aktienrecht; das damit ohnehin einhergehende Ausfallrisiko der Gläubiger steigert sich noch einmal, wenn die allseitige Bindung an den gemeinsamen Zweck durch das anderweitige unternehmerische Interesse des beherrschenden Gesellschafters in Frage gestellt ist.

5 Den skizzierten Gefahren kann in der **mehrgliedrigen GmbH** problemlos durch Rückgriff auf allgemeine Prinzipien des Gesellschaftsrechts, darunter namentlich die Beschlusskontrolle, die mitgliedschaftliche Treupflicht und den Grundsatz der Gleichbehandlung, Rechnung getragen werden. Zumal im Zusammenspiel mit der Befugnis der außenstehenden Gesellschafter, Ansprüche der abhängigen Gesellschaft mittels der actio pro socio geltend zu machen, begrenzen sie die Möglichkeit der nachteiligen Einflussnahme auf die abhängige Gesellschaft auf durchaus effektive Weise. Anders ist die Ausgangslage bei der abhängigen **Einpersonen-GmbH**. Bei ihr bereitet schon die Begründung etwaiger Ansprüche der geschädigten GmbH Probleme. Vor allem aber fehlt es an einer Person, die solche Ansprüche gegen den Gesellschafter mit Aussicht auf Erfolg geltend machen könnte; selbst ein Fremdgeschäftsführer wäre dazu angesichts seiner Weisungsbindung und persönlichen Abhängigkeit regelmäßig nicht imstande. Abhilfe verspricht insoweit zwar die Eröffnung des Insolvenzverfahrens und die damit einhergehende Bestellung eines Insolvenzverwalters, doch scheitert sie häufig am Fehlen einer die Kosten des Verfahrens deckenden Masse.[12]

6 **3. Unanwendbarkeit der §§ 311–318.** Während das AktG in seinen §§ 311 ff. Zulässigkeit und Schranken der nachteiligen Einflussnahme auf die abhängige AG eingehend regelt, zeichnet sich das GmbH-Recht diesbezüglich durch einen Regelungsverzicht aus. Dies wirft die Frage nach der entsprechenden Anwendung der §§ 311–318 auf. Von der hM wird sie verneint.[13] Dem ist im Grundsatz zuzustimmen. Auszugehen ist zunächst davon, dass für die analoge Anwendung der §§ 312–315 betreffend die Aufstellung und Prüfung eines Abhängigkeitsberichts und des daran anknüpfenden § 318 schon mit Blick auf die Weisungsgebundenheit des GmbH-Geschäftsführers und – so jedenfalls im Regelfall – das Fehlen eines obligatorischen Aufsichtsrats[14] – mithin eines Organs, das zur Prüfung des Berichts berufen ist – kein Raum ist.[15] Dies wiederum bedeutet, dass die §§ 311, 317 jedenfalls insoweit nicht entsprechend anwendbar sind, als sie dem herrschen-

---

[12] Zum Gläubigerschutz in der masselosen GmbH s. *Konzen* FS Ulmer, 2003, 323 ff. mwN; speziell zur Haftung des Geschäftsführers *Haas* in Heintzen/Kruschwitz 75, 95 ff.

[13] BGHZ 65, 15 (18) = NJW 1976, 191 – ITT; BGHZ 95, 330 (340) = NJW 1986, 188 – Autokran; BGHZ 149, 10 (16) = NJW 2001, 3622 – Bremer-Vulkan, zur Einpersonen-GmbH; OLG München ZIP 2006, 25 (26); *Goette* MoMiG § 9 Rn. 9; MüKoGmbHG/*Liebscher* Anh. § 13 Rn. 368 ff.; UHW/*Casper* GmbH Anh. § 77 Rn. 53 f.; Scholz/*Emmerich* GmbH Anh. KonzernR Rn. 68; Rowedder/Schmidt-Leithoff/*Koppensteiner/Schnorbus* GmbH Anh. § 52 Rn. 57; Baumbach/Hueck/*Zöllner/Beurskens* GmbH Schlussanh. Rn. 5, 109; Lutter/Hommelhoff/*Lutter/Hommelhoff* GmbH Anh. § 13 Rn. 13 ff.; Michalski/*Servatius* GmbH Syst. Darstellung 4 Rn. 26; Henssler/Strohn/*Verse* GmbH Anh. § 13 Rn. 50 f.; MHdB GmbH/*Decher/Kiefner* § 67 Rn. 6, § 68 Rn. 18; *Ulmer* ZHR 148 (1984), 391 (411 ff.); (nur) für die mehrgliedrige GmbH BeckOK GmbHG/*Servatius* Rn. 525 ff.; aA – für analoge Anwendung der §§ 311, 317 – *Kropff* FS Semler, 1993, 517 (536 ff.); ders. FS Kastner, 1992, 279 (292); für Zulässigkeit des Nachteilsausgleichs bei bloßen Abhängigkeitsverhältnissen auch *K. Schmidt* GesR § 39 III 2 c.

[14] Zum fakultativen Aufsichtsrat sowie zu dem aufgrund des MitbestG und des DrittelbG obligatorischen Aufsichtsrat der GmbH s. iE UHL/*Raiser/Heermann* GmbH § 52 Rn. 16 ff., 155 ff., 267 ff.

[15] Dies wird auch von *Kropff* (FS Semler, 1993, 517 (536 ff.); FS Kastner, 1992, 279 (292)) eingeräumt.

den Unternehmen unter der Voraussetzung des Nachteilsausgleichs die nachteilige Einflussnahme auf die abhängige Gesellschaft gestatten: Die damit einhergehende **Privilegierung** des herrschenden Unternehmens (→ § 311 Rn. 2) ist schon in Ermangelung eines Korrektivs, wie es das AktG in Gestalt des Abhängigkeitsberichts kennt, **nicht veranlasst**.[16] Es bleibt die Frage, ob die §§ 311, 317 im Übrigen, also insoweit, als sie das herrschende Unternehmen und seine Organwalter nicht privilegieren, entsprechende Anwendung finden können. Von Bedeutung ist dies zum einen hinsichtlich des Nachteilsbegriffs, zum anderen hinsichtlich der in § 317 Abs. 1, 3 und 4 (iVm § 309 Abs. 3–5) vorgesehenen Sanktionen und Rechtsbehelfe. Insoweit ist eine Analogie nicht durchweg ausgeschlossen (→ Rn. 29, 32).

4. Kumulation von Konzernbildungs- und Konzernleitungskontrolle. Während 7 die §§ 311 ff. davon ausgehen, dass die außenstehenden Aktionäre die Begründung der Abhängigkeit und die Einbindung der AG in einen Konzern hinzunehmen haben,[17] ist die Ausgangslage für die GmbH eine andere. Zwar enthält auch das GmbH-Recht Vorkehrungen zum Schutz der Minderheit und der Gläubiger vor schädigender Einflussnahme auf die bereits abhängige oder gar konzernierte Gesellschaft (→ Rn. 22 ff.). Angesichts der Organisations- und Finanzverfassung der GmbH (→ Rn. 4), die diese gegenüber nachteiliger Einflussnahme besonders empfänglich macht, aber auch mit Blick auf die typischerweise gegebene stärkere Betroffenheit des einzelnen Gesellschafters[18] bedarf es jedoch zusätzlicher Vorkehrungen zur Sicherung der Unabhängigkeit der Gesellschaft.[19] Dieser Präventivschutz hat bei der Begründung der Abhängigkeit anzusetzen (→ Rn. 8) und zielt darauf ab, die Entstehung eines Abhängigkeitsverhältnisses gegen den Willen der Minderheit nach Möglichkeit zu vermeiden. Ist es gleichwohl zur Abhängigkeit oder Konzernierung der GmbH gekommen, so greifen nunmehr die sich aus der Treupflicht und dem Grundsatz der Gleichbehandlung ergebenden Schranken der Einflussnahme.

II. Präventivschutz auf der Ebene der Untergesellschaft

1. Überblick. Der zum Schutz der Minderheit gebotene Präventivschutz hat bereits bei 8 Begründung eines **Abhängigkeitsverhältnisses**,[20] nicht dagegen erst bei der Einbindung der abhängigen Gesellschaft in den Konzern des herrschenden Unternehmens anzusetzen.[21] Dafür spricht bereits, dass die sich aus der Treupflicht und dem Gleichbehandlungsgrundsatz ergebenden Schranken der Einflussnahme gleichfalls nicht zwischen bloßer Abhängigkeit und Konzernierung unterscheiden (→ Rn. 22 ff.). Es kommt hinzu, dass der – infolge der Vermutung des § 18 Abs. 1 S. 3 häufig ohnehin kaum wahrnehmbare – Übergang von der bloßen Abhängigkeit zur einheitlichen Leitung allein durch Ausübung bereits erworbener Einflussmöglichkeiten erfolgt und sich deshalb außerhalb rechtsgeschäftlicher (und damit

---

[16] Vgl. UHW/*Casper* GmbHG Anh. § 77 Rn. 54; → § 313 Rn. 7.
[17] Zur Zulässigkeit des Konzerns → § 311 Rn. 8 ff.; zur Frage einer Konzernbildungskontrolle auf der Ebene der abhängigen Gesellschaft → Vor § 311 Rn. 1 ff.
[18] Auf die dementsprechende Möglichkeit des Selbstschutzes der Gesellschafter abstellend Lutter/Hommelhoff/*Lutter/Hommelhoff* GmbHG Anh. § 13 Rn. 27 ff.
[19] Heute ganz hM, s. *Lutter/Timm* NJW 1982, 409 ff.; *Raiser* FS Stimpel, 1985, 855 ff.; UHW/*Casper* GmbHG Anh. § 77 Rn. 49 ff., 55 ff.; Scholz/*Emmerich* GmbHG Anh. KonzernR Rn. 41, 48 ff.; Baumbach/Hueck/*Zöllner/Beurskens* GmbHG Schlussanh. Rn. 93 ff.; Lutter/Hommelhoff/*Lutter/Hommelhoff* GmbHG Anh. § 13 Rn. 29 ff.; Rowedder/Schmidt-Leithoff/*Koppensteiner/Schnorbus* GmbHG Anh. § 52 Rn. 25 ff.; MüKoGmbHG/*Liebscher* Anh. § 13 Rn. 193, 265 ff.; Michalski/*Servatius* GmbHG Syst. Darstellung 4 Rn. 412 ff.; Henssler/Strohn/*Verse* GmbHG Anh. § 13 Rn. 25 ff.; zurückhaltend Roth/Altmeppen GmbHG Anh. § 13 Rn. 145 ff., der die Minderheit (vorbehaltlich satzungsmäßiger Vorkehrungen und des Wettbewerbsverbots) vor allem auf die extensive Auslegung des § 47 Abs. 4 GmbHG verweist (→ Rn. 10, 26).
[20] Zur Entbehrlichkeit eines Präventivschutzes bei Erwerb einer Mehrheitsbeteiligung durch einen Nichtunternehmer-Gesellschafter s. OLG Saarbrücken AG 1980, 26 (27 f.) und BGH AG 1980, 342 (Nichtannahmebeschluss).
[21] Deutlich UHW/*Casper* GmbHG Anh. § 77 Rn. 52, 55; *Lutter/Timm* NJW 1982, 409 (411); *Kallmeyer* GmbHR 2001, 745 (747 f.); Henssler/Strohn/*Verse* GmbHG Anh. § 13 Rn. 22.

kontrollierbarer) Akte vollzieht.²² Demgegenüber erfolgt die Abhängigkeitsbegründung zumeist durch Maßnahmen, die der Beschlussfassung durch die Gesellschafter bedürfen und die deshalb ohne weiteres einer Kontrolle zugänglich sind (→ Rn. 10 ff.). Ernsthaft umstritten ist denn auch nur die Frage eines Präventivschutzes für den Fall, dass die Abhängigkeit **ohne Zutun der Mitgesellschafter** begründet wird (→ Rn. 20 ff.).

9 **2. Gründung einer abhängigen GmbH.** Im Ausgangspunkt unproblematisch sind die Fälle, in denen einem zum Kreis der Gründungsmitglieder zählenden Unternehmen (iSv § 15) die Möglichkeit eines beherrschenden Einflusses (iSv § 17 Abs. 1) eingeräumt wird und es somit zur Gründung einer von vornherein abhängigen GmbH kommt; paradigmatisch ist der originäre Erwerb eines die Mehrheit der Stimmrechte verkörpernden Geschäftsanteils durch ein Unternehmen. In Fällen dieser Art beruht die Begründung der Abhängigkeit auf dem **Konsens aller Gesellschafter,** sodass ein Präventivschutz entbehrlich ist.²³ Entsprechendes gilt im Grundsatz bei Gründung einer ihrer Satzung nach auf das Interesse des herrschenden Unternehmens oder des Konzerns ausgerichteten GmbH (→ Rn. 42; → Anh. § 317 Rn. 12, dort auch zur Gegenstands- und Zweckänderung).

10 **3. Nachträgliche Begründung der Abhängigkeit. a) Satzungsmäßige Vorkehrungen.** Die das GmbH-Recht kennzeichnende weitgehende Satzungsautonomie ermöglicht es den Gesellschaftern, durch entsprechende Satzungsklauseln Vorkehrungen zur Sicherung der Unabhängigkeit ihrer GmbH zu treffen. Herausragende Bedeutung kommt dabei der **Anteilsvinkulierung nach § 15 Abs. 5 GmbHG** zu (zur Frage einer Inhaltskontrolle der auf Aufhebung der Vinkulierungsklausel gerichteten Satzungsänderung → Rn. 12).²⁴ Zu bedenken ist allerdings, dass der veräußerungswillige Gesellschafter, wenn die Genehmigung zur Anteilsübertragung durch Beschlussfassung der Gesellschafter erfolgt, nicht schon nach § 47 Abs. 4 GmbHG vom Stimmrecht ausgeschlossen ist.²⁵ Ungeachtet der Möglichkeit zur Beschlussanfechtung (→ Rn. 13) empfiehlt es sich deshalb, entweder den betroffenen Gesellschafter durch die Satzung vom Stimmrecht auszuschließen oder die Übertragung des Anteils an die Zustimmung sämtlicher Gesellschafter zu binden.²⁶

11 Weitere Mittel zur Sicherung der Unabhängigkeit der GmbH sind namentlich die Einführung von **Höchst- oder Mehrfachstimmrechten,** die Begründung von **Andienungspflichten und Vorkaufsrechten** sowie die Statuierung von **Wettbewerbsverboten**²⁷ (→ Rn. 16 ff.) und **Ausschlussrechten.**²⁸ Soweit die Satzung, insbesondere im Zusammenhang mit etwaigen Andienungspflichten, Vorkaufsrechten oder Wettbewerbsverboten, die Möglichkeit einer Befreiung vorsieht, erfolgt die Beschlussfassung mit einfacher Mehrheit der Stimmen.²⁹ Auch dies ist freilich dispositiv; ungeachtet der Möglichkeit zur Beschlussanfechtung (→ Rn. 13) mag es sich empfehlen, höhere Beschlusserfordernisse

---

²² UHW/*Casper* GmbHG Anh. § 77 Rn. 52, 57.
²³ UHW/*Casper* GmbHG Anh. § 77 Rn. 55; MüKoGmbHG/*Liebscher* Anh. § 13 Rn. 268 f.; Henssler/Strohn/*Verse* GmbHG Anh. § 13 Rn. 23.
²⁴ Zur nachträglichen Einführung und Aufhebung solcher Klauseln sowie zu Gestaltungsvarianten s. *Reichert* BB 1985, 1496 ff.; *ders.* GmbHR 2012, 713 ff.
²⁵ HM, s. BGHZ 48, 163 (167) = NJW 1967, 1963; UHW/*Hüffer* GmbHG § 47 Rn. 167; Scholz/*Emmerich* GmbHG Anh. KonzernR Rn. 49; MüKoGmbHG/*Liebscher* Anh. § 13 Rn. 283; *Bouchon* 75; aA Baumbach/Hueck/*Zöllner* GmbHG § 47 Rn. 94; Michalski/*Servatius* GmbHG Syst. Darst. 4 Rn. 425; Roth/Altmeppen/*Altmeppen* GmbHG Anh. § 13 Rn. 132, 146 ff., der allg. den Gefahren der Abhängigkeit durch „sinnvolle Handhabung" des Stimmrechtsausschlusses befangener Gesellschafter begegnen will (→ Rn. 26).
²⁶ Baumbach/Hueck/*Zöllner*/*Beurskens* GmbHG Schlussanh. Rn. 94.
²⁷ Zur kartellrechtlichen Beurteilung → Rn. 17; zur Frage der Sittenwidrigkeit eines über die Gesellschafterstellung hinausreichenden umfassenden statutarischen Wettbewerbsverbots s. BGH ZIP 2010, 324 Rn. 13 ff. mwN; dazu auch *Wilsing/Ogorek* NZG 2010, 379 ff.; s. ferner OLG Karlsruhe WM 1986, 1473 (1475).
²⁸ Näher zu den in Betracht kommenden Instrumentarien *Binnewies* 133 ff.; *Bouchon* 68 ff.; *Jansen* 163 ff.; *Liebscher* 222 ff.; MüKoGmbHG/*ders.* Anh. § 13 Rn. 279 ff.; *Lutter/Timm* NJW 1982, 409 (415 f.); *Hommelhoff* ZGR 2012, 535 (551 ff.); *Verhoeven* 33 ff.
²⁹ BGH NJW 1981, 1512 (1513) – insoweit nicht in BHGZ 80, 69 abgedruckt; MüKoGmbHG/*Liebscher* Anh. § 13 Rn. 316.

einzuführen oder den betroffenen Gesellschafter vom Stimmrecht auszuschließen.³⁰ Sieht die Satzung dagegen keine Befreiungsmöglichkeit vor, bedarf es – vorbehaltlich eines sog. satzungsdurchbrechenden Beschlusses³¹ – einer förmlichen Satzungsänderung.

b) Inhaltskontrolle abhängigkeitsbegründender Beschlüsse. Nach den in → Rn. 10 f. getroffenen Feststellungen droht die Gesellschaft häufig durch einen Beschluss der Gesellschafter in die Abhängigkeit zu geraten, sei es, dass die Gesellschafter der Übertragung vinkulierter Anteile zustimmen oder den nunmehr herrschenden Gesellschafter von einer sonstigen satzungsmäßigen Vorkehrung zur Sicherung der Unabhängigkeit befreien. Entsprechend verhält es sich bei Begründung einer Mehrheitsbeteiligung durch Teilnahme an einer Kapitalerhöhung unter Ausschluss oder Beschränkung des Bezugsrechts der Mitgesellschafter. In all diesen Fällen fragt sich, ob der Beschluss auf die Anfechtung durch einen Minderheitsgesellschafter hin einer richterlichen Inhaltskontrolle zu unterziehen ist. Die hM hält dies **auch dann** für geboten, wenn der am Erwerb der Mehrheit interessierte Gesellschafter **vom Stimmrecht ausgeschlossen** ist (→ Rn. 10 f.) und der Mehrheitsbeschluss unter Mitwirkung allein der übrigen Gesellschafter gefasst wird.³² Dem ist mit Blick auf die mit dem Verlust der Unabhängigkeit verbundenen Gefahren für die Gesellschaft und ihre Außenseiter, die dem abhängigkeitsbegründenden Beschluss den Charakter einer strukturverändernden Maßnahme verleihen (→ Rn. 4), zu folgen. Dogmatische Grundlage der Beschlusskontrolle ist, wie in sonstigen Fällen der Inhaltskontrolle auch, die mitgliedschaftliche Treupflicht; sie gebietet den Schutz der Minderheitsgesellschafter in Fällen, in denen diese durch den Mehrheitsbeschluss nachhaltig in ihren mitgliedschaftlichen Rechten betroffen sind.³³ Unerheblich ist, ob es sich, wie etwa bei Genehmigung der Übertragung vinkulierter Anteile, um einen einfachen Gesellschafterbeschluss handelt, oder ob die Abhängigkeit durch einen satzungsändernden Beschluss begründet wird.³⁴

Im Einklang mit dem „Süssen"-Urteil des BGH ist davon auszugehen, dass ein die Abhängigkeit begründender Beschluss grundsätzlich rechtswidrig und damit anfechtbar ist, falls er nicht durch **sachliche Gründe** im Interesse der Gesellschaft gerechtfertigt ist.³⁵ Die demnach erforderliche sachliche Rechtfertigung kann sich vor allem daraus ergeben, dass der Erwerb der Mehrheitsbeteiligung im Interesse der – andernfalls gefährdeten – Leistungs- und Wettbewerbsfähigkeit der Gesellschaft geboten ist, ferner daraus, dass der Gesellschaft zusätzliche Entwicklungsmöglichkeiten geboten werden. Auch soweit Sachgründe für den Erwerb eines beherrschenden Einflusses bestehen, ist im Rahmen der Interessenabwägung und unter Berücksichtigung des Grundsatzes der Verhältnismäßigkeit zu fragen, ob die

---

³⁰ Bei Beschlussfassung über die Befreiung vom Wettbewerbsverbot ist der betroffene Gesellschafter allerdings kraft Gesetzes vom Stimmrecht ausgeschlossen, s. BGH NJW 1981, 1512 (1513) – insoweit nicht in BGHZ 80, 69 abgedruckt; Baumbach/Hueck/*Zöllner* GmbHG § 47 Rn. 95; → Rn. 18 zur Rechtslage bei Befreiung vom ungeschriebenen Wettbewerbsverbot. Anders dagegen bei Benennung des Erwerbers im Fall einer satzungsmäßigen Abtretungsverpflichtung des Erben eines Geschäftsanteils, s. BGH WM 1974, 374 f.; UHL/*Hüffer*/*Schürnbrand* GmbHG § 47 Rn. 177 mwN. Zur Anteilsvinkulierung → Rn. 10.

³¹ BGHZ 123, 19 = NJW 1993, 2246; *Priester* ZHR 151 (1987), 40 ff.; *Habersack* ZGR 1994, 354 ff.; Lutter/Hommelhoff/*Bayer* GmbHG § 53 Rn. 27 ff.; UHW/*Ulmer* GmbHG § 53 Rn. 34 ff. mwN.

³² BGHZ 80, 69 (75) = NJW 1981, 1512; UHW/*Casper* GmbHG Anh. § 77 Rn. 58; Lutter/Hommelhoff/Lutter/Hommelhoff GmbHG Anh. § 13 Rn. 30; *Lutter*/*Timm* NJW 1982, 409 (417 f.); *Timm* ZGR 1987, 403 ff.; *Binnewies* 224 ff.; *Grauer* 82 ff.; *Liebscher* 281 ff.; MüKoGmbHG/*ders*. Rn. 322; GES/*Maul* GmbHG Anh. § 13 Rn. 55 f.; aA Roth/Altmeppen/*Altmeppen* GmbHG Anh. § 13 Rn. 132 f.; Michalski/*Servatius* GmbHG Syst. Darstellung 4 Rn. 414 ff.; Henssler/Strohn/*Verse* GmbHG Anh. § 13 Rn. 31; offenlassend Scholz/*Emmerich* Anh. KonzernR Rn. 52.

³³ Näher UHL/*Raiser* GmbHG Anh. § 47 Rn. 137 ff., 139; *Henze* ZHR 162 (1998), 186 (191 ff.); *ders*. BB 1996, 489 (495 f.); *Hirte* 138 ff.; *Wiedemann* WM 2009, 1 (4 ff.); *Winter* 135 ff.; grdl. *Zöllner*, Die Schranken mitgliedschaftlicher Stimmrechtsmacht bei den privatrechtlichen Personenverbänden, 1963, 351 ff.

³⁴ Vgl. aber auch OLG München ZIP 2012, 1756 (1758), wo zu Recht eine Inhaltskontrolle eines Mehrheitsbeschlusses abgelehnt wird, dessen Vornahme bereits in der Satzung vorgesehen ist.

³⁵ BGHZ 80, 69 (74) = NJW 1981, 1512; allg. zur Inhaltskontrolle strukturändernder Beschlüsse und zur Darlegungs- und Beweislast im Rahmen des Anfechtungsprozesses UHL/*Raiser* GmbHG Anh. § 47 Rn. 134 ff., 244 ff., 248 mwN; zur Unterscheidung zwischen Inhaltskontrolle und treupflichtgestützter Missbrauchskontrolle s. Bayer/Habersack/*Verse* Bd. II Kap. 13 Rn. 25, *Wiedemann* WM 2009, 1 ff., jeweils mwN.

erhofften Vorteile nicht auch auf andere, die Interessen der Minderheitsgesellschafter weniger stark berührende Weise realisiert werden könnten. Ist dies nicht der Fall, so ist zu fragen, ob in Betracht kommende Vorkehrungen, die, wie etwa statutarische Stimmrechtsbeschränkungen oder die Bildung eines mit Repräsentanten der Minderheit besetzten Aufsichts- oder Beirats, eine nachteilige Einflussnahme nach Möglichkeit verhindern sollen, getroffen worden sind.[36]

14 **c) Sonstige Schranken. aa) Anwendungsfälle.** Soweit es an satzungsmäßigen Vorkehrungen zur Sicherung der Unabhängigkeit der GmbH fehlt und auch eine Beschlusskontrolle in Ermangelung eines der Abhängigkeit vorangehenden Gesellschafterbeschlusses nicht in Betracht kommt, bereitet die Begründung eines konzernrechtlichen Präventivschutzes Schwierigkeiten. Davon betroffen sind insbesondere der nachträgliche Erwerb einer Mehrheitsbeteiligung durch einen Unternehmensgesellschafter (sei es im Wege der Anteilsveräußerung oder qua Erbfolge), die nachträgliche Begründung der Unternehmenseigenschaft durch einen schon bislang mehrheitlich beteiligten Gesellschafter und der Zusammenschluss mehrerer Unternehmensgesellschafter.[37]

15 **bb) Mitteilungspflichten.** Zunächst lassen sich aus der mitgliedschaftlichen Treupflicht ohne weiteres Mitteilungspflichten gegenüber der Gesellschaft herleiten. Im Unterschied zu den in §§ 20 f. geregelten Mitteilungspflichten greifen sie allerdings erst bei Erwerb einer die Abhängigkeit der GmbH begründenden Beteiligung (→ § 20 Rn. 12).[38] Anspruchsberechtigt ist die Gesellschaft; doch können die Gesellschafter den über eine Mehrheitsbeteiligung verfügenden Unternehmensgesellschafter im Wege der actio pro socio (→ Rn. 31) auf Erteilung der Information gegenüber der GmbH in Anspruch nehmen. Kommt das herrschende Unternehmen seiner Pflicht zur Mitteilung nicht nach, so ist es zum Ersatz sämtlicher Schäden verpflichtet, die der GmbH auf Grund der verspäteten Informationserlangung entstehen; für die analoge Anwendung der §§ 20 Abs. 7, 21 Abs. 4 ist dagegen kein Raum.[39] Zur Frage der Anwendbarkeit der §§ 20 ff., 328 auf die GmbH s. die Erläuterungen zu diesen Vorschriften.

16 **cc) Wettbewerbsverbot.** Im Grundsatz anerkannt ist, dass das herrschende Unternehmen auch unabhängig von einer entsprechenden Satzungsbestimmung (→ Rn. 11) einem Wettbewerbsverbot unterliegen kann.[40] Für die Kapitalgesellschaft & Co. KG ist ein solches Wettbewerbsverbot auch vom BGH anerkannt und zudem – durchaus zu Recht – auf den nur mittelbar beteiligten Gesellschafter, der über eine weitere unternehmerische Beteiligung an einer konkurrierenden Kapitalgesellschaft verfügt oder selbst als Kapitalgesellschaft verfasst ist, erstreckt worden.[41] Seine Grundlage findet das Wettbewerbsverbot des GmbH-

---

[36] BGHZ 80, 69 (74) = NJW 1981, 1512: „treuhänderische Bindungen"; *Lutter/Timm* NJW 1982, 409 (415, 417 f.); im Grundsatz auch Lutter/Hommelhoff/*Lutter/Hommelhoff* GmbHG Anh. § 13 Rn. 31, denen zufolge solche Vorkehrungen zur Rechtmäßigkeit des Beschlusses allerdings stets erforderlich sind.
[37] Vgl. Scholz/*Emmerich* GmbHG Anh. KonzernR Rn. 54; Michalski/*Servatius* GmbHG Syst. Darstellung 4 Rn. 420; *Kallmeyer* GmbHR 2001, 745 (747 ff.).
[38] UHW/*Casper* GmbHG Anh. § 77 Rn. 230 f.; Scholz/*Emmerich* GmbHG Anh. KonzernR Rn. 40; Rowedder/Schmidt-Leithoff/*Koppensteiner/Schnorbus* GmbHG Anh. § 52 Rn. 39; Baumbach/Hueck/*Zöllner/Beurskens* GmbHG Schlussanh. Rn. 97; Henssler/Strohn/*Verse* GmbHG Anh. § 13 Rn. 40; *Lutter/Timm* NJW 1982, 409 (419).
[39] Zust. Henssler/Strohn/*Verse* GmbHG Anh. § 13 Rn. 41.
[40] UHW/*Casper* GmbHG Anh. § 77 Rn. 61 f.; Scholz/*Emmerich* GmbHG Anh. KonzernR Rn. 55a; Rowedder/Schmidt-Leithoff/*Koppensteiner/Schnorbus* GmbHG Anh. § 52 Rn. 36; Baumbach/Hueck/*Zöllner/Beurskens* GmbHG Schlussanh. Rn. 95; Roth/Altmeppen/*Altmeppen* GmbHG Anh. § 13 Rn. 136; Michalski/*Servatius* GmbHG Syst. Darst. 4 Rn. 421; MüKoGmbHG/*Liebscher* Anh. § 13 Rn. 295 ff.; Henssler/Strohn/*Verse* GmbHG Anh. § 13 Rn. 32 ff.; Bork/Schäfer/*Weller/Discher* GmbHG Anh. § 13 Rn. 51; *Lutter/Timm* NJW 1982, 409 (419); *Raiser* FS Stimpel, 1985, 855 ff.; *Ivens* 124 ff.; *Winter* 246 ff.; krit. *Hüffer* FS Röhricht, 2005, 251 (266 ff.); *Immenga* JZ 1984, 578 (579 f.); *Mertens/Cahn* FS Heinsius, 1991, 545 (553 ff.).
[41] BGHZ 89, 162 (165) = NJW 1984, 1351 – Heumann/Ogilvy (dazu *Wiedemann/Hirte* ZGR 1986, 163; MüKoGmbHG/*Liebscher* Anh. § 13 Rn. 296 ff.); BGH ZIP 2009, 1162 Rn. 9 (Erstreckung auf den die Komplementär-AG beherrschenden Mehrheitskommanditisten, nicht hingegen auf Vorstandsmitglieder der Komplementär-AG); s. ferner BGH ZIP 2005, 296.

Gesellschafters, ebenso wie dasjenige aus § 112 HGB, in der **mitgliedschaftlichen Treupflicht:**[42] Die **Gefahr einer Interessenkollision,** der sich der Mehrheitsgesellschafter der GmbH ausgesetzt sieht, und die in der Mehrheitsbeteiligung verkörperten Herrschaftsbefugnisse, die es ihm ermöglichen, die abhängige Gesellschaft über kurz oder lang als Wettbewerber auszuschalten, machen es erforderlich, das nur repressiv wirkende Verbot der nachteiligen Einflussnahme (→ Rn. 22 ff.) um ein den skizzierten Gefahren bereits präventiv begegnendes Verbot jeglicher konkurrierender Tätigkeit zu ergänzen.

Anwendungsbereich und Reichweite des Wettbewerbsverbots sind freilich noch nicht 17 abschließend geklärt. Fest steht zunächst, dass das Wettbewerbsverbot primär den Interessen der Mitgesellschafter dient und deshalb nur in der **mehrgliedrigen GmbH** zur Anwendung gelangt (→ Rn. 33). Klar ist auch, dass dem Gesellschafter nur eine **konkurrierende Tätigkeit** untersagt ist, wobei es allerdings nicht darauf ankommt, ob dieser Tätigkeit unmittelbar oder in Form einer Mehrheitsbeteiligung an einer anderen Gesellschaft nachgegangen wird.[43] Zudem unterliegt dem Wettbewerbsverbot, sieht man vom geschäftsführenden Gesellschafter ab, nur derjenige Gesellschafter, der (unmittelbar oder mittelbar, → Rn. 16, 28) über die **Möglichkeit eines beherrschenden Einflusses** verfügt; ein allgemeines, unabhängig von dem Bestehen eines Abhängigkeitsverhältnisses eingreifendes Wettbewerbsverbot lässt sich dagegen nicht begründen[44] und hielte auch kartellrechtlicher Überprüfung nicht stand.[45] Weitergehende Einschränkungen sind allerdings, was den persönlichen Anwendungsbereich betrifft, nicht veranlasst. So kommt es, wie nicht zuletzt die Entwicklung der Treupflicht im Aktienrecht bestätigt (→ § 311 Rn. 4), zum einen nicht darauf an, dass die Gesellschaft „personalistisch" strukturiert ist; maßgebend ist vielmehr das in der Person des Mehrheitsgesellschafters verkörperte Einflusspotential, dem sich die Minderheitsgesellschafter in einer **„kapitalistisch" strukturierten Gesellschaft** gleichermaßen ausgesetzt sehen.[46] Zum anderen ist es unerheblich, ob das herrschende Unternehmen seinen beherrschenden Einfluss in der Vergangenheit ausgenutzt hat oder künftig auszunutzen beabsichtigt;[47] dem Wettbewerbsverbot kann sich der Gesellschafter nur durch Befreiung (→ Rn. 18) oder dadurch entziehen, dass er die Abhängigkeitslage beseitigt (→ § 17 Rn. 42 ff.).

Das Wettbewerbsverbot ist **abdingbar.** Es entfällt zunächst unter den Voraussetzungen 18 des **§ 112 Abs. 2 HGB,** mithin immer dann, wenn die Mitgesellschafter bei Gründung oder nachträglichem rechtsgeschäftlichen Beteiligungserwerb durch den beherrschenden Gesellschafter von dessen bereits ausgeübter Konkurrenztätigkeit Kenntnis hatten und sich nicht

---

[42] BGHZ 89, 162 (165) = NJW 1984, 1351; s. ferner UHW/*Casper* GmbHG Anh. § 77 Rn. 61 f.; Scholz/*Emmerich* GmbHG Anh. KonzernR Rn. 55a; Rowedder/Schmidt-Leithoff/*Koppensteiner/Schnorbus* GmbHG Anh. § 52 Rn. 36 Fn. 39.
[43] Näher dazu im Zusammenhang mit dem Wettbewerbsverbot des OHG-Gesellschafters Staub/*Schäfer* HGB § 112 Rn. 14 ff.; zur Einbeziehung von weiteren unternehmerischen Beteiligungen s. BGHZ 89, 162 (165) = NJW 1984, 1351.
[44] UHW/*Casper* GmbHG Anh. § 77 Rn. 62; Scholz/*Emmerich* GmbHG § 3 Rn. 92 ff., Anh. KonzernR Rn. 55a; Roth/Altmeppen/*Altmeppen* GmbHG Anh. § 13 Rn. 136; *Winter* 246 ff.; Rowedder/Schmidt-Leithoff/*Koppensteiner/Schnorbus* GmbHG Anh. § 52 Rn. 36 f.; Henssler/Strohn/*Verse* GmbHG Anh. § 13 Rn. 34; *Grigoleit,* Gesellschafterhaftung für interne Einflussnahme im Recht der GmbH, 2006, 417 f.
[45] Zur Vereinbarkeit von treuplichtimmanenten Wettbewerbsverboten mit § 1 GWB, § 138 BGB s. BGHZ 38, 306 (314 f.) = NJW 1963, 646; BGHZ 70, 331 (335) = NJW 1978, 1001; BGHZ 89, 162 (169) = NJW 1984, 1351; BGHZ 120, 161 (166) = NJW 1993, 1710; BGH NJW 1988, 2737 (2738 f.); NJW 1994, 384; ZIP 2009, 2263; *Emmerich* Kartellrecht, 13. Aufl. 2014, § 21 Rn. 25 ff.; *Ivens* DB 1988, 215 ff. mwN.
[46] So auch UHW/*Casper* GmbHG Anh. § 77 Rn. 62; Roth/Altmeppen/*Altmeppen* GmbHG Anh. § 13 Rn. 136; Henssler/Strohn/*Verse* GmbHG Anh. § 13 Rn. 33; *Winter* 251 ff.; aA MüKoGmbHG/*Liebscher* Anh. § 13 Rn. 301 f.; *Lutter/Timm* NJW 1982, 409 (419); *Raiser* FS Stimpel, 1985, 855 (864 f.); offenlassend Baumbach/Hueck/*Zöllner/Beurskens* GmbHG Schlussanh. Rn. 95.
[47] UHW/*Casper* GmbHG Anh. § 77 Rn. 62; Roth/Altmeppen/*Altmeppen* GmbHG Anh. § 13 Rn. 136; Henssler/Strohn/*Verse* GmbHG Anh. § 13 Rn. 34; aA *Raiser* FS Stimpel, 1985, 855 (864 f.); *Hüffer* FS Röhricht, 2005, 251 (264 ff.); offengelassen in BGHZ 89, 162 (167) = NJW 1984, 1351; Rowedder/Schmidt-Leithoff/*Koppensteiner/Schnorbus* GmbHG Anh. § 52 Rn. 36 f.

ausdrücklich die Einstellung dieser Tätigkeit ausbedungen haben.[48] Hieraus erklärt sich im Wesentlichen die Funktion eines satzungsmäßigen Wettbewerbsverbots (→ Rn. 11).[49] Im Übrigen kann der beherrschende Gesellschafter im Wege der **Satzungsänderung**[50] vom ungeschriebenen Wettbewerbsverbot befreit werden (→ Rn. 11).[51] Er unterliegt dabei einem Stimmverbot;[52] zudem ist ein Mehrheitsbeschluss auf die Anfechtung durch einen Minderheitsgesellschafter hin einer Inhaltskontrolle zu unterziehen (→ Rn. 12 f.).

19   Bei Verletzung des ungeschriebenen Wettbewerbsverbots – Entsprechendes gilt für das satzungsmäßige Wettbewerbsverbot (→ Rn. 11) – kann der beherrschende Gesellschafter von der GmbH auf **Unterlassung** in Anspruch genommen werden; dieser Anspruch kann im Wege der actio pro socio auch von den Minderheitsgesellschaftern geltend gemacht werden (→ Rn. 31). Darüber hinaus kann die Gesellschaft in entsprechender Anwendung des § 113 Abs. 1 HGB wahlweise **Ersatz ihres Schadens** fordern oder **in die Konkurrenzgeschäfte eintreten**.[53] Die Ausübung des Wahlrechts erfolgt durch Beschlussfassung gemäß § 46 Nr. 8 GmbHG;[54] der Mehrheitsgesellschafter ist nach § 47 Abs. 4 S. 2 Fall 2 GmbHG vom Stimmrecht ausgeschlossen. Das Eintrittsrecht hat auch im GmbH-Recht keine Außenwirkung. Erfolgt die Konkurrenztätigkeit über eine andere unternehmerische Beteiligung, so schuldet deshalb der Mehrheitsgesellschafter nur Abführung der bezogenen Gewinne (abzüglich etwaiger Aufwendungen), nicht dagegen Abtretung der Anteile an der konkurrierenden Gesellschaft.[55]

20   **dd) Sonstige?** Das Wettbewerbsverbot vermag die GmbH und ihre Minderheitsgesellschafter zwar vor den spezifischen Gefahren einer konkurrierenden Tätigkeit durch den beherrschenden Gesellschafter, nicht dagegen vor dem allgemeinen „Konzernkonflikt" zu schützen. Es fragt sich deshalb, ob in den in → Rn. 14 genannten Fällen, in denen die Satzung keine Vorkehrungen zur Sicherung der Unabhängigkeit der GmbH trifft und der Abhängigkeitsbegründung auch keine Beschlussfassung durch die Gesellschafter vorangeht, ein Präventivschutz möglich und geboten ist. Von einem beachtlichen Teil des Schrifttums wird dies bejaht. So findet sich die Annahme, dass die Konzernierung der GmbH einer Satzungsänderung oder eines Zustimmungsbeschlusses bedürfe.[56] Andere gehen noch weiter und leiten aus der Treupflicht die Verpflichtung der Gesellschafter her, alles zu unterlassen, was die Selbstständigkeit der Gesellschaft beeinträchtigen könnte;[57] der Sache nach bedeutet dies, dass nach dieser Ansicht die Abhängigkeit nur im Einvernehmen sämtlicher Gesellschafter begründet werden kann.

---

[48] BGHZ 89, 162 (168) = NJW 1984, 1351, dort auch zur Anwendbarkeit des § 112 Abs. 2 HGB nicht nur bei Gründung, sondern auch bei späterem Beteiligungserwerb durch den konkurrierend tätigen Gesellschafter.
[49] Zust. Roth/Altmeppen/*Altmeppen* GmbHG Anh. § 13 Rn. 136, der im Übrigen zu Recht auf die kartellrechtlichen Bedenken (→ Rn. 17) gegen ein über das ungeschriebene Wettbewerbsverbot hinausgehendes Verbot hinweist.
[50] Ihr gleich steht die Satzungsdurchbrechung, wenn man sie denn anerkennt (→ Rn. 11).
[51] Rowedder/Schmidt-Leithoff/*Koppensteiner/Schnorbus* GmbHG Anh. § 52 Rn. 38; *U. H. Schneider* ZGR Sonderheft 6, 121 (130); *Winter* 258 ff.; aA *Hirte* 191 ff.
[52] So zu Recht *Timm* GmbHR 1981, 183; *Winter* 259 f.; s. ferner → Rn. 11 zur Rechtslage bei Befreiung vom geschriebenen Wettbewerbsverbot durch gewöhnlichen Beschluss.
[53] Zur entsprechenden Anwendung des § 113 Abs. 1 HGB auf das ungeschriebene Wettbewerbsverbot in der GmbH & Co. KG s. BGHZ 89, 162 (171) = NJW 1984, 1351; für das satzungsmäßige Wettbewerbsverbot des GmbH-Gesellschafters s. ferner BGHZ 80, 69 (76) = NJW 1981, 1512; BGHZ 97, 382 (385) = NJW 1986, 2250.
[54] UHW/*Casper* GmbHG Anh. § 77 Rn. 89.
[55] BGHZ 89, 162 (171 f.) = NJW 1984, 1351.
[56] Für Notwendigkeit einer Satzungsänderung *Wiedemann*, Die Unternehmensgruppe im Privatrecht, 1988, 64 f.; *U. H. Schneider* ZGR – Sonderheft 6, 121 (131 f.); *Kallmeyer* GmbHR 2001, 745 (746 f.) (Begründung der Abhängigkeit sei Änderung des Unternehmensgegenstands); für die personalistische GmbH MHdB GmbH/*Decher/Kiefner* § 68 Rn. 8 ff.; für Notwendigkeit eines einfachen Zustimmungsbeschlusses *Grauer* 122 ff.; für die personalistische GmbH auch MüKoGmbHG/*Liebscher* Anh. § 13 Rn. 307 f.
[57] So Baumbach/Hueck/*Zöllner/Beurskens* GmbHG Schlussanh. Rn. 96; ähnlich – für Nachverhandlungsanspruch – *Hommelhoff* ZGR 2012, 535 (561 ff.); Lutter/Hommelhoff/*Lutter/Hommelhoff* GmbHG Anh. § 13 Rn. 40; für die Anteilsveräußerung *Kallmeyer* GmbHR 2001, 745 (747); offenlassend Scholz/*Emmerich* GmbHG Anh. KonzernR Rn. 56.

Beide Ansätze vermögen freilich nicht zu überzeugen.[58] Zu berücksichtigen ist zunächst, **21** dass die Minderheit der nachteiligen Einflussnahme durch das herrschende Unternehmen nicht schutzlos ausgeliefert ist; namentlich die actio pro socio, das Informationsrecht aus § 51a GmbHG und das Recht zur Beschlussanfechtung setzen der Einflussnahme durch das herrschende Unternehmen auf durchaus effektive Weise Grenzen (→ Rn. 21 ff.). Bedenkt man darüber hinaus, dass es die Gesellschafter einer GmbH in der Hand haben, satzungsmäßige Vorkehrungen zur Sicherung der Unabhängigkeit der GmbH zu treffen (→ Rn. 8 ff.), so erscheint die Begründung eines Präventivschutzes, der sich auf **außerkorporative Vorgänge** beziehen müsste und sich deshalb nur schwer in das allgemeine Verbandsrecht einfügte (→ Vor § 311 Rn. 9 f.), nicht veranlasst. Auch für ein Recht zum **Austritt aus wichtigem Grund** ist in den Fällen der Abhängigkeit und der einfachen Konzernierung kein Raum; ein solches Recht besteht vielmehr erst bei Vornahme von dem Einzelausgleich nicht mehr zugänglichen Maßnahmen und damit bei qualifizierter Schädigung (→ Anh. § 317 Rn. 29).[59] Daran ist ungeachtet des in §§ 35 ff. WpÜG vorgesehenen Pflichtangebots festzuhalten: Dieses hat kapitalmarktrechtlichen Charakter (→ Vor § 311 Rn. 25) und ist auch vor dem Hintergrund zu sehen, dass die Stellung des Minderheitsaktionärs im Übrigen deutlich schwächer ausgeprägt ist als diejenige des GmbH-Gesellschafters.[60] So gesehen lässt sich auch nach Inkrafttreten des WpÜG nicht behaupten, dass der Minderheitenschutz in der GmbH deutlich hinter dem in der börsennotierten AG zurückbleibt.

III. Schranken der nachteiligen Einflussnahme auf die abhängige Gesellschaft

1. Grundlagen. Befindet sich die GmbH in einem Abhängigkeitsverhältnis, so besteht **22** die Gefahr, dass das herrschende Unternehmen sein anderweitig verfolgtes unternehmerisches Interesse auch in der abhängigen GmbH durchsetzt (→ Rn. 4). Die mit einer solchen Einflussnahme verbundenen Nachteile treffen nicht nur die GmbH, sondern mittelbar auch deren Minderheitsgesellschafter und Gläubiger. Umgekehrt sorgt ein Schutz der GmbH vor nachteiliger Einflussnahme durch das herrschende Unternehmen zugleich für den Schutz der Außenseiter, sodass es sich anbietet, bei Durchsetzung des Schutzkonzepts, vom Sonderfall der abhängigen Einpersonen-GmbH abgesehen (→ Rn. 33 ff.), auf das Eigeninteresse dieser Außenseiter zu setzen und diesen die Geltendmachung von Unterlassungs- und Ausgleichsansprüchen zu ermöglichen.

Nach den in → Rn. 6 getroffenen Feststellungen lassen sich die §§ 311 ff. grundsätzlich **23** nicht entsprechend auf die abhängige GmbH anwenden. Dem herrschenden Unternehmen ist deshalb die der abhängigen Gesellschaft zum Nachteil gereichende Einflussnahme auch dann nicht gestattet, wenn es den Nachteil ausgleicht oder Nachteilsausgleich verbindlich verspricht. Für die mehrgliedrige GmbH ist vielmehr von einem **uneingeschränkten Verbot der nachteiligen Einflussnahme** auszugehen.[61] Dabei beurteilt sich das Vorliegen einer unerlaubten Einflussnahme am Maßstab des satzungsmäßigen Zwecks und Unternehmensgegenstands der Gesellschaft (→ Rn. 9; → Anh. § 317 Rn. 12; → § 311 Rn. 9, 42). Ihm muss jede Einflussnahme durch das herrschende Unternehmen genügen. Unerheblich ist insoweit, ob es zu feststellbaren Vermögensschäden auf Seiten der abhängigen

---

[58] Gegen einen Präventivschutz in Fällen, in denen die Abhängigkeit nicht durch Beschluss begründet wird und das Wettbewerbsverbot nicht greift, auch OLG Stuttgart NZG 2000, 159 (163) = AG 2000, 229 (dazu *Rottnauer* NZG 2001, 115 ff.); UHW/*Casper* GmbHG Anh. § 77 Rn. 64; Rowedder/Schmidt-Leithoff/*Koppensteiner/Schnorbus* GmbHG Anh. § 52 Rn. 39; Henssler/Strohn/*Verse* GmbHG Anh. § 13 Rn. 39; eingehend *Bouchon* 267 ff.; *Grauer* 102 ff.
[59] OLG Saarbrücken AG 1980, 26 (28); UHW/*Casper* GmbHG Anh. § 77 Rn. 169; Rowedder/Schmidt-Leithoff/*Koppensteiner/Schnorbus* GmbHG Anh. § 52 Rn. 63; Henssler/Strohn/*Verse* GmbHG Anh. § 13 Rn. 39; eingehend *M. Goette*, Der Exit der Minderheit aus der GmbH, 2014, 117 ff.; aA *Wiedemann*, Die Unternehmensgruppe im Privatrecht, 1988, 67 ff.; *Hommelhoff* ZGR 2012, 535 (561); *Verhoeven* 118 f.; *Kallmeyer* GmbHR 2001, 745 (748 f.); *M. Becker*, Der Austritt aus der GmbH, 1985, 132 ff.; *Schindler* 191 ff.; für die personalistische GmbH MHdB GmbH/*Decher/Kiefner* § 68 Rn. 11.
[60] Näher *Habersack/Mayer* ZIP 1997, 2141 (2143 f.).
[61] Zur davon abw. Rechtslage im Aktienrecht → § 311 Rn. 2, 5 ff.

Gesellschaft kommt. Verboten sind deshalb auch solche Maßnahmen, die dem Gesellschaftszweck oder dem Unternehmensgegenstand zuwiderlaufen, ohne der Gesellschaft einen messbaren Vermögensschaden zuzufügen;[62] die Minderheitsgesellschafter können gegen Maßnahmen dieser Art mit der Unterlassungsklage vorgehen (→ Rn. 31). Umgekehrt können auch gegenstandskonforme Maßnahmen nachteilig und damit verboten sein, darunter insbesondere Austauschgeschäfte zu Konditionen, die einem Drittvergleich nicht standhalten (→ Rn. 29). Davon zu unterscheiden sind Maßnahmen, die zwar zu einer Schädigung der Gesellschaft führen, aber einem Einzelausgleich nicht zugänglich sind; in der mehrgliedrigen GmbH haben sie die Anwendung der Grundsätze über die **qualifizierte Treupflichtverletzung** zur Folge (→ Rn. 3). Vorbehaltlich existenzvernichtender Eingriffe (→ Rn. 40 ff.) kann das umfassende Verbot der nachteiligen Einflussnahme allerdings durch die Zustimmung aller Gesellschafter außer Kraft gesetzt werden. Dies verdeutlicht, dass der Schutz der abhängigen GmbH und ihrer Gläubiger immer dann besondere Probleme bereitet, wenn es an **Minderheitsgesellschaftern fehlt** oder diese in die nachteilige Einflussnahme einwilligen (→ Rn. 33 ff.).

24   **2. Instrumente des Minderheiten- und Gläubigerschutzes.** Rechtliche Grundlage für das Verbot der nachteiligen Einflussnahme auf die abhängige Gesellschaft ist vor allem die mitgliedschaftliche **Treupflicht** (→ Rn. 7).[63] Sie bildet das Korrektiv für das in der Mitgliedschaft verkörperte Einflusspotential und verpflichtet jeden Gesellschafter, seine Rechte unter Beachtung des gemeinsamen Zwecks auszuüben. Erst recht gilt dies für den Mehrheitsgesellschafter; sein gesteigertes Einflusspotential rechtfertigt es, ihn einer gleichfalls gesteigerten, sich sogar zu einem präventiv wirkenden Wettbewerbsverbot verdichtenden Treupflicht zu unterstellen.[64] Verletzt das herrschende Unternehmen die Treupflicht, so kann es von der Gesellschaft und – im Wege der actio pro socio – von den Gesellschaftern auf Unterlassung und Schadensersatz in Anspruch genommen werden (→ Rn. 30 f.); entsprechend §§ 317 Abs. 4, 309 Abs. 4 S. 3 kann der Anspruch auf Schadensersatz auch von den Gläubigern geltend gemacht werden (→ Rn. 32).

25   Ihre Ergänzung findet die Treupflicht durch den Grundsatz der **Gleichbehandlung.**[65] Er findet in der abhängigen oder in einen einfachen Konzern eingebundenen GmbH uneingeschränkt Anwendung[66] und verbietet jegliche sachlich nicht gerechtfertigte Privilegierung des herrschenden Unternehmens. Adressat des Gleichbehandlungsgrundsatzes ist allerdings nur die Gesellschaft. Ihr ist zwar ein organschaftliches Handeln und damit insbesondere ein mit den Stimmen des Mehrheitsgesellschafters zustande gekommener Beschluss zuzurechnen; dagegen können die Minderheitsgesellschafter das herrschende Unternehmen nicht unmittelbar auf Gleichbehandlung in Anspruch nehmen.

---

[62] So auch Baumbach/Hueck/*Zöllner* GmbHG Schlussanh. Rn. 79.
[63] Grundlegend BGHZ 65, 15 (18 f.) = NJW 1976, 191 – ITT; s. ferner BGHZ 95, 330 (340) = NJW 1986, 188; UHW/*Casper* GmbHG Anh. § 77 Rn. 73, 76; Scholz/*Emmerich* GmbHG Anh. KonzernR Rn. 68, 70; Rowedder/Schmidt-Leithoff/*Koppensteiner/Schnorbus* GmbHG Anh. § 52 Rn. 56; Baumbach/Hueck/ Zöllner/*Beurskens* GmbHG Schlussanh. Rn. 77; Lutter/Hommelhoff/*Lutter/Hommelhoff* GmbHG Anh. § 13 Rn. 39; MüKoGmbHG/*Liebscher* Anh. § 13 Rn. 373 ff.; Henssler/Strohn/*Verse* GmbHG Anh. § 13 Rn. 48 ff.; GES/*Maul* GmbHG Anh. § 13 Rn. 61 f.; *K. Schmidt* GesR § 39 III 2 b; *Wiedemann*, Die Unternehmensgruppe im Privatrecht, 1988, 77 ff.; *Wimmer-Leonhardt* 157 ff.; *Winter* 113 ff.; aA – für entsprechende Anwendung des § 43 GmbHG – namentlich *Wilhelm*, Rechtsform und Haftung bei der juristischen Person, 1981, 285 ff., 352 ff. (dagegen zu Recht *Ulmer* ZHR 148 [1984], 391, 416; *Ziemons* 64 ff.); s. ferner *Konzen* NJW 1989, 2977 (2985 f.). – Zur Lehre von der Haftung für fehlerhafte Konzerngeschäftsführung → Anh. § 317 Rn. 9 mwN; zur Treupflicht des Aktionärs → § 311 Rn. 4, 89 f.; zur Treupflicht der Gesellschaft gegenüber dem Gesellschafter s. BGHZ 127, 107 (111); *Schneider/Burgard* FS Ulmer, 2003, 579 (593 ff.).
[64] UHW/*Casper* GmbHG Anh. § 77 Rn. 73, 76 ff.; MüKoGmbHG/*Liebscher* Anh. § 13 Rn. 406; *Wiedemann*, Die Unternehmensgruppe im Privatrecht, 1988, 77 ff.; zum Wettbewerbsverbot → Rn. 16 ff.
[65] Näher zu ihm UHL/*Raiser* GmbHG § 14 Rn. 113 ff.; Lutter/Hommelhoff/*Bayer* GmbHG § 14 Rn. 33 ff.; *Verse*, Der Gleichbehandlungsgrundsatz im Recht der Kapitalgesellschaften, 2006, insbes. 67 ff., 171 ff.; Bayer/Habersack/*ders.* Bd. II Kap. 13 Rn. 1 ff.
[66] Wohl unstr., s. Baumbach/Hueck/*Zöllner/Beurskens* GmbHG Schlussanh. 90 mit zutr. Hinweis auf die Durchbrechung des Grundsatzes im Vertragskonzern.

Herausragende Bedeutung für den Minderheitenschutz kommt des Weiteren den **26 Stimmverboten** des § 47 Abs. 4 GmbHG zu.[67] Sie beanspruchen auch dann Geltung, wenn einer der Ausschlusstatbestände zwar nicht in der Person des herrschenden Unternehmens, wohl aber in der Person einer von ihm gleichfalls kontrollierten Gesellschaft verwirklicht ist.[68] Entsprechendes gilt für den auf **§§ 30, 31 GmbHG** gründenden Gläubigerschutz; auch er beansprucht konzerndimensionale Geltung, indem er nicht nur Leistungen an das herrschende Unternehmen selbst, sondern insbesondere auch solche an ein von diesem gleichfalls abhängiges Unternehmen erfasst.[69] Das Informationsrecht aus **§ 51a GmbHG** ermöglicht dem Minderheitsgesellschafter die Durchsetzung von Schadensersatzansprüchen der GmbH im Weg der actio pro socio (→ Rn. 31). Über das Minderheitsrecht aus **§ 50 GmbHG** können die außenstehenden Gesellschafter einzelne Maßnahmen der Geschäftsführung zum Gegenstand der Tagesordnung einer Gesellschafterversammlung machen.[70] Unter Berücksichtigung des Stimmverbots aus § 47 Abs. 4 GmbHG ist es so möglich, mit den Geschäftsführer bindender Wirkung über die Vornahme oder Nichtvornahme von Geschäften zwischen der Gesellschaft und dem herrschenden Unternehmen abzustimmen. In Fällen, in denen das herrschende Unternehmen nicht vom Stimmrecht ausgeschlossen ist oder die Mitgesellschafter dem Interesse der GmbH oder einzelner ihrer Gesellschafter[71] zuwider Beschluss fassen, hat jeder Gesellschafter das Recht zur **Beschlussanfechtung**.[72]

3. Treupflicht im Besonderen. a) Bezugspunkt und Rangordnung. Es ist weithin **27** anerkannt, dass der Gesellschafter nicht nur im Verhältnis zur Gesellschaft (→ Rn. 24), sondern auch zu den Mitgesellschaftern der Treupflicht unterliegt.[73] Nach zutreffender Ansicht gebührt allerdings der **Treupflicht im Verhältnis zur GmbH der Vorrang** gegenüber derjenigen zwischen den Gesellschaftern. Letztere greift danach nur ein, soweit Individualinteressen der Mitglieder betroffen sind.[74] Soweit dagegen die Gesellschaft geschädigt ist oder

---

[67] In ihm (bzw. in ihrer – deutlich zu weit gehenden – analogen Anwendung auf sämtliche Beschlussfassungen in Geschäftsführungsfragen, die einen Bezug zum herrschenden Unternehmen aufweisen könnten) sieht Roth/Altmeppen/*Altmeppen* (Anh. § 13 Rn. 149) die wesentliche Grundlage des Minderheitsschutzes, die (so die – freilich zu optimistische – Einschätzung) eine Schädigung der abhängigen GmbH unmöglich mache.

[68] Zu den Einzelheiten s. UHL/*Hüffer/Schürnbrand* GmbHG § 47 Rn. 140 ff.; Rowedder/Schmidt-Leithoff/*Koppensteiner/Gruber* GmbHG § 47 Rn. 59 f.; Rowedder/Schmidt-Leithoff/*Koppensteiner/Schnorbus* GmbHG Anh. § 52 Rn. 55; *Wackerbarth* 248 ff. Zur konzerndimensionalen Anwendung des § 181 BGB s. *Timm* AcP 193 (1993), 423 ff.

[69] Eingehend zur Reichweite des § 30 GmbHG im Konzernverbund, insbes. zur Verlagerung von Vermögen auf eine „Schwestergesellschaft" der GmbH Scholz/*Verse* GmbHG § 30 Rn. 38 ff.; UHL/*Habersack* GmbHG § 30 Rn. 71 ff.; *Raiser* FS Ulmer, 2003, 493 (505 ff.); → Rn. 36, 42; zur steuerlichen Beurteilung W. *Winter* GmbHR 2004, 1268 ff. – Zur Kapitalaufbringung im Konzern s. BGHZ 166, 8 = DStR 2006, 764 mit Anm. *Goette*; BGH NZG 2007, 300.

[70] Dazu OLG München NZG 2015, 66 (67), freilich mit zu starker Betonung der Treupflicht des Mehrheitsgesellschafters; berechtigte Kritik bei *Hennrichs* NZG 2015, 41 (42 f.); *Ekkenga* Konzern 2015, 409 (414 f.).

[71] Von Bedeutung im Zusammenhang mit Ergebnisverwendungsbeschlüssen, s. Scholz/*Verse* GmbHG § 29 Rn. 64 ff.; Lutter/Hommelhoff/*Hommelhoff* GmbHG § 29 Rn. 21 ff. Zur Problematik auf der Ebene der Obergesellschaft → Rn. 49, 52.

[72] Näher dazu, insbes. zur Anfechtbarkeit wegen Treupflichtverletzung oder wegen der Verfolgung von Sondervorteilen, UHW/*Raiser* GmbHG Anh. § 47 Rn. 126 ff., 132 ff.; Baumbach/Hueck/*Zöllner* GmbHG Anh. § 47 Rn. 87 ff.

[73] Vgl. nur UHL/*Raiser* GmbHG § 14 Rn. 81 ff.; Lutter/Hommelhoff/*Bayer* GmbHG § 14 Rn. 20 ff.; näher zur Entwicklung der Treupflicht sowie zu deren Verhältnis zum Gleichbehandlungsgebot Bayer/Habersack/*Verse* Bd. II Kap. 13 Rn. 18 ff.; zur AG → § 311 Rn. 4; zur Frage der Abdingbarkeit der Treupflicht überzeugend Fleischer/Harzmeier NZG 2015, 1289 (1293 ff.); großzügiger (allerdings die organschaftliche Treupflicht betreffend) *Hellgardt* FS Hopt, 2010, 765 ff. Gegen Treupflichten des Gesellschafters gegenüber der GmbH *Wackerbarth* 235 ff.

[74] UHW/*Casper* GmbHG Anh. § 77 Rn. 76; Henssler/Strohn/*Verse* GmbHG Anh. § 13 Rn. 54; *Winter* 85 ff. mwN; ferner BGH ZIP 2013, 1376 Rn. 16 ff. (actio pro socio, gerichtet auf Leistung an die Gesellschaft); OLG Hamm ZIP 2002, 1486 (1487 f.) betr. Ansprüche aus § 823 BGB; aA UHL/*Raiser* GmbHG § 14 Rn. 57, 81; *Lutter* ZHR 162 (1998), 164 (178 ff.); wohl auch BGHZ 65, 15 = NJW 1976, 191 zur Einordnung dieser Entscheidung s. aber auch BGH ZIP 2013, 1376 Rn. 18; *Ulmer* NJW 1976, 191 (193); *Wiedemann* JZ 1976, 392 (395).

geschädigt zu werden droht, steht allein ihr ein Anspruch auf Schadensersatz oder Unterlassung zu; die Geltendmachung desselben, sei es durch den dazu an sich berufenen Geschäftsführer oder durch einen Gesellschafter (→ Rn. 30 f.), bringt zugleich den durch die Mitgliedschaft bedingten Reflexschaden der Gesellschafter in Wegfall. Für diese Ansicht sprechen bereits die Vorschriften der §§ 117 Abs. 1 S. 2, 317 Abs. 1 S. 2 (→ § 317 Rn. 13 f.). Darüber hinaus zeigt auch die in §§ 309 Abs. 4 S. 1 und 2, 317 Abs. 4 ausdrücklich vorgesehene Befugnis des Aktionärs zur Geltendmachung des Anspruchs der Gesellschaft, dass jedenfalls dem AktG die Anerkennung eines auf der Schädigung der Gesellschaft gründenden eigenen Anspruchs des einzelnen Mitglieds fremd ist. Gründe, die für das GmbH-Recht eine im Grundsätzlichen[75] abweichende Beurteilung rechtfertigen könnten, sind nicht ersichtlich. Schließlich lässt sich die Konkurrenz von Ansprüchen der GmbH und ihrer Gesellschafter auch nicht aus der Rechtslage in der Einpersonen-Gesellschaft (→ Rn. 33 ff.) herleiten.[76] Zwar trifft es zu, dass bei ihr die Annahme einer Treupflichtverletzung grundsätzlich ausscheidet. Indes liegt dies daran, dass die Treupflicht auf den Zweck der Gesellschaft bezogen ist, dieser aber durch die Gesellschafter definiert wird; demgemäß unterliegt auch die Treupflicht gegenüber der Gesellschaft der Disposition durch den alleinigen Gesellschafter.

28 **b) Geltungsbereich.** Wiewohl die Treupflicht in der Mitgliedschaft des Gesellschafters wurzelt, ist es im Ergebnis nahezu unbestritten, dass sie in **mehrstufigen Unternehmensverbindungen** auch insoweit Geltung beansprucht, als es um Einwirkungen der nur mittelbar beteiligten Mutter auf die Enkel-GmbH geht.[77] Begründen lässt sich dies am ehesten mit Sinn und Zweck der Treupflicht: Bildet diese ein Korrektiv für die mitgliedschaftlich vermittelten Einwirkungsbefugnisse des Gesellschafters, so muss sich die Konzernspitze die Einwirkungsmöglichkeiten, die der von ihr abhängigen Tochtergesellschaft zustehen, zurechnen lassen.[78] Das nur mittelbar beteiligte Unternehmen haftet somit unmittelbar gegenüber der Enkel-GmbH, soweit es selbst auf diese einwirkt oder eine entsprechende Einwirkung durch das Tochterunternehmen veranlasst. Für ausschließlich von der Tochter ausgehende Einflussnahmen auf die Enkel-GmbH hat die Mutter hingegen nicht einzustehen.[79] Auch die Muttergesellschaft unterliegt allerdings einem Wettbewerbsverbot; da dieses allein der *Möglichkeit* der (unmittelbaren oder mittelbaren) Einflussnahme auf die Enkel-GmbH Rechnung trägt, ist es unerheblich, ob es tatsächlich zu entsprechenden Einwirkungen seitens der Mutter gekommen ist (→ Rn. 16 ff.). Zum **internationalen Anwendungsbereich** → § 311 Rn. 21.

29 **c) Inhalt.** Der Inhalt der Treupflicht des herrschenden Unternehmens hängt von den Umständen ab und lässt sich, von klaren Fällen der Schädigung der Gesellschaft abgesehen, nur von Fall zu Fall und unter Abwägung der betroffenen Interessen bestimmen. Auszugehen ist dabei von dem **Nachteilsbegriff** des § 311;[80] maßgebend ist danach, ob ein ordentlicher und gewissenhafter Geschäftsleiter einer unabhängigen Gesellschaft die fragliche Maß-

---

[75] Zur Ausgestaltung der Klagebefugnis iE → Rn. 31.
[76] In diesem Sinne aber *Lutter* ZHR 162 (1998), 164 (183).
[77] BGHZ 65, 15 (20 f.) = NJW 1976, 191; BGHZ 89, 162 (165 ff.) = NJW 1984, 1351; UHW/*Casper* GmbHG Anh. § 77 Rn. 74; Scholz/*Emmerich* GmbHG Anh. KonzernR Rn. 77; MüKoGmbHG/*Liebscher* Anh. § 13 Rn. 404 f.; eingehend *Wimmer-Leonhardt* 322 ff.; *Lakner* 163 ff.; aA *Schießl*, Die beherrschte Personengesellschaft, 1985, 94 ff. (103 f.) – Zur entsprechenden Rechtslage in der AG → § 311 Rn. 17 f.; zur Untreuestrafbarkeit des Geschäftsleiters im mehrstufigen Konzern s. BGH Konzern 2010, 315 mwN; dazu *Brand* Konzern 2010, 285 ff.
[78] So zu Recht *Emmerich* FS Stimpel, 1985, 743 (748 ff.); *Wiedemann/Hirte* ZGR 1986, 163 (165 f.); UHW/*Casper* GmbHG Anh. § 77 Rn. 74; Rowedder/Schmidt-Leithoff/*Koppensteiner/Schnorbus* GmbHG Anh. § 52 Rn. 58; MüKoGmbHG/*Liebscher* Anh. § 13 Rn. 413; weitergehend – für unmittelbare Sonderverbindung zwischen Mutter- und Enkelgesellschaft – *Schneider/Burgard* FS Ulmer, 2003, 579 (585 ff.); *Limmer* 78 ff.; *Tröger* 52 ff.; zuvor bereits *U. H. Schneider* ZGR 1980, 511 (532 ff.); *ders.* BB 1981, 249 (255); *Rehbinder* ZGR 1977, 581 (640 f.); aA – für Einbeziehung der Enkel-GmbH in den Schutzbereich der Treupflicht im Verhältnis Mutter-Tochter – *Stimpel* AG 1986, 117 (119 ff.); *Paschke* AG 1988, 196 (203); *Winter* 256 ff.; *Assmann* FS 100 Jahre GmbHG, 1992, 657 (710 f.).
[79] Henssler/Strohn/*Verse* GmbHG Anh. § 13 Rn. 49.
[80] So auch Scholz/*Emmerich* GmbHG Anh. KonzernR Rn. 73; MüKoGmbHG/*Liebscher* Anh. § 13 Rn. 418; Henssler/Strohn/*Verse* GmbHG Anh. § 13 Rn. 50; *Eschenbruch* Konzernhaftung Rn. 3366 ff.

nahme gleichfalls vorgenommen hätte (→ § 311 Rn. 39 f.). Dies deckt sich, da dem Begriff des Nachteils eine **Sorgfaltspflichtverletzung immanent** ist (→ § 311 Rn. 40), mit dem vielfach als Maßstab[81] angeführten § 43 GmbHG.[82] Unerheblich ist, auf welche Weise die Einflussnahme erfolgt; neben der direkten Einflussnahme auf die Geschäftsführung können auch Beschlüsse in Geschäftsführungsfragen eine zum Schadensersatz verpflichtende (→ Rn. 30) Treupflichtverletzung begründen.[83] In der Frage, wann die Einflussnahme durch das herrschende Unternehmen als Verletzung der Treupflicht zu qualifizieren ist, kann deshalb vollumfänglich auf die Ausführungen in → § 311 Rn. 46 ff. und die dort genannten **Beispielsfälle** verwiesen werden (→ Rn. 40; → Anh. § 317 Rn. 13 ff.).[84] Passive Konzerneffekte sind auch im Recht der GmbH hinzunehmen.[85]

d) Rechtsfolgen. aa) Ansprüche der Gesellschaft. Bei bevorstehender (erstmaliger 30 oder wiederholter) Verletzung der Treupflicht hat die abhängige Gesellschaft gegen das herrschende Unternehmen[86] einen Anspruch auf **Unterlassung.**[87] Ist es zur Verletzung der Treupflicht gekommen, so ist das herrschende Unternehmen zum **Schadensersatz** verpflichtet, sofern es nicht nachweist, dass ihm ein Verschulden nicht zur Last fällt.[88] Die Rechtfertigung des Eingriffs entsprechend § 311 Abs. 2 – mithin durch Leistung von **Nachteilsausgleich** – ist ausgeschlossen.[89] Vorbehaltlich eines unmittelbaren Eigenschadens der Mitgesellschafter steht der Anspruch der GmbH zu (→ Rn. 27). Die Geltendmachung setzt nach § 46 Nr. 8 GmbHG einen entsprechenden Beschluss der Gesellschaft voraus; das herrschende Unternehmen ist dabei nach § 47 Abs. 4 GmbHG vom Stimmrecht ausgeschlossen. Lässt sich der Schaden der Gesellschaft auch unter Rückgriff auf § 287 ZPO nicht beziffern, greifen in der **mehrgliedrigen GmbH** die Grundsätze über die qualifizierte Schädigung ein (→ Rn. 3; → Anh. § 317 Rn. 1 ff.). Bei unerlaubter Konkurrenztätigkeit hat die Gesellschaft entsprechend § 113 HGB ein Eintrittsrecht (→ Rn. 19).

bb) Rechte der Gesellschafter. Die Gesellschafter können zunächst etwaige Unterlas- 31 sungs- oder Schadensersatzansprüche der Gesellschaft (→ Rn. 30) im Wege der **actio pro socio** geltend machen.[90] Darüber hinaus haben sie Anspruch auf Ersatz ihres unmittelbaren,

---

[81] Nicht dagegen als Anspruchsgrundlage, → Rn. 24.
[82] Vgl. OLG Saarbrücken AG 1980, 26 (28); Lutter/Hommelhoff/*Lutter/Hommelhoff* GmbHG Anh. § 13 Rn. 39 (§ 93 Abs. 1 S. 2 AktG); hinsichtlich des Verschuldens auch Rowedder/Schmidt-Leithoff/*Koppensteiner/Schnorbus* GmbHG Anh. § 52 Rn. 59 mwN.
[83] → § 311 Rn. 29; Scholz/*Emmerich* Anh. § 77 Rn. 72; Rowedder/Schmidt-Leithoff/*Koppensteiner/Schnorbus* GmbHG Anh. § 52 Rn. 59. Zum Verhältnis zwischen Beschlussanfechtung und Schadensersatzverpflichtung, insbes. zur Frage, ob die Bestandskraft des Beschlusses die Geltendmachung von Schadensersatz ausschließt, s. einerseits *Habersack*, Die Mitgliedschaft – subjektives und „sonstiges" Recht, 1996, 231 ff., andererseits *Winter* 320 ff., jeweils mwN.
[84] Vgl. auch die Zusammenstellung bei MüKoGmbHG/*Liebscher* Anh. § 13 Rn. 421.
[85] Zust. Bayer/Habersack/*Verse* Bd. II Kap. 13 Rn. 46; für das Aktienrecht → § 311 Rn. 52.
[86] § 317 Abs. 3 findet keine entsprechende Anwendung, s. OLG Bremen NZG 1999, 724 (725); MüKoGmbHG/*Liebscher* Anh. § 13 Rn. 470; nun auch Rowedder/Schmidt-Leithoff/*Koppensteiner/Schnorbus* GmbHG Anh. § 52 Rn. 57; aA *Altmeppen* 78 ff., 84 f.; *Jungkurth* 188 ff. – Zur Haftung des Geschäftsführers der abhängigen GmbH MüKoGmbHG/*Liebscher* Anh. § 13 Rn. 473; zur Haftung des herrschenden Unternehmens bei mittelbarer Beherrschung → Rn. 28.
[87] UHW/*Casper* GmbHG Anh. § 77 Rn. 86; Scholz/*Emmerich* GmbHG Anh. KonzernR Rn. 86; MHdB GmbH/*Decher/Kiefner* § 68 Rn. 19; MüKoGmbHG/*Liebscher* Anh. § 13 Rn. 484 f.; Henssler/Strohn/*Verse* GmbHG Anh. § 13 Rn. 52.
[88] Für entsprechende Anwendung des § 93 Abs. 2 S. 2 zu Recht Scholz/*Emmerich* GmbHG Anh. KonzernR Rn. 85; für Beweislastumkehr entsprechend § 317 Abs. 2 Rowedder/Schmidt-Leithoff/*Koppensteiner/Schnorbus* GmbHG Anh. § 52 Rn. 59 (aber → § 317 Rn. 7 f.); für Beweislastumkehr auch MüKoGmbHG/*Liebscher* Anh. § 13 Rn. 464; Henssler/Strohn/*Verse* GmbHG Anh. § 13 Rn. 52.
[89] → Rn. 6; vgl. ferner MüKoGmbHG/*Liebscher* Anh. § 13 Rn. 467 mit zutr. Hinweis auf die ggf. – allerdings nur nach Maßgabe der §§ 362, 364 BGB bestehende – Möglichkeit der (teilweisen) Erfüllung der Schadensersatzpflicht.
[90] BGH ZIP 2013, 1376 Rn. 16 ff.; UHW/*Casper* GmbHG Anh. § 77 Rn. 87; Scholz/*Emmerich* GmbHG Anh. KonzernR Rn. 87; MüKoGmbHG/*Liebscher* Anh. § 13 Rn. 476 ff. Näher zur actio pro socio, insbes. zum Verhältnis zu dem Beschlusserfordernis aus § 46 Nr. 8 GmbHG, UHL/*Hüffer/Schürnbrand* GmbHG § 46 Rn. 113 ff.; abw. *Lutter* ZHR 162 (1998), 164 (180) und *Raiser* ZHR 153 (1989), 1 (9 ff.): Klage aus eigenem Recht (→ Rn. 27); zu Sonderprüfung und Sondervertretung s. *Schürnbrand* ZIP 2013, 1301 ff.

dh nicht lediglich durch die Mitgliedschaft in der geschädigten GmbH vermittelten Eigenschadens (→ Rn. 27). Erfolgt die Einflussnahme durch das herrschende Unternehmen an der Gesellschafterversammlung vorbei, so können die übergangenen Gesellschafter zudem **aus eigenem Recht auf Unterlassung** und Beseitigung klagen (→ Anh. § 317 Rn. 27 f.). Der Treupflicht widersprechende Gesellschafterbeschlüsse unterliegen schließlich der Beschlussanfechtung.

32 **cc) Rechte der Gläubiger.** Die Gesellschaftsgläubiger können etwaige Schadensersatzansprüche der GmbH gegen das herrschende Unternehmen und seine Organwalter pfänden und sich überweisen lassen; das Erfordernis eines Beschlusses nach § 46 Nr. 8 GmbHG entfällt ihnen gegenüber.[91] Unabhängig davon können die Gläubiger das herrschende Unternehmen unmittelbar auf Leistung an sich selbst in Anspruch nehmen, freilich nur bis zur Deckung ihrer Forderung gegen die Gesellschaft. Wiewohl die Haftung des die GmbH beherrschenden Gesellschafters nicht konzernrechtsspezifischer Natur ist, vielmehr allgemeinen Grundsätzen folgt, sollte der Tatsache, dass die Gläubigerinteressen in Abhängigkeits- und Konzernlagen im besonderen Maße gefährdet sind, durch entsprechende Anwendung der §§ 317 Abs. 4, 309 Abs. 4 S. 3 Rechnung getragen werden.[92]

33 **4. Bestandsschutz („Existenzvernichtungshaftung"). a) Ausgangslage.** Beim Fehlen von Minderheitsgesellschaftern – Entsprechendes gilt bei einvernehmlichem Handeln aller Gesellschafter (→ Rn. 23, 39) – bereitet der Schutz der Gläubiger der abhängigen GmbH[93] besondere Schwierigkeiten. Da nämlich die Treupflicht grundsätzlich verzichtbar ist und damit das Interesse der Gesellschaft auch unabhängig von einer förmlichen Änderung des Gesellschaftszwecks von Fall zu Fall definiert werden kann, lassen sich ein Wettbewerbsverbot und ein Verbot der Schädigung der GmbH,[94] die in der mehrgliedrigen GmbH für einen reflexartigen Schutz der Gläubiger sorgen, grundsätzlich nicht begründen.[95] Vorbehaltlich der Anerkennung eines Bestandsinteresses der GmbH (→ Rn. 34) sind deshalb die Gesellschaftsgläubiger auf den Schutz aus den **Kapitalerhaltungsregeln der §§ 30, 31 GmbHG** verwiesen. Diese vermögen die Gläubiger freilich nur dann zu schützen, wenn der Gesellschafter unmittelbar oder mittelbar etwas aus dem zur Deckung des Stammkapitals erforderlichen Gesellschaftsvermögen erhalten hat.

---

[91] Scholz/*Emmerich* GmbHG Anh. KonzernR Rn. 88; Rowedder/Schmidt-Leithoff/*Koppensteiner/Gruber* GmbHG § 42 Rn. 41; MüKoGmbHG/*Liebscher* Anh. § 13 Rn. 481.

[92] BGHZ 95, 330 (340) = NJW 1986, 188: „spricht viel dafür"; UHW/*Casper* GmbHG Anh. § 77 Rn. 88; Scholz/*Emmerich* GmbHG Anh. KonzernR Rn. 88; Rowedder/Schmidt-Leithoff/*Koppensteiner/Schnorbus* GmbHG Anh. § 52 Rn. 62; Henssler/Strohn/*Verse* GmbHG Anh. § 13 Rn. 55; MüKoGmbHG/*Liebscher* Anh. § 13 Rn. 480 ff., dort auch zur Verfolgung von Ansprüchen gegen die GmbH-Geschäftsführer; für die Einpersonen-GmbH s. *Altmeppen* ZIP 2001, 1837 (1846) und ZIP 2002, 1553 (1560); *Ulmer* ZIP 2001, 2021 (2027 f.).

[93] Zur AG → Anh. § 317 Rn. 5; zur aufgelösten Gesellschaft → Rn. 34; zu EU-Auslandsgesellschaften mit Sitz im Inland s. UHW/*Casper* GmbHG Anh. § 77 Rn. 171; Habersack/*Verse* EuropGesR § 3 Rn. 29; *Weller* 193 ff., 223 ff.; *dens.* IPRax 2003, 207 ff.; *Ulmer* NJW 2004, 1201 (1207 ff.); *Schön* ZHR 168 (2004), 268 (290 ff.); *Altmeppen* FS Röhricht, 2005, 3 ff.

[94] Entsprechendes gilt für die Haftung des Geschäftsführers aus § 43 Abs. 2 GmbHG (BGHZ 119, 257 (261) = NJW 1993, 193; BGHZ 122, 333 (336) = NJW 1993, 1922; BGH ZIP 2009, 2335) und für die Haftung des Gesellschafters und Geschäftsführers aus § 823 Abs. 2 BGB iVm § 266 StGB (BGH ZIP 1999, 1352 (1353), aber auch BGHZ 149, 10 (17 ff.) = NJW 2001, 3622 (→ Rn. 48); zur Abdingbarkeit der Treupflicht s. im Übrigen *Hellgardt* FS Hopt, 2010, 765 ff.

[95] BGHZ 31, 258 (278 ff.); BGHZ 119, 257 (262) = NJW 1993, 193; BGHZ 122, 333 (336) = NJW 1993, 1922; *Röhricht* FS BGH, 2000, 83 (104 ff.); Baumbach/Hueck/*Zöllner/Beurskens* GmbHG Schlussanh. Rn. 111; Rowedder/Schmidt-Leithoff/*Koppensteiner/Schnorbus* GmbHG Anh. § 52 Rn. 60; Henssler/Strohn/*Verse* GmbHG Anh. § 13 Rn. 44; speziell zum Wettbewerbsverbot *Röhricht* WPg 1992, 766 ff.; näher zur dogmatischen Begründung, insbes. zum Zusammenhang zwischen Treupflicht und Gesellschaftszweck, *Winter* 190 ff.; *ders.* ZGR 1994, 570 (580 ff.); *Koppensteiner* GES 2015, 5 ff.; aA noch *Ulmer* ZHR 148 (1984), 391 (418) (aufgegeben in Hachenburg 8. Aufl. GmbHG Anh. § 77 Rn. 83); ferner *Emmerich* GmbHR 1987, 213 (220 f.); *Burgard* ZIP 2002, 827 (831 ff.); *Grigoleit,* Gesellschafterhaftung für interne Einflussnahme im Recht der GmbH, 2006, 317 ff.; *Wilhelm,* Rechtsform und Haftung bei der juristischen Person, 1981, 285 ff., 352 ff.; *ders.* NJW 2003, 175 (178 ff.); der Sache nach auch *Hommelhoff* ZGR 2012, 535 (538 ff.).

Namentlich konzernintegrative Maßnahmen, der Abzug von Führungskräften, der Entzug von Geschäftschancen und die Veranlassung zur Vornahme riskanter und verlustträchtiger Geschäfte werden deshalb – ungeachtet der für das Stadium der Unterbilanz weithin anerkannten, durch das MoMiG (→ Einl. Rn. 39) allein für die Fälle des § 30 Abs. 1 S. 2 beseitigten Nichtgeltung der bilanziellen Betrachtungsweise[96] – im Allgemeinen nicht ohne Weiteres erfasst.[97] Es kommt hinzu, dass § 30 Abs. 1 GmbHG nach hM eine durch die Gesellschaft veranlasste Minderung des Gesellschaftsvermögens voraussetzt, sodass namentlich der unmittelbare Zugriff des Gesellschafters auf das Gesellschaftsvermögen nicht von der Vorschrift erfasst ist.[98] Die GmbH-rechtliche Ausgangslage unterscheidet sich dadurch schon im Ansatz von derjenigen nach §§ 311 ff., die uneingeschränkt für die Einpersonen-AG gelten (→ § 311 Rn. 13) und – zumal im Zusammenspiel mit den durchgehend strengeren aktienrechtlichen Grundsätzen über die Kapitalerhaltung – die Möglichkeit der nachteiligen Einflussnahme durch den alleinigen Aktionär nicht unerheblich beschränken. Ein über § 30 Abs. 1 GmbHG hinausgehender Gläubigerschutz ist im Übrigen noch dringlicher, nachdem das **MoMiG** (→ Einl. Rn. 39) die Vorschrift des § 30 Abs. 1 GmbHG um einen neuen S. 2 ergänzt hat, dem zufolge das Auszahlungsverbot auf Leistungen, die durch einen vollwertigen Gegenleistungs- oder Rückgewähranspruch der Gesellschaft gedeckt sind, keine Anwendung finden soll; die damit für Kreditierungen verbundene Rückkehr zur bilanziellen Betrachtungsweise hat die Defizite des vom Kapitalerhaltungsgrundsatz ausgehenden Gläubigerschutzes noch verstärkt und die Notwendigkeit ergänzender Instrumentarien unterstrichen.[99]

Abhilfe vermag die Anerkennung eines **Bestandsschutzinteresses der GmbH** zu schaffen, welches der Alleingesellschafter zu beachten hat und dessen Verletzung zum Ersatz des Gläubigerausfalls verpflichtet.[100] Während die höchstrichterliche Rechtsprechung die Frage eines Bestandsschutzes für die unverbundene GmbH lange Zeit offen lassen konnte,[101] lag bereits dem zur abhängigen Einpersonen-GmbH ergangenen **„TBB"-Urteil**[102] bei Lichte betrachtet – und im Einklang mit im Schrifttum entwickelten Positionen[103] – die Anerkennung eines entsprechenden Schutzes zugrunde.[104] Denn danach sollte es an der vom Alleingesellschafter geschuldeten angemessenen Rücksichtnahme auf die eigenen Belange der abhängigen Gesellschaft (erst dann) fehlen, „wenn die Gesellschaft infolge der im Konzerninteresse ausgeübten Einwirkungen ihren Verbindlichkeiten nicht mehr nachkommen

---

[96] Vgl. UHL/*Habersack* GmbHG § 30 Rn. 48 ff. mwN; konsequente Zurückdrängung der bilanziellen Betrachtungsweise und weitgehende Einbeziehung bilanzneutraler Vermögensabflüsse in den Anwendungsbereich des § 30 Abs. 1 GmbHG bei *A. Koch* 43 ff.; zu § 30 Abs. 1 S. 2 GmbHG → § 311 Rn. 47.

[97] Anschaulich zu den Defiziten des gesetzlichen Einzelausgleichssystems *Röhricht* FS BGH, 2000, 83 (92 ff.); s. ferner *Haas* WM 2003, 1929 (1932 ff.); grds. Erwägungen zum Konkurrenzverhältnis bei *Schön* ZHR 168 (2004), 268 (275 ff.).

[98] UHL/*Habersack* GmbHG § 30 Rn. 56 mwN; aA *A. Koch* 26 ff.

[99] Deutliche Herausarbeitung dieses Zusammenhangs bei *A. Koch* 13 ff., 109 ff.

[100] Zur Vereinbarkeit mit Art. 49, 54 AEUV vgl. EuGH EuZW 2013, 664 – Impacto Azuldazu; NZG 2011, 183 – Idryma Typou; näher *J. Schmidt* GPR 2014, 40 ff.; *Teichmann* ZGR 2014, 45 ff.; *Stöber* ZVglRWiss 113 (2014), 57 ff.

[101] BGHZ 119, 257 (262) = NJW 1993, 193; BGHZ 122, 333 (336) = NJW 1993, 1922; BGH ZIP 1999, 1352 (1353); 2000, 493 (494); s. sodann aber auch *Röhricht* FS BGH, 2000, 83 (97 ff.); *Henze* GmbHR 2000, 1069 (1072); zur Entwicklung s. auch *Kurzwelly* FS Goette, 2011, 277 ff.

[102] BGHZ 122, 123 (130) = NJW 1993, 1200.

[103] Grdl. *Ulmer* ZHR 148 (1984), 391 (416 ff.); *Winter* 202 ff.; ders. ZGR 1994, 570 (585 ff.); *Priester* ZGR 1993, 512 (521 ff.); vor „Bremer Vulkan" für Anerkennung des Bestandsschutzes 2. Aufl. Rn. 35 f.; Hachenburg/*Ulmer* 8. Aufl. GmbHG Anh. § 77 Rn. 87; Scholz/*Emmerich* GmbHG 9. Aufl. Anh. KonzernR Rn. 90; *Büscher* 148 ff.; *Wiedemann* FS 50 Jahre BGH, 2000, 337 (352 ff.); ähnlich *Assmann* FS 100 Jahre GmbH-Gesetz, 1992, 657 (706 f.); *Fleck* ZGR 149 (1985), 387 (393 ff.); ders. ZGR 1990, 31 (36 ff.); ders. FS 100 Jahre GmbHG, 1992, 391 (398 f.); *K. Schmidt* ZIP 1988, 1497 (1506); weitergehend *Wilhelm* DB 1986, 2113 ff.; *Ziemons* FS 100 Jahre GmbHG, 1992, 135 ff.; aA LG Bremen ZIP 1998, 561 (562 f.); *Mertens/Cahn* FS Heinsius, 1991, 545 (565); wohl auch *Stimpel* ZGR 1991, 144 (158 f.) – Zu Parallelen, aber auch Unterschieden zu Solvenztests nach US-amerikanischem Muster *Weller* DStR 2007, 116 ff.

[104] Näher 2. Aufl. Rn. 36; *Röhricht* FS BGH, 2000, 83 (107 ff.); ders. VGR 6 (2003), 3 (30 f.); *Ulmer* ZIP 2001, 2021 (2022 ff.); Scholz/*Emmerich* GmbHG Anh. § 13 Rn. 93 ff.

kann",[105] wenn also die Gesellschaft infolge der nachteiligen Einflussnahme durch den Gesellschafter in die Insolvenz getrieben wird. Diese im Überlegungen sind durch die Rechtsprechung des BGH[106] in Sachen **„Bremer-Vulkan", „KBV" und „Trihotel"** von ihren konzernrechtlichen Fesseln befreit[107] und zu einer allgemeinen Haftung des Alleingesellschafters für existenzvernichtende Eingriffe fortentwickelt worden.[108] In der **„Sanitary"**-Entscheidung hat der BGH zudem zu Recht betont, dass eine solche Haftung auch im **Abwicklungsstadium** in Betracht kommt, mithin auch die aufgelöste Gesellschaft über ein entsprechendes Bestandsschutzinteresse verfügt.[109] In der Tat sprechen die besseren Gründe für die Anerkennung eines Bestandsschutzes der Einpersonen-GmbH (mag sie abhängig iSv § 17 sein oder nicht): Zwar können die Gesellschafter ihre Gesellschaft jederzeit auflösen und abwickeln,[110] freilich nur unter Einhaltung des in der InsO und in §§ 65 ff. (73) GmbHG vorgesehenen, auf die berechtigten Belange der Gläubiger Rücksicht nehmenden Verfahrens.[111] „Auf keinen Fall kann es ihnen erlaubt sein, der Gesellschaft ihr Vermögen ohne Rücksichtnahme auf ihre gesetzliche Funktion, anstelle ihrer Gesellschafter als Haftungsträger zu dienen, zu entziehen und ihr dadurch die Möglichkeit zu nehmen, ihre Verbindlichkeiten – ganz oder teilweise – zu erfüllen."[112] Eine solche „Liquidation auf kaltem Wege" muss auch in der eingliedrigen GmbH die Haftung des Gesellschafters nach sich ziehen. Das so verstandene Eigeninteresse auch der Einpersonen-GmbH verkörpert demnach nichts anderes als die – aus entsprechenden Wertungen des GmbH- und Insolvenzrechts herzuleitenden – gläubigerbezogenen Schutzpflichten des Gesellschafters im Umgang mit „seiner" GmbH.[113]

---

[105] BGHZ 122, 123 (130) = NJW 1993, 1200.
[106] Vgl. neben den im Text genannten Entscheidungen namentlich BGH ZIP 2005, 117; 2005, 250; 2005, 1734; (5. Strafsenat) ZIP 2004, 1200; BAG NJW 2003, 1340 = ZIP 2002, 2137; OLG Jena GmbHR 2002, 112 (114 f.); OLG Rostock ZIP 2004, 118; LAG Köln ZIP 2003, 1893 (1894 f.); für einen Überblick zur höchstrichterlichen Rspr. s. auch MüKoGmbHG/*Liebscher* Anh. § 13 Rn. 526 ff.; UHW/*Casper* GmbHG Anh. § 77 Rn. 96 ff.
[107] Seit jeher krit. zur konzernrechtlichen Basis der Rspr. zum „qualifizierten faktischen Konzern" namentlich *K. Schmidt* AG 1994, 189 ff.; *Altmeppen* DB 1994, 1912 ff.; *Bitter* 490 ff. mwN; s. dazu auch s. hingegen *Wiedemann* GmbHR 2011, 1009 ff.; *ders.* ZGR 2011, 183 (205 ff.); zur Frage der Fortgeltung der Grundsätze über den qualifizierten faktischen Konzern in der mehrgliedrigen GmbH → Rn. 3.
[108] BGHZ 149, 10 = NJW 2001, 3622 = NZG 2002, 38 – Bremer Vulkan; BGHZ 151, 181 (187) = NZG 2002, 914 = JZ 2002, 1047 mit Anm. *Ulmer* – KBV; BGHZ 173, 246 = ZIP 2007, 1552 – Trihotel; zur weiteren Entwicklung der Rspr. → Rn. 35 f.; grdl. *Röhricht* FS BGH, 2000, 83; s. ferner *Henze* GmbHR 2000, 1069 (1072); *Kurzwelly* FS Goette, 2011, 277 (280 ff.); im Grundsatz zust. MüKoGmbHG/*Liebscher* Anh. § 13 Rn. 519 ff., 526; Scholz/*Bitter* GmbHG § 13 Rn. 152 ff.; UHW/*Casper* GmbHG Anh. § 77 Rn. 94 ff.; *ders.* in Goette/Habersack MoMiG Kap. 6 Rn. 48 ff.; Lutter/Hommelhoff/Lutter/Hommelhoff GmbHG § 13 Rn. 20 ff.; Lutter/Banerjea ZGR 2003, 402 ff.; Bork/Schäfer/Weller/Discher GmbHG § 13 Rn. 42 ff.; GES/*Maul* GmbHG Anh. § 13 Rn. 67 ff.; Saenger/Inhester/*Greitemann* GmbHG § 13 Rn. 108 ff.; Henssler/Strohn/*Verse* GmbHG § 13 Rn. 44 ff.; MHdB GmbH/Decher/Kiefner § 68 Rn. 30, § 69 Rn. 7 ff.; *Emmerich* AG 2004, 423 ff.; *Matschernus* 80 ff.; *K. Schmidt* NJW 2001, 3577 ff.; *J. Vetter* ZGR 2005, 788 (812 ff.); *Wahl* 101 ff.; *Westermann* NZG 2002, 1129 (1135 ff.); *Wiedemann* ZGR 2003, 283 ff.; *Wimmer-Leonhardt* 220 ff., 274 ff.; rechtsvergleichend *Koppensteiner* FS Honsell, 2002, 607 (612 ff.); *J. Kroh*, Der existenzvernichtende Eingriff, 2013, 115 ff.; gegen einen Einheitstatbestand der Existenzvernichtungshaftung und für Entwicklung unterschiedlicher Tatbestände mit je eigenen Rechtsfolgen *Schön* ZHR 168 (2004), 268 (285 ff.); krit. bis abl. *Nasall* ZIP 2003, 969 (973 ff.); *Rubner* DStR 2006, 1694 ff.; *Wilhelmi* DZWiR 2003, 45 (54).
[109] BGHZ 179, 344 Rn. 15 ff. = ZIP 2009, 802 – Sanitary.
[110] BGHZ 76, 352 (353) = NJW 1980, 1278; BGHZ 129, 136 (151) = NJW 1995, 1739; BGHZ 151, 181 (186) = NZG 2002, 914 = JZ 2002, 1047 mit Anm. *Ulmer*.
[111] Darauf abstellend insbes. *Ulmer* ZHR 148 (1984), 391 (416 ff.); *Winter* 202 ff.; *ders.* ZGR 1994, 570 (585 ff.); *Priester* ZGR 1993, 512 (521 ff.); ferner *K. Schmidt* ZIP 1981, 1 (8); *Röhricht* VGR 6 (2003), 3 (24 ff.); näher *Haas* WM 2003, 1929 (1932 ff.).
[112] BGHZ 151, 181 (186) = NZG 2002, 914 = JZ 2002, 1047 mit Anm. *Ulmer*; nahezu wortgleich in BGHZ 179, 344 Rn. 37 = ZIP 2009, 802 – Sanitary; dazu namentlich *Röhricht* VGR 6 (2003), 3 (24 ff.).
[113] BGHZ 173, 246 Rn. 28 ff. = ZIP 2007, 1552 – Trihotel; BGHZ 179, 344 Rn. 16, 23 = ZIP 2009, 802 – Sanitary; vgl. auch *Wiedemann* FS BGH, 2000, 337 (353); *K. Schmidt* NJW 2001, 3577 (3580); *Röhricht* VGR 5 (2002), 3 (15); *Zöllner* FS Konzen, 2006, 999 (1008 ff.); *Grigoleit*, Gesellschafterhaftung für interne Einflussnahme im Recht der GmbH, 2006, 317 ff.; für diff. Ausbildung einzelner Haftungstatbestände mit je eigenen Rechtsfolgen *Schön* ZHR 168 (2004), 268 (285 ff.).

b) Rechtsgrundlage. Die Rechtsgrundlage für die Haftung des Gesellschafters konnte 35 in der „Bremer Vulkan"-Entscheidung zunächst offen bleiben.[114] Im Schrifttum hatten sich rasch vier Strömungen herausgebildet, von denen zwei auf eine Innenhaftung[115] des Gesellschafters gegenüber der GmbH und zwei auf eine unmittelbare Haftung gegenüber den Gläubigern hinausliefen. Was zunächst das Modell der Binnenhaftung betrifft, so wurde diese einerseits auf die Qualifizierung des Einfluss nehmenden Gesellschafters als Quasi-Geschäftsführer und damit auf die analoge Anwendung des § 43 Abs. 3 GmbHG iVm § 93 Abs. 5 S. 2 und 3,[116] andererseits auf die Verletzung der auch dem Alleingesellschafter obliegenden Pflicht zur Respektierung des Fortbestands der GmbH (→ Rn. 34) und damit der solchermaßen beschränkten Treupflicht[117] gestützt. Dem standen ein deliktsrechtlicher Ansatz[118] sowie das Modell einer auf der teleologischen Reduktion des § 13 Abs. 2 GmbHG basierenden, an den existenzvernichtenden Eingriff des Gesellschafters anknüpfenden **Durchgriffshaftung** gegenüber.[119] Letzterem hatte sich der BGH in der **„KBV"-Entscheidung** angeschlossen.[120] Danach sollte es einen Missbrauch der Rechtsform der GmbH darstellen, wenn die Gesellschafter „unter Außerachtlassung der gebotenen Rücksichtnahme auf die(se) Zweckbindung des Gesellschaftsvermögens der Gesellschaft durch offene oder verdeckte Entnahmen Vermögenswerte" entziehen und dadurch „in einem ins Gewicht fallenden Ausmaß die Fähigkeit der Gesellschaft zur Erfüllung ihrer Verbindlichkeiten" beeinträchtigen.[121] In Übereinstimmung mit allgemeinen Grundsätzen der Durchgriffslehre sollte die Gesellschafterhaftung danach also auf der – durch teleologische Reduktion des § 13 Abs. 2 GmbHG eröffneten – analogen Anwendung der §§ 105 Abs. 1, 128, 129 HGB gründen.[122]

Dieses Haftungsmodell erschien freilich vor allem mit Blick auf die **Rechtsfolgen über-** 36 **prüfungsbedürftig.**[123] Als problematisch erschien namentlich der in mancherlei Hinsicht

---

[114] BGHZ 149, 10 = NJW 2001, 3622 = NZG 2002, 38; ebenso in BGHZ 150, 61 (66) = NJW 2002, 1803 = NZG 2002, 520; s. zum Folgenden auch die Übersicht bei Roth/Altmeppen/*Altmeppen* GmbHG § 13 Rn. 73 ff.; UHW/*Casper* GmbHG Anh. § 77 Rn. 100 ff.; Scholz/*Emmerich* GmbHG Anh. § 13 Rn. 104 ff.; *Wahl* 68 ff.; *Wimmer-Leonhardt* 203 ff.

[115] Freilich verbunden mit einem Gläubigerverfolgungsrecht (→ Rn. 32, 38).

[116] So namentlich *Altmeppen* ZIP 2001, 1837 (1844); *ders.* NJW 2002, 321 (323 f.); *ders.* ZIP 2002, 961 (966 f.); *ders.* ZIP 2002, 1553 (1562); *Wilhelm* NJW 2003, 175 (178 ff.); sympathisierend für den Tatbestand der „Spekulation auf Kosten der Gläubiger" *Schön* ZHR 168 (2004), 268 (289 f.); zuvor bereits *Wilhelm*, Rechtsform und Haftung bei der juristischen Person, 1981, 285 ff., 330 f., 344 f.; *Flume* BGB AT I 2, 88 ff.

[117] So namentlich *K. Schmidt* NJW 2001, 3577 (3580); *Ulmer* ZIP 2001, 2021 (2025 ff.); *Ihrig* DStR 2007, 1170 ff.; *J. Vetter* ZIP 2003, 601 (602); für gläubigerschützende Verhaltenspflichten gegenüber der GmbH auch *Zöllner* FS Konzen, 2006, 999 (1008 ff.); *Grigoleit* 317 ff.

[118] So namentlich 4. Aufl. Rn. 35; *Dauner-Lieb* DStR 2006, 2034 ff.; *Haas* WM 2003, 1929 (1940); *Veil* VGR 10 (2006), 103 (113 ff.); *Wagner* FS Canaris, Bd. II, 2007, 473 (483 ff.); *Weller* DStR 2007, 1166 (1168 f.); *Burgard* ZIP 2002, 827 (830); *Goette* in Ulmer (Hrsg.), Haftung im qualifizierten faktischen GmbH-Konzern – Verbleibende Relevanz nach dem TBB-Urteil?, 11, 23 f.; *Westermann* NZG 2002, 1129 (1135).

[119] So insbes. OLG Jena GmbHR 2002, 112 (115); *Bitter* WM 2001, 2133 (2139 ff.); *Hoffmann* NZG 2002, 68 (271); *Kessler* GmbHR 2001, 1095 (1100); *Koppensteiner* FS Honsell, 2002, 607 (615 ff.); *Lieder* DZWiR 2005, 309 ff.; *Raiser* FS Ulmer, 2003, 493 (504 ff.); *Wilhelm* NJW 2003, 175 (178 ff.).

[120] BGHZ 151, 181 (187) = NZG 2002, 914 = JZ 2002, 1047 mit Anm. *Ulmer*; dazu auch *Altmeppen* ZIP 2002, 1553 (1557 ff.); *Kessler* GmbHR 2002, 945 ff.; *Röhricht* VGR 6 (2003), 3 (22 ff.), dort insbes. auch zu Ansätzen bei § 826 BGB; s. ferner BGH ZIP 2005, 117 (118); ZIP 2005, 250 (251); ZIP 2005, 1734 (1738); BAG NJW 2003, 1340 = ZIP 2002, 2137; OLG Düsseldorf NZG 2007, 388 (391); OLG Jena GmbHR 2002, 112 (114 f.); OLG Rostock ZIP 2004, 118; LAG Köln ZIP 2003, 1893 (1894 f.).

[121] BGHZ 151, 181 (187) = NZG 2002, 914 = JZ 2002, 1047 mit Anm. *Ulmer*.

[122] So bereits BGHZ 95, 330 (332) = NJW 1986, 188; s. ferner *Ulmer* JZ 2002, 1049 (1050); *Westermann* NZG 2002, 1129 (1136); *Lieder* DZWiR 2005, 309 ff.; *Weller* 176 ff., 184 ff.; aA – für Schadensersatzhaftung – *Vetter* ZIP 2003, 601 (603 f.); *Haas* WM 2003, 1929 (1940); *Burgard* ZIP 2002, 827 (830). Näher zu den Rechtsfolgen → Rn. 46. – Zur (unter Geltung der InsO überholten) Frage, ob im Konkursverfahren der abhängigen Gesellschaft nach § 61 Abs. 1 Nr. 1 KO bevorrechtigte Forderungen diesen Vorrang auch im Rahmen der Durchgriffshaftung des herrschenden Unternehmens behalten, s. (verneinend) BAG ZIP 2002, 2137 (2139 f.), freilich unter Fehldeutung der Rechtsnatur der Gesellschafterhaftung im Allgemeinen und der Durchgriffshaftung im Besonderen.

[123] So bereits 4. Aufl. Rn. 35 im Anschluss an *Burgard* ZIP 2002, 827 (830); *Vetter* ZIP 2003, 601 (603 f.); *Haas* WM 2003, 1929 (1940).; s. ferner *Goette* ZIP 2005, 1481 (1486 f.); sodann BGHZ 173, 246 Rn. 26 ff. = ZIP 2007, 1552.

überschießende Charakter der in „KBV" befürworteten Durchgriffshaftung. Diese vermochte insbesondere nicht hinreichend zu erklären, dass sich die Gesellschaft in den einschlägigen Fällen häufig **ohnehin bereits in einer Schieflage** befunden und der Eingriff des Gesellschafters deshalb typischerweise nur partiell zum Gläubigerausfall beigetragen hat, die Forderung des Gläubigers mit anderen Worten schon im Zeitpunkt des Eingriffs nicht mehr vollwertig war. Schon mit Urteil vom 13.12.2004 hat denn auch der BGH dem in Anspruch genommenen Gesellschafter den Nachweis gestattet, dass der Gesellschaft (und damit mittelbar den Gläubigern) im Vergleich zu der Vermögenslage bei einem redlichen Verhalten nur ein begrenzter – und dann in diesem Umfang auszugleichender – Nachteil entstanden ist.[124] Diese für sich genommen überzeugende Erwägung spricht indes für einen auf **Ersatz des Gläubigerausfallschadens** gerichteten Ansatz. Dieser bereits in der 4. Aufl. vertretenen Ansicht hat sich der BGH in der **„Trihotel"-Entscheidung** angeschlossen.[125] Danach gründet die Haftung auf einem kompensationslosen, die Insolvenz herbeiführenden oder diese vertiefenden Eingriff in das Gesellschaftsvermögen unter Verstoß gegen die Verpflichtung zur Respektierung seiner Zweckbindung zur vorrangigen Gläubigerbefriedigung; ein solcher Eingriff soll nicht die Außenhaftung gegenüber den Gläubigern, sondern die **Innenhaftung** gegenüber der GmbH zur Folge haben.[126]

37   Der neueren Rechtsprechung ist zu folgen, soweit es um das grundsätzliche Anliegen einer die Kapitalerhaltungsvorschriften ergänzenden **Insolvenzverursachungshaftung** des Gesellschafters und deren Konzeption als auf Ersatz des **Gläubigerausfallschadens** gerichtete Schadensersatzhaftung geht.[127] Hierfür sprechen nicht zuletzt die durch das MoMiG (→ Einl. Rn. 39) geschaffenen **besonderen Zahlungsverbote** der § 64 S. 3 GmbHG, § 92 Abs. 2 S. 3 AktG, § 130a Abs. 1 S. 3 HGB, die beim geschäftsführenden Organ als dem Auslöser der die Insolvenz verursachenden Zahlung ansetzen und ihre gedankliche Grundlage unter anderem in der Rechtsprechung zur „Existenzvernichtungshaftung" finden.[128] Es wäre freilich ungereimt, das geschäftsführende Organ einer vorsatzunabhängigen Haftung zu unterstellen, den Gesellschafter – und damit den Begünstigten und Veranlasser der verbotenen Zahlung – hingegen nur unter den besonderen Voraussetzungen des § 826 BGB haften zu lassen. Die besonderen Zahlungsverbote der §§ 64 S. 3 GmbHG, 92 Abs. 2 S. 3 AktG, § 130a Abs. 1 S. 3 HGB sprechen vielmehr dafür, die Haftung des Gesellschafters auf dessen **Sonderverbindung** zur Gesellschaft zu gründen und hierdurch von dem Vorsatzerfordernis zu befreien.[129] Hier-

[124] BGH ZIP 2005, 117 (118); dazu *Altmeppen* ZIP 2005, 119 (120); *Haas* NZI 2006, 61 (62) mit zutr. Hinweis darauf, dass es letztlich um den „Quotenschaden" geht.

[125] BGHZ 173, 246 = ZIP 2007, 1552; bestätigt in BGH ZIP 2008, 308; ZIP 2008, 1329; BGHZ 179, 344 = ZIP 2009, 802; BGH ZIP 2012, 1071; 2012, 1804; zu „Trihotel" namentlich UHW/*Casper* GmbHG Anh. § 77 Rn. 110 ff.; *Dauner-Lieb* ZGR 2008, 34 ff.; *Gehrlein* WM 2008, 761 ff.; *Habersack* ZGR 2008, 533 (542 ff.); *Kurzwelly* FS Goette, 2011, 277 (280 ff.); *Osterloh-Konrad* ZHR 172 (2008), 274 ff.; *Paefgen* DB 2007, 1907 ff.; *Rubner* Konzern 2007, 635 ff.; *Schanze* NZG 2007, 681 ff.; *Schwab* ZIP 2008, 341 ff.; *Steffek* JZ 2009, 77 ff.; *Tröger/Dangelmayer* ZGR 2011, 558 ff.; *J. Vetter* BB 2007, 1965 ff.; *Weller* ZIP 2007, 1681 ff.; krit., insbes. unter methodischen Gesichtspunkten, *Henze* ZHR 172 (2008), 127 ff. (dagegen *Habersack* ZGR 2008, 533 (543)); *Hönn* WM 2008, 769 ff.; zu weiteren Befürwortern einer Schadensersatzhaftung → Rn. 35. – Für Übertragung des „Trihotel"-Konzepts auf die Insolvenzverschleppungshaftung des Geschäftsführers *Haas* ZIP 2009, 1257 ff.

[126] BGHZ 173, 246 Rn. 23 ff. = ZIP 2007, 1552; ferner *Kurzwelly* FS Goette, 2011, 277 (282 ff.); für Innenhaftung bereits *K. Schmidt* NJW 2001, 3577 (3580); *Ulmer* ZIP 2001, 2021 (2025 f.); *Ihrig* DStR 2007, 1170 ff.; *J. Vetter* ZIP 2003, 601 (602); *Zöllner* FS Konzen, 2006, 999 (1008 ff.); *Grigoleit* 317 ff.; für deliktische Außenhaftung 4. Aufl. Rn. 35; *Dauner-Lieb* DStR 2006, 2034 ff.; *Haas* WM 2003, 1929 (1940); *Veil* VGR 10 (2006), 103 (113 ff.); *Wagner* FS Canaris, Bd. II, 2007, 473 (483 ff.); *Weller* DStR 2007, 1166 (1168 f.); *Burgard* ZIP 2002, 827 (830); *Goette* in Ulmer (Hrsg.), Haftung im qualifizierten faktischen GmbH-Konzern – Verbleibende Relevanz nach dem TBB-Urteil?, 11, 23 f.; *Westermann* NZG 2002, 1129 (1135).

[127] Näher zum Folgenden bereits *Habersack* ZGR 2008, 533 (542 ff.).

[128] Begr. RegE, BT-Drs. 16/6140, 46.

[129] Für Rückgriff auf mitgliedschaftliche Sonderverbindung bereits *K. Schmidt* NJW 2001, 3577 (3580); *Ulmer* ZIP 2001, 2021 (2025 f.); *Ihrig* DStR 2007, 1170 ff.; *J. Vetter* ZIP 2003, 601 (602); *Zöllner* FS Konzen, 2006, 999 (1008 ff.); *Grigoleit* 317 ff.; nach „Trihotel" namentlich *Gehrlein* WM 2008, 761 (767 f.); *Habersack* ZGR 2008, 533 (558); *Osterloh-Konrad* ZHR 172 (2008), 274 (290 ff.); *K. Schmidt* ZGR 2011, 108 (119 f.); *Stöber* ZIP 2013, 2295 (2297 ff.); *Schwab* ZIP 2008, 341 (348 ff.); Henssler/Strohn/*Verse* GmbHG § 13 Rn. 50; Betonung des Zusammenhangs mit § 64 S. 3 auch bei *Kroh* 94 ff.

durch ließe sich im Übrigen zwanglos begründen, dass nur Gesellschafter und gesellschaftergleiche Dritte der Insolvenzverursachungshaftung unterliegen (→ Rn. 39).

Was den Anspruchsinhaber betrifft, so kann der Rechtsprechung, soweit sie sich für eine **38 Binnenhaftung** und damit für die Berechtigung der Gesellschaft ausspricht, unter der – im „Trihotel"-Fall gegebenen – Voraussetzung, dass es zur Eröffnung des Insolvenzverfahrens kommt, zugestimmt werden: Die Gesellschafterhaftung versteht sich in diesem Fall als „Verlängerung" der §§ 30, 31 GmbHG und tritt funktional an die Stelle der von der Rechtsprechung vor „Bremer Vulkan" befürworteten Verlustausgleichspflicht (→ Rn. 3; → Anh. § 317 Rn. 3). Auch Gründe der Effizienz und Praktikabilität stehen bei eröffnetem Insolvenzverfahren einer Innenhaftung nicht entgegen, zumal auch die Geltendmachung unmittelbarer Gläubigeransprüche dem Insolvenzverwalter obläge (→ Rn. 47). Kommt es erst gar nicht zur Eröffnung des Insolvenzverfahrens (was in den „einschlägigen" Sachverhalten nicht selten der Fall sein dürfte), so erscheint allerdings die Inanspruchnahme der Gesellschaft mit dem Ziel der Pfändung ihrer Ansprüche gegen den Gesellschafter als nicht nur überflüssiger, sondern vielfach auch praktisch kaum gangbarer Umweg.[130] Zumindest für den Fall der **Vermögenslosigkeit** der nicht unter Fremdverwaltung stehenden Gesellschaft sollte deshalb – entsprechend den Grundsätzen über die Gründerhaftung – an der **Außenhaftung** festgehalten werden.[131] Auf der Grundlage der deliktsrechtlichen Lösung der Rechtsprechung wäre dem durch die Annahme eines bei Masselosigkeit zur Entstehung gelangenden eigenen Anspruchs der Gläubiger Rechnung zu tragen; auf der Grundlage der hier befürworteten Haftung aus Sonderverbindung bietet sich hingegen die analoge Anwendung der §§ 93 Abs. 5, 117 Abs. 5, 309 Abs. 4 S. 3, 317 Abs. 4 an.[132]

c) Haftungsadressaten. Anders als die im „TBB"-Urteil entwickelte, auf einen Missbrauch der Leitungsmacht des Unternehmens-Gesellschafters abstellende Ausfallhaftung analog § 303 (→ Rn. 34) setzt die Insolvenzverursachungshaftung die Qualifizierung des Gesellschafters als Unternehmen iSd § 15 und damit das Bestehen einer Unternehmensverbindung zwischen der GmbH und dem in Anspruch genommenen Gesellschafter nicht voraus.[133] Auch nach Ansicht der Rechtsprechung[134] handelt es sich allerdings um eine Gesellschafterhaftung, mithin um eine **Sonderdeliktshaftung,** die – vorbehaltlich der Teilnehmerhaftung gemäß § 830 Abs. 2 BGB – nur von demjenigen soll verwirklicht werden können, dem Rücksichtnahmepflichten gegenüber der Gesellschaft obliegen.[135] Haftungsadressat ist der **Alleingesellschafter**[136] der – werbenden oder aufgelösten (→ Rn. 34) – Einpersonen-GmbH, mag er als Unternehmen zu qualifizieren sein oder nicht. Ihm gleich stehen die **einverständlich handelnden Gesellschafter** einer mehrgliedrigen GmbH, und zwar auch dann, wenn sie selbst kein Vermögen der GmbH

---

[130] UHW/*Casper* GmbHG Anh. § 77 Rn. 113 ff.; *Habersack* ZGR 2008, 533 (548); krit. auch BeckOK GmbHG/*Servatius* KonzernR Rn. 495.
[131] Auch für den Fall der Masselosigkeit aA BGHZ 173, 246 Rn. 33 ff., 36 = ZIP 2007, 1552 unter Hinweis auf BGH ZIP 2005, 2257 betr. Unterbilanzhaftung; vgl. demgegenüber für die Gründerhaftung BGHZ 134, 333 (341) = NJW 1997, 1507.
[132] *Habersack* ZGR 2008, 533 (548).
[133] BGH NZG 2002, 520 (521) = NJW 2002, 1803; BGHZ 151, 181 (186 f.) = NZG 2002, 914 = JZ 2002, 1047 mit Anm. *Ulmer;* näher *Raiser* FS Ulmer, 2003, 493 (500 f.); aA – für Beschränkung auf Konzernsachverhalte – *Waclawik* DStR 2009, 291 (295).
[134] Auf der Grundlage der hier vertretenen Ansicht (→ Rn. 37) versteht sich die Beschränkung auf Gesellschafter und gesellschaftergleiche Dritte von selbst.
[135] BGHZ 173, 246 Rn. 42 ff., 46 = ZIP 2007, 1552; s. ferner *Weller* ZIP 2007, 1681 (1689); *Wagner* FS Canaris, Bd. II, 2007, 473 (479 f., 495); speziell zur Teilnehmerhaftung s. noch LAG Hamm ZIP 2015, 1392 (1394); UHW/*Casper* GmbHG Anh. § 77 Rn. 123; für Haftung der Mitglieder des gesetzlichen Vertretungsorgans des herrschenden Unternehmens gegenüber der abhängigen Gesellschaft *Tröger/Dangelmayer* ZGR 2011, 558 (566 ff.), aber auch – zutr. – *S. H. Schneider* FS U.H. Schneider, 2011, 1177 (1192 ff.).
[136] Zur Haftung des Geschäftsführers → Rn. 37, ferner Scholz/*Bitter* GmbHG § 13 Rn. 172 f.; *Lutter/ Banerjea* ZIP 2003, 2177 ff.; *Haas* in Heintzen/Kruschwitz 75, 88 ff.; im Zusammenhang mit der Bestellung von Sicherheiten (→ Rn. 41) *Diem* ZIP 2003, 1283 (1287 f.); ferner FG Bremen ZIP 2005, 2159 – Cash Pool.

empfangen haben,[137] nicht dagegen derjenige, der den Geschäftsanteil des für den Eingriff Verantwortlichen erwirbt.[138] **Mittelbare Beteiligung** genügt, sodass in Konzernsachverhalten ggf. die Muttergesellschaft sowie deren Gesellschafter für von ihr veranlasste Eingriffe in das Vermögen der Enkelgesellschaft einzustehen haben (für Treupflichtverletzungen → Rn. 28).[139] Die Frage einer Haftung von **Schwestergesellschaften**[140] dürfte sich deshalb in der Praxis kaum stellen: Selbst wenn die Einflussnahme unmittelbar zwischen den Schwestergesellschaften erfolgt, wird man diese dem Gesellschafter, der Entsprechendes duldet oder gar veranlasst, zurechnen müssen. Dem Zugriff des Gläubigers unterliegt dann der Anteilsbesitz des Gesellschafters.[141] Bei Existenz widersprechender oder übergangener Gesellschafter greifen primär die allgemeinen Grundsätze über die Haftung aus Treupflichtverletzung (→ Rn. 27 ff.) sowie ggf. spezifisch konzernrechtliche Schutzinstrumentarien (→ Rn. 3) ein; ist es jedoch zur Existenzvernichtung gekommen, unterliegt auch der hierfür verantwortliche Gesellschafter der mehrgliedrigen GmbH der Haftung (→ Rn. 3).

40 **d) Haftungstatbestand.** Positive Voraussetzung der Haftung ist das Vorliegen eines existenzvernichtenden Eingriffs. Er ist nach der – insoweit nach wie vor maßgebenden – „KBV"-Entscheidung[142] durch einen Zugriff auf das Gesellschaftsvermögen gekennzeichnet, der die „auf Grund der Zweckbindung dieses Vermögens gebotene angemessene Rücksichtnahme auf die Erhaltung der Fähigkeit der Gesellschaft zur Bedienung ihrer Verbindlichkeiten in einem ins Gewicht fallenden Maße vermissen" lässt.[143] Was zunächst den erforderlichen Zugriff auf das Gesellschaftsvermögen betrifft, so kommt jeder **kompensationslose**[144] – und damit betriebsfremde – **Abzug von Vermögen** in Betracht,[145] neben dem Abzug betriebsnotwendiger Liquidität (mag er bilanziell erfassbar sein oder nicht)[146]

---

[137] Zutr. BGHZ 150, 61 (67) = NZG 2002, 520 = NJW 2002, 1803, dort auch zu den Voraussetzungen einer Haftung des Gesellschafters als „faktischer Geschäftsführer"; dazu *Bayer* FS Röhricht, 2005, 25 (29 ff.); weitergehend – für Haftung aller mitunternehmerisch beteiligten Gesellschafter, auch soweit sie an dem Vermögensabzug konkret nicht mitgewirkt haben – *Wiedemann* ZGR 2003, 283 (292).

[138] OLG München ZIP 2010, 331.

[139] BGHZ 173, 246 Rn. 42 ff. = ZIP 2007, 1552; BGH ZIP 2012, 1804 Rn. 13 f.; 2005, 117 (118 f.); 2005, 250 (251); OLG Rostock ZIP 2004, 118 (120 f.); UHW/*Casper* GmbHG Anh. § 77 Rn. 121; Scholz/*Bitter* GmbHG § 13 Rn. 157; *Vetter* ZIP 2003, 601 (607 ff.).

[140] § 18 Rn. 38 mN zur Rspr.; ferner *Henssler* ZGR 2000, 479 ff.; *Raiser* FS Ulmer, 2003, 493 (507 ff.); *K. Schmidt* FS Wiedemann, 2002, 1191 (1216 ff.); *Vetter* ZIP 2003, 601 (608 f.); UHW/*Casper* GmbHG Anh. § 77 Rn. 122; MüKoGmbHG/*Liebscher* Anh. § 13 Rn. 595 ff.

[141] Zur Haftung der Gesellschafter und der Schwester aus § 826 BGB s. aber auch BGH ZIP 2004, 2138 (2139 f.); BGHZ 151, 181 (183 ff.) = NZG 2002, 914; wie hier *Vetter* ZIP 2003, 601 (609); zum „strukturellen Nachrang" des Gesellschaftergläubiger in der Insolvenz der Gesellschaft. BGH NZG 2004, 233 (234); BGHZ 81, 311 (320 f.) = NJW 1982, 383; *U. H. Schneider* ZGR 1984, 497 (503); *Schön* ZHR 159 (1995), 351 (352 f., 357, 361); *Schrell/Kirchner* BKR 2004, 212; krit. *Cahn* Konzern 2004, 235 (241); *Wessels* ZIP 2004, 793 (794).

[142] Ähnlich aber schon BGHZ 149, 10 (16) = NJW 2001, 3622 = NZG 2002, 38 – Bremer-Vulkan; BGH NZG 2002, 520 (521) = NJW 2002, 1803; präzisierend sodann BGH ZIP 2005, 250 (252); BGHZ 173, 246 = ZIP 2007, 1552 Rn. 30 ff., 47 ff.; BGHZ 179, 344 = ZIP 2009, 802; BGH ZIP 2008, 1329; 2012, 1071.

[143] So der erste Ls. von BGHZ 151, 181 = NZG 2002, 914 = JZ 2002, 1047 mit Anm. *Ulmer*.

[144] Zutr. BGH ZIP 2008, 1329: keine Haftung, wenn Gesellschafter zwar Forderungen der GmbH gegen Dritte auf eigenes Konto einzieht, mit Erlös indes Verbindlichkeiten der Gesellschaft begleicht und (was allerdings nicht erforderlich sein dürfte) zusätzlich in beträchtlichem Umfang aus eigenem Vermögen weitere Gesellschaftsschulden tilgt; BGH ZIP 2012, 1071 Rn. 17 ff.: Veräußerung von Teilen des Gesellschaftsvermögens kann nur dann Haftung begründen, wenn sie unter Wert erfolgt.

[145] Zu den in Betracht kommenden Eingriffshandlungen → § 311 Rn. 46 ff.; UHW/*Casper* GmbHG Anh. § 77 Rn. 124 ff.; MüKoGmbHG/*Liebscher* Anh. § 13 Rn. 547 ff.; Scholz/*Bitter* GmbHG § 13 Rn. 166, 118; KK-AktG/*Koppensteiner* Anh. § 318 Rn. 94 ff.; Henssler/Strohn/*Verse* GmbHG § 13 Rn. 53 f.; MHdB GmbH/*Decher/Kiefner* § 68 Rn. 23 ff.; *A. Koch* 116 ff.; *Weller* 159 ff.; speziell zum Cash Pooling *Gudlick* passim, insbes. 166 ff.

[146] Zu weitgehend *Nasall* NJW 2010, 2305 ff., der in dem jenseits der Jahresfrist des § 135 Abs. 1 Nr. 2 InsO erfolgenden Abzug eines nach § 39 Abs. 1 Nr. 5 InsO verstrickten Darlehens einen relevanten Eingriff erblickt; s. dazu auch OLG München ZIP 2010, 1236 (1237); so auch *Schluck-Amend* FS Hommelhoff, 2012, 961 (969 ff.); gänzlich aA – gegen Einbeziehung von Fällen bilanziell nicht fassbaren Vermögensentzugs – *Gloger/Goette/Japing* ZInsO 2008, 1051 (1053 f.).

insbesondere der Entzug von Geschäftschancen oder von Führungspersonal, die Verlagerung von Geschäftsfeldern auf andere Konzerngesellschaften und die prozessuale Vereitelung der Durchsetzung von Ansprüchen der Gesellschaft gegen den Gesellschafter.[147]

Die durch eine Pflichtverletzung gegenüber Dritten bedingte Belastung des Gesellschafts- **41** vermögens mit Schadensersatzpflichten genügt hingegen ebenso wenig wie die auf (sorgfaltsgemäße oder sorgfaltswidrige) Geschäftsführung zurückgehende Realisierung des gewöhnlichen Geschäftsrisikos.[148] Auch ein bloßes **Unterlassen** – etwa das Unterlassen hinreichender Kapitalausstattung – vermag die Insolvenzverursachungshaftung noch nicht zu begründen (→ Rn. 44; zur Frage einer Haftung wegen materieller Unterkapitalisierung → Rn. 48). Im Übrigen genügt jede **Veranlassung einer nachteiligen Maßnahme,** die den Zusammenbruch der Gesellschaft nach sich zieht (zur Maßgeblichkeit des Nachteilsbegriffs → Rn. 29). Die Veranlassung der Gesellschaft zu einer **Zahlung auf eine nicht durchsetzbare Forderung,** etwa eine Forderung auf Rückzahlung eines „kapitalersetzenden" Darlehens, oder einer Zahlung unter Verstoß gegen § 30 Abs. 1 genügt, wenn sie einen über den unmittelbaren Effekt der verbotenen Auszahlung hinausgehenden „Kollateralschaden" – nämlich den durch Entzug notwendiger Liquidität verursachten Zusammenbruch der Gesellschaft – zur Folge hat.[149] Maßgebend für die hiernach erforderliche Beurteilung, ob die fragliche Maßnahme nachteiligen Charakter hat, ist der Zeitpunkt der Vornahme der Maßnahme (allgemein → § 311 Rn. 44).[150] Von Bedeutung ist dies hinsichtlich der Bestellung von **Sicherheiten** für Verbindlichkeiten des Gesellschafters gegenüber Dritten. Sie hat nicht schon deshalb die Haftung des die Besicherung veranlassenden Gesellschafters zur Folge, weil die Sicherheit in Anspruch genommen wird und dies zur Insolvenz der Gesellschaft führt.[151] Vielmehr fehlt es schon an einer Nachteilszufügung, wenn der Gesellschafter bei Stellung der Sicherheiten davon ausgehen durfte, dass es nicht zur Inanspruchnahme oder jedenfalls nicht zur Existenzvernichtung kommt. Die Anforderungen an eine diesbezügliche Prognose sind jedoch hoch,[152] weshalb sich auf den Schutz des Stammkapitals bezogene Vereinbarungen zwischen Gesellschaft und Gesellschaftergläubiger empfehlen.[153]

Der Vornahme eines existenzvernichtenden Eingriffs steht es nach der Rechtsprechung **42** des BGH nicht gleich, dass der Gesellschaft bereits durch ihre Satzung, insbesondere durch die Ausgestaltung ihres **Zwecks** und ihres **Unternehmensgegenstands,** die Fähigkeit vorenthalten wird, als Haftungsträger für die gewöhnlichen Geschäftsverbindlichkeiten zu dienen.[154] In der Tat bietet es sich schon mit Blick auf den systematischen Zusammenhang der Insolvenzverursachungshaftung mit den Kapitalerhaltungsvorschriften der §§ 30, 31 GmbHG (→ Rn. 33, 38, 45) an, den Tatbestand der Existenzvernichtungshaftung auf Ent-

---

[147] BGHZ 179, 344 Rn. 17 ff. = ZIP 2009, 802 – Sanitary.
[148] Für die Pflichtverletzung gegenüber Dritten s. BGH ZIP 2000, 493 (494); für Managementfehler BGH ZIP 2005, 250 (252); OLG Köln ZIP 2007, 28 (30); für das gewöhnliche Geschäftsrisiko *Röhricht* VGR 5 (2002), 3 (15); *K. Schmidt* NJW 2001, 3577 (3578).
[149] Wohl auch BGH BeckRS 2015, 08530 Rn. 9: kein Fall der Existenzvernichtungshaftung, wenn der Auszahlungsvorgang von der (analogen) Anwendung der §§ 30, 31 „in vollem Umfang erfasst" wird.
[150] *Diem* ZIP 2003, 1283 (1286 f.); *Drygala* GmbHR 2003, 729 (734); *Freitag* WM 2003, 805 (810 f., 813).
[151] Vgl. BGHZ 173, 246 Rn. 47 ff. = ZIP 2007, 1552; näher *Diem* ZIP 2003, 1283 (1285 ff.); *Esters* GmbHR 2004, 105 (109 f.); *Freitag* WM 2003, 805 (810 ff.); *Schrell/Kirchner* BB 2003, 1451 (1455 f.); *Schulz/Israel* NZG 2005, 329 (331 f.); *Seibt* ZHR 171 (2007), 282 (294 ff., 307 ff.); *Weitnauer* ZIP 2005, 790 (793 ff.); *Wessels* ZIP 2004, 793 (795 f.); aA wohl *Burgard* VGR 6 (2003), 45 (66).
[152] Vgl. namentlich *Diem* ZIP 2003, 1283 (1286); *Schulz/Israel* NZG 2005, 329 (331 f.); *Seibt* ZHR 171 (2007), 282 (307 ff.); *Wessels* ZIP 2004, 793 (795 f.); → § 311 Rn. 47 f., 62a.
[153] Näher *Diem* ZIP 2003, 1283 (1286 f.); *Freitag* WM 2003, 805 ff.; *Schrell/Kirchner* BB 2003, 1451 (1456); *Weitnauer* ZIP 2005, 790 (797).
[154] BGHZ 176, 204 Rn. 12 ff. = NJW 2008, 2437 – Gamma; *Altmeppen* ZIP 2008, 1201 (1204 ff.); *Gloger/Goette/Japing* ZInsO 2008, 1051 (1056 ff.); *Kleindiek* NZG 2008, 688 ff.; *Schaefer/Fackler* NZG 2007, 377 ff.; *Veil* NJW 2008, 3264 (3265); aA – für Einbeziehung solcher „Aschenputtel"-Situationen in den Haftungstatbestand – OLG Düsseldorf NZG 2007, 388 (389 ff.); MüKoGmbHG/*Liebscher* Anh. § 13 Rn. 554; *Hennrichs* FS U.H. Schneider, 2011, 489 (500 ff.); *Röhricht* FS BGH, 2000, 83 (107, 111); *Ulmer* ZIP 2001, 2021 (2028); *Ihrig* DStR 2007, 1170 (1173); aus der Rspr. nach „TBB" vgl. BGH ZIP 1994, 207; 1994, 1690.

nahmesachverhalte zu beschränken; an einem entsprechenden Eingriff fehlt es indes, wenn die Gesellschaft schon bei ihrer Gründung auf das Konzerninteresse ausgerichtet wird. Entsprechendes gilt bei **Beendigung eines Beherrschungs- oder Gewinnabführungsvertrags;** für eine über §§ 302, 303 hinausgehende Haftung des herrschenden Unternehmens für während des Bestehens des Unternehmensvertrags veranlasste nachteilige Einflussnahmen ist kein Raum.[155] In Betracht kommt in diesen Fällen allenfalls die Haftung unter dem Gesichtspunkt der materiellen Unterkapitalisierung (→ Rn. 48).

43   Der Zugriff auf das Gesellschaftsvermögen muss eine Beeinträchtigung der Fähigkeit der Gesellschaft zur Erfüllung ihrer Verbindlichkeiten nach sich ziehen und damit die **Insolvenzreife** der Gesellschaft verursachen oder vertiefen.[156] Hierin kommt der erfolgsbezogene Charakter der Haftung zum Ausdruck: Da die Geltendmachung von Ansprüchen der Gesellschaft in Ermangelung opponierender Mitgesellschafter nicht zu erwarten ist, knüpft die persönliche Haftung des Gesellschafters an den **gänzlichen oder teilweisen Ausfall des Gläubigers** mit seiner gegen die GmbH gerichteten Forderungen und damit an die Zahlungsunfähigkeit der Gesellschaft an. Wird also die Fähigkeit der Gesellschaft zur Erfüllung ihrer Verbindlichkeiten anderweitig wiederhergestellt (etwa durch Rückgewähr empfangener Leistung oder durch Kapitalzufuhr), so ist für die Gesellschafterhaftung trotz gegebenen Eingriffs kein Raum.[157] Entsprechendes gilt, wenn der Eingriff zwar zur Schwächung, nicht aber zur Insolvenzreife der Gesellschaft führt.[158]

44   Zwischen dem Eingriff des Gesellschafters und dem Ausfall des Gläubigers muss **Kausalität** bestehen.[159] Daran fehlt es, wenn die Insolvenzreife auf **andere Ursachen** zurückzuführen ist, etwa auf allgemeine konjunkturelle Gegebenheiten oder auf den Ausfall eines Schuldners, und der Eingriff des Gesellschafters auch nicht zu einer Vergrößerung des Gläubigerausfalls führt (→ Rn. 36). Die Haftung setzt im Übrigen **Verschulden** voraus, und zwar nach Ansicht der Rechtsprechung Schädigungsvorsatz,[160] nach hier vertretener Ansicht (→ Rn. 37) eine den Anforderungen des § 64 S. 3 GmbHG entsprechende Erkennbarkeit der Insolvenzverursachung.[161]

45   **e) Verhältnis zu § 31 GmbHG.** Weitere (negative) Voraussetzung für die Inanspruchnahme des Gesellschafters sollte nach früherer Rechtsprechung des BGH sein, dass sich der der GmbH durch den Eingriff insgesamt zugefügte Nachteil (und damit der Ausfall des Gläubigers) nicht bereits nach §§ 30, 31 GmbHG ausgleichen lässt.[162] Schon auf der Grundlage dieser Rechtsprechung war allerdings zu bedenken, dass auch in Fällen, in denen der Eingriff den Tatbestand des § 30 GmbHG verwirklicht,[163] ein Ausgleich des der GmbH zugefügten Nachteils häufig daran scheitert, dass ein nicht begünstigter Mitgesellschafter nach der neueren (freilich überprüfungsbedürftigen)[164] Rechtsprechung des BGH nur auf

---

[155] *Burg/Hützen* Konzern 2010, 20 (22 ff.); s. aber auch BAG ZIP 2009, 2166, wo im Zusammenhang mit der Betriebsrentenanpassung eine Kapitalausstattungspflicht des vormals herrschenden Unternehmens bejaht wird; zu Recht krit. *Schäfer* ZIP 2010, 2025 (2027 ff.); *Forst/Granetzny* Konzern 2011, 1 (6 ff.); s. sodann BAG AG 2013, 524 (526 f.); ferner BAG ZIP 2015, 1137 Rn. 20 ff. (im Vertragskonzern Betriebsrentendurchgriff nicht schon aufgrund vermuteter nachteiliger Einflussnahme des herrschenden Unternehmens); näher *Löwisch* ZIP 2015, 209 ff.
[156] Insolvenzantrag oder gar Eröffnung des Verfahrens ist nicht erforderlich, s. BGH ZIP 2008, 455 Rn. 13; näher dazu UHW/*Casper* GmbHG Anh. § 77 Rn. 149 f.
[157] Vgl. dazu auch BGHZ 173, 246 Rn. 52 ff. = ZIP 2007, 1552.
[158] Näher dazu *Lutter/Banerjea* ZGR 2003, 402 (418 ff.).
[159] BGHZ 173, 246 Rn. 49 = ZIP 2007, 1552; *Bruns* WM 2003, 815 (820 f.); *Hoffmann* NZG 2002, 68 (69); *Lutter/Banerjea* ZGR 2003, 402 (418); vgl. auch BGH ZIP 2005, 117 (118) mit Anm. *Altmeppen* (Nachweis, dass der Gesellschaft nur ein begrenzter Nachteil entstanden ist; → Rn. 36).
[160] Zu den Anforderungen s. BGHZ 173, 246 Rn. 30 = ZIP 2007, 1552.
[161] Zu den subjektiven Voraussetzungen des § 64 S. 3 GmbHG s. UHW/*Casper* GmbHG § 64 Rn. 111 ff.
[162] BGHZ 151, 181 (187) = NZG 2002, 914 = JZ 2002, 1047 mit Anm. *Ulmer;* skeptisch bis abl. bereits *Bruns* WM 2003, 815 (821 f.); *Burgard* VGR 6 (2003), 45 (54 f.); *Drygala* GmbHR 2003, 729 (736 f.); *Haas* WM 2003, 1929 (1936); *Vetter* ZIP 2003, 601 (605 f.); *Wilhelmi* DZWiR 2003, 45 (52).
[163] Was weder erforderlich noch stets der Fall ist (→ Rn. 33).
[164] *Altmeppen* ZIP 2002, 1553 (1559 ff.); *Burgard* NZG 2002, 606 (607); *Ulmer* JZ 2002, 1049 (1051); UHL/*Habersack* § 31 Rn. 59 f. mwN.

den Betrag des Stammkapitals haftet,[165] ferner, dass sich die unberechtigte **Entnahme nicht im Vermögensabfluss erschöpft,** vielmehr zum Zusammenbruch der Gesellschaft geführt hat und sich der Gläubigerschaden deshalb nicht oder jedenfalls nicht vollständig durch Erfüllung der sich aus § 31 GmbHG ergebenden Pflichten ausgleichen lässt. In diesen – durchaus typischen – Fällen war die Existenzvernichtungshaftung seit jeher ungeachtet bestehender und durchsetzbarer Erstattungsansprüche aus § 31 GmbHG eröffnet.[166] Im Übrigen konnten zugunsten des in Anspruch genommenen Gesellschafters nur liquide, dh nicht bestrittene, rechtzeitig vorgebrachte und auch durchsetzbare Ansprüche aus § 31 GmbHG berücksichtigt werden.[167] Hieran fehlte es jedenfalls bei Löschung und bei Geschäftsführerlosigkeit der GmbH.[168] Schon auf der Grundlage der „KBV"-Rechtsprechung trat somit die Existenzvernichtungshaftung vielfach neben de iure bestehende Ansprüche aus § 31 GmbHG. In der **„Trihotel"-Entscheidung** (→ Rn. 36) hat sich der BGH sodann gänzlich gegen die Subsidiarität der Existenzvernichtungshaftung und für volle Anspruchsgrundlagenkonkurrenz mit § 31 GmbHG ausgesprochen.[169] Dies erscheint aus den genannten Gründen als konsequent.

f) Rechtsfolgen. Die Rechtsfolge eines existenzvernichtenden Eingriffs bestand auf der Grundlage der zunächst favorisierten Durchgriffslösung in der Haftung gegenüber den (vertraglichen oder gesetzlichen) Gläubigern[170] für die Gesellschaftsschulden. Dem mit dem Eingriff verbundenen Missbrauch der Rechtsform der GmbH entsprach also nicht die Haftung auf Ersatz des dem einzelnen Gläubiger entstandenen Schadens, sondern die aus einer teleologischen Reduktion des § 13 Abs. 2 GmbHG hergeleitete unmittelbare und verschuldensunabhängige Einstandsverpflichtung der verantwortlichen Gesellschafter.[171] Zur Vermeidung eines „überschießenden" Charakters der Haftung hatte der BGH schon auf der Grundlage der „KBV"-Rechtsprechung den Einwand zugelassen, dass der Gesellschaft infolge des Eingriffs nur ein begrenzter Nachteil entstanden sei (→ Rn. 36). Seit „Trihotel" gründet die Haftung auf § 826 BGB, sodass sie von vornherein nur in Höhe des **eingriffsbedingten Schadens** besteht.[172] War die Forderung des Gläubigers im Zeitpunkt des Eingriffs nicht mehr vollwertig,[173] so fehlt es insoweit an einem Schaden; zu ersetzen ist dann vielmehr nur der Quotenverschlechterungsschaden. Bei Vollwertigkeit der gegen die Gesellschaft gerichteten Forderung hat der Gesellschafter hingegen den Nennwert der Forderung abzüglich der auf den Gläubiger entfallenden Quote zu ersetzen. In jedem Fall kann die Haftung über den Wert der Entnahme hinausgehen; insbesondere hat der Gesellschafter auch den Folgeschaden zu ersetzen, der aus dem eingriffsbedingten Zusammenbruch der Gesellschaft sowie aus dem Abzug liquider Mittel durch andere Fremdkapitalgeber resultiert.

---

[165] BGHZ 142, 92 (96); BGHZ 150, 61 (66 f.) = NZG 2002, 520 = NJW 2002, 1803; aA – für uneingeschränkte Haftung bei Sorgfaltspflichtverletzung – BGHZ 93, 146 (149) = NJW 1985, 1030.

[166] So bereits BGH NZG 2002, 520 (521 f.) = NJW 2002, 1803; *Lutter/Banerjea* ZGR 2003, 402 (421 ff.); aA wohl *Westermann* NZG 2002, 1129 (1137 f.); für Schadensersatzanspruch der Gesellschaft *Schön* ZHR 168 (2004), 268 (288).

[167] *Lutter/Banerjea* ZGR 2003, 422 (425 ff.).

[168] Zutr. *Haas* WM 2003, 1929 (1935); s. ferner BGH NJW 1996, 1283 (1284); aA noch 3. Aufl. Rn. 38 und *Goette* in Ulmer (Hrsg.), Haftung im qualifizierten faktischen GmbH-Konzern – Verbleibende Relevanz nach dem TBB-Urteil?, 22, jeweils unter Hinweis auf BGH ZIP 2000, 1438 betr. die Pfändbarkeit von Ansprüchen der masselosen GmbH aus § 64 S. 1 GmbHG; zur Pfändbarkeit des Anspruchs der masselosen GmbH aus § 31 Abs. 1 GmbHG s. im Übrigen auch *Konzen* FS Ulmer, 2003, 323 (340 ff.).

[169] BGHZ 173, 246 Rn. 38 ff. = ZIP 2007, 1552; ferner BGH BeckRS 2015, 08530 Rn. 9: Existenzvernichtungshaftung ggf. auch im Vorfeld der §§ 30, 31. Wie der BGH auch UHW/*Casper* GmbHG Anh. § 77 Rn. 138 f.; *Habersack* ZGR 2008, 533 (548 f.); krit. *Schwab* ZIP 2008, 341 (348).

[170] Zu möglichen Ausnahmen s. *Lutter/Banerjea* ZGR 2003, 402 (431 f.).

[171] → Rn. 35 f., dort auch zum überschießenden Charakter der Durchgriffslösung; zur Haftung des Geschäftsführers → Rn. 37; zur Verjährung → Rn. 47.

[172] Dazu BGHZ 173, 246 Rn. 27 ff., 52 ff. = ZIP 2007, 1552; plastisch auch BGHZ 179, 344 Rn. 25 = ZIP 2009, 802: Schaden besteht im Verlust der „Schuldendeckungsfähigkeit gegenüber den Gesellschaftsgläubigern"; näher zum Folgenden UHW/*Casper* GmbHG Anh. § 77 Rn. 145 ff.

[173] Zur Darlegungs- und Beweislast des Gesellschafters s. UHW/*Casper* GmbHG Anh. § 77 Rn. 146; *J. Vetter* ZIP 2003, 601 (604); *Haas* NZI 2006, 61 (62); aA wohl BGHZ 164, 50 (63).

47 **g) Geltendmachung; Verjährung.** Was die Geltendmachung der Existenzvernichtungshaftung betrifft, so ist zu unterscheiden. Kommt es zur **Eröffnung des Insolvenzverfahrens**, so ist die Geltendmachung Sache des Insolvenzverwalters; auf der Grundlage der „Trihotel"-Rechtsprechung ergibt sich dies schon daraus, dass der Schadensersatzanspruch der Gesellschaft zusteht und deshalb dem § 80 Abs. 1 InsO unterfällt.[174] Außerhalb des Insolvenzverfahrens sind hingegen die Gläubiger unmittelbar zur Inanspruchnahme des Gesellschafters befugt (→ Rn. 38). Was die **Darlegungs- und Beweislast** betrifft, wird man dem Gläubiger die in der „TBB"-Entscheidung entwickelten Beweiserleichterungen (→ Anh. § 317 Rn. 21 f.) zukommen lassen können.[175] Der Anspruch aus § 826 BGB **verjährt** nach allgemeinen Vorschriften und damit nach §§ 195, 199 BGB; nach § 199 Abs. 1 Nr. 2 BGB beginnt die Verjährung mit dem Schluss des Jahres zu laufen, in dem der Gläubiger von den anspruchsbegründenden Umständen Kenntnis erlangt oder ohne grobe Fahrlässigkeit erlangen musste.[176]

48 **h) Konkurrenzen.** Auf der Grundlage der Durchgriffslösung des BGH konnte der existenzvernichtende Eingriff zugleich die Haftung des Gesellschafters[177] aus § 826 BGB oder **§ 823 Abs. 2 BGB iVm § 266 StGB** begründen;[178] die deliktische Haftung trat dann neben die Durchgriffshaftung.[179] Nachdem die Existenzvernichtungshaftung nach der neueren Rechtsprechung ohnehin auf § 826 BGB gründet (→ Rn. 36), hat sich die Frage einer Konkurrenz zwischen der Durchgriffs- und der Deliktshaftung erledigt. Nach wie vor ist es allerdings denkbar, dass der Gesellschafter neben dem Tatbestand der Existenzvernichtung einen (sonstigen) Haftungstatbestand verwirklicht. In Betracht kommt namentlich der Tatbestand der **Vermögensvermischung**[180] sowie ggf. der Tatbestand der **materiellen Unterkapitalisierung**.[181] Schließlich kommt auch unabhängig von den Voraussetzungen eines existenzvernichtenden Eingriffs eine Haftung aus § 826 BGB in Betracht.[182] Hingegen ist die Gesellschaft nicht Verrichtungsgehilfin ihres Gesellschafters, sodass eine Haftung aus

---

[174] BGHZ 173, 246 Rn. 18 ff. = ZIP 2007, 1552; auf der Grundlage eines Außenhaftungsmodells auch UHW/*Casper* GmbHG Anh. § 77 Rn. 148 (§ 92 InsO); *Bayer/Lieder* WM 2006, 999 (1000 f.); wohl auch BGH ZIP 2005, 1734 (1738) (abgelehnt für einen Altfall); für § 93 InsO BAG NJW 2005, 2172 (2174).

[175] So auch *Goette* in Ulmer (Hrsg.), Haftung im qualifizierten faktischen GmbH-Konzern – Verbleibende Relevanz nach dem TBB-Urteil?, 24; näher *Oechsler* FS U.H. Schneider, 2011, 913 (917 ff.); einschr. *Bruns* WM 2003, 815 (819); gegen Beweiserleichterungen MüKoGmbHG/*Liebscher* Anh. § 13 Rn. 577 f.; zu Recht gegen Beweislastumkehr BGHZ 173, 246 Rn. 41 = ZIP 2007, 1552; BGH ZIP 2008, 308 Rn. 14.

[176] Näher dazu BGH ZIP 2012, 1804 Rn. 15 ff.; s. ferner BGHZ 179, 344 Rn. 34 = ZIP 2009, 802 – Sanitary, dort auch zur Maßgeblichkeit der Kenntnis oder grob fahrlässigen Unkenntnis des Insolvenzverwalters der insolventen GmbH; eingehend *Hermann/v. Woldtke* NZG 2012, 1297 ff.

[177] Zur Haftung des Geschäftsführers → Rn. 37.

[178] BGHZ 149, 10 (16 ff.) = NJW 2001, 3622; *Goette* in Ulmer (Hrsg.), Haftung im qualifizierten faktischen GmbH-Konzern – Verbleibende Relevanz nach dem TBB-Urteil?, 11 ff., 21 ff.; *Westermann* NZG 2002, 1129 (1134 f.); zu § 266 Abs. 1 StGB s. noch BGH ZIP 2004, 1200.

[179] BGHZ 151, 181 (183 ff., 186 ff.) = NZG 2002, 914 für § 826 BGB; BGH ZIP 2005, 250 (252 f.) für § 826 BGB; ZIP 2005, 1734 für § 826 BGB; BGHZ 149, 10 (16 ff.) = NJW 2001, 3622 für § 823 Abs. 2 BGB iVm § 266 StGB.

[180] Dazu BGHZ 165, 85 (91 ff.) = ZIP 2006, 467; BGHZ 173, 246 Rn. 27 = ZIP 2007, 1552; BGH ZIP 2008, 308 Rn. 16; UHL/*Raiser* GmbHG § 13 Rn. 130 ff.; Scholz/*Bitter* GmbHG § 13 Rn. 131 ff.; im vorliegenden Zusammenhang *Röhricht* FS BGH, 2000, 83 (97 ff.) (in zutr. Auseinandersetzung mit *Ehricke* AcP 199 [1999], 258 ff.); *Ulmer* ZIP 2001, 2021 (2026); *Altmeppen* ZIP 2002, 1553 (1557 ff.).

[181] Gegen eine allgemeine Durchgriffshaftung wegen materieller Unterkapitalisierung allerdings BGHZ 176, 204 Rn. 16 ff. = NJW 2008, 2437 (freilich mit Vorbehalt einer Haftung aus § 826 BGB); BGHZ 68, 312 = NJW 1977, 1449; *Goette* DStR 2005, 197 (200); zumindest skeptisch *Chr. Möller* 84 ff. (dazu *Bitter* ZHR 170 [2006], 114 ff.); *J. Vetter* ZGR 2005, 788 (817 ff.); dafür namentlich Scholz/*Bitter* GmbHG § 13 Rn. 138 ff. (147 ff.); *Wiedemann* ZGR 2003, 282 (295 f.); für extrem gelagerte Fälle auch *Habersack* ZGR 2008, 533 (557 f.); *Veil* NJW 2008, 3264 (3266); *Waclawik* DStR 2008, 1486 (1488); eingehend *Heermann* in Theobald, Entwicklungen zur Durchgriffs- und Konzernhaftung, 2002, 11 ff.; *Hölzle* ZIP 2004, 1729 ff.; *Eckhold*, Materielle Unterkapitalisierung, 2002, passim, insbes. 327 ff. – S. ferner BAG ZIP 2009, 2166, die Betriebsrentenanpassung im Konzern betreffend und eine Kapitalausstattungspflicht des vormals herrschenden Unternehmens bejahend; krit. *Schäfer* ZIP 2010, 2025 (2027 ff.); *Forst/Granetzny* Konzern 2011, 1 (6 ff.); aufgegeben in BAG AG 2013, 524 (526 f.); näher *Löwisch* ZIP 2015, 209 ff.

[182] BGHZ 179, 344 Rn. 35 ff. = ZIP 2009, 802 – Sanitary.

§ 831 BGB ausscheidet.[183] Unberührt bleibt die **Anfechtung** nach der InsO und dem AnfG.[184] Zu konzernrechtlichen Ansprüchen → Rn. 3.

IV. Kontrolle der Gruppen(um)bildung und Gruppenleitung auf der Ebene des herrschenden Unternehmens

1. Überblick. Der Auf- und Umbau von Unternehmensverbindungen kann nicht nur aus Sicht der abhängigen Gesellschaft und ihrer Außenseiter, sondern auch aus Sicht des herrschenden Unternehmens nachteilige Folgen nach sich ziehen; im Vordergrund stehen insbesondere die auf das herrschende Unternehmen zukommenden Haftungsrisiken. Handelt es sich bei dem herrschenden Unternehmen um eine Gesellschaft, so droht zudem deren Anteilseignern eine **Verwässerung mitgliedschaftlicher Rechte** (→ Vor § 311 Rn. 33 ff.): Da die Ausübung der Beteiligungsrechte der herrschenden Gesellschaft durch deren Vertretungsorgan zu erfolgen hat, kann mit der Verlagerung unternehmerischer Aktivitäten auf Tochter- und Enkelgesellschaften eine entsprechende Verlagerung von Kompetenzen einhergehen. Darüber hinaus haben die Gesellschafter des herrschenden Unternehmens eine **Verkürzung ihres Gewinnrechts** zu befürchten, sollte die Verwaltung dazu übergehen, die Gewinne der Tochtergesellschaft zu thesaurieren.[185] Es ist deshalb im Grundsatz weithin anerkannt, dass den aufgezeigten Gefahren durch eine rechtsformspezifische Kontrolle der Bildung, Umbildung und Leitung von Unternehmensgruppen auf der Ebene des herrschenden Unternehmens zu begegnen ist.[186] Während allerdings die Etablierung entsprechender Mitspracherechte der Anteilseigner des herrschenden Unternehmens im Aktienrecht erhebliche Probleme bereitet (→ Vor § 311 Rn. 33 ff.), fügt sie sich im GmbH-Recht nahtlos in die gesetzliche Organisationsverfassung der Gesellschaft ein (→ Rn. 50 f.). Im Folgenden sind deshalb nur einige rechtsformspezifische Besonderheiten des GmbH-Rechts zu skizzieren; wegen sämtlicher Einzelheiten → Vor § 311 Rn. 1 ff.

2. Gruppenbildung und -umbildung. Was zunächst den Aufbau oder die Umbildung einer Unternehmensgruppe betrifft, so ergibt sich eine zwingende Kompetenz der Gesellschafterversammlung zunächst in Fällen, in denen durch die Gruppen(um)bildung der satzungsmäßige **Unternehmensgegenstand** der GmbH überschritten wird; erforderlich ist dann eine entsprechende Satzungsänderung.[187] Des Weiteren findet § 293 Abs. 2 entsprechende Anwendung, sodass der Abschluss eines Beherrschungs- oder Gewinnabführungsvertrags mit einer abhängigen AG, KGaA oder GmbH eines Zustimmungsbeschlusses der Gesellschafterversammlung der herrschenden GmbH bedarf (→ § 293 Rn. 46). Entsprechendes gilt für Spaltungen iSd § 123 UmwG; zu ihrer Wirksamkeit bedarf es nach §§ 125, 50 UmwG eines Zustimmungsbeschlusses auf Seiten der sich spaltenden GmbH.

Im Übrigen können[188] die Gesellschafter nicht nur sämtliche Maßnahmen der Geschäftsführung an sich ziehen und den Geschäftsführern entsprechende Weisungen erteilen. Vielmehr haben die Geschäftsführer nach § 49 Abs. 2 GmbHG **ungewöhnliche Maßnahmen**

---

[183] BGH NZG 2013, 279 Rn. 14 ff.
[184] S. etwa BGH NZG 2013, 827.
[185] Eingehend dazu sowie zur phasenverschobenen Vereinnahmung der Tochtergewinne *Henssler* FS Zöllner, 1998, 203 (208 ff.); *Priester* ZHR 176 (2012), 268 ff.
[186] Vgl. für das GmbH-Recht namentlich Scholz/*Emmerich* GmbHG Anh. KonzernR Rn. 58 ff.; UHW/*Casper* GmbHG Anh. § 77 Rn. 67 ff.; Rowedder/Schmidt-Leithoff/*Koppensteiner/Schnorbus* GmbHG Anh. § 52 Rn. 41 ff.; MHdB GmbH/*Decher/Kiefner* § 68 Rn. 13 ff.; *Liebscher* 160 ff.; MüKoGmbHG/*ders.* Anh. § 13 Rn. 1064 ff.; *Priester* FS Westermann, 1974, 1281 ff.; Henssler/Strohn/*Verse* 13 Anh. GmbHG § 13 Rn. 42; *Wehlmann* 34 ff.; aus der Rspr. namentlich OLG Stuttgart NZG 2000, 159 = AG 2000, 229; dazu *Rottnauer* NZG 2001, 115 (118 ff.).
[187] Dazu sowie zu satzungsmäßigen Konzernklauseln → Vor § 311 Rn. 31; ferner MüKoGmbHG/*Liebscher* Anh. § 13 Rn. 1067 ff.; s. ferner BGH ZIP 2008, 694 f.
[188] Zur Frage einer Pflicht zur Einführung von Zustimmungsvorbehalten s. *Venrooy* GmbHR 2005, 1243 (1245 ff.).

von sich aus den Gesellschaftern vorzulegen. Hierzu wird man zumindest[189] die (durch die Satzung gedeckte)[190] Begründung eines Abhängigkeitsverhältnisses rechnen müssen.[191] Ihr gleich stehen Maßnahmen der Gruppenumbildung, darunter insbesondere die Einbringung von Beteiligungsrechten der GmbH in eine andere Tochtergesellschaft (→ Vor § 311 Rn. 45). Soweit die Vorlagepflicht dem strukturändernden Charakter der in Frage stehenden Maßnahme Rechnung trägt, sprechen gute Gründe für das Erfordernis eines mit **qualifizierter Mehrheit** gefassten Beschlusses.[192] Missachtet der Geschäftsführer die Zuständigkeit der Gesellschafterversammlung, so hat jeder Gesellschafter einen Abwehr- und Beseitigungsanspruch (→ Vor § 311 Rn. 54); von Bedeutung ist dies in Fällen, in denen der Kompetenzübergriff im Zusammenwirken mit einem dominierenden Gesellschafter erfolgt. Vorbehaltlich der Fälle eines Missbrauchs der Vertretungsmacht soll allerdings die Wirksamkeit der fraglichen Maßnahme auch dann nicht in Frage gestellt sein, wenn durch sie die Struktur der Gesellschaft tiefgreifend geändert wird.[193]

52 **3. Gruppenleitung.** Für Maßnahmen der Gruppenleitung, dh für die Ausübung bestehender Beteiligungsrechte in einem von der GmbH abhängigen Unternehmen, gelten die vorstehend (→ Rn. 49) getroffenen Feststellungen entsprechend.[194] Die GmbH-Gesellschafter können nicht nur jegliche Maßnahme an sich ziehen und den Geschäftsführern hinsichtlich der Ausübung der Beteiligungsrechte Weisungen erteilen. Aus Sicht der Obergesellschaft und ihrer Gesellschafter bedeutende Maßnahmen innerhalb der Tochtergesellschaft haben die Geschäftsführer vielmehr von sich aus vorzulegen. Hierzu rechnen insbesondere die Aufnahme weiterer Gesellschafter, Kapitalerhöhungen und der Abschluss von Unternehmensverträgen.[195] Zu § 32 MitbestG → Einl. Rn. 45.

---

[189] Es versteht sich, dass der Kreis der zustimmungspflichtigen Maßnahmen nicht enger gezogen werden darf als im Aktienrecht (→ Vor § 311 Rn. 33 ff.), zutr. *Lutter/Leinekugel* ZIP 1998, 225 (232); s. ferner Scholz/*Emmerich* GmbHG Anh. KonzernR Rn. 64a f.; MüKoGmbHG/*Liebscher* Anh. § 13 Rn. 1127 ff.; *U. H. Schneider* GmbHR 2014, 113 (115 ff.) – Zur Frage ungeschriebener Zuständigkeiten im Vertragskonzern → Vor § 311 Rn. 36 mN auch zum GmbH-Recht, ferner MüKoGmbHG/*Liebscher* Anh. § 13 Rn. 1153.
[190] Andernfalls bedarf es ohnehin einer Satzungsänderung (→ Rn. 50; → Vor § 311 Rn. 31, 37).
[191] Zust. UHW/*Casper* GmbHG Anh. § 77 Rn. 69; näher zum Kreis der ungewöhnlichen Maßnahmen Scholz/*U. H. Schneider/S. H. Schneider* GmbHG § 37 Rn. 15 ff.; Lutter/Hommelhoff/*Kleindiek* GmbHG § 37 Rn. 10 f.; Baumbach/Hueck/*Zöllner/Noack* GmbHG § 37 Rn. 7 ff.; speziell zu Maßnahmen der Konzernbildung OLG Koblenz ZIP 1990, 1572; Scholz/*Emmerich* GmbHG Anh. KonzernR Rn. 62, 63a; MüKoGmbHG/*Liebscher* Anh. § 13 Rn. 1128 ff.; Rowedder/Schmidt-Leithoff/*Koppensteiner/Schnorbus* GmbHG Anh. § 52 Rn. 42 ff.; *Jungkurth* 30 ff.; *Lutter/Leinekugel* ZIP 1998, 225 (231 f.); *Wehlmann* 43 ff.; *Zitzmann* 44 ff., 53 ff.; zum Beteiligungserwerb und zum asset deal *Haas/Müller* GmbHR 2004, 1169 (1174 f.); allg *Schmiegel* 189 ff.
[192] *Reichert* AG 2005, 150 (159 f.); *Priester* FS Westermann, 2008, 1281 (1287 ff.); *Ettinger/Reiff* GmbHR 2007, 617 (622 ff.); *U. H. Schneider* GmbHR 2014, 113 (115 ff.); UHW/*Casper* GmbHG Anh. § 77 Rn. 70; UHL/*Müller* § 29 Rn. 88; Hensller/Strohn/*Verse* GmbHG Anh. § 13 Rn. 42; aA MüKoGmbHG/*Liebscher* Anh. § 13 Rn. 1058. Zur Rechtslage im Aktienrecht → Vor § 311 Rn. 50.
[193] Rowedder/Schmidt-Leithoff/*Koppensteiner/Schnorbus* GmbHG Anh. § 52 Rn. 42 ff., 45; aber → Vor § 311 Rn. 53; zur analogen Anwendung des § 179a AktG s. im Übrigen *Leitzen* NZG 2012, 491 (493) mwN; zu § 179a AktG → Vor § 311 Rn. 32.
[194] Scholz/*Emmerich* GmbHG Anh. KonzernR Rn. 64 ff.; MüKoGmbHG/*Liebscher* Anh. § 13 Rn. 1174 ff.
[195] *Lutter/Leinekugel* ZIP 1998, 225 (231 f.); *Haas/Müller* GmbHR 2004, 1169 (1175); → Vor § 311 Rn. 48 f.

Dritter Teil. Eingegliederte Gesellschaften

§ 319 Eingliederung

(1) ¹Die Hauptversammlung einer Aktiengesellschaft kann die Eingliederung der Gesellschaft in eine andere Aktiengesellschaft mit Sitz im Inland (Hauptgesellschaft) beschließen, wenn sich alle Aktien der Gesellschaft in der Hand der zukünftigen Hauptgesellschaft befinden. ²Auf den Beschluß sind die Bestimmungen des Gesetzes und der Satzung über Satzungsänderungen nicht anzuwenden.

(2) ¹Der Beschluß über die Eingliederung wird nur wirksam, wenn die Hauptversammlung der zukünftigen Hauptgesellschaft zustimmt. ²Der Beschluß über die Zustimmung bedarf einer Mehrheit, die mindestens drei Viertel des bei der Beschlußfassung vertretenen Grundkapitals umfasst. ³Die Satzung kann eine größere Kapitalmehrheit und weitere Erfordernisse bestimmen. ⁴Absatz 1 Satz 2 ist anzuwenden.

(3) ¹Von der Einberufung der Hauptversammlung der zukünftigen Hauptgesellschaft an, die über die Zustimmung zur Eingliederung beschließen soll, sind in dem Geschäftsraum dieser Gesellschaft zur Einsicht der Aktionäre auszulegen
1. der Entwurf des Eingliederungsbeschlusses;
2. die Jahresabschlüsse und die Lageberichte der beteiligten Gesellschaften für die letzten drei Geschäftsjahre;
3. ein ausführlicher schriftlicher Bericht des Vorstands der zukünftigen Hauptgesellschaft, in dem die Eingliederung rechtlich und wirtschaftlich erläutert und begründet wird (Eingliederungsbericht).

²Auf Verlangen ist jedem Aktionär der zukünftigen Hauptgesellschaft unverzüglich und kostenlos eine Abschrift der in Satz 1 bezeichneten Unterlagen zu erteilen. ³Die Verpflichtungen nach den Sätzen 1 und 2 entfallen, wenn die in Satz 1 bezeichneten Unterlagen für denselben Zeitraum über die Internetseite der zukünftigen Hauptgesellschaft zugänglich sind. ⁴In der Hauptversammlung sind diese Unterlagen zugänglich zu machen. ⁵Jedem Aktionär ist in der Hauptversammlung auf Verlangen Auskunft auch über alle im Zusammenhang mit der Eingliederung wesentlichen Angelegenheiten der einzugliedernden Gesellschaft zu geben.

(4) ¹Der Vorstand der einzugliedernden Gesellschaft hat die Eingliederung und die Firma der Hauptgesellschaft zur Eintragung in das Handelsregister anzumelden. ²Der Anmeldung sind die Niederschriften der Hauptversammlungsbeschlüsse und ihre Anlagen in Ausfertigung oder öffentlich beglaubigter Abschrift beizufügen.

(5) ¹Bei der Anmeldung nach Absatz 4 hat der Vorstand zu erklären, daß eine Klage gegen die Wirksamkeit eines Hauptversammlungsbeschlusses nicht oder nicht fristgemäß erhoben oder eine solche Klage rechtskräftig abgewiesen oder zurückgenommen worden ist; hierüber hat der Vorstand dem Registergericht auch nach der Anmeldung Mitteilung zu machen. ²Liegt die Erklärung nicht vor, so darf die Eingliederung nicht eingetragen werden, es sei denn, daß die klageberechtigten Aktionäre durch notariell beurkundete Verzichtserklärung auf die Klage gegen die Wirksamkeit des Hauptversammlungsbeschlusses verzichten.

(6) ¹Der Erklärung nach Absatz 5 Satz 1 steht es gleich, wenn nach Erhebung einer Klage gegen die Wirksamkeit eines Hauptversammlungsbeschlusses das Gericht auf Antrag der Gesellschaft, gegen deren Hauptversammlungsbeschluß sich die Klage richtet, durch Beschluß festgestellt hat, daß die Erhebung der Klage der Eintragung nicht entgegensteht. ²Auf das Verfahren sind § 247, die §§ 82, 83

Abs. 1 und § 84 der Zivilprozessordnung sowie die im ersten Rechtszug für das Verfahren vor den Landgerichten geltenden Vorschriften der Zivilprozessordnung entsprechend anzuwenden, soweit nichts Abweichendes bestimmt ist. ³Ein Beschluss nach Satz 1 ergeht, wenn
1. die Klage unzulässig oder offensichtlich unbegründet ist,
2. der Kläger nicht binnen einer Woche nach Zustellung des Antrags durch Urkunden nachgewiesen hat, dass er seit Bekanntmachung der Einberufung einen anteiligen Betrag von mindestens 1000 Euro hält oder
3. das alsbaldige Wirksamwerden des Hauptversammlungsbeschlusses vorrangig erscheint, weil die vom Antragsteller dargelegten wesentlichen Nachteile für die Gesellschaft und ihre Aktionäre nach freier Überzeugung des Gerichts die Nachteile für den Antragsgegner überwiegen, es sei denn, es liegt eine besondere Schwere des Rechtsverstoßes vor.

⁴Der Beschluß kann in dringenden Fällen ohne mündliche Verhandlung ergehen. ⁵Der Beschluss soll spätestens drei Monate nach Antragstellung ergehen; Verzögerungen der Entscheidung sind durch unanfechtbaren Beschluss zu begründen. ⁶Die vorgebrachten Tatsachen, aufgrund derer der Beschluß nach Satz 3 ergehen kann, sind glaubhaft zu machen. ⁷Über den Antrag entscheidet ein Senat des Oberlandesgerichts, in dessen Bezirk die Gesellschaft ihren Sitz hat. ⁸Eine Übertragung auf den Einzelrichter ist ausgeschlossen; einer Güteverhandlung bedarf es nicht. ⁹Der Beschluss ist unanfechtbar. ¹⁰Erweist sich die Klage als begründet, so ist die Gesellschaft, die den Beschluß erwirkt hat, verpflichtet, dem Antragsgegner den Schaden zu ersetzen, der ihm aus einer auf dem Beschluß beruhenden Eintragung der Eingliederung entstanden ist. ¹¹Nach der Eintragung lassen Mängel des Beschlusses seine Durchführung unberührt; die Beseitigung dieser Wirkung der Eintragung kann auch nicht als Schadenersatz verlangt werden.

(7) Mit der Eintragung der Eingliederung in das Handelsregister des Sitzes der Gesellschaft wird die Gesellschaft in die Hauptgesellschaft eingegliedert.

Schrifttum: *Arbeitskreis Beschlussmängelrecht,* Vorschlag zur Neufassung der Vorschriften des Aktiengesetzes über Beschlussmängel, AG 2008, 617; *Baums,* Empfiehlt sich eine Neuregelung des aktienrechtlichen Anfechtungs- und Organhaftungsrechts, insbesondere der Klagemöglichkeiten von Aktionären?, Gutachten F zum 63. DJT, 2000; *Bokelmann,* Eintragung eines Beschlusses: Prüfungskompetenz des Registerrichters bei Nichtanfechtung, rechtsmissbräuchlicher Anfechtungsklage und bei Verschmelzung, DB 1994, 1341; *Bork,* Beschlussverfahren und Beschlusskontrolle nach dem Referentenentwurf eines Gesetzes zur Bereinigung des Umwandlungsrechts, ZGR 1993, 343; *ders.,* Das Unbedenklichkeitsverfahren nach § 16 Abs. 3 UmwG, in Lutter (Hrsg.), Verschmelzung – Spaltung – Formwechsel, Kölner Umwandlungsrechtstage, 1995, 261; *Boujong,* Rechtsmissbräuchliche Aktionärsklagen vor dem Bundesgerichtshof, FS Kellermann, 1991, 1; *Brandner/Bergmann,* Anfechtungsklage und Registersperre, FS Bezzenberger, 2000, 59; *Büchel,* Vom Unbedenklichkeitsverfahren nach §§ 16 Abs. 3 UmwG, 319 Abs. 6 AktG zum Freigabeverfahren nach dem UMAG, Liber amicorum Happ, 2006, 1; *ders.,* Voreilige Eintragung von Verschmelzung oder Formwechsel und die Folgen, ZIP 2006, 2289; *Bungert/Wettich,* Neues zur Ermittlung des Börsenwerts bei Strukturmaßnahmen, ZIP 2012, 449; *Decher,* Die Überwindung der Registersperre nach § 16 Abs. 3 UmwG, AG 1997, 388; *Ebenroth,* Die Erweiterung des Auskunftsgegenstands im Recht der verbundenen Unternehmen, AG 1970, 104; *Emmerich/Habersack,* Konzernrecht, 10. Aufl. 2013, § 10; *Fenck,* Herkunft und Perspektiven des Eingliederungskonzerns, 2005; *Fuhrmann/Linnerz,* Das überwiegende Vollzugsinteresse im aktien- und umwandlungsrechtlichen Freigabeverfahren, ZIP 2004, 2306; *Goette,* Zu den Folgen der Eintragung eines Squeeze-out-Beschlusses vor Ablauf der Eintragungsfrist, FS K. Schmidt, 2009, 469; *Habersack,* Der persönliche Schutzbereich des § 303 AktG, FS Koppensteiner, 2001, 31; *ders.,* Umwandlung der AG ohne Mitwirkung der Hauptversammlung, FS Horn, 2006, 337; *ders./Stilz,* Zur Reform des Beschlussmängelrechts, ZGR 2010, 710; *Halfmeier,* Sind die Erfolgsaussichten der Anfechtungsklage bei der Interessenabwägung im Freigabeverfahren des §§ 16 Abs. 3 UmwG, 246a AktG zu berücksichtigen?, WM 2006, 1465; *Heermann,* Auswirkungen einer Behebbarkeit oder nachträglichen Korrektur von gerügten Verfahrensmängeln auf das Unbedenklichkeitsverfahren nach § 16 Abs. 3 UmwG, ZIP 1999, 1861; *Hirte,* Die Behandlung unbegründeter oder missbräuchlicher Gesellschafterklagen im Referentenentwurf eines Umwandlungsgesetzes, DB 1993, 77; *Hoffmann-Becking,* Das neue Verschmelzungsrecht in der Praxis, FS Fleck, 1988, 105; *Hommelhoff,* Die Konzernleitungspflicht, 1982; *ders.,* Zur Kontrolle strukturverändernder Gesellschafterbeschlüsse, ZGR 1990, 447; *ders.,* Minderheitenschutz bei Umstrukturierungen, ZGR 1993, 452; *Kiem,* Die Eintragung der angefochtenen Verschmelzung, 1991; *ders.,* Umwandlungsrecht – Rückschau und Entwicklungstendenzen nach drei Jahren Praxis, in Hommelhoff/Röhricht (Hrsg.), Gesellschaftsrecht 1997, 1998, 105;

Köhler, Rückabwicklung fehlerhafter Unternehmenszusammenschlüsse (Unternehmensvertrag, Eingliederung, Verschmelzung, Gemeinschaftsunternehmen), ZGR 1985, 307; *Kort,* Bestandsschutz fehlerhafter Strukturänderungen im Kapitalgesellschaftsrecht, 1998; *ders.,* Gesellschaftsrechtlicher und registerrechtlicher Bestandsschutz eingetragener fehlerhafter Umwandlungen und anderer Strukturänderungen, DStR 2004, 185; *Krieger,* Fehlerhafte Satzungsänderungen: Fallgruppen und Bestandskraft, ZHR 158 (1994), 35; *Kropff,* Gesellschaftsrechtliche Auswirkungen der Ausschüttungssperre in § 268 Abs. 8 HGB, FS Hüffer, 2011, 539; *Merkner/Schmidt-Bendun,* Drum prüfe, wer sich ewig bindet – zur Bindungswirkung einer Wahl zwischen Aktientausch und (erschlichener) Barabfindung, NZG 2011, 10; *Mülbert,* Unternehmensbegriff und Konzernorganisationsrecht, ZHR 163 (1999), 1; *Nießen,* Die prozessualen Auswirkungen des Bestätigungsbeschlusses auf Ausgangs- und Freigabeverfahren, Konzern 2007, 239; *Noack,* Das Freigabeverfahren bei Umwandlungsbeschlüssen – Bewährung und Modell, ZHR 164 (2000), 274; *Pfeiffer,* Die KGaA im Eingliederungskonzern, Konzern 2006, 122; *Prael,* Eingliederung und Beherrschungsvertrag als körperschaftliche Rechtsgeschäfte, 1978; *E. Rehbinder,* Gesellschaftsrechtliche Probleme mehrstufiger Unternehmensverbindungen, ZGR 1977, 581; *Rettmann,* Die Rechtmäßigkeitskontrolle von Verschmelzungsbeschlüssen, 1998; *Riegger,* Aktuelle Fragen des gesellschaftsrechtlichen Freigabeverfahrens, FS Bechtold, 2006, 375; *ders./Schockenhoff,* Das Unbedenklichkeitsverfahren zur Eintragung der Umwandlung ins Handelsregister, ZIP 1997, 2105; *C. Schäfer,* Die Lehre vom fehlerhaften Verband, 2002; *ders.,* Die „Bestandskraft" fehlerhafter Strukturänderungen im Aktien- und Umwandlungsrecht, FS K. Schmidt, 2009, 1389; *Chr. Schmid,* Das umwandlungsrechtliche Unbedenklichkeitsverfahren und die Reversibilität registrierter Verschmelzungsbeschlüsse, ZGR 1997, 493; *H. Schmidt,* Zur „räuberischen" Nichtigkeitsklage beim Squeeze out, FS der Juristenfakultät zum 600jährigen Bestehen der Universität Leipzig, 2009, 469; *K. Schmidt,* Drittbeteiligung und Drittschutz im Freigabeverfahren, Liber amicorum Happ, 2006, 259; *Seibert/Florstedt,* Der Regierungsentwurf des ARUG, ZIP 2008, 2145; *Sonnenschein,* Die Eingliederung im mehrstufigen Konzern, BB 1975, 1088; *Sosnitza,* Das Unbedenklichkeitsverfahren nach § 16 Abs. 3 UmwG – Bestandsaufnahme eines gesellschaftsrechtlichen Rechtsschutzinstruments im Lichte der jüngsten Rechtsprechung, NZG 1999, 965; *Stilz,* Freigabeverfahren und Beschlussmängelrecht, FS Hommelhoff, 2012, 1181; *Timm/Schick,* Zwingende „Verschmelzungssperre" nach § 345 Abs. 2 Satz 1 AktG bei anhängigen Anfechtungsverfahren?, DB 1990, 1221; *Verse,* Rechtsfragen des Quorums im Freigabeverfahren, FS Stilz, 2014, 651; *Winter,* Die Anfechtung eintragungsbedürftiger Strukturbeschlüsse de lege lata und de lege ferenda, FS Ulmer, 2003, 683; *ders.,* Die Reform des Beschlussanfechtungsrechts – eine Zwischenbilanz, Liber amicorum Happ, 2006, 363; *Zöllner,* Evaluation des Freigabeverfahrens, FS Westermann, 2008, 1631.

Übersicht

	Rn.		Rn.
I. Einführung	1–4	3. Mehrstufige Unternehmensverbindung	16
1. Die §§ 319 ff. im Überblick	1–3	**V. Information der Aktionäre der Hauptgesellschaft (Abs. 3)**	17–23
a) Gesetzesgeschichte	1		
b) Inhalt der §§ 319 ff.	2	1. Überblick	17
c) Status der eingegliederten Gesellschaft; Verhältnis zu §§ 293 ff., 311 ff.	3	2. Eingliederungsbericht	18–20
		3. Erläuterung durch den Vorstand	21
2. Inhalt des § 319	4	4. Auskunftsrecht	22, 23
II. Allgemeine Voraussetzungen der Eingliederung	5–9	**VI. Anmeldung zur Eintragung, Registerverfahren und Eintragung (Abs. 4–7)**	24–44
1. Rechtsform der beteiligten Gesellschaften	5, 6	1. Überblick	24
2. Sitz der beteiligten Gesellschaften	7	2. Anmeldung (Abs. 4)	25
3. Eigentum an allen Aktien	8, 9	3. Negativerklärung (Abs. 5)	26–31
III. Eingliederungsbeschluss (Abs. 1)	10–12	a) Funktion	26
1. Allgemeines	10	b) Zeitpunkt und Inhalt (S. 1)	27, 28
2. Beschlussverfahren und -inhalt	11, 12	c) Registersperre (S. 2)	29–31
IV. Zustimmungsbeschluss (Abs. 2)	13–16	4. Freigabeverfahren (Abs. 6)	32–43
		a) Allgemeines	32
1. Normzweck	13	b) Unbedenklichkeit	33–38
		c) Zuständigkeit und Verfahren	39–41
		d) Rechtsfolgen	42, 43
2. Beschlusserfordernisse, Beschlussverfahren und -inhalt	14, 15	5. Eintragung (Abs. 7)	44

I. Einführung

1. Die §§ 319 ff. im Überblick. a) Gesetzesgeschichte. Die durch das AktG 1965 1 neu geschaffenen §§ 319–327 regeln die sog. Eingliederung einer AG in eine andere AG.[1]

---

[1] Eingehend zur Entstehungsgeschichte *Fenck* 43 ff.; Überlegungen de lege ferenda ebenda 255 ff.

Sie sind durch **Art. 6 Nr. 10–12 Gesetz zur Bereinigung des Umwandlungsrechts** vom 28.10.1994 (BGBl. I 3210, 3262 f.)[2] nicht unwesentlich geändert worden. Hervorzuheben sind die Neuregelung der *Registersperre* durch § 319 Abs. 5, die Einführung des Unbedenklichkeitsverfahrens des § 319 Abs. 6 zum Zwecke der Überwindung der Registersperre, ferner die Einführung eines Eingliederungsberichts durch § 319 Abs. 3 Nr. 3 sowie für die Mehrheitseingliederung die Einführung einer Eingliederungsprüfung durch § 320 Abs. 3, schließlich die Entschlackung des § 320aF betreffend die Mehrheitseingliederung durch Schaffung der – in der Sache freilich nicht neuen – §§ 320a, 320b. Durch **Art. 2 Bilanzrichtlinien-Gesetz** vom 19.12.1985 (BGBl. I 2355)[3] wurde bereits die Vorschrift des § 325 betreffend die Befreiung der eingegliederten Gesellschaft von der Pflicht zur Offenlegung des Jahresabschlusses aufgehoben. Art. 2 Nr. 5 und 6 **Spruchverfahrensneuordnungsgesetz** (→ Einl. Rn. 30) hat §§ 320, 320b geändert (→ § 320 Rn. 2; → § 320b Rn. 2). Durch Art. 3 Nr. 5 **Zweites Gesetz zur Änderung des Umwandlungsgesetzes** vom 19.4.2007 (BGBl. I 542) ist § 319 Abs. 6 um Regelungen zur beschleunigten Beschlussfassung im Unbedenklichkeitsverfahren (S. 4 aF) und zum Ausschluss der Rechtsbeschwerde (S. 7 aF) ergänzt worden.[4] Art. 1 Nr. 45–47 **ARUG** (→ Einl. Rn. 42) schließlich hat Erleichterungen im Zusammenhang mit den Informationspflichten des § 319 Abs. 3 gebracht, das Freigabeverfahren des § 319 Abs. 6 an dasjenige des § 246a (das seinerseits erheblich umgestaltet worden ist) angepasst und den nach § 320b Abs. 1 S. 6 geschuldeten Zins auf fünf Prozentpunkte über dem Basiszinssatz erhöht.[5]

2   b) **Inhalt der §§ 319 ff.** Die §§ 319–320b regeln zunächst die *Voraussetzungen* der Eingliederung und das Eingliederungsverfahren. Dabei unterscheiden sie zwischen der Eingliederung einer **hundertprozentigen Tochter** (§ 319) und der Eingliederung durch **Mehrheitsbeschluss** (§§ 320bis 320b). Im zuletzt genannten Fall hat die Eingliederung das **Ausscheiden der Minderheitsaktionäre** und den Übergang der Aktien auf die Hauptgesellschaft zur Folge; die ausgeschiedenen Aktionäre haben Anspruch auf **Abfindung** nach Maßgabe des § 320b. Mit der Eingliederung erlangt die Hauptgesellschaft nach § 323 Abs. 1 das Recht zur Erteilung von **Weisungen;** zudem heben §§ 323 Abs. 2, 324 die Grundsätze der Kapitalaufbringung und -erhaltung partiell auf. Der mit §§ 323, 324 verbundenen Gefährdung der Interessen der **Gläubiger** der eingegliederten Gesellschaft tragen die Vorschriften der §§ 321 f. dadurch Rechnung, dass sie den Altgläubigern Anspruch auf Sicherheitsleistung gewähren und die Haftung der Hauptgesellschaft für sämtliche Verbindlichkeiten der eingegliederten Gesellschaft anordnen. Hinzu kommt nach § 324 Abs. 3 die Verpflichtung der Hauptgesellschaft zum Verlustausgleich. § 326 erstreckt das Auskunftsrecht des Aktionärs der Hauptgesellschaft auf die Angelegenheiten der eingegliederten Gesellschaft. Die Beendigung der Eingliederung und deren Folgen sind schließlich in § 327 geregelt.

3   c) **Status der eingegliederten Gesellschaft; Verhältnis zu §§ 293 ff., 311 ff.** Die eingegliederte Gesellschaft verliert durch die Eingliederung nicht ihre **Rechtspersönlichkeit;** sie besteht vielmehr als juristische Person fort.[6] Nach § 323 erlangt die Hauptgesellschaft allerdings ein **umfassendes Weisungsrecht,** das über das mit einem Beherrschungsvertrag verbundene Weisungsrecht deutlich hinausgeht und der eingegliederten Gesellschaft den Charakter einer „rechtlich selbstständigen Betriebsabteilung" verleiht.[7] Das Konzernverhältnis, das nach § 18 Abs. 1 S. 2 durch die Eingliederung begründet wird, kommt deshalb

---
[2] Begr. RegE, BT-Drs. 12/6699, 179 f.
[3] Begr. RegE, BT-Drs. 10/4268, 120 f.
[4] Begr. RegE, BT-Drs. 16/2919, 20; Beschlussempfehlung Rechtsausschuss, BT-Drs. 16/4193, 5.
[5] Vgl. Begr. RegE, BT-Drs. 16/11642, 43; Beschlussempfehlung Rechtsausschuss, BT-Drs. 16/13098, 61.
[6] Zu den damit möglicherweise verbundenen Vorteilen gegenüber einer Verschmelzung (Erhaltung des Firmennamens und von Vorstand und Aufsichtsrat; geringere verkehrsteuerliche Belastung) s. MHdB AG/ *Krieger* § 74 Rn. 1.
[7] Begr. RegE bei *Kropff* AktG 429, 431.

in seinen Wirkungen einer Verschmelzung iSd §§ 2 ff. UmwG durchaus nahe.[8] Der mit dem umfassenden Weisungsrecht und der Lockerung der Grundsätze über die Kapitalaufbringung und -erhaltung verbundenen Gefährdung der Gläubiger tragen die Vorschriften der §§ 321, 322, 324 Abs. 3 Rechnung (→ Rn. 2). Vor diesem Hintergrund ist es nur konsequent, dass nach §§ 323 Abs. 1 S. 3, 324 Abs. 2 im Verhältnis zwischen der Hauptgesellschaft und der eingegliederten Gesellschaft die Vorschriften der §§ 311 ff. und – bei Bestehen eines Gewinnabführungsvertrags oder eines Vertrags iSd § 292 Abs. 1 Nr. 1, 2 – die §§ 293–296, 298–303 keine Anwendung finden. Bei einer **mehrstufigen Unternehmensverbindung** beurteilt sich die Anwendbarkeit der §§ 293 ff., 311 ff. entsprechend den Ausführungen in → § 311 Rn. 17 ff.

2. Inhalt des § 319. Die Vorschrift des § 319 regelt die Voraussetzungen und das Verfahren der Eingliederung einer Aktiengesellschaft, deren Aktien sich zu hundert Prozent in der Hand einer anderen Aktiengesellschaft, der sog. (zukünftigen) Hauptgesellschaft, befinden. Abs. 1 statuiert zunächst die **Voraussetzungen** auf Seiten der einzugliedernden Gesellschaft. Abs. 2 bestimmt, dass die Hauptversammlung der Hauptgesellschaft der Eingliederung zustimmen muss. Für die notwendige **Information der Aktionäre der Hauptgesellschaft** sorgt Abs. 3. Das **Registerverfahren** ist in Abs. 4–7 geregelt. Abs. 4 bestimmt zunächst, dass die Eingliederung und die Firma der Hauptgesellschaft vom Vorstand der abhängigen Gesellschaft zur Eintragung in das Handelsregister anzumelden sind. Voraussetzung für die Eintragung ist nach Abs. 5 die Abgabe einer sog. Negativerklärung durch den Vorstand der einzugliedernden Gesellschaft; deren Fehlen begründet grundsätzlich eine Registersperre. Nach Abs. 6 kann die Negativerklärung durch gerichtlichen Beschluss ersetzt werden. Abs. 7 ordnet schließlich die konstitutive Wirkung der **Eintragung** an. – Gemäß ausdrücklicher Klarstellung in § 320 Abs. 1 S. 3 finden die Vorschriften des § 319 Abs. 1 S. 2, Abs. 2–7 auch auf die in §§ 320–320b geregelte Eingliederung durch Mehrheitsbeschluss Anwendung.

II. Allgemeine Voraussetzungen der Eingliederung

1. Rechtsform der beteiligten Gesellschaften. Eine Eingliederung setzt nach Abs. 1 S. 1 zunächst voraus, dass die **einzugliedernde Gesellschaft** die Rechtsform einer AG hat. Der AG steht die Europäische Gesellschaft (SE) gleich (→ Einl. Rn. 45 f.).[9] Die Eingliederung einer KGaA ist dagegen grundsätzlich nicht möglich; sie wäre unvereinbar mit § 278 Abs. 2 und der persönlichen Haftung des Komplementärs.[10] Anderes gilt freilich für den Fall, dass die KGaA ausschließlich über juristische Personen als Komplementäre verfügt;[11] Gründe, die es rechtfertigen könnten, die Eingliederung einer KGaA zu untersagen, sind dann nicht ersichtlich.[12] Auch die **künftige Hauptgesellschaft** muss nach Abs. 1 S. 1 die Rechtsform einer AG oder SE haben (→ Rn. 7). Dies erklärt sich aus der in § 322 angeordneten Haftung der Hauptgesellschaft für die Verbindlichkeiten der einzugliedernden Gesellschaft; die Gläubiger sollen auch insoweit in den Genuss der aktienrechtlichen Grundsätze über die Kapitalaufbringung und -erhaltung kommen.[13] Von nur theoretischer Bedeutung dürfte die Frage sein, ob die Hauptgesellschaft Unternehmen iSd § 15 sein muss. Obschon

---

[8] Begr. RegE bei *Kropff* AktG 421; KK-AktG/*Koppensteiner* Vor § 319 Rn. 6; MüKoAktG/*Grunewald* Vor § 319 Rn. 3; GroßkommAktG/*Schmolke* Vor § 319 Rn. 4; Grigoleit/*Grigoleit/Rachlitz* Rn. 1.
[9] Spindler/Stilz/*Singhof* Rn. 3; GroßkommAktG/*Schmolke* Vor § 319 Rn. 9; K. Schmidt/Lutter/*Ziemons* Rn. 7.
[10] KK-AktG/*Koppensteiner* Vor § 319 Rn. 11; GroßkommAktG/*Schmolke* Vor § 319 Rn. 9; Hüffer/*Koch* Rn. 4; Spindler/Stilz/*Singhof* Rn. 3; K. Schmidt/Lutter/*Ziemons* Rn. 6; Grigoleit/*Grigoleit/Rachlitz* Rn. 6; Wachter/*Rothley* Rn. 2; *Fenck* 147 ff.
[11] Zur Zulässigkeit der KGaA mit einer Kapitalgesellschaft als einzigem Komplementär s. BGH NJW 1997, 1923, ferner § 279 Abs. 2 AktG und dazu Hüffer/*Koch* § 278 Rn. 8.
[12] GroßkommAktG/*Schmolke* Vor § 319 Rn. 10; HK-AktG/*Fett* Rn. 3; *Pfeiffer* Konzern 2006, 122 (123 ff.); aA die hL, s. KK-AktG/*Koppensteiner* Vor § 319 Rn. 11; Hüffer/*Koch* Rn. 4; Spindler/Stilz/*Singhof* Rn. 3; K. Schmidt/Lutter/*Ziemons* Rn. 6; Grigoleit/*Grigoleit/Rachlitz* Rn. 6; ferner 5. Aufl. Rn. 5.
[13] Begr. RegE bei *Kropff* AktG 422; GroßkommAktG/*Schmolke* Vor § 319 Rn. 11.

§ 319 dies (anders als § 291 Abs. 1) nicht ausdrücklich klarstellt, kann die Rechtslage doch keine andere als bei Abschluss eines Beherrschungsvertrags sein. Verlangt man also für den Abschluss eines Beherrschungsvertrags die Unternehmenseigenschaft, muss Entsprechendes für die Eingliederung gelten (→ § 291 Rn. 9; zur Frage der Unternehmenseigenschaft des Formkaufmanns → § 15 Rn. 21 f.).

6 Nach bislang ganz hM soll die **Eingliederung in eine KGaA** ausgeschlossen sein.[14] Dagegen bestehen allerdings Bedenken. Zwar mag es sein, dass die persönliche Haftung des Komplementärs teilweise die Funktion des Grundkapitals als Kreditunterlage übernimmt und deshalb das satzungsmäßige Grundkapital der KGaA bisweilen nicht an das vergleichbarer Aktiengesellschaften heranreicht. Entscheidend ist jedoch allein, dass auch die KGaA, was die Aufbringung und Erhaltung ihres Garantiekapitals betrifft, nach § 278 Abs. 3 denselben Bindungen unterliegt wie eine AG. Auf die Höhe des Grundkapitals kann es dabei nicht ankommen; die Eingliederung in eine AG ist denn auch in dem Fall zulässig, dass das Grundkapital dieser Gesellschaft nicht über das gesetzliche Mindestkapital hinausgeht. Was etwaige außenstehende Aktionäre der einzugliedernden AG betrifft, so werden sie im Fall der Eingliederung zwar Kommanditaktionäre der KGaA; die Vorschrift des § 250 UmwG, der zufolge die zentralen Schutzvorschriften der §§ 207–212 UmwG auf den Formwechsel einer AG in eine KGaA keine Anwendung finden, lässt jedoch erkennen, dass sie auch die Folgen einer Mehrheitseingliederung in eine KGaA hinzunehmen haben. Nach allem sprechen gute Gründe für eine erweiternde Auslegung des Abs. 1 S. 1 und damit für die Zulässigkeit der Eingliederung in eine KGaA, und zwar unabhängig davon, ob die Gesellschaft über eine natürliche Person als Komplementär verfügt. Folgt man dem, so bedarf der Zustimmungsbeschluss der KGaA (→ Rn. 13 ff.) nach § 285 Abs. 2 S. 1 der Zustimmung der Komplementäre.

7 **2. Sitz der beteiligten Gesellschaften.** Die **einzugliedernde Gesellschaft** muss nach der Neufassung des § 5 durch das MoMiG nicht notwendigerweise über einen inländischen Verwaltungssitz verfügen (→ § 311 Rn. 21). Unter der Voraussetzung, dass das Recht des Zuzugstaates die deutsche Gesellschaft als solche anerkennt,[15] kommt deshalb auch die Eingliederung einer Aktiengesellschaft deutschen Rechts mit Verwaltungssitz im Ausland in Betracht.[16] Für die künftige **Hauptgesellschaft** statuiert § 319 Abs. 1 S. 1 zwar ausdrücklich das Erfordernis eines inländischen Sitzes. Damit kann allerdings nach der nunmehr geltenden Fassung des § 5 gleichfalls nur der **Satzungssitz** – und damit die Rechtsform als Gesellschaft deutschen Rechts – gemeint sein; hingegen schließt Abs. 1 S. 1 die Eingliederung in eine AG deutschen Rechts mit Verwaltungssitz im Ausland nicht aus.[17] Soweit der Gesetzgeber mit dem Erfordernis eines **inländischen** Satzungssitzes dem Umstand Rechnung tragen wollte, dass die ausländischen Vorschriften zum Schutz der Gläubiger ggf. hinter dem Standard des AktG zurückbleiben, kommt dem freilich für die Mitgliedstaaten der EU angesichts des insbesondere durch die Kapitalrichtlinie[18] erreichten Stands der Rechtsangleichung keine entscheidende Bedeutung mehr zu. Vor diesem Hintergrund dürfte das auf die künftige Hauptgesellschaft bezogene Erfordernis eines inländischen Satzungssitzes und das damit verbundene Erfordernis der Rechtsform einer deutschen AG

---

[14] KK-AktG/*Koppensteiner* Vor § 319 Rn. 10; MüKoAktG/*Grunewald* Rn. 5; Hüffer/*Koch* Rn. 4; Spindler/Stilz/*Singhof* Rn. 3; K. Schmidt/Lutter/*Ziemons* Rn. 6; Grigoleit/*Grigoleit/Rachlitz* Rn. 6; Henssler/Strohn/*Wilsing* Rn. 2; NK-AktR/*Jaursch* Rn. 3; *Veit* 54 f.; *Ebenroth* AG 1970, 104 (108); wie hier aber GroßkommAktG/*Schmolke* Vor § 319 Rn. 11; HK-AktG/Fett Rn. 3; *Pfeiffer* Konzern 2006, 122 (129); *Schütz* in Schütz/Bürgers/Riotte, Die KGaA, 2004, § 12 Rn. 38; zumindest de lege ferenda *Fenck* 129 ff.; vgl. auch *J. Meyer*, Haftungsbeschränkung im Recht der Handelsgesellschaften, 2000, 784 ff.
[15] Hierzu ist es im Anwendungsbereich der Art. 49, 54 AEUV verpflichtet, → § 311 Rn. 21.
[16] Spindler/Stilz/*Singhof* Rn. 3; GroßkommAktG/*Schmolke* Vor § 319 Rn. 12; Hüffer/*Koch* Rn. 4a; Grigoleit/*Grigoleit/Rachlitz* Rn. 5; zur davon abweichenden Rechtslage vor Inkrafttreten des MoMiG s. 5. Aufl. Rn. 7 mwN.
[17] Spindler/Stilz/*Singhof* Rn. 3; GroßkommAktG/*Schmolke* Vor § 319 Rn. 12; Hüffer/*Koch* Rn. 4a; Grigoleit/*Grigoleit/Rachlitz* Rn. 5; MHdB AG/*Krieger* § 74 Rn. 3.
[18] Richtlinie 2012/30/EU vom 25.10.2012, ABl. EU Nr. L 315, 94.

oder KGaA (→ Rn. 5 f.) mit der **Niederlassungsfreiheit** nicht vereinbar sind (→ § 305 Rn. 10).[19]

3. Eigentum an allen Aktien. Eine Eingliederung nach § 319 setzt des Weiteren voraus, dass sich alle Aktien der einzugliedernden Gesellschaft „in der Hand der zukünftigen Hauptgesellschaft befinden." Die künftige Hauptgesellschaft muss somit Inhaber aller Mitgliedschaften und damit Eigentümer sämtlicher Aktien sein. Als materiell-rechtliche Voraussetzung für die Wirksamkeit der Eingliederung muss das Beteiligungserfordernis nicht nur bei Beschlussfassung (→ Rn. 9), sondern auch noch im **Zeitpunkt** der Eintragung der Eingliederung in das Handelsregister erfüllt sein.[20] Die Zurechnungsnorm des **§ 16 Abs. 4 findet keine Anwendung.**[21] Eine Eingliederung nach § 319 ist somit auch dann ausgeschlossen, wenn es sich bei dem außenstehenden Aktionär um eine sonstige Tochtergesellschaft der künftigen Hauptgesellschaft handelt. Sie ist ferner dann ausgeschlossen, wenn die einzugliedernde Gesellschaft **eigene Aktien** hält.[22] Die Verpflichtung der künftigen Hauptgesellschaft zur Übertragung von Aktien der einzugliedernden Gesellschaft steht allerdings der Vornahme einer Eingliederung gemäß § 319 nicht entgegen.[23] Auch treuhänderisch gebundenes Eigentum, insbesondere **Sicherungseigentum,** und bereits **verkauftes Eigentum** genügen also. Die künftige Hauptgesellschaft läuft in einem solchen Fall zwar Gefahr, dass sie entweder ihre schuldrechtlichen Bindungen verletzt oder die Eingliederung gemäß **§ 327 Abs. 1 Nr. 3** mit Übertragung auch nur einer Aktie endet. Schon aus Gründen der Rechtssicherheit hat es jedoch bei der Maßgeblichkeit der formalen Eigentümerstellung zu bewenden, zumal die künftige Hauptgesellschaft, wenn sie trotz ihrer Verpflichtung zur Anteilsübertragung eingliedert, nicht schutzwürdig ist.[24] Entsprechendes gilt für von der Gesellschaft begebene und im Zeitpunkt der Eingliederung noch nicht bediente **Optionen** auf Aktien (→ § 320b Rn. 8); auch sie stehen der Eingliederung nach § 319 nicht entgegen.[25]

Ist die Hauptgesellschaft nicht Alleineigentümer, so ist ein gleichwohl gefasster Eingliederungsbeschluss (→ Rn. 10 ff.) **nach § 241 Nr. 3 nichtig.**[26] § 320a findet schon deshalb keine Anwendung, weil diese Vorschrift im sachlichen Zusammenhang mit der Mehrheitsgliederung nach § 320 und den dort vorgesehenen, bei Vorgehen nach § 319 nicht beachtlichen Mechanismen zum Schutz der außenstehenden Aktionäre steht; die außenstehenden Aktionäre der vermeintlich eingegliederten Gesellschaft gehen also ihrer Anteile nicht verlustig.[27] Mit Blick auf § 327 Abs. 1 Nr. 3 erfolgt auch **keine Heilung** der Nichtigkeit nach § 242 Abs. 2.[28] Im Übrigen ist es zwar auch im Fall des § 241 Nr. 3 nicht prinzipiell

---

[19] So auch MüKoAktG/*Grunewald* Rn. 7; GroßkommAktG/*Schmolke* Vor § 319 Rn. 12; Schmidt/Lutter/*Ziemons* Rn. 8; Spindler/Stilz/*Singhof* Rn. 3; Hüffer/*Koch* Rn. 4a.

[20] GroßkommAktG/*Schmolke* § 319 Rn. 6; K. Schmidt/Lutter/*Ziemons* Rn. 9; Spindler/Stilz/*Singhof* Rn. 4; Hüffer/*Koch* Rn. 4b; für die Mehrheitseingliederung auch *Bungert* NZG 2000, 167 (168) mwN; für § 62 UmwG *Henze* AG 1993, 341 (344); im Ergebnis auch MüKoAktG/*Grunewald* Rn. 14; aA KK-AktG/*Koppensteiner* Vor § 319 Rn. 17 (Beschlussfassung); Grigoleit/*Grigoleit/Rachlitz* Rn. 9 (Anmeldung). – Zur Nichtigkeit des Eingliederungsbeschlusses → Rn. 9.

[21] EinhM, s. bereits Begr. RegE bei *Kropff* AktG 422 f.; ferner KK-AktG/*Koppensteiner* Vor § 319 Rn. 14; MüKoAktG/*Grunewald* Rn. 12; GroßkommAktG/*Schmolke* § 319 Rn. 4; Hölters/*Leuering/Goertz* Rn. 5. – Zur abweichenden Rechtslage beim Squeeze Out → § 327a Rn. 17.

[22] KK-AktG/*Koppensteiner* Vor § 319 Rn. 16; MüKoAktG/*Grunewald* Rn. 12; GroßkommAktG/*Schmolke* § 319 Rn. 4; Hüffer/*Koch* Rn. 4b; Spindler/Stilz/*Singhof* Rn. 4; HK-AktG/*Fett* Rn. 4; MHdB AG/*Krieger* § 74 Rn. 8; demgegenüber zur Mehrheitseingliederung → § 320 Rn. 9.

[23] MüKoAktG/*Grunewald* Rn. 13; MHdB AG/*Krieger* § 74 Rn. 8; Hüffer/*Koch* Rn. 4b; GroßkommAktG/*Schmolke* § 319 Rn. 5; K. Schmidt/Lutter/*Ziemons* Rn. 13; Spindler/Stilz/*Singhof* Rn. 4; HK-AktG/*Fett* Rn. 4; aA KK-AktG/*Koppensteiner* Vor § 319 Rn. 15.

[24] AA KK-AktG/*Koppensteiner* Vor § 319 Rn. 15.

[25] Grigoleit/*Grigoleit/Rachlitz* Rn. 7.

[26] Hüffer/*Koch* Rn. 4b; K. Schmidt/Lutter/*Ziemons* Rn. 15; Spindler/Stilz/*Singhof* Rn. 5; GroßkommAktG/*Schmolke* § 319 Rn. 7; MHdB AG/*Krieger* § 74 Rn. 7; HK-AktG/*Fett* Rn. 4; aA MüKoAktG/*Grunewald* Rn. 14 (anfechtbar). – Zur Rechtslage bei der Mehrheitseingliederung → § 320 Rn. 10; zum Squeeze Out → § 327f Rn. 3.

[27] Zust. *Schäfer* 472; aA MüKoAktG/*Grunewald* Rn. 14.

[28] K. Schmidt/Lutter/*Ziemons* Rn. 15; Spindler/Stilz/*Singhof* Rn. 5, GroßkommAktG/*Schmolke* Rn. 7; s. ferner *Stein* ZGR 1994, 472 (487, 489 f.); aA MüKoAktG/*Grunewald* Rn. 14.

ausgeschlossen, die Grundsätze über die **fehlerhafte Gesellschaft** zur Anwendung zu bringen (→ Rn. 12, 13, 26, 43 f.; → § 320 Rn. 10; → § 320b Rn. 22);[29] im vorliegenden Zusammenhang ist jedoch angesichts der Schwere des Mangels auch für eine nur vorläufige Anerkennung der Eingliederung regelmäßig kein Raum.[30] Auch § 15 Abs. 3 HGB findet im Verhältnis zur Hauptgesellschaft keine Anwendung, da die Eintragung der Eingliederung nicht ihr, sondern der eingegliederten Gesellschaft obliegt (→ Rn. 25, 44).[31] Ist allerdings das **Freigabeverfahren** des § 319 Abs. 6 durchlaufen, erfährt die Eingliederung Bestandsschutz (→ Rn. 43). Entgegen einer im Schrifttum vertretenen Ansicht findet das Freigabeverfahren auch bei Fehlen der erforderlichen Kapitalmehrheit Anwendung.[32] Zwar bildet das Beteiligungserfordernis des Abs. 1 S. 1 eine materiell-rechtliche Voraussetzung der Eingliederung (→ Rn. 8); sein Fehlen begründet indes nicht die Unwirksamkeit (in dem Sinne, dass das Rechtsgeschäft unvollständig wäre),[33] sondern – wie auch sonst bei Missachtung materiell-rechtlicher Beschlussvoraussetzungen – die Mangelhaftigkeit (hier: Nichtigkeit) des Beschlusses. Die Schwerde des Mangels begründet zwar nicht nur Nichtigkeit gemäß § 241 Nr. 3, sondern auch ein Freigabehindernis iSd § 319 Abs. 6 S. 3 Nr. 3 (→ Rn. 38); unberührt bleibt freilich die Freigabe nach Maßgabe des § 319 Abs. 6 S. 3 Nr. 2 (→ Rn. 36).

III. Eingliederungsbeschluss (Abs. 1)

10 **1. Allgemeines.** Nach Abs. 1 S. 1 erfolgt die Eingliederung auf der Grundlage eines Beschlusses der Hauptversammlung der einzugliedernden Gesellschaft. Der Abschluss eines Eingliederungsvertrags ist nicht erforderlich.[34] Wird gleichwohl ein solcher Vertrag geschlossen, so erschöpft er sich in der Begründung eines schuldrechtlichen Rechtsverhältnisses; strukturändernde Elemente und der Charakter eines Organisationsvertrags fehlen ihm als solchem gänzlich. Ungeachtet des Erfordernisses eines Zustimmungsbeschlusses nach Abs. 2 (→ Rn. 13 ff.) handelt es sich somit bei der Eingliederung um einen innergesellschaftlichen Vorgang. Der Beschluss kommt entsprechend allgemeinen Grundsätzen dadurch zustande, dass der **Vorstand als gesetzlicher Vertreter** der künftigen Hauptgesellschaft deren Stimmrechte ausübt; § 32 MitbestG findet keine Anwendung.[35] Im Hinblick auf die Stellung der künftigen Hauptgesellschaft als Alleinaktionär (→ Rn. 8 f.) hat der Vorgang zwar den Charakter eines „Formalakts" (→ Rn. 11).[36] Dies ist freilich keine Besonderheit des Eingliederungsbeschlusses. De iure ist vielmehr auch der Eingliederungsbeschluss ein Akt der **Willensbildung** der einzugliedernden Gesellschaft; im Hinblick auf den **Grundlagencharakter** der Eingliederung, der in einer Überlagerung der Satzung der einzugliedernden Gesellschaft durch die §§ 319 ff. zum Ausdruck kommt, ordnet Abs. 1 S. 1 für diesen Akt der Willensbildung die Zuständigkeit der Hauptversammlung an.[37]

11 **2. Beschlussverfahren und -inhalt.** Nach Abs. 1 S. 2 finden die §§ 179 ff. sowie etwaige Bestimmungen der Satzung über Satzungsänderungen auf den Eingliederungsbeschluss keine Anwendung. Dies entspricht der Vorschrift des § 293 Abs. 1 S. 4 betreffend den

---

[29] Kort 174 f., 188 ff. – Näher zur Lehre von der fehlerhaften Gesellschaft und zu ihrer Anwendbarkeit auf fehlerhafte Organisationsakte K. Schmidt GesR § 6; GroßkommAktG/ders. § 248 Rn. 7; Krieger ZHR 158 (1994), 35 ff.; Kort 24 ff., 123 ff.; Schäfer 289 ff. (466 ff.); ders. FS K. Schmidt, 2009, 1389 ff.; zum fehlerhaften Unternehmensvertrag → § 291 Rn. 28 ff.
[30] So auch Grigoleit/Grigoleit/Rachlitz Rn. 10; ferner Kort 190 f. für den Fall, dass die für die Mehrheitseingliederung erforderliche Anteilsmehrheit nicht erreicht ist; im Grundsatz auch Spindler/Stilz/Singhof Rn. 5; aA Schäfer 471 f.; GroßkommAktG/Schmolke Rn. 8; MüKoAktG/Grunewald Rn. 15.
[31] → § 327 Rn. 13; Köhler ZGR 1985, 307 (321 f.); aA noch 7. Aufl. Rn. 9; ferner Kort 191; Krieger ZHR 158 (1994), 35 (43).
[32] AA GroßkommAktG/Schmolke Rn. 7; Spindler/Stilz/Singhof Rn. 4; im Ergebnis auch Grigoleit/Rieder § 327e Rn. 22 betr. Squeeze Out.
[33] Zu dieser Kategorie s. Hüffer/Koch § 241 Rn. 6.
[34] Vgl. OLG München AG 1993, 430; Spindler/Stilz/Singhof Rn. 2; Hüffer/Koch Rn. 3.
[35] UHH/Ulmer/Habersack MitbestG § 32 Rn. 11 mwN.
[36] So Begr. RegE bei Kropff AktG 422; krit. Spindler/Stilz/Singhof Rn. 6.
[37] KK-AktG/Koppensteiner Rn. 2 aE; Hüffer/Koch Rn. 3; näher Prael 96 ff. (104 ff.); s. für Unternehmensverträge auch BGHZ 122, 211 (217) = NJW 1993, 1976.

Beschluss über die Zustimmung zu einem Unternehmensvertrag (→ § 293 Rn. 23). Der Eingliederungsbeschluss unterliegt somit den allgemeinen Regeln über Hauptversammlungsbeschlüsse. Die allgemeinen Voraussetzungen der Eingliederung (→ Rn. 5 ff.) müssen vorliegen. Da die künftige Hauptgesellschaft notwendigerweise Alleinaktionär der einzugliedernden Gesellschaft ist (→ Rn. 9 f.), ist die Hauptversammlung stets **Vollversammlung iSd § 121 Abs. 6.** Der Beschluss kann somit auch ohne Einhaltung der Bestimmungen der §§ 121 ff. betreffend die Einberufung der Hauptversammlung gefasst werden. Unter den Voraussetzungen des § 130 Abs. 1 S. 3 bedarf der Eingliederungsbeschluss zudem nicht der notariellen Beurkundung; insoweit ist von Bedeutung, dass das Gesetz für den Eingliederungsbeschluss keine besondere Mehrheit vorschreibt (→ § 320 Rn. 11). Es genügt deshalb, dass der Vorstand als gesetzlicher Vertreter der zukünftigen Hauptgesellschaft die Eingliederungserklärung als Inhalt des Beschlusses zur **Niederschrift** abgibt und der Aufsichtsratsvorsitzende die Niederschrift unterzeichnet.[38] Ein **Teilnehmerverzeichnis** iSd § 129 gehört dagegen seit der Neufassung des § 130 Abs. 3 durch Art. 1 Nr. 12 NaStraG[39] nicht mehr zu den obligatorischen Anlagen und ist somit entbehrlich.[40]

Was den **Inhalt** des Beschlusses betrifft, so erschöpft er sich in der Verlautbarung der Eingliederung der Gesellschaft. Angaben über die Organisationsstruktur des Eingliederungskonzerns, insbesondere über die Aufgabenaufteilung und den Grad der (De-)Zentralisierung, braucht der Beschluss nicht zu enthalten.[41] Die Eingliederung eines „Teils" der Gesellschaft, etwa eines Betriebes oder des von der Gesellschaft betriebenen Unternehmens, ist nicht möglich.[42] Im Fall eines Beschlussmangels kommt grundsätzlich die Lehre von der **fehlerhaften Gesellschaft** zur Anwendung (→ Rn. 9, 26; → § 320b Rn. 22); ist das **Freigabeverfahren** des Abs. 6 durchlaufen, so kommt allerdings der Eintragung heilende Wirkung zu (→ Rn. 43 f., aber auch → Rn. 9) Im Übrigen bestimmen sich die Rechtsfolgen eines **Beschlussmangels** im Fall der Eingliederung iSd § 319 nach §§ 241 ff. (→ § 320b Rn. 15 ff., dort auch zur Frage einer Inhaltskontrolle des Eingliederungsbeschlusses); allein für die Mehrheitseingliederung enthält § 320b Abs. 2 Sondervorschriften (→ § 320b Rn. 17 ff.). Zur Registersperre und zum Freigabeverfahren → Rn. 26 ff., 32 ff. 12

IV. Zustimmungsbeschluss (Abs. 2)

1. Normzweck. Nach § 319 Abs. 2 S. 1 wird der Eingliederungsbeschluss der einzugliedernden Gesellschaft (→ Rn. 10 ff.) nur wirksam, wenn ihm die Hauptversammlung der **zukünftigen Hauptgesellschaft** zustimmt. Die Notwendigkeit der Mitwirkung der Hauptversammlung erklärt sich für sämtliche Fälle der Eingliederung aus der Haftung der Hauptgesellschaft für die alten und neuen Verbindlichkeiten der eingegliederten Gesellschaft und aus der Verpflichtung zur Verlustübernahme, für die Eingliederung durch Mehrheitsbeschluss zudem aus der Abfindungsverpflichtung nach § 320b Abs. 1 S. 2 (→ § 320 Rn. 6; → § 320b Rn. 4 ff.).[43] Diese Rechtsfolgen der Eingliederung soll der Vorstand der künftigen Hauptgesellschaft nicht ohne Mitwirkung der Hauptversammlung begründen können (→ § 293 Rn. 36). Konstruktiv handelt es sich bei dem Zustimmungsbeschluss um eine 13

---
[38] Zur weiterhin möglichen Erklärung zur notariellen Niederschrift s. KK-AktG/*Koppensteiner* Rn. 3; GroßkommAktG/*Schmolke* Rn. 10.
[39] Gesetz vom 18.1.2001, BGBl. I 123; s. dazu Hüffer/*Koch* § 130 Rn. 24; KK-AktG/*Koppensteiner* Rn. 3; zur Rechtslage nach § 130 Abs. 3 aF s. 3. Aufl. Rn. 11.
[40] GroßkommAktG/*Schmolke* Rn. 10; Spindler/Stilz/*Singhof* Rn. 7; KK-AktG/*Koppensteiner* Rn. 3; aA Hüffer/*Koch* Rn. 4 (unter zwar zutr., die Problematik aber nicht erschöpfenden Hinweis auf das Vorliegen einer Vollversammlung iSd § 121 Abs. 6); ähnlich MüKoAktG/*Grunewald* Rn. 16.
[41] KK-AktG/*Koppensteiner* Rn. 5 f., 8; MüKoAktG/*Grunewald* Rn. 16; Hüffer/*Koch* Rn. 5; Spindler/Stilz/*Singhof* Rn. 7; HK-AktG/*Fett* Rn. 7; MHdB AG/*Krieger* § 74 Rn. 9; aA *Hommelhoff* 354 ff.
[42] Vgl. statt aller MüKoAktG/*Grunewald* Rn. 18.
[43] Vgl. bereits Begr. RegE bei *Kropff* AktG 422; ferner KK-AktG/*Koppensteiner* Rn. 5 f.; GroßkommAktG/*Schmolke* Rn. 13; Hüffer/*Koch* Rn. 6; Grigoleit/*Grigoleit/Rachlitz* Rn. 16; *Sonnenschein* BB 1975, 1088 (1089); ferner *Habersack* FS Horn, 2006, 337 (343 f.) betr. das Verhältnis zu § 62 UmwG; aA *Hommelhoff* 346 ff., 354 ff.

Wirksamkeitsvoraussetzung des Eingliederungsbeschlusses. Demgegenüber ist es der Eingliederungsbeschluss, der auf die Herbeiführung der organisationsrechtlichen Folgen zielt, was zur Folge hat, dass für die Lehre von der fehlerhaften Gesellschaft (→ Rn. 9) auch dann Raum ist, wenn es an einem Zustimmungsbeschluss gänzlich fehlt.[44]

14 2. **Beschlusserfordernisse, Beschlussverfahren und -inhalt.** Die Beschlusserfordernisse sind in Abs. 2 S. 2–4 genannt; sie entsprechen den Anforderungen, die **§ 293 Abs. 2 S. 2, Abs. 1 S. 2–4** für den Beschluss über die Zustimmung zu einem Beherrschungs- oder Gewinnabführungsvertrag aufstellt (→ § 293 Rn. 23 ff., 36). Insbesondere sind nach Abs. 2 S. 4 iVm Abs. 1 S. 2 die für Satzungsänderungen geltenden Regeln des AktG und der Satzung auch auf den Zustimmungsbeschluss nicht anwendbar. Der Beschluss bedarf einer Mehrheit von mindestens drei Viertel des bei der Beschlussfassung vertretenen Grundkapitals; die Satzung kann weitere Erfordernisse bestimmen. Hinsichtlich des Beschlussverfahrens finden die allgemeinen Vorschriften der §§ 121 ff. Anwendung. Der Inhalt des Beschlusses kann sich auf die Zustimmung zum Eingliederungsbeschluss und – im Fall der Mehrheitseingliederung – zu dem Abfindungsangebot beschränken.[45]

15 Die **Reihenfolge** von Eingliederungs- und Zustimmungsbeschluss ist unerheblich. Der Zustimmungsbeschluss kann also dem Eingliederungsbeschluss auch vorangehen.[46] Auch hinsichtlich etwaiger **Beschlussmängel** ist der Zustimmungsbeschluss unabhängig von dem Eingliederungsbeschluss zu beurteilen (→ § 320b Rn. 15 f.); schon in Ermangelung eines Eingliederungsvertrags (→ Rn. 10) ist also der Zustimmungsbeschluss nicht deshalb anfechtbar, weil die allgemeinen Voraussetzungen der Eingliederung (→ Rn. 5 ff.) nicht vorliegen oder der Eingliederungsbeschluss an einem sonstigen Beschlussmangel leidet.[47] Wie der Eingliederungsbeschluss (→ § 320b Rn. 21) bedarf auch der Zustimmungsbeschluss **keiner sachlichen Rechtfertigung** (→ § 320 Rn. 6; → § 320b Rn. 5). Im Fall der Mehrheitseingliederung können die Aktionäre der Hauptgesellschaft allerdings die Unangemessenheit des Abfindungsangebots im Wege der Anfechtungsklage geltend machen (→ § 320b Rn. 16). Darüber hinaus kann die Anfechtung des Zustimmungsbeschlusses insbesondere auf eine Verletzung der besonderen Informationspflichten aus §§ 319 Abs. 3 (→ Rn. 17 ff.), 320 Abs. 2, 4 (→ § 320 Rn. 12 ff.) gestützt werden (→ § 320b Rn. 16). Die Anfechtung des Zustimmungsbeschlusses kann auch noch nach Eintragung der Eingliederung (→ Rn. 41) erfolgen;[48] heilende Wirkung kommt der Eintragung nur zu, nachdem zuvor das Freigabeverfahren durchlaufen ist (→ Rn. 43 f.). Vorbehaltlich des Abs. 6 S. 11 (→ Rn. 43) finden die Grundsätze über die fehlerhafte Gesellschaft Anwendung (→ Rn. 9, 12; → § 320b Rn. 22). Zur Beschlussanfechtung → § 320b Rn. 15 f.

16 3. **Mehrstufige Unternehmensverbindung.** Kommt es zur Eingliederung einer Enkel-AG in eine Tochter-AG, so ist fraglich, ob es zusätzlich zu dem Zustimmungsbeschluss der Tochter eines Zustimmungsbeschlusses der Mutter-AG bedarf. Dies ist jedenfalls für den Fall zu verneinen, dass die Tochter-AG ihrerseits noch nicht in die Mutter-AG eingegliedert ist.[49] Ist dagegen bereits die Tochter-AG in die Mutter-AG eingegliedert, so belastet die nachfolgende Eingliederung der Enkel-AG in die Tochter-AG die Mutter-AG mittelbar mit den Verbindlichkeiten und Verlusten auch der Enkel-AG; denn diese begründen dann entsprechende Verbindlichkeiten und Verluste der Tochter-AG, für die die Mutter-AG nach

---

[44] Zutr. *Schäfer* 468 f.; ferner HK-AktG/*Fett* Rn. 6; Spindler/Stilz/*Singhof* Rn. 8; Grigoleit/*Grigoleit*/*Rachlitz* Rn. 25. – Allg. zur Anwendbarkeit der Lehre von der fehlerhaften Gesellschaft → Rn. 9 mwN.
[45] KK-AktG/*Koppensteiner* Rn. 8; GroßkommAktG/*Schmolke* Rn. 19; MüKoAktG/*Grunewald* Rn. 20; Hüffer/*Koch* Rn. 8; K. Schmidt/Lutter/*Ziemons* Rn. 44; aA *Hommelhoff* 354 ff.
[46] OLG München AG 1993, 430; MüKoAktG/*Grunewald* Rn. 20; Spindler/Stilz/*Singhof* Rn. 8; MHdB AG/*Krieger* § 74 Rn. 11; Hölters/*Leuering*/*Goertz* Rn. 9; NK-AktR/*Jaursch* Rn. 8.
[47] Zutr. OLG München AG 1993, 430 mit Hinweis darauf, dass der Zustimmungsbeschluss bei Unwirksamkeit des Eingliederungsbeschlusses gegenstandslos ist; ebenso Spindler/Stilz/*Singhof* Rn. 9; aA *Schäfer* 469.
[48] Spindler/Stilz/*Singhof* Rn. 9; MüKoAktG/*Grunewald* Rn. 35; aA *Prael* 113 f.
[49] Vgl. MHdB AG/*Krieger* § 74 Rn. 15; Spindler/Stilz/*Singhof* Rn. 10; HK-AktG/*Fett* Rn. 8; K. Schmidt/Lutter/*Ziemons* Rn. 28; Emmerich/*Habersack* KonzernR § 10 Rn. 38; → § 293 Rn. 10 ff.

§§ 322, 324 Abs. 3 einzustehen hat. Es sprechen deshalb gute Gründe für die Annahme einer Pflicht des Mutter-Vorstands, die Ausübung des Stimmrechts in der Hauptversammlung der Tochter-AG von der Zustimmung der Anteilseigner abhängig zu machen.[50] Der Sache nach handelt es sich bei dem Erfordernis der Zustimmung der Mutteraktionäre allerdings um einen Anwendungsfall der **„Holzmüller/Gelatine"-Doktrin** (→ Vor § 311 Rn. 33 ff., 48 f.). Demgemäß ist die Mitwirkung der Hauptversammlung der Mutter-AG nur bei wesentlicher Bedeutung der Eingliederung der Enkel-AG für den Gesamtkonzern erforderlich (→ Vor § 311 Rn. 46 f., 48).[51] Die hM ist zudem der Ansicht, dass der Beschluss der Mutter-AG kein Wirksamkeitserfordernis ist, ihm vielmehr nur für das Innenverhältnis Bedeutung zukommt (→ Vor § 311 Rn. 53).[52]

V. Information der Aktionäre der Hauptgesellschaft (Abs. 3)

1. Überblick. Die **1994 neu geschaffene** und **durch das ARUG geänderte** 17 (→ Rn. 1) Vorschrift des Abs. 3 stellt sicher, dass sich die Aktionäre der zukünftigen Hauptgesellschaft die für die Beschlussfassung nach Abs. 2 erforderlichen Informationen beschaffen können. Die Informationsmöglichkeiten nach Abs. 3 gehen wesentlich über diejenigen nach § 319 aF hinaus; dieser sah in Abs. 2 S. 5 lediglich das – in Abs. 3 S. 5 unverändert übernommene – erweiterte Auskunftsrecht der Aktionäre vor (→ Rn. 22 f.). Die wichtigste Neuerung besteht in der Einführung eines **Eingliederungsberichts** (→ Rn. 18 ff.). Darüber hinaus bestimmte Abs. 3 S. 1 Nr. 1–3, S. 3 in der 1994er Fassung, dass der Eingliederungsbericht, der Entwurf des Eingliederungsbeschlusses (→ Rn. 10 ff.) und die Jahresabschlüsse und Lageberichte der beteiligten Gesellschaften für die letzten drei Geschäftsjahre von der Einberufung der Hauptversammlung an in dem Geschäftsraum der zukünftigen Hauptgesellschaft und sodann in der Hauptversammlung auszulegen waren. Das ARUG hat nunmehr in Abs. 3 S. 4 die Pflicht, die Unterlagen in der Hauptversammlung auszulegen, durch die Pflicht, die Unterlagen in der Hauptversammlung **zugänglich zu machen**, ersetzt und damit an die Neukonzeption der Aktionärsinformation angepasst.[53] Nach Abs. 3 S. 2 hat jeder Aktionär der zukünftigen Hauptgesellschaft Anspruch auf unverzügliche und kostenlose Erteilung einer **Abschrift** der nach S. 1 Nr. 1–3 auszulegenden Unterlagen. Dieser Anspruch und die Pflicht zur Auslage nach Abs. 3 S. 1 entfallen nach dem durch das ARUG eingefügten Abs. 3 S. 3, wenn die in Abs. 3 S. 1 genannten Unterlagen für denselben Zeitraum – und damit von der Einberufung an – über die **Internetseite** der zukünftigen Hauptgesellschaft zugänglich sind; auch dies entspricht der Neukonzeption der Aktionärsinformation durch das ARUG und findet Parallelregelungen in §§ 293f Abs. 3, 327c Abs. 5. Die Vorschriften des Abs. 3 S. 1–3 sind auch im Übrigen weitgehend den **§§ 293f, 293g Abs. 1 und 3 nachgebildet;** auf die Erläuterungen zu diesen Vorschriften wird verwiesen (→ § 293f Rn. 3 ff.; → § 293g Rn. 3 ff.). Ein Verstoß gegen Abs. 3 hat unter den weiteren Voraussetzungen des § 243 Abs. 1 die **Anfechtbarkeit** des Zustimmungsbeschlusses zur Folge (→ Rn. 15, 18, 23; → § 320b Rn. 16). Die Festsetzung eines Zwangsgeldes ist dagegen in § 407 nicht vorgesehen.

2. Eingliederungsbericht. Die Vorschrift des Abs. 3 S. 1 Nr. 3 regelt mit der Pflicht 18 zur Auslegung zugleich die Pflicht zur Erstellung eines sog. Eingliederungsberichts; bei der Pflicht zur Erstellung bewendet es auch, wenn die Gesellschaft nach Abs. 3 S. 3 verfährt, mithin die in Abs. 3 S. 1 bezeichneten Unterlagen über ihre Internetseite zugänglich macht.

---
[50] So auch KK-AktG/*Koppensteiner* Rn. 7; HK-AktG/*Fett* Rn. 8; Spindler/Stilz/*Singhof* Rn. 10; Grigoleit/ *Grigoleit/Rachlitz* Rn. 26; NK-AktR/*Jaursch* Rn. 7; *Rehbinder* ZGR 1977, 581 (617 f.); wohl auch Großkomm AktG/*Schmolke* Rn. 16; weitergehend – für Wirksamkeitserfordernis – *Sonnenschein* BB 1975, 1088 (1091 f.); aA – gegen Notwendigkeit einer Mitwirkung – MHdB AG/*Krieger* § 74 Rn. 15; MüKoAktG/ *Grunewald* Rn. 22; K. Schmidt/Lutter/*Ziemons* Rn. 29; Hüffer/*Koch* Rn. 7.
[51] So auch Spindler/Stilz/*Singhof* Rn. 10; NK-AktR/*Jaursch* Rn. 7; aA – für Entbehrlichkeit wesentlicher Bedeutung – Grigoleit/*Grigoleit/Rachlitz* Rn. 26; wohl auch GroßkommAktG/*Schmolke* Rn. 16.
[52] KK-AktG/*Koppensteiner* Rn. 7; HK-AktG/*Fett* Rn. 8; Spindler/Stilz/*Singhof* Rn. 10.
[53] Dazu *Seibert/Florstedt* ZIP 2008, 2145 (2146 f.); s. ferner § 293g Abs. 1, § 327d S. 1.

Die Berichtspflicht folgt dem **Vorbild des § 293a** betreffend den Unternehmensvertrag und demjenigen des **§ 8 UmwG** betreffend die Verschmelzung. Entspricht der Bericht nicht den Anforderungen des Abs. 3 S. 1 Nr. 3 (iVm § 320 Abs. 4, → § 320 Rn. 15 f.) oder fehlt er ganz, so begründet dies grundsätzlich die **Anfechtbarkeit** des Zustimmungsbeschlusses, im Fall des § 320 Abs. 4 zudem ggf. diejenige des Eingliederungsbeschlusses (→ § 320b Rn. 20).[54] Einer Eingliederungsprüfung bedarf es nach § 320 Abs. 3 allerdings nur in den Fällen der Eingliederung durch Mehrheitsbeschluss (→ § 320 Rn. 18 ff.). Der Bericht ist zusammen mit den in Abs. 3 S. 1 Nr. 1 und 2 genannten Unterlagen (→ Rn. 17) von der Einberufung der Hauptversammlung an im Geschäftsraum der zukünftigen Hauptgesellschaft und sodann in der Hauptversammlung auszulegen; nach Abs. 3 S. 2 ist jedem Aktionär auf Verlangen eine Abschrift zu erteilen (→ Rn. 17). Beide Pflichten entfallen unter den Voraussetzungen des Abs. 3 S. 3 (→ Rn. 17).

19 **Adressat** der Berichtspflicht ist der Vorstand der zukünftigen Hauptgesellschaft. Wie im Fall des § 293a ist der Vorstand als Kollegialorgan angesprochen (näher → § 293a Rn. 16 ff.). Eine Berichtspflicht des Vorstands der einzugliedernden Gesellschaft erübrigt sich dagegen im Hinblick auf die Beteiligungsverhältnisse (→ Rn. 8 f.); für die Mehrheitseingliederung sieht § 320 Abs. 4 S. 1 lediglich die Auslegung des Berichts des Vorstands der zukünftigen Hauptgesellschaft vor (→ § 320 Rn. 15). Hinsichtlich der **Form** des Eingliederungsberichts bestimmt Abs. 3 S. 1 Nr. 3 in Übereinstimmung mit § 293a, dass der Bericht schriftlich abzufassen und damit insbesondere von sämtlichen Mitgliedern des Vorstands zu unterzeichnen ist (→ § 293a Rn. 18). Der Bericht muss den Aktionären nach Maßgabe des Abs. 3 S. 1, 3 von der Einberufung der Hauptversammlung an zugänglich sein (→ Rn. 17); etwaige Mängel des Berichts können deshalb nicht durch Erläuterungen in der Hauptversammlung geheilt werden.[55]

20 Was den **Berichtsinhalt** betrifft, so ist nach Abs. 3 S. 1 Nr. 3 die Eingliederung in rechtlicher und wirtschaftlicher Hinsicht ausführlich zu erläutern und zu begründen. Gegenstand der Berichtspflicht ist somit allein die *Eingliederung* als solche, im Fall der Mehrheitseingliederung zudem der Abfindungsanspruch der Minderheitsaktionäre (→ § 320 Rn. 16). Im Übrigen ist § 319 Abs. 3 S. 1 Nr. 3 dem **§ 293a Abs. 1 nachgebildet.** Auf die Ausführungen in → § 293a Rn. 19 ff. kann deshalb mit der Maßgabe verwiesen werden, dass sich der Inhalt des Eingliederungsberichts im Fall des § 319 (zur Mehrheitseingliederung → § 320 Rn. 16) an der für die Aktionäre der zukünftigen Hauptgesellschaft zentralen Eingliederungsfolge, nämlich der Haftung nach § 322 und der Verlustausgleichspflicht nach 324 Abs. 3, ausrichten muss.[56] Im Unterschied zu § 293a Abs. 2, § 8 Abs. 2 UmwG enthält § 319 Abs. 3 S. 1 Nr. 3 keine **Schutzklausel.** Da sich diesbezüglich den Materialien nichts entnehmen lässt[57] und auch im Übrigen kein Sachgrund für eine über § 8 UmwG hinausgehende Berichtspflicht zu erkennen ist, kann davon ausgegangen werden, dass es sich um ein Redaktionsversehen handelt; es ist durch analoge Anwendung der § 293a Abs. 2, § 8 Abs. 2 UmwG zu korrigieren.[58] Entsprechendes ist für die Möglichkeit eines **Verzichts auf den Vorstandsbericht** anzunehmen. Auch insoweit ist wohl die besondere Regelungstechnik des § 319 Abs. 3 S. 1 Nr. 3, nämlich die stillschweigende Anordnung der Berichts-

---

[54] MüKoAktG/*Grunewald* Rn. 26; Spindler/Stilz/*Singhof* Rn. 11; für die Verschmelzung BGHZ 107, 296 (302 f.) = NJW 1989, 2689; BGH ZIP 1990, 168 (170). – Zum Erfordernis der „Relevanz" der Informationspflichtverletzung → § 243 Abs. 4 S. 1, ferner BGHZ 149, 158 (163 ff.) = NJW 2002, 1128; BGHZ 160, 253 (255 f.) = NJW 2004, 3561; BGH NZG 2008, 309 Rn. 6 f.; Hüffer/*Koch* § 243 Rn. 12 f., 17; zur Problematik der Anfechtbarkeit von Beschlüssen wegen Informationsmängeln sowie zur Frage der Reformbedürftigkeit der §§ 241 ff. → Rn. 32.
[55] LG Frankfurt a.M. AG 1998, 45 (47); MüKoAktG/*Grunewald* Rn. 26; K. Schmidt/Lutter/*Ziemons* Rn. 19; aA *Bayer* AG 1998, 323 (330).
[56] Hüffer/*Koch* Rn. 11; NK-AktR/*Jaursch* Rn. 12.
[57] Vgl. Begr. RegE, BT-Drs. 12/6699, 179.
[58] So auch MHdB AG/*Krieger* § 74 Rn. 13; MüKoAktG/*Grunewald* Rn. 25; GroßkommAktG/*Schmolke* Rn. 25; HK-AktG/*Fett* Rn. 12; Spindler/Stilz/*Singhof* Rn. 12; Hölters/*Leuering*/*Goertz* Rn. 14; NK-AktR/*Jaursch* Rn. 12; wohl auch Hüffer/*Koch* Rn. 11: „gut vertretbar"; im Ergebnis auch K. Schmidt/Lutter/*Ziemons* Rn. 19; Grigoleit/*Grigoleit*/*Rachlitz* Rn. 19.

pflicht im Zusammenhang mit der Pflicht zur Auslegung des Berichts (→ Rn. 18), ursächlich für die versehentlich unterbliebene Aufnahme einer Vorschrift nach Art der § 293a Abs. 3, § 8 Abs. 3 UmwG. Für die Annahme eines Redaktionsversehens spricht auch die Vorschrift des § 320 Abs. 3, die ausdrücklich die Möglichkeit eines Verzichts auf die Eingliederungsprüfung entsprechend § 293a Abs. 3 vorsieht (→ § 320 Rn. 18). Vor diesem Hintergrund bietet sich hinsichtlich des Verzichts auf den Eingliederungsbericht die entsprechende Anwendung des § 293a Abs. 3 an; abweichend von § 8 Abs. 3 UmwG bedürfen somit die Verzichtserklärungen der Aktionäre der zukünftigen Hauptgesellschaft und der Aktionäre der einzugliedernden Gesellschaft – im Fall des § 319 ist dies lediglich die zukünftige Hauptgesellschaft (→ Rn. 8 f.) – nur der öffentlichen Beglaubigung.[59]

3. Erläuterung durch den Vorstand. Während § 293g Abs. 2 S. 1 und § 64 Abs. 1 S. 2 **21** UmwG ausdrücklich bestimmen, dass der Vorstand den Unternehmens- oder Verschmelzungsvertrag mündlich zu erläutern hat, lässt es § 319 Abs. 3 zwar an einer entsprechenden Vorschrift vermissen. Dies steht freilich einer analogen Anwendung der genannten Vorschriften nicht entgegen.[60] Den Aktionären ist deshalb noch einmal zusammenfassend die rechtliche und wirtschaftliche Bedeutung des Eingliederungsvorhabens vor Augen zu führen; ggf. sind die Ausführungen im Eingliederungsbericht zu aktualisieren. Unterbleibt die gebotene Erläuterung, so ist der Eingliederungsbeschluss grundsätzlich anfechtbar.[61]

4. Auskunftsrecht. Nach Abs. 3 S. 5 ist jedem Aktionär in der Hauptversammlung, die **22** gemäß Abs. 2 über die Zustimmung zur Eingliederung entscheidet, auf Verlangen Auskunft auch über alle im Zusammenhang mit der Eingliederung wesentlichen Angelegenheiten der einzugliedernden Gesellschaft zu geben. Eine wortgleiche Bestimmung enthielt bereits § 319 Abs. 2 S. 5 aF (→ Rn. 1, 17). Zur Auskunft verpflichtet ist der Vorstand der zukünftigen Hauptgesellschaft. Die Bestimmung des Kreises der „wesentlichen Angelegenheiten" hat sich an der für die Aktionäre maßgeblichen Rechtsfolge einer Eingliederung nach § 319, nämlich der Haftung nach §§ 322, 324 Abs. 3 und der damit verbundenen Gefahr einer Verwässerung des Anteilswerts, zu orientieren. Vor diesem Hintergrund sind all diejenigen Angelegenheiten der einzugliedernden Gesellschaft „wesentlich", die Rückschlüsse auf die Vermögens-, Ertrags- und Liquiditätslage der einzugliedernden Gesellschaft erlauben;[62] die Ausführungen in → § 293g Rn. 9 ff. betreffend das entsprechende Auskunftsrecht nach § 293g Abs. 3 gelten sinngemäß. Zur Mehrheitseingliederung → § 320 Rn. 17.

Das Auskunftsrecht nach Abs. 3 S. 5 ist – ebenso wie dasjenige nach § 326 – eine beson- **23** dere Ausprägung des allgemeinen Auskunftsrechts nach § 131. Unter den Voraussetzungen des § 131 Abs. 3 hat deshalb der Vorstand grundsätzlich das Recht zur **Auskunftsverweigerung**. Eine Ausnahme ist allerdings für den Tatbestand des § 131 Abs. 3 Nr. 1 anzuerkennen (→ § 293g Rn. 11 f. mwN).[63] Im Hinblick auf §§ 322, 324 Abs. 3 kann den Aktionären die erbetene Auskunft jedenfalls nicht mit der Begründung verweigert werden, dass die Offenlegung einer negativen Vermögens-, Ertrags- oder Liquiditätslage als solche geeignet ist, der einzugliedernden Gesellschaft einen nicht unerheblichen Nachteil zuzufügen. Einzelaspekte der drohenden oder bereits realisierten Risiken brauchen allerdings nicht offenge-

---

[59] Zust. MüKoAktG/*Grunewald* Rn. 24; GroßkommAktG/*Schmolke* Rn. 24; Spindler/Stilz/*Singhof* Rn. 12; HK-AktG/*Fett* Rn. 12; Grigoleit/*Grigoleit/Rachlitz* Rn. 19; aA K. Schmidt/Lutter/*Ziemons* Rn. 20.
[60] KK-AktG/*Koppensteiner* Rn. 15; MüKoAktG/*Grunewald* Rn. 31; GroßkommAktG/*Schmolke* Rn. 28; K. Schmidt/Lutter/*Ziemons* Rn. 22; Spindler/Stilz/*Singhof* Rn. 14; HK-AktG/*Fett* Rn. 14; MHdB AG/*Krieger* § 74 Rn. 14; Hüffer/*Koch* Rn. 12; aA noch GroßkommAktG/*Würdinger* 3. Aufl. Anm. 14.
[61] So auch MüKoAktG/*Grunewald* Rn. 32; Spindler/Stilz/*Singhof* Rn. 14; HK-AktG/*Fett* Rn. 14. – Zum Erfordernis der „Relevanz" der Informationspflichtverletzung → § 243 Abs. 4 S. 1, ferner BGHZ 149, 158 (163 ff.) = NJW 2002, 1128; BGHZ 160, 253 (255 f.) = NJW 2004, 3561; BGH NZG 2008, 309 Rn. 6 f.; Hüffer/*Koch* § 243 Rn. 12 f., 17.
[62] MüKoAktG/*Grunewald* Rn. 33; näher Ebenroth AG 1970, 104 (108 f.); s. ferner KK-AktG/*Koppensteiner* Rn. 15.
[63] So auch KK-AktG/*Koppensteiner* Rn. 16; GroßkommAktG/*Schmolke* Rn. 30; im Grundsatz (s. sogleich im Text) auch MüKoAktG/*Grunewald* Rn. 34; Spindler/Stilz/*Singhof* Rn. 15; Hüffer/*Koch* Rn. 12; MHdB AG/*Krieger* § 74 Rn. 14.

legt zu werden.[64] Hinsichtlich des Auskunftsrechts nach § 326 findet § 131 Abs. 3 Nr. 1 uneingeschränkt Anwendung (→ § 326 Rn. 3). Im Fall einer Verletzung des Auskunftsrechts ist der Zustimmungsbeschluss anfechtbar gemäß § 243 Abs. 1, 4.[65]

VI. Anmeldung zur Eintragung, Registerverfahren und Eintragung (Abs. 4–7)

24 **1. Überblick.** Nach § 319 Abs. 7 erlangt die Eingliederung erst durch Eintragung in das Handelsregister der einzugliedernden Gesellschaft Wirksamkeit (→ Rn. 44). Das bei der Eintragung zu beachtende Registerverfahren ist zunächst durch Art. 6 Nr. 10 Gesetz zur Bereinigung des Umwandlungsrechts (→ Rn. 1, dort auch zu weiteren Änderungen) erheblich geändert worden und nunmehr Gegenstand der Abs. 5 und 6. Bereits nach § 319 Abs. 3 S. 2 aF war vom Vorstand eine sog. **Negativerklärung** abzugeben; diese ist von § 319 Abs. 5 S. 1 in modifizierter, nämlich an § 16 Abs. 2 S. 1 UmwG angepasster Form übernommen worden (→ Rn. 26 ff.). Fehlt die Negativerklärung, so begründet dies nach Abs. 5 S. 2 grundsätzlich eine **Registersperre** (→ Rn. 29 ff.). Die Vorschrift des Abs. 6 sieht allerdings ein Unbedenklichkeitsverfahren vor, mit dem die bei Fehlen der Negativerklärung eingreifende Registersperre überwunden werden kann; es ist durch das ARUG (→ Rn. 1) wesentlich umgestaltet, nämlich an das allgemeine **Freigabeverfahren** (das seinerseits geändert worden ist) angepasst worden (→ Rn. 32 ff.). Die **Anmeldung** zur Eintragung ist in Abs. 4 geregelt (→ Rn. 25); die Vorschrift entspricht der des § 319 Abs. 3 S. 1 und 3 aF.

25 **2. Anmeldung (Abs. 4).** Nach Abs. 4 S. 1 hat der Vorstand der einzugliedernden Gesellschaft die Eingliederung und die Firma der Hauptgesellschaft zur Eintragung in das Handelsregister anzumelden. Die Anmeldung erfolgt mithin nur bei dem für die einzugliedernde Gesellschaft zuständigen Registergericht. Eine Anmeldung bei dem Registergericht der zukünftigen Hauptgesellschaft ist dagegen in Abs. 4 nicht vorgesehen und zur Wirksamkeit der Eingliederung auch nicht erforderlich;[66] insoweit bewendet es vielmehr bei § 130 Abs. 5. Die Anmeldung der Eingliederung kann nach § 407 Abs. 2 S. 1 (der versehentlich noch auf § 319 Abs. 3 aF Bezug nimmt) nicht durch Festsetzung eines Zwangsgeldes erzwungen werden; dies erklärt sich aus der konstitutiven Wirkung der Eintragung (→ Rn. 44). Der Vorstand ist jedoch nach § 83 Abs. 2 der Gesellschaft gegenüber zur Anmeldung verpflichtet. Nach Abs. 4 S. 2 sind der Anmeldung die Niederschriften beider Hauptversammlungsbeschlüsse (→ Rn. 10 ff., 13 ff.) und ihre Anlagen (iSd § 130 Abs. 3)[67] beizufügen, und zwar entweder in Ausfertigung oder in öffentlich beglaubigter Abschrift.

26 **3. Negativerklärung (Abs. 5). a) Funktion.** Da eine Rückabwicklung der eingetragenen und vollzogenen Eingliederung schon mit Rücksicht auf die Grundsätze über die fehlerhafte Gesellschaft regelmäßig nicht in Betracht kommt (→ Rn. 9, 12, 15; → § 320b Rn. 22) und nach dem durch das ARUG (→ Rn. 1) eingefügten Abs. 6 S. 11 nunmehr für den Fall, dass das Freigabeverfahren durchlaufen ist, auch de iure ausgeschlossen ist (→ Rn. 43), sucht das Gesetz durch das Erfordernis einer sog. Negativerklärung des Vorstands der einzugliedernden Gesellschaft die Eintragung einer auf unwirksamer oder anfechtbarer Grundlage basierenden Eingliederung und die damit verbundene Gefährdung oder

---

[64] So auch MüKoAktG/*Grunewald* Rn. 34; Spindler/Stilz/*Singhof* Rn. 15; GroßkommAktG/*Schmolke* Rn. 30; enger wohl Hüffer/*Koch* Rn. 12, dem zufolge der Ausschlussgrund jedenfalls hinsichtlich der bereits begründeten Verbindlichkeiten nicht anzuwenden ist.
[65] Zur Relevanz der Auskunftsverweigerung s. BGHZ 122, 211 (238 f.) = NJW 1993, 1976 mwN; allg. zum Erfordernis der „Relevanz" der Informationspflichtverletzung → § 243 Abs. 4 S. 1, ferner BGHZ 149, 158 (163 ff.) = NJW 2002, 1128; BGHZ 160, 253 (255 f.) = NJW 2004, 3561; BGH NZG 2008, 309 Rn. 6 f.; Hüffer/*Koch* § 243 Rn. 12 f., 17.
[66] KK-AktG/*Koppensteiner* Rn. 20; MüKoAktG/*Grunewald* Rn. 36; GroßkommAktG/*Schmolke* Rn. 33; Hüffer/*Koch* Rn. 13; aA *Hommelhoff* 359.
[67] Ein etwaiger Gewinnabführungsvertrag oder Vertrag iSd § 292 Abs. 1 Nr. 1, 2 muss nach § 324 Abs. 2 (iVm § 294 Abs. 1 S. 2) nicht beigefügt werden.

gar Vereitelung des Rechts zur Geltendmachung von Beschlussmängeln zu verhindern.[68] Ist auch nur einer der beiden Hauptversammlungsbeschlüsse (→ Rn. 10 ff.) angegriffen worden, kann eine solche Negativerklärung nicht abgegeben und deshalb die Eingliederung grundsätzlich nicht eingetragen werden (→ Rn. 29 ff.; aber → Rn. 32 ff.). Das Eintragungsverfahren ist dann vielmehr bis zur Entscheidung über den Beschlussmangel auszusetzen (→ Rn. 29).

b) Zeitpunkt und Inhalt (S. 1). Nach Abs. 5 S. 1 Hs. 1 hat sich der Vorstand über **27** sämtliche Klagen zu erklären, die gegen die Wirksamkeit des Eingliederungs- oder Zustimmungsbeschlusses (→ Rn. 10 ff.) erhoben worden sind oder erhoben werden können. Davon betroffen sind vor allem die Anfechtungs- (§§ 243, 248) und die Nichtigkeitsklage (§ 249). Nach zutreffender Ansicht ist allerdings auch die allgemeine **Feststellungsklage** des § 256 ZPO „gegen die Wirksamkeit eines Hauptversammlungsbeschlusses" gerichtet und damit zur Auslösung der Registersperre des Abs. 5 imstande;[69] von Bedeutung ist dies namentlich in Fällen, in denen das Fehlen eines Sonderbeschlusses und damit die schwebende Unwirksamkeit des Beschlusses geltend gemacht wird. Ist auch nur gegen einen der beiden Beschlüsse (→ Rn. 10 ff.) Nichtigkeitsklage oder fristgemäß Anfechtungsklage erhoben und die Klage nicht rechtskräftig abgewiesen oder zurückgenommen worden, kann die Erklärung nicht abgegeben und die Eingliederung vorbehaltlich des Abs. 6 (→ Rn. 32 ff.) nicht eingetragen werden. Hinsichtlich der **Klagefristen** gelten die allgemeinen Grundsätze. Eine § 14 Abs. 1 UmwG entsprechende Vorschrift kennen die §§ 319 ff. nicht.[70] Die Problematik der „**nachgeschobenen Nichtigkeitsklage**" wollte die Bundesregierung zwar im Rahmen der Aktienrechtsnovelle 2016 aufgreifen, und zwar dergestalt, dass in § 249 Abs. 2 die Nichtigkeitsklage, wenn sie im Anschluss an eine bereits erhobene Beschlussmängelklage erhoben wird, einer Befristung von einem Monat nach Veröffentlichung des ursprünglichen Beschlussmängelverfahrens unterstellt wird; auf Empfehlung des Rechtsausschusses hat der Gesetzgeber indes von diesem Vorhaben Abstand genommen.[71] Eine Anfechtungsklage muss deshalb zwar innerhalb der Monatsfrist des § 246 Abs. 1 erhoben worden sein; vor Ablauf der Frist darf die Eintragung nicht erfolgen (→ Rn. 28). Hinsichtlich der Nichtigkeitsklage hat es dagegen einstweilen dabei zu bewenden, dass besondere Fristen auch dann nicht laufen, wenn gegen den Beschluss bereits Anfechtungsklage erhoben worden ist; selbst die Dreijahresfrist des § 242 Abs. 2 ist schon deshalb unbeachtlich, weil ihr Lauf die Eintragung in das Handelsregister voraussetzt. Der Klagerücknahme iSd Abs. 5 S. 1 Hs. 1 steht die **Erledigung der Hauptsache** gleich.[72]

Nach Abs. 5 S. 1 Hs. 2 hat der Vorstand dem Registergericht darüber Mitteilung zu **28** machen, dass eine der in Abs. 5 S. 1 Hs. 1 genannten Tatsachen **nach der Anmeldung** eingetreten ist. Allerdings kann die Negativerklärung ohnehin erst nach Ablauf der Anfechtungsfrist (→ Rn. 27) abgegeben werden.[73] § 319 Abs. 5 S. 1 Hs. 2 hat deshalb allenfalls den Fall vor Augen,[74] dass es nach Abgabe der Negativerklärung zur Anhängigkeit und

---

[68] Vgl. im Zusammenhang mit § 16 Abs. 2 UmwG auch *Bork* ZGR 1993, 343 (359 f.); *Hirte* DB 1993, 77.
[69] Hüffer/*Koch* Rn. 14; MüKoAktG/*Grunewald* Rn. 38; GroßkommAktG/*Schmolke* Rn. 36; Spindler/Stilz/*Singhof* Rn. 18; HK-AktG/*Fett* Rn. 17; Grigoleit/*Grigoleit/Rachlitz* Rn. 29; aA noch 5. Aufl. Rn. 27; ferner Hölters/*Leuering/Goertz* Rn. 31; MHdB AG/*Krieger* § 74 Rn. 18; Henssler/Strohn/*Wilsing* Rn. 6; zu § 16 Abs. 2 UmwG GroßkommAktG/*K. Schmidt* § 249 Rn. 34, 44. Zur allgemeinen Feststellungsklage s. noch GroßkommAktG/*K. Schmidt* § 249 Rn. 34 ff.; Hüffer/*Koch* § 249 Rn. 2, 12, 21.
[70] Hüffer/*Koch* Rn. 14; GroßkommAktG/*Schmolke* Rn. 37; aA – für analoge Anwendung des § 14 Abs. 1 UmwG – *H. Schmidt* FS Universität Leipzig, 2009, 469 (473 ff.).
[71] Beschlussempfehlung BT-Rechtsausschuss, BT-Drs. 18/6681; RegE eines Gesetzes zur Änderung des AktG, BT-Drs. 18/4349.
[72] Zutr. Hüffer/*Koch* Rn. 14; MüKoAktG/*Grunewald* Rn. 38; KK-AktG/*Koppensteiner* Rn. 23. Zur Erledigung des Anfechtungsprozesses s. Hüffer/*Koch* § 248 Rn. 16.
[73] So zu § 16 UmwG BGH NZG 2006, 956 (957) Rn. 17.
[74] Bei nachträglicher Abweisung oder Rücknahme einer Klage konnte zunächst gar keine Negativerklärung abgegeben werden.

Zustellung einer Nichtigkeitsklage oder zur Zustellung einer bereits vor Fristablauf anhängig gewordenen Anfechtungsklage kommen kann. Im Interesse des Klägers[75] hat in diesem Fall die nachträgliche Mitteilung durch den Vorstand die Außerkraftsetzung der zunächst abgegebenen Negativerklärung und damit den Eintritt der Registersperre (→ Rn. 29 ff.) zur Folge. Dem entspricht es, dass, wie sich auch Abs. 5 S. 2 Hs. 2 entnehmen lässt (→ Rn. 30), das Registergericht **keinesfalls vor Ablauf der Anfechtungsfristen**[76] eintragen darf.[77]

29   c) **Registersperre (S. 2).** Fehlt die Negativerklärung oder macht der Vorstand Mitteilung nach Abs. 5 S. 1 Hs. 2 (→ Rn. 28), so darf die Eingliederung grundsätzlich (→ Rn. 30, 32 ff.) nicht eingetragen werden. § 319 Abs. 5 S. 2 bestimmt dies nunmehr – ebenso wie § 16 Abs. 2 S. 2 UmwG – ausdrücklich, doch war die Registersperre bereits unter Geltung der §§ 319 Abs. 3 S. 2, 345 Abs. 2 S. 1 aF anerkannt.[78] Unter Geltung des § 319 Abs. 5 und 6 darf das Registergericht allerdings in keinem Fall die Erfolgsaussichten der Beschlussmängelklage beurteilen; die Vorschriften der §§ 381, 21 FamFG finden demnach mit der Maßgabe Anwendung, dass bei schwebender Anfechtungsklage das Eintragungsverfahren stets auszusetzen ist.[79] Die Negativerklärung ist **Eintragungsvoraussetzung**. Sofern sie nicht durch einen Klageverzicht (→ Rn. 30 f.) oder einen Beschluss des Prozessgerichts (→ Rn. 32 ff.) ersetzt wird, darf die Eintragung nicht erfolgen. Eine gleichwohl erfolgte Eintragung unterliegt zwar nicht der Amtslöschung nach § 398 FamFG, wohl aber derjenigen nach **§ 395 FamFG.**[80] Fehlt die Negativerklärung, so hat das Registergericht nach § 26 S. 2 HRV den Vorstand durch Zwischenverfügung und unter Fristsetzung aufzufordern, die Erklärung nachzureichen. Kann der Vorstand die Erklärung auf Grund der Rechtshängigkeit einer Beschlussmängelklage nicht abgeben, so ist das Eintragungsverfahren nach §§ 381, 21 FamFG auszusetzen.[81]

30   Nach Abs. 5 S. 2 Hs. 2 darf die Eingliederung ausnahmsweise auch bei Fehlen einer Negativerklärung eingetragen werden, wenn alle klageberechtigten[82] Aktionäre in notariell beurkundeter Form einen **Klageverzicht** erklären. Dies entspricht der Rechtslage nach § 16 Abs. 2 S. 2 Hs. 2 UmwG und soll die Beschleunigung der Eingliederung ermöglichen. Insbesondere Gesellschaften mit kleinem Aktionärskreis sollen die Eintragung auch schon vor Ablauf der Anfechtungsfrist des § 246 Abs. 1 erreichen können. Dies ist deshalb von Bedeutung, weil auch bei einer vor Ablauf der Anfechtungsfrist erfolgten Anmeldung das Registergericht erst mit Fristablauf eintragen darf (→ Rn. 28). Gegenstand des Verzichts ist das Recht eines jeden Aktionärs, etwaige Beschlussmängel mittels Anfechtungs- oder Nichtigkeitsklage (→ Rn. 27) geltend zu machen.[83] Voraussetzung ist, dass es **noch nicht zur Klageerhebung** gekommen ist. Andernfalls bleibt nur die Möglichkeit einer Klagerücknahme und einer darauf gestützten Negativerklärung nach Abs. 5 S. 1 S. 1.

31   Abs. 5 S. 2 S. 2 Hs. 2 spricht zwar von der Wirksamkeit „des" Hauptversammlungsbeschlusses, bezieht sich aber sowohl auf den **Eingliederungsbeschluss** (→ Rn. 10 ff.) als

---
[75] Vgl. Begr. RegE, BT-Drs. 12/6699, 88.
[76] Mit Blick auf § 167 ZPO für Notwendigkeit, nach Ablauf der Monatsfrist noch eine weitere angemessene Frist zuzuwarten, OLG Hamburg NZG 2003, 981 (zwei Wochen; betr. § 16 Abs. 2 UmwG); offengelassen in BGH NJW 2007, 224 Rn. 18.
[77] MHdB AG/*Krieger* § 74 Rn. 20; Hüffer/*Koch* Rn. 14; MüKoAktG/*Grunewald* Rn. 44; zu § 16 UmwG auch BGH NZG 2006, 956 (958) Rn. 18; zu den Folgen einer gleichwohl erfolgten vorzeitigen Eintragung → Rn. 29; → § 327e Rn. 8.
[78] Vgl. zu § 345 Abs. 2 S. 1 aF BGHZ 112, 9 (12 ff.) = NJW 1990, 2747 mwN; zu § 319 Abs. 3 S. 2 aF KK-AktG/*Koppensteiner* Rn. 21; rechtspolitische Kritik an der Registersperre des § 319 Abs. 5 S. 2 bei *Kort* 78 ff., 186 f.
[79] MüKoAktG/*Grunewald* Rn. 40; Spindler/Stilz/*Singhof* Rn. 19; Hüffer/*Koch* Rn. 15.
[80] Vgl. BVerfG AG 2010, 160 Rn. 18 ff. (23 f.); → § 327e Rn. 8; zur Amtshaftung s. OLG Hamm NZG 2014, 1430 f.
[81] Vgl. BGHZ 112, 9 (25 f.) = NJW 1990, 2747.
[82] Zur Bedeutungslosigkeit dieses Merkmals s. Grigoleit/*Grigoleit/Rachlitz* Rn. 33.
[83] Großkomm AktG/*Schmolke* Rn. 40; Hüffer/*Koch* Rn. 16.

auch auf den **Zustimmungsbeschluss** (→ Rn. 13 ff.).[84] Erforderlich sind Verzichtserklärungen aller zur Anfechtung berechtigten Aktionäre.[85] Im Fall einer **Mehrheitseingliederung** nach §§ 320 ff. ist deshalb neben einem Verzicht der Aktionäre der zukünftigen Hauptgesellschaft und der Hauptgesellschaft selbst ein Verzicht der Minderheitsaktionäre der einzugliedernden Gesellschaft erforderlich. Nicht erforderlich ist dagegen ein Verzicht der nach § 245 Nr. 4, 5 zur Anfechtung berechtigten Vorstände und Organwalter.[86] Liegen die Voraussetzungen des Abs. 5 S. 2 Hs. 2 vor, so ist dadurch allerdings nur die Negativerklärung ersetzt und damit eine von mehreren Eintragungsvoraussetzungen erfüllt. Im Übrigen bleibt also die **Prüfungspflicht** des Registergerichts unberührt.[87]

4. Freigabeverfahren (Abs. 6). a) Allgemeines. Nach Abs. 6 S. 1 steht der Negativerklärung die durch rechtskräftigen Beschluss getroffene Feststellung gleich, dass die Erhebung einer Klage gegen den Eingliederungs- oder Zustimmungsbeschluss (→ Rn. 10 ff.) die Eintragung des angegriffenen Beschlusses nicht hindert. Das Gesetz will dadurch für den Fall, dass die Beschlussmängel- oder Feststellungsklage (→ Rn. 27) unzulässig oder offensichtlich unbegründet ist oder das alsbaldige Wirksamwerden der Maßnahme vorrangig erscheint, eine **Überwindung der Registersperre** (→ Rn. 29 ff.) ermöglichen, und kaschiert auf diese Weise Unvollkommenheiten des in hohem Maße **reformbedürftigen Beschlussmängelrechts** der §§ 241 ff.[88] Unter Geltung des § 319 Abs. 3 S. 2 aF (→ Rn. 24, 29) hatte zwar bereits der BGH für den Fall der Unzulässigkeit oder offensichtlichen Unbegründetheit der Klage die Möglichkeit der Eintragung der Maßnahme eröffnet.[89] Die Vorschrift des Abs. 6 distanziert sich jedoch in mehrfacher Hinsicht von der alten Rechtslage. So sieht sie in S. 2 die Möglichkeit eines Freigabebeschlusses auch für den Fall vor, dass die Klage zwar weder unzulässig noch offensichtlich unbegründet ist, das Interesse der Gesellschaft an der Eintragung aber gleichwohl vorrangig erscheint. Vor allem aber bedarf es nach Abs. 6 S. 1 eines besonderen Beschlusses des Prozessgerichts; demgegenüber hatte nach den richterrechtlichen Grundsätzen das Registergericht im Rahmen des Eintragungsverfahrens über die Unzulässigkeit oder offensichtliche Unbegründetheit der Klage zu befinden.[90] Das **ARUG** (→ Rn. 1) hat nicht nur das allgemeine Freigabeverfahren des § 246a erheblich geändert (→ § 293 Rn. 56 ff.), sondern zugleich das Freigabeverfahren des § 319 Abs. 6 an dasjenige des (geänderten) § 246a angepasst.[91] So sind die Freigabevoraussetzungen erweitert und die Zuständigkeit des OLG begründet worden; im Interesse eines zügigen Verfahrens entscheidet das OLG nunmehr durch unanfechtbaren Beschluss. Darüber hinaus ist nunmehr auch im Rahmen des § 319 Abs. 6 die auf der Grundlage eines Freigabebeschlusses erfolgte Eintragung der Eingliederung **irreversibel** (→ Rn. 43); demgegenüber hatte der Beschluss nach Abs. 6 vor Inkrafttreten des ARUG den Charakter einer einstweiligen Anordnung.[92] Schließlich ist das Gericht

---

[84] MüKoAktG/*Grunewald* Rn. 39; Spindler/Stilz/*Singhof* Rn. 20.
[85] Vollmachtslose Vertretung beurteilt sich nach § 180 BGB, s. *Melchior* GmbHR 1999, 520 (521 f.).
[86] MüKoAktG/*Grunewald* Rn. 38; GroßkommAktG/*Schmolke* Rn. 41.
[87] Eingehend zur Prüfungspflicht *Bokelmann* DB 1994, 1341 ff.
[88] Näher *Arbeitskreis Beschlussmängelrecht* AG 2008, 617 ff.; *Assmann* AG 2008, 208 ff.; *Baums* Gutachten 125 ff., 129 ff.; *Bayer* FS Hoffmann-Becking, 2013, 91 ff.; *Fleischer* AG 2012, 765 ff.; *Habersack/Stilz* ZGR 2010, 710 ff.; *Hirte* FS Meilicke, 2010, 201 ff.; *Kiem* in Hommelhoff/Röhricht (Hrsg.), Gesellschaftsrecht 1997, 1998, 105, 109 ff.; *Martens/Martens* FS K. Schmidt, 2009, 1129 ff.; *Niemeier* ZIP 2008, 1148 ff.; *Noack* ZHR 164 (2000), 274 (276 ff.); *Schwarz* ZRP 2000, 330 (334 ff.); *Schiessl* in VGR 57 ff.; *K. Schmidt* AG 2009, 248 ff.; *Stilz* FS Hommelhoff, 2012, 1181 ff.; *J. Vetter* AG 2008, 176 ff.; *Winter* FS Ulmer, 2003, 683 (692 ff.); *Zöllner* AG 2000, 145 (147 ff.); ders. FS Westermann, 2008, 1631 ff.
[89] BGHZ 112, 9 (23 ff.) = NJW 1990, 2747; s. ferner *Hommelhoff* ZGR 1990, 447 (462); aA *Kiem* 109 ff., 181 ff. mwN.
[90] Vgl. zu den vor Schaffung des UmwG angestellten Reformüberlegungen insbes. *Hommelhoff* ZGR 1990, 447 (469 ff.); ders. ZGR 1993, 452 (467 ff.); ferner *Bork* ZGR 1993, 343 (356 ff.); *Boujong* FS Kellermann, 1991, 1 (12 ff.); *Hirte* DB 1993, 77 (79 f.); *Timm/Schick* DB 1990, 1221 (1223 f.).
[91] Überblick bei *Seibert/Florstedt* ZIP 2008, 2145 (2151 f.).
[92] Vgl. 5. Aufl. Rn. 32; zutr. Betonung des an sich gebotenen, im Rahmen des § 319 Abs. 6 S. 2 aF fehlenden Zusammenhangs zwischen Unbedenklichkeitsverfahren und Irreversibilität der eingetragenen Maßnahme bei *Noack* ZHR 164 (2000), 274 (279 f., 287 f.); *Kort* 186 f.

bei Vorliegen der Freigabevoraussetzungen nicht nur berechtigt, sondern auch verpflichtet, die Freigabe zu beschließen.

33 **b) Unbedenklichkeit.** Neben der **Rechtshängigkeit**[93] einer gegen die Wirksamkeit des Eingliederungs- oder Zustimmungsbeschlusses gerichteten Klage (→ Rn. 10 ff.) setzt der Erlass eines Beschlusses zunächst einen **Antrag der Gesellschaft,** deren Beschluss angegriffen wird, voraus. Dieser ist vom Vorstand zu stellen[94] und gegen alle Kläger, nicht aber gegen die Nebenintervenienten des Anfechtungsverfahrens zu richten.[95] Eine **Antragsfrist** ist nicht vorgesehen;[96] der Antrag kann deshalb auch dann noch gestellt werden, wenn das Klageverfahren bereits in der Berufungsinstanz anhängig ist;[97] auch steht die Eintragung der Einleitung eines Freigabeverfahrens nicht entgegen (→ Rn. 43). Weiterhin ist das Vorliegen eines sog. **Unbedenklichkeits- oder Freigabetatbestands** erforderlich. § 319 Abs. 6 S. 3 enthält eine **abschließende Aufzählung** dieser Tatbestände.[98] Diese stimmen nahezu wörtlich mit denen der § 16 Abs. 3 S. 2 UmwG und wörtlich mit denen des § 246a Abs. 2 überein. Nachdem auch die auf der Grundlage des § 319 Abs. 6 S. 3 erfolgte Eintragung irreversibel ist (→ Rn. 32, 43), besteht kein Anlass mehr zu einer im Vergleich zu § 16 Abs. 3 S. 2 UmwG, § 246a Abs. 2 großzügigeren Handhabung des in § 319 Abs. 6 S. 3 Nr. 3 geregelten Freigabetatbestands.[99] Ist sowohl gegen den Zustimmungsbeschluss als auch gegen den Eingliederungsbeschluss Klage erhoben worden,[100] so setzt die Überwindung der Registersperre voraus, dass beide mit der Eingliederung befassten Gerichte (→ Rn. 39) einen Unbedenklichkeitsbeschluss erlassen.[101] Zu § 24a Abs. 2 → § 293 Rn. 50 ff.

34 **aa) Unzulässigkeit der Klage.** Was zunächst den in Abs. 6 S. 3 Nr. 1 geregelten Tatbestand der Unzulässigkeit der Klage betrifft, so hat das Gericht auf der Grundlage des glaubhaft gemachten Tatsachenvortrags (→ Rn. 40) die Zulässigkeit des Hauptsacheverfahrens **vollumfänglich** und ohne Beschränkung auf offensichtliche Mängel zu überprüfen.[102] Kommt das Gericht zu dem Ergebnis, dass die Klage unzulässig ist und der Zulässigkeitsmangel nicht behoben werden kann,[103] so kann es den Beschluss erlassen. Da in diesem Fall regelmäßig auch die Hauptsache entscheidungsreif ist, kommt dem Beschluss Bedeutung vor allem im Hinblick auf ein etwaiges Rechtsmittel gegen das Urteil und die dadurch bedingte Unmöglichkeit der Abgabe einer Negativerklärung durch den Vorstand zu.

35 **bb) Offensichtliche Unbegründetheit.** Als zweiten Tatbestand nennt Abs. 6 S. 3 Nr. 1 die offensichtliche Unbegründetheit der Klage. Insoweit besteht zunächst Einvernehmen darüber, dass es unerheblich ist, worauf die Unbegründetheit beruht. Im Fall einer Anfech-

---

[93] GroßkommAktG/*Schmolke* Rn. 45; Spindler/Stilz/*Singhof* Rn. 22.
[94] OLG Karlsruhe ZIP 2007, 270 (271); OLG Hamm ZIP 2005, 1457 f.; LG Dresden Konzern 2007, 461; LG Frankfurt a.M. AG 2005, 740 (741); GroßkommAktG/*Schmolke* Rn. 46; Hölters/*Leuering/Goertz* Rn. 53; aA – für Anwendung des § 246 Abs. 2 S. 2 – OLG Düsseldorf NZG 2004, 328.
[95] OLG Jena AG 2007, 31 (32); OLG Düsseldorf AG 2005, 654; *Spindler* NZG 2005, 825 (830); *K. Schmidt*, Liber amicorum Happ, 2006, 259, 269 f.
[96] GroßkommAktG/*Schmolke* Rn. 46; *Stilz* FS Hommelhoff, 2012, 1181 (1185); s. ferner KG 2010, 497 (498); OLG München AG 1993, 430; OLG Frankfurt AG 2010, 508 (510); aA OLG München AG 2010, 170 (172 f.) (Zuwarten von mehr als drei Monaten schließt hinreichendes Interesse an Eintragung aus).
[97] GroßkommAktG/*Schmolke* Rn. 46; *Buchta/Sasse* DStR 2004, 958 f.
[98] GroßkommAktG/*Schmolke* Rn. 47; s. ferner Begr. RegE, BR-Drs. 75/94, 89, 174.
[99] Zur davon abweichenden Rechtslage vor Inkrafttreten des ARUG s. 4. Aufl. Rn. 33; KK-AktG/*Koppensteiner* Rn. 28.
[100] Praktisch relevant nur bei der Mehrheitseingliederung.
[101] MHdB AG/*Krieger* 2. Aufl. § 73 Rn. 23.
[102] So wohl auch LG Darmstadt AG 2006, 127 (128); GroßkommAktG/*Schmolke* Rn. 48; KK-AktG/*Koppensteiner* Rn. 29; Spindler/Stilz/*Singhof* Rn. 23; aA *Riegger* FS Bechtold, 2006, 375 (377 ff.): Amtsermittlung und objektive Beweislast des Anfechtungsklägers/Antragsgegners hinsichtlich seiner Parteifähigkeit.
[103] Zutr. LG Darmstadt AG 2006, 127 (128); GroßkommAktG/*Schmolke* Rn. 48; NK-AktR/*Jaursch* Rn. 21; aA Lutter/*Decher* UmwG § 16 Rn. 42 mwN. – Beispiele unzulässiger Beschlussmängelklagen bei Lutter/*Decher* UmwG § 16 Rn. 42; Semler/Stengel/*Schwanna* UmwG § 16 Rn. 28; *Fuhrmann/Linnerz* ZIP 2004, 2306 f.; *Sosnitza* NZG 1999, 965 (968); *Brandner/Bergmann* FS Bezzenberger, 2000, 59 (63).

tungsklage kommen etwa der Ablauf der Anfechtungsfrist des § 246 Abs. 1, die missbräuchliche Ausübung des Anfechtungsrechts,[104] vor allem aber das Nichtvorliegen des geltend gemachten Beschlussmangels in Betracht. Die Unbegründetheit kann sich auch daraus ergeben, dass einer Rüge durch einen nachfolgenden **Bestätigungsbeschluss** gemäß § 244 der Boden entzogen wurde, sofern der Bestätigungsbeschluss geeignet ist, die geltend gemachten Beschlussmängel zu beheben.[105] Nach wie vor nicht völlig geklärt ist dagegen die Frage, wann die Unbegründetheit der Klage offensichtlich ist. Während bisweilen darauf abgestellt worden ist, dass die Unbegründetheit der Klage vom Gericht auf der Grundlage des unstreitigen oder nach Abs. 6 S. 6 glaubhaft gemachten Vortrags und ohne die Notwendigkeit, streitige Rechtsfragen zu klären, zweifelsfrei festgestellt werden kann,[106] betont die heute hM zu Recht die Notwendigkeit einer vollen rechtlichen Würdigung des Sachverhalts auch im summarischen Verfahren nach § 319 Abs. 6.[107] Ein Beschluss nach § 319 Abs. 6 S. 3 Nr. 1 Fall 2 darf danach im Allgemeinen ergehen, wenn die Klage nach **sorgfältiger rechtlicher Würdigung des unstreitigen oder hinreichend glaubhaft gemachten Sachverhalts**[108] gewisslich ohne Aussicht auf Erfolg ist; das Merkmal der Offensichtlichkeit bezieht sich mithin, was die rechtliche Würdigung betrifft, nicht auf den Prüfungsaufwand, sondern auf die Sicherheit des **Prüfungsergebnisses.**[109] Erscheint dagegen auch ein Erfolg der Klage als vertretbar, so kann ein Freigabebeschluss nach Abs. 6 S. 3 Nr. 1 Fall 2 nicht ergehen. So verhält es sich insbesondere, wenn sich für das Hauptsacheverfahren die Notwendigkeit einer umfangreichen Beweisaufnahme abzeichnet.[110] Unabhängig von der Auslegung des Merkmals „offensichtlich" steht fest, dass ein non liquet zu Lasten der den Antrag stellenden Gesellschaft geht.[111]

cc) „Bagatellquorum". Während die Freigabetatbestände des Abs. 6 S. 3 Nr. 1 und 3 auf Abs. 6 S. 2 aF zurückgehen (→ Rn. 24, 29), ist der Tatbestand des Abs. 6 S. 3 Nr. 2 durch das ARUG eingefügt worden. Danach hat der Freigabebeschluss zu ergehen, wenn

---

[104] Zur Unbegründetheit der Klage in diesem Fall s. BGHZ 107, 296 (308 ff.) = NJW 1989, 2689; BGHZ 112, 9 (23 f.) = NJW 1990, 2747.
[105] OLG Frankfurt AG 2008, 167 (168) (dort auch zur Statthaftigkeit eines erneuten Freigabeverfahrens nach Bestätigungsbeschluss; anders noch LG Darmstadt ZIP 2007, 2004; → Rn. 43); OLG München AG 2013, 173 (176); *Ihrig/Erwin* BB 2005, 1973 (1977 f.); *Rieckers* BB 2005, 1348 (1350 f.); *Kocher* NZG 2006, 1 (6); *Nießen* Konzern 2007, 239 (243 f.); aA *Bozenhardt* FS Mailänder, 2006, 301 (312 f.).
[106] OLG München ZIP 2005, 615 (616); Lutter/Bork UmwG 3. Aufl. § 16 Rn. 19a; in diese Richtung auch OLG Stuttgart AG 1997, 138 (139); LG Regensburg Konzern 2004, 811 (813); LG Frankfurt a.M. NZG 2003, 731 (732); LG Duisburg NZG 1999, 564 f.; LG Hanau AG 1996, 90 (91); *Halfmeier* WM 2006, 1465 (1466); wegen verfassungsrechtlicher Bedenken im Hinblick auf § 327e Abs. 2 auch LG Wuppertal AG 2004, 161 (162).
[107] KG ZIP 2009, 1223 (1226); OLG München AG 2012, 45; 2013, 173; OLG Karlsruhe ZIP 2007, 270 (271); OLG Jena AG 2007, 31 (32); OLG Köln AG 2004, 39; OLG Düsseldorf AG 2007, 363 (364); 2009, 40 (41); 2009, 535 (536); OLG Stuttgart ZIP 2003, 2363; AG 2009, 204 (205); OLG Frankfurt AG 2010, 212 (213); ZIP 2007, 629 (630); AG 2007, 867; 2006, 249 (250); OLG Hamm ZIP 1999, 798 (799); AG 2005, 361; OLG Hamburg Konzern 2003, 615; ZIP 2004, 2288; OLG Bremen ZIP 2013, 460 (461); LG München I Konzern 2007, 365 (367 f.); LG Köln AG 2009, 449; aus dem Schrifttum namentlich Lutter/*Decher* UmwG § 16 Rn. 43; KK-AktG/*Koppensteiner* Rn. 30; GroßkommAktG/*Schmolke* Rn. 50 f.; Spindler/Stilz/*Singhof* Rn. 23; Semler/Stengel/*Schwanna* UmwG § 16 Rn. 31; *Brandner/Bergmann* FS Bezzenberger, 2000, 59 (66 ff.); *Büchel*, Liber amicorum Happ, 2006, 1, 9 ff.; *Fuhrmann/Linnerz* ZIP 2004, 2306 (2307); s. ferner Begr. RegE UMAG, BT-Drs. 15/5092, 29 = ZIP 2004, 2455, der für die Prognose erforderliche Prüfungsaufwand ist nicht entscheidend.
[108] KK-AktG/*Koppensteiner* Rn. 30; aA *Rettmann* 117 ff., der zufolge bloße Glaubhaftmachung nicht genügen soll.
[109] Im Ausgangspunkt auch BGHZ 168, 48 Rn. 13 = NJW 2006, 2924, wonach es allerdings an der offensichtlichen Unbegründetheit fehlen soll, wenn es einer Klärung durch den BGH im Rahmen eines revisionsähnlich ausgestalteten Rechtsbeschwerdeverfahrens bedarf; hiergegen wiederum OLG Karlsruhe ZIP 2007, 270 (271 f.); zutr. auch OLG Frankfurt AG 2008, 827: offensichtliche Unbegründetheit auch dann, wenn zu einzelnen Rechtsfragen in Literatur und Rspr. andere Ansichten vertreten werden.
[110] OLG Düsseldorf ZIP 1999, 793; LG Köln AG 2009, 449 (450); *Brandner/Bergmann* FS Bezzenberger, 2000, 59 (67 f.).
[111] GroßkommAktG/*Schmolke* Rn. 50; KK-AktG/*Kopppensteiner* Rn. 30; de lege ferenda für Umkehrung dieses Grundsatzes *Baums* Gutachten 178 f.

der Kläger nicht binnen einer Woche nach Zustellung des Freigabeantrags durch Urkunden (insbesondere: Depotauszug)[112] nachgewiesen[113] hat, dass er[114] seit Bekanntmachung der Einberufung einen anteiligen Betrag von **mindestens 1000 Euro**[115] hält.[116] Unter Geltung des ARUG bewendet es mithin dabei, dass zwar jede Aktie die Befugnis zur Geltendmachung von Beschlussmängeln verkörpert; die Eintragung hindernde Wirkung hat die Beschlussmängelklage freilich nur dann, wenn der einzelne Kläger in seiner Person das Quorum des Abs. 6 S. 3 Nr. 2 zu erfüllen vermag und auch kein anderer Freigabetatbestand erfüllt ist. Eine Zusammenrechnung des Aktienbesitzes mehrerer Kläger ist ausgeschlossen.[117] Die Materialien weisen allerdings auf die Möglichkeit hin, in Fällen, in denen mehrere Freigabeanträge gestellt worden sind, indes nicht alle Antragsgegner den Nachweis nach Abs. 6 S. 3 Nr. 2 erbracht haben, die Verfahren, in denen das Quorum nicht nachgewiesen ist, nach § 148 ZPO auszusetzen.[118]

37 **dd) Vorrangiges Vollzugsinteresse.** Ein Freigabebeschluss kommt schließlich nach Abs. 6 S. 3 Nr. 3 unter der Voraussetzung in Betracht, dass das Interesse der beteiligten Gesellschaften[119] und ihrer Aktionäre[120] an der Eintragung der Eingliederung nach freier Überzeugung des Gerichts die Nachteile für den Antragsgegner überwiegen. Anderes gilt allein bei besonderer Schwere des Rechtsverstoßes; sie schließt die Freigabe ohne Rücksicht auf das Interesse der Gesellschaften und ihrer Aktionäre an der Eintragung aus (→ Rn. 38). Der – durch das ARUG (→ Rn. 1) neu gefasste[121] – Freigabetatbestand des Abs. 6 S. 3 Nr. 3 leidet in konzeptioneller Hinsicht nachgerade naturgemäß darunter, dass mit dem in erster Linie **ökonomischen Interesse** der beteiligten Gesellschaften an rascher Eintragung der Eingliederung und dem vom Kläger typischerweise verfolgten Interesse an mangelfreier Willensbildung zwei grundverschiedene Positionen gegeneinander abzuwägen sind.[122] Im Wortlaut der Vorschrift kommt nun freilich klar zum Ausdruck, dass das Vorliegen des vom Kläger behaupteten Beschlussmangels im Rahmen der Abwägung zu unterstellen und auf diese Weise das Interesse des Klägers an mangelfreier Willensbildung weitgehend auszublenden ist; die **Erfolgsaussichten der Klage** sind mithin nicht

---

[112] Dazu auch OLG Hamm AG 2011, 826: Ungeeignetheit von Zeichnungsschein und Teilnehmerverzeichnis; ferner KG AG 2015, 319 (320).
[113] Zum materiell-rechtlichen Charakter des Nachweiserfordernisses s. KG AG 2011, 170 (171) und OLG Hamm AG 2011, 826 (827), aber auch OLG Frankfurt AG 2012, 414; s. ferner OLG Saarbrücken AG 2011, 343 f.: Unterschreiten des Quorums ist unschädlich, wenn Nachweis einmal geführt ist; OLG Bamberg ZIP 2014, 77 (78): Originalbelege erforderlich; OLG München AG 2013, 527 (528): Unanwendbarkeit des § 67 Abs. 2; näher zu den Anforderungen *Verse* FS Stilz, 2014, 651 (663 ff.).
[114] Abzustellen ist auf den einzelnen Aktionär, nicht auf die Gesamtheit aller Kläger, s. OLG München AG 2012, 45; OLG Bremen ZIP 2013, 460 (461); zum Sonderfall der Mitberechtigung gemäß § 69 s. OLG Rostock AG 2013, 768 (769).
[115] Im RegE war noch ein Quorum von 100 Euro vorgesehen, s. Begr. RegE, BT-Drs. 16/11642, 14; sodann Beschlussempfehlung des Rechtsausschusses, BT-Drs. 16/13098, 60.
[116] Zur Verfassungskonformität sowie zu den Voraussetzungen iE s. KG AG 2015, 319 (320 f.); AG 2010, 166 (167 f.); OLG Bremen ZIP 2013, 460 (461); OLG Frankfurt AG 2010, 596 (597); OLG Hamburg AG 2010, 214; 2010, 2015; OLG München AG 2013, 527 (528); 2015, 756 (758); OLG Nürnberg ZIP 2010, 2498 (2499); ZIP 2012, 2052 (2053 ff.); s. ferner OLG Stuttgart AG 2010, 89 (90); OLG Saarbrücken AG 2011, 343; OLG Hamm NZG 2011, 1031 (1032 f.); *Hüffer/Koch* § 246a Rn. 20; eingehend *Verse* FS Stilz, 2014, 651 (656 ff.).
[117] OLG Frankfurt AG 2010, 508 (509) mwN.
[118] Beschlussempfehlung Rechtsausschuss, BT-Drs. 16/13098, 60.
[119] Für Berücksichtigung der Interessen sowohl der einzugliedernden Gesellschaft als auch der künftigen Hauptgesellschaft auch MüKoAktG/*Grunewald* Rn. 43; *Kort* 88.
[120] Speziell dazu OLG Düsseldorf AG 2009, 538 (539 f.); NZG 2002, 191 (194) = ZIP 2001, 1717 betr. steuerliche Vorteile der Aktionäre im Allgemeinen und des Mehrheitsaktionärs im Besonderen; eingehend *Fuhrmann/Linnerz* ZIP 2004, 2306 (2309 f.).
[121] Vgl. Begr. RegE, BT-Drs. 16/11642, 14; s. zuvor bereits Begr. RegE UMAG, BT-Drs. 15/5092, 29; vgl. auch Begr. RegE, BT-Drs. 12/6699, 89 f.
[122] Vgl. OLG Jena AG 2007, 31 (37); *Büchel*, Liber amicorum Happ, 2006, 1, 13. – Zur rechtspolitischen Kritik s. namentlich *Arbeitskreis Beschlussmängelrecht* AG 2008, 617 ff.; *Habersack/Stilz* ZGR 2010, 710 ff.; *Zöllner* AG 2000, 145 (147 ff.); *ders.* FS Westermann, 2008, 1631 ff.; zu weit. Nachw. → Rn. 32.

zu berücksichtigen.[123] Das Gericht hat vielmehr – der „Polizeifunktion" der Beschlussmängelklage klar zuwiderlaufend[124] – die wirtschaftlichen Interessen der beteiligten Gesellschaften und ihrer Aktionäre auf der einen Seite und das **Individualinteresse des Klägers** auf der anderen Seite festzustellen, zu gewichten und gegeneinander abzuwägen.[125]

Auch für den Fall, dass der Kläger einen Nichtigkeitsgrund iSd § 241 oder die Verletzung einer den Schutz öffentlicher Interessen bezweckenden Vorschrift geltend macht, ist ein Unbedenklichkeitsbeschluss, wie auch der Verweis in § 249 auf § 246a zeigt, nicht prinzipiell ausgeschlossen;[126] vorbehaltlich eher unbedeutender Formalfehler wird insoweit allerdings regelmäßig **besondere Schwere** des Rechtsverstoßes vorliegen, die die **Freigabe per se ausschließt**.[127] Bei sonstigen Inhaltsmängeln wie auch bei fehlerhafter Beschlussfeststellung kommt es ganz auf die Umstände des Einzelfalls an; namentlich eine gezielte Rechtsverletzung (zumal eine solche, die den Kläger im Vergleich zur Mehrheit ungleich trifft) wird die Freigabe regelmäßig ausschließen.[128] Wird dagegen ein formaler Beschlussmangel geltend gemacht und lässt sich dieser ggf. in der nächsten Hauptversammlung beheben, wird zumeist das Interesse der Gesellschaft an der alsbaldigen Eintragung dominieren.[129] Nach wie vor setzt sich allerdings auch ein Formalfehler gegen einen „unwesentlichen" Nachteil durch.[130] § 319 Abs. 6 S. 3 Nr. 3 bestimmt im Übrigen ausdrücklich, dass das Gericht die Vor- und Nachteile nach seiner **freien Überzeugung** zu gewichten und gegeneinander abzuwägen hat. Wird dem Gericht damit größtmögliche Entscheidungsfreiheit eingeräumt,[131] so hat es allerdings die dem Beschluss zugrunde liegende unternehmerische Grundentscheidung zu respektieren; es darf also nicht prüfen, ob mit der Maßnahme angestrebte Synergieeffekte auch auf andere Weise erreicht werden können.[132]

c) **Zuständigkeit und Verfahren.** Nach Abs. 6 S. 7 entscheidet über den Antrag ein Senat des **Oberlandesgerichts,** in dessen Bezirk die Gesellschaft ihren Sitz hat. Mit dieser –

---

[123] In diesem Sinne bereits zu § 319 Abs. 6 aF Begr. RegE UMAG, BT-Drs. 15/5092, 29; OLG Frankfurt AG 2006, 249 (257) (Eintragung auch, wenn Klage voraussichtlich oder gar zweifelsfrei begründet ist; geringes ökonomisches Interesse des Kleinaktionärs könne sich nur bei Verletzung elementarer Aktionärsrechte durchsetzen; dem zust. *Büchel,* Liber amicorum Happ, 2006, 1, 13; *Veil* AG 2005, 567 (574); *Paschos/Johannsen-Roth* NZG 2006, 327 (329)); s. ferner OLG Hamm AG 2011, 136 (138); *Hüffer/Koch* § 246a Rn. 22; *Decher* AG 1997, 388 (391 ff.); *Rettmann* 143 f.; *Riegger* FS Bechtold, 2006, 375 (382); *Verse* NZG 2009, 1127 (1130); *Winter,* Liber amicorum Happ, 2006, 363, 370; aA noch OLG Jena AG 2007, 31 (37); OLG Frankfurt ZIP 2007, 629 (631); 5. Aufl. Rn. 36; *Halfmeier* WM 2006, 1465 (1467 ff.).
[124] Zur Kritik s. namentlich *Arbeitskreis Beschlussmängelrecht* AG 2008, 617 ff.; *Habersack/Stilz* ZGR 2010, 710 ff.; *Zöllner* AG 2000, 145 (147 ff.); *ders.* FS Westermann, 2008, 1631 ff.; zu weit. Nachw. → Rn. 32.
[125] Beschlussempfehlung des Rechtsausschusses, BT-Drs. 16/13098, 60 f.
[126] Vgl. Begr. RegE UMAG, BT-Drs. 15/5092, 30; Begr. RegE ARUG, BT-Drs. 16/11642, 41; dem zust. KG AG 2010, 494; OLG Köln ZIP 2014, 263 (265); AG 2015, 39 (40); *Winter,* Liber amicorum Happ, 2006, 363, 368 f.; NK-AktR/*Jaursch* Rn. 25; krit. *Spindler* NZG 2005, 825 (830). – Zur davon abw. Rechtslage vor Inkrafttreten des § 246a s. 4. Aufl. Rn. 36; *Lutter/Bork* 3. Aufl. UmwG § 16 Rn. 22; *Riegger/Schockenhoff* ZIP 1997, 2105 (2110); KK-AktG/*Koppensteiner* Rn. 31; aA Semler/Stengel/*Volhard* 1. Aufl. UmwG § 16 Rn. 35.
[127] Zur – die Freigabe ausschließenden – besonderen Schwere des Rechtsverstoßes s. KG AG 2010, 494 (495 f.); AG 2010, 497 (499 ff.); Spindler/Stilz/*Dörr* § 246a Rn. 28. – De lege ferenda für Eingrenzung der Nichtigkeitsgründe *Arbeitskreis Beschlussmängelrecht* AG 2008, 617 (620).
[128] Begr. RegE ARUG, BT-Drs. 16/11642, 41; s. ferner OLG München WM 2010, 1859 (1861); AG 2014, 546 (549); KG ZIP 2010, 1849 (1851); OLG Düsseldorf NZG 2002, 191 (194 f.) = ZIP 2001, 1717; OLG Köln ZIP 2014, 263 (265 f.); OLG Stuttgart AG 2015, 163 (171); *Arbeitskreis Beschlussmängelrecht* AG 2008, 617 (621 f.).
[129] Begr. RegE ARUG, BT-Drs. 16/11642, 41; OLG München WM 2010, 1859 (1861); KG ZIP 2010, 1849 (1851); OLG Stuttgart ZIP 1997, 75 (77); *Heermann* ZIP 1999, 1861 (1872); *Chr. Schmid* ZGR 1997, 493 (519).
[130] Vgl. zum Erfordernis des „wesentlichen" Nachteils auch OLG Frankfurt ZIP 1997, 1291 (1292) betr. § 16 Abs. 3 UmwG.
[131] Begr. RegE, BT-Drs. 12/6699, 90.
[132] OLG Hamm AG 2005, 361 (364), dort auch zur Berücksichtigung des Interesses der Gesellschaft, eine drohende Abwanderung von Mitarbeitern zu vermeiden.

erst auf Empfehlung des Rechtsausschusses hin erfolgten[133] – Verlagerung der Eingangszuständigkeit auf das OLG wird dem Umstand Rechnung getragen, dass das Hauptsachverfahren, sofern es nicht einvernehmlich beendet wird, in aller Regel in die Rechtsmittelinstanz getragen wird; die Zuständigkeit des OLG für das Freigabeverfahren minimiert deshalb nicht nur die Gefahr divergierender Entscheidungen,[134] sondern sorgt zugleich für die Beschleunigung des Verfahrens. Abs. 6 S. 8 schließt die Übertragung auf den Einzelrichter aus und suspendiert von der obligatorischen Güteverhandlung des § 278 Abs. 2 ZPO.

40 Im Übrigen erklärt Abs. 6 S. 2 die Vorschriften des § 247 und der §§ 82, 83 Abs. 1, 84 ZPO[135] sowie die im ersten Rechtszug vor den Verfahren vor den Landgerichten geltenden **Vorschriften der ZPO** (§§ 253 ff. ZPO) für entsprechend anwendbar.[136] Nach Abs. 6 S. 4 kann der Beschluss in dringenden Fällen auch ohne **mündliche Verhandlung** ergehen.[137] Dem Kläger der Hauptsache ist jedoch in jedem Fall rechtliches Gehör zu gewähren, sodass der Verzicht auf die mündliche Verhandlung regelmäßig keine Beschleunigung ermöglicht und deshalb nur in Ausnahmefällen in Betracht kommt.[138] Die Beiziehung der Nebenintervenienten des Anfechtungsverfahrens oder gar sämtlicher Minderheitsaktionäre ist dagegen nicht von Amts wegen geboten.[139] Nach Abs. 6 S. 6 hat die Gesellschaft die Tatsachen, die einen der in Abs. 6 S. 2 genannten Tatbestände der Unbedenklichkeit ergeben (→ Rn. 33 ff.), **glaubhaft zu machen.** Sie kann sich dafür nach § 294 ZPO aller Beweismittel einschließlich der Versicherung an Eides Statt bedienen; eine Beweisaufnahme, die nicht sofort erfolgen kann, ist allerdings unstatthaft.[140]

41 Nach § 319 Abs. 6 S. 5 soll der Beschluss **spätestens drei Monate** nach Antragstellung ergehen. Bei besonderen Schwierigkeiten rechtlicher oder tatsächlicher Art kann diese Frist angemessen verlängert werden; die Gründe hierfür sind in einem unanfechtbaren Beschluss darzulegen.[141] Das Gericht entscheidet nach Abs. 6 S. 1 durch **Beschluss**. Der Beschluss, mag er dem Antrag stattgeben oder nicht, ist nach Abs. 6 S. 9 **unanfechtbar.**[142] Der Beschluss kann nicht mit Auflagen versehen werden;[143] insbesondere kann der Gesellschaft nicht aufgegeben werden, einen Mangel des Eingliederungs- oder Zustimmungsbeschlusses zu beheben.

42 **d) Rechtsfolgen. aa) Ersetzung der Negativerklärung.** Der – unanfechtbare (→ Rn. 41) und damit mit Erlass rechtskräftige – Beschluss ersetzt nach Abs. 6 S. 1 die Negativerklärung des Vorstands (→ Rn. 26 ff.) und damit an sich nur eine von mehreren Eintragungsvoraussetzungen. Soweit das Gericht allerdings vom Kläger geltend gemachte Beschlussmängel geprüft und einen Gesetzes- oder Satzungsverstoß verneint hat, ist das Registergericht daran gebunden.[144] Entsprechendes gilt, wenn zwar ein Beschlussmangel

---

[133] BT-Drs. 16/13098, 60; für Zuständigkeit des Landgerichts und zulassungsgebundener Beschwerde noch Begr. RegE, BT-Drs. 16/11642, 42; de lege ferenda für Eingangszuständigkeit des OLG auch im Hauptsacheverfahren *Arbeitskreis Beschlussmängelrecht* AG 2008, 623; s. ferner Bundesratsentwurf eines Gesetzes zur Einführung erstinstanzlicher Zuständigkeiten des Oberlandesgerichts in aktienrechtlichen Streitigkeiten, BT-Drs. 16/9020; zur Verfassungskonformität der erstinstanzlichen Zuständigkeit des OLG s. KG ZIP 2010, 180 f.

[134] Zum alten Recht s. demgegenüber LG Freiburg AG 1998, 536 (537): Das Landgericht bleibt auch dann für das Freigabeverfahren zuständig, wenn die Hauptsache bereits in der Berufungsinstanz anhängig ist.

[135] Dazu *Seibert/Florstedt* ZIP 2008, 2145 (2153); zum alten Recht bereits für analoge Anwendung des § 82 ZPO (Zustellung an den Prozessbevollmächtigten des Anfechtungsverfahrens) LG Münster NZG 2006, 833; 5. Aufl. Rn. 37.

[136] S. bereits Begr. RegE, BT-Drs. 12/6699, 90; ferner 5. Aufl. Rn. 37; *Heermann* ZIP 1999, 1861 (1870); *Rettmann* 159 ff.

[137] Vgl. OLG München ZIP 2004, 237 (238) = AG 2004, 217; LG Münster NZG 2006, 833; großzügiger OLG Frankfurt ZIP 2003, 1654 (1655).

[138] KK-AktG/*Koppensteiner* Rn. 33; GroßkommAktG/*Schmolke* Rn. 64; NK-AktR/*Jaursch* Rn. 29.

[139] OLG Stuttgart AG 2005, 662 (663); *K. Schmidt,* Liber amicorum Happ, 2006, 259, 268 f.

[140] GroßkommAktG/*Schmolke* Rn. 65; KK-AktG/*Koppensteiner* Rn. 33.

[141] Vgl. im Zusammenhang mit § 246a Abs. 3 S. 5 aF Begr. RegE UMAG, BT-Drs. 15/5092, 28.

[142] Zur davon abweichenden Rechtslage vor Inkrafttreten des ARUG s. 5. Aufl. Rn. 38, ferner BGHZ 168, 48 (55) Rn. 15 = NJW 2006, 2924; OLG München AG 2004, 455 (456).

[143] AA *Heermann* ZIP 1999, 1861 (1870 ff.).

[144] Näher *Sosnitza* NZG 1999, 965 (972 f.); *Rettmann* 220 ff.; *Brandner/Bergmann* FS Bezzenberger, 2000, 59 (61 f.); s. ferner *Bokelmann* DB 1994, 1341 (1345 ff.); aA *Volhard* AG 1998, 397 (401).

bejaht, dem Vollzugsinteresse der Gesellschaft aber der Vorrang zugesprochen wurde (→ Rn. 37). Im Übrigen bleibt die **Prüfungsbefugnis des Registergerichts** (→ Rn. 44) unberührt. Dies gilt nicht nur für die allgemeinen, nicht im Zusammenhang mit der Beschlussfassung stehenden Eintragungsvoraussetzungen, sondern auch für etwaige Beschlussmängel, die das Gericht im Rahmen seiner Entscheidung nach § 319 Abs. 6 nicht berücksichtigt hat.[145]

bb) **Bestandsschutz; Schadensersatz.** Durch einen Beschluss nach § 319 Abs. 6 S. 1 **43** wird das anhängige Beschlussmängelverfahren nicht berührt. Hat die **Beschlussmängelklage Erfolg**, ist die Gesellschaft, die den Antrag nach Abs. 6 S. 1 gestellt hat, nach Abs. 6 S. 10 verpflichtet, dem Antragsgegner, dh dem obsiegenden Kläger des Anfechtungs- oder Nichtigkeitsverfahrens (nicht dagegen den Streithelfern),[146] den Schaden zu ersetzen, der ihm aus der auf dem Beschluss beruhenden Eintragung der Eingliederung entstanden ist. Verschulden der Gesellschaft ist nicht erforderlich.[147] Der Inhalt des Anspruchs bestimmt sich nach §§ 249 ff. BGB. Zu ersetzen sind zumindest die Kosten des Beschlussverfahrens. Darüber hinaus ist dem Kläger insoweit Geldersatz zu leisten, als er infolge der Eintragung und des Vollzugs der Eingliederung einen Vermögensschaden erlitten hat.[148] Nach dem durch Art. 1 Nr. 45 des ARUG eingefügten Abs. 6 S. 11, der sich an § 246a Abs. 4 S. 2, §§ 16 Abs. 3 S. 8, 20 Abs. 2 UmwG anlehnt, genießt die Eingliederung mit erfolgter Eintragung Bestandsschutz;[149] im Wege des Schadensersatzes kann weder Beendigung des Eingliederungsverhältnisses mit Wirkung ex nunc noch gar Rückabwicklung der Eingliederung verlangt werden. Der Vorstand ist deshalb auch nicht verpflichtet, das Eingliederungsverhältnis nicht weiter durchzuführen. Freilich gilt dies nur, nachdem das – besser als Bestandskraftverfahren zu bezeichnende[150] – **Freigabeverfahren durchlaufen** worden ist, und sei es auch, nachdem die Eintragung bereits aufgrund des Antrags der Gesellschaft – und damit unabhängig von einem Freigabebeschluss – erfolgt ist.[151] Ist hingegen ein Freigabebeschluss nicht ergangen, so ist das eingetragene und durchgeführte Eingliederungsverhältnis mit Wirkung ex nunc zu beenden (→ Rn. 9, 12, 26; → § 320b Rn. 22).[152]

5. Eintragung (Abs. 7). Nach § 319 Abs. 7 wird die Eingliederung mit Eintragung **44** derselben in das Handelsregister der einzugliedernden Gesellschaft wirksam; die Eintragung hat also **konstitutive Wirkung.** Einzutragen sind die Eingliederung und die Firma der Hauptgesellschaft (→ Rn. 25). Eine Eintragung der Eingliederung in das Handelsregister der Hauptgesellschaft ist nicht vorgesehen (→ Rn. 25). Die Bekanntmachung hat nach Maßgabe des § 10 HGB durch das Registergericht der eingegliederten Gesellschaft zu erfolgen. In der Bekanntmachung ist nach § 321 Abs. 1 S. 2 auf das Recht der Gläubiger auf Sicherheitsleistung hinzuweisen. Etwaige **Mängel der Eingliederung** werden durch die Eintragung geheilt, sofern ein Freigabebeschluss ergangen ist (→ Rn. 43). Die Eingliederung hat die Beendigung eines zwischen der Hauptgesellschaft und der eingegliederten Gesellschaft bestehenden **Beherrschungsvertrags** zur Folge (→ § 320 Rn. 7; → § 320b Rn. 18; → § 297 Rn. 34 f.). Zur Beschlussanfechtung → § 320b Rn. 15 ff.

---

[145] GroßkommAktG/*Schmolke* Rn. 68; KK-AktG/*Koppensteiner* Rn. 35.
[146] *K. Schmidt,* Liber amicorum Happ, 2006, 259, 272 ff.
[147] Hüffer/*Koch* § 246a Rn. 26.
[148] MüKoAktG/*Grunewald* Rn. 47.
[149] Zur davon abweichenden Rechtslage vor Inkrafttreten des ARUG s. 5. Aufl. Rn. 40; krit. bereits *H. Schmidt* AG 2004, 299 (302); näher zu dem durch § 246a Abs. 4 S. 2, § 20 Abs. 2 UmwG gewährleisteten Bestandsschutz K. Schmidt/Lutter/*Schwab* § 246a Rn. 25 ff.; einschr. *Schäfer* FS K. Schmidt, 2009, 1389 (1391 ff.) mwN.
[150] Vgl. *Habersack/Stilz* ZGR 2010, 710 (717).
[151] KG ZIP 2009, 1223 (1224 f.); OLG Bamberg ZIP 2014, 77; OLG Düsseldorf ZIP 2009, 518 (519); OLG Celle ZIP 2008, 318 f.; OLG Frankfurt AG 2008, 826 = ZIP 2008, 1966.
[152] 5. Aufl. Rn. 40 f., aber auch Begr. RegE, BT-Drs. 12/6699, 179 mit Hinweis auf die Möglichkeit der Rückgängigmachung der Eingliederung; gegen Anwendung der Lehre von der fehlerhaften Gesellschaft auch OLG Karlsruhe AG 2011, 673 (674 f.), dort auch zur Erledigung eines Spruchverfahrens mit erfolgreicher Anfechtung des Eingliederungsbeschlusses.

§ 320 Eingliederung durch Mehrheitsbeschluß

(1) ¹Die Hauptversammlung einer Aktiengesellschaft kann die Eingliederung der Gesellschaft in eine andere Aktiengesellschaft mit Sitz im Inland auch dann beschließen, wenn sich Aktien der Gesellschaft, auf die zusammen fünfundneunzig vom Hundert des Grundkapitals entfallen, in der Hand der zukünftigen Hauptgesellschaft befinden. ²Eigene Aktien und Aktien, die einem anderen für Rechnung der Gesellschaft gehören, sind vom Grundkapital abzusetzen. ³Für die Eingliederung gelten außer § 319 Abs. 1 Satz 2, Abs. 2 bis 7 die Absätze 2 bis 4.

(2) ¹Die Bekanntmachung der Eingliederung als Gegenstand der Tagesordnung ist nur ordnungsgemäß, wenn
1. sie die Firma und den Sitz der zukünftigen Hauptgesellschaft enthält,
2. ihr eine Erklärung der zukünftigen Hauptgesellschaft beigefügt ist, in der diese den ausscheidenden Aktionären als Abfindung für ihre Aktien eigene Aktien, im Falle des § 320b Abs. 1 Satz 3 außerdem eine Barabfindung anbietet.

²Satz 1 Nr. 2 gilt auch für die Bekanntmachung der zukünftigen Hauptgesellschaft.

(3) ¹Die Eingliederung ist durch einen oder mehrere sachverständige Prüfer (Eingliederungsprüfer) zu prüfen. ²Diese werden auf Antrag des Vorstands der zukünftigen Hauptgesellschaft vom Gericht ausgewählt und bestellt. ³§ 293a Abs. 3, §§ 293c bis 293e sind sinngemäß anzuwenden.

(4) ¹Die in § 319 Abs. 3 Satz 1 bezeichneten Unterlagen sowie der Prüfungsbericht nach Absatz 3 sind jeweils von der Einberufung der Hauptversammlung an, die über die Zustimmung zur Eingliederung beschließen soll, in dem Geschäftsraum der einzugliedernden Gesellschaft und der Hauptgesellschaft zur Einsicht der Aktionäre auszulegen. ²In dem Eingliederungsbericht sind auch Art und Höhe der Abfindung nach § 320b rechtlich und wirtschaftlich zu erläutern und zu begründen; auf besondere Schwierigkeiten bei der Bewertung der beteiligten Gesellschaften sowie auf die Folgen für die Beteiligungen der Aktionäre ist hinzuweisen. ³§ 319 Abs. 3 Satz 2 bis 5 gilt sinngemäß für die Aktionäre beider Gesellschaften.

Schrifttum: Vgl. die Angaben zu § 319; ferner *Hirte*, Bezugsrechtsausschluss und Konzernbildung, 1986; *Rodloff*, Ungeschriebene sachliche Voraussetzungen der aktienrechtlichen Mehrheitseingliederung, Diss. Berlin 1991; *H. Schmidt*, Erhöhung der Barabfindung beim Squeeze out nach Einberufung der Hauptversammlung, Liber Amicorum M. Winter, 2011, 583; *Veit*, Unternehmensverträge und Eingliederung als aktienrechtliche Instrumente der Unternehmensverbindung, 1974; *J. Vetter*, Zum Ausgleich von Spitzenbeträgen bei der Abfindung in Aktien, AG 1997, 6.

Übersicht

	Rn.		Rn.
I. Einführung	1, 2	1. Kapitalbeteiligung	9, 10
1. Inhalt und Zweck der Vorschrift	1	2. Stimmenmehrheit	11
2. Gesetzesgeschichte	2	**IV. Information der Aktionäre (Abs. 2 und 4)**	12–17
II. Grundlagen	3–8	1. Bekanntmachung der Tagesordnung (Abs. 2)	12–14
1. Rechtsnatur der Mehrheitseingliederung	3	a) Hauptversammlung der einzugliedernden Gesellschaft	12, 13
2. Verhältnis zu § 319	4–7	b) Hauptversammlung der zukünftigen Hauptgesellschaft	14
a) Geltung der allgemeinen Eingliederungsvoraussetzungen	4		
b) Eingliederungsbeschluss	5		
c) Zustimmungsbeschluss	6	2. Pflicht zur Auslegung (Abs. 4 S. 1 und 3)	15
d) Information der Aktionäre; Anmeldung und Eintragung	7	3. Erweiterter Eingliederungsbericht (Abs. 4 S. 2)	16
3. Verhältnis zum Squeeze Out	8		
III. Beteiligungserfordernisse (Abs. 1 S. 1)	9–11	4. Sinngemäße Geltung des § 319 Abs. 3 S. 2–5 (Abs. 4 S. 3)	17

	Rn.		Rn.
V. Eingliederungsprüfung (Abs. 3)	18–21	2. Bestellung, Auswahl, Stellung und Verantwortlichkeit der Prüfer	19
1. Zweck	18	3. Gegenstand der Prüfung	20
		4. Prüfungsbericht	21

I. Einführung

1. Inhalt und Zweck der Vorschrift. Die Vorschrift des § 320 ermöglicht die Eingliederung durch Mehrheitsbeschluss. Ausweislich der Materialien soll die Eingliederung nämlich nicht daran scheitern, „dass sich noch eine kleine Minderheit von Aktien in den Händen bekannter oder unbekannter Aktionäre befindet" (→ Rn. 3).[1] Sie kann deshalb nach Abs. 1 S. 1 auch dann beschlossen werden, wenn die zukünftige Hauptgesellschaft zwar nicht Alleinaktionär der einzugliedernden Gesellschaft ist, wohl aber zumindest 95 % des Grundkapitals hält. Abs. 1 S. 2 präzisiert das Mehrheitserfordernis. Das Verfahren der Mehrheitseingliederung ist in Abs. 2–4 geregelt; zudem bestimmt Abs. 1 S. 3, dass die Vorschriften des § 319 Abs. 1 S. 2, Abs. 2–7 auch auf die Mehrheitseingliederung Anwendung finden. Nach § 320a hat die Mehrheitseingliederung das **Ausscheiden der Minderheitsaktionäre** und den Übergang der Anteile auf die Hauptgesellschaft zur Folge. Die ausgeschiedenen Aktionäre der eingegliederten Gesellschaft haben Anspruch auf **Abfindung** nach Maßgabe des § 320b. Sie verlieren somit ihre Mitgliedschaft in der eingegliederten Gesellschaft und werden Aktionäre der Hauptgesellschaft (→ § 320b Rn. 5 ff.); ist die Hauptgesellschaft ihrerseits abhängig, so können die Minderheitsaktionäre stattdessen eine Barabfindung beanspruchen (→ § 320b Rn. 9 f.). Die gegen die Zulässigkeit der Mehrheitseingliederung und den mit ihr verbundenen Verlust der Mitgliedschaft in der eingegliederten Gesellschaften erhobenen verfassungsrechtlichen Bedenken haben sich als unbegründet erwiesen.[2]

2. Gesetzesgeschichte. Die Vorschrift ist vor allem durch **Art. 6 Nr. 11, 12 Gesetz zur Bereinigung des Umwandlungsrechts** vom 28.10.1994 (BGBl. I 3210, 3263) umgestaltet worden. Dabei ist, dem Vorbild der §§ 9, 60 UmwG, §§ 293b–293e folgend, die obligatorische Eingliederungsprüfung eingeführt worden (→ Rn. 18 ff.).[3] Aus redaktionellen Gründen ist zudem der Inhalt des unübersichtlichen § 320aF auf drei Vorschriften aufgeteilt worden. Das Ausscheiden und die Abfindung der Minderheitsaktionäre sind nunmehr in §§ 320a, 320b geregelt, die freilich weitgehend der Regelung in § 320 Abs. 4–7 aF entsprechen. Die Vorschrift des § 320 Abs. 3 aF ist durch Abs. 4 S. 3 iVm § 319 Abs. 3 S. 3 ersetzt worden. Durch Art. 1 Nr. 38 Gesetz über die Zulassung von **Stückaktien** (→ Einl. Rn. 22) sind in § 320 Abs. 1 S. 1 die Wörter „im Gesamtnennbetrag von fünfundneunzig vom Hundert des Grundkapitals" durch die Wörter „auf die zusammen fünfundneunzig vom Hundert des Grundkapitals entfallen", ersetzt worden. Durch diese Änderung ist allerdings lediglich der Zulässigkeit der nennwertlosen Aktie Rechnung getragen worden; eine sachliche Änderung ist damit nicht verbunden. Entsprechendes gilt für die durch **Art. 1 Nr. 28a KonTraG** (→ Einl. Rn. 21) erfolgte Klarstellung in § 320 Abs. 3 S. 1, dass die Eingliederungsprüfung auch durch einen Prüfer durchgeführt werden kann. Eine inhaltliche Änderung des § 320 ist dagegen durch Art. 2 Nr. 5 **Spruchverfahrensneuordnungsgesetz** (→ Einl. Rn. 30) erfolgt;[4] er hat § 320 Abs. 3 S. 2 dahin gehend geändert, dass die Eingliederungsprüfer auf Antrag des Vorstands der zukünftigen Hauptgesellschaft vom Gericht ausgewählt und bestellt werden (→ Rn. 18 f.; → § 293c Rn. 3 ff.; → § 327c Rn. 2, 11).

---

[1] Begr. RegE bei *Kropff* AktG 424.
[2] BVerfGE 14, 263 (273 ff.) = NJW 1962, 1667; BVerfGE 100, 289 (302 ff.) = NJW 1999, 3769 = ZIP 1999, 1436; BVerfG NJW 2001, 279 (280 f.) = ZIP 2000, 1670 (1671 f.); BVerfG ZIP 2007, 1600 (1601); ZIP 2011, 1051 (1053); ZIP 2012, 1656 (1657); s. ferner BGH WM 1974, 713 (716); OLG Düsseldorf AG 2004, 212 (213); OLG Celle WM 1972, 1004 (1010 f.); KK-AktG/*Koppensteiner* Vor § 319 Rn. 12; MüKoAktG/*Grunewald* Rn. 2; → § 327a Rn. 7.
[3] Begr. RegE, BT-Drs. 12/6699, 179; zur abw. Rechtslage nach § 320 aF s. OLG Hamm AG 1993, 93.
[4] BT-Drs. 15/827; auch abgedruckt in NZG 2002, Sonderbeilage zu Heft 24, und ZIP 2002, 2097 mit Einführung von *Neye*.

Art. 1 Nr. 46 **ARUG** (→ Einl. Rn. 42) schließlich hat der Ergänzung des § 319 Abs. 3 um einen neuen Satz 3 durch Anpassung des Verweises in Abs. 4 S. 3 Rechnung getragen (→ Rn. 17; → § 319 Rn. 17).

II. Grundlagen

1. Rechtsnatur der Mehrheitseingliederung. Bei der Mehrheitseingliederung handelt es sich um einen besonderen Fall des in **§ 319** geregelten **Grundtatbestands** der Eingliederung.[5] Die Besonderheiten der Mehrheitseingliederung resultieren denn auch allein daher, dass die abhängige Gesellschaft über Minderheitsaktionäre verfügt. Dem Gesetzgeber erschien einerseits der Fortbestand dieser Mitgliedschaften als unvereinbar mit den weitreichenden Folgen der Eingliederung für die Organisations- und Finanzverfassung der abhängigen Gesellschaft (→ § 319 Rn. 3). Andererseits wollte er die Eingliederung nicht an der Existenz einer kleinen Minderheit scheitern lassen (→ Rn. 1). In § 320 mussten deshalb die Mehrheitserfordernisse klargestellt (→ Rn. 9 ff.), vor allem aber Vorkehrungen zum Schutz der Minderheitsaktionäre geschaffen werden (→ Rn. 12 ff.). Davon abgesehen sind die Vorschriften des § 319 grundsätzlich auch auf die Mehrheitseingliederung anwendbar (→ Rn. 4 ff.). Auch die Mehrheitseingliederung erfolgt somit auf der Grundlage eines Eingliederungsbeschlusses der einzugliedernden Gesellschaft (→ § 319 Rn. 10 ff.) und eines Zustimmungsbeschlusses der zukünftigen Hauptgesellschaft (→ § 319 Rn. 13 ff.); ein Eingliederungsvertrag ist auch in § 320 nicht vorgesehen (→ § 319 Rn. 10).

2. Verhältnis zu § 319. a) Geltung der allgemeinen Eingliederungsvoraussetzungen. § 320 Abs. 1 S. 3 bestimmt ausdrücklich, dass die Vorschriften des § 319 Abs. 1 S. 2, Abs. 2–7 auch auf die Mehrheitseingliederung Anwendung finden. Was § 319 Abs. 1 S. 1 betrifft, so werden deren Voraussetzungen hinsichtlich der Rechtsnatur und des Sitzes der beteiligten Gesellschaften (→ § 319 Rn. 5 ff.) bereits von § 320 Abs. 1 S. 1 ausdrücklich übernommen. Das in § 319 Abs. 1 S. 1 zudem enthaltene Erfordernis eines Anteilsbesitzes von 100 % (→ § 319 Rn. 8 f.) ist im Fall der Mehrheitseingliederung naturgemäß nicht einschlägig; insoweit tritt § 320 Abs. 1 S. 1 und 2 an die Stelle des § 319 Abs. 1 S. 1 (→ Rn. 9 f.).

b) Eingliederungsbeschluss. Nach Abs. 1 S. 3 iVm § 319 Abs. 1 S. 2 finden auf den Eingliederungsbeschluss auch im Fall der Mehrheitseingliederung die Bestimmungen des Gesetzes und der Satzung über Satzungsänderungen keine Anwendung (→ § 319 Rn. 11). Infolge der Existenz von Minderheitsaktionären ist die Hauptversammlung der einzugliedernden Gesellschaft allerdings nicht per se Vollversammlung iSd § 121 Abs. 6. Gegebenenfalls müssen also sämtliche Bestimmungen der §§ 121 ff. eingehalten werden; § 320 Abs. 2 stellt zudem besondere Anforderungen an die Bekanntmachung der Tagesordnung (→ Rn. 12 f.). Der Eingliederungsbeschluss bedarf keiner sachlichen Rechtfertigung (→ § 320b Rn. 21).

c) Zustimmungsbeschluss. Nach Abs. 1 S. 3 iVm § 319 Abs. 2 wird der Eingliederungsbeschluss auch im Fall der Mehrheitseingliederung nur mit Zustimmung durch die Hauptversammlung der künftigen Hauptgesellschaft wirksam (→ § 319 Rn. 13 ff.). Dies ist von Bedeutung für die nach § 320b gebotene Abfindung der ausscheidenden Aktionäre; sie darf den Aktionären der Hauptgesellschaft nicht zum Nachteil gereichen (→ § 320b Rn. 5). Ungeachtet der Verschiebung der Beteiligungsquoten, die mit der nach § 320b Abs. 2 gebotenen Aufnahme neuer Aktionäre verbunden sein kann (→ § 320b Rn. 5, 7), gilt allerdings auch für den Zustimmungsbeschluss, dass er als solcher selbst im Fall der Mehrheitseingliederung **keiner sachlichen Rechtfertigung** bedarf;[6] das Absinken der Beteiligungsquote der

---

[5] Hüffer/*Koch* Rn. 2; HK-AktG/*Fett* Rn. 2; K. Schmidt/Lutter/*Ziemons* Rn. 1.
[6] Vgl. OLG München AG 1993, 430 (431); MüKoAktG/*Grunewald* Rn. 21; GroßkommAktG/*Schmolke* Rn. 16; Spindler/Stilz/*Singhof* Rn. 9; HK-AktG/*Fett* Rn. 2; aA *Hirte* 149; *Rodloff* 185 ff. – Zum Eingliederungsbeschluss → Rn. 5; → § 320b Rn. 21.

Altaktionäre ist vielmehr, wenn sich die Hauptgesellschaft die zur Abfindung erforderlichen Aktien im Wege der Kapitalerhöhung beschafft (→ § 320b Rn. 5), zwangsläufige Folge der Mehrheitseingliederung, die von §§ 319 ff. bewusst in Kauf genommen und durch besondere Schutzvorkehrungen flankiert wird. Gegen ein unangemessenes Abfindungsangebot können sich die Aktionäre der Hauptgesellschaft zudem im Wege der Anfechtung des Zustimmungsbeschlusses zur Wehr setzen (→ § 320b Rn. 16).

d) Information der Aktionäre; Anmeldung und Eintragung. Was die Information 7 der Aktionäre der zukünftigen Hauptgesellschaft betrifft, so finden nach § 320 Abs. 1 S. 3 die Vorschriften des **§ 319 Abs. 3 Anwendung** (→ § 319 Rn. 17 ff.). § 320 Abs. 4 begründet entsprechende Informationsmöglichkeiten der Minderheitsaktionäre der einzugliedernden Gesellschaft und dehnt zudem die Berichtspflicht auf die nach § 320b zu gewährende **Abfindung** aus (→ Rn. 15 ff.). Hinsichtlich der Anmeldung, des Registerverfahrens und der Eintragung gelten im Fall der Mehrheitseingliederung keine Besonderheiten. Die Anmeldung hat also nach Abs. 1 S. 3 iVm § 319 Abs. 4 durch den Vorstand der einzugliedernden Gesellschaft zu erfolgen (→ § 319 Rn. 25). Der Vorstand hat die **Negativerklärung** iSd § 319 Abs. 5 S. 1 abzugeben (→ § 319 Rn. 26 ff.); vorbehaltlich eines Klageverzichts der Aktionäre der Hauptgesellschaft und der außenstehenden Aktionäre der einzugliedernden Gesellschaft (→ § 319 Rn. 30 f.) begründet das Fehlen der Erklärung die **Registersperre** des § 319 Abs. 5 S. 2 (→ § 319 Rn. 29, 31). Auch im Fall der Mehrheitseingliederung kann die Registersperre allerdings durch das **Freigabeverfahren** des § 319 Abs. 6 überwunden werden (→ § 319 Rn. 32 ff.). Nach Abs. 1 S. 3 iVm § 319 Abs. 7 wird die Eingliederung erst mit **Eintragung** in das Handelsregister der einzugliedernden Gesellschaft wirksam (→ § 319 Rn. 41). Die Eintragung verleiht der Eingliederung nach Abs. 1 S. 3, § 319 Abs. 6 S. 11 freilich nur Bestandskraft, wenn ein Freigabebeschluss ergangen ist (→ § 319 Rn. 43 f.). Andernfalls werden etwaige Beschlussmängel (→ § 320b Rn. 15 ff.) durch die Eintragung nicht geheilt (→ § 319 Rn. 41); § 320b Abs. 2 schließt allerdings die Anfechtung des Eingliederungsbeschlusses aus, soweit sie auf die Unangemessenheit der Abfindungsregelung gestützt wird (→ § 320b Rn. 17 f.). Die Eintragung hat die Beendigung eines zwischen der Hauptgesellschaft und der eingegliederten Gesellschaft bestehenden **Beherrschungsvertrags** zur Folge. Ein Sonderbeschluss der außenstehenden Aktionäre ist nicht erforderlich; insbesondere findet § 295 Abs. 2 auf die nachfolgende Eingliederung keine entsprechende Anwendung.[7] Ein bereits eingeleitetes Spruchverfahren ist jedoch fortzuführen (→ § 320b Rn. 18).

3. Verhältnis zum Squeeze Out. Mit Inkrafttreten der §§ 327a ff., §§ 39a f. WpÜG, 8 § 62 Abs. 5 UmwG ist die Befugnis, Minderheitsaktionäre gegen Gewährung einer Abfindung aus der Gesellschaft auszuschließen, neben die Möglichkeit der Mehrheitseingliederung nach § 320 getreten. Da der Ausschluss der Minderheitsaktionäre nach §§ 327a ff., §§ 39a f. WpÜG, § 62 Abs. 5 UmwG nicht zu einer die Eingliederung kennzeichnenden, die scharfe Haftung aus § 322 auslösenden organisatorischen Einbindung der Tochtergesellschaft in das Unternehmen des Hauptgesellschafters führt, ist die praktische Bedeutung der Mehrheitseingliederung, die zu einem Gutteil gerade mit Blick auf das mit ihr verbundene Ausscheiden der Minderheitsaktionäre praktiziert wurde, ganz erheblich zurückgegangen (→ § 327a Rn. 9).[8]

III. Beteiligungserfordernisse (Abs. 1 S. 1)

1. Kapitalbeteiligung. Die Eingliederung durch Mehrheitsbeschluss setzt nach Abs. 1 9 S. 1 voraus, dass sich Aktien, auf die zusammen **95 % des Grundkapitals** entfallen (→ Rn. 2), in der Hand der zukünftigen Hauptgesellschaft befinden. Maßgebender Zeit-

---

[7] BGH WM 1974, 713 (715 f.); OLG Celle WM 1972, 1004 (1011); DB 1973, 1118; aA *Bayer* ZGR 1993, 599 (604 f.).
[8] So auch MHdB AG/*Krieger* § 74 Rn. 2: „nahezu bedeutungslos"; Spindler/Stilz/*Singhof* Rn. 3; *Fenck* 113.

punkt ist derjenige der Anmeldung der Eingliederung zur Eintragung in das Handelsregister (→ § 319 Rn. 8). Wie im Fall des § 319 findet eine Zurechnung entsprechend § 16 Abs. 4 nicht statt (→ § 319 Rn. 8).[9] Die zukünftige Hauptgesellschaft muss vielmehr Eigentümer der Aktien sein (→ § 319 Rn. 8). Nach Abs. 1 S. 2 sind allerdings **eigene Aktien** der einzugliedernden Gesellschaft und Aktien, die von einem Dritten für Rechnung der einzugliedernden Gesellschaft gehalten werden, vom Grundkapital abzusetzen. Wie insbesondere die abweichende Beurteilung im Fall der Eingliederung nach § 319 zeigt (→ § 319 Rn. 8), steht die mit Abs. 1 S. 2 verbundene Abschwächung des Beteiligungserfordernisses im Zusammenhang mit dem in § 320a angeordneten **Erwerb auch dieser Anteile** durch die Hauptgesellschaft.[10] Eine über den Wortlaut des Abs. 1 S. 2 hinausgehende Nichtberücksichtigung von Aktien kommt allerdings nicht in Betracht. Bei der Ermittlung der erforderlichen Kapitalmehrheit sind somit auch solche Aktien zu berücksichtigen, die ein von der einzugliedernden Gesellschaft abhängiges Unternehmen auf eigene Rechnung hält, ferner solche, die ein Dritter für Rechnung dieses Unternehmens hält. Soweit in § 71d etwas anderes bestimmt ist, lässt sich daraus für § 320 nichts herleiten;[11] denn § 320 Abs. 1 S. 2 steht nicht im Zusammenhang mit § 71b, ordnet also die Nichtberücksichtigung nicht deshalb an, weil und soweit aus den Anteilen keine Rechte geltend gemacht werden können. Bezugsrechte jeglicher Art, insbesondere **Options- und Wandlungsrechte,** sind bei Berechnung der Kapitalbeteiligung grundsätzlich nicht zu berücksichtigen; zu ihrem Schicksal nach Eintragung der Eingliederung → § 320b Rn. 8.

10 Verfügt die zukünftige Hauptgesellschaft nicht über die erforderliche Kapitalmehrheit, ist der Eingliederungsbeschluss **nach § 241 Nr. 3 nichtig.**[12] Nach durchlaufenem **Freigabeverfahren** erfährt er indes Bestandskraft gemäß § 319 Abs. 6 S. 11 (→ § 319 Rn. 9). Eine Heilung des Mangels nach § 242 Abs. 2 kommt hingegen nicht in Betracht (→ § 319 Rn. 9). Auch finden die Grundsätze über die **fehlerhafte Gesellschaft** (→ § 320b Rn. 22) angesichts der Schwere des Mangels keine Anwendung (→ § 319 Rn. 9).[13] § 15 HGB lässt sich gegenüber der Hauptgesellschaft deshalb nicht zur Anwendung bringen, weil die Anmeldung der Eingliederung nicht ihr, sondern der eingegliederten Gesellschaft obliegt (→ § 319 Rn. 9).

11 **2. Stimmenmehrheit.** Umstritten ist, ob die Eingliederung durch Mehrheitsbeschluss neben der Kapitalmehrheit in Höhe von 95 % eine entsprechende Stimmenmehrheit voraussetzt.[14] Mit Blick auf den klaren Wortlaut des Abs. 1 S. 1 ist dies mit der hL zu verneinen.[15] Auch dem Umstand, dass § 320 für den Eingliederungsbeschluss keine besondere Mehrheit vorschreibt, lässt sich nicht entnehmen, der Gesetzgeber sei von einer Stimmenmehrheit der zukünftigen Hauptgesellschaft in Höhe von 95 % ausgegangen. Bleibt also die Stimmenmehrheit hinter der Kapitalmehrheit zurück, wozu es durch Ausgabe von Vorzugsaktien sowie durch Vereinbarung eines Höchststimmrechts kommen kann, steht dies der Mehr-

---

[9] KK-AktG/*Koppensteiner* Rn. 3; GroßkommAktG/*Schmolke* Rn. 7; Hüffer/*Koch* Rn. 3; K. Schmidt/Lutter/*Ziemons* Rn. 4; Spindler/Stilz/*Singhof* Rn. 5; HK-AktG/*Fett* Rn. 4; Hölters/*Leuering/Goertz* Rn. 4; MHdB AG/*Krieger* § 74 Rn. 24.
[10] Zutr. MüKoAktG/*Grunewald* Rn. 3; GroßkommAktG/*Schmolke* Rn. 9; Hüffer/*Koch* Rn. 3 f.; Spindler/Stilz/*Singhof* Rn. 6; HK-AktG/*Fett* Rn. 4; Hölters/*Leuering/Goertz* Rn. 4; aA KK-AktG/*Koppensteiner* Rn. 4 f. (Zusammenhang mit § 71b.
[11] MüKoAktG/*Grunewald* Rn. 3; GroßkommAktG/*Schmolke* Rn. 9; Hüffer/*Koch* Rn. 3 f.; Spindler/Stilz/*Singhof* Rn. 6; HK-AktG/*Fett* Rn. 4; Hölters/*Leuering/Goertz* Rn. 4; aA KK-AktG/*Koppensteiner* Rn. 4 f.
[12] Spindler/Stilz/*Singhof* Rn. 7; HK-AktG/*Fett* Rn. 4; GroßkommAktG/*Schmolke* Rn. 9; KK-AktG/*Koppensteiner* Rn. 8: Beschluss entfalte keine rechtlichen Wirkungen; *Kort* 190 f.; *Noack* WuB II A. § 320 AktG 1.94; aA OLG Hamm AG 1994, 376 (377 f.); AG 1980, 79 (81). – Für § 327a offengelassen von BGHZ 189, 32 Rn. 27 = AG 2011, 518; → § 327f Rn. 3 mwN.
[13] Grigoleit/*Grigoleit/Rachlitz* Rn. 10; *Kort* 190 f.; aA GroßkommAktG/*Schmolke* Rn. 11; *C. Schäfer* 470 ff.
[14] Dafür KK-AktG/*Koppensteiner* Rn. 7 im Anschluss an *v. Godin/Wilhelmi* Anm. 3.
[15] MüKoAktG/*Grunewald* Rn. 9; GroßkommAktG/*Schmolke* Rn. 13; HK-AktG/*Fett* Rn. 5; Spindler/Stilz/*Singhof* Rn. 8; K. Schmidt/Lutter/*Ziemons* Rn. 3; Hüffer/*Koch* Rn. 4; Grigoleit/*Grigoleit/Rachlitz* Rn. 14; Wachter/*Rothley* Rn. 2; NK-AktR/*Jaursch* Rn. 4; MHdB AG/*Krieger* § 74 Rn. 24; offengelassen von OLG Hamm AG 1994, 376 (377).

heitseingliederung nicht entgegen. Für den Eingliederungsbeschluss genügt somit auch im Fall des § 320 die **einfache Mehrheit** der Stimmen (→ § 319 Rn. 11). **Vorzugsaktionäre** sind auch im Rahmen des Eingliederungsbeschlusses vom Stimmrecht ausgeschlossen; auch ein Sonderbeschluss ist nicht erforderlich (→ Vor § 311 Rn. 45; → § 327a Rn. 24).

IV. Information der Aktionäre (Abs. 2 und 4)

1. Bekanntmachung der Tagesordnung (Abs. 2). a) Hauptversammlung der 12 **einzugliedernden Gesellschaft.** Abs. 2 S. 1 stellt besondere Anforderungen an die Bekanntmachung der Tagesordnung der Hauptversammlung der einzugliedernden Gesellschaft. Diese sind – ebenso wie die sonstigen Vorschriften der §§ 121 ff. – auch dann einzuhalten, wenn die Voraussetzungen einer Vollversammlung gemäß § 121 Abs. 6 vorliegen, neben der zukünftigen Hauptgesellschaft also sämtliche Minderheitsaktionäre erschienen sind. Abs. 2 S. 1 verdrängt demnach § 121 Abs. 6; zugleich ergänzt er § 121 Abs. 3. Neben der **Firma** und dem **Sitz** der zukünftigen Hauptgesellschaft (Abs. 2 S. 1 Nr. 1) muss die Bekanntmachung nach Abs. 2 S. 1 Nr. 2 eine Erklärung dieser Gesellschaft enthalten, in der diese den Minderheitsaktionären der einzugliedernden Gesellschaft als **Abfindung** eigene Aktien, im Fall des § 320b Abs. 1 S. 3 nach Wahl der Aktionäre eigene Aktien oder eine Barabfindung anbietet.

Die Vorschrift des Abs. 2 S. 1 bezweckt die frühzeitige Information der Minderheitsaktio- 13 näre über die Identität des Abfindungsschuldners und den Inhalt des Abfindungsangebots; insbesondere sollen die Aktionäre in Ruhe entscheiden können, ob sie die Angemessenheit der angebotenen Abfindung nach § 320b Abs. 2 S. 2 gerichtlich überprüfen lassen wollen.[16] Vor diesem Hintergrund ist ein **konkretes und vollständiges**[17] Abfindungsangebot unverzichtbar; den Aktionären müssen mit anderen Worten das Umtauschverhältnis sowie ggf. die Höhe der Barabfindung bereits in der Bekanntmachung der Tagesordnung mitgeteilt werden.[18] Der Ordnungsmäßigkeit der Bekanntmachung und damit der Wirksamkeit des Eingliederungsbeschlusses (→ Rn. 5) steht es jedoch nicht entgegen, dass das Angebot in der Hauptversammlung, die über die Eingliederung zu entscheiden hat, im Hinblick auf eine bevorstehende Kapitalerhöhung der zukünftigen Hauptgesellschaft oder aus anderen Gründen **erhöht** wird.[19] Im Hinblick auf die mit der Abfindung der ausscheidenden Aktionäre verbundene Verwässerung des Anteils der Aktionäre der Hauptgesellschaft kann die Erhöhung allerdings nur bis zur Vornahme des Zustimmungsbeschlusses (→ Rn. 14) erfolgen.[20] Genügt die Bekanntmachung nicht den Anforderungen des Abs. 2 S. 1, so darf nach § 124 Abs. 4 S. 1 über die Eingliederung nicht beschlossen werden. Ein gleichwohl gefasster Beschluss ist nach **§ 243 Abs. 1 anfechtbar** (→ § 320b Rn. 20).[21]

b) Hauptversammlung der zukünftigen Hauptgesellschaft. Nach § 319 Abs. 2 14 bedarf der Eingliederungsbeschluss der Zustimmung durch die Hauptversammlung der

---

[16] Vgl. Begr. RegE bei *Kropff* AktG 424; ferner BGH WM 1974, 713 (714); MüKoAktG/*Grunewald* Rn. 5.
[17] Daran fehlt es, wenn Spitzenbeträge möglich sind und ihre Behandlung unklar bleibt, s. LG Berlin AG 1996, 230 (232); Hüffer/*Koch* Rn. 7 aE; MüKoAktG/*Grunewald* Rn. 6; GroßkommAktG/*Schmolke* Rn. 21; Spindler/Stilz/*Singhof* Rn. 11; K. Schmidt/Lutter/*Ziemons* Rn. 9; HK-AktG/*Fett* Rn. 6; aA *J. Vetter* AG 1997, 6 (16).
[18] KK-AktG/*Koppensteiner* Rn. 9; MüKoAktG/*Grunewald* Rn. 6; Hüffer/*Koch* Rn. 7; HK-AktG/*Fett* Rn. 6.
[19] So für die bevorstehende Kapitalerhöhung BGH WM 1974, 713 (714 f.); OLG Celle WM 1972, 1004 (1009 f.); *Henze* Rn. 470 ff.; KK-AktG/*Koppensteiner* Rn. 9; für Erhöhung aus sonstigen Gründen auch MHdB AG/*Krieger* § 74 Rn. 29; MüKoAktG/*Grunewald* Rn. 7; Hüffer/*Koch* Rn. 7; Spindler/Stilz/*Singhof* Rn. 11; HK-AktG/*Fett* Rn. 6; eingehend *H. Schmidt*, Liber Amicorum Winter, 2011, 583, 589 ff.; im Grundsatz auch K. Schmidt/Lutter/*Ziemons* Rn. 10; Grigoleit/*Grigoleit/Rachlitz* Rn. 6. – Zur Erhöhung nach erfolgter Beschlussfassung s. – betr. den Squeeze out – OLG München NZG 2007, 635; → § 327b Rn. 4.
[20] K. Schmidt/Lutter/*Ziemons* Rn. 10; Grigoleit/*Grigoleit/Rachlitz* Rn. 6.
[21] Begr. RegE bei *Kropff* AktG 424; ferner BGH WM 1974, 713 (714); OLG Celle WM 1972, 1004 (1009); MüKoAktG/*Grunewald* Rn. 8. Zu dem Erfordernis der Relevanz der Informationspflichtverletzung für die Anfechtbarkeit des Beschlusses → § 319 Rn. 18.

zukünftigen Hauptgesellschaft (→ Rn. 6; → § 319 Rn. 13 ff.). Abs. 2 S. 2 nimmt darauf Bezug und bestimmt, dass auch der Bekanntmachung der zukünftigen Hauptgesellschaft eine Erklärung über die geplante Abfindung (→ Rn. 13) beizufügen ist. Damit soll den Aktionären die Möglichkeit verschafft werden, sich frühzeitig über einen für ihr Abstimmungsverhalten wesentlichen Gesichtspunkt, nämlich die auf die Hauptgesellschaft zukommende Abfindungsbelastung, zu informieren.[22] Ein Verstoß gegen die Vorschrift begründet die Anfechtbarkeit des Beschlusses (→ Rn. 13 aE; → § 320b Rn. 16).

15   **2. Pflicht zur Auslegung (Abs. 4 S. 1 und 3).** Die Vorschrift des Abs. 4 S. 1 nimmt auf § 319 Abs. 3 S. 1 Bezug und passt die dort geregelte Pflicht der zukünftigen Hauptgesellschaft zur Auslegung bestimmter Unterlagen (→ § 319 Rn. 17 ff.) den Besonderheiten der Mehrheitseingliederung an. Damit auch die Minderheitsaktionäre der einzugliedernden Gesellschaft von den Unterlagen Kenntnis nehmen können, wird zunächst die Pflicht zur Auslegung auf diese Gesellschaft erstreckt. Zusätzlich erweitert Abs. 4 S. 1 den Katalog der von beiden Gesellschaften auszulegenden Unterlagen auf den nach Abs. 3 iVm § 293e zu erstellenden **Prüfungsbericht** (→ Rn. 21). Was den Ort der Auslegung betrifft, so bezieht sich Abs. 4 S. 1 ebenso wie § 319 Abs. 3 S. 1 auf den Geschäftsraum der Gesellschaft; die Pflicht, die Unterlagen in der jeweiligen Hauptversammlung zugänglich zu machen, ergibt sich für die eingegliederte Gesellschaft aus §§ 320 Abs. 4 S. 3, 319 Abs. 3 S. 4 (→ Rn. 17), für die Hauptgesellschaft aus §§ 320 Abs. 1 S. 3, 319 Abs. 3 S. 4 (→ Rn. 7). Aus §§ 320 Abs. 1 S. 3, Abs. 4 S. 3, § 319 Abs. 3 S. 3 ergibt sich zudem, dass die Pflicht zur Auslegung – ebenso wie die Pflicht zur Erteilung von Abschriften (→ Rn. 17) – entfällt, wenn die Unterlagen über die **Internetseite** der zukünftigen Hauptgesellschaft zugänglich sind (→ § 319 Rn. 17). Zur Beschlussanfechtung → § 319 Rn. 17 f.; → § 320b Rn. 15 ff.

16   **3. Erweiterter Eingliederungsbericht (Abs. 4 S. 2).** Abs. 4 S. 2 greift die in § 319 Abs. 3 S. 1 Nr. 3 geregelte Pflicht des Vorstands der zukünftigen Hauptgesellschaft zur Erstellung eines Eingliederungsberichts (→ § 319 Rn. 18 ff.) auf und bestimmt, dass in diesem Bericht auch Art und Höhe der Abfindung, die den Minderheitsaktionären der einzugliedernden Gesellschaft nach § 320b zu gewähren ist, zu erläutern und zu begründen sind. Die Vorschrift trägt den mit der **Abfindungspflicht** verbundenen **Bewertungsschwierigkeiten** Rechnung. Sie bezweckt eine entsprechende Information sowohl der Aktionäre der zukünftigen Hauptgesellschaft als auch der außenstehenden Aktionäre der einzugliedernden Gesellschaft. Der Vorstand der einzugliedernden Gesellschaft ist zwar nicht berichtspflichtig; der erweiterte Bericht ist jedoch auch von dieser Gesellschaft auszulegen (→ Rn. 15). Die Vorschrift entspricht derjenigen des § 293a Abs. 1 (→ § 293a Rn. 24 ff.). Abs. 2 und 3 des § 293a finden entsprechende Anwendung (→ § 319 Rn. 20). Zur Beschlussanfechtung → § 319 Rn. 17 f.; → § 320b Rn. 15 ff., 19 f. (abfindungsbezogene Informationsmängel).

17   **4. Sinngemäße Geltung des § 319 Abs. 3 S. 2–5 (Abs. 4 S. 3).** Abs. 4 S. 3 bestimmt, dass § 319 Abs. 3 S. 2–5 für die **Aktionäre beider Gesellschaften** sinngemäß gilt. Dies bedeutet, dass nicht nur die Aktionäre der zukünftigen Hauptgesellschaft (→ § 319 Rn. 17), sondern auch die Aktionäre der einzugliedernden Gesellschaft Anspruch auf kostenlose **Erteilung von Abschriften** der in § 319 Abs. 3 S. 1 Nr. 1–3 genannten Unterlagen und des Prüfungsberichts (→ Rn. 15, 21) haben; der Anspruch entfällt nach Abs. 4 S. 3 iVm § 319 Abs. 3 S. 3, wenn die Unterlagen von der Einberufung der Hauptversammlung an über die Internetseite der zukünftigen Hauptgesellschaft zugänglich sind (→ § 319 Rn. 17). Des Weiteren folgt aus Abs. 4 S. 3 iVm § 319 Abs. 3 S. 4, dass diese Unterlagen (einschließlich des Prüfungsberichts, → Rn. 15) nicht nur in der Hauptversammlung der zukünftigen Hauptgesellschaft (→ Rn. 7), sondern auch in derjenigen der einzugliedernden Gesellschaft **zugänglich zu machen** sind. Ein dem **erweiterten Auskunftsrecht** der Aktionäre der zukünftigen Hauptgesellschaft (→ § 319 Rn. 22 f.) entsprechendes Auskunftsrecht der Aktio-

---

[22] Begr. RegE bei *Kropff* AktG 425; KK-AktG/*Koppensteiner* Rn. 10.

näre der einzugliedernden Gesellschaft war bis zur Änderung des § 320 (→ Rn. 2) in § 320 Abs. 3 aF vorgesehen. Nunmehr ergibt es sich aus Abs. 4 S. 3 iVm § 319 Abs. 3 S. 5; danach hat der Vorstand der einzugliedernden Gesellschaft jedem Aktionär auf Verlangen Auskunft auch über die im Zusammenhang mit der Eingliederung wesentlichen Angelegenheiten der zukünftigen Hauptgesellschaft zu geben (→ § 319 Rn. 22 f.).[23] Die Eingliederung ist auch durch den Vorstand der einzugliedernden Gesellschaft zu erläutern (→ § 319 Rn. 21). Beide Vorstände haben im Rahmen ihrer **Erläuterung** insbesondere auf die Angemessenheit der Abfindung und auf etwaige Bewertungsschwierigkeiten einzugehen. Zur Beschlussanfechtung → § 319 Rn. 22 f.; → § 320b Rn. 15 ff., 19 f. (abfindungsbezogene Informationsmängel).

V. Eingliederungsprüfung (Abs. 3)

1. Zweck. Die wesentliche sachliche Änderung des § 320 durch die Reform des Umwandlungsrechts (→ Rn. 2) besteht in der Einführung einer obligatorischen Eingliederungsprüfung nach dem Vorbild der §§ 9, 60 Abs. 1, 2 UmwG, §§ 293b ff. Eine solche Prüfung war dem alten Recht fremd.[24] Auch § 320 Abs. 3 S. 1 nF schreibt sie nur für die Mehrheitseingliederung vor und trägt damit dem Umstand Rechnung, dass es (nur, → § 319 Rn. 8) bei dieser Form der Eingliederung zur Entstehung von Abfindungsansprüchen kommt.[25] Wie die Prüfung des Unternehmensvertrags nach §§ 293b ff. bezweckt auch die Eingliederungsprüfung die **Entlastung des Spruchverfahrens.** Die Prüfung der Eingliederung durch einen sachverständigen und unabhängigen Prüfer, dessen Auswahl sich nach Abs. 3 S. 3 iVm § 293d Abs. 1 S. 1, §§ 319 ff. HGB beurteilt, soll eine gerichtliche Überprüfung der Angemessenheit der Abfindung abkürzen oder gar entbehrlich machen;[26] um die Akzeptanz des Prüfungsergebnisses zu erhöhen, bestimmt Abs. 3 S. 2 nunmehr, dass die Eingliederungsprüfer durch das Gericht ausgewählt und bestellt werden (→ Rn. 2, 19). Die Möglichkeit eines **Verzichts auf die Eingliederungsprüfung** folgt aus Abs. 3 S. 3, der – ebenso wie § 293b Abs. 2 – die sinngemäße Anwendung des § 293a Abs. 3 bestimmt und damit die Prüfung bei Vorliegen von öffentlich beglaubigten Verzichtserklärungen sämtlicher Aktionäre der zukünftigen Hauptgesellschaft und der einzugliedernden Gesellschaft für entbehrlich erklärt (→ § 293a Rn. 34). Durch Art. 1 Nr. 28a KonTraG (→ Einl. Rn. 21) ist in § 320 Abs. 3 S. 1 klargestellt worden, dass die Prüfung durch **einen oder mehrere Prüfer** zu erfolgen hat und somit für mehrere oder alle beteiligten Unternehmen ein gemeinsamer Prüfer bestellt werden kann. Dies entspricht der Rechtslage nach §§ 9, 10 UmwG betreffend die Verschmelzung (→ § 293b Rn. 1). Zur Beschlussanfechtung → § 320b Rn. 15 ff.

2. Bestellung, Auswahl, Stellung und Verantwortlichkeit der Prüfer. Die Eingliederungsprüfer werden nach Abs. 3 S. 2 in der Fassung durch das Spruchverfahrensneuordnungsgesetz (→ Rn. 2; → § 293c Rn. 8) auf Antrag des Vorstands der zukünftigen Hauptgesellschaft **vom Gericht ausgewählt und bestellt.** Im Übrigen erklärt Abs. 3 S. 3 die Vorschriften des § 293c betreffend die Bestellung der Vertragsprüfer für entsprechend anwendbar. Zuständig ist somit das Landgericht, in dessen Bezirk die einzugliedernde Gesellschaft ihren Sitz hat (§ 293c Abs. 1 S. 3).[27] Bei der **Auswahl** der Eingliederungsprüfer sind nach Abs. 3 S. 3 iVm § 293d die Vorschriften der §§ 319 ff. HGB zu beachten (→ § 293d Rn. 2 ff.; → § 327c Rn. 11).[28] Die Eingliederungsprüfer haben nach Abs. 3 S. 3 iVm § 293d Abs. 1 S. 1 das Auskunftsrecht des § 320 Abs. 1 S. 2, Abs. 2 S. 1 und 2 HGB; nach Abs. 3 S. 3 iVm § 293d Abs. 1 S. 2 besteht es gegenüber beiden Gesellschaften sowie den jeweiligen abhängigen und herrschenden Unternehmen (→ § 293d Rn. 7, 9 f.).

---

[23] MüKoAktG/*Grunewald* Rn. 17; MHdB AG/*Krieger* § 74 Rn. 31.
[24] Vgl. OLG Hamm AG 1993, 93.
[25] Vgl. Begr. RegE, BT-Drs. 12/6699, 179.
[26] Vgl. Begr. RegE, BT-Drs. 12/6699, 178.
[27] MüKoAktG/*Grunewald* Rn. 14; MHdB AG/*Krieger* § 74 Rn. 27.
[28] Speziell zur Eingliederung OLG Düsseldorf NZG 2006, 758: Ein mit der Prüfung von Jahresabschlüssen befasster Abschlussprüfer ist nicht von vornherein als gerichtlicher Sachverständiger im Spruchverfahren ausgeschlossen; → § 293d Rn. 3 f.; → § 327c Rn. 11.

Hinsichtlich der Verantwortlichkeit der Eingliederungsprüfer verweist Abs. 3 S. 3 auf § 293d Abs. 2; die Haftung richtet sich somit nach § 323 HGB und besteht gegenüber beiden Gesellschaften und deren Aktionären (→ § 293d Rn. 9 ff.).

20 **3. Gegenstand der Prüfung.** Gegenstand der Eingliederungsprüfung ist nach Abs. 3 S. 1 die „Eingliederung". Die Prüfung muss sich somit auf die in §§ 319, 320 genannten **Voraussetzungen der Mehrheitseingliederung** (→ Rn. 4 ff., 9 ff.) und, wie auch aus Abs. 3 S. 3 iVm § 293e Abs. 1 S. 2 und 3 folgt, auf die Angemessenheit der **Abfindung** erstrecken (→ § 293b Rn. 4, 14, 16 ff.). Dagegen ist die Zweckmäßigkeit der Eingliederung zwar Gegenstand des Eingliederungsberichts (→ § 319 Rn. 20; → § 293a Rn. 19 ff.), nicht aber der Eingliederungsprüfung (→ § 293b Rn. 16 ff.).[29] Die Frage, ob und inwieweit sich die Prüfung auf den **Eingliederungsbericht** (→ Rn. 16; → § 319 Rn. 18 ff.) zu erstrecken hat, ist für die Verschmelzungsprüfung nach § 9 UmwG[30] und für die Vertragsprüfung nach § 293b (→ § 293b Rn. 14 f.) umstritten; auch für die Eingliederungsprüfung muss die Frage als noch nicht abschließend geklärt bezeichnet werden.[31] Mit Blick auf die Entlastungsfunktion der Prüfung (→ Rn. 18) und den engen Zusammenhang zwischen dem Berichtsinhalt und der Abfindungsregelung (→ Rn. 16) sprechen die besseren Gründe für die Erstreckung der Prüfung auf den Eingliederungsbericht, soweit dieser Ausführungen zur Rechtmäßigkeit der Eingliederung und zur Angemessenheit der Abfindung enthält.[32]

21 **4. Prüfungsbericht.** Gemäß Abs. 3 S. 3 iVm § 293e haben die Eingliederungsprüfer über das Ergebnis der Prüfung schriftlich zu berichten. Der Inhalt des Berichts bestimmt sich nach § 293e (→ § 293e Rn. 5 ff.). Über die in § 293e Abs. 2 enthaltene Verweisungsnorm gelangen die **Schutzklausel** des § 293a Abs. 2 (→ § 293e Rn. 23) und die **Verzichtsmöglichkeit** des § 293a Abs. 3 (→ § 319 Rn. 15; → § 293e Rn. 22) auch hinsichtlich des Prüfungsberichts zur Anwendung.

§ 320a Wirkungen der Eingliederung

¹Mit der Eintragung der Eingliederung in das Handelsregister gehen alle Aktien, die sich nicht in der Hand der Hauptgesellschaft befinden, auf diese über. ²Sind über diese Aktien Aktienurkunden ausgegeben, so verbriefen sie bis zu ihrer Aushändigung an die Hauptgesellschaft nur den Anspruch auf Abfindung.

Schrifttum: *Habersack/Mayer,* Globalverbriefte Aktien als Gegenstand sachenrechtlicher Verfügungen?, WM 2000, 1678; *König,* Kraftloserklärung nicht eingereichter Aktien von Minderheitsaktionären nach einem Squeeze-out, NZG 2006, 606; *Timm/Schick,* Die Auswirkungen der routinemäßigen Geltendmachung der Abfindung durch die Depotbanken auf die Rechte der außenstehenden Aktionäre bei der Mehrheitseingliederung, WM 1994, 185; *Weißhaupt/Özdemir,* Gutglaubenserwerb von (Inhaber-)Aktien nach Squeeze out?, ZIP 2007, 2110; *Weppner/Groß-Bölting,* Kraftloserklärung nicht eingereichter Aktienurkunden nach Durchführung eines aktienrechtlichen Squeeze-out gemäß §§ 327a ff. AktG, BB 2012, 2196.

I. Inhalt und Zweck der Vorschrift

1 Die Vorschrift regelt die speziellen Rechtsfolgen einer Mehrheitseingliederung iSd § 320. Ihr S. 1 bestimmt, dass die Hauptgesellschaft mit der Eintragung der Eingliederung die Mitgliedschaften der außenstehenden Aktionäre der eingegliederten Gesellschaft erwirbt und damit **Alleinaktionär** dieser Gesellschaft wird. Nach S. 2 verbriefen etwaige Aktienurkunden bis zu ihrer Aushändigung an die Hauptgesellschaft den Anspruch auf Abfindung, der den

---

[29] GroßkommAktG/*Schmolke* Rn. 35; Hüffer/*Koch* Rn. 12.
[30] Lutter/*Drygala* UmwG § 9 Rn. 13 f. mwN.
[31] Für Erstreckung der Eingliederungsprüfung auf den Bericht LG Berlin AG 1996, 230 (232 f.); Hüffer/*Koch* Rn. 12; HK-AktG/*Fett* Rn. 12; Spindler/Stilz/*Singhof* Rn. 15; Hölters/*Leuering/Goertz* Rn. 17; Hensler/Strohn/*Wilsing* Rn. 4; s. aber auch K. Schmidt/Lutter/*Ziemons* Rn. 14.
[32] KK-AktG/*Koppensteiner* Rn. 15 mit § 293b Rn. 9; GroßkommAktG/*Schmolke* Rn. 35; Grigoleit/*Grigoleit/Rachlitz* Rn. 11; MHdB AG/*Krieger* § 74 Rn. 28; für die Verschmelzung namentlich *Hoffmann-Becking* FS Fleck, 1988, 105 (122); zu wN → § 293b Rn. 14 f.

ausgeschiedenen Aktionären nach § 320b als Ausgleich für die verlorene Mitgliedschaft zusteht. Die Vorschrift knüpft an § 320 an, der zufolge die Eingliederung zwar nicht an der Existenz einer kleinen Minderheit scheitern soll, ein Fortbestand der Mitgliedschaft außenstehender Aktionäre jedoch angesichts der Auswirkungen der Eingliederung auf die Finanz- und Organisationsverfassung der eingegliederten Gesellschaft nicht in Betracht kommt (→ § 320 Rn. 1, 3). Sie entspricht § 320 Abs. 4 aF (→ § 319 Rn. 1; → § 320 Rn. 2).

II. Übergang der Mitgliedschaften (S. 1)

1. Voraussetzungen. Nach S. 1 gehen mit **Eintragung** der Eingliederung in das Handelsregister (→ § 319 Rn. 44; → § 320 Rn. 7) die Mitgliedschaften der außenstehenden Aktionäre auf die Hauptgesellschaft über; diese wird damit Alleinaktionär der eingegliederten Gesellschaft. Neben der – konstitutiv wirkenden (→ § 319 Rn. 41) und damit für den Übergang der Aktien unerlässlichen – Eintragung müssen allerdings auch die **sonstigen Voraussetzungen** der Eingliederung vorliegen.[1] Bei Nichtigkeit des Eingliederungs- oder Zustimmungsbeschlusses (→ § 319 Rn. 10 ff.) findet also ein Übergang der Aktien nur unter der Voraussetzung statt, dass entweder Heilung nach § 242 Abs. 2 eingetreten oder ein Freigabebeschluss nach § 319 Abs. 6 ergangen ist (→ § 319 Rn. 9, 32 ff., 43; → § 320 Rn. 10).[2] Bei Anfechtbarkeit eines Beschlusses nach § 243 Abs. 1 ist zu unterscheiden. Wird der Beschluss angefochten und kommt es zur Eintragung, so erwächst die Eingliederung in Bestandskraft, wenn ein Freigabebeschluss ergangen ist (→ § 319 Rn. 43); andernfalls ist das Eingliederungsverhältnis mit Rechtskraft des der Anfechtungsklage stattgebenden Urteils zu beenden (→ § 319 Rn. 43; → § 320b Rn. 22). Wird dagegen nicht oder nicht rechtzeitig (§ 246 Abs. 1) Anfechtungsklage erhoben, so erwächst der Beschluss in Bestandskraft; mit Eintragung (die nicht vor Ablauf der Anfechtungsfrist erfolgen kann, → § 319 Rn. 28) treten die Rechtsfolgen des § 320a ein. Auch im Fall einer Mehrheitseingliederung bedarf weder der Eingliederungsbeschluss (→ § 320b Rn. 21) noch der Zustimmungsbeschluss (→ § 320 Rn. 6) einer sachlichen Rechtfertigung. Zum Schicksal von **Options- und Wandlungsrechten** → § 320b Rn. 8.

2. Übergang kraft Gesetzes. Liegen die Voraussetzungen des S. 1 vor (→ Rn. 2), so gehen sämtliche **Mitgliedschaften,** die sich nicht in der Hand der Hauptgesellschaft befinden, auf diese über. Das Gesetz spricht zwar vom Übergang der Aktien, meint aber, wie sich aus S. 2 (→ Rn. 4) und dem Normzweck des § 320a (→ Rn. 1) ergibt, nicht das Eigentum an den Aktienurkunden, sondern die Mitgliedschaften.[3] Von dem Übergang der Mitgliedschaften sind **auch eigene Aktien** der eingegliederten Gesellschaft betroffen, ferner Aktien, die ein Dritter für Rechnung der eingegliederten Gesellschaft gehalten hat.[4] Die Hauptgesellschaft wird also Alleinaktionär der eingegliederten Gesellschaft und kann damit von ihrem Weisungsrecht nach § 323 Gebrauch machen, ohne auf die Belange von Mitaktionären Rücksicht nehmen zu müssen. Der Übergang der Mitgliedschaft vollzieht sich kraft Gesetzes; die Vornahme eines Verfügungsgeschäfts ist weder erforderlich noch möglich.[5] Die ausgeschiedenen Aktionäre haben gemäß § 320b **Anspruch auf Abfindung;** auch dieser Anspruch entsteht kraft Gesetzes (→ § 320b Rn. 3). Ist die eingegliederte Gesellschaft **börsennotiert,** ist der Börsenhandel ungeachtet der Rechtsfolgen des S. 2 (→ Rn. 4 f.) nach Maßgabe der §§ 25 Abs. 1 S. 1 Nr. 2, 33 Abs. 4 BörsG einzustellen; sodann ist nach § 39 Abs. 1 Fall 1 BörsG die Zulassung zum regulierten Markt zu widerrufen.[6]

---

[1] KK-AktG/*Koppensteiner* Rn. 4.
[2] Spindler/Stilz/*Singhof* Rn. 3; K. Schmidt/Lutter/*Ziemons* Rn. 4; im Ausgangspunkt auch GroßkommAktG/*Schmolke* Rn. 3; aA MüKoAktG/*Grunewald* Rn. 2.
[3] GroßkommAktG/*Schmolke* Rn. 2; Hüffer/*Koch* Rn. 2; Grigoleit/*Grigoleit/Rachlitz* Rn. 2; Henssler/Strohn/*Wilsing* Rn. 1.
[4] EinhM, s. MüKoAktG/*Grunewald* § 320 Rn. 2.
[5] S. statt aller Hüffer/*Koch* Rn. 2; HK-AktG/*Fett* Rn. 1.
[6] Spindler/Stilz/*Singhof* Rn. 4; GroßkommAktG/*Fleischer* § 327e Rn. 60; *Habersack* in Habersack/Mülbert/Schlitt, Unternehmensfinanzierung am Kapitalmarkt, 3. Aufl. 2013, § 35 Rn. 26.

III. Eigentum an den Aktienurkunden (S. 2)

4 **1. Verbriefung des Abfindungsanspruchs.** Sind über die Mitgliedschaften Aktienurkunden ausgegeben, so kommt es nach S. 2 zu einer vorübergehenden (→ Rn. 6) **Auswechslung des verbrieften Rechts.** Dadurch weicht S. 2 von § 952 Abs. 2 BGB ab. Nach dieser Vorschrift würden nämlich die Aktienurkunden, nachdem sie die Mitgliedschaften nicht mehr verbriefen und damit ihre Eigenschaft als Inhaber- oder Orderpapier verloren haben,[7] in das Eigentum der Hauptgesellschaft übergehen. Demgegenüber bestimmt S. 2, dass die über die Mitgliedschaften ausgestellten Aktienurkunden von der Eintragung an bis zu ihrer Aushändigung an die Hauptgesellschaft (→ Rn. 6) den Anspruch auf Abfindung nach § 320b verbriefen, also ihre Eigenschaft als Inhaber- oder Orderpapier behalten und damit weiterhin im **Eigentum der ausgeschiedenen Aktionäre** stehen. Eine Übertragung des Eigentums an den Urkunden verschafft dem Erwerber nur das verbriefte Recht, also den Anspruch auf die Abfindung; auch der Erwerber ist zudem – Zug um Zug gegen Gewährung der Abfindung – zur Aushändigung der Urkunde an die Hauptgesellschaft verpflichtet (→ Rn. 6). Ein **gutgläubiger Erwerb** der Mitgliedschaft zu Lasten der Hauptgesellschaft findet vor Aushändigung schon deshalb nicht statt,[8] weil der ausgeschiedene Aktionär weiterhin Eigentümer der Urkunde ist; eine über die Urkunde getroffene Verfügung ist mithin die eines Berechtigten und verschafft dem Erwerber mit dem Eigentum an der Urkunde (nur) das in dieser verbriefte Recht, mithin den Anspruch auf die Abfindung.[9] Auf **Zwischenscheine** iSd § 8 Abs. 4 ist S. 2 entsprechend anzuwenden.[10] – Zur Möglichkeit des gutgläubigen Erwerbs nach Hinterlegung der Abfindung → Rn. 6.

5 Was etwaige **beschränkte dingliche Rechte** betrifft, so ist zu unterscheiden.[11] Besteht das dingliche Recht an der **Aktienurkunde,** so wird es durch den Übergang der Mitgliedschaft nicht berührt. Es bleibt vielmehr bestehen; die Urkunde als Gegenstand des beschränkten dinglichen Rechts verbrieft nun aber den Anspruch aus § 320b. Mit Leistung der Abfindung (→ Rn. 6) setzt sich das beschränkte dingliche Recht entsprechend § 1287 S. 1 BGB an der Abfindung fort.[12] Ist dagegen das **verbriefte Recht,** mithin die Mitgliedschaft, mit dem beschränkten dinglichen Recht belastet (wie dies nach zutreffender Ansicht bei Zusammenfassung aller Aktien in einer Globalurkunde notwendigerweise der Fall ist),[13] so setzt es sich entsprechend § 1287 S. 1 BGB an dem Anspruch auf Abfindung fort.[14]

6 **2. Rechtsfolgen der Aushändigung.** Mit Eintragung der wirksamen Eingliederung sind die ausgeschiedenen Aktionäre zur Aushändigung der Urkunden an die Hauptgesellschaft verpflichtet.[15] Die Hauptgesellschaft schuldet ihrerseits Gewährung der Abfindung nach § 320b. Beide Ansprüche können nach Maßgabe der §§ 273, 274 BGB geltend gemacht werden.[16] Die Eigentumsverhältnisse an den Urkunden beurteilen sich nach § 797 S. 2

---

[7] Zutr. Hüffer/*Koch* Rn. 3.
[8] Auch nicht vor Bekanntmachung der Eintragung, zutr. HK-AktG/*Fett* Rn. 4; Grigoleit/*Grigoleit/Rachlitz* Rn. 4; aA KK-AktG/*Koppensteiner* Rn. 7. – Zur Rechtslage nach Aushändigung → Rn. 8.
[9] HK-AktG/*Fett* Rn. 4; Spindler/Stilz/*Singhof* Rn. 5; Grigoleit/*Grigoleit/Rachlitz* Rn. 4; MüKoAktG/*Grunewald* Rn. 5; im Ergebnis auch GroßkommAktG/*Schmolke* Rn. 12; *Weißhaupt/Özdemir* ZIP 2007, 2110 (2112 ff.).
[10] Hüffer/*Koch* Rn. 3; KK-AktG/*Koppensteiner* Rn. 6; Grigoleit/*Grigoleit/Rachlitz* Rn. 5.
[11] Wie hier auch GroßkommAktG/*Schmolke* Rn. 5; aA – gegen Unterscheidung zwischen Belastung der Urkunde und Belastung der Mitgliedschaft – MüKoAktG/*Grunewald* Rn. 2.
[12] So auch KK-AktG/*Koppensteiner* Rn. 7; GroßkommAktG/*Schmolke* Rn. 5; im Ergebnis ebenso MüKoAktG/*Grunewald* Rn. 2. – Für die entsprechende Anwendung der §§ 1281 f. BGB ist dagegen, da Gegenstand des beschränkten dinglichen Rechts die Urkunde und nicht die verbriefte Forderung auf Abfindung ist, kein Raum.
[13] Näher *Habersack/Mayer* WM 2000, 1678 (1681 ff.); MüKoBGB/*Habersack* Vor § 793 Rn. 33 mwN; zust. GroßkommAktG/*Schmolke* Rn. 10; allg. zur Zulässigkeit von Verfügungen über das verbriefte Recht BGH NZG 2013, 903 Rn. 16 f.; MüKoBGB/*Habersack* § 793 Rn. 31 f.
[14] KK-AktG/*Koppensteiner* Rn. 7; GroßkommAktG/*Schmolke* Rn. 5.
[15] KK-AktG/*Koppensteiner* Rn. 6; Spindler/Stilz/*Singhof* Rn. 6; MHdB AG/*Krieger* § 74 Rn. 35.
[16] GroßkommAktG/*Schmolke* Rn. 8; zur Rolle der Depotbank s. auch *Timm/Schick* WM 1994, 185 ff.; Spindler/Stilz/*Singhof* Rn. 8; MüKoAktG/*Grunewald* Rn. 4.

Abfindung der ausgeschiedenen Aktionäre   § 320b

BGB.¹⁷ Danach erwirbt die **Hauptgesellschaft das Eigentum** an den Urkunden mit Gewährung der Abfindung,¹⁸ regelmäßig also zeitgleich mit der Aushändigung der Urkunden. Die Urkunden verbriefen nun wieder die Mitgliedschaften.¹⁹ Die während des Schwebezustands verbrieften Rechte, nämlich die Abfindungsansprüche der ausgeschiedenen Aktionäre, sind durch Erfüllung erloschen. Eine **Kraftloserklärung** nicht ausgehändigter Urkunden nach § 73 ist jedenfalls vor Erfüllung der Abfindungsansprüche ausgeschlossen,²⁰ und zwar schon deshalb, weil die Urkunden nach S. 2 bis zur Aushändigung im Eigentum der ausgeschiedenen Aktionäre stehen und deren Abfindungsansprüche verbriefen. Sind die Abfindungsansprüche ausnahmsweise vor Aushändigung erloschen (etwa aufgrund Hinterlegung gemäß § 378 BGB, → § 327b Rn. 16), verbriefen die Urkunden auch unabhängig von ihrer Aushändigung an die Hauptgesellschaft die von dieser nach § 320a S. 1 (→ Rn. 3) erworbenen Mitgliedschaften.²¹ Die Hauptgesellschaft kann dann auf Grund des von ihr erworbenen Eigentums Herausgabe der Urkunden verlangen. Einer Kraftloserklärung steht allerdings entgegen, dass die Urkunden nicht mehr „unrichtig" iSd § 73 Abs. 1 sind.²² Bis zur Aushändigung kann das Eigentum an der – nunmehr wieder die Mitgliedschaft verbriefenden – Urkunde gutgläubig erworben werden.²³

§ 320b Abfindung der ausgeschiedenen Aktionäre

(1) ¹Die ausgeschiedenen Aktionäre der eingegliederten Gesellschaft haben Anspruch auf angemessene Abfindung. ²Als Abfindung sind ihnen eigene Aktien der Hauptgesellschaft zu gewähren. ³Ist die Hauptgesellschaft eine abhängige Gesellschaft, so sind den ausgeschiedenen Aktionären nach deren Wahl eigene Aktien der Hauptgesellschaft oder eine angemessene Barabfindung zu gewähren. ⁴Werden als Abfindung Aktien der Hauptgesellschaft gewährt, so ist die Abfindung als angemessen anzusehen, wenn die Aktien in dem Verhältnis gewährt werden, in dem bei einer Verschmelzung auf eine Aktie der Gesellschaft Aktien der Hauptgesellschaft zu gewähren wären, wobei Spitzenbeträge durch bare Zuzahlungen ausgeglichen werden können. ⁵Die Barabfindung muß die Verhältnisse der Gesellschaft im Zeitpunkt der Beschlußfassung ihrer Hauptversammlung über die Eingliederung berücksichtigen. ⁶Die Barabfindung sowie bare Zuzahlungen sind von der Bekanntmachung der Eintragung der Eingliederung an mit jährlich 5 Prozentpunkten über dem jeweiligen Basiszinssatz nach § 247 des Bürgerlichen Gesetzbuchs zu verzinsen; die Geltendmachung eines weiteren Schadens ist nicht ausgeschlossen.

(2) ¹Die Anfechtung des Beschlusses, durch den die Hauptversammlung der eingegliederten Gesellschaft die Eingliederung der Gesellschaft beschlossen hat, kann nicht auf § 243 Abs. 2 oder darauf gestützt werden, daß die von der Hauptge-

---

¹⁷ Hüffer/*Koch* Rn. 3; MüKoAktG/*Grunewald* Rn. 3; *Timm/Schick* WM 1994, 185 (186 f.).
¹⁸ Näher MüKoBGB/*Habersack* § 797 Rn. 5 ff.
¹⁹ KK-AktG/*Koppensteiner* Rn. 6; MüKoAktG/*Grunewald* Rn. 3; GroßkommAktG/*Schmolke* Rn. 8; Spindler/Stilz/*Singhof* Rn. 6; Hüffer/*Koch* Rn. 3; aA K. Schmidt/Lutter/*Ziemons* Rn. 10: Verlust der Wertpapiereigenschaft mit Aushändigung an Hauptgesellschaft; unentschieden OLG Koblenz AG 2015, 828 (829): jedenfalls keine Verbriefung des im Spruchverfahren festgesetzten Erhöhungsbetrags.
²⁰ Spindler/Stilz/*Singhof* Rn. 5; GroßkommAktG/*Schmolke* Rn. 17; HK-AktG/*Fett* Rn. 3; Hüffer/*Koch* Rn. 3; NK-AktR/*Jaursch* Rn. 3; im Grundsatz auch MHdB AG/*Krieger* § 74 Rn. 35; aA MüKoAktG/*Grunewald* Rn. 4; Grigoleit/*Grigoleit/Rachlitz* Rn. 5; für § 327e Abs. 3 auch *König* NZG 2006, 606 ff.; *Weppner/Groß-Bölting* BB 2012, 2196 (2198 ff.).
²¹ Vgl. MüKoBGB/*Habersack* § 797 Rn. 5 mwN; im vorliegenden Zusammenhang auch GroßkommAktG/*Schmolke* Rn. 13.
²² GroßkommAktG/*Schmolke* Rn. 17; Hüffer/*Koch* Rn. 3; wohl auch HK-AktG/*Fett* Rn. 3; Spindler/Stilz/*Singhof* Rn. 4; NK-AktR/*Jaursch* Rn. 3; aA insoweit MHdB AG/*Krieger* § 74 Rn. 35; generell für Möglichkeit der Kraftloserklärung MüKoAktG/*Grunewald* Rn. 4; Grigoleit/*Grigoleit/Rachlitz* Rn. 5; für § 327e Abs. 3 *König* NZG 2006, 606 ff.; *Weppner/Groß-Bölting* BB 2012, 2196 (2198 ff.).
²³ MüKoAktG/*Grunewald* Rn. 3; wohl auch Spindler/Stilz/*Singhof* Rn. 7; aA *Weißhaupt/Özdemir* ZIP 2007, 2110 (2113); im Ergebnis auch K. Schmidt/Lutter/*Ziemons* Rn. 10.

§ 320b 1

sellschaft nach § 320 Abs. 2 Nr. 2 angebotene Abfindung nicht angemessen ist. ²Ist die angebotene Abfindung nicht angemessen, so hat das in § 2 des Spruchverfahrensgesetzes bestimmte Gericht auf Antrag die angemessene Abfindung zu bestimmen. ³Das gleiche gilt, wenn die Hauptgesellschaft eine Abfindung nicht oder nicht ordnungsgemäß angeboten hat und eine hierauf gestützte Anfechtungsklage innerhalb der Anfechtungsfrist nicht erhoben oder zurückgenommen oder rechtskräftig abgewiesen worden ist.

Schrifttum: Vgl. die Angaben zu § 319; ferner *Aubel/Weber,* Ausgewählte Probleme bei Eingliederung und Squeeze out während eines laufenden Spruchverfahrens, WM 2004, 857; *Bernhardt,* Die Abfindung von Aktionären nach neuem Recht, BB 1966, 257; *Decher,* Die Information der Aktionäre über die Unternehmensbewertung bei Strukturmaßnahmen in der Hauptversammlungs- und Gerichtspraxis, FS Hoffmann-Becking, 2013, 295; *Frisinger,* Wahlrechte bei der Abfindung nach §§ 320 Abs. 5 AktG, 15 Abs. 1 UmwG und Beendigung des Schwebezustands, BB 1972, 819; *Grunewald,* Die Auswirkungen der Macrotron-Entscheidung auf das kalte Delisting, ZIP 2004, 542; *Henze,* Aspekte und Entwicklungstendenzen der aktienrechtlichen Anfechtungsklage in der Rechtsprechung des BGH, ZIP 2002, 97; *Hirte,* Bezugsrechtsausschluss und Konzernbildung, 1986; *ders.,* Informationsmängel und Spruchverfahren, ZHR 167 (2003), 8; *Hoffmann-Becking,* Rechtsschutz bei Informationsmängeln im Unternehmensvertrags- und Umwandlungsrecht, in Henze/Hoffmann-Becking (Hrsg.), Gesellschaftsrecht 2001, RWS-Forum 20, 2001, 55; *Kamprad/Römer,* Die Abfindung der außenstehenden Aktionäre bei der Eingliederung durch Mehrheitsbeschluss nach § 320 AktG, AG 1990, 486; *Kiem,* Die Stellung der Vorzugsaktionäre bei Umwandlungsmaßnahmen, ZIP 1997, 1627; *Kleindiek,* Abfindungsbezogene Informationsmängel und Anfechtungsausschluss, NZG 2001, 552; *R. Komp,* Zweifelsfragen des aktienrechtlichen Abfindungsanspruchs nach den §§ 305, 320b, 2002; *Kowalski,* Eingliederung: Abfindung durch Ausnutzung genehmigten Kapitals, AG 2000, 555; *Krieger,* Vorzugsaktie und Umstrukturierung, FS Lutter, 2000, 497; *Lutter,* Aktienerwerb von Rechts wegen: Aber welche Aktien?, FS Mestmäcker, 1996, 943; *Martens,* Die rechtliche Behandlung von Options- und Wandlungsrechten anläßlich der Eingliederung der verpflichteten Gesellschaft, AG 1992, 209; *Mülbert,* Abschwächungen des mitgliedschaftlichen Bestandsschutzes im Aktienrecht, FS Ulmer, 2003, 433; *Noack/Zetzsche,* Die Informationsanfechtung nach der Neuregelung des § 243 Abs. 4 AktG, ZHR 170 (2006), 218; *Rodloff,* Ungeschriebene sachliche Voraussetzungen der aktienrechtlichen Mehrheitseingliederung, Diss. Berlin 1991; *Röhricht,* Die aktuelle höchstrichterliche Rechtsprechung zum Kapitalgesellschaftsrecht, in Gesellschaftsrecht in der Diskussion 1998, Schriftenreihe der Gesellschaftsrechtlichen Vereinigung (VGR), Bd. 1, 1999, 1; *ders.* in Gesellschaftsrecht in der Diskussion 1998, Schriftenreihe der Gesellschaftsrechtlichen Vereinigung (VGR), Bd. 5 (2002), 3; *Schürnbrand,* Gewinnbezogene Schuldtitel in der Umstrukturierung, ZHR 173 (2009), 689; *Timm/Schöne,* Abfindung in Aktien: Das Gebot der Gattungsgleichheit, FS Kropff, 1997, 315; *Veit,* Unternehmensverträge und aktienrechtliche Instrumente der Unternehmensverbindung, 1974; *E. Vetter,* Abfindungswertbezogene Informationsmängel und Rechtsschutz, FS Wiedemann, 2002, 1323; *J. Vetter,* Ausweitung des Spruchverfahrens, ZHR 168 (2004), 8; *Weißhaupt,* Kompensationsbezogene Informationsmängel in der Aktiengesellschaft, 2003; *ders.,* Informationsmängel in der Hauptversammlung: die Neuregelung durch das UMAG, ZIP 2005, 1766; *Wilsing/Kruse,* Anfechtbarkeit von Squeeze-out- und Eingliederungsbeschlüssen wegen abfindungswertbezogener Informationsmängel?, DB 2002, 1539; *Ziemons,* Options- und Wandlungsrechte bei Squeeze out und Eingliederung, FS K. Schmidt, 2009, 1777.

Übersicht

	Rn.		Rn.
I. Einführung	1, 2	4. Verzinsung; Verzugsschaden (Abs. 1 S. 6)	13
1. Inhalt und Zweck der Vorschrift	1	5. Verjährung	14
2. Gesetzesgeschichte; Reformvorschläge	2	**III. Beschlussmängel**	15–22
II. Anspruch auf angemessene Abfindung	3–14	1. Überblick	15
1. Entstehung	3	2. Zustimmungsbeschluss	16
2. Gläubiger und Schuldner	4	3. Eingliederungsbeschluss	17–21
3. Inhalt	5–12	a) Unangemessenes Abfindungsangebot	17, 18
a) Abfindungsarten	5–11	b) Fehlendes oder nicht ordnungsgemäßes Abfindungsangebot	19
b) Bewertung (Abs. 1 S. 4 und 5)	12	c) Sonstige Beschlussmängel	20, 21
		4. Fehlerhafte Eingliederung	22

I. Einführung

1 **1. Inhalt und Zweck der Vorschrift.** Nach Abs. 1 S. 1 haben die ausgeschiedenen Aktionäre der durch Mehrheitsbeschluss nach § 320 eingegliederten Gesellschaft **Anspruch**

auf Abfindung. Dadurch soll der mit der Mehrheitseingliederung verbundene Verlust der Mitgliedschaft in der eingegliederten Gesellschaft ausgeglichen werden. § 320b steht somit im unmittelbaren Zusammenhang mit § 320a und regelt wie dieser die spezifischen Rechtsfolgen der Mehrheitseingliederung. Der Inhalt des Abfindungsanspruchs ist in Abs. 1 S. 2–6 bestimmt. Abs. 2 schränkt die Anfechtbarkeit des Eingliederungsbeschlusses ein und verweist die ausgeschiedenen Aktionäre bezüglich der Geltendmachung der Unangemessenheit des Abfindungsangebots auf das **Spruchverfahren.** Die Vorschrift des § 320b enthält zwingendes Recht. Eine analoge Anwendung auf die Vermögensübertragung nach § 179a kommt grundsätzlich nicht in Betracht. Anderes gilt, wenn das von der abhängigen Gesellschaft betriebene Unternehmen im Zuge einer „übertragenden Auflösung" (→ § 327a Rn. 10) an das herrschende Unternehmen veräußert wird. In diesem Fall bedarf es von Verfassungs wegen einer gerichtlichen Überprüfung des vom herrschenden Unternehmen gezahlten und im Rahmen der Abwicklung an die Aktionäre zu verteilenden Kaufpreises.[1]

2. Gesetzesgeschichte; Reformvorschläge. Die Vorschrift hat die zunächst in § 320 Abs. 5–7 aF enthaltene Regelung übernommen (→ § 320 Rn. 2). Eine sachliche Änderung hat sich dabei nur hinsichtlich des Anspruchs der ausgeschiedenen Aktionäre auf Verzinsung einer etwaigen Barabfindung ergeben: Während § 320 Abs. 5 S. 6 aF noch eine Festverzinsung in Höhe von 5 % gewährte, sieht § 320b Abs. 1 S. 6 nunmehr einen beweglichen Zinssatz vor (→ Rn. 13). Was dessen Bezugsgröße betrifft, so war bereits mit dem Diskontsatz-Überleitungs-Gesetz vom 9.6.1998 (BGBl. I 1242) der Basiszinssatz an die Stelle des Diskontsatzes getreten. Durch Art. 5 Abs. 1 Nr. 1 Verordnung zur Ersetzung von Zinssätzen vom 5.4.2002 (BGBl. I 1250) ist sodann der Verweis auf den jeweiligen Bundesbank-Diskontsatz durch denjenigen auf den Basiszinssatz des § 247 BGB ersetzt und damit § 320b Abs. 1 S. 6 auch textlich geändert worden. Art. 1 Nr. 47 **ARUG** (→ Einl. Rn. 42) hat sodann in Abs. 1 S. 6 – ebenso wie in §§ 305 Abs. 3 S. 3, 327b Abs. 2 – die Höhe des geschuldeten Zinses von zwei vom Hundert über dem jeweiligen Basiszinssatz auf fünf Prozentpunkte über dem jeweiligen Basiszinssatz angehoben und damit an die allgemeine Regelung über Verzugs- und Prozesszinsen angepasst.[2] Weitere Änderungen sind zuvor durch Art. 2 Nr. 6 **Spruchverfahrensneuordnungsgesetz** erfolgt (→ Einl. Rn. 30). Er hat Abs. 3 aufgehoben und in Abs. 2 S. 2 die Bezugnahme auf § 306 durch diejenige auf § 2 SpruchG ersetzt. Dem bisherigen Abs. 3 entsprechende Vorschriften finden sich nunmehr in §§ 3, 4 SpruchG. Durch das **UMAG** (→ Einl. Rn. 33) hat § 320b unmittelbar keine Änderungen erfahren; wohl aber strahlt der in § 243 Abs. 4 S. 2 vorgesehene Anfechtungsausschluss auch auf § 320b aus (→ Rn. 15, 20).[3] Ein vom Gemeinsamen Arbeitsausschuss des BDI und anderer Verbände vorgelegter Gesetzgebungsvorschlag, dessen Kern in der Einführung einer erleichterten Abfindung der ausgeschiedenen Aktionäre liegt,[4] wurde dagegen vom Gesetzgeber bislang nicht aufgegriffen. Entsprechendes gilt für die berechtigte Forderung, auch für die **Bewertungsrüge der Aktionäre der Hauptgesellschaft** die Anfechtung auszuschließen und das Spruchverfahren zu eröffnen (→ Rn. 16).[5]

II. Anspruch auf angemessene Abfindung

1. Entstehung. Der Anspruch auf Abfindung entsteht nach Abs. 1 S. 1 mit der Eintragung der wirksamen Eingliederung (→ § 319 Rn. 41; → § 320 Rn. 7).[6] Er entsteht **kraft**

---
[1] Für Notwendigkeit einer gerichtlichen Kontrolle des vom herrschenden Unternehmen gezahlten Kaufpreises, sei es im Wege eines Spruchverfahrens oder im Rahmen einer gegen den Auflösungsbeschluss gerichteten Anfechtungsklage, s. BVerfG ZIP 2000, 1670 (1672 f.); → § 327a Rn. 10.
[2] Vgl. Begr. RegE, BT-Drs. 16/11642, 42 f. zu § 305 Abs. 3 S. 3.
[3] Allg. zur Problematik der Beschlussanfechtung wegen Informationsmängeln → § 319 Rn. 18, 32.
[4] Abgedruckt in WM 1997, 490 (496 f.), 500).
[5] Dazu im Zusammenhang mit § 15 UmwG bereits Handelsrechtsausschuss des Deutschen Anwaltsvereins e. V., WM 1993, Sonderbeilage 2, Rn. 50 ff., sowie erneut in NZG 2000, 802 (803) und NZG 2003, Beilage zu Heft 9, 14; s. ferner *Hoffmann-Becking* 55, 68 ff., *Röhricht* VGR 5 (2002), 3 (32 ff.), aber auch *J. Vetter* ZHR 168 (2004), 8 (36 f.).
[6] BGH AG 2010, 910 Rn. 24 = ZIP 2010, 2289, dort auch zur Unerheblichkeit von nach Eintragung der Eingliederung durchgeführten Kapitalmaßnahmen für Umtauschverhältnis und Verschmelzungswertrelation.

Gesetzes, setzt also im Unterschied zu dem in § 305 geregelten Anspruch (→ § 305 Rn. 19 ff.) nicht den Abschluss eines Abfindungsvertrags voraus und begründet nach §§ 31 Abs. 5 S. 2, 39 WpÜG keine Pflicht zur Zuzahlung in Fällen, in denen der Eingliederung ein freiwilliges Übernahmeangebot oder ein Pflichtangebot vorangegangen ist.[7] Dies entspricht dem in § 320a bestimmten gesetzlichen Übergang der Mitgliedschaften auf die Hauptgesellschaft (→ § 320a Rn. 2 f.); der damit verbundene Rechtsnachteil wird durch § 320b kompensiert.

4   **2. Gläubiger und Schuldner.** Schuldner des Abfindungsanspruchs ist stets die **Hauptgesellschaft.**[8] Dies gilt auch in dem Fall, dass die außenstehenden Aktionäre ausnahmsweise, nämlich bei Eingliederung einer Enkelgesellschaft in eine bereits eingegliederte Tochtergesellschaft (→ Rn. 10), Anspruch auf Abfindung in Aktien der Muttergesellschaft haben.[9] Gläubiger des Anspruchs sind die aus der eingegliederten Gesellschaft **ausgeschiedenen Aktionäre.** Hat die eingegliederte Gesellschaft eigene Aktien gehalten (→ § 320a Rn. 3), kann also auch sie Abfindung nach Abs. 1 S. 2 und 3 (→ Rn. 5) beanspruchen.[10] Die einmal an die eingegliederte Gesellschaft geleistete Abfindung steht freilich nach § 323 zur Disposition der Hauptgesellschaft, sodass der Frage keine allzu große praktische Bedeutung zukommt. Eine Besicherung des Abfindungsanspruchs durch ein Kreditinstitut ist in § 320b auch nicht für den Fall der Barabfindung vorgesehen (→ § 327b Rn. 11).

5   **3. Inhalt. a) Abfindungsarten. aa) Regelabfindung (Abs. 1 S. 2).** Nach dem Wortlaut des Abs. 1 S. 2 sind den ausgeschiedenen Aktionären als Regelabfindung eigene Aktien der Hauptgesellschaft zu gewähren. Vorbehaltlich des Abs. 1 S. 3 (→ Rn. 9 ff.) sollen die ausgeschiedenen Aktionäre somit **keinen Anspruch auf Barabfindung** haben.[11] Bejaht man ungeachtet der „Frosta"-Entscheidung des BGH die analoge Anwendung des **§ 29 Abs. 1 S. 1 UmwG** auf das reguläre Delisting (→ Vor § 311 Rn. 38), hat Entsprechendes für den Fall zu gelten, dass eine **börsennotierte Gesellschaft** in eine nicht börsennotierte Gesellschaft eingegliedert wird. Denn aus Sicht der betroffenen Minderheitsaktionäre macht es keinen Unterschied, ob ihnen der Markt für Aktien ihrer Gesellschaft durch Verschmelzung auf eine nicht börsennotierte Gesellschaft oder durch Eingliederung in eine nicht börsennotierte Gesellschaft genommen wird.[12] Die abfindungsberechtigten Aktionäre können dann entsprechend § 29 Abs. 1 S. 1 UmwG, § 320b Abs. 1 S. 3 (→ Rn. 9) zwischen der Abfindung in Aktien der Hauptgesellschaft und der Barabfindung wählen, wobei letztere am durchschnittlichen Börsenkurses während der letzten drei Monate vor Bekanntwerden der Eingliederungsabsicht ausgerichtet sein sollte(→ Vor § 311 Rn. 38).

5a   Auch die **eingegliederte Gesellschaft** ist in Aktien der Hauptgesellschaft abzufinden. Insoweit sollte auch § 71d S. 2 der Abfindung in Aktien der Hauptgesellschaft nicht entgegenstehen. Soweit nicht die Abfindung der eingegliederten Gesellschaft in Aktien der Hauptgesellschaft auf der Grundlage des § 71 Abs. 1 Nr. 8 erfolgen kann, lässt sich der

---

[7] Zur Entbehrlichkeit eines Abfindungsvertrags s. OLG Düsseldorf AG 2004, 212 (213); KK-AktG/*Koppensteiner* Rn. 3; GroßkommAktG/*Schmolke* Rn. 6; Hüffer/*Koch* Rn. 2; zur Entbehrlichkeit einer Zuzahlung s. für die Zeit vor Inkrafttreten des WpÜG BGH ZIP 2001, 2278 und OLG München ZIP 2001, 2135, jeweils zu Art. 15 Übernahmekodex.
[8] OLG Düsseldorf AG 2005, 538 (540); AG 2004, 212 (213); MüKoAktG/*Grunewald* Rn. 3; GroßkommAktG/*Schmolke* Rn. 6; Hüffer/*Koch* Rn. 2.
[9] MüKoAktG/*Grunewald* Rn. 3; Spindler/Stilz/*Singhof* Rn. 3; Grigoleit/*Grigoleit/Rachlitz* Rn. 2.
[10] KK-AktG/*Koppensteiner* Rn. 3; MüKoAktG/*Grunewald* Rn. 2; GroßkommAktG/*Schmolke* Rn. 7; Hüffer/*Koch* Rn. 2; HK-AktG/*Fett* Rn. 1; aA MHdB AG/*Krieger* § 74 Rn. 35; K. Schmidt/Lutter/*Ziemons* Rn. 4; Spindler/Stilz/*Singhof* Rn. 3; Grigoleit/*Grigoleit/Rachlitz* Rn. 2.
[11] Wohl einhM, s. etwa OLG Düsseldorf AG 2005, 538 (540); OLG Hamm AG 1993, 93 (94); HK-AktG/*Fett* Rn. 3; s. ferner *Schindler,* Das Austrittsrecht in Kapitalgesellschaften, 1999, 113 f.; zur Bindung an die Wahl einer durch Stückelung der Aktien erschlichenen Barabfindung s. BGH AG 2010, 910 Rn. 18 ff. = ZIP 2010, 2289; näher dazu *Merkner/Schmidt-Bendun* NZG 2011, 10 ff.
[12] So nach BGH NZG 2013, 1342 Rn. 10 ff. – Frosta auch GroßkommAktG/*Schmolke* Rn. 9; K. Schmidt/Lutter/*Ziemons* Rn. 6; Spindler/Stilz/*Singhof* Rn. 7; Hölters/*Leuering/Goertz* Rn. 4; für die Aufspaltung namentlich OLG Düsseldorf ZIP 2005, 300; LG Köln ZIP 2004, 220 (221 f.); aA MHdB AG/*Krieger* § 74 Rn. 36; HK-AktG/*Fett* Rn. 3.

Erwerb durch entsprechende Anwendung des § 71 Abs. 1 Nr. 3 rechtfertigen.[13] Die zur Erfüllung ihrer Abfindungsverpflichtungen benötigten eigenen Aktien kann die Hauptgesellschaft im Übrigen entweder nach § 71 Abs. 1 Nr. 3, 8 erwerben oder durch eine bedingte Kapitalerhöhung nach § 192 Abs. 2 Nr. 2 schaffen; ist der erforderliche Erhöhungsbetrag bekannt, kommt auch die Ausnutzung eines **genehmigten Kapitals** in Betracht.[14] Obschon sich im Fall einer Kapitalerhöhung die Beteiligungsverhältnisse in der Hauptgesellschaft verschieben, bedarf weder der Zustimmungsbeschluss (→ § 319 Rn. 13 ff.) noch der Kapitalerhöhungsbeschluss einer sachlichen Rechtfertigung (→ § 320 Rn. 6). Der Zustimmungsbeschluss kann jedoch wegen Unangemessenheit der Abfindung angefochten werden (→ Rn. 16).

Noch nicht abschließend geklärt ist die Frage, welcher Art die den ausgeschiedenen **6** Aktionären zu gewährenden Aktien sein müssen. Insbesondere fragt sich, ob die angebotenen Aktien der Hauptgesellschaft und die nach § 320a auf die Hauptgesellschaft übergegangenen Aktien der **gleichen Gattung** angehören müssen. In Übereinstimmung mit der Rechtslage nach § 305 Abs. 2 Nr. 1 und 2 (→ § 305 Rn. 13) ist dies im Grundsatz zu bejahen.[15] Die Abfindung in Aktien der Muttergesellschaft hat somit sicherzustellen, dass die ausgeschiedenen Aktionäre weder hinsichtlich der mitgliedschaftlichen Vermögensrechte noch hinsichtlich der Teilhaberechte einen Rechtsnachteil erleiden. Umgekehrt sollen sie durch die Abfindung keinen Vorteil erlangen, zumal sich dieser zum Nachteil der bisherigen Aktionäre der Hauptgesellschaft auswirken würde (→ Rn. 7, 16).[16] Das Abfindungsangebot muss somit sowohl in vermögensmäßiger Hinsicht als auch hinsichtlich der Teilhaberechte dem an den Belangen der **ausgeschiedenen Aktionäre und der Aktionäre der Hauptgesellschaft** auszurichtenden **Gleichbehandlungsgebot** genügen.[17]

Mit Blick auf das Gebot einer vollwertigen Abfindung ist ein Umtausch von Stammaktien **7** in Vorzugsaktien iSd §§ 139 ff. grundsätzlich ebenso unzulässig wie ein Umtausch von Vorzugsaktien in Stammaktien. Allerdings ist bei Bemessung des Umtauschverhältnisses auf eine etwaige **Verschiebung der Stimmrechtsverhältnisse** Rücksicht zu nehmen. Hat etwa die Hauptgesellschaft sowohl Stamm- als auch Vorzugsaktien ausgegeben, die eingegliederte Gesellschaft dagegen ausschließlich Stammaktien, so würde eine Abfindung ausschließlich in Stammaktien den ausgeschiedenen Aktionären einen Gewinn an Stimmrechtsmacht bescheren. Es ist deshalb gerechtfertigt und zur Wahrung der Interessen der Aktionäre der Hauptgesellschaft sogar geboten, anteilig in Vorzugsaktien abzufinden.[18] Im umgekehrten Fall – nur die eingegliederte Gesellschaft hat Vorzugsaktien ausgegeben – darf die Hauptgesellschaft zwar in Stammaktien abfinden;[19] zwischen Stamm- und Vorzugsaktien bestehende Wertunterschiede sind jedoch zu berücksichtigen.

---

[13] Zutr. Hüffer/*Koch* Rn. 3; NK-AktR/*Jaursch* Rn. 2; HK-AktG/*Fett* Rn. 5; Grigoleit/*Grigoleit/Rachlitz* Rn. 4; aA – für Barabfindung – MüKoAktG/*Grunewald* Rn. 2; GroßkommAktG/*Schmolke* Rn. 11; auch gegen Barabfindung Spindler/Stilz/*Singhof* Rn. 4.
[14] Näher *Kowalski* AG 2000, 555 ff.; zust. auch Hüffer/*Koch* Rn. 3; Grigoleit/*Grigoleit/Rachlitz* Rn. 4.
[15] Näher zum Folgenden *Lutter* FS Mestmäcker, 1996, 943 (948 ff.); Lutter/*Drygala* UmwG § 5 Rn. 18 ff.; s. ferner GroßkommAktG/*Schmolke* Rn. 12 f.; Hüffer/*Koch* Rn. 4, § 305 Rn. 11; Grigoleit/*Grigoleit/Rachlitz* Rn. 5; Semler/Stengel/*Schröer* UmwG § 5 Rn. 19 ff.; MHdB AG/*Krieger* § 74 Rn. 37, § 71 Rn. 120; ders. FS Lutter, 2000, 497 (508, 516 ff.) (dort auch zur Frage eines Sonderbeschlusses der umtauschberechtigten Vorzugsaktionäre nach § 141 Abs. 2); weitergehend – generell für Abfindung in der Gattung der übergegangenen Aktien – die zunächst hM, s. MüKoAktG/*Grunewald* Rn. 4 f.; Spindler/Stilz/*Singhof* Rn. 5; s. ferner Timm/*Schöne* FS Kropff, 1997, 315 (319 ff.); KK-AktG/*Koppensteiner* Rn. 9.
[16] Zutr. *Lutter* FS Mestmäcker, 1996, 943 (948 ff.); Lutter/*Drygala* UmwG § 5 Rn. 18 ff.
[17] *Lutter* FS Mestmäcker, 1996, 943 (948 ff.); Lutter/*Drygala* UmwG § 5 Rn. 18 ff.
[18] *Lutter* FS Mestmäcker, 1996, 943 (950 f.); Lutter/*Drygala* UmwG § 5 Rn. 20; GroßkommAktG/*Schmolke* Rn. 13; Hüffer/*Koch* Rn. 4, § 305 Rn. 11; Grigoleit/*Grigoleit/Rachlitz* Rn. 5; MHdB AG/*Krieger* § 74 Rn. 37, § 71 Rn. 120; ders. FS Lutter, 2000, 497 (516 ff.); Semler/Stengel/*Schröer* UmwG § 5 Rn. 24; aA Timm/*Schöne* FS Kropff, 1997, 315 (322 ff., 328); MüKoAktG/*Grunewald* Rn. 5; Spindler/Stilz/*Singhof* Rn. 5.
[19] *Lutter* FS Mestmäcker, 1996, 943 (950 f.); Lutter/*Drygala* UmwG § 5 Rn. 21; GroßkommAktG/*Schmolke* Rn. 13; Hüffer/*Koch* Rn. 4, § 305 Rn. 11; näher *Krieger* FS Lutter, 2000, 497 (513 f.), dort auch dazu, dass der Vorzug auch ohne zust. Sonderbeschluss der Vorzugsaktionäre gemäß § 141 Abs. 1 aufgehoben werden kann (s. dazu aber auch *Kiem* ZIP 1997, 1627 (1628 f., 1632) betr. die Verschmelzung); aA Timm/*Schöne* FS Kropff, 1997, 315 (328 ff.).

8 Von der eingegliederten Gesellschaft begebene und im Zeitpunkt der Eingliederung noch nicht ausgeübte oder zwar ausgeübte, aber noch nicht bediente **Optionen** und sonstige Bezugsrechte auf Aktien sind analog §§ 320a, 320b, §§ 23, 36 Abs. 1 UmwG und entsprechend dem bei Eingliederung festgelegten Umtauschverhältnis durch entsprechende Rechte gegen die Hauptgesellschaft zu ersetzen.[20] Vor dem Hintergrund der andernfalls mit Ausübung der Option drohenden Beendigung der Eingliederung (§ 327 Abs. 1 Nr. 3; → § 327 Rn. 6) genießen sie also keinen höheren Bestandsschutz als von der eingegliederten Gesellschaft ausgegebene Aktien. Bei Bemessung der Abfindung sind die Grundsätze der Gattungsgleichheit und der Gleichbehandlung (→ Rn. 7 f.) zu beachten. Den Abfindungsberechtigten sind also je nach Ausgestaltung des gegen die eingegliederte Gesellschaft gerichteten Rechts Options- oder Wandelanleihen oder reine Optionsrechte zu gewähren. Bei Berechnung der nach § 320 Abs. 1 erforderlichen Kapitalmehrheit (→ § 320 Rn. 9 f.) sind die Optionsrechte zwar nicht zu berücksichtigen. Entsprechend § 320 Abs. 1 dürfen sich allerdings die begebenen Optionen ihrerseits auf nicht mehr als **5 % des Grundkapitals** beziehen;[21] andernfalls gewähren sie einen Anspruch auf Aktien der eingegliederten Gesellschaft. Was von der eingegliederten Gesellschaft ausgegebene **Genussrechte** betrifft, so unterscheiden sie sich von Optionsrechten dadurch, dass sie gewöhnliches Gläubigerrecht sind und bleiben, also nicht zu einer Mitgliedschaft in der eingegliederten Gesellschaft erstarken können;[22] demgemäß droht auch nicht die Beendigung der Eingliederung nach § 327 Abs. 1 Nr. 3. Davon unberührt bleibt jedoch die Notwendigkeit, die Genussrechtsinhaber gegen die Gefahr einer Verwässerung ihrer gewinnabhängigen Rechte zu schützen. Gute Gründe sprechen insoweit für die analoge Anwendung des § 23 UmwG (→ § 304 Rn. 14).[23] Im Übrigen werden gegen die einzugliedernde Gesellschaft gerichtete schuldrechtliche Ansprüche auf Verschaffung von Aktien durch die Eingliederung grundsätzlich nicht berührt (→ § 319 Rn. 8); die **Auslegung** des Verpflichtungsgeschäfts kann jedoch ergeben, dass mit erfolgter Eingliederung Aktien der Hauptgesellschaft zu liefern sind.

9 bb) **Wahlrecht (Abs. 1 S. 3).** Ist die Hauptgesellschaft ihrerseits abhängige Gesellschaft iSd § 17, so ist den ausgeschiedenen Aktionäre nach § 320b Abs. 1 S. 3 entweder eine Abfindung in Aktien der Hauptgesellschaft oder eine **Barabfindung** zu gewähren. Damit stellt das Gesetz sicher, dass die ausgeschiedenen Aktionäre nicht gezwungen sind, erneut Mitglieder einer abhängigen Gesellschaft zu werden.[24] Diesem Normzweck gemäß gelangt § 320b Abs. 1 S. 3 auch bei Abhängigkeit von einer **Gebietskörperschaft** zur Anwendung (→ § 15 Rn. 26 ff.; → § 17 Rn. 5 ff.).[25] Anders als im Fall des § 305 Abs. 2 Nr. 2 (→ § 305 Rn. 15 f.) haben die ausgeschiedenen Aktionäre hinsichtlich der Art der Abfindung ein Wahlrecht; das Abfindungsangebot der Hauptgesellschaft muss also beide Formen der Abfindung enthalten und die Wahl den ausgeschiedenen Aktionären überlassen. Aber auch in sonstiger Hinsicht weicht § 320b Abs. 1 S. 3 von § 305 Abs. 2 Nr. 2 ab. So haben die ausgeschiedenen Aktionäre nach Abs. 1 S. 3 kein Wahlrecht, wenn die Hauptgesellschaft zwar in Mehrheitsbesitz iSd § 16 steht, aber nicht abhängig ist. Vor allem aber sieht Abs. 1 S. 3 keine Abfindung in Aktien der die Hauptgesellschaft beherrschenden oder mit Mehrheit

---

[20] BGH NJW 1998, 2146 = ZIP 1998, 560 = EWiR § 320b AktG 1/98, 483 *(Noack)*; OLG München ZIP 1993, 1001 (1004) = WM 1993, 1285; eingehend *Martens* AG 1992, 209 (211 ff.); ferner MüKoAktG/*Grunewald* Rn. 15; MüKoAktG/*Habersack* § 221 Rn. 318; Hüffer/*Koch* Rn. 4; Grigoleit/*Grigoleit/Rachlitz* Rn. 6; HK-AktG/*Fett* Rn. 6; Spindler/Stilz/*Singhof* Rn. 6; aA OLG Hamm AG 1994, 376 (378): Rechte richten sich weiterhin gegen die eingegliederte Gesellschaft; ferner GroßkommAktG/*Würdinger* 3. Aufl. § 320 Anm. 25; K. Schmidt/Lutter/*Ziemons* Rn. 7 mit § 320a Rn. 6 f.; *dies.* FS K. Schmidt, 2009, 1777 ff.
[21] So wohl auch BGH NJW 1998, 2146 = ZIP 1998, 560; deutlich *Röhricht* VGR 1 (1999), 1 (10); s. ferner MüKoAktG/*Grunewald* Rn. 15 f.; Spindler/Stilz/*Singhof* Rn. 6; unentschieden GroßkommAktG/*Schmolke* Rn. 6.
[22] BGHZ 119, 305 (309 f., 316 ff.); *Habersack* ZHR 151 (1991), 378 (383 f., 391 ff.).
[23] MüKoAktG/*Habersack* § 221 Rn. 317; MüKoAktG/*Grunewald* Rn. 17.; KK-AktG/*Lutter* § 221 Rn. 402; näher *Schürnbrand* ZHR 173 (2009), 689 (705 ff.); aA – für analoge Anwendung des § 320b – Hüffer/*Koch* § 221 Rn. 68a.
[24] Begr. RegE bei *Kropff* AktG 425.
[25] BGHZ 69, 334 (338 ff.) = NJW 1978, 104.

an ihr beteiligten Gesellschaft vor. Obschon Sachgründe für diese Abweichungen von § 305 Abs. 2 Nr. 2 nicht ersichtlich sind[26] und eine einheitliche Abfindungsregelung zu wünschen wäre, hat es de lege lata bei dem **eindeutigen Wortlaut** des Abs. 1 S. 3 zu bewenden.[27] Eine Ausnahme ist allein für die mehrstufige Eingliederung anzuerkennen (→ Rn. 10). Zur analogen Anwendung des Abs. 1 S. 3 bei Eingliederung einer börsennotierten in eine nicht börsennotierte Gesellschaft → Rn. 5.

Besonderheiten gelten bei Eingliederung einer Enkel-AG in eine bereits eingegliederte **10** Tochter-AG. Für die sog. **mehrstufige Eingliederung** „von oben nach unten" (→ § 319 Rn. 16) folgt nämlich bereits aus § 327 Abs. 1 Nr. 3, dass eine Abfindung in Aktien der Tochter-AG, also der Hauptgesellschaft iSd § 320b Abs. 1 S. 3, nicht in Betracht kommen kann; denn andernfalls fände die Eingliederung der Tochter-AG in die Mutter-AG ihr Ende, sollte auch nur ein aus der Enkel-AG ausgeschiedener Aktionär anstelle der Barabfindung die Abfindung in Aktien der Tochter-AG wählen. Mit der ganz hM[28] ist deshalb davon auszugehen, dass für diese Form der mehrstufigen Eingliederung eine Abfindung in Aktien der Mutter-AG zulässig ist; die Tochter-AG ist deshalb ausnahmsweise berechtigt,[29] den ausgeschiedenen Aktionären nach deren Wahl Aktien der Mutter-AG oder eine Barabfindung zu gewähren (→ Rn. 18). Keine Probleme bereitet dagegen die mehrstufige Eingliederung „von unten nach oben", also die Eingliederung der Enkel-AG in die ihrerseits noch nicht in die Mutter-AG eingegliederte Tochter-AG. In diesem Fall bewendet es bei § 320b Abs. 1 S. 3. Erst mit Eingliederung der Tochter-AG in die Mutter-AG erhalten die aus der Enkel-AG ausgeschiedenen Aktionäre, die sich für die Abfindung in Aktien der Tochter entschieden haben, anstelle ihrer Mitgliedschaft in der Tochter-AG Aktien der Mutter-AG (oder eine Barabfindung).

Auf den Abfindungsanspruch nach Abs. 1 S. 3 finden die Vorschriften der **§§ 262 ff.** **11** **BGB** über die Wahlschuld Anwendung; an die einmal getroffene Wahl ist der Aktionär nach § 263 BGB gebunden.[30] Übt ein ausgeschiedener Aktionär (als wahlberechtigter Gläubiger iSd §§ 262 ff. BGB) sein Wahlrecht nicht aus, so kann die Hauptgesellschaft ihn nach § 264 Abs. 2 BGB unter Bestimmung einer angemessenen Frist zur Vornahme der Wahl auffordern; nach § 264 Abs. 2 S. 2 BGB geht das Wahlrecht mit fruchtlosem Ablauf der Frist auf die Hauptgesellschaft über. Hinsichtlich der Bemessung der Frist ist auf **§ 305 Abs. 4 S. 2 und 3** (→ § 305 Rn. 26 f.) zurückzugreifen.[31] Die Hauptgesellschaft muss also eine Frist von mindestens zwei Monaten setzen; läuft ein gerichtliches Verfahren zur Überprüfung der Abfindung, so müssen dem ausgeschiedenen Aktionär zumindest zwei Monate nach Beendigung des Verfahrens verbleiben. Der Hauptgesellschaft ist es gestattet, eine entsprechende Befristung des Wahlrechts bereits in das Abfindungsangebot aufzunehmen.

---

[26] Vgl. *Bernhardt* BB 1966, 257 (259 f.); *Kamprad/Römer* AG 1990, 486 (487 ff.); KK-AktG/*Koppensteiner* Rn. 5.
[27] So auch MüKoAktG/*Grunewald* Rn. 6; GroßkommAktG/*Schmolke* Rn. 16; Hüffer/*Koch* Rn. 6; Grigoleit/*Grigoleit/Rachlitz* Rn. 8; HK-AktG/*Fett* Rn. 7; Hölters/*Leuering/Goertz* Rn. 7; aA – für Zulässigkeit des Angebots von Aktien der die Hauptgesellschaft beherrschenden oder an ihr mehrheitlich beteiligten Gesellschaft – *Kamprad/Römer* AG 1990, 486 (487 f.); Spindler/Stilz/*Singhof* Rn. 8.
[28] BGHZ 138, 224 (225 ff.) = NJW 1998, 3202; OLG Nürnberg AG 1996, 229 (230); OLG Nürnberg AG 1997, 136; LG Dortmund AG 1995, 518 (519); LG Dortmund AG 1996, 426 (427); MüKoAktG/*Grunewald* Rn. 7; GroßkommAktG/*Schmolke* Rn. 17; Hüffer/*Koch* Rn. 6; Grigoleit/*Grigoleit/Rachlitz* Rn. 8; HK-AktG/*Fett* Rn. 8; K. Schmidt/Lutter/*Ziemons* Rn. 12; Spindler/Stilz/*Singhof* Rn. 8; Hölters/*Leuering/Goertz* Rn. 6; MHdB AG/*Krieger* § 74 Rn. 37; *Röhricht* VGR 1 (1999), 10 ff.; NK-AktR/*Jaursch* Rn. 4; *E. Rehbinder* ZGR 1977, 581 (614 f.); *Kamprad/Römer* AG 1990, 486 (489); nunmehr auch KK-AktG/*Koppensteiner* Rn. 7 (aA noch 2. Aufl. § 320 Rn. 20).
[29] Nicht dagegen ist sie verpflichtet, so auch MüKoAktG/*Grunewald* Rn. 7; aA K. Schmidt/Lutter/*Ziemons* Rn. 12; wohl auch Hölters/*Leuering/Goertz* Rn. 6.
[30] BGH AG 2010, 910 Rn. 18 = ZIP 2010, 2289, dort auch zum Abfindungsergänzungsanspruch; KK-AktG/*Koppensteiner* Rn. 15; MüKoAktG/*Grunewald* Rn. 9; HK-AktG/*Fett* Rn. 7.
[31] KK-AktG/*Koppensteiner* Rn. 15; NK-AktR/*Jaursch* Rn. 5; MüKoAktG/*Grunewald* Rn. 10; K. Schmidt/Lutter/*Ziemons* Rn. 11; HK-AktG/*Fett* Rn. 7; Spindler/Stilz/*Singhof* Rn. 7; *Frisinger* BB 1972, 819 (820 f.).

12 **b) Bewertung (Abs. 1 S. 4 und 5).** Nach Abs. 1 S. 1 haben die ausgeschiedenen Aktionäre Anspruch auf angemessene Abfindung. Bei einer Abfindung in Aktien der Hauptgesellschaft ist nach Abs. 1 S. 4 die sog. **Verschmelzungswertrelation** und damit das Umtauschverhältnis maßgebend, das bei einer Verschmelzung der beiden Gesellschaften angemessen wäre.[32] Sofern danach ein glatter Umtausch nicht möglich ist, sind Spitzenbeträge durch **bare Zuzahlung** auszugleichen;[33] die Zuzahlung ist dann in das Abfindungsangebot aufzunehmen. Bei Bemessung der **Barabfindung** sind nach Abs. 1 S. 5 die Verhältnisse der eingegliederten Gesellschaft, also deren Wert, im Zeitpunkt der Vornahme des Eingliederungsbeschlusses (→ § 319 Rn. 10 ff.) maßgebend. Abs. 1 S. 4 und 5 des § 320b entsprechen damit § 305 Abs. 3 S. 1 und 2, Abs. 1 S. 5 entspricht zudem § 327b Abs. 1 S. 1 (→ § 305 Rn. 36 ff.; → § 327b Rn. 9).[34] Näher zur Relevanz des Börsenkurses, zu Ausnahmen und zum maßgebenden Referenzzeitraum → § 305 Rn. 44 ff.; → § 327b Rn. 9.

13 **4. Verzinsung; Verzugsschaden (Abs. 1 S. 6).** Barabfindungen (→ Rn. 9) und bare Zuzahlungen (→ Rn. 12) sind nach Abs. 1 S. 6 Hs. 1 vom Tag der Bekanntmachung der Eintragung der Eingliederung an (→ § 319 Rn. 33) mit **5 Prozentpunkten über dem jeweiligen Basiszinssatz** (→ Rn. 2) zu verzinsen. Die ausgeschiedenen Aktionäre erlangen auf diesem Weg Ausgleich dafür, dass sie nach § 320a S. 1 ihre Mitgliedschaften unmittelbar mit Eintragung der Eingliederung verlieren. Verzug der Hauptgesellschaft ist nicht erforderlich. Nach § 263 Abs. 2 BGB (→ Rn. 11) besteht der Anspruch auch für den Zeitraum, in dem die Aktionäre ihr Wahlrecht (→ Rn. 9 ff.) noch nicht ausgeübt haben.[35] Mit Rücksicht auf § 266 BGB bleibt der Anspruch auch dann in voller Höhe bestehen, wenn sich der ausgeschiedene Aktionär weigert, eine von der Hauptgesellschaft angebotene **Teilleistung** anzunehmen.[36] Nach Abs. 1 S. 6 Hs. 2 kann der ausgeschiedene Aktionär zwar auch Ersatz eines durch Abs. 1 S. 6 Hs. 1 nicht ausgeglichenen Schadens verlangen. Doch ist die Vorschrift selbst keine Anspruchsgrundlage. Sie stellt vielmehr nur klar, dass insbesondere §§ 280 Abs. 1, 2, 288 BGB durch den Anspruch auf Verzinsung nicht verdrängt werden. Ersatz eines weiteren Schadens kann somit nur bei **Verzug der Hauptgesellschaft** und damit bei Vorliegen der Voraussetzungen des § 286 BGB beansprucht werden.[37]

14 **5. Verjährung.** Der Anspruch auf Abfindung verjährt nach § 195 BGB in drei Jahren.[38] Nach § 199 Abs. 1 BGB beginnt die Verjährung mit dem Schluss des Jahres, in dem der Anspruch entstanden ist, mithin des Jahres, in dem die **Eingliederung eingetragen** worden ist (§ 320a S. 1, § 320b Abs. 1 S. 1, → § 319 Rn. 41). Aus dem in Abs. 1 S. 6 Hs. 1 für maßgeblich erachteten Zeitpunkt der Bekanntmachung lässt sich nichts Gegenteiliges

---

[32] Zu den Bewertungsschwierigkeiten s. etwa BGH AG 2010, 910 Rn. 10 ff. = ZIP 2010, 2289; OLG Stuttgart AG 2008, 783; OLG Düsseldorf AG 1995, 84; LG Dortmund Konzern 2004, 496 = NZG 2004, 723; ferner *Bayer* ZIP 1997, 1613 (1617 f.) mwN betr. Verschmelzung; eingehend zur Problematik *Komp* 31 ff., 72 ff., 244 ff.
[33] S. speziell zur Eingliederung BGH AG 2010, 910 Rn. 10 ff. = ZIP 2010, 2289; OLG Düsseldorf AG 2004, 212 (213); LG Dortmund Konzern 2004, 496 (497); → § 305 Rn. 76 f., 86.
[34] Speziell zur Abfindung bei der Eingliederung s. BVerfG AG 2011, 128 = ZIP 2011, 170; ZIP 2011, 1051 (1053); 2007, 175 (176); 2007, 1600 (1601); OLG Düsseldorf AG 2005, 538 (541); AG 2003, 686 (691); Konzern 2003, 546 (548); LG Dortmund NZG 2001, 1145; Konzern 2003, 560; LG Mannheim AG 2003, 216 (217); zur Konzernverschmelzung s. BVerfG ZIP 2011, 1051; AG 2012, 674; näher zum aktuellen Stand *Bungert/Wettich* FS Hoffmann-Becking, 2013, 157 ff.; *Happ/Bednarz* FS Stilz, 2014, 219 ff.; *Reichert* FS Stilz, 2014, 479 ff.; *Wicke* FS Stilz, 2014, 707 ff.
[35] KK-AktG/*Koppensteiner* Rn. 11; MüKoAktG/*Grunewald* Rn. 13; GroßkommAktG/*Schmolke* Rn. 21; Hüffer/*Koch* Rn. 7; Spindler/Stilz/*Singhof* Rn. 11; *Frisinger* BB 1972, 819 (822).
[36] MüKoAktG/*Grunewald* Rn. 13; GroßkommAktG/*Schmolke* Rn. 21; zweifelnd KK-AktG/*Koppensteiner* Rn. 11; aA GroßkommAktG/*Würdinger* 3. Aufl. § 320 Anm. 15.
[37] MüKoAktG/*Grunewald* Rn. 14; GroßkommAktG/*Schmolke* Rn. 23; Hüffer/*Koch* Rn. 7; nunmehr auch KK-AktG/*Koppensteiner* Rn. 12 (aA noch *ders.* 2. Aufl. § 320 Rn. 25). – Zur Parallelregelung in § 327b Abs. 2 → § 327b Rn. 10.
[38] Wohl einhM, s. KK-AktG/*Koppensteiner* Rn. 14; GroßkommAktG/*Schmolke* Rn. 25; Hölters/*Leuering/Goertz* Rn. 11.

entnehmen.[39] Die in § 199 Abs. 1 Nr. 2 BGB genannte Voraussetzung für den Beginn der Verjährung, nämlich die Kenntnis oder auf grober Fahrlässigkeit beruhende Unkenntnis des Aktionärs von den den Anspruch begründenden Umständen und der Person des Schuldners, ist schon mit Blick auf das Erfordernis eines Eingliederungsbeschlusses (→ § 320 Rn. 5, 12) und der damit einher gehenden Mitteilung gemäß § 125 regelmäßig gegeben.

III. Beschlussmängel

1. Überblick. Abs. 2 S. 1 bestimmt, dass die Anfechtung des **Eingliederungsbeschlus-** 15 **ses** nicht auf § 243 Abs. 2 oder auf die Unangemessenheit der von der Hauptgesellschaft angebotenen Abfindung gestützt werden kann, und enthält somit eine Einschränkung des § 243 Abs. 1. Stattdessen werden die ausgeschiedenen Aktionäre in Abs. 2 S. 2 auf das **Spruchverfahren** verwiesen (→ Rn. 17 ff.). Ist eine Abfindung nicht oder nicht ordnungsgemäß angeboten worden, so ist nach Abs. 2 S. 3 das Spruchverfahren erst eröffnet, wenn der Eingliederungsbeschluss in Bestandskraft erwachsen ist. Ein nicht ordnungsgemäßes Abfindungsangebot iSd Abs. 2 S. 3 liegt auch bei **abfindungsbezogenen Informationsmängeln** vor, sodass auch in diesen Fällen grundsätzlich die Möglichkeit der Beschlussanfechtung besteht (→ Rn. 19 f.). Hiervon macht zwar der durch das UMAG (→ Einl. Rn. 33) eingefügte **§ 243 Abs. 4 S. 2** eine Ausnahme für bestimmte abfindungsbezogene Informationsmängel (→ Rn. 20; → § 293 Rn. 38b ff.). Im Übrigen aber berechtigen Informationsmängel, auch soweit sie sich auf die Abfindung beziehen, nach wie vor zur Anfechtung nach § 320b Abs. 2 S. 3. Die noch im Referentenentwurf eines UMAG[40] vorgesehenen Änderungen des § 320b, nämlich die Streichung des Abs. 2 S. 3 unter gleichzeitiger Erstreckung des Abs. 2 S. 1 und 2 auf die Fälle des fehlenden oder nicht ordnungsgemäßen Angebots,[41] sind im weiteren Verlauf des Gesetzgebungsverfahrens nicht mehr aufgegriffen worden.[42] Was sonstige Mängel des Eingliederungsbeschlusses betrifft, so bewendet es ohnehin bei den allgemeinen Vorschriften der §§ 241 ff. (→ Rn. 20 f.). In § 320b nicht geregelt sind etwaige Mängel des **Zustimmungsbeschlusses;** sie können ohne Einschränkungen nach allgemeinen Vorschriften geltend gemacht werden (→ Rn. 16).

2. Zustimmungsbeschluss. Mängel des Zustimmungsbeschlusses (→ § 319 Rn. 13 ff.) 16 können **nach Maßgabe der §§ 241 ff.** geltend gemacht werden; § 320b enthält insoweit keine Regelung. Der Zustimmungsbeschluss bedarf zwar ebenso wie ein etwaiger Kapitalerhöhungsbeschluss iSd § 192 Abs. 2 Nr. 2 keiner sachlichen Rechtfertigung (→ Rn. 5; → § 320 Rn. 6). De lege lata (→ Rn. 2) können die Aktionäre der Hauptgesellschaft die Anfechtung des Zustimmungsbeschlusses aber auch auf die **Unangemessenheit der Abfindung** oder auf einen sonstigen Verstoß gegen § 320b (→ Rn. 6 f.) stützen.[43] In Betracht kommt ferner die Anfechtung wegen Verletzung der in § 319 Abs. 3, § 320 Abs. 2–4 geregelten Informations-, Prüfungs- und Berichtspflichten,[44] und zwar de lege lata auch insoweit,

---

[39] Spindler/Stilz/*Singhof* Rn. 10; HK-AktG/*Fett* Rn. 10; wohl auch GroßkommAktG/*Schmolke* Rn. 25; aA noch GroßkommAktG/*Würdinger* 3. Aufl. § 320 Anm. 15.
[40] Abdruck in NZG 2004, Beilage 4; s. ferner *Arbeitskreis Beschlussmängelrecht* AG 2008, 617 (619).
[41] Seibert/*Schütz* ZIP 2004, 252 (256); Diekmann/*Leuering* NZG 2004, 249 (254); *Weißhaupt* WM 2004, 705 (710 f.).
[42] Nachweise zur Frage der Reformbedürftigkeit der §§ 241 ff. → § 319 Rn. 32.
[43] LG Berlin AG 1996, 230 (232); MüKoAktG/*Grunewald* Rn. 22; GroßkommAktG/*Schmolke* Rn. 35; Hüffer/*Koch* Rn. 8; Spindler/Stilz/*Singhof* Rn. 13; K. Schmidt/Lutter/*Ziemons* Rn. 21 f.; Grigoleit/*Grigoleit/Rachlitz* Rn. 13; HK-AktG/*Fett* Rn. 11; Hölters/*Leuering*/*Goertz* Rn. 18; für die Verschmelzung BGHZ 112, 9 (19) = NJW 1990, 2747; Semler/Stengel/*Gehling* UmwG § 14 Rn. 17; Lutter/*Decher* UmwG § 14 Rn. 20 f. mwN; einschr. OLG Hamm WM 1988, 1164 (1169) (Geltendmachung der Unangemessenheit des Umtauschverhältnisses nur unter der Voraussetzung, dass auch ein begleitender Kapitalerhöhungsbeschluss angefochten wird); s. auch das (allerdings §§ 210, 212 UmwG, § 305 betreffende) obiter dictum in BGHZ 146, 179 (189) = NJW 2001, 1425.
[44] Vgl. etwa LG Berlin AG 1996, 230 (231 f., 232 f.) (fehlerhafte Bekanntmachung der Tagesordnung und fehlerhafter Eingliederungsprüfungsbericht).

als sich der Informationsmangel auf die Bemessung der Abfindung bezieht (→ Rn. 2).[45] Mängel des Eingliederungsbeschlusses sind dagegen ohne Einfluss auf den Zustimmungsbeschluss (→ § 319 Rn. 11).

17 **3. Eingliederungsbeschluss. a) Unangemessenes Abfindungsangebot.** Nach Abs. 2 S. 1 kann die Anfechtung des Eingliederungsbeschlusses nicht auf § 243 Abs. 2 oder auf die Unangemessenheit (iSd Abs. 1 S. 4 und 5; → Rn. 12, 19) der angebotenen Abfindung gestützt werden. Stattdessen können die ausgeschiedenen Aktionäre nach Abs. 2 S. 2 die Festsetzung der angemessenen Abfindung durch das in § 2 SpruchG bestimmte Gericht beantragen. Die Einleitung dieses sog. **Spruchverfahrens** kann nach § 3 Nr. 2 SpruchG von jedem **ausgeschiedenen Aktionär** beantragt werden. Vor dem Hintergrund der §§ 319 Abs. 5, 7, 320a S. 1 bedeutet dies, dass das Spruchverfahren vor erfolgter Eintragung nicht eingeleitet werden kann, ferner, dass jede Anfechtung des Zustimmungs- oder Eingliederungsbeschlusses das Spruchverfahren hinausschiebt. Es ist somit durch § 3 Nr. 2 SpruchG ausgeschlossen, dass ein Spruchverfahren eingeleitet wird, bevor feststeht, dass es zur (konstitutiv wirkenden, → § 319 Rn. 41) Eintragung der Eingliederung kommt. Der Antragsteller muss nach § 3 Nr. 2 SpruchG im Zeitpunkt der Eintragung der Eingliederung Aktionär der eingegliederten Gesellschaft gewesen sein. Ein Gesamtrechtsnachfolger steht ihm gleich, nicht dagegen ein Einzelrechtsnachfolger;[46] der Zedent kann allerdings den Erwerber des Abfindungsanspruchs zur Einleitung des Spruchverfahrens bevollmächtigen.[47] Der Nachweis der Antragsberechtigung kann durch Vorlage der Aktienurkunde oder durch eine entsprechende Depotbescheinigung erfolgen.[48] Dem Aktionär steht der **Bezugsberechtigte** (→ Rn. 8) gleich; auch er muss die Möglichkeit haben, die Angemessenheit der Abfindung im Rahmen eines Spruchverfahrens überprüfen zu lassen (→ § 327b Rn. 8).[49] Die **Antragsfrist** beträgt nach § 4 Abs. 1 SpruchG drei Monate (→ SpruchG § 4 Rn. 3).

18 Seit Inkrafttreten des Spruchverfahrensneuordnungsgesetzes (→ Rn. 2) richtet sich das **Verfahren** nach dem **SpruchG**. Wegen sämtlicher Einzelheiten ist auf die Kommentierung desselben (→ Anh. § 328) zu verweisen. Ein bei Eintragung der Eingliederung anhängiges **Spruchverfahren nach §§ 304 f.** wird trotz Beendigung des Beherrschungsvertrags (→ § 320 Rn. 7) fortgeführt.[50] Entsprechendes gilt bei mehrstufiger Eingliederung (→ § 319 Rn. 16): Ein hinsichtlich der Abfindung der aus der Enkel-AG ausgeschiedenen Aktionäre anhängiges Spruchverfahren wird nicht durch die nachfolgende Eingliederung der Tochter-AG in die Mutter-AG beendet.[51] Da allerdings eine Abfindung in Aktien der (zwischenzeitlich eingegliederten) Tochter-AG regelmäßig nicht mehr in Betracht kommt (→ Rn. 10), obliegt es der Tochter-AG, das Abfindungsangebot anzupassen, dh Aktien der Mutter-AG anzubieten (→ Rn. 10). – Wird durch das Gericht eine höhere Abfindung festgesetzt, so kommt dies sämtlichen ausgeschiedenen Aktionären zugute, also auch denjenigen, die bereits gegen die ursprünglich vorgesehene Abfindung ausgeschieden sind

---

[45] Die in BGHZ 146, 179 (189) = NJW 2001, 1425 und von *Röhricht* VGR 5 (2002), 3 (33 f.) angestellten Erwägungen beziehen sich auf §§ 210, 212 UmwG, § 305 und lassen sich auf die Mehrheitseingliederung nicht übertragen, → Rn. 20; ferner GroßkommAktG/*Schmolke* Rn. 35.
[46] OLG Hamburg AG 2004, 622 (623); Spindler/Stilz/*Singhof* Rn. 14; Hüffer/*Koch* SpruchG § 3 Rn. 3; MHdB AG/*Krieger* § 74 Rn. 42; aA – für Antragsbefugnis des Einzelrechtsnachfolgers – *Timm/Schick* WM 1994, 185 (187 f.); tendenziell auch GroßkommAktG/*Schmolke* Rn. 38.
[47] Spindler/Stilz/*Singhof* Rn. 14.
[48] Näher *Timm/Schick* WM 1994, 185 (188 f.).
[49] GroßkommAktG/*Schmolke* Rn. 38.
[50] BGHZ 147, 108 (113) = ZIP 2001, 734; BGHZ 176, 43 Rn. 26 ff. = AG 2008, 370 betr. Insolvenz des herrschenden Unternehmens; BGH ZIP 1997, 1193 (1194 f.) betr. Kündigung des Beherrschungsvertrags; OLG Stuttgart ZIP 2011, 1259 (1260 ff.); OLG Düsseldorf AG 1995, 85 (86); *W. Meilicke* AG 1995, 181 (183 ff.); aA OLG Karlsruhe AG 1994, 139 (140); OLG Zweibrücken AG 1994, 563 (564); zum Nachweis der Anspruchsberechtigung in diesen Fällen s. *Aubel/Weber* WM 2004, 857 (859 ff.). Näher zur Problematik des vertragsüberdauernden Abfindungsanspruchs → SpruchG § 11 Rn. 12 ff.; zur Rechtslage bei Übertragung der Aktien → § 305 Rn. 18 ff., 34.
[51] OLG Celle AG 1973, 405; OLG Düsseldorf AG 1996, 475; *Hecker/Wenger* ZBB 1995, 322 (333 ff.); *W. Meilicke* AG 1995, 181 (186 ff.).

(→ § 320a Rn. 4 ff.). Letztere haben mithin – wie § 13 S. 2 SpruchG nunmehr ausdrücklich klarstellt – einen **Abfindungsergänzungsanspruch** (→ § 305 Rn. 86; → SpruchG § 13 Rn. 4).[52]

b) Fehlendes oder nicht ordnungsgemäßes Abfindungsangebot. Nach Abs. 2 S. 3 **19** kann die Einleitung des Spruchverfahrens (→ Rn. 17 f.) auch dann beantragt werden, wenn die Hauptgesellschaft entgegen Abs. 1 S. 1–3 eine Abfindung nicht oder nicht ordnungsgemäß angeboten hat und eine hierauf gestützte Anfechtungsklage entweder nicht innerhalb der Frist des § 246 Abs. 1 erhoben oder zwar erhoben, aber zurückgenommen oder rechtskräftig abgewiesen worden ist. In all diesen Fällen schließt zwar Abs. 2 S. 1 eine Anfechtung des Eingliederungsbeschlusses nicht aus (→ Rn. 20). Das **Spruchverfahren** steht dann aber **subsidiär** zur Verfügung. Von Abs. 2 S. 3 erfasst ist zunächst der Fall, dass eine Abfindung überhaupt nicht angeboten worden ist; dann fehlt es bereits an einer ordnungsgemäßen Bekanntmachung nach § 320 Abs. 2 S. 1 (→ § 320 Rn. 13). Was das nicht ordnungsgemäße Angebot der Abfindung betrifft, so sind zunächst sämtliche Fälle erfasst, in denen die angebotene Abfindung ihrer **Art** nach nicht den Vorgaben des Abs. 1 S. 2 und 3 entspricht. So verhält es sich, wenn entgegen Abs. 1 S. 2 eine Barabfindung angeboten wird, ferner, wenn entgegen Abs. 1 S. 3 das Angebot einer Barabfindung fehlt, Aktien einer anderen Gesellschaft als der Hauptgesellschaft angeboten werden (aber → Rn. 10) oder die angebotenen Aktien ihrer Gattung nach zu beanstanden sind (→ Rn. 6 f.).[53] Diesen Fällen gleichzustellen sind **abfindungsbezogene Informationsmängel**. Auch sie haben zur Folge, dass die Abfindung „nicht ordnungsgemäß angeboten" worden ist, und berechtigen **vorbehaltlich des § 243 Abs. 4 S. 2** zur Beschussanfechtung (→ Rn. 20).[54] Bleibt dagegen die **Höhe** der angebotenen Abfindung hinter den Anforderungen des Abs. 1 S. 4 und 5 zurück (→ Rn. 12), so findet Abs. 2 S. 1 Anwendung (→ Rn. 17 f.).

c) Sonstige Beschlussmängel. Vorbehaltlich des Abs. 2 S. 1 (→ Rn. 17 f.) beurteilt **20** sich die Anfechtbarkeit und Nichtigkeit des Eingliederungsbeschlusses nach den allgemeinen Vorschriften der §§ 241 ff. Verfügt die Hauptgesellschaft nicht über die nach § 320 Abs. 1 erforderliche Kapitalmehrheit, so ist der Eingliederungsbeschluss nach § 241 Nr. 3 nichtig (→ § 320 Rn. 10). Die Anfechtung des Eingliederungsbeschlusses kommt insbesondere in Betracht, wenn der Eingliederungsbericht des Vorstandes der Hauptgesellschaft (→ § 319 Rn. 18 ff.; → § 320 Rn. 16) oder der Prüfungsbericht des Eingliederungsprüfers (→ § 320 Rn. 18 ff.) Mängel aufweisen und damit eine ordnungsgemäße Auslage nach § 320 Abs. 4 S. 1 nicht erfolgt ist,[55] ferner bei Bekanntmachungsfehlern (→ § 320 Rn. 12 f.) und bei einer Verletzung des Auskunftsrechts der Aktionäre nach § 319 Abs. 3 S. 4 iVm § 320 Abs. 4 S. 3 (→ § 320 Rn. 17).[56] Im Grundsatz berechtigen die genannten **Informationsmängel** auch dann zur Anfechtung des Eingliederungsbeschlusses, wenn sie sich auf die **Ermittlung, Höhe oder Angemessenheit der Abfindung** beziehen. Da nämlich die Anfechtung nach Abs. 2 S. 3 auch darauf gestützt werden kann, dass die Hauptgesellschaft eine Abfindung (nicht oder) nicht ordnungsgemäß angeboten hat,[57] das Spruchverfahren in diesen Fällen also nicht ausschließlich, sondern nur subsidiär eröffnet ist (→ Rn. 19), lässt sich die zu

---

[52] Schon für das alte Recht hM, s. 3. Aufl. § 305 Rn. 86; MüKoAktG/*Grunewald* 2. Aufl. Rn. 19; s. ferner Spindler/Stilz/*Singhof* Rn. 15; aA *Vogt* WPg 1969, 585 (586 f.).
[53] LG Mosbach NZG 2001, 763 (766): Eingliederung in abhängige Gesellschaft ohne Angebot einer Barabfindung, → Rn. 9; zur Gattungsverschiedenheit s. OLG Hamm AG 1994, 376 (378); ferner GroßkommAktG/*Schmolke* Rn. 30.
[54] So für §§ 210, 212 UmwG BGHZ 146, 179 (185) = NJW 2001, 1425; *Röhricht* VGR 5 (2002), 3 (30); s. ferner MüKoAktG/*Grunewald* Rn. 20; Spindler/Stilz/*Singhof* Rn. 12; GroßkommAktG/*Schmolke* Rn. 32; näher *Decher* FS Hoffmann-Becking, 2013, 295 (303 ff.); aA *Wilsing/Kruse* DB 2002, 1539 (1540 f.).
[55] Vgl. für den Zustimmungsbeschluss LG Berlin AG 1996, 230 (231 f.).
[56] Vgl. OLG Hamm AG 1980, 79 (81).
[57] S. BGHZ 69, 334 (335, 343 f.) = NJW 1978, 104; OLG Hamm AG 1994, 376 (378); zur Anfechtung des Zustimmungsbeschlusses in diesem Fall s. LG Berlin AG 1996, 230 (232).

§§ 210, 212 UmwG und § 305 ergangene Rechtsprechung des BGH[58] zum Ausschluss der Anfechtungsklage bei abfindungsbezogenen Informationsmängeln auf die Mehrheitseingliederung nicht übertragen;[59] die Frage einer Fortgeltung dieser Rechtsprechung neben der Neuregelung in § 243 Abs. 4 S. 2 stellt sich deshalb im Rahmen des § 320b nicht.[60] Eine Ausnahme vom Grundsatz der Anfechtbarkeit gilt nach besagtem **§ 243 Abs. 4 S. 2** allein für unrichtige, unvollständige oder unzureichende Informationen **in der Hauptversammlung** über die Ermittlung, Höhe oder Angemessenheit der Abfindung (→ Rn. 2, 15).[61] Für Berichtsmängel sowie für die Verweigerung jeglicher Information in der Hauptversammlung bewendet es dagegen weiterhin bei der Möglichkeit der Beschlussanfechtung nach Abs. 2 S. 3, wenn sie sich auf die Abfindung oder deren Höhe beziehen (→ § 327f Rn. 4). Die Anfechtung des Eingliederungsbeschlusses hat grundsätzlich die „Registersperre" des § 319 Abs. 5 S. 2 zur Folge; sie kann nach Maßgabe des § 319 Abs. 6 durch **Freigabebeschluss** überwunden werden (→ § 319 Rn. 29 ff., 32 ff.).

21 Der Eingliederungsbeschluss bedarf auch im Fall der Mehrheitseingliederung **keiner sachlichen Rechtfertigung;** seine Anfechtung kann somit nicht auf die (angebliche) Unangemessenheit der Maßnahme gestützt werden (→ § 293 Rn. 35).[62] Den §§ 320 ff. lässt sich vielmehr die Wertung entnehmen, dass einerseits die Eingliederung nicht an der Existenz einer kleinen Minderheit scheitern soll, andererseits ein Verbleib der Minderheit in der eingegliederten AG mit Rücksicht auf §§ 323, 324 nicht in Betracht kommt. Ganz abgesehen davon, dass sich Kriterien für die Beurteilung der Angemessenheit der Eingliederung ohnehin nicht bestimmen lassen,[63] hat sich der Gesetzgeber somit bewusst für das Kompensationsmodell des § 320b entschieden. Die Mehrheitseingliederung kann zwar **im Einzelfall treuwidrig** und aus diesem Grund nach § 243 Abs. 1 anfechtbar sein. Dies ist aber nicht schon deshalb der Fall, weil die Eingliederung auch zu dem Zweck eingesetzt wird, sich einer lästigen Minderheit zu entledigen.[64] Mit Inkrafttreten der §§ 327a ff. hat sich die Frage für die Mehrheitseingliederung allerdings erledigt (zur Frage einer Inhaltskontrolle des Übertragungsbeschlusses → § 327a Rn. 26 ff.).

22 **4. Fehlerhafte Eingliederung.** Was die Rechtsfolgen eines Beschlussmangels betrifft, so ist zu unterscheiden. Fehlt es an der nach §§ 319 Abs. 1 S. 1, 320 Abs. 1 S. 1 erforderlichen Kapitalmehrheit, so ist der Eingliederungsbeschluss nach § 241 Nr. 3 **nichtig**. Für die Grundsätze über die fehlerhafte Gesellschaft ist in diesem Fall ebenso wenig Raum wie für die Anerkennung von Bestandsschutz nach durchlaufendem Freigabeverfahren (→ § 319 Rn. 9; → § 320 Rn. 10). Ist der Eingliederungs- oder Zustimmungsbeschluss nach § 243 **erfolgreich angefochten** worden, so ist zu unterscheiden. Ist ein **Freigabebeschluss** ergangen, so gelangt § 319 Abs. 6 S. 11 zur Anwendung; die Eingliederung erfährt mit

---

[58] BGHZ 146, 179 (182 ff.) = NJW 2001, 1425; BGH NJW 2001, 1428 = ZIP 2001, 412; dazu → § 293 Rn. 38 ff. (krit.); *Kallmeyer* GmbHR 2001, 204 ff.; *Luttermann* BB 2001, 382 ff.

[59] So auch KK-AktG/*Koppensteiner* Rn. 23; GroßkommAktG/*Schmolke* Rn. 32; Spindler/Stilz/*Singhof* Rn. 12; *Kleindiek* NZG 2001, 552 (554); *Hoffmann-Becking* 55, 67; *Vetter* FS Wiedemann, 2002, 1323 (1336 f.); aA Hüffer/*Koch* Rn. 8, § 327f Rn. 2; *Henze* ZIP 2002, 97 (107); *Hirte* ZHR 167 (2003), 8 (26 f.); *Mülbert* FS Ulmer, 2003, 433 (446 ff.); *Sinewe* DB 2001, 690 f.; *Weißhaupt* 196 ff., 236 ff.; *Wilsing/Kruse* DB 2002, 1539 (1540 ff.); für § 327f auch BGHZ 180, 54 Rn. 36 = ZIP 2009, 908.

[60] Einerseits → § 293 Rn. 60 *(Emmerich)*, anderseits – für Fortgeltung – *Weißhaupt* ZIP 2005, 1766 (1772); *Noack/Zetzsche* ZHR 170 (2006), 218 (242); vgl. auch Handelsrechtsausschuss des DAV NZG 2005, 388 (392).

[61] Vgl. Begr. RegE, BR-Drs. 3/05, 54 f. = ZIP 2004, 2455, wo § 320b versehentlich nicht erwähnt wird; de lege ferenda für Erweiterung auf sämtliche abfindungsbezogenen Informationsmängel Arbeitskreis Beschlussmängelrecht AG 2008, 617 (619).

[62] HM, s. OLG Karlsruhe FGPrax 2001, 161 (162) = DB 2001, 1483: keine Sittenwidrigkeit gemäß § 241 Nr. 4 AktG allein deshalb, weil Minderheitsaktionäre aus profitabler Gesellschaft gedrängt werden; KK-AktG/*Koppensteiner* Rn. 23; MüKoAktG/*Grunewald* § 320 Rn. 10; GroßkommAktG/*Schmolke* Rn. 33; Hüffer/*Koch* Rn. 8; HK-AktG/*Fett* Rn. 12; *Hölters/Leuering/Goertz* Rn. 16; MHdB AG/*Krieger* § 74 Rn. 32; *Lutter* ZGR 1981, 171 (180); *Timm* ZGR 1987, 403 (436); *Hirte* 142 f.; aA *Rodloff* 44 ff.

[63] So auch MüKoAktG/*Grunewald* § 320 Rn. 10; GroßkommAktG/*Schmolke* Rn. 33.

[64] So auch MüKoAktG/*Grunewald* § 320 Rn. 11; GroßkommAktG/*Schmolke* Rn. 33; *Veit* 71; vgl. dazu auch *Martens* AG 1992, 209.

Eintragung Bestandsschutz (→ § 319 Rn. 43 f.). **Andernfalls** finden die Grundsätze über die fehlerhafte Gesellschaft (→ § 319 Rn. 9) Anwendung und schließen eine Rückabwicklung der fehlerhaften, aber eingetragenen und durchgeführten Eingliederung aus (→ § 319 Rn. 26, 43).[65] Im Fall der Mehrheitseingliederung gehen deshalb mit Eintragung der Eingliederung die Aktien der Minderheitsaktionäre auf die Hauptgesellschaft über, was die fehlerhaft ausgeschiedenen Aktionäre selbstverständlich nicht an der Geltendmachung des Beschlussmangels hindert. Im Gegenzug kommt es zur Entstehung von Abfindungsansprüchen nach § 320b;[66] ein laufendes Spruchverfahren kann deshalb von den Aktionären fortgeführt werden.[67] Entsprechend den Grundsätzen über den fehlerhaften Ausschluss eines Gesellschafters[68] haben die ausgeschiedenen Aktionäre allerdings Anspruch auf Wiedereinräumung ihrer Mitgliedschaft in der einzugliedernden Gesellschaft.[69]

§ 321 Gläubigerschutz

(1) ¹Den Gläubigern der eingegliederten Gesellschaft, deren Forderungen begründet worden sind, bevor die Eintragung der Eingliederung in das Handelsregister bekanntgemacht worden ist, ist, wenn sie sich binnen sechs Monaten nach der Bekanntmachung zu diesem Zweck melden, Sicherheit zu leisten, soweit sie nicht Befriedigung verlangen können. ²Die Gläubiger sind in der Bekanntmachung der Eintragung auf dieses Recht hinzuweisen.

(2) Das Recht, Sicherheitsleistung zu verlangen, steht Gläubigern nicht zu, die im Falle des Insolvenzverfahrens ein Recht auf vorzugsweise Befriedigung aus einer Deckungsmasse haben, die nach gesetzlicher Vorschrift zu ihrem Schutz errichtet und staatlich überwacht ist.

Schrifttum: Habersack, Der persönliche Schutzbereich des § 303 AktG, FS Koppensteiner, 2001, 31; *Singhof,* Haftung und Rückgriff der Hauptgesellschaft nach Beendigung der Eingliederung, FS Hadding, 2004, 655.

I. Einführung

1. Inhalt und Zweck der Vorschrift. Die Vorschrift begründet einen Anspruch der Altgläubiger der eingegliederten Gesellschaft auf Sicherheitsleistung. Sie trägt dadurch dem Umstand Rechnung, dass das Vermögen der eingegliederten Gesellschaft, mithin die den Gläubigern zur Verfügung stehende Haftungsmasse, nach §§ 323, 324 weitgehend dem Zugriff der Hauptgesellschaft unterliegt.[1] Zwar haftet die Hauptgesellschaft nach § 322 für sämtliche Verbindlichkeiten der eingegliederten Gesellschaft. Die Realisierung dieser Haftung steht und fällt jedoch mit der Solvenz der Hauptgesellschaft. § 321 sichert die Gläubiger auch schon vor Eintritt der Fälligkeit ihrer Forderungen und versteht sich somit als **Ergänzung zu § 322.** Vergleichbare Vorschriften finden sich in § 225 Abs. 1 für die Kapitalherabsetzung, in § 303 Abs. 1 und 2 für die Beendigung des Beherrschungs- und Gewinnabführungsvertrags und in §§ 22, 125 und 204 UmwG für die Verschmelzung, die Spaltung und den Formwechsel. § 321 hat durch Art. 47 Nr. 19 EGInsO eine redaktionelle Änderung

1

---

[65] Zum Eintragungserfordernis s. BGH ZIP 1996, 225 (226 f.) = DStR 1996, 1056 mit Anm. *Goette;* → § 291 Rn. 28 ff.; gegen Anwendung der Lehre von der fehlerhaften Gesellschaft OLG Karlsruhe AG 2011, 673 (674 f.), dort auch zur Erledigung eines Spruchverfahrens mit erfolgreicher Anfechtung des Eingliederungsbeschlusses.
[66] *Kort* 189 f.; *Schäfer* 473; aA *Köhler* ZGR 1985, 307 (323), der sich gegen einen Übergang der Aktien und damit gegen die Entstehung von Abfindungsansprüchen ausspricht, den Aktionären aber die Möglichkeit einräumen will, die an sich gebotene Rückgewähr der Abfindung durch Hingabe der ihnen verbliebenen Aktien der einzugliedernden Gesellschaft abzuwenden.
[67] LG Mannheim AG 2002, 104.
[68] BGH NZG 2003, 276; MüKoBGB/*Ulmer/Schäfer* § 705 Rn. 370 ff.
[69] LG Mannheim AG 2002, 104; *Krieger* ZHR 158 (1994), 35 (44); *Kort* 190; *Schäfer* 473; gegen eine entsprechende verfassungsrechtliche Vorgabe BVerfG BB 2007, 1515 (1517).
[1] Vgl. Begr. RegE bei *Kropff* AktG 425 f.

erfahren (BGBl. 1994 I 2911 (2931)); danach sind in § 321 Abs. 2 die Worte „des Konkurses" durch die Worte „des Insolvenzverfahrens" ersetzt worden. Nach Art. 110 Abs. 1 EGInsO ist diese Änderung am 1.1.1999 in Kraft getreten.

2. Zwingender Charakter. Die Vorschrift ist zwingend in dem Sinne, dass sie nicht durch Vereinbarung zwischen der eingegliederten Gesellschaft und der Hauptgesellschaft oder gar durch die Satzung einer der beiden Gesellschaften abbedungen werden kann. Gläubiger und Schuldner des Anspruchs (→ Rn. 3 ff.) können dagegen **einvernehmlich** eine von § 321 abweichende Vereinbarung treffen. Die Vorschrift ist ebenso wenig wie diejenige des § 303 Schutzgesetz iSd § 823 Abs. 2 BGB (→ § 303 Rn. 23).

II. Gläubiger und Schuldner des Anspruchs auf Sicherheitsleistung

1. Gläubiger. Anspruch auf Sicherheitsleistung hat nach Abs. 1 S. 1 jeder Gläubiger der eingegliederten Gesellschaft, dessen Forderung vor Bekanntmachung der Eintragung der Eingliederung in das Handelsregister (→ § 319 Rn. 41; → § 320 Rn. 7) begründet worden ist. Geschützt sind somit sämtliche **Altgläubiger.** Auf den Entstehungsgrund der Forderung kommt es nicht an.[2] Gläubiger, deren Forderung nach Bekanntmachung der Eintragung begründet worden sind, können zwar die Hauptgesellschaft aus § 322 in Anspruch nehmen; sie haben jedoch auch dann keinen Anspruch auf Sicherheitsleistung, wenn in der Bekanntmachung entgegen Abs. 1 S. 2 nicht auf den Anspruch auf Sicherheitsleistung hingewiesen worden ist (→ Rn. 7). Was den für die Begründung der Forderung maßgebenden Zeitpunkt der Bekanntmachung der Eintragung betrifft, so bestimmt sich dieser nach § 10 HGB. Zu diesem Zeitpunkt muss die Forderung begründet, dh ihr Rechtsgrund gelegt worden sein.[3] Dies entspricht der Rechtslage nach §§ 225 Abs. 1 S. 1, 303 Abs. 1 S. 1 (→ § 303 Rn. 10). Besonderheiten gelten allerdings für Ansprüche aus Dauerschuldverhältnissen (→ Rn. 9).

Nach Abs. 1 S. 1 hat allerdings ein Gläubiger, der **Befriedigung** verlangen kann, keinen Anspruch auf Sicherheitsleistung. Ein solcher Gläubiger hat es vielmehr in der Hand, seine Forderung gegen die eingegliederte Gesellschaft durchzusetzen oder die Hauptgesellschaft nach § 322 in Anspruch zu nehmen; eines zusätzlichen Anspruchs auf Sicherheitsleistung bedarf es nicht. Davon betroffen ist insbesondere der Gläubiger einer bereits **fälligen Forderung.**[4] Entsprechendes gilt aber auch für den Fall, dass zwar Befriedigung nicht verlangt werden kann, dies aber auf Umstände in der Person des Gläubigers, etwa auf die Nichterbringung der von ihm geschuldeten Gegenleistung, zurückzuführen ist.[5] Dagegen besteht Anspruch auf Sicherheitsleistung, wenn der Gläubiger zwar von einem mithaftenden Dritten, nicht aber von der eingegliederten Gesellschaft Befriedigung verlangen kann.[6] Nicht erforderlich ist schließlich, dass die Forderung des Gläubigers binnen fünf Jahren nach Eintragung der Eingliederung fällig werden; allerdings wird im Zusammenhang mit Dauerschuldverhältnissen das Sicherungsinteresse des Gläubigers durch die Fünfjahresfrist des § 160 HGB (freilich nicht abschließend) begrenzt (→ Rn. 9; zu § 303 → § 303 Rn. 13a ff.).[7]

Nach § 321 Abs. 2 haben diejenigen Gläubiger, die im Fall der Insolvenz ein Recht auf **vorzugsweise Befriedigung** aus einer nach gesetzlicher Vorschrift zu ihrem Schutz errichteten und staatlich überwachten Deckungsmasse haben, keinen Anspruch auf Sicherheitsleistung. Dieser Ausschlussgrund entspricht demjenigen des § 303 Abs. 2 (→ § 303 Rn. 26 f.).

---

[2] Näher zum Kreis der geschützten Gläubiger, insbes. zur Frage der Einbeziehung dinglicher Ansprüche in den Schutzbereich der Vorschrift, → § 303 Rn. 9; *Habersack* FS Koppensteiner, 2001, 31 (33 ff.).
[3] Näher im Zusammenhang mit der Haftung des ausgeschiedenen OHG-Gesellschafters Staub/*Habersack* HGB § 128 Rn. 62 ff.; MüKoHGB/*K. Schmidt* § 128 Rn. 49 ff.; Heymann/*Emmerich* HGB § 128 Rn. 50 ff.
[4] MüKoAktG/*Grunewald* Rn. 4; Spindler/Stilz/*Singhof* Rn. 3; GroßkommAktG/*Schmolke* Rn. 10; zur davon abweichenden Rechtslage nach § 303 → § 303 Rn. 13; *Habersack* FS Koppensteiner, 2001, 31 (35 f.).
[5] MüKoAktG/*Grunewald* Rn. 4; GroßkommAktG/*Schmolke* Rn. 10; Spindler/Stilz/*Singhof* Rn. 3; Grigoleit/*Grigoleit/Rachlitz* Rn. 2; NK-AktR/*Jaursch* Rn. 2.
[6] MüKoAktG/*Grunewald* Rn. 4; Spindler/Stilz/*Singhof* Rn. 3; GroßkommAktG/*Schmolke* Rn. 10.
[7] BGH ZIP 2014, 2282 Rn. 10 ff.; näher *Habersack* FS Koppensteiner, 2001, 31 (37 ff.).

Gläubigerschutz

2. Schuldner. Schuldner des Anspruchs auf Sicherheitsleistung ist der Schuldner des zu **6** sichernden Anspruchs, also die **eingegliederte Gesellschaft**.[8] Die Haftung der Hauptgesellschaft nach § 322 erstreckt sich allerdings auch auf die Verpflichtung der eingegliederten Gesellschaft zur Sicherheitsleistung (→ § 322 Rn. 5 f.).

III. Sonstige Voraussetzungen und Inhalt des Anspruchs

1. Sonstige Voraussetzungen. Ein Anspruch auf Sicherheitsleistung setzt nach Abs. 1 **7** S. 1 die **Eingliederung** und damit die konstitutiv wirkende (→ § 319 Rn. 41; → § 320 Rn. 7) Eintragung derselben voraus. Die **Beendigung** der Eingliederung ist als solche auf die einmal gewährte Sicherheit ohne Einfluss. Mit Enthaftung der Hauptgesellschaft nach § 327 Abs. 4 schuldet der Gläubiger allerdings auch Freigabe der ihm gewährten Sicherheit; denn der Anspruch aus § 321 muss den gleichen Beschränkungen unterliegen wie der – gleichfalls Sicherungsfunktion aufweisende – Anspruch gegen die Hauptgesellschaft aus § 322.[9] In § 321 weiter vorausgesetzt ist, dass der Gläubiger seinen Anspruch auf Sicherheitsleistung binnen einer Frist von sechs Monaten nach Bekanntmachung der Eintragung bei der eingegliederten Gesellschaft anmeldet. Im Hinblick auf diese **Ausschlussfrist** bestimmt Abs. 1 S. 2, dass die Gläubiger in der Bekanntmachung der Eintragung auf ihr Recht aus Abs. 1 S. 1 hinzuweisen sind. Die Frist läuft allerdings auch, wenn der Hinweis unterbleibt;[10] die Gläubiger haben dann ggf. Ansprüche aus Staatshaftung. Die Frist kann zwar verlängert, nicht aber abgekürzt werden.[11] Wegen sämtlicher Einzelheiten ist auf die Ausführungen in → § 303 Rn. 15 ff. zu verweisen.

2. Inhalt des Anspruchs. Der Inhalt des Anspruchs auf Sicherheitsleistung bestimmt **8** sich grundsätzlich nach §§ 232 ff. BGB. Soweit nach §§ 232 Abs. 2, 239 BGB Sicherheit auch mittels selbstschuldnerischer **Bürgschaft** geleistet werden kann, kommt allerdings die Hauptgesellschaft als Bürge nicht in Betracht; denn sie haftet den Altgläubigern bereits aus § 322.[12]

Die Höhe der Sicherheitsleistung bemisst sich im Allgemeinen nach dem Wert der zu **9** sichernden Forderung.[13] Im Rahmen des § 321 ist allerdings zu berücksichtigen, dass diese Vorschrift speziell dem Schutz der Gläubiger dient, deren **Forderungen noch nicht fällig sind**; mit Eintritt der Fälligkeit können die Gläubiger die Hauptgesellschaft aus § 322 in Anspruch nehmen (→ Rn. 1, 4). Dies wiederum bringt es mit sich, dass die Hauptgesellschaft, anders als das herrschende Unternehmen nach § 303 (→ § 303 Rn. 20 ff.), Sicherheit nicht durch Abgabe eines Bürgschaftsversprechens leisten kann (→ Rn. 8). Vor diesem Hintergrund erscheint eine Anknüpfung an den Wert der Forderung verfehlt. Sicherheit kann vielmehr nur in Höhe des **konkret zu bestimmenden Sicherungsinteresses** des Gläubigers beansprucht werden.[14] Dies gilt insbesondere für Forderungen aus Dauerschuldverhältnissen.[15] Zwar sind

---

[8] KK-AktG/*Koppensteiner* Rn. 3; MüKoAktG/*Grunewald* Rn. 9; GroßkommAktG/*Schmolke* Rn. 11; Hüffer/*Koch* Rn. 3; Spindler/Stilz/*Singhof* Rn. 4; K. Schmidt/Lutter/*Ziemons* Rn. 5; HK-AktG/*Fett* Rn. 3; Grigoleit/*Grigoleit/Rachlitz* Rn. 3; Hölters/*Leuering/Goertz* Rn. 3; näher *Singhof* FS Hadding, 2004, 655 (659).
[9] Zutr. *Singhof* FS Hadding, 2004, 655 (659 f.); so auch Grigoleit/*Grigoleit/Rachlitz* Rn. 4; HK-AktG/*Fett* Rn. 7.
[10] MüKoAktG/*Grunewald* Rn. 11; Spindler/Stilz/*Singhof* Rn. 5; GroßkommAktG/*Schmolke* Rn. 14; Hüffer/*Koch* Rn. 2; NK-AktR/*Jaursch* Rn. 2.
[11] MüKoAktG/*Grunewald* Rn. 11; Spindler/Stilz/*Singhof* Rn. 5.
[12] EinhM, s. KK-AktG/*Koppensteiner* Rn. 4; MüKoAktG/*Grunewald* Rn. 12; K. Schmidt/Lutter/*Ziemons* Rn. 6; Spindler/Stilz/*Singhof* Rn. 6; Hüffer/*Koch* Rn. 4; Hölters/*Leuering/Goertz* Rn. 4; Grigoleit/*Grigoleit/Rachlitz* Rn. 4; HK-AktG/*Fett* Rn. 5; MHdB AG/*Krieger* § 74 Rn. 44.
[13] Staudinger/*Repgen* (2009) BGB Vor § 232 Rn. 8.
[14] So auch MüKoAktG/*Grunewald* Rn. 13; HK-AktG/*Fett* Rn. 6; Grigoleit/*Grigoleit/Rachlitz* Rn. 4; wohl auch Spindler/Stilz/*Singhof* Rn. 7; *Singhof* FS Hadding, 2004, 655 (660); aA K. Schmidt/Lutter/*Ziemons* Rn. 7; GroßkommAktG/*Schmolke* Rn. 5; tendenziell auch KK-AktG/*Koppensteiner* Rn. 5.
[15] So für die Verschmelzung BGH NJW 1996, 1539 (1540); für § 321 MüKoAktG/*Grunewald* Rn. 13; HK-AktG/*Fett* Rn. 6; Grigoleit/*Grigoleit/Rachlitz* Rn. 4; s. aber auch KK-AktG/*Koppensteiner* Rn. 5.

diese Forderungen bereits mit Abschluss des jeweiligen Vertrags begründet,[16] sodass die Voraussetzungen des § 321 durchaus vorliegen, soweit noch nicht fällige Einzelforderungen betroffen sind. Der daraus drohenden Gefahr einer Endloshaftung der Hauptgesellschaft ist jedoch zunächst durch die **entsprechende Anwendung des § 160 HGB** zu begegnen.[17] Sodann ist, bezogen auf die innerhalb von fünf Jahren fällig werden Einzelansprüche, das **konkrete Sicherungsinteresse** des Gläubigers zu ermitteln, wobei zu berücksichtigen ist, dass der Gläubiger mit Fälligkeit seiner Ansprüche nach § 322 vorgehen kann.[18]

§ 322 Haftung der Hauptgesellschaft

(1) [1]Von der Eingliederung an haftet die Hauptgesellschaft für die vor diesem Zeitpunkt begründeten Verbindlichkeiten der eingegliederten Gesellschaft den Gläubigern dieser Gesellschaft als Gesamtschuldner. [2]Die gleiche Haftung trifft sie für alle Verbindlichkeiten der eingegliederten Gesellschaft, die nach der Eingliederung begründet werden. [3]Eine entgegenstehende Vereinbarung ist Dritten gegenüber unwirksam.

(2) Wird die Hauptgesellschaft wegen einer Verbindlichkeit der eingegliederten Gesellschaft in Anspruch genommen, so kann sie Einwendungen, die nicht in ihrer Person begründet sind, nur insoweit geltend machen, als sie von der eingegliederten Gesellschaft erhoben werden können.

(3) [1]Die Hauptgesellschaft kann die Befriedigung des Gläubigers verweigern, solange der eingegliederten Gesellschaft das Recht zusteht, das ihrer Verbindlichkeit zugrunde liegende Rechtsgeschäft anzufechten. [2]Die gleiche Befugnis hat die Hauptgesellschaft, solange sich der Gläubiger durch Aufrechnung gegen eine fällige Forderung der eingegliederten Gesellschaft befriedigen kann.

(4) Aus einem gegen die eingegliederte Gesellschaft gerichteten vollstreckbaren Schuldtitel findet die Zwangsvollstreckung gegen die Hauptgesellschaft nicht statt.

Schrifttum: *Bülow,* Einrede der Aufrechenbarkeit für Personengesellschafter, Bürgen und Hauptgesellschaft im Eingliederungskonzern, ZGR 1988, 192; *Geßler,* Die Haftung der Hauptgesellschaft bei der Eingliederung, ZGR 1978, 251; *Habersack,* Der Regress bei akzessorischer Haftung – Gemeinsamkeiten zwischen Bürgschafts- und Gesellschaftsrecht, AcP 198 (1998), 152; *ders.,* Grundfragen der Spaltungshaftung nach § 133 Abs. 1 S. 1 UmwG, FS Bezzenberger, 2000, 93; *Kley/Lehmann,* Probleme der Eingliederungshaftung, DB 1972, 1421; *Lieb,* Verjährung im Bürgschafts- und Gesellschaftsrecht, GS Lüderitz, 2000, 455; *E. Rehbinder,* Gesellschaftsrechtliche Probleme mehrstufiger Unternehmensverbindungen, ZGR 1977, 581; *Singhof,* Haftung und Rückgriff der Hauptgesellschaft nach Beendigung der Eingliederung, FS Hadding, 2004, 655; *Sonnenschein,* Die Eingliederung im mehrstufigen Konzern, BB 1975, 1088.

Übersicht

	Rn.		Rn.
I. Einführung	1, 2	3. Inhalt	6
1. Inhalt und Zweck der Vorschrift	1	4. Regress	7
2. Mehrstufige Unternehmensverbindung	2	5. Abweichende Vereinbarungen	8
II. Haftung der Hauptgesellschaft (Abs. 1)	3–9	6. Ausweis im Jahresabschluss	9
1. Akzessorischer Charakter	3, 4	**III. Einwendungen (Abs. 2 und 3)**	10–15
2. Reichweite	5	1. Persönliche Einwendungen	10
		2. Abgeleitete Einwendungen	11, 12

---

[16] S. zu § 303 BGH NJW 1996, 1539; → § 303 Rn. 11; zu 160 HGB BGH NJW 2000, 208 (209); Staub/*Habersack* HGB § 160 Rn. 10 mit HGB § 128 Rn. 63ff.; aA *Honsell/Harrer* ZIP 1986, 341 (342ff.); Heymann/*Emmerich* HGB § 128 Rn. 39.

[17] Zu § 303 s. BGH ZIP 2014, 2282 Rn. 10ff.; → § 303 Rn. 13ff., 13d; → § 327 Rn. 15; näher *Servatius* ZGR 2015, 754ff.

[18] MüKoAktG/*Grunewald* Rn. 13; HK-AktG/*Fett* Rn. 6; Grigoleit/*Grigoleit/Rachlitz* Rn. 4; Spindler/Stilz/*Singhof* Rn. 7; *Singhof* FS Hadding, 2004, 655 (660); aA K. Schmidt/Lutter/*Ziemons* Rn. 7; Großkomm-AktG/*Schmolke* Rn. 5; tendenziell auch KK-AktG/*Koppensteiner* Rn. 5.

	Rn.		Rn.
3. Gestaltungsrechte	13–15	IV. Zwangsvollstreckung (Abs. 4)	16, 17
a) Anfechtung	13	1. Grundsatz	16
b) Aufrechnung	14	2. Einwand der Haftung	17
c) Sonstige	15		

I. Einführung

1. Inhalt und Zweck der Vorschrift. Die Vorschrift ordnet die „gesamtschuldnerische" (aber → Rn. 3 ff.) Haftung der Hauptgesellschaft für die vor oder während der Eingliederung begründeten Verbindlichkeiten der eingegliederten Gesellschaft an. Sie steht im Zusammenhang mit §§ 323, 324, denen zufolge das Vermögen der eingegliederten Gesellschaft weitgehend zur Disposition der Hauptgesellschaft steht und zudem wesentliche Vorschriften über die Kapitalaufbringung und -erhaltung außer Kraft gesetzt sind, und schafft einen Ausgleich für die mit diesen Vorschriften einhergehende Gefährdung der Gläubigerinteressen. Im Einzelnen regelt Abs. 1 die Reichweite und den zwingenden Charakter der Haftung. Abs. 2 spricht der Hauptgesellschaft das Recht zu, neben ihren eigenen Einwendungen auch die Einwendungen der eingegliederten Gesellschaft geltend zu machen. Nach Abs. 3 kann sich die Hauptgesellschaft zudem auf bestimmte Gestaltungsrechte der eingegliederten Gesellschaft einredeweise berufen. Abs. 4 schließlich verlangt für die Zwangsvollstreckung gegen die Hauptgesellschaft einen gegen diese gerichteten Titel. 1

2. Mehrstufige Unternehmensverbindung. Im Rahmen mehrstufiger Unternehmensverbindungen (→ § 311 Rn. 17 ff.) findet § 322 zwar – wie die §§ 319 ff. insgesamt – nur im Verhältnis zwischen der jeweiligen Hauptgesellschaft und der in diese eingegliederten Gesellschaft Anwendung. Zu den Verbindlichkeiten der eingegliederten Gesellschaft, für die die Hauptgesellschaft nach Abs. 1 einzustehen hat, zählen aber auch solche aus §§ 302 f., 317, 322. Im mehrstufigen Eingliederungskonzern (→ § 319 Rn. 16) haftet somit die Mutter-AG für die Verbindlichkeiten auch der Enkel-AG, soweit die Tochter-AG für deren Verbindlichkeiten nach § 322 einzustehen hat.[1] Sind Tochter- und Enkelgesellschaft über einen Beherrschungs- oder Gewinnabführungsvertrag verbunden oder liegt ein Fall der qualifizierten Nachteilszufügung vor (→ Anh. § 317 Rn. 7 ff., 23 ff.), so haftet die Mutter-AG nach § 322 für die sich aus §§ 302 ff. ergebenden Verbindlichkeiten der Tochter. Bei einfacher Abhängigkeit der Enkel- von der Tochtergesellschaft hat die Mutter-AG für etwaige Verpflichtungen der eingegliederten Tochter aus § 317 einzustehen. 2

II. Haftung der Hauptgesellschaft (Abs. 1)

1. Akzessorischer Charakter. Die Vorschrift des § 322 hat die Haftung der Hauptgesellschaft bewusst in **enger Anlehnung** an die „gesetzliche Regelung vergleichbarer Gesamtschuldverhältnisse", namentlich **an §§ 128, 129 HGB** ausgestaltet.[2] Dies ist zu dem Zweck geschehen, Rechtsprechung und Lehre zur Haftung des OHG-Gesellschafters heranziehen zu können.[3] Vor diesem Hintergrund bietet es sich an, die Auslegung des § 322 an dem heutigen Verständnis von der in §§ 128, 129 HGB geregelten Haftung der Gesellschafter einer OHG auszurichten. Die hL sieht allerdings Bedenken gegen ein solches Vorgehen.[4] Diese Bedenken haben ihre Grundlage darin, dass einerseits § 128 S. 1 HGB zwar ein Gesamtschuldverhältnis zwischen den Gesellschaftern untereinander, nach heute ganz hM 3

---

[1] KK-AktG/*Koppensteiner* Rn. 6; GroßkommAktG/*Schmolke* Rn. 8; *Rehbinder* ZGR 1977, 581 (615); *Sonnenschein* BB 1975, 1088 (1090).
[2] Begr. RegE bei *Kropff* AktG 426; s. dazu auch *Geßler* ZGR 1978, 251 (252, 255 f.).
[3] *v. Godin/Wilhelmi* Anm. 2 (*Wilhelmi* war Berichterstatter des BT-Rechtsausschusses).
[4] Vgl. namentlich KK-AktG/*Koppensteiner* Rn. 3 f.; MüKoAktG/*Grunewald* Rn. 5: „nicht sehr hilfreich"; Hüffer/*Koch* Rn. 2 ff.; NK-AktR/*Jaursch* Rn. 2, 5; skeptisch auch K. Schmidt/Lutter/*Ziemons* Rn. 3 ff. Nachw. zur Gegenansicht → Rn. 4.

nicht aber ein solches zwischen der OHG und ihren Gesellschaftern begründet,[5] die Vorschrift des Abs. 1 sich andererseits nur an dem Verhältnis zwischen Gesellschafts- und Gesellschafterschuld orientieren kann. Die ausdrückliche Anordnung einer „gesamtschuldnerischen" Haftung der Hauptgesellschaft steht somit aus heutiger Sicht im Widerspruch zu der beabsichtigten Anlehnung an § 128 HGB und kann daher nur als Irrtum des Gesetzgebers bezeichnet werden.[6] Die Frage ist denn im Wesentlichen, ob dieser Irrtum zu korrigieren ist, ob sich also der im RegE erklärte Wille des Gesetzgebers gegen den Wortlaut des Abs. 1 S. 1 durchzusetzen vermag. Bedeutung kommt dem insbesondere für den Inhalt der Haftung und den Regress der Hauptgesellschaft zu (→ Rn. 6 f.); demgegenüber enthält § 322 Abs. 2 und 3 eindeutig eine Abbedingung des § 425 BGB (→ Rn. 11).

4 Die besseren Gründe sprechen für eine – den Willen des historischen Gesetzgebers Geltung verschaffende – **korrigierende Auslegung des § 322 Abs. 1 S. 1:** Die Haftung der Hauptgesellschaft ist, nicht anders als die Haftung der OHG-Gesellschafter, akzessorischer Natur.[7] Wollte man demgegenüber am missglückten Wortlaut des Abs. 1 S. 1 festhalten und ein Gesamtschuldverhältnis zwischen Hauptgesellschaft und eingegliederter Gesellschaft annehmen, so hätte dies zur Folge, dass die §§ 421 ff. die Vorschriften des Abs. 2 und 3 überlagern. Da letztere aber unzweifelhaft Grundsätze akzessorischer Haftung verkörpern (→ Rn. 11 ff.), würde dies zu einer – aus systematischen Gründen kaum wünschenswerten – Vermengung von Gesamtschuld- und Akzessorietätsdogmen führen. Aber auch die in § 322 nicht geregelte Rechtslage nach Inanspruchnahme der Hauptgesellschaft spricht eindeutig für den akzessorischen Charakter der Haftung der Hauptgesellschaft. Denn die Heranziehung der Grundsätze über den Regress des OHG-Gesellschafters führt zwanglos zu dem – im Ergebnis allein stimmigen – Regress in voller Höhe (→ Rn. 7). Demgegenüber sieht sich die Gegenansicht gezwungen, den auch von ihr gewünschten Totalregress der Hauptgesellschaft mit der Kopfteilregel des – vorliegend schon im Ansatz unpassenden – § 426 BGB in Einklang zu bringen und damit die Annahme eines Gesamtschuldverhältnisses letztlich auch insoweit wieder zu korrigieren.

5 **2. Reichweite.** Nach Abs. 1 S. 1 haftet die Hauptgesellschaft für alle **vor der Eintragung** der Eingliederung (→ § 319 Rn. 33) **begründeten Verbindlichkeiten** der eingegliederten Gesellschaft. Auf den Zeitpunkt der Bekanntmachung der Eintragung kommt es somit – anders als im Fall des § 303 Abs. 1 S. 1 – nicht an. Auch für § 322 gilt, dass eine Forderung schon dann begründet ist, wenn der Rechtsgrund für den betreffenden Anspruch gelegt ist[8] (→ § 303 Rn. 10). Nach Abs. 1 S. 2 haftet die Hauptgesellschaft des Weiteren für sämtliche Verbindlichkeiten der eingegliederten Gesellschaft, die **nach der Eingliederung** begründet werden. Von der Haftung ausgenommen sind somit allein nach Beendigung der Eingliederung begründete Verbindlichkeiten ausgenommen (→ § 327 Rn. 13, dort auch zu § 15 HGB). Vorbehaltlich der sich aus Abs. 1 S. 2 ergebenden zeitlichen Grenzen erstreckt sich die Haftung der Hauptgesellschaft auf sämtliche Verbindlichkeiten der eingegliederten Gesellschaft. Auf den **Rechtsgrund** der Verbindlichkeit kommt es nicht an; insbesondere haftet die Hauptgesellschaft auch für etwaige konzernrechtliche Verbindlichkeiten der eingegliederten Gesellschaft (→ Rn. 2). In der Insolvenz der (ehemals) eingegliederten Gesell-

---

[5] BGHZ 47, 376 (378 ff.) = NJW 1967, 2155; BGHZ 104, 76 (78) = NJW 1988, 1976; MüKoHGB/ K. Schmidt § 128 Rn. 16 f.; Staub/*Habersack* HGB § 128 Rn. 20 ff.; Heymann/*Emmerich* HGB § 128 Rn. 5; Baumbach/*Hopt* HGB § 128 Rn. 19 f.

[6] So ausdrücklich *Geßler* ZGR 1978, 251 (260).

[7] Zust. *Schürnbrand,* Der Schuldbeitritt zwischen Gesamtschuld und Akzessorietät, 2003, 124 f.; *Singhof* FS Hadding, 2004, 655 (661 ff.); Spindler/Stilz/*ders.* Rn. 3; Grigoleit/*Grigoleit/Rachlitz* Rn. 2; vgl. zu der gleichfalls berichtigend auszulegenden Vorschrift des § 133 UmwG betr. die Spaltungshaftung *Habersack* FS Bezzenberger, 2000, 93 ff.; *K. Schmidt* GesR § 13 IV 5 a; *Petersen,* Der Gläubigerschutz im Umwandlungsrecht, 2001, 259 f.; Lutter/*Schwab* UmwG § 133 Rn. 21 ff.; aA Semler/Stengel/*Maier-Reimer* UmwG § 133 Rn. 27 ff.; *Maier-Reimer/Gesell* FS Horn, 2006, 454 ff.

[8] Näher dazu im Zusammenhang mit der Haftung des ausgeschiedenen OHG-Gesellschafters Staub/*Habersack* HGB § 128 Rn. 62 ff.; MüKoHGB/*K. Schmidt* § 128 Rn. 49 ff.; Heymann/*Emmerich* HGB § 128 Rn. 50 ff.

schaft findet § 93 InsO entsprechende Anwendung.⁹ Zur Sonderverjährung nach Beendigung der Eingliederung → Rn. 10; → § 327 Rn. 14 f.; zum Schutz der Inhaber von Wandelschuldverschreibungen und Genussrechten → § 320b Rn. 8.

3. Inhalt. Der Inhalt der Haftung der Hauptgesellschaft entspricht grundsätzlich demjenigen der Verbindlichkeit der eingegliederten Gesellschaft.¹⁰ Auf der Grundlage der hier befürworteten Akzessorietät der Haftung (→ Rn. 3 f.) folgt dies schon aus der **Maßgeblichkeit der zu § 128 HGB entwickelten Grundsätze.**¹¹ Für die Annahme einer auf Erfüllung gerichteten Haftung spricht aber neben dem Grundsatz der Akzessorietät¹² insbesondere der auf den Schutz der Gläubiger der eingegliederten Gesellschaft gerichtete Zweck des § 322. Die Hauptgesellschaft kann somit grundsätzlich auf **Erfüllung** in Anspruch genommen werden. Ein etwaiges Unvermögen der Hauptgesellschaft ist allein nach Maßgabe des § 275 BGB und damit auf Einwand der Hauptgesellschaft hin zu berücksichtigen.¹³ Etwas anderes gilt allerdings zunächst für den Fall, dass die eingegliederte Gesellschaft die Vornahme einer unvertretbaren Handlung, namentlich die Abgabe einer Willenserklärung, oder ein Unterlassen schuldet; eine solche Leistung kann nicht durch einen anderen erbracht werden, sodass die Hauptgesellschaft allein auf das Interesse haftet.¹⁴ Gleichfalls abweichend von allgemeinen Grundsätzen zu beurteilen ist der Fall, dass der eingegliederten Gesellschaft die Erbringung der geschuldeten Leistung subjektiv unmöglich ist und sie deshalb nach § 275 Abs. 1 BGB von ihrer Primärleistungspflicht frei wird. Dem Grundsatz der Akzessorietät entspräche es insoweit, dass auch die Hauptgesellschaft allenfalls auf Schadensersatz in Anspruch genommen werden kann.¹⁵ Für § 322 wird man davon immer dann eine Ausnahme machen müssen, wenn das Unvermögen der eingegliederten Gesellschaft gerade auf der Einflussnahme durch die Hauptgesellschaft beruht; in diesem Fall kann die Hauptgesellschaft (wiederum im Rahmen des § 275 BGB) auf Erfüllung in Anspruch genommen werden.¹⁶

4. Regress. Dem Willen des Gesetzgebers und dem akzessorischen Charakter der Haftung (→ Rn. 3 f.) entsprechend beurteilt sich der Regress der vom Gläubiger in Anspruch genommenen Hauptgesellschaft gegen die eingegliederte Gesellschaft nach den zu § 128 HGB entwickelten Grundsätzen. Demgegenüber soll zwar nach hM die Vorschrift des § 426 BGB über den Gesamtschuldnerausgleich anwendbar sein; abweichend von dem Prinzip des Ausgleichs nach Köpfen soll allerdings die Hauptgesellschaft in der Regel vollen Regress nehmen können, da in § 322 „etwas anderes bestimmt" sei.¹⁷ Im Ergebnis bestehen deshalb keine nennenswerten Unterschiede zwischen der hier vertretenen Ansicht und der Ansicht der hM. Auf der Grundlage der hier vertretenen Ansicht hat die Hauptgesellschaft,

---

⁹ *K. Schmidt* GesR § 30 III 2 b; *Singhof* FS Hadding, 2004, 655 (665 ff.).
¹⁰ So zumindest im Ergebnis auch GroßkommAktG/*Schmolke* Rn. 10; MüKoAktG/*Grunewald* Rn. 5 ff.; Hüffer/*Koch* Rn. 4; HK-AktG/*Fett* Rn. 2; Spindler/Stilz/*Singhof* Rn. 5; K. Schmidt/Lutter/*Ziemons* Rn. 8 f.; Hölters/*Leuering/Goertz* Rn. 4; Grigoleit/*Grigoleit/Rachlitz* Rn. 3; MHdB AG/*Krieger* § 74 Rn. 46; Geßler ZGR 1978, 251 (260 ff.); aA – für Haftung auf das Interesse – KK-AktG/*Koppensteiner* Rn. 7 ff.; *Kley/Lehmann* DB 1972, 1421 (1422).
¹¹ GroßkommAktG/*Schmolke* Rn. 10; Spindler/Stilz/*Singhof* Rn. 5; Grigoleit/*Grigoleit/Rachlitz* Rn. 3; für Herleitung aus dem (vermeintlichen) Gesamtschuldverhältnis namentlich KK-AktG/*Koppensteiner* Rn. 7 ff.; Hüffer/*Koch* Rn. 4; MHdB AG/*Krieger* § 74 Rn. 46.
¹² Im vorliegenden Zusammenhang *Singhof* FS Hadding, 2004, 655 (665); im Zusammenhang mit der Bürgschaft MüKoBGB/*Habersack* § 765 Rn. 79; zur Spaltungshaftung nach § 133 Abs. 1 S. 1 UmwG s. *Habersack* FS Bezzenberger, 2000, 93 (107 f.).
¹³ Näher dazu Staub/*Habersack* HGB § 128 Rn. 30 ff.
¹⁴ Näher dazu Staub/*Habersack* HGB § 128 Rn. 36 ff. mwN; ferner BGH ZIP 2008, 501 (502).
¹⁵ MüKoHGB/*K. Schmidt* 128 Rn. 24; Staub/*Habersack* HGB § 128 Rn. 31.
¹⁶ S. für die Spaltungshaftung nach § 133 Abs. 1 S. 1 UmwG *Habersack* FS Bezzenberger, 2000, 93 (108); zust. Spindler/Stilz/*Singhof* Rn. 8; weitergehend – stets Erfüllungshaftung – K. Schmidt/Lutter/*Ziemons* Rn. 9.
¹⁷ MüKoAktG/*Grunewald* Rn. 18; Hüffer/*Koch* Rn. 6; NK-AktR/*Jaursch* Rn. 5; HK-AktG/*Fett* Rn. 4; K. Schmidt/Lutter/*Ziemons* Rn. 20; Henssler/Strohn/*Wilsing* Rn. 2; *Kley/Lehmann* DB 1972, 1421; die Existenz von Ausgleichsansprüchen überhaupt verneinend *Würdinger* DB 1972, 1565 (1566); offenlassend *Bülow* ZGR 1988, 192 (205 f.).

nachdem sie vom Gläubiger nach § 322 in Anspruch genommen worden ist,[18] einen **Erstattungsanspruch aus §§ 683 S. 1, 670 BGB;**[19] dieser entspricht dem Anspruch aus § 110 HGB, den der Gesellschafter nach seiner Inanspruchnahme gegen die OHG erlangt.[20] Zusätzlich erwirbt die Hauptgesellschaft die Forderung des Gläubigers gegen die eingegliederte Gesellschaft im Wege der **cessio legis;** diese erfolgt – wiederum in Übereinstimmung mit dem OHG-Recht[21] – auf der Grundlage des entsprechend heranzuziehenden § 774 Abs. 1 BGB und verschafft der Hauptgesellschaft etwaige Vorzugs- und Nebenrechte.[22] Entsprechend § 774 Abs. 1 S. 3 BGB ist die Hauptgesellschaft allerdings auch insoweit, als sie den Regress auf die im Wege der cessio legis übergegangene Forderung stützt, nur im Rahmen des Innenverhältnisses berechtigt. Kraft des dadurch begründeten **Vorrangs des Innenverhältnisses** kann die eingegliederte Gesellschaft somit nicht nur gegenüber dem Anspruch aus § 670 BGB, sondern auch gegenüber der übergegangenen Forderung einwenden, dass die Verbindlichkeit, auf Grund derer die Hauptgesellschaft in Anspruch genommen wurde, auf Veranlassung der Hauptgesellschaft (→ § 323 Rn. 2 ff., 6) entstanden ist.[23]

8   **5. Abweichende Vereinbarungen.** Nach Abs. 1 S. 3 kann die Hauptgesellschaft Dritten gegenüber ihre Haftung nicht durch Vereinbarung mit der eingegliederten Gesellschaft abbedingen. Dies entspricht der Vorschrift des § 128 S. 2 HGB. Wie § 128 S. 2 HGB steht auch § 322 Abs. 1 S. 3 haftungsausschließenden oder -beschränkenden Vereinbarungen zwischen der Hauptgesellschaft und dem **Gläubiger** sowie solchen zwischen der eingegliederten Gesellschaft und dem Gläubiger zugunsten der Hauptgesellschaft nicht entgegen.[24]

9   **6. Ausweis im Jahresabschluss.** Die aus § 322 folgenden Verbindlichkeiten sind nur für den Fall und nur insoweit zu passivieren, als eine Inanspruchnahme der Hauptgesellschaft droht.[25] Die Ausgleichsansprüche der Hauptgesellschaft (→ Rn. 8) sind dann zwar zu aktivieren; bei deren Bewertung ist allerdings das Risiko eines Ausfalls zu berücksichtigen. Im Übrigen ist weder eine Passivierung noch ein Vermerk „unter der Bilanz" iSv § 251 HGB erforderlich. Bei den Verbindlichkeiten aus § 322 handelt es sich vielmehr um **sonstige finanzielle Verpflichtungen,** die gemäß § 285 Nr. 3 HGB in den Anhang aufzunehmen sind.[26]

III. Einwendungen (Abs. 2 und 3)

10 **1. Persönliche Einwendungen.** Es versteht sich von selbst, dass die Hauptgesellschaft sämtliche persönlichen, also auf ihrem Rechtsverhältnis zum Gläubiger beruhenden Einwendungen und Einreden geltend machen kann. Dazu gehören auch solche Einwendungen und Einreden, die ihre Grundlage in einer zugunsten der Hauptgesellschaft getroffenen Vereinbarung zwischen der eingegliederten Gesellschaft und dem Gläubiger haben.[27] In

---

[18] Vor Inanspruchnahme kann die Hauptgesellschaft nach § 257 BGB Freistellung verlangen.
[19] Zust. Grigoleit/*Grigoleit/Rachlitz* Rn. 5; für entsprechende Anwendung des § 110 HGB dagegen *Singhof* FS Hadding, 2004, 655 (670); Spindler/Stilz/*Singhof* Rn. 18; unentschieden GroßkommAktG/*Schmolke* Rn. 12.
[20] BGHZ 37, 299 (301 f.) = NJW 1962, 1863; BGH NJW 1984, 2290 f.; Staub/*Habersack* HGB § 128 Rn. 43; MüKoHGB/*K. Schmidt* § 128 Rn. 31.
[21] *Habersack* AcP 198 (1998), 152 ff.; Staub/*Habersack* HGB § 128 Rn. 43; MüKoHGB/*K. Schmidt* § 128 Rn. 31; Koller/Kindler/Roth/Morck/*Kindler* HGB § 128 Rn. 9 f.; aA BGHZ 39, 319 (323 f.) = NJW 1963, 1873; BGH ZIP 2011, 1657 Rn. 60; *Baumbach/Hopt* HGB § 128 Rn. 25.
[22] Zust. *Singhof* FS Hadding, 2004, 655 (670); Spindler/Stilz/*Singhof* Rn. 18; Grigoleit/*Grigoleit/Rachlitz* Rn. 5; GroßkommAktG/*Schmolke* Rn. 12.
[23] Zust. *Singhof* FS Hadding, 2004, 655 (673); Spindler/Stilz/*Singhof* Rn. 18; näher zu § 774 Abs. 1 S. 3 BGB sowie zu den Einwendungen und Einreden der eingegliederten Gesellschaft Staudinger/*Horn* BGB § 774 Rn. 33 ff.; MüKoBGB/*Habersack* § 774 Rn. 20 f.
[24] Wohl unstr., s. MüKoAktG/*Grunewald* Rn. 2; näher zu dem möglichen Inhalt solcher Vereinbarungen sowie zur Möglichkeit einer konkludenten Vereinbarung Staub/*Habersack* HGB § 128 Rn. 15 f.
[25] MüKoAktG/*Grunewald* Rn. 19; GroßkommAktG/*Schmolke* Rn. 15; HK-AktG/*Fett* Rn. 5; Hüffer/*Koch* Rn. 7.
[26] Staub/*Hüttemann* HGB § 285 Rn. 24; ferner MüKoAktG/*Grunewald* Rn. 19; GroßkommAktG/*Schmolke* Rn. 15; HK-AktG/*Fett* Rn. 5; Hüffer/*Koch* Rn. 7.
[27] *Geßler* ZGR 1978, 251 (267); KK-AktG/*Koppensteiner* Rn. 19.

Abs. 2 ist dies – ebenso wie in § 129 Abs. 1 HGB – vorausgesetzt. Die Hauptgesellschaft kann also beispielsweise Erlass, Stundung oder Verjährung gemäß §§ 195 ff. BGB oder § 327 Abs. 4 geltend machen,[28] ferner den Einwand der Arglist oder der Kollusion. Dagegen hat die Hauptgesellschaft nicht die Einrede der Vorausklage; sie haftet vielmehr primär.

2. Abgeleitete Einwendungen. Abs. 2 ist § 129 Abs. 1 HGB nachgebildet und gestattet 11 es der Hauptgesellschaft, neben ihren persönlichen Einwendungen und Einreden (→ Rn. 10) auch solche der eingegliederten Gesellschaft geltend zu machen. Damit weicht das Gesetz von dem für Gesamtschuldverhältnisse geltenden, in 425 BGB eigens betonten Grundsatz der Einzelwirkung ab und bringt den akzessorischen Charakter der Haftung der Hauptgesellschaft (→ Rn. 3 f.) unmissverständlich zum Ausdruck. Auch die hM greift denn, soweit es um die Auslegung von Abs. 2 geht, auf die zu § 129 HGB entwickelten Grundsätze zurück. Dem akzessorischen Charakter der Haftung entspricht es, dass ein **Fortfall der Einwendung** der eingegliederten Gesellschaft – etwa infolge des Ablaufs von Rüge- oder Verjährungsfristen – auch zu Lasten der Hauptgesellschaft wirkt, also zur Folge hat, dass sich auch die Hauptgesellschaft nicht mehr auf die Einwendung berufen kann. Abweichend von § 768 Abs. 2 BGB, aber in Übereinstimmung mit § 129 Abs. 1 HGB gilt dies auch für den Fall, dass der Fortfall der Einwendung auf einem **Verzicht** der eingegliederten Gesellschaft beruht.[29]

Nach Abs. 2 kann sich die Hauptgesellschaft zB auf das Erlöschen des Schuldverhältnisses 12 oder auf ein Zurückbehaltungsrecht der eingegliederten Gesellschaft berufen. Des Weiteren kann die Hauptgesellschaft **Verjährung** der gegen die eingegliederte Gesellschaft gerichteten Forderung geltend machen. Was die Wirkung einer verjährungshemmenden Maßnahme – Entsprechendes gilt für den Neubeginn der Verjährung gemäß § 212 BGB – betrifft, so sind abgeleitete und persönliche Verjährungseinrede strikt auseinanderzuhalten. Eine Hemmung der Verjährung der gegen die eingegliederte Gesellschaft gerichteten Forderung entfaltet deshalb zwar insoweit Wirkung gegenüber der Hauptgesellschaft, als es um deren Recht zur Geltendmachung abgeleiteter Einwendungen und Einreden geht; die persönliche Einrede der Verjährung (→ Rn. 10) wird dagegen nur durch eine gegen die Hauptgesellschaft gerichtete verjährungshemmende Maßnahme berührt.[30] Umgekehrt kann die Hauptgesellschaft, nachdem der Gläubiger ihr gegenüber die Verjährung gehemmt hat, einwenden, dass die gegen die eingegliederte Gesellschaft gerichtete Forderung nunmehr verjährt sei.[31] Auch der **Erlass** der Schuld der eingegliederten Gesellschaft begründet eine abgeleitete Einwendung. Ein Erlassvertrag zwischen dem Gläubiger und der eingegliederten Gesellschaft, der zufolge die Verpflichtung der Hauptgesellschaft fortbestehen soll, ist allerdings aus Gründen der Akzessorietät selbst dann unwirksam, wenn die Hauptgesellschaft dem zustimmt.[32]

3. Gestaltungsrechte. a) Anfechtung. Dem Vorbild des § 129 Abs. 2 HGB entspre- 13 chend bestimmt Abs. 3 S. 1, dass die Hauptgesellschaft zur Leistungsverweigerung berechtigt

---

[28] Vgl. zur Verjährung nach § 195 BGB die – auf § 322 uneingeschränkt übertragbaren – Ausführungen bei Staub/*Habersack* HGB § 129 Rn. 6 ff. mwN; ferner BGH ZIP 2010, 319 Rn. 40 ff.
[29] KK-AktG/*Koppensteiner* Rn. 17; MüKoAktG/*Grunewald* Rn. 11; GroßkommAktG/*Schmolke* Rn. 19; Hüffer/*Koch* Rn. 9; HK-AktG/*Fett* Rn. 6; Grigoleit/*Grigoleit/Rachlitz* Rn. 9; aA *Geßler* ZGR 1978, 251 (267).
[30] So zu § 129 HGB Staub/*Habersack* HGB § 129 Rn. 7; aA GroßkommAktG/*Schmolke* Rn. 18; Hüffer/*Koch* Rn. 9; Grigoleit/*Grigoleit/Rachlitz* Rn. 8; zu § 129 HGB s. BGHZ 73, 217 (222 ff.) = NJW 1979, 1361; BGHZ 78, 114 (119 f.) = NJW 1981, 175; BGHZ 104, 76 (71 f.) = NJW 1988, 1976; MüKoHGB/*K. Schmidt* § 129 Rn. 8; Heymann/*Emmerich* HGB § 128 Rn. 10a; eingehend *Lieb* GS Lüderitz, 2000, 455 ff.
[31] So zu § 129 HGB Staub/*Habersack* HGB § 129 Rn. 8; aA MüKoAktG/*Grunewald* Rn. 11; GroßkommAktG/*Schmolke* Rn. 18; Hüffer/*Koch* Rn. 9; MHdB AG/*Krieger* § 74 Rn. 47; zu § 129 HGB s. BGHZ 104, 76 (80 ff.) = NJW 1988, 1976; MüKoHGB/*K. Schmidt* § 129 Rn. 9; Heymann/*Emmerich* HGB § 128 Rn. 10a; Baumbach/*Hopt* HGB § 129 Rn. 2.
[32] Vgl. zu §§ 128 f. HGB Staub/*Habersack* HGB § 128 Rn. 21; aA BGHZ 47, 376 (378 ff.) = NJW 1967, 2155: unwirksam ist nur der ohne Zustimmung des OHG-Gesellschafters vereinbarte Vorbehalt der Haftung aus § 128 HGB; dem BGH zust. Heymann/*Emmerich* HGB § 128 Rn. 7a; für § 322 auch MüKoAktG/*Grunewald* Rn. 11; GroßkommAktG/*Schmolke* Rn. 20; KK-AktG/*Koppensteiner* Rn. 17.

ist, solange die eingegliederte Gesellschaft zur Anfechtung ihrer Willenserklärung nach §§ 119, 123 BGB und damit zur Beseitigung des die Forderung des Gläubigers begründenden Rechtsverhältnisses berechtigt ist. Auch darin kommt der akzessorische Charakter der Haftung zum Ausdruck: Der Gläubiger soll die Hauptgesellschaft nicht in Anspruch nehmen können, solange der Bestand des „Hauptschuldverhältnisses" noch in der Schwebe ist. Die Befugnis zur Anfechtung begründet somit eine **zeitweilige Einrede der Hauptgesellschaft.** Die Einrede entfällt zwar mit Erlöschen des Anfechtungsrechts, doch kann die Hauptgesellschaft nach § 323 den Vorstand der eingegliederten Gesellschaft anweisen, das Anfechtungsrecht fristgemäß auszuüben.[33] Zur Ausübung des Anfechtungsrechts ist die Hauptgesellschaft allerdings nicht befugt. Kommt es zur Anfechtung, so hat die Hauptgesellschaft nach Abs. 1 für etwaige Ansprüche des Gläubigers aus §§ 122, 812 BGB einzustehen.

14 **b) Aufrechnung.** Nach Abs. 3 S. 2 kann die Hauptgesellschaft die Befriedigung des Gläubigers verweigern, solange sich der Gläubiger durch Aufrechnung gegen eine fällige Forderung der eingegliederten Gesellschaft befriedigen kann. Die Vorschrift ist dem § 129 Abs. 3 HGB nachgebildet und bringt wie diese die Rechtslage bei Bestehen von Aufrechnungsverboten nur unzureichend zum Ausdruck. Mit Rücksicht auf die Entstehungsgeschichte des § 322 bietet es sich an, auf die zu § 129 Abs. 3 HGB entwickelten Grundsätze abzustellen.[34] Danach steht der Hauptgesellschaft die zeitweilige Einrede nur unter der Voraussetzung zu, dass die **eingegliederte Gesellschaft zur Aufrechnung befugt** ist. Ist dagegen der *Gläubiger* zur Aufrechnung befugt, unterliegt aber die eingegliederte Gesellschaft einem vertraglichen oder gesetzlichen Aufrechnungsverbot, so ist die Einrede der Aufrechenbarkeit nicht gegeben.[35] Nach § 323 kann die Hauptgesellschaft den Vorstand der eingegliederten Gesellschaft anweisen, die Aufrechnung zu erklären. Zur Ausübung der Aufrechnungsbefugnis ist sie dagegen nicht berechtigt. In Abs. 3 S. 2 nicht geregelt ist allerdings die Befugnis der Hauptgesellschaft, die Forderung des Gläubigers durch Aufrechnung mit einer *eigenen Forderungen* zum Erlöschen zu bringen; sie ergibt sich aus §§ 387 ff. BGB.

15 **c) Sonstige.** Auf andere Gestaltungsrechte der eingegliederten Gesellschaft ist Abs. 3 **entsprechend anwendbar.**[36] Voraussetzung ist, dass die Ausübung des Gestaltungsrechts das Erlöschen der Verbindlichkeit der eingegliederten Gesellschaft zur Folge hat, mag auch ein Ersatzanspruch an deren Stelle treten (→ Rn. 13). Die Hauptgesellschaft kann sich somit insbesondere auf ein **Rücktrittsrecht** der eingegliederten Gesellschaft berufen, vorausgesetzt, die eingegliederte Gesellschaft kann dieses Recht bereits geltend machen.

IV. Zwangsvollstreckung (Abs. 4)

16 **1. Grundsatz.** Abs. 4 bringt die Selbstverständlichkeit zum Ausdruck, dass die Zwangsvollstreckung in das Vermögen der Hauptgesellschaft nur auf der Grundlage eines gegen diese Gesellschaft gerichteten Titels erfolgt. Der Gesetzgeber des HGB hatte durchaus Anlass, eine entsprechende Vorschrift in § 129 Abs. 4 HGB aufzunehmen, herrschte doch seinerzeit noch die Ansicht vor, dass zwischen Verbindlichkeiten der OHG und solchen

---

[33] Weshalb die Vorschrift wohl überflüssig ist, zutr. KK-AktG/*Koppensteiner* Rn. 20.
[34] So auch die ganz hM, s. KK-AktG/*Koppensteiner* Rn. 21 f.; MüKoAktG/*Grunewald* Rn. 15; GroßkommAktG/*Schmolke* Rn. 23; Hüffer/*Koch* Rn. 11; Spindler/Stilz/*Singhof* Rn. 14; Hölters/*Leuering/Goertz* Rn. 10 f.; HK-AktG/*Fett* Rn. 9; Grigoleit/*Grigoleit/Rachlitz* Rn. 9; Geßler ZGR 1978, 251 (268); *Bülow* ZGR 1988, 192 (208 f.).
[35] Vgl. zu § 129 Abs. 3 HGB BGHZ 42, 396 (397 f.) = NJW 1965, 627; Staub/*Habersack* HGB § 129 Rn. 23; MüKoHGB/*K. Schmidt* § 129 Rn. 24; offengelassen noch von BGHZ 38, 122 (128) = NJW 1963, 244 (245).
[36] Zust. GroßkommAktG/*Schmolke* Rn. 24; K. Schmidt/Lutter/*Ziemons* Rn. 19; Grigoleit/*Grigoleit/Rachlitz* Rn. 9; NK-AktR/*Jaursch* Rn. 8; vgl. zu § 129 Abs. 2 und 3 HGB Staub/*Habersack* HGB § 129 Rn. 21; Heymann/*Emmerich* HGB § 129 Rn. 12a; AA MüKoAktG/*Grunewald* Rn. 15; Spindler/Stilz/*Singhof* Rn. 15; zu § 129 Abs. 2 und 3 HGB MüKoHGB/*K. Schmidt* § 129 Rn. 18. – Zur analogen Anwendung des § 770 Abs. 1 BGB s. BGHZ 165, 363 (368) = NJW 2006, 845; MüKoBGB/*Habersack* § 770 Rn. 6.

ihrer Gesellschafter nicht zu unterscheiden sei. Für die Haftung der – nach §§ 319 Abs. 1 S. 1, 320 Abs. 1 S. 1 stets als juristische Person verfassten – Hauptgesellschaft aus § 322 hätte es dagegen insoweit einer Übernahme der in § 129 HGB getroffenen Regelung nicht bedurft. Gleichfalls selbstverständlich ist denn auch, dass aus einem gegen die Hauptgesellschaft gerichteten Vollstreckungstitel nicht in das Vermögen der eingegliederten Gesellschaft vollstreckt werden kann.[37]

2. Einwand der Haftung. Vollstreckt der Gläubiger auf der Grundlage eines gegen die eingegliederte Gesellschaft gerichteten Titels in Gegenstände, die im Eigentum der Hauptgesellschaft stehen,[38] hat Letztere an sich die Drittwiderspruchsklage des § 771 ZPO. Vor dem Hintergrund der in § 322 Abs. 1 angeordneten Haftung der Hauptgesellschaft für die titulierte Forderung ist es dem Gläubiger jedoch zu gestatten, den Widerspruch unter Hinweis auf § 322 Abs. 1 zu entkräften.[39] Vorbehaltlich persönlicher Einwendungen der Hauptgesellschaft ist in diesem Fall die Drittwiderspruchsklage nach § 242 BGB als unbegründet abzuweisen. 17

§ 323 Leitungsmacht der Hauptgesellschaft und Verantwortlichkeit der Vorstandsmitglieder

(1) ¹Die Hauptgesellschaft ist berechtigt, dem Vorstand der eingegliederten Gesellschaft hinsichtlich der Leitung der Gesellschaft Weisungen zu erteilen. ²§ 308 Abs. 2 Satz 1, Abs. 3, §§ 309, 310 gelten sinngemäß. ³§§ 311 bis 318 sind nicht anzuwenden.

(2) Leistungen der eingegliederten Gesellschaft an die Hauptgesellschaft gelten nicht als Verstoß gegen die §§ 57, 58 und 60.

Schrifttum: *Hommelhoff*, Die Konzernleitungspflicht, 1982; *Ransiek*, Strafrecht im Unternehmen und Konzern, ZGR 1999, 613; *Schön*, Deutsches Konzernprivileg und europäischer Kapitalschutz – ein Widerspruch?, FS Kropff, 1997, 285; *Veit*, Unternehmensverträge und Eingliederung als aktienrechtliche Instrumente der Unternehmensverbindung, 1974.

Übersicht

	Rn.		Rn.
I. Inhalt und Zweck der Vorschrift	1	3. Nichterteilung von Weisungen	7
II. Leitungsmacht der Hauptgesellschaft	2–7	III. Verantwortlichkeit	8–11
1. Weisungsrecht	2–5	1. Vorstand der Hauptgesellschaft	8
a) Umfang	2, 3	2. Hauptgesellschaft	9
b) Ausübung	4, 5	3. Organwalter der eingegliederten Gesellschaft	10
2. Folgepflicht	6	4. Unanwendbarkeit der §§ 311 ff.	11

I. Inhalt und Zweck der Vorschrift

Die Vorschrift spricht der Hauptgesellschaft das Recht zur **umfassenden Leitung** der eingegliederten Gesellschaft zu und hebt zudem die im Allgemeinen durch §§ 57, 58, 60 gewährleistete Bindung des Vermögens der eingegliederten Gesellschaft auf. Sie bringt damit zum Ausdruck, dass die eingegliederte Gesellschaft infolge der Eingliederung den Status einer „rechtlich selbstständigen Betriebsabteilung" erlangt (→ § 319 Rn. 3).[1] Hin- 1

---

[37] GroßkommAktG/*Schmolke* Rn. 25; Grigoleit/*Grigoleit/Rachlitz* Rn. 10.
[38] Entsprechendes gilt, wenn der Hauptgesellschaft ein sonstiges „die Veräußerung hinderndes Recht" iSd § 771 ZPO zusteht.
[39] Spindler/Stilz/*Singhof* Rn. 16; GroßkommAktG/*Schmolke* Rn. 25; zu § 129 Abs. 4 HGB *Noack* DB 1970, 1817; Staub/*Habersack* HGB § 129 Rn. 27; MüKoHGB/*K. Schmidt* § 129 Rn. 28; s. ferner BGHZ 80, 296 (302) = NJW 1981, 1835 betr. § 419 BGB; BGHZ 100, 95 (105) = NJW 1987, 1880 betr. Einwand, dass der widersprechende Sicherungsnehmer zur Rückübertragung des Sicherungsguts verpflichtet sei.
[1] Begr. RegE bei *Kropff* AktG 427.

sichtlich der **Verantwortlichkeit** des Vorstands von Hauptgesellschaft und eingegliederter Gesellschaft finden zwar gemäß Abs. 1 S. 2 die Vorschriften der §§ 309, 310 entsprechende Anwendung. Nennenswerte praktische Bedeutung kommt diesen Haftungstatbeständen im Fall der Eingliederung allerdings nicht zu. Der mit der umfassenden Leitungsbefugnis und der Möglichkeit des Zugriffs auf das Vermögen der eingegliederten Gesellschaft einhergehenden Gefährdung der Gläubigerinteressen begegnet der Gesetzgeber denn auch bereits mit der in § 322 angeordneten Haftung der Hauptgesellschaft für sämtliche Verbindlichkeiten der eingegliederten Gesellschaft. Interessen von Minderheitsaktionären sind durch § 323 schon deshalb nicht betroffen, weil die Hauptgesellschaft nach §§ 319, 320a S. 1, 327 Abs. 1 Nr. 3 notwendigerweise Alleinaktionär der eingegliederten Gesellschaft ist.

II. Leitungsmacht der Hauptgesellschaft

2 **1. Weisungsrecht. a) Umfang.** Das Weisungsrecht der Hauptgesellschaft ist umfassender Natur. Es gestattet der Hauptgesellschaft die Erteilung selbst solcher nachteiliger Weisungen, die nicht durch Belange der Hauptgesellschaft oder eines mit ihr verbundenen Unternehmens gedeckt sind, und geht insoweit über das nach § 308 bestehende Weisungsrecht hinaus (→ § 308 Rn. 36 ff.); § 308 Abs. 1 S. 2 findet also keine Anwendung.[2] Unzulässig sind allerdings Weisungen, mit denen die eingegliederte Gesellschaft zu einem **gesetzwidrigen** Verhalten (aber → Rn. 3) veranlasst werden soll;[3] insoweit besteht auch keine Folgepflicht der eingegliederten Gesellschaft (→ Rn. 6). Von dem Weisungsrecht unberührt bleiben namentlich § 15a InsO, § 92 Abs. 2. Bei Zahlungsunfähigkeit oder Überschuldung ist somit der Vorstand der eingegliederten Gesellschaft verpflichtet, **Insolvenzantrag** zu stellen, mag die Insolvenzreife auch unmittelbar durch den Vollzug einer nachteiligen Weisung veranlasst sein.[4] **Zahlungen** im Vorfeld oder nach Eintritt der Insolvenzreife – und damit entsprechende Weisungen – sind nach Maßgabe des § 92 Abs. 2 verboten. Für das durch das MoMiG (→ Einl. Rn. 39) geschaffene besondere Zahlungsverbot des § 92 Abs. 2 S. 3 gilt keine Ausnahme.[5] Im Übrigen aber bleiben der Hauptgesellschaft schon mit Blick auf die gläubigerschützenden Mechanismen der §§ 321, 322, 324 Abs. 3 die **Existenz der eingegliederten Gesellschaft gefährdende** oder vernichtende Weisungen gestattet.[6] Verboten sind schließlich **satzungswidrige** Weisungen, darunter solche, die durch den Unternehmensgegenstand der eingegliederten Gesellschaft nicht gedeckt sind.[7] In diesem Zusammenhang ist auch die Verweisung in Abs. 1 S. 2 auf § 308 Abs. 3 zu sehen, der zufolge es auch innerhalb der eingegliederten Gesellschaft bei den **Zustimmungsvorbehalten** des § 111 Abs. 4 S. 2 bewendet (→ § 308 Rn. 70 ff.).

3 Abs. 2 bestimmt, dass Leistungen der eingegliederten Gesellschaft an die Hauptgesellschaft nicht als Verstoß gegen §§ 57, 58, 60 gelten.[8] Mit dieser Fiktion wird die aktienrechtli-

---

[2] S. bereits Begr. RegE bei *Kropff* AktG 427; ferner KK-AktG/*Koppensteiner* Rn. 2; GroßkommAktG/*Schmolke* Rn. 2; Hüffer/*Koch* Rn. 3; Spindler/Stilz/*Singhof* Rn. 2; HK-AktG/*Fett* Rn. 1; Grigoleit/*Grigoleit*/*Rachlitz* Rn. 2; Henssler/Strohn/*Wilsing* Rn. 2; einschr. MüKoAktG/*Grunewald* Rn. 2.

[3] Wohl einhM, s. MüKoAktG/*Grunewald* Rn. 5; GroßkommAktG/*Schmolke* Rn. 3; MHdB AG/*Krieger* § 74 Rn. 48; Hüffer/*Koch* Rn. 3; Hölters/*Leuering*/*Goertz* Rn. 4.

[4] Wohl unstr., s. GroßkommAktG/*Schmolke* Rn. 4.

[5] Grigoleit/*Grigoleit*/*Rachlitz* Rn. 4; für den Vertragskonzern GroßkommAktG/*Habersack*/*Foerster* 5. Aufl. § 92 Rn. 165 mwN; aA GroßkommAktG/*Schmolke* Rn. 4. – Zu Voraussetzungen und Folgen des § 92 Abs. 2 S. 3 s. BGHZ 195, 42 = NZG 2012, 1379.

[6] HM, s. KK-AktG/*Koppensteiner* Rn. 4; MüKoAktG/*Grunewald* Rn. 3; GroßkommAktG/*Schmolke* Rn. 2; HK-AktG/*Fett* Rn. 1; MHdB AG/*Krieger* § 74 Rn. 48; offengelassen von Hüffer/*Koch* Rn. 3; Spindler/Stilz/*Singhof* Rn. 2; Hölters/*Leuering*/*Goertz* Rn. 4; aA K. Schmidt/Lutter/*Ziemons* Rn. 6; Grigoleit/*Grigoleit*/*Rachlitz* Rn. 4. Allg. zur Frage eines Bestandsschutzes der (nicht eingegliederten) Einpersonen-Kapitalgesellschaft *Ulmer* ZHR 148 (1984), 391 ff., der freilich die Eingliederung als „Sonderfall" bezeichnet; *M. Winter* ZGR 1994, 570 ff.; → Anh. § 318 Rn. 34 ff.

[7] MüKoAktG/*Grunewald* Rn. 5; GroßkommAktG/*Schmolke* Rn. 3; MHdB AG/*Krieger* § 74 Rn. 48.

[8] Zur Anwendbarkeit der §§ 39 Abs. 1 Nr. 5, 44a, 135 InsO → § 324 Rn. 4.

che **Kapitalbindung**[9] aufgehoben und der Hauptgesellschaft der Zugriff auf das Vermögen der eingegliederten Gesellschaft selbst insoweit gestattet, als das Vermögen zur Deckung des Grundkapitals erforderlich ist (→ § 324 Rn. 7). Die Vorschrift entspricht derjenigen des § 291 Abs. 3 und setzt wie diese die rechtmäßige Ausübung der Weisungsbefugnis voraus; diesem Vorbehalt kommt freilich im Rahmen des § 323 keine allzu große praktische Bedeutung zu (→ Rn. 2). Der Hauptgesellschaft ist es nach § 323 auch gestattet, die eingegliederte Gesellschaft zur Abführung des von ihr erzielten **Gewinns** anzuweisen. Die Vorschrift des § 324 Abs. 2 steht dem nicht entgegen; denn sie erleichtert lediglich den – ggf. zur Begründung einer steuerlichen Organschaft nach § 14 KStG erforderlichen (→ Einl. Rn. 48) – Abschluss eines Gewinnabführungsvertrags, besagt aber nicht, dass die Verlagerung von Gewinnen allein auf der Grundlage eines solchen Vertrags zulässig ist.[10] Nach § 324 Abs. 3 ist die Hauptgesellschaft zwar auch unabhängig vom Abschluss eines Gewinnabführungsvertrags zum **Verlustausgleich** verpflichtet, im Unterschied zu § 302 allerdings nur insoweit, als der Bilanzverlust den Betrag der Kapital- und der Gewinnrücklagen übersteigt (→ § 324 Rn. 9). An der Vereinbarkeit des § 323 Abs. 2 mit Art. 17 und 18 der Kapitalrichtlinie[11] ist gleichwohl nicht zu zweifeln.[12]

b) Ausübung. Zur Erteilung von Weisungen **berechtigt** ist nach Abs. 1 S. 1 allein die Hauptgesellschaft. Sie wird dabei durch ihren Vorstand vertreten. Übertragung und Delegation des Weisungsrechts kommen nur nach Maßgabe der Ausführungen in → § 308 Rn. 12 ff. in Betracht. Dabei hat es auch im Fall einer mehrstufigen Eingliederung (→ § 319 Rn. 16) zu bewenden. Eine Delegation des Weisungsrechts der Tochter-AG auf die Mutter-AG, als deren Folge die Mutter-AG unmittelbar gegenüber der Enkel-AG weisungsbefugt wäre, ist somit nicht zulässig; denn andernfalls würde die Prüfungskompetenz und -pflicht des Vorstands der Tochter-AG (→ Rn. 6) ausgeblendet.[13] Die Hauptgesellschaft ist zur Erteilung von Weisungen nicht verpflichtet (→ Rn. 7).[14] Anderes gilt aber für den Vorstand der Hauptgesellschaft; er kann im Verhältnis zur Hauptgesellschaft zur Ausübung des Weisungsrechts verpflichtet sein und haftet dann bei Nichtausübung des Weisungsrechts nach Maßgabe des § 93 auf Schadensersatz (→ § 311 Rn. 11).[15]

Weisungsempfänger ist der Vorstand der eingegliederten Gesellschaft. Wie der Beherrschungsvertrag (→ § 308 Rn. 17 f.) begründet somit auch die Eingliederung kein Weisungsrecht der Hauptgesellschaft gegenüber dem Vorstand nachgeordneten Stellen. Dazu bedarf es vielmehr zunächst einer entsprechenden Weisung des Vorstands der eingegliederten Gesellschaft (→ § 308 Rn. 19 f.).[16] Diese kann freilich auch ohne Beachtung des – für die Eingliederung ohnehin nicht geltenden (→ Rn. 6) – Vorbehalts des § 308 Abs. 2 S. 2 letzter

---

[9] Die Grundsätze über die Kapitalaufbringung bleiben dagegen in dem durch § 324 vorgegebenen Rahmen anwendbar; unzulässig wäre deshalb eine Weisung, der zufolge die eingegliederte Gesellschaft auf eine noch offene Resteinlage verzichten soll, so zu Recht MüKoAktG/*Grunewald* Rn. 5; Spindler/Stilz/*Singhof* Rn. 3; aA GroßkommAktG/*Würdinger* 3. Aufl. § 320 Anm. 14.

[10] Heute hM, s. KK-AktG/*Koppensteiner* Rn. 3, § 324 Rn. 9; MüKoAktG/*Grunewald* Rn. 4; Hüffer/*Koch* § 324 Rn. 4; Spindler/Stilz/*Singhof* Rn. 3; MHdB AG/*Krieger* § 74 Rn. 57; aA *Ballerstedt* ZHR 137 (1973), 388 (401 f.); *v. Godin/Wilhelmi* Anm. 2; *Veit* 171.

[11] Richtlinie 2012/30/EU vom 25.10.2012, ABl. EU Nr. L 315, 94.

[12] Näher Habersack/*Verse* EuropGesR § 6 Rn. 47; für den Vertragskonzern *Schön* FS Kropff, 1997, 285 (298 ff.) – Zur Vereinbarkeit des § 311 mit Art. 17 Kapitalrichtlinie → § 311 Rn. 82.

[13] So auch MüKoAktG/*Grunewald* Rn. 4; K. Schmidt/Lutter/*Ziemons* Rn. 9; Hüffer/*Koch* Rn. 2; Grigoleit/*Grigoleit/Rachlitz* Rn. 7; aA KK-AktG/*Koppensteiner* Rn. 9; GroßkommAktG/*Schmolke* Rn. 7; Spindler/Stilz/*Singhof* Rn. 4; HK-AktG/*Fett* Rn. 3; MHdB AG/*Krieger* § 74 Rn. 49; *Rehbinder* ZGR 1977, 581 (616 f.).

[14] MüKoAktG/*Grunewald* Rn. 11; GroßkommAktG/*Schmolke* Rn. 10; Spindler/Stilz/*Singhof* Rn. 7; K. Schmidt/Lutter/*Ziemons* Rn. 7; Hüffer/*Koch* Rn. 2; HK-AktG/*Fett* Rn. 5; MHdB AG/*Krieger* § 74 Rn. 50; zur Frage einer strafrechtlich relevanten Garantenpflicht der Hauptgesellschaft s. aber *Ransiek* ZGR 1999, 613 (627 ff.).

[15] MüKoAktG/*Grunewald* Rn. 11; GroßkommAktG/*Schmolke* Rn. 10; weitergehend *Hommelhoff* 352 ff.; MHdB AG/*Krieger* § 74 Rn. 50.

[16] KK-AktG/*Koppensteiner* Rn. 10 und *Veit* 159, die zu Recht davon ausgehen, dass der Vorstand zu einer entsprechenden Delegation nicht durch die Hauptgesellschaft angewiesen werden kann; ferner Hölters/*Leuering/Goertz* Rn. 3.

Hs. (→ § 308 Rn. 52 f.) ausgesprochen werden.¹⁷ Mit Rücksicht auf die Grenzen der Folgepflicht (→ Rn. 6) kann das Weisungsrecht nicht durch eine umfassende **Bevollmächtigung** der Hauptgesellschaft durch die eingegliederte Gesellschaft ersetzt werden (→ § 308 Rn. 32).¹⁸

6 **2. Folgepflicht.** Nach Abs. 1 S. 2 iVm § 308 Abs. 2 S. 1 ist der Vorstand der eingegliederten Gesellschaft verpflichtet, die Weisungen der Hauptgesellschaft zu befolgen. Im Fall eines **Zustimmungsvorbehalts** iSd § 111 Abs. 4 S. 2 ist nach Maßgabe des Abs. 1 S. 2 iVm § 308 Abs. 3 zu verfahren (→ § 308 Rn. 70 ff.). Die Folgepflicht ist Spiegelbild der Weisungsbefugnis der Hauptgesellschaft und reicht daher grundsätzlich so weit wie diese. § 308 Abs. 1 S. 2, Abs. 2 S. 2 findet keine Anwendung (→ Rn. 2); der Vorstand der eingegliederten Gesellschaft darf deshalb die Befolgung selbst dann nicht verweigern, wenn die Weisung offensichtlich nicht den Belangen der Hauptgesellschaft oder einer konzernverbundenen Gesellschaft dient. Durch die Erteilung einer solchen Weisung macht sich allerdings der Vorstand der Hauptgesellschaft dieser gegenüber zumeist schadensersatzpflichtig (→ Rn. 8). Unabhängig davon hat der Vorstand der eingegliederten Gesellschaft die Auswirkungen einer jeden Weisung auf die eingegliederte Gesellschaft zu überprüfen und die Hauptgesellschaft auf den nachteiligen Charakter der begehrten Maßnahme hinzuweisen.¹⁹ Wie das Weisungsrecht wird allerdings auch die Folgepflicht an sich nur durch zwingende **gesetzliche Vorschriften** und durch die Satzung der eingegliederten Gesellschaft begrenzt (→ Rn. 2). Der Vorstand ist demnach zur Befolgung gesetzes- oder satzungswidriger Weisungen weder berechtigt noch verpflichtet; allen anderen Weisungen hat er zu folgen. Vorausgesetzt ist hierbei allerdings, dass die Hauptgesellschaft imstande ist, ihrer **Verlustausgleichspflicht** nachzukommen. Entsprechend den im Rahmen der §§ 311 ff. (→ § 311 Rn. 78 f.), 291 ff. (→ § 308 Rn. 64) geltenden Grundsätzen hat deshalb der Vorstand der eingegliederten Gesellschaft die **Solvenz und Liquidität der Hauptgesellschaft** fortwährend zu prüfen und ggf. auf Besicherung des Anspruchs aus § 324 Abs. 3 zu bestehen, bevor er die Weisung befolgt.²⁰

7 **3. Nichterteilung von Weisungen.** Soweit Weisungen nicht erteilt werden, bewendet es bei der Geltung des § 76. Der Vorstand ist also berechtigt und verpflichtet, die eingegliederte Gesellschaft in eigener Verantwortung zu leiten. Dabei hat er die Leitung am **Interesse der eingegliederten Gesellschaft** auszurichten.²¹ Dies gilt auch für den Fall, dass Gesellschafts- und Konzerninteresse voneinander abweichen. Eine Pflicht des Vorstands, vor Durchführung einer solchen Maßnahme die Hauptgesellschaft zu konsultieren, lässt sich de iure nicht begründen.²²

III. Verantwortlichkeit

8 **1. Vorstand der Hauptgesellschaft.** Die Mitglieder des Vorstands der Hauptgesellschaft haben nach Abs. 1 S. 2 iVm § 309 Abs. 1 bei der Erteilung von Weisungen die

---

¹⁷ Zutr. Hüffer/*Koch* Rn. 2; K. Schmidt/Lutter/*Ziemons* Rn. 10; aA – gegen die Zulässigkeit einer generellen Vorstandsweisung – MüKoAktG/*Grunewald* Rn. 8.
¹⁸ So zu Recht MüKoAktG/*Grunewald* Rn. 8; GroßkommAktG/*Schmolke* Rn. 11; Hüffer/*Koch* Rn. 2; K. Schmidt/Lutter/*Ziemons* Rn. 11; aA KK-AktG/*Koppensteiner* Rn. 11; MHdB AG/*Krieger* § 74 Rn. 49; HK-AktG/*Fett* Rn. 3.
¹⁹ MHdB AG/*Krieger* § 74 Rn. 51; jetzt auch KK-AktG/*Koppensteiner* Rn. 7.
²⁰ K. Schmidt/Lutter/*Ziemons* Rn. 14; Grigoleit/*Grigoleit*/*Rachlitz* Rn. 4; GroßkommAktG/*Schmolke* Rn. 5.
²¹ MüKoAktG/*Grunewald* Rn. 10; Spindler/Stilz/*Singhof* Rn. 7; K. Schmidt/Lutter/*Ziemons* Rn. 15; HK-AktG/*Fett* Rn. 5; aA – für Maßgeblichkeit des Konzerninteresses – KK-AktG/*Koppensteiner* Rn. 8, § 308 Rn. 71 f.
²² Spindler/Stilz/*Singhof* Rn. 7; aA – für Annahme einer solchen Pflicht, freilich ohne Benennung einer Grundlage – MüKoAktG/*Grunewald* Rn. 10; HK-AktG/*Fett* Rn. 5; NK-AktR/*Jaursch* Rn. 2; Wachter/*Rothley* Rn. 3; KK-AktG/*Koppensteiner* Rn. 8 führt demgegenüber an, dass die Leitung der eingegliederten Gesellschaft gehalten sei, sich an den Interessen der Hauptgesellschaft zu orientieren, deren Inhalt wiederum vom Vorstand dieser Gesellschaft zu konkretisieren sei; für Herleitung einer Konsulationspflicht aus der Treupflicht der eingegliederten Gesellschaft gegenüber der Hauptgesellschaft GroßkommAktG/*Schmolke* Rn. 10.

Sorgfalt eines ordentlichen und gewissenhaften Geschäftsleiters auszuüben. Bei schuldhafter Verletzung dieser Pflicht sind sie nach Abs. 1 S. 2 iVm § 309 Abs. 2 der **eingegliederten Gesellschaft** zu Schadensersatz verpflichtet. Was die Verjährung und Geltendmachung des Anspruchs sowie die Möglichkeit eines Verzichts oder Vergleichs betrifft, so gelten nach Abs. 1 S. 2 die Vorschriften des § 309 Abs. 3–5 (nur) sinngemäß. Dabei ist zu berücksichtigen, dass die Hauptgesellschaft zur Erteilung selbst solcher Weisungen berechtigt ist, die für die eingegliederte Gesellschaft nachteilig und nicht durch ein Konzerninteresse gedeckt sind (→ Rn. 2 f.). Vor diesem Hintergrund kommt eine Haftung aus Abs. 1 S. 2 iVm § 309 nur unter der Voraussetzung in Betracht, dass der Vorstand der Hauptgesellschaft die **Grenzen des Weisungsrechts überschreitet**,[23] also eine gesetzes- oder satzungswidrige Weisung erteilt (→ Rn. 2) oder den Vorstand der eingegliederten Gesellschaft übergeht (→ Rn. 5). Im **Verhältnis zur Hauptgesellschaft** kommt allerdings eine Haftung des Vorstands auch bei Erteilung einer rechtmäßigen Weisung in Betracht. So wird denn auch der Vorstand regelmäßig aus § 93 in Anspruch genommen werden können, wenn er eine nachteilige Weisung erteilt, die nicht durch ein Interesse der Hauptgesellschaft oder eines mit ihr und der eingegliederten Gesellschaft konzernverbundenen Unternehmens gedeckt ist.[24] Entsprechendes gilt bei im Verhältnis zur Hauptgesellschaft pflichtwidriger Nichtausübung des Weisungsrechts (→ Rn. 4).

2. Hauptgesellschaft. Für ein Fehlverhalten ihres Vorstands hat die Hauptgesellschaft **9** der eingegliederten Gesellschaft einzustehen.[25] Anspruchsgrundlage ist allerdings weder § 31 BGB[26] – er ist bloße Zurechnungsnorm – noch § 31 BGB iVm Abs. 1 S. 2, § 309.[27] Was § 309 betrifft, so regelt er allein die Sorgfaltspflichten des Vorstands; auch § 31 BGB ist nicht imstande, diese Pflichten zu solchen der Hauptgesellschaft zu machen. In Ermangelung eines Eingliederungsvertrags (→ § 319 Rn. 10) kann die Haftung auch nicht auf die Verletzung einer hierauf basierenden vertraglichen Pflicht (§ 280 Abs. 1 S. 1 BGB) gegründet werden.[28] Es bietet sich deshalb an, die Haftung der Hauptgesellschaft auf die **mitgliedschaftliche Treupflicht** (iVm § 31 BGB) zu stützen.[29] Für diese bleibt auch im Fall der Eingliederung ein Anwendungsbereich, und zwar insoweit, als die Grenzen des Weisungsrechts überschritten werden (→ Rn. 2, 8) und damit das fortbestehende Eigeninteresse der eingegliederten Gesellschaft verletzt wird. Mit Blick auf die **Haftung nach § 322** kommt der Frage allerdings keine praktische Bedeutung zu.

3. Organwalter der eingegliederten Gesellschaft. Nach Abs. 1 S. 2 haften die Mit- **10** glieder des Vorstands und des Aufsichtsrats der eingegliederten Gesellschaft für ein Fehlverhalten im Zusammenhang mit der Befolgung von Weisungen entsprechend § 310. Auch insoweit kommt eine Haftung nur für den Fall in Betracht, dass die Hauptgesellschaft eine **unverbindliche Weisung** erteilt hat. In sinngemäßer Anwendung des § 310 Abs. 3 bedeutet dies, dass Vorstand und Aufsichtsrat allenfalls bei Befolgung einer gesetzes- oder satzungswidrigen Weisung (→ Rn. 2 f.) haften.[30] Nach Abs. 1 S. 2, § 310 Abs. 1 haften sie als Gesamtschuldner neben der Hauptgesellschaft und deren Vorstandsmitgliedern. Die Vorschriften des § 309 Abs. 3–5 (→ Rn. 8) finden nach Abs. 1 S. 2, § 310 Abs. 4 auch insoweit Anwendung. Nach Abs. 1 S. 2, § 310 Abs. 2 schließt die Billigung der Maßnahme durch

---

[23] Zutr. MüKoAktG/*Grunewald* Rn. 12; Spindler/Stilz/*Singhof* Rn. 8; GroßkommAktG/*Schmolke* Rn. 12; Grigoleit/*Grigoleit/Rachlitz* Rn. 8; aA KK-AktG/*Koppensteiner* Rn. 14; *Veit* 165.
[24] K. Schmidt/Lutter/*Ziemons* Rn. 17; Grigoleit/*Grigoleit/Rachlitz* Rn. 9.
[25] Im Ergebnis ganz hM, s. KK-AktG/*Koppensteiner* Rn. 17; MüKoAktG/*Grunewald* Rn. 16; GroßkommAktG/*Schmolke* Rn. 13; Hüffer/*Koch* Rn. 5; Grigoleit/*Grigoleit/Rachlitz* Rn. 8; HK-AktG/*Fett* Rn. 7; Spindler/Stilz/*Singhof* Rn. 10; K. Schmidt/Lutter/*Ziemons* Rn. 19; aA unter Hinweis auf § 322 Hölters/*Leuering/Goertz* Rn. 6.
[26] So KK-AktG/*Koppensteiner* Rn. 17.
[27] So GroßkommAktG/*Schmolke* Rn. 13; Grigoleit/*Grigoleit/Rachlitz* Rn. 8; *Hüffer* 10. Aufl. Rn. 5.
[28] Zur davon abweichenden Rechtslage nach § 309 → § 309 Rn. 20 f.
[29] Zust. MüKoAktG/*Grunewald* Rn. 16; Hüffer/*Koch* Rn. 5; Spindler/Stilz/*Singhof* Rn. 10; K. Schmidt/Lutter/*Ziemons* Rn. 19.
[30] S. statt aller Hüffer/*Koch* Rn. 6.

den Aufsichtsrat die Haftung nicht aus. Entsprechendes gilt für die Billigung der Maßnahme durch die Hauptversammlung (→ § 310 Rn. 19); für § 323 folgt dies schon daraus, dass die Hauptgesellschaft Alleinaktionär ist und sich über die Grenzen des Weisungsrechts nicht hinwegsetzen kann. Für ein Fehlverhalten, welches nicht im Zusammenhang mit der Befolgung von Weisungen steht, haften Vorstand und Aufsichtsrat der eingegliederten Gesellschaft nach Maßgabe der §§ 93, 116.[31]

11 **4. Unanwendbarkeit der §§ 311 ff.** Abs. 1 S. 3 stellt klar,[32] dass die §§ 311–318 betreffend die einfache Abhängigkeit im Verhältnis zwischen Hauptgesellschaft und eingegliederter Gesellschaft keine Anwendung finden. Vor dem Hintergrund des Rechts zur Erteilung auch nachteiliger Weisungen und der Regelung der Verantwortlichkeit der Beteiligten in Abs. 1 S. 2, §§ 309 f. versteht sich die Nichtgeltung der §§ 311, 317, 318 freilich von selbst. Was den in §§ 312 ff. geregelten Abhängigkeitsbericht betrifft, so macht seine Erstellung und Prüfung angesichts der Haftung der Hauptgesellschaft nach § 322 keinen Sinn.

§ 324 Gesetzliche Rücklage. Gewinnabführung. Verlustübernahme

(1) Die gesetzlichen Vorschriften über die Bildung einer gesetzlichen Rücklage, über ihre Verwendung und über die Einstellung von Beträgen in die gesetzliche Rücklage sind auf eingegliederte Gesellschaften nicht anzuwenden.

(2) ¹Auf einen Gewinnabführungsvertrag, eine Gewinngemeinschaft oder einen Teilgewinnabführungsvertrag zwischen der eingegliederten Gesellschaft und der Hauptgesellschaft sind die §§ 293 bis 296, 298 bis 303 nicht anzuwenden. ²Der Vertrag, seine Änderung und seine Aufhebung bedürfen der schriftlichen Form. ³Als Gewinn kann höchstens der ohne die Gewinnabführung entstehende Bilanzgewinn abgeführt werden. ⁴Der Vertrag endet spätestens zum Ende des Geschäftsjahrs, in dem die Eingliederung endet.

(3) Die Hauptgesellschaft ist verpflichtet, jeden bei der eingegliederten Gesellschaft sonst entstehenden Bilanzverlust auszugleichen, soweit dieser den Betrag der Kapitalrücklagen und der Gewinnrücklagen übersteigt.

I. Einführung

1 **1. Inhalt der Vorschrift.** Die Vorschrift trägt dem Umstand Rechnung, dass die eingegliederte Gesellschaft den Status einer rechtlich selbstständigen Betriebsabteilung hat (→ § 319 Rn. 3). Sie stellt deshalb in Abs. 1 und 3 das Vermögen der Gesellschaft bis zur Grenze des durch das Grundkapital gebundenen Vermögens zur Disposition der Hauptgesellschaft. Die Hauptgesellschaft ist zwar nicht daran gehindert, durch die Erteilung von Weisungen selbst das durch die Grundkapitalziffer gebundene Vermögen der eingegliederten Gesellschaft an sich zu ziehen (→ § 323 Rn. 3); doch ist sie nach Abs. 3 zum Verlustausgleich verpflichtet, soweit das Grundkapital nicht mehr gedeckt ist. Abs. 2 der Vorschrift erleichtert den Abschluss bestimmter Unternehmensverträge zwischen der Hauptgesellschaft und der eingegliederten Gesellschaft. Dem kommt vor allem im Zusammenhang mit dem – zur Begründung einer steuerlichen Organschaft erforderlichen – Abschluss eines Gewinnabführungsvertrags Bedeutung zu. Abs. 3 der Vorschrift ist durch das Bilanzrichtliniengesetz (BGBl. 1985 I 2355) geringfügig geändert worden.

2 **2. Normzweck.** § 324 steht im unmittelbaren Zusammenhang mit § 323. Während § 323 die Umgestaltung der Organisationsverfassung der eingegliederten Gesellschaft und die weitgehende Außerkraftsetzung zentraler aktienrechtlicher Grundsätze und der bei Abhängigkeitsverhältnissen im Allgemeinen eingreifenden Schutzmechanismen anordnet, stellt § 324 die eingegliederte Gesellschaft von der Pflicht zur Bildung und Dotierung gesetz-

---
[31] Hüffer/*Koch* Rn. 6; MüKoAktG/*Grunewald* Rn. 17.
[32] Begr. RegE bei *Kropff* AktG 427.

licher Rücklagen frei und verpflichtet die Hauptgesellschaft demgemäß nur insoweit zum Verlustausgleich, als das Grundkapital der eingegliederten Gesellschaft nicht mehr gedeckt ist. Durch die Notwendigkeit eines dem Grundkapital entsprechenden Vermögens will das Gesetz verhindern, „dass die eingegliederte Gesellschaft ständig ein ihr Grundkapital nicht erreichendes Reinvermögen ausweist".[1] Die Notwendigkeit selbst einer solch **eingeschränkten Vermögensbindung** ist allerdings nicht ohne weiteres erkennbar.[2] Wie § 323 (→ § 323 Rn. 1) ist nämlich auch § 324 vor dem Hintergrund zu sehen, dass die Hauptgesellschaft notwendigerweise Alleinaktionär der eingegliederten Gesellschaft ist (→ § 319 Rn. 8 f.; → § 320a Rn. 1; → § 327 Rn. 6) und nach § 322 für deren Verbindlichkeiten einzustehen hat; Gläubiger- und Aktionärsinteressen werden also durch die Möglichkeit des Zugriffs auf das Vermögen der eingegliederten Gesellschaft nicht tangiert.

II. Rücklagen (Abs. 1)

1. Keine Pflicht zur Bildung oder Erhaltung einer gesetzlichen Rücklage. Abs. 1 3 erklärt die Vorschrift des § 150 betreffend die gesetzliche Rücklage hinsichtlich der eingegliederten Gesellschaft für unanwendbar. Abweichend von § 150 Abs. 1 und 2 ist die eingegliederte Gesellschaft somit nicht verpflichtet, eine gesetzliche Rücklage zu bilden und zu dotieren. Demgemäß findet die Vorschrift des § 300 selbst dann keine Anwendung, wenn zwischen der Hauptgesellschaft und der eingegliederten Gesellschaft ein Gewinnabführungsvertrag besteht (→ Rn. 5 ff.). Eine bereits vorhandene gesetzliche Rücklage darf aufgelöst und zu anderen als den in § 150 Abs. 3 und 4 genannten Zwecken verwendet werden; sie darf insbesondere als Teil des Bilanzgewinns an die Hauptgesellschaft abgeführt werden.[3] Abs. 1 ist im Zusammenhang mit der in § 323 Abs. 2 erfolgten Außerkraftsetzung der §§ 57, 58 und 60 zu sehen (→ § 323 Rn. 3). Von den aktienrechtlichen Grundsätzen über die Kapitalaufbringung und -erhaltung bleibt danach innerhalb der eingegliederten Gesellschaft im Wesentlichen nur die **Notwendigkeit eines Grundkapitals,** dessen **Deckung durch** die **Verlustausgleichspflicht** gemäß § 324 Abs. 3 abgesichert wird (→ Rn. 9).

2. Reichweite. Von Abs. 1 unberührt bleiben etwaige Bestimmungen der **Satzung** über 4 die Bildung, Dotierung und Verwendung von Rücklagen.[4] Sie sind also zu beachten, solange sie nicht geändert oder aufgehoben worden sind. Des Weiteren findet Abs. 1 keine Anwendung auf **Kapitalrücklagen** iSv § 272 Abs. 2 HGB.[5] Insoweit hat die durch das Bilanzrichtliniengesetz erfolgte Änderung des Begriffs der gesetzlichen Rücklage zu einer Änderung auch des § 324 Abs. 1 geführt; im Hinblick auf Abs. 3 (→ Rn. 9) kommt dem allerdings nur geringe praktische Bedeutung zu. Unberührt bleiben zudem die insolvenzrechtlichen Grundsätze über **Gesellschafterdarlehen** (§§ 39 Abs. 1 Nr. 5, 44a, 135 InsO), was deshalb von Bedeutung ist, weil die Rückzahlung des Darlehens durch die eingegliederte Gesellschaft ergebnisneutral ist und deshalb über die Verlustausgleichspflicht nicht berücksichtigt werden kann.[6]

III. Unternehmensverträge (Abs. 2)

1. Gewinnabführungsvertrag. a) Anwendbare Vorschriften. Die Eingliederung 5 begründet als solche zwar keine Pflicht zur Gewinnabführung. Doch kann die Hauptgesell-

---

[1] Vgl. Begr. RegE bei *Kropff* AktG 429.
[2] In diesem Sinne auch KK-AktG/*Koppensteiner* Rn. 3: „ohne eigentlichen rechtspolitischen Sinn"; GroßkommAktG/*Schmolke* Rn. 3; *Veit* 106 f.; *Prael* 99 f.; s. aber auch Hüffer/*Koch* Rn. 1; Spindler/Stilz/*Singhof* Rn. 1.
[3] Wohl allgM, s. KK-AktG/*Koppensteiner* Rn. 10; MüKoAktG/*Grunewald* Rn. 2; Hüffer/*Koch* Rn. 2.
[4] Vgl. bereits Begr. RegE bei *Kropff* AktG 428; s. ferner KK-AktG/*Koppensteiner* Rn. 4; MüKoAktG/ *Grunewald* Rn. 2; GroßkommAktG/*Schmolke* Rn. 3; Spindler/Stilz/*Singhof* Rn. 2; K. Schmidt/Lutter/*Ziemons* Rn. 5; Grigoleit/*Grigoleit/Rachlitz* Rn. 3; Wachter/*Rothley* Rn. 2; MHdB AG/*Krieger* § 74 Rn. 56.
[5] KK-AktG/*Koppensteiner* Rn. 5; MüKoAktG/*Grunewald* Rn. 3; GroßkommAktG/*Schmolke* Rn. 6; Hüffer/*Koch* Rn. 3; Spindler/Stilz/*Singhof* Rn. 2; K. Schmidt/Lutter/*Ziemons* Rn. 6; HK-AktG/*Fett* Rn. 1; Hölters/*Leuering/Goertz* Rn. 4; MHdB AG/*Krieger* § 74 Rn. 56.
[6] Vgl. für den Vertragskonzern *Habersack* in Goette/Habersack MoMiG Kap. 5 Rn. 33; wie hier auch GroßkommAktG/*Schmolke* § 323 Rn. 16; zur Rechtslage vor Inkrafttreten des MoMiG s. 5. Aufl. Rn. 4.

schaft nach § 323 Abs. 1 S. 1 durch Erteilung einer entsprechenden Weisung den Gewinn der eingegliederten Gesellschaft an sich ziehen. Der Abschluss eines Gewinnabführungsvertrags zwischen der Hauptgesellschaft und der eingegliederten Gesellschaft ist denn auch **keine strukturändernde Maßnahme;** er hat vielmehr allenfalls die Funktion, eine steuerliche Organschaft zu begründen (→ § 323 Rn. 3; → Einl. Rn. 48). Demgemäß erklärt Abs. 2 S. 1 die Schutzvorschriften der §§ 293–296, 298–303 für nicht anwendbar. Der Abschluss eines Gewinnabführungsvertrags bedarf somit weder eines Hauptversammlungsbeschlusses nach § 293 Abs. 1 und 2 noch der Anmeldung und Eintragung gemäß §§ 294, 298. Auch die Berichts- und Prüfungspflichten der §§ 293a ff. finden keine Anwendung. Änderung und Aufhebung des Vertrags können ohne Einhaltung der in §§ 295, 296 genannten Voraussetzungen erfolgen. An die Stelle der §§ 300–303 treten die §§ 321, 322, 324 Abs. 2 S. 3, Abs. 3 (→ Rn. 3, 7, 8). Da die – in § 324 Abs. 2 S. 1 nicht erwähnten – §§ 304–306 schon in Ermangelung von Minderheitsaktionären nicht einschlägig sind (→ Rn. 2) und § 307 seine Entsprechung in §§ 327 Abs. 1 Nr. 3, 324 Abs. 2 S. 4 hat (→ Rn. 6), ist von den Vorschriften der §§ 293–307 allein für diejenige des § 297 betreffend die **Kündigung** des Vertrags aus wichtigem Grund Raum. Freilich zeitigt die Beendigung des Gewinnabführungsvertrags, von der möglichen Aufhebung der steuerlichen Organschaft abgesehen, keine nennenswerten Rechtsfolgen, sodass ein wichtiger Grund kaum jemals vorliegen wird.[7] Zur Nichtgeltung des § 299 → Rn. 6.

6 **b) Abschluss, Änderung und Beendigung.** Nach Abs. 2 S. 2 kann der Gewinnabführungsvertrag abweichend von §§ 293 ff. (→ Rn. 5) durch Einhaltung der einfachen **Schriftform** abgeschlossen, geändert und beendet werden. Da die Vorschrift des § 299 gemäß ausdrücklicher Anordnung in § 324 Abs. 2 S. 1 keine Anwendung findet, kann die Hauptgesellschaft der eingegliederten Gesellschaft entsprechende **Weisungen** erteilen. Zur Beendigung des Gewinnabführungsvertrags wird es im Allgemeinen allenfalls durch vertraglich vorbehaltene ordentliche (→ Rn. 5) Kündigung seitens der Hauptgesellschaft oder durch Aufhebungsvereinbarung kommen. Abs. 2 S. 4 bestimmt zudem, dass der Gewinnabführungsvertrag spätestens mit Ablauf des Geschäftsjahres endet, in dem die **Eingliederung endet.** Dieses Junktim erklärt sich zunächst daraus, dass der erweiterte Umfang der Gewinnabführung (→ Rn. 7) nur im Hinblick auf die – mit Beendigung der Eingliederung gleichfalls entfallende – Haftung der Hauptgesellschaft nach § 322 hingenommen werden kann.[8] Es kommt hinzu, dass der Gewinnabführungsvertrag, nachdem die Eingliederung nach § 327 ihr Ende gefunden hat und die §§ 323, 324 keine Anwendung mehr finden, den Charakter einer strukturändernden Maßnahme annimmt und damit die Verpflichtung zur Gewinnabführung nur unter Beachtung der Schutzvorschriften der §§ 293 ff. begründet werden soll.[9] Eine Vereinbarung, der zufolge die Gewinnabführung in dem nach § 301 zulässigen Umfang fortgesetzt werden soll, wäre aus dem zuletzt genannten Grund unwirksam.[10]

7 **c) Abzuführender Gewinn.** Nach Abs. 2 S. 3 kann der Gewinnabführungsvertrag die eingegliederte Gesellschaft höchstens zur Abführung des andernfalls, dh ohne die vertragliche Verpflichtung entstehenden **Bilanzgewinns** iSd § 158 Abs. 1 S. 1 Nr. 5 verpflichten. Damit wird zugleich die Vorschrift des § 301 abbedungen, der zufolge im Allgemeinen, also außerhalb von Eingliederungsverhältnissen, allenfalls der um einen etwaigen Verlustvortrag[11] und die nach § 300 in die Rücklagen einzustellenden Beträge verminderte Jahresüberschuss abgeführt werden kann. § 324 Abs. 1 erlaubt demgegenüber sogar die Auflösung der

---

[7] So zu Recht KK-AktG/*Koppensteiner* Rn. 11.
[8] Begr. RegE bei *Kropff* AktG 428.
[9] KK-AktG/*Koppensteiner* Rn. 11.
[10] MüKoAktG/*Grunewald* Rn. 6; Hüffer/*Koch* Rn. 6; GroßkommAktG/*Schmolke* Rn. 12; Spindler/Stilz/*Singhof* Rn. 6; K. Schmidt/Lutter/*Ziemons* Rn. 14; HK-AktG/*Fett* Rn. 3.
[11] Für Berücksichtigung eines Verlustvortrags aber K. Schmidt/Lutter/*Ziemons* Rn. 12; wie hier dagegen Spindler/Stilz/*Singhof* Rn. 5; Hüffer/*Koch* Rn. 5; Grigoleit/*Grigoleit/Rachlitz* Rn. 6; Wachter/*Rothley* Rn. 4.

gesetzlichen Rücklage und Abführung derselben als Teil des Bilanzgewinns (→ Rn. 3). Die unternehmensvertraglich begründete Gewinnverlagerung wird somit allein durch das Grundkapital der Gesellschaft (→ Rn. 4) begrenzt. Unberührt bleibt allerdings die Vorschrift des § 268 Abs. 8 HGB, sodass nach dieser Vorschrift nach **§ 268 Abs. 8 HGB** gebundene Beträge von dem Höchstbetrag der Gewinnabführung abzusetzen sind.[12] Im Übrigen wird das **Weisungsrecht** der Hauptgesellschaft durch Abschluss eines Gewinnabführungsvertrags nicht eingeschränkt;[13] durch Weisung nach § 323 Abs. 1 S. 1 kann also die Hauptgesellschaft auch das zur Deckung des Grundkapitals erforderliche Vermögen an sich ziehen (→ Rn. 9; → § 323 Rn. 3).

2. Sonstige Unternehmensverträge. Die Vorschriften des Abs. 2 S. 1–4 (→ Rn. 5– 8 7) finden auch auf eine **Gewinngemeinschaft** (→ § 292 Rn. 10 ff.) und einen **Teilgewinnabführungsvertrag** (→ § 292 Rn. 23 ff.) zwischen der Hauptgesellschaft und der eingegliederten Gesellschaft Anwendung. In § 324 nicht geregelt sind dagegen der Beherrschungsvertrag und die in § 292 Abs. 1 Nr. 3 genannten Unternehmensverträge. Dies erklärt sich daraus, dass der Abschluss eines solchen Vertrags angesichts des umfassenden Weisungsrechts der Hauptgesellschaft nach § 323 ohne Sinn ist.[14] Ein Beherrschungsvertrag endet denn auch mit der Eingliederung der abhängigen Gesellschaft (→ § 320 Rn. 7).

IV. Verlustübernahme (Abs. 3)

Nach § 324 Abs. 3 ist die Hauptgesellschaft verpflichtet, jeden bei der eingegliederten 9 Gesellschaft sonst (also ohne Aktivierung des Ausgleichsanspruchs) entstehenden Bilanzverlust auszugleichen, soweit dieser den Betrag der Kapital- und der Gewinnrücklagen übersteigt. Die Hauptgesellschaft ist somit nur insoweit zum Ausgleich verpflichtet, als der Verlust nicht mehr durch Rücklagen, gleich welcher Art, gedeckt werden kann. Neben der gesetzlichen Rücklage (→ Rn. 3 f.) können auch die **Kapitalrücklage** und etwaige **Gewinnrücklagen** zur Verlustdeckung herangezogen werden, und zwar selbst insoweit, als sie vor der Eingliederung gebildet worden sind. Die Verlustausgleichspflicht nach Abs. 3 bleibt damit wesentlich hinter derjenigen nach § 302 zurück; sie stellt allein sicher, dass das Grundkapital der eingegliederten Gesellschaft gedeckt ist (→ Rn. 2). Der Hauptgesellschaft bleibt es zudem unbenommen, sich der Pflicht zum Verlustausgleich durch **vereinfachte Kapitalherabsetzung** nach § 229 zu entziehen.[15] Zur Berechnung und Geltendmachung des Anspruchs auf Verlustausgleich im Einzelnen → § 302 Rn. 28 ff.; zur Frage eines Anspruchs auf Liquiditäts- und Wiederaufbauhilfen → § 296 Rn. 27; → § 302 Rn. 41; → § 327 Rn. 2; zur Vereinbarkeit der §§ 323 Abs. 3, 324 Abs. 3 mit der Kapitalrichtlinie → § 323 Rn. 3.

§ 325 *(aufgehoben)*

Zur Aufhebung des § 325 → § 319 Rn. 1. 1

§ 326 Auskunftsrecht der Aktionäre der Hauptgesellschaft

Jedem Aktionär der Hauptgesellschaft ist über Angelegenheiten der eingegliederten Gesellschaft ebenso Auskunft zu erteilen wie über Angelegenheiten der Hauptgesellschaft.

---

[12] *Kropff* FS Hüffer, 2010, 539 (552); dem folgend auch Hüffer/*Koch* Rn. 5; Spindler/Stilz/*Singhof* Rn. 5; K. Schmidt/Lutter/*Ziemons* Rn. 12; Grigoleit/*Grigoleit/Rachlitz* Rn. 6; Wachter/*Rothley* Rn. 4; aA GroßkommAktG/*Schmolke* Rn. 12.
[13] KK-AktG/*Koppensteiner* Rn. 10; MüKoAktG/*Grunewald* Rn. 7; Hüffer/*Koch* Rn. 5.
[14] Eingehend OLG Celle WM 1972, 1004 (1011); vgl. auch KK-AktG/*Koppensteiner* Rn. 8 mit berechtigtem Hinweis darauf, dass entsprechendes auch für die Gewinngemeinschaft und den Teilgewinnabführungsvertrag gilt; s. ferner GroßkommAktG/*Schmolke* Rn. 7.
[15] Vgl. bereits Begr. RegE bei *Kropff* AktG 429; ferner GroßkommAktG/*Schmolke* Rn. 13; Hüffer/*Koch* Rn. 7.

Schrifttum: *Kort,* Das Informationsrecht des Gesellschafters der Konzernobergesellschaft, ZGR 1987, 46; *Spitze/Diekmann,* Verbundene Unternehmen als Gegenstand des Interesses von Aktionären, ZHR 158 (1994), 447; *Veit,* Unternehmensverträge und Eingliederung als aktienrechtliche Instrumente der Unternehmensverbindung, 1974; *Vossel,* Auskunftsrechte im Aktienkonzern, 1996.

I. Inhalt und Zweck der Vorschrift

1   Die Vorschrift erstreckt das Auskunftsrecht der Aktionäre der Hauptgesellschaft auf die Angelegenheiten der eingegliederten Gesellschaft. Sie **ergänzt § 131,** insbesondere dessen Abs. 1 S. 2, und bezweckt, die Aktionäre der Hauptgesellschaft über die Angelegenheiten der eingegliederten Gesellschaft so zu informieren, als ob sie deren Mitglieder wären.[1] Darin kommt der Status der eingegliederten Gesellschaft als einer „rechtlich selbstständigen Betriebsabteilung" (→ § 319 Rn. 3) der Hauptgesellschaft zum Ausdruck.[2] Auf eine entsprechende Erweiterung der **Berichtspflicht** nach § 90 hat der Gesetzgeber zu Recht verzichtet; denn es versteht sich von selbst, dass der Vorstand der Hauptgesellschaft seinem Aufsichtsrat auch über die Angelegenheiten der eingegliederten Gesellschaft zu berichten hat.[3]

II. Auskunftsrecht

2   **1. Berechtigter und Verpflichteter.** Nach § 326 kann **jeder Aktionär der Hauptgesellschaft** in der Hauptversammlung Auskunft auch über die Angelegenheiten der eingegliederten Gesellschaft verlangen. Zur Erteilung der Auskunft verpflichtet ist die Hauptgesellschaft; sie handelt nach § 131 Abs. 1 S. 1 durch den **Vorstand.** Der Vorstand kann sich zur Erfüllung dieser Pflicht auch des Vorstands der eingegliederten Gesellschaft oder einer anderen Hilfsperson bedienen; er muss sich dann aber dessen Ausführungen erkennbar zu Eigen machen.[4]

3   **2. Inhalt.** § 326 erweitert das allgemeine Auskunftsrecht des Aktionärs der Hauptgesellschaft. Dem Aktionär ist danach, abweichend von § 131 Abs. 1 S. 2, nicht nur über die rechtlichen und geschäftlichen Beziehungen der Hauptgesellschaft zur eingegliederten Gesellschaft Auskunft zu erteilen. Die eingegliederte Gesellschaft ist vielmehr in Bezug auf das Auskunftsrecht wie eine Betriebsabteilung der Hauptgesellschaft zu behandeln. Hinsichtlich des Rechts zur **Auskunftsverweigerung** bewendet es bei § 131 Abs. 3;[5] für eine restriktive Auslegung des § 131 Abs. 3 Nr. 1 besteht – anders als im Zusammenhang mit dem erweiterten Auskunftsrecht des § 319 Abs. 3 S. 4 (→ § 319 Rn. 23) – kein Anlass.[6] Im **mehrstufigen Eingliederungskonzern** (→ § 319 Rn. 16) erstreckt sich das Informationsrecht der Aktionäre der Mutter-AG entsprechend § 326 auf sämtliche Angelegenheiten der Enkel-AG.[7] Im Übrigen kann über Tochtergesellschaften der eingegliederten Gesellschaft nur insoweit Auskunft verlangt werden, als handelte es sich um eine Tochtergesellschaft der Hauptgesellschaft.[8]

---

[1] Begr. RegE bei *Kropff* AktG 431; Hüffer/*Koch* Rn. 1; Grigoleit/*Grigoleit/Rachlitz* Rn. 1; Hölters/*Leuering/Goertz* Rn. 1; aA K. Schmidt/Lutter/*Ziemons* Rn. 1, die in § 326 – zu Unrecht (Rn. 3) – keine Erweiterung von § 131 erblickt.

[2] Näher *Vossel* 136 f.

[3] Begr. RegE bei *Kropff* AktG 431.

[4] Zutr. MüKoAktG/*Grunewald* Rn. 5; GroßkommAktG/*Schmolke* Rn. 3; Hüffer/*Koch* Rn. 2; HK-AktG/*Fett* Rn. 1; Spindler/Stilz/*Singhof* Rn. 2; K. Schmidt/Lutter/*Ziemons* Rn. 4; Hölters/*Leuering/Goertz* Rn. 3; Wachter/*Rothley* Rn. 2; MHdB AG/*Krieger* § 74 Rn. 60; enger – für Erfordernis der Zustimmung der Aktionäre zu einem solchen Vorgehen – KK-AktG/*Koppensteiner* Rn. 2; ähnlich Baumbach/*Hueck* Rn. 2 und *Veit* 169 (Möglichkeit des Widerspruchs).

[5] GroßkommAktG/*Schmolke* Rn. 2; MHdB AG/*Krieger* § 74 Rn. 60; Hüffer/*Koch* Rn. 3; HK-AktG/*Fett* Rn. 2; *Spitze/Diekmann* ZHR 158 (1994), 447 (450).

[6] GroßkommAktG/*Schmolke* Rn. 2; Grigoleit/*Grigoleit/Rachlitz* Rn. 2.

[7] MüKoAktG/*Grunewald* Rn. 3; K. Schmidt/Lutter/*Ziemons* Rn. 5; Spindler/Stilz/*Singhof* Rn. 3; HK-AktG/*Fett* Rn. 2; aA Hüffer/*Koch* Rn. 3; unentschieden GroßkommAktG/*Schmolke* Rn. 1.

[8] MüKoAktG/*Grunewald* Rn. 3; näher *Kort* ZGR 1987, 46 (54 f.).

§ 327 Ende der Eingliederung

(1) Die Eingliederung endet
1. durch Beschluß der Hauptversammlung der eingegliederten Gesellschaft,
2. wenn die Hauptgesellschaft nicht mehr eine Aktiengesellschaft mit Sitz im Inland ist,
3. wenn sich nicht mehr alle Aktien der eingegliederten Gesellschaft in der Hand der Hauptgesellschaft befinden,
4. durch Auflösung der Hauptgesellschaft.

(2) Befinden sich nicht mehr alle Aktien der eingegliederten Gesellschaft in der Hand der Hauptgesellschaft, so hat die Hauptgesellschaft dies der eingegliederten Gesellschaft unverzüglich schriftlich mitzuteilen.

(3) Der Vorstand der bisher eingegliederten Gesellschaft hat das Ende der Eingliederung, seinen Grund und seinen Zeitpunkt unverzüglich zur Eintragung in das Handelsregister des Sitzes der Gesellschaft anzumelden.

(4) ¹Endet die Eingliederung, so haftet die frühere Hauptgesellschaft für die bis dahin begründeten Verbindlichkeiten der bisher eingegliederten Gesellschaft, wenn sie vor Ablauf von fünf Jahren nach dem Ende der Eingliederung fällig und daraus Ansprüche gegen die frühere Hauptgesellschaft in einer in § 197 Abs. 1 Nr. 3 bis 5 des Bürgerlichen Gesetzbuchs bezeichneten Art festgestellt sind oder eine gerichtliche oder behördliche Vollstreckungshandlung vorgenommen oder beantragt wird; bei öffentlich-rechtlichen Verbindlichkeiten genügt der Erlass eines Verwaltungsakts. ²Die Frist beginnt mit dem Tag, an dem die Eintragung des Endes der Eingliederung in das Handelsregister nach § 10 des Handelsgesetzbuchs bekannt gemacht worden ist. ³Die für die Verjährung geltenden §§ 204, 206, 210, 211 und 212 Abs. 2 und 3 des Bürgerlichen Gesetzbuchs sind entsprechend anzuwenden. ⁴Einer Feststellung in einer in § 197 Abs. 1 Nr. 3 bis 5 des Bürgerlichen Gesetzbuchs bezeichneten Art bedarf es nicht, soweit die frühere Hauptgesellschaft den Anspruch schriftlich anerkannt hat.

Übersicht

	Rn.		Rn.
I. Einführung	1–3	4. Auflösung der Hauptgesellschaft (Nr. 4)	7–9
1. Inhalt und Zweck der Vorschrift	1, 2	5. Sonstige	10, 11
2. Zwingendes Recht	3	III. Pflichten der Beteiligten	12, 13
II. Beendigungsgründe (Abs. 1)	4–11	1. Mitteilung (Abs. 2)	12
1. Beschluss (Nr. 1)	4	2. Anmeldung zum Handelsregister (Abs. 3)	13
2. Rechtsnatur und Sitz der Hauptgesellschaft (Nr. 2)	5	IV. Nachhaftung (Abs. 4)	14, 15
3. Aufnahme eines weiteren Aktionärs (Nr. 3)	6	1. Ausgangslage	14
		2. Enthaftung der Hauptgesellschaft	15

I. Einführung

1. Inhalt und Zweck der Vorschrift. Die Vorschrift regelt die **Beendigung der Ein-** 1 **gliederung.** Abs. 1 nennt **vier Tatbestände,** bei deren Vorliegen die Eingliederung ihr Ende findet. Diese lassen sich in zwei Gruppen einteilen:¹ So endet die Eingliederung nach Abs. 1 Nr. 1 mit entsprechendem Beschluss der Hauptversammlung der eingegliederten Gesellschaft, nach Abs. 1 Nr. 2–4 dagegen mit Wegfall der in § 319 Abs. 1 S. 1 genannten und in Abs. 1 Nr. 4 präzisierten Voraussetzungen in der Person der Hauptgesellschaft. Nach Abs. 2 hat die Hauptgesellschaft der eingegliederten Gesellschaft **Mitteilung** zu machen,

---
¹ Vgl. KK-AktG/*Koppensteiner* Rn. 1.

wenn sie nicht mehr Alleinaktionär und damit der Tatbestand des Abs. 1 Nr. 3 gegeben ist. Die Pflicht zur **Anmeldung** der Beendigung zum Handelsregister ist Gegenstand des Abs. 3. Abs. 4 schließlich regelt die **Nachhaftung** der früheren Hauptgesellschaft für die Verbindlichkeiten der bisher eingegliederten Gesellschaft. Er ist durch Art. 11 Nr. 7 Gesetz zur Anpassung von Verjährungsvorschriften an das Gesetz zur Modernisierung des Schuldrechts vom 9.12.2004 (BGBl. I 3214)[2] an § 160 HGB und durch das Gesetz über elektronische Handelsregister und Genossenschaftsregister sowie das Unternehmensregister vom 10.11.2006 (BGBl. I 2553) an die Neuregelung der Bekanntmachung von Eintragungen in § 10 HGB angepasst worden.

2   Die Vorschrift des § 327 steht in unmittelbarem **Zusammenhang mit §§ 319 Abs. 1 S. 1, 320a, 322.** So will es Abs. 1 Nr. 1 der Hauptgesellschaft ermöglichen, sich jederzeit der Haftungsrisiken aus § 322 zu entledigen. Abs. 1 Nr. 2 und 3 macht den Bestand der Eingliederung davon abhängig, dass die Hauptgesellschaft Rechtsform und Inlandssitz beibehält und zudem Alleinaktionär der eingegliederten Gesellschaft bleibt. Abs. 1 Nr. 4 schließlich bestimmt, dass die Auflösung der Hauptgesellschaft zur Beendigung der Eingliederung führt, und präzisiert damit zugleich die Anforderungen, die nach § 319 Abs. 1 S. 1 an die Rechtsnatur der Hauptgesellschaft zu stellen sind. Die Beendigung des Eingliederungsverhältnisses tritt unmittelbar mit Vorliegen eines der Tatbestände des Abs. 1 ein; die **Eintragung** in das Handelsregister hat nur **deklaratorische Bedeutung** (→ Rn. 13). Im Hinblick auf die Verlustausgleichspflicht der Hauptgesellschaft nach § 324 Abs. 3 ist auf den Stichtag der Beendigung der Eingliederung eine Zwischenbilanz aufzustellen (→ § 302 Rn. 38). Für den **Schutz der Gläubiger** der bisher eingegliederten Gesellschaft sollen Abs. 3, § 15 Abs. 1 HGB sorgen (→ Rn. 13); weitergehende Vorkehrungen zum Schutz der Gläubiger und zur Sicherung der Existenzfähigkeit der bislang eingegliederten Gesellschaft, insbesondere eine Pflicht zur Leistung von „Wiederaufbauhilfen", sieht das Gesetz nicht vor.[3]

3   **2. Zwingendes Recht.** Die Vorschrift des § 327 enthält zwingendes Recht. Durch Vertrag oder Satzung können somit weder die Tatbestände des Abs. 1 abbedungen oder modifiziert noch weitere Beendigungsgründe geschaffen werden.[4] Allerdings enthält Abs. 1 **keine abschließende Regelung** der gesetzlichen Beendigungsgründe; vielmehr findet die Eingliederung auch dann ihr Ende, wenn in der Person der eingegliederten Gesellschaft eine der Voraussetzungen des § 319 wegfällt (→ Rn. 10 f.).

II. Beendigungsgründe (Abs. 1)

4   **1. Beschluss (Nr. 1).** Nach Abs. 1 Nr. 1 endet die Eingliederung durch Beschluss der Hauptversammlung der eingegliederten Gesellschaft. Da die **Hauptgesellschaft notwendigerweise Alleinaktionär** der eingegliederten Gesellschaft ist (→ § 320a Rn. 1), steht der Fortbestand der Eingliederung praktisch im Belieben des Vorstands der Hauptgesellschaft. Entsprechend der Rechtslage bei Aufhebung eines Unternehmensvertrags (→ § 296 Rn. 9 f.) und unter Berücksichtigung des Umstands, dass die Beendigung der Eingliederung für die Hauptgesellschaft keine wirtschaftlichen Risiken birgt, vielmehr sogar die Haftung aus § 322 mit Wirkung ex nunc entfällt (→ Rn. 13 f.), bedarf der Beschluss zu seiner Wirksamkeit nicht der Zustimmung der Hauptversammlung der Hauptgesellschaft.[5] Insbesondere sind die Voraussetzungen einer Vorlagepflicht iSd „Holzmüller/Gelatine"-Recht-

---
[2] Begr. RegE, BR-Drs. 436/04, 47 f.; *Thiessen* ZHR 168 (2004), 503 ff.
[3] MHdB AG/*Krieger* § 74 Rn. 67; MüKoAktG/*Grunewald* Rn. 1; GroßkommAktG/*Schmolke* Rn. 1; Spindler/Stilz/*Singhof* Rn. 1; zweifelnd K. Schmidt/Lutter/*Ziemons* Rn. 2. Zur Problematik → § 296 Rn. 25; → § 308 Rn. 65.
[4] KK-AktG/*Koppensteiner* Rn. 5 f.; MüKoAktG/*Grunewald* Rn. 13 f.; MHdB AG/*Krieger* § 74 Rn. 61; Hüffer/*Koch* Rn. 1; Grigoleit/*Grigoleit/Rachlitz* Rn. 2.
[5] Wohl einhM, s. bereits Begr. RegE bei *Kropff* AktG 432; s. ferner KK-AktG/*Koppensteiner* Rn. 7; MüKoAktG/*Grunewald* Rn. 2; GroßkommAktG/*Schmolke* Rn. 6; Spindler/Stilz/*Singhof* Rn. 2; K. Schmidt/Lutter/*Ziemons* Rn. 5; Hölters/*Leuering/Goertz* Rn. 2; Grigoleit/*Grigoleit/Rachlitz* Rn. 3.

sprechung (→ Vor § 311 Rn. 33 ff.) sind nicht gegeben. In Betracht kommt allerdings, dass der Vorstand nach § 111 Abs. 4 die Zustimmung des Aufsichtsrats der Hauptgesellschaft einzuholen hat. Die Eingliederung endet mit der Beschlussfassung (→ Rn. 2), sofern nicht die Beendigung zu einem späteren, kalendermäßig bestimmten Termin beschlossen wird.[6] Eine rückwirkende Beendigung ist nicht möglich.[7]

2. Rechtsnatur und Sitz der Hauptgesellschaft (Nr. 2). Den Gläubigern sollen die Eingliederung und deren Folgen nur unter der Voraussetzung zugemutet werden, dass sie ihre Ansprüche aus § 322 gegen eine den strengen aktienrechtlichen Vorschriften über die Kapitalsicherung unterliegende AG deutschen Rechts verfolgen können (→ § 319 Rn. 5 ff.). Aus diesem Grund[8] endet die Eingliederung nach Abs. 1 Nr. 2, wenn die Hauptgesellschaft nicht mehr eine AG mit **Satzungssitz** im Inland ist und damit eine der in § 319 Abs. 1 S. 1 bestimmten Voraussetzungen der Eingliederung entfällt. Auf den Verwaltungssitz der Gesellschaft kommt es insoweit nicht an (→ § 319 Rn. 7). Hat freilich die Verlegung des Verwaltungssitzes in das Ausland die Auflösung der Gesellschaft zur Folge (was bei einer Verlegung in einen Drittstaat in Betracht kommt, → § 311 Rn. 21; → § 319 Rn. 7), so ergibt sich die Beendigung der Eingliederung aus Abs. 1 Nr. 4. Nach hier vertretener Ansicht (→ § 319 Rn. 6) führen die Umwandlung der Hauptgesellschaft in eine **KGaA** und die Umwandlung der eingegliederten Gesellschaft in eine Kapitalgesellschaft & Co. KGaA nicht zur Beendigung der Eingliederung. Entsprechendes gilt bei Formwechsel in die **SE** (→ § 319 Rn. 5 f.). Auch muss aus Gründen der Niederlassungsfreiheit ein **Satzungssitz im EU-Ausland** einem inländischen Satzungssitz gleichgestellt werden (→ § 319 Rn. 7), sodass die mit einem grenzüberschreitenden Formwechsel verbundene Verlegung des Satzungssitzes innerhalb der EU nicht die Beendigung der Eingliederung zur Folge hat. Zur Änderung der Rechtsform der eingegliederten Gesellschaft → Rn. 10 f.; zu **Verschmelzungs- und Spaltungsvorgängen** → Rn. 9 ff.

3. Aufnahme eines weiteren Aktionärs (Nr. 3). Nach Abs. 1 Nr. 3 endet die Eingliederung, wenn sich nicht mehr alle Aktien der eingegliederten Gesellschaft in der Hand der Hauptgesellschaft befinden, die Hauptgesellschaft also nicht mehr Inhaber sämtlicher Mitgliedschaften ist (→ § 319 Rn. 8 f.). Dem liegt die – auch in § 320a zum Ausdruck kommende – Überlegung zugrunde, dass sich die Existenz von Minderheitsaktionären mit der durch §§ 323, 324 geprägten Finanz- und Organisationsverfassung der eingegliederten Gesellschaft nicht in Einklang bringen lässt. **Unerheblich** ist zum einen, **wie** es zur Aufnahme eines weiteren Aktionärs gekommen ist. Von Abs. 1 Nr. 3 werden also die Anteilsveräußerung und der Erwerb eines Anteils im Rahmen einer Kapitalerhöhung gleichermaßen erfasst (zum Schicksal von Optionsrechten → § 320b Rn. 8).[9] Unerheblich ist aber auch die **Person des neuen Aktionärs.** Die Eingliederung endet deshalb auch dann, wenn eine andere Tochtergesellschaft der früheren Hauptgesellschaft oder die eingegliederte Gesellschaft selbst eine Mitgliedschaft erwirbt (→ § 319 Rn. 8). Unerheblich ist schließlich die **Höhe der Beteiligung** des neuen Aktionärs. Die Eingliederung endet somit bei Übertragung auch nur einer Aktie. Sie endet aber auch bei Erwerb sämtlicher Anteile durch eine inländische AG (bzw. KGaA oder SE, → § 319 Rn. 5 f.). Obschon es in diesem Fall an der Existenz eines Minderheitsaktionärs fehlt, kommt eine Fortsetzung der Eingliederung mit dem Anteilserwerber als neue Hauptgesellschaft im Hinblick auf § 319 Abs. 2 nicht in Betracht.[10] Dabei hat es auch für den Fall zu bewenden, dass der Erwerb der Anteile nach

---

[6] MüKoAktG/*Grunewald* Rn. 3; GroßkommAktG/*Schmolke* Rn. 5; Spindler/Stilz/*Singhof* Rn. 2; K. Schmidt/Lutter/*Ziemons* Rn. 5.
[7] EinhM, s. MüKoAktG/*Grunewald* Rn. 3; GroßkommAktG/*Schmolke* Rn. 5; MHdB AG/*Krieger* § 74 Rn. 67; Hölters/Leuering/*Goertz* Rn. 3; zur entsprechenden Rechtslage bei Beendigung des Unternehmensvertrags → § 296 Rn. 12 ff.
[8] MüKoAktG/*Grunewald* Rn. 4; Hüffer/*Koch* Rn. 3; HK-AktG/*Fett* Rn. 4.
[9] KK-AktG/*Koppensteiner* Rn. 12; MüKoAktG/*Grunewald* Rn. 6; GroßkommAktG/*Schmolke* Rn. 12.
[10] MüKoAktG/*Grunewald* Rn. 6; GroßkommAktG/*Schmolke* Rn. 12; Spindler/Stilz/*Singhof* Rn. 4; Grigoleit/Grigoleit/*Rachlitz* Rn. 3.

„Holzmüller/Gelatine"-Grundsätzen (→ Vor § 311 Rn. 42) der Zustimmung der Aktionäre der erwerbenden Gesellschaft bedarf; Gegenstand der Zustimmung ist dann nämlich nur der Erwerb als solcher. In Ermangelung eines Eingliederungsvertrags (→ § 319 Rn. 10) sind auch die Übernahme der Eingliederung und der Beitritt zu derselben ausgeschlossen (zur davon abweichenden Rechtslage beim Unternehmensvertrag → § 295 Rn. 13 ff.). Die Hauptgesellschaft hat der eingegliederten Gesellschaft nach Abs. 2 davon Mitteilung zu machen, dass sie nicht mehr Alleinaktionär ist (→ Rn. 12).

7 **4. Auflösung der Hauptgesellschaft (Nr. 4).** Nach Abs. 1 Nr. 4 endet die Eingliederung des Weiteren durch Auflösung der Hauptgesellschaft. Nach der Vorstellung des Gesetzgebers soll eine Liquidationsgesellschaft nicht Hauptgesellschaft sein und Leitungsmacht über eine „rechtlich selbstständige Betriebsabteilung" (→ § 319 Rn. 3) ausüben können.[11] Davon betroffen sind allerdings allein die **Tatbestände der §§ 262 Abs. 1, 396.**

8 Was dagegen die **Umwandlung der Hauptgesellschaft** iSd § 1 Abs. 1 Nr. 1–4 UmwG betrifft, so führt sie entgegen der Vorstellung des historischen Gesetzgebers **in keinem Fall** zur Beendigung der Eingliederung nach **Abs. 1 Nr. 4.**[12] Im Einzelnen ist vielmehr wie folgt zu unterscheiden: Die **Verschmelzung** der Hauptgesellschaft auf eine andere AG (SE, KGaA; → Rn. 5; → § 319 Rn. 6) hat nach § 20 Abs. 1 Nr. 1 UmwG den Übergang des Eingliederungsverhältnisses auf die übernehmende AG zur Folge;[13] im Hinblick auf das Erfordernis eines Beschlusses nach §§ 13, 65 UmwG steht dem – abweichend von der Rechtslage bei Einzelrechtsnachfolge in sämtliche Anteile (→ Rn. 6) – die Vorschrift des § 319 Abs. 2 nicht entgegen. Die Verschmelzung der Hauptgesellschaft auf eine Gesellschaft anderer Rechtsform ist dagegen – ebenso wie der **Formwechsel** der Hauptgesellschaft in eine Gesellschaft anderer Rechtsform – nach Abs. 1 Nr. 2 zu beurteilen (→ Rn. 5). Ohne Auswirkungen auf den Bestand der Eingliederung ist dagegen die Verschmelzung einer dritten Gesellschaft auf die Hauptgesellschaft.[14]

9 **Abspaltung** (§ 123 Abs. 2 UmwG) und **Ausgliederung** (§ 123 Abs. 3 UmwG) auf der Ebene der Hauptgesellschaft lassen die Eingliederung unberührt.[15] Vor dem Hintergrund, dass Interessen außenstehender Aktionäre auf der Ebene der abhängigen Gesellschaft nicht betroffen sind (→ Rn. 6), die Aktionäre der Hauptgesellschaft nach §§ 125 S. 1, 13 UmwG der Spaltung zustimmen müssen und die Gläubiger der eingegliederten Gesellschaft hinsichtlich ihrer Ansprüche aus §§ 321, 322 nach §§ 133 f. UmwG sämtliche an der Spaltung beteiligten Rechtsträger in Anspruch nehmen können, sollte es möglich sein, dass der Spaltungs- und Übernahmevertrag auch den Übergang des Eingliederungsverhältnisses auf einen übernehmenden oder neuen Rechtsträger in der Rechtsform der AG (bzw. KGaA oder SE, → Rn. 5) vorsieht.[16] Dementsprechend hat auch die **Aufspaltung** der Hauptgesellschaft (§ 123 Abs. 1 UmwG) nach § 131 Abs. 1 Nr. 1, 2 UmwG den Übergang des Eingliederungsverhältnisses auf eine im Spaltungsplan genannte AG (oder KGaA; → Rn. 5; → § 319 Rn. 6) und das Erlöschen der vormaligen Hauptgesellschaft zur Folge.[17]

---

[11] Begr. RegE bei *Kropff* AktG 432; s. ferner KK-AktG/*Koppensteiner* Rn. 14; MüKoAktG/*Grunewald* Rn. 8; GroßkommAktG/*Schmolke* Rn. 13; Hüffer/*Koch* Rn. 3. – Zur entsprechenden Rechtslage beim Unternehmensvertrag → § 297 Rn. 50.

[12] Anders für Verschmelzung und Umwandlung nach altem Umwandlungsrecht Begr. RegE bei *Kropff* AktG 432; KK-AktG/*Koppensteiner* Rn. 15; GroßkommAktG/*Würdinger* 3. Aufl. Anm. 6, § 320 Anm. 23b.

[13] MüKoAktG/*Grunewald* Rn. 8; GroßkommAktG/*Schmolke* Rn. 14; Spindler/Stilz/*Singhof* Rn. 5; HK-AktG/*Fett* Rn. 8; Hölters/*Leuering/Goertz* Rn. 8; MHdB AG/*Krieger* § 74 Rn. 65; GroßkommAktG/*Schmolke* Rn. 14; Hüffer/*Koch* Rn. 4; Grigoleit/*Grigoleit/Rachlitz* Rn. 3; aA – für Beendigung nach § 327 Abs. 1 Nr. 4 – K. Schmidt/Lutter/*Ziemons* Rn. 9. Zur vergleichbaren Rechtslage im Zusammenhang mit Unternehmensverträgen → § 297 Rn. 39 f.

[14] MHdB AG/*Krieger* § 74 Rn. 65.

[15] Wohl unstr., s. GroßkommAktG/*Schmolke* Rn. 14; Spindler/Stilz/*Singhof* Rn. 14; Grigoleit/*Grigoleit/Rachlitz* Rn. 3.

[16] MüKoAktG/*Grunewald* Rn. 8; GroßkommAktG/*Schmolke* Rn. 14; Spindler/Stilz/*Singhof* Rn. 5; HK-AktG/*Fett* Rn. 9; Hüffer/*Koch* Rn. 4; Grigoleit/*Grigoleit/Rachlitz* Rn. 3; zweifelnd K. Schmidt/Lutter/*Ziemons* Rn. 10. – Zum Schicksal des Beherrschungsvertrags bei Spaltung des herrschenden Unternehmens → § 297 Rn. 46 mwN.

[17] GroßkommAktG/*Schmolke* Rn. 14; zum Beherrschungsvertrag → § 297 Rn. 46.

5. Sonstige. In § 327 nicht geregelt ist der Wegfall einer der in § 319 Abs. 1 S. 1 genann- 10
ten Voraussetzungen in der Person der **eingegliederten Gesellschaft.** Gleichwohl ist mit
der hM davon auszugehen, dass die Eingliederung auch in diesem Fall endet. Davon betroffen ist insbesondere der **Formwechsel** der eingegliederten Gesellschaft in einen Rechtsträger anderer Rechtsform (→ § 319 Rn. 5).[18] Bei Verschmelzung der eingegliederten Gesellschaft ist zu differenzieren. Bei **Verschmelzung auf eine AG** (SE, Kapitalgesellschaft & KGaA; → § 319 Rn. 5) deutschen Rechts, an der die Hauptgesellschaft gleichfalls sämtliche Anteile hält, steht einem Übergang des Eingliederungsverhältnisses nach § 20 Abs. 1 Nr. 1 UmwG angesichts der in §§ 13, 65 UmwG vorgesehenen Beschlusserfordernisse nichts entgegen.[19] In allen anderen Fällen der Verschmelzung der eingegliederten Gesellschaft ergibt sich die Beendigung der Eingliederung aus dem in § 20 Abs. 1 Nr. 2 UmwG angeordneten Erlöschen des übertragenden Rechtsträgers,[20] bei Verschmelzung auf einen Rechtsträger anderer Rechtsform zudem aus der sinngemäßen Anwendung des Abs. 1 Nr. 2.[21] Die Verschmelzung eines anderen Rechtsträgers **auf die eingegliederte Gesellschaft** führt mit Blick auf Abs. 1 Nr. 3 grundsätzlich zur Beendigung der Eingliederung.[22] Anders verhält es sich allerdings, wenn der übertragende Rechtsträger eine 100 %-ige Tochter-AG der Hauptgesellschaft ist und die Hauptgesellschaft nach § 20 Abs. 1 Nr. 3 UmwG auch nach erfolgter Abfindung Alleinaktionär der eingegliederten Gesellschaft bleibt,[23] ferner bei Verschmelzung einer 100 %-igen Tochter der eingegliederten Gesellschaft auf diese selbst.

Abspaltung und Ausgliederung auf der Ebene der eingegliederten Gesellschaft lassen 11
zwar die Eingliederung unberührt. Mit Blick auf die Aktionäre der Hauptgesellschaft kommt
allerdings eine Überleitung der Eingliederung auf einen anderen (neuen oder bestehenden)
Rechtsträger nicht in Betracht.[24] Demgemäß findet die Eingliederung auch bei **Aufspaltung** der eingegliederten Gesellschaft ihr Ende.[25] Entsprechend der Rechtslage beim
Beherrschungs- und Gewinnabführungsvertrag (→ § 297 Rn. 46) endet die Eingliederung
schließlich durch **Auflösung** der eingegliederten Gesellschaft,[26] insbesondere also durch
Eröffnung des Insolvenzverfahrens; die Verlegung des Verwaltungssitzes in das Ausland hat
hingegen nicht zwangsläufig die Auflösung zur Folge (→ Rn. 5).

III. Pflichten der Beteiligten

1. Mitteilung (Abs. 2). Nach Abs. 2 hat die Hauptgesellschaft der eingegliederten 12
Gesellschaft unverzüglich (iSd § 121 BGB) und schriftlich mitzuteilen, dass sich nicht mehr
alle Aktien in ihrer Hand befinden und damit die Eingliederung nach **Abs. 1 Nr. 3** beendet
ist. Dadurch soll sichergestellt werden, dass die eingegliederte Gesellschaft von der Beendigung, die sich im Fall des Abs. 1 Nr. 3 außerhalb des Handelsregisters und ohne ihre
Mitwirkung vollzieht, Kenntnis erlangt und der **Pflicht zur Anmeldung** (→ Rn. 13)
nachkommen kann. Maßgeblich ist der Zeitpunkt, in dem es zum Erwerb der ersten Aktie
durch einen außenstehenden Aktionär kommt (→ Rn. 6); dieser Zeitpunkt ist in der Mit-

---

[18] GroßkommAktG/*Schmolke* Rn. 15; MüKoAktG/*Grunewald* Rn. 9; Hüffer/*Koch* Rn. 4; HK-AktG/*Fett* Rn. 7; Spindler/Stilz/*Singhof* Rn. 6; K. Schmidt/Lutter/*Ziemons* Rn. 12; Hölters/*Leuering*/*Goertz* Rn. 9; nunmehr auch KK-AktG/*Koppensteiner* Rn. 11 (aA noch Vorauf.).
[19] GroßkommAktG/*Schmolke* Rn. 15; HK-AktG/*Fett* Rn. 8; Grigoleit/*Grigoleit*/*Rachlitz* Rn. 4; tendenziell auch Spindler/Stilz/*Singhof* Rn. 6; aA MüKoAktG/*Grunewald* Rn. 10; Hüffer/*Koch* Rn. 4. – Zur entsprechenden Rechtslage bei Verschmelzung der Hauptgesellschaft → Rn. 8.
[20] MHdB AG/*Krieger* § 74 Rn. 66; MüKoAktG/*Grunewald* Rn. 10; zur Rechtslage beim Beherrschungsvertrag → § 297 Rn. 40 mwN.
[21] MüKoAktG/*Grunewald* Rn. 10.
[22] MüKoAktG/*Grunewald* Rn. 10; GroßkommAktG/*Schmolke* Rn. 16; MHdB AG/*Krieger* § 74 Rn. 66.
[23] MüKoAktG/*Grunewald* Rn. 10; GroßkommAktG/*Schmolke* Rn. 16; MHdB AG/*Krieger* § 74 Rn. 66.
[24] MHdB AG/*Krieger* § 74 Rn. 66; MüKoAktG/*Grunewald* Rn. 11; zum Einfluss von Spaltungen der abhängigen Gesellschaft auf den Bestand des Beherrschungsvertrags → § 297 Rn. 47 mwN.
[25] MHdB AG/*Krieger* § 74 Rn. 66; MüKoAktG/*Grunewald* Rn. 11; zum Schicksal von Beherrschungsverträgen → § 297 Rn. 47 mwN.
[26] MHdB AG/*Krieger* § 74 Rn. 66; MüKoAktG/*Grunewald* Rn. 12.

teilung anzugeben.[27] Die schuldhafte Verletzung der Mitteilungspflicht verpflichtet zum Ersatz eines etwaigen Schadens der eingegliederten Gesellschaft (→ Rn. 13).[28] Für die übrigen Beendigungsgründe konnte § 327 schon deshalb auf die Statuierung von Mitteilungspflichten verzichten, weil die eingegliederte Gesellschaft von einem Beschluss iSd Abs. 1 Nr. 1 ohnehin Kenntnis hat und von den Tatbeständen des Abs. 1 Nr. 2 und 4 auf Grund der Bekanntmachung des Registergerichts Kenntnis erlangen kann.[29]

13 **2. Anmeldung zum Handelsregister (Abs. 3).** Der Vorstand der (vormals) **eingegliederten Gesellschaft** ist nach Abs. 3 verpflichtet, die Tatsache der Beendigung der Eingliederung, den Grund und den Zeitpunkt der Beendigung zur Eintragung in das Handelsregister anzumelden. Anders als die Eintragung der Eingliederung (→ § 319 Rn. 44) hat die Eintragung der Beendigung **nur deklaratorische Bedeutung**.[30] Die Eintragung soll demnach für die Richtigkeit des Handelsregisters sorgen. Die Anmeldung hat unverzüglich iSd § 121 BGB zu erfolgen; sie kann nach § 14 HGB im Zwangsgeldverfahren durchgesetzt werden. Die Eintragung der Beendigung erfolgt – ebenso wie die Eintragung der Eingliederung (→ § 319 Rn. 41) – ausschließlich im Handelsregister des Sitzes der (vormals) eingegliederten Gesellschaft.[31] Die Eintragung ist nach § 10 HGB bekanntzumachen. **§ 15 HGB** findet Anwendung.[32] Gleichwohl kann die (vormalige) Hauptgesellschaft von den Gläubigern der (vormals) eingegliederten Gesellschaft, soweit diese nach Beendigung der Eingliederung begründete Forderungen haben, nicht nach Maßgabe des § 15 Abs. 1, 2 HGB in Anspruch genommen werden, da die Beendigung nur in das Register der (vormals) eingegliederten Gesellschaft und damit nicht „in den Angelegenheiten" der vormaligen Hauptgesellschaft einzutragen ist und die (vormalige) Hauptgesellschaft, nachdem die Eingliederung beendet ist, nicht auf die Anmeldung durch die (vormals) eingegliederte Gesellschaft hinwirken kann.[33] Bei Bekanntmachung eines unrichtigen Beendigungszeitpunkts gilt zwar § 15 Abs. 3 HGB, doch gehen die Folgen der unrichtigen Bekanntmachung wiederum nicht zu Lasten der (vormaligen) Hauptgesellschaft.

IV. Nachhaftung (Abs. 4)

14 **1. Ausgangslage.** Nach § 327 Abs. 4 S. 1 aF (→ Rn. 1), der wiederum § 159 HGB aF nachgebildet war,[34] konnte sich zwar die frühere Hauptgesellschaft nach Ablauf von fünf Jahren, beginnend mit dem Zeitpunkt der Bekanntmachung der Eintragung (→ Rn. 13), auf Verjährung berufen. Mit Blick auf vor Beendigung der Eingliederung begründete **Dauerschuldverhältnisse** unterlag die frühere Hauptgesellschaft freilich der Gefahr einer „Endloshaftung".[35] Auch im Rahmen des NachhaftungsbegrenzungsG vom 18.3.1994 (BGBl. I 560) wurde die Anpassung des § 327 Abs. 4 an § 160 HGB nF versäumt.[36] Mit dem Gesetz zur Anpassung von Verjährungsvorschriften an das Gesetz zur Modernisierung des Schuldrechts ist dies nachgeholt worden.

15 **2. Enthaftung der Hauptgesellschaft.** § 327 Abs. 4 nF entspricht nahezu vollständig dem § 160 Abs. 1 und 2 HGB. Abweichend von § 160 Abs. 1 S. 2 HGB stellt allerdings

---

[27] KK-AktG/*Koppensteiner* Rn. 13; MüKoAktG/*Grunewald* Rn. 7; Spindler/Stilz/*Singhof* Rn. 7; HK-AktG/*Fett* Rn. 11.
[28] MüKoAktG/*Grunewald* Rn. 7.
[29] Begr. RegE bei *Kropff* AktG 432; für über Abs. 2 hinausgehende Mitteilungspflichten MüKoAktG/ *Grunewald* Rn. 4; Spindler/Stilz/*Singhof* Rn. 7.
[30] AllgM, s. bereits Begr. RegE bei *Kropff* AktG 432; ferner Hüffer/*Koch* Rn. 2, 6.
[31] Unstr., s. MüKoAktG/*Grunewald* Rn. 15.
[32] AllgM, s. Hüffer/*Koch* Rn. 6.
[33] Zutr. GroßkommAktG/*Schmolke* Rn. 23; aA noch 7. Aufl. Rn. 13; ferner Hüffer/*Koch* Rn. 6; Grigoleit/ Grigoleit/*Rachlitz* Rn. 7. – Allg. zu der im Text genannten Voraussetzung des § 15 Abs. 1 HGB Staub/*Koch* HGB § 15 Rn. 50.
[34] Begr. RegE bei *Kropff* AktG 432.
[35] Eingehend zur Problematik K. *Schmidt* GesR § 51 mwN auch zum alten Recht.
[36] Zur Entwicklung s. auch BGH ZIP 2014, 2282 Rn. 17 ff.; zur analogen Anwendung des § 160 HGB im Rahmen des § 327 Abs. 4 aF s. aber 3. Aufl. Rn. 15 mwN.

Abs. 4 S. 2 nF hinsichtlich des **Fristbeginns** nicht auf die Eintragung des Endes der Eingliederung in das Handelsregister ab; entsprechend §§ 302 Abs. 3 S. 1, 303 Abs. 1 S. 1, 305 Abs. 4 S. 2 ist vielmehr der Tag maßgebend, an dem die Eintragung des Endes der Eingliederung nach § 10 HGB bekannt gemacht worden ist. Im Übrigen kann hinsichtlich der Fünfjahresfrist, der Rechtsfolgen und der Abwendung der Enthaftung uneingeschränkt auf die Kommentierungen zu § 160 HGB verwiesen werden.[37] § 26e EGAktG enthält eine besondere Übergangsregelung.

---

[37] Vgl. namentlich MüKoHGB/*K. Schmidt* § 160 Rn. 26 ff.; Staub/*Habersack* HGB § 160 Rn. 16 ff.

Vierter Teil. Ausschluss von Minderheitsaktionären

§ 327a Übertragung von Aktien gegen Barabfindung

(1) ¹Die Hauptversammlung einer Aktiengesellschaft oder einer Kommanditgesellschaft auf Aktien kann auf Verlangen eines Aktionärs, dem Aktien der Gesellschaft in Höhe von 95 vom Hundert des Grundkapitals gehören (Hauptaktionär), die Übertragung der Aktien der übrigen Aktionäre (Minderheitsaktionäre) auf den Hauptaktionär gegen Gewährung einer angemessenen Barabfindung beschließen. ²§ 285 Abs. 2 Satz 1 findet keine Anwendung.

(2) Für die Feststellung, ob dem Hauptaktionär 95 vom Hundert der Aktien gehören, gilt § 16 Abs. 2 und 4.

Schrifttum: *Angerer,* Der Squeeze-out, BKR 2002, 260; *Austmann,* Der Verschmelzungsrechtliche Squeezeout nach dem 3. UmwÄndG 2011, NZG 2011, 684; *Ph. Baums,* Ausschluss von Minderheitsaktionären 2001; *ders.,* Der Ausschluss von Minderheitsaktionären nach §§ 327a ff. AktG nF – Einzelfragen, WM 2001, 1843; *Bolte,* Squeeze-out: Eröffnung neuer Umgehungstatbestände durch die §§ 327a ff. AktG?, DB 2001, 2587; *Bungert/Wettich,* Der neue verschmelzungsspezifische Squeeze-out nach § 62 Abs. 5 UmwG nF, DB 2011, 1500; *Deilmann,* Aktienrechtlicher versus übernahmerechtlicher Squeeze-out, NZG 2007, 721; *Ehricke/Roth,* Squeezeout im geplanten deutschen Übernahmerecht, DStR 2001, 1120; *Fleischer,* Das neue Recht des Squeeze out, ZGR 2002, 757; *Fleischer/Schoppe,* Squeeze out und Eigentumsgarantie der europäischen Menschenrechtskonvention, Konzern 2006, 329; *Forum Europaeum Konzernrecht,* Konzernrecht für Europa, ZGR 1998, 672; *Fröde,* Missbräuchlicher Squeeze-out gemäß §§ 327a ff. AktG, NZG 2007, 729; *Fuhrmann/Simon,* Der Ausschluss von Minderheitsaktionären, WM 2002, 1211; *Gehling/Heldt/Royé,* Squeeze-out: Recht und Praxis, Studien des Deutschen Aktieninstituts, Heft 39, 2007; *Gesmann-Nuissl,* Die neuen Squeeze-out-Regeln im Aktiengesetz, WM 2002, 1205; *Götz,* Der vereinfachte aktienrechtliche Squeeze-out zur Finanzmarktstabilisierung, NZG 2010, 412; *Grzimek* in Geibel/Süßmann (Hrsg.), WpÜG, 2. Aufl. 2008, Kommentierung der §§ 327a ff. AktG; *Grunewald,* Die neue Squeeze-out-Regelung, ZIP 2002, 18; *Habersack,* Der Finanzplatz Deutschland und die Rechte der Aktionäre – Bemerkungen zur bevorstehenden Einführung des „Squeeze Out", ZIP 2001, 1230; *Halasz/Kloster,* Nochmals: Squeeze-out – Eröffnung neuer Umgehungstatbestände durch die §§ 327a ff. AktG?, DB 2002, 1253; *Halm,* „Squeeze-Out" heute und morgen: Eine Bestandsaufnahme nach dem künftigen Übernahmerecht, NZG 2000, 1162; *H. Hanau,* Der Bestandsschutz der Mitgliedschaft anlässlich der Einführung des „Squeeze Out" im Aktienrecht, NZG 2002, 1040; *Handelsrechtsausschuss des DAV,* Stellungnahme zum RegE für ein Gesetz zur Regelung von öffentlichen Angeboten zum Erwerb von Wertpapieren und von Unternehmensübernahmen (WpÜG), NZG 2001, 1003; *Harrer,* Gestaltungsspielräume im Gesellschaftsrecht, FS Sonnenberger, 2004, 235; *Hasselbach,* in Kölner Kommentar zum WpÜG, 2. Aufl. 2010, Anh. WpÜG: Kommentierung der §§ 327a ff. AktG; *Hellwig/Bormann,* Die Abfindungsregelung beim Going Private – Der Gesetzgeber ist gefordert!, ZGR 2002, 465; *Henze,* Erscheinungsformen des squeeze-out von Minderheitsaktionären, FS Wiedemann, 2002, 935; *Hofmeister,* Der verschmelzungsrechtliche Squeeze-out: Wichtige Aspekte und Besonderheiten der Verschmelzung, NZG 2012, 688; *Kallmeyer,* Ausschluss von Minderheitsaktionären, AG 2000, 59; *Kiefner/Brügel,* Der umwandlungsrechtliche Squeeze-out – Verfahren, Einsatzmöglichkeiten, Rechtsschutzfragen, AG 2011, 525; *Kiem,* Das neue Übernahmegesetz: „Squeeze-out", in Henze/Hoffmann-Becking, Gesellschaftsrecht 2001, RWS-Forum 20, 2001, 329; *Kort,* Hauptaktionär nach § 327a Abs. 1 Satz 1 AktG mittels Wertpapierdarlehen, AG 2006, 513; *Kossmann,* Ausschluss („Freeze-out") von Aktionären gegen Barabfindung, NZG 1999, 1198; *Krause,* Der Kommissionsvorschlag für eine Revitalisierung der EU-Übernahmerichtlinie, BB 2002, 2341, 2345; *Krieger,* Squeeze-Out nach neuem Recht: Überblick und Zweifelsfragen, BB 2002, 53; *Kumpan/Mittermeier,* Risikoentleerte Stimmrechte – Auswirkungen von Wertpapierdarlehen im Gesellschaftsrecht, ZIP 2009, 404; *Lenz/Leinekugel,* Eigentumsschutz beim Squeeze out, 2004; *Lieder/Stange,* Squeeze-out: Aktuelle Streit- und Zweifelsfragen, Konzern 2008, 617; *Markwardt,* Squeeze-out: Anfechtungsrisiken in „Missbrauchsfällen", BB 2004, 277; *Maslo,* Zurechnungstatbestände und Gestaltungsmöglichkeiten zur Bildung eines Hauptaktionärs beim Ausschluss von Minderheitsaktionären (Squeeze-out), NZG 2004, 163; *Mayer,* Praxisfragen des verschmelzungsrechtlichen Squeeze-out-Verfahrens, NZG 2012, 561; *K. Mertens,* Der Auskauf von Minderheitsaktionären in gemeinschaftlich beherrschten Unternehmen, AG 2002, 377; *von Morgen,* Das Squeeze-Out und seine Folgen für AG und GmbH, WM 2003, 1553; *Mülbert,* Abschwächungen des mitgliedschaftlichen Bestandsschutzes im Aktienrecht, FS Ulmer, 2003, 433; *Packi,* Inhaltliche Kontrollmöglichkeiten bei Durchführung des umwandlungsrechtlichen Squeeze-out, ZGR 2011, 776; *Paefgen,* Der neue übernahmerechtliche Squeeze-out – die bessere Alternative?, FS Westermann, 2008, 1221; *Pluskat,* Nicht missbräuchliche Gestaltungen zur Erlangung der Beteiligungshöhe beim Squeeze-out, NZG 2007, 725; *Pötzsch/Möller,* Das künftige Übernahmerecht – Der Diskussionsentwurf des Bundesministeriums der Finanzen zu einem Gesetz zur Regelung von Unternehmensübernahmen und der Gemeinsame Standpunkt des Rates zur europäischen Übernahmerichtlinie, WM 2000, Sonderbeilage Nr. 2; *Posegga,* Squeeze out – Unter besonderer Berücksichtigung möglicher Mißbrauchsfälle sowie der Besonderheiten der Bemessung der Barabfindung, 2006; *Rieder,* (Kein) Rechtsmissbrauch beim Squeeze-out, ZGR 2009, 981; *Rühland,* Der squeeze out nach dem RefE zum Wertpapiererwerbs- und Übernahmegesetz vom 12.3.2001, NZG 2001, 448; *ders.,* Die Zukunft der übertragenden Auflösung (§ 179a AktG), WM 2002, 1957; *ders.,* Der Ausschluss von Minderheitsaktionären aus der Aktiengesellschaft (Squeeze-out), 2004; *Schäfer/Dette,* Aktienrechtlicher Squeeze-Out – Beschlussnichtigkeit bei missbräuchlicher Erlangung des Kapitalquorums?, NZG 2009, 1; *Schockenhoff/Lumpp,* Der verschmelzungsrechtliche Squeeze-Out in der Praxis, ZIP 2013,749; *Schön,* Der Aktionär im Verfassungsrecht, FS Ulmer, 2003, 1359; *Schoppe,* Aktieneigentum, 2012; *Schröder/Wirsch,* Formwechsel und anschließender Squeeze-out, ZGR 2012, 660; *Schüppen/Tretter,* in *Haarmann/Schüppen,* Frankfurter Kommentar zum WpÜG, 3. Aufl. 2008, Teil 2: Kommentierung der §§ 327a ff. AktG; *Schwichtenberg,* Going Private und Squeezeouts in Deutschland, DStR 2001, 2075; *Seibt/Heiser,* Der neue Vorschlag einer EU-Übernahmerichtlinie und das deutsche Übernahmerecht, ZIP 2002, 2193; *Sieger/Hasselbach,* Ausschluss von Minderheitsaktionären (Squeeze-out) im ausländischen Recht, NZG 2001, 926; *dies.,* Der Ausschluss von Minderheitsaktionären nach den neuen §§ 327a ff. AktG, ZGR 2002, 120; *Stephanblome,* Gestaltungsmöglichkeiten beim verschmelzungsrechtlichen Squeeze-Out, AG 2012, 814; *Than,* Zwangsweises Ausscheiden von Minderheitsaktionären nach Übernahmeangebot?, FS Claussen, 1997, 405; *E. Vetter,* Squeeze-out in Deutschland, ZIP 2000, 1817; *ders.,* Squeeze-out nur durch Hauptversammlungsbeschluss?, DB 2001, 743; *ders.,* Squeeze-out – Der Ausschluss der Minderheitsaktionäre aus der Aktiengesellschaft nach den §§ 327a–327f AktG, AG 2002, 176; *Vossius,* Squeeze out – Checklisten für Beschlussfassung und Durchführung, ZIP 2002, 511; *Wilhelm/Dreier,* Beseitigung von Minderheitsbeteiligungen auch durch übertragende Auflösung einer AG?, ZIP 2003, 1369; *Wilsing/Kruse,* Zur Behandlung bedingter Aktienbezugsrechte beim Squeeze-out, ZIP 2002, 1465; *Wirth/Arnold,* Anfechtungsklagen gegen Squeeze-out-Hauptversammlungsbeschlüsse wegen angeblicher Verfassungswidrigkeit, AG 2002, 503; *Wolf,* Der Minderheitenausschluss qua „übertragender Auflösung" nach Einführung des Squeeze-Out gemäß §§ 327a–f AktG, ZIP 2002, 153.

Übersicht

	Rn.		Rn.
I. Einführung	1–7	4. Mehrheitseingliederung	9
1. Die §§ 327a ff. im Überblick	1, 2	5. Übertragende Auflösung	10
2. Entstehungsgeschichte	3	**III. Voraussetzungen des Squeeze Out**	11–31
3. Normzweck	4	1. Überblick	11
4. Würdigung	5	2. AG, KGaA oder SE	12, 13
5. Konzernrechtsneutralität der §§ 327a ff.	6	3. Hauptaktionär	14–18a
		a) Persönliche Anforderungen	14, 15
6. Verfassungskonformität, EMRK	7	b) Kapitalmehrheit	16–18a
II. Verhältnis des Squeeze Out zu anderen Ausschlusstatbeständen	8–10	4. Verlangen des Hauptaktionärs	19, 20
1. Überblick	8	5. Übertragungsbeschluss	21–31
2. Übernahmerechtlicher Squeeze Out	8a	a) Beschlusserfordernis	21
		b) Beschlussinhalt	22, 23
3. Verschmelzungsrechtlicher Squeeze Out	8b	c) Mehrheit	24
		d) Beschlussmängel	25–31

I. Einführung

1. Die §§ 327a ff. im Überblick. Die §§ 327a ff. regeln das – in der Amtlichen Titelüberschrift als „Ausschluss" bezeichnete – zwangsweise Ausscheiden von Minderheitsaktionären gegen Gewährung einer Barabfindung, mithin den sog. **Squeeze Out.** Danach ist es dem mit mindestens 95 % des Grundkapitals beteiligten Aktionär einer AG, SE (→ Rn. 12) oder KGaA (dem „Hauptaktionär") gestattet, die Minderheitsaktionäre auch gegen deren Willen aus der Gesellschaft zu verdrängen. Obschon der Squeeze Out auf die Übertragung der Aktien der Minderheitsaktionäre auf den Hauptaktionär zielt und es sich bei ihm somit der Sache nach um einen **Zwangsverkauf** handelt, binden §§ 327a ff. die Gesellschaft und deren Organwalter in die Transaktion ein, indem sie den Übergang der Aktien und die Entstehung des Abfindungsanspruchs von einem entsprechenden Hauptversammlungsbeschluss (→ Rn. 21 ff.) und dessen Eintragung in das Handelsregister abhängig machen.[1]

1

---

[1] In diesem Sinne bereits Handelsrechtsausschuss des DAV NZG 1999, 850 (852) und NZG 2001, 420 (431); s. ferner MüKoAktG/*Grunewald* Vor § 327a Rn. 15; *Hüffer/Koch* Rn. 12; GroßkommAktG/*Fleischer* Vor § 327a Rn. 23; krit. dagegen Grigoleit/*Rieder* Rn. 32; *Habersack* ZIP 2001, 1230 (1236 ff.); *Schiessl* AG 1999, 442 (452); *Vetter* ZIP 2000, 1817 (1819 ff.); *ders.* DB 2001, 743 ff.; s. ferner *Kallmeyer* AG 2000, 59 (61).

2 Im Einzelnen regelt § 327a die allgemeinen Voraussetzungen des Squeeze Out, darunter insbesondere die Existenz eines Hauptaktionärs einer AG oder KGaA, dessen Verlangen nach Übertragung der Aktien und einen entsprechenden Beschluss der Hauptversammlung. Höhe, Verzinsung und Sicherstellung der Barabfindung sind in § 327b geregelt, Vorbereitung und Durchführung der Hauptversammlung in §§ 327c, 327d. Die Anmeldung und Eintragung des Übertragungsbeschlusses sowie der Übergang der Aktien auf den Hauptaktionär und das Schicksal etwaiger Aktienurkunden sind Gegenstand des § 327e. § 327f schließlich verweist die Minderheitsaktionäre, soweit sie sich gegen die Höhe der vom Hauptaktionär festgesetzten Abfindung wenden wollen, auf das Spruchverfahren; im Übrigen können sie den Übertragungsbeschluss nach allgemeinen Grundsätzen anfechten.

3 **2. Entstehungsgeschichte.** Die Vorschriften der §§ 327a ff. sind durch Art. 7 Nr. 2 Gesetz zur Regelung von öffentlichen Angeboten zum Erwerb von Wertpapieren und von Unternehmensübernahmen vom 20.12.2001 (BGBl. I 3822 (3838)) in das AktG eingefügt worden. In Kraft getreten sind sie am **1.1.2002** (Art. 12 des Gesetzes). Schon 1997 hatten sich der Bundesverband der Deutschen Industrie und die Börsensachverständigenkommission beim Bundesministerium der Finanzen für eine entsprechende Regelung ausgesprochen.[2] Auf europäischer Ebene war vom Forum Europaeum Konzernrecht die Einführung eines allgemeinen Ausschlussrechts vorgeschlagen worden.[3] Der Handelsrechtsausschuss des DAV hat sodann einen Gesetzgebungsvorschlag unterbreitet, der bereits die wesentlichen Eckdaten der späteren gesetzlichen Regelung enthielt.[4] Das Bundesministerium der Finanzen hat diesen Vorschlag im Frühjahr 2000, einer entsprechenden Empfehlung der von der Bundesregierung eingesetzten Expertenkommission „Unternehmensübernahmen" folgend,[5] aufgegriffen und in Art. 6 des Diskussionsentwurfs eines Gesetzes zur Regelung von Unternehmensübernahmen der heutigen Fassung der §§ 327a ff. weithin entsprechende Vorschriften über den Squeeze Out vorgeschlagen.[6] Referentenentwurf[7] und Regierungsentwurf[8] haben, ebenso wie die Stellungnahme des Bundesrates und die Beschlussempfehlung des Finanzausschusses,[9] noch einige Detailänderungen gebracht; die grundsätzliche Linie war jedoch in keiner Phase des Gesetzgebungsverfahrens ernsthaft in Frage gestellt. Durch Art. 2 Nr. 7 Gesetz zur Neuordnung des gesellschaftsrechtlichen Spruchverfahrens (BGBl. I 838; → Einl. Rn. 30; → Anh. § 328) ist § 327f Abs. 2 aF gestrichen und stattdessen eine entsprechende Regelung in **§§ 3, 4 SpruchG** getroffen worden (→ § 327f Rn. 2). Das **UMAG** (→ Einl. Rn. 33) hat die §§ 327a ff. zwar unverändert gelassen; der in § 243 Abs. 4 S. 2 AktG verankerte Anfechtungsausschluss strahlt indes auf § 327f aus (→ § 327f Rn. 2, 4 f.). Auch das **Übernahmerichtlinie-Umsetzungsgesetz** vom 8.7.2006 (BGBl. I 1426) hat die §§ 327a ff. nicht geändert, nachdem der deutsche Gesetzgeber seiner Verpflichtung aus Art. 15 und 16 RL 2004/25/EG[10] durch Einführung eines übernahmespezifischen Squeeze Out und Sell out in §§ 39a ff. WpÜG nachgekommen ist (→ Rn. 8a). Das **ARUG** (→ Einl. Rn. 42) schließlich hat den Zinssatz des § 327b Abs. 2 auf 5 Prozentpunkte über

---

[2] Börsensachverständigenkommission beim Bundesministerium der Finanzen, Standpunktepapier zur künftigen Regelung von Unternehmensübernahmen, Februar 1999, 26; s. ferner *Than* FS Claussen, 1997, 405 ff.
[3] Forum Europaeum Konzernrecht ZGR 1998, 672 (732 ff.).
[4] Handelsrechtsausschuss des DAV, Stellungnahme zur Ergänzung des AktG durch einen Titel „Aktienerwerb durch den Hauptaktionär", NZG 1999, 850 ff.
[5] Empfehlung vom 17.5.2000, abgedruckt in WM 2000, Sonderbeilage 2, 38.
[6] Abgedruckt in NZG 2000, 844 (855 f.).
[7] Abgedruckt in *Fleischer/Kalss*, Das neue Wertpapiererwerbs- und Übernahmegesetz, 2002, 374, 401 ff.; dazu Stellungnahme des Handelsrechtsausschusses des DAV NZG 2001, 420 (430 ff.); *Rühland* NZG 2001, 448 ff.
[8] BT-Drs. 14/7034; auch abgedruckt in ZIP 2001, 1262 und bei *Fleischer/Kalss*, Das neue Wertpapiererwerbs- und Übernahmegesetz, 2002, 537 ff.; dazu *Habersack* ZIP 2001, 1230 ff.
[9] Stellungnahme des Bundesrates, BT-Drs. 14/7034, 84; Beschlussempfehlung des Finanzausschusses, in *Fleischer/Kalss*, Das neue Wertpapiererwerbs- und Übernahmegesetz, 2002, 712, 774 ff.
[10] RL 2004/25/EG des Europäischen Parlaments und des Rates vom 21.4.2004 betr. Übernahmeangebote, ABl. EG L 142, 12, auch abgedruckt in NZG 2004, 651 und bei *Habersack/Verse* EuropGesR § 11 Rn. 39; → Rn. 8a; → Vor § 311 Rn. 11.

dem jeweiligen Basiszinssatz angehoben und in § 327c Abs. 5 und § 327d S. 1 die Informationspflichten novelliert. Zu **§ 12 Abs. 4 FMStBG** → Rn. 18a; → § 327b Rn. 11; → § 327e Rn. 1.

3. Normzweck. Die Vorschriften der §§ 327a ff. sind ausweislich ihrer Entstehungsgeschichte[11] vor allem vor dem Hintergrund zu sehen, dass die Beteiligung von Minderheitsaktionären aus Sicht der Wirtschaft (die sich der Gesetzgeber zu eigen gemacht hat) „einen erheblichen – kostspieligen – Formalaufwand" darstelle, der sich aus der Beachtung zwingender minderheitsschützender Vorschriften ergebe. „Die Praxis zeige, dass Kleinstbeteiligungen oftmals missbraucht würden, um den Mehrheitsaktionär bei der Unternehmensführung zu behindern und ihn zu finanziellen Zugeständnissen zu veranlassen." Demgegenüber ist die Hauptversammlung beim Fehlen von Minderheitsaktionären eine Vollversammlung, sodass nach § 121 Abs. 6 die Formalitäten der §§ 121 ff. nicht mehr beachtet werden brauchen, Anfechtungsklagen von Minderheitsaktionären naturgemäß ausgeschlossen sind und auch im Übrigen auf Minderheitsbelange nicht mehr Rücksicht genommen werden muss. Die damit verbundene Steigerung der **Entfaltungsfreiheit des Hauptaktionärs** sei, so die Amtliche Begründung,[12] auch aus rechtsvergleichender Sicht geboten: „Zahlreiche andere Mitgliedstaaten der Europäischen Union verfügen über solche Regelungen, wenn sich auch die Ausgestaltung im Einzelnen unterschiedlich darstellt." Schließlich verstehe sich die Möglichkeit des Squeeze Out auch als Kehrseite zu dem in §§ 35 ff. WpÜG geregelten Pflichtangebot (→ Vor § 311 Rn. 24 ff.), wenn auch in §§ 327a ff. die vorherige Abgabe eines Angebots nach dem WpÜG nicht vorausgesetzt und der Anwendungsbereich dieser Vorschriften zudem nicht auf börsennotierte Gesellschaften beschränkt sei (→ Rn. 5, 12, 14, 26).

4. Würdigung. Im Schrifttum ist die Absicht des Gesetzgebers, dem Hauptaktionär die Möglichkeit eines Squeeze Out zu eröffnen, von Anfang an auf große Zustimmung gestoßen.[13] Auch im nach Inkrafttreten der §§ 327a ff. erschienenen Schrifttum dominieren eindeutig die zustimmenden Stellungnahmen.[14] Die §§ 327a ff. haben denn auch schon kurze Zeit nach ihrem Inkrafttreten **große praktische Bedeutung** erlangt (und diese bis heute beibehalten),[15] wobei im unmittelbaren Anschluss an ein Übernahme- oder Pflichtangebot praktizierte Übertragungsverfahren bislang nicht beggnen, der Squeeze Out vielmehr verbreitet als Vorstufe zu einem ohnehin geplanten Delisting[16] (das nach Wirksamkwerden des Squeeze Out nach Maßgabe des § 39 Abs. 1 BörsG und damit auch unabhängig von einem Antrag der Gesellschaft erfolgt) praktiziert wurde und ungeachtet der Neuregelung in § 39 Abs. 2, 3 BörsG (→ Vor § 311 Rn. 38) auch künftig praktiziert werden dürfte. Demgegenüber gilt es zu konstatieren, dass ein anlassunabhängiges, mithin vom Erfordernis eines

---

[11] S. zum Folgenden Begr. RegE, BT-Drs. 14/7034, 31 f.; ferner BGH ZIP 2009, 908 Rn. 9.
[12] Begr. RegE, BT-Drs. 14/7034, 32; näher dazu *Baums* 24 ff.; *Fleischer* ZGR 2002, 757 (760 ff.); dazu noch → Rn. 4.
[13] Vgl. etwa *Baums* 127 ff.; *Halm* NZG 2000, 1162 (1164 f.); *Kallmeyer* AG 2000, 59 ff.; *Kiem* in Henze/Hoffmann-Becking 329 ff.; *Vetter* ZIP 2000, 1817 f.; zuvor bereits *Kossmann* NZG 1999, 1198 ff.; *Than* FS Claussen, 1997, 405 (421 f.); *Schiessl* AG 1999, 442 (451); Handelsrechtsausschuss des DAV NZG 1999, 850 ff. und NZG 2001, 420 (432 f.).
[14] *Gesmann/Nuissl* WM 2002, 1205; *Halasz/Kloster* DB 2002, 1253 ff.; *Krieger* BB 2002, 53 (55); *Mülbert* FS Ulmer, 2003, 433 (438 f., 449 f.); *Sieger/Hasselbach* ZGR 2002, 132; *Vetter* AG 2002, 176 ff. (184); MüKo-AktG/*Grunewald* Vor § 327a Rn. 2 ff.; KK-AktG/*Koppensteiner* Vor § 327a Rn. 8; KK-WpÜG/*Hasselbach* Rn. 2, 7 ff.
[15] Vgl. aus neuerer Zeit *Heldt/Royé* AG 2012, 660 (667 ff.); *Schockenhoff/Lumpp* ZIP 2013, 749 (mehr als 400 Mal praktiziert); ferner *Becker* in Börsen-Zeitung vom 24.4.2002 (Nr. 78/2002), 8, der von 50–60 Gesellschaften berichtet, die seinerzeit konkrete Pläne verfolgt hätten; ebenso AG 2002, R 199; s. ferner *Krämer/Theiß* AG 2003, 225; *Schlitt* ZIP 2004, 533; *Gehling/Heldt/Royé* 31 ff., wonach bis Mitte 2007 299 Aktiengesellschaften einen Squeeze Out-Beschluss gefasst hatten (von denen 70 % börsennotiert waren) und von den 2006 gefassten 32 Beschlüssen 25 (= 78,1 %) angefochten wurden; s. ferner AG 2010, R 128: zwischen 2004 und 2009 98 Squeeze Outs.
[16] → Vor § 311 Rn. 38; ferner *Heldt/Royé* AG 2012, 660 (667 ff.); instruktiv *Bayer* ZfPW 2015, 163 (170 ff.).

wichtigen Grundes befreites und nicht im Zusammenhang mit einer Statusänderung der Gesellschaft stehendes (→ Rn. 6), zudem unbefristetes (→ Rn. 19) Recht des Hauptaktionärs zum Ausschluss der Minderheit **gesellschaftsrechtlich betrachtet** einen **Fremdkörper** darstellt: Es ordnet den Bestandsschutz der Mitgliedschaft dem allgemeinen Leitungsinteresse des Hauptaktionärs unter[17] und reduziert die Position des Minderheitsaktionärs auf einen bloßen Vermögensschutz, ohne dass dies, wie insbesondere bei der Mehrheitseingliederung, durch eine konzernintegrative Maßnahme veranlasst wäre.[18] Im Einklang nicht nur mit den meisten Auslandsrechten,[19] sondern auch mit Art. 15 der Übernahmerichtlinie (→ Rn. 3, 8a) hätte es sich deshalb angeboten, den Squeeze Out als **kapitalmarktrechtliche Maßnahme** auszugestalten und zu legitimieren, mithin auf börsennotierte Gesellschaften zu beschränken und zudem von einem zeitnah vorangegangenen Übernahme- oder Pflichtangebot abhängig zu machen.[20] Jedenfalls sollte er um ein allgemeines, dh von einem vorangegangenen Übernahmeangebot unabhängiges Andienungsrecht der (im Rahmen von Übernahmeangeboten durch die „Zaunkönigregel" des § 16 Abs. 2 WpÜG[21] und im Anschluss an ein Übernahme- oder Pflichtangebot durch § 39c WpÜG geschützten) Restminderheit ergänzt werden.[22] Auf andere Bereiche des Gesellschaftsrechts strahlen §§ 327a ff. nicht aus; insbesondere besteht kein Anlass, entsprechende Hinauskündigungsklauseln in GmbH-Satzungen oder Gesellschaftsverträgen zu akzeptieren[23] oder gar die §§ 327a ff. auf die **GmbH** entsprechend anzuwenden.[24]

6 **5. Konzernrechtsneutralität der §§ 327a ff.** Die Vorschriften der §§ 327a ff. sind in jeder Hinsicht konzernrechtsneutral ausgestaltet:[25] Sie setzen erstens nicht voraus, dass zwischen dem Hauptaktionär und der Gesellschaft bei Vornahme des Übertragungsbeschlusses eine Unternehmensverbindung iSd § 15 besteht; der Hauptaktionär muss nicht einmal Unternehmen iSd § 15 zu sein. Zweitens lassen die Eintragung des Übertragungsbeschlusses und der damit verbundene Übergang der Aktien der Minderheit auf den Hauptaktionär den **konzernrechtlichen Status** der Gesellschaft **unberührt.** War die Gesellschaft zwar von dem Hauptaktionär abhängig, aber nicht beherrschungsvertraglich gebunden, so ändert

---

[17] Eine auch auf das allgemeine Aktienrecht ausstrahlende Tendenz des Inhalts, dass der mit weniger als 5 % des Grundkapitals beteiligte Aktionär primär als Anleger zu betrachten sei und deshalb vor allem Vermögensschutz genieße, lässt sich den §§ 327a ff. kaum entnehmen; diese betreffen den Minderheitsaktionär vielmehr in der besonderen Situation, dass ein einzelner Aktionär mindestens 95 % des Kapitals auf sich vereinigt, und haben zudem den praktischen Regelfall vor Augen, dass die restlichen Anteile weit gestreut sind (→ Rn. 26); deutlich zu weit gehend *Wolf* ZIP 2002, 153 (156 f.), dem zufolge bei einem Anteil von bis zu 25 % von einer allein vermögensbezogenen Beteiligung des Aktionärs auszugehen sei (sic!).

[18] Allg. zu dieser Entwicklung *Hanau* NZG 2002, 1040 ff. und *Zöllner* AG 2002, 585 ff. einerseits, *Mülbert* FS Ulmer, 2003, 433 ff. andererseits.

[19] Überblick bei Forum Europaeum Konzernrecht ZGR 1998, 672 (734 ff.); *Habersack* ZIP 2001, 1230 (1233); *Sieger/Hasselbach* NZG 2001, 926 ff.; *Rühland* 132 ff.; Haarmann/Schüppen/*Schüppen*/*Tretter* Vor § 327a Rn. 16 ff.; vgl. zu Österreich *Althuber/Krüger* AG 2007, 194; *Koppensteiner* GesRZ 2006, 143.

[20] Näher *Habersack* ZIP 2001, 1230 (1232 ff.); ähnlich *Fleischer* ZGR 2002, 757 (768 ff.); *Hanau* NZG 2002, 1040 (1043 ff.); de lege ferenda für Beschränkung auf börsennotierte Gesellschaften auch *Bolte* DB 2001, 2587 (2590 f.); *Drygala* AG 2001, 291 (297 f.); Hüffer/*Koch* Rn. 7; *Posegga* 56 ff.; offen Grigoleit/*Rieder* Rn. 31. – Zur Rechtslage de lege lata → Rn. 12, 14.

[21] Nach § 39 WpÜG findet § 16 Abs. 2 WpÜG auf Pflichtangebote keine Anwendung.

[22] Zum übernahmerechtlichen Andienungsrecht → Rn. 3; allg. Forum Europaeum Konzernrecht ZGR 1998, 672 (736 ff.); *Fleischer* ZGR 2002, 757 (773 f.); GroßkommAktG/*ders.* Vor § 327a Rn. 16; *Habersack* ZIP 2001, 1230 (1233); *Hanau* NZG 2002, 1040 (1047).

[23] So aber *Harrer* FS Sonnenberger, 2004, 235 (244 ff.); im Ergebnis auch *Hensel/M. Goette* DStR 2015, 1315 ff.; dagegen zutr. *Fleischer* ZGR 2002, 757 (770). Zur Beurteilung von Hinauskündigungsklauseln im GmbH-und Personengesellschaftsrecht s. BGHZ 164, 98 = ZIP 2005, 1917; BGHZ 164, 107 = ZIP 2005, 1920; BGH ZIP 2007, 862 (863 f.); *Habersack/Verse* ZGR 2005, 451 ff., dort auch zur Frage einer Ausübungsanstelle einer Inhaltskontrolle.

[24] Dafür *v. Morgen* WM 2003, 1553 (1558 ff.); dagegen Haarmann/Schüppen/*Schüppen*/*Tretter* Rn. 4; NK-AktG*Heidel/Lochner* Rn. 1; GroßkommAktG/*Fleischer* Rn. 8.

[25] S. bereits *Habersack* ZIP 2001, 1230 (1236 f.); ferner HK-AktG/*Holzborn/Müller* Rn. 1; K. Schmidt/Lutter/*Schnorbus* Vor § 327a Rn. 18 ff.; Spindler/Stilz/*Singhof* Rn. 12; Wachter/*Rothley* Rn. 2; vgl. auch OLG Frankfurt AG 2008, 167 (169); speziell zur vertraglich konzernierten Gesellschaft *A. Jüngst*, Der Ausschluss von Minderheitsaktionären im Vertragskonzern, 2010, passim.

sich hieran durch die Eintragung des Übertragungsbeschlusses nichts; es bewendet vielmehr bei der uneingeschränkten Geltung der §§ 311 ff.,[26] was bedeutet, dass der Hauptaktionär kein Weisungsrecht hat und seinen Einfluss nur nach Maßgabe der §§ 311, 317 ausüben darf (→ Rn. 9, 20). Fehlt dem Hauptaktionär gar die Unternehmenseigenschaft, finden vor und nach Durchführung des Squeeze Out die allgemeinen Vorschriften unter Einschluss des uneingeschränkten, auf der Treupflicht basierenden Schädigungsverbots Anwendung. An dieser konzernrechtlichen Ausgangslage vermögen die (wenig glückliche) Verortung der §§ 327a ff. in das den verbundenen Unternehmen gewidmete Dritte Buch des AktG und die (gleichfalls nicht überzeugende) Rollenverteilung zwischen dem Vorstand der Gesellschaft und dem Hauptaktionär im Rahmen des Beschlussverfahrens (→ Rn. 20) nichts zu ändern;[27] beides erklärt sich vielmehr daraus, dass tatsächlich Hauptaktionär und Gesellschaft in aller Regel verbundene Unternehmen sind.

6. Verfassungskonformität, EMRK. Wiewohl §§ 327a ff. der Aktionärsminderheit **7** den unfreiwilligen Verlust des Anteilseigentums zumuten, halten sie verfassungsrechtlicher Überprüfung Stand.[28] Auch insoweit beanspruchen die für die Mehrheitseingliederung anerkannten (→ § 320 Rn. 1), vom BVerfG in dem „Moto Meter"-Beschluss[29] zudem auf die „übertragende Auflösung" (→ Rn. 10) erstreckten und wohl auch schon mit Blick auf die sich seinerzeit abzeichnenden Vorschriften der §§ 327a ff. formulierten Grundsätze Geltung, wonach es Art. 14 Abs. 1 S. 1 GG nicht grundsätzlich ausschließt, eine Aktionärsminderheit gegen ihren Willen aus einer Aktiengesellschaft zu drängen, und ein Verlust der Mitgliedschaft insbesondere durch schutzwürdige Interessen des Großaktionärs gerechtfertigt werden könne. Voraussetzung ist danach allein, dass die Minderheitsaktionäre **wirtschaftlich voll entschädigt** werden und die geleistete Entschädigung gerichtlich überprüft werden kann; beides ist jedoch durch §§ 327b, 327f in ihrer schlussendlich Gesetz gewordenen Fassung gewährleistet.[30] Verfassungsrechtlich unbedenklich ist auch, dass der Übertragungsbeschluss ohne Mitwirkung der Inhaber stimmrechtsloser **Vorzugsaktien** gefasst werden kann (→ Rn. 24),[31] ferner die Möglichkeit, den Squeeze Out im **Auflösungsstadium**

---

[26] Zu deren Anwendbarkeit beim Fehlen von Minderheitsaktionären → § 311 Rn. 13; → § 312 Rn. 6; → Anh. § 317 Rn. 5; zur davon abweichenden Rechtslage im GmbH-Recht → Anh. § 318 Rn. 33 ff.; vgl. auch OLG Frankfurt AG 2008, 167 (169).

[27] *Habersack* ZIP 2001, 1230 (1236 f.); GroßkommAktG/*Fleischer* Vor § 327a Rn. 24; K. Schmidt/Lutter/*Schnorbus* Vor § 327a Rn. 18 ff.; Spindler/Stilz/*Singhof* Rn. 12; Hüffer/*Koch* Rn. 5.

[28] BVerfG ZIP 2007, 1261 (1262 ff.); BVerfG ZIP 2007, 1987; BVerfG AG 2008, 27 (28) (aufgelöste Gesellschaft); s. ferner BVerfG ZIP 2007, 1600 (1601); BGH ZIP 2005, 2107 f.; NZG 2006, 905 Rn. 8; KG BB 2004, 2774; AG 2006, 478 f.; OLG Düsseldorf NZG 2004, 328 (329 f.); AG 2006, 202 (203); AG 2009, 40 (41); OLG Frankfurt AG 2010, 39 (40); OLG Stuttgart NZG 2004, 146 (148 ff.); OLG Köln NZG 2005, 931 (932); OLG Hamburg ZIP 2003, 2076 (2077 f.); ZIP 2004, 2288 (2289) mit Vorbehalt für Familiengesellschaften oder Gesellschaften mit kleinem Aktionärskreis; OLG Oldenburg ZIP 2003, 1351 f.; GroßkommAktG/*Fleischer* Rn. 56; Hüffer/*Koch* Rn. 6; MüKoAktG/*Grunewald* Vor § 327a Rn. 7; K. Schmidt/Lutter/*Schnorbus* Vor § 327a Rn. 5; Spindler/Stilz/*Singhof* Rn. 5; Hölters/*Müller-Michaels* Vor § 327a Rn. 7 f.; Grigoleit/*Rieder* Rn. 3; *Armbrüster* ZGR 2006, 683 (691 ff.); *Krieger* BB 2002, 53 (54); *Sieger/Hasselbach* ZGR 2002, 120 (126 f.); *Vetter* AG 2002, 176 (180 f.); *Wirth/Arnold* AG 2002, 503 ff.; *Lenz/Leinekugel* passim; eingehend *Schoppe* 281 ff.; skeptisch, letztlich die Verfassungsmäßigkeit aber doch bejahend *Schön* FS Ulmer, 2003, 1359 (1383 ff.); aA *Hanau* NZG 2002, 1040 (1042 ff.) betr. vor dem 1.1.2002 erworbene Anteile (insoweit Rechtfertigung nur durch vorangegangenes Übernahme- oder Pflichtangebot); vgl. dazu LG Hamburg AG 2003, 279; im Hinblick auf die Rechtsstellung der Vorzugsaktionäre (→ Rn. 27) LG Frankfurt a.M. NZG 2004, 672; s. ferner BVerfG NZG 2003, 31: Subsidiarität der Verfassungsbeschwerde der Minderheitsaktionärs; und BVerfG AG 2003, 624: keine Berücksichtigung von Umständen, die sich vor dem Bewertungsstichtag ereignet haben; → Rn. 8a zum übernahmerechtlichen Squeeze Out, → Rn. 8b zum umwandlungsrechtlichen Squeeze Out, → Rn. 18a zu § 12 Abs. 4 FMStBG und → § 320 Rn. 1 zur Mehrheitseingliederung.

[29] BVerfG NJW 2001, 279 = ZIP 2000, 1670.

[30] Vgl. BVerfG ZIP 2007, 1261 (1262 ff.); BVerfG AG 2013, 255 Rn. 9 ff.; → § 327b Rn. 10. Zu der noch in § 327b Abs. 1 S. 3 idF des RegE vorgesehenen Regelung, der zufolge der im Rahmen eines vorangegangenen öffentlichen Erwerbsangebots gebotene und von mindestens 90 % der Adressaten angenommene Preis maßgebend sein sollte, → § 327b Rn. 2; zu § 39a Abs. 3 S. 3 WpÜG → Rn. 8a.

[31] BVerfG ZIP 2007, 1987.

zu beschließen (→ Rn. 12).³² Auch mit der Eigentumsgarantie aus Art. 1 des Zusatzprotokolls Nr. 1 zur Europäischen Menschenrechtskonvention sind die §§ 327a ff. vereinbar.³³ Zu **§ 12 Abs. 4 FMStBG** → Rn. 18a; → § 327b Rn. 11; → § 327e Rn. 1, zu **§ 39a WpÜG**, **§ 62 Abs. 5 UmwG** → Rn. 8a f.

II. Verhältnis des Squeeze Out zu anderen Ausschlusstatbeständen

8   1. **Überblick.** Die §§ 327a ff. gehen deutlich über die bislang im Aktienrecht vorgesehenen Möglichkeiten eines Ausschlusses von Aktionären hinaus. So erlauben die §§ 237 ff. zwar die **Zwangseinziehung** von Aktien, allerdings nur auf der Grundlage einer entsprechenden Satzungsbestimmung, deren nachträgliche Einfügung insbesondere dem Grundsatz der Gleichbehandlung zu genügen hat.³⁴ Auch die **Kaduzierung** gemäß § 64 ermöglicht kein gezieltes Hinausdrängen der Minderheit, setzt sie doch voraus, dass der Aktionär seiner Pflicht zur Einzahlung von Einlagen nicht nachkommt. Die Möglichkeit eines **Ausschlusses** des Aktionärs **aus wichtigem Grund** sollte zwar – entgegen der Rechtsprechung³⁵ – anzuerkennen sein;³⁶ die Stellung als Minderheitsaktionär genügt indes keinesfalls, um eine solche Ausschließung zu rechtfertigen. Vorbehaltlich der Einführung sog. **rückerwerbbarer Aktien**³⁷ durch den Gesetzgeber bleiben deshalb allein die Mehrheitseingliederung (→ Rn. 9) und die übertragende Auflösung (→ Rn. 10); beide sind allerdings erheblich schwerfälliger als ein Squeeze Out, weshalb die Praxis die durch §§ 327a ff. eröffnete Möglichkeit vorzieht.³⁸

8a 2. **Übernahmerechtlicher Squeeze Out.** Der in Umsetzung des Art. 15 der Übernahmerichtlinie geschaffene übernahmerechtliche Squeeze Out nach §§ 39a, 39b WpÜG knüpft – ebenso wie der auf Art. 16 der Übernahmerichtlinie zurückgehende übernahmerechtliche Sell out des § 39c WpÜG – an ein **vorhergehendes Übernahme- oder Pflichtangebot** an.³⁹ Er will es dem Bieter, der das Quorum des § 39a Abs. 1 S. 1 und 2 WpÜG aufweist, ermöglichen, sich auch noch eine etwaige Restminderheit zu sichern. Anders als §§ 327a ff. verzichten §§ 39a f. WpÜG auf einen Übertragungsbeschluss der Hauptversammlung. Der Ausschluss erfolgt vielmehr durch **Beschluss des LG Frankfurt a.M.**, und zwar auf entsprechenden Antrag des Bieters. Art und Höhe der Abfindung sind im Einzelnen in § 39a Abs. 3 WpÜG geregelt.⁴⁰ Was das Verhältnis zwischen dem übernahme- und dem aktienrechtlichen Squeeze Out betrifft, so besteht **kein Vorrang-**

---

³² BVerfG AG 2008, 27 (28).
³³ Eingehend *Fleischer/Schoppe* Konzern 2006, 329 ff.; GroßkommAktG/*Fleischer* Vor § 327a Rn. 57 ff.; daneben MHdB AG/*Austmann* § 75 Rn. 5.
³⁴ Näher Hüffer/*Koch* § 237 Rn. 11, 15.
³⁵ BGHZ 9, 157 (163); 18, 350 (365).
³⁶ *Grunewald*, Der Ausschluss aus Gesellschaft und Verein, 1987, 52 ff.; *K. Schmidt* GesR § 28 I 5.
³⁷ Dazu *Habersack* FS Lutter, 2000, 1329 ff.; *Baums* (Hrsg.), Bericht der Regierungskommission Corporate Governance, 2001, Rn. 235 f.; im vorliegenden Zusammenhang s. *Habersack* ZIP 2001, 1230 (1235).
³⁸ Zur praktischen Bedeutung des Squeeze Out → Rn. 5.
³⁹ Näher zu §§ 39a ff. WpÜG *Austmann/Mennicke* NZG 2004, 846 ff.; *Deilmann* NZG 2007, 721 ff.; *Heidel/Lochner* Konzern 2006, 653 ff.; *Hentzen/Rieckers* DB 2013, 1159 ff.; *Paefgen* WM 2007, 765 ff.; *ders.* FS Westermann, 2008, 1221 ff.; *ders.* ZIP 2013, 1001 ff.; *Theiselmann* Konzern 2009, 221 ff.; *Habersack/Verse* EuropGesR § 11 Rn. 32 ff. mwN.
⁴⁰ Zum unwiderlegichen Charakter der Vermutung des § 39a Abs. 3 S. 3 WpÜG s. Begr. RegE, BT-Drs. 16/1003, 22; OLG Stuttgart ZIP 2009, 1058 (1061 f.); *Grunewald* NZG 2009, 332 ff.; *Merkt/Binder* BB 2006, 1285 (1291 ff.); *Schlitt/Ries/Becker* NZG 2008, 700 f.; *Seibt/Heiser* AG 2006, 301 (317 f.); aA LG Frankfurt a.M. NZG 2008, 665; *Heidel/Lochner* Konzern 2006, 653 (655 f.); *Paefgen* WM 2007, 765 (767 f.); unentschieden OLG Frankfurt ZIP 2009, 74 (77); s. dazu sowie zur Frage der Vereinbarkeit der Erstreckung des Erfordernisses einer Annahmequote von 90 % auf das Pflichtangebot mit der Übernahmerichtlinie *Habersack/Verse* EuropGesR § 11 Rn. 34 f., 38; zu den bei Ermittlung der Annahmequote zu berücksichtigenden Aktien s. BGH NZG 2013, 223 Rn. 17 ff.; OLG Frankfurt AG 2012, 635 (638); ZIP 2014, 617; LG Frankfurt a.M. ZIP 2013, 625; *Paefgen* ZIP 2013, 1001 ff.; *Hentzen/Rieckers* DB 2013, 1159 ff. – Zur Verfassungskonformität des übernahmerechtlichen Squeeze Out, insbes. der Vermutung des § 39a Abs. 3 S. 3 WpÜG, s. BVerfG AG 2012, 625 (626 ff.); OLG Frankfurt AG 2012, 635 (638 f.); ZIP 2009, 74 (79); aA noch LG Frankfurt a.M. NZG 2008, 665 (666 f.) mwN.

verhältnis. Auch dem erfolgreichen Bieter steht also der aktienrechtliche Squeeze Out zur Verfügung.[41] Nach § 39a Abs. 6 WpÜG ist allein die parallele Durchführung beider Verfahren ausgeschlossen.

3. Verschmelzungsrechtlicher Squeeze Out. In Umsetzung von Art. 28 UAbs. 2 **8b** RL 2011/35/EU[42] in der Fassung durch Art. 2 Nr. 11 RL 2009/109/EG (Änderungsrichtlinie)[43] sieht der durch das Dritte Gesetz zur Änderung des UmwG vom 11.7.2011 (BGBl. I 1338)[44] eingefügte § 62 Abs. 5 UmwG die Möglichkeit vor, im Zusammenhang mit der Verschmelzung einer AG auf eine AG eine **Restminderheit von bis zu 10 %** auszuschließen. Nach § 78 UmwG, Art. 9 Abs. 1 lit. c SE-VO stehen der AG die KGaA und die im Inland ansässige SE gleich (→ Rn. 12). Vorausgesetzt ist insbesondere, dass die übernehmende Gesellschaft mindestens 90 % des Grundkapitals hält und der Übertragungsbeschluss innerhalb von **drei Monaten nach Abschluss des Verschmelzungsvertrags** gefasst wird; bei Berechnung des Quorums findet eine Zurechnung nach § 16 Abs. 4, 327a Abs. 2 nicht statt.[45] Nach § 62 Abs. 5 S. 7 UmwG wird der Übertragungsbeschluss nur wirksam, wenn es tatsächlich zur Verschmelzung kommt.[46] Der Squeeze Out unterliegt im Übrigen, dh von den in § 62 Abs. 5 S. 1–6 UmwG geregelten Besonderheiten abgesehen, den §§ 327a ff.; § 62 Abs. 5 S. 8 UmwG stellt dies ausdrücklich klar. Der Sache nach handelt es sich bei dem umwandlungsrechtlichen Squeeze Out damit um einen **bei Gelegenheit einer Konzernverschmelzung erfolgenden aktienrechtlichen Squeeze Out.** Anders als § 327a setzt § 62 Abs. 5 UmwG in Bezug auf die übernehmende Gesellschaft zwar die Rechtsform einer AG, KGaA oder SE voraus; doch kann dem – vorbehaltlich missbräuchlicher Gestaltungen (→ Rn. 27 ff.) – durch Formwechsel oder Einbringung der Anteile in eine AG, KGaA oder SE Rechnung getragen werden.[47] Auch § 62 Abs. 5 UmwG dürfte einer verfassungsrechtlichen Überprüfung Stand halten, nicht zuletzt mit Blick auf den Zusammenhang des Squeeze Out mit einer konzerninternen Umstrukturierung.[48]

4. Mehrheitseingliederung. Was die Mehrheitseingliederung betrifft, so setzt sie nach **9** §§ 319 Abs. 1 S. 1, 320 Abs. 1 S. 1 voraus, dass es sich bei dem Hauptaktionär um eine AG mit Sitz im Inland handelt.[49] Demgegenüber stellen §§ 327a ff. an die Person des Hauptaktionärs keine Anforderungen. Die Eingliederung begründet zudem ein besonders intensives Konzernverhältnis, das der Hauptgesellschaft nicht nur ein nahezu **umfassendes Weisungsrecht** verleiht, sondern – über die §§ 322, 324 Abs. 3 – das unternehmerische Risiko der eingegliederten Gesellschaft zuweist. Die §§ 327a ff. weisen dagegen keinerlei Konzernbezug auf (→ Rn. 6). Insbesondere haftet der Hauptaktionär, auch nachdem er infolge des Squeeze

---

[41] Begr. RegE, BT-Drs. 16/1003, 14; ebenso GroßkommAktG/*Fleischer* Vor § 327a Rn. 7, 31; *Paefgen* WM 2007, 765.
[42] RL 2011/35/EU des Europäischen Parlaments und des Rates über die Verschmelzung von Aktiengesellschaften vom 5.4.2011, ABl. Nr. L 110, 1; Abdruck bei *Habersack/Verse* EuropGesR § 8 Rn. 72.
[43] RL 2009/109/EG des Europäischen Parlaments und des Rates vom 16.9.2009 zur Änderung der Richtlinien 77/91/EWG, 78/855/EWG und 82/891/EWG des Rates sowie der Richtlinie 2005/56/EG hinsichtlich der Berichts- und Dokumentationspflicht bei Verschmelzungen und Spaltungen, ABl. Nr. L 259, 14; dazu *Habersack/Verse* EuropGesR § 8 Rn. 11.
[44] Dazu *Lutter/Grunewald* UmwG § 62 Rn. 30 ff.; *Semler/Stengel/Diekmann* UmwG § 62 Rn. 32c ff.; *Austmann* NZG 2011, 684 ff.; *Bungert/Wettich* DB 2011, 1500 ff.; *Kiefner/Brügel* AG 2011, 525; *Mayer* NZG 2012, 561 ff.; *Neye/Kraft* NZG 2011, 681 ff.; *Packi* ZGR 2011, 776 ff.; *Schockenhoff/Lumpp* ZIP 2013, 749 ff.; *Schröder/Wirsch* ZGR 2012, 660 ff.; *Florstedt* NZG 2015, 1212 ff.; *Stephanblome* AG 2012, 814 ff.; *Wagner* DStR 2010, 1629 ff.
[45] *Austmann* NZG 2011, 684 (689).
[46] Dazu *Neye/Kraft* NZG 2011, 681 (683); zu den Besonderheiten der Verschmelzung in den Fällen des § 62 Abs. 5 UmwG s. *Hofmeister* NZG 2012, 688 ff.
[47] Vgl. OLG Hamburg AG 2012, 639 (641 f.); dazu *Lutter/Grunewald* UmwG § 62 Rn. 50 ff. mwN.; näher *Schröder/Wirsch* ZGR 2012, 660 ff.; *Florstedt* NZG 2015, 1212 ff.
[48] Die Verfassungskonformität bejahend OLG Hamburg AG 2012, 639 (640 f.).
[49] Näher zum Folgenden *Habersack* ZIP 2001, 1230 f.; *Henze* FS Wiedemann, 2002, 935 (945 ff.); zu den Voraussetzungen der Eingliederung s. im Übrigen die Erläuterungen zu §§ 319 ff., insbes. → § 319 Rn. 5 ff.

§ 327a 10　　　　　3. Buch. 4. Teil. Ausschluss von Minderheitsaktionären

Out Alleinaktionär geworden ist, weder den Gesellschaftsgläubigern noch der Gesellschaft; umgekehrt hat er kein Weisungsrecht (→ Rn. 6). Es kommt hinzu, dass die Minderheitsaktionäre nach § 320b Abs. 1 S. 2 und 3 Anspruch auf Abfindung in Aktien der Hauptgesellschaft haben.[50] Sie werden somit Aktionäre der Hauptgesellschaft,[51] was aus deren Sicht zwar liquiditätsschonend ist,[52] den Minderheitskonflikt indes nur eine Konzernstufe nach oben verlagert. Nach allem überrascht es nicht, dass die Mehrheitseingliederung ganz erheblich an praktischer Bedeutung verloren hat.

10　**5. Übertragende Auflösung.** Die übertragende Auflösung[53] begegnet in **zwei Varianten**. In der ersten Variante wird die Gesellschaft zunächst durch Beschluss der Aktionäre aufgelöst und das Gesellschaftsvermögen im Zuge der Liquidation auf den Mehrheitsaktionär oder eine von diesem kontrollierte Tochtergesellschaft übertragen; in der zweiten Variante wählt der Mehrheitsaktionär die umgekehrte Vorgehensweise, indem das Gesellschaftsvermögen zunächst nach Maßgabe des § 179a (→ Vor § 311 Rn. 32) übertragen und sodann die Auflösung der Gesellschaft beschlossen wird. In jedem Fall verlieren die Aktionäre mit Vollbeendigung[54] der übertragenden Gesellschaft ihre Mitgliedschaft und partizipieren stattdessen am Liquidationserlös, mithin an der für das Gesellschaftsvermögen gewährten Gegenleistung. Das BVerfG hat in seinem „Moto Meter"-Beschluss der mit der übertragenden Auflösung verbundenen Fortführung des von der Gesellschaft betriebenen Unternehmens durch den Mehrheitsaktionär und dem Ausscheiden (nicht nur) der Minderheitsaktionäre aus der Gesellschaft im Grundsatz die Verfassungskonformität bescheinigt.[55] Verfassungsrechtlich geboten ist allerdings die Möglichkeit der Minderheitsaktionäre, den vom Großaktionär gezahlten **Kaufpreis,** nach dem sich letztlich der Liquidationserlös bemisst, einer **gerichtlichen Überprüfung** zu unterziehen;[56] dies deshalb, weil der Großaktionär sowohl auf Erwerber- als auch auf Veräußererseite beteiligt ist und sich deshalb in einem Interessenkonflikt befindet, den er kraft seiner dominierenden Stellung ohne weiteres zu Lasten der übertragenden Gesellschaft und ihrer Minderheitsaktionäre auflösen kann. Vor diesem Hintergrund bietet die übertragende Auflösung aus Sicht des Mehrheitsaktionärs keine Vorteile gegenüber einem auf §§ 327a ff. gestützten Squeeze Out, zumal wenn man, wofür gute Gründe sprechen, der Minderheit in Fortentwicklung der verfassungsrechtlichen Mindestvorgaben einen Anspruch auf bare Abfindung in Höhe des vollen Anteilswerts zuspricht.[57] Da umgekehrt zweifelhaft ist, ob es die Methode der übertragenden Auflösung (soweit der Verkauf an den Großaktionär und nicht an einen Dritten in Frage steht) ermöglicht, eine Minderheit von über 5 % aus der

---

[50] Bei Abhängigkeit der Hauptgesellschaft wahlweise neben einer Barabfindung, → § 320b Rn. 5 ff., 9 ff.

[51] Zur Eingliederung auf eine eigens gegründete 100 %ige Tochtergesellschaft der Hauptgesellschaft und zur anschließenden Veräußerung der Enkelgesellschaft an die Hauptgesellschaft s. MüKoAktG/*Grunewald* § 320 Rn. 9.

[52] Die Frage einer Umgehung der Barabfindungspflicht des § 327b durch Wahl der Mehrheitseingliederung (dazu *Henze* FS Wiedemann, 2002, 935 (945 ff.)) ist wohl schon mit Blick auf die mit der Eingliederung verbundenen Haftungsfolgen, aber auch mit Blick auf die Verdoppelung des Formal- und Bewertungsaufwandes (→ § 319 Rn. 10 ff., 13 ff., 17 ff.; → § 320 Rn. 12 ff.) eher theoretischer Natur.

[53] BGHZ 103, 184 = NJW 1988, 1579; OLG Stuttgart ZIP 1995, 1515 ff.; 1997, 362; BayObLG ZIP 1998, 2002; ferner *Henze* FS Peltzer, 2001, 181 ff.; *ders.* FS Wiedemann, 2002, 935 (939 ff.); *Lutter/Drygala* FS Kropff, 1997, 191 ff.; *Lutter/Leinekugel* ZIP 1999, 261 ff.; *Wiedemann* ZGR 1998, 857 ff.; vgl. aber auch OLG Zweibrücken ZIP 2005, 948: keine übertragende Auflösung, wenn zwischen Vermögensübertragung und Auflösung zehn Jahre vergangen sind.

[54] Hüffer/*Koch* § 262 Rn. 23, § 273 Rn. 6 ff.

[55] BVerfG NJW 2001, 279 (281) = ZIP 2000, 1670 – Moto Meter; krit. *Wilhelm/Dreier* ZIP 2003, 1369 (1372 f.).

[56] Und zwar entweder im Rahmen einer gegen den Auflösungsbeschluss gerichteten Anfechtungsklage oder in einem Spruchverfahren, s. BVerfG NJW 2001, 279 (281) = ZIP 2000, 1670; ferner BGHZ 153, 47 (57 f.) = NJW 2003, 1032.

[57] Dazu sowie zur Eröffnung des Spruchverfahrens → SpruchG § 1 Rn. 11; Hüffer/*Koch* § 179a Rn. 22; *Henze* FS Wiedemann, 2002, 935 (951 f.); *Wiedemann* ZGR 1999, 857 (860 ff.); *Schlitt* ZIP 2004, 533 (540); gegen die Eröffnung des Spruchverfahrens OLG Zweibrücken ZIP 2005, 948 (950); *Kallmeyer* FS Lutter, 2000, 1245 (1257 f.); *Mülbert* FS Ulmer, 2003, 433 (442); *M. Roth* NZG 2003, 998 (1002).

Gesellschaft zu drängen,⁵⁸ dürfte ihr neben §§ 327a ff., § 62 Abs. 5 UmwG keine allzu große praktische Bedeutung mehr zukommen.⁵⁹

III. Voraussetzungen des Squeeze Out

1. Überblick. Die Voraussetzungen des Squeeze Out sind im Wesentlichen in § 327a **11** Abs. 1 geregelt. Danach muss es sich bei der Gesellschaft um eine AG oder KGaA handeln (→ Rn. 12 f.). Diese muss zudem über einen mit wenigstens 95 % des Grundkapitals beteiligten Aktionär (→ Rn. 14 ff.) und über mindestens einen Minderheitsaktionär verfügen. Weiter ist erforderlich, dass der Hauptaktionär verlangt, dass die Hauptversammlung die Übertragung der Aktien gegen eine von ihm festgelegte Barabfindung beschließt (→ Rn. 19 f.), und sodann ein entsprechender Übertragungsbeschluss gefasst wird (→ Rn. 21 ff.). Die Feststellung der erforderlichen Kapitalmehrheit des Hauptaktionärs ist in § 327a Abs. 2 durch Verweis auf § 16 Abs. 2 und 4 geregelt (→ Rn. 17).

2. AG, KGaA oder SE. Die §§ 327a ff. finden zunächst auf die AG und die KGaA **12** Anwendung, nach Art. 9 Abs. 1 lit. c SE-VO darüber hinaus auf die SE. Voraussetzung ist jeweils, dass die Gesellschaft als solche, dh als juristische Person, entstanden ist, was nach §§ 41 Abs. 1 S. 1, 278 Abs. 3 erst mit Eintragung der Fall ist. In der **Vorgesellschaft** kommt somit ein Squeeze Out nicht in Betracht.⁶⁰ Die **Auflösung** der Gesellschaft steht, da sie lediglich eine Änderung des Gesellschaftszwecks zur Folge hat, der Durchführung des Ausschlussverfahrens nicht entgegen;⁶¹ dies gilt auch bei Auflösung nach § 262 Abs. 1 Nr. 3, mithin bei Eröffnung des Insolvenzverfahrens.⁶² Nicht erforderlich ist, dass die AG **börsennotiert** iSd § 3 Abs. 2 ist (→ Rn. 5).⁶³

Die Einbeziehung auch der **KGaA** in den Anwendungsbereich der §§ 327a ff. ist vor **13** dem Hintergrund zu sehen, dass der konzernrechtliche Statuts der Gesellschaft durch den Squeeze Out nicht angetastet wird (→ Rn. 6).⁶⁴ Obschon sich das Ausschlussverfahren an dem Verfahren der Mehrheitseingliederung orientiert, begründet seine Durchführung als solche keine Konzernleitungsmacht des Hauptaktionärs; hierzu bedarf es vielmehr des (auch der KGaA möglichen, → § 291 Rn. 8) Abschlusses eines Beherrschungsvertrags. Dadurch unterscheidet sich der Squeeze Out von der Eingliederung, die nach hM zumindest auf Seiten der einzugliedernden Gesellschaft das Vorliegen einer AG voraussetzt (→ § 319 Rn. 5 f.). Nach § 327a Abs. 1 S. 2 findet **§ 285 Abs. 2 S. 1** keine Anwendung, was bedeutet, dass der Übertragungsbeschluss nicht der Zustimmung der Komplementäre bedarf. Diese nur klarstellende Regelung⁶⁵ ist vor dem Hintergrund zu sehen, dass der Squeeze Out die Rechtsstellung des Komplementärs nicht berührt; dieser bleibt vielmehr weiterhin Komple-

---

⁵⁸ Dagegen *Henze* FS Peltzer, 2001, 181 (189 f.) (s. aber auch *dens.,* FS Wiedemann, 2002, 935 (952 f.)); *Lutter/Drygala* FS Kropff, 1997, 191 (220 f.); *Rühland* WM 2002, 1957 (1961 ff.); *v. Morgen* WM 2003, 1553 (1555 f.); noch weitergehend für Unzulässigkeit der übertragenden Auflösung *Wilhelm/Dreier* ZIP 2003, 1369 (1373 ff.); aA *Geibel/Süßmann/Grzimek* Rn. 10; *Schwichtenberg* DStR 2001, 2075 (2082); *Mülbert* FS Ulmer, 2003, 433 (438 f.), der die 5 %-Schwelle auf den einzelnen Aktionär bezieht; *Wolf* ZIP 2002, 153 (156 f.) und *M. Roth* NZG 2003, 998 (999 f.), die gar annehmen, die mitgliedschaftlichen Rechte einer Minderheit von bis zu 25 % seien nur vermögensrechtlicher Natur.
⁵⁹ So auch *Henze* FS Wiedemann, 2002, 935 (948); K. Schmidt/Lutter/*Schnorbus* Vor § 327a Rn. 12.
⁶⁰ GroßkommAktG/*Fleischer* Rn. 3 f.; MüKoAktG/*Grunewald* Rn. 4; Hüffer/*Koch* Rn. 9; Spindler/Stilz/ *Singhof* Rn. 14; K. Schmidt/Lutter/*Schnorbus* Rn. 2; Grigoleit/*Rieder* Rn. 14; MHdB AG/*Austmann* § 75 Rn. 18.
⁶¹ BGH NZG 2006, 905 Rn. 10; MüKoAktG/*Grunewald* Rn. 4; Hüffer/*Koch* Rn. 9; Spindler/Stilz/*Singhof* Rn. 14; K. Schmidt/Lutter/*Schnorbus* Rn. 2; Grigoleit/*Rieder* Rn. 14; Henssler/Strohn/*Wilsing* Rn. 2; *Buchta/Ott* DB 2005, 990 (992); aA KK-AktG/*Koppensteiner* Rn. 2. – Zur verfassungsrechtlichen Unbedenklichkeit s. BVerfG AG 2008, 27 (28).
⁶² K. Schmidt/Lutter/*Schnorbus* Rn. 2; Hölters/*Müller-Michaels* Rn. 3.
⁶³ S. ferner Begr. RegE, BT-Drs. 14/7034, 32.
⁶⁴ Sie war im Diskussionsentwurf (→ Rn. 3) noch nicht vorgesehen; s. die Stellungnahme des Handelsrechtsausschusses des DAV zum RefE, NZG 2001, 420 (431).
⁶⁵ So zu Recht Begr. RegE, BT-Drs. 14/7034, 72.

mentär einer KGaA, und zwar unabhängig davon, ob er zugleich Kommanditaktionär ist oder war.

14 **3. Hauptaktionär. a) Persönliche Anforderungen.** Zentrale Voraussetzung des Squeeze Out ist die Existenz eines Hauptaktionärs, nach § 327a Abs. 1 S. 1 also eines Aktionärs, dem Aktien der Gesellschaft in Höhe von (mindestens) 95 % des Grundkapitals gehören. Besondere Anforderungen an die Person des Hauptaktionärs stellt § 327a nicht. Hauptaktionär kann vielmehr jeder sein, der Mitglied einer AG sein kann,[66] neben natürlichen und juristischen Personen also auch Personenhandelsgesellschaften, Vorgesellschaften und Außengesellschaften bürgerlichen Rechts (→ Rn. 15).[67] **Unerheblich** ist nicht nur die **Rechtsform** des Aktionärs; auch auf das Vorliegen eines inländischen **Wohn- oder Verwaltungssitzes** kommt es nicht an. Dies deshalb, weil die Minderheitsaktionäre ohnehin nur Anspruch auf Barabfindung haben, deren Leistung aber durch Bankgarantie gesichert ist (→ § 327b Rn. 11 ff.).[68] Auch die **Unternehmenseigenschaft** des Hauptaktionärs ist entbehrlich (→ Rn. 6). Nicht erforderlich ist schließlich, dass die Eigenschaft als Hauptaktionär auf ein vorangegangenes Übernahme- oder Pflichtangebot zurückzuführen ist (→ Rn. 5, 27); umgekehrt ist es für das Eingreifen des § 35 WpÜG unerheblich, dass der Bieter über die Möglichkeit des Squeeze Out verfügt (→ Vor § 311 Rn. 26).

15 Was die **Außengesellschaft bürgerlichen Rechts** betrifft, kommt es allein darauf an, dass die Aktien der GbR als solcher „gehören", mithin von dieser selbst als Teil des Gesamthandsvermögens gehalten werden;[69] weitergehende Anforderungen an die Struktur der GbR stellt das Gesetz nicht.[70] Die Folge ist, dass auch **Beteiligungspools und Konsortien** Hauptaktionär sind, sofern die Gesellschafter ihre Aktien in die GbR eingebracht haben und diese selbst daraufhin eine Beteiligung von 95 % oder mehr hält. Dient die GbR dagegen nur der Koordinierung des Stimmverhaltens ihrer Mitglieder, während diese selbst Inhaber der Aktien bleiben, fehlt es der GbR schon an der Aktionärseigenschaft; Hauptaktionär kann dann allenfalls eines ihrer Mitglieder sein.[71]

16 **b) Kapitalmehrheit.** Hauptaktionär ist nur, wem Aktien in Höhe von **mindestens 95 %** des Grundkapitals gehören. Vorbehaltlich des § 16 Abs. 2 und 4 (→ Rn. 17) und entsprechend der Rechtslage bei der Eingliederung (→ § 319 Rn. 8) müssen die Aktien im **Eigentum** des das Übertragungsverfahren betreibenden Aktionärs stehen; beim Fehlen von Aktienurkunden kommt es auf die Zuordnung der Mitgliedschaften an.[72] Unerheblich ist die **Art des Erwerbs**.[73] Auf Übertragung von Aktien gerichtete Ansprüche genügen

---

[66] MüKoAktG/*Grunewald* Rn. 5; HK-AktG/*Holzborn*/*Müller* Rn. 8; Hüffer/*Koch* Rn. 10; K. Schmidt/Lutter/*Schnorbus* Rn. 4; Spindler/Stilz/*Singhof* Rn. 15; Grigoleit/*Rieder* Rn. 16.

[67] Näher dazu sowie zur Frage, ob Erben- und Gütergemeinschaften Mitglied einer AG sein können, Hüffer/*Koch* § 2 Rn. 5 ff., 10 f.; zur fehlenden Rechtsfähigkeit der Erbengemeinschaft s. BGH NJW 2002, 3389.

[68] GroßkommAktG/*Fleischer* Rn. 11 f.; Hüffer/*Koch* Rn. 10; K. Schmidt/Lutter/*Schnorbus* Rn. 4; Spindler/Stilz/*Singhof* Rn. 15; *Sieger/Hasselbach* ZGR 2002, 120 (133); vgl. auch LG München I AG 2008, 904 (906). – Zur Rechtslage bei der Mehrheitseingliederung → § 319 Rn. 5 ff.; → § 320 Rn. 4.

[69] So auch MüKoAktG/*Grunewald* Rn. 5; KK-AktG/*Koppensteiner* Rn. 4; Hüffer/*Koch* Rn. 16; K. Schmidt/Lutter/*Schnorbus* Rn. 4; Spindler/Stilz/*Singhof* Rn. 15; HK-AktG/*Holzborn*/*Müller* Rn. 8; Grigoleit/*Rieder* Rn. 16; MHdB AG/*Austmann* § 75 Rn. 19.

[70] Zur Rechtsfähigkeit der GbR s. BGHZ 146, 341 = NJW 2001, 1056; BGH ZIP 2002, 614; zur Geltung dieser Rspr. für sämtliche Außengesellschaften bürgerlichen Rechts s. *Habersack* BB 2001, 477 (478 f.); *Hadding* ZGR 2001, 712 (716 f.); aA MüKoBGB/*Ulmer*/*Schäfer* § 705 Rn. 306; *Ulmer* ZIP 2001, 585 (593 f.); offengelassen von BGH BB 2006, 2490 (2491).

[71] Ganz hM, s. MüKoAktG/*Grunewald* Rn. 5; GroßkommAktG/*Fleischer* Rn. 35; KK-AktG/*Koppensteiner* Rn. 4; Hüffer/*Koch* Rn. 16; *Angerer* BKR 2002, 260 (267); *Maslo* NZG 2004, 163 (165); *Sieger*/*Hasselbach* ZGR 2002, 120 (138); aA – für Squeeze Out bei gemeinsamer Beherrschung – *Mertens* AG 2002, 377 (379 f.); wohl auch *Baums* 143 f.; *ders.* WM 2001, 1843 (1846).

[72] BGHZ 180, 154 Rn. 8 = ZIP 2009, 908.

[73] BGHZ 180, 154 Rn. 9, 15 = ZIP 2009, 908; Hüffer/*Koch* Rn. 10; Wachter/*Rothley* Rn. 11; speziell zum Wertpapierdarlehen *Kort* AG 2006, 557; *Rieder* ZGR 2009, 981 (988 ff.); *Schäfer*/*Dette* NZG 2009, 1 (5, 7); *Kumpan*/*Mittermeier* ZIP 2009, 404 (407); → Rn. 27, 29.

dagegen ebenso wenig wie noch auszuübende oder zwar ausgeübte, aber nicht bediente **Erwerbsoptionen.**[74] Entsprechende Bezugsrechte sind umgekehrt bei der Berechnung der Kapitalmehrheit auch dann nicht zu berücksichtigen, wenn sie nicht dem Hauptaktionär, sondern einem Dritten zustehen (→ § 320b Rn. 8).[75] Bei aufschiebend bedingter Übereignung muss die Bedingung eingetreten sein, sollen die Aktien Berücksichtigung finden können. Umgekehrt ist es unschädlich, dass der Aktionär in Bezug auf die ihm dinglich zugeordneten Aktien **schuldrechtlichen Bindungen** unterliegt oder die Aktien **verpfändet** oder mit einem Nießbrauch belastet sind,[76] ebenso, dass er nur auflösend bedingt erworben oder bereits aufschiebend bedingt verfügt hat, solange nur die Bedingung nicht eingetreten ist. Der Übertragungsbeschluss kann zwar von Fall zu Fall treuwidrig und damit anfechtbar sein (→ Rn. 27 ff.). Das dem Aufbau der erforderlichen Beteiligung dienende Erwerbsgeschäft wird hierdurch allerdings, vom Sonderfall der Sittenwidrigkeit abgesehen, nicht berührt.[77]

Nach § 327a Abs. 2 finden für die Feststellung der erforderlichen Kapitalmehrheit die Vorschriften des **§ 16 Abs. 2 und 4** Anwendung. Nach § 16 Abs. 2 S. 1 ist deshalb bei Nennbetragsaktien das Verhältnis des auf den Aktionär entfallenden Gesamtnennbetrags zum Grundkapital und bei Stückaktien das Verhältnis der auf den Aktionär entfallenden Aktienanzahl zur Gesamtzahl der Aktien maßgebend. Abzustellen ist jeweils auf das **eingetragene Grundkapital.** Stimmrechtslose Vorzugsaktien sind zu berücksichtigen, ein genehmigtes oder bedingtes Kapital dagegen nicht (→ § 16 Rn. 10 f.). **Eigene und für Rechnung der Gesellschaft gehaltene Aktien** sind nach § 16 Abs. 2 S. 2, 3 vom Grundkapital abzusetzen. Dies entspricht der Rechtslage bei der Mehrheitseingliederung (→ § 320 Rn. 9); auch im Rahmen des Squeeze Out gehen die eigenen und ihnen nach § 16 Abs. 2 S. 3 gleichstehenden Aktien auf den Hauptaktionär über (→ § 327e Rn. 9). Die in §§ 327a Abs. 2, 16 Abs. 4 vorgesehene **Zurechnung** fremder Aktien (→ § 16 Rn. 15 ff.), durch die sich ein „Umhängen" von Beteiligungen erübrigen soll,[78] findet dagegen im Recht der Eingliederung keine Entsprechung (→ § 319 Rn. 8). Die Abweichung ist allerdings sehr berechtigt: Bei der Eingliederung soll nämlich die Nichtgeltung des § 16 Abs. 4 durch Anteilsveräußerungen hervorgerufene, mit Blick auf § 327 Abs. 1 Nr. 3 unerwünschte Unklarheiten vermeiden; hierfür besteht beim Squeeze Out schon deshalb kein Anlass, weil der Übergang der Aktien durch die nachfolgende Aufnahme von Minderheitsaktionären nicht in Frage gestellt wird, entsprechende Unsicherheiten also nicht drohen.[79] § 327a Abs. 1 setzt allerdings voraus, dass der den Squeeze Out betreibende Aktionär **mindestens eine Aktie unmittelbar** hält.[80] Denn nur der den Squeeze Out Betreibende kann die Vornahme

---

[74] MüKoAktG/*Grunewald* Rn. 6, 9; *dies.* ZIP 2002, 18; K. Schmidt/Lutter/*Schnorbus* Rn. 8 ff.; Spindler/Stilz/*Singhof* Rn. 16; HK-AktG/*Holzborn/Müller* Rn. 10 iVm § 327b Rn. 6; Hölters/*Müller-Michaels* Rn. 8; *Fleischer* ZGR 2002, 757 (776); *Halasz/Kloster* DB 2002, 1251 (1255); *Sieger/Hasselbach* ZGR 2002, 120 (138); *Wilsing/Kruse* ZIP 2002, 1465 (1467) mit Vorbehalt für ausgeübte, aber noch nicht bediente Optionen; aA – für Berücksichtigung von nach § 320b geschuldeten Aktien – *Schiffer/Rossmeier* DB 2002, 1359 (1361).
[75] AA LG Düsseldorf ZIP 2004, 1755 (1757).
[76] MüKoAktG/*Grunewald* Rn. 6, 9; *Wachter/Rothley* Rn. 10; ferner BGHZ 180, 154 Rn. 8 = ZIP 2009, 908, *Kort* AG 2006, 557 (563) und *Schäfer/Dette* NZG 2009, 1 (4 f.), jeweils das Wertpapierdarlehen betreffend (→ Rn. 29); → § 319 Rn. 8; KK-AktG/*Koppensteiner* Rn. 10; speziell zur Unschädlichkeit der Verpfändung OLG München ZIP 2009, 416 (419 f.); LG München I AG 2008, 904 (906).
[77] MüKoAktG/*Grunewald* Rn. 8; Hüffer/*Koch* Rn. 15; aA noch Hüffer 10. Aufl. Rn. 12.
[78] Begr. RegE, BT-Drs. 14/7034, 72; zur Unanwendbarkeit auf eigene Aktien der Gesellschaft zutr. *Riegger* DB 2003, 541 (542 f.); vgl. daneben OLG Hamburg ZIP 2003, 2076 (2078): volle Zurechnung unabhängig davon, ob die Hauptaktionärin zu 100 % oder zu einem geringeren Satz an der abhängigen Gesellschaft beteiligt ist.
[79] MüKoAktG/*Grunewald* Rn. 7; Hüffer/*Koch* Rn. 18; zur Frage eines Rechtsmissbrauchs → Rn. 27 ff.
[80] So zu Recht MüKoAktG/*Grunewald* Rn. 7; *Markwardt* BB 2004, 277 (278); s. ferner Geibel/Süßmann/*Grzimek* Rn. 47; aA die hM, s. OLG Köln AG 2004, 39 (41); OLG Köln Konzern 2004, 30 (34); OLG Stuttgart AG 2009, 204 (207); Großkomm AktG/*Fleischer* Rn. 51 f.; KK-AktG/*Koppensteiner* Rn. 7; Hüffer/*Koch* Rn. 18; K. Schmidt/Lutter/*Schnorbus* Rn. 13; Spindler/Stilz/*Singhof* Rn. 17; Grigoleit/*Rieder* Rn. 20; Hölters/*Müller-Michaels* Rn. 12; KK-WpÜG/*Hasselbach* Rn. 44; HK-AktG/*Holzborn/Müller* Rn. 11; Wachter/*Rothley* Rn. 12; MHdB AG/*Austmann* § 75 Rn. 23; *Sieger/Hasselbach* ZGR 2002, 120 (134); *Maslo* NZG 2004, 163 (168); *v. Schnurbein* AG 2005, 725 (731); *Rühland* 196 f.

des Übertragungsbeschlusses verlangen; dieser aber muss, schon mit Blick auf § 122 (→ Rn. 20), Aktionär sein. Im Übrigen kann es nach §§ 327a Abs. 2, 16 Abs. 4 durchaus sein, dass mehrere Gesellschaften über die erforderliche Kapitalmehrheit verfügen; dann ist jede zur Durchführung des Squeeze Out berechtigt.[81]

18 Die für den Squeeze Out erforderliche Kapitalmehrheit des Hauptaktionärs muss nach dem eindeutigen Wortlaut des § 327a Abs. 1 S. 1 bereits im **Zeitpunkt des Verlangens** nach Beschlussfassung[82] und auch noch bei Vornahme des Übertragungsbeschlusses[83] vorliegen (→ Rn. 24). Darüber hinaus ist, da das Beteiligungserfordernis nicht auf den Hauptversammlungsbeschluss bezogen, sondern als eigenständige materiell-rechtliche Voraussetzung des Squeeze Out anzusehen ist, zu verlangen (und vom Registergericht zu prüfen), dass die erforderliche Kapitalmehrheit noch bei dem für den Aktienerwerb maßgebenden Zeitpunkt der **Eintragung** in das Handelsregister gegeben ist.[84] Dagegen ist es für den Eintritt der Rechtsfolgen des § 327e Abs. 3 unschädlich, dass der Hauptaktionär nach Eintragung des Übertragungsbeschlusses seine Beteiligung ganz oder teilweise überträgt und in der Folge gar weniger als 95 % des Kapitals hält: Sofern nicht ein Tatbestand der Treupflichtverletzung gegeben ist (→ Rn. 27 ff.), sind **nach Eintragung vorgenommene Verfügungen** des Hauptaktionärs über seine Aktien gänzlich irrelevant.[85] Der Hauptaktionär kann zudem, nachdem er einen Teil seiner Aktien übertragen oder er auf sein Bezugsrecht verzichtet und statt seiner ein anderer Aktien gezeichnet hat, **erneut** einen **Squeeze Out** initiieren. Verfügt der Hauptaktionär nicht über die erforderliche Kapitalbeteiligung, ist der Übertragungsbeschluss **nichtig** (→ § 327e Rn. 8; → § 327f Rn. 3).

18a Nach **§ 12 Abs. 4 S. 1 FMStBG** (→ Einl. Rn. 37 f.) kann der Finanzmarktstabilisierungsfonds ein Übertragungsverlangen schon dann stellen, wenn ihm Aktien der Gesellschaft in Höhe von **90 % des Grundkapitals** gehören.[86] Vorbehaltlich der in § 12 Abs. 4 S. 2– 4 vorgesehenen Modifikationen (→ § 327b Rn. 11; → § 327e Rn. 1) finden im Übrigen nach § 12 Abs. 4 S. 5 FMStBG die Vorschriften der §§ 327a ff. auch auf das Übertragungsverlangen des Fonds Anwendung; in der Folge bewendet es auch insoweit bei den in → Rn. 16 ff. dargestellten Grundsätzen. Zu **§ 62 Abs. 5 UmwG** → Rn. 8b.

19 **4. Verlangen des Hauptaktionärs.** Die Hauptversammlung kann einen Übertragungsbeschluss nur fassen, wenn der Hauptaktionär dies zuvor verlangt hat. Dieses Verlangen hat als Teil des Ausschlussverfahrens korporationsrechtlichen Charakter.[87] Es ist gegenüber der durch ihren Vorstand vertretenen AG zu erklären; § 78 Abs. 2 S. 2 findet entsprechende

---

[81] MüKoAktG/*Grunewald* Rn. 7; KK-WpÜG/*Hasselbach* Rn. 45; Geibel/Süßmann/*Grzimek* Rn. 48; MHdB AG/*Austmann* § 75 Rn. 24.

[82] BGHZ 189, 32 Rn. 26 = AG 2011, 518; OLG Düsseldorf NZG 2004, 328 (331); OLG Köln Konzern 2004, 30 (32); Sieger/Hasselbach ZGR 2002, 120 (138); KK-WpÜG/*Hasselbach* Rn. 58; KK-AktG/ *Koppensteiner* Rn. 11; HK-AktG/*Holzborn/Müller* Rn. 12; K. Schmidt/Lutter/*Schnorbus* Rn. 15; Hüffer/*Koch* Rn. 15; Henssler/Strohn/*Wilsing* Rn. 3; Haarmann/Schüppen/*Schüppen/Tretter* Rn. 19; *Rühland* 198; im Grundsatz auch Spindler/Stilz/*Singhof* Rn. 18; aA GroßkommAktG/*Fleischer* Rn. 20; MüKoAktG/*Grunewald* Rn. 9 f.; *Dißars* BKR 2004, 389 (391); *Kocher/Heydel* BB 2012, 401 (402 f.).

[83] Wohl unstr., s. BGHZ 189, 32 Rn. 26 = AG 2011, 518; OLG Düsseldorf NZG 2004, 328 (331); MüKoAktG/*Grunewald* Rn. 9; Hüffer/*Koch* Rn. 15; Spindler/Stilz/*Singhof* Rn. 18; Henssler/Strohn/*Wilsing* Rn. 3; KK-WpÜG/*Hasselbach* Rn. 58; Geibel/Süßmann/*Grzimek* Rn. 50; Haarmann/Schüppen/*Schüppen/ Tretter* Rn. 19; Sieger/Hasselbach ZGR 2002, 120 (138).

[84] Spindler/Stilz/*Singhof* Rn. 18; MHdB AG/*Austmann* § 75 Rn. 31; *Fuhrmann/Simon* WM 2002, 1211 (1212); aA OLG München ZIP 2009, 416 (420); LG München I AG 2008, 904 (906 f.); GroßkommAktG/ *Fleischer* Rn. 21; KK-AktG/*Koppensteiner* Rn. 11; K. Schmidt/Lutter/*Schnorbus* Rn. 15; Hüffer/*Koch* Rn. 15; Grigoleit/*Rieder* Rn. 21; KK-WpÜG/*Hasselbach* § 327e Rn. 58; Haarmann/Schüppen/*Schüppen/Tretter* Rn. 20. – Zur Rechtslage bei der Eingliederung → § 319 Rn. 8 f.

[85] BGHZ 180, 154 Rn. 9 = ZIP 2009, 908; OLG Düsseldorf NZG 2004, 328 (331); *Krieger* BB 2002, 53 (62).

[86] Näher dazu, insbes. zur verfassungs- und europarechtlichen Beurteilung OLG München ZIP 2011, 1955 (1956 ff.); LG München I AG 2011, 211 (212 ff.); ZIP 2012, 674 ff.; NZG 2014, 498 ff.; *Bachmann* ZIP 2009, 1249 (1255 f.); *Götz* NZG 2010, 412 ff.; *Gurlit* NZG 2009, 601 ff.

[87] OLG Düsseldorf AG 2010, 711 (713); Hüffer/*Koch* Rn. 11.

Anwendung.⁸⁸ Eine besondere Form ist in § 327a Abs. 1 nicht vorausgesetzt.⁸⁹ Bei Fehlen oder Unwirksamkeit des Verlangens ist der Übertragungsbeschluss anfechtbar.⁹⁰ Das Verlangen braucht **nicht im zeitlichen Zusammenhang mit dem Erwerb** der nach § 327a Abs. 1 S. 1 erforderlichen Kapitalmehrheit erklärt werden;⁹¹ in einem längeren Zuwarten des Hauptaktionärs kann auch noch keine Treupflichtverletzung gesehen werden (→ Rn. 30). Aus § 327c Abs. 1 Nr. 2 ergibt sich, dass das Verlangen die Abfindung benennen muss (→ § 327b Rn. 4).

Ein wirksames Verlangen **verpflichtet die Gesellschaft,** die sich ihrerseits des Vorstands 20 bedient,⁹² zur Einberufung einer Hauptversammlung, und zwar mit dem Verlangen des Hauptaktionärs als Gegenstand der Beschlussfassung iSd § 124 Abs. 1. Auch die weitere Abwicklung des Übertragungsverfahrens liegt in den Händen des Vorstands, obschon dieses im ausschließlichen Interesse des Hauptaktionärs durchgeführt wird und auf eine (außerhalb der Gesellschaftsebene angesiedelte) Transaktion im Aktionärskreis zielt. Dies läuft zwar der auch im einfachen Konzern bestehenden **Weisungsunabhängigkeit** des Vorstands (→ Rn. 6) **zuwider,**⁹³ ist aber de lege lata hinzunehmen und vermag die konzernrechtliche Neutralität der §§ 327a ff. (→ Rn. 6) nicht in Frage zu stellen. Zur Einberufung einer außerordentlichen Hauptversammlung ist der Vorstand allerdings nur dann verpflichtet, wenn das **Interesse der Gesellschaft** (nicht das des Hauptaktionärs) eine sofortige Beschlussfassung gebietet.⁹⁴ Sofern nicht der Hauptaktionär die Kosten einer außerordentlichen Hauptversammlung übernimmt⁹⁵ oder der Hauptaktionär von einem beherrschungsvertraglichen Weisungsrecht Gebrauch macht, ist deshalb im Allgemeinen im Rahmen der nächsten ordentlichen Hauptversammlung über das Übertragungsbegehren zu beschließen. Bei dem nach § 124 Abs. 3 abzugebenden Vorschlag zur Beschlussfassung haben sich Vorstand und Aufsichtsrat am Interesse der Gesellschaft zu orientieren; eine Pflicht, das Übertragungsbegehren zu unterstützen, lässt sich aus § 327a nicht herleiten.⁹⁶ Bleibt der Vorstand untätig, kann der Hauptaktionär nach § 122 vorgehen.⁹⁷

5. Übertragungsbeschluss. a) Beschlusserfordernis. Das Verlangen des Hauptaktio- 21 närs vermag als solches den Erwerb der Aktien der Minderheitsaktionäre nicht zu bewirken. Nach § 327a Abs. 1 S. 1 bedarf es hierzu vielmehr eines Übertragungsbeschlusses der Hauptversammlung, dessen Eintragung sodann nach § 327e Abs. 3 den Übergang der Aktien auf den Hauptaktionär zur Folge hat (→ § 327e Rn. 8 ff.). Das Erfordernis eines Hauptversammlungsbeschlusses ist zwar **rechtspolitisch umstritten**⁹⁸ und nötigt zu Korrekturen

---

⁸⁸ GroßkommAktG/*Fleischer* Rn. 56; Hüffer/*Koch* Rn. 11; Grigoleit/*Rieder* Rn. 25; HK-AktG/*Holzborn*/*Müller* Rn. 13; im Ergebnis auch KK-AktG/*Koppensteiner* Rn. 14, der freilich den Vorstand selbst als Adressaten ansieht.
⁸⁹ OLG Köln Konzern 2004, 30 (32); OLG Stuttgart AG 2009, 204 (207); MüKoAktG/*Grunewald* Rn. 11; Hüffer/*Koch* Rn. 11; zur Zulässigkeit eines Widerrufsvorbehalts s. LG Frankfurt a.M. ZIP 2008, 1183.
⁹⁰ MüKoAktG/*Grunewald* Rn. 11; Spindler/Stilz/*Singhof* Rn. 19; K. Schmidt/Lutter/*Schnorbus* Rn. 17; Grigoleit/*Rieder* Rn. 25; vgl. aber auch OLG Köln Konzern 2004, 30 (32 f.): fehlende Relevanz des Verstoßes, wenn Verlangen alsbald wiederholt wird und schutzwürdige Interessen der Minderheitsaktionäre gewahrt sind; weitergehend – für Nichtigkeit – KK-AktG/*Koppensteiner* Rn. 14.
⁹¹ Berechtigt die rechtspolitische Kritik bei *Fleischer* ZGR 2002, 757 (768 f.).
⁹² So auch MüKoAktG/*Grunewald* Rn. 12; GroßkommAktG/*Fleischer* Rn. 60; HK-AktG/*Holzborn*/*Müller* Rn. 14; Grigoleit/*Rieder* Rn. 25; aA – Verpflichtung des Vorstands gegenüber dem Hauptaktionär – Hüffer/*Koch* Rn. 11; Spindler/Stilz/*Singhof* Rn. 19; Sieger/*Hasselbach* ZGR 2002, 120 (142); → § 327b Rn. 5.
⁹³ Näher *Habersack* ZIP 2001, 1230 (1237); zur rechtspolitischen Beurteilung des Beschlusserfordernisses → Rn. 21.
⁹⁴ OLG Stuttgart AG 2009, 204 (210); MüKoAktG/*Grunewald* Rn. 12; KK-AktG/*Koppensteiner* Rn. 16; GroßkommAktG/*Fleischer* Rn. 61; Spindler/Stilz/*Singhof* Rn. 19; s. ferner Wachter/*Rothley* Rn. 16.
⁹⁵ Zu dieser Möglichkeit s. MüKoAktG/*Grunewald* Rn. 12; KK-AktG/*Koppensteiner* Rn. 16; GroßkommAktG/*Fleischer* Rn. 61.
⁹⁶ So auch Hüffer/*Koch* Rn. 11; MüKoAktG/*Grunewald* Rn. 12.
⁹⁷ So auch LG Regensburg Konzern 2004, 811 (815); Hüffer/*Koch* Rn. 11; MüKoAktG/*Grunewald* Rn. 12; KK-WpÜG/*Hasselbach* § 327c Rn. 2.
⁹⁸ Krit. *Vetter* ZIP 2000, 1817 (1819 ff.); *ders.* DB 2001, 743 ff.; *Habersack* ZIP 2001, 1230 (1236 ff.) mit rechtsvergleichenden Hinweisen; *Rühland* 205 ff.; zuvor bereits *Kallmeyer* AG 2000, 59 ff.; *Schiessl* AG 1999,

des allgemeinen Beschlussmängelrechts (→ Rn. 31). Vor dem Hintergrund, dass der Squeeze Out den Charakter eines Zwangsverkaufs hat und damit auf eine Transaktion auf Aktionärsebene gerichtet ist (→ Rn. 1, 6), ist die weitgehende Anlehnung an das Recht der Mehrheitseingliederung in der Tat kaum sachgerecht. Es kommt hinzu, dass die durch das Beschlusserfordernis eröffnete Möglichkeit der Anfechtung angesichts des reduzierten Beschlussinhalts (→ Rn. 22 f.), der Entbehrlichkeit einer sachlichen Rechtfertigung des Übertragungsbegehrens und der in § 327f vorgesehenen Verlagerung des Abfindungsstreits in das Spruchverfahren[99] ohnehin wenig effektiv ist. Gleichwohl ist die gesetzgeberische Konzeption hinzunehmen.

22 **b) Beschlussinhalt.** Nach § 327a Abs. 1 S. 1 beschließt die Hauptversammlung die Übertragung der Aktien der Minderheitsaktionäre auf den Hauptaktionär gegen Gewährung einer angemessenen Barabfindung. Was zunächst das auf **Übertragung** gerichtete Element des Beschlusses betrifft, so ist es im Zusammenhang mit § 327e Abs. 3 zu sehen, wonach die Aktien mit Eintragung des Beschlusses kraft Gesetzes auf den Hauptaktionär übergehen. Der Übertragungsbeschluss ist somit nur **Voraussetzung eines gesetzlichen Erwerbstatbestands;**[100] nicht dagegen überträgt der Beschluss die Aktien selbst. Der Beschluss muss sich auf **sämtliche Aktien** der Minderheitsaktionäre beziehen, darf also nicht auf einen Teil derselben beschränkt sein.[101] Der **Hauptaktionär** ist im Beschluss nicht nur als solcher zu bezeichnen, sondern durch Angabe von Firma und Sitz zu individualisieren (→ § 327c Rn. 5). Bei einer natürlichen Person sind Name und Adresse anzugeben (→ § 327c Rn. 5).

23 Die im Übertragungsbeschluss anzugebende **Barabfindung** (→ § 327b Rn. 3 ff.) gleicht nach § 327a Abs. 1 S. 1 den Verlust der Mitgliedschaft aus und steht deshalb allein denjenigen Aktionären zu, die einen **Rechtsverlust** erleiden, mithin nicht denjenigen Aktionären, deren Aktienbesitz dem Hauptaktionär nach § 16 Abs. 2 und 4 zugerechnet wird (→ § 327e Rn. 9).[102] Die Minderheitsaktionäre brauchen (und können häufig) im Beschluss nicht namentlich genannt werden. Auch die Modalitäten der Abwicklung und die vom Hauptaktionär zu stellende Garantie (→ § 327b Rn. 11 ff.) müssen nach dem Wortlaut des § 327a Abs. 1 S. 1 nicht in den Beschluss aufgenommen werden; der Beschlussvorschlag sollte allerdings entsprechende Angaben enthalten.[103] **Schuldner** der Abfindung ist, wie sich schon aus dem Charakter des Squeeze Out (→ Rn. 1), aber auch aus § 327b Abs. 3 ergibt, nicht die Gesellschaft, sondern der **Hauptaktionär**. Im Beschluss muss dies nicht klargestellt werden; es genügt die Angabe einer Zahlstelle, die sodann auf Rechnung des Hauptaktionärs handelt.

24 **c) Mehrheit.** Der Übertragungsbeschluss unterliegt, sofern nicht die §§ 327c ff. Abweichendes bestimmen, den allgemeinen Regeln und bedarf deshalb nach § 133 Abs. 1 nur der einfachen Mehrheit.[104] Von Bedeutung ist dies in Fällen, in denen der Hauptaktionär die nach § 327a Abs. 1 S. 1 erforderliche Kapitalmehrheit nur unter Berücksichtigung von Vorzugsaktien aufbringt, seine Stimmkraft also hinter der Kapitalbeteiligung zurückbleibt. Denkbar ist auch, dass der Hauptaktionär einer nichtbörsennotierten Gesellschaft auf Grund

---

442 (452); s. ferner Beschluss Nr. 18a des 67. DJT, ZIP 2008, 1896; befürwortend dagegen Handelsrechtsausschuss des DAV NZG 2001, 420 (431); KK-AktG/*Koppensteiner* Rn. 18; Hüffer/*Koch* Rn. 12; MüKoAktG/*Grunewald* Rn. 13; Spindler/Stilz/*Singhof* Rn. 20; Ehricke/Roth DStR 2001, 1120 (1124 ff.); *Kiem* in Henze/Hoffmann-Becking 329, 335 ff. – Zur abweichenden Konzeption des übernahmerechtlichen Squeeze Out → Rn. 8a.

[99] Zur Frage, ob abfindungsbezogene Informationsmängel zur Beschlussanfechtung berechtigen, → § 327f Rn. 4 f.

[100] Hüffer/*Koch* Rn. 13; Grigoleit/*Rieder* Rn. 26.

[101] Wohl einhM, s. *Fuhrmann*/*Simon* WM 2002, 1211 (1214); K. Schmidt/Lutter/*Schnorbus* Rn. 21.

[102] Begr. RegE, BT-Drs. 14/7034, 72; BGHZ 180, 154 Rn. 14 = ZIP 2009, 908; Hüffer/*Koch* Rn. 13; MüKoAktG/*Grunewald* § 327e Rn. 12.

[103] Zu Beschlussvorschlägen s. *Fuhrmann*/*Simon* WM 2002, 1211 (1214); *Vossius* ZIP 2002, 511 (515 f.).

[104] OLG Düsseldorf DB 2005, 713 (715); MüKoAktG/*Grunewald* Rn. 15; Spindler/Stilz/*Singhof* Rn. 23; K. Schmidt/Lutter/*Schnorbus* Rn. 22; HK-AktG/*Holzborn*/*Müller* Rn. 16; KK-WpÜG/*Hasselbach* Rn. 70; Hüffer/*Koch* Rn. 14; Grigoleit/*Rieder* Rn. 28; Hölters/*Müller-Michaels* Rn. 18; Hensseler/Strohn/*Wilsing* Rn. 5; Wachter/*Rothley* Rn. 18; *Vetter* AG 2002, 176 (186); → § 320 Rn. 11 betr. die Mehrheitseingliederung.

von Höchststimmrechten (§ 134 Abs. 1 S. 2) nicht über die einfache Stimmenmehrheit verfügt, stimmberechtigte Minderheitsaktionäre sich aber dem Übertragungsbegehren anschließen. Der Hauptaktionär unterliegt keinem Stimmverbot.[105] **Vorzugsaktionäre** haben, obschon auch ihre Aktien Gegenstand der Übertragung sind, kein Stimmrecht; auch ein Sonderbeschluss ist nicht erforderlich.[106]

d) Beschlussmängel. aa) Überblick. Der Übertragungsbeschluss kann, wie jeder andere Beschluss auch, nichtig oder anfechtbar sein. Allein die Unangemessenheit der Barabfindung kann nach § 327f nur im Rahmen eines **Spruchverfahrens** gerügt werden (→ § 327f Rn. 6 ff.). Im Übrigen aber kann der Übertragungsbeschluss sowohl an einem Verfahrensfehler als auch an einem Inhaltsmangel leiden; auch kann es an einem wirksamen Übertragungsverlangen oder an der erforderlichen Kapitalbeteiligung des Hauptaktionärs fehlen. Vorbehaltlich des § 327f S. 1 und 2 beurteilen sich die Rechtsfolgen eines Beschlussmangels nach §§ 241 ff. Die im Einzelnen in Betracht kommenden Beschlussmängel und deren Folgen sind in → **§ 327f Rn. 3 ff.** zusammengefasst; im vorliegenden Zusammenhang ist allein auf die Frage einer Inhaltskontrolle des Übertragungsbeschlusses einzugehen (→ Rn. 26 ff.). 25

bb) Entbehrlichkeit sachlicher Rechtfertigung. Der Übertragungsbeschluss bedarf keiner sachlichen Rechtfertigung.[107] Der Gesetzgeber hat vielmehr den typischen Mehrheits-/Minderheitskonflikt zum Anlass dafür genommen, die mitgliedschaftlichen Belange der Minderheitsaktionäre dem Leitungsinteresse des Hauptaktionärs unterzuordnen, und damit die **Abwägung der widerstreitenden Interessen selbst vorgenommen;**[108] für eine am Maßstab der Erforderlichkeit und Verhältnismäßigkeit ausgerichtete materielle Kontrolle des Übertragungsbeschlusses ist vor diesem Hintergrund und ungeachtet der rechtspolitischen Bedenken, die gegenüber der Konzeption und dem weiten Anwendungsbereich der §§ 327a ff. anzumelden sind (→ Rn. 5), kein Raum. Dies gilt auch für nichtbörsennotierte Gesellschaften; den Gedanken, den Aktionären einer börsenfernen Gesellschaft entsprechend § 237 Abs. 1 S. 2 Bestandsschutz zuteil werden zu lassen,[109] hat der Gesetzgeber nicht aufgegriffen. Hieran ist selbst für den Fall festzuhalten, dass die restlichen Anteile nicht breit gestreut, sondern von einem einzigen Aktionär gehalten werden. Auch insoweit hat der Gesetzgeber dem Hauptaktionär das Recht verliehen, den Minderheitsaktionär ohne Rücksicht auf dessen Vorverhalten aus der Gesellschaft zu drängen. Stets bedarf es somit des Hinzutretens **besonderer Umstände,** soll der Übertragungsbeschluss inhaltlich zu beanstanden sein (→ Rn. 27 ff.).[110] 26

---

[105] MüKoAktG/*Grunewald* Rn. 15; *Hüffer/Koch* Rn. 14; KK-AktG/*Koppensteiner* Rn. 23; Spindler/Stilz/*Singhof* Rn. 23; K. Schmidt/Lutter/*Schnorbus* Rn. 23; *Gesmann-Nuissl* WM 2002, 1205 (1210); *Kiem* in Henze/Hoffmann-Becking 329, 339 ff.; *Krieger* BB 2002, 53 (55); *Vetter* AG 2002, 176 (186).

[106] OLG Düsseldorf DB 2005, 713 (716); OLG Hamm ZIP 2005, 1457 (1463); LG Bochum AG 2005, 738 (740); MüKoAktG/*Grunewald* Rn. 15; K. Schmidt/Lutter/*Schnorbus* Rn. 23; KK-WpÜG/*Hasselbach* Rn. 71; Haarmann/Schüppen/*Tretter* Rn. 37; Wachter/*Rothley* Rn. 18; Fuhrmann/Simon WM 2002, 1211 (1213); → § 320 Rn. 11; → Vor § 311 Rn. 50. – Zur verfassungsrechtlichen Unbedenklichkeit s. BVerfG ZIP 20071987; skeptisch noch LG Frankfurt a.M. NZG 2004, 672 (675).

[107] BGHZ 180, 154 Rn. 14 = ZIP 2009, 908; BGH NZG 2006, 905 Rn. 10; KG AG 2010, 166 (170); BB 2004, 2774 (2775); OLG Hamburg AG 2012, 639 (641 f.); OLG Stuttgart AG 2009, 204 (212); OLG Frankfurt AG 2008, 167 (169); AG 2010, 368 (369 f.); OLG Karlsruhe AG 2007, 92 (93); OLG Düsseldorf NZG 2004, 328 (331); OLG Köln AG 2004, 39 (40); LG Hamburg NZG 2003, 787 (789); LG Krefeld AG 2008, 754 (755); GroßkommAktG/*Fleischer* Rn. 75; *Hüffer/Koch* Rn. 14; MüKoAktG/*Grunewald* Rn. 17; KK-WpÜG/*Hasselbach* Rn. 75; K. Schmidt/Lutter/*Schnorbus* § 327f Rn. 12; Spindler/Stilz/*Singhof* Rn. 24; Hölters/*Müller-Michaels* Rn. 20; Grigoleit/*Rieder* Rn. 26; NK-AktR/*Heidel/Lochner* Rn. 22; Wachter/*Rothley* Rn. 19; Henssler/Strohn/*Wilsing* Rn. 5; *Kort* ZIP 2006, 1519 (1520); *Lieder/Stange* Konzern 2008, 617 (619 f.); *Schäfer/Dette* NZG 2009, 1 (4).

[108] Allg. und mwN Hüffer/*Koch* § 243 Rn. 21 ff.; GroßkommAktG/K. *Schmidt* § 243 Rn. 45 ff.; speziell zu § 327a BGHZ 180, 154 Rn. 14 = ZIP 2009, 908; dazu auch BVerfG AG 2008, 27 (28).

[109] *Habersack* ZIP 2001, 1230 (1235); s. ferner *Fleischer* ZGR 2002, 757 (770 ff.); *Hanau* NZG 2002, 1040 (1042 f.).

[110] BGHZ 180, 154 Rn. 9 ff. = ZIP 2009, 908; Hüffer/*Koch* Rn. 14, 20; *Rieder* ZGR 2009, 981 (994 ff.) mwN.

27 cc) Treuwidrigkeit des Übertragungsbeschlusses. Bedarf der Übertragungsbeschluss auch keiner sachlichen Rechtfertigung (→ Rn. 26), so kann er[111] doch **im Einzelfall** treuwidrig und damit nach § 243 Abs. 1 anfechtbar sein.[112] Dabei gilt es freilich zu beachten, dass die §§ 327a ff. dem Hauptaktionär gezielt das Recht verleihen, die Minderheitsaktionäre im Interesse einer reibungslosen Führung der Gesellschaft und unabhängig von deren Vorverhalten[113] aus der Gesellschaft zu drängen; auf die Enttäuschung des allgemeinen Vertrauens der Minderheitsaktionäre auf einen Fortbestand ihrer Mitgliedschaft in der Gesellschaft kann die Treuwidrigkeit deshalb ebenso wenig gestützt werden wie auf finanzielle Einbußen, die die Minderheitsaktionäre durch den Zwangsverkauf erleiden.[114] Auch Sitz und Rechtsform des Hauptaktionärs sind unbeachtlich; die Minderheitsaktionäre sind vielmehr durch das Erfordernis einer Bankgarantie geschützt (→ § 327b Rn. 11 ff.). Auch die Tatsache, dass die nach § 327a Abs. 1 S. 1 erforderliche Kapitalbeteiligung ausschließlich zur Ermöglichung eines Squeeze Out aufgebaut worden ist, ist als solche unbeachtlich.[115] Überhaupt spielt es keine Rolle, auf welche Weise der Hauptaktionär die erforderliche Beteiligung erworben hat und wie lange er sie zu halten beabsichtigt (→ Rn. 16 ff., 28). Hieran ist auch für den Fall festzuhalten, dass der Erwerb auf Kapitalerhöhungen unter **Ausschluss des Bezugsrechts** der nunmehrigen Minderheitsaktionäre zurückgeht.[116] Ein im Übrigen im Gesellschaftsinteresse liegender Bezugsrechtsausschluss ist also nicht deswegen unzulässig, weil er dem Großaktionär die Möglichkeit eines Squeeze Out eröffnet; im Gegenzug kann freilich diese Aussicht allein kein zulässiges Ziel eines Bezugsrechtsausschlusses darstellen.[117]

---

[111] Bereits im Ausgangspunkt anders *Schäfer/Dette* NZG 2009, 1 (7), denen zufolge sich der Einwand des Rechtsmissbrauchs (nur) gegen das Übertragungsverlangen richte, was mit § 327e Abs. 1 S. 1 (konstitutive Wirkung der Eintragung des Beschlusses) kaum zu vereinbaren ist; anders auch *Hüffer* 10. Aufl. Rn. 12, der bei dem Mehrheitserwerb selbst ansetzt und davon ausgeht, dieser könne missbräuchlich und unbeachtlich sein.

[112] So im Ausgangspunkt auch KG AG 2010, 166 (170); OLG München ZIP 2008, 2117 (2121); OLG Stuttgart AG 2008, 464 (465 f.); LG Stuttgart DB 2005, 327 f.; MüKoAktG/*Grunewald* Rn. 18 ff.; Hüffer/*Koch* Rn. 20; Grigoleit/*Rieder* § 327f Rn. 7 f.; *Fleischer* ZGR 2002, 757 (785 ff.); *Kiem* in Henze/Hoffmann-Becking 329, 340; *Krieger* BB 2002, 53 (61 f.); *Bolte* DB 2001, 2587 (2589 ff.); wohl auch BGHZ 180, 154 Rn. 17 = ZIP 2009, 908; aA *Baums* 142; KK-AktG/*Koppensteiner* § 327f Rn. 11; offen OLG Düsseldorf AG 2006, 202 (203 f.).

[113] Der Squeeze Out setzt also weder voraus, dass die Minderheitsaktionäre in der Vergangenheit ihre Rechte intensiv oder gar rechtsmissbräuchlich ausgeübt haben (so auch *Grunewald* ZIP 2002, 18 (22); zu der disziplinierenden Wirkung, die schon von der Möglichkeit des Squeeze Out ausgeht, s. *Fleischer* ZGR 2002, 757 (769)), noch wird er dadurch ausgeschlossen, dass es in der Vergangenheit zu keinerlei Konflikten zwischen den Minderheitsaktionären auf der einen und der Gesellschaft und dem Hauptaktionär auf der anderen Seite gekommen ist; s. ferner LG Düsseldorf ZIP 2004, 1755 (1757 f.), wonach Rechtsmissbrauch nicht deshalb vorliegt, weil durch den Squeeze Out (angeblich) die Durchsetzung von Schadensersatzansprüchen gegen den Vorstand wegen Unregelmäßigkeiten bei der Übernahme der Aktienmehrheit durch den Hauptaktionär vereitelt würde.

[114] Zutr. hierzu auch OLG München ZIP 2008, 2117 (2122); LG München ZIP 2008, 2124 Ls. 10. – Denkbar sind im Übrigen nicht nur Veräußerungsverluste. Infolge des squeeze-out realisierte Veräußerungsgewinne führen vielmehr bei privaten Aktionären unter den Voraussetzungen des § 23 Abs. 1 Nr. 2 EStG zu (durch Zuwarten vermeidbaren) sonstigen Einkünften (→ § 327b Rn. 10).

[115] Zumindest missverständlich dagegen *Hüffer* 10. Aufl. Rn. 12 (Missbrauch, wenn das eigentliche Erwerbsziel darin besteht, die Mitaktionäre zur Förderung persönlicher Vorteile zu verdrängen; restriktiver Hüffer/*Koch* Rn. 21); ähnlich OLG Frankfurt DB 2003, 872 (873 f.) (Durchführung einer Verschmelzung auf vom Großaktionär gehaltene Tochter zur Erlangung der erforderlichen Beteiligungsquote, im konkreten Fall aber abgelehnt).

[116] OLG Schleswig NZG 2004, 281 (285); K. Schmidt/Lutter/*Schnorbus* § 327f Rn. 17; relativierend MüKoAktG/*Grunewald* Rn. 22.

[117] So zutr. OLG Schleswig NZG 2004, 281 (285), dort auch zu den Anforderungen an den Vorstandsbericht; wie hier auch K. Schmidt/Lutter/*Schnorbus* § 327f Rn. 17; ferner Spindler/Stilz/*Singhof* Rn. 25. – Ist der Bezugsrechtsausschluss rechtswidrig, können sich die betroffenen Aktionäre durch Anfechtung des Beschlusses (dazu im vorliegenden Zusammenhang *Rühland* WM 2002, 1957 (1960); *Baums* 134 ff.) oder (im Fall des § 203 Abs. 2) durch Unterlassungs- und Beseitigungsklage zur Wehr setzen; speziell zum Rechtsschutz in den Fällen des § 203 Abs. 2 s. BGHZ 136, 133 (141) = NJW 1997, 2815; BGHZ 164, 249 (254 ff.) = NJW 2006, 374; *Habersack* DStR 1998, 533 (536 f.); *Cahn* ZHR 164 (2000), 113 (116 ff.).

Nach den vorstehend getroffenen Feststellungen vermag auch ein nur **vorübergehender** 28 **Erwerb** den Einwand des Rechtsmissbrauchs grundsätzlich nicht zu begründen.[118] Dies gilt zunächst für die Bündelung von Aktien in der Hand eines einzelnen Aktionärs, sei es im Wege treuhänderischer Übertragung auf einen Altaktionär oder durch Einbringung in eine eigens geschaffene Gesellschaft (→ Rn. 16). Aber auch beim **Wertpapierdarlehen** liegt Rechtsmissbrauch grundsätzlich auch dann nicht vor, wenn der wirtschaftliche Wert der Aktien beim Darlehensgeber bleibt.[119] Dies folgt zunächst daraus, dass § 327a Abs. 1 S. 1 nicht auf die Art des Erwerbs abstellt und den Squeeze Out zudem nicht davon abhängig macht, dass der Hauptaktionär dauerhaft alleiniger Aktionär bleibt (→ Rn. 16 ff.). Maßgebend ist zudem die – in 5. Aufl. Rn. 29 nicht hinreichend berücksichtigte – Überlegung, dass das Erfordernis einer „Haltefrist" oder einer sonstigen „Verfestigung" der Kapitalmehrheit die Verwirklichung des Primärzwecks der §§ 327a ff. – die Stärkung der unternehmerischen Entfaltungsfreiheit (→ Rn. 4) – vereiteln würde, ohne der Minderheit letztlich einen Bestandsschutz gegenüber einem Squeeze Out verleihen zu können.[120] Bei Lichte betrachtet bleiben deshalb für die Annahme, der Übertragungsbeschluss sei treuwidrig, **allenfalls drei Fallgruppen:**[121]

In Betracht kommt der Einwand der Treuwidrigkeit zunächst bei dem vom Mehrheits- 29 gesellschafter beschlossenen **Formwechsel in die AG**.[122] Denn zwar unterliegen sowohl der Formwechsel als auch der Squeeze Out für sich betrachtet nicht dem Erfordernis sachlicher Rechtfertigung.[123] Ihre Verknüpfung kann indes – zumal mit Blick auf die Linotype-Entscheidung des BGH[124] – angreifbar sein, wenn sie zu dem Zweck geschieht, dem Hauptgesellschafter eine vor dem Formwechsel nicht bestehende Möglichkeit des Ausschlusses der Minderheit zu verschaffen.[125] Im Lichte der für Wertpapierdarlehen geltenden Grundsätze (→ Rn. 28) ist der Einwand der Treuwidrigkeit allerdings nur in **Ausnahmekonstellationen** begründet; allein ein zeitlicher Zusammenhang zwischen Formwechsel und Squeeze Out genügt noch nicht.[126] Zu verlangen ist vielmehr, dass der Squeeze Out

---

[118] Überzeugend BGHZ 180, 154 Rn. 15 f. = ZIP 2009, 908; KK-WpÜG/*Hasselbach* Rn. 87 ff.; Spindler/Stilz/*Singhof* Rn. 26; K. Schmidt/Lutter/*Schnorbus* § 327f Rn. 15; Hüffer/*Koch* Rn. 22 (restriktiver noch *Hüffer* 10. Aufl. Rn. 12); näher *Fröde* NZG 2007, 729 (734); *Kort* AG 2006, 557 (560); *Krieger* BB 2002, 53 (62); *Kumpan/Mittermeier* ZIP 2009, 404 (406 f.); *Markwardt* BB 2004, 277 (285); *Pluskat* NZG 2007, 725 (727 ff.); *Schäfer/Dette* NZG 2009, 1 (5); s. ferner OLG München ZIP 2009, 416. 419 f. (Verpfändung der Aktien ist unschädlich); aA 5. Aufl. Rn. 29; MüKoAktG/*Grunewald* 20 f.; *Halasz/Kloster* DB 2002, 1253 (1255 f.); *Bolte* DB 2001, 2587 (2589 f.); *Baums* 140 ff.; sympathisierend OLG Düsseldorf NZG 2004, 328 (331) = ZIP 2004, 359.

[119] BGHZ 180, 154 Rn. 15 = ZIP 2009, 908; s. ferner Spindler/Stilz/*Singhof* Rn. 26; K. Schmidt/Lutter/*Schnorbus* § 327f Rn. 15; Hüffer/*Koch* Rn. 22; *Kort* ZIP 2006, 1519 (1521 f.); *ders.* WM 2006, 2149 ff.; *Rieder* ZGR 2009, 981 (988 ff.); MHdB AG/*Austmann* § 75 Rn. 129; aA noch OLG München AG 2007, 173 (175 f.); NZG 2006, 398 (399); LG Landshut NZG 2006, 400; 5. Aufl. Rn. 29; GroßkommAktG/*Fleischer* Rn. 80; NK-AktR*Heidel/Lochner* Rn. 15; *Lieder/Stange* Konzern 2008, 617 (620 ff.).

[120] BGHZ 180, 154 Rn. 15 = ZIP 2009, 908.

[121] Speziell zu der durch den Frosta-Beschluss des BGH und die Neuregelung in § 39 Abs. 2, 3 BörsG (→ Vor § 311 Rn. 38) begründeten Möglichkeit, dem Squeeze Out ein Delisting vorzuschalten und in der Folge am Börsenkurs ausgerichtete Abfindung zu vermeiden, → § 327b Rn. 9.

[122] So auch Hüffer/*Koch* Rn. 21; Spindler/Stilz/*Singhof* Rn. 27; Hölters/*Müller-Michaels* Rn. 23; NK-AktR*Heidel/Lochner* Rn. 18; MüKoAktG/*Grunewald* Rn. 24; *dies.* ZIP 2002, 18 (22); *Krieger* BB 2002, 53 (61 f.); *Gesmann/Nuissl* WM 2002, 1205 (1210); *Fleischer* ZGR 2002, 757 (787); aA OLG Hamburg AG 2012, 639 (641 f.) zu § 62 Abs. 5 UmwG (→ Rn. 8b); OLG Hamburg BB 2008, 2199 (2200 f.) mit Anm. *Wilsing/Kruse* (Verschmelzung); MHdB AG/*Austmann* § 75 Rn. 122 ff.; KK-WpÜG/*Hasselbach* Rn. 84; K. Schmidt/Lutter/*Schnorbus* § 327f Rn. 18; *Angerer* BKR 2002, 260 (267); *Harrer* FS Sonnenberger, 2004, 235 (246); *Markwardt* BB 2004, 277 (283); *v. Morgen* WM 2003, 1553 (1560); *Pluskat* NZG 2007, 725 ff.; *Rieder* ZGR 2009, 981 (995 f.); im Grundsatz auch *Schäfer/Dette* NZG 2009, 1 (6); *Schröder/Wirsch* ZGR 2012, 660 ff.; offengelassen von OLG Stuttgart AG 2008, 464 (465 f.) – Zur Problematik s. bereits *Habersack* ZIP 2001, 1230 (1234 f.).

[123] Zum Übertragungsbeschluss → Rn. 26; zum Formwechsel s. Lutter/*Decher/Hoger* UmwG § 193 Rn. 9.

[124] BGHZ 103, 184 = NJW 1988, 1579; zutr. Betonung dieses Zusammenhangs bei *Krieger* BB 2002, 53 (61 f.); *Gesmann-Nuissl* WM 2002, 1205 (1210).

[125] So oder ähnlich Hüffer/*Koch* Rn. 21; Spindler/Stilz/*Singhof* Rn. 27; Hölters/*Müller-Michaels* Rn. 23; NK-AktR*Heidel/Lochner* Rn. 18; MüKoAktG/*Grunewald* Rn. 24; *dies.* ZIP 2002, 18 (22); *Krieger* BB 2002, 53 (61 f.); *Gesmann/Nuissl* WM 2002, 1205 (1210); *Fleischer* ZGR 2002, 757 (787).

[126] Zu Recht betont von Hüffer/*Koch* Rn. 21; *Schröder/Wirsch* ZGR 2012, 660 (676 ff.).

bei Abwägung aller Umstände als verwerflich erscheint, nicht zuletzt weil die betroffenen Minderheitsaktionäre nicht nur Anlageinteressen verfolgt haben. Sind die Absichten des Hauptgesellschafters schon bei Vornahme des Formwechsels erkennbar, ist bereits der Umwandlungsbeschluss anfechtbar. Andernfalls unterliegt der Übertragungsbeschluss der Anfechtung, wobei bei engem zeitlichen Zusammenhang zwischen Formwechsel und Squeeze Out eine Vermutung für die treuwidrige Verknüpfung spricht.[127] Zum Formwechsel des den verschmelzungsrechtlichen Squeeze Out betreibenden Hauptaktionärs → Rn. 8b.

30   Das Übertragungsbegehren des Hauptaktionärs kann sich weiter als treuwidriges **venire contra factum proprium** darstellen.[128] So verhält es sich namentlich, wenn der Hauptaktionär (sei es auch vor Erwerb der nach § 327a Abs. 1 S. 1 erforderlichen Kapitalmehrheit) die Minderheitsaktionäre kurz zuvor zum Erwerb der Aktien veranlasst hat; zu dem hierdurch erzeugten Vertrauenstatbestand darf er sich nicht durch ein nachfolgendes Übertragungsbegehren in Widerspruch setzen.[129] Allein die Tatsache, dass der Hauptaktionär nicht sogleich nach Erwerb der erforderlichen Kapitalmehrheit die Übertragung verlangt, macht den Übertragungsbeschluss allerdings nicht fehlerhaft;[130] eine Befristung des Übertragungsverlangens wäre zwar rechtspolitisch erwünscht (→ Rn. 5), ist aber in der lex lata nicht vorgesehen. Entsprechendes gilt bei Wiederaufnahme neuer Investoren.[131] Nach § 327a obliegt es dem Hauptaktionär nicht, die Gesellschaft dauerhaft als Einpersonen-AG zu führen (→ Rn. 17 f., 27). Der Squeeze Out darf vielmehr auch gezielt dazu eingesetzt werden, die Altaktionäre aus der Gesellschaft zu drängen. Ohnehin sind entsprechende Maßnahmen mit Blick auf § 246 Abs. 1 kaum geeignet, die Anfechtbarkeit des Übertragungsbeschlusses zu begründen.

31   Schließlich kann es sein, dass der Hauptaktionär mit dem Übertragungsverlangen und der nachfolgenden Beschlussfassung **vertraglichen Absprachen** mit den Minderheitsaktionären zuwider handelt.[132] Angesprochen ist insoweit die Rechtsprechung des BGH, der zufolge die Verletzung schuldrechtlicher Nebenabreden dann die Anfechtbarkeit des Beschlusses zu begründen, wenn durch die Abrede sämtliche Gesellschafter gebunden sind.[133] Im Allgemeinen ist diese Rechtsprechung zwar mit Blick auf die mit ihr verbundene Nivellierung des Unterschieds zwischen satzungsmäßigen und schuldrechtlichen Abreden nicht unproblematisch.[134] Im Rahmen der §§ 327a ff. trifft sie indes das Richtige, geht es doch bei dem Squeeze Out nicht um eine Maßnahme der Gesellschaft, sondern um einen auf Aktionärsebene angesiedelten Zwangsverkauf (→ Rn. 1).[135] Angesichts dessen wird man die Anfechtungsbefugnis zudem nicht davon abhängig machen können, dass sich der

---

[127] So auch *Krieger* BB 2002, 53 (62), der deshalb ein Zuwarten von ein bis zwei Jahren nach einem mit Mehrheit beschlossenen Formwechsel in die AG empfiehlt; ferner *Fleischer* ZGR 2002, 757 (787); diff. MüKoAktG/*Grunewald* Rn. 24; prinzipiell gegen Vermutungen KK-AktG/*Koppensteiner* § 327f Rn. 11; wohl auch OLG Stuttgart AG 2008, 464 (465 f.).

[128] So im Ausgangspunkt auch KG AG 2010, 166 (170); OLG Stuttgart AG 2009, 204 (213); OLG Frankfurt AG 2010, 368 (370); MüKoAktG/*Grunewald* Rn. 26, 28; Spindler/Stilz/*Singhof* Rn. 28; K. Schmidt/Lutter/*Schnorbus* § 327f Rn. 23; Hüffer/*Koch* Rn. 21; *Fleischer* ZGR 2002, 757 (785 f.); *Rühland* 248; *Schäfer/Dette* NZG 2009, 1 (6); dagegen *Markwardt* BB 2004, 277 (286); enger auch *Rieder* ZGR 2009, 981 (999 ff.).

[129] Vgl. aber auch OLG München ZIP 2008, 2117 (2121 f.) und OLG Frankfurt AG 2010, 368 (370), wo jeweils zu Recht Missbrauch verneint wird; gegen Missbrauch bei Veranlassung des Beitritts des Minderheitsaktionärs *Rieder* ZGR 2009, 981 (999 ff.).

[130] So aber zumindest in der Tendenz *Fleischer* ZGR 2002, 757 (786); wie hier dagegen MüKoAktG/*Grunewald* Rn. 26.

[131] Zutr. *Rieder* ZGR 2009, 981 (1000 f.); *Vetter* AG 2002, 176 (186); MüKoAktG/*Grunewald* Rn. 28; GroßkommAktG/*Fleischer* Rn. 85; Geibel/Süßmann/*Grzimek* § 327a Rn. 59.

[132] Für eine in der Hauptversammlung gegebene „Zusage", den Squeeze Out nicht oder erst zu einem späteren Zeitpunkt durchzuführen, s. OLG Celle AG 2004, 206 f.; vgl. ferner OLG Stuttgart AG 2009, 204 (213); KG AG 2010, 166 (170).

[133] BGH NJW 1983, 1910 (1911); 1987, 1890 (1892); s. ferner OLG Hamm NZG 2000, 1036 (1037).

[134] Vgl. MüKoAktG/*Hüffer/Schäfer* § 243 Rn. 23 f. mwN.

[135] So zumindest im Ergebnis auch GroßkommAktG/*Fleischer* Rn. 83; MüKoAktG/*Grunewald* Rn. 25; Spindler/Stilz/*Singhof* Rn. 28; Hüffer/*Koch* Rn. 21; aA KK-AktG/*Koppensteiner* § 327f Rn. 6; K. Schmidt/Lutter/*Schnorbus* § 327f Rn. 23, der die Aktionäre auf die Geltendmachung von Schadensersatz verweist; ebenso *Schäfer/Dette* NZG 2009, 1 (7).

Hauptaktionär gegenüber sämtlichen Minderheitsaktionären gebunden hat.[136] Vielmehr kann jeder einzelne Minderheitsaktionär (nur) seine Gläubigerposition durch Beschlussanfechtung durchsetzen.

§ 327b Barabfindung

(1) ¹Der Hauptaktionär legt die Höhe der Barabfindung fest; sie muss die Verhältnisse der Gesellschaft im Zeitpunkt der Beschlussfassung ihrer Hauptversammlung berücksichtigen. ²Der Vorstand hat dem Hauptaktionär alle dafür notwendigen Unterlagen zur Verfügung zu stellen und Auskünfte zu erteilen.

(2) Die Barabfindung ist von der Bekanntmachung der Eintragung des Übertragungsbeschlusses in das Handelsregister an mit jährlich 5 Prozentpunkten über dem jeweiligen Basiszinssatz nach § 247 des Bürgerlichen Gesetzbuchs zu verzinsen; die Geltendmachung eines weiteren Schadens ist nicht ausgeschlossen.

(3) Vor Einberufung der Hauptversammlung hat der Hauptaktionär dem Vorstand die Erklärung eines im Geltungsbereich dieses Gesetzes zum Geschäftsbetrieb befugten Kreditinstituts zu übermitteln, durch die das Kreditinstitut die Gewährleistung für die Erfüllung der Verpflichtung des Hauptaktionärs übernimmt, den Minderheitsaktionären nach Eintragung des Übertragungsbeschlusses unverzüglich die festgelegte Barabfindung für die übergegangenen Aktien zu zahlen.

Schrifttum: Vgl. die Angaben zu §§ 305, 327a; ferner *Bungert/Leyendeker-Langner*, Börsenkursrechtsprechung beim vorgeschalteten Delisting, BB 2014, 521; *Burger*, Keine angemessene Abfindung durch Börsenkurse bei Squeeze-out, NZG 2012, 281; *Dißars/Kocher*, Der Deckungsumfang der Banksicherheit im Squeeze-out-Verfahren, NZG 2004, 856; *Engelhardt*, Convertible Bonds im Squeeze-Out, 2007; *ders.*, Optionen im Squeeze-out: Abfindung der Bezugsrechtsinhaber – aber wie?, BKR 2008, 45; *Fehling/Arens*, Informationsrechte und Rechtsschutz von Bezugsrechtsinhabern beim aktienrechtlichen Squeeze-out, AG 2010, 735; *Friedl*, Die Rechte von Bezugsrechtsinhabern beim Squeeze-out im Vergleich zu den Rechten der Minderheitsaktionäre, Konzern 2004, 309; *Goette*, Neuere aktienrechtliche Rechtsprechung des II. Zivilsenats des Bundesgerichtshofes, DStR 2007, 2264; *Heidel/Lochner*, Squeeze-out ohne hinreichenden Eigentumsschutz, DB 2001, 2031; *Meilicke*, Zur Verfassungsmäßigkeit der Squeeze-out-Regelungen – insbesondere in der Insolvenz des Hauptaktionärs, AG 2007, 261; *Polte/Weber/Kaisershot-Abdmoulah*, Verjährung des Barabfindungs- und des Zinsanspruchs beim Squeeze-out, AG 2007, 690; *Riegger/Wasmann*, Ausnahmen von der Berücksichtigung des Börsenkurses bei der Ermittlung gesetzlich geschuldeter Kompensationen im Rahmen von Strukturmaßnahmen, FS Stilz, 2014, 509; *Ruthardt*, Normzweckkonforme Unternehmensbewertung und Abfindungsbemessung beim aktienrechtlichen Squeeze Out, 2014; *ders./Hachmeister*, Ermittlung der angemessenen Barabfindung beim Squeeze Out, NZG 2014, 41; *H. Schmidt*, Erhöhung der Barabfindung beim Squeeze Out nach Einberufung der Hauptversammlung, Liber Amicorum M. Winter, 2011, 583; *Schüppen*, Übernahmegesetz ante portas, WPg 2001, 948; *Singhof/Weber*, Bestätigung der Finanzierungsmaßnahmen und Barabfindungsgewährleistung nach dem Wertpapiererwerbs- und Übernahmegesetz, WM 2002, 1158; *Tebben*, Ausgleichszahlungen bei Aktienübergang, AG 2004, 600; *Süßmann*, Die Behandlung von Options- und Wandelrechten in den einzelnen Squeeze-out-Verfahren, AG 2013, 158; *Wenger/Kaserer/Hecker*, Konzernbildung und Ausschluss von Minderheiten im neuen Übernahmerecht, ZBB 2001, 317; *Wilsing/Kruse*, Zur Behandlung bedingter Aktienbezugsrechte beim Squeeze-out, ZIP 2002, 1465; *Ziemons*, Options- und Wandlungsrechte bei Squeeze Out und Eingliederung, FS K. Schmidt, 2009, 1777.

Übersicht

	Rn.		Rn.
I. Einführung	1, 2	a) Aktionäre	6
1. Inhalt und Zweck der Vorschrift	1	b) Bezugsberechtigte	7, 8
2. Entstehungsgeschichte	2	4. Angemessene Höhe	9, 9a
II. Bemessung und Festlegung der Barabfindung (Abs. 1)	3–9a	**III. Verzinsung (Abs. 2)**	10
		IV. Gewährleistung durch Kreditinstitut (Abs. 3)	11–16
1. Festlegung durch den Hauptaktionär	3, 4	1. Funktion	11
2. Information	5	2. Inhalt und Rechtsnatur der Erklärung	12
3. Gläubiger	6–8		

---
[136] AA MüKoAktG/*Grunewald* Rn. 25.

§ 327b 1–3   3. Buch. 4. Teil. Ausschluss von Minderheitsaktionären

	Rn.		Rn.
3. Vertragsschluss und Gläubiger	13	5. Umfang der Gewährleistung	15
4. Maßgeblicher Zeitpunkt	14	6. Erlöschen; Verjährung	16

I. Einführung

1. Inhalt und Zweck der Vorschrift. Die Vorschrift regelt die Höhe, Verzinsung und Besicherung der vom Hauptaktionär zu leistenden Barabfindung und soll sicherstellen, dass die Minderheitsaktionäre für den Rechtsverlust, den sie infolge der Eintragung des Übertragungsbeschlusses erleiden, **angemessen entschädigt** werden.[1] Ihr Abs. 1 bestimmt zunächst, dass die Höhe der Abfindung von dem Erwerber der Aktien, dem Hauptaktionär, festzulegen ist, und dass ihm dazu vom Vorstand der Gesellschaft alle notwendigen Informationen geliefert werden müssen. Abs. 2 regelt die Verzinsung der Abfindung, und zwar in weitgehender Übereinstimmung mit §§ 305 Abs. 3 S. 3, 320b Abs. 1 S. 6, §§ 15 Abs. 2, 30 Abs. 1 S. 2 UmwG. Die nach Abs. 3 obligatorische Bankgarantie soll den Minderheitsaktionären einen zusätzlichen Anspruch verschaffen und dadurch die Durchsetzung ihres Abfindungsanspruchs erleichtern. Zur Verjährung des Anspruchs → § 320b Rn. 14.

2. Entstehungsgeschichte. Die Vorschrift geht auf Art. 7 Nr. 2 Gesetz zur Regelung von öffentlichen Angeboten zum Erwerb von Wertpapieren und von Unternehmensübernahmen vom 20.12.2001 (BGBl. I 3822 [3839]) zurück (→ Einl. Rn. 28; → Vor § 311 Rn. 10 ff.). Noch der Regierungsentwurf[2] eines § 327b sah allerdings in Abs. 1 S. 3 eine unwiderlegliche Vermutung für den Fall vor, dass der Hauptaktionär die erforderliche Kapitalbeteiligung auf Grund eines in den letzten sechs Monaten vor Beschlussfassung der Hauptversammlung abgegebenen Angebots nach dem WpÜG erlangt hat. Eine im Rahmen dieses Angebots angebotene Geldleistung sollte danach als angemessene Barabfindung anzusehen sein, sofern das Angebot von mindestens 90 % der Aktionäre, an die es gerichtet war, angenommen worden ist. Von dieser Vermutung eines marktgerechten Preises ist der Gesetzgeber im weiteren Verlauf des Gesetzgebungsverfahrens nicht zuletzt[3] auf Grund der angemeldeten verfassungsrechtlichen Bedenken[4] abgerückt.[5] Nunmehr können die Minderheitsaktionäre also die Höhe der Abfindung in jedem Fall nach Maßgabe des § 327f Abs. 1 S. 2 gerichtlich überprüfen lassen (→ § 327f Rn. 2, 6 ff.). Art. 1 Nr. 48 des **ARUG** (→ Einl. Rn. 42) hat in Abs. 2 – ebenso wie in §§ 305 Abs. 3 S. 3, 320b Abs. 1 S. 6 – die Höhe des geschuldeten Zinses von zwei vom Hundert über dem jeweiligen Basiszinssatz auf **fünf Prozentpunkte** über dem jeweiligen Basiszinssatz angehoben und damit an die allgemeine Regelung über Verzugs- und Prozesszinsen angepasst.[6] Zu § 39a Abs. 3 WpÜG → § 327a Rn. 8a.

II. Bemessung und Festlegung der Barabfindung (Abs. 1)

1. Festlegung durch den Hauptaktionär. Nach § 327b Abs. 1 S. 1 hat der Hauptaktionär die Höhe der Abfindung zu bestimmen.[7] Diese Rollenverteilung ist vor dem Hintergrund zu sehen, dass der Hauptaktionär nicht nur auf seine Initiative hin die Aktien der

---

[1] Vgl. Begr. RegE, BT-Drs. 14/7034, 32: „Durch die in den neuen §§ 327a Abs. 1 Satz 1 letzter Halbsatz und 327b vorgesehene Entschädigung wird sichergestellt, dass der ausscheidende Minderheitsaktionär eine Abfindung erhält, die dem Wert seiner gesellschaftsrechtlichen Beteiligung an dem Unternehmen entspricht."
[2] BT-Drs. 14/7034, 72; zuvor RefE (→ § 327a Rn. 3); krit. bereits *Thaeter/Barth* NZG 2001, 545 (550).
[3] Auch im Übrigen ist § 327b Abs. 1 S. 3 AktG-E auf Kritik gestoßen, s. *Ehricke/Roth* DStR 2001, 1120 (1127); *Wenger/Kaserer/Hecker* ZBB 2001, 317 (330 ff.).
[4] S. namentlich *Rühland* NZG 2001, 448 (454 f.); *Heidel/Lochner* DB 2001, 2031 (2032); *Habersack* ZIP 2001, 1230 (1238); *Geibel/Süßmann/Grzimek* 1. Aufl. Rn. 33; ferner OLG Frankfurt ZIP 2009, 74 (79); aA Handelsrechtsausschuss des DAV NZG 2001, 420 (434); *Krieger* BB 2002, 53 (57).
[5] Vgl. Bericht des Finanzausschusses in *Fleischer/Kalss*, Das neue Wertpapiererwerbs- und Übernahmegesetz, 2002, 712, 800: „. . . ist vom Bundesrat und den Aktionärsschutzvereinigungen unter verfassungsrechtlichen Gesichtspunkten nachhaltig kritisiert worden".
[6] Vgl. Begr. RegE, BT-Drs. 16/11642, 42 f. zu § 305 Abs. 3 S. 3.
[7] Vgl. zu den damit verbundenen strafrechtlichen Risiken *Chr. Schlitt* NZG 2006, 925.

Minderheitsaktionäre erwirbt, sondern auch Schuldner der Abfindung ist; zudem ist der Hauptaktionär schon mit Blick auf seine Nähebeziehung zur Gesellschaft imstande, den Verkehrswert der Aktien der Minderheitsaktionäre zu ermitteln. Diese wiederum haben nach § 327f Abs. 1 die Möglichkeit, die angebotene Barabfindung nachträglich auf ihre Angemessenheit überprüfen zu lassen, sodass § 327b Abs. 1 S. 1 letztlich nur die Parteirollen im Spruchverfahren und die Initiativlast bestimmt, und zwar in sachlicher Übereinstimmung mit § 305 Abs. 1.

Wie bei der Mehrheitseingliederung (→ § 320b Rn. 3) entsteht der Abfindungsanspruch **4** als **gesetzliche Folge** des in § 327e Abs. 3 S. 1 geregelten Übergangs der Aktien auf den Hauptaktionär. Bedarf es somit keines Abschlusses eines Abfindungsvertrags, so bezweckt die Festlegung der Abfindung die Konkretisierung des gesetzlichen Schuldverhältnisses zwischen Haupt- und Minderheitsaktionär.[8] Allerdings hat bereits das Übertragungsverlangen des Hauptaktionärs (→ § 327a Rn. 19 f.) eine Abfindungsregelung zu enthalten, die mit **Bekanntmachung der Tagesordnung** nach §§ 121, 124 nicht mehr zum Nachteil der Minderheitsaktionäre geändert werden kann; ein gleichwohl gefasster Übertragungsbeschluss wäre, ebenso wie im Fall der Mehrheitseingliederung (→ § 320 Rn. 13), anfechtbar.[9] Eine Anfechtung der nach §§ 121, 124 verlautbarten Abfindungsregelung kommt nur nach Maßgabe der allgemeinen Vorschriften in Betracht, was bedeutet, dass ein Irrtum des Hauptaktionärs über bewertungsrelevante Gesichtspunkte unerheblich ist.[10] Allerdings ist der **Hauptaktionär** nach der (fragwürdigen, → § 327a Rn. 21) Konzeption des Übertragungsverfahrens **nicht verpflichtet,** für den Squeeze Out zu stimmen,[11] sodass er durch Ablehnung seines eigenen Übertragungsverlangens die Entstehung von Abfindungsansprüchen verhindern kann. Zulässig ist eine **Erhöhung** der Abfindung vor endgültiger Beschlussfassung; hierdurch kann der Hauptaktionär zwischenzeitlichen Entwicklungen Rechnung tragen und ggf. die Einleitung eines Spruchverfahrens abwenden (→ § 320 Rn. 13 mN).[12] In Betracht kommt auch die Erhöhung der Abfindung im Rahmen eines Spruch- oder Anfechtungsverfahrens.[13] Die Bankgarantie muss allerdings in jedem Fall den beschlossenen und damit geschuldeten Betrag der Abfindung abdecken (→ Rn. 15).

2. Information. Soll der Hauptaktionär die Höhe der Barabfindung gerichtsfest festle- **5** gen können, muss er über die hierzu erforderlichen Informationen verfügen können. Da der Hauptaktionär nicht schon auf Grund dieser seiner Eigenschaft ein Weisungsrecht gegenüber dem Vorstand hat (→ § 327a Rn. 6), gibt ihm Abs. 1 S. 2 einen Anspruch auf Vorlage aller für die Anteilsbewertung notwendigen Unterlagen und auf Erteilung von Auskünften. Der Anspruch richtet sich **gegen die Gesellschaft** und ist für diese durch den Vorstand zu erfüllen,[14] der wiederum im Verhältnis zur Gesellschaft zum Tätigwerden verpflichtet und dadurch zugleich vom Verbot des § 93 Abs. 1 S. 3 befreit ist.[15] Inhaltlich geht der Anspruch des Hauptaktionärs auf Überlassung der einschlägigen Zahlenwerke, darunter neben Bestandsverzeichnissen auch Plandaten und Risikobewertungen.[16] Ein

---

[8] OLG München NZG 2007, 635; KK-AktG/*Koppensteiner* Rn. 4; Hüffer/*Koch* Rn. 8; Spindler/Stilz/*Singhof* Rn. 3; HK-AktG/*Holzborn/Müller* Rn. 2; Grigoleit/*Rieder* Rn. 4; anders K. Schmidt/Lutter/*Schnorbus* Rn. 10: bindendes Angebot gemäß § 145 BGB.
[9] MüKoAktG/*Grunewald* Rn. 6, 8; Hüffer/*Koch* Rn. 8; K. Schmidt/Lutter/*Schnorbus* Rn. 10; Spindler/Stilz/*Singhof* Rn. 3; NK-AktR/*Heidel/Müller* Rn. 5; → § 320 Rn. 13; allg. BGH NZG 2003, 216 (217).
[10] MüKoAktG/*Grunewald* Rn. 6; GroßkommAktG/*Fleischer* Rn. 4.
[11] MüKoAktG/*Grunewald* Rn. 8; KK-AktG/*Koppensteiner* Rn. 4; K. Schmidt/Lutter/*Schnorbus* Rn. 10.
[12] Vgl. ferner – für die Erhöhung der im Bericht verlautbarten Abfindung bereits im Übertragungsverlangen – OLG München AG 2012, 45 (48 f.); eingehend zur Problematik, insbes. zum freiwilligen Charakter der Erhöhung *H. Schmidt*, Liber Amicorum Winter, 2011, 583, 589 ff.
[13] OLG München NZG 2007, 635; zur Überprüfbarkeit des erhöhten Angebots s. sodann OLG München ZIP 2008, 2221.
[14] MüKoAktG/*Grunewald* Rn. 4; KK-AktG/*Koppensteiner* Rn. 5; GroßkommAktG/*Fleischer* Rn. 7; HK-AktG/*Holzborn/Müller* Rn. 11; Hölters/*Müller-Michaels* Rn. 13; Grigoleit/*Rieder* Rn. 5; Gesmann-Nuissl WM 2002, 1205 (1208); aA Spindler/Stilz/*Singhof* Rn. 6; wohl auch Hüffer/*Koch* Rn. 9.
[15] Hüffer/*Koch* Rn. 9.
[16] Hüffer/*Koch* Rn. 9; MüKoAktG/*Grunewald* Rn. 5; Spindler/Stilz/*Singhof* Rn. 6.

Informationsverweigerungsrecht steht der Gesellschaft nicht zu; doch kann die Gesellschaft die Erteilung der Informationen vom Abschluss einer Geheimhaltungsvereinbarung oder von der Einschaltung eines zur Berufsverschwiegenheit verpflichteten Vertreters des Hauptaktionärs abhängig machen.[17] Vorbehaltlich konzernrechtlicher Besonderheiten[18] ist der Hauptaktionär seinerseits auf Grund der mitgliedschaftlichen Treupflicht (→ § 311 Rn. 4) der Gesellschaft gegenüber zur **Verschwiegenheit** verpflichtet.[19] Da der Hauptaktionär die Informationen nach Abs. 1 S. 2 in dieser seiner Eigenschaft und mit Blick auf sein Übertragungsverlangen erhält, haben die Minderheitsaktionäre kein erweitertes Informationsrecht nach § 131 Abs. 4.[20]

6 **3. Gläubiger. a) Aktionäre.** Abfindungsberechtigt sind diejenigen Aktionäre, deren Aktien nach § 327e Abs. 3 auf den Hauptaktionär übergehen und die in § 327a Abs. 1 S. 1, 327e Abs. 3 S. 1 als Minderheitsaktionäre bezeichnet werden. Hierzu zählt schon mit Blick auf die Konzernrechtsneutralität des Squeeze Out (→ Rn. 6) auch die Gesellschaft selbst, soweit sie **eigene Aktien** hält,[21] ferner Aktionäre, deren Anteile nach § 16 Abs. 2 S. 3 eigenen Anteilen gleichstehen (→ § 327a Rn. 17). Ausgenommen sind dagegen diejenigen Aktionäre, deren Aktien dem Hauptaktionär nach §§ 327a Abs. 2, 16 Abs. 4 **zugerechnet** werden (→ § 327e Rn. 9; zu § 327a Abs. 2 → § 327a Rn. 17);[22] sie behindern den Hauptaktionär nicht in der Leitung der Gesellschaft, sodass es des Übergangs der von ihnen gehaltenen Aktien nicht bedarf.

7 **b) Bezugsberechtigte.** Was Options- und Wandelrechte[23] betrifft, so können sich diese nicht mehr gegen die Gesellschaft richten;[24] andernfalls stünden die (bedingt) Bezugsberechtigten besser als die Aktionäre, was nicht nur wertungswidersprüchlich wäre, sondern ggf. ein erneutes Übertragungsverfahren erforderlich machen würde. Entsprechend der Rechtslage bei der Eingliederung (→ § 320b Rn. 8) ist deshalb davon auszugehen, dass das Umtausch- oder Optionsrecht nunmehr gegenüber dem Hauptaktionär fortbesteht, wobei – dadurch unterscheidet sich die Rechtslage von derjenigen bei der Eingliederung (→ § 320b Rn. 8) – von vornherein allein die Umwandlung des Bezugsrechts in einen gegen den Hauptaktionär gerichteten **Barabfindungsanspruch** in Betracht kommt.[25] Entsprechend

---

[17] GroßkommAktG/*Fleischer* Rn. 8; KK-WpÜG/*Hasselbach* Rn. 10; Spindler/Stilz/*Singhof* Rn. 6; MüKoAktG/*Grunewald* Rn. 5; Grigoleit/*Rieder* Rn. 5.

[18] Im einfachen Konzern unterliegt die Informationsweitergabe den §§ 311, 317 (→ § 311 Rn. 51a), im Vertragskonzern dem § 308.

[19] Hüffer/*Koch* Rn. 9; K. Schmidt/Lutter/*Schnorbus* Rn. 26; Spindler/Stilz/*Singhof* Rn. 6; Haarmann/Schüppen/*Schüppen/Tretter* Rn. 5.

[20] OLG Düsseldorf ZIP 2004, 359 (365); LG Saarbrücken NZG 2004, 1012 (1013); Hüffer/*Koch* Rn. 9; GroßkommAktG/*Fleischer* Rn. 10; KK-AktG/*Koppensteiner* Rn. 6; K. Schmidt/Lutter/*Schnorbus* Rn. 25, § 327d Rn. 7 ff.; Hölters/*Müller-Michaels* Rn. 14; Wachter/*Rothley* Rn. 4; MHdB AG/*Austmann* § 75 Rn. 46; → § 312 Rn. 12; aA NK-AktR/*Heidel/Lochner* Rn. 6.

[21] *Habersack* ZIP 2001, 1230 (1236); Hölters/*Müller-Michaels* Rn. 2; NK-AktR/*Heidel/Lochner* Rn. 2; aA MüKoAktG/*Grunewald* § 327e Rn. 12; GroßkommAktG/*Fleischer* Rn. 25; K. Schmidt/Lutter/*Schnorbus* § 327e Rn. 25; Spindler/Stilz/*Singhof* Rn. 7; Hüffer/*Koch* Rn. 2, § 327e Rn. 4 (anders noch Hüffer 10. Aufl. § 327e Rn. 4); HK-AktG/*Holzborn/Müller* Rn. 5; Wachter/*Rothley* Rn. 2; Henssler/Strohn/*Wilsing* Rn. 3; Lieder/Stange Konzern 2008, 617 (623 ff.). – Zur Rechtslage bei der Eingliederung → § 320a Rn. 3.

[22] Vgl. Begr. RegE, BT-Drs. 14/7034, 72; BGHZ 180, 154 Rn. 14 = ZIP 2009, 908.

[23] Zu gegen die Gesellschaft gerichteten Ansprüchen auf Verschaffung von Aktien → § 320b Rn. 8.

[24] So aber *Baums* 156 ff.; ders. WM 2001, 1843 (1847 ff.); Friedl Konzern 2004, 309 (314 ff.); *Schüppen* WPg 2001, 958 (975); Haarmann/Schüppen/*Schüppen/Tretter* § 327e Rn. 19; Ziemons FS K. Schmidt, 2009, 1777 ff.

[25] So auch LG Düsseldorf ZIP 2004, 1755 (1757); Hüffer/*Koch* Rn. 3; MüKoAktG/*Grunewald* Rn. 13; Geibel/Süßmann/*Grzimek* § 327e Rn. 32; GroßkommAktG/*Fleischer* Rn. 31; K. Schmidt/Lutter/*Schnorbus* Rn. 13; Spindler/Stilz/*Singhof* Rn. 8; HK-AktG/*Holzborn/Müller* Rn. 6; Hölters/*Müller-Michaels* Rn. 3; NK-AktR/*Heidel/Lochner* Rn. 3; Henssler/Strohn/*Wilsing* Rn. 3; Wachter/*Rothley* Rn. 3; Handelsrechtsausschuss des DAV NZG 2001, 420 (431); Angerer BKR 2002, 260 (267); Ehricke/Roth DStR 2001, 1120 (1121); Engelhardt 93 ff.; ders. BKR 2008, 45 ff.; Fehling/Arens AG 2010, 735 ff.; Gesmann-Nuissl WM 2002, 1205 (1207); Krieger BB 2002, 53 (61); Sieger/Hasselbach ZGR 2002, 120 (158); Süßmann AG 2013, 158 f.; Vossius ZIP 2002, 511 (513); Wilsing/Kruse ZIP 2002, 1465 (1467 ff.).

der Rechtslage bei der Eingliederung (→ § 320b Rn. 8) dürfen allerdings insgesamt allenfalls Bezugsrechte auf 5 % des Grundkapitals ausstehen.[26]

Fraglich ist allerdings, ob dieser Anspruch erst mit Eintritt der Bezugsvoraussetzungen und Ausübung des Bezugsrechts fällig wird und damit auf Ersatz des Wertes der an sich zu beanspruchenden Aktien bei gleichzeitiger Verrechnung mit einer vom Erwerbsberechtigten zu erbringenden Einlage gerichtet ist,[27] oder ob **das Bezugsrecht als solches** (und damit unabhängig von seiner Ausübung) Gegenstand der Barabfindungsverpflichtung ist.[28] Soweit sich die fraglichen Erwerbsrechte, wie verbreitet, an dem Aktienkurs der Gesellschaft orientieren, kann schon mit Blick auf das sich an den Squeeze Out anschließende Zwangsdelisting (vgl. § 39 Abs. 1 BörsG) nur die zuletzt genannte Ansicht zutreffen. Aber auch im Übrigen spricht für sie das allseitige Interesse an einer einheitlichen und zügigen Abwicklung. Mit Eintragung des Übertragungsbeschlusses haben somit die Bezugsberechtigten einen gegen den Hauptaktionär gerichteten, nach Maßgabe des § 327b Abs. 2 zu verzinsenden Anspruch auf Barabfindung, wobei der Wert des Bezugsrechts anhand einer der gängigen Bewertungsmethoden zu ermitteln ist.[29] Die Bezugsberechtigten sind zwar nicht klagebefugt iSd §§ 245 Nr. 1–3, 249 S. 1, können jedoch nach § 256 ZPO die Nichtigkeit des Übertragungsbeschlusses feststellen lassen.[30] Im Übrigen müssen sie die Möglichkeit haben, die Höhe der Abfindung im Rahmen eines **Spruchverfahrens** überprüfen zu lassen.[31] Wollte man dem nicht folgen, bliebe allein die gewöhnliche Leistungsklage. Die Bezugsrechte erlöschen nicht, sondern gehen entsprechend §§ 327a Abs. 1 S. 1, 327e Abs. 3 auf den Hauptaktionär über;[32] von dem Übergang unberührt bleiben dagegen etwaige Stammrechte, im Fall einer Wandel- oder Optionsanleihe also der auf Rückzahlung gerichtete Titel.[33]

4. Angemessene Höhe. Schon der Übertragungsbeschluss muss nach § 327a Abs. 1 S. 1 eine Barabfindung vorsehen (→ § 327a Rn. 23). Diese muss „angemessen" sein, mithin dem Minderheitsaktionär **volle wirtschaftliche Entschädigung** für den Rechtsverlust gewähren.[34] **Vorerwerbspreise** sind jedenfalls nicht im Sinne eines Mindestbetrags der Abfindung[35] zu berücksichtigen.[36] Nach § 327b Abs. 1 S. 1 Hs. 2 sind die Verhältnisse der Gesellschaft im Zeitpunkt der Beschlussfassung der Hauptversammlung maßgebend; dieser **Bewertungsstichtag** entspricht im Ansatz demjenigen des § 305 Abs. 3 S. 2 betreffend den Beherrschungs- und Gewinnabführungsvertrag (→ § 305 Rn. 56 ff.). Auch im Übrigen folgt die Ermittlung

---

[26] GroßkommAktG/*Fleischer* Rn. 31; HK-AktG/*Holzborn/Müller* Rn. 6; *Angerer* BKR 2002, 260, 267; *Gesmann-Nuissl* WM 2002, 1205 (1207); aA MüKoAktG/*Grunewald* Rn. 14; MHdB AG/*Austmann* § 75 Rn. 113; Hüffer/*Koch* Rn. 3; Grigoleit/*Rieder* Rn. 3; K. Schmidt/Lutter/*Schnorbus* Rn. 14; NK-AktR*Heidel/Lochner* § 327e Rn. 13; Wachter/*Rothley* Rn. 3; Wilsing/*Kruse* ZIP 2002, 1465 (1469).

[27] So Geibel/Süßmann/*Grzimek* § 327e Rn. 32; *Krieger* BB 2002, 53 (61); *Vossius* ZIP 2002, 511 (513); Handelsrechtsausschuss des DAV NZG 2001, 420 (431).

[28] So MüKoAktG/*Grunewald* Rn. 13; K. Schmidt/Lutter/*Schnorbus* Rn. 16; Spindler/Stilz/*Singhof* Rn. 8; HK-AktG/*Holzborn/Müller* Rn. 7; Hölters/*Müller-Michaels* Rn. 3; Wachter/*Rothley* Rn. 3; Wilsing/*Kruse* ZIP 2002, 1465 (1467 ff.); *Süßmann* AG 2013, 158 (160 ff.); mit Einschränkungen auch KK-AktG/*Koppensteiner* § 327e Rn. 18.

[29] Zum Black-Scholes-Modell s. *Adams* ZIP 2002, 1325 f.; seine Eignung im Rahmen eines Squeeze Out bestreitend *Süßmann* AG 2013, 158 (160 ff.).

[30] Näher *Fehling/Arens* AG 2010, 735 (740 ff.).

[31] So auch MüKoAktG/*Grunewald* § 327f Rn. 4; GroßkommAktG/*Fleischer* Rn. 37; HK-AktG/*Holzborn/Müller* Rn. 7; näher dazu sowie zu den Informationsrechten der Bezugsrechtsinhaber *Fehling/Arens* AG 2010, 735 (738 ff., 743 f.); aA – gegen Spruchverfahren – MHdB AG/*Austmann* § 75 Rn. 114. Zur Analogiefähigkeit der das Spruchverfahren eröffnenden Vorschriften s. BVerfG NJW 2001, 279 (281), BGHZ 153, 47 (57 f.) = NJW 2003, 1032; → § 327a Rn. 10; → SpruchG § 1 Rn. 3 ff.

[32] Überzeugend *Wilsing/Kruse* ZIP 2002, 1465 (1468); ferner Grigoleit/*Rieder* Rn. 2.

[33] So auch KK-AktG/*Koppensteiner* § 327e Rn. 18.

[34] BVerfGE 100, 289 (305 f.) = NJW 1999, 3769; BVerfG NJW 2001, 279 = ZIP 2000, 1670; BGHZ 153, 47 (57) = NJW 2003, 1032; zu wN → § 327a Rn. 7; s. ferner Begr. RegE, BT-Drs. 14/7034, 72.

[35] Für Berücksichtigung im Übrigen s. aber LG Frankfurt a.M. BeckRS 2015, 09089.

[36] OLG Frankfurt AG 2012, 513 (514); GroßkommAktG/*Fleischer* Rn. 19; K. Schmidt/Lutter/*Schnorbus* Rn. 8; KK-WpÜG/*Hasselbach* Rn. 40 f.; *Krieger* BB 2002, 53 (57); *Rühland* 218; aA betr. den Unternehmensvertrag → § 305 Rn. 49 f. (*Emmerich*).

des Anteilswerts den **zu § 305 entwickelten Grundsätzen**[37] (→ § 305 Rn. 36 ff., 51 ff.). Grundsätzlich darf die Abfindung auch im Rahmen des § 327b Abs. 1 einen etwaigen **Börsenkurs** nicht unterschreiten.[38] Zwar ist nicht auszuschließen, dass der Börsenkurs schon mangels hinreichender Liquidität keinen verlässlichen Anhaltspunkt für den wahren Wert der Aktien liefert; allein der Umstand, dass sich maximal 5 % der Aktien im Streubesitz befinden, führt indes noch nicht zu seiner gänzlichen Unbeachtlichkeit.[39] Das Vorliegen einer solchen **Marktenge** ist vielmehr anhand der Kriterien des § 5 Abs. 4 WpÜG-AV (→ Vor § 311 Rn. 13) zu beurteilen.[40] Liegen diese vor, ist dem Hauptaktionär der (von ihm darzulegende und zu beweisende) Einwand eröffnet, dass der tatsächliche **Anteilswert unter** dem **Börsenkurs** liegt.[41] Die Minderheitsaktionäre können nach herkömmlicher Ansicht stets, dh unabhängig vom Vorliegen einer Marktenge einwenden, dass der **Anteilswert über dem Börsenkurs** liegt und deshalb eine Unternehmensbewertung zu erfolgen hat;[42] diese Ausprägung des Meistbegünstigungsprinzips ist freilich verfassungsrechtlich nicht geboten,[43] weshalb die neuere Praxis es zu Recht als zulässig ansieht, die Abfindung allein auf Grundlage des Börsenkurses zu bestimmen, wenn und soweit dieser aussagekräftig ist, mithin eine Marktenge nicht besteht.[44] Ist die Gesellschaft nicht börsennotiert und fehlt es auch sonst an aussagekräftigen Marktpreisen für die Aktien, bleibt nur eine Unternehmensbewertung; vorbehaltlich eines im Einzelfall festzustellenden Missbrauchs gilt das auch bei einem dem Squeeze Out **vorgeschalteten Delisting** (→ Vor § 311 Rn. 38), wenn das Delisting vor Bekanntgabe des Squeeze Out wirksam geworden ist.[45]

---

[37] So auch Hüffer/Koch Rn. 5; MüKoAktG/Grunewald Rn. 10; Spindler/Stilz/Singhof Rn. 4; Grigoleit/Rieder Rn. 6; Henssler/Strohn/Wilsing Rn. 4; krit. Rapp Konzern 2012, 8 ff.
[38] BVerfGE 100, 289 (309 f.) = NJW 1999, 3769; BGHZ 186, 229 Rn. 10 ff.; OLG Karlsruhe BeckRS 2015, 12205 = ZIP 2015, 1874 (1876); Hüffer/Koch Rn. 6; s. aber auch BVerfG AG 2012, 625 (626 f.): Meistbegünstigungsprinzip verfassungsrechtlich nicht geboten; näher dazu sowie zur maßgebenden Referenzperiode → § 305 Rn. 44 ff.; speziell zu § 327b s. noch OLG Karlsruhe BeckRS 2015, 12205 = ZIP 2015, 1874 (1876) (Maßgeblichkeit der ersten öffentlichen Ankündigung des Squeeze Outs durch Hauptaktionär; sodann Hochrechnung auf Stichtag der Beschlussfassung; dazu auch Schilling/Witte Konzern 2010, 477 (481 ff.).
[39] Allg. BGHZ 147, 108 (114 ff.) = NJW 2001, 2080; zu § 327b OLG Düsseldorf AG 2008, 498 (501 f.); AG 2010, 35 (36); OLG Karlsruhe AG 2013, 353 (354); OLG Stuttgart AG 2011, 560 (561 f.); AG 2013, 840 (844 f.); LG Dortmund Konzern 2008, 238; Konzern 2008, 241; MüKoAktG/Grunewald Rn. 10; Hüffer/Koch Rn. 5; Grigoleit/Rieder Rn. 8; Ehricke/Roth DStR 2001, 1120 (1123); Habersack ZIP 2001, 1230 (1236); Krieger BB 2002, 53 (56); Schiessl AG 1999, 442 (451 f.); Vetter ZIP 2000, 1817 (1822); ders. AG 2002, 176 (188); vgl. aber auch OLG München AG 2007, 246 (247).
[40] OLG Karlsruhe BeckRS 2015, 12205 = ZIP 2015, 1874 (1877); MüKoAktG/Grunewald Rn. 10; GroßkommAktG/Fleischer Rn. 17; Spindler/Stilz/Singhof Rn. 5; K. Schmidt/Lutter/Schnorbus Rn. 3; MHdB AG/Austmann § 75 Rn. 100; Krieger BB 2002, 53 (56); s. ferner OLG Düsseldorf AG 2010, 35 (36); aA LG München I, Beschluss vom 6.11.2013 – 5HK O 2665/12; Angerer BKR 2002, 260 (264); zurückhaltend auch HK-AktG/Holzborn/Müller Rn. 9.
[41] BVerfGE 100, 289 (309); BVerfG AG 2012, 625 (626 f.); BGHZ 147, 108 (114 ff.) = NJW 2001, 2080; Hüffer/Koch Rn. 6; Henssler/Strohn/Wilsing Rn. 5; s. aber auch LG Frankfurt a.M. Konzern 2006, 223 f. und Konzern 2006, 553 (554), wonach nicht jeder geringe Börsenhandel und jede Marktenge die Schlussfolgerung rechtfertigt, dass der Börsenwert nicht dem Verkehrswert entspricht, der Börsenkurs vielmehr zu berücksichtigen ist, wenn sich über längere Zeiträume Kurse in etwa gleicher Größenordnung gebildet haben und ein Handel stattgefunden hat; ähnlich OLG München Konzern 2006, 692 (694 f.); s. ferner OLG München NZG 2014, 1230: Irrelevanz des Börsenkurses bei nur im Freiverkehr gehandelten Aktien, wenn bei Preisfindung wertrelevante Informationen ersichtlich nicht berücksichtigt worden sind; näher Riegger/Wasmann FS Stilz, 2014, 509 (510 ff.).
[42] BGHZ 147, 108 (115) = NJW 2001, 2080; näher → § 305 Rn. 42 ff., 51 ff.; speziell zum Squeeze Out Burger NZG 2012, 281 ff.; s. auch LG Frankfurt a.M. ZIP 2015, 637 betr. eine AG mit Minderheitsbeteiligungen an Immobilien bzw. Immobiliengesellschaften („net asset value").
[43] BVerfG AG 2012, 625 (626 f.); BVerfG NJW 2011, 2497 Rn. 24.
[44] S. OLG Frankfurt AG 2012, 919 (921); NZG 2014, 464 (465); OLG München AG 2012, 749 (752); OLG Stuttgart AG 2013, 840 (844 f.); ZIP 2013, 2201 (2202); BeckRS 2014, 20592; ferner OLG Düsseldorf ZIP 2015, 1337 f.; LG Frankfurt a.M. NZG 2015, 1028 (1029); näher → § 305 Rn. 36 ff., 42 ff.; krit. etwa Ruthardt/Hachmeister NZG 2014, 41 ff.; Ruthardt passim, insbes. 119 ff., 204 ff.
[45] Näher Bungert/Leyendecker-Langner BB 2014, 521 (522 ff.), dort auch zur Frage, ob Entsprechendes gilt, wenn das Delisting zwar nach Bekanntgabe der Squeeze Out-Absicht, aber mindestens drei Monate vor der Hauptversammlung, die über den Squeeze Out entscheidet, wirksam wird; s. ferner Hüffer/Koch § 327a Rn. 21 (ggf. Missbrauchseinwand).

Bei Bestehen eines **Beherrschungs- oder Gewinnabführungsvertrags** gelten keine 9a Besonderheiten; auch in diesem Fall ist also nicht auf den Barwert der zu erwartenden Ausgleichszahlungen abzustellen, sondern nach Maßgabe der vorstehend skizzierten Grundsätze zu verfahren.[46] **De lege ferenda** empfiehlt sich die Einführung einer widerleglichen[47] Vermutung des Inhalts, dass ein Abfindungsangebot im Rahmen eines zeitnah vorangegangenen Übernahme- oder Pflichtangebots, das von 90 % der Adressaten angenommen wird, den angemessenen Preis widerspiegelt.[48] Zum **Fortbestand des Anspruchs aus § 305** nach Eintragung des Squeeze Out → § 327e Rn. 10; zu den Auswirkungen des Squeeze Out auf den **Anspruch aus § 304** → § 304 Rn. 22.

III. Verzinsung (Abs. 2)

Nach § 327b Abs. 2 Hs. 1 ist die Barabfindung von der Bekanntmachung (§ 10 HGB) 10 der Eintragung des Übertragungsbeschlusses (§ 327e) an[49] mit jährlich **fünf Prozentpunkten über dem Basiszins** (§ 247 BGB) zu verzinsen (→ Rn. 2). Auf den Verzug des Hauptaktionärs kommt es nicht an. All dies entspricht §§ 305 Abs. 3 S. 3, 320b Abs. 1 S. 6, weshalb auf die Ausführungen in → § 305 Rn. 31; → § 320b Rn. 13 zu verweisen ist. Entsprechendes gilt für die in § 327b Abs. 2 Hs. 2 vorbehaltene Geltendmachung eines **weitergehenden Schadens**; wie im Fall der §§ 305 Abs. 3 S. 3, 320b Abs. 1 S. 6 setzt sie die Verwirklichung einer entsprechenden Anspruchsgrundlage voraus;[50] in Betracht kommt namentlich Schuldnerverzug.[51] Hieran fehlt es, soweit die Minderheitsaktionäre einen Veräußerungsgewinn nach § 23 Abs. 1 Nr. 2 EStG zu versteuern[52] oder für die Finanzierung des Aktienerwerbs Kreditzinsen zu entrichten haben.[53]

IV. Gewährleistung durch Kreditinstitut (Abs. 3)

1. Funktion. Nach § 327e Abs. 3 S. 1 gehen die Aktien der Minderheitsaktionäre mit 11 Eintragung des Übertragungsbeschlusses auf den Hauptaktionär über. Anstelle ihres Anteilseigentums erwerben die Minderheitsaktionäre zwar den Anspruch auf Barabfindung. Ungeachtet des Umstands, dass dieser Anspruch nach § 327e Abs. 3 S. 2 einstweilen durch etwaige Aktienurkunden verbrieft ist, handelt es sich bei ihm aber nur um einen gewöhnlichen schuldrechtlichen Titel. Um die Risiken, die den Minderheitsaktionären durch die ihnen abverlangte **Vorleistung** erwachsen, zu minimieren, hat der Hauptaktionär nach § 327b Abs. 3 dem Vorstand eine Gewährleistungserklärung eines in der Bundesrepublik zum

---

[46] OLG Düsseldorf AG 2012, 716 (717 f.); ZIP 2015, 1336 (1337); OLG München ZIP 2007, 375 (376); Hüffer/*Koch* Rn. 5; aA OLG Frankfurt NZG 2010, 664; NZG 2011, 990 (991 f.); AG 2015, 205 (207 f.); Grigoleit/*Rieder* Rn. 11; MHdB AG/*Austmann* § 75 Rn. 99; *Leyendecker* NZG 2010, 927 (928 ff.); vermittelnd – nach Barwert der Abfindung ermittelte Abfindung darf nicht unterschritten werden – OLG Stuttgart AG 2010, 510; AG 2012, 135 (136); unentschieden: OLG Karlsruhe BeckRS 2015, 12205 = ZIP 2015, 1874 (1878).

[47] Anders noch § 327b Abs. 1 S. 3 idF des RegE (→ Rn. 2).

[48] Vgl. *Wenger/Kaserer/Hecker* ZBB 2001, 317 (330 ff.); *Krieger* BB 2002, 52 (57); *Fleischer* ZGR 2002, 757 (782 f.); *Rühland* 224 ff.; zu den diesbezüglichen Vorgaben der Übernahmerichtlinie → § 327a Rn. 8a.

[49] Zur Verfassungskonformität der Diskrepanz zwischen dem Verlust der Aktien (bereits mit Eintragung, § 327e Abs. 3 S. 1) und dem Beginn der Verzinsung (mit Bekanntmachung) s. BVerfG ZIP 2007, 1261 (1262); BGHZ 189, 261 Rn. 26 ff. = ZIP 2011, 1097; BGH NZG 2011, 780 Rn. 26 ff.; KG BB 2004, 2774 (2776); OLG Hamburg NZG 2005, 85 (86); GroßkommAktG/*Fleischer* Rn. 41; zweifelnd *Lenz/Leinekugel* 54; zur „Verzinsungslücke" bei Zusammentreffen von Squeeze Out und Unternehmensvertrag s. BVerfG AG 2013, 255 Rn. 9 ff.

[50] MüKoAktG/*Grunewald* Rn. 15; GroßkommAktG/*Fleischer* Rn. 39; Hüffer/*Koch* Rn. 10; aA – Schadensersatz auch ohne eine solche Anspruchsgrundlage – NK-AktR/*Heidel/Lochner* Rn. 12. – Zur Verfassungskonformität der hM s. *Lenz/Leinekugel* 55 ff. (mit Vorbehalt hinsichtlich des Beginns der Verzinsung).

[51] OLG Stuttgart NZG 2004, 146 (150); OLG Düsseldorf NZG 2004, 328 (331).

[52] AA NK-AktR/*Heidel/Lochner* Rn. 12; *Heidel* Financial Times Deutschland vom 7.5.2002, 38. – S. auch BFH AG 2011, 134: Unzulässigkeit der Bildung einer Rücklage für Ersatzbeschaffung für Veräußerungsgewinn aus dem Übergang der Aktien.

[53] Zutr. *Goette* DStR 2007, 2264 (2267) unter Hinweis auf BGH 1.10.2007 – II ZR 228/06 nv.

Geschäftsbetrieb befugten Kreditinstituts (§§ 1 Abs. 1, 32, 53b, 53c KWG)[54] zu übermitteln. Hierdurch soll den Minderheitsaktionären ein zusätzlicher Anspruch gegen einen typischerweise solventen Schuldner eingeräumt und damit die Durchsetzung ihres Abfindungsanspruchs erleichtert werden;[55] unschädlich ist, dass Kreditinstitut und Hauptaktionär verbundene Unternehmen sind.[56] Bei der Mehrheitseingliederung hat der Gesetzgeber zwar auf eine entsprechende Sicherung verzichtet (→ § 320b Rn. 4). Indes stellen §§ 319 ff. nicht nur besondere Anforderungen an die Person der Hauptgesellschaft (→ § 319 Rn. 4). Vielmehr haben die aus der eingegliederten Gesellschaft ausgeschiedenen Aktionäre grundsätzlich Anspruch auf Abfindung in Aktien der Hauptgesellschaft (→ § 320b Rn. 5 ff.); ein solcher Anspruch aber ist auch noch in der Krise der Gesellschaft ohne weiteres durchsetzbar. Eine sachgerechte Ausnahme von § 327b Abs. 3 ist in **§ 12 Abs. 4 S. 2 FMStBG** (→ Einl. Rn. 37 f.) vorgesehen; danach entfällt die Pflicht zur Beschaffung einer Gewährleistungserklärung bei einem Übertragungsverlangen des Finanzmarktstabilisierungsfonds.

12 **2. Inhalt und Rechtsnatur der Erklärung.** Das Kreditinstitut muss nach § 327b Abs. 3 die „Gewährleistung" für die Erfüllung der Verpflichtung des Hauptaktionärs übernehmen. Erforderlich ist die Abgabe eines eigenen einseitigen **Zahlungsversprechens** gegenüber den Minderheitsaktionären;[57] eine Finanzierungsbestätigung iSd § 13 Abs. 1 S. 2 WpÜG[58] genügt nicht. Besondere Anforderungen an die Rechtsnatur des Zahlungsversprechens stellt § 327b Abs. 3 freilich nicht. Neben einer Garantie kommen deshalb auch ein Schuldbeitritt und ein Bürgschaftsversprechen in Betracht.[59] Eigene, dh nicht aus dem Hauptschuldverhältnis abgeleitete Einreden, die die Zahlungspflicht aufschieben, darunter namentlich die Einrede der Vorausklage[60] oder ein vergleichbares Leistungsverweigerungsrecht, darf sich das Kreditinstitut hingegen nicht vorbehalten.[61] Zwar bezieht sich das Erfordernis „unverzüglicher" Zahlung in Abs. 3 nur auf die Verpflichtung des Hauptaktionärs. Das Kreditinstitut hat jedoch genau diese unverzügliche Zahlung zu gewährleisten, weshalb es nicht angeht, den Minderheitsaktionär zuvor auf die Geltendmachung seines Anspruchs gegen den Hauptaktionär zu verweisen. Gleichfalls unzulässig sind die Aufnahme von **Bedingungen** und die **Befristung** des Zahlungsversprechens.[62] Die Zahlungspflicht des Kreditinstituts darf vielmehr erst mit Erfüllung sämtlicher Abfindungsverpflichtungen erlöschen (→ Rn. 16). Umgekehrt ist die Übernahme einer Verpflichtung zur Zahlung auf erstes Anfordern oder

---

[54] Näher KK-WpÜG/*Hasselbach* Rn. 44 f.; K. Schmidt/Lutter/*Schnorbus* Rn. 28 ff.
[55] Begr. RegE, BT-Drs. 14/7034, 72; s. ferner Handelsrechtsausschuss des DAV NZG 1999, 850 (851); *ders.* NZG 2001, 420 (432).
[56] LG München I ZIP 2004, 167 (169); MüKoAktG/*Grunewald* Rn. 17; Spindler/Stilz/*Singhof* Rn. 10; K. Schmidt/Lutter/*Schnorbus* Rn. 30; Haarmann/Schüppen/*Schüppen/Tretter* Rn. 32; zweifelnd LG Frankfurt a.M. NZG 2004, 672 (674): „Bedenken, ob eine Bankgarantie von einem Unternehmen erteilt werden kann, das mit dem Hauptaktionär eng verbunden ist"; unentschieden OLG Stuttgart AG 2009, 204 (208).
[57] OLG Stuttgart AG 2009, 204 (207 f.); Hüffer/*Koch* Rn. 12; Großkomm*AktG/Fleischer* Rn. 44; KK-AktG/*Koppensteiner* Rn. 10; K. Schmidt/Lutter/*Schnorbus* Rn. 27; Spindler/Stilz/*Singhof* Rn. 11; HK-AktG/*Holzborn/Müller* Rn. 16; Hölters/*Müller-Michaels* Rn. 19; Grigoleit/*Rieder* Rn. 18; aA MüKoAktG/*Grunewald* Rn. 18, die auch die Stellung von Sicherheiten nach § 232 Abs. 1 BGB für möglich hält.
[58] Dazu *Berrar* ZBB 2002, 174 (175 ff.); *Häuser* FS Hadding, 2004, 833 ff.; *Noack* FS Hadding, 2004, 991 ff.; *Singhof/Weber* WM 2002, 1158 ff.; *Vogel* ZIP 2002, 1421 ff.
[59] So auch OLG Düsseldorf DB 2005, 713 (714); AG 2005, 654 (655); Großkomm*AktG/Fleischer* Rn. 44; MüKoAktG/*Grunewald* Rn. 18; KK-AktG/*Koppensteiner* Rn. 10; KK-WpÜG/*Hasselbach* Rn. 47.
[60] Sie ist nach § 349 S. 1 HGB ohnehin ausgeschlossen.
[61] BGHZ 189, 32 Rn. 18 = AG 2011, 518; *Krieger* BB 2002, 53 (58); *Singhof/Weber* WM 2002, 1158 (1168); Geibel/Süßmann/*Grzimek* Rn. 46; K. Schmidt/Lutter/*Schnorbus* Rn. 34; Spindler/Stilz/*Singhof* Rn. 11; Hölters/*Müller-Michaels* Rn. 19; aA MüKoAktG/*Grunewald* Rn. 18; *Sieger/Hasselbach* ZGR 2002, 120 (151); *Fuhrmann/Simon* WM 2002, 1211 (1216).
[62] Allg. zur Unzulässigkeit von Einschränkungen des Versprechens OLG Stuttgart AG 2009, 204 (208); OLG Hamm AG 2005, 773 (776); zur Unzulässigkeit von Bedingungen und Befristungen Hüffer/*Koch* Rn. 12; MüKoAktG/*Grunewald* Rn. 18; Grigoleit/*Rieder* Rn. 18; für Unzulässigkeit einer Befristung auch Großkomm*AktG/Fleischer* Rn. 48; K. Schmidt/Lutter/*Schnorbus* Rn. 34; *Singhof/Weber* WM 2002, 1158 (1167); *Vossius* ZIP 2002, 511 (512); aA – für Zulässigkeit einer Befristung (drei bis sechs Monate) – *Fuhrmann/Simon* WM 2002, 1211 (1216).

eine abstrakte Garantie nicht erforderlich.[63] Auch die Aufnahme eines Höchstbetrags ist nicht per se unzulässig (→ Rn. 15). Zur **Verjährung** → Rn. 16.

3. Vertragsschluss und Gläubiger. Das Zahlungsversprechen muss **sämtliche Min-** 13 **derheitsaktionäre** einschließen, also auch diejenigen, die noch vor Eintragung des Übertragungsbeschlusses Aktionär geworden sind;[64] nach hier vertretener Ansicht muss es zudem die **Bezugsberechtigen** umfassen (→ Rn. 14). Schon mit Blick auf den zeitlichen Ablauf (→ Rn. 14) wird der Vertrag als echter **Vertrag zugunsten Dritter** ausgestaltet sein;[65] das Kreditinstitut kann sich dann allerdings abweichend von § 334 BGB nicht auf Einwendungen aus dem Deckungsverhältnis berufen.[66] Vertragspartner des Kreditinstituts ist nicht notwendigerweise, aber in aller Regel der Hauptschuldner, mithin der Hauptaktionär; eine Übernahme der Avalprovision oder sonstiger **Vertragskosten** durch die Gesellschaft ist allenfalls unter den Voraussetzungen der §§ 308, 311, 317, 323 statthaft.

4. Maßgeblicher Zeitpunkt. Das Zahlungsversprechen ist nach § 327b Abs. 3 vom 14 Hauptaktionär **vor Einberufung** der Hauptversammlung (→ § 327a Rn. 20) dem Vorstand zu übermitteln. Es muss deshalb vor Einberufung wirksam begründet und als solches, dh in der Form, in der es vom Kreditinstitut erklärt worden ist, an den Vorstand weitergeleitet werden. Unmittelbare Übermittlung des Versprechens vom Kreditinstitut an die Gesellschaft genügt, wenn (was sich wohl schon aus der Erklärung selbst ergibt) ersichtlich ist, dass die Erklärung zur Sicherung einer Verbindlichkeit des Hauptaktionärs und auf dessen Rechnung abgegeben wird.[67] **Schriftform** ist in § 327b nicht vorgeschrieben[68] und nach § 350 HGB selbst im Fall eines Bürgschaftsversprechens (→ Rn. 12) entbehrlich, empfiehlt sich aber durchweg. Beruft der Vorstand die Hauptversammlung ein, ohne dass die Erklärung des Kreditinstituts vorliegt, kann dies nach § 93 Abs. 2 der Gesellschaft gegenüber zu Schadensersatz verpflichten.[69] Beschließt die Hauptversammlung die Übertragung, ohne dass die Gewährleistungsübernahme durch ein Kreditinstitut vorliegt, begründet dies die **Anfechtbarkeit** des Übertragungsbeschlusses nach § 243 Abs. 1 (→ § 327f Rn. 5);[70] eine Heilung des Beschlussmangels durch **Nachreichen** der Gewährleistungsübernahme vor Eintragung ist nicht möglich.[71] Eine Ausnahme ist nur für den Fall anzuerkennen, dass die Barabfindung in der Hauptversammlung erhöht wird (→ Rn. 15; → § 327c Rn. 6); dann muss es genügen, dass der **Erhöhungsbetrag** bis zur Eintragung des Übertragungsbeschlusses garantiert ist.[72]

---

[63] BGHZ 189, 32 Rn. 18 = AG 2011, 518; *Krieger* BB 2002, 53 (58); *Singhof/Weber* WM 2002, 1158 (1168); GroßkommAktG/*Fleischer* Rn. 48; näher zu Bürgschaft und Garantie auf erstes Anfordern MüKoBGB/*Habersack* Vor § 765 Rn. 27 ff., § 765 Rn. 99 ff.

[64] MüKoAktG/*Grunewald* Rn. 13, 18; K Schmidt/Lutter/*Schnorbus* Rn. 35; zumindest tendenziell auch *Singhof/Weber* WM 2002, 1158 (1168); aA OLG Hamm ZIP 2005, 1457 (1462).

[65] KK-AktG/*Koppensteiner* Rn. 9; Hüffer/*Koch* Rn. 12; MüKoAktG/*Grunewald* Rn. 20; Spindler/Stilz/ *Singhof* Rn. 15. Allg. zu Bürgschaft und Garantie zugunsten Dritter BGH NJW 2002, 3327; WM 2001, 400 (401); MüKoBGB/*Habersack* § 765 Rn. 11.

[66] OLG Hamm ZIP 2005, 1457 (1462); MüKoAktG/Grunewald Rn. 20; K. Schmidt/Lutter/*Schnorbus* Rn. 31; MHdB AG/*Austmann* § 75 Rn. 61; NK-AktR/*Heidel/Lochner* Rn. 13.

[67] Zutr. Hüffer/*Koch* Rn. 12.

[68] MüKoAktG/*Grunewald* Rn. 21; K. Schmidt/Lutter/*Schnorbus* Rn. 39; Grigoleit/*Rieder* Rn. 15; aA KK-AktG/*Koppensteiner* Rn. 9; MHdB AG/*Austmann* § 75 Rn. 60, 63; zu den Prüfpflichten des Vorstands vgl. OLG Hamm ZIP 2005, 1457 (1461) und GroßkommAktG/*Fleischer* Rn. 49.

[69] Hüffer/*Koch* Rn. 11; → § 327a Rn. 20: grds. keine Einberufung einer außerordentlichen Hauptversammlung.

[70] OLG Frankfurt AG 2005, 657; Hüffer/*Koch* Rn. 11; MüKoAktG/*Grunewald* Rn. 24; K. Schmidt/Lutter/*Schnorbus* Rn. 43; Spindler/Stilz/*Singhof* Rn. 16; HK-AktG/*Holzborn/Müller* Rn. 18; *Krieger* BB 2002, 53 (58); *Schüppen* WPg 2001, 958 (975).

[71] K. Schmidt/Lutter/*Schnorbus* Rn. 44; KK-WpÜG/*Hasselbach* Rn. 57; HK-AktG/*Holzborn/Müller* Rn. 18; *Singhof/Weber* WM 2002, 1158 (1167); wohl auch *Krieger* BB 2002, 53 (58); im Ergebnis auch Spindler/Stilz/*Singhof* Rn. 16, dem zufolge die Gewährleistung bereits bei Einberufung der Hauptversammlung vorzuliegen hat, es indes an der Kausalität des Informationsmangels fehlen soll, wenn die Gewährleistung noch vor Beschlussfassung vorgelegt wird; aA MüKoAktG/*Grunewald* Rn. 24.

[72] Zust. Spindler/Stilz/*Singhof* Rn. 16.

15 **5. Umfang der Gewährleistung.** Die Gewährleistung muss sich, so heißt es in § 327b Abs. 3 letzter Hs., auf die Verpflichtung des Hauptaktionärs zur Zahlung der von diesem nach § 327b Abs. 1 S. 1 **festgelegten Barabfindung** beziehen. Entscheidend ist der im Übertragungsbeschluss genannte Betrag der Abfindung. Wird also die nach § 327c Abs. 1 Nr. 2 bekannt gemachte Barabfindung **in der Hauptversammlung erhöht** (→ § 327c Rn. 6), muss auch der erhöhte Betrag abgedeckt sein.[73] Die Zahlung einer im **Spruchverfahren** festgesetzten Erhöhung braucht somit nicht garantiert werden,[74] des gleichen die Zahlung von Zinsen gemäß § 327b Abs. 2,[75] einer von der Hauptversammlung beschlossenen Dividende[76] oder von Schadensersatz. Die Aufnahme eines **Höchstbetrags** ist unschädlich, so lange dieser die festgelegte Barabfindung für sämtliche Aktien der Minderheitsaktionäre deckt; die theoretische Möglichkeit, dass der Hauptaktionär vor Eintragung Aktien abgeben kann und hierdurch eine Unterdeckung einträte, ist als solche nicht geeignet, die Anfechtbarkeit des Übertragungsbeschlusses zu begründen.[77] Umgekehrt ist die Angabe eines konkreten Haftungsbetrags entbehrlich, wenn nur feststeht, dass die im Übertragungsbeschluss festgelegte Abfindung gedeckt ist.[78]

16 **6. Erlöschen; Verjährung.** Die Zahlungsverpflichtung des Kreditinstituts erlischt **mit Erfüllung der Barabfindungsverpflichtung** durch den Hauptaktionär. Für die Bürgschaft folgt dies aus deren akzessorischen Charakter, für eine Gesamtschuld begründende Zahlungspflichten aus § 422 Abs. 1 S. 1 BGB. Der Erfüllung gleich stehen die Erfüllungssurrogate, darunter insbesondere die **Hinterlegung** unter Verzicht auf die Rücknahme nach §§ 372 ff. BGB.[79] Letztere ist zumindest unter den Voraussetzungen des § 214 Abs. 2 statthaft.[80] Sowohl die Verpflichtung des Hauptaktionärs als auch diejenige des Kreditinstituts unterliegen der **Verjährung** nach § 195 BGB; der Bürge kann sich zudem nach § 768 Abs. 1 S. 1 BGB auf die aus dem Hauptschuldverhältnis abgeleitete Verjährungseinrede berufen.[81]

§ 327c Vorbereitung der Hauptversammlung

(1) Die Bekanntmachung der Übertragung als Gegenstand der Tagesordnung hat folgende Angaben zu enthalten:

---

[73] → Rn. 14; Grigoleit/*Rieder* Rn. 18; Hüffer/*Koch* Rn. 8, 12; Spindler/Stilz/*Singhof* Rn. 16.

[74] Ganz hM, s. BVerfG ZIP 2007, 1261 (1263); BGH ZIP 2005, 2109 (2110); BGHZ 180, 154 Rn. 28 = ZIP 2009, 908; OLG Stuttgart AG 2009, 204 (208); OLG Düsseldorf NZG 2004, 328 (330); AG 2005, 654 (655 f.); OLG Frankfurt AG 2008, 167 (170); OLG Köln Konzern 2004, 27 (29); OLG Hamburg ZIP 2003, 2076 (2079); LG Berlin ZIP 2003, 1352 (1355); Hüffer/*Koch* Rn. 12; Grigoleit/*Rieder* Rn. 18; KK-WpÜG/*Hasselbach* Rn. 52; MüKoAktG/*Grunewald* Rn. 22; KK-AktG/*Koppensteiner* Rn. 12; Spindler/Stilz/*Singhof* Rn. 12; K. Schmidt/Lutter/*Schnorbus* Rn. 38; HK-AktG/*Holzborn/Müller* Rn. 17; Fuhrmann/*Simon* WM 2001, 1211 (1216); *Krieger* BB 2002, 53 (58); Singhof/*Weber* WM 2002, 1158 (1168); *Vetter* AG 2002, 176 (189); zweifelnd LG Frankfurt a.M. NZG 2004, 672 (675); Sieger/*Hasselbach* ZGR 2002, 120 (151); aA NK-AktR*Heidel/Lochner* Rn. 16; *Lenz/Leinekugel* 49 ff.; vgl. auch *Meilicke* AG 2007, 261 (262 f.).

[75] OLG Karlsruhe AG 2007, 92; OLG Düsseldorf DB 2005, 713 (714); OLG Frankfurt AG 2010, 39 (42); KK-WpÜG/*Hasselbach* Rn. 52; MüKoAktG/*Grunewald* Rn. 22; K. Schmidt/Lutter/*Schnorbus* Rn. 38; Hölters/*Müller-Michaels* Rn. 21; Grigoleit/*Rieder* Rn. 18; Wachter/*Rothley* Rn. 14; Fuhrmann/*Simon* WM 2002, 1211 (1216); aA Spindler/Stilz/*Singhof* Rn. 13; Singhof/*Weber* WM 2002, 1158 (1168); NK-AktR*Heidel/Lochner* Rn. 14.

[76] OLG Hamm AG 2011, 136 (137).

[77] So aber LG Frankfurt a.M. NZG 2004, 672 (674 f.); NK-AktR*Heidel/Lochner* Rn. 13; dagegen zu Recht LG Bochum AG 2005, 738 (740); GroßkommAktG/*Fleischer* Rn. 51; MüKoAktG/*Grunewald* Rn. 22; Hüffer/*Koch* Rn. 12; Haarmann/Schüppen/*Schüppen/Tretter* Rn. 32; *Dißars/Kocher* NZG 2004, 856 (857); vgl. auch BGH ZIP 2005, 2107 (2108).

[78] Vgl. OLG Düsseldorf AG 2010, 711 (713).

[79] Für Entbehrlichkeit des Verzichts auf Rücknahme *Schockenhoff/Mann* NZG 2014, 561 (562 ff.); zum Herausgabeanspruch des Gläubigers bei Hinterlegung ohne Verzicht auf das Recht zur Rücknahme s. OLG Karlsruhe NZG 2014, 578 (579); LG Heidelberg NZG 2014, 579 (580).

[80] Zutr. GroßkommAktG/*Fleischer* Rn. 53; *Vossius* ZIP 2002, 511 (515); weitergehend MHdB AG/*Austmann* § 75 Rn. 110; zu den Eigentumsverhältnissen hinsichtlich der Aktienurkunden → § 327a Rn. 6.

[81] Vgl. BGHZ 189, 32 Rn. 20 = AG 2011, 518; eingehend zu Verjährungsfragen Polte/Weber/*Kaisershot/Abdmoulah* AG 2007, 690 ff. – Zur Rechtslage bei Schuldbeitritt und Garantie s. MüKoBGB/*Habersack* Vor § 765 Rn. 15, 18 ff.

1. Firma und Sitz des Hauptaktionärs, bei natürlichen Personen Name und Adresse;
2. die vom Hauptaktionär festgelegte Barabfindung.

(2) ¹Der Hauptaktionär hat der Hauptversammlung einen schriftlichen Bericht zu erstatten, in dem die Voraussetzungen für die Übertragung dargelegt und die Angemessenheit der Barabfindung erläutert und begründet werden. ²Die Angemessenheit der Barabfindung ist durch einen oder mehrere sachverständige Prüfer zu prüfen. ³Diese werden auf Antrag des Hauptaktionärs vom Gericht ausgewählt und bestellt. ⁴§ 293a Abs. 2 und 3, § 293c Abs. 1 Satz 3 bis 5, Abs. 2 sowie die §§ 293d und 293e sind sinngemäß anzuwenden.

(3) Von der Einberufung der Hauptversammlung an sind in dem Geschäftsraum der Gesellschaft zur Einsicht der Aktionäre auszulegen
1. der Entwurf des Übertragungsbeschlusses;
2. die Jahresabschlüsse und Lageberichte für die letzten drei Geschäftsjahre;
3. der nach Absatz 2 Satz 1 erstattete Bericht des Hauptaktionärs;
4. der nach Absatz 2 Satz 2 bis 4 erstattete Prüfungsbericht.

(4) Auf Verlangen ist jedem Aktionär unverzüglich und kostenlos eine Abschrift der in Absatz 3 bezeichneten Unterlagen zu erteilen.

(5) Die Verpflichtungen nach den Absätzen 3 und 4 entfallen, wenn die in Absatz 3 bezeichneten Unterlagen für denselben Zeitraum über die Internetseite der Gesellschaft zugänglich sind.

Schrifttum: Vgl. die Angaben zu §§ 327a, 327b; ferner *Baßler*, Die Rüge fehlerhafter Prüferbestellung im Anfechtungsprozess, AG 2006, 487; *Eisolt*, Die Squeeze-out-Prüfung nach § 327c Abs. 2 AktG, DStR 2002, 1145; *Kort*, Kein Erfordernis der Aufstellung und Auslegung eines Konzernabschlusses beim Squeeze-out (§ 327c III Nr. 2 AktG), NZG 2006, 604; *Leuering*, Die parallele Angemessenheitsprüfung durch den gerichtlich bestellten Prüfer, NZG 2004, 606; *Marten/Müller*, Squeeze-out-Prüfung, FS Röhricht, 2005, 963; *Veit*, Die Prüfung von Squeeze Outs, DB 2005, 1697; *Wartenberg*, Die Auslage von Jahresabschlüssen für das letzte Geschäftsjahr beim Squeeze-out, AG 2004, 539; *Wendt*, Die Auslegung des letzten Jahresabschlusses zur Vorbereitung der Hauptversammlung – Strukturmaßnahmen als „Saisongeschäft"?, DB 2003, 191.

Übersicht

	Rn.		Rn.
I. Einführung	1–3	III. Bericht und Prüfung (Abs. 2)	7–13
1. Inhalt und Zweck der Vorschrift	1	1. Berichtspflicht	7–9
2. Entstehungsgeschichte	2	2. Prüfung der Angemessenheit der Barabfindung	10–13
3. Kapitalmarktrechtliche Informationspflichten	3	IV. Auslegung von Unterlagen und Erteilung von Abschriften (Abs. 3–5)	14–16
II. Bekanntmachung der Tagesordnung (Abs. 1)	4–6	1. Auslegung von Unterlagen	14
1. Allgemeines	4	2. Erteilung von Abschriften	15
2. Hauptaktionär	5	3. Internetseite	16
3. Barabfindung	6		

I. Einführung

1. Inhalt und Zweck der Vorschrift. Die Vorschrift entspricht weitgehend §§ 319 **1** Abs. 3, 320 Abs. 2–4 und regelt im Wesentlichen die **Informationspflichten** gegenüber den Minderheitsaktionären. Wie § 320 Abs. 2 S. 1 (→ § 320 Rn. 13) statuiert auch § 327c Abs. 1 besondere Anforderungen an die Bekanntmachung der Tagesordnung der Hauptversammlung. Durch die frühzeitige Information über die Person des Hauptaktionärs und die Höhe der Barabfindung soll es den Minderheitsaktionären ermöglicht werden, in Ruhe über die Einleitung eines Spruchverfahrens nach § 327f Abs. 1 S. 2 zu entscheiden (→ § 320 Rn. 13).[1]

---
[1] Hüffer/*Koch* Rn. 1; GroßkommAktG/*Fleischer* Rn. 2.

Die in Abs. 2 geregelte Berichts- und Prüfungspflicht soll die Minderheitsaktionäre insbesondere in die Lage versetzen, die der Festlegung der Barabfindung zugrunde liegenden Überlegungen nachzuvollziehen,[2] und zugleich das Spruchverfahren entlasten (→ § 320 Rn. 18). Abs. 3, 4 regeln die Auslegung von Unterlagen und die Erteilung von Abschriften und sollen den Minderheitsaktionären die Vorabinformation ermöglichen; die Auslegung der Unterlagen und die Erteilung von Abschriften kann nach Abs. 5 dadurch substituiert werden, dass die Unterlagen über die Internetseite der Gesellschaft zugänglich sind.

2 **2. Entstehungsgeschichte.** Die Vorschrift geht auf Art. 7 Nr. 2 Gesetz zur Regelung von öffentlichen Angeboten zum Erwerb von Wertpapieren und von Unternehmensübernahmen vom 20.12.2001 (BGBl. I 3822 (3839)) zurück (→ § 327a Rn. 3). Sie hat gegenüber dem Regierungsentwurf[3] zwei Änderungen erfahren. Zum Ersten sollte nach § 327c Abs. 2 S. 2 in der Fassung des Regierungsentwurfs die Prüfung der Angemessenheit der Abfindung in den Fällen des § 327b Abs. 1 S. 3 der Entwurfsfassung (→ § 327b Rn. 2) entbehrlich sein; dieser Ausnahmetatbestand hat sich infolge der Streichung des § 327b Abs. 1 S. 3 des Entwurfs erübrigt. Zum zweiten sah noch der Regierungsentwurf die Bestellung der Prüfer durch den Hauptaktionär vor. Auf die Beschlussempfehlung des Finanzausschusses (→ § 327a Rn. 3) hin hat der Gesetzgeber sodann bestimmt, dass Auswahl und Bestellung durch das Gericht erfolgen. Art. 2 Nr. 1 und 5 Spruchverfahrensneuordnungsgesetz (→ Einl. Rn. 30) hat sodann §§ 293c, 320 Abs. 3 S. 2 in diesem Sinne geändert (→ § 293c Rn. 3 f.; → § 320 Rn. 2). Ferner hat Art. 3 Nr. 2 Zweites Gesetz zur Änderung des Umwandlungsgesetzes vom 19.4.2007 Abs. 2 S. 4 geändert und S. 5 aufgehoben; dabei handelt es sich jedoch nur um die redaktionelle Anpassung des § 327c an den durch das Spruchverfahrensneuordnungsgesetz (→ Einl. Rn. 30) neu gefassten § 293c Abs. 2 (→ § 293c Rn. 10).[4] Das **ARUG** (→ Einl. Rn. 42) schließlich hat § 327c um einen neuen Abs. 5 ergänzt, der – in sachlicher Übereinstimmung mit der Parallelregelung in §§ 293f Abs. 3, 319 Abs. 3 S. 3 (→ § 293f Rn. 2; → § 319 Rn. 17) – die Pflicht zur Auslegung der in Abs. 3 bezeichneten Unterlagen und zur Erteilung von Abschriften entfallen lässt, wenn die Unterlagen über die Internetseite der Gesellschaft zugänglich sind.

3 **3. Kapitalmarktrechtliche Informationspflichten.** In § 327c sind allein die aktienrechtlichen Informationspflichten gegenüber den Minderheitsaktionären geregelt. Hiervon unberührt bleibt die Pflicht zur Veröffentlichung einer Ad-hoc-Mitteilung nach § 15 WpHG.[5] Mitteilungspflichtig sind nach § 15 Abs. 1 S. 1 WpHG in der Fassung durch das Anlegerschutzverbesserungsgesetz vom 28.10.2004 (BGBl. I 2630) sämtliche Insiderinformationen iSd § 13 Abs. 1 WpHG, die den Emittenten „unmittelbar betreffen"; darauf, dass die Tatsache im Tätigkeitsbereich des Emittenten eintritt, kommt es abweichend von § 15 WpHG aF (s. 3. Aufl. Rn. 3) nicht mehr an. Bei entsprechender Kursrelevanz unterliegt deshalb **auch die Gesellschaft** der Mitteilungspflicht nach § 15 Abs. 1 S. 1 WpHG.[6] Hiervon unberührt bleibt die Mitteilungspflicht des Hauptaktionärs. Maßgebender Zeitpunkt ist derjenige des Übertragungsverlangens (→ § 327a Rn. 19 f.).

II. Bekanntmachung der Tagesordnung (Abs. 1)

4 **1. Allgemeines.** Die vom Hauptaktionär begehrte Übertragung der Aktien der Minderheit erfolgt durch Beschluss der Hauptversammlung (→ § 327a Rn. 20 ff.) und ist deshalb

---

[2] So Begr. RegE, BT-Drs. 14/7034, 73.
[3] BT-Drs. 14/7034.
[4] Begr. RegE, BT-Drs. 16/2919, 21.
[5] Bundesaufsichtsamt für den Wertpapierhandel (BAWe; jetzt BAFin), Rundschreiben vom 26.4.2002, NZG 2002, 563; dazu auch *Vetter* AG 2002, 176 (186); ferner MüKoAktG/*Grunewald* Rn. 2; Spindler/Stilz/ *Singhof* Rn. 14.
[6] Vgl. Begr. RegE, BT-Drs. 15/3174, 35 (Übermittlung eines Übernahmeangebots nach §§ 29 ff. WpÜG); BaFin, Emittentenleitfaden vom 15.7.2005, 40, 53; MHdB AG/*Austmann* § 75 Rn. 39; Spindler/Stilz/*Singhof* Rn. 14; Hüffer/*Koch* Rn. 1.

nach § 121 Abs. 3 als Gegenstand der Tagesordnung bekannt zu machen. § 327c Abs. 1 knüpft hieran an und statuiert in Anlehnung an § 320 Abs. 2 S. 1 (→ § 320 Rn. 13) Angaben über die Person des Hauptaktionärs und die Höhe der Barabfindung (→ Rn. 5). Genügt die Bekanntmachung nicht den Anforderungen des Abs. 1, darf nach § 124 Abs. 4 S. 1 über die Übertragung nicht beschlossen werden. Ein gleichwohl gefasster Beschluss ist grundsätzlich nach § 243 Abs. 1, Abs. 4 S. 1 anfechtbar; in Ausnahmefällen kann es allerdings an der Relevanz der Informationspflichtverletzung fehlen.[7]

2. Hauptaktionär. Die Bekanntmachung hat zunächst den Hauptaktionär, mithin den Erwerber der Aktien und Schuldner der Barabfindung, zu bezeichnen. Dies hat im Allgemeinen und so auch bei Einzelkaufleuten durch Angabe von **Firma und Sitz** zu erfolgen,[8] wobei bei Einzelkaufleuten der Ort der Hauptniederlassung anzugeben ist. Bei ausländischen Gesellschaften ist ein Rechtsformzusatz auch dann erforderlich, wenn dieser nicht Bestandteil der Firma ist.[9] Eine Gesellschaft bürgerlichen Rechts (→ § 327a Rn. 15) kann, soweit vorhanden, durch ihren Namen gekennzeichnet werden. Angaben hinsichtlich der Gesellschafter sind mit Blick auf das Erfordernis einer Gewährleistung der Barabfindung durch ein Kreditinstitut entbehrlich;[10] die persönliche Gesellschafterhaftung bleibt hiervon allerdings unberührt.[11] Bei natürlichen Personen sind **Name und Adresse** anzugeben, wobei zur Adresse neben dem Wohnort auch Straße und Hausnummer gehören.[12] E-Mail-Adresse genügt nicht, wohl aber eine von der Privatadresse abweichende Geschäftsadresse, sofern sie sich am allgemeinen Gerichtsstand befindet und für Zustellungen eignet.[13] Bei Erben- und Gütergemeinschaften sind Name und Adresse der einzelnen Mitglieder anzugeben.[14]

3. Barabfindung. In der Bekanntmachung anzugeben ist des Weiteren die vom Hauptaktionär festgelegte Barabfindung, mithin der Betrag, der pro Aktie einer bestimmten Gattung gezahlt werden soll. Wie im Fall der Eingliederung (→ § 320 Rn. 13) steht es der Ordnungsmäßigkeit der Bekanntmachung und damit zugleich des Übertragungsbeschlusses nicht entgegen, dass das Angebot **in der Hauptversammlung erhöht** wird (→ § 327b Rn. 4). In diesem Fall muss allerdings auch die vom Hauptaktionär zu stellende Bankgarantie den Erhöhungsbetrag abdecken (→ § 327b Rn. 14 f.). Nicht erforderlich ist, dass der Beschlussvorschlag ausdrücklich eine „angemessene" Abfindung vorsieht.[15]

III. Bericht und Prüfung (Abs. 2)

1. Berichtspflicht. Nach § 327c Abs. 2 S. 1 hat der Hauptaktionär der Hauptversammlung einen schriftlichen Bericht zu erstatten und dadurch für die Information der Minderheitsaktionäre über die wesentlichen Eckdaten des Übertragungsbeschlusses (→ Rn. 8) zu sorgen. Das Gesetz lehnt sich hierbei vor allem (s. ferner § 293a; → § 293a Rn. 19 ff.; ferner § 8 Abs. 1 S. 1 UmwG) an die in §§ 319 Abs. 3 S. 1 Nr. 3, 320 Abs. 4 S. 2 vorgesehene Berichtspflicht

---

[7] Hüffer/Koch Rn. 2, dort auch zutr. Hinweis darauf, dass die Relevanz der Gesetzesverletzung fehlen kann, wenn die Angaben zur Person des Hauptaktionärs (Hüffer/Koch Rn. 5) nicht vollauf gelungen sind; krit. dagegen NK-AktR Heidel/Lochner Rn. 2; s. ferner MüKoAktG/Grunewald Rn. 5. Zum Erfordernis der Relevanz der Informationspflichtverletzung → § 319 Rn. 18.
[8] Der Angabe der Adresse bedarf es nur bei natürlichen Personen, s. OLG Frankfurt AG 2008, 167 (169).
[9] GroßkommAktG/Fleischer Rn. 3; Geibel/Süßmann/Grzimek Rn. 3; MüKoAktG/Grunewald Rn. 3; Haarmann/Schüppen/Schüppen/Tretter Rn. 2.
[10] MüKoAktG/Grunewald Rn. 3; Hüffer/Koch Rn. 2; Spindler/Stilz/Singhof Rn. 3; K. Schmidt/Lutter/Schnorbus Rn. 2; Grigoleit/Rieder Rn. 2.
[11] BGHZ 142, 315; 146, 341; s. aber auch BGHZ 150, 1.
[12] Hüffer/Koch Rn. 2; MüKoAktG/Grunewald Rn. 3; GroßkommAktG/Fleischer Rn. 3; Grigoleit/Rieder Rn. 2; s. ferner OLG Frankfurt AG 2008, 167 (169).
[13] Hüffer/Koch Rn. 2; MHdB AG/Austmann § 75 Rn. 64; weitergehend wohl Fuhrmann/Simon WM 2002, 1211 (1213).
[14] Hüffer/Koch Rn. 2; Grigoleit/Rieder Rn. 2; zur Frage der Aktionärseigenschaft von Erben- und Gütergemeinschaft s. Hüffer/Koch § 2 Rn. 11; zur fehlenden Rechtsfähigkeit der Erbengemeinschaft s. BGH NJW 2002, 3389.
[15] OLG Frankfurt AG 2008, 167 (169).

§ 327c 8–10   3. Buch. 4. Teil. Ausschluss von Minderheitsaktionären

(→ § 319 Rn. 18 ff.; → § 320 Rn. 16) an. Während der Eingliederungsbericht Sache des Vorstands der Hauptgesellschaft ist, richtet sich § 327c Abs. 2 S. 1 unmittelbar an den **Hauptaktionär**, der freilich, wenn es sich bei ihm um eine Gesellschaft handelt, durch das Geschäftsführungsorgan vertreten wird. Es genügt die Einhaltung der allgemeinen Vorschriften über die Vertretung gegenüber Dritten; die Mitwirkung aller Mitglieder des Geschäftsführungsorgans ist nicht erforderlich.[16] Anders als §§ 293a Abs. 1 S. 1, 319 Abs. 3 S. 1 Nr. 3, 320 Abs. 4 S. 2, § 8 Abs. 1 S. 1 UmwG verzichtet § 327c Abs. 2 S. 1 zwar auf das Erfordernis der **Ausführlichkeit** des Berichts; ungeachtet dessen muss der Bericht die erforderliche Kapitalbeteiligung des Hauptaktionärs und die Angemessenheit der Barabfindung schlüssig und plausibel darlegen.[17] Bei Berichtsmängeln ist der Übertragungsbeschluss anfechtbar;[18] die Frage, ob der Bericht, soweit er sich auf die Abfindung bezieht (→ Rn. 9), inhaltlich richtig ist, ist dagegen nach § 327f S. 1 im Spruchverfahren auszutragen (zum Prüfungsbericht → Rn. 13).[19]

8   Was den Inhalt des Berichts betrifft, so hat der Hauptaktionär zunächst die **Voraussetzungen für die Übertragung** und damit das Vorliegen einer Gewährleistung der Abfindung durch ein Kreditinstitut (→ § 327b Rn. 11 ff.) und einer Kapitalbeteiligung von mindestens 95 % des Grundkapitals (→ § 327a Rn. 14 ff., dort auch zu § 12 Abs. 4 S. 1 FMStBG) darzulegen. Etwaige Zurechnungen (→ § 327a Rn. 17) sind im Einzelnen, dh unter genauer Bezeichnung der Person des Aktionärs, dessen Aktien zugerechnet werden, und des Zurechnungsgrundes zu erläutern,[20] ebenso die Nichtberücksichtigung eigener Aktien der Gesellschaft (→ § 327a Rn. 17). Belehrungen über die steuerlichen und zivilrechtlichen Folgen der Übertragung sind ebenso entbehrlich wie eine Begründung des Squeeze Out.[21]

9   Des Weiteren muss der Bericht die **Angemessenheit der Barabfindung** erläutern und begründen. Dies entspricht, abgesehen von dem Verzicht auf das Erfordernis der Ausführlichkeit (→ Rn. 7), der Rechtslage nach §§ 293a, 320 Abs. 4 S. 2. Wie dort (→ § 293a Rn. 24 ff.) ist somit ggf. über die Methode und das Ergebnis der Unternehmensbewertung zu berichten, ferner darzulegen und zu begründen, weshalb der Börsenkurs unterschritten oder nicht überschritten worden ist (→ § 327b Rn. 9; zur Zulässigkeit der Parallelprüfung → Rn. 11). Nach § 327c Abs. 2 S. 4 finden die **Schutzklausel** des § 293a Abs. 2 (→ § 293a Rn. 30 ff.) und die in § 293a Abs. 3 vorgesehene Möglichkeit des **Verzichts** (→ § 293a Rn. 34 ff.) entsprechende Anwendung, wobei über die Bezugnahme auf § 293a Abs. 2 schutzwürdige Geheimhaltungsinteressen sowohl des Hauptaktionärs als auch der Gesellschaft Berücksichtigung finden.

10   **2. Prüfung der Angemessenheit der Barabfindung.** Die Angemessenheit der Barabfindung (und nur sie)[22] ist nach § 327c Abs. 2 S. 2 durch einen oder mehrere sachverständige

---

[16] OLG Stuttgart NZG 2004, 146 (147); OLG Düsseldorf NZG 2004, 328 (332); DB 2005, 713 f.; AG 2005, 654 (657); OLG Hamm ZIP 2005, 1457 (1459); MüKoAktG/*Grunewald* Rn. 6; GroßkommAktG/*Fleischer* Rn. 7; MHdB AG/*Austmann* § 75 Rn. 49; K. Schmidt/Lutter/*Schnorbus* Rn. 5; HK-AktG/*Holzborn*/*Müller* Rn. 3.

[17] BGH NZG 2006, 905 (906) Rn. 17; OLG Düsseldorf AG 2009, 40 (42 f.); AG 2010, 711 (713 f.); OLG Frankfurt AG 2010, 39 (41 f.); AG 2010, 368 (371); OLG Köln NZG 2005, 931 (933); OLG Stuttgart AG 2009, 204 (208); GroßkommAktG/*Fleischer* Rn. 10; MüKoAktG/*Grunewald* Rn. 7; Spindler/Stilz/*Singhof* Rn. 5, MHdB AG/*Austmann* § 75 Rn. 43; speziell zur Information der Bezugsrechtsinhaber *Fehling*/*Arens* AG 2011, 735 (738 ff.).

[18] → § 293a Rn. 40, dort auch zum Erfordernis der Relevanz; aus der Rspr. vgl. etwa OLG Stuttgart AG 2009, 204 (208 f.); OLG Hamburg ZIP 2004, 2288 (2289); OLG Köln NZG 2005, 931 (933); LG München I AG 2008, 904 (907); ferner Spindler/Stilz/*Singhof* Rn. 5; MüKoAktG/*Grunewald* Rn. 10.

[19] OLG Stuttgart AG 2009, 204 (208 f.) mwN.

[20] GroßkommAktG/*Fleischer* Rn. 9; MüKoAktG/*Grunewald* Rn. 7; Haarmann/Schüppen/*Schüppen*/*Tretter* Rn. 9; *Vetter* AG 2002, 176 (187).

[21] OLG Stuttgart AG 2009, 204 (209); OLG Frankfurt AG 2010, 39 (41); LG Hamburg BB 2003, 1296 (1297); KK-AktG/*Koppensteiner* Rn. 6; MüKoAktG/*Grunewald* Rn. 9; HK-AktG/*Holzborn*/*Müller* Rn. 6; *Fuhrmann*/*Simon* WM 2002, 1211 (1216); *Krieger* BB 2002, 53 (59).

[22] Nicht dagegen das Vorliegen der in → Rn. 8 genannten Voraussetzungen (MüKoAktG/*Grunewald* Rn. 11; K. Schmidt/Lutter/*Schnorbus* Rn. 18; *Eisolt* DStR 2002, 1145 (1147); *Sieger*/*Hasselbach* ZGR 2002, 120 (139)) oder die Gewährleistung des Kreditinstituts, LG Bochum AG 2005, 738 (740); GroßkommAktG/*Fleischer* Rn. 26; MüKoAktG/*Grunewald* Rn. 11; K. Schmidt/Lutter/*Schnorbus* Rn. 18; aA *Furhmann*/*Simon* WM 2002, 1211 (1216).

Prüfer zu prüfen, und zwar auch dann, wenn die Abfindung der im Rahmen eines Übernahme- oder Pflichtangebots gebotenen Geldleistung (→ Rn. 2; → § 327b Rn. 2) oder dem Börsenkurs (→ § 327b Rn. 9) entspricht. Die Einzelheiten ergeben sich aus dem in § 327c Abs. 2 S. 4 in Bezug genommenen § 293e (→ § 293e Rn. 5 ff.); er betrifft zwar nur den Prüfungsbericht (→ Rn. 13), legt damit aber zugleich den Prüfungsgegenstand fest. Für eine zusätzliche, gleichsam vorbeugende **Sonderprüfung** nach § 142 ist neben der Prüfung nach § 327c Abs. 2 S. 2 und der sich hieran anschließenden Möglichkeit der Überprüfung der Abfindung im Spruchverfahren kein Raum.[23]

Auswahl und Bestellung der Prüfer erfolgen nach § 327c Abs. 2 S. 3 auf Antrag des **11** Hauptaktionärs durch das **Gericht** (→ Rn. 2).[24] Hierdurch soll die Unabhängigkeit des Prüfers gewährleistet, das Spruchverfahren entlastet und ein gleichwohl beantragtes Spruchverfahren beschleunigt werden (→ § 293c Rn. 3 ff.). Es begegnet grundsätzlich keinen Bedenken, dass der gerichtlich bestellte Prüfer **parallel** zu dem im Auftrag des Hauptaktionärs tätigen Bewertungsgutachter tätig wird.[25] Das ergibt sich zum einen aus dem in §§ 327c Abs. 2 S. 4, 293d Abs. 1 S. 1 in Bezug genommenen § 320 Abs. 2 S. 2 HGB, zum anderen aus der Erwägung, dass eine Parallelprüfung auf Grund der frühzeitigen Aufdeckung von Fehlern besonders effektiv sein kann.[26] Schuldner der Prüfungsvergütung ist der Hauptaktionär.[27] Eine Überprüfung der Rechtmäßigkeit des Squeeze Out durch das den Prüfer bestellende Gericht ist nicht vorgesehen.[28] Die Zuständigkeit für die Bestellung richtet sich nach §§ 327c Abs. 2 S. 4, 293c Abs. 1 S. 3 und 4. Die Möglichkeit der **Verfahrenskonzentration** (→ § 293c Rn. 10) ist in § 327c Abs. 2 S. 4 iVm § 293c Abs. 2 und § 10 Abs. 4 UmwG vorgesehen, setzt aber voraus, dass von der Verordnungsermächtigung des § 327c Abs. 2 S. 4 Gebrauch gemacht und eine bestehende landesrechtliche Regelung auf das Übertragungsverfahren erstreckt wird.[29]

Was die **Auswahl**, das **Auskunftsrecht** und die **Verantwortlichkeit** der Prüfer betrifft, **12** so nimmt § 327c Abs. 2 S. 4 auf die Vorschriften des § 293d Abs. 1 und 2 Bezug, deren Satz 1 jeweils auf die §§ 319 Abs. 1–3, 319a Abs. 1, 319b Abs. 1, 320 Abs. 1 S. 2, Abs. 2 S. 1, 2, 323 HGB weiterverweist (→ § 293d Rn. 1 ff.; → § 320 Rn. 19 f.).[30] Da die Bestellungsverbote der §§ 319 Abs. 2, 3, 319a Abs. 1, 319b Abs. 1 HGB nach §§ 327c Abs. 2 S. 4, 293d Abs. 1 S. 1 nur entsprechende Anwendung finden, müssen sie auch dann eingreifen, wenn sie nur in Bezug auf den **Hauptaktionär** verwirklicht sind.[31] Eine Prüferbestellung

---

[23] BGH NZG 2006, 905 (907 f.) Rn. 26 ff.; *Bungert* BB 2006, 2761 (2763).
[24] Die Bestellung eines vom Hauptaktionär vorgeschlagenen Prüfers macht den Übertragungsbeschluss nicht anfechtbar, s. OLG Hamburg ZIP 2004, 2288 (2289).
[25] BGH NZG 2006, 905 (906) Rn. 14; BGHZ 180, 154 Rn. 32 = ZIP 2009, 908; OLG Frankfurt AG 2008, 167 (170); AG 2010, 368 (371); OLG Stuttgart ZIP 2003, 2363 (2364 f.); NZG 2007, 112 (114); OLG Karlsruhe AG 2007, 92 (93); OLG München ZIP 2007, 375 (377); OLG Düsseldorf AG 2007, 363 (367); NZG 2004, 328 (333); OLG Hamburg ZIP 2004, 2288 (2289); OLG Köln NZG 2005, 931 (933); MüKo-AktG/*Grunewald* Rn. 13; HK-AktG/*Holzborn/Müller* Rn. 9a; K. Schmidt/Lutter/*Schnorbus* Rn. 17; Spindler/Stilz/*Singhof* Rn. 10; Hüffer/*Koch* Rn. 5; MHdB AG/*Austmann* § 75 Rn. 57; *Leuering* NZG 2004, 606 ff.; *Buchta/Sasse* DStR 2004, 958 (961); aA *Puszkajler* ZIP 2003, 518 (521); aus verfassungsrechtlichen Gründen ebenso *Lenz/Leinekugel* 38 f.; tendenziell ebenso LG Heidelberg AG 2006, 760 (761); LG Wuppertal AG 2004, 161 (162); offen OLG Hamm ZIP 2005, 1457 (1460).
[26] Die Parallelprüfung erfüllt auch weder den Tatbestand des § 319 Abs. 3 Nr. 3 lit. a HGB (so zu Recht BGH NZG 2006, 905 (906) Rn. 14; OLG Stuttgart ZIP 2003, 2363 (2365)) noch denjenigen des § 319 Abs. 2 HGB; näher KK-WpÜG/*Hasselbach* Rn. 36 ff.
[27] GroßkommAktG/*Fleischer* Rn. 42; KK-WpÜG/*Hasselbach* Rn. 46; vgl. auch *Eisolt* DStR 2002, 1145 (1147).
[28] Spindler/Stilz/*Singhof* Rn. 9; KK-AktG/*Koppensteiner* Rn. 12; aA *K. Mertens* AG 2002, 377 (382).
[29] Hüffer/*Koch* Rn. 5; GroßkommAktG/*Fleischer* Rn. 22; Hölters/*Müller-Michaels* Rn. 13; K. Schmidt/Lutter/*Schnorbus* Rn. 13 mit Angaben zu den einschlägigen landesrechtlichen Regelungen.
[30] Zur Möglichkeit der Bestellung desjenigen, der zuvor als Abschluss- oder Bewertungsprüfer für die Gesellschaft oder den Hauptaktionär tätig war, s. KK-WpÜG/*Hasselbach* Rn. 41; → § 293d Rn. 5; → § 320 Rn. 19.
[31] OLG München AG 2012, 45 (48 f.) – Ausschluss als Prüfer, wer schon an Bericht des Hauptaktionärs mitgewirkt hat; MüKoAktG/*Grunewald* Rn. 13; K. Schmidt/Lutter/*Schnorbus* Rn. 15; HK-AktG/*Holzborn/Müller* Rn. 9a; *Eisolt* DStR 2002, 1145 (1147); *Marten/Müller* FS Röhricht, 2005, 963 (973); *Veit* DB 2005, 1697 (1699).

ist allerdings nicht allein deshalb fehlerhaft, weil das Gericht einem Vorschlag des Hauptaktionärs folgt; durch den Vorschlag werden Recht und Pflicht des Gerichts zur unabhängigen Auswahl nicht berührt.[32] Die gerichtliche Entscheidung über die Bestellung des Prüfers kann (nur) nach Maßgabe der §§ 327c Abs. 2 S. 4, 293c Abs. 2, § 10 Abs. 5 UmwG angegriffen werden (→ § 293c Rn. 6). Nach §§ 327c Abs. 2 S. 4, 293d Abs. 2 S. 2 **haftet** der Prüfer sowohl der Gesellschaft als auch dem Hauptaktionär und den Minderheitsaktionären.[33]

13 Nach §§ 327c Abs. 2 S. 4, 293e hat der Prüfer einen **Prüfungsbericht** zu erstellen, der sodann nach § 327c Abs. 3 Nr. 4 (vorbehaltlich des Abs. 5) auszulegen ist (→ Rn. 14). Die Anforderungen an Form und Inhalt des Berichtes ergeben sich im Einzelnen aus § 293e Abs. 1 S. 2 und 3 (→ § 293e Rn. 5 ff.).[34] Inhaltliche Mängel der Prüfung können nach § 327f S. 1 nur im Rahmen des Spruchverfahrens geltend gemacht werden.[35] Die Minderheitsaktionäre haben nach §§ 327c Abs. 2 S. 4, 293e Abs. 2, 293a Abs. 3 die Möglichkeit des **Verzichts** auf den Prüfungsbericht (→ § 293e Rn. 22). Zudem gelangt über §§ 327c Abs. 2 S. 4, 293e Abs. 2 die **Schutzklausel** des § 293a Abs. 2 zur Anwendung (→ § 293e Rn. 23). Im Übrigen gilt auch für den Squeeze Out, dass der Übertragungsbeschluss bei fehlendem oder fehlerhaftem Prüfungsbericht nach § 243 Abs. 1, Abs. 4 S. 1 anfechtbar ist (→ § 293e Rn. 21; → § 320b Rn. 20; → § 327f Rn. 4).[36]

IV. Auslegung von Unterlagen und Erteilung von Abschriften (Abs. 3–5)

14 **1. Auslegung von Unterlagen.** § 327c Abs. 3 ist §§ 293f Abs. 1, 319 Abs. 3 S. 1 nachgebildet und regelt die Auslegung von Unterlagen im Geschäftsraum der Gesellschaft. Auszulegen sind (1.) der Entwurf des Übertragungsbeschlusses (mithin der schon nach § 121 Abs. 3 bekannt gemachte Beschlussantrag, → Rn. 4 ff.), (2.) die festgestellten Jahresabschlüsse und Lageberichte der Gesellschaft (nicht des Hauptaktionärs) für die letzten drei Geschäftsjahre, und zwar für diejenigen Jahre, für die Jahresabschluss und Lagebericht auf- und festzustellen waren oder (freiwillig, dh vor Ablauf der Frist des § 264 Abs. 1 S. 2 HGB) tatsächlich auf- und festgestellt worden sind,[37] (3.) der Bericht des Hauptaktionärs (→ Rn. 7 ff.) und (4.) der Prüfungsbericht (→ Rn. 13). Die Aufzählung ist abschließend, weshalb ein **Konzernabschluss nicht** auszulegen ist.[38] Ein Verstoß gegen § 327c Abs. 3 macht den Übertragungs-

---

[32] BGH NZG 2006, 905 (906) Rn. 13, wo die Frage eines Vorschlagsrechts des Hauptaktionärs allerdings offen bleibt; OLG Düsseldorf AG 2007, 363 (368); 2006, 202 (204); OLG Hamm ZIP 2005, 1457 (1460); OLG Köln NZG 2005, 931 (932 f.); LG Bochum AG 2005, 738 (740); LG Dortmund Konzern 2005, 603 (605); GroßkommAktG/*Fleischer* Rn. 19; *Baßler* AG 2006, 487 ff.

[33] So auch KK-WpÜG/*Hasselbach* Rn. 59; Hölters/*Müller-Michaels* Rn. 19; für Verantwortlichkeit gegenüber Haupt- und Minderheitsaktionären KK-AktG/*Koppensteiner* Rn. 11; GroßkommAktG/*Fleischer* Rn. 43; zweifelnd *Eisolt* DStR 2002, 1145 (1148).

[34] Näher dazu sowie zum Ablauf der Prüfung *Eisolt* DStR 2002, 1145 (1148 f.); *Marten/Müller* FS Röhricht, 2005, 963 (972 ff.); *Veit* DB 2005, 1697 (1700 f.).

[35] OLG Stuttgart AG 2009, 204 (208); LG München I AG 2008, 904 (908); weitergehend LG Krefeld AG 2008, 754 (756 f.); zur Reichweite des § 327f S. 1, 3 → § 327f Rn. 5 f.; zur entsprechenden Lage beim Übertragungsbericht → Rn. 7.

[36] OLG Hamburg ZIP 2004, 2288 (2289); 2005, 1457 (1460); MüKoAktG/*Grunewald* Rn. 15; Spindler/Stilz/*Singhof* Rn. 10; K. Schmidt/Lutter/*Schnorbus* Rn. 20; *Veit* DB 2005, 1697 (1702).

[37] OLG Hamburg ZIP 2003, 1344 (1347 f.); Geibel/Süßmann/*Grzimek* Rn. 37; *Beier/Bungeroth* BB 2002, 2627 (2628 f.); *Wendt* DB 2003, 191 ff.; *Dißars* BKR 2004, 389 (391); *Kort* NZG 2006, 604 (605 f.); zu eng *Wartenberg* AG 2004, 539 (541 f.): keine Pflicht zur Auslegung eines zwischenzeitlich festgestellten Jahresabschlusses in der Hauptversammlung; weitergehend LG Hamburg DB 2002, 2478 und NK-AktR*Heidel/Lochner* Rn. 7: Vorlage für das abgelaufene Geschäftsjahr auch dann, wenn die Unterlagen noch nicht vorzuliegen brauchen; offen BGH Konzern 2006, 767; → § 293f Rn. 8 ff. mwN.

[38] BGHZ 180, 154 Rn. 29 = ZIP 2009, 908; KG ZIP 2009, 1223 (1230); OLG Hamburg ZIP 2003, 2076 (2079); OLG Hamburg Konzern 2003, 615 (616); OLG Düsseldorf ZIP 2005, 441; LG Regensburg Konzern 2004, 811 (813 f.); LG Hamburg NZG 2003, 787 (789); KK-AktG/*Koppensteiner* Rn. 15; MüKoAktG/*Grunewald* Rn. 17; K. Schmidt/Lutter/*Schnorbus* Rn. 28; Hüffer/*Koch* Rn. 6; MHdB AG/*Austmann* § 75 Rn. 69; *Fuhrmann* Konzern 2004, 1 (3); *Dißars* BKR 2004, 389 (391); *Kort* NZG 2006, 604 (605); aA OLG Celle AG 2004, 206 (207); NK-AktR*Heidel/Lochner* Rn. 7; offen OLG München NZG 2006, 398 (399); LG Landshut AG 2005, 934 (935). – Zur Bankgarantie s. *Vossius* ZIP 2002, 511 (514); HK-AktG/*Holzborn/Müller* Rn. 12.

beschluss grundsätzlich anfechtbar nach § 243 Abs. 1, Abs. 4 S. 1 (→ § 293f Rn. 11; → § 327f Rn. 4).³⁹ Die Festsetzung eines Zwangsgeldes nach § 407 kommt nicht in Betracht (→ § 293f Rn. 3 ff.).⁴⁰

2. Erteilung von Abschriften. In Übereinstimmung mit §§ 293f Abs. 2, 319 Abs. 3 S. 2 spricht § 327c Abs. 4 jedem Aktionär, mithin auch dem Hauptaktionär, einen Anspruch auf unverzügliche und kostenlose Erteilung einer Abschrift der auszulegenden Unterlagen (→ Rn. 14) zu. Verpflichtet ist die Gesellschaft; eine Pflichtverletzung macht den Beschluss – die Relevanz der Verletzung unterstellt – anfechtbar nach § 243 Abs. 1 (→ § 293f Rn. 10 f.). **15**

3. Internetseite. Der durch das ARUG (→ Rn. 2; → Einl. Rn. 42) eingefügte Abs. 5 bestimmt, dass die Pflicht zur Auslegung gemäß Abs. 3 und die Pflicht zur Erteilung von Abschriften gemäß Abs. 4 entfallen, wenn die in Abs. 3 bezeichneten Unterlagen für denselben Zeitraum über die Internetseite der Gesellschaft (nicht: des Hauptaktionärs) zugänglich sind. Parallelregelungen finden sich in § 293f Abs. 3 (→ § 293f Rn. 3 ff.; → § 293f Rn. 2) und in § 319 Abs. 3 S. 3 (→ § 319 Rn. 17). **16**

§ 327d Durchführung der Hauptversammlung

¹In der Hauptversammlung sind die in § 327c Abs. 3 bezeichneten Unterlagen zugänglich zu machen. ²Der Vorstand kann dem Hauptaktionär Gelegenheit geben, den Entwurf des Übertragungsbeschlusses und die Bemessung der Höhe der Barabfindung zu Beginn der Verhandlung mündlich zu erläutern.

I. Inhalt und Zweck der Vorschrift

Die – durch Art. 1 Nr. 50 des ARUG (→ Einl. Rn. 42) geringfügig geänderte¹ – Vorschrift regelt die Information der Aktionäre über die wesentlichen Gesichtspunkte des Squeeze Out während der Hauptversammlung. Im Einzelnen sieht sie in ihrem Satz 1 vor, dass die in § 327c Abs. 3 genannten Unterlagen auch in der Hauptversammlung zugänglich zu machen sind. Hierdurch soll es den Minderheitsaktionären ermöglicht werden, sich auch noch während der Hauptversammlung eingehend zu informieren. Satz 2 betrifft die mündliche Erläuterung des Entwurfs des Übertragungsbeschlusses und der Bemessung der Höhe der Abfindung zu Beginn der Verhandlung und soll die Minderheitsaktionäre mit dem Inhalt der Unterlagen vertraut machen; zudem soll dem Vorstand und dem Hauptaktionär Gelegenheit gegeben werden, die im schriftlichen Bericht enthaltenen Ausführungen bei Bedarf zu aktualisieren.² Die Verletzung der in § 327d geregelten Informationspflichten hat grundsätzlich die **Anfechtbarkeit** des Übertragungsbeschlusses zur Folge (→ § 293g Rn. 25). **1**

II. Unterlagen gemäß § 327c Abs. 3 (S. 1)

§ 327d S. 1 knüpft an § 176 Abs. 1 S. 1 an und erstreckt die dort geregelte Pflicht, Verwaltungsunterlagen zugänglich zu machen, auf die in § 327c Abs. 3 genannten Unterlagen. Auch während der Hauptversammlung sollen also die Aktionäre auf den Entwurf des Über- **2**

---

³⁹ LG Hamburg DB 2002, 2478; LG Frankfurt NZG 2003, 731 (732); GroßkommAktG/*Fleischer* Rn. 56; MüKoAktG/*Grunewald* Rn. 18.
⁴⁰ MüKoAktG/*Grunewald* Rn. 19; Spindler/Stilz/*Singhof* Rn. 13; K. Schmidt/Lutter/*Schnorbus* Rn. 31; Hölters/*Müller-Michaels* Rn. 26; aA Geibel/Süßmann/*Grzimek* Rn. 44; GroßkommAktG/*Fleischer* Rn. 56; KK-AktG/*Koppensteiner* Rn. 16.
¹ Die in § 327c Abs. 3 bezeichneten Unterlagen müssen nun nicht mehr „ausgelegt" werden; zur entsprechenden Änderung der §§ 293g Abs. 1, 319 Abs. 3 S. 4 → § 293g Rn. 1; → § 319 Rn. 1, 17; allg. zur Entstehungsgeschichte der Vorschrift → § 327a Rn. 3.
² Vgl. Begr. RegE, BT-Drs. 14/7034, 73; zur Entstehungsgeschichte der Vorschrift → § 327a Rn. 3.

tragungsbeschlusses,³ auf die Jahresabschlüsse und Lageberichte für die vergangenen drei Jahre, auf den schriftlichen Bericht des Hauptaktionärs (§ 327c Abs. 2 S. 1) und auf den Prüfungsbericht (§ 327c Abs. 2 S. 2–4) zurückgreifen können. Dies entspricht der Rechtslage bei Abschluss eines Unternehmensvertrags und bei der Eingliederung; auf die Erläuterungen zu §§ 293g Abs. 1, 319 Abs. 3 S. 4, 320 Abs. 1 S. 3, Abs. 4 S. 3 (→ § 293g Rn. 3 ff.; → § 319 Rn. 17; → § 320 Rn. 17) kann deshalb verwiesen werden. Einer Verlesung der Unterlagen bedarf es auch im Fall des § 327d nicht.⁴

III. Erläuterung durch Vorstand und Hauptaktionär (S. 2)

3   Nach § 327d S. 2 kann der Vorstand dem Hauptaktionär Gelegenheit geben, den Entwurf des Übertragungsbeschlusses und die Bemessung der Höhe der Barabfindung, mithin das Übertragungsbegehren und die Angemessenheit der Entschädigungsleistung, zu Beginn der Verhandlung mündlich zu erläutern. Das Gesetz trägt hierdurch dem Umstand Rechnung, dass es sich bei dem Squeeze Out der Sache nach um eine Transaktion zwischen dem Hauptaktionär und den Minderheitsaktionären handelt (→ § 327a Rn. 1, 21), die den Status der Gesellschaft nicht berührt (→ § 327a Rn. 6) und sich hierdurch schon im Ansatz von der Mehrheitseingliederung unterscheidet. Der Hauptaktionär ist allerdings nur Initiator und Begünstigter des Übertragungsverfahrens. Organschaftliche Befugnisse stehen ihm dagegen nicht zu. Entsprechend §§ 176 Abs. 1 S. 2, 293g Abs. 2 und in Übereinstimmung mit der Rechtslage bei der Eingliederung, für die es ebenfalls an einer entsprechenden Klarstellung fehlt (→ § 319 Rn. 21), ist es vielmehr **Sache des Vorstands,** seine Vorlagen zu erläutern.⁵ § 327d S. 2 setzt genau dies voraus und erlaubt es dem Vorstand, die Erläuterung partiell dem Hauptaktionär zu überlassen.

4   Der Vorstand ist allerdings nicht verpflichtet, von der Möglichkeit des § 327d S. 2 Gebrauch zu machen.⁶ Der Hauptaktionär wiederum ist, wenn der Vorstand ihm das Wort erteilt, seinerseits zur Erläuterung nur berechtigt.⁷ Ist er zu Erläuterungen bereit, kann und sollte er bei Bedarf seinen schriftlichen Bericht aktualisieren.⁸ In jedem Fall obliegt es dem Vorstand, einen nach den Ausführungen des Hauptaktionärs **verbleibenden Erläuterungsbedarf** zu befriedigen. Hierzu zählt von vornherein die Erläuterung derjenigen Auslagen, die der Vorstand nach § 327d S. 2 ohnehin nicht in die Hände des Hauptaktionärs legen kann, darunter insbesondere die in dem schriftlichen Bericht des Hauptaktionärs zu thematisierende **Kapitalbeteiligung** des Hauptaktionärs.⁹

IV. Auskunftsrecht

5   Ein besonderes Auskunftsrecht der Minderheitsaktionäre ist in § 327d nicht vorgesehen. Es hat deshalb bei dem allgemeinen Auskunftsrecht des § 131 sein Bewenden, das sich auch

---

³ Dieser ist ungeachtet der Tatsache, dass er den Aktionären schon nach § 123 Abs. 3 bekannt gemacht worden ist (→ § 327c Rn. 4, 14), auszulegen.
⁴ Hüffer/*Koch* Rn. 2; GroßkommAktG/*Fleischer* Rn. 2; Hölters/*Müller-Michaels* Rn. 2.
⁵ Für Erläuterungspflicht des Vorstands auch OLG Hamburg ZIP 2003, 1344 (1348); Hüffer/*Koch* Rn. 4; MüKoAktG/*Grunewald* Rn. 3; GroßkommAktG/*Fleischer* Rn. 7 ff.; Spindler/Stilz/*Singhof* Rn. 3; Hölters/*Müller-Michaels* Rn. 4; HK-AktG/*Holzborn*/*Müller* Rn. 3; Hensseler/Strohn/*Wilsing* Rn. 2; Wachter/*Rothley* Rn. 3; MHdB AG/*Austmann* § 75 Rn. 74; Haarmann/Schüppen/*Schüppen*/*Tretter* Rn. 3; einschr. KK-AktG/*Koppensteiner* Rn. 4; aA Geibel/Süßmann/*Grzimek* Rn. 3; KK-WpÜG/*Hasselbach* Rn. 8; K. Schmidt/Lutter/*Schnorbus* Rn. 6; Rieder/*Grigoleit* Rn. 4; Marten/*Müller* FS Röhricht, 2005, 963 (970); offen OLG Stuttgart NZG 2004, 146 (147). Zur Kritik an § 327d S. 2 s. bereits *Kiem* in Henze/Hoffmann-Becking, Gesellschaftsrecht 2001, RWS-Forum 20, 2001, 329, 341 ff.
⁶ MüKoAktG/*Grunewald* Rn. 3.
⁷ OLG Stuttgart NZG 2004, 146 (147) = ZIP 2003, 2363; OLG Köln Konzern 2004, 30 (34); *Gesmann-Nuissl* WM 2002, 1205 (1209); Geibel/Süßmann/*Grzimek* Rn. 3; MüKoAktG/*Grunewald* Rn. 3; GroßkommAktG/*Fleischer* Rn. 4; K. Schmidt/Lutter/*Schnorbus* Rn. 5; Spindler/Stilz/*Singhof* Rn. 4; HK-AktG/*Holzborn*/*Müller* Rn. 3.
⁸ Vgl. Begr. RegE, BT-Drs. 14/7034, 73; GroßkommAktG/*Fleischer* Rn. 5.
⁹ Deren förmliche Überprüfung ist allerdings in § 327d nicht vorgesehen, s. OLG Stuttgart AG 2009, 204 (210 f.); MüKoAktG/*Grunewald* Rn. 4; K. Schmidt/Lutter/*Schnorbus* Rn. 12; aA KK-WpÜG/*Hasselbach* § 327a Rn. 59; Sieger/*Hasselbach* ZGR 2002, 120 (139).

im Zusammenhang mit der Beschlussfassung über das Übertragungsbegehren des Hauptaktionärs **gegen die Gesellschaft** richtet.[10] Die Erteilung der Auskunft hat durch den Vorstand zu erfolgen, der sich allerdings Ausführungen des Hauptaktionärs zu Eigen machen kann.[11] Ein unmittelbar gegen den Hauptaktionär gerichtetes Auskunftsrecht der Minderheitsaktionäre lässt sich dagegen de lege lata nicht begründen.[12]

§ 327e Eintragung des Übertragungsbeschlusses

(1) ¹Der Vorstand hat den Übertragungsbeschluss zur Eintragung in das Handelsregister anzumelden. ²Der Anmeldung sind die Niederschrift des Übertragungsbeschlusses und seine Anlagen in Ausfertigung oder öffentlich beglaubigter Abschrift beizufügen.

(2) § 319 Abs. 5 und 6 gilt sinngemäß.

(3) ¹Mit der Eintragung des Übertragungsbeschlusses in das Handelsregister gehen alle Aktien der Minderheitsaktionäre auf den Hauptaktionär über. ²Sind über diese Aktien Aktienurkunden ausgegeben, so verbriefen sie bis zu ihrer Aushändigung an den Hauptaktionär nur den Anspruch auf Barabfindung.

Schrifttum: Vgl. die Angaben zu §§ 319, 320a, 327a; ferner *Aubel/Weber*, Ausgewählte Probleme bei Eingliederung und Squeeze Out während eines laufenden Spruchverfahrens, WM 2004, 857; *Bredow/Tribulowsky*, Auswirkungen von Anfechtungsklage und Squeeze-Out auf ein laufendes Spruchstellenverfahren, NZG 2002, 841; *Buchta/Sasse*, Freigabeverfahren bei Anfechtungsverfahren gegen Squeeze-out-Beschlüsse, DStR 2004, 958; *Bungert*, Fortbestehen der Anfechtungsbefugnis nach wirksam gewordenen Squeeze Out, BB 2007, 57; *Butzke*, Der Abfindungsanspruch nach § 305 AktG nach Squeeze out, Formwechsel oder Verschmelzung, FS Hüffer, 2010, 97; *Fuhrmann*, Das Freigabeverfahren bei Squeeze out-Beschlüssen, Konzern 2004, 1; *Goette*, Zu den Folgen der Eintragung eines Squeeze-out-Beschlusses vor Ablauf der Eintragungsfrist, FS K. Schmidt, 2009, 469; *Heise/Dreier*, Wegfall der Anfechtungsbefugnis bei Verlust der Aktionärseigenschaft im Anfechtungsprozess, BB 2004, 1126; *Keul*, Anfechtungsklage und Überwindung der Registersperre im Rahmen eines Squeeze-out, ZIP 2003, 566; *Lehmann*, Zum Verhältnis von Beschlussmängelklage und Squeeze out, NZG 2007, 295; *Petersen/Habbe*, Squeeze-out mit Eintragung im Handelsregister bestandskräftig?, NZG 2010, 1091; *Riegger*, Das Schicksal eigener Aktien beim Squeeze-out, DB 2003, 541; *Schiffer/Rossmeier*, Auswirkungen des Squeeze-out auf rechtshängige Spruchverfahren, DB 2002, 1359; *H. Schmidt*, Schadensersatz nach § 327e Abs. 2 iVm § 319 Abs. 6 Satz 6 AktG im Wege der Naturalrestitution beim fehlerhaften Squeeze-out?, AG 2004, 299; *Schockenhoff*, Rückabwicklung des Squeeze-out?, AG 2010, 436.

Übersicht

	Rn.		Rn.
I. Inhalt und Zweck der Vorschrift	1	2. Freigabeverfahren	6, 7
II. Anmeldung zur Eintragung (Abs. 1)	2–4	IV. Wirkungen der Eintragung (Abs. 3)	8–12
III. Registersperre und Freigabeverfahren (Abs. 2)	5–7	1. Übergang der Mitgliedschaften	8–11
1. Registersperre	5	2. Aktienurkunden	12

I. Inhalt und Zweck der Vorschrift

Die Vorschrift geht auf Art. 7 Nr. 2 Gesetz zur Regelung von öffentlichen Angeboten **1** zum Erwerb von Wertpapieren und Unternehmensübernahmen vom 22.12.2001 (→ § 327a Rn. 3) zurück und regelt in Abs. 1 die Anmeldung des Übertragungsbeschlusses zur Eintra-

---

[10] Zur rechtspolitischen Kritik hieran s. *Kiem* in Henze/Hoffmann-Becking, Gesellschaftsrecht 2001, RWS-Forum 20, 2001, 329, 342 f., aber auch *Krieger* BB 2002, 53 (60).
[11] KK-AktG/*Koppensteiner* Rn. 8; Spindler/Stilz/*Singhof* Rn. 5; allg. dazu Hüffer/*Koch* § 131 Rn. 6; s. auch OLG Hamburg ZIP 2003, 1344 (1348).
[12] So auch KK-WpÜG/*Hasselbach* Rn. 9; KK-AktG/*Koppensteiner* Rn. 8; Spindler/Stilz/*Singhof* Rn. 5; K. Schmidt/Lutter/*Schnorbus* Rn. 7; Hölters/*Müller-Michaels* Rn. 6; zurückhaltend auch GroßkommAktG/ *Fleischer* Rn. 12; MüKoAktG/*Grunewald* Rn. 6; HK-AktG/*Holzborn/Müller* Rn. 4; aA *Gesmann-Nuissl* WM 2002, 1205 (1209).

gung in das Handelsregister, in Abs. 2 die Bedeutung von Anfechtungs- und Nichtigkeitsklagen im Rahmen des Eintragungsverfahrens und in Abs. 3 die Rechtsfolgen der Eintragung. Wiewohl es sich bei dem Squeeze Out der Sache nach um einen Zwangsverkauf auf Aktionärsebene handelt (→ § 327a Rn. 1, 6), ist das Erfordernis der Eintragung rechtspolitisch geboten:[1] Der in § 327e Abs. 3 vorgesehene Übergang sämtlicher Aktien der Minderheitsaktionäre auf den Hauptaktionär verlangt nicht nur die Festlegung eines exakten Erwerbszeitpunkts nebst entsprechender **Publizität,** sondern auch eine der Eintragung vorgeschaltete **registergerichtliche Kontrolle.**[2] Die Vorschrift hat bislang keine Änderungen erfahren; mittelbar nimmt sie indes an den Änderungen des in Abs. 2 in Bezug genommenen § 319 Abs. 6 durch das **ARUG** teil. – Nach **§ 12 Abs. 4 S. 3 FMStBG** (→ Einl. Rn. 37 f.) finden anstelle der §§ 327e Abs. 2, 319 Abs. 5, 6 die Sondervorschriften des § 7c S. 2–4 FMStBG Anwendung, denen zufolge der Beschluss, sofern er nicht offensichtlich nichtig ist, ungeachtet etwaiger Klagen und Anträge auf Erlass einstweiliger Anordnungen unverzüglich einzutragen ist und § 246a Abs. 4 entsprechende Anwendung findet.[3] § 12 Abs. 4 S. 4 FMStBG bestimmt ergänzend, dass der Fonds den Aktionären ihre Aktien Zug um Zug gegen Erstattung einer bereits gezahlten Abfindung zurück zu übertragen hat, wenn sich eine gegen die Wirksamkeit des Hauptversammlungsbeschlusses gerichtete Klage als begründet erweist; die Eintragung nach § 7c S. 2 FMStBG verleiht dem Squeeze Out mithin keine Bestandskraft.

II. Anmeldung zur Eintragung (Abs. 1)

2 § 327e Abs. 1 entspricht § 319 Abs. 4 und verpflichtet den Vorstand der Gesellschaft, den Übertragungsbeschluss zur Eintragung in das Handelsregister am Sitz der Gesellschaft (§ 14) anzumelden. Die Anmeldung kann **nicht durch Zwangsgeld** erzwungen werden.[4] Zwar ist § 327e Abs. 1 nicht in den Kreis der Ausnahmetatbestände des § 407 Abs. 2 aufgenommen worden. Auch trifft es zu, dass die Eintragung unmittelbar allein den Hauptaktionär, nicht dagegen die Gesellschaft betrifft.[5] Entscheidend ist jedoch, dass auch die Eintragung des Übertragungsbeschlusses konstitutiven Charakter hat (→ Rn. 8) und es nicht Sache des Registergerichts ist, die Rechtsverhältnisse zwischen den Beteiligten zu gestalten.[6] In Übereinstimmung mit der Rechtslage bei der Eingliederung (→ § 319 Rn. 25) hat es deshalb dabei zu bewenden, dass der Vorstand nach § 83 Abs. 2 der Gesellschaft (nicht dagegen dem Hauptaktionär) gegenüber zur Anmeldung verpflichtet ist; hiervon zu unterscheiden und wohl gleichfalls zu bejahen ist eine auf der mitgliedschaftlichen Treupflicht basierende (und durch den Vorstand zu erfüllende) Pflicht der Gesellschaft gegenüber dem Hauptaktionär und den Minderheitsaktionären, den Beschluss zur Eintragung anzumelden, sowie im Verhältnis zum Hauptaktionär die Pflicht, ggf. das Freigabeverfahren des § 319 Abs. 6 einzuleiten (→ Rn. 6).

3 Nach Abs. 1 S. 2 sind der Anmeldung die Niederschrift des Übertragungsbeschlusses und seine Anlagen in Ausfertigung oder öffentlich beglaubigter Abschrift beizufügen. Was zunächst die **Niederschrift** des Übertragungsbeschlusses betrifft, so genügt bei nichtbörsennotierten Gesellschaften (→ § 327a Rn. 5, 12) nach § 130 Abs. 1 S. 3 eine vom Vorsitzenden des Aufsichtsrats unterzeichnete Niederschrift; denn nach § 327a Abs. 1 S. 1 bedarf der Übertragungsbeschluss nur der einfachen Mehrheit der Stimmen (→ § 327a Rn. 24).[7] Die **Anlagen** sind dagegen ungeachtet des § 130 Abs. 1 S. 3 und in sachlicher Übereinstimmung

---

[1] Und zwar ungeachtet der Bedenken, die gegen die Beteiligung der Hauptversammlung bestehen, s. *Habersack* ZIP 2001, 1230 (1236 f.).
[2] Ähnlich Hüffer/*Koch* Rn. 1; KK-AktG/*Koppensteiner* Rn. 2.
[3] Vgl. dazu sowie zu § 12 Abs. 4 S. 4 FMStBG *Gurlit* NZG 2009, 601 (606).
[4] Hüffer/*Koch* Rn. 2; GroßkommAktG/*Fleischer* Rn. 4; KK-AktG/*Koppensteiner* Rn. 3; K. Schmidt/Lutter/*Schnorbus* Rn. 2; Spindler/Stilz/*Singhof* Rn. 2; Hölters/*Müller-Michaels* Rn. 2; Grigoleit/*Rieder* Rn. 2; Haarmann/Schüppen/*Schüppen/Tretter* Rn. 2; aA MüKoAktG/*Grunewald* Rn. 3.
[5] So Geibel/Süßmann/*Grzimek* Rn. 5.
[6] Hüffer/*Koch* § 407 Rn. 10.
[7] Hüffer/*Koch* Rn. 2.

mit § 319 Abs. 4 S. 2[8] stets in Ausfertigung oder öffentlich beglaubigter Abschrift beizufügen. Hierzu zählen neben den in § 130 Abs. 3 genannten Einberufungsbelegen der Bericht des Hauptaktionärs und der Prüfungsbericht, nicht dagegen die in § 327c Abs. 3 genannten Jahresabschlüsse und Lageberichte.[9]

Die **Prüfungskompetenz** des Registergerichts[10] umfasst sowohl die formelle als auch 4 die materielle Rechtmäßigkeit des Übertragungsbeschlusses. Insbesondere hat das Gericht zu prüfen, ob das Beteiligungserfordernis des § 327a Abs. 1 S. 1 erfüllt ist und ein ordnungsgemäßes Abfindungsangebot vorliegt. Die Angemessenheit der Barabfindung wird allerdings ausschließlich im Rahmen des Spruchverfahrens überprüft (→ § 327f Rn. 6 ff.); selbst bei eindeutiger Unangemessenheit muss das Gericht den Übertragungsbeschluss eintragen.

III. Registersperre und Freigabeverfahren (Abs. 2)

1. Registersperre. Nach § 327e Abs. 2 gelten die die Anmeldung des Eingliederungsbe- 5 schlusses betreffenden Vorschriften des § 319 Abs. 5 und 6 sinngemäß. Der Vorstand hat deshalb gegenüber dem Registergericht eine sog. **Negativerklärung** iSd § 319 Abs. 5 S. 1 abzugeben (→ § 319 Rn. 26 ff.). Fehlt die Erklärung, darf der Übertragungsbeschluss nach §§ 327e Abs. 2, 319 Abs. 5 S. 2 grundsätzlich nicht eingetragen werden (→ Rn. 8; → § 319 Rn. 29 f.). Diese Registersperre kann zum einen durch Freigabebeschluss (→ Rn. 6), zum anderen durch notariell beurkundete **Verzichtserklärung** aller klageberechtigten Aktionäre (→ § 319 Rn. 30) überwunden werden. Die Zustimmung zum Übertragungsbeschluss vermag die Verzichtserklärung nicht zu ersetzen, weshalb insbesondere auch ein Anfechtungsverzicht des Hauptaktionärs erforderlich ist.[11]

2. Freigabeverfahren. Fehlen sowohl die Negativerklärung als auch die diese ersetzen- 6 den Verzichtserklärungen (→ Rn. 5), kann die Registersperre nach §§ 327e Abs. 2, 319 Abs. 6 allenfalls durch Freigabebeschluss überwunden werden (→ § 319 Rn. 32 ff.). Antragsberechtigt ist, wiewohl es um den Erwerb der Aktien durch den Hauptaktionär geht, allein die Gesellschaft.[12] Bei Vorliegen eines hinreichenden Vollzugsinteresses (→ Rn. 7) kann allerdings der Hauptaktionär verlangen, dass die Gesellschaft von der Möglichkeit des § 319 Abs. 6 Gebrauch macht (→ Rn. 2).[13] Da sich allerdings die **Schadensersatzpflicht** nach §§ 327e Abs. 2, 319 Abs. 6 S. 10 (→ § 319 Rn. 43) gegen die Gesellschaft richtet,[14] kann sie die Einleitung des Verfahrens von einer entsprechenden Haftungsfreistel-

---

[8] Auch der dem Übertragungsbeschluss entsprechende Eingliederungsbeschluss bedarf nur der einfachen Mehrheit der Stimmen (→ § 319 Rn. 11; → § 320 Rn. 11; zum Zustimmungsbeschluss s. dagegen § 319 Abs. 2 S. 2; → § 319 Rn. 14).
[9] So auch *Vossius* ZIP 2002, 511 (514); im Grundsatz auch GroßkommAktG/*Fleischer* Rn. 3; aA – für Erstreckung auch auf die Jahresabschlüsse und Lageberichte – Geibel/Süßmann/*Grzimek* Rn. 3; K. Schmidt/Lutter/*Schnorbus* Rn. 4; für Beschränkung auf die in § 130 Abs. 3 S. 1 genannten Belege KK-WpÜG/*Hasselbach* Rn. 6 f.; KK-AktG/*Koppensteiner* Rn. 3; MüKoAktG/*Grunewald* Rn. 2; Spindler/Stilz/*Singhof* Rn. 3; HK-AktG/*Holzborn/Müller* Rn. 3; Grigoleit/*Rieder* Rn. 4; Henssler/Strohn/*Wilsing* Rn. 2.
[10] Vgl. *Bokelmann* DB 1994, 1341 ff.; MHdB AG/*Austmann* § 75 Rn. 83.
[11] So auch GroßkommAktG/*Fleischer* Rn. 13; KK-AktG/*Koppensteiner* Rn. 4; MüKoAktG/*Grunewald* Rn. 5; MHdB AG/*Austmann* § 75 Rn. 91; Hölters/*Müller-Michaels* Rn. 5; Grigoleit/*Rieder* Rn. 12; aA Geibel/Süßmann/*Grzimek* Rn. 9; Spindler/Stilz/*Singhof* Rn. 5; Haarmann/Schüppen/*Schüppen/Tretter* Rn. 5; Wachter/*Rothley* Rn. 2.
[12] MüKoAktG/*Grunewald* Rn. 6; Hüffer/*Koch* Rn. 3; GroßkommAktG/*Fleischer* Rn. 16 f.; K. Schmidt/Lutter/*Schnorbus* Rn. 8 f.; Spindler/Stilz/*Singhof* Rn. 6; Hölters/*Müller-Michaels* Rn. 4; Grigoleit/*Rieder* Rn. 14; *Krieger* BB 2002, 53 (60); *Keul* ZIP 2003, 566; aA – für eigenes Antragsrecht des Hauptaktionärs – Geibel/Süßmann/*Grzimek* Rn. 12; KK-AktG/*Koppensteiner* Rn. 5. – Zur rechtspolitischen Kritik an der Konzeption des § 327e Abs. 3 s. *Kiem* in Henze/Hoffmann-Becking, Gesellschaftsrecht 2001, RWS-Forum 20, 2001, 329, 344 ff.; *Habersack* ZIP 2001, 1230 (1237); *Krieger* BB 2002, 53 (60).
[13] MüKoAktG/*Grunewald* Rn. 6; K. Schmidt/Lutter/*Schnorbus* Rn. 8 f.; Spindler/Stilz/*Singhof* Rn. 6; nun auch MHdB AG/*Austmann* § 75 Rn. 86.
[14] MüKoAktG/*Grunewald* Rn. 9; GroßkommAktG/*Fleischer* Rn. 38; KK-WpÜG/*Hasselbach* Rn. 50; K. Schmidt/Lutter/*Schnorbus* Rn. 15; Hölters/*Müller-Michaels* Rn. 8; Grigoleit/*Rieder* Rn. 19; *Angerer* BKR 2002, 260 (266); Buchta/Sasse DStR 2004, 958 (960); aA *Krieger* BB 2002, 53 (60); *Zöllner* FS Westermann, 2008, 1631 (1639); Geibel/Süßmann/*Grzimek* Rn. 21.

lung durch den Hauptaktionär abhängig machen; außerhalb des Vertragskonzerns kann der Vorstand der Gesellschaft hierzu sogar verpflichtet sein.

7   Auch im Rahmen des § 327e Abs. 2 darf der Freigabebeschluss allein unter den in § 319 Abs. 6 S. 3 Nr. 1–3 genannten Voraussetzungen ergehen, mithin bei Unzulässigkeit oder **offensichtlicher Unbegründetheit**[15] der Beschlussmängelklage (→ § 319 Rn. 34 f.), bei Nichterreichen des **Bagatellquorums** (→ § 319 Rn. 36) sowie bei **vorrangigem Vollzugsinteresse** (→ § 319 Rn. 37 f.). Bei der im Rahmen des § 319 Abs. 6 S. 3 Nr. 3 vorzunehmenden Interessenabwägung sind auf Seiten der Gesellschaft nicht nur deren eigene Interessen, sondern auch und vor allem die Interessen des Hauptaktionärs zu berücksichtigen.[16] Diese Interessen sind den Interessen des Klägers gegenüberzustellen, wobei der geltend gemachte Beschlussmangel zu unterstellen ist (→ § 319 Rn. 37 f.). Auch auf der Grundlage der durch das ARUG neu gefassten Abwägungsklausel dürfte es freilich – entgegen der mittlerweile etablierten obergerichtlichen Rechtsprechung[17] – vielfach an einem **vorrangigen Vollzugsinteresse fehlen**.[18] Da nämlich der Status der Gesellschaft durch den Squeeze Out nicht berührt wird (→ § 327a Rn. 6), streiten für sie und für den Hauptaktionär vor allem Kostengesichtspunkte und das Interesse an einer möglichst reibungslosen Leitung der Gesellschaft (→ § 327a Rn. 4), mithin Interessen, die mit Blick auf das Interesse der Minderheitsaktionäre am Fortbestand ihrer Mitgliedschaft regelmäßig Aufschub dulden, zumal die Eintragung dem Squeeze Out, der das Freigabeverfahren durchlaufen hat, nunmehr Bestandskraft verleiht (→ Rn. 8 f.).[19] Anders mag es sich für den Fall verhalten, dass der Squeeze Out im Zusammenhang mit einer konkret geplanten **Umstrukturierung** der Gesellschaft steht und für diese selbst das Unbedenklichkeitsverfahren nicht eröffnet ist.[20] In diesem Fall wird sich das Vollzugsinteresse regelmäßig durchsetzen.

IV. Wirkungen der Eintragung (Abs. 3)

8   **1. Übergang der Mitgliedschaften.** § 327e Abs. 3 S. 1 bestimmt in sachlicher Übereinstimmung mit § 320a S. 1, dass mit Eintragung des Übertragungsbeschlusses in das Handelsregister alle Aktien der Minderheitsaktionäre auf den Hauptaktionär übergehen. Wie

---

[15] Im Zusammenhang mit dem Squeeze Out OLG Frankfurt ZIP 2008, 1968 (1969); NZG 2007, 472 (474); OLG Köln Konzern 2004, 27; OLG Stuttgart ZIP 2003, 2363; OLG Hamburg Konzern 2003, 615; OLG Oldenburg ZIP 2003, 1351; OLG Hamm ZIP 2005, 1457.

[16] Ganz hM, s. LG Köln AG 2009, 449 (450); MüKoAktG/*Grunewald* Rn. 7; KK-WpÜG/*Hasselbach* Rn. 37; K. Schmidt/Lutter/*Schnorbus* Rn. 13; Spindler/Stilz/*Singhof* Rn. 7; HK-AktG/*Holzborn/Müller* Rn. 6; *Fleischer* ZGR 2002, 757 (787); *Fuhrmann* Konzern 2004, 1 (5); *Krieger* BB 2002, 53 (60); *Kiem* in Henze/Hoffmann-Becking, Gesellschaftsrecht 2001, RWS-Forum 20, 2001, 329, 345; *Sieger/Hasselbach* ZGR 2002, 120 (157); s. ferner Begr. RegE, BT-Drs. 14/7034, 73: „kann es beispielsweise von Bedeutung sein, dass der Hauptaktionär den Ausschluss der Minderheit als Teil einer Umwandlung oder einer sonstigen umfassenderen Umstrukturierung betreibt"; gegen eine Berücksichtigung der Interessen der Gesellschaft KK-AktG/*Koppensteiner* Rn. 7; Hüffer/*Koch* Rn. 3b.

[17] OLG Frankfurt AG 2010, 212 (213); ZIP 2008, 1968 (1969); OLG Düsseldorf AG 2009, 535 (538); OLG Hamm AG 2011, 136 (138); OLG Köln AG 2015, 39 f.

[18] OLG Bremen AG 2013, 643 (646 f.) betr. Squeeze Out im Vorfeld eines Delisting: Zulassungsfolgekosten begründen keinen wesentlichen Nachteil; KK-WpÜG/*Hasselbach* Rn. 39; Hüffer/*Koch* Rn. 3b; Spindler/Stilz/*Singhof* Rn. 7; K. Schmidt/Lutter/*Schnorbus* Rn. 15, 17; Hölters/*Müller-Michaels* Rn. 1; Wachter/*Rothley* Rn. 6; zur Rechtslage vor Inkrafttreten des ARUG LG Frankfurt NZG 2003, 731 (732): Kostenvorteile von 1 Mio. Euro begründen angesichts eines Barabfindungsgebots von ca. 22 Mio. Euro kein vorrangiges Vollzugsinteresse; LG Saarbrücken NZG 2004, 1012 (1015); *Fleischer* ZGR 2002, 757 (787); *Krieger* BB 2002, 53 (60); *Buchta/Sasse* DStR 2004, 958 (959); s. ferner MüKoAktG/*Grunewald* Rn. 7; aA OLG Frankfurt AG 2010, 212 (213); ZIP 2008, 1968 (1969); OLG Düsseldorf AG 2009, 535 (538); OLG Hamm AG 2011, 136 (138); OLG Köln AG 2015, 39 f.; Wachter/*Rothley* Rn. 5; wohl auch *Keul* ZIP 2003, 566 (568).

[19] Vgl. OLG Bremen AG 2013, 643 (646 f.) betr. Squeeze Out im Vorfeld eines Delisting: Zulassungsfolgekosten begründen keinen wesentlichen Nachteil; zumindest tendenziell aA OLG Frankfurt AG 2010, 212 (213); ZIP 2008, 1968 (1969); OLG Düsseldorf AG 2009, 535 (538); OLG Hamm AG 2011, 136 (138); OLG Köln AG 2015, 39.

[20] Vgl. Begr. RegE, BT-Drs. 14/7034, 73; ferner LG Köln AG 2009, 449 (450); LG Regensburg Konzern 2004, 811 (817); MüKoAktG/*Grunewald* Rn. 7; KK-AktG/*Koppensteiner* Rn. 8; s. aber auch – zutr. – OLG Bremen AG 2013, 643 (646 f.) betr. Squeeze Out im Vorfeld eines Delisting: Zulassungsfolgekosten begründen keinen wesentlichen Nachteil.

bei der Mehrheitseingliederung (→ § 320a Rn. 3) erfolgt der **Erwerb kraft Gesetzes** und unabhängig von einem besonderen Übertragungsakt. Vorbehaltlich der §§ 327e Abs. 2, 319 Abs. 3 S. 11 (→ Rn. 8a) müssen allerdings neben der – konstitutiv wirkenden – Eintragung auch die sonstigen Voraussetzungen des § 327a Abs. 1 und damit insbesondere ein bestandskräftiger Übertragungsbeschluss vorliegen (→ § 320a Rn. 2). Hieran fehlt es, wenn der Hauptaktionär nicht über die erforderliche **Kapitalbeteiligung** verfügt; der Übertragungsbeschluss ist dann unwirksam (→ § 327f Rn. 3), und für die Grundsätze über die fehlerhafte Gesellschaft ist in diesem Fall kein Raum (→ § 319 Rn. 9; → § 320 Rn. 10 mwN).[21] Die Anfechtbarkeit des Übertragungsbeschlusses ist dagegen als solche unbeachtlich; mit Ablauf der Anfechtungsfrist und Eintragung kommt es vielmehr zum Erwerb der Aktien.

Hat die gegen den Übertragungsbeschluss gerichtete Klage Erfolg, nachdem der Übertragungsbeschluss eingetragen worden ist (→ Rn. 6f.), so genießt der Squeeze Out nach Abs. 2 iVm § 319 Abs. 6 S. 11 mit erfolgter Eintragung **Bestandsschutz;**[22] im Wege des Schadensersatzes kann Rückgewähr der Aktien nicht verlangt werden (→ § 319 Rn. 43f.). Freilich gilt dies nur, nachdem das **Freigabeverfahren durchlaufen** worden ist, und sei es auch, nachdem die Eintragung bereits aufgrund des Antrags der Gesellschaft – und damit unabhängig von einem Freigabebeschluss – erfolgt ist (→ § 319 Rn. 43). Ist hingegen ein **Freigabebeschluss nicht ergangen** (oder liegt ein durch das Freigabeverfahren nicht zu behebender Mangel vor, → § 319 Rn. 9; → § 320 Rn. 10), gelangen – vorbehaltlich besonders schwerer Beschlussmängel – die Grundsätze über die fehlerhafte Gesellschaft zur Anwendung, sodass die Minderheitsaktionäre unter diesem Gesichtspunkt – und nicht als Ausfluss des gegen die Gesellschaft (→ Rn. 6) gerichteten Schadensersatzanspruchs aus §§ 327e Abs. 2, 319 Abs. 6 S. 10 – zwar keine umfassende Rückabwicklung, wohl aber **Rückübereignung** ihrer Aktien durch den Hauptaktionär verlangen können.[23] Ein etwaiger Minderwert der Beteiligung ist nach §§ 327e Abs. 2, 319 Abs. 6 S. 10 auszugleichen.[24]

Die **Amtslöschung** des Übertragungsbeschlusses kommt nur unter den Voraussetzungen des **§ 398 FamFG** und damit an sich nur bei Vorliegen schwerwiegender Inhaltsmängel in Betracht.[25] Gänzlich ausgeschlossen ist sie in den Fällen des § 319 Abs. 6 S. 11, mithin nachdem ein Freigabebeschluss ergangen ist.[26] Erfolgt allerdings die **Eintragung verfrüht,** dh trotz Registersperre und damit zu Unrecht (→ Rn. 5; → § 319 Rn. 28f.), unterliegt sie der Amtslöschung nach **§ 395 FamFG.**[27] Die Befugnis des ausgeschlossenen Aktionärs

---

[21] Vgl. auch *Mertens* AG 2002, 377 (383); *Fleischer* ZGR 2002, 757 (788).
[22] Zur davon abweichenden Rechtslage vor Inkrafttreten des ARUG s. 5. Aufl. Rn. 8; krit. bereits H. *Schmidt* AG 2004, 299 (302); näher zu dem durch § 246a Abs. 4 S. 2, § 20 Abs. 2 UmwG gewährleisteten Bestandsschutz K. Schmidt/Lutter/*Schwab* § 246a Rn. 42 ff.; ferner *Petersen/Habbe* NZG 2010, 1091 f.; einschr. *Schäfer* FS K. Schmidt, 2009, 1389 (1391 ff.) mwN.
[23] BGHZ 189, 32 Rn. 9 = AG 2011, 518 (wo offengelassen wird, ob nicht die Mitgliedschaften sogar automatisch auf die Minderheitsaktionäre zurückfallen); wie hier MüKoAktG/*Grunewald* Rn. 17 f.; Spindler/Stilz/*Singhof* Rn. 11; *Petersen/Habbe* NZG 2010, 1091 (1092 ff.); zumindest tendenziell Hüffer/*Koch* Rn. 5: „liegt nahe"; im Ergebnis auch (freilich unter Einordnung als Schadensersatzanspruch) OLG Düsseldorf NZG 2004, 328 (329); K. Schmidt/Lutter/*Schnorbus* Rn. 15 f.; *Fleischer* ZGR 2002, 757 (788); *Krieger* BB 2002, 53 (60); *Keul* ZIP 2003, 566 (569); zur Mehrheitseingliederung → § 319 Rn. 43, § 320b Rn. 22 mwN; aA *Goette* FS K. Schmidt, 2009, 469 (480 ff.); *Paschos/Johannsen-Roth* NZG 2006, 327 (331); *Schockenhoff* AG 2010, 439 ff.); H. *Schmidt* AG 2004, 299 (303); *Haarmann/Schüppen/Schüppen/Tretter* Rn. 21. S. ferner aus verfassungsrechtlicher Sicht BVerfG ZIP 2007, 1600 Rn. 34 f.
[24] *Petersen/Habbe* NZG 2011, 1091 (1092 ff.).
[25] OLG Düsseldorf NZG 2004, 824 (825 f.): keine Löschung eines verfahrensfehlerhaft vor Ablauf der Anfechtungsfrist des § 246 Abs. 1 eingetragenen Übertragungsbeschlusses; s. ferner OLG Frankfurt NZG 2002, 91.
[26] Lutter/*Grunewald* UmwG § 20 Rn. 73.
[27] Überzeugend BVerfG AG 2010, 160 Rn. 18 ff. (23 f.); zust. auch Hüffer/*Koch* Rn. 3; Grigoleit/*Rieder* Rn. 21; für Löschung nach § 142 FGG aF (= § 398 FamFG) *Büchel* ZIP 2006, 2289 (2292 f.); aA – gegen Amtslöschung – noch OLG Karlsruhe FGPrax 2001, 161 (162) = DB 2001, 1483; OLG Düsseldorf NZG 2004, 824 (825 f.); 7. Aufl. Rn. 8 и § 319 Rn. 29 mwN; *Goette* FS K. Schmidt, 2009, 469 (471); K. Schmidt/Lutter/*Schnorbus* Rn. 35; s. ferner BGH NZG 2006, 956 Rn. 17 f.; zur Amtshaftung s. OLG Hamm NZG 2014, 1430 f.

zur Geltendmachung von Mängeln des Übertragungsbeschlusses wird durch die verfrühte Eintragung nicht berührt; namentlich ist der Minderheitsaktionär auch unabhängig von einer Amtslöschung zur Anfechtung des Übertragungsbeschlusses befugt (→ Rn. 11).

9 Von dem Übergang betroffen sind **sämtliche Aktien sämtlicher Minderheitsaktionäre;** eine Beschränkung des Erwerbs auf Stammaktien oder auf Aktien einzelner Minderheitsaktionäre ist nicht möglich. Nicht zu den Minderheitsaktionären zählen der Hauptaktionär und diejenigen Aktionäre, deren Anteile nach §§ 327a Abs. 2, 16 Abs. 4 dem Hauptaktionär zugerechnet werden (→ § 327a Rn. 17; → § 327b Rn. 6).[28] Minderheitsaktionärin ist dagegen auch die Gesellschaft selbst, sodass von der Gesellschaft gehaltene **eigene Aktien** und Aktien, die nach §§ 327a Abs. 2, 16 Abs. 2 S. 3 eigenen Aktien gleichstehen (→ § 327a Rn. 17), gleichfalls auf den Hauptaktionär übergehen.[29] Neben Aktien erwirbt der Hauptaktionär auch **Bezugsrechte** (→ § 327b Rn. 7 f.).

10 Mit Eintritt der Voraussetzungen des § 327e Abs. 3 S. 1 scheiden die Minderheitsaktionäre, nicht anders als bei Veräußerung ihrer Anteile, aus der Gesellschaft aus. Gleichzeitig entsteht ihr **Anspruch auf Barabfindung.**[30] Bis zum Zeitpunkt des Ausscheidens haben die Minderheitsaktionäre grundsätzlich Anspruch auf die Dividende;[31] eine andere Beurteilung kommt nur in Betracht, wenn die Dividende werterhöhend in die Berechnung der Barabfindung eingeflossen ist. Ein bei Eintragung des Übertragungsbeschlusses anhängiges **Spruchverfahren** wird fortgesetzt (→ § 320b Rn. 18; → SpruchG § 11 Rn. 12 ff.).[32] Ein etwaiger **Abfindungsanspruch nach § 305** besteht auf der Grundlage der hM, der zufolge der Anspruch schuldrechtlichen Charakter hat und kein akzessorisches Nebenrecht der Aktie bildet (also nicht auf den Hauptaktionär übergeht),[33] auch nach Eintragung des Übertragungsbeschlusses in der Person des Minderheitsaktionärs fort.[34] Zu den Auswirkungen auf den **Ausgleichsanspruch nach § 304** → § 304 Rn. 22.

11 Im Einklang mit allgemeinen Grundsätzen[35] und entsprechend § 265 Abs. 2 ZPO lässt der Übergang der Aktien die Aktivlegitimation für eine bereits rechtshängige[36] **Anfechtungsklage** jedenfalls dann nicht entfallen, wenn der ausgeschiedene Aktionär ein rechtliches Interesse an der Fortführung des Prozesses hat. Der ausgeschiedene Aktionär ist deshalb nicht nur zur – in §§ 327e Abs. 2, 319 Abs. 6 S. 10 vorausgesetzten – Fortführung der gegen den **Übertragungsbeschluss** gerichteten Anfechtungsklage legitimiert.[37] Er kann den

---

[28] Zu § 16 Abs. 4 s. Begr. RegE, BT-Drs. 14/7034, 72; BGHZ 180, 154 Rn. 14 = ZIP 2009, 908; MüKoAktG/*Grunewald* Rn. 12; Hüffer/*Koch* Rn. 4; Spindler/Stilz/*Singhof* Rn. 8; Grigoleit/*Rieder* Rn. 20; *Rühland* 241.

[29] *Habersack* ZIP 2001, 1230 (1236); Hölters/*Müller-Michaels* Rn. 13; NK-AktR*Heidel*/*Lochner* Rn. 12; aA MüKoAktG/*Grunewald* Rn. 12; KK-WpÜG/*Hasselbach* Rn. 59 f.; KK-AktG/*Koppensteiner* Rn. 12; K. Schmidt/Lutter/*Schnorbus* Rn. 25; Spindler/Stilz/*Singhof* Rn. 8; Hüffer/*Koch* Rn. 4 (anders noch *Hüffer* 10. Aufl. Rn. 4); Grigoleit/*Rieder* Rn. 20 HK-AktG/*Holzborn*/*Müller* Rn. 8; Henssler/Strohn/*Wilsing* Rn. 6; Wachter/*Rothley* Rn. 7; *Riegger* DB 2003, 541 (543 f.) – Zur Rechtslage bei der Mehrheitseingliederung → § 320a Rn. 3.

[30] Für Fälligkeit mit Eintragung des Übertragungsbeschlusses BGHZ 189, 32 Rn. 19 = AG 2011, 518; MüKoAktG/*Grunewald* Rn. 14; Spindler/Stilz/*Singhof* Rn. 9 mwN; zum Anspruch auf Abfindung und zur Verzinsung → § 327b Rn. 3 ff., 10.

[31] OLG Stuttgart ZIP 2006, 27 (30); OLG Düsseldorf NZG 2005, 347 (349); OLG Hamburg ZIP 2003, 2076 (2079); GroßkommAktG/*Fleischer* Rn. 53; MHdB AG/*Austmann* § 75 Rn. 105.

[32] Für § 327e Abs. 3 S. 1 s. LG München I DB 2004, 476 (479); GroßkommAktG/*Fleischer* Rn. 55; MHdB AG/*Austmann* § 75 Rn. 119; *Aubel*/*Weber* WM 2004, 857 (863 ff.); *Bredow*/*Tribulowsky* NZG 2002, 841 (844 ff.); *Schiffer*/*Rossmeier* DB 2002, 1359 ff.; s. aber auch OLG München ZIP 2012, 1180 f.: Unzulässigkeit eines erst nach Eintragung des Squeeze-out gestellten Antrags betreffend Beherrschungs- und Gewinnabführungsvertrags.

[33] BGHZ 167, 299 Rn. 11 f., 17 ff. = NJW 2006, 3146; → § 305 Rn. 20 ff.

[34] OLG Düsseldorf DB 2006, 2391 (2394) = AG 2007, 325 (327 f.); GroßkommAktG/*Fleischer* Rn. 54; MHdB AG/*Austmann* § 75 Rn. 105; aA *Butzke* FS Hüffer, 2010, 97 (100 ff.); zur Fortführung eines anhängigen Spruchverfahrens → § 320b Rn. 18; → SpruchG § 11 Rn. 12 ff.

[35] Vgl. für die GmbH BGHZ 43, 261 (266 f.) = NJW 1965, 1378; für die AG OLG Schleswig EWiR 2002, 1031; Hüffer/*Koch* § 245 Rn. 8 mwN.

[36] Zu den Folgen der vor Ablauf der Frist für die Erhebung der Anfechtungsklage erfolgten Eintragung → Rn. 8.

[37] Vgl. OLG Frankfurt AG 2010, 679.

Übertragungsbeschluss vielmehr auch dann noch mit der Beschlussmängelklage angreifen, wenn dieser zu Unrecht (→ Rn. 5, 8) vor Aufhebung der Registersperre eingetragen worden ist.[38] Auf die in diesem Fall gebotene Amtslöschung nach § 395 FamFG kommt es insoweit nicht an.[39] Auch ist es unerheblich, dass die Gesellschaft nach erfolgter Eintragung des Übertragungsbeschlusses eine andere Rechtsform angenommen hat und deshalb eine Rückübertragung der Aktien (→ Rn. 8) nicht mehr in Betracht kommt.[40] Ein den Fortbestand der Aktivlegitimation begründendes und damit die Fortführung einer vor Eintragung des Squeeze Out erhobenen Klage ermöglichendes rechtliches Interesse kann darüber hinaus in Bezug auf **sonstige Hauptversammlungsbeschlüsse** bestehen; zu bejahen ist es namentlich,[41] wenn die Zulässigkeit des Squeeze Out von der Wirksamkeit einer vorangegangenen Strukturmaßnahme abhängt oder diese Auswirkungen auf die Höhe der Barabfindung hat.[42] Unerheblich ist insoweit, ob die Eintragung des Übertragungsbeschlusses aufgrund einer Negativerklärung, aufgrund von Verzichtserklärungen, aufgrund eines Freigabebeschlusses, nach Abweisung von Beschlussmängelklagen oder verfrüht erfolgt ist. Entsprechendes hat für Anträge nach §§ 142 Abs. 2, 148 Abs. 1 zu gelten, soweit sie der Verfolgung abfindungsrelevanter Pflichtwidrigkeiten dienen.[43] **Unternehmensverträge** bleiben von dem Erwerb nach § 327e Abs. 3 S. 1 unberührt; insoweit unterscheidet sich die Rechtslage von derjenigen bei der Eingliederung (→ § 319 Rn. 41).[44] Zu Ansprüchen aus §§ 304, 305 → Rn. 10.

2. Aktienurkunden. Etwaige Aktienurkunden verbriefen nach § 327e Abs. 3 S. 2 bis 12 zu ihrer Aushändigung an den Hauptaktionär den Anspruch auf Barabfindung. Wie bei der Mehrheitseingliederung (§ 320a S. 2; → § 320a Rn. 4 ff.) kommt es also zu einer vorübergehenden Auswechslung des verbrieften Rechts. Wegen sämtlicher Einzelheiten, insbesondere zur Rechtslage bei Belastung der Urkunde oder des verbrieften Mitgliedschaftsrechts, → § 320a Rn. 4 ff.[45]

§ 327f Gerichtliche Nachprüfung der Abfindung

¹Die Anfechtung des Übertragungsbeschlusses kann nicht auf § 243 Abs. 2 oder darauf gestützt werden, dass die durch den Hauptaktionär festgelegte Barabfindung nicht angemessen ist. ²Ist die Barabfindung nicht angemessen, so hat das in § 2 des Spruchverfahrensgesetzes bestimmte Gericht auf Antrag die angemessene Barabfindung zu bestimmen. ³Das Gleiche gilt, wenn der Hauptaktionär eine Barabfindung nicht oder nicht ordnungsgemäß angeboten hat und eine hierauf gestützte Anfechtungsklage innerhalb der Anfechtungsfrist nicht erhoben, zurückgenommen oder rechtskräftig abgewiesen worden ist.

---

[38] BGHZ 189, 32 Rn. 7 ff. = AG 2011, 518; Spindler/Stilz/*Singhof* Rn. 10; s. ferner BVerfG AG 2010, 160 Rn. 26; aA OLG Köln NZG 2010, 184 f.; *Goette* FS K. Schmidt, 2009, 469 (474).
[39] BGHZ 189, 32 Rn. 7 ff. = AG 2011, 518.
[40] BGHZ 189, 32 Rn. 10 = AG 2011, 518.
[41] Weiteres Beispiel: OLG Frankfurt AG 2010, 679 f. (Gewinnverwendungsbeschluss).
[42] BGHZ 169, 221 Rn. 14 ff. = NZG 2007, 26; GroßkommAktG/*Fleischer* Rn. 56; Spindler/Stilz/*Singhof* Rn. 10; MHdB AG/*Austmann* § 75 Rn. 115 f.; *Heise/Dreier* BB 2004, 1126 (1128 ff.); *Dreier* DB 2007, 2569; im Ergebnis auch *Lehmann* NZG 2007, 295 ff.; vgl. daneben OLG München AG 2009, 912 (913 f.) (Feststellung Nichtigkeit des Jahresabschlusses); OLG Stuttgart AG 2006, 340 (341); zur Abgrenzung s. auch OLG München AG 2010, 673 (674); aA OLG Koblenz ZIP 2005, 714 f.; LG Mainz NZG 2004, 1118; *Buchta/Ott* DB 2005, 990 (993); *Bungert* BB 2007, 57 (58 f.); *Fuhrmann/Simon* WM 2002, 1211 (1217) unter verfehlter Gleichsetzung des Erwerbs nach § 327e Abs. 3 S. 1 mit einem Erwerb qua Gesamtrechtsnachfolge; krit. auch *Nietsch* NZG 2007, 451 ff. – Zur Frage, ob nach Eintragung des Squeeze Out noch ein Spruchverfahren in Bezug auf einen Unternehmensvertrag eingeleitet werden kann, s. aber OLG München ZIP 2012, 1180 f.
[43] AA OLG München ZIP 2010, 1032 (1033).
[44] BGHZ 189, 261 Rn. 18 = ZIP 2011, 1097; BGH NZG 2011, 780 Rn. 18.
[45] Zur entsprechenden Anwendung des § 1287 S. 1 BGB auch im Rahmen des § 327e Abs. 3 s. *Habersack* ZIP 2001, 1230 (1236 f.); GroßkommAktG/*Fleischer* Rn. 45; Hüffer/*Koch* Rn. 4; Haarmann/Schüppen/Schüppen/Tretter Rn. 15.

Schrifttum: Vgl. die Angaben zu §§ 327a, 327b; ferner *Henze*, Aspekte und Entwicklungstendenzen der aktienrechtlichen Anfechtungsklage in der Rechtsprechung des BGH, ZIP 2002, 97; *Hoffmann-Becking*, Rechtsschutz bei Informationsmängeln im Unternehmensvertrags- und Umwandlungsrecht, in Henze/Hoffmann-Becking (Hrsg.), Gesellschaftsrecht 2001, RWS-Forum 20, 2001, 55; *Rathausky*, Squeeze-out in Deutschland: Eine empirische Untersuchung zu Anfechtungsklagen und Spruchverfahren, AG 2004, R 24; *H. Schmidt*, Ausschluss der Anfechtung des Squeeze-out-Beschlusses bei abfindungsbezogenen Informationsmängeln, FS Ulmer, 2003, 543; *Vetter*, Abfindungswertbezogene Informationsmängel und Rechtsschutz, FS Wiedemann, 2002, 1323; *Weißhaupt*, Kompensationsbezogene Informationsmängel in der Aktiengesellschaft, 2003; *Wilsing/Kruse*, Anfechtbarkeit von Squeeze-out- und Eingliederungsbeschlüssen wegen abfindungsbezogener Informationsmängel?, DB 2002, 1539.

I. Einführung

1 **1. Inhalt und Zweck der Vorschrift.** Die Vorschrift entspricht § 320b Abs. 2, 3 und regelt die Rechtsbehelfe der Minderheitsaktionäre gegen einen rechtswidrigen Übertragungsbeschluss.[1] Ihrem S. 1 lässt sich zunächst der Grundsatz entnehmen, dass der Übertragungsbeschluss den allgemeinen Vorschriften der §§ 241 ff. über die Nichtigkeit und Anfechtbarkeit von Hauptversammlungsbeschlüssen unterliegt.[2] Ausgeschlossen ist die Anfechtung allerdings, soweit sie auf § 243 Abs. 2 oder auf die Unangemessenheit der vom Hauptaktionär festgelegten Barabfindung gestützt wird. Während der Squeeze Out als solcher und vorbehaltlich einer zu niedrig bemessenen Abfindung per se keinen Verstoß gegen § 243 Abs. 2 begründet und deshalb eine auf diese Vorschrift gestützte Klage ausgeschlossen ist (→ Rn. 6), eröffnet S. 2 für den Fall der Unangemessenheit der Barabfindung das **Spruchverfahren.** Hierdurch wird das Eingreifen der Registersperre der §§ 327e Abs. 2, 319 Abs. 5 S. 2 vermieden und sichergestellt, dass der Eintritt der Rechtsfolgen des § 327e Abs. 3 nicht an Bewertungsrügen scheitert. Bei fehlendem oder nicht ordnungsgemäßem Angebot einer Barabfindung steht das Spruchverfahren nach S. 3 subsidiär zur Verfügung.

2 **2. Entstehungsgeschichte.** § 327f geht auf Art. 7 Nr. 2 Gesetz zur Regelung von öffentlichen Angeboten zum Erwerb von Wertpapieren und Unternehmensübernahmen vom 22.12.2001 zurück (→ § 327a Rn. 3). Noch in der Fassung des Regierungsentwurfs enthielt § 327f einen Abs. 3, dem zufolge in den Fällen des § 327b Abs. 1 S. 3 der Entwurfsfassung (→ § 327b Rn. 2) eine gerichtliche Nachprüfung der Abfindung gänzlich ausgeschlossen sein sollte; hiervon ist der Gesetzgeber allerdings im weiteren Verlauf des Verfahrens abgerückt (→ § 327b Rn. 2). Eine erste Änderung des § 327f ist durch Art. 2 Nr. 7 **Spruchverfahrensneuordnungsgesetz** eingetreten (BGBl. I 838; → Einl. Rn. 30; hierdurch wurden der ursprünglich die Grundzüge des Spruchverfahrens regelnde Abs. 2 aF gestrichen und in Abs. 1 die Bezugnahme auf § 306 durch diejenige auf § 2 SpruchG ersetzt. Dem bisherigen § 327f Abs. 2 entsprechende Vorschriften finden sich nunmehr in §§ 3, 4 SpruchG. Durch das **UMAG** (→ Einl. Rn. 33) hat § 327f unmittelbar keine Änderungen erfahren. Zwar strahlt der nunmehr in § 243 Abs. 4 S. 2 vorgesehene Anfechtungsausschluss auch auf § 327f aus (→ Rn. 4).[3] Die noch im Referentenentwurf eines UMAG[4] vorgesehenen Änderungen des § 327f, nämlich die Streichung des S. 3 unter gleichzeitiger Erstreckung der S. 1 und 2 auf die Fälle des fehlenden oder nicht ordnungsgemäßen Angebots,[5] sind im weiteren Verlauf des Gesetzgebungsverfahrens nicht mehr aufgegriffen worden. Das ARUG (→ Einl. Rn. 42) hat § 327f nicht geändert.

II. Nichtigkeit und Anfechtbarkeit des Übertragungsbeschlusses

3 **1. Nichtigkeit.** Die Nichtigkeit des Übertragungsbeschlusses und deren Heilung beurteilen sich nach §§ 241, 242. §§ 327e Abs. 2, 319 Abs. 6 S. 11 finden auch bei Vorliegen

---
[1] Vgl. dazu die empirischen Studien von *Rathausky* AG 2004, R 24 und *Gehling/Heldt/Royé* Squeeze Out, Studien des Deutschen Aktieninstituts, Heft 39, 2007, 32 ff.
[2] Vgl. Begr. RegE, BT-Drs. 14/7034, 73.
[3] Allg. zur Problematik der Beschlussanfechtung wegen Informationsmängeln → § 319 Rn. 18.
[4] Abdruck in NZG 2004, Beilage 4.
[5] *Seibert/Schütz* ZIP 2004, 252 (256); *Diekmann/Leuering* NZG 2004, 249 (254); *Weißhaupt* WM 2004, 705 (710 f.).

eines Nichtigkeitsgrundes Anwendung; der **Freigabeschluss** verleiht mithin auch dem auf nichtigem Beschluss basierenden Squeeze Out Bestandskraft (→ § 319 Rn. 43 f.; → § 320b Rn. 22). Von Bedeutung ist dies namentlich bei Fehlen der erforderlichen **Kapitalbeteiligung** des den Squeeze Out betreibenden Aktionärs (→ § 327a Rn. 16 ff.) und damit eines Hauptaktionärs iSd § 327a Abs. 1 S. 1 (→ § 319 Rn. 9; → § 320 Rn. 10).[6] Für die Grundsätze über die fehlerhafte Gesellschaft ist in diesem Fall allerdings kein Raum (→ § 319 Rn. 9; → § 320 Rn. 10; → § 327e Rn. 8, jeweils mN).

2. Anfechtbarkeit. Vorbehaltlich der S. 1 und 2 (→ Rn. 6) ist der Übertragungsbeschluss unter den allgemeinen Voraussetzungen des § 243 anfechtbar. Da der Beschluss allerdings **keiner sachlichen Rechtfertigung** bedarf und auch nur bei Vorliegen besonderer Voraussetzungen **treuwidrig** ist (→ § 327a Rn. 26 ff.), kommt Inhaltsmängeln keine nennenswerte praktische Bedeutung zu;[7] ein Vorbehalt ist allein für die Verletzung schuldrechtlicher Abreden zwischen dem Hauptaktionär und dem Minderheitsaktionär anzumelden (→ § 327a Rn. 31). Anderes gilt für Verfahrensmängel und für die Verletzung von Informationsrechten der Aktionäre (→ § 327c Rn. 4, 7, 13, 15; → § 327d Rn. 1); ihre Relevanz unterstellt (§ 243 Abs. 4 S. 1; → § 319 Rn. 18), begründen sie durchweg die Anfechtbarkeit des Übertragungsbeschlusses.[8] Hieran ist im Grundsatz auch für **abfindungswertbezogene Informationsmängel** festzuhalten.[9] Da nämlich die Anfechtung nach S. 3 auch darauf gestützt werden kann, dass der Hauptaktionär eine Barabfindung (nicht oder) nicht ordnungsgemäß angeboten hat, das Spruchverfahren in diesen Fällen also nicht ausschließlich, sondern nur subsidiär eröffnet ist (→ Rn. 5), lässt sich die zu §§ 210, 212 UmwG und § 305 ergangene Rechtsprechung des BGH,[10] wonach die Aktionäre auch insoweit auf das Spruchverfahren verwiesen sind, auf den Squeeze Out nicht übertragen (→ § 320b Rn. 19 f.);[11] die Frage einer Fortgeltung dieser Rechtsprechung neben der Neuregelung in § 243 Abs. 4 S. 2 stellt sich deshalb im Rahmen des § 327f nicht.[12] Eine Ausnahme von dem Grundsatz der Anfechtbarkeit gilt nach dem besagten **§ 243 Abs. 4 S. 2** allein für unrichtige, unvollständige oder unzureichende Informationen **in der Hauptversammlung** über die Ermittlung, Höhe oder Angemessenheit der Abfindung gelten. Für

---

[6] Zur Nichtigkeit des Übertragungsbeschlusses s. OLG München AG 2007, 173 (174); AG 2004, 455; KG AG 2005, 478 (479); GroßkommAktG/*Fleischer* Rn. 6; *ders.* ZGR 2002, 757 (788); KK-AktG/*Koppensteiner* § 327a Rn. 13; K. Schmidt/Lutter/*Schnorbus* Rn. 4; Spindler/Stilz/*Singhof* Rn. 4; Grigoleit/*Rieder* Rn. 2, § 327a Rn. 22; NK-AktR/*Heidel/Lochner* Rn. 7; *Mertens* AG 2002, 377 (383); zweifelnd Hüffer/*Koch* § 327a Rn. 12; aA – gegen Nichtigkeit und für Anfechtbarkeit – MüKoAktG/*Grunewald* § 327a Rn. 16; HK-AktG/ *Holzborn/Müller* Rn. 6; *Gesmann-Nuissl* WM 2002, 1205 (1209); offengelassen von BGHZ 189, 32 Rn. 27 = AG 2011, 518; OLG Düsseldorf NZG 2004, 328 (331).

[7] Auch auf einen Verstoß gegen Art. 14 Abs. 1 GG kann die Anfechtung nicht gestützt werden (→ § 327a Rn. 7); LG Osnabrück AG 2002, 527 und dazu *Wirth/Arnold* AG 2002, 503.

[8] Beispiele: OLG Stuttgart AG 2009, 204 (210 ff.); OLG München ZIP 2008, 2117; ZIP 2009, 416; OLG Frankfurt WM 2008, 2169; LG Frankfurt a.M. WM 2008, 2171. Allg. insbes. BGHZ 122, 211 (238) = NJW 1993, 1976; BGH NJW 1994, 3115.

[9] So auch OLG Hamm ZIP 2005, 1457 (1459); LG Frankfurt a.M. NZG 2003, 1027 (1028 f.); LG Wuppertal AG 2004, 161 (162); LG Saarbrücken NZG 2004, 1012 (1023 f.); GroßkommAktG/*Fleischer* Rn. 17; KK-AktG/*Koppensteiner* Rn. 8; Spindler/Stilz/*Singhof* Rn. 3; HK-AktG/*Holzborn/Müller* Rn. 2; Grigoleit/*Rieder* Rn. 3; NK-AktR *Heidel/Lochner* Rn. 4 f.; *Krieger* BB 2002, 53 (60); *Rühland* 247; im Ergebnis auch LG Frankfurt a.M. NZG 2003, 731 (732); grds. auch K. Schmidt/Lutter/*Schnorbus* Rn. 10; aA BGHZ 180, 154 Rn. 36 = ZIP 2009, 908; KG AG 2010, 166 (169); OLG Köln AG 2004, 39 (40); LG Düsseldorf ZIP 2004, 1755 (1757); OLG Frankfurt AG 2010, 39 (41 f.); LG Hamburg ZIP 2003, 947 (950); LG Bochum AG 2005, 738 (739); LG Dortmund Konzern 2005, 603 (606); Hüffer/*Koch* Rn. 2; KK-WpÜG/*Hasselbach* Rn. 8 ff.; *Hirte* ZHR 167 (2003), 8 (26 f.); *Mülbert* FS Ulmer, 2003, 433 (448 f.); *H. Schmidt* FS Ulmer, 2003, 543 (548 ff.); *Vetter* AG 2002, 176 (189); *ders.* FS Wiedemann, 2002, 1323 (1334 ff.), 1339 f.); *v. Schnurbein* AG 2005, 725 (726 f.); *Weißhaupt* 196 ff., 236 ff.; *Wilsing/Kruse* DB 2002, 1539 (1542).

[10] BGHZ 146, 179 (182 ff.) = NJW 2001, 1425; BGH NJW 2001, 1428 = ZIP 2001, 412; → § 293 Rn. 60 (krit.); *Kallmeyer* GmbHR 2001, 204 ff.; *Luttermann* BB 2001, 382 ff.

[11] Verkannt in ZIP 2001, 1230 (1237); nicht überzeugend BGHZ 180, 154 Rn. 36 = ZIP 2009, 908.

[12] Einerseits → § 293 Rn. 60 (*Emmerich*), andererseits – für Fortgeltung – *Weißhaupt* ZIP 2005, 1766 (1772); *Noack/Zetzsche* ZHR 170 (2006), 218 (242); vgl. auch Handelsrechtsausschuss des DAV NZG 2005, 388 (392).

Berichtsmängel (verstanden im Sinne nicht vollständiger Information, nicht dagegen im Sinne inhaltlicher Mängel) sowie für die Totalverweigerung der Informationserteilung in der Hauptversammlung bewendet es dagegen selbst dann bei der Möglichkeit der Beschlussanfechtung, wenn sie sich auf die Abfindung und deren Höhe beziehen.[13] Die Anfechtung des Übertragungsbeschlusses hat nach § 327e Abs. 2 grundsätzlich die „Registersperre" des § 319 Abs. 5 S. 2 zur Folge; diese kann durch allseitige Verzicht, aber auch durch Freigabebeschluss überwunden werden (→ § 327e Rn. 5 ff.; → § 319 Rn. 29 ff., 32 ff.). Ein zur Unbegründetheit[14] der Anfechtungsklage führender **Missbrauch** des Anfechtungsrechts ist mit Blick auf die Rechtsfolgen des Übertragungsbeschlusses schon dann anzunehmen, wenn feststeht, dass der Kläger seine Aktie(n) nach der Bekanntmachung der Tagesordnung der Hauptversammlung erworben hat.[15] Wollte man dem nicht folgen, so hätte nach §§ 327e Abs. 2, 319 Abs. 6 S. 3 Nr. 2 zumindest ein **Freigabeschluss** zu ergehen (→ § 319 Rn. 32 ff., 36).

5   Nach S. 3 kann die Anfechtung des Übertragungsbeschlusses auch darauf gestützt werden, dass der Hauptaktionär eine **Barabfindung nicht oder nicht ordnungsgemäß angeboten** hat. Das Spruchverfahren ist in diesen Fällen nur subsidiär, nämlich unter der Voraussetzung eröffnet, dass eine auf das Fehlen eines ordnungsgemäßen Angebots gestützte Anfechtungsklage gegen den Übertragungsbeschluss nicht innerhalb der Frist des § 246 Abs. 1 erhoben oder zwar erhoben, aber zurückgenommen oder rechtskräftig abgewiesen worden ist. Dies entspricht der Rechtslage bei der Mehrheitseingliederung (→ § 320b Rn. 19). Von § 327f S. 3 erfasst ist zunächst das gänzliche Fehlen eines Angebots auf bare Abfindung, mithin etwa der Fall, dass der Hauptaktionär ausschließlich eine Abfindung in eigenen Aktien anbietet.[16] Was das nicht ordnungsgemäße Angebot betrifft, so ist zunächst der Fall betroffen, dass die Gewährleistung nach § 327b Abs. 3 fehlt[17] oder die Höhe der Abfindung nicht bestimmt ist.[18] Wie bei der Mehrheitseingliederung (→ § 320b Rn. 19) fehlt es an einem ordnungsgemäßen Angebot aber auch bei abfindungsbezogenen Informationsmängeln, und zwar auch, soweit diese sich auf die Höhe der Barabfindung beziehen; vorbehaltlich des § 243 Abs. 4 S. 2 ist in diesen Fällen also das Anfechtungsverfahren eröffnet.[19] Bildet dagegen die Höhe der Abfindung den Gegenstand des Streits, findet S. 2 Anwendung (→ Rn. 6).

6   **3. Anfechtungsausschluss.** In sachlicher Übereinstimmung mit §§ 304 Abs. 3 S. 2, 305 Abs. 5 S. 1, 320b Abs. 2 S. 1 schließt S. 1 die Anfechtung aus, soweit sie auf die Unangemessenheit der vom Hauptaktionär festgelegten Barabfindung oder auf § 243 Abs. 2, mithin auf die Verfolgung von Sondervorteilen, gestützt wird. Hinsichtlich des ersten Ausschlusstatbestands ist nach § 327f S. 2 das **Spruchverfahren** eröffnet (→ Rn. 7 f.); in ihm können die ausgeschiedenen Aktionäre eine angemessene Barabfindung erstreiten. Erfasst ist allein der

---

[13] Ebenso GroßkommAktG/*Fleischer* Rn. 18; Spindler/Stilz/*Singhof* Rn. 3; HK-AktG/*Holzborn*/*Müller* Rn. 2; Grigoleit/*Rieder* Rn. 4; MHdB AG/*Austmann* § 75 Rn. 82; im Grundsatz auch K. Schmidt/Lutter/ *Schnorbus* Rn. 10; vgl. zur Totalverweigerung von Informationen Begr. RegE, BT-Drs. 15/5092, 26; Hüffer/ *Koch* § 243 Rn. 47c; *Veil* AG 2005, 567 (570). Zur Unanfechtbarkeit bei inhaltlichen Mängeln des Prüfberichts s. KG AG 2010, 166 (169); OLG Frankfurt AG 2008, 827; AG 2010, 368 (371); LG Krefeld AG 2008, 754 (756 f.). – Zu Forderungen de lege ferenda s. *Arbeitskreis Beschlussmängelrecht* AG 2008, 617 (619).
[14] Vgl. statt aller Hüffer/*Koch* § 245 Rn. 22 ff.
[15] AA OLG Köln AG 2004, 39 f. = BB 2003, 2307 mit zu Recht abl. Anm. *Aha*.
[16] Insoweit unterscheidet sich die Rechtslage von derjenigen nach § 320b Abs. 2 S. 3 (→ § 320b Rn. 19); wie hier auch MüKoAktG/*Grunewald* Rn. 3; K. Schmidt/Lutter/*Schnorbus* Rn. 8 f.; Spindler/Stilz/*Singhof* Rn. 3.
[17] OLG Frankfurt AG 2005, 657 f.; GroßkommAktG/*Fleischer* Rn. 6, 9; HK-AktG/*Holzborn*/*Müller* Rn. 4; K. Schmidt/Lutter/*Schnorbus* Rn. 9; Spindler/Stilz/*Singhof* Rn. 3; *H. Schmidt* FS Ulmer, 2003, 543 (554 f.); für Nichtigkeit dagegen NK-AktR *Heidel*/*Lochner* Rn. 7; aA auch MüKoAktG/*Grunewald* Rn. 3: kein Fall des S. 3; vgl. auch LG Frankfurt a.M. DB 2004, 2742 (2745): Koppelung mit unwirksamem Gewinnverwendungsbeschluss.
[18] OLG Düsseldorf AG 2005, 654 (656); MüKoAktG/*Grunewald* Rn. 3; s. ferner OLG Stuttgart AG 2009, 204 (209).
[19] Zu abfindungswertbezogenen Informationsmängeln → Rn. 4; zum Verstoß gegen § 327c Abs. 1 Nr. 2 s. BGH WM 1974, 713 (714) zur Mehrheitseingliederung.

Streit über die **Höhe der Abfindung**; an einem solchen fehlt es nicht nur bei abfindungswertbezogenen (oder sonstigen) Informationsmängeln (→ Rn. 4 f.),[20] sondern auch dann, wenn der Hauptaktionär zu Unrecht (→ § 327b Rn. 9) offene Ausgleichszahlungen einbehält.[21] Für den zweiten Ausschlusstatbestand, den Verstoß gegen § 243 Abs. 2, ist dagegen kein Substitut vorgesehen; ein Vorteil des Hauptaktionärs und eine damit korrespondierende Schädigung der Minderheitsaktionäre kann freilich ohnehin nur in einer zu niedrig bemessenen Abfindung liegen, sodass der Sache nach auch der Verstoß gegen § 243 Abs. 2 im Spruchverfahren korrigiert und ein Rechtsschutzdefizit nicht konstatiert werden kann.

III. Spruchverfahren

1. Antragsbefugnis. Die Einzelheiten des Spruchverfahrens sind im SpruchG geregelt. Dessen Anwendbarkeit ergibt sich aus § 1 Nr. 3 SpruchG. § 3 Nr. 2 SpruchG bestimmt, dass **jeder ausgeschiedene Minderheitsaktionär** antragsbefugt ist. Voraussetzung für die Einleitung des Spruchverfahrens ist also die Eintragung des Übertragungsbeschlusses; denn erst sie hat nach § 327e Abs. 3 den Übergang der Aktien auf den Hauptaktionär zur Folge (→ § 327e Rn. 8). Hierdurch ist klargestellt, dass ein Spruchverfahren nicht eingeleitet werden kann, solange der Bestand des Übertragungsbeschlusses und damit zugleich der Erwerb des Abfindungsanspruchs noch in der Schwebe ist.[22] Nicht für die Zulässigkeit des Antrags, sondern nur für die Berechnung der Antragsfrist relevant ist hingegen die Bekanntmachung der Eintragung.[23] Im Hinblick auf Namensaktien findet § 67 Abs. 2 Anwendung, wonach als Aktionär nur derjenige gilt, der im Aktienregister eingetragen ist.[24] Dem Minderheitsaktionär steht der **Bezugsberechtigte** gleich (→ § 327b Rn. 8).

2. Antragsgegner; Verfahren. Der Antrag ist nach § 5 Nr. 3 SpruchG nicht gegen die Gesellschaft, sondern gegen den **Hauptaktionär** zu richten.[25] Nach § 15 Abs. 2 SpruchG ist es auch er, der die Verfahrenskosten trägt.[26] Die **Antragsfrist** beläuft sich nach § 4 Abs. 1 S. SpruchG auf drei Monate; demgegenüber sah § 327f Abs. 2 S. 2 aF noch eine Frist von zwei Monaten vor.[27] Das weitere Verfahren und die Kosten richten sich nach dem SpruchG.[28]

---

[20] Zu weitgehend OLG Frankfurt AG 2008, 826 (827); LG Krefeld AG 2008, 754 (756); zu inhaltlichen Mängeln der Prüfung aber → § 327c Rn. 13.
[21] OLG Hamburg ZIP 2003, 1344 (1345); LG Hamburg DB 2002, 2478 (2479); K. Schmidt/Lutter/*Schnorbus* Rn. 9; HK-AktG/*Holzborn/Müller* Rn. 4; aA MüKoAktG/*Grunewald* Rn. 3; *Tebben* AG 2003, 600 (608); im Grundsatz auch Spindler/Stilz/*Singhof* Rn. 3.
[22] LG Berlin ZIP 2003, 1300 f.: auch nicht unter dem Gesichtspunkt des Hineinwachsens in die Zulässigkeit, s. LG Frankfurt a.M. ZIP 2004, 808 (809 f.); KK-AktG/*Koppensteiner* Rn. 16; vgl. auch BayObLG AG 2005, 922; → § 320b Rn. 17.
[23] LG Frankfurt a.M. ZIP 2004, 808 (809 f.).
[24] OLG Hamburg ZIP 2003, 2301 f. = AG 2003, 694.
[25] Zur Rechtslage vor Inkrafttreten des SpruchG ebenso OLG Saarbrücken AG 2004, 217 (218); 3. Aufl. Rn. 8; *Krieger* BB 2002, 53 (57); *Vetter* AG 2002, 176 (190); offen LG Berlin ZIP 2003, 1300 (1301).
[26] Zur Rechtslage vor Inkrafttreten des SpruchG ebenso OLG Hamburg AG 2004, 622 (623); 3. Aufl. Rn. 8; *Vetter* AG 2002, 176 (190).
[27] Vgl. OLG Karlsruhe ZIP 2004, 2205 (2206 f.): jedenfalls nach altem Recht wirkte auch ein Antrag beim örtlich unzuständigen Gericht fristwahrend.
[28] Zur Funktion des Spruchverfahrens s. LG Frankfurt a.M. NZG 2006, 868 (870) – Überprüfung der Unternehmensbewertung aufgrund schlüssiger Einwendungen auf ihre Richtigkeit; lediglich Plausibilitäts- und Rechtskontrolle; s. LG Frankfurt a.M. NZG 2006, 868 (870).

Fünfter Teil. Wechselseitig beteiligte Unternehmen

§ 328 Beschränkung der Rechte

(1) ¹Sind eine Aktiengesellschaft oder Kommanditgesellschaft auf Aktien und ein anderes Unternehmen wechselseitig beteiligte Unternehmen, so können, sobald dem einen Unternehmen das Bestehen der wechselseitigen Beteiligung bekannt geworden ist oder ihm das andere Unternehmen eine Mitteilung nach § 20 Abs. 3 oder § 21 Abs. 1 gemacht hat, Rechte aus den Anteilen, die ihm an dem anderen Unternehmen gehören, nur für höchstens den vierten Teil aller Anteile des anderen Unternehmens ausgeübt werden. ²Dies gilt nicht für das Recht auf neue Aktien bei einer Kapitalerhöhung aus Gesellschaftsmitteln. ³§ 16 Abs. 4 ist anzuwenden.

(2) Die Beschränkung des Absatzes 1 gilt nicht, wenn das Unternehmen seinerseits dem anderen Unternehmen eine Mitteilung nach § 20 Abs. 3 oder § 21 Abs. 1 gemacht hatte, bevor es von dem anderen Unternehmen eine solche Mitteilung erhalten hat und bevor ihm das Bestehen der wechselseitigen Beteiligung bekannt geworden ist.

(3) In der Hauptversammlung einer börsennotierten Gesellschaft kann ein Unternehmen, dem die wechselseitige Beteiligung gemäß Absatz 1 bekannt ist, sein Stimmrecht zur Wahl von Mitgliedern in den Aufsichtsrat nicht ausüben.

(4) Sind eine Aktiengesellschaft oder Kommanditgesellschaft auf Aktien und ein anderes Unternehmen wechselseitig beteiligte Unternehmen, so haben die Unternehmen einander unverzüglich die Höhe ihrer Beteiligung und jede Änderung schriftlich mitzuteilen.

Schrifttum: S. bei § 19 sowie *Kayser-Eichberg*, Die wechselseitige Beteiligung nach deutschem Aktienrecht als Leitlinie einer europäischen Harmonisierung, Diss. Köln 1969; *Nierhaus*, Die wechselseitige Beteiligung von Aktiengesellschaften, Diss. München 1961; *Kerstin Schmidt*, Die wechselseitigen Beteiligungen im Gesellschafts- und Kartellrecht, 1995, 75 ff.

Übersicht

	Rn.		Rn.
I. Überblick	1–5	1. Beiderseitige Verstöße gegen die Mitteilungspflichten	15, 16
II. Zweck	6–7a	2. Mitteilung erst nach Bösgläubigkeit	17
III. Anwendungsbereich	8, 9	3. Gleichzeitige Mitteilung	18
IV. Geregelte Fälle	10–14	VI. Rechtsfolgen	19–25
1. Abs. 1	10–12	1. Ausübungssperre nach Abs. 1	19–21
2. Abs. 2	13, 14	2. Wahl zum Aufsichtsrat (Abs. 3)	22–23a
V. Sonstige Fälle	15–18	3. Mitteilungspflicht	24, 25

I. Überblick

1 § 328 regelt zusammen mit § 19 die wechselseitigen Beteiligungen. Wann eine wechselseitige Beteiligung vorliegt, ergibt sich aus **§ 19 Abs. 1**. Wechselseitig beteiligte Unternehmen sind danach Unternehmen mit Sitz im Inland in der Rechtsform einer Kapitalgesellschaft, die dadurch verbunden sind, dass jedem Unternehmen mehr als der vierte Teil der Anteile des anderen Unternehmens gehört (→ § 19 Rn. 8 ff.). Innerhalb der so definierten wechselseitigen Beteiligungen muss man gemäß § 19 Abs. 4 weiter zwischen einfachen und qualifizierten wechselseitigen Beteiligungen unterscheiden (→ § 19 Rn. 12, 17 ff.). Von einer qualifizierten wechselseitigen Beteiligung spricht man, wenn die wechselseitig beteiligten

Unternehmen (iSd § 19 Abs. 1) zusätzlich durch eine einseitige oder beiderseitige Mehrheitsbeteiligung oder Abhängigkeitsbeziehung verbunden sind (§ 19 Abs. 2 und 3). Qualifizierte wechselseitige Beteiligungen unterstehen gemäß § 19 Abs. 4 ausschließlich dem Regime des § 19 Abs. 2 und 3, sodass als Anwendungsbereich des § 328 **allein** die **einfachen wechselseitigen Beteiligungen** verbleiben.

Für einfache wechselseitige Beteiligungen, die bereits bei Inkrafttreten des AktG im Jahre 1966 bestanden, findet sich ergänzend in § 6 EGAktG eine heute wohl weitgehend obsolete **Übergangsregelung,** die an die Erfüllung der Mitteilungspflicht auf Grund des § 7 EGAktG anknüpft. Waren die Unternehmen seinerzeit dieser Mitteilungspflicht *rechtzeitig*, dh binnen eines Monats nach Inkrafttreten des Gesetzes am 1.1.1966, nachgekommen, so fand auf die bestehende wechselseitige Beteiligung *§ 328 Abs. 1 und 2 keine Anwendung* (§ 6 Abs. 1 EGAktG); vielmehr konnten beide Unternehmen aus den Anteilen, die sie bei Inkrafttreten des Gesetzes bereits hatten oder die auf diese Anteile bei einer späteren Kapitalerhöhung aus Gesellschaftsmitteln entfielen, sämtliche Rechte ausüben (§ 6 Abs. 2 Nr. 1 EGAktG).[1] Bei sonstigen später erworbenen Anteilen ergaben sich dagegen unterschiedliche Rechtsbeschränkungen aus den Nr. 2 und 3 des § 6 Abs. 2 EGAktG. 2

§ 328 Abs. 3 ist **erst 1998** durch das Gesetz zur Kontrolle und Transparenz im Unternehmensbereich (BGBl. I 786) in das Gesetz eingefügt worden. **Zweck** dieser Änderung war es, die als besonders schädlich eingestuften Verwaltungsstimmrechte in größerem Umfang als zuvor möglich zurückzudrängen (→ Rn. 22 f.).[2] 3

§ 328 baut letztlich auf den **Mitteilungspflichten** auf Grund der §§ 20 Abs. 3 und 21 Abs. 1 auf, die seinerzeit nicht zuletzt zu dem Zweck eingeführt worden waren, wechselseitige Beteiligungen von über 25 %, häufig *Schachtelbeteiligungen* genannt, aufzudecken (→ § 20 Rn. 2 f.). Genau deshalb hat § 20 Abs. 3 ebenso wie § 21 Abs. 1 gerade Schachtelbeteiligungen im Auge, die auch Gegenstand der komplizierten Regelung des § 328 für wechselseitige Beteiligungen sind. Die Konsequenzen der Regelung sind jedoch unklar und umstritten (→ § 20 Rn. 41). Das Problem rührt daher, dass in Bezug auf die *Rechtsfolgen eines Verstoßes* gegen die Mitteilungspflichten ein Widerspruch zwischen § 20 und § 21 zu bestehen scheint. Denn nur § 21 Abs. 4 nimmt für diesen Fall Bezug auf § 20 Abs. 1, während § 20 Abs. 7 den § 20 Abs. 3 nicht erwähnt. Richtiger Meinung nach darf daraus indessen nicht der Schluss gezogen werden, dass ein *Verstoß gegen* die (wichtigere) *Mitteilungspflicht nach § 20 Abs. 3* sanktionslos bliebe, und zwar auch im Rahmen des § 328; vielmehr ist davon auszugehen, dass der Bestand einer Schachtelbeteiligungen an einer Kapitalgesellschaft durchweg *zugleich* unter *§ 20 Abs. 1* fällt – und deshalb doch über § 20 Abs. 7 durch einen Rechtsverlust bei einem Verstoß sanktioniert wird (→ § 20 Rn. 41, str.). Für § 328 ergibt sich daraus die wichtige Konsequenz, dass in den Fällen des § 328 Abs. 1 S. 1 immer zugleich die *Ausübungssperre* auf Grund der §§ 20 Abs. 7 und 21 Abs. 4 eingreift, solange das mitteilungspflichtige Unternehmen seiner Mitteilungspflicht aufgrund der genannten Vorschriften nicht nachgekommen ist. Nur wenn man sich dies vergegenwärtigt, wird die in § 328 gewählte Lösung für die Problematik der einfachen wechselseitigen Beteiligungen letztlich verständlich. 4

Nach den §§ 20 Abs. 8 und 21 Abs. 5 gelten die §§ 20 und 21 heute freilich nicht mehr für **Emittenten** iSd § 21 Abs. 2 WpHG. Diese Vorschriften wurden erst durch das 3. Finanzmarktförderungsgesetz von 1998 in das Gesetz eingefügt. Gemeint sind mit den Emittenten iSd § 21 Abs. 2 WpHG im Wesentlichen die **börsennotierten Gesellschaften mit Sitz im Inland** (→ § 20 Rn. 2). Die Folge ist, dass sich die Mitteilungspflichten bei diesen Gesellschaften seitdem nach den (strengeren) Vorschriften der §§ 21 ff. WpHG richten (→ § 20 Rn. 5), ohne dass freilich im Text des § 328 darauf Rücksicht genommen würde; vielmehr bezieht sich § 328 Abs. 1 S. 1 und Abs. 2 unverändert allein auf § 20 Abs. 3 oder § 21 Abs. 2 AktG. Obwohl insoweit auch in den folgenden Jahren trotz wiederholter Gele- 5

---

[1] Begr. RegE bei *Kropff* AktG 520.
[2] Begr. RegE des KonTraG (1998), BT-Drs. 13/9712, 25; *Seibert* WM 1997, 1 (7).

genheit dazu eine Anpassung des § 328 versäumt wurde, wäre es doch verfehlt, aus der geschilderten Gesetzeslage jetzt den Schluss zu ziehen, § 328 AktG erfasse nicht mehr einfache wechselseitige Beteiligungen zwischen Emittenten iSd § 21 Abs. 2 WpHG; vielmehr ist anzunehmen, dass fortan hinsichtlich dieser Fälle die Regelung des **§ 328 AktG** auf den Mitteilungspflichten der **§§ 21 ff. WpHG aufbaut**.[3]

II. Zweck

6 § 328 verfolgt in erster Linie den Zweck, die **Rechte** aus wechselseitigen Beteiligungen nach Möglichkeit **auf höchstens 25 % der Anteile** an dem anderen Unternehmen zu **beschränken,** um der Gefahr unkontrollierbarer Verwaltungsstimmrechte zu begegnen.[4] Diesem Zweck hätte es zwar am meisten entsprochen, die Rechte aus wechselseitigem Anteilsbesitz, zumindest von einer bestimmten Grenze ab, *generell* zu beschränken, wie es auch tatsächlich inzwischen in einigen Ländern geschehen ist.[5] Davor ist der Gesetzgeber indessen 1965 noch zurückgeschreckt, vor allem wohl deshalb, weil die Gesetzesverfasser einen **Vertrauensschutz** zu Gunsten desjenigen Unternehmens für geboten hielten, **das** die wechselseitige Beteiligung *nicht vermeiden* konnte, weil es **als erstes** an dem anderen die kritische **Beteiligung** von mehr als 25 % erwarb (Abs. 1 des § 328; → Rn. 11 f.). Auch wenn man dies akzeptiert, bleibt doch die zusätzliche Ausdehnung des Vertrauensschutzes durch Abs. 2 der Vorschrift auch auf dasjenige Unternehmen unverständlich, das **am längsten gutgläubig** hinsichtlich der wechselseitigen Beteiligung war.[6] Weitergehende Zwecke verfolgt erst der 1998 in das Gesetz eingefügte Abs. 3 des § 328 (→ Rn. 3).

7 Im Ergebnis verfolgt somit § 328 heute gleichzeitig mehrere, nur schwer miteinander zu vereinbarende Regelungskonzepte (→ Rn. 7a). Dies dürfte der wichtigste Grund dafür sein, dass die **praktische Bedeutung** der Vorschrift bislang offenbar **gering** geblieben ist. Hinzu kommt, dass § 328 ohnehin nur einen verhältnismäßig kleinen Ausschnitt aus der Problematik wechselseitiger Beteiligungen erfasst, da sich sein Anwendungsbereich (infolge der Bezugnahme auf § 19 Abs. 1 in § 328 Abs. 1 S. 1) auf einfache wechselseitige Beteiligungen zwischen Kapitalgesellschaften mit Sitz im Inland unter Einschluss wenigstens einer AG oder KGaA beschränkt (→ Rn. 8 f.), sodass insbesondere die offenbar vorherrschenden **ringförmigen oder zirkulären wechselseitigen Beteiligungen,** von wenigen Ausnahmefällen abgesehen, mit § 328 ebensowenig erfasst werden können wie wechselseitige Beteiligungen zwischen Gesellschaften mbH oder Personengesellschaften (→ § 19 Rn. 20 ff.).

7a § 328 war von Anfang an wegen seines unklaren Regelungskonzepts (→ Rn. 6) auf verbreitete **Kritik** gestoßen, zumal die gewählte Lösung in bestimmten Fallgestaltungen geradezu *kontraproduktive Wirkungen* zeitigen kann oder doch konnte.[7] Um dies zu erkennen, genügt es, sich die Situation eines von der Ausübungssperre des § 328 Abs. 1 betroffenen Unternehmens zu vergegenwärtigen. Aus der Sicht dieses Unternehmens musste es als der allein sinnvolle Ausweg erscheinen, so schnell wie möglich eine Mehrheitsbeteiligung an dem anderen Unternehmen zu erwerben, weil es nur so der Ausübungssperre auf Grund des § 328 Abs. 1 nachträglich wieder entrinnen konnte (§ 19 Abs. 4). Mittlerweile ist jedoch durch die neuen Vorschriften der §§ 71d S. 2 und 71c von 1978 idF von 1998 zumindest dieser Nachteil des § 328 entschärft, wenn auch nicht völlig beseitigt worden (→ § 19 Rn. 16).[8]

---

[3] Ebenso MüKoAktG/*Grunewald* Rn. 5 f.; Grigoleit/*Rachlitz* Rn. 4; KK-AktG/*Koppensteiner* Rn. 6; Hölters/*Leuering/Goertz* Rn. 7; Spindler/Stilz/*Schall* Rn. 7; K. Schmidt/Lutter/*Vetter* Rn. 12.

[4] Begr. RegE bei *Kropff* AktG 433 f.

[5] Spindler/Stilz/*Schall* Rn. 3.

[6] Begr. RegE bei *Kropff* AktG 434; *Emmerich* FS Westermann, 1974, 55 (71); *ders.* NZG 1998, 628 f.

[7] S. Kritik bei *Emmerich* FS Westermann, 1974, 55 (71 ff.); Grigoleit/*Rachlitz* Rn. 1; MüKoAktG/*Grunewald* Rn. 1; Hüffer/*Koch* Rn. 1; KK-AktG/*Koppensteiner* Rn. 1; Spindler/Stilz/*Schall* Rn. 1–5; K. Schmidt/Lutter/*Vetter* Rn. 4; ebenso im Übrigen auch schon Begr. RegE bei *Kropff* AktG 434 unten.

[8] Grigoleit/*Rachlitz* Rn. 3; MüKoAktG/*Grunewald* Rn. 1; *Kerstin Schmidt* Beteiligungen 77 ff.; anders KK-AktG/*Koppensteiner* Rn. 3.

III. Anwendungsbereich

Der Anwendungsbereich des § 328 beschränkt sich, wie sich aus § 19 Abs. 1 ergibt, auf **8** wechselseitig beteiligte Kapitalgesellschaften mit Sitz im Inland unter Einschluss einer AG oder KGaA (→ § 19 Rn. 8 ff.).[9] § 328 ist mit anderen Worten nur anwendbar, wenn es sich um eine Unternehmensverbindung zwischen einer **AG oder KGaA und** einer anderen **Kapitalgesellschaft,** jeweils mit Sitz im Inland handelt, die dadurch gekennzeichnet ist, dass die verbundenen Unternehmen (§ 15) aneinander jeweils mit mehr als 25 % beteiligt sind, wobei allein Anteile an dem **Kapital** des anderen Unternehmens zählen. Die Berechnung richtet sich gemäß § 19 Abs. 1 S. 2 nach § 16 Abs. 1 S. 2 und Abs. 4 (→ § 19 Rn. 9 f.). Darunter fallen, wie besonderer Hervorhebung bedarf, auch wechselseitige Beteiligungen zwischen einer deutschen AG oder KGaA mit einer **GmbH,** sodass in diesem Fall die Regelung des § 328 auch auf die wechselseitig beteiligte *GmbH,* nicht etwa nur auf die AG oder KGaA Anwendung findet (§§ 19 Abs. 1, 328 Abs. 1 S. 1; → § 19 Rn. 20 ff.).[10]

Die Beschränkung des Anwendungsbereichs des § 19 Abs. 1 und des § 328 auf Kapitalge- **9** sellschaften mit Sitz im Inland hat zur Folge, dass wechselseitige Beteiligungen zwischen **Unternehmen anderer Rechtsform** und mit ausländischen Unternehmen von § 328 ebenso wenig wie schon von § 19 erfasst werden.[11] Dies gilt insbesondere auch für einfache wechselseitige Beteiligungen allein zwischen Gesellschaften in der Rechtsform einer **GmbH;** die Lösung dieser Fälle ist vielmehr in erster Linie dem § 33 Abs. 2 GmbHG zu entnehmen (→ § 19 Rn. 21 ff.).[12]

IV. Geregelte Fälle

1. Abs. 1. Bei der Anwendung des § 328 sind verschieden Fallgestaltungen zu unter- **10** scheiden. Auszugehen ist vom dem Fall, dass ein Unternehmen *erstmals* an einem anderen Unternehmen (das seinerseits bereits an ihm mit *weniger* als 25 % beteiligt sein kann, nicht muss) die kritische Beteiligung von mehr als 25 % erwirbt. In diesem Fall werden seine *Rechte* aus dieser Beteiligung nach § 328 Abs. 1 *nicht beschränkt, vorausgesetzt,* dass es seiner *Mitteilungspflicht* auf Grund des § 20 Abs. 1 und 3 sowie des § 21 Abs. 1 AktG oder auf Grund des § 21 WpHG (→ Rn. 5) rechtzeitig nachkommt (§ 20 Abs. 7 und § 21 Abs. 4 AktG sowie § 28 WpHG).

Dabei bleibt es auch dann, wenn es *anschließend* zur Begründung einer wechselseitigen **11** Beteiligung kommt, weil das Beteiligungsunternehmen (das Unternehmen, an dem erstmals eine Schachtelbeteiligungen begründet wurde), seinerseits eine Beteiligung von mehr als 25 % (und weniger als 50 %) an dem ersten Unternehmen erwirbt (zu den Gründen → Rn. 12); Die Beschränkung der Rechte aus dem über 25 % hinausgehenden Anteilsbesitz auf Grund des § 328 Abs. 1 S. 1 sowie die weitergehenden Beschränkungen auf Grund des neuen § 328 Abs. 3 treffen in diesem Fall vielmehr allein das *andere (zweite)* Unternehmen, welches überhaupt erst die kritische wechselseitige Beteiligung begründet hat. Voraussetzung ist freilich auch hier, dass dieses Unternehmen gleichfalls rechtzeitig seiner **Mitteilungspflicht** auf Grund der genannten Vorschriften des AktG und des WpHG nachkommt.[13] Andernfalls bleibt es ohnehin bei der Ausübungssperre der §§ 20 Abs. 7 und 21 Abs. 4 AktG sowie des § 28 WpHG, und zwar – weit über § 328 hinaus – für den *gesamten* Anteilsbesitz des fraglichen (zweiten) Unternehmens (→ § 20 Rn. 47 ff., 50 ff.), sodass es nicht des Rückgriffs auf § 328 bedarf.

---

[9] *Emmerich* NZG 1998, 622 (623 f.).
[10] *Emmerich* NZG 1998, 622 (623 f.); MüKoGmbHG/*Liebscher* Anh. § 13 Rn. 152, 162.
[11] KK-AktG/*Koppensteiner* Rn. 5; MHdB AG/*Krieger* § 68 Rn. 109 (1105); anders für § 328 Abs. 3 mit Rücksicht auf den kapitalmarktrechtlichen Charakter der Vorschrift Spindler/Stilz/*Schall* Rn. 6.
[12] *Emmerich* NZG 1998, 622 (624 f.); Scholz/*Emmerich* GmbHG Anh. § 13 Rn. 35 f.; MüKoGmbHG/ *Liebscher* Anh. § 13 Rn. 162–165.
[13] Ebenso Begr. RegE bei *Kropff* AktG 434; *Emmerich* FS Westermann, 1974, 55 (71); *ders.* NZG 1998, 622 (624); Grigoleit/*Rachlitz* Rn. 5–9; MüKoAktG/*Grunewald* Rn. 5; Hüffer/*Koch* Rn. 6; MHdB AG/*Krieger* § 68 Rn. 99 f.

12 Der **Grund** für die geschilderte Regelung (→ Rn. 11) ist darin zu sehen, dass hier das zweite Unternehmen auf Grund der rechtzeitigen Mitteilung seitens des ersten ohne weiteres in der Lage (und richtiger Meinung nach im Interesse der Kapitalerhaltung auch gehalten) gewesen wäre, die ihm erkennbare *wechselseitige Beteiligung zu vermeiden,* indem es auf den Erwerb von Anteilen in Höhe von mehr als 25 % an dem ersten Unternehmen verzichtet hätte. Begründet es gleichwohl jetzt noch (*wissentlich*) eine wechselseitige Beteiligung durch solchen Beteiligungserwerb, so muss es sich gleichsam „zur Strafe", dh als *Sanktion* die Beschränkung seiner Rechte auf Grund des § 328 Abs. 1 und Abs. 3 gefallen lassen, immer vorausgesetzt, dass es überhaupt seiner Mitteilungspflicht auf Grund des AktG (§§ 20 Abs. 1, 3 und 21 Abs. 1) oder des WpHG (§ 21) nachkommt, weil andernfalls bereits die umfassendere Ausübungssperre auf Grund der genannten Vorschriften des AktG und des WpHG eingreift.

13 **2. Abs. 2.** Unterlässt in dem genannten Fall (→ Rn. 11) das erste Unternehmen die gebotene rechtzeitige Mitteilung seiner Beteiligung unter Verstoß gegen die §§ 20 Abs. 3 und 21 Abs. 1 AktG oder § 21 WpHG, so kann sich das **zweite Unternehmen** trotz nachträglicher Begründung der wechselseitigen Beteiligung immer noch sämtliche Rechte aus seinem Anteilsbesitz erhalten, wenn es jetzt – nach Erwerb der kritischen Beteiligung von mehr als 25 % – seinerseits *rechtzeitig* dem anderen (ersten) Unternehmen eine **Mitteilung** nach § 20 Abs. 3, § 21 Abs. 1 AktG oder nach § 21 WpHG macht, *solange* es selbst noch *gutgläubig* hinsichtlich des Bestandes der wechselseitigen Beteiligung ist (§ 328 Abs. 2).[14] Wird die Mitteilungspflicht entgegen den §§ 20 Abs. 3 und 21 Abs. 4 sowie § 21 WpHG nicht rechtzeitig erfüllt, so ist auch kein Raum für die Vergünstigung des § 328 Abs. 2. Hinter dieser Regelung steht letztlich derselbe Grundgedanke wie hinter § 328 Abs. 1 S. 1 (→ Rn. 12, 14). Im **Ergebnis** wird deutlich, dass es bei der Anwendung des § 328 Abs. 1 und 2 letztlich nicht darauf ankommt, in welcher Reihenfolge die wechselseitigen Beteiligungen entstanden sind; entscheidend ist vielmehr allein, wer am längsten gutgläubig ist und rechtzeitig als erster seiner Mitteilungspflicht nachkommt.[15]

14 Schädlich ist allein die **positive Kenntnis** der wechselseitigen Beteiligung, wofür eine bloße Mitteilung nach § 20 *Abs. 1* AktG durch das andere (erste) Unternehmen nicht genügt, weil sich allein daraus mit Rücksicht auf die besondere Zurechnungsvorschrift des § 20 Abs. 2 noch nicht unmittelbar die Kenntnis einer kritischen Beteiligung von mehr als 25 % ergeben muss.[16] Denn mangels Kenntnis von der Beteiligung des ersten Unternehmens an ihm in einer Höhe von mehr als 25 % konnte das zweite Unternehmen die Entstehung der wechselseitigen Beteiligung *nicht verhindern* und soll deshalb auch nicht durch die Ausübungssperre des § 328 Abs. 1 „bestraft" werden, – so jedenfalls das alles andere als überzeugendes Konzept des Gesetzes.

V. Sonstige Fälle

15 **1. Beiderseitige Verstöße gegen die Mitteilungspflichten.** Die Abs. 1 und 2 des § 328 erfassen nur einen verhältnismäßig kleinen Ausschnitt aus dem Spektrum möglicher einschlägiger Fallgestaltungen. Ungeregelt ist zunächst der Fall des Bestehens einer *einfachen* wechselseitigen Beteiligung iSd § 19 Abs. 1 *ohne* Erfüllung der Voraussetzungen der Abs. 1 und 2 des § 328, insbesondere wenn **beide** wechselseitig aneinander beteiligte Unternehmen ihren Mitteilungspflichten aufgrund des § 20 Abs. 1, 3 und des § 21 Abs. 1 AktG oder des § 21 WpHG nicht oder nicht rechtzeitig nachkommen. In diesem Sonderfall trifft dann die Beschränkung der Rechte auf Grund des § 328 Abs. 1 und Abs. 3 jedenfalls dasjenige Unternehmen, das **als erstes** positive Kenntnis von der wechselseitigen Beteiligung erlangt und dadurch **bösgläubig** wird, selbst wenn es jetzt noch die gebotene Mitteilung nachholt.

---

[14] Emmerich FS Westermann, 1974, 55 (71); MüKoAktG/*Grunewald* Rn. 5 ff.; KK-AktG/*Koppensteiner* Rn. 10; MHdB AG/*Krieger* § 70 Rn. 100 f.
[15] Spindler/Stilz/*Schall* Rn. 17.
[16] Hüffer/*Koch* Rn. 3; MHdB AG/*Krieger* § 68 Rn. 99.

Keine Rolle spielt dabei, worauf die Kenntnis beruht, entweder auf einer Mitteilung des anderen Unternehmens nach den §§ 20 Abs. 3 und 21 Abs. 1 AktG bzw. nach § 21 WpHG oder auf einer sonstigen Quelle.[17]

Beruht die beiderseitige Unterlassung einer rechtzeitigen Mitteilung unter Verstoß gegen **16** das AktG oder das WpHG auf einer **Absprache der Beteiligten,** so ist **§ 328 Abs. 1 und Abs. 3 entsprechend** anzuwenden, sofern nicht schon die Ausübungssperren auf Grund der §§ 20 Abs. 7 und 21 Abs. 4 AktG oder des § 28 WpHG eingreifen.[18] Denn nur bei diesem Gesetzesverständnis lassen sich sonst naheliegende Umgehungsversuche verhindern. Zudem dürften die Unternehmen in derartigen Fallgestaltungen ohnehin immer bösgläubig sein, sodass die Abs. 1 und 3 des § 328 unmittelbar eingreifen (→ Rn. 16).

2. Mitteilung erst nach Bösgläubigkeit. Davon zu trennen ist der Fall, dass die *erste* **17** Mitteilung von einem der wechselseitig beteiligten Unternehmen erst *nach* Eintritt seiner *Bösgläubigkeit* gemacht wird. In diesem Fall greift zu seinen Gunsten nicht mehr § 328 Abs. 2 ein; ebenso wenig ist freilich zugunsten des anderen Unternehmens § 328 Abs. 1 anwendbar, weil es an der rechtzeitigen eigenen Mitteilung noch vor der Mitteilung des anderen Unternehmens fehlt. Folglich unterliegen in diesem Fall **beide** Unternehmen der **Ausübungssperre** auf Grund des § 328 Abs. 1 und Abs. 3.[19]

3. Gleichzeitige Mitteilung. § 328 Abs. 1 und 3 ist außerdem noch entsprechend **18** anwendbar, wenn die Unternehmen, in der Regel wohl aufgrund einer vorherigen Abstimmung, die Mitteilungen *gleichzeitig,* dh noch am selben Tag, machen. Der Grund ist wiederum der, dass man nur so Umgehungsversuchen der Unternehmen begegnen kann.[20]

VI. Rechtsfolgen

1. Ausübungssperre nach Abs. 1. § 328 enthält für einfache wechselseitige Beteiligun- **19** gen verschiedene Rechtsfolgen. Zunächst greift unter den Voraussetzungen des § 328 Abs. 1 (→ Rn. 11 f.) eine Ausübungssperre ein: Rechte können danach aus den Anteilen, die dem betroffenen („zweiten") Unternehmen an dem anderen („ersten") Unternehmen gehören, *nur für höchstens 25 %* aller Anteile des anderen Unternehmens ausgeübt werden. Ausgenommen ist lediglich das Recht auf neue Aktien bei einer Kapitalerhöhung aus Gesellschaftsmitteln (§ 328 Abs. 1 S. 2). *Keine* Beschränkung trifft dagegen das *andere* („erste") Unternehmen, in erster Linie also dasjenige, das seiner Mitteilungspflicht rechtzeitig als erstes nachgekommen war (→ Rn. 10 ff.). *Dieses* Unternehmen kann vielmehr im Falle des § 328 Abs. 1 weiterhin *sämtliche* Rechte, und zwar auch aus dem über 25 % hinausgehenden Anteilsbesitz ausüben und sogar seinen Anteilsbesitz weiter aufstocken.[21]

Den genannten Beschränkungen auf Grund des § 328 Abs. 1 (→ Rn. 19) unterliegen **20** ferner nach § 16 Abs. 4 **zugerechnete Aktien im Besitz Dritter,** wobei vor allem an Aktien zu denken ist, die von einem Treuhänder oder von abhängigen Unternehmen für das betroffene Unternehmen gehalten werden (§ 328 Abs. 1 S. 3). Trifft die Ausübungssperre *gleichzeitig* das betroffene Unternehmen *und* Dritte, deren Anteilsbesitz dem ersteren nach den genannten Vorschriften zugerechnet wird, so ist die Ausübungssperre **quotal** auf den eigenen und den zugerechneten Anteilsbesitz **aufzuteilen,** sofern sich die beteiligten Unternehmen nicht auf eine andere Verteilung einigen oder in einem Vertragskonzern das herrschende Unternehmen von seinem Weisungsrecht nach § 308 Gebrauch macht.[22]

---

[17] *Emmerich* FS Westermann, 1974, 55 (71); MüKoAktG/*Grunewald* Rn. 6; MHdB AG/*Krieger* § 68 Rn. 101.
[18] *Emmerich* FS Westermann, 1974, 55 (71); Grigoleit/*Rachlitz* Rn. 7; KK-AktG/*Koppensteiner* Rn. 9, 12.
[19] Grigoleit/*Rachlitz* Rn. 7; MüKoAktG/*Grunewald* Rn. 8; KK-AktG/*Koppensteiner* Rn. 11; MHdB AG/ *Krieger* § 68 Rn. 105.
[20] *Emmerich* FS Westermann, 1974, 55 (71); MüKoAktG/*Grunewald* Rn. 8; KK-AktG/*Koppensteiner* Rn. 12; MHdB AG/*Krieger* § 102 Rn. 105.
[21] Hüffer/*Koch* Rn. 6.
[22] Grigoleit/*Rachlitz* Rn. 11; MüKoAktG/*Grunewald* Rn. 13; Hüffer/*Koch* Rn. 5; KK-AktG/*Koppensteiner* Rn. 15; MHdB AG/*Krieger* § 68 Rn. 103; Spindler/Stilz/*Schall* Rn. 15; anders K. Schmidt/Lutter/*Vetter* Rn. 17: Ausübungssperre für zurechenbare Anteile nur subsidiär.

21 Die Ausübungssperre auf Grund des § 328 Abs. 1 S. 1 gilt **für sämtliche Verwaltungs- und Vermögensrechte,** die mit dem Anteilsbesitz verbunden sind, insbesondere also für das Stimmrecht, für das Bezugsrecht auf junge Aktien im Falle einer Kapitalerhöhung gegen Einlagen sowie für den Anspruch auf Dividende.[23] Werden Stimmrechte entgegen § 328 Abs. 1 ausgeübt, so sind darauf beruhende Hauptversammlungsbeschlüsse **anfechtbar** (§ 243 Abs. 1).[24] Die Beschränkung tritt ein, sobald der Tatbestand des § 328 Abs. 1 erfüllt ist, und betrifft dann das gesamte laufende Geschäftsjahr.[25] Der **Dividendenanspruch** entfällt mithin für das ganze Jahr, nicht etwa nur zeitanteilig, sodass der Gesellschaft zuvor schon bezogene Dividenden nach § 62 Abs. 1 erstattet werden müssen. Besteht die wechselseitige Beteiligung an einer **börsennotierten** Gesellschaft, so ist die zusätzliche Ausübungssperre des § 328 Abs. 3 für die Wahl zum Aufsichtsrat zu beachten (→ Rn. 22 ff.). Ausgenommen von der Ausübungssperre nach § 328 Abs. 1 ist nach S. 2 der Vorschrift lediglich das Recht auf neue Aktien bei einer **Kapitalerhöhung aus Gesellschaftsmitteln,** um eine Verschiebung der Beteiligungsverhältnisse zu verhindern. Diesem Fall wird neuerdings häufig – aus denselben Erwägungen heraus – der Anspruch auf den **Liquidationserlös** gleichgestellt.[26] Die Regelung entspricht im Übrigen der des § 20 Abs. 7, sodass wegen der Einzelheiten auf die Ausführungen zu dieser Vorschrift verwiesen werden kann (→ § 20 Rn. 38 ff.).

22 **2. Wahl zum Aufsichtsrat (Abs. 3).** Seit 1998 ergibt sich eine weitere Ausübungssperre aufgrund des durch das KonTraG in das Gesetz eingefügten § 328 Abs. 3 (→ Rn. 3). Danach kann ein Unternehmen, das der Ausübungssperre nach § 328 Abs. 1 unterliegt (→ Rn. 11, 19 ff.), in der Hauptversammlung einer börsennotierten Gesellschaft iSd § 3 Abs. 2 AktG sein Stimmrecht zur Wahl von Mitgliedern in den Aufsichtsrat dieser anderen Gesellschaft *generell nicht* ausüben. Dadurch sollen die als besonders schädlich eingestuften Verwaltungsstimmrechte noch mehr, als es zuvor schon auf Grund des § 328 Abs. 1 möglich war, zurückgedrängt werden, um die Kontrolle durch die eigentlichen Eigentümer des Unternehmens ungeschmälert durchzusetzen (→ Rn. 3).[27] In diesem speziellen Fall erfasst folglich die Ausübungssperre nicht nur wie sonst nach § 328 Abs. 1 den über 25 % hinausgehenden Anteilsbesitz, sondern *alle Anteile* der durch die Ausübungssperre nach § 328 Abs. 1 betroffenen ("zweiten") Gesellschaft.

23 § 328 Abs. 3 bezieht sich auf Beteiligungen an **börsennotierten Gesellschaften iSd § 3 Abs. 2.** Keine Rolle spielt dagegen, ob die wechselseitig beteiligte andere ("erste") Gesellschaft gleichfalls eine börsennotierte AG ist oder nicht; vielmehr kann es sich dabei zB auch um eine **GmbH** mit Sitz im Inland handeln.[28] Umstritten ist die **Anwendbarkeit des § 16 Abs. 4.** Gegen sie spricht zwar auf den ersten Blick die fehlende ausdrückliche Bezugnahme auf § 16 Abs. 4 in § 328 Abs. 3. Das ist indessen unschädlich, da § 328 Abs. 3 auf den *ganzen* Abs. 1 der Vorschrift und damit über § 328 Abs. 1 S. 3 auch auf § 16 Abs. 4 Bezug nimmt. § 16 Abs. 4 findet somit auch im Rahmen des § 328 Abs. 3 Anwendung.[29]

23a Aus der alleinigen Bezugnahme auf den *Abs. 1* des § 328 in Abs. 3 wird zum Teil der Schluss gezogen, für eine **Befreiung** von dem Ausübungsverbot **nach § 328 Abs. 2** sei hier kein Raum (→ Rn. 13 f.).[30] Dagegen spricht indessen, dass nach dem Grundkonzept der gesetzlichen Regelung die Abs. 1 und 2 des § 328 unmittelbar zusammenhängen und das

---

[23] So schon Begr. RegE bei *Kropff* AktG 433 (2. Abs.); MüKoAktG/*Grunewald* Rn. 9; KK-AktG/*Koppensteiner* Rn. 13; MHdB AG/*Krieger* § 68 Rn. 102; Hölters/*Leuering/Goertz* Rn. 5.
[24] Grigoleit/*Rachlitz* Rn. 12; MüKoAktG/*Grunewald* Rn. 12.
[25] MüKoAktG/*Grunewald* Rn. 11; Spindler/Stilz/*Schall* Rn. 13: K. Schmidt/Lutter/*Vetter* Rn. 12, 16.
[26] MüKoAktG/*Grunewald* Rn. 9; MHdB AG/*Krieger* § 68 Rn. 102; Spindler/Stilz/*Schall* Rn. 19; anders KK-AktG/*Koppensteiner* Rn. 13; K. Schmidt/Lutter/*Vetter* Rn. 15.
[27] MüKoAktG/*Grunewald* Rn. 10; Hüffer/*Koch* Rn. 7; KK-AktG/*Koppensteiner* Rn. 16.
[28] Begr. RegE des KonTraG (1998), BT-Drs. 13/9712, 25.
[29] Grigoleit/*Rachlitz* Rn. 13; MüKoAktG/*Grunewald* Rn. 10; KK-AktG/*Koppensteiner* Rn. 17; K. Schmidt/Lutter/*Vetter* Rn. 23; ebenso, unter Berufung auf § 19 Abs. 1, Spindler/Stilz/*Schall* Rn. 28.
[30] So Grigoleit/*Rachlitz* Rn. 13; Hüffer/*Koch* Rn. 7; Spindler/Stilz/*Schall* Rn. 29–32 unter Berufung auf den kapitalmarktrechtlichen Schutzzweck des § 328 Abs. 3.

vom Gesetzgeber gewählte Prinzip – Schutz der gutgläubigen Gesellschaft – nur zusammen verwirklichen.[31]

3. Mitteilungspflicht. Die dritte Rechtsfolge einer einfachen wechselseitigen Beteiligung neben den beiden Ausübungssperren auf Grund der Abs. 1 und 3 des § 328 besteht in der erweiterten Mitteilungspflicht nach § 328 Abs. 4. Danach sind die wechselseitig beteiligten Unternehmen verpflichtet, einander unverzüglich die **(genaue) Höhe** ihrer Beteiligung und **jede Änderung** schriftlich mitzuteilen, während die Mitteilungspflichten auf Grund der §§ 20 und 21 AktG sowie des § 21 WpHG immer nur bei Überschreitung oder Unterschreitung bestimmter Schwellenwerte eingreifen. Außerdem ist im **Anhang zum Jahresabschluss** das Bestehen wechselseitiger Beteiligungen unter Angabe der beteiligten Unternehmen offenzulegen (**§ 160 Abs. 1 Nr. 7**). 24

Durch die Erweiterung der Mitteilungspflicht (§ 328 Abs. 4) sollte erreicht werden, dass wechselseitig beteiligte Unternehmen stets über den Stand und die Entwicklung der wechselseitigen Beteiligungen unterrichtet sind, um den damit verbundenen Gefahren rechtzeitig begegnen zu können.[32] Aus demselben Grund ist in § 328 Abs. 4 ferner 1998 darauf verzichtet worden, nach dem Vorbild der durch das 3. Finanzmarktförderungsgesetz (BGBl. I 529 (567)) in das Gesetz eingefügten Vorschriften der §§ 20 Abs. 8 und 21 Abs. 5 AktG börsennotierte Gesellschaften iSd § 21 Abs. 2 WpHG von der Mitteilungspflicht wieder auszunehmen. Das Gesetz sieht jedoch nach wie vor **keine Sanktionen** bei einer Verletzung der besonderen Mitteilungspflichten nach § 328 Abs. 3 vor.[33] Deshalb dürfte die praktische Bedeutung der Vorschrift gering geblieben sein. 25

Anh. § 328:

Spruchverfahrensgesetz (SpruchG)

vom 12. Juni 2003 (BGBl. I 838),
zuletzt geändert durch Gesetz vom 23. Juli 2013 (BGBl. I 2586)[1]

Vorbemerkung zu § 1 SpruchG (Vor § 1 SpruchG)

Schrifttum (allgemein): *Behnke,* Das Spruchverfahren nach §§ 306 AktG, 305 ff. UmwG, 2001; *Diekgräf,* Sonderzahlungen an opponierende Kleinaktionäre im Rahmen von Anfechtungs- und Spruchstellenverfahren, 1990; *Fritzsche/Dreier/Verfürth,* SpruchG, 2004; *Happ/Möhrle,* Konzern- und Umwandlungsrecht, Kap. 13: Spruchverfahren, 2012; *Hüchting,* Abfindung und Ausgleich im aktienrechtlichen Beherrschungsvertrag, 1972, 71 ff.; *Hüffer/Schmitt-Aßmann/Weber,* Anteilseigentum, Unternehmenswert und Börsenkurs, 2004, 135 ff.; *Karrer,* Die Angemessenheit der Leistung im Konzern-, Übernahme- und Ausschlussrecht, 2003, 201 ff.; *Klöcker/Frowein,* Spruchverfahrensgesetz, 2004; *Komp,* Zweifelsfragen des aktienrechtlichen Abfindungsanspruchs nach §§ 305, 320b AktG, 2002; *Loosen,* Reformbedarf im Spruchverfahren, 2012; *Neye,* Das neue Spruchverfahrensrecht, BAnz 2003 Nr. 150a; *M. Noack,* Das Spruchverfahren nach dem Spruchverfahrensgesetz, 2014; *Riegger/Wasmann* (Hrsg.), Kölner Kommentar zum Spruchverfahrensgesetz, 3. Aufl. 20013; *J. Schmidt,* Das Recht der außenstehenden Aktionäre, 1979; *Simon,* SpruchG, 2007; *Timm* (Hrsg.), Mißbräuchliches Aktionärsverhalten, 1990; *Weimann,* Spruchverfahren nach Squeeze-Out, 2015; *Wittgens,* Das Spruchverfahrensgesetz, 2005.

Durch das Spruchverfahrensgesetz (SpruchG) von 2003 sind die verstreuten Vorschriften des AktG und des UmwG über Spruchstellen- oder (so heute) Spruchverfahren bei bestimmten Strukturmaßnahmen in erster Linie von Aktiengesellschaften erstmals in einem Gesetz zusammengefasst worden. Vorbilder des Gesetzes waren insbesondere § 306 AktG aF sowie die §§ 305–312 UmwG aF. 1

---

[31] Ebenso MüKoAktG/*Grunewald* Rn. 10; KK-AktG/*Koppensteiner* Rn. 17; MHdB AG/*Krieger* § 68 Rn. 106; Hölters/*Leuering/Goertz* Rn. 11.
[32] So Begr. RegE bei *Kropff* AktG 435.
[33] Grigoleit/*Rachlitz* Rn. 14; Hüffer/*Koch* Rn. 8; KK-AktG/*Koppensteiner* Rn. 18.
[1] Paragraphen ohne Gesetzesangabe sind im Folgenden solche des SpruchG.

2 Die ersten Vorläufer der Spruchstellenverfahren fanden sich bereits in den zwanziger Jahren des vorigen Jahrhunderts in dem heute vergessenen Aufwertungsrecht nach der Inflation von 1923.[1] Als eigentliche Geburtsstunde der Spruchstellenverfahren gilt deshalb allgemein erst die Dritte Durchführungsverordnung vom 2.12.1936 zu dem UmwG von 1934 (RGBl. I 569).[2] Von dort wurde das Rechtsinstitut sodann in das AktG von 1937, in das UmwG von 1956 und später in das AktG von 1965 übernommen, wobei zunächst allgemein der hergebrachte Name „Spruchstellenverfahren" beibehalten wurde.[3] Erst mit dem neuen UmwG von 1994 ging der Gesetzgeber zu der heute üblichen Bezeichnung „Spruchverfahren" über.[4]

3 Die **praktische Bedeutung** der Spruchverfahren hat in den letzten Jahren kontinuierlich zugenommen, seitdem der Gesetzgeber in wachsendem Maße dahin tendiert, die Überprüfung der Kompensation der Aktionäre nach bestimmten Strukturmaßnahmen insbesondere von Aktiengesellschaften dem Spruchverfahren zuzuweisen. Einen deutlichen Ausdruck hat diese Tendenz insbesondere in dem 2005 in das AktG eingefügten § 243 Abs. 4 S. 2 gefunden, nach dem auf unrichtige, unvollständige oder unzureichende Informationen in der Hauptversammlung über die Ermittlung, Höhe oder Angemessenheit von Ausgleich, Abfindung, Zuzahlung oder über sonstige Kompensationen eine Anfechtungsklage nicht mehr gestützt werden kann, sofern das Gesetz für Bewertungsrügen ein Spruchverfahren vorsieht (→ AktG § 293 Rn. 50 ff.). Welche Fälle das Gesetz dabei im Auge hat, ergibt sich im Einzelnen aus **§ 1 SpruchG**. Aus dem AktG sind dies die Bestimmung von Ausgleich und Abfindung bei Abschluss oder Änderung eines Beherrschungs- oder Gewinnabführungsvertrages nach den §§ 304 und 305 (§ 1 Nr. 1 SpruchG), die Abfindung der ausgeschiedenen Aktionäre bei der Eingliederung durch Mehrheitsbeschluss nach § 320b AktG (§ 1 Nr. 2 SpruchG) sowie die Barabfindung von ausgeschlossenen Minderheitsaktionären nach den §§ 327a ff. AktG (§ 1 Nr. 3 SpruchG). Ob auch in anderen Fällen eine entsprechende Anwendung des SpruchG in Betracht kommt, ist umstritten (→ § 1 Rn. 6 ff.).

4 Kern der gesetzlichen Regelung ist in den genannten Fällen (→ Rn. 3) durchweg (nach dem Muster der §§ 243 Abs. 4 S. 2, 304 Abs. 3 S. 2 und 305 Abs. 5 S. 1 AktG) die *Ersetzung der Anfechtung* des der fraglichen Strukturmaßnahme zugrundeliegenden Hauptversammlungsbeschlusses der Gesellschaft wegen fehlender Angemessenheit der sog. Kompensation (§ 243 Abs. 1 AktG) *durch ein gerichtliches Verfahren,* in dem auf Antrag außenstehender Aktionäre die angemessene Kompensation mit Wirkung für und gegen jedermann (§ 13 S. 2) festgesetzt wird. Damit werden im Wesentlichen **zwei Ziele** verfolgt, einmal der Schutz der Gesellschaft, die die Strukturmaßnahme durchführt, gegen eine häufig als unerträglich empfundene Verzögerung der Strukturmaßnahme durch Anfechtungsklagen, zum anderen der Schutz der außenstehenden Aktionäre, denen ein Weg eröffnet wird, eine gerichtliche Festsetzung der angemessenen Kompensation mit Wirkung gegenüber jedermann zu erlangen (→ AktG § 293 Rn. 50 ff.).[5] Die Strukturmaßnahme bleibt mithin – trotz fehlender Angemessenheit der Kompensation – wirksam; „zum Ausgleich" geht jedoch die Befugnis zur Bestimmung der angemessenen Kompensation auf das Gericht im Spruchverfahren über. Diese weitgehende Verdrängung des Anfechtungsrechts – unter bewusster Inkaufnahme rechtswidriger Beschlüsse – ist durchaus *kritisch* zu sehen und läuft der Sache nach auf eine kaum vertretbare Einschränkung des Rechtsschutzes insbesondere der außenstehenden Aktionäre hinaus (→ AktG § 293 Rn. 50 ff.).

5 Bei dem Spruchverfahren handelt es sich um ein **Streitverfahren der freiwilligen Gerichtsbarkeit,** dessen Regelung sich in erster Linie nach dem SpruchG und hilfsweise nach dem FamFG sowie der ZPO richtet (§ 17 Abs. 1 SpruchG). Das **FamFG** ist mit

---

[1] S. §§ 26 ff. der 2. VO zur Durchführung der VO über Goldbilanzen vom 28.3.1924, RGBl. I 385.
[2] *Behnke,* Das Spruchverfahren nach §§ 306 AktG, 305 ff. UmwG, 2001, 33 ff.; *Neye* FS Wiedemann, 2002, 1127; KK-SpruchG/*Riegger/Gayk* Einl. Rn. 7 ff.; *Wittgens,* Das Spruchverfahrensgesetz, 2005, 5 ff.
[3] Zur Begriffsgeschichte *Geßler* BB 1975, 289; *Seetzen* WM 1999, 565.
[4] S. die Überschrift des früheren 6. Buches des UmwG (§§ 305 bis 312 aF): „Spruchverfahren".
[5] *J. Hoffmann* FS Stilz, 2014, 267 f.; *Vetter* ZHR 168 (2004), 8 (12 ff.).

Wirkung vom 1.9.2009 an die Stelle des FGG getreten. Kennzeichnend für das Verfahren nach dem FamFG ist ebenso wie bisher der **Amtsermittlungsgrundsatz** (§ 26 FamFG = § 12 FGG), dessen Bedeutung jedoch durch das SpruchG zu Gunsten der Verstärkung der Verfahrensförderungspflichten der Beteiligten spürbar zurückgedrängt wurde (§§ 7–10 SpruchG).

Der **Schwerpunkt** der Spruchverfahren liegt heute bei dem Ausschluss von Minderheitsaktionären nach den §§ 327a ff. AktG sowie daneben noch bei den Fällen der §§ 304 und 305 AktG. Angeblich werden in der Mehrzahl der genannten Fälle nach wie vor von außenstehenden Aktionären Spruchverfahren eingeleitet.[6] Eine Zählung aus dem Jahre 2015 ergab für die Jahre von 2002–2015 insgesamt 262 Verfahren mit leicht sinkender Tendenz, wobei es sich ganz überwiegend um Fälle des Ausschlusses von Minderheitsaktionären nach den §§ 327a ff. AktG handelte.[7] Eine Vielzahl dieser Verfahren wurde durch Vergleich abgeschlossen; auch insoweit ist aber eine sinkende Tendenz zu konstatieren. Entsprechendes gilt für die **Ergebnisse der Verfahren:** Während die Verfahren früher und insbesondere in der Zeit vor Inkrafttreten des SpruchG durchweg zu einer spürbaren *Erhöhung* der Kompensation, oft sogar zu ihrer Verdoppelung geführt hatten, geht neuerdings aufgrund der wachsenden Abneigung der Gerichte gegen die aufwendige Neubewertung der beteiligten Unternehmen in Spruchverfahren die Erfolgsquote deutlich zurück (→ AktG § 293b Rn. 7, 16 ff.). Denn je mehr sich die Gerichte, der Sache nach oder ausdrücklich, auf eine bloße **Plausibilitätsprüfung** hinsichtlich der der Kompensation zugrunde liegenden Unternehmensbewertung zurückziehen,[8] desto geringer werden die Chancen der außenstehenden Aktionäre zu einer Korrektur der Kompensation im Spruchverfahren, da die „Plausibilität" von Bewertungsgutachten der Wirtschaftsprüfer, zumal bei Beachtung des IDW Standard 1 von 2008, nur selten zweifelhaft sein dürfte. Deshalb sollte es nicht verwundern, dass die von den Antragstellern letztlich erzielten „Aufschläge" gleichfalls eine deutlich **sinkende Tendenz** aufweisen.[9] Die durchschnittliche Erhöhung von Abfindung und Ausgleich wird für die letzten Jahre nur noch auf 16 % beziffert.[10] In einer ständig wachsenden Zahl von Verfahren gehen die Antragsteller letztlich sogar ganz *leer* aus, – womit sich für die konzentrationswilligen Unternehmen die Spielräume für strategische Verhaltensweisen zum Nachteil der außenstehenden Aktionäre kontinuierlich erweitern. Dies erklärt zugleich die deutlich abnehmende Vergleichsbereitschaft der Antragsgegner in den letzten Jahren in den Spruchverfahren.

Im Schrifttum ist die Beurteilung der Spruchverfahren umstritten.[11] Gerügt werden vor allem die übermäßige Dauer der Verfahren sowie die hohen **Kosten,** die oft in die Millionen gehen.[12] Die **Verfahrensdauer** beträgt nach wie vor im Schnitt knapp sieben Jahre, in zahlreichen Fällen sogar mehr als zehn Jahre.[13] Spitzenreiter sind bisher das Sinalco-Verfahren, in dem es erst nach 17 Jahren zu einem Vergleich kam, das AEG/Daimler-Verfahren mit 20 Jahren[14] sowie das ABB-Verfahren, in dem der Rechtsstreit allein in der ersten

---

[6] Hölters/*Simons* § 1 Rn. 4.
[7] *Puszkajler/Sekera/Terplan* NZG 2015, 1055; vgl. auch *D. Lorenz* AG 2012, 284.
[8] S. iE *Emmerich* FS Stilz, 2014, 135.
[9] Zahlen bei *Puszkajler/Sekera/Terplan* NZG 2015, 1055; positiver dagegen KK-SpruchG/*Riegger/Gayk* Einl. Rn. 64.
[10] *D. Lorenz* AG 2012, 284 (287); anders *Decher* FS Maier-Reimer, 2010, 57 (59), nach dem die durchschnittliche Erhöhung der Kompensation 30 % beträgt, freilich bei Berücksichtigung auch früherer Zeiträume, so dass die Zahlen nicht vergleichbar sind.
[11] S. iE *Bilda* NZG 2000, 296; *Büchel* NZG 2003, 793; *Decher* FS Maier-Reimer, 2010, 57; *Dörfler/Gabler/Unterstraßer/Wirichs* BB 1994, 156; *Emmerich* FS Tilmann, 2003, 925 (926 ff.); *ders.* (2.) FS Mestmäcker, 2006, 137 (148 ff.); *Hecker/Wenger* ZBB 1995, 321; *Hüffer* FS Hadding, 2004, 461; *Lutter/Bezzenberger* AG 2000, 433; *Puszkajler* ZIP 2003, 518; *Wittgens,* Das Spruchverfahrensgesetz, 2005, 11 ff.
[12] S. den Fall „Kolbenschmitt/Pierburg" OLG Stuttgart AG 2001, 603 = NZG 2001, 1097.
[13] *D. Lorenz* AG 2012, 284 (286 f.); Zusammenstellung der Dauer sämtlicher Spruchverfahren der letzten Jahre bei *Komp,* Zweifelsfragen des aktienrechtlichen Abfindungsanspruchs nach §§ 305, 320b AktG, 2002, S. 472–477.
[14] BVerfG AG 2012, 86 = WM 2012, 75.

Instanz 22 Jahre gedauert hat, wozu dann noch eine mehrjährige Verfahrensdauer vor dem OLG hinzukam.[15] In den beiden zuletzt genannten Verfahren hat das **BVerfG** mittlerweile sogar einen **Verstoß gegen Art. 2 Abs. 1 und 20 Abs. 3 GG** durch die Verletzung des Rechts der Antragsteller auf einen effektiven Rechtsschutz gerügt, nachdem es zuvor bereits wiederholt Anlass gesehen hatte, auf die sich aus dem Rechtsstaatprinzip ergebende Verpflichtung der Gerichte hinzuweisen, Spruchverfahren nach Möglichkeit zügig abzuwickeln.[16] Auch an das Gesetz über den Rechtsschutz bei überlangen Gerichts-und Ermittlungsverfahren von 2012 ist in diesem Zusammenhang zu erinnern.

7a Die Folge ist, dass die Verfahrensdauer in den letzten Jahren offenbar tatsächlich (ein wenig) *zurückgeht,* in erster Linie freilich wohl deshalb, weil sich die Gerichte immer mehr auf eine weniger aufwändige Plausibilitätsprüfung zurückziehen und insbesondere auf eine vollständige Neubewertung der betroffenen Unternehmen verzichten.[17] Nicht auszuschließen ist indessen, dass die im Jahre 2009 neu eingeführte Möglichkeit der Rechtsbeschwerde zum BGH zumindest in größeren Verfahren wieder zu einer Verlängerung der Verfahrensdauer führen wird. Eine wirkliche **Verbesserung der Situation** durch eine spürbare Verkürzung der Verfahren bei entsprechender Reduzierung der überhöhten Verfahrenskosten wird erst zu erreichen sein, wenn sich die Gerichte energischer als bisher gegen die von interessierter Seite systematisch betriebene Komplizierung der Unternehmensbewertung wehren und zu einfachen, klaren und transparenten Verfahren übergehen (die es gibt), auch und gerade im Interesse des angemessenen Schutzes der außenstehenden Aktionäre.[18]

8 Ein weiteres gravierendes Problem ist die **Abhängigkeit der Gerichte von den Sachverständigen,** nahezu ausschließlich (die ohnehin überlasteten) Wirtschaftprüfer (§ 293d Abs. 1 S. 1 AktG iVm § 319 Abs. 1 S. 1 HGB), die zudem immer seltener bereit sind, zu den niedrigen Sätzen des JVEG tätig zu werden.[19] Nicht unerwähnt bleiben darf schließlich im vorliegenden Zusammenhang auch die vor allem früher verbreitete Unsitte, die antragstellenden **Aktionäre „auszukaufen",** um sie zum Nachteil der anderen außenstehenden Aktionäre zu einer Rücknahme ihrer Anträge zu bewegen, versteht sich: gegen hohe Zahlungen. Zahlreiche andere **Mängel des Verfahrens** kommen hinzu.[20]

9 Um hier gegenzusteuern, hatte der Gesetzgeber bereits im Jahre 1994 mit dem **Umwandlungsrechtbereinigungsgesetz** durch verschiedene Änderungen des AktG eingegriffen, mit denen vor allem das Ziel verfolgt wurde, das Verfahren bei der dem Angebot der Kompensation zugrunde liegenden Unternehmensbewertung so weit zu verbessern, dass nach Möglichkeit Spruchverfahren vermieden werden. Das wichtigste Mittel hierfür war die Einführung des **Vertragsberichts** und der **Vertragsprüfung** durch die §§ 293a und 293b AktG. Außerdem wurde, um der Praxis des „Auskaufens" (→ Rn. 8) wirksam beggnen zu können, die Rechtsstellung des gemeinsamen Vertreters der außenstehenden Aktionäre durch § 306 Abs. 4 S. 10 AktG aF iVm § 308 Abs. 3 UmwG aF spürbar verstärkt (s. jetzt § 6 Abs. 3 SpruchG). Diese Änderungen hatten indessen nur zum Teil den gewünschten Erfolg, wie die fortbestehenden Probleme der Spruchverfahren deutlich zeigen.

10 Die Bundesregierung hielt deshalb im Jahre **2003** eine **erneute Reform** des Spruchverfahrens durch die Zusammenfassung der verstreuten Vorschriften über Spruchverfahren und deren Modernisierung für erforderlich, wobei sie verschiedene Vorschläge des Schrifttums

---

[15] BVerfG ZIP 2012, 177 = WM 2012, 76.
[16] BVerfG AG 1999, 370 = NZG 1999, 711 – Siemens/SNI; vgl. auch EGMR EuGRZ 2003, 228 – Kind.
[17] *D. Lorenz* AG 2012, 284 (286 f.); *Decher* FS Maier-Reimer, 2010, 57 f.; KK-SpruchG/*Riegger/Gayk* Einl. Rn. 63.
[18] *Emmerich* FS Stilz, 2014, 135; *Grunewald* FS Hoffmann-Becking, 2013, 413 mit Reformvorschlägen; Hüffer/*Koch* § 1 Rn. 3 f.
[19] Zu diesem Problem *Bilda* NZG 2000, 296 (300); *Lutter/Bezzenberg* AG 2000, 433 (437); *W. Meilicke/Heidel* DB 2003, 2267; *Seetzen* WM 1999, 565 (567 f.).
[20] Eindringlich geschildert bei *W. Meilicke/Heidel* DB 2003, 2267.

aufgriff.[21] **Hauptziele** der Reform waren die Beschleunigung und Verbilligung der Verfahren. Die wichtigsten *Merkmale* der Reform waren die generelle Einführung der gerichtlichen Auswahl und Bestellung der sachverständigen Prüfer (§ 293c AktG), die Veränderung der Rolle der Sachverständigen im Spruchverfahren, um nach Möglichkeit „flächendeckende" Gesamtgutachten in Zukunft zu vermeiden, die Einführung von Verfahrensförderungspflichten der Beteiligten bei gleichzeitiger „Rückführung" des Amtsermittlungsgrundsatzes sowie die Neugestaltung der Kostenvorschriften.[22] Das SpruchG ist am 1.9.2003 in Kraft getreten (Art. 7 S. 2 Spruchverfahrensneuordnungsgesetz). Eine Übergangsvorschrift findet sich in § 17 Abs. 2.

Das SpruchG ist in der Folgezeit bereits mehrfach **geändert** worden.[23] Insbesondere **11** sein Anwendungsbereich ist kontinuierlich ausgedehnt worden (§ 1 Nr. 5 und Nr. 6; §§ 6a–6c). Besonders hervorzuheben sind die Änderungen aufgrund des **FGG-Reformgesetzes** von 2008, in Kraft getreten am 1.9.2009, durch das SpruchG der Ersetzung des FGG durch das **FamFG** angepasst wurde. Wichtig sind vor allem die Änderungen, die sich infolge der Bezugnahme auf das FamFG in § 17 im Rechtsmittelzug ergeben haben (s. im Einzelnen § 12). Die vorerst letzte Änderung brachte das 2. Kostenrechtsmodernisierungsgesetz von 2013 (BGBl. I 2586), durch das § 15 ganz neu gefasst wurde. Im folgenden ist keine erschöpfende Kommentierung des SpruchG bezweckt. Die Kommentierung beschränkt sich vielmehr schwerpunktmäßig auf die mit den Fällen der §§ 304, 305, 320b und 327a ff. AktG zusammenhängenden verfahrensrechtlichen Fragen, da allein die Erläuterung der genannten aktienrechtlichen Vorschriften Gegenstand dieses Kommentars ist. Fragen der Auslegung des SpruchG, die in erster Linie mit den anderen Anwendungsfällen des Gesetzes im Zusammenhang stehen, werden nur am Rande behandelt, soweit für die Vollständigkeit der Darstellung erforderlich.

§ 1 SpruchG Anwendungsbereich

Dieses Gesetz ist anzuwenden auf das gerichtliche Verfahren für die Bestimmung
1. **des Ausgleichs für außenstehende Aktionäre und der Abfindung solcher Aktionäre bei Beherrschungs- und Gewinnabführungsverträgen (§§ 304 und 305 des Aktiengesetzes);**
2. **der Abfindung von ausgeschiedenen Aktionären bei der Eingliederung von Aktiengesellschaften (§ 320b des Aktiengesetzes);**
3. **der Barabfindung von Minderheitsaktionären, deren Aktien durch Beschluss der Hauptversammlung auf den Hauptaktionär übertragen worden sind (§§ 327a bis 327f des Aktiengesetzes);**
4. **der Zuzahlung an Anteilsinhaber oder der Barabfindung von Anteilsinhabern anlässlich der Umwandlung von Rechtsträgern (§§ 15, 34, 122h, 122i, 176 bis 181, 184, 186, 196 oder § 212 des Umwandlungsgesetzes);**
5. **der Zuzahlung an Anteilsinhaber oder der Barabfindung von Anteilsinhabern bei der Gründung oder Sitzverlegung einer SE (§§ 6, 7, 9, 11 und 12 des SE-Ausführungsgesetzes);**
6. **der Zuzahlung an Mitglieder bei der Gründung einer Europäischen Genossenschaft (§ 7 des SCE-Ausführungsgesetzes).**

I. Gesetzlich geregelte Fälle

§ 1 des Gesetzes zählt die Fälle auf, in denen im AktG, im UmwG sowie im SE- und **1** im SCE-Ausführungsgesetz von 2004 ein Spruchverfahren nach dem SpruchG vorgesehen

---
[21] Insbes. *Bilda* NZG 2000, 296; *Lutter/Bezzenberger* AG 2000, 433; s. zum Folgenden KK-SpruchG/*Riegger/Gayk* Einl. Rn. 40 ff.; *Wittgens,* Das Spruchverfahrensgesetz, 2005, 13 ff.
[22] Begr., BT-Drs. 15/371, 11 f.; KK-SpruchG/*Riegger/Gayk* Einl Rn. 48 ff.; *Wittgens,* Das Spruchverfahrensgesetz, 2005, 14 f.
[23] Überblick bei KK-SpruchG/*Riegger/Gayk* Einl Rn. 54 ff.

ist. Erster Anwendungsfall sind gemäß der **Nr. 1** des § 1 die Fälle des § 304 Abs. 3 S. 3 und des § 305 Abs. 5 S. 2 AktG, dh die Überprüfung der Angemessenheit von Abfindung und Ausgleich bei Abschluss oder Änderung eines Beherrschungs- oder Gewinnabführungsvertrages. Wegen der Einzelheiten ist auf die Ausführungen an anderer Stelle zu verweisen (→ AktG § 304 Rn. 76 ff.; → AktG § 305 Rn. 82 ff.). Besonderheiten gelten nach einer verbreiteten Meinung für **nichtige Beherrschungs- und Gewinnabführungsverträge.** Soweit in diesen in sich sehr unterschiedlichen Fällen ein fehlerhafter Vertrag angenommen wird, der jedenfalls für die Vergangenheit als wirksam zu behandeln ist, tendiert ein Teil des Schrifttums auch zur *Anwendung des SpruchG,* etwa bei Nichtigkeit des Vertrages infolge der erfolgreichen Anfechtung oder der Nichtigkeit eines der Zustimmungsbeschlüsse iSd § 293 AktG (→ AktG § 305 Rn. 21c; Stichwort: Ersetzung der Anfechtung durch das Spruchverfahren). Dem ist nur für den Sonderfall zuzustimmen, dass die Eintragung der fraglichen Maßnahme im Handelsregister auf einem rechtskräftigen *Freigabebeschluss* nach § 246a AktG beruht. In allen übrigen Fällen ist stattdessen von der *Erledigung des Verfahrens* auszugehen (→ § 11 Rn. 11a mN). Lediglich bei **verdeckten Beherrschungsverträgen** in ihren verschiedenen Spielarten kommt tatsächlich eine Anwendung des SpruchG in Betracht, soweit auf diese Verträge entgegen der hM (ausnahmsweise) die §§ 304 und 305 AktG anzuwenden sind (→ AktG § 291 Rn. 24c, 24f mN).

2   Zweiter Anwendungsfall des SpruchG ist nach der § 1 **Nr. 2** der Fall des § 320b Abs. 2 S. 2 und 3 AktG, dh die Überprüfung der Angemessenheit der Abfindung bei der **Eingliederung durch Mehrheitsbeschluss,** (wegen der Einzelheiten → AktG § 320b Rn. 17 ff.). Auch hier stellt sich die Frage, wie zu verfahren ist, wenn nach Einleitung eines Spruchverfahrens aufgrund des § 320b AktG der zu Grunde liegende Hauptversammlungsbeschluss gemäß § 320 AktG nach **Anfechtung** für nichtig erklärt wird. Die Frage ist hier ebenso zu beantworten wie in den Fällen der Nr. 1 (→ Rn. 1; → § 11 Rn. 11a; → AktG § 320b Rn. 22).

3   Weitere Anwendungsfälle des Gesetzes sind nach § 1 **Nr. 3** der Fall des § 327f Abs. 2 und 3 AktG, dh die Überprüfung der Angemessenheit der Barabfindung bei **Ausschluss von Minderheitsaktionären** nach den §§ 327a ff. AktG (→ 327f Rn. 4 f., 7 f.), auf Grund der **Nr. 4** die **Umwandlungsfälle** der §§ 15, 34, (122h, 122i), §§ 176–181, 184, 186 und 196 oder 212 UmwG sowie noch nach den **Nr. 5** und **6** die Fälle der Gründung einer **SE** durch Verschmelzung oder als Holding und der Sitzverlegung nach den §§ 6, 7, 9, 11 und 12 SEAG sowie der Gründung einer **Europäischen Genossenschaft.**

4   Ein weiterer Anwendungsfall des SpruchG ergibt sich aus der abgelegenen Bestimmung des § 5 Abs. 4 S. 2 und Abs. 5 EGAktG idF des Art. 3 Spruchverfahrensneuordnungsgesetz. Das Spruchverfahren findet danach außerdem auf das Verfahren zur Überprüfung der Angemessenheit der Abfindung bei **Aufhebung von Mehrstimmrechten** „sinngemäße" Anwendung.[1] Auf die Aufnahme dieses Falles in den Katalog des § 1 wurde nur deshalb verzichtet, weil es sich dabei um eine Übergangsregelung für einen praktisch wenig bedeutsamen Sonderfall handele.[2] Daher besteht auch kein Vorrang des Spruchverfahrens, wenn der Aufhebungsbeschluss an Mängeln leidet, sodass er nach § 243 AktG anfechtbar ist.[3]

II. Entsprechende Anwendung des Gesetzes in weiteren Fällen?

5   § 1 erweckt nach seinem Wortlaut den Eindruck einer *abschließenden Aufzählung* der einschlägigen Fälle, weil in dem Gesetzestext vor der Nr. 1 das Wort „insbesondere" fehlt. Deshalb ist zweifelhaft, ob ein Spruchverfahren nach dem SpruchG auch in anderen als in den in § 1 (sowie in § 5 EGAktG) genannten Fällen in Betracht kommt. Gegen ein derartiges Verständnis des § 1 spricht indessen der Umstand, dass es sich bei § 1 um eine **bloße**

---

[1] Dazu zB *Wasmann* BB 2003, 57.
[2] *Neye* Spruchverfahrensrecht 18.
[3] Hölters/*Simons* Rn. 16.

Anwendungsbereich   6–9 § 1 SpruchG

deklaratorische und damit im Grunde entbehrliche **Aufzählung** bereits anderweitig geregelter Fälle von Spruchverfahren handelt. Deshalb hält die überwiegende Meinung heute eine entsprechende Anwendung des SpruchG auch noch in anderen Fällen für *zulässig,* die mit den in § 1 Nr. 1–6 aufgezählten Strukturmaßnahmen vergleichbar sind.[4] Bereits die Gesetzesverfasser sind von diesem Verständnis des § 1 ausgegangen.[5] Der wichtigste Fall, in dem danach eine entsprechende Anwendung des SpruchG in Betracht kommt, war bis 2013 das sog. Delisting (→ Rn. 6).

Als **Delisting** bezeichnet man den Widerruf der Börsenzulassung von Aktien auf Antrag **6** der Gesellschaft nach § 39 Abs. 2 BörsG. Nach der früheren Rechtsprechung des BGH war in diesem Fall eine Abfindung der Minderheitsaktionäre geschuldet, für deren Überprüfung das Spruchverfahren eröffnet war.[6] Der BGH hat diese Rechtsprechung indessen – ohne Not und zum offenbaren Schaden der Minderheitsaktionäre – 2013 wieder aufgegeben (→ AktG § 305 Rn. 10c),[7] woraus überwiegend der Schluss gezogen wird, dass in den fraglichen Fällen keine Spruchverfahren mehr durchgeführt werden dürfen, selbst wenn sie noch vor Änderung der Rechtsprechung des BGH eingeleitet worden waren (→ AktG § 305 Rn. 10–10d). Bei der Neuregelung der Materie in dem Gesetz zur Umsetzung der Transparenzrichtlinie II vom 20.11.2015 (BGBl. I S. 2029) hat sich der Gastgeber für eine kapitalmarktrechtliche Lösung im Rahmen des § 39 BörsenG entschieden (→ AktG § 305 Rn. 10d). Für die Anwendung des SpruchG ist seitdem kein Raum mehr.

Im Schrifttum wird eine entsprechende Anwendung des SpruchG noch in einer Reihe **7** weiterer Fälle diskutiert, ohne dass dem die Rechtsprechung indessen bisher auch nur in einem einzigen Fall gefolgt wäre.[8] Auf einige der fraglichen Fallgestaltungen ist bereits im Zusammenhang mit der Betrachtung der §§ 305 und 320b AktG eingegangen worden (→ Rn. 1f.). Weitere hierher gehörige Fälle sind die sog. übertragende Auflösung (→ Rn. 8), der Schutz der herrschenden Gesellschaft gegen eine überhöhte Festsetzung von Ausgleich und Abfindung (→ Rn. 9), das übernahmerechtliche Squeeze-Out nach § 39a WpÜG (→ Rn. 10) sowie verschiedene Fallgestaltungen im GmbH-Konzernrecht (→ Rn. 11).

Von **übertragender Auflösung** spricht man im Wesentlichen bei Übertragung (fast) **8** des gesamten Gesellschaftsvermögens auf den Hauptaktionär iSd § 179a AktG iVm der anschließenden Auflösung der Gesellschaft, sodass es sich der Sache nach um einen *Ausschluss der Minderheitsaktionäre* iSd §§ 327a ff. AktG handelt. Soweit man derartige Praktiken heute neben den §§ 327a ff. AktG überhaupt noch für zulässig hält (→ AktG § 327a Rn. 10), spricht in der Tat alles *für* eine Analogie zu § 305 Abs. 5 S. 2 AktG und zu § 327f AktG und damit für die *Anwendbarkeit des SpruchG* (→ AktG § 305 Rn. 9; → AktG § 327a Rn. 21 f.).[9] Anders jedoch nach wie vor eine verbreitete Meinung, und zwar mit der Begründung, zum Schutze der außenstehenden Aktionäre sei die Anfechtung der zugrundeliegenden Hauptversammlungsbeschlüsse vollauf ausreichend (§§ 179a, 262 und 243 AktG).[10]

Eine entsprechende Anwendung des SpruchG wird ferner erwogen, wenn sich Aktionäre **9** der **herrschenden Gesellschaft** gegen eine *überhöhte* Festsetzung von Ausgleich und Abfin-

---

[4] BGHZ 177, 131 (135) Rn. 11 = NJW-RR 2008, 1355 = AG 2008, 659; OLG München AG 2008, 674 = NZG 2008, 755; OLG Schleswig AG 2009, 380 (381) = ZIP 2009, 438; ausf. *J. Hoffmann* FS Stilz, 2014, 267 mN; *Hüffer/Koch* Rn. 6 f. – krit. KK-SprucG/*Wasmann* Rn. 16 f., 32 ff.; *Martinius/v. Oppen* DB 2005, 212; *Schiffer/Goetz* BB 2005, 453.

[5] Begr. RegE, BT-Drs. 15/371, 11 (r. Sp. o.); Ausschussbericht, BT-Drs. 15/838, 16 (r. Sp. unter IV 1 1. Abs.).

[6] S. 7. Aufl. Rn. 6–9.

[7] BGH NJW 2014, 146 = AG 2013, 877 – frosta.

[8] Übersicht bei *J. Hoffmann* FS Stilz, 2014, 267 (277 ff.); *Hüffer/Koch* Rn. 6 f.; *Wittgens,* Das Spruchverfahren 2005, 43 ff.

[9] *Hüffer/Koch* Rn. 6 und § 179a Rn. 21 f.; *J. Hoffmann* FS Stilz, 2014, 267 (280 ff.).

[10] OLG Düsseldorf AG 2005, 771 – DS L Holding AG; OLG Zweibrücken AG 2005, 778 = NZG 2005, 935 – Guano II; *Hölters/Simons* Rn. 19; KK-SpruchG/*Wasmann* § 1 Rn. 32 ff.; MüKoAktG/*Kubis* Rn. 28; dagegen zB *J. Wilhelm* FS U. Huber, 2006, 1019 (1028 ff.).

dung bereits im Beherrschungs- oder Gewinnabführungsvertrag oder später im Spruchverfahren wehren wollen. Tatsächlich ist jedoch hier für eine Analogie zum SpruchG kein Raum, weil dieses Gesetz ganz auf den Schutz der außenstehenden Aktionäre der *abhängigen* Gesellschaft zugeschnitten ist (→ AktG § 293 Rn. 59 f.).[11] Es reichen vielmehr die den Aktionären der herrschenden Gesellschaft jederzeit offen stehende Möglichkeit zur Anfechtung des Zustimmungsbeschlusses (§ 293 Abs. 2 AktG) sowie die Beteiligung am Spruchverfahren auf der Seite ihrer Gesellschaft zu ihrem Schutz vollauf aus. Ohnehin scheidet im Spruchverfahren eine *Herabsetzung* der Kompensation von vornherein aus.

10 In den Fällen einer **Kapitalerhöhung mit Ausschluss des Bezugsrechts** scheitert ein Spruchverfahren bereits an der Sonderregelung des § 255 Abs. 2 AktG. Dasselbe gilt im Ergebnis für eine **Kapitalherabsetzung** durch **Einziehung** von Aktien nach § 237 AktG.[12] Schließlich ist auch bei dem **übernahmerechtlichen Ausschluss** der übrigen Aktionäre aufgrund des § 39a und des § 39b WpÜG kein Raum für ein Spruchsverfahren, weil in diesen Fällen eine ausschließliche Zuständigkeit des LG Frankfurt für die Entscheidung über die Abfindung besteht.[13]

11 Bei der **GmbH** besteht nach bisher hM ebenfalls kein Raum für eine Anwendung des Spruchgesetzes.[14] Das ist indessen wenig überzeugend; vielmehr sollte das SpruchG auch auf die Fälle des Abschlusses eines Beherrschungs- oder Gewinnabführungsvertrages mit einer abhängigen GmbH entsprechend angewandt werden, sofern in dem Vertrag (ausnahmsweise) ein Ausgleich oder eine Abfindung für die Minderheitsgesellschafter der GmbH vorgesehen ist, weil nicht einzusehen ist, warum in einem derartigen Fall der Rechtschutz der Minderheit in der GmbH hinter dem in der AG zurückbleiben soll (→ AktG § 293 Rn. 61; → AktG § 304 Rn. 12).

§ 2 SpruchG Zuständigkeit

(1) ¹Zuständig ist das Landgericht, in dessen Bezirk der Rechtsträger, dessen Anteilsinhaber antragsberechtigt sind, seinen Sitz hat. ²Sind nach Satz 1 mehrere Landgerichte zuständig oder sind bei verschiedenen Landgerichten Spruchverfahren nach Satz 1 anhängig, die in einem sachlichen Zusammenhang stehen, so ist § 2 Abs. 1 des Gesetzes über das Verfahren in Familiensachen und in den Angelegenheiten der freiwilligen Gerichtsbarkeit entsprechend anzuwenden. ³Besteht Streit oder Ungewissheit über das zuständige Gericht nach Satz 2, so ist § 5 des Gesetzes über das Verfahren in Familiensachen und in den Angelegenheiten der freiwilligen Gerichtsbarkeit entsprechend anzuwenden.

(2) ¹Der Vorsitzende einer Kammer für Handelssachen entscheidet
1. über die Abgabe von Verfahren;
2. im Zusammenhang mit öffentlichen Bekanntmachungen;
3. über Fragen, welche die Zulässigkeit des Antrags betreffen;
4. über alle vorbereitenden Maßnahmen für die Beweisaufnahme und in den Fällen des § 7;
5. in den Fällen des § 6;
6. über Geschäftswert, Kosten, Gebühren und Auslagen;
7. über die einstweilige Einstellung der Zwangsvollstreckung;
8. über die Verbindung von Verfahren.

²Im Einverständnis der Beteiligten kann der Vorsitzende auch im Übrigen an Stelle der Kammer entscheiden.

---

[11] MüKoAktG/*Kubis* Rn. 29; Hölters/*Simons* Rn. 21; *J. Hoffmann* FS Stilz, 2014, 267 (281 f.); KK-SpruchG/*Wasmann* Rn. 35 f.

[12] Hölters/*Simons* Rn. 20; dagegen zB Hüffer/*Koch* Rn. 7 und § 237 Rn. 18 mN.

[13] OLG Stuttgart AG 2009, 707 = NZG 2009, 950; OLG Celle AG 2010, 456 = ZIP 2010, 830; Hüffer/*Koch* Rn. 6; dagegen aber mit beachtlichen Gründen *J. Hoffmann* FS Stilz, 2014, 267 (284 f.).

[14] Beispielsweise KK-SpruchG/*Wasmann* Rn. 37 mN.

Übersicht

	Rn.		Rn.
I. Überblick	1–3	IV. Kammer für Handelssachen	9, 10
II. Zuständigkeit	4–6	V. Zuständigkeitskonzentration	11, 12
III. Mehrfachzuständigkeit	7–8a	VI. Internationale Zuständigkeit	13, 14

I. Überblick

§ 2 regelt verschiedene Zuständigkeitsfragen. Die gegenwärtige Fassung des § 2 beruht auf dem FGG-Reformgesetz von 2009. § 2 Abs. 1 enthält seitdem eine Regelung der **örtlichen und der sachlichen Zuständigkeit** der Landgerichte für Spruchverfahren einschließlich des Verfahrens bei mehrfacher oder zweifelhafter Zuständigkeit (→ Rn. 4, 7 ff.), während Abs. 2 die Entscheidungskompetenz des Vorsitzenden der Kammer für Handelssachen regelt (→ Rn. 10). § 2 Abs. 2 aF bestimmte ergänzend, dass die Kammer für Handelssachen entscheidet, wenn bei dem Landgericht eine derartige Kammer gebildet ist (→ Rn. 9 f.); § 2 Abs. 4 aF enthielt außerdem noch eine Verordnungsermächtigung für die Landesregierungen zur Verfahrenskonzentration bei einzelnen Landgerichten (→ Rn. 11). Maßgebend sind stattdessen jetzt die §§ 71 Abs. 2 Nr. 4 lit. e, 71 Abs. 4, 96 Abs. 1 und 98 GVG. Ob mit dieser Gesetzesänderung auch eine sachliche Änderung bei der Zuständigkeitsregelung verbunden ist, ist streitig (→ Rn. 12). 1

Für das Verfahren **bei mehrfacher oder zweifelhafter Zuständigkeit der Gerichte** verweist § 2 Abs. 1 S. 2 und 3 ergänzend auf § 2 Abs. 1 und § 5 FamFG, die an die Stelle der §§ 4 und 5 FGG getreten sind (→ Rn. 7 ff.). **§ 2 Abs. 1 FamFG** bestimmt, dass unter mehreren örtlich zuständigen Gerichten das Gericht zuständig ist, das zuerst mit der Angelegenheit befasst ist, während **§ 5 FamFG** die Vorgehensweise bei Streit oder Ungewissheit darüber regelt, welches von mehreren Gerichten örtlich zuständig ist. Das zuständige Gericht wird in diesem Fall nach Abs. 1 und 2 des § 5 FamFG durch das nächsthöhere gemeinsame Gericht und hilfsweise, falls dies der BGH ist, durch dasjenige OLG bestimmt, zu dessen Bezirk das zuerst mit der Sache befasste Gericht gehört. Eine Anfechtung der Entscheidung findet nicht statt (§ 5 Abs. 3 FamFG). 2

Die Verweisung auf § 2 Abs. 1 und auf § 5 FamFG in § 2 Abs. 1 S. 2 SpruchG sollte eine zuvor aufgetauchte Zweifelsfrage klären.[1] Während der Gesetzesberatungen hatte der Bundesrat vorgeschlagen, in Fällen, in denen **mehrere Gerichte für sachlich zusammenhängende Sachen zuständig** sind, etwa bei Verschmelzung mehrerer Rechtsträger gleichzeitig auf einen anderen Rechtsträger, einem der zuständigen Landgerichte die Befugnis zu übertragen, die Bestimmung des zuständigen Gerichts durch das übergeordnete OLG zu beantragen.[2] Die Bundesregierung hatte diesem Vorschlag indessen nicht zugestimmt, weil sich für die genannten Fälle eine Lösung bereits aus den in § 2 Abs. 1 S. 2 SpruchG in Bezug genommenen §§ 4 und 5 FGG ergebe.[3] In den Ausschussberatungen ist sodann § 2 Abs. 1 S. 2 SpruchG nochmals geändert worden, um klarer als bisher zum Ausdruck zu bringen, dass bei einem sachlichen Zusammenhang zwischen mehreren, von verschiedenen Antragstellern eingeleiteten Verfahren grundsätzlich nur *ein* Verfahren bei *einem* Gericht durchgeführt werden soll.[4] 3

II. Zuständigkeit

Nach § 2 Abs. 1 S. 1 ist sachlich und örtlich in den in § 1 genannten Fällen dasjenige Landgericht zuständig, in dessen Bezirk der „Rechtsträger" seinen Sitz hat, dessen Anteilsinhaber antragsberechtigt sind. Mit dem **„Rechtsträger"** ist in den Fällen der §§ 304 und 4

---

[1] Begr. RegE, BT-Drs. 15/371, 12.
[2] Begr. (RegE), BT-Drs. 15/371, 21 f.
[3] Begr. RegE, BT-Drs. 15/371, 27.
[4] Ausschussbericht, BT-Drs. 15/838, 16 (r. Sp. „Zu § 2 Abs. 1 S. 2").

305 AktG die *abhängige Gesellschaft,* genauer: diejenige Gesellschaft gemeint, die die vertragstypischen Leistungen erbringt, entsprechend in dem Fall des § 320b AktG die *eingegliederte Gesellschaft und* in dem des § 327f AktG diejenige Gesellschaft, aus der die *Minderheitsaktionäre* ausgeschlossen werden (§ 1 Nr. 1–3).[5] Mit Sitz der Gesellschaft ist hier der **Satzungssitz** iSd § 5 AktG nF, nicht der davon möglicherweise verschiedene Verwaltungssitz der Gesellschaft gemeint, der sich heute auch im Ausland befinden kann.[6] Die Zuständigkeit des Landgerichts am Satzungssitz der genannten Gesellschaften ist eine **ausschließliche,** sodass abweichende Vereinbarungen der Vertragsparteien nicht möglich sind.[7] Entscheidungen eines sachlich oder örtlich unzuständigen Gerichts bleiben aber wirksam, sodass auch die Beschwerde und die Rechtsbeschwerde nicht darauf gestützt werden können, dass ein Gericht seine Zuständigkeit zu Unrecht angenommen hat (§§ 65 Abs. 4 und 72 Abs. 2 FamFG).[8]

5   Bei *Verschmelzung und Spaltung* kommt es auf den Sitz des übertragenden, bei *Formwechsel* auf den Sitz des formwechselnden Rechtsträgers an. Gemeint ist damit auch hier (entsprechend § 5 AktG) der satzungsmäßige Sitz des betreffenden Rechtsträgers (§ 1 Nr. 4).[9] Der Sitz des Antragsgegners, insbesondere des anderen Vertragsteils bei Abschluss eines Beherrschungs- oder Gewinnabführungsvertrages, sowie der Hauptgesellschaft im Falle der Eingliederung spielt demgegenüber für die Zuständigkeit der Gerichte in Spruchverfahren keine Rolle.[10]

6   **Eingangsgericht** ist nach § 2 Abs. 1 S. 1 jeweils das **Landgericht,** in dessen Bezirk der Satzungssitz der in § 2 Abs. 1 S. 1 genannten Gesellschaft liegt (→ Rn. 4 f.). Der verschiedentlich gemachte Vorschlag, als Eingangsgericht statt dessen sofort das **OLG** zu bestimmen,[11] ist am Widerstand der Landesjustizverwaltungen gescheitert, die eine weitere Belastung der ohnehin überlasteten Oberlandesgerichte unter allen Umständen verhindern wollten. Diese Entscheidung kann man nur zustimmen. Die Bestimmung der Oberlandesgerichte als Eingangsgericht wäre nichts weiter als ein weiterer *Schritt zur Beschneidung des Rechtsschutzes* der außenstehenden Aktionäre, denen eine Tatsacheninstanz genommen würde. Man wende nicht ein, auch das OLG sei Tatsacheninstanz, da die Oberlandesgerichte alles ihnen nur Mögliche tun werden, um eine Beweisaufnahme in Bewertungsfragen zu vermeiden, – wodurch im Ergebnis nur (mit Bedacht) die Tendenz verstärkt würde, die Überprüfung der Bewertungsgutachten der Wirtschaftsprüfer auf eine bloße grobe und ineffektive Plausibilitätskontrolle zu beschränken.

III. Mehrfachzuständigkeit

7   Die geschilderte Regelung des § 2 Abs. 1 S. 1 SpruchG (→ Rn. 4 f.) kann in Ausnahmefällen zur Folge haben, dass *mehrere* Gerichte für ein Spruchverfahren zuständig sind. Der wichtigste Fall ist der des **Doppelsitzes** des Rechtsträgers iSd § 2 Abs. 1 S. 1, im Falle des Abschlusses eines Beherrschungs- oder Gewinnabführungsvertrages zB ein Doppelsitz der abhängigen Gesellschaft.[12] In diesem Fall ist **§ 2 Abs. 1 FamFG** anwendbar, sodass dasjenige Gericht zuständig ist, das zuerst mit der Angelegenheit befasst ist (§ 2 Abs. 1 S. 2 SpruchG; → Rn. 8).

7a   Gleich steht nach § 2 Abs. 1 S. 2 der weitere Fall, dass bei verschiedenen Landgerichten Spruchverfahren nach S. 1 des § 2 Abs. 1 anhängig sind, die in einem **sachlichen Zusammenhang** stehen. Die Gesetzesverfasser hatten hier die Fälle der Mehrmütterorganschaft, des Abschlusses inhaltlich übereinstimmender Beherrschungs- oder Gewinnabführungsver-

---

[5] Begr. RegE, BT-Drs. 15/371, 12 (r. Sp. „Zu § 2").
[6] Hüffer/*Koch* Rn. 3; KK-SpruchG/*Wasmann* Rn. 3.
[7] Hölters/*Simons* Rn. 3, 13; KK-SpruchG/*Wasmann* Rn. 4.
[8] Hölters/*Simons* Rn. 14.
[9] *Wittgens,* Das Spruchverfahrensgesetz, 2005, 51 f.
[10] Hüffer/*Koch* Rn. 3.
[11] So zB mit eingehender Begründung Hüffer/*Koch* Rn. 2.
[12] Hüffer/*Koch* Rn. 4; KK-SpruchG/*Wasmann* Rn. 7 ff.

träge mit mehreren Tochtergesellschaften aus unterschiedlichen Gerichtsbezirken sowie der Verschmelzung mehrerer übertragender Rechtsträger aus unterschiedlichen Gerichtsbezirken auf einen einzigen anderen Rechtsträger im Auge.[13] In derartigen Fällen war vor Inkrafttreten des SpruchG umstritten gewesen, ob nach § 4 FGG oder nach § 5 FGG (= § 2 Abs. 1 FamFG und § 5 FamFG) zu verfahren ist.[14] Das BayObLG hatte sich in mehreren Verfahren für die entsprechende Anwendbarkeit des § 5 FGG eingesetzt,[15] war damit aber auf Widerspruch gestoßen.[16]

Durch § 2 Abs. 1 S. 2 SpruchG wurde deshalb klargestellt, dass in den genannten Fällen grundsätzlich von § 2 Abs. 1 FamFG auszugehen ist, vorausgesetzt, dass die verschiedenen anhängigen Spruchverfahren in einem sachlichen Zusammenhang stehen. Der Vorzug gebührt folglich grundsätzlich demjenigen Gericht, dass *zuerst* in der Sache tätig geworden ist (§ 2 Abs. 1 FamFG; → Rn. 8). Ein **sachlicher Zusammenhang** zwischen verschiedenen anhängigen Spruchverfahren wird in erster Linie anzunehmen sein, wenn in den verschiedenen Verfahren die *Bewertung desselben Rechtsträgers* erforderlich ist, weil Zweck der Regelung die Vermeidung unnützer Doppelarbeit ist.[17] Auf § 5 Abs. 1 Nr. 2–4 FamFG ist in den fraglichen Fällen nur zurückzugreifen, wenn – bei mehrfacher Zuständigkeit verschiedener Landgerichte *und* sachlichem Zusammenhang der verschiedenen Verfahren – **Streit oder Ungewissheit** über das zuständige Gericht besteht (→ Rn. 8a). Ist in den genannten Fällen ein Spruchverfahren bereits bei einem zuständigen Gericht anhängig gemacht worden, so können in sachlichem Zusammenhang mit diesem Verfahren stehende Anträge anderer Antragsteller sofort ebenfalls bei diesem Gericht anhängig gemacht werden. Es ist in solchem Fall nicht sinnvoll und deshalb auch nicht geboten, zuvor den umständlichen Weg des § 2 Abs. 1 S. 2 und 3 einzuschlagen.[18] Die Bestimmung des zuständigen Gerichts durch das OLG hat sich dann allein nach Zweckmäßigkeitsgesichtspunkten zu richten.[19] **7b**

Nach § 2 Abs. 1 FamFG gebührt unter mehreren zuständigen Gerichten grundsätzlich demjenigen der Vorzug, das **zuerst mit** der **Angelegenheit befasst** oder, wie es § 4 FGG ausdrückte, das zuerst in der Sache tätig geworden ist, wofür es zB genügt, dass eines der angerufenen Landgerichte bereits die Zustellung der Anträge veranlasst hat.[20] Gleich steht eine Rückfrage des Gerichts bei einem Antragsteller hinsichtlich seines Antrags oder hinsichtlich der Zustellung.[21] Ergibt sich danach (§ 2 Abs. 1 S. 2 SpruchG iVm § 2 Abs. 1 FamFG) die Zuständigkeit eines Landgerichts, so sind die anderen Landgerichte zur Abgabe der bei ihnen anhängig gemachten Verfahren an das zuständige Landgericht verpflichtet.[22] Der Verweisungsbeschluss wird mit formloser Bekanntmachung an den Antragsgegner wirksam (§ 17 Abs. 1 SpruchG iVm § 15 Abs. 1 FamFG). Eine Zustellung ist nicht erforderlich.[23] **8**

Verbleiben auch bei Beachtung des § 2 Abs. 1 FamFG (→ Rn. 8) noch **Zweifel** an der Verteilung der Zuständigkeit zwischen den verschiedenen Landgerichten, bei denen Spruchverfahren anhängig gemacht wurden, die dieselbe Sache betreffen oder die in einem sachlichen Zusammenhang stehen, etwa weil nicht klar ist, welches Landgericht als erstes in der Sache tätig geworden ist (→ Rn. 8), so ist nach **§ 5 Abs. 1 Nr. 2–4 FamFG** zu verfahren, nach dem dann das zuständige Gericht durch das gemeinschaftliche OLG bestimmt wird. Haben die Landgerichte ihren Sitz in verschiedenen OLG-Bezirken, so ist **8a**

---

[13] *Wittgens*, Das Spruchverfahrensgesetz, 2005, 55 ff.
[14] *Bork* ZIP 1998, 550; *ders.* NZG 2002, 163; *Neye* FS Wiedemann, 2002, 87.
[15] BayObLGZ 2001, 285 (287 ff.) = AG 2002, 395 = NZG 2002, 96 – Degussa; BayObLG ZIP 2002, 671 = NZG 2002, 840; NZG 2002, 981.
[16] OLG Frankfurt NJW-RR 2002, 1611 = ZIP 2002, 1950.
[17] *Hüffer/Koch* Rn. 4; *Wittgens*, Das Spruchverfahrensgesetz, 2005, 56 ff.
[18] *Hölters/Simons* Rn. 8.
[19] KK-SpruchG/*Wasmann* Rn. 10.
[20] Begr., BT-Drs. 15/371, 13 (l. Sp. o.), 27 (l. Sp. 3. Abs.); *Lutter/Krieger* Rn. 6; KK-SpruchG/*Wasmann* Rn. 8.
[21] *Wittgens*, Das Spruchverfahrensgesetz, 2005, 58.
[22] KK-SpruchG/*Wasmann* Rn. 8.
[23] OLG Karlsruhe AG 2005, 300 (301) (l. Sp. 2. Abs.).

statt dessen dasjenige OLG zuständig, zu dessen Bezirk das zuerst mit der Sache befasste Gericht gehört (§ 5 Abs. 2 FamFG).[24]

IV. Kammer für Handelssachen

9 Besteht bei dem zuständigen Landgericht eine Kammer für Handelssachen, so sah ursprünglich § 2 Abs. 2 SpruchG aF eine ausschließliche Zuständigkeit der Kammer für Handelssachen vor. Dagegen sind jetzt – nach Streichung dieser Vorschrift durch das FGG-Reformgesetz von 2008 – die §§ 71 Abs. 2 Nr. 4 lit. e und 95 Abs. 2 GVG nF maßgebend.[25] Umstritten ist seitdem, ob trotz Streichung des früheren § 2 Abs. 2 aF an der ausschließlichen Zuständigkeit der Kammer für Handelssachen festzuhalten ist oder ob jetzt von den §§ 96 Abs. 1 und 98 Abs. 1 GVG auszugehen ist mit der Folge, dass die Beteiligten die Wahl zwischen der Zivilkammer und der Kammer für Handelssachen haben.[26] Auszugehen ist wohl davon, dass die Gesetzesverfasser mit den Gesetzesänderungen des Jahres 2009 *keine* sachlichen Änderungen bezweckt haben, sodass die besseren Gründe dafür sprechen, die Zuständigkeit der Kammer für Handelssachen auch in Zukunft als **ausschließliche** anzusehen. Nur wenn bei dem Landgericht keine Kammer für Handelssachen gebildet wurde, entscheidet die **Zivilkammer**.[27] In diesem Fall ist auch kein Raum für die Anwendung des § 2 Abs. 2. Eine Übertragung des Verfahrens an den Einzelrichter kommt dann gleichfalls nicht in Betracht.[28]

10 (Nur) bei Zuständigkeit einer Kammer für Handelssachen (→ Rn. 9) ist der **Vorsitzende** der Kammer in den in § 2 Abs. 2 S. 1 Nr. 1–8 genannten Fällen zur alleinigen Entscheidung befugt. Dabei zeigt § 2 Abs. 2 Nr. 4, dass die Durchführung einer **Beweisaufnahme** grundsätzlich der Kammer vorbehalten ist. Mit Einverständnis aller Beteiligten, dh des Antragstellers, des Antragsgegners und des gemeinsamen Vertreters kann der Vorsitzende generell an Stelle der ganzen Kammer entscheiden (§ 2 Abs. 2 S. 2), muss dies freilich nicht, sondern kann statt dessen auch nach seinem Ermessen die Entscheidung der Kammer überlassen. Entscheidet in den in § 2 Abs. 2 genannten Fragen statt des Vorsitzenden die ganze Kammer, so hat dies (natürlich) auf die Wirksamkeit der Entscheidung keinen Einfluss.[29]

V. Zuständigkeitskonzentration

11 Nach § 2 Abs. 4 aF konnte die Landesregierung die Entscheidung im Spruchverfahren durch Rechtsverordnung für die Bezirke mehrerer Landgerichte einem der Landgerichte übertragen, wenn dies der Sicherung einer einheitlichen Rechtsprechung diente. Eine entsprechende Regelung hatte sich bereits früher in § 306 Abs. 1 S. 2 aF AktG iVm § 132 Abs. 1 S. 3 und 4 AktG befunden. Von der zuletzt genannten Verordnungsermächtigung hatten, soweit ersichtlich, die Länder Baden-Württemberg, Bayern, Hessen, Mecklenburg-Vorpommern, Niedersachsen, Nordrhein-Westfalen, Rheinland-Pfalz und Sachsen Gebrauch gemacht.[30] In den meisten der genannten Länder waren die Verordnungen später dem SpruchG angepasst worden.[31] In Bezug auf die übrigen Länder wurde im Schrifttum zum Teil bezweifelt, dass die fraglichen Verordnungen noch nach Inkrafttreten des SpruchG Bestand haben.[32] Diese Zweifel waren nicht begründet; vielmehr war von dem **Fortbestand** der Verordnungen und der darauf beruhenden Konzentration der Zuständigkeit bei einzelnen

---

[24] KK-SpruchG/*Wasmann* Rn. 15.
[25] MüKoAktG/*Kubis* Rn. 6.
[26] Für den Fortbestand der ausschließlichen Zuständigkeit der Kammern für Handelssachen *Kiefner/Kersjes* NZG 2012, 244 mN; – dagegen aber die überwM, zB LG München I NZG 2010, 520 Nr. 12 Ls.; Hüffer/*Koch* Rn. 5; KK-SpruchG/*Wasmann* Rn. 6; Hölters/*Simons* Rn. 2.
[27] MüKoAktG/*Kubis* Rn. 9.
[28] Hölters/*Simons* Rn. 11.
[29] Hölters/*Simons* Rn. 10.
[30] Lutter/*Krieger* Rn. 14; MüKoAktG/*Kubis* Rn. 10; Hölters/*Simons* Rn. 9; KK-SpruchG/*Wasmann* Rn. 18; *Simon* Rn. 5.
[31] MüKoAktG/*Kubis* Rn. 10.
[32] *Bungert/Mennicke* BB 2003, 2021 (2024); Hüffer/*Koch* Rn. 7; *Wittgens*, Das Spruchverfahrensgesetz, 2005, 53.

Landgerichten auszugehen, da die *Fortgeltung* von Verordnungen nicht von der Fortgeltung der Verordnungsermächtigung abhängig ist.[33]

§ 2 Abs. 4 aF ist durch das FGG-Reformgesetz von 2008 ersatzlos gestrichen worden. **12** An seine Stelle ist **§ 71 Abs. 4 GVG nF** getreten, sodass sich erneut die Frage nach der Fortgeltung der unter der alten Ermächtigung erlassenen Verordnungen stellt (→ Rn. 11). Die Frage sollte ebenso wie früher (→ Rn. 11) im Sinne einer **Fortgeltung** der Verordnungen beantwortet werden.[34]

VI. Internationale Zuständigkeit

Fraglich ist, ob § 2 zusammen mit der örtlichen Zuständigkeit auch die internationale **13** Zuständigkeit deutscher Gerichte in Spruchverfahren mit Auslandsberührung regelt.[35] Dafür spricht vor allem § 105 FamFG, nach dem sich die internationale Zuständigkeit deutscher Gerichte grundsätzlich nach der örtlichen Zuständigkeit richtet. Dies gilt jedoch nur vorbehaltlich vorrangiger unionsrechtlicher Regelungen (§ 97 FamFG), wobei hier in erster Linie an die Brüssel Ia-VO[36] zu denken ist, da zu den Zivil- und Handelssachen iSd Art. 1 Brüssel Ia-VO auch die Streitsachen der freiwilligen Gerichtsbarkeit und damit die Spruchverfahren nach dem SpruchG gehören. Fragen der internationalen Zuständigkeit deutscher Gerichte können sich vor allem im Anwendungsbereich des § 1 Nr. 1 bei Abschluss eines Unternehmensvertrages mit einem ausländischen herrschenden Unternehmen ergeben,[37] ferner im Anwendungsbereich des § 1 Nr. 3, wenn der Hauptaktionär Ausländer ist,[38] sowie bei § 1 Nr. 5, wenn die SE ihren Sitz im Ausland hat. Eine partielle, wenig klare Regelung des Fragenkreises findet sich in den §§ 122h Abs. 2 und 122i Abs. 2 UmwG.

In den genannten Fällen stellt sich vor allem die Frage der Anwendbarkeit des **Art. 24** **14** Nr. 2 Brüssel Ia-VO, nach dem für Klagen, die die Auflösung einer Gesellschaft oder die Gültigkeit der Beschlüsse der Organe einer Gesellschaft zum Gegenstand haben, ausschließlich die Gerichte des Sitzstaates zuständig sind. Für die Anwendbarkeit dieser Vorschrift spricht in den hier interessierenden Fällen, dass in ihnen eigentlich durchweg das Spruchverfahren an die Stelle der sonst möglichen Anfechtung des maßgeblichen Beschlusses der Hauptversammlung der abhängigen Gesellschaft tritt (§§ 293 Abs. 1, 320 Abs. 1 AktG und § 327a Abs. 1 AktG). Die Folge ist die Zuständigkeit deutscher Gerichte in den erwähnten Fällen, in denen die Gesellschaften, deren Aktionäre antragsberechtigt sind, durchweg ihren Sitz in Deutschland haben.[39]

§ 3 SpruchG Antragsberechtigung

¹**Antragsberechtigt für Verfahren nach § 1 ist in den Fällen**
1. **der Nummer 1 jeder außenstehende Aktionär;**
2. **der Nummern 2 und 3 jeder ausgeschiedene Aktionär;**
3. **der Nummer 4 jeder in den dort angeführten Vorschriften des Umwandlungsgesetzes bezeichnete Anteilsinhaber;**

---

[33] Ebenso *Fritzsche/Dreier/Verfürth* Rn. 33 (S. 198).
[34] MüKoAktG/*Kubis* Rn. 11.
[35] S. iE *Behnke*, Das Spruchverfahren nach §§ 306 AktG, 305 ff. UmwG, 2001, 60 ff.; *Geimer* FS Schippel, 1996, 869; Hüffer/*Koch* Rn. 3; *Nießen* NZG 2006, 441; KK-SpruchG/*Wasmann* Rn. 15; *Mock* IPRax 2009, 271; *Wittgens*, Das Spruchverfahrensgesetz, 2005, 62 ff.
[36] VO (EU) Nr. 1215/2012 des Europäischen Parlaments und des Rates vom 12.12.2012 über die gerichtliche Zuständigkeit und die Anerkennung und Vollstreckung von Entscheidungen in Zivil- und Handelssachen (ABl. L 351, 1).
[37] Beispiel in LG München I AG 2011, 801 = WM 2012, 698.
[38] Beispiel in LG München I NZG 2009, 143.
[39] öOGH BeckRS 2010, 09128; OLG Wien AG 2010, 547 (551 f.); mit anderer Begründung auch LG München I AG 2011, 801 (804) = WM 2012, 698; NZG 2009, 143 (148); *Meilicke/Lochner* AG 2010, 23 (28 ff.).

4. der Nummer 5 jeder in den dort angeführten Vorschriften des SE-Ausführungsgesetzes bezeichnete Anteilsinhaber;
5. der Nummer 6 jedes in der dort angeführten Vorschrift des SCE-Ausführungsgesetzes bezeichnete Mitglied.
²In den Fällen der Nummern 1, 3, 4 und 5 ist die Antragsberechtigung nur gegeben, wenn der Antragsteller zum Zeitpunkt der Antragstellung Anteilsinhaber ist. ³Die Stellung als Aktionär ist dem Gericht ausschließlich durch Urkunden nachzuweisen.

Übersicht

	Rn.		Rn.
I. Überblick	1, 2	2. Zeitpunkt	11–11b
II. Zwischenentscheidung über die Zulässigkeit	2a, 2b	V. § 3 S. 1 Nr. 3, 4 und 5	12
III. § 3 S. 1 Nr. 1	3–9	VI. Nachweis der Stellung als Aktionär	13–14a
1. Jeder außenstehende Aktionär	3–5	1. Durch Urkunden	13, 13a
2. Maßgebender Zeitpunkt	6–9	2. Zeitpunkt	14, 14a
IV. § 3 S. 1 Nr. 2	10–11b	VII. Rechtsschutzbedürfnis	15, 16
1. Jeder ausgeschiedene Aktionär	10	VIII. Antragsrücknahme	17

I. Überblick

1 § 3 regelt die Antragsbefugnis der außenstehenden oder ausscheidenden Aktionäre und entscheidet zugleich die vor Inkrafttreten des Gesetzes umstrittene Frage, auf welchen Zeitpunkt jeweils für die Berechtigung zur Antragstellung abzustellen ist (§ 3 S. 1 und 2).[1] Neu ist die Bestimmung des § 3 S. 3, dass die Stellung als Aktionär dem Gericht ausschließlich durch Urkunden nachzuweisen ist, womit langwierige Beweisaufnahmen über diese Frage vermieden werden sollen.[2] Dagegen wurde das frühere Rechtsinstitut des Anschlussantragstellers 2003 mit Rücksicht auf die Verlängerung der Antragsfrist (§ 4 Abs. 1) ersatzlos gestrichen. Daraus wird außerdem allgemein der Schluss gezogen, dass es im Spruchverfahren auch **keine Nebenintervention außenstehender Aktionäre** mehr gibt, weil jeder außenstehende Aktionär selbstständig zur Antragstellung befugt ist und die übrigen vom gemeinsamen Vertreter vertreten werden.[3] **Andere Personen** als außenstehende Aktionäre können sich dagegen sehr wohl an einem Spruchverfahren als Nebenintervenienten unter den Voraussetzungen der §§ 66 ff. ZPO beteiligen; zu denken ist hier in erster Linie an die Gesellschafter des *anderen* Vertragsteils, die sich zB gegen eine *überhöhte* Kompensation im Spruchverfahren wehren wollen (→ § 1 Rn. 7; → AktG § 293 Rn. 60). Ihnen bleibt, wenn sie sich zu ihrem Schutz an dem Spruchverfahren beteiligen wollen, allein der Weg der Nebenintervention, da sie kein eigenes Antragsrecht nach § 3 S. 1 Nr. 1 besitzen.[4]

2 Bei dem Spruchverfahren handelt es sich um ein Streitverfahren der freiwilligen Gerichtsbarkeit, das der **Dispositionsmaxime** unterliegt, sodass die Einleitung eines Verfahrens in jeden Fall einen wirksamen Antrag voraussetzt („ohne Antrag kein Spruchverfahren"). Die Einzelheiten regeln die §§ 3 und 4, aus denen folgt, dass durch den Antrag und dessen Begründung die **Beteiligten und** der **Verfahrensgegenstand** festgelegt werden (→ § 4 Rn. 6 ff.).[5] Aus der Geltung der Dispositionsmaxime im Spruchverfahren ergibt sich ferner

---

[1] Begr., BT-Drs. 15/371, 13 (l. Sp. „Zu § 3" Abs. 1 und 2).
[2] Begr., BT-Drs. 15/371, 13 (3. Abs.).
[3] BayObLGZ 2001, 339 (341) = NZG 2002, 133 = AG 2003, 42 f.; OLG Stuttgart AG 2004, 390 (391) = NZG 2004, 625; OLG Frankfurt AG 2006, 295 (296) = ZIP 2006, 200; Lutter/*Krieger* Rn. 1; *Wittgens*, Das Spruchverfahrensgesetz, 2005, 131 f.
[4] KK-SpruchG/*Wasmann* Rn. 4.
[5] *Kubis* FS Hüffer, 2010, 567 (568 ff.).

die Möglichkeit von Vergleichen der Beteiligten über den Verfahrensgegenstand (→ § 11 Rn. 6 ff.) sowie der Antragsrücknahme (→ Rn. 17).

II. Zwischenentscheidung über die Zulässigkeit

Der Antrag ist **unzulässig,** wenn dem Antragsteller in dem maßgeblichen Zeitpunkt 2a die Antragsberechtigung fehlt oder sie doch im Verfahren nicht nachgewiesen werden kann.[6] Besteht Streit über diese Frage, so kann das zuständige Gericht über die Zulässigkeit des Antrags durch Beschluss entscheiden (analog § 280 ZPO). Die Entscheidung steht im Ermessen des Gerichts; eine Verpflichtung dazu besteht nicht. Umstritten ist, ob gegen eine Zwischenentscheidung des Landgerichts über die Zulässigkeit des Antrags eine **Beschwerde** möglich ist. Unter der Geltung des früheren FGG wurde allgemein die einfache Beschwerde als statthaft angesehen (§ 17 Abs. 1 SpruchG iVm § 19 FGG). § 12 SpruchG fand keine Anwendung.[7] Ob daran nach Inkrafttreten des FamFG 2009 noch weiter festgehalten werden kann, ist offen.[8]

Auszugehen ist von § 58 FamFG, nach dem die Beschwerde nur noch gegen die im 2b ersten Rechtszug ergangenen **Endentscheidungen** der Amtsgerichte und der Landgerichte iSd § 38 Abs. 1 S. 1 FamFG stattfindet und der Beurteilung des Beschwerdegerichts auch die nicht selbstständig anfechtbaren Entscheidungen unterliegen, die der Endentscheidung vorausgegangen sind. Was sich daraus für die Entscheidung des Gerichts über die Zulässigkeit eines Antrags ergibt, ist umstritten. Die Entscheidung hängt davon ab, ob durch diese Entscheidung iSd § 38 Abs. 1 S. 1 FamFG der Verfahrensgegenstand wenigstens teilweise erledigt und insoweit die Instanz beendet wird. In Übereinstimmung mit dem analog anwendbaren § 280 Abs. 2 S. 1 ZPO dürfte dies wohl unbedenklich zu bejahen sein, sodass weiterhin von der **Zulässigkeit der Beschwerde** nach den §§ 58 ff. FamFG auszugehen ist.[9] Dafür sprechen auch Überlegungen der Prozessökonomie, da es ganz unpraktisch wäre, wenn sich bei einem Streit über die Zulässigkeit des Verfahrens erst später nach einer umfänglichen Beweisaufnahme die Unzulässigkeit des Verfahrens herausstellte.[10]

III. § 3 S. 1 Nr. 1

1. Jeder außenstehende Aktionär. Nach der Nr. 1 des § 3 S. 1 ist in den Fällen des 3 § 1 Nr. 1 jeder außenstehende Aktionär antragsbefugt. § 1 Nr. 1 regelt die Fälle der **§§ 304 und 305 AktG** (→ § 1 Rn. 1), sodass sich aus dem Zusammenhang der gesetzlichen Regelung (§ 3 S. 1 Nr. 1 und § 1 Nr. 1) ergibt, dass bei Abschluss oder Änderung eines Beherrschungs- oder Gewinnabführungsvertrages **jeder** außenstehende Aktionär, der die Überprüfung des Ausgleichs oder der Abfindung wünscht, antragsberechtigt ist, vorausgesetzt, dass er **im Zeitpunkt der Antragstellung** Anteilsinhaber ist (§ 3 S. 2). Gleich stehen in den Fällen des **§ 5 EGAktG** die Inhaber von Mehrstimmrechtsaktien (→ § 1 Rn. 4).[11] Der Aktionär kann gleichzeitig einen Antrag auf Überprüfung der Abfindung *und* des Ausgleichs stellen; das Wahlrecht zwischen Ausgleich und Abfindung braucht er nicht bereits bei Antragstellung auszuüben, wie aus § 305 Abs. 3 S. 3 AktG zu folgern ist, der den außenstehenden Aktionären die Wahlmöglichkeit bis zum rechtskräftigen Abschluss des Spruchver-

---

[6] Hüffer/*Koch* Rn. 12.
[7] BGHZ 177, 131 (134) Rn. 8 = NJW-RR 2008, 1355 = AG 2008, 659; BayObLGZ 2004, 200 = AG 2005, 241 = NZG 2005, 1111 – Knürr AG; BayObLGZ 2004, 346 = AG 2005, 288 = ZIP 2004, 1952 – Macrotron; OLG Stuttgart AG 2005, 301 (302) = NZG 2004, 1162 – HRE Holding.
[8] Für die weitere Zulässigkeit der Beschwerde analog § 280 ZPO *Preuß* NZG 2009, 961 (965); Hölters/ *Simons* § 12 Rn. 6; KK-SpruchG/*Wilske* § 12 Rn. 14; – dagegen Hüffer/*Koch* Rn. § 12 Rn. 1; *Krafka* NZG 2009, 650 (654); KK-SpruchG/*Puszkajler* § 11 Rn. 7 f. mN.
[9] OLG Stuttgart AG 2015, 326 (327 f.); OLG Jena AG 2015, 480 f.
[10] KK-SpruchG/*Wilske* § 12 Rn. 14.
[11] Hölters/*Simons* Rn. 15 f., 19; KK-SpruchG/*Wasmann* Rn. 9; *Wittgens,* Das Spruchverfahrensgesetz, 2005, 82 f.

fahrens offenhält.¹² Die **Ausübungssperre** nach den §§ 20 Abs. 7 und 21 Abs. 4 AktG sowie nach § 28 WpHG erfasst jedoch auch die Antragsbefugnis nach § 3 (→ AktG § 20 Rn. 47).

4 Der Begriff des **außenstehenden Aktionärs** ist hier derselbe wie in den §§ 304 und 305 AktG (→ AktG § 304 Rn. 15 ff.). Die **Höhe** des Anteilsbesitzes des Aktionärs spielt keine Rolle; antragsberechtigt ist auch, wer *nur* über eine *einzige Aktie* verfügt, selbst wenn es sich dabei um eine stimmrechtslose Vorzugsaktie handelt.¹³ Ebenso wenig ändert es etwas an der Antragsberechtigung des außenstehenden Aktionärs, wenn er seine Aktien *erst nachträglich,* dh nach Abschluss des fraglichen Unternehmensvertrages, aber noch rechtzeitig vor Antragstellung *erworben hat* (→ AktG § 304 Rn. 21), wenn er in der Hauptversammlung der abhängigen Gesellschaft dem Vertrag nach § 293 Abs. 1 AktG zugestimmt oder zunächst den von ihm später als zu niedrig beanstandeten Ausgleich widerspruchslos entgegengenommen hatte.¹⁴

5 Bei **Namensaktien** sind ergänzend die §§ 67 und 68 AktG zu beachten. Inhaber von Namensaktien, die im maßgebenden Zeitpunkt des § 3 S. 2 SpruchG *nicht* im Aktienregister eingetragen sind, sind daher nach hM nicht antragsberechtigt (§ 67 Abs. 2 AktG), selbst wenn sie ihre materielle Berechtigung auf andere Weise nachzuweisen vermögen.¹⁵ Für die bloße *Darlegung* der Antragsberechtigung zwecks Begründung des Antrags nach § 4 Abs. 2 S. 2 Nr. 2 genügt aber die Darlegung der Aktionärseigenschaft, während nicht noch zusätzlich der Vortrag der Eintragung im Aktienregister nach § 67 Abs. 2 AktG gefordert werden kann.¹⁶ Soweit die Aktionärseigenschaft des Antragstellers zu dem maßgebenden Zeitpunkt bestritten wird, genügt der **Nachweis** bis zum Ende der mündlichen Verhandlung in dem Verfahren (→ Rn. 13). Handelt es sich um **vinkulierte Namensaktien,** so ist außerdem § 68 Abs. 2 AktG zu beachten, sodass die Antragsberechtigung des Inhabers der Aktien zusätzlich die Genehmigung der Gesellschaft im Zeitpunkt der Antragstellung und ggf. deren Nachweis voraussetzt.¹⁷

6 **2. Maßgebender Zeitpunkt.** Maßgebender Zeitpunkt, zu dem die Eigenschaft des Antragstellers als außenstehender Aktionäre vorliegen muss (→ Rn. 3–5), ist nach § 3 S. 2 der der **Antragstellung.** Durch diese Regelung wurde eine alte Streitfrage entschieden. Denn vor Inkrafttreten des Gesetzes war umstritten gewesen, ob es für die Eigenschaft als außenstehender Aktionär auf den Zeitpunkt der Beschlussfassung nach § 293 Abs. 1 AktG,¹⁸ auf den der Bekanntmachung des Wirksamwerdens des Unternehmensvertrages (§ 294 Abs. 2 AktG iVm § 10 HGB)¹⁹ oder auf den Zeitpunkt der Antragstellung während des Laufs der Antragsfrist ankommt.²⁰ Der zuletzt genannten dritten Meinung hat sich der Gesetzgeber mit § 3 S. 2 angeschlossen.

7 Aus dieser Regelung ergibt sich zunächst die Frage, wer im Falle der **Veräußerung der Aktien** antragsberechtigt ist. Der Fragenkreis war bereits in der Zeit vor Inkrafttreten des SpruchG im Jahre 2003 umstritten. Überwiegend wurde angenommen, dass bei einer Veräußerung der Aktien *vor Antragstellung* das Antragsrecht mit den Aktien auf den Erwerber übergeht, während der Veräußerer die Antragsbefugnis einbüßt, sodass fortan nur noch

---

¹² OLG Schleswig ZIP 2004, 2433 (2434 f.) – Kieler Verkehrs AG; OLG Stuttgart AG 2008, 510 (511) = ZIP 2008, 2020.
¹³ KG OLGZ 1971, 260 (268 f.) = AG 1971, 158 = WM 1971, 764; MüKoAktG/*Kubis* Rn. 2.
¹⁴ BayObLGZ 2002, 56 (62) = AG 2002, 559 (561) = NZG 2002, 877; Hüffer/*Koch* Rn. 2; Hölters/*Simons* Rn. 4.
¹⁵ So jedenfalls KG AG 2000, 364 = ZIP 2000, 498; OLG Hamburg AG 2003, 694 = NJW-RR 2004, 123 – Hermes Kreditversicherungs AG; OLG Frankfurt AG 2006, 290; NZG 2006, 667; Hölters/*Simons* Rn. 20; Hüffer/*Koch* Rn. 1; KK-SpruchG/*Wasmann* Rn. 24; – aA MüKoAktG/*Kubis* Rn. 3; *Wittgens*, Das Spruchverfahrensgesetz, 2005, 88 ff.
¹⁶ OLG Frankfurt AG 2006, 290 (292 f.); NZG 2006, 667 = AG 2006, 293 Ls.
¹⁷ LG Köln AG 1998, 537 – AMV.
¹⁸ So früher KG OLGZ 1971, 260 (263 f.) = WM 1971, 764 = AG 1971, 158.
¹⁹ So OLG Frankfurt NJW 1972, 641 (642 f.); LG Köln AG 1998, 537.
²⁰ So die überwM, insbes. BayObLGZ 2002, 56 (61 ff.) = AG 2002, 559 (561 f.) = NZG 2002, 877; BayObLG ZIP 2005, 205 (208); *van Aerssen* AG 1999, 249 (252 ff.); *Schulenberg* AG 1998, 74 (79 f.).

der Erwerber antragsberechtigt ist.[21] Hatte der Veräußerer jedoch bereits einen Antrag auf Einleitung eines Spruchverfahrens gestellt, so wurden statt dessen zum Teil auch die §§ 265 Abs. 2 und 325 Abs. 1 ZPO entsprechend angewandt,[22] während nach wieder anderen in diesem Fall der Erwerber anstelle des Veräußerers in das Verfahren als Antragsteller eintreten sollte. Heute muss man wohl folgendermaßen unterscheiden:

Keine Probleme werfen zunächst alle Fälle der Rechtsnachfolge noch *vor Beginn* oder erst *nach Ablauf* der Antragsfrist des § 4 Abs. 1 S. 1 auf.[23] Bei Anträgen innerhalb der Frist des § 4 Abs. 1 ist von § 3 S. 2 auszugehen, nach dem die Antragsberechtigung nur gegeben ist, wenn der Antragsteller zum Zeitpunkt der Antragstellung Anteilsinhaber ist. Durch diese Formulierung sollte klargestellt werden, dass es allein darauf ankommt, ob der Antragsteller **im Zeitpunkt der fristgerechten Antragstellung** Anteilsinhaber ist.[24] War *vor* der Veräußerung noch *kein Antrag gestellt* worden, so kann folglich fortan nur noch der **Erwerber** durch seinen rechtzeitigen Antrag ein Spruchverfahren auslösen, während das Antragsrecht des Veräußerers endgültig erloschen ist. Das Antragsrecht des Erwerbers ist unabhängig davon, *wann und von wem* er seine Aktien *erworben* hat; antragsberechtigt sind zB auch solche Anteilsinhaber, die ihre Aktien vor Antragstellung von dem anderen Vertragsteil, dem herrschenden Unternehmen erworben haben (→ AktG § 305 Rn. 21 ff.).[25] Ein Antrag *vor Anteilserwerb* ist dagegen unzulässig, selbst wenn der Antragsteller nachträglich während der Antragsfrist Anteile erwirbt. Er muss in diesem Fall vielmehr einen erneuten Antrag stellen.[26] Das Antragsrecht eines Aktionärs **erlischt** außerdem, wenn er noch vor Antragstellung das Abfindungsangebot des herrschenden Unternehmens annimmt und anschließend seine Aktien an das herrschende Unternehmen veräußert.[27] Nimmt der Antragsteller das Abfindungsangebot dagegen erst *nach* Antragstellung an, so bleibt sein Rechtsschutzinteresse an der Überprüfung der Abfindungshöhe bestehen.[28]

Kommt es zur **Rechtsnachfolge nach Antragstellung,** so muss man weiter unterscheiden: Keine Probleme bestehen zunächst in den Fällen der **Gesamtrechtsnachfolge;** insbesondere ein Erbe tritt in jeder Hinsicht in die Rechtsstellung des Erblassers ein, sodass er ein von dem Erblasser bereits eingeleitetes Spruchverfahren fortführen kann.[29] Schwierige Fragen ergeben sich dagegen bei **Einzelrechtsnachfolge,** in erster Linie also im Falle der Veräußerung der Aktien **nach Antragstellung** innerhalb der Frist an Dritte. Für diesen Fall werden zahlreiche unterschiedliche Lösungen diskutiert.[30] Am meisten spricht wohl dafür, hier, da es sich bei dem Spruchverfahren um ein Streitverfahren der freiwilligen Gerichtsbarkeit handelt, **§ 265 Abs. 2 S. 1 ZPO** entsprechend anzuwenden, sodass der Veräußerer in **Prozessstandschaft** für den Erwerber den Rechtsstreit fortführt, wogegen mit Rücksicht auf § 13 S. 2 SpruchG (Wirkung der Entscheidung für und gegen jedermann) keine Bedenken erhoben werden können (zur Beschwerdebefugnis → § 12 Rn. 6).[31] Eine Antragsumstellung ist nicht erforderlich; Voraussetzung ist jedoch ein fortbestehendes Rechtsschutzinteresse.[32]

---

[21] BayObLGZ 2002, 56 (62 f.) = AG 2002, 559 (561); OLG Düsseldorf AG 2001, 596 f.
[22] OLG Düsseldorf AG 1999, 321; AG 2001, 596 (597); LG Köln AG 1998, 538 – Kaufhof/Metro.
[23] *Hölters/Simons* Rn. 24.
[24] Begr., BT-Drs. 15/371, 13 „Zu § 3" 2. Abs.
[25] BGHZ 167, 299 = NJW 2006, 3146 = AG 2006, 543 – Jenoptik.
[26] *Klöckner/Frowein* Rn. 8; *Fritzsche/Dreier/Verfürth* Rn. 42.
[27] KK-SpruchG/*Wasmann* Rn. 7.
[28] OLG Stuttgart AG 2008, 510 f. = ZIP 2008, 2020; *Wasmann* AG 2004, 819 (822); KK-SpruchG/*Wasmann* Rn. 6.
[29] LG Dortmund AG 2004, 623 – A. Friedr. Flender AG; *Hölters/Simons* Rn. 26.
[30] *Hölters/Simons* Rn. 27 mN.
[31] OLG Stuttgart AG 2008, 510 f. = ZIP 2008, 2020; LG Köln AG 1998, 538; LG Dortmund AG 2004, 623 – A. Friedr. Flender AG; *Büchel* NZG 2003, 793 (794 f.); *Fritzsche/Dreier/Verfürth* Rn. 43–45; *Hüffer/Koch* Rn. 5a; *Klöcker/Frowein* Rn. 27 f.; *Tomson/Hammerschmitt* NJW 2003, 2572 (2573 f.); *Wasmann* AG 2004, 819 (822); KK-SpruchG/*ders.* Rn. 6.
[32] OLG Stuttgart AG 2008, 510 f. = ZIP 2008, 2020.

IV. § 3 S. 1 Nr. 2

10   **1. Jeder ausgeschiedene Aktionär.** Nach § 3 S. 1 Nr. 2 ist in den Fällen der § 1 Nr. 2 und 3 jeder ausgeschiedene Aktionär antragsberechtigt. § 1 Nr. 2 betrifft die Fälle der *Eingliederung* durch Mehrheitsbeschluss nach § 320b AktG, § 1 Nr. 3 dagegen die Fälle des *Ausschlusses von Minderheitsaktionären* nach den §§ 327a–327f AktG. Antragsberechtigt ist in diesen beiden Fällen folglich jeder Aktionär, der **im Zeitpunkt der Eintragung** der Eingliederung oder des Ausschlusses von Minderheitsaktionären in das Handelsregister Aktionär war (→ Rn. 11) und infolge der Eintragung seine Aktien eingebüßt hat (§§ 320a, 327e Abs. 3 AktG; → AktG § 320b Rn. 17).[33] Dazu gehören im Falle der Eingliederung durch Mehrheitsbeschluss und des Ausschlusses von Minderheitsaktionären auch verbundene Unternehmen.[34] Umstritten ist dagegen die Rechtsstellung insbesondere der eingegliederten (abhängigen) Gesellschaft. Hält sie eigene Aktien (die mit der Eingliederung auf das herrschende Unternehmen übergehen), so wird vielfach ihrer Antragsberechtigung ebenso wie die von Dritten, die Aktien für Rechnung der abhängigen Gesellschaft halten (§§ 320 Abs. 1 S. 2, 327a Abs. 2 iVm § 16 Abs. 2 AktG), bejaht; anders dagegen bei Dritten, deren Aktien nach den §§ 327a Abs. 2 und 16 Abs. 4 bereits dem Hauptaktionär zugerechnet werden (→ AktG § 320 Rn. 9; → AktG § 320a Rn. 3; → AktG § 327a Rn. 17; → AktG § 327e Rn. 9).[35] Ebenso wenig haben die Inhaber bloßer **Bezugsrechte** ein Antragsrecht.[36]

11   **2. Zeitpunkt.** Maßgebender Zeitpunkt, in dem der Antragsteller Anteilsinhaber sein muss, ist im vorliegenden Zusammenhang *nicht* der der Antragstellung, und zwar deshalb nicht, weil zu diesem Zeitpunkt sowohl im Falle der Eingliederung als auch im Falle des Ausschlusses von Minderheitsaktionären die (früheren) inzwischen ausgeschiedenen Minderheitsaktionäre ihre Eigenschaft als Aktionäre infolge der Eintragung der Strukturmaßnahme ins Handelsregister bereits eingebüßt *haben* (§§ 320a, 327e Abs. 3 S. 1 AktG). Das Gesetz bringt dies dadurch zum Ausdruck, dass es in S. 2 des § 3 *nicht* Bezug auf die Nr. 2 des § 3 S. 1 nimmt. Maßgebend ist daher hier die Aktionärseigenschaft bei **Eintragung der Strukturmaßnahme** ins Handelsregister.[37] Vorher scheidet eine Antragstellung aus; das ist wichtig, wenn der maßgebliche Beschluss der Hauptversammlung über die Strukturmaßnahme angefochten wird, sodass es vorerst nicht zur Eintragung der Maßnahme ins Handelsregister kommt. In diesem Fall ist eine Antragstellung ebenfalls erst nach Eintragung möglich, zB aufgrund eines Freigabeverfahrens (§§ 319 Abs. 4, 327e Abs. 2 AktG).

11a   Von der Eintragung an verbriefen etwaige Aktienurkunden nur noch den **Anspruch auf Abfindung** der früheren außenstehenden oder Minderheitsaktionäre (§§ 320a S. 2, 327e Abs. 3 S. 2 AktG). Diese Ansprüche sind ohne weiteres **abtretbar** (§ 398 BGB) und werden auch gehandelt. Umstritten ist zwar, ob ein **Zessionar** dann mit dem Anspruch auch die Antragsberechtigung im Spruchverfahren erwirbt.[38] Die verneinende Antwort ergibt sich indessen unmittelbar aus § 3 S. 1 Nr. 2, weil der Zessionar niemals „ausgeschiedener Aktionär" iSd genannten Vorschrift war (→ AktG § 320b Rn. 17).[39] Bei Rechtsnachfolge *nach* Antragstellung ist wieder **§ 265 Abs. 2 ZPO** entsprechend anwendbar (→ Rn. 8). Anders zu beurteilen ist jedoch auch hier der Fall der *Gesamtrechtsnachfolge* (→ Rn. 8; → AktG § 320b Rn. 17).[40]

---

[33] BayObLGZ 2004, 346 = AG 2005, 288 = ZIP 2005, 205 – Macrotron; OLG Hamburg AG 2004, 622 f. – VTG Lehnkering AG; LG Frankfurt NZG 2005, 190 (191) = NJW-RR 2005, 473 – Buderus; Hölters/*Simons* Rn. 6; *Wittgens*, Das Spruchverfahrensgesetz, 2005, 72 ff.
[34] KK-SpruchG/*Wasmann* Rn. 9.
[35] *Wittgens*, Das Spruchverfahrensgesetz, 2005, 73 f.; dagegen KK-SpruchG/*Wasmann* Rn. 9; Hölters/*Simons* Rn. 6.
[36] KK-SpruchG/*Wasmann* Rn. 10.
[37] Hüffer/*Koch* Rn. 3, 6; KK-SpruchG/*Wasmann* Rn. 11.
[38] Dafür LG Dortmund AG 2005, 310 = ZIP 2005, 216 – Stelcon AG; *Fritzsche/Dreier/Verfürth* Rn. 23, 31; Hölters/*Simons* Rn. 6, 27; *Wittgens*, Das Spruchverfahrensgesetz, 2005, 74 f.
[39] OLG Hamburg AG 2004, 622 (623) – VTG Lehnkering AG; KK-SpruchG/*Wasmann* Rn. 12.
[40] Hüffer/*Koch* Rn. 6; MüKoAktG/*Kubis* Rn. 16.

Auf die **Bekanntmachung** der Eintragung kommt es in diesem Zusammenhang nicht **11b** an. Sie ist nur wichtig für den Beginn der Antragsfrist des § 4 Abs. 1 Nr. 2 und 3. Nichts hindert daher einen Aktionär, der infolge der Eintragung der Eingliederung oder des Ausschlusses der Minderheitsaktionäre ins Handelsregister ausgeschieden ist, *sofort nach Eintragung* den **Antrag** auf Einleitung eines Spruchverfahrens zu stellen, selbst wenn die Antragsfrist des § 4 Abs. 1 mangels Bekanntmachung der Eintragung noch nicht zu laufen begonnen hat. Dagegen ist ein *vor Eintragung* der Eingliederung oder des Ausschlusses der Minderheitsaktionäre gestellter Antrag unzulässig (→ AktG § 320b Rn. 17; → § 4 Rn. 4). Der Antrag wird jedoch zulässig, wenn es noch während des anhängigen Verfahrens zur Eintragung kommt.[41]

V. § 3 S. 1 Nr. 3, 4 und 5[42]

Antragsberechtigt sind ferner noch in den Fällen des **§ 1 Nr. 4** jeder in den dort angeführ- **12** ten Vorschriften des UmwG bezeichnete Anteilsinhaber (§ 3 S. 1 Nr. 3), ebenso in den Fällen der **Nr. 5 des § 1** jeder in den dort angeführten Vorschriften des SE-Ausführungsgesetzes bezeichnete Anteilsinhaber (§ 3 S. 1 Nr. 4 und 5) sowie in den Fällen der **Nr. 6 des § 1** (SCE) jedes in den dort angeführten Vorschriften des SCE-Ausführungsgesetzes bezeichnete Mitglied. Ergänzend bestimmt S. 2 des § 3, dass in diesen Fällen die Antragsberechtigung nur gegeben ist, wenn der Antragsteller zum **Zeitpunkt der Antragstellung** Anteilsinhaber ist. Gemeint sein kann damit in den **Umwandlungsfällen** (§ 3 S. 1 Nr. 3 iVm § 1 Nr. 4) sinnvollerweise nur eine Beteiligung an dem übernehmenden oder seine Rechtsform wechselnden Rechtsträger, vorausgesetzt, dass der fragliche Anteilsinhaber zuvor auch an dem *übertragenden* oder demjenigen Rechtsträger beteiligt war, der seine *Rechtsform gewechselt* hat,[43] während die Anteilsinhaber des übernehmenden Rechtsträgers Bewertungsrügen nur im Wege der Anfechtungsklage vorbringen können. In den Fällen der **§§ 29 und 207 UmwG** muss zudem anders als in den Fällen der §§ 15 und 196 UmwG noch hinzukommen, dass der Anteilsinhaber *Widerspruch* zu Protokoll erklärt hat, weil davon sein Abfindungsanspruch abhängig ist, um den es in dem Spruchverfahren geht, wobei umstritten ist, ob zusätzlich erforderlich ist, dass der Anteilsinhaber zuvor auch tatsächlich gegen den betreffenden Beschluss gestimmt hatte.[44] Für den Anspruch auf eine bloße Zuzahlung gelten dagegen diese strengen Erfordernisse nicht.[45] Für die **Veräußerung** der Anteile nach Antragstellung gilt hier dasselbe wie im Falle der Nr. 1 (→ Rn. 7).[46] Der ausgeschiedene Aktionär verliert dagegen seine Antragsbefugnis, wenn er die Abfindung vor Antragstellung vorbehaltlos angenommen hat.[47]

VI. Nachweis der Stellung als Aktionär

1. Durch Urkunden. Die Stellung als Aktionär ist dem Gericht ausschließlich durch **13** Urkunden nachzuweisen (§ 3 S. 3). Durch diese Regelung (die der Sache nach als eigener Abs. 2 zu lesen ist) sollen langwierige Beweisaufnahmen über die Frage vermieden werden, ob der Antragsteller überhaupt Aktionär ist. Aus demselben Grund muss der Aktionär den

---

[41] LG Frankfurt a.M. AG 2004, 392 = NZG 2004, 425 – MAN/Roland; LG Berlin NZG 2003, 930; MüKoAktG/*Kubis* Rn. 11; *Wasmann* WM 2004, 819 (822); aA LG München I NZG 2005, 91; → § 4 Rn. 8.
[42] Wegen der hier nicht weiter zu diskutierenden Einzelheiten s zB KK-SpruchG/*Wasmann* Rn. 13–18.
[43] OLG München NZG 2012, 1432 Ls. = BeckRS 2012, 17631; *Bungert/Mennicke* BB 2003, 2021 (2025); Hüffer/*Koch* Rn. 6; Hölters/*Simons* Rn. 7; *Wasmann* WM 2004, 819 (822); KK-SpruchG/*Wasmann* Rn. 15; *Wittgens*, Das Spruchverfahrensgesetz, 2005, 78 ff.
[44] OLG Stuttgart AG 2007, 596 zum Formwechsel; OLG München AG 2010, 677 = ZIP 2010, 326; LG Dortmund AG 2004, 623 – A. Friedr. Flender AG; MüKoAktG/*Kubis* Rn. 6; KK-SpruchG/*Wasmann* Rn. 14; gegen die Notwendigkeit einer negativen Stimmabgabe Hölters/*Simons* Rn. 9.
[45] Hölters/*Simons* Rn. 10.
[46] OLG Düsseldorf NZG 2005, 895 (896 f.); OLG Frankfurt AG 2005, 923 (924 f.)= NZG 2006, 153; NZG 2006, 152 f.; AG 2006, 293 (294); LG Dortmund AG 2004, 623 – A. Friedr. Flender AG; KK-SpruchG/ *Wasmann* Rn. 16; *Wittgens*, Das Spruchverfahrensgesetz, 2005, 78 f.
[47] KK-SpruchG/*Wasmann* Rn. 16; Hölters/*Simons* Rn. 9.

Nachweis von sich aus, dh ohne vorherige Aufforderung seitens des Gerichts erbringen.[48] Ein Nachweis durch **„Urkunden"** ist in erster Linie durch Vorlage der effektiven Aktienstücke, durch einen Depotauszug seiner Bank oder durch ein sonstiges Schreiben der Bank möglich.[49] Ausreichend sind ferner Auszüge aus dem Aktienregister oder schriftliche Auskünfte nach § 67 Abs. 6 AktG.[50] *Nicht ausreichend* ist dagegen die Vorlage einer Wertpapierabrechnung, des Kaufvertrages über die Aktien oder eines Computerausdrucks, aus dem sich ergibt, dass der Antragsteller die Abfindung bezogen hat, weil der Anspruch darauf auch nach dem maßgeblichen Zeitpunkt gehandelt werden kann.[51]

13a § 3 S. 3 SpruchG gilt seinem Wortlaut nach unmittelbar nur in Fällen, in denen es gerade um die Beteiligung eines *Aktionärs* an einer *AG* geht, dagegen nicht bei Beteiligungen an anderen Gesellschaften, etwa bei einer Beteiligung an einer abhängigen **GmbH** (→ § 1 Rn. 11) oder in Umwandlungsfällen.[52] Die Konsequenzen sind – mangels einer gesetzlichen Regelung – unklar. Zu erwägen ist mit Rücksicht auf den Zweck der Regelung – Beschleunigung des Verfahrens – eine entsprechende Anwendung des § 3 S. 3 auf **Beteiligungen an anderen Gesellschaften** als gerade Aktiengesellschaften, wobei jedoch der Nachweis der Beteiligung hier in jeder beliebigen Form erbracht werden kann.[53]

14 **2. Zeitpunkt.** Nach § 4 Abs. 2 S. 2 Nr. 2 muss die **Begründung** des Antrags „die Darlegung der Antragsberechtigung nach § 3" des Gesetzes enthalten. An die Darlegung der Antragsberechtigung werden durchweg *hohe Anforderungen* gestellt. In der Begründung muss daher schlüssig dargelegt werden, dass die Voraussetzungen der Antragsberechtigung nach § 3 S. 1 in dem jeweils maßgeblichen Zeitpunkt vorgelegen haben; dagegen genügt nicht die konkludente Behauptung der Aktionärseigenschaft, die in jeder Antragstellung liegt; vielmehr sind substantiierte Ausführungen zu dieser Frage erforderlich, die ggf. dem Beweis zugänglich sind.[54] Ohne solche *Darlegung* der Antragsberechtigung ist der Antrag *unzulässig.*[55] Erforderlich ist aber, wohlgemerkt, lediglich die *„Darlegung"* der Antragsberechtigung binnen der Begründungsfrist; *nicht* dagegen auch der *Nachweis* der Antragsberechtigung. § 3 S. 3 enthält **keine Frist für den Nachweis;** eine **Frist** besteht vielmehr – nota bene – gemäß § 4 Abs. 1 und Abs. 2 S. 1 und 2 Nr. 2 lediglich für die **Darlegung** der Antragsberechtigung, sodass der **Nachweis** auch noch *bis zum Schluss der mündlichen Verhandlung* in der Beschwerdeinstanz (OLG) erbracht werden kann (→ § 4 Rn. 11).[56]

14a Ein **Nachweis** der Antragsberechtigung ist nur **entbehrlich,** wenn der Antragsgegner die Stellung des Antragstellers als Aktionär kennt oder nicht bestreitet.[57] Dasselbe gilt (natürlich) wenn die Gesellschaft überhaupt keine Aktienurkunden ausgegeben hat.[58]

VII. Rechtsschutzbedürfnis

15 Im Spruchverfahren setzt die Zulässigkeit des Antrags ebenso wie in jedem anderen gerichtlichen Verfahren ein Rechtsschutzbedürfnis voraus, das sich freilich in aller Regel

---

[48] MüKoAktG/*Kubis* Rn. 22.
[49] So Begr. RegE, BT-Drs. 15/371, 13 (l. Sp. „Zu § 3" 3. Abs.); BGHZ 177, 131 (139 ff.) Rn. 21, 24 = NJW-RR 2008, 1355 = AG 2008, 659 (661 f.); LG Düsseldorf NZG 2005, 895 (896); LG Dortmund AG 2005, 310 = ZIP 2005, 216 – Stelcon AG; Hüffer/*Koch* Rn. 7; MüKoAktG/*Kubis* Rn. 23.
[50] Hölters/*Simons* Rn. 21.
[51] OLG Frankfurt NZG 2006, 151 (153); AG 2005, 923 (925); 2005, 853 – RWE; OLG Hamburg AG 2004, 622 f. – VTG-Lehnkering AG; *Wittgens, Das Spruchverfahrensgesetz,* 2005, 84 f.
[52] *Klöcker/Frowein* Rn. 31.
[53] *Wittgens, Das Spruchverfahrensgesetz,* 2005, 83; Hölters/*Simons* Rn. 22.
[54] OLG Stuttgart AG 2008, 783 (784); OLG München AG 2012, 749 (750).
[55] OLG Stuttgart AG 2008, 783 (784); OLG München AG 2012, 749 (750).
[56] BGHZ 177, 131 (136 ff.) Rn. 13 ff. = NJW-RR 2008, 1355 = AG 2008, 659 (661 f.); OLG Stuttgart AG 2005, 301 = NZG 2004, 1162 – HRE Holding; AG 2008, 783 (784); OLG Düsseldorf NZG 2005, 895 (896 f.) = ZIP 2005, 1369; OLG Frankfurt AG 2005, 923 = NZG 2006, 153; NZG 2006, 651 f.; AG 2006, 290; NZG 2006, 667 = ZIP 2006, 1337; AG 2008, 550 (551); OLG München AG 2012, 749 (750); Hüffer/*Koch* Rn. 7.
[57] BGHZ 177, 131 (139) Rn. 20 = NJW-RR 2008, 1355 = AG 2008, 659 (661 f.).
[58] KK-SpruchG/*Wasmann* Rn. 25.

bereits unmittelbar aus der Antragsberechtigung nach § 3 ergibt. Eine abweichende Beurteilung kommt lediglich in evidenten **Missbrauchsfällen** in Betracht, wenn der Antrag etwa allein zu dem Zweck gestellt wird, sich anschließend dessen „Lästigkeitswert" von dem herrschenden Unternehmen wieder „abkaufen" zu lassen.[59] In derartigen Fällen ist umstritten, ob der Antrag als unzulässig oder als unbegründet zurückzuweisen ist. Zutreffend dürfte die Zurückweisung als **unzulässig** sein, weil die Antragsberechtigung zu den Sachurteilsvoraussetzungen gehört, die in jedem Stadium des Verfahrens von Amts wegen zu prüfen sind.[60]

Das Rechtsschutzbedürfnis kann ferner fehlen, wenn **nach Abschluss** eines Beherrschungs- oder Gewinnabführungsvertrages die außenstehenden **Aktionäre** nach § 320 oder nach den §§ 327a ff. AktG **ausgeschlossen** werden.[61] Folgen beide Strukturmaßnahmen *unmittelbar aufeinander,* sodass im Ergebnis nach dem Unternehmensvertrag keine Ausgleichsleistungen mehr fällig werden (→ AktG § 304 Rn. 22), sondern nur noch eine Abfindung nach dem Ausschluss der Minderheitsaktionäre aufgrund der §§ 305, 320b oder 327a ff. AktG, so dürfte für ein Spruchverfahren nach dem Beherrschungs- und Gewinnabführungsvertrag (§ 1 Nr. 1 und § 3 S. 1 Nr. 1) das Rechtsschutzbedürfnis fehlen, weil die Abfindung für beide Fälle dieselbe sein wird und weil Ausgleichsleistungen mangels Fälligkeit nicht mehr geschuldet werden[62] und zwar wohl auch, wenn in beiden Fällen unterschiedliche Aktionäre Anträge stellen.[63] Anders dagegen, wenn der Ausschluss der Minderheitsaktionäre erst mit einem *zeitlichen Abstand* auf den Abschluss des Unternehmensvertrages folgt, sodass in der Zwischenzeit Kompensationen bereits geschuldet wurden, bei denen dann auch die Möglichkeit einer Nachprüfung im Spruchverfahren bestehen muss (→ § 11 Rn. 12 f.).[64] 16

VIII. Antragsrücknahme

Ebenso wie die Einleitung eines Spruchverfahrens der Dispositionsmaxime unterliegt (→ Rn. 2), gilt dies auch für dessen Durchführung. Der oder die Antragsteller können daher jederzeit ihre Anträge zurücknehmen (vgl. § 6 Abs. 3 S. 1 SpruchG; § 22 Abs. 1 FamFG).[65] Dies kann auch noch in der Beschwerdeinstanz geschehen.[66] Zur *Verfahrensbeendigung* führt die Rücknahme der Anträge freilich nur, wenn tatsächlich *alle* Anträge zurückgenommen werden und nicht der gemeinsame Vertreter nach § 6 Abs. 3 SpruchG verfährt (→ § 6 Rn. 16). Werden dagegen lediglich einzelne, nicht alle Anträge zurückgenommen, so ist die Rechtsfolge lediglich das Ausscheiden der betreffenden Antragsteller aus dem Verfahren. Nicht erforderlich ist dagegen die Einwilligung der anderen Verfahrensbeteiligten. § 269 ZPO findet ebenso wenig Anwendung wie § 516 ZPO im zweiten Rechtszug.[67] Anders aber, sobald eine Endentscheidung ergangen ist (§ 22 Abs. 1 S. 2 FamFG). 17

§ 4 SpruchG Antragsfrist und Antragsbegründung

(1) ¹Der Antrag auf gerichtliche Entscheidung in einem Verfahren nach § 1 kann nur binnen drei Monaten seit dem Tag gestellt werden, an dem in den Fällen

---

[59] OLG Stuttgart AG 2011, 673; Hölters/*Simons* Rn. 29; Spindler/Stilz/*Drescher* Rn. 21; KK-SpruchG/ *Wasmann* Vor §§ 1 ff. Rn. 2 f.; Hüffer/*Koch* Rn. 8–10; *Wittgens,* Das Spruchverfahrensgesetz, 2005, 161.
[60] KK-SpruchG/*Wasmann* Rn. 3; *Schulenberg* AG 1998, 74; anders Hüffer/*Koch* Rn. 9.
[61] S. zB *Butzke* FS Hüffer, 2010, 97 ff. mN.
[62] OLG Stuttgart AG 2011, 599; 2011, 560; AG 2011, 601 (602 ff.) = NZG 2011, 990 = ZIP 2011, 1259; OLG München AG 2012, 603 = ZIP 2012, 1180; BeckRS 2012, 17631; OLG Düsseldorf AG 2012, 839 (840); anders offenbar OLG Frankfurt AG 2012, 513 = ZIP 2012, 124 (130 f.).
[63] Anders KK-SpruchG/*Wasmann* Rn. 2.
[64] OLG Frankfurt AG 2010, 798; OLG Düsseldorf AG 2012, 839 (840).
[65] KG OLGZ 1972, 64 (66) = NJW 1971, 2270; OLGZ 1974, 430 (432) = WM 1974, 1121; OLG Düsseldorf AG 1986, 293 = ZIP 1986, 778; AG 2005, 252 = ZIP 2005, 300 (301) – Rhenag; OLG Stuttgart AG 2004, 109 = NZG 2004, 97; MüKoAktG/*Kubis* § 4 Rn. 4; KK-SpruchG/*Puszkajler* § 11 Rn. 41; *Wittgens,* Das Spruchverfahrensgesetz, 2005, 271 f.
[66] KG OLGZ 1972, 64 = NJW 1971, 2270; BayObLG AG 2001, 592 (593) – Philips.
[67] BayObLG AG 2001, 592 (593) – Philips; OLG Stuttgart AG 2004, 109 = NZG 2004, 97.

1. der Nummer 1 die Eintragung des Bestehens oder einer unter § 295 Abs. 2 des Aktiengesetzes fallenden Änderung des Unternehmensvertrags im Handelsregister nach § 10 des Handelsgesetzbuchs;
2. der Nummer 2 die Eintragung der Eingliederung im Handelsregister nach § 10 des Handelsgesetzbuchs;
3. der Nummer 3 die Eintragung des Übertragungsbeschlusses im Handelsregister nach § 10 des Handelsgesetzbuchs;
4. der in Nummer 4 genannten §§ 15, 34, 176 bis 181, 184, 186, 196 und 212 des Umwandlungsgesetzes die Eintragung der Umwandlung im Handelsregister nach den Vorschriften des Umwandlungsgesetzes;
5. der in Nummer 4 genannten §§ 122h und 122i des Umwandlungsgesetzes die Eintragung der grenzüberschreitenden Verschmelzung nach den Vorschriften des Staates, dessen Recht die übertragende oder neue Gesellschaft unterliegt;
6. der Nummer 5 die Eintragung der SE nach den Vorschriften des Sitzstaates;
7. der Nummer 6 die Eintragung der Europäischen Genossenschaft nach den Vorschriften des Sitzstaates

bekannt gemacht worden ist. ²Die Frist wird in den Fällen des § 2 Abs. 1 Satz 2 und 3 durch Einreichung bei jedem zunächst zuständigen Gericht gewahrt.

(2) ¹Der Antragsteller muss den Antrag innerhalb der Frist nach Absatz 1 begründen. ²Die Antragsbegründung hat zu enthalten:
1. die Bezeichnung des Antragsgegners;
2. die Darlegung der Antragsberechtigung nach § 3;
3. Angaben zur Art der Strukturmaßnahme und der vom Gericht zu bestimmenden Kompensation nach § 1;
4. konkrete Einwendungen gegen die Angemessenheit der Kompensation nach § 1 oder ggf. gegen den als Grundlage für die Kompensation ermittelten Unternehmenswert, soweit hierzu Angaben in den in § 7 Abs. 3 genannten Unterlagen enthalten sind. Macht der Antragsteller glaubhaft, dass er im Zeitpunkt der Antragstellung aus Gründen, die er nicht zu vertreten hat, über diese Unterlagen nicht verfügt, so kann auf Antrag die Frist zur Begründung angemessen verlängert werden, wenn er gleichzeitig Abschrifterteilung gemäß § 7 Abs. 3 verlangt.

³Aus der Antragsbegründung soll sich außerdem die Zahl der von dem Antragsteller gehaltenen Anteile ergeben.

Übersicht

	Rn.		Rn.
I. Überblick	1–2a	1. Mindestangaben	6–7a
		2. Konkrete Bewertungsrüge	8–10b
II. Antragsfrist	3–5	3. Verlängerung der Begründungsfrist	11, 11a
III. Begründung	6–11a	IV. Rechtsfolgen	12, 13

I. Überblick

1 § 4 regelt in Abs. 1 die Antragsfrist sowie ergänzend in Abs. 2 die Anforderungen an die Begründung des Antrags im Spruchverfahren. Die Antragsfrist beträgt danach heute (abweichend vom früheren Recht) drei Monate (→ Rn. 3 ff.; Ausnahmen nur noch in § 5 Abs. 3 S. 2 und Abs. 4 S. 3 EGAktG). Zusätzlich hat § 4 Abs. 2 (im Interesse der Verfahrensbeschleunigung) **erstmals** eine **Begründungspflicht** für den Antrag eingeführt (→ Rn. 6 ff.). Dadurch sollte verhindert werden, dass ein Antragsteller so wie früher praktisch mit einem einzigen Satz und ohne sachliche Erläuterung ein aufwändiges und kostenträchtiges Überprüfungsverfahren in Gang setzen kann. Vor allem das neue Erfordernis einer „konkreten Bewertungsrüge" dient diesem Zweck (§ 4 Abs. 2 S. 2 Nr. 4 S. 1).[1]

---

[1] Begr. RegE, BT-Drs. 15/371, 13 (r. Sp. 2. Abs.).

Die jetzige Fassung des § 4 beruht auf dem **SE-Einführungsgesetz** von 2004, auf dem 2
SCE-Einführungsgesetz von 2006 sowie auf dem 2. ÄndG zum UmwG von 2007. § 4
Abs. 1 Nr. 6 Abs. 1 regelt seitdem den Zeitpunkt, in dem die Antragsfrist in den Fällen
beginnt, in denen das SE-Ausführungsgesetz ein Spruchverfahren vorsieht, wobei mit der
sehr allgemeinen Formulierung der § 4 Abs. 1 Nr. 6 auf den Umstand Rücksicht genommen
werden sollte, dass sich bei der Gründung einer SE mit Sitz im Ausland die Eintragung und
deren Bekanntmachung und damit der Fristbeginn ggf. nach dem dort geltenden, fremden
Recht richtet.[2] Entsprechendes gilt nach der Nr. 7 für die SCE.

Für die **Form** des Antrags gilt § 25 FamFG. Der Antrag kann danach schriftlich oder 2a
zur Niederschrift der Geschäftsstelle des zuständigen Gerichts oder darüber hinaus jedes
Amtsgerichts gestellt werden. Anwaltszwang besteht nicht.[3] Ein bestimmter **Antrag** isst
gleichfalls nicht erforderlich. Wird die Erhöhung der Kompensation um einen bestimmten
Betrag beantragt, ist so ist das Gericht daran nicht gebunden, sondern kann beliebig dahinter
zurückbleiben oder auch darüber hinaus gehen.[4]

II. Antragsfrist

Die Antragsfrist hat nach hM eine **Doppelnatur,** einmal als materiellrechtliche Ausschluss- 3
frist, zum anderen als Zulässigkeitsvoraussetzung.[5] Die materiellrechtliche Bedeutung der
Antragsfrist äußert sich zB darin, dass mit ihrem fruchtlosen Ablauf alle weitergehenden
Ansprüche auf Kompensation erlöschen, freilich immer vorbehaltlich des § 13 S. 2, wenn
andere Aktionäre rechtzeitig einen später erfolgreichen Antrag gestellt haben.[6] Die **Antragsfrist** von drei Monaten **beginnt** in den Fällen des Abschlusses oder der Änderung eines Unternehmensvertrags, der Eingliederung sowie des Ausschlusses von Minderheitsaktionären an
dem Tag, an dem nach § 10 HGB die **Eintragung** der betreffenden Strukturmaßnahme als
bekannt gemacht gilt (§ 4 Abs. 1 S. 1 Nr. 1–3). Für die Umwandlungsfälle ergibt sich dasselbe aus § 19 Abs. 3 S. 2 und § 201 S. 1 UmwG iVm § 4 Abs. 1 Nr. 4. Dies bedeutet, dass die
Antragsfrist an dem Tag zu laufen beginnt, der auf den Tag folgt, an dem die fragliche Eintragung nach § 10 HGB als bekannt gemacht gilt (§ 187 Abs. 1 BGB). Sind wie in verschiedenen
Umwandlungsfällen **mehrere Rechtsträger** betroffen, so kommt es sinngemäß auf die letzte
Bekanntmachung der letzten Eintragung bei den verschiedenen Rechtsträgern an.[7] Die
Berechnung der Frist richtet sich nach § 188 BGB (§ 16 Abs. 2 FamFG iVm § 221 ZPO).
Da es sich bei der Antragsfrist (auch) um eine materiellrechtliche Ausschlussfrist handelt, gibt
es gegen ihre Versäumung **keine Wiedereinsetzung** in den vorigen Stand, auch nicht, wenn
noch weitere zulässige Anträge vorliegen.[8] Eine Hemmung oder Unterbrechung der Frist
kommt gleichfalls *nicht* in Betracht.[9] Auch eine **Verlängerung** der Antragsfrist durch das
Gericht ist nicht möglich; § 4 Abs. 2 Nr. 4 S. 1 bezieht sich allein auf die *Begründungs*frist.

Die Frist wird **gewahrt,** wenn der dem § 4 Abs. 2 entsprechende Antrag *rechtzeitig bei* 4
einem zuständigen Gericht eingeht. Einreichung des Antrages vor Fristbeginn, aber nach
Eintragung der Eingliederung oder des Ausschlusses der Minderheitsaktionäre wahrt die
Frist, während ein Antrag vor Eintragung der Strukturmaßnahme als verfrüht gilt und
deshalb unzulässig ist (→ § 3 Rn. 11 f.).[10]

---

[2] Begr. RegE, BT-Drs. 15/3405, 58 (l. Sp. „Zu Nr. 3" 1. Abs.).
[3] Hüffer/*Koch* Rn. 5.
[4] Beispielsweise Hölters/*Simons* Rn. 2 f.
[5] Hüffer/*Koch* Rn. 2; KK-SpruchG/*Wasmann* Rn. 3; Hölters/*Simons* Rn. 5.
[6] Hüffer/*Koch* Rn. 2.
[7] MüKoAktG/*Kubis* Rn. 7.
[8] BayObLGZ 2002, 56 (59) = AG 2002, 559 (560); BayObLGZ 2004, 346 = AG 2005, 288 = ZIP 2005, 205 (207 f.); OLG Düsseldorf AG 1993, 39 (40); NZG 2005, 719; OLG Frankfurt NZG 2009, 1225; Hüffer/*Koch* Rn. 2; KK-SpruchG/*Wasmann* Rn. 4; *Wittgens*, Das Spruchverfahrensgesetz, 2005, 140 ff.
[9] BayObLGZ 2004, 346 = AG 2005, 288 – Macroton; LG Köln BeckRS 2009, 11129; MüKoAktG/*Kubis* Rn. 6; anders OLG Düsseldorf BeckRS 2009, 21626.
[10] OLG Frankfurt AG 2006, 160 (161 f.) = NZG 2005, 1016 = ZIP 2005, 2064 – MAN Roland; OLG Düsseldorf ZIP 2006, 2172 (2173 f.) = AG 2007, 205 – Hüttenwerke Kayser; LG Frankfurt a.M. AG 2004, 392 = NZG 2004, 425 – MAN Roland; großzügiger, wenn der Antrag nach Fristbeginn weiter verfolgt wird, KK-SpruchG/*Wasmann* Rn. 7.

5 Sind **mehrere Gerichte zuständig,** so genügt die Einreichung bei jedem zunächst zuständigen Gericht (§§ 2 Abs. 1 S. 2 und 3, 4 Abs. 1 S. 2). Umstritten ist die Rechtslage, wenn der Antrag zunächst bei einem **unzuständigen Gericht** eingereicht und von diesem so spät an das zuständige Gericht abgegeben wird, dass der Antrag bei dem zuständigen Gericht erst *nach* Fristablauf eingeht. Für diesen Fall wurde früher überwiegend angenommen, dass die Antragsfrist *nicht* gewahrt sei,[11] während nach dem **BGH** in den fraglichen Fällen von der entsprechenden Anwendbarkeit des § 281 ZPO auszugehen war, sodass das angegangene unzuständige Gericht auf Antrag des Antragstellers das Verfahren immer noch umgehend *fristwahrend* an das zuständige Gericht abzugeben hatte.[12] Obwohl der BGH dabei offen gelassen hat, ob unter dem SpruchG ebenso zu entscheiden ist,[13] hat sich mittlerweile doch allgemein die gegenteilige Auffassung durchgesetzt, sodass zur Fristwahrung in jedem Fall der **rechtzeitige Eingang** des Antrags bei dem örtlich und sachlich **zuständigen Gericht** erforderlich ist, wobei man sich zur Begründung häufig auf § 4 Abs. 1 S. 2 beruft, obwohl diese Vorschrift allein den Sonderfall der Zuständigkeit mehrerer Gerichte regelt.[14]

III. Begründung

6 **1. Mindestangaben.** Als „entscheidende Neuerung" im Interesse der Verfahrensbeschleunigung normiert § 4 Abs. 2 S. 1 die **Pflicht** zur Begründung des Antrags innerhalb der Antragsfrist. § 4 Abs. 2 S. 2 nennt zugleich den **Mindestinhalt** der Begründung. Die Begründung muss danach enthalten (1.) die Bezeichnung des Antragsgegners (§ 4 Abs. 2 S. 2 Nr. 1, → Rn. 7), (2.) die Darlegung der Antragsberechtigung nach § 3 (§ 4 Abs. 2 S. 2 Nr. 2, → § 3 Rn. 14), ferner (3.) Angaben zur Art der Strukturmaßnahme (Abschluss eines Unternehmensvertrages, Eingliederung oder Ausschluss von Minderheitsaktionären) und der vom Gericht zu bestimmenden Kompensation (Abfindung und Ausgleich) nach § 1 (§ 4 Abs. 2 S. 2 Nr. 3) sowie insbesondere (4.) *konkrete Einwendungen* gegen die Angemessenheit der Kompensation nach § 1 oder ggf. gegen den als Grundlage für die Kompensation ermittelten Unternehmenswert, dies freilich *nur, soweit* hierzu *Angaben* in den in § 7 Abs. 3 genannten *Unterlagen* (insbesondere Vertragsbericht und Prüfungsbericht) enthalten sind (→ Rn. 8 ff.). S. 3 des § 4 Abs. 2 fügt hinzu, dass sich aus der Antragsbegründung ferner (5.) die Zahl der von dem Antragsteller gehaltenen Anteile ergeben soll, dies mit Rücksicht auf § 31 Abs. 1 RVG, nach dem sich der Gegenstandswert unter anderem nach der Anzahl der Anteile des Auftraggebers des Rechtsanwaltes richtet (→ § 15 Rn. 22 ff.).

7 Die Begründung muss zunächst die **Bezeichnung des Antragsgegners** nach § 5 enthalten (§ 4 Abs. 2 S. 2 Nr. 1). Die Bezeichnung muss so genau sein, dass eine eindeutige Identifizierung des (richtigen) Antragsgegners möglich ist, üblicherweise nach Sitz und Firma des Antragsgegners, während weitergehende Angaben entbehrlich sind. Dies ist eine *Zulässigkeitsvoraussetzung,* sodass ein Antrag, der sich gegen den falschen oder einen falsch bezeichneten Antragsgegner richtet, unzulässig ist; ein Beispiel ist ein Antrag, der sich im Falle des Ausschlusses von Minderheitsaktionären entgegen § 5 Nr. 3 gegen die Gesellschaft (an Stelle wie geboten des Hauptaktionärs) richtet[15] oder wenn auch nur die Bezeichnung eines einzigen von mehreren Antragsgegnern fehlt.[16] Entsprechendes gilt, obwohl im Gesetz nicht ausdrücklich erwähnt, für die zutreffende Bezeichnung des **Antragstellers** selbst.[17]

---

[11] Insbes. KG AG 2000, 364 = ZIP 2000, 418 – Victoria/ERGO; BayObLGZ 2004, 346 =AG 2005, 288 – Macroton; BayObLG AG 2005, 922 f. = NZG 2006, 33 – Hypo Real Estate AG.

[12] BGHZ 166, 329 (333 ff.) Rn. 12 ff., 17 = NZG 2006, 426 = AG 2006, 414; zust. EGMR NJW-RR 2009, 141 (143) Rn. 40, 58.

[13] BGHZ 166, 329 (336) Rn. 18 = NZG 2006, 426 = AG 2006, 414.

[14] OLG Düsseldorf NZG 2005, 719 (beiläufig); OLG Frankfurt AG 2006, 295 = NZG 2006, 272; NZG 2009, 1225; OLG München NZG 2010, 306 = ZIP 2010, 369; Hüffer/*Koch* Rn. 5; Hölters/*Simons* Rn. 11; MüKoAktG/*Kubis* Rn. 11; KK-SpruchG/*Wasmann* Rn. 6; *Wittgens,* Das Spruchverfahrensgesetz, 2005, 138 f.; – anders zutr. OLG Stuttgart ZIP 2008, 2020 (2021 f.) unter b, bb; Spindler/Stilz/*Drescher* Rn. 9.

[15] LG München I ZIP 2010, 1995 (1996); Hüffer/*Koch* Rn. 7.

[16] KK-SpruchG/*Wasmann* Rn. 11.

[17] Hölters/*Simons* Rn. 14.

Erforderlich sind ferner nach § 4 Abs. 2 S. 2 Nr. 2 (nur) die *Darlegung* der **Antragsbe-** 7a
rechtigung des Antragstellers entsprechend § 3, nicht dagegen auch schon der Beweis der
Antragsberechtigung durch Urkunden nach § 3 S. 3 (→ § 3 Rn. 14), sowie gemäß § 4 Abs. 2
S. 2 Nr. 3 Angaben zur Art der Strukturmaßnahme und der vom Gericht zu bestimmenden
Kompensation nach § 1. Mit der **Strukturmaßnahme** sind hier die verschiedenen in § 1
Nr. 1–7 aufgezählten Maßnahmen gemeint, wobei es genügen muss, wenn der Antragsteller
sich darauf beschränkt, die Maßnahme etwa als Abschluss eines Beherrschungs- oder
Gewinnabführungsvertrages, als Eingliederung durch Mehrheitsbeschluss oder als Ausschluss
der Minderheitsaktionäre zu bezeichnen. Unnötig strenge Anforderungen sind hier ebenso
wie sonst fehl am Platz und letztlich nur dazu geeignet, den außenstehenden Aktionären
die ohnehin schwierige Rechtsverfolgung weiter zu erschweren. Für die **Angabe der
Kompensation** genügt gleichfalls der Hinweis, dass eine Abfindung in Aktien oder eine
Barabfindung oder ein Ausgleich verlangt wird. Ein bestimmter Antrag ist im Spruchverfahren *nicht* erforderlich.[18]

2. Konkrete Bewertungsrüge. „Kern der Neuregelung" ist das durch § 4 Abs. 2 S. 2 8
Nr. 4 S. 1 eingeführte Erfordernis einer konkreten Bewertungsrüge. **Bezweckt** wird mit
dieser Regelung im Zusammenwirken mit der Verfahrensförderungspflicht der Beteiligten
(§ 9) und den strengen Sanktionen bei Verspätung des Vorbringens (§ 10) eine wesentliche
Beschleunigung des Verfahrens, hier (bei § 4 Abs. 2 S. 2) in erster Linie durch die frühzeitige Konzentration des Verfahrens auf bestimmte strittige Punkte, um die teuere und aufwändige „flächendeckende" Neubewertung des Antragsgegners *und* ggf. weiterer Unternehmen
nach Möglichkeit zu vermeiden. Dazu war in § 4 Abs. 2 S. 2 Nr. 4 ursprünglich bestimmt
gewesen, dass der Antragsteller in der Begründung konkrete Einwendungen (nur) gegen
den als Grundlage für die Kompensation ermittelten *Unternehmenswert* des Antragsgegners
(oder weiterer Unternehmen) vorbringen muss, *soweit* sich der Unternehmenswert aus den
in § 7 Abs. 3 genannten *Unterlagen* ergibt. 2004 ist sodann durch das SE-Einführungsgesetz
das Erfordernis einer konkreten Bewertungsrüge dahingehend „verdeutlicht" worden, dass
sich die Rüge, dh die konkreten Einwendungen, in erster Linie **gegen die Angemessenheit** der Kompensation und nur ggf. auch gegen den als Grundlage der Kompensation
ermittelten **Unternehmenswert** richten müsse.[19] In der Begründung des Antrags muss
folglich *konkret* angegeben werden, *aus welchen Gründen* die Kompensation von dem Antragsteller *nicht* als *angemessen* angesehen wird. Dies kann viele Gründe haben. *Nur* wenn der
Grund für die fehlende Angemessenheit von Ausgleich und Abfindung darin gesehen wird,
dass bei der Berechnung von einem unrichtigen, weil zu niedrigen Unternehmenswert
ausgegangen wurde, muss sich die Bewertungsrüge außerdem konkret gegen Einzelheiten
der Unternehmensbewertung richten.[20]

Hinter der gesetzlichen Regelung steht die **Vorstellung der Gesetzesverfasser,** dass 9
die Aktionäre in der Lage seien, auf Grund der in § 7 Abs. 3 genannten Unterlagen, insbesondere also des Vertragsberichts und des Prüfungsberichts, im Falle des Abschlusses oder
der Änderung eines Beherrschungs- oder Gewinnabführungsvertrages (§§ 293a und 293e
AktG), der Eingliederung durch Mehrheitsbeschluss (§ 320 AktG) sowie des Ausschlusses
von Minderheitsaktionären (§ 327c Abs. 2 AktG), konkrete Einwände gegen die Angemessenheit von Ausgleich und Abfindung sowie erforderlichenfalls außerdem gegen die Bewertung der abhängigen oder auch der herrschenden Gesellschaft zu formulieren. **Beispiele**
sind die Rügen, dass bei der Berechnung von Abfindung und Ausgleich wesentliche Vermögensteile der abhängigen Gesellschaft nicht berücksichtigt worden seien, dass der Berechnung nicht die richtige Methode zugrunde liege, dass die Schätzung der zukünftigen Erträge
nicht zutreffe, dass das betriebsnotwendige Vermögen unzutreffend von dem nicht betriebsnotwendigen (neutralen) Vermögen abgegrenzt worden sei, dass der Kapitalisierungszinssatz

---

[18] Beispielsweise Hüffer/*Koch* Rn. 7.
[19] Begr., BT-Drs. 15/3405, 58 (l. Sp. „Zu Nr. 3" 2. Abs.).
[20] OLG Frankfurt AG 2007, 448.

falsch berechnet sei (in der Praxis offenbar der wichtigste Streitpunkt), dass der Börsenkurs falsch ermittelt oder nicht angemessen berücksichtigt sei, dass Paketzuschläge zu Unrecht unterschlagen worden seien oder dass die Vertragsprüfer wegen ihrer engen Zusammenarbeit mit den von den beteiligten Unternehmen bestellten Sachverständigen nicht über die erforderliche Unabhängigkeit verfügten. Zu allen genannten Punkten bedarf es mithin eines **substantiierten Vortrags** der Antragsteller, der im Einzelnen, dh konkret (wenn auch nicht notwendigerweise zugleich schlüssig) auf die Besonderheiten des Falles und die durch ihn aufgeworfenen Fragen eingeht, während *pauschale und formelhafte Rügen* nicht genügen sollen, und zwar selbst dann nicht, wenn der Antragsgegner selbst nachträglich das Abfindungsangebot spürbar erhöht.[21]

10 Die Einzelheiten sind umstritten. Vielfach wird, auch in der Rechtsprechung, im Interesse der Verfahrensbeschleunigung eine *strenge Handhabung* des Begründungserfordernisses verlangt.[22] Das geht so weit, dass in einzelnen Entscheidungen von den Antragstellern (allen Ernstes) der substantiierte Vortrag gefordert wird, warum die Annahmen in dem Vertrags- oder Prüfungsbericht unvertretbar seien, da es nur auf die Vertretbarkeit der Unternehmensbewertung ankomme, sodass in der Begründung des Antrags das Gegenteil konkret belegt werden müsse.[23] Die Anforderungen an die Tiefe der Begründung sollen dabei umso strenger sein, je detaillierter der Vertrags- oder der Prüfungsbericht ist.[24]

10a Der geschilderten strengen Auslegung des § 4 Abs. 2 (→ Rn. 10) ist *nicht* zu folgen, weil bei ihr die schwierige Situation vernachlässigt wird, in der sich die Antragsteller in der Regel gegenüber den üblichen Bewertungsgutachten der Wirtschaftsstufe befinden, die durchweg auf den Vorgaben des IDW und der Fachausschüsse der Wirtschaftsprüfer, insbesondere zu der Vorgehensweise bei der Unternehmensbewertung nach der Ertragswertmethode aufgrund des IDW S 1 und in diesem Rahmen zur Höhe des Basiszinssatzes, der Marktrisikoprämie und des Wachstumsabschlags beruhen. Von den Gerichten werden, zu Unrecht, alle diese Vorgaben der Wirtschaftsprüfer gesetzesgleich gehandhabt und in den Entscheidungen überhaupt nicht mehr hinterfragt, obwohl alle genannten Vorgaben, Standards und Empfehlungen durchaus zweifelhaft und problematisch sind. Unter diesen Umständen konkrete, substantiierte Einwände gegen die Aussagen der Gutachten zu verlangen, ist nicht weniger als eine *probatio diabolica,* weil die Prämissen der Gutachten von den Gerichten unreflektiert hingenommen und die daraus abgeleiteten Schlussfolgerungen lediglich noch auf ihre Vertretbarkeit überprüft werden, sodass es sich der Sache nach nur noch um eine ganz grobe, weithin *formelhafte Plausibilitätsprüfung* mit immer denselben seitenlangen Ausführungen zu der angeblichen Maßgeblichkeit der Annahmen der Experten, sprich der Wirtschaftsprüfer, handelt.[25] Zu Recht hat demgegenüber der BGH betont, dass an die Begründung „keine besonders strengen Anforderungen" gestellt werden dürfen.[26] Es muss mit anderen Worten ausreichen, wenn die Antragsteller auf die Zweifelhaftigkeit der üblichen, zum Teil nachgerade willkürlichen Annahmen, Standards und Vorgaben sowie der daraus abgeleiteten Schlussfolgerungen substantiiert hinweisen, um endlich eine ernstzunehmende Überprüfung der Unternehmensbewertungen und der diesen zugrunde liegenden Annahmen in den Spruchverfahren zu erreichen.

10b Das Konzept der Gesetzesverfasser, das hinter die Regelung des § 4 Abs. 2 S. 2 Nr. 4 steht, geht ohnehin nur auf, wenn – ausnahmsweise – die in § 7 Abs. 3 (iVm § 4 Abs. 2

---

[21] So BGH AG 2012, 173 (176) Rn. 24 = NZG 2012, 191; OLG Frankfurt AG 2007, 448 = ZIP 2007, 839; OLG München AG 2009, 337 (338) = NZG 2009, 191; KG AG 2009, 790 = ZIP 2009, 1714 (1715); AG 2012, 795 = NZG 2012, 1427; LG München I ZIP 2010, 1995 (1996); Hüffer/*Koch* Rn. 8; KK-SpruchG/ *Wasmann* Rn. 17; Hölters/*Simons* Rn. 18 ff.; MüKoAktG/*Kubis* Rn. 20.
[22] KG AG 2009, 790 = ZIP 2009, 1714 (1715); AG 2012, 795 = NZG 2012, 1427; *Büchel* NZG 2003, 793 (796); KK-AktG/*Koppensteiner* Anh. § 327f Rn. 19; Lutter/*Krieger* Rn. 15 ff.; *Kubis* FS Hüffer, 2010, 567; D. *Wasmann* WM 2004, 819 (823 f.); *Tomson/Hammerschmitt* NJW 2003, 2572 (2574).
[23] KG AG 2012, 795 = NZG 2012, 1427.
[24] KG AG 2012, 795 = NZG 2012, 1427; KK-SpruchG/*Wasmann* Rn. 18.
[25] S. statt aller *Emmerich* FS Stilz, 2014, 135; *ders.* AG 2015, 627 (630); *Fleischer* AG 2014, 97 (111 ff.) mN.
[26] BGH AG 2012, 173 (176) Rn. 23 = NZG 2012, 191.

S. 2 Nr. 4 S. 1) in Bezug genommenen **Unterlagen,** in den Fällen des Abschlusses oder der Änderung eines Unternehmensvertrages, der Eingliederung durch Mehrheitsbeschluss oder des Ausschlusses von Minderheitsaktionären also der Bericht des Vorstandes sowie der Prüfungsbericht, tatsächlich einmal so **detailliert** sind, dass auf ihrer Grundlage konkrete Rügen möglich erscheinen. In aller Regel wird aber genau dies *nicht* der Fall sein.[27] Es ist eine kleine Kunst, einen Bericht so zu verfassen, dass er selbst in überaus zweifelhaften Fallgestaltungen in sich widerspruchsfrei und schlüssig ist. Dafür genügt bereits ein weitgehender Verzicht auf die Analyse konkreter Daten unter Beschränkung auf bloße allgemeine Ausführungen, insbesondere zur Methode. Dann aber stellt sich die Frage, auf welcher Grundlage die außenstehenden Aktionäre – abgeschnitten von allen Informationsquellen, nicht zuletzt durch den Anfechtungsausschluss des § 243 Abs. 4 S. 2 AktG – überhaupt noch zu konkreten Bewertungsrügen in der Lage sein sollen. Daraus kann man nur den Schluss ziehen, dass eine **konkrete Bewertungsrüge** von vornherein nur gefordert werden kann, wenn ohne unzumutbaren Aufwand allein aufgrund der in § 7 Abs. 3 genannten Berichte überhaupt Bewertungsrügen angebracht werden können. Wo dies nicht der Fall ist, müssen weiterhin auch **allgemeine Bewertungsrügen** genügen und die Amtsermittlungspflicht des Gerichts nach § 26 FamFG auslösen, will man nicht die außenstehenden Aktionäre im Ergebnis rechtlos stellen. Denn konkrete Bewertungsrügen sind nur auf Grund genauer Kenntnis der Betriebsinterna möglich, deren Kenntnis indessen durch die in § 4 Abs. 2 S. 2 Nr. 4 und § 7 Abs. 3 genannten Unterlagen den Antragstellern in aller Regel eben gerade nicht vermittelt wird.[28]

3. Verlängerung der Begründungsfrist. Die gesetzliche Regelung wird abgemildert durch den auf Vorschlag des Bundesrats vom Rechtsausschuss eingefügten S. 2 des § 4 Abs. 2 S. 2 Nr. 4. Danach kann auf Antrag des Antragstellers die Begründungsfrist angemessen verlängert werden, wenn der Antragsteller glaubhaft macht (§ 31 FamFG), dass er im Zeitpunkt der Antragstellung **aus von ihm nicht zu vertretenden Gründen,** zB wegen einer schweren Erkrankung oder wegen einer Auslandsreise, über die in § 7 Abs. 3 genannten Unterlagen nicht verfügte, vorausgesetzt, dass er gleichzeitig die Erteilung von Abschriften nach § 7 Abs. 3 S. 3 verlangt.[29] Die **Dauer** der Verlängerung steht im Ermessen des Gerichts; eine Verlängerung ist ggf. auch mehrfach möglich. Das Fehlen anderer als der in § 7 Abs. 3 genannten Unterlagen steht nicht gleich und berechtigt daher auch nicht zur Verlängerung der Antragsfrist.[30]

11

Die **mangelnde Kenntnisnahme** von den Unterlagen ist zu **vertreten** (sodass eine Fristverlängerung ausscheidet), wenn die Gesellschaft die fraglichen Unterlagen zusammen mit der Einladung zu der Hauptversammlung, die über die Strukturmaßnahme beschließen sollte (§ 293 AktG), bereits an alle Aktionäre verschickt hatte, sodass jeder Aktionär von ihnen Kenntnis nehmen konnte.[31] Hatte der Aktionär die Aktien erst nach der Hauptversammlung erworben (sodass er keinen Anspruch auf die fraglichen Unterlagen besitzt), so muss er nach der Meinung mancher Gerichte zumindest den Versuch unternehmen, gleichwohl die nötigen Unterlagen von der Gesellschaft übersandt zu erhalten, um dem Vorwurf einer schuldhaften Versäumung ihm offenstehender Informationsmöglichkeiten zu entgehen.[32] Auch diese Praxis erschwert ohne Grundlage im Gesetz die ohnehin schwierige

11a

---

[27] Dies rügen auch zutr. OLG Frankfurt AG 2007, 449 = NZG 2007, 875; LG Frankfurt ZIP 2007, 382 – Wella; LG München I ZIP 2010, 1995 (1996); zur Kritik s. außerdem *W. Meilicke/Heidel* DB 2003, 2267 (2269 ff.); sehr zurückhaltend auch *Puszkajler* ZIP 2003, 518 (520 f.); *Wittgens,* Das Spruchverfahrensgesetz, 2005, 149 ff.
[28] Ebenso weitgehend OLG Frankfurt AG 2006, 293 (294) = NZG 2006, 674; AG 2007, 448; AG 2007, 449 – Bekaert; LG Frankfurt ZIP 2007, 382 – Wella.
[29] Begr., BT-Drs. 15/371, 22, 27; Ausschussbericht, BT-Drs. 15/838, 6, 16 f.; *Wittgens,* Das Spruchverfahrensgesetz, 2005, 158 f.
[30] KK-SpruchG/*Wasmann* Rn. 22.
[31] OLG München AG 2009, 337 (338) = NZG 2009, 191; LG Dortmund AG 2005, 310 f. – Stelcon AG; MüKoAktG/*Kubis* Rn. 23.
[32] So jedenfalls OLG München AG 2009, 337 (338) = NZG 2009, 191.

Situation der außenstehenden Aktionäre.³³ Das (gewiss legitime) Bestreben nach einer Verfahrensbeschleunigung darf nicht zu einer mit Art. 14 GG unvereinbaren Verkürzung des Rechtsschutzes für die außenstehenden Aktionäre führen.³⁴

IV. Rechtsfolgen

12   Bei § 4 Abs. 2 S. 2 Nr. 4 handelt es sich um eine **Zulässigkeitsvoraussetzung.** Unterbleibt eine ausreichende Begründung während der Antragsfrist, so ist der Antrag als unzulässig zu verwerfen.³⁵ Ein Antrag, der zunächst nicht den Mindestanforderungen des § 4 Abs. 2 genügte, kann jedoch immer noch *während* der *Antragsfrist* des § 4 Abs. 1 nachgebessert werden. Übertriebene Anforderungen sind auch hier unangebracht, um nicht den gebotenen Schutz der Minderheitsaktionäre übermäßig zu verkürzen.

13   Im Schrifttum wird teilweise der Regelung des § 4 Abs. 2 über ihren Wortlaut hinaus in Analogie zu § 10 Abs. 1 und 2 eine Präklusionswirkung beigemessen, und zwar m Sinne **einer strikten Begrenzung des Verfahrensgegenstandes** auf die innerhalb der Frist des § 4 vorgebrachten Bewertungsrügen.³⁶ Die Folgen sollen sein, dass ein Antragsteller später, dh nach Ablauf der Begründungsfrist nicht weitere Bewertungsrügen nachschieben dürfe, dass das Gericht die Kompensation nur anhand der innerhalb der Frist vorgebrachten Bewertungsrügen überprüfen dürfe und dass auch der gemeinsame Vertreter der außenstehenden Aktionäre an weiteren Bewertungsrügen gehindert sei. Für eine derartige Interpretation des § 4 fehlt jede Grundlage. § 4 enthält eben gerade keine mit § 10 Abs. 1 und 2 vergleichbare Regelung der Sanktionen bei Überschreitung der Begründungsfrist, sondern ist eine bloße Regelung der *Zulässigkeit* des Antrags, sodass, sobald einmal ein zulässiges Verfahren eingeleitet worden ist, die Kompensation in allen Richtungen überprüft werden muss.³⁷ Nur dies entspricht auch dem in den Verfahren der freiwilligen Gerichtsbarkeit geltenden Grundsatz der Amtsermittlung (§ 26 FamFG).

§ 5 SpruchG Antragsgegner

Der Antrag auf gerichtliche Entscheidung in einem Verfahren nach § 1 ist in den Fällen
1. der Nummer 1 gegen den anderen Vertragsteil des Unternehmensvertrags;
2. der Nummer 2 gegen die Hauptgesellschaft;
3. der Nummer 3 gegen den Hauptaktionär;
4. der Nummer 4 gegen die übernehmenden oder neuen Rechtsträger oder gegen den Rechtsträger neuer Rechtsform;
5. der Nummer 5 gegen die SE, aber im Fall des § 9 des SE-Ausführungsgesetzes gegen die die Gründung anstrebende Gesellschaft;
6. der Nummer 6 gegen die Europäische Genossenschaft
zu richten.

1   Nach § 4 Abs. 2 S. 2 Nr. 1 gehört zu dem Mindestinhalt eines Antrags im Spruchverfahren die genaue **Bezeichnung des Antragsgegners,** wobei sich im Einzelnen aus § 5 ergibt, wer in diesem Sinne der richtige Antragsgegner ist. Bei dieser Regelung handelt es sich um eine **Zulässigkeitsvoraussetzung,** sodass Verstöße gegen § 4 Abs. 2 S. 2 Nr. 1 und § 5 zur Unzulässigkeit des Antrags führen (→ § 4 Rn. 7).¹ Antragsgegner ist nach § 5 Nr. 1–

---
³³ MüKoAktG/*Kubis* Rn. 23.
³⁴ KK-SpruchG/*Puszkajler* Vor §§ 7–11 Rn. 24.
³⁵ OLG Frnkfurt AG 2007, 448 (449) = ZIP 2007, 839; OLG München AG 2009, 337 (338) = NZG 2009, 191; LG München I ZIP 2010, 1995 (1996).
³⁶ Lutter/*Krieger* Rn. 15; *Kubis* FS Hüffer, 2010, 567 (570 ff.); *Weingärtner* Konzern 2005, 694.
³⁷ Hüffer/*Koch* Rn. 9; KK-SpruchG/*Puszkajler* § 7 Rn. 30.
¹ KK-SpruchG/*Wasmann* Rn. 1.

6 kurz gesagt grundsätzlich derjenige, der die **Kompensation** schuldet,[2] also in den Fällen der §§ 304 und 305 AktG der andere Vertragsteil (§ 5 Nr. 1), in den Fällen der Eingliederung durch Mehrheitsbeschluss die Hauptgesellschaft (§ 5 Nr. 2) und in den Fällen des **Ausschlusses von Minderheitsaktionären** der Hauptaktionär (§ 5 Nr. 3).[3] Die Zurechnung von Aktien zum Hauptaktionäre nach § 16 Abs. 4 iVm § 327a Abs. 2 AktG führt nicht zu einer Vermehrung der Antragsgegner; dies bleibt vielmehr allein der Hauptaktionär (§ 5 Nr. 3). Entsprechendes gilt bei der **GmbH**, soweit hier ausnahmsweise ein Spruchverfahren in Betracht kommt (→ § 1 Rn. 11).

Für die Fälle der **Umwandlung und Verschmelzung** bestimmt die Nr. 4 des § 5 ergänzend, dass der Antrag gegen die übernehmenden oder neuen Rechtsträger oder gegen den Rechtsträger neuer Rechtsform zu richten ist. Darunter fällt heute auch die BGB-Gesellschaft, seitdem ihre partielle Rechtsfähigkeit in der Rechtsprechung anerkannt ist.[4] Ergeben sich im Falle der **Spaltung** mehrere neue Rechtsträger, so kommen diese gleichzeitig als Antragsgegner in Betracht.[5] 2

Durch das SE-Einführungsgesetz ist außerdem in der neuen Nr. 5 klargestellt worden, 3 wer in den Fällen der Gründung oder der Sitzverlegung einer SE (§ 1 Nr. 5) Antragsgegner ist. Dies ist im Regelfall die **SE** selbst, nur im Falle der Gründung einer Holding-SE dagegen die deutschem Recht unterliegende, eine SE-Gründung anstrebende Gesellschaft.[6] Im Falle der Gründung einer **SCE** ist nach der Nr. 6 die Europäische Genossenschaft der Antragsgegner. Im Falle des § 5 EGAktG ist schließlich die Gesellschaft der Antragsgegner (§ 5 Abs. 3 und 5 EGAktG).[7]

Neben dem Antragsgegner können in den Fällen des § 5 Nr. 1 und 2 ferner solche 4 Unternehmen **materiell beteiligt** sein, die durch die Entscheidung in ihren Rechten und Pflichten unmittelbar betroffen werden, zB in mehrstufigen Unternehmensverbindungen die Konzernobergesellschaft, die die Leistungen des anderen Vertragsteils aus dem Beherrschungs- oder Gewinnabführungsvertrag garantiert.[8] Dasselbe gilt für ein dem Unternehmensvertrag während des Verfahrens beitretendes Unternehmen.[9]

§ 6 SpruchG Gemeinsamer Vertreter

(1) ¹Das Gericht hat den Antragsberechtigten, die nicht selbst Antragsteller sind, zur Wahrung ihrer Rechte frühzeitig einen gemeinsamen Vertreter zu bestellen; dieser hat die Stellung eines gesetzlichen Vertreters. ²Werden die Festsetzung des angemessenen Ausgleichs und die Festsetzung der angemessenen Abfindung beantragt, so hat es für jeden Antrag einen gemeinsamen Vertreter zu bestellen, wenn aufgrund der konkreten Umstände davon auszugehen ist, dass die Wahrung der Rechte aller betroffenen Antragsberechtigten durch einen einzigen gemeinsamen Vertreter nicht sichergestellt ist. ³Die Bestellung eines gemeinsamen Vertreters kann vollständig unterbleiben, wenn die Wahrung der Rechte der Antragsberechtigten auf andere Weise sichergestellt ist. ⁴Das Gericht hat die Bestellung des gemeinsamen Vertreters im Bundesanzeiger bekannt zu machen. ⁵Wenn in den Fällen des § 1 Nr. 1 bis 3 die Satzung der Gesellschaft, deren außenstehende oder ausgeschiedene Aktionäre antragsberechtigt sind, oder in den Fällen des § 1 Nr. 4 der Gesellschaftsvertrag, der Partnerschaftsvertrag, die Satzung oder das Statut des übertragenden oder formwechselnden Rechtsträgers noch andere Blätter oder

---

[2] Hüffer/*Koch* Rn. 1; KK-SpruchG/*Wasmann* Rn. 1, 4.
[3] Und zwar auch in den sog. Altfällen aus der Zeit vor Inkrafttreten des Gesetzes: OLG Düsseldorf AG 2012, 716 (717).
[4] Begr., BT-Drs. 15/371, 13 unter Bezugnahme auf BGHZ 146, 341 = NJW 2001, 1056.
[5] Hüffer/*Koch* Rn. 2; Hölters/*Simons* Rn. 3; *Wittgens,* Das Spruchverfahrensgesetz, 2005, 95.
[6] So Begr. RegE des SE-Ausführungsgesetzes, BT-Drs. 15/3405, 58 (l. Sp. u.).
[7] KK-SpruchG/*Wasmann* Rn. 6.
[8] OLG Düsseldorf AG 1992, 200 (201).
[9] BGHZ 119, 1 (9 f.) = NJW 1992, 2760 = AG 1992, 450 (452) – Asea/BBC I.

elektronische Informationsmedien für die öffentlichen Bekanntmachungen bestimmt hatte, so hat es die Bestellung auch dort bekannt zu machen.

(2) ¹Der gemeinsame Vertreter kann von dem Antragsgegner in entsprechender Anwendung des Rechtsanwaltsvergütungsgesetzes den Ersatz seiner Auslagen und eine Vergütung für seine Tätigkeit verlangen; mehrere Antragsgegner haften als Gesamtschuldner. ²Die Auslagen und die Vergütung setzt das Gericht fest. ³Gegenstandswert ist der für die Gerichtsgebühren maßgebliche Geschäftswert. ⁴Das Gericht kann den Zahlungsverpflichteten auf Verlangen des Vertreters die Leistung von Vorschüssen aufgeben. ⁵Aus der Festsetzung findet die Zwangsvollstreckung nach der Zivilprozessordnung statt.

(3) ¹Der gemeinsame Vertreter kann das Verfahren auch nach Rücknahme eines Antrags fortführen. ²Er steht in diesem Falle einem Antragsteller gleich.

Übersicht

	Rn.		Rn.
I. Überblick	1, 2	V. Rücknahme der Anträge	15–16a
II. Bestellung	3–8	VI. Beschwerderecht	17
III. Beschwerde	9	VII. Bekanntmachung der Bestellung	18
IV. Rechtsstellung	10–14	VIII. Vergütung und Auslagen	19–23

I. Überblick

1   Das Rechtsinstitut des gemeinsamen Vertreters stammt aus dem alten Umwandlungsrecht.¹ Unmittelbarer Vorläufer des § 6 war § 306 Abs. 4 S. 2–10 AktG aF. In das aktienrechtliche Spruchverfahren wurde die Figur in erster Linie übernommen, um sicherzustellen, dass die nicht am Verfahren beteiligten außenstehenden Aktionäre, die von einer etwaigen Entscheidung in dem Verfahren letztlich ebenso wie die Antragsteller betroffen werden (§ 13 S. 2), rechtliches Gehör erhalten, um zu verhindern, dass in dem Verfahren ihre Interessen übergangen werden.² Dieser **Zweck** steht auch hinter der Regelung des § 11 Abs. 2, nach der ein gerichtlicher Vergleich im Spruchverfahren nur mit Zustimmung des gemeinsamen Vertreters möglich ist (→ Rn. 12, 16; → § 11 Rn. 6). In dieselbe Richtung weist die Regelung des § 6 Abs. 3 (→ Rn. 15 ff.). Es ist deshalb nur folgerichtig, dass die Präklusion einzelner Antragsteller mit neuem Vortrag nach § 10 Abs. 1 und 2 ohne Wirkung gegenüber dem gemeinsamen Vertreter ist (→ Rn. 11; → § 7 Rn. 4a). Es muss unter diesen Umständen verwundern, dass der **praktische Nutzen** des Rechtsinstituts gleichwohl häufig als gering eingeschätzt wird.³

2   Die geltende Fassung des § 6 beruht auf dem **SE-Einführungsgesetz,** durch das § 6 der zwischenzeitlichen Ersetzung der BRAGO durch das RVG angepasst wurde Zugleich wurde für den Sonderfall des Art. 25 Abs. 3 SEVO⁴ ebenfalls die Bestellung eines gemeinsamen Vertreters ermöglicht (**§ 6a**). Ergänzende Regelungen zum Schutze von Mitgliedern einer **Europäische Genossenschaft** sowie von Anteilsinhabern bei einer grenzüberschreitenden **Verschmelzung,** die selbst nicht antragsberechtigt sind, enthalten die **§§ 6b** und **6c,** auf deren gesonderte Kommentierung hier mit Rücksicht auf ihre geringe praktische Bedeutung verzichtet wurde.

II. Bestellung

3   Nach § 6 Abs. 1 S. 1 Hs. 1 hat das zuständige Gericht (§ 2 Abs. 1) von Amts wegen den Antragsberechtigten, die nicht selbst Antragsteller sind, einen gemeinsamen Vertreter zu

---
¹ Ausf. KK-SpruchG/*Wasmann* Rn. 3–12.
² BayObLGZ 1991, 358 (359) = AG 1992, 59 (60).
³ *Büchel* NZG 2003, 793 (796); *Hoffmann-Becking* ZGR 1990, 482 (500); MüKoAktG/*Kubis* Rn. 1; Hölters/*Simons* Rn. 3; *Wiesen* ZGR 1990, 503 (509).
⁴ VO (EG) Nr. 2157/2001 vom 8.10.2001 über das Statut der SE, ABl. EG L 294, 1.

bestellen, und zwar „frühzeitig", dh so früh wie nötig und möglich.[5] Die Bestellung ist eine **Pflicht des Gerichts,** die unverzüglich zu erfüllen ist, dies freilich erst, wenn sich ergibt, dass die Bestellung eines gemeinsamen Vertreters überhaupt sinnvoll ist. Das aber ist erst der Fall, wenn nach Ablauf der Antragsfrist feststeht, dass zumindest ein Antrag *zulässig* ist, sowie, dass außer den Antragstellern noch weitere außenstehende Aktionäre vorhanden sind, die keinen Antrag gestellt haben. Ob diese Voraussetzungen erfüllt sind, muss das Gericht ggf. von Amts wegen alsbald klären (§ 26 FamFG; → Rn. 8).[6] Stellen (ausnahmsweise) *alle* außenstehenden Aktionäre einen (zulässigen) Antrag, so ist für die Bestellung eines gemeinsamen Vertreters kein Raum.

Die **Bestellung** des gemeinsamen Vertreters erfolgt durch das Gericht von Amts wegen durch **Beschluss,** der keiner Begründung bedarf. Vor der Bestellung muss das Gericht die Beteiligten anhören (Art. 103 Abs. 1 GG, str.).[7] Eine Bindung des Gerichts an „**Anträge**" der Beteiligten besteht nicht. „Anträge" auf Bestellung oder Abberufung des gemeinsamen Vertreters haben vielmehr lediglich die Bedeutung von Anregungen, über die das Gericht durch Beschluss entscheiden kann, aber nicht muss. Es genügt auch, wenn das Gericht zu den „Anträgen" erst in der Endentscheidung Stellung nimmt. Ist die Kammer für Handelssachen zuständig, so entscheidet der Vorsitzende allein (§ 2 Abs. 2 Nr. 5). Die Bestellung des gemeinsamen Vertreters durch das Landgericht wirkt auch für die zweite Instanz.[8] Das **Beschwerdegericht** hat jedoch zu prüfen, ob die weitere Bestellung eines gemeinsamen Vertreters nötig ist oder ob sonstige Gründe zu dessen Abberufung bestehen, etwa, weil er nicht die nötige Qualifikation besitzt.[9] Zur Bekanntmachung der Bestellung des gemeinsamen Vertreters → Rn. 18. 4

Unklar ist die Rechtslage, wenn noch *vor* Bestellung des gemeinsamen Vertreters alle bisherigen **Anträge** wieder **zurückgenommen** werden. Richtigerweise ist in diesem Fall anzunehmen, dass das Verfahren dann (trotz des § 6 Abs. 3) beendet ist, da das Gesetz in § 6 Abs. 3 bei der Zulassung der Verfahrensfortsetzung durch den gemeinsamen Vertreter trotz Rücknahme der Anträge (→ § 3 Rn. 17; → § 6 Rn. 15) offenkundig davon ausgeht, dass der gemeinsame Vertreter bereits bestellt *ist*.[10] 5

Betrifft das Verfahren im Falle des § 1 Nr. 1 gleichzeitig die Festsetzung des angemessenen Ausgleichs und der angemessenen Abfindung, so ist heute anders als früher (§ 306 Abs. 4 S. 3 AktG aF) *nur noch* dann **für jeden Antrag** ein **besonderer Vertreter** zu bestellen, wenn auf Grund konkreter Umstände (ausnahmsweise) davon auszugehen ist, dass die Wahrung der Rechte aller betroffenen Antragsberechtigten durch einen einzigen gemeinsamen Vertreter nicht sichergestellt ist (§ 6 Abs. 1 S. 2), grundsätzlich also *nicht,* dies deshalb, weil sich die Annahme einer Interessenkollision bei parallelen Anträgen auf Ausgleich und Abfindung für den Regelfall als unrichtig erwiesen hat.[11] Eine abweichende Beurteilung kommt regelmäßig nur bei einer Verschmelzung mehrerer übertragender Rechtsträger in Betracht.[12] Ebenso verhält es sich gewöhnlich, wenn nachträglich mehrere Spruchverfahren verbunden werden, in denen zuvor jeweils bereits ein gemeinsamer Vertreter bestellt worden war.[13] 6

In der **Auswahl** des gemeinsamen Vertreters ist das Gericht frei. Das Gesetz enthält keinerlei Vorgaben.[14] Nach überwiegender Meinung kommen jedoch nur *natürliche Personen* 7

---

[5] Begr., BT-Drs. 15/371, 13, 14.
[6] Ausf. MüKoAktG/*Kubis* Rn. 3; Hölters/*Simons* Rn. 6; KK-SpruchG/*Wasmann* Rn. 25; *Wittgens,* Das Spruchverfahrensgesetz, 2005, 98 (104 ff.).
[7] AA MüKoAktG/*Kubis* Rn. 5; KK-SpruchG/*Wasmann* Rn. 29; *Wittgens,* Das Spruchverfahrensgesetz, 2005, 198.
[8] BayObLGZ 1991, 358 (359) = AG 1992, 59 (60); KK-SpruchG/*Wasmann* Rn. 27.
[9] MüKoAktG/*Kubis* Rn. 7.
[10] Ebenso wohl OLG Stuttgart AG 2004, 109 = NZG 2004, 97; Hölters/*Simons* Rn. 8; *Wittgens,* Das Spruchverfahrensgesetz, 2005, 120 f.; aA KK-SpruchG/*Wasmann* Rn. 26.
[11] Begr., BT-Drs. 15/371, 14 (l. Sp. 1. Abs.); Hüffer/*Koch* Rn. 3; KK-SpruchG/*Wasmann* Rn. 29; *Wittgens, Das Spruchverfahrensgesetz,* 2005, 106 ff.
[12] MüKoAktG/*Kubis* Rn. 4; Hölters/*Simons* Rn. 11.
[13] Hölters/*Simons* Rn. 12.
[14] KK-SpruchG/*Wasmann* Rn. 28; *Wittgens,* Das Spruchverfahrensgesetz, 2005, 101 ff.

als gemeinsame Vertreter in Betracht.[15] Der gemeinsame Vertreter muss außerdem *sachkundig* und von den Antragsgegnern *unabhängig* sein. Schließlich ist noch das (formlose) **Einverständnis** des gemeinsamen Vertreters mit seiner Bestellung erforderlich; gegen seinen Willen kann niemand zum gemeinsamen Vertreter der außenstehenden Aktionäre bestellt werden, ebenso wie der einmal bestellte gemeinsame Vertreter jederzeit berechtigt ist, sein Amt wieder niederzulegen. In der Regel werden Rechtsanwälte oder Steuerberater mit dieser Aufgabe betraut. Das Gericht kann den gemeinsamen Vertreter jederzeit wieder abberufen, wenn er sich als ungeeignet erweist oder sonst ein wichtiger Grund für seine **Abberufung** vorliegt, zB die Notwendigkeit für seine Bestellung (→ Rn. 8) endgültig entfallen ist (§ 6 Abs. 1 S. 3).[16] Zum Beschwerderecht des gemeinsamen Vertreters → Rn. 9.

8   Die **Bestellung** kann nach § 6 Abs. 1 S. 3 (nur) **unterbleiben**, wenn die Wahrung der Rechte der nicht am Verfahren beteiligten außenstehenden Aktionäre auf andere Weise sichergestellt ist. Dies kommt *nur in Ausnahmefällen* in Betracht, insbesondere dann, wenn und solange sich das Verfahren auf bloße Verfahrensfragen beschränkt, wenn ausschließlich über Rechtsfragen gestritten wird oder wenn sämtliche außenstehenden Aktionäre die Antragsteller mit der Vertretung ihrer Rechte beauftragt oder auf die Bestellung eines gemeinsamen Vertreters verzichtet haben.[17] Die Bestellung eines gemeinsamen Vertreters unterbleibt ferner, wenn *keine außenstehenden Aktionäre* ermittelt werden können sowie wenn innerhalb der Antragsfrist des § 4 *keine zulässigen Anträge* bei Gericht eingehen (→ Rn. 3). *Nicht ausreichend* für einen Verzicht auf einen gemeinsamen Vertreter sind dagegen das (angeblich) fehlende Interesse der außenstehenden Aktionäre an dem Verfahren, das Fehlen eines Interessengegensatzes zwischen den Antragstellern und den außenstehenden Aktionären oder die Zusage des herrschenden Unternehmens, die Ergebnisse des Verfahrens auch den anderen außenstehenden Aktionären zugute kommen zu lassen.[18] Umstritten ist die Rechtslage lediglich im Falle der Beteiligung einer **Aktionärsschutzvereinigung;** nach überwiegender Meinung wird dadurch die Bestellung eines gemeinsamen Vertreters der außenstehenden Aktionäre ebenfalls nicht entbehrlich, obwohl Aktionärsschutzvereinigungen gen ihre Aufgabe gerade in der Vertretung solcher Aktionäre sehen.[19]

III. Beschwerde

9   Die Beschwerde gegen einen Beschluss, durch den das Landgericht einen gemeinsamen Vertreter bestellt oder durch den es seine Bestellung abgelehnt hat, richtete sich früher nach den §§ 20 und 21 FGG.[20] Jetzt ist maßgebend **§ 58 Abs. 1 FamFG,** nach dem es eine Beschwerde nur noch gegen die Endentscheidungen der Amts- und Landgerichte gibt, sodass heute weder die Bestellung noch die Abberufung des gemeinsamen Vertreters selbständig mit der Beschwerde angegriffen werden können, weil es sich dabei um bloße Zwischenentscheidungen handelt, durch die das Verfahren in der Instanz nicht beendet wird.[21] Die notwendige Folge ist freilich, dass die einmal, wenn auch vielleicht zu Unrecht erfolgte Bestellung eines gemeinsamen Vertreters für die Vergangenheit praktisch nicht mehr rückgängig zu machen ist, sodass der Antragsgegner auf jeden Fall die Kosten tragen muss (§ 6 Abs. 2).[22]

---

[15] Hölters/*Simons* Rn. 10; aA MüKoAktG/*Kubis* Rn. 5; KK-SpruchG/*Wasmann* Rn. 28.
[16] MüKoAktG/*Kubis* Rn. 10; KK-SpruchG/*Wasmann* Rn. 32; *Wittgens,* Das Spruchverfahrensgesetz, 2005, 113 ff.
[17] BayObLGZ 1991, 358 (359 f.) = AG 1992, 59 (60); OLG Düsseldorf OLGZ 1971, 279 (281 f.) = AG 1971, 121; OLG Frankfurt NJW 1972, 641 (644); *J. Schmidt,* Das Recht der außenstehenden Aktionäre, 1979, 54 f.; Hölters/*Simons* Rn. 16 f.; KK-SpruchG/*Wasmann* Rn. 24.
[18] MüKoAktG/*Kubis* Rn. 9.
[19] KK-SpruchG/*Wasmann* Rn. 24; aA BayObLGZ 1991, 358 (359) = AG 1992, 59 (60); *Wittgens,* Das Spruchverfahrensgesetz, 2005, 99 ff.
[20] Ausf. Hüffer/*Koch* Rn. 5.
[21] OLG Frankfurt AG 2012, 42 f. = ZIP 2011, 1637; Hölters/*Simons* Rn. 21–25; MüKoAktG/*Kubis* Rn. 8; KK-SpruchG/*Wasmann* Rn. 34.
[22] OLG Frankfurt AG 2012, 42 (43 f.) = ZIP 2011, 1637.

IV. Rechtsstellung

Der gemeinsame Vertreter hat nach § 6 Abs. 1 S. 1 die Stellung eines **gesetzlichen** 10 **Vertreters,** dem die **Aufgabe** übertragen ist, die Rechte der nicht am Verfahren beteiligten (anderen) außenstehenden Aktionäre in dem anhängigen Spruchverfahren zu wahren, und zwar insbesondere durch die Gewährung rechtlichen Gehörs (→ Rn. 1). Zu diesem Zweck erhält er Kenntnis von den Anträgen der Beteiligten und ihren Stellungnahmen (§ 7 Abs. 1 und 4 S. 1); er hat außerdem das Recht, neben den Antragstellern Einwendungen gegen die Erwiderung des oder der Antragsgegner und gegen die von ihnen nach § 7 Abs. 3 eingereichten Unterlagen vorzubringen (§ 7 Abs. 4 S. 2; → § 7 Rn. 4f.). Der gemeinsame Vertreter kann Anträge bezüglich des Verfahrens, zB Befangenheitsanträge stellen und hat das Recht zur Mitwirkung bei der Beweisaufnahme sowie bei Abschluss eines gerichtlichen **Vergleichs** (§ 11; → Rn. 1, 15 f.).[23] Er ist ferner **beschwerdeberechtigt** (→ Rn. 17). Überwiegend wird ihm außerdem das Recht zugebilligt, auch außergerichtlich einen Vergleich mit den Vertragsparteien abzuschließen, wenn dies nach seinem pflichtgemäßen Ermessen im Interesse der von ihm vertretenen außenstehenden Aktionäre liegt, etwa, damit sie schneller in den Genuss einer erhöhten Abfindung oder eines erhöhten Ausgleichs gelangen.[24]

Der gemeinsame Vertreter kann und muss nach dem Gesagten (→ Rn. 10) zu dem 11 *gesamten Verfahrensstoff Stellung* nehmen, sodass er verpflichtet ist, in dem anhängigen Verfahren alles zu tun, was erforderlich ist, damit die legitimen Interessen der am Verfahren nicht beteiligten außenstehenden Aktionäre in vollem Umfang „gewahrt", dh bei der Entscheidung des Gerichts beachtet werden (→ § 7 Rn. 4a). Er ist hierbei – als gesetzlicher Vertreter der anderen außenstehenden Aktionäre – **nicht an Weisungen gebunden,** sondern handelt nach pflichtgemäßem Ermessen.[25] Beschränkungen unterliegt er insoweit nicht. Selbst wenn die Antragsteller mit bestimmten Rügen nach § 10 **präkludiert** sind, hat dies keine Bedeutung für den gesetzlichen Vertreter, der vielmehr alles vortragen darf und muss, was ihm zur Rechtsverfolgung sachdienlich erscheint, und zwar einschließlich neuer Bewertungsrügen, weil andernfalls der gebotene, umfassende Schutz der außenstehenden Aktionäre nicht gewährleistet wäre (Art. 14 Abs. 1, 103 Abs. 1 GG; → Rn. 1, § 4 Rn. 12; → § 7 Rn. 4a).[26]

Die Rechte des gemeinsamen Vertreters beschränken sich – als bloßer gesetzliche Vertre- 12 ter der außenstehenden Aktionäre in dem laufenden Spruchverfahren (und nur dort) – auf das anhängige Verfahren. Er besitzt *nicht* die Befugnis, **Verpflichtungen** zulasten der außenstehenden Aktionäre außerhalb des Verfahrens zu begründen.[27] Die außenstehenden Aktionäre haften daher auch nicht für die dem gemeinsamen Vertreter zustehende Vergütung und für den Ersatz seiner Kosten; ebensowenig sind sie ihm vorschusspflichtig (§ 6 Abs. 2). Der gemeinsame Vertreter hat ferner nicht das Recht, namens der von ihm vertretenen außenstehenden Aktionäre ein *neues Verfahren* einzuleiten und zB Verfassungsbeschwerde gegen eine gerichtliche Entscheidung im Spruchverfahren einzulegen; diese Befugnis ist vielmehr den außenstehenden Aktionären selbst vorbehalten.[28]

Welche Folgerungen sich aus dem Gesagten (→ Rn. 12) für die zutreffende **rechtliche** 13 **Qualifizierung der Stellung** des gemeinsamen Vertreters ergeben, ist noch nicht endgültig geklärt.[29] Zum Teil wird die Rechtsstellung der von ihm gesetzlich vertretenen außenstehenden Aktionäre mit der streitgenössischer Nebenintervenienten verglichen (§§ 69 ff.

---

[23] BVerfG NJW 1992, 2076 = AG 1991, 428 (429).
[24] So schon 1994 die Begr. RegE des § 308 UmwG, BT-Drs. 12/6699, 170 (r. Sp. o.); Lutter/*Krieger* Rn. 10; MüKoAktG/*Kubis* Rn. 13.
[25] BGH AG 2014, 46 (48) Rn. 18 f. = NZG 2014, 33; Hüffer/*Koch* Rn. 6; KK-SpruchG/*Wasmann* Rn. 21.
[26] Ebenso Hölters/*Simons* Rn. 26; KK-SpruchG/*Wasmann* Rn. 14; *Wittgens*, Das Spruchverfahrensgesetz, 2005, 116 ff.
[27] Hüffer/*Koch* Rn. 6.
[28] BVerfG AG 2007, 697 f. = NZG 2007, 629.
[29] *Wittgens*, Das Spruchverfahrensgesetz, 2005, 115 f.

ZPO).[30] Andere sehen in ihm dagegen einen Treuhänder der außenstehenden Aktionäre oder vergleichen seine Stellung mit der eines Streitgenossen nach § 62 ZPO.

14 Die Frage, wie die Rechtsstellung des gemeinsamen Vertreters rechtlich zu qualifizieren ist (→ Rn. 13), führt unmittelbar zu der weiteren Frage, wie das **Rechtsverhältnis** zwischen dem gemeinsamen Vertreter und den außenstehenden Aktionären zu interpretieren ist.[31] Die hM ist widersprüchlich und unklar. Auf der einen Seite wird üblicherweise eine **Rechenschaftspflicht** des gemeinsamen Vertreters gegenüber den außenstehenden Aktionären analog § 666 BGB mit der Begründung verneint, zwischen den Beteiligten bestünden keine vertraglichen Beziehungen.[32] Auf der anderen Seite wird aber eine **Schadensersatzpflicht** des gemeinsamen Vertreters ebenso verbreitet bejaht, wenn er schuldhaft die Interessen der außenstehenden Aktionäre verletzt, sei es analog den §§ 675 Abs. 1, 662 und 280 BGB, sei es unter Berufung auf § 311 Abs. 3 BGB,[33] wobei freilich meistens sogleich einschränkend hinzugefügt wird, dass derartige Fälle angesichts des weiten Ermessensspielraums, der dem gemeinsamen Vertreter allgemein zugebilligt wird (→ Rn. 11), – jenseits von Fallgestaltungen des § 826 BGB – kaum jemals praktisch werden dürften.[34] Das passt offenkundig nicht zusammen. Der Bezeichnung des gemeinsamen Vertreters als gesetzlicher Vertreter der außenstehenden Aktionäre in dem laufenden Spruchverfahren (§ 6 Abs. 1 Hs. 2) dürfte es – entgegen der hM – doch wohl am meisten entsprechen, analog den §§ 675 Abs. 1 und 662 BGB ein **gesetzliches Geschäftsbesorgungsverhältnis** zwischen dem gemeinsamen Vertreter und den außenstehenden Aktionären anzunehmen, aus dem sich nicht nur eine Haftung des gesetzlichen Vertreters, sondern von Fall zu Fall auch seine Rechenschaftspflicht ergeben kann (§§ 675 Abs. 1, 662, 666 und 280 Abs. 1 BGB).[35]

V. Rücknahme der Anträge

15 Nach § 6 Abs. 3 S. 1 kann der gemeinsame Vertreter das Verfahren auch nach Rücknahme eines Antrags fortführen. Er steht in diesem Fall einem Antragsteller gleich (§ 6 Abs. 3 S. 2). Vorläufer dieser Regelung war § 306 Abs. 4 S. 10 AktG idF von 1994 iVm § 308 Abs. 3 UmwG aF. Der Gesetzgeber hatte damit die früher hM korrigiert, dass der gemeinsame Vertreter nicht das Recht habe, das Verfahren auch noch nach Rücknahme der Anträge der am Verfahren beteiligten außenstehenden Aktionäre (→ § 3 Rn. 17) selbstständig weiterzubetreiben. Die missliche Folge war gewesen, dass die Antragsteller seiner Tätigkeit jederzeit durch Antragsrücknahme *ohne* seine Mitwirkung den Boden entziehen konnten, in erster Linie, wenn sie sich zuvor außergerichtlich mit dem herrschenden Unternehmen geeinigt hatten.[36] Durch die Gesetzesänderung von 1994 sollte deshalb in erster Linie diese Praxis des sog. **„Auskaufens"** der Antragsteller beendet werden.[37]

---

[30] Begr. zu § 15 RegE, BT-Drs. 15/371, 20 (l. Sp. 1. Abs.); BVerfG NJW 1992, 2076 = AG 1991, 428 (429); BGH AG 1999, 181 = DB 1999, 272 = NZG 1999, 346; BayObLGZ 1991, 235 (239) = AG 1991, 356; BayObLGZ 1992, 91 (94 f.) = AG 1992, 266 (267); KG OLGZ 1974, 430 (431 ff.) = WM 1994, 1121; krit. OLG Düsseldorf AG 2000, 77 – *Guano*; *Pentz* Anm. NZG 1999, 346 f.; anders auch BayObLGZ 2002, 169 (176) = NZG 2002, 880; BayObLG AG 2003, 633 (635) – MBB/DB.
[31] Ausf. KK-SpruchG/*Wasmann* Rn. 22 mN.
[32] BGH AG 2014, 46 (48) Rn. 18 = NZG 2014, 33; OLG München WM 2010, 1605 (1608 f.); Lutter/*Krieger* Rn. 11; MüKoAktG/*Kubis* Rn. 15; Hölters/*Simons* Rn. 26; KK-SpruchG/*Wasmann* Rn. 21; – anders aber *Fritzsche/Dreier/Verfürth* Rn. 20.
[33] Hüffer/*Koch* Rn. 6; *Fritzsche/Dreier/Verfürth* Rn. 20; *Klöcker/Frowein* Rn. 22; SpruchG Lutter/*Krieger* Rn. 11; MüKoAktG/*Kubis* Rn. 15; – dagegen zB OLG München WM 2010, 1605 (1608 f.); Hölters/*Simons* Rn. 28; KK-SpruchG/*Wasmann* Rn. 22.
[34] BGH AG 2014, 46 (48) Rn. 19 = NZG 2014, 33.
[35] Anders freilich BGH AG 2014, 46 (48) Rn. 18 f. = NZG 2014, 33.
[36] So früher zB BayObLGZ 1973, 106 (108 f.); 1975, 305 (307 ff.); 1979, 364 = AG 1981, 51 (52); BayObLGZ 1991, 235 = AG 1991, 356; BayObLGZ 1992, 91 (95) = AG 1992, 266 (267); OLG Düsseldorf AG 1972, 248; 1992, 200 (202); KG OLGZ 1974, 430 (431 ff.) = WM 1974, 1121; OLG Celle AG 1979, 230 (231); OLG Hamburg AG 1980, 163.
[37] Begr. RegE des § 308 Abs. 3 UmwG (1994), BT-Drs. 12/6699, 170; *Lutter/Bezzenberger* AG 2000, 433 (440 f.); *Wittgens*, Das Spruchverfahrensgesetz, 2005, 119 ff.

Das **Recht zur Verfahrensfortführung** nach § 6 Abs. 3 S. 1 setzt voraus, dass tatsächlich 16 alle zulässigen Anträge zurückgenommen werden. Gleich steht der Fall, dass sämtliche Verfahrensbeteiligten den Rechtsstreit für *erledigt erklären,* sich *vergleichen* oder eine bereits eingelegte *Beschwerde* zurücknehmen.[38] Der gemeinsame Vertreter hat dann nach pflichtgemäßem Ermessen zu entscheiden, ob er den Rechtsstreit fortführen will oder nicht; eine Verpflichtung hierzu besteht nicht.[39] Entschließt sich der gemeinsame Vertreter, das Verfahren auch seinerseits zu beenden, so kann er den Antrag auf Fortführung des Verfahrens zurücknehmen, da er jetzt einem Antragsteller gleichsteht (§ 6 Abs. 3 S. 2).[40] Wenn er sich dagegen für die Fortführung des Verfahrens entscheidet, kann er im weiteren Verlauf des Verfahrens außerdem selbst (allein) *Beschwerde* einlegen (→ Rn. 17).

Mit dieser Regelung wird vor allem erreicht, dass der gemeinsame Vertreter im Falle 16a eines **Vergleichsabschlusses** zwischen dem herrschenden Unternehmen und den Antragstellern nicht übergangen werden kann. Folgerichtig verlangt § 11 Abs. 2 S. 2 Hs. 1 seine Zustimmung zu einem gerichtlichen **Vergleich.** Dadurch soll sichergestellt werden, dass die Vorteile aus solchem Vergleich auch den am Verfahren nicht beteiligten außenstehenden Aktionären zugute kommen, vorausgesetzt, dass sich der gemeinsame Vertreter nach pflichtgemäßem Ermessen dem Vergleich anschließt und nicht das Verfahren, wozu er jederzeit befugt ist, nach § 6 Abs. 3 S. 2 weiterbetreibt, etwa, weil er den Vergleich als nachteilig für die von ihm vertretenen außenstehenden Aktionäre ansieht.[41]

VI. Beschwerderecht

Nach der früher hM hatte der gemeinsame Vertreter kein Beschwerderecht, außer wenn 17 er selbstständig das Verfahren nach Antragsrücknahme auf Grund (jetzt) des § 6 Abs. 3 weiterbetrieb.[42] Die Beschwerdebefugnis des gemeinsamen Vertreters in diesem Fall ist heute unstreitig (§ 6 Abs. 3).[43] Falls dagegen weder die Antragsteller noch ein Antragsgegner Beschwerde erheben, wird dem gemeinsamen Vertreter nach wie vor auch vom BGH die Befugnis abgesprochen, das Verfahren von sich aus **selbstständig** durch Einlegung der **Beschwerde** weiterzubetreiben.[44] Diese restriktive Handhabung des § 6 Abs. 3 ist verfehlt, seitdem dem gemeinsamen Vertreter durch das Gesetz die Rechtsstellung eines gesetzlichen Vertreters der außenstehenden Aktionäre eingeräumt wurde (§ 6 Abs. 1 S. 1 Hs. 2 und Abs. 3).[45]

VII. Bekanntmachung der Bestellung

Nach § 6 Abs. 1 S. 4 hat das Gericht die Bestellung des gemeinsamen Vertreters im 18 Bundesanzeiger bekannt zu machen. S. 5 des § 6 Abs. 1 fügt hinzu, dass die Bestellung außerdem in den sonstigen Gesellschaftsblättern bekannt zu machen ist, wenn solche gemäß § 25 S. 2 AktG in der Satzung neben dem Bundesanzeiger als Gesellschaftsblätter bezeichnet sind.[46]

---

[38] Hüffer/*Koch* Rn. 7; Hölters/*Simons* Rn. 9; KK-SpruchG/*Wasmann* Rn. 17.
[39] Hölters/*Simons* Rn. 9; KK-SpruchG/*Wasmann* Rn. 18; *Wittgens,* Das Spruchverfahrensgesetz, 2005, 121.
[40] Hüffer/*Koch* Rn. 9; KK-SpruchG *Wasmann* Rn. 19.
[41] OLG München WM 2010, 1605 (1608 f.).
[42] BayObLGZ 1991, 235 (236 ff.) = AG 1991, 356 (357); BayObLGZ 1992, 91 (94 f.) = AG 1992, 266 (267); KG OLGZ 1974, 430 (431 ff.); OLG Hamburg AG 1980, 163.
[43] OLG Düsseldorf AG 2009, 907 (908) = WM 2009, 2220; Hölters/*Simons* § 12 Rn. 14.
[44] BGH NZG 2016, 139 Rn. 19 ff.; Hölters/*Simons* § 12 Rn. 14.
[45] BayObLGZ 2002, 400 (402) = AG 2003, 569 = NZG 2003, 483; OLG Düsseldorf AG 2009, 907 (908) = WM 2009, 2220; zuvor schon BayObLGZ 2002, 169 (176) = NZG 2002, 880; OLG Karlsruhe NJW-RR 1995, 354 = AG 1995, 139 – SEN/KHS; *Diekgräf,* Sonderzahlungen an opponierende Kleinaktionäre im Rahmen von Anfechtungs- und Spruchstellenverfahren, 1990, 280 ff.; *Kropff* FS 25 Jahre AktG, 1991, 19; *Rowedder* FS Rittner, 1991, 509; Hüffer/*Koch* Rn. 6; *Fritzsche/Dreier/Verfürth* Rn. 19; *Klöcker/Frowein* Rn. 23; *W. Meilicke/Heidel* DB 2003, 2267 (2274); MüKoAktG/*Kubis* Rn. 13; KK-SpruchG/*Wasmann* Rn. 20.
[46] Zur Kritik s. *Wittgens,* Das Spruchverfahrensgesetz, 2005, 108 ff.

VIII. Vergütung und Auslagen

19 Der gemeinsame Vertreter kann von dem Antragsgegner (§ 5) in entsprechender Anwendung des RVG Ersatz seiner Auslagen und eine Vergütung für seine Tätigkeit verlangen (§ 6 Abs. 2 S. 1). Die Auslagen und die Vergütung setzt das Gericht fest (§ 6 Abs. 2 S. 2), an dessen Stelle bei Zuständigkeit der Kammer für Handelssachen der Vorsitzende allein entscheidet (§ 2 Abs. 2 Nr. 5 und 6). **Gegenstandswert** ist (abweichend von der ursprünglichen Absicht der Bundesregierung) der ganze für die Gerichtsgebühren maßgebliche Geschäftswert iSd § 74 S. 1 GNotKG (= § 15 Abs. 1 S. 2 aF) (§ 6 Abs. 2 S. 3). Auf Verlangen des gemeinsamen Vertreters kann (und wird) das Gericht außerdem in der Regel dem oder den Antragsgegnern die Leistung von **Vorschüssen** aufgeben (S. 4 des § 6 Abs. 2). Ihre Höhe hat sich grundsätzlich an der Gesamthöhe der voraussichtlich zu beanspruchenden Vergütung des gemeinsamen Vertreters zu orientieren.[47]

20 Die **Festsetzung** der Vergütung und der Auslagen erfolgt grundsätzlich durch Beschluss in einem von dem Hauptsacheverfahren *getrennten Verfahren,* in dem sich der gemeinsame Vertreter und der Antragsgegner als Schuldner der Vergütung und der Auslagen gegenüberstehen (§ 6 Abs. 2 S. 3).[48] Die Festsetzung der Auslagen und der Vergütung bildet einen Vollstreckungstitel iSd ZPO (§ 6 Abs. 2 S. 5). Gegen die Festsetzung, die durch Beschluss erfolgt, steht dem gemeinsamen Vertreter ebenso wie dem Antragsgegner (als Schuldner) die **sofortige Beschwerde** nach den §§ 567 ff. ZPO zu (§ 85 FamFG iVm § 104 Abs. 3 S. 1 ZPO).[49] Im zweiten Rechtszug obliegt die Festsetzung dem Beschwerdegericht.[50] Gegen die Beschwerdeentscheidung des OLG findet nach den §§ 574 ff. ZPO die weitere Beschwerde zum BGH statt, wenn sie vom OLG zugelassen ist; in diesem Verfahren gelten für die Kostenentscheidung die §§ 91 ff. ZPO ohne Rücksicht auf § 6 SpruchG.[51]

21 Der ganze Fragenkreis war früher lebhaft umstritten gewesen. Deshalb ist durch das SpruchG klargestellt worden, dass sich die **Vergütung** des gemeinsamen Vertreters jetzt generell, dh auch dann, wenn (ausnahmsweise) *kein* Rechtsanwalt bestellt wird, nach den für Rechtsanwälte maßgebenden Vorschriften richtet.[52] Dies war zunächst § 118 BRAGO, an dessen Stelle jetzt das RVG getreten ist. Der gemeinsame Vertreter erhält danach die Verfahrens- und die Terminsgebühr sowie ggf. bei Abschluß eines Vergleichs die Einigungsgebühr (VV 3100, 3104, 1003 RVG).[53] Der **Gegenstandswert** für die Tätigkeit des gemeinsamen Vertreters richtet sich nach dem *vollen,* nicht nach dem anteiligen gerichtlichen Geschäftswert (§ 6 Abs. 2 S. 3), woraus sich häufig erhebliche Gebühren ergeben. Deshalb ist daneben kein Raum für die zusätzliche Anwendung der Nr. 3403 VV für sonstige Einzeltätigkeiten oder für die Anwendung der Nr. 1008 VV für eine Mehrfachvertretung.[54] Jedoch hat der gemeinsame Vertreter außerdem noch Anspruch auf Auslagenersatz (→ Rn. 22).

22 Zu den angemessenen baren **Auslagen,** deren Ersatz der gemeinsame Vertreter nach § 6 Abs. 2 S. 1 Hs. 1 iVm dem RVG verlangen kann, gehören in erster Linie Porto-, Schreib- und Reisekosten sowie Übersetzungskosten, dagegen nach hM grundsätzlich nicht die Kosten eines von ihm eingeholten Privatgutachtens.[55] Ist der gemeinsame Vertreter (ausnahms-

---

[47] OLG Frankfurt AG 2005, 658 (659).
[48] BGH AG 2014, 46 (48) Rn. 5 = NZG 2014, 33.
[49] BGH AG 2014, 46 (48) Rn. 10 = NZG 2014, 33; MüKoAktG/*Kubis* Rn. 18; Hölters/*Simons* Rn. 35; KK-SpruchG/*Wasmann* Rn. 38.
[50] BayObLG AG 1996, 183; *Ammon* FGPrax 1998, 121 (124).
[51] BGH AG 2014, 46 (48) Rn. 12 f., 21 = NZG 2014, 33.
[52] *Deiß* NZG 2013, 248; KK-SpruchG/*Wasmann* Rn. 8.
[53] Begr. RegE, BT-Drs. 15/371, 14 (l. Sp. u.); OLG München AG 2007, 246; *Deiß* NZG 2013, 248; Grünal/Kemmerer NZG 2013, 16; MüKoAktG/*Kubis* Rn. 19; *Simon/Leuering* Rn. 43 ff.; KK-SpruchG/*Wasmann* Rn. 35.
[54] BGH AG 2014, 46 (48) Rn. 14, 16 ff. = NZG 2014, 33; *Deiß* NZG 2013, 248 (251); Grünal/Kemmerer NZG 2013, 16.
[55] OLG Düsseldorf AG 2011, 754 = ZIP 2011, 1935; Hüffer/*Koch* Rn. 7; KK-SpruchG/*Wasmann* Rn. 35; *Wittgens,* Das Spruchverfahrensgesetz, 2005, 123.

weise) kein Rechtsanwalt, so darf er außerdem einen Rechtsanwalt beauftragen und kann dann Ersatz für dessen Honorar verlangen (→ Rn. 20).[56]

Verpflichtet zum Ersatz der Auslagen und zur Zahlung einer Vergütung ist allein der **Antragsgegner** iSd § 5; mehrere Antragsgegner haften als Gesamtschuldner (§ 6 Abs. 2 S. 1). Antragsgegner ist in dem Falle des Abschlusses eines Unternehmensvertrages der andere Vertragsteil (§ 5 Nr. 1; → § 5 Rn. 1), sodass in diesem Fall die Verpflichtung nicht mehr wie früher die abhängige Gesellschaft, sondern das herrschende Unternehmen trifft. Entsprechendes gilt in den anderen Fällen, wie sich aus § 5 Nr. 2–5 ergibt.[57] 23

§ 6a SpruchG Gemeinsamer Vertreter bei Gründung einer SE

[1]Wird bei der Gründung einer SE durch Verschmelzung oder bei der Gründung einer Holding-SE nach dem Verfahren der Verordnung (EG) Nr. 2157/2001 des Rates vom 8. Oktober 2001 über das Statut der Europäischen Gesellschaft (SE) (ABl. EG Nr. L 294 S. 1) gemäß den Vorschriften des SE-Ausführungsgesetzes ein Antrag auf Bestimmung einer Zuzahlung oder Barabfindung gestellt, bestellt das Gericht auf Antrag eines oder mehrerer Anteilsinhaber einer sich verschmelzenden oder die Gründung einer SE anstrebenden Gesellschaft, die selbst nicht antragsberechtigt sind, zur Wahrung ihrer Interessen einen gemeinsamen Vertreter, der am Spruchverfahren beteiligt ist. [2]§ 6 Abs. 1 Satz 4 und Abs. 2 gilt entsprechend.

§ 6a wurde durch das SE-Ausführungsgesetz in das SpruchG eingefügt, um in den Fällen des Art. 25 Abs. 3 SE-VO einen Schutz der nicht antragsberechtigten ausländischen Anteilsinhaber zu ermöglichen.[1] 1

§ 6b SpruchG Gemeinsamer Vertreter bei Gründung einer Europäischen Genossenschaft

[1]Wird bei der Gründung einer Europäischen Genossenschaft durch Verschmelzung nach dem Verfahren der Verordnung (EG) Nr. 1435/2003 des Rates vom 22. Juli 2003 über das Statut der Europäischen Genossenschaft (SCE) (ABl. EU Nr. L 207 S. 1) nach den Vorschriften des SCE-Ausführungsgesetzes ein Antrag auf Bestimmung einer baren Zuzahlung gestellt, bestellt das Gericht auf Antrag eines oder mehrerer Mitglieder einer sich verschmelzenden Genossenschaft, die selbst nicht antragsberechtigt sind, zur Wahrung ihrer Interessen einen gemeinsamen Vertreter, der am Spruchverfahren beteiligt ist. [2]§ 6 Abs. 1 Satz 4 und Abs. 2 gilt entsprechend.

§ 6b beruht auf dem SCE-Ausführungsgesetz vom 14.8.2006 (BGBl. I 1911). 1

§ 6c SpruchG Gemeinsamer Vertreter bei grenzüberschreitender Verschmelzung

[1]Wird bei einer grenzüberschreitenden Verschmelzung (§ 122a des Umwandlungsgesetzes) gemäß § 122h oder § 122i des Umwandlungsgesetzes ein Antrag auf Bestimmung einer Zuzahlung oder Barabfindung gestellt, bestellt das Gericht auf Antrag eines oder mehrerer Anteilsinhaber einer beteiligten Gesellschaft, die selbst nicht antragsberechtigt sind, zur Wahrung ihrer Interessen einen gemeinsamen

---

[56] Hüffer/*Koch* Rn. 7; – anders MüKoAktG/*Kubis* Rn. 17; *Wittgens*, Das Spruchverfahrensgesetz, 2005, 123.
[57] Hölters/*Simons* Rn. 30; *Wittgens*, Das Spruchverfahrensgesetz, 2005, 124.
[1] Begr. RegE, BT-Drs. 15/3405, 58 (r. Sp. o.); → § 6 Rn. 2; *Wittgens*, Das Spruchverfahrensgesetz, 2005, 128 ff.

Vertreter, der am Spruchverfahren beteiligt ist. ²§ 6 Abs. 1 Satz 4 und Abs. 2 gilt entsprechend.

1   § 6c beruht auf dem zweiten Gesetz zur Änderung des UmwG vom 19.4.2007 (BGBl. I 542).¹

§ 7 SpruchG Vorbereitung der mündlichen Verhandlung

(1) Das Gericht stellt dem Antragsgegner und dem gemeinsamen Vertreter die Anträge der Antragsteller unverzüglich zu.

(2) ¹Das Gericht fordert den Antragsgegner zugleich zu einer schriftlichen Erwiderung auf. ²Darin hat der Antragsgegner insbesondere zur Höhe des Ausgleichs, der Zuzahlung oder der Barabfindung oder sonstigen Abfindung Stellung zu nehmen. ³Für die Stellungnahme setzt das Gericht eine Frist, die mindestens einen Monat beträgt und drei Monate nicht überschreiten soll.

(3) ¹Außerdem hat der Antragsgegner den Bericht über den Unternehmensvertrag, den Eingliederungsbericht, den Bericht über die Übertragung der Aktien auf den Hauptaktionär oder den Umwandlungsbericht nach Zustellung der Anträge bei Gericht einzureichen. ²In den Fällen, in denen der Beherrschungs- oder Gewinnabführungsvertrag, die Eingliederung, die Übertragung der Aktien auf den Hauptaktionär oder die Umwandlung durch sachverständige Prüfer geprüft worden ist, ist auch der jeweilige Prüfungsbericht einzureichen. ³Auf Verlangen des Antragstellers oder des gemeinsamen Vertreters gibt das Gericht dem Antragsgegner auf, dem Antragsteller oder dem gemeinsamen Vertreter unverzüglich und kostenlos eine Abschrift der genannten Unterlagen zu erteilen.

(4) ¹Die Stellungnahme nach Absatz 2 wird dem Antragsteller und dem gemeinsamen Vertreter zugeleitet. ²Sie haben Einwendungen gegen die Erwiderung und die in Absatz 3 genannten Unterlagen binnen einer vom Gericht gesetzten Frist, die mindestens einen Monat beträgt und drei Monate nicht überschreiten soll, schriftlich vorzubringen.

(5) ¹Das Gericht kann weitere vorbereitende Maßnahmen erlassen. ²Es kann den Beteiligten die Ergänzung oder Erläuterung ihres schriftlichen Vorbringens sowie die Vorlage von Aufzeichnungen aufgeben, insbesondere eine Frist zur Erklärung über bestimmte klärungsbedürftige Punkte setzen. ³In jeder Lage des Verfahrens ist darauf hinzuwirken, dass sich die Beteiligten rechtzeitig und vollständig erklären. ⁴Die Beteiligten sind von jeder Anordnung zu benachrichtigen.

(6) Das Gericht kann bereits vor dem ersten Termin eine Beweisaufnahme durch Sachverständige zur Klärung von Vorfragen, insbesondere zu Art und Umfang einer folgenden Beweisaufnahme, für die Vorbereitung der mündlichen Verhandlung anordnen oder dazu eine schriftliche Stellungnahme des sachverständigen Prüfers einholen.

(7) ¹Sonstige Unterlagen, die für die Entscheidung des Gerichts erheblich sind, hat der Antragsgegner auf Verlangen des Antragstellers oder des Vorsitzenden dem Gericht und ggf. einem vom Gericht bestellten Sachverständigen unverzüglich vorzulegen. ²Der Vorsitzende kann auf Antrag des Antragsgegners anordnen, dass solche Unterlagen den Antragstellern nicht zugänglich gemacht werden dürfen, wenn die Geheimhaltung aus wichtigen Gründen, insbesondere zur Wahrung von Fabrikations-, Betriebs- oder Geschäftsgeheimnissen, nach Abwägung mit den Interessen der Antragsteller, sich zu den Unterlagen äußern zu können, geboten

---

¹ Wegen aller Einzelheiten s. Simon/*Leuering* SpruchG 182 ff.

ist. ³Gegen die Entscheidung des Vorsitzenden kann das Gericht angerufen werden; dessen Entscheidung ist nicht anfechtbar.

(8) Für die Durchsetzung der Verpflichtung des Antragsgegners nach Absatz 3 und 7 ist § 35 des Gesetzes über das Verfahren in Familiensachen und in den Angelegenheiten der freiwilligen Gerichtsbarkeit entsprechend anzuwenden.

Übersicht

	Rn.		Rn.
I. Überblick	1	VI. Beweisaufnahme (Abs. 6)	7–7c
II. Zustellung (Abs. 1)	1a, 1b	VII. Vorlage sonstiger Unterlagen (Abs. 7 und 8)	8–9a
III. Erwiderung und Einreichung von Unterlagen (Abs. 2 und 3)	2–3	1. Anordnung der Vorlage	8, 9
IV. Replik (Abs. 4)	4, 4a	2. Durchsetzung	9a
V. Ergänzungen und Erläuterungen, Vorlage von Aufzeichnungen (Abs. 5)	5–6a	VIII. Geheimhaltung	10–14

I. Überblick

§ 7 regelt die in erster Linie dem Gericht obliegenden Maßnahmen zur zügigen Vorbereitung der mündlichen Verhandlung nach § 8. Die Gesetzesverfasser haben darin einen „Kernpunkt der Neuregelung" gesehen, durchgängig zu dem **Zweck**, das Verfahren „nachhaltig" zu beschleunigen.¹ Zu diesem Zweck sieht das Gesetz in § 7 verschiedene Maßnahmen des Gerichts vor. Der erste Schritt ist danach die Zustellung der Anträge (§ 7 Abs. 1, → Rn. 1a), der zweite Schritt die fristgerechte Erwiderung des Antragsgegners (§ 7 Abs. 2, → Rn. 2). Es folgt als dritter Schritt die Zuleitung der Erwiderung des Antragsgegners an den Antragsteller und den ggf. mittlerweile bestellten gemeinsamen Vertreter (§ 7 Abs. 4 S. 1), wodurch diesen – als vierter Schritt – die Möglichkeit zu einer Replik eröffnet wird (§ 7 Abs. 4 S. 2, → Rn. 4). Ergänzend sieht das Gesetz noch – als fünften Schritt – in § 7 Abs. 5 den Erlass weiterer vorbereitender Maßnahmen vor (→ Rn. 5). Ob diese komplizierte Regelung tatsächlich zu einer Beschleunigung der Spruchverfahren beigetragen hat, ist offen (→ Vor § 1 Rn. 7). Die bisherigen Erfahrungen sprechen eher dagegen, da sich nach wie vor zahlreiche Spruchverfahren über viele Jahre hinziehen. Das eigentliche Problem der Spruchverfahren, die übertriebene Komplexität der gängigen Unternehmensbewertungen nach der Ertragswertmethode kann natürlich auch durch das SpruchG nicht gelöst werden, sondern nur durch eine Änderung bei der Handhabung insbesondere der §§ 304 und 305 AktG. 1

II. Zustellung (Abs. 1)

Nach § 7 Abs. 1 sind zunächst (als erster Schritt zur Verfahrensbeschleunigung, → Rn. 1) die **Anträge** der Antragsteller unverzüglich dem Antragsgegner (§ 5) sowie dem gemeinsamen Vertreter (§§ 6 f.) zuzustellen, und zwar nach den §§ 166 ff. ZPO (§ 17 Abs. 1 SpruchG und § 15 Abs. 2 S. 1 FamFG). Das gilt sinngemäß auch für die **Antragsbegründung,** sofern sie innerhalb der Antragsfrist nachgereicht wird (§ 4 Abs. 2).² Die Zustellung muss **„unverzüglich"**, dh so schnell wie möglich geschehen (vgl. § 121 BGB). Ausnahmen werden lediglich für schon auf den ersten Blick offensichtlich unzulässige Anträge erwogen.³ 1a

Aus dem Wortlaut des § 7 Abs. 1 wird überwiegend der Schluss gezogen, dass **jeder** einzelne **Antrag** und jede nachgereichte **Begründung** unverzüglich nach Eingang dem Antragsgegner und dem gemeinsamen Vertreter (sofern bereits bestellt) zuzustellen sind, dies nicht zuletzt mit Rücksicht auf die aktenmäßige Behandlung verschiedener Anträge, die zunächst als *gesonderte Verfahren* behandelt und durchweg erst später zu einem gemeinsamen 1b

---
¹ Begr., BT-Drs. 15/371, 14 (r. Sp. „Zu § 7" 1. Abs.).
² MüKoAktG/*Kubis* Rn. 3; KK-SpruchG/*Puszkajler* Rn. 4.
³ KK-SpruchG/*Puszkajler* Rn. 4.

Spruchverfahren verbunden werden.[4] Dies ist indessen bei der häufigen Vielzahl von Antragstellern in derselben Sache ausgesprochen *unprakktisch,* weil die Folge unnötige Doppelarbeit für die Gerichte ist. Im Schrifttum werden deshalb verschiedene *Auswege* diskutiert. Zustimmung hat insbesondere der Vorschlag gefunden, den ersten Antrag nebst Begründung tatsächlich entsprechend § 7 Abs. 1 unverzüglich zuzustellen, um den Antragsgegner umgehend zu informieren, die weiteren Anträge in derselben Sache nebst Begründung dagegen bis zum Ablauf der Antragsfrist des § 4 Abs. 1 zu sammeln und nach Ablauf der Frist zusammen zuzustellen.[5] Stattdessen sollte es aber auch zugelassen werden, dass das Gericht zunächst den *Ablauf der Antragsfrist* des § 4 Abs. 1 *abwartet,* dann die möglicherweise zahlreichen Verfahren verbindet und erst danach **alle Anträge zusammen nebst ihren Begründungen** dem oder den Antragsgegnern sowie dem inzwischen bestellten gemeinsamen Vertreter nach den §§ 166 ff. ZPO zustellt, wodurch das Vorverfahren, entsprechend der durchgängigen Zielsetzung des Gesetzes, erheblich vereinfacht werden könnte.[6] Bei einer Mehrzahl von *Antragstellern* sind ihnen die genannten Unterlagen gleichfalls (formlos) zu übermitteln.[7] Wird der *gemeinsame Vertreter* erst später bestellt (→ § 6 Rn. 3), so ist § 7 Abs. 1 erneut anzuwenden.

III. Erwiderung und Einreichung von Unterlagen (Abs. 2 und 3)

2 Zusammen mit der Zustellung der Anträge und ihrer Begründungen (→ Rn. 1a) hat das Gericht den oder die Antragsgegner zu einer schriftlichen **Erwiderung** aufzufordern (§ 7 Abs. 2 S. 1 SpruchG), und zwar **unter Fristsetzung,** wobei die Frist mindestens einen Monat beträgt und im Regelfall drei Monate nicht überschreiten soll (§ 7 Abs. 2 S. 3). Diese Regelung ist gleichfalls ausgesprochen unpraktisch, sofern man mit einer verbreiteten Meinung die gesonderte Zustellung jedes Antrags fordert (→ Rn. 1b). Die Folge ist nämlich, dass dann zahlreiche Erwiderungsfristen nebeneinander in derselben Sache laufen.[8] Dieses unvernünftige Ergebnis wird nur vermieden, wenn das Gericht wie hier vorgeschlagen (→ Rn. 1b) zunächst die Anträge sammelt und dann gemeinsam dem Antragsgegner zustellt. In seiner Erwiderung muss der Antragsgegner insbesondere zur Höhe des Ausgleichs (§ 304 AktG), der Zuzahlungen, der Barabfindung (§ 305 AktG) oder der sonstigen Abfindungen Stellung nehmen (§ 7 Abs. 2 S. 2). Auf Antrag des Antragsgegners kann die Dreimonatsfrist (als gerichtliche Frist), etwa in besonders komplexen Verfahren, auch **verlängert** werden (§ 16 Abs. 2 FamFG iVm §§ 224, 225 ZPO).[9] Die **Bedeutung** der Fristsetzung nach § 7 Abs. 2 S. 3 erschließt sich insbesondere aus § 10 Abs. 1, der grundsätzlich eine **Präklusion** verspäteter Erwiderungen oder Stellungnahmen anordnet (→ § 10 Rn. 4 ff.), um den Verfahrensstoff nach Möglichkeit so schnell wie möglich auf wenige konkrete Streitpunkte zu konzentrieren.

2a Der Antragsgegner hat außerdem die verschiedenen sog. **Organberichte,** in erster Linie also den **Vertragsbericht** nach § 293a AktG, sowie etwaige **Prüfungsberichte** (§ 293e AktG) bei Gericht einzureichen (§ 7 Abs. 3 S. 1 und 2 SpruchG). Die Frist des § 2 Abs. 1 gilt dafür an sich nicht; jedoch kann das Gericht seinerseits dem Antragsgegner zur Vorlage der genannten Unterlagen (im Interesse der Verfahrensbeschleunigung) eine **Frist** setzen,[10] Auf Verlangen des Antragstellers oder des gemeinsamen Vertreters kann das Gericht dem Antragsgegner außerdem aufgeben, dem Antragsteller oder dem gemeinsamen Vertreter unverzüglich und kostenlos **Abschriften** der genannten Unterlagen zu erteilen (§ 7 Abs. 3 S. 3). Zuständig ist, wenn bei dem Landgericht eine Kammer für Handelssachen besteht, der Vorsitzende der Kammer allein (§ 2 Abs. 2 Nr. 4). Die geschilderte Regelung ist, soweit

---

[4] So Hölters/*Simons* Rn. 9; *Wittgens,* Das Spruchverfahrensgesetz, 2005, 166 f.
[5] Hüffer/*Koch* Rn. 3; KK-SpruchG/*Puszkajler* Rn. 10 f.
[6] *Büchel* NZG 2003, 793 (796 f.); dagegen zB Hüffer/*Koch* Rn. 3; MüKoAktG/*Kubis* Rn. 7.
[7] MüKoAktG/*Kubis* Rn. 6.
[8] S. KK-SpruchG/*Puszkajler* Rn. 13.
[9] Hüffer/*Koch* Rn. 4; KK-SpruchG/*Puszkajler* Rn. 18.
[10] Hüffer/*Koch* Rn. 5; KK-SpruchG/*Puszkajler* Rn. 22.

sie den gemeinsamen Vertreter der §§ 6–6c betrifft, erstaunlich, da es sich von selbst verstehen sollte, dass diesem sämtliche genannten Unterlagen sofort zugänglich gemacht werden, weil er nur dann seiner Aufgabe, die Rechte der anderen außenstehenden Aktionäre zu wahren, nachzukommen vermag (§ 6 Abs. 1 S. 1 Hs. 1; §§ 6a–6c).[11]

Die Regelung des § 7 Abs. 1–3 SpruchG ist in Anlehnung an die §§ 275 und 277 ZPO **3** getroffen worden. Nach dem Willen der Gesetzesverfasser soll damit die **Amtsermittlungspflicht** des Gerichts (§ 26 FamFG) **eingeschränkt** werden; stattdessen sollen der Vertrags- und der Prüfungsbericht (§§ 293a und 293e AktG) sowie die anderen genannten Unterlagen verstärkt zur Grundlage der Entscheidung des Gerichts gemacht werden.[12] Über die Berechtigung dieses Anliegens der Gesetzesverfasser kann man durchaus geteilter Meinung sein, insbesondere angesichts der fortbestehenden Zweifel an der Unabhängigkeit der Vertragsprüfer, zumal im Rahmen der üblichen Parallelprüfung.

IV. Replik (Abs. 4)

Die Stellungnahme des Antragsgegners nach § 7 Abs. 2 (→ Rn. 2) ist nach § 7 Abs. 4 **4** S. 1 den Antragstellern und dem gemeinsamen Vertreter zuzuleiten, um ihnen rechtliches Gehör zu gewähren (Art. 103 Abs. 1 GG). Beide können daraufhin **Einwendungen gegen** die **Erwiderung** und gegen die ihnen zugeleiteten **Unterlagen**, dh in erster Linie gegen den Vertrags- und den Prüfungsbericht, binnen einer wiederum vom Gericht zu bestimmenden **Frist** schriftlich vorbringen, die ebenso wie die Frist für den Antragsgegner mindestens einen Monat beträgt und drei Monate im Regelfall nicht überschreiten soll (§ 7 Abs. 4 S. 2), aber auch hier auf Antrag verlängert werden kann (→ Rn. 2). Für die Bedeutung der Fristsetzung nach § 7 Abs. 4 gilt gemäß § 10 Abs. 1 das bereits Gesagte (→ Rn. 2): (Nur) verspätete Einwendungen sind **präkludiert.**

Bei der Würdigung dieser Regelung ist zu beachten, dass dies die **erste Stellungnahme 4a** des **gemeinsamen Vertreters** der außenstehenden Aktionäre (§§ 6, 6a–6c) ist, der dabei in keinem Punkt an die Begründung der Antragsteller nach § 4 Abs. 2 gebunden ist, vielmehr **sämtliche** ihm sinnvoll erscheinenden **Einwendungen** vorbringen kann und muss (→ § 6 Rn. 11).[13] Deshalb ist die von den Gesetzesverfassern angestrebte *Konzentration* des Verfahrens auf die (ersten) konkreten Bewertungsrügen aus der Begründung des Antrags (§ 4 Abs. 2 S. 2 Nr. 4) im Ergebnis *nicht* erreichbar, da im weiteren Verfahren den *Antragstellern* nicht verwehrt werden kann, was dem gemeinsamen Vertreter nach dem Gesagten gestattet ist. Auch sie können daher **jederzeit,** soweit nicht § 10 eingreift, **neue Einwendungen** einschließlich neuer konkreter Bewertungsrügen vorbringen (→ § 4 Rn. 12 f.).[14]

V. Ergänzungen und Erläuterungen, Vorlage von Aufzeichnungen (Abs. 5)

Nach § 7 Abs. 5 S. 1 kann das Gericht weitere **vorbereitende Maßnahmen** erlassen, **5** wiederum mit dem Ziel, das Verfahren so früh wie möglich auf die eigentlichen Streitpunkte zu konzentrieren und damit gegenüber der früheren Praxis zu beschleunigen:[15] Gemäß § 7 Abs. 5 S. 2 kann das Gericht den „Beteiligten" zunächst die **Ergänzung oder Erläuterung** ihres schriftlichen Vorbringens und die Vorlage von Aufzeichnungen aufgeben (→ Rn. 6) sowie eine **Frist zur Erklärung** über bestimmte, ihm zusätzlich klärungsbedürftig erscheinende Punkte setzen. „Beteiligte" in diesem Sinne sind die Antragsteller, der oder die Antragsgegner sowie der gemeinsame Vertreter. Das Gericht hat außerdem in jeder Lage des Verfahrens darauf hinzuwirken, dass sich die Beteiligten *rechtzeitig und vollständig erklären*

---

[11] *Wittgens,* Das Spruchverfahrensgesetz, 2005, 169.
[12] Begr., BT-Drs. 15/371, 14 (r. Sp.).
[13] *Büchel* NZG 2003, 793 (798); Hüffer/*Koch* Rn. 6; KK-SpruchG/*Puszkajler* Rn. 29 f.; Hölters/*Simons* Rn. 18.
[14] KK-SpruchG/*Puszkajler* Rn. 30; Hölters/*Simons* § 7 Rn. 17; *Wittgens,* Das Spruchverfahrensgesetz, 2005, 170 f.; – anders zB MüKoAktG/*Kubis* Rn. 11; *ders.* FS Hüffer, 2010, 567 ff.
[15] Begr., BT-Drs. 15/371, 15 (l. Sp. 3. und 4. Abs.).

(§ 7 Abs. 5 S. 3). Überflüssigerweise fügt das Gesetz noch hinzu, dass die Beteiligten von jeder Anordnung zu benachrichtigen sind (§ 7 Abs. 5 S. 4; s. Art. 103 Abs. 1 GG sowie § 15 FamFG). Weitere **Beispiele** für vorbereitende Maßnahmen sind die Einholung amtlicher Auskünfte oder von Auskünften der Registergerichte, die Anordnung der Vorlage behördlicher und sonstiger Urkunden und Unterlagen sowie die Aufforderung an die Beteiligten, zusammenfassende Übersichten oder Tabellen sowie ergänzende Berechnungen vorzulegen.[16]

6 Hervorzuheben ist die Regelung des § 7 Abs. 5 S. 2, nach dem das Gericht den (allen) *Beteiligten* die **Vorlage von „Aufzeichnungen"** aufgeben kann. Diese Regelung muss im Zusammenhang mit § 7 Abs. 7 S. 1 gesehen werden, nach dem (nur) der *Antragsgegner* auf Verlangen des Antragstellers oder des Vorsitzenden verpflichtet ist, **„sonstige Unterlagen"** dem Gericht und ggf. einem vom Gericht bestellten Sachverständigen unverzüglich vorzulegen, soweit dem nicht berechtigte Geheimhaltungsinteressen entgegenstehen (→ Rn. 10 ff.). Bei diesen „Unterlagen" handelt es sich durchweg zugleich um „Aufzeichnungen" iSd § 7 Abs. 5 S. 2, sodass sich die Frage stellt, in welchem Verhältnis die Regelung des § 7 Abs. 7 S. 1 zu der des § 7 Abs. 5 S. 2 steht. Beide Regelungen unterscheiden sich, genauer betrachtet, vor allem im Anwendungsbereich: Während § 7 Abs. 5 S. 2 für alle „Beteiligten", also auch für die Antragsteller und den gemeinsamen Vertreter gilt, beschränkt sich der Anwendungsbereich des (strengeren) § 7 Abs. 7 S. 1 auf den Antragsgegner. Da indessen nur schwer vorstellbar ist, welche „Aufzeichnungen" die Antragsteller oder gar der gemeinsame Vertreter vorlegen sollen, *decken sich* der Sache nach doch die *Anwendungsbereiche* beider Bestimmungen, sodass sich § 7 Abs. 5 S. 2, soweit er eine Vorlagepflicht für Aufzeichnungen begründet, neben dem weitergehenden § 7 Abs. 7 als überflüssig und damit letztlich als *gegenstandslos* erweist (→ Rn. 8).[17] Geht das Gericht gleichwohl nach § 7 Abs. 5 S. 2 vor, so wird für die Frage der **Geheimhaltung** der „Aufzeichnungen", deren Vorlage das Gericht anordnet, die Regelung des § 7 Abs. 7 S. 2 und 3 entsprechend zu gelten haben.[18]

6a Bei den **„Unterlagen"** iSd § 7 Abs. 7 S. 1 hatten die Gesetzesverfasser vor allem vom Antragsgegner eingeholte Bewertungsgutachten im Auge.[19] Der Begriff der Unterlagen beschränkt sich indessen nicht auf solche Gutachten, sondern umfasst auch beliebige sonstige, geschäftliche Schriftstücke wie Bilanzen, Geschäftsberichte, Unternehmensplanungen, Protokolle und dergleichen mehr, soweit für die Bewertung des Unternehmens des Antragsgegners von Nutzen (→ Rn. 8).

VI. Beweisaufnahme (Abs. 6)

7 Gemäß § 7 Abs. 6 kann das Gericht bereits vor dem ersten Termin eine Beweisaufnahme durch Sachverständige zur Klärung (nur) von „Vorfragen", insbesondere zu Art und Umfang einer folgenden Beweisaufnahme, für die Vorbereitung der mündlichen Verhandlung anordnen *oder* dazu eine schriftliche Stellungnahme des sachverständigen Prüfers einholen. Nach dem Willen der Gesetzesverfasser soll das Gericht dadurch in die Lage versetzt werden, Vorfragen sachverständig aufarbeiten zu lassen, um die Zeit für die Abfassung eines auf bestimmte Fragen konzentrierten Beweisbeschlusses zu verkürzen.[20] Vorbild der gesetzlichen Regelung ist § 358a ZPO.

7a Seinem Wortlaut nach beschränkt sich § 7 Abs. 6 freilich im Gegensatz zu § 358a ZPO auf die vorgezogene Klärung von *Vorfragen* im Gegensatz zu Hauptfragen. Die **Abgrenzung** ist ausgesprochen schwierig, sodass sich die Frage stellt, ob § 7 Abs. 6 tatsächlich zu der

---
[16] MüKoAktG/*Kubis* Rn. 13; KK-SpruchG/*Puszkajler* Rn. 37.
[17] So schon DAV-Stellungnahme NZG 2003, 316 (318) zu § 7 Abs. 5; *Klöcker/Frowein* Rn. 11; KK-AktG/ *Koppensteiner* Anh. § 327f Rn. 37; Lutter/*Krieger* Rn. 11; KK-SpruchG/*Puszkajler* Rn. 42; *Wasmann/Rosskopf* ZIP 2003, 1776 (1779); *Wittgens*, Das Spruchverfahrensgesetz, 2005, 172 f.
[18] S. statt aller *Wittgens*, Das Spruchverfahrensgesetz, 2005, 172.
[19] Begr., BT-Drs. 15/371, 15 (l. Sp. u.).
[20] Begr., BT-Drs. 15/371, 15 (l. Sp. 4. Abs.).

Annahme nötigt, dass im Spruchverfahren anders als im streitigen Verfahren nach § 358a ZPO vorweg nur die Klärung von „Vorfragen", nicht auch die der Hauptfragen durch Beweisaufnahme möglich sein soll. Überwiegende Gründe, vor allem die Unmöglichkeit einer genauen Grenzziehung sowie § 26 FamFG, sprechen dagegen. § 7 Abs. 6 ist vielmehr im Lichte des § 358a ZPO zu lesen und lässt deshalb ggf. auch eine **vorweggenommene Beweisaufnahme über** einzelne **Aspekte** der **Hauptfrage,** in aller Regel der konkreten Bewertungsrügen zu.[21]

Zur Klärung der genannten Fragen hat das Gericht nach § 7 Abs. 6 die **Wahl** zwischen **7b** einer Beweisaufnahme und der Einholung einer Stellungnahme der sachverständigen Prüfer, in erster Linie also der Vertragsprüfer. Das Gericht ist folglich nicht gehindert, sofort, dh ohne vorherige Anhörung der Vertragsprüfer, eine Beweisaufnahme anzuordnen.[22] Die Anordnung erfolgt durch **Beschluss,** bei dem es sich um eine bloße Zwischenentscheidung handelt, die nicht selbstständig anfechtbar ist (§ 12; § 58 FamFG).[23]

Die **Beweisaufnahme** selbst richtet sich grundsätzlich nach den §§ 29 und 30 FamFG.[24] **7c** Die Regel ist somit der sog. Freibeweis nach § 29 FamFG. Nach seinem Ermessen kann das Gericht indessen auch eine förmliche Beweisaufnahme nach der ZPO anordnen (§ 30 Abs. 1 FamFG), insbesondere, wenn es für die Entscheidung auf die Richtigkeit zwischen den Beteiligten streitiger Tatsachenbehauptungen ankommt, etwa hinsichtlich der Erträge des betroffenen Unternehmens oder hinsichtlich des Umfangs des neutralen Vermögens (§ 30 Abs. 3 FamFG). Als zulässige **Beweismittel** nennt das Gesetz in § 7 Abs. 6 zwar nur die Begutachtung durch Sachverständige; aber aus den §§ 26 und 29 FamFG sowie aus dem Verweis auf die ZPO in § 30 FamFG folgt, dass auch andere Beweismittel wie insbesondere die Vernehmung von Zeugen sowie die Einholung amtlicher Auskünfte in Betracht kommen.

VII. Vorlage sonstiger Unterlagen (Abs. 7 und 8)

1. Anordnung der Vorlage. Der Antragsgegner hat nach § 7 Abs. 7 S. 1 auf Verlangen **8** des Antragstellers, des Vorsitzenden oder (wie zu ergänzen ist) des gemeinsamen Vertreters[25] dem Gericht *und* ggf. einem vom Gericht bestellten Sachverständigen sonstige für die Entscheidung erhebliche Unterlagen vorzulegen. § 7 Abs. 7 hat, wie bereits im Einzelnen ausgeführt (→ Rn. 6), den *Vorrang* vor dem weniger weit gehenden § 7 Abs. 5 S. 2, soweit es um den *Antragsgegner* geht. „**Sonstige Unterlagen**" iSd § 7 Abs. 7 sind solche, die nicht schon unter § 7 Abs. 3 gefallen, also sämtliche anderen Schriftstücke oder genauer: sämtliche anderen verkörperten Informationen, die für das Verfahren und insbesondere für die Bewertung des Antragsgegners und ggf. weiterer Unternehmen relevant sein können.[26] Für die Bejahung der **Entscheidungserheblichkeit** der Unterlagen genügt es nicht, wenn sie in irgendeiner Form überhaupt mit der Unternehmensbewertung zu tun haben, da dies im Grunde für alle Unternehmensdokumente zutrifft; vielmehr muss noch hinzukommen, dass das Gericht die fraglichen Unterlagen nach seinem Ermessen für seine Entscheidung als erheblich ansieht.[27] Wird die Vorlage auf ein Verlangen des gemeinsamen Vertreters hin vom Gericht angeordnet (das ist immer erforderlich), so muss der gemeinsame Vertreter deshalb, um einen Missbrauch des Rechtsinstituts zu verhindern, zumindest in groben Zügen *plausibel machen,* weshalb er die fraglichen Unterlagen für relevant hält.[28]

---

[21] Hüffer/*Koch* Rn. 8; KK-SpruchG/*Puszkajler* Rn. 47; Hölters/*Simons* Rn. 22; anders aber MüKoAktG/*Kubis* Rn. 17.
[22] Hüffer/*Koch* Rn. 8 mN.
[23] OLG Düsseldorf AG 2013, 227.
[24] Hölters/*Simons* Rn. 23; *Wittgens,* Das Spruchverfahrensgesetz, 2005, 173 f.
[25] Ebenso zB KK-SpruchG/*Puszkajler* Rn. 56.
[26] OLG Düsseldorf NZG 2012, 1260 = AG 2012, 797 (802); KK-SpruchG/*Puszkajler* Rn. 39, 58 f.; *Wittgens,* Das Spruchverfahrensgesetz, 2005, 177.
[27] OLG Düsseldorf NZG 2012, 1260 = AG 2012, 797 (802).
[28] OLG Karlsruhe AG 2006, 463 (464) (r. Sp.) = NZG 2006, 670; *Wittgens,* Das Spruchverfahrensgesetz, 2005, 180 ff.

9 **Beispiele** sind bereits vom Antragsgegner eingeholte Bewertungsgutachten, Bilanzen, Geschäftsberichte, Unternehmensplanungen und dergleichen mehr (→ Rn. 6).[29] Als weiteres Beispiel hatten die Gesetzesverfasser *vorbereitende Arbeitspapiere* der beauftragten Wirtschaftsprüfer genannt. Über diese Arbeitspapiere kann der Antragsgegner indessen regelmäßig gar nicht verfügen, da sie im Zweifel im Eigentum der Wirtschaftsprüfer stehen. Für eine Herausgabepflicht ist keine Rechtsgrundlage erkennbar, sodass sich die gesetzliche Regelung der Sache nach auf solche Unterlagen beschränkt, über die der Antragsgegner überhaupt *verfügen* kann und darf.[30] Für die **Anordnung** der Vorlage der genannten sonstigen Unterlagen (→ Rn. 8) durch den Vorsitzenden nach § 7 Abs. 7 S. 1 gilt § 425 ZPO entsprechend. Die Vorlage hat an das Gericht oder auf dessen Anordnung hin unmittelbar an einen vom Gericht bestellten Sachverständigen zu erfolgen (§ 7 Abs. 7 S. 1).

9a **2. Durchsetzung.** Kommt der Antragsgegner seiner Vorlagepflicht trotz gerichtlicher Anordnung nicht nach, so kann die Vorlagepflicht gemäß § 7 Abs. 8 durch **Zwangsgelder** durchgesetzt werden. Für die Festsetzung des Zwangsgeldes gilt § 35 FamFG, sodass eine gerichtliche Anordnung erforderlich ist.[31] Das Zwangsgeld darf den Betrag von 25.000 Euro nicht übersteigen (§ 35 Abs. 3 FamFG).[32] Eine wiederholte Festsetzung des Zwangsgeldes ist nach hM zulässig.[33] Die Anordnung ist mit der **sofortigen Beschwerde** nach den entsprechend anwendbaren §§ 567–572 ZPO anfechtbar (§ 35 Abs. 5 FamFG).[34]

VIII. Geheimhaltung

10 Nach § 7 Abs. 7 S. 2 kann der Vorsitzende auf Antrag des Antragsgegners (§ 5) anordnen, dass (nur) die in § 7 Abs. 7 S. 1 in Bezug genommenen sonstigen Unterlagen (→ Rn. 8) den Antragstellern (§ 3) nicht zugänglich gemacht werden dürfen, wenn ihre Geheimhaltung aus wichtigen Gründen, insbesondere zur Wahrung von Fabrikations-, Betriebs- oder Geschäftsgeheimnissen, nach Abwägung mit den Interessen der Antragsteller, sich zu den Unterlagen äußern zu können, geboten ist. Gegen die Entscheidung des Vorsitzenden kann das Gericht angerufen werden, dessen Entscheidung unanfechtbar ist (§ 7 Abs. 7 S. 3).

11 Der ganze Fragenkreis war vor Inkrafttreten des Gesetzes lebhaft umstritten gewesen.[35] Als Lösung hat sich das Gesetz jetzt in § 7 Abs. 7 für eine umfassende **Interessenabwägung** unter den Beteiligten entschieden. Bei der Abwägung, ob das Geheimhaltungsinteresse des Antragsgegners oder das Interesse des Antragstellers und des gemeinsamen Vertreters an der Auswertung aller relevanten Unterlagen den Vorrang haben soll, kommt es auf sämtliche Umstände des Einzelfalls an.[36] Nach dem Verhältnismäßigkeitsgrundsatz muss das Gericht dabei insbesondere in Betracht ziehen, ob *mildere Mittel* als eine völlige Geheimhaltung den legitimen Interessen aller Beteiligten gerecht werden können (→ Rn. 14). Lediglich wenn derartige mildere Mittel ebenfalls nicht ausreichen, kommt – in Ausnahmefällen – eine *völlige Geheimhaltung* insbesondere bei Fabrikations- und Betriebsgeheimnissen sowie noch bei solchen Geschäftsunterlagen wie zB detaillierten Investitions- oder Absatzplanungen in Betracht, die unter allen Umständen vor den Augen der Konkurrenten verborgen werden müssen.[37]

12 Bejaht das Gericht (ausnahmsweise) ein Überwiegen des **Interesses der Antragsgegner** an der Geheimhaltung bestimmter, in den fraglichen Unterlagen enthaltener Tatsachen

---

[29] MüKoAktG/*Kubis* Rn. 19; Hölters/*Simons* Rn. 24; *Wasmann/Rosskopf* ZIP 2003, 1776 (1780 f.).
[30] MüKoAktG/*Kubis* Rn. 19; KK-SpruchG/*Puszkajler* Rn. 60 ff.; *Wittgens*, Das Spruchverfahrensgesetz, 2005, 177 ff.; – anders offenba Hüffer/*Koch* Rn. 9.
[31] *Preuß* NZG 2009, 961 (963 f.).
[32] KK-SpruchG/*Puszkajler* Rn. 77 ff.; *Wittgens*, Das Spruchverfahrensgesetz, 2005, 193 f.
[33] Hölters/*Simons* Rn. 27; MüKoAktG/*Kubis* Rn. 25.
[34] Hölters/*Simons* Rn. 28; KK-SpruchG/*Puszkajler* Rn. 81; – anders MüKoAktG/*Kubis* Rn. 25: § 58 Abs. 2 FamFG.
[35] S. ausf. 7. Aufl. Rn. 11.
[36] KK-SpruchG/*Puszkajler* Rn. 71 ff.; *Wittgens*, Das Spruchverfahrensgesetz, 2005, 184 ff.
[37] OLG Karlsruhe AG 2006, 463 (464) = NZG 2006, 670 – Rheinmetall/Aditron.

(→ Rn. 11), so muss es *verhindern,* dass die Antragsteller und der gemeinsame Vertreter von ihnen *Kenntnis* nehmen können. Das ist, wenn die fraglichen Unterlagen dem Gericht bereits vorgelegt wurden, mit Rücksicht auf § 13 FamFG (Recht der Beteiligten auf Akteneinsicht) nur möglich durch die Anlage einer sog. **Sonderakte,** in der sämtliche geheimhaltungsbedürftigen Unterlagen abgelegt werden und in die weder die Antragsteller noch der gemeinsame Vertreter Einsicht nehmen dürfen. Einem gerichtlich bestellten Sachverständigen dürfen die Unterlagen – als Teil der Gerichtsakten – dagegen sehr wohl zugänglich gemacht werden, sofern er zur Verschwiegenheit verpflichtet ist. Jedoch dürfen weder der Sachverständige in seinem Gutachten noch das Gericht in seiner Entscheidung die sich aus den Unterlagen ergebenden geheimhaltungsbedürftigen Tatsachen offen legen.[38]

Offen ist, was aus dem Gesagten (→ Rn. 11 ff.) für die Frage der **Verwertbarkeit** der 13 geheimhaltungsbedürftigen **Tatsachen** in der Entscheidung des Gerichts folgt. Zum Teil wird angenommen, dass die ganze komplizierte Regelung in § 7 Abs. 7 S. 2 und 3 überhaupt nur Sinn mache, wenn sowohl der gerichtlich bestellte Sachverständige in seinem Gutachten als auch anschließend das Gericht in seiner Entscheidung die geheimhaltungsbedürftigen Tatsachen zwar nicht offenlegen, aber durchaus bei der Anfertigung des Gutachtens sowie bei der Entscheidung verwerten dürften.[39] Die Folge wäre freilich eine gerichtliche Entscheidung, die für niemanden mehr verständlich ist, weil sie letztlich auf vom Gericht bewusst verschwiegenen Tatsachen beruhte. Dies ist offenkundig inakzeptabel und für die Antragsteller unzumutbar; die Unterlagen dürfen folglich unter diesen Voraussetzungen *nicht verwertet* werden.[40]

Eine gerichtliche Entscheidung darf nur auf Tatsachen gestützt werden, zu denen die 14 Antragsteller wenigstens mittelbar Stellung nehmen konnten (Art. 103 Abs. 1 GG). Daraus folgt für das Gericht die Verpflichtung, den Antragstellern und dem gemeinsamen Vertreter eine **Stellungnahme** zu den fraglichen Unterlagen zu **ermöglichen,** wenn es sie bei seiner Entscheidung verwerten will. Dafür gibt es verschiedene Möglichkeiten. Einmal ist an die Einschaltung von Wissensmittlern zu denken, zum andern an eine zusammenfassende Darstellung der fraglichen Tatsachen in den Entscheidungsgründen, die den Antragstellern und dem gemeinsamen Vertreter wenigstens eine eigene Stellungnahme ermöglicht. Sieht das Gericht hierfür keine Möglichkeit, so muss es auf die Verwertung der fraglichen geheimhaltungsbedürftigen Tatsachen verzichten.[41]

§ 8 SpruchG Mündliche Verhandlung

(1) ¹Das Gericht soll aufgrund mündlicher Verhandlung entscheiden. ²Sie soll so früh wie möglich stattfinden.

(2) ¹In den Fällen des § 7 Abs. 3 Satz 2 soll das Gericht das persönliche Erscheinen der sachverständigen Prüfer anordnen, wenn nicht nach seiner freien Überzeugung deren Anhörung als sachverständige Zeugen zur Aufklärung des Sachverhalts entbehrlich erscheint. ²Den sachverständigen Prüfern sind mit der Ladung die Anträge der Antragsteller, die Erwiderung des Antragsgegners sowie das weitere schriftliche Vorbringen der Beteiligten mitzuteilen. ³In geeigneten Fällen kann das Gericht die mündliche oder schriftliche Beantwortung von einzelnen Fragen durch den sachverständigen Prüfer anordnen.

(3) Die §§ 138 und 139 sowie für die Durchführung der mündlichen Verhandlung § 279 Abs. 2 und 3 und § 283 der Zivilprozessordnung gelten entsprechend.

---

[38] So Begr. RegE, BT-Drs. 15/371, 15 (r. Sp. o.).
[39] Ebenso oder ähnlich auch. Lutter/*Krieger* Rn. 20 ff.; *Wittgens,* Das Spruchverfahrensgesetz, 2005, 186 ff.
[40] Zust. Hüffer/*Koch* Rn. 9; MüKoAktG/*Kubis* Rn. 20; KK-SpruchG/*Puszkajler* Rn. 75 f.
[41] Kit. auch Hüffer/*Koch* Rn. 9; KK-AktG/*Koppensteiner* Anh. § 327f Rn. 38 f.; MüKoAktG/*Kubis* Rn. 20–23; KK-SpruchG/*Puszkajler* Rn. 75 f.; Lamb/Schluck-Amend DB 2003, 1259 (1263); W. Meilicke/Heidel DB 2003, 2267 (2271); Wasmann/Rosskopf ZIP 2003, 1776 (1780 f.); *Wittgens,* Das Spruchverfahrensgesetz, 2005, 189.

Übersicht

	Rn.		Rn.
I. Überblick	1, 2	1. Hilfsperson des Gerichts	4, 5
II. Mündliche Verhandlung	3–3b	2. Bestellung zu gerichtlichen Sachverständigen?	6–9
III. Anhörung der sachverständigen Prüfer	4–9		

I. Überblick

1 Nach § 8 Abs. 1 soll das Gericht auf Grund möglichst früher mündlicher Verhandlung entscheiden, weil die Gesetzesverfasser der Auffassung waren, dass ein gut vorbereiteter mündlicher Termin „sehr viel effektiver dazu dienen kann, wesentliche Fragen aufzuklären, als dies lediglich durch den Austausch von Schriftsätzen möglich ist",[1] eine Annahme, für die es freilich bisher keinen empirischen Beleg gibt.[2] Ergänzend bestimmt § 8 Abs. 2 S. 1, dass in den Fällen des § 7 Abs. 3 S. 2, dh immer dann, wenn der Unternehmensvertrag, die Eingliederung, die Übertragung der Aktien auf den Hauptaktionär oder die Umwandlung durch sachverständige Prüfer geprüft wurden, das Gericht das **persönliche Erscheinen der sachverständigen Prüfer** anordnen soll, um sie in der mündlichen Verhandlung als sachverständige Zeugen zur weiteren Aufklärung des Sachverhalts anhören zu können (→ Rn. 5 ff.). Bezweckt wird damit, so oft wie möglich den Sachverstand der Prüfer für eine schnelle Entscheidung zu nutzen.[3] Auf die Anhörung der sachverständigen Prüfer soll aus diesem Grund nur in Ausnahmefällen verzichtet werden.[4] Wird das persönliche Erscheinen der sachverständigen Prüfer angeordnet, so sind ihnen zugleich mit der Ladung die Anträge der Antragsteller, die Erwiderung des Antragsgegners sowie das weitere schriftliche Vorbringen der Beteiligten mitzuteilen, damit sie sich auf ihre Anhörung vorbereiten können (§ 8 Abs. 2 S. 2). Auf Vorschlag des Bundesrats kann das Gericht in geeigneten Fällen aber auch statt des persönlichen Erscheinens der Prüfer gemäß § 8 Abs. 2 S. 2 die bloße mündliche oder schriftliche **Beantwortung einzelner Fragen** durch die Prüfer anordnen (§ 8 Abs. 2 S. 3), womit in erster Linie bezweckt wird, die umständliche und kostspielige Versendung sämtlicher Unterlagen an sie (§ 8 Abs. 2 S. 2) zu vermeiden.[5]

2 Um das Spruchverfahren noch weiter als bisher schon dem ordentlichen Zivilprozess nach der ZPO anzunähern, ordnet § 8 Abs. 3 ferner die entsprechende Anwendung der §§ 138 und 139 ZPO sowie für die Durchführung der mündlichen Verhandlung die Anwendung des § 279 Abs. 2 und 3 und des § 283 ZPO an. Auch im Spruchverfahren gilt folglich jetzt der **Beibringungsgrundsatz des § 138 ZPO**, ergänzt durch die Pflicht des Gerichts zur **Prozessleitung nach § 139 ZPO**.[6] Dies bedeutet, dass sich alle Beteiligten substantiiert zu den (ebenfalls substantiierten) Behauptungen der anderen Beteiligten äußern müssen, widrigenfalls die nicht (wirksam) bestrittenen Tatsachen grundsätzlich als *zugestanden* anzusehen sind, sodass auch im Spruchverfahren über sie kein Beweis mehr erhoben zu werden braucht (§ 138 Abs. 3 ZPO).[7] Anlass zu weiteren Ermittlungen des Gerichts besteht nach § 26 FamFG vielmehr nur, wenn relevante Behauptungen einer Seite von der anderen substantiiert bestritten werden,

II. Mündliche Verhandlung

3 Nach § 8 Abs. 1 S. 1 „soll" das Gericht aufgrund mündlicher Verhandlung entscheiden; die mündliche Verhandlung soll außerdem, wie S. 2 des § 8 Abs. 1 hinzufügt, so früh wie

---

[1] So Begr., BT-Drs. 15/371, 15 (r. Sp. 2. Abs.).
[2] Hüffer/*Koch* Rn. 2; KK-Spruch/*Puszkajler* Rn. 3; Hölters/*Simons* Rn. 3.
[3] Begr., BT-Drs. 15/371, 15 (r. Sp. 3. Abs.).
[4] Begr., BT-Drs. 15/371, 15 (r. Sp. 3. Abs.).
[5] Begr., BT-Drs. 15/371, 23 f., 27; Ausschussbericht BT-Drs. 15/838, 8, 17 (r. Sp. 1. Abs.); Hüffer/*Koch* Rn. 6.
[6] S. ie KK-SpruchG/*Puszkajler* Rn. 35, 47 ff.; Hölters/*Simons* Rn. 14 ff.; *Wittgens*, Das Spruchverfahrensgesetz, 2005, 198 ff.
[7] Ebenso schon OLG Düsseldorf AG 2000, 421 (422).

möglich stattfinden, natürlich, um das Verfahren nach Möglichkeit zu beschleunigen. Die mündliche Verhandlung steht mithin zwar im Ermessen des Gerichts, bildet aber nach den Vorstellungen der Gesetzesverfasser den **Regelfall**,[8] und zwar insbesondere im Fall der Durchführung einer Beweisaufnahme, wie auch aus der Verweisung auf § 279 Abs. 2 und 3 ZPO in § 8 Abs. 3 zu folgern ist. Ein *Verzicht* auf die mündliche Verhandlung kommt mit anderen Worten nur in Ausnahmefällen in Betracht, insbesondere, wenn kein Bedarf zur Erörterung des Streitstoffes mit den Beteiligten besteht, etwa, weil sämtliche Anträge offenbar unzulässig sind.[9]

Für die **Durchführung der mündlichen Verhandlung** verweist § 8 Abs. 3 auf § 279 **3a** Abs. 2 und Abs. 3 sowie auf § 283 ZPO. § 279 Abs. 2 und Abs. 3 ZPO bestimmt, dass der streitigen Verhandlung die Beweisaufnahme unmittelbar nachfolgen soll und dass das Gericht im Anschluss an die Beweisaufnahme erneut den Sach- und Streitstand und, soweit bereits möglich, das Ergebnis der Beweisaufnahme mit den Parteien zu erörtern hat. Das letztere wird freilich nur möglich sein, wenn sich das Gericht nicht genötigt sieht, ein erneutes Gutachten einzuholen. § 283 ZPO regelt schließlich die Frage, wann einer Partei eine Schriftsatzfrist für Erklärungen zu verspätetem Vorbringen des Gegners zu gewähren ist. (Selbstverständliche) Voraussetzung ist aber die Zulassung des fraglichen verspäteten Vorbringens des Gegners entgegen § 9.[10]

Die mündliche Verhandlung soll **so früh wie möglich** stattfinden (§ 8 Abs. 1 S. 2). Bei **3b** der **Terminierung** muss das Gericht indessen die verschiedenen Fristen der §§ 2 Abs. 1, 7 Abs. 2 S. 3 und Abs. 4 S. 2 berücksichtigen, sodass eine mündliche Verhandlung in der Regel erst acht bis zehn Monate nach Ablauf der Antragsfrist möglich sein wird. Bei der Ladung ist § 32 FamFG zu beachten. Wenn sich das Verfahren wie gerade in Spruchverfahren häufig übermäßig verzögert, kommt schließlich auch die Anwendung der §§ 198 ff. GVG in Betracht.

III. Anhörung der sachverständigen Prüfer

1. Hilfsperson des Gerichts. Nach § 8 Abs. 2 S. 1 soll das Gericht in den Fällen, in **4** denen sachverständige Prüfer tätig waren (§ 7 Abs. 3 S. 2), insbesondere also bei Abschluss oder Änderung eines Beherrschungs- oder Gewinnabführungsvertrages nach § 293c AktG, das persönliche Erscheinen der sachverständigen Prüfer anordnen, um sie **„als sachverständige Zeugen"** zur Aufklärung des Sachverhaltes **vernehmen** zu können (→ Rn. 1). Der Sache nach verweist das Gesetz damit (über § 17 Abs. 1 SpruchG und § 30 FamFG) auf **§ 414 ZPO.** Nach dieser Vorschrift finden die Vorschriften über den Zeugenbeweis Anwendung (§§ 373, 377 ff. ZPO), soweit zum Beweis vergangener *Tatsachen* oder Zustände, zu deren Wahrnehmung eine besondere Sachkunde erforderlich war, sachkundige Personen zu vernehmen sind.

Der Verweis des § 8 Abs. 2 S. 1 auf § 414 ZPO ist nicht wörtlich zu nehmen, weil **5** die einzigen *Tatsachen,* über die die Prüfer als sachverständige Zeugen auf Grund eigener Wahrnehmung berichten können, die einzelnen Schritte bei der Durchführung der Prüfung sowie ihre Wahrnehmungen und Überlegungen dabei sind. Was das Gesetz mit der eigenartigen Regelung des § 8 Abs. 2 S. 1 vielmehr offenkundig bezweckt, ist etwas ganz *anderes,* nämlich die **„Berufung"** der sachverständigen Prüfer zu **Hilfs-** und **Auskunftspersonen,** die dem Gericht das nötige Fachwissen vermitteln sollen, das erforderlich ist, um dem Gericht die sachgerechte Würdigung der Bewertungsgutachten und der dagegen vorgebrachten Einwände und überdies, soweit nötig, die Formulierung konkreter Beweisfragen zu ermöglichen.[11] Bei Lichte besehen, sind die sachverständigen Prüfer daher weder „echte"

---

[8] Hüffer/*Koch* Rn. 2; KK-Spruch/*Puszkajler* Rn. 4.
[9] MüKoAktG/*Kubis* Rn. 1.
[10] KK-AktG/*Koppensteiner* Anh. § 327f Rn. 44.
[11] Ebenso Hüffer/*Koch* Rn. 4; KK-SpruchG/*Puszkajler* Rn. 13 ff., 16; MüKoAktG/*Kubis* Rn. 2; Lutter/ *Krieger* Rn. 6; in der Tendenz wohl auch *Klöcker/Frowein* Rn. 6; dagegen *Wittgens*, Das Spruchverfahrensgesetz, 2005, 201 f.

Zeugen noch „echte" Sachverständige, sondern **Hilfspersonen des Gerichts,** deren Heranziehung nur **im Wege des Freibeweises** im Rahmen der Amtsermittlung nach § 26 FamFG iVm § 17 Abs. 1 SpruchG möglich erscheint. So gesehen, hat § 8 Abs. 2 S. 1 iVm der Verweisung auf die Vorschriften der ZPO über den Zeugenbeweis wohl in erster Linie die Aufgabe, die nötige gesetzliche Grundlage für die *Anordnung des persönlichen Erscheinens* der sachverständigen Prüfer zu schaffen.[12]

6 **2. Bestellung zu gerichtlichen Sachverständigen?** Die allseits beklagte übermäßige Dauer vieler, wenn nicht der meisten Spruchverfahren hat aus verfahrensrechtlicher Sicht seinen wichtigsten Grund darin, dass die Gerichte im Regelfall angesichts der Komplexität der Bewertungsfragen nicht ohne gerichtliche Sachverständige auskommen werden, als solche aber grundsätzlich nur die ohnehin überlasteten (und entsprechend teuren) Wirtschaftsprüfer zumal aus den großen Wirtschaftsprüfergesellschaften zur Verfügung stehen (s. § 293d Abs. 1 S. 1 AktG iVm § 319 Abs. 1 S. 1 HGB), – die, beiläufig bemerkt – aus diesem Grund obendrein auch noch ein durchaus verständliches wirtschaftliches Interesse an der zunehmenden Komplexität der Unternehmensbewertungen haben.[13] Die notwendige Folge sind unvertretbar lange Fristen für die Erstellung übersteuerter Wirtschaftsprüfergutachten in den Spruchverfahren. Die Suche nach Alternativen ist daher allgemein.

7 *Ein* Ausweg aus dem geschilderten Dilemma (→ Rn. 6) ist natürlich, wo immer möglich auf die Einholung gerichtlicher Sachverständigengutachten zu verzichten. Im Schrifttum werden verschiedene **Fallgruppen** diskutiert, in denen vorrangig solcher **Verzicht** zu erwägen ist.[14] Ein Verzicht auf die Einholung von Sachverständigengutachten kommt danach in erster Linie in Betracht, wenn die von den Antragstellern vorgebrachten Einwände gegen die Bewertungsgutachten offenbar *unschlüssig* sind, ferner wenn auf der Grundlage des vorliegenden Verfahrensstoffs, insbesondere also des Vertragsberichts, des Prüfungsberichts und der Bewertungsgutachten der Antragsgegner eine gerichtliche *Schätzung* des Unternehmenswerts nach § 287 ZPO vertretbar erscheint oder wenn sich auch bei Berücksichtigung der Einwände der Antragsteller offenbar keine nennenswerte Erhöhung der Kompensation ergäbe (Stichwort: *Bagatellgrenze*), weiter wenn sich der Streit der Beteiligten im Kern um Rechtsfragen dreht sowie namentlich dann, wenn ein Rückgriff auf Marktdaten, vor allem also auf *Börsenkurse* möglich erscheint. Sind indessen diese Wege zur Vermeidung der teuren und zeitaufwändigen Bestellung gerichtlicher Sachverständiger nicht gangbar, so stellt sich die weitere Frage, ob auch die *sachverständigen Prüfer* zu gerichtlichen Sachverständigen bestellt werden können, um den Umstand zu nutzen, dass sie mit dem Fall bereits zumindest partiell vertraut sind.

8 Die Gesetzesverfasser haben – aus den genannten Gründen (→ Rn. 7) – ausdrücklich die Bestellung der **sachverständigen Prüfer** zu gerichtlichen Sachverständigen befürwortet.[15] Auf die **Bedenken** gegen diese Vorstellung der Gesetzesverfasser ist bereits hingewiesen worden (→ AktG § 293b Rn. 7 ff.). Sie haben ihren Grund vor allem in der *fehlenden Unabhängigkeit* der Prüfer, die zwar vom Gericht, aber auf Vorschlag des Antragsgegners bestellt werden (§ 293d AktG), weiter in der offenbaren *Unmöglichkeit*, selbst als vom Gericht bestellter Sachverständiger objektiv das eigene vorausgegangene Gutachten zu überprüfen,[16] sowie in dem Umstand, dass die Vertragsprüfer eine ganz *andere Aufgabe* als ein vom Gericht bestellter Sachverständiger bei der Bewertung des Unternehmens des Antragsgegners haben, da sie als Vertragsprüfer lediglich die Plausibilität der bereits vorliegenden Bewertungsgut-

---

[12] *Fritzsche/Dreier/Verfürth* Rn. 13 f.; Hüffer/*Koch* Rn. 4; KK-SpruchG/*Puszkajler* Rn. 28; *Simon/Winter* Rn. 14.
[13] Treffend *Fleischer* AG 2014, 97 (112 f.).
[14] S. zB Hüffer/*Koch* Rn. 6; Spindler/Stilz/*Drescher* Rn. 6.
[15] Begr., BT-Drs. 15/371, 23 f., 27 (4. Abs.).
[16] Die dazu erforderliche geradezu „heroische Selbstverleugnung" kann man billigerweise von niemandem verlangen; ebenso Spindler/Stilz/*Drescher* Rn. 8; MüKoAktG/*Kubis* Rn. 2; Hüffer/*Koch* Rn. 5a; KK-Spruch/ *Puszkajler* Rn. 14, 22; Hölters/*Simons* Rn. 10; – anders merkwürdigerweise OLG Düsseldorf AG 2001, 533; AG 2006, 754 (755) = WM 2006, 2137.

achten zu beurteilen haben, als gerichtliche Sachverständige dagegen deren Richtigkeit kontrollieren müssen. Aus allen diesen Gründen sollte tatsächlich von der Möglichkeit, die sachverständigen Prüfer zu gerichtlichen Sachverständigen zu bestellen, grundsätzlich **kein Gebrauch** gemacht werden (→ AktG § 293b Rn. 8).[17] Ebenso verfahren heute auch in aller Regel die Gerichte in Spruchverfahren.

Wenn das Gericht die sachverständigen Prüfer trotz der geschilderten Bedenken (→ Rn. 8) zu gerichtlichen Sachverständigen bestellt, kommt immer noch ihre **Ablehnung wegen der Besorgnis der Befangenheit** in Betracht. Maßgebend sind die §§ 406 Abs. 1 und 42 Abs. 2 ZPO. Entscheidend ist danach, ob von den Antragstellern ein Grund glaubhaft gemacht werden kann, der Misstrauen gegen die Unparteilichkeit des Sachverständigen zu rechtfertigen vermag. Über den Antrag auf Ablehnung entscheidet das Gericht durch Beschluss, gegen den nach § 406 Abs. 5 ZPO die sofortige Beschwerde zum OLG gegeben ist.[18] Die Rechtsprechung ist ausgesprochen *restriktiv*. Die Tätigkeit des Sachverständigen als Gutachter in anderen Verfahren der Antragsgegner oder aufgrund privater Aufträge der Antragsgegner in anderen Fällen rechtfertigt ihrer Meinung nach grundsätzlich ebensowenig wie angebliche Mängel eines Gutachtens die Besorgnis der Befangenheit.[19] Dasselbe gilt etwa für eine geringfügige Beteiligung des Sachverständigen an dem Antragsgegner oder für seine frühere Tätigkeit als Abschlussprüfer für den Antragsgegner.[20] Anders verhält es sich nur im Falle der *wirtschaftlichen Abhängigkeit* des Sachverständigen von dem Antragsgegner aufgrund einer engen geschäftlichen Verbundenheit.[21] Auch bei Zugrundelegung dieser (aus guten Gründen) sehr restriktiven Praxis wird indessen bei der Bestellung der sachverständigen Prüfer zu gerichtlichen Sachverständigen häufig die Besorgnis der Befangenheit begründet sein, einmal wegen ihrer unvermeidlichen Nähe zu dem Antragsgegner, zum anderen, weil eben niemand „sein eigener Obergutachter" sein kann.

§ 9 SpruchG Verfahrensförderungspflicht

(1) Jeder Beteiligte hat in der mündlichen Verhandlung und bei deren schriftlicher Vorbereitung seine Anträge sowie sein weiteres Vorbringen so zeitig vorzubringen, wie es nach der Verfahrenslage einer sorgfältigen und auf Förderung des Verfahrens bedachten Verfahrensführung entspricht.

(2) Vorbringen, auf das andere Beteiligte oder in den Fällen des § 8 Abs. 2 die in der mündlichen Verhandlung anwesenden sachverständigen Prüfer voraussichtlich ohne vorhergehende Erkundigung keine Erklärungen abgeben können, ist vor der mündlichen Verhandlung durch vorbereitenden Schriftsatz so zeitig mitzuteilen, dass die Genannten die erforderliche Erkundigung noch einziehen können.

(3) Rügen, welche die Zulässigkeit der Anträge betreffen, hat der Antragsgegner innerhalb der ihm nach § 7 Abs. 2 gesetzten Frist geltend zu machen.

I. Überblick

§ 9 statuiert „als wesentlichen Grundsatz des neugestalteten Spruchverfahrens"[1] entsprechend § 282 ZPO eine Verfahrensförderungspflicht aller Verfahrensbeteiligten (einschließlich des gemeinsamen Vertreters). Die Vorschrift muss im **Zusammenhang mit § 10 Abs. 2** gesehen werden, nach dem Vorbringen, das entgegen § 9 Abs. 1 oder 2 nicht recht-

---

[17] Ebenso KK-AktG/*Koppensteiner* Anh. § 327f Rn. 46; *Lamb/Schluck-Amend* DB 2003, 1259 (1262) (l. Sp. o.); KK-SpruchG/*Puszkajler* Rn. 22; Hölters/*Simons* Rn. 10; *Wittgens*, Das Spruchverfahrensgesetz, 2005, 215 ff.; anders *Simon/Winter* Rn. 18–20.
[18] OLG Düsseldorf AG 2015, 438; 2015, 439 (440).
[19] OLG Düsseldorf AG 2015, 439 (441 f.) mN.
[20] OLG Düsseldorf AG 2001, 533 – Schumag AG; 2005, 304; 2006, 754 f. = WM 2006, 2137 – ThyssenKrupp AG.
[21] OLG Düsseldorf AG 2015, 439 (442) (l. Sp.u.).
[1] So Begr., BT-Drs. 15/371, 16 (l. Sp. 2. Abs.).

zeitig erfolgt, vom Gericht zurückgewiesen werden kann, wenn die Zulassung dieses Vorbringens nach der freien Überzeugung des Gerichts die Erledigung des Verfahrens verzögerte und die Verspätung nicht entschuldigt wird (→ § 10 Rn. 8 ff.). **Zweck** der Vorschrift ist wie durchgängig im SpruchG die Verfahrensbeschleunigung; die **praktische Bedeutung** der Vorschrift ist gleichwohl gering, vor allem, weil mehrere **spezielle Regelungen vorgehen.** Hervorzuheben sind § 4 für den Antrag und die Antragsbegründung, § 7 Abs. 2 S. 3 für die Erwiderung des Antragsgegners, § 7 Abs. 4 S. 2 für die Replik des Antragstellers und des gemeinsamen Vertreters sowie noch § 9 Abs. 3 für Zulässigkeitsrügen (→ Rn. 5). Die in diesen Vorschriften genannten *Fristen* dürfen die Beteiligten ohne Rücksicht auf § 9 Abs. 1 immer voll *ausschöpfen*.[2]

2   Das Gesetz regelt in § 9 im Einzelnen *drei* verschiedene Fragenkreise. Es legt zunächst in Abs. 1 die **allgemeine Verfahrensförderungspflicht** der Beteiligten fest (→ Rn. 3 f.). Abs. 2 des § 9 regelt einen **besonderen Anwendungsfall** dieser allgemeinen Verfahrensförderungspflicht durch die weitere Bestimmung, dass Vorbringen, auf das andere Beteiligte oder die sachverständigen Prüfer voraussichtlich ohne vorherige Erkundigungen keine Erklärungen abgeben können, bereits *vor* der mündlichen Verhandlung so rechtzeitig schriftsätzlich mitzuteilen ist, dass die Genannten die erforderlichen Erkundigungen noch einziehen können (→ Rn. 4). § 9 Abs. 3 ordnet schließlich an, dass der Antragsgegner eine **Zulässigkeitsrüge** innerhalb der ihm nach § 7 Abs. 2 gesetzten Frist geltend machen muss (→ Rn. 6).

II. Allgemeine Verfahrensförderungspflicht

3   Gemäß § 9 Abs. 1 sind nach dem Vorbild des § 282 ZPO Anträge und sonstiges Vorbringen in der mündlichen Verhandlung und bei deren schriftlicher Vorbereitung so rechtzeitig vorzubringen, wie es nach der Verfahrenslage einer sorgfältigen und auf Förderung des Verfahrens bedachten Verfahrensführung entspricht. Daraus ergibt sich für die Beteiligten sowie für den gemeinsamen Vertreter vor allem ein **Verzögerungsverbot**, sodass relevanter Tatsachenvortrag zB nicht aus prozesstaktischen Gründen zunächst zurückgehalten werden darf.[3] Bei einem schuldhaften **Verstoß** gegen diese allgemeine Verfahrensförderungspflicht kann das Vorbringen nach **§ 10 Abs. 2** zurückgewiesen werden.

3a   Die allgemeine Verfahrensförderungspflicht des § 9 Abs. 1 gilt für sämtliche am Verfahren **Beteiligten**, dh für die Antragsteller, den Antragsgegner und den gemeinsamen Vertreter, und zwar in der **Zeitspanne** zwischen der Zustellung der Anträge und dem Schluss der mündlichen Verhandlung, insbesondere also bei der schriftlichen Vorbereitung der mündlichen Verhandlung.[4] In der danach maßgeblichen Zeitspanne muss der Vortrag so *rechtzeitig* erfolgen, dass seine Berücksichtigung bei der Entscheidung ohne Verzögerung des Rechtsstreits möglich ist.[5] Eine weitere Konkretisierung dieser Verfahrensförderungspflicht ist schwierig. Gegen sie verstößt aber auf jeden Fall jede auf *Verzögerung* der Entscheidung angelegte Taktik in Gestalt der Zurückhaltung neuen tatsächlichen Vortrags. Solcher Vortrag muss vielmehr so bald wie möglich und so rechtzeitig erfolgen, wie es objektiv der Verfahrenslage und subjektiv einer sorgfältigen, auf die Förderung des Verfahrens bedachten Verfahrensführung entspricht.

3b   **Sonderregelungen** gehen jedoch vor (→ Rn. 1). Eine derartige Sonderregelung enthält insbesondere der § 4 für den *verfahrenseinleitenden Antrag* auf gerichtliche Entscheidung, sodass mit den „**Anträgen**" in § 9 Abs. 1 nur sonstige das Verfahren betreffende Anträge einschließlich insbesondere der Beweisanträge gemeint sein können (§ 17 Abs. 1 SpruchG iVm § 25 FamFG).[6] „**Weiteres Vorbringen**" iSd § 9 Abs. 1 sind dagegen alle sonstigen

---

[2] KK-SpruchG/*Puszkajler* Rn. 8.
[3] KK-SpruchG/*Puszkajler* Rn. 8.
[4] *Wittgens*, Das Spruchverfahrensgesetz, 2005, 202 f.
[5] Hüffer/*Koch* Rn. 3; KK-SpruchG/*Puszkajler* Rn. 7 ff.
[6] Hüffer/*Koch* Rn. Rn. 2; Lutter/*Krieger* Rn. 3; MüKoAktG/*Kubis* Rn. 3; KK-SpruchG/*Puszkajler* Rn. 5; *Wittgens*, Das Spruchverfahrensgesetz, 2005, 203.

tatsächlichen und rechtlichen Ausführungen, die für die Entscheidung erheblich sein können, mit der einen Ausnahme reiner *Rechtsausführungen,* die jederzeit möglich sind und niemals verspätet sein können.[7] Im Schrifttum ist umstritten, ob speziell die **Unternehmensbewertung** in diesem Sinne Rechtsfrage ist oder nicht. Die Frage wird zum Teil bejaht,[8] zum Teil verneint;[9] gelegentlich wird auch darauf abgestellt, ob bei der konkreten Bewertungsfrage rechtliche oder betriebswirtschaftliche Aspekte im Vordergrund stehen.[10] Tatsächlich sind jedoch sämtliche Bewertungsfragen ohne Ausnahmen **Rechtsfragen,** weil allein die Rechtsordnung darüber entscheidet, wie bei der Unternehmensbewertung vorzugehen ist, welche Parameter zu berücksichtigen sind und wie sie jeweils gewichtet werden müssen. Die praktisch bedeutsame Konsequenz ist, dass Ausführungen zur Unternehmensbewertung grundsätzlich *nie verspätet* sein können, sondern immer berücksichtigt werden müssen, – wodurch sich die praktische Relevanz des § 9 weiter relativieren dürfte.

III. Vorbereitende Schriftsätze

§ 9 Abs. 2 regelt einen besonderen Anwendungsfall der allgemeinen Verfahrensförderungspflicht der Beteiligten (→ Rn. 3 f.) durch die Präzisierung der **Fristen** für vorbereitende Schriftsätze iSd §§ 129 ff. ZPO, wenn der Schriftsatz tatsächliches Vorbringen enthält, auf das die anderen Beteiligten und die sachverständigen Prüfer (im Falle des § 8 Abs. 2) voraussichtlich ohne vorhergehende Erkundigungen keine Erklärungen abzugeben vermögen. Ist dies der Fall, so muss das fragliche Vorbringen **vor der mündlichen Verhandlung** schriftsätzlich *so zeitig* mitgeteilt werden, dass die Genannten die erforderlichen Erkundigungen noch einholen können. Feste Fristen nennt das Gesetz dafür nicht; das Gesetz sieht insbesondere nicht die entsprechende Anwendbarkeit der §§ 132 und 274 ZPO vor, sodass sich die nötige Frist *nach den Umständen des Falles,* in erster Linie also nach der Schwierigkeit der Sachverhaltsermittlung richtet.[11] Im Regelfall dürfte danach eine **Frist von drei Wochen** vor dem Termin ausreichen, um den anderen Beteiligten noch eine rechtzeitige Stellungnahme oder Erwiderung zu ermöglichen.[12] Soweit sich das Gesetz in § 9 Abs. 2 auch an die **sachverständigen Prüfer** wendet, kann mit der Regelung nur gemeint sein, dass den Prüfern die nötige Zeit gelassen werden muss, um sich auf schwierige Fragen zu der Bewertungsproblematik vorzubereiten, eine im Grunde völlig überflüssige Regelung.[13]

Bei einem **Verstoß** gegen die sich aus § 9 Abs. 2 ergebende Beschleunigungspflicht greift die **Sanktion** des § 10 Abs. 2 ein. Außerdem ist dann kein Raum für die Anwendung des § 138 Abs. 3 ZPO (iVm § 8 Abs. 3), wenn andere Beteiligten eine Erklärung auf verspätetes Vorbringen verweigern; vielmehr kann das Gericht stattdessen in diesem Fall auch nach § 283 ZPO (iVm § 8 Abs. 3) vorgehen und den anderen Beteiligten eine Schriftsatzfrist einräumen.

IV. Zulässigkeitsrüge

Nach § 9 Abs. 3 muss der Antragsgegner Rügen, die die Zulässigkeit der Anträge betreffen, innerhalb der ihm nach § 7 Abs. 2 vom Gericht gesetzten Frist (ein bis drei Monate) geltend machen, wobei der Antragsgegner die Frist jeweils voll ausschöpfen kann und nicht etwa genötigt ist, die Rügen sofort und in einem einzigen Schriftsatz zu erheben (→ Rn. 1). Mit den „**Anträgen**" sind in § 9 Abs. 3 die verfahrenseinleitenden Anträge nach § 1 sowie alle sonstigen das Verfahren betreffenden Anträge wie zB Beweisanträge gemeint. Die Vorschrift hat Bedeutung **allein** für den **Antragsgegner** und betrifft auch **nur** die Zulässig-

---

[7] Hüffer/*Koch* Rn. 3; KK-SpruchG/*Puszkajler* Rn. 6; – anders zB MüKoAktG/*Kubis* Rn. 4.
[8] Ausf. mN *Fleischer* AG 2014, 97, besonders 110 ff.; im Ergebnis auch MüKoAktG/*Kubis* Rn. 4.
[9] KK-SpruchG/*Puszkajler* Rn. 6.
[10] *Simon/Winter* Rn. 8 f.
[11] Lutter/*Krieger* Rn. 6; KK-SpruchG/*Puszkajler* Rn. 10 ff.
[12] Hüffer/*Koch* Rn. 4.
[13] Hüffer/*Koch* Rn. 5.

keitsrüge selbst, nicht deren Begründung, die daher auch noch später nachgeschoben werden kann.[14]

7 § 9 Abs. 3 muss im Zusammenhang mit **§ 10 Abs. 4** gesehen werden, nach dem (allein) solche verspäteten Zulässigkeitsrügen, die *nicht* von Amts wegen zu berücksichtigen sind, zuzulassen sind, wenn der Beteiligte die Verspätung genügend entschuldigt, – womit zugleich gesagt ist, dass bei der großen *Mehrzahl* der Zulässigkeitsrügen (weil von Amts wegen zu beachten) die Verspätung ungeachtet der §§ 9 Abs. 3 und 10 Abs. 4 doch *unbeachtlich* ist (→ § 10 Rn. 11).[15] Der Anwendungsbereich der §§ 9 Abs. 3 und 10 Abs. 4 beschränkt sich somit auf die seltenen Fälle der **verzichtbaren Zulässigkeitsrügen**. Ein Beispiel ist die Rüge fehlender Vollmacht bei einem Rechtsanwalt (§ 11 FamFG), nicht dagegen die Rüge der Unzuständigkeit des Gerichts.[16]

§ 10 SpruchG Verletzung der Verfahrensförderungspflicht

(1) Stellungnahmen oder Einwendungen, die erst nach Ablauf einer hierfür gesetzten Frist (§ 7 Abs. 2 Satz 3, Abs. 4) vorgebracht werden, sind nur zuzulassen, wenn nach der freien Überzeugung des Gerichts ihre Zulassung die Erledigung des Rechtsstreits nicht verzögern würde oder wenn der Beteiligte die Verspätung entschuldigt.

(2) Vorbringen, das entgegen § 9 Abs. 1 oder 2 nicht rechtzeitig erfolgt, kann zurückgewiesen werden, wenn die Zulassung nach der freien Überzeugung des Gerichts die Erledigung des Verfahrens verzögern würde und die Verspätung nicht entschuldigt wird.

(3) § 26 des Gesetzes über das Verfahren in Familiensachen und in den Angelegenheiten der freiwilligen Gerichtsbarkeit ist insoweit nicht anzuwenden.

(4) Verspätete Rügen, die die Zulässigkeit der Anträge betreffen und nicht von Amts wegen zu berücksichtigen sind, sind nur zuzulassen, wenn der Beteiligte die Verspätung genügend entschuldigt.

§ 26 FamFG Ermittlung von Amts wegen

Das Gericht hat von Amts wegen die zur Feststellung der entscheidungserheblichen Tatsachen erforderlichen Ermittlungen durchzuführen.

Übersicht

	Rn.		Rn.
I. Überblick	1–3	IV. Verspätete Zulässigkeitsrüge (Abs. 4)	11
II. Überschreitung der Fristen des § 7 Abs. 2 und Abs. 4 (Abs. 1)	4–7		
III. Verletzung der Verfahrensförderungspflicht (Abs. 2)	8–10	V. Einschränkung des Amtsermittlungsgrundsatzes (Abs. 3)	12, 13

I. Überblick

1 § 10 regelt im Anschluss an § 296 ZPO die **Sanktionsmöglichkeiten,** die dem Gericht bei einer Verletzung der Fristen für die Erwiderung des Antragsgegners (§ 7 Abs. 2 S. 3) und für die Replik der Antragsteller (§ 7 Abs. 4 S. 1) sowie bei einer Verletzung der Verfahrensförderungspflichten der Beteiligten auf Grund des § 9 Abs. 1 und 2 zur Verfügung stehen. Dadurch soll im Interesse der **Verfahrensbeschleunigung** die Einhaltung (nur) der genannten Fristen des § 7 Abs. 2 S. 3 und Abs. 4 S. 2 (→ Rn. 4 ff.) sowie die Beachtung

---

[14] Hüffer/*Koch* Rn. 6; KK-SpruchG/*Puszkajler* Rn. 17.
[15] Hüffer/*Koch* Rn. 6; KK-SpruchG/*Puszkajler* Rn. 1 7 ff., § 10 Rn. 22; Hölters/*Simons* Rn. 8; *Wittgens*, Das Spruchverfahrensgesetz, 2005, 204 (210).
[16] Anders zu Unrecht OLG Karlsruhe AG 2005, 300 (301) – Martin Yale Industries; MüKoAktG/*Kubis* Rn. 6; – offengelassen bei KK-SpruchG/*Puszkajler* Rn. 19.

der Verfahrensförderungspflichten der Beteiligten aufgrund des § 9 Abs. 1 und 2 nach Möglichkeiten sichergestellt werden (→ Rn. 8 ff.). Besonderheiten gelten für verspätete Zulässigkeitsrügen nach § 10 Abs. 4 (→ Rn. 11).

Stellungnahmen oder Einwendungen, die erst **nach Ablauf** einer gemäß § 7 Abs. 2 S. 3 **1a** und Abs. 4 S. 2 bestimmten **Frist** für die Erwiderung des Antragsgegners oder für die Replik der Antragsteller vorgebracht werden, sind nach § 10 Abs. 1 grundsätzlich *nicht* zuzulassen. Etwas anderes gilt nur dann *(ausnahmsweise),* wenn nach der freien Überzeugung des Gerichts die Zulassung des entsprechenden Vortrags die Erledigung des Rechtsstreits nicht verzögerte *oder* wenn der Beteiligte die Verspätung seines Vortrags entschuldigt (→ Rn. 4 ff.). Anders verfährt das Gesetz dagegen bei einer Verspätung sonstigen **Vorbringens,** das **entgegen § 9 Abs. 1 oder 2 nicht rechtzeitig** erfolgt (→ § 9 Rn. 3 f., 4), da solches Vorbringen nach § 10 Abs. 2 nur (ausnahmsweise) zurückgewiesen werden kann, wenn die Zulassung nach der freien Überzeugung des Gerichts die Erledigung des Rechtsstreits verzögerte *und* die Verspätung nicht entschuldigt wird (→ Rn. 8 ff.). § 10 Abs. 3 fügt hinzu, dass, *soweit* nach § 10 Abs. 1 und 2 Stellungnahmen, Einwendungen oder sonstiges Vorbringen bei der Entscheidung *unberücksichtigt* bleibt, auch für die Anwendung des Amtsermittlungsgrundsatzes des § 26 FamFG kein Raum ist (→ Rn. 12 f.).

Zu beachten ist, dass in beiden geregelten Fällen, dh sowohl bei Abs. 1 wie bei Abs. 2, **1b** bereits **einfache Fahrlässigkeit** iSd § 276 Abs. 2 BGB dem betreffenden Beteiligten nachteilig sein, dh zur Nichtberücksichtigung seiner Stellungnahme, seiner Einwendungen oder seines sonstigen Vorbringens in der Entscheidung führen kann. Für den Fall des § 10 Abs. 2 liegt darin eine auffällige Abweichung von § 296 Abs. 2 ZPO, der auf *grobe* Fahrlässigkeit abstellt. Die Gesetzesverfasser haben diese Abweichung damit gerechtfertigt, dass im Spruchverfahren an das Verhalten der Beteiligten höhere Anforderungen als im Zivilprozess gestellt werden müssten, um den üblichen Verfahrensverzögerungen besser als bisher begegnen zu können.[1] Das ist wenig überzeugend, sodass die fragliche Regelung im Schrifttum auf **verbreitete Kritik** gestoßen ist. Auch ihre Vereinbarkeit mit Art. 103 Abs. 1 GG ist durchaus zweifelhaft.[2] Die notwendige Folge muss jedenfalls sein, dass an die Annahme von Fahrlässigkeit iSd § 10 Abs. 1 und 2 SpruchG *hohe Anforderungen* zu stellen sind (→ Rn. 9) sowie, dass das Gericht bei der Annahme der Entschuldigung der Verspätung (§ 10 Abs. 1 und 2) grundsätzlich großzügig verfahren sollte (→ Rn. 6, 9).[3] Die **praktische Bedeutung** der Vorschrift des § 10 ist nicht zuletzt deshalb offenbar gering.

Wegen der geschilderten Bedenken gegen die gesetzliche Regelung (→ Rn. 1b) scheidet **2** ihre **entsprechende Anwendung** in anderen Fällen, insbesondere bei einer Überschreitung anderer als der in § 10 Abs. 1 genannten Fristen, aus.[4] Wichtig ist das vor allem für die Fälle des **§ 7 Abs. 5 S. 2,** nach dem das Gericht den Beteiligten unter anderem eine Frist zur Erklärung über bestimmte klärungsbedürftige Punkte setzen kann. Da § 10 Abs. 1 auf die zuletzt genannte Vorschrift nicht Bezug nimmt, ist bei einer Überschreitung der Frist des § 7 Abs. 5 S. 2 für eine Präklusion des betreffenden Vortrags nach § 10 Abs. 1 kein Raum. Dasselbe gilt für die Überschreitung sonstiger richterlicher Fristen.[5]

Für eine Verletzung der **Vorlagepflicht** des Antragsgegners gilt nichts anderes, da § 10 **3** Abs. 1 auch *nicht* Bezug auf **§ 7 Abs. 3** nimmt. Gleichwohl haben die Gesetzesverfasser die Auffassung vertreten, im Falle der Verletzung einer Pflicht zur Vorlage von Unterlagen seien ergänzend die Grundsätze über die Beweisvereitelung anwendbar, um eine Blockade des

---

[1] Begr., BT-Drs. 15/371, 16 (l. Sp. u.).
[2] *Büchel* NZG 2003, 793 (799); Spindler/Stilz/*Drescher* Rn. 3 f.; *Emmerich* (2.) FS Mestmäcker, 2006, 137 (151 f.); Hüffer/*Koch*. Rn. 6; MüKoAktG/*Kubis* Rn. 6; *W. Meilicke/Heidel* DB 2003, 2267 (2272 f.); *Klöcker/Frowein* Rn. 5; Lutter/*Krieger* Rn. 7; KK-SpruchG/*Puszkajler* Rn. 3, 19; *Tomson/Hammerschmitt* NJW 2003, 2572 (2575); *Wittgens,* Das Spruchverfahrensgesetz, 2005, 208; aA aber *Bungert/Mennicke* DB 2003, 2021 (2027 f.); *Fritzsche/Dreier/Verfürth* Rn. 41.
[3] Spindler/Stilz/*Drescher* Rn. 3 f.; Lutter/*Krieger* Rn. 7; MüKoAktG/*Kubis* Rn. 6; anders zB Hölters/*Simons* Rn. 10.
[4] Ebenso Hölters/*Simons* Rn. 7; KK-SpruchG/*Puszkajler* Rn. 7; – anders zB *Kubis* FS Hüffer, 2010, 567 ff.
[5] KK-SpruchG/*Puszkajler* Rn. 7; *Wittgens,* Das Spruchverfahrensgesetz, 2005, 205; str.

Verfahrens zu verhindern.⁶ Dies kann nur bedeuten, dass in dem fraglichen Fall der Vortrag der *Antragsteller* (nur darum kann es gehen) über den Inhalt der Unterlagen des Antragsgegners als richtig zu unterstellen ist. Solche Lösung scheitert indessen für den Regelfall schon daran, dass den Antragstellern auf dem Boden des § 138 ZPO (iVm § 8 Abs. 3 SpruchG) Aussagen über den Inhalt von Unterlagen, die sie nicht kennen, gar nicht möglich sind.⁷

II. Überschreitung der Fristen des § 7 Abs. 2 und Abs. 4 (Abs. 1)

4 Nach § 10 Abs. 1 sind Stellungnahmen oder Einwendungen, die erst nach Ablauf einer hierfür auf Grund des § 7 Abs. 2 S. 3 dem Antragsgegner oder aufgrund ds § 7 Abs. 4 S. 2 den Antragstellern gesetzten Frist vorgebracht werden, grundsätzlich nicht zuzulassen, außer wenn nach der freien Überzeugung des Gerichts ihre Zulassung die Erledigung des Rechtsstreits nicht verzögerte *oder* wenn der Beteiligte die Verspätung entschuldigt, er also unter Beachtung seiner Verfahrensförderungspflicht (§ 9 Abs. 1) nicht fahrlässig gehandelt hat (§ 276 Abs. 2 BGB; → Rn. 1b). Mit den **„Stellungnahmen"** meint das Gesetz dabei, wie sich aus der Bezugnahme auf § 7 Abs. 2 S. 3 ergibt, die schriftliche *Erwiderung* des Antragsgegners auf das Vorbringen der Antragsteller, für die ihm das Gericht nach der genannten Vorschrift eine Frist von einem Monat bis drei Monate setzen muss. Folgerichtig sind mit den **„Einwendungen"** in § 10 Abs. 1 die Einwendungen der Antragsteller auf die Erwiderung des Antragsgegners, die sog. *Replik,* gemeint, für die das Gericht den Antragstellern nach § 7 Abs. 4 S. 2 gleichfalls eine Frist zu setzen hat. Für **Rechtsausführungen** hat die Regelung keine Bedeutung. § 10 bedeutet (natürlich) keine Einschränkung des generell geltenden Grundsatzes: iura novit curia.⁸ Dies zu betonen, ist deshalb so wichtig, weil es sich richtiger Meinung nach bei der **Unternehmensbewertung** im Kern um eine Rechtsfrage handelt (→ § 9 Rn. 3), sodass den Beteiligten Ausführungen zu dieser im Regelfall zentralen Frage während des Spruchverfahrens unbehindert durch die §§ 7, 9 und 10 stets möglich sind; auch darauf beruht gewiß die bereits konstatierte praktische Bedeutungslosigkeit der Vorschrift (→ Rn. 1b).⁹

5 Werden die Fristen (nur) des § 7 Abs. 2 S. 3 für die Erwiderung des Antragsgegners sowie des § 7 Abs. 4 S. 2 für die Replik der Antragsteller überschritten, so ist das verspätete **Vorbringen** grundsätzlich **ausgeschlossen** (→ Rn. 7) und darf im Rechtsstreit in Abweichung von § 26 FamFG nicht mehr berücksichtigt werden (§ 10 Abs. 1 und 3). Die Frist ist überschritten, wenn bis zum Ablauf der Frist bei Gericht kein relevanter Vortrag eingeht, zB eine Erwiderung des Antragsgegners entgegen § 7 Abs. 2 S. 3 ausbleibt; gleich steht der Fall, dass die Erwiderung unsubstantiiert ist und in der Sache auf den Vortrag der Antragsteller überhaupt nicht eingeht.¹⁰ Voraussetzung ist, dass die Fristsetzung *wirksam* ist, wofür mit Rücksicht auf die weitreichenden Folgen strenge Maßstäbe gelten.¹¹ Außerdem muss das Gericht den Betroffenen grundsätzlich auf die drohende Präklusion seines Vortrags *hinweisen,* um ihn Gelegenheit zur Berufung auf einen der Ausnahmetatbestände des § 10 Abs. 1 zu geben (Art. 103 GG).¹² Inhaltliche Mängel, Widersprüche und Unklarheiten sind dagegen wie immer unschädlich.

5a Ein als verspätet einzustufender Vortrag ist **nur in zwei Fällen nicht ausgeschlossen,** dh ausnahmsweise doch zu *berücksichtigen,* zunächst dann, wenn sich durch seine Zulassung nach der freien Überzeugung des Gerichts die Erledigung des Rechtsstreits nicht verzögerte (zum zweiten Ausnahmefall → Rn. 6). Dabei ist von demselben **absoluten Verzögerungsbegriff** wie bei § 296 ZPO auszugehen, sodass es allein darauf ankommt, ob das Verfahren bei Zulassung des Vorbringens länger dauerte als bei dessen Ausschluss, vorausge-

---

⁶ Begr., BT-Drs. 15/371, 16 (r. Sp. 3. Abs.).
⁷ *Emmerich* FS Tilmann, 2003, 925 (932 ff.).
⁸ KK-SpruchG/*Puszkajler* Rn. 4; – anders zu Unrecht MüKoAktG/*Kubis* Rn. 2.
⁹ Ebenso Hüffer/*Koch.* Rn. 12.
¹⁰ Hölters/*Simons* Rn. 8; KK-SpruchG/*Puszkajler* Rn. 8.
¹¹ MüKoAktG/*Kubis* Rn. 3; KK-SpruchG/*Puszkajler* Rn. 8.
¹² Hüffer/*Koch.* Rn. 3; KK-SpruchG/*Puszkajler* Rn. 10.

setzt, dass die Verspätung für die Verzögerung *kausal* ist.[13] Daran wird es häufig fehlen. Denn die allseits beklagte übermäßige Dauer von Spruchverfahren hat ihre Ursache sicher nicht in einer Verletzung der genannten Fristen des § 7, sondern darin, dass die durchweg erforderlichen Gutachten von Sachverständigen, in aller Regel Wirtschaftsprüfern, eben (sehr) viel Zeit benötigen, – sodass es im Ergebnis meistens überhaupt keine Rolle spielt, ob die fraglichen Fristen eingehalten werden oder nicht. An der nötigen Kausalität der Fristüberschreitung für die Verfahrensverzögerung fehlt es ferner bei unstreitigen oder offenkundigen Tatsachen, die bei der Entscheidung sofort berücksichtigt werden können.[14]

Auch wenn sich durch die Zulassung der verspäteten Stellungnahmen oder Einwendungen die Erledigung des Rechtsstreits (ausnahmsweise) verzögerte (→ Rn. 5a), ist dieses Vorbringen doch zu berücksichtigen, wenn der Beteiligte die Verspätung entschuldigt (§ 10 Abs. 1), also nachweist, dass er **nicht fahrlässig** iSd § 276 Abs. 2 BGB gehandelt hat, wobei wegen der Bedenken gegen diese Regelung (→ Rn. 1b) *großzügig* zu verfahren ist.[15] Es genügt, wenn der Beteiligte glaubhaft macht, dass er von den fraglichen Tatsachen trotz Anwendung der gebotenen Sorgfalt (§ 10 Abs. 1 iVm § 276 Abs. 2 BGB) erst nach Fristablauf Kenntnis erlangt und dass er anschließend unverzüglich den Vortrag nachgeholt hat.[16] Auf Verlangen des Gerichts ist der Entschuldigungsgrund **glaubhaft** zu machen; ein Vollbeweis wird in aller Regel nicht nötig sein (s. §§ 29 und 30 FamFG; § 296 Abs. 4 ZPO analog; str.).

Sind die Voraussetzungen des § 10 Abs. 1 erfüllt, so ist der betreffende Vortrag bei der Entscheidung nicht zu berücksichtigen (→ Rn. 1a, 6). Die **Zurückweisung** erfolgt nicht durch gesonderten Beschluss, sondern in der endgültigen Entscheidung (§ 11). Sie ist zu begründen, um dem Beschwerdegericht (§ 12) eine Überprüfung zu ermöglichen. Berücksichtigt das Gericht dagegen den Vortrag unter „Verstoß" gegen § 10 Abs. 1, so hat es dabei sein Bewenden; eine Anfechtung der Entscheidung kann auf diesen Verstoß grundsätzlich nicht gestützt werden, weil sich das Gericht damit im Grunde nur im Rahmen des ohnehin geltenden § 26 FamFG hält.[17]

III. Verletzung der Verfahrensförderungspflicht (Abs. 2)

§ 10 Abs. 2 regelt die Rechtsfolgen einer Verletzung der Verfahrensförderungspflicht der Beteiligten auf Grund des **§ 9 Abs. 1 und 2**. Vorbringen, das entgegen den genannten Vorschriften nicht rechtzeitig erfolgt, *kann* danach *(ausnahmsweise)* zurückgewiesen werden, wenn die Zulassung nach der freien Überzeugung des Gerichts die Erledigung des Verfahrens verzögerte *und* die Verspätung nicht entschuldigt wird, der Beteiligte also fahrlässig gegen seine Verfahrensförderungspflichten (§ 9 Abs. 1 und 2) verstoßen hat (§ 276 Abs. 2 BGB). Auf die Überschreitung von **Fristen** kommt es insoweit grundsätzlich nicht an. Aber natürlich erfaßt § 10 Abs. 2 auch die Überschreitung sonstiger, also nicht bereits unter § 10 Abs. 1 fallender *richterlicher Fristen* (→ Rn. 2f.). Der **Anwendungsbereich** des §§ 10 Abs. 2 ist infolgedessen grundsätzlich weit. Der Begriff des **Vorbringens** ist hier derselbe wie in § 9 (→ § 9 Rn. 3a). Darunter fällt mit anderen Worten der gesamte tatsächliche Vortrag der Parteien, soweit es sich nicht um die Erwiderung des Antragsgegners iSd § 4 Abs. 2 oder um die Replik der Antragsteller nach § 7 Abs. 4 handelt.

Anders als im Fall des Abs. 1 des § 10 (→ Rn. 4 ff.) ist das **verspätete sonstige Vorbringen** im Falle des Abs. 2 grundsätzlich *zuzulassen;* nur ausnahmsweise *kann* es vom Gericht nach freiem Ermessen unter den in § 9 Abs. 2 genannten Voraussetzungen zurückgewiesen,

---

[13] Hüffer/*Koch*. Rn. 4; *Fritzsche/Dreier/Verfürth* Rn. 18 ff.; *Klöcker/Frowein* Rn. 3; Hölters/*Simons* Rn. 10; MüKoAktG/*Kubis* Rn. 4; KK-SpruchG/*Puszkajler* Rn. 12; *Simon/Winter* Rn. 9 ff.; *Wittgens*, Das Spruchverfahrensgesetz, 2005, 206.
[14] MüKoAktG/*Kubis* Rn. 4.
[15] Anders zB Hölters/*Simons* Rn. 10.
[16] Spindler/Stilz/*Drescher* Rn. 3; Lutter/*Krieger* Rn. 7; MüKoAktG/*Kubis* Rn. 5; KK-SpruchG/*Puszkajler* Rn. 13 ff.
[17] Hölters/*Simons* Rn. 16.

dh bei der Entscheidung unberücksichtigt gelassen werden (→ Rn. 7), wenn (1.) die Zulassung nach der freien Überzeugung des Gerichts die Erledigung des Verfahrens verzögerte *und* (2.) die Verspätung nicht entschuldigt ist, sodass an sich bereits einfache Fahrlässigkeit (§ 276 Abs. 2 BGB) hier ebenso wie im Falle des Abs. 1 des § 10 schädlich ist. Der Begriff der **Verzögerung** der Erledigung des Verfahrens ist in Abs. 2 ebenso wie in Abs. 1 des § 10 zu verstehen (→ Rn. 5); der unterschiedliche Wortlaut des Abs. 1 und 2 des § 10 ist ohne sachliche Bedeutung. Die Anwendung des § 10 Abs. 2 setzt ebenso wie die des § 10 Abs. 1 zusätzlich **Kausalität** zwischen dem schuldhaften Verstoß gegen eine Verfahrensförderungspflicht und der Verzögerung der Entscheidung des Rechtsstreits voraus, – woran es aus den bereits genannten Gründen vielfach fehlen wird (→ Rn. 5a).

10 Zusätzlich zu der Verzögerung der Entscheidung des Rechtsstreits infolge des Verstoßes eines Beteiligten gegen eine Verfahrensförderungspflicht nach § 9 (→ Rn. 9) ist Verschulden erforderlich, wobei bereits **einfache Fahrlässigkeit** genügt. Wegen der Bedenken gegen diese Regelung (→ Rn. 1b) sind jedoch im Rahmen des § 10 Abs. 2 an die Annahme einfacher Fahrlässigkeit (§ 276 Abs. 1 BGB) *hohe Anforderungen* zu stellen (→ Rn. 1b, 6).[18] Dabei ist zu berücksichtigen, dass den Antragstellern in der Regel jeder Zugang zu den die Betriebsinterna betreffenden Informationen über den Antragsgegner und weitere Unternehmen fehlen, sodass nur schwer vorstellbar ist, wie nachträgliches Vorbringen über neue Tatsachen, die die Antragsteller erst später erfahren haben, auf einem schuldhaften Verstoß gegen ihre Verfahrensförderungspflicht beruhen soll.[19] In diesem Zusammenhang muss auch beachtet werden, dass der weitgehende Anfechtungsausschluss bei Informations- und Auskunftspflichtverletzungen aufgrund des § 243 Abs. 4 S. 2 AktG überhaupt nur vertretbar ist, wenn die nötigen Auskünfte und Informationen wenigstens nachträglich im Spruchverfahren gegeben werden (→ § 293 Rn. 38 ff.). Das Gericht entscheidet gemäß § 10 Abs. 2 über die Präklusion des Vorbringens eines Beteiligten nach seiner „freien Überzeugung", dh aufgrund **pflichtgemäßen Ermessens,** sodass mit Rücksicht auf das Gesagte tatsächlich für eine **Präklusion** „verspäteten" Vorbringens im Spruchverfahren nach § 10 Abs. 2 *nur selten* Raum sein dürfte.[20]

IV. Verspätete Zulässigkeitsrüge (Abs. 4)

11 § 10 Abs. 4 enthält eine wenig bedeutsame Regelung für verspätete Zulässigkeitsrügen, die an die Fristsetzung nach § 7 Abs. 2 und § 9 Abs. 3 anknüpft. Bei der Würdigung dieser Vorschrift ist zu beachten, dass das Gericht die Zulässigkeit des Verfahrens grundsätzlich in jedem Stadium von Amts wegen zu prüfen hat, sodass sich der Anwendungsbereich der Vorschrift auf die wenigen **verzichtbaren Zulässigkeitsrügen** wie zB das Fehlen der Vollmacht eines Anwalts beschränkt (→ § 9 Rn. 5). Zu Recht wird die Vorschrift deshalb vielfach als im Wesentlichen „funktionslos" bezeichnet.[21]

V. Einschränkung des Amtsermittlungsgrundsatzes (Abs. 3)

12 Nach § 10 Abs. 3 ist § 26 FamFG „insoweit" nicht anzuwenden, dh *soweit* die *Präklusion* verspäteten Vortrags auf Grund der Abs. 1 und 2 des § 10 *reicht*. § 26 FamFG (= § 12 FGG) bestimmt, dass das Gericht in den Verfahren der freiwilligen Gerichtsbarkeit von Amts wegen die zur Feststellung der entscheidungserheblichen Tatsachen erforderlichen Ermittlungen durchzuführen hat. § 10 Abs. 3 besagt somit im Ergebnis, dass der für Verfahren der freiwilligen Gerichtsbarkeit kennzeichnende Amtsermittlungsgrundsatz im Spruchverfahren (*nur*) **eingeschränkt** wird, **soweit die Präklusionswirkung** des § 10 Abs. 1 und 2 **reicht;** dies deshalb,

---

[18] Hüffer/*Koch*. Rn. 6; KK-SpruchG/*Puszkajler* Rn. 19.
[19] Ebenso *Büchel* NZG 2003, 793 (799); Spindler/Stilz/*Drescher* Rn. 4; MüKoAktG/*Kubis* Rn. 6; *W. Meinlicke*/*Heidel* DB 2003, 2267 (2272f.); *Tomson/Hammerschmitt* NJW 2003, 2572 (2575); *Wittgens*, Das Spruchverfahrensgesetz, 2005, 208 f.; anders *Simon/Winter* Rn. 14 f.
[20] Diff. KK-SpruchG/*Puszkajler* Rn. 16, 21.
[21] Spindler/Stilz/*Drescher* Rn. 5; Hölters/*Simons* Rn. 13; KK-SpruchG/*Puszkajler* Rn. 22.

weil der Ausschluss verspäteten Vortrags nach § 10 Abs. 1 oder 2 (→ Rn. 4, 8 ff.) offenbar keinen Sinn machte, wenn das Gericht anschließend doch verpflichtet wäre, gemäß § 26 FamFG iVm § 17 Abs. 1 SpruchG die fraglichen Tatsachen von Amts wegen zu ermitteln.[22]

Im Schrifttum wird zum Teil dem § 10 Abs. 3 iVm insbesondere §§ 4, 7 und 9 eine **13** grundsätzliche **Entscheidung** des Gesetzgebers **gegen** die Geltung des **Amtsermittlungsgrundsatzes** im Spruchverfahren entnommen.[23] Diese Auffassung ist *unhaltbar*, weil sie auf eine weitgehende Entrechtung der außenstehenden Aktionäre hinausliefe. Die Beibehaltung des Amtsermittlungsgrundsatzes ist im Spruchverfahren bereits aus verfassungsrechtlichen Gründen (Art. 14 Abs. 1 und 103 Abs. 1 GG) zum „Ausgleich des institutionell vorgegebenen Informationsdefizits und der damit verbundenen prozessualen Unterlegenheit der Antragsteller" unerlässlich.[24] Dem entspricht es allein, § 10 Abs. 1 und 2 restriktiv auszulegen, sodass es im Übrigen bei § 26 FamFG verbleibt.

§ 11 SpruchG Gerichtliche Entscheidung; gütliche Einigung

(1) Das Gericht entscheidet durch einen mit Gründen versehenen Beschluss.

(2) ¹Das Gericht soll in jeder Lage des Verfahrens auf eine gütliche Einigung bedacht sein. ²Kommt eine solche Einigung aller Beteiligten zustande, so ist hierüber eine Niederschrift aufzunehmen; die Vorschriften, die für die Niederschrift über einen Vergleich in bürgerlichen Rechtsstreitigkeiten gelten, sind entsprechend anzuwenden. ³Die Vollstreckung richtet sich nach den Vorschriften der Zivilprozessordnung.

(3) Das Gericht hat seine Entscheidung oder die Niederschrift über einen Vergleich den Beteiligten zuzustellen.

(4) ¹Ein gerichtlicher Vergleich kann auch dadurch geschlossen werden, dass die Beteiligten einen schriftlichen Vergleichsvorschlag des Gerichts durch Schriftsatz gegenüber dem Gericht annehmen. ²Das Gericht stellt das Zustandekommen und den Inhalt eines nach Satz 1 geschlossenen Vergleichs durch Beschluss fest. ³§ 164 der Zivilprozessordnung gilt entsprechend. ⁴Der Beschluss ist den Beteiligten zuzustellen.

Übersicht

	Rn.		Rn.
I. Überblick	1, 1a	1. Rücknahme der Anträge	9
II. Gerichtliche Entscheidung	2–4	2. Erledigung	10–11a
III. Zustellung	5	3. Beendigung des Unternehmensvertrages, Vertragsüberdauerndes Spruchverfahren	12–15
IV. Gerichtlicher Vergleich	6–6d		
V. Schriftsatzvergleich	7, 7a	VIII. Aussetzung	16
VI. Außergerichtlicher Vergleich	8	IX. Insolvenz des Antragsgegners	17
VII. Sonstige Beendigungsgründe	9–15	X. Zwischenstreit	18

I. Überblick

Die Vorschrift des § 11 regelt mit der gerichtlichen **Entscheidung** (§ 11 Abs. 1 und 3) **1** sowie dem **Vergleich** (§ 11 Abs. 2 und 4) die beiden regelmäßigen Formen der Beendigung von Spruchverfahren. Vorbilder der jetzigen Regelung waren § 53a FGG (jetzt § 36 FamFG) und § 278 ZPO.[1] Die *Vergleichsquote* in Spruchverfahren ist unklar.[2] In einzelnen Veröffentli-

---

[22] Hüffer/*Koch*. Rn. 7; KK-SpruchG/*Puszkajler* Rn. 25.
[23] So insbes. *Kubis* FS Hüffer, 2010, 567 (571 ff.).
[24] OLG Düsseldorf AG 2011, 754 (755) = ZIP 2011, 1935; ebenso zB KK-SpruchG/*Puszkajler* Rn. 25 ff.
[1] Begr., BT-Drs. 15/371, 16 (r. Sp. „Zu § 11").
[2] Hölters/*Simons* Rn. 2.

chungen ist von einer Vergleichsquote von knapp 50 % die Rede – mit deutlich sinkender Tendenz in den letzten Jahren.[3] – Neben der gerichtlichen Entscheidung und dem Vergleich gibt es noch eine Reihe **weiterer Beendigungsgründe,** die jedenfalls keine ausdrückliche Regelung im SpruchG gefunden haben (→ Rn. 9 ff.). Hervorzuheben sind die Rücknahme aller Anträge der Antragsteller unter Verzicht des gemeinsamen Vertreters auf eine Fortführung des Verfahrens gemäß § 6 Abs. 3 (→ § 6 Rn. 15 f.) sowie die Erledigung des Verfahrens durch Erledigungserklärungen aller Beteiligten (→ Rn. 10).

1a   Nach § 11 Abs. 1 entscheidet das Gericht durch einen mit Gründen versehenen Beschluss (→ Rn. 2 ff.). Abs. 2 der Vorschrift fügt hinzu, dass in dem Spruchverfahren auch ein vom Gericht zu protokollierender Vergleich abgeschlossen werden kann (→ Rn. 6), während früher nach überwiegender Meinung im Spruchverfahren ein gerichtlicher Vergleich nicht möglich war. Ergänzend lässt § 11 Abs. 4 ferner auf Anregung des Bundesrats[4] entsprechend § 278 Abs. 6 ZPO einen sog. Schriftsatzvergleich auf Vorschlag des Gerichts zu (→ Rn. 7 f.). Der Beschluss, durch den das Gericht das Zustandekommen und den Inhalt des Vergleichs feststellt (§ 11 Abs. 4 S. 2), ist ebenso wie die Entscheidung des Gerichts (§ 11 Abs. 1) und ein gerichtlicher Vergleich (§ 11 Abs. 2) den Beteiligten von Amts wegen zuzustellen (§ 11 Abs. 3 und Abs. 4 S. 4; → Rn. 5).

II. Gerichtliche Entscheidung

2   Das Gericht entscheidet in der Hauptsache durch einen begründeten Beschluss. Sind die Anträge unzulässig, so werden sie verworfen, dies insbesondere bei Unzuständigkeit des Gerichts, in Fällen des Verstoßes der Anträge gegen § 4 sowie dann, wenn das Spruchverfahren wie zB heute in den Fällen des Delistings überhaupt nicht eröffnet ist.[5] Sind die Anträge unbegründet, so werden sie zurückgewiesen. Wenn sich die Anträge dagegen als begründet erweisen, setzt das Gericht von Amts wegen ohne Bindung an die Anträge der Verfahrensbeteiligten die jeweils geschuldete **Kompensation** des Antragsgegners selbst **neu** fest, bei Abschluss eines Gewinnabführungs- oder Beherrschungsvertrages je nach den Anträgen der Antragsteller also den Ausgleich oder die Abfindung (§§ 304, 305 AktG). Da das Gericht nicht an die Anträge der Antragsteller gefunden ist, kann die Kompensation **auch höher** als von den Antragstellern beantragt festgesetzt werden, während für eine Herabsetzung der Kompensation im Spruchverfahren kein Raum ist (→ Rn. 3). Jedoch darf des Gericht, wenn lediglich *eine* Form der Kompensationen angegriffen wird, nicht auch oder nur über eine andere Form der Kompensationen entscheiden. Außerdem bleibt das Gericht an die von den Vertragsparteien gewählte *Form* des Ausgleichs und der Abfindung *gebunden* (§§ 304 Abs. 3 S. 3 Hs. 2 und 305 Abs. 5 S. 3 AktG); dasselbe gilt für die etwaige bare Zuzahlung nach § 305 Abs. 3 S. 1 AktG.

2a   Das Gericht entscheidet nach hM zugleich von Amts wegen über die **Verzinsung der Barabfindung** nach § 305 Abs. 3 S. 3 AktG (→ AktG § 305 Rn. 33),[6] während eine Entscheidung über die etwaige **Anrechnung** der bisherigen Ausgleichsleistungen des herrschenden Unternehmens auf die geschuldeten Abfindungszinsen von der überwiegenden Meinung im Spruchverfahren abgelehnt wird.[7] Zwingend ist diese Auffassung, die im äußersten Fall zu einer Verdoppelung der Rechtsstreitigkeiten zwingt (§ 16), keineswegs. Gemäß § 15 ist außerdem über die **Kosten** durch Festsetzung des Geschäftswerts, des Gegenstandswertes sowie der Kostentragungspflicht zu entscheiden (→ § 15 Rn. 27 f.).[8]

---

[3] *Lorenz* AG 2012, 284 (287); *Noack* NZG 2014, 92 (93) (l. Sp. o.).
[4] Begr., BT-Drs. 15/371, 24, 27 f.; Ausschussbericht, BT-Drs. 15/838, 9 f., 17 („Zu § 11 Abs. 4").
[5] KK-SpruchG/*Puszkajler* Rn. 10.
[6] BGH NJW 2003, 3272 (3273) unter III 1b = AG 2003, 627 (628) – insoweit nicht in BGHZ 156, 57 abgedruckt; Hüffer/*Koch* Rn. 2; Hölters/*Simons* Rn. 7; str., aA MüKoAktG/*Kubis* Rn. 4; KK-SpruchG/ *Puszkajler* Rn. 15.
[7] BGH NJW 2003, 3272 (3273) unter III 1b = AG 2003, 627 (628); MüKoAktG/*Kubis* Rn. 4; anders offenbar Hölters/*Simons* Rn. 7.
[8] KK-SpruchG/*Puszkajler* Rn. 20; Hölters/*Simons* Rn. 9; aA *Wittgens,* Das Spruchverfahrensgesetz, 2005, 238.

Obwohl das SpruchG dies nicht ausdrücklich sagt, sind doch auch Zwischen- und Teil- **2b** entscheidungen möglich. **Zwischenentscheidungen** können vor allem bei einem Streit der Beteiligten über die Zulässigkeit der Anträge sinnvoll sein (→ Rn. 18). **Teilentscheidungen,** zB allein über den Ausgleich oder nur über die Abfindung, sind gleichfalls möglich, wenn der Rechtsstreit (nur) insoweit zur Endentscheidung reif ist (analog § 301 ZPO). Anerkenntnis und Verzicht sind im Spruchverfahren, obwohl das FamFG keine Regelung enthält, gleichfalls möglich. Das **Anerkenntnis** des Antragsgegners wird als Geständnis gewertet, sodass insoweit der Antrag keines Beweises mehr bedarf (§ 8 Abs. 3 iVm § 138 Abs. 3 ZPO), während ein **Verzicht** der Antragsteller auf den Antrag als dessen Rücknahme (vgl. § 6 Abs. 3) zu behandeln ist.

Nach § 10 Abs. 1 ist die Entscheidung zu begründen. Die **Begründung** muss so ausführ- **2c** lich sein, dass dem Beschwerde- und dem Rechtsbeschwerdegericht (§ 12) die Überprüfung ermöglicht wird, ob das Gericht auf den Vortrag der Beteiligten und insbesondere auf die konkreten Bewertungsrügen der Antragsteller und des gemeinsamen Vertreters sachgerecht eingegangen ist. **Fehlt** eine Begründung, so ändert dies zwar nichts an der Wirksamkeit der Entscheidung; jedoch beginnt dann die Beschwerdefrist nicht zu laufen, sodass die Entscheidung auf die jederzeit mögliche Beschwerde hin aufzuheben ist.[9] Analog § 538 Abs. 2 Nr. 1 ZPO kann der Rechtsstreit dann ebenso wie bei anderen schweren Mängeln der Begründung an das Landgericht zurückverwiesen werden.[10]

Das Gesagte (→ Rn. 2 f.) gilt entsprechend für die Festsetzung der **Abfindung** in den **2d** Fällen der §§ 320b Abs. 1 und 327a Abs. 1 AktG und nach dem SE- oder SCE-Ausführungsgesetz sowie für die Festsetzung der **baren Zuzahlung** oder der **Barabfindung** in den Umwandlungsfällen, während in dem Sonderfall des § 5 EGAktG vom Gericht der Wertausgleich zu bestimmen ist.[11] Eine vorläufige Vollstreckbarkeit gibt es nicht. Die Entscheidung ist nach § 11 Abs. 3 (nur) den Verfahrensbeteiligten, nicht auch den materiell Beteiligten zuzustellen (→ Rn. 5). Für die **Berichtigung** und die **Ergänzung** der Entscheidung gelten die §§ 42 und 43 FamFG.[12] Eine Ergänzung kommt nach § 43 FamFG insbesondere in Betracht, wenn das Gericht versehentlich lediglich über eine von mehreren angegriffenen Formen der Kompensation entschieden hat, sodass der Sache nach nur eine Teilentscheidung vorliegt (→ Rn. 2b), oder wenn eine Kostenentscheidung unterblieben ist. Für die **Rechtsbehelfsbelehrung** gilt § 39 FamFG, sodass eine solche heute (anders als früher) in jedem Fall erforderlich ist; fehlt sie oder ist sie unrichtig, so ist § 17 Abs. 2 FamFG zu beachten.[13]

Der Beschluss kann im ersten Rechtszug nur auf Heraufsetzung der Kompensation oder **3** auf Abweisung der Anträge lauten. Eine **Herabsetzung** der Kompensation durch das LG ist ausgeschlossen, weil antragsberechtigt allein die außenstehenden Aktionäre sind, nicht dagegen die Vertragsteile.[14] Den „Ausgleich" bildet für das herrschende Unternehmen das Sonderkündigungsrecht des § 304 Abs. 5 AktG iVm § 305 Abs. 4 S. 4 AktG (→ AktG § 304 Rn. 95 f.; → AktG § 305 Rn. 85). Wirksamkeit erlangt der Beschluss erst mit Rechtskraft (§ 13 Abs. 1 S. 1; → § 13 Rn. 1). Mit Rechtskraft wirkt die Entscheidung **für und gegen jedermann** (§ 13 S. 2) und gestaltet daher rückwirkend insbesondere den Unternehmensvertrag iSd Entscheidung um (→ § 13 Rn. 3).[15]

Der Beschluss hat lediglich **Feststellungswirkung;** einen Vollstreckungstitel stellt er **4** nicht dar, sodass notfalls von den außenstehenden Aktionären auf Grund des Beschlusses anschließend noch **Leistungsklage** gegen den anderen Vertragsteil, das herrschende Unternehmen, erhoben werden muss, wenn es nicht freiwillig dem Beschluss nachkommt, durch

---

[9] KK-SpruchG/*Puszkajler* Rn. 18; Hölters/*Simons* Rn. 8.
[10] OLG Düsseldorf AG 2013, 807 (810); NZG 2013, 1393 (1396).
[11] KK-SpruchG/*Puszkajler* Rn. 12; *Wittgens,* Das Spruchverfahrensgesetz, 2005, 239.
[12] *Preuß* NZG 2009, 961 (964); KK-SpruchG/*Puszkajler* Rn. 22.
[13] *Preuß* NZG 2009, 961 (964).
[14] BayObLG AG 1996, 127 = WM 1996, 526; LG Dortmund AG 1977, 234 (235); LG Stuttgart AG 1998, 103; Hüffer/*Koch* Rn. 2; MüKoAktG/*Kubis* Rn. 6; KK-SpruchG/*Puszkajler* Rn. 14; *Wittgens,* Das Spruchverfahrensgesetz, 2005, 238. Eine Ausnahme findet sich in § 5 Abs. 4 EGAktG.
[15] OLG Schleswig ZIP 2004, 2433 (2434).

den der Ausgleich oder die Abfindung neu festgesetzt wurden.[16] Für diesen Fall enthält das SpruchG in § 16 eine besondere Zuständigkeitsregelung.

III. Zustellung

5 Die Entscheidung des Landgerichts wird den Antragstellern, dem Antragsgegner sowie dem gemeinsamen Vertreter von Amts wegen zugestellt (§ 11 Abs. 3), nicht dagegen auch sonstigen materiell Beteiligten (→ § 5 Rn. 6).[17] Ihrer Information dient die in § 14 vorgeschriebene Bekanntmachung der rechtskräftigen Entscheidung. Die **Zustellung** richtet sich nach den §§ 166 ff. ZPO. Mit ihr beginnt der Lauf der Beschwerdefrist des § 63 Abs. 1 FamFG. Die **Bekanntmachung** gemäß § 14 bestimmt im Falle des § 1 Nr. 1 außerdem den Beginn der Frist von mindestens zwei Monaten, binnen derer die außenstehenden Aktionäre ggf. jetzt immer noch das erhöhte Abfindungsangebot des herrschenden Unternehmens annehmen können (§ 305 Abs. 4 S. 3 AktG; → AktG § 305 Rn. 26 ff.).

IV. Gerichtlicher Vergleich

6 Nach § 11 Abs. 2 S. 1 soll das Gericht in jeder Lage des Verfahrens auf eine gütliche Einigung bedacht sein. Kommt darauf hin eine Einigung „aller Beteiligten", dh der Antragsteller, des Antragsgegners *und* des gemeinsamen Vertreters zustande, so ist hierüber eine Niederschrift nach § 160 Abs. 3 Nr. 1 ZPO aufzunehmen (S. 2 des § 11 Abs. 2). Mit Genehmigung des protokollierten Vergleichs seitens aller Beteiligten (§ 162 ZPO) ist das Verfahren dann beendet.

6a Für das Zustandekommen eines gerichtlichen Vergleichs verlangt das Gesetz in § 11 Abs. 2 S. 2 ausdrücklich eine „**Einigung aller Beteiligten**". Damit wird – entgegen verschiedener in diese Richtung zielender Anregungen de lege ferenda[18] – die Möglichkeit sog. **Mehrheitsvergleiche** ausgeschlossen.[19] Eine entsprechende gesetzliche Regelung wäre auch unter keinem Gesichtspunkt wünschenswert – von der fraglichen Vereinbarkeit mit Art. 14 GG abgesehen –, weil schon nicht erkennbar ist, wie überhaupt ein Mehrheitsbeschluss der außenstehenden Aktionäre zu Stande kommen sollte und warum auf dieser Grundlage die Mehrheit zur Vertretung der Minderheit befugt sein sollte.[20] Vorstellbar wäre allenfalls, auf eine Mehrheit gerade der Antragsteller abzustellen, die aber erst recht nicht repräsentativ für die außenstehenden Aktionäre ist. Dagegen wird zwar häufig eingewandt, das Erfordernis einer Zustimmung aller Aktionäre verleihe einzelnen Opponenten eine unverhältnismäßige Verhandlungsmacht zur Durchsetzung ihrer privaten wirtschaftlichen Interessen.[21] Als Ausweg wird deshalb vorgeschlagen, dem Gericht im Spruchverfahren, wenn nur einzelne Aktionäre von vielen einem Vergleich widersprechen, die Möglichkeit zur sog. **„mehrheits- konsensualen Schätzung"** der angemessenen Kompensation nach § 287 ZPO zu verleihen.[22] Gemeint ist damit die Befugnis des Gerichts, nach § 287 ZPO eine Kompensation, der die große Mehrheit der Antragsteller zugestimmt hat, auch gegen den Widerstand einzelner Antragsteller im Wege der Schätzung seiner Entscheidung zugrundezulegen. In der Rechtsprechung ist in der Tat gelegentlich so verfahren worden, um das Spruchverfahren abzukürzen.[23] Indessen hat das OLG Düsseldorf auch dieser Vorge-

---

[16] BayObLGZ 1978, 209 (212) = AG 1980, 76 (77); BayObLG AG 1999, 273.
[17] KK-SpruchG/*Puszkajler* Rn. 40; *Wittgens*, Das Spruchverfahrensgesetz, 2005, 240.
[18] S. *Lask*, FG Werner, 2004, 139; *Noack* NZG 2014, 92; *Wittgens*, Das Spruchverfahrensgesetz, 2005, 262 f.
[19] OLG Düsseldorf AG 2013, 807 (809) – Ergo/Victoria I; NZG 2013, 1393 (1395) = ZIP 2013, 1816 – Ergo/Victoria II; OLG Frankfurt AG 2015, 547 (548); Hüffer/*Koch* Rn. 5; KK-SpruchG/*Puszkajler* Rn. 25.
[20] *Haspl* NZG 2014, 487.
[21] *Deiß* NZG 2013, 1382.
[22] *Deiß* NZG 2013, 1382; KK-SpruchG/*Puszkajler* Rn. 25.
[23] OLG Celle Beschl. v. 14.6.2010 – 9 W 3/10 nv (Vorinstanz LG Hannover AG 2009, 795); LG Düsseldorf BeckRS 2012, 24657.

henweise mit Recht widersprochen, weil dadurch der Rechtsschutz der außenstehenden Aktionäre ohne gesetzliche Grundlage verkürzt würde.[24]

Auch wenn einem Vergleich gemäß § 11 Abs. 2 S. 2 alle Beteiligten zustimmen, ergeben **6b** sich aus der wenig durchdachten gesetzlichen Regelung weitere schwer lösbare *Probleme*. Hervorzuheben ist das ungeklärte **Verhältnis** des § 11 Abs. 2 **zu § 295 AktG**. Das Problem rührt daher, dass nach Abschluss eines Unternehmensvertrages eine Erhöhung der Kompensation durch gerichtlichen Vergleich nach § 11 Abs. 2 der Sache nach auf eine *Vertragsänderung* hinausläuft, für die das Gesetz in § 295 AktG an sich sehr enge Voraussetzungen aufstellt, die bei Abschluss eines Vergleichs nach § 11 Abs. 2 in keinem Fall erfüllt sind (s. § 295 Abs. 1 iVm § 293 sowie § 295 Abs. 2 AktG).[25] Zum Teil wird deshalb die entsprechende Anwendung des § 295 AktG[26] oder doch eine Zustimmung der Hauptversammlung des Antragsgegners (der durch den Vergleich zusätzlich belastet wird) verlangt.[27] Entsprechende Fragen stellen sich in den Fällen des § 1 Nr. 2, 4, 5 und 6, *nicht* dagegen im Falle des § 1 Nr. 3.

Die gerichtliche Praxis versteht dagegen – wohl zu Recht – durchgängig die Regelung **6c** des § 11 Abs. 2 als **Ermächtigung zum Abschluss** gerichtlicher Vergleiche im Spruchverfahren, ungeachtet der geschilderten dogmatischen Bedenken. Bei dem Vergleichsschluss ist es vor allem die Aufgabe des **gemeinsamen Vertreters** der außenstehenden Aktionäre, deren Rechte zu wahren, auf ihre Gleichbehandlung zu achten (§ 53a AktG)[28] und bei der Formulierung des Vergleichs darauf zu bestehen, dass der Vergleich als echter **Vertrag zu Gunsten aller außenstehenden Aktionäre** abgeschlossen wird (§ 328 BGB), sodass alle notfalls aus dem Vergleich vollstrecken können (§ 794 Abs. 1 Nr. 1 ZPO).[29] Unter diesen Umständen ist es dann wohl vertretbar, (entgegen § 295 AktG) auf eine erneute Beschlussfassung der Hauptversammlung der abhängigen Gesellschaft sowie auf einen Sonderbeschluss der außenstehenden Aktionäre zu verzichten.[30]

Der Vergleich ist zu protokollieren (§ 11 Abs. 2 S. 2). Maßgebend sind die §§ 160 ff. ZPO **6d** (§ 160 Abs. 4 Nr. 1 ZPO). Soweit der Vergleich eine Kostenregelung enthält, kann auf seiner Grundlage die **Kostenfestsetzung** beantragt werden. Hat der Vergleich einen vollstreckbaren Inhalt, weil sich in ihm der Antragsgegner zur Leistung einer zusätzlichen Kompensation an die Antragsgegner sowie an die übrigen außenstehenden Aktionäre verpflichtet (§ 328 BGB), so stellt er außerdem einen **Vollstreckungstitel** dar (§ 11 Abs. 2 S. 3 iVm § 794 Abs. 1 Nr. 1 ZPO).[31]

V. Schriftsatzvergleich

Auf Vorschlag des Bundesrates (→ Rn. 1) lässt das Gesetz außerdem im Anschluss an **7** § 278 Abs. 6 ZPO einen sog. Schriftsatzvergleich zu. Gemäß § 11 Abs. 4 kann ein gerichtlicher Vergleich auch dadurch abgeschlossen werden, dass die Beteiligten, dh die Antragsteller, der oder die Antragsgegner sowie der gemeinsame Vertreter einen schriftlichen Vergleichsvorschlag des Gerichts durch Schriftsätze gegenüber dem Gericht annehmen. Gleich steht wohl entsprechend § 278 Abs. 6 S. 1 Fall 1 ZPO der weitere Fall, dass die Beteiligten gemeinsam dem Gericht einen Vergleichsvorschlag unterbreiten.[32] Nach § 11 Abs. 4 ist ferner zu verfahren, wenn im Termin nur ein Teil der außenstehenden Aktionäre dem

---

[24] OLG Düsseldorf AG 2013, 807 (809) – Ergo/Victoria I; NZG 2013, 1393 (1395) = ZIP 2013, 1816 – Ergo/Victoria II; Hüffer/*Koch* Rn. 5.
[25] S. insbes. KK-SpruchG/*Puszkajler* Rn. 26; *Wittgens*, Das Spruchverfahrensgesetz, 2005, 264 ff.; Zimmer/*Meese* NZG 2004, 201.
[26] So Zimmer/*Meese* NZG 2004, 201 (203 f.).
[27] *Wittgens*, Das Spruchverfahrensgesetz, 2005, 266 ff.
[28] KK-SpruchG/*Puszkajler* Rn. 31.
[29] Spindler/Stilz/*Drescher* Rn. 6; MüKoAktG/*Kubis* Rn. 11; Lutter/*Krieger* Rn. 6; KK-SpruchG/*Puszkajler* Rn. 27.
[30] Hüffer/*Koch* Rn. 5; KK-SpruchG/*Puszkajler* Rn. 26 mN.
[31] Hölters/*Simons* Rn. 17.
[32] KK-SpruchG/*Puszkajler* Rn. 35.

Vergleich zustimmt, während die übrigen erst später durch Schriftsatz ihr Einverständnis erklären.[33] **Zweck** der Regelung ist es in erster Linie, die Schwierigkeiten zu vermeiden, die häufig mit einer Terminsbestimmung zur Protokollierung des gerichtlichen Vergleichs angesichts der Vielzahl der Beteiligten verbunden sind (§ 11 Abs. 4 S. 1).

7a Stimmen die Beteiligten schriftsätzlich dem gerichtlichen Vergleichsvorschlag zu (der seinerseits ggf. auf entsprechende Anregungen einzelner oder aller Beteiligten zurückgeht), so stellt das Gericht das Zustandekommen und den Inhalt des Vergleichs durch Beschluss fest (§ 11 Abs. 4 S. 2). Für die Annahme seines Vergleichsvorschlags kann das Gericht eine Frist bestimmen. Der Beschluss wird den Beteiligten im Amtsbetrieb nach den §§ 166 ff. ZPO zugestellt (§ 11 Abs. 4 S. 4). Für seine Berichtigung gilt § 164 ZPO über die **Berichtigung** des Protokolls entsprechend (§ 11 Abs. 4 S. 3). Wenn ein Beteiligter die **Unwirksamkeit** des Vergleichs, etwa aufgrund einer Anfechtung nach den §§ 119 und 123 BGB geltend machen will, muß er eine Fortsetzung des Spruchverfahrens beantragen.[34] Eine Anfechtung des Beschlusses scheidet aus (§ 12 Abs. 1 S. 1).[35] Der Beschluss hat nur deklaratorische Bedeutung und bildet keinen **Vollstreckungstitel;**[36] anders dagegen der Vergleich, sofern er ausnahmsweise einen vollstreckbaren Inhalt hat (§ 11 Abs. 2 S. 3).[37]

VI. Außergerichtlicher Vergleich

8 Ein außergerichtlicher Vergleich zwischen den Antragstellern und dem oder den Antragsgegnern mit oder ohne Mitwirkung des gemeinsamen Vertreters ist jederzeit möglich (§§ 311 Abs. 1, 779 BGB). In diesem Fall sind unterschiedliche weitere Gestaltungen des Verfahrens vorstellbar.[38] Die Antragsteller können zunächst ihre **Anträge zurücknehmen,** sodass dann, wenn der gemeinsame Vertreter das Verfahren nicht fortführt (§ 6 Abs. 3; → Rn. 9), das Verfahren beendet wird und nur noch über die Kosten nach § 15 zu entscheiden ist.[39] Statt dessen können die Beteiligten im Verfahren auch **übereinstimmende Erledigungserklärungen** abgeben (→ Rn. 10). In diesem Fall ist § 91a ZPO entsprechend anzuwenden. Für die Kostenentscheidung bleibt es bei der Maßgeblichkeit des § 15 SpruchG (→ Rn. 10). Vergleichen sich sämtliche Beteiligten schließlich, ohne Erledigungserklärungen abzugeben oder ihre Anträge zurückzunehmen, so kann das Gericht das Verfahren selbst **von Amts wegen** für erledigt erklären und nach § 15 über die Kosten entscheiden (→ Rn. 11). Anders dagegen, wenn sich der gemeinsame Vertreter oder einzelne Antragsteller nicht am Vergleich beteiligen; dann bleibt es bei § 11 Abs. 1 (→ Rn. 6a).[40] Geht dem Spruchverfahren ein Anfechtungsprozess voraus, in dem ein Vergleich über die Höhe der Abfindung geschlossen wird, so ist die durch den Vergleich festgelegte Höhe der Abfindung Gegenstand des anschließenden Spruchverfahrens, für dieses aber nicht vorgreiflich.[41]

VII. Sonstige Beendigungsgründe

9 **1. Rücknahme der Anträge.** Neben den beiden in § 11 geregelten zentralen Gründen für die Beendigung eines Spruchverfahrens – Beschluss des Gerichts und Vergleich der Beteiligten – gibt es noch weitere Beendigungsgründe,[42] die keine ausdrückliche Regelung im Gesetz gefunden haben (→ Rn. 1). Hervorzuheben sind neben der Rücknahme der

---

[33] Hüffer/*Koch* Rn. 8.
[34] KK-SpruchG/*Puszkajler* Rn. 37.
[35] KK-SpruchG/*Puszkajler* Rn. 37.
[36] Lutter/*Krieger* Rn. 13 f.
[37] Hüffer/*Koch* Rn. 8.
[38] S. auch MüKoAktG/*Kubis* Rn. 18.
[39] Hüffer/*Koch* Rn. 8; KK-SpruchG/*Puszkajler* Rn. 41.
[40] *Wittgens,* Das Spruchverfahrensgesetz, 2005, 271.
[41] OLG Stuttgart AG 2007, 596; OLG München NZG 2007, 635 = AG 2008, 37 (38) unter 3. – N. Energie.
[42] Dazu insbes. *Butzke* FS Hüffer, 2010, 97; Hüffer/*Koch* Rn. 3 f.; *Kley,* Die Rechtsstellung der außenstehenden Aktionäre, 1986, 49 ff.; KK-SpruchG/*Puszkajler* Rn. 41 ff.; *J. Schmidt,* Das Recht der außenstehenden Aktionäre, 1979, 165 ff.; *Wittgens,* Das Spruchverfahrensgesetz, 2005, 233 (271 ff.).

Anträge die Erledigungserklärung der Beteiligten (→ Rn. 10) sowie die sonstige Erledigung des Verfahrens (→ Rn. 11 f.). Das Spruchverfahren endet zunächst, wenn sämtliche Antragsteller ihre Anträge zurücknehmen (→ § 3 Rn. 16) und der gemeinsame Vertreter auf die Fortführung des Verfahrens verzichtet (§ 6 Abs. 3). Die Einzelheiten regelt **§ 22 FamFG.** Eine Zustimmung des Antragsgegners ist danach entbehrlich, solange keine Endentscheidung ergangen ist. Nach Erlass einer Endentscheidung muß der Antragsgegner dagegen zustimmen (§ 20 Abs. 1 S. 2 FamFG). Das Gericht hat nur noch über die Kosten zu entscheiden (§ 15). Etwa schon ergangene Entscheidungen verlieren ohne weiteres ihre Wirksamkeit (§ 22 Abs. 2 S. 1 FamFG).[43]

2. Erledigung. Alle **Beteiligten,** die Antragsteller, der oder die Antragsgegner und der gemeinsame Vertreter können außerdem das Verfahren für erledigt erklären (→ Rn. 8). In diesem Fall wird das Verfahren nach § 22 Abs. 3 FamFG beendet, sodass das Gericht nur noch über die Kosten nach § 15 SpruchG zu entscheiden hat (→ Rn. 8).[44] Schließt sich jedoch der gemeinsame Vertreter der Erledigungserklärung der Parteien nicht an, so ist § 6 Abs. 3 entsprechend anzuwenden und das Verfahren fortzuführen.[45]

Das **Gericht** hat außerdem von Amts wegen in jedem Stadium des Verfahrens zu prüfen, ob sich das **Verfahren erledigt** hat (→ Rn. 8). Dies ist der Fall, wenn nach Einleitung des Verfahrens durch ein neues Ereignis die Sach- und Rechtslage so verändert wird, dass die Voraussetzungen für eine gerichtliche Entscheidung über die gestellten Anträge nicht mehr gegeben sind. In solchem Fall ist die Erledigung *von Amts wegen* festzustellen, auch wenn die Parteien dies nicht beantragen.[46] Eine Sachentscheidung kann dann nicht mehr ergehen; vielmehr ist nur noch über die Kosten zu entscheiden.[47] In dem Beschluss werden die Erledigung der Sache und die Beendigung des Verfahrens ohne Sachentscheidung festgestellt.[48] Der Beschluss kann mit der Begründung **angefochten** werden, eine Erledigung sei tatsächlich nicht eingetreten. Das OLG entscheidet dann auf die Beschwerde allein über die Frage der Erledigung.[49] **Beispiele** sind ein außergerichtlicher Vergleich aller Beteiligten *ohne* Antragsrücknahme oder Erledigungserklärung der Beteiligten (→ Rn. 8),[50] nicht jedoch die Beendigung eines Unternehmensvertrages (→ Rn. 12 f.).

Umstritten ist, ob sich bei erfolgreicher **Anfechtung eines der Zustimmungsbeschlüsse** nach § 293 Abs. 1 oder 2 oder nach den §§ 319 und 320 AktG gleichfalls das Verfahren erledigt. Im Schrifttum wird in diesen Fällen vielfach eine Anwendung der Regeln über *fehlerhafte Unternehmensverträge* oder besser: Strukturmaßnahmen (→ AktG § 291 Rn. 28 ff.) und damit eine Aufrechterhaltung der fehlerhaften Maßnahme für die Vergangenheit befürwortet, woraus dann der Schluss gezogen wird, dass in den fraglichen Fällen auch Raum für eine Kompensation und damit für deren Überprüfung im Spruchverfahren bleibe.[51] Dem ist nur für diejenigen Fälle zuzustimmen, in denen die Eintragung der Strukturmaßnahme ins Handelsregister (§ 294 AktG) auf einem rechtkräftigen *Freigabebeschluss* beruht (→ AktG § 291 Rn. 28a; → AktG § 293 Rn. 38h ff.). Jenseits dieser Fälle ist jedoch daran festzuhalten, dass die erfolgreiche Anfechtung eines Zustimmungsbeschlusses zur *Nichtigkeit* der Strukturmaßnahmen ex tunc führt (§ 248 AktG, → AktG § 291 Rn. 31; → AktG

---

[43] Hüffer/*Koch* Rn. 3; KK-SpruchG/*Puszkajler* Rn. 41.
[44] BayObLG AG 1997, 182; OLG Stuttgart AG 2001, 314 = NZG 2001, 174 – Thüga/WEAG; *Ammon* FGPrax 1998, 121 (123); Spindler/Stilz/*Drescher* Rn. 13; MüKoAktG/*Kubis* Rn. 17; KK-SpruchG/*Puszkajler* Rn. 42.
[45] *Preuß* NZG 2009, 961 (963).
[46] BayObLGZ 2004, 200 = AG 2005, 241 = NZG 2004, 1111 – Knürr AG; OLG Zweibrücken NZG 2004, 382 = AG 2005, 256 = JZ 2005, 198 mit abl. Anm. *Luttermann* – Reginaris; OLG Hamburg AG 2005, 299 = NZG 2005, 604 – Thyssen/Blohm + Voss; OLG Karlsruhe AG 2011, 673 (674) = ZIP 2011, 1817; *Wittgens*, Das Spruchverfahrensgesetz, 2005, 272 ff.
[47] BayObLGZ 2004, 200 = NZG 2004, 1111 = AG 2005, 241 – Knürr AG; OLG Zweibrücken NZG 2004, 382 = AG 2005, 256; OLG Karlsruhe AG 2011, 673 (674) = ZIP 2011, 1817.
[48] OLG Karlsruhe AG 2011, 673 (674) = ZIP 2011, 1817.
[49] OLG Hamburg AG 2005, 299 = NZG 2005, 604.
[50] KK-SpruchG/*Puszkajler* Rn. 43.
[51] KK-SpruchG/*Puszkajler* Rn. 52–55; *Wittgens*, Das Spruchverfahrensgesetz, 2005, 272 ff. mN.

§ 305 Rn. 21c). Die notwendige Folge ist die **Erledigung** eines bereits anhängigen Spruchverfahrens, weil jetzt auch kein Raum mehr für eine Kompensation der außenstehenden Aktionäre ist.[52] Zuzugeben ist der Gegenmeinung lediglich, dass eine Erstattung schon gezahlter Ausgleichsleistungen nach § 812 Abs. 1 S. 2 Fall 1 BGB in der Regel schon aus praktischen Gründen ausscheiden dürfte. Doch hat dies das herrschende Unternehmen letztlich sich selbst zuzuschreiben.

12 **3. Beendigung des Unternehmensvertrages, Vertragsüberdauerndes Spruchverfahren.** Zusätzliche Probleme entstehen, wenn *während* eines anhängigen *Spruchverfahrens* zur Festsetzung der Kompensation aufgrund eines Beherrschungs- oder Gewinnabführungsvertrages der Vertrag ex nunc sein Ende findet, zB durch **Aufhebung** (§ 296 AktG), durch **Kündigung** (§ 297 AktG), durch **Eingliederung** der abhängigen Gesellschaft in die herrschende Gesellschaft oder in eine andere Gesellschaft (§§ 319, 320 AktG) sowie durch **Verschmelzung** der Parteien untereinander oder mit Dritten (→ AktG § 297 Rn. 27, 34 ff.). In diesen Fällen fragt es sich durchweg, ob mit der Beendigung des Unternehmensvertrages zugleich die Ausgleichs- und Abfindungsansprüche der Aktionäre auf Grund des Vertrages entfallen, sodass sich ein anhängiges Spruchverfahren – mangels Gegenstandes – erledigt. Dieselben Fragen stellen sich grundsätzlich, wenn die außenstehenden Aktionäre nachträglich und noch während des Spruchverfahrens im Wege der **Eingliederung** durch Mehrheitsbeschluss nach § 320a AktG oder aufgrund der **§§ 327a ff. AktG** ausgeschlossen werden (→ § 3 Rn. 16).

13 In den genannten Fällen (→ Rn. 12) waren die Auswirkungen der fraglichen Vorgänge auf ein anhängiges Spruchverfahren lange Zeit umstritten: Häufig wurde angenommen, das Spruchverfahren *erledige* sich, weil die außenstehenden Aktionäre *jetzt* keinen Ausgleichs- und Abfindungsanspruch (mangels Fortbestandes des Unternehmensvertrages) mehr hätten.[53] Nach anderen wurde das Verfahren dagegen *fortgesetzt,* weil in ihm auf jeden Fall über die Höhe von Ausgleich und Abfindung für die *Vergangenheit,* dh bis zu dem erledigenden Ereignis, zB bis zur Beendigung des Vertrages zu entscheiden sei.[54] Durchgesetzt hatte sich bereits unter dem früheren Recht die zuletzt genannte Meinung (**keine Erledigung** des Verfahrens; → AktG § 297 Rn. 56).[55] Daran haben die Gerichte auch unter Geltung des SpruchG festgehalten.[56]

14 Das Ergebnis (keine Erledigung, → Rn. 13) wird bestätigt durch die Überlegung, dass es unabdingbar ist, jedenfalls die Ausgleichs- und Abfindungsansprüche, die die außenstehenden Aktionäre *bis zur Vertragsbeendigung* bereits erworben hatten, in dem anhängigen Spruchverfahren weiterhin auf ihre Angemessenheit (§§ 304 Abs. 1 und 305 Abs. 1 AktG) zu überprüfen. Es liegt auf der Hand, dass das herrschende Unternehmen diese Überprüfung nicht durch die Kündigung des Vertrags verhindern kann (Art. 14 Abs. 1 GG). Problema-

---

[52] OLG Zweibrücken NZG 2004, 382 = AG 2005, 256; OLG Hamburg AG 2005, 299 = NZG 2005, 604; OLG Karlsruhe AG 2011, 673 (675 f.) = ZIP 2011, 1817; Hüffer/*Koch* Rn. 4.
[53] So OLG Zweibrücken AG 1994, 563 = WM 1994, 1801 – Tarkett/Pegulan; OLG Karlsruhe AG 1995, 139 = WM 1994, 2023 – SEN/KHS; beide aufgehoben auf Verfassungsbeschwerde durch BVerfG AG 1999, 217 = NJW 1999, 1701 = NZG 1999, 397 – Tarkett/Pegulan; AG 1999, 218 = NJW 1999, 1699 = NZG 1999, 302 – SEN/KHS.
[54] So OLG Celle AG 1973, 405; OLG Düsseldorf AG 1990, 490 – DAB/Hansa; AG 1995, 85 (86) = WM 1995, 756; AG 1996, 475 = ZIP 1996, 1610 – Guano; *Hecker/Wenger* ZBB 1995, 321 (333 f.); *W. Meilicke* AG 1995, 181; *J. Schmidt,* Das Recht der außenstehenden Aktionäre, 1979, 49 ff.; diff. *Kley,* Die Rechtsstellung der außenstehenden Aktionäre, 1986, 165 ff.
[55] BGHZ 135, 374 (377 ff.) = NJW 1997, 2242 = AG 1997, 515 – Guano; BGHZ 147, 108 (112 f.) = NJW 2001, 2080 = AG 2001, 417 – DAT/Altana IV, für die Eingliederung der abhängigen in die herrschende Gesellschaft; BayObLGZ 1998, 231 (234 f.) = NJW-RR 1999, 101 = AG 1999, 43– EKU/März; OLG Düsseldorf AG 2007, 325 (327) = OLG Karlsruhe ZIP 2004, 2330 (2331) – SEN; zust. *Ammon* FGPrax 1998, 121 (122 f.); *Bredow/Tribulowsky* NZG 2002, 841 (843 ff.); *Luttermann* JZ 1997, 1183; *Pentz* NZG 1999, 304; *Hirte* FS 50 Jahre BGH, Bd. II, 2000, 347, 382; aA *Naraschewski* DB 1997, 1653 (1657 f.); 1998, 762 f.
[56] BGHZ 167, 299 Rn. 13, 19 = NJW 2006, 3146 = AG 2006, 543 (544 f.) – Jenoptik; zust. BVerfG AG 2007, 483; OLG Düsseldorf WM 2006, 2219 (2224) = AG 2007, 325; OLG Frankfurt AG 2007, 403 – Koepp Schaum AG/Deutsche Vita Polymere GmbH; OLG Karlsruhe AG 2008, 716 (717) = ZIP 2008, 1633 – SEN II; zust. *Bilda* NZG 2005, 375; *Luttermann* NZG 2006, 816; KK-SpruchG/*Puszkajler* Rn. 44 ff.

tisch kann daher überhaupt nur die Situation derjenigen Aktionäre sein, die bisher *allein Ausgleichsleistungen* bezogen haben, sich aber nach der gerichtlichen Festsetzung der Abfindung noch für diese entscheiden möchten. Hier ließe sich einwenden, dass für einen Abfindungsanspruch nach Wegfall des Vertrages kein Raum mehr ist. Zum Schutze der außenstehenden Aktionäre wird in diesen Fällen jedoch – ganz entsprechend § 305 Abs. 4 S. 3 AktG – zu ihren Gunsten der **Fortbestand** des Abfindungsanspruchs **fingiert**.[57]

Wird wegen des zweiten erledigenden Vorgangs, zB wegen der *nachfolgenden Eingliederung* der abhängigen Gesellschaft in die herrschende Gesellschaft, ein **weiteres Spruchverfahren** anhängig gemacht, so sind die beiden Verfahren, weil sie sich auf unterschiedliche gesellschaftsrechtliche Vorgänge (mit unterschiedlichen Stichtagen für die Unternehmensbewertung) beziehen, grundsätzlich *nebeneinander* weiter zu betreiben, sodass die außenstehenden Aktionäre ggf. erst auf Grund des Ausgangs der beiden Verfahren entscheiden können, von welchem der konkurrierenden Abfindungsangebote sie Gebrauch machen wollen. Man spricht in diesen eigenartigen Fällen gelegentlich auch von „*Kettenspruchverfahren*".[58] 15

VIII. Aussetzung

Nach § 21 FamFG kann das Gericht das Verfahren wegen der *Vorgreiflichkeit eines anderen Rechtsstreits* aussetzen. Die Gerichte sollten von dieser Möglichkeit jedoch zum Schutze der außenstehenden Aktionäre nur sparsam Gebrauch machen.[59] Eine Aussetzung des Verfahrens auf Grund des Aussetzungsantrags eines Beteiligten ist nur zulässig, wenn alle übrigen Verfahrensbeteiligten einschließlich des gemeinsamen Vertreters zustimmen.[60] 16

IX. Insolvenz des Antragsgegners

Umstritten ist die Rechtslage bei Insolvenz des Antragsgegners. Während das Schrifttum in diesem Fall vielfach für eine entsprechende Anwendung des § 240 ZPO und damit für eine Unterbrechung des Verfahrens durch die Eröffnung des Insolvenzverfahrens über das Vermögen des herrschenden Unternehmens eintritt,[61] lehnen die Gerichte überwiegend eine Analogie zu § 240 ZPO ab, weil das Spruchverfahren lediglich auf *Feststellung* der Höhe eines Anspruchs gerichtet ist, der anschließend ggf. erst im Insolvenzverfahren angemeldet werden muss.[62] Das Verfahren richtet sich folglich *fortan gegen den Insolvenzverwalter* als Partei kraft Amtes,[63] während die Kosten Masseforderungen darstellen dürften.[64] Ohne Bedeutung für das Verfahren ist dagegen eine **Insolvenz der abhängigen Gesellschaft,** vor allem, weil die abhängige Gesellschaft nicht am Verfahren beteiligt ist und sie auch nicht Schuldnerin der Kompensation ist.[65] 17

X. Zwischenstreit

Ist zwischen den Beteiligten die **Zulässigkeit** des Verfahrens insgesamt oder hinsichtlich einzelner Punkte streitig, so kann das Gericht hierüber durch Beschluss entscheiden, muss dies aber nicht tun, sondern kann die Entscheidung auch der Endentscheidung des 18

---

[57] So jetzt ausdrücklich BGHZ 167, 299 Rn. 13, 19 = NJW 2006, 3146 = AG 2006, 543 (544 f.) – Jenoptik.
[58] KK-SpruchG/*Puszkajler* Rn. 45, 50; *Wittgens,* Das Spruchverfahrensgesetz, 2005, 275.
[59] KK-SpruchG/*Puszkajler* Rn. 58.
[60] *Klöcker/Frowein* Rn. 31; KK-SpruchG/*Puszkajler* Rn. 58; *Wittgens,* Das Spruchverfahrensgesetz, 2005, 233.
[61] *Klöcker/Frowein* Rn. 31; KK-SpruchG/*Puszkajler* Rn. 57; *Hölters/Simons* § 5 Rn. 5; *Stürner* FS Uhlenbruck, 2000, 669 (673 ff.); *Wittgens,* Das Spruchverfahrensgesetz, 2005, 234 ff.
[62] OLG Frankfurt AG 2006, 206 = NZG 2006, 556; OLG Schleswig AG 2008, 828 (830) = ZIP 2008, 1326; OLG Düsseldorf AG 2012, 797 (798); OLG Stuttgart AG 2010, 758 (760) = ZIP 2010, 1641.
[63] OLG Frankfurt AG 2006, 206 = NZG 2006, 556; OLG Schleswig AG 2008, 828 (830) = ZIP 2008, 1326.
[64] OLG Schleswig AG 2008, 828 (830) = ZIP 2008, 1326.
[65] *Stürner* FS Uhlenbruck, 2000, 677.

§ 11 Abs. 1 vorbehalten. Unzulässig sind dagegen Zwischenentscheidungen über abstrakte Rechtsfragen wie das jeweils anwendbare Recht.[66] Zwischenentscheidungen über die *Zulässigkeit* des Verfahrens sind analog § 280 Abs. 2 S. 1 ZPO weiterhin mit der Beschwerde anfechtbar (→ § 3 Rn. 2a f., str.). Bei **anderen Zwischenentscheidungen**, durch die der Verfahrensgegenstand nicht erledigt und die Instanz daher nicht beendet wird, bleibt es dagegen bei der Regel des § 58 FamFG, sodass sie heute nicht mehr selbständig mit der Beschwerde angefochten werden können. Beispiele sind Entscheidungen über die Bestellung des gemeinsamen Vertreters, Beweisbeschlüsse sowie Beschlüsse über die Anforderung eines Vorschusses oder über die Ablehnung eines Sachverständigen.[67]

§ 12 SpruchG Beschwerde

(1) ¹Gegen die Entscheidung nach § 11 findet die Beschwerde statt. ²Die Beschwerde kann nur durch Einreichung einer von einem Rechtsanwalt unterzeichneten Beschwerdeschrift eingelegt werden.

(2) ¹Die Landesregierung kann die Entscheidung über die Beschwerde durch Rechtsverordnung für die Bezirke mehrerer Oberlandesgerichte einem der Oberlandesgerichte oder dem Obersten Landesgericht übertragen, wenn dies zur Sicherung einer einheitlichen Rechtsprechung dient. ²Die Landesregierung kann die Ermächtigung auf die Landesjustizverwaltung übertragen.

Übersicht

	Rn.		Rn.
I. Überblick	1, 1a	IV. Beschwerdeverfahren	7–11
II. Zulässigkeit	2–3	V. Rechtsbeschwerde	12, 12a
III. Einlegung der Beschwerde	4–6a	VI. Altverfahren	13–16

I. Überblick

1 § 12 regelt die Beschwerde gegen die Endentscheidungen des Landgerichts im Spruchverfahren aufgrund des § 11. Die geltende Fassung der Vorschrift beruht auf dem FGG-Reformgesetz von 2008. Zweck der Änderungen war es, den § 12 der Änderung des Rechtsmittelzuges durch das **FamFG anzupassen.** Maßgebend sind seitdem die §§ 58 ff. FamFG. Wichtigste Änderung ist die Einführung der **Rechtsbeschwerde** zum BGH (§§ 70 ff. FamFG), die an die Stelle der früheren Divergenzvorlage nach § 28 FGG getreten ist.

1a Die Neuregelung gilt nach Art. 111 FGG-Reformgesetz nur für Verfahren, deren **Einleitung nach dem 31.8.2009** beantragt wurde. Für vor dem 1.9.2009 eingeleitete sog. **Altverfahren** verbleibt es dagegen bei dem früheren Rechtszustand aufgrund der §§ 22 ff. FGG, auf die deshalb im Anschluss an die Kommentierung des geltenden Rechts (→ Rn. 2 f.) für die zahlreichen Altverfahren noch kurz einzugehen ist (→ Rn. 13 f.). Zu beachten ist, dass Art. 111 FGG-Reformgesetz *für das gesamte „Verfahren"* in den Altverfahren auf das FGG verweist, sodass es in diesen auch für den weiteren Instanzenzug bei der Fortgeltung des FGG verbleibt.[1] **Rechtsmittel** gegen Entscheidungen des Landgerichts ist daher weiterhin allein die Beschwerde nach den §§ 22 ff. FGG, während für eine Rechtsbeschwerde zum BGH in den Altverfahren auch heute kein Raum ist (→ § 17 Rn. 3, 13 ff.).[2] Weist das Landgericht zB das Ablehnungsgesuch gegen einen Sachverständigen zurück, so

---

[66] OLG Düsseldorf ZIP 2006, 2172 f. = AG 2007, 205 (206) – Hüttenwerke Kayser.
[67] OLG Düsseldorf AG 2013, 226; 2015, 438; OLG Stuttgart AG 2015, 326 (327 f.).
[1] OLG Düsseldorf AG 2015, 438.
[2] BGH AG 2010, 244 Rn. 7 ff. = NZG 2010, 347 – IKB; OLG München AG 2010, 717 = ZIP 2010, 496; OLG Düsseldorf AG 2015, 438; Hölters/*Simons* § 17 Rn. 8.

ist folglich in Altverfahren weiterhin die Beschwerde nach den §§ 22 ff. FGG gegeben, während bei einer entsprechenden negativen Entscheidung des OLG auf ein Ablehnungsgesuch keine Beschwerde zum BGH möglich ist.[3]

II. Zulässigkeit

Die Beschwerde ist nach § 12 Abs. 1 S. 1 iVm § 58 FamFG zulässig (statthaft) gegen Entscheidungen des Landgerichts iSd § 11 Abs. 1, gleichgültig, ob sie dem Antrag stattgeben, ihn als unzulässig verwerfen, ihn als unbegründet zurückweisen oder die Erledigung des Verfahrens aufgrund einer gemeinsamen Erledigungserklärung aller Beteiligten oder von Amts wegen feststellen. Wie aus § 58 Abs. 1 FamFG folgt, sind damit nur **Endentscheidungen** der Landgerichte iSd § 38 Abs. 1 S. 1 FamFG gemeint, durch die der Verfahrensgegenstand ganz oder teilweise erledigt wird, durch die mit anderen Worten, soweit die Entscheidung reicht, die Instanz beendet wird.[4] Den Gegensatz bilden **Zwischen- und Nebenentscheidungen,** zB über Beweisanträge, über Ablehnungsgesuche gegen Sachverständige, über die Bestellung eines gemeinsamen Vertreters oder über die Kosten (→ § 11 Rn. 18). Derartige Zwischen- oder Nebenentscheidungen sind unter dem FamFG, anders als nach früherem Recht (→ Rn. 1a) gemäß § 58 Abs. 1 FamFG grundsätzlich *nicht* mehr mit der Beschwerde nach § 12 *anfechtbar*. Eine Ausnahme bilden lediglich Zwischenentscheidungen über die Zulässigkeit des Verfahrens, da durch sie, jedenfalls bei Verneinung der Zulässigkeit, die Instanz beendet wird (→ § 3 Rn. 2 a f.; § 11 Rn. 18).

§ 17 SpruchG verweist nach hM auch auf § 61 FamFG[9], nach dem in vermögensrechtlichen Angelegenheiten die Beschwerde nur zulässig ist, wenn der Wert des **Beschwerdegegenstandes 600 Euro übersteigt** (§ 61 Abs. 1 FamFG oder die Beschwerde vom Landgericht **zugelassen** wurde (§ 61 Abs. 2 FamFG).[5] Der Beschwerdegegenstand oder **Beschwerdewert** muss von dem Geschäftswert iSd §§ 31a und 31 Abs. 1 RVG unterschieden werden. Er richtet sich nach dem vermögensrechtlichen Interesse des oder der Antragsteller an einer Änderung der angefochtenen Entscheidung und ist folglich mit dem Betrag identisch, um den nach dem Willen der Antragsteller die Kompensation erhöht werden soll; mehrere in dieselbe Richtung zielenden Beschwerden sind wohl, schon mit Rücksicht auf § 13, zusammenzurechnen (str.).[6] Für eine Anwendung des § 247 AktG soll dagegen hier nach Meinung der Gerichte kein Raum sein.[7]

Wenn der Beschwerdewert die Grenze von 600 Euro nicht übersteigt, setzt die Zulässigkeit der Beschwerde nach § 61 Abs. 2 FamFG ihre **Zulassung** in dem Beschluss des Landgerichts voraus, durch den der Antrag als unzulässig verworfen wurde. Ohne Zulassung der Beschwerde ist dann ein Rechtsmittel gegen die Entscheidung des Landgerichts nicht mehr möglich. Eine Nichtzulassungsbeschwerde kennt das Gesetz nicht.[8]

Zuständig für die Entscheidung über die Beschwerde ist das übergeordnete **OLG** (§ 119 Abs. 1 Nr. 2 GVG). Die Länder können die Zuständigkeit für die Entscheidung über die Beschwerde nach § 12 Abs. 2 (= § 12 Abs. 3 aF) für die Bezirke mehrerer Oberlandesgerichte **bei einem Gericht konzentrieren.** Von dieser Befugnis haben bisher Bayern, Nordrhein-Westfalen und Rheinland-Pfalz Gebrauch gemacht. Zuständig sind danach in Bayern – nach Auflösung des BayObLG – das OLG München,[9] in Nordrhein-Westfalen das OLG

---

[3] OLG Düsseldorf AG 2015, 438.
[4] OLG Düsseldorf AG 2015, 438 Rn. 8.
[5] OLG München 2015, 508 (509) – HRE; Hüffer/*Koch* Rn. 2; Spindler/Stilz/*Drescher* Rn. 7; ebenso für das entsprechende Verfahren nach den §§ 39a WpÜG OLG Frankfurt AG 2012, 635 (636 f), = NZG 2012, 907; AG 2014, 410 f. = NZG 2014, 543.
[6] OLG München 2015, 508 (509) – HRE; OLG Frankfurt AG 2012, 635 (636 f), = NZG 2012, 907; AG 2014, 410 f. = NZG 2014, 543.
[7] So insbes. OLG München 2015, 508 (509) Rn. 15 ff. – HRE; ebenso OLG Frankfurt AG 2012, 635 (636 f), = NZG 2012, 907; AG 2014, 410 f. = NZG 2014, 543.
[8] OLG Frankfurt AG 2012, 635 (636 f), Rn. 62 = NZG 2012, 907.
[9] Gesetz vom 20.10.2004, GVBl. 400; VO vom 16.11.2004, GVBl. 471.

Düsseldorf[10] sowie in Rheinland-Pfalz das OLG Zweibrücken.[11] Die Konzentration der Zuständigkeit gilt in diesen Ländern auch für die in § 1 nicht aufgezählten Spruchsachen, zB also für Verfahren nach § 5 EGAktG. Durch die Änderung des § 12 hat sich an der Fortgeltung der unter dem alten § 12 Abs. 3 erlassenen Verordnungen der Länder nichts geändert (im Ergebnis unstr.).

III. Einlegung der Beschwerde

4 Die Beschwerde kann nach § 12 Abs. 1 S. 2 nur durch Einreichung einer von einem Rechtsanwalt unterzeichneten **Beschwerdeschrift** eingelegt werden. (Allein) für die Einlegung der Beschwerde besteht mithin **Anwaltszwang**, nicht dagegen für das weitere Verfahren.[12] Die Beschwerdeschrift muss weder einen bestimmten **Antrag** noch eine **Begründung** enthalten, sodass die bloße Einlegung der „Beschwerde" genügt.[13] § 4 Abs. 2 ist auf die Beschwerde nicht anwendbar; maßgebend ist vielmehr § 65 Abs. 2 FamFG, der lediglich bestimmt, dass die Beschwerde begründet werden *soll*.[14] Das Gericht kann für die Begründung außerdem eine *Frist* bestimmen (§ 65 Abs. 2 FamFG). Unklar ist, ob ein Verstoß gegen die Pflicht zur Begründung der Beschwerde binnen der vom Gericht bestimmten Frist negative Folgen für den Beschwerdeführer hat.[15]

4a Die **Beschwerdefrist** beträgt einen Monat seit Bekanntgabe der Entscheidung des Landgerichts (§ 63 FamFG), dh seit Zustellung des Beschlusses des Landgerichts nach § 11 Abs. 3. Die Fristberechnung richtet sich gemäß § 16 Abs. 2 FamFG nach den §§ 222, 224 Abs. 2 und 225 ZPO iVm §§ 187 und 188 BGB.[16]

5 Die Beschwerde ist bei dem Landgericht einzulegen, dessen Entscheidung angefochten wird (§ 64 FamFG: iudex a quo). Die **Einlegung** der Beschwerde bei einem unzuständigen Gericht wahrt die Beschwerdefrist nur, wenn die Beschwerde rechtzeitig an das zuständige Gericht weitergeleitet wird.[17] Im Falle der Fristversäumnis ist jedoch **Wiedereinsetzung** in den vorigen Stand nach § 17 FamFG möglich. Eine **Anschlussbeschwerde** ist nach § 66 S. 1 FamFG ebenfalls möglich, und zwar auch noch nach Ablauf der Beschwerdefrist des § 63 FamFG, indessen nur im Wege der Anschließung an die Beschwerde des *Verfahrensgegners*.[18] Die Anschließung verliert nach § 66 S. 2 FamFG ihre Wirkung, wenn die Beschwerde zurückgenommen oder als unzulässig verworfen wird. Dagegen können sich einzelne Antragsteller, die die Beschwerdefrist versäumt haben, nicht etwa der rechtzeitigen Beschwerde anderer *Beschwerdeführer* anschließen (§ 567 Abs. 3 S. 1 ZPO).[19]

6 **Beschwerdeberechtigt** ist nach § 59 Abs. 1 FamFG, wer durch die angefochtene Entscheidung in seinen Rechten beeinträchtigt ist, während es auf eine *formelle* Beschwer iSd § 59 Abs. 2 FamFG im Spruchverfahren (mangels der Notwendigkeit bestimmter Anträge) nicht ankommt. Dies bedeutet, dass die **Antragsteller** immer beschwerdeberechtigt sind, wenn die vom Landgericht schließlich zugesprochene Kompensation hinter ihren Vorstellungen zurückbleibt, selbst wenn das Landgericht damit ihren (nicht notwendigen) Anträgen

---

[10] VO vom 31.5.2005, GVBl. 625 und VO vom 31.5.2005, GVBl. 625.
[11] VO vom 19.4.1995, GVBl. 125; jetzt gilt die VO vom 28.7.2005, GVBl. 360, und die VO vom 17.2.2006, GVBl. 50; Hüffer/*Koch* Rn. 8; Spindler/Stilz/*Drescher* Rn. 4; MüKoAktG/*Kubis* Rn. 20; KK-SpruchG/*Wilske* Rn. 108 f.
[12] Hüffer/*Koch* Rn. 5; Lutter/*Krieger* UmwG Anh. I § 11 Rn. 7; MüKoAktG/*Kubis* Rn. 8.
[13] OLG Zweibrücken ZIP 2004, 1666 = NZG 2004, 872; OLG Düsseldorf AG 2005, 252 = NZG 2005, 317 – Rhenag; OLG München ZIP 2007, 375 (376) = AG 2007, 287 (288) – N. Energie AG; OLG Frankfurt AG 2007, 449 – Bekaert S.A.; BeckRS 2012, 20564 – insoweit nicht in NZG 2012, 1382; OLG Karlsruhe BeckRS 2015, 12205 (insoweit nicht in AG 2015, 789); AG 2015, 549 (550) – Singulus; Hüffer/*Koch* Rn. 5.
[14] Beispielsweise Hüffer/*Koch* Rn. 5.
[15] Dafür KK-SpruchG/*Wilske* Rn. 38 mN; dagegen zB Spindler/Stilz/*Drescher* Rn. 5.
[16] Ausf. KK-SpruchG/*Wilske* Rn. 26 ff.
[17] KK-SpruchG/*Wilske* Rn. 29.
[18] OLG Stuttgart NZG 2007, 237 = AG 2007, 453; KK-SpruchG/*Wilske* Rn. 31 ff.; *Wittgens*, Das Spruchverfahrensgesetz, 2005, 246.
[19] OLG Stuttgart NZG 2007, 237 = AG 2007, 453; Hüffer/*Koch* Rn. 4.

im ersten Rechtszug stattgegeben hat.[20] Dasselbe gilt (erst recht), wenn das Landgericht die Anträge ganz oder teilweise zurückgewiesen oder als unzulässig verworfen hat. Der **Antragsgegner** ist immer beschwerdeberechtigt, wenn die Kompensation vom Landgericht erhöht wurde. Unter den genannten Voraussetzungen ist ferner der **gemeinsame Vertreter** selbstständig beschwerdeberechtigt (→ § 6 Rn. 17; str.).[21] *Nicht* beschwerdebefugt sind dagegen die weiteren *materiell Beteiligten*, im Falle des § 1 Nr. 1 zB die abhängige Gesellschaft als Partei des Unternehmensvertrages.[22]

§ 12 verweist nicht auf § 3. Daraus ergibt sich die Frage, ob hier Raum für die Anwendung des § 3 S. 2 ist, ob mit anderen Worten die Beschwerdebefugnis voraussetzt, dass der Beschwerdeführer bei Einlegung der Beschwerde noch **Anteilsinhaber** ist.[23] Dagegen spricht jedoch die entsprechende Anwendbarkeit des § 265 Abs. 2 S. 1 ZPO im Spruchverfahren (→ § 3 Rn. 7), sodass die **Veräußerung der Anteile** nach Antragstellung, aber noch vor Einlegung der Beschwerde unschädlich ist.[24]

IV. Beschwerdeverfahren

Das Beschwerdeverfahren ist (nur knapp) in § 68 FamFG geregelt. Es beginnt mit der **Abhilfeentscheidung** des Landgerichts als iudex a quo (§ 68 Abs. 1 FamFG). Hilft das Landgericht der Beschwerde nicht ab, so hat es die Beschwerde unverzüglich dem OLG vorzulegen (§ 68 Abs. 1 S. 1 FamFG), dessen Verfahren sich grundsätzlich nach den Vorschriften über das Verfahren im ersten Rechtszug richtet.[25]

Die Beschwerde eröffnet eine neue **Tatsacheninstanz** (§ 65 Abs. 3 FamFG). Auf das Verfahren sind die §§ 7–10 entsprechend anwendbar.[26] **Beschränkungen** für neuen Vortrag der Beteiligten bestehen grundsätzlich nicht. Jedoch bleiben Stellungnahmen und Einwendungen, die nach § 10 Abs. 1 **präkludiert** sind, auch im zweiten Rechtszug ausgeschlossen. Dasselbe gilt für sonstiges Vorbringen unter den Voraussetzungen des § 10 Abs. 2. Der **Amtsermittlungsgrundsatz** zwingt das OLG nicht, von sich aus allen Fragen nachzugehen. Wegen der partiellen Geltung des Beibringungsgrundsatzes im Spruchverfahren kann sich das OLG vielmehr grundsätzlich auf die Prüfung der in der Beschwerdebegründung (§ 65 Abs. 1 FamFG) vorgebrachten Einwendungen gegen die angefochtene Entscheidung beschränken und muss von sich aus nur tätig werden, wo die angefochtene Entscheidung offenkundige Lücken oder Widersprüche aufweist (§ 26 FamFG).[27]

Für das Beschwerdeverfahren gilt ebenso wie im ersten Rechtszug die **Dispositionsmaxime.** Der oder die Beschwerdeführer können daher jederzeit ihre **Beschwerde zurücknehmen** (§ 67 Abs. 2 FamFG), und zwar ohne Rücksicht auf eine etwaige vorherige Anschließung des Beschwerdegegners an die Beschwerde (→ Rn. 5), ebenso wie die Antragsteller im zweiten Rechtszug auch ihre **Anträge** noch zurücknehmen können.[28] Tun dies alle Antragsteller, so wird das Spruchverfahren beendet; eine bereits ergangene Entscheidung des LG wird wirkungslos. Für die **Erledigung** des Verfahrens gilt dasselbe wie im ersten Rechtszug (→ § 11 Rn. 10 f.).

Das OLG entscheidet grundsätzlich auf Grund **mündlicher Verhandlung;** lediglich dann, wenn bereits im ersten Rechtszug eine mündliche Verhandlung stattgefunden hatte, kann auf eine Wiederholung im zweiten Rechtszug verzichtet werden, wenn von einer Wiederholung der mündlichen Verhandlung keine zusätzlichen Erkenntnisse zu erwarten sind (§ 68 Abs. 2 S. 2 FamFG).

---

[20] Spindler/Stilz/*Drescher* Rn. 6 f.; Hölters/*Simons* Rn. 11–13; KK-SpruchG/*Wilske* Rn. 21.
[21] KK-SpruchG/*Wilske* Rn. 23 mN; anders zB Spindler/Stilz/*Drescher* Rn. 8; Hölters/*Simons* Rn. 14.
[22] OLG Stuttgart AG 2007, 453 (455) = NZG 2007, 237.
[23] So zB KK-SpruchG/*Wilske* Rn. 22 mN.
[24] Ebenso OLG München AG 2007, 701 (702) (unter A); *Gude* AG 2005, 233 (234); Spindler/Stilz/*Drescher* Rn. 6; *Wittgens*, Das Spruchverfahrensgesetz, 2005, 244.
[25] Ausf. Hüffer/*Koch* Rn. 6; Spindler/Stilz/*Drescher* Rn. 10–16; Hölters/*Simons* Rn. 16–21.
[26] KK-SpruchG/*Wilske* Rn. 44.
[27] IE str., s. Spindler/Stilz/*Drescher* Rn. 13 f.; Hölters/*Simons* Rn. 18 f.; KK-SpruchG/*Wilske* Rn. 40–52.
[28] Hüffer/*Koch* Rn. 4; KK-SpruchG/*Wilske* Rn. 48 ff.

11 Das OLG entscheidet über die Beschwerde durch **begründeten Beschluss** (§ 69 Abs. 1 und 2 FamFG). Die Entscheidung kann auf Zurückweisung der sofortigen Beschwerde als unzulässig oder als unbegründet, auf Neufestsetzung der Kompensation oder auf Zurückverweisung an das Landgericht lauten.[29] Jedoch kommt eine **Zurückverweisung** an das Landgericht nur in Betracht, wenn das Landgericht noch nicht in der Sache entschieden hat oder das Verfahren des Landgerichts unter schweren Mängeln leidet, zur Entscheidung außerdem eine umfangreiche oder aufwändige Beweisaufnahme nötig wäre und ein Beteiligter die Zurückverweisung beantragt (§ 69 Abs. 1 S. 2 und 3 FamFG).[30] Entscheidet das OLG in der Sache, so darf es die angefochtene Entscheidung des LG *nur* dann **zum Nachteil** der Beschwerdeführer **abändern,** wenn auch die andere Seite Beschwerde oder Anschlussbeschwerde eingelegt hatte (**Verbot der reformatio in peius**).[31]

V. Rechtsbeschwerde

12 Die wichtigste Änderung, die das FGG-Reformgesetz für den Rechtsmittelzug gebracht hat, ist die Einführung der Rechtsbeschwerde zum BGH nach dem Vorbild der Revision durch die §§ 70 ff. FamFG. Voraussetzung ist die Zulassung der Rechtsbeschwerde durch das OLG (§ 70 Abs. 1 FamFG). Die Zulassungsgründe führt § 70 Abs. 2 FamFG im Anschluss an § 574 Abs. 2 ZPO auf. Form und Frist der Rechtsbeschwerde richten sich nach § 71 FamFG. Eine Nichtzulassungsbeschwerde ist nicht vorgesehen (str., → § 13 Rn. 1).[32] Auch eine nachträgliche Zulassung der Rechtsbeschwerde ist grundsätzlich nicht möglich.[33]

12a In den Fällen, in denen früher eine Beschwerde oder insbesondere eine weitere Beschwerde zum BGH nicht möglich war, hatte der BGH wiederholt unter der Voraussetzung greifbarer Gesetzwidrigkeit des angefochtenen Beschlusses als **außerordentlichen Rechtsbehelf** eine sofortige weitere Beschwerde zugelassen, wenn der angefochtene Beschluss schlechthin mit der geltenden Rechtsordnung unvereinbar war, weil er jeder gesetzlichen Grundlage entbehrte und dem Gesetz fremd war.[34] Nach der Neuordnung des Beschwerderechts durch das Zivilprozessreformgesetz von 2001 hat der BGH indessen diese Praxis ausdrücklich *aufgegeben,* weil seitdem die Zulassung insbesondere der weiteren Beschwerde zum BGH allein noch Sache des Gesetzgebers sei.[35] Das hatte auch die Billigung des Bundesverfassungsgerichts gefunden, das aber zugleich dem Gesetzgeber aufgegeben hatte, die Materie neu zu regeln.[36] Ergebnis war die Einführung der sog. **Anhörungsrüge** auch im Verfahren der freiwilligen Gerichtsbarkeit, zunächst in § 29a FGG, an dessen Stelle mittlerweile § 44 FamFG getreten ist. Nach dieser Vorschrift ist indessen die Anhörungsrüge lediglich bei der Verletzung des Anspruchs eines Beteiligten auf rechtliches Gehör gegeben, sodass die Zulassung eines außerordentlichen Rechtsbehelfs für sonstige **Fälle greifbarer Gesetzwidrigkeit** eines Beschlusses des OLG, sollten sie denn tatsächlich jemals vorkommen, weiterhin diskutiert wird.[37]

VI. Altverfahren

13 Als Altverfahren bezeichnet man Spruchverfahren, die vor dem 1.9.2009 durch Antragstellung im ersten Rechtszug eingeleitet wurden. Wie schon ausgeführt (→ Rn. 1a), bleibt es in diesen Verfahren bei der Anwendung des früheren FGG anstatt des jetzigen FamRG.[38] Folglich richtet sich die Beschwerde in den Altverfahren weiterhin nach den §§ 22 ff. FGG,

---

[29] KK-SpruchG/*Wilske* Rn. 55.
[30] OLG Schleswig ZIP 2004, 2433 (2435).
[31] KK-SpruchG/*Wilske* Rn. 59 ff.; *Wittgens,* Das Spruchverfahrensgesetz, 2005, 247.
[32] KK-SpruchG/*Wilske* Rn. 71.
[33] OLG Düsseldorf AG 2015, 436.
[34] BGH LM Nr. 6 zu § 116 ZPO = NJW 1997, 3318; AG 2002, 85 (86); NZG 2002, 673.
[35] BGHZ 150, 133 = NJW 2002, 1577.
[36] BVerfGE 107, 395 = NJW 2003, 1924; BVerfG NJW 2003, 3687.
[37] Dafür zB KK-SpruchG/*Wilske* Rn. 93 ff. mN.
[38] Ein Beispiel in OLG Düsseldorf AG 2015, 438.

soweit nicht das SpruchG im Einzelfall eine abweichende Wertung enthält. Die **Beschwerdefrist** beträgt danach zwei Wochen und beginnt mit Zustellung der Entscheidung des LG (§ 11) an den Beschwerdeführer (§ 22 Abs. 1 FGG). Wiedereinsetzung in den vorigen Stand gegen die Versäumung der Beschwerdefrist ist unter den Voraussetzungen des § 22 Abs. 2 FGG möglich.

Die Beschwerde eröffnet (ebenso wie nach neuem Recht, → Rn. 8) eine neue Tatsacheninstanz (§ 23 FGG). Das OLG entscheidet durch begründeten Beschluss (§ 25 FGG). Der Beschluss wird mit seinem Erlass rechtskräftig und wirkt dann für und gegen jedermann (§ 13; → § 13 Rn. 1).[39] Eine **weitere Beschwerde** zum **BGH** ist ausgeschlossen (§ 11 Abs. 2 S. 3; aber → Rn. 12a).[40] Ihre Funktion übernahm nach § 11 Abs. 2 S. 2 das frühere **Vorlageverfahren des § 28 Abs. 2 und 3 FGG.** War die Vorlage danach zulässig, so trat der BGH nach § 28 Abs. 3 FGG in jeder Hinsicht an die Stelle des vorlegenden OLG und entschied selbst über die sofortige Beschwerde gegen die Entscheidung des LG, entweder in der Sache selbst, zB durch Erhöhung der Kompensation, durch Zurückweisung oder Verwerfung der Beschwerde oder durch Zurückverweisung der Sache an das OLG.[41]

Die **Beschwerdebefugnis** richtet sich nach § 20 Abs. 1 FGG, sodass die Beschwerde jedem Verfahrensbeteiligten zusteht, dessen Recht durch die Entscheidung des Landgerichts beeinträchtigt ist. Beschwerdebefugt sind die Antragsteller, der oder die Antragsgegner sowie richtiger Meinung nach auch der **gemeinsame Vertreter,** und zwar nicht nur in den Fällen des § 6 Abs. 3, sondern generell (→ § 6 Rn. 17).

Für die **Einlegung** der Beschwerde, für das **Verfahren** vor dem OLG und für die Entscheidung des OLG galten unter dem früheren Rechtszustand im Übrigen im Wesentlichen dieselben Regeln wie unter dem geltenden Recht, sodass insoweit unbedenklich auf die vorstehenden Ausführungen zum geltenden Recht verwiesen werden kann.

§ 13 SpruchG Wirkung der Entscheidung

¹Die Entscheidung wird erst mit der Rechtskraft wirksam. ²Sie wirkt für und gegen alle, einschließlich derjenigen Anteilsinhaber, die bereits gegen die ursprünglich angebotene Barabfindung oder sonstige Abfindung aus dem betroffenen Rechtsträger ausgeschieden sind.

I. Formelle Rechtskraft

§ 13 regelt die Wirkungen der formellen und der materiellen Rechtskraft der Entscheidungen der Gerichte in Spruchverfahren (§§ 11, 12). Gemäß § 13 S. 1 erlangen gerichtliche Entscheidungen in Spruchverfahren erst mit Eintritt der **formellen Rechtskraft Wirksamkeit** nach außen. Über den Eintritt der Rechtskraft erteilt die Geschäftsstelle des zuständigen Gerichts nach § 46 FamFG auf Antrag ein Rechtskraftzeugnis.

Die **formelle Rechtskraft** einer Entscheidung tritt gemäß § 45 S. 1 FamFG ein, sobald die Frist für die Einlegung des zulässigen Rechtsmittels, dh der Beschwerde oder der Rechtsbeschwerde (§ 12) abgelaufen ist, ohne dass ein Rechtsmittel eingelegt wurde (vgl. § 705 ZPO). Entscheidungen der **Landgerichte** in Spruchsachen erlangen folglich formelle Rechtskraft mit Ablauf der Beschwerdefrist (§ 63 Abs. 1 FamFG) ohne Einlegung der Beschwerde durch einen Beteiligten sowie vorher mit Verzicht aller Beteiligten auf die Beschwerde oder mit deren Rücknahme (§ 67 Abs. 1 und 4 FamFG).[1] Sie werden außerdem rechtskräftig mit Verwerfung oder Zurückweisung der Beschwerde durch das OLG, sofern das OLG nicht ausnahmsweise die Rechtsbeschwerde zum BGH zulässt.

---

[39] *Hüchting*, Abfindung und Ausgleich im aktienrechtlichen Beherrschungsvertrag, 1972, 80 ff.; *J. Schmidt*, Das Recht der außenstehenden Aktionäre, 1979, 122 ff.
[40] BGH AG 1986, 291 (292); NJW 2001, 224 = AG 2001, 1029; OLG Düsseldorf AG 2015, 438 (439) Rn. 10.
[41] KK-SpruchG/*Wilske* Rn. 90.
[1] Beispielsweise Hüffer/*Koch* Rn. 5; KK-SpruchG/*Wilske* Rn. 6.

2a Entscheidungen der **Oberlandesgerichte** werden im Regelfall sofort mit ihrem Erlass, dh mit Verkündung in der mündlichen Verhandlung oder sonst mit Aufgabe zur Zustellung an die Beteiligten rechtskräftig (→ § 12 Rn. 3).[2] Hat das OLG dagegen die **Rechtsbeschwerde** nach § 70 FamFG zugelassen, so tritt die formelle Rechtskraft der Entscheidung erst mit Ablauf der Rechtsbeschwerdefrist (§ 71 FamFG), mit Rücknahme der Rechtsbeschwerde oder mit dem Verzicht aller Beschwerdeberechtigten auf die Rechtsbeschwerde ein. Eine Nichtzulassungsbeschwerde entsprechend § 544 ZPO kennt das FamFG nicht (→ § 12 Rn. 12).[3] Die Rechtskraft der Entscheidungen der Oberlandesgerichte tritt ferner mit Verwerfung oder Zurückweisung der Rechtsbeschwerde durch den BGH ein. Die Entscheidungen des **BGH** werden sofort mit ihrem Erlass rechtskräftig, weil damit der ordentliche Rechtszug beendet ist. Möglich bleibt zwar unter den Voraussetzungen des § 44 FamFG immer noch die Anhörungsrüge; doch hindert dies nicht den Eintritt der Rechtskraft.[4]

2b In den anderen Fällen der Verfahrensbeendigung (→ § 11 Rn. 6, 9 ff.) kommt es nicht zu einer rechtskräftigen Entscheidung. Das gilt insbesondere im Falle der Verfahrensbeendigung durch **Vergleich** oder durch Erledigungserklärung der Beteiligten.[5] Die Problematik der durch § 11 Abs. 2 und Abs. 4 zugelassenen gerichtlichen Vergleiche beruht gerade auf der Unanwendbarkeit des § 13 S. 2 auf gerichtliche Vergleiche. Derartige Vergleiche werden deshalb in aller Regel auf Drängen des gemeinsamen Vertreters der außenstehenden Aktionäre als Verträge zu Gunsten der anderen außenstehenden Aktionäre nach § 328 BGB abgeschlossen (→ § 11 Rn. 6c).

II. Materielle Rechtskraft

3 Die materielle Rechtskraft der Entscheidungen des LG oder des OLG äußert sich, wenn das Gericht die Kompensation erhöht, vor allem darin, dass fortan die vom Gericht festgesetzte Kompensation mit rückwirkender Kraft an die Stelle der zuvor vom Antragsgegner angebotenen Kompensation mit **Wirkung für und gegen jedermann** tritt (§ 13 S. 2). Die Entscheidung hat insoweit **Gestaltungswirkung** – mit der Folge, dass mit Rechtskraft der Entscheidung in einem Beherrschungs- oder Gewinnabführungsvertrag die in diesem vorgesehene Kompensation durch die vom Gericht festgesetzte Kompensation ersetzt wird.[6] Die Gestaltungswirkung der Entscheidung reicht aber nicht weiter als der Inhalt der Entscheidung. Ist nur über den Ausgleich entschieden worden, so hat die Entscheidung keine Bedeutung für die Höhe der Abfindung; entsprechendes gilt, wenn Gegenstand der Entscheidung allein die Höhe der Abfindung ist.[7]

3a Die Entscheidung bindet nach ihrer Rechtskraft nicht nur die Verfahrensbeteiligten, sondern auch die **anderen,** vom gemeinsamen Vertreter vertretenen außenstehenden **Aktionäre** sowie **Gerichte** und **Behörden,** sodass in einem nachfolgenden Rechtsstreit die Entscheidung des LG oder des OLG zur Höhe der Kompensation ohne weiteres zugrunde zu legen ist (→ Rn. 6).[8] Zugleich wird dadurch ein erneutes Spruchverfahren über die Höhe dieser Kompensation ausgeschlossen.[9] Anders nur, wenn der Antrag rechtskräftig **als unzulässig verworfen** wurde; in diesem Fall erwächst nur die Entscheidung über das betreffende Zulässigkeitshindernis in Rechtskraft, sodass nach dessen Beseitigung ein erneu-

---

[2] BGH NJW 1955, 503 (504) (l. Sp.) – insoweit nicht in BGHZ 16, 159 abgedruckt; KK-SpruchG/*Wilske* Rn. 7.
[3] *Krafka* NZG 2009, 650 (654); anders ohne Begründung MüKoAktG/*Kubis* Rn. 1.
[4] KK-SpruchG/*Wilske* Rn. 8.
[5] Spindler/Stilz/*Drescher* Rn. 10; Hölters/*Simons* Rn. 11.
[6] OLG Karlsruhe AG 2008, 716 (717) = ZIP 2008, 1633 – SEN.
[7] KK-SpruchG/*Wilske* Rn. 16.
[8] OLG Schleswig ZIP 2004, 2433 (2434); OLG Karlsruhe AG 2008, 716 (717) = ZIP 2008, 1633 – SEN; MüKoAktG/*Kubis* Rn. 2; Lutter/*Krieger* UmwG Anh. I § 12 Rn. 3; KK-SpruchG/*Wilske* Rn. 19; *Wittgens,* Das Spruchverfahrensgesetz, 2005, 249.
[9] BayObLG AG 2003, 632 f. = NZG 2003, 36 – Philips/PKV; KK-SpruchG/*Wilske* Rn. 13 ff.

III. Abfindungsergänzungsanspruch

Nach § 13 S. 2 Hs. 2 wirkt die formell rechtskräftige Entscheidung des Gerichts im Spruchverfahren auch zu Gunsten derjenigen Anteilsinhaber, die bereits gegen die ursprüngliche Abfindung ausgeschieden sind. Das Gesetz zieht damit die Folgerungen aus der geschilderten Gestaltungswirkung der Entscheidung des Gerichts (→ Rn. 3) durch die ausdrückliche Anerkennung des Abfindungsergänzungsanspruchs der außenstehenden Aktionäre, die sich nicht am Verfahren beteiligt, sondern die ursprünglich angebotene Abfindung angenommen hatten und gegen deren Leistung aus dem Antragsgegner ausgeschieden waren (→ AktG § 305 Rn. 86). Die Parteien können aber, da der Anspruch eines außenstehenden Aktionärs auf eine Abfindung letztlich auf einem Kauf- oder Tauschvertrag mit dem herrschenden Unternehmen beruht (→ AktG § 305 Rn. 4 ff.), jederzeit unbehindert von § 13 S. 2 über den Anspruch auf die Abfindung disponieren (§ 311 Abs. 1 BGB). § 13 S. 2 steht insbesondere nicht einem Verzicht des außenstehenden Aktionärs auf die erhöhte Abfindung im Wege eines Erlassvertrages oder Vergleichs entgegen (§§ 397 und 779 BGB).[11] Bei einer Erhöhung des **Ausgleichs** (§ 304 AktG) ergibt sich schließlich der Nachzahlungsanspruch der Aktionäre bereits aus § 304 AktG, sodass eine besondere Regelung entbehrlich war.

Wird der Unternehmensvertrag nachträglich hinsichtlich der Art oder der Höhe der Kompensation nach § 295 AktG **geändert** mit der Folge, dass aufgrund des § 295 Abs. 2 AktG ein Sonderbeschluss der außenstehenden Aktionäre erforderlich ist, so ist auch ein erneutes Spruchverfahren möglich; die Rechtskraft der Entscheidung über die ursprünglich angebotene Kompensation steht nicht entgegen (→ AktG § 295 Rn. 27, 34).[12] Soweit im Falle des **Beitritts** eines neuen herrschenden Unternehmens zu einem Unternehmensvertrag eine Anpassung des Ausgleichs nötig ist, ist gleichfalls Raum für ein neues Spruchverfahren (→ AktG § 295 Rn. 27a). Anders wird dagegen entschieden, wenn eine **Anpassung des Ausgleichs** wegen einer Veränderung der Verhältnisse oder wegen Kapitalmaßnahmen bei dem herrschenden oder bei dem abhängigen Unternehmen erforderlich wird; in diesem Fall erfolgt nach überwiegender Meinung die Anpassung im Wege der Leistungsklage (→ AktG § 304 Rn. 69).[13]

IV. Vollstreckung

Entscheidungen im Spruchverfahren stellen *keinen* Vollstreckungstitel dar. Kommt der Antragsgegner der Verpflichtung zur Zahlung einer erhöhten Kompensation nicht nach, so müssen die Antragsteller und die anderen außenstehenden Aktionäre ggf. **Leistungsklage** erheben, für die das SpruchG ergänzend in § 16 eine besondere Zuständigkeitsregelung enthält. In diesem Verfahren ist das Gericht an die vorausgegangene rechtskräftige Entscheidung im Spruchverfahren über die Kompensation nach § 13 gebunden (→ Rn. 3a). Zur Verjährung → AktG § 305 Rn. 29.

§ 14 SpruchG Bekanntmachung der Entscheidung

Die rechtskräftige Entscheidung in einem Verfahren nach § 1 ist ohne Gründe nach Maßgabe des § 6 Abs. 1 Satz 4 und 5 in den Fällen
1. der Nummer 1 durch den Vorstand der Gesellschaft, deren außenstehende Aktionäre antragsberechtigt waren;
2. der Nummer 2 durch den Vorstand der Hauptgesellschaft;

---

[10] Spindler/Stilz/*Drescher* Rn. 5; Hölters/*Simons* Rn. 8; KK-SpruchG/*Wilske* Rn. 16.
[11] KK-SpruchG/*Wilske* Rn. 12.
[12] Spindler/Stilz/*Drescher* Rn. 6.
[13] Spindler/Stilz/*Drescher* Rn. 7 f.

3. der Nummer 3 durch den Hauptaktionär der Gesellschaft;
4. der Nummer 4 durch die gesetzlichen Vertreter jedes übernehmenden oder neuen Rechtsträgers oder des Rechtsträgers neuer Rechtsform;
5. der Nummer 5 durch die gesetzlichen Vertreter der SE, aber im Fall des § 9 des SE-Ausführungsgesetzes durch die gesetzlichen Vertreter der die Gründung anstrebenden Gesellschaft, und
6. der Nummer 6 durch die gesetzlichen Vertreter der Europäischen Genossenschaft

bekannt zu machen.

I. Bekanntmachung

1 § 14 regelt die Bekanntmachung der „rechtskräftigen Entscheidung" in einem Verfahren nach § 1. § 14 muss im Zusammenhang mit § 13 S. 2 gesehen werden, nach dem die rechtskräftige Entscheidung in einem Spruchverfahren für und gegen jedermann wirkt, einschließlich insbesondere der bereits ausgeschiedenen außenstehenden Aktionäre. Aus dieser Regelung ergab sich die Notwendigkeit, für eine Information aller durch eine rechtskräftige Entscheidung möglicherweise betroffenen Personen zu sorgen. **Zweck** der Regelung ist mit anderen Worten in erster Linie die *Unterrichtung* der nicht am Verfahren beteiligten *außenstehenden Aktionäre* über den Ausgang des Verfahrens. Daraus folgt, dass auf die Bekanntmachung **verzichtet** werden kann, wenn *alle* außenstehenden Aktionäre zugleich als Antragsteller am Verfahren *beteiligt* waren, weil die Entscheidung ihnen dann ohnehin zugestellt wird (§ 11 Abs. 3).[1] Ebenso dürfte zu entscheiden sein, wenn lediglich einzelne Anträge endgültig als unzulässig verworfen werden, sofern wegen der anderen zulässigen Anträge das Spruchverfahren tatsächlich durchgeführt wird.[2] Aus dem Zweck der Regelung folgt weiter, dass nur diejenigen Entscheidungen des LG, des OLG oder ggf. des BGH bekannt zu machen sind, die tatsächlich eine **sachliche Regelung** enthalten, durch die, anders gewendet, insbesondere in den Fällen des § 1 Nr. 1–3 die Interessen der außenstehenden Aktionäre überhaupt betroffen sein können, nicht also zB eine Entscheidung des LG oder des OLG, durch die sämtliche Anträge als *unzulässig* verworfen werden, eben, weil eine solche Entscheidung keine Gestaltungswirkung iSd § 13 S. 2 mit Wirkung für und gegen jedermann äußert.[3]

1a **Gegenstand** der Bekanntmachungspflicht ist folglich, *soweit* sie eine sachliche Regelung enthält, die Entscheidung des LG, wenn keine Beschwerde eingelegt, auf die Beschwerde verzichtet oder diese zurückgenommen oder das Rechtsmittel verworfen oder zurückgewiesen wird, sonst die Entscheidung des OLG, sofern es selbst in der Sache entscheidet und keine Rechtsbeschwerde zugelassen oder eingelegt wird, oder die Entscheidung des BGH, wenn er auf die Rechtsbeschwerde hin selbst in der Sache entscheidet. Wird die bekanntgemachte Entscheidung nachträglich aufgrund der §§ 42 und 43 FamFG berichtigt oder ergänzt, so muss der Beschluss erneut bekannt gemacht werden.[4]

2 Die **Bekanntmachung** der rechtskräftigen Sachentscheidung im Spruchverfahren (→ Rn. 1 f.) hat ohne Gründe im Bundesanzeiger und ggf. zusätzlich in den Gesellschaftsblättern zu erfolgen. Das ergibt sich aus der Verweisung auf § 6 Abs. 1 S. 4 und 5 in § 14 Hs. 1 (→ § 6 Rn. 18). Die Bekanntmachung muss nach Sinn und Zweck der Regelung *unverzüglich* nach Eintritt der Rechtskraft der Entscheidung erfolgen (§ 271 BGB).[5] Bekanntgemacht werden nur das **Rubrum** und der **Tenor** der Entscheidung, während hinsichtlich der Gründe keine Bekanntmachungspflicht besteht (§ 38 FamFG). Aber natürlich ist der Vorstand nicht gehindert, auch die Gründe auf dem genannten Wege bekannt

---

[1] Ebenso Hüffer/*Koch* Rn. 1; Lutter/*Krieger* Rn. 2; MüKoAktG/*Kubis* Rn. 6; Hölters/*Simons* Rn. 3; Wittgens, Das Spruchverfahrensgesetz, 2005, 253; KK-SpruchG/*Wilske* Rn. 22.
[2] Spindler/Stilz/*Drescher* Rn. 1.
[3] OLG München AG 2012, 603 = ZIP 2012, 1180; KK-SpruchG/*Wilske* Rn. 25.
[4] KK-SpruchG/*Wilske* Rn. 13.
[5] KK-SpruchG/*Wilske* Rn. 21.

zu machen.⁶ Weitere Bekanntmachungspflichten können sich bei börsennotierten Gesellschaften aus **§ 15** und aus **§ 30e Abs. 1 Nr. 1 WpHG** ergeben, da nach der zuletzt genannten Vorschrift der Emittent jede Änderung der mit den Wertpapieren verbundenen Rechte unverzüglich veröffentlichen muss.⁷

II. Verpflichteter

Die Verpflichtung zur Bekanntmachung (→ Rn. 1) trifft in den Fällen der §§ 304 und 305 AktG den **Vorstand der abhängigen Gesellschaft** (§ 14 Nr. 1 iVm § 1 Nr. 1), der, weil die abhängige Gesellschaft nicht am Verfahren beteiligt ist (§ 5 Nr. 1), von dem herrschenden Unternehmen aufgrund des Vertrages folglich über die Entscheidung informiert werden muss (§§ 241 Abs. 2 und 242 BGB).⁸ In den übrigen Fällen obliegt die Bekanntmachung grundsätzlich dem **Vertretungsorgan des Antragsgegners;** ausreichend ist Handeln in vertretungsberechtigter Zahl, wobei Stellvertretung zulässig ist.⁹ Das sind im Falle der Eingliederung durch Mehrheitsbeschluss der Vorstand der Hauptgesellschaft (§ 14 Nr. 2 iVm § 1 Nr. 2), (§ 14 Nr. 3 iVm § 1 Nr. 3) sowie in den Umwandlungsfällen die gesetzlichen Vertreter jedes übernehmenden oder neuen Rechtsträgers sowie des Rechtsträgers neuer Rechtsform (§ 14 Nr. 4 iVm § 1 Nr. 4). Lediglich im Falle des Ausschlusses der Minderheitsaktionäre (§ 1 Nr. 3) nennt das Gesetz in § 14 Nr. 3 als Adressaten der Bekanntmachungspflicht den Hauptaktionär der Gesellschaft selbst, dies deshalb, weil es sich bei diesem um eine natürliche Person handeln kann. Im Falle des § 1 Nr. 5 (SE) und Nr. 6 (SEC) sind in der Regel die gesetzlichen Vertreter der SE oder SEC zur Bekanntmachung verpflichtet.¹⁰

III. Vergleiche

§ 14 erwähnt nur rechtskräftige „Entscheidungen" iSd § 11 Abs. 1, nicht dagegen die **gerichtlichen Vergleiche** des § 11 Abs. 2 und 4, obwohl auch durch einen derartigen Vergleich ein Verfahren abgeschlossen werden kann (→ § 11 Rn. 6 f.). Deshalb ist umstritten, ob ein gerichtlicher Vergleich, durch den die Kompensation erhöht wird, analog § 14 ebenfalls bekannt zu machen ist (→ AktG § 305 Rn. 26a).¹¹ Nach dem Zweck der ganzen Regelung (→ Rn. 1) dürfte jedoch gerade im Falle eines Vergleichs eine Bekanntmachung der durch ihn vereinbarten Erhöhung der Kompensation von besonderer Bedeutung für die außenstehenden Aktionäre (die sonst von dem Vergleich möglicherweise nichts erfahren) sein. Deshalb ist in der Tat von der entsprechenden **Anwendbarkeit des § 14** jedenfalls auf gerichtliche Vergleiche und Schriftsatzvergleiche iSd § 11 Abs. 2 und 4 auszugehen, durch die die Kompensation erhöht oder auch nur geändert wird. Außerdem muss der gemeinsame Vertreter auf der Bekanntmachung bestehen, widrigenfalls er sich ersatzpflichtig macht.¹² Die Folge ist vor allem, dass auch die verlängerte Frist des § 305 Abs. 4 S. 3 AktG (→ Rn. 4) erst von der Bekanntmachung des Vergleichs ab läuft (→ AktG § 305 Rn. 26a). Bei **außergerichtlichen Vergleichen,** die gleichfalls möglich sind (→ § 11 Rn. 8, 11), ist dagegen keine gesetzliche Grundlage für eine Bekanntmachungspflicht erkennbar, sodass hier vor allem der gemeinsame Vertreter für die rechtzeitige Information der von ihm vertretenen außenstehenden Aktionäre zu sorgen hat (→ § 6 Rn. 14).

---

⁶ Ebenso KK-SpruchG/*Wilske* Rn. 6.
⁷ Hüffer/*Koch* Rn. 3; Riegger/*Rieg* ZIP 2007, 1148; Hölters/*Simons* Rn. 6; KK-SpruchG/*Wilske* Rn. 27 ff.; *Wittgens*, Das Spruchverfahrensgesetz, 2005, 255 ff.
⁸ Spindler/Stilz/*Drescher* Rn. 3; Hüffer/*Koch* Rn. 5; Hölters/*Simons* Rn. 5.
⁹ Hüffer/*Koch* Rn. 3; KK-SpruchG/*Wilske* Rn. 12 f.; Hölters/*Simons* Rn. 5; str.
¹⁰ S. iE Hüffer/*Koch* Rn. 3; KK-SpruchG/*Wilske* Rn. 12 ff.; *Wittgens*, Das Spruchverfahrensgesetz, 2005, 254.
¹¹ Dafür GroßkommAktG/*Hirte* § 305 Rn. 249; Hüffer/*Koch* Rn. 2; MüKoAktG/*Kubis* Rn. 1; dagegen Spindler/Stilz/*Drescher* Rn. 2; KK-SpruchG/*Wilske* Rn. 2; offengelassen in BGHZ 112, 382 (386) = NJW 1991, 566.
¹² Riegger/*Rieg* ZIP 2007, 1148 (1149).

IV. Rechtsfolgen

5   Die Wirkungen der Bekanntmachung ergeben sich aus dem materiellen Recht. Hervorzuheben ist **§ 305 Abs. 4 S. 3 AktG,** nach dem im Falle der Erhöhung von Ausgleich oder Abfindung im Spruchverfahren die Frist zur Annahme des Abfindungsangebots des herrschenden Unternehmens frühestens zwei Monate nach dem Tag der Bekanntmachung der Entscheidung im Bundesanzeiger endet. Gleich steht die Bekanntmachung eines gerichtlichen Vergleichs oder eines Schriftsatzvergleichs mit der Wirkung der Abänderung oder Erhöhung der Kompensation (→ Rn. 4).

V. Sanktionen

6   Die Bekanntmachung kann *nicht* durch die Festsetzung von Zwangsgeldern erzwungen werden, da in § 407 Abs. 1 AktG der frühere Hinweis auf § 306 Abs. 6 AktG aF ersatzlos gestrichen wurde, und zwar, weil die frühere abweichende Regelung keinerlei praktische Bedeutung erlangt hatte.[13] Nachteile für die Beteiligten sind davon nicht zu befürchten, weil die Entscheidung ohnehin von Amts wegen allen Beteiligten zugestellt wird, womit für ihre Bekanntmachung ausreichend gesorgt sein dürfte (§ 11 Abs. 3; → § 11 Rn. 5), zumal bei Berücksichtigung der weiteren Bekanntmachungspflichten aufgrund des WpHG (→ Rn. 2). Als Ausweg wird im Schrifttum zum Teil ein materiellrechtlicher *Bekanntmachungsanspruch* der Antragsteller erwogen;[14] indessen ist unklar, woraus dieser Anspruch hergeleitet werden soll und wer Anspruchsgegner sein soll.[15]

§ 15 SpruchG Kosten

(1) Die Gerichtskosten können ganz oder zum Teil den Antragstellern auferlegt werden, wenn dies der Billigkeit entspricht.

(2) Das Gericht ordnet an, dass die Kosten der Antragsteller, die zur zweckentsprechenden Erledigung der Angelegenheit notwendig waren, ganz oder zum Teil vom Antragsgegner zu erstatten sind, wenn dies unter Berücksichtigung des Ausgangs des Verfahrens der Billigkeit entspricht.

Übersicht

	Rn.		Rn.
I. Einleitung	1, 2	III. Außergerichtliche Kosten der Antragsteller	18–21a
II. Gerichtskosten, GNotKG	3–17	1. Erster Rechtszug	18–20a
1. Überblick	3, 4	2. Zweiter Rechtszug	21
2. Geschäftswert	5–10	3. Notwendige Kosten	21a
3. Gebühren	11	IV. Außergerichtliche Kosten der Antragsgegner	21b
4. Festsetzung	12	V. Gegenstandswert	22–26
5. Kostenschuldner	13–15	1. Antragsteller	22–25
a) Antragsgegner	13	2. Antragsgegner	26
b) Antragsteller	14, 15	VI. Kostenentscheidung	27, 28
6. Vorschuss	16		
7. Vergütung von Sachverständigen	17		

I. Einleitung

1   § 15 in der Fassung von 2013 regelt in Abs. 1 die Auferlegung der Gerichtskosten auf die Antragsteller und in Abs. 2 die Auferlegung der außergerichtlichen Kosten der Antrag-

---

[13] Hüffer/*Koch* Rn. 4; Spindler/Stilz/*Drescher* Rn. 4; Lutter/*Krieger* Rn. 4 aE; MüKoAktG/*Kubis* Rn. 4; Hölters/*Simons* Rn. 8; *Wittgens,* Das Spruchverfahrensgesetz, 2005, 255; KK-SpruchG/*Wilske* Rn. 22 f.
[14] MüKoAktG/*Kubis* Rn. 4.
[15] Spindler/Stilz/*Drescher* Rn. 4; Hüffer/*Koch* Rn. 4; Hölters/*Simons* Rn. 5.

steller im Gegenzug auf den Antragsgegner, beides freilich nur ausnahmsweise, nämlich wenn es der Billigkeit entspricht, woraus sich ergibt, dass die Gerichtskosten grundsätzlich vom Antragsgegner zu tragen sind, während die Antragsteller ihre Kosten im Regelfall selbst zu tragen haben, womit bezweckt wurde, die Antragsteller von übereilten und unbegründeten Anträgen abzuschrecken, natürlich im Interesse der Entlastung der Justiz. Die geltende Fassung des § 15 beruht auf dem 2. Kostenrechtsmodernisierungsgesetz von 2013 (BGBl. I 2586), durch das die früheren weiteren Regelungen des § 15 über die Gerichtskosten in das Gesetz über die Kosten der freiwilligen Gerichtsbarkeit für Gerichte und Notare, das sog. **Gerichts- und Notarkostengesetz (GNotKG)** vom 23.7.2013 (BGBl. I 2586), in Kraft getreten am 1.8.2013, verlagert wurden. Das genannte Gesetz ist an die Stelle der früheren Kostenordnung getreten.

Die Vorschriften des **GNotKG** über die Gerichtskosten in Spruchverfahren entsprechen im Kern, wenn auch mit einzelnen Modifikationen, der früheren Regelung der Gerichtskosten in § 15 idF des FGG-Reformgesetzes, sodass Literatur und Rechtsprechung zu § 15 aF im Wesentlichen weiter verwertbar bleiben. Dies ändert indessen nichts daran, dass die Regelung der Gerichtskosten im Spruchverfahren jetzt – von § 15 Abs. 1 abgesehen – ihren Standort nicht mehr im SpruchG, sondern im GNotKG haben, sodass wegen der Einzelheiten auf die Kommentierungen zu dem zuletzt genannten Gesetz zu verweisen ist.[1] 2

II. Gerichtskosten, GNotKG

1. Überblick. Die Gerichtskosten in Verfahren nach dem Spruchverfahrensgesetz richten sich gemäß § 1 Abs. 2 GNotKG nach diesem Gesetz. Gerichtskosten sind Gebühren und Auslagen (§ 1 Abs. 1 GNotKG). Kostenschuldner ist grundsätzlich allein der Antragsgegner (→ Rn. 1). Nur soweit das Gericht die Kosten den Antragstellern nach § 15 Abs. 1 auferlegt, sind auch diese Kostenschuldner (§ 23 Nr. 14 GNotKG, ebenso früher § 15 Abs. 2 aF, → Rn. 13 ff.). Der Geschäftswert bemisst sich nach § 74 GNotKG, der im wesentlichen dem früheren § 15 Abs. 1 entspricht (→ Rn. 5 ff.). Der Geschäftswert wird vom Gericht von Amts wegen festgesetzt (§ 79 Abs. 1 S. 1 GNotKG, → Rn. 12). Die Höhe der Gebühren ergibt sich aus § 34 GNotKG iVm KV 13.500 ff., 13610 ff. GNotKG nach Tabelle A (→ Rn. 11). 3

Eine **Übergangsregelung** findet sich in § 136 Abs. 1 iVm Abs. 5 Nr. 2 GNotKG. Danach ist auf Verfahren, die vor Inkrafttreten des Gesetzes am 1.8.2013 eingeleitet wurden, grundsätzlich weiterhin § 15 aF iVm der früheren Kostenordnung anzuwenden.[2] Auf Beschwerden und Rechtsbeschwerden, die nach dem 31.7.2013 eingelegt wurden, findet dagegen das neue Recht Anwendung (§ 136 Abs. 1 Nr. 2 GNotKG). 4

2. Geschäftswert. Geschäftswert ist im Spruchverfahren nach § 74 der Betrag, der von allen Antragsberechtigten iSd § 3 nach der Entscheidung des Gerichts zusätzlich zu dem ursprünglich angebotenen Betrag insgesamt gefordert werden kann; er beträgt mindestens 200.000 Euro und höchstens 7,5 Millionen Euro (§ 74 S. 1 GNotKG). Maßgeblicher Zeitpunkt für die Bestimmung des Werts ist der Tag nach Ablauf der Antragsfrist des § 4 Abs. 1 (§ 74 S. 2 GNotKG). Dies entspricht im Kern dem früheren § 15 Abs. 1 S. 2 und 3 in der Fassung des FGG-Reformgesetzes. Ursprünglich wurde der Geschäftswert – mangels einer gesetzlichen Regelung – entsprechend § 30 Abs. 1 Hs. 1 KostO nach freiem Ermessen bestimmt. Überwiegend wurde danach, sofern der Antrag der außenstehenden Aktionäre ganz oder doch in nennenswertem Umfang Erfolg hatte, als Geschäftswert der **Unterschiedsbetrag** zwischen der angebotenen Kompensation und den im Spruchverfahren schließlich zugesprochenen Leistungen, multipliziert mit der Zahl der Anteile der, dh *aller* außenstehenden Aktionäre im Augenblick der Entscheidung als Geschäftswert bestimmt 5

---

[1] S. *Hartmann*, Kostengesetze, 44. Aufl. 2014, Teil III (651 ff.); *Renner/Otto/Heinze*, Leipziger GNotKG-Kommentar, 2013.
[2] S. BGH AG 2014, 283 (284) Rn. 8 = NZG 2014, 352; Spindler/Stilz/*Drescher* Rn. 3.

(sog. **Differenzmethode**).³ Als **Nebenforderung** unberücksichtigt blieben dagegen in der Regel die Zinsen auf die Barabfindung sowie der Abfindungsergänzungsanspruch.⁴

6   An die geschilderte Praxis auf der Grundlage des § 30 KostO (→ Rn. 5) knüpfte zunächst das SpruchG in § 15 Abs. 1 S. 2 und 3 aF an, indem es für die Bemessung des Geschäftswerts die von der Rechtsprechung früher schon entwickelte **Differenzmethode** für maßgeblich erklärte.⁵ Dieselbe Regelung findet sich jetzt in § 74 S. 1 GNotKG. Als Geschäftswert ist danach grundsätzlich der Betrag anzusetzen, der von *allen* in § 3 SpruchG genannten Antragsberechtigten auf Grund der Entscheidung des Gerichts *zusätzlich* zu dem ursprünglich gebotenen Betrag insgesamt gefordert werden kann. Zugleich wurden ein Mindestbetrag von 200.000 Euro und ein Höchstbetrag von 7,5 Mio. Euro festgesetzt. Innerhalb dieser Grenzen berechnet sich der Geschäftswert **nach der Differenz** zwischen der angebotenen und der tatsächlich angemessenen Kompensation, **multipliziert mit der Gesamtzahl** der „außenstehenden" Anteile, dh **der Anteile der (aller) außenstehenden Aktionäre.**⁶ Wird allein um die Abfindung in Aktien gestritten, so ist der Berechnung deren wirklicher Wert, in erster Linie also der Börsenkurs am Stichtag zu Grunde zu legen (§ 74 S. 2 GNotKG). Der Geschäftswert für den **Ausgleich** richtet sich dagegen nach § 52 Abs. 1 und Abs. 3 S. 2 GNotKG; er beläuft sich somit auf den zehnfachen Jahresbetrag der Differenz.⁷ Wenn überhaupt keine Kompensation angeboten wurde (Stichwort: Nullausgleich), ist für die Berechnung des Geschäftswerts bei Erfolg der Anträge auf die gesamte vom Gericht festgesetzte Kompensation abzustellen.⁸ Unberücksichtigt bleiben dagegen weiterhin die Nebenforderungen (→ Rn. 5, 10).

7   Der Geschäftswert für das **Beschwerdeverfahren** richtet sich im GNotKG an sich nach § 61 GNotKG. Diese Vorschrift passt indessen hier nicht, da sie auf die Anträge der Beschwerdeführer abstellt, im Spruchverfahren jedoch keine Anträge erforderlich sind, sodass hier auch im Beschwerdeverfahren wohl von der Sonderregelung des § 74 GNotKG auszugehen ist.⁹ Das entspricht der Rechtslage unter dem früheren Recht.¹⁰ § 74 GNotKG ist auch bei einer Beschwerde gegen **Zwischenentscheidungen** anwendbar, sofern sie wie bei einer Zwischenentscheidung über die Zulässigkeit eines Antrags ausnahmsweise möglich ist.¹¹

8   Für die **Zahl** der außenstehenden Anteile ist gemäß § 74 S. 2 GNotKG auf den **Tag nach Ablauf der Antragsfrist** des § 4 Abs. 1 abzustellen, wobei zu beachten ist, dass sich nach § 4 Abs. 2 S. 3 aus der Antragsbegründung die Zahl der von dem oder den Antragstellern gehaltenen Anteile ergeben soll, um die Berechnung des Geschäftswerts zu erleichtern. **Spätere Veränderungen** im Anteilsbesitz der Antragsteller bleiben **unberücksichtigt,** auch wenn jetzt Antragsteller die ursprünglich angebotene Abfindung doch noch annehmen und deshalb aus dem Verfahren ausscheiden.¹² Die Regelung ist entsprechend in der Beschwerde- und in der Rechtsbeschwerdeinstanz anzuwenden, sodass hier der maßgebliche Zeitpunkt für die Bestimmung des Geschäftswerts der Tag nach Ablauf der Rechtsmittelfrist ist.¹³

9   Die geschilderte Berechnung des Geschäftswerts (→ Rn. 5 f.) versagt naturgemäß, wenn es in dem Spruchverfahren *nicht* zu einer nennenswerten Erhöhung der Kompensation kommt. Für diesen Fall sieht das Gesetz in § 74 S. 1 Hs. 2 GNotKG (aus rein fiskalischen

---

³ BGH AG 1999, 181 = NZG 1999, 346 – Asea/BBC; BayObLGZ 2002, 169 (172) = NZG 2002, 880 = AG 2003, 633 – MBB/DB; BayObLG AG 1999, 273; AG 2001, 592 (593) – Philips; AG 2002, 390 (392) – Rieter II; AG 2002, 559.
⁴ BGH AG 2002, 559; OLG Düsseldorf NZG 2000, 693 (697).
⁵ Begr., BT-Drs. 15/371, 17 (l. Sp. „Zu § 15").
⁶ Begr., BT-Drs. 15/371, 17 (l. Sp. „Zu § 15"); *Deiß* NZG 2013, 248 (249 f.).
⁷ Spindler/Stilz/*Drescher* Rn. 5.
⁸ Hölters/*Simons* Rn. 5.
⁹ Spindler/Stilz/*Drescher* Rn. 10.
¹⁰ KK-SpruchG/*Roßkopf* Rn. 21.
¹¹ Spindler/Stilz/*Drescher* Rn. 10.
¹² Hölters/*Simons* Rn. 6.
¹³ Spindler/Stilz/*Drescher* Rn. 10; *Wittgens,* Das Spruchverfahrensgesetz, 2005, 278.

Gründen) einen **Mindestbetrag von 200.000 Euro** als Geschäftswert vor. Die Tragweite dieser Regelung ist umstritten. Vielfach wird angenommen, dass jedenfalls bei Abweisung der Anträge als unzulässig oder unbegründet nach wie vor Raum für eine Ermessensentscheidung des Gerichts sei.[14] Für diese Annahme ist jedoch angesichts des eindeutigen Wortlauts des Gesetzes kein Raum; der Mindestbetrag von 200.000 Euro als Geschäftswert ist vielmehr in allen Fällen festzusetzen, in denen es nicht zu einer nennenswerten Erhöhung der Kompensation kommt. Die wichtigsten Fälle sind die **Zurückweisung der Anträge** als unzulässig oder unbegründet sowie das Unterbleiben einer gerichtlichen Entscheidung, insbesondere infolge der **Rücknahme** der Anträge oder infolge eines gerichtlichen **Vergleichs** (§ 11 Abs. 2 und 3), nach dem folglich nur noch über Kosten zu entscheiden ist.[15]

Der **Höchstbetrag** des Geschäftswerts beträgt in jedem Fall 7,5 Millionen Euro (§ 74 S. 1 Hs. 2 GNotKG), um in sog. Großverfahren eine übermäßige Belastung des Antragsgegners durch Kosten zu vermeiden.[16] Die **Zinsen** auf die Barabfindung (§ 305 Abs. 3 S. 3 AktG) und der **Abfindungsergänzungsanspruch** werden bei der Berechnung des Geschäftswerts **nicht** berücksichtigt (→ Rn. 5, 6).[17] Wird wie in der Regel in den Fällen des § 1 Nr. 1 *gleichzeitig* eine Erhöhung des **Ausgleichs und** der **Abfindung** beantragt, so ist allein von dem jeweils höheren Betrag auszugehen; eine Addition der beiden Geschäftswerte findet nicht statt.[18]

3. Gebühren. Die Höhe der Gebühren hat sich durch die Neuregelung geändert.[19] Sie richtet sich im **ersten Rechtszug** jetzt nach § 34 GNotKG iVm KV 13500 ff. GNotKG nach Tabelle A. Danach wird bei einer Beendigung des Verfahrens durch *Beschluss* der zweifache Satz der Gebühren angesetzt (KV 13500 GNotKG), bei einer Beendigung des Verfahrens durch *Vergleich* aber nur die 0,5-fache Gebühr (KV 13504 Nr. 1 GNotKG), während bei einer Beendigung des Verfahrens durch *Schriftsatzvergleich* der einfache Gebührensatz anfällt (KV 3503 GNotKG).[20] Für das **Beschwerdeverfahren** sind die KV 13610–13612 GNotKG nach Tabelle A maßgebend. Wird das Verfahren durch einen Beschluss des OLG oder des BGH beendet, so fällt danach grundsätzlich der dreifache Gebührensatz an.[21]

4. Festsetzung. Der Geschäftswert wird vom Gericht nach § 79 S. 1 GNotKG von Amts wegen festgesetzt, und zwar durch begründeten Beschluss, der, wenn eine Entscheidung in der Hauptsache nach § 11 ergeht, in der Regel, aber nicht notwendig mit dieser verbunden wird und sonst, etwa nach einem gerichtlichen Vergleich, selbstständig zu erlassen ist (§ 82 FamFG). Gegen den Beschluss ist nach § 83 GNotKG die **Beschwerde** statthaft.[22] **Beschwerdebefugt** ist jeder, der durch die Festsetzung des Geschäftswerts belastet sein kann.[23] Das sind auf jeden Fall der Antragsgegner als Kostenschuldner und der anwaltliche Vertreter der Antragsteller sowie wohl auch der gemeinsame Vertreter, die beiden letzteren mit Rücksicht auf § 31 RVG (→ Rn. 22 f.), dagegen nicht die Antragsteller, weil und sofern sie nicht Kostenschuldner sind.[24] In dem Beschwerdeverfahren gilt *nicht* das Verbot der

---

[14] OLG Düsseldorf AG 2004, 212 (215) = NZG 2004, 622; BayObLGZ 2004, 200 = AG 2005, 241 = NZG 2004, 1111.
[15] Ebenso Begr., BT-Drs. 15/371, 17 (l. Sp. „Zu § 15" 2. Abs.); OLG Stuttgart AG 2004, 109 f. = ZIP 2004, 850 = NZG 2004, 97; AG 2004, 390 = NZG 2004, 625; OLG Düsseldorf NZG 2004, 1171 = AG 2005, 298; OLG Frankfurt AG 2005, 890 (891) = NZG 2006, 951; OLG Schleswig AG 2009, 380 (381) = ZIP 2009, 438 – MobilCom II; Spindler/Stilz/*Drescher* Rn. 7 f.; Lutter/*Krieger* Rn. 4; MüKoAktG/*Kubis* Rn. 12; KK-SpruchG/*Roßkopf* Rn. 17; Hölters/*Simons* Rn. 7; *Wittgens*, Das Spruchverfahrensgesetz, 2005, 279 ff.
[16] Ebenso für Altfälle OLG München AG 2007, 411.
[17] Hüffer/*Koch* Rn. 3; MüKoAktG/*Kubis* Rn. 4.
[18] *Deiß* NZG 2013, 248 (249 f.); anders KK-SpruchG/*Roßkopf* Rn. 13.
[19] Zum früheren Recht (§ 15 Abs. 1 aF) s. 7. Aufl. § 15 Rn. 9.
[20] Spindler/Stilz/*Drescher* Rn. 13.
[21] Spindler/Stilz/*Drescher* Rn. 15.
[22] Spindler/Stilz/*Drescher* Rn. 11; KK-SpruchG/*Roßkopf* Rn. 21 ff.
[23] Spindler/Stilz/*Drescher* Rn. 12.
[24] MüKoAktG/*Kubis* Rn. 10.

reformatio in peius, sodass der Geschäftswert auch zum Nachteil des Beschwerdeführers vom Beschwerdegericht neu festgesetzt werden kann.[25] – Von der Festsetzung der Kosten ist der **Kostenansatz,** dh die Berechnung der konkret geschuldeten Kosten durch den zuständigen Kostenbeamten nach § 18 GNotKG zu unterscheiden. Rechtsmittel gegen den Kostenansatz des Kostenbeamten ist die Erinnerung des § 81 GNotKG.

13   **5. Kostenschuldner. a) Antragsgegner.** Die Gerichtskosten muss nach § 15 Abs. 1 SpruchG und § 23 Nr. 14 GNotKG grundsätzlich der Antragsgegner tragen, in den Fällen der §§ 304 und 305 AktG also allein der andere Vertragsteil, dh das herrschende Unternehmen (§ 5 Nr. 1).[26] Dazu gehören auch die Kosten des gemeinsamen Vertreters (§ 6 Abs. 2) sowie die bei Beauftragung von Sachverständigen möglicherweise hohen Auslagen (vgl. § 80 S. 1 FamFG). Vor allem durch diese Regelung erklärt sich die Festsetzung eines Höchstbetrages für den Geschäftswert von 7,5 Mio. Euro durch § 74 S. 1 Hs. 2 GNotKG (→ Rn. 10). Die in dieser Regelung zum Ausdruck kommende zarte Rücksichtnahme auf die Belastung des Antragsgegners mit Kosten, in der Regel Großunternehmen, steht in einem verstörenden Gegensatz zu § 15 Abs. 2, durch den für den Regelfall die außergerichtlichen Kosten den Antragstellern, häufig kleine Aktionäre, ohne Rücksicht auf ihre Vermögensverhältnisse auferlegt werden (Art. 3 Abs. 1 GG).

14   **b) Antragsteller.** Nach § 15 Abs. 1 können die Gerichtskosten ganz oder teilweise den Antragstellern auferlegt werden, wenn dies der **Billigkeit** entspricht. Von dieser Regelung sollte zum Schutze der außenstehenden Aktionäre nur zurückhaltend Gebrauch gemacht werden, im Grunde allein **bei Missbrauch** des Antragsrechts, bei groben Verstößen gegen die Verfahrensförderungspflicht der Antragsteller sowie bei offensichtlicher Unzulässigkeit oder Unbegründetheit des Antrags oder der Beschwerde, etwa wegen des Fehlens einer konkreten Bewertungsrüge entgegen § 4 Abs. 2,[27] während die bloße Erfolglosigkeit eines Antrags oder eines Rechtsmittels in keinem Fall für eine Kostenbelastung der Antragsteller ausreicht. Insbesondere kann von einem Missbrauch keine Rede sein, wenn die Rechtslage oder die schließlich verneinte Antragsbefugnis der Antragsteller zunächst durchaus zweifelhaft war.[28] Ebenso wenig reicht die bloße Fortführung des Verfahrens nach einem Vergleichsangebot des Antragsgegners oder nach der Eröffnung des Insolvenzverfahrens über dessen Vermögen für die Annahme eines Missbrauchs aus, der es rechtfertigen könnte, den Antragstellern die Kosten aufzuerlegen.[29] Eine Auferlegung der Kosten auf den **gemeinsamen Vertreter** oder die nicht am Verfahren beteiligten außenstehenden Aktionäre kommt in keinem Fall in Betracht.

15   Von der Auferlegung der Gerichtskosten auf die Antragsteller (→ Rn. 14) bleibt die **Haftung des Antragsgegners** für die Gerichtskosten unberührt. Antragsteller und Antragsgegner sind in diesem Fall vielmehr *Gesamtschuldner* (§ 32 Abs. 1 GNotKG).[30] Die Folge ist, dass die Rückzahlung eines von dem Antragsgegner bereits gezahlten Gerichtskostenvorschusses auch dann nicht in Betracht kommt, wenn die Gerichtskosten ausnahmsweise endgültig ganz oder teilweise den Antragstellern auferlegt werden (→ Rn. 14). Der Antragsgegner muss in diesem Fall den Gerichtskostenvorschuss im Wege der Kostenfestsetzung bei dem oder den Antragstellern geltend machen.[31]

---

[25] BayObLGZ 2002, 169 (174, 177) = AG 2003, 633 (635 f.) = NZG 2002, 880 – MBB/DB.
[26] Hüffer/*Koch* Rn. 4.
[27] BGH AG 2011, 591; AG 2012, 173 Rn. 23 = NZG 2012, 191; BayObLG NZG 2003, 36 = ZIP 2002, 2257 (2260 f.) = AG 2003, 631 – PKV/Philips; AG 2004, 99; OLG Hamburg AG 2003, 694 = NJW-RR 2004, 125 – Hermes Kreditversicherung; OLG Düsseldorf AG 2009, 667; 2011, 459 (461); OLG Karlsruhe AG 1998, 288 (289); BeckRS 2013, 08873; OLG Stuttgart AG 2012, 839 (844); 2015, 321 (326) = NZG 2015, 629; Hüffer/*Koch* Rn. 4 mN; *Lutter/Bezzenberger* AG 2000, 433 (442); Spindler/Stilz/*Drescher* Rn. 21; MüKoAktG/*Kubis* Rn. 16; KK-SpruchG/*Roßkopf* Rn. 41 f.; Hölters/*Simons* Rn. 10.
[28] BGH AG 2011, 591; 2012, 173 Rn. 17, 23 = NZG 2012, 191; BayObLG NZG 2003, 36 = AG 2003, 631 – PKV/Philips; AG 2004, 99; OLG Hamburg AG 2003, 694 = NJW-RR 2004, 125.
[29] OLG Düsseldorf AG 2011, 459 (461).
[30] Hüffer/*Koch* Rn. 4.
[31] Begr., BT-Drs. 15/371, 17 (r. Sp. 2. Abs.).

6. Vorschuss. Der *Antragsgegner* hat nach § 14 Abs. 3 S. 2 GNotKG iVm § 23 Nr. 14 **16** GNotKG einen zur Deckung der *Auslagen* hinreichenden Vorschuss zu zahlen. Zu den zu erstattenden Auslagen gehören auch die nach den §§ 8 ff. JVEG an Sachverständige zu zahlenden, oft hohen **Vergütungen** einschließlich insbesondere des Honorars für ihre Leistungen, berechnet nach den §§ 9 ff. JVEG iVm Anlage 1 zu diesem Gesetz (§ 34 GNotKG iVm KV 31005 GNotKG). Gegen die Anordnung eines Kostenvorschusses gibt es kein Rechtsmittel, weil es sich dabei um eine heute grundsätzlich nicht mehr anfechtbare Zwischenentscheidung im Verfahren handelt.[32] Die Forderung auf Erstattung der Auslagen ist **sofort fällig**.[33] Die Eintreibung des fälligen Vorschusses obliegt dann dem Kostenbeamten. Dies bedeutet, dass der Kostenbeamte den Kostenvorschuss festzusetzen und der Gerichtskasse zur Einziehung zu überweisen hat.[34] Erst *nach Beitreibung* des Vorschusses darf die Vergütung an den Sachverständigen *ausgezahlt* werden. Durch diese Regelung werden schwierige Fragen aufgeworfen, wenn der Sachverständige zuvor bereits mit der Erstattung des Gutachtens beauftragt wurde. Die Gerichte helfen hier im Einzelfall durch Annahme eines besonderen Vertrauensschutzes zu Gunsten des Sachverständigen.[35] Eine **Vorschusspflicht der Antragsteller** besteht nach wie vor in *keinem* Fall.[36] Das gilt insbesondere auch in der Insolvenz des Antragsgegners. Billigkeitserwägungen können keine abweichende Entscheidung rechtfertigen.[37]

7. Vergütung von Sachverständigen. Die Vergütung der Sachverständigen richtet sich **17** auch im Spruchverfahren nach dem **JVEG** von 2004 idF des 2. Kostenrechtsmodernisierungsgesetzes von 2013 (→ Rn. 1). Der Sachverständige, der im Spruchverfahren mit einer Unternehmensbewertung beauftragt wird, erhält danach neben dem Ersatz seiner Kosten ein **Honorar** für seine Leistungen (§ 8 Abs. 1 Nr. 1–4 JVEG), dessen Höhe sich nach den §§ 9–13 JVEG bemisst. Der Sachverständige kann außerdem einen Vorschuss verlangen, für dessen Festsetzung der Kostenbeamte zuständig ist (§ 3 JVEG).[38] Die **Sätze** des JVEG gelten allgemein als **zu niedrig**, sodass es häufig schwierig ist, zu diesen Sätzen qualifizierte Sachverständige für die Unternehmensbewertung, grundsätzlich nur Wirtschaftsprüfer, zu finden, solange sich nicht alle Beteiligten (einschließlich des oder der Antragsgegner) nach § 13 Abs. 1 JVEG mit einer weiteren spürbaren Erhöhung der Stundensätze für die Unternehmensbewertung einverstanden erklären.[39] Scheitert dieser Weg am Widerstand des Antragsgegners, so bleibt als **Ausweg** nur die Anwendung des § 13 Abs. 2 JVEG, der aber meistens gleichfalls keine Lösung der Problematik ermöglicht. In diesen Fällen muss das Gericht versuchen, ohne Sachverständige auszukommen, wobei sich in diesem Fall ein Rückgriff auf den Vertrags- und den Prüfungsbericht sowie auf die Börsenkurse, soweit vorhanden, empfiehlt, notfalls im Wege der Schätzung nach § 287 ZPO (→ AktG § 305 Rn. 55).[40]

III. Außergerichtliche Kosten der Antragsteller

1. Erster Rechtszug. Nach § 15 Abs. 2 (= § 15 Abs. 4 aF) ordnet das Gericht an, dass **18** die Kosten der Antragsteller, die zur zweckentsprechenden Erledigung der Angelegenheit notwendig waren, (nur dann) ganz oder zum Teil vom Antragsgegner (§ 5) zu erstatten sind, wenn dies unter Berücksichtigung des Ausgangs des Verfahrens der Billigkeit entspricht, –

---

[32] OLG Düsseldorf FGPrax 2013, 89; Spindler/Stilz/*Drescher* Rn. 23; Hüffer/*Koch* Rn. 5.
[33] Begr., BT-Drs. 15/371, 17 (r. Sp. 3. Abs.); *Büchel* NZG 2003, 793 (803).
[34] KK-SpruchG/*Roßkopf* Rn. 46 f.
[35] OLG Düsseldorf AG 2003, 637; zust. Hüffer/*Koch* Rn. 5.
[36] OLG Saarbrücken AG 2004, 217 = NZG 2003, 982; OLG Frankfurt AG 2009, 551 (552); OLG Düsseldorf AG 2011, 459; KK-SpruchG/*Roßkopf* Rn. 44.
[37] OLG Düsseldorf AG 2011, 459 (460 f.).
[38] Spindler/Stilz/*Drescher* Rn. 8, 16.
[39] Hüffer/*Koch* Rn. 5.
[40] So zB BayObLGZ 1998, 231 (237 f.) = NJW-RR 1999, 109 = AG 1999, 43 – EKU/März; BayObLG ZIP 2000, 855 (856); AG 2006, 41; OLG Düsseldorf AG 1998, 37 = BB 1997, 2371; AG 2011, 459 (461); wegen weiterer Auswege nach früherem Recht s. 7. Aufl. § 15 Rn. 17.

sonst also nicht. Nach dem Willen der Gesetzesverfasser sollte durch diese Regelung zum Ausdruck gebracht werden, dass die Antragsteller ihre Kosten **grundsätzlich selbst tragen** müssen, insbesondere, wenn sie keine oder doch nur eine geringfügige Erhöhung der Kompensation erreichen. Eine *abweichende Regelung* der Kostentragung durch eine Anordnung nach § 15 Abs. 4 sollte *lediglich bei einer erheblichen Erhöhung* der Kompensation in Betracht kommen.[41] Dafür wird heute meistens eine Erhöhung der Kompensation im Spruchverfahren **um 15–20 %** verlangt, während bei niedrigeren Beträgen eine *Quotelung* der Kosten üblich ist, wobei unterschiedliche Maßstäbe Anwendung finden. Das ist deshalb problematisch, weil bei der gängigen Schätzung der Kompensation nach § 287 ZPO heute üblicherweise eine Bagatellgrenze von 5–10 % zugrunde gelegt wird (→ AktG § 305 Rn. 69b), sodass eine Erhöhung der Kompensation im Spruchverfahren ohnehin nur noch zustande kommt, wenn die gerichtliche Schätzung um mindestens 10 % über der von dem herrschenden Unternehmen angebotenen Kompensation liegt. Die Folge ist, dass bei einer (die Regel bildenden) geringeren Abweichung der gerichtlichen Schätzung von der angebotenen Kompensation die Antragsteller ihre Kosten durchweg heute selbst tragen müssen, ebenso (erst recht) natürlich, wenn die Anträge als unzulässig oder als unbegründet zurückgewiesen werden.[42]

19 Die **frühere Praxis** hatte dagegen überwiegend aus § 13a Abs. 1 FGG (= § 81 Abs. 1 FamFG) den Schluss gezogen, dass in den Fällen der §§ 304, 305, 320 und 327a ff. AktG der *Antragsgegner* außer den gerichtlichen Kosten (→ Rn. 13) grundsätzlich auch die außergerichtlichen Kosten der Verfahrensbeteiligten tragen müsse.[43] Die Folge war gewesen, dass unter dem früheren Recht das Spruchverfahren in der Regel **für die Antragsteller kostenlos** war. Die Gesetzesverfasser, die darin einen der wichtigsten Gründe für die große Zahl und die übermäßige Dauer von Spruchverfahren sahen, wollten deshalb vor allem hier gegensteuern, um eine drastische Verringerung der Zahl der (unbeliebten, weil teuren und die Justiz übermäßig belastenden) Spruchverfahren oder doch eine deutliche Verkürzung ihrer Dauer zu erreichen.

20 Die Bundesregierung hat diese Regelung entgegen der Kritik insbesondere des Bundesrates[44] damit gerechtfertigt, den Antragstellern könne und müsse ein „gewisses Kostenrisiko" zugemutet werden, um „übereilte oder mutwillige Antragstellungen" zu verhindern.[45] Dem hat sich zwar mittlerweile die überwiegende Meinung angeschlossen (→ Rn. 18). Tatsächlich ist die gesetzliche Regelung indessen nach wie vor sachlich *kaum zu rechtfertigen*.[46] Vor allem vor dem Hintergrund des Anfechtungsausschlusses durch das UMAG bei Informationsmängeln (§ 243 Abs. 4 S. 2 AktG von 2005) mutet die Kostenbelastung der Antragsteller bei Anträgen, die sich im Nachhinein als ganz oder doch überwiegend unbegründet erweisen, als nachgerade *willkürlich* an, nur dazu angetan, die Antragsteller um ihren Rechtsschutz zu bringen. Es entspricht dies freilich der verbreiteten Tendenz in Gesetzgebung, Rechtsprechung und Schrifttum, die unbeliebten Spruchverfahren so teuer, aussichtslos und unattraktiv wie möglich zu machen, um die außenstehenden Aktionäre vor einer Antragstellung nach Möglichkeit abzuhalten. Demgegenüber ist daran festzuhalten, dass für den Regelfall **allein** die **Belastung der Antragsgegner** mit den außergerichtlichen Kosten der Antragsteller der Billigkeit entspricht, jedenfalls, wenn es im Spruchverfahren zu einer **Erhöhung**

---

[41] So die Begr., BT-Drs. 15/371, 17 f.
[42] OLG Stuttgart AG 2015, 321 (326) = NZG 2015, 629 mN; OLG Karlsruhe BeckRS 2015, 12205 (insoweit nicht in AG 2015, 789); LG Frankfurt AG 2007, 42 (48) (l. Sp.); *Bungert/Mennicke* BB 2003, 2021 (2030); *Büchel* NZG 2003, 793 (804); Spindler/Stilz/*Drescher* Rn. 24; Fritzsche/Dreyer/*Verfürth* Rn. 34 ff.; Hüffer/*Koch* Rn. 6; Klöcker/*Frowein* Rn. 15 ff.; Lutter/*Krieger* Rn. 14; MüKoAktG/*Kubis* Rn. 20; *Neye* Spruchverfahrensrecht 31 f.; KK-SpruchG/*Roßkopf* Rn. 51 f.; *Simon/Winter* Rn. 89.
[43] So BayObLGZ 2002, 400 (411) = AG 2003, 569 (572) = NZG 2003, 482 – Hypobank; BayObLG AG 2001, 593 – Philips; NZG 2003, 36 = AG 2003, 632 (633); OLG Stuttgart AG 2001, 314 (315) = NZG 2001, 174 – Thüga/WEAG; OLG Düsseldorf AG 1996, 88; OLG München AG 2007, 411.
[44] Begr., BT-Drs. 15/371, 25 (r. Sp.).
[45] Begr., BT-Drs. 15/371, 28 (r. Sp. „Zu Nr. 10").
[46] *Emmerich* FS Tilmann, 2003, 925 (935); *ders.* (2.) FS Mestmäcker, 2006, 137 (153 f.); *P. Meilicke/Heidel* DB 2003, 2267 (2274 f.); *Wittgens*, Das Spruchverfahrensgesetz, 2005, 294 ff.

der Kompensationen kommt, gleichgültig in welchem Umfang. Erweisen sich dagegen die Anträge der Antragsteller als *unzulässig* oder *von vornherein offensichtlich unbegründet,* so wird in der Tat für eine Billigkeitsentscheidung zu Gunsten der Antragsteller nach § 15 Abs. 2 nur selten Raum sein.

Eine zentrale Rolle sollte bei der Billigkeitsprüfung die Frage spielen, in welchem **20a** Umfang der Antragsgegner tatsächlich seiner **Informationspflicht** gegenüber den außenstehenden Aktionären nachgekommen ist. Hält er wichtige Informationen zurück oder beantwortet er die Fragen der außenstehenden Aktionäre überhaupt nicht, nur zögerlich oder unvollständig, sodass ihnen ein eigenes Plausibilitätsurteil über die angebotene Kompensation im Grunde unmöglich ist, so ist die Einleitung eines Spruchverfahrens vor dem Hintergrund des *Anfechtungsausschlusses* durch § 243 Abs. 4 S. 2 AktG grundsätzlich niemals missbräuchlich, sondern sachlich gerechtfertigt, zumal die Gesetzesverfasser den Anfechtungsausschluss seinerzeit gerade mit der Möglichkeit der außenstehenden Aktionären gerechtfertigt hatten, die fehlenden Informationen wenigstens nachträglich im Spruchverfahren zu erlangen (→ AktG § 293 Rn. 53).[47]

2. Zweiter Rechtszug. § 15 Abs. 1 und Abs. 2 über die Verteilung der gerichtlichen **21** und außergerichtlichen Kosten im Spruchverfahren gilt auch im **Beschwerde- und Rechtsbeschwerdeverfahren.**[48] Teilweise wird hier zwar § 84 FamFG (generelle Kostenbelastung der Antragsteller bei Erfolglosigkeit des Rechtsmittels) der Vorrang vor § 15 zugebilligt.[49] Jedoch enthält § 15 keine Beschränkung auf den ersten Rechtszug.

3. Notwendige Kosten. Erstattungsfähig sind nach § 15 Abs. 2 im Rahmen der Billig- **21a** keit nur die gerade zur zweckentsprechenden Erledigung der Angelegenheit notwendigen Kosten der Antragsteller. Darunter fallen in aller Regel insbesondere die **Anwaltskosten** der Antragsteller sowie ihre sonstigen zur Rechtsverfolgung notwendigen Kosten einschließlich der Reisekosten.[50] Auch die Erstattungsfähigkeit der Kosten für **Privatgutachten** sollte – angesichts der ungewöhnlichen Schwierigkeit der Materie – hier entgegen der hM[51] (ausnahmsweise) grundsätzlich anerkannt werden. Werden die außergerichtlichen Kosten der Antragsteller *mehreren* Antragsgegnern auferlegt, so haften sie gemäß § 420 BGB als **Teilschuldner.** Für die Annahme einer gesamtschuldnerischen Haftung fehlt eine gesetzliche Grundlage.[52] § 32 Abs. 1 GNotKG ist hier nicht einschlägig.

IV. Außergerichtliche Kosten der Antragsgegner

§ 15 Abs. 2 betrifft lediglich die außergerichtlichen Kosten der *Antragsteller* und bestimmt, **21b** dass diese (ausnahmsweise) den Antragsgegnern auferlegt werden können (→ Rn. 18 ff.). Dies hat Anlass zu der Frage gegeben, ob und ggf. unter welchen Voraussetzungen auch (umgekehrt) die außergerichtlichen Kosten der *Antragsgegner* diesmal den Antragstellern auferlegt werden können. Im Schrifttum wurde insoweit zum Teil auf § 81 Abs. 1 FamFG (= § 13a Abs. 1 FGG) zurückgegriffen und daraus der Schluss gezogen, dass jedenfalls bei offensichtlich unbegründeten Anträgen das Gericht anordnen könne, dass die zur zweckentsprechenden Erledigung der Angelegenheit notwendigen Kosten der *Antragsgegner* ganz oder zum Teil **von den Antragstellern zu erstatten** sind.[53] Durch § 15 Abs. 2 sollte indessen gerade der Rückgriff auf § 81 FamFG ausgeschlossen werden. Eine Erstattung der außergerichtlichen Kosten der Antragsgegner kommt daher in keinem Fall in Betracht.[54]

---

[47] Ebenso zutr. Spindler/Stilz/*Drescher* Rn. 24.
[48] BGH AG 2012, 173 Rn. 21 ff. = NZG 2012, 191; Hüffer/*Koch* Rn. 6; KK-SpruchG/*Roßkopf* Rn. 58.
[49] So MüKoAktG/*Kubis* Rn. 19 mN.
[50] BGH AG 2014, 283 Rn. 10 = NZG 2014, 352.
[51] S. zB MüKoAktG/*Kubis* Rn. 22; Hölters/*Simons* Rn. 18.
[52] KK-SpruchG/*Roßkopf* Rn. 56.
[53] MüKoAktG/*Kubis* Rn. 21; KK-SpruchG/*Roßkopf* Rn. 61 ff.; *Simon/Winter* Rn. 102 f.
[54] BGH AG 2012, 173 Rn. 11 ff. = NZG 2012, 191; OLG Stuttgart AG 2015, 321 (326) = NZG 2015, 629; Hüffer/*Koch* Rn. 6 mN; Spindler/Stilz/*Drescher* Rn. 25; *Wittgens,* Das Spruchverfahrensgesetz, 2005, 299 f.; – krit. KK-SpruchG/*Roßkopf* Rn. 62.

V. Gegenstandswert

22 **1. Antragsteller.** Der Frage, wie der Gegenstandswert für die anwaltliche Tätigkeit im Spruchverfahren zu berechnen ist, kommt erhebliche praktische Bedeutung zu, weil von ihr entscheidend der Rechtsschutz der außenstehenden Aktionäre abhängt. Der Gesetzgeber des SpruchG hat deshalb die früher lebhaft umstrittene Frage ausdrücklich geregelt. Maßgebend ist jetzt **§ 31 RVG** (BGBl. 2004 I 718). Die in dieser Vorschrift gewählte Lösung besteht bei einer Mehrzahl von Antragstellern in einem **gespaltenen Gegenstandswert,** abgeleitet von dem gerichtlichen Geschäftswert (→ Rn. 5 ff.) und aufgeteilt auf die Antragsteller entsprechend (nur) der Anzahl ihrer (der Antragsteller) Anteile (§§ 23, 31 Abs. 1 S. 1 RVG). Ist dieser Anteil nicht bekannt, so wird vermutet, dass der Antragsteller lediglich eine einzige Aktie hat (§ 31 Abs. 1 S. 3 RVG).[55]

23 Die Maßgeblichkeit eines gespaltenen Gegenstandswerts hatte sich bereits in der Zeit **vor Inkrafttreten** des SpruchG allgemein durchgesetzt, wobei freilich für die Aufteilung des Geschäftswerts auf die Antragsteller unterschiedliche Maßstäbe Anwendung fanden.[56] In dieser Auseinandersetzung hatte sich der **BGH** zuletzt der Auffassung angeschlossen, dass der gerichtlich festgesetzte Geschäftswert für die Berechnung der Anwaltsgebühren in erster Linie prozentual **entsprechend dem Anteilsbesitz** (nur) der Antragsteller und hilfsweise nach Köpfen auf sie aufzuteilen ist.[57]

24 Der Gesetzgeber hat sich mit **§ 31 Abs. 1 RVG** im Grundsatz dem BGH (→ Rn. 23) angeschlossen, da er sich von der Maßgeblichkeit eines gespaltenen Gegenstandswerts für die Anwaltsgebühren, abgeleitet von dem gerichtlichen Geschäftswert, eine Lösung verspricht, die den Interessen aller Beteiligten gerecht wird. Maßgeblich ist deshalb jetzt für die Berechnung des Gegenstandswerts die folgende **Formel:** Gegenstandswert = Geschäftswert (berechnet nach § 74 GNotKG; → Rn. 5 ff.), dividiert durch die Zahl aller Anteile *(nur)* der Antragsteller und multipliziert mit der Zahl der Anteile des jeweils vertretenen einzelnen Antragstellers, und zwar im Zeitpunkt der Antragstellung – mit der Folge zB, dass, wenn nur *ein* außenstehender Aktionär einen Antrag stellt, ihm oder besser seinem anwaltlichen Vertreter der gesamte Geschäftswert als Gegenstandswert zugute kommt.[58] Wenn aber der Anteilsbesitz des oder der Antragsteller nicht bekannt ist, wird vermutet, dass der oder die Antragsteller lediglich **einen Anteil** halten (§ 31 Abs. 1 S. 3 RVG). Jedoch ist in diesem Fall ergänzend § 31 Abs. 1 S. 4 RVG zu beachten, nach dem der **Mindestgegenstandswert** 5.000 Euro beträgt.

25 Als **Gebühren** kommen in der Regel eine 1,3 Verfahrensgebühr und eine 1,2 Terminsgebühr, ggf. zusätzlich eine 1,5 Einigungsgebühr in Betracht (VV 1000, 3100 und 3104 RVG).[59] Bei Beauftragung eines Rechtsanwalts von **mehreren Antragstellern** sind die auf die einzelnen Antragsteller entfallenden Werte zusammenzurechnen. VV 1008 RVG findet insoweit keine Anwendung (§ 31 Abs. 2 RVG).[60] Anders dagegen, wenn der Anwalt eine **Personenmehrheit** wie zB eine Erbengemeinschaft vertritt: In diesem Fall bleibt es bei der Anwendbarkeit der VV 1008 RVG.[61]

26 **2. Antragsgegner.** Die Gebühren des anwaltlichen Vertreters des Antragsgegners richten sich gleichfalls nach dem gerichtlich festgesetzten Geschäftswert (§§ 23, 32 Abs. 1

---

[55] S. dazu zB *Deiß* NZG 2013, 248 (249); Spindler/Stilz/*Drescher* Rn. 28; *Hartmann,* Kostengesetze, 44. Aufl. 2014, RVG § 31 Rn. 3 ff.; Hüffer/*Koch* Rn. 7; KK-SpruchG/*Roßkopf* Anh. § 15 Rn. 1 ff.

[56] *Ammon* FGPrax 1998, 121; *Erb* NZG 2001, 161; *Seetzen* WM 1999, 565 (568 f.).

[57] BGH AG 1999, 181 = NZG 1999, 346 = DB 1999, 272 – ASEA/BBC; zust. *Erb* NZG 2001, 161 (162); krit. dazu *Pentz* NZG 1999, 346 f.

[58] S. iE Begr. RegE, BT-Drs. 15/371, 19 f.; *Bungert/Mennicke* BB 2003, 2021 (2030); *Deiß* NZG 2013, 248 (250); Spindler/Stilz/*Drescher* Rn. 28; MüKoAktG/*Kubis* Rn. 23; *Fritzsche/Dreyer/Verfürth* Rn. 47 ff.; *Klöcker/Frowein* Rn. 21; KK-SpruchG/*Roßkopf* Anh. § 15 Rn. 8 ff.; Hölters/*Simons* Rn. 15; *Wittgens,* Das Spruchverfahrensgesetz, 2005, 299 f.

[59] S. *Deiß* NZG 2013, 248 (249); Spindler/Stilz/*Drescher* Rn. 28; KK-SpruchG/*Roßkopf* Anh. § 15 Rn. 20 ff.

[60] Begr. RegE, BT-Drs. 15/371, 20 (r. Sp.); *Deiß* NZG 2013, 248 (250); KK-SpruchG/*Roßkopf* Anh. § 15 Rn. 12.

[61] Begr. RegE, BT-Drs. 15/371, 20 (r. Sp.); BayObLG AG 2003, 636; *Deiß* NZG 2013, 248 (250).

RVG).⁶² Jedoch ist die Quotelung des Geschäftswerts bei den Antragstellern (→ Rn. 24) für diesen ohne Bedeutung.⁶³ Er erhält ebenfalls die Gebühren nach VV 3100 und 3104 RVG sowie ggf. nach VV 1000 und 1003 RVG.⁶⁴

VI. Kostenentscheidung

Über die Kosten entscheidet das Gericht zusammen mit der Hauptsache; nur wenn keine Entscheidung in der Hauptsache ergeht, zB nach Abschluss eines Vergleichs oder nach Rücknahme aller Anträge, ergeht eine **isolierte Kostenentscheidung** (§ 83 FamFG; → § 11 Rn. 2). Die Zuständigkeit richtet sich nach § 2 Abs. 2 Nr. 6. Die Entscheidung über die Kosten ist grundsätzlich nur zusammen mit Entscheidung über die Hauptsache **anfechtbar**. Bei einer isolierten Kostenentscheidung sind für die Beschwerde die §§ 58 und 61 Abs. 1 FamFG maßgebend. Die Beschwerde ist danach zulässig, wenn der Beschwerdegegenstand 600 Euro übersteigt.⁶⁵ 27

Für die **Kostenfestsetzung** gelten nach § 85 FamFG die §§ 103–107 ZPO entsprechend. Zuständig ist folglich das Landgericht (§ 104 Abs. 1 ZPO), gegen dessen Entscheidung die Beschwerde und bei Zulassung auch die Rechtsbeschwerde gegeben sind (§§ 567 und 574 ZPO).⁶⁶ 28

§ 16 SpruchG Zuständigkeit bei Leistungsklage

Für Klagen auf Leistung des Ausgleichs, der Zuzahlung oder der Abfindung, die im Spruchverfahren bestimmt worden sind, ist das Gericht des ersten Rechtszuges und der gleiche Spruchkörper ausschließlich zuständig, der gemäß § 2 mit dem Verfahren zuletzt inhaltlich befasst war.

I. Überblick

§ 16 regelt die örtliche, die sachliche und die funktionelle Zuständigkeit für eine etwaige Leistungsklage, die nach erfolgreichem Abschluss eines Spruchverfahrens nötig wird, wenn der Antragsgegner nicht freiwillig zur Leistung der im Spruchverfahren erhöhten Kompensation bereit ist. Die Regelung wurde erforderlich, weil die Entscheidungen im Spruchverfahren (§ 11) keinen Vollstreckungstitel darstellen (→ § 11 Rn. 3 f.), sodass die Antragsteller ggf. **Leistungsklage** gegen den oder die Antragsgegner erheben müssen, wenn diese die Entscheidung im Spruchverfahren nicht beachten oder die Abfindung nach der Entscheidung im Spruchverfahren falsch berechnen, zB durch unrichtige Anrechnung des Ausgleichs oder der Zinsen auf die Abfindung.¹ In dem neuen Verfahren ist § 13 zu beachten, sodass das **Gericht,** das über die Leistungsklage entscheidet, an die rechtskräftige Entscheidung in Spruchverfahren über die Höhe der Kompensation **gebunden** ist (→ § 13 Rn. 3). 1

Durch § 16 wird sichergestellt, dass für derartige Leistungsklagen (→ Rn. 1) **dasselbe Gericht und derselbe Spruchkörper** ausschließlich örtlich, sachlich und funktionell **zuständig** sind, die für das vorausgegangene Spruchverfahren zuständig waren. Damit soll die besondere Sachkenntnis des betreffenden Spruchkörpers für das anschließende Erkenntnisverfahren, das durch die Leistungsklage der Antragsteller ausgelöst wird, genutzt werden.² War das Verfahren bei mehreren Gerichten oder Spruchkörpern anhängig, so kommt es 2

---

⁶² *Deiß* NZG 2013, 238 (250); Spindler/Stilz/*Drescher* Rn. 28; KK-SpruchG/*Roßkopf* Anh. § 15 Rn. 13 ff.
⁶³ Hölters/*Simons* Rn. 15.
⁶⁴ *Deiß* NZG 2013, 238 (250).
⁶⁵ KK-SpruchG/*Roßkopf* Rn. 68; anders 7. Aufl. Rn. 26; MüKoAktG/*Kubis* Rn. 24; Hölters/*Simons* Rn. 20.
⁶⁶ BGH AG 2014, 283 Rn. 6 = NZG 2014, 362; Spindler/Stilz/*Drescher* Rn. 29.
¹ OLG Hamburg AG 2005, 659 – Philips; OLG Frankfurt AG 2011, 337 = NZG 2011, 1307; weitere Fallgestaltungen bei *W. Meilicke* NZG 2004, 547 f.
² Begr. RegE, BT-Drs. 15/371, 18, 26, 28; Ausschussbericht, BT-Drs. 15/838, 11, 17 (r. Sp. u.).

darauf an, welcher Spruchkörper welchen Gerichts *zuletzt* mit der Sache inhaltlich befasst war.[3] Nur wenn die Kammer des Landgerichts, vor der das Spruchverfahren durchgeführt wurde, überhaupt nicht mehr existiert, ist kein Raum mehr für die Anwendung des §§ 16; es bleibt dann vielmehr an den allgemeinen Vorschriften der ZPO über die Zuständigkeit der Gerichte (§§ 12–40).[4]

3 § 16 enthält eine grundsätzlich zwingende Sonderregelung zu den §§ 12–40 ZPO, sodass **abweichende Vereinbarungen,** etwa im Unternehmensvertrag, nicht möglich sind.[5] § 16 geht ferner einem abweichenden **Geschäftsverteilungsplan** des Gerichts vor.[6] Wird die Sache bei einer nach § 16 nicht zuständigen Kammer des Landgerichts anhängig gemacht, so hat diese folglich die Sache ohne Rücksicht auf den Geschäftsverteilungsplan des Gerichts analog § 17a GVG an die nach § 16 zuständige Kammer des Gerichts zu verweisen.[7] Lehnt die Kammer des Landgerichts, an die die Sache verwiesen wurde, die Übernahme ab, so muss das übergeordnete OLG analog § 36 Abs. 1 Nr. 6 ZPO die zuständige Kammer bestimmen.[8] § 16 ist auch anwendbar, wenn der Beklagte, ohne die Zuständigkeit des Gerichts unter Hinweis auf § 16 geltend zu machen, rügelos zur Hauptsache mündlich verhandelt (s. § 39 ZPO), weil es sich bei der Regelung des §§ 16 um eine ausschließliche Zuständigkeit handelt (§ 40 Abs. 2 ZPO).[9]

3a Schwierige Fragen tauchen auf, wenn die beklagte Gesellschaft ihren Sitz in einem **anderen Mitgliedstaat der EU** hat, sodass an sich – abweichend von § 16 – auch nach Durchführung eines Spruchverfahrens in Deutschland gemäß Art. 4, 63 Brüssel Ia-VO die Gesellschaft von den Gerichten ihres Heimatstaates zu verklagen ist, wobei zu beachten ist, dass die Brüssel Ia-VO als Unionsrecht Vorrang vor § 16 hat. Eine andere Lösung kommt nur in Betracht, wenn einer der Ausnahmetatbestände der Brüssel Ia-VO eingreifen sollte (Art. 5 Brüssel Ia-VO). Erwogen wird insoweit vor allem die Anwendung des Art. 7 Nr. 1 lit. a Brüssel Ia-VO iVm § 269 BGB, weil die Ansprüche auf eine Kompensation letztlich durchweg vertraglich, nämlich durch die Satzung oder den Vertrag der beklagten Gesellschaft begründet seien.[10] Diese (sehr weite) Auslegung der Verordnung mag (noch) vertretbar sein; zwingend ist sie indessen keinesfalls, sodass bezweifelt werden muss, dass sich im Streitfall der EuGH, der immer das letzte Wort hat, ihr anschließen wird. § 16 müsste dann wegen des Vorrangs des Unionsrechts hinter den Gerichtsständen der Brüssel Ia-VO zurücktreten (zum Verhältnis der Brüssel Ia-VO zu § 2 im Übrigen → § 2 Rn. 13).

II. Anwendungsbereich

4 Der Anwendungsbereich des § 16 beschränkt sich seinem Wortlaut nach auf Klagen (nur) auf Leistung (nur) des Ausgleichs, der Zuzahlung oder der Abfindung. Dadurch wird zunächst die Frage aufgeworfen, wie es mit **sonstigen Kompensationen** wie insbesondere den Abfindungszinsen des § 305 Abs. 3 S. 3 Hs. 1 AktG oder dem **Ersatz eines weiteren Schadens** nach § 305 Abs. 3 S. 3 Hs. 2 AktG steht. Die überwiegende Meinung tendiert dahin, in der Nichterwähnung dieser weiteren Kompensationen ein Redaktionsversehen zu erblicken, sodass sich die ausschließliche Zuständigkeit des § 16 sinngemäß auch auf derartige weitere Kompensationen erstreckt.[11] Dem ist schon deshalb zu folgen, weil eine

---

[3] Hölters/*Simons* Rn. 3.
[4] KK-SpruchG/*Roßkopf* Rn. 14.
[5] *W. Meilicke* NZG 2004, 547 (548); KK-SpruchG/*Roßkopf* Rn. 17; *Wittgens*, Das Spruchverfahrensgesetz, 2005, 258.
[6] LG Düsseldorf NZG 2009, 114.
[7] OLG Frankfurt AG 2011, 337 = NZG 2011, 1307; LG Düsseldorf NZG 2009, 114.
[8] OLG Frankfurt AG 2011, 337 = NZG 2011, 1307.
[9] KK-SpruchG/*Roßkopf* Rn. 17; Hölters/*Simons* Rn. 4.
[10] LG München I AG 2001, 801 (804) = WM 2012, 698; Urt. v. 28.8.2008 – 5 HKO 1281/07 nv; KK-SpruchG/*Roßkopf* Rn. 18 ff.; wohl auch *Nießen* NZG 2006, 441 (444 f.).
[11] LG Düsseldorf NZG 2009, 114 (115); Hüffer/*Koch* Rn. 2; *W. Meilicke* NZG 2004, 547 (548); KK-SpruchG/*Roßkopf* Rn. 8; aA insbes. *Wittgens*, Das Spruchverfahrensgesetz, 2005, 261.

getrennte Zuständigkeit für die in § 16 genannten Kompensationen und die anderen Nebenforderungen unpraktisch wäre. Keine Rolle spielt, ob der Kläger überhaupt an dem Spruchverfahren beteiligt war. Schon mit Rücksicht auf § 13 erfasst § 16 gerade auch die Klagen anderer außenstehender Aktionäre; bei jeder anderen Handhabung der Zuständigkeit bestände die Gefahr widersprüchlicher Entscheidungen.

Die besondere Zuständigkeitsregelung des § 16 wird auch ausgelöst, wenn das Spruchverfahren durch einen **Vergleich** nach § 11 Abs. 2 oder 4 beendet wird.[12] Wird die Klage von außenstehenden Aktionären erhoben, die nicht am Verfahren beteiligt waren, so gilt dies freilich nur, sofern der Vergleich auch zu ihren Gunsten wirkt.[13]

Die Anwendung des §§ 16 setzt lediglich voraus, dass das Spruchverfahren unter der Geltung des § 16 abgeschlossen wurde. Die besondere Regelung der Zuständigkeit durch § 16 findet deshalb insbesondere auch auf sog. **Altverfahren** Anwendung, die noch vor Inkrafttreten des Gesetzes (zB unter der Geltung des § 306 AktG) eingeleitet wurden.[14]

§ 16 erwähnt ausdrücklich nur „Klagen auf Leistung" der Kompensation, sodass fraglich ist, ob die Zuständigkeitsregelung auch für **Feststellungsklagen** sowie für Stufenklagen (§ 254 ZPO), für **Auskunftsklagen** oder für Klagen auf Rechnungslegung gilt.[15] Auch hier dürfte der mittlerweile überwiegenden Meinung zu folgen sein, dass § 16 die genannten anderen Verfahren gleichfalls erfasst, weil die Formulierung „Klagen auf Leistung" in § 16 offenbar „pars pro toto" für *alle Klagen* nach der ZPO im Anschluss an ein Spruchverfahren gemeint ist.

Nach § 16 muss das Spruchverfahren bereits **vor Klagerhebung abgeschlossen** sein, sodass, wenn außenstehende Aktionäre Leistungsklage bereits *vor* rechtskräftigem *Abschluss* des Spruchverfahrens erheben, für die Anwendung des § 16 *kein Raum* ist mit der Folge, dass es dann bei der Regelung der Zuständigkeit nach der ZPO (§§ 12–40) verbleibt.[16] Dies wird zwar, weil unpraktisch, im Hinblick auf die Zuständigkeitsfragen bestritten, die sich in solchen Fällen bei späterem Abschluss des Spruchverfahrens während des bereits anhängigen Verfahrens nach der ZPO ergeben.[17] Indessen ist der Wortlaut des § 16 insoweit eindeutig. Aus demselben Grund ist auch kein Raum für die Erstreckung des § 16 auf Fälle, in denen das Spruchverfahren ohne **Sachentscheidung** abgeschlossen wird, insbesondere also bei **Verwerfung der Anträge** als **unzulässig**.[18] Das ist auch in der Sache richtig, weil in den beiden genannten Fällen jedenfalls im Augenblick der Klageerhebung (noch) kein Raum für die Anwendung des § 13 ist, der überhaupt erst Anlass für die besondere Zuständigkeitsregelung des §§ 16 gegeben hat.

III. Berufung

Keine Bedeutung hat § 16 für den zweiten Rechtszug, da eine etwaige Zuständigkeitskonzentration nach § 12 Abs. 3 nicht für Leistungsklagen gilt. Für die Berufung gegen eine im Gerichtsstand des § 16 erhobene Leistungsklage können daher andere Oberlandesgerichte als für die Beschwerdeentscheidung nach dem SpruchG zuständig sein.[19]

---

[12] Begr., BT-Drs. 15/371, 18, 26, 28.
[13] Lutter/*Krieger* Rn. 2; KK-SpruchG/*Roßkopf* Rn. 10, 13.
[14] OLG Frankfurt AG 2011, 337 = NZG 2011, 1307; LG München I AG 2011, 801 (804) = WM 2012, 698.
[15] Für die Erstreckung des § 16 auf die genannten anderen Klagen Spindler/Stilz/*Drescher* Rn. 2; Hüffer/*Koch* Rn. 2; MüKoAktG/*Kubis* Rn. 2; W. Meilicke NZG 2004, 547 (548 f.); KK-SpruchG/*Roßkopf* Rn. 6; Hölters/*Simons* Rn. 2; dagegen mit Rücksicht auf den Wortlaut des § 16 *Wittgens*, Das Spruchverfahrensgesetz, 2005, 260 f.
[16] Spindler/Stilz/*Drescher* Rn. 2; Lutter/*Krieger* Rn. 2; Hölters/*Simons* Rn. 3.
[17] W. Meilicke NZG 2004, 547 (549 f.); KK-SpruchG/*Roßkopf* Rn. 11.
[18] Für Anwendbarkeit des § 16 auch dann W. Meilicke NZG 2004, 547 (550); KK-SpruchG/*Roßkopf* Rn. 9.
[19] Büchel NZG 2003, 793 (800); Hüffer/*Koch* Rn. 2; MüKoAktG/*Kubis* Rn. 3; W. Meilicke NZG 2004, 547 (552); KK-SpruchG/*Roßkopf* Rn. 16; Hölters/*Simons* Rn. 7; *Wittgens*, Das Spruchverfahrensgesetz, 2005, 258 f.

§ 17 SpruchG Allgemeine Bestimmungen; Übergangsvorschrift

(1) Sofern in diesem Gesetz nichts anderes bestimmt ist, finden auf das Verfahren die Vorschriften des Gesetzes über das Verfahren in Familiensachen und in den Angelegenheiten der freiwilligen Gerichtsbarkeit Anwendung.

(2) ¹Für Verfahren, in denen ein Antrag auf gerichtliche Entscheidung vor dem 1. September 2003 gestellt worden ist, sind weiter die entsprechenden bis zu diesem Tag geltenden Vorschriften des Aktiengesetzes und des Umwandlungsgesetzes anzuwenden. ²Auf Beschwerdeverfahren, in denen die Beschwerde nach dem 1. September 2003 eingelegt wird, sind die Vorschriften dieses Gesetzes anzuwenden.

I. Überblick

1 § 17, zuletzt geändert durch das FGG-Reformgesetz von 2008, regelt zwei völlig verschiedene Fragen. **Abs. 1** bestimmt zunächst, dass für die Spruchverfahren hilfsweise, dh soweit das SpruchG keine Regelung enthält, anstelle des hier ursprünglich in Bezug genommenen FGG das neue FamFG von 2008, in Kraft getreten am 1.9.2009, gilt (→ Rn. 2). Eine Übergangsvorschrift findet sich insoweit in Art. 111 FGG-Reformgesetz (→ Rn. 3; → § 12 Rn. 1). Dagegen enthält der (inzwischen wohl weitgehend obsolete[1]) **Abs. 2** des § 17 eine Übergangsvorschrift für das am 1.9.2003 in Kraft getretene SpruchG selbst. Für damals bereits eingeleitete Spruchverfahren bleibt es danach bei der Fortgeltung der früheren für die Spruchverfahren maßgeblichen Vorschriften des AktG (§ 306 AktG aF) sowie des UmwG (§§ 305–312 UmwG aF; → Rn. 4 f.).

II. Subsidiäre Geltung des FamFG (Abs. 1)

2 Nach § 17 Abs. 1 finden auf Spruchverfahren, soweit im SpruchG nichts anderes bestimmt ist, die Vorschriften des **FamFG** Anwendung, die am 1.9.2009 an die Stelle der Vorschriften des FGG getreten sind. Gemeint sind damit der Sache nach allein die Vorschriften des Buches 1: Allgemeiner Teil des FamFG, dh die §§ 1–110 FamFG, während die Vorschriften der Bücher 2–9 ohne Bedeutung für das Spruchverfahren sind. Bei der Anwendung der §§ 1–110 FamFG ist außerdem zu beachten, dass es sich bei den Spruchverfahren um echte **Streitverfahren der freiwilligen Gerichtsbarkeit** handelt, in denen in freilich umstrittenem Umfang an die Stelle des Amtsermittlungsgrundsatzes des § 26 FamFG der Beibringungsgrundsatz und die Dispositionsmaxime getreten sind (§ 10 Abs. 3; → § 10 Rn. 12 ff.), sodass bei sämtlichen Vorschriften aus den §§ 1–110 FamFG eine sorgfältige Prüfung erforderlich ist, ob sie tatsächlich mit den Besonderheiten des Spruchverfahrens vereinbar sind. **Anwendbar** im Spruchverfahren sind danach insbesondere die §§ 2, 6, 9, 10–12, 26, sowie §§ 58 ff., 70 ff., 76 ff. und 80 ff., nicht dagegen zB die §§ 108 ff. FamFG.[2] Anwendbar sind ferner zahlreiche Vorschriften der **ZPO,** zum Teil auf Grund einer Verweisung im SpruchG (§§ 6 Abs. 2 S. 4, 8 Abs. 3 und 11 Abs. 4 S. 2), im Übrigen kraft Analogie.[3]

3 Eine **Übergangsregelung** für das Verhältnis zwischen FamFG und FGG findet sich in Art. 111 FGG-Reformgesetz, nach dem das FamFG nur für die Verfahren gilt, deren Einleitung nach dem 31.8.2009 beantragt wurde, während es bei den früher eingeleiteten Verfahren bei der **Fortgeltung des FGG,** und zwar auch für des Spruchverfahren verbleibt.[4] Das gilt für das gesamte Verfahren und damit insbesondere auch für den **Instanzenzug,** der sich infolgedessen bei den Altverfahren weiter nach dem FGG (und nicht etwa nach dem mittlerweile an dessen Stelle getretenen FamFG) richtet (→ § 12 Rn. 1). § 17 Abs. 2 hat

---
[1] Ebenso zB Hüffer/*Koch* Rn. 4; KK-SpruchG/*Roßkopf* Rn. 12.
[2] S. iE *Jänig/Leißring* ZIP 2010, 110; *Krafka* NZG 2009, 650; *Preuß* NZG 2009, 961; ausf. KK-SpruchG/*Roßkopf* Rn. 8 f.
[3] Spindler/Stilz/*Drescher* Rn. 2; *Fritzsche/Dreier/Verfürth* Rn. 6 f.; *Simon/Winter* Rn. 17–19.
[4] S. iE Spindler/Stilz/*Drescher* Rn. 3; KK-SpruchG/*Roßkopf* Rn. 10 f., beide mit einer Aufzählung der weiter anwendbaren Vorschriften des FGG.

insoweit keine Bedeutung, der allein das Verhältnis zwischen den früheren Vorschriften über das Spruchverfahren wie insbesondere § 306 AktG aF und dem SpruchG betrifft (→ Rn. 4 ff.).

III. Übergangsregelung für das SpruchG (Abs. 2)

§ 17 Abs. 2 enthält eine Übergangsregelung, durch die der Anwendungsbereich des am 1.9.2003 in Kraft getretenen SpruchG (Art. 7 S. 2 Spruchverfahrensneuordnungsgesetz) von dem der durch das SpruchG ersetzten Vorschriften des AktG (§ 306 AktG aF) und des UmwG (§§ 305–312 UmwG aF) abgegrenzt wurde. Danach muss man zwischen dem erstinstanzlichen und dem Beschwerdeverfahren unterscheiden (§ 17 Abs. 2 S. 1 und S. 2; zum Beschwerdeverfahren → Rn. 6). Für das **erstinstanzliche Verfahren** gilt Folgendes: Ist in einem Spruchverfahren der Antrag auf gerichtliche Entscheidung bereits **vor** dem **1.9.2003,** dem Tag des Inkrafttretens des neuen Gesetzes, gestellt worden, dh bei Gericht eingegangen, so sind weiter die genannten früheren Vorschriften des AktG und des UmwG anzuwenden (§ 17 Abs. 2 S. 1). Entgegen einer verbreiteten Meinung muss es sich dabei nicht um einen zulässigen Antrag gehandelt haben.[5] Dem Gesetz ist eine Beschränkung auf zulässige Anträge *nicht* zu entnehmen; gegen sie spricht vor allem, dass die Zulässigkeit eines Antrags nach früherem Recht häufig durchaus zweifelhaft war, insbesondere in den Fällen des Ausschlusses von Minderheitsaktionären, die Anwendbarkeit des früheren oder des neuen Rechts im Einzelfall jedoch nicht von der Entscheidung dieser Streitfragen abhängig sein kann.[6] Ist danach auch aufgrund nur *eines* Antrags vor dem 1.9.2003 die Maßgeblichkeit des alten Rechts zu bejahen, so bleibt es dabei, auch wenn weitere Anträge erst nach dem Stichtag bei Gericht eingehen, weil nicht in demselben Verfahren teils altes, teils neues Recht angewandt werden kann.[7]

Für den **zweiten Rechtszug** bestimmt § 17 Abs. 2 S. 2 ergänzend, dass das **SpruchG** auf das Beschwerdeverfahren Anwendung findet, wenn die Beschwerde nach dem 1.9.2003 eingelegt wurde. Anders als im Verfahren des ersten Rechtszugs ist mithin hier der Stichtag der **2.9.2003,**[8] sodass bei Einlegung der Beschwerde bis zum 1.9.2003 weiter das alte Recht Anwendung findet, während bei Eingang der Beschwerde nach dem 1.9.2003 das neue Recht maßgebend ist. Auch hier ist streitig, ob die Beschwerde zulässig sein muss oder nicht.[9] Die Frage dürfte ebenso wie im ersten Rechtszug zu entscheiden sein (→ Rn. 4). Auch wenn danach auf das Beschwerdeverfahren bereits das neue Recht anwendbar ist, bleibt es doch für den ersten Rechtszug bei § 17 Abs. 2 S. 1, sodass das OLG bei der Überprüfung des Verfahrens im ersten Rechtszug von dem *alten* Recht auszugehen hat.[10]

§ 17 Abs. 2 hat keine Bedeutung für **einfache Beschwerden** gegen Zwischenentscheidungen (→ § 11 Rn. 18), die, wenn das Verfahren altem Recht unterliegt, weiterhin einheitlich ohne Rücksicht auf den Zeitpunkt der Einlegung nach altem Recht zu behandeln sind.[11] Auch diese Regelung dürfte nur noch ganz geringe praktische Bedeutung haben.

---

[5] So aber LG Dortmund AG 2005, 309 = Konzern 2005, 110; Lutter/*Krieger* Rn. 2–4; KK-SpruchG/ *Roßkopf* Rn. 13; Hölters/*Simons* Rn. 10; *Wasmann* DB 2003, 1559.
[6] So auch BayObLG AG 2005, 922 f. = NZG 2006, 33 – Hypo Real Estate AG; OLG Frankfurt AG 2006, 160 (161) = NZG 2005, 1016 – MAN Roland; OLG Düsseldorf ZIP 2006, 2172 (2173 f.) = AG 2007, 205 (206) – Hüttenwerke Kayser; Spindler/Stilz/*Drescher* Rn. 4.
[7] BayObLG AG 2005, 922 f. = NZG 2006, 33 – Hypo Real Estate AG; KK-SpruchG/*Roßkopf* Rn. 13.
[8] So richtig Spindler/Stilz/*Drescher* Rn. 4; KK-SpruchG/*Roßkopf* Rn. 14 f.
[9] Für das Erfordernis der Zulässigkeit KK-SpruchG/*Roßkopf* Rn. 18.
[10] Spindler/Stilz/*Drescher* Rn. 4.
[11] Spindler/Stilz/*Drescher* Rn. 4; KK-SpruchG/*Roßkopf* Rn. 17.

Stichwortverzeichnis zum Aktiengesetz

Fette Zahlen bezeichnen die Paragraphen, magere Zahlen Zahlen die Randnummern.
Zum **SpruchG** s. gesondertes Stichwortverzeichnis

Abfindung AktG 305; AktG 320b
- Abfindung in Aktien **AktG 305** 12 ff.
- Abfindungsanspruch **AktG 305** 18 ff., 39; **AktG 320b** 3 ff.; **AktG Anh. 317** 29
- Abfindungsergänzungsanspruch **AktG 295** 28; **AktG 305** 86; **AktG 320b** 18; **SpruchG 13**
- Abzinsung **AktG 305** 65 ff.
- Anfechtung **AktG 305** 82 f.
- Angemessenheit **AktG 305** 1, 36 ff.
- Anpassung **AktG 304** 67 ff.; **AktG 305** 35 f., 81
- Anrechnung des Ausgleichs **AktG 304** 21b; **AktG 305** 19, 33 f., 21b
- Anwendungsbereich **AktG 305** 8 f.
- Arten **AktG 305** 11 ff.; **AktG 320b** 5 ff.
- Ausgleich **AktG 304** 21b; **AktG 305** 33 f.
- Ausübung **AktG 305** 25
- Barabfindung **AktG 305** 16 f.; **AktG 320b** 9; **AktG 327b** 3 ff.
- Börsenkurs **AktG 305** 38 ff., 42 ff.
- Buchwert **AktG 305** 41
- Delisting **AktG 305** 8; **AktG Vor 311** 38
- Erlöschen **AktG 305** 7, 19, 25, 27, 34
- Ertragswert **AktG 305** 41
- Fälligkeit **AktG 305** 30 f.
- Formen **AktG 305** 11 ff.
- Frist **AktG 305** 6, 19, 26 ff., 34
- Gewährleistung **AktG 327b** 11 ff.
- Gläubiger **AktG 305** 19 f.; **AktG 320b** 4
- GmbH **AktG 305** 14, 16
- Grenzpreis **AktG 305** 38 f.
- Grundlage **AktG 305** 7
- Höhe **AktG 305** 36 ff.; **AktG 320b** 12
- Kapitalisierungszinssatz **AktG 305** 65 ff.
- Kündigung **AktG 304** 84 ff.; **AktG 305** 30, 85
- Liquidationswert **AktG 305** 74
- Mängel **AktG 305** 82 f.
- Mehrmütterorganschaft **AktG 305** 17
- mehrstufige Unternehmensverbindungen **AktG 304** 56 ff.; **AktG 305** 12, 14, 24, 78 f.; **AktG 320b** 10
- neutrales Vermögen **AktG 305** 72 ff.
- Optionsrecht **AktG 305** 5 f., 21 f.
- Paketpreis **AktG 305** 39, 42, 43, 49 f.
- Schiedspreis **AktG 305** 38
- Schuldner **AktG 305** 22 ff.
- Spitzenbeträge **AktG 305** 76 f.; **AktG 320b** 12
- Spruchverfahren **AktG 305** 21 ff., 27, 34, 84 f.; **AktG 320b** 15, 17 ff.; **AktG 327f** 7 ff.; **AktG Anh. 317** 29
- Stichtagsprinzip **AktG 305** 56 f.
- Untergrenze **AktG 305** 42 ff.
- Unternehmensbewertung **AktG 305** 51 ff.
- unterschiedliche Aktiengattungen **AktG 305** 13, 75a; **AktG 320b** 6 f.
- Veräußerung der Aktien **AktG 305** 31 ff.
- Verbundvorteile **AktG 305** 70 f.
- Verjährung des Abfindungsanspruchs **AktG 320b** 14
- Verpflichteter **AktG 305** 22 f.; **AktG 320b** 4
- Verschmelzungswerterelation **AktG 305** 36, 75, 48a
- Vertrag zugunsten Dritter **AktG 305** 25
- Verzug **AktG 305** 32
- Wahlrecht **AktG 305** 5, 15, 18, 21, 29, 21b
- Wahlschuld **AktG 320b** 11
- Wesen **AktG 305** 4 f., 25, 35
- Zinsen **AktG 305** 31 f.; **AktG 320b** 13; **AktG 327b** 4
- **abhängige Gesellschaft AktG 15** 20 f.
- **Abhängigkeit AktG 17; AktG 311 ff.; AktG Anh. 318**
- Banken **AktG 17** 24
- Begriff **AktG 17** 5 ff.
- Beständigkeit **AktG 17** 11 f.
- Beteiligungen **AktG 17** 17 ff.
- Dauer **AktG 17** 11
- Definition **AktG 17** 5 ff.
- einfache **AktG 311 ff.; AktG Einl.** 6; **AktG Vor 311** 1
- Entherrschungsvertrag **AktG 17** 42 ff.
- Gemeinschaftsunternehmen **AktG 17** 28, 30 ff.
- Genossenschaften **AktG 17** 49 f.
- gesellschaftsrechtliche Vermittlung **AktG 17** 14 ff.
- GmbH **AktG 17** 46 ff.; **AktG Anh. 318**
- Grundlage **AktG 17** 14 f.
- Herrschaft über die Personalpolitik **AktG 17** 8
- KGaA **AktG 17** 47
- kombinierte Beherrschung **AktG 17** 16a f.
- mehrfache **AktG 17** 13, 26 f., 28 ff.; **AktG 311** 14, 26; **AktG 312** 9, 30; **AktG 317** 6
- Mehrheitsbeteiligung **AktG 17** 17
- Mehrmütterorganschaft **AktG 17** 29a f.
- mehrstufige **AktG 17** 27 f.; **AktG 311** 17 ff., 26; **AktG 312** 9, 30
- Minderheitsbeteiligung **AktG 17** 18
- Mittel **AktG 17** 14

Stichwortverzeichnis

Fette Zahlen = §§

- mittelbare **AktG 17** 26 ff.; **AktG 311** 17; **AktG 312** 9; **AktG 317** 6
- negative Beherrschung **AktG 17** 25
- Personengesellschaften **AktG 17** 48
- potentieller Konzern **AktG 17** 5 f., 20
- qualifizierte faktische *s. qualifizierte Nachteilszufügung*
- Standpunkt **AktG 17** 13
- Stiftungen **AktG 17** 52
- tatsächliche **AktG 17** 14a f.
- Treuhand **AktG 17** 26, 28 ff.
- Umfang **AktG 17** 9 ff.
- unmittelbare **AktG 17** 26 ff.
- Unternehmensverträge **AktG 17** 22 f.
- Vereine **AktG 17** 51
- Vermutung **AktG 17** 33 ff.; **AktG 311** 13
- Widerlegung der Vermutung **AktG 17** 35 ff., 46, 48
- Zeitpunkt **AktG 17** 13

Abhängigkeitsbericht AktG 312
- allgemeine Grundsätze **AktG 312** 41 ff.
- Aufnahme in den Anhang **AktG 312** 47
- Aufnahme in den Lagebericht **AktG 312** 44, 47
- Aufstellungsverpflichteter **AktG 312** 10, 14
- Bagatellfälle **AktG 312** 43
- Berichtsnachholung **AktG 312** 33
- berichtspflichtige Vorgänge **AktG 312** 21 ff.
- Beschlüsse **AktG 312** 24
- Bestätigungsvermerk **AktG 313** 30 ff.
- Dokumentationspflicht **AktG 312** 42
- Drittgeschäfte **AktG 312** 31
- einseitig verpflichtende Verträge **AktG 312** 25, 38
- einseitige Rechtsgeschäfte **AktG 312** 23, 38
- Einzelangaben **AktG 312** 37 ff.
- Erfüllungsgeschäfte **AktG 312** 26, 33, 38
- fehlende/fehlerhafte Berichterstattung **AktG 312** 18 ff.; **AktG 313** 29, 34 ff.; **AktG 314** 14 ff.; **AktG 318** 3 ff., 14
- Frist **AktG 312** 15
- Gesamtverantwortung des Vorstands **AktG 312** 14
- Gliederung **AktG 312** 43
- herrschendes Unternehmen **AktG 312** 8
- Inhalt **AktG 312** 21 ff.
- Interesse des herrschenden/verbundenen Unternehmens **AktG 312** 31
- juristische Person des öffentlichen Rechts **AktG 312** 8, 30, 42
- KGaA **AktG 312** 10
- kleine AG **AktG 312** 15, 47; **AktG 313** 6
- Kosten **AktG 312** 17
- Maßnahmen **AktG 312** 34 ff.
- Nachteil **AktG 312** 39
- Nachteilsausgleich **AktG 312** 40
- Negativbericht **AktG 312** 13
- Negativerklärung **AktG 312** 13
- Nichtigkeit des Jahresabschlusses **AktG 312** 20
- öffentliche Unternehmen **AktG 15** 26
- Prüfung durch den Abschlussprüfer **AktG 313**
- Prüfung durch den Aufsichtsrat **AktG 314**
- Publizität **AktG 312** 4 f., 44, 47
- Rahmenvertrag **AktG 312** 25
- Rechtsgeschäfte **AktG 312** 23 ff.
- rechtsgeschäftsähnliche Handlungen **AktG 312** 23
- rechtspolitische Beurteilung **AktG 312** 3
- Schadensersatz **AktG 312** 19
- Schlusserklärung **AktG 312** 44 ff.
- Sonderprüfung **AktG 315**
- Tochtergesellschaft **AktG 312** 27
- unterlassene Maßnahmen **AktG 312** 22, 26, 36
- unterlassene Rechtsgeschäfte **AktG 312** 22, 28, 33, 38
- unvollkommen zweiseitig verpflichtende Verträge **AktG 312** 38
- Veranlassung von Rechtsgeschäften **AktG 312** 31
- verbundene Unternehmen **AktG 312** 30
- Verbundübersicht **AktG 312** 43
- Verfügungsgeschäfte **AktG 312** 26
- Verhältnis zwischen „Rechtsgeschäft" und „Maßnahme" **AktG 312** 22
- Verträge **AktG 312** 25
- Verweisungen **AktG 312** 42
- Vollständigkeitsgebot **AktG 312** 42
- Voraussetzungen der Berichtspflicht **AktG 312** 6 ff.
- Vorlageberechtigte **AktG 312** 4
- Vorstandswechsel **AktG 312** 14
- Vorteil **AktG 312** 39 f.
- zusammenfassende Berichterstattung **AktG 312** 43
- Zwangsgeld **AktG 312** 18
- Zweck **AktG 312** 2 f., 44

Absatzpreisverfahren AktG 311 56

Abschluss von Unternehmensverträgen AktG 293–294
- Anfechtung **AktG 293** 50 ff.; **AktG 297** 30; **AktG 304** 77 f.
- Anfechtungsausschluss **AktG 293** 55 ff.
- Anmeldung **AktG 293** 31; **AktG 294** 3 ff.
- Anweisung der Hauptversammlung **AktG 293** 16
- Anwendungsbereich **AktG 293** 4 ff.
- Aufsichtsrat **AktG 293** 34
- Auskunftsrecht **AktG 293g** 9 f.
- Auslegung **AktG 293f**; **AktG 293g** 3 f.
- Bedingung **AktG 293** 18; **AktG 294** 24, 28; **AktG 297** 29

– Befristung **AktG 293** 18; **AktG 297** 33
– Bericht des Vorstandes **AktG 293a**
– Bezeichnung **AktG 291** 17; **AktG 293** 17; **AktG 293a** 15
– Eintragung **AktG 294** 18, 25 ff.
– Erläuterung **AktG 293g** 6 f.
– Form **AktG 293** 21 f.
– Freigabeverfahren **AktG 293** 38h f.
– GmbH **AktG 293** 9, 39 ff.
– Inhaltskontrolle **AktG 293** 35, 38
– Mängel **AktG 293** 19 f., 38 ff.
– Mehrheit **AktG 293** 30
– mehrstufige Unternehmensverbindungen **AktG 293** 10 ff.
– Nichtigkeit **AktG 291** 28 ff.; **AktG 297** 45
– Prüfung **AktG 293b**
– Prüfungsberecht **AktG 293e**
– Rücktritt **AktG 297** 31 a f.
– Vertragsprüfer **AktG 293c/d**
– Vertretung der AG **AktG 293** 15, 24, 36
– Vorlagepflicht **AktG 293** 29, 31
– Wirksamwerden **AktG 294** 22
– Zuständigkeit **AktG 293** 14 f.
– Zustimmung der Hauptversammlung **AktG 293** 23, 36 f.; **AktG 297** 45
Abwehr- und Beseitigungsanspruch AktG Anh. 317 27 f.; **AktG Anh. 318** 31; **AktG Vor 311** 54
Acting in concert AktG Anh. 22 WpHG 22 22 ff.
actio pro socio AktG Anh. 318 31
Aktienkorb AktG Anh. 22 WpHG 25 23
Aktienrechtsreformen AktG Einl. 21 ff.
Altverträge AktG Vor 291 4
andere Unternehmensverträge AktG 292
– Austauschverträge **AktG 292** 4
– Betriebsführungsvertrag **AktG 292** 55 ff.
– Betriebspachtvertrag **AktG 292** 38, 40 ff.
– Betriebsüberlassungsvertrag **AktG 292** 43 f.
– Gewinngemeinschaft **AktG 292** 10 ff.
– Teilgewinnabführungsvertrag **AktG 292** 23 ff.
– Umgehungsproblematik **AktG 292** 60 ff.
Änderung von Unternehmensverträgen AktG 295
– Abfindung und Ausgleich **AktG 295** 25 ff.
– Änderungskündigung **AktG 295** 8
– Anfechtung **AktG 295** 34
– Auslegung **AktG 295** 20
– außenstehende Aktionäre **AktG 295** 28 ff.
– Begriff **AktG 295** 6 ff.; **AktG 296** 5
– Beitritt eines Dritten **AktG 295** 13, 27
– Dauer **AktG 295** 10 f.
– Eintragung **AktG 295** 35 f.
– Erläuterung **AktG 295** 21, 32
– Form **AktG 295** 17
– GmbH **AktG 295** 4 f., 17
– Parteiwechsel **AktG 295** 13, 27

– Sonderbeschluss **AktG 295** 2, 22, 24 ff.
– tatsächliche Änderungen **AktG 295** 9
– Typusänderung **AktG 295** 12, 34; **AktG 296** 5
– Verlängerung des Vertrages **AktG 295** 11
– Vertragsbericht **AktG 295** 23
– Vertragsprüfung **AktG 295** 23
– Wirksamkeit **AktG 295** 33, 35 f.
– Zustimmungsbeschluss **AktG 295** 18 ff.
Anfechtung eines Zustimmungsbeschlusses AktG 291 28 ff.; **AktG 293** 38 ff.; **AktG 297** 49
Anfechtung von Unternehmensverträgen AktG 291 28; **AktG 297** 30
Anfechtungsausschluss AktG 293 55 ff.
– der Beendigung eines Unternehmensvertrages **AktG 298**
– der Beendigung eines Unternehmensvertrags infolge Eingliederung oder Umwandlung **AktG 298** 3
– der Eingliederung **AktG 319** 25
– der Nichtigkeit des Vertrages **AktG 298** 2
– des Ausschlusses von Minderheitsaktionären **AktG 327e** 2 ff.
– des Endes der Eingliederung **AktG 297** 13
– eines Unternehmensvertrages **AktG 293** 55; **AktG 294** 6 f., 95 f.
– Eintragung **AktG 294** 24 ff.; **AktG 298** 9
– GmbH **AktG 298** 4
– Prüfung durch das Registergericht **AktG 294** 19 f.; **AktG 298** 8
Anteilsmehrheit AktG 16 8 f.
ARUG AktG 319 1, 17, 32; **AktG 320b** 2; **AktG 327a** 3; **AktG 327b** 2; **AktG 327c** 2; **AktG 327d** 1; **AktG 327e** 1, 7; **AktG Einl.** 42
Aufhebung eines Unternehmensvertrags AktG 296
– Abgrenzung **AktG 296** 5
– Abschluss des Aufhebungsvertrages **AktG 296** 8 ff.
– Anfechtung **AktG 296** 22
– Anwendungsbereich **AktG 296** 4 ff.
– Beendigungsgründe, sonstige, **AktG 296** 2, 17; **AktG 297** 4, 14, 27 ff., 48 ff.
– Form **AktG 296** 11
– GmbH **AktG 296** 7 ff.
– Inhalt des Aufhebungsvertrages **AktG 296** 12 ff.
– Rechtsfolgen **AktG 296** 16, 19, 23 ff.
– Rückwirkung **AktG 296** 15, 21, 7b
– Sonderbeschluss **AktG 296** 6, 8, 17 ff.
– Termin der Aufhebung **AktG 296** 13 f.
– Überlebensfähigkeit der abhängigen Gesellschaft **AktG 296** 25
Auflösung einer Partei AktG 297 50 f.
– übertragende **AktG 305** 9
Aufsichtsrat AktG 293 34; **AktG 299** 8; **AktG 308** 10, 42, 70 ff.; **AktG 309** 17 f.;

Stichwortverzeichnis

Fette Zahlen = §§

AktG 310 18, 21 f.; **AktG 311** 81; **AktG 314**; **AktG 328** 22 ff.
Ausfallhaftung AktG 303 23 f.; **AktG Anh. 317** 24 f.
Ausgleichsanspruch AktG 304; AktG Anh. 317 30
– Abtretung **AktG 304** 29
– Aktiengattungen **AktG 304** 33
– andere Gläubiger **AktG 304** 13 ff.
– Anfechtung **AktG 293** 38 ff.; **AktG 304** 80 ff.
– Angemessenheit **AktG 304** 3, 30, 33, 35, 51 ff., 67 ff.
– Anpassung **AktG 304** 67 f.
– Anwendungsbereich **AktG 304** 8 f.
– außenstehende Aktionäre **AktG 304** 15 ff., 61, 64
– Beendigung **AktG 304** 74 f.
– Berechnung **AktG 304** 25 ff.
– Dividendengarantie **AktG 304** 34
– Fälligkeit **AktG 304** 31
– fester Ausgleich **AktG 304** 38
– Genussscheininhaber **AktG 304** 14 f.
– Gewinnanteil **AktG 304** 47 ff.
– Gläubiger, andere **AktG 304** 13 ff.
– GmbH **AktG 304** 11 ff.
– isolierter Beherrschungsvertrag **AktG 304** 6
– Kapitalerhöhung **AktG 304** 71 f.
– Kapitalherabsetzung **AktG 304** 73
– Kündigungsrecht **AktG 304** 82
– Mängel **AktG 304** 76 ff., 80 f.
– mehrstufige Unternehmensverbindungen **AktG 304** 56 ff., 78
– Nichtigkeit **AktG 304** 76 ff.
– Null-Ausgleich **AktG 304** 32
– qualifizierte Nachteilszufügung **AktG Anh. 317** 38
– Schätzung der zukünftigen Erträge **AktG 304** 38 ff.
– Sonderkündigungsrecht **AktG 304** 82 f.
– Spruchverfahren **AktG Anh. 317** 29; **SpruchG 11** 12 ff.
– Steuereffekte **AktG 304** 43
– Stichtagsprinzip **AktG 304** 27; **AktG 305** 41 ff.
– Tantiemen **AktG 304** 14 f.
– übertragende Auflösung **AktG 304** 9; **AktG 305** 9; **AktG 327a** 10
– variabler Ausgleich **AktG 304** 45 ff., 56 f., 58 f.
– Vergangenheitsanalyse **AktG 304** 40
– Verhältnis zur Abfindung **AktG 304** 25 ff.; **AktG 305** 33 ff., 19a
– Verjährung **AktG 304** 33b
– Verpflichteter **AktG 304** 23 ff.
– Vorzugsaktien **AktG 304** 33
– Zinsen **AktG 304** 31

– Zweck **AktG 304** 4
Ausgliederung s. *Konzernbildungskontrolle, Spaltung*
Auskunftsrecht der Aktionäre AktG 20 7 f.; **AktG 312** 5; **AktG 326**; **AktG 293g** 9 f. s. *Hauptversammlung, Durchführung*
Auslegung des Unternehmensvertrags AktG 293f; AktG 293g 3 f.
Ausschluss von Minderheitsaktionären s. *Squeeze out*
Ausschluss von Weisungen AktG 299; AktG 308 55 ff.
außenstehende Aktionäre AktG 295 28 ff.; **AktG 304** 15 ff.
außerordentliche Kündigung eines Unter-nehmensvertrages AktG 297 9, 15 ff.; **AktG 304** 90 f.; **AktG 305** 65
Ausübungssperre AktG 20 38 ff.; **AktG 328** 19 ff.
Autokran-Urteil AktG Anh. 317 3

Banken AktG 17 24
Bedingungen AktG 293 18; **AktG 294** 26; **AktG 297** 29
Beendigung von Unternehmensverträgen AktG 296; AktG 297; AktG 298; AktG 307
– Anfechtung **AktG 297** 30
– Anmeldung **AktG 298**
– Aufhebung **AktG 296**
– Auflösung einer Partei **AktG 297** 50 f.
– Ausschluss von Weisungen **AktG 299; AktG 308**
– Bedingung **AktG 293** 18; **AktG 297** 29
– Beteiligung eines außenstehenden Aktionärs **AktG 307**
– Eingliederung einer Partei **AktG 297** 34 ff.
– Eintragung **AktG 298**
– Insolvenz einer Partei **AktG 297** 52 ff.
– Kündigung **AktG 297**
– Rechtsfolgen **AktG 297** 54 ff.
– Rücktritt **AktG 297** 31 ff.
– Sicherheitsleistung **AktG 303**
– Spaltung **AktG 297** 46 f.
– Spruchverfahren **AktG 297** 38 f., 56
– Überlebensfähigkeit **AktG 296** 25; **AktG 297** 56
– Umwandlung **AktG 297** 37 ff.
– Verlust der Unternehmenseigenschaft **AktG 297** 53
– Vermögensübertragung **AktG 297** 48
– Verschmelzung **AktG 297** 38 ff.
– Zeitablauf **AktG 293** 18; **AktG 297** 33
Beherrschungsvertrag AktG 291; AktG 293–310
– Abfindung **AktG 305**
– Abhängigkeitsbericht **AktG 312** 7
– Altverträge **AktG Vor 291** 3 f.
– Änderung **AktG 295**

1014

Magere Zahlen = Randnummern

- atypischer **AktG 291** 10, 20 ff., 24 ff.
- Aufhebung **AktG 296**
- Ausgleich **AktG 304**
- Auslegung **AktG 293**; **AktG 293g**
- Ausschluss des Weisungsrechts **AktG 291** 21 f.
- Beendigung **AktG 297**; **AktG 298**; **AktG 312** 12
- Begriff **AktG 291** 7 ff.
- Bericht des Vorstandes **AktG 293a**
- Beschränkung/Ausschluss des Weisungsrechts **AktG 291** 20 ff.
- fehlerhafter **AktG 291** 28 ff., 44 ff.; **AktG 316** 2
- Genossenschaft **AktG Vor 291** 13
- GmbH **AktG 291** 41 ff.; **AktG 293** 39 ff.; **AktG Vor 291** 6 ff.
- Haftung **AktG 302** 8 ff.; **AktG 303** 22 ff.
- herrschendes Unternehmen **AktG 291** 9 ff.
- Inhalt **AktG 291** 11 ff.
- internationaler **AktG 291** 33 ff.
- Kündigung **AktG 297**
- Leistungspflicht **AktG 291** 27
- mehrstufiger **AktG 291** 38 f.; **AktG 311** 17
- Mindestinhalt **AktG 291** 16 ff.
- Organschaftsvertrag **AktG 291** 25 ff.
- Parteien **AktG 291** 8 ff.
- Personengesellschaften **AktG Vor 291** 9 ff.
- Perspektive **AktG 291** 5 ff.
- Privataktionäre **AktG 291** 9a
- Prüfer **AktG 293c**; **AktG 293d**
- Prüfung **AktG 293b**
- Prüfungsbericht **AktG 293e**
- Rechtsnatur **AktG 291** 25 ff.
- Rücklagen **AktG 300**
- rückwirkender Abschluss **AktG 291** 15; **AktG 294** 27 f.
- schuldrechtliche Ansprüche **AktG 291** 25 ff.
- Sicherheitsleistung **AktG 303**
- Stiftung **AktG Vor 291** 16
- Teilbeherrschungsvertrag **AktG 291** 20 ff.
- Umgehungsproblematik **AktG 292** 69 ff.
- Unterstellung unter fremde Leitung **AktG 291** 11 ff.
- verdeckter **AktG 291** 24 ff.
- Verein **AktG Vor 291** 14
- Verlustübernahme **AktG 302**
- Veto- und Zustimmungsrechte **AktG 291** 24 ff.
- Vorbereitung der Hauptversammlung **AktG 293f**
- Weisungen **AktG 308**; **AktG 311** 15, 18
- Wirksamkeit **AktG 294** 22 f.

Behinderungsverbot s. Neutralitätspflicht
Beitritt zu einem Unternehmensvertrag AktG 295 13 ff., 27

Bericht des Vorstandes über den Unternehmensvertrag AktG 293a s. Unternehmensvertragsbericht
Beseitigungsanspruch s. Abwehranspruch
Bestellung der Vertragsprüfer AktG 293c
Bestellung von Sicherheiten AktG 303 18 ff.; **AktG 311** 47, 84
Beteiligung eines außenstehenden Aktionärs AktG 307
Beteiligung, maßgebliche AktG 15 12 ff.
Betriebsführungsvertrag AktG 292 55 ff.
- Abgrenzung **AktG 291** 69; **AktG 292** 55 ff.
- Begriff **AktG 292** 55 ff.
- Umgehungsproblematik **AktG 292** 58, 60 f.
- Unternehmensvertrag **AktG 292** 58
- Verlustübernahme **AktG 302** 24
- Zulässigkeit **AktG 292** 57

Betriebspachtvertrag AktG 292 38 ff.
- Anfechtung **AktG 292** 51
- Begriff **AktG 292** 40 f.
- Gegenleistung **AktG 292** 8, 40 f., 48 ff.
- GmbH **AktG 292** 41, 53 f.
- konzerninterner **AktG 292** 4, 39
- Rechtsfolgen **AktG 292** 47, 50 ff.
- Umgehungsproblematik **AktG 292** 60 f.
- Verbindung mit anderen Unternehmensverträgen **AktG 292** 45 f.
- Verlustübernahme **AktG 302** 21 f., 45 f.

Betriebsüberlassungsvertrag AktG 292 43 f.; **AktG 302** 45 f.
Bilanzrecht AktG Einl. 49
Bilanzrechtsreformgesetz AktG Einl. 32
BilMoG AktG 311 81; **AktG Einl.** 40
Börsenkurs AktG 305 42 ff.; **AktG 327b** 9, 12
- außerbörsliche Preise **AktG 305** 49 f.
- Bedeutung **AktG 305** 42 ff.
- Begriff **AktG 305** 47 ff.
- Berechnung **AktG 305** 45 ff., 47 ff.
- Durchschnittskurs **AktG 305** 45 ff.
- Kapitalmarkteffizienz **AktG 305** 47a f.
- Methodengleichheit **AktG 305** 48 f.
- Referenzperiode **AktG 305** 45 ff.
- Repräsentativität der Kurse **AktG 305** 47a f.
- Überschreitung **AktG 305** 44
- Untergrenze **AktG 305** 42 ff.

börsennotierte Gesellschaften AktG 20 5 ff.; **AktG 328** 5, 22 f.
Börsenwert AktG 305 42 f.
Bremer-Vulkan-Urteil AktG Anh. 317 4 f.; **AktG Anh. 318** 33 ff.
Buchführung AktG Anh. 317 19
Buchwert AktG 305 41; **AktG 311** 56
Bundesanstalt für vereinigungsbedingte Sonderaufgaben AktG 15 23; **AktG 312** 8

Stichwortverzeichnis

Fette Zahlen = §§

Cash-Management AktG 311 48 f.; AktG Anh. 317 18
Darlehen AktG 311 47 ff., 84, 62a; AktG 324 4
Delegation AktG 308 13 ff.; AktG 309 15 f.; AktG 310 20
Delisting AktG 305 10; AktG Vor 311 38; SpruchG 1 4 f.
Depository Receipts AktG Anh. 22 WpHG 21 3
Depotstimmrecht AktG Anh. 22 WpHG 22 18
Durchführung der Hauptversammlung AktG 293 f.
EHUG AktG Einl. 34 s. *Hauptversammlung, Durchführung*
Eigene Aktien AktG Anh. 22 WpHG 21 11; AktG Anh. 22 WpHG 26 5 f.
Eigenkapitalersatz AktG 311 84; AktG 324 4
Eingliederung durch Mehrheitsbeschluss AktG 320 ff.
– Abfindung der ausgeschiedenen Aktionäre **AktG 320b**
– abfindungsbezogene Informationsmängel **AktG 320b** 2, 15, 19 f.
– Aktienurkunden **AktG 320a** 4 ff.
– Anfechtung des Eingliederungsbeschlusses **AktG 320** 13; **AktG 320b** 20
– Auslage von Unterlagen **AktG 320** 15
– Beteiligungserfordernisse **AktG 320** 9 ff.
– Eingliederungsbericht **AktG 320** 16
– Eingliederungsbeschluss **AktG 320** 5; **AktG 320b** 17 ff.
– Eingliederungsprüfer **AktG 320** 19
– Eingliederungsprüfung **AktG 320** 18 ff.
– fehlerhafte **AktG 320** 10; **AktG 320b** 22
– Gesetzesgeschichte **AktG 320** 2
– Information der Aktionäre **AktG 320** 12 ff.
– Prüfungsbericht **AktG 320** 21
– Rechtsnatur **AktG 320** 3
– Übergang der Mitgliedschaften **AktG 320a** 2 f.
– Verhältnis zum Squeeze out **AktG 327a** 9
– Verhältnis zur allgemeinen Eingliederung **AktG 320** 4 ff.
– Wirkungen **AktG 320a**
– Zustimmungsbeschluss **AktG 320b** 16
Eingliederung AktG 319 ff.; AktG Einl. 7
– Abhängigkeitsbericht **AktG 312** 7
– allgemeine Voraussetzungen **AktG 319** 5 ff.
– als Beendigungsgrund **AktG 297** 34 f.; **AktG 298** 3
– Anmeldung zur Eintragung **AktG 319** 25
– Anspruch auf Sicherheitsleistung **AktG 321**
– Auflösung der Hauptgesellschaft **AktG 327** 7 ff.
– Auskunftsrecht des Aktionärs **AktG 319** 22

– Auslage von Unterlagen **AktG 319** 17 ff.
– Beendigung **AktG 312** 12; **AktG 327**
– durch Mehrheitsbeschluss **AktG 320 ff.**
– Einflussnahme **AktG 311** 15
– Eingliederungsbericht **AktG 319** 18 ff.
– Eingliederungsbeschluss **AktG 319** 10 ff.
– Eintragung **AktG 319** 41
– fehlerhafte **AktG 319** 9, 12, 26, 40 f.; **AktG 320** 10; **AktG 320b** 22
– Gläubigerschutz **AktG 321**
– Haftung der Hauptgesellschaft **AktG 322**
– in eine KGaA **AktG 319** 6
– Information der Aktionäre **AktG 319** 17 ff.
– Leitungsmacht der Hauptgesellschaft **AktG 323**
– mehrstufige Eingliederung **AktG 319** 16; **AktG 322** 2; **AktG 323** 4; **AktG 320b** 10
– nachteilige Einflussnahmen **AktG 311** 10
– Negativerklärung **AktG 319** 26 ff.
– Registersperre **AktG 319** 29 ff.
– Registerverfahren **AktG 319** 24 ff.
– Rücklagen **AktG 324** 3 f.
– Status der eingegliederten Gesellschaft **AktG 319** 3
– Umwandlung der eingegliederten Gesellschaft **AktG 327** 10 f.
– Umwandlung der Hauptgesellschaft **AktG 327** 8 f.
– Unbedenklichkeitsverfahren **AktG 319** 32 ff.
– Unternehmensverträge **AktG 297** 34 ff.; **AktG 324** 5 ff.
– verfrühte Eintragung **AktG 319** 29
– Verlustübernahme **AktG 324** 9
– Weisungsrecht der Hauptgesellschaft **AktG 323** 2 f.
– Zustimmungsbeschluss **AktG 319** 13 ff.
Einpersonen-AG AktG 311 13; AktG 312 6; AktG Anh. 317 5
Einpersonen-GmbH AktG Anh. 317 5; AktG Anh. 318 3, 33 ff.
Eintragung von Unternehmensverträgen AktG 294; AktG 298
– Anlagen **AktG 294** 13 f.; **AktG 298** 8
– Anmeldung **AktG 294** 6 f.; **AktG 298** 5
– Anwendungsbereich **AktG 294** 4 ff.
– Beendigung **AktG 298**
– GmbH **AktG 294** 45 f.
– Inhalt **AktG 294** 8 ff.
– Prüfung **AktG 294** 19 f.
– Registersperre **AktG 294** 21
– Rückwirkung **AktG 294** 31
– Verfahren **AktG 294** 18 ff.
– Wirkung **AktG 294** 26 ff.
Einzelpersonen als Unternehmen AktG 15 11 ff.; AktG 18 22; AktG 20 6
Emittentenleitfaden AktG Anh. 22 WpHG 29 1; AktG Anh. 22 WpHG Vor 21 11

Entherrschungsvertrag **AktG 17** 42 ff.; **AktG Anh. 22 WpHG 22** 6
Erbengemeinschaft **AktG Anh. 22 WpHG 21** 2
Erläuterung des Unternehmensvertrages AktG 293g 6 f.
Ertragswert **AktG 305** 53 ff.
Europäische Gesellschaft *s. SE*
Europäisches Recht *s. Gemeinschaftsrecht*
Existenzgefährdung **AktG Anh. 317** 15
Existenzvernichtung **AktG Anh. 317** 4, 5, 15; **AktG Anh. 318** 3, 33 ff.
FamFG **AktG Einl.** 39
Familiengesellschaft **AktG 15** 20
fehlerhafte Gesellschaft *s. Beherrschungsvertrag, Eingliederung*
fehlerhafte Unternehmensverträge **AktG 291** 25 ff.; **AktG 292** 50, 29g; **AktG 293** 19 f., 24, 38 ff.
fester Ausgleich **AktG 304** 22 f.
FMStBG **AktG 311** 21a; **AktG 327a** 18; **AktG 327b** 11; **AktG 327e** 1; **AktG Einl.** 37 f.
FMStErG **AktG Einl.** 37
FMStG **AktG Einl.** 37
Form der Unternehmensverträge AktG 293 21 f.
Formkaufmann **AktG 15** 21 f.
Formwechsel **AktG 297** 45; **AktG 327** 8, 10
Freigabeverfahren **AktG 293** 38h f.; **AktG 294** 21; **AktG 298** 2
Fusionskontrolle **AktG 294** 20
Gelatine-Urteil **AktG Anh. 318** 47 ff.; **AktG Vor 311** 33 ff.
Gemeinschaftsunternehmen **AktG 17** 28 ff.; **AktG 18** 18; **AktG 291** 45; **AktG 293** 7; **AktG 294** 11, 25; **AktG 295** 11; **AktG 302** 18; **AktG 303** 14; **AktG 305** 15; **AktG 308** 7; **AktG 309** 12; **AktG 311** 14; **AktG 312** 9; **AktG 293b** 7
Genossenschaften **AktG 16** 17; **AktG 302** 26; **AktG Vor 291** 13
Genussrechte **AktG 292** 31 f.; **AktG 304** 12; **AktG 320b** 8
Geschäftschancen **AktG 311** 51
Geschäftsführungsvertrag **AktG 291** 67 f.; **AktG 300** 17; **AktG 301** 6; **AktG 302** 20
– Abgrenzung **AktG 291** 69 f.
– Begriff **AktG 291** 61 f.
– entgeltlicher **AktG 291** 68
– rechtliche Behandlung **AktG 291** 71 f.
– Steuerrecht **AktG 291** 68
Gesellschaftszweck **AktG 311** 9, 41, 65; **AktG Anh. 317** 12, 14; **AktG Anh. 318** 9, 17, 23
Gewinnabführung **AktG 291** 47 ff.; **AktG 301**; **AktG 323** 3
– andere Gewinnrücklagen **AktG 301** 11, 13

– Auflösung von Rücklagen **AktG 301** 15
– Ausschüttung **AktG 301** 2, 12, 15
– Bilanzgewinn **AktG 301** 1, 11
– Entnahme aus Rücklagen **AktG 301** 12
– Freiwillige Zuzahlungen **AktG 301** 18
– Gewinnvortrag **AktG 301** 16
– GmbH **AktG 301** 6
– Höchstbetrag der Abführung **AktG 301** 7 ff.
– Jahresüberschuss **AktG 300** 9; **AktG 301** 1, 8, 11
– Obergrenze der Gewinnabführung **AktG 301** 7 ff.
– Rücklagen **AktG 300**; **AktG 301** 3, 8, 11 ff., 17 ff.
– Rücklagenbildung im Konzern **AktG 301** 4
– stille Gesellschaft **AktG 292** 26; **AktG 301** 18
– stille Rücklagen/Reserven **AktG 301** 19
– Teilgewinnabführungsvertrag **AktG 301** 5, 9
– Verlustvortrag **AktG 301** 9
Gewinnabführungsvertrag AktG 291 47 ff.
– Abfindung **AktG 305**
– Abgrenzung **AktG 291** 48; **AktG 292** 17, 24, 27, 60 ff.
– Abhängigkeit **AktG 292** 18, 22
– Abhängigkeitsbericht **AktG 312** 7; **AktG 316**
– Abschluss während eines Geschäftsjahres **AktG 291** 55; **AktG 316** 5
– Anwendungsbereich **AktG 292** 16 f.; **AktG 291** 52
– Ausgleich **AktG 304**
– Bedeutung **AktG 291** 47, 51
– Beendigung **AktG 312** 12
– Begriff **AktG 292** 10 ff.; **AktG 291** 47 ff.
– bei einfacher Abhängigkeit **AktG 311** 16, 20; **AktG 323** 11
– bei Eingliederung **AktG 324** 5 ff.
– Erscheinungsformen **AktG 291** 57 ff.
– Gegenleistung **AktG 292** 18 ff.
– Gemeinschaftsunternehmen **AktG 17** 28; **AktG 291** 56
– Gesellschaft **AktG 292** 14 f., 19
– Gewinn **AktG 292** 11; **AktG 291** 64 ff.; **AktG 301** 7
– Gewinngemeinschaft **AktG 292** 10 ff.; **AktG 294** 3, 27; **AktG 316** 2; **AktG 324** 8
– GmbH **AktG 291** 66; **AktG 292** 21 f.
– Höchstbetrag **AktG 301** 7 ff.
– Indiz für Abhängigkeit **AktG 17** 22a; **AktG 18** 23; **AktG 291** 50
– Inhalt **AktG 291** 54 ff.
– isolierter **AktG 291** 49, 59 f.; **AktG 316** 1 f.

Stichwortverzeichnis

Fette Zahlen = §§

- Kette **AktG 291** 56; **AktG 316** 7
- Mindestinhalt **AktG 291** 53
- Organschaft **AktG 291** 51a f.
- Rechtsnatur **AktG 291** 52 f.
- Rücklagen **AktG 300** 9 ff.
- Rückwirkung **AktG 291** 54; **AktG 312** 12
- Steuerrecht **AktG 291** 51a f.
- Verlustdeckungszusage **AktG 291** 62 f.
- Verlustübernahme **AktG 291** 62; **AktG 302**
- Vermögensbindung **AktG 291** 75
- zugunsten Dritter **AktG 291** 57 f.
- Zwecke **AktG 292** 13

Gewinnbeteiligung AktG 292 25 ff.
Gläubigerschutz AktG 302; AktG 303; AktG 321
Gleichbehandlungsgrundsatz AktG 311 86, 91; **AktG Anh. 318** 25; **AktG Vor 311** 9, 13, 18, 51
Gleichordnungskonzern AktG 18 25 ff.; **AktG 291** 73 ff.; **AktG 292** 11

- Abfindung **AktG 18** 36
- Beherrschungsvertrag **AktG 291** 73 ff.
- einheitliche Leitung **AktG 18** 27
- faktische **AktG 18** 30 ff.
- Gewinngemeinschaft **AktG 18** 29; **AktG 292** 11
- Gründung **AktG 18** 34 ff.
- Haftung **AktG 18** 34, 38
- keine Abhängigkeit **AktG 18** 32 ff.
- Merkmale **AktG 18** 29
- MitbestG **AktG 18** 25
- Schädigungsverbot **AktG 18** 36
- Schwestergesellschaften **AktG 18** 32 ff., 38
- Verbreitung **AktG 18** 26
- vertragliche **AktG 18** 29, 34 f., 37
- Weisungen **AktG 18** 36
- Zustimmung der Gesellschaften **AktG 18** 34 f.

GmbH-Reform AktG Einl. 20

Haftung aus Konzernvertrauen AktG 302 13 ff.; **AktG 311** 92
Haftung der gesetzlichen Vertreter des herrschenden Unternehmens AktG 309; AktG 311 5; **AktG 317** 22 ff.

- Aktionäre **AktG 309** 10, 49 f.
- Aktivlegitimation **AktG 309** 2, 49 ff.
- Anwendungsbereich **AktG 308** 4 ff., 28 ff.; **AktG 309** 7
- Aufsichtsrat **AktG 309** 17, 25, 30 f.
- Beweislast **AktG 309** 36, 42
- D & O-Versicherung **AktG 309** 6
- Delegation **AktG 308** 13 ff.; **AktG 309** 15 f., 26; **AktG 310** 20
- Doppelfunktion **AktG 309** 28 ff.
- durch abhängige Gesellschaft **AktG 309** 2, 48
- durch Aktionäre **AktG 309** 10, 40 f.
- durch Gläubiger **AktG 309** 10, 51
- Einzelkaufmann **AktG 309** 19
- Geltendmachung **AktG 309** 48 ff.; **AktG 317** 26 ff.
- Gemeinschaftsunternehmen **AktG 309** 12
- Gesamtschuldner **AktG 309** 27
- gesetzliche Vertreter **AktG 309** 14 f., 27; **AktG 317** 22 f.
- Gläubiger **AktG 309** 10, 51
- GmbH **AktG 309** 7
- Haftungsfreistellung **AktG 309** 6
- Hauptversammlung **AktG 309** 24 f.
- herrschendes Unternehmen **AktG 309** 5, 20 f., 23, 49
- Insolvenz **AktG 309** 45, 47, 51
- Kausalität **AktG 309** 36, 42 f.
- Klagezulassungsverfahren **AktG 309** 2, 48
- Konkurrenzen **AktG 309** 53
- Konzerngeschäftsführung **AktG 309** 31
- Kosten **AktG 309** 49a
- Mehrmütterorganschaft **AktG 309** 12
- mehrstufige Unternehmensverbindungen **AktG 309** 8 ff.
- öffentliche Unternehmen **AktG 309** 18
- ordnungsmäßige Konzerngeschäftsführung **AktG 309** 31
- Organhaftung **AktG 309** 4, 21
- Organverflechtung **AktG 309** 22 f., 30 f.
- praktische Bedeutung **AktG 317** 2
- Rechtsfolgen **AktG 317** 25
- Schaden **AktG 309** 37 f.
- Schuldner **AktG 309** 13 f.; **AktG 317** 22 f.
- Sonderbeschluss **AktG 309** 45 ff.
- Sorgfaltspflichtverletzung **AktG 309** 28, 30 f., 32 ff.
- Tatbestand **AktG 309** 28 ff.
- Übertragung des Weisungsrechts **AktG 309** 16
- Unterlassung von Weisungen **AktG 308** 34 f.; **AktG 309** 31, 35
- unzulässige Weisungen **AktG 309** 29
- Vergleich **AktG 309** 45, 50 f.; **AktG 317** 31
- Verjährung **AktG 309** 52; **AktG 317** 32
- Verpflichteter **AktG 309** 13 ff., 27
- Verzicht **AktG 309** 45, 50 f.; **AktG 317** 31
- Vorstands-Doppelmandate **AktG 308** 29; **AktG 309** 23 f., 30 f.
- Vorteilsausgleich **AktG 309** 41
- Zweck **AktG 317** 2

Haftung der Hauptgesellschaft AktG 322
- abweichende Vereinbarungen **AktG 322** 8
- akzessorischer Charakter **AktG 322** 3 f.
- Anfechtbarkeit des zugrundeliegende Rechtsgeschäfts **AktG 322** 13
- Aufrechnungsmöglichkeit **AktG 322** 14
- Ausweis im Jahresabschluss **AktG 322** 9

Magere Zahlen = Randnummern

- Dauerschuldverhältnisse **AktG 327** 15
- Drittwiderspruchsklage **AktG 322** 17
- Einwendungen **AktG 322** 10 ff.; **AktG 327** 14
- Erlass **AktG 322** 12
- gesamtschuldnerische Haftung **AktG 322** 3 ff.
- Gestaltungsrechte **AktG 322** 13 ff.
- Inhalt **AktG 322** 6
- Nachhaftung **AktG 327** 14 f.
- Regress **AktG 322** 7
- Reichweite **AktG 322** 5
- Verjährung **AktG 322** 12
- Zwangsvollstreckung **AktG 322** 16 f.

Haftung der Verwaltungsmitglieder der abhängigen Gesellschaft AktG 310; AktG 318
- Anspruch des Aktionärs **AktG 310** 2; **AktG 317** 13 f.; **AktG 318** 3, 12
- Anwendungsbereich **AktG 310** 4 f.
- Art der Haftung **AktG 318** 7
- Aufsichtsrat **AktG 310** 18, 21 f.
- Befolgung von Weisungen **AktG 310** 6 ff.
- Beweislast **AktG 310** 15
- Delagatare **AktG 310** 20
- gesamtschuldnerische Haftung **AktG 318** 7, 12
- Gläubiger **AktG 310** 12; **AktG 318** 3
- GmbH **AktG 310** 5
- Haftung der Aufsichtsratsmitglieder **AktG 310** 21 f.; **AktG 318** 14 f.
- Haftung der Vorstandsmitglieder **AktG 310** 6 ff.; **AktG 318** 3 ff.
- Hauptversammlungsbeschluss **AktG 310** 19; **AktG 318** 8
- Kausalität **AktG 310** 13, 16
- Kritik der Haftungsregelung **AktG 318** 2
- Prüfungspflicht **AktG 310** 11 f.
- Schuldner **AktG 318** 3
- Vergleich **AktG 318** 9
- Verhältnis zu allgemeinen Haftungsregeln **AktG 310** 3; **AktG 318** 10 f., 15
- Verjährung **AktG 318** 9
- Verschulden **AktG 310** 14
- Vertragskonzern **AktG 310** 6 ff.
- Verzicht **AktG 318** 9
- Voraussetzungen **AktG 310** 6 ff.; **AktG 318** 4 ff.
- Vorstand der abhängigen Gesellschaft im Vertragskonzern **AktG 310** 6 ff.; **AktG 318** 1
- Zweck **AktG 318** 1

Haftung des herrschenden Unternehmens AktG 302 8 ff.; **AktG 303** 22 ff.; **AktG 309** 20 f.; **AktG 311** 2; **AktG 317** 4 ff.
- Aktivierung des Schadensersatzanspruchs **AktG 317** 18
- Beseitigungsanspruch **AktG 317** 19

- Beweislast **AktG 317** 8, 21
- Eigenschaden des Aktionärs **AktG 317** 13
- Exkulpation **AktG 317** 7
- Geldersatz **AktG 317** 15
- Geltendmachung **AktG 317** 20, 26 ff.
- Gläubiger **AktG 317** 12 ff.
- Mindestschaden **AktG 317** 17
- Naturalrestitution **AktG 317** 15
- Organhaftung **AktG 317** 11
- praktische Bedeutung **AktG 317** 2
- Rechtsfolgen **AktG 317** 15 ff.
- Rechtsnatur **AktG 317** 11
- Reflexschaden **AktG 317** 13 f.
- Schaden **AktG 317** 17
- Schadensersatzanspruch **AktG 317** 15 ff.
- Unterlassungsanspruch **AktG 317** 19
- Vergleich **AktG 317** 31
- Verjährung **AktG 317** 32
- Verlustübernahme **AktG 302**
- Verschulden **AktG 317** 5, 7
- Vertrag **AktG 309** 20 f.
- Verzicht **AktG 317** 31
- Voraussetzungen **AktG 317** 4 ff.
- Zweck **AktG 317** 2

Handelsbuch AktG Anh. 22 WpHG 23 3
Hauptversammlung, Durchführung, AktG 293g
- Anlagen **AktG 293g** 24
- Anwendungsbereich **AktG 293g** 1 f.
- Auskunftspflicht **AktG 293g** 9 f.
- Auslegungspflicht **AktG 293g** 3 ff.
- Ausnahmen **AktG 293g** 8, 23
- des anderen Vertragsteils **AktG 293g** 14 ff.
- Durchsetzung **AktG 293g** 12
- Erläuterungspflicht **AktG 293g** 6 ff.
- GmbH **AktG 293g** 2
- Rechtsfolgen **AktG 293g** 5, 12, 25
- Schranken **AktG 293g** 8, 23
- Umfang **AktG 293g** 19 ff.

Hauptversammlung, Vorbereitung AktG 293f
- Abschriften **AktG 293f** 6; **AktG 293g** 5
- Anwendungsbereich **AktG 293f** 1 f., 6, 9
- Auslegung **AktG 293f** 3 ff.; **AktG 293g** 3 ff.
- Bekanntmachung **AktG 293f** 3
- Durchführung s. *Hauptversammlung, Durchführung*
- Geschäftsjahr **AktG 293f** 8
- Geschäftsraum **AktG 293f** 4 f.
- Rechtsfolgen **AktG 293f** 7
- Verpflichtete **AktG 293f** 6

historische Entwicklung AktG Einl. 16 ff.
Höchstbetrag der Gewinnabführung AktG 301
Holdinggesellschaften AktG 15 15 ff.
Holzmüller-Urteil AktG Anh. 318 47 ff.; **AktG Vor 311** 33 ff.

Stichwortverzeichnis

Fette Zahlen = §§

Insolvenz der abhängigen Gesellschaft AktG 297 52 ff.; AktG 317 29; AktG Anh. 317 13, 22, 24
Insolvenz des herrschenden Unternehmens AktG 297 52 ff.; AktG 317 31
Internationaler Beherrschungsvertrag AktG 291 30 ff.
Internationales Gesellschaftsrecht AktG 311 21; AktG 319 7
Investitionsentscheidungen AktG 311 57
KapCoRiLiG AktG 313 5; AktG 314 3; AktG Einl. 26
Kapitalerhaltung AktG 311 82 f.; AktG 323 3
Kapitalerhöhung AktG 304 70 ff.; AktG Vor 311 49
Kapitalisierungszinssatz AktG 305 66 f.
KBV-Urteil AktG Anh. 317 4 f.; AktG Anh. 318 33 ff.
Kommanditgesellschaft auf Aktien AktG 17 47
KonTraG AktG 313 5; AktG 314 3; AktG 315 1; AktG Einl. 21
Kontrolle AktG Vor 311 12, 27 ff.
Konzern
– einheitliche Leitung AktG 18 8 ff., 26; AktG 312 5
– Einheitsbetrachtung AktG 18 5 f., 10
– Einteilung AktG 18 3
– faktische Konzerne AktG 18 3
– faktischer Konzern AktG 311 2, 8 ff.; AktG 312 5; AktG Vor 311 1
– Gemeinschaftsunternehmen AktG 17 28 ff.; AktG 18 18, 21
– Gleichordnungskonzern AktG 18 25 ff.; AktG 291 73 f.
– GmbH AktG 18 21
– Indizien AktG 18 12, 16, 14a f.
– mehrfache Konzernzugehörigkeit AktG 18 17 ff.
– mehrseitiges Verhältnis AktG 18 7
– MitbestG AktG 18 19 ff., 25
– Mittel der Zusammenfassung AktG 18 16
– organische Konzernverfassung AktG 311 3
– qualifizierter faktischer Konzern s. *qualifizierte Nachteilszufügung*
– Unterordnungskonzern AktG 18 8 ff.
– Vermutung AktG 18 20 ff.
– Vertragskonzern AktG 18 3; AktG 291–310
– Widerlegung der Konzernvermutung AktG 18 23 f.
– Zusammenfassung AktG 18 15
Konzern im Konzern AktG 18 17 ff.
Konzernbildungskontrolle AktG Anh. 318 8 ff., 47 ff.; AktG Einl. 11 f.; AktG Vor 311
– Abwehr- und Beseitigungsanspruch AktG Vor 311 54

– Abwehrmaßnahmen AktG Vor 311 14 ff.
– Ausgliederung AktG Vor 311 41, 45, 55
– Bargründung AktG Vor 311 42
– Berichtspflicht AktG Vor 311 52
– Beschlusskontrolle AktG Anh. 318 12 f.; AktG Vor 311 6
– Beteiligungserwerb AktG Vor 311 42
– Beteiligungsveräußerung AktG Vor 311 43 f.
– Einbringungsbilanz AktG Vor 311 52
– Gelatine-Urteil AktG Vor 311 33 ff.
– Gruppenbildung AktG Anh. 318 48 f.; AktG Vor 311 33 ff., 41 ff.
– Gruppenleitung AktG Anh. 318 50; AktG Vor 311 48 f.
– Gruppenumbildung AktG Anh. 318 48 f.; AktG Vor 311 45
– Hauptversammlungsbeschluss AktG Vor 311 6, 50 f.
– Holzmüller-Urteil AktG Vor 311 33 ff.
– Konzeptbeschluss AktG Vor 311 51
– Konzernklausel AktG Vor 311 31
– Mitbestimmung AktG Vor 311 55
– satzungsmäßige Vorkehrungen AktG Vor 311 2 f.
– Spaltungshaftung AktG Vor 311 55
– Umwandlungsgesetz AktG Vor 311 41, 55
– Verhaltenspflichten AktG Vor 311 9, 10 ff.
– Vermögensveräußerung AktG Vor 311 32
– Wettbewerbsverbot AktG Vor 311 7 f.
– Zuständigkeit AktG Anh. 318 47 ff.; AktG Vor 311 31 ff.
Konzernführung AktG 311 12
Konzerngeschäftsführung AktG 309 26
Konzernhaftung AktG 302 5, 7 ff.; AktG 303 23 ff.
Konzernierungsformen AktG 311 8
Konzernintegration AktG 311 58
Konzernleitung AktG 311 9; AktG Vor 311 48 f.
– Konzernleitungsmacht AktG 308 35; AktG 309 35; AktG 311 10
– Konzernleitungspflicht AktG 308 35; AktG 309 35; AktG 311 11
Konzernrecht AktG Einl. 1 ff.
– Begriff AktG Einl. 1
– Einfluss der Aktienrechtsreformen AktG Einl. 21 ff.
– historische Entwicklung AktG Einl. 16 ff.
– Regelungen des AktG AktG Einl. 2 ff.
Konzernumlagen AktG 311 49 f.; AktG Anh. 317 18
Konzernvermutung AktG 18 20 ff.
Konzernverrechnungspreise AktG 311 46; AktG Anh. 317 18
Konzernvertrauenshaftung AktG 302 13 ff.; AktG 311 91
Kostenaufschlagsverfahren AktG 311 56

Magere Zahlen = Randnummern

Stichwortverzeichnis

Kündigung von Unternehmensverträgen AktG 297
- Änderungskündigung **AktG 295** 8; **AktG 297** 9
- Anwendungsbereich **AktG 297** 3
- außerordentliche Kündigung **AktG 297** 9, 14 ff.
- Beispiele **AktG 297** 21 ff.
- Eintragung **AktG 298**
- Erklärung **AktG 297** 10, 25
- Form **AktG 297** 10, 25
- Frist **AktG 297** 11, 26
- GmbH **AktG 297** 3, 6, 12, 14
- Konkurrenzen **AktG 297** 18 f.
- ordentliche **AktG 297** 4 ff.
- Organschaftsvertrag **AktG 297** 15, 24
- Rechtsfolgen **AktG 297** 51 ff.
- Sonderbeschluss **AktG 297** 8, 17, 25
- Sonderkündigungsrecht (nach §§ 304, 305) **AktG 304** 90 f.
- Teilkündigung **AktG 297** 13, 25
- Veräußerung der Beteiligung **AktG 297** 24 f.
- wichtiger Grund **AktG 297** 19 ff.
- Zuständigkeit **AktG 297** 7, 25

Lebensfähigkeit der abhängigen Gesellschaft AktG 308 60 f.
Legitimationsaktionär AktG Anh. 22 WpHG 21 10
Leitung, einheitliche AktG 18 9 ff.
Liquidationswert AktG 305 74
Liquiditätszusage AktG 302 12

Macrotron-Entscheidung *s. Delisting*
Managementverträge AktG 292 42
Market Maker AktG Anh. 22 WpHG 23 7
Marktpreis AktG 305 42 ff.; **AktG 311** 55
Mediatisierung AktG Vor 311 34
mehrgliedrige AG AktG 316 3
Mehrheitsbeteiligung AktG 16
- Abhängigkeit **AktG 17** 14
- Anteilsmehrheit **AktG 16** 9 ff.
- Anwendungsbereich **AktG 16** 4 ff.
- Berechnung **AktG 16** 10, 22 f.
- Eigentum **AktG 16** 13 ff.
- für Rechnung **AktG 16** 12, 18 ff.
- Genossenschaft **AktG 16** 8 f.
- GmbH **AktG 16** 5
- Kaufmann **AktG 16** 19 f.
- mehrfache **AktG 16** 3, 17
- öffentliche Hand **AktG 16** 20
- Personengesellschaften **AktG 16** 6
- Stimmenmehrheit **AktG 16** 17 f.
- Treuhand **AktG 16** 13a, 18a
- Verein **AktG 16** 8 f.
- Zuordnung **AktG 16** 13 ff.
- Zurechnung **AktG 16** 11, 15 ff.

Mehrheitseingliederung *s. Eingliederung durch Mehrheitsbeschluss*
Mehrmütterorganschaft *s. Gemeinschaftsunternehmen*
mehrstufige Unternehmensverbindung **AktG 291** 38 ff.; **AktG 293** 10 ff.; **AktG 303** 4; **AktG 304** 56 ff.; **AktG 305** 78 f.; **AktG 308** 6, 12; **AktG 309** 8; **AktG 311** 17 ff., 26; **AktG 312** 9; **AktG 316** 7; **AktG 317** 6, 24; **AktG 319** 16; **AktG 322** 2; **AktG 323** 4; **AktG 326** 3; **AktG 320b** 10
Mitbestimmung AktG 18 18, 22; **AktG 311** 55; **AktG Einl.** 50 f.
Mitgliedschaftsschutz AktG Anh. 317 28
Mitteilungspflichten AktG 328; AktG 20–22; AktG Anh. 22 WpHG 21 ff.
- Ausübungsverbot/Ausübungssperre **AktG 20** 38 ff.; **AktG 21** 10
- Bekanntmachung **AktG 20** 35 f.
- Bezugsrecht **AktG 20** 60 ff.
- börsennotierte Gesellschaften **AktG 20** 3 ff.
- der Hauptgesellschaft **AktG 327** 12
- Differenzgeschäfte **AktG Anh. 22 WpHG 25** 13
- Dividendenanspruch **AktG 20** 52 f.; **AktG 21** 7
- Erfüllung **AktG Anh. 22 WpHG 21** 20 ff.
- Fälle **AktG 20** 17 ff.; **AktG 21** 4 ff.
- Frist **AktG Anh. 22 WpHG 21** 24 ff.
- GmbH **AktG 20** 9, 12; **AktG Anh. 318** 15
- Inhalt **AktG Anh. 22 WpHG 21** 22 f.; **AktG 20** 30 ff., 33 f.
- Instrumente **AktG Anh. 22 WpHG 25**
- nach dem WpHG **AktG Anh. 22 WpHG 21 ff.**
- Nachholung **AktG 20** 49, 52 ff., 51a; **AktG Anh. 22 WpHG 28** 21 ff.
- Put-Optionen **AktG Anh. 22 WpHG 25** 15
- Sanktionen **AktG 20** 38 ff.; **AktG 21** 10 ff.
- Schadensersatz **AktG 20** 64 f.; **AktG Anh. 22 WpHG Vor 21** 16
- Stimmrecht **AktG 20** 50; **AktG 21** 7; **AktG Anh. 22 WpHG 28** 16
- Treuepflicht **AktG 20** 10 ff.; **AktG Anh. 318** 15; **AktG Vor 311** 9
- Veräußerung der Beteiligung **AktG 20** 44, 47, 16a; **AktG Anh. 22 WpHG 21** 4
- Verpflichtete **AktG Anh. 22 WpHG 21** 2 f.; **AktG 20** 5 f.
- Verschulden **AktG 20** 46; **AktG Anh. 22 WpHG 28** 10 ff.
- Voraussetzungen **AktG 20** 17 ff.; **AktG 21** 4 ff.
- wechselseitige Beteiligungen **AktG 328** 24 f.

1021

Stichwortverzeichnis

Fette Zahlen = §§

- wesentliche Beteiligungen **AktG Anh. 22 WpHG** 27a
- Zurechnung **AktG Anh. 22 WpHG** 22
- Zweck **AktG 20** 2 f.; **AktG Anh. 22 WpHG Vor 21** 1 f.

MoMiG AktG 311 21, 47, 83; **AktG Anh. 318** 33; **AktG Einl.** 20, 39

MPS-Urteil AktG 311 47

Nachteil AktG 311 39 ff.
- Abgrenzung zum Schaden **AktG 311** 45
- Abgrenzung zum Verlust **AktG 311** 45
- Begriff **AktG 311** 39 ff.
- Beispiele **AktG 311** 46 ff.
- Ermittlung **AktG 311** 53 ff.
- ex-ante-Prognose **AktG 311** 44
- GmbH **AktG Anh. 318** 29
- Kompensationsgeschäft **AktG 311** 42
- maßgebender Zeitpunkt **AktG 311** 44
- nicht quantifizierbare **AktG 311** 43, 58, 64 ff.
- qualifizierte Nachteilszufügung **AktG Anh. 317** 11
- Quantifizierbarkeit **AktG 311** 39
- Sorgfaltspflichtverletzung **AktG 311** 40
- Vergleichsmaßstab **AktG 311** 41
- Vorleistung der abhängigen Gesellschaft **AktG 311** 68
- zu Lasten eines Dritten **AktG 311** 60

Nachteilige Einflussnahme AktG 311
- bei mehrstufigen Unternehmensverbindungen **AktG 291** 38 ff.; **AktG 311** 17 ff.
- Beschlussanfechtung **AktG 311** 9, 85 f.
- gesamtschuldnerische Haftung **AktG 317** 22, 25
- Grenzen **AktG 311** 9
- Haftung s. Haftung des herrschenden Unternehmens sowie Haftung der gesetzlichen Vertreter des herrschenden Unternehmens
- Hauptversammlungsbeschluss **AktG 311** 85 f.
- Kapitalerhaltung **AktG 311** 82 ff.
- mit Auslandsberührung **AktG 311** 21
- Pflichten des Aufsichtsrats der abhängigen Gesellschaft **AktG 311** 81; **AktG 314** 13
- Pflichten des Vorstands der abhängigen Gesellschaft **AktG 311** 78 ff.
- Privilegierung **AktG 311** 2, 5, 75; **AktG 317** 9
- Rechtfertigung **AktG 311** 5
- Rechtswidrigkeit **AktG 311** 5
- Schadensersatz **AktG 311** 5
- Veranlassung zu Rechtsgeschäft oder Maßnahme **AktG 311** 22 ff.
- Verbot **AktG 311** 2, 5
- Vermögensbindung **AktG 311** 9
- Weisungen **AktG 308** 45 ff.
- Weisungsrecht **AktG 311** 10

nachteilige Weisungen AktG 308 45 ff.

Nachteilsausgleich AktG 311 2, 4 f., 9, 59 ff.; **AktG Anh. 317** 10, 16
- Begründung eines Rechtsanspruchs **AktG 311** 72 ff.
- Bestimmung der Ausgleichsart **AktG 311** 71
- bilanzieller Ausgleich **AktG 311** 41, 63, 64
- Einzelausgleich **AktG 317** 16; **AktG Anh. 317** 16 ff.
- Fehlen **AktG 311** 59 ff.
- Formen **AktG 311** 59, 62, 69 ff.
- Grenzen **AktG 311** 60
- Kontokorrent **AktG 311** 70
- nicht quantifizierbarer Nachteil **AktG 311** 64
- nicht quantifizierbarer Vorteil **AktG 311** 64
- Quantifizierbarkeit des Nachteils **AktG 311** 60
- Rechtsnatur der Ausgleichspflicht **AktG 311** 61
- tatsächlicher Ausgleich **AktG 311** 70 f.
- Undurchsetzbarkeit der Ausgleichsverpflichtung **AktG 311** 75
- Unmöglichkeit **AktG 311** 9, 43, 60, 64, 76
- Verrechnung **AktG 311** 69
- Vertrag **AktG 311** 72 ff.
- Vorteil **AktG 311** 62 ff.
- Wert des Vorteils **AktG 311** 67
- Zeit **AktG 311** 59, 69
- Zusage **AktG 311** 66

Namensaktie AktG Anh. 22 WpHG 21 15

natürliche Personen als Unternehmen AktG 15 13 ff.; **AktG 17** 19; **AktG 312** 8; **AktG Anh. 317** 8

negative Beherrschung AktG 305 72 f.

neutrales Vermögen AktG Vor 311 4

Neutralitätspflicht AktG 293 38 ff.; **AktG Vor 311** 14 ff.

Nichtigkeit von Verträgen AktG 15 22 ff.; **AktG 297** 28

Nießbrauch AktG Anh. 22 WpHG 22 15

öffentliche Unternehmen AktG 297 4 ff.; **AktG 308** 18, 39; **AktG 309** 18; **AktG 312** 8
- Abfindung **AktG 305** 9, 15
- Abhängigkeitsbericht **AktG 15** 26; **AktG 312** 8
- Beherrschungsvertrag **AktG 15** 25
- Nachteilsausgleich **AktG 15** 20
- Unternehmenseigenschaft **AktG 15** 22 ff.

ordentliche Kündigung eines Unternehmens-vertrages AktG 311 27

Organisationspflicht AktG 291 22 ff.; **AktG 311** 80; **AktG 312** 42

Organisationsvertrag AktG 311 3

Magere Zahlen = Randnummern

Stichwortverzeichnis

organische Konzernverfassung AktG 291 51a f.
Organschaft AktG 302 12
Organschaftserklärung AktG 305 49 f.

Paketzuschlag AktG 293b 18a; AktG Vor 311 9, 30
Parallelprüfung AktG 295 13 ff.
Parteiwechsel AktG 295 27; AktG 311 52
passiver Konzerneffekt AktG 302 18 ff.
Patronatserklärungen AktG 302 8 ff.
– Form AktG 302 9, 10
– harte AktG 302 10
– Kündigung AktG 302 14
– weiche AktG 302 15
– Zustandekommen AktG 302 10
personelle Verflechtungen AktG 15 5; AktG 309 23; AktG 310 7; AktG 311 28, 35 f.; AktG Anh. 317 13
Personengesellschaften AktG 17 48; AktG 302 26; AktG 317 22 f.; AktG Anh. 22 WpHG 21 2; AktG Vor 291 10 ff.; AktG Vor 311 24 ff.
Pflichtangebot AktG 15 6 ff.
Privataktionäre AktG 20 6; AktG 293b–293e
Prüfung der Unternehmensverträge AktG 313 s. Unternehmensvertragsprüfung
Prüfung des Abhängigkeitsberichts durch den Abschlussprüfer
– Aushändigungsrecht AktG 314 6
– Auskunftsrecht AktG 313 22 ff.
– Berichtspflicht AktG 313 25 ff.
– Bestätigungsvermerk AktG 313 30 ff.
– Beurteilungsspielraum AktG 313 16 f.
– Bewertung der Rechtsgeschäfte AktG 313 15
– Einleitung des Prüfungsverfahrens AktG 313 9 ff.
– Einsichtsrecht AktG 313 22 ff.
– Ermessen des Vorstands AktG 313 18
– Gegenstand AktG 313 14 ff., 20
– Haftung des Prüfers AktG 313 9
– informationspflichtige Unternehmen AktG 313 13
– kleine Aktiengesellschaft AktG 313 6 f., 11
– Liquidationsgesellschaft AktG 313 8
– Maßnahmen AktG 313 18 f.
– Nachteiligkeit des Rechtsgeschäfts AktG 313 15 f.
– Nachteilsausgleich AktG 313 17, 19
– Negativbericht des Vorstands AktG 313 33
– negative Schlusserklärung des Vorstands AktG 313 36
– Prüfungsbericht AktG 313 29, 34
– Rechtsgeschäfte AktG 313 15 ff.
– Stichproben AktG 313 20
– tatsächliche Angaben AktG 313 14
– Umfang AktG 313 20 f.

– unterlassene Rechtsgeschäfte AktG 313 15
– Unvollständigkeit des Abhängigkeitsberichts AktG 313 29
– Verantwortlichkeit des Prüfers AktG 313 9
– Verdachtsmomente AktG 313 21
– Vertraulichkeit AktG 313 7
– Vollständigkeit der Angaben AktG 313 14, 20 f.
– Zuständigkeit des Abschlussprüfers AktG 313 10
– Zweck der Prüfungspflicht AktG 313 2
– Zwischenprüfung AktG 313 22
Prüfung des Abhängigkeitsberichts durch den Aufsichtsrat AktG 293e
– Berichtspflicht AktG 314 9 f.
– Einsichtsrecht AktG 314 6 ff.
– Informationsrecht und -obliegenheit AktG 314 6 f., 8
– Insiderinformationen AktG 314 13
– Pflichtverletzungen AktG 314 17
– Prüfungspflicht AktG 314 12 f.
– Sanktionen AktG 314 17
– Schlusserklärung AktG 314 16
– Teilnahme des Abschlussprüfers AktG 314 9 f.
– Umfang der Prüfungspflicht AktG 314 12
– Verfahren AktG 314 4 ff.
– Verschwiegenheitspflicht AktG 314 8
– Vorlage durch den Vorstand AktG 314 4
– Zweck der Prüfungspflicht AktG 314 2
Prüfungsbericht AktG 308 19 f.; AktG 313 30, 34; AktG 293f 6
– Alternativrechnungen AktG 293e 14
– Andere Unternehmensverträge AktG 293e 18
– Anwendungsbereich AktG 293e 3, 18
– Ausnahmen AktG 293e 2, 19 f.
– Form AktG 293e 7 f.
– Inhalt AktG 293e 5 ff., 9 ff.
– Methoden AktG 293e 9 ff., 12 ff.
– Rechtsfolgen AktG 293e 21 f.
– Schranken AktG 293e 2, 19 f.
– Schwierigkeiten, besondere, AktG 293e 5, 15
– Testat AktG 293e 5, 18
– Verzicht AktG 293e 19
– Vollständigkeit des Unternehmensvertrages AktG 293e 18
– Zusätzliche Angaben AktG 293e 16 ff.
– Zweck AktG 293e 4
Prüfungspflicht des Vorstandes AktG 308 66; AktG Einl. 13 f.

qualifizierte Nachteilszufügung AktG Anh. 317; AktG Anh. 318 3 ff.
– Abfindungsanspruch AktG Anh. 317 29
– Abhängigkeitsbericht AktG Anh. 317 19
– Abschlussprüfung AktG 313 19
– Abwehransprüche AktG Anh. 317 27 f.

Stichwortverzeichnis

Fette Zahlen = §§

– Altgläubiger **AktG Anh. 317** 25
– Ansprüche der abhängigen Gesellschaft **AktG Anh. 317** 23
– Ansprüche der außenstehenden Aktionäre **AktG Anh. 317** 27 f.
– Ansprüche der Gesellschafter des herrschenden Unternehmens **AktG Anh. 317** 28
– Ansprüche der Gläubiger **AktG Anh. 317** 24 ff.
– Anwendbarkeit der §§ 302 ff. **AktG Anh. 317** 1
– Ausfallhaftung **AktG Anh. 317** 24
– Ausgleichsanspruch **AktG Anh. 317** 30
– Beseitigungsansprüche **AktG Anh. 317** 27 f.
– Beweiserleichterungen **AktG Anh. 317** 21 f.
– Buchführung **AktG Anh. 317** 19
– Einreden **AktG Anh. 317** 26
– Einwendungen **AktG Anh. 317** 26
– Einzelmaßnahmen **AktG Anh. 317** 10, 14 f., 20
– Entwicklung im GmbH-Recht **AktG Anh. 317** 3 f.
– Gestaltungsrechte der abhängigen Gesellschaft **AktG Anh. 317** 26
– Haftung der natürlichen Person **AktG Anh. 317** 8
– Insolvenz der abhängigen AG **AktG Anh. 317** 13, 22, 24
– Missbrauch der Leitungsmacht **AktG Anh. 317** 9
– nachteilige Einflussnahme **AktG 311** 16; **AktG Anh. 317** 11 ff., 19
– Nebenforderung **AktG Anh. 317** 25
– Neugläubiger **AktG Anh. 317** 25
– organisatorische Maßnahmen **AktG Anh. 317** 22
– personelle Verflechtungen **AktG Anh. 317** 13, 19, 22
– Rechtsfolgen **AktG Anh. 317** 23 ff.
– Rechtswidrigkeit **AktG Anh. 317** 2, 27
– Schadensersatzansprüche **AktG Anh. 317** 23
– Sicherheitsleistung **AktG Anh. 317** 24
– Subsidiarität **AktG Anh. 317** 10
– Substantiierungslast **AktG Anh. 317** 21 f.
– Tatbestand **AktG Anh. 317** 7 ff.
– Umstrukturierung der abhängigen Gesellschaft **AktG Anh. 317** 14
– Unmöglichkeit des Einzelausgleichs **AktG Anh. 317** 16 ff.
– Veräußerung der Beteiligung **AktG Anh. 317** 13
– Verlustausgleichspflicht **AktG Anh. 317** 23
– Vermögenslosigkeit der abhängigen AG **AktG Anh. 317** 13, 24
– Verwirkung **AktG Anh. 317** 25
– Waschkorblage **AktG Anh. 317** 18

qualifizierter faktischer Konzern AktG 300–302

Rücklagen AktG 292 29e; **AktG 324**
– Abführung **AktG 301** 11
– Beherrschungsvertrag **AktG 300** 18 f.
– bei der eingegliederten Gesellschaft **AktG 324** 3 ff.
– Entnahmen **AktG 302** 32 f.
– Geschäftsführungsvertrag **AktG 300** 6, 15
– Gewinnabführungsvertrag **AktG 300** 6 ff.
– im Konzern **AktG 301** 4
– Kapitalerhöhung **AktG 300** 14
– stille Rücklagen **AktG 301** 19
– Teilgewinnabführungsvertrag **AktG 300** 16

Rücktritt von Unternehmensverträgen AktG 296 12 ff.; **AktG 297** 31 ff.

Rückwirkung von Aufhebungsverträgen AktG 291 15

Rückwirkung von Unternehmensverträgen AktG 291 55; **AktG 294** 31 f.; **AktG Anh. 318** 34

Sanitary-Urteil AktG Einl. 45 ff.
SE AktG 319 5; **AktG 327** 5; **AktG 327a** 12; **AktG Einl.** 50
– Anmeldung **AktG 303** 15 ff.

Sicherheitsleistung AktG 303 18 ff.
– Anwendungsbereich **AktG 303** 3
– Art der Sicherheitsleistung **AktG 303** 18 f.; **AktG 321** 8
– Aufrechnung **AktG 303** 11, 27
– Ausfallhaftung **AktG 303** 24 f.
– Ausnahmen **AktG 303** 26 f.
– Ausschluss **AktG 321** 5
– Ausschlussfrist **AktG 303** 16; **AktG 321** 7
– Begründung der Forderung **AktG 303** 8, 13 f.
– Bürgschaft **AktG 303** 18 f., 20 ff.; **AktG 321** 8
– Dauerschuldverhältnis **AktG 303** 19, 13a f.
– dingliche Ansprüche **AktG 303** 12, 26
– Endloshaftung **AktG 303** 19, 13a ff.
– Forderung **AktG 303** 12
– Gemeinschaftsunternehmen **AktG 303** 14
– Gläubiger **AktG 321** 3 ff.
– GmbH **AktG 303** 3, 7
– Insolvenz **AktG 297** 51; **AktG 303** 5, 7, 24 f.
– Kenntnis des Gläubigers **AktG 303** 10
– Meldung **AktG 303** 15 f.
– Nachhaftung **AktG 303** 11
– qualifizierter faktischer Konzern **AktG 303** 3, 8
– Ruhegelder **AktG 303** 10 f., 27
– Schuldner **AktG 321** 14
– Schutzgesetz **AktG 303** 23
– Sicherheit **AktG 303** 18 ff.
– Stichtagsprinzip **AktG 303** 8, 12

Magere Zahlen = Randnummern   **Stichwortverzeichnis**

- Versorgungsansprüche **AktG 303** 13 f., 27
- Vertragsbeendigung **AktG 303** 7
- Vertragsübernahme **AktG 303** 14
- Voraussetzungen **AktG 303** 6 ff.; **AktG 321** 3 ff.

Sicherungsübereignung AktG Anh. 22 WpHG 22 13 f.

Sitztheorie AktG 304 84 f.; **AktG 311** 21

- Sonderbeschluss der außenstehenden Aktionäre **AktG 295** 24 ff.; **AktG 296** 6, 17 ff.; **AktG 297** 8 f., 17; **AktG 302** 52 f.; **AktG 309** 45 ff.

Sonderkündigungsrecht des herrschenden Unternehmens AktG 305 85
- Auswechslung **AktG 315** 20 ff.

Sonderprüfer AktG 315
- Bestellung **AktG 315** 14 f., 20 ff.
- Bestellungsverbote **AktG 315** 14
- Einsicht in Abhängigkeitsbericht **AktG 312** 4
- Verantwortlichkeit **AktG 315** 19

Sonderprüfung
- Antragsbefristung **AktG 315** 8, 13
- Antragsbegründung **AktG 315** 8
- Antragsberechtigung **AktG 315** 7 f.
- auf Antrag einer Minderheit **AktG 315** 9 ff.
- Aufklärungen **AktG 315** 18
- Bericht **AktG 315** 2, 19
- Durchführung **AktG 315** 18 f.
- Gegenstand **AktG 315** 16 f.
- Hauptversammlungsbeschluss **AktG 315** 3
- Hinterlegung von Aktien **AktG 315** 7, 12
- Informationsfunktion **AktG 315** 2
- Kosten **AktG 315** 18
- Missbrauch des Antragsrechts **AktG 315** 13
- Nachweise **AktG 315** 18
- Quorum **AktG 315** 3, 9, 11
- Verhältnis zur allgemeinen Sonderprüfung **AktG 315** 3 f.
- Verwirkung des Antragsrechts **AktG 315** 8
- Voraussetzungen **AktG 315** 5 ff.
- Zweck **AktG 315** 2

Spaltung AktG 305 76 f.; **AktG 327** 9, 11

Spitzenbeträge AktG Einl. 30

SpruchG AktG 293c 3a *s. a. gesondertes Stichwortverzeichnis zum SpruchG*; **AktG 320b** 2 *s. a. gesondertes Stichwortverzeichnis zum SpruchG*; **AktG 327a** 3 *s. a. gesondertes Stichwortverzeichnis zum SpruchG*; **AktG 327f** 2 *s. a. gesondertes Stichwortverzeichnis zum SpruchG*; **AktG Einl.** 8 *s. a. gesondertes Stichwortverzeichnis zum SpruchG*

Squeeze out AktG 320 8; **AktG 327a ff.; AktG Anh. 318** 2; **AktG Einl.** 14, 28, 48
- abfindungswertbezogene Informationsmängel **AktG 327f** 4 f.
- Aktienurkunden **AktG 327e** 8 ff.

- Auslegung von Unterlagen **AktG 327c** 14 f.; **AktG 327d** 2
- Barabfindung **AktG 327b** 3 ff.; **AktG 327c** 10 ff.; **AktG 327e** 10; **AktG 327f** 4 ff.
- Bekanntmachung der Tagesordnung **AktG 327c** 4 ff.
- Berichtspflicht **AktG 327c** 7 ff.
- Eintragung **AktG 327e** 1 ff.
- Entstehungsgeschichte **AktG 327a** 3
- Erwerb der Aktien **AktG 327e** 8 ff.
- Gewährleistung durch Kreditinstitut **AktG 327b** 11 ff.
- Hauptaktionär **AktG 327a** 14 ff.
- Hauptversammlung **AktG 327a** 21 ff.; **AktG 327c** 4 ff., 7 ff.; **AktG 327d** 2 ff.
- Konzernrechtsneutralität **AktG 327a** 6
- Minderheitsaktionär **AktG 327a** 17; **AktG 327b** 6; **AktG 327e** 9
- Registersperre **AktG 327e** 5 ff.
- Spruchverfahren **AktG 327f** 5 ff.
- Übertragungsbeschluss **AktG 327a** 21 ff.; **AktG 327e** 2 ff.; **AktG 327f** 3 ff.
- Verfassungskonformität **AktG 327a** 7
- verfrühte Eintragung **AktG 327e** 5, 8, 11
- Verlangen des Hauptaktionärs **AktG 327a** 19 f.
- Verzinsung **AktG 327b** 10
- Wertpapierdarlehen **AktG 327a** 28
- Zweck **AktG 327a** 4

Steueranlagen AktG 301 3, 8; **AktG 304** 41

Steuerrecht AktG 291 51a f.; **AktG 300** 8

Stichtagsprinzip AktG 15 11; **AktG 305** 56 f.

Stiftungen AktG 15 18; **AktG 16** 7; **AktG 17** 52; **AktG 292** 29 ff.; **AktG Vor 291** 16

stille Gesellschaft AktG 16 17 ff.; **AktG 297** 5

Stimmenmehrheit AktG 15 20

Stimmrechtskonsortien AktG Anh. 22 WpHG 21 7 ff.

Stimmrechtsschwellen AktG Anh. 318 26

Stimmverbot AktG Anh. 317 3

TBB-Urteil AktG 291 20 ff.; **AktG Anh. 317** 7 ff.; **AktG Anh. 318** 36

Teilbeherrschungsvertrag AktG 291 20 ff.

Teilgewinnabführungsvertrag AktG 292 23 ff.; **AktG 300** 18; **AktG 301** 5, 9; **AktG 316** 2; **AktG 324** 8; **AktG Anh. 317** 3
- Abgrenzung **AktG 292** 24 ff.
- Ausnahmen **AktG 292** 33 ff.
- Begriff **AktG 292** 23 ff.
- Eintragung **AktG 292** 29e; **AktG 294** 1, 12 f., 24
- Festvergütungen **AktG 292** 26
- Gegenleistung **AktG 292** 27 ff.

1025

Stichwortverzeichnis

Fette Zahlen = §§

- Genussrechte **AktG 292** 31 f.
- Gewinn **AktG 292** 25 f.
- Gewinnbeteiligung **AktG 292** 33 ff.
- GmbH **AktG 292** 37 f.
- laufender Geschäftsverkehr **AktG 292** 35
- partiarische Verträge **AktG 292** 26, 30, 35 f.
- Rechtsfolgen **AktG 292** 32
- stille Gesellschaft **AktG 292** 29 ff.

Tiefbau-Urteil AktG Einl. 29
Transparenz-Richtlinie AktG Anh. 22 WpHG Vor 21 8 ff.
TransPuG AktG 15 19; **AktG 314** 3
Treuhand AktG Anh. 22 WpHG 22 10; **AktG 15** 23; **AktG 16** 12, 14
Treuhandanstalt AktG 20 10 ff.; **AktG 311** 13; **AktG 312** 8
Treupflicht AktG 311 4 f., 30, 89 f.; **AktG 317** 34; **AktG Anh. 318** 5, 12 ff., 22 ff., 34 ff.; **AktG Vor 311** 5, 7, 8
Trihotel-Urteil AktG Einl. 35
TUG AktG 20 1, 5; **AktG 296** 25
Überlebensfähigkeit der abhängigen Gesellschaft AktG 296 25 ff.; **AktG 300** 1 ff.; **AktG 308** 60 ff.; **AktG Vor 311** 12 ff.
Übernahmeangebot *s. ferner Konzernbildungskontrolle/Abwehrmaßnahmen*
Übernahmegesetz AktG Einl. 44 *s. WpÜG*
Übernahme-Richtlinie AktG 305 9; **AktG 327a** 3; **AktG Vor 311** 11
übertragende Auflösung AktG 327a 10; **AktG Einl.** 33
UMAG AktG 292 60 f.; **AktG 293** 38d ff.; **AktG 315** 1; **AktG 319** 1; **AktG 327a** 3; **AktG 327b** 2, 15; **AktG 327f** 2, 4 f.
Umgehungsproblematik AktG 294 10; **AktG 311** 51
Umplatzierung AktG 297 38 ff.
Umwandlung AktG 327 7; **AktG Einl.** 43 ff.
- abhängige Gesellschaft als übernehmender Rechtsträger **AktG 297** 41 f.
- Erlöschen des herrschenden Unternehmens **AktG 297** 43 f.
- Formwechsel **AktG 297** 45
- Spaltung **AktG 297** 46 f.
- Spruchverfahren **AktG 297** 38, 39, 56; **SpruchG 11** 12 ff.
- Verschmelzung der abhängigen Gesellschaft mit einem dritten Unternehmen **AktG 295** 16; **AktG 297** 39 f.
- Verschmelzung der Vertragsparteien **AktG 297** 38

Unionsrecht AktG 15 6 ff.; **AktG 311** 3, 82; **AktG Anh. 317** 6

Unternehmen AktG 315 6 ff.
- abhängige Gesellschaft **AktG 15** 24 f.; **AktG 297** 53
- Begriff **AktG 15** 6 ff.
- Formkaufleute **AktG 15** 21 f.
- Gewerkschaften **AktG 15** 23
- GmbH und Co. KG **AktG 15** 23
- Holding **AktG 15** 15 ff.
- Innengesellschaft **AktG 15** 20 f.
- maßgebliche Beteiligung **AktG 15** 12 ff.
- natürliche Personen **AktG 15** 11a ff.
- öffentliche Unternehmen **AktG 15** 26 ff.
- Privatgesellschafter **AktG 15** 6 ff.
- Rechtsform **AktG 15** 11 f.
- Stiftung **AktG 15** 18
- Treuhand **AktG 15** 19
- verbundene Unternehmen **AktG 15** 3 ff.
- Verein **AktG 15** 18

Unternehmensbewertung AktG 304 38; **AktG 305** 36, 51 ff.; **AktG 311** 9
- Ab-/Zuschläge **AktG 305** 65 ff.
- Ableitung des Wertes **AktG 305** 75 ff.
- Abzinsung **AktG 305** 65 ff.
- Aktiengattungen **AktG 305** 75a
- Börsenkurs **AktG 305** 42 ff.
- CAPM/Tax-CAPM **AktG 305** 68
- Ertragsschätzung **AktG 304** 38 ff.; **AktG 305** 60 ff.
- Ertragswertmethode **AktG 305** 51 ff.
- ex-post-Betrachtung **AktG 305** 56 f.
- Kapitalisierungszinssatz **AktG 305** 65 ff.
- Liquidationswert **AktG 305** 74
- Methoden **AktG 305** 51 ff.
- Nachsteuerbewertung **AktG 304** 43 f.; **AktG 305** 63 f.
- neutrales Vermögen **AktG 305** 72 f.
- Spitzenbeträge **AktG 305** 76 f.
- Stichtagsprinzip **AktG 304** 27; **AktG 305** 56 ff., 61
- Umtauschverhältnis **AktG 305** 76
- Verbundvorteile **AktG 305** 70 f.
- Wurzeltheorie **AktG 305** 56 ff.

Unternehmensgegenstand AktG 311 30, 41, 65; **AktG Anh. 317** 12, 14; **AktG Anh. 318** 9, 17, 23 *s. a. Abschluss/Änderung/Anfechtung/Auslegung/außerordentliche Kündigung/Beendigung/Eintragung/Kündigung/Rücktritt von Unternehmensverträgen*

Unternehmensverträge AktG 291 ff.; AktG 293a; AktG Einl. 4 *s. ferner bei den einzelnen Arten von Unternehmensverträgen*

Unternehmensvertragsbericht *s. auch Prüfungsbericht, Vertragsprüfer*
- Altverträge **AktG 293a** 3
- Anfechtung **AktG 293a** 40
- Anwendungsbereich **AktG 293a** 8 ff.
- Ausführlichkeit **AktG 293a** 20, 23

Magere Zahlen = Randnummern   **Stichwortverzeichnis**

- Ausgleich und Abfindung **AktG 293a** 24 ff.
- Begründung und Erläuterung des Vertrags **AktG 293a** 19 ff.
- Form **AktG 293a** 18, 35
- Geheimhaltung **AktG 293a** 30 ff.
- Genossenschaft **AktG 293a** 14
- GmbH **AktG 293a** 11 ff., 39
- Heilung **AktG 293a** 41
- Hinweispflicht **AktG 293a** 28
- Plausibilitätsprüfung **AktG 293a** 25, 27
- Problematik **AktG 293a** 5 ff.
- Rechtsfolgen **AktG 293a** 40 ff.
- Schranken **AktG 293a** 30 ff.
- Unternehmensbewertung **AktG 293a** 26 f., 28
- Verein **AktG 293a** 14
- Verpflichteter **AktG 293a** 9, 15 ff.
- Verzicht **AktG 293a** 34 ff.
- Vorstand **AktG 293a** 16 ff.
- Zweck **AktG 293a** 4 ff.

Unternehmensvertragsprüfung AktG 309 32 ff.; **AktG 293b–293e**
- andere Unternehmensverträge **AktG 293b** 6, 11
- Angemessenheit der Kompensation **AktG 293b** 16 ff.
- Anwendungsbereich **AktG 293b** 11 ff.
- Auskunftsrecht **AktG 293b** 2; **AktG 293d** 8; **AktG 293g** 9 ff.
- Bedeutung **AktG 293b** 7 f.
- Bestellung der Prüfer **AktG 293b** 2; **AktG 293c**
- Gegenstand der Prüfung **AktG 293b** 14
- GmbH **AktG 293b** 10a
- Parallelprüfung **AktG 293b** 19a
- Plausibilitätsprüfung **AktG 293b** 17 f
- Problematik **AktG 293b** 5, 7 f., 18 f.
- Prüfungsbericht **AktG 293b** 3; **AktG 293e**
- Rechtsfolgen **AktG 293b** 20 f.
- Tochtergesellschaften **AktG 293b** 12
- Unabhängigkeit der Prüfer **AktG 293b** 18a
- Unternehmensbewertung **AktG 293b** 17 f.
- Vertragsprüfer **AktG 293c**; **AktG 293d**
- Verzicht **AktG 293b** 13
- Wirtschaftsprüfer s. Vertragsprüfer
- Zweck **AktG 293b** 7

unternehmerisches Ermessen AktG 18 8 ff.; **AktG 311** 53, 57 f.
Unterordnungskonzern AktG 304 42 ff.

variabler Ausgleich AktG 312 32
VEBA/Gelsenberg-Urteil AktG 311 22 ff.
Veranlassung zu nachteiligem Rechtsgeschäft/nachteiliger Maßnahme AktG 15 3 ff.
- Adressat **AktG 311** 27
- allgemeine Anweisungen **AktG 311** 23
- Auflösungsbeschluss **AktG 311** 30

- Begriff **AktG 311** 22 ff.
- bei mehrfacher Abhängigkeit **AktG 311** 26
- bei mehrstufiger Abhängigkeit **AktG 311** 26
- Beschluss über die Änderung des Unternehmensgegenstands **AktG 311** 30
- besondere Formen **AktG 311** 28 ff.
- Beurteilungsperspektive **AktG 311** 24
- Bevollmächtigung des herrschenden Unternehmens **AktG 311** 31
- Beweis des ersten Anscheins **AktG 311** 33
- Beweislast **AktG 311** 32 ff.
- Darlegungslast **AktG 311** 32 ff.
- Formen **AktG 311** 23
- Gewinnverwendungsbeschluss **AktG 311** 30
- Hauptversammlungsbeschluss **AktG 311** 29 f.
- Kausalitätserfordernis **AktG 311** 22, 35
- Maßnahme **AktG 311** 37
- personelle Verflechtungen **AktG 311** 28
- Richtlinien **AktG 311** 23
- Unterlassen eines Rechtsgeschäfts **AktG 311** 37
- Urheber **AktG 311** 25 f.
- Verflechtungen über den Aufsichtsrat **AktG 311** 36
- Verhältnis zum Weisungsbegriff **AktG 311** 23
- Vermutung **AktG 311** 35
- Verschmelzungsbeschluss **AktG 311** 29
- Vollmacht **AktG 311** 25
- Vorstandsdoppelmandate **AktG 311** 35
- Vorteil des verbundenen Unternehmens **AktG 311** 33
- Willenserklärung **AktG 311** 24
- Willensmängel **AktG 311** 24
- Wirkung **AktG 311** 37

verbundene Unternehmen AktG 305 70 f.
Verbundvorteile AktG 305 70 f.
verdeckte Beherrschungsverträge AktG 291 24 ff.
Verein AktG 15 18; **AktG 17** 5 ff.; **AktG Vor 291** 14 f. s. Neutralitätspflicht
Vereitelungsverbot AktG 304 90
Vergleich AktG 309 45 f., 52
Verjährung AktG 302
Verlustausgleich AktG 291 50 f. s. Verlustübernahme
Verlustdeckungszusage AktG 302
Verlustübernahme AktG 291 75 f.
- Abhängigkeitsbericht **AktG 316** 3
- Abschlagszahlungen **AktG 302** 41, 40d
- Abtretung **AktG 302** 44
- Abwendungsvergleich **AktG 302** 51
- Abwicklungsverluste **AktG 302** 39
- andere Gewinnrücklagen **AktG 302** 32 f.
- Anspruch **AktG 302** 40 ff.

1027

Stichwortverzeichnis

Fette Zahlen = §§

- Anwendungsbereich **AktG 302** 18 ff.
- Auflösung **AktG 302** 39
- Aufrechnung **AktG 302** 40c f.
- bei der Eingliederung **AktG 324** 9
- bei qualifizierter Nachteilszufügung **AktG Anh. 317** 23
- Betriebspachtvertrag **AktG 302** 21, 45 f.
- Dauer **AktG 302** 37
- Ende **AktG 302** 38
- Entnahmen **AktG 302** 32 f.
- Erfüllung **AktG 302** 40c
- Fälligkeit **AktG 302** 40
- Geltendmachung **AktG 302** 43 ff.
- Gemeinschaftsunternehmen **AktG 302** 19
- Geschäftsführungsvertrag **AktG 302** 20
- GmbH **AktG 302** 25 f., 50
- Grundgedanke **AktG 302** 16
- Innenhaftung **AktG 302** 4
- Jahresfehlbetrag **AktG 302** 28 f.
- Konzernhaftung **AktG 302** 5, 7 ff.
- Konzernvertrauenshaftung **AktG 302** 13 ff.; **AktG 311** 92
- Rücklagen **AktG 302** 32 ff.
- Sicherheitsleistung **AktG 303**
- Sonderbeschluss der außenstehenden Aktionäre **AktG 302** 52 f.
- Sperrfrist **AktG 302** 49
- Stichtagsbilanz **AktG 302** 38 f.
- Stundung **AktG 302** 40a
- Trennungsprinzip **AktG 302** 5
- unterjährige Beendigung **AktG 302** 38
- Vergleich **AktG 302** 49 f.
- Verlustvortrag **AktG 302** 31
- Verzicht **AktG 302** 49 f.
- Verzinsung **AktG 302** 40a
- Zurückbehaltungsrecht **AktG 291** 27, 53; **AktG 302** 40b; **AktG 308** 69

Vermögensbindung AktG 297 48
Vermögensübertragung AktG 17 20 ff.
Vermutung der Abhängigkeit AktG 17 33 ff.
- des Konzerns **AktG 18** 27

Verschmelzung als Beendigungsgrund AktG 304 47; **AktG 327** 8, 10
Verschmelzungswertrelation AktG 295; AktG 305 57
Vertragsänderung AktG 293a
Vertragsbericht AktG 293d–293e; AktG 293f 6
Vertragskonzern AktG 293; AktG 297 38 ff.; **AktG 300–310**
Vertragsprüfer AktG 293b s. auch Prüfungsbericht, Unternehmensvertragsprüfung
- Antrag **AktG 293c** 5
- Aufgaben **AktG 293b; AktG 293e**
- Auskunftsrecht **AktG 293d** 7 f.
- Ausschluss **AktG 293d** 3
- Auswahl **AktG 293d** 2 f.
- Bestellung **AktG 293c**
- gemeinsame **AktG 293c** 7
- gerichtliche Bestellung **AktG 293d**
- Haftung **AktG 293d** 11
- nur Wirtschaftsprüfer **AktG 293d** 2
- Pflichten **AktG 293d** 10
- Prüfungsbericht **AktG 293e**
- Prüfungsrecht **AktG 293d** 5
- Verantwortlichkeit **AktG 293d** 9 f.
- Verfahrenskonzentration **AktG 293c** 10
- Vergütung **AktG 293c** 8 f.
- Zahl **AktG 293c** 7
- Zuständigkeit **AktG 293c** 4

Vertragsprüfung AktG 305 7 s. Unternehmensvertragsprüfung
Vertragsüberdauerndes Spruchverfahren → SpruchG
Verwahrstelle AktG Anh. 22 WpHG 23 5
Verzicht AktG Anh. 317 3
Video-Urteil AktG Vor 311 3
vinkulierte Anteile AktG Anh. 318 10; **AktG Einl** 42a
VkBkmG AktG 293f
Vollharmonisierung AktG Anh. 22 WpHG Vor 21
Vorbereitung der Hauptversammlung AktG Vor 311 20 f. s. Hauptversammlung
Vorratsbeschluss s. personelle Verflechtungen
Vorschaltgesellschaft AktG Anh. 22 WpHG 22 10
Vorstands-Doppelmandate AktG Anh. 22 WpHG 21 11
Vorzugsaktien AktG Einl. 9

wechselseitige Beteiligungen AktG 19; AktG 328
- Abbau **AktG 19** 16, 19
- Anwendungsbereich **AktG 328** 1, 7, 8 ff.
- Aufsichtsratwahl **AktG 328** 22 ff.
- ausländische Unternehmen **AktG 19** 26; **AktG 328** 7
- Ausübungssperre **AktG 328** 4, 11, 19 ff., 22 ff.
- Begriff **AktG 19** 2, 8 ff.
- beiderseitige qualifizierte wechselseitige Beteiligungen **AktG 19** 17 ff.
- Beschränkungen der Rechte **AktG 328** 9 f.
- betroffene Rechte **AktG 328** 21
- börsennotierte Gesellschaften **AktG 328** 5, 22 f.
- Bösgläubigkeit **AktG 328** 14 ff.
- einfache wechselseitige Beteiligungen **AktG 19** 2, 21 f.; **AktG 328**
- einseitige qualifizierte wechselseitige Beteiligungen **AktG 19** 12 f.
- Erscheinungsformen **AktG 19** 2
- Gefahren **AktG 19** 5 f.
- GmbH **AktG 19** 21 f.; **AktG 328** 8 f.
- mehrfache **AktG 19** 11

Magere Zahlen = Randnummern

- mehrseitige **AktG 19** 3, 10, 13, 19; **AktG 328** 7
- Mitteilungspflicht **AktG 328** 24 f.
- nicht geregelte Fälle **AktG 328** 15 ff.
- Personengesellschaften **AktG 19** 25
- qualifizierte wechselseitige Beteiligungen **AktG 19** 12, 17 ff., 24
- Rechtsfolgen **AktG 19** 14 ff., 18 f.; **AktG 328** 19 ff.
- ringförmige s. mehrseitige wechselseitige Beteiligungen
- Ruhen der Mitgliedschaftsrechte **AktG 19** 16, 19
- sonstige Gesellschaften **AktG 19** 25 f.
- Übergangsrecht **AktG 328** 2
- unwiderlegliche Vermutung **AktG 19** 14 f.
- Verwaltungsstimmrechte **AktG 328** 3, 22 f.
- Voraussetzungen **AktG 19** 12 f., 17
- Zurechnung **AktG 328** 20, 23
- Zweck **AktG 328** 6, 12, 14

Weisungen AktG 308; AktG 323 s. Squeeze out
- Adressat **AktG 308** 17 ff.; **AktG 323** 5
- Anwendungsbereich **AktG 308** 4
- Aufsichtsrat **AktG 308** 10; **AktG 3a** 42, 70 ff.
- Auskunftsrecht/Informationspflicht **AktG 308** 39, 54, 64, 66, 53a f.
- Ausschluss **AktG 299**; **AktG 308** 55 ff.
- Ausübung durch Dritte **AktG 308** 12 ff.
- Begriff **AktG 308** 23 ff.
- begünstigte Unternehmen im Konzern **AktG 308** 47 f.
- Bevollmächtigung **AktG 308** 13 ff., 31 ff.; **AktG 309** 13; **AktG 323** 5
- Beweislast **AktG 308** 53b
- Delegation **AktG 308** 13 ff.; **AktG 309** 15; **AktG 323** 4
- Delikt **AktG 308** 55a
- Durchsetzung **AktG 308** 67 ff.
- Erfüllung **AktG 308** 67
- Folgepflicht **AktG 308** 52 ff., 67 ff.; **AktG 323** 6
- Gemeinschaftsunternehmen **AktG 308** 7
- gesetzwidrige Weisungen **AktG 308** 58 f.
- Gewinnabführung **AktG 308** 5, 43 f., 59
- GmbH **AktG 308** 9 f., 59, 70
- Haftung der gesetzlichen Vertreter der Hauptgesellschaft **AktG 323** 6, 8
- Haftung der gesetzlichen Vertreter des herrschenden Unternehmens **AktG 309** 20 f.
- Haftung der Verwaltungsmitglieder der abhängigen Gesellschaft **AktG 310**
- Haftung der Verwaltungsmitglieder der eingegliederten Gesellschaft **AktG 323** 10
- Haftung des herrschenden Unternehmens **AktG 309** 20 f.
- Hauptversammlung **AktG 308** 30, 40 ff., 90; **AktG 311** 28 ff.

Stichwortverzeichnis

- innerkorporativer Bereich **AktG 308** 40 f.
- Konzerninteresse **AktG 308** 48 ff., 54
- Lebensfähigkeit der abhängigen Gesellschaft **AktG 308** 60 f.
- Leitung der Gesellschaft **AktG 308** 38 ff.
- Mehrmütterorganschaft **AktG 308** 7 f.
- mehrstufige Unternehmensverbindungen **AktG 308** 6, 16, 47
- Mitarbeiter **AktG 308** 19 f.
- nachteilige Weisungen **AktG 308** 45 f., 52 ff.; **AktG 311** 39 ff.; **AktG 323** 6, 8
- Nichterteilung von Weisungen **AktG 308** 34 f.; **AktG 309** 35; **AktG 323** 7
- Offensichtlichkeit der Nachteiligkeit **AktG 308** 52 ff.
- Prüfungspflicht des Vorstandes **AktG 308** 19 f., 52 ff., 64, 66; **AktG 310** 10
- Rechtsnatur **AktG 308** 26 ff.
- Satzung als Schranke **AktG 308** 56 f.
- Schadensersatz **AktG 308** 68; **AktG 323** 6
- Schranken **AktG 308** 37, 55 ff.; **AktG 309** 28 ff.; **AktG 323** 2, 5, 8
- Überlebensfähigkeit der Gesellschaft **AktG 296** 27; **AktG 308** 60, 65
- Übertragung **AktG 308** 16; **AktG 309** 16; **AktG 323** 4
- Umfang **AktG 308** 36 ff.; **AktG 323** 2 f.
- Verbindlichkeit der Weisung **AktG 308** 23
- Verhältnismäßigkeitsgrundsatz **AktG 308** 49 ff., 61
- Vertretungsmacht **AktG 308** 31 ff.
- Vorstand der abhängigen Gesellschaft **AktG 308** 17, 52 ff., 64, 67 f.
- Vorstandsdoppelmandate **AktG 308** 29, 66; **AktG 309** 23; **AktG 311** 28, 35
- Vorteile für den Konzern **AktG 308** 49 ff.
- Weisung **AktG 308** 21 f.
- Weisungsberechtigung **AktG 308** 11; **AktG 323** 4
- weisungsfreier Raum **AktG 308** 54
- Weisungspflicht **AktG 308** 34; **AktG 323** 4, 7
- Widerruf **AktG 308** 26
- Zurückbehaltungsrecht **AktG 291** 27; **AktG 308** 69
- zustimmungsbedürftige Geschäfte **AktG 308** 70 ff.

Wertpapierdarlehen AktG Anh. 22 WpHG 22 11; **AktG Vor 311** 7 f.
Wettbewerbsverbot AktG 297 19 ff.; **AktG 311** 54; **AktG Anh. 318** 16 ff.
wichtiger Grund AktG 294 22 f.
Wirksamkeit von Unternehmensverträgen AktG 311 87
Wissenszurechnung AktG Einl. 28
WpÜG AktG 304 41 s. ferner Pflichtangebot, Übernahmeangebot
Wurzeltheorie AktG 305 57

Stichwortverzeichnis

Fette Zahlen = §§

Zustimmungsbeschluss AktG 293
- abhängige Gesellschaft **AktG 293** 23 ff.
- Anfechtung **AktG 293** 56
- Anfechtungsausschluss **AktG 293** 50
- Anwendungsbereich **AktG 293** 4 ff.
- Aufsichtsrat **AktG 293** 34
- Beschlussmängel **AktG 293** 50
- Form **AktG 293** 24, 36
- Freigabeverfahren **AktG 293** 56
- Gegenstand **AktG 293** 26 ff.
- Gemeinschaftsunternehmen **AktG 293** 7, 36
- Genossenschaft **AktG 293** 49
- GmbH **AktG 293** 38 ff.
- herrschende Gesellschaft **AktG 293** 36 f.
- Inhaltskontrolle **AktG 293** 35, 37
- KGaA **AktG 293** 5, 7, 23
- Mängel **AktG 293** 50
- Mehrheit **AktG 293** 30, 33
- mehrstufige Unternehmensverbindungen **AktG 293** 10 ff.
- Personengesellschaften **AktG 293** 47 f.
- Vorlagepflicht **AktG 293** 29

Stichwortverzeichnis zum Spruchverfahrensgesetz

Abfindungsergänzungsanspruch
  AktG 305 86; SpruchG 13 3;
  SpruchG 16
abschließende Regelung SpruchG 1 3
Amtsermittlungsgrundsatz SpruchG 7 3;
  SpruchG 8 4; SpruchG 10 2 f., 12 f.
Anfechtung des Zustimmungsbeschlusses SpruchG 11 11a
Anfechtungsausschluss AktG 293 38 ff.;
  SpruchG 1 5
Antrag SpruchG 3 4
– Begründung **SpruchG 4**
– Berechtigter **SpruchG 3** 2 ff.
– Form **SpruchG 4** 2a
– Frist **SpruchG 4** 3
– Gegner **SpruchG 5**
– Rechtsschutzbedürfnis **SpruchG 3** 15
– Rücknahme **SpruchG 3** 16; **SpruchG 6** 16
– Zwischenentscheidung **SpruchG 3** 2;
  SpruchG 11 18
Antragsberechtigung SpruchG 3
– ausgeschiedene Aktionäre **SpruchG 3** 10 ff.
– Ausschluss von Minderheitsaktionären
  SpruchG 3 10 ff.
– außenstehende Aktionäre **SpruchG 3** 3 f.
– Eingliederung **SpruchG 3** 10 ff.
– Nachweis **SpruchG 3** 13 ff.
– Namensaktien **SpruchG 3** 5
– Veräußerung der Aktien **SpruchG 3** 7 f.
– Zeitpunkt **SpruchG 3** 6, 11 f.;
  SpruchG 12 14
Antragsfrist SpruchG 4 1, 3 ff.
– Beginn **SpruchG 4** 3
– Verlängerung **SpruchG 4** 11
Antragsgegner SpruchG 5
Anwaltskosten SpruchG 15 18 ff.
Anwendungsbereich SpruchG 1;
  SpruchG Vor 1 3 ff.
– Delisting **SpruchG 1** 4 f.
– entsprechende Anwendung **SpruchG 1** 3 ff.
– gesetzlich geregelte Fälle **SpruchG 1** 1 ff.
– GmbH AktG 304 12; **SpruchG 1** 8
– herrschendes Unternehmen AktG 293 38l; **SpruchG 1** 7
Auflösung, übertragende SpruchG 1 5
außenstehende Aktionäre SpruchG 3 3 ff.
außergerichtlicher Vergleich SpruchG 11 8
Aussetzung des Verfahrens SpruchG 11 16

Bedeutung SpruchG Vor 1 3
Beendigung des Unternehmensvertrages
  SpruchG 11 12 ff.

Beendigung des Verfahrens SpruchG 11 2, 6, 9 ff.
Begründung des Antrags SpruchG 4 1, 6 f.
– Antragsberechtigung **SpruchG 3** 14
– Antragsgegner **SpruchG 5** 5
– Frist *s. Antragsfrist*
– konkrete Bewertungsrüge **SpruchG 4** 8 ff.
– Mindestinhalt **SpruchG 4** 6 ff.;
  SpruchG 5 3
– Rechtsfolgen **SpruchG 4** 12 f.
– Verlängerung der Frist **SpruchG 4** 10
Beibringungsgrundsatz SpruchG 8 4
Bekanntmachung SpruchG 11 5;
  SpruchG 14
– Anwendungsbereich **SpruchG 14** 3 f.
– Entbehrlichkeit **SpruchG 14** 1
– Mittel **SpruchG 14** 2
– Sanktionen/Zwangsgeld **SpruchG 14** 4
– Vergleich **SpruchG 14** 3a
– Verpflichteter **SpruchG 14** 4
– Wirkung **SpruchG 14** 4, 3a
Beschwerde
– Anschlussbeschwerde **SpruchG 12** 5
– Anwaltszwang **SpruchG 12** 4
– Begründung **SpruchG 12** 4
– Beschwerdebefugnis **SpruchG 12** 6
– Einlegung **SpruchG 12** 4
– Frist **SpruchG 12** 4a
– Inhalt der Entscheidung **SpruchG 12** 11
– mündliche Verhandlung **SpruchG 12** 10
– Rechtsbeschwerde **SpruchG 12** 12 ff.
– Verfahren **SpruchG 12** 7
– Verfahrenskonzentration **SpruchG 12** 1
Beschwerderecht des gemeinsamen Vertreters SpruchG 6 17
Beteiligte SpruchG 5 6; SpruchG 11 5;
  SpruchG 12 6
Beweisaufnahme SpruchG 8 3 f.;
  SpruchG 10 12 f.
Bewertungsrüge SpruchG 4 8 f.

Eingangsgericht SpruchG 2 6
Entscheidung SpruchG 11
– Beendigungsgründe **SpruchG 11** 2, 6, 9 ff.
– Begründung **SpruchG 11** 2d
– Bekanntmachung **SpruchG 11** 5, 14
– Beschluss **SpruchG 11** 2 ff.
– Beschwerde **SpruchG 12**
– Erledigung des Verfahrens **SpruchG 11** 10 f.
– formelle Rechtskraft **SpruchG 13** 1
– Gestaltungswirkung **SpruchG 13** 2
– Inhalt der Entscheidung **SpruchG 11** 2 ff.
– Leistungsklage **SpruchG 16**

Stichwortverzeichnis

Fette Zahlen = §§

– materielle Rechtskraft **SpruchG 13** 2
– Rechtskraft **SpruchG 11** 3; **SpruchG 13**
– vertragsüberlebendes Verfahren **AktG 297** 56; **AktG 305** 21a f.; **SpruchG 11** 12 ff.
– Wirkung **SpruchG 13** 3
– Zwischenentscheidung **SpruchG 3** 2; **SpruchG 11** 18
Erledigung des Verfahrens SpruchG 11 8, 10 f.
Form des Antrags SpruchG 4 2a
Frist für Antragstellung SpruchG 4 1, 3 ff.
Fristverlängerung SpruchG 4 10
Fristwahrung SpruchG 4 4
Gebühren SpruchG 15 3 ff.
Gegenstandswert, gespaltener SpruchG 15 22 ff.
Geheimhaltung SpruchG 7 10; **SpruchG 10** 16
gemeinsamer Vertreter SpruchG 6; **SpruchG 6a**
– Abberufung **SpruchG 6** 7
– Antragsrücknahme **SpruchG 6** 15 f.
– Auslagen **SpruchG 6** 19, 22
– Ausnahmen **SpruchG 6** 8
– Auswahl **SpruchG 6** 7
– Bekanntmachung **SpruchG 6** 18
– Beschwerde gegen Bestellung **SpruchG 6** 9
– Beschwerderecht **SpruchG 6** 17; **SpruchG 12** 6
– Bestellung **SpruchG 6** 3 ff.
– Rechenschaftspflicht **SpruchG 6** 14
– Rechtsstellung **SpruchG 6** 10 f.; **SpruchG 7** 4a
– Rücknahme der Anträge **SpruchG 6** 15 f.
– Schadensersatzpflicht **SpruchG 6** 14
– SE **SpruchG 6** 2; **SpruchG 6a** 1
– Vergleich **SpruchG 6** 13, 16; **SpruchG 11**
– Vergütung **SpruchG 6** 19
– Verzicht **SpruchG 6** 8
gerichtliche Entscheidung SpruchG 11; *s. Entscheidung*
Gerichtskosten SpruchG 15 3 ff.
Geschäftswert SpruchG 15 5 ff.
Geschichte SpruchG Vor 1 2
GmbH AktG 304 12; **SpruchG 1** 8
gütliche Einigung SpruchG 11 6 ff.; *s. Vergleich*
Insolvenz eines Beteiligten SpruchG 11 17
internationale Zuständigkeit SpruchG 2 12 f.
Kammer für Handelssachen SpruchG 2 9 f.
Kettenspruchverfahren SpruchG 11 15
Kosten SpruchG 15
– Anwaltskosten **SpruchG 15** 18 ff.

– Auferlegung auf Antragsteller **SpruchG 15** 14
– außergerichtliche, der Antragsgegner **SpruchG 15** 21b
– außergerichtliche, der Antragsteller **SpruchG 15** 2, 18 ff.
– Beschwerde **SpruchG 15** 12
– Differenzmethode **SpruchG 15** 6
– Festsetzung **SpruchG 15** 12
– Gebühren **SpruchG 15** 11
– Gegenstandswert **SpruchG 15** 22
– gerichtliche, **SpruchG 15** 3 ff.
– Geschäftswert **SpruchG 15** 5 ff.
– Mindest-/Höchstbetrag **SpruchG 15** 8 f.
– Sachverständige **SpruchG 15** 17 ff.
– Schuldner **SpruchG 15** 13
– Vorschuss **SpruchG 15** 16
Leistungsklage SpruchG 16; *s. Zuständigkeit für Leistungsklage*
Mehrfachzuständigkeit SpruchG 3 7 ff.
Mehrstimmrechte SpruchG 1 2
mündliche Verhandlung SpruchG 8
– Beibringungsgrundsatz **SpruchG 8** 2
– Bestellung der Prüfer zu Sachverständigen **AktG 293b** 8; **SpruchG 8** 4
– gerichtliche Sachverständige **SpruchG 8** 8; **SpruchG 10** 15
– persönliche Anhörung der sachverständigen Prüfer **SpruchG 8** 1, 5
– sachverständige Zeugen **SpruchG 8** 4 ff.
– Verfahrensförderungspflicht **SpruchG 9**
– Verhandlung, mündliche **SpruchG 8** 3
– Vorbereitung **SpruchG 7**
Nachweis der Antragsberechtigung SpruchG 3 14
Namensaktien SpruchG 3 5
Nebenintervention SpruchG 3 1
Präklusion verspäteten Vortrags SpruchG 10
Prüfer, sachverständige SpruchG 8 4 f.
Rechtsbeschwerde SpruchG 12 12 ff.
Rechtskraft SpruchG 11 4; **SpruchG 13**
– formelle, **SpruchG 13** 2
– materielle, **SpruchG 13** 3
Rücknahme des Antrags SpruchG 11 9
Sachverständige SpruchG 8 4; **SpruchG 10** 12 f.; **SpruchG 15** 17
– Vergütung **SpruchG 15** 17 ff.
Sachverständige Prüfer SpruchG 8
– Bestellung zu Sachverständigen **AktG 293b** 8; **SpruchG 8** 2
– Hilfspersonen des Gerichts **SpruchG 8** 5
– sachverständige Zeugen **SpruchG 8** 4 ff.
Schriftsätze, vorbereitende SpruchG 9 4
Schriftsatzvergleich SpruchG 11 7
Übergangsrecht SpruchG 17 4

Magere Zahlen = Randnummern

Stichwortverzeichnis

Veräußerung der Aktien SpruchG 3 7 f.
Verfahrensförderungspflicht SpruchG 7; SpruchG 9; SpruchG 10
– Amtsermittlungsgrundsatz SpruchG 10 12 ff.
– Anwendungsbereich SpruchG 9 3 ff.; SpruchG 10 2 f.
– Beweisvereitelung SpruchG 10 3
– Entschuldigung SpruchG 10 6, 9 f., 1b
– mündliche Verhandlung SpruchG 7
– Pflichten SpruchG 9 3 ff.
– Sanktionen SpruchG 10 8 ff.
– Verfristung des Vortrags SpruchG 10 4 f., 8 ff.
– Verletzung SpruchG 10 8 ff.
– Verzögerung SpruchG 10 5, 8
– vorbereitende Schriftsätze SpruchG 9 4
– Zulässigkeitsrüge SpruchG 9 6; SpruchG 10 11
Vergleich SpruchG 6 14, 16; SpruchG 11 6 f.
– außergerichtlicher SpruchG 11 8
– Bekanntmachung AktG 305 26a; SpruchG 14 4
– gerichtlicher SpruchG 11 6 ff.
– Mehrheitsvergleich SpruchG 11 6a
– Schriftsatzvergleich SpruchG 11 7
– Zuständigkeit für Leistungsklage SpruchG 16 5
Vergütung der Sachverständigen SpruchG 15 15 ff.
Vergütung des gemeinsamen Vertreters SpruchG 6 19
Verhandlung, mündliche SpruchG 8
Verlängerung der Begründungsfrist SpruchG 4 10
vertragsüberlebendes Spruchverfahren SpruchG 11 12 ff.
Vertreter, gemeinsamer *s. gemeinsamer Vertreter*
Vollstreckung SpruchG 6 16; SpruchG 11 3 f.; SpruchG 16 1
vorbereitende Schriftsätze SpruchG 9 4
Vorbereitung der mündlichen Verhandlung SpruchG 7
– Beweisaufnahme SpruchG 7 7 f.
– Erwiderung SpruchG 7 2
– Geheimhaltung SpruchG 7 10 ff.; SpruchG 10 13
– gemeinsamer Vertreter SpruchG 7 4a
– Präklusion SpruchG 4 10; SpruchG 6 12; SpruchG 7 3, 4a
– Replik SpruchG 7 4
– vorbereitende Maßnahmen des Gerichts SpruchG 7 5 f.
– Vorlage von Unterlagen SpruchG 7 5, 8 f.
– Zustellung der Anträge/der Begründung SpruchG 7 1
– Zwangsgeld SpruchG 7 9a
Vorschuss SpruchG 15 6

Zeitpunkt der Antragsberechtigung SpruchG 3 5 f.
Zulässigkeitsrügen SpruchG 9 6; SpruchG 10 11
Zuständigkeit SpruchG 2
– für Leistungsklage SpruchG 16
– internationale SpruchG 2 13 f.
– Kammer für Handelssachen SpruchG 2 9 f.
– Konzentration SpruchG 2 11
– Leistungsklage SpruchG 16
– Mehrfachzuständigkeit SpruchG 2 7 ff.
– örtliche SpruchG 2 4 ff.
– sachliche SpruchG 2 6
– sachlicher Zusammenhang SpruchG 2 7a
Zuständigkeit für Leistungsklage SpruchG 16
– Anwendungsbereich SpruchG 16 4 f.
– Berufung SpruchG 16 8
– internationale SpruchG 16 9
– Klagearten SpruchG 16 6
– Vergleich SpruchG 16 5
– Zeitpunkt SpruchG 16 7
Zustellung SpruchG 7 1; SpruchG 11 5
Zwangsgeld SpruchG 7 9a
Zwischenentscheidung SpruchG 3 2a f.; SpruchG 11 18
– Beschwerde SpruchG 3 2b; SpruchG 11 18